KUSCH MATHEMATIK 4

Integralrechnung
Aufgabensammlung mit Lösungen

KUSCH MATHEMATIK 4

Integralrechnung
Aufgabensammlung mit Lösungen

Passend zum Lehrbuch Band 4 – Integralrechnung,
sechste Auflage

Von Lothar Kusch
Heinz Jung
Karlheinz Rüdiger

Bearbeitet von Heinz Jung,
Karlheinz Rüdiger
und der Verlagsredaktion

Sechste, völlig neubearbeitete Auflage

Cornelsen

Diese Aufgabensammlung enthält alle Übungsaufgaben aus dem Lehrbuch **Kusch 4 - Integralrechnung, Bestellnummer 413047**. Daher dient sie gleichzeitig als **Lösungsbuch** zu diesem Lehrbuch.
Bei der Verwendung als Lösungsbuch findet man mithilfe einer Randnummerierung – wie zum Beispiel **72** – eine Gruppe von Übungsaufgaben, die im Lehrbuch auf dieser Seite aufgeführt sind.

Redaktion: Dr. Horst Wedell
Herstellung: Wolf-Dieter Stark
Umschlaggestaltung: Wenzel Schmidt, Essen
Zeichnungen: Wolfgang Mattern, Bochum
Satz: Universitätsdruckerei H. Stürtz AG, Würzburg

www.cornelsen.de

6. Auflage, 3. Druck 2012

Druck: H. Heenemann, Berlin

ISBN 978-3-464-41384-5

Inhalt gedruckt auf säurefreiem Papier aus nachhaltiger Forstwirtschaft.

Vorwort

Diese vollständig neu bearbeitete Auflage von *Kusch Band 4 – Integralrechnung – Aufgabensammlung mit Lösungen* baut weiterhin auf den bekannten und bewährten mathematischen Lehrwerken der Kusch-Reihe *Band 1 – Arithmetik und Algebra* sowie *Band 2 – Geometrie und Trigonometrie* auf. In Verbindung mit *Band 3 – Differentialrechnung* und der entsprechenden Aufgabensammlung sowie *Band 4 – Integralrechnung* werden hier Lerninhalte der Höheren Mathematik behandelt, wie sie Angehörige vieler Berufe für ihre Arbeit benötigen. Die Bände „Differentialrechnung" und „Integralrechnung" sind insbesondere für diejenigen gedacht, die Mathematik nicht im Hauptstudium lernen. Demzufolge wenden sie sich an Studierende an Fachhochschulen, technischen Hochschulen, Universitäten und vergleichbaren Fachschulen.

Wesentliche Inhalte sind aber auch Gegenstand des Mathematikunterrichtes in der Sekundarstufe II der Gymnasien, der beruflichen Schulen, der Berufsakademien und der Kollegs. Auch dort haben die „Differentialrechnung" sowie die „Integralrechnung" als Lehrbücher und Repetitorien weite Verbreitung gefunden.

Diese **Aufgabensammlung** zur Integralrechnung ist gleichzeitig **Lösungsbuch** für die über 1000 Übungsaufgaben des Lehrbuchs *Kusch, Band 4, Integralrechnung* (ISBN 978-3-464-41304-3). Das Buch gibt zu jeder Aufgabe die Lösung mit ausführlichem Lösungsweg an und ist so konzipiert, dass es unabhängig vom Lehrbuch als selbstständige Aufgabensammlung benutzt werden kann. Wie alle Bände der Kusch-Reihe wurde es für den Selbstunterricht konzipiert. Es bietet damit vielfältige Möglichkeiten zum Lernen, zur Nacharbeit und zur Wiederholung sowie zum mathematischen Training und zum Üben. Zugleich ist es aber auch eine gute Hilfe für das Lernen mit dem Lehrbuch *Kusch, Band 3, Differentialrechnung* (ISBN 978-3-464-41303-6) und der entsprechenden Aufgabensammlung (ISBN 978-3-464-41383-8).

Das heißt jedoch nicht, dass diese Aufgabensammlung Ersatz für das Lehrbuch ist. Unabhängige Benutzbarkeit vom Lehrbuch bedeutet lediglich, dass neben der vollständigen Angabe der Aufgabenstellung, an den entsprechenden Stellen auch kurze „Theorieauszüge" angegeben sind. Wichtige Erkenntnisse werden in über 90 Merksätzen festgehalten. Außerdem sind fast alle Lösungsgänge kommentiert, wobei besonderer Wert auf eine methodische Darstellung gelegt wird. Über 1000 in kleinen Schritten durchgerechnete Übungsaufgaben und über 650 zweifarbige Abbildungen ermöglichen es dem Benutzer, hervorragende Kenntnisse und Fertigkeiten in der Integralrechnung zu erwerben.

Die Verfasser freuen sich, diese völlig neu bearbeitete 6. Auflage des Buches vorlegen zu können. Alle Hinweise unserer Leser wurden dankbar aufgegriffen und sind soweit wie möglich berücksichtigt worden. Auch in Zukunft gilt die Bitte um Kritik und Anregungen. Der Verlagsredaktion Mathematik gebührt besonderer Dank für die intensive Mitarbeit, für wertvolle Anregungen sowie für die Hilfe bei der Bearbeitung dieses Buches.

Heinz Jung

Hinweise zur Benutzung dieses Buches

Wie alle Bände der **Kusch-Reihe** ist auch diese Aufgabensammlung für den Selbstunterricht konzipiert. Der Seitenaufbau erfolgt in der Regel in zwei Spalten. Dabei wird vorwiegend in der rechten Spalte der mathematische Lösungsgang in kleinen Rechenschritten entwickelt, während in der linken Spalte meistens Erläuterungen und Begründungen gegeben werden, sodass der Rechnungsgang nicht unterbrochen wird. Außerdem finden Sie in der linken Spalte Nebenrechnungen, weitere Informationen zum Lösungsweg und ergänzende Angaben zur Übungsaufgabe.

Um das Lernen optimal zu gestalten, sind einige Hinweise zur Benutzung des Buches und Erläuterungen zu verschiedenen Symbolen, die Sie bei manchen Aufgaben finden, hilfreich.

Neben den üblichen mathematischen Symbolen und Zeichen finden Sie oft ein kleines Dreieck „►“, das hier im Sinne von „**Beachten Sie**“ oder einem nicht mathematischen „**Daraus folgt**“ oder als „**Setzen Sie**“ oder als Gliederung eines Rechnungsganges verwendet wird.

- So verweist z. B. „**► 2.2.8**“ auf ein Kapitel in diesem Buch, „**► Lehrbuch: Kusch 4, S. 176...193**“ auf erläuternden Text zu gleichen oder ähnlichen Aufgaben im Lehrbuch „Integralrechnung“.
- „$f(x) = x^2 - 4x + 3$ ► 2 für x“ bedeutet: Setzen Sie im Term $f(x)$ die Zahl 2 für x.

Beachten Sie bei der Bearbeitung der Aufgaben auch **Kapitel 4**, denn dort finden Sie neben wichtigen Funktionen, Ableitungen, Reihen und Integralen auch zahlreiche Formeln aus der Trigonometrie und der Algebra. Dadurch entfällt der Gebrauch einer zusätzlichen Formelsammlung.

Das nachfolgende Beispiel soll Ihnen einen einführenden Eindruck von der Methodik der Zwei-Spalten-Methode vermitteln.

Für die Fläche zwischen den Graphen der Funktionen $f: f(x) = 2 \cdot \cos\frac{x}{2}$ mit $D(f) = \mathbb{R}$ und $g: g(x) = -\sqrt{x}$ mit $D(g) = \mathbb{R}^{\geq 0}$ im Intervall $[0; 7{,}5]$ ist die Maßzahl A zu berechnen. $G(f)$ und $G(g)$ haben dort keine Schnittpunkte, sodass A mit der entwickelten Formel $A = \left|\int_a^b [f(x) - g(x)]\,\mathrm{d}x\right|$ berechnet werden kann.

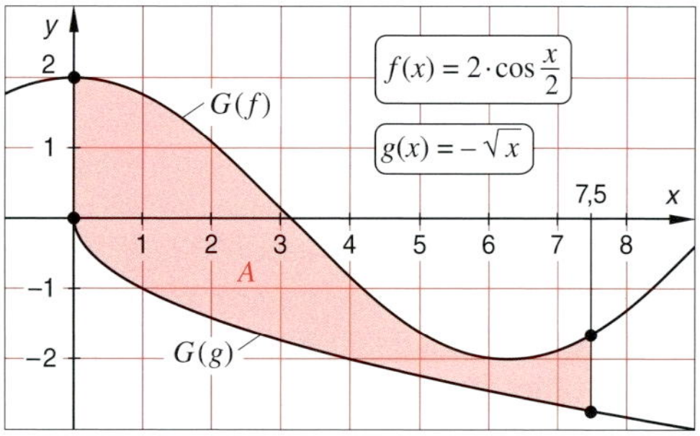

Dazu setzt man in der Formel 0 für a, 7,5 für b; $f(x) = 2 \cdot \cos\frac{x}{2}$ und $g(x) = -\sqrt{x}$.

$$A = \left|\int_a^b [f(x) - g(x)]\,\mathrm{d}x\right|$$
$$= \left|\int_0^{7{,}5} \left[2 \cdot \cos\frac{x}{2} - (-\sqrt{x})\right]\mathrm{d}x\right|$$
$$= \left|\int_0^{7{,}5} \left[2 \cdot \cos\frac{x}{2} + \sqrt{x}\right]\mathrm{d}x\right|$$

► $\int\left(2 \cdot \cos\frac{x}{2}\right)\mathrm{d}x = 2 \cdot \int \cos\frac{x}{2}\,\mathrm{d}x$ ► 2.4.1

$$= 2 \cdot 2 \cdot \sin\frac{x}{2} + c$$
$$= 4 \cdot \sin\frac{x}{2} + c$$

$$= \left|4 \cdot \sin\frac{x}{2} + \frac{2}{3} \cdot \sqrt{x^3}\,\Big|_0^{7{,}5}\right|$$
$$= \left|4 \cdot \sin\frac{7{,}5}{2} + \frac{2}{3} \cdot \sqrt{7{,}5^3} - \left(4 \cdot \sin\frac{0}{2} + \frac{2}{3} \cdot \sqrt{0^3}\right)\right|$$
$$= \underline{\underline{11{,}4068}}$$ ► Maßzahl der Fläche zwischen $G(f)$ und $G(g)$ in $[0; 7{,}5]$

Als Maßzahl der Fläche zwischen $G(f)$ und $G(g)$ in $[0; 7{,}5]$ ergibt sich 11,4068.

Die Verfasser wünschen Ihnen bei der Arbeit mit diesem Buch viel Freude und Erfolg.

Inhalt

1 Grundbegriffe

1.1 Bestimmte Integrale

► **Lehrbuch: Kusch 4, S. 10...39**

Merke:

- Zerlegt man eine oberhalb der x-Achse liegende Fläche, die innerhalb eines abgeschlossenen Intervalls $[a; b]$ zwischen dem Graphen einer streng monotonen Funktion f und der x-Achse liegt, in gleich breite Flächenstreifen parallel zur y-Achse, so kann man zu f für diese Flächenstreifen eine Untersumme $\underline{S}$ und eine Obersumme $\overline{S}$ bilden. Der Inhalt A dieser Fläche liegt dann zwischen der Untersumme und der Obersumme, es gilt also $\underline{S} < A < \overline{S}$.
- Ist eine Funktion f in einem Intervall $[a; b]$ **monoton steigend** (► Kusch 3; 1.1.6), so gilt für jedes $n \in \mathbb{N}^{>0}$:

$$\underline{S}_n = \left(\sum_{k=1}^{n} f\left[a + (k-1) \cdot \frac{b-a}{n}\right] \right) \cdot \frac{b-a}{n}$$

bzw.

$$\overline{S}_n = \left(\sum_{k=1}^{n} f\left[a + k \cdot \frac{b-a}{n}\right] \right) \cdot \frac{b-a}{n}$$

Für Beziehungen zwischen zugehörigen Untersummen $\underline{S}_n$ und Obersummen $\overline{S}_n$ gilt:

$$\overline{S}_n = \underline{S}_n + [f(b) - f(a)] \cdot \frac{b-a}{n}$$

bzw.

$$\underline{S}_n = \overline{S}_n - [f(b) - f(a)] \cdot \frac{b-a}{n}$$

- Ist eine Funktion f in einem Intervall $[a; b]$ **monoton fallend** (► Kusch 3; 1.1.6), so gilt für jedes $n \in \mathbb{N}^{>0}$:

$$\underline{S}_n = \left(\sum_{k=1}^{n} f\left[a + k \cdot \frac{b-a}{n}\right] \right) \cdot \frac{b-a}{n}$$

bzw.

$$\overline{S}_n = \left(\sum_{k=1}^{n} f\left[a + (k-1) \cdot \frac{b-a}{n}\right] \right) \cdot \frac{b-a}{n}$$

Für Beziehungen zwischen zugehörigen Untersummen $\underline{S}_n$ und Obersummen $\overline{S}_n$ gilt:

$$\overline{S}_n = \underline{S}_n + [f(a) - f(b)] \cdot \frac{b-a}{n}$$

bzw.

$$\underline{S}_n = \overline{S}_n - [f(a) - f(b)] \cdot \frac{b-a}{n}$$

39

Zeichnen Sie den Graphen der Funktion f im angegebenen Intervall $[a; b]$. Unterteilen Sie das Intervall in zehn gleich breite Teilintervalle und berechnen Sie die zu dieser Zerlegung gehörende Untersumme und Obersumme. Vergleichen Sie die Maßzahl der Fläche zwischen dem Graphen der Funktion und der x-Achse mit der angegebenen genauen Maßzahl. ▶ **Lehrbuch: Kusch 4, S. 10…23**

1. $f: f(x) = \frac{1}{x}$; $[1; 2]$; $A = \ln 2$

Die Funktion $f: f(x) = \frac{1}{x}$ ist im Intervall $[1; 2]$ streng monoton fallend. Ihr Graph ist eine Hyperbel.

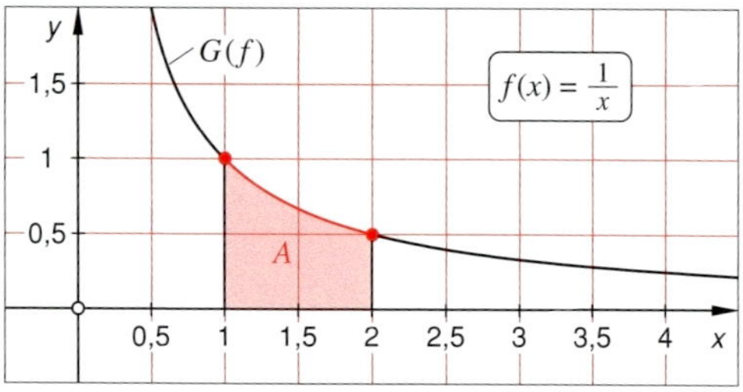

Zur Berechnung der Untersumme $\underline{S}_{10}$ setzt man in der angegebenen Formel für $\underline{S}_n$ zunächst 1 für a; 2 für b sowie 10 für n und schließlich den Funktionsterm $\frac{1}{x}$ für $f(x)$.

$$\underline{S}_n = \left(\sum_{k=1}^{n} f\left[a + k \cdot \frac{b-a}{n}\right]\right) \cdot \frac{b-a}{n}$$

▶ 1 für a; 2 für b; 10 für n

$$\underline{S}_{10} = \left(\sum_{k=1}^{10} f\left[1 + k \cdot \frac{2-1}{10}\right]\right) \cdot \frac{2-1}{10}$$

$$= \left(\sum_{k=1}^{10} f\left[1 + k \cdot \frac{1}{10}\right]\right) \cdot \frac{1}{10} \quad \blacktriangleright f(x) = \tfrac{1}{x}$$

$$= \left(\sum_{k=1}^{10} \frac{1}{1 + k \cdot \frac{1}{10}}\right) \cdot \frac{1}{10}$$

$$= \underline{\sum_{k=1}^{10} \frac{1}{10+k}}$$

Die Summe $\sum_{k=1}^{10} \frac{1}{10+k}$ wird auf fünf Nachkommastellen berechnet. ▶ Taschenrechner

$$\sum_{k=1}^{10} \frac{1}{10+k} = \frac{1}{11} + \frac{1}{12} + \frac{1}{13} + \frac{1}{14} + \frac{1}{15} + \frac{1}{16} + \frac{1}{17} + \frac{1}{18} + \frac{1}{19} + \frac{1}{20} = \underline{\underline{0{,}66877}} \quad \blacktriangleright \text{ Untersumme } \underline{S}_{10}.$$

Zwischen Ober- und Untersumme besteht bei einer monoton fallenden Funktion die Beziehung $\overline{S}_n = \underline{S}_n + [f(a) - f(b)] \cdot \frac{b-a}{n}$; $n \in \mathbb{N}^{>0}$. Hiermit lässt sich in einfacher Weise für $a = 1$; $b = 2$; $n = 10$ und $f(x) = \frac{1}{x}$ die Obersumme $\overline{S}_{10}$ berechnen.

$$\overline{S}_n = \underline{S}_n + [f(a) - f(b)] \cdot \frac{b-a}{n} \quad \blacktriangleright \text{ 1 für } a\text{; 2 für } b\text{; 10 für } n$$

$$\overline{S}_{10} = \underline{S}_{10} + [f(1) - f(2)] \cdot \frac{2-1}{10}$$

▶ $\underline{S}_{10} = 0{,}66877$; $f(1) = \frac{1}{1} = 1$; $f(2) = \frac{1}{2}$

$$\overline{S}_{10} = 0{,}66877 + \left[1 - \frac{1}{2}\right] \cdot \frac{1}{10}$$

$$= 0{,}66877 + \frac{1}{2} \cdot \frac{1}{10}$$

$$= 0{,}66877 + 0{,}05$$

$$= \underline{\underline{0{,}71877}} \quad \blacktriangleright \text{ Obersumme } \overline{S}_{10}$$

Der exakte Wert für A ist $\ln 2$ (0,69315, gerundet auf fünf Nachkommastellen). Der Vergleich mit $\underline{S}_{10}$ und $\overline{S}_{10}$ bestätigt: $\underline{S}_{10} < A < \overline{S}_{10}$

2. $f: f(x) = \ln x$; $[1; 2]$; $A = 2 \cdot \ln 2 - 1$

Die Funktion $f: f(x) = \ln x$ ist im Intervall $[1; 2]$ streng monoton steigend.

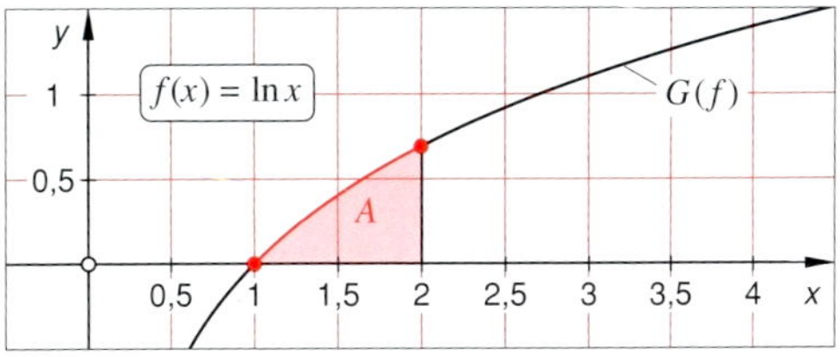

Zur Berechnung der Untersumme $\underline{S}_{10}$ setzt man in der angegebenen Formel für $\underline{S}_n$ zunächst 1 für a; 2 für b sowie 10 für n und schließlich den Funktionsterm $\ln x$ für $f(x)$.

$$\underline{S}_n = \left(\sum_{k=1}^{n} f\left[a + (k-1) \cdot \frac{b-a}{n}\right]\right) \cdot \frac{b-a}{n}$$ ► 1 für a; 2 für b; 10 für n

$$\underline{S}_{10} = \left(\sum_{k=1}^{10} f\left[1 + (k-1) \cdot \frac{2-1}{10}\right]\right) \cdot \frac{2-1}{10}$$

$$= \left(\sum_{k=1}^{10} f\left[1 + (k-1) \cdot \frac{1}{10}\right]\right) \cdot \frac{1}{10}$$ ► $f(x) = \ln x$

$$= \underline{\left(\sum_{k=1}^{10} \ln\left[1 + (k-1) \cdot \frac{1}{10}\right]\right) \cdot \frac{1}{10}}$$

Die Summe $\left(\sum_{k=1}^{10} \ln\left[1 + (k-1) \cdot \frac{1}{10}\right]\right) \cdot \frac{1}{10}$ wird auf fünf Nachkommastellen berechnet. ► Taschenrechner

$$\left(\sum_{k=1}^{10} \ln\left[1 + (k-1) \cdot \frac{1}{10}\right]\right) \cdot \frac{1}{10} = (\ln 1 + \ln 1{,}1 + \ln 1{,}2 + \ln 1{,}3 + \ln 1{,}4 + \ln 1{,}5 + \ln 1{,}6 + \ln 1{,}7 + \ln 1{,}8 + \ln 1{,}9) \cdot \frac{1}{10}$$

$$= \underline{\underline{0{,}35122}}$$ ► Untersumme $\underline{S}_{10}$

Zwischen Ober- und Untersummen besteht bei einer monoton steigenden Funktion die Beziehung $\overline{S}_n = \underline{S}_n + [f(b) - f(a)] \cdot \frac{b-a}{n}$; $n \in \mathbb{N}^{>0}$. Hiermit lässt sich in einfacher Weise für $a = 1$; $b = 2$; $n = 10$ und $f(x) = \ln x$ die Obersumme $\overline{S}_{10}$ berechnen.

$$\overline{S}_n = \underline{S}_n + [f(b) - f(a)] \cdot \frac{b-a}{n}$$ ► 1 für a; 2 für b; 10 für n

$$\overline{S}_{10} = \underline{S}_{10} + [f(2) - f(1)] \cdot \frac{2-1}{10}$$

$\underline{S}_{10} = 0{,}35122$; $f(2) = \ln 2 = 0{,}63315$; $f(1) = \ln 1 = 0$

$$\overline{S}_{10} = 0{,}35122 + [0{,}69315 - 0] \cdot \frac{1}{10}$$

$$= 0{,}35122 + 0{,}069315$$

$$= \underline{\underline{0{,}42054}}$$ ► Obersumme $\overline{S}_{10}$

Der exakte Wert für A ist $2 \cdot \ln 2 - 1$ (0,38629, gerundet auf fünf Nachkommastellen).

Der Vergleich mit $\underline{S}_{10}$ und $\overline{S}_{10}$ bestätigt: $\underline{S}_{10} < A < \overline{S}_{10}$

39 **3.** $f: f(x) = \sin x;\ \left[0; \frac{\pi}{2}\right]; A = 1$

Die Funktion $f: f(x) = \sin x$ ist im Intervall $\left[0; \frac{\pi}{2}\right]$ streng monoton steigend.

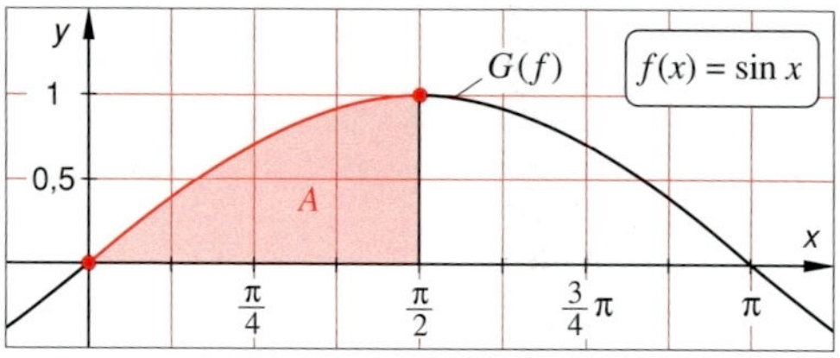

Zur Berechnung der Untersumme $\underline{S}_{10}$ setzt man in der angegebenen Formel für $\underline{S}_n$ zunächst 0 für a; $\frac{\pi}{2}$ für b sowie 10 für n und schließlich den Funktionsterm $\sin x$ für $f(x)$.

$$\underline{S}_n = \left(\sum_{k=1}^{n} f\left[a + (k-1) \cdot \frac{b-a}{n}\right]\right) \cdot \frac{b-a}{n}$$

► 0 für a; $\frac{\pi}{2}$ für b; 10 für n

$$\underline{S}_{10} = \left(\sum_{k=1}^{10} f\left[0 + (k-1) \cdot \frac{\frac{\pi}{2}-0}{10}\right]\right) \cdot \frac{\frac{\pi}{2}-0}{10}$$

$$= \left(\sum_{k=1}^{10} f\left[(k-1) \cdot \frac{\pi}{20}\right]\right) \cdot \frac{\pi}{20} \quad \blacktriangleright f(x) = \sin x$$

$$= \underline{\left(\sum_{k=1}^{10} \sin\left[(k-1) \cdot \frac{\pi}{20}\right]\right) \cdot \frac{\pi}{20}}$$

Die Summe $\left(\sum_{k=1}^{10} \sin\left[(k-1) \cdot \frac{\pi}{20}\right]\right) \cdot \frac{\pi}{20}$ wird auf fünf Nachkommastellen berechnet. ► Taschenrechner

$$\left(\sum_{k=1}^{10} \sin\left[(k-1) \cdot \frac{\pi}{20}\right]\right) \cdot \frac{\pi}{20} = \left(\sin 0 + \sin\frac{\pi}{20} + \sin\frac{\pi}{10} + \sin\frac{3\pi}{20} + \sin\frac{\pi}{5} + \sin\frac{\pi}{4} + \sin\frac{3\pi}{10} + \sin\frac{7\pi}{20} + \sin\frac{2\pi}{5} + \sin\frac{9\pi}{20}\right) \cdot \frac{\pi}{20}$$

$$= \underline{\underline{0{,}91941}} \quad \blacktriangleright \text{ Untersumme } \underline{S}_{10}$$

Zwischen Ober- und Untersummen besteht bei einer monoton steigenden Funktion die Beziehung $\overline{S}_n = \underline{S}_n + [f(b) - f(a)] \cdot \frac{b-a}{n}$; $n \in \mathbb{N}^{>0}$.

Hiermit lässt sich in einfacher Weise für $a = 0$; $b = \frac{\pi}{2}$; $n = 10$ und $f(x) = \sin x$ die Obersumme $\overline{S}_{10}$ berechnen.

Der exakte Wert für A ist 1. Der Vergleich mit $\underline{S}_{10}$ und $\overline{S}_{10}$ bestätigt: $\underline{S}_{10} < A < \overline{S}_{10}$.

$$\overline{S}_n = \underline{S}_n + [f(b) - f(a)] \cdot \frac{b-a}{n} \quad \blacktriangleright \text{ 0 für } a;\ \frac{\pi}{2} \text{ für } b;\ 10 \text{ für } n$$

$$\overline{S}_{10} = \underline{S}_{10} + \left[f\left(\frac{\pi}{2}\right) - f(0)\right] \cdot \frac{\frac{\pi}{2}-0}{10}$$

► $\underline{S}_{10} = 0{,}91941;\ f\left(\frac{\pi}{2}\right) = \sin\frac{\pi}{2} = 1;\ f(0) = \sin 0 = 0$

$$\overline{S}_{10} = 0{,}91941 + [1 - 0] \cdot \frac{\pi}{20}$$

$$= 0{,}91941 + 0{,}15788$$

$$= \underline{\underline{1{,}07649}} \quad \blacktriangleright \text{ Obersumme } \overline{S}_{10}$$

4. $f: f(x) = \frac{1}{1+x^2}$; $[0;\,1]$; $A = \frac{\pi}{4}$

Die Funktion $f: f(x) = \frac{1}{1+x^2}$ ist im Intervall $[0;\,1]$ streng monoton fallend.

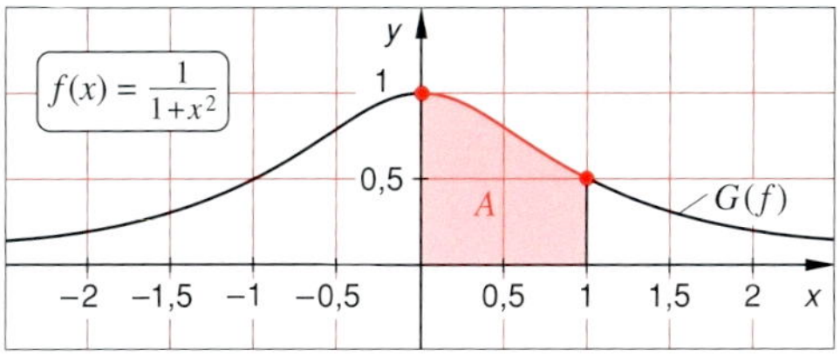

Zur Berechnung der Untersumme $\underline{S}_{10}$ setzt man in der angegebenen Formel für $\underline{S}_n$ zunächst 0 für a; 1 für b sowie 10 für n und schließlich noch den Funktionsterm $\frac{1}{1+x^2}$ für $f(x)$.

$$\underline{S}_n = \left(\sum_{k=1}^{n} f\left[a + k \cdot \frac{b-a}{n}\right]\right) \cdot \frac{b-a}{n}$$ ► 0 für a; 1 für b; 10 für n

$$\underline{S}_{10} = \left(\sum_{k=1}^{10} f\left[0 + k \cdot \frac{1-0}{10}\right]\right) \cdot \frac{1-0}{10}$$

$$= \left(\sum_{k=1}^{10} f\left[k \cdot \frac{1}{10}\right]\right) \cdot \frac{1}{10}$$ ► $f(x) = \frac{1}{1+x^2}$

$$= \left(\sum_{k=1}^{10} \frac{1}{1+k^2 \cdot \frac{1}{100}}\right) \cdot \frac{1}{10}$$

$$= \underline{\sum_{k=1}^{10} \frac{10}{100+k^2}}$$

Die Summe $\sum_{k=1}^{10} \frac{10}{100+k^2}$ wird auf fünf Nachkommastellen berechnet. ► Taschenrechner

$$\sum_{k=1}^{10} \frac{10}{100+k^2} = \frac{10}{101} + \frac{10}{104} + \frac{10}{109} + \frac{10}{116} + \frac{10}{125} + \frac{10}{136} + \frac{10}{149} + \frac{10}{164} + \frac{10}{181} + \frac{10}{200} = \underline{\underline{0{,}75998}}$$ ► Untersumme $\underline{S}_{10}$

Zwischen Ober- und Untersummen besteht bei einer monoton fallenden Funktion die Beziehung $\overline{S}_n = \underline{S}_n + [f(a) - f(b)] \cdot \frac{b-a}{n}$; $n \in \mathbb{N}^{>0}$. Hiermit lässt sich in einfacher Weise für $a = 0$; $b = 1$; $n = 10$ und $f(x) = \frac{1}{1+x^2}$ die Obersumme $\overline{S}_{10}$ berechnen.

Der exakte Wert für A ist $\frac{\pi}{4}$ (0,78540, gerundet auf fünf Nachkommastellen).
Der Vergleich mit $\underline{S}_{10}$ und $\overline{S}_{10}$ bestätigt:
$\underline{S}_{10} < A < \overline{S}_{10}$

$$\overline{S}_n = \underline{S}_n + [f(a) - f(b)] \cdot \frac{b-a}{n}$$ ► 0 für a; 1 für b; 10 für n

$$\overline{S}_{10} = \underline{S}_{10} + [f(0) - f(1)] \cdot \frac{1-0}{10}$$

► $\underline{S}_{10} = 0{,}75998$; $f(0) = \frac{1}{1+0^2} = 1$; $f(1) = \frac{1}{1+1^2} = \frac{1}{2}$

$$\overline{S}_{10} = 0{,}75998 + \left[1 - \frac{1}{2}\right] \cdot \frac{1}{10}$$

$$= 0{,}75998 + 0{,}05$$

$$= \underline{\underline{0{,}80998}}$$ ► Obersumme $\overline{S}_{10}$

39 **Merke:**

- Eine Folge von Zerlegungen eines Intervalls $[a; b]$, bei denen die Intervallbreiten sämtlicher Teilintervalle in den Zerlegungen für $n \to \infty$ gegen null streben, bezeichnet man als unbegrenzt kleiner werdende Zerlegungsfolge. Jede äquidistante Zerlegungsfolge von $[a; b]$ hat diese Eigenschaft.
- Konvergieren bei jeder unbegrenzt kleiner werdenden Zerlegungsfolge eines Intervalls $[a; b]$ die zugehörige Untersummenfolge und Obersummenfolge einer Funktion f gegen den gleichen Grenzwert, so bezeichnet man den gemeinsamen Grenzwert als bestimmtes Integral oder als Integralwert der Funktion f im Intervall $[a; b]$. Die Funktion f heißt dann in $[a; b]$ integrierbar.

  $\lim\limits_{n\to\infty} \underline{S}_n = \lim\limits_{n\to\infty} \overline{S}_n = \int\limits_a^b f(x)\,\mathrm{d}x$ ► bestimmtes Integral ► gelesen: „Integral über $f(x)\,\mathrm{d}x$ von a bis b"
- Sind im Integrationsintervall $[a; b]$ alle Funktionswerte nicht negativ, so gibt der gemeinsame Grenzwert, also das bestimmte Integral $\int\limits_a^b f(x)\,\mathrm{d}x$, bzw. der Integralwert, die Maßzahl der Fläche zwischen dem Graphen der Funktion und der x-Achse in $[a; b]$ an.
- Eine monotone Funktion f ist in einem Intervall $[a; b]$ bereits dann integrierbar, wenn bei äquidistanter Zerlegung des Intervalls $[a; b]$ die Untersummenfolge $\langle \underline{S}_n \rangle$ oder die Obersummenfolge $\langle \overline{S}_n \rangle$ gegen einen Grenzwert g; $g \in \mathbb{R}$ konvergiert. Es konvergiert dann auch die zugehörige Obersummenfolge $\langle \overline{S}_n \rangle$ bzw. die zugehörige Untersummenfolge $\langle \underline{S}_n \rangle$ gegen den gleichen Grenzwert g.

Zeichnen Sie den Graphen der Funktion f im angegebenen Intervall $[a; b]$ und untersuchen Sie dort die Integrierbarkeit der Funktion. Wählen Sie hierzu äquidistante Zerlegungen von $[a; b]$. In welchen Fällen ist $\int\limits_a^b f(x)\,\mathrm{d}x$ die Maßzahl der Fläche, die zwischen dem Graphen von f und der x-Achse im Intervall $[a; b]$ liegt? ► **Lehrbuch: Kusch 4, S. 20…23**

5. $f: f(x) = 2x$; $[1; 3]$

Die Funktion $f: f(x) = 2x$ ist im Intervall $[1; 3]$ streng monoton steigend. Ihr Graph ist eine Gerade.

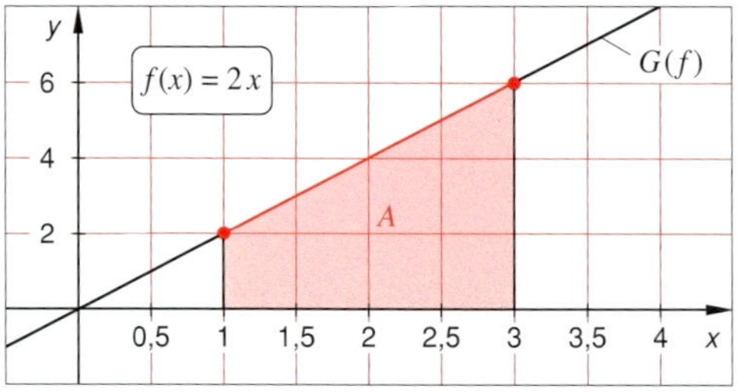

39

Es werden äquidistante (gleich breite) Zerlegungen des Intervalls [1; 3] gewählt und zur Berechnung der Untersummen $\underline{S}_n$ von f verwendet man die angegebene Formel für monoton steigende Funktionen.

▶ Merksatz vor der ersten Aufgabenstellung

$$\underline{S}_n = \left(\sum_{k=1}^{n} f\left[a+(k-1)\cdot\frac{b-a}{n}\right]\right)\cdot\frac{b-a}{n} \quad \text{▶ 1 für } a\text{; 3 für } b$$

$$= \left(\sum_{k=1}^{n} f\left[1+(k-1)\cdot\frac{3-1}{n}\right]\right)\cdot\frac{3-1}{n}$$

$$= \left(\sum_{k=1}^{n} f\left[1+(k-1)\cdot\frac{2}{n}\right]\right)\cdot\frac{2}{n} \quad \text{▶ } f(x)=2x$$

$$= \left(\sum_{k=1}^{n} \left(2\cdot\left[1+(k-1)\cdot\frac{2}{n}\right]\right)\right)\cdot\frac{2}{n}$$

$$= \left(\sum_{k=1}^{n} \left(2+(k-1)\cdot\frac{4}{n}\right)\right)\cdot\frac{2}{n}$$

Man kann $\underline{S}_n$ vereinfachen, denn es gilt:

$$\sum_{k=1}^{n} 2 = 2n;\ \sum_{k=1}^{n}(k-1) = \frac{(n-1)\cdot n}{2} \quad \text{▶ 4.3}$$

$$= \left(\sum_{k=1}^{n} 2+\frac{4}{n}\cdot\sum_{k=1}^{n}(k-1)\right)\cdot\frac{2}{n}$$

$$= \left(2n+\frac{4}{n}\cdot\frac{(n-1)\cdot n}{2}\right)\cdot\frac{2}{n}$$

$$= 4+4\cdot\left(1-\frac{1}{n}\right);\ n\in\mathbb{N}^{>0} \quad \text{▶ Untersummen}$$

Da die Untersummenfolge $\langle\underline{S}_n\rangle$ den Grenzwert 8 hat, konvergiert auch die zugehörige Obersummenfolge $\langle\overline{S}_n\rangle$ gegen den Grenzwert 8, d.h. $\lim\limits_{n\to\infty}\overline{S}_n = \lim\limits_{n\to\infty}\underline{S}_n = 8$. Also ist die Funktion $f: f(x)=2x$ im Intervall [1; 3] integrierbar und es gilt $\int_1^3 (2x)\,dx = 8$.

$$\Rightarrow \langle\underline{S}_n\rangle:\ \underline{S}_n = 4+4\cdot\left(1-\frac{1}{n}\right);\ n\in\mathbb{N}^{>0} \quad \text{▶ Untersummenfolge}$$

$$\lim_{n\to\infty}\underline{S}_n = \lim_{n\to\infty}\left[4+4\cdot\left(1-\frac{1}{n}\right)\right]$$

$$= 4+\lim_{n\to\infty}\left[4\cdot\left(1-\frac{1}{n}\right)\right]$$

$$= 4+\quad 4\cdot\quad 1$$

$$= \underline{8} \quad \text{▶ Grenzwert der Untersummenfolge}$$

$$\Rightarrow \lim_{n\to\infty}\overline{S}_n = \lim_{n\to\infty}\underline{S}_n = 8$$

Da die Funktionswerte von f in [1; 3] nicht negativ sind, gilt dort $A=8$ für die Maßzahl A der Fläche zwischen $G(f)$ und der x-Achse.

$$\Rightarrow \int_1^3 (2x)\,dx = 8 \quad \text{▶ Integralwert von } f \text{ in } [1; 3]$$

6. $f: f(x)=2x-1;\ [-2; 3]$

Die Funktion $f: f(x)=2x-1$ ist im Intervall $[-2; 3]$ streng monoton steigend. Ihr Graph ist eine Gerade.

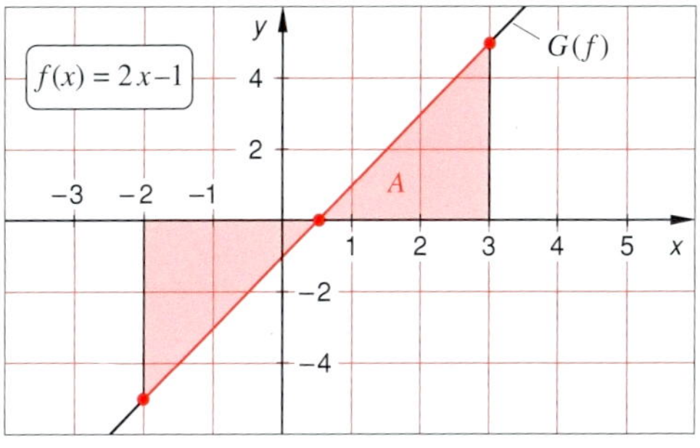

39

Es werden äquidistante (gleich breite) Zerlegungen des Intervalls $[-2;\ 3]$ gewählt und zur Berechnung der Untersummen $\underline{S}_n$ von f verwendet man die angegebene Formel für monoton steigende Funktionen.

► Merksatz vor der ersten Aufgabenstellung

$$\underline{S}_n = \left(\sum_{k=1}^{n} f\left[a + (k-1)\cdot\frac{b-a}{n}\right]\right)\cdot\frac{b-a}{n}$$ ► -2 für a; 3 für b

$$= \left(\sum_{k=1}^{n} f\left[-2 + (k-1)\cdot\frac{3-(-2)}{n}\right]\right)\cdot\frac{3-(-2)}{n}$$

$$= \left(\sum_{k=1}^{n} f\left[-2 + (k-1)\cdot\frac{5}{n}\right]\right)\cdot\frac{5}{n}$$ ► $f(x) = 2x-1$

$$= \left(\sum_{k=1}^{n} \left(2\cdot\left[-2 + (k-1)\cdot\frac{5}{n}\right] - 1\right)\right)\cdot\frac{5}{n}$$

$$= \left(\sum_{k=1}^{n} \left(-5 + (k-1)\cdot\frac{10}{n}\right)\right)\cdot\frac{5}{n}$$

Man kann $\underline{S}_n$ vereinfachen, denn es gilt:

$$\sum_{k=1}^{n} -5 = -5n;\ \sum_{k=1}^{n}(k-1) = \frac{(n-1)\cdot n}{2}$$ ► 4.3

$$= \left(\sum_{k=1}^{n} -5 + \frac{10}{n}\cdot\sum_{k=1}^{n}(k-1)\right)\cdot\frac{5}{n}$$

$$= \left(-5\cdot n + \frac{10}{n}\cdot\frac{(n-1)\cdot n}{2}\right)\cdot\frac{5}{n}$$

$$= \underline{\underline{-25 + 25\cdot\left(1-\frac{1}{n}\right);\ n\in\mathbb{N}^{>0}}}$$ ► Untersummen

Da die Untersummenfolge $\langle\underline{S}_n\rangle$ den Grenzwert 0 hat, konvergiert auch die zugehörige Obersummenfolge $\langle\overline{S}_n\rangle$ gegen den Grenzwert 0, d. h. $\lim\limits_{n\to\infty}\overline{S}_n = \lim\limits_{n\to\infty}\underline{S}_n = 0$. Also ist die Funktion $f: f(x) = 2x-1$ im Intervall $[-2;\ 3]$ integrierbar und es gilt $\int_{-2}^{3}(2x-1)\,\mathrm{d}x = 0$.

$$\Rightarrow \langle\underline{S}_n\rangle: \underline{S}_n = -25 + 25\cdot\left(1-\frac{1}{n}\right);\ n\in\mathbb{N}^{>0}$$ ► Untersummenfolge

$$\lim_{n\to\infty}\underline{S}_n = \lim_{n\to\infty}\left[-25 + 25\cdot\left(1-\frac{1}{n}\right)\right]$$

$$= -25 + \lim_{n\to\infty}\left[25\cdot\left(1-\frac{1}{n}\right)\right]$$

$$= -25 + \quad 25\cdot \quad 1$$

$$= \underline{\underline{0}}$$ ► Grenzwert der Untersummenfolge

$$\Rightarrow \lim_{n\to\infty}\overline{S}_n = \lim_{n\to\infty}\underline{S}_n = 0$$

$$\Rightarrow \underline{\underline{\int_{-2}^{3}(2x-1)\,\mathrm{d}x = 0}}$$ ► Integralwert von f in $[-2;\ 3]$

Da im Intervall $[-2;\ 0{,}5]$ die Funktionswerte von f nicht positiv sind, ist 0 nicht die Maßzahl A der Fläche zwischen $G(f)$ und der x-Achse im Intervall $[-2;\ 3]$.

7. $f: f(x) = 4;\ [2;\ 7]$

Die Funktion $f: f(x) = 4$ ist im Intervall $[2;\ 7]$ sowohl monoton steigend als auch monoton fallend. Ihr Graph ist eine Parallele zur x-Achse.

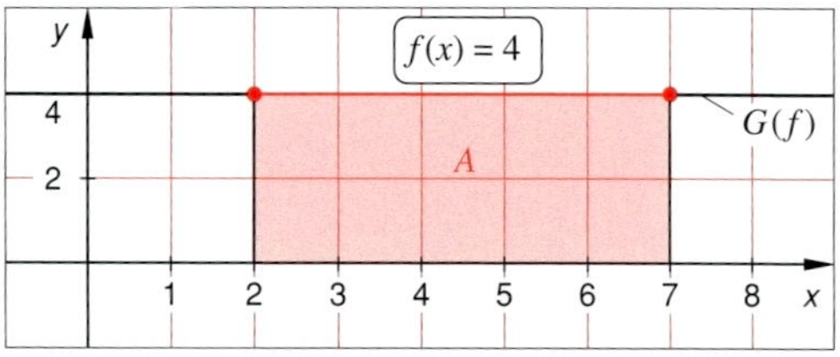

Es werden äquidistante (gleich breite) Zerlegungen des Intervalls $[2;7]$ gewählt und zur Berechnung der Untersummen $\underline{S}_n$ von f verwendet man die angegebene Formel für monoton steigende Funktionen.

► Merksatz vor der ersten Aufgabenstellung

$$\underline{S}_n = \left(\sum_{k=1}^{n} f\left[a+(k-1)\cdot\frac{b-a}{n}\right]\right)\cdot\frac{b-a}{n} \quad \blacktriangleright \text{ 2 für } a;\ 7 \text{ für } b$$

$$= \left(\sum_{k=1}^{n} f\left[2+(k-1)\cdot\frac{7-2}{n}\right]\right)\cdot\frac{7-2}{n}$$

$$= \left(\sum_{k=1}^{n} f\left[2+(k-1)\cdot\frac{5}{n}\right]\right)\cdot\frac{5}{n} \quad \blacktriangleright f(x)=4$$

$$= \left(\sum_{k=1}^{n} 4\right)\cdot\frac{5}{n} \quad \blacktriangleright \sum_{k=1}^{n} 4 = 4n \quad \blacktriangleright 4.3$$

$$= 4n\cdot\frac{5}{n}$$

$$= \underline{\underline{20;\ n\in\mathbb{N}^{>0}}} \quad \blacktriangleright \text{ Untersummen}$$

$$\Rightarrow \langle\underline{S}_n\rangle\colon \underline{S}_n = 20;\ n\in\mathbb{N}^{>0} \quad \blacktriangleright \text{ Untersummenfolge}$$

Da die Untersummenfolge $\langle\underline{S}_n\rangle$ den Grenzwert 20 hat, konvergiert auch die zugehörige Obersummenfolge $\langle\overline{S}_n\rangle$ gegen den Grenzwert 20, d. h. $\lim\limits_{n\to\infty}\overline{S}_n = \lim\limits_{n\to\infty}\underline{S}_n = 20$. Also ist die Funktion $f\colon f(x)=4$ im Intervall $[2;7]$ integrierbar und es gilt $\int_2^7 4\,\mathrm{d}x = 20$.

$$\lim_{n\to\infty}\underline{S}_n = \lim_{n\to\infty} 20$$

$$= \underline{\underline{20}} \quad \blacktriangleright \text{ Grenzwert der Untersummenfolge}$$

$$\Rightarrow \lim_{n\to\infty}\overline{S}_n = \lim_{n\to\infty}\underline{S}_n = 20$$

$$\Rightarrow \underline{\underline{\int_2^7 4\,\mathrm{d}x = 20}} \quad \blacktriangleright \text{ Integralwert von } f \text{ in } [2;7]$$

Da die Funktionswerte von f in $[2;7]$ nicht negativ sind, gilt dort $A=20$ für die Maßzahl A der Fläche zwischen $G(f)$ und der x-Achse.

8. $f\colon f(x) = -x+1;\ [1;2]$

Die Funktion $f\colon f(x) = -x+1$ ist im Intervall $[1;2]$ streng monoton fallend. Ihr Graph ist eine Gerade.

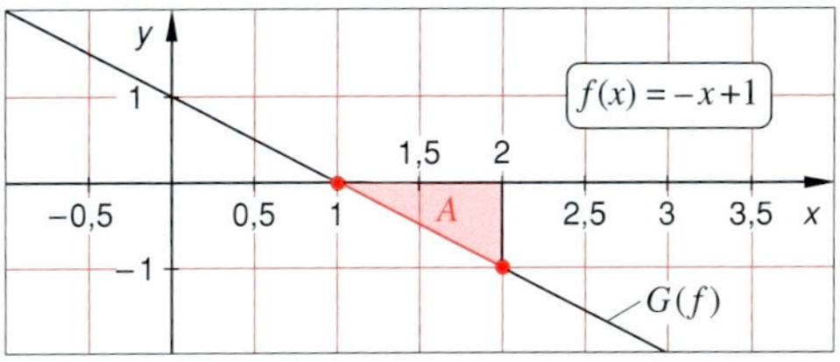

Es werden äquidistante (gleich breite) Zerlegungen des Intervalls $[1;2]$ gewählt und zur Berechnung der Untersummen $\underline{S}_n$ von f verwendet man die angegebene Formel für monoton fallende Funktionen.

► Merksatz vor der ersten Aufgabenstellung

$$\underline{S}_n = \left(\sum_{k=1}^{n} f\left[a+k\cdot\frac{b-a}{n}\right]\right)\cdot\frac{b-a}{n} \quad \blacktriangleright \text{ 1 für } a;\ 2 \text{ für } b$$

$$= \left(\sum_{k=1}^{n} f\left[1+k\cdot\frac{2-1}{n}\right]\right)\cdot\frac{2-1}{n}$$

$$= \left(\sum_{k=1}^{n} f\left[1+k\cdot\frac{1}{n}\right]\right)\cdot\frac{1}{n} \quad \blacktriangleright f(x) = -x+1$$

$$= \left(\sum_{k=1}^{n} \left[-1-k\cdot\frac{1}{n}+1\right]\right)\cdot\frac{1}{n}$$

39

Man kann $\underline{S}_n$ vereinfachen, denn es gilt:

$$\sum_{k=1}^{n} k = \frac{n\cdot(n+1)}{2}$$ ► 4.3

$$\underline{S}_n = \left(-\frac{1}{n}\cdot\sum_{k=1}^{n} k\right)\cdot\frac{1}{n}$$

$$= -\frac{1}{n}\cdot\frac{n\cdot(n+1)}{2}\cdot\frac{1}{n}$$

$$= -\frac{1}{2}\cdot\left(1+\frac{1}{n}\right);\, n\in\mathbb{N}^{>0}$$ ► Untersummen

$$\Rightarrow \langle\underline{S}_n\rangle:\ \underline{S}_n = -\frac{1}{2}\cdot\left(1+\frac{1}{n}\right);\, n\in\mathbb{N}^{>0}$$ ► Untersummenfolge

Da die Untersummenfolge $\langle\underline{S}_n\rangle$ den Grenzwert $-\frac{1}{2}$ hat, konvergiert auch die zugehörige Obersummenfolge $\langle\overline{S}_n\rangle$ gegen den Grenzwert $-\frac{1}{2}$, d.h. $\lim\limits_{n\to\infty}\overline{S}_n = \lim\limits_{n\to\infty}\underline{S}_n = -\frac{1}{2}$. Also ist $f: f(x) = -x+1$ im Intervall $[1;2]$ integrierbar und es gilt $\int_1^2(-x+1)\,\mathrm{d}x = -\frac{1}{2}$.

$$\lim_{n\to\infty}\underline{S}_n = \lim_{n\to\infty}\left[-\frac{1}{2}\cdot\left(1+\frac{1}{n}\right)\right]$$

$$= -\frac{1}{2}\cdot 1$$

$$= -\frac{1}{2}$$ ► Grenzwert der Untersummenfolge

$$\Rightarrow \lim_{n\to\infty}\overline{S}_n = \lim_{n\to\infty}\underline{S}_n = -\frac{1}{2}$$

$$\Rightarrow \int_1^2(-x+1)\mathrm{d}x = -\frac{1}{2}$$ ► Integralwert von f in $[1;2]$

Da die Funktionswerte von f in $[1;2]$ nicht positiv sind, ist $-\frac{1}{2}$ nicht die Maßzahl A der Fläche zwischen $G(f)$ und der x-Achse in diesem Intervall.

9. $f: f(x) = 3x^2;\ [1;4]$

Die Funktion $f: f(x) = 3x^2$ ist im Intervall $[1;4]$ streng monoton steigend. Ihr Graph ist eine Parabel.

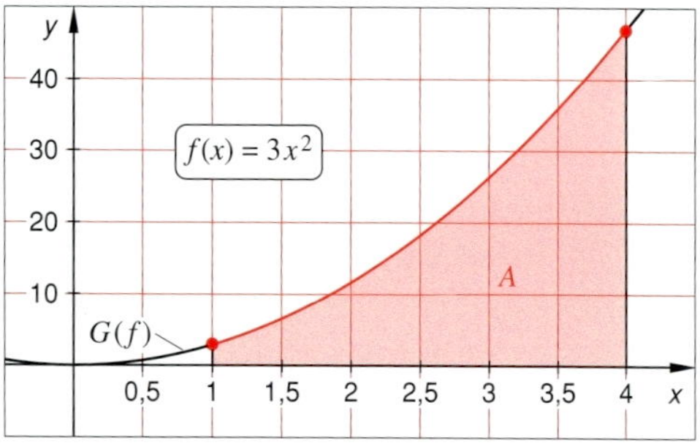

Es werden äquidistante (gleich breite) Zerlegungen des Intervalls $[1;4]$ gewählt und zur Berechnung der Untersummen $\underline{S}_n$ von f verwendet man die angegebene Formel für monoton steigende Funktionen.

► Merksatz vor der ersten Aufgabenstellung

$$\underline{S}_n = \left(\sum_{k=1}^{n} f\left[a+(k-1)\cdot\frac{b-a}{n}\right]\right)\cdot\frac{b-a}{n}$$ ► f für a; 4 für b

$$= \left(\sum_{k=1}^{n} f\left[1+(k-1)\cdot\frac{4-1}{n}\right]\right)\cdot\frac{4-1}{n}$$

$$= \left(\sum_{k=1}^{n} f\left[1+(k-1)\cdot\frac{3}{n}\right]\right)\cdot\frac{3}{n}$$ ► $f(x) = 3x^2$

$$= \left(\sum_{k=1}^{n}\left(3\cdot\left[1+(k-1)\cdot\frac{3}{n}\right]^2\right)\right)\cdot\frac{3}{n}$$

$$= \left(\sum_{k=1}^{n}\left[1+\frac{6}{n}\cdot(k-1)+\frac{9}{n^2}\cdot(k-1)^2\right]\right)\cdot\frac{9}{n}$$

Man kann $\underline{S}_n$ vereinfachen, denn es gilt:

► $\sum_{k=1}^{n} 1 = n; \sum_{k=1}^{n}(k-1) = \frac{(n-1)\cdot n}{2}$ ► 4.3

► $\sum_{k=1}^{n}(k-1)^2 = \frac{(n-1)\cdot n\cdot(2n-1)}{6}$ ► 4.3

$$\underline{S}_n = \left(\sum_{k=1}^{n} 1 + \frac{6}{n}\cdot\sum_{k=1}^{n}(k-1) + \frac{9}{n^2}\cdot\sum_{k=1}^{n}(k-1)^2\right)\cdot\frac{9}{n}$$
$$= \left(n + \frac{6}{n}\cdot\frac{(n-1)\cdot n}{2} + \frac{9}{n^2}\cdot\frac{(n-1)\cdot n\cdot(2n-1)}{6}\right)\cdot\frac{9}{n}$$
$$= 9 + 27\cdot\frac{n-1}{n} + \frac{27}{2}\cdot\frac{(n-1)\cdot(2n-1)}{n\cdot n}$$
$$= 9 + 27\cdot\left(1-\frac{1}{n}\right) + \frac{27}{2}\cdot\left(1-\frac{1}{n}\right)\cdot\left(2-\frac{1}{n}\right);\ n\in\mathbb{N}^{>0}$$

► Untersummen

$$\Rightarrow \langle\underline{S}_n\rangle: \underline{S}_n = 9 + 27\cdot\left(1-\frac{1}{n}\right) + \frac{27}{2}\cdot\left(1-\frac{1}{n}\right)\cdot\left(2-\frac{1}{n}\right);\ n\in\mathbb{N}^{>0}$$

► Untersummenfolge

Da die Untersummenfolge $\langle\underline{S}_n\rangle$ den Grenzwert 63 hat, konvergiert auch die zugehörige Obersummenfolge $\langle\overline{S}_n\rangle$ gegen den Grenzwert 63, d.h. $\lim\limits_{n\to\infty}\overline{S}_n = \lim\limits_{n\to\infty}\underline{S}_n = 63$. Also ist die Funktion $f: f(x) = 3x^2$ im Intervall $[1; 4]$ integrierbar und es gilt $\int_1^4 (3x^2)\,dx = 63$.

$$\lim_{n\to\infty}\underline{S}_n = \lim_{n\to\infty}\left[9 + 27\cdot\left(1-\frac{1}{n}\right) + \frac{27}{2}\cdot\left(1-\frac{1}{n}\right)\cdot\left(2-\frac{1}{n}\right)\right]$$
$$= 9 + 27\cdot\lim_{n\to\infty}\left(1-\frac{1}{n}\right) + \frac{27}{2}\cdot\lim_{n\to\infty}\left[\left(1-\frac{1}{n}\right)\cdot\left(2-\frac{1}{n}\right)\right]$$
$$= 9 + 27\cdot\quad 1 \quad + \frac{27}{2}\cdot\quad 1 \quad\cdot\ 2$$
$$= 9 + 27 + 27$$
$$= 63$$ ► Grenzwert der Untersummenfolge

$$\Rightarrow \lim_{n\to\infty}\overline{S}_n = \lim_{n\to\infty}\underline{S}_n = 63$$

Da die Funktionswerte von f in $[1; 4]$ nicht negativ sind, gilt dort $A = 63$ für die Maßzahl A der Fläche zwischen $G(f)$ und der x-Achse.

$$\Rightarrow \int_1^4 (3x^2)\,dx = 63$$ ► Integralwert von f in $[1; 4]$

10. $f: f(x) = -x^2 + 1;\ [0; 2]$

Die Funktion $f: f(x) = -x^2 + 1$ ist im Intervall $[0; 2]$ streng monoton fallend. Ihr Graph ist eine Parabel.

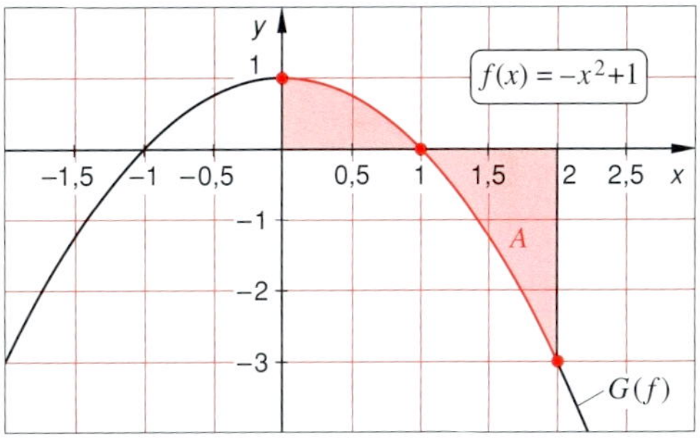

Es werden äquidistante (gleich breite) Zerlegungen des Intervalls $[0; 2]$ gewählt und zur Berechnung der Untersummen $\underline{S}_n$ von f verwendet man die angegebene Formel für monoton fallende Funktionen.

► Merksatz vor der ersten Aufgabenstellung

$$\underline{S}_n = \left(\sum_{k=1}^{n} f\left[a + k\cdot\frac{b-a}{n}\right]\right)\cdot\frac{b-a}{n}$$ ► 0 für a; 2 für b
$$= \left(\sum_{k=1}^{n} f\left[0 + k\cdot\frac{2-0}{n}\right]\right)\cdot\frac{2-0}{n}$$
$$= \left(\sum_{k=1}^{n} f\left[k\cdot\frac{2}{n}\right]\right)\cdot\frac{2}{n}$$ ► $f(x) = -x^2 + 1$
$$= \left(\sum_{k=1}^{n}\left[-k^2\cdot\frac{4}{n^2} + 1\right]\right)\cdot\frac{2}{n}$$

39

Man kann $\underline{S}_n$ vereinfachen, denn es gilt:

► $\sum_{k=1}^{n} k^2 = \frac{n \cdot (n+1) \cdot (2n+1)}{6}$ ► 4.3

► $\sum_{k=1}^{n} 1 = n$ ► 4.3

$$\underline{S}_n = \left(-\frac{4}{n^2} \cdot \sum_{k=1}^{n} k^2 + \sum_{k=1}^{n} 1\right) \cdot \frac{2}{n}$$
$$= \left(-\frac{4}{n^2} \cdot \frac{n \cdot (n+1) \cdot (2n+1)}{6} + n\right) \cdot \frac{2}{n}$$
$$= -\frac{4}{3} \cdot \frac{(n+1) \cdot (2n+1)}{n \quad \cdot \quad n} + 2$$
$$= -\frac{4}{3} \cdot \left(1 + \frac{1}{n}\right) \cdot \left(2 + \frac{1}{n}\right) + 2;\ n \in \mathbb{N}^{>0}$$
► Untersummen

$$\Rightarrow \langle \underline{S}_n \rangle:\ \underline{S}_n = -\frac{4}{3} \cdot \left(1 + \frac{1}{n}\right) \cdot \left(2 + \frac{1}{n}\right) + 2;\ n \in \mathbb{N}^{>0}$$
► Untersummenfolge

Da die Untersummenfolge $\langle \underline{S}_n \rangle$ den Grenzwert $-\frac{2}{3}$ hat, konvergiert auch die zugehörige Obersummenfolge $\langle \overline{S}_n \rangle$ gegen den Grenzwert $-\frac{2}{3}$, d.h. $\lim_{n \to \infty} \overline{S}_n = \lim_{n \to \infty} \underline{S}_n = -\frac{2}{3}$. Also ist $f: f(x) = -x^2 + 1$ im Intervall $[0;\ 2]$ integrierbar und es gilt $\int_0^2 (-x^2 + 1)\,\mathrm{d}x = -\frac{2}{3}$.

$$\lim_{n \to \infty} \underline{S}_n = \lim_{n \to \infty} \left[-\frac{4}{3} \cdot \left(1 + \frac{1}{n}\right) \cdot \left(2 + \frac{1}{n}\right) + 2\right]$$
$$= -\frac{4}{3} \cdot \lim_{n \to \infty} \left[\left(1 + \frac{1}{n}\right) \cdot \left(2 + \frac{1}{n}\right)\right] + 2$$
$$= -\frac{4}{3} \cdot \quad 1 \quad \cdot \quad 2 \quad + 2$$
$$= -\frac{8}{3} + 2$$
$$= -\frac{2}{3}$$
► Grenzwert der Untersummenfolge

$$\Rightarrow \lim_{n \to \infty} \overline{S}_n = \lim_{n \to \infty} \underline{S}_n = -\frac{2}{3}$$

$$\Rightarrow \int_0^2 (-x^2 + 1) = -\tfrac{2}{3}$$
► Integralwert von f in $[0;\ 2]$

Da im Intervall $[1;\ 2]$ die Funktionswerte von f nicht positiv sind, ist $-\frac{2}{3}$ nicht die Maßzahl A der Fläche zwischen $G(f)$ und der x-Achse im Intervall $[0;\ 2]$.

11. $f: f(x) = -2x^2 + 4x;\ [0;\ 2]$

Die Funktion $f: f(x) = -2x^2 + 4x$ ist in $I_1 = [0;\ 1]$ streng monoton steigend und in $I_2 = [1;\ 2]$ streng monoton fallend. Ihr Graph ist eine nach unten geöffnete Parabel mit dem Scheitelpunkt $P\langle 1 \mid 2 \rangle$.

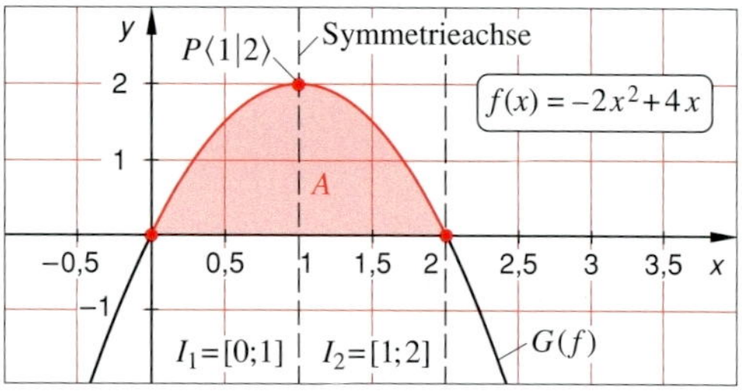

Da $G(f)$ im Intervall $[0;\ 2]$ achsensymmetrisch zur Geraden mit der Gleichung $x = 1$ ist, muss nur die Integrierbarkeit von f im Intervall $[0;\ 1]$ untersucht werden.

Es werden äquidistante (gleich breite) Zerlegungen des Intervalls $[0;\ 1]$ gewählt und zur Berechnung der Untersummen $\underline{S}_n$ von f verwendet man die angegebene Formel für monoton steigende Funktionen.

► Merksatz vor der ersten Aufgabenstellung

$$\underline{S}_n = \left(\sum_{k=1}^{n} f\left[a + (k-1) \cdot \frac{b-a}{n}\right]\right) \cdot \frac{b-a}{n}$$
► 0 für a; 1 für b
$$= \left(\sum_{k=1}^{n} f\left[0 + (k-1) \cdot \frac{1-0}{n}\right]\right) \cdot \frac{1-0}{n}$$
$$= \left(\sum_{k=1}^{n} f\left[(k-1) \cdot \frac{1}{n}\right]\right) \cdot \frac{1}{n}$$
► $f(x) = -2x^2 + 4x$
$$= \left(\sum_{k=1}^{n} \left[-2 \cdot (k-1)^2 \cdot \frac{1}{n^2} + 4 \cdot (k-1) \cdot \frac{1}{n}\right]\right) \cdot \frac{1}{n}$$

Man kann $\underline{S}_n$ vereinfachen, denn es gilt:

► $\sum_{k=1}^{n}(k-1)^2 = \frac{(n-1)\cdot n\cdot(2n-1)}{6}$ ► 4.3

► $\sum_{k=1}^{n}(k-1) = \frac{(n-1)\cdot n}{2}$ ► 4.3

$$\underline{S}_n = \left(-\frac{2}{n^2}\cdot\sum_{k=1}^{n}(k-1)^2+\frac{4}{n}\cdot\sum_{k=1}^{n}(k-1)\right)\cdot\frac{1}{n}$$

$$= \left(-\frac{2}{n^2}\cdot\frac{(n-1)\cdot n\cdot(2n-1)}{6}+\frac{4}{n}\cdot\frac{(n-1)\cdot n}{2}\right)\cdot\frac{1}{n}$$

$$= -\frac{1}{3}\cdot\frac{(n-1)\cdot(2n-1)}{n\quad\cdot\quad n}+2\cdot\frac{n-1}{n}$$

$$= -\frac{1}{3}\cdot\left(1-\frac{1}{n}\right)\cdot\left(2-\frac{1}{n}\right)+2\cdot\left(1-\frac{1}{n}\right);\ n\in\mathbb{N}^{>0}$$

► Untersummen

$$\Rightarrow \langle\underline{S}_n\rangle\colon \underline{S}_n = -\frac{1}{3}\cdot\left(1-\frac{1}{n}\right)\cdot\left(2-\frac{1}{n}\right)+2\cdot\left(1-\frac{1}{n}\right);\ n\in\mathbb{N}^{>0}$$

► Untersummenfolge

Da die Untersummenfolge $\langle\underline{S}_n\rangle$ den Grenzwert $\frac{4}{3}$ hat, konvergiert auch die zugehörige Obersummenfolge $\langle\overline{S}_n\rangle$ gegen den Grenzwert $\frac{4}{3}$, d. h. $\lim\limits_{n\to\infty}\overline{S}_n = \lim\limits_{n\to\infty}\underline{S}_n = \frac{4}{3}$. Also ist $f\colon f(x) = -2x^2+4x$ im Intervall $[0;\ 1]$ integrierbar und es gilt $\int_0^1(-2x^2+4x)\,\mathrm{d}x = \frac{4}{3}$.

$$\lim_{n\to\infty}\underline{S}_n = \lim_{n\to\infty}\left[-\frac{1}{3}\cdot\left(1-\frac{1}{n}\right)\cdot\left(2-\frac{1}{n}\right)+2\cdot\left(1-\frac{1}{n}\right)\right]$$

$$= -\frac{1}{3}\cdot\lim_{n\to\infty}\left[\left(1-\frac{1}{n}\right)\cdot\left(2-\frac{1}{n}\right)\right]+2\cdot\lim_{n\to\infty}\left(1-\frac{1}{n}\right)$$

$$= -\frac{1}{3}\cdot\quad 1\quad\cdot\quad 2\quad+2\cdot\quad 1$$

$$= \frac{4}{3}$$ ► Grenzwert der Untersummenfolge

$$\Rightarrow \lim_{n\to\infty}\overline{S}_n = \lim_{n\to\infty}\underline{S}_n = \frac{4}{3}$$

$$\Rightarrow \int_0^1(-2\cdot x^2+4\cdot x)\,\mathrm{d}x = \frac{4}{3}$$ ► Integralwert von f in $[0;\ 1]$

Den Integralwert von f im Intervall $[0;\ 2]$ erhält man durch Verdoppelung des Integralwertes im Intervall $[0;\ 1]$

$$\Rightarrow \int_0^2(-2\cdot x^2+4\cdot x)\,\mathrm{d}x = 2\cdot\int_0^1(-2\cdot x+4\cdot x)\,\mathrm{d}x = \frac{8}{3}$$

► Integralwert von f in $[0;2]$

Da die Funktionswerte von f in $[0;\ 2]$ nicht negativ sind, gilt dort $A = \frac{8}{3}$ für die Maßzahl A der Fläche zwischen $G(f)$ und der x-Achse.

12. $f\colon f(x) = x^2-2x;\ [0;2]$

Die Funktion $f\colon f(x) = x^2-2x$ ist in $I_1 = [0;\ 1]$ streng monoton fallend und in $I_2 = [1;\ 2]$ streng monoton steigend. Ihr Graph ist eine nach oben geöffnete Parabel mit dem Scheitelpunkt $P\langle 1\,|\,-1\rangle$.

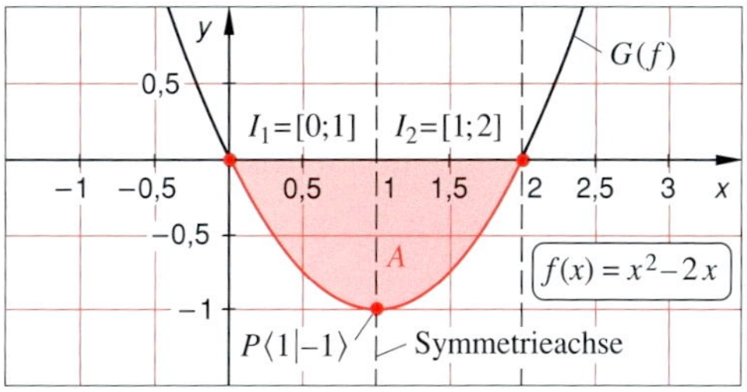

39 Da $G(f)$ im Intervall $[0;2]$ achsensymmetrisch zur Geraden mit der Gleichung $x=1$ ist, muss nur die Integrierbarkeit von f im Intervall $[0;\ 1]$ untersucht werden.

Es werden äquidistante (gleich breite) Zerlegungen des Intervalls $[0;\ 1]$ gewählt und zur Berechnung der Untersummen $\underline{S}_n$ von f verwendet man die angegebene Formel für monoton fallende Funktionen.

► Merksatz vor der ersten Aufgabenstellung

$$\underline{S}_n = \left(\sum_{k=1}^{n} f\left[a+k\cdot\frac{b-a}{n}\right]\right)\cdot\frac{b-a}{n}$$ ► 0 für a; 1 für b

$$= \left(\sum_{k=1}^{n} f\left[0+k\cdot\frac{1-0}{n}\right]\right)\cdot\frac{1-0}{n}$$

$$= \left(\sum_{k=1}^{n} f\left[k\cdot\frac{1}{n}\right]\right)\cdot\frac{1}{n}$$ ► $f(x)=x^2-2x$

$$= \left(\sum_{k=1}^{n}\left[k^2\cdot\frac{1}{n^2}-2k\cdot\frac{1}{n}\right]\right)\cdot\frac{1}{n}$$

Man kann $\underline{S}_n$ vereinfachen, denn es gilt:

► $\sum\limits_{k=1}^{n} k^2 = \frac{n\cdot(n+1)\cdot(2n+1)}{6}$ ► 4.3

► $\sum\limits_{k=1}^{n} k = \frac{n\cdot(n+1)}{2}$ ► 4.3

$$= \left(\frac{1}{n^2}\cdot\sum_{k=1}^{n}k^2-2\cdot\frac{1}{n}\cdot\sum_{k=1}^{n}k\right)\cdot\frac{1}{n}$$

$$= \left(\frac{1}{n^2}\cdot\frac{n\cdot(n+1)\cdot(2n+1)}{6}-2\cdot\frac{1}{n}\cdot\frac{n\cdot(n+1)}{2}\right)\cdot\frac{1}{n}$$

$$= \frac{1}{6}\cdot\frac{(n+1)\cdot(2n+1)}{n\quad\cdot\quad n}-\frac{n+1}{n}$$

$$= \frac{1}{6}\cdot\left(1+\frac{1}{n}\right)\cdot\left(2+\frac{1}{n}\right)-\left(1+\frac{1}{n}\right);\ n\in\mathbb{N}^{>0}$$

► Untersummen

$$\Rightarrow \langle\underline{S}_n\rangle:\ \underline{S}_n=\frac{1}{6}\cdot\left(1+\frac{1}{n}\right)\cdot\left(2+\frac{1}{n}\right)-\left(1+\frac{1}{n}\right);\ n\in\mathbb{N}^{>0}$$

► Untersummenfolge

$$\lim_{n\to\infty}\underline{S}_n=\lim_{n\to\infty}\left[\frac{1}{6}\cdot\left(1+\frac{1}{n}\right)\cdot\left(2+\frac{1}{n}\right)-\left(1+\frac{1}{n}\right)\right]$$

$$=\frac{1}{6}\cdot\lim_{n\to\infty}\left[\left(1+\frac{1}{n}\right)\cdot\left(2+\frac{1}{n}\right)\right]-\lim_{n\to\infty}\left(1+\frac{1}{n}\right)$$

$$=\frac{1}{6}\cdot\quad 1\quad\cdot\quad 2\quad-\quad 1$$

$$=-\frac{2}{3}$$ ► Grenzwert der Untersummenfolge

Da die Untersummenfolge $\langle\underline{S}_n\rangle$ den Grenzwert $-\frac{2}{3}$ hat, konvergiert auch die zugehörige Obersummenfolge $\langle\overline{S}_n\rangle$ gegen den Grenzwert $-\frac{2}{3}$, d. h. $\lim\limits_{n\to\infty}\overline{S}_n=\lim\limits_{n\to\infty}\underline{S}_n=-\frac{2}{3}$. Also ist $f: f(x)=x^2-2x$ im Intervall $[0;\ 1]$ integrierbar und es gilt $\int\limits_0^1(x^2-2x)\,\mathrm{d}x=-\frac{2}{3}$.

$$\Rightarrow \lim_{n\to\infty}\overline{S}_n=\lim_{n\to\infty}\underline{S}_n=-\frac{2}{3}$$

$$\Rightarrow \int_0^1(x^2-2x)\,\mathrm{d}x=-\frac{2}{3}$$ ► Integralwert von f in $[0;\ 1]$

Den Integralwert von f im Intervall $[0;\ 2]$ erhält man durch Verdoppelung des Integralwertes im Intervall $[0;\ 1]$.

$$\Rightarrow \int_0^2(x^2-2x)\,\mathrm{d}x=2\cdot\int_0^1(x^2-2x)\,\mathrm{d}x=-\frac{4}{3}$$

► Integralwert von f in $[0;2]$

Da die Funktionswerte von f in $[0;\ 2]$ nicht positiv sind, ist $-\frac{4}{3}$ nicht die Maßzahl A der Fläche zwischen $G(f)$ und der x-Achse in diesem Intervall.

13. $f: f(x) = x^2 - 2x + 2;\ [0;\ 2]$

Die Funktion $f: f(x) = x^2 - 2x + 2$ ist in $I_1 = [0;\ 1]$ streng monoton fallend und in $I_2 = [1;\ 2]$ streng monoton steigend. Ihr Graph ist eine nach oben geöffnete Parabel mit dem Scheitelpunkt $P\langle 1 \mid 1\rangle$.

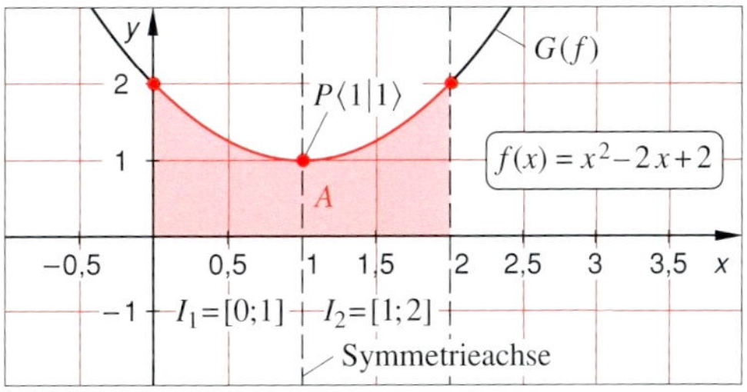

Da $G(f)$ im Intervall $[0;\ 2]$ achsensymmetrisch zur Geraden mit der Gleichung $x = 1$ ist, muss nur die Integrierbarkeit von f im Intervall $[0;\ 1]$ untersucht werden.
Es werden äquidistante (gleich breite) Zerlegungen des Intervalls $[0;\ 1]$ gewählt und zur Berechnung der Untersummen $\underline{S}_n$ von f verwendet man die angegebene Formel für monoton fallende Funktionen.

► Merksatz vor der ersten Aufgabenstellung

$$\underline{S}_n = \left(\sum_{k=1}^{n} f\left[a + k \cdot \frac{b-a}{n}\right]\right) \cdot \frac{b-a}{n} \quad \blacktriangleright \text{ 0 für } a;\ 1 \text{ für } b$$

$$= \left(\sum_{k=1}^{n} f\left[0 + k \cdot \frac{1-0}{n}\right]\right) \cdot \frac{1-0}{n}$$

$$= \left(\sum_{k=1}^{n} f\left[k \cdot \frac{1}{n}\right]\right) \cdot \frac{1}{n} \quad \blacktriangleright f(x) = x^2 - 2x + 2$$

$$= \left(\sum_{k=1}^{n} \left[k^2 \cdot \frac{1}{n^2} - 2k \cdot \frac{1}{n} + 2\right]\right) \cdot \frac{1}{n}$$

Man kann $\underline{S}_n$ vereinfachen, denn es gilt:

► $\displaystyle\sum_{k=1}^{n} k^2 = \frac{n \cdot (n+1) \cdot (2n+1)}{6}$ ► 4.3

► $\displaystyle\sum_{k=1}^{n} k = \frac{n \cdot (n+1)}{2}$ und $\displaystyle\sum_{k=1}^{n} 2 = 2n$ ► 4.3

$$= \left(\frac{1}{n^2} \cdot \sum_{k=1}^{n} k^2 - 2 \cdot \frac{1}{n} \cdot \sum_{k=1}^{n} k + \sum_{k=1}^{n} 2\right) \cdot \frac{1}{n}$$

$$= \left(\frac{1}{n^2} \cdot \frac{n \cdot (n+1) \cdot (2n+1)}{6} - 2 \cdot \frac{1}{n} \cdot \frac{n \cdot (n+1)}{2} + 2 \cdot n\right) \cdot \frac{1}{n}$$

$$= \frac{1}{6} \cdot \frac{(n+1) \cdot (2n+1)}{n \quad \cdot \quad n} - \frac{n+1}{n} + 2$$

$$= \frac{1}{6} \cdot \left(1 + \frac{1}{n}\right) \cdot \left(2 + \frac{1}{n}\right) - \left(1 + \frac{1}{n}\right) + 2;\ n \in \mathbb{N}^{>0}$$

► Untersummen

$$\Rightarrow \langle \underline{S}_n \rangle: \underline{S}_n = \frac{1}{6} \cdot \left(1 + \frac{1}{n}\right) \cdot \left(2 + \frac{1}{n}\right) - \left(1 + \frac{1}{n}\right) + 2;\ n \in \mathbb{N}^{>0}$$

► Untersummenfolge

$$\Rightarrow \lim_{n\to\infty} \underline{S}_n = \lim_{n\to\infty} \left[\frac{1}{6} \cdot \left(1 + \frac{1}{n}\right) \cdot \left(2 + \frac{1}{n}\right) - \left(1 + \frac{1}{n}\right) + 2\right]$$

$$= \frac{1}{6} \cdot \lim_{n\to\infty} \left[\left(1 + \frac{1}{n}\right) \cdot \left(2 + \frac{1}{n}\right)\right] - \lim_{n\to\infty} \left(1 + \frac{1}{n}\right) + 2$$

$$= \frac{1}{6} \cdot \quad 1 \quad \cdot \quad 2 \quad - \quad 1 \quad + 2$$

$$= \frac{4}{3} \quad \blacktriangleright \text{ Grenzwert der Untersummenfolge}$$

Da die Untersummenfolge $\langle \underline{S}_n \rangle$ den Grenzwert $\frac{4}{3}$ hat, konvergiert auch die zugehörige Obersummenfolge $\langle \overline{S}_n \rangle$ gegen den Grenzwert $\frac{4}{3}$, d. h. $\lim\limits_{n\to\infty} \overline{S}_n = \lim\limits_{n\to\infty} \underline{S}_n = \frac{4}{3}$. Also ist $f: f(x) = x^2 - 2x + 2$ im Intervall $[0;\ 1]$ integrierbar und es gilt $\int_0^1 (x^2 - 2x + 2)\,\mathrm{d}x = \frac{4}{3}$.

$$\Rightarrow \lim_{n\to\infty} \overline{S}_n = \lim_{n\to\infty} \underline{S}_n = \frac{4}{3}$$

39

$$\Rightarrow \int_0^1 (x^2 - 2 \cdot x + 2)\,dx = \frac{4}{3}$$ ▸ Integralwert von f in $[0; 1]$

Den Integralwert von f im Intervall $[0; 2]$ erhält man durch Verdoppelung des Integralwertes in $[0; 1]$.

$$\Rightarrow \int_1^2 (x^2 - 2 \cdot x + 2)\,dx = 2 \cdot \int_0^1 (x^2 - 2x + 2)\,dx = \frac{8}{3}$$

Da die Funktionswerte von f in $[0; 2]$ nicht negativ sind, gilt dort $A = \frac{8}{3}$ für die Maßzahl A der Fläche zwischen $G(f)$ und der x-Achse.

Merke:

- Eine Funktion f ist **abschnittsweise monoton** in einem Intervall I, wenn sich das Intervall I so in eine endliche Anzahl von Teilintervallen zerlegen lässt, dass die Funktion f in jedem dieser Teilintervalle streng monoton ist. Solche Teilintervalle bezeichnet man als Monotonieintervalle der Funktion f. ▸ **Kusch 3; 4.2**
- Monotone Funktionen und abschnittsweise monotone Funktionen sind in jedem abgeschlossenen Intervall ihres Definitionsbereiches integrierbar.

Zeichnen Sie den Graphen der Funktion f im angegebenen Intervall $[a; b]$ und ermitteln Sie die Teilintervalle von $[a; b]$, in denen f monoton ist. Begründen Sie die Integrierbarkeit von f in $[a; b]$.
▸ **Lehrbuch: Kusch 4, S. 23…26**

14. $f: f(x) = -x^2 + 2x$; $[-2; 3]$

Der Graph der Funktion $f: f(x) = -x^2 + 2x$ ist eine nach unten geöffnete Parabel mit dem Scheitelpunkt $P\langle 1 \mid 1 \rangle$. f ist in $I_1 = [-2; 1]$ streng monoton steigend und in $I_2 = [1; 3]$ streng monoton fallend. Die Funktion f ist demnach im Intervall $[-2; 3]$ abschnittsweise monoton und somit dort integrierbar.

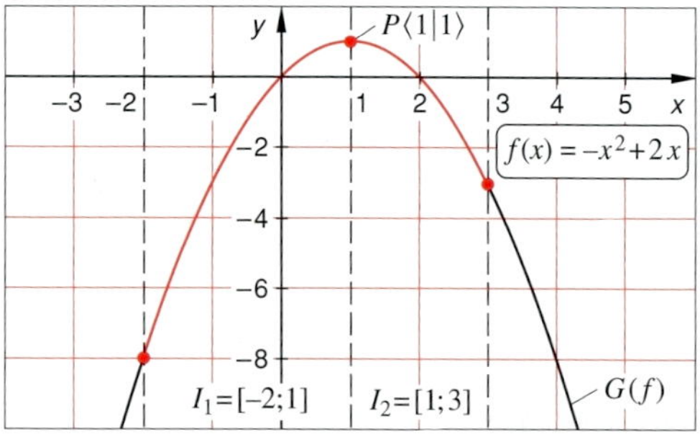

15. $f: f(x) = 2x^2 + 4x - 6$; $[-4; 2]$

Der Graph von $f: f(x) = 2x^2 + 4x - 6$ ist eine nach oben geöffnete Parabel mit dem Scheitelpunkt $P\langle -1 \mid -8 \rangle$. Die Funktion f ist in $I_1 = [-4; -1]$ streng monoton fallend und in $I_2 = [-1; 2]$ streng monoton steigend. Die Funktion f ist demnach im Intervall $[-4; 2]$ abschnittsweise monoton und somit dort integrierbar.

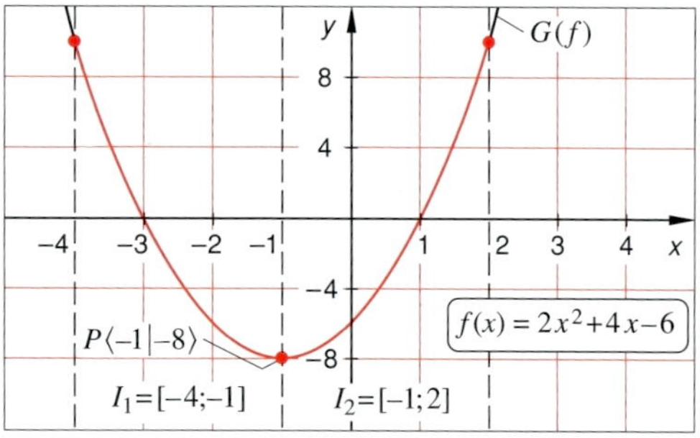

16. $f: f(x) = |x^2 - 4|;\ [-3;\ 4]$

$$f: f(x) = |x^2-4| = \begin{cases} x^2-4, & \text{wenn } x \leq -2 \\ -x^2+4, & \text{wenn } -2 < x < 2 \\ x^2-4, & \text{wenn } x \geq 2 \end{cases}$$

ist im Intervall $I_1 = [-3;\ -2]$ streng monoton fallend, im Intervall $I_2 = [-2; 0]$ streng monoton steigend, im Intervall $I_3 = [0; 2]$ streng monoton fallend und im Intervall $I_4 = [2; 4]$ streng monoton steigend. Die Funktion f ist demnach im Intervall $[-3; 4]$ abschnittsweise monoton und somit dort integrierbar.

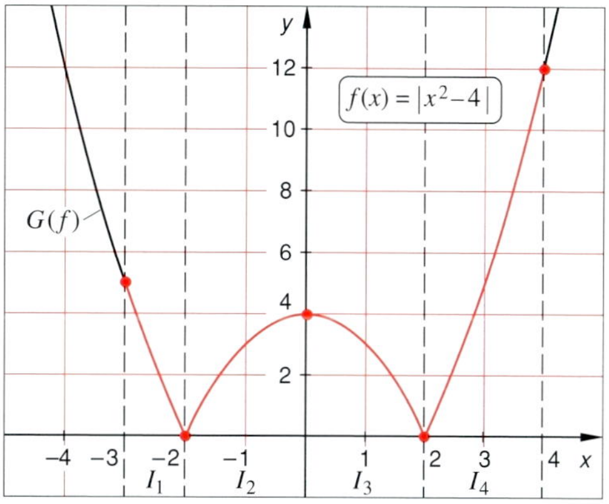

17. $f: f(x) = \begin{cases} x^2, & \text{wenn } x \in [-1;1] \\ -x+2, & \text{wenn } x \in (1;2] \end{cases}$

$f: f(x) = \begin{cases} x^2, & \text{wenn } x \in [-1;1] \\ -x+2, & \text{wenn } x \in (1;2] \end{cases}$ ist im Intervall $I_1 = [-1;0]$ streng monoton fallend in $I_2 = [0;1]$ streng monoton steigend und in $I_3 = [1;2]$ streng monoton fallend. Die Funktion f ist demnach im Intervall $[-1;2]$ abschnittsweise monoton und somit dort integrierbar.

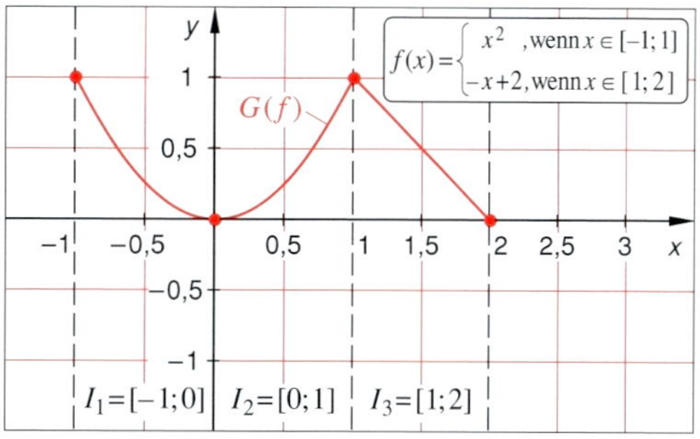

18. $f: f(x) = \begin{cases} \sqrt{x}, & \text{wenn } x \in [1;4] \\ 2-\sin(\pi \cdot x), & \text{wenn } x \in (4;5] \end{cases}$

$f: f(x) = \begin{cases} \sqrt{x}, & \text{wenn } x \in [1;4] \\ 2-\sin(\pi \cdot x), & \text{wenn } x \in (4;5] \end{cases}$ ist im Intervall $I_1 = [1;4]$ streng monoton steigend in $I_2 = [4;4{,}5]$ streng monoton fallend und in $I_3 = [4{,}5;5]$ streng monoton steigend. Die Funktion f ist demnach im Intervall $[1;5]$ abschnittsweise monoton und somit dort integrierbar.

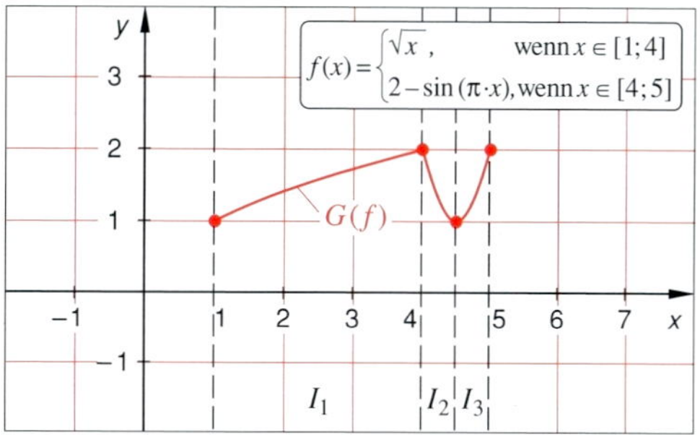

19. $f: f(x) = \begin{cases} x^2, & \text{wenn } x \in [0;1) \\ (x-2)^2, & \text{wenn } x \in [1;2] \end{cases}$

$f: f(x) = \begin{cases} x^2, & \text{wenn } x \in [0;1) \\ (x-2)^2, & \text{wenn } x \in [1;2] \end{cases}$ ist im Intervall $I_1 = [0;1)$ streng monoton steigend und in $I_2 = [1;2]$ streng monoton fallend. Die Funktion f ist demnach im Intervall $[0;2]$ abschnittsweise monoton und somit dort integrierbar.

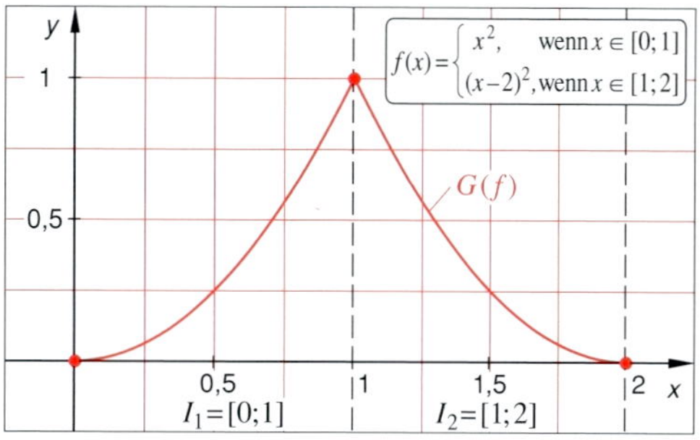

39 **20.** $f: f(x) = e^{-|x|}$; $[-1; 1]$

$f: f(x) = e^{-|x|} = \begin{cases} e^x, & \text{wenn } x < 0 \\ e^{-x}, & \text{wenn } x \geq 0 \end{cases}$ ist im Intervall $I_1 = [-1; 0)$ streng monoton steigend und im Intervall $I_2 = [0; 1]$ streng monoton fallend. Die Funktion f ist demnach im Intervall $[-1; 1]$ abschnittsweise monoton und somit dort integrierbar.

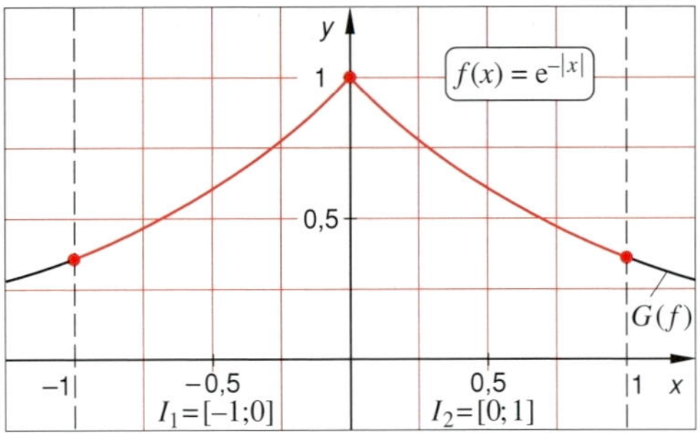

Merke:

Stimmt eine beschränkte Funktion h in einem Intervall $[a; b]$ bis auf endlich viele stetig behebbare Definitionslücken oder stetig behebbare Unstetigkeitsstellen mit einer in $[a; b]$ integrierbaren monotonen Funktion f überein, so ist auch die Funktion h im Intervall $[a; b]$ integrierbar und hat den gleichen Integralwert wie die Funktion f. ► $\int_a^b h(x)\,dx = \int_a^b f(x)\,dx$

Zeichnen Sie den Graphen der Funktion f im angegebenen Intervall $[a; b]$ und berechnen Sie den Integralwert für f in $[a; b]$. ► **Lehrbuch: Kusch 4, S. 26 . . . 28**

21. $f: f(x) = \begin{cases} 0{,}5x, & \text{wenn } x \neq 4 \\ 1, & \text{wenn } x = 4 \end{cases}$; $I = [0; 8]$

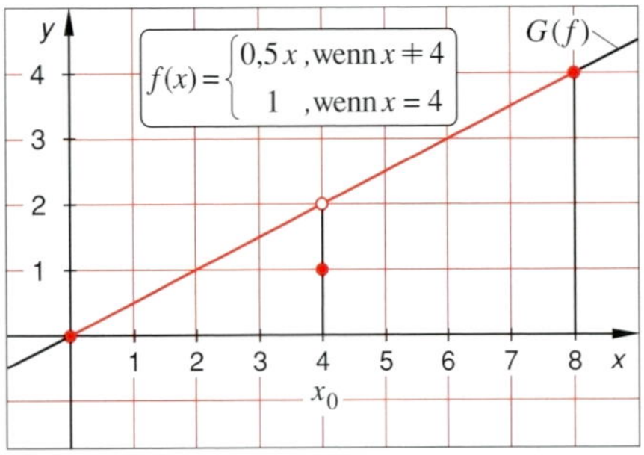

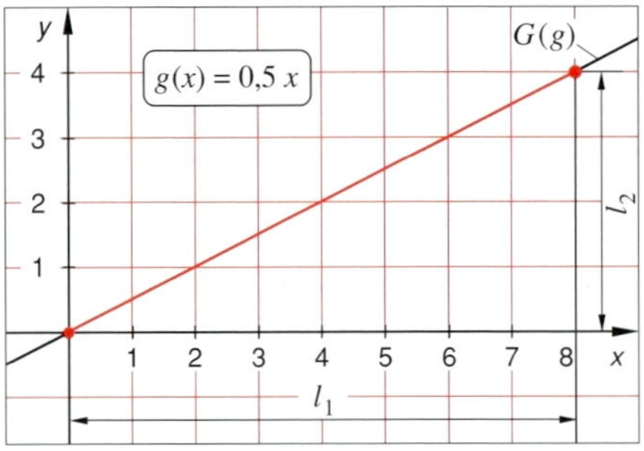

Die Funktion f hat im Intervall $[0; 8]$ die stetig behebbare Unstetigkeitsstelle $x_0 = 4$ und sie stimmt bis auf diese Stelle mit der in $[0; 8]$ streng monoton steigenden Funktion $g: g(x) = 0{,}5x$; $D(g) = \mathbb{R}$ überein.

Die Funktion g ist als streng monoton steigende Funktion im Intervall $[0; 8]$ integrierbar. Daher ist auch die Funktion f in $[0; 8]$ integrierbar und sie hat dort den gleichen Integralwert wie die Funktion g.
Es gilt daher $\int_0^8 f(x)\,dx = \int_0^8 (0{,}5x)\,dx$.

Da die Funktionswerte von g in $[0;\ 8]$ nicht negativ sind, gibt $\int\limits_0^8 (0{,}5x)\,\mathrm{d}x$ die Flächenmaßzahl des rechtwinkligen Dreiecks zwischen dem Graphen $G(g)$ und der x-Achse in $[0;\ 8]$ an. Mit der Formel $A = \dfrac{l_1 \cdot l_2}{2}$ für den Flächeninhalt eines Dreiecks erhält man $A = 16$ und somit $\int\limits_0^8 f(x)\,\mathrm{d}x = 16$.

$$\int\limits_0^8 f(x)\,\mathrm{d}x = \int\limits_0^8 g(x)\,\mathrm{d}x = \int\limits_0^8 (0{,}5x)\,\mathrm{d}x$$

► $l_1 = 8 - 0 = 8$; $l_2 = g(8) = 0{,}5 \cdot 8 = 4$

$$\int\limits_0^8 (0{,}5x)\,\mathrm{d}x = \frac{l_1 \cdot l_2}{2} \qquad \text{► 8 für } l_1\text{; 4 für } l_2$$

$$= \frac{8 \cdot 4}{2}$$

$$= \underline{\underline{16}}$$

$$\Rightarrow \underline{\underline{\int\limits_0^8 f(x)\,\mathrm{d}x = \int\limits_0^8 (0{,}5x)\,\mathrm{d}x = 16}} \qquad \text{► Integralwert von } f \text{ in } [0;8]$$

22. $f: f(x) = \begin{cases} x^2, & \text{wenn } x \notin \{1; 4\} \\ 0, & \text{wenn } x \in \{1; 4\} \end{cases}$; $I = [0;\ 4]$

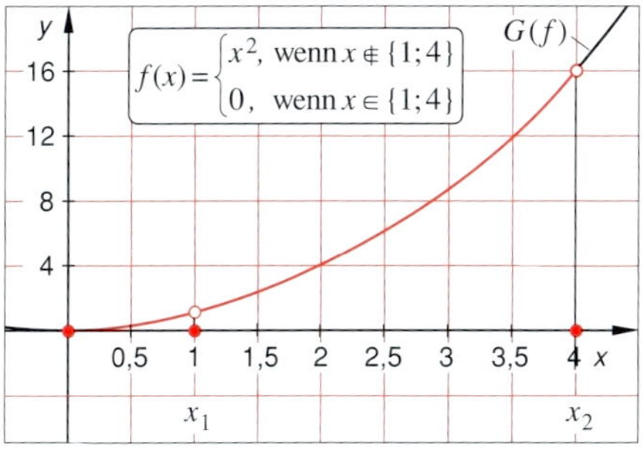

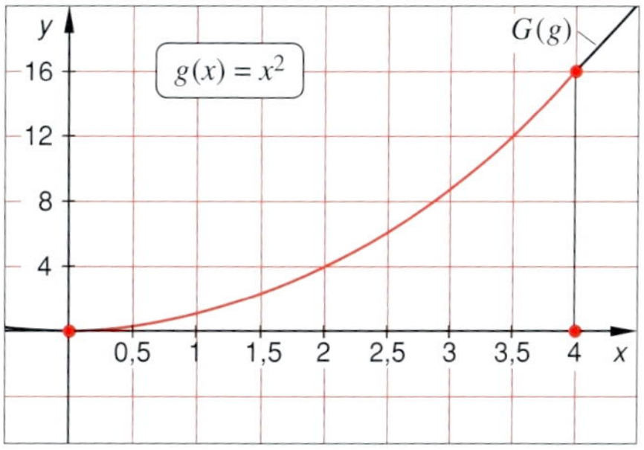

Die Funktion f hat im Intervall $[0;\ 4]$ die stetig behebbaren Unstetigkeitsstellen $x_1 = 1$ und $x_2 = 4$. Sie stimmt bis auf diese Stellen mit der im Intervall $[0;\ 4]$ streng monoton steigenden Funktion $g: g(x) = x^2$; $D(g) = \mathbb{R}$ überein. Da g als streng monoton steigende Funktion im Intervall $[0;\ 4]$ integrierbar ist, ist auch die Funktion f in $[0;\ 4]$ integrierbar und sie hat dort den gleichen Integralwert wie die Funktion g. Es gilt daher $\int\limits_0^4 f(x)\,\mathrm{d}x = \int\limits_0^4 x^2\,\mathrm{d}x$.

Für die Berechnung von $\int\limits_0^4 x^2\,\mathrm{d}x$ werden äquidistante Zerlegungen des Intervalls $[0;\ 4]$ gewählt und zur Ermittlung der Untersummen $\underline{S}_n$ von g verwendet man die angegebene Formel für monoton steigende Funktionen.

► Merksatz vor der ersten Aufgabenstellung

$$\underline{S}_n = \left(\sum_{k=1}^{n} g\left[a + (k-1) \cdot \frac{b-a}{n}\right]\right) \cdot \frac{b-a}{n} \qquad \text{► 0 für } a\text{; 4 für } b$$

$$= \left(\sum_{k=1}^{n} g\left[0 + (k-1) \cdot \frac{4-0}{n}\right]\right) \cdot \frac{4-0}{n}$$

$$= \left(\sum_{k=1}^{n} g\left[(k-1) \cdot \frac{4}{n}\right]\right) \cdot \frac{4}{n} \qquad \text{► } g(x) = x^2$$

39 Man kann $\underline{S}_n$ vereinfachen, denn es gilt:

$$\sum_{k=1}^{n}(k-1)^2 = \frac{(n-1)\cdot n\cdot(2n-1)}{6}$$ ► 4.3

$$\underline{S}_n = \left(\sum_{k=1}^{n}\left[(k-1)^2\cdot\frac{16}{n^2}\right]\right)\cdot\frac{4}{n}$$
$$= \frac{16}{n^2}\cdot\left(\sum_{k=1}^{n}(k-1)^2\right)\cdot\frac{4}{n}$$
$$= \frac{16}{n^2}\cdot\frac{(n-1)\cdot n\cdot(2n-1)}{6}\cdot\frac{4}{n}$$
$$= \frac{32}{3}\cdot\frac{(n-1)\cdot(2n-1)}{n\quad\cdot\quad n}$$
$$= \underline{\underline{\frac{32}{3}\cdot\left(1-\frac{1}{n}\right)\cdot\left(2-\frac{1}{n}\right);\ n\in\mathbb{N}^{>0}}}$$ ► Untersummen

$$\langle\underline{S}_n\rangle:\ \underline{S}_n = \frac{32}{3}\cdot\left(1-\frac{1}{n}\right)\cdot\left(2-\frac{1}{n}\right);\ n\in\mathbb{N}^{>0}$$
► Untersummenfolge

Da die Untersummenfolge $\langle\underline{S}_n\rangle$ den Grenzwert $\frac{64}{3}$ hat, konvergiert auch die zugehörige Obersummenfolge $\langle\overline{S}_n\rangle$ gegen den Grenzwert $\frac{64}{3}$, d. h. $\lim\limits_{n\to\infty}\overline{S}_n = \lim\limits_{n\to\infty}\underline{S}_n = \frac{64}{3}$.

$$\lim_{n\to\infty}\underline{S}_n = \lim_{n\to\infty}\left[\frac{32}{3}\cdot\left(1-\frac{1}{n}\right)\cdot\left(2-\frac{1}{n}\right)\right]$$
$$= \frac{32}{3}\quad\cdot\quad 1\quad\cdot\quad 2$$
$$= \underline{\underline{\frac{64}{3}}}$$ ► Grenzwert der Untersummenfolge

Somit ist $\frac{64}{3}$ der Integralwert der Funktion $g = g(x) = x^2$ in $[0;\,4]$ und damit auch der Integralwert von f in $[0;\,4]$.

$$\Rightarrow \lim_{n\to\infty}\overline{S}_n = \lim_{n\to\infty}\underline{S}_n = \frac{64}{3}$$
$$\Rightarrow \int_0^4 g(x)\,\mathrm{d}x = \int_0^4 x^2\,\mathrm{d}x = \frac{64}{3}$$
$$\Rightarrow \underline{\underline{\int_0^4 f(x)\,\mathrm{d}x = \frac{64}{3}}}$$ ► Integralwert von f in $[0;\,4]$

23. $f: f(x) = \begin{cases} -x^2+1, & \text{wenn } x \neq 1 \\ 2, & \text{wenn } x = 1 \end{cases};\quad I = [0;\,1]$

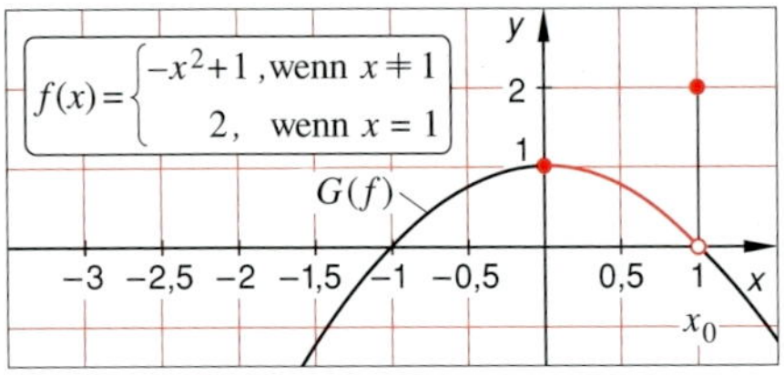

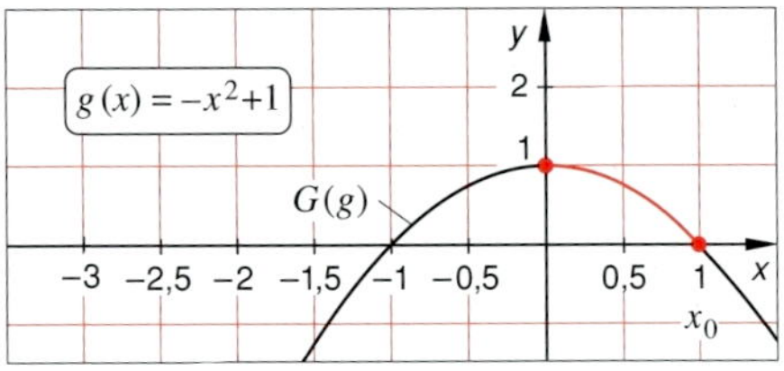

Die Funktion f hat im Intervall $[0;\,1]$ die stetig behebbare Unstetigkeitsstelle $x_0 = 1$. Sie stimmt bis auf diese Stelle mit der im Intervall $[0;\,1]$ streng monoton fallenden Funktion $g: g(x) = -x^2+1;\ D(g) = \mathbb{R}$ überein. Da g als streng monoton fallende Funktion im Intervall $[0;\,1]$ integrierbar ist, ist auch die Funktion f in $[0;\,1]$ integrierbar und sie hat dort den gleichen Integralwert wie die Funktion g. Es gilt daher $\int_0^1 f(x)\,\mathrm{d}x = \int_0^1(-x^2+1)\,\mathrm{d}x$.

39

Für die Berechnung von $\int_0^1 (-x^2+1)\,dx$ werden äquidistante Zerlegungen des Intervalls [0; 1] gewählt und zur Ermittlung der Untersummen $\underline{S}_n$ von g verwendet man die angegebene Formel für monoton fallende Funktionen.

► Merksatz vor der ersten Aufgabenstellung

$$\underline{S}_n = \left(\sum_{k=1}^{n} g\left[a + k\cdot\frac{b-a}{n}\right]\right)\cdot\frac{b-a}{n}$$ ► 0 für a; 1 für b

$$= \left(\sum_{k=1}^{n} g\left[0 + k\cdot\frac{1-0}{n}\right]\right)\cdot\frac{1-0}{n}$$

$$= \left(\sum_{k=1}^{n} g\left[k\cdot\frac{1}{n}\right]\right)\cdot\frac{1}{n}$$ ► $g(x) = -x^2+1$

$$= \left(\sum_{k=1}^{n} \left[-k^2\cdot\frac{1}{n^2}+1\right]\right)\cdot\frac{1}{n}$$

Man kann $\underline{S}_n$ vereinfachen, denn es gilt:

► $\sum_{k=1}^{n} k^2 = \frac{n\cdot(n+1)\cdot(2n+1)}{6}$ ► 4.3

► $\sum_{k=1}^{n} 1 = n$ ► 4.3

$$= \left(-\frac{1}{n^2}\cdot\sum_{k=1}^{n} k^2 + \sum_{k=1}^{n} 1\right)\cdot\frac{1}{n}$$

$$= \left(-\frac{1}{n^2}\cdot\frac{n\cdot(n+1)\cdot(2n+1)}{6}+n\right)\cdot\frac{1}{n}$$

$$= -\frac{1}{6}\cdot\frac{(n+1)\cdot(2n+1)}{n\quad\cdot\quad n}+1$$

$$= -\frac{1}{6}\cdot\left(1+\frac{1}{n}\right)\cdot\left(2+\frac{1}{n}\right)+1;\ n\in\mathbb{N}^{>0}$$ ► Untersummen

$$\langle\underline{S}_n\rangle: \underline{S}_n = -\frac{1}{6}\cdot\left(1+\frac{1}{n}\right)\cdot\left(2+\frac{1}{n}\right)+1;\ n\in\mathbb{N}^{>0}$$

► Untersummenfolge

Da die Untersummenfolge $\langle\underline{S}_n\rangle$ den Grenzwert $\frac{2}{3}$ hat, konvergiert auch die zugehörige Obersummenfolge $\langle\overline{S}_n\rangle$ gegen den Grenzwert $\frac{2}{3}$, d. h. $\lim\limits_{n\to\infty}\overline{S}_n = \lim\limits_{n\to\infty}\underline{S}_n = \frac{2}{3}$.

$$\lim_{n\to\infty}\underline{S}_n = \lim_{n\to\infty}\left[-\frac{1}{6}\cdot\left(1+\frac{1}{n}\right)\cdot\left(2+\frac{1}{n}\right)+1\right]$$

$$= -\frac{1}{6}\cdot\lim_{n\to\infty}\left[\left(1+\frac{1}{n}\right)\cdot\left(2+\frac{1}{n}\right)\right]+1$$

$$= -\frac{1}{6}\cdot\quad 1 \quad\cdot\quad 2 \quad +1$$

$$= \frac{2}{3}$$ ► Grenzwert der Untersummenfolge

$$\Rightarrow \lim_{n\to\infty}\overline{S}_n = \lim_{n\to\infty}\underline{S}_n = \frac{2}{3}$$

Somit ist $\frac{2}{3}$ der Integralwert der Funktion $g: g(x) = -x^2+1$ in [0; 1] und damit auch der Integralwert von f in [0; 1].

$$\Rightarrow \int_0^1 g(x)\,dx = \int_0^1(-x^2+1)\,dx = \frac{2}{3}$$

$$\Rightarrow \int_0^1 f(x)\,dx = \frac{2}{3}$$ ► Integralwert von f in [0; 1]

39

24. $f: f(x) = \begin{cases} -\frac{x}{3}+1, & \text{wenn } x \notin \{1; 2\} \\ 0{,}5, & \text{wenn } x = 1 \\ 1, & \text{wenn } x = 2 \end{cases}$; $I = [0; 3]$

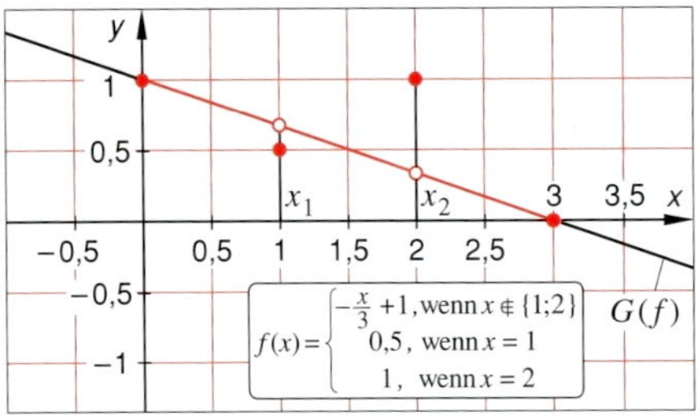

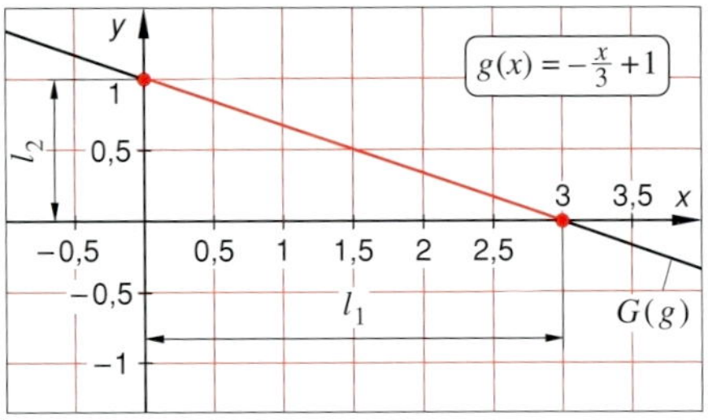

Die Funktion *f* hat im Intervall $[0; 3]$ die stetig behebbaren Unstetigkeitsstellen $x_1 = 1$ und $x_2 = 2$. Sie stimmt bis auf diese Stellen mit der im Intervall $[0; 3]$ streng monoton fallenden Funktion $g: g(x) = -\frac{x}{3} + 1$; $D(g) = \mathbb{R}$ überein. Da g als streng monoton fallende Funktion im Intervall $[0; 3]$ integrierbar ist, ist auch die Funktion f in $[0; 3]$ integrierbar und sie hat dort den gleichen Integralwert wie die Funktion g. Es gilt daher $\int_0^3 f(x)\,\mathrm{d}x = \int_0^3 \left(-\frac{x}{3}+1\right)\mathrm{d}x$.

Da die Funktionswerte von g in $[0; 3]$ nicht negativ sind, gibt $\int_0^3 \left(-\frac{x}{3}+1\right)\mathrm{d}x$ die Flächenmaßzahl des rechtwinkligen Dreiecks zwischen dem Graphen $G(g)$ und der x-Achse in $[0; 3]$ an. Mit der Formel $A = \frac{l_1 \cdot l_2}{2}$ für den Flächeninhalt eines Dreiecks erhält man $A = 1{,}5$ und somit $\int_0^3 f(x)\,\mathrm{d}x = 1{,}5$.

$$\int_0^3 f(x)\,\mathrm{d}x = \int_0^3 g(x)\,\mathrm{d}x = \int_0^3 \left(-\frac{x}{3}+1\right)\mathrm{d}x$$

▶ $l_1 = 3 - 0 = 3$; $l_2 = g(0) = \frac{0}{3} + 1 = 1$

$$\int_0^3 \left(-\frac{x}{3}+1\right)\mathrm{d}x = \frac{l_1 \cdot l_2}{2}$$ ▶ 3 für l_1; 1 für l_2

$$= \frac{3 \cdot 1}{2}$$

$$= \underline{\underline{1{,}5}}$$

$$\Rightarrow \int_0^3 f(x)\,\mathrm{d}x = \int_0^3 \left(-\frac{x}{3}+1\right)\mathrm{d}x = 1{,}5$$

▶ Integralwert von f in $[0; 3]$

25. $f: f(x) = \operatorname{sgn} x^2$; $I = [-1; 1]$

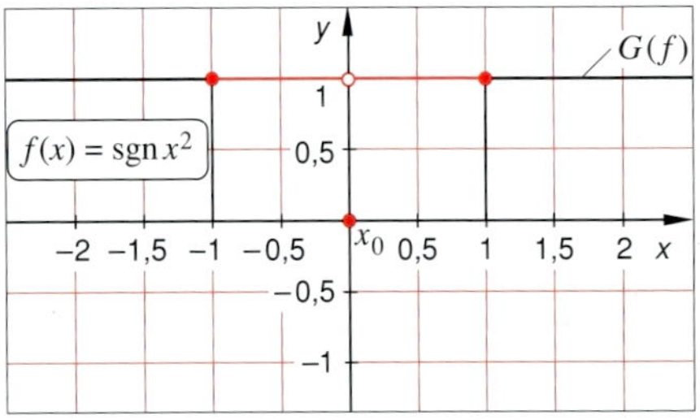

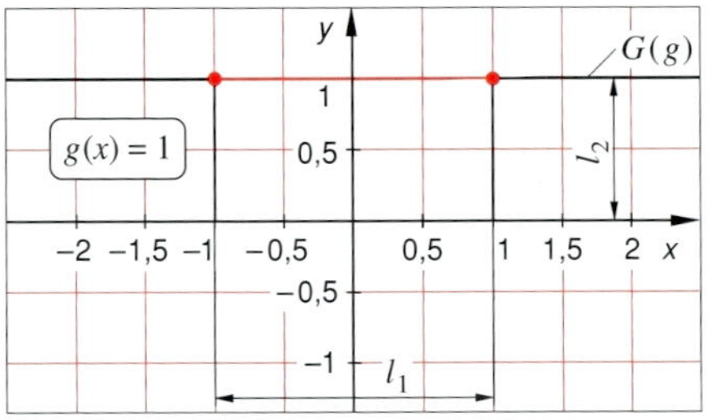

Die Funktion f hat im Intervall $[-1;\ 1]$ die stetig behebbare Unstetigkeitsstelle $x_0 = 0$. Sie stimmt bis auf diese Stelle mit der im Intervall $[-1;\ 1]$ sowohl monoton fallenden als auch monoton steigenden Funktion $g: g(x) = 1;\ D(g) = \mathbb{R}$ überein. Da g als monotone Funktion im Intervall $[-1;\ 1]$ integrierbar ist, ist auch die Funktion f in $[-1;\ 1]$ integrierbar und sie hat dort den gleichen Integralwert wie die Funktion g. Es gilt daher $\int_{-1}^{1} f(x)\,\mathrm{d}x = \int_{-1}^{1} 1\,\mathrm{d}x$.

Da die Funktionswerte von g in $[-1;\ 1]$ nichtnegativ sind, gibt $\int_{-1}^{1} 1\,\mathrm{d}x$ die Flächenmaßzahl des Rechtecks zwischen dem Graphen $G(g)$ und der x-Achse in $[-1;\ 1]$ an. Mit der Formel $A = l_1 \cdot l_2$ für den Flächeninhalt eines Rechtecks erhält man $A = 2$ und somit $\int_{-1}^{1} f(x)\mathrm{d}x = 2$.

$$\int_{-1}^{1} f(x)\,\mathrm{d}x = \int_{-1}^{1} g(x)\,\mathrm{d}x = \int_{-1}^{1} 1\,\mathrm{d}x$$

► $l_1 = 1 - (-1) = 2;\ l_2 = g(1) = 1$

$$\int_{-1}^{1} 1\,\mathrm{d}x = l_1 \cdot l_2$$ ► 2 für l_1; 1 für l_2

$$= 2 \cdot 1$$

$$= \underline{\underline{2}}$$

$$\Rightarrow \int_{-1}^{1} f(x)\,\mathrm{d}x = \int_{-1}^{1} 1\,\mathrm{d}x = 2$$ ► Integralwert von f in $[-1;\ 1]$

26. $f: f(x) = \operatorname{sgn} x;\ I = [0;\ 2]$

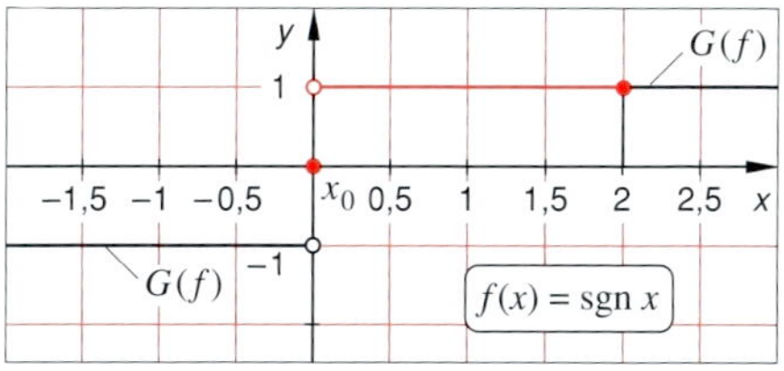

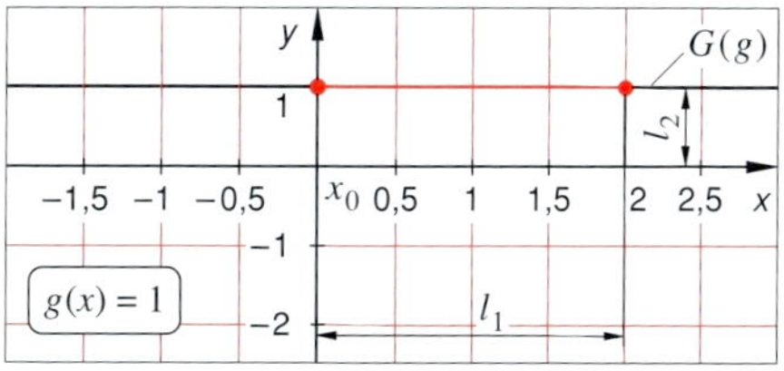

Die Funktion f hat im Intervall $[0;\ 2]$ die stetig behebbare Unstetigkeitsstelle $x_0 = 0$. Sie stimmt bis auf diese Stelle mit der im Intervall $[0;\ 2]$ sowohl monoton fallenden als auch monoton steigenden Funktion $g: g(x) = 1;\ D(g) = \mathbb{R}$ überein. Da g als monotone Funktion im Intervall $[0;\ 2]$ integrierbar ist, ist auch die Funktion f in $[0;\ 2]$ integrierbar und sie hat dort den gleichen Integralwert wie die Funktion g. Es gilt daher $\int_{0}^{2} f(x)\,\mathrm{d}x = \int_{0}^{2} 1\,\mathrm{d}x$.

Da die Funktionswerte von g in $[0;\ 2]$ nichtnegativ sind, gibt $\int_{0}^{2} 1\,\mathrm{d}x$ die Flächenmaßzahl des Rechtecks zwischen dem Graphen $G(g)$ und der x-Achse in $[0;\ 2]$ an.

Mit der Formel $A = l_1 \cdot l_2$ für den Flächeninhalt eines Rechtecks erhält man $A = 2$ und somit $\int_{0}^{2} f(x)\,\mathrm{d}x = 2$.

$$\int_{0}^{2} f(x)\,\mathrm{d}x = \int_{0}^{2} g(x)\,\mathrm{d}x = \int_{0}^{2} 1\,\mathrm{d}x$$

► $l_1 = 2 - 0 = 2;\ l_2 = g(1) = 1$

$$\int_{0}^{2} 1\,\mathrm{d}x = l_1 \cdot l_2$$ ► 2 für l_1; 1 für l_2

$$= 2 \cdot 1$$

$$= \underline{\underline{2}}$$

$$\Rightarrow \underline{\underline{\int_{0}^{2} f(x)\,\mathrm{d}x = \int_{0}^{2} 1\,\mathrm{d}x = 2}}$$ ► Integralwert von f in $[0;\ 2]$

39

Merke:

Führt man für eine in $[a; b]$ integrierbare Funktion f die Berechnung des gemeinsamen Grenzwertes einer Untersummenfolge und einer Obersummenfolge nicht mit konkreten Zahlen durch, sondern allgemein mit den Intervallgrenzen a und b, so erhält man für $\int_a^b f(x)\,\mathrm{d}x$ einen Integralterm, der a und b enthält. Setzt man in diesen Term für a und b wieder konkrete Zahlen, so ergeben sich die entsprechenden Integralwerte.

Zeichnen Sie den Graphen der Funktion f und entwickeln Sie eine Formel für $\int_a^b f(x)\,\mathrm{d}x$ in $[a; b]$ mit $a \geq 0$. Welchen Integralwert haben die Funktionen im Intervall $[1;\ 2]$?

▸ **Lehrbuch: Kusch 4, S. 28…38**

27. $f: f(x) = 0{,}5\,x$

Die Funktion $f: f(x) = 0{,}5\,x;\ D(f) = \mathbb{R}$ ist streng monoton steigend und somit in jedem abgeschlossenen Intervall $[a; b] \subset \mathbb{R}$ integrierbar.

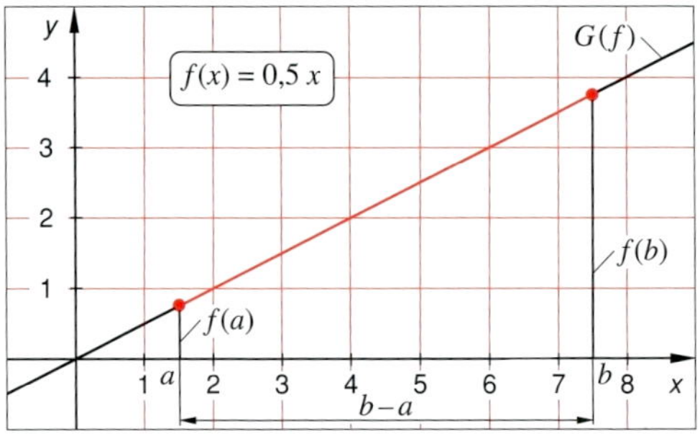

Für $a \geq 0$ sind die Funktionswerte von f in $[a; b]$ nicht negativ, sodass $\int_a^b f(x)\,\mathrm{d}x$ die Maßzahl der Fläche zwischen $G(f)$ und der x-Achse in diesen Intervallen angibt. $\int_a^b f(x)\,\mathrm{d}x$ lässt sich für $f: f(x) = 0{,}5\,x$ leicht berechnen, indem man die Formel für die Maßzahl einer Trapezfläche zugrunde legt. Diese gilt auch für den Fall $a = 0$, wenn also zwischen $G(f)$ und der x-Achse eine Dreiecksfläche vorliegt.

▸ $\int_a^b f(x)\,\mathrm{d}x = A_{\text{Trapez}}$ ▸ $a \geq 0$

$$A_{\text{Trapez}} = \frac{f(b) + f(a)}{2} \cdot (b - a)$$ ▸ $f(b) = 0{,}5\,b;\ f(a) = 0{,}5\,a$

$$= \frac{0{,}5\,b + 0{,}5\,a}{2} \cdot (b - a)$$

$$= \frac{0{,}5 \cdot (b + a)}{2} \cdot (b - a)$$

$$= \underline{\frac{1}{4} \cdot (b^2 - a^2);\ a \geq 0;\ b > 0}$$

$$\Rightarrow \underline{\underline{\int_a^b (0{,}5\,x)\,\mathrm{d}x = \frac{1}{4} \cdot (b^2 - a^2);\ a \geq 0;\ b > a}}$$ ▸ Integralterm von f in $[a; b]$

Mit der entwickelten Formel können nun die Integralwerte für beliebige Intervalle $[a; b]$ mit $a \geq 0$ berechnet werden, also auch für das Intervall $[1;\ 2]$.

▸ $\int_a^b (0{,}5\,x)\,\mathrm{d}x = \frac{1}{4} \cdot (b^2 - a^2)$ ▸ 1 für a; 2 für b

$$\int_1^2 (0{,}5\,x)\,\mathrm{d}x = \frac{1}{4} \cdot (2^2 - 1^2)$$

$$= \underline{\underline{\frac{3}{4}}}$$ ▸ Integralwert von f in $[1;\ 2]$

28. $f: f(x) = x^2$

Die Funktion $f: f(x) = x^2$ ist in Intervallen $[a; b]$ mit $a \geq 0$ streng monoton steigend und somit dort integrierbar.

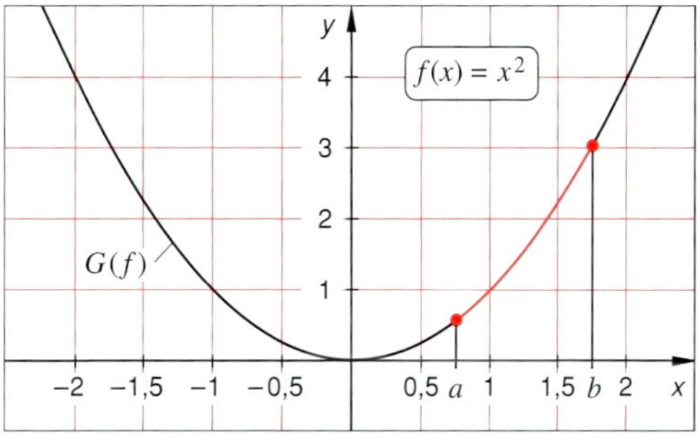

Zur Berechnung des Integralterms $\int_a^b x^2\,\mathrm{d}x;\ a \geq 0;\ b > a$ werden äquidistante Zerlegungen des Intervalls $[a; b]$ gewählt. Die Berechnung der Untersummen $\underline{S}_n$ von f erfolgt mit der angegebenen Formel für monoton steigende Funktionen. ► Merksatz vor der ersten Aufgabenstellung

$$\underline{S}_n = \left(\sum_{k=1}^{n} f\left[a + (k-1)\cdot\frac{b-a}{n}\right]\right)\cdot\frac{b-a}{n} \quad \blacktriangleright\ f(x) = x^2$$

$$= \left(\sum_{k=1}^{n}\left[a + (k-1)\cdot\frac{b-a}{n}\right]^2\right)\cdot\frac{b-a}{n}$$

$$= \left(\sum_{k=1}^{n}\left[a^2 + 2a\cdot(k-1)\cdot\frac{b-a}{n} + (k-1)^2\cdot\frac{(b-a)^2}{n^2}\right]\right)\cdot\frac{b-a}{n}$$

$$= \left(\sum_{k=1}^{n} a^2 + 2a\cdot\frac{b-a}{n}\cdot\sum_{k=1}^{n}(k-1) + \frac{(b-a)^2}{n^2}\cdot\sum_{k=1}^{n}(k-1)^2\right)\cdot\frac{b-a}{n}$$

$$\blacktriangleright\ \sum_{k=1}^{n} a^2 = a^2 n;\ \sum_{k=1}^{n}(k-1) = \frac{(n-1)\cdot n}{2};\ \sum_{k=1}^{n}(k-1)^2 = \frac{(n-1)\cdot n\cdot(2n-1)}{6} \quad \blacktriangleright\ 4.3$$

$$= \left(a^2 n + 2a\cdot\frac{b-a}{n}\cdot\frac{(n-1)\cdot n}{2} + \frac{(b-a)^2}{n^2}\cdot\frac{(n-1)\cdot n\cdot(2n-1)}{6}\right)\cdot\frac{b-a}{n}$$

$$= \left(a^2 + a\cdot(b-a)\cdot\frac{n-1}{n} + \frac{(b-a)^2}{6}\cdot\frac{(n-1)\cdot(2n-1)}{n\cdot n}\right)\cdot(b-a)$$

$$= \left(a^2 + a\cdot(b-a)\cdot\left(1-\frac{1}{n}\right) + \frac{(b-a)^2}{6}\cdot\left(1-\frac{1}{n}\right)\cdot\left(2-\frac{1}{n}\right)\right)\cdot(b-a);\ n \in \mathbb{N}^{>0} \quad \blacktriangleright\ \text{Untersummen}$$

$$\langle\underline{S}_n\rangle\colon \underline{S}_n = \left(a^2 + a\cdot(b-a)\cdot\left(1-\frac{1}{n}\right) + \frac{(b-a)^2}{6}\cdot\left(1-\frac{1}{n}\right)\cdot\left(2-\frac{1}{n}\right)\right)\cdot(b-a);\ n \in \mathbb{N}^{>0} \quad \blacktriangleright\ \text{Untersummenfolge}$$

$$\lim_{n\to\infty}\underline{S}_n = \lim_{n\to\infty}\left[\left(a^2 + a\cdot(b-a)\cdot\left(1-\frac{1}{n}\right) + \frac{(b-a)^2}{6}\cdot\left(1-\frac{1}{n}\right)\cdot\left(2-\frac{1}{n}\right)\right)\cdot(b-a)\right]$$

$$= \left(a^2 + a\cdot(b-a)\cdot\lim_{n\to\infty}\left(1-\frac{1}{n}\right) + \frac{(b-a)^2}{6}\cdot\lim_{n\to\infty}\left[\left(1-\frac{1}{n}\right)\cdot\left(2-\frac{1}{n}\right)\right]\right)\cdot(b-a)$$

$$= \left(a^2 + a\cdot(b-a)\cdot\quad 1 \quad + \frac{(b-a)^2}{6}\cdot\quad 1 \quad\cdot\quad 2\quad\right)\cdot(b-a)$$

$$= \left(a^2 + ab - a^2 + \frac{b^2 - 2ab + a^2}{3}\right)\cdot(b-a)$$

39

$$\lim_{n\to\infty} \underline{S}_n = \frac{1}{3}\cdot\left(3ab+b^2-2ab+a^2\right)\cdot(b-a)$$
$$=\frac{1}{3}\cdot(b^2+ab+a^2)\cdot(b-a)$$
$$=\underline{\underline{\frac{1}{3}\cdot(b^3-a^3);\ a\geq 0;\ b>a}}$$ ► Grenzwertterm der Untersummenfolge

Da die Untersummenfolge $\langle \underline{S}_n\rangle$ den Grenzwertterm $\frac{1}{3}\cdot(b^3-a^3)$ hat, konvergiert auch die zugehörige Obersummenfolge $\langle \overline{S}_n\rangle$ gegen den Grenzwertterm $\frac{1}{3}\cdot(b^3-a^3)$.

$$\Rightarrow \lim_{n\to\infty} \overline{S}_n = \lim_{n\to\infty} \underline{S}_n = \frac{1}{3}\cdot(b^3-a^3)$$
$$\Rightarrow \underline{\underline{\int_a^b x^2\,\mathrm{d}x = \frac{1}{3}\cdot(b^3-a^3);\ a\geq 0;\ b>a}}$$ ► Integralterm von f in $[a;b]$

Mit der entwickelten Formel können nun die Integralwerte für beliebige Intervalle $[a;b]$ mit $a\geq 0$ berechnet werden, also auch für das Intervall $[1;\ 2]$.

$$\int_a^b x^2\,\mathrm{d}x = \frac{1}{3}\cdot(b^3-a^3)$$ ► 1 für a; 2 für b

$$\int_1^2 x^2\,\mathrm{d}x = \frac{1}{3}\cdot(2^3-1^3)$$
$$=\frac{1}{3}\cdot(8-1)$$
$$=\underline{\underline{\frac{7}{3}}}$$ ► Integralwert von f in $[1;2]$

29. $f: f(x) = -x^2+1$

Die Funktion $f: f(x) = -x^2+1$ ist in Intervallen $[a;b]$ mit $a\geq 0$ streng monoton fallend und somit dort integrierbar.

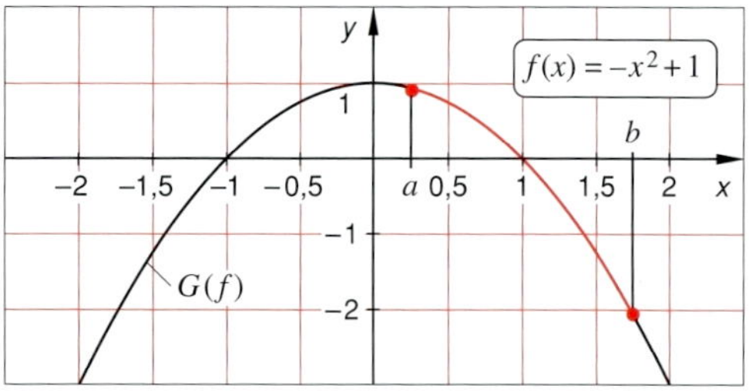

Zur Berechnung des Integralterms $\int_a^b(-x^2+1)\,\mathrm{d}x;\ a\geq 0;\ b>a$ werden äquidistante Zerlegungen des Intervalls $[a;b]$ gewählt. Die Berechnung der Untersummen $\underline{S}_n$ von f erfolgt mit der angegebenen Formel für monoton fallende Funktionen. ► Merksatz vor der ersten Aufgabenstellung

$$\underline{S}_n = \left(\sum_{k=1}^{n} f\left[a+k\cdot\frac{b-a}{n}\right]\right)\cdot\frac{b-a}{n}$$ ► $f(x)=-x^2+1$

$$=\left(\sum_{k=1}^{n} -\left[a+k\cdot\frac{b-a}{n}\right]^2+1\right)\cdot\frac{b-a}{n}$$

$$=\left(\sum_{k=1}^{n}\left[-a^2-2ak\cdot\frac{b-a}{n}-k^2\cdot\frac{(b-a)^2}{n^2}+1\right]\right)\cdot\frac{b-a}{n}$$

$$=\left(-\sum_{k=1}^{n}a^2-2a\cdot\frac{b-a}{n}\cdot\sum_{k=1}^{n}k-\frac{(b-a)^2}{n^2}\cdot\sum_{k=1}^{n}k^2+\sum_{k=1}^{n}1\right)\cdot\frac{b-a}{n}$$

► $\sum_{k=1}^{n}a^2=a^2n;\ \sum_{k=1}^{n}k=\frac{n\cdot(n+1)}{2};\ \sum_{k=1}^{n}k^2=\frac{n\cdot(n+1)\cdot(2n+1)}{6};\ \sum_{k=1}^{n}1=n$ ► 4.3

$$\underline{S}_n = \left(-a^2 n - 2a \cdot \frac{b-a}{n} \cdot \frac{n\cdot(n+1)}{2} - \frac{(b-a)^2}{n^2} \cdot \frac{n\cdot(n+1)\cdot(2n+1)}{6} + n\right) \cdot \frac{b-a}{n}$$

$$= \left(-a^2 - a\cdot(b-a)\cdot\frac{n+1}{n} - \frac{(b-a)^2}{6}\cdot\frac{(n+1)\cdot(2n+1)}{n \cdot n} + 1\right)\cdot(b-a)$$

$$= \left(-a^2 - a\cdot(b-a)\cdot\left(1+\frac{1}{n}\right) - \frac{(b-a)^2}{6}\cdot\left(1+\frac{1}{n}\right)\cdot\left(2+\frac{1}{n}\right)+1\right)\cdot(b-a);\ n\in\mathbb{N}^{>0}$$ ► Untersummen

$$\langle \underline{S}_n\rangle\colon \underline{S}_n = \left(-a^2 - a\cdot(b-a)\cdot\left(1+\frac{1}{n}\right) - \frac{(b-a)^2}{6}\cdot\left(1+\frac{1}{n}\right)\cdot\left(2+\frac{1}{n}\right)+1\right)\cdot(b-a);\ n\in\mathbb{N}^{>0}$$

► Untersummenfolge

$$\lim_{n\to\infty}\underline{S}_n = \lim_{n\to\infty}\left[\left(-a^2 - a\cdot(b-a)\cdot\left(1+\frac{1}{n}\right) - \frac{(b-a)^2}{6}\cdot\left(1+\frac{1}{n}\right)\cdot\left(2+\frac{1}{n}\right)+1\right)\cdot(b-a)\right]$$

$$= \left(-a^2 - a\cdot(b-a)\cdot\lim_{n\to\infty}\left(1+\frac{1}{n}\right) - \frac{(b-a)^2}{6}\cdot\lim_{n\to\infty}\left[\left(1+\frac{1}{n}\right)\cdot\left(2+\frac{1}{n}\right)\right]+1\right)\cdot(b-a)$$

$$= \left(-a^2 - a\cdot(b-a)\cdot \quad 1 \quad - \frac{(b-a)^2}{6}\cdot \quad 1 \quad \cdot \ 2 \quad +1\right)\cdot(b-a)$$

$$= \left(-a^2 - ab + a^2 - \frac{b^2-2ab+a^2}{3}+1\right)\cdot(b-a)$$

$$= \frac{1}{3}\cdot(-3ab - b^2 + 2ab - a^2)\cdot(b-a) + 1\cdot(b-a)$$

$$= -\frac{1}{3}\cdot(b^2+ab+a^2)\cdot(b-a)+1\cdot(b-a)$$

$$= -\frac{1}{3}\cdot(b^3-a^3)+1\cdot(b-a);\ a\geq 0;\ b>a$$ ► Grenzwertterm der Untersummenfolge

Da die Untersummenfolge $\langle \underline{S}_n\rangle$ den Grenzwertterm $-\frac{1}{3}\cdot(b^3-a^3)+1\cdot(b-a)$ hat, konvergiert auch die zugehörige Obersummenfolge $\langle \overline{S}_n\rangle$ gegen den Grenzwertterm $-\frac{1}{3}\cdot(b^3-a^3)+1\cdot(b-a)$.

$$\Rightarrow \lim_{n\to\infty}\overline{S}_n = \lim_{n\to\infty}\underline{S}_n = -\frac{1}{3}\cdot(b^3-a^3)+1\cdot(b-a)$$

$$\Rightarrow \int_a^b(-x^2+1)\,\mathrm{d}x = -\frac{1}{3}\cdot(b^3-a^3)+1\cdot(b-a);\ a\geq 0;\ b>a$$

► Integralterm von f in $[a;b]$

Mit der entwickelten Formel können nun die Integralwerte für beliebige Intervalle $[a;b]$ mit $a\geq 0$ berechnet werden, also auch für das Intervall $[1;2]$.

$$\int_a^b(-x^2+1)\,\mathrm{d}x = -\frac{1}{3}\cdot(b^3-a^3)+1\cdot(b-a)$$ ► 1 für a; 2 für b

$$\int_1^2(-x^2+1)\,\mathrm{d}x = -\frac{1}{3}\cdot(2^3-1^3)+1\cdot(2-1)$$

$$= -\frac{1}{3}\cdot(8-1)+1$$

$$= -\frac{4}{3}$$ ► Intergralwert von f in $[1;2]$

39

30. $f: f(x) = x^3$

Die Funktion $f: f(x) = x^3$ ist in Intervallen $[a;\, b]$ mit $a \geq 0$ streng monoton steigend und somit dort integrierbar.

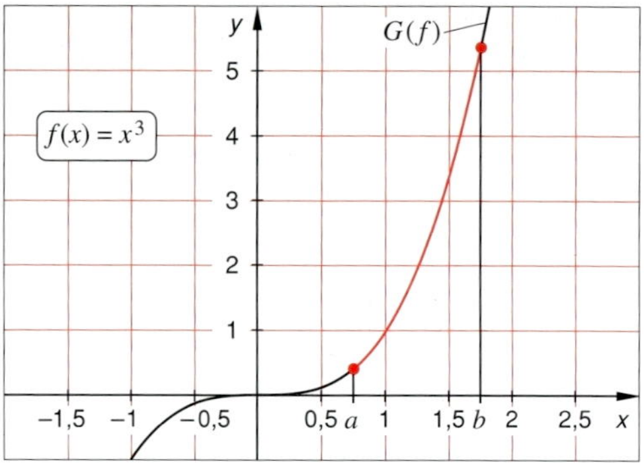

Zur Berechnung des Integralterms $\int_a^b x^3\,dx;\ a \geq 0;\ b > a$ werden äquidistante Zerlegungen des Intervalls $[a;\, b]$ gewählt. Die Berechnung der Untersummen $\underline{S}_n$ von f erfolgt mit der angegebenen Formel für monoton steigende Funktionen. ► Merksatz vor der ersten Aufgabenstellung.

$$\underline{S}_n = \left(\sum_{k=1}^{n} f\left[a + (k-1)\cdot\frac{b-a}{n}\right]\right)\cdot\frac{b-a}{n} \qquad \blacktriangleright f(x) = x^3$$

$$= \left(\sum_{k=1}^{n}\left[a + (k-1)\cdot\frac{b-a}{n}\right]^3\right)\cdot\frac{b-a}{n}$$

$$= \left(\sum_{k=1}^{n}\left[a^3 + 3a^2\cdot(k-1)\cdot\frac{b-a}{n} + 3a\cdot(k-1)^2\cdot\frac{(b-a)^2}{n^2} + (k-1)^3\cdot\frac{(b-a)^3}{n^3}\right]\right)\cdot\frac{b-a}{n}$$

$$= \left(\sum_{k=1}^{n} a^3 + 3a^2\cdot\frac{b-a}{n}\cdot\sum_{k=1}^{n}(k-1) + 3a\cdot\frac{(b-a)^2}{n^2}\cdot\sum_{k=1}^{n}(k-1)^2 + \frac{(b-a)^3}{n^3}\cdot\sum_{k=1}^{n}(k-1)^3\right)\cdot\frac{b-a}{n}$$

► $\sum_{k=1}^{n} a^3 = a^3 n;\ \sum_{k=1}^{n}(k-1) = \frac{(n-1)\cdot n}{2};\ \sum_{k=1}^{n}(k-1)^2 = \frac{(n-1)\cdot n\cdot(2n-1)}{6};\ \sum_{k=1}^{n}(k-1)^3 = \frac{(n-1)^2\cdot n^2}{4}$ ► 4.3

$$\underline{S}_n = \left(a^3 n + 3a^2\cdot\frac{b-a}{n}\cdot\frac{(n-1)\cdot n}{2} + 3a\cdot\frac{(b-a)^2}{n^2}\cdot\frac{(n-1)\cdot n\cdot(2n-1)}{6} + \frac{(b-a)^3}{n^3}\cdot\frac{(n-1)^2\cdot n^2}{4}\right)\cdot\frac{b-a}{n}$$

$$= \left(a^3 + \frac{3}{2}\cdot a^2\cdot(b-a)\cdot\frac{n-1}{n} + \frac{a}{2}\cdot(b-a)^2\cdot\frac{(n-1)\cdot(2n-1)}{n\cdot n} + \frac{1}{4}\cdot(b-a)^3\cdot\frac{(n-1)^2}{n^2}\right)\cdot(b-a)$$

$$= \underline{\underline{\left(a^3 + \frac{3}{2}\cdot a^2\cdot(b-a)\cdot\left(1-\frac{1}{n}\right) + \frac{a}{2}\cdot(b-a)^2\cdot\left(1-\frac{1}{n}\right)\cdot\left(2-\frac{1}{n}\right) + \frac{1}{4}\cdot(b-a)^3\cdot\left(1-\frac{1}{n}\right)^2\right)\cdot(b-a);\ n\in\mathbb{N}^{>0}}}$$

► Untersummen

$$\langle\underline{S}_n\rangle\colon \underline{S}_n = \left(a^3 + \frac{3}{2}\cdot a^2\cdot(b-a)\cdot\left(1-\frac{1}{n}\right) + \frac{a}{2} - (b-a)^2\cdot\left(1-\frac{1}{n}\right)\cdot\left(2-\frac{1}{n}\right) + \frac{1}{4}\cdot(b-a)^3\cdot\left(1-\frac{1}{n}\right)^2\right)\cdot(b-a);\ n\in\mathbb{N}^{>0}$$

► Untersummenfolge

$$\lim_{n\to\infty} \underline{S}_n = \lim_{n\to\infty}\left[\left(a^3+\frac{3}{2}\cdot a^2\cdot(b-a)\cdot\left(1-\frac{1}{n}\right)+\frac{a}{2}\cdot(b-a)^2\cdot\left(1-\frac{1}{n}\right)\cdot\left(2-\frac{1}{n}\right)+\frac{1}{4}\cdot(b-a)^3\cdot\left(1-\frac{1}{n}\right)^2\right)\cdot(b-a)\right]$$ 39

$$=\left(a^3+\frac{3}{2}\cdot a^2\cdot(b-a)\cdot\lim_{n\to\infty}\left(1-\frac{1}{n}\right)+\frac{a}{2}\cdot(b-a)^2\cdot\lim_{n\to\infty}\left[\left(1-\frac{1}{n}\right)\cdot\left(2-\frac{1}{n}\right)\right]+\frac{1}{4}\cdot(b-a)^3\cdot\lim_{n\to\infty}\left(1-\frac{1}{n}\right)^2\right)\cdot(b-a)$$

$$=\left(a^3+\frac{3}{2}\cdot a^2\cdot(b-a)\cdot \quad 1 \quad +\frac{a}{2}\cdot(b-a)^2\cdot \quad 1 \quad\cdot\quad 2 \quad +\frac{1}{4}\cdot(b-a)^3\cdot \quad 1^2 \quad\right)\cdot(b-a)$$

$$=\left(a^3+\frac{3}{2}\cdot a^2 b-\frac{3}{2}a^3+a b^2-2a^2 b+a^3+\frac{1}{4}\cdot b^3-\frac{3}{4}\cdot b^2 a+\frac{3}{4}\cdot b a^2-\frac{1}{4}\cdot a^3\right)\cdot(b-a)$$

$$=\left(\frac{1}{4}\cdot a^3+\frac{1}{4}\cdot a^2 b+\frac{1}{4}\cdot a b^2+\frac{1}{4}\cdot b^3\right)\cdot(b-a)$$

$$=\frac{1}{4}\cdot(b^3+a b^2+a^2 b+a^3)\cdot(b-a)$$

$$=\underline{\underline{\frac{1}{4}\cdot(b^4-a^4);\ a\geq 0;\ b>0}}$$ ► Grenzwertterm der Untersummenfolge

Da die Untersummenfolge $\langle \underline{S}_n \rangle$ den Grenzwertterm $\frac{1}{4}\cdot(b^4-a^4)$ hat, konvergiert auch die zugehörige Obersummenfolge $\langle \overline{S}_n \rangle$ gegen den Grenzwertterm $\frac{1}{4}\cdot(b^4-a^4)$.

$$\Rightarrow \lim_{n\to\infty}\overline{S}_n=\lim_{n\to\infty}\underline{S}_n=\frac{1}{4}\cdot(b^4-a^4)$$

$$\Rightarrow \underline{\underline{\int_a^b x^3\,\mathrm{d}x=\frac{1}{4}\cdot(b^4-a^4);\ a\geq 0;\ b>a}}$$

► Integralterm von f in $[a;\,b]$

Mit der entwickelten Formel können nun die Integralwerte für beliebige Intervalle $[a;\,b]$ mit $a\geq 0$ berechnet werden, also auch für das Intervall $[1;\,2]$.

$$\int_a^b x^3\,\mathrm{d}x=\frac{1}{4}\cdot(b^4-a^4)$$ ► 1 für a; 2 für b

$$\int_1^2 x^3\,\mathrm{d}x=\frac{1}{4}\cdot(2^4-1^4)$$

$$=\frac{1}{4}\cdot(16-1)$$

$$=\underline{\underline{\frac{15}{4}}}$$ ► Integralwert von f in $[1;\,2]$

1.2 Stammfunktionen – Unbestimmte Integrale

► **Lehrbuch: Kusch 4, S. 40 … 58**

Merke:

Eine differenzierbare Funktion F heißt Stammfunktion einer Funktion f, wenn $F'(x) = f(x)$ für alle $x \in D(f)$ gilt.

57 Ermitteln Sie mithilfe der Tabelle „Ableitungen von Funktionen“ im Kapitel 4.2 eine Stammfunktion F zu den nachstehenden Funktionen f und überprüfen Sie das Ergebnis über die Beziehung $F'(x) = f(x); x \in D(f)$. ► **Lehrbuch: Kusch 4, S. 40/41**

Vorbemerkung:

Jede differenzierbare Funktion f ist Stammfunktion ihrer Ableitungsfunktion f'. Daher lassen sich aus Tabellen, welche die „Ableitungen von Funktionen“ enthalten, umgekehrt auch deren Stammfunktionen angeben. So ist zum Beispiel $\cos x$ der Ableitungsterm von $\sin x$ und demnach ist die Sinusfunktion eine Stammfunktion der Kosinusfunktion.
Findet man nicht unmittelbar den Ableitungsterm in einer solchen Tabelle, so ist es manchmal möglich, auch für ihn einen Stammfunktionsterm zu finden, wenn man z. B. die Faktorregel der Differentialrechnung beachtet.

- Für $r \in \mathbb{R}^{+0}$ gilt $(x^r)' = r \cdot x^{r-1}$, also $\frac{1}{r} \cdot (x^r)' = x^{r-1}$. Mit der Faktorregel der Differentialrechnung (► Kusch 3; 2.2.2) erhält man hieraus auch $\left(\frac{1}{r} \cdot x^r\right)' = x^{r-1}$. Also ist $\frac{1}{r} \cdot x^r$ ein Stammfunktionsterm von x^{r-1}.
- Hat eine Funktion f eine Stammfunktion F, so ist für $a \in \mathbb{R}$ die Funktion $a \cdot F$ eine Stammfunktion von $a \cdot f$. ► Faktorregel der Differentialrechnung

1. $f: f(x) = x^4; D(f) = \mathbb{R}$

Die Funktion $F: F(x) = \frac{1}{5} \cdot x^5; D(F) = \mathbb{R}$ ist eine Stammfunktion der Funktion $f: f(x) = x^4; D(f) = \mathbb{R}$, denn es gilt $F'(x) = f(x)$ für alle $x \in D(f)$.

x^4 ► Vorbemerkung

$F: F(x) = \frac{1}{5} \cdot x^5; D(F) = \mathbb{R}$

Probe: $F'(x) = \left(\frac{1}{5} \cdot x^5\right)'$
$= \frac{1}{5} \cdot 5 \cdot x^4$
$= x^4 = f(x); x \in D(f)$

2. $f: f(x) = \frac{1}{4} \cdot x^4; D(f) = \mathbb{R}$

Die Funktion $F: F(x) = \frac{1}{20} \cdot x^5; D(F) = \mathbb{R}$ ist eine Stammfunktion der Funktion $f: f(x) = \frac{1}{4} \cdot x^4; D(f) = \mathbb{R}$, denn es gilt $F'(x) = f(x)$ für alle $x \in D(f)$.

$\frac{1}{4} \cdot x^4$ ► Vorbemerkung

$F: F(x) = \frac{1}{20} \cdot x^5; D(F) = \mathbb{R}$

Probe: $F'(x) = \left(\frac{1}{20} \cdot x^5\right)'$
$= \frac{1}{20} \cdot 5 \cdot x^4$
$= \frac{1}{4} \cdot x^4 = f(x); x \in D(f)$

3. $f: f(x) = \sqrt{x}\,;\ D(f) = \mathbb{R}^{\geq 0}$

Die Funktion $F: F(x) = \frac{2}{3} \cdot \sqrt{x^3}$ mit $D(F) = \mathbb{R}^{\geq 0}$ ist eine Stammfunktion der Funktion $f: f(x) = \sqrt{x}\,;\ D(f) = \mathbb{R}^{\geq 0}$, denn es gilt $F'(x) = f(x)$ für alle $x \in D(f)$.

$\sqrt{x} = x^{\frac{1}{2}}$ ► Vorbemerkung

$F: F(x) = \frac{2}{3} \cdot x^{\frac{3}{2}} = \frac{2}{3} \cdot \sqrt{x^3}\,;\ D(F) = \mathbb{R}^{\geq 0}$

$$\begin{aligned}\text{Probe: } F'(x) &= \left(\frac{2}{3} \cdot \sqrt{x^3}\right)' \\ &= \left(\frac{2}{3} \cdot x^{\frac{3}{2}}\right)'; \quad x \geq 0 \\ &= \frac{2}{3} \cdot \frac{3}{2} \cdot x^{\frac{1}{2}} \quad \blacktriangleright\ x^{\frac{1}{2}} = \sqrt{x} \\ &= \sqrt{x} = f(x);\ x \in D(f)\end{aligned}$$

4. $f: f(x) = \frac{1}{\sqrt{x}}\,;\ D(f) = \mathbb{R}^{>0}$

Die Funktion $F: F(x) = 2 \cdot \sqrt{x}\,;\ D(F) = \mathbb{R}^{\geq 0}$ ist eine Stammfunktion der Funktion $f: f(x) = \frac{1}{\sqrt{x}}\,;\ D(f) = \mathbb{R}^{>0}$, denn es gilt $F'(x) = f(x)$ für alle $x \in D(f)$.
Hier ist der Definitionsbereich der Stammfunktion F mit $D(F) = \mathbb{R}^{\geq 0}$ größer als der Definitionsbereich der Funktion f mit $D(f) = \mathbb{R}^{>0}$.

$\frac{1}{\sqrt{x}} = x^{-\frac{1}{2}}$ ► Vorbemerkung

$F: F(x) = 2 \cdot x^{\frac{1}{2}} = 2 \cdot \sqrt{x};\ D(F) = \mathbb{R}^{\geq 0}$

$$\begin{aligned}\text{Probe: } F'(x) &= (2 \cdot \sqrt{x})' \\ &= (2 \cdot x^{\frac{1}{2}})'; \quad x > 0;\ x \in D(f) \\ &= 2 \cdot \frac{1}{2} \cdot x^{-\frac{1}{2}} \quad \blacktriangleright\ x^{-\frac{1}{2}} = \frac{1}{\sqrt{x}} \\ &= \frac{1}{\sqrt{x}} = f(x);\ x \in D(f)\end{aligned}$$

5. $f: f(x) = \sqrt[n]{x};\ D(f) = \mathbb{R}^{\geq 0};\ n \in \mathbb{N}^{\geq 2}$

Die Funktion $F: F(x) = \frac{n}{n+1} \cdot \sqrt[n]{x^{n+1}}\,;$ $D(F) = \mathbb{R}^{\geq 0};\ n \in \mathbb{N}^{\geq 2}$ ist eine Stammfunktion der Funktion $f: f(x) = \sqrt[n]{x}\,;$ $D(f) = \mathbb{R}^{\geq 0};\ n \in \mathbb{N}^{\geq 2}$, denn es gilt $F'(x) = f(x)$ für alle $x \in D(f)$.

$\sqrt[n]{x} = x^{\frac{1}{n}}$ ► Vorbemerkung

$F: F(x) = \frac{n}{n+1} \cdot x^{\frac{n+1}{n}} = \frac{n}{n+1} \cdot \sqrt[n]{x^{n+1}};\ D(F) = \mathbb{R}^{\geq 0};\ n \in \mathbb{N}^{\geq 2}$

$$\begin{aligned}\text{Probe: } F'(x) &= \left(\frac{n}{n+1} \cdot \sqrt[n]{x^{n+1}}\right)' \\ &= \left(\frac{n}{n+1} \cdot x^{\frac{n+1}{n}}\right)'; \quad x \geq 0 \\ &= \frac{n}{n+1} \cdot \frac{n+1}{n} \cdot x^{\frac{n+1}{n} - 1} \\ &= x^{\frac{1}{n}} \\ &= \sqrt[n]{x} = f(x);\ x \in D(f)\end{aligned}$$

6. $f: f(x) = \frac{1}{x^2}\,;\ D(f) = \mathbb{R}^{\neq 0}$

Die Funktion $F: F(x) = -\frac{1}{x};\ D(F) = \mathbb{R}^{\neq 0}$ ist eine Stammfunktion der Funktion $f: f(x) = \frac{1}{x^2};\ D(f) = \mathbb{R}^{\neq 0}$, denn es gilt $F'(x) = f(x)$ für alle $x \in D(f)$.

$\frac{1}{x^2} = x^{-2}$ ► Vorbemerkung

$F: F(x) = -\frac{1}{x}\,;\ D(F) = \mathbb{R}^{\neq 0}$

$$\begin{aligned}\text{Probe: } F'(x) &= \left(-\frac{1}{x}\right)' \\ &= (-x^{-1})' \\ &= -(-1) \cdot x^{-2} \quad \blacktriangleright\ x^{-2} = \frac{1}{x^2} \\ &= \frac{1}{x^2} = f(x);\ x \in D(f)\end{aligned}$$

57

7. $f: f(x) = e^x;\ D(f) = \mathbb{R}$

Die Funktion $F: F(x) = e^x; D(F) = \mathbb{R}$ ist eine Stammfunktion von $f: f(x) = e^x$; $D(f) = \mathbb{R}$, denn es gilt $F'(x) = f(x)$ für alle $x \in D(f)$.

e^x ► Tabelle

$$\underline{\underline{F: F(x) = e^x;\ D(F) = \mathbb{R}}}$$

$$\text{Probe: } F'(x) = (e^x)' = \underline{e^x = f(x);\ x \in D(f)}$$

8. $f: f(x) = 10^x$

Die Funktion $F: F(x) = \frac{1}{\ln 10} \cdot 10^x$ mit $D(F) = \mathbb{R}$ ist eine Stammfunktion der Funktion $f: f(x) = 10^x; D(f) = \mathbb{R}$, denn es gilt $F'(x) = f(x)$ für alle $x \in D(f)$.

$10^x = \frac{1}{\ln 10} \cdot (10^x \cdot \ln 10);\ b = 10$ ► Tabelle, Vorbemerkung

$$\underline{\underline{F: F(x) = \frac{1}{\ln 10} \cdot 10^x;\ D(F) = \mathbb{R}}}$$

Probe: $F'(x) = \left(\frac{1}{\ln 10} \cdot 10^x\right)'$ ► $(10^x)' = (\ln 10) \cdot 10^x$

$$= \frac{1}{\ln 10} \cdot (\ln 10) \cdot 10^x$$
$$= \underline{10^x = f(x);\ x \in D(f)}$$

9. $f: f(x) = \log_4 10;\ D(f) = \mathbb{R}$

Die Funktion $F: F(x) = (\log_4 10) \cdot x$ mit $D(F) = \mathbb{R}$ ist eine Stammfunktion der Funktion $f: f(x) = \log_4 10; D(f) = \mathbb{R}$, denn es gilt $F'(x) = f(x)$ für alle $x \in D(f)$.

$\log_4 10 = (\log_4 10) \cdot x^0$ ► Vorbemerkung

$$\underline{\underline{F: F(x) = (\log_4 10) \cdot x;\ D(F) = \mathbb{R}}}$$

$$\text{Probe: } F'(x) = [(\log_4 10) \cdot x]'$$
$$= \log_4 10 \cdot 1$$
$$= \underline{\log_4 10 = f(x);\ x \in D(f)}$$

10. $f: f(x) = \frac{4}{3x^3};\ D(f) = \mathbb{R}^{\neq 0}$

Die Funktion $F: F(x) = -\frac{2}{3} \cdot \frac{1}{x^2}$ mit $D(F) = \mathbb{R}^{\neq 0}$ ist eine Stammfunktion der Funktion $f: f(x) = \frac{4}{3x^3}$ mit $D(f) = \mathbb{R}^{\neq 0}$, denn es gilt $F'(x) = f(x)$ für alle $x \in D(f)$.

$\frac{4}{3x^3} = \frac{4}{3} \cdot x^{-3}$ ► Vorbemerkung

$$\underline{\underline{F: F(x) = -\frac{2}{3} \cdot x^{-2} = -\frac{2}{3} \cdot \frac{1}{x^2};\ D(F) = \mathbb{R}^{\neq 0}}}$$

$$\text{Probe: } F'(x) = \left(-\frac{2}{3} \cdot \frac{1}{x^2}\right)'$$
$$= \left(-\frac{2}{3} \cdot x^{-2}\right)'$$

$= -\frac{2}{3} \cdot (-2) \cdot x^{-3}$ ► $x^{-3} = \frac{1}{x^3}$

$$= \frac{4}{3} \cdot \frac{1}{x^3}$$
$$= \underline{\frac{4}{3x^3} = f(x);\ x \in D(f)}$$

57

11. $f: f(x) = 4 \cdot \sin x;\ D(F) = \mathbb{R}$

$4 \cdot \sin x$ ► Tabelle, Vorbemerkung

Die Funktion $F: F(x) = -4 \cdot \cos x;\ D(F) = \mathbb{R}$ ist eine Stammfunktion der Funktion $f: f(x) = 4 \cdot \sin x;\ D(f) = \mathbb{R}$, denn es gilt $F'(x) = f(x)$ für alle $x \in D(f)$.

$F: F(x) = -4 \cdot \cos x;\ D(F) = \mathbb{R}$

Probe: $F'(x) = (-4 \cdot \cos x)'$ ► $(\cos x)' = -\sin x$

$= -4 \cdot (-\sin x)$

$= 4 \cdot \sin x = f(x);\ x \in D(f)$

12. $f: f(x) = \frac{1}{3} \cdot \cos x$

$\frac{1}{3} \cdot \cos x$ ► Tabelle, Vorbemerkung

Die Funktion $F: F(x) = \frac{1}{3} \cdot \sin x;\ D(F) = \mathbb{R}$ ist eine Stammfunktion der Funktion $f: f(x) = \frac{1}{3} \cdot \cos x;\ D(f) = \mathbb{R}$, denn es gilt $F'(x) = f(x)$ für alle $x \in D(f)$.

$F: F(x) = \frac{1}{3} \cdot \sin x;\ D(F) = \mathbb{R}$

Probe: $F'(x) = \left(\frac{1}{3} \cdot \sin x\right)'$ ► $(\sin x)' = \cos x$

$= \frac{1}{3} \cdot \cos x = f(x);\ x \in D(f)$

13. $f: f(x) = \frac{10}{\cos^2 x};\ D(F) = \mathbb{R} \setminus \left\{\frac{\pi}{2} + k\pi\right\};\ k \in \mathbb{Z}$

$\frac{10}{\cos^2 x} = 10 \cdot \frac{1}{\cos^2 x}$ ► Tabelle, Vorbemerkung

Die Funktion $F: F(x) = 10 \cdot \tan x$ mit $D(F) = \mathbb{R} \setminus \left\{\frac{\pi}{2} + k\pi\right\};\ k \in \mathbb{Z}$ ist eine Stammfunktion der Funktion $f: f(x) = \frac{10}{\cos^2 x}$ mit $D(f) = \mathbb{R} \setminus \left\{\frac{\pi}{2} + k\pi\right\};\ k \in \mathbb{Z}$, denn es gilt $F'(x) = f(x)$ für alle $x \in D(f)$.

$F: F(x) = 10 \cdot \tan x;\ D(F) = \mathbb{R} \setminus \left\{\frac{\pi}{2} + k\pi\right\};\ k \in \mathbb{Z}$

Probe: $F'(x) = (10 \cdot \tan x)'$ ► $(\tan x)' = \frac{1}{\cos^2 x}$

$= 10 \cdot \frac{1}{\cos^2 x}$

$= \frac{10}{\cos^2 x} = f(x);\ x \in D(f)$

14. $f: f(x) = \frac{12}{\sin^2 x};\ D(f) = \mathbb{R} \setminus \{k\pi\};\ k \in \mathbb{Z}$

$\frac{12}{\sin^2 x} = 12 \cdot \frac{1}{\sin^2 x}$ ► Tabelle, Vorbemerkung

Die Funktion $F: F(x) = -12 \cdot \cot x$ mit $D(F) = \mathbb{R} \setminus \{k\pi\};\ k \in \mathbb{Z}$ ist eine Stammfunktion der Funktion $f: f(x) = \frac{12}{\sin^2 x}$ mit $D(f) = \mathbb{R} \setminus \{k\pi\};\ k \in \mathbb{Z}$, denn es gilt $F'(x) = f(x)$ für alle $x \in D(f)$.

$F: F(x) = -12 \cdot \cot x;\ D(F) = \mathbb{R} \setminus \{k\pi\};\ k \in \mathbb{Z}$

Probe: $F'(x) = (-12 \cdot \cot x)'$ ► $(\cot x)' = \frac{-1}{\sin^2 x}$

$= -12 \cdot \frac{-1}{\sin^2 x}$

$= \frac{12}{\sin^2 x} = f(x);\ x \in D(f)$

57

15. $f: f(x) = \frac{1}{\sqrt{1-x^2}}; D(f) = (-1; 1)$

Die Funktion $F: F(x) = \text{Arcsin}\, x$ mit $D(F) = [-1; 1]$ ist eine Stammfunktion der Funktion $f: f(x) = \frac{1}{\sqrt{1-x^2}}; D(f) = (-1; 1)$, denn es gilt $F'(x) = f(x)$ für alle $x \in D(f)$.

$\frac{1}{\sqrt{1-x^2}}$ ► Tabelle

$F: F(x) = \text{Arcsin}\, x; D(F) = [-1; 1]$

Probe: $F'(x) = (\text{Arcsin}\, x)'$
$= \frac{1}{\sqrt{1-x^2}} = f(x); x \in D(f)$

► Hier ist der Definitionsbereich der Stammfunktion F mit $D(F) = [-1; 1]$ größer als der Definitionsbereich der Funktion f mit $D(f) = (-1; 1)$.

16. $f: f(x) = 4 \cdot \sinh x; D(f) = \mathbb{R}$

Die Funktion $F: F(x) = 4 \cdot \cosh x; D(F) = \mathbb{R}$ ist eine Stammfunktion der Funktion $f: f(x) = 4 \cdot \sinh x; D(f) = \mathbb{R}$, denn es gilt $F'(x) = f(x)$ für alle $x \in D(f)$.

$4 \cdot \sinh x$ ► Tabelle, Vorbemerkung

$F: F(x) = 4 \cdot \cosh x; D(F) = \mathbb{R}$

Probe: $F'(x) = (4 \cdot \cosh x)'$ ► $(\cosh x)' = \sinh x$
$= 4 \cdot \sinh x = f(x); x \in D(f)$

17. $f: f(x) = \frac{1}{5} \cdot \cosh x; D(f) = \mathbb{R}$

Die Funktion $F: F(x) = \frac{1}{5} \cdot \sinh x; D(F) = \mathbb{R}$ ist eine Stammfunktion der Funktion $f: f(x) = \frac{1}{5} \cdot \cosh x; D(f) = \mathbb{R}$, denn es gilt $F'(x) = f(x)$ für alle $x \in D(f)$.

$\frac{1}{5} \cdot \cosh x$ ► Tabelle, Vorbemerkung

$F: F(x) = \frac{1}{5} \cdot \sinh x; D(F) = \mathbb{R}$

Probe: $F'(x) = \left(\frac{1}{5} \cdot \sinh x\right)'$ ► $(\sinh x)' = \cosh x$
$= \frac{1}{5} \cdot \cosh x = f(x); x \in D(f)$

18. $f: f(x) = \frac{10}{x^2-1}; D(f) = \mathbb{R} \setminus \{-1; 1\}$

$$F: F(x) = \begin{cases} -10 \cdot \text{Artanh}\, x, & \text{wenn } x \in (-1; 1) \\ -10 \cdot \text{Arcoth}\, x, & \text{wenn } x \in \mathbb{R} \setminus [-1; 1] \end{cases}$$

ist eine Stammfunktion der Funktion $f: f(x) = \frac{10}{x^2-1}; D(f) = \mathbb{R} \setminus \{-1; 1\}$, denn es gilt $F'(x) = f(x)$ für alle $x \in D(f)$.

Anmerkung:

Es gilt $\text{Artanh}\, x = \frac{1}{2} \cdot \ln \frac{1+x}{1-x}; x \in (-1; 1)$ und $\text{Arcoth}\, x = \frac{1}{2} \cdot \ln \frac{x+1}{x-1} = \frac{1}{2} \cdot \ln\left[-\frac{1+x}{1-x}\right]$; $x \in \mathbb{R} \setminus [-1; 1]$ und somit ist

$$F: F(x) = -10 \cdot \frac{1}{2} \cdot \ln\left|\frac{1+x}{1-x}\right| = -5 \cdot \ln\left|\frac{1+x}{1-x}\right|$$

mit $D(F) = \mathbb{R} \setminus \{-1; 1\}$ eine andere Form der Stammfunktion F.

$\frac{10}{x^2-1} = 10 \cdot \frac{1}{x^2-1}$ ► Tabelle, Vorbemerkung

$$F: F(x) = \begin{cases} -10 \cdot \text{Artanh}\, x, & \text{wenn } x \in (-1; 1) \\ -10 \cdot \text{Arcoth}\, x, & \text{wenn } x \in \mathbb{R} \setminus [-1; 1] \end{cases}$$

Probe:

$$F'(x) = \begin{cases} (-10 \cdot \text{Artanh}\, x)', & \text{wenn } x \in (-1; 1) \\ (-10 \cdot \text{Arcoth}\, x)', & \text{wenn } x \in \mathbb{R} \setminus [-1; 1] \end{cases}$$

$$= \begin{cases} -10 \cdot \frac{1}{1-x^2}, & \text{wenn } x \in (-1; 1) \\ -10 \cdot \frac{1}{1-x^2}, & \text{wenn } x \in \mathbb{R} \setminus [-1; 1] \end{cases}$$

$$= \begin{cases} \frac{10}{x^2-1}, & \text{wenn } x \in (-1; 1) \\ \frac{10}{x^2-1}, & \text{wenn } x \in \mathbb{R} \setminus [-1; 1] \end{cases}$$

$$= \frac{10}{x^2-1} = f(x); x \in D(f)$$

57

19. $f: f(x) = \dfrac{3}{\sinh^2 x}$; $D(f) = \mathbb{R}^{\neq 0}$

Die Funktion $F: F(x) = -3 \cdot \coth x$ mit $D(F) = \mathbb{R}^{\neq 0}$ ist eine Stammfunktion der Funktion $f: f(x) = \dfrac{3}{\sinh^2 x}$; $D(f) = \mathbb{R}^{\neq 0}$, denn es gilt $F'(x) = f(x)$ für alle $x \in D(f)$.

$$\frac{3}{\sinh^2 x} = 3 \cdot \frac{1}{\sinh^2 x}$$ ► Tabelle, Vorbemerkung

$F: F(x) = -3 \cdot \coth x$; $D(F) = \mathbb{R}^{\neq 0}$

Probe: $F'(x) = (-3 \cdot \coth x)'$ ► $(\coth x)' = \dfrac{-1}{\sinh^2 x}$

$$= -3 \cdot \frac{-1}{\sinh^2 x}$$
$$= \frac{3}{\sinh^2 x} = f(x);\ x \in D(f)$$

20. $f: f(x) = \dfrac{4}{\sqrt{x^2-1}}$; $D(f) = \mathbb{R} \setminus [-1; 1]$

$$F: F(x) = \begin{cases} 4 \cdot \operatorname{Arcosh} x, & \text{wenn } x \in (1; \infty) \\ -4 \cdot \operatorname{Arcosh}(-x), & \text{wenn } x \in (-\infty; -1) \end{cases}$$

ist eine Stammfunktion der Funktion $f: f(x) = \dfrac{4}{\sqrt{x^2-1}}$; $D(f) = \mathbb{R} \setminus [-1; 1]$, denn es gilt $F'(x) = f(x)$ für alle $x \in D(f)$.

Anmerkung:
Es gilt $\operatorname{Arcosh} x = \ln\left(x + \sqrt{x^2-1}\right)$ mit $x \in (1; \infty)$ und somit:

$$-\operatorname{Arcosh}(-x) = -\ln\left(-x + \sqrt{(-x)^2-1}\right);\ x \in (-\infty; -1)$$

Mit einem Logarithmengesetz und anschließender Bruchtermerweiterung folgt:

$$-\operatorname{Arcosh}(-x) = -\ln\left(-x + \sqrt{x^2-1}\right)$$
$$= \ln\left(\frac{1}{-x + \sqrt{x^2-1}}\right)$$
$$= \ln \frac{x + \sqrt{x^2-1}}{\left(-x + \sqrt{x^2-1}\right) \cdot \left(x + \sqrt{x^2-1}\right)}$$
$$= \ln \frac{x + \sqrt{x^2-1}}{-x^2 + x^2 - 1}$$
$$= \ln\left[-\left(x + \sqrt{x^2-1}\right)\right];\ x \in (-\infty; -1)$$

$$\frac{4}{\sqrt{x^2-1}} = 4 \cdot \frac{1}{\sqrt{x^2-1}}$$ ► Tabelle, Vorbemerkung

$$F: F(x) = \begin{cases} 4 \cdot \operatorname{Arcosh} x, & \text{wenn } x \in (1; \infty) \\ -4 \cdot \operatorname{Arcosh}(-x), & \text{wenn } x \in (-\infty; -1) \end{cases}$$

Probe:

$$F'(x) = \begin{cases} (4 \cdot \operatorname{Arcosh} x)', & \text{wenn } x \in (1; \infty) \\ (-4 \cdot \operatorname{Arcosh}(-x))', & \text{wenn } x \in (-\infty; -1) \end{cases}$$

$$= \begin{cases} 4 \cdot \dfrac{1}{\sqrt{x^2-1}}, & \text{wenn } x \in (1; \infty) \\ -4 \cdot \dfrac{-1}{\sqrt{(-x)^2-1}}, & \text{wenn } x \in (-\infty; -1) \end{cases}$$

► Kettenregel, Kusch 3, 2.2.6

$$= \begin{cases} \dfrac{4}{\sqrt{x^2-1}}, & \text{wenn } x \in (1; \infty) \\ \dfrac{4}{\sqrt{x^2-1}}, & \text{wenn } x \in (-\infty; -1) \end{cases}$$

$$= \frac{4}{\sqrt{x^2-1}} = f(x);\ x \in D(f)$$

Somit ist $F: F(x) = \ln\left|x + \sqrt{x^2-1}\right|$ mit $D(F) = \mathbb{R} \setminus [-1; 1]$ eine andere Form der Stammfunktion F.

Merke:

- Eine differenzierbare Funktion F heißt Stammfunktion einer Funktion f in einem Intervall I, wenn $F'(x) = f(x)$ für alle $x \in I$ gilt.
- Sind F_1 und F_2 Stammfunktionen einer Funktion f in einem Intervall I, dann gibt es eine Zahl für c, sodass $F_1(x) = F_2(x) + c$ für alle $x \in I$ gilt.

58 Zeigen Sie, dass die Funktionen F_1 and F_2 Stammfunktionen derselben Funktion f im angegebenen Intervall I sind. Geben Sie für $c; c \in \mathbb{R}$ eine Zahl an, sodass $F_1(x) = F_2(x) + c$ für alle $x \in I$ gilt. ► **Lehrbuch: Kusch 4, S. 42 ... 47**

21. $F_1 : F_1(x) = \operatorname{Arctan} x$ und $F_2 : F_2(x) = \operatorname{Arccot} \frac{1}{x}$; $I = \mathbb{R}^{>0}$

Für den Ableitungsterm der Funktion $F_1 : F_1(x) = \operatorname{Arctan} x$ mit $D(F_1) = \mathbb{R}$ erhält man: $F_1'(x) = \frac{1}{1+x^2}$; $D(F_1') = \mathbb{R}$ ► 4.2

• $F_1(x) = \operatorname{Arctan} x; x \in \mathbb{R}$

$$\Rightarrow F_1'(x) = \frac{1}{1+x^2}; x \in \mathbb{R}$$

Für die Funktion $F_2 : F_2(x) = \operatorname{Arccot} \frac{1}{x}$; $D(F_2) = \mathbb{R}^{+0}$ berechnet man den Ableitungsterm mithilfe der Kettenregel. ► Kusch 3, 2.2.6

Dazu setzt man $z = h(x) = \frac{1}{x}$ und $g(z) = \operatorname{Arccot} z$.

• $F_2(x) = \operatorname{Arccot} \frac{1}{x}; x \in \mathbb{R}^{+0}$ ► $F_2(x) = g[h(x)]$

► $g(z) = \operatorname{Arccot} z \Rightarrow g'(z) = \frac{-1}{1+z^2}; z \in \mathbb{R}$

► $h(x) = \frac{1}{x} = x^{-1} \Rightarrow h'(x) = -x^{-2}; x \in \mathbb{R}^{+0}$

$F_2'(x) = g'(z) \cdot h'(x)$ ► Kettenregel mit $z = h(x)$

$= \frac{-1}{1+z^2} \cdot (-x^{-2})$ ► $z = h(x) = \frac{1}{x}$

$= \frac{1}{1+\left(\frac{1}{x}\right)^2} \cdot \frac{1}{x^2}$ ► $x^{-2} = \frac{1}{x^2}$

$= \frac{1}{x^2+1}$

$= \frac{1}{1+x^2}; x \in \mathbb{R}^{+0}$

Man erhält für F_2 einen Ableitungsterm, der für alle $x \in \mathbb{R}^{+0}$ erklärt ist.

Für $x \in (0; \infty)$ gilt $F_1'(x) = F_2'(x) = \frac{1}{1+x^2}$, also sind F_1 und F_2 Stammfunktionen der Funktion $f : f(x) = \frac{1}{1+x^2}$; $D(f) = \mathbb{R}$ im Intervall $(0; \infty)$. Es gibt daher eine Zahl für c, sodass $F_1(x) = F_2(x) + c$ für alle $x \in (0; \infty)$ gilt. Um den Wert für c zu berechnen, genügt es, in der Gleichung $F_1(x) = F_2(x) + c$ für x nur eine Zahl aus $(0; \infty)$ zu setzen. Setzt man z. B. 1 für x, so erhält man $c = 0$, sodass $\operatorname{Arctan} x = \operatorname{Arccot} \frac{1}{x}$ für alle $x \in (0; \infty)$ gilt.

• $F_1'(x) = F_2'(x) = \frac{1}{1+x^2}; x \in I; I = (0; \infty)$

$F_1'(x) = F_2'(x) = f(x); x \in (0; \infty)$

$\Rightarrow F_1(x) = F_2(x) + c; x \in (0; \infty)$

► $F_1(x) = \operatorname{Arctan} x$ und $F_2(x) = \operatorname{Arccot} \frac{1}{x}$

$\operatorname{Arctan} x = \operatorname{Arccot} \frac{1}{x} + c$ ► 1 für x

$\operatorname{Arctan} 1 = \operatorname{Arccot} \frac{1}{1} + c$ ► $\operatorname{Arctan} 1 = \frac{\pi}{4}$; $\operatorname{Arccot} 1 = \frac{\pi}{4}$

$\Rightarrow \frac{\pi}{4} = \frac{\pi}{4} + c \Rightarrow 0 = c$

► $\operatorname{Arctan} x = \operatorname{Arccot} \frac{1}{x}; x \in (0; \infty)$

Anmerkung:

Für alle $x \in (-\infty; 0)$ gilt ebenfalls $F_1'(x) = F_2'(x) = \frac{1}{1+x^2}$. Also gibt es auch hier eine Zahl für c_1, sodass $F_1(x) = F_2(x) + c_1$ für alle $x \in (-\infty; 0)$ ist. Setzt man nun -1 für x, so erhält man

$\operatorname{Arctan}(-1) = \operatorname{Arccot}(-1) + c_1$. Wegen $\operatorname{Arctan}(-1) = -\frac{\pi}{4}$ und $\operatorname{Arccot}(-1) = \frac{3}{4} \cdot \pi$ erhält man nun: $-\frac{\pi}{4} = \frac{3}{4} \cdot \pi + c_1 \Rightarrow c_1 = -\pi$.

Für alle $x \in (-\infty; 0)$ gilt also: $F_1(x) = F_2(x) - \pi$ und somit $\operatorname{Arctan} x = \operatorname{Arccot} \frac{1}{x} - \pi;\ x \in (-\infty; 0)$

22. $F_1 : F_1(x) = -\operatorname{Arccos} x$ und $F_2 : F_2(x) = \operatorname{Arcsin} x;\ I = (-1; 1)$

Für den Ableitungsterm der Funktion $F_1 : F_1(x) = -\operatorname{Arccos} x$ mit $D(F_1) = [-1; 1]$ erhält man:

$F_1'(x) = \frac{1}{\sqrt{1-x^2}};\ D(F_1') = (-1; 1)$ ► 4.2

Für den Ableitungsterm der Funktion $F_2 : F_2(x) = \operatorname{Arcsin} x$ mit $D(F_2) = [-1; 1]$ erhält man:

$F_2'(x) = \frac{1}{\sqrt{1-x^2}};\ D(F_2') = (-1; 1)$ ► 4.2

Beide Ableitungsterme sind also gleich.

- $F_1(x) = -\operatorname{Arccos} x;\ x \in [-1; 1]$

  $\Rightarrow F_1'(x) = -\frac{-1}{\sqrt{1-x^2}} = \frac{1}{\sqrt{1-x^2}};\ x \in (-1; 1)$

- $F_2(x) = \operatorname{Arcsin} x;\ x \in [-1; 1]$

  $\Rightarrow F_2'(x) = \frac{1}{\sqrt{1-x^2}};\ x \in (-1; 1)$

Für $x \in (-1; 1)$ gilt $F_1'(x) = F_2'(x) = \frac{1}{\sqrt{1-x^2}}$, also sind F_1 und F_2 Stammfunktionen der Funktion $f : f(x) = \frac{1}{\sqrt{1-x^2}};\ D(f) = (-1; 1)$ im Intervall $(-1; 1)$.

Es gibt daher eine Zahl für c, sodass $F_1(x) = F_2(x) + c$ für alle $x \in (-1; 1)$ gilt. Um den Wert für c zu berechnen, genügt es, in der Gleichung $F_1(x) = F_2(x) + c$ für x nur eine Zahl aus $(-1; 1)$ zu setzen. Setzt man z. B. 0 für x, so erhält man $c = -\frac{\pi}{2}$, sodass $-\operatorname{Arccos} x = \operatorname{Arcsin} x - \frac{\pi}{2}$ für alle $x \in (-1; 1)$ gilt.

- $F_1'(x) = F_2'(x) = \frac{1}{\sqrt{1-x^2}};\ x \in I;\ I = (-1; 1)$

  $F_1'(x) = F_2'(x) = f(x);\ x \in (-1; 1)$

  $\Rightarrow F_1(x) = F_2(x) + c;\ x \in (-1; 1)$

  ► $F_1(x) = -\operatorname{Arccos} x$ und $F_2(x) = \operatorname{Arcsin} x$

  $-\operatorname{Arccos} x = \operatorname{Arcsin} x + c$ ► 0 für x

  $-\operatorname{Arccos} 0 = \operatorname{Arcsin} 0 + c$ ► $\operatorname{Arccos} 0 = \frac{\pi}{2}$, $\operatorname{Arcsin} 0 = 0$

  $-\frac{\pi}{2} = 0 + c \Rightarrow -\frac{\pi}{2} = c$

  ► $-\operatorname{Arccos} x = \operatorname{Arcsin} x - \frac{\pi}{2};\ x \in (-1; 1)$

Anmerkung:

Setzt man in $-\operatorname{Arccos} x = \operatorname{Arcsin} x - \frac{\pi}{2}$ dann 1 für x, so erhält man wegen $\operatorname{Arccos} 1 = 0$ und $\operatorname{Arcsin} 1 = \frac{\pi}{2}$ mit $-0 = \frac{\pi}{2} - \frac{\pi}{2}$ eine wahre Aussage. Setzt man -1 für x, so erhält man wegen $\operatorname{Arccos}(-1) = \pi$ und $\operatorname{Arcsin}(-1) = -\frac{\pi}{2}$ mit $-\pi = -\frac{\pi}{2} - \frac{\pi}{2}$ ebenfalls eine wahre Aussage. Demnach gilt sogar $-\operatorname{Arccos} x = \operatorname{Arcsin} x - \frac{\pi}{2}$ für alle $x \in [-1; 1]$.

58

23. $F_1 : F_1(x) = 2 \cdot \text{Arctan}\, x$ und $F_2 : F_2(x) = \text{Arcsin}\, \dfrac{1-x^2}{1+x^2}$; $I = \mathbb{R}^{<0}$

Für den Ableitungsterm der Funktion $F_1 : F_1(x) = 2 \cdot \text{Arctan}\, x$ mit $D(F_1) = \mathbb{R}$ erhält man:

$$F_1'(x) = \frac{2}{1+x^2};\ D(F_1') = \mathbb{R} \quad ► 4.2$$

● $F_1(x) = 2 \cdot \text{Arctan}\, x;\ x \in \mathbb{R}$

$$\Rightarrow F_1'(x) = \frac{2}{1+x^2};\ x \in \mathbb{R}$$

Für die Funktion $F_2 : F_2(x) = \text{Arcsin}\dfrac{1-x^2}{1+x^2}$ mit $D(F_2) = \mathbb{R}$ berechnet man den Ableitungsterm mithilfe der Kettenregel und der Quotientenregel. ► Kusch 3; 2.2.6 und 2.2.5

Den Definitionsbereich der Funktion F_2 erhält man wie folgt:

$$F_2(x) = \text{Arcsin}\, \frac{1-x^2}{1-x^2} \quad ► \frac{1-x^2}{1+x^2} \in [-1;\, 1]$$

$$► \ -1 \le \frac{1-x^2}{1+x^2} \le 1$$

$$► \ -1 \le \frac{1-x^2}{1+x^2} \text{ und } \frac{1-x^2}{1+x^2} \le 1 \quad ► 1+x^2 > 0$$

$$\Rightarrow -1-x^2 \le 1-x^2 \text{ und } 1-x^2 \le 1+x^2$$

$$\Rightarrow x \in \mathbb{R} \quad ► D(F_2) = \mathbb{R}$$

● $F_2(x) = \text{Arcsin}\, \dfrac{1-x^2}{1+x^2};\ x \in \mathbb{R}$ ► $F_2(x) = g[h(x)]$

$$► \ g(z) = \text{Arcsin}\, z \Rightarrow g'(z) = \frac{1}{\sqrt{1-z^2}};\ z \in (-1;\, 1)$$

$$► \ h(x) = \frac{1-x^2}{1+x^2} = \frac{u(x)}{v(x)}$$

$$► \ u(x) = 1-x^2 \Rightarrow u'(x) = -2x;\ x \in \mathbb{R}$$

$$► \ v(x) = 1+x^2 \Rightarrow v'(x) = 2x;\ x \in \mathbb{R}$$

$$h'(x) = \frac{u'(x)\cdot v(x) - u(x)\cdot v'(x)}{[v(x)]^2} \quad ► \text{Quotientenregel}$$

$$= \frac{-2x\cdot(1+x^2) - (1-x^2)\cdot 2x}{(1+x^2)^2}$$

$$= \frac{-4x}{(1+x^2)^2};\ x \in \mathbb{R}$$

$$► \ \frac{1}{\sqrt{1-\left(\dfrac{1-x^2}{1+x^2}\right)^2}} = \frac{1+x^2}{\sqrt{(1+x^2)^2-(1-x^2)^2}}$$

$$= \frac{1+x^2}{\sqrt{1+2x^2+x^4-1+2x^2-x^4}}$$

$$= \frac{1+x^2}{\sqrt{4x^2}}$$

$$► \ \frac{1}{|x|} = \begin{cases} -\dfrac{1}{x}, & \text{wenn } x < 0 \\ \dfrac{1}{x}, & \text{wenn } x > 0 \end{cases}$$

$$F_2'(x) = g'(z)\cdot h'(x) \quad ► \text{Kettenregel mit } z = h(x)$$

$$= \frac{1}{\sqrt{1-z^2}} \cdot \frac{-4x}{(1+x^2)^2} \quad ► z = h(x) = \frac{1-x^2}{1+x^2}$$

$$= \frac{1}{\sqrt{1-\left(\dfrac{1-x^2}{1+x^2}\right)^2}} \cdot \frac{-4x}{(1+x^2)^2}$$

$$= \frac{1+x^2}{\sqrt{4x^2}} \cdot \frac{-4x}{(1+x^2)^2} \quad ► \sqrt{4x^2} = 2\cdot\sqrt{x^2} = 2\cdot|x|$$

$$= \frac{-2x}{|x|\cdot(1+x^2)};\ x \in \mathbb{R}^{\neq 0}$$

Man erhält für F_2 einen Ableitungsterm, der für alle $x \in \mathbb{R}^{\neq 0}$ erklärt ist.

$$► \ F_2'(x) = \begin{cases} \dfrac{2}{1+x^2}, & \text{wenn } x \in \mathbb{R}^{<0} \\ -\dfrac{2}{1+x^2}, & \text{wenn } x \in \mathbb{R}^{>0} \end{cases}$$

Für $x \in (-\infty; 0)$ gilt $F_1'(x) = F_2(x) = \frac{2}{1+x^2}$, also sind F_1 und F_2 Stammfunktionen der Funktion $f: f(x) = \frac{2}{1+x^2}$; $D(f) = \mathbb{R}$ im Intervall $(-\infty; 0)$. Es gibt daher eine Zahl für c, sodass $F_1(x) = F_2(x) + c$ für alle $x \in (-\infty; 0)$ gilt. Um den Wert für c zu berechnen, genügt es, in der Gleichung $F_1(x) = F_2(x) + c$ für x nur eine Zahl aus $(-\infty; 0)$ zu setzen. Setzt man z. B. -1 für x, so erhält man $c = -\frac{\pi}{2}$.

Es gilt somit $2 \cdot \operatorname{Arctan} x = \operatorname{Arcsin} \frac{1-x^2}{1+x^2} - \frac{\pi}{2}$ für alle $x \in (-\infty; 0)$.

● $F_1'(x) = F_2'(x) = \frac{2}{1+x^2}$; $x \in I$; $I = (-\infty; 0)$

$F_1'(x) = F_2'(x) = f(x)$; $x \in (-\infty; 0)$

$\Rightarrow F_1(x) = F_2(x) + c$; $x \in (-\infty; 0)$

► $F_1'(x) = 2 \cdot \operatorname{Arctan} x$ und $F_2(x) = \operatorname{Arcsin} \frac{1-x^2}{1+x^2}$

$2 \cdot \operatorname{Arctan} x = \operatorname{Arcsin} \frac{1-x^2}{1+x^2} + c$ ► -1 für x

$2 \cdot \operatorname{Arctan}(-1) = \operatorname{Arcsin} \frac{1-(-1)^2}{1+(-1)^2} + c$ ► $\operatorname{Arctan}(-1) = \frac{\pi}{4}$; $\operatorname{Arcsin} 0 = 0$

$2 \cdot \left(-\frac{\pi}{4}\right) = 0 + c \Rightarrow \underline{-\frac{\pi}{2} = c}$

► $\underline{\underline{2 \cdot \operatorname{Arctan} x = \operatorname{Arcsin} \frac{1-x^2}{1+x^2} - \frac{\pi}{2}; x \in (-\infty; 0)}}$

24. $F_1: F_1(x) = \ln x$ und $F_2: F_2(x) = \operatorname{Arsinh} \frac{x^2-1}{2x}$; $I = \mathbb{R}^{>0}$

Für den Ableitungsterm der Funktion $F_1: F_1(x) = \ln x$ mit $D(F_1) = \mathbb{R}^{>0}$ erhält man:

$F_1'(x) = \frac{1}{x}$; $D(F_1') = \mathbb{R}^{>0}$ ► 4.2

Für die Funktion $F_2: F_2(x) = \operatorname{Arsinh} \frac{x^2-1}{2x}$ mit $D(F_2) = \mathbb{R}^{\neq 0}$ berechnet man den Ableitungsterm mithilfe der Kettenregel und der Summenregel. ► Kusch 3; 2.2.6 und 2.2.3

► $\frac{1}{\sqrt{\frac{(x^2-1)^2}{4x^2}+1}} = \frac{2 \cdot |x|}{\sqrt{x^4 - 2x^2 + 1 + 4x^2}} = \frac{2 \cdot |x|}{\sqrt{x^4 + 2x^2 + 1}} = \frac{2 \cdot |x|}{\sqrt{(x^2+1)^2}} = \frac{2 \cdot |x|}{x^2+1}$

► $|x| = \begin{cases} -x, & \text{wenn } x < 0 \\ x, & \text{wenn } x \geq 0 \end{cases}$

● $F_1(x) = \ln x$; $x \in \mathbb{R}^{>0}$

$\Rightarrow \underline{\underline{F_1'(x) = \frac{1}{x}}}$; $x \in \mathbb{R}^{>0}$

● $F_2(x) = \operatorname{Arsinh} \frac{x^2-1}{2x}$; $x \in \mathbb{R}^{\neq 0}$

$F_2(x) = \operatorname{Arsinh} \frac{x^2-1}{2x} = g[h(x)]$

► $\underline{g(z) = \operatorname{Arsinh} z \Rightarrow g'(z) = \frac{1}{\sqrt{z^2+1}}; z \in \mathbb{R}}$

► $h(x) = \frac{x^2-1}{2x} = \frac{1}{2} \cdot x - \frac{1}{2} \cdot x^{-1} \Rightarrow \underline{h'(x) = \frac{1}{2} + \frac{1}{2} \cdot x^{-2}; x \in \mathbb{R}^{\neq 0}}$

$F_2'(x) = g'(z) \cdot h'(x)$ ► Kettenregel mit $z = h(x)$

$= \frac{1}{\sqrt{z^2+1}} \cdot \left(\frac{1}{2} + \frac{1}{2} \cdot x^{-2}\right)$ ► $z = h(x) = \frac{x^2-1}{2x}$

$= \frac{1}{\sqrt{\frac{(x^2-1)^2}{4x^2}+1}} \cdot \frac{1}{2} \cdot \left(1 + \frac{1}{x^2}\right)$

$= \frac{2 \cdot |x|}{x^2+1} \cdot \frac{x^2+1}{2x^2}$; $x \in \mathbb{R}^{\neq 0}$

► $\underline{\underline{F_2'(x) = \begin{cases} -\frac{1}{x}, & \text{wenn } x \in (-\infty; 0) \\ \frac{1}{x}, & \text{wenn } x \in (0; \infty) \end{cases}}}$

58

Für $x \in I; I = (0; \infty)$ gilt $F_1'(x) = F_2'(x) = \frac{1}{x}$, also sind F_1 und F_2 Stammfunktionen der Funktion $f: f(x) = \frac{1}{x}$; $D(f) = \mathbb{R}^{+0}$ im Intervall $(0; \infty)$. Es gibt daher eine Zahl für c, sodass $F_1(x) = F_2(x) + c$ für alle $x \in (0; \infty)$ gilt. Um den Wert für c zu berechnen, genügt es, in der Gleichung $F_1(x) = F_2(x) + c$ für x nur eine Zahl aus $(0; \infty)$ zu setzen. Setzt man z. B. 1 für x, so erhält man $c = 0$, sodass $\ln x = \operatorname{Arsinh} \frac{x^2-1}{2-x}$ für alle $x \in (0; \infty)$ gilt.

● $F_1'(x) = F_2'(x) = \frac{1}{x}; x \in I; I = (0; \infty)$

$F_1'(x) = F_2'(x) = f(x); x \in (0; \infty)$

$\Rightarrow F_1(x) = F_2(x) + c; x \in (0; \infty)$

► $F_1(x) = \ln x$ und $F_2(x) = \operatorname{Arsinh} \frac{x^2-1}{2x}$

$\ln x = \operatorname{Arsinh} \frac{x^2-1}{2x} + c$ ► 1 für x

$\ln 1 = \operatorname{Arsinh} \frac{1^2-1}{2 \cdot 1} + c$ ► $\ln 1 = 0$; $\operatorname{Arsinh} 0 = 0$

$0 = 0 + c \Rightarrow \underline{0 = c}$

► $\underline{\underline{\ln x = \operatorname{Arsinh} \frac{x^2-1}{2x}; x \in (0; \infty)}}$

25. $F_1: F_1(x) = \operatorname{Arcsin} x$ und $F_2: F_2(x) = 0{,}5 \cdot \operatorname{Arcsin}\left(2x \cdot \sqrt{1-x^2}\right); I = \left[-0{,}5 \cdot \sqrt{2}; 0{,}5 \cdot \sqrt{2}\right]$

Für den Ableitungsterm der Funktion $F_1: F_1(x) = \operatorname{Arcsin} x$ mit $D(F_1) = [-1; 1]$ erhält man $F_1'(x) = \frac{1}{\sqrt{1-x^2}}$; $D(F_1') = (-1; 1)$.

● $F_1(x) = \operatorname{Arcsin} x; x \in [-1; 1]$

$\Rightarrow \underline{\underline{F_1'(x) = \frac{1}{\sqrt{1-x^2}}}}; x \in (-1; 1)$

Für $F_2: F_2(x) = 0{,}5 \cdot \operatorname{Arcsin}(2x \cdot \sqrt{1-x^2})$ mit $D(F_2) = [-1; 1]$ berechnet man den Ableitungsterm mithilfe der Kettenregel und der Produktregel.

► Kusch 3; 2.2.6 und 2.2.4

● $F_2(x) = 0{,}5 \cdot \operatorname{Arcsin}\left(2x \cdot \sqrt{1-x^2}\right); x \in [-1; 1]$

$F_2(x) = 0{,}5 \cdot \operatorname{Arcsin}\left(2x \cdot \sqrt{1-x^2}\right) = g[h(x)]$

► $g(z) = 0{,}5 \cdot \operatorname{Arcsin} z \Rightarrow \underline{g'(z) = \frac{1}{2 \cdot \sqrt{1-z^2}}; z \in (-1; 1)}$

► $h(x) = 2x \cdot \sqrt{1-x^2} = u(x) \cdot v(x)$

► $u(x) = 2x \Rightarrow \underline{u'(x) = 2; x \in \mathbb{R}}$

► $v(x) = \sqrt{1-x^2}$

$\Rightarrow \underline{v'(x) = \frac{-2x}{2 \cdot \sqrt{1-x^2}}; x \in (-1; 1)}$ ► Kettenregel

$$\begin{aligned} h'(x) &= u'(x) \cdot v(x) + u(x) \cdot v'(x) \quad \text{► Produktregel} \\ &= 2 \cdot \sqrt{1-x^2} + 2x \cdot \frac{-2x}{2 \cdot \sqrt{1-x^2}} \\ &= 2 \cdot \frac{1-x^2-x^2}{\sqrt{1-x^2}} \\ &= \underline{2 \cdot \frac{1-2x^2}{\sqrt{1-x^2}}; x \in (-1; 1)} \end{aligned}$$

$$\blacktriangleright\ \frac{1}{\sqrt{1-4x^2\cdot(1-x^2)}}=\frac{1}{\sqrt{1-4x^2+4x^4}}=\frac{1}{\sqrt{(1-2x^2)^2}}=\frac{1}{|1-2x^2|}$$

$$\blacktriangleright\ 1-2x^2<0\Rightarrow\frac{1}{2}<x^2\Rightarrow\sqrt{\frac{1}{2}}<|x|\Rightarrow\sqrt{\frac{2}{4}}<|x|$$

$$\Rightarrow\frac{1}{2}\cdot\sqrt{2}<|x|\Rightarrow 0{,}5\cdot\sqrt{2}<|x|$$

$$|x|>0{,}5\cdot\sqrt{2}\Rightarrow -x>0{,}5\cdot\sqrt{2}\text{ oder }x>0{,}5\cdot\sqrt{2}$$

$$\Rightarrow \underline{x<-0{,}5\cdot\sqrt{2}\text{ oder }x>0{,}5\cdot\sqrt{2}}$$

$$\blacktriangleright\ 1-2x^2>0\Rightarrow\frac{1}{2}>x^2\Rightarrow 0{,}5\cdot\sqrt{2}>|x|$$

$$\Rightarrow x\in(-0{,}5\cdot\sqrt{2};\,0{,}5\cdot\sqrt{2})$$

Für $x\in I;\quad I=(-0{,}5\cdot\sqrt{2};\,0{,}5\cdot\sqrt{2})$ gilt $F_1'(x)=F_2'(x)=\frac{1}{\sqrt{1-x^2}}$, also sind F_1 und F_2 Stammfunktionen der Funktion $f: f(x)=\frac{1}{\sqrt{1-x^2}};\ D(f)=(-1;\,1)$ im Intervall $(-0{,}5\cdot\sqrt{2};\,0{,}5\cdot\sqrt{2})$. Es gibt daher eine Zahl für c, sodass $F_1(x)=F_2(x)+c$ für alle $x\in(-0{,}5\cdot\sqrt{2};\,0{,}5\cdot\sqrt{2})$ gilt.

Setzt man z. B. 0 für x, so erhält man $c=0$, sodass $\operatorname{Arcsin}x=0{,}5\cdot\operatorname{Arcsin}(2x\cdot\sqrt{1-x^2})$ für alle $x\in(-0{,}5\cdot\sqrt{2};\,0{,}5\cdot\sqrt{2})$ gilt.

$$F_2'(x)=g'(z)\cdot h'(x)\quad\blacktriangleright\text{ Kettenregel mit }z=h(x)$$

$$=\frac{1}{2\cdot\sqrt{1-z^2}}\cdot 2\cdot\frac{1-2x^2}{\sqrt{1-x^2}}\quad\blacktriangleright\ z=h(x)=2x\cdot\sqrt{1-x^2}$$

$$=\frac{1}{\sqrt{1-4x^2\cdot(1-x^2)}}\cdot\frac{1-2x^2}{\sqrt{1-x^2}}$$

$$=\frac{1}{|1-2x^2|}\cdot\frac{1-2x^2}{\sqrt{1-x^2}}$$

$$=\begin{cases}\frac{1}{-(1-2x^2)}\cdot\frac{1-2x^2}{\sqrt{1-x^2}}, & \text{wenn } 1-2x^2<0\\ \frac{1}{1-2x^2}\cdot\frac{1-2x^2}{\sqrt{1-x^2}}, & \text{wenn } 1-2x^2>0\end{cases}\ ;\ x\in(-1;\,1)$$

$$F_2'(x)=\begin{cases}\frac{-1}{\sqrt{1-x^2}}, & \text{wenn } x\in(-1;\,-0{,}5\cdot\sqrt{2})\text{ oder }x\in(0{,}5\cdot\sqrt{2};\,1)\\ \frac{1}{\sqrt{1-x^2}}, & \text{wenn } x\in(-0{,}5\cdot\sqrt{2};\,0{,}5\cdot\sqrt{2})\end{cases}$$

- $F_1'(x)=F_2'(x)=\frac{1}{\sqrt{1-x^2}};\ x\in I;\ I=(-0{,}5\cdot\sqrt{2};\,0{,}5\cdot\sqrt{2})$

$$F_1'=F_2'(x)=f(x);\ x\in(-0{,}5\cdot\sqrt{2};\,0{,}5\cdot\sqrt{2})$$

$$\Rightarrow F_1(x)=F_2(x)+c;\ x\in(-0{,}5\cdot\sqrt{2};\,0{,}5\cdot\sqrt{2})$$

$$\blacktriangleright\ F_1(x)=\operatorname{Arcsin}x\text{ und }F_2(x)=0{,}5\cdot\operatorname{Arcsin}(2x\cdot\sqrt{1-x^2})$$

$$\operatorname{Arcsin}x=0{,}5\cdot\operatorname{Arcsin}(2x\cdot\sqrt{1-x^2})+c\quad\blacktriangleright\ 0\text{ für }x$$

$$\operatorname{Arcsin}0=0{,}5\cdot\operatorname{Arcsin}(2\cdot 0\cdot\sqrt{1-0^2})+c$$

$$=0{,}5\cdot\operatorname{Arcsin}0+c\quad\blacktriangleright\ \operatorname{Arcsin}0=0$$

$$0=0{,}5\cdot 0+c\Rightarrow\underline{0=c}$$

$$\blacktriangleright\ \underline{\underline{\operatorname{Arcsin}x=0{,}5\cdot\operatorname{Arcsin}(2x\cdot\sqrt{1-x^2});}}$$

$$\underline{\underline{x\in(-0{,}5\cdot\sqrt{2};\,0{,}5\cdot\sqrt{2})}}$$

Anmerkung:

Setzt man $0{,}5\cdot\sqrt{2}$ für x in $\operatorname{Arcsin}x=0{,}5\cdot\operatorname{Arcsin}(2x\cdot\sqrt{1-x^2})$, so erhält man wegen $\operatorname{Arcsin}(0{,}5\cdot\sqrt{2})=\frac{\pi}{4}$ und $0{,}5\cdot\operatorname{Arcsin}\left(2\cdot 0{,}5\cdot\sqrt{2}\cdot\sqrt{1-\frac{1}{2}}\right)=0{,}5\cdot\operatorname{Arcsin}1=\frac{1}{2}\cdot\frac{\pi}{2}=\frac{\pi}{4}$, d. h. $\frac{\pi}{4}=\frac{\pi}{4}$, eine wahre Aussage. Setzt man $-0{,}5\cdot\sqrt{2}$ für x, so erhält man $-\frac{\pi}{4}=-\frac{\pi}{4}$, also auch eine wahre Aussage. Demnach gilt sogar $\operatorname{Arcsin}x=0{,}5\cdot\operatorname{Arcsin}\left(2x\cdot\sqrt{1-x^2}\right)$ für alle $x\in[-0{,}5\cdot\sqrt{2};\,0{,}5\cdot\sqrt{2}]$.

58

26. $F_1 : F_1(x) = \operatorname{Arctan} x$ und $F_2 : F_2(x) = \operatorname{Arcsin} \dfrac{x}{\sqrt{1+x^2}}$; $I = \mathbb{R}$

Für den Ableitungsterm der Funktion $F_1 : F_1(x) = \operatorname{Arctan} x$ mit $D(F_1) = \mathbb{R}$ erhält man $F_1'(x) = \dfrac{1}{1+x^2}$; $D(F_1') = \mathbb{R}$.

Für die Funktion $F_2 : F_2(x) = \operatorname{Arcsin} \dfrac{x}{\sqrt{1+x^2}}$ mit $D(F_2) = \mathbb{R}$ berechnet man den Ableitungsterm mithilfe der Kettenregel und der Quotientenregel. ► Kusch 3; 2.2.6 und 2.2.5

Den Definitionsbereich der Funktion F_2 erhält man wie folgt:

$$F_2(x) = \operatorname{Arcsin} \frac{x}{\sqrt{1+x^2}} \blacktriangleright \frac{x}{\sqrt{1+x^2}} \in [-1;\, 1]$$

$$\blacktriangleright\ -1 \leq \frac{x}{\sqrt{1+x^2}} \leq 1$$

$$\Rightarrow -1 \leq \frac{x}{\sqrt{1+x^2}} \text{ und } \frac{x}{\sqrt{1+x^2}} \leq 1$$

$$\blacktriangleright\ \sqrt{1+x^2} > 0$$

$$\Rightarrow -\sqrt{1+x^2} \leq x \quad \text{und} \quad x \leq \sqrt{1+x^2}$$

$$\Rightarrow x \in \mathbb{R} \ \blacktriangleright\ \underline{\underline{D(F_2) = \mathbb{R}}}$$

- $F_1(x) = \operatorname{Arctan} x$; $x \in \mathbb{R}$

$$\Rightarrow \underline{\underline{F_1'(x) = \frac{1}{1+x^2}}};\ x \in \mathbb{R}$$

- $F_2(x) = \operatorname{Arcsin} \dfrac{x}{\sqrt{1+x^2}}$; $x \in \mathbb{R}$

$$F_2(x) = \operatorname{Arcsin} \frac{x}{\sqrt{1+x^2}} = g[h(x)]$$

$$\blacktriangleright\ g(z) = \operatorname{Arcsin} z \Rightarrow g'(z) = \underline{\frac{1}{\sqrt{1-z^2}}};\ z \in (-1;\, 1)$$

$$\blacktriangleright\ h(x) = \frac{x}{\sqrt{1+x^2}} = \frac{u(x)}{v(x)}$$

$$\blacktriangleright\ u(x) = x \Rightarrow u'(x) = \underline{1;\ x \in \mathbb{R}}$$

$$\blacktriangleright\ v(x) = \sqrt{1+x^2} \Rightarrow v'(x) = \underline{\frac{2x}{2 \cdot \sqrt{1+x^2}};\ x \in \mathbb{R}} \quad \blacktriangleright \text{ Kettenregel}$$

$$h'(x) = \frac{u'(x) \cdot v(x) - u(x) \cdot v'(x)}{[v(x)]^2} \quad \blacktriangleright \text{ Quotientenregel}$$

$$= \frac{1 \cdot \sqrt{1+x^2} - x \cdot \dfrac{2x}{2 \cdot \sqrt{1+x^2}}}{\left(\sqrt{1+x^2}\right)^2}$$

$$= \frac{\dfrac{1+x^2-x^2}{\sqrt{1+x^2}}}{\left(\sqrt{1+x^2}\right)^2}$$

$$= \underline{\frac{1}{\left(\sqrt{1+x^2}\right)^3};\ x \in \mathbb{R}}$$

$$F_2'(x) = g'(z) \cdot h'(x) \quad \blacktriangleright \text{ Kettenregel mit } z = h(x)$$

$$= \frac{1}{\sqrt{1-z^2}} \cdot \frac{1}{\left(\sqrt{1+x^2}\right)^3} \quad \blacktriangleright\ z = h(x) = \frac{x}{\sqrt{1+x^2}}$$

$$= \frac{1}{\sqrt{1-\left(\dfrac{x}{\sqrt{1+x^2}}\right)^2}} \cdot \frac{1}{\left(\sqrt{1+x^2}\right)^3}$$

$$\blacktriangleright\ \frac{1}{\sqrt{1-\left(\dfrac{x}{\sqrt{1+x^2}}\right)^2}} = \frac{1}{\sqrt{1-\dfrac{x^2}{1+x^2}}} = \frac{1}{\dfrac{\sqrt{1+x^2-x^2}}{\sqrt{1+x^2}}} = \underline{\sqrt{1+x^2}}$$

$$= \sqrt{1+x^2} \cdot \frac{1}{\left(\sqrt{1+x^2}\right)^3}$$

$$= \frac{1}{\left(\sqrt{1+x^2}\right)^2}$$

$$\underline{\underline{F_2'(x) = \frac{1}{1+x^2};\ x \in \mathbb{R}}}$$

Für $x \in I$; $I = \mathbb{R}$ gilt $F_1'(x) = F_2'(x) = \frac{1}{1+x^2}$, also sind F_1 und F_2 Stammfunktionen der Funktion $f: f(x) = \frac{1}{1+x^2}$; $D(f) = \mathbb{R}$ im Intervall $(-\infty; \infty)$. Es gibt daher eine Zahl für c, sodass $F_1(x) = F_2(x) + c$ für alle $x \in (-\infty; \infty)$ gilt. Um den Wert für c zu berechnen, genügt es, in der Gleichung $F_1(x) = F_2(x) + c$ für x nur eine Zahl aus $(-\infty; \infty)$ zu setzen. Setzt man z. B. 0 für x, so erhält man $c = 0$, sodass $\operatorname{Arctan} x = \operatorname{Arcsin} \frac{x}{\sqrt{1+x^2}}$ für alle $x \in (-\infty; \infty)$ gilt.

● $F_1'(x) = F_2'(x) = \frac{1}{1+x^2}$; $x \in \mathbb{R}$

$F_1'(x) = F_2'(x) = f(x)$; $x \in \mathbb{R}$

$\Rightarrow F_1(x) \mp F_2(x) + c$; $x \in \mathbb{R}$

► $F_1(x) = \operatorname{Arctan} x$; $F_2(x) = \operatorname{Arcsin} \frac{x}{\sqrt{1+x^2}}$

$\operatorname{Arctan} x = \operatorname{Arcsin} \frac{x}{\sqrt{1+x^2}} + c$ ► 0 für x

$\operatorname{Arctan} 0 = \operatorname{Arcsin} 0 + c$ ► $\operatorname{Arctan} 0 = \operatorname{Arcsin} 0 = 0$

$0 = 0 + c \Rightarrow 0 = c$

► $\operatorname{Arctan} x = \operatorname{Arcsin} \frac{x}{\sqrt{1+x^2}}$; $x \in \mathbb{R}$

27. Zeigen Sie, dass die Funktionen $F: F(x) = \frac{1}{x}$; $D(F) = \mathbb{R}^{\neq 0}$ und $G: G(x) = \frac{1+|x|}{x}$; $D(G) = \mathbb{R}^{\neq 0}$ die gleiche Ableitungsfunktion haben, es aber keine Zahl für $c \in \mathbb{R}$ gibt, sodass $F(x) = G(x) + c$ für alle $x \in \mathbb{R}^{\neq 0}$ gilt. Wie muss die Definitionsmenge abgeändert werden, damit sich die Funktionen F und G dann nur durch eine additive Konstante unterscheiden?

► **Lehrbuch: Kusch 4, S. 43/44**

Für den Ableitungsterm der Funktion $F: F(x) = \frac{1}{x}$ mit $D(f) = \mathbb{R}^{\neq 0}$ erhält man $F'(x) = -\frac{1}{x^2}$; $D(F') = \mathbb{R}^{\neq 0}$.

Für die Funktion $G: G(x) = \frac{1+|x|}{x}$ mit $D(G) = \mathbb{R}^{\neq 0}$ berechnet man den Ableitungsterm, indem man die Betragsfunktion abschnittsweise schreibt und dann für $x > 0$ bzw. $x < 0$ den jeweiligen Ableitungsterm berechnet: $\left(\frac{1}{x} - 1\right)' = -\frac{1}{x^2}$, wenn $x < 0$ bzw. $\left(\frac{1}{x} + 1\right)' = -\frac{1}{x^2}$, wenn $x > 0$

● $F(x) = \frac{1}{x}$; $x \in \mathbb{R}^{\neq 0}$

$\Rightarrow F'(x) = -\frac{1}{x^2}$; $x \in \mathbb{R}^{\neq 0}$

● $G(x) = \frac{1+|x|}{x}$; $x \in \mathbb{R}^{\neq 0}$

$$= \begin{cases} \frac{1-x}{x}, & \text{wenn } x < 0 \\ \frac{1+x}{x}, & \text{wenn } x > 0 \end{cases}$$

$$= \begin{cases} \frac{1}{x} - 1, & \text{wenn } x < 0 \\ \frac{1}{x} + 1, & \text{wenn } x > 0 \end{cases}$$

$$\Rightarrow G'(x) = \begin{cases} -\frac{1}{x^2}, & \text{wenn } x < 0 \\ -\frac{1}{x^2}, & \text{wenn } x > 0 \end{cases}$$

$G'(x) = -\frac{1}{x^2}$; $x \in \mathbb{R}^{\neq 0}$

58

Für $x \in \mathbb{R}^{\neq 0}$ gilt zwar $F'(x) = G'(x) = -\frac{1}{x^2}$, aber es gibt keine Zahl für c, sodass $F(x) = G(x) + c$ für **alle** $x \in \mathbb{R}^{\neq 0}$ gilt. Denn es ist stets $F(x) = G(x) + 1$ für $x < 0$ und $F(x) = G(x) - 1$ für $x > 0$.

- $F'(x) = G'(x) = -\frac{1}{x^2}$; $x \in \mathbb{R}^{\neq 0}$

► $G(x) = \begin{cases} \frac{1}{x} - 1, & \text{wenn } x < 0 \\ \frac{1}{x} + 1, & \text{wenn } x > 0 \end{cases}$ ► $F(x) = \frac{1}{x}$

$$G(x) = \begin{cases} F(x) - 1, & \text{wenn } x < 0 \\ F(x) + 1, & \text{wenn } x > 0 \end{cases}$$

Ändert man die Definitionsmenge zu $\mathbb{R}^{<0}$ ab, so gilt $F(x) = G(x) - 1$ für alle $x \in \mathbb{R}^{<0}$. Ändert man die Definitionsmenge zu $\mathbb{R}^{>0}$ ab, so gilt $F(x) = G(x) + 1$ für alle $x \in \mathbb{R}^{>0}$.

Merke:

- Ist eine Funktion f in einem abgeschlossenen Intervall $[a; b]$ integrierbar und besitzt sie dort eine Stammfunktion F, so gilt:

$$\int_a^b f(x)\,dx = F(x)\Big|_a^b = F(b) - F(a)$$ ► **Hauptsatz**

- Für $f(x) \geq 0$; $x \in [a; b]$ gibt der Term $F(b) - F(a)$ die Maßzahl der Fläche zwischen dem Graphen der Funktion f und der x-Achse im Intervall $[a; b]$ an.
- Ist eine Funktion f in einem abgeschlossenen Intervall $[a; b]$ monoton oder abschnittsweise monoton und besitzt sie dort eine Stammfunktion F, so gilt: $\int_a^b f(x)\,dx = F(b) - F(a)$

Berechnen Sie die nachstehenden bestimmten Integrale. Benutzen Sie die Tabelle „Ableitungen von Funktionen" im Kapitel 4.2 zum Finden einer Stammfunktion F zur Integrandfunktion f. In welchen Fällen ist der Integralwert die Maßzahl derjenigen Fläche, die zwischen dem Graphen der Integrandfunktion und der x-Achse im Integrationsintervall liegt? ► **Lehrbuch: Kusch 4, S. 47 … 50**

Vorbemerkungen:

- Beachten Sie die Vorbemerkung zur Übungsaufgabe 1.
- Lässt sich ein Integrandfunktionsterm $f(x)$ als Summe von Funktionstermen $f_1(x) + f_2(x)$ schreiben und haben die Funktionen f_1 und f_2 Stammfunktionen F_1 und F_2, so ist $F_1(x) + F_2(x)$ ein Stammfunktionsterm von $f(x)$, falls $D(f_1) \cap D(f_2) \neq \phi$ gilt.

  ► Summenregel der Differentialrechnung ► Kusch 3; 2.2.3

28. $\int_{-2}^{3} 3\,dx$

Die Funktion $f: f(x) = 3;\ D(f) = \mathbb{R}$ ist im Intervall $[-2; 3]$ sowohl monoton steigend als auch monton fallend und daher dort integrierbar. Sie hat in diesem Intervall eine Stammfunktion $F: F(x) = 3x;\ D(F) = \mathbb{R}$, denn es gilt $F'(x) = f(x)$ für alle $x \in [-2; 3]$.
Mit dem Hauptsatz $\int_a^b f(x)\,dx = F(b) - F(a)$ erhält man $\int_{-2}^{3} 3\,dx = 15$. Da die Funktionswerte von f in $[-2; 3]$ nicht negativ sind (▸ $f(x) \geq 0$), gilt dort $A = 15$ für die Maßzahl A der Fläche zwischen $G(f)$ und der x-Achse.

$\int_{-2}^{3} 3\,dx = ?$ ▸ $f(x) = 3;\ x \in [-2; 3]$

▸ $F(x) = 3x;\ x \in [-2; 3]$

$\Rightarrow F'(x) = 3;\ x \in [-2; 3]$ ▸ $F'(x) = f(x)$

▸ F ist eine Stammfunktion von f in $[-2; 3]$

▸ $\int_a^b f(x)\,dx = F(x)\Big|_a^b = F(b) - F(a)$ ▸ Hauptsatz

▸ -2 für a; 3 für b; $f(x) = 3$; $F(x) = 3x$

$$\begin{aligned}\int_{-2}^{3} 3\,dx &= 3x\Big|_{-2}^{3}\\ &= 3 \cdot 3 - 3 \cdot (-2)\\ &= 9 + 6\\ &= \underline{\underline{15}}\end{aligned}$$ ▸ Integralwert für f in $[-2; 3]$

29. $\int_0^4 x^2\,dx$

Die Funktion $f: f(x) = x^2;\ D(f) = \mathbb{R}$ ist im Intervall $[0; 4]$ streng monoton steigend und daher dort integrierbar. Sie hat in diesem Intervall eine Stammfunktion $F: F(x) = \frac{1}{3} \cdot x^3;\ D(F) = \mathbb{R}$, denn es gilt $F'(x) = f(x)$ für alle $x \in [0; 4]$.

Mit dem Hauptsatz $\int_a^b f(x)\,dx = F(b) - F(a)$ erhält man $\int_0^4 x^2\,dx = \frac{64}{3}$. Da die Funktionswerte von f in $[0; 4]$ nicht negativ sind (▸ $f(x) \geq 0$), gilt dort $A = \frac{63}{3}$ für die Maßzahl A der Fläche zwischen dem Graphen $G(f)$ und der x-Achse.

$\int_0^4 x^2\,dx = ?$ ▸ $f(x) = x^2;\ x \in [0; 2]$

▸ $F(x) = \frac{1}{3} \cdot x^3;\ x \in [0; 4]$

$\Rightarrow F'(x) = \frac{1}{3} \cdot 3 \cdot x^2$ ▸ Faktorregel ▸ Kusch 3; 2.2.2

$= x^2;\ x \in [0; 2]$ ▸ $F'(x) = f(x)$

▸ F ist eine Stammfunktion von f in $[0; 4]$

▸ $\int_a^b f(x)\,dx = F(x)\Big|_a^b = F(b) - F(a)$ ▸ Hauptsatz

▸ 0 für a; 4 für b; $f(x) = x^2$; $F(x) = \frac{1}{3} \cdot x^3$

$$\begin{aligned}\int_0^4 x^2\,dx &= \frac{1}{3} \cdot x^3\Big|_0^4\\ &= \frac{1}{3} \cdot 4^3 - \frac{1}{3} \cdot 0^3\\ &= \frac{1}{3} \cdot 64 - \frac{1}{3} \cdot 0\\ &= \underline{\underline{\frac{64}{3}}}\end{aligned}$$ ▸ Integralwert von f in $[0; 4]$

58

30. $\int\limits_0^7 (7x^3)\,\mathrm{d}x$

Die Funktion $f: f(x) = 7x^3$; $D(f) = \mathbb{R}$ ist im Intervall $[0; 7]$ streng monoton steigend und daher dort integrierbar. Sie hat in diesem Intervall eine Stammfunktion $F: F(x) = \frac{7}{4} \cdot x^4$; $D(F) = \mathbb{R}$, denn es gilt $F'(x) = f(x)$ für alle $x \in [0; 7]$.

Mit dem Hauptsatz $\int\limits_a^b f(x)\mathrm{d}x = F(b) - F(a)$ erhält man $\int\limits_0^7 (7x^3)\,\mathrm{d}x = 4201{,}75$. Da die Funktionswerte von f in $[0; 7]$ nicht negativ sind (► $f(x) \geq 0$), gilt dort $A = 4201{,}75$ für die Maßzahl A der Fläche zwischen $G(f)$ und der x-Achse.

$\int\limits_0^7 (7x^3)\,\mathrm{d}x = ?$ ► $f(x) = 7x^3$; $x \in [0; 7]$

► $F(x) = \frac{7}{4} \cdot x^4$; $x \in [0; 7]$

$\Rightarrow F'(x) = \frac{7}{4} \cdot 4 \cdot x^3$ ► Faktorregel ► Kusch 3; 2.2.2

$= 7x^3$; $x \in [0; 7]$ ► $F'(x) = f(x)$

► F ist eine Stammfunktion von f in $[0; 7]$

► $\int\limits_a^b f(x)\,\mathrm{d}x = F(x)\Big|_a^b = F(b) - F(a)$ ► Hauptsatz

► 0 für a; 7 für b; $f(x) = 7x^3$; $F(x) = \frac{7}{4} \cdot x^4$

$$\int\limits_0^7 7x^3\,\mathrm{d}x = \frac{7}{4} \cdot x^4\Big|_0^7 = \frac{7}{4} \cdot 7^4 - \frac{7}{4} \cdot 0^4 = \frac{16\,807}{4} = \underline{\underline{4201{,}75}}$$

► Integralwert von f in $[0; 7]$

31. $\int\limits_0^1 \cosh x\,\mathrm{d}x$

Die Funktion $f: f(x) = \cosh x$; $D(f) = \mathbb{R}$ ist im Intervall $[0; 1]$ streng monoton steigend und somit dort integrierbar.

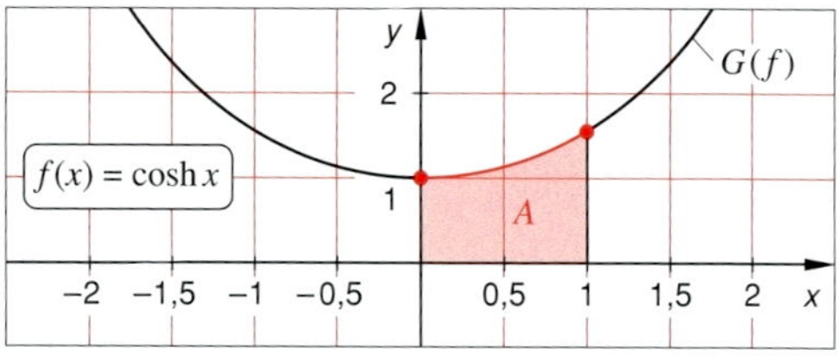

Sie hat in diesem Intervall eine Stammfunktion $F: F(x) = \sinh x$; $D(F) = \mathbb{R}$, denn es gilt $F'(x) = f(x)$ für alle $x \in [0; 1]$.

$\int\limits_0^1 \cosh x\,\mathrm{d}x = ?$ ► $f(x) = \cosh x$; $x \in [0; 1]$

► $F(x) = \sinh x$; $x \in [0; 1]$

$\Rightarrow F'(x) = \cosh x$; $x \in [0; 1]$ ► $F'(x) = f(x)$

► F ist eine Stammfunktion von f in $[0; 1]$

Mit dem Hauptsatz $\int\limits_a^b f(x)\,\mathrm{d}x = f(b) - F(a)$ erhält man $\int\limits_0^1 \cosh x\,\mathrm{d}x = 1{,}17520$. Da die Funktionswerte von f in $[0; 1]$ nicht negativ sind (► $f(x) \geq 0$), gilt dort $A = 1{,}17\,520$ für die Maßzahl A der Fläche zwischen $G(f)$ und der x-Achse.

► $\int\limits_a^b f(x)\,\mathrm{d}x = F(x)\Big|_a^b = F(b) - F(a)$ ► Hauptsatz

► 0 für a; 1 für b; $f(x) = \cosh x$; $F(x) = \sinh x$

$$\int\limits_0^1 \cosh x\,\mathrm{d}x = \sinh x\Big|_0^1 = \sinh 1 - \sinh 0$$

► $\sinh 0 = 0$

$$= \sinh 1 = \frac{\mathrm{e}^1 - \mathrm{e}^{-1}}{2} = \underline{\underline{1{,}17520}}$$

► Integralwert von f in $[0; 1]$

32. $\int_{-1}^{0} x\,\mathrm{d}x$

Die Funktion $f: f(x) = x$; $D(f) = \mathbb{R}$ ist im Intervall $[-1; 0]$ streng monoton steigend und daher dort integrierbar. Sie hat in diesem Intervall eine Stammfunktion $F: F(x) = \frac{1}{2} \cdot x^2$; $D(F) = \mathbb{R}$, denn es gilt $F'(x) = f(x)$ für alle $x \in [-1; 0]$.

Mit dem Hauptsatz $\int_a^b f(x)\,\mathrm{d}x = F(b) - F(a)$ erhält man $\int_{-1}^{0} x\,\mathrm{d}x = -\frac{1}{2}$. Da die Funktionswerte von f in $[-1; 0]$ nicht positiv sind (▶ $f(x) \leq 0$), ist $-\frac{1}{2}$ nicht die Maßzahl A der Fläche zwischen $G(f)$ und der x-Achse in diesem Intervall.

$\int_{-1}^{0} x\,\mathrm{d}x = ?$ ▶ $f(x) = x;\ x \in [-1; 0]$

▶ $F(x) = \frac{1}{2} \cdot x^2;\ x \in [-1; 0]$

$\Rightarrow F'(x) = \frac{1}{2} \cdot 2 \cdot x$ ▶ Faktorregel ▶ Kusch 3; 2.2.2

$= x;\ x \in [-1; 0]$ ▶ $F'(x) = f(x)$

▶ F ist eine Stammfunktion von f in $[-1; 0]$

▶ $\int_a^b f(x)\,\mathrm{d}x = F(x)\Big|_a^b = F(b) - F(a)$ ▶ Hauptsatz

▶ -1 für a; 0 für b; $f(x) = x$; $F(x) = \frac{1}{2} \cdot x^2$

$$\int_{-1}^{0} x\,\mathrm{d}x = \frac{1}{2} \cdot x^2 \Big|_{-1}^{0}$$
$$= \frac{1}{2} \cdot 0^2 - \frac{1}{2} \cdot (-1)^2$$
$$= 0 - \frac{1}{2}$$
$$= \underline{\underline{-\frac{1}{2}}}$$
▶ Integralwert von f in $[-1; 0]$

33. $\int_{-6}^{6} x^3\,\mathrm{d}x$

Die Funktion $f: f(x) = x^3$; $D(f) = \mathbb{R}$ ist im Intervall $[-6; 6]$ streng monoton steigend und daher dort integrierbar. Sie hat in diesem Intervall eine Stammfunktion $F: F(x) = \frac{1}{4} \cdot x^4$; $D(F) = \mathbb{R}$, denn es gilt $F'(x) = f(x)$ für alle $x \in [-6; 6]$.

Mit dem Hauptsatz $\int_a^b f(x)\,\mathrm{d}x = F(b) - F(a)$ erhält man $\int_{-6}^{6} x^3\,\mathrm{d}x = 0$. Da die Funktionswerte von f in $[-6; 0]$ nicht positiv sind (▶ $f(x) \leq 0$), ist 0 nicht die Maßzahl A der Fläche zwischen $G(f)$ und der x-Achse im Intervall $[-6; 6]$.

$\int_{-6}^{6} x^3\,\mathrm{d}x = ?$ ▶ $f(x) = x^3;\ x \in [-6; 6]$

▶ $F(x) = \frac{1}{4} \cdot x^4;\ x \in [-6; 6]$

$\Rightarrow F'(x) = \frac{1}{4} \cdot 4 \cdot x^3$ ▶ Faktorregel ▶ Kusch 3; 2.2.2

$= x^3;\ x \in [-6; 6]$ ▶ $F'(x) = f(x)$

▶ F ist eine Stammfunktion von f in $[-6; 6]$

▶ $\int_a^b f(x)\,\mathrm{d}x = F(x)\Big|_a^b = F(b) - F(a)$ ▶ Hauptsatz

▶ -6 für a; 6 für b; $f(x) = x^3$; $F(x) = \frac{1}{4} \cdot x^4$

$$\int_{-6}^{6} x^3\,\mathrm{d}x = \frac{1}{4} \cdot x^4 \Big|_{-6}^{6}$$
$$= \frac{1}{4} \cdot 6^4 - \frac{1}{4} \cdot (-6)^4$$
$$= \frac{1}{4} \cdot 1296 - \frac{1}{4} \cdot 1296$$
$$= \underline{\underline{0}}$$
▶ Integralwert von f in $[-6; 6]$

58

Anmerkung:
Der Graph der Funktion $f: f(x) = x^3$; $D(f) = \mathbb{R}$ ist im Intervall $[-6; 6]$ punktsymmetrisch zum Koordinatenursprung (► $f(-x) = -f(x)$; Kusch 3; 1.17) mit $f(x) \leq 0$ für $x \in [-6; 0]$ und $f(x) \geq 0$ für $x \in [0; 6]$. Daher gilt $\int_0^6 x^3\,\mathrm{d}x = -\int_{-6}^0 x^3\,\mathrm{d}x$ und somit: $\int_{-6}^6 x^3\,\mathrm{d}x = \int_{-6}^0 x^3\,\mathrm{d}x + \int_0^6 x^3\,\mathrm{d}x = \int_{-6}^0 x^3\,\mathrm{d}x - \int_{-6}^0 x^3\,\mathrm{d}x = 0$

Dieser Sachverhalt gilt allgemein, wenn der Graph einer integrierbaren Funktion f in einem Intervall $[-a; a]$; $a > 0$ punktsymmetrisch zum Koordinatenursprung ist.

Merke:

Ist der Graph einer integrierbaren Funktion f in einem Intervall $[-a; a]$; $a>0$ punktsymmetrisch zum Koordinatenursprung, so gilt: $\int_{-a}^{a} f(x)\,\mathrm{d}x = 0$

34. $\int_{-2}^{2} (3x+3)\,\mathrm{d}x$

Die Funktion $f: f(x) = 3x+3$; $D(f) = \mathbb{R}$ ist im Intervall $[-2; 2]$ streng monoton steigend und daher dort integrierbar.

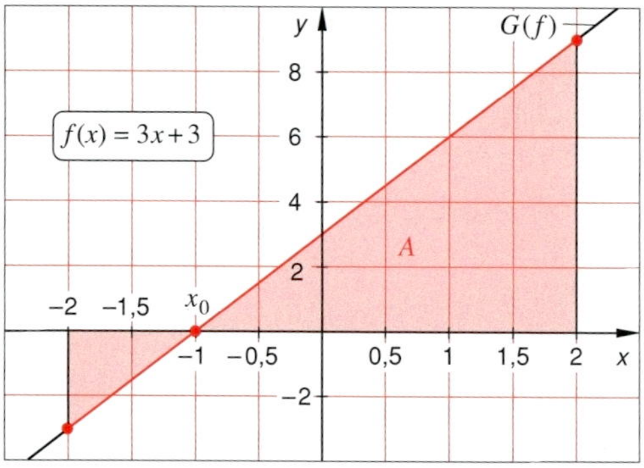

$\int_{-2}^{2} (3x+3)\,\mathrm{d}x = ?$ ► $f(x) = 3x+3$; $x \in [-2; 2]$

Sie hat in diesem Intervall eine Stammfunktion $F: F(x) = \frac{3}{2} \cdot x^2 + 3x$; $D(F) = \mathbb{R}$, denn mit der Faktorregel (► Kusch 3; 2.2.2) und der Summenregel (► Kusch 3; 2.2.3) gilt $F'(x) = f(x)$ für alle $x \in [-2; 2]$.

► $F(x) = \frac{3}{2} \cdot x^2 + 3x$; $x \in [-2; 2]$

$\Rightarrow F'(x) = \frac{3}{2} \cdot 2x + 3$

$= 3x + 3$; $x \in [-2; 2]$ ► $F'(x) = f(x)$

► F ist eine Stammfunktion von f *in* $[-2; 2]$

Mit dem Hauptsatz $\int_a^b f(x)\,\mathrm{d}x = F(b) - F(a)$ erhält man $\int_{-2}^{2} (3x+3)\,\mathrm{d}x = 12$. Da die Funktionswerte von f in $[-2; -1]$ nicht positiv sind (► $f(x) \leq 0$), ist 12 nicht die Maßzahl A der Fläche zwischen $G(f)$ und der x-Achse im Intervall $[-2; 2]$.

► $\int_a^b f(x)\,\mathrm{d}x = F(x)\Big|_a^b = F(b) - F(a)$ ► Hauptsatz

► -2 für a; 2 für b; $f(x) = 3x+3$; $F(x) = \frac{3}{2} \cdot x^2 + 3x$

$$\int_{-2}^{2} (3x+3)\,\mathrm{d}x = \frac{3}{2} \cdot x^2 + 3x\Big|_{-2}^{2}$$

$$= \frac{3}{2} \cdot 2^2 + 3 \cdot 2 - \left[\frac{3}{2} \cdot (-2)^2 + 3 \cdot (-2)\right]$$

$$= \frac{3}{2} \cdot 4 + 6 - \left[\frac{3}{2} \cdot 4 - 6\right]$$

$$= \underline{\underline{12}}$$ ► Integralwert von f in $[-2; 2]$

35. $\int_2^5 (6x^2 - x^3)\,dx$

Die Funktion $f: f(x) = 6x^2 - x^3$; $D(f) = \mathbb{R}$ ist im Intervall [2; 5] abschnittsweise monoton und daher dort integrierbar.

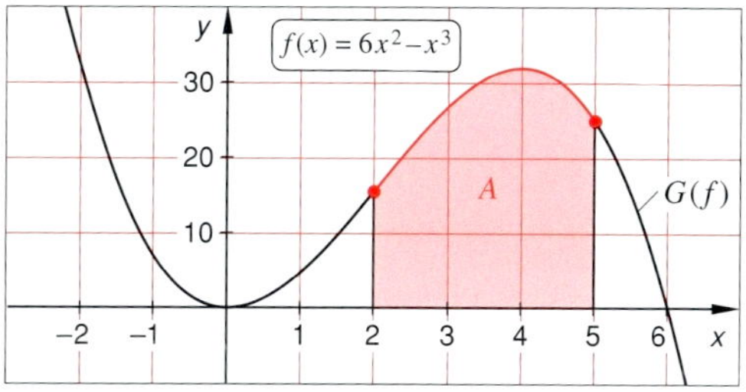

$\int_2^5 (6x^2 - x^3)\,dx = ?$ ► $f(x) = 6x^2 - x^3$; $x \in [2; 5]$

Sie hat in diesem Intervall eine Stammfunktion $F: F(x) = 2x^3 - \frac{1}{4} \cdot x^4$; $D(F) = \mathbb{R}$, denn mit der Faktorregel (► Kusch 3; 2.2.2) und der Summenregel (► Kusch 3; 2.2.3) gilt $F'(x) = f(x)$ für alle $x \in [2; 5]$.

► $F(x) = 2x^3 - \frac{1}{4} \cdot x^4$; $x \in [2; 5]$

$\Rightarrow F'(x) = 2 \cdot 3x^2 - \frac{1}{4} \cdot 4x^3$

$= 6x^2 - x^3$; $x \in [2; 5]$ ► $F'(x) = f(x)$

► F ist eine Stammfunktion von f in [2; 5]

Mit dem Hauptsatz $\int_a^b f(x)\,dx = F(b) - F(a)$ erhält man $\int_2^5 (6x^2 - x^3)\,dx = 81{,}75$. Da die Funktionswerte von f in [2; 5] nicht negativ sind (► $f(x) \geq 0$), gilt dort $A = 81{,}75$ für die Maßzahl A der Fläche zwischen $G(f)$ und der x-Achse.

► $\int_a^b f(x)\,dx = F(x)\Big|_a^b = F(b) - F(a)$ ► Hauptsatz

► 2 für a; 5 für b; $f(x) = 6x^2 - x^3$; $F(x) = 2x^3 - \frac{1}{4} \cdot x^4$

$$\int_2^5 (6x^2 - x^3)\,dx = 2x^3 - \frac{1}{4} \cdot x^4 \Big|_2^5$$

$$= 2 \cdot 5^3 - \frac{1}{4} \cdot 5^4 - \left(2 \cdot 2^3 - \frac{1}{4} \cdot 2^4\right)$$

$$= 250 - \frac{625}{4} - 16 + \frac{16}{4}$$

$= \underline{\underline{81{,}75}}$ ► Integralwert von f in [2; 5]

36. $\int_{-1}^3 (3 - 4x - x^2)\,dx$

Die Funktion $f: f(x) = 3 - 4x - x^2$; $D(f) = \mathbb{R}$ ist im Intervall [−1; 3] streng monoton fallend und daher dort integrierbar.

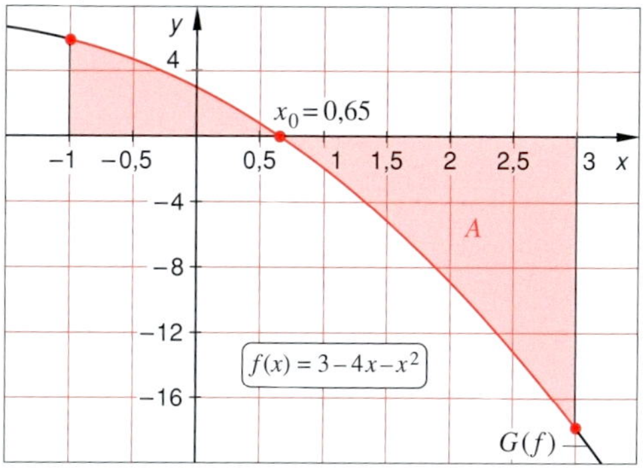

$$\int_{-1}^{3}(3-4x-x^2)\,\mathrm{d}x = ?$$ ► $f(x)=3-4x-x^2;\ x\in[-1;3]$

Sie hat in diesem Intervall eine Stammfunktion $F: F(x)=3x-2x^2-\frac{1}{3}\cdot x^3;\ D(F)=\mathbb{R}$, denn mit der Faktorregel (► Kusch 3; 2.2.2) und der Summenregel (► Kusch 3; 2.2.3) gilt $F'(x)=f(x)$ für alle $x\in[-1;3]$.

► $F(x)=3x-2x^2-\frac{1}{3}\cdot x^3;\ x\in[-1;3]$

$$\Rightarrow F'(x)=3-4x-\frac{1}{3}\cdot 3\cdot x^2$$
$$=3-4x-x^2;\ x\in[-1;3]$$ ► $F'(x)=f(x)$

► F ist eine Stammfunktion von f in $[-1;3]$

Mit dem Hauptsatz $\int_a^b f(x)\,\mathrm{d}x=F(b)-F(a)$ erhält man $\int_{-1}^{3}(3-4x-x^2)\,\mathrm{d}x-\frac{40}{3}$. Da die Funktionswerte von f in $[0{,}65;3]$ nicht positiv sind (► $f(x)\le 0$), ist $-\frac{40}{3}$ nicht die Maßzahl A der Fläche zwischen $G(f)$ und der x-Achse im Intervall $[-1;3]$.

► $\int_a^b f(x)\,\mathrm{d}x = F(x)\Big|_a^b = F(b)-F(a)$ ► Hauptsatz

► -1 für a; 3 für b; $f(x)=3-4x-x^2$; $F(x)-3x-2x^2-\frac{1}{3}\cdot x^3$

$$\int_{-1}^{3}(3-4x-x^2)\,\mathrm{d}x = 3x-2x^2-\frac{1}{3}\cdot x^3\Big|_{-1}^{3}$$
$$=3\cdot 3-2\cdot 3^2-\frac{1}{3}\cdot 3^3-\left[3\cdot(-1)-2\cdot(-1)^2-\frac{1}{3}\cdot(-1)^3\right]$$
$$=9-18-9-\left[-3-2+\frac{1}{3}\right]$$
$$=-\frac{40}{3}$$ ► Integralwert von f in $[-1;3]$

37. $\int_{-1{,}5}^{1{,}5}(4x^3-3x^5)\,\mathrm{d}x$

Die Funktion $f: f(x)=4x^3-3x^5;\ D(f)=\mathbb{R}$ ist im Intervall mit $[-1{,}5;1{,}5]$ abschnittsweise monoton und daher dort integrierbar.

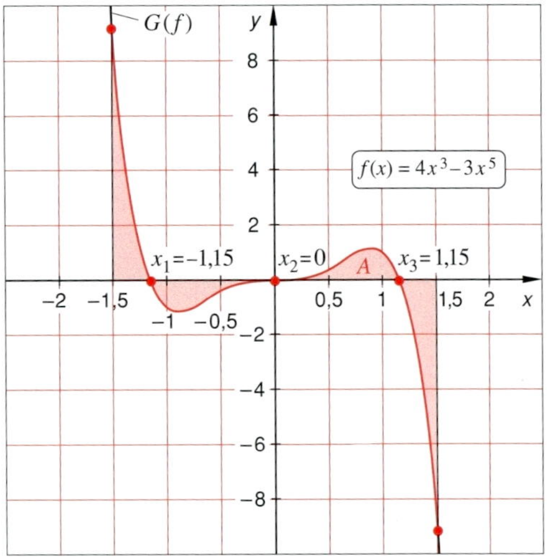

Da die Funktion f im Intervall $[-1{,}5;1{,}5]$ punktsymmetrisch zum Koordinatenursprung ist, ist ihr Integralwert in $[-1{,}5;1{,}5]$ gleich null. ► Merksatz nach Übungsaufgabe Nr. 33

$$\int_{-1{,}5}^{1{,}5}(4x^3-3x^5)\,\mathrm{d}x = ?$$ ► $f(x)=4x^3-3x^5;\ x\in[-1{,}5;1{,}5]$

$f(-x)=-f(x);\ x\in[-1{,}5;1{,}5]$

► Graph von f ist im Intervall $[-1{,}5;1{,}5]$ punktsymmetrisch zun Koordinatenursprung

Da die Funktionswerte von f in $[-1{,}15;0]$ und $[-1{,}15;1{,}5]$ nicht positiv sind (► $f(x)\le 0$), ist 0 nicht die Maßzahl A der Fläche zwischen $G(f)$ und der x-Achse im Intervall $[-1{,}5;1{,}5]$.

► $$\int_{-1{,}5}^{1{,}5}(4x^3-3x^5)\,\mathrm{d}x = 0$$ ► Integralwert von f in $[-1{,}5;1{,}5]$

38. $\int\limits_0^{\frac{\pi}{2}} \sin t \, dt$

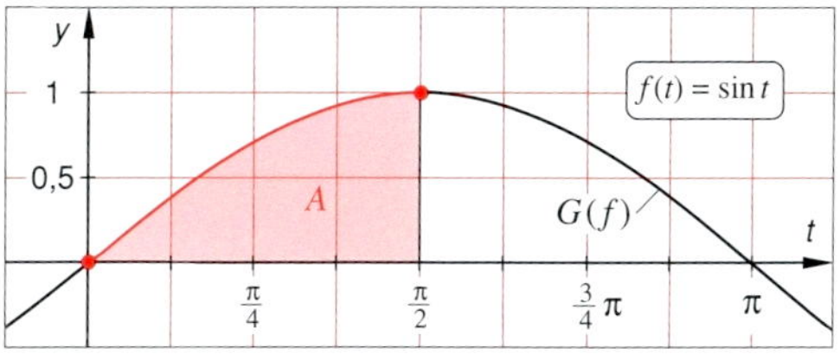

Die Funktion $f: f(t) = \sin t;\, D(f) = \mathbb{R}$ ist im Intervall $\left[0; \frac{\pi}{2}\right]$ streng monoton steigend und somit dort integrierbar.

$\int\limits_0^{\frac{\pi}{2}} \sin t \, dt = ?$ ► $f(t) = \sin t;\, t \in \left[0; \frac{\pi}{2}\right]$

Sie hat in diesem Intervall eine Stammfunktion $F: F(t) = -\cos t;\, D(F) = \mathbb{R}$, denn es gilt $F'(t) = f(t)$ für alle $t \in \left[0; \frac{\pi}{2}\right]$.

► $F(t) = -\cos t;\, t \in \left[0; \frac{\pi}{2}\right]$

$\Rightarrow F'(t) = \sin t;\, t \in \left[0; \frac{\pi}{2}\right]$ ► $F'(t) = f(t)$

► F ist eine Stammfunktion von f in $\left[0; \frac{\pi}{2}\right]$

Mit dem Hauptsatz $\int\limits_a^b f(t)\, dt = F(b) - F(a)$ erhält man $\int\limits_0^{\frac{\pi}{2}} \sin t = 1$. Da die Funktionswerte von f in $\left[0; \frac{\pi}{2}\right]$ nicht negativ sind (► $f(x) \geq 0$), gilt dort $A = 1$ für die Maßzahl A der Fläche zwischen $G(f)$ und der x-Achse.

► $\int\limits_a^b f(t)\, dt = F(t)\Big|_a^b = F(b) - F(a)$ ► Hauptsatz

► 0 für a; $\frac{\pi}{2}$ für b; $f(t) = \sin t$; $F(t) = -\cos t$

$$\int\limits_0^{\frac{\pi}{2}} \sin t \, dt = -\cos t \Big|_0^{\frac{\pi}{2}}$$

$$= -\cos\frac{\pi}{2} - (-\cos 0)$$ ► $\cos\frac{\pi}{2} = 0;\ \cos 0 = 1$

$$= \underline{\underline{1}}$$ ► Integralwert von f in $\left[0; \frac{\pi}{2}\right]$

39. $\int\limits_{-1}^{1} e^x \, dx$

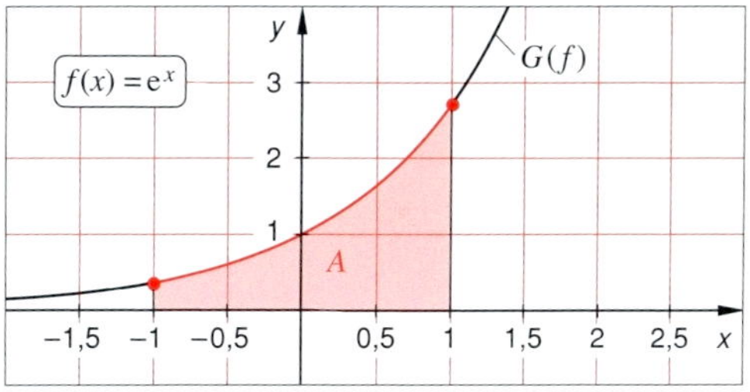

Die Funktion $f: f(x) = e^x;\, D(f) = \mathbb{R}$ ist im Intervall $[-1; 1]$ streng monoton steigend und somit dort integrierbar.

$\int\limits_{-1}^{1} e^x \, dx = ?$ ► $f(x) = e^x;\, x \in [-1; 1]$

Sie hat in diesem Intervall eine Stammfunktion $F: F(x) = e^x;\, D(F) = \mathbb{R}$, denn es gilt $F'(x) = f(x)$ für alle $x \in [-1; 1]$.

► $F(x) = e^x;\, x \in [-1; 1]$

$\Rightarrow F^1(x) = e^x;\, x \in [-1; 1]$ ► $F'(x) = f(x)$

► F ist eine Stammfunktion von f in $[-1; 1]$

Mit dem Hauptsatz $\int\limits_a^b f(x)\, dx = F(b) - F(a)$ erhält man $\int\limits_{-1}^{1} e^x \, dx = 2{,}35040$. Da die Funktionswerte von f in $[-1; 1]$ nicht negativ sind (► $f(x) \geq 0$), gilt dort $A = 2{,}35040$ für die Maßzahl A der Fläche zwischen $G(f)$ und der x-Achse.

► $\int\limits_a^b f(x)\, dx = F(x)\Big|_a^b = F(b) - F(a)$ ► Hauptsatz

► -1 für a; 1 für b; $f(x) = e^x$; $F(x) = e^x$

$$\int\limits_{-1}^{1} e^x \, dx = e^x \Big|_{-1}^{1}$$

$$= e^1 - e^{-1}$$

$$= \underline{\underline{2{,}35040}}$$ ► Integralwert von f in $[-1; 1]$

58 **40.** $\int\limits_{-2}^{-0,5} \left(\frac{x^2}{2} - \frac{2}{x^3}\right) \mathrm{d}x$

Die Funktion $f: f(x) = \frac{x^2}{2} - \frac{2}{x^3}$; $D(f) = \mathbb{R}^{\neq 0}$ ist im Intervall $[-2; -0{,}5]$ abschnittsweise monoton und somit dort integrierbar.

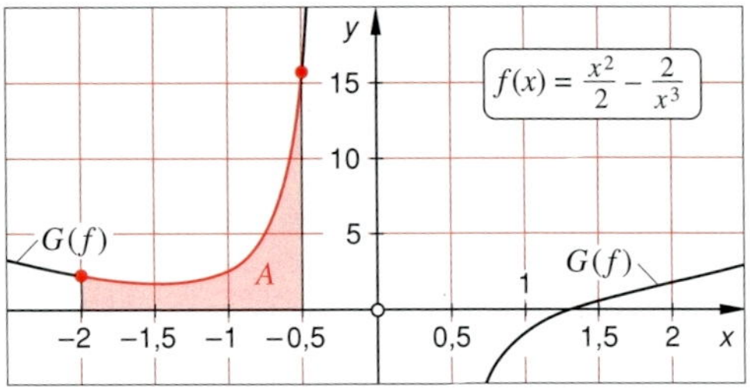

$\int\limits_{-2}^{-0,5} \left(\frac{x^2}{2} - \frac{2}{x^3}\right) \mathrm{d}x = ?$ ► $f(x) = \frac{x^2}{2} - \frac{2}{x^3}; x \in [-2; -0{,}5]$

Sie hat in diesem Intervall eine Stammfunktion $F: F(x) = \frac{x^3}{6} + \frac{1}{x^2}$; $D(F) = \mathbb{R}^{\neq 0}$, denn mit der Faktorregel (► Kusch 3; 2.2.2) und der Summenregel (► Kusch 3; 2.2.3) gilt $F'(x) = f(x)$ für alle $x \in [-2; -0{,}5]$.

► $F(x) = \frac{x^3}{6} + \frac{1}{x^2}; x \in [-2; -0{,}5]$

$$\Rightarrow F'(x) = \frac{1}{6} \cdot 3 \cdot x^2 + (-2) \cdot \frac{1}{x^3}$$

$$= \frac{x^2}{2} - \frac{2}{x^3}; x \in [-2; -0{,}5]$$ ► $F'(x) = f(x)$

► F ist eine Stammfunktion von f in $[-2; -0{,}5]$

Mit dem Hauptsatz $\int\limits_a^b f(x)\,\mathrm{d}x = F(b) - F(a)$ erhält man $\int\limits_{-2}^{-0,5} \left(\frac{x^2}{2} - \frac{2}{x^3}\right) \mathrm{d}x = 5{,}0625$. Da die Funktionswerte von f in $[-2; -0{,}5]$ nicht negativ sind (► $f(x) \geq 0$), gilt dort $A = 5{,}0625$ für die Maßzahl A der Fläche zwischen $G(f)$ und der x-Achse.

► $\int\limits_a^b f(x)\,\mathrm{d}x = F(x)\Big|_a^b = F(b) - F(a)$ ► Hauptsatz

► -2 für a; $-0{,}5$ für b; $f(x) = \frac{x^2}{2} - \frac{2}{x^3}$; $F(x) = \frac{x^3}{6} + \frac{1}{x^2}$

$$\int\limits_{-2}^{-0,5} \left(\frac{x^2}{2} - \frac{2}{x^3}\right) \mathrm{d}x = \frac{x^3}{6} + \frac{1}{x^2}\Bigg|_{-2}^{-0,5}$$

$$= \frac{1}{6} \cdot (-0{,}5)^3 + \frac{1}{(-0{,}5)^2} - \left[\frac{1}{6} \cdot (-2)^3 + \frac{1}{(-2)^2}\right]$$

$$= -\frac{1}{48} + 4 - \left[-\frac{8}{6} + \frac{1}{4}\right]$$

$$= \underline{\underline{5{,}0625}}$$ ► Integralwert von f in $[-2; -0{,}5]$

41. $\int\limits_1^4 \frac{4 - 2x}{x^3} \mathrm{d}x$

Die Funktion $f: f(x) = \frac{4 - 2x}{x^3}$; $D(f) = \mathbb{R}^{\neq 0}$ ist im Intervall $[1; 4]$ abschnittsweise monoton und somit dort integrierbar.

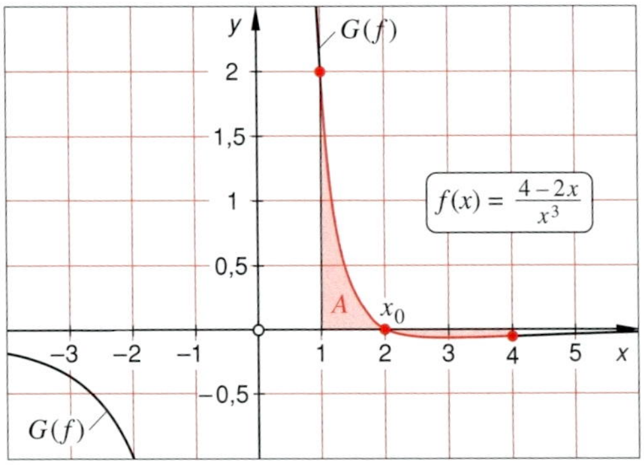

58

$$\int_1^4 \frac{4-2x}{x^3}\,\mathrm{d}x = ? \quad ▸\, f(x) = \frac{4-2x}{x^3} = \frac{4}{x^3} - \frac{2}{x^2};\ x \in [1;4]$$

Sie hat in diesem Intervall eine Stammfunktion $F: F(x) = -\frac{2}{x^2} + \frac{2}{x}$; $D(F) = \mathbb{R}^{+0}$, denn mit der Faktorregel (▸ Kusch 3; 2.2.2) und der Summenregel (▸ Kusch 3; 2.2.3) gilt $F'(x) = f(x)$ für alle $x \in [1;4]$.

$$▸\, F(x) = -\frac{2}{x^2} + \frac{2}{x}$$
$$= -2\cdot x^{-2} + 2\cdot x^{-1};\ x \in [1;4]$$
$$\Rightarrow F'(x) = -2\cdot(-2)\cdot x^{-3} + 2\cdot(-1)\cdot x^{-2}$$
$$= \frac{4}{x^3} - \frac{2}{x^2};\ x \in [1;4] \quad ▸\, F'(x) = f(x)$$

▸ F ist eine Stammfunktion von f in $[1;4]$

Mit dem Hauptsatz $\int_a^b f(x)\,\mathrm{d}x = F(b) - F(a)$ erhält man $\int_1^4 \frac{4-2x}{x^3}\,\mathrm{d}x = 0{,}375$. Da die Funktionswerte von f in $[2;4]$ nicht positiv sind (▸ $f(x) \le 0$), ist 0,375 nicht die Maßzahl A der Fläche zwischen $G(f)$ und der x-Achse im Intervall $[1;4]$.

$$▸\, \int_a^b f(x)\,\mathrm{d}x = F(x)\Big|_a^b = F(b) - F(a) \quad ▸\, \text{Hauptsatz}$$

▸ 1 für a; 4 für b; $f(x) = \frac{4-2x}{x^3}$; $F(x) = -\frac{2}{x^2} + \frac{2}{x}$

$$\int_1^4 \frac{4-2x}{x^3}\,\mathrm{d}x = -\frac{2}{x^2} + \frac{2}{x}\Big|_1^4$$
$$= -\frac{2}{4^2} + \frac{2}{4} - \left[-\frac{2}{1^2} + \frac{2}{1}\right]$$
$$= -\frac{1}{8} + \frac{1}{2} - 0$$
$$= \underline{\underline{0{,}375}} \quad ▸\, \text{Integralwert von } f \text{ in } [1;4]$$

42. $\int_{\sqrt{2}}^{\sqrt{5}} \left(\frac{x^4}{4} - x^2\right)\mathrm{d}x$

Die Funktion $f: f(x) = \frac{x^4}{4} - x^2$; $D(f) = \mathbb{R}$ ist im Intervall $[\sqrt{2};\sqrt{5}]$ streng monoton steigend und daher dort integrierbar.

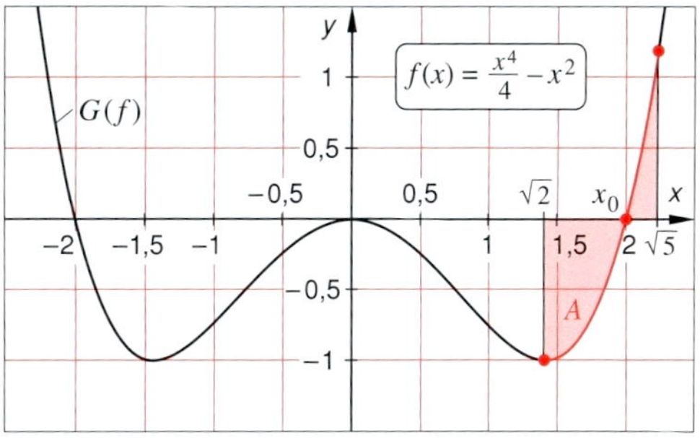

$$\int_{\sqrt{2}}^{\sqrt{5}} \left(\frac{x^4}{4} - x^2\right)\mathrm{d}x = ? \quad ▸\, f(x) = \frac{x^4}{4} - x^2 = \frac{1}{4}\cdot x^4 - x^2;\ x \in [\sqrt{2};\sqrt{5}]$$

Sie hat in diesem Intervall eine Stammfunktion $F: F(x) = \frac{1}{20}\cdot x^5 - \frac{1}{3}\cdot x^3$; $D(F) = \mathbb{R}$, denn mit der Faktorregel (▸ Kusch 3; 2.2.2) und der Summenregel (▸ Kusch 3; 2.2.3) gilt $F'(x) = f(x)$ für alle $x \in [\sqrt{2};\sqrt{5}]$.

$$▸\, F(x) = \frac{1}{20}\cdot x^5 - \frac{1}{3}\cdot x^3;\ x \in [\sqrt{2};\sqrt{5}]$$
$$\Rightarrow F'(x) = \frac{1}{20}\cdot 5\cdot x^4 - \frac{1}{3}\cdot 3\cdot x^2$$
$$= \frac{1}{4}\cdot x^4 - x^2;\ x \in [\sqrt{2};\sqrt{5}] \quad ▸\, F'(x) = f(x)$$

▸ F ist eine Stammfunktion von f in $[\sqrt{2};\sqrt{5}]$

58

Mit dem Hauptsatz $\int\limits_a^b f(x)\,\mathrm{d}x = F(b) - F(a)$ erhält man $\int\limits_{\sqrt{2}}^{\sqrt{5}} \left(\frac{x^4}{4} - x^2\right)\mathrm{d}x = -0{,}27173$. Da die Funktionswerte von f in $[\sqrt{2}; 2]$ nicht positiv sind (► $f(x) \leq 0$), ist $-0{,}27173$ nicht die Maßzahl A der Fläche zwischen $G(f)$ und der x-Achse im Intervall $[\sqrt{2}; \sqrt{5}]$ der Funktion f und der x-Achse im Intervall $[\sqrt{2}; \sqrt{5}]$ an.

► $\int\limits_a^b f(x)\,\mathrm{d}x = F(x)\Big|_a^b = F(b) - F(a)$ ► Hauptsatz

► $\sqrt{2}$ für a; $\sqrt{5}$ für b; $f(x) = \frac{1}{4}\cdot x^4 - x^2$; $F(x) = \frac{1}{20}\cdot x^5 - \frac{1}{3}\cdot x^3$

$$\int\limits_{\sqrt{2}}^{\sqrt{5}} \left(\frac{1}{4}\cdot x^4 - x^2\right)\mathrm{d}x = \frac{1}{20}\cdot x^5 - \frac{1}{3}\cdot x^3\Big|_{\sqrt{2}}^{\sqrt{5}}$$

$$= x\cdot\left(\frac{1}{20}\cdot x^4 - \frac{1}{3}\cdot x^2\right)\Big|_{\sqrt{2}}^{\sqrt{5}}$$

$$= \sqrt{5}\cdot\left(\frac{1}{20}\cdot(\sqrt{5})^4 - \frac{1}{3}\cdot(\sqrt{5})^2\right) - \sqrt{2}\cdot\left(\frac{1}{20}\cdot(\sqrt{2})^4 - \frac{1}{3}\cdot(\sqrt{2})^2\right)$$

$$= \sqrt{5}\cdot\left(\frac{25}{20} - \frac{5}{3}\right) - \sqrt{2}\cdot\left(\frac{4}{20} - \frac{2}{3}\right)$$

$$= \sqrt{5}\cdot\left(-\frac{5}{12}\right) - \sqrt{2}\cdot\left(-\frac{7}{15}\right)$$

$= \underline{\underline{-0{,}27173}}$ ► Integralwert von f in $[\sqrt{2}; \sqrt{5}]$

43. $\int\limits_{-1}^{2} \frac{x^3 - x}{4}\,\mathrm{d}x$

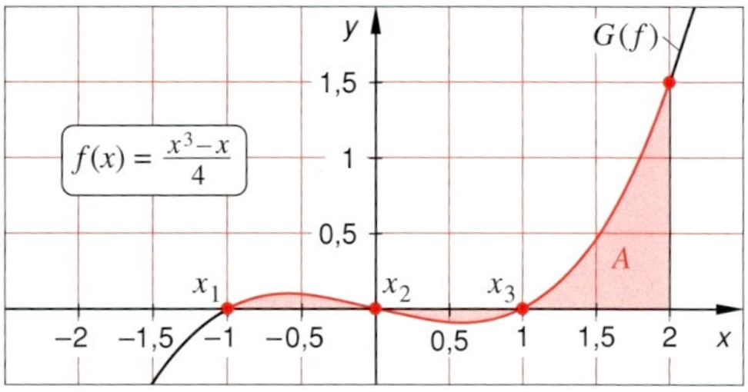

Die Funktion $f: f(x) = \frac{x^3 - x}{4}$; $D(f) = \mathbb{R}$ ist im Intervall $[-1; 2]$ abschnittsweise monoton und daher dort integrierbar.

$\int\limits_{-1}^{2} \frac{x^3 - x}{4}\,\mathrm{d}x = ?$ ► $f(x) = \frac{x^3 - x}{4} = \frac{x^3}{4} - \frac{x}{4}$; $x \in [-1; 2]$

Sie hat in diesem Intervall eine Stammfunktion $F: F(x) = \frac{x^4}{16} - \frac{x^2}{8}$; $D(F) = \mathbb{R}$, denn mit der Faktorregel (► Kusch 3; 2.2.2) und der Summenregel (► Kusch 3; 2.2.3) gilt $F'(x) = f(x)$ für alle $x \in [-1; 2]$.

► $F(x) = \frac{x^4}{16} - \frac{x^2}{8}$; $x \in [-1; 2]$

$$\Rightarrow F'(x) = \frac{1}{16}\cdot 4\cdot x^3 \cdot \frac{1}{8}\cdot 2\cdot x$$

$= \frac{x^3}{4} - \frac{x}{4}$; $x \in [-1; 2]$ ► $F'(x) = f(x)$

► F ist eine Stammfunktion von f in $[-1; 2]$

Mit dem Hauptsatz $\int\limits_a^b f(x)\,\mathrm{d}x = F(b) - F(a)$ erhält man $\int\limits_{-1}^{2} \frac{x^3 - x}{4}\,\mathrm{d}x = 0{,}5625$. Da die Funktionswerte von f in $[0; 1]$ nicht positiv sind (► $f(x) \leq 0$), ist $0{,}5625$ nicht die Maßzahl A der Fläche zwischen dem Graphen $G(f)$ und der x-Achse im Intervall $[-1; 2]$.

► $\int\limits_a^b f(x)\,\mathrm{d}x = F(x)\Big|_a^b = F(b) - F(a)$ ► Hauptsatz

► -1 für a; 2 für b; $f(x) = \frac{x^3 - x}{4}$; $F(x) = \frac{x^4}{16} - \frac{x^2}{8}$

$$\int\limits_{-1}^{2} \frac{x^3 - x}{4}\,\mathrm{d}x = \frac{x^4}{16} - \frac{x^2}{8}\Big|_{-1}^{2}$$

$$= \frac{1}{16}\cdot 2^4 - \frac{1}{8}\cdot 2^2 - \left[\frac{1}{16}\cdot(-1)^4 - \frac{1}{8}\cdot(-1)^2\right]$$

$$= 1 - \frac{1}{2} - \left[\frac{1}{16} - \frac{1}{8}\right]$$

$= \underline{\underline{0{,}5625}}$ ► Integralwert von f in $[-1; 2]$

44. $\int\limits_1^e \frac{1}{x}\,dx$

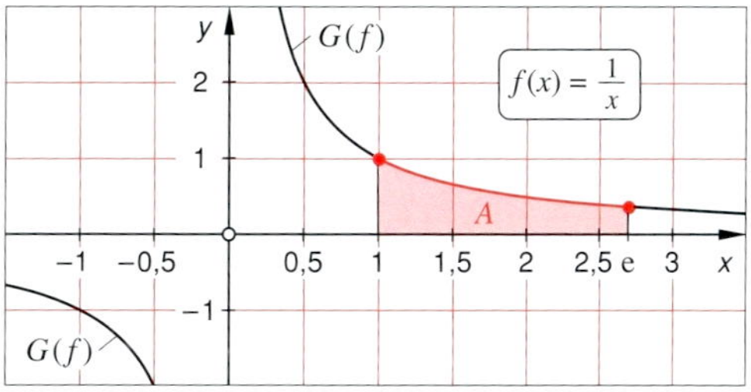

$\int\limits_1^e \frac{1}{x}\,dx = ?$ ► $f(x) = \frac{1}{x};\ x \in [1; e]$

Die Funktion $f: f(x) = \frac{1}{x};\ D(f) = \mathbb{R}^{+0}$ ist im Intervall [1; e] streng monoton fallend und somit dort integrierbar.

Sie hat in diesem Intervall eine Stammfunktion $F: F(x) = \ln x;\ D(F) = \mathbb{R}^{>0}$, denn es gilt $F'(x) = f(x)$ für alle $x \in [1; e]$.

► $F(x) = \ln x;\ x \in [1; e]$

$\Rightarrow F'(x) = \frac{1}{x};\ x \in [1; e]$ ► $F'(x) = f(x)$

► F ist eine Stammfunktion von f in [1; e]

Mit dem Hauptsatz $\int\limits_a^b f(x)\,dx = F(b) - F(a)$ erhält man $\int\limits_1^e \frac{1}{x}\,dx = 1$. Da die Funktionswerte von f in [1; e] nicht negativ sind (► $f(x) \geq 0$), gilt dort $A = 1$ für die Maßzahl A der Fläche zwischen $G(f)$ und der x-Achse.

► $\int\limits_a^b f(x)\,dx = F(x)\Big|_a^b = F(b) - F(a)$ ► Hauptsatz

► 1 für a; e für b; $f(x) = \frac{1}{x}$; $F(x) = \ln x$

$\int\limits_1^e \frac{1}{x}\,dx = \ln x\Big|_1^e$

$= \ln e - \ln 1$ ► $\ln e = 1;\ \ln 1 = 0$

$= \underline{\underline{1}}$ ► Integralwert von f in [1; e]

45. $\int\limits_0^{0,5} \frac{1}{\sqrt{1-x^2}}\,dx$

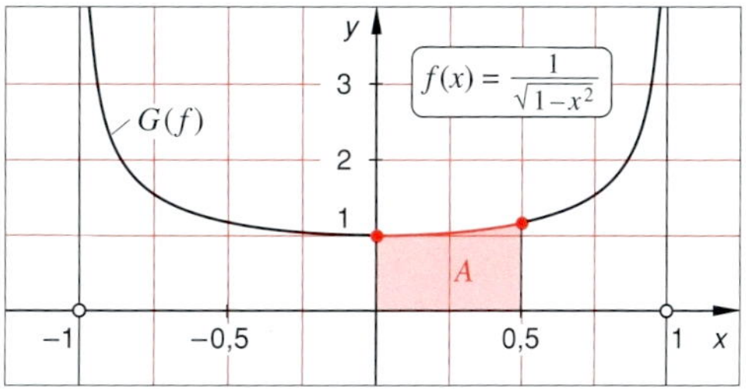

$\int\limits_0^{0,5} \frac{1}{\sqrt{1-x^2}}\,dx = ?$ ► $f(x) = \frac{1}{\sqrt{1-x^2}};\ x \in [0; 0,5]$

Die Integrandfunktion $f: f(x) = \frac{1}{\sqrt{1-x^2}}$ mit $D(f) = (-1; 1)$ ist im Intervall [0; 0,5] streng monoton steigend und somit dort integrierbar.

Sie hat in diesem Intervall eine Stammfunktion $F: F(x) = \operatorname{Arcsin} x;\ D(F) = [-1; 1]$, denn es gilt $F'(x) = f(x)$ für alle $x \in [0; 0,5]$.

► $F(x) = \operatorname{Arcsin} x;\ x \in [0; 0,5]$

$\Rightarrow F'(x) = \frac{1}{\sqrt{1-x^2}};\ x \in [0; 0,5]$ ► $F'(x) = f(x)$

► F ist eine Stammfunktion von f in [0; 0,5]

58 Mit dem Hauptsatz $\int_a^b f(x)\,\mathrm{d}x = F(b) - F(a)$ erhält man $\int_0^{0{,}5} \frac{1}{\sqrt{1-x^2}}\,\mathrm{d}x = \frac{\pi}{6}$. Da die Funktionswerte von f in $[0; 0{,}5]$ nicht negativ sind (► $f(x) \geq 0$), gilt dort $A = \frac{\pi}{6}$ für die Maßzahl A der Fläche zwischen $G(f)$ und der x-Achse.

► $\int_a^b f(x)\,\mathrm{d}x = F(x)\Big|_a^b = F(b) - F(a)$ ► Hauptsatz

► 0 für a; 0,5 für b; $f(x) = \frac{1}{\sqrt{1-x^2}}$; $F(x) = \operatorname{Arcsin} x$

$$\int_0^{0{,}5} \frac{1}{\sqrt{1-x^2}}\,\mathrm{d}x = \operatorname{Arcsin} x\Big|_0^{0{,}5}$$
$$= \operatorname{Arcsin} 0{,}5 - \operatorname{Arcsin} 0$$
$$= \frac{\pi}{6} - 0$$
$$= \underline{\underline{\frac{\pi}{6}}}$$ ► Integralwert von f in $[0; 0{,}5]$

46. $\int_0^1 \frac{1}{1+x^2}\,\mathrm{d}x$

Die Funktion $f: f(x) = \frac{1}{1+x^2}$; $D(f) = \mathbb{R}$ ist im Intervall $[0; 1]$ streng monoton fallend und somit dort integrierbar.

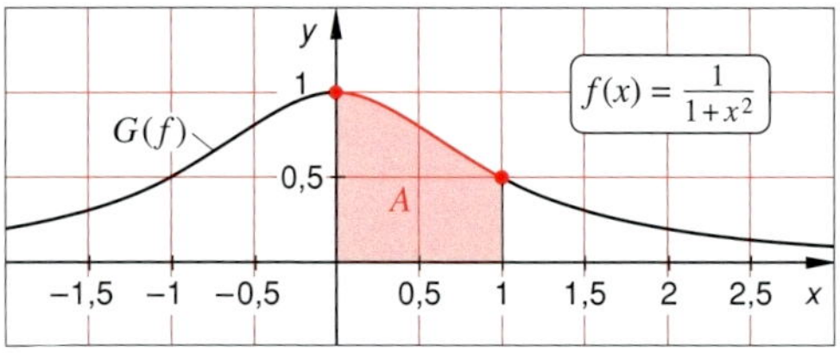

$\int_0^1 \frac{1}{1+x^2}\,\mathrm{d}x = ?$ ► $f(x) = \frac{1}{1+x^2}$; $x \in [0; 1]$

Sie hat in diesem Intervall eine Stammfunktion $F: F(x) = \operatorname{Arctan} x$; $D(F) = \mathbb{R}$, denn es gilt $F'(x) = f(x)$ für alle $x \in [0; 1]$.

► $F(x) = \operatorname{Arctan} x$; $x \in [0; 1]$

$\Rightarrow F'(x) = \frac{1}{1+x^2}$; $x \in [0; 1]$ ► $F'(x) = f(x)$

► F ist eine Stammfunktion von f in $[0; 1]$

Mit dem Hauptsatz $\int_a^b f(x)\,\mathrm{d}x = F(b) - F(a)$ erhält man $\int_0^1 \frac{1}{1+x^2}\,\mathrm{d}x = \frac{\pi}{4}$. Da die Funktionswerte von f in $[0; 1]$ nicht negativ sind (► $f(x) \geq 0$), gilt dort $A = \frac{\pi}{4}$ für die Maßzahl A der Fläche zwischen $G(f)$ und der x-Achse.

► $\int_a^b f(x)\,\mathrm{d}x = F(x)\Big|_a^b = F(b) - F(a)$ ► Hauptsatz

► 0 für a; 1 für b; $f(x) = \frac{1}{1+x^2}$; $F(x) = \operatorname{Arctan} x$

$$\int_0^1 \frac{1}{1+x^2}\,\mathrm{d}x = \operatorname{Arctan} x\Big|_0^1$$
$$= \operatorname{Arctan} 1 - \operatorname{Arctan} 0$$
$$= \frac{\pi}{4} - 0$$
$$= \underline{\underline{\frac{\pi}{4}}}$$ ► Integralwert von f in $[0; 1]$

47. $\int\limits_1^2 \frac{x^2}{3}\,\mathrm{d}x$

Die Funktion $f: f(x) = \frac{x^2}{3}$; $D(f) = \mathbb{R}$ ist im Intervall $[1;\ 2]$ streng monoton steigend und daher dort integrierbar. Sie hat in diesem Intervall eine Stammfunktion $F: F(x) = \frac{x^3}{9}$; $D(F) = \mathbb{R}$, denn es gilt $F'(x) = f(x)$ für alle $x \in [1;\ 2]$.

Mit dem Hauptsatz $\int\limits_a^b f(x)\,\mathrm{d}x = F(b) - F(a)$ erhält man $\int\limits_1^2 \frac{x^2}{3}\,\mathrm{d}x = \frac{7}{9}$. Da die Funktionswerte von f in $[1;\ 2]$ nicht negativ sind (► $f(x) \geq 0$), gilt dort $A = \frac{7}{9}$ für die Maßzahl A der Fläche zwischen $G(f)$ und der x-Achse.

$\int\limits_1^2 \frac{x^2}{3}\,\mathrm{d}x = ?$ ► $f(x) = \frac{x^2}{3}$; $x \in [1;\ 2]$

► $F(x) = \frac{x^3}{9}$; $x \in [1;\ 2]$

$\Rightarrow F'(x) = \frac{1}{9} \cdot 3 \cdot x^2$ ► Faktorregel ► Kusch 3; 2.2.2

$= \frac{x^2}{3}$; $x \in [1;\ 2]$ ► $F'(x) = f(x)$

► F ist eine Stammfunktion von f in $[1;\ 2]$

► $\int\limits_a^b f(x)\,\mathrm{d}x = F(x)\Big|_a^b = F(b) - F(a)$ ► Hauptsatz

► 1 für a; 2 für b; $f(x) = \frac{x^2}{3}$; $F(x) = \frac{x^3}{9}$

$$\int\limits_1^2 \frac{x^2}{3}\,\mathrm{d}x = \frac{x^3}{9}\Bigg|_1^2 = \frac{2^3}{9} - \frac{1^3}{9} = \frac{8}{9} - \frac{1}{9} = \underline{\underline{\frac{7}{9}}}$$

► Integralwert von f in $[1;\ 2]$

48. Zeigen Sie, dass die Funktion $F: F(x) = 0{,}5 \cdot \left(x \cdot \sqrt{1 - x^2} + \operatorname{Arcsin} x\right)$ eine Stammfunktion der Funktion $f: f(x) = \sqrt{1 - x^2}$ im Intervall $[-1;\ 1]$ ist. Berechnen Sie hiermit die Maßzahl der Viertelkreisfläche. ► Im Kapitel 1.1 konnte die Maßzahl der Viertelkreisfläche nur näherungsweise berechnet werden. ► **Lehrbuch: Kusch 4, S. 37/38**

Für $F: F(x) = 0{,}5 \cdot \left(x \cdot \sqrt{1 - x^2} + \operatorname{Arcsin} x\right)$; $D(F) = [-1;\ 1]$ berechnet man den Ableitungsterm mithilfe von Faktorregel, Produktregel, Kettenregel und Summenregel.

► Kusch 3; 2.2.2, 2.2.4, 2.2.6 und 2.2.3

$F(x) = 0{,}5 \cdot \left(x \cdot \sqrt{1 - x^2} + \operatorname{Arcsin} x\right)$

$= 0{,}5 \cdot [u(x) + v(x)]$

► $u(x) = x \cdot \sqrt{1 - x^2} = k(x) \cdot m(x)$

► $k(x) = x \Rightarrow k'(x) = \underline{1;\ x \in \mathbb{R}}$

► $m(x) = \sqrt{1 - x^2} \Rightarrow m'(x) = \underline{\frac{-2x}{2 \cdot \sqrt{1 - x^2}};\ x \in (-1;\ 1)}$

► Kettenregel

$u'(x) = k'(x) \cdot m(x) + k(x) \cdot m'(x)$ ► Produktregel

$= 1 \cdot \sqrt{1 - x^2} + x \cdot \frac{-2x}{2 \cdot \sqrt{1 - x^2}}$

$= \frac{1 - x^2 - x^2}{\sqrt{1 - x^2}}$

$= \underline{\frac{1 - 2x^2}{\sqrt{1 - x^2}};\ x \in (-1;\ 1)}$

► $v(x) = \operatorname{Arcsin} x \Rightarrow v'(x) = \underline{\frac{1}{\sqrt{1 - x^2}};\ x \in (-1;\ 1)}$

58

Damit erhält man $F'(x) = \sqrt{1-x^2}$; $x \in [-1; 1]$, sodass F eine Stammfunktion der Funktion $f: f(x) = \sqrt{1-x^2}$; $D(f) = [-1; 1]$ im Intervall $[-1; 1]$ ist.

$$F'(x) = 0{,}5 \cdot (u'(x) + v'(x))$$
$$= 0{,}5 \cdot \left(\frac{1-2x^2}{\sqrt{1-x^2}} + \frac{1}{\sqrt{1-x^2}} \right)$$
$$= 0{,}5 \cdot \frac{2 \cdot (1-x^2)}{\sqrt{1-x^2}} \quad \blacktriangleright\ 1-x^2 = \sqrt{1-x^2}^2$$
$$= \underline{\underline{\sqrt{1-x^2}; x \in [-1; 1]}}$$

► F ist eine Stammfunktion der Funktion $f: f(x) = \sqrt{1-x^2}$; $D(f) = [-1; 1]$ in $[-1; 1]$

Mit dem Hauptsatz $\int\limits_a^b f(x)\,dx = F(b) - F(a)$ erhält man $\int\limits_0^1 \sqrt{1-x^2}\,dx = \frac{\pi}{4}$. Die Fläche zwischen $G(f)$ und der x-Achse im Intervall $[0; 1]$ ist eine Viertelkreisfläche (Lehrbuch: Kusch 4, S. 37). Da die Funktionswerte von f in $[0; 1]$ nicht negativ sind (► $f(x) \geq 0$), gilt $A = \frac{\pi}{4}$ für die Maßzahl A der Viertelkreisfläche.

► $\int\limits_a^b f(x)\,dx = F(x)\Big|_a^b = F(b) - F(a)$ ► Hauptsatz

► 0 für a; 1 für b; $f(x) = \sqrt{1-x^2}$; $F(x) = 0{,}5 \cdot \left(x \cdot \sqrt{1-x^2} + \operatorname{Arcsin} x\right)$

$$\int\limits_0^1 \sqrt{1-x^2}\,dx = 0{,}5 \cdot \left(x \cdot \sqrt{1-x^2} + \operatorname{Arcsin} x\right)\Big|_0^1$$
$$= 0{,}5 \cdot \left(1 \cdot \sqrt{1-1^2} + \operatorname{Arcsin} 1\right) - 0{,}5 \cdot \left(0 \cdot \sqrt{1-0^2} + \operatorname{Arcsin} 0\right)$$
$$= 0{,}5 \cdot \operatorname{Arcsin} 1 - 0{,}5 \cdot \operatorname{Arcsin} 0$$
$$= 0{,}5 \cdot \frac{\pi}{2} - 0{,}5 \cdot 0$$
$$= \underline{\underline{\frac{\pi}{4}}} \quad \blacktriangleright \text{ Integralwert von } f \text{ in } [0; 1]$$

2 Integrationsverfahren

2.1 Grundintegrale

▶ **Lehrbuch: Kusch 4, S. 59 ... 65**

Merke:

- Unter dem unbestimmten Integral einer Funktion f in einem Intervall I versteht man irgendeine Stammfunktion F von f in diesem Intervall I.
- Ist F eine Stammfunktion von f in einem Intervall I, so schreibt man für irgendeinen Stammfunktionsterm von f den Ausdruck $\int f(x)\,\mathrm{d}x = F(x) + c$.
  Die Zahl für c wird als Integrationskonstante bezeichnet.
- Spricht man vom **Berechnen oder vom Lösen eines unbestimmten Integrals**, so versteht man darunter die Ermittlung von Stammfunktionstermen $\int f(x)\,\mathrm{d}x$ für f, und zwar für alle Intervalle $I \subset D(f)$, in denen f eine Stammfunktion besitzt. Solche Intervalle heißen **Gültigkeitsintervalle**.
- Unbestimmte Integrale der so genannten elementaren Funktionen (▶ Kusch 3; 2.2.1 und 2.2.8 bis 2.2.13) werden als **Grundintegrale** bezeichnet.

Anmerkungen:

- In den nachfolgenden Kapiteln wird in der Aufgabenstellung eines unbestimmten Integrals (linke Spalte) stets die Definitionsmenge (▶ Kusch 3; 1.1.3) der Integrandfunktion f angegeben.
- Bei der Lösung von unbestimmten Integralen (rechte Spalte) werden zur Vereinfachung der Schreibweise Gültigkeitsintervalle nur dann angegeben, wenn diese von $\mathbb{R} = (-\infty; \infty)$ abweichen. Die Angabe erfolgt dann zum Beispiel in der Form „$x \neq 0$“ oder „$x \in [1; \infty)$“ oder „$x > 1$“ oder „$x \notin \{-1; 1\}$“.
- „$x \neq 0$“ bedeutet, dass die Lösung eine Stammfunktion in jedem Intervall ist, das 0 nicht enthält, dass es sich also um Stammfunktionen in jedem Teilintervall von $(-\infty; 0)$ oder $(0; \infty)$ handelt.
- „$x \in [1; \infty)$“ sagt aus, dass die Lösung eine Stammfunktion in jedem Teilintervall von $[1; \infty)$ ist.
- „$x \notin \{-1; 1\}$“ bedeutet, dass die Lösung eine Stammfunktion in jedem Intervall ist, das -1 und 1 nicht enthält.

Grundintegrale von Potenzfunktionen

- $\int x^n\,\mathrm{d}x = \dfrac{x^{n+1}}{n+1} + c$ ▶ **Gültigkeitsintervalle** $\begin{cases} \blacktriangleright\ x \in \mathbb{R}, & \text{wenn } n \in \mathbb{N}^{\geq 1} \\ \blacktriangleright\ x \neq 0, & \text{wenn } n \in \mathbb{Z}^{<-1} \\ \blacktriangleright\ x \geq 0, & \text{wenn } n \in \mathbb{R}^{>0} \setminus \mathbb{N} \\ \blacktriangleright\ x > 0, & \text{wenn } n \in \mathbb{R}^{<0} \setminus \mathbb{Z}^{<-1} \end{cases}$ ▶ **Potenzregel**
- $\int x^{-1}\,\mathrm{d}x = \int \dfrac{1}{x}\,\mathrm{d}x = \ln|x| + c;\ x \neq 0$ ▶ **1.2**
- $\int x^0\,\mathrm{d}x = \int 1\,\mathrm{d}x = x + c;\ x \neq 0$
- $\int 0\,\mathrm{d}x = c$

Grundintegrale von Exponentialfunktionen ▶ Kusch 3; 2.2.8

$$\int \mathrm{e}^x\,\mathrm{d}x = \mathrm{e}^x + c$$

$$\int a^x\,\mathrm{d}x = \frac{a^x}{\ln a} + c;\ a \in \mathbb{R}^{>0} \setminus \{1\}$$

Grundintegrale von trigonometrischen Funktionen ► **Kusch 3; 2.2.10**

$$\int \sin x \, dx = -\cos x + c$$

$$\int \cos x \, dx = \sin x + c$$

$$\int \frac{dx}{\cos^2 x} = \tan x + c; \; x \notin \left\{\frac{\pi}{2} + k\pi\right\}; \; k \in \mathbb{Z}$$

$$\int \frac{dx}{\sin^2 x} = -\cot x + c; \; x \notin \{k\pi\}; \; k \in \mathbb{Z}$$

Grundintegrale von Arkusfunktionen ► **Kusch 3; 2.2.11**

$$\int \frac{dx}{\sqrt{1-x^2}} = \operatorname{Arcsin} x + c_1; \; x \in (-1; 1)$$

oder

$$\int \frac{dx}{\sqrt{1-x^2}} = -\operatorname{Arccos} x + c_2; \; x \in (-1; 1)$$

► $\operatorname{Arcsin} x = \frac{\pi}{2} - \operatorname{Arccos} x; \; x \in [-1; 1]$

► Kusch 3; 2.2.11

$$\int \frac{dx}{1+x^2} = \operatorname{Arctan} x + c_1$$

oder

$$\int \frac{dx}{1+x^2} = -\operatorname{Arccot} x + c_2$$

► $\operatorname{Arctan} x = \frac{\pi}{2} - \operatorname{Arccot} x; \; x \in \mathbb{R}$

► Kusch 3; 2.2.11

Grundintegrale von Hyperbelfunktionen ► **Kusch 3; 2.2.12**

$$\int \sinh x \, dx = \cosh x + c$$

$$\int \cosh x \, dx = \sinh x + c$$

$$\int \frac{1}{\cosh^2 x} \, dx = \tanh x + c$$

$$\int \frac{1}{\sinh^2 x} \, dx = -\coth x + c; \; x \neq 0$$

Grundintegrale von Areahyperbelfunktionen ► **Kusch 3; 2.2.13**

$$\int \frac{dx}{\sqrt{x^2+1}} = \ln\left(x + \sqrt{x^2+1}\right) + c = \operatorname{Arsinh} x + c$$

$$\int \frac{dx}{\sqrt{x^2-1}} = \begin{cases} -\ln\left(-x + \sqrt{x^2-1}\right) + c = -\operatorname{Arcosh}(-x) + c; \; x < -1 \\ \ln\left(x + \sqrt{x^2-1}\right) + c = \operatorname{Arcosh} x + c; \; x < 1 \end{cases}$$

Man kann die beiden letzten Fälle auch zusammenfassen, und zwar gilt dann:

$$\int \frac{dx}{\sqrt{x^2-1}} = \ln\left|x + \sqrt{x^2-1}\right| + c; \; x < -1 \text{ oder } x > 1$$

$$\int \frac{dx}{1-x^2} = 0{,}5 \cdot \ln \frac{1+x}{1-x} + c = \operatorname{Artanh} x + c; \; x \in (-1; 1)$$

oder

$$\int \frac{dx}{1-x^2} = 0{,}5 \cdot \ln \frac{x+1}{x-1} + c = \operatorname{Arcoth} x + c; \; x < -1 \text{ oder } x > 1$$

Man kann die beiden letzten Fälle auch zusammenfassen, und zwar gilt dann:

$$\int \frac{\mathrm{d}x}{1-x^2} = 0{,}5 \cdot \ln\left|\frac{x+1}{x-1}\right| + c;\ x \notin \{-1; 1\}$$

► $\operatorname{Arsinh} x$, $\operatorname{Arcosh} x$, $\operatorname{Artanh} x$ und $\operatorname{Arcoth} x$ sind Kurzschreibweisen der entsprechenden Logarithmusfunktionen ► **Kusch 3; 2.2.13**

Wegen $\int \frac{\mathrm{d}x}{x^2-1} = -\int \frac{\mathrm{d}x}{1-x^2}$ und $-\ln\frac{A}{B} = \ln\frac{B}{A}$ erhält man aus dem letzten Grundintegral auch:

$$\int \frac{\mathrm{d}x}{x^2-1} = 0{,}5 \cdot \ln\left|\frac{x-1}{x+1}\right| + c = -0{,}5 \cdot \ln\left|\frac{x+1}{x-1}\right| + c = -0{,}5 \cdot \ln\left|\frac{1+x}{1-x}\right| + c;\ x \notin \{-1; 1\}$$

Berechnen Sie die unbestimmten Integrale mit den nachstehenden Integrandfunktionen unter Verwendung von Grundintegralen.

► **Lehrbuch: Kusch 4, S. 59…64** 64

1. $f: f(x) = \mathrm{e}^x;\ x \in \mathbb{R}$ | $\int \mathrm{e}^x\,\mathrm{d}x = \mathrm{e}^x + c$

2. $f: f(x) = b^x;\ b \in \mathbb{R}^{>0} \setminus \{1\};\ x \in \mathbb{R}$ | $\int b^x\,\mathrm{d}x = \frac{1}{\ln b} \cdot b^x + c$

3. $f: f(x) = 10^x;\ x \in \mathbb{R}$ | $\int 10^x\,\mathrm{d}x = \frac{1}{\ln 10} \cdot 10^x + c$

4. $f: f(x) = \frac{1}{x};\ x \in \mathbb{R}^{\neq 0}$ | $\int \frac{1}{x}\,\mathrm{d}x = \ln|x| + c;\ x \neq 0$

► **Lehrbuch: Kusch 4, S. 56**

5. $f: f(x) = \log_2 a;\ a > 0;\ x \in \mathbb{R}$ | $\int \log_2 a\,\mathrm{d}x = (\log_2 a) \cdot x + c$

6. $f: f(x) = \log_4 10;\ x \in \mathbb{R}$ | $\int \log_4 10\,\mathrm{d}x = (\log_4 10) \cdot x + c$

7. $f: f(x) = \sin x;\ x \in \mathbb{R}$ | $\int \sin x\,\mathrm{d}x = -\cos x + c$

8. $f: f(x) = \cos x;\ x \in \mathbb{R}$ | $\int \cos x\,\mathrm{d}x = \sin x + c$

9. $f: f(x) = \frac{1}{\cos^2 x};\ x \in \mathbb{R} \setminus \left\{\frac{\pi}{2} + k\pi \mid k \in \mathbb{Z}\right\}$ | $\int \frac{1}{\cos^2 x}\,\mathrm{d}x = \tan x + c;\ x \neq \frac{\pi}{2} + k\pi;\ k \in \mathbb{Z}$

10. $f: f(x) = \frac{1}{1+x^2};\ x \in \mathbb{R}$ | $\int \frac{1}{1+x^2}\,\mathrm{d}x = \operatorname{Arctan} x + c$

11. $f: f(x) = \frac{1}{\sin^2 x};\ x \in \mathbb{R} \setminus \{k\pi \mid k \in \mathbb{Z}\}$ | $\int \frac{1}{\sin^2 x}\,\mathrm{d}x = -\cot x + c;\ x \neq k\pi;\ k \in \mathbb{Z}$

12. $f: f(x) = \frac{m}{n \cdot \sin^2 x};\ n \neq 0;\ x \in \mathbb{R} \setminus \{k\pi \mid k \in \mathbb{Z}\}$ | $\int \frac{m}{n \cdot \sin^2 x}\,\mathrm{d}x = -\frac{m}{n} \cdot \cot x + c;\ x \neq k\pi;\ k \in \mathbb{Z}$

64

13. $f: f(x) = \frac{1}{\sqrt{1-x^2}};\ x \in (-1; 1)$ | $\int \frac{1}{\sqrt{1-x^2}}\,dx = \underline{\underline{\operatorname{Arcsin} x + c;\ x \in (-1; 1)}}$

Hier ist der Definitionsbereich der Stammfunktion $F: F(x) = \operatorname{Arcsin} x$ mit $D(F) = [-1; 1]$ größer als der Definitionsbereich der Integrandfunktion $f: f(x) = \frac{1}{\sqrt{1-x^2}}$ mit $D(f) = (-1; 1)$.

Sind $D(F)$ und $D(f)$ verschieden, so wird das in diesem Buch zum Beispiel wie folgt vermerkt:
► $D(F) = [-1; 1]$ und $D(f) = (-1; 1)$

14. $f: f(x) = \sinh x;\ x \in \mathbb{R}$ | $\int \sinh x\,dx = \underline{\underline{\cosh x + c}}$

15. $f: f(x) = \cosh x;\ x \in \mathbb{R}$ | $\int \cosh x\,dx = \underline{\underline{\sinh x + c}}$

16. $f: f(x) = \frac{1}{x^2-1};\ x \in \mathbb{R}\setminus\{-1; 1\}$ | $\int \frac{1}{x^2-1}\,dx = \underline{\underline{0{,}5 \cdot \ln\left|\frac{x-1}{x+1}\right| + c;\ x \notin \{-1; 1\}}}$

17. $f: f(x) = \frac{1}{\sinh^2 x};\ x \in \mathbb{R}^{\neq 0}$ | $\int \frac{1}{\sinh^2 x}\,dx = \underline{\underline{-\coth x + c;\ x \neq 0}}$

18. $f: f(x) = \frac{1}{\sqrt{x^2+1}};\ x \in \mathbb{R}$ | $\int \frac{1}{\sqrt{x^2+1}}\,dx = \underline{\underline{\ln\left(x + \sqrt{x^2+1}\right) + c}}$

19. $f: f(x) = \frac{1}{1-x^2};\ x \in \mathbb{R}\setminus\{-1; 1\}$ | $\int \frac{1}{1-x^2}\,dx = \underline{\underline{0{,}5 \cdot \ln\left|\frac{x+1}{x-1}\right| + c;\ x \notin \{-1; 1\}}}$

20. $f: f(x) = \frac{1}{\sqrt{x^2-1}};\ x \in \mathbb{R}\setminus[-1; 1]$ | $\int \frac{1}{\sqrt{x^2-1}}\,dx = \underline{\underline{\ln\left|x + \sqrt{x^2-1}\right| + c;\ x < -1 \text{ oder } x > 1}}$

► $D(F) = \mathbb{R}\setminus(-1; 1)$ und $D(f) = \mathbb{R}\setminus[-1; 1]$

21. $f: f(x) = \frac{1}{\cosh^2 x};\ x \in \mathbb{R}$ | $\int \frac{1}{\cosh^2 x}\,dx = \underline{\underline{\tanh x + c}}$

65

Berechnen Sie die nachstehenden unbestimmten Integrale unter Verwendung von Grundintegralen.

22. $\int x^{-\frac{7}{3}}\,dx;\ x \in \mathbb{R}^{\neq 0}$

$$\int x^{-\frac{7}{3}}\,dx = \int x^n\,dx \quad ► -\frac{7}{3} \text{ für } n$$
$$= \frac{x^{-\frac{7}{3}+1}}{-\frac{7}{3}+1} + c$$
$$= \underline{\underline{-\frac{3}{4} \cdot x^{-\frac{4}{3}} + c;\ x \neq 0}}$$

23. $\int \left(x \cdot \sqrt{x^{-1}}\right)dx;\ x \in \mathbb{R}^{>0}$

► Für $x \in \mathbb{R}^{>0}$ gilt: $x \cdot \sqrt{x^{-1}} = x^1 \cdot x^{-\frac{1}{2}} = \underline{x^{\frac{1}{2}}}$

► $D(F) = \mathbb{R}^{\geq 0}$ und $D(f) = \mathbb{R}^{>0}$

$$\int \left(x \cdot \sqrt{x^{-1}}\right)dx = \int x^{\frac{1}{2}}\,dx \quad ► \frac{1}{2} \text{ für } n$$
$$= \frac{x^{\frac{3}{2}}}{\frac{3}{2}} + c \quad ► x^{\frac{3}{2}} = \sqrt{x^3}$$
$$= \underline{\underline{\frac{2}{3} \cdot \sqrt{x^3} + c;\ x > 0}}$$

24. $\int \left(x \cdot \frac{x^{-1}}{x^5} \right) \mathrm{d}x;\ x \in \mathbb{R}^{\neq 0}$

▶ $x \cdot \frac{x^{-1}}{x^5} = x^1 \cdot x^{-1} \cdot x^{-5} = \underline{x^{-5}}$

▶ $x^{-4} = \underline{\frac{1}{x^4}}$

$$\int \left(x \cdot \frac{x^{-1}}{x^5} \right) \mathrm{d}x = \int x^{-5}\,\mathrm{d}x \quad ▶ -5 \text{ für } n$$

$$= \frac{x^{-4}}{-4} + c$$

$$= \underline{\underline{\frac{-1}{4x^4} + c;\ x \neq 0}}$$

25. $\int \frac{\sqrt[3]{x}}{x}\,\mathrm{d}x;\ x \in \mathbb{R}^{>0}$

▶ Für $x \in \mathbb{R}^{>0}$ gilt: ▶ $\frac{\sqrt[3]{x}}{x} = \frac{x^{\frac{1}{3}}}{x^1} = x^{\frac{1}{3}-1} = \underline{x^{-\frac{2}{3}}}$

▶ $D(F) = \mathbb{R}^{\geq 0}$ und $D(f) = \mathbb{R}^{>0}$

$$\int \frac{\sqrt[3]{x}}{x}\,\mathrm{d}x = \int x^{-\frac{2}{3}}\,\mathrm{d}x \quad ▶ -\frac{2}{3} \text{ für } n$$

$$= \frac{x^{\frac{1}{3}}}{\frac{1}{3}} + c \quad ▶ x^{\frac{1}{3}} = \sqrt[3]{x}$$

$$= \underline{\underline{3 \cdot \sqrt[3]{x} + c;\ x > 0}}$$

26. $\int \frac{x^2}{x^{-2}}\,\mathrm{d}x;\ x \in \mathbb{R}^{\neq 0}$

▶ $\frac{x^2}{x^{-2}} = \frac{x^2}{\frac{1}{x^2}} = x^4$

▶ $D(F) = \mathbb{R}$ und $D(f) = \mathbb{R}^{\neq 0}$

$$\int \frac{x^2}{x^{-2}}\,\mathrm{d}x = \int x^4\,\mathrm{d}x \quad ▶ 4 \text{ für } n$$

$$= \frac{x^{4+1}}{4+1} + c$$

$$= \underline{\underline{\frac{1}{5} \cdot x^5 + c;\ x \neq 0}}$$

27. $\int \frac{x^4}{x^{\frac{2}{3}}}\,\mathrm{d}x;\ x \in \mathbb{R}^{>0}$

▶ Für $x \in \mathbb{R}^{>0}$ gilt: $\frac{x^4}{x^{\frac{2}{3}}} = x^{\frac{12}{3}-\frac{2}{3}} = \underline{x^{\frac{10}{3}}}$

▶ $D(F) = \mathbb{R}^{\geq 0}$ und $D(f) = \mathbb{R}^{>0}$

$$\int \frac{x^4}{x^{\frac{2}{3}}}\,\mathrm{d}x = \int x^{\frac{10}{3}}\,\mathrm{d}x \quad ▶ \frac{10}{3} \text{ für } n$$

$$= \frac{x^{\frac{13}{3}}}{\frac{13}{3}} + c \quad ▶ x^{\frac{13}{3}} = x^4 \cdot x^{\frac{1}{3}} = x^4 \cdot \sqrt[3]{x}$$

$$= \underline{\underline{\frac{3}{13} \cdot x^4 \cdot \sqrt[3]{x} + c;\ x > 0}}$$

28. $\int \frac{\sqrt{x}}{x^3}\,\mathrm{d}x;\ x \in \mathbb{R}^{>0}$

▶ Für $x \in \mathbb{R}^{>0}$ gilt:

$$\frac{\sqrt{x}}{x^3} = \frac{x^{\frac{1}{2}}}{x^3} = x^{\frac{1}{3}-3} = \underline{x^{-\frac{5}{2}}}$$

$$\int \frac{\sqrt{x}}{x^3}\,\mathrm{d}x = \int x^{-\frac{5}{2}}\,\mathrm{d}x \quad ▶ -\frac{5}{2} \text{ für } n$$

$$= \frac{x^{-\frac{3}{2}}}{-\frac{3}{2}} + c \quad ▶ x^{-\frac{3}{2}} = \frac{1}{x^{-\frac{3}{2}}} = \frac{1}{\sqrt{x^3}}$$

$$= \underline{\underline{\frac{-2}{3 \cdot \sqrt{x^3}} + c;\ x > 0}}$$

29. $\int \frac{x^{\frac{1}{2}} \cdot \sqrt[3]{x^2}}{\sqrt{x^3} \cdot \sqrt[6]{x^5}}\,\mathrm{d}x;\ x \in \mathbb{R}^{>0}$

▶ Für $x \in \mathbb{R}^{>0}$ gilt:

$$\frac{x^{\frac{1}{2}} \cdot \sqrt[3]{x^2}}{\sqrt{x^3} \cdot \sqrt[6]{x^5}} = \frac{x^{\frac{1}{2}} \cdot x^{\frac{2}{3}}}{x^{\frac{3}{2}} \cdot x^{\frac{5}{6}}} = x^{\frac{1}{2}+\frac{2}{3}-\frac{3}{2}-\frac{5}{6}} = \underline{x^{-\frac{7}{6}}}$$

$$\int \frac{x^{\frac{1}{2}} \cdot \sqrt[3]{x^2}}{\sqrt{x^3} \cdot \sqrt[6]{x^5}}\,\mathrm{d}x = \int x^{-\frac{7}{6}}\,\mathrm{d}x \quad ▶ -\frac{7}{6} \text{ für } n$$

$$= \frac{x^{-\frac{1}{6}}}{-\frac{1}{6}} + c \quad ▶ x^{-\frac{1}{6}} = \frac{1}{x^{\frac{1}{6}}} = \frac{1}{\sqrt[6]{x}}$$

$$= \underline{\underline{-6 \cdot \frac{1}{\sqrt[6]{x}} + c;\ x > 0}}$$

65 **30.** $\int \frac{x^2 \cdot \sqrt[4]{x}}{x^{-3} \cdot \sqrt{x^3}}\,dx;\ x \in \mathbb{R}^{>0}$

► Für $x \in \mathbb{R}^{>0}$ gilt:

$$\frac{x^2 \cdot \sqrt[4]{x}}{x^{-3} \cdot \sqrt{x^3}} = x^2 \cdot x^{\frac{1}{4}} \cdot x^3 \cdot x^{-\frac{3}{2}} = \underline{x^{\frac{15}{4}}}$$

► $D(F) = \mathbb{R}^{\geq 0}$ und $D(f) = \mathbb{R}^{>0}$

$$\int \frac{x^2 \cdot \sqrt[4]{x}}{x^{-3} \cdot \sqrt{x}}\,dx = \int x^{\frac{15}{4}}\,dx \quad ► \frac{15}{4} \text{ für } n$$

$$= \frac{x^{\frac{19}{4}}}{\frac{19}{4}} + c \quad ► x^{\frac{19}{4}} = x^4 \cdot x^{\frac{3}{4}} = x^4 \cdot \sqrt[4]{x^3}$$

$$= \underline{\underline{\frac{4}{19} \cdot x^4 \cdot \sqrt[4]{x^3} + c;\ x > 0}}$$

31. $\int \sqrt{x \cdot \sqrt{x \cdot \sqrt{x}}}\,dx;\ x \in \mathbb{R}^{\geq 0}$

► Für $x \in \mathbb{R}^{\geq 0}$ gilt:

$$\sqrt{x \cdot \sqrt{x \cdot \sqrt{x}}} = \left[x \cdot \left(x \cdot x^{\frac{1}{2}}\right)^{\frac{1}{2}}\right]^{\frac{1}{2}} =$$

$$= \left[x \cdot x^{\frac{3}{4}}\right]^{\frac{1}{2}} = \left[x^{\frac{7}{4}}\right]^{\frac{1}{2}} = \underline{x^{\frac{7}{8}}}$$

$$\int \sqrt{x \cdot \sqrt{x \cdot \sqrt{x}}}\,dx = \int x^{\frac{7}{8}}\,dx \quad ► \frac{7}{8} \text{ für } n$$

$$= \frac{x^{\frac{15}{8}}}{\frac{15}{8}} + c \quad ► x^{\frac{15}{8}} = x \cdot x^{\frac{7}{8}} = x \cdot \sqrt[8]{x^7}$$

$$= \underline{\underline{\frac{8}{15} \cdot x \cdot \sqrt[8]{x^7} + c;\ x \geq 0}}$$

32. $\int \sqrt{x^2 \cdot \sqrt{x^2 \cdot \sqrt{x}}}\,dx;\ x \in \mathbb{R}^{\geq 0}$

► Für $x \in \mathbb{R}^{\geq 0}$ gilt:

$$\sqrt{x^2 \cdot \sqrt{x^2 \cdot \sqrt{x}}} = \left[x^2 \cdot \left(x^2 \cdot x^{\frac{1}{2}}\right)^{\frac{1}{2}}\right]^{\frac{1}{2}} =$$

$$= \left[x \cdot x^{\frac{5}{4}}\right]^{\frac{1}{2}} = \left[x^{\frac{13}{4}}\right]^{\frac{1}{2}} = \underline{x^{\frac{13}{8}}}$$

$$\int \sqrt{x^2 \cdot \sqrt{x^2 \cdot \sqrt{x}}}\,dx = \int x^{\frac{13}{8}}\,dx \quad ► \frac{13}{8} \text{ für } n$$

$$= \frac{x^{\frac{21}{8}}}{\frac{21}{8}} + c \quad ► x^{\frac{21}{8}} = x^2 \cdot x^{\frac{5}{8}} = x^2 \cdot \sqrt[8]{x^5}$$

$$= \underline{\underline{\frac{8}{21} \cdot x^2 \cdot \sqrt[8]{x^5} + c;\ x \geq 0}}$$

33. $\int \left(x^3 \cdot \sqrt{x^{\frac{1}{3}}}\right)dx;\ x \in \mathbb{R}^{\geq 0}$

► Für $x \in \mathbb{R}^{\geq 0}$ gilt:

$$x^3 \cdot \sqrt{x^{\frac{1}{3}}} = x^3 \cdot x^{\frac{1}{6}} = \underline{x^{\frac{19}{6}}}$$

$$\int \left(x^3 \cdot \sqrt{x^{\frac{1}{3}}}\right)dx = \int x^{\frac{19}{6}}\,dx \quad ► \frac{19}{6} \text{ für } n$$

$$= \frac{x^{\frac{25}{6}}}{\frac{25}{6}} + c \quad ► x^{\frac{25}{6}} = x^4 \cdot \sqrt[6]{x}$$

$$= \underline{\underline{\frac{6}{25} \cdot x^4 \cdot \sqrt[6]{x} + c;\ x \geq 0}}$$

34. $\int \frac{x^{-2}}{x^{-1}}\,dx;\ x \in \mathbb{R}^{\neq 0}$

► $\frac{x^{-2}}{x^{-1}} = x^{-2-(-1)} = \underline{x^{-1}}$

$$\int \frac{x^{-2}}{x^{-1}}\,dx = \int x^{-1}\,dx \quad ► x^{-1} = \frac{1}{x}$$

$$= \int \frac{1}{x}\,dx$$

$$= \underline{\underline{\ln|x| + c;\ x \neq 0}}$$

35. $\int \sqrt[5]{x^3}\,dx;\ x \in \mathbb{R}^{\geq 0}$

► Für $x \in \mathbb{R}^{\geq 0}$ gilt: $\sqrt[5]{x^3} = \underline{x^{\frac{3}{5}}}$

$$\int \sqrt[5]{x^3}\,dx = \int x^{\frac{3}{5}}\,dx \quad ► \frac{3}{5} \text{ für } n$$

$$= \frac{x^{\frac{8}{5}}}{\frac{8}{5}} + c \quad ► x^{\frac{8}{5}} = x \cdot x^{\frac{3}{5}} = x \cdot \sqrt[5]{x^3}$$

$$= \underline{\underline{\frac{5}{8} \cdot x \cdot \sqrt[5]{x^3} + c;\ x \geq 0}}$$

36. $\int \frac{x^3 \cdot \sqrt[3]{x}}{\sqrt[3]{x^2}}\,\mathrm{d}x;\ x \in \mathbb{R}^{>0}$

► Für $x \in \mathbb{R}^{>0}$ gilt:

$$\frac{x^3 \cdot \sqrt[3]{x}}{\sqrt[3]{x^2}} = \frac{x^3 \cdot x^{\frac{1}{3}}}{x^{\frac{2}{3}}} = x^{3+\frac{1}{3}-\frac{2}{3}} = \underline{x^{\frac{8}{3}}}$$

► $D(F) = \mathbb{R}^{\geq 0}$ und $D(f) = \mathbb{R}^{>0}$

$$\int \frac{x^3 \cdot \sqrt[3]{x}}{\sqrt[3]{x^2}}\,\mathrm{d}x = \int x^{\frac{8}{3}}\,\mathrm{d}x \quad ► \ \frac{8}{3} \text{ für } n$$

$$= \frac{x^{\frac{11}{3}}}{\frac{11}{3}} + c \quad ► \ x^{\frac{11}{3}} = x^3 \cdot x^{\frac{2}{3}} = x^3 \cdot \sqrt[3]{x^2}$$

$$= \underline{\underline{\frac{3}{11} \cdot x^3 \cdot \sqrt[3]{x^2} + c;\ x > 0}}$$

Zeigen Sie die Gültigkeit der nachstehenden Beziehungen durch „Differenzieren der rechten Seite".

37. $\int \operatorname{Arccos} x\,\mathrm{d}x =$
$= x \cdot \operatorname{Arccos} x - \sqrt{1-x^2} + c;\ x \in (-1;\,1)$

Für $F: F(x) = x \cdot \operatorname{Arccos} x - \sqrt{1-x^2}$ mit $D(F) = [-1;\,1]$ erhält man den Ableitungsterm mithilfe von Produktregel, Kettenregel und Summenregel.

► Kusch 3; 2.2.4, 2.2.6 und 2.2.3

► $v(x) = \sqrt{1-x^2} = g[h(x)]$

► $g(z) = \sqrt{z} \Rightarrow g'(z) = \underline{\frac{1}{2 \cdot \sqrt{z}};\ z \in \mathbb{R}^{>0}}$

► $h(x) = 1 - x^2 \Rightarrow h'(x) = \underline{-2x;\ x \in \mathbb{R}}$

$$v'(x) = g'(z) \cdot h'(x) \quad ► \text{ Kettenregel mit } z = h(x)$$
$$= \frac{1}{2 \cdot \sqrt{z}} \cdot (-2x) \quad ► \ z = h(x) = 1 - x^2$$
$$= \underline{\frac{-x}{\sqrt{1-x^2}};\ x \in (-1;\,1)}$$

$$F(x) = x \cdot \operatorname{Arccos} x - \sqrt{1-x^2};\ x \in (-1;\,1)$$
$$= \quad u(x) \quad - \quad v(x)$$

► $u(x) = x \cdot \operatorname{Arccos} x = k(x) \cdot m(x)$

► $k(x) = x \Rightarrow k'(x) = \underline{1;\ x \in \mathbb{R}}$

► $m(x) = \operatorname{Arccos} x \Rightarrow m'(x) = \underline{\frac{1}{\sqrt{1-x^2}};\ x \in (-1;\,1)}$

$$u'(x) = k'(x) \cdot m(x) + k(x) \cdot m'(x) \quad ► \text{ Produktregel}$$
$$= \underline{1 \cdot \operatorname{Arccos} x + x \cdot \frac{1}{\sqrt{1-x^2}};\ x \in (-1;\,1)}$$

► $v(x) = \sqrt{1-x^2}$ ► Kettenregel

$$\Rightarrow v'(x) = \frac{-x}{\sqrt{1-x^2}};\ x \in (-1;\,1)$$

$$F'(x) = \quad u'(x) \quad - \quad v'(x) \quad ► \text{ Summenregel}$$
$$= \operatorname{Arccos} x + x \cdot \frac{1}{\sqrt{1-x^2}} - \frac{x}{\sqrt{1-x^2}}$$
$$= \underline{\underline{\operatorname{Arccos} x;\ x \in (-1;\,1)}}$$

Man erhält $F'(x) = \operatorname{Arccos} x$ mit $x \in (-1;\,1)$, sodass die Funktion F eine Stammfunktion der Funktion $f: f(x) = \operatorname{Arccos} x;\ D(f) = [-1;\,1]$ im Intervall $(-1;\,1)$ ist.

38. $\int \operatorname{Arccot} x\,\mathrm{d}x =$
$= x \cdot \operatorname{Arccot} x + 0{,}5 \cdot \ln(1+x^2) + c$

Für $F: F(x) = x \cdot \operatorname{Arccot} x + 0{,}5 \cdot \ln(1+x^2)$; mit $D(F) = \mathbb{R}$ erhält man den Ableitungsterm mithilfe von Produktregel, Kettenregel, Faktorregel und Summenregel.

► Kusch 3; 2.2.4, 2.2.6, 2.2.2 und 2.2.3

$$F(x) = x \cdot \operatorname{Arccot} x + 0{,}5 \cdot \ln(1+x^2);\ x \in \mathbb{R}$$
$$= \quad u(x) \quad + \quad v(x)$$

► $u(x) = x \cdot \operatorname{Arccot} x = k(x) \cdot m(x)$

► $k(x) = x \Rightarrow k'(x) = \underline{1;\ x \in \mathbb{R}}$

► $m(x) = \operatorname{Arccot} x \Rightarrow m'(x) = \underline{\frac{-1}{1+x^2};\ x \in \mathbb{R}}$

$$u'(x) = k'(x) \cdot m(x) + k(x) \cdot m'(x) \quad ► \text{ Produktregel}$$
$$= 1 \cdot \operatorname{Arccot} x + x \cdot \frac{-1}{1+x^2}$$
$$= \underline{\operatorname{Arccot} x - \frac{x}{1+x^2};\ x \in \mathbb{R}}$$

65

► $v(x) = 0{,}5 \cdot \ln(1+x^2) = 0{,}5 \cdot g[h(x)]$ ► Kettenregel

► $g(z) = \ln z \Rightarrow g'(z) = \underline{\frac{1}{z};\ z \in \mathbb{R}^{>0}}$

► $h(x) = 1 + x^2 \Rightarrow h'(x) = \underline{2x;\ x \in \mathbb{R}}$

$v'(x) = 0{,}5 \cdot g'(z) \cdot h'(x)$ ► Kettenregel mit $z = h(x)$

$= 0{,}5 \cdot \frac{1}{z} \cdot 2x$ ► $z = h(x) = 1 + x^2$

$= \underline{\frac{x}{1+x^2};\ x \in \mathbb{R}}$

► $v(x) = 0{,}5 \cdot \ln(1+x^2)$ ► Kettenregel

$\Rightarrow v'(x) = \underline{\frac{x}{1+x^2};\ x \in \mathbb{R}}$

$F'(x) = \quad u'(x) \quad + \quad v'(x)$ ► Summenregel

$= \operatorname{Arccot} x - \frac{x}{1+x^2} + \frac{x}{1+x^2}$

$= \underline{\underline{\operatorname{Arccot} x;\ x \in \mathbb{R}}}$

Man erhält $F'(x) = \operatorname{Arccot} x$ mit $x \in \mathbb{R}$, sodass die Funktion F eine Stammfunktion der Funktion $f\colon f(x) = \operatorname{Arccot} x;\ D(f) = \mathbb{R}$ im Intervall $(-\infty; \infty)$ ist.

39. $\int \operatorname{Arcosh} x \, dx =$

$= x \cdot \operatorname{Arcosh} x - \sqrt{x^2-1} + c;\ x > 1$

Für $F: F(x) = x \cdot \operatorname{Arcosh} x - \sqrt{x^2-1}$ mit $D(F) = [1; \infty)$ erhält man den Ableitungsterm mithilfe von Produktregel, Kettenregel und Summenregel.

► Kusch 3; 2.2.4, 2.2.6 und 2.2.3

► $v(x) = \sqrt{x^2-1} = g[h(x)]$

► $g(z) = \sqrt{z} \Rightarrow g'(z) = \underline{\frac{1}{2 \cdot \sqrt{z}};\ z \in \mathbb{R}^{>0}}$

► $h(x) = x^2 - 1 \Rightarrow h'(x) = \underline{2x;\ x \in \mathbb{R}}$

$v'(x) = g'(z) \cdot h'(x)$ ► Kettenregel mit $z = h(x)$

$= \frac{1}{2 \cdot \sqrt{z}} \cdot 2x$ ► $z = h(x) = x^2 - 1$

$= \underline{\frac{x}{\sqrt{x^2-1}};\ x \in \mathbb{R} \setminus [-1; 1]}$

$F(x) = x \cdot \operatorname{Arcosh} x - \sqrt{x^2-1};\ x \in [1; \infty)$

$= \quad u(x) \quad - \quad v(x)$

► $u(x) = x \cdot \operatorname{Arcosh} x = k(x) \cdot m(x)$

► $k(x) = x \Rightarrow k'(x) = \underline{1;\ x \in \mathbb{R}}$

► $m(x) = \operatorname{Arcosh} x \Rightarrow m'(x) = \underline{\frac{1}{\sqrt{x^2-1}};\ x \in (1; \infty)}$

$u'(x) = k'(x) \cdot m(x) + k(x) \cdot m'(x)$ ► Produktregel

$= \underline{1 \cdot \operatorname{Arcosh} x + x \cdot \frac{1}{\sqrt{x^2-1}};\ x \in (1; \infty)}$

► $v(x) = \sqrt{x^2-1}$

$\Rightarrow v'(x) = \underline{\frac{x}{\sqrt{x^2-1}};\ x \in \mathbb{R} \setminus [-1; 1]}$ ► Kettenregel

$F'(x) = \quad u'(x) \quad - \quad v'(x)$ ► Summenregel

$= \operatorname{Arcosh} x + x \cdot \frac{1}{\sqrt{x^2-1}} - \frac{x}{\sqrt{x^2-1}}$

$= \underline{\underline{\operatorname{Arcosh} x;\ x \in (1; \infty)}}$

Man erhält $F'(x) = \operatorname{Arcosh} x$ mit $x \in (1; \infty)$, sodass die Funktion F eine Stammfunktion der Funktion $f\colon f(x) = \operatorname{Arcosh} x;\ D(f) = [1; \infty)$ im Intervall $(1; \infty)$ ist.

65

40. $\int \operatorname{Arcoth} x \, dx =$
$= x \cdot \operatorname{Arcoth} x + 0{,}5 \cdot \ln(x^2 - 1) + c$
mit $x < -1$ oder $x > 1$

Für $F: F(x) = x \cdot \operatorname{Arcoth} x + 0{,}5 \cdot \ln(x^2 - 1)$ mit $D(F) = \mathbb{R} \setminus [-1; 1]$ erhält man den Ableitungsterm mithilfe von Produktregel, Kettenregel, Faktorregel and Summenregel.

▶ Kusch 3; 2.2.4, 2.2.6, 2.2.2 und 2.2.3

▶ $v(x) = 0{,}5 \cdot \ln(x^2 - 1) = 0{,}5 \cdot g[h(x)]$

▶ $g(z) = \ln z \Rightarrow g'(z) = \underline{\frac{1}{z}; z \in \mathbb{R}^{>0}}$

▶ $h(x) = x^2 - 1 \Rightarrow h'(x) = \underline{2x; x \in \mathbb{R}}$

$v'(x) = 0{,}5 \cdot g'(z) \cdot h'(x)$ ▶ Kettenregel mit $z = h(x)$

$= 0{,}5 \cdot \frac{1}{z} \cdot 2x$ ▶ $z = h(x) = x^2 - 1$

$= \underline{\frac{x}{x^2 - 1}; x \in \mathbb{R} \setminus [-1; 1]}$

▶ $x \in \mathbb{R} \setminus [-1; 1]$ ist die Mengenschreibweise für $x < -1$ oder $x > 1$.

$F(x) = x \cdot \operatorname{Arcoth} x + 0{,}5 \cdot \ln(x^2 - 1); x \in \mathbb{R} \setminus [-1; 1]$
$= \quad u(x) \quad + \quad v(x)$

▶ $u(x) = x \cdot \operatorname{Arcoth} x = k(x) \cdot m(x)$

▶ $k(x) = x \Rightarrow k'(x) = \underline{1; x \in \mathbb{R}}$

▶ $m(x) = \operatorname{Arcoth} x \Rightarrow m'(x) = \underline{\frac{1}{1 - x^2}; x \in \mathbb{R} \setminus [-1; 1]}$

$u'(x) = k'(x) \cdot m(x) + k(x) \cdot m'(x)$ ▶ Produktregel

$= \underline{1 \cdot \operatorname{Arcoth} x + x \cdot \frac{1}{1 - x^2}; x \in \mathbb{R} \setminus [-1; 1]}$

▶ $v(x) = 0{,}5 \cdot \ln(x^2 - 1)$

$\Rightarrow v'(x) = \underline{\frac{x}{x^2 - 1}; x \in \mathbb{R} \setminus [-1; 1]}$ ▶ Kettenregel

$F'(x) = \quad u'(x) \quad + v'(x)$ ▶ Summenregel

$= \operatorname{Arcoth} x + x \cdot \frac{1}{1 - x^2} + \frac{x}{x^2 - 1}$

$= \operatorname{Arcoth} x - \frac{x}{x^2 - 1} + \frac{x}{x^2 - 1}$

$= \underline{\underline{\operatorname{Arcoth} x; x \in \mathbb{R} \setminus [-1; 1]}}$

Man erhält $F'(x) = \operatorname{Arcoth} x$ mit $x \in \mathbb{R} \setminus [-1; 1]$, sodass F eine Stammfunktion der Funktion $f: f(x) = \operatorname{Arcoth} x$; $D(f) = \mathbb{R} \setminus [-1; 1]$ in den Intervallen $(-\infty; -1)$ und $(1; \infty)$ ist.

2.2 Faktorregel

▶ **Lehrbuch: Kusch 4, S. 65 … 67**

Merke:

Hat eine Funktion f in einem Intervall I eine Stammfunktion, so hat auch die Funktion $k \cdot f$; $k \in \mathbb{R}$ eine Stammfunktion und es gilt:

$$\int [k \cdot f(x)] \, dx = k \cdot \int f(x) \, dx; \; k \in \mathbb{R}$$ ▶ **Faktorregel**

Ein konstanter Faktor kann also vor das Integralzeichen geschrieben werden.

Berechnen Sie die nachstehenden unbestimmten Integrale mithilfe der Faktorregel.

67

▶ **Lehrbuch: Kusch 4, S. 65 … 67**

1. $\int (4x^3) \, dx$; $x \in \mathbb{R}$

$\int (4x^3) \, dx = 4 \cdot \int x^3 \, dx$ ▶ 4 für k

$= 4 \cdot \frac{1}{4} \cdot x^4 + c$

$= \underline{\underline{x^4 + c}}$

67

2. $\int(5\cdot\sqrt[5]{x^3})\,\mathrm{d}x;\ x\in\mathbb{R}^{\geq 0}$

► Für $x\in\mathbb{R}^{\geq 0}$ gilt: $\sqrt[5]{x^3}=\underline{x^{\frac{3}{5}}}$

$\int(5\cdot\sqrt[5]{x^3})\,\mathrm{d}x=5\cdot\int x^{\frac{3}{5}}\,\mathrm{d}x$ ► 5 für k

$=5\cdot\frac{x^{\frac{8}{5}}}{\frac{8}{5}}+c$ ► $x^{\frac{8}{5}}=x\cdot x^{\frac{3}{5}}=x\cdot\sqrt[5]{x^3}$

$=\underline{\underline{\frac{25}{8}\cdot x\cdot\sqrt[5]{x^3};\ x\geq 0}}$

3. $\int(-\cos x)\,\mathrm{d}x;\ x\in\mathbb{R}$

$\int(-\cos x)\,\mathrm{d}x=\int(-1\cdot\cos x)\,\mathrm{d}x$

$=-1\cdot\int\cos x\,\mathrm{d}x$ ► -1 für k

$=-1\cdot\sin x+c$

$=\underline{\underline{-\sin x+c}}$

4. $\int(8x^3)\,\mathrm{d}x;\ x\in\mathbb{R}$

$\int(8x^3)\,\mathrm{d}x=8\cdot\int x^3\,\mathrm{d}x$ ► 8 für k

$=8\cdot\frac{1}{4}\cdot x^4+c$

$=\underline{\underline{2x^4+c}}$

5. $\int(10\cdot\sqrt[6]{x^5})\,\mathrm{d}x;\ x\in\mathbb{R}^{\geq 0}$

► Für $x\in\mathbb{R}^{\geq 0}$ gilt: $\sqrt[6]{x^5}=\underline{x^{\frac{5}{6}}}$

$\int(10\cdot\sqrt[6]{x^5})\,\mathrm{d}x=10\cdot\int x^{\frac{5}{6}}\,\mathrm{d}x$ ► 10 für k

$=10\cdot\frac{x^{\frac{11}{6}}}{\frac{11}{6}}+c$ ► $x^{\frac{11}{6}}=x\cdot x^{\frac{5}{6}}=x\cdot\sqrt[6]{x^5}$

$=\underline{\underline{\frac{60}{11}\cdot x\cdot\sqrt[6]{x^5}+c;\ x\geq 0}}$

6. $\int(5\cdot\cos x)\,\mathrm{d}x;\ x\in\mathbb{R}$

$\int(5\cdot\cos x)\,\mathrm{d}x=5\cdot\int\cos x\,\mathrm{d}x$ ► 5 für k

$=\underline{\underline{5\cdot\sin x+c}}$

7. $\int\frac{4}{\sqrt{x^3}}\,\mathrm{d}x;\ x\in\mathbb{R}^{>0}$

► Für $x\in\mathbb{R}^{>0}$ gilt: $\frac{1}{\sqrt{x^3}}=\frac{1}{x^{\frac{3}{2}}}=\underline{x^{-\frac{3}{2}}}$

$\int\frac{4}{\sqrt{x^3}}\,\mathrm{d}x=4\cdot\int x^{-\frac{3}{2}}\,\mathrm{d}x$ ► 4 für k

$=4\cdot\frac{x^{-\frac{1}{2}}}{-\frac{1}{2}}+c$ ► $x^{-\frac{1}{2}}=\frac{1}{x^{\frac{1}{2}}}=\frac{1}{\sqrt{x}}$

$=\underline{\underline{-8\cdot\frac{1}{\sqrt{x}}+c;\ x>0}}$

8. $\int\frac{5}{\sqrt{x}}\,\mathrm{d}x;\ x\in\mathbb{R}^{>0}$

► Für $x\in\mathbb{R}^{>0}$ gilt: $\frac{1}{\sqrt{x}}=\underline{x^{-\frac{1}{2}}}$

► $D(F)=\mathbb{R}^{\geq 0}$ und $D(f)=\mathbb{R}^{>0}$

$\int\frac{5}{\sqrt{x}}\,\mathrm{d}x=5\cdot\int x^{-\frac{1}{2}}\,\mathrm{d}x$ ► 5 für k

$=5\cdot\frac{x^{\frac{1}{2}}}{\frac{1}{2}}+c$ ► $x^{\frac{1}{2}}=\sqrt{x}$

$=\underline{\underline{10\cdot\sqrt{x}+c;\ x>0}}$

9. $\int\frac{17}{\cos^2 x}\,\mathrm{d}x;\ x\in\mathbb{R}\setminus\left\{\frac{\pi}{2}+m\pi\,|\,m\in\mathbb{Z}\right\}$

$\int\frac{17}{\cos^2 x}\,\mathrm{d}x=17\cdot\int\frac{1}{\cos^2 x}\,\mathrm{d}x$ ► 17 für k

$=\underline{\underline{17\cdot\tan x+c;\ x\neq\frac{\pi}{2}+m\pi;\ m\in\mathbb{Z}}}$

10. $\int(a\cdot x^{\frac{1}{3}})\,\mathrm{d}x;\ x\in\mathbb{R}^{\geq 0}$

$$\int(a\cdot x^{\frac{1}{3}})\,\mathrm{d}x = a\cdot\int x^{\frac{1}{3}}\,\mathrm{d}x \quad \blacktriangleright\ a \text{ für } k$$
$$= a\cdot\frac{x^{\frac{4}{3}}}{\frac{4}{3}}+c \quad \blacktriangleright\ x^{\frac{4}{3}}=\sqrt[3]{x^4}=x\cdot\sqrt[3]{x}$$
$$= \underline{\underline{\frac{3ax}{4}\cdot\sqrt[3]{x}+c;\ x\geq 0}}$$

11. $\int(9x^7)\,\mathrm{d}x;\ x\in\mathbb{R}$

$$\int(9x^7)\,\mathrm{d}x = 9\cdot\int x^7\,\mathrm{d}x \quad \blacktriangleright\ 9 \text{ für } k$$
$$= 9\cdot\frac{1}{8}\cdot x^8+c$$
$$= \underline{\underline{\frac{9}{8}\cdot x^8+c}}$$

12. $\int(\mathrm{e}\cdot\mathrm{e}^x)\,\mathrm{d}x;\ x\in\mathbb{R}$

$$\int(\mathrm{e}\cdot\mathrm{e}^x)\,\mathrm{d}x = \mathrm{e}\cdot\int\mathrm{e}^x\,\mathrm{d}x \quad \blacktriangleright\ \mathrm{e} \text{ für } k$$
$$= \mathrm{e}\cdot\mathrm{e}^x+c$$
$$= \underline{\underline{\mathrm{e}^{x+1}+c}}$$

13. $\int\left(\frac{3}{5}\cdot x^{\frac{5}{3}}\right)\mathrm{d}x;\ x\in\mathbb{R}^{\geq 0}$

$$\int\left(\frac{3}{5}\cdot x^{\frac{5}{3}}\right)\mathrm{d}x = \frac{3}{5}\cdot\int x^{\frac{5}{3}}\,\mathrm{d}x \quad \blacktriangleright\ \frac{3}{5} \text{ für } k$$
$$= \frac{3}{5}\cdot\frac{x^{\frac{8}{3}}}{\frac{8}{3}}+c \quad \blacktriangleright\ x^{\frac{8}{3}}=x^2\cdot x^{\frac{2}{3}}=x^2\cdot\sqrt[3]{x^2}$$
$$= \underline{\underline{\frac{9}{40}\cdot x^2\cdot\sqrt[3]{x^2}+c;\ x\geq 0}}$$

14. $\int\frac{5}{\sqrt[4]{x^3}}\,\mathrm{d}x;\ x\in\mathbb{R}^{>0}$

► Für $x>0$ gilt: $\frac{1}{\sqrt[4]{x^3}}=\frac{1}{x^{\frac{3}{4}}}=\underline{x^{-\frac{3}{4}}}$

► $D(F)=\mathbb{R}^{\geq 0}$ und $D(f)=\mathbb{R}^{>0}$

$$\int\frac{5}{\sqrt[4]{x^3}}\,\mathrm{d}x = 5\cdot\int x^{-\frac{3}{4}}\,\mathrm{d}x \quad \blacktriangleright\ 5 \text{ für } k$$
$$= 5\cdot\frac{x^{\frac{1}{4}}}{\frac{1}{4}}+c \quad \blacktriangleright\ x^{\frac{1}{4}}=\sqrt[4]{x}$$
$$= \underline{\underline{20\cdot\sqrt[4]{x}+c;\ x>0}}$$

15. $\int\frac{\mathrm{d}x}{3\cdot\sin^2 x};\ x\in\mathbb{R}\setminus\{m\pi\,|\,m\in\mathbb{Z}\}$

$$\int\frac{\mathrm{d}x}{3\cdot\sin^2 x} = \frac{1}{3}\cdot\int\frac{\mathrm{d}x}{\sin^2 x} \quad \blacktriangleright\ \frac{1}{3} \text{ für } k$$
$$= \underline{\underline{-\frac{1}{3}\cdot\cot x+c;\ x\neq m\pi;\ m\in\mathbb{Z}}}$$

16. $\int\frac{x}{b}\,\mathrm{d}x;\ b\neq 0;\ x\in\mathbb{R}$

$$\int\frac{x}{b}\,\mathrm{d}x = \frac{1}{b}\cdot\int x\,\mathrm{d}x \quad \blacktriangleright\ \frac{1}{b} \text{ für } k$$
$$= \underline{\underline{\frac{1}{b}\cdot\frac{x^2}{2}+c;\ b\neq 0}}$$

17. $\int\frac{2}{3\cdot\sqrt{x}}\,\mathrm{d}x;\ x\in\mathbb{R}^{>0}$

► Für $x\in\mathbb{R}^{>0}$ gilt: $\frac{1}{\sqrt{x}}=\frac{1}{x^{\frac{1}{2}}}=x^{-\frac{1}{2}}$

► $D(F)=\mathbb{R}^{\geq 0}$ und $D(f)=\mathbb{R}^{>0}$

$$\int\frac{2}{3\cdot\sqrt{x}}\,\mathrm{d}x = \frac{2}{3}\cdot\int x^{-\frac{1}{2}}\,\mathrm{d}x \quad \blacktriangleright\ \frac{2}{3} \text{ für } k$$
$$= \frac{2}{3}\cdot\frac{x^{\frac{1}{2}}}{\frac{1}{2}}+c \quad \blacktriangleright\ x^{\frac{1}{2}}=\sqrt{x}$$
$$= \underline{\underline{\frac{4}{3}\cdot\sqrt{x}+c;\ x>0}}$$

68

18. $\int \frac{5}{\sin^2 x}\,\mathrm{d}x;\ x \in \mathbb{R}\setminus\{m\pi \mid m \in \mathbb{Z}\}$

$$\int \frac{5}{\sin^2 x}\,\mathrm{d}x = 5\cdot\int \frac{1}{\sin^2 x}\,\mathrm{d}x \quad \blacktriangleright\ 5 \text{ für } k$$
$$= \underline{\underline{-5\cdot\cot x + c;\ x \neq m\pi;\ m \in \mathbb{Z}}}$$

19. $\int \frac{b}{x^3}\,\mathrm{d}x;\ x \in \mathbb{R}^{\neq 0}$

$$\int \frac{b}{x^3}\,\mathrm{d}x = b\cdot\int x^{-3}\,\mathrm{d}x \quad \blacktriangleright\ b \text{ für } k$$
$$= b\cdot\frac{x^{-2}}{-2} + c$$
$$= \underline{\underline{-\frac{b}{2x^2} + c;\ x \neq 0}}$$

20. $\int \frac{3}{4\cdot\sqrt[3]{x}}\,\mathrm{d}x;\ x \in \mathbb{R}^{>0}$

► Für $x \in \mathbb{R}^{>0}$ gilt: $\frac{1}{\sqrt[3]{x}} = \frac{1}{x^{\frac{1}{3}}} = \underline{x^{-\frac{1}{3}}}$

► $D(F) = \mathbb{R}^{\geq 0}$ und $D(f) = \mathbb{R}^{>0}$

$$\int \frac{3}{4\cdot\sqrt[3]{x}}\,\mathrm{d}x = \frac{3}{4}\cdot\int x^{-\frac{1}{3}}\,\mathrm{d}x \quad \blacktriangleright\ \frac{3}{4} \text{ für } k$$
$$= \frac{3}{4}\cdot\frac{x^{\frac{2}{3}}}{\frac{2}{3}} + c \quad \blacktriangleright\ x^{\frac{2}{3}} = \sqrt[3]{x^2}$$
$$= \underline{\underline{\frac{9}{8}\cdot\sqrt[3]{x^2} + c;\ x > 0}}$$

21. $\int \frac{10}{1+x^2}\,\mathrm{d}x;\ x \in \mathbb{R}$

$$\int \frac{10}{1+x^2}\,\mathrm{d}x = 10\cdot\int \frac{1}{1+x^2}\,\mathrm{d}x \quad \blacktriangleright\ 10 \text{ für } k$$
$$= \underline{\underline{10\cdot\operatorname{Arctan} x + c}}$$

22. $\int \frac{3}{4x^6}\,\mathrm{d}x;\ x \in \mathbb{R}^{\neq 0}$

$$\int \frac{3}{4x^6}\,\mathrm{d}x = \frac{3}{4}\cdot\int x^{-6}\,\mathrm{d}x \quad \blacktriangleright\ \frac{3}{4} \text{ für } k$$
$$= \frac{3}{4}\cdot\frac{x^{-5}}{-5} + c$$
$$= \underline{\underline{-\frac{3}{20}\cdot\frac{1}{x^5} + c;\ x \neq 0}}$$

23. $\int \left(-2\cdot\frac{1}{x}\right)\mathrm{d}x;\ x \in \mathbb{R}^{\neq 0}$

$$\int \left(-2\cdot\frac{1}{x}\right)\mathrm{d}x = -2\cdot\int \frac{1}{x}\,\mathrm{d}x \quad \blacktriangleright\ -2 \text{ für } k$$
$$= \underline{\underline{-2\cdot\ln|x| + c;\ x \neq 0}}$$

24. $\int \frac{5}{\cos^2 x}\,\mathrm{d}x;\ x \in \mathbb{R}\setminus\{\frac{\pi}{2} + m\pi \mid m \in \mathbb{Z}\}$

$$\int \frac{5}{\cos^2 x}\,\mathrm{d}x = 5\cdot\int \frac{1}{\cos^2 x}\,\mathrm{d}x \quad \blacktriangleright\ 5 \text{ für } k$$
$$= \underline{\underline{5\cdot\tan x + c;\ x \neq \frac{\pi}{2} + m\pi;\ m \in \mathbb{Z}}}$$

25. $\int (2 \cdot \sqrt{x})\,\mathrm{d}x;\ x \in \mathbb{R}^{\geq 0}$

$$\int (2 \cdot \sqrt{x})\,\mathrm{d}x = 2 \cdot \int x^{\frac{1}{2}}\,\mathrm{d}x \quad \blacktriangleright\ 2 \text{ für } k$$
$$= 2 \cdot \frac{x^{\frac{3}{2}}}{\frac{3}{2}} + c \quad \blacktriangleright\ x^{\frac{3}{2}} = \sqrt{x^3}$$
$$= \underline{\underline{\frac{4}{3} \cdot \sqrt{x^3} + c;\ x \geq 0}}$$

26. $\int (3 \cdot \sin x)\,\mathrm{d}x;\ x \in \mathbb{R}$

$$\int (3 \cdot \sin x)\,\mathrm{d}x = 3 \cdot \int \sin x\,\mathrm{d}x \quad \blacktriangleright\ 3 \text{ für } k$$
$$= 3 \cdot (-\cos x) + c$$
$$= \underline{\underline{-3 \cdot \cos x + c}}$$

27. $\int (4 \cdot \sinh x)\,\mathrm{d}x;\ x \in \mathbb{R}$

$$\int (4 \cdot \sinh x)\,\mathrm{d}x = 4 \cdot \int \sinh x\,\mathrm{d}x \quad \blacktriangleright\ 4 \text{ für } k$$
$$= \underline{\underline{4 \cdot \cosh x + c}}$$

28. $\int (5 \cdot \sqrt[3]{x})\,\mathrm{d}x;\ x \in \mathbb{R}^{\geq 0}$

► Für $x \geq 0$ gilt: $\sqrt[3]{x} = \underline{x^{\frac{1}{3}}}$

$$\int (5 \cdot \sqrt[3]{x})\,\mathrm{d}x = 5 \cdot \int x^{\frac{1}{3}}\,\mathrm{d}x \quad \blacktriangleright\ 5 \text{ für } k$$
$$= 5 \cdot \frac{x^{\frac{4}{3}}}{\frac{4}{3}} + c \quad \blacktriangleright\ x^{\frac{4}{3}} = \sqrt[3]{x^4} = x \cdot \sqrt[3]{x}$$
$$= \underline{\underline{\frac{15}{4} \cdot x \cdot \sqrt[3]{x} + c;\ x \geq 0}}$$

29. $\int (\pi \cdot \cos x)\,\mathrm{d}x;\ x \in \mathbb{R}$

$$\int (\pi \cdot \cos x)\,\mathrm{d}x = \pi \cdot \int \cos x\,\mathrm{d}x \quad \blacktriangleright\ \pi \text{ für } k$$
$$= \underline{\underline{\pi \cdot \sin x + c}}$$

30. $\int (\mathrm{e} \cdot 10^x)\,\mathrm{d}x;\ x \in \mathbb{R}$

$$\int (\mathrm{e} \cdot 10^x)\,\mathrm{d}x = \mathrm{e} \cdot \int 10^x\,\mathrm{d}x \quad \blacktriangleright\ \mathrm{e} \text{ für } k$$
$$= \underline{\underline{\frac{\mathrm{e}}{\ln 10} \cdot 10^x + c}}$$

31. $\int \frac{2 \cdot \sqrt{x}}{x}\,\mathrm{d}x;\ x \in \mathbb{R}^{>0}$

► Für $x \in \mathbb{R}^{>0}$ gilt: $\frac{\sqrt{x}}{x} = \frac{x^{\frac{1}{2}}}{x^1} = x^{\frac{1}{2}-1} = \underline{x^{-\frac{1}{2}}}$

► $D(F) = \mathbb{R}^{\geq 0}$ und $D(f) = \mathbb{R}^{>0}$

$$\int \frac{2 \cdot \sqrt{x}}{x}\,\mathrm{d}x = 2 \cdot \int x^{-\frac{1}{2}}\,\mathrm{d}x \quad \blacktriangleright\ 2 \text{ für } k$$
$$= 2 \cdot \frac{x^{\frac{1}{2}}}{\frac{1}{2}} + c \quad \blacktriangleright\ x^{\frac{1}{2}} = \sqrt{x}$$
$$= \underline{\underline{4 \cdot \sqrt{x} + c;\ x > 0}}$$

32. $\int \left(\frac{1}{3} \cdot \cos x\right)\mathrm{d}x;\ x \in \mathbb{R}$

$$\int \left(\frac{1}{3} \cdot \cos x\right)\mathrm{d}x = \frac{1}{3} \cdot \int \cos x\,\mathrm{d}x \quad \blacktriangleright\ \frac{1}{3} \text{ für } k$$
$$= \underline{\underline{\frac{1}{3} \cdot \sin x + c}}$$

68

33. $\int \frac{3}{7\cdot(1+x^2)}\,\mathrm{d}x;\ x\in\mathbb{R}$

$$\int \frac{3}{7\cdot(1+x^2)}\,\mathrm{d}x = \frac{3}{7}\cdot\int\frac{1}{1+x^2}\,\mathrm{d}x \quad \blacktriangleright \frac{3}{7} \text{ für } k$$
$$= \underline{\underline{\frac{3}{7}\cdot \operatorname{Arctan} x + c}}$$

34. $\int\left(a\cdot\sqrt[b]{x}\right)\mathrm{d}x;\ b\in\mathbb{N}^{\geq 2};\ x\in\mathbb{R}^{\geq 0}$

► Für $x\in\mathbb{R}^{\geq 0}$ gilt: $\sqrt[b]{x}=\underline{x^{\frac{1}{b}}}$

$$\int\left(a\cdot\sqrt[b]{x}\right)\mathrm{d}x = a\cdot\int x^{\frac{1}{b}}\,\mathrm{d}x \quad \blacktriangleright a \text{ für } k$$
$$= a\cdot\frac{x^{\frac{1}{b}+1}}{\frac{1}{b}+1}+c \quad \blacktriangleright x^{\frac{1}{b}+1}=x\cdot x^{\frac{1}{b}}=x\cdot\sqrt[b]{x}$$
$$= \underline{\underline{\frac{ab}{b+1}\cdot x\cdot\sqrt[b]{x}+c;\ x\geq 0;\ b\in\mathbb{N}^{\geq 2}}}$$

35. $\int(-3\cdot\cos x)\,\mathrm{d}x;\ x\in\mathbb{R}$

$$\int(-3\cdot\cos x)\,\mathrm{d}x = -3\cdot\int\cos x\,\mathrm{d}x \quad \blacktriangleright -3 \text{ für } k$$
$$= \underline{\underline{-3\cdot\sin x + c}}$$

36. $\int(a\cdot b^x)\,\mathrm{d}x;\ b\in\mathbb{R}^{>0}\setminus\{1\};\ x\in\mathbb{R}$

$$\int(a\cdot b^x)\,\mathrm{d}x = a\cdot\int b^x\,\mathrm{d}x \quad \blacktriangleright a \text{ für } k$$
$$= \underline{\underline{\frac{a}{\ln b}\cdot b^x + c}}$$

37. $\int(2\cdot\sqrt[3]{x})\,\mathrm{d}x;\ x\in\mathbb{R}^{\geq 0}$

► Für $x\in\mathbb{R}^{\geq 0}$ gilt: $\sqrt[3]{x}=\underline{x^{\frac{1}{3}}}$

$$\int(2\cdot\sqrt[3]{x})\,\mathrm{d}x = 2\cdot\int x^{\frac{1}{3}}\,\mathrm{d}x \quad \blacktriangleright 2 \text{ für } k$$
$$= 2\cdot\frac{x^{\frac{4}{3}}}{\frac{4}{3}}+c \quad \blacktriangleright x^{\frac{4}{3}}=x\cdot x^{\frac{1}{3}}=x\cdot\sqrt[3]{x}$$
$$= \underline{\underline{\frac{3}{2}\cdot x\cdot\sqrt[3]{x}+c;\ x\geq 0}}$$

38. $\int(-5\cdot\sin x)\,\mathrm{d}x;\ x\in\mathbb{R}$

$$\int(-5\cdot\sin x)\,\mathrm{d}x = -5\cdot\int\sin x\,\mathrm{d}x \quad \blacktriangleright -5 \text{ für } k$$
$$= -5\cdot(-\cos x)+c$$
$$= \underline{\underline{5\cdot\cos x + c}}$$

39. $\int(8\cdot\sqrt[4]{x})\,\mathrm{d}x;\ x\in\mathbb{R}^{\geq 0}$

► Für $x\in\mathbb{R}^{\geq 0}$ gilt: $\sqrt[4]{x}=\underline{x^{\frac{1}{4}}}$

$$\int(8\cdot\sqrt[4]{x})\,\mathrm{d}x = 8\cdot\int x^{\frac{1}{4}}\,\mathrm{d}x \quad \blacktriangleright 8 \text{ für } k$$
$$= 8\cdot\frac{x^{\frac{5}{4}}}{\frac{5}{4}}+c \quad \blacktriangleright x^{\frac{5}{4}}=x\cdot x^{\frac{1}{4}}=x\cdot\sqrt[4]{x}$$
$$= \underline{\underline{\frac{32}{5}\cdot x\cdot\sqrt[4]{x}+c;\ x\geq 0}}$$

40. $\int(5\cdot\sqrt[4]{x})\,\mathrm{d}x;\ x\in\mathbb{R}^{\geq 0}$

► Für $x\in\mathbb{R}^{\geq 0}$ gilt: $\sqrt[4]{x}=\underline{x^{\frac{1}{4}}}$

$$\int(5\cdot\sqrt[4]{x})\,\mathrm{d}x = 5\cdot\int x^{\frac{1}{4}}\,\mathrm{d}x \quad \blacktriangleright 5 \text{ für } k$$
$$= 5\cdot\frac{x^{\frac{5}{4}}}{\frac{5}{4}}+c \quad \blacktriangleright x^{\frac{5}{4}}=x\cdot x^{\frac{1}{4}}=x\cdot\sqrt[4]{x}$$
$$= \underline{\underline{4x\cdot\sqrt[4]{x}+c;\ x\geq 0}}$$

41. $\int(0{,}7\cdot\cosh x)\,\mathrm{d}x;\ x\in\mathbb{R}$

$$\int(0{,}7\cdot\cosh x)\,\mathrm{d}x=0{,}7\cdot\int\cosh x\,\mathrm{d}x \quad \blacktriangleright\ 0{,}7 \text{ für } k$$
$$=\underline{\underline{0{,}7\cdot\sinh x+c}}$$

42. $\int\left(3\cdot\sqrt[1001]{x^7}\right)\mathrm{d}x;\ x\in\mathbb{R}^{\geq 0}$

▸ Für $x\in\mathbb{R}^{\geq 0}$ gilt: $\sqrt[1001]{x^7}=x^{\frac{7}{1001}}=\underline{x^{\frac{1}{143}}}$

$$\int(3\cdot\sqrt[1001]{x^7})\,\mathrm{d}x=3\cdot\int x^{\frac{1}{143}}\,\mathrm{d}x \quad \blacktriangleright\ 3 \text{ für } k$$
$$=3\cdot\frac{x^{\frac{144}{143}}}{\frac{144}{143}}+c \quad \blacktriangleright\ x^{\frac{144}{143}}=x\cdot\sqrt[143]{x}$$
$$=\underline{\underline{\frac{143}{48}\cdot x\cdot\sqrt[143]{x}+c;\ x\geq 0}}$$

43. $\int\frac{2}{\sqrt{1-x^2}}\,\mathrm{d}x;\ x\in(-1;1)$

▸ $D(F)=[-1;1]$ und $D(f)=(-1;1)$

$$\int\frac{2}{\sqrt{1-x^2}}\,\mathrm{d}x=2\cdot\int\frac{1}{\sqrt{1-x^2}}\,\mathrm{d}x \quad \blacktriangleright\ 2 \text{ für } k$$
$$=\underline{\underline{2\cdot\operatorname{Arcsin}x+c;\ x\in(-1;1)}}$$

44. $-\int\left(\frac{1}{3}\cdot\sin x\right)\mathrm{d}x;\ x\in\mathbb{R}$

$$-\int\left(\frac{1}{3}\cdot\sin x\right)\mathrm{d}x=-\frac{1}{3}\cdot\int\sin x\,\mathrm{d}x \quad \blacktriangleright\ \frac{1}{3} \text{ für } k$$
$$=-\frac{1}{3}\cdot(-\cos x)+c$$
$$=\underline{\underline{\frac{1}{3}\cdot\cos x+c}}$$

45. $\int\frac{12}{\sqrt{1-x}\cdot\sqrt{1-x}}\,\mathrm{d}x;\ x\in(-1;1)$

▸ $\sqrt{1+x}\cdot\sqrt{1-x}=\underline{\sqrt{1-x^2}}$

▸ $D(F)=[-1;1]$ und $D(f)=(-1;1)$

$$\int\frac{12}{\sqrt{1-x}\cdot\sqrt{1+x}}\,\mathrm{d}x=12\cdot\int\frac{1}{\sqrt{1-x^2}}\,\mathrm{d}x \quad \blacktriangleright\ 12 \text{ für } k$$
$$=\underline{\underline{12\cdot\operatorname{Arcsin}x;\ x\in(-1;1)}}$$

46. $\int\frac{0{,}5}{1-\sin^2 x}\,\mathrm{d}x;\ x\in\mathbb{R}\setminus\{\frac{\pi}{2}+m\pi\,|\,m\in\mathbb{Z}\}$

▸ $1-\sin^2 x=\cos^2 x$ ▸ 4.1

$$\int\frac{0{,}5}{1-\sin^2 x}\,\mathrm{d}x=0{,}5\cdot\int\frac{1}{\cos^2 x}\,\mathrm{d}x \quad \blacktriangleright\ 0{,}5 \text{ für } k$$
$$=\underline{\underline{0{,}5\cdot\tan x+c;\ x\neq\tfrac{\pi}{2}+m\pi;\ m\in\mathbb{Z}}}$$

47. $\int\frac{7}{8\cdot\cos^2 x}\,\mathrm{d}x;\ x\in\mathbb{R}\setminus\{\frac{\pi}{2}+m\pi\,|\,m\in\mathbb{Z}\}$

$$\int\frac{7}{8\cdot\cos^2 x}\,\mathrm{d}x=\frac{7}{8}\cdot\int\frac{1}{\cos^2 x}\,\mathrm{d}x \quad \blacktriangleright\ \frac{7}{8} \text{ für } k$$
$$=\underline{\underline{\frac{7}{8}\cdot\tan x+c;\ x\neq\tfrac{\pi}{2}+m\pi;\ m\in\mathbb{Z}}}$$

48. $\int\frac{a^2}{1+x^2}\,\mathrm{d}x;\ x\in\mathbb{R}$

$$\int\frac{a^2}{1+x^2}\,\mathrm{d}x=a^2\cdot\int\frac{1}{1+x^2}\,\mathrm{d}x \quad \blacktriangleright\ a^2 \text{ für } k$$
$$=\underline{\underline{a^2\cdot\operatorname{Arctan}x+c}}$$

49. $\int\frac{10^x}{10}\,\mathrm{d}x;\ x\in\mathbb{R}$

$$\int\frac{10^x}{10}\,\mathrm{d}x=\frac{1}{10}\cdot\int 10^x\,\mathrm{d}x \quad \blacktriangleright\ \frac{1}{10} \text{ für } k$$
$$=\underline{\underline{\frac{1}{10\cdot\ln 10}\cdot 10^x+c}}$$

68

50. $\displaystyle\int \frac{20}{\cos x\cdot\sqrt{1-\sin^2 x}}\,\mathrm{d}x;\ x\in\mathbb{R}\setminus\{\tfrac{\pi}{2}+m\pi\,|\,m\in\mathbb{Z}\}$

► $1-\sin^2 x=\cos^2 x$ ► 4.1

► $$\frac{1}{\cos x\cdot\sqrt{1-\sin^2 x}}=\frac{1}{\cos x\cdot\sqrt{\cos^2 x}}$$

$$=\frac{1}{\cos x\cdot|\cos x|}$$

$$=\begin{cases}\dfrac{1}{\cos^2 x}, \text{ wenn } x\in\left(-\dfrac{\pi}{2}+2m\pi;\ \dfrac{\pi}{2}+2m\pi\right)\\ -\dfrac{1}{\cos^2 x}, \text{ wenn } x\in\left(\dfrac{\pi}{2}+2m\pi;\ \dfrac{3}{2}\pi+2m\pi\right)\end{cases};\ m\in\mathbb{Z}$$

$$\int\frac{20}{\cos x\cdot\sqrt{1-\sin^2 x}}\,\mathrm{d}x=$$ ► 20 für k

$$=20\cdot\begin{cases}\displaystyle\int\frac{1}{\cos^2 x}\,\mathrm{d}x, & \text{wenn } x\in\left(-\tfrac{\pi}{2}+2m\pi;\ \tfrac{\pi}{2}+2m\pi\right)\\ \displaystyle\int\frac{-1}{\cos^2 x}\,\mathrm{d}x, & \text{wenn } x\in\left(\tfrac{\pi}{2}+2m\pi;\ \tfrac{3}{2}\pi+2m\pi\right)\end{cases};\ m\in\mathbb{Z}$$

$$=20\cdot\begin{cases}\tan x+c_1, & \text{wenn } x\in\left(-\tfrac{\pi}{2}+2m\pi;\ \tfrac{\pi}{2}+2m\pi\right)\\ -\tan x+c_2, & \text{wenn } x\in\left(\tfrac{\pi}{2}+2m\pi;\ \tfrac{3}{2}\pi+2m\pi\right)\end{cases};\ m\in\mathbb{Z}$$

51. $\displaystyle\int\frac{a\cdot\sqrt{x}\cdot\sqrt[b]{x}}{b\cdot\sqrt[3]{x^2}\cdot\sqrt[a]{x^2}}\,\mathrm{d}x;\ a;\ b\in\mathbb{N}^{\geq 2};\ x\in\mathbb{R}^{>0}$

► Für $x\in\mathbb{R}^{>0}$ gilt:

$$\frac{\sqrt{x}\cdot\sqrt[b]{x}}{\sqrt[3]{x^2}\cdot\sqrt[a]{x^2}}=\frac{x^{\frac{1}{2}}\cdot x^{\frac{1}{b}}}{x^{\frac{2}{3}}\cdot x^{\frac{2}{a}}}=x^{\frac{1}{2}+\frac{1}{b}-\frac{2}{3}-\frac{2}{a}}=x^{-\frac{1}{6}+\frac{1}{b}-\frac{2}{a}}$$

$$\int\frac{a\cdot\sqrt{x}\cdot\sqrt[b]{x}}{b\cdot\sqrt[3]{x^2}\cdot\sqrt[a]{x^2}}\,\mathrm{d}x=\frac{a}{b}\cdot\int x^{-\frac{1}{6}+\frac{1}{b}-\frac{2}{a}}\,\mathrm{d}x$$ ► $\frac{a}{b}$ für k

$$=\frac{a}{b}\cdot\frac{x^{\frac{5}{6}+\frac{1}{b}-\frac{2}{a}}}{\frac{5}{6}+\frac{1}{b}-\frac{2}{a}}+c$$

$$=\frac{6a^2\cdot\sqrt[6]{x^5}\cdot\sqrt[b]{x}}{(5ab+6a-12b)\cdot\sqrt[a]{x^2}}+c;\ x>0$$

2.3 Summenregel

► **Lehrbuch: Kusch 4, S. 69...73**

Merke:

Haben die Funktionen $f_1;\ f_2;\ f_3;\ \ldots;\ f_n$ in einem Intervall I Stammfunktionen, so hat auch die Funktion $f_1+f_2+f_3+\ldots+f_n$ eine Stammfunktion und es gilt:

$$\int[f_1(x)+f_2(x)+\ldots+f_n(x)]\,\mathrm{d}x=\int f_1(x)\,\mathrm{d}x+\int f_2(x)\,\mathrm{d}x+\ldots+\int f_n(x)+c$$ ► **Summenregel**

Eine Summe von Funktionen kann also summandenweise integriert werden.

72

Berechnen Sie die nachstehenden unbestimmten Integrale mithilfe der Summenregel.

► **Lehrbuch: Kusch 4, S. 69...72**

1. $\int(3-x)\,\mathrm{d}x;\ x\in\mathbb{R}$

► $\int\mathrm{d}x=\int 1\,\mathrm{d}x=x$

$$\int(3-x)\,\mathrm{d}x=\int 3\,\mathrm{d}x-\int x\,\mathrm{d}x$$ ► Summenregel

$$=3\cdot\int\mathrm{d}x-\int x\,\mathrm{d}x$$ ► Faktorregel

$$=3x-\frac{1}{2}\cdot x^2+c$$

72

2. $\int (x^3 - 2x^4)\,dx;\ x \in \mathbb{R}$

$$\int (x^3 - 2x^4)\,dx = \int x^3\,dx - \int 2x^4\,dx \quad \blacktriangleright \text{Summenregel}$$
$$= \int x^3\,dx - 2 \cdot \int x^4\,dx \quad \blacktriangleright \text{Faktorregel}$$
$$= \underline{\underline{\frac{1}{4} \cdot x^4 - \frac{2}{5} \cdot x^5 + c}}$$

3. $\int (a^2 - x^2)\,dx;\ x \in \mathbb{R}$

► $\int dx = \int 1\,dx = x$

$$\int (a^2 - x^2)\,dx = \int a^2\,dx - \int x^2\,dx \quad \blacktriangleright \text{Summenregel}$$
$$= a^2 \cdot \int dx - \int x^2\,dx \quad \blacktriangleright \text{Faktorregel}$$
$$= \underline{\underline{a^2 x - \frac{1}{3} \cdot x^3 + c}}$$

4. $\int (2 - t)^3\,dt;\ t \in \mathbb{R}$

► $(2 - t)^3 = \underline{8 - 12t + 6t^2 - t^3}$

► $\int dt = \int 1\,dt = t$

$$\int (2 - t)^3\,dt = \int (8 - 12t + 6t^2 - t^3)\,dt$$
$$= \int 8\,dt - \int (12t)\,dt + \int (6t^2)\,dt - \int t^3\,dt$$
► Summenregel
$$= 8 \cdot \int dt - 12 \cdot \int t\,dt + 6 \cdot \int t^2\,dt - \int t^3\,dt$$
► Faktorregel
$$= 8t - 12 \cdot \frac{1}{2} \cdot t^2 + 6 \cdot \frac{1}{3} \cdot t^3 - \frac{1}{4} \cdot t^4$$
$$= \underline{\underline{8t - 6t^2 + 2t^3 - \frac{1}{4} \cdot t^4}}$$

5. $\int [(v + 3) \cdot (v - 3)]\,dv;\ v \in \mathbb{R}$

► $(v + 3) \cdot (v - 3) = \underline{v^2 - 9}$

► $\int dv = \int 1\,dv = v$

$$\int [(v + 3) \cdot (v - 3)]\,dv = \int [v^2 - 9]\,dv$$
$$= \int v^2\,dv - \int 9\,dv \quad \blacktriangleright \text{Summenregel}$$
$$= \int v^2\,dv - 9 \cdot \int dv \quad \blacktriangleright \text{Faktorregel}$$
$$= \underline{\underline{\frac{1}{3} \cdot v^3 - 9v + c}}$$

6. $\int (a_0 + a_1 \cdot z + a_2 \cdot z^2)\,dz;\ z \in \mathbb{R}$

► $\int dz = \int 1\,dz = z$

$$\int (a_0 + a_1 \cdot z + a_2 \cdot z^2)\,dz = \int a_0\,dz + \int (a_1 \cdot z)\,dz + \int (a_2 \cdot z^2)\,dz$$
► Summenregel
$$= a_0 \cdot \int dz + a_1 \cdot \int z\,dz + a_2 \cdot \int z^2\,dz$$
► Faktorregel
$$= \underline{\underline{a_0 \cdot z + a_1 \cdot \frac{1}{2} \cdot z^2 + a_2 \cdot \frac{1}{3} \cdot z^3 + c}}$$

72

7. $\int\left(\frac{x^2}{a}-\frac{a}{x^2}\right)\mathrm{d}x;\ a \neq 0;\ x\in\mathbb{R}^{\neq 0}$

$$\int\left(\frac{x^2}{a}-\frac{a}{x^2}\right)\mathrm{d}x=\int\frac{x^2}{a}\,\mathrm{d}x-\int\frac{a}{x^2}\,\mathrm{d}x$$ ► Summenregel

$$=\frac{1}{a}\cdot\int x^2\,\mathrm{d}x-a\cdot\int x^{-2}\,\mathrm{d}x$$ ► Faktorregel

$$=\frac{1}{a}\cdot\frac{1}{3}\cdot x^3-a\cdot(-x^{-1})+c$$

$$=\underline{\underline{\frac{1}{3a}\cdot x^3+\frac{a}{x}+c;\ x\neq 0}}$$

8. $\int\left(\sqrt{x}+\frac{2}{\sqrt{x}}\right)\mathrm{d}x;\ x\in\mathbb{R}^{>0}$

► $x^{\frac{3}{2}}=\sqrt{x^3};\ x^{\frac{1}{2}}=\underline{\sqrt{x}}$

► $D(F)=\mathbb{R}^{\geq 0}$ und $D(f)=\mathbb{R}^{>0}$

$$\int\left(\sqrt{x}+\frac{2}{\sqrt{x}}\right)\mathrm{d}x=\int\sqrt{x}\,\mathrm{d}x+\int\frac{2}{\sqrt{x}}\,\mathrm{d}x$$ ► Summenregel

$$=\int x^{\frac{1}{2}}\,\mathrm{d}x+2\cdot\int x^{-\frac{1}{2}}\,\mathrm{d}x$$ ► Faktorregel

$$=\frac{x^{\frac{3}{2}}}{\frac{3}{2}}+2\cdot\frac{x^{\frac{1}{2}}}{\frac{1}{2}}+c$$

$$=\underline{\underline{\frac{2}{3}\cdot\sqrt{x^3}+4\cdot\sqrt{x}+c;\ x>0}}$$

9. $\int\left(\sqrt{\frac{x}{2}}+\sqrt{\frac{2}{x}}\right)\mathrm{d}x;\ x\in\mathbb{R}^{>0}$

► $\sqrt{\frac{x}{2}}+\sqrt{\frac{2}{x}}=\frac{\sqrt{x}}{\sqrt{2}}+\frac{\sqrt{2}}{\sqrt{x}}=\underline{\frac{1}{\sqrt{2}}\cdot x^{\frac{1}{2}}+\sqrt{2}\cdot x^{-\frac{1}{2}}}$

► $x^{\frac{3}{2}}=\sqrt{x^3};\ x^{\frac{1}{2}}=\sqrt{x}$

► $D(F)=\mathbb{R}^{\geq 0}$ und $D(f)=\mathbb{R}^{>0}$

$$\int\left(\sqrt{\frac{x}{2}}+\frac{2}{x}\right)\mathrm{d}x=\int\left(\frac{1}{\sqrt{2}}\cdot x^{\frac{1}{2}}\right)\mathrm{d}x+\int\left(\sqrt{2}\cdot x^{-\frac{1}{2}}\right)\mathrm{d}x$$ ► Summenregel

$$=\frac{1}{\sqrt{2}}\cdot\int x^{\frac{1}{2}}\,\mathrm{d}x+\sqrt{2}\cdot\int x^{-\frac{1}{2}}\,\mathrm{d}x$$ ► Faktorregel

$$=\frac{1}{\sqrt{2}}\cdot\frac{x^{\frac{3}{2}}}{\frac{3}{2}}+\sqrt{2}\cdot\frac{x^{\frac{1}{2}}}{\frac{1}{2}}+c$$

$$=\underline{\underline{\frac{2}{3\cdot\sqrt{2}}\cdot\sqrt{x^3}+2\cdot\sqrt{2}\cdot\sqrt{x}+c;\ x>0}}$$

10. $\int\left(\sqrt[3]{x}-\sqrt[4]{x}\right)^3\mathrm{d}x;\ x\in\mathbb{R}^{\geq 0}$

► $\left(\sqrt[3]{x}-\sqrt[4]{x}\right)^3=\left(\sqrt[3]{x}\right)^3-3\cdot\left(\sqrt[3]{x}\right)^2\cdot\sqrt[4]{x}+$
$+3\cdot\sqrt[3]{x}\cdot\left(\sqrt[4]{x}\right)^2-\left(\sqrt[4]{x}\right)^3$
$=x-3\cdot x^{\frac{2}{3}}\cdot x^{\frac{1}{4}}+3\cdot x^{\frac{1}{3}}\cdot x^{\frac{1}{2}}-x^{\frac{3}{4}}$
$=\underline{x-3\cdot x^{\frac{11}{12}}+3\cdot x^{\frac{5}{6}}-x^{\frac{3}{4}}}$

$$\int\left(\sqrt[3]{x}-\sqrt[4]{x}\right)^3\mathrm{d}x=\int\left(x-3\cdot x^{\frac{11}{12}}+3\cdot x^{\frac{5}{6}}-x^{\frac{3}{4}}\right)\mathrm{d}x$$

$$=\int x\,\mathrm{d}x-\int\left(3\cdot x^{\frac{11}{12}}\right)\mathrm{d}x+\int\left(3\cdot x^{\frac{5}{6}}\right)\mathrm{d}x-\int x^{\frac{3}{4}}\,\mathrm{d}x$$ ► Summenregel

$$=\int x\,\mathrm{d}x-3\cdot\int x^{\frac{11}{12}}\,\mathrm{d}x+3\cdot\int x^{\frac{5}{6}}\,\mathrm{d}x-\int x^{\frac{3}{4}}\,\mathrm{d}x$$ ► Faktorregel

$$=\frac{1}{2}\cdot x^2-3\cdot\frac{x^{\frac{23}{12}}}{\frac{23}{12}}+3\cdot\frac{x^{\frac{11}{6}}}{\frac{11}{6}}-\frac{x^{\frac{7}{4}}}{\frac{7}{4}}+c$$

$$=\underline{\underline{\frac{1}{2}\cdot x^2-\frac{36}{23}\cdot x\cdot\sqrt[12]{x^{11}}+\frac{18}{11}\cdot x\cdot\sqrt[6]{x^5}-\frac{4}{7}\cdot x\cdot\sqrt[4]{x}+c;\ x\geq 0}}$$

11. $\int\frac{2x^4+4x^3+8x^2}{2x^2}\,\mathrm{d}x;\ x\in\mathbb{R}^{\neq 0}$

► $\frac{2x^4+4x^3+8x^2}{2x^2}=\frac{2x^4}{2x^2}+\frac{4x^3}{2x^2}+\frac{8x^2}{2x^2}$
$=\underline{x^2+2x+4}$

► $D(F)=\mathbb{R}$ und $D(f)=\mathbb{R}^{\neq 0}$

$$\int\frac{2x^4+4x^3+8x^2}{2x^2}\,\mathrm{d}x=\int\left(x^2+2x+4\right)\mathrm{d}x$$

$$=\int x^2\,\mathrm{d}x+\int(2x)\,\mathrm{d}x+\int 4\,\mathrm{d}x$$ ► Summenregel

$$=\int x^2\,\mathrm{d}x+2\cdot\int x\,\mathrm{d}x+4\cdot\int\mathrm{d}x$$ ► Faktorregel

$$=\underline{\underline{\frac{1}{3}\cdot x^3+x^2+4x+c}}$$

72

12. $\int \frac{x^3-x^2-x-2}{x\cdot\sqrt{x}}\,dx;\ x\in\mathbb{R}^{>0}$

► $\frac{x^3-x^2-x-2}{x\cdot\sqrt{x}} = \frac{x^3}{x\cdot\sqrt{x}} - \frac{x^2}{x\cdot\sqrt{x}} - \frac{x}{x\cdot\sqrt{x}} + {}$

$- \frac{2}{x\cdot\sqrt{x}}$ ► $\sqrt{x}=x^{\frac{1}{2}}$

$= \frac{x^2}{x^{\frac{1}{2}}} - \frac{x}{x^{\frac{1}{2}}} - \frac{1}{x^{\frac{1}{2}}} - \frac{2}{x\cdot x^{\frac{1}{2}}}$

$= \underline{x^{\frac{3}{2}} - x^{\frac{1}{2}} - x^{-\frac{1}{2}} - 2\cdot x^{-\frac{3}{2}}}$

► $x^{\frac{5}{2}} = x^2\cdot\sqrt{x};\ x^{\frac{3}{2}} = x\cdot\sqrt{x};\ x^{\frac{1}{2}} = \sqrt{x};\ x^{-\frac{1}{2}} = \frac{1}{\sqrt{x}}$

$\int \frac{x^3-x^2-x-2}{x\cdot\sqrt{x}}\,dx = \int\left(x^{\frac{3}{2}} - x^{\frac{1}{2}} - x^{-\frac{1}{2}} - 2\cdot x^{-\frac{3}{2}}\right)dx$

$= \int x^{\frac{3}{2}}\,dx - \int x^{\frac{1}{2}}\,dx - \int x^{-\frac{1}{2}}\,dx - \int\left(2\cdot x^{-\frac{3}{2}}\right)dx$ ► Summenregel

$= \int x^{\frac{3}{2}}\,dx - \int x^{\frac{1}{2}}\,dx - \int x^{-\frac{1}{2}}\,dx - 2\cdot\int x^{-\frac{3}{2}}\,dx$ ► Faktorregel

$= \frac{x^{\frac{5}{2}}}{\frac{5}{2}} - \frac{x^{\frac{3}{2}}}{\frac{3}{2}} - \frac{x^{\frac{1}{2}}}{\frac{1}{2}} - 2\cdot\frac{x^{-\frac{1}{2}}}{-\frac{1}{2}} + c$

$= \underline{\underline{\frac{2}{5}\cdot x^2\cdot\sqrt{x} - \frac{2}{3}\cdot x\cdot\sqrt{x} - 2\cdot\sqrt{x} + \frac{4}{\sqrt{x}} + c;\ x>0}}$

13. $\int\left(\sqrt{x}+x\right)^2 dx;\ x\in\mathbb{R}^{\geq 0}$

► $\left(\sqrt{x}+x\right)^2 = \left(\sqrt{x}\right)^2 + 2\cdot\sqrt{x}\cdot x + x^2$

$= x + 2\cdot x^{\frac{1}{2}}\cdot x + x^2$

$= \underline{x + 2\cdot x^{\frac{3}{2}} + x^2}$

► $x^{\frac{5}{2}} = x^2\cdot x^{\frac{1}{2}} = x^2\cdot\sqrt{x}$

$\int\left(\sqrt{x}+x\right)^2 dx = \int\left(x + 2\cdot x^{\frac{3}{2}} + x^2\right)dx$

$= \int x\,dx + \int\left(2\cdot x^{\frac{3}{2}}\right)dx + \int x^2\,dx$ ► Summenregel

$= \int x\,dx + 2\cdot\int x^{\frac{3}{2}}\,dx + \int x^2\,dx$ ► Faktorregel

$= \frac{1}{2}\cdot x^2 + 2\cdot\frac{x^{\frac{5}{2}}}{\frac{5}{2}} + \frac{1}{3}\cdot x^3 + c$

$= \underline{\underline{\frac{1}{2}\cdot x^2 + \frac{4}{5}\cdot x^2\cdot\sqrt{x} + \frac{1}{3}\cdot x^3 + c;\ x\geq 0}}$

14. $\int\left[(x^2-b)\cdot\sqrt[3]{x}\right]dx;\ x\in\mathbb{R}^{\geq 0}$

► $\left(x^2-b\right)\cdot\sqrt[3]{x} = x^2\cdot\sqrt[3]{x} - b\cdot\sqrt[3]{x}$ ► $\sqrt[3]{x} = x^{\frac{1}{3}}$

$= \underline{x^{\frac{7}{3}} - b\cdot x^{\frac{1}{3}};\ x\geq 0}$

► $x^{\frac{10}{3}} = x^3\cdot x^{\frac{1}{3}} = x^3\cdot\sqrt[3]{x}$

► $x^{\frac{4}{3}} = x^1\cdot x^{\frac{1}{3}} = x\cdot\sqrt[3]{x}$

$\int\left[(x^2-b)\cdot\sqrt[3]{x}\right]dx = \int x^{\frac{7}{3}}\,dx - \int\left(b\cdot x^{\frac{1}{3}}\right)dx$ ► Summenregel

$= \int x^{\frac{7}{3}}\,dx - b\cdot\int x^{\frac{1}{3}}\,dx$ ► Faktorregel

$= \frac{x^{\frac{10}{3}}}{\frac{10}{3}} - b\cdot\frac{x^{\frac{4}{3}}}{\frac{4}{3}} + c$

$= \underline{\underline{\frac{3}{10}\cdot x^3\cdot\sqrt[3]{x} - \frac{3b}{4}\cdot x\cdot\sqrt[3]{x} + c;\ x\geq 0}}$

15. $\int\left[(\sqrt{x}+x)\cdot(\sqrt{x}-x)\right]dx;\ x\in\mathbb{R}^{\geq 0}$

► $(\sqrt{x}+x)\cdot(\sqrt{x}-x) = \left(\sqrt{x}\right)^2 - x^2 = \underline{x-x^2}$

► $D(F)=\mathbb{R}$ und $D(f)=\mathbb{R}^{\geq 0}$

$\int\left[(\sqrt{x}+x)\cdot(\sqrt{x}-x)\right]dx = \int(x-x^2)\,dx$

$= \int x\,dx - \int x^2\,dx$ ► Summenregel

$= \underline{\underline{\frac{1}{2}\cdot x^2 - \frac{1}{3}\cdot x^3 + c;\ x\geq 0}}$

16. $\int\left(a_0 + \frac{a_1}{x} + \frac{a_2}{x^2}\right)dx;\ x\in\mathbb{R}^{\neq 0}$

► $\int\frac{1}{x^2}\,dx = \int x^{-2}\,dx = -x^{-1} = -\frac{1}{x}$

$\int\left(a_0 + \frac{a_1}{x} + \frac{a_2}{x^2}\right)dx =$

$= \int a_0\cdot dx + \int\frac{a_1}{x}\,dx + \int\frac{a_2}{x^2}$ ► Summenregel

$= a_0\cdot\int 1\,dx + a_1\cdot\int\frac{1}{x}\,dx + a_2\cdot\int\frac{1}{x^2}\,dx$ ► Faktorregel

$= \underline{\underline{a_0\cdot x + a_1\cdot\ln|x| - \frac{a_2}{x} + c;\ x\neq 0}}$

72

17. $\int\left(a_0\cdot 5^x+5a_1\cdot x^4+\frac{a_2}{x^2}\right)\mathrm{d}x;\ x\in\mathbb{R}^{\neq 0}$

► $\int\frac{1}{x^2}\,\mathrm{d}x=\int x^{-2}\,\mathrm{d}x=-x^{-1}=-\frac{1}{x}$

$$\int\left(a_0\cdot 5^x+5a_1\cdot x^4+\frac{a_2}{x^2}\right)\mathrm{d}x=$$
$$=\int(a_0\cdot 5^x)\,\mathrm{d}x+\int(5a_1\cdot x^4)\,\mathrm{d}x+\int\frac{a_2}{x^2}\,\mathrm{d}x$$ ► Summenregel
$$=a_0\cdot\int 5^x\,\mathrm{d}x+5a_1\cdot\int x^4\,\mathrm{d}x+a_2\cdot\int\frac{1}{x^2}\,\mathrm{d}x$$ ► Faktorregel
$$=\underline{\underline{a_0\cdot\frac{5^x}{\ln 5}+a_1\cdot x^5-\frac{a_2}{x}+c;\ x\neq 0}}$$

18. $\int\left(x^3-7\cdot\sqrt{x}-\frac{11}{\sqrt[3]{x^5}}\right)\mathrm{d}x;\ x\in\mathbb{R}^{>0}$

► $x^3-7\cdot\sqrt{x}-\frac{11}{\sqrt[3]{x^5}}=x^3-7\cdot x^{\frac{1}{2}}-\frac{11}{x^{\frac{5}{3}}}$
$=\underline{x^3-7\cdot x^{\frac{1}{2}}-11\cdot x^{-\frac{5}{3}};\ x>0}$

► $x^{\frac{3}{2}}=x\cdot x^{\frac{1}{2}}=x\cdot\sqrt{x}$

► $x^{-\frac{2}{3}}=\frac{1}{x^{\frac{2}{3}}}=\frac{1}{\sqrt[3]{x^2}}$

$$\int\left(x^3-7\cdot\sqrt{x}-\frac{11}{\sqrt[3]{x^5}}\right)\mathrm{d}x=\int\left(x^3-7\cdot x^{\frac{1}{2}}-11\cdot x^{-\frac{5}{3}}\right)\mathrm{d}x$$
$$=\int x^3\,\mathrm{d}x-\int\left(7\cdot x^{\frac{1}{2}}\right)\mathrm{d}x-\int\left(11\cdot x^{-\frac{5}{3}}\right)\mathrm{d}x$$ ► Summenregel
$$=\int x^3\,\mathrm{d}x-7\cdot\int x^{\frac{1}{2}}\,\mathrm{d}x-11\cdot\int x^{-\frac{5}{3}}\,\mathrm{d}x$$ ► Faktorregel
$$=\frac{1}{4}\cdot x^4-7\cdot\frac{x^{\frac{3}{2}}}{\frac{3}{2}}-11\cdot\frac{x^{-\frac{2}{3}}}{-\frac{2}{3}}+c$$
$$=\underline{\underline{\frac{1}{4}\cdot x^4-\frac{14}{3}\cdot x\cdot\sqrt{x}+\frac{33}{2\cdot\sqrt[3]{x^2}}+c;\ x>0}}$$

19. $\int(3x^5+\cos x-\mathrm{e}^x)\,\mathrm{d}x;\ x\in\mathbb{R}$

$$\int(3x^5+\cos x-\mathrm{e}^x)\,\mathrm{d}x=$$
$$=\int(3x^5)\,\mathrm{d}x+\int\cos x\,\mathrm{d}x-\int\mathrm{e}^x\,\mathrm{d}x$$ ► Summenregel
$$=3\cdot\int x^5\,\mathrm{d}x+\int\cos x\,\mathrm{d}x-\int\mathrm{e}^x\,\mathrm{d}x$$ ► Faktorregel
$$=\underline{\underline{\frac{1}{2}\cdot x^6+\sin x-\mathrm{e}^x+c}}$$

20. $\int\frac{(x^2-1)^2}{x}\,\mathrm{d}x;\ x\in\mathbb{R}^{\neq 0}$

► $\frac{(x^2-1)^2}{x}=\frac{x^4-2x^2+1}{x}$
$=\frac{x^4}{x}-\frac{2x^2}{x}+\frac{1}{x}$
$=\underline{x^3-2x+\frac{1}{x}}$

$$\int\frac{(x^2-1)^2}{x}\,\mathrm{d}x=\int\left(x^3-2x+\frac{1}{x}\right)\mathrm{d}x$$
$$=\int x^3\,\mathrm{d}x-\int(2x)\,\mathrm{d}x+\int\frac{1}{x}\,\mathrm{d}x$$ ► Summenregel
$$=\int x^3\,\mathrm{d}x-2\cdot\int x\,\mathrm{d}x+\int\frac{1}{x}\,\mathrm{d}x$$ ► Faktorregel
$$=\underline{\underline{\frac{1}{4}\cdot x^4-x^2+\ln|x|+c;\ x\neq 0}}$$

21. $\int\frac{(\sqrt{x}-1)^2}{\sqrt{x}}\,\mathrm{d}x;\ x\in\mathbb{R}^{>0}$

► $\frac{(\sqrt{x}-1)^2}{\sqrt{x}}=\frac{(\sqrt{x})^2-2\cdot\sqrt{x}+1}{\sqrt{x}}$
$=\frac{(\sqrt{x})^2}{\sqrt{x}}-\frac{2\cdot\sqrt{x}}{\sqrt{x}}+\frac{1}{\sqrt{x}}$
$=\underline{x^{\frac{1}{2}}-2+x^{-\frac{1}{2}};\ x>0}$

► $D(F)=\mathbb{R}^{\geq 0}$ und $D(f)=\mathbb{R}^{>0}$

$$\int\frac{(\sqrt{x}-1)^2}{\sqrt{x}}\,\mathrm{d}x=\int(x^{\frac{1}{2}}-2+x^{-\frac{1}{2}})\,\mathrm{d}x$$
$$=\int x^{\frac{1}{2}}\,\mathrm{d}x-2\cdot\int\mathrm{d}x+\int x^{-\frac{1}{2}}\,\mathrm{d}x$$ ► Summenregel und Faktorregel
$$=\frac{x^{\frac{3}{2}}}{\frac{3}{2}}-2x+\frac{x^{\frac{1}{2}}}{\frac{1}{2}}+c$$
$$=\underline{\underline{\frac{2}{3}\cdot x\cdot\sqrt{x}-2x+2\cdot\sqrt{x}+c;\ x>0}}$$

73

22. $\int (a+b\cdot\sqrt[4]{x})^3\,\mathrm{d}x;\ x\in\mathbb{R}^{\geq 0}$

► $(a+b\cdot\sqrt[4]{x})^3 = a^3+3a^2b\cdot\sqrt[4]{x}+3ab^2\cdot(\sqrt[4]{x})^2+$
$+b^3\cdot(\sqrt[4]{x})^3$
$= \underline{a^3+3a^2b\cdot x^{\frac{1}{4}}+3ab^2\cdot x^{\frac{1}{2}}+b^3\cdot x^{\frac{3}{4}}}$

► $x^{\frac{5}{4}} = x^1\cdot x^{\frac{1}{4}} = x\cdot\sqrt[4]{x}$

► $x^{\frac{3}{2}} = x^1\cdot x^{\frac{1}{2}} = x\cdot\sqrt{x}$

► $x^{\frac{7}{4}} = x^1\cdot x^{\frac{3}{4}} = x\cdot\sqrt[4]{x^3}$

$\int (a+b\cdot\sqrt[4]{x})^3\,\mathrm{d}x = \int (a^3+3a^2b\cdot x^{\frac{1}{4}}+3ab^2\cdot x^{\frac{1}{2}}+b^3\cdot x^{\frac{3}{4}})\,\mathrm{d}x$

$= \int a^3\,\mathrm{d}x + \int\left(3a^2b\cdot x^{\frac{1}{4}}\right)\mathrm{d}x + \int\left(3ab^2\cdot x^{\frac{1}{2}}\right)\mathrm{d}x + \int\left(b^3\cdot x^{\frac{3}{4}}\right)\mathrm{d}x$ ► Summenregel

$= a^3\cdot\int \mathrm{d}x + 3a^2b\cdot\int x^{\frac{1}{4}}\,\mathrm{d}x + 3ab^2\cdot\int x^{\frac{1}{2}}\,\mathrm{d}x + b^3\cdot\int x^{\frac{3}{4}}\,\mathrm{d}x$ ► Faktorregel

$= a^3x+3a^2b\cdot\frac{x^{\frac{5}{4}}}{\frac{5}{4}}+3ab^2\cdot\frac{x^{\frac{3}{2}}}{\frac{3}{2}}+b^3\cdot\frac{x^{\frac{7}{4}}}{\frac{7}{4}}+c$

$= \underline{\underline{a^3x+\frac{12}{5}\cdot a^2bx\cdot\sqrt[4]{x}+2ab^2x\cdot\sqrt{x}+\frac{4}{7}\cdot b^3x\cdot\sqrt[4]{x^3}+c;\ x\geq 0}}$

23. $\int\left(4\cdot\sqrt{x\cdot\sqrt{x}}+3x\cdot\sqrt{\sqrt{x}}\right)\mathrm{d}x;\ x\in\mathbb{R}^{\geq 0}$

► $4\cdot\sqrt{x\cdot\sqrt{x}}+3x\cdot\sqrt{\sqrt{x}} =$
$= 4\cdot\left(x\cdot x^{\frac{1}{2}}\right)^{\frac{1}{2}}+3\cdot x^1\cdot\left(x^{\frac{1}{2}}\right)^{\frac{1}{2}}$
$= 4\cdot\left(x^{\frac{3}{2}}\right)^{\frac{1}{2}}+3\cdot x^1\cdot x^{\frac{1}{4}}$
$= \underline{4\cdot x^{\frac{3}{4}}+3\cdot x^{\frac{5}{4}}}$

► $x^{\frac{7}{4}} = x^1\cdot x^{\frac{3}{4}} = x\cdot\sqrt[4]{x^3}$ ► $x\geq 0$

► $x^{\frac{9}{4}} = x^2\cdot x^{\frac{1}{4}} = x^2\cdot\sqrt[4]{x}$

$\int\left(4\cdot\sqrt{x\cdot\sqrt{x}}+3x\cdot\sqrt{\sqrt{x}}\right)\mathrm{d}x = \int\left(4\cdot x^{\frac{3}{4}}+3\cdot x^{\frac{5}{4}}\right)\mathrm{d}x$

$= \int\left(4x^{\frac{3}{4}}\right)\mathrm{d}x+\int\left(3\cdot x^{\frac{5}{4}}\right)\mathrm{d}x$ ► Summenregel

$= 4\cdot\int x^{\frac{3}{4}}\,\mathrm{d}x+3\cdot\int x^{\frac{5}{4}}\,\mathrm{d}x$ ► Faktorregel

$= 4\cdot\frac{x^{\frac{7}{4}}}{\frac{7}{4}}+3\cdot\frac{x^{\frac{9}{4}}}{\frac{9}{4}}+c$

$= \underline{\underline{\frac{16}{7}\cdot x\cdot\sqrt[4]{x^3}+\frac{4}{3}\cdot x^2\cdot\sqrt[4]{x}+c;\ x\geq 0}}$

24. $\int\sin^2 x\,\mathrm{d}x+\int\cos^2 x\,\mathrm{d}x;\ x\in\mathbb{R}$

► $\sin^2 x+\cos^2 x = 1$ ► 4.1

$\int\sin^2 x\,\mathrm{d}x+\int\cos^2 x\,\mathrm{d}x = \int(\sin^2 x+\cos^2 x)\,\mathrm{d}x$ ► Summenregel

$= \int 1\,\mathrm{d}x$

$= \underline{\underline{x+c}}$

25. $\int\frac{x^{\frac{1}{2}}+x^{\frac{1}{3}}+x^{\frac{1}{4}}}{\sqrt{x}}\,\mathrm{d}x;\ x\in\mathbb{R}^{>0}$

► $\frac{x^{\frac{1}{2}}+x^{\frac{1}{3}}+x^{\frac{1}{4}}}{\sqrt{x}} = \frac{x^{\frac{1}{2}}}{x^{\frac{1}{2}}}+\frac{x^{\frac{1}{3}}}{x^{\frac{1}{2}}}+\frac{x^{\frac{1}{4}}}{x^{\frac{1}{2}}}$
$= 1+x^{\frac{1}{3}-\frac{1}{2}}+x^{\frac{1}{4}-\frac{1}{2}}$
$= \underline{1+x^{-\frac{1}{6}}+x^{-\frac{1}{4}}}$

► $D(F) = \mathbb{R}^{\geq 0}$ und $D(f) = \mathbb{R}^{>0}$

$\int\frac{x^{\frac{1}{2}}+x^{\frac{1}{3}}+x^{\frac{1}{4}}}{\sqrt{x}}\,\mathrm{d}x = \int\left(1+x^{-\frac{1}{6}}+x^{-\frac{1}{4}}\right)\mathrm{d}x$

$= \int 1\,\mathrm{d}x+\int x^{-\frac{1}{6}}\,\mathrm{d}x+\int x^{-\frac{1}{4}}\,\mathrm{d}x$ ► Summenregel

$= x+\frac{x^{\frac{5}{6}}}{\frac{5}{6}}+\frac{x^{\frac{3}{4}}}{\frac{3}{4}}+c$

$= \underline{\underline{x+\frac{6}{5}\cdot\sqrt[6]{x^5}+\frac{4}{3}\cdot\sqrt[4]{x^3}+c;\ x>0}}$

73

26. $\int \frac{\sqrt{x}-\sqrt{\sqrt[3]{x^2}}}{\sqrt{x\cdot\sqrt{x}}}\,\mathrm{d}x;\ x\in\mathbb{R}^{>0}$

► $\frac{\sqrt{x}-\sqrt{\sqrt[3]{x^2}}}{\sqrt{x\cdot\sqrt{x}}}=\frac{x^{\frac{1}{2}}-\left(x^{\frac{2}{3}}\right)^{\frac{1}{2}}}{\left(x\cdot x^{\frac{1}{2}}\right)^{\frac{1}{2}}}=\frac{x^{\frac{1}{2}}}{x^{\frac{3}{4}}}-\frac{x^{\frac{1}{3}}}{x^{\frac{3}{4}}}=$

$=x^{\frac{1}{2}-\frac{3}{4}}-x^{\frac{1}{3}-\frac{3}{4}}=\underline{x^{-\frac{1}{4}}-x^{-\frac{5}{12}}}$

► $D(F)=\mathbb{R}^{\geq 0}$ und $D(f)=\mathbb{R}^{>0}$

$$\int \frac{\sqrt{x}-\sqrt{\sqrt[3]{x^2}}}{\sqrt{x\cdot\sqrt{x}}}\,\mathrm{d}x=\int\left(x^{-\frac{1}{4}}-x^{-\frac{5}{12}}\right)\mathrm{d}x$$

$=\int x^{-\frac{1}{4}}\,\mathrm{d}x-\int x^{-\frac{5}{12}}\,\mathrm{d}x$ ► Summenregel

$=\frac{x^{\frac{3}{4}}}{\frac{3}{4}}-\frac{x^{\frac{7}{12}}}{\frac{7}{12}}+c$

$=\underline{\underline{\frac{4}{3}\cdot\sqrt[4]{x^3}-\frac{12}{7}\cdot\sqrt[12]{x^7}+c;\ x>0}}$

27. $\int \frac{x\cdot\sqrt{x}-x^{-\frac{2}{3}}}{x^{-\frac{1}{2}}}\,\mathrm{d}x;\ x\in\mathbb{R}^{>0}$

► $\frac{x\cdot\sqrt{x}-x^{-\frac{2}{3}}}{x^{-\frac{1}{2}}}=\frac{x\cdot x^{\frac{1}{2}}}{x^{-\frac{1}{2}}}-\frac{x^{-\frac{2}{3}}}{x^{-\frac{1}{2}}}$

$=x^{1+\frac{1}{2}+\frac{1}{2}}-x^{-\frac{2}{3}+\frac{1}{2}}$

$=\underline{x^2-x^{-\frac{1}{6}}}$

► $D(F)=\mathbb{R}^{\geq 0}$ und $D(f)=\mathbb{R}^{>0}$

$$\int \frac{x\cdot\sqrt{x}-x^{-\frac{2}{3}}}{x^{-\frac{1}{2}}}\,\mathrm{d}x=\int\left(x^2-x^{-\frac{1}{6}}\right)\mathrm{d}x$$

$=\int x^2\,\mathrm{d}x-\int x^{-\frac{1}{6}}\,\mathrm{d}x$ ► Summenregel

$=\frac{1}{3}\cdot x^3-\frac{x^{\frac{5}{6}}}{\frac{5}{6}}+c$

$=\underline{\underline{\frac{1}{3}\cdot x^3-\frac{6}{5}\cdot\sqrt[6]{x^5}+c;\ x>0}}$

28. $\int \frac{a^2-x^2}{x+a}\,\mathrm{d}x;\ x\in\mathbb{R}\setminus\{-a\}$

► $\frac{a^2-x^2}{x+a}=\frac{(a-x)\cdot(a+x)}{x+a}=\underline{a-x}$

► $D(F)=\mathbb{R}$ und $D(f)=\mathbb{R}\setminus\{-a\}$

$$\int \frac{a^2-x^2}{x+a}\,\mathrm{d}x=\int(a-x)\,\mathrm{d}x$$

$=\int a\,\mathrm{d}x-\int x\,\mathrm{d}x$ ► Summenregel

$=\underline{\underline{ax-\frac{1}{2}\cdot x^2+c;\ x\neq -a}}$

29. $\int \frac{4x^2+4x+1}{4x+2}\,\mathrm{d}x;\ x\in\mathbb{R}\setminus\{-0{,}5\}$

► $\frac{4x^2+4x+1}{4x+2}=\frac{(2x+1)^2}{2\cdot(2x+1)}$

$=0{,}5\cdot(2x+1)$

$=\underline{x+0{,}5}$

$$\int \frac{4x^2+4x+1}{4x+2}\,\mathrm{d}x=\int(x+0{,}5)\,\mathrm{d}x$$

$=\int x\,\mathrm{d}x+\int 0{,}5\,\mathrm{d}x$ ► Summenregel

$=\underline{\underline{\frac{1}{2}\cdot x^2+0{,}5x+c;\ x\neq 0{,}5}}$

► $D(F)=\mathbb{R}$ und $D(f)=\mathbb{R}\setminus\{-0{,}5\}$

30. $\int \frac{3-x^2}{x-\sqrt{3}}\,\mathrm{d}x;\ x\in\mathbb{R}\setminus\{\sqrt{3}\}$

► $\frac{3-x^2}{x-\sqrt{3}}=\frac{(\sqrt{3}-x)\cdot(\sqrt{3}+x)}{x-\sqrt{3}}$

$=\frac{-(x-\sqrt{3})\cdot(\sqrt{3}+x)}{x-\sqrt{3}}$

$=\underline{-\sqrt{3}-x}$

$$\int \frac{3-x^2}{x-\sqrt{3}}\,\mathrm{d}x=\int(-\sqrt{3}-x)\,\mathrm{d}x$$

$=\int(-\sqrt{3})\,\mathrm{d}x-\int x\,\mathrm{d}x$ ► Summenregel

$=\underline{\underline{-\sqrt{3}\cdot x-\frac{1}{2}\cdot x^2+c;\ x\neq\sqrt{3}}}$

► $D(F)=\mathbb{R}$ und $D(f)=\mathbb{R}\setminus\{\sqrt{3}\}$

73

31. $\displaystyle\int \frac{1+\tan^2 x}{\tan^2 x}\,dx;\ x \in \mathbb{R}\setminus\{k\pi;\ \tfrac{\pi}{2}+k\pi \mid k \in \mathbb{Z}\}$

$$\blacktriangleright\ \frac{1+\tan^2 x}{\tan^2 x} = \frac{1+\dfrac{\sin^2 x}{\cos^2 x}}{\dfrac{\sin^2 x}{\cos^2 x}} \quad \blacktriangleright\ \tan x = \tfrac{\sin x}{\cos x} \quad \blacktriangleright\ 4.1$$

$$= \frac{\dfrac{\cos^2 x + \sin^2 x}{\cos^2 x}}{\dfrac{\sin^2 x}{\cos^2 x}} \quad \blacktriangleright\ \cos^2 x + \sin^2 x = 1 \quad \blacktriangleright\ 4.1$$

$$= \underline{\frac{1}{\sin^2 x}}$$

$$\int \frac{1+\tan^2 x}{\tan^2 x}\,dx = \int \frac{1}{\sin^2 x}\,dx$$

$$= \underline{\underline{-\cot x;\ x \in \mathbb{R}\setminus\{k\pi;\ \tfrac{\pi}{2}+k\pi \mid k \in \mathbb{Z}\}}}$$

▶ Hier ist der Definitionsbereich der Stammfunktion F mit $D(F) = \mathbb{R}\setminus\{k\pi \mid k \in \mathbb{Z}\}$ größer als der Definitionsbereich der Integrandfunktion f.

32. $\displaystyle\int \frac{1-x^4}{1-x^2}\,dx;\ x \in \mathbb{R}\setminus\{-1;\ 1\}$

$$\blacktriangleright\ \frac{1-x^4}{1-x^2} = \frac{(1-x^2)\cdot(1+x^2)}{1-x^2} = \underline{1+x^2}$$

▶ $D(F) = \mathbb{R}$ und $D(f) = \mathbb{R}\setminus\{-1;\ 1\}$

$$\int \frac{1-x^4}{1-x^2}\,dx = \int (1+x^2)\,dx$$

$$= \int 1\,dx + \int x^2\,dx \quad \blacktriangleright\ \text{Summenregel}$$

$$= \underline{\underline{x + \frac{1}{3}\cdot x^3 + c;\ x \notin \{-1;\ 1\}}}$$

33. $\displaystyle\int \frac{\sqrt{x}+x^3+\sqrt[3]{x}}{\sqrt[3]{x^2}}\,dx;\ x \in \mathbb{R}^{>0}$

$$\blacktriangleright\ \frac{\sqrt{x}+x^3+\sqrt[3]{x}}{\sqrt[3]{x^2}} = \frac{x^{\frac{1}{2}}+x^3+x^{\frac{1}{3}}}{x^{\frac{2}{3}}}$$

$$= \frac{x^{\frac{1}{2}}}{x^{\frac{2}{3}}} + \frac{x^3}{x^{\frac{2}{3}}} + \frac{x^{\frac{1}{3}}}{x^{\frac{2}{3}}}$$

$$= x^{\frac{1}{2}-\frac{2}{3}} + x^{3-\frac{2}{3}} + x^{\frac{1}{3}-\frac{2}{3}}$$

$$= \underline{x^{-\frac{1}{6}} + x^{\frac{7}{3}} + x^{-\frac{1}{3}}}$$

$$\int \frac{\sqrt{x}+x^3+\sqrt[3]{x}}{\sqrt[3]{x^2}}\,dx = \int \left(x^{-\frac{1}{6}} + x^{\frac{7}{3}} + x^{-\frac{1}{3}}\right) dx$$

$$= \int x^{-\frac{1}{6}}\,dx + \int x^{\frac{7}{3}}\,dx + \int x^{-\frac{1}{3}}\,dx \quad \blacktriangleright\ \text{Summenregel}$$

$$= \frac{x^{\frac{5}{6}}}{\frac{5}{6}} + \frac{x^{\frac{10}{3}}}{\frac{10}{3}} + \frac{x^{\frac{2}{3}}}{\frac{2}{3}} + c$$

$$= \underline{\underline{\frac{6}{5}\cdot\sqrt[6]{x^5} + \frac{3}{10}\cdot x^3\cdot\sqrt[3]{x} + \frac{3}{2}\cdot\sqrt[3]{x^2} + c;\ x > 0}}$$

▶ $D(F) = \mathbb{R}^{\geq 0}$ und $D(f) = \mathbb{R}^{>0}$

34. $\int dx + \int \tan^2 x\,dx;\ x \in \mathbb{R}\setminus\{\tfrac{\pi}{2}+k\pi \mid k \in \mathbb{Z}\}$

$$\blacktriangleright\ 1+\tan^2 x = 1 + \frac{\sin^2 x}{\cos^2 x} \quad \blacktriangleright\ \tan x = \tfrac{\sin x}{\cos x} \quad \blacktriangleright\ 4.1$$

$$= \frac{\cos^2 x + \sin^2 x}{\cos^2 x} \quad \blacktriangleright\ \cos^2 x + \sin^2 x = 1 \quad \blacktriangleright\ 4.1$$

$$= \underline{\frac{1}{\cos^2 x}}$$

$$\int dx + \int \tan^2 x\,dx = \int 1\,dx + \int \tan^2 x\,dx$$

$$= \int (1+\tan^2 x)\,dx \quad \blacktriangleright\ \text{Summenregel}$$

$$= \int \frac{dx}{\cos^2 x}$$

$$= \underline{\underline{\tan x + c;\ x \neq \tfrac{\pi}{2}+k\pi;\ k \in \mathbb{Z}}}$$

35. $\int (4\cdot\cosh x + \sin x)\,dx;\ x \in \mathbb{R}$

$$\int (4\cdot\cosh x + \sin x)\,dx = \int (4\cdot\cosh x)\,dx + \int \sin x\,dx$$

$$\blacktriangleright\ \text{Summenregel}$$

$$= 4\cdot\int \cosh x\,dx + \int \sin x\,dx$$

$$\blacktriangleright\ \text{Faktorregel}$$

$$= \underline{4\cdot\sinh x - \cos x + c}$$

73

36. $\int(3\cdot\sin x+\cos x)\,\mathrm{d}x;\ x\in\mathbb{R}$

$$\int(3\cdot\sin x+\cos x)\,\mathrm{d}x=\int(3\cdot\sin x)\,\mathrm{d}x+\int\cos x\,\mathrm{d}x \quad \blacktriangleright \text{ Summenregel}$$
$$=3\cdot\int\sin x\,\mathrm{d}x+\int\cos x\,\mathrm{d}x \quad \blacktriangleright \text{ Faktorregel}$$
$$=\underline{\underline{-3\cdot\cos x+\sin x+c}}$$

37. $\int(\mathrm{e}^x+\mathrm{e}^{-x})\,\mathrm{d}x;\ x\in\mathbb{R}$

► $\mathrm{e}^x+\mathrm{e}^{-x}=2\cdot\frac{\mathrm{e}^x+\mathrm{e}^{-x}}{2}$ ► $\frac{\mathrm{e}^x+\mathrm{e}^{-x}}{2}=\cosh x$
$=\underline{2\cdot\cosh x}$

$$\int(\mathrm{e}^x+\mathrm{e}^{-x})\,\mathrm{d}x=\int(2\cdot\cosh x)\,\mathrm{d}x$$
$$=2\cdot\int\cosh x\,\mathrm{d}x \quad \blacktriangleright \text{ Faktorregel}$$
$$=\underline{\underline{2\cdot\sinh x+c}}$$

38. $\int\left(\frac{1}{1-x^2}+\frac{1}{1+x^2}\right)\mathrm{d}x;\ x\in\mathbb{R}\setminus\{-1;1\}$

► $\int\frac{1}{1-x^2}\,\mathrm{d}x=0{,}5\cdot\ln\left|\frac{x+1}{x-1}\right|$ ► 2.1

$$\int\left(\frac{1}{1-x^2}+\frac{1}{1+x^2}\right)\mathrm{d}x=\int\frac{1}{1-x^2}\,\mathrm{d}x+\int\frac{1}{1+x^2}\,\mathrm{d}x \quad \blacktriangleright \text{ Summenregel}$$
$$=\underline{\underline{0{,}5\cdot\ln\left|\frac{x+1}{x-1}\right|+\operatorname{Arctan}x+c;\ x\notin\{-1;1\}}}$$

39. $\int\left(\frac{1}{\sqrt{x^2+1}}-\frac{1}{\sqrt{x^2-1}}\right)\mathrm{d}x;\ x\in\mathbb{R}\setminus[-1;1]$

Nach Anwendung der Summenregel erhält man zwei Grundintegrale. ► 2.1

► $D(F)=\mathbb{R}\setminus(-1;1)$ und $D(f)=\mathbb{R}\setminus[-1;1]$

$$\int\left(\frac{1}{\sqrt{x^2+1}}-\frac{1}{\sqrt{x^2-1}}\right)\mathrm{d}x=\int\frac{1}{\sqrt{x^2+1}}\,\mathrm{d}x-\int\frac{1}{\sqrt{x^2-1}}\,\mathrm{d}x \quad \blacktriangleright \text{ Summenregel}$$
$$=\underline{\underline{\ln\left(x+\sqrt{x^2+1}\right)-\ln\left|x+\sqrt{x^2-1}\right|+\mathrm{c};\ x<-1 \text{ oder } x>1}}$$

40. $\int\frac{\cosh^2 x+\sinh^2 x}{(\cosh x\cdot\sinh x)^2}\,\mathrm{d}x;\ x\in\mathbb{R}^{\neq 0}$

► $\frac{\cosh^2 x+\sinh^2 x}{(\cosh x\cdot\sinh x)^2}=\frac{\cosh^2 x+\sinh^2 x}{\cosh^2 x\cdot\sinh^2 x}$
$=\frac{\cosh^2 x}{\cosh^2 x\cdot\sinh^2 x}+\frac{\sinh^2 x}{\cosh^2 x\cdot\sinh^2 x}$
$=\underline{\frac{1}{\sinh^2 x}+\frac{1}{\cosh^2 x}}$

$$\int\frac{\cosh^2 x+\sinh^2 x}{(\cosh x\cdot\sinh x)^2}\,\mathrm{d}x=\int\left(\frac{1}{\sinh^2 x}+\frac{1}{\cosh^2 x}\right)$$
$$=\int\frac{1}{\sinh^2 x}\,\mathrm{d}x+\int\frac{1}{\cosh^2 x}\,\mathrm{d}x \quad \blacktriangleright \text{ Summenregel}$$
$$=\underline{\underline{-\coth x+\tanh x+c;\ x\neq 0}}$$

41. $\int\left(\frac{6}{\sqrt{4x^2-4}}+\sqrt{4x}\right)\mathrm{d}x;\ x\in\mathbb{R}^{>1}$

► $\frac{6}{\sqrt{4x^2-4}}+\sqrt{4x}=\frac{6}{\sqrt{4\cdot(x^2-1)}}+\sqrt{4}\cdot\sqrt{x}$
$=\frac{6}{2\cdot\sqrt{x^2-1}}+2\cdot\sqrt{x}$
$=\underline{\frac{3}{\sqrt{x^2-1}}+2\cdot x^{\frac{1}{2}}}$

► $D(F)=\mathbb{R}^{\geq 0}$ und $D(f)=\mathbb{R}^{>0}$

$$\int\left(\frac{6}{\sqrt{4x^2-4}}+\sqrt{4x}\right)\mathrm{d}x=\int\left(\frac{3}{\sqrt{x^2-1}}+2\cdot x^{\frac{1}{2}}\right)\mathrm{d}x$$
$$=\int\frac{3}{\sqrt{x^2-1}}\,\mathrm{d}x+\int\left(2\cdot x^{\frac{1}{2}}\right)\mathrm{d}x \quad \blacktriangleright \text{ Summenregel}$$
$$=3\cdot\int\frac{1}{\sqrt{x^2-1}}\,\mathrm{d}x+2\cdot\int x^{\frac{1}{2}}\,\mathrm{d}x \quad \blacktriangleright \text{ Faktorregel}$$
$$=3\cdot\ln\left|x+\sqrt{x^2-1}\right|+2\cdot\frac{x^{\frac{3}{2}}}{\frac{3}{2}}+c \quad \blacktriangleright \text{ 2.1}$$
$$=\underline{\underline{3\cdot\ln\left|x+\sqrt{x^2-1}\right|+\frac{4}{3}\cdot\sqrt{x^3}+c;\ x>1}}$$

73

42. $\int \frac{\sqrt{x^2+1}+\sqrt{x^2-1}}{\sqrt{x^4-1}}\,dx;\ x \in \mathbb{R}\backslash[-1;1]$

▶ $\frac{\sqrt{x^2+1}+\sqrt{x^2-1}}{\sqrt{x^4-1}} =$

$= \frac{\sqrt{x^2+1}}{\sqrt{(x^2+1)\cdot(x^2-1)}} + \frac{\sqrt{x^2-1}}{\sqrt{(x^2+1)\cdot(x^2-1)}}$

$= \frac{\sqrt{x^2+1}}{\sqrt{x^2+1}\cdot\sqrt{x^2-1}} + \frac{\sqrt{x^2-1}}{\sqrt{x^2+1}\cdot\sqrt{x^2-1}}$

$= \underline{\frac{1}{\sqrt{x^2-1}} + \frac{1}{\sqrt{x^2+1}}}$

$\int \frac{\sqrt{x^2+1}+\sqrt{x^2-1}}{\sqrt{x^4-1}} = \int\left(\frac{1}{\sqrt{x^2-1}}+\frac{1}{\sqrt{x^2+1}}\right)dx$

$= \int \frac{1}{\sqrt{x^2-1}}\,dx + \int \frac{1}{\sqrt{x^2+1}}\,dx$ ▶ Summenregel

$= \ln\left|x+\sqrt{x^2-1}\right| + \ln\left(x+\sqrt{x^2+1}\right) + c;\ x < -1 \text{ oder } x > 1$

▶ Grundintegrale ▶ 2.1

▶ $D(F) = \mathbb{R}\backslash(-1;1)$ und $D(f) = \mathbb{R}\backslash[-1;1]$

2.4 Integration durch Substitution

▶ **Lehrbuch: Kusch 4, S. 73 ... 129**

Die bisher behandelten unbestimmten Integrale lassen sich durch eine zweckmäßige algebraische Umformung auf Grundintegrale zurückführen und damit lösen. Das ist jedoch in den meisten Fällen nicht möglich. Viele Integrale können aber bestimmten Typen zugeordnet und mit einem für diesen Typ geeigneten Verfahren gelöst werden.

Ein solches Lösungsverfahren ist die **Integration durch Substitution**. So wie sich aus der Faktorregel und der Summenregel der Differentialrechnung eine entsprechende Regel für die Integralrechnung herleiten lässt, so erhält man auch für die Kettenregel (▶ Kusch 3; 2.2.6) eine entsprechende Regel in der Integralrechnung.

Mithilfe der Kettenregel kann man die Ableitung einer Funktion bestimmen, wenn ihr Funktionsterm die spezielle Form $f(x) = G[h(x)]$ hat. Man **substituiert** dort $h(x) = z$ und erhält dann $f'(x) = G'(z)\cdot h'(x)$. Setzt man $G'(z) = g(z) = g[h(x)]$, so gilt $f'(x) = g[h(x)]\cdot h'(x)$. $G(z)$ ist dann Stammfunktionsterm von $g(z)$ und $G[h(x)]$ der Stammfunktionsterm von $g[h(x)]\cdot h'(x)$. Diese Erkenntnis kann auf zweifache Weise zur Lösung von unbestimmten Integralen genutzt werden.

- Hat der Funktionsterm der Integrandfunktion die Form $g[h(x)]\cdot h'(x)$, so ermittelt man zunächst zur Funktion g eine Stammfunktion G, d. h. man löst das unbestimmte Integral $\int g(z)\,dz$. Anschließend setzt man in der Funktion G wieder $h(x)$ für z. Fasst man zusammen, so gilt:

$$\int \left(g[h(x)]\cdot h'(x)\right)dx = \int g(z)\,dz = G(z);\ z = h(x)$$

An diesem Substitutionsvorgang erkennt man, dass bei der Substitution $z = h(x)$ das Produkt $h'(x)\cdot dx$ durch dz ersetzt wird. Es ist also $dz = h'(x)\cdot dx$ bzw. $\frac{dz}{dx} = h'(x)$. Der Ableitungsterm von $z = h(x)$ kann demnach auch als Quotient der Differentiale dz und dx geschrieben werden.

Deshalb heißt $\frac{dz}{dx}$ auch **Differentialquotient** von $z = h(x)$. Hier zeigt sich die Zweckmäßigkeit der Einführung des Differentials.

▶ Diese Art der Substitution wird in den Kapiteln 2.4.1 bis 2.4.4 ausführlich behandelt.

- Um ein unbestimmtes Integral $\int g(x)\,\mathrm{d}x$, das natürlich kein Grundintegral sein soll, zu lösen, wählt man für x eine Funktion $h(z)$, also $x = h(z)$ und erhält somit $\frac{\mathrm{d}x}{\mathrm{d}z} = h'(z)$ bzw. $\mathrm{d}x = h'(z)\cdot\mathrm{d}z$. Man geht dann davon aus, dass das substituierte Integral $\int \left(g[h(z)]\cdot h'(z)\right)\mathrm{d}z$ einfacher zu lösen ist. Hierbei hat man in der Wahl der **Substitutionsfunktion** h viele Freiheiten. Nachdem man das unbestimmte Integral $\int \left(g[h(z)]\cdot h'(z)\right)\mathrm{d}z$ berechnet hat, muss man in der Lösung noch die **Resubstitution** vornehmen, also z als Funktion von x darstellen.

  ► Diese Art der Substitution wird in den Kapiteln 2.4.5 bis 2.4.8 an speziellen Integrandfunktionen ausführlich behandelt.

- Manchmal hat eine Substitutionsgleichung die Form $g(x) = h(z)$. Hierbei kann man unmittelbar auf die differentielle Form übergehen, wenn die Funktionen g und h in ihren Definitionsbereichen stetig differenzierbar sind. Es gilt dann: $\boldsymbol{g(x) = h(z) \Rightarrow g'(x)\,\mathrm{d}x = h'(z)\,\mathrm{d}z}$

- Kapitel 2.4.9 enthält vermischte Übungsaufgaben, bei denen besondere Substitutionsmethoden angewendet werden.

2.4.1 Integrale des Typs $\int f(ax+b)\,\mathrm{d}x$

► Lehrbuch: Kusch 4, S. 74...83

Merke:

Integrale des Typs $\int f(ax+b)\,\mathrm{d}x$ mit $a \in \mathbb{R}^{\neq 0}$ lassen sich durch die Substitution $ax+b = z$; $\mathrm{d}x = \frac{1}{a}\cdot\mathrm{d}z$ vereinfachen. Man erhält dann:

$$\int f(ax+b)\,\mathrm{d}x = \frac{1}{a}\cdot\int f(z)\,\mathrm{d}z;\ a \in \mathbb{R}^{\neq 0}$$

121 Bestimmen Sie für die nachstehenden unbestimmten Integrale deren Gültigkeitsintervalle und ermitteln Sie eine Lösung. **► Lehrbuch: Kusch 4, S. 74...77**

1. $\int \mathrm{e}^{-x}\,\mathrm{d}x;\ x \in \mathbb{R}$

► $-x = z \Rightarrow \frac{\mathrm{d}z}{\mathrm{d}x} = -1 \Rightarrow \underline{\mathrm{d}x = -\mathrm{d}z}$

$$\int \mathrm{e}^{-x}\,\mathrm{d}x = -\int \mathrm{e}^{z}\,\mathrm{d}z = -\mathrm{e}^{z} + c \quad ► z = -x$$
$$= \underline{\underline{-\mathrm{e}^{-x} + c}}$$

2. $\int \mathrm{e}^{7x+2}\,\mathrm{d}x;\ x \in \mathbb{R}$

► $7x+2 = z \Rightarrow \frac{\mathrm{d}z}{\mathrm{d}x} = 7 \Rightarrow \underline{\mathrm{d}x = \frac{1}{7}\cdot\mathrm{d}z}$

$$\int \mathrm{e}^{7x+2}\,\mathrm{d}x = \frac{1}{7}\cdot\int \mathrm{e}^{z}\,\mathrm{d}z = \frac{1}{7}\cdot\mathrm{e}^{z} + c \quad ► z = 7x+2$$
$$= \underline{\underline{\frac{1}{7}\cdot\mathrm{e}^{7x+2} + c}}$$

3. $\int \mathrm{e}^{cx+a}\,\mathrm{d}x;\ c \neq 0;\ x \in \mathbb{R}$

► $cx+a = z \Rightarrow \frac{\mathrm{d}z}{\mathrm{d}x} = c \Rightarrow \underline{\mathrm{d}x = \frac{1}{c}\cdot\mathrm{d}z}$

$$\int \mathrm{e}^{cx+a}\,\mathrm{d}x = \frac{1}{c}\cdot\int \mathrm{e}^{z}\,\mathrm{d}z = \frac{1}{c}\cdot\mathrm{e}^{z} + c_1 \quad ► z = cx+a$$
$$= \underline{\underline{\frac{1}{c}\cdot\mathrm{e}^{cx+a} + c_1}}$$

4. $\displaystyle\int \frac{\mathrm{d}x}{\mathrm{e}^{-2x-3}};\ x \in \mathbb{R}$

► $\displaystyle\frac{1}{\mathrm{e}^{-2x-3}} = \underline{\mathrm{e}^{2x+3}}$

► $\displaystyle 2x+3 = z \Rightarrow \frac{\mathrm{d}z}{\mathrm{d}x} = 2 \Rightarrow \underline{\mathrm{d}x = \frac{1}{2}\cdot \mathrm{d}z}$

$$\int \frac{\mathrm{d}x}{\mathrm{e}^{-2x-3}} = \int \mathrm{e}^{2x+3}\,\mathrm{d}x = \frac{1}{2}\cdot\int \mathrm{e}^{z}\,\mathrm{d}z = \frac{1}{2}\cdot \mathrm{e}^{z} + c \quad ►\ z = 2x+3$$
$$= \underline{\underline{\frac{1}{2}\cdot \mathrm{e}^{2x+3} + c}}$$

5. $\displaystyle\int \frac{\mathrm{e}^{3x-4}}{\mathrm{e}^{x+2}}\,\mathrm{d}x;\ x \in \mathbb{R}$

► $\displaystyle\frac{\mathrm{e}^{3x-4}}{\mathrm{e}^{x+2}} = \mathrm{e}^{3x-4-(x+2)} = \underline{\mathrm{e}^{2x-6}}$

► $\displaystyle 2x-6 = z \Rightarrow \frac{\mathrm{d}z}{\mathrm{d}x} = 2 \Rightarrow \underline{\mathrm{d}x = \frac{1}{2}\cdot \mathrm{d}z}$

$$\int \frac{\mathrm{e}^{3x-4}}{\mathrm{e}^{x+2}}\,\mathrm{d}x = \int \mathrm{e}^{2x-6}\,\mathrm{d}x = \frac{1}{2}\cdot\int \mathrm{e}^{z}\,\mathrm{d}z = \frac{1}{2}\cdot \mathrm{e}^{z} + c \quad ►\ z = 2x-6$$
$$= \underline{\underline{\frac{1}{2}\cdot \mathrm{e}^{2x-6} + c}}$$

6. $\displaystyle\int \frac{a\cdot \mathrm{e}^{-bx}}{b\cdot \mathrm{e}^{x+a}}\,\mathrm{d}x;\ b \notin \{-1;0\};\ x \in \mathbb{R}$

► $\displaystyle\frac{a\cdot \mathrm{e}^{-bx}}{b\cdot \mathrm{e}^{x+a}} = \frac{a}{b}\cdot \mathrm{e}^{-bx-(x+a)} = \underline{\frac{a}{b}\cdot \mathrm{e}^{-(b+1)\cdot x-a}}$

► $\displaystyle -(b+1)\cdot x - a = z \Rightarrow \frac{\mathrm{d}z}{\mathrm{d}x} = -(b+1)$

$\displaystyle \Rightarrow \underline{\mathrm{d}x = \frac{-1}{b+1}\cdot \mathrm{d}z}$

$$\int \frac{a\cdot \mathrm{e}^{-bx}}{b\cdot \mathrm{e}^{x+a}}\,\mathrm{d}x = \frac{a}{b}\cdot\int \mathrm{e}^{-(b+1)\cdot x-a}\,\mathrm{d}x = \frac{a}{b}\cdot\frac{-1}{b+1}\cdot\int \mathrm{e}^{z}\,\mathrm{d}z = \frac{-a}{b\cdot(b+1)}\cdot \mathrm{e}^{z} + c \quad ►\ z = -(b+1)\cdot x - a$$
$$= \underline{\underline{\frac{-a}{b\cdot(b+1)}\cdot \mathrm{e}^{-(b+1)\cdot x-a} + c;\ b \notin \{-1;0\}}}$$

7. $\displaystyle\int \frac{\mathrm{e}^{x^2+x}}{\mathrm{e}^{x^2+1}}\,\mathrm{d}x;\ x \in \mathbb{R}$

► $\displaystyle\frac{\mathrm{e}^{x^2+x}}{\mathrm{e}^{x^2+1}} = \mathrm{e}^{x^2+x-(x^2+1)} = \underline{\mathrm{e}^{x-1}}$

► $\displaystyle x-1 = z \Rightarrow \frac{\mathrm{d}z}{\mathrm{d}x} = 1 \Rightarrow \underline{\mathrm{d}x = \mathrm{d}z}$

$$\int \frac{\mathrm{e}^{x^2+x}}{\mathrm{e}^{x^2+1}}\,\mathrm{d}x = \int \mathrm{e}^{x-1}\,\mathrm{d}x = \int \mathrm{e}^{z}\,\mathrm{d}z = \mathrm{e}^{z} + c \quad ►\ z = x-1$$
$$= \underline{\underline{\mathrm{e}^{x-1} + c}}$$

8. $\displaystyle\int \frac{\mathrm{e}^{(2x+4)^2}}{\mathrm{e}^{4x^2-4}}\,\mathrm{d}x;\ x \in \mathbb{R}$

► $\displaystyle\frac{\mathrm{e}^{(2x+4)^2}}{\mathrm{e}^{4x^2-4}} = \mathrm{e}^{4x^2+16x+16-(4x^2-4)} = \underline{\mathrm{e}^{16x+20}}$

► $\displaystyle 16x+20 = z \Rightarrow \frac{\mathrm{d}z}{\mathrm{d}x} = 16 \Rightarrow \underline{\mathrm{d}x = \frac{1}{16}\cdot \mathrm{d}z}$

$$\int \frac{\mathrm{e}^{(2x+4)^2}}{\mathrm{e}^{4x^2-4}}\,\mathrm{d}x = \int \mathrm{e}^{16x+20}\,\mathrm{d}x = \frac{1}{16}\cdot\int \mathrm{e}^{z}\,\mathrm{d}z = \frac{1}{16}\cdot \mathrm{e}^{z} + c \quad ►\ z = 16x+20$$
$$= \underline{\underline{\frac{1}{16}\cdot \mathrm{e}^{16x+20} + c}}$$

121 **9.** $\displaystyle\int \frac{\sqrt{e^{2x-4}}}{e^{2x+2}}\,dx;\ x\in\mathbb{R}$

► $\displaystyle\frac{\sqrt{e^{2x-4}}}{e^{2x+2}} = e^{(2x-4)\cdot\frac{1}{2}-(2x+2)}$
$= e^{x-2-2x-2}$
$= \underline{e^{-x-4}}$

► $\displaystyle -x-4=z \Rightarrow \frac{dz}{dx}=-1 \Rightarrow \underline{dx=-dz}$

$$\int \frac{e^{\sqrt{2x-4}}}{e^{2x+2}}\,dx = \int e^{-x-4}\,dx$$
$$= -\int e^z\,dz$$
$$= -e^z + c \quad ► z=-x-4$$
$$= \underline{\underline{-e^{-x-4}+c}}$$

122 **10.** $\displaystyle\int \sin(6x)\,dx;\ x\in\mathbb{R}$

► $\displaystyle 6x=z \Rightarrow \frac{dz}{dx}=6 \Rightarrow \underline{dx=\frac{1}{6}\cdot dz}$

$$\int \sin(6x)\,dx = \frac{1}{6}\cdot\int \sin z\,dz$$
$$= \frac{1}{6}\cdot(-\cos z)+c \quad ► z=6x$$
$$= \underline{\underline{-\frac{1}{6}\cdot\cos(6x)+c}}$$

11. $\displaystyle\int \sin(3x-2)\,dx;\ x\in\mathbb{R}$

► $\displaystyle 3x-2=z \Rightarrow \frac{dz}{dx}=3 \Rightarrow \underline{dx=\frac{1}{3}\cdot dz}$

$$\int \sin(3x-2)\,dx = \frac{1}{3}\cdot\int \sin z\,dz$$
$$= \frac{1}{3}\cdot(-\cos z)+c \quad ► z=3x-2$$
$$= \underline{\underline{-\frac{1}{3}\cdot\cos(3x-2)+c}}$$

12. $\int [\tan(2x)\cdot\cos(2x)]\,dx$ mit
$x\in\mathbb{R}\backslash\{\frac{\pi}{4}+\frac{k}{2}\cdot\pi\,|\,k\in\mathbb{Z}\}$

► $\displaystyle \tan(2x)\cdot\cos(2x) = \frac{\sin(2x)}{\cos(2x)}\cdot\cos(2x)$ ► $\displaystyle\tan(2x)=\frac{\sin(2x)}{\cos(2x)}$
$= \underline{\sin(2x)}$

► $\displaystyle 2x=z \Rightarrow \frac{dz}{dx}=2 \Rightarrow \underline{dx=\frac{1}{2}\cdot dz}$

$$\int [\tan(2x)\cdot\cos(2x)]\,dx = \int \sin(2x)\,dx$$
$$= \frac{1}{2}\cdot\int \sin z\,dz$$
$$= \frac{1}{2}\cdot(-\cos z)+c \quad ► z=2x$$
$$= \underline{\underline{-\frac{1}{2}\cdot\cos(2x)+c;\ x\neq\frac{\pi}{4}+\frac{k}{2}\cdot\pi;\ k\in\mathbb{Z}}}$$

► $D(F)=\mathbb{R}$ und $D(f)=\mathbb{R}\backslash\{\frac{\pi}{4}+\frac{k}{2}\cdot\pi\,|\,k\in\mathbb{Z}\}$

13. $\int\sqrt{1-\cos^2(3x+1)}\,dx;\ x\in\mathbb{R}$

► $1-\cos^2 A=\sin^2 A$ ► 4.1

$\sqrt{1-\cos^2(3x+1)} =$
$= \sqrt{\sin^2(3x+1)}$
$= |\sin(3x+1)|$

$$= \underline{\begin{cases} -\sin(3x+1), & \text{wenn } x\in\left(\frac{\pi+2k\pi-1}{3};\frac{2\pi+2k\pi-1}{3}\right) \\ \sin(3x+1), & \text{wenn } x\in\left[\frac{2k\pi-1}{3};\frac{\pi+2k\pi-1}{3}\right]\end{cases};\ k\in\mathbb{Z}}$$

► $\displaystyle 3x+1=z \Rightarrow \frac{dz}{dx}=3 \Rightarrow \underline{dx=\frac{1}{3}\cdot dz}$

$$\int\sqrt{1-\cos^2(3x+1)}\,dx = \int|\sin(3x+1)|\,dx$$
$$= \begin{cases} -\int\sin(3x+1)\,dx, & \text{wenn } x\in\left(\frac{\pi+2k\pi-1}{3};\frac{2\pi+2k\pi-1}{3}\right) \\ \int\sin(3x+1)\,dx; & \text{wenn } x\in\left[\frac{2k\pi-1}{3};\frac{\pi+2k\pi-1}{3}\right]\end{cases};\ k\in\mathbb{Z}$$

$$= \frac{1}{3}\cdot\begin{cases} -\int\sin z\,dz, & \text{wenn } z\in(\pi+2k\pi;2\pi+2k\pi) \\ \int\sin z\,dz, & \text{wenn } z\in[2k\pi;\pi+2k\pi]\end{cases};\ k\in\mathbb{Z}$$

$$= \frac{1}{3}\cdot\begin{cases} \cos z+c_1 \\ -\cos z+c_2\end{cases} \quad ► z=3x+1$$

$$= \underline{\underline{\frac{1}{3}\cdot\begin{cases} \cos(3x+1)+c_1, & \text{wenn } x\in\left(\frac{\pi+2k\pi-1}{3};\frac{2\pi+2k\pi-1}{3}\right) \\ -\cos(3x+1)+c_2, & \text{wenn } x\in\left[\frac{2k\pi-1}{3};\frac{\pi+2k\pi-1}{3}\right]\end{cases};\ k\in\mathbb{Z}}}$$

14. $\int [2\cdot\sin(x+1)\cdot\cos(x+1)]\,\mathrm{d}x;\ x\in\mathbb{R}$

► $2\cdot\sin A\cdot\cos A=\sin(2A)$ ► 4.1

$$2\cdot\sin(x+1)\cdot\cos(x+1)=\sin[2\cdot(x+1)]=\underline{\sin(2x+2)}$$

► $2x+2=z\Rightarrow\frac{\mathrm{d}z}{\mathrm{d}x}=2\Rightarrow\underline{\mathrm{d}x=\frac{1}{2}\cdot\mathrm{d}z}$

$$\int[2\cdot\sin(x+1)\cdot\cos(x+1)]\,\mathrm{d}x=\int\sin(2x+2)\,\mathrm{d}x=\frac{1}{2}\cdot\int\sin z\,\mathrm{d}z=\frac{1}{2}\cdot(-\cos z)+c \quad \blacktriangleright z=2x+2$$
$$=\underline{\underline{-\frac{1}{2}\cdot\cos(2x+2)+c}}$$

15. $\int\cos(3x-4)\,\mathrm{d}x;\ x\in\mathbb{R}$

► $3x-4=z\Rightarrow\frac{\mathrm{d}z}{\mathrm{d}x}=3\Rightarrow\underline{\mathrm{d}x=\frac{1}{3}\cdot\mathrm{d}z}$

$$\int\cos(3x-4)\,\mathrm{d}x=\frac{1}{3}\cdot\int\cos z\,\mathrm{d}z=\frac{1}{3}\cdot\sin z+c \quad \blacktriangleright z=3x-4$$
$$=\underline{\underline{\frac{1}{3}\cdot\sin(3x-4)+c}}$$

16. $\int[\cos^2(x-1)-\sin^2(x-1)]\,\mathrm{d}x;\ x\in\mathbb{R}$

► $\cos^2A-\sin^2A=\cos(2A)$ ► 4.1

$$\cos^2(x-1)-\sin^2(x-1)=\cos[2\cdot(x-1)]=\underline{\cos(2x-2)}$$

► $2x-2=z\Rightarrow\frac{\mathrm{d}z}{\mathrm{d}x}=2\Rightarrow\underline{\mathrm{d}x=\frac{1}{2}\cdot\mathrm{d}z}$

$$\int[\cos^2(x-1)-\sin^2(x-1)]\,\mathrm{d}x=\int\cos(2x-2)\,\mathrm{d}x=\frac{1}{2}\cdot\int\cos z\,\mathrm{d}z=\frac{1}{2}\cdot\sin z+c \quad \blacktriangleright z=2x-2$$
$$=\underline{\underline{\frac{1}{2}\cdot\sin(2x-2)+c}}$$

17. $\int\frac{\cot(x-1)}{\sqrt{1+\cot^2(x-1)}}\,\mathrm{d}x;\ x\in\mathbb{R}\backslash\{k\pi+1\mid k\in\mathbb{Z}\}$

► $x-1=z\Rightarrow\frac{\mathrm{d}z}{\mathrm{d}x}=1\Rightarrow\underline{\mathrm{d}x=\mathrm{d}z}$

► $\frac{\cot z}{\sqrt{1+\cot^2 z}}=\frac{\frac{\cos z}{\sin z}}{\sqrt{1+\frac{\cos^2 z}{\sin^2 z}}}$ ► $\cot z=\frac{\cos z}{\sin z}$ ► 4.1

$=\frac{\frac{\cos z}{\sin z}}{\sqrt{\frac{\sin^2 z+\cos^2 z}{\sin^2 z}}}$ ► $\sin^2 z+\cos^2 z=1$ ► 4.1

$=\frac{\cos z}{\sin z}\cdot\sqrt{\sin^2 z}$

$=\frac{\cos z}{\sin z}\cdot|\sin z|$

$$=\underline{\begin{cases}-\cos z, & \text{wenn } z\in(\pi+2k\pi;\,2\pi+2k\pi)\\ \cos z, & \text{wenn } z\in(2k\pi;\,\pi+2k\pi)\end{cases};\ k\in\mathbb{Z}}$$

$$\int\frac{\cot(x-1)}{\sqrt{1+\cot^2(x-1)}}\,\mathrm{d}x=\int\frac{\cot z}{\sqrt{1+\cot^2 z}}\,\mathrm{d}z$$
$$=\begin{cases}-\int\cos z\,\mathrm{d}z, & \text{wenn } z\in(\pi+2k\pi;\,2\pi+2k\pi)\\ \int\cos z\,\mathrm{d}z, & \text{wenn } z\in(2k\pi;\,\pi+2k\pi)\end{cases};\ k\in\mathbb{Z}$$
$$=\begin{cases}-\sin z+c_1\\ \sin z+c_2\end{cases} \quad \blacktriangleright z=x-1$$
$$=\underline{\underline{\begin{cases}-\sin(x-1)+c_1, & \text{wenn } x\in(\pi+2k\pi+1;\,2\pi+2k\pi+1)\\ \sin(x-1)+c_2, & \text{wenn } x\in(2k\pi+1;\,\pi+2k\pi+1)\end{cases};\ k\in\mathbb{Z}}}$$

18. $\int\frac{\mathrm{d}x}{\cosh^2(x-a)};\ x\in\mathbb{R}$

► $x-a=z\Rightarrow\frac{\mathrm{d}z}{\mathrm{d}x}=1\Rightarrow\underline{\mathrm{d}x=\mathrm{d}z}$

$$\int\frac{\mathrm{d}x}{\cosh^2(x-a)}=\int\frac{\mathrm{d}z}{\cosh^2 z}=\tanh z+c \quad \blacktriangleright z=x-a$$
$$=\underline{\underline{\tanh(x-a)+c}}$$

122

19. $\int\left[4-\frac{1}{2}\cdot\sin^2(2x)\right]\mathrm{d}x;\ x\in\mathbb{R}$

► $\cos(2A)=1-2\cdot\sin^2 A$ ► $2x$ für A ► 4.1

$\cos(4x)=1-2\cdot\sin^2(2x)$

$\Rightarrow \underline{\sin^2(2x)=\frac{1}{2}\cdot[1-\cos(4x)]}$

► $4-\frac{1}{2}\cdot\sin^2(2x)=4-\frac{1}{4}\cdot[1-\cos(4x)]$

$=\underline{\frac{15}{4}+\frac{1}{4}\cdot\cos(4x)}$

► $4x=z\Rightarrow\frac{\mathrm{d}z}{\mathrm{d}x}=4\Rightarrow \underline{\mathrm{d}x=\frac{1}{4}\cdot\mathrm{d}z}$

$\int\left[4-\frac{1}{2}\cdot\sin^2(2x)\right]\mathrm{d}x=\int\left[\frac{15}{4}+\frac{1}{4}\cdot\cos(4x)\right]\mathrm{d}x$

$=\frac{15}{4}\cdot\int\mathrm{d}x+\frac{1}{4}\cdot\int\cos(4x)\,\mathrm{d}x$ ► Summen- und Faktorregel

$=\frac{15}{4}\cdot\int\mathrm{d}x+\frac{1}{4}\cdot\frac{1}{4}\cdot\int\cos z\,\mathrm{d}z$

$=\frac{15}{4}\cdot x+\frac{1}{16}\cdot\sin z+c$ ► $z=4x$

$=\underline{\underline{\frac{15}{4}\cdot x+\frac{1}{16}\cdot\sin(4x)+c}}$

20. $\int\sinh(2x-3)\,\mathrm{d}x;\ x\in\mathbb{R}$

► $2x-3=z\Rightarrow\frac{\mathrm{d}z}{\mathrm{d}x}=2\Rightarrow \underline{\mathrm{d}x=\frac{1}{2}\cdot\mathrm{d}z}$

$\int\sinh(2x-3)\,\mathrm{d}x=\frac{1}{2}\cdot\int\sinh z\,\mathrm{d}z$

$=\frac{1}{2}\cdot\cosh z+c$ ► $z=2x-3$

$=\underline{\underline{\frac{1}{2}\cdot\cosh(2x-3)+c}}$

21. $\int\cosh(3ab+cx)\,\mathrm{d}x;\ c\neq 0;\ x\in\mathbb{R}$

► $3ab+cx=z\Rightarrow\frac{\mathrm{d}z}{\mathrm{d}x}=c\Rightarrow \underline{\mathrm{d}x=\frac{1}{c}\cdot\mathrm{d}z}$

$\int\cosh(3ab+cx)\,\mathrm{d}x=\frac{1}{c}\cdot\int\cosh z\,\mathrm{d}z$

$=\frac{1}{c}\cdot\sinh z+c_1$ ► $z=3ab+cx$

$=\underline{\underline{\frac{1}{c}\cdot\sinh(3ab+cx)+c_1}}$

22. $\int\frac{\mathrm{d}x}{\cosh^2(3x-9)};\ x\in\mathbb{R}$

► $3x-9=z\Rightarrow\frac{\mathrm{d}z}{\mathrm{d}x}=3\Rightarrow \underline{\mathrm{d}x=\frac{1}{3}\cdot\mathrm{d}z}$

$\int\frac{\mathrm{d}x}{\cosh^2(3x-9)}=\frac{1}{3}\cdot\int\frac{\mathrm{d}z}{\cosh^2 z}$

$=\frac{1}{3}\cdot\tanh z+c$ ► $z=3x-9$

$=\underline{\underline{\frac{1}{3}\cdot\tanh(3x-9)+c}}$

23. $\int\frac{\mathrm{d}x}{1-\sin^2(4x+1)};\ x\in\mathbb{R}\setminus\left\{\frac{\pi}{8}+\frac{k}{4}\cdot\pi-\frac{1}{4}\,\middle|\,k\in\mathbb{Z}\right\}$

► $4x+1=z\Rightarrow\frac{\mathrm{d}z}{\mathrm{d}x}=4\Rightarrow \underline{\mathrm{d}x=\frac{1}{4}\cdot\mathrm{d}z}$

► $1-\sin^2 z=\underline{\cos^2 z}$ ► 4.1

$\int\frac{\mathrm{d}x}{1-\sin^2(4x+1)}=\frac{1}{4}\cdot\int\frac{\mathrm{d}z}{1-\sin^2 z}$

$=\frac{1}{4}\cdot\int\frac{\mathrm{d}z}{\cos^2 z}$

$=\frac{1}{4}\cdot\tan z+c$ ► $z=4x+1$

$=\underline{\underline{\frac{1}{4}\cdot\tan(4x+1)+c;\ x\neq\frac{\pi}{8}+\frac{k}{4}\cdot\pi-\frac{1}{4};\ k\in\mathbb{Z}}}$

122

24. $\int \frac{dx}{\cos(2x+1)+1};\ x \in \mathbb{R} \setminus \{\frac{2k+1}{2}\cdot\pi - \frac{1}{2} \mid k \in \mathbb{Z}\}$

► $\cos(2A) = 2\cdot\cos^2 A - 1$ ► $2x+1$ für $2A$ ► 4.1

$$\cos(2x+1) = 2\cdot\cos^2\left(\tfrac{2x+1}{2}\right) - 1$$

$$\Rightarrow \cos(2x+1)+1 = \underline{2\cdot\cos^2\left(x+\tfrac{1}{2}\right)}$$

► $x+\frac{1}{2} = z \Rightarrow \frac{dz}{dx} = 1 \Rightarrow \underline{dx = dz}$

$$\int \frac{dx}{\cos(2x+1)+1} = \int \frac{dx}{2\cdot\cos^2\left(x+\frac{1}{2}\right)}$$
$$= \frac{1}{2}\cdot\int\frac{dz}{\cos^2 z}$$
$$= \frac{1}{2}\cdot\tan z + c \quad ► z = x+\frac{1}{2}$$
$$= \underline{\underline{\frac{1}{2}\cdot\tan\left(x+\frac{1}{2}\right)+c;\ x \neq \frac{2k+1}{2}\cdot\pi - \frac{1}{2};\ k\in\mathbb{Z}}}$$

25. $\int \frac{\tan^2(x+1)}{\sin^2(x+1)}\,dx$ mit

$x \in \mathbb{R}\setminus\{k\pi - 1;\ \frac{2k+1}{2}\cdot\pi - 1 \mid k \in \mathbb{Z}\}$

► $\frac{\tan^2(x+1)}{\sin^2(x+1)} = \frac{\frac{\sin^2(x+1)}{\cos^2(x+1)}}{\sin^2(x+1)}$ ► $\tan A = \frac{\sin A}{\cos A}$ ► 4.1 ► $x+1$ für A

$$= \underline{\frac{1}{\cos^2(x+1)}}$$

► $x+1 = z \Rightarrow \frac{dz}{dx} = 1 \Rightarrow \underline{dx = dz}$

$$\int\frac{\tan^2(x+1)}{\sin^2(x+1)}\,dx = \int\frac{1}{\cos^2(x+1)}\,dx$$
$$= \int\frac{1}{\cos^2 z}\,dz$$
$$= \tan z + c \quad ► z = x+1$$
$$= \underline{\underline{\tan(x+1)+c;\ x \notin \left\{k\pi - 1;\ \frac{2k-1}{2}\cdot\pi - 1\right\};\ k \in \mathbb{Z}}}$$

► $D(F) = \mathbb{R}\setminus\{\frac{2k+1}{2}\cdot\pi - 1 \mid k\in\mathbb{Z}\}$ und
$D(f) = \mathbb{R}\setminus\{k\pi - 1;\ \frac{2k+1}{2}\cdot\pi - 1 \mid k \in \mathbb{Z}\}$

26. $\int\frac{dx}{\cos^2(ax)-\cos(2ax)}$ mit

$a \neq 0;\ x \in \mathbb{R}\setminus\{\frac{k}{a}\cdot\pi \mid k\in\mathbb{Z}\}$

► $\cos(2ax) = \cos^2(ax) - \sin^2(ax)$ ► 4.1

$$\cos^2(ax)-\cos(2ax) =$$
$$= \cos^2(ax) - \cos^2(ax) + \sin^2(ax)$$
$$= \sin^2(ax)$$

► $ax = z \Rightarrow \frac{dz}{dx} = a \Rightarrow \underline{dx = \frac{1}{a}\cdot dz}$

$$\int\frac{dx}{\cos^2(ax)-\cos(2ax)} = \int\frac{dx}{\sin^2(ax)}$$
$$= \frac{1}{a}\cdot\int\frac{dz}{\sin^2 z}$$
$$= \frac{1}{a}\cdot(-\cot z)+c \quad ► z = ax$$
$$= \underline{\underline{-\frac{1}{a}\cdot\cot(ax)+c;\ x + \frac{k}{a}\cdot\pi;\ k\in\mathbb{Z}}}$$

27. $\int\cos(2x+2)\,dx;\ x\in\mathbb{R}$

► $2x+2 = z \Rightarrow \frac{dz}{dx} = 2 \Rightarrow \underline{dx = \frac{1}{2}\cdot dz}$

$$\int\cos(2x+2)\,dx = \frac{1}{2}\cdot\int\cos z\,dz$$
$$= \frac{1}{2}\cdot\sin z + c \quad ► z = 2x+2$$
$$= \underline{\underline{\frac{1}{2}\cdot\sin(2x+2)+c}}$$

122

Merke:

$$\int f(ax+b)^n\,\mathrm{d}x=\frac{1}{a}\cdot\frac{1}{n+1}\cdot(ax+b)^{n+1}+c;\,x\in\begin{cases}(-\infty;\infty), & \text{wenn } a\neq 0 \text{ und } n\in\mathbb{N}\\ \left(-\infty;-\frac{b}{a}\right) \text{ und } \left(-\frac{b}{a};\infty\right), & \text{wenn } a\neq 0 \text{ und } n\in\mathbb{Z}^{\leq -2}\\ \left(-\infty;-\frac{b}{a}\right], & \text{wenn } a<0 \text{ und } n\in\mathbb{R}^{>0}\setminus\mathbb{N}\\ \left[-\frac{b}{a};\infty\right), & \text{wenn } a>0 \text{ und } n\in\mathbb{R}^{>0}\setminus\mathbb{N}\\ \left(-\infty;-\frac{b}{a}\right), & \text{wenn } a<0 \text{ und } n\in\mathbb{R}^{<0}\setminus\mathbb{Z}\\ \left(-\frac{b}{a};\infty\right), & \text{wenn } a>0 \text{ und } n\in\mathbb{R}^{<0}\setminus\mathbb{Z}\end{cases}$$

Lösen Sie die nachfolgenden unbestimmten Integrale unter Anwendung der angegebenen Formel.

► **Lehrbuch: Kusch 4, S. 77…80**

28. $\int(3x-5)^4\,\mathrm{d}x;\,x\in\mathbb{R}$ ► $\int(ax+b)^n\,\mathrm{d}x$

► 3 für a; -5 für b; 4 für n

$$\int(3x-5)^4\,\mathrm{d}x=\frac{1}{3}\cdot\frac{1}{4+1}\cdot(3x-5)^{4+1}+c=\underline{\underline{\frac{1}{15}\cdot(3x-5)^5+c}}$$

29. $\int\frac{\mathrm{d}x}{(x-s)^4};\,x\in\mathbb{R}\setminus\{s\}$

► 1 für a; $-s$ für b; -4 für n

$$\int\frac{\mathrm{d}x}{(x-s)^4}=\int(x-s)^{-4}\,\mathrm{d}x \quad ► \int(ax+b)^n\,\mathrm{d}x$$
$$=\frac{1}{1}\cdot\frac{1}{-4+1}\cdot(x-s)^{-4+1}+c$$
$$=\underline{\underline{-\frac{1}{3}\cdot\frac{1}{(x-s)^3}+c;\,x\neq s}}$$

30. $\int\frac{(4x-2)^2}{(2x-1)^5}\,\mathrm{d}x;\,x\in\mathbb{R}\setminus\{\frac{1}{2}\}$

► $\frac{(4x-2)^2}{(2x-1)^5}=\frac{4\cdot(2x-1)^2}{(2x-1)^5}=\underline{4\cdot(2x-1)^{-3}}$

► 2 für a; -1 für b; -3 für n

$$\int\frac{(4x-2)^2}{(2x-1)^5}\,\mathrm{d}x=4\cdot\int(2x-1)^{-3}\,\mathrm{d}x \quad ► \int(ax+b)^n\,\mathrm{d}x$$
$$=\frac{4}{2}\cdot\frac{1}{-3+1}\cdot(2x-1)^{-3+1}+c$$
$$=\underline{\underline{-\frac{1}{(2x-1)^2}+c;\,x\neq\frac{1}{2}}}$$

31. $\int\sqrt{3x-5}\,\mathrm{d}x;\,x\in\mathbb{R}^{\geq\frac{5}{3}}$

► $\sqrt{3x-5}=\underline{(3x-5)^{\frac{1}{2}}}$

► 3 für a; -5 für b; $\frac{1}{2}$ für n

$$\int\sqrt{3x-5}\,\mathrm{d}x=\int(3x-5)^{\frac{1}{2}}\,\mathrm{d}x \quad ► \int(ax+b)^n\,\mathrm{d}x$$
$$=\frac{1}{3}\cdot\frac{1}{\frac{1}{2}+1}\cdot(3x-5)^{\frac{1}{2}+1}+c$$
$$=\underline{\underline{\frac{2}{9}\cdot\sqrt{(3x-5)^3}+c;\,x\geq\frac{5}{3}}}$$

32. $\int \sqrt{a+bx}\,\mathrm{d}x;\ b \neq 0;\ x \in \mathbb{R}^{\geq -\frac{a}{b}}$ für $b>0$ oder $x \in \mathbb{R}^{\leq -\frac{a}{b}}$ für $b<0$

► $\sqrt{a+bx} = \underline{(a+bx)^{\frac{1}{2}}}$

► b für a; a für b; $\frac{1}{2}$ für n

$\int \sqrt{a+bx}\,\mathrm{d}x = \int (a+bx)^{\frac{1}{2}}\,\mathrm{d}x$ ► $\int (a+bx)^n\,\mathrm{d}x$

$$= \frac{1}{b}\cdot\frac{1}{\frac{1}{2}+1}\cdot(a+bx)^{\frac{1}{2}+1}+c$$

$$= \underline{\underline{\frac{2}{3b}\cdot(\sqrt{a+bx})^3+c;\ x \geq -\frac{a}{b} \text{ für } b>0 \text{ oder } x \leq -\frac{a}{b} \text{ für } b<0}}$$

33. $\int \frac{4}{\sqrt{2x+3}}\,\mathrm{d}x;\ x \in \mathbb{R}^{>-1{,}5}$

► $\frac{4}{\sqrt{2x+3}} = \underline{4\cdot(2x+3)^{-\frac{1}{2}}}$

► 2 für a; 3 für b; $-\frac{1}{2}$ für n

$\int \frac{4}{\sqrt{2x+3}}\,\mathrm{d}x = 4\cdot\int (2x+3)^{-\frac{1}{2}}\,\mathrm{d}x$ ► $\int (ax+b)^n\,\mathrm{d}x$

$$= 4\cdot\frac{1}{2}\cdot\frac{1}{-\frac{1}{2}+1}\cdot(2x+3)^{-\frac{1}{2}+1}+c$$

$$= \underline{\underline{4\cdot\sqrt{2x+3}+c;\ x>-1{,}5}}$$

► $D(F) = \mathbb{R}^{\geq -1{,}5}$ und $D(f) = \mathbb{R}^{>-1{,}5}$

34. $\int \frac{\mathrm{d}x}{\sqrt{(2x-4)^5}};\ x \in \mathbb{R}^{>2}$

► $\frac{1}{\sqrt{(2x-5)^5}} = \underline{(2x-4)^{-\frac{5}{2}}}$ ► $x>2$

► 2 für a; -5 für b; $-\frac{5}{2}$ für n

$\int \frac{\mathrm{d}x}{\sqrt{(2x-4)^5}} = \int (2x-4)^{-\frac{5}{2}}\,\mathrm{d}x$ ► $\int (ax+b)^n\,\mathrm{d}x$

$$= \frac{1}{2}\cdot\frac{1}{-\frac{5}{2}+1}\cdot(2x-4)^{-\frac{5}{2}+1}+c$$

$$= \underline{\underline{-\frac{1}{3}\cdot\frac{1}{\sqrt{(2x-4)^3}}+c;\ x>2}}$$

35. $\int \frac{\mathrm{d}x}{\sqrt{a+bx}};\ b \in \mathbb{R}^{\neq 0};$ $x \in \mathbb{R}^{>-\frac{a}{b}}$ für $b>0$ oder $x \in \mathbb{R}^{<-\frac{a}{b}}$ für $b<0$

► $\frac{1}{\sqrt{a+bx}} = \underline{(a+bx)^{-\frac{1}{2}}}$

► b für a; a für b; $-\frac{1}{2}$ für n

$\int \frac{\mathrm{d}x}{\sqrt{a+bx}} = \int (a+bx)^{-\frac{1}{2}}\,\mathrm{d}x$ ► $\int (a+bx)^n\,\mathrm{d}x$

$$= \frac{1}{b}\cdot\frac{1}{-\frac{1}{2}+1}\cdot(a+bx)^{-\frac{1}{2}+1}+c$$

$$= \underline{\underline{\frac{2}{b}\cdot\sqrt{a+bx}+c;\ x>-\frac{a}{b} \text{ für } b>0 \text{ oder } x<-\frac{a}{b} \text{ für } b<0}}$$

► $D(F) = \mathbb{R}^{\geq -\frac{a}{b}}$ für $b>0$ $bzw.$ $\mathbb{R}^{\geq -\frac{a}{b}}$ für $b<0$

36. $\int \frac{2}{(3+4x)^7}\,\mathrm{d}x;\ x \in \mathbb{R}^{\neq -\frac{3}{4}}$

► $\frac{2}{(3+4x)^7} = \underline{2\cdot(3+4x)^{-7}}$

► 4 für a; 3 für b; -7 für n

$\int \frac{2}{(3+4x)^7}\,\mathrm{d}x = 2\cdot\int (3+4x)^{-7}\,\mathrm{d}x$ ► $\int (ax+b)^n\,\mathrm{d}x$

$$= 2\cdot\frac{1}{4}\cdot\frac{1}{-7+1}\cdot(3+4x)^{-7+1}+c$$

$$= \underline{\underline{-\frac{1}{12}\cdot\frac{1}{(3+4x)^6}+c;\ x \neq -\frac{3}{4}}}$$

122

37. $\int \frac{\sqrt[3]{4x-16}}{(x-4)^3}\,dx;\ x \in \mathbb{R}^{>4}$

► $\frac{\sqrt[3]{4x-16}}{(x-4)^3} = \frac{[4\cdot(x-4)]^{\frac{1}{3}}}{(x-4)^3}$

$= 4^{\frac{1}{3}} \cdot (x-4)^{\frac{1}{3}-3}$

$= \underline{\sqrt[3]{4} \cdot (x-4)^{-\frac{8}{3}}}$

► 1 für a; -4 für b; $\frac{1}{3}$ für n

$\int \frac{\sqrt[3]{4x-16}}{(x-4)^3}\,dx = \sqrt[3]{4} \cdot \int (x-4)^{-\frac{8}{3}}\,dx$ ► $\int (ax+b)^n\,dx$

$= \sqrt[3]{4} \cdot \frac{1}{1} \cdot \frac{1}{-\frac{8}{3}+1} \cdot (x-4)^{-\frac{8}{3}+1} + c$

$= -\frac{3\cdot\sqrt[3]{4}}{5} \cdot \frac{1}{\sqrt[3]{(x-4)^5}} + c;\ x>4$

$= \underline{\underline{\frac{-3\cdot\sqrt[3]{4}}{5\cdot\sqrt[3]{(x-4)^5}} + c;\ x>4}}$

38. $\int \frac{x}{\sqrt{x^3-4x^2}}\,dx;\ x \in \mathbb{R}^{>4}$

► $\frac{x}{\sqrt{x^3-4x^2}} = \frac{x}{\sqrt{x^2\cdot(x-4)}}$ ► $\sqrt{x^2} = x$ für $x>4$

$= \frac{x}{x\cdot\sqrt{x-4}}$

$= \underline{(x-4)^{-\frac{1}{2}}}$

► 1 für a; -4 für b; $-\frac{1}{2}$ für n

$\int \frac{x}{\sqrt{x^3-4x^2}}\,dx = \int (x-4)^{-\frac{1}{2}}\,dx$ ► $\int (ax+b)^n\,dx$

$= \frac{1}{1} \cdot \frac{1}{-\frac{1}{2}+1} \cdot (x-4)^{-\frac{1}{2}+1} + c$

$= \underline{\underline{2\cdot\sqrt{x-4} + c;\ x>4}}$

► $D(F) = \mathbb{R}^{\geq 4}$ und $D(f) = \mathbb{R}^{>4}$

39. $\int \frac{\sqrt[5]{(4x+2)^7}}{8x+4}\,dx;\ x \in \mathbb{R}^{>-\frac{1}{2}}$

► $\frac{\sqrt[5]{(4x+2)^7}}{8x+4} = \frac{(4x+2)^{\frac{7}{5}}}{2\cdot(4x+2)} =$

$= \frac{1}{2}\cdot(4x+2)^{\frac{7}{5}-1} = \underline{\frac{1}{2}\cdot(4x+2)^{\frac{2}{5}}}$

► 4 für a; 2 für b; $\frac{2}{5}$ für n

$\int \frac{\sqrt[5]{(4x+2)^7}}{8x+4}\,dx = \frac{1}{2} \cdot \int (4x+2)^{\frac{2}{5}}\,dx$ ► $\int (ax+b)^n\,dx$

$= \frac{1}{2} \cdot \frac{1}{4} \cdot \frac{1}{\frac{2}{5}+1} \cdot (4x+2)^{\frac{2}{5}+1} + c$

$= \underline{\underline{\frac{5}{56} \cdot \sqrt[5]{(4x+2)^7} + c;\ x > -\frac{1}{2}}}$

► $D(F) = \mathbb{R}^{\geq -\frac{1}{2}}$ und $D(f) = \mathbb{R}^{>-\frac{1}{2}}$

40. $\int \frac{dx}{(8x-\frac{1}{2})^6};\ x \in \mathbb{R}^{\neq\frac{1}{16}}$

► $\frac{1}{(8x-\frac{1}{2})^6} = \left(8x-\frac{1}{2}\right)^{-6}$

► 8 für a; $-\frac{1}{2}$ für b; -6 für n

$\int \frac{dx}{(8x-\frac{1}{2})^6} = \int \left(8x-\frac{1}{2}\right)^{-6}\,dx$ ► $\int (ax+b)^n\,dx$

$= \frac{1}{8} \cdot \frac{1}{-6+1} \cdot \left(8x-\frac{1}{2}\right)^{-6+1} + c$

$= \underline{\underline{-\frac{1}{40} \cdot \frac{1}{(8x-\frac{1}{2})^5} + c;\ x \neq \frac{1}{16}}}$

41. $\int \frac{\sqrt[5]{(x-1)^{\frac{1}{3}}}}{(3x-3)^4}\,\mathrm{d}x;\ x \in \mathbb{R}^{>1}$

► $\frac{\sqrt[5]{(x-1)^{\frac{1}{3}}}}{(3x-3)^4} = \frac{\left[(x-1)^{\frac{1}{3}}\right]^{\frac{1}{5}}}{[3\cdot(x-1)]^4} = \frac{(x-1)^{\frac{1}{15}}}{81\cdot(x-1)^4} = \frac{1}{81}\cdot(x-1)^{\frac{1}{15}-4} = \underline{\frac{1}{81}\cdot(x-1)^{-\frac{59}{15}}}$

► 1 für a; -1 für b; $-\frac{59}{15}$ für n

$$\int \frac{\sqrt[5]{(x-1)^{\frac{1}{3}}}}{(3x-3)^4}\,\mathrm{d}x = \frac{1}{81}\cdot\int (x-1)^{-\frac{59}{15}}\,\mathrm{d}x \quad ► \int (ax+b)^n\,\mathrm{d}x$$

$$= \frac{1}{81}\cdot\frac{1}{-\frac{59}{15}+1}\cdot(x-1)^{-\frac{59}{15}+1}+c$$

$$= \underline{\underline{-\frac{5}{1188}\cdot\frac{1}{\sqrt[15]{(x-1)^{44}}}+c;\ x>1}}$$

42. $\int \frac{\sqrt{\sqrt{(3x-2)^3}}}{(9x-6)^{\frac{1}{7}}}\,\mathrm{d}x;\ x \in \mathbb{R}^{>\frac{2}{3}}$

► $\frac{\sqrt{\sqrt{(3x-2)^3}}}{(9x-6)^{\frac{1}{7}}} = \frac{\left[(3x-2)^{\frac{3}{2}}\right]^{\frac{1}{2}}}{[3\cdot(3x-2)]^{\frac{1}{7}}} = \frac{(3x-2)^{\frac{3}{4}}}{3^{\frac{1}{7}}\cdot(3x-2)^{\frac{1}{7}}} = \frac{1}{\sqrt[7]{3}}\cdot(3x-2)^{\frac{3}{4}-\frac{1}{7}} = \underline{\frac{1}{\sqrt[7]{3}}\cdot(3x-2)^{\frac{17}{28}}}$

► 3 für a; -2 für b; $\frac{17}{28}$ für n

$$\int \frac{\sqrt{\sqrt{(3x-2)^3}}}{(9x-6)^{\frac{1}{7}}}\,\mathrm{d}x = \frac{1}{\sqrt[7]{3}}\cdot\int (3x-2)^{\frac{17}{28}}\,\mathrm{d}x \quad ► \int (ax+b)^n\,\mathrm{d}x$$

$$= \frac{1}{\sqrt[7]{3}}\cdot\frac{1}{3}\cdot\frac{1}{\frac{17}{28}+1}\cdot(3x-2)^{\frac{17}{28}+1}+c$$

$$= \underline{\underline{\frac{28}{135\cdot\sqrt[7]{3}}\cdot\sqrt[28]{(3x-2)^{45}}+c;\ x>\frac{2}{3}}}$$

► $D(F) = \mathbb{R}^{\geq\frac{2}{3}}$ und $D(f) = \mathbb{R}^{>\frac{2}{3}}$

43. $\int \sqrt{\left(\frac{x^2-1}{1-x}\right)^5}\,\mathrm{d}x;\ x \in \mathbb{R}^{<-1}$

► $\sqrt{\left(\frac{x^2-1}{1-x}\right)^5} = \left[\frac{(x-1)\cdot(x+1)}{1-x}\right]^{\frac{5}{2}}$
$= \left[\frac{(x-1)\cdot(x+1)}{-(x-1)}\right]^{\frac{5}{2}}$
$= [-(x+1)]^{\frac{5}{2}}$
$= \underline{(-x-1)^{\frac{5}{2}}}$

$$\int \sqrt{\left(\frac{x^2-1}{1-x}\right)^5}\,\mathrm{d}x = \int (-x-1)^{\frac{5}{2}}\,\mathrm{d}x \quad ► \int (ax+b)^n\,\mathrm{d}x$$

► -1 für a; -1 für b; $\frac{5}{2}$ für n

$$= \frac{1}{-1}\cdot\frac{1}{\frac{5}{2}+1}\cdot(-x-1)^{\frac{5}{2}+1}+c$$

$$= \underline{\underline{-\frac{2}{7}\cdot\sqrt{(-x-1)^7}+c;\ x<-1}}$$

► $D(F) = \mathbb{R}^{\leq -1}$ und $D(f) = \mathbb{R}^{<-1}$

44. $\int \frac{x^3\cdot\sqrt{x-1}}{\sqrt[3]{x^8\cdot(x^2-x)}}\,\mathrm{d}x;\ x \in \mathbb{R}^{>1}$

► $\frac{x^3\cdot\sqrt{x-1}}{\sqrt[3]{x^8\cdot(x^2-x)}} = \frac{x^3\cdot(x-1)^{\frac{1}{2}}}{\sqrt[3]{x^9\cdot(x-1)}} = \frac{x^3\cdot(x-1)^{\frac{1}{2}}}{x^3\cdot(x-1)^{\frac{1}{3}}}$
$= (x-1)^{\frac{1}{2}-\frac{1}{3}} = \underline{(x-1)^{\frac{1}{6}}}$

► $D(F) = \mathbb{R}^{\geq 1}$ und $D(f) = \mathbb{R}^{>1}$

$$\int \frac{x^3\cdot\sqrt{x-1}}{\sqrt[3]{x^8\cdot(x^2-x)}}\,\mathrm{d}x = \int (x-1)^{\frac{1}{6}}\,\mathrm{d}x \quad ► \int (ax+b)^n\,\mathrm{d}x$$

► 1 für a; -1 für b; $\frac{1}{6}$ für n

$$= \frac{1}{1}\cdot\frac{1}{\frac{1}{6}+1}\cdot(x-1)^{\frac{1}{6}+1}+c$$

$$= \underline{\underline{\frac{6}{7}\cdot\sqrt[6]{(x-1)^7}+c;\ x>1}}$$

122

45. $\int \frac{x-1}{x^3+7x^2+8x-16}\,dx;\ x \in \mathbb{R}\setminus\{-4;1\}$

► $g: g(x) = x^3+7x^2+8x-16;\ D(g) = \mathbb{R}$
hat die Nullstelle 1, denn es gilt:
$g(1) = 1^3 + 7\cdot 1^2 + 8\cdot 1 - 16 = 0$

Durch Polynomdivision erhält man:

$$(x^3+7x^2+8x-16):(x-1) = x^2+8x+16 = \underline{(x+4)^2}$$

► $$\frac{x-1}{x^3+7x^2+8x-16} = \frac{x-1}{(x-1)\cdot(x+4)^2} = \underline{(x+4)^{-2}}$$

$$\int \frac{x-1}{x^3+7x^2+8x-16}\,dx = \int (x+4)^{-2}\,dx$$ ► $\int (ax+b)^n\,dx$

► 1 für a; 4 für b; -2 für n

$$= \frac{1}{1}\cdot\frac{1}{-2+1}\cdot(x+4)^{-2+1}$$
$$= -(x+4)^{-1} + c$$
$$= \underline{\underline{\frac{-1}{x+4} + c;\ x \notin \{-4;1\}}}$$

► $D(F) = R^{\neq -4}$ und $D(f) = \mathbb{R}\setminus\{-4;1\}$

Merke:

$$\int \frac{dx}{ax+b} = \frac{1}{a}\cdot\ln|ax+b| + c;\ a \in \mathbb{R}^{\neq 0};\ x \in \mathbb{R}\setminus\{-\tfrac{b}{a}\}$$

Lösen Sie die nachfolgenden unbestimmten Integrale unter Anwendung der angegebenen Formel.

► **Lehrbuch: Kusch 4, S. 77 ... 80**

46. $\int \frac{a}{3x-b}\,dx;\ a \neq 0;\ x \in \mathbb{R}\setminus\{\tfrac{b}{3}\}$

$$\int \frac{a}{3x-b}\,dx = a\cdot\int\frac{dx}{3x-b}$$ ► 3 für a

$$= \underline{\underline{\frac{a}{3}\cdot\ln|3x-b| + c;\ x \neq \frac{b}{3}}}$$

47. $\int \frac{a+bx}{(2a+2bx)^2}\,dx;\ b \neq 0;\ x \in \mathbb{R}\setminus\{-\tfrac{b}{a}\}$

► $$\frac{a+bx}{(2a+2bx)^2} = \frac{a+bx}{[2\cdot(a+bx)]^2} = \underline{\frac{1}{4}\cdot\frac{1}{a+bx}}$$

$$\int \frac{a+bx}{(2a+2bx)^2}\,dx = \frac{1}{4}\cdot\int\frac{dx}{a+bx}$$ ► b für a

$$= \underline{\underline{\frac{1}{4b}\cdot\ln|a+bx| + c;\ x \neq -\frac{a}{b}}}$$

48. $\int \frac{a-x}{x^2-a^2}\,dx;\ x \in \mathbb{R}\setminus\{-a;a\}$

► $$\frac{a-x}{x^2-a^2} = \frac{a-x}{(x-a)\cdot(x+a)} = \underline{\frac{-1}{x+a}}$$

$$\int \frac{a-x}{x^2-a^2}\,dx = -\int\frac{dx}{x+a}$$ ► 1 für a

$$= \underline{\underline{-\ln|x+a| + c;\ x \notin \{-a;a\}}}$$

► $D(F) = \mathbb{R}\setminus\{-a\}$ und $D(f) = \mathbb{R}\setminus\{-a;a\};\ a \neq 0$

122

49. $\displaystyle\int \frac{x}{a^2x^2-x}\,\mathrm{d}x;\ a \neq 0;\ x \in \mathbb{R}\setminus\{0;\ \tfrac{1}{a^2}\}$

► $\displaystyle\frac{x}{a^2x^2-x} = \frac{x}{x\cdot(a^2x-1)} = \underline{\frac{1}{a^2x-1}}$

$$\int \frac{x}{a^2x^2-x}\,\mathrm{d}x = \int \frac{\mathrm{d}x}{a^2x-1} \quad \blacktriangleright\ a^2 \text{ für } a$$
$$= \underline{\underline{\frac{1}{a^2}\cdot \ln|a^2x-1|+c;\ x\notin\{0;\ \tfrac{1}{a^2}\}}}$$

► $D(F)=\mathbb{R}\setminus\{\tfrac{1}{a^2}\}$ und $D(f)=\mathbb{R}\setminus\{0;\ \tfrac{1}{a^2}\}$

50. $\displaystyle\int \frac{x^2\cdot(x-1)}{x^4-x^2}\,\mathrm{d}x;\ x\in\mathbb{R}\setminus\{-1;0;1\}$

► $\displaystyle\frac{x^2\cdot(x-1)}{x^4-x^2} = \frac{x^2\cdot(x-1)}{x^2\cdot(x^2-1)} = \frac{x-1}{(x-1)\cdot(x+1)} = \underline{\frac{1}{x+1}}$

$$\int \frac{x^2\cdot(x-1)}{x^4-x^2}\,\mathrm{d}x = \int \frac{\mathrm{d}x}{x+1} \quad \blacktriangleright\ 1 \text{ für } a$$
$$= \underline{\underline{\ln|x+1|+c;\ x\notin\{-1;0;1\}}}$$

► $D(F)=\mathbb{R}\setminus\{-1\}$ und $D(f)=\mathbb{R}\setminus\{-1;0;1\}$

51. $\displaystyle\int \frac{\sqrt{64x}}{\sqrt{4x^3}+\sqrt{9x}}\,\mathrm{d}x;\ x\in\mathbb{R}^{>0}$

► $\displaystyle\frac{\sqrt{64x}}{\sqrt{4x^3}+\sqrt{9x}} = \frac{8\cdot\sqrt{x}}{2\cdot\sqrt{x^2\cdot x}+3\cdot\sqrt{x}};\ x>0$
$$= \frac{8\cdot\sqrt{x}}{2x\cdot\sqrt{x}+3\cdot\sqrt{x}} = \frac{8\cdot\sqrt{x}}{\sqrt{x}\cdot(2x+3)} = \underline{\frac{8}{2x+3}}$$

$$\int \frac{\sqrt{64x}}{\sqrt{4x^3}+\sqrt{9x}}\,\mathrm{d}x = 8\cdot\int\frac{\mathrm{d}x}{2x+3} \quad \blacktriangleright\ 2 \text{ für } a$$
$$= \frac{8}{2}\cdot\ln|2x+3|+c$$
$$= \underline{\underline{4\cdot\ln|2x+3|+c;\ x\geq 0}}$$

► $D(F)=\mathbb{R}\setminus\{-1{,}5\}$ und $D(f)=\mathbb{R}^{>0}$

52. $\displaystyle\int \frac{18-27x}{(\sqrt{3x-2})^4}\,\mathrm{d}x;\ x\in\mathbb{R}^{>\frac{2}{3}}$

► $\displaystyle\frac{18-27x}{(\sqrt{3x-2})^4} = \frac{9\cdot(2-3x)}{(3x-2)^2} = \underline{\frac{-9}{3x-2}}$

► $D(F)=\mathbb{R}\setminus\{\tfrac{2}{3}\}$ und $D(f)=\mathbb{R}^{>\frac{2}{3}}$

$$\int \frac{18-27x}{(\sqrt{3x-2})^4}\,\mathrm{d}x = -9\cdot\int\frac{\mathrm{d}x}{3x-2} \quad \blacktriangleright\ 3 \text{ für } a$$
$$= -\frac{9}{3}\cdot\ln|3x-2|+c$$
$$= \underline{\underline{-3\cdot\ln|3x-2|+c;\ x>\frac{2}{3}}}$$

53. $\displaystyle\int \frac{4+16x+16x^2}{(1+2x)^3}\,\mathrm{d}x;\ x\in\mathbb{R}^{\neq-\frac{1}{2}}$

► $\displaystyle\frac{4+16x+16x^2}{(1+2x)^3} = \frac{4\cdot(1+4x+4x^2)}{(1+2x)^3} = \frac{4\cdot(1+2x)^2}{(1+2x)^3} = \underline{\frac{4}{1+2x}}$

$$\int \frac{4+16x+16x^2}{(1+2x)^3}\,\mathrm{d}x = 4\cdot\int\frac{\mathrm{d}x}{1+2x} \quad \blacktriangleright\ 2 \text{ für } a$$
$$= \frac{4}{2}\cdot\ln|1+2x|+c$$
$$= \underline{\underline{2\cdot\ln|1+2x|+c;\ x\neq-\frac{1}{2}}}$$

122

54. $\int \frac{dx}{2x+8}; x \in \mathbb{R}^{\neq -4}$ ► $\int \frac{dx}{ax+b}$

► 2 für a; 8 für b

$\int \frac{dx}{2x+8} = \frac{1}{2} \cdot \ln|2x+8| + c; x \neq -4$

Merke:

- $\int \sin^2(ax+b)\,dx = \frac{x}{2} - \frac{1}{4a} \cdot \sin(2ax+2b) + c; a \in \mathbb{R}^{\neq 0}$
- $\int \cos^2(ax+b)\,dx = \frac{x}{2} + \frac{1}{4a} \cdot \sin(2ax+2b) + c; a \in \mathbb{R}^{\neq 0}$
- $\int \sinh^2(ax+b)\,dx = \frac{1}{4a} \cdot \sinh(2ax+2b) - \frac{x}{2} + c; a \in \mathbb{R}^{\neq 0}$
- $\int \cosh^2(ax+b)\,dx = \frac{1}{4a} \cdot \sinh(2ax+2b) + \frac{x}{2} + c; a \in \mathbb{R}^{\neq 0}$

Lösen Sie die nachfolgenden unbestimmten Integrale mithilfe der angegebenen Formeln.

► **Lehrbuch: Kusch 4, S. 81 ... 83**

55. $\int \sin^2(8x-2)\,dx; x \in \mathbb{R}$

► $\int \sin^2(ax+b)\,dx$ ► 8 für a; -2 für b

$$\int \sin^2(8x-2)\,dx = \frac{x}{2} - \frac{1}{4 \cdot 8} \cdot \sin[2 \cdot 8x + 2 \cdot (-2)] + c = \frac{x}{2} - \frac{1}{32} \cdot \sin[16x-4] + c$$

56. $\int \sin^2(3-x)\,dx; x \in \mathbb{R}$

► $\int \sin^2(ax+b)\,dx$ ► -1 für a; 3 für b

$$\int \sin^2(3-x)\,dx = \frac{x}{2} - \frac{1}{4 \cdot (-1)} \cdot \sin[2 \cdot (-1)x + 2 \cdot 3] + c = \frac{x}{2} + \frac{1}{4} \cdot \sin[-2x+6] + c$$

57. $\int \sin^2 \frac{9x^2-4}{3x+2}\,dx; x \in \mathbb{R}^{\neq -\frac{2}{3}}$

► $\sin^2 \frac{9x^2-4}{3x+2} = \sin^2 \frac{(3x+2)\cdot(3x-2)}{3x+2} = \sin^2(3x-2)$

► $\int \sin^2(ax+b)\,dx$ ► 3 für a; -2 für b

$$\int \sin^2 \frac{9x^2-4}{3x+2}\,dx = \int \sin^2(3x-2)\,dx = \frac{x}{2} - \frac{1}{4 \cdot 3} \cdot \sin(2 \cdot 3x - 2 \cdot 2) + c = \frac{x}{2} - \frac{1}{12} \cdot \sin(6x-4) + c; x \neq -\frac{2}{3}$$

► $D(F) = \mathbb{R}$ und $D(f) = \mathbb{R}^{\neq -\frac{2}{3}}$

58. $\int [1-\cos^2(a+x)]\,dx; x \in \mathbb{R}$

► $1-\cos^2(a+x) = ?$ ► $1-\cos^2 A = \sin^2 A$ ► 4.1

$1-\cos^2(a+x) = \sin^2(a+x)$

► $\int \sin^2(ax+b)\,dx$ ► 1 für a; a für b

$$\int [1-\cos^2(a+x)]\,dx = \int \sin^2(a+x)\,dx = \frac{x}{2} - \frac{1}{4 \cdot 1} \cdot \sin^2(2x+2a) + c = \frac{x}{2} - \frac{1}{4} \cdot \sin^2(2x+2a) + c$$

59. $\int [\cos^2(4x) - \cos(8x)]\,\mathrm{d}x;\ x \in \mathbb{R}$

► $\cos(2A) = \cos^2 A - \sin^2 A$ ► $4x$ für A

$\cos(8x) = \cos^2(4x) - \sin^2(4x)$

$\cos^2(4x) - \cos(8x) = \sin^2(4x)$

► $\int \sin^2(ax+b)\,\mathrm{d}x$ ► 4 für a; 0 für b

$\int [\cos^2(4x) - \cos(8x)]\,\mathrm{d}x =$ 122

$$= \int [\cos^2(4x) - \cos^2(4x) + \sin^2(4x)]\,\mathrm{d}x$$

$$= \int \sin^2(4x)\,\mathrm{d}x$$

$$= \frac{x}{2} - \frac{1}{4\cdot 4}\cdot \sin(2\cdot 4x) + c$$

$$= \underline{\underline{\frac{x}{2} - \frac{1}{16}\cdot \sin(8x) + c}}$$

60. $\int \cos^2(2x+5)\,\mathrm{d}x;\ x \in \mathbb{R}$

► $\int \cos^2(ax+b)\,\mathrm{d}x$ ► 2 für a; 5 für b

$$\int \cos^2(2x+5)\,\mathrm{d}x = \frac{x}{2} + \frac{1}{4\cdot 2}\cdot \sin(2\cdot 2x + 2\cdot 5) + c$$

$$= \underline{\underline{\frac{x}{2} + \frac{1}{8}\cdot \sin(4x+10) + c}}$$

61. $\int \sin^2 \frac{16-16x+4x^2}{2x-4}\,\mathrm{d}x;\ x \in \mathbb{R}^{+2}$

► $\sin^2 \frac{16-16x+4x^2}{2x-4} = \sin^2 \left[\frac{(2x-4)^2}{2x-4}\right]$

$= \underline{\sin^2(2x+4)}$

► $\int \sin^2(ax+b)\,\mathrm{d}x$ ► 2 für a; 4 für b

$\int \sin^2 \frac{16-16x+4x^2}{2x-4}\,\mathrm{d}x = \int \sin^2(2x-4)\,\mathrm{d}x$ 123

$$= \frac{x}{2} - \frac{1}{4\cdot 2}\cdot \sin(2\cdot 2\cdot x - 2\cdot 4) + c$$

$$= \underline{\underline{\frac{x}{2} - \frac{1}{8}\cdot \sin(4x-8) + c;\ x \neq 2}}$$

► $D(F) = \mathbb{R}$ und $D(f) = \mathbb{R}^{+2}$

62. $\int \cos^2(-3x+\pi)\,\mathrm{d}x;\ x \in \mathbb{R}$

► $\int \cos^2(ax+b)\,\mathrm{d}x$ ► -3 für a; π für b

► $g: g(x) = \sin x$; $D(g) = \mathbb{R}$ hat die Periode 2π:

$\sin(x+2\pi) = \sin x$

► g ist eine ungerade Funktion: $g(-x) = -g(x)$

$$\int \cos^2(-3x+\pi)\,\mathrm{d}x = \frac{x}{2} + \frac{1}{4\cdot(-3)}\cdot \sin[2\cdot(-3)\cdot x + 2\pi] + c$$

$$= \frac{x}{2} - \frac{1}{12}\cdot \sin[-6x+2\pi] + c$$

$$= \frac{x}{2} - \frac{1}{12}\cdot \sin[-6x] + c$$

$$= \underline{\underline{\frac{x}{2} + \frac{1}{12}\cdot \sin[6x] + c}}$$

63. $\int [4 + 4\cdot \sinh^2(x-a)]\,\mathrm{d}x;\ x \in \mathbb{R}$

► $1 + \sinh^2 A = \cosh^2 A$ ► 4.1 ► $x-a$ für A

$4 + 4\cdot \sinh^2(x-a) = 4\cdot [1 + \sinh^2(x-a)]$

$= 4\cdot \cosh^2(x-a)$

► $\int \cosh^2(ax+b)\,\mathrm{d}x$ ► 1 für a; $-a$ für b

$\int [4 + 4\cdot \sinh^2(x+a)]\,\mathrm{d}x$

$$= 4\cdot \int \cosh^2(x-a)\,\mathrm{d}x$$

$$= 4\cdot \left[\frac{1}{4\cdot 1}\cdot \sinh(2\cdot 1\cdot x + 2\cdot(-a)) + \frac{x}{2}\right] + c$$

$$= \underline{\underline{\sinh(2x-2a) + 2x + c}}$$

123

64. $\int \sinh^2(7x-a)\,\mathrm{d}x;\ x \in \mathbb{R}$

► $\int \sinh^2(ax+b)\,\mathrm{d}x$ ► 7 für a; $-a$ für b

$$\int \sinh^2(7x-a)\,\mathrm{d}x = \frac{1}{4\cdot 7}\cdot\sinh(2\cdot 7x-2a)-\frac{x}{2}+c = \underline{\underline{\frac{1}{28}\cdot\sinh(14x-2a)-\frac{x}{2}+c}}$$

65. $\int \cosh^2(x+12)\,\mathrm{d}x;\ x \in \mathbb{R}$

► $\int \cosh^2(ax+b)\,\mathrm{d}x$ ► 1 für a; 12 für b

$$\int \cosh^2(x+12)\,\mathrm{d}x = \frac{1}{4\cdot 1}\cdot\sinh(2\cdot 1\cdot x+2\cdot 12)+\frac{x}{2}+c = \underline{\underline{\frac{1}{4}\cdot\sinh(2x+24)+\frac{x}{2}+c}}$$

66. $\int [\coth^2(2x)\cdot\sinh^2(2x)]\,\mathrm{d}x;\ x \in \mathbb{R}^{\neq 0}$

► $\coth = \frac{\cosh A}{\sinh A}$ ► 4.1 ► $2x$ für A

$$\coth^2(2x)\cdot\sinh^2(2x) = \frac{\cosh^2(2x)}{\sinh^2(2x)}\cdot\sinh^2(2x) = \underline{\cosh^2(2x)}$$

► $\int \cosh^2(ax+b)\,\mathrm{d}x$ ► 2 für a; 0 für b

$$\int [\coth^2(2x)\cdot\sinh^2(2x)]\,\mathrm{d}x = \int \cosh^2(2x)\,\mathrm{d}x = \frac{1}{4\cdot 2}\cdot\sinh(2\cdot 2x+2\cdot 0)+\frac{x}{2}+c = \underline{\underline{\frac{1}{8}\cdot\sinh(4x)+\frac{x}{2}+c;\ x\neq 0}}$$

► $D(F)=\mathbb{R}$ und $D(f)=\mathbb{R}^{\neq 0}$

67. $\int \cosh^2(a-2x)\,\mathrm{d}x - \int \mathrm{d}x;\ x \in \mathbb{R}$

► $\int \cosh^2(ax+b)\,\mathrm{d}x$ ► -2 für a; a für b

$$\int \cosh^2(a-2x)\,\mathrm{d}x - \int \mathrm{d}x = \frac{1}{4\cdot(-2)}\cdot\sinh(2\cdot(-2)\cdot x+2a)+\frac{x}{2}-x+c = \underline{\underline{-\frac{1}{8}\cdot\sinh(-4x+2a)-\frac{x}{2}+c}}$$

68. $\int \sinh^2\left(\frac{2}{3}\cdot x-5\right)\mathrm{d}x;\ x \in \mathbb{R}$

► $\int \sinh^2(ax+b)\,\mathrm{d}x$ ► $\frac{2}{3}$ für a; -5 für b

$$\int \sinh^2\left(\frac{2}{3}\cdot x-5\right)\mathrm{d}x = \frac{1}{4\cdot\frac{2}{3}}\cdot\sinh\left(2\cdot\frac{2}{3}\cdot x-2\cdot 5\right)-\frac{x}{2}+c = \underline{\underline{\frac{3}{8}\cdot\sinh\left(\frac{4}{3}\cdot x-10\right)-\frac{x}{2}+c}}$$

69. $\int \cosh^2\left(5-\frac{2}{3}\cdot x\right)\mathrm{d}x;\ x \in \mathbb{R}$

► $\int \cosh^2(ax+b)\,\mathrm{d}x$ ► $-\frac{2}{3}$ für a; 5 für b

$$\int \cosh^2\left(5-\frac{2}{3}\cdot x\right)\mathrm{d}x = \frac{1}{4\cdot\left(-\frac{2}{3}\right)}\cdot\sinh\left(2\cdot\left(-\frac{2}{3}\right)\cdot x+2\cdot 5\right)+\frac{x}{2}+c = \underline{\underline{-\frac{3}{8}\cdot\sinh\left(-\frac{4}{3}\cdot x+10\right)+\frac{x}{2}+c}}$$

2.4.2 Integrale des Typs $\int \frac{f'(x)}{f(x)}\,\mathrm{d}x$

► **Lehrbuch: Kusch 4, S. 82…86**

Merke:

$\int \frac{f'(x)}{f(x)}\,\mathrm{d}x = \ln|f(x)| + c$ **in allen Intervallen** $I \subseteq D(f)$ **mit** $f(x) \neq 0$

Anmerkungen:

- Um die entwickelte Formel anwenden zu können, muss man oft den Integranden durch eine geeignete algebraische Umformung auf die gewünschte Form $\frac{f'(x)}{f(x)}$ bringen. Meistens ist auch noch eine Erweiterung des Integranden mit einer Zahl notwendig.
- Auch bei Integralen des Typs $\int \frac{\mathrm{d}x}{ax+b}$ (► 2.4.1) lässt sich der Integrand durch Erweitern mit a auf die Form $\frac{f'(x)}{f(x)}$ bringen, und zwar gilt: $\frac{1}{ax+b} = \frac{1}{a} \cdot \frac{a}{ax+b} = \frac{1}{a} \cdot \frac{f'(x)}{f(x)}$ mit $f(x) = ax+b$ und $f'(x) = a$.

123

Berechnen Sie die nachstehenden unbestimmten Integrale.

1. $\int \frac{2x+3}{x^2+3x+1}\,\mathrm{d}x;\ x \in \mathbb{R}$ ► $\int \frac{f'(x)}{f(x)}\,\mathrm{d}x$

► $f(x) = x^2+3x+1 \Rightarrow f'(x) = 2x+3$

$\int \frac{2x+3}{x^2+3x+1}\,\mathrm{d}x = \underline{\underline{\ln|x^2+3x+1| + c}}$

2. $\int \frac{3x^2-10x+6}{x^3-5x^2+6x-8}\,\mathrm{d}x;\ x \in \mathbb{R}^{\neq 4}$

► $\int \frac{f'(x)}{f(x)}\,\mathrm{d}x$

► $f(x) = x^3-5x^2+6x-8$

$\Rightarrow f'(x) = 3x^2-10x+6$

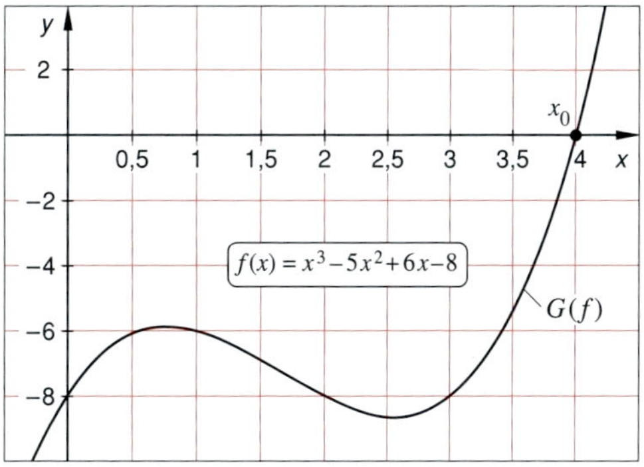

$\int \frac{3x^2-10x+6}{x^3-5x^2+6x-8}\,\mathrm{d}x =$

$= \underline{\underline{\ln|x^3-5x^2+6x-8| + c;\ x \neq 4}}$

3. $\int \frac{5x^4+12x^2}{x^5+4x^3-1}\,\mathrm{d}x;\ x \in \mathbb{R}\setminus\{0{,}61\,147\}$

► $\int \frac{f'(x)}{f(x)}\,\mathrm{d}x$

► $f(x) = x^5+4x^3-1 \Rightarrow f'(x) = 5x^4+12x^2$

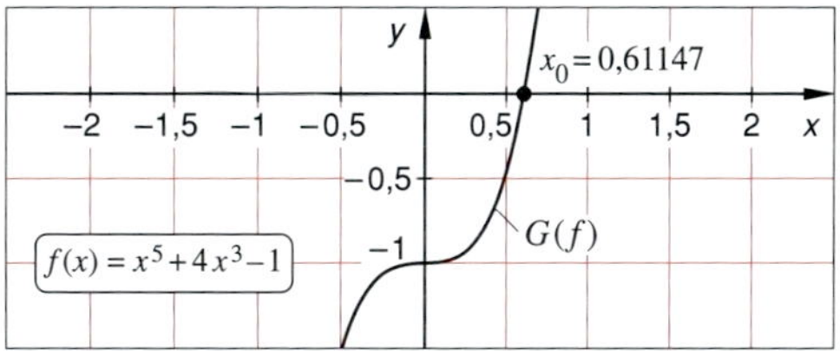

$\int \frac{5x^4+12x^2}{x^5+4x^3-1}\,\mathrm{d}x =$

$= \underline{\underline{\ln|x^5+4x^3-1| + c;\ x \neq 0{,}61147}}$

123

4. $\int \frac{x^2}{x^3-1}\,dx;\ x \in \mathbb{R}^{\neq 1}$

► $f(x) = x^3 - 1 \Rightarrow f'(x) = 3x^2$

$$\int \frac{x^2}{x^3-1}\,dx = \frac{1}{3}\cdot\int \frac{3x^2}{x^3-1}\,dx \quad ► \int \frac{f'(x)}{f(x)}\,dx$$
$$= \frac{1}{3}\cdot \ln|x^3-1| + c;\ x \neq 1$$

5. $\int \frac{2x+1{,}5}{2x^2+3x-5}\,dx;\ x \in \mathbb{R}\setminus\{-\frac{5}{2};1\}$

► $f(x) = 2x^2+3x-5 \Rightarrow f'(x) = 4x+3$

$$\int \frac{2x+1{,}5}{2x^2+3x-5}\,dx = \frac{1}{2}\cdot\int \frac{4x+3}{2x^2+3x-5}\,dx \quad ► \int \frac{f'(x)}{f(x)}\,dx$$
$$= \frac{1}{2}\cdot\ln|2x^2+3x-5| + c;\ x \notin \{-\tfrac{5}{2};1\}$$

6. $\int \frac{10x-40x^3}{\frac{1}{2}\cdot x^2 - x^4 + 6}\,dx$ mit

$x \in \mathbb{R}\setminus\left\{\frac{\sqrt{\sqrt{97}+1}}{2};\ -\frac{\sqrt{\sqrt{97}+1}}{2}\right\}$

$f(x) = \frac{1}{2}\cdot x^2 - x^4 + 6 \Rightarrow f'(x) = x - 4x^3$

$$\int \frac{10x-40x^3}{\frac{1}{2}\cdot x^2 - x^4+6}\,dx = 10\cdot\int \frac{x-4x^3}{\frac{1}{2}\cdot x^2 - x^4+6}\,dx \quad ► \int \frac{f'(x)}{f(x)}\,dx$$
$$= 10\cdot\ln\left|\frac{1}{2}\cdot x^2 - x^4 + 6\right| + c;\ |x| \neq \frac{\sqrt{\sqrt{97}+1}}{2}$$

7. $\int \frac{3}{x\cdot\ln x}\,dx;\ x \in \mathbb{R}^{>0}\setminus\{1\}$

► $f(x) = \ln x \Rightarrow f'(x) = \frac{1}{x}$

$$\int \frac{3}{x\cdot\ln x}\,dx = 3\cdot\int \frac{\frac{1}{x}}{\ln x}\,dx \quad ► \int \frac{f'(x)}{f(x)}\,dx$$
$$= 3\cdot\ln|\ln x| + c;\ x > 0 \text{ und } x \neq 1$$

8. $\int \frac{x}{(2x-4)\cdot(2x+4)}\,dx;\ x \in \mathbb{R}\setminus\{-2;2\}$

► $\frac{x}{(2x-4)\cdot(2x+4)} = \frac{x}{4x^2-16}$

► $f(x) = 4x^2-16 \Rightarrow f'(x) = 8x$

$$\int \frac{x}{(2x-4)\cdot(2x+4)}\,dx = \int \frac{x}{4x^2-16}$$
$$= \frac{1}{8}\cdot\int \frac{8x}{4x^2-16}\,dx \quad ► \int \frac{f'(x)}{f(x)}\,dx$$
$$= \frac{1}{8}\cdot\ln|4x^2-16| + c;\ x \notin \{-2;2\}$$

9. $\int \tan(2+x)\,dx;\ x \in \mathbb{R}\setminus\left\{\frac{\pi}{2}+k\pi-2 \mid k \in \mathbb{Z}\right\}$

► $\tan(2+x) = \frac{\sin(2+x)}{\cos(2+x)}$ ► $\tan A = \frac{\sin A}{\cos A}$ ► 4.1

► $f(x) = \cos(2+x) \Rightarrow f'(x) = -\sin(2+x)$

$$\int \tan(2+x)\,dx = \int \frac{\sin(2+x)}{\cos(2+x)}\,dx$$
$$= -\int \frac{-\sin(2+x)}{\cos(2+x)}\,dx \quad ► \int \frac{f'(x)}{f(x)}\,dx$$
$$= -\ln|\cos(2+x)| + c;\ x \neq \frac{\pi}{2} + k\pi - 2;\ k \in \mathbb{Z}$$

10. $\int [2\cdot\cot(4+2x)]\,dx;\ x \in \mathbb{R}\setminus\left\{\frac{k\pi-4}{2}\,\middle|\, k \in \mathbb{Z}\right\}$

► $\cot(4+2x) = \frac{\cos(4+2x)}{\sin(4+2x)}$ ► $\cot A = \frac{\cos A}{\sin A}$ ► 4.1

► $f(x) = \sin(4+2x) \Rightarrow f'(x) = 2\cdot\cos(4+2x)$

$$\int [2\cdot\cot(4+2x)]\,dx = \int \frac{2\cdot\cos(4+2x)}{\sin(4+2x)}\,dx \quad ► \int \frac{f'(x)}{f(x)}\,dx$$
$$= \ln|\sin(4+2x)| + c;\ x \neq \frac{k\pi-4}{2};\ k \in \mathbb{Z}$$

11. $\int \frac{x^3}{24-7x^4}\,dx;\ x \in \mathbb{R}\backslash\left\{-\sqrt[4]{\frac{24}{7}};\ \sqrt[4]{\frac{24}{7}}\right\}$

► $f(x) = 24 - 7x^4 \Rightarrow f'(x) = -28x^3$

$$\int \frac{x^3}{24-7x^4}\,dx = -\frac{1}{28}\cdot\int\frac{-28x^3}{24-7x^4}\,dx \quad ► \int\frac{f'(x)}{f(x)}\,dx$$
$$= -\frac{1}{28}\cdot\ln|24-7x^4| + c;\ |x| \neq \sqrt[4]{\frac{24}{7}}$$

12. $\int \frac{x^{-2}}{4-\frac{1}{x}}\,dx;\ x \in \mathbb{R}\backslash\{\frac{1}{4}\}$ ► $\int\frac{f'(x)}{f(x)}\,dx$

► $f(x) = 4 - \frac{1}{x} = 4 - x^{-1} \Rightarrow f'(x) = x^{-2}$

$$\int \frac{x^{-2}}{4-\frac{1}{x}}\,dx = \ln\left|4-\frac{1}{x}\right| + c;\ x \neq \frac{1}{4}$$

13. $\int \frac{\sqrt{x}}{2-\sqrt{x^3}}\,dx;\ x \in \mathbb{R}^{>0}\backslash\left\{\sqrt[3]{4}\right\}$

► $f(x) = 2 - \sqrt{x^3} = 2 - x^{\frac{3}{2}}$

$\Rightarrow f'(x) = -\frac{3}{2}\cdot x^{\frac{1}{2}} = -\frac{3}{2}\cdot\sqrt{x}$

$$\int \frac{\sqrt{x}}{2-\sqrt{x^3}}\,dx = -\frac{2}{3}\cdot\int\frac{-\frac{3}{2}\cdot\sqrt{x}}{2-\sqrt{x^3}}\,dx \quad ► \int\frac{f'(x)}{f(x)}\,dx$$
$$= -\frac{2}{3}\cdot\ln|2-\sqrt{x^3}| + c;\ x \neq \sqrt[3]{4}$$

14. $\int \frac{x^{\frac{1}{5}}}{1+4x\cdot\sqrt[5]{x}}\,dx;\ x \in \mathbb{R}^{\geq 0}$

► $f(x) = 1 + 4x\cdot\sqrt[5]{x} = 1 + 4\cdot x^{\frac{6}{5}}$

$\Rightarrow f'(x) = 4\cdot\frac{6}{5}\cdot x^{\frac{1}{5}} = \frac{24}{5}\cdot x^{\frac{1}{5}}$

$$\int \frac{x^{\frac{1}{5}}}{1+4x\cdot\sqrt[5]{x}}\,dx = \frac{5}{24}\cdot\int\frac{\frac{24}{5}\cdot x^{\frac{1}{5}}}{1+4x\cdot\sqrt[5]{x}}\,dx \quad ► \int\frac{f'(x)}{f(x)}\,dx$$
$$= \frac{5}{24}\cdot\ln|1+4x\cdot\sqrt[5]{x}| + c;\ x \geq 0$$

15. $\int \frac{x}{(a-x)\cdot(a+x)}\,dx;\ x \in \mathbb{R}\backslash\{-a;a\}$

► $\frac{x}{(a-x)\cdot(a+x)} = \frac{x}{a^2-x^2}$

► $f(x) = a^2 - x^2 \Rightarrow f'(x) = -2x$

$$\int \frac{x}{(a-x)\cdot(a+x)}\,dx = \int\frac{x}{a^2-x^2}\,dx$$
$$= -\frac{1}{2}\cdot\int\frac{-2x}{a^2-x^2}\,dx \quad ► \int\frac{f'(x)}{f(x)}\,dx$$
$$= -\frac{1}{2}\cdot\ln|a^2-x^2| + c;\ x \notin \{-a;a\}$$

16. $\int \frac{\sqrt{x}}{\sqrt{4x^3}-\sqrt{16x}}\,dx;\ x \in \mathbb{R}^{>0}\backslash\{2\}$

► $\frac{\sqrt{x}}{\sqrt{4x^3}-\sqrt{16x}} = \frac{\sqrt{x}}{2x\cdot\sqrt{x}-4\cdot\sqrt{x}} =$

$= \frac{\sqrt{x}}{\sqrt{x}\cdot(2x-4)} = \frac{1}{2\cdot(x-2)}$

► $f(x) = x - 2 \Rightarrow f'(x) = 1$

$$\int \frac{\sqrt{x}}{\sqrt{4x^3}-\sqrt{16x}}\,dx = \int\frac{dx}{2x-4}$$
$$= \int\frac{dx}{2\cdot(x-2)}$$
$$= \frac{1}{2}\cdot\int\frac{dx}{x-2} \quad ► \int\frac{f'(x)}{f(x)}\,dx$$
$$= \frac{1}{2}\cdot\ln|x-2| + c;\ x > 0 \text{ und } x \neq 2$$

17. $\int \frac{4a^2+16ax+16x^2}{(a+2x)^3}\,dx;\ x \in \mathbb{R}\backslash\{-\frac{a}{2}\}$

► $\frac{4a^2+16ax+16x^2}{(a+2x)^3} = \frac{4\cdot(a^2+4ax+4x^2)}{(a+2x)^3} =$

$= \frac{4\cdot(a+2x)^2}{(a+2x)^3} = \frac{4}{a+2x}$

► $f(x) = a + 2x \Rightarrow f'(x) = 2$

$$\int \frac{4a^2+16ax+16x^2}{(a+2x)^3}\,dx = \int\frac{4}{a+2x}\,dx$$
$$= 2\cdot\int\frac{2}{a+2x}\,dx \quad ► \int\frac{f'(x)}{f(x)}\,dx$$
$$= 2\cdot\ln|a+2x| + c;\ x \neq -\frac{a}{2}$$

123 **18.** $\int \frac{\mathrm{d}x}{\sqrt[3]{x^2}\cdot(c-b\cdot\sqrt[3]{x})}$; $b \neq 0$; $x \in \mathbb{R}^{>0} \setminus \left\{\left(\frac{c}{b}\right)^3\right\}$

► $\frac{1}{\sqrt[3]{x^2}\cdot(c-b\cdot\sqrt[3]{x})} = \frac{x^{-\frac{2}{3}}}{\underline{c-b\cdot x^{\frac{1}{3}}}}$

► $f(x) = c - b\cdot x^{\frac{1}{3}} \Rightarrow f'(x) = -\frac{b}{3}\cdot x^{-\frac{2}{3}}$

$$d\int \frac{\mathrm{d}x}{\sqrt[3]{x^2}\cdot(c-b\cdot\sqrt[3]{x})} = \int \frac{x^{-\frac{2}{3}}}{c-b\cdot x^{\frac{1}{3}}}\,\mathrm{d}x$$

$$= -\frac{3}{b}\cdot\int \frac{-\frac{b}{3}\cdot x^{-\frac{2}{3}}}{c-b\cdot x^{\frac{1}{3}}}\,\mathrm{d}x \quad \blacktriangleright \int \frac{f'(x)}{f(x)}\,\mathrm{d}x$$

$$= \underline{\underline{-\frac{3}{b}\cdot \ln|c-b\cdot x^{\frac{1}{3}}| + c;\ x>0 \text{ und } x \neq \left(\frac{c}{b}\right)^3}}$$

19. $\int \frac{\mathrm{e}^x}{\mathrm{e}^x+1}\,\mathrm{d}x$; $x \in \mathbb{R}$ ► $\int \frac{f'(x)}{f(x)}\,\mathrm{d}x$

► $f(x) = \mathrm{e}^x + 1 \Rightarrow f'(x) = \mathrm{e}^x$

$$\int \frac{\mathrm{e}^x}{\mathrm{e}^x+1}\,\mathrm{d}x = \underline{\underline{\ln|\mathrm{e}^x+1|+c}}$$

20. $\int \frac{\mathrm{e}^x-\mathrm{e}^{-x}}{\mathrm{e}^x+\mathrm{e}^{-x}}\,\mathrm{d}x$; $x \in \mathbb{R}$ ► $\int \frac{f'(x)}{f(x)}\,\mathrm{d}x$

► $f(x) = \mathrm{e}^x + \mathrm{e}^{-x} \Rightarrow f'(x) = \mathrm{e}^x - \mathrm{e}^{-x}$

$$\int \frac{\mathrm{e}^x-\mathrm{e}^{-x}}{\mathrm{e}^x+\mathrm{e}^{-x}}\,\mathrm{d}x = \underline{\underline{\ln|\mathrm{e}^x+\mathrm{e}^{-x}|+c}}$$

21. $\int \frac{\mathrm{e}^{-x}-1}{x+\mathrm{e}^{-x}}\,\mathrm{d}x$; $x \in \mathbb{R}$

► $f(x) = x + \mathrm{e}^{-x} \Rightarrow f'(x) = 1 - \mathrm{e}^{-x}$

$$\int \frac{\mathrm{e}^{-x}-1}{x+\mathrm{e}^{-x}}\,\mathrm{d}x = -\int \frac{1-\mathrm{e}^{-x}}{x+\mathrm{e}^{-x}}\,\mathrm{d}x \quad \blacktriangleright \int \frac{f'(x)}{f(x)}\,\mathrm{d}x$$

$$= \underline{\underline{-\ln|x+\mathrm{e}^{-x}|+c}}$$

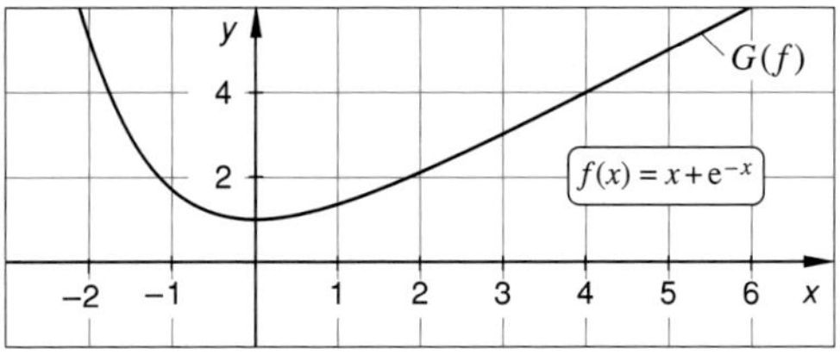

22. $\int \frac{x+\mathrm{e}^{2x}}{x^2+\mathrm{e}^{2x}}\,\mathrm{d}x$; $x \in \mathbb{R}$

► $f(x) = x^2 + \mathrm{e}^{2x} \Rightarrow f'(x) = 2x + 2\cdot\mathrm{e}^{2x}$
$= 2\cdot(x+\mathrm{e}^{2x})$

$$\int \frac{x+\mathrm{e}^{2x}}{x^2+\mathrm{e}^{2x}}\,\mathrm{d}x = \frac{1}{2}\cdot\int \frac{2\cdot(x+\mathrm{e}^{2x})}{x^2+\mathrm{e}^{2x}}\,\mathrm{d}x \quad \blacktriangleright \int \frac{f'(x)}{f(x)}\,\mathrm{d}x$$

$$= \underline{\underline{\frac{1}{2}\cdot\ln|x^2+\mathrm{e}^{2x}|+c}}$$

23. $\int \frac{\mathrm{d}x}{(\mathrm{e}^{\sqrt{x}}+1)\cdot\sqrt{x}}$; $x \in \mathbb{R}^{>0}$

Substitution:

$\sqrt{x} = z \Rightarrow \frac{\mathrm{d}z}{\mathrm{d}x} = \frac{1}{2\cdot\sqrt{x}} \Rightarrow \mathrm{d}x = 2\cdot\sqrt{x}\cdot\mathrm{d}z = \underline{2z\cdot\mathrm{d}z}$

Im Integral $\int \frac{1}{\mathrm{e}^z+1}\,\mathrm{d}z$ ergänzt man im Zähler $\mathrm{e}^z - \mathrm{e}^z\ (=0)$, setzt Klammern, sodass sich $(\mathrm{e}^z+1)-\mathrm{e}^z$ ergibt, und wendet das Distributivgesetz an. Dadurch erhält man zwei Integrale, von denen eines vom Typ $\int \frac{f'(z)}{f(z)}\,\mathrm{d}z$ ist.

► $D(F) = \mathbb{R}^{\geq 0}$ und $D(f) = \mathbb{R}^{>0}$

$$\int \frac{\mathrm{d}x}{(\mathrm{e}^{\sqrt{x}}+1)\cdot\sqrt{x}} = \int \frac{2z}{(\mathrm{e}^z+1)\cdot z}\,\mathrm{d}z$$

$$= 2\cdot\int \frac{1}{\mathrm{e}^z+1}\,\mathrm{d}z$$

$$= 2\cdot\int \frac{(\mathrm{e}^z+1)-\mathrm{e}^z}{\mathrm{e}^z+1}\,\mathrm{d}z$$

$$= 2\cdot\int \left(1-\frac{\mathrm{e}^z}{\mathrm{e}^z+1}\right)\mathrm{d}z$$

$$= 2\cdot\left[\int \mathrm{d}z - \int \frac{\mathrm{e}^z}{\mathrm{e}^z+1}\,\mathrm{d}z\right] \quad \blacktriangleright \int \frac{f'(z)}{f(z)}\,\mathrm{d}z$$

$$= 2\cdot[z - \ln|\mathrm{e}^z+1|] + c \quad \blacktriangleright z = \sqrt{x}$$

$$= \underline{\underline{2\cdot\left[\sqrt{x} - \ln\left|\mathrm{e}^{\sqrt{x}}+1\right|\right] + c;\ x>0}}$$

24. $\int \frac{x - x \cdot \mathrm{e}^{-x^2}}{x^2 + \mathrm{e}^{-x^2}}\,\mathrm{d}x;\ x \in \mathbb{R}$

► $f(x) = x^2 + \mathrm{e}^{-x^2} \Rightarrow f'(x) = 2x - 2x \cdot \mathrm{e}^{-x^2}$
$= 2 \cdot (x - x \cdot \mathrm{e}^{-x^2})$

$$\int \frac{x - x \cdot \mathrm{e}^{-x^2}}{x^2 + \mathrm{e}^{-x^2}}\,\mathrm{d}x = \frac{1}{2} \cdot \int \frac{2x - 2x \cdot \mathrm{e}^{-x^2}}{x^2 + \mathrm{e}^{-x^2}}\,\mathrm{d}x \quad ► \int \frac{f'(x)}{f(x)}\,\mathrm{d}x$$
$$= \underline{\underline{\frac{1}{2} \cdot \ln|x^2 + \mathrm{e}^{-x^2}| + c}}$$

25. $\int \frac{\mathrm{d}x}{\cos^2 x \cdot \tan x};\ x \in \mathbb{R}\setminus\{\frac{\pi}{2} + k\pi;\ k\pi \mid k \in \mathbb{Z}\}$

► $\frac{1}{\cos^2 x \cdot \tan x} = \frac{\frac{1}{\cos^2 x}}{\tan x}$

► $f(x) = \tan x \Rightarrow f'(x) = \frac{1}{\cos^2 x}$

$$\int \frac{\mathrm{d}x}{\cos^2 x \cdot \tan x} = \int \frac{\frac{1}{\cos^2 x}}{\tan x}\,\mathrm{d}x \quad ► \int \frac{f'(x)}{f(x)}\,\mathrm{d}x$$
$$= \underline{\underline{\ln|\tan x| + c;\ x \notin \{\tfrac{\pi}{2} + k\pi;\ k\pi\};\ k \in \mathbb{Z}}}$$

26. $\int \frac{\sin x}{1 - \cos x}\,\mathrm{d}x;\ x \in \mathbb{R}\setminus\{2k\pi \mid k \in \mathbb{Z}\}$

► $\int \frac{f'(x)}{f(x)}\,\mathrm{d}x$

► $f(x) = 1 - \cos x \Rightarrow f'(x) = \sin x$

$$\int \frac{\sin x}{1 - \cos x}\,\mathrm{d}x = \underline{\underline{\ln|1 - \cos x| + c;\ x \neq 2k\pi;\ k \in \mathbb{Z}}}$$

27. $\int \frac{x + \cos x}{x^2 + 2 \cdot \sin x}\,\mathrm{d}x;\ x \in \mathbb{R}\setminus\{-1{,}40441;\ 0\}$

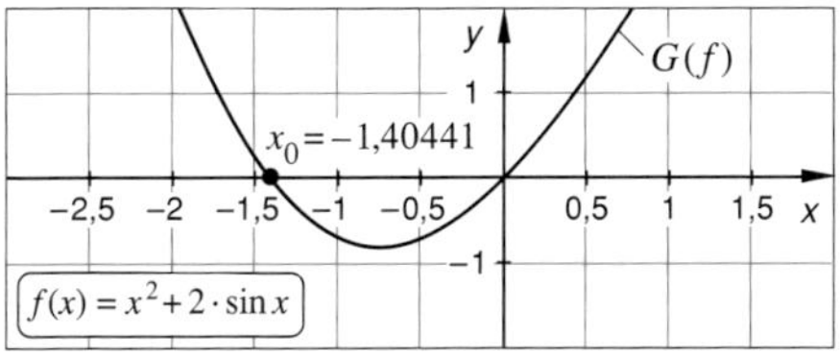

$$\int \frac{x + \cos x}{x^2 + 2 \cdot \sin x}\,\mathrm{d}x = ?$$

► $f(x) = x^2 + 2 \cdot \sin x \Rightarrow f'(x) = 2x + 2 \cdot \sin x$

$$\int \frac{x + \cos x}{x^2 + 2 \cdot \sin x}\,\mathrm{d}x = \frac{1}{2} \cdot \int \frac{2x + 2 \cdot \cos x}{x^2 + 2 \cdot \sin x}\,\mathrm{d}x \quad ► \int \frac{f'(x)}{f(x)}\,\mathrm{d}x$$
$$= \underline{\underline{\frac{1}{2} \cdot \ln|x^2 + 2 \cdot \sin x| + c;\ x \notin \{-1{,}40441;\ 0\}}}$$

28. $\int \frac{\cosh x}{1 + \sinh x}\,\mathrm{d}x;\ x \in \mathbb{R}\setminus\{\ln(\sqrt{2} - 1)\}$

► $\ln(\sqrt{2} - 1) = -0{,}88137$

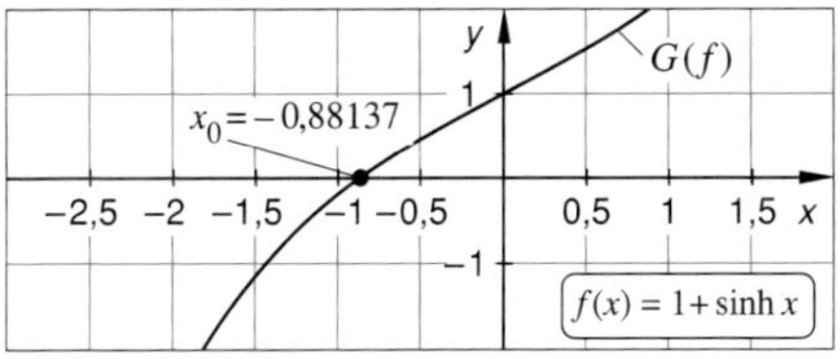

$$\int \frac{\cosh x}{1 + \sinh x}\,\mathrm{d}x = ? \quad ► \int \frac{f'(x)}{f(x)}\,\mathrm{d}x$$

► $f(x) = 1 + \sinh x \Rightarrow f'(x) = \cosh x$

$$\int \frac{\cosh x}{1 + \sinh x}\,\mathrm{d}x = \underline{\underline{\ln|1 + \sinh x| + c;\ x \neq -0{,}88137}}$$

29. $\int \frac{\mathrm{d}x}{\sinh^2 x \cdot \coth x};\ x \in \mathbb{R}^{\neq 0}$

► $\frac{1}{\sinh^2 x \cdot \coth x} = \frac{\frac{1}{\sinh^2 x}}{\coth x}$

► $f(x) = \coth x \Rightarrow f'(x) = \frac{-1}{\sinh^2 x}$

$$\int \frac{\mathrm{d}x}{\sinh^2 x \cdot \coth x} = \int \frac{\frac{1}{\sinh^2 x}}{\coth x}\,\mathrm{d}x$$
$$= -\int \frac{\frac{-1}{\sinh^2 x}}{\coth x}\,\mathrm{d}x \quad ► \int \frac{f'(x)}{f(x)}\,\mathrm{d}x$$
$$= \underline{\underline{-\ln|\coth x| + c;\ x \neq 0}}$$

123

30. $\int \frac{\sinh x \cdot \cosh x}{\sinh^2 x - 13}\,dx$ mit

$x \in \mathbb{R} \setminus \left\{ \ln\left(\sqrt{14}-\sqrt{13}\right);\ \ln\left(\sqrt{14}+\sqrt{13}\right) \right\}$

► $f(x) = \sinh^2 x - 13$

$\Rightarrow f'(x) = 2 \cdot \sinh x \cdot \cosh x$

$$\int \frac{\sinh x \cdot \cosh x}{\sinh^2 x - 13}\,dx = \frac{1}{2} \cdot \int \frac{2 \cdot \sinh x \cdot \cosh x}{\sinh^2 x - 13}\,dx \quad ► \int \frac{f'(x)}{f(x)}\,dx$$

$$= \frac{1}{2} \cdot \ln|\sinh^2 x - 13| + c \text{ mit}$$

$$x \notin \left\{ \ln(\sqrt{14}-\sqrt{13});\ \ln(\sqrt{14}+\sqrt{13}) \right\}$$

2.4.3 Integrale des Typs $\int \left([f(x)]^n \cdot f'(x)\right) dx;\ n \in \mathbb{R}^{\neq -1}$

► **Lehrbuch: Kusch 4, S. 87…92**

Merke:

$$\int \left([f(x)]^n \cdot f'(x)\right) dx = \frac{1}{n+1} \cdot [f(x)]^{n+1} + c;\ n \in \mathbb{R}^{\neq -1}$$

Anmerkungen:

- Der Fall $n = -1$, also $\int \left([f(x)]^{-1} \cdot f'(x)\right) dx = \int \frac{f'(x)}{f(x)}\,dx$, wurde bereits im Kapitel 2.4.2 behandelt.
- Um die entwickelte Formel anwenden zu können, muss der Integrand oft durch eine geeignete algebraische Umformung auf die gewünschte Form $[f(x)]^n \cdot f'(x)$ gebracht werden. Meistens ist auch noch eine Erweiterung des Integranden mit einer Zahl notwendig.
- Auch bei Integralen des Typs $\int (ax+b)^n\,dx;\ n \in \mathbb{R}^{\neq -1}$ (► 2.4.1) lässt sich der Integrand durch Erweitern mit a auf die Form $[f(x)]^n \cdot f'(x)$ bringen, und zwar gilt:

$$(ax+b)^n = \frac{1}{a} \cdot a \cdot (ax+b)^n = \frac{1}{a} \cdot [f(x)]^n \cdot f'(x) \text{ mit } f(x) = ax+b \text{ und } f'(x) = a$$

- In Anwendungen und Beispielen sind die unbestimmten Integrale dieses Typs häufig auch in der Form $\int (f'(x) \cdot [f(x)]^n)\,dx$ gegeben.

124

Berechnen Sie die nachstehenden unbestimmten Integrale.

1. $\int \frac{x}{\sqrt{9-x^2}}\,dx;\ x \in (-3; 3)$

► $\frac{x}{\sqrt{9-x^2}} = x \cdot [9-x^2]^{-\frac{1}{2}} = -\frac{1}{2} \cdot \left(-2x \cdot [9-x^2]^{-\frac{1}{2}}\right)$

► $n = -\frac{1}{2};\ f(x) = 9 - x^2 \Rightarrow f'(x) = -2x$

► $D(F) = [-3; 3]$ und $D(f) = (-3; 3)$

$$\int \frac{x}{\sqrt{9-x^2}}\,dx = -\frac{1}{2} \cdot \int \left(-2x \cdot [9-x^2]^{-\frac{1}{2}}\right) dx \quad ► \int \left(f'(x) \cdot [f(x)]^{-\frac{1}{2}}\right) dx$$

$$= -\frac{1}{2} \cdot \frac{1}{-\frac{1}{2}+1} \cdot [9-x^2]^{-\frac{1}{2}+1} + c$$

$$= -(9-x^2)^{\frac{1}{2}} + c$$

$$= -\sqrt{9-x^2} + c;\ x \in (-3; 3)$$

2. $\int \frac{x}{\sqrt{1+x^2}}\,dx;\ x \in \mathbb{R}$

► $\frac{x}{\sqrt{1+x^2}} = x \cdot [1+x^2]^{-\frac{1}{2}} = \frac{1}{2} \cdot \left(2x \cdot [1+x^2]^{-\frac{1}{2}}\right)$

► $n = -\frac{1}{2};\ f(x) = 1 + x^2 \Rightarrow f'(x) = 2x$

$$\int \frac{x}{\sqrt{1+x^2}}\,dx = \frac{1}{2} \cdot \int \left(2x \cdot [1+x^2]^{-\frac{1}{2}}\right) dx \quad ► \int \left(f'(x) \cdot [f(x)]^{-\frac{1}{2}}\right) dx$$

$$= \frac{1}{2} \cdot \frac{1}{-\frac{1}{2}+1} \cdot [1+x^2]^{-\frac{1}{2}+1} + c$$

$$= (1+x^2)^{\frac{1}{2}} + c$$

$$= \sqrt{1+x^2} + c$$

3. $\int \frac{x}{\sqrt{x^2+a^2}}\,\mathrm{d}x;\ a \neq 0;\ x \in \mathbb{R}$

► $\frac{x}{\sqrt{x^2+a^2}} = x \cdot [x^2+a^2]^{-\frac{1}{2}} = \frac{1}{2} \cdot \left(2x \cdot [x^2+a^2]^{-\frac{1}{2}}\right)$

► $n = -\frac{1}{2};\ f(x) = x^2+a^2 \Rightarrow f'(x) = 2x$

$$\int \frac{x}{\sqrt{x^2+a^2}}\,\mathrm{d}x = \frac{1}{2} \cdot \int \left(2x \cdot [x^2+a^2]^{-\frac{1}{2}}\right)\mathrm{d}x$$

► $\int \left(f'(x) \cdot [f(x)]^{-\frac{1}{2}}\right)\mathrm{d}x$

$$= \frac{1}{2} \cdot \frac{1}{-\frac{1}{2}+1} \cdot (x^2+a^2)^{-\frac{1}{2}+1} + c$$
$$= (x^2+a^2)^{\frac{1}{2}} + c$$
$$= \underline{\underline{\sqrt{x^2+a^2} + c}}$$

4. $\int \frac{x^2}{(a^2x^3-b^3)^4}\,\mathrm{d}x;\ a \neq 0;\ x \in \mathbb{R}\setminus\{\frac{b}{\sqrt[3]{a^2}}\}$

► $\frac{x^2}{(a^2x^3-b^3)^4} = x^2 \cdot \left[a^2x^3-b^3\right]^{-4}$

$= \frac{1}{3a^2} \cdot \left(3a^2x^2 \cdot (a^2x^3-b^3]^{-4}\right)$

► $n = -4;\ f(x) = a^2x^3-b^3 \Rightarrow f'(x) = 3a^2x^2$

$$\int \frac{x^2}{(a^2x^3-b^3)^4}\,\mathrm{d}x = \frac{1}{3a^2} \cdot \int \left(3a^2x^2 \cdot [a^2x^3-b^3]^{-4}\right)\mathrm{d}x$$

► $\int \left(f'(x) \cdot [f(x)]^{-4}\right)\mathrm{d}x$

$$= \frac{1}{3a^2} \cdot \frac{1}{-4+1} \cdot (a^2x^3-b^3)^{-4+1} + c$$
$$= -\frac{1}{9a^2} \cdot (a^2x^3-b^3)^{-3} + c$$
$$= \underline{\underline{-\frac{1}{9a^2 \cdot (a^2x^3-b^3)^3} + c;\ x \neq \frac{b}{\sqrt[3]{a^2}}}}$$

5. $\int \frac{x}{(x^2+a^2)^3}\,\mathrm{d}x;\ a \neq 0;\ x \in \mathbb{R}$

► $\frac{x}{(x^2+a^2)^3} = x \cdot [x^2+a^2]^{-3} = \frac{1}{2} \cdot \left(2x \cdot [x^2+a^2]^{-3}\right)$

► $n = -3;\ f(x) = x^2+a^2 \Rightarrow f'(x) = 2x$

$$\int \frac{x}{(x^2+a^2)^3}\,\mathrm{d}x = \frac{1}{2} \cdot \int (2 \cdot x \cdot [x^2+a^2]^{-3})\,\mathrm{d}x$$

► $\int \left(f'(x) \cdot [f(x)]^{-3}\right)\mathrm{d}x$

$$= \frac{1}{2} \cdot \frac{1}{-3+1} \cdot (x^2+a^2)^{-3+1} + c$$
$$= -\frac{1}{4} \cdot (x^2+a^2)^{-2} + c$$
$$= \underline{\underline{-\frac{1}{4 \cdot (x^2+a^2)^2} + c}}$$

6. $\int \frac{x}{\sqrt{2x^2+3}}\,\mathrm{d}x;\ x \in \mathbb{R}$

► $\frac{x}{\sqrt{2x^2+3}} = x \cdot [2x^2+3]^{-\frac{1}{2}} = \frac{1}{4} \cdot \left(4x \cdot [2x^2+3]^{-\frac{1}{2}}\right)$

► $n = -\frac{1}{2};\ f(x) = 2x^2+3 \Rightarrow f'(x) = 4x$

$$\int \frac{x}{\sqrt{2x^2+3}}\,\mathrm{d}x = \frac{1}{4} \cdot \int \left(4x \cdot [2x^2+3]^{-\frac{1}{2}}\right)\mathrm{d}x$$

► $\int \left(f'(x) \cdot [f(x)]^{-\frac{1}{2}}\right)\mathrm{d}x$

$$= \frac{1}{4} \cdot \frac{1}{-\frac{1}{2}+1} \cdot (2x^2+3)^{-\frac{1}{2}+1} + c$$
$$= \frac{1}{2} \cdot (2x^2+3)^{\frac{1}{2}} + c$$
$$= \underline{\underline{\frac{1}{2} \cdot \sqrt{2x^2+3} + c}}$$

124 **7.** $\displaystyle\int \frac{x^3}{\sqrt{5+x^4}}\,\mathrm{d}x;\ x \in \mathbb{R}$

► $\displaystyle\frac{x^3}{\sqrt{5+x^4}} = x^3 \cdot [5+x^4]^{-\frac{1}{2}} = \frac{1}{4}\cdot\left(4x^3 \cdot [5+x^4]^{-\frac{1}{2}}\right)$

► $\displaystyle n = -\frac{1}{2};\ f(x) = 5+x^4 \Rightarrow f'(x) = 4\cdot x^3$

$$\int \frac{x^3}{\sqrt{5+x^4}}\,\mathrm{d}x = \frac{1}{4}\cdot\int\left(4x^3\cdot[5+x^4]^{-\frac{1}{2}}\right)\mathrm{d}x$$

► $\displaystyle\int\left(f'(x)\cdot[f(x)]^{-\frac{1}{2}}\right)\mathrm{d}x$

$$= \frac{1}{4}\cdot\frac{1}{-\frac{1}{2}+1}\cdot(5+x^4)^{-\frac{1}{2}+1}+c$$
$$= \frac{1}{2}\cdot(5+x^4)^{\frac{1}{2}}+c$$
$$= \frac{1}{2}\cdot\sqrt{5+x^4}+c$$

8. $\displaystyle\int [x^2\cdot\sqrt{5-6x^3}]\,\mathrm{d}x;\ x \in \mathbb{R}^{\geq\sqrt[3]{\frac{5}{6}}}$

► $\displaystyle x^2\cdot\sqrt{5-6x^3} = x^2\cdot[5-6x^3]^{\frac{1}{2}}$

$\displaystyle= -\frac{1}{18}\cdot\left(-18x^2\cdot[5-6x^3]^{\frac{1}{2}}\right)$

► $\displaystyle n = \frac{1}{2};\ f(x) = 5-6x^3 \Rightarrow f'(x) = -18x^2$

$$\int [x^2\cdot\sqrt{5-6x^3}]\,\mathrm{d}x = -\frac{1}{18}\cdot\int\left(-18x^2\cdot[5-6x^3]^{\frac{1}{2}}\right)\mathrm{d}x$$

► $\displaystyle\int\left(f'(x)\cdot[f(x)]^{\frac{1}{2}}\right)\mathrm{d}x$

$$= -\frac{1}{18}\cdot\frac{1}{\frac{1}{2}+1}\cdot(5-6x^3)^{\frac{1}{2}+1}+c$$
$$= -\frac{1}{27}\cdot(5-6x^3)^{\frac{3}{2}}$$
$$= -\frac{1}{27}\sqrt{(5-6x^3)^3}+c;\ x \geq \sqrt[3]{\frac{5}{6}}$$

9. $\displaystyle\int [x\cdot\sqrt{1+x^2}]\,\mathrm{d}x;\ x \in \mathbb{R}$

► $\displaystyle x\cdot\sqrt{1+x^2} = x\cdot[1+x^2]^{\frac{1}{2}} = \frac{1}{2}\cdot\left(2x\cdot[1+x^2]^{\frac{1}{2}}\right)$

► $\displaystyle n = \frac{1}{2};\ f(x) = 1+x^2 \Rightarrow f'(x) = 2x$

$$\int [x\cdot\sqrt{1+x^2}]\,\mathrm{d}x = \frac{1}{2}\cdot\int(2x\cdot[1+x^2]^{\frac{1}{2}})\,\mathrm{d}x$$

► $\displaystyle\int\left(f'(x)\cdot[f(x)]^{\frac{1}{2}}\right)\mathrm{d}x$

$$= \frac{1}{2}\cdot\frac{1}{\frac{1}{2}+1}\cdot(1+x^2)^{\frac{1}{2}+1}+c$$
$$= \frac{1}{3}\cdot(1+x^2)^{\frac{3}{2}}+c$$
$$= \frac{1}{3}\cdot\sqrt{(1+x^2)^3}$$

10. $\displaystyle\int \frac{\left(\frac{a}{x}+b\right)^2}{x^2}\,\mathrm{d}x;\ a \neq 0;\ x \in \mathbb{R}^{\neq 0}$

► $\displaystyle\frac{\left(\frac{a}{x}+b\right)^2}{x^2} = \frac{1}{x^2}\cdot\left[\frac{a}{x}+b\right]^2$

$\displaystyle= -\frac{1}{a}\cdot\left(-\frac{a}{x^2}\cdot\left[\frac{a}{x}+b\right]^2\right)$

► $\displaystyle n = 2;\ f(x) = \frac{a}{x}+b \Rightarrow f'(x) = -\frac{a}{x^2}$

$$\int \frac{\left(\frac{a}{x}+b\right)^2}{x^2}\,\mathrm{d}x = -\frac{1}{a}\cdot\int\left(-\frac{a}{x^2}\cdot\left[\frac{a}{x}+b\right]^2\right)\mathrm{d}x$$

► $\displaystyle\int\left(f'(x)\cdot[f(x)]^2\right)\mathrm{d}x$

$$= -\frac{1}{a}\cdot\frac{1}{2+1}\cdot\left(\frac{a}{x}+b\right)^{2+1}+c$$
$$= -\frac{1}{3a}\cdot\left(\frac{a}{x}+b\right)^3+c;\ x \neq 0$$

124

11. $\displaystyle\int \frac{\sqrt{\left(4-\frac{3}{x^2}\right)^3}}{x^3}\,\mathrm{d}x;\ x \in \mathbb{R}\setminus\left(-\tfrac{\sqrt{3}}{2};\tfrac{\sqrt{3}}{2}\right)$

$$\blacktriangleright\ \frac{\sqrt{\left(4-\frac{3}{x^2}\right)^3}}{x^3} = \frac{1}{x^3}\cdot\left[4-\frac{3}{x^2}\right]^{\frac{3}{2}} = \frac{1}{6}\cdot\left(\frac{6}{x^3}\cdot\left[4-\frac{3}{x^2}\right]^{\frac{3}{2}}\right)$$

$$\blacktriangleright\ n=\frac{3}{2};\ f(x)=4-\frac{3}{x^2} \Rightarrow f'(x)=\frac{6}{x^3}$$

$$\int \frac{\sqrt{\left(4-\frac{3}{x^2}\right)^3}}{x^3}\,\mathrm{d}x = \frac{1}{6}\cdot\int\left(\frac{6}{x^3}\cdot\left[4-\frac{3}{x^2}\right]^{\frac{3}{2}}\right)\mathrm{d}x \quad \blacktriangleright \int\left(f'(x)\cdot[f(x)]^{\frac{3}{2}}\right)\mathrm{d}x$$

$$= \frac{1}{6}\cdot\frac{1}{\frac{3}{2}+1}\cdot\left(4-\frac{3}{x^2}\right)^{\frac{3}{2}+1}+c = \frac{1}{15}\cdot\left(4-\frac{3}{x^2}\right)^{\frac{5}{2}}+c$$

$$= \frac{1}{15}\cdot\sqrt{\left(4-\frac{3}{x^2}\right)^5}+c;\ x \le -\frac{\sqrt{3}}{2}\ \text{oder}\ x \ge \frac{\sqrt{3}}{2}$$

12. $\displaystyle\int \frac{\sqrt{x}}{(a+\sqrt{x^3})^2}\,\mathrm{d}x;$ mit $x \in \mathbb{R}^{\ge 0}$ für $a > 0$

bzw. $x \in \mathbb{R}^{\ge 0}\setminus\left\{\sqrt[3]{a^2}\right\}$ für $a \le 0$

$$\blacktriangleright\ \frac{\sqrt{x}}{(a+\sqrt{x^3})^2} = x^{\frac{1}{2}}\cdot\left[a+x^{\frac{3}{2}}\right]^{-2} = \frac{2}{3}\cdot\left(\frac{3}{2}\cdot x^{\frac{1}{2}}\cdot[a+\sqrt{x^3}]^{-2}\right)$$

$$\blacktriangleright\ n=2;\ f(x)=a+x^{\frac{3}{2}} \Rightarrow f'(x)=\frac{3}{2}\cdot x^{\frac{1}{2}}$$

$$\int \frac{\sqrt{x}}{(a+\sqrt{x^3})^2}\,\mathrm{d}x = \frac{2}{3}\cdot\int\left(\frac{3}{2}\cdot x^{\frac{1}{2}}\cdot\left[a+\sqrt{x^3}\right]^{-2}\right)\mathrm{d}x \quad \blacktriangleright \int\left(f'(x)\cdot[f(x)]^{-2}\right)\mathrm{d}x$$

$$= \frac{2}{3}\cdot\frac{1}{-2+1}\cdot\left(a+\sqrt{x^3}\right)^{-2+1}+c = -\frac{2}{3}\cdot\frac{1}{a+\sqrt{x^3}}+c;\ x \ge 0\ \text{für}\ a>0$$

bzw. $x \ge 0$ und $x \neq \sqrt[3]{a^2}$ für $a \le 0$

13. $\displaystyle\int[x^2\cdot\sqrt[3]{x^3-1}]\,\mathrm{d}x;\ x \in \mathbb{R}^{\ge 1}$

$$\blacktriangleright\ x^2\cdot\sqrt[3]{x^3-1} = x^2\cdot[x^3-1]^{\frac{1}{3}} = \frac{1}{3}\cdot\left(3x^2\cdot[x^3-1]^{\frac{1}{3}}\right)$$

$$\blacktriangleright\ n=\frac{1}{3};\ f(x)=x^3-1 \Rightarrow f'(x)=3x^2$$

$$\int[x^2\cdot\sqrt[3]{x^3-1}]\,\mathrm{d}x = \frac{1}{3}\cdot\int\left(3\cdot x^2\cdot[x^3-1]^{\frac{1}{3}}\right)\mathrm{d}x \quad \blacktriangleright \int\left(f'(x)\cdot[f(x)]^{\frac{1}{3}}\right)\mathrm{d}x$$

$$= \frac{1}{3}\cdot\frac{1}{\frac{1}{3}+1}\cdot(x^3-1)^{\frac{1}{3}+1}+c = \frac{1}{4}\cdot(x^3-1)^{\frac{4}{3}}+c = \frac{1}{4}\cdot\sqrt[3]{(x^3-1)^4}+c;\ x \ge 1$$

14. $\displaystyle\int[\sqrt[3]{x}\cdot(a+x\cdot\sqrt[3]{x})^3]\,\mathrm{d}x;\ x \in \mathbb{R}^{\ge 0}$

$$\blacktriangleright\ \sqrt[3]{x}\cdot(a+x\cdot\sqrt[3]{x})^3 = x^{\frac{1}{3}}\cdot\left[a+x^{\frac{4}{3}}\right]^3 = \frac{3}{4}\cdot\left(\frac{4}{3}\cdot x^{\frac{1}{3}}\cdot\left[a+x^{\frac{4}{3}}\right]^3\right)$$

$$\blacktriangleright\ n=3;\ f(x)=a+x^{\frac{4}{3}} \Rightarrow f'(x)=\frac{4}{3}\cdot x^{\frac{1}{3}}$$

$$\int[\sqrt[3]{x}\cdot(a+x\cdot\sqrt[3]{x})^3]\,\mathrm{d}x = \frac{3}{4}\cdot\int\left(\frac{4}{3}\cdot x^{\frac{1}{3}}\cdot\left[a+x^{\frac{4}{3}}\right]^3\right)\mathrm{d}x \quad \blacktriangleright \int\left(f'(x)\cdot[f(x)]^3\right)\mathrm{d}x$$

$$= \frac{3}{4}\cdot\frac{1}{3+1}\cdot\left(a+x^{\frac{4}{3}}\right)^{3+1}+c = \frac{3}{16}\cdot\left(a+x\cdot\sqrt[3]{x}\right)^4+c;\ x \ge 0$$

124

15. $\displaystyle\int \frac{\mathrm{d}x}{x^3\cdot\left(2+\frac{3}{x^2}\right)^3}\,\mathrm{d}x;\ x\in\mathbb{R}^{\neq 0}$

$$\blacktriangleright\ \frac{1}{x^3\cdot\left(2+\frac{3}{x^2}\right)^3}=x^{-3}\cdot\left[2+3x^{-2}\right]^{-3}$$

$$=\underline{-\frac{1}{6}\cdot\left(-6x^{-3}\cdot\left[2+3x^{-2}\right]^{-3}\right)}$$

$\blacktriangleright\ n=-3;\ f(x)=2+3x^{-2}\Rightarrow f'(x)=-6\cdot x^{-3}$

$$\int\frac{\mathrm{d}x}{x^3\cdot\left(2+\frac{3}{x^2}\right)^3}=-\frac{1}{6}\cdot\int\left(-6x^{-3}\cdot\left[2+3x^{-2}\right]^{-3}\right)\mathrm{d}x$$

$$\blacktriangleright\ \int\left(f'(x)\cdot[f(x)]\right)\mathrm{d}x$$

$$=-\frac{1}{6}\cdot\frac{1}{-3+1}\cdot\left(2+3x^{-2}\right)^{-3+1}+c$$

$$=\frac{1}{12}\cdot\left(2+\frac{3}{x^2}\right)^{-2}+c$$

$$=\underline{\underline{\frac{1}{12\cdot\left(2+\frac{3}{x^2}\right)^2}+c;\ x\neq 0}}$$

16. $\displaystyle\int\frac{x^5}{\sqrt{x^2-x^7}}\,\mathrm{d}x;\ x\in\mathbb{R}^{<1}\setminus\{0\}$

$$\blacktriangleright\ \frac{x^5}{\sqrt{x^2-x^7}}=\frac{x^5}{\sqrt{x^2\cdot(1-x^5)}}$$

$$=\frac{x^5}{|x|\cdot\sqrt{1-x^5}}$$

$$=\underline{\begin{cases}-x^4\cdot[1-x^5]^{-\frac{1}{2}}, & \text{wenn } x<0\\ x^4\cdot[1-x^5]^{-\frac{1}{2}}, & \text{wenn } x\in(0;1)\end{cases}}$$

$\blacktriangleright\ n=-\frac{1}{2};\ f(x)=1-x^5\Rightarrow f'(x)=-5\cdot x^4$

$\blacktriangleright\ D(F)=\mathbb{R}^{\leq 1}$ und $D(f)=\mathbb{R}^{<1}\setminus\{0\}$

$$\int\frac{x^5}{\sqrt{x^2-x^7}}\,\mathrm{d}x=\begin{cases}\frac{1}{5}\cdot\int\left(-5\cdot x^4\cdot[1-x^5]^{-\frac{1}{2}}\right), & \text{wenn } x<0\\ -\frac{1}{5}\cdot\int\left(-5\cdot x^4\cdot[1-x^5]^{-\frac{1}{2}}\right), & \text{wenn } x\in(0;1)\end{cases}$$

$$\blacktriangleright\ \int\left(f'(x)\cdot[f(x)]^{-\frac{1}{2}}\right)\mathrm{d}x$$

$$=\begin{cases}\frac{1}{5}\cdot\frac{1}{-\frac{1}{2}+1}\cdot(1-x^5)^{-\frac{1}{2}+1}+c_1\\ -\frac{1}{5}\cdot\frac{1}{-\frac{1}{2}+1}\cdot(1-x^5)^{-\frac{1}{2}+1}+c_2\end{cases}$$

$$=\underline{\underline{\frac{2}{5}\cdot\begin{cases}\sqrt{1-x^5}+c_1, & \text{wenn } x<0\\ -\sqrt{1-x^5}+c_2, & \text{wenn } x\in(0;1)\end{cases}}}$$

17. $\displaystyle\int\left[x\cdot\sqrt[5]{(1-x^2)^3}\right]\mathrm{d}x;\ x\in[-1;1]$

$$\blacktriangleright\ x\cdot\sqrt[5]{(1-x^2)^3}=x\cdot[1-x^2]^{\frac{3}{5}}$$

$$=\underline{-\frac{1}{2}\cdot\left(-2x\cdot[1-x^2]^{\frac{3}{5}}\right)}$$

$\blacktriangleright\ n=\frac{3}{5};\ f(x)=1-x^2\Rightarrow f'(x)=-2x$

$$\int\left[x\cdot\sqrt[5]{(1-x^2)^3}\right]\mathrm{d}x=-\frac{1}{2}\cdot\int\left(-2x\cdot[1-x^2]^{\frac{3}{5}}\right)\mathrm{d}x$$

$$\blacktriangleright\ \int\left(f'(x)\cdot[f(x)]^{\frac{3}{5}}\right)\mathrm{d}x$$

$$=-\frac{1}{2}\cdot\frac{1}{\frac{3}{5}+1}\cdot\left(1-x^2\right)^{\frac{3}{5}+1}+c$$

$$=\underline{\underline{-\frac{5}{16}\cdot\sqrt[5]{(1-x^2)^8}+c;\ x\in[-1;1]}}$$

18. $\displaystyle\int\left[\frac{1}{x^2}\cdot\sqrt[3]{\left(\frac{1}{x}+b\right)^2}\right]\mathrm{d}x;\ b\neq 0;\ x\in\mathbb{R}^{\neq 0}$

$$\blacktriangleright\ \frac{1}{x^2}\cdot\sqrt[3]{\left(\frac{1}{x}+b\right)^2}=x^{-2}\cdot\left[\left(\frac{1}{x}+b\right)^2\right]^{\frac{1}{3}}$$

$$=\underline{\begin{cases}x^{-2}\cdot\left[-\left(\frac{1}{x}+b\right)\right]^{\frac{2}{3}}, & \text{wenn } \frac{1}{x}+b<0\\ x^{-2}\cdot\left[\frac{1}{x}+b\right]^{\frac{2}{3}}, & \text{wenn } \frac{1}{x}+b\geq 0\end{cases}}$$

$\blacktriangleright\ n=\frac{2}{3};\ f(x)=\frac{1}{x}+b\Rightarrow f'(x)=-x^{-2}$

$$\int\left[\frac{1}{x^2}\cdot\sqrt[3]{\left(\frac{1}{x}+b\right)^2}\right]\mathrm{d}x=$$

$$=-\begin{cases}\int\left[-x^{-2}\cdot\left[-\left(\frac{1}{x}+b\right)\right]^{\frac{2}{3}}\right]\mathrm{d}x, & \text{wenn } \frac{1}{x}+b<0\\ \int\left[-x^2\cdot\left(\frac{1}{x}+b\right)^{\frac{2}{3}}\right]\mathrm{d}x, & \text{wenn } \frac{1}{x}+b>0\end{cases}$$

$$\blacktriangleright\ \int\left(f'(x)\cdot[f(x)]^{\frac{2}{3}}\right)\mathrm{d}x$$

$$=-\begin{cases}-\frac{1}{\frac{2}{3}+1}\cdot\left[-\left(\frac{1}{x}+b\right)\right]^{\frac{2}{3}+1}+c_1\\ \frac{1}{\frac{2}{3}+1}\cdot\left(\frac{1}{x}+b\right)^{\frac{2}{3}+1}+c_2\end{cases}$$

► Die Lösungsmengen der Ungleichungen $\frac{1}{x}+b<0$ und $\frac{1}{x}+b>0$ hängen vom Vorzeichen von b ab.

► $\underline{b>0}$ ► linkes Bild

- $\frac{1}{x}+b<0 \Rightarrow \frac{1}{x}<-b \Rightarrow \underline{x \in \left(-\frac{1}{b};0\right)}$
- $\frac{1}{x}+b \geq 0 \Rightarrow \frac{1}{x} \geq -b$
  $\Rightarrow \underline{x \in \left(-\infty;\ -\frac{1}{b}\right] \text{ oder } x \in (0;\infty)}$

► $\underline{b<0}$ ► rechtes Bild

- $\frac{1}{x}+b<0 \Rightarrow \frac{1}{x}<-b$
  $\Rightarrow \underline{x \in (-\infty;0) \text{ oder } x \in \left(-\frac{1}{b};\infty\right)}$
- $\frac{1}{x}+b \geq 0 \Rightarrow \frac{1}{x} \geq -b \Rightarrow \underline{x \in \left(0;\ -\frac{1}{b}\right]}$

$$= \begin{cases} \frac{3}{5}\cdot\sqrt[3]{\left[-\left(\frac{1}{x}+b\right)\right]^5}+c_1, & \text{wenn } \frac{1}{x}+b<0 \\ -\frac{3}{5}\cdot\sqrt[3]{\left(\frac{1}{x}+b\right)^5}+c_2, & \text{wenn } \frac{1}{x}+b>0 \end{cases} \qquad x \in \mathbb{R}^{\neq 0}$$ 124

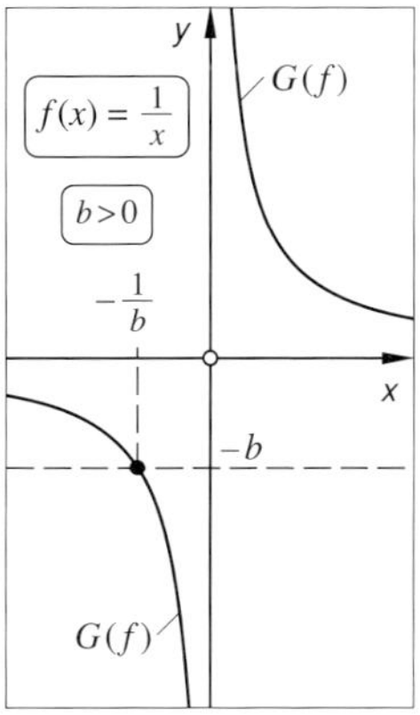

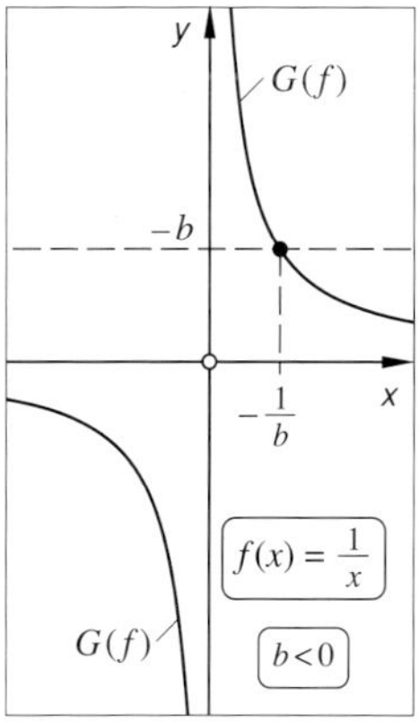

19. $\int[\cos^8 x \cdot \sin x]\,dx;\ x \in \mathbb{R}$

► $n=8;\ f(x)=\cos x \Rightarrow f'(x)=-\sin x$

$$\int[\cos^8 x\cdot\sin x]\,dx = -\int\left(-\sin x\cdot[\cos x]^8\right)dx \qquad ► \int\left(f'(x)\cdot[f(x)]^8\right)dx$$

$$= -\frac{1}{8+1}\cdot[\cos x]^{8+1}+c$$

$$= \underline{\underline{-\frac{1}{9}\cdot\cos^9 x+c}}$$

20. $\int\frac{\tan^3 x}{\cos^2 x}\,dx;\ x \in \mathbb{R}\setminus\left\{\frac{\pi}{2}+k\pi \mid k \in \mathbb{Z}\right\}$

► $\frac{\tan^3 x}{\cos^2 x}=\underline{\frac{1}{\cos^2 x}\cdot[\tan x]^3}$

► $n=3;\ f(x)=\tan x \Rightarrow f'(x)=\frac{1}{\cos^2 x}$

$$\int\frac{\tan^3 x}{\cos^2 x}\,dx = \int\left(\frac{1}{\cos^2 x}\cdot[\tan x]^3\right)dx \qquad ► \int\left(f'(x)\cdot[f(x)]^3\right)dx$$

$$= \frac{1}{3+1}\cdot[\tan x]^{3+1}+c$$

$$= \underline{\underline{\frac{1}{4}\cdot\tan^4 x+c;\ x \neq \frac{\pi}{2}+k\pi;\ k \in \mathbb{Z}}}$$

21. $\int\frac{\cot^5(2x)}{\sin^2(2x)}\,dx;\ x \in \mathbb{R}\setminus\left\{\frac{k}{2}\pi \mid k \in \mathbb{Z}\right\}$

► $\frac{\cot^5(2x)}{\sin^2(2x)}=\frac{1}{\sin^2(2x)}\cdot[\cot(2x)]^5$

$$= \underline{-\frac{1}{2}\cdot\left(\frac{-2}{\sin^2(2x)}\cdot[\cot(2x)]^5\right)}$$

► $n=5;\ f(x)=\cot(2x) \Rightarrow f'(x)=\frac{-2}{\sin^2(2x)}$

$$\int\frac{\cot^5(2x)}{\sin^2(2x)}\,dx = -\frac{1}{2}\cdot\int\left(\frac{-2}{\sin^2(2x)}\cdot[\cot(2x)]^5\right)dx$$

► $\int\left(f'(x)\cdot[f(x)]^5\right)dx$

$$= -\frac{1}{2}\cdot\frac{1}{5+1}\cdot[\cot(2x)]^{5+1}+c$$

$$= \underline{\underline{-\frac{1}{12}\cdot\cot^6(2x)+c;\ x \neq \frac{k}{2}\pi;\ k \in \mathbb{Z}}}$$

124 **22.** $\int \frac{\cos x}{\sqrt{\sin x}}\,\mathrm{d}x;\ x \in (2k\pi;\ (2k+1)\cdot\pi);\ k \in \mathbb{Z}$

► $\frac{\cos x}{\sqrt{\sin x}} = \underline{\cos x \cdot [\sin x]^{-\frac{1}{2}}}$

► $n = -\frac{1}{2};\ f(x) = \sin x \Rightarrow f'(x) = \cos x$

$$\int \frac{\cos x}{\sqrt{\sin x}}\,\mathrm{d}x = \int \left(\cos x \cdot [\sin x]^{-\frac{1}{2}}\right)\mathrm{d}x \ ► \int \left(f'(x)\cdot [f(x)]^{-\frac{1}{2}}\right)\mathrm{d}x$$
$$= \frac{1}{-\frac{1}{2}+1}\cdot [\sin x]^{-\frac{1}{2}+1} + c$$
$$= \underline{\underline{2\cdot\sqrt{\sin x} + c;\ x \in (2k\pi;\ (2k+1)\cdot\pi);\ k \in \mathbb{Z}}}$$

► $D(F) = [2k\pi;\ (2k+1)\cdot\pi];\ k \in \mathbb{Z}$ und
$D(f) = (2k\pi;\ (2k+1)\cdot\pi);\ k \in \mathbb{Z}$

23. $\int \frac{\sqrt{\cot x}}{\sin^2 x}\,\mathrm{d}x;\ x \in \left(k\pi;\ \frac{2k+1}{2}\cdot\pi\right];\ k \in \mathbb{Z}$

► $\frac{\sqrt{\cot x}}{\sin^2 x} = \underline{\frac{1}{\sin^2 x}\cdot[\cot x]^{\frac{1}{2}}}$

► $n = \frac{1}{2};\ f(x) = \cot x;\ f'(x) = \frac{-1}{\sin^2 x}$

$$\int \frac{\sqrt{\cot x}}{\sin^2 x}\,\mathrm{d}x = -\int \left(\frac{-1}{\sin^2 x}\cdot[\cot x]^{\frac{1}{2}}\right)\mathrm{d}x \ ► \int \left(f'(x)\cdot [f(x)]^{\frac{1}{2}}\right)\mathrm{d}x$$
$$= -\frac{1}{\frac{1}{2}+1}\cdot[\cot x]^{\frac{1}{2}+1} + c$$
$$= \underline{\underline{-\frac{2}{3}\cdot\sqrt{\cot^3 x} + c;\ x \in \left(k\pi;\ \frac{2k+1}{2}\cdot\pi\right];\ k \in \mathbb{Z}}}$$

24. $\int \left[\sqrt{1+\tan x}\cdot\frac{1}{\cos^2 x}\right]\mathrm{d}x$ mit
$x \in \left[-\frac{\pi}{4}+k\pi;\ \frac{\pi}{2}+k\pi\right);\ k \in \mathbb{Z}$

► $\sqrt{1+\tan x}\cdot\frac{1}{\cos^2 x} = \underline{\frac{1}{\cos^2 x}\cdot[1+\tan x]^{\frac{1}{2}}}$

► $n = \frac{1}{2};\ f(x) = 1+\tan x \Rightarrow f'(x) = \frac{1}{\cos^2 x}$

$$\int \left[\sqrt{1+\tan x}\cdot\frac{1}{\cos^2 x}\right]\mathrm{d}x = \int \left(\frac{1}{\cos^2 x}\cdot[1+\tan x]^{\frac{1}{2}}\right)\mathrm{d}x$$
$$► \int \left(f'(x)\cdot [f(x)]^{\frac{1}{2}}\right)\mathrm{d}x$$
$$= \frac{1}{\frac{1}{2}+1}[1+\tan x]^{\frac{1}{2}+1} + c$$
$$= \underline{\underline{\frac{2}{3}\cdot\sqrt{(1+\tan x)^3} + c \text{ mit}}}$$
$$\underline{\underline{x \in \left[-\frac{\pi}{4}+k\pi;\ \frac{\pi}{2}+k\pi\right);\ k \in \mathbb{Z}}}$$

25. $\int \left[\sqrt{\sinh^3 x}\cdot\cosh x\right]\mathrm{d}x;\ x \in \mathbb{R}^{\geq 0}$

► $\sqrt{\sinh^3 x}\cdot\cosh x = \underline{\cosh x\cdot[\sinh x]^{\frac{3}{2}}}$

► $n = \frac{3}{2};\ f(x) = \sinh x \Rightarrow f'(x) = \cosh x$

$$\int \left[\sqrt{\sinh^3 x}\cdot\cosh x\right]\mathrm{d}x = \int \left(\cosh x\cdot[\sinh x]^{\frac{3}{2}}\right)\mathrm{d}x$$
$$► \int \left(f'(x)\cdot [f(x)]^{\frac{3}{2}}\right)\mathrm{d}x$$
$$= \frac{1}{\frac{3}{2}+1}\cdot[\sinh x]^{\frac{3}{2}+1} + c$$
$$= \underline{\underline{\frac{2}{5}\cdot\sqrt{\sinh^5 x} + c;\ x \geq 0}}$$

26. $\int \frac{\cosh x}{\sqrt{4+\sinh x}}\,\mathrm{d}x;\ x \in \mathbb{R}^{>\ln(\sqrt{17}-4)}$

► $\frac{\cosh x}{\sqrt{4+\sinh x}} = \underline{\cosh x\cdot[4+\sinh x]^{-\frac{1}{2}}}$

► $n = -\frac{1}{2};\ f(x) = 4+\sinh x \Rightarrow f'(x) = \cosh x$

$$\int \frac{\cosh x}{\sqrt{4+\sinh x}}\,\mathrm{d}x = \int \left(\cosh x\cdot[4+\sinh x]^{-\frac{1}{2}}\right)\mathrm{d}x$$
$$► \int \left(f'(x)\cdot [f(x)]^{-\frac{1}{2}}\right)\mathrm{d}x$$
$$= \frac{1}{-\frac{1}{2}+1}\cdot[4+\sinh x]^{-\frac{1}{2}+1} + c$$
$$= \underline{\underline{2\cdot\sqrt{4+\sinh x} + c;\ x > \ln(\sqrt{17}-4)}}$$

► $D(F) = \mathbb{R}^{\geq\ln(\sqrt{17}-4)}$ und $D(f) = \mathbb{R}^{>\ln(\sqrt{17}-4)}$

27. $\displaystyle\int \frac{\sqrt{(1+\tanh x)^3}}{\cosh^2 x}\,\mathrm{d}x;\ x \in \mathbb{R}$

► $\displaystyle\frac{\sqrt{(1+\tanh x)^3}}{\cosh^2 x} = \frac{1}{\cosh^2 x} \cdot [1+\tanh x]^{\frac{3}{2}}$

► $\displaystyle n = \frac{3}{2};\ f(x) = 1+\tanh x \Rightarrow f'(x) = \frac{1}{\cosh^2 x}$

$$\int \frac{\sqrt{(1+\tanh x)^3}}{\cosh^2 x}\,\mathrm{d}x = \int\left(\cosh x \cdot [1+\tanh x]^{\frac{3}{2}}\right) \mathrm{d}x$$

► $\displaystyle\int\left(f'(x) \cdot [f(x)]^{\frac{3}{2}}\right) \mathrm{d}x$

$$= \frac{1}{\frac{3}{2}+1} \cdot [1+\tanh x]^{\frac{3}{2}+1} + c$$

$$= \frac{2}{5} \cdot \sqrt{(1+\tanh x)^5} + c$$

28. $\displaystyle\int \frac{\ln^{10} x}{x}\,\mathrm{d}x;\ x \in \mathbb{R}^{>0}$

► $\displaystyle\frac{\ln^{10} x}{x} = \frac{1}{x} \cdot [\ln x]^{10}$

► $\displaystyle n = 10;\ f(x) = \ln x \Rightarrow f'(x) = \frac{1}{x}$

$$\int \frac{\ln^{10} x}{x}\,\mathrm{d}x = \int\left(\frac{1}{x} \cdot [\ln x]^{10}\right) \mathrm{d}x \quad ► \int\left(f'(x) \cdot [f(x)]^{10}\right) \mathrm{d}x$$

$$= \frac{1}{10+1} \cdot [\ln x]^{10+1} + c$$

$$= \frac{1}{11} \cdot \ln^{11} x + c;\ x > 0$$

29. $\displaystyle\int \frac{\sqrt{\ln x}}{x}\,\mathrm{d}x;\ x \in \mathbb{R}^{\geq 1}$

► $\displaystyle\frac{\sqrt{\ln x}}{x} = \frac{1}{x} \cdot [\ln x]^{\frac{1}{2}}$

► $\displaystyle n = \frac{1}{2};\ f(x) = \ln x \Rightarrow f'(x) = \frac{1}{x}$

$$\int \frac{\sqrt{\ln x}}{x}\,\mathrm{d}x = \int\left(\frac{1}{x} \cdot [\ln x]^{\frac{1}{2}}\right) \mathrm{d}x \quad ► \int\left(f'(x) \cdot [f(x)]^{\frac{1}{2}}\right) \mathrm{d}x$$

$$= \frac{1}{\frac{1}{2}+1} \cdot [\ln x]^{\frac{1}{2}+1} + c$$

$$= \frac{2}{3} \cdot \sqrt{\ln^3 x} + c;\ x \geq 1$$

30. $\displaystyle\int \frac{\ln \frac{1}{x^2}}{x}\,\mathrm{d}x;\ x \in \mathbb{R}^{\neq 0}$

► $\displaystyle\frac{\ln \frac{1}{x^2}}{x} = \frac{1}{x} \cdot \ln x^{-2} = -2 \cdot \left(\tfrac{1}{x} \cdot \ln x\right)$

► $\displaystyle n = 1;\ f(x) = \ln x \Rightarrow f'(x) = \frac{1}{x}$

$$\int \frac{\ln \frac{1}{x^2}}{x}\,\mathrm{d}x = -2 \cdot \int\left(\tfrac{1}{x} \cdot [\ln x]^1\right) \mathrm{d}x \quad ► \int\left(f'(x) \cdot [f(x)]^1\right) \mathrm{d}x$$

$$= -2 \cdot \frac{1}{1+1} \cdot [\ln x]^{1+1} + c$$

$$= -\ln^2 x + c;\ x \neq 0$$

31. $\displaystyle\int \frac{\mathrm{e}^{2x}}{\sqrt{\mathrm{e}^{2x}+1}}\,\mathrm{d}x;\ x \in \mathbb{R}$

► $\displaystyle\frac{\mathrm{e}^{2x}}{\sqrt{\mathrm{e}^{2x}+1}} = \mathrm{e}^{2x} \cdot [\mathrm{e}^{2x}+1]^{-\frac{1}{2}}$

$\displaystyle= \frac{1}{2} \cdot \left(2 \cdot \mathrm{e}^{2x} \cdot [\mathrm{e}^{2x}+1]^{-\frac{1}{2}}\right)$

► $\displaystyle n = -\frac{1}{2};\ f(x) = \mathrm{e}^{2x}+1 \Rightarrow f'(x) = 2 \cdot \mathrm{e}^{2x}$

$$\int \frac{\mathrm{e}^{2x}}{\sqrt{\mathrm{e}^{2x}+1}}\,\mathrm{d}x = \frac{1}{2} \cdot \int\left(2 \cdot \mathrm{e}^{2x} \cdot [\mathrm{e}^{2x}+1]^{-\frac{1}{2}}\right) \mathrm{d}x$$

► $\displaystyle\int\left(f'(x) \cdot [f(x)]^{-\frac{1}{2}}\right) \mathrm{d}x$

$$= \frac{1}{2} \cdot \frac{1}{-\frac{1}{2}+1} \cdot [\mathrm{e}^{2x}+1]^{-\frac{1}{2}+1} + c$$

$$= \sqrt{\mathrm{e}^{2x}+1} + c$$

124

32. $\int \frac{(1+e^{-x})^4}{e^x}\,dx;\ x \in \mathbb{R}$

► $\frac{(1+e^{-x})^4}{e^x} = \underline{e^{-x}\cdot[1+e^{-x}]^4}$

► $n=4; f(x)=1+e^{-x} \Rightarrow f'(x)=-e^{-x}$

$$\int \frac{(1+e^{-x})^4}{e^x}\,dx = -\int \left(-e^{-x}\cdot[1+e^{-x}]^4\right) dx$$

► $\int \left(f'(x)\cdot[f(x)]^4\right) dx$

$$= -\frac{1}{4+1}\cdot[1+e^{-x}]^{4+1}+c$$

$$= -\frac{1}{5}\cdot(1+e^{-x})^5+c$$

33. $\int \left[\sqrt[7]{e^x+13}\cdot e^x\right] dx;\ x \in \mathbb{R}$

► $\sqrt[7]{e^x+13}\cdot e^x = \underline{e^x\cdot(e^x+13)^{\frac{1}{7}}}$

► $n=\frac{1}{7}; f(x)=e^x+13 \Rightarrow f'(x)=e^x$

$$\int \left[\sqrt[7]{e^x+13}\cdot e^x\right] dx = \int \left(e^x\cdot[e^x+13]^{\frac{1}{7}}\right) dx$$

► $\int \left(f'(x)\cdot[f(x)]^{\frac{1}{7}}\right) dx$

$$= \frac{1}{\frac{1}{7}+1}\cdot[e^x+13]^{\frac{1}{7}+1}+c$$

$$= \frac{7}{8}\cdot\sqrt[7]{(e^x+13)^8}+c$$

34. $\int \frac{\sin x}{\cos^3 x}\,dx;\ x \in \mathbb{R}\setminus\left\{\frac{\pi}{2}+k\pi;\ k\in\mathbb{Z}\right\}$

► $\frac{\sin x}{\cos^3 x} = \underline{\sin x\cdot[\cos x]^{-3}}$

► $n=-3; f(x)=\cos x \Rightarrow f'(x)=-\sin x$

$$\int \frac{\sin x}{\cos^3 x}\,dx = -\int \left(-\sin x\cdot[\cos x]^{-3}\right) dx$$

► $\int \left(f'(x)\cdot[f(x)]^{-3}\right) dx$

$$= -\frac{1}{-3+1}\cdot[\cos x]^{-3+1}+c$$

$$= \frac{1}{2\cdot\cos^2 x}+c;\ x \neq \frac{\pi}{2}+k\pi;\ k\in\mathbb{Z}$$

35. $\int \frac{\operatorname{Arcsin} x}{\sqrt{1-x^2}}\,dx;\ x \in (-1;1)$

► $\frac{\operatorname{Arcsin} x}{\sqrt{1-x^2}} = \underline{\frac{1}{\sqrt{1-x^2}}\cdot[\operatorname{Arcsin} x]^1}$

► $n=1; f(x)=\operatorname{Arcsin} x \Rightarrow f'(x)=\frac{1}{\sqrt{1-x^2}}$

► $D(F)=[-1;1]$ und $D(f)=(-1;1)$

$$\int \frac{\operatorname{Arcsin} x}{\sqrt{1-x^2}}\,dx = \int \left(\frac{1}{\sqrt{1-x^2}}\cdot[\operatorname{Arcsin} x]^1\right) dx$$

► $\int \left(f'(x)\cdot[f(x)]^1\right) dx$

$$= \frac{1}{1+1}\cdot[\operatorname{Arcsin} x]^{1+1}+c$$

$$= \frac{1}{2}\cdot\operatorname{Arcsin}^2 x+c;\ x\in(-1;1)$$

36. $\int \frac{\operatorname{Arsinh} x}{\sqrt{x^2+1}}\,dx;\ x \in \mathbb{R}$

► $\frac{\operatorname{Arsinh} x}{\sqrt{x^2+1}} = \underline{\frac{1}{\sqrt{x^2+1}}\cdot[\operatorname{Arsinh} x]^1}$

► $n=1; f(x)=\operatorname{Arsinh} x \Rightarrow f'(x)=\frac{1}{\sqrt{x^2+1}}$

$$\int \frac{\operatorname{Arsinh} x}{\sqrt{1+x^2}}\,dx = \int \left(\frac{1}{\sqrt{1+x^2}}\cdot[\operatorname{Arsinh} x]^1\right) dx$$

► $\int \left(f'(x)\cdot[f(x)]^1\right) dx$

$$= \frac{1}{1+1}\cdot[\operatorname{Arsinh} x]^{1+1}+c$$

$$= \frac{1}{2}\cdot\operatorname{Arsinh}^2 x+c$$

37. $\displaystyle\int \frac{\ln(2x-4)}{x-2}\,dx;\ x \in \mathbb{R}^{>2}$

► $\displaystyle\frac{\ln(2x-4)}{x-2} = \underline{\frac{1}{x-2} \cdot [\ln(2x-4)]^1}$

► $n = 1;\ f(x) = \ln(2x-4)$

$\displaystyle\Rightarrow f'(x) = \frac{1}{2x-4} \cdot 2 = \frac{1}{x-2}$

$$\int \frac{\ln(2x-4)}{x-2}\,dx = \int\left(\frac{1}{x-2} \cdot [\ln(2x-4)]^1\right)dx$$

► $\int\left(f'(x) \cdot [f(x)]^1\right)dx$

$$= \frac{1}{1+1} \cdot [\ln(2x-4)]^{1+1} + c$$

$$= \frac{1}{2} \cdot \ln^2(2x-4) + c;\ x > 2$$

38. $\displaystyle\int \frac{\tan(x+1)}{\cos^2(x+1)}\,dx;\ x \in \mathbb{R}\setminus\left\{\frac{\pi}{2} + k\pi - 1;\ k \in \mathbb{Z}\right\}$

► $\displaystyle\frac{\tan(x+1)}{\cos^2(x+1)} = \underline{\frac{1}{\cos^2(x+1)} \cdot [\tan(x+1)]^1}$

► $\displaystyle n = 1;\ f(x) = \tan(x+1) \Rightarrow f'(x) = \frac{1}{\cos^2(x+1)}$

$$\int \frac{\tan(x+1)}{\cos^2(x+1)}\,dx = \int\left(\frac{1}{\cos^2(x+1)} \cdot [\tan(x+1)]^1\right)dx$$

► $\int\left(f'(x) \cdot [f(x)]^1\right)dx$

$$= \frac{1}{1+1} \cdot [\tan(x+1)]^{1+1} + c$$

$$= \frac{1}{2} \cdot \tan^2(x+1) + c;\ x \neq \frac{\pi}{2} + k\pi - 1;\ k \in \mathbb{Z}$$

39. $\int [a^{4x} \cdot \ln a]\,dx;\ a \in \mathbb{R}^{>0}\setminus\{1\};\ x \in \mathbb{R}$

$a^{4x} = a^x \cdot a^{3x} = a^x \cdot [a^x]^3$

► $a^{4x} \cdot \ln a = \underline{a^x \cdot \ln a \cdot [a^x]^3}$

► $n = 3;\ f(x) = a^x \Rightarrow f'(x) = a^x \cdot \ln a$

$$\int [a^{4x} \cdot \ln a]\,dx = \int (a^x \cdot \ln a \cdot [a^x]^3)\,dx$$

► $\int\left(f'(x) \cdot [f(x)]^3\right)dx$

$$= \frac{1}{3+1} \cdot [a^x]^{3+1} + c$$

$$= \frac{1}{4} \cdot a^{4x} + c$$

2.4.4 Integrale des Typs $\int (g[h(x)] \cdot h'(x))\,dx$

► **Lehrbuch: Kusch 4, S. 90 … 92**

Merke:

Bei Integralen des Typs $\int (g[h(x)] \cdot h'(x))\,dx$ substituiert man $h(x) = z$. Damit ist $h'(x) \cdot dx = dz$, und man erhält:

$$\int (g[h(x)] \cdot h'(x))\,dx = \int g(z)\,dz$$

Anmerkungen:

- Durch eine Substitution $h(x) = z$ wird man ein Integral $\int (g[h(x)] \cdot h'(x))\,dx$ nicht immer unmittelbar lösen können. Die Substitution vereinfacht aber auf alle Fälle den Integranden.
- Um die entwickelte Formel anwenden zu können, wird man häufig erst durch algebraische Umformungen die gewünschte Form $g[h(x)] \cdot h'(x)$ eines Integranden erhalten. Meistens muss man den gegebenen Integranden noch mit einer Zahl erweitern.
- In Anwendungen und Beispielen sind die unbestimmten Integrale dieses Typs häufig auch in der Form $\int (h'(x) \cdot g[h(x)])\,dx$ gegeben

125

Berechnen Sie die nachstehenden unbestimmten Integrale.

1. $\int [x \cdot \sin(x^2 - 1)]\,\mathrm{d}x;\ x \in \mathbb{R}$

► $x^2 - 1 = z \Rightarrow \frac{\mathrm{d}z}{\mathrm{d}x} = 2x \Rightarrow 2x \cdot \mathrm{d}x = \mathrm{d}z$

$$\begin{aligned}\int [x \cdot \sin(x^2 - 1)]\,\mathrm{d}x &= \frac{1}{2} \cdot \int [\sin(x^2 - 1) \cdot (2x \cdot \mathrm{d}x)] \\ &= \frac{1}{2} \cdot \int \sin z\,\mathrm{d}z \\ &= -\frac{1}{2} \cdot \cos z + c \quad \blacktriangleright z = x^2 - 1 \\ &= \underline{\underline{-\frac{1}{2} \cdot \cos(x^2 - 1) + c}}\end{aligned}$$

2. $\int [(x+1) \cdot \sin(x^2 + 2x)]\,\mathrm{d}x;\ x \in \mathbb{R}$

► $x^2 + 2x = z \Rightarrow \frac{\mathrm{d}z}{\mathrm{d}x} = 2x + 2$
$\Rightarrow 2 \cdot (x+1) \cdot \mathrm{d}x = \mathrm{d}z$

$$\begin{aligned}\int [(x+1) \cdot \sin(x^2 + 2x)]\,\mathrm{d}x &= \frac{1}{2} \cdot \int [\sin(x^2 + 2x) \cdot (2 \cdot (x+1) \cdot \mathrm{d}x)] \\ &= \frac{1}{2} \cdot \int \sin z\,\mathrm{d}z \\ &= -\frac{1}{2} \cdot \cos z + c \quad \blacktriangleright z = x^2 + 2x \\ &= \underline{\underline{-\frac{1}{2} \cdot \cos(x^2 + 2x) + c}}\end{aligned}$$

3. $\int \left[x \cdot \sin \frac{6x^4 - 2x^2}{x^2}\right] \mathrm{d}x;\ x \in \mathbb{R}^{\neq 0}$

► $\sin \frac{6x^4 - 2x^2}{x^2} = \sin(6x^2 - 2)$

► $6x^2 - 2 = z \Rightarrow \frac{\mathrm{d}z}{\mathrm{d}x} = 12x \Rightarrow 12x \cdot \mathrm{d}x = \mathrm{d}z$

► $D(F) = \mathbb{R}$ und $D(f) = \mathbb{R}^{\neq 0}$

$$\begin{aligned}\int \left[x \cdot \sin \frac{6x^4 - 2x^2}{x^2}\right] \mathrm{d}x &= \frac{1}{12} \cdot \int [\sin(6x^2 - 2) \cdot (12x \cdot \mathrm{d}x)] \\ &= \frac{1}{12} \cdot \int \sin z\,\mathrm{d}z \\ &= -\frac{1}{12} \cdot \cos z + c \quad \blacktriangleright z = 6x^2 - 2 \\ &= \underline{\underline{-\frac{1}{12} \cdot \cos(6x^2 - 2) + c;\ x \neq 0}}\end{aligned}$$

4. $\int \left[4x \cdot \sin \frac{2 + x^2}{4}\right] \mathrm{d}x;\ x \in \mathbb{R}$

► $\frac{2 + x^2}{4} = z \Rightarrow \frac{\mathrm{d}z}{\mathrm{d}x} = \frac{1}{2} \cdot x \Rightarrow \frac{1}{2} \cdot x \cdot \mathrm{d}x = \mathrm{d}z$

$$\begin{aligned}\int \left[4x \cdot \sin \frac{2 + x^2}{4}\right] \mathrm{d}x &= 8 \cdot \int \left[\sin \frac{2 + x^2}{4} \cdot \left(\frac{1}{2} \cdot x \cdot \mathrm{d}x\right)\right] \\ &= 8 \cdot \int \sin z\,\mathrm{d}z \\ &= -8 \cdot \cos z + c \quad \blacktriangleright z = \frac{2 + x^2}{4} \\ &= \underline{\underline{-8 \cdot \cos \frac{2 + x^2}{4} + c}}\end{aligned}$$

5. $\int [2x \cdot \cos(x^2 - 1)]\,\mathrm{d}x$

► $x^2 - 1 = z \Rightarrow \frac{\mathrm{d}z}{\mathrm{d}x} = 2x \Rightarrow 2x \cdot \mathrm{d}x = \mathrm{d}z$

$$\begin{aligned}\int [2x \cdot \cos(x^2 - 1)\,\mathrm{d}x &= \int [\cos(x^2 - 1) \cdot (2x \cdot \mathrm{d}x)] \\ &= \int \cos z\,\mathrm{d}z \\ &= \sin z + c \quad \blacktriangleright z = x^2 - 1 \\ &= \underline{\underline{\sin(x^2 - 1) + c}}\end{aligned}$$

6. $\int[x^2\cdot\cos x^3]\,\mathrm{d}x;\ x\in\mathbb{R}$

► $x^3=z\Rightarrow\dfrac{\mathrm{d}z}{\mathrm{d}x}=3x^2\Rightarrow 3x^2\cdot\mathrm{d}x=\mathrm{d}z$

$$\begin{aligned}\int[x^2\cdot\cos x^3]\,\mathrm{d}x&=\frac{1}{3}\cdot\int[\cos x^3\cdot(3x^2\cdot\mathrm{d}x)]\\&=\frac{1}{3}\cdot\int\cos z\,\mathrm{d}z\\&=\frac{1}{3}\cdot\sin z+c \quad\blacktriangleright z=x^3\\&=\underline{\underline{\frac{1}{3}\cdot\sin x^3+c}}\end{aligned}$$

7. $\int[\mathrm{e}^x\cdot\cos(2\cdot\mathrm{e}^x-1)]\,\mathrm{d}x;\ x\in\mathbb{R}$

► $2\cdot\mathrm{e}^x-1=z\Rightarrow\dfrac{\mathrm{d}z}{\mathrm{d}x}=2\cdot\mathrm{e}^x\Rightarrow 2\cdot\mathrm{e}^x\cdot\mathrm{d}x=\mathrm{d}z$

$$\begin{aligned}\int[\mathrm{e}^x\cdot\cos(2\cdot\mathrm{e}^x-1)]\,\mathrm{d}x&=\frac{1}{2}\cdot\int[\cos(2\cdot\mathrm{e}^x-1)\cdot(2\cdot\mathrm{e}^x\cdot\mathrm{d}x)]\\&=\frac{1}{2}\cdot\int\cos z\,\mathrm{d}z\\&=\frac{1}{2}\cdot\sin z+c \quad\blacktriangleright z=2\cdot\mathrm{e}^x-1\\&=\underline{\underline{\frac{1}{2}\cdot\sin(2\cdot\mathrm{e}^x-1)+c}}\end{aligned}$$

8. $\int\left[\dfrac{1}{2\cdot\sqrt{x}}\cdot\cos\sqrt{x}\right]\mathrm{d}x;\ x\in\mathbb{R}^{>0}$

► $\sqrt{x}=z\Rightarrow\dfrac{\mathrm{d}z}{\mathrm{d}x}=\dfrac{1}{2\cdot\sqrt{x}}\Rightarrow\dfrac{1}{2\cdot\sqrt{x}}\cdot\mathrm{d}x=\mathrm{d}z$

► $D(F)=\mathbb{R}^{\geq 0}$ und $D(f)=\mathbb{R}^{>0}$

$$\begin{aligned}\int\left[\frac{1}{2\cdot\sqrt{x}}\cdot\cos\sqrt{x}\right]\mathrm{d}x&=\int\left[\cos\sqrt{x}\cdot\left(\frac{1}{2\cdot\sqrt{x}}\cdot\mathrm{d}x\right)\right]\\&=\int\cos z\,\mathrm{d}z\\&=\sin z+c \quad\blacktriangleright z=\sqrt{x}\\&=\underline{\underline{\sin\sqrt{x}+c;\ x>0}}\end{aligned}$$

9. $\int[x^3\cdot\tan(x^4)]\,\mathrm{d}x$ mit

$x\in\mathbb{R}\backslash\{-\sqrt[4]{\tfrac{\pi}{2}+k\pi};\ \sqrt[4]{\tfrac{\pi}{2}+k\pi}\,|\,k\in\mathbb{N}\}$

► $x^4=z\Rightarrow\dfrac{\mathrm{d}z}{\mathrm{d}x}=4x^3\Rightarrow 4x^3\cdot\mathrm{d}x=\mathrm{d}z$

► $\tan x^4=\dfrac{\sin x^4}{\cos x^4}$

$$\begin{aligned}\int[x^3\cdot\tan x^4]\,\mathrm{d}x&=\frac{1}{4}\cdot\int\left[\frac{\sin x^4}{\cos x^4}\cdot(4x^3\cdot\mathrm{d}x)\right]\\&=\frac{1}{4}\cdot\int\frac{\sin z}{\cos z}\,\mathrm{d}z \quad\blacktriangleright \int\frac{g'(z)}{g(z)}\,\mathrm{d}z\\&=-\frac{1}{4}\cdot\ln|\cos z|+c \quad\blacktriangleright z=x^4\\&=\underline{\underline{-\frac{1}{4}\cdot\ln|\cos x^4|+c;\ |x|\neq\sqrt[4]{\tfrac{\pi}{2}+k\pi};\ k\in\mathbb{N}}}\end{aligned}$$

10. $\int\left[x\cdot\sqrt{1-\sin^2 x^2}\right]\mathrm{d}x;\ x\in\mathbb{R}$

► $\cos^2 A=1-\sin^2 A$ ► 4.1

$\sqrt{1-\sin^2 x^2}=\sqrt{\cos^2 x^2}$

$=|\cos x^2|$

$=\begin{cases}-\cos x^2, & \text{wenn } x^2\in\left(\frac{\pi}{2}+2k\pi;\ \frac{3}{2}\pi+2k\pi\right)\\ \cos x^2, & \text{wenn } x^2\in\left[-\frac{\pi}{2}+2k\pi;\ \frac{\pi}{2}+2k\pi\right]\end{cases};\ k\in\mathbb{N}$

► $x^2=z\Rightarrow\dfrac{\mathrm{d}z}{\mathrm{d}x}=2x\Rightarrow 2x\cdot\mathrm{d}x=\mathrm{d}z$

$$\int\left[x\cdot\sqrt{1-\sin^2 x^2}\right]\mathrm{d}x=$$

$$=\frac{1}{2}\cdot\begin{cases}\int[-\cos x^2\cdot(2x\cdot\mathrm{d}x)], & \text{wenn } x^2\in\left(\frac{\pi}{2}+2k\pi;\ \frac{3}{2}\pi+2k\pi\right)\\ \int[\cos x^2\cdot(2x\cdot\mathrm{d}x)], & \text{wenn } x^2\in\left[-\frac{\pi}{2}+2k\pi;\ \frac{\pi}{2}+2k\pi\right]\end{cases};\ k\in\mathbb{N}$$

$$=\frac{1}{2}\cdot\begin{cases}\int-\cos z\,\mathrm{d}z\\ \int\ \cos z\,\mathrm{d}z\end{cases}$$

$$=\frac{1}{2}\cdot\begin{cases}-\sin z+c_1\\ \sin z+c_2\end{cases} \quad\blacktriangleright z=x^2$$

$$=\underline{\underline{\frac{1}{2}\cdot\begin{cases}-\sin x^2+c_1, & \text{wenn } x^2\in\left(\frac{\pi}{2}+2k\pi;\ \frac{3}{2}\pi+2k\pi\right)\\ \sin x^2+c_2, & \text{wenn } x^2\in\left[-\frac{\pi}{2}+2k\pi;\ \frac{\pi}{2}+2k\pi\right]\end{cases};\ k\in\mathbb{N}}}$$

125

11. $\int [x^2 \cdot \sinh(x^3-4)]\,dx$

$\blacktriangleright\ x^3-4=z \Rightarrow \frac{dz}{dx}=3x^2 \Rightarrow 3x^2\cdot dx=dz$

$$\int [x^2 \cdot \sinh(x^3-4)]\,dx = \frac{1}{3}\cdot\int[\sinh(x^3-4)\cdot(3x^2\cdot dx)]$$
$$=\frac{1}{3}\cdot\int \sinh z\,dz$$
$$=\frac{1}{3}\cdot\cosh z + c \quad \blacktriangleright\ z=x^3-4$$
$$=\underline{\underline{\frac{1}{3}\cdot\cosh(x^3-4)+c}}$$

12. $\int \left[x\cdot\sinh\frac{x^4-1}{x^2+1}\right]dx;\ x\in\mathbb{R}$

$\blacktriangleright\ \sinh\frac{x^4-1}{x^2+1}=\sinh\frac{(x^2+1)\cdot(x^2-1)}{x^2+1}$
$=\underline{\sinh(x^2-1)}$

$\blacktriangleright\ x^2-1=z\Rightarrow\frac{dz}{dx}=2x\Rightarrow 2x\cdot dx=dz$

$$\int\left[x\cdot\sinh\frac{x^4-1}{x^2+1}\right]dx=\frac{1}{2}\cdot\int[\sinh(x^2-1)\cdot(2x\cdot dx)]$$
$$=\frac{1}{2}\cdot\int\sinh z\,dz$$
$$=\frac{1}{2}\cdot\cosh z+c\quad\blacktriangleright\ z=x^2-1$$
$$=\underline{\underline{\frac{1}{2}\cdot\cosh(x^2-1)+c}}$$

13. $\int\left[\frac{1}{x^2}\cdot\cosh\left(1+\frac{1}{x}\right)\right]dx;\ x\in\mathbb{R}^{\neq 0}$

$\blacktriangleright\ 1+\frac{1}{x}=z\Rightarrow\frac{dz}{dx}=-\frac{1}{x^2}\Rightarrow-\frac{1}{x^2}\cdot dx=dz$

$$\int\left[\frac{1}{x^2}\cdot\cosh\left(1+\frac{1}{x}\right)\right]dx=-\int\left[\cosh\left(1+\frac{1}{x}\right)\cdot\left(-\frac{1}{x^2}\cdot dx\right)\right]$$
$$=-\int\cosh z\,dz$$
$$=-\sinh z+c\quad\blacktriangleright\ z=1+\frac{1}{x}$$
$$=\underline{\underline{-\sinh\left(1+\frac{1}{x}\right)+c;\ x\neq 0}}$$

14. $\int\left[(x+1)\cdot\cosh(2x+2)^2\right]dx;\ x\in\mathbb{R}$

$\blacktriangleright\ (2x+2)^2=z\Rightarrow\frac{dz}{dx}=2\cdot(2x+2)\cdot 2$
$\Rightarrow 8\cdot(x+1)\cdot dx=dz$

$$\int\left[(x+1)\cdot\cosh(2x+2)^2\right]dx=\frac{1}{8}\cdot\int\left[\cosh(2x+2)^2\cdot(8\cdot(x+1)\cdot dx)\right]$$
$$=\frac{1}{8}\cdot\int\cosh z\,dz$$
$$=\frac{1}{8}\cdot\sinh z+c\quad\blacktriangleright\ z=(2x+2)^2$$
$$=\underline{\underline{\frac{1}{8}\cdot\sinh(2x+2)^2+c}}$$

15. $\int\frac{x}{\cosh^2(x^2+4)}dx;\ x\in\mathbb{R}$

$\blacktriangleright\ x^2+4=z\Rightarrow\frac{dz}{dx}=2x\Rightarrow 2x\cdot dx=dz$

$$\int\frac{x}{\cosh^2(x^2+4)}dx=\frac{1}{2}\cdot\int\left[\frac{1}{\cosh^2(x^2-4)}\cdot(2x\cdot dx)\right]$$
$$=\frac{1}{2}\cdot\int\frac{1}{\cosh^2 z}dz$$
$$=\frac{1}{2}\cdot\tanh z+c\quad\blacktriangleright\ z=x^2-4$$
$$=\underline{\underline{\frac{1}{2}\cdot\tanh(x^2-4)+c}}$$

16. $\displaystyle\int \frac{\mathrm{d}x}{x^2 \cdot \cosh^2(1+\frac{2}{x})}\,;\ x \in \mathbb{R}^{\neq 0}$

► $\displaystyle 1+\frac{2}{x} = z \Rightarrow \frac{\mathrm{d}z}{\mathrm{d}x} = -\frac{2}{x^2} \Rightarrow -\frac{2}{x^2}\cdot \mathrm{d}x = \mathrm{d}z$

$$\int \frac{\mathrm{d}x}{x^2 \cdot \cosh^2(1+\frac{2}{x})} = -\frac{1}{2}\cdot \int \left[\frac{1}{\cosh^2(1+\frac{2}{x})}\cdot\left(-\frac{2}{x^2}\cdot \mathrm{d}x\right)\right]$$
$$= -\frac{1}{2}\cdot \int \frac{1}{\cosh^2 z}\,\mathrm{d}z$$
$$= -\frac{1}{2}\cdot \tanh z + c \quad ► z = 1+\frac{2}{x}$$
$$= -\frac{1}{2}\cdot \tanh\left(1+\frac{2}{x}\right) + c;\ x \neq 0$$

17. $\displaystyle\int \frac{x^2}{\sinh^2(x^3+2a)}\,\mathrm{d}x$ mit $x \in \mathbb{R}\setminus\{-\sqrt[3]{2a}\}$,
wenn $a \geq 0$ bzw. $x \in \mathbb{R}\setminus\{\sqrt[3]{-2a}\}$,
wenn $a < 0$

► $\displaystyle x^3+2a = z \Rightarrow \frac{\mathrm{d}z}{\mathrm{d}x} = 3x^2 \Rightarrow 3x^2\cdot \mathrm{d}x = \mathrm{d}z$

$$\int \frac{x^2}{\sinh^2(x^3+2a)}\,\mathrm{d}x = \frac{1}{3}\cdot \int \left[\frac{1}{\sinh^2(x^3+2a)}\cdot (3x^2\cdot \mathrm{d}x)\right]$$
$$= \frac{1}{3}\cdot \int \frac{1}{\sinh^2 z}\,\mathrm{d}z$$
$$= -\frac{1}{3}\cdot \coth z + c \quad ► z = x^3+2a$$
$$= -\frac{1}{3}\cdot \coth(x^3+2a) + c \text{ mit}$$
$$x \neq -\sqrt[3]{2a} \text{ für } a \geq 0 \text{ bzw. } x \neq \sqrt[3]{-2a} \text{ für } a < 0$$

18. $\displaystyle\int \frac{\mathrm{d}x}{x^4 \cdot \sinh^2 \frac{x^3+4}{x^3}}\,;\ x \in \mathbb{R}\Big\backslash\left\{0;\ -\sqrt[3]{4}\right\}$

► $\displaystyle \sinh^2 \frac{x^3+4}{x^3} = \sinh^2\left(1+\frac{4}{x^3}\right)$

► $\displaystyle 1+\frac{4}{x^3} = z \Rightarrow \frac{\mathrm{d}z}{\mathrm{d}x} = -\frac{12}{x^4} \Rightarrow -\frac{12}{x^4}\cdot \mathrm{d}x = \mathrm{d}z$

$$\int \frac{\mathrm{d}x}{x^4 \cdot \sinh^2 \frac{x^3+4}{x^3}} = -\frac{1}{12}\cdot \int \left[\frac{1}{\sinh^2(1+\frac{4}{x^3})}\cdot\left(-\frac{12}{x^4}\cdot \mathrm{d}x\right)\right]$$
$$= -\frac{1}{12}\cdot \int \frac{1}{\sinh^2 z}\,\mathrm{d}z$$
$$= \frac{1}{12}\cdot \coth z + c \quad ► z = 1+\frac{4}{x^3}$$
$$= \frac{1}{12}\cdot \coth\left(1+\frac{4}{x^3}\right) + c;\ x \notin \{0;\ -\sqrt[3]{4}\}$$

19. $\displaystyle\int [x^2 \cdot \sinh^2(x^3-1)]\,\mathrm{d}x;\ x \in \mathbb{R}$

► $\displaystyle x^3-1 = z \Rightarrow \frac{\mathrm{d}z}{\mathrm{d}x} = 3x^2 \Rightarrow 3x^2\cdot \mathrm{d}x = \mathrm{d}z$

► $\displaystyle \int \sinh^2 z\,\mathrm{d}z = \frac{1}{4}\cdot \sinh(2z) - \frac{z}{2} + c$ ► 2.4.1

$$\int [x^2 \cdot \sinh^2(x^3-1)]\,\mathrm{d}x = \frac{1}{3}\cdot \int [\sinh^2(x^3-1)\cdot (3x^2\cdot \mathrm{d}x)]$$
$$= \frac{1}{3}\cdot \int \sinh^2 z\,\mathrm{d}z \quad ► 2.4.1$$
$$= \frac{1}{3}\cdot \left[\frac{1}{4}\cdot \sinh(2z) - \frac{z}{2}\right] + c \quad ► z = x^3-1$$
$$= \frac{1}{12}\cdot \sinh(2x^3-2) - \frac{x^3-1}{6} + c$$

20. $\displaystyle\int [x \cdot \cos^2(x^2-1)]\,\mathrm{d}x;\ x \in \mathbb{R}$

► $\displaystyle x^2-1 = z \Rightarrow \frac{\mathrm{d}z}{\mathrm{d}x} = 2x \Rightarrow 2x\cdot \mathrm{d}x = \mathrm{d}z$

► $\displaystyle \int \cos^2 z\,\mathrm{d}z = \frac{1}{4}\cdot \sin(2z) + \frac{z}{2} + c$ ► 2.4.1

$$\int [x \cdot \cos^2(x^2-1)]\,\mathrm{d}x = \frac{1}{2}\cdot \int [\cos^2(x^2-1)\cdot (2x\cdot \mathrm{d}x)]$$
$$= \frac{1}{2}\cdot \int \cos^2 z\,\mathrm{d}z \quad ► 2.4.1$$
$$= \frac{1}{2}\cdot \left[\frac{1}{4}\cdot \sin(2z) + \frac{z}{2}\right] + c \quad ► z = x^2-1$$
$$= \frac{1}{8}\cdot \sin(2x^2-2) + \frac{x^2-1}{4} + c$$

125 **21.** $\int \left[\frac{1}{x^3} \cdot \cos^2 \frac{x^2+1}{x^2}\right] \mathrm{d}x;\ x \in \mathbb{R}^{\neq 0}$

▶ $\cos^2 \frac{x^2+1}{x^2} = \cos^2\left(1+\frac{1}{x^2}\right)$

▶ $1+\frac{1}{x^2} = z \Rightarrow \frac{\mathrm{d}z}{\mathrm{d}x} = -\frac{2}{x^3} \Rightarrow -\frac{2}{x^3} \cdot \mathrm{d}x = \mathrm{d}z$

▶ $\int \cos^2 z\, \mathrm{d}z = \frac{1}{4} \cdot \sin(2z) + \frac{z}{2}$ ▶ 2.4.1

$$\begin{aligned}\int \left[\frac{1}{x^3} \cdot \cos^2 \frac{x+1}{x^2}\right] \mathrm{d}x &= -\frac{1}{2} \cdot \int \left[\cos^2\left(1+\frac{1}{x^2}\right) \cdot \left(-\frac{2}{x^3} \cdot \mathrm{d}x\right)\right] \\ &= -\frac{1}{2} \cdot \int \cos^2 z\, \mathrm{d}z \quad \blacktriangleright\ 2.4.1 \\ &= -\frac{1}{2} \cdot \left[\frac{1}{4} \cdot \sin(2z) + \frac{z}{2}\right] + c \quad \blacktriangleright\ z = 1+\frac{1}{x^2} \\ &= \underline{\underline{-\frac{1}{8} \cdot \sin\left(2+\frac{2}{x^2}\right) - \frac{1}{4} \cdot \left(1+\frac{1}{x^2}\right) + c;\ x \neq 0}}\end{aligned}$$

22. $\int \left(x \cdot \cosh^2[(a+x)(a-x)]\right) \mathrm{d}x;\ x \in \mathbb{R}$

▶ $\cosh^2[(a+x) \cdot (a-x)] = \cosh^2(a^2-x^2)$

▶ $a^2 - x^2 = z \Rightarrow \frac{\mathrm{d}z}{\mathrm{d}x} = -2x \Rightarrow -2x \cdot \mathrm{d}x = \mathrm{d}z$

$$\begin{aligned}\int \left(x \cdot \cosh^2[(a+x) \cdot (a-x)]\right) \mathrm{d}x &= \\ &= -\frac{1}{2} \cdot \int \left[\cosh^2(a^2-x^2) \cdot (-2x \cdot \mathrm{d}x)\right] \\ &= -\frac{1}{2} \cdot \int \cosh^2 z\, \mathrm{d}z \quad \blacktriangleright\ 2.4.1 \\ &= -\frac{1}{2} \cdot \left[\frac{1}{4} \cdot \sinh(2z) + \frac{z}{2}\right] + c \quad \blacktriangleright\ z = a^2 - x^2 \\ &= \underline{\underline{-\frac{1}{8} \cdot \sinh(2a^2 - 2x^2) - \frac{a^2-x^2}{4} + c}}\end{aligned}$$

23. $\int [2x \cdot \cos x^2 \cdot \mathrm{e}^{\sin x^2}]\, \mathrm{d}x;\ x \in \mathbb{R}$

▶ $\sin x^2 = z \Rightarrow \frac{\mathrm{d}z}{\mathrm{d}x} = (\cos x^2) \cdot 2x$

$\Rightarrow 2x \cdot \cos x^2 \cdot \mathrm{d}x = \mathrm{d}z$

$$\begin{aligned}\int \left[2x \cdot \cos x^2 \cdot \mathrm{e}^{\sin x^2}\right] \mathrm{d}x &= \int \left[\mathrm{e}^{\sin x^2} \cdot (2x \cdot \cos x^2 \cdot \mathrm{d}x)\right] \\ &= \int \mathrm{e}^z\, \mathrm{d}z \\ &= \mathrm{e}^z + c \quad \blacktriangleright\ z = \sin x^2 \\ &= \underline{\underline{\mathrm{e}^{\sin x^2} + c}}\end{aligned}$$

24. $\int \frac{\mathrm{e}^{\mathrm{Arctan}\, x}}{1+x^2}\, \mathrm{d}x;\ x \in \mathbb{R}$

▶ $\mathrm{Arctan}\, x = z \Rightarrow \frac{\mathrm{d}z}{\mathrm{d}x} = \frac{1}{1+x^2}$

$\Rightarrow \frac{1}{1+x^2} \cdot \mathrm{d}x = \mathrm{d}z$

$$\begin{aligned}\int \frac{\mathrm{e}^{\mathrm{Arctan}\, x}}{1+x^2}\, \mathrm{d}x &= \int \left[\mathrm{e}^{\mathrm{Arctan}\, x} \cdot \left(\frac{1}{1+x^2} \cdot \mathrm{d}x\right)\right] \\ &= \int \mathrm{e}^z\, \mathrm{d}z \\ &= \mathrm{e}^z + c \quad \blacktriangleright\ z = \mathrm{Arctan}\, x \\ &= \underline{\underline{\mathrm{e}^{\mathrm{Arctan}\, x} + c}}\end{aligned}$$

2.4.5 Integrale des Typs $\int f(x; \sqrt{a^2-x^2})\,dx$

▶ **Lehrbuch: Kusch 4, S. 92 … 95**

Merke:

- $\int \sqrt{a^2-x^2}\,dx = \frac{a^2}{2} \cdot \text{Arcsin}\,\frac{x}{a} + \frac{x}{2} \cdot \sqrt{a^2-x^2} + c;\ x \in [-|a|;\ |a|];\ a \in \mathbb{R}^{\neq 0}$
- $\int \frac{dx}{\sqrt{a^2-x^2}} = \text{Arcsin}\,\frac{x}{a} + c;\ x \in (-|a|;\ |a|);\ a \in \mathbb{R}^{\neq 0}$
- Unbestimmte Integrale des Typs $\int f(x; \sqrt{a^2-x^2})\,dx;\ a \in \mathbb{R}^{\neq 0}$ können oft durch Substitution auf einfachere Integrale zurückgeführt werden und zwar substituiert man zweckmäßigerweise:

$$x = a \cdot \sin z;\ \sqrt{a^2-x^2} = |a| \cdot \cos z;\ dx = a \cdot \cos z \cdot dz$$

Vorbemerkung:

Bei den Aufgaben dieses Kapitels wird stets $a \in \mathbb{R}^{>0}$ vorausgesetzt. Aus $a^2 = d;\ d \in \mathbb{R}^{>0}$ folgt also $a = \sqrt{d}$.

Berechnen Sie die nachstehenden unbestimmten Integrale.

125

1. $\int \frac{dx}{\sqrt{10-2x^2}};\ x \in (-\sqrt{5};\ \sqrt{5})$

Der Integrand wird durch Ausklammern auf die Form $\frac{1}{\sqrt{a^2-x^2}}$ gebracht. ▶ Merksatz

▶ $a^2 = 5 \Rightarrow a = \sqrt{5}$

$$\int \frac{dx}{\sqrt{10-2x^2}} = \int \frac{dx}{\sqrt{2 \cdot (5-x^2)}}$$
$$= \frac{1}{\sqrt{2}} \cdot \int \frac{dx}{\sqrt{5-x^2}} \quad ▶ \int \frac{dx}{\sqrt{a^2-x^2}}$$
$$= \frac{1}{\sqrt{2}} \cdot \text{Arcsin}\,\frac{x}{\sqrt{5}} + c;\ x \in (-\sqrt{5};\ \sqrt{5})$$

▶ $D(F) = [-\sqrt{5};\ \sqrt{5}]$ und $D(f) = (-\sqrt{5};\ \sqrt{5})$

2. $\int \frac{4}{\sqrt{8-4x^2}}\,dx;\ x \in (-\sqrt{2};\ \sqrt{2})$

Der Integrand wird durch Ausklammern auf die Form $\frac{1}{\sqrt{a^2-x^2}}$ gebracht. ▶ Merksatz

▶ $a^2 = 2 \Rightarrow a = \sqrt{2}$

$$\int \frac{4}{\sqrt{8-4x^2}}\,dx = 4 \cdot \int \frac{dx}{\sqrt{4 \cdot (2-x^2)}}$$
$$= 2 \cdot \int \frac{dx}{\sqrt{2-x^2}} \quad ▶ \int \frac{dx}{\sqrt{a^2-x^2}}$$
$$= 2 \cdot \text{Arcsin}\,\frac{x}{\sqrt{2}} + c;\ x \in (-\sqrt{2};\ \sqrt{2})$$

$D(F) = [-\sqrt{2};\ \sqrt{2}]$ und $D(f) = (-\sqrt{2};\ \sqrt{2})$

Mithilfe der nachstehenden Formeln lassen sich einige der folgenden Übungsaufgaben vereinfacht lösen. ▶ **Lehrbuch: Kusch 4; 2.4.2**

Merke:

$$\int \frac{\mathrm{d}x}{\sin(ax)} = \frac{1}{a}\cdot \ln\left|\tan\frac{ax}{2}\right| + c;\ a\in\mathbb{R}^{\neq 0};\ x\notin\left\{\frac{\pi}{a}\cdot(1+2k);\ \frac{2\pi k}{a}\right\};\ k\in\mathbb{Z}$$

$$\int \frac{\mathrm{d}x}{\cos(ax)} = -\frac{1}{a}\cdot \ln\left|\tan\left(\frac{\pi}{4}-\frac{ax}{2}\right)\right| + c;\ a\in\mathbb{R}^{\neq 0};\ x\notin\left\{\frac{2\pi}{a}\cdot\left(\frac{1}{4}+k\right);\ \frac{2\pi}{a}\cdot\left(\frac{1}{4}+\frac{2k+1}{2}\right)\right\};\ k\in\mathbb{Z}$$

$$\int \tan(ax)\,\mathrm{d}x = -\frac{1}{a}\cdot \ln|\cos(ax)| + c;\ a\in\mathbb{R}^{\neq 0};\ x\neq\frac{\pi}{2a}\cdot(1+2k);\ k\in\mathbb{Z}$$

$$\int \cot(ax)\,\mathrm{d}x = \frac{1}{a}\cdot \ln|\sin(ax)|\pi + c;\ a\in\mathbb{R}^{\neq 0};\ x\neq\frac{\pi}{a}\cdot k;\ k\in\mathbb{Z}$$

125

3. $\displaystyle\int \frac{\mathrm{d}x}{x\cdot\sqrt{9a^2-9x^2}};\ a>0;\ x\in(-a;a)\setminus\{0\}$

Man substituiert:

▶ $x = a\cdot\sin z;\ z\in\left(-\frac{\pi}{2};\frac{\pi}{2}\right)\setminus\{0\}$

▶ $\sqrt{9a^2-9x^2} = 3\cdot\sqrt{a^2-x^2} = 3a\cdot\cos z$

▶ $\mathrm{d}x = a\cdot\cos z\cdot\mathrm{d}z$

Das Ergebnis lässt sich vereinfachen:

▶ $\tan\frac{z}{2} = \frac{1-\cos z}{\sin z}$ ▶ 4.1

Substitution rückgängig machen:

▶ $3a\cdot\cos z = 3\sqrt{a^2-x^2} \Rightarrow \cos z = \frac{1}{a}\cdot\sqrt{a^2-x^2}$

▶ $x = a\cdot\sin z \Rightarrow \sin z = \frac{x}{a}$

$$\int \frac{\mathrm{d}x}{x\cdot\sqrt{9a^2-9x^2}} = \int \frac{a\cdot\cos z}{a\cdot\sin z\cdot 3a\cdot\cos z}\,\mathrm{d}z$$
$$= \frac{1}{3a}\cdot\int\frac{\mathrm{d}z}{\sin z}$$
$$= \frac{1}{3a}\cdot\ln\left|\tan\frac{z}{2}\right| + c$$
$$= \frac{1}{3a}\cdot\ln\left|\frac{1-\cos z}{\sin z}\right| + c$$
$$= \frac{1}{3a}\cdot\ln\left|\frac{1-\frac{1}{a}\cdot\sqrt{a^2-x^2}}{\frac{x}{a}}\right| + c$$
$$= \frac{1}{3a}\cdot\ln\left|\frac{a-\sqrt{a^2-x^2}}{x}\right| + c;\ x\in(-a;0)\text{ oder }x\in(0;a)$$

▶ $D(F) = [-a;a]\setminus\{0\}$ und $D(f) = (-a;a)\setminus\{0\}$

4. $\int\left(x^2\cdot\sqrt{2-x^2}\right)\mathrm{d}x;\ x\in[-\sqrt{2};\sqrt{2}]$

Man substituiert:

▶ $x = \sqrt{2}\cdot\sin z;\ z\in\left[-\frac{\pi}{2};\frac{\pi}{2}\right]$

▶ $\sqrt{2-x^2} = \sqrt{2}\cdot\cos z$

▶ $\mathrm{d}x = \sqrt{2}\cdot\cos z\cdot\mathrm{d}z$

Substitution rückgängig machen:

▶ $x = \sqrt{2}\cdot\sin z \Rightarrow \frac{x}{\sqrt{2}} = \sin z \Rightarrow z = \operatorname{Arcsin}\frac{x}{\sqrt{2}}$

▶ $\cos z = \frac{1}{\sqrt{2}}\cdot\sqrt{2-x^2}$

▶ $\sin(4z) = 2\cdot\cos(2z)\cdot\sin(2z)$ ▶ 4.1

$$= 2\cdot\left[1-2\cdot\sin^2 z\right]\cdot\left[2\cdot\cos z\cdot\sin z\right]$$
$$= 2\cdot\left[1-2\cdot\left(\frac{x}{\sqrt{2}}\right)^2\right]\cdot\left[2\cdot\frac{1}{\sqrt{2}}\cdot\sqrt{2-x^2}\cdot\frac{x}{\sqrt{2}}\right]$$
$$= 2\cdot\left[1-x^2\right]\cdot x\cdot\sqrt{2-x^2}$$

$$\int\left(x^2\cdot\sqrt{2-x^2}\right)\mathrm{d}x = \int\left(2\cdot\sin^2 z\cdot\sqrt{2}\cdot\cos z\cdot\sqrt{2}\cdot\cos z\right)\mathrm{d}z$$
$$= \int\left(4\cdot\sin^2 z\cdot\cos^2 z\right)\mathrm{d}z$$
$$= \int\left(2\cdot\sin z\cdot\cos z\right)^2\mathrm{d}z \quad ▶\ 2\cdot\sin z\cdot\cos z = \sin(2z)$$
$$= \int\sin^2(2z)\,\mathrm{d}z \quad ▶\ 2.4.1$$
$$= \frac{1}{2}\cdot z - \frac{1}{4\cdot 2}\cdot\sin(4z) + c$$
$$= \frac{\frac{1}{2}\cdot\operatorname{Arcsin}\frac{x}{\sqrt{2}}}{2} - \frac{1}{8}\cdot 2\cdot\left[1-x^2\right]\cdot x\cdot\sqrt{2-x^2} + c$$
$$= \frac{1}{2}\cdot\operatorname{Arcsin}\frac{x}{\sqrt{2}} - \frac{1}{4}\cdot\left[1-x^2\right]\cdot x\cdot\sqrt{2-x^2} + c;\ x\in[-\sqrt{2};\sqrt{2}]$$

125

5. $\displaystyle\int \frac{\sqrt{12-x^2}}{x^2}\,\mathrm{d}x;\ x \in [-\sqrt{12}; \sqrt{12}] \setminus \{0\}$

Man substituiert:

► $x = \sqrt{12}\cdot\sin z;\ z \in \left[-\frac{\pi}{2}; \frac{\pi}{2}\right] \setminus \{0\}$

► $\sqrt{12-x^2} = \sqrt{12}\cdot\cos z$

► $\mathrm{d}x = \sqrt{12}\cdot\cos z\cdot\mathrm{d}z$

$$\int \frac{\sqrt{12-x^2}}{x^2}\,\mathrm{d}x = \int\left(\frac{\sqrt{12}\cdot\cos z}{(\sqrt{12}\cdot\sin z)^2}\cdot\sqrt{12}\cdot\cos z\right)\mathrm{d}z$$

$= \displaystyle\int \frac{\cos^2 z}{\sin^2 z}\,\mathrm{d}z$ ► $\cos^2 z = 1-\sin^2 z$ ► 4.1

$= \displaystyle\int \frac{1-\sin^2 z}{\sin^2 z}\,\mathrm{d}z$

$= \displaystyle\int \frac{1}{\sin^2 z}\,\mathrm{d}z - \int 1\,\mathrm{d}z$

$= -\cot z - z + c$

$= \displaystyle -\frac{\cos z}{\sin z} - z + c$

Substitution rückgängig machen:

► $x = \sqrt{12}\cdot\sin z \Rightarrow \sin z = \dfrac{x}{\sqrt{12}}$

$\Rightarrow z = \operatorname{Arcsin}\dfrac{x}{\sqrt{12}}$

► $\cos z = \dfrac{1}{\sqrt{12}}\cdot\sqrt{12-x^2}$

$= \displaystyle -\frac{\frac{1}{\sqrt{12}}\cdot\sqrt{12-x^2}}{\frac{x}{\sqrt{12}}} - \operatorname{Arcsin}\frac{x}{\sqrt{12}} + c$

$= \displaystyle -\frac{\sqrt{12-x^2}}{x} - \operatorname{Arcsin}\frac{x}{\sqrt{12}} + c;\ x \in [-\sqrt{12}; 0)$ oder $x \in (0; \sqrt{12}]$

6. $\displaystyle\int \frac{x^2}{\sqrt{13-x^2}}\,\mathrm{d}x;\ x \in (-\sqrt{13}; \sqrt{13})$

Man substituiert:

► $x = \sqrt{13}\cdot\sin z;\ z \in \left(-\frac{\pi}{2}; \frac{\pi}{2}\right)$

► $\sqrt{13-x^2} = \sqrt{13}\cdot\cos z$

► $\mathrm{d}x = \sqrt{13}\cdot\cos z\cdot\mathrm{d}z$

$$\int \frac{x^2}{\sqrt{13-x^2}}\,\mathrm{d}x = \int\left(\frac{(\sqrt{13}\cdot\sin z)^2}{\sqrt{13}\cdot\cos z}\cdot\sqrt{13}\cdot\cos z\right)\mathrm{d}z$$

$= 13\cdot\int\sin^2 z\,\mathrm{d}z$ ► 2.4.1

$= 13\cdot\left[\dfrac{z}{2} - \dfrac{1}{4}\cdot\sin(2z)\right] + c$

$= 13\cdot\left[\dfrac{z}{2} - \dfrac{1}{4}\cdot 2\cdot\sin z\cdot\cos z\right] + c$

Substitution rückgängig machen:

► $\sin(2z) = 2\cdot\sin z\cdot\cos z$

► $x = \sqrt{13}\cdot\sin z \Rightarrow \sin z = \dfrac{x}{\sqrt{13}}$

$\Rightarrow z = \operatorname{Arcsin}\dfrac{x}{\sqrt{13}}$

► $\cos z = \dfrac{1}{\sqrt{13}}\cdot\sqrt{13-x^2}$

$= 13\cdot\left[\dfrac{\operatorname{Arcsin}\frac{x}{\sqrt{13}}}{2} - \dfrac{1}{2}\cdot\dfrac{x}{\sqrt{13}}\cdot\dfrac{1}{\sqrt{13}}\cdot\sqrt{13-x^2}\right] + c$

$= \dfrac{13}{2}\cdot\operatorname{Arcsin}\dfrac{x}{\sqrt{13}} - \dfrac{1}{2}\cdot x\cdot\sqrt{13-x^2} + c;\ x \in (-\sqrt{13}; \sqrt{13})$

► $D(F) = [-\sqrt{13}; \sqrt{13}]$ und $D(f) = (-\sqrt{13}; \sqrt{13})$

7. $\displaystyle\int \frac{4x}{\sqrt{20-2x^2}}\,\mathrm{d}x;\ x \in (-\sqrt{10}; \sqrt{10})$

Man substituiert:

► $x = \sqrt{10}\cdot\sin z;\ z \in \left(-\frac{\pi}{2}; \frac{\pi}{2}\right)$

► $\sqrt{20-2x^2} = \sqrt{2\cdot(10-x^2)} = \sqrt{20}\cdot\cos z$

► $\mathrm{d}x = \sqrt{10}\cdot\cos z\cdot\mathrm{d}z$

► $D(F) = [-\sqrt{10}; \sqrt{10}]$ und $D(f) = (-\sqrt{10}; \sqrt{10})$

$$\int \frac{4x}{\sqrt{20-2x^2}}\,\mathrm{d}x = \int\left(\frac{4\cdot\sqrt{10}\cdot\sin z}{\sqrt{20}\cdot\cos z}\cdot\sqrt{10}\cdot\cos z\right)\mathrm{d}z$$

$= \dfrac{4\cdot\sqrt{10}}{\sqrt{2}}\cdot\displaystyle\int\sin z\,\mathrm{d}z$

$= 4\cdot\sqrt{5}\cdot(-\cos z) + c$ ► $\cos z = \dfrac{1}{\sqrt{20}}\cdot\sqrt{20-2x^2}$

$= -4\cdot\sqrt{5}\cdot\dfrac{1}{\sqrt{20}}\cdot\sqrt{20-2x^2} + c$

$= -2\cdot\sqrt{20-2x^2} + c;\ x \in (-\sqrt{10}; \sqrt{10})$

125

8. $\int \frac{\mathrm{d}x}{2x \cdot \sqrt{4a^2 - 4x^2}}$; $a > 0; x \in (-a; a)\setminus\{0\}$

Man substituiert:

▶ $x = a \cdot \sin z;\ z \in (-\frac{\pi}{2}; \frac{\pi}{2})\setminus\{0\}$

▶ $\sqrt{4a^2 - 4x^2} = 2 \cdot \sqrt{a^2 - x^2} = 2 \cdot a \cdot \cos z$

▶ $\mathrm{d}x = a \cdot \cos z \cdot \mathrm{d}z$

Das Ergebnis lässt sich vereinfachen:

▶ $\tan \frac{z}{2} = \frac{1 - \cos z}{\sin z}$ ▶ 4.1

Substitution rückgängig machen:

▶ $2a \cdot \cos z = 2 \cdot \sqrt{a^2 - x^2}$

$\Rightarrow \cos z = \frac{1}{a} \cdot \sqrt{a^2 - x^2}$

▶ $x = a \cdot \sin z \Rightarrow \sin z = \frac{x}{a}$

$$\int \frac{\mathrm{d}x}{2x \cdot \sqrt{4a^2 - 4x^2}} = \int \frac{a \cdot \cos z\, \mathrm{d}z}{2 \cdot a \cdot \sin z \cdot 2 \cdot a \cdot \cos z}$$

$= \frac{1}{4a} \cdot \int \frac{\mathrm{d}z}{\sin z}$ ▶ Aufgabe 3

$$= \frac{1}{4a} \cdot \ln \left| \tan \frac{z}{2} \right| + c$$

$$= \frac{1}{4a} \cdot \ln \left| \frac{1 - \cos z}{\sin z} \right| + c$$

$$= \frac{1}{4a} \cdot \ln \left| \frac{1 - \frac{1}{a} \cdot \sqrt{a^2 - x^2}}{\frac{x}{a}} \right| + c$$

$$= \frac{1}{4a} \cdot \ln \left| \frac{a - \sqrt{a^2 - x^2}}{x} \right| + c;\ x \in (-a; 0) \text{ oder } x \in (0; a)$$

▶ $D(F) = [-a; a]\setminus\{0\}$ und $D(f) = (-a; a)\setminus\{0\}$

9. $\int \frac{\mathrm{d}x}{x^2 \cdot \sqrt{8 - 0{,}5x^2}}$; $x \in (-4; 4)\setminus\{0\}$

Man substituiert:

▶ $x = 4 \cdot \sin z;\ z \in \left(-\frac{\pi}{2}; \frac{\pi}{2}\right)\setminus\{0\}$

▶ $\sqrt{8 - 0{,}5 \cdot x^2} = \sqrt{0{,}5 \cdot (16 - x^2)}$
$= \sqrt{0{,}5} \cdot 4 \cdot \cos z$

▶ $\mathrm{d}x = 4 \cdot \cos z \cdot \mathrm{d}z$

Substitution rückgängig machen:

▶ $x = 4 \cdot \sin z \Rightarrow \frac{x}{4} = \sin z$

▶ $\cos z = \frac{1}{4 \cdot \sqrt{0{,}5}} \cdot \sqrt{8 - 0{,}5x^2}$

$$\int \frac{\mathrm{d}x}{x^2 \cdot \sqrt{8 - 0{,}5x^2}} = \int \frac{4 \cdot \cos z\, \mathrm{d}z}{16 \cdot \sin^2 z \cdot \sqrt{0{,}5} \cdot 4 \cdot \cos z}$$

$= \frac{1}{16 \cdot \sqrt{0{,}5}} \cdot \int \frac{\mathrm{d}z}{\sin^2 z}$ ▶ Grundintegral

$= -\frac{1}{16 \cdot \sqrt{0{,}5}} \cdot \cot z + c$ ▶ $\cot z = \frac{\cos z}{\sin z}$

$$= -\frac{1}{16 \cdot \sqrt{0{,}5}} \cdot \frac{\cos z}{\sin z} + c$$

$$= -\frac{1}{16 \cdot \sqrt{0{,}5}} \cdot \frac{\frac{1}{4 \cdot \sqrt{0{,}5}} \cdot \sqrt{8 - 0{,}5x^2}}{\frac{x}{4}} + c$$

$$= -\frac{1}{8} \cdot \frac{\sqrt{8 - 0{,}5x^2}}{x} + c;\ x \in (-4; 0) \text{ oder } x \in (0; 4)$$

▶ $D(F) = [-4; 4]\setminus\{0\}$ und $D(f) = (-4; 4)\setminus\{0\}$

10. $\int \sqrt{12 - 3x^2}\, \mathrm{d}x;\ x \in [-2; 2]$

Der Integrand wird durch Ausklammern auf die Form $\sqrt{a^2 - x^2}$ gebracht. ▶ Merksatz

▶ $a^2 = 4 \Rightarrow a = 2$

$$\int \sqrt{12 - 3x^2}\, \mathrm{d}x = \int \sqrt{3 \cdot (4 - x^2)}\, \mathrm{d}x$$

$= \sqrt{3} \cdot \int \sqrt{4 - x^2}\, \mathrm{d}x$ ▶ $\int \sqrt{a^2 - x^2}\, \mathrm{d}x$

$$= \sqrt{3} \cdot \left[\frac{4}{2} \cdot \operatorname{Arcsin} \frac{x}{2} + \frac{x}{2} \cdot \sqrt{4 - x^2}\right] + c$$

$$= 2 \cdot \sqrt{3} \cdot \operatorname{Arcsin} \frac{x}{2} + \frac{\sqrt{3}}{2} \cdot x \cdot \sqrt{4 - x^2} + c;\ x \in [-2; 2]$$

125

11. $\displaystyle\int \frac{\sqrt{5-x^2}}{x}\,\mathrm{d}x;\ x\in[-\sqrt{5};\sqrt{5}]\setminus\{0\}$

Man substituiert:

► $x=\sqrt{5}\cdot\sin z;\ z\in\left[-\frac{\pi}{2};\frac{\pi}{2}\right]\setminus\{0\}$

► $\sqrt{5-x^2}=\sqrt{5}\cdot\cos z$

► $\mathrm{d}x=\sqrt{5}\cdot\cos z\cdot\mathrm{d}z$

Das Ergebnis lässt sich vereinfachen:

► $\tan\frac{z}{2}=\frac{1-\cos z}{\sin z}$ ► 4.1

Substitution rückgängig machen:

► $x=\sqrt{5}\cdot\sin z\Rightarrow\frac{x}{\sqrt{5}}=\sin z$

► $\cos z=\frac{1}{\sqrt{5}}\cdot\sqrt{5-x^2}$

$$\int\frac{\sqrt{5-x^2}}{x}\,\mathrm{d}x=\int\left(\frac{\sqrt{5}\cdot\cos z}{\sqrt{5}\cdot\sin z}\cdot\sqrt{5}\cdot\cos z\right)\mathrm{d}z$$

$$=\sqrt{5}\cdot\int\frac{\cos^2 z}{\sin z}\,\mathrm{d}z \quad ► \cos^2 z=1-\sin^2 z \quad ► 4.1$$

$$=\sqrt{5}\cdot\int\frac{1-\sin^2 z}{\sin z}\,\mathrm{d}z$$

$$=\sqrt{5}\cdot\left[\int\frac{\mathrm{d}z}{\sin z}-\int\sin z\,\mathrm{d}z\right] \quad ► \text{Aufgabe 3}$$

$$=\sqrt{5}\cdot\left[\ln\left|\tan\frac{z}{2}\right|+\cos z\right]+c$$

$$=\sqrt{5}\cdot\left[\ln\left|\frac{1-\cos z}{\sin z}\right|+\cos z\right]+c$$

$$=\sqrt{5}\cdot\left[\ln\left|\frac{1-\frac{1}{\sqrt{5}}\cdot\sqrt{5-x^2}}{\frac{x}{\sqrt{5}}}\right|+\frac{1}{\sqrt{5}}\cdot\sqrt{5-x^2}\right]+c$$

$$\underline{\underline{=\sqrt{5}\cdot\ln\left|\frac{\sqrt{5}-\sqrt{5-x^2}}{x}\right|+\sqrt{5-x^2}+c;\ x\in[-\sqrt{5};0)\text{ oder }x\in(0;\sqrt{5}]}}$$

12. $\displaystyle\int\frac{\sqrt{12-3x^2}}{x^2}\,\mathrm{d}x;\ x\in[-2;2]\setminus\{0\}$

Man substituiert:

► $x=2\cdot\sin z;\ z\in\left[-\frac{\pi}{2};\frac{\pi}{2}\right]\setminus\{0\}$

► $\sqrt{12-3x^2}=\sqrt{3\cdot(4-x^2)}=2\cdot\sqrt{3}\cdot\cos z$

► $\mathrm{d}x=2\cdot\cos z\,\mathrm{d}z$

Substitution rückgängig machen:

► $x=2\cdot\sin z\Rightarrow\frac{x}{2}=\sin z\Rightarrow z=\mathrm{Arcsin}\,\frac{x}{2}$

► $\cos z=\frac{1}{2\cdot\sqrt{3}}\cdot\sqrt{12-3x^2}=\frac{1}{2}\cdot\sqrt{4-x^2}$

$$\int\frac{\sqrt{12-3x^2}}{x^2}\,\mathrm{d}x=\int\left(\frac{2\cdot\sqrt{3}\cdot\cos z}{4\cdot\sin^2 z}\cdot 2\cdot\cos z\right)\mathrm{d}z$$

$$=\sqrt{3}\cdot\int\frac{\cos^2 z}{\sin^2 z}\,\mathrm{d}z \quad ► \cos^2 z=1-\sin^2 z$$

$$=\sqrt{3}\cdot\int\frac{1-\sin^2 z}{\sin^2 z}\,\mathrm{d}z$$

$$=\sqrt{3}\cdot\left[\int\frac{1}{\sin^2 z}\,\mathrm{d}z-\int 1\,\mathrm{d}z\right]$$

$$=\sqrt{3}\cdot[-\cot z-z]+c \quad ► \cot z=\frac{\cos z}{\sin z}$$

$$=\sqrt{3}\cdot\left[-\frac{\cos z}{\sin z}-z\right]+c$$

$$=\sqrt{3}\cdot\left[-\frac{\frac{1}{2}\cdot\sqrt{4-x^2}}{\frac{x}{2}}-\mathrm{Arcsin}\,\frac{x}{2}\right]+c$$

$$\underline{\underline{=-\sqrt{3}\cdot\frac{\sqrt{4-x^2}}{x}-\sqrt{3}\cdot\mathrm{Arcsin}\,\frac{x}{2}+c\text{ mit}}}$$

$$\underline{\underline{x\in[-2;0)\text{ oder }x\in(0;2]}}$$

13. $\displaystyle\int\frac{x^3}{\sqrt{1-x^2}}\,\mathrm{d}x;\ x\in(-1;1)$

Man substituiert:

► $x=\sin z;\ z\in\left(-\frac{\pi}{2};\frac{\pi}{2}\right)$

► $\sqrt{1-x^2}=\cos z$

► $\mathrm{d}x=\cos z\cdot\mathrm{d}z$

$$\int\frac{x^3}{\sqrt{1-x^2}}\,\mathrm{d}x=\int\frac{\sin^3 z}{\cos z}\cdot\cos z\,\mathrm{d}z$$

$$=\int\sin^3 z\,\mathrm{d}z$$

$$=\int(\sin^2 z\cdot\sin z)\,\mathrm{d}z \quad ► \sin z=1-\cos^2 z$$

$$=\int\left((1-\cos^2 z)\cdot\sin z\right)\mathrm{d}z$$

$$=\int\sin z\,\mathrm{d}z+\int\left((-\sin z)\cdot[\cos z]^2\right)\mathrm{d}z$$

125 Das Integral $\int(-\sin z \cdot [\cos z]^2)\,\mathrm{d}z$ ist vom Typ $\int\left(f'(z)\cdot[f(z)]^2\right)\mathrm{d}z$ ► 2.4.3

Substitution rückgängig machen:

► $\cos z = \sqrt{1-x^2}$

► $D(F) = [-1; 1]$ und $D(f) = (-1; 1)$

$$= \int \sin z\,\mathrm{d}z + \underbrace{\int\left((-\sin z)\cdot[\cos z]^2\right)\mathrm{d}z}_{\int\left(f'(z)\cdot[f(z)]^2\right)\mathrm{d}z}$$

$$= -\cos z + \frac{1}{2+1}\cdot[\cos z]^{2+1} + c$$

$$= -\cos z + \frac{1}{3}\cdot\cos^3 z + c$$

$$= -\sqrt{1-x^2} + \frac{1}{3}\cdot\sqrt{(1-x^2)^3} + c;\ x\in(-1;1)$$

14. $\displaystyle\int \frac{x^2}{\sqrt{18-2x^2}}\,\mathrm{d}x;\ x\in(-3;3)$

Man substituiert:

► $x = 3\cdot\sin z;\ z\in\left(-\frac{\pi}{2};\frac{\pi}{2}\right)$

► $\sqrt{18-2x^2} = \sqrt{2\cdot(9-x^2)} = \sqrt{2}\cdot 3\cdot\cos z$

► $\mathrm{d}x = 3\cdot\cos z\cdot\mathrm{d}z$

Substitution rückgängig machen:

► $x = 3\cdot\sin z \Rightarrow \frac{x}{3} = \sin z \Rightarrow z = \operatorname{Arcsin}\frac{x}{3}$

► $\cos z = \frac{1}{\sqrt{2}\cdot 3}\cdot\sqrt{2\cdot(9-x^2)} = \frac{1}{3}\cdot\sqrt{9-x^2}$

$$\int\frac{x^2}{\sqrt{18-2x^2}}\,\mathrm{d}x = \int\left(\frac{9\cdot\sin^2 z}{\sqrt{2}\cdot 3\cdot\cos z}\cdot 3\cdot\cos z\right)\mathrm{d}z$$

$$= \frac{9}{\sqrt{2}}\cdot\int\sin^2 z\,\mathrm{d}z \quad ► 2.4.1$$

$$= \frac{9}{\sqrt{2}}\cdot\left[\frac{z}{2}-\frac{1}{4}\cdot\sin(2z)\right]+c \quad ► \sin(2z) = 2\cdot\sin z\cdot\cos z$$

$$= \frac{9}{\sqrt{2}}\cdot\left[\frac{z}{2}-\frac{1}{4}\cdot 2\cdot\sin z\cdot\cos z\right]+c$$

$$= \frac{9}{\sqrt{2}}\cdot\left[\frac{\operatorname{Arcsin}\frac{x}{3}}{2}-\frac{1}{2}\cdot\frac{x}{3}\cdot\frac{1}{3}\cdot\sqrt{9-x^2}\right]+c$$

$$= \frac{9}{2\cdot\sqrt{2}}\cdot\operatorname{Arcsin}\frac{x}{3} - \frac{1}{2\cdot\sqrt{2}}\cdot x\cdot\sqrt{9-x^2}+c;\ x\in(-3;3)$$

► $D(F) = [-3; 3]$ und $D(f) = (-3; 3)$

15. $\displaystyle\int\frac{\left(\sqrt{1-x^2}\right)^3}{x^2}\,\mathrm{d}x;\ x\in[-1;1]\setminus\{0\}$

Man substituiert:

► $x = \sin z;\ z\in\left[-\frac{\pi}{2};\frac{\pi}{2}\right]\setminus\{0\}$

► $\sqrt{1-x^2} = \cos z$

► $\mathrm{d}x = \cos z\cdot\mathrm{d}z$

► $\cot z = \frac{\cos z}{\sin z}$; $\sin(2z) = 2\cdot\sin z\cdot\cos z$

Substitution rückgängig machen:

► $x = \sin z \Rightarrow z = \operatorname{Arcsin} x$

► $\sqrt{1-x^2} = \cos z$

$$\int\frac{\left(\sqrt{1-x^2}\right)^3}{x^2}\,\mathrm{d}x = \int\left(\frac{\cos^3 z}{\sin^2 z}\cdot\cos z\right)\mathrm{d}z$$

$$= \int\frac{\cos^4 z}{\sin^2 z}\,\mathrm{d}z \quad ► \cos^4 z = [\cos^2 z]^2 = [1-\sin^2 z]^2$$

$$= \int\frac{[1-\sin^2 z]^2}{\sin^2 z}\,\mathrm{d}z$$

$$= \int\frac{1-2\cdot\sin^2 z+\sin^4 z}{\sin^2 z}\,\mathrm{d}z$$

$$= \int\frac{1}{\sin^2 z}\,\mathrm{d}z - \int 2\,\mathrm{d}z + \int\sin^2 z\,\mathrm{d}z \quad ► 2.4.1$$

$$= -\cot z - 2z + \frac{z}{2} - \frac{1}{4}\cdot\sin(2z)+c$$

$$= -\frac{\cos z}{\sin z} - \frac{3}{2}\cdot z - \frac{1}{4}\cdot 2\cdot\sin z\cdot\cos z + c$$

$$= -\frac{\sqrt{1-x^2}}{x} - \frac{3}{2}\cdot\operatorname{Arcsin} x - \frac{x}{2}\cdot\sqrt{1-x^2}+c;\ x\in[-1;0) \text{ oder } x\in(0;1]$$

2.4.6 Integrale des Typs $\int f(x; \sqrt{x^2+a^2})\,\mathrm{d}x$

▶ **Lehrbuch: Kusch 4, S. 96 … 100**

Merke:

- $\int \sqrt{x^2+a^2}\,\mathrm{d}x = \frac{x}{2}\cdot\sqrt{x^2+a^2} + \frac{a^2}{2}\cdot \operatorname{Arsinh}\frac{x}{a} + c_1 = \frac{x}{2}\cdot\sqrt{x^2+a^2} + \frac{a^2}{2}\cdot \ln(x+\sqrt{x^2+a^2}) + c_2;\ a \in \mathbb{R}^{\neq 0}$
- $\int \frac{\mathrm{d}x}{\sqrt{x^2+a^2}} = \operatorname{Arsinh}\frac{x}{a} + c_1 = \ln(x+\sqrt{x^2+a^2}) + c_2;\ a \in \mathbb{R}^{\neq 0}$
- Unbestimmte Integrale des Typs $\int f(x; \sqrt{x^2+a^2})\,\mathrm{d}x$ mit $a \in \mathbb{R}^{\neq 0}$ können oft durch Substitution auf einfachere Integrale zurückgeführt werden, und zwar substituiert man zweckmäßigerweise:

$$x = a\cdot\sinh z;\ \sqrt{x^2+a^2} = |a|\cdot\cosh z;\ \mathrm{d}x = a\cdot\cosh z\,\mathrm{d}z$$

Vorbemerkung:

Bei den Aufgaben dieses Kapitels wird stets $a \in \mathbb{R}^{>0}$ vorausgesetzt. Aus $a^2 = d;\ d \in \mathbb{R}^{>0}$ folgt also $a = \sqrt{d}$.

Berechnen Sie die nachstehenden unbestimmten Integrale.

1. $\int \frac{\mathrm{d}x}{\sqrt{20+8x^2}};\ x \in \mathbb{R}$

Der Integrand wird durch Ausklammern auf die Form $\frac{1}{\sqrt{x^2+a^2}}$ gebracht. ▶ Merksatz

▶ $a^2 = 2{,}5 \Rightarrow a = \sqrt{2{,}5}$

▶ $\operatorname{Arsinh}\frac{x}{a} = \ln(x+\sqrt{x^2+a^2}) - \ln a;\ a > 0$

▶ 2,5 für a^2; $-\ln a + c_1 = c_2$

$$\int \frac{\mathrm{d}x}{\sqrt{20+8x^2}} = \int \frac{\mathrm{d}x}{\sqrt{8\cdot\left(\frac{20}{8}+x^2\right)}}$$

$$= \frac{1}{\sqrt{8}}\cdot\int\frac{\mathrm{d}x}{\sqrt{x^2+2{,}5}} \quad ▶ \int\frac{\mathrm{d}x}{\sqrt{x^2+a^2}}$$

$$= \frac{1}{\sqrt{8}}\cdot\operatorname{Arsinh}\left(\frac{x}{\sqrt{2{,}5}}\right) + c_1$$

$$= \underline{\underline{\frac{1}{\sqrt{8}}\cdot\operatorname{Arsinh}\left(\frac{x}{\sqrt{2{,}5}}\right) + c_1}}$$

$$= \underline{\underline{\frac{1}{\sqrt{8}}\cdot\ln\left(x+\sqrt{x^2+2{,}5}\right) + c_2}}$$

2. $\int \frac{\sqrt{x^2+20}}{x^2}\,\mathrm{d}x;\ x \in \mathbb{R}^{\neq 0}$

Man substituiert:

▶ $x = \sqrt{20}\cdot\sinh z;\ z \in \mathbb{R}^{\neq 0}$

▶ $\sqrt{x^2+20} = \sqrt{20}\cdot\cosh z$

▶ $\mathrm{d}x = \sqrt{20}\cdot\cosh z\cdot\mathrm{d}z$

Substitution rückgängig machen:

▶ $x = \sqrt{20}\cdot\sinh z \Rightarrow \frac{x}{\sqrt{20}} = \sinh z$

$\Rightarrow z = \operatorname{Arsinh}\frac{x}{\sqrt{20}}$

▶ $\cosh z = \frac{1}{\sqrt{20}}\cdot\sqrt{x^2+20}$

▶ $\operatorname{Arsinh}\frac{x}{a} = \ln(x+\sqrt{x^2+a^2}) - \ln a;\ a > 0$

▶ 20 für a^2; $-\ln a + c_1 = c_2$

$$\int\frac{\sqrt{x^2+20}}{x^2}\,\mathrm{d}x = \int\left(\frac{\sqrt{20}\cdot\cosh z}{20\cdot\sinh^2 z}\cdot\sqrt{20}\cdot\cosh z\right)\mathrm{d}z$$

$$= \int\frac{\cosh^2 z}{\sinh^2 z}\,\mathrm{d}z \quad ▶ \cosh^2 z = 1+\sinh^2 z \quad ▶ 4.1$$

$$= \int\frac{1+\sinh^2 z}{\sinh^2 z}\,\mathrm{d}z$$

$$= \int\frac{\mathrm{d}z}{\sinh^2 z} + \int 1\,\mathrm{d}z$$

$$= -\coth z + z + c \quad ▶ \coth z = \frac{\cosh z}{\sinh z}$$

$$= -\frac{\cosh z}{\sinh z} + z + c_1$$

$$= -\frac{\frac{1}{\sqrt{20}}\cdot\sqrt{x^2+20}}{\frac{x}{\sqrt{20}}} + \operatorname{Arsinh}\frac{x}{\sqrt{20}} + c_1$$

$$= \underline{\underline{-\frac{\sqrt{x^2+20}}{x} + \operatorname{Arsinh}\frac{x}{\sqrt{20}} + c_1;\ x \neq 0}}$$

$$= \underline{\underline{-\frac{\sqrt{x^2+20}}{x} + \ln(x+\sqrt{x^2+20}) + c_2;\ x \neq 0}}$$

126

126

3. $\int \frac{\sqrt{x^2+a^2}}{x}\,\mathrm{d}x;\ a>0;\ x\in\mathbb{R}^{\neq 0}$

Man substituiert:

- ► $x = a\cdot\sinh z;\ z \neq 0$
- ► $\sqrt{x^2+a^2} = a\cdot\cosh z$
- ► $\mathrm{d}x = a\cdot\cosh z\cdot\mathrm{d}z$
- ► $\sinh z = 2\cdot\sinh\frac{z}{2}\cdot\cos\frac{z}{2}$
- ► $\frac{\sinh\frac{z}{2}}{\cosh\frac{z}{2}} = \tanh\frac{z}{2}$
- ► $\int\frac{f'(z)}{f(z)}\,\mathrm{d}z = \ln|f(z)|+c_2$ ► 2.4.2
- ► $\tanh\frac{z}{2} = \frac{\cosh z-1}{\sinh z}$ ► 4.1

Substitution rückgängig machen:

- ► $\sqrt{x^2+a^2} = a\cdot\cosh z \Rightarrow \cosh z = \frac{1}{a}\cdot\sqrt{x^2+a^2}$
- ► $x = a\cdot\sinh z \Rightarrow \sinh z = \frac{x}{a}$

$$\int\frac{\sqrt{x^2+a^2}}{x}\,\mathrm{d}x = \int\left(\frac{a\cdot\cosh z}{a\cdot\sinh z}\cdot a\cdot\cosh z\right)\mathrm{d}z$$

$$= a\cdot\int\frac{\cosh^2 z}{\sinh z}\,\mathrm{d}z \quad ► \cosh^2 z = 1+\sinh^2 z$$

$$= a\cdot\int\frac{1+\sinh^2 z}{\sinh z}\,\mathrm{d}z$$

$$= a\cdot\int\frac{\mathrm{d}z}{\sinh z} + a\cdot\int\sinh z\,\mathrm{d}z$$

$$= a\cdot\int\frac{\mathrm{d}z}{\sinh z} + a\cdot\cosh z + c_1$$

$$= a\cdot\int\frac{\mathrm{d}z}{2\cdot\sinh\frac{z}{2}\cdot\cosh\frac{z}{2}} + a\cdot\cosh z + c_1$$

$$= a\cdot\int\frac{\mathrm{d}z}{2\cdot\frac{\sinh\frac{z}{2}}{\cosh\frac{z}{2}}\cdot\cosh^2\frac{z}{2}} + a\cdot\cosh z + c_1$$

$$= a\cdot\int\frac{\frac{1}{2}\cdot\frac{1}{\cosh^2\frac{z}{2}}}{\tanh\frac{z}{2}}\,\mathrm{d}z + a\cdot\cosh z + c_1 \quad ► \int\frac{f'(z)}{f(z)}\cdot\mathrm{d}z$$

$$= a\cdot\ln\left|\tanh\frac{z}{2}\right| + c_2 + a\cdot\cosh z + c_1 \quad ► c = c_1 + c_2$$

$$= a\cdot\ln\left|\frac{\cosh z-1}{\sinh z}\right| + a\cdot\cosh z + c$$

$$= a\cdot\ln\left|\frac{\frac{1}{a}\cdot\sqrt{x^2+a^2}-1}{\frac{x}{a}}\right| + a\cdot\frac{1}{a}\cdot\sqrt{x^2+a^2} + c$$

$$= \underline{\underline{a\cdot\ln\left|\frac{\sqrt{x^2+a^2}-a}{x}\right| + \sqrt{x^2+a^2} + c;\ x\neq 0}}$$

Merke:

$$\int\frac{\mathrm{d}x}{\sinh x} = \ln\left|\tanh\frac{x}{2}\right| + c;\ x\neq 0$$

4. $\int\frac{x}{\sqrt{2x^2+4}}\,\mathrm{d}x;\ x\in\mathbb{R}$

Das Integral lässt sich mit der Methode aus Kapitel 2.4.3 einfach lösen.

- ► $\frac{x}{\sqrt{2x^2+4}} = x\cdot(2x^2+4)^{-\frac{1}{2}}$
- ► $f(x) = 2x^2+4 \Rightarrow f'(x) = 4x$

$$\int\frac{x}{\sqrt{2x^2+4}}\,\mathrm{d}x = \frac{1}{4}\cdot\int\left(4x\cdot[2x^2+4]^{-\frac{1}{2}}\right)\mathrm{d}x$$

$$► \int\left(f'(x)\cdot[f(x)]^{-\frac{1}{2}}\right)\mathrm{d}x \quad ► 2.4.3$$

$$= \frac{1}{4}\cdot\frac{1}{-\frac{1}{2}+1}\cdot[2x^2+4]^{-\frac{1}{2}+1} + c$$

$$= 2\cdot[2x^2+4]^{\frac{1}{2}} + c$$

$$= \underline{\underline{2\cdot\sqrt{2x^2+4}+c}}$$

5. $\displaystyle\int \frac{3}{x\cdot\sqrt{ax^2+4}}\,\mathrm{d}x;\ a>0;\ x\in\mathbb{R}^{+0}$

Man substituiert:

- $x = \frac{2}{\sqrt{a}}\cdot\sinh z;\ z\in\mathbb{R}$
- $\sqrt{x^2+\frac{4}{a}} = \frac{2}{\sqrt{a}}\cdot\cosh z;\ \mathrm{d}x = \frac{2}{\sqrt{a}}\cdot\cosh z\,\mathrm{d}z$
- $\tanh\frac{z}{2} = \frac{\cosh z - 1}{\sinh z}$ ► 4.1

Substitution rückgängig machen:

- $\sqrt{x^2+\frac{4}{a}} = \frac{2}{\sqrt{a}}\cdot\cosh z \Rightarrow \cosh z = \frac{1}{2}\cdot\sqrt{ax^2+4}$
- $x = \frac{2}{\sqrt{a}}\cdot\sinh z \Rightarrow \sinh z = \frac{x\cdot\sqrt{a}}{2}$

$$\int\frac{3}{x\cdot\sqrt{ax^2+4}}\,\mathrm{d}x = \int\frac{3}{x\cdot\sqrt{a\cdot\left(x^2+\frac{4}{a}\right)}}\,\mathrm{d}x$$
$$= \frac{3}{\sqrt{a}}\cdot\int\frac{\mathrm{d}x}{x\cdot\sqrt{x^2+\frac{4}{a}}}$$
$$= \frac{3}{\sqrt{a}}\cdot\int\frac{\frac{2}{\sqrt{a}}\cdot\cosh z\,\mathrm{d}z}{\frac{2}{\sqrt{a}}\cdot\sinh z\cdot\frac{2}{\sqrt{a}}\cdot\cosh z}$$
$$= \frac{3}{2}\cdot\int\frac{\mathrm{d}z}{\sinh z}$$ ► Merksatz bei Aufgabe 3
$$= \frac{3}{2}\cdot\ln\left|\tanh\frac{z}{2}\right| + c$$
$$= \frac{3}{2}\cdot\ln\left|\frac{\cosh z - 1}{\sinh z}\right| + c$$
$$= \frac{3}{2}\cdot\ln\left|\frac{\frac{1}{2}\cdot\sqrt{ax^2+4}-1}{\frac{x\cdot\sqrt{a}}{2}}\right| + c$$
$$= \frac{3}{2}\cdot\ln\left|\frac{\sqrt{ax^2+4}-2}{x\cdot\sqrt{a}}\right| + c;\ x\neq 0$$

6. $\displaystyle\int\frac{13x^2}{\sqrt{3+3x^2}}\,\mathrm{d}x;\ x\in\mathbb{R}$

Man substituiert:

- $x = \sinh z$
- $\sqrt{3+3x^2} = \sqrt{3\cdot(1+x^2)} = \sqrt{3}\cdot\cosh z$
- $\mathrm{d}x = \cosh z\cdot\mathrm{d}z$
- $\sinh(2z) = 2\cdot\sinh z\cdot\cosh z$ ► 4.1

Substitution rückgängig machen:

- $x = \sinh z \Rightarrow z = \operatorname{Arsinh} x$
- $\sqrt{3+3x^2} = \sqrt{3}\cdot\cosh z \Rightarrow \cosh z = \sqrt{1+x^2}$
- $\operatorname{Arsinh} x = \ln(x+\sqrt{x^2+1})$

$$\int\frac{13x^2}{\sqrt{3+3x^2}}\,\mathrm{d}x = \int\left(\frac{13\cdot\sinh^2 z}{\sqrt{3}\cdot\cosh z}\cdot\cosh z\right)\mathrm{d}z$$
$$= \frac{13}{\sqrt{3}}\cdot\int\sinh^2 z\,\mathrm{d}z$$ ► 2.4.1
$$= \frac{13}{\sqrt{3}}\cdot\left[\frac{1}{4}\cdot\sinh(2z) - \frac{z}{2}\right] + c$$
$$= \frac{13}{\sqrt{3}}\cdot\left[\frac{1}{4}\cdot 2\cdot\sinh z\cdot\cosh z - \frac{z}{2}\right] + c$$
$$= \frac{13}{\sqrt{3}}\cdot\left[\frac{1}{2}\cdot x\cdot\sqrt{1+x^2} - \frac{1}{2}\cdot\operatorname{Arsinh} x\right] + c$$
$$= \frac{13}{2\cdot\sqrt{3}}\cdot\left[x\cdot\sqrt{1+x^2} - \operatorname{Arsinh} x\right] + c$$
$$= \frac{13}{2\cdot\sqrt{3}}\cdot\left[x\cdot\sqrt{1+x^2} - \ln(x+\sqrt{x^2+1})\right] + c$$

7. $\displaystyle\int\frac{x^2}{\sqrt{x^2+4}}\,\mathrm{d}x;\ x\in\mathbb{R}$

Man substituiert:

- $x = 2\cdot\sinh z$
- $\sqrt{x^2+4} = 2\cdot\cosh z$
- $\mathrm{d}x = 2\cdot\cosh z\cdot\mathrm{d}z$

$$\int\frac{x^2}{\sqrt{x^2+4}}\,\mathrm{d}x = \int\left(\frac{4\cdot\sinh^2 z}{2\cdot\cosh z}\cdot 2\cdot\cosh z\right)\mathrm{d}z$$
$$= 4\cdot\int\sinh^2 z\,\mathrm{d}z$$ ► 2.4.1
$$= 4\cdot\left[\frac{1}{4}\cdot\sinh(2z) - \frac{z}{2}\right] + c_1$$
$$= 4\cdot\left[\frac{1}{4}\cdot 2\cdot\sinh z\cdot\cosh z - \frac{z}{2}\right] + c_1$$

126

Substitution rückgängig machen:

► $x = 2 \cdot \sinh z \Rightarrow \frac{x}{2} = \sinh z \Rightarrow z = \operatorname{Arsinh} \frac{x}{2}$

► $\sqrt{x^2+4} = 2 \cdot \cosh z \Rightarrow \cosh z = \frac{1}{2} \cdot \sqrt{x^2+4}$

► $\operatorname{Arsinh} \frac{x}{2} = \ln(x + \sqrt{x^2+4}) - \ln 2$

► $2 \cdot (-\ln 2) + c_1 = c_2$

$$= 4 \cdot \left[\frac{1}{4} \cdot 2 \cdot \sinh z \cdot \cosh z - \frac{z}{2}\right] + c_1$$

$$= 4 \cdot \left[\frac{1}{2} \cdot \frac{x}{2} \cdot \frac{1}{2} \cdot \sqrt{x^2+4} - \frac{1}{2} \cdot \operatorname{Arsinh} \frac{x}{2}\right] + c_1$$

$$= \underline{\underline{\frac{x}{2} \cdot \sqrt{x^2+4} - 2 \cdot \operatorname{Arsinh} \frac{x}{2} + c_1}}$$

$$= \underline{\underline{\frac{x}{2} \cdot \sqrt{x^2+4} - 2 \cdot \ln(x + \sqrt{x^2+4}) + c_2}}$$

8. $\int \frac{x^3}{\sqrt{4+x^2}} \, dx; \; x \in \mathbb{R}$

Man substituiert:

► $x = 2 \cdot \sinh z$

► $\sqrt{4+x^2} = 2 \cdot \cosh z$

► $dx = 2 \cdot \sinh z \cdot dz$

Das Integral $\int (\cosh^2 z \cdot \sinh z) \, dz$ ist vom Typ $\int \left(f'(z) \cdot [f(z)]^2\right) dz$. ► 2.4.3

Substitution rückgängig machen:

► $\sqrt{4+x^2} = 2 \cdot \cosh z \Rightarrow \frac{1}{2} \cdot \sqrt{4+x^2} = \cosh z$

$$\int \frac{x^3}{\sqrt{4+x^2}} \, dx = \int \left(\frac{8 \cdot \sinh^3 z}{2 \cdot \cosh z} \cdot 2 \cdot \cosh z\right) dz$$

$= 8 \cdot \int \sinh^3 z \, dz$ ► $\sinh^3 z = \sinh^2 z \cdot \sinh z$

$= 8 \cdot \int (\sinh^2 z \cdot \sinh z) \, dz$ ► $\sinh^2 z = \cosh^2 z - 1$ ► 4.1

$$= 8 \cdot \int \left((\cosh^2 z - 1) \cdot \sinh z\right) dz$$

$$= 8 \cdot \left[\int (\cosh^2 z \cdot \sinh z) \, dz - \int \sinh z \, dz\right]$$

$$= 8 \cdot \left[\frac{1}{2+1} \cdot [\cosh z]^{2+1} - \cosh z\right] + c$$

$$= \frac{8}{3} \cdot \cosh^3 z - 8 \cdot \cosh z + c$$

$$= \frac{8}{3} \cdot \frac{1}{8} \cdot \sqrt{(4+x^2)^3} - 8 \cdot \frac{1}{2} \cdot \sqrt{4+x^2} + c$$

$$= \underline{\underline{\frac{1}{3} \cdot \sqrt{(4+x^2)^3} - 4 \cdot \sqrt{4+x^2} + c}}$$

9. $\int \sqrt{\frac{x^4-16}{4x^2-16}} \, dx; \; x \in \mathbb{R} \setminus \{-2; 2\}$

► $\frac{x^4-16}{4x^2-16} = \frac{(x^2-4) \cdot (x^2+4)}{4 \cdot (x^2-4)} = \underline{\frac{1}{4} \cdot (x^2+4)}$

Man erhält ein Integral vom Typ $\int \sqrt{x^2+a^2} \, dx$ mit 2 für a. ► Merksatz

► $\operatorname{Arsinh} \frac{x}{2} = \ln(x + \sqrt{x^2+4}) - \ln 2$

► $-\ln 2 + c_1 = c_2$

► $D(F) = \mathbb{R}$ und $D(f) = \mathbb{R} \setminus \{-2; 2\}$

$$\int \sqrt{\frac{x^4-16}{4x^2-16}} \, dx = \int \sqrt{\frac{1}{4} \cdot (x^2+4)} \, dx$$

$= \frac{1}{2} \cdot \int \sqrt{x^2+4} \, dx$ ► $\int \sqrt{x^2+a^2} \, dx$ ► 2 für a

$$= \frac{1}{2} \cdot \left[\frac{x}{2} \cdot \sqrt{x^2+4} + \frac{4}{2} \cdot \operatorname{Arsinh} \frac{x}{a}\right] + c_1$$

$$= \underline{\underline{\frac{x}{4} \cdot \sqrt{x^2+4} + \operatorname{Arsinh} \frac{x}{2} + c_1; \; x \in \mathbb{R} \setminus \{-2; 2\}}}$$

$$= \underline{\underline{\frac{x}{4} \cdot \sqrt{x^2+4} + \ln\left(x + \sqrt{x^2+4}\right) + c_2; \; x \in \mathbb{R} \setminus \{-2; 2\}}}$$

10. $\displaystyle\int \frac{x+2}{\sqrt{x^2+2}}\,\mathrm{d}x;\ x \in \mathbb{R}$

► $\displaystyle\frac{x+2}{\sqrt{x^2+2}} = \frac{x}{\sqrt{x^2+2}} + \frac{2}{\sqrt{x^2+2}}$

Das Integral $\int \left(2 \cdot x \cdot [x^2+2]^{-\frac{1}{2}}\right)\mathrm{d}x$ ist vom Typ $\int \left(f'(x) \cdot [f(x)]^{-\frac{1}{2}}\right)\mathrm{d}x$ (► 2.4.3) und das Integral $\displaystyle\int \frac{\mathrm{d}x}{\sqrt{x^2+2}}$ ist vom Typ $\displaystyle\int \frac{\mathrm{d}x}{\sqrt{x^2+a^2}}$ mit $a^2 = 2$, also $a = \sqrt{2}$. ► Merksatz

► $\displaystyle\operatorname{Arsinh}\frac{x}{\sqrt{2}} = \ln\left(x + \sqrt{x^2+2}\right) - \ln\sqrt{2}$

► $2 \cdot (-\ln\sqrt{2}) + c_1 = c_2$

$$\int \frac{x+2}{\sqrt{x^2+2}}\,\mathrm{d}x = \int \frac{x}{\sqrt{x^2+2}}\,\mathrm{d}x + \int \frac{2}{\sqrt{x^2+2}}\,\mathrm{d}x$$

$$= \frac{1}{2} \cdot \int \left(2 \cdot x \cdot [x^2+2]^{-\frac{1}{2}}\right)\mathrm{d}x + 2 \cdot \int \frac{\mathrm{d}x}{\sqrt{x^2+2}}$$

► $\displaystyle\int \left(f'(x) \cdot [f(x)]^{-\frac{1}{2}}\right)\mathrm{d}x + 2 \cdot \int \frac{\mathrm{d}x}{\sqrt{x^2+a^2}}$ ► $a = \sqrt{2}$

$$= \frac{1}{2} \cdot \frac{1}{-\frac{1}{2}+1} \cdot [x^2+2]^{-\frac{1}{2}+1} + 2 \cdot \operatorname{Arsinh}\frac{x}{\sqrt{2}} + c_1$$

$$= \sqrt{x^2+1} + 2 \cdot \operatorname{Arsinh}\frac{x}{\sqrt{2}} + c_1$$

$$= \sqrt{x^2+1} + 2 \cdot \ln(x + \sqrt{x^2+2}) + c_2$$

11. $\displaystyle\int \frac{x^2 - \sqrt{x^2+4}}{x}\,\mathrm{d}x;\ x \in \mathbb{R}^{\neq 0}$

► Aufgabe 3 mit $a^2 = 4 \Rightarrow a = 2$

► $c_1 + c_2 = c$

$$\int \frac{x^2 - \sqrt{x^2+4}}{x}\,\mathrm{d}x = \int \left[x - \frac{\sqrt{x^2+4}}{x}\right]\mathrm{d}x$$

$$= \int x\,\mathrm{d}x - \int \frac{\sqrt{x^2+4}}{x}\,\mathrm{d}x$$

$$= \frac{1}{2} \cdot x^2 + c_1 - \int \frac{\sqrt{x^2+4}}{x}\,\mathrm{d}x$$

$$= \frac{1}{2} \cdot x^2 + c_1 - 2 \cdot \ln\left|\frac{\sqrt{x^2+4}-2}{x}\right| + \sqrt{x^2+4} + c_2$$

$$= \frac{1}{2} \cdot x^2 - 2 \cdot \ln\left|\frac{\sqrt{x^2+4}-2}{x}\right| + \sqrt{x^2+4} + c;\ x \neq 0$$

12. $\displaystyle\int \frac{\sqrt{x^2+1}+x^3}{x^2}\,\mathrm{d}x;\ x \in \mathbb{R}^{\neq 0}$

► $\displaystyle\frac{\sqrt{x^2+1}+x^3}{x^2} = \frac{\sqrt{x^2+1}}{x^2} + x$

Im Integral $\displaystyle\int \frac{\sqrt{x^2+1}}{x^2}\,\mathrm{d}x$ substituiert man:

► $x = \sinh z;\ z \neq 0$

► $\sqrt{x^2+1} = \cosh z$

► $\mathrm{d}x = \cosh z \cdot \mathrm{d}z$

► $\displaystyle\int \frac{1}{\sinh^2 z}\,\mathrm{d}z = -\coth z$

► $\displaystyle\coth z = \frac{\cosh z}{\sinh z}$

$$\int \frac{\sqrt{x^2+1}+x^3}{x^2}\,\mathrm{d}x = \int \left[\frac{\sqrt{x^2+1}}{x^2} + x\right]\mathrm{d}x$$

$$= \int \frac{\sqrt{x^2+1}}{x^2}\,\mathrm{d}x + \int x\,\mathrm{d}x$$

$$= \int \left(\frac{\cosh z}{\sinh^2 z} \cdot \cosh z\right)\mathrm{d}z + \frac{x^2}{2} + c_1$$

$$= \int \frac{\cosh^2 z}{\sinh^2 z}\,\mathrm{d}z + \frac{x^2}{2} + c_1$$ ► $\cosh^2 z = \sinh^2 z + 1$

$$= \int \frac{\sinh^2 z + 1}{\sinh^2 z}\,\mathrm{d}z + \frac{x^2}{2} + c_1$$

$$= \int \left(1 + \frac{1}{\sinh^2 z}\right)\mathrm{d}z + \frac{x^2}{2} + c_1$$

$$= z - \coth z + c_2 + \frac{x^2}{2} + c_1$$

$$= z - \frac{\cosh z}{\sinh z} + \frac{x^2}{2} + c_2 + c_1$$ ► $c_2 + c_1 = c$

126

Substitution rückgängig machen:

► $x = \sinh z \Rightarrow z = \operatorname{Arsinh} x$

► $\sqrt{x^2+1} = \cosh z$

► $\operatorname{Arsinh} x = \ln\left(x + \sqrt{x^2+1}\right)$

$$= z - \frac{\cosh z}{\sinh z} + \frac{x^2}{2} + c_2 + c_1 \quad ► c_2 + c_1 = c$$

$$= \operatorname{Arsinh} x - \frac{\sqrt{x^2+1}}{x} + \frac{x^2}{2} + c;\ x \neq 0$$

$$= \ln\left(x + \sqrt{x^2+1}\right) - \frac{\sqrt{x^2+1}}{x} + \frac{x^2}{2} + c;\ x \neq 0$$

13. $\int \frac{dx}{x^2 \cdot \sqrt{1+x^2}};\ x \in \mathbb{R}^{\neq 0}$

Man substituiert:

► $x = \sinh z$ ► $z \neq 0$

► $\sqrt{1+x^2} = \cosh z$

► $dx = \cosh z \cdot dz$

$$\int \frac{dx}{x^2 \cdot \sqrt{1+x^2}} = \int \frac{\cosh z\, dz}{\sinh^2 z \cdot \cosh z}$$

$$= \int \frac{dz}{\sinh^2 z} \quad ► \text{Grundintegral}$$

$$= -\coth z + c \quad ► \coth z = \frac{\cosh z}{\sinh z}$$

$$= -\frac{\cosh z}{\sinh z} + c \quad ► \cosh z = \sqrt{1+x^2};\ \sinh z = x$$

$$= -\frac{\sqrt{1+x^2}}{x} + c;\ x \neq 0$$

14. $\int \frac{(x-1)}{\sqrt{49+x^2}}\,dx;\ x \in \mathbb{R}$

► $\frac{x-1}{\sqrt{49+x^2}} = \frac{x}{\sqrt{49+x^2}} - \frac{1}{\sqrt{49+x^2}}$

► Das Integral $\int \left(2x \cdot [49+x^2]^{-\frac{1}{2}}\right) dx$ ist vom Typ $\int \left(f'(x) \cdot [f(x)]^{-\frac{1}{2}}\right) dx$. ► 2.4.3

► $\int \frac{dx}{\sqrt{49+x^2}}$ ist vom Typ $\int \frac{dx}{\sqrt{x^2+a^2}}$ mit $a^2 = 49$, also mit $a = 7$. ► Merksatz

► $\operatorname{Arsinh} \frac{x}{7} = \ln\left(x + \sqrt{49+x^2}\right) - \ln 7$

$$\int \frac{x-1}{\sqrt{49+x^2}}\,dx = \int \frac{x}{\sqrt{49+x^2}}\,dx - \int \frac{dx}{\sqrt{49+x^2}}$$

$$= \frac{1}{2} \cdot \int \left(2x \cdot [49+x^2]^{-\frac{1}{2}}\right) dx - \int \frac{dx}{\sqrt{49+x^2}}$$

$$= \frac{1}{2} \cdot \frac{1}{-\frac{1}{2}+1} \cdot [49+x^2]^{-\frac{1}{2}+1} - \operatorname{Arsinh} \frac{x}{7} + c_1$$

$$= \sqrt{49+x^2} - \operatorname{Arsinh} \frac{x}{7} + c_1 \quad ► \ln 7 + c_1 = c_2$$

$$= \sqrt{49+x^2} - \ln\left(x + \sqrt{49+x^2}\right) + c_2$$

15. $\int \frac{36-x^2}{(x+6) \cdot \sqrt{x^2+6}}\,dx;\ x \in \mathbb{R}^{\neq -6}$

► $\frac{36-x^2}{(x+6) \cdot \sqrt{x^2+6}} = \frac{(6+x) \cdot (6-x)}{(x+6) \cdot \sqrt{x^2+6}} = \frac{6-x}{\sqrt{x^2+6}} = \frac{6}{\sqrt{x^2+6}} - \frac{x}{\sqrt{x^2+6}}$

► Das Integral $\int \left(2x \cdot [x^2+6]^{-\frac{1}{2}}\right) dx$ ist vom Typ $\int \left(f'(x) \cdot [f(x)]^{-\frac{1}{2}}\right) dx$. ► 2.4.3

► $\int \frac{dx}{\sqrt{x^2+6}}$ ist vom Typ $\int \frac{dx}{\sqrt{x^2+a^2}}$ mit $a^2 = 6$, also mit $a = \sqrt{6}$. ► Merksatz

► $6 \cdot \operatorname{Arsinh} \frac{x}{\sqrt{6}} = 6 \cdot \ln\left(x + \sqrt{x^2+6}\right) - 6 \cdot \ln \sqrt{6}$

► $-6 \cdot \ln \sqrt{6} + c_1 = c_2$

$$\int \frac{36-x^2}{(x+6) \cdot \sqrt{x^2+6}}\,dx = \int \frac{6}{\sqrt{x^2+6}}\,dx - \int \frac{x}{\sqrt{x^2+6}}\,dx$$

$$= 6 \cdot \int \frac{dx}{\sqrt{x^2+6}} - \frac{1}{2} \cdot \int \left(2x \cdot [x^2+6]^{-\frac{1}{2}}\right) dx$$

$$= 6 \cdot \operatorname{Arsinh} \frac{x}{\sqrt{6}} - \frac{1}{2} \cdot \frac{1}{-\frac{1}{2}+1} \cdot [x^2+6]^{-\frac{1}{2}+1} + c_1$$

$$= 6 \cdot \operatorname{Arsinh} \frac{x}{\sqrt{6}} - \sqrt{x^2+6} + c_1;\ x \neq -6$$

$$= 6 \cdot \ln(x + \sqrt{x^2+6}) - \sqrt{x^2+6} + c_2;\ x \neq -6$$

► $D(F) = \mathbb{R}$ und $D(f) = \mathbb{R}^{\neq -6}$

2.4.7 Integrale des Typs $\int f(x;\sqrt{x^2-a^2})\,\mathrm{d}x$

▶ **Lehrbuch: Kusch 4, S. 100 … 106**

Merke:

- $\int \sqrt{x^2-a^2}\,\mathrm{d}x = \frac{x}{2}\cdot\sqrt{x^2-a^2}-\frac{a^2}{2}\cdot\ln|x+\sqrt{x^2-a^2}|+c;\ x\in\mathbb{R}\setminus(-|a|;|a|);\ a\in\mathbb{R}^{\neq 0}$
- $\int \frac{\mathrm{d}x}{\sqrt{x^2-a^2}} = \ln|x+\sqrt{x^2-a^2}|+c;\ x\in\mathbb{R}\setminus[-|a|;|a|];\ a\in\mathbb{R}^{\neq 0}$
- Unbestimmte Integrale des Typs $\int f(x;\sqrt{x^2-a^2})\,\mathrm{d}x$ mit $a\in\mathbb{R}^{>0}$ können oft durch Substitution auf einfachere Integrale zurückgeführt werden, und zwar substituiert man je nach Fall:
  - $x\geq a;\ x\in D(f)$ ▶ $x=a\cdot\cosh z$ mit $z\geq 0$; $\sqrt{x^2-a^2}=a\cdot\sinh z$; $\mathrm{d}x=a\cdot\sinh z\cdot\mathrm{d}z$
  - $x\leq -a;\ x\in D(f)$ ▶ $x=-a\cdot\cosh z$ mit $z\geq 0$; $\sqrt{x^2-a^2}=a\cdot\sinh z$; $\mathrm{d}x=-a\cdot\sinh z\cdot\mathrm{d}z$

Vorbemerkung:
Bei den Aufgaben dieses Kapitels wird stets $a\in\mathbb{R}^{>0}$ vorausgesetzt. Aus $a^2=d;\ d\in\mathbb{R}^{>0}$ folgt also $a=\sqrt{d}$.

Berechnen Sie die nachstehenden unbestimmten Integrale.

126

1. $\int\frac{\mathrm{d}x}{\sqrt{x^2-7}};\ x\in\mathbb{R}\setminus[-\sqrt{7};\sqrt{7}]$

Der Integrand entspricht bereits dem Integraltyp $\frac{1}{\sqrt{x^2-a^2}}$. ▶ Merksatz

▶ $a^2=7\Rightarrow a=\sqrt{7}$ ▶ Vorbemerkung

$$\int\frac{\mathrm{d}x}{\sqrt{x^2-7}}=\int\frac{\mathrm{d}x}{\sqrt{x^2-a^2}} \quad ▶\ a^2=7\Rightarrow a=\sqrt{7}$$
$$=\underline{\underline{\ln|x+\sqrt{x^2-7}|+c;\ x<-\sqrt{7}\text{ oder }x>\sqrt{7}}}$$

▶ $D(F)=\mathbb{R}\setminus(-\sqrt{7};\sqrt{7})$ und $D(f)=\mathbb{R}\setminus[-\sqrt{7};\sqrt{7}]$

2. $\int\frac{\sqrt{3}}{\sqrt{12x^2-3}}\,\mathrm{d}x;\ x\in\mathbb{R}\setminus\left[-\frac{1}{2};\frac{1}{2}\right]$

Der Integrand wird durch Ausklammern auf die Form $\frac{1}{\sqrt{x^2-a^2}}$ gebracht. ▶ Merksatz

$a^2=\frac{1}{4}\Rightarrow a=\frac{1}{2}$ ▶ Vorbemerkung

▶ $D(F)=\mathbb{R}\setminus\left(-\frac{1}{2};\frac{1}{2}\right)$ und $D(f)=\mathbb{R}\setminus\left[-\frac{1}{2};\frac{1}{2}\right]$

$$\int\frac{\sqrt{3}}{\sqrt{12x^2-3}}\,\mathrm{d}x=\int\frac{\sqrt{3}}{\sqrt{12\cdot\left(x^2-\frac{1}{4}\right)}}\,\mathrm{d}x$$
$$=\frac{\sqrt{3}}{\sqrt{12}}\cdot\int\frac{\mathrm{d}x}{\sqrt{x^2-\frac{1}{4}}} \quad ▶\ \int\frac{\mathrm{d}x}{\sqrt{x^2-a^2}};\ a=\frac{1}{2}$$
$$=\underline{\underline{\frac{1}{2}\cdot\ln\left|x+\sqrt{x^2-\frac{1}{4}}\right|+c;\ x<-\frac{1}{2}\text{ oder }x>\frac{1}{2}}}$$

Anmerkung:
Bei den Übungsaufgaben 3, 4 und 7 kommen Terme der Form $-\ln(-A+\sqrt{A^2-1})$ mit $A\leq -1$ vor. Solche Terme lassen sich zur Vereinfachung der Rechnung wie folgt unformen:

$$-\ln(-A+\sqrt{A^2-1})=\ln\left[(-A+\sqrt{A^2-1})^{-1}\right] \quad ▶\text{ logarithmisches Gesetz beachten } ▶\ 4.1$$
$$=\ln\left[\frac{1}{-A+\sqrt{A^2-1}}\right] \quad ▶\text{ mit } A+\sqrt{A^2-1}\text{ erweitern}$$
$$=\ln\left[\frac{A+\sqrt{A^2-1}}{(-A+\sqrt{A^2-1})\cdot(A+\sqrt{A^2-1})}\right] \quad ▶\text{ Nennerterm ist ein binomischer Ausdruck}$$
$$=\ln\left(\frac{A+\sqrt{A^2-1}}{-A^2+A^2-1}\right)$$
$$=\ln\left[-(A+\sqrt{A^2-1})\right] \quad ▶\ A+\sqrt{A^2-1}<0\text{ für }A\leq -1$$

▶ Außerdem gilt: $\operatorname{Arcosh}(-A)=\ln(-A+\sqrt{A^2-1});\ A\leq -1$

126

3. $\int \frac{\sqrt{3x^2-4}}{x^2}\,dx;\; x \in \mathbb{R}\backslash(-\frac{2}{\sqrt{3}}; \frac{2}{\sqrt{3}})$

Die Integrandfunktion $f: f(x) = \frac{\sqrt{3x^2-4}}{x^2}$ hat den Definitionsbereich $D(f) = \mathbb{R}\backslash(-\frac{2}{\sqrt{3}}; \frac{2}{\sqrt{3}})$, sodass man die Fälle $x \in (-\infty; -\frac{2}{\sqrt{3}}]$ und $x \in [\frac{2}{\sqrt{3}}; \infty)$ unterscheiden muss. ► Merksatz

- $\int \frac{\sqrt{3x^2-4}}{x^2}\,dx;\; x \in \left[\frac{2}{\sqrt{3}}; \infty\right)$

Im Falle $x \in \left[\frac{2}{\sqrt{3}}; \infty\right)$ substituiert man:

► $x = \frac{2}{\sqrt{3}} \cdot \cosh z \Rightarrow x^2 = \frac{4}{3} \cdot \cosh^2 z;\; z \geq 0$

► $\sqrt{3x^2-4} = 2 \cdot \sinh z;\; z \geq 0$

► $dx = \frac{2}{\sqrt{3}} \cdot \sinh z \cdot dz$

► $\frac{3}{\sqrt{3}} = \frac{3}{\sqrt{3}} \cdot \frac{\sqrt{3}}{\sqrt{3}} = \frac{3 \cdot \sqrt{3}}{3} = \sqrt{3}$

Substitution rückgängig machen:

► $x = \frac{2}{\sqrt{3}} \cdot \cosh z$

$\Rightarrow \cosh z = \frac{\sqrt{3}}{2} \cdot x \Rightarrow z = \operatorname{Arcosh}\left(\frac{\sqrt{3}}{2} \cdot x\right)$

► $\sqrt{3x^2-4} = 2 \cdot \sinh z \Rightarrow \sinh z = \frac{\sqrt{3x^2-4}}{2}$

$$\int \frac{\sqrt{3x^2-4}}{x^2}\,dx = \int \left(\frac{2 \cdot \sinh z}{\frac{4}{3} \cdot \cosh^2 z} \cdot \frac{2}{\sqrt{3}} \cdot \sinh z\right) dz$$

$$= \frac{3}{\sqrt{3}} \cdot \int \frac{\sinh^2 z}{\cosh^2 z}\,dz \quad ► \sinh^2 z = \cosh^2 z - 1$$

$$= \sqrt{3} \cdot \int \frac{\cosh^2 z - 1}{\cosh^2 z}\,dz$$

$$= \sqrt{3} \cdot \left[\int 1\,dz - \int \frac{dz}{\cosh^2 z}\right] \quad ► \text{Grundintegrale}$$

$$= \sqrt{3} \cdot [z - \tanh z] + c_1 \quad ► \tanh z = \frac{\sinh z}{\cosh z}$$

$$= \sqrt{3} \cdot \left[z - \frac{\sinh z}{\cosh z}\right] + c_1$$

$$= \sqrt{3} \cdot \left[\operatorname{Arcosh}\left(\frac{\sqrt{3}}{2} \cdot x\right) - \frac{\frac{\sqrt{3x^2-4}}{2}}{\frac{\sqrt{3}}{2} \cdot x}\right] + c_1$$

$$= \sqrt{3} \cdot \operatorname{Arcosh}\left(\frac{\sqrt{3}}{2} \cdot x\right) - \frac{\sqrt{3x^2-4}}{x} + c_1;\; x \in \left[\frac{2}{\sqrt{3}}; \infty\right)$$

$$= \sqrt{3} \cdot \ln\left(\frac{\sqrt{3}}{2} \cdot x + \sqrt{\frac{3}{4} \cdot x^2 - 1}\right) - \frac{\sqrt{3x^2-4}}{x} + c_2;\; x \in \left[\frac{2}{\sqrt{3}}; \infty\right)$$

- $\int \frac{\sqrt{3x^2-4}}{x^2}\,dx;\; x \in \left(-\infty; -\frac{2}{\sqrt{3}}\right]$

Im Falle $x \in (-\infty; -\frac{2}{\sqrt{3}}]$ substituiert man:

► $x = -\frac{2}{\sqrt{3}} \cdot \cosh z;\; x^2 = \frac{4}{3} \cdot \cosh^2 z;\; z \geq 0$

► $\sqrt{3x^2-4} = 2 \cdot \sinh z;\; z \geq 0$

► $dx = -\frac{2}{\sqrt{3}} \cdot \sinh z \cdot dz$

Substitution rückgängig machen:

► $x = -\frac{2}{\sqrt{3}} \cdot \cosh z$

$\Rightarrow \cosh z = -\frac{\sqrt{3}}{2} \cdot x \Rightarrow z = \operatorname{Arcosh}\left(-\frac{\sqrt{3}}{2} \cdot x\right)$

► $\sqrt{3x^2-4} = 2 \cdot \sinh z \Rightarrow \sinh z = \frac{\sqrt{3x^2-4}}{2}$

Für $x \in (-\infty; -\frac{2}{\sqrt{3}})$ gilt $\frac{\sqrt{3}}{2} \cdot x \leq -1$, sodass man gemäß der Anmerkung vor dieser Aufgabe umformen kann.

$$\int \frac{\sqrt{3x^2-4}}{x^2}\,dx = \int \left(\frac{2 \cdot \sinh z}{\frac{4}{3} \cdot \cosh^2 z} \cdot \left[-\frac{2}{\sqrt{3}} \cdot \sinh z\right]\right) dz$$

$$= -\frac{3}{\sqrt{3}} \cdot \int \frac{\sinh^2 z}{\cosh^2 z}\,dz \quad ► \text{vorstehende Lösung}$$

$$= -\sqrt{3} \cdot \left[z - \frac{\sinh z}{\cosh z}\right] + c_1$$

$$= -\sqrt{3} \cdot \left[\operatorname{Arcosh}\left(-\frac{\sqrt{3}}{2} x\right) - \frac{\frac{\sqrt{3x^2-4}}{2}}{-\frac{\sqrt{3}}{2} \cdot x}\right] + c_1$$

$$= -\sqrt{3} \cdot \operatorname{Arcosh}\left(-\frac{\sqrt{3}}{2} x\right) - \frac{\sqrt{3x^2-4}}{x} + c_1;\; x \in \left(-\infty; -\frac{2}{\sqrt{3}}\right]$$

$$= -\sqrt{3} \cdot \ln\left(-\frac{\sqrt{3}}{2} \cdot x + \sqrt{\frac{3}{4} \cdot x^2 - 1}\right) - \frac{\sqrt{3x^2-4}}{x} + c_2;\; x \in \left(-\infty; -\frac{2}{\sqrt{3}}\right]$$

► $-\sqrt{3} \cdot \ln\left(-\frac{\sqrt{3}}{2} \cdot x + \sqrt{\frac{3}{4} \cdot x^2 - 1}\right) = \sqrt{3} \cdot \ln\left[-\left(\frac{\sqrt{3}}{2} \cdot x + \sqrt{\frac{3}{4} \cdot x^2 - 1}\right)\right]$

Die beiden Lösungen für $\int \frac{\sqrt{3x^2-4}}{x^2}dx$ mit den Fällen $x \in \left(-\infty; -\frac{2}{\sqrt{3}}\right]$ und $x \in \left[\frac{2}{\sqrt{3}}; \infty\right)$ kann man zusammenfassen:

$$\int \frac{\sqrt{3x^2-4}}{x}dx = \sqrt{3}\cdot\ln\left|\frac{\sqrt{3}}{2}\cdot x + \sqrt{\frac{3}{4}\cdot x^2-1}\right| - \frac{\sqrt{3x^2-4}}{x} + c;\ x \in \left(-\infty; -\frac{2}{\sqrt{3}}\right] \text{ oder } x \in \left[\frac{2}{\sqrt{3}}; \infty\right)$$

4. $\int \frac{\sqrt{27x^2-3}}{x}dx;\ x \in \mathbb{R}\backslash(-\frac{1}{3}; \frac{1}{3})$

Die Integrandfunktion $f: f(x) = \frac{\sqrt{27x^2-3}}{x}$ hat den Definitionsbereich $D(f) = \mathbb{R}\backslash(-\frac{1}{3}; \frac{1}{3})$, sodass man die Fälle $x \in (-\infty; -\frac{1}{3}]$ und $x \in [\frac{1}{3}; \infty)$ unterscheiden muss. ► Merksatz

- $\int \frac{\sqrt{27x^2-3}}{x}dx;\ x \in [\frac{1}{3}; \infty)$

Im Falle $x \in [\frac{1}{3}; \infty)$ substituiert man:

► $x = \frac{1}{3}\cdot\cosh z;\ z \geq 0 \Rightarrow x \geq \frac{1}{3}$

► $\sqrt{27x^2-3} = \sqrt{3\cdot\cosh^2 z - 3} = \sqrt{3}\cdot\sinh z$

► $dx = \frac{1}{3}\cdot\sinh z\cdot dz$

In $\int \frac{dz}{\cosh z}$ ersetzt man $\cosh z$ durch $\frac{e^z+e^{-z}}{2}$:

$$\frac{1}{\cosh z} = \frac{1}{\frac{e^z+e^{-z}}{2}} = \frac{2}{e^z+e^{-z}} = \frac{2\cdot e^z}{e^{2z}+1}$$

In $\int \frac{e^z}{1+(e^z)^2}dz$ substituiert man:

$e^z = t \Rightarrow \frac{dt}{dz} = e^z \Rightarrow dt = e^z\cdot dz$

► $\int \frac{dz}{\cosh z} = \int \frac{2\cdot e^z}{1+e^{2z}}dz = 2\cdot\operatorname{Arctan} e^z + c$

$$\int \frac{\sqrt{27x^2-3}}{x}dx = \int\left(\frac{\sqrt{3}\cdot\sinh z}{\frac{1}{3}\cdot\cosh z}\cdot\frac{1}{3}\cdot\sinh z\right)dz$$

$$= \sqrt{3}\cdot\int\frac{\sinh^2 z}{\cosh z}dz \quad ► \sinh^2 z = \cosh^2 z - 1 \quad ► 4.1$$

$$= \sqrt{3}\cdot\int\frac{\cosh^2 z - 1}{\cosh z}dz$$

$$= \sqrt{3}\cdot\left[\int\cosh z\,dz - \int\frac{dz}{\cosh z}\right]$$

$$= \sqrt{3}\cdot\left[\sinh z - \int\frac{2\cdot e^z}{e^{2z}+1}dz\right] + c_1$$

$$= \sqrt{3}\cdot\left[\sinh z - 2\cdot\int\frac{e^z}{1+(e^z)^2}dz\right] + c_1$$

$$= \sqrt{3}\cdot\sinh z - 2\cdot\sqrt{3}\cdot\int\frac{dt}{1+t^2} + c_1 \quad ► \text{Grundintegral}$$

$$= \sqrt{3}\cdot\sinh z - 2\cdot\sqrt{3}\cdot\operatorname{Arctan} t + c_1 + c_2$$

► $t = e^z;\ c_1 + c_2 = c$

Substitution rückgängig machen:

► $\sinh z = \frac{1}{\sqrt{3}}\cdot\sqrt{27x^2-3} = \sqrt{9x^2-1}$

► $x = \frac{1}{3}\cdot\cosh z$

$\Rightarrow z = \operatorname{Arcosh}(3x) = \ln(3x + \sqrt{9x^2-1})$

$$= \sqrt{3}\cdot\sinh z - 2\cdot\sqrt{3}\cdot\operatorname{Arctan} e^z + c$$

$$= \sqrt{3}\cdot\sqrt{9x^2-1} - 2\cdot\sqrt{3}\cdot\operatorname{Arctan} e^{\ln(3x+\sqrt{9x^2-1})} + c$$

$$= \sqrt{27x^2-3} - 2\cdot\sqrt{3}\cdot\operatorname{Arctan}(3x + \sqrt{9x^2-1}) + c;\ x \in \left[\frac{1}{3}; \infty\right)$$

126

- $\int \frac{\sqrt{27x^2-3}}{x}\,dx;\ x \in (-\infty;\ -\frac{1}{3}]$

Im Falle $x \in (-\infty;\ -\frac{1}{3}]$ substituiert man:

► $x = -\frac{1}{3}\cdot\cosh z;\ z \geq 0 \ \Rightarrow\ x \leq -\frac{1}{3}$

► $\sqrt{27x^2-3} = \sqrt{3}\cdot\sinh z$

► $dx = -\frac{1}{3}\cdot\sinh z\cdot dz$

Substitution rückgängig machen:

► $\sinh z = \frac{1}{\sqrt{3}}\cdot\sqrt{27x^2-3} = \sqrt{9x^2-1}$

► $x = -\frac{1}{3}\cdot\cosh z$

$\Rightarrow z = \operatorname{Arcosh}(-3x) = \ln\left(-3x+\sqrt{9x^2-1}\right)$

$$\int \frac{\sqrt{27x^2-3}}{x}\,dx = \int\left(\frac{\sqrt{3}\cdot\sinh z}{-\frac{1}{3}\cdot\cosh z}\cdot\left(-\frac{1}{3}\cdot\sinh z\right)\right)dz$$

$= \sqrt{3}\cdot\int\frac{\sinh^2 z}{\cosh z}\,dz$ ► vorstehende Lösung

$= \sqrt{3}\cdot\sinh z - 2\cdot\sqrt{3}\cdot\operatorname{Arctan} e^z + c$

$= \sqrt{3}\cdot\sqrt{9x^2-1} - 2\cdot\sqrt{3}\cdot\operatorname{Arctan} e^{\ln\left(-3x+\sqrt{9x^2-1}\right)} + c$

$= \sqrt{27x^2-3} - 2\cdot\sqrt{3}\cdot\operatorname{Arctan}\left(-3x+\sqrt{9x^2-1}\right) + c;\ x \in \left(-\infty;\ -\frac{1}{3}\right]$

Anmerkung:

Durch algebraische Umformungen der Integrandfunktion $f: f(x) = \frac{\sqrt{27x^2-3}}{x};\ D(f) = \mathbb{R}\setminus\left(-\frac{1}{3};\frac{1}{3}\right)$, nämlich $\frac{\sqrt{27x^2-3}}{x} = \frac{27x^2-3}{x\cdot\sqrt{27x^2-3}} = \frac{27x}{\sqrt{27x^2-3}} - \frac{\sqrt{3}}{x\cdot\sqrt{9x^2-1}}$ mit $x \in \mathbb{R}\setminus\left[-\frac{1}{3};\frac{1}{3}\right]$ und anschließende Integration kann man zeigen, dass auch $F: F(x) = \sqrt{27x^2-3} - \sqrt{3}\cdot\operatorname{Arctan}\sqrt{9x^2-1}$; $D(F) = \mathbb{R}\setminus\left(-\frac{1}{3};\frac{1}{3}\right)$ eine Stammfunktion zu f in $D(f)$ ist.

Merke:

$$\int\frac{dx}{\cosh x} = 2\cdot\operatorname{Arctan} e^x + c$$

5. $\int\frac{\sqrt{7x^2-1}}{x^3}\,dx;\ x \in \mathbb{R}\setminus\left(-\frac{1}{\sqrt{7}};\frac{1}{\sqrt{7}}\right)$

Die Substitution $x = \frac{1}{\sqrt{7}}\cdot\sinh z;\ z \geq 0$ für $x \in [\frac{1}{\sqrt{7}};\infty)$ würde auf ein sehr kompliziertes Integral führen. Eine einfache algebraische Umformung und Substitution führt auf ein bereits in Kapitel 2.4.5 gelöstes Integral.

Man substituiert:

► $\frac{1}{x} = z \Rightarrow \frac{dz}{dx} = -\frac{1}{x^2} \Rightarrow \frac{1}{x^2}\cdot dx = -dz$

Integrale des Typs $\int\sqrt{a^2-z^2}\,dz$ wurden im Kapitel 2.4.5 gelöst.

$a^2 = 7 \Rightarrow a = \sqrt{7}$ ► Vorbemerkung

$$\int\frac{\sqrt{7x^2-1}}{x^3}\,dx = \int\frac{\sqrt{x^2\cdot\left(7-\frac{1}{x^2}\right)}}{x^3}\,dx$$

$= \int\frac{|x|\cdot\sqrt{7-\frac{1}{x^2}}}{x^3}\,dx$

$= \begin{cases} -\int\frac{\sqrt{7-\frac{1}{x^2}}}{x^2}\,dx, & \text{wenn } x \in (-\infty;\ -\frac{1}{\sqrt{7}}] \\ \int\frac{\sqrt{7-\frac{1}{x^2}}}{x^2}\,dx, & \text{wenn } x \in [\frac{1}{\sqrt{7}};\infty) \end{cases}$

$= \begin{cases} \int\sqrt{7-z^2}\,dz, & \text{wenn } z \in [-\sqrt{7};0) \\ -\int\sqrt{7-z^2}\,dz, & \text{wenn } z \in (0;\sqrt{7}] \end{cases}$ ► 2.4.5

$= \begin{cases} \frac{7}{2}\cdot\operatorname{Arcsin}\frac{z}{\sqrt{7}} + \frac{z}{2}\cdot\sqrt{7-z^2} + c_1, & \text{wenn } z \in [-\sqrt{7};0) \\ -\frac{7}{2}\cdot\operatorname{Arcsin}\frac{z}{\sqrt{7}} + \frac{z}{2}\cdot\sqrt{7-z^2} + c_2, & \text{wenn } z \in (0;\sqrt{7}] \end{cases}$

126

Substitution rückgängig machen: $z=\frac{1}{x}$

$g: g(x)=\operatorname{Arcsin} x;\ D(g)=[-1;\,1]$ ist eine ungerade Funktion: $\operatorname{Arcsin} x=-\operatorname{Arcsin}(-x)$

Daher gilt:

$$\frac{7}{2}\cdot\operatorname{Arcsin}\frac{1}{x\cdot\sqrt{7}}=-\frac{7}{2}\cdot\operatorname{Arcsin}\left(-\frac{1}{x\cdot\sqrt{7}}\right)$$

Es lässt sich nun ein einziger Stammfunktionsterm angeben.

$$=\begin{cases}\frac{7}{2}\cdot\operatorname{Arcsin}\frac{1}{x\cdot\sqrt{7}}+\frac{1}{2x}\cdot\sqrt{7-\frac{1}{x^2}}+c_1, \text{wenn } x\in\left(-\infty;\,-\frac{1}{\sqrt{7}}\right]\\ -\frac{7}{2}\cdot\operatorname{Arcsin}\frac{1}{x\cdot\sqrt{7}}+\frac{1}{2x}\cdot\sqrt{7-\frac{1}{x^2}}+c_2, \text{wenn } x\in\left[\frac{1}{\sqrt{7}};\,\infty\right)\end{cases}$$

$$=\begin{cases}-\frac{7}{2}\cdot\operatorname{Arcsin}\frac{-1}{x\cdot\sqrt{7}}+\frac{1}{2x}\cdot\sqrt{7-\frac{1}{x^2}}+c_1, \text{wenn } x\in\left(-\infty;\,-\frac{1}{\sqrt{7}}\right]\\ -\frac{7}{2}\cdot\operatorname{Arcsin}\frac{1}{x\cdot\sqrt{7}}+\frac{1}{2x}\cdot\sqrt{7-\frac{1}{x^2}}+c_2, \text{wenn } x\in\left[\frac{1}{\sqrt{7}};\,\infty\right)\end{cases}$$

$$=-\frac{7}{2}\cdot\operatorname{Arcsin}\left|\frac{1}{x\cdot\sqrt{7}}\right|+\frac{1}{2x}\cdot\sqrt{7-\frac{1}{x^2}}+c;\ x\in\left(-\infty;\,-\frac{1}{\sqrt{7}}\right] \text{ oder } x\in\left[\frac{1}{\sqrt{7}};\,\infty\right)$$

6. $\displaystyle\int\frac{\mathrm{d}x}{x^2\cdot\sqrt{x^2-1}};\ x\in\mathbb{R}\setminus[-1;\,1]$

Die Integrandfunktion $f: f(x)=\frac{1}{x^2\cdot\sqrt{x^2-1}}$ hat den Definitionsbereich $D(f)=\mathbb{R}\setminus[-1;\,1]$, sodass man die Fälle $x\in(-\infty;\,-1)$ und $x\in(1;\,\infty)$ unterscheiden muss. ► Merksatz

- $\displaystyle\int\frac{\mathrm{d}x}{x^2\cdot\sqrt{x^2-1}};\ x\in(1;\,\infty)$

Im Falle $x\in(1;\,\infty)$ substituiert man:

► $x=\cosh z;\ z>0$

► $\sqrt{x^2-1}=\sinh z$

► $\mathrm{d}x=\sinh z\,\mathrm{d}z$

► $D(F)=[1;\,\infty)$ und $D(f)=(1;\,\infty)$

$$\int\frac{\mathrm{d}x}{x^2\cdot\sqrt{x^2-1}}=\int\frac{\sinh z\,\mathrm{d}z}{\cosh^2 z\cdot\sinh z}$$

$$=\int\frac{\mathrm{d}z}{\cosh^2 z}\quad \text{► Grundintegral}$$

$$=\tanh z+c\quad \text{► } \tanh z=\frac{\sinh z}{\cosh z}$$

$$=\frac{\sinh z}{\cosh z}+c\quad \text{► } \sinh z=\sqrt{x^2-1};\ \cosh z=x$$

$$=\frac{\sqrt{x^2-1}}{x}+c;\ x\in(1;\,\infty)$$

- $\displaystyle\int\frac{\mathrm{d}x}{x^2\cdot\sqrt{x^2-1}};\ x\in(-\infty;\,-1)$

Im Falle $x\in(-\infty;\,-1)$ substituiert man:

► $x=-\cosh z;\ z>0$

► $\sqrt{x^2-1}=\sinh z;\ z>0$

► $\mathrm{d}x=-\sinh z\cdot\mathrm{d}z$

► $D(F)=(-\infty;\,-1]$ und $D(f)=(-\infty;\,-1)$

$$\int\frac{\mathrm{d}x}{x^2\cdot\sqrt{x^2-1}}=\int\frac{-\sinh z\,\mathrm{d}z}{\cosh^2 z\cdot\sinh z}$$

$$=-\int\frac{\mathrm{d}z}{\cosh^2 z}\quad \text{► Grundintegral}$$

$$=-\tanh z+c\quad \text{► } \tanh z=\frac{\sinh z}{\cosh z}$$

$$=-\frac{\sinh z}{\cosh z}+c\quad \text{► } \sinh z=\sqrt{1-x^2};\ \cosh z=-x$$

$$=\frac{\sqrt{x^2-1}}{x}+c;\ x\in(-\infty;\,-1)$$

Die Ergebnisse beider Fälle kann man zusammenfassen.

► $D(F)=\mathbb{R}\setminus(-1;\,1)$ und $D(f)=\mathbb{R}\setminus[-1;\,1]$

$$\int\frac{\mathrm{d}x}{x^2\cdot\sqrt{x^2-1}}=\frac{\sqrt{x^2-1}}{x}+c \text{ für } x\in(-\infty;\,-1) \text{ oder } x\in(1;\,\infty)$$

126 **7.** $\displaystyle\int \frac{3x^2}{\sqrt{x^2-9}}\,dx;\ x \in \mathbb{R}\backslash[-3;3]$

Die Integrandfunktion $f: f(x) = \dfrac{3x^2}{\sqrt{x^2-9}}$ hat den Definitionsbereich $D(f) = \mathbb{R}\backslash[-3;3]$, sodass man die Fälle $x \in (-\infty;\ -3)$ und $x \in (3;\infty)$ unterscheiden muss.

- $\displaystyle\int \frac{3x^2}{\sqrt{x^2-9}}\,dx;\ x \in (3;\infty)$

Im Falle $x \in (3;\infty)$ substituiert man:

▶ $x = 3\cdot\cosh z;\ z > 0$

▶ $\sqrt{x^2-9} = 3\cdot\sinh z$

▶ $dx = 3\cdot\sinh z\cdot dz$

Substitution rückgängig machen:

▶ $x = 3\cdot\cosh z \Rightarrow \cosh z = \dfrac{x}{3} \Rightarrow z = \operatorname{Arcosh}\dfrac{x}{3}$

▶ $\sqrt{x^2-9} = 3\cdot\sinh z \Rightarrow \sinh z = \dfrac{1}{3}\cdot\sqrt{x^2-9}$

▶ $D(F) = [3;\infty)$ und $D(f) = (3;\infty)$

$$\int \frac{3x^2}{\sqrt{x^2-9}}\,dx = \int\left(\frac{3\cdot 9\cdot\cosh^2 z}{3\cdot\sinh z}\cdot 3\cdot\sinh z\right)dz$$

$$= 27\cdot\int \cosh^2 z\,dz \quad ▶ 2.4.1$$

$$= 27\cdot\left[\frac{1}{4}\cdot\sinh(2z) + \frac{z}{2}\right] + c_1$$

$$= 27\cdot\left[\frac{1}{4}\cdot 2\cdot\sinh z\cdot\cosh z + \frac{z}{2}\right] + c_1 \quad ▶ 4.1$$

$$= 27\cdot\left[\frac{1}{2}\cdot\frac{1}{3}\cdot\sqrt{x^2-9}\cdot\frac{x}{3} + \frac{1}{2}\cdot\operatorname{Arcosh}\frac{x}{3}\right] + c_1$$

$$= \frac{3}{2}\cdot x\cdot\sqrt{x^2-9} + \frac{27}{2}\cdot\operatorname{Arcosh}\frac{x}{3} + c_1;\ x \in (3;\infty)$$

$$= \frac{3}{2}\cdot x\cdot\sqrt{x^2-9} + \frac{27}{2}\cdot\ln\left(\tfrac{x}{3} + \sqrt{\tfrac{x^2}{9} - 1}\right) + c_2;\ x \in (3;\infty)$$

- $\displaystyle\int \frac{3x^2}{\sqrt{x^2-9}}\,dx;\ x \in (-\infty;\ -3)$

Im Falle $x \in (-\infty;\ -3)$ substituiert man:

▶ $x = -3\cdot\cosh z;\ z > 0$

▶ $\sqrt{x^2-9} = 3\cdot\sinh z;\ z > 0$

▶ $dx = -3\cdot\sinh z\cdot dz$

Substitution rückgängig machen:

▶ $x = -3\cdot\cosh z \Rightarrow \cosh z = -\dfrac{x}{3} \Rightarrow z = \operatorname{Arcosh}\dfrac{-x}{3}$

▶ $\sqrt{x^2-9} = 3\cdot\sinh z \Rightarrow \sinh z = \dfrac{1}{3}\cdot\sqrt{x^2-9}$

▶ $D(F) = (-\infty;\ -3]$ und $D(f) = (-\infty;\ -3)$

$$\int \frac{3x^2}{\sqrt{x^2-9}}\,dx = \int\left(\frac{3\cdot 9\cdot\cosh^2 z}{3\cdot\sinh z}\cdot(-3\cdot\sinh z)\right)dz$$

$$= -27\cdot\int \cosh^2 z\,dz \quad ▶ 2.4.1$$

$$= -27\cdot\left[\frac{1}{4}\cdot\sinh(2z) + \frac{z}{2}\right] + c_3$$

$$= -27\cdot\left[\frac{1}{4}\cdot 2\cdot\sinh z\cdot\cosh z + \frac{z}{2}\right] + c_3 \quad ▶ 4.1$$

$$= -27\cdot\left[\frac{1}{2}\cdot\frac{1}{3}\cdot\sqrt{x^2-9}\cdot\left(-\frac{x}{3}\right) + \frac{1}{2}\cdot\operatorname{Arcosh}\frac{-x}{3}\right] + c_3$$

$$= \frac{3}{2}\cdot x\cdot\sqrt{x^2-9} - \frac{27}{2}\cdot\operatorname{Arcosh}\frac{-x}{3} + c_3;\ x \in (-\infty;\ -3)$$

$$= \frac{3}{2}\cdot x\cdot\sqrt{x^2-9} - \frac{27}{2}\cdot\ln\left(-\frac{x}{3} + \sqrt{\tfrac{x^2}{9} - 1}\right) + c_4;\ x \in (-\infty;\ -3)$$

Für $x \in (-\infty;\ -3)$ gilt $\dfrac{x}{3} \leq -1$ und somit gemäß der Anmerkung vor der Aufgabe 3:

$$-\frac{27}{2}\cdot\ln\left(-\tfrac{x}{3} + \sqrt{\tfrac{x^2}{9} - 1}\right) = \frac{27}{2}\cdot\ln\left[-\left(\tfrac{x}{3} + \sqrt{\tfrac{x^2}{9} - 1}\right)\right].$$

Die Ergebnisse beider Fälle kann man zusammenfassen mit $D(F) = \mathbb{R}\backslash(-3;3)$ und $D(f) = \mathbb{R}\backslash[-3;3]$:

$$\int \frac{3x^2}{\sqrt{x^2-9}}\,dx = \frac{3}{2}\cdot x\cdot\sqrt{x^2-9} + \frac{27}{2}\cdot\ln\left|\frac{x}{3} + \sqrt{\frac{x^2}{9} - 1}\right| + c;\ x \in (-\infty;\ -3) \text{ oder } x \in (3;\infty)$$

126

8. $\displaystyle\int \frac{\sqrt{x^2-a^2}}{x}\,\mathrm{d}x;\ a>0;\ x\in\mathbb{R}\setminus(-a;a)$

Die Integrandfunktion $f: f(x)=\dfrac{\sqrt{x^2-a^2}}{x}$ hat den Definitionsbereich $D(f)=\mathbb{R}\setminus[-a;a]$, sodass man die Fälle $x\in(-\infty;\ -a]$ und $x\in[a;\infty)$ unterscheiden muss. ▶ Merksatz

- $\displaystyle\int \frac{\sqrt{x^2-a^2}}{x}\,\mathrm{d}x;\ x\in[a;\infty)$

Im Falle $x\in[a;\infty)$ substituiert man:

▶ $x=a\cdot\cosh z;\ z\geq 0$

▶ $\sqrt{x^2-a^2}=a\cdot\sinh z$

▶ $\mathrm{d}x=a\cdot\sinh z\cdot\mathrm{d}z$

In der Aufgabe 4 wurde bereits gezeigt, dass gilt:

$$\int\frac{\mathrm{d}z}{\cosh z}=2\cdot\operatorname{Arctan}\mathrm{e}^z+c$$

Substitution rückgängig machen:

▶ $a\cdot\sinh z=\sqrt{x^2-a^2}$

▶ $x=a\cdot\cosh z$

$\Rightarrow \cosh z=\dfrac{x}{a}$

$\Rightarrow z=\operatorname{Arcosh}\dfrac{x}{a}=\ln\left(\dfrac{x}{a}+\sqrt{\dfrac{x^2}{a^2}-1}\right)$

$$\int\frac{\sqrt{x^2-a^2}}{x}\,\mathrm{d}x=\int\left(\frac{a\cdot\sinh z}{a\cdot\cosh z}\cdot a\cdot\sinh z\right)\mathrm{d}z$$

$$=a\cdot\int\frac{\sinh^2 z}{\cosh z}\,\mathrm{d}z \quad ▶\ \sinh^2 z=\cosh^2 z-1$$

$$=a\cdot\int\frac{\cosh^2 z-1}{\cosh z}\,\mathrm{d}z$$

$$=a\cdot\left[\int\cosh z\,\mathrm{d}z-\int\frac{\mathrm{d}z}{\cosh z}\right]$$

$$=a\cdot[\sinh z-2\cdot\operatorname{Arctan}\mathrm{e}^z]+c$$

$$=a\cdot\sinh z-2a\cdot\operatorname{Arctan}\mathrm{e}^z+c$$

$$=\sqrt{x^2-a^2}-2a\cdot\operatorname{Arctan}\mathrm{e}^{\ln\left(\frac{x}{a}+\sqrt{\frac{x^2}{a^2}-1}\right)}+c$$

$$=\sqrt{x^2-a^2}-2a\cdot\operatorname{Arctan}\left(\frac{x}{a}+\sqrt{\frac{x^2}{a^2}-1}\right)+c;\ x\in[a;\infty)$$

- $\displaystyle\int \frac{\sqrt{x^2-a^2}}{x}\,\mathrm{d}x;\ x\in(-\infty;\ -a]$

Im Falle $x\in(-\infty;\ -a]$ substituiert man:

▶ $x=-a\cdot\cosh z;\ z\geq 0$

▶ $\sqrt{x^2-a^2}=a\cdot\sinh z$

▶ $\mathrm{d}x=-a\cdot\sinh z\cdot\mathrm{d}z$

Substitution rückgängig machen:

▶ $a\cdot\sinh z=\sqrt{x^2-a^2}$

▶ $x=-a\cdot\cosh z$

$\Rightarrow \cosh z=-\dfrac{x}{a}$

$\Rightarrow z=\operatorname{Arcosh}\dfrac{-x}{a}=\ln\left(-\dfrac{x}{a}+\sqrt{\dfrac{x^2}{a^2}-1}\right)$

$$\int\frac{\sqrt{x^2-a^2}}{x}\,\mathrm{d}x=\int\left(\frac{a\cdot\sinh z}{-a\cdot\cosh z}\cdot(-a\cdot\sinh z)\right)\mathrm{d}z$$

$$=a\cdot\int\frac{\sinh^2 z}{\cosh z}\,\mathrm{d}z \quad ▶\ \text{vorstehende Lösung}$$

$$=a\cdot[\sinh z-2\cdot\operatorname{Arctan}\mathrm{e}^z]+c$$

$$=a\cdot\sinh z-2a\cdot\operatorname{Arctan}\mathrm{e}^z+c$$

$$=\sqrt{x^2-a^2}-2a\cdot\operatorname{Arctan}\mathrm{e}^{\ln\left(\frac{x}{a}+\sqrt{\frac{x^2}{a^2}-1}\right)}+c$$

$$=\sqrt{x^2-a^2}-2a\cdot\operatorname{Arctan}\left(-\frac{x}{a}+\sqrt{\frac{x^2}{a^2}-1}\right)+c;\ x\in(-\infty;\ -a]$$

Anmerkung:

Durch algebraische Umformungen der Integrandfunktion $f\colon f(x)=\frac{\sqrt{x^2-a^2}}{x}$; $D(f)=\mathbb{R}\setminus(-a;a)$, nämlich $\frac{\sqrt{x^2-a^2}}{x}=\frac{x^2-a^2}{x\cdot\sqrt{x^2-a^2}}=\frac{x}{\sqrt{x^2-a^2}}-\frac{a^2}{x\cdot\sqrt{x^2-a^2}}$ mit $x\in\mathbb{R}\setminus[-a;a]$ und anschließende Integration kann man zeigen, dass auch $F\colon F(x)=\sqrt{x^2-a^2}-a\cdot\operatorname{Arctan}\sqrt{\frac{x^2}{a^2}-1}$; $D(F)=\mathbb{R}\setminus(-a;a)$ eine Stammfunktion zu f in $D(f)$ ist.

Merke:

$$\int\frac{dx}{x\cdot\sqrt{x^2-a^2}}=\frac{1}{a}\cdot\operatorname{Arctan}\sqrt{\frac{x^2}{a^2}-1}+c;\ a>0$$

126

9. $\int\frac{x^3}{\sqrt{x^2-1}}\,dx;\ x\in\mathbb{R}\setminus[-1;1]$

Die Integrandfunktion $f\colon f(x)=\frac{x^3}{\sqrt{x^2-1}}$ hat den Definitionsbereich $D(f)=\mathbb{R}\setminus[-1;1]$, sodass man die Fälle $x\in(-\infty;\,-1)$ und $x\in(1;\infty)$ unterscheiden muss. ▶ Merksatz

- $\int\frac{x^3}{\sqrt{x^2-1}}\,dx;\ x\in(1;\infty)$

Im Falle $x\in(1;\infty)$ substituiert man:

▶ $x=\cosh z;\ z>0$

▶ $\sqrt{x^2-1}=\sinh z$

▶ $dx=\sinh z\cdot dz$

Das Integral $\int(\sinh^2 z\cdot\cosh z)\,dz$ ist vom Typ $\int(f'(z)\cdot[f(z)]^2)\,dz$. ▶ 2.4.3

Substitution rückgängig machen:

▶ $\sinh z=\sqrt{x^2-1}$

▶ $D(F)=[1;\infty)$ und $D(f)=(1;\infty)$

$$\int\frac{x^3}{\sqrt{x^2-1}}\,dx=\int\frac{\cosh^3 z}{\sinh z}\cdot\sinh z\,dz$$
$$=\int\cosh^3 z\,dz$$
$$=\int(\cosh^2 z\cdot\cosh z)\,dz \quad ▶\ \cosh^2 z=1+\sinh^2 z$$
$$=\int([1+\sinh^2 z]\cdot\cosh z)\,dz$$
$$=\int\cosh z\,dz+\int(\sinh^2 z\cdot\cosh z)\,dz$$
$$=\sinh z+\frac{1}{3}\cdot\sinh^3 z+c$$
$$=\sqrt{x^2-1}+\frac{1}{3}\cdot\sqrt{(x^2-1)^3}+c;\ x\in(1;\infty)$$

- $\int\frac{x^3}{\sqrt{x^2-1}}\,dx;\ x\in(-\infty;\,-1)$

Im Falle $x\in(-\infty;\,-1)$ substituiert man:

▶ $x=-\cosh z;\ z>0$

▶ $\sqrt{x^2-1}=\sinh z$

$dx=-\sinh z\cdot dz$

▶ $D(F)=(-\infty;\,-1]$ und $D(f)=(-\infty;\,-1)$

$$\int\frac{x^3}{\sqrt{x^2-1}}\,dx=\int\left(\frac{-\cosh^3 z}{\sinh z}\cdot(-\sinh z)\right)dz$$
$$=\int\cosh^3 z\,dz \quad ▶\ \text{vorstehende Lösung}$$
$$=\sinh z+\frac{1}{3}\cdot\sinh^3 z+c \quad ▶\ \sinh z=\sqrt{x^2-1}$$
$$=\sqrt{x^2-1}+\frac{1}{3}\cdot\sqrt{(x^2-1)^3}+c;\ x\in(-\infty;\,-1)$$

Man kann beide Fälle zusammenfassen mit $D(F)=\mathbb{R}\setminus(-1;1)$ und $D(f)=\mathbb{R}\setminus[-1;1]$:

$$\int\frac{x^3}{\sqrt{x^2-1}}\,dx=\sqrt{x^2-1}+\frac{1}{3}\cdot\sqrt{(x^2-1)^3}+c \text{ für } x\in(-\infty;\,-1) \text{ oder } x\in(1;\infty)$$

126

10. $\displaystyle\int \frac{\mathrm{d}x}{\sqrt{4x^4-x^2}};\ x \in \mathbb{R}\setminus\left[-\frac{1}{2};\frac{1}{2}\right].$

Eine einfache algebraische Umformung und eine Substitution führt auf ein bereits in Kapitel 2.4.5 gelöstes Integral.
Man substituiert:

► $\displaystyle\frac{1}{x} = z \Rightarrow \frac{\mathrm{d}z}{\mathrm{d}x} = -\frac{1}{x^2} \Rightarrow \frac{1}{x^2}\cdot \mathrm{d}x = -\mathrm{d}z$

► $\displaystyle D(F) = \mathbb{R}\setminus\left(-\frac{1}{2};\frac{1}{2}\right)$ und $\displaystyle D(f) = \mathbb{R}\setminus\left[-\frac{1}{2};\frac{1}{2}\right]$

$$\int \frac{\mathrm{d}x}{\sqrt{4x^4-x^2}} = \int \frac{\mathrm{d}x}{\sqrt{x^4\cdot\left(4-\frac{1}{x^2}\right)}}$$

$$= \int\left(\frac{1}{x^2}\cdot\frac{1}{\sqrt{4-\frac{1}{x^2}}}\right)\mathrm{d}x$$

$$= -\int \frac{\mathrm{d}z}{\sqrt{4-z^2}};\ z \in (-2;2)$$

$$= -\operatorname{Arcsin}\frac{z}{2} + c \quad ►\ z = \frac{1}{x} \quad ►\ 2.4.5$$

$$= \underline{\underline{-\operatorname{Arcsin}\frac{1}{2x} + c;\ x \in \left(-\infty;\ -\tfrac{1}{2}\right) \text{ oder } x \in \left(\tfrac{1}{2};\infty\right)}}$$

11. $\displaystyle\int \sqrt{36x^2-9}\,\mathrm{d}x;\ x \in \mathbb{R}\setminus\left(-\frac{1}{2};\frac{1}{2}\right)$

Der Integrand wird durch Ausklammern auf die Form $\sqrt{x^2-a^2}$ gebracht. ► Merksatz

► $\displaystyle a^2 = \frac{1}{4} \Rightarrow a = \frac{1}{2}$ ► Vorbemerkung

$$\int \sqrt{36x^2-9}\,\mathrm{d}x = \int \sqrt{36\cdot\left(x^2-\tfrac{1}{4}\right)}\,\mathrm{d}x$$

$$= 6\cdot\int \sqrt{x^2-\tfrac{1}{4}}\,\mathrm{d}x \quad ►\ \int \sqrt{x^2-a^2}\,\mathrm{d}x;\ a = \frac{1}{2}$$

$$= 6\cdot\left[\frac{x}{2}\cdot\sqrt{x^2-\frac{1}{4}} - \frac{\frac{1}{4}}{2}\cdot\ln\left|x+\sqrt{x^2-\frac{1}{4}}\right|\right] + c$$

$$= \underline{\underline{3x\cdot\sqrt{x^2-\tfrac{1}{4}} - \tfrac{3}{4}\cdot\ln\left|x+\sqrt{x^2-\tfrac{1}{4}}\right| + c \text{ mit}}}$$

$$\underline{\underline{x \in \left(-\infty;\ -\tfrac{1}{2}\right) \text{ oder } x \in \left(\tfrac{1}{2};\infty\right)}}$$

12. $\displaystyle\int \frac{x}{\sqrt{9x^2-1}}\,\mathrm{d}x;\ x \in \mathbb{R}\setminus\left[-\frac{1}{3};\frac{1}{3}\right]$

Das Integral lässt sich mit der Methode aus Kapitel 2.4.3 einfach lösen.

► $\displaystyle\frac{x}{\sqrt{9x^2-1}} = x\cdot(9x^2-1)^{-\frac{1}{2}}$

► $f(x) = 9x^2-1 \Rightarrow f'(x) = 18x$

► $\displaystyle D(F) = \mathbb{R}\setminus\left(-\frac{1}{3};\frac{1}{3}\right)$ und $\displaystyle D(f) = \mathbb{R}\setminus\left[-\frac{1}{3};\frac{1}{3}\right]$

$$\int \frac{x}{\sqrt{9x^2-1}}\,\mathrm{d}x = \frac{1}{18}\cdot\int\left(18x\cdot[9x^2-1]^{-\frac{1}{2}}\right)\mathrm{d}x$$

$$►\ \int\left(f'(x)\cdot[f(x)]^{-\frac{1}{2}}\right)\mathrm{d}x \quad ►\ 2.4.3$$

$$= \frac{1}{18}\cdot\frac{1}{-\frac{1}{2}+1}[9x^2-1]^{-\frac{1}{2}+1} + c$$

$$= \underline{\underline{\frac{1}{9}\cdot\sqrt{9x^2-1} + c;\ x \in \left(-\infty;-\tfrac{1}{3}\right) \text{ oder } x \in \left(\tfrac{1}{3};\infty\right)}}$$

13. $\displaystyle\int \frac{3\cdot\sqrt{x}}{\sqrt{x^3-16x}}\,\mathrm{d}x;\ x \in \mathbb{R}^{>4}$

$$►\ \frac{3\cdot\sqrt{x}}{\sqrt{x^3-16x}} = \frac{3\cdot\sqrt{x}}{\sqrt{x\cdot(x^2-16)}} = \frac{3\cdot\sqrt{x}}{\sqrt{x}\cdot\sqrt{x^2-16}} = \underline{\frac{3}{\sqrt{x^2-16}}}$$

$$\int \frac{3\cdot\sqrt{x}}{\sqrt{x^3-16x}}\,\mathrm{d}x = \int \frac{3}{\sqrt{x^2-16}}\,\mathrm{d}x$$

$$= 3\cdot\int \frac{\mathrm{d}x}{\sqrt{x^2-16}} \quad ►\ \int \frac{\mathrm{d}x}{\sqrt{x^2-a^2}};\ a = 4 \quad ►\ \text{Merksatz}$$

$$= \underline{\underline{3\cdot\ln\left|x+\sqrt{x^2-16}\right| + c;\ x \in (4;\infty)}}$$

► $D(F) = \mathbb{R}\setminus(-4;4)$ und $D(f) = \mathbb{R}^{>4}$

126 **14.** $\int \frac{\sqrt{9x^2-1}}{3x^2}\,\mathrm{d}x;\ x \in \mathbb{R}\setminus\left(-\frac{1}{3};\frac{1}{3}\right)$

Die Integrandfunktion $f{:}f(x) = \frac{9x^2-1}{3x^2}$ hat den Definitionsbereich $D(f) = \mathbb{R}\setminus\left(-\frac{1}{3};\frac{1}{3}\right)$, sodass man die Fälle $x \in (-\infty;\ -\frac{1}{3}]$ und $x \in [\frac{1}{3};\infty)$ unterscheiden muss. ► Merksatz

- $\int \frac{\sqrt{9x^2-1}}{3x^2}\,\mathrm{d}x;\ x \in \left[\frac{1}{3};\infty\right)$

Im Falle $x \in \left[\frac{1}{3};\infty\right)$ substituiert man:

► $x = \frac{1}{3}\cdot\cosh z;\ z \geq 0$

► $\sqrt{9x^2-1} = \sinh z$

► $\mathrm{d}x = \frac{1}{3}\cdot\sinh z\cdot\mathrm{d}z$

Substitution rückgängig machen:

$x = \frac{1}{3}\cdot\cosh z \Rightarrow \cosh z = 3x \Rightarrow z = \operatorname{Arcosh}(3x)$

► $\sinh z = \sqrt{9x^2-1}$

► $\operatorname{Arcosh} A = \ln\left(A + \sqrt{A^2-1}\right)$ für $A \geq 1$

$$\int \frac{\sqrt{9x^2-1}}{3x^2}\,\mathrm{d}x = \int\left(\frac{\sinh z}{3\cdot\frac{1}{9}\cdot\cosh^2 z}\cdot\frac{1}{3}\cdot\sinh z\right)\mathrm{d}z$$

$$= \int \frac{\sinh^2 z}{\cosh^2 z}\,\mathrm{d}z \quad ►\ \sinh^2 z = \cosh^2 z - 1$$

$$= \int \frac{\cosh^2 z - 1}{\cosh^2 z}\,\mathrm{d}z$$

$$= \int \mathrm{d}z - \int \frac{\mathrm{d}z}{\cosh^2 z}$$

$$= z - \tanh z + c_1 \quad ►\ \tanh z = \frac{\sinh z}{\cosh z}$$

$$= z - \frac{\sinh z}{\cosh z} + c_1$$

$$= \underline{\underline{\operatorname{Arcosh}(3x) - \frac{\sqrt{9x^2-1}}{3x} + c_1;\ x \in \left[\frac{1}{3};\infty\right)}}$$

$$= \underline{\underline{\ln\left(3x + \sqrt{9x^2-1}\right) - \frac{\sqrt{9x^2-1}}{3x} + c_2;\ x \in \left[\frac{1}{3};\infty\right)}}$$

- $\int \frac{\sqrt{9x^2-1}}{3x^2}\,\mathrm{d}x;\ x \in \left(-\infty;\ -\frac{1}{3}\right]$

Im Falle $x \in \left(-\infty;\ \frac{1}{3}\right]$ substituiert man:

► $x = -\frac{1}{3}\cdot\cosh z;\ z \geq 0$

► $\sqrt{9x^2-1} = \sinh z$

► $\mathrm{d}x = -\frac{1}{3}\cdot\sinh z\,\mathrm{d}z$

Substitution rückgängig machen:

► $x = -\frac{1}{3}\cdot\cosh z \Rightarrow \cosh z = -3x$

$\Rightarrow z = \operatorname{Arcosh}(-3x)$

► $\sinh z = \sqrt{9x^2-1}$

$$\int \frac{\sqrt{9x^2-1}}{3x^2}\,\mathrm{d}x = \int\left(\frac{\sinh z}{3\cdot\frac{1}{9}\cdot\cosh^2 z}\cdot\left(-\frac{1}{3}\sinh z\right)\right)\mathrm{d}z$$

$$= -\int \frac{\sinh^2 z}{\cosh^2 z}\,\mathrm{d}z \quad ►\ \text{vorstehende Lösung}$$

$$= -\left[z - \frac{\sinh z}{\cosh z}\right] + c_3$$

$$= -\left[\operatorname{Arcosh}(-3x) - \frac{\sqrt{9x^2-1}}{-3x}\right] + c_3$$

$$= \underline{\underline{-\operatorname{Arcosh}(-3x) - \frac{\sqrt{9x^2-1}}{3x} + c_3;\ x \in \left(-\infty;\ -\frac{1}{3}\right]}}$$

$$= \underline{\underline{-\ln\left(-3x + \sqrt{9x^2-1}\right) - \frac{\sqrt{9x^2-1}}{3x} + c_4;\ x \in \left(-\infty;\ -\frac{1}{3}\right]}}$$

Die Lösungen für $\int \frac{\sqrt{9x^2-1}}{3x^2}\,\mathrm{d}x$ der Fälle $x \in \left(-\infty;\ -\frac{1}{3}\right]$ und $x \in \left[\frac{1}{3};\infty\right)$ kann man zusammenfassen (► Anmerkung vor der Aufgabe 3):

$$\underline{\underline{\int \frac{\sqrt{9x^2-1}}{3x^2}\,\mathrm{d}z = \ln\left|3x + \sqrt{9x^2-1}\right| - \frac{\sqrt{9x^2-1}}{3x} + c \text{ für } x \in \left(-\infty;\ -\tfrac{1}{3}\right] \text{ oder } x \in \left[\tfrac{1}{3};\infty\right)}}$$

15. $\displaystyle\int \frac{25-x^2}{\sqrt{x^2-25}}\,\mathrm{d}x;\ x\in\mathbb{R}\setminus[-5;5]$

$$\blacktriangleright\ \frac{25-x^2}{\sqrt{x^2-25}} = -\frac{x^2-25}{\sqrt{x^2-25}} = -\frac{(x^2-25)\cdot\sqrt{x^2-25}}{\sqrt{x^2-25}\cdot\sqrt{x^2-25}} = \underline{-\sqrt{x^2-25}}$$

$\blacktriangleright$ $D(F)=\mathbb{R}\setminus(-5;5)$ und $D(f)=\mathbb{R}\setminus[-5;5]$

$$\int\frac{25-x^2}{\sqrt{25-x^2}}\,\mathrm{d}x = -\int\sqrt{x^2-25}\,\mathrm{d}x\ \blacktriangleright\ \int\sqrt{x^2-a^2}\,\mathrm{d}x;\ a=5$$

$\blacktriangleright$ Merksatz

$$= -\left[\frac{x}{2}\cdot\sqrt{x^2-25}-\frac{25}{2}\cdot\ln|x+\sqrt{x^2-25}|\right]+c$$

$$= \underline{\underline{-\frac{x}{2}\cdot\sqrt{x^2-25}+\frac{25}{2}\cdot\ln|x+\sqrt{x^2-25}|+c \text{ mit}}}$$

$$\underline{\underline{x\in(-\infty;\ -5) \text{ oder } x\in(5;\infty)}}$$

2.4.8 Integrale des Typs $\int f(x;\sqrt{Ax^2+Bx+C})\,\mathrm{d}x$

Lehrbuch: Kusch 4, S. 106 … 113

Merke:

Integrale des Typs $\int\sqrt{Ax^2+Bx+C}\,\mathrm{d}x$ mit $A\neq 0$ kann man durch quadratische Ergänzung des Radikanden Ax^2+Bx+C häufig auf einen der folgenden Typen mit $a\neq 0$ zurückführen:

- $\int\sqrt{a^2-z^2}\,\mathrm{d}z$ ► **2.4.5** • $\int\sqrt{z^2+a^2}\,\mathrm{d}z$ ► **2.4.6** • $\int\sqrt{z^2-a^2}\,\mathrm{d}z$ ► **2.4.7**

Für $a\in\mathbb{R}^{>0}$ gilt:

- $\displaystyle\int\sqrt{a^2-z^2}\,\mathrm{d}z=\frac{a^2}{2}\cdot\operatorname{Arcsin}\frac{z}{a}+\frac{z}{2}\sqrt{a^2-z^2}+c;\ z\in[-a;a]$ ► 2.4.5
- $\displaystyle\int\sqrt{z^2+a^2}\,\mathrm{d}z=\frac{z}{2}\cdot\sqrt{z^2+a^2}+\frac{a^2}{2}\cdot\ln(z+\sqrt{z^2+a^2})+c;\ z\in\mathbb{R}$ ► 2.4.6
- $\displaystyle\int\sqrt{z^2-a^2}\,\mathrm{d}z=\frac{z}{2}\cdot\sqrt{z^2-a^2}-\frac{a^2}{2}\cdot\ln|z+\sqrt{z^2-a^2}|+c;\ z\in\mathbb{R}\setminus(-a;a)$ ► 2.4.7

Merke:

Integrale des Typs $\displaystyle\int\frac{\mathrm{d}x}{\sqrt{Ax^2+Bx+C}}$ mit $A\neq 0$ kann man durch quadratische Ergänzung des Radikanden Ax^2+Bx+C häufig auf einen der folgenden Typen mit $a\neq 0$ zurückführen:

- $\displaystyle\int\frac{\mathrm{d}z}{\sqrt{a^2-z^2}}$ ► **2.4.5** • $\displaystyle\int\frac{\mathrm{d}z}{\sqrt{z^2+a^2}}$ ► **2.4.6** • $\displaystyle\int\frac{\mathrm{d}z}{\sqrt{z^2-a^2}}$ ► **2.4.7**

Für $a\in\mathbb{R}^{>0}$ gilt:

- $\displaystyle\int\frac{\mathrm{d}z}{\sqrt{a^2-z^2}}=\operatorname{Arcsin}\frac{z}{a}+c;\ z\in(-a;a)$ ► 2.4.5
- $\displaystyle\int\frac{\mathrm{d}z}{\sqrt{z^2+a^2}}=\ln(z+\sqrt{z^2+a^2})+c;\ z\in\mathbb{R}$ ► 2.4.6
- $\displaystyle\int\frac{\mathrm{d}z}{\sqrt{z^2-a^2}}=\ln|z+\sqrt{z^2-a^2}|+c;\ z\in\mathbb{R}\setminus[-a;a]$ ► 2.4.7

127

Berechnen Sie die nachstehenden unbestimmten Integrale. ► **Lehrbuch: Kusch 4, S. 106…110**

1. $\int \sqrt{x^2+2x+3}\,\mathrm{d}x;\ x \in \mathbb{R}$

► $x^2+2x+3 = (x^2+2x+1^2)-1^2+3$
$= \underline{(x+1)^2+2}$

► $x+1 = z \Rightarrow \frac{\mathrm{d}z}{\mathrm{d}x} = 1 \Rightarrow \mathrm{d}x = \mathrm{d}z$

► $z^2+2 = (x+1)^2+2 = x^2+2x+3$

$\int \sqrt{x^2+2x+3}\,\mathrm{d}x = \int \sqrt{(x+1)^2+2}\,\mathrm{d}x$ ► $x+1=z$

$= \int \sqrt{z^2+2}\,\mathrm{d}z$ ► $\int \sqrt{z^2+a^2}\,\mathrm{d}z;\ a=\sqrt{2}$ ► 2.4.6

$= \frac{z}{2}\cdot\sqrt{z^2+2} + \frac{2}{2}\cdot\ln\left(z+\sqrt{z^2+2}\right)+c$ ► $z = x+1$

$= \underline{\underline{\frac{x+1}{2}\cdot\sqrt{x^2+2x+3} + \ln\left(x+1+\sqrt{x^2+2x+3}\right)+c}}$

2. $\int \sqrt{x^2+6x-9}\,\mathrm{d}x$ mit

$x \in \mathbb{R}\setminus(-3-\sqrt{18};\ -3+\sqrt{18})$

► $x^2+6x-9 = (x^2+6x+3^2)-9-9$
$= \underline{(x+3)^2-18}$

► $x+3 = z \Rightarrow \frac{\mathrm{d}z}{\mathrm{d}x} = 1 \Rightarrow \mathrm{d}x = \mathrm{d}z$

► $z^2-18 = (x+3)^2-18 = x^2+6x-9$

$\int \sqrt{x^2+6x-9}\,\mathrm{d}x = \int \sqrt{(x+3)^2-18}$ ► $x+3=z$

$= \int \sqrt{z^2-18}\,\mathrm{d}z$ ► $\int \sqrt{z^2-a^2}\,\mathrm{d}z;\ a=\sqrt{18}$ ► 2.4.7

$= \frac{z}{2}\cdot\sqrt{z^2-18} - \frac{18}{2}\cdot\ln\left|z+\sqrt{z^2-18}\right|+c$ ► $z = x+3$

$= \underline{\underline{\frac{x+3}{2}\cdot\sqrt{x^2+6x-9} - 9\cdot\ln\left|x+3+\sqrt{x^2+6x-9}\right|+c;}}$

$\underline{\underline{x \le -3-\sqrt{18} \text{ oder } x \ge -3+\sqrt{18}}}$

3. $\int \sqrt{5x^2+x+10}\,\mathrm{d}x;\ x \in \mathbb{R}$

► $5x^2+x+10 = 5\cdot\left(x^2+\frac{1}{5}\cdot x+2\right)$
$= 5\cdot\left[\left(x^2+\frac{1}{5}\cdot x+\left(\frac{1}{10}\right)^2\right)-\frac{1}{100}+2\right]$
$= \underline{5\cdot\left[\left(x+\frac{1}{10}\right)^2+\frac{199}{100}\right]}$

► $x+\frac{1}{10} = z \Rightarrow \frac{\mathrm{d}z}{\mathrm{d}x} = 1 \Rightarrow \mathrm{d}x = \mathrm{d}z$

► $z^2+1{,}99 = \left(x+\frac{1}{10}\right)^2+1{,}99 = x^2+\frac{1}{5}\cdot x+2$

$\int \sqrt{5x^2+x+10}\,\mathrm{d}x = \int \sqrt{5\cdot\left[\left(x+\frac{1}{10}\right)^2+1{,}99\right]}\,\mathrm{d}x$

$= \sqrt{5}\cdot\int \sqrt{\left(x+\frac{1}{10}\right)^2+1{,}99}\,\mathrm{d}x$ ► $x+\frac{1}{10}=z$

$= \sqrt{5}\cdot\int \sqrt{z^2+1{,}99}\,\mathrm{d}x$ ► $\int \sqrt{z^2+a^2}\,\mathrm{d}z;\ a=\sqrt{1{,}99}$ ► 2.4.6

$= \sqrt{5}\cdot\left[\frac{z}{2}\cdot\sqrt{z^2+1{,}99}+\frac{1{,}99}{2}\cdot\ln\left(z+\sqrt{z^2+1{,}99}\right)\right]+c$

► $z = x+\frac{1}{10}$

$= \underline{\underline{\frac{\sqrt{5}}{2}\cdot\left(x+\frac{1}{10}\right)\cdot\sqrt{x^2+\frac{1}{5}\cdot x+2}\,+}}$

$\underline{\underline{+0{,}995\cdot\sqrt{5}\cdot\ln\left(x+\frac{1}{10}+\sqrt{x^2+\frac{1}{5}\cdot x+2}\right)+c}}$

4. $\int \sqrt{x^2-4x-5}\,\mathrm{d}x;\ x \in \mathbb{R}\setminus(-1;5)$

► $x^2-4x-5 = (x^2-4x+2^2)-4-5$
$= \underline{(x-2)^2-9}$

► $x-2 = z \Rightarrow \frac{\mathrm{d}z}{\mathrm{d}x} = 1 \Rightarrow \mathrm{d}x = \mathrm{d}z$

► $z^2-9 = (x-2)^2-9 = x^2-4x-5$

$\int \sqrt{x^2-4x-5}\,\mathrm{d}x = \int \sqrt{(x-2)^2-9}\,\mathrm{d}x$ ► $x-2=z$

$= \int \sqrt{z^2-9}\,\mathrm{d}z$ ► $\int \sqrt{z^2-a^2}\,\mathrm{d}z;\ a=3$ ► 2.4.7

$= \frac{z}{2}\cdot\sqrt{z^2-9} - \frac{9}{2}\cdot\ln\left|z+\sqrt{z^2-9}\right|+c$ ► $z = x-2$

$= \underline{\underline{\frac{x-2}{2}\cdot\sqrt{x^2-4x-5} - \frac{9}{2}\cdot\ln\left|x-2+\sqrt{x^2-4x-5}\right|+c;}}$

$\underline{\underline{x \le -1 \text{ oder } x \ge 5}}$

5. $\int \sqrt{8x^2-6x+3}\,\mathrm{d}x;\ x \in \mathbb{R}$

► $8x^2-6x+3 = 8\cdot\left[x^2-\frac{3}{4}\cdot x+\frac{3}{8}\right]$

$$= 8\cdot\left[\left(x^2-\frac{3}{4}\cdot x+\left(\frac{3}{8}\right)^2\right)-\frac{9}{64}+\frac{24}{64}\right]$$

$$= 8\cdot\left[\left(x-\frac{3}{8}\right)^2+\frac{15}{64}\right]$$

► $x-\frac{3}{8}=z \Rightarrow \frac{\mathrm{d}z}{\mathrm{d}x}=1 \Rightarrow \mathrm{d}x=\mathrm{d}z$

► $z^2+\frac{15}{64}=\left(x-\frac{3}{8}\right)^2+\frac{15}{64}=x^2-\frac{3}{4}\cdot x+\frac{3}{8}$

$$\int \sqrt{8x^2-6x+3}\,\mathrm{d}x = \int \sqrt{8\cdot\left[\left(x-\frac{3}{8}\right)^2+\frac{15}{64}\right]}\,\mathrm{d}x$$

$$= \sqrt{8}\cdot\int\sqrt{\left(x-\frac{3}{8}\right)^2+\frac{15}{64}}\,\mathrm{d}x \quad ►\ x-\frac{3}{8}=z$$

$$= \sqrt{8}\cdot\int\sqrt{z^2+\frac{15}{64}}\,\mathrm{d}z \quad ►\ \int\sqrt{z^2+a^2}\,\mathrm{d}z;\ a=\sqrt{\frac{15}{64}} \quad ►\ 2.4.6$$

$$= \sqrt{8}\cdot\left[\frac{z}{2}\cdot\sqrt{z^2+\frac{15}{64}}+\frac{\frac{15}{64}}{2}\cdot\ln\left(z+\sqrt{z^2+\frac{15}{64}}\right)\right]+c \quad ►\ z=x-\frac{3}{8}$$

$$= \frac{\sqrt{8}}{2}\cdot\left(x-\frac{3}{8}\right)\cdot\sqrt{x^2-\frac{3}{4}\cdot x+\frac{3}{8}}+\frac{15\cdot\sqrt{8}}{128}\cdot\ln\left(x-\frac{3}{8}+\sqrt{x^2-\frac{3}{4}\cdot x+\frac{3}{8}}\right)+c$$

6. $\int \sqrt{6-x-3x^2}\,\mathrm{d}x$ mit

$$x\in\left[-\frac{1}{6}-\frac{1}{6}\cdot\sqrt{73};\ -\frac{1}{6}+\frac{1}{6}\cdot\sqrt{73}\right]$$

► $6-x-3x^2=-3\cdot\left[x^2+\frac{1}{3}\cdot x-2\right]$

$$= -3\cdot\left[\left(x^2+\frac{1}{3}\cdot x+\left(\frac{1}{6}\right)^2\right)-\frac{1}{36}-2\right]$$

$$= -3\cdot\left[\left(x+\frac{1}{6}\right)^2-\frac{73}{36}\right]$$

$$= 3\cdot\left[\frac{73}{36}-\left(x+\frac{1}{6}\right)^2\right]$$

► $x+\frac{1}{6}=z \Rightarrow \frac{\mathrm{d}z}{\mathrm{d}x}=1 \Rightarrow \mathrm{d}x=\mathrm{d}z$

► $\frac{73}{36}-z^2=\frac{73}{36}-\left(x+\frac{1}{6}\right)^2=2-\frac{1}{3}\cdot x-x^2$

$$\int\sqrt{6-x-3x^2}\,\mathrm{d}x=\int\sqrt{3\cdot\left[\frac{73}{36}-\left(x+\frac{1}{6}\right)^2\right]}\,\mathrm{d}x$$

$$= \sqrt{3}\cdot\int\sqrt{\frac{73}{36}-\left(x+\frac{1}{6}\right)^2}\,\mathrm{d}x \quad ►\ x+\frac{1}{6}=z$$

$$= \sqrt{3}\cdot\int\sqrt{\frac{73}{36}-z^2}\,\mathrm{d}z \quad ►\ \int\sqrt{a^2-z^2}\,\mathrm{d}z;\ a=\sqrt{\frac{73}{36}} \quad ►\ 2.4.5$$

$$= \sqrt{3}\cdot\left[\frac{\frac{73}{36}}{2}\cdot\mathrm{Arcsin}\,\frac{z}{\sqrt{\frac{73}{36}}}+\frac{z}{2}\cdot\sqrt{\frac{73}{36}-z^2}\right]+c \quad ►\ z=x+\frac{1}{6}$$

$$= \frac{73\cdot\sqrt{3}}{72}\cdot\mathrm{Arcsin}\,\frac{6x+1}{\sqrt{73}}+\frac{\sqrt{3}}{2}\cdot\left(x+\frac{1}{6}\right)\cdot\sqrt{2-\frac{1}{3}\cdot x-x^2}+c;$$

$$x\in\left[-\frac{1}{6}-\frac{1}{6}\cdot\sqrt{73};\ -\frac{1}{6}+\frac{1}{6}\cdot\sqrt{73}\right]$$

7. $\int\left[x\cdot\sqrt{x^2+4x+3}\right]\mathrm{d}x;\ x\in\mathbb{R}\backslash(-3;\,-1)$

► $x^2+4x+3=(x^2+4x+2^2)-4+3$

$$= (x+2)^2-1$$

► $x+2=z \Rightarrow \frac{\mathrm{d}z}{\mathrm{d}x}=1 \Rightarrow \mathrm{d}x=\mathrm{d}z$

► Das Integral $\int(z\cdot\sqrt{z^2-1})\,\mathrm{d}z$ entspricht dem Typ $\int\left(f'(z)\cdot[f(z)]^{\frac{1}{2}}\right)\mathrm{d}z$. ► 2.4.3

► Das Integral $\int\sqrt{z^2-1}\,\mathrm{d}z$ entspricht dem Typ $\int\sqrt{z^2-a^2}\,\mathrm{d}z$. ► $a=1$ ► 2.4.7

► $z^2-1=(x+2)^2-1=x^2+4x+3$

$$\int\left[x\cdot\sqrt{x^2+4x+3}\right]\mathrm{d}x=\int\left[x\cdot\sqrt{(x+2)^2-1}\right]\mathrm{d}x$$

► $x+2=z\Rightarrow x=z-2$

$$= \int\left[(z-2)\cdot\sqrt{z^2-1}\right]\mathrm{d}z$$

$$= \int(z\cdot\sqrt{z^2-1})\,\mathrm{d}z-2\cdot\int\sqrt{z^2-1}\,\mathrm{d}z$$

$$= \frac{1}{2}\cdot\int\left(2z\cdot[z^2-1]^{\frac{1}{2}}\right)\mathrm{d}z-2\cdot\int\sqrt{z^2-1}\,\mathrm{d}z$$

$$= \frac{1}{2}\cdot\frac{1}{\frac{1}{2}+1}\cdot[z^2-1]^{\frac{1}{2}+1}-2\cdot\left[\frac{z}{2}\cdot\sqrt{z^2-1}-\frac{1}{2}\cdot\ln|z+\sqrt{z^2-1}|\right]+c$$

► $z=x+2$

$$= \frac{1}{3}\cdot\sqrt{(x^2+4x+3)^3}-(x+2)\cdot\sqrt{x^2+4x+3}+$$

$$+\ln\left|x+2+\sqrt{x^2+4x+3}\right|+c;\ x\le-3 \text{ oder } x\ge-1$$

127 **8.** $\int \frac{\sqrt{1+2x+x^2}}{(x+1)^2}\,\mathrm{d}x;\ x \in \mathbb{R}^{\neq -1}$

► $\frac{\sqrt{1+2x+x^2}}{(x+1)^2} = \frac{\sqrt{(1+x)^2}}{(x+1)^2} = \frac{|1+x|}{(x+1)^2} =$

$$= \begin{cases} -\frac{1}{x+1}, & \text{wenn } x < -1 \\ \frac{1}{x+1}, & \text{wenn } x > 1 \end{cases}$$

$$\int \frac{\sqrt{1+2x+x^2}}{(x+1)^2}\,\mathrm{d}x = \begin{cases} -\int \frac{\mathrm{d}x}{x+1}, & \text{wenn } x < -1 \\ \int \frac{\mathrm{d}x}{x+1}, & \text{wenn } x > -1 \end{cases} \quad ► 2.4.1$$

$$= \begin{cases} -\ln|x+1| + c_1, & \text{wenn } x < -1 \\ \ln|x+1| + c_2, & \text{wenn } x > -1 \end{cases}$$

9. $\int \frac{\sqrt{x^2-2x+1}}{x^2}\,\mathrm{d}x;\ x \in \mathbb{R}^{\neq 0}$

► $\frac{\sqrt{x^2-2x+1}}{x^2} = \frac{\sqrt{(x-1)^2}}{x^2}$

$$= \frac{|x-1|}{x^2}$$

$$= \begin{cases} -\frac{x-1}{x^2}, & \text{wenn } x < 1 \text{ und } x \neq 0 \\ \frac{x-1}{x^2}, & \text{wenn } x \geq 1 \end{cases}$$

$$\int \frac{\sqrt{x^2-2x+1}}{x^2}\,\mathrm{d}x = \begin{cases} -\int \frac{x-1}{x^2}\,\mathrm{d}x, & \text{wenn } x < 1 \text{ und } x \neq 0 \\ \int \frac{x-1}{x^2}\,\mathrm{d}x, & \text{wenn } x \geq 1 \end{cases}$$

$$= \begin{cases} -\int \frac{1}{x}\,\mathrm{d}x + \int \frac{1}{x^2}\,\mathrm{d}x, & \text{wenn } x < 1 \text{ und } x \neq 0 \\ \int \frac{1}{x}\,\mathrm{d}x - \int \frac{1}{x^2}\,\mathrm{d}x, & \text{wenn } x \geq 1 \end{cases}$$

$$= \begin{cases} -\ln|x| - \frac{1}{x} + c_1, & \text{wenn } x < 1 \text{ und } x \neq 0 \\ \ln x + \frac{1}{x} + c_2, & \text{wenn } x \geq 1 \end{cases}$$

10. $\int \frac{8}{\sqrt{2x^2-3x-1}}\,\mathrm{d}x;\ x \in \mathbb{R} \setminus \left[-\frac{\sqrt{17}}{4}+\frac{3}{4}; \frac{\sqrt{17}}{4}+\frac{3}{4}\right]$

► $2x^2-3x-1 = 2\cdot\left[x^2 - \frac{3}{2}\cdot x - \frac{1}{2}\right]$

$$= 2\cdot\left[\left(x^2 - \frac{3}{2}\cdot x + \left(\frac{3}{4}\right)^2\right) - \frac{9}{16} - \frac{8}{16}\right]$$

$$= 2\cdot\left[\left(x - \frac{3}{4}\right)^2 - \frac{17}{16}\right]$$

► $x - \frac{3}{4} = z \Rightarrow \frac{\mathrm{d}z}{\mathrm{d}x} = 1 \Rightarrow \mathrm{d}x = \mathrm{d}z$

► $z^2 - \frac{17}{16} = \left(x - \frac{3}{4}\right)^2 - \frac{17}{16} = x^2 - \frac{3}{2}\cdot x - \frac{1}{2}$

$$\int \frac{x}{\sqrt{2x^2-3x-1}}\,\mathrm{d}x = 8\cdot\int \frac{\mathrm{d}x}{\sqrt{2\cdot\left[\left(x-\frac{3}{4}\right)^2 - \frac{17}{16}\right]}}$$

$$= \frac{8}{\sqrt{2}}\cdot\int \frac{\mathrm{d}x}{\sqrt{\left(x-\frac{3}{4}\right)^2 - \frac{17}{16}}} \quad ► x - \frac{3}{4} = z$$

$$= \frac{8}{\sqrt{2}}\cdot\int \frac{\mathrm{d}z}{\sqrt{z^2 - \frac{17}{16}}} \quad ► \int \frac{\mathrm{d}z}{\sqrt{z^2-a^2}};\ a = \frac{\sqrt{17}}{4} \quad ► 2.4.7$$

$$= \frac{8\cdot\sqrt{2}}{2}\cdot\ln\left|z + \sqrt{z^2 - \frac{17}{16}}\right| + c \quad ► z = x - \frac{3}{4}$$

$$= 4\cdot\sqrt{2}\cdot\ln\left|x - \frac{3}{4} + \sqrt{x^2 - \frac{3}{2}\cdot x - \frac{1}{2}}\right| + c \text{ mit}$$

$$x < -\frac{\sqrt{17}}{4} + \frac{3}{4} \text{ oder } x > \frac{\sqrt{17}}{4} + \frac{3}{4}$$

11. $\int \frac{\mathrm{d}x}{\sqrt{\frac{1}{2} - x - \frac{x^2}{2}}};\ x \in (-1-\sqrt{2};\ -1+\sqrt{2})$

► $\frac{1}{2} - x - \frac{x^2}{2} = -\frac{1}{2}\cdot\left[-1+2x+x^2\right]$

$$= -\frac{1}{2}\cdot\left[-1-1+(1+2x+x^2)\right]$$

$$= -\frac{1}{2}\cdot\left[-2+(x+1)^2\right]$$

$$= \frac{1}{2}\cdot\left[2-(x+1)^2\right]$$

► $x - 1 = z \Rightarrow \frac{\mathrm{d}x}{\mathrm{d}x} = 1 \Rightarrow \mathrm{d}x = \mathrm{d}z$

$$\int \frac{\mathrm{d}x}{\sqrt{\frac{1}{2} - x - \frac{x^2}{2}}} = \int \frac{\mathrm{d}x}{\sqrt{\frac{1}{2}\cdot\left[2-(x+1)^2\right]}}$$

$$= \frac{1}{\sqrt{\frac{1}{2}}}\cdot\int \frac{\mathrm{d}x}{\sqrt{2-(x+1)^2}} \quad ► x + 1 = z$$

$$= \sqrt{2}\cdot\int \frac{\mathrm{d}z}{\sqrt{2-z^2}} \quad ► \int \frac{\mathrm{d}z}{\sqrt{a^2-z^2}};\ a = \sqrt{2} \quad ► 2.4.5$$

$$= \sqrt{2}\cdot\operatorname{Arcsin}\frac{z}{\sqrt{2}} + c \quad ► z = x + 1$$

$$= \sqrt{2}\cdot\operatorname{Arcsin}\frac{x+1}{\sqrt{2}} + c;\ x \in (-1-\sqrt{2};\ -1+\sqrt{2})$$

► $D(F) = [-1-\sqrt{2};\ -1+\sqrt{2}]$ und $D(f) = (-1-\sqrt{2};\ -1+\sqrt{2})$

12. $\displaystyle\int\frac{3}{\sqrt{6-2x-x^2}}\,\mathrm{d}x;\ x\in(-1-\sqrt{7};\ -1+\sqrt{7})$

$$\blacktriangleright\ 6-2x-x^2=-[-6+2x+x^2]=-[-6-1+(1+2x+x^2)]=-[-7+(x+1)^2]=\underline{7-(x+1)^2}$$

$$\blacktriangleright\ x+1=z\Rightarrow\frac{\mathrm{d}z}{\mathrm{d}x}=1\Rightarrow\mathrm{d}x=\mathrm{d}z$$

$$\int\frac{3}{\sqrt{6-2x-x^2}}\,\mathrm{d}x=3\cdot\int\frac{\mathrm{d}x}{\sqrt{7-(x+1)^2}}\quad\blacktriangleright\ x+1=z$$

$$=3\cdot\int\frac{\mathrm{d}z}{\sqrt{7-z^2}}\quad\blacktriangleright\ \int\frac{\mathrm{d}z}{\sqrt{a^2-z^2}};\ a=\sqrt{7}\quad\blacktriangleright\ 2.4.5$$

$$=3\cdot\mathrm{Arcsin}\frac{z}{\sqrt{7}}+c\quad\blacktriangleright\ z=x+1$$

$$=\underline{\underline{3\cdot\mathrm{Arcsin}\frac{x+1}{\sqrt{7}}+c;\ x\in(-1-\sqrt{7};\ -1+\sqrt{7})}}$$

$\blacktriangleright$ $D(F)=[-1-\sqrt{7};\ -1+\sqrt{7}]$ und $D(f)=(-1-\sqrt{7};\ -1+\sqrt{7})$

13. $\displaystyle\int\frac{\mathrm{d}x}{\sqrt{x^2+7x-8}};\ x\in\mathbb{R}\setminus[-8;1]$

$$\blacktriangleright\ x^2+7x-8=\left(x^2+7x+\left(\frac{7}{2}\right)^2\right)-\frac{49}{4}-8=\underline{\left(x+\frac{7}{2}\right)^2-\frac{81}{4}}$$

$$\blacktriangleright\ x+\frac{7}{2}=z\Rightarrow\frac{\mathrm{d}z}{\mathrm{d}x}=1\Rightarrow\mathrm{d}x=\mathrm{d}z$$

$$\blacktriangleright\ z^2-\frac{81}{4}=\left(x+\frac{7}{2}\right)^2-\frac{81}{4}=x^2+7x-8$$

$$\int\frac{\mathrm{d}x}{\sqrt{x^2+7x-8}}=\int\frac{\mathrm{d}x}{\sqrt{\left(x+\frac{7}{2}\right)^2-\frac{81}{4}}}\quad\blacktriangleright\ x+\frac{7}{2}=z$$

$$=\int\frac{\mathrm{d}z}{\sqrt{z^2-\frac{81}{4}}}\quad\blacktriangleright\ \int\frac{\mathrm{d}z}{\sqrt{z^2-a^2}};\ a=\frac{9}{2}\quad\blacktriangleright\ 2.4.7$$

$$=\ln\left|z+\sqrt{z^2-\frac{81}{4}}\right|+c\quad\blacktriangleright\ z=x+\frac{7}{2}$$

$$=\underline{\underline{\ln\left|x+\frac{7}{2}+\sqrt{x^2+7x-8}\right|+c;\ x<-8\text{ oder }x>1}}$$

$\blacktriangleright$ $D(F)=\mathbb{R}\setminus(-8;1)$ und $D(f)=\mathbb{R}\setminus[-8;1]$

14. $\displaystyle\int\frac{2}{\sqrt{6-4x+x^2}}\,\mathrm{d}x;\ x\in\mathbb{R}$

$$\blacktriangleright\ 6-4x+x^2=(x^2-4x+2^2)-4+6=\underline{(x-2)^2+2}$$

$$\blacktriangleright\ x-2=z\Rightarrow\frac{\mathrm{d}z}{\mathrm{d}x}=1\Rightarrow\mathrm{d}x=\mathrm{d}z$$

$$\blacktriangleright\ z^2+2=(x-2)^2+2=x^2-4x+6$$

$$\int\frac{2}{\sqrt{6-4x+x^2}}\,\mathrm{d}x=2\cdot\int\frac{\mathrm{d}x}{\sqrt{(x-2)^2+2}}\quad\blacktriangleright\ x-2=z$$

$$=2\cdot\int\frac{\mathrm{d}z}{\sqrt{z^2+2}}\quad\blacktriangleright\ \int\frac{\mathrm{d}z}{\sqrt{z^2+a^2}};\ a=\sqrt{2}\quad\blacktriangleright\ 2.4.6$$

$$=2\cdot\ln\left(z+\sqrt{z^2+2}\right)+c\quad\blacktriangleright\ z=x-2$$

$$=\underline{\underline{2\cdot\ln\left(x-2+\sqrt{x^2-4x+6}\right)+c}}$$

15. $\displaystyle\int\frac{4}{\sqrt{3x^2+4x+5}}\,\mathrm{d}x;\ x\in\mathbb{R}$

$$\blacktriangleright\ 3x^2+4x+5=3\cdot\left[x^2+\frac{4}{3}\cdot x+\frac{5}{3}\right]=3\cdot\left[\left(x^2+\frac{4}{3}\cdot x+\left(\frac{2}{3}\right)^2\right)-\frac{4}{9}+\frac{15}{9}\right]=\underline{3\cdot\left[\left(x+\frac{2}{3}\right)^2+\frac{11}{9}\right]}$$

$$\blacktriangleright\ x+\frac{2}{3}=z\Rightarrow\frac{\mathrm{d}z}{\mathrm{d}x}=1\Rightarrow\mathrm{d}x=\mathrm{d}z$$

$$\blacktriangleright\ z^2+\frac{11}{9}=\left(x+\frac{2}{3}\right)^2+\frac{11}{9}=x^2+\frac{4}{3}\cdot x+\frac{5}{3}$$

$$\int\frac{4}{\sqrt{3x^2+4x+5}}\,\mathrm{d}x=\int\frac{4}{\sqrt{3\cdot\left[\left(x+\frac{2}{3}\right)^2+\frac{11}{9}\right]}}\,\mathrm{d}x$$

$$=\frac{4}{\sqrt{3}}\cdot\int\frac{\mathrm{d}x}{\sqrt{\left(x+\frac{2}{3}\right)^2+\frac{11}{9}}}\quad\blacktriangleright\ x+\frac{2}{3}=z$$

$$=\frac{4}{\sqrt{3}}\cdot\int\frac{\mathrm{d}z}{\sqrt{z^2+\frac{11}{9}}}\quad\blacktriangleright\ \int\frac{\mathrm{d}z}{\sqrt{z^2+a^2}};\ a=\frac{\sqrt{11}}{3}\quad\blacktriangleright\ 2.4.6$$

$$=\frac{4}{\sqrt{3}}\cdot\ln\left(z+\sqrt{z^2+\frac{11}{9}}\right)+c\quad\blacktriangleright\ z=x+\frac{2}{3}$$

$$=\underline{\underline{\frac{4}{\sqrt{3}}\cdot\ln\left(x+\frac{2}{3}+\sqrt{x^2+\frac{4}{3}\cdot x+\frac{5}{3}}\right)+c}}$$

Die folgenden Aufgaben 16 bis 24 sind alle vom Typ $\int \frac{\alpha \cdot x + \beta}{\sqrt{Ax^2 + Bx + C}}\,\mathrm{d}x$ mit $\alpha \neq 0$ und $A \neq 0$.

Merke:

$$\int \frac{\alpha \cdot x + \beta}{\sqrt{Ax^2 + Bx + C}}\,\mathrm{d}x = \frac{\alpha}{A} \cdot \sqrt{Ax^2 + Bx + C} + \left(\beta - \frac{\alpha \cdot B}{2A}\right) \cdot \int \frac{\mathrm{d}x}{\sqrt{Ax^2 + Bx + C}} + c;\ \alpha \in \mathbb{R}^{\neq 0};\ A \in \mathbb{R}^{\neq 0}$$

127 Lösen Sie die nachstehenden unbestimmten Integrale unter Anwendung der angegebenen Formel.
► **Lehrbuch: Kusch 4, S. 110…113**

Die Integrationskonstante wird stets erst nach der letzten ausgeführten Integration hinzugefügt.

16. $\int \frac{2x-3}{\sqrt{x^2 - 2x + 2}}\,\mathrm{d}x;\ x \in \mathbb{R}$

► $\alpha = 2;\ \beta = -3;\ A = 1;\ B = -2;\ C = 2$

► $x^2 - 2x + 2 = (x^2 - 2x + 1^2) - 1 + 2 = \underline{(x-1)^2 + 1}$

► $x - 1 = z \Rightarrow \frac{\mathrm{d}z}{\mathrm{d}x} = 1 \Rightarrow \mathrm{d}x = \mathrm{d}z$

► Das Integral $\int \frac{\mathrm{d}z}{\sqrt{z^2+1}}$ entspricht dem Typ $\int \frac{\mathrm{d}z}{\sqrt{z^2+a^2}}$ mit $a = 1$. ► 2.4.6

► $z^2 + 1 = (x-1)^2 + 1 = x^2 - 2x + 2$

$$\int \frac{2x-3}{\sqrt{x^2-2x+2}}\,\mathrm{d}x = \frac{2}{1} \cdot \sqrt{x^2-2x+2} + \left(-3 - \frac{2\cdot(-2)}{2\cdot 1}\right) \cdot \int \frac{\mathrm{d}x}{\sqrt{x^2-2x+2}}$$

$$= 2 \cdot \sqrt{x^2-2x+2} - \int \frac{\mathrm{d}x}{\sqrt{(x-1)^2+1}} \quad ► x - 1 = z$$

$$= 2 \cdot \sqrt{x^2-2x+2} - \int \frac{\mathrm{d}z}{\sqrt{z^2+1}}$$

$$= 2 \cdot \sqrt{x^2-2x+2} - \ln\left(z + \sqrt{z^2+1}\right) + c \quad ► z = x - 1$$

$$\underline{\underline{= 2 \cdot \sqrt{x^2-2x+2} - \ln\left(x - 1 + \sqrt{x^2-2x+2}\right) + c}}$$

17. $\int \frac{4x+2}{\sqrt{2x^2 - x + 1}}\,\mathrm{d}x;\ x \in \mathbb{R}$

► $\alpha = 4;\ \beta = 2;\ A = 2;\ B = -1;\ C = 1$

► $2x^2 - x + 1 = 2 \cdot \left[x^2 - \frac{1}{2} \cdot x + \frac{1}{2}\right] = 2 \cdot \left[\left(x^2 - \frac{1}{2} \cdot x + \left(\frac{1}{4}\right)^2\right) - \frac{1}{16} + \frac{8}{16}\right] = \underline{2 \cdot \left[\left(x - \frac{1}{4}\right)^2 + \frac{7}{16}\right]}$

► $x - \frac{1}{4} = z \Rightarrow \frac{\mathrm{d}z}{\mathrm{d}x} = 1 \Rightarrow \mathrm{d}x = \mathrm{d}z$

► Das Integral $\int \frac{\mathrm{d}z}{\sqrt{z^2 + \frac{7}{16}}}$ entspricht dem Typ $\int \frac{\mathrm{d}z}{\sqrt{z^2+a^2}}$ mit $a = \frac{\sqrt{7}}{4}$. ► 2.4.6

$$\int \frac{4x+2}{\sqrt{2x^2-x+1}}\,\mathrm{d}x = \frac{4}{2} \cdot \sqrt{2x^2-x+1} + \left(2 - \frac{4\cdot(-1)}{2\cdot 2}\right) \cdot \int \frac{\mathrm{d}x}{\sqrt{2x^2-x+1}}$$

$$= 2 \cdot \sqrt{2x^2-x+1} + 3 \cdot \int \frac{\mathrm{d}x}{\sqrt{2} \cdot \sqrt{\left(x-\frac{1}{4}\right)^2 + \frac{7}{16}}} \quad ► x - \frac{1}{4} = z$$

$$= 2 \cdot \sqrt{2x^2-x+1} + \frac{3}{\sqrt{2}} \cdot \int \frac{\mathrm{d}x}{\sqrt{z^2 + \frac{7}{16}}}$$

$$= 2 \cdot \sqrt{2x^2-x+1} + \frac{3}{\sqrt{2}} \cdot \ln\left(z + \sqrt{z^2 + \frac{7}{16}}\right) + c$$

► $z = x - \frac{1}{4} \Rightarrow z^2 + \frac{7}{16} = \left(x - \frac{1}{4}\right)^2 + \frac{7}{16} = x^2 - \frac{1}{2} \cdot x + \frac{1}{2}$

$$\underline{\underline{= 2 \cdot \sqrt{2x^2-x+1} + \frac{3}{\sqrt{2}} \cdot \ln\left(x - \frac{1}{4} + \sqrt{x^2 - \frac{1}{2} \cdot x + \frac{1}{2}}\right) + c}}$$

127

18. $\displaystyle\int \frac{3+4x}{\sqrt{3x+2+x^2}}\,dx;\ x\in \mathbb{R}\setminus[-2;\ -1]$

► $\alpha=4;\ \beta=3;\ A=1;\ B=3;\ C=2$

► $\displaystyle 3x+2+x^2=\left(x^2+3x+\left(\frac{3}{2}\right)^2\right)-\frac{9}{4}+2$

$\displaystyle =\underline{\left(x+\frac{3}{2}\right)^2-\frac{1}{4}}$

► $\displaystyle x+\frac{3}{2}=z \Rightarrow \frac{dz}{dx}=1\Rightarrow dx=dz$

► Das Integral $\displaystyle\int\frac{dz}{\sqrt{z^2-\frac{1}{4}}}$ entspricht dem Typ

$\displaystyle\int\frac{dz}{\sqrt{z^2-a^2}}$ mit $a=\frac{1}{2}$. ► 2.4.7

$D(F)=\mathbb{R}\setminus(-2;\ -1)$ und $D(f)=\mathbb{R}\setminus[-2;\ 2]$

$$\int\frac{3+4x}{\sqrt{3x+2+x^2}}\,dx=$$
$$=\frac{4}{1}\cdot\sqrt{3x+2+x^2}+\left(3-\frac{4\cdot 3}{2\cdot 1}\right)\cdot\int\frac{dx}{\sqrt{3x+2+x^2}}$$
$$=4\cdot\sqrt{x^2+3x+2}-3\cdot\int\frac{dx}{\sqrt{\left(x+\frac{3}{2}\right)^2+\frac{1}{4}}}\qquad ►\ x+\frac{3}{2}=z$$
$$=4\cdot\sqrt{x^2+3x+2}-3\cdot\int\frac{dz}{\sqrt{z^2-\frac{1}{4}}}$$
$$=4\cdot\sqrt{x^2+3x+2}-3\cdot\ln\left|z+\sqrt{z^2-\frac{1}{4}}\right|+c$$

► $\displaystyle z=x+\frac{3}{2}\Rightarrow z^2-\frac{1}{4}=\left(x+\frac{3}{2}\right)^2-\frac{1}{4}=x^2+3x+2$

$$\underline{\underline{=4\cdot\sqrt{x^2+3x+2}-3\cdot\ln\left|x+\frac{3}{2}+\sqrt{x^2+3x+2}\right|+c;}}$$

$\underline{\underline{x<-2 \text{ oder } x>-1}}$

19. $\displaystyle\int\frac{4x-1}{\sqrt{8x^2-2x-15}}\,dx;\ x\in\mathbb{R}\setminus\left[-\frac{5}{4};\frac{3}{2}\right]$

► $\alpha=4;\ \beta=-1;\ A=8;\ B=-2;\ C=-15$

► $\displaystyle 8x^2-2x-15=8\cdot\left[x^2-\frac{1}{4}\cdot x-\frac{15}{8}\right]$

$\displaystyle =8\cdot\left[\left(x^2-\frac{1}{4}\cdot x+\left(\frac{1}{8}\right)^2\right)-\frac{1}{64}-\frac{120}{64}\right]$

$\displaystyle =\underline{8\cdot\left[\left(x-\frac{1}{8}\right)^2-\frac{121}{64}\right]}$

► $\displaystyle x-\frac{1}{8}=z\Rightarrow\frac{dz}{dx}=1\Rightarrow dx=dz$

► Das Integral $\displaystyle\int\frac{dz}{\sqrt{z^2-\frac{121}{64}}}$ entspricht dem Typ

$\displaystyle\int\frac{dz}{\sqrt{z^2-a^2}}$ mit $a=\frac{11}{8}$. ► 2.4.7

$$\int\frac{4x-1}{\sqrt{8x^2-2x-15}}\,dx=$$
$$=\frac{4}{8}\cdot\sqrt{8x^2-2x-15}+\left(-1-\frac{4\cdot(-2)}{2\cdot 8}\right)\cdot\int\frac{dx}{\sqrt{8x^2-2x-15}}$$
$$=\frac{1}{2}\cdot\sqrt{8x^2-2x-15}-\frac{1}{2}\cdot\int\frac{dx}{\sqrt{8}\cdot\sqrt{\left(x-\frac{1}{8}\right)^2-\frac{121}{64}}}\qquad ►\ x-\frac{1}{8}=z$$
$$=\frac{1}{2}\cdot\sqrt{8x^2-2x-15}-\frac{1}{2\cdot\sqrt{8}}\cdot\int\frac{dz}{\sqrt{z^2-\frac{121}{64}}}$$
$$=\frac{1}{2}\cdot\sqrt{8x^2-2x-15}-\frac{\sqrt{8}}{2\cdot 8}\cdot\ln\left|z+\sqrt{z^2-\frac{121}{64}}\right|+c$$

► $\displaystyle z=x-\frac{1}{8}\Rightarrow z^2-\frac{121}{64}=\left(x-\frac{1}{8}\right)^2-\frac{121}{8}=x^2-\frac{1}{4}\cdot x-\frac{15}{8}$

$$\underline{\underline{=\frac{1}{2}\cdot\sqrt{8x^2-2x-15}-\frac{\sqrt{2}}{8}\cdot\ln\left|x-\frac{1}{8}+\sqrt{x^2-\frac{1}{4}\cdot x-\frac{15}{8}}\right|+c;}}$$

$\underline{\underline{x<-\frac{5}{4} \text{ oder } x>\frac{3}{2}}}$

► $\displaystyle D(F)=\mathbb{R}\setminus\left(-\frac{5}{4};\frac{3}{2}\right)$ und $\displaystyle D(f)=\mathbb{R}\setminus\left[-\frac{5}{4};\frac{3}{2}\right]$

20. $\displaystyle\int\frac{x-3}{\sqrt{x^2+2x+17}}\,dx;\ x\in\mathbb{R}$

► $\alpha=1;\ \beta=-3;\ A=1;\ B=2;\ C=17$

► $x^2+2x+17=(x^2+2x+1^2)-1+17$

$=\underline{(x+1)^2+16}$

$$\int\frac{x-3}{\sqrt{x^2+2x+17}}\,dx=$$
$$=\frac{1}{1}\cdot\sqrt{x^2+2x+17}+\left(-3-\frac{1\cdot 2}{2\cdot 1}\right)\cdot\int\frac{dx}{\sqrt{x^2+2x+17}}$$
$$=\sqrt{x^2+2x+17}-4\cdot\int\frac{dx}{\sqrt{(x+1)^2+16}}\qquad ►\ x+1=z$$

127

► $x+1=z \Rightarrow \frac{dz}{dx}=1 \Rightarrow dx=dz$

► Das Integral $\int \frac{dz}{\sqrt{z^2+16}}$ entspricht dem Typ $\int \frac{dz}{\sqrt{z^2+a^2}}$ mit $a=4$. ► 2.4.6

$$= \sqrt{x^2+2x+17} - 4 \cdot \int \frac{dz}{\sqrt{z^2+16}}$$

$$= \sqrt{x^2+2x+17} - 4 \cdot \ln\left(z+\sqrt{z^2+16}\right) + c \quad ► z=x+1$$

$$= \underline{\underline{\sqrt{x^2+2x+17} - 4 \cdot \ln\left(x+1+\sqrt{x^2+2x+17}\right) + c}}$$

21. $\int \frac{x}{\sqrt{2x^2+3x+1}} dx;\ x \in \mathbb{R} \setminus \left[-1;\ -\frac{1}{2}\right]$

► $\alpha=1;\ \beta=0;\ A=2;\ B=3;\ C=1$

► $2x^2+3x+1 = 2 \cdot \left[x^2+\frac{3}{2}\cdot x+\frac{1}{2}\right]$

$$= 2 \cdot \left[\left(x^2+\frac{3}{2}\cdot x+\left(\frac{3}{4}\right)^2\right) - \frac{9}{16} + \frac{8}{16}\right]$$

$$= \underline{2 \cdot \left[\left(x+\frac{3}{4}\right)^2 - \frac{11}{16}\right]}$$

► $x+\frac{3}{4}=z \Rightarrow \frac{dz}{dx}=1 \Rightarrow dx=dz$

► Das Integral $\int \frac{dz}{\sqrt{z^2-\frac{1}{16}}}$ entspricht dem Typ $\int \frac{dz}{\sqrt{z^2-a^2}}$ mit $a=\frac{1}{4}$. ► 2.4.7

$$\int \frac{x}{\sqrt{2x^2+3x+1}} dx =$$

$$= \frac{1}{2} \cdot \sqrt{2x^2+3x+1} + \left(0 - \frac{1 \cdot 3}{2 \cdot 2}\right) \cdot \int \frac{dx}{\sqrt{2x^2+3x+1}}$$

$$= \frac{1}{2} \cdot \sqrt{2x^2+3x+1} - \frac{3}{4} \cdot \int \frac{dx}{\sqrt{2} \cdot \sqrt{\left(x+\frac{3}{4}\right)^2 - \frac{1}{16}}} \quad ► x+\frac{3}{4}=z$$

$$= \frac{1}{2} \cdot \sqrt{2x^2+3x+1} - \frac{3}{4 \cdot \sqrt{2}} \cdot \int \frac{dz}{\sqrt{z^2-\frac{1}{16}}}$$

$$= \frac{1}{2} \cdot \sqrt{2x^2+3x+1} - \frac{3}{4 \cdot \sqrt{2}} \cdot \ln\left|z+\sqrt{z^2-\frac{1}{16}}\right| + c$$

► $z=x+\frac{3}{4} \Rightarrow z^2-\frac{1}{16} = \left(x+\frac{3}{4}\right)^2 - \frac{1}{16} = x^2+\frac{3}{2}\cdot x+\frac{1}{2}$

$$= \underline{\underline{\frac{1}{2} \cdot \sqrt{2x^2+3x+1} - \frac{3}{4 \cdot \sqrt{2}} \cdot \ln\left|x+\frac{3}{4}+\sqrt{x^2+\frac{3}{2}\cdot x+\frac{1}{2}}\right| + c;}}$$

$$\underline{\underline{x < -1 \text{ oder } x > -\frac{1}{2}}}$$

► $D(F) = \mathbb{R} \setminus \left(-1; \frac{1}{2}\right)$ und $D(f) = \mathbb{R} \setminus \left[-1;\ -\frac{1}{2}\right]$

22. $\int \frac{-2x+6}{\sqrt{x^2+4x+13}} dx;\ x \in \mathbb{R}$

► $\alpha=-2;\ \beta=6;\ A=1;\ B=4;\ C=13$

► $x^2+4x+13 = (x^2+4x+2^2) - 4 + 13$

$$= \underline{(x+2)^2+9}$$

► $x+2=z \Rightarrow \frac{dz}{dx}=1 \Rightarrow dx=dz$

► Das Integral $\int \frac{dz}{\sqrt{z^2+9}}$ entspricht dem Typ $\int \frac{dz}{\sqrt{z^2+a^2}}$ mit $a=3$. ► 2.4.6

► $z^2+9 = (x+2)^2+9 = x^2+4x+13$

$$\int \frac{-2x+6}{\sqrt{x^2+4x+13}} dx =$$

$$= \frac{-2}{1} \cdot \sqrt{x^2+4x+13} + \left(6 - \frac{(-2) \cdot 4}{2 \cdot 1}\right) \cdot \int \frac{dx}{\sqrt{x^2+4x+13}}$$

$$= -2 \cdot \sqrt{x^2+4x+13} + 10 \cdot \int \frac{dx}{\sqrt{(x+2)^2+9}} \quad ► x+2=z$$

$$= -2 \cdot \sqrt{x^2+4x+13} + 10 \cdot \int \frac{dz}{\sqrt{z^2+9}}$$

$$= -2 \cdot \sqrt{x^2+4x+13} + 10 \cdot \ln\left(z+\sqrt{z^2+9}\right) + c \quad ► z=x+2$$

$$= \underline{\underline{-2 \cdot \sqrt{x^2+4x+13} + 10 \cdot \ln\left(x+2+\sqrt{x^2+4x+13}\right) + c}}$$

127

23. $\displaystyle\int \frac{x-1}{\sqrt{3x^2-2x+1}}\,\mathrm{d}x;\ x\in\mathbb{R}$

► $\alpha=1;\ \beta=-1;\ A=3;\ B=-2;\ C=1$

► $$3x^2-2x+1=3\cdot\left[x^2-\frac{2}{3}\cdot x+\frac{1}{3}\right]=3\cdot\left[\left(x^2-\frac{2}{3}\cdot x+\left(\frac{1}{3}\right)^2\right)-\frac{1}{9}+\frac{3}{9}\right]=3\cdot\left[\left(x-\frac{1}{3}\right)^2+\frac{2}{9}\right]$$

► $x-\dfrac{1}{3}=z\Rightarrow\dfrac{\mathrm{d}z}{\mathrm{d}x}=1\Rightarrow\mathrm{d}x=\mathrm{d}z$

► Das Integral $\displaystyle\int\frac{\mathrm{d}z}{\sqrt{z^2+\frac{2}{9}}}$ entspricht dem Typ $\displaystyle\int\frac{\mathrm{d}z}{\sqrt{z^2+a^2}}$ mit $a=\dfrac{\sqrt{2}}{3}$. ► 2.4.6

$$\int\frac{x-1}{\sqrt{3x^2-2x+1}}\,\mathrm{d}x=$$
$$=\frac{1}{3}\cdot\sqrt{3x^2-2x+1}+\left(-1-\frac{1\cdot(-2)}{2\cdot 3}\right)\cdot\int\frac{\mathrm{d}x}{\sqrt{3x^2-2x+1}}$$
$$=\frac{1}{3}\cdot\sqrt{3x^2-2x+1}-\frac{2}{3}\cdot\int\frac{\mathrm{d}x}{\sqrt{3}\cdot\sqrt{\left(x-\frac{1}{3}\right)^2+\frac{2}{9}}}\quad ► x-\frac{1}{3}=z$$
$$=\frac{1}{3}\cdot\sqrt{3x^2-2x+1}-\frac{2}{3\cdot\sqrt{3}}\cdot\int\frac{\mathrm{d}z}{\sqrt{z^2+\frac{2}{9}}}$$
$$=\frac{1}{3}\cdot\sqrt{3x^2-2x+1}-\frac{2}{3\cdot\sqrt{3}}\cdot\ln\left(z+\sqrt{z^2+\frac{2}{9}}\right)+c$$

► $z=x-\frac{1}{3}\Rightarrow z^2+\frac{2}{9}=\left(x-\frac{1}{3}\right)^2+\frac{2}{9}=x^2-\frac{2}{3}\cdot x+\frac{1}{3}$

$$=\frac{1}{3}\cdot\sqrt{3x^2-2x+1}-\frac{2}{3\cdot\sqrt{3}}\cdot\ln\left(x-\frac{1}{3}+\sqrt{x^2-\frac{2}{3}\cdot x+\frac{1}{3}}\right)+c$$

24. $\displaystyle\int\frac{x+1}{\sqrt{4x^2-4x+1}}\,\mathrm{d}x;\ x\in\mathbb{R}^{+\frac{1}{2}}$

► $\alpha=1;\ \beta=1;\ A=4;\ B=-4;\ C=1$

► $4x^2-4x+1=(2x-1)^2$

► $\sqrt{4x^2-4x+1}=\sqrt{(2x-1)^2}=|2x-1|$

► $2x-1=z\Rightarrow\dfrac{\mathrm{d}z}{\mathrm{d}x}=2\Rightarrow\mathrm{d}x=\dfrac{1}{2}\cdot\mathrm{d}z$

► $$\int\frac{\mathrm{d}z}{\sqrt{z^2}}=\int\frac{\mathrm{d}z}{|z|}=\begin{cases}-\displaystyle\int\frac{\mathrm{d}z}{z}, & \text{wenn } z<0\\ \displaystyle\int\frac{\mathrm{d}z}{z}, & \text{wenn } z>0\end{cases}$$

► $z<0\ \Rightarrow\ 2x-1<0\ \Rightarrow\ x<\frac{1}{2}$

► $z>0\ \Rightarrow\ 2x-1>0\ \Rightarrow\ x>\frac{1}{2}$

$$\int\frac{x+1}{\sqrt{4x^2-4x+1}}\,\mathrm{d}x=$$
$$=\frac{1}{4}\cdot\sqrt{4x^2-4x+1}+\left(1-\frac{1\cdot(-4)}{2\cdot 4}\right)\cdot\int\frac{\mathrm{d}x}{\sqrt{4x^2-4x+1}}$$
$$=\frac{1}{4}\cdot|2x-1|+\frac{3}{2}\cdot\int\frac{\mathrm{d}x}{\sqrt{(2x-1)^2}}\quad ► 2x-1=z$$
$$=\frac{1}{4}\cdot|2x-1|+\frac{3}{2}\cdot\frac{1}{2}\cdot\int\frac{\mathrm{d}z}{\sqrt{z^2}}$$
$$=\begin{cases}\frac{1}{4}\cdot|2x-1|-\frac{3}{4}\cdot\displaystyle\int\frac{\mathrm{d}z}{z}, & \text{wenn } z<0\\ \frac{1}{4}\cdot|2x-1|+\frac{3}{4}\cdot\displaystyle\int\frac{\mathrm{d}z}{z}, & \text{wenn } z>0\end{cases}$$
$$=\begin{cases}\frac{1}{4}\cdot|2x-1|-\frac{3}{4}\cdot\ln|z|+c_1, & \text{wenn } z<0\\ \frac{1}{4}\cdot|2x-1|+\frac{3}{4}\cdot\ln|z|+c_2, & \text{wenn } z>0\end{cases}$$
$$=\begin{cases}\frac{1}{4}\cdot|2x-1|-\frac{3}{4}\cdot\ln|2x-1|+c_1, & \text{wenn } x<\frac{1}{2}\\ \frac{1}{4}\cdot|2x-1|+\frac{3}{4}\cdot\ln|2x-1|+c_2, & \text{wenn } x>\frac{1}{2}\end{cases}$$

2.4.9 Integrale mit besonderen Substitutionen

► Lehrbuch: Kusch 4, S. 113 … 117

Berechnen Sie die nachstehenden unbestimmten Integrale.

127

1. $\int \frac{dx}{\cosh^4 x}$; $x \in \mathbb{R}$

► $\frac{1}{\cosh^4 x} = \frac{1}{\cosh^2 x} \cdot \frac{1}{\cosh^2 x}$

$= [1 - \tanh^2 x] \cdot \frac{1}{\cosh^2 x}$ ► 4.1

► $\tanh x = z \Rightarrow \frac{dz}{dx} = \frac{1}{\cosh^2 x} \Rightarrow \frac{1}{\cos^2 x} \cdot dx = dz$

$$\int \frac{dx}{\cosh^4 x} = \int \left([1 - \tanh^2 x] \cdot \frac{1}{\cosh^2 x} \right) dx$$

$$= \int (1 - z^2)\, dz$$

$$= z - \frac{1}{3} \cdot z + c \quad \blacktriangleright\ z = \tanh x$$

$$= \tanh x - \frac{1}{3} \cdot \tanh^3 x + c$$

2. $\int \frac{\cos x}{\sin^2 x - 6 \cdot \sin x} dx$; $x \in \mathbb{R} \setminus \{k\pi \mid k \in \mathbb{Z}\}$

Man substituiert:

► $\sin x = z \Rightarrow \frac{dz}{dx} = \cos x \Rightarrow \cos x \cdot dx = dz$

► $\frac{1}{z \cdot (z-6)} = -\frac{1}{6z} + \frac{1}{6 \cdot (z-6)}$

$= \frac{1}{6} \cdot \left(-\frac{1}{z} + \frac{1}{z-6} \right)$

$$\int \frac{\cos x}{\sin^2 x - 6 \cdot \sin x} dx = \int \frac{dz}{z^2 - 6z}$$

$$= \int \frac{dz}{z \cdot (z-6)}$$

$$= \frac{1}{6} \cdot \int \left(-\frac{1}{z} + \frac{1}{z-6} \right) dz \quad \blacktriangleright\ \text{Summenregel}$$

$$= \frac{1}{6} \cdot (-\ln|z| + \ln|z-6|) + c$$

$$= \frac{1}{6} \cdot \ln\left|\frac{z-6}{z}\right| + c \quad \blacktriangleright\ z = \sin x$$

$$= \frac{1}{6} \cdot \ln\left|\frac{\sin x - 6}{\sin x}\right| + c;\ x \neq k\pi;\ k \in \mathbb{Z}$$

3. $\int \frac{x^3}{\sqrt{x^2 + a^2}} dx$; $a > 0$; $x \in \mathbb{R}$

Man substituiert:

► $x = a \cdot \sinh z \Rightarrow \sqrt{x^2 + a^2} = a \cdot \cosh z$

► $\frac{dx}{dz} = a \cdot \cosh z \Rightarrow dx = a \cdot \cosh z \cdot dz$

► Das Integral $\int (\cosh^2 z \cdot \sinh z)\, dz$ ist vom Typ:

$\int \left([f(z)]^2 \cdot f'(z) \right) dz$. (► 2.4.3) ► $f(z) = \cosh z$

Substitution rückgängig machen:

► $a \cdot \cosh z = \sqrt{x^2 + a^2} \Rightarrow \cosh z = \frac{1}{a} \cdot \sqrt{x^2 + a^2}$

$$\int \frac{x^3}{\sqrt{x^2 + a^2}} dx = \int \left(\frac{a^3 \cdot \sinh^3 z}{a \cdot \cosh z} \cdot a \cdot \cosh z \right) dz$$

$$= a^3 \cdot \int \sinh^3 z\, dz$$

$$= a^3 \cdot \int (\sinh^2 z \cdot \sinh z)\, dz \quad \blacktriangleright\ \sinh^2 z = \cosh^2 z - 1$$

$$= a^3 \cdot \int ((\cosh^2 z - 1) \cdot \sinh z)\, dz$$

$$= a^3 \cdot \left[\int (\cosh^2 z \cdot \sinh z)\, dz - \int \sinh z\, dz \right]$$

$$= a^3 \cdot \left[\frac{1}{2+1} \cdot \cosh^{2+1} z - \cosh z \right] + c$$

$$= a^3 \cdot \left[\frac{1}{3} \cdot \cosh^3 z - \cosh z \right] + c$$

$$= a^3 \cdot \left[\frac{1}{3} \cdot \frac{1}{a^3} \cdot \left(\sqrt{x^2 + a^2}\right)^3 - \frac{1}{a} \cdot \sqrt{x^2 + a^2} \right] + c$$

$$= \frac{1}{3} \cdot \sqrt{(x^2 + a^2)^3} - a^2 \cdot \sqrt{x^2 + a^2} + c$$

4. $\int \frac{x^2}{\sqrt{(2+x)^4}}\,dx;\ x \in \mathbb{R}^{\neq -2}$

► $\sqrt{(2+x)^4} = (2+x)^2$

► $2+x = z \Rightarrow \frac{dz}{dx} = 1 \Rightarrow dx = dz$

► $2+x = z \Rightarrow x = z-2$

► $\frac{(z-2)^2}{z^2} = \frac{z^2-4z+4}{z^2} = 1 - \frac{4}{z} + \frac{4}{z^2}$

$$\int \frac{x^2}{\sqrt{(2+x)^4}}\,dx = \int \frac{x^2}{(2+x)^2}\,dx \quad \blacktriangleright\ 2+x = z;\ x = z-2$$

$$= \int \frac{(z-2)^2}{z^2}\,dz$$

$$= \int \frac{z^2-4z+4}{z^2}\,dz$$

$$= \int 1\,dz - 4\cdot\int \frac{1}{z}\,dz + 4\cdot\int \frac{dz}{z^2} \quad \blacktriangleright \text{ Grundintegrale}$$

$$= z - 4\cdot\ln|z| - 4\cdot\frac{1}{z} + c \quad \blacktriangleright\ z = 2+x$$

$$= 2+x-4\cdot\ln|2+x| - \frac{4}{2+x} + c;\ x \neq -2$$

127

5. $\int \frac{dx}{x^4\cdot\sqrt{1+x^2}};\ x \in \mathbb{R}^{\neq 0}$

Man substituiert:

► $x = \sinh z \Rightarrow \frac{dx}{dz} = \cosh z \Rightarrow dx = \cosh z\,dz$

► $\sqrt{1+x^2} = \cosh z$

► $\frac{1}{\sinh^2 z} = \coth^2 z - 1$ ► 4.1

► $\coth z = \frac{\cosh z}{\sinh z}$

Substitution rückgängig machen:

► $\cosh z = \sqrt{1+x^2}$

► $\sinh z = x$

$$\int \frac{dx}{x^4\cdot\sqrt{1+x^2}} = \int \frac{\cosh z}{\sinh^4 z\cdot\cosh z}\,dz$$

$$= \int \frac{1}{\sinh^4 z}\,dz$$

$$= \int \left(\frac{1}{\sinh^2 z}\cdot\frac{1}{\sinh^2 z}\right)dz$$

$$= \int \left((\coth^2 z - 1)\cdot\frac{1}{\sinh^2 z}\right)dz$$

$$= -\int \left(\frac{-1}{\sinh^2 z}\cdot[\coth z]^2\right)dz - \int \frac{dz}{\sinh^2 z}$$

$$\blacktriangleright \int \left(f'(z)\cdot[f(z)]^2\right)dz \quad \blacktriangleright\ 2.4.3$$

$$= -\frac{1}{2+1}\cdot[\coth z]^{2+1} + \coth z + c$$

$$= -\frac{1}{3}\cdot\frac{\cosh^3 z}{\sinh^3 z} + \frac{\cosh z}{\sinh z} + c$$

$$= -\frac{1}{3}\cdot\frac{\sqrt{(1+x^2)^3}}{x^3} + \frac{\sqrt{1+x}}{x} + c;\ x \neq 0$$

6. $\int \sinh^3 x\,dx;\ x \in \mathbb{R}$

Beachten Sie bitte die Aufgabe 3.

$$\int \sinh^3 z\,dz = \frac{1}{3}\cdot\cosh^3 x - \cosh x + c$$

7. $\int \frac{1+\tan x}{1-\tan x}\,dx;\ x \in \mathbb{R}\setminus\left\{\frac{\pi}{4}+k\pi;\ \frac{\pi}{2}+k\pi\right\};\ k \in \mathbb{Z}$

► $\frac{1+\tan x}{1-\tan x} = \frac{1+\frac{\sin x}{\cos x}}{1-\frac{\sin x}{\cos x}}$ ► $\tan x = \frac{\sin x}{\cos x}$

$= \frac{\cos x + \sin x}{\cos x - \sin x}$

► $f(x) = \cos x - \sin x \Rightarrow f'(x) = -\sin x - \cos x$

$$\int \frac{1+\tan x}{1-\tan x}\,dx = \int \frac{\cos x+\sin x}{\cos x-\sin x}\,dx$$

$$= -\int \frac{-\sin x-\cos x}{\cos x-\sin x}\,dx \quad \blacktriangleright \int \frac{f'(x)}{f(x)}\,dx \quad \blacktriangleright\ 2.4.2$$

$$= -\ln|\cos x - \sin x| + c;\ x \neq \frac{\pi}{4}+k\pi \text{ und } x \neq \frac{\pi}{2}+k\pi;\ k \in \mathbb{Z}$$

► $D(F) = \mathbb{R}\setminus\left\{\frac{\pi}{4}+k\pi\right\};\ k \in \mathbb{Z}$

und $D(f) = \mathbb{R}\setminus\left\{\frac{\pi}{4}+k\pi;\ \frac{\pi}{2}+k\pi\right\};\ k \in \mathbb{Z}$

128

128

8. $\int \frac{dx}{\sinh^2 x + \cosh^2 x}; x \in \mathbb{R}$

► $\frac{\sinh x}{\cosh x} = \tanh x$

Man substituiert:

► $\tanh x = z \Rightarrow \frac{dz}{dx} = \frac{1}{\cosh^2 x} \Rightarrow dz = \frac{1}{\cosh^2 x}\, dx$

$$\int \frac{dx}{\sinh^2 x + \cosh^2 x} = \int \frac{dx}{\left(\frac{\sinh^2 x}{\cosh^2 x} + 1\right) \cdot \cosh^2 x}$$

$$= \int \left(\frac{1}{\tanh^2 x + 1} \cdot \frac{1}{\cosh^2 x}\right) dx$$

$$= \int \frac{dz}{z^2 + 1} \quad \text{► Grundintegral}$$

$$= \operatorname{Arctan} z + c \quad \text{► } z = \tanh x$$

$$= \underline{\underline{\operatorname{Arctan}(\tanh x) + c}}$$

Das Integral $\int \left(\frac{1}{\tanh^2 x + 1} \cdot \frac{1}{\cosh^2 x}\right) dx$ ist vom Typ $\int \left(\frac{1}{1 + [f(x)]^2} \cdot f'(x)\right) dx$ und damit vom Typ $\int \frac{f'(x)}{1 + [f(x)]^2}\, dx$ mit $f(x) = \tanh x$.

Merke:

$$\int \frac{f'(x)}{1 + [f(x)]^2}\, dx = \operatorname{Arctan} f(x) + c; x \in D(f)$$

9. $\int \frac{dx}{3 \cdot \sin^2 x + 5 \cdot \cos^2 x}; x \in \mathbb{R}$

► $\frac{1}{3 \cdot \sin^2 x + 5 \cdot \cos^2 x} =$

$= \frac{1}{\left(\frac{3}{5} \cdot \frac{\sin^2 x}{\cos^2 x} + 1\right) \cdot 5 \cdot \cos^2 x}$ ► (*)

► $\frac{\sin x}{\cos x} = \tan x$

► Merksatz bei der Übungsaufgabe 8 mit $f(x) = \sqrt{\frac{3}{5}} \cdot \tan x$

$$\int \frac{dx}{3 \cdot \sin^2 x + 5 \cdot \cos^2 x} = \int \frac{dx}{\left(\frac{3}{5} \cdot \frac{\sin^2 x}{\cos^2 x} + 1\right) \cdot 5 \cdot \cos^2 x}$$

$$= \frac{1}{5} \cdot \int \frac{\frac{1}{\cos^2 x}}{\frac{3}{5} \cdot \tan^2 x + 1}\, dx$$

$$= \frac{1}{5} \cdot \sqrt{\frac{5}{3}} \cdot \int \frac{\sqrt{\frac{3}{5}} \cdot \frac{1}{\cos^2 x}}{\left(\sqrt{\frac{3}{5}} \cdot \tan x\right)^2 + 1}\, dx$$

$$= \frac{1}{5} \cdot \sqrt{\frac{5}{3}} \cdot \operatorname{Arctan}\left(\sqrt{\frac{3}{5}} \cdot \tan x\right) + c; x \neq \frac{\pi}{2} + k\pi; k \in \mathbb{Z}$$

Man erhält hier nur Stammfunktionen in Intervallen der Form $\left(\frac{\pi}{2} + k\pi; \frac{3}{2}\pi + k\pi\right); k \in \mathbb{Z}$, was verständlich ist, da man in der Zeile (*) durch $\cos^2 x$ dividiert und $\cos\left(\frac{\pi}{2} + k\pi\right) = 0$ gilt.

Es lässt sich aber mit weitergehenden mathematischen Methoden zeigen, dass die Funktion $F: F(x) = \frac{\sqrt{15}}{15} \cdot x - \frac{\sqrt{15}}{15} \cdot \operatorname{Arctan} \frac{\sin(2x)}{\cos(2x) + \sqrt{15} + 4}; D(F) = \mathbb{R}$ eine Stammfunktion der Funktion $f: f(x) = \frac{1}{3 \cdot \sin^2 x + 5 \cdot \cos^2 x}; D(f) = \mathbb{R}$ in $\mathbb{R}$ ist.

128

10. $\int \frac{x^3}{\sqrt{(1+2x^2)^3}}$; $x \in \mathbb{R}$

Man substituiert:

► $x = \frac{1}{\sqrt{2}} \cdot \sinh z$; $z \in \mathbb{R}$

► $\sqrt{(1+2x^2)^3} = \sqrt{\left(1+2\cdot\frac{1}{2}\cdot\sinh^2 z\right)^3}$

$= \sqrt{(1+\sinh^2 z)^3}$ ► $1+\sinh^2 z = \cosh^2 z$

$= \underline{\underline{\cosh^3 z}}$

► $dx = \frac{1}{\sqrt{2}} \cdot \cosh z \cdot dz$

Das Integral $\int \frac{\sinh z}{\cosh^2 z}\,dz$ entspricht dem Typ $\int \left(f'(z)\cdot[f(z)]^{-2}\right)dz$ (► 2.4.3), wenn man $f(z) = \cosh z$ setzt.

Substitution rückgängig machen:

► $\sqrt{(1+2x^2)^3} = \cosh^3 z \Rightarrow \cosh z = \sqrt{1+2x^2}$

$$\int \frac{x^3}{\sqrt{(1+2x^2)^3}}\,dx = \int \left(\frac{\left(\frac{1}{\sqrt{2}}\right)^3 \cdot \sinh^3 z}{\cosh^3 z} \cdot \frac{1}{\sqrt{2}} \cdot \cosh z\right) dz$$

$$= \frac{1}{4} \cdot \int \frac{\sinh^3 z}{\cosh^2 z}\,dz$$

$$= \frac{1}{4} \cdot \int \left(\frac{\sinh^2 z}{\cosh^2 z} \cdot \sinh z\right) dz \quad \blacktriangleright\ \sinh^2 z = \cosh^2 z - 1$$

$$= \frac{1}{4} \cdot \int \left(\frac{\cosh^2 -1}{\cosh^2 z} \cdot \sinh z\right) dz$$

$$= \frac{1}{4} \cdot \int \left(\left[1 - \frac{1}{\cosh^2 z}\right] \cdot \sinh z\right) dz$$

$$= \frac{1}{4} \cdot \left[\int \sinh z\,dz - \int \frac{\sinh z}{\cosh^2 z}\,dz\right]$$

$$= \frac{1}{4} \cdot \left[\cosh z + \frac{1}{\cosh z}\right] + c \quad \blacktriangleright\ \cosh z = \sqrt{1+2x^2}$$

$$\underline{\underline{= \frac{1}{4} \cdot \sqrt{1+2x^2} + \frac{1}{4\cdot\sqrt{1+2x^2}} + c}}$$

11. $\int \left(x \cdot \sqrt{\frac{x-1}{x+1}}\right) dx$; $x \in \mathbb{R}\backslash[-1; 1)$

► $x \cdot \sqrt{\frac{x-1}{x+1}} = x \cdot \sqrt{\frac{(x-1)\cdot(x-1)}{x+1\cdot(x-1)}}$

$= x \cdot \sqrt{\frac{(x-1)^2}{x^2-1}} = x \cdot \frac{|x-1|}{\sqrt{x^2-1}}$

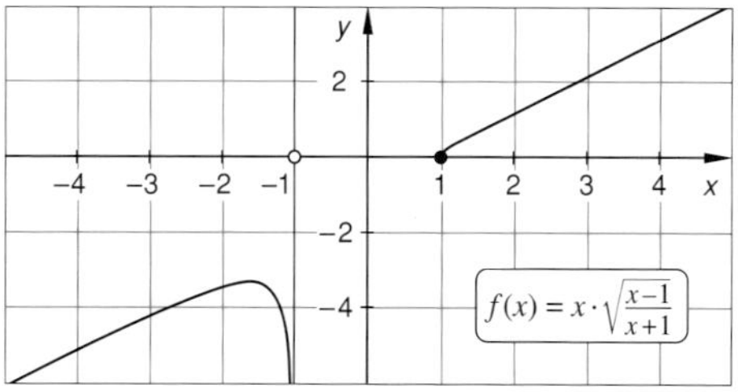

Wegen $x \in (-\infty; -1)$ oder $x \in [1; \infty)$ muss man bei den folgenden Substitutionen zwei Fälle unterscheiden. ► 2.4.7

- Im Falle $x \in [1; \infty)$ substituiert man:

► $x = \cosh z$; $z \geq 0$

► $\sqrt{x^2-1} = \sinh z$; $z \geq 0$

► $dx = \sinh z \cdot dz$

► $\int \cosh^2 z\,dz = \frac{1}{4} \cdot \sinh(2z) + \frac{z}{2} + c_1$ ► 2.4.1

► $\frac{1}{4} \cdot \sinh(2z) = \frac{1}{4} \cdot 2 \cdot \sinh z \cdot \cosh z = \frac{1}{2} \cdot \sinh z \cdot \cosh z$

$$\int \left(x \cdot \sqrt{\frac{x-1}{x+1}}\right) dx = \int \left(x \cdot \frac{|x-1|}{\sqrt{x^2-1}}\right) dx$$

► $x > 1 \Rightarrow |x-1| = x-1$

$$= \int \left(x \cdot \frac{x-1}{\sqrt{x^2-1}}\right) dx$$

$$= \int \left(\cosh z \cdot \frac{\cosh z - 1}{\sinh z} \cdot \sinh z\right) dz$$

$$= \int (\cosh^2 z - \cosh z)\,dz$$

$$= \int \cosh^2 z\,dz - \int \cosh z\,dz$$

$$= \frac{1}{4} \cdot \sinh(2z) + \frac{z}{2} - \sinh z + c$$

128

Substitution rückgängig machen:

► $x = \cosh z \Rightarrow z = \operatorname{Arcosh} x = \ln\left(x + \sqrt{x^2-1}\right)$

► $\sinh z = \sqrt{x^2-1}$

$$= \frac{1}{2}\cdot\sinh z\cdot\cosh z + \frac{z}{2} - \sinh z + c$$
$$= \frac{1}{2}\cdot\sqrt{x^2-1}\cdot x + \frac{1}{2}\cdot\ln\left(x+\sqrt{x^2-1}\right) - \sqrt{x^2-1} + c$$
$$= \underline{\underline{\left(\frac{x}{2}-1\right)\cdot\sqrt{x^2-1} + \frac{1}{2}\cdot\ln\left(x+\sqrt{x^2-1}\right) + c;\ x \geq 1}}$$

● Im Falle $x \in (-\infty;\ -1)$ substituiert man:

► $x = -\cosh z;\ z > 0$

► $\sqrt{x^2-1} = \sinh z$

► $dx = -\sinh z\,dz$

$$\int\left(x\cdot\sqrt{\frac{x-1}{x+1}}\right)dx = \int\left(x\cdot\frac{|x-1|}{\sqrt{x^2-1}}\right)dx \quad ► x < -1$$
$$= \int\left(x\cdot\frac{-(x-1)}{\sqrt{x^2-1}}\right)dx$$
$$= \int\left(-\cosh z\cdot\frac{-(-\cosh z-1)}{\sinh z}\cdot(-\sinh z)\right)dz$$
$$= -\int\Big(\cosh z\cdot(-\cosh z-1)\Big)\,dz$$
$$= \int\cosh^2 z\,dz + \int\cosh z\,dz \quad ► \text{vorstehende Lösung}$$
$$= \frac{1}{2}\cdot\sinh z\cdot\cosh z + \frac{z}{2} + \sinh z + c$$
$$= \frac{1}{2}\cdot\sqrt{x^2-1}\cdot(-x) + \frac{1}{2}\cdot\ln\left(-x+\sqrt{x^2-1}\right) + \sqrt{x^2-1} + c$$
$$= \underline{\underline{\left(1-\frac{x}{2}\right)\cdot\sqrt{x^2-1} + \frac{1}{2}\cdot\ln\left(-x+\sqrt{x^2-1}\right) + c;\ x < -1}}$$

Substitution rückgängig machen:

► $x = -\cosh z \Rightarrow \cosh z = -x \Rightarrow z = \operatorname{Arcosh}(-x)$
$= \ln(-x+\sqrt{x^2-1})$

► $\sinh z = \sqrt{x^2-1}$

► $D(F) = \mathbb{R}^{\leq -1}$ und $D(f) = \mathbb{R}^{<-1}$

12. $\displaystyle\int\frac{dx}{(1+x^2)\cdot\sqrt{1-x^2}};\ x \in (-1;\ 1)$

Man substituiert:

► $x = \sin z;\ z \in \left(-\frac{\pi}{2};\frac{\pi}{2}\right)$

► $\sqrt{1-x^2} = \cos z;\ \cos z > 0$

► $dx = \cos z\,dz$

► $\displaystyle\frac{1}{\cos^2 z + 2\cdot\sin^2 z} = \frac{1}{\left(1+2\cdot\frac{\sin^2 z}{\cos^2 z}\right)}\cdot\frac{1}{\cos^2 z}$ ► $\frac{\sin z}{\cos z} = \tan z$

$$= \underline{\frac{1}{1+2\cdot\tan^2 z}\cdot\frac{1}{\cos^2 z}}$$

► Merksatz bei der Übungsaufgabe 8 mit $f(z) = \sqrt{2}\cdot\tan z$

Substitution rückgängig machen:

► $\sin z = x;\ \cos z = \sqrt{1-x^2}$

$$\int\frac{dx}{(1+x^2)\cdot\sqrt{1-x^2}} = \int\frac{\cos z}{(1+\sin^2 z)\cdot\cos z}\,dz$$
$$= \int\frac{dz}{1+\sin^2 z} \quad ► 1 = \cos^2 z + \sin^2 z$$
$$= \int\frac{dz}{\cos^2 z + 2\cdot\sin^2 z}$$
$$= \int\left(\frac{dz}{1+2\cdot\tan^2 z}\cdot\frac{1}{\cos^2 z}\right)dz$$
$$= \frac{1}{\sqrt{2}}\cdot\int\left(\frac{1}{1+[\sqrt{2}\cdot\tan z]^2}\cdot\frac{\sqrt{2}}{\cos^2 z}\right)dz$$
$$= \frac{1}{\sqrt{2}}\cdot\operatorname{Arctan}(\sqrt{2}\cdot\tan z) + c \quad ► \tan z = \frac{\sin z}{\cos z}$$
$$= \frac{1}{\sqrt{2}}\cdot\operatorname{Arctan}\left(\sqrt{2}\cdot\frac{\sin z}{\cos z}\right) + c$$
$$= \underline{\underline{\frac{1}{\sqrt{2}}\cdot\operatorname{Arctan}\frac{\sqrt{2}\cdot x}{\sqrt{1-x^2}} + c;\ x \in (-1;\ 1)}}$$

128

13. $\int \frac{\sin x}{(1-\cos x)^3}\,\mathrm{d}x;\ x \in \mathbb{R}\setminus\{2k\pi\};\ k \in \mathbb{Z}$

Man substituiert:

► $1 - \cos x = z \Rightarrow \frac{\mathrm{d}z}{\mathrm{d}x} = \sin x \Rightarrow \sin x \cdot \mathrm{d}x = \mathrm{d}z$

$$\int \frac{\sin x}{(1-\cos x)^3}\,\mathrm{d}x = \int \frac{\mathrm{d}z}{z^3} \quad \text{► Potenzregel}$$
$$= -\frac{1}{2}\cdot\frac{1}{z^2} + c \quad \text{► } z = 1 - \cos x$$
$$= -\frac{1}{2}\cdot\frac{1}{(1-\cos x)^2} + c;\ x \neq 2k\pi;\ k \in \mathbb{Z}$$

14. $\int \frac{\mathrm{d}x}{\mathrm{e}^x + 1};\ x \in \mathbb{R}$

Im Zähler der Integrandfunktion wird $\mathrm{e}^x - \mathrm{e}^x$ $(\mathrm{e}^x - \mathrm{e}^x = 0)$ addiert. Nach Anwendung des Distributivgesetzes erhält man das Grundintegral $\int 1\,\mathrm{d}x$ und das Integral $\int \frac{\mathrm{e}^x}{\mathrm{e}^x+1}\,\mathrm{d}x$, das vom Typ $\int \frac{f'(x)}{f(x)}\,\mathrm{d}x$ (► 2.4.2) mit $f(x) = \mathrm{e}^x + 1$ und $f'(x) = \mathrm{e}^x$ ist.

$$\int \frac{\mathrm{d}x}{\mathrm{e}^x+1} = \int \frac{1 + (\mathrm{e}^x - \mathrm{e}^x)}{\mathrm{e}^x+1}\,\mathrm{d}x$$
$$= \int \frac{(\mathrm{e}^x+1) - \mathrm{e}^x}{\mathrm{e}^x+1}\,\mathrm{d}x$$
$$= \int \frac{\mathrm{e}^x+1}{\mathrm{e}^x+1}\,\mathrm{d}x - \int \frac{\mathrm{e}^x}{\mathrm{e}^x+1}\,\mathrm{d}x$$
$$= \int 1\,\mathrm{d}x - \int \frac{\mathrm{e}^x}{\mathrm{e}^x+1}\,\mathrm{d}x$$
$$= x - \ln|\mathrm{e}^x + 1| + c$$

15. $\int (\sinh^4 x \cdot \cosh x)\,\mathrm{d}x;\ x \in \mathbb{R}$

► $\int \left([f(x)]^4 \cdot f'(x)\right)\mathrm{d}x$ ► 2.4.3

► $\sinh x = f(x) \Rightarrow f'(x) = \cosh x$

$$\int (\sinh^4 x \cdot \cosh x)\,\mathrm{d}x = \frac{1}{4+1}\cdot \sinh^{4+1} x + c$$
$$= \frac{1}{5}\cdot \sinh^5 x + c$$

16. $\int \frac{\sqrt{x}}{x+2}\,\mathrm{d}x;\ x \in \mathbb{R}^{\geq 0}$

Man substituiert:

► $\sqrt{x} = z \Rightarrow x = z^2$

► $\frac{\mathrm{d}x}{\mathrm{d}z} = 2z \Rightarrow \mathrm{d}x = 2z \cdot \mathrm{d}z$

Im Integral $\int \frac{z^2}{z^2+2}\,\mathrm{d}z$ addiert man im Zählerterm $2 - 2$ $(2 - 2 = 0)$.

► Merksatz bei der Übungsaufgabe 8 mit $f(z) = \sqrt{\frac{1}{2}}\cdot z$

$$\int \frac{\sqrt{x}}{x+2}\,\mathrm{d}x = \int \left(\frac{z}{z^2+2}\cdot 2z\right)\mathrm{d}z$$
$$= 2\cdot \int \frac{z^2}{z^2+2}\,\mathrm{d}z$$
$$= 2\cdot \int \frac{(z^2+2)-2}{z^2+2}\,\mathrm{d}z$$
$$= 2\cdot\left[\int 1\,\mathrm{d}z - \int \frac{2}{z^2+2}\,\mathrm{d}z\right]$$
$$= 2\cdot\left[z - \int \frac{2}{2\cdot\left(\frac{1}{2}\cdot z^2 + 1\right)}\,\mathrm{d}z\right]$$
$$= 2\cdot\left[z - \frac{1}{\sqrt{\frac{1}{2}}}\cdot \int \frac{\sqrt{\frac{1}{2}}}{\left(\sqrt{\frac{1}{2}}\cdot z\right)^2 + 1}\,\mathrm{d}z\right]$$
$$= 2\cdot\left[z - \frac{1}{\sqrt{\frac{1}{2}}}\cdot \operatorname{Arctan}\left(\sqrt{\tfrac{1}{2}}\cdot z\right)\right] + c \quad \text{► } z = \sqrt{x}$$
$$= 2\cdot\sqrt{x} - \frac{2}{\sqrt{\frac{1}{2}}}\cdot \operatorname{Arctan}\left(\sqrt{\tfrac{1}{2}}\cdot\sqrt{x}\right) + c \quad \text{► } \frac{2}{\sqrt{\frac{1}{2}}} = 2\cdot\sqrt{2}$$
$$= 2\cdot\sqrt{x} - 2\cdot\sqrt{2}\cdot \operatorname{Arctan}\sqrt{\frac{x}{2}} + c;\ x \geq 0$$

128 **17.** $\displaystyle\int \frac{e^{2x}}{\sqrt{e^x-1}}\,dx;\ x\in\mathbb{R}^{>0}$

Man substituiert:

► $\sqrt{e^x-1}=z \Rightarrow e^x-1=z^2 \Rightarrow e^x=z^2+1$

► $e^x=z^2+1 \Rightarrow x=\ln(z^2+1)$

$\Rightarrow \frac{dx}{dz}=\frac{2z}{z^2+1} \Rightarrow dx=\frac{2z}{z^2+1}\cdot dz$

► $D(F)=\mathbb{R}^{\geq 0}$ und $D(f)=\mathbb{R}^{>0}$

$$\int \frac{e^{2x}}{\sqrt{e^x-1}}\,dx=\int \frac{(e^x)^2}{\sqrt{e^x-1}}\,dx$$
$$=\int\left(\frac{(z^2+1)^2}{z}\cdot\frac{2z}{z^2+1}\right)dz$$
$$=2\cdot\int (z^2+1)\,dz$$
$$=2\cdot\left(\frac{1}{3}\cdot z^3+z\right)+c \quad \blacktriangleright\ z=\sqrt{e^x-1}$$
$$=\underline{\underline{\frac{2}{3}\cdot\sqrt{(e^x-1)^3}+2\cdot\sqrt{e^x-1}+c;\ x>0}}$$

18. $\displaystyle\int \frac{dx}{(2-x)\cdot\sqrt{1-x}};\ x\in\mathbb{R}^{<1}$

Man substituiert:

► $\sqrt{1-x}=z \Rightarrow x=1-z^2$

► $x=1-z^2 \Rightarrow \frac{dx}{dz}=-2z \Rightarrow dx=-2z\cdot dz$

► $2-x=2-(1-z^2)=1+z^2$

► $D(F)=\mathbb{R}^{\leq 1}$ und $D(f)=\mathbb{R}^{<1}$

$$\int \frac{dx}{(2-x)\sqrt{1-x}}=\int \frac{-2z}{(1+z^2)\cdot z}\,dz$$
$$=-2\cdot\int\frac{dz}{1+z^2} \quad \blacktriangleright\ \text{Grundintegral}$$
$$=-2\cdot \operatorname{Arctan} z+c \quad \blacktriangleright\ z=\sqrt{1-x}$$
$$=\underline{\underline{-2\cdot\operatorname{Arctan}\sqrt{1-x}+c;\ x<1}}$$

19. $\displaystyle\int \frac{x^3}{\sqrt{1-x}}\,dx;\ x\in\mathbb{R}^{<1}$

Man substituiert:

► $\sqrt{1-x}=z \Rightarrow x=1-z^2$

► $x=1-z^2 \Rightarrow \frac{dx}{dz}=-2z \Rightarrow dx=-2z\cdot dz$

► $(1-z^2)^3=1^3-3\cdot 1^2\cdot z^2+3\cdot 1\cdot (z^2)^2-(z^2)^3$
$=1-3z^2+3z^4-z^6$

► $D(F)=\mathbb{R}^{\leq 1}$ und $D(f)=\mathbb{R}^{<1}$

$$\int\frac{x^3}{\sqrt{1-x}}\,dx=\int\left(\frac{(1-z^2)^3}{z}\cdot(-2z)\right)dz$$
$$=-2\cdot\int(1-z^2)^3\,dz$$
$$=-2\cdot\int(1-3z^2+3z^4-z^6)\,dz \quad \blacktriangleright\ \text{Grundintegral}$$
$$=-2\cdot\left(z-z^3+\frac{3}{5}\cdot z^5-\frac{1}{7}\cdot z^7\right)+c \quad \blacktriangleright\ z=\sqrt{1-x}$$
$$=\underline{\underline{-2\cdot\sqrt{1-x}+2\cdot\sqrt{(1-x)^3}-\frac{6}{5}\cdot\sqrt{(1-x)^5}+}}$$
$$\underline{\underline{+\frac{2}{7}\cdot\sqrt{(1-x)^7}+c;\ x<1}}$$

20. $\displaystyle\int \frac{dx}{\sqrt{\sin x\cdot\cos^3 x}};\ x\in\left(k\pi;\ k\pi+\frac{\pi}{2}\right);\ k\in\mathbb{Z}$

In $D(f)$ gilt:

$$\frac{1}{\sqrt{\sin x\cdot\cos^3 x}}=\frac{1}{\sqrt{\frac{\sin x}{\cos x}\cdot\cos^4 x}} \quad \blacktriangleright\ \frac{\sin x}{\cos x}=\tan x$$
$$=\underline{\frac{1}{\sqrt{\tan x}}\cdot\frac{1}{\cos^2 x}}$$

Man substituiert:

► $\tan x=z \Rightarrow \frac{dz}{dx}=\frac{1}{\cos^2 z} \Rightarrow dz=\frac{1}{\cos^2 x}\cdot dx$

► $D(F)=\left[k\pi;\ k\pi+\frac{\pi}{2}\right);\ k\in\mathbb{Z}$ und
$D(f)=\left(k\pi;\ k\pi+\frac{\pi}{2}\right);\ k\in\mathbb{Z}$

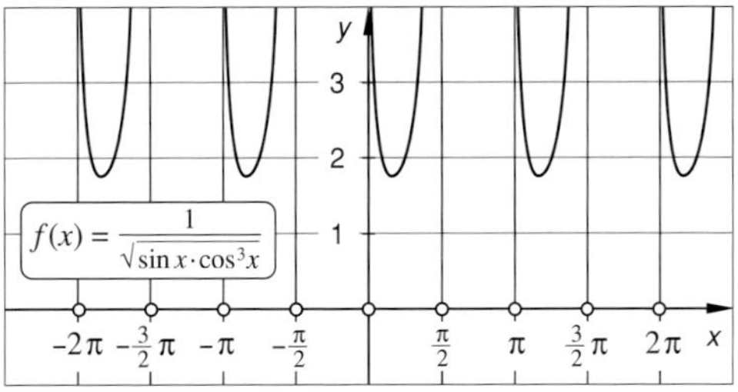

$$\int\frac{dx}{\sqrt{\sin x\cdot\cos^3 x}}=\int\left(\frac{1}{\sqrt{\tan x}}\cdot\frac{1}{\cos^2 x}\right)dx$$
$$=\int\frac{dz}{\sqrt{z}} \quad \blacktriangleright\ \text{Grundintegral}$$
$$=2\cdot\sqrt{z}+c \quad \blacktriangleright\ z=\tan x$$
$$=\underline{\underline{2\cdot\sqrt{\tan x}+c;\ x\in\left(k\pi;\ k\pi+\frac{\pi}{2}\right);\ k\in\mathbb{Z}}}$$

128

21. $\int \frac{x^3}{\sqrt{1+x^2}}\,dx;\ x \in \mathbb{R}$

Man substituiert:

▸ $x = \sinh z;\ z \in \mathbb{R}$ ▸ 2.4.6

▸ $\sqrt{1+x^2} = \cosh z$

▸ $x = \sinh z \Rightarrow \frac{dx}{dz} = \cosh z \Rightarrow dx = \cosh z \cdot dz$

$$\int \frac{x^3}{\sqrt{1+x^2}}\,dx = \int \left(\frac{\sinh^3 z}{\cosh z} \cdot \cosh z\right) dz$$
$$= \int \sinh^3 z\, dz \quad \text{▸ Aufgabe 3}$$
$$= \frac{1}{3} \cdot \cosh^3 z - \cosh z + c \quad \text{▸ } \cosh z = \sqrt{1+x^2}$$
$$= \frac{1}{3} \cdot \sqrt{(1+x^2)^3} - \sqrt{1+x^2} + c$$

22. $\int \frac{dx}{1+\cos^2 x};\ x \in \mathbb{R}$

▸ $1 = \sin^2 x + \cos^2 x$

▸ $\frac{\sin x}{\cos x} = \tan x$

▸ Merksatz bei der Übungsaufgabe 8 mit $f(x) = \frac{1}{\sqrt{2}} \cdot \tan x$

$$\int \frac{dx}{1+\cos^2 x} = \int \frac{dx}{\sin^2 x + \cos^2 x + \cos^2 x}$$
$$= \int \frac{dx}{\sin^2 x + 2 \cdot \cos^2 x}$$
$$= \int \frac{dx}{\left(\frac{\sin^2 x}{\cos^2 x} + 2\right) \cdot \cos^2 x} dx \quad \text{▸ } (*)$$
$$= \int \left(\frac{1}{\tan^2 x + 2} \cdot \frac{1}{\cos^2 x}\right)$$
$$= \frac{1}{2} \cdot \int \left[\frac{1}{\left(\frac{1}{\sqrt{2}} \cdot \tan x\right)^2 + 1} \cdot \frac{1}{\cos^2 x}\right] dx$$
$$= \frac{1}{2} \cdot \frac{1}{\frac{1}{\sqrt{2}}} \cdot \int \left[\frac{1}{\left(\frac{1}{\sqrt{2}} \cdot \tan x\right)^2 + 1} \cdot \frac{\frac{1}{\sqrt{2}}}{\cos^2 x}\right] dx$$
$$= \frac{\sqrt{2}}{2} \cdot \operatorname{Arctan} \frac{\tan x}{\sqrt{2}} + c;\ x \neq \frac{\pi}{2} + k\pi;\ k \in \mathbb{Z}$$

Man erhält hier nur Stammfunktionen in Intervallen der Form $\left(\frac{\pi}{2} + k\pi;\ \frac{3}{2}\pi + k\pi\right);\ k \in \mathbb{Z}$, was verständlich ist, da man in der Zeile $(*)$ durch $\cos^2 x$ dividiert und $\cos\left(\frac{\pi}{2} + k\pi\right) = 0$ gilt.

Es lässt sich aber mit weitergehenden mathematischen Methoden zeigen, dass die Funktion $F: F(x) = \frac{\sqrt{2}}{2} \cdot x - \frac{\sqrt{2}}{2} \cdot \operatorname{Arctan} \frac{\sin(2x)}{\cos(2x) + \sqrt{8} + 3};\ D(F) = \mathbb{R}$ eine Stammfunktion der Funktion $f: f(x) = \frac{1}{1+\cos^2 x};\ D(f) = \mathbb{R}$ in $\mathbb{R}$ ist.

23. $\int \frac{x^3}{\sqrt{a^2-x^2}}\,dx;\ a > o;\ x \in (-a; a)$

Man substituiert:

▸ $x = a \cdot \sin z;\ z \in \left(-\frac{\pi}{2}; \frac{\pi}{2}\right)$ ▸ 2.4.5

▸ $\sqrt{a^2-x^2} = a \cdot \cos z$

▸ $x = a \cdot \sin z \Rightarrow \frac{dx}{dz} = a \cdot \cos z \Rightarrow dx = a \cdot \cos z\, dz$

Das Integral $\int[\cos^2 z \cdot (-\sin z)]\,dz$ ist vom Typ $\int \left([f(z)]^2 \cdot f'(z)\right) dz$, wenn man dort $f(z) = \cos z$ setzt. ▸ 2.4.3

▸ $a \cdot \cos z = \sqrt{a^2-x^2} \Rightarrow \cos z = \frac{1}{a} \cdot \sqrt{a^2-x^2}$

▸ $D(F) = [-a; a]$ und $D(f) = (-a; a)$

$$\int \frac{x^3}{\sqrt{a^2-x^2}}\,dx = \int \left(\frac{a^3 \cdot \sin^3 z}{a \cdot \cos z} \cdot a \cdot \cos z\right) dz$$
$$= a^3 \cdot \int \sin^3 z\, dz$$
$$= a^3 \cdot \int (\sin^2 z \cdot \sin z)\, dz \quad \text{▸ } \sin^2 z = 1 - \cos^2 z \text{ ▸ 4.1}$$
$$= a^3 \cdot \int \left((1-\cos^2 z) \cdot \sin z\right) dz$$
$$= a^3 \cdot \left[\int \sin z\, dz + \int[\cos^2 z \cdot (-\sin z)]\, dz\right]$$
$$= a^3 \cdot \left[-\cos z + \frac{1}{3} \cdot \cos^3 z\right] + c \quad \text{▸ } \cos z = \frac{1}{a} \cdot \sqrt{a^2-x^2}$$
$$= a^3 \cdot \left[-\frac{1}{a} \cdot \sqrt{a^2-x^2} + \frac{1}{3} \cdot \frac{1}{a^3} \cdot \left(\sqrt{a^2-x^2}\right)^3\right] + c$$
$$= -a^2 \cdot \sqrt{a^2-x^2} + \frac{1}{3} \cdot \sqrt{(a^2-x^2)^3} + c;\ x \in (-a; a)$$

128

24. $\int \frac{dx}{\sqrt{e^x-1}}; x \in \mathbb{R}^{>0}$

Man substituiert:

► $\sqrt{e^x-1} = z$

$\Rightarrow e^x - 1 = z^2 \Rightarrow e^x = z^2+1 \Rightarrow x = \ln(z^2+1)$

► $x = \ln(z^2+1) \Rightarrow \frac{dx}{dz} = \frac{2z}{z^2+1}$

$\Rightarrow dx = \frac{2z}{z^2+1} \cdot dz$

$$\int \frac{dx}{\sqrt{e^x-1}} = \int \left(\frac{1}{z} \cdot \frac{2z}{z^2+1}\right) dz$$

$$= 2 \cdot \int \frac{dz}{z^2+1} \quad \blacktriangleright \text{ Grundintegral}$$

$$= 2 \cdot \operatorname{Arctan} z + c \quad \blacktriangleright z = \sqrt{e^x-1}$$

$$= \underline{\underline{2 \cdot \operatorname{Arctan}\sqrt{e^x-1} + c; x > 0}}$$

► $D(F) = \mathbb{R}^{\geq 0}$ und $D(f) = \mathbb{R}^{>0}$

25. $\int \frac{e^x}{\sqrt{1+e^x+e^{2x}}}\,dx; x \in \mathbb{R}$

Der Radikand des Nennerterms wird quadratisch ergänzt:

$$1+e^x+e^{2x} = e^{2x}+e^x+1$$

$$= \left(e^{2x}+e^x+\left(\tfrac{1}{2}\right)^2\right) - \tfrac{1}{4} + 1$$

$$= \underline{\left(e^x+\tfrac{1}{2}\right)^2 + \tfrac{3}{4}}$$

Man substitutiert:

► $e^x + \frac{1}{2} = z \Rightarrow \frac{dz}{dx} = e^x \Rightarrow dz = e^x \cdot dx$

$$\int \frac{e^x}{\sqrt{1+e^x+e^{2x}}}\,dx = \int \frac{e^x}{\sqrt{\left(e^x+\frac{1}{2}\right)^2+\frac{3}{4}}}\,dx$$

$$= \int \frac{dz}{\sqrt{z^2+\frac{3}{4}}} \quad \blacktriangleright \int \frac{dz}{\sqrt{z^2+a^2}}; a = \frac{\sqrt{3}}{2} \quad \blacktriangleright 2.4.6$$

$$= \ln\left(z + \sqrt{z^2+\frac{3}{4}}\right) + c \quad \blacktriangleright z = e^x + \frac{1}{2}$$

$$= \ln\left(e^x + \frac{1}{2} + \sqrt{\left(e^x+\frac{1}{2}\right)^2+\frac{3}{4}}\right) + c$$

$$= \underline{\underline{\ln\left(e^x+\frac{1}{2}+\sqrt{e^{2x}+e^x+1}\right)+c}}$$

26. $\int \frac{dx}{x \cdot \sqrt{a^2-x^2}}; a > 0; x \in (-a; a)\setminus\{0\}$

Man substituiert:

► $x = a \cdot \sin z; z \in \left(-\frac{\pi}{2}; \frac{\pi}{2}\right)\setminus\{0\}$

► $\sqrt{a^2-x^2} = a \cdot \cos z$

► $x = a \cdot \sin z \Rightarrow \frac{dx}{dz} = a \cdot \cos z$

$\Rightarrow dx = a \cdot \cos z \cdot dz$

Substitution rückgängig machen:

► $\tan\frac{z}{2} = \frac{1-\cos z}{\sin z}$ ► 4.1

► $\sqrt{a^2-x^2} = a \cdot \cos z \Rightarrow \cos z = \frac{1}{a} \cdot \sqrt{a^2-x^2}$

► $x = a \cdot \sin z \Rightarrow \sin z = \frac{x}{a}$

$$\int \frac{dx}{x \cdot \sqrt{a^2-x^2}} = \int \frac{a \cdot \cos z}{a \cdot \sin z \cdot a \cdot \cos z}\,dz$$

$$= \frac{1}{a} \cdot \int \frac{dz}{\sin z} \quad \blacktriangleright \text{ Merksatz vor Aufgabe 3 im Kapitel 2.4.5}$$

$$= \frac{1}{a} \cdot \ln\left|\tan\frac{z}{2}\right| + c$$

$$= \frac{1}{a} \cdot \ln\left|\frac{1-\cos z}{\sin z}\right| + c$$

$$= \frac{1}{a} \cdot \ln\left|\frac{1-\frac{1}{a}\cdot\sqrt{a^2-x^2}}{\frac{x}{a}}\right| + c$$

$$= \underline{\underline{\frac{1}{a} \cdot \ln\left|\frac{a-\sqrt{a^2-x^2}}{x}\right| + c; x \in (-a; 0) \text{ oder } x \in (0; a)}}$$

► $D(F) = [-a; a]\setminus\{0\}$ und $D(f) = (-a; a)\setminus\{0\}$

128

27. $\int \frac{dx}{\sin^4 x};\ x \in \mathbb{R}\setminus\{k\pi \mid k \in \mathbb{Z}\}$

► $\frac{1}{\sin^4 x} = \frac{1}{\sin^2 x}\cdot\frac{1}{\sin^2 x}$ ► $\frac{1}{\sin^2 x} = \cot^2 x + 1$

$= \left(\cot^2 x + 1\right)\cdot\frac{1}{\sin^2 x}$

Man substituiert:

► $\cot x = z \Rightarrow \frac{dz}{dx} = \frac{-1}{\sin^2 x} \Rightarrow \frac{-1}{\sin^2 x}\cdot dx = dz$

$$\int \frac{dx}{\sin^4 x} = -\int\left(\left(\cot^2 x + 1\right)\cdot\frac{-1}{\sin^2 x}\right)dx$$

$$= -\int\left(z^2 + 1\right)dz \quad \blacktriangleright \text{ Grundintegral}$$

$$= -\left(\frac{1}{3}\cdot z^3 + z\right) + c \quad \blacktriangleright\ z = \cot x$$

$$= -\frac{1}{3}\cdot\cot^3 x - \cot x + c;\ x \neq k\pi;\ k \in \mathbb{Z}$$

28. $\int \frac{dx}{(x-1)\cdot\sqrt{x^2-3x+2}};\ x \in \mathbb{R}\setminus[1;2]$

► $x^2 - 3x + 2 = (x-1)\cdot(x-2)$

Man substituiert:

► $x - 1 = \frac{1}{z} \Rightarrow x - 2 = \frac{1}{z} - 1$

für $x < 1$ oder $x > 2$ gilt $z < 0$ oder $z \in (0;1)$

► $x = 1 + \frac{1}{z} \Rightarrow \frac{dx}{dz} = -\frac{1}{z^2} \Rightarrow dx = -\frac{1}{z^2}\cdot dz$

► $\sqrt{\frac{1}{z^2}\cdot(1-z)} = \frac{1}{|z|}\cdot\sqrt{1-z}$

► $\frac{z}{|z|} = \begin{cases} -1, & \text{wenn } z < 0 \\ 1, & \text{wenn } z > 0 \end{cases}$

$$\int \frac{dx}{(x-1)\cdot\sqrt{x^2-3x+2}} = \int \frac{dx}{(x-1)\cdot\sqrt{(x-1)(x-2)}}$$

$$= \int \frac{-\frac{1}{z^2}}{\frac{1}{z}\cdot\sqrt{\frac{1}{z}\cdot\left(\frac{1}{z}-1\right)}}\,dz$$

$$= \int \frac{-\frac{1}{z^2}}{\frac{1}{z}\cdot\sqrt{\frac{1}{z}\cdot\frac{1-z}{z}}}\,dz$$

$$= -\int \frac{dz}{z\cdot\sqrt{\frac{1}{z^2}\cdot(1-z)}}$$

$$= -\int \frac{dz}{\frac{z}{|z|}\cdot\sqrt{1-z}}$$

$$= \begin{cases} \int \frac{dz}{\sqrt{1-z}}, & \text{wenn } z < 0 \\ -\int \frac{dz}{\sqrt{1-z}}, & \text{wenn } z \in (0;1) \end{cases}$$

$$= \begin{cases} -2\cdot\sqrt{1-z} + c_1, & \text{wenn } z < 0 \\ 2\cdot\sqrt{1-z} + c_2, & \text{wenn } z \in (0;1) \end{cases}$$

Substitution rückgängig machen:

► $x - 1 = \frac{1}{z} \Rightarrow z = \frac{1}{x-1}$

$$= \begin{cases} -2\cdot\sqrt{1-\frac{1}{x-1}} + c_1, & \text{wenn } x < 1 \\ 2\cdot\sqrt{1-\frac{1}{x-1}} + c_2, & \text{wenn } x > 2 \end{cases}$$

$$= \begin{cases} -2\cdot\sqrt{\frac{x-2}{x-1}} + c_1, & \text{wenn } x < 1 \\ 2\cdot\sqrt{\frac{x-2}{x-1}} + c_2, & \text{wenn } x > 2 \end{cases}$$

► $D(F) = \mathbb{R}\setminus[1;2)$ und $D(f) = \mathbb{R}\setminus[1;2]$

128 **29.** $\int \sqrt{e^x - 1}\, dx;\ x \in \mathbb{R}^{\geq 0}$

Man substituiert:

► $\sqrt{e^x - 1} = z$

$\Rightarrow e^x - 1 = z^2 \Rightarrow e^x = z^2 + 1 \Rightarrow x = \ln(z^2 + 1)$

► $x = \ln(z^2 + 1) \Rightarrow \dfrac{dx}{dz} = \dfrac{2z}{z^2 + 1}$

$\Rightarrow dx = \dfrac{2z}{z^2 + 1} \cdot dz$

Im Integral $\int \dfrac{z^2}{z^2 + 1}\, dz$ wird im Zähler $1 - 1$ $(1 - 1 = 0)$ addiert.

$$\int \sqrt{e^x - 1}\, dx = \int \left(z \cdot \frac{2z}{z^2 + 1} \right) dz$$

$$= 2 \cdot \int \frac{z^2}{z^2 + 1}\, dz$$

$$= 2 \cdot \int \frac{(z^2 + 1) - 1}{z^2 + 1}\, dz$$

$$= 2 \cdot \left[\int 1\, dz - \int \frac{dz}{z^2 + 1} \right]$$ ► Grundintegrale

$$= 2 \cdot [z - \operatorname{Arctan} z] + c$$ ► $z = \sqrt{e^x - 1}$

$$= \underline{\underline{2 \cdot \sqrt{e^x - 1} - 2 \cdot \operatorname{Arctan} \sqrt{e^x - 1} + c;\ x \geq 0}}$$

30. $\int \dfrac{dx}{\sqrt{x} + \sqrt[3]{x}};\ x \in \mathbb{R}^{>0}$

Man substituiert:

► $x = z^6;\ z > 0 \Rightarrow \dfrac{dx}{dz} = 6z^5 \Rightarrow dx = 6z^5 \cdot dz$

► $\sqrt{x} + \sqrt[3]{x} = \sqrt{z^6} + \sqrt[3]{z^6} = z^3 + z^2$

► $\dfrac{z^3}{z+1} = z^3 : (z+1) = z^2 - z + 1 - \dfrac{1}{z+1}$

► Polynomdivision ► Kusch 3; 1.2.1

Substitution rückgängig machen:

► $x = z^6 \Rightarrow z = \sqrt[6]{x}$

► $D(F) = \mathbb{R}^{\geq 0}$ und $D(f) = \mathbb{R}^{>0}$

$$\int \frac{dx}{\sqrt{x} + \sqrt[3]{x}} = \int \frac{6z^5}{z^3 + z^2}\, dz$$

$$= \int \frac{6z^5\, dz}{z^2 \cdot (z+1)}$$

$$= 6 \cdot \int \frac{z^3}{z+1}\, dz$$

$$= 6 \cdot \left[\int z^2 dz - \int z\, dz + \int 1\, dz - \int \frac{dz}{z+1} \right]$$

$$= 6 \cdot \left[\frac{1}{3} \cdot z^3 - \frac{1}{2} \cdot z^2 + z - \ln|z+1| \right] + c$$ ► $z = \sqrt[6]{x}$

$$= 2 \cdot \left(\sqrt[6]{x}\right)^3 - 3 \cdot \left(\sqrt[6]{x}\right)^2 + 6 \cdot \sqrt[6]{x} - 6 \cdot \ln\left|\sqrt[6]{x} + 1\right| + c$$

$$= \underline{\underline{2 \cdot \sqrt{x} - 3 \cdot \sqrt[3]{x} + 6 \cdot \sqrt[6]{x} - 6 \cdot \ln\left|\sqrt[6]{x} + 1\right| + c;\ x > 0}}$$

Bei den Aufgaben 31 bis 33 ist die Integrandfunktion eine rationale Verkettung der trigonometrischen Funktionen sin, cos, tan oder cot. Häufig lassen sich derartige Integrale mit den nachstehenden Substitutionen lösen.

Merke:

Ist eine Integrandfunktion eines Integrals eine rationale Verkettung mit trigonometrischen Funktionen, so wird sie durch die Substitution $\tan\frac{x}{2} = z;\ x \in (-\pi; \pi);\ z \in \mathbb{R}$ in eine rationale Funktion mit der Variablen z überführt. Die trigonometrischen Funktionen und das Differential dx können dann wie folgt durch die neue Variable z ausgedrückt werden.

- $\sin x = \dfrac{2 \cdot \tan\frac{x}{2}}{1 + \tan^2\frac{x}{2}} = \dfrac{2z}{1 + z^2}$
- $\cos x = \dfrac{1 - \tan^2\frac{x}{2}}{1 + \tan^2\frac{x}{2}} = \dfrac{1 - z^2}{1 + z^2}$
- $\tan x = \dfrac{2 \cdot \tan\frac{x}{2}}{1 - \tan^2\frac{x}{2}} = \dfrac{2z}{1 - z^2}$
- $\cot x = \dfrac{1 - \tan^2\frac{x}{2}}{2 \cdot \tan^2\frac{x}{2}} = \dfrac{1 - z^2}{2z}$
- $\tan\dfrac{x}{2} = z \Rightarrow \dfrac{x}{2} = \operatorname{Arctan} z \Rightarrow x = 2 \cdot \operatorname{Arctan} z \Rightarrow \dfrac{dx}{dz} = \dfrac{2}{1 + z^2} \Rightarrow dx = \dfrac{2}{1 + z^2}\, dz$

Bei den nachfolgenden beiden Beispielen wird die Integrationskonstante weggelassen.

Beispiel: Lösen Sie das unbestimmte Integral $\int(\mathrm{e}^x \cdot \sin x)\,\mathrm{d}x$.

Dieses Integral kann man mit den bisherigen Methoden nicht lösen. Daher wird eine reelle Lösung mithilfe komplexer Funktionen gezeigt.

$$\int(\mathrm{e}^x \cdot \sin x)\,\mathrm{d}x;\ x \in \mathbb{R}$$

► $\sin x = \dfrac{\mathrm{e}^{\mathrm{i}x} - \mathrm{e}^{-\mathrm{i}x}}{2\mathrm{i}}$

► $\int \mathrm{e}^{(1+\mathrm{i})\cdot x}\,\mathrm{d}x = \dfrac{1}{1+\mathrm{i}} \cdot \mathrm{e}^{(1+\mathrm{i})\cdot x}$ ► 2.4.1

► $\int \mathrm{e}^{(1-\mathrm{i})\cdot x}\,\mathrm{d}x = \dfrac{1}{1-\mathrm{i}} \cdot \mathrm{e}^{(1-\mathrm{i})\cdot x}$ ► 2.4.1

► $\dfrac{1}{1+\mathrm{i}} = \dfrac{1-\mathrm{i}}{(1+\mathrm{i})\cdot(1-\mathrm{i})} = \dfrac{1-\mathrm{i}}{2}$

► $\dfrac{1}{1-\mathrm{i}} = \dfrac{1+\mathrm{i}}{(1-\mathrm{i})\cdot(1+\mathrm{i})} = \dfrac{1+\mathrm{i}}{2}$

► $\mathrm{e}^{\mathrm{i}x} - \mathrm{e}^{-\mathrm{i}x} = 2\mathrm{i} \cdot \sin x$

► $\mathrm{e}^{\mathrm{i}x} + \mathrm{e}^{-\mathrm{i}x} = 2 \cdot \cos x$

$$\begin{aligned}
\int(\mathrm{e}^x \cdot \sin x)\,\mathrm{d}x &= \int\left[\mathrm{e}^x \cdot \frac{\mathrm{e}^{\mathrm{i}x} - \mathrm{e}^{-\mathrm{i}x}}{2\mathrm{i}}\right]\mathrm{d}x \\
&= \frac{1}{2\mathrm{i}} \cdot \int\left[\mathrm{e}^{(1+\mathrm{i})\cdot x} - \mathrm{e}^{(1-\mathrm{i})\cdot x}\right]\mathrm{d}x \\
&= \frac{1}{2\mathrm{i}} \cdot \left[\frac{1}{1+\mathrm{i}} \cdot \mathrm{e}^{(1+\mathrm{i})\cdot x} - \frac{1}{1-\mathrm{i}} \cdot \mathrm{e}^{(1-\mathrm{i})\cdot x}\right] \\
&= \frac{1}{2\mathrm{i}} \cdot \left[\frac{1-\mathrm{i}}{2} \cdot \mathrm{e}^x \cdot \mathrm{e}^{\mathrm{i}x} - \frac{1+\mathrm{i}}{2} \cdot \mathrm{e}^x \cdot \mathrm{e}^{-\mathrm{i}x}\right] \\
&= \frac{1}{4\mathrm{i}} \cdot \mathrm{e}^x \cdot \left[\mathrm{e}^{\mathrm{i}x} - \mathrm{i} \cdot \mathrm{e}^{\mathrm{i}x} - \mathrm{e}^{-\mathrm{i}x} - \mathrm{i} \cdot \mathrm{e}^{-\mathrm{i}x}\right] \\
&= \frac{1}{4\mathrm{i}} \cdot \mathrm{e}^x \cdot \left[(\mathrm{e}^{\mathrm{i}x} - \mathrm{e}^{-\mathrm{i}x}) - \mathrm{i} \cdot (\mathrm{e}^{\mathrm{i}x} + \mathrm{e}^{-\mathrm{i}x})\right] \\
&= \frac{1}{4\mathrm{i}} \cdot \mathrm{e}^x \cdot [2\mathrm{i} \cdot \sin x - \mathrm{i} \cdot 2 \cdot \cos x] \\
&= \underline{\underline{\frac{\mathrm{e}^x}{2} \cdot (\sin x - \cos x)}}
\end{aligned}$$

Eine Probe würde die Richtigkeit der Lösung zeigen. Man erkennt an diesem einfachen Beispiel, dass die Hauptarbeit beim Lösen dieses Integrals algebraische Umformungen sind.

Beispiel: Lösen Sie das unbestimmte Integral $\int \dfrac{\mathrm{d}x}{6+5\cdot\cos x}$.

In diesem Kapitel konnte man zur Funktion $f: f(x) = \dfrac{1}{6+5\cdot\cos x}$; $D(f) = \mathbb{R}$ (► Aufgabe 31) mit den bisherigen (reellen) Methoden nur Stammfunktionen in Intervall $(-\pi; \pi)$ angeben. Rechnet man aber komplex, so erhält man auch Stammfunktionen in ganz $\mathbb{R}$.

$$\int \frac{\mathrm{d}x}{6+5\cdot\cos x};\ x \in \mathbb{R}$$

► $\cos x = \dfrac{\mathrm{e}^{\mathrm{i}x} + \mathrm{e}^{-\mathrm{i}x}}{2}$

► $$\begin{aligned}12 + 5\cdot\mathrm{e}^{\mathrm{i}x} + 5\cdot\mathrm{e}^{-\mathrm{i}x} &= 12 + 5\cdot\mathrm{e}^{\mathrm{i}x} + \frac{5}{\mathrm{e}^{\mathrm{i}x}} \\ &= \frac{1}{\mathrm{e}^{\mathrm{i}x}} \cdot (12\cdot\mathrm{e}^{\mathrm{i}x} + 5\cdot\mathrm{e}^{2\mathrm{i}x} + 5)\end{aligned}$$

► $25\cdot\mathrm{e}^{2\mathrm{i}x} + 60\cdot\mathrm{e}^{\mathrm{i}x} + 25 = (5\cdot\mathrm{e}^{\mathrm{i}x} + 6)^2 - 11$

Man substituiert:

$$5\cdot\mathrm{e}^{\mathrm{i}x} + 6 = s \Rightarrow 5\mathrm{i}\cdot\mathrm{e}^{\mathrm{i}x}\cdot\mathrm{d}x = \mathrm{d}s$$

$$\Rightarrow 5\cdot\mathrm{e}^{\mathrm{i}x}\cdot\mathrm{d}x = \frac{1}{\mathrm{i}}\,\mathrm{d}s$$

$$\begin{aligned}
\int \frac{\mathrm{d}x}{6+5\cdot\cos x} &= \int \frac{\mathrm{d}x}{6+5\cdot\dfrac{\mathrm{e}^{\mathrm{i}x}+\mathrm{e}^{-\mathrm{i}x}}{2}} \\
&= 2\cdot\int \frac{\mathrm{d}x}{12+5\cdot\mathrm{e}^{\mathrm{i}x}+5\cdot\mathrm{e}^{-\mathrm{i}x}} \\
&= 2\cdot\int \frac{\mathrm{e}^{\mathrm{i}x}\,\mathrm{d}x}{12\cdot\mathrm{e}^{\mathrm{i}x}+5\cdot\mathrm{e}^{2\mathrm{i}x}+5} \\
&= 2\cdot\int \frac{5\cdot\mathrm{e}^{\mathrm{i}x}}{25\cdot\mathrm{e}^{2\mathrm{i}x}+60\cdot\mathrm{e}^{\mathrm{i}x}+25}\,\mathrm{d}x \\
&= 2\cdot\int \frac{5\cdot\mathrm{e}^{\mathrm{i}x}}{(5\cdot\mathrm{e}^{\mathrm{i}x}+6)^2-11}\,\mathrm{d}x \\
&= \frac{2}{\mathrm{i}}\cdot\int \frac{\mathrm{d}s}{s^2-11} \quad \text{► 2.1}
\end{aligned}$$

▶ Da s komplex ist, gilt:

$$\int \frac{ds}{s^2-11} = -\frac{1}{2\cdot\sqrt{11}}\cdot \ln \frac{\sqrt{11}+s}{\sqrt{11}-s}$$

Das logarithmische Argument darf nun nicht als Betrag geschrieben werden.

▶ $\frac{2}{\sqrt{11}} = \frac{2\cdot\sqrt{11}}{11}$

▶ Das Argument von ln wird mit $\sqrt{11}+6$ erweitert.

▶ $(\sqrt{11}-6)\cdot(\sqrt{11}+6) = 11-36 = -25$

▶ $(\sqrt{11}-6)\cdot(\sqrt{11}+6)\cdot e^{-ix} - 5\cdot(\sqrt{11}+6) =$
$= -25\cdot e^{-ix} - 5\cdot(\sqrt{11}+6)$
$= -5\cdot(5\cdot e^{-ix} + \sqrt{11}+6)$

$$= \frac{2}{i}\cdot\left(-\frac{1}{2\cdot\sqrt{11}}\right)\cdot \ln\frac{\sqrt{11}+s}{\sqrt{11}-s} \quad \blacktriangleright\ s = 5\cdot e^{ix}+6$$

$$= \frac{2}{\sqrt{11}}\cdot\left[-\frac{1}{2i}\cdot\ln\frac{\sqrt{11}+5\cdot e^{ix}+6}{\sqrt{11}-5\cdot e^{ix}-6}\right]$$

$$= \frac{2\cdot\sqrt{11}}{11}\cdot\left[-\frac{1}{2i}\cdot\ln\frac{\sqrt{11}+6+5\cdot e^{ix}}{(\sqrt{11}-6)-5\cdot e^{ix}}\right]$$

$$= \frac{2\cdot\sqrt{11}}{11}\cdot\left[-\frac{1}{2i}\cdot\ln\frac{\sqrt{11}+6+5\cdot e^{ix}}{[(\sqrt{11}-6)\cdot e^{-ix}-5]\cdot e^{ix}}\right]$$

$$= \frac{2\cdot\sqrt{11}}{11}\cdot\left[-\frac{1}{2i}\cdot\ln\frac{(\sqrt{11}+6+5\cdot e^{ix})\cdot(\sqrt{11}+6)\cdot e^{-ix}}{(\sqrt{11}-6)\cdot(\sqrt{11}+6)\cdot e^{-ix}-5\cdot(\sqrt{11}+6)}\right]$$

$$= \frac{2\cdot\sqrt{11}}{11}\cdot\left[-\frac{1}{2i}\cdot\ln\frac{(\sqrt{11}+6+5\cdot e^{ix})\cdot(\sqrt{11}+6)\cdot e^{-ix}}{-5\cdot(5\cdot e^{-ix}+\sqrt{11}+6)}\right]$$

$$= \frac{2\cdot\sqrt{11}}{11}\cdot\left[-\frac{1}{2i}\cdot\ln\left(\frac{\sqrt{11}+6+5\cdot e^{ix}}{\sqrt{11}+6+5\cdot e^{-ix}}\cdot\frac{(\sqrt{11}+6)\cdot e^{-ix}}{-5}\right)\right]$$

Damit wird nun:

$$\int\frac{dx}{6+5\cos x} = \frac{2\cdot\sqrt{11}}{11}\cdot\left[-\frac{1}{2i}\cdot\ln\left(\frac{\sqrt{11}+6+5\cdot e^{ix}}{\sqrt{11}+6+5\cdot e^{-ix}}\cdot\frac{(\sqrt{11}+6)}{-5}\cdot e^{-ix}\right)\right]$$

▶ logarithmisches Gesetz anwenden: $\ln(A\cdot B) = \ln A + \ln B$

$$= \frac{2\cdot\sqrt{11}}{11}\cdot\left[-\frac{1}{2i}\cdot\left(\ln\frac{\sqrt{11}+6+5\cdot e^{ix}}{\sqrt{11}+6+5\cdot e^{-ix}} + \ln\frac{\sqrt{11}+6}{-5} + \ln e^{-ix}\right)\right]$$

▶ $\ln e^{-ix} = -ix$; $e^{ix} = \cos x + i\cdot\sin x$; $e^{-ix} = \cos x - i\cdot\sin x$

$$= \frac{2\cdot\sqrt{11}}{11}\cdot\left[-\frac{1}{2i}\cdot\left(-ix + \ln\frac{\sqrt{11}+6}{-5} + \ln\frac{\sqrt{11}+6+5\cdot\cos x+5i\cdot\sin x}{\sqrt{11}+6+5\cdot\cos x-5i\cdot\sin x}\right)\right]$$

$$= \frac{2\cdot\sqrt{11}}{11}\cdot\left[\frac{x}{2} - \frac{1}{2i}\cdot\ln\frac{\sqrt{11}+6}{-5} - \underbrace{\frac{1}{2i}\cdot\ln\frac{1+i\cdot\dfrac{5\cdot\sin x}{\sqrt{11}+6+5\cdot\cos x}}{1-i\cdot\dfrac{5\cdot\sin x}{\sqrt{11}+6+5\cdot\cos x}}}_{\operatorname{Arctan}\frac{5\cdot\sin x}{\sqrt{11}+6+5\cdot\cos x}}\right]$$

$$= \frac{\sqrt{11}}{11}\cdot x - \frac{\sqrt{11}}{11i}\cdot\ln\frac{\sqrt{11}+6}{-5} - \frac{2\cdot\sqrt{11}}{11}\cdot\operatorname{Arctan}\frac{5\cdot\sin x}{\sqrt{11}+6+5\cdot\cos x}$$

Somit ist $F: F(x) = \frac{\sqrt{11}}{11}\cdot x - \frac{2\cdot\sqrt{11}}{11}\cdot\operatorname{Arctan}\frac{5\cdot\sin x}{\sqrt{11}+6+5\cdot\cos x}$; $D(F) = \mathbb{R}$ eine Stammfunktion zu $f: f(x) = \frac{1}{6+5\cdot\cos x}$; $D(f) = \mathbb{R}$ in $\mathbb{R}$.

Anmerkung:

Sucht man auch zur Übungsaufgabe 33 eine Stammfunktion durch eine Lösung im Komplexen, so benötigt man dazu weitergehende Kenntnisse über komplexe Zahlen.

2.4.10 Transformation von Integrationsgrenzen

▸ **Lehrbuch: Kusch 4, S. 118…121**

Merke:

- $\int_a^b \left(g[h(x)]\cdot h'(x)\right)\mathrm{d}x = \int_{h(a)}^{h(b)} g(z)\,\mathrm{d}z$ ▸ $z=h(x)$ ▸ **erste Substitutionsregel**
- Führt man in einem bestimmten Integral $\int_a^b g(x)\,\mathrm{d}x$ die Substitution $x=h(z)$ durch, wobei die Funktion h in einem Intervall $[z_1; z_2] \subseteq D(h)$ stetig differenzierbar ist und die Funktion h das Intervall $[z_1; z_2]$ auf das Intervall $[a; b]$ so abbildet, dass die Funktionswerte $h(z)$ für $z \in (z_1; z_2)$ in $(a; b)$ liegen, so gilt:
  - $\int_a^b g(x)\,\mathrm{d}x = \int_{z_1}^{z_2} \left(g[h(z)]\cdot h'(z)\right)\mathrm{d}z$ **für** $a=h(z_1)$ **und** $b=h(z_2)$

    ▸ **zweite Substitutionsregel**
  - $\int_a^b g(x)\,\mathrm{d}x = \int_{z_2}^{z_1} \left(g[h(z)]\cdot h'(z)\right)\mathrm{d}z$ **für** $a=h(z_2)$ **und** $b=h(z_1)$

Berechnen Sie die nachstehenden bestimmten Integrale. 128

1. $\int_1^2 (5x-4)^2\,\mathrm{d}x$ ▸ erste Substitutionsregel

▸ $5x-4=z \Rightarrow \frac{\mathrm{d}z}{\mathrm{d}x}=5 \Rightarrow 5\cdot\mathrm{d}x=\mathrm{d}z$

▸ $a=1 \Rightarrow z_1=5\cdot 1-4=\underline{1}$

▸ $b=2 \Rightarrow z_2=5\cdot 2-4=\underline{6}$

$$\int_1^2 (5x-4)^2\,\mathrm{d}x = \frac{1}{5}\cdot\int_1^2 \left[(5x-4)^2\cdot(5\cdot\mathrm{d}x)\right]$$

$$= \frac{1}{5}\cdot\int_1^6 z^2\,\mathrm{d}z \quad \blacktriangleright \text{ Potenzregel}$$

$$= \frac{1}{5}\cdot\frac{1}{3}\cdot z^3\Big|_1^6$$

$$= \frac{1}{15}\cdot(6^3-1^3)$$

$$= \underline{\underline{\frac{43}{3}}}$$

2. $\int_{-7}^{1} \sqrt[3]{1-x}\,\mathrm{d}x$ ▸ erste Substitutionsregel

▸ $1-x=z \Rightarrow \frac{\mathrm{d}z}{\mathrm{d}x}=-1 \Rightarrow -\mathrm{d}x=\mathrm{d}z$

▸ $a=-7 \Rightarrow z_1=1-(-7)=\underline{8}$

▸ $b=1 \Rightarrow z_2=1-1=\underline{0}$

$$\int_{-7}^{1} \sqrt[3]{1-x}\,\mathrm{d}x = -\int_{-7}^{1}\left[\sqrt[3]{1-x}\cdot(-\mathrm{d}x)\right]$$

$$= -\int_8^0 z^{\frac{1}{3}}\,\mathrm{d}z \quad \blacktriangleright \text{ Potenzregel}$$

$$= -\frac{3}{4}\cdot z^{\frac{4}{3}}\Big|_8^0$$

$$= -\frac{3}{4}\cdot 0^{\frac{4}{3}} - \left(-\frac{3}{4}\cdot 8^{\frac{4}{3}}\right)$$

$$= 0+\frac{3}{4}\cdot 16$$

$$= \underline{\underline{12}}$$

128

3. $\int\limits_{1,5}^{5} \frac{\mathrm{d}x}{\sqrt[3]{2x-2}}$ ► erste Substitutionsregel

► $2x-2=z \Rightarrow \frac{\mathrm{d}z}{\mathrm{d}x}=2 \Rightarrow 2\cdot\mathrm{d}x=\mathrm{d}z$

► $a=1{,}5 \Rightarrow z_1=2\cdot 1{,}5-2=\underline{1}$

► $b=5 \Rightarrow z_2=2\cdot 5-2=\underline{8}$

$$\int\limits_{1,5}^{5} \frac{\mathrm{d}x}{\sqrt[3]{2x-2}}=\frac{1}{2}\cdot\int\limits_{1,5}^{5}\left[\frac{1}{\sqrt[3]{2x-5}}\cdot(2\cdot\mathrm{d}x)\right]$$

$$=\frac{1}{2}\cdot\int\limits_{1}^{8}\frac{1}{\sqrt[3]{z}}\,\mathrm{d}z \quad \blacktriangleright \text{ Potenzregel}$$

$$=\frac{1}{2}\cdot\frac{3}{2}\cdot z^{\frac{2}{3}}\Big|_{1}^{8}$$

$$=\frac{3}{4}\cdot 8^{\frac{2}{3}}-\frac{3}{4}\cdot 1^{\frac{2}{3}}$$

$$=3-\frac{3}{4}$$

$$=\underline{\underline{\frac{9}{4}}}$$

4. $\int\limits_{0}^{\frac{\pi}{3}} \sin(3x)\,\mathrm{d}x$ ► erste Substitutionsregel

► $3x=z \Rightarrow \frac{\mathrm{d}z}{\mathrm{d}x}=3 \Rightarrow 3\cdot\mathrm{d}x=\mathrm{d}z$

► $a=0 \Rightarrow z_1=3\cdot 0=\underline{0}$

► $b=\frac{\pi}{3} \Rightarrow z_2=3\cdot\frac{\pi}{3}=\underline{\pi}$

► $\cos\pi=-1;\ \cos 0=1$

$$\int\limits_{0}^{\frac{\pi}{3}} \sin(3x)\,\mathrm{d}x=\frac{1}{3}\cdot\int\limits_{0}^{\frac{\pi}{3}}[\sin(3x)\cdot(3\cdot\mathrm{d}x)]$$

$$=\frac{1}{3}\cdot\int\limits_{0}^{\pi}\sin z\,\mathrm{d}z \quad \blacktriangleright \text{ Grundintegral}$$

$$=\frac{1}{3}\cdot\left(-\cos z\Big|_{0}^{\pi}\right)$$

$$=\frac{1}{3}\cdot(-\cos\pi+\cos 0)$$

$$=\frac{1}{3}\cdot(1+1)$$

$$=\underline{\underline{\frac{2}{3}}}$$

5. $\int\limits_{0}^{2} \mathrm{e}^{-2x+4}\,\mathrm{d}x$ ► erste Substitutionsregel

► $-2x+4=z_1 \Rightarrow \frac{\mathrm{d}z}{\mathrm{d}x}=-2 \Rightarrow -2\cdot\mathrm{d}x=\mathrm{d}z$

► $a=0 \Rightarrow z_2=-2\cdot 0+4=\underline{4}$

► $b=2 \Rightarrow z=-2\cdot 2+4=\underline{0}$

$$\int\limits_{0}^{2} \mathrm{e}^{-2x+4}\,\mathrm{d}x=-\frac{1}{2}\cdot\int\limits_{0}^{2}[\mathrm{e}^{-2x+4}\cdot(-2\cdot\mathrm{d}x)]$$

$$=-\frac{1}{2}\cdot\int\limits_{4}^{0}\mathrm{e}^{z}\,\mathrm{d}z \quad \blacktriangleright \text{ Grundintegral}$$

$$=-\frac{1}{2}\cdot\mathrm{e}^{z}\Big|_{4}^{0}$$

$$=-\frac{1}{2}\cdot\mathrm{e}^{0}+\frac{1}{2}\cdot\mathrm{e}^{4}$$

$$=\underline{\underline{26{,}79908}}$$

128

6. $\int_0^1 \frac{\operatorname{Arctan} x}{1+x^2}\,dx$ ► erste Substitutionsregel

► $\operatorname{Arctan} x = z \Rightarrow \frac{dz}{dx} = \frac{1}{1+x^2} \Rightarrow \frac{1}{1+x^2} \cdot dx = dz$

► $a = 0 \Rightarrow z_1 = \operatorname{Arctan} 0 = \underline{0}$

► $b = 1 \Rightarrow z_2 = \operatorname{Arctan} 1 = \underline{\frac{\pi}{4}}$

$$\int_0^1 \frac{\operatorname{Arctan} x}{1+x^2}\,dx = \int_0^1 \left[\operatorname{Arctan} x \cdot \left(\frac{1}{1+x^2} \cdot dx\right)\right]$$

$$= \int_0^{\frac{\pi}{4}} z\,dz$$ ► Potenzregel

$$= \frac{1}{2} \cdot z^2 \Big|_0^{\frac{\pi}{4}}$$

$$= \frac{1}{2} \cdot \frac{\pi^2}{16} - \frac{1}{2} \cdot 0$$

$$= \underline{\underline{0{,}30843}}$$

7. $\int_0^{0,25} \frac{1}{1+4x^2}\,dx$ ► erste Substitutionsregel

► $2x = z \Rightarrow \frac{dz}{dx} = 2 \Rightarrow 2 \cdot dx = dz$

► $a = 0 \Rightarrow z_1 = 2 \cdot 0 = \underline{0}$

► $b = 0{,}25 \Rightarrow z_2 = 2 \cdot 0{,}25 = \underline{0{,}5}$

► $\operatorname{Arctan} 0 = 0$

$$\int_0^{0,25} \frac{1}{1+4x^2}\,dx = \frac{1}{2} \cdot \int_0^{0,25} \left[\frac{1}{1+(2\cdot x)^2} \cdot (2 \cdot dx)\right]$$

$$= \frac{1}{2} \cdot \int_0^{0,5} \frac{1}{1+z^2}\,dz$$ ► Grundintegral

$$= \frac{1}{2} \cdot \operatorname{Arctan} z \Big|_0^{0,5}$$

$$= \frac{1}{2} \cdot \operatorname{Arctan} 0{,}5 - \frac{1}{2} \cdot \operatorname{Arctan} 0$$

$$= \underline{\underline{0{,}23182}}$$

8. $\int_0^{0,1} \frac{dx}{\sqrt{1-4x^2}}$ ► erste Substitutionsregel

► $2x = z \Rightarrow \frac{dz}{dx} = 2 \Rightarrow 2 \cdot dx = dz$

► $a = 0 \Rightarrow z_1 = 2{,}0 = \underline{0}$

► $b = 0{,}1 \Rightarrow z_2 = 2 \cdot 0{,}1 = \underline{0{,}2}$

► $\operatorname{Arcsin} 0 = 0$

$$\int_0^{0,1} \frac{dx}{\sqrt{1-4x^2}} = \frac{1}{2} \cdot \int_0^{0,1} \left[\frac{1}{\sqrt{1-(2x)^2}} \cdot (2 \cdot dx)\right]$$

$$= \frac{1}{2} \cdot \int_0^{0,2} \frac{1}{\sqrt{1-z^2}}\,dz$$ ► Grundintegral

$$= \frac{1}{2} \cdot \operatorname{Arcsin} z \Big|_0^{0,2}$$

$$= \frac{1}{2} \cdot \operatorname{Arcsin} 0{,}2 - \frac{1}{2} \cdot \operatorname{Arcsin} 0$$

$$= \underline{\underline{0{,}10068}}$$

9. $\int_0^1 (x \cdot e^{x^2})\,dx$ ► erste Substitutionsregel

► $x^2 = z \Rightarrow \frac{dz}{dx} = 2 \cdot x \Rightarrow 2x \cdot dx = dz$

► $a = 0 \Rightarrow z_1 = 0^2 = \underline{0}$

► $b = 1 \Rightarrow z_2 = 1^2 = \underline{1}$

$$\int_0^1 \left(x \cdot e^{x^2}\right) dx = \frac{1}{2} \cdot \int_0^1 \left[e^{x^2} \cdot (2x \cdot dx)\right]$$

$$= \frac{1}{2} \cdot \int_0^1 e^z\,dz$$ ► Grundintegral

$$= \frac{1}{2} \cdot e^z \Big|_0^1$$

$$= \frac{1}{2} \cdot e^1 - \frac{1}{2} \cdot e^0$$

$$= \underline{\underline{0{,}85914}}$$

129

10. $\int_0^{\frac{\pi}{2}} (\cos x \cdot e^{\sin x})\,dx$ ► erste Substitutionsregel

► $\sin x = z \Rightarrow \frac{dz}{dx} = \cos x \Rightarrow \cos x \cdot dx = dz$

► $a = 0 \Rightarrow z_1 = \sin 0 = \underline{0}$

► $b = \frac{\pi}{2} \Rightarrow z_2 = \sin\frac{\pi}{2} = \underline{1}$

$$\int_0^{\frac{\pi}{2}} (\cos x \cdot e^{\sin x}\,dx) = \int_0^{\frac{\pi}{2}} [e^{\sin x} \cdot (\cos x \cdot dx)]$$
$$= \int_0^1 e^z\,dz \quad \text{► Grundintegral}$$
$$= e^z \Big|_0^1$$
$$= e^1 - e^0$$
$$= \underline{\underline{1{,}71828}}$$

11. $\int_0^{\frac{\pi}{3}} [\tan x \cdot \ln(\cos x)]\,dx$ ► erste Substitutionsregel

► $\ln(\cos x) = z$

$\Rightarrow \frac{dz}{dx} = \frac{1}{\cos x} \cdot (-\sin x) = -\frac{\sin x}{\cos x} = \tan x$

$\Rightarrow -\tan x \cdot dx = dz$

► $a = 0 \Rightarrow z_1 = \ln(\cos 0) = \ln 1 = \underline{0}$

► $b = \frac{\pi}{3} \Rightarrow z_2 = \ln\left(\cos\frac{\pi}{3}\right) = \ln\frac{1}{2} = \underline{-\ln 2}$

$$\int_0^{\frac{\pi}{3}} [\tan x \cdot \ln(\cos x)]\,dx = -\int_0^{\frac{\pi}{3}} [\ln(\cos x) \cdot (-\tan x \cdot dx)]$$
$$= -\int_0^{-\ln 2} z\,dz \quad \text{► Potenzregel}$$
$$= -\frac{1}{2} \cdot z^2 \Big|_0^{-\ln 2}$$
$$= -\frac{1}{2} \cdot (-\ln 2)^2 + \frac{1}{2} \cdot 0^2$$
$$= \underline{\underline{-0{,}24023}}$$

12. $\int_0^2 \sqrt{4 - x^2}\,dx$ ► zweite Substitutionsregel

► $x = 2 \cdot \sin z;\ z \in \left[-\frac{\pi}{2}; \frac{\pi}{2}\right]$

► $h(z) = 2 \cdot \sin z;\ D(h) = \mathbb{R}$

► h ist in $\left[-\frac{\pi}{2}; \frac{\pi}{2}\right]$ streng monoton steigend und stetig differenzierbar

► $dx = 2 \cdot \cos z \cdot dz$ ► 2.4.5

► $a = 0 \Rightarrow 0 = 2 \cdot \sin z_1 \Rightarrow z_1 = \underline{0}$

► $b = 2 \Rightarrow 2 = 2 \cdot \sin z_2 \Rightarrow 1 = \sin z_2 \Rightarrow z_2 = \underline{\frac{\pi}{2}}$

$$\int_0^2 \sqrt{4 - x^2}\,dx = \int_0^{\frac{\pi}{2}} (2 \cdot \cos z \cdot 2 \cdot \cos z)\,dz$$
$$= 4 \cdot \int_0^{\frac{\pi}{2}} \cos^2 z\,dz \quad \text{► 2.4.1}$$
$$= 4 \cdot \left[\frac{1}{4} \cdot \sin(2z) + \frac{z}{2}\Big|_0^{\frac{\pi}{2}}\right]$$
$$= 4 \cdot \left[\frac{1}{4} \cdot \sin\pi + \frac{\frac{\pi}{2}}{2} - \frac{1}{4} \cdot \sin 0 - 0\right]$$
$$= 4 \cdot \frac{\pi}{4}$$
$$= \underline{\underline{\pi}}$$

13. $\int_{-1}^1 \frac{dx}{e^x + 1}$ ► erste Substitutionsregel

► $\frac{1}{e^x + 1} = \frac{(e^x + 1) - e^x}{e^x + 1}$ ► Addition von $e^x - e^x (= 0)$

$= \underline{1 - \frac{e^x}{e^x + 1}}$

$$\int_{-1}^1 \frac{dx}{e^x + 1} = \int_{-1}^1 \left[1 - \frac{e^x}{e^x + 1}\right] dx$$
$$= \int_{-1}^1 1\,dx - \int_{-1}^1 \left[\frac{1}{e^x + 1} \cdot (e^x \cdot dx)\right]$$

► $e^x + 1 = z \Rightarrow \frac{dz}{dx} = e^x \Rightarrow e^x \cdot dx = dz$

► $a = -1 \Rightarrow z_1 = \underline{e^{-1} + 1}$

► $b = 1 \Rightarrow z_2 = e^1 + 1 = \underline{e + 1}$

► $\ln(e+1) - \ln(e^{-1}+1) = \ln \frac{e+1}{e^{-1}+1} =$

$$= \ln\left(e \cdot \frac{e+1}{1+e}\right) = \ln e = \underline{1}$$

$$= x\Big|_{-1}^{1} - \int_{e^{-1}+1}^{e+1} \frac{1}{z}\,dz$$

$$= 1 - (-1) - \ln|z|\Big|_{e^{-1}+1}^{e+1}$$

$$= 1 + 1 - [\ln(e+1) - \ln(e^{-1}+1)]$$

$$= 2 - 1$$

$$= \underline{\underline{1}}$$

14. $\int_0^2 \sqrt{e^x - 1}\,dx$ ► zweite Substitutionsregel

► $\sqrt{e^x - 1} = z;\ z > 0$

$\Rightarrow e^x - 1 = z^2 \Rightarrow e^x = z^2 + 1$

$\Rightarrow x = \ln(z^2 + 1) = h(z)$

► h ist in $\mathbb{R}^{>0}$ streng monoton steigend und stetig differenzierbar.

► $dx = \frac{2z}{z^2+1} \cdot dz$

► $a = 0 \Rightarrow \sqrt{e^0 - 1} = z_1 \Rightarrow z_1 = \underline{0}$

► $b = 2 \Rightarrow \sqrt{e^2 - 1} = z_2 \Rightarrow z_2 = \underline{\sqrt{e^2 - 1}}$

$$\int_0^2 \sqrt{e^x - 1}\,dx = \int_0^{\sqrt{e^2-1}} \left(z \cdot \frac{2z}{z^2+1}\right) dz$$

$$= 2 \cdot \int_0^{\sqrt{e^2-1}} \frac{z^2}{z^2+1}\,dz$$

$$= 2 \cdot \int_0^{\sqrt{e^2-1}} \frac{(z^2+1) - 1}{z^2+1}\,dz$$ ► Addition von $1 - 1 (= 0)$

$$= 2 \cdot \left[\int_0^{\sqrt{e^2-1}} 1\,dz - \int_0^{\sqrt{e^2-1}} \frac{1}{1+z^2}\,dz\right]$$

$$= 2 \cdot \left[z - \operatorname{Arctan} z \Big|_0^{\sqrt{e^2-1}}\right]$$

$$= 2 \cdot \left[\sqrt{e^2-1} - \operatorname{Arctan}\sqrt{e^2-1} - 0\right]$$

$$= \underline{\underline{2{,}66718}}$$

15. $\int_0^{\sqrt{e-1}} \left[\frac{x}{x^2+1} \cdot \ln(x^2+1)\right] dx$ ► erste Substitutionsregel

► $\ln(x^2+1) = z \Rightarrow \frac{dz}{dx} = \frac{2x}{x^2+1}$

$\Rightarrow \frac{2x}{x^2+1} \cdot dx = dz$

► $a = 0 \Rightarrow z_1 = \ln(0^2 + 1) = \ln 1 = \underline{0}$

► $b = \sqrt{e - 1}$

$\Rightarrow z_2 = \ln\left[(\sqrt{e-1})^2 + 1\right] = \ln e = \underline{1}$

$$\int_0^{\sqrt{e-1}} \left[\frac{x}{x^2+1} \cdot \ln(x^2+1)\right] dx =$$

$$= \frac{1}{2} \cdot \int_0^{\sqrt{e-1}} \left[\ln(x^2+1) \cdot \left(\frac{2x}{x^2+1} \cdot dx\right)\right]$$

$$= \frac{1}{2} \cdot \int_0^1 z\,dz$$

$$= \frac{1}{4} \cdot z^2 \Big|_0^1$$

$$= \frac{1}{4} \cdot 1^2 - \frac{1}{4} \cdot 0^2$$

$$= \underline{\underline{\frac{1}{4}}}$$

129

16. $\int_{-2}^{3} \sqrt{9+x^2}\,\mathrm{d}x$ ► zweite Substitutionsregel

► $x = 3\cdot\sinh z \Rightarrow \frac{\mathrm{d}x}{\mathrm{d}z} = 3\cdot\cosh z$

$\Rightarrow \mathrm{d}x = 3\cdot\cosh z\cdot\mathrm{d}z$

► $\sqrt{9+x^2} = 3\cdot\cosh z$ ► 2.4.6

► $h(z) = 3\cdot\sinh z;\ D(h) = \mathbb{R}$

► h ist in $D(h)$ streng monoton steigend und stetig differenzierbar

► $a = -2 \Rightarrow -2 = 3\cdot\sinh z_1 \Rightarrow z_1 = \operatorname{Arsinh}\frac{-2}{3}$

► $b = 3 \Rightarrow 3 = 3\cdot\sinh z_2 \Rightarrow z_2 = \operatorname{Arsinh} 1$

$$\int_{-2}^{3} \sqrt{9+x^2}\,\mathrm{d}x = \int_{\operatorname{Arsinh}\frac{-2}{3}}^{\operatorname{Arsinh}1} (3\cdot\cosh z\cdot 3\cdot\cosh z)\,\mathrm{d}z$$

$$= 9\cdot\int_{\operatorname{Arsinh}\frac{-2}{3}}^{\operatorname{Arsinh}1} \cosh^2 z\,\mathrm{d}z \quad ► 2.4.1$$

$$= 9\cdot\left[\frac{1}{4}\cdot\sinh(2z) + \frac{z}{2}\Big|_{\operatorname{Arsinh}\frac{-2}{3}}^{\operatorname{Arsinh}1}\right]$$

$$= 9\cdot\left[\frac{1}{4}\cdot\sinh(2\cdot\operatorname{Arsinh}1) + \frac{\operatorname{Arsinh}1}{2} + \right.$$

$$\left. - \frac{1}{4}\cdot\sinh\left(2\cdot\operatorname{Arsinh}\frac{-2}{3}\right) - \frac{\operatorname{Arsinh}\frac{-2}{3}}{2}\right]$$

$$= \underline{\underline{16{,}74885}}$$

17. $\int_{1}^{3} \sqrt{x^2-1}\,\mathrm{d}x$ ► zweite Substitutionsregel

► $x = \cosh z \Rightarrow \frac{\mathrm{d}x}{\mathrm{d}z} = \sinh z \Rightarrow \mathrm{d}x = \sinh z\cdot\mathrm{d}z$

► $\sqrt{x^2-1} = \sinh z$ ► 2.4.7

► $h(z) = \cosh z;\ D(h) = \mathbb{R}$

► h ist in $\mathbb{R}^{\geq 0}$ streng monoton steigend und stetig differenzierbar

► $a = 1 \Rightarrow 1 = \cosh z_1 \Rightarrow z_1 = \operatorname{Arcosh}1 = \underline{0}$

► $b = 3 \Rightarrow 3 = \cosh z_2 \Rightarrow z_2 = \operatorname{Arcosh}3$

$$\int_{1}^{3} \sqrt{x^2-1}\,\mathrm{d}x = \int_{0}^{\operatorname{Arcosh}3} (\sinh z\cdot\sinh z)\,\mathrm{d}z$$

$$= \int_{0}^{\operatorname{Arcosh}3} \sinh^2 z\,\mathrm{d}z \quad ► 2.4.1$$

$$= \frac{1}{4}\cdot\sinh(2z) - \frac{z}{2}\Big|_{0}^{\operatorname{Arcosh}3}$$

$$= \frac{1}{4}\cdot\sinh(2\cdot\operatorname{Arcosh}3) - \frac{\operatorname{Arcosh}3}{2} - 0$$

$$= \underline{\underline{3{,}36127}}$$

18. $\int_{-3}^{5} \frac{\mathrm{e}^x}{\mathrm{e}^x+4}\,\mathrm{d}x$ ► erste Substitutionsregel

► $\mathrm{e}^x + 4 = z \Rightarrow \frac{\mathrm{d}z}{\mathrm{d}x} = \mathrm{e}^x \Rightarrow \mathrm{e}^x\cdot\mathrm{d}x = \mathrm{d}z$

► $a = -3 \Rightarrow z_1 = \mathrm{e}^{-3} + 4$

► $b = 5 \Rightarrow z_2 = \mathrm{e}^5 + 4$

$$\int_{-3}^{5} \frac{\mathrm{e}^x}{\mathrm{e}^x+4}\,\mathrm{d}x = \int_{-3}^{5} \left[\frac{1}{\mathrm{e}^x+4}\cdot(\mathrm{e}^x\cdot\mathrm{d}x)\right]$$

$$= \int_{\mathrm{e}^{-3}+4}^{\mathrm{e}^5+4} \frac{1}{z}\,\mathrm{d}z$$

$$= \ln|z|\Big|_{\mathrm{e}^{-3}+4}^{\mathrm{e}^5+4}$$

$$= \ln|\mathrm{e}^5+4| - \ln|\mathrm{e}^{-3}+4|$$

$$= \underline{\underline{3{,}62793}}$$

19. $\int_{1}^{\sqrt{5}} \frac{\sqrt{x^2-1}}{x^2}\,\mathrm{d}x$ ► zweite Substitutionsregel

► $x = \cosh z \Rightarrow \frac{\mathrm{d}x}{\mathrm{d}z} = \sinh z \Rightarrow \mathrm{d}x = \sinh z\cdot\mathrm{d}z$

► $\sqrt{x^2-1} = \sinh z$ ► 2.4.7

► $h(z) = \cosh z;\ D(h) = \mathbb{R}$

► h ist in $\mathbb{R}^{\geq 0}$ streng monoton steigend und stetig differenzierbar.

$$\int_{1}^{\sqrt{5}} \frac{\sqrt{x^2-1}}{x^2}\,\mathrm{d}x = \int_{0}^{\operatorname{Arcosh}\sqrt{5}} \left(\frac{\sinh z}{\cosh^2 z}\cdot\sinh z\right)\mathrm{d}z$$

$$= \int_{0}^{\operatorname{Arcosh}\sqrt{5}} \frac{\sinh^2 z}{\cosh^2 z}\,\mathrm{d}z \quad ► \sinh^2 z = \cosh^2 z - 1$$

$$= \int_{0}^{\operatorname{Arcosh}\sqrt{5}} \frac{\cosh^2 z - 1}{\cosh^2 z}\,\mathrm{d}z$$

▶ $a = 1 \Rightarrow 1 = \cosh z_1 \Rightarrow z_1 = \operatorname{Arcosh} 1 = \underline{0}$

▶ $b = \sqrt{5} \Rightarrow \sqrt{5} = \cosh z_2 \Rightarrow z_2 = \operatorname{Arcosh}\sqrt{5}$

$$= \int_0^{\operatorname{Arcosh}\sqrt{5}} \left(1 - \frac{1}{\cosh^2 z}\right) dz$$

$$= z - \tanh z \Big|_0^{\operatorname{Arcosh}\sqrt{5}}$$

$$= \operatorname{Arcosh}\sqrt{5} - \tanh(\operatorname{Arcosh}\sqrt{5}) - 0$$

$$= \underline{\underline{0{,}54921}}$$

20. $\displaystyle\int_1^{\sqrt{3}} \frac{\sqrt{x^2+1}}{x}\, dx$ ▶ zweite Substitutionsregel

▶ $x = \sinh z \Rightarrow \dfrac{dx}{dz} = \cosh z \Rightarrow dx = \cosh z \cdot dz$

▶ $\sqrt{x^2+1} = \cosh z$ ▶ 2.4.6

▶ $h(z) = \sinh z;\ D(h) = \mathbb{R}$

▶ h ist in $D(h)$ streng monoton steigend und stetig differenzierbar

▶ $a = 1 \Rightarrow 1 = \sinh z_1 \Rightarrow z_1 = \operatorname{Arsinh} 1$

▶ $b = \sqrt{3} \Rightarrow \sqrt{3} = \sinh z_2 \Rightarrow z_2 = \operatorname{Arsinh}\sqrt{3}$

▶ $\dfrac{1}{\sinh z} = \dfrac{1}{\frac{e^z - e^{-z}}{2}} = \dfrac{2 \cdot e^z}{(e^z)^2 - 1}$

Das Integral $\displaystyle\int \frac{2 \cdot e^z}{(e^z)^2 - 1}\, dz$ löst man mit der Substitution $e^z = s \Rightarrow \dfrac{ds}{dz} = e^z \Rightarrow e^z\, dz = ds$.

$$\int \frac{2 \cdot e^z}{(e^z)^2 - 1}\, dz = \int \frac{2}{s^2 - 1}\, ds$$ ▶ Grundintegral ▶ 2.1

$$= \ln\left|\frac{1-s}{1+s}\right|$$ ▶ $s = e^z$

$$= \ln\left|\frac{1-e^z}{1+e^z}\right|$$

$$\int_1^{\sqrt{3}} \frac{\sqrt{x^2+1}}{x}\, dx = \int_{\operatorname{Arsinh} 1}^{\operatorname{Arsinh}\sqrt{3}} \left(\frac{\cosh z}{\sinh z} \cdot \cosh z\right) dz$$

$$= \int_{\operatorname{Arsinh} 1}^{\operatorname{Arsinh}\sqrt{3}} \frac{\cosh^2 z}{\sinh z}\, dz$$ ▶ $\cosh^2 z = 1 + \sinh^2 z$

$$= \int_{\operatorname{Arsinh} 1}^{\operatorname{Arsinh}\sqrt{3}} \frac{1 + \sinh^2 z}{\sinh z}\, dz$$

$$= \int_{\operatorname{Arsinh} 1}^{\operatorname{Arsinh}\sqrt{3}} \left(\frac{1}{\sinh z} + \sinh z\right) dz$$

$$= \int_{\operatorname{Arsinh} 1}^{\operatorname{Arsinh}\sqrt{3}} \frac{dz}{\sinh z} + \cosh z \Big|_{\operatorname{Arsinh} 1}^{\operatorname{Arsinh}\sqrt{3}}$$

$$= \int_{\operatorname{Arsinh} 1}^{\operatorname{Arsinh}\sqrt{3}} \frac{2 \cdot e^z}{(e^z)^2 - 1}\, dz + \cosh(\operatorname{Arsinh}\sqrt{3}) - \cosh(\operatorname{Arsinh} 1)$$

$$= \ln\left|\frac{1-e^z}{1+e^z}\right| \Bigg|_{\operatorname{Arsinh} 1}^{\operatorname{Arsinh}\sqrt{3}} + 0{,}58578\ldots$$

$$= \ln\left|\frac{1-e^{\operatorname{Arsinh}\sqrt{3}}}{1+e^{\operatorname{Arsinh}\sqrt{3}}}\right| - \ln\left|\frac{1-e^{\operatorname{Arsinh} 1}}{1+e^{\operatorname{Arsinh} 1}}\right| + 0{,}58578\ldots$$

$$= \underline{\underline{0{,}91785}}$$

21. $\displaystyle\int_1^4 \frac{1}{\sqrt{x} \cdot (1+\sqrt{x})}\, dx$ ▶ zweite Substitutionsregel

▶ $\sqrt{x} = z$
$\Rightarrow x = z^2 = h(z);\ D(h) = \mathbb{R}^{\geq 0}$

▶ h ist in $D(h)$ streng monoton steigend und stetig differenzierbar.

▶ $dx = 2 \cdot z \cdot dz$

▶ $a = 1 \Rightarrow 1 = z_1^2 \Rightarrow z_1 = \underline{1}$ ▶ $z_1 \geq 0$

▶ $b = 4 \Rightarrow 4 = z_2^2 \Rightarrow z_2 = \underline{4}$ ▶ $z_2 \geq 0$

$$\int_1^4 \frac{dx}{\sqrt{x} \cdot (1+\sqrt{x})} = \int_1^2 \frac{2 \cdot z}{z \cdot (1+z)}\, dz$$

$$= 2 \cdot \int_1^2 \frac{dz}{1+z}\, dz$$ ▶ 2.4.1

$$= 2 \cdot \ln|1+z| \Big|_1^2$$

$$= 2 \cdot (\ln 3 - \ln 2)$$

$$= \underline{\underline{0{,}81093}}$$

2.5 Partielle Integration

► **Lehrbuch: Kusch 4, S. 129 ... 148**

Merke:

Für zwei in einem Intervall I differenzierbare Funktionen u und v gilt die Integrationsregel:

$$\int [u(x) \cdot v'(x)]\,dx = u(x) \cdot v(x) - \int [u'(x) \cdot v'(x)]\,dx;\ x \in I$$ ► **Partielle Integration**

Anmerkungen:

- Je nach Integraltyp ist zu entscheiden, welchen Faktor des Integranden man als $u(x)$ und welchen man als $v'(x)$ setzt, um das Ausgangsintegral in möglichst wenig Integrationsschritten zu lösen.
- Es ist üblich, die Integrationskonstante c erst nach Durchführung der letzten Teilintegration hinzuzufügen.
- Ist der eine Faktor ein Polynom, nicht aber eine konstante Funktion und der andere Faktor weder eine Logarithmusfunktion, noch eine Arkusfunktion oder eine Areahyperbelfunktion, so setzt man den Term des Polynoms für $u(x)$.
- Beim Lösen der nachfolgenden Übungsaufgaben wird die Regel der partiellen Integration auch in der Kurzschreibweise $\int [u \cdot v']\,dx = u \cdot v - \int [u' \cdot v]\,dx$ benutzt.
- Wird bei den nachstehenden Übungsaufgaben die Regel der partiellen Integration mehrfach angewendet, so wird das in der linken Spalte durch das Symbol „■" angedeutet.

146 Lösen Sie die nachfolgenden unbestimmten Integrale. **Lehrbuch: Kusch 4, S. 129 ... 131**

1. $\int (x^2 \cdot \sin x)\,dx;\ x \in \mathbb{R}$ ► $\int [u \cdot v']\,dx$

■ $u(x) = x^2 \Rightarrow u'(x) = 2x$

$v'(x) = \sin x \Rightarrow v(x) = \int \sin x\,dx = -\cos x$

■ $u(x) = x \Rightarrow u'(x) = 1$

$v'(x) = \cos x \Rightarrow v(x) = \int \cos x\,dx = \sin x$

► $\int \sin x\,dx = -\cos x$

$$\int (x^2 \cdot \sin x)\,dx = x^2 \cdot (-\cos x) - \int [2x \cdot (-\cos x)]\,dx$$

$$= -x^2 \cdot \cos x + 2 \cdot \underbrace{\int [x \cdot \cos x]\,dx}_{\blacktriangleright \int [u \cdot v']\,dx}$$

$$\int (x^2 \cdot \sin x)\,dx = -x^2 \cdot \cos x + 2 \cdot \left(x \cdot \sin x - \int [1 \cdot \sin x]\,dx\right)$$

$$= \underline{\underline{-x^2 \cdot \cos x + 2x \cdot \sin x + 2 \cdot \cos x + c}}$$

2. $\int (x^3 \cdot \sin x)\,dx;\ x \in \mathbb{R}$ ► $\int [u \cdot v']\,dx$

■ $u(x) = x^3 \Rightarrow u'(x) = 3x^2$

$v'(x) = \sin x \Rightarrow v(x) = \int \sin x\,dx = -\cos x$

■ $u(x) = x^2 \Rightarrow u'(x) = 2x$

$v'(x) = \cos x \Rightarrow v(x) = \int \cos x\,dx = \sin x$

■ $u(x) = x \Rightarrow u'(x) = 1$

$v'(x) = \sin x \Rightarrow v(x) = \int \sin x\,dx = -\cos x$

► $-\int [1 \cdot (-\cos x)]\,dx = \int \cos x\,dx = \sin x$

$$\int (x^3 \cdot \sin x)\,dx = x^3 \cdot (-\cos x) - \int [3x^2 \cdot (-\cos x)]\,dx$$

$$= -x^3 \cdot \cos x + 3 \cdot \underbrace{\int [x^2 \cdot \cos x]\,dx}_{\blacktriangleright \int [u \cdot v']\,dx}$$

$$= -x^3 \cdot \cos x + 3 \cdot \left(x^2 \cdot \sin x - \int [2x \cdot \sin x]\,dx\right)$$

$$= -x^3 \cdot \cos x + 3x^2 \cdot \sin x - 6 \cdot \underbrace{\int [x \cdot \sin x]\,dx}_{\blacktriangleright \int [u \cdot v']\,dx}$$

$$= -x^3 \cdot \cos x + 3x^2 \cdot \sin x - 6 \cdot \left(x \cdot (-\cos x) - \int [1 \cdot (-\cos x)]\,dx\right)$$

$$= \underline{\underline{-x^3 \cdot \cos x + 3x^2 \cdot \sin x + 6x \cdot \cos x - 6 \cdot \sin x + c}}$$

3. $\int(x^2\cdot\cos x)\,\mathrm{d}x;\ x\in\mathbb{R}$ ► $\int[u\cdot v']\,\mathrm{d}x$

■ $u(x)=x^2\Rightarrow u'(x)=2x$

$v'(x)=\cos x\Rightarrow v(x)=\int\cos x\,\mathrm{d}x=\sin x$

■ $u(x)=x\Rightarrow u'(x)=1$

$v'(x)=\sin x\Rightarrow v(x)=\int\sin x\,\mathrm{d}x=-\cos x$

► $-\int\big(1\cdot(-\cos x)\big)\,\mathrm{d}x=\int\cos x\,\mathrm{d}x=\sin x$

$$\begin{aligned}\int(x^2\cdot\cos x)\,\mathrm{d}x&=x^2\cdot\sin x-\int[2x\cdot\sin x]\,\mathrm{d}x\\&=x^2\cdot\sin x-2\cdot\underbrace{\int[x\cdot\sin x]\,\mathrm{d}x}_{\blacktriangleright\ \int[u\cdot v']\,\mathrm{d}x}\\&=x^2\cdot\sin x-2\cdot\big(x\cdot(-\cos x)-\int[1\cdot(-\cos x)]\,\mathrm{d}x\big)\\&=\underline{\underline{x^2\cdot\sin x+2x\cdot\cos x-2\cdot\sin x+c}}\end{aligned}$$

4. $\int(x^3\cdot\cos x)\,\mathrm{d}x;\ x\in\mathbb{R}$ ► $\int[u\cdot v']\,\mathrm{d}x$

■ $u(x)=x^3\Rightarrow u'(x)=3x^2$

$v'(x)=\cos x\Rightarrow v(x)=\int\cos x\,\mathrm{d}x=\sin x$

■ $\int(x^2\cdot\sin x)\,\mathrm{d}x=-x^2\cdot\cos x+2x\cdot\sin x+$
$+2\cdot\cos x$ ► Aufgabe 1

$$\begin{aligned}\int(x^3\cdot\cos x)\,\mathrm{d}x&=x^3\cdot\sin x-\int[3x^2\cdot\sin x]\,\mathrm{d}x\\&=x^3\cdot\sin x-3\cdot\int[x^2\cdot\sin x]\,\mathrm{d}x\quad\blacktriangleright\ \text{Aufgabe 1}\\&=x^3\cdot\sin x-3\cdot\big(-x^2\cdot\cos x+2x\cdot\sin x+2\cdot\cos x\big)+c\\&=\underline{\underline{x^3\cdot\sin x+3x^2\cdot\cos x-6x\cdot\sin x-6\cdot\cos x+c}}\end{aligned}$$

5. $\int[x^2\cdot\sin(2x)]\,\mathrm{d}x;\ x\in\mathbb{R}$ ► $\int[u\cdot v']\,\mathrm{d}x$

■ $u(x)=x^2\Rightarrow u'(x)=2x$

$v'(x)=\sin(2x)\Rightarrow v(x)=\int\sin(2x)\,\mathrm{d}x$
$=-\frac{1}{2}\cdot\cos(2x)$ ► 2.4.1

■ $u(x)=x\Rightarrow u'(x)=1$

$v'(x)=\cos(2x)\Rightarrow v(x)=\int\cos(2x)\,\mathrm{d}x$
$=\frac{1}{2}\cdot\sin(2x)$ ► 2.4.1

$$\begin{aligned}\int[x^2\cdot\sin(2x)]\,\mathrm{d}x&=x^2\cdot\left[-\frac{1}{2}\cdot\cos(2x)\right]-\int\left[2x\cdot\left(-\frac{1}{2}\cdot\cos(2x)\right)\right]\mathrm{d}x\\&=-\frac{1}{2}\cdot x^2\cdot\cos(2x)+\underbrace{\int[x\cdot\cos(2x)]\,\mathrm{d}x}_{\blacktriangleright\ \int[u\cdot v']\,\mathrm{d}x}\\&=-\frac{x^2}{2}\cdot\cos(2x)+x\cdot\left(\frac{1}{2}\cdot\sin(2x)\right)-\int\left[1\cdot\frac{1}{2}\cdot\sin(2x)\right]\mathrm{d}x\\&=\underline{\underline{-\frac{x^2}{2}\cdot\cos(2x)+\frac{x}{2}\cdot\sin(2x)+\frac{1}{4}\cdot\cos(2x)+c}}\end{aligned}$$

6. $\int[x\cdot\cos(2x)]\,\mathrm{d}x;\ x\in\mathbb{R}$ ► $\int[u\cdot v']\,\mathrm{d}x$

► $u(x)=x\Rightarrow u'(x)=1$

► $v'(x)=\cos(2x)\Rightarrow v(x)=\int\cos(2x)\,\mathrm{d}x$
$=\frac{1}{2}\cdot\sin(2x)$ ► 2.4.1

► $\int\sin(2x)\,\mathrm{d}x=-\frac{1}{2}\cdot\cos(2x)$ ► 2.4.1

$$\begin{aligned}\int[x\cdot\cos(2x)]\,\mathrm{d}x&=x\cdot\frac{1}{2}\cdot\sin(2x)-\int\left[1\cdot\frac{1}{2}\cdot\sin(2x)\right]\mathrm{d}x\\&=\frac{x}{2}\cdot\sin(2x)-\frac{1}{2}\cdot\int\sin(2x)\,\mathrm{d}x\\&=\underline{\underline{\frac{x}{2}\cdot\sin(2x)+\frac{1}{4}\cdot\cos(2x)+c}}\end{aligned}$$

146

7. $\int [x^2 \cdot \sin(ax)]\,\mathrm{d}x;\ a \neq 0;\ x \in \mathbb{R}$ ► $\int [u \cdot v']\,\mathrm{d}x$

Man substituiert zunächst:

► $ax = z \Rightarrow \frac{\mathrm{d}z}{\mathrm{d}x} = a \Rightarrow \mathrm{d}x = \frac{1}{a} \cdot \mathrm{d}z$

► $x = \frac{1}{a} \cdot z$

$$\int [x^2 \cdot \sin(ax)]\,\mathrm{d}x = \int \left[\frac{1}{a^2} \cdot z^2 \cdot \sin z \cdot \frac{1}{a}\right] \mathrm{d}z$$
$$= \frac{1}{a^3} \cdot \int [z^2 \cdot \sin z]\,\mathrm{d}z \quad \text{► Aufgabe 1}$$
$$= \frac{1}{a^3} \cdot [-z^2 \cdot \cos z + 2z \cdot \sin z + 2 \cdot \cos z] + c \quad \text{► } z = ax$$
$$= \frac{1}{a^3} \cdot [-a^2 x^2 \cos(ax) + 2ax \cdot \sin(ax) + 2 \cdot \cos(ax)] + c$$
$$= \underline{\underline{-\frac{x^2}{a} \cdot \cos(ax) + \frac{2x}{a^2} \cdot \sin(ax) + \frac{2}{a^3} \cdot \cos(ax) + c}}$$

8. $\int [x^2 \cdot \cos(ax)]\,\mathrm{d}x;\ a \neq 0;\ x \in \mathbb{R}$ ► $\int [u \cdot v']\,\mathrm{d}x$

Man substituiert zunächst:

► $ax = z \Rightarrow \frac{\mathrm{d}z}{\mathrm{d}x} = a \Rightarrow \mathrm{d}x = \frac{1}{a} \cdot \mathrm{d}z$

► $x = \frac{1}{a} \cdot z$

$$\int [x^2 \cdot \cos(ax)]\,\mathrm{d}x = \int \left[\frac{1}{a^2} \cdot z^2 \cdot \cos z \cdot \frac{1}{a}\right] \mathrm{d}z$$
$$= \frac{1}{a^3} \cdot \int [z^2 \cdot \cos z]\,\mathrm{d}z \quad \text{► Aufgabe 3}$$
$$= \frac{1}{a^3} \cdot [z^2 \cdot \sin z + 2z \cdot \cos z - 2 \cdot \sin z] + c \quad \text{► } z = ax$$
$$= \frac{1}{a^3} \cdot [a^2 x^2 \cdot \sin(ax) + 2ax \cdot \cos(ax) - 2 \cdot \sin(ax)] + c$$
$$= \underline{\underline{\frac{x^2}{a} \cdot \sin(ax) + \frac{2x}{a^2} \cdot \cos(ax) - \frac{2}{a^3} \cdot \sin(ax) + c}}$$

9. $\int (x^2 \cdot \mathrm{e}^{-x})\,\mathrm{d}x;\ x \in \mathbb{R}$ ► $\int [u \cdot v']\,\mathrm{d}x$

■ $u(x) = x^2 \Rightarrow u'(x) = 2x$

$v'(x) = \mathrm{e}^{-x} \Rightarrow v(x) = \int \mathrm{e}^{-x}\,\mathrm{d}x = -\mathrm{e}^{-x}$ ► 2.4.1

■ $u(x) = x \Rightarrow u'(x) = 1$

$v'(x) = \mathrm{e}^{-x} \Rightarrow v(x) = \int \mathrm{e}^{-x}\,\mathrm{d}x = -\mathrm{e}^{-x}$ ► 2.4.1

$$\int (x^2 \cdot \mathrm{e}^{-x})\,\mathrm{d}x = x^2 \cdot (-\mathrm{e}^{-x}) - \int [2x \cdot (-\mathrm{e}^{-x})]\,\mathrm{d}x$$
$$= -x^2 \cdot \mathrm{e}^{-x} + 2 \cdot \underbrace{\int [x \cdot \mathrm{e}^{-x}]\,\mathrm{d}x}_{\text{► } \int [u \cdot v']\,\mathrm{d}x}$$
$$= -x^2 \cdot \mathrm{e}^{-x} + 2 \cdot \left(x \cdot (-\mathrm{e}^{-x}) - \int [1 \cdot (-\mathrm{e}^{-x})]\,\mathrm{d}x\right)$$
$$= -x^2 \cdot \mathrm{e}^{-x} - 2x \cdot \mathrm{e}^{-x} - 2 \cdot \mathrm{e}^{-x} + c$$
$$= \underline{\underline{\mathrm{e}^{-x} \cdot (-x^2 - 2x - 2) + c}}$$

10. $\int (x^3 \cdot \mathrm{e}^{x})\,\mathrm{d}x;\ x \in \mathbb{R}$ ► $\int [u \cdot v']\,\mathrm{d}x$

■ $u(x) = x^3 \Rightarrow u'(x) = 3x^2$

$v'(x) = \mathrm{e}^{x} \Rightarrow v(x) = \int \mathrm{e}^{x}\,\mathrm{d}x = \mathrm{e}^{x}$

■ $u(x) = x^2 \Rightarrow u'(x) = 2x$

$v'(x) = \mathrm{e}^{x} \Rightarrow v(x) = \int \mathrm{e}^{x}\,\mathrm{d}x = \mathrm{e}^{x}$

■ $u(x) = x \Rightarrow u'(x) = 1$

$v'(x) = \mathrm{e}^{x} \Rightarrow v(x) = \int \mathrm{e}^{x}\,\mathrm{d}x = \mathrm{e}^{x}$

$$\int (x^3 \cdot \mathrm{e}^{x})\,\mathrm{d}x = x^3 \cdot \mathrm{e}^{x} - \int [3x^2 \cdot \mathrm{e}^{x}]\,\mathrm{d}x$$
$$= x^3 \cdot \mathrm{e}^{x} - 3 \cdot \underbrace{\int [x^2 \cdot \mathrm{e}^{x}]\,\mathrm{d}x}_{\text{► } \int [u \cdot v']\,\mathrm{d}x}$$
$$= 3x^3 \cdot \mathrm{e}^{x} - 3 \cdot \left(x^2 \cdot \mathrm{e}^{x} - \int [2x \cdot \mathrm{e}^{x}]\,\mathrm{d}x\right)$$
$$= x^3 \cdot \mathrm{e}^{x} - 3x^2 \cdot \mathrm{e}^{x} + 6 \cdot \underbrace{\int [x \cdot \mathrm{e}^{x}]\,\mathrm{d}x}_{\text{► } \int [u \cdot v']\,\mathrm{d}x}$$
$$= x^3 \cdot \mathrm{e}^{x} - 3x^2 \cdot \mathrm{e}^{x} + 6 \cdot \left(x \cdot \mathrm{e}^{x} - \int \mathrm{e}^{x}\,\mathrm{d}x\right)$$
$$= x^3 \cdot \mathrm{e}^{x} - 3x^2 \cdot \mathrm{e}^{x} + 6x \cdot \mathrm{e}^{x} - 6 \cdot \mathrm{e}^{x} + c$$
$$= \underline{\underline{\mathrm{e}^{x} \cdot (x^3 - 3x^2 + 6x - 6) + c}}$$

146

11. $\int (x \cdot e^{2x})\,dx;\ x \in \mathbb{R}$ ▸ $\int [u \cdot v']\,dx$

▸ $u(x) = x \Rightarrow u'(x) = 1$

▸ $v'(x) = e^{2x} \Rightarrow v(x) = \int e^{2x}\,dx = \frac{1}{2} \cdot e^{2x}$ ▸ 2.4.1

▸ $\int e^{2x}\,dx = \frac{1}{2} \cdot e^{2x}$ ▸ 2.4.1

$$\begin{aligned}\int (x \cdot e^{2x})\,dx &= x \cdot \frac{1}{2} \cdot e^{2x} - \int \left[1 \cdot \frac{1}{2} \cdot e^{2x}\right] dx\\ &= \frac{x}{2} \cdot e^{2x} - \frac{1}{2} \cdot \int e^{2x}\,dx\\ &= \frac{x}{2} \cdot e^{2x} - \frac{1}{2} \cdot \frac{1}{2} \cdot e^{2x} + c\\ &= e^{2x} \cdot \left(\frac{x}{2} - \frac{1}{4}\right) + c\end{aligned}$$

12. $\int (x^3 \cdot e^{-3x})\,dx;\ x \in \mathbb{R}$ ▸ $\int [u \cdot v']\,dx$

Man substituiert zunächst:

▸ $-3x = z \Rightarrow \frac{dz}{dx} = -3 \Rightarrow dx = -\frac{1}{3} \cdot dz$

▸ $x = -\frac{1}{3} \cdot z \Rightarrow x^3 = -\frac{1}{27} \cdot z^3$

$$\begin{aligned}\int (x^3 \cdot e^{-3x})\,dx &= \int \left[-\frac{1}{27} \cdot z^3 \cdot e^z \cdot \left(-\frac{1}{3}\right)\right] dz\\ &= \frac{1}{81} \cdot \int \left[z^3 \cdot e^z\right] dz \quad \text{▸ Aufgabe 10}\\ &= \frac{1}{81} \cdot e^z \cdot \left(z^3 - 3z^2 + 6z - 6\right) + c \quad \text{▸ } z = -3x\\ &= \frac{1}{81} \cdot e^{-3x} \cdot \left(-27x^3 - 27x^2 - 18x - 6\right) + c\\ &= \frac{e^{-3x}}{27} \cdot \left(-9x^3 - 9x^2 - 6x - 2\right) + c\end{aligned}$$

13. $\int (x \cdot \ln x)\,dx;\ x \in \mathbb{R}^{>0}$ ▸ $\int [u \cdot v']\,dx$

▸ $u(x) = \ln x \Rightarrow u'(x) = \frac{1}{x}$

▸ $v'(x) = x \Rightarrow v(x) = \int x\,dx = \frac{1}{2} \cdot x^2$

Beachten Sie die Anmerkungen zum Merksatz.

$$\begin{aligned}\int (x \cdot \ln x)\,dx &= (\ln x) \cdot \frac{1}{2} \cdot x^2 - \int \left[\frac{1}{x} \cdot \frac{1}{2} \cdot x^2\right] dx\\ &= \frac{x^2}{2} \cdot \ln x - \frac{1}{2} \cdot \int x\,dx\\ &= \frac{x^2}{2} \cdot \ln x - \frac{1}{2} \cdot \frac{1}{2} \cdot x^2 + c\\ &= \frac{x^2}{2} \cdot \left(\ln x - \frac{1}{2}\right) + c;\ x > 0\end{aligned}$$

14. $\int (x^2 \cdot \ln x)\,dx;\ x \in \mathbb{R}^{>0}$ ▸ $\int [u \cdot v']\,dx$

▸ $u(x) = \ln x \Rightarrow u'(x) = \frac{1}{x}$

▸ $v'(x) = x^2 \Rightarrow v(x) = \int x^2\,dx = \frac{1}{3} \cdot x^3$

Beachten Sie die Anmerkungen zum Merksatz.

$$\begin{aligned}\int (x^2 \cdot \ln x)\,dx &= (\ln x) \cdot \frac{1}{3} \cdot x^3 - \int \left[\frac{1}{x} \cdot \frac{1}{3} \cdot x^2\right] dx\\ &= \frac{x^3}{3} \cdot \ln x - \frac{1}{3} \cdot \int x^2\,dx\\ &= \frac{x^3}{3} \cdot \ln x - \frac{1}{3} \cdot \frac{1}{3} x^3 + c\\ &= \frac{x^3}{3} \cdot \left(\ln x - \frac{1}{3}\right) + c;\ x > 0\end{aligned}$$

15. $\int (x^4 \cdot \ln x)\,dx;\ x \in \mathbb{R}^{>0}$ ▸ $\int [u \cdot v']\,dx$

▸ $u(x) = \ln x \Rightarrow u'(x) = \frac{1}{x}$

▸ $v'(x) = x^4 \Rightarrow v(x) = \int x^4\,dx = \frac{1}{5} \cdot x^5$

Beachten Sie die Anmerkungen zum Merksatz.

$$\begin{aligned}\int (x^4 \cdot \ln x)\,dx &= (\ln x) \cdot \frac{1}{5} \cdot x^5 - \int \left[\frac{1}{x} \cdot \frac{1}{5} \cdot x^5\right] dx\\ &= \frac{x^5}{5} \cdot \ln x - \frac{1}{5} \cdot \int x^4\,dx\\ &= \frac{x^5}{5} \cdot \ln x - \frac{1}{5} \cdot \frac{1}{5} \cdot x^5 + c\\ &= \frac{x^5}{5} \cdot \left(\ln x - \frac{1}{5}\right) + c;\ x > 0\end{aligned}$$

147

16. $\int(\sqrt[3]{x^5}\cdot\ln x)\,\mathrm{d}x;\ x\in\mathbb{R}^{>0}$ ► $\int[u\cdot v']\,\mathrm{d}x$

► $u(x)=\ln x\Rightarrow u'(x)=\frac{1}{x}$

► $v'(x)=\sqrt[3]{x^5}=x^{\frac{5}{3}};\ x>0$

$\Rightarrow v(x)=\int x^{\frac{5}{3}}\,\mathrm{d}x=\frac{3}{8}\cdot x^{\frac{8}{3}}$

Beachten Sie die Anmerkungen zum Merksatz.

$$\int(\sqrt[3]{x^5}\cdot\ln x)\,\mathrm{d}x=(\ln x)\cdot\frac{3}{8}\cdot x^{\frac{8}{3}}-\int\left[\frac{1}{x}\cdot\frac{3}{8}\cdot x^{\frac{8}{3}}\right]\mathrm{d}x$$
$$=\frac{3}{8}\cdot x^{\frac{8}{3}}\cdot\ln x-\frac{3}{8}\cdot\int x^{\frac{5}{3}}\,\mathrm{d}x$$
$$=\frac{3}{8}\cdot x^{\frac{8}{3}}\cdot\ln x-\frac{3}{8}\cdot\frac{3}{8}\cdot x^{\frac{8}{3}}+c \quad \blacktriangleright\ x^{\frac{8}{3}}=\sqrt[3]{x^8}$$
$$=\underline{\underline{\frac{3}{8}\cdot\sqrt[3]{x^8}\cdot\left(\ln x-\frac{3}{8}\right)+c;\ x>0}}$$

17. $\int(x\cdot\sinh x)\,\mathrm{d}x;\ x\in\mathbb{R}^{>0}$ ► $\int[u\cdot v']\,\mathrm{d}x$

► $u(x)=x\Rightarrow u'(x)=1$

► $v'(x)=\sinh x\Rightarrow v(x)=\int\sinh x\,\mathrm{d}x=\cosh x$

$$\int(x\cdot\sinh x)\,\mathrm{d}x=x\cdot\cosh x-\int[1\cdot\cosh x]\,\mathrm{d}x$$
$$=\underline{\underline{x\cdot\cosh x-\sinh x+c}}$$

18. $\int(x^4\cdot\cosh x)\,\mathrm{d}x;\ x\in\mathbb{R}$ ► $\int[u\cdot v']\,\mathrm{d}x$

■ $u(x)=x^4\Rightarrow u'(x)=4x^3$

$v'(x)=\cosh x\,\mathrm{d}x$

$\Rightarrow v(x)=\int\cosh x\,\mathrm{d}x=\sinh x$

■ $u(x)=x^3\Rightarrow u'(x)=3x^2$

$v'(x)=\sinh x\Rightarrow v(x)=\int\sinh x\,\mathrm{d}x=\cosh x$

■ $u(x)=x^2\Rightarrow u'(x)=2x$

$v'(x)=\cosh x\Rightarrow v(x)=\int\cosh x\,\mathrm{d}x=\sinh x$

► $\int(x\cdot\sinh x)\,\mathrm{d}x=x\cdot\cosh x-\sinh x$

► Aufgabe 17

$$\int(x^4\cdot\cosh x)\,\mathrm{d}x=x^4\cdot\sinh x-\int[4x^3\cdot\sinh x]\,\mathrm{d}x$$
$$=x^4\cdot\sinh x-4\cdot\underbrace{\int[x^3\cdot\sinh x]\,\mathrm{d}x}_{\blacktriangleright\ \int[u\cdot v']\,\mathrm{d}x}$$
$$=x^4\cdot\sinh x-4\cdot\left(x^3\cdot\cosh x-\int[3x^2\cdot\cosh x]\,\mathrm{d}x\right)$$
$$=x^4\cdot\sinh x-4x^3\cdot\cosh x+12\cdot\underbrace{\int[x^2\cdot\cosh x]\,\mathrm{d}x}_{\blacktriangleright\ \int[u\cdot v']\,\mathrm{d}x}$$
$$=x^4\cdot\sinh x-4x^3\cdot\cosh x+12\cdot\left(x^2\cdot\sinh x-\int[2x\cdot\sinh x]\,\mathrm{d}x\right)$$
$$=x^4\cdot\sinh x-4x^3\cdot\cosh x+12x^2\cdot\sinh x-24\cdot\int[x\cdot\sinh x]\,\mathrm{d}x$$
$$=x^4\cdot\sinh x-4x^3\cdot\cosh x+12x^2\cdot\sinh x+$$
$$-24\cdot(x\cdot\cosh-\sinh x)+c$$
$$=\underline{\underline{(x^4+12x^2+24)\cdot\sinh x-(4x^3+24x)\cdot\cosh x+c}}$$

19. $\int[x^4\cdot\cosh(ax)]\,\mathrm{d}x;\ a\neq 0;\ x\in\mathbb{R}$

► $\int[u\cdot v']\,\mathrm{d}x$

Man substituiert zunächst:

► $ax=z\Rightarrow x=\frac{z}{a}$

► $ax=z\Rightarrow\frac{\mathrm{d}z}{\mathrm{d}x}=a\Rightarrow\mathrm{d}x=\frac{1}{a}\cdot\mathrm{d}z$

$$\int[x^4\cdot\cosh x(ax)]\,\mathrm{d}x=\int\left[\frac{z^4}{a^4}\cdot\cosh z\cdot\frac{1}{a}\right]\mathrm{d}z$$
$$=\frac{1}{a^5}\cdot\int[z^4\cdot\cosh z]\,\mathrm{d}z \quad \blacktriangleright\ \text{Aufgabe 18}$$
$$=\frac{1}{a^5}\cdot\left[(z^4+12z^2+24)\cdot\sinh z-(4z^3+24z)\cdot\cosh z\right]+c$$
► $z=ax$
$$=\underline{\underline{\frac{1}{a^5}\cdot[(a^4x^4+12a^2x^2+24)\cdot\sinh(ax)+}}$$
$$\underline{\underline{-(4a^3x^3+24ax)\cdot\cosh(ax)]+c}}$$

147

20. $\int (x^4 \cdot \sinh x)\,\mathrm{d}x;\ x \in \mathbb{R}$ ► $\int [u \cdot v']\,\mathrm{d}x$

- $u(x) = x^4 \Rightarrow u'(x) = 4x^3$

  $v'(x) = \sinh x \Rightarrow v(x) = \int \sinh x\,\mathrm{d}x = \cosh x$

- $u(x) = x^3 \Rightarrow u'(x) = 3x^2$

  $v'(x) = \cosh x \Rightarrow v(x) = \int \cosh x\,\mathrm{d}x = \sinh x$

- $u(x) = x^2 \Rightarrow u'(x) = 2x$

  $v'(x) = \sinh x \Rightarrow v(x) = \int \sinh x\,\mathrm{d}x = \cosh x$

- $u(x) = x \Rightarrow u'(x) = 1$

  $v'(x) = \cosh x \Rightarrow v(x) = \int \cosh x\,\mathrm{d}x = \sinh x$

► $\int \sinh x\,\mathrm{d}x = \cosh x$

$$\int (x^4 \cdot \sinh x)\,\mathrm{d}x = x^4 \cdot \cosh x - \int [4x^3 \cdot \cosh x]\,\mathrm{d}x$$
$$= x^4 \cdot \cosh x - 4 \cdot \underbrace{\int [x^3 \cdot \cosh x]\,\mathrm{d}x}_{\blacktriangleright \int [u \cdot v']\,\mathrm{d}x}$$
$$= x^4 \cdot \cosh x - 4 \cdot \left(x^3 \cdot \sinh x - \int [3x^2 \cdot \sinh x]\,\mathrm{d}x\right)$$
$$= x^4 \cdot \cosh x - 4x^3 \cdot \sinh x + 12 \cdot \underbrace{\int [x^2 \cdot \sinh x]\,\mathrm{d}x}_{\blacktriangleright \int [u \cdot v']\,\mathrm{d}x}$$
$$= x^4 \cdot \cosh x - 4x^3 \cdot \sinh x + 12 \cdot \left(x^2 \cdot \cosh x - \int [2x \cdot \cosh x]\,\mathrm{d}x\right)$$
$$= x^4 \cdot \cosh x - 4x^3 \cdot \sinh x + 12x^2 \cdot \cosh x - 24 \cdot \underbrace{\int [x \cdot \cosh x]\,\mathrm{d}x}_{\blacktriangleright \int [u \cdot v']\,\mathrm{d}x}$$
$$= x^4 \cdot \cosh x - 4x^3 \cdot \sinh x + 12x^2 \cdot \cosh x + \\ - 24 \cdot \left(x \cdot \sinh x - \int [1 \cdot \sinh x]\,\mathrm{d}x\right)$$
$$= \underline{\underline{(x^4 + 12x^2 + 24) \cdot \cosh x - (4x^3 + 24x) \cdot \sinh x + c}}$$

21. $\int [t^2 \cdot \sinh(\omega t)]\,\mathrm{d}t;\ \omega \neq 0;\ t \in \mathbb{R}$ ► $\int [u \cdot v']\,\mathrm{d}x$

- $u(t) = t^2 \Rightarrow u'(t) = 2t$

  $v'(t) = \sinh(\omega t)$

  $\Rightarrow v(t) = \displaystyle\int \sinh(\omega t)\,\mathrm{d}t = \frac{1}{\omega} \cdot \cosh(\omega t)$ ► 2.4.1

- $u(t) = t \Rightarrow u'(t) = 1$

  $v'(t) = \cosh(\omega t)$

  $\Rightarrow v(t) = \displaystyle\int \cosh(\omega t) = \frac{1}{\omega} \cdot \sinh(\omega t)$ ► 2.4.1

► $\displaystyle\int \sinh(\omega t)\,\mathrm{d}t = \frac{1}{\omega} \cdot \cosh(\omega t)$

$$\int [t^2 \cdot \sinh(\omega t)]\,\mathrm{d}t =$$
$$= t^2 \cdot \frac{1}{\omega} \cdot \cosh(\omega t) - \int \left[2t \cdot \frac{1}{\omega} \cdot \cosh(\omega t)\right]\mathrm{d}t$$
$$= \frac{t^2}{\omega} \cdot \cosh(\omega t) - \frac{2}{\omega} \cdot \underbrace{\int [t \cdot \cosh(\omega t)]\,\mathrm{d}t}_{\blacktriangleright \int [u \cdot v']\,\mathrm{d}x}$$
$$= \frac{t^2}{\omega} \cdot \cosh(\omega t) - \frac{2}{\omega} \cdot \left(t \cdot \frac{1}{\omega} \cdot \sinh(\omega t) - \int \left[1 \cdot \frac{1}{\omega} \cdot \sinh(\omega t)\right]\right)$$
$$= \frac{t^2}{\omega} \cdot \cosh(\omega t) - \frac{2t}{\omega^2} \cdot \sinh(\omega t) + \frac{2}{\omega} \cdot \frac{1}{\omega} \cdot \int \sinh(\omega t)\,\mathrm{d}t$$
$$= \underline{\underline{\frac{t^2}{\omega} \cdot \cosh(\omega t) - \frac{2t}{\omega^2} \cdot \sinh(\omega t) + \frac{2}{\omega^3} \cdot \cosh(\omega t) + c}}$$

Merke:

Lässt sich bei einem Integral $\int g(x)\,\mathrm{d}x$ der Integrand $g(x)$ nicht in echte Faktoren zerlegen, so kann man zur Lösung mittels partieller Integration $g(x)$ für $u(x)$ und 1 für $v'(x)$ setzen, und es gilt dann:

$$\boldsymbol{\int g(x)\,\mathrm{d}x = \int [g(x) \cdot 1]\,\mathrm{d}x = x \cdot g(x) + \int [x \cdot g'(x)]\,\mathrm{d}x}$$

147 Lösen Sie die Aufgaben 22 bis 25 mit der auf S. 187 angegebenen Formel.
► **Lehrbuch: Kusch 4, S. 131/132**

22. $\int \operatorname{Arccos} x \, dx;\ x \in [-1;\,1]$ ► $\int [g(x) \cdot 1]\, dx$

► $g(x) = \operatorname{Arccos} x$

$\Rightarrow g'(x) = \dfrac{-1}{\sqrt{1-x^2}};\ x \in (-1;\,1)$ ► 4.2

► $1 - x^2 = f(x) \Rightarrow f'(x) = -2x$

$$\int \operatorname{Arccos} x \, dx = x \cdot \operatorname{Arccos} x - \int \left[x \cdot \frac{-1}{\sqrt{1-x^2}} \right] dx$$
$$= x \cdot \operatorname{Arccos} x - \frac{1}{2} \cdot \underbrace{\int \frac{-2x}{\sqrt{1-x^2}}\, dx}$$

► $\int \left([f(x)]^{-\frac{1}{2}} \cdot f'(x) \right) dx$ ► 2.4.3

$$= x \cdot \operatorname{Arccos} x - \frac{1}{2} \cdot \int \left(\left[1 - x^2\right]^{-\frac{1}{2}} \cdot (-2x) \right) dx$$
$$= x \cdot \operatorname{Arccos} x - \frac{1}{2} \cdot \frac{1}{-\frac{1}{2}+1} \cdot \left(1 - x^2\right)^{-\frac{1}{2}+1} + c$$
$$= \underline{\underline{x \cdot \operatorname{Arccos} x - \sqrt{1-x^2} + c;\ x \in [-1;\,1]}}$$

23. $\int \operatorname{Arccot} x \, dx;\ x \in \mathbb{R}$ ► $\int [g(x) \cdot 1]\, dx$

► $g(x) = \operatorname{Arccot} x \Rightarrow g'(x) = \dfrac{-1}{1+x^2}$ ► 4.2

► $1 + x^2 = f(x) \Rightarrow f'(x) = 2x$

$$\int \operatorname{Arccot} x \, dx = x \cdot \operatorname{Arccot} x - \int \left[x \cdot \frac{-1}{1+x^2} \right] dx$$
$$= x \cdot \operatorname{Arccot} x + \frac{1}{2} \cdot \underbrace{\int \frac{2x}{1+x^2}\, dx}$$

► $\int \dfrac{f'(x)}{f(x)}\, dx$ ► 2.4.2

$$= \underline{\underline{x \cdot \operatorname{Arccot} x + \frac{1}{2} \cdot \ln\left(1 + x^2\right) + c}}$$

24. $\int \operatorname{Artanh} x \, dx;\ x \in (-1;\,1)$ ► $\int [g(x) \cdot 1]\, dx$

► $g(x) = \operatorname{Artanh} x$

$\Rightarrow g'(x) = \dfrac{1}{1-x^2};\ x \in (-1;\,1)$ ► 4.2

► $1 - x^2 = f(x) \Rightarrow f'(x) = -2x$

$$\int \operatorname{Artanh} x \, dx = x \cdot \operatorname{Artanh} x - \int \left[x \cdot \frac{1}{1-x^2} \right] dx$$
$$= x \cdot \operatorname{Artanh} x + \underbrace{\int \frac{-2x}{1-x^2}\, dx}$$

► $\int \dfrac{f'(x)}{f(x)}\, dx$ ► 2.4.2

$$= \underline{\underline{x \cdot \operatorname{Artanh} x + \ln\left|1 - x^2\right| + c;\ x \in (-1;\,1)}}$$

25. $\int \operatorname{Arcosh} x \, dx;\ x \in \mathbb{R}^{\geq 1}$ ► $\int [g(x) \cdot 1]\, dx$

► $g(x) = \operatorname{Arcosh} x$

$\Rightarrow g'(x) = \dfrac{1}{\sqrt{x^2-1}};\ x > 1$ ► 4.2

► $x^2 - 1 = f(x) \Rightarrow f'(x) = 2x$

$$\int \operatorname{Arcosh} x \, dx = x \cdot \operatorname{Arcosh} x - \int \left[x \cdot \frac{1}{\sqrt{x^2-1}} \right] dx$$
$$= x \cdot \operatorname{Arcosh} x - \frac{1}{2} \cdot \underbrace{\int \frac{2x}{\sqrt{x^2-1}}\, dx}$$

► $\int \left([f(x)]^{-\frac{1}{2}} \cdot f'(x) \right) dx$ ► 2.4.3

$$= x \cdot \operatorname{Arcosh} x - \frac{1}{2} \cdot \int \left(\left[x^2 - 1\right]^{-\frac{1}{2}} \cdot 2x \right) dx$$
$$= x \cdot \operatorname{Arcosh} x - \frac{1}{2} \cdot \frac{1}{-\frac{1}{2}+1} \cdot \left(x^2 - 1\right)^{-\frac{1}{2}+1} + c$$
$$= \underline{\underline{x \cdot \operatorname{Arcosh} x - \sqrt{x^2-1} + c;\ x \geq 1}}$$

147

26. $\int (x^n \cdot \ln x)\,\mathrm{d}x;\ n \in \mathbb{N}^{\geq 1};\ x \in \mathbb{R}^{>0}$ ► $\int [u \cdot v']\,\mathrm{d}x$

► $u(x) = \ln x \Rightarrow u'(x) = \frac{1}{x}$

► $v'(x) = x^n \Rightarrow v(x) = \int x^n\,\mathrm{d}x = \frac{1}{n+1} \cdot x^{n+1}$

Beachten Sie die Anmerkungen nach dem ersten Merksatz. Die Lösung ist gültig für alle $n \in \mathbb{R}^{+-1}$, denn bei der Lösung wurde $n \in \mathbb{N}^{\geq 1}$ nicht benutzt.

$$\int (x^n \cdot \ln x)\,\mathrm{d}x = \ln x \cdot \frac{x^{n+1}}{n+1} - \int \left[\frac{1}{x} \cdot \frac{x^{n+1}}{n+1}\right] \mathrm{d}x$$
$$= \frac{x^{n+1}}{n+1} \cdot \ln x - \frac{1}{n+1} \cdot \int x^n\,\mathrm{d}x$$
$$= \frac{x^{n+1}}{n+1} \cdot \ln x - \frac{1}{n+1} \cdot \frac{x^{n+1}}{n+1} + c$$
$$= \frac{x^{n+1}}{n+1} \cdot \left(\ln x - \frac{1}{n+1}\right) + c;\ x > 0$$

27. $\int \frac{\ln x}{x^2}\,\mathrm{d}x;\ x \in \mathbb{R}^{>0}$ ► $\int [u \cdot v']\,\mathrm{d}x$

► $u(x) = \ln x \Rightarrow u'(x) = \frac{1}{x}$

► $v'(x) = x^{-2} \Rightarrow v(x) = \int x^{-2}\,\mathrm{d}x = \int \frac{\mathrm{d}x}{x^2} = -\frac{1}{x}$

Man erhält die gleiche Lösung, wenn man in der Lösung der Aufgabe 26 die Zahl 2 für n setzt.

$$\int \frac{\ln x}{x^2}\,\mathrm{d}x = \int [\ln x \cdot x^{-2}]\,\mathrm{d}x$$
$$= \ln x \cdot \frac{-1}{x} - \int \left(\frac{1}{x} \cdot \frac{-1}{x}\right) \mathrm{d}x$$
$$= -\frac{1}{x} \cdot \ln x + \int \frac{1}{x^2}\,\mathrm{d}x$$
$$= -\frac{1}{x} \cdot \ln x - \frac{1}{x} + c$$
$$= -\frac{1}{x} \cdot (\ln x + 1) + c;\ x > 0$$

28. $\int \frac{\ln x}{x^4}\,\mathrm{d}x;\ x \in \mathbb{R}^{>0}$ ► $\int [u \cdot v']\,\mathrm{d}x$

► $u(x) = \ln x \Rightarrow u'(x) = \frac{1}{x}$

► $v'(x) = x^{-4}$

$\Rightarrow v(x) = \int x^{-4}\,\mathrm{d}x = -\frac{1}{3} \cdot x^{-3} = \frac{-1}{3x^3}$

Man erhält die gleiche Lösung, wenn man in der Lösung der Aufgabe 26 die Zahl 4 für n setzt.

$$\int \frac{\ln x}{x^4}\,\mathrm{d}x = \int [\ln x \cdot x^{-4}]\,\mathrm{d}x$$
$$= \ln x \cdot \frac{-1}{3x^3} - \int \left(\frac{1}{x} \cdot \frac{-1}{3x^3}\right) \mathrm{d}x$$
$$= -\frac{1}{3x^3} \cdot \ln x + \frac{1}{3} \cdot \int \frac{1}{x^4}\,\mathrm{d}x$$
$$= -\frac{1}{3x^3} \cdot \ln x + \frac{1}{3} \cdot \left(\frac{-1}{3x^3}\right) + c$$
$$= -\frac{1}{3x^3} \cdot \left(\ln x + \frac{1}{3}\right) + c;\ x > 0$$

Die Übungsaufgaben 29 bis 37 werden hier mithilfe der Substitutionsmethode berechnet, denn diese führt einfacher zur Lösung als die Methode der partiellen Integration.

29. $\int \frac{\ln (ax)}{x}\,\mathrm{d}x;\ a > 0;\ x \in \mathbb{R}^{>0}$

Man substituiert:

► $ax = z \Rightarrow \frac{\mathrm{d}z}{\mathrm{d}x} = a \Rightarrow \mathrm{d}x = \frac{1}{a} \cdot \mathrm{d}z$

► $ax = z \Rightarrow x = \frac{1}{a} \cdot z$

► $\ln z = f(z) \Rightarrow f'(z) = \frac{1}{z}$

$$\int \frac{\ln (ax)}{x}\,\mathrm{d}x = \int \left(\frac{\ln z}{\frac{1}{a} \cdot z} \cdot \frac{1}{a}\right) \mathrm{d}z$$
$$= \int \frac{\ln z}{z}\,\mathrm{d}z$$
$$= \int \left([\ln z]^1 \cdot \frac{1}{z}\right) \mathrm{d}z \quad ► \int \left([f(z)]^1 \cdot f'(z)\right) \mathrm{d}z \quad ► 2.4.3$$
$$= \frac{1}{2} \cdot \ln^2 z + c \quad ► z = ax$$
$$= \frac{1}{2} \cdot \ln^2 (ax) + c;\ a > 0;\ x > 0$$

147 **30.** $\int \frac{\ln^2 x}{x}\,\mathrm{d}x;\ x \in \mathbb{R}^{>0}$

► $\ln x = f(x) \Rightarrow f'(x) = \frac{1}{x}$

$$\int \frac{\ln^2 x}{x}\,\mathrm{d}x = \int \left([\ln x]^2 \cdot \frac{1}{x} \right) \mathrm{d}x \quad ► \int \left([f(x)]^2 \cdot f'(x) \right) \mathrm{d}x \quad ► \text{2.4.3}$$
$$= \frac{1}{2+1} \cdot [\ln x]^{2+1} + c$$
$$= \underline{\underline{\frac{1}{3} \cdot \ln^3 x + c;\ x > 0}}$$

31. $\int \frac{\ln^2 (ax)}{x}\,\mathrm{d}x;\ a > 0;\ x \in \mathbb{R}^{>0}$

Man substituiert zunächst:

► $ax = z \Rightarrow \frac{\mathrm{d}z}{\mathrm{d}x} = a \Rightarrow \mathrm{d}x = \frac{1}{a} \cdot \mathrm{d}z$

► $ax = z \Rightarrow x = \frac{1}{a} \cdot z$

$$\int \frac{\ln^2 (ax)}{x}\,\mathrm{d}x = \int \left(\frac{\ln^2 z}{\frac{1}{a} \cdot z} \cdot \frac{1}{a} \right) \mathrm{d}x$$
$$= \int \frac{\ln^2 z}{z}\,\mathrm{d}z \quad ► \text{Aufgabe 30}$$
$$= \frac{1}{3} \cdot \ln^3 z + c \quad ► z = ax$$
$$= \underline{\underline{\frac{1}{3} \cdot \ln^3 (ax) + c;\ a > 0;\ x > 0}}$$

32. $\int \frac{\ln (ax)}{bx}\,\mathrm{d}x;\ a > 0;\ b \neq 0;\ x \in \mathbb{R}^{>0}$

$$\int \frac{\ln (ax)}{bx}\,\mathrm{d}x = \frac{1}{b} \cdot \int \frac{\ln (ax)}{x}\,\mathrm{d}x \quad ► \text{Aufgabe 29}$$
$$= \underline{\underline{\frac{1}{2b} \cdot \ln^2 (ax) + c;\ a > 0;\ x > 0}}$$

33. $\int \frac{\ln^2 (ax)}{ax}\,\mathrm{d}x;\ a > 0;\ x \in \mathbb{R}^{>0}$

$$\int \frac{\ln^2 (ax)}{ax}\,\mathrm{d}x = \frac{1}{a} \cdot \int \frac{\ln^2 (ax)}{x}\,\mathrm{d}x \quad ► \text{Aufgabe 31}$$
$$= \underline{\underline{\frac{1}{3a} \cdot \ln^3 (ax) + c;\ a > 0;\ x > 0}}$$

34. $\int \cos^2(2x)\,\mathrm{d}x;\ x \in \mathbb{R}$

Man substituiert zunächst:

► $2x = z \Rightarrow \frac{\mathrm{d}z}{\mathrm{d}x} = z \Rightarrow \mathrm{d}x = \frac{1}{2} \cdot \mathrm{d}z$

Man erhält so das Integral $\int \cos^2 z\,\mathrm{d}z$, das bereits im Kapitel 2.4.1 gelöst wurde.

$$\int \cos^2(2x)\,\mathrm{d}x = \int \left(\cos^2 z \cdot \frac{1}{2} \right) \mathrm{d}z$$
$$= \frac{1}{2} \cdot \int \cos^2 z\,\mathrm{d}z \quad ► \text{2.4.1}$$
$$= \frac{1}{2} \cdot \left[\frac{1}{4} \cdot \sin(2z) + \frac{z}{2} \right] + c \quad ► z = 2x$$
$$= \underline{\underline{\frac{1}{8} \cdot \sin(4x) + \frac{x}{2} + c}}$$

35. $\int \sin^2 x\,\mathrm{d}x;\ x \in \mathbb{R}$

Das Integral $\int \sin^2 x\,\mathrm{d}x$ wurde bereits im Kapitel 2.4.1 gelöst.

$$\int \sin^2 x\,\mathrm{d}x = \underline{\underline{\frac{x}{2} - \frac{1}{4} \cdot \sin(2x) + c}}$$

147

36. $\int \sin^2(\omega t)\,\mathrm{d}t;\ \omega \neq 0;\ t \in \mathbb{R}$

Man substituiert zunächst:

► $\omega t = z \Rightarrow \frac{\mathrm{d}z}{\mathrm{d}t} = \omega \Rightarrow \mathrm{d}t = \frac{1}{\omega}\cdot \mathrm{d}z$

Man erhält so das Integral $\int \sin^2 z\,\mathrm{d}z$, das bereits im Kapitel 2.4.1 gelöst wurde.

$$\int \sin^2(\omega t)\,\mathrm{d}t = \int\left(\sin^2 z\cdot\frac{1}{\omega}\right)\mathrm{d}z$$
$$= \frac{1}{\omega}\cdot\int \sin^2 z\,\mathrm{d}z \quad \blacktriangleright\ 2.4.1$$
$$= \frac{1}{\omega}\cdot\left[\frac{z}{2} - \frac{1}{4}\cdot\sin(2z)\right] + c \quad \blacktriangleright\ z = \omega t$$
$$= \underline{\underline{\frac{t}{2} - \frac{1}{4\omega}\cdot\sin(2\omega t) + c}}$$

37. $\int \cos^2(\omega t)\,\mathrm{d}t;\ \omega \neq 0;\ t \in \mathbb{R}$

Man substituiert zunächst:

► $\omega t = z \Rightarrow \frac{\mathrm{d}z}{\mathrm{d}t} = \omega \Rightarrow \mathrm{d}t = \frac{1}{\omega}\cdot \mathrm{d}z$

Man erhält so das Integral $\int \cos^2 z\,\mathrm{d}z$, das bereits im Kapitel 2.4.1 gelöst wurde.

$$\int \cos^2(\omega t)\,\mathrm{d}t = \int\left(\cos^2 z\cdot\frac{1}{\omega}\right)\mathrm{d}z$$
$$= \frac{1}{\omega}\cdot\int \cos^2 z\,\mathrm{d}z \quad \blacktriangleright\ 2.4.1$$
$$= \frac{1}{\omega}\cdot\left[\frac{z}{2} + \frac{1}{4}\cdot\sin(2z)\right] + c \quad \blacktriangleright\ z = \omega t$$
$$= \underline{\underline{\frac{t}{2} + \frac{1}{4\omega}\cdot\sin(2\omega t) + c}}$$

38. $\int(\cosh x\cdot\sin x)\,\mathrm{d}x;\ x \in \mathbb{R}$ ► $\int[u\cdot u']\,\mathrm{d}x$

- $u(x) = \cosh x \Rightarrow u'(x) = \sinh x$
  $v'(x) = \sin x \Rightarrow v(x) = \int \sin x\,\mathrm{d}x = -\cos x$
- $u(x) = \sinh x \Rightarrow u'(x) = \cosh x$
  $v'(x) = \cos x \Rightarrow v(x) = \int \cos x\,\mathrm{d}x = \sin x$

Nach Durchführung der zweiten partiellen Integration entsteht ein Restintegral, das bis auf den Faktor -1 mit dem gegebenen Integral übereinstimmt. Durch Umformen erhält man die Lösung der gegebenen Integrals.

$$\int(\cosh x\cdot\sin x)\,\mathrm{d}x =$$
$$= \cosh x\cdot(-\cos x) - \int[\sinh x\cdot(-\cos x)]\,\mathrm{d}x$$
$$= \cosh x\cdot\cos x + \underbrace{\int[\sinh x\cdot\cos x]\,\mathrm{d}x}_{\blacktriangleright\ \int[u\cdot v']\,\mathrm{d}x}$$
$$= -\cosh x\cdot\cos x + \sinh x\cdot\sin x - \int[\cosh x\cdot\sin x]\,\mathrm{d}x$$
$$\Rightarrow 2\cdot\int(\cosh x\cdot\sin x)\,\mathrm{d}x = -\cosh x\cdot\cos x + \sinh x\cdot\sin x + c_1$$
$$\Rightarrow \int(\cosh x\cdot\sin x)\,\mathrm{d}x =$$
$$= \frac{1}{2}\cdot(-\cosh x\cdot\cos x + \sinh x\cdot\sin x) + \frac{c_1}{2} \quad \blacktriangleright\ \frac{c_1}{2} = c$$
$$= \underline{\underline{\frac{1}{2}\cdot(-\cosh x\cdot\cos x + \sinh x\cdot\sin x) + c}}$$

Merke:

Führt die Anwendung der partiellen Integration zu einem Restintegral, das bis auf einen Faktor, der nicht gleich 1 sein darf, mit dem gegebenen Integral übereinstimmt, so erhält man die Lösung durch anschließende algebraische Umformung.

147

39. $\int(\sinh x \cdot \sin x)\,dx;\ x \in \mathbb{R}$ ► $\int[u \cdot v']\,dx$

- $u(x) = \sinh x \Rightarrow u'(x) = \cosh x$
  $v'(x) = \sin x \Rightarrow v(x) = \int \sin x\,dx = -\cos x$
- $u(x) = \cosh x \Rightarrow u'(x) = \sinh x$
  $v'(x) = \cos x \Rightarrow v(x) = \int \cos x\,dx = \sin x$

Nach Durchführung der zweiten partiellen Integration lässt sich der Merksatz vor der Übungsaufgabe 39 anwenden.

$$\int(\sinh x \cdot \sin x)\,dx = \sinh x \cdot (-\cos x) - \int[\cosh x \cdot (-\cos x)]\,dx$$
$$= -\sinh x \cdot \cos x + \underbrace{\int[\cosh x \cdot \cos x]\,dx}_{\blacktriangleright \int[u \cdot v']\,dx}$$
$$= -\sinh x \cdot \cos x + \cosh x \cdot \sin x - \int[\sinh x \cdot \sin x]\,dx$$
$$\Rightarrow 2 \cdot \int(\sinh x \cdot \sin x)\,dx = -\sinh x \cdot \cos x + \cosh x \cdot \sin x$$
$$\Rightarrow \int(\sinh x \cdot \sin x)\,dx =$$
$$= \frac{1}{2} \cdot (-\sinh x \cdot \cos x + \cosh x \cdot \sin x) + c \quad \blacktriangleright \frac{c_1}{2} = c$$
$$= \underline{\underline{\frac{1}{2} \cdot (\sin x \cdot \cosh x - \cos x \cdot \sinh x) + c}}$$

40. $\int(\sinh x \cdot \cos x)\,dx;\ x \in \mathbb{R}$ ► $\int[u \cdot v']\,dx$

- $u(x) = \sinh x \Rightarrow u'(x) = \cosh x$
  $v'(x) = \cos x \Rightarrow v(x) = \int \cos x\,dx = \sin x$
- $u(x) = \cosh x \Rightarrow u'(x) = \sinh x$
  $v'(x) = \sin x \Rightarrow v(x) = \int \sin x\,dx = \cos x$

Nach Durchführung der zweiten partiellen Integration lässt sich der Merksatz vor der Übungsaufgabe 39 anwenden.

$$\int(\sinh x \cdot \cos x)\,dx = \sinh x \cdot (\sin x) - \underbrace{\int[\cosh x \cdot (\sin x)]\,dx}_{\blacktriangleright \int[u \cdot v']\,dx}$$
$$= \sinh x \cdot \sin x \cdot \big(\cosh x \cdot (-\cos, x) - \int[\sinh x \cdot (-\cos x)]\,dx\big)$$
$$= \sinh x \cdot \sin x + \cosh x \cdot \cos x - \int[\sinh x \cdot \cos x]\,dx$$
$$\Rightarrow 2 \cdot \int(\sinh x \cdot \cos x)\,dx = \sinh x \cdot \sin x + \cosh x \cdot \cos x + c_1$$
$$\Rightarrow \int(\sinh x \cdot \cos x)\,dx =$$
$$= \frac{1}{2} \cdot (\sinh x \cdot \sin x + \cosh x \cdot \cos x) + \frac{c_1}{2} \quad \blacktriangleright \frac{c_1}{2} = c$$
$$= \underline{\underline{\frac{1}{2} \cdot (\sinh x \cdot \sin x + \cosh x \cdot \cos x) + c}}$$

Anmerkung:

Man kann die Aufgaben 38 bis 40 auch ohne partielle Integration lösen, wenn man $\cosh x = \frac{e^x + e^{-x}}{2}$, $\sinh x = \frac{e^x - e^{-x}}{2}$, $\cos x = \frac{e^{ix} + e^{-ix}}{2}$ bzw. $\sin x = \frac{e^{ix} - e^{-ix}}{2}$ setzt.

► **Exkurs: Lösen von unbestimmten Integralen im Komplexen**

41. $\int(e^x \cdot \cos x)\,dx;\ x \in \mathbb{R}$ ► $\int[u \cdot v']\,dx$

- $u(x) = e^x \Rightarrow u'(x) = e^x$
  $v'(x) = \cos x \Rightarrow v(x) = \int \cos x\,dx = \sin x$
- $u(x) = e^x \Rightarrow u'(x) = e^x$
  $v'(x) = \sin x \Rightarrow v(x) = \int \sin x\,dx = -\cos x$

Nach Durchführung der zweiten partiellen Integration lässt sich der Merksatz vor der Übungsaufgabe 39 anwenden.

$$\int(e^x \cdot \cos x)\,dx = e^x \cdot \sin x - \underbrace{\int[e^x \cdot \sin x]\,dx}_{\blacktriangleright \int[u \cdot v']\,dx}$$
$$= e^x \cdot \sin x - \big(e^x \cdot (-\cos x) - \int[e^x \cdot (-\cos x)]\,dx\big)$$
$$= e^x \cdot \sin x + e^x \cdot \cos x - \int[e^x \cdot \cos x]\,dx$$
$$\Rightarrow 2 \cdot \int(e^x \cdot \cos x)\,dx = e^x \cdot (\sin x + \cos x) + c_1 \quad \blacktriangleright \frac{c_1}{2} = c$$
$$\Rightarrow \underline{\underline{\int(e^x \cdot \cos x)\,dx = \frac{e^x}{2} \cdot (\sin x + \cos x) + c}}$$

42. $\int(e^x \cdot \sin x)\,dx;\ x \in \mathbb{R}$ ► $\int[u \cdot v']\,dx$

► $u(x) = e^x \Rightarrow u'(x) = e^x$

► $v'(x) = \sin x \Rightarrow v(x) = \int \sin x\,dx = -\cos x$

Das Integral $\int(e^x \cdot \cos x)\,dx$ wurde bereits in der Aufgabe 41 gelöst.

$$\begin{aligned}\int(e^x \cdot \sin x)\,dx &= e^x \cdot (-\cos x) - \int[e^x \cdot (-\cos x)]\,dx \\ &= -e^x \cdot \cos x + \int[e^x \cdot \cos x]\,dx \\ &= -e^x \cdot \cos x + \frac{e^x}{2} \cdot (\sin x + \cos x) + c \\ &= \underline{\underline{\frac{e^x}{2} \cdot (\sin x - \cos x) + c}}\end{aligned}$$

Anmerkung:

Man kann die Übungsaufgaben 41 und 42 auch ohne partielle Integration lösen, wenn man darin $\cos x = \frac{e^{ix} + e^{-ix}}{2}$ bzw. $\sin x = \frac{e^{ix} - e^{-ix}}{2}$ setzt.

► **Exkurs: Lösen von unbestimmten Integralen im Komplexen**

Vorbemerkung:

Die Übungsaufgaben 43 bis 47 sind Integrale der Typen $\int[e^{ax} \cdot \sinh(bx)]\,dx$ bzw. $\int[e^{ax} \cdot \cosh(bx)]\,dx$ mit $a;\ b \in \mathbb{R}$. Integrale dieses Typs löst man geschickterweise nicht mit der Methode der partiellen Integration sondern mit der Substitutionsmethode. ► 2.4.1

Dazu setzt man: $\sinh(bx) = \frac{e^{bx} - e^{-bx}}{2}$ bzw. $\cosh(bx) = \frac{e^{bx} + e^{-bx}}{2}$

43. $\int[e^x \cdot \sinh(2x)]\,dx;\ x \in \mathbb{R}$

► $\sinh(2x) = \frac{e^{2x} - e^{-2x}}{2}$ ► 4.1

$$\begin{aligned}\Rightarrow e^x \cdot \sinh(2x) &= e^x \cdot \frac{e^{2x} - e^{-2x}}{2} \\ &= \frac{1}{2} \cdot (e^{3x} - e^{-x})\end{aligned}$$

Die Integrale $\int e^{3x}\,dx$ und $\int e^{-x}\,dx$ löst man mit der Substitutionsmethode aus 2.4.1.

$$\begin{aligned}\int[e^x \cdot \sinh(2x)]\,dx &= \int\left[\frac{1}{2} \cdot (e^{3x} - e^{-x})\right]dx \\ &= \frac{1}{2} \cdot \int e^{3x}\,dx - \frac{1}{2} \cdot \int e^{-x}\,dx \quad \text{► 2.4.1} \\ &= \frac{1}{2} \cdot \frac{1}{3} \cdot e^{3x} - \frac{1}{2} \cdot (-e^{-x}) + c \\ &= \underline{\underline{\frac{1}{6} \cdot e^{3x} + \frac{1}{2} \cdot e^{-x} + c}}\end{aligned}$$

44. $\int[e^x \cdot \cosh(2x)]\,dx;\ x \in \mathbb{R}$

► $\cosh(2x) = \frac{e^{2x} + e^{-2x}}{2}$ ► 4.1

$$\begin{aligned}\Rightarrow e^x \cdot \cosh(2x) &= e^x \cdot \frac{e^{2x} + e^{-2x}}{2} \\ &= \frac{1}{2} \cdot (e^{3x} + e^{-x})\end{aligned}$$

$$\begin{aligned}\int[e^x \cdot \cosh(2x)]\,dx &= \int\left[\frac{1}{2} \cdot (e^{3x} + e^{-x})\right]dx \\ &= \frac{1}{2} \cdot \int e^{3x}\,dx + \frac{1}{2} \cdot \int e^{-x}\,dx \quad \text{► Aufgabe 43} \\ &= \frac{1}{2} \cdot \frac{1}{3} \cdot e^{3x} + \frac{1}{2} \cdot (-e^{-x}) + c \\ &= \underline{\underline{\frac{1}{6} \cdot e^{3x} - \frac{1}{2} \cdot e^{-x} + c}}\end{aligned}$$

147

45. $\int [e^{ax} \cdot \sinh(bx)]\,dx;\ a;\ b \neq 0;\ x \in \mathbb{R}$

► $\sinh(bx) = \dfrac{e^{bx} - e^{-bx}}{2}$ ► 4.1

$$\Rightarrow e^{ax} \cdot \sinh(bx) = e^{ax} \cdot \frac{e^{bx} - e^{-bx}}{2} = \frac{1}{2} \cdot \left(e^{(a+b)\cdot x} - e^{(a-b)\cdot x}\right)$$

$$\int [e^{ax} \cdot \sinh(bx)]\,dx = \int \left[\frac{1}{2} \cdot \left(e^{(a+b)\cdot x} - e^{(a-b)\cdot x}\right)\right] dx = \frac{1}{2} \cdot \int e^{(a+b)\cdot x}\,dx - \frac{1}{2} \cdot \int e^{(a-b)\cdot x}\,dx$$

Die Integrale $\int e^{(a+b)\cdot x}\,dx$ und $\int e^{(a-b)\cdot x}\,dx$ können nur dann mit der Substitutionsmethode aus Kapitel 2.4.1 gelöst werden, wenn $a+b \neq 0$ und $a-b \neq 0$ gilt. Das ist für $a \neq -b$ und $a \neq b$ der Fall. Daher werden drei Fälle unterschieden.

Erster Fall:

$a \neq -b$ und $a \neq b$, also $a+b \neq 0$ und $a-b \neq 0$

Die Integrale $\int e^{(a+b)\cdot x}\,dx$ und $\int e^{(a-b)\cdot x}\,dx$ lassen sich mit der Substitutionsmethode aus Kapitel 2.4.1 lösen.

$$\int [e^{ax} \cdot \sinh(bx)]\,dx = $$
$$= \frac{1}{2} \cdot \int e^{(a+b)\cdot x}\,dx - \frac{1}{2} \cdot \int e^{(a-b)\cdot x}\,dx \quad \blacktriangleright 2.4.1$$
$$= \frac{1}{2} \cdot \frac{1}{a+b} \cdot e^{(a+b)\cdot x} - \frac{1}{2} \cdot \frac{1}{a-b} \cdot e^{(a-b)\cdot x} + c$$
$$= \frac{e^{(a+b)\cdot x}}{2 \cdot (a+b)} - \frac{e^{(a-b)\cdot x}}{2 \cdot (a-b)} + c;\ a \neq -b \text{ und } a \neq b$$

Zweiter Fall: $a = -b$

Aus dem gegebenen Integral wird die Differenz der Integrale $\int 1\,dx$ und $\int e^{-2bx}\,dx$ gebildet. Das zweite Integral lässt sich mit der Substitutionsmethode aus Kapitel 2.4.1 lösen.

$$\int [e^{ax} \cdot \sinh(bx)]\,dx = $$
$$= \frac{1}{2} \cdot \int e^{(a+b)\cdot x}\,dx - \frac{1}{2} \cdot \int e^{(a-b)\cdot x}\,dx \quad \blacktriangleright a = -b$$
$$= \frac{1}{2} \cdot \int e^{0}\,dx - \frac{1}{2} \cdot \int e^{-2bx}\,dx \quad \blacktriangleright e^0 = 1$$
$$= \frac{1}{2} \cdot x - \frac{1}{2} \cdot \frac{1}{-2b} \cdot e^{-2bx} + c$$
$$= \frac{x}{2} + \frac{1}{4b} \cdot e^{-2bx} + c;\ b \neq 0$$

Dritter Fall: $a = b$

Aus dem gegebenen Integral wird die Differenz der Integrale $\int e^{2bx}\,dx$ und $\int 1\,dx$ gebildet. Das erste Integral lässt sich mit der Substitutionsmethode aus Kapitel 2.4.1 lösen.

$$\int [e^{ax} \cdot \sinh(bx)]\,dx = $$
$$= \frac{1}{2} \cdot \int e^{(a+b)x}\,dx - \frac{1}{2} \cdot \int e^{(a-b)x}\,dx \quad \blacktriangleright a = b$$
$$= \frac{1}{2} \cdot \int e^{2bx}\,dx - \frac{1}{2} \cdot \int e^{0}\,dx \quad \blacktriangleright e^0 = 1$$
$$= \frac{1}{2} \cdot \frac{1}{2b} \cdot e^{2bx} - \frac{1}{2} \cdot x + c$$
$$= \frac{1}{4b} \cdot e^{2bx} - \frac{x}{2} + c;\ b \neq 0$$

46. $\int [\mathrm{e}^{bx} \cdot \cosh(ax)]\,\mathrm{d}x;\ a;\ b \neq 0;\ x \in \mathbb{R}$

▶ $\cosh(ax) = \dfrac{\mathrm{e}^{ax} + \mathrm{e}^{-ax}}{2}$ ▶ 4.1

$$\Rightarrow \mathrm{e}^{bx} \cdot \cosh(ax) = \mathrm{e}^{bx} \cdot \frac{\mathrm{e}^{ax} + \mathrm{e}^{-ax}}{2} = \frac{1}{2} \cdot \left(\mathrm{e}^{(a+b)\cdot x} + \mathrm{e}^{(b-a)\cdot x}\right)$$

$$\int [\mathrm{e}^{bx} \cdot \cosh(ax)]\,\mathrm{d}x = \int \left[\frac{1}{2} \cdot \left(\mathrm{e}^{(a+b)\cdot x} + \mathrm{e}^{(b-a)\cdot x}\right)\right] \mathrm{d}x = \frac{1}{2} \cdot \int \mathrm{e}^{(a+b)\cdot x}\,\mathrm{d}x + \frac{1}{2} \cdot \int \mathrm{e}^{(b-a)x}\,\mathrm{d}x$$

Die Integrale $\int \mathrm{e}^{(a+b)\cdot x}\,\mathrm{d}x$ und $\int \mathrm{e}^{(b-a)\cdot x}\,\mathrm{d}x$ können nur dann mit der Substitutionsmethode aus Kapitel 2.4.1 gelöst werden, wenn $a+b \neq 0$ und $b-a \neq 0$ ist. Das ist der Fall, wenn $a \neq -b$ und $a \neq b$ ist. Daher werden drei Fälle unterschieden.

Erster Fall:

$a \neq -b$ und $a \neq b$, also $a+b \neq 0$ und $b-a \neq 0$

Die Integrale $\int \mathrm{e}^{(a+b)\cdot x}\,\mathrm{d}x$ und $\int \mathrm{e}^{(b-a)\cdot x}\,\mathrm{d}x$ lassen sich nun mit der Substitutionsmethode aus Kapitel 2.4.1 lösen.

$$\int [\mathrm{e}^{bx} \cdot \cosh(ax)]\,\mathrm{d}x =$$
$$= \frac{1}{2} \cdot \int \mathrm{e}^{(a+b)\cdot x}\,\mathrm{d}x + \frac{1}{2} \cdot \int \mathrm{e}^{(b-a)\cdot x}\,\mathrm{d}x \quad \blacktriangleright 2.4.1$$
$$= \frac{1}{2} \cdot \frac{\mathrm{e}^{(a+b)\cdot x}}{a+b} + \frac{1}{2} \cdot \frac{\mathrm{e}^{(b-a)\cdot x}}{b-a} + c$$
$$= \frac{\mathrm{e}^{(a+b)\cdot x}}{2\cdot(a+b)} + \frac{\mathrm{e}^{(b-a)\cdot x}}{2\cdot(b-a)} + c;\ a \neq -b \text{ und } a \neq b$$

Zweiter Fall: $a = -b$

Aus dem gegebenen Integral wird nun die Summe der Integrale $\int 1\,\mathrm{d}x$ und $\int \mathrm{e}^{2bx}\,\mathrm{d}x$ gebildet. Das zweite Integral lässt sich mit der Substitutionsmethode aus Kapitel 2.4.1 lösen.

$$\int [\mathrm{e}^{bx} \cdot \cosh(ax)]\,\mathrm{d}x =$$
$$= \frac{1}{2} \cdot \int \mathrm{e}^{(a+b)\cdot x}\,\mathrm{d}x + \frac{1}{2} \cdot \int \mathrm{e}^{(b-a)\cdot x}\,\mathrm{d}x \quad \blacktriangleright a = -b$$
$$= \frac{1}{2} \cdot \int \mathrm{e}^{0}\,\mathrm{d}x + \frac{1}{2} \cdot \int \mathrm{e}^{2bx}\,\mathrm{d}x \quad \blacktriangleright \mathrm{e}^0 = 1$$
$$= \frac{1}{2} \cdot x + \frac{1}{2} \cdot \frac{1}{2b} \cdot \mathrm{e}^{2bx} + c$$
$$= \frac{x}{2} + \frac{1}{4b} \cdot \mathrm{e}^{2bx} + c;\ b \neq 0$$

Dritter Fall: $a = b$

Aus dem gegebenen Integral wird nun die Summe der Integrale $\int \mathrm{e}^{2bx}\,\mathrm{d}x$ und $\int 1\,\mathrm{d}x$ gebildet. Das erste Integral lässt sich mit der Substitutionsmethode aus Kapitel 2.4.1 lösen.

Die Fälle $a = -b$ und $a = b$ liefern die gleiche Lösung.

$$\int [\mathrm{e}^{bx} \cdot \cosh(ax)]\,\mathrm{d}x =$$
$$= \frac{1}{2} \cdot \int \mathrm{e}^{(a+b)\cdot x}\,\mathrm{d}x + \frac{1}{2} \cdot \int \mathrm{e}^{(b-a)\cdot x}\,\mathrm{d}x \quad \blacktriangleright a = b$$
$$= \frac{1}{2} \cdot \int \mathrm{e}^{2bx}\,\mathrm{d}x + \frac{1}{2} \cdot \int \mathrm{e}^{0}\,\mathrm{d}x \quad \blacktriangleright \mathrm{e}^0 = 1$$
$$= \frac{1}{2} \cdot \frac{1}{2b} \cdot \mathrm{e}^{2bx} + \frac{1}{2} \cdot x + c$$
$$= \frac{1}{4b} \cdot \mathrm{e}^{2bx} + \frac{x}{2} + c;\ b \neq 0$$

147

47. $\int\left(\mathrm{e}^{-3x}\cdot\cosh\frac{x}{3}\right)\mathrm{d}x;\ x\in\mathbb{R}$

Das Integral lässt sich mit dem Ergebnis der Aufgabe 46, erster Fall, lösen.

► -3 für b; $\frac{1}{3}$ für a

$$\int\left(\mathrm{e}^{-3x}\cdot\cosh\frac{x}{3}\right)\mathrm{d}x=\frac{\mathrm{e}^{\left(\frac{1}{3}-3\right)\cdot x}}{2\cdot\left(\frac{1}{3}-3\right)}+\frac{\mathrm{e}^{\left(-3-\frac{1}{3}\right)\cdot x}}{2\cdot\left(-3-\frac{1}{3}\right)}+c$$
$$=-\frac{3}{16}\cdot\mathrm{e}^{-\frac{8}{3}\cdot x}-\frac{3}{20}\cdot\mathrm{e}^{-\frac{10}{3}\cdot x}+c$$

48. $\int[\sin(2x)\cdot\sinh(3x)]\,\mathrm{d}x;\ x\in\mathbb{R}$

► $\int[u\cdot v']\mathrm{d}x$

■ $u(x)=\sin(2x)\Rightarrow u'(x)=2\cdot\cos(2x)$
$v'(x)=\sinh(3x)\Rightarrow v(x)=\int\sinh(3x)\,\mathrm{d}x$
$=\frac{1}{3}\cdot\cosh(3x)$ ► 2.4.1

■ $u(x)=\cos(2x)\Rightarrow u'(x)=-2\cdot\sin(2x)$
$v'(x)=\cosh(3x)\Rightarrow v(x)=\int\cosh(3x)\,\mathrm{d}x$
$=\frac{1}{3}\cdot\sinh(3x)$ ► 2.4.1

Nach Durchführung der zweiten partiellen Integration lässt sich der Merksatz vor der Übungsaufgabe 39 anwenden. Das Endergebnis erhält man durch Umformen, und zwar durch Multiplizieren mit $\frac{9}{13}$.

► $1+\frac{4}{9}=\frac{13}{9}$

► $\frac{9}{13}\cdot c_1=c$

$$\int[\sin(2x)\cdot\sinh(3x)]\,\mathrm{d}x$$
$$=\sin(2x)\cdot\frac{1}{3}\cdot\cosh(3x)-\int\left[2\cdot\cos(2x)\cdot\frac{1}{3}\cdot\cosh(3x)\right]\mathrm{d}x$$
$$=\frac{1}{3}\cdot\sin(2x)\cdot\cosh(3x)-\frac{2}{3}\cdot\underbrace{\int[\cos(2x)\cdot\cosh(3x)]\,\mathrm{d}x}_{\blacktriangleright\ \int[u\cdot v']\,\mathrm{d}x}$$
$$=\frac{1}{3}\cdot\sin(2x)\cdot\cosh(3x)-\frac{2}{3}\cdot\left[\cos(2x)\cdot\frac{1}{3}\cdot\sinh(3x)+\right.$$
$$\left.-\int\left[-2\cdot\sin(2x)\cdot\frac{1}{3}\cdot\sinh(3x)\right]\mathrm{d}x\right]$$
$$=\frac{1}{3}\cdot\sin(2x)\cdot\cosh(3x)-\frac{2}{9}\cdot\cos(2x)\cdot\sinh(3x)+$$
$$-\frac{4}{9}\cdot\int[\sin(2x)\cdot\sinh(3x)]\,\mathrm{d}x$$
$$\Rightarrow\left(1+\frac{4}{9}\right)\cdot\int[\sin(2x)\cdot\sinh(3x)]\,\mathrm{d}x=$$
$$=\frac{1}{3}\cdot\sin(2x)\cdot\cosh(3x)-\frac{2}{9}\cdot\cos(2x)\cdot\sinh(3x)+c_1$$
$$\Rightarrow\int[\sin(2x)\cdot\sinh(3x)]\,\mathrm{d}x=$$
$$=\frac{3}{13}\cdot\sin(2x)\cdot\cosh(3x)-\frac{2}{13}\cdot\cos(2x)\cdot\sinh(3x)+c$$

49. $\int[\cosh(3x)\cdot\sin(2x)]\,\mathrm{d}x;\ x\in\mathbb{R}$ ► $\int[u\cdot v']\,\mathrm{d}x$

■ $u(x)=\cosh(3x)\Rightarrow u'(x)=3\cdot\sinh(3x)$

$v'(x)=\sin(2x)\Rightarrow v(x)=\int\sin(2x)\,\mathrm{d}x$
$=-\frac{1}{2}\cdot\cos(2x)$ ► 2.4.1

$$\int[\cosh(3x)\cdot\sin(2x)]\,\mathrm{d}x=$$
$$=\cosh(3x)\cdot\left[-\frac{1}{2}\cdot\cos(2x)\right]-\int\left[3\cdot\sinh(3x)\cdot\left(-\frac{1}{2}\cdot\cos(2x)\right)\right]\mathrm{d}x$$
$$=-\frac{1}{2}\cdot\cosh(3x)\cdot\cos(2x)+\frac{3}{2}\cdot\underbrace{\int[\sinh(3x)\cdot\cos(2x)]\,\mathrm{d}x}_{\blacktriangleright\ \int[u\cdot v']\,\mathrm{d}x}$$

147

■ $u(x)=\sinh(3x) \Rightarrow u'(x)=3\cdot\cosh(3x)$

$v'(x)=\cos(2x) \Rightarrow v(x)=\int\cos(2x)\,\mathrm{d}x$

$=\frac{1}{2}\cdot\sin(2x)$ ► 2.4.1

Nach Durchführung der zweiten partiellen Integration lässt sich der Merksatz vor der Übungsaufgabe 39 anwenden. Das Endergebnis erhält man durch Umformen, und zwar durch Multiplizieren mit $\frac{4}{13}$.

► $1+\frac{9}{4}=\frac{13}{4}$

► $\frac{4}{13}\cdot c_1=c$

$$=-\frac{1}{2}\cdot\cosh(3x)\cdot\cos(2x)+\frac{3}{2}\cdot\left[\sinh(3x)\cdot\left(\frac{1}{2}\cdot\sin(2x)\right)\right]+$$
$$-\int\left[3\cdot\cosh(3x)\cdot\left(\frac{1}{2}\cdot\sin(2x)\right)\right]\mathrm{d}x$$
$$=-\frac{1}{2}\cdot\cosh(3x)\cdot\cos(2x)+\frac{3}{4}\cdot\sinh(3x)\cdot\sin(2x)+$$
$$-\frac{9}{4}\cdot\int[\cosh(3x)\cdot\sin(2x)]\,\mathrm{d}x$$
$$\Rightarrow\left(1+\frac{9}{4}\right)\cdot\int[\cosh(3x)\cdot\sin(2x)]\,\mathrm{d}x=$$
$$=-\frac{1}{2}\cdot\cosh(3x)\cdot\cos(2x)+\frac{3}{4}\cdot\sinh(3x)\cdot\sin(2x)+c_1$$
$$\Rightarrow\int[\cosh(3x)\cdot\sin(2x)]\,\mathrm{d}x=$$
$$=\underline{\underline{-\frac{2}{13}\cdot\cosh(3x)\cdot\cos(2x)+\frac{3}{13}\cdot\sinh(3x)\cdot\sin(2x)+c}}$$

Die Integrale der Aufgaben 50 und 51 sind vom Typ $\int[\cos(ax)\cdot\sinh(bx)]\,\mathrm{d}x$. Für diese lässt sich eine allgemeine Lösung herleiten.

$\int[\cos(ax)\cdot\sinh(bx)]\,\mathrm{d}x;\ a;\ b\neq 0;\ x\in\mathbb{R}$

► $\int[u\cdot v']\,\mathrm{d}x$

■ $u(x)=\cos(ax) \Rightarrow u'(x)=-a\cdot\sin(ax)$

$v'(x)=\sinh(bx) \Rightarrow v(x)=\int\sinh(bx)\,\mathrm{d}x$

$=\frac{1}{b}\cdot\cosh(bx)$ ► 2.4.1

■ $u(x)=\sin(ax) \Rightarrow u'(x)=a\cdot\cos(ax)$

$v'(x)=\cosh(bx) \Rightarrow v(x)=\int\cosh(bx)$

$=\frac{1}{b}\cdot\sinh(bx)$ ► 2.4.1

Nach Durchführung der zweiten partiellen Integration lässt sich der Merksatz vor der Übungsaufgabe 39 anwenden. Das Endergebnis erhält man durch Umformen, und zwar durch Multiplizieren mit $\frac{b^2}{a^2+b^2}$.

► $1+\frac{a^2}{b^2}=\frac{a^2+b^2}{b^2}$

► $\frac{b^2}{a^2+b^2}\cdot c_1=c$

$$\int[\cos(ax)\cdot\sinh(bx)]\,\mathrm{d}x=$$
$$=\cos(ax)\cdot\frac{1}{b}\cdot\cosh(bx)-\int\left[-a\cdot\sin(ax)\cdot\frac{1}{b}\cdot\cosh(bx)\right]\mathrm{d}x$$
$$=\frac{1}{b}\cdot\cos(ax)\cdot\cosh(bx)+\frac{a}{b}\cdot\underbrace{\int[\sin(ax)\cdot\cosh(bx)]\,\mathrm{d}x}_{\blacktriangleright\ \int[u\cdot v']\,\mathrm{d}x}$$
$$=\frac{1}{b}\cdot\cos(ax)\cdot\cosh(bx)+$$
$$+\frac{a}{b}\cdot\left[\sin(ax)\cdot\frac{1}{b}\cdot\sinh(bx)-\int\left(a\cdot\cos(ax)\cdot\frac{1}{b}\cdot\sinh(bx)\right)\mathrm{d}x\right]$$
$$=\frac{1}{b}\cdot\cos(ax)\cdot\cosh(bx)+\frac{a}{b^2}\cdot\sin(ax)\cdot\sinh(bx)+$$
$$-\frac{a^2}{b^2}\cdot\int[\cos(ax)\cdot\sinh(bx)]\,\mathrm{d}x$$
$$\Rightarrow\left(1+\frac{a^2}{b^2}\right)\cdot\int[\cos(ax)\cdot\sinh(bx)]\,\mathrm{d}x=$$
$$=\frac{1}{b}\cdot\cos(ax)\cdot\cosh(bx)+\frac{a}{b^2}\cdot\sin(ax)\cdot\sinh(bx)+c_1$$
$$\Rightarrow\int[\cos(ax)\cdot\sinh(bx)]\,\mathrm{d}x=$$
$$=\underline{\underline{\frac{b}{a^2+b^2}\cdot\cos(ax)\cdot\cosh(bx)+\frac{a}{a^2+b^2}\cdot\sin(ax)\cdot\sinh(bx)+c}}$$

147

Merke:

$$\int [\cos(ax)\cdot\sinh(bx)]\,\mathrm{d}x = \frac{b}{a^2+b^2}\cdot\cos(ax)\cdot\cosh(bx)+\frac{a}{a^2+b^2}\cdot\sin(ax)\cdot\sinh(bx)+c;\ a,b\neq 0$$

50. $\int [\cos(3x)\cdot\sin(6x)]\,\mathrm{d}x;\ x\in\mathbb{R}$

Beachten Sie den vorstehenden Merksatz.

► 3 für a: 6 für b

$$\int [\cos(3x)\cdot\sinh(6x)]\,\mathrm{d}x =$$
$$=\frac{6}{3^2+6^2}\cdot\cos(3x)\cdot\cosh(6x)+\frac{3}{3^2+6^2}\cdot\sin(3x)\cdot\sinh(6x)+c$$
$$=\frac{6}{45}\cdot\cos(3x)\cdot\cosh(6x)+\frac{3}{45}\cdot\sin(3x)\cdot\sinh(6x)+c$$
$$=\frac{2}{15}\cdot\cos(3x)\cdot\cosh(6x)+\frac{1}{15}\cdot\sin(3x)\cdot\sinh(6x)+c$$

51. $\int [\cos(5x)\cdot\sin(0{,}2x)]\,\mathrm{d}x;\ x\in\mathbb{R}$

Beachten Sie den vorstehenden Merksatz.

► 5 für a; 0,2 für b

$$\int [\cos(5x)\cdot\sinh(0{,}2x)]\,\mathrm{d}x =$$
$$=\frac{0{,}2}{5^2+0{,}2^2}\cdot\cos(5x)\cdot\cosh(0{,}2x)+\frac{5}{5^2+0{,}2^2}\cdot\sin(5x)\cdot\sinh(0{,}2x)+c$$
$$=\frac{0{,}2}{25{,}04}\cdot\cos(5x)\cdot\cosh(0{,}2x)+\frac{5}{25{,}04}\cdot\sin(5x)\cdot\sinh(0{,}2x)+c$$

52. $\int (\mathrm{e}^x\cdot\cosh x)\,\mathrm{d}x;\ x\in\mathbb{R}$

Beachten Sie das Ergebnis der Aufgabe 46, dritter Fall, mit $a=1$ und $b=1$.

$$\int (\mathrm{e}^x\cdot\cosh x)\,\mathrm{d}x = \frac{1}{4}\cdot\mathrm{e}^{2x}+\frac{x}{2}+c$$

Zur Lösung der Übungsaufgaben 53 und 54 wendet man zweckmäßigerweise den nachfolgenden Merksatz an. ► **Lehrbuch: Kusch 4, S. 143**

Merke:

Integrale des Typs $I_m=\int\cos^m x\,\mathrm{d}x$ und $I_m=\int\sin^m x\,\mathrm{d}x$, bei denen der Exponent m mit $m\in\mathbb{N}^{\geq 3}$ eine ungerade Zahl ist, löst man zweckmäßigerweise durch Substitution.

53. $\int\cos^3 x\,\mathrm{d}x;\ x\in\mathbb{R}$

Das Integral $\int\cos^3 x\,\mathrm{d}x$ kann auch mit der Methode der partiellen Integration gelöst werden.

Das Integral $\int\sin^2 x\cdot\cos x\,\mathrm{d}x$ wird durch Substitution gelöst:

► $\sin x = z \Rightarrow \frac{\mathrm{d}z}{\mathrm{d}x}=\cos x \Rightarrow \mathrm{d}z=\cos x\cdot\mathrm{d}x$

Die Substitution wird rückgängig gemacht.

$$\int\cos^3 x\,\mathrm{d}x = \int(\cos^2 x\cdot\cos x)\,\mathrm{d}x \quad ►\ \cos^2 x = 1-\sin^2 x \quad ►\ 4.1$$
$$=\int([1-\sin^2 x]\cdot\cos x)\,\mathrm{d}x$$
$$=\int(\cos x-\sin^2 x\cdot\cos x)\,\mathrm{d}x$$
$$=\int\cos x\,\mathrm{d}x-\int(\sin^2 x\cdot\cos x)\,\mathrm{d}x \quad ►\ \sin x = z$$
$$=\sin x-\int z^2\,\mathrm{d}z$$
$$=\sin x-\frac{1}{3}\cdot z^3+c \quad ►\ z=\sin x$$
$$=\sin x-\frac{1}{3}\cdot\sin^3 x+c$$

147

54. $\int \sin^3(ax)\,dx;\ a \neq 0;\ x \in \mathbb{R}$

Man substituiert:

► $ax = z \Rightarrow \frac{dz}{dx} = a \Rightarrow dx = \frac{1}{a} \cdot dz$

Das Integral $\int \sin^3 z\,dz$ kann auch mit der Methode der partiellen Integration gelöst werden.

Das Integral $\int(\cos^2 z \cdot \sin z)\,dz$ wird durch Substitution gelöst:

► $\cos z = s \Rightarrow \frac{ds}{dz} = -\sin z \Rightarrow ds = -\sin z \cdot dz$

Die Substitutionen werden rückgängig gemacht.

$$\int \sin^3(ax)\,dx = \int\left(\sin^3 z \cdot \frac{1}{a}\right) dz$$
$$= \frac{1}{a} \cdot \int \sin^3 z\,dz$$
$$= \frac{1}{a} \cdot \int (\sin^2 z \cdot \sin z)\,dz \quad ► \sin^2 z = 1 - \cos^2 z \quad ► 4.1$$
$$= \frac{1}{a} \cdot \int ([1 - \cos^2 z] \cdot \sin z)\,dz$$
$$= \frac{1}{a} \cdot \left[\int \sin z - \int (\cos^2 z \cdot \sin z)\,dz\right]$$
$$= \frac{1}{a} \cdot \left[-\cos z + \int s^2\,ds\right]$$
$$= \frac{1}{a} \cdot \left[-a\cos z + \frac{1}{3} \cdot s^3\right] + c \quad ► z = ax \quad ► s = \cos z = \cos(ax)$$
$$= -\frac{1}{a} \cdot \cos(ax) + \frac{1}{3a} \cdot \cos^3(ax) + c$$

55. Lösen Sie $\int(\sin x \cdot \cos x)\,dx$ auf zwei verschiedene Arten. Setzen Sie dazu einmal $\sin x$ für $u(x)$ und $\cos x$ für $v'(x)$, zum anderen $\cos x$ für $u(x)$ und $\sin x$ für $v'(x)$. Wie lassen sich die verschiedenen Ergebnisse erklären?

- $\int(\sin x \cdot \cos x)\,dx;\ x \in \mathbb{R}$ ► $\int[u \cdot v']\,dx$

► $u(x) = \sin x \Rightarrow u'(x) = \cos x$

► $v(x) = \cos x \Rightarrow v(x) = \int \cos x\,dx = \sin x$

Nach Durchführung der zweiten partiellen Integration lässt sich der Merksatz vor der Übungsaufgabe 39 anwenden.

$$\int(\sin x \cdot \cos x)\,dx = \sin x \cdot \sin x - \int[\cos x \cdot \sin x]\,dx$$
$$= \sin^2 x - \int[\cos x \cdot \sin x]\,dx$$

$$\Rightarrow 2 \cdot \int(\sin x \cdot \cos x)\,dx = \sin^2 x + c_1 \quad ► \tfrac{c_1}{2} = c_2$$
$$\Rightarrow \int(\sin x \cdot \cos x)\,dx = \frac{1}{2} \cdot \sin^2 x + c_2$$

- $\int(\sin x \cdot \cos x)\,dx;\ x \in \mathbb{R}$ ► $\int[u \cdot v']\,dx$

► $u(x) = \cos x \Rightarrow u'(x) = -\sin x$

► $v'(x) = \sin x \Rightarrow v(x) = \int \sin x\,dx = -\cos x$

$\int(\sin x \cdot \cos x)\,dx = \int(\cos x \cdot \sin x)\,dx$

Nach Durchführung der zweiten partiellen Integration lässt sich der Merksatz vor der Übungsaufgabe 39 anwenden.

$$\int(\sin x \cdot \cos x)\,dx = \int[\cos x \cdot \sin x]\,dx$$
$$= \cos x \cdot (-\cos x) - \int[(-\sin x) \cdot (-\cos x)]\,dx$$
$$= -\cos^2 x - \int[\sin x \cdot \cos x]\,dx$$

$$\Rightarrow 2 \cdot \int(\cos x \cdot \sin x)\,dx = -\cos^2 x + c_3 \quad ► \tfrac{c_3}{2} = c_4$$
$$\Rightarrow \int(\cos x \cdot \sin x)\,dx = -\frac{1}{2} \cdot \cos^2 x + c_4$$

Es gilt also $\int(\sin x \cdot \cos x)\,dx = \frac{1}{2} \cdot \sin^2 x + c_2 = -\frac{1}{2} \cdot \cos^2 x + c_4$ für jedes Intervall $I \subset \mathbb{R}$ und damit: $\frac{1}{2} \cdot \sin^2 x + c_2 = -\frac{1}{2} \cdot \cos^2 x + c_4 \Rightarrow \frac{1}{2} \cdot (\sin^2 x + \cos^2 x) + c_2 = c_4 \Rightarrow \frac{1}{2} + c_2 = c_4$ ► $\sin^2 x + \cos^2 x = 1;\ x \in \mathbb{R}$

Die Funktionsterme der beiden Stammfunktionen $F_1\colon F_1(x) = \frac{1}{2} \cdot \sin^2 x + c_2;\ D(F_1) = \mathbb{R}$ und $F_2\colon F_2(x) = -\frac{1}{2} \cdot \cos^2 x + c_4;\ D(F_2) = \mathbb{R}$ zur Funktion $f\colon f(x) = \sin x \cdot \cos x;\ D(f) = \mathbb{R}$ unterscheiden sich also lediglich um eine Zahl. ► 1.2

Merke:

Ein Integral, bei dem im Integranden die m-te Potenz ($m \in \mathbb{N}$) einer Funktion vorkommt, kann häufig vereinfacht werden, indem man es mithilfe einer Rekursionsformel auf ein Integral gleicher Struktur, jedoch mit kleinerem Exponenten zurückführt. Dieses Verfahren kann wiederholt angewendet werden, sodass schließlich nur noch ein Grundintegral oder ein auf andere Weise lösbares Integral übrig bleibt.

147 Ermitteln Sie Rekursionsformeln für die nachstehenden Integrale I_m; $m \in \mathbb{N}^{\geq 1}$.
▸ **Lehrbuch: Kusch 4, S. 139 ... 146**

56. $I_m = \int \ln^m x \,\mathrm{d}x;\ x \in \mathbb{R}^{>0}$

▸ $u(x) = \ln^m x \Rightarrow n'(x) = \dfrac{m}{x} \cdot \ln^{m-1} x$

▸ $v'(x) = 1 \Rightarrow v(x) = \int 1 \,\mathrm{d}x = x$

An der Formel $I_m = x \cdot \ln^m x - m \cdot I_{m-1}$ erkennt man, dass der Exponent im Restintegral $I_{m-1} = \int \ln^{m-1} x \,\mathrm{d}x$ um eins kleiner ist als im Ausgangsintegral. Es ist somit noch das Integral I_0 als Anfangswert zu berechnen.

● $I_m = \int \ln^m x \,\mathrm{d}x$

$$
\begin{aligned}
&= \int [\ln^m x \cdot 1] \,\mathrm{d}x \quad ▸ \int [u \cdot v'] \,\mathrm{d}x \\
&= \ln^m x \cdot x - \int \left[\left(\tfrac{m}{x} \cdot \ln^{m-1} x\right) \cdot x\right] \mathrm{d}x \\
&= x \cdot \ln^m x - m \cdot \int \ln^{m-1} x \,\mathrm{d}x
\end{aligned}
$$

$\Rightarrow \underline{I_m = x \cdot \ln^m x - m \cdot I_{m-1};\ m \in \mathbb{N}^{\geq 1}}$

● $I_0 = \int \ln^0 x \,\mathrm{d}x$ ▸ $\ln^0 x = 1;\ x > 0$

$$
\begin{aligned}
&= \int 1 \,\mathrm{d}x \\
&= \underline{x + c;\ x > 0} \quad ▸ \text{Anfangswert}
\end{aligned}
$$

Rekursionsformel: $\underline{\underline{\boldsymbol{I_m = \int \ln^m x \,\mathrm{d}x = x \cdot \ln^m x - m \cdot I_{m-1};\ m \in \mathbb{N}^{\geq 1};\ I_0 = x + c;\ x > 0}}}$

57. $I_m = \int (x^8 \cdot \ln^m x) \,\mathrm{d}x;\ x \in \mathbb{R}^{>0}$

▸ $u(x) = \ln^m x \Rightarrow u'(x) = \dfrac{m}{x} \cdot \ln^{m-1} x$

▸ $v'(x) = x^8 \Rightarrow v(x) = \displaystyle\int x^8 \,\mathrm{d}x = \frac{1}{9} \cdot x^9$

An der Formel $I_m = \dfrac{x^9}{9} - \dfrac{m}{9} \cdot I_{m-1}$ erkennt man, dass der Exponent im Restintegral $I_{m-1} = \int (x^8 \cdot \ln^{m-1} x) \,\mathrm{d}x$ um eins kleiner ist als im Ausgangsintegral. Es ist somit noch das Integral I_0 als Anfangswert zu berechnen.

● $I_m = \int (x^8 \cdot \ln^m x) \,\mathrm{d}x$

$$
\begin{aligned}
&= \int [\ln^m x \cdot x^8] \,\mathrm{d}x \quad ▸ \int [u \cdot v'] \,\mathrm{d}x \\
&= \ln^m x \cdot \frac{1}{9} \cdot x^9 - \int \left[\left(\frac{m}{x} \cdot \ln^{m-1} x\right) \cdot \frac{1}{9} \cdot x^9\right] \mathrm{d}x \\
&= \frac{1}{9} \cdot x^9 \cdot \ln^m x - \frac{m}{9} \cdot \int \left[\ln^{m-1} x \cdot x^8\right] \mathrm{d}x \\
&= \frac{x^9}{9} \cdot \ln^m x - \frac{m}{9} \cdot \int \left[x^8 \cdot \ln^{m-1} x\right] \mathrm{d}x
\end{aligned}
$$

$\Rightarrow \underline{I_m = \dfrac{x^9}{9} \cdot \ln^m x - \dfrac{m}{9} \cdot I_{m-1};\ m \in \mathbb{N}^{\geq 1}}$

● $I_0 = \int (x^8 \cdot \ln^0 x) \,\mathrm{d}x$ ▸ $\ln^0 x = 1;\ x > 0$

$$
\begin{aligned}
&= \int x^8 \,\mathrm{d}x \\
&= \underline{\frac{x^9}{9} + c;\ x > 0} \quad ▸ \text{Anfangswert}
\end{aligned}
$$

Rekursionsformel: $\underline{\underline{\boldsymbol{I_m = \int (x^8 \cdot \ln^m x) \,\mathrm{d}x = \frac{x^9}{9} \cdot \ln^m x - \frac{m}{9} \cdot I_{m-1};\ m \in \mathbb{N}^{\geq 1};\ I_0 = \frac{x^9}{9} + c;\ x > 0}}}$

58. $I_m = \int \frac{\ln^m x}{x^7}\,dx;\ x \in \mathbb{R}^{>0}$

► $u(x) = \ln^m x \Rightarrow u'(x) = \frac{m}{x} \cdot \ln^{m-1} x$

► $v'(x) = x^{-7} \Rightarrow v(x) = \int x^{-7}\,dx = -\frac{1}{6} \cdot x^{-6}$

An der Formel $I_m = -\frac{1}{6x^6} \cdot \ln^m x + \frac{m}{6} \cdot I_{m-1}$ erkennt man, dass der Exponent in Restintegral $I_{m-1} = \int \frac{\ln^{m-1} x}{x^7}\,dx$ um eins kleiner ist als im Ausgangsintegral. Es ist somit noch das Integral I_0 als Anfangswert zu berechnen.

● $I_m = \int \frac{\ln^m x}{x^7}\,dx$

$= \int [\ln^m x \cdot x^{-7}]\,dx$ ► $\int [u \cdot v']\,dx$

$= \ln^m x \cdot \left(-\frac{1}{6} \cdot x^{-6}\right) - \int \left[\left(\frac{m}{x} \cdot \ln^{m-1} x\right) \cdot \left(-\frac{1}{6} \cdot x^{-6}\right)\right] dx$

$= -\frac{x^{-6}}{6} \cdot \ln^m x + \frac{m}{6} \cdot \int [x^{-7} \cdot \ln^{m-1} x]\,dx$

$= -\frac{1}{6x^6} \cdot \ln^m x + \frac{m}{6} \cdot \int \frac{\ln^{m-1} x}{x^7}\,dx$

$\Rightarrow I_m = -\frac{1}{6x^6} \cdot \ln^m x + \frac{m}{6} \cdot I_{m-1};\ m \in \mathbb{N}^{\geq 1}$

● $I_0 = \int \frac{\ln^0 x}{x^7}\,dx$ ► $\ln^0 x = 1;\ x > 0$

$= \int x^{-7}\,dx$

$= -\frac{1}{6x^6} + c;\ x > 0$ ► Anfangswert

Rekursionsformel: $\boldsymbol{I_m = \int \frac{\ln^m x}{x^7}\,dx = -\frac{1}{6x^6} \cdot \ln^m x + \frac{m}{6} \cdot I_{m-1};\ m \in \mathbb{N}^{\geq 1};\ I_0 = -\frac{1}{6x^6} + c;\ x > 0}$

59. $I_m = \int (x^m \cdot \sin x)\,dx;\ x \in \mathbb{R}$

■ $u(x) = x^m \Rightarrow u'(x) = m \cdot x^{m-1}$

$v'(x) = \sin x \Rightarrow v(x) = \int \sin x\,dx = -\cos x$

■ $u(x) = x^{m-1} \Rightarrow u'(x) = (m-1) \cdot x^{m-2}$

$v'(x) = \cos x \Rightarrow v(x) = \int \cos x\,dx = \sin x$

Man erkennt an der Rekursionsformel $I_m = -x^m \cdot \cos x + m \cdot x^{m-1} \cdot \sin x + m \cdot (m-1) \cdot I_{m-2}$, dass der Exponent in dem Restintegral $I_{m-2} = \int (x^{m-2} \cdot \sin x)\,dx$ um zwei kleiner ist als im Ausgangsintegral. Es sind somit noch die Integrale I_1 (für ungerades m) und I_0 (für gerades m) als Anfangswerte zu berechnen.

■ $u(x) = x \Rightarrow u'(x) = 1$

$v'(x) = \sin x \Rightarrow v(x) = \int \sin x\,dx = -\cos x$

● $I_m = \int (x^m \cdot \sin x)\,dx$ ► $\int [u \cdot v']\,dx$

$= x^m \cdot (-\cos x) - \int [m \cdot x^{m-1} \cdot (-\cos x)]\,dx$

$= -x^m \cdot \cos x + m \cdot \underbrace{\int [x^{m-1} \cdot \cos x]\,dx}$ ► $\int [u \cdot v']\,dx$

$= -x^m \cdot \cos x + m \cdot \left(x^{m-1} \cdot \sin x - \int [(m-1) \cdot x^{m-2} \cdot \sin x]\,dx\right)$

$= -x^m \cdot \cos x + m \cdot x^{m-1} \cdot \sin x - m \cdot (m-1) \cdot \int (x^{m-2} \cdot \sin x)\,dx$

$\Rightarrow I_m = -x^m \cdot \cos x + m \cdot x^{m-1} \cdot \sin x - m \cdot (m-1) \cdot I_{m-2};\ m \in \mathbb{N}^{\geq 2}$

● $I_1 = \int (x \cdot \sin x)\,dx$ ► $\int [u \cdot v']\,dx$

$= x \cdot (-\cos x) - \int [1 \cdot (-\cos x)]\,dx$

$= -x \cdot \cos x + \int \cos x\,dx$

$= -x \cdot \cos x + \sin x + c_1$ ► Anfangswert für $m \in \mathbb{N}^{\geq 2}$ und ungerades m

● $I_0 = \int (x^0 \cdot \sin x)\,dx$

$= \int (1 \cdot \sin x)\,.dx$

$= -\cos x + c_0$ ► Anfangswert für $m \in \mathbb{N}^{\geq 2}$ und gerades m

Rekursionsformel:

$\boldsymbol{I_m = \int (x^m \cdot \sin x)\,dx = -x^m \cdot \cos x + m \cdot x^{m-1} \cdot \sin x - m \cdot (m-1) \cdot I_{m-2};\ m \in \mathbb{N}^{\geq 2};}$

$\boldsymbol{I_1 = -x \cdot \cos x + \sin x + c_1;\ I_0 = -\cos x + c_0}$

147 **60.** $I_m = \int (x^m \cdot \cos x)\,\mathrm{d}x;\ x \in \mathbb{R}$

■ $u(x) = x^m \Rightarrow u'(x) = m \cdot x^{m-1}$

$v'(x) = \cos x \Rightarrow v(x) = \int \cos x\,\mathrm{d}x = \sin x$

■ $u(x) = x^{m-1} \Rightarrow u'(x) = (m-1) \cdot x^{m-2}$

$v'(x) = \sin x \Rightarrow v(x) = \int \sin x\,\mathrm{d}x = -\cos x$

Man erkennt an der Rekursionsformel $I_m = x^m \cdot \sin x + m \cdot x^{m-1} \cdot \cos x - m \cdot (m-1) \cdot I_{m-2}$, dass der Exponent in dem Restintegral $I_{m-2} = \int (x^{m-2} \cdot \cos x)\,\mathrm{d}x$ um zwei kleiner ist als im Ausgangsintegral. Es sind somit noch die Integrale I_1 (für ungerades m) und I_0 (für gerades m) als Anfangswerte zu berechnen.

■ $u(x) = x \Rightarrow u'(x) = 1$

$v'(x) = \cos x \Rightarrow v(x) = \int \cos x\,\mathrm{d}x = \sin x$

● $I_m = \int (x^m \cdot \cos x)\,\mathrm{d}x$ ► $\int [u \cdot v']\,\mathrm{d}x$

$= x^m \cdot \sin x - \int (m \cdot x^{m-1} \cdot \sin x)\,\mathrm{d}x$

$= x^m \cdot \sin x - m \cdot \underbrace{\int [x^{m-1} \cdot \sin x]\,\mathrm{d}x}_{\blacktriangleright \int [u \cdot v']\,\mathrm{d}x}$

$= x^m \cdot \sin x - m \cdot \left(x^{m-1} \cdot (-\cos x) - \int [(m-1) \cdot x^{m-2} \cdot (-\cos x)]\,\mathrm{d}x\right)$

$= x^m \cdot \sin x + m \cdot x^{m-1} \cdot \cos x - m \cdot (m-1) \cdot \int (x^{m-2} \cdot \cos x)\,\mathrm{d}x$

$\Rightarrow \underline{I_m = x^m \cdot \sin x + m \cdot x^{m-1} \cdot \cos x - m \cdot (m-1) \cdot I_{m-2};\ m \in \mathbb{N}^{\geq 2}}$

● $I_1 = \int (x \cdot \cos x)\,\mathrm{d}x$ ► $\int [u \cdot v']\,\mathrm{d}x$

$= x \cdot \sin x - \int [1 \cdot \sin x]\,\mathrm{d}x$

$= \underline{x \cdot \sin x + \cos x + c_1}$ ► Anfangswert für $m \in \mathbb{N}^{\geq 2}$ und ungerades m

● $I_0 = \int (x^0 \cdot \cos x)\,\mathrm{d}x$ ► $x^0 = 1$

$= \int (1 \cdot \cos x)\,\mathrm{d}x$

$= \underline{\sin x + c_0}$ ► Anfangwert für $m \in \mathbb{N}^{\geq 2}$ und gerades m

Rekursionsformel:

$\underline{\underline{I_m = \int (x^m \cdot \cos x)\,\mathrm{d}x = x^m \cdot \sin + m \cdot x^{m-1} \cdot \cos x - m \cdot (m-1) \cdot I_{m-2};\ m \in \mathbb{N}^{\geq 2};\ I_1 = x \cdot \sin x + \cos x + c_1;\ I_0 = \sin x + c_0}}$

61. $I_m = \int \frac{\cos^m x}{\sin x}\,\mathrm{d}x;\ x \in \mathbb{R} \setminus \{k\pi \mid k \in \mathbb{Z}\}$

► $\frac{\cos^m x}{\sin x} = \frac{\cos^{m-2} x \cdot \cos^2 x}{\sin x}$ ► $\cos^2 x = 1 - \sin^2 x$

$= \frac{\cos^{m-2} x \cdot (1 - \sin^2 x)}{\sin x}$

$= \underline{\frac{\cos^{m-2} x}{\sin x} - \cos^{m-2} x \cdot \sin x}$

Das Integral $\int ([\cos x]^{m-2} \cdot \sin x)\,\mathrm{d}x$ ist vom Typ $\int \left([f(x)]^{m-2} \cdot f'(x)\right)\mathrm{d}x$. ► 2.4.3

► $\cos x = f(x) \Rightarrow f'(x) = -\sin x$

An der Formel $I_m = \frac{\cos^{m-1}}{m-1} + I_{m-2}$ erkennt man, dass der Exponent im Restintegral $I_{m-2} = \int \frac{\cos^{m-2} x}{\sin x}\,\mathrm{d}x$ um zwei kleiner ist als im Ausgangsintegral. Es sind somit noch die Integrale I_1 (für ungerades m) und I_0 (für gerades m) als Anfangswerte zu berechnen.

● $I_m = \int \frac{\cos^m x}{\sin x}\,\mathrm{d}x$

$= \int \left(\frac{\cos^{m-2} x}{\sin x} - \cos^{m-2} \cdot \sin x\right)\mathrm{d}x$

$= \int \frac{\cos^{m-2} x}{\sin x}\,\mathrm{d}x - \int (\cos^{m-2} x \cdot \sin x)\,\mathrm{d}x$

$= I_{m-2} + \int \left([\cos x]^{m-2} \cdot (-\sin x)\right)\mathrm{d}x$

$= I_{m-2} + \frac{\cos^{m-1} x}{m-1}$

$\Rightarrow \underline{I_m = \frac{\cos^{m-1} x}{m-1} + I_{m-2};\ m \in \mathbb{N}^{\geq 2}}$

147

- $I_1 = \int \frac{\cos x}{\sin x}\,dx$ ► $\int \frac{f'(x)}{f(x)}\,dx$ ► 2.4.2

$= \underline{\ln|\sin x| + c_1;\ x \neq k\pi;\ k \in \mathbb{Z}}$

► Anfangswert für $m \in \mathbb{N}^{\geq 2}$ und ungerades m

- $I_0 = \int \frac{\cos^0 x}{\sin x}\,dx$ ► $\cos^0 x = 1$

$= \int \frac{dx}{\sin x}$ ► 2.4.5; Merksatz vor der Aufgabe 3

$= \underline{\ln\left|\tan\frac{x}{2}\right| + c_0;\ x \in (-\pi;\ \pi)}$

► Anfangswert für $m \in \mathbb{N}^{\geq 2}$ und gerades m

Rekursionsformel:

$$\boldsymbol{I_m = \int \frac{\cos^m x}{\sin x}\,dx = \frac{\cos^{m-1} x}{m-1} + I_{m-2};\ m \in \mathbb{N}^{\geq 2};\ I_1 = \ln|\sin x| + c_1;\ I_0 = \ln\left|\tan\frac{x}{2}\right| + c_0;\ x \in (-\pi;\ \pi)}$$

62. $I_m = \int \sin^m x\,dx;\ x \in \mathbb{R}$

► $u(x) = \sin^{m-1} x$

$\Rightarrow u'(x) = (m-1)\cdot\sin^{m-2} x\cdot\cos x$

► $v'(x) = \sin x \Rightarrow v(x) = \int \sin x\,dx = -\cos x$

► $\cos^2 x = 1 - \sin^2 x$ ► 4.1

► $\int \sin^{m-2} x\,dx = I_{m-2}$

► $\int \sin^m x\,dx = I_m$

An $I_m = -\frac{1}{m}\cdot\sin^{m-1} x\cdot\cos x + \frac{m-1}{m}\cdot I_{m-2}$ erkennt man, dass der Exponent im Restintegral $I_{m-2} = \int \sin^{m-2} x\,dx$ um zwei kleiner ist als im Ausgangsintegral. Es sind somit noch die Integrale I_1 (für ungerades m) und I_0 (für gerades m) als Anfangswerte zu berechnen.

- $I_m = \int \sin^m x\,dx$

$= \int[\sin^{m-1} x\cdot\sin x]\,dx$ ► $\int[u\cdot v']\,dx$

$= \sin^{m-1} x\cdot(-\cos x) - \int[(m-1)]\cdot\sin^{m-2} x\cdot\cos x\cdot(-\cos x)]\,dx$

$= -\sin^{m-1} x\cdot\cos x + (m-1)\cdot\int[\sin^{m-2} x\cdot\cos^2 x]\,dx$

$= -\sin^{m-1} x\cdot\cos x + (m-1)\cdot\int[\sin^{m-2} x\cdot(1-\sin^2 x)]\,dx$

$= -\sin^{m-1} x\cdot\cos x + (m-1)\cdot\int\sin^{m-2} x\,dx +$

$-(m-1)\cdot\int[\sin^{m-2} x\cdot\sin^2 x]\,dx$

$= -\sin^{m-1} x\cdot\cos x + (m-1)\cdot I_{m-2} - (m-1)\cdot\int\sin^m x\,dx$

$= -\sin^{m-1} x\cdot\cos x + (m-1)\cdot I_{m-2} - (m-1)\cdot I_m \quad | + (m-1)\cdot I_m$

$\Rightarrow I_m + (m-1)\cdot I_m = -\sin^{m-1} x\cdot\cos x + (m-1)\cdot I_{m-2}$

$\Rightarrow m\cdot I_m = -\sin^{m-1} x\cdot\cos x + (m-1)\cdot I_{m-2}$

$\Rightarrow \underline{I_m = -\frac{1}{m}\cdot\sin^{m-1} x\cdot\cos x + \frac{m-1}{m}\cdot I_{m-2};\ m \in \mathbb{N}^{\geq 2}}$

- $I_1 = \int \sin x\,dx = \underline{-\cos x + c_1}$ ► Anfangswert für $m \in \mathbb{N}^{\geq 2}$ und ungerades m
- $I_0 = \int \sin^0 x\,dx = \int 1\,dx = \underline{x + c_0}$ ► Anfangswert für $m \in \mathbb{N}^{\geq 2}$ und gerades m

Rekursionsformel:

$$\boldsymbol{I_m = \int \sin^m x\,dx = -\frac{1}{m}\cdot\sin^{m-1} x\cdot\cos x + \frac{m-1}{m}\cdot I_{m-2};\ m \in \mathbb{N}^{\geq 2};\ I_1 = -\cos x + c_1;\ I_0 = x + c_0}$$

147 **63.** $I_m = \int \sinh^m x \, \mathrm{d}x;\ x \in \mathbb{R}$

▸ $u(x) = \sinh^{m-1} x$

$\Rightarrow u'(x) = (m-1) \cdot \sinh^{m-2} x \cdot \cosh x$

▸ $v'(x) = \sinh x \Rightarrow v(x) = \int \sinh x \, \mathrm{d}x = \cosh x$

▸ $\cosh^2 x = 1 + \sinh^2 x$ ▸ 4.1

▸ $\int \sinh^{m-2} x \, \mathrm{d}x = I_{m-2}$

▸ $\int \sinh^m x \, \mathrm{d}x = I_m$

An $I_m = \frac{1}{m} \cdot \sinh^{m-1} x \cdot \cosh x - \frac{m-1}{m} \cdot I_{m-2}$ erkennt man, dass der Exponent im Restintegral $I_{m-2} = \int \sinh^{m-2} x \, \mathrm{d}x$ um zwei kleiner ist als im Ausgangsintegral. Es sind somit noch die Integrale I_1 (für ungerades m) und I_0 (für gerades m) als Anfangswerte zu berechnen.

● $I_m = \int \sinh^m x \, \mathrm{d}x$

$= \int [\sinh^{m-1} x \cdot \sinh x] \, \mathrm{d}x$ ▸ $\int [u \cdot v'] \, \mathrm{d}x$

$= \sinh^{m-1} x \cdot \cosh x - \int [(m-1) \cdot \sinh^{m-2} x \cdot \cosh x \cdot \cosh x] \, \mathrm{d}x$

$= \sinh^{m-1} x \cdot \cosh x - (m-1) \cdot \int [\sinh^{m-2} x \cdot \cosh^2 x] \, \mathrm{d}x$

$= \sinh^{m-1} x \cdot \cosh x - (m-1) \cdot \int [\sinh^{m-2} x \cdot (1 + \sinh^2 x)] \, \mathrm{d}x$

$= \sinh^{m-1} x \cdot \cosh x - (m-1) \cdot \int \sinh^{m-2} x \, \mathrm{d}x +$

$- (m-1) \cdot \int [\sinh^{m-2} x \cdot \sinh^2 x] \, \mathrm{d}x$

$= \sinh^{m-1} x \cdot \cosh x - (m-1) \cdot I_{m-2} - (m-1) \cdot \int \sinh^m x \, \mathrm{d}x$

$= \sinh^{m-1} x \cdot \cosh x - (m-1) \cdot I_{m-2} - (m-1) \cdot I_m \quad | + (m-1) \cdot I_m$

$\Rightarrow I_m + (m-1) \cdot I_m = \sinh^{m-1} x \cdot \cosh x - (m-1) \cdot I_{m-2}$

$\Rightarrow m \cdot I_m = \sinh^{m-1} x \cdot \cosh x - (m-1) \cdot I_{m-2}$

$\Rightarrow I_m = \frac{1}{m} \cdot \sinh^{m-1} x \cdot \cosh x - \frac{m-1}{m} \cdot I_{m-2};\ m \in \mathbb{N}^{\geq 2}$

● $I_1 = \int \sin x \, \mathrm{d}x = \underline{\cos x + c_1}$ ▸ Anfangswert für $m \in \mathbb{N}^{\geq 2}$ und ungerades m

● $I_0 = \int \sin^0 x \, \mathrm{d}x = \int 1 \, \mathrm{d}x = \underline{x + c_0}$ ▸ Anfangswert für $m \in \mathbb{N}^{\geq 2}$ und gerades m

Rekursionsformel:

$$\boldsymbol{I_m = \int \sinh^m x \, \mathrm{d}x = \frac{1}{m} \cdot \sinh^{m-1} x \cdot \cosh x - \frac{m-1}{m} \cdot I_{m-2};\ m \in \mathbb{N}^{\geq 2};\ I_1 = \cosh x + c_1;\ I_0 = x + c_0}$$

64. $I_m = \int \cosh^m x \, \mathrm{d}x;\ x \in \mathbb{R}$

▸ $u(x) = \cosh^{m-1} x$

$\Rightarrow u'(x) = (m-1) \cdot \cosh^{m-2} x \cdot \sinh x$

▸ $v'(x) = \cosh x \Rightarrow v(x) = \int \cosh x \, \mathrm{d}x = \sinh x$

▸ $\sinh^2 x = \cosh^2 x - 1$

▸ $\int \cosh^m x \, \mathrm{d}x = I_m$

▸ $\int \cosh^{m-2} x \, \mathrm{d}x = I_{m-2}$

An $I_m = \frac{1}{m} \cdot \cosh^{m-1} x \cdot \sinh x - \frac{m-1}{m} \cdot I_{m-2}$ erkennt man, dass der Exponent im Restin-

● $I_m = \int \cosh^m x \, \mathrm{d}x$

$= \int [\cos^{m-1} x \cdot \cosh x] \, \mathrm{d}x$ ▸ $\int [u \cdot v'] \, \mathrm{d}x$

$= \cosh^{m-1} x \cdot \sinh x - \int [(m-1) \cdot \cosh^{m-2} x \cdot \sinh x \cdot \sinh x] \, \mathrm{d}x$

$= \cosh^{m-1} x \cdot \sinh x - (m-1) \cdot \int [\cosh^{m-2} x \cdot \sinh^2 x] \, \mathrm{d}x$

$= \cosh^{m-1} x \cdot \sinh x - (m-1) \int [\cosh^{m-2} x \cdot (\cosh^2 x - 1)] \, \mathrm{d}x$

$= \cosh^{m-1} x \cdot \sinh x - (m-1) \cdot \int [\cosh^{m-2} x \cdot \cosh^2 x \, \mathrm{d}x +$

$+ (m-1) \cdot \int \cosh^{m-2} x \, \mathrm{d}x$

$= \cosh^{m-1} x \cdot \sinh x - (m-1) \cdot \int \cosh^m x \, \mathrm{d}x +$

$+ (m-1) \cdot \int \cosh^{m-2} x \, \mathrm{d}x$

$= \cosh^{m-1} x \cdot \sinh x - (m-1) \cdot I_m + (m-1) \cdot I_{m-2} + (m-1) \cdot I_m$

$\Rightarrow I_m + (m-1) \cdot I_m = \cosh^{m-1} x \cdot \sinh x + (m-1) \cdot I_{m-2}$

$\Rightarrow m \cdot I_m = \cosh^{m-1} x \cdot \sinh x + (m-1) \cdot I_{m-2}$

$\Rightarrow I_m = \frac{1}{m} \cdot \cosh^{m-1} x \cdot \sinh x + \frac{m-1}{m} \cdot I_{m-2};\ m \in \mathbb{N}^{\geq 2}$

tegral $I_{m-2} = \int \cosh^{m-2} x \,\mathrm{d}x$ um zwei kleiner ist als im Ausgangsintegral. Es sind somit noch die Integrale I_1 (für ungerades m) und I_0 (für gerades m) als Anfangswerte zu berechnen.

- $I_1 = \int \cosh x \,\mathrm{d}x = \underline{\cos x + c_1}$ ► Anfangswert für $m \in \mathbb{N}^{\geq 2}$ und ungerades m
- $I_0 = \int \cosh^0 x \,\mathrm{d}x = \int 1 \,\mathrm{d}x$
  $= \underline{x + c_0}$ ► Anfangswert für $m \in \mathbb{N}^{\geq 2}$ und gerades m

Rekursionsformel:

$$I_m = \int \cosh^m x \,\mathrm{d}x = \frac{1}{m} \cdot \cosh^{m-1} x \cdot \sinh x + \frac{m-1}{m} \cdot I_{m-2};\ m \in \mathbb{N}^{\geq 2};\ I_1 = \sinh x + c_1;\ I_0 = x + c_0$$

65. $I_m = \int \frac{x^m}{\sqrt{a^2 - x^2}} \,\mathrm{d}x;\ a > 0;\ x \in (-a; a)$

Man substituiert:

► $x = a \cdot \sin z;\ z \in \left(-\frac{\pi}{2}; \frac{\pi}{2}\right)$

► $\sqrt{a^2 - x^2} = a \cdot \cos z$

► $\mathrm{d}x = a \cdot \cos z \cdot \mathrm{d}z$

► $I_{m-2} = a^{m-2} \cdot \int \sin^{m-2} z \,\mathrm{d}z$

$\Rightarrow \int \sin^{m-2} z \,\mathrm{d}z = \frac{1}{a^{m-2}} \cdot I_{m-2}$

Substitution rückgängig machen:

► $x = a \cdot \sin z \Rightarrow \sin z = \frac{x}{a}$

► $\sqrt{a^2 - x^2} = a \cdot \cos z \Rightarrow \cos z = \frac{1}{a} \cdot \sqrt{a^2 - x^2}$

Das Integral $\int \frac{x}{\sqrt{a^2 - x^2}} \,\mathrm{d}x$ kann zum Typ $\int \left([f(x)]^{-\frac{1}{2}} \cdot f'(x) \right) \mathrm{d}x$ (► 2.4.3) umgeformt werden.

► $f(x) = a^2 - x^2 \Rightarrow f'(x) = -2x$

In $I_m = -\frac{x^{m-1}}{m} \cdot \sqrt{a^2 - x^2} + a^2 \cdot \frac{m-1}{m} \cdot I_{m-2}$ ist der Exponent im Restintegral I_{m-2} um zwei kleiner als im Ausgangsintegral. Daher benötigt man noch die Integrale I_1 (für ungerades m) und I_0 (für gerades m) als Anfangswerte.

- $I_m = \int \frac{x^m}{\sqrt{a^2 - x^2}} \,\mathrm{d}x$ ► $x = a \cdot \sin z$

$$= \int \left(\frac{a^m \cdot \sin^m z}{a \cdot \cos z} \cdot a \cdot \cos z \right) \mathrm{d}z$$

$$= \int (a^m \cdot \sin^m z) \,\mathrm{d}z$$

$$= a^m \cdot \int \sin^m z \,\mathrm{d}z \quad \text{► Aufgabe 62}$$

$$= a^m \cdot \left[-\frac{1}{m} \cdot \sin^{m-1} z \cdot \cos z + \frac{m-1}{m} \cdot \int \sin^{m-2} z \,\mathrm{d}z \right]$$

$$= a^m \cdot \left[-\frac{1}{m} \cdot \frac{x^{m-1}}{a^{m-1}} \cdot \frac{1}{a} \cdot \sqrt{a^2 - x^2} + \frac{m-1}{m} \cdot \frac{1}{a^{m-2}} \cdot I_{m-2} \right]$$

$$= \underline{-\frac{x^{m-1}}{m} \cdot \sqrt{a^2 - x^2} + a^2 \cdot \frac{m-1}{m} \cdot I_{m-2};\ m \in \mathbb{N}^{\geq 2}}$$

- $I_1 = \int \frac{x^1}{\sqrt{a^2 - x^2}} \,\mathrm{d}x$

$$= -\frac{1}{2} \cdot \int \left([a^2 - x^2]^{-\frac{1}{2}} \cdot (-2x) \right) \mathrm{d}x \quad \text{► 2.4.3}$$

$$= -\frac{1}{2} \cdot \frac{1}{-\frac{1}{2} + 1} \cdot [a^2 - x^2]^{-\frac{1}{2}+1} + c_1$$

$$= \underline{-\sqrt{a^2 - x^2} + c_1;\ x \in (-a; a)}$$

► Anfangswert für $m \in \mathbb{N}^{\geq 2}$ und ungerades m

- $I_0 = \int \frac{x^0}{\sqrt{a^2 - x^2}} \,\mathrm{d}x$ ► $x^0 = 1$

$$= \int \frac{\mathrm{d}x}{\sqrt{a^2 - x^2}} \quad \text{► 2.4.5}$$

$$= \underline{\operatorname{Arcsin} \frac{x}{a} + c_0;\ x \in (-a; a)}$$

► Anfangswert für $m \in \mathbb{N}^{\geq 2}$ und gerades m

Rekursionsformel:

$$I_m = \int \frac{x^m}{\sqrt{a^2 - x^2}} \,\mathrm{d}x = -\frac{x^{m-1}}{m} \cdot \sqrt{a^2 - x^2} + a^2 \cdot \frac{m-1}{m} \cdot I_{m-2};\ m \in \mathbb{N}^{\geq 2};$$

$$I_1 = -\sqrt{a^2 - x^2} + c_1;\ I_0 = \operatorname{Arcsin} \frac{x}{a} + c_0;\ x \in (-a; a)$$

147

66. $I_m = \int \frac{x^m}{\sqrt{x^2-a^2}}\,dx;\ a>0;\ x \in \mathbb{R}\setminus[-a;a]$

► $u(x) = x^{m-1} \Rightarrow u'(x) = (m-1)\cdot x^{m-2}$

► $v'(x) = \frac{x}{\sqrt{x^2-a^2}}\,dx$

$\Rightarrow v(x) = \int \frac{x}{\sqrt{x^2-a^2}}\,dx = \sqrt{x^2-a^2}$ ► 2.4.3

Hier könnte wie im Kapitel 2.4.7 substituiert werden. Man müsste dann aber wegen $D(f) = \mathbb{R}\setminus[-a;a]$ die Fälle $x \in (-\infty;\ -a)$ und $x \in (a;\infty)$ gesondert bearbeiten. Mit einem „Kunstgriff" ist das vermeidbar:

► $\sqrt{x^2-a^2} = \frac{\sqrt{x^2-a^2}^2}{\sqrt{x^2-a^2}} = \frac{x^2-a^2}{\sqrt{x^2-a^2}}$

► $\int \frac{x^m}{\sqrt{x^2-a^2}}\,dx = I_m;\ \int \frac{x^{m-2}}{\sqrt{x^2-a^2}}\,dx = I_{m-2}$

► $I_m = x^{m-1}\cdot\sqrt{x^2-a^2} - (m-1)\cdot I_m +$
$+ a^2\cdot(m-1) - I_{m-2}$
wird nach I_m aufgelöst.

Das Integral $\int \frac{x}{\sqrt{x^2-a^2}}\,dx$ kann zum Typ $\int\left([f(x)]^{-\frac{1}{2}}\cdot f'(x)\right)dx$ (► 2.4.3) umgeformt werden.

► $f(x) = x^2-a^2 \Rightarrow f'(x) = 2x$

In $I_m = \frac{x^{m-1}}{m}\cdot\sqrt{x^2-a^2} + a^2\cdot\frac{m-1}{m}\cdot I_{m-2}$ ist der Exponent im Restintegral I_{m-2} um zwei kleiner als das Ausgangsintegral. Daher benötigt man noch die Integrale I_1 (für ungerades m) und I_0 (für gerades m) als Anfangswerte.

● $I_m = \int \frac{x^m}{\sqrt{x^2-a^2}}\,dx$

$= \int\left[x^{m-1}\cdot\left(\frac{x}{\sqrt{x^2-a^2}}\right)\right]dx$ ► $\int[u\cdot v']\,dx$

$= x^{m-1}\cdot\sqrt{x^2-a^2} - \int\left[(m-1)\cdot x^{m-2}\cdot\sqrt{x^2-a^2}\right]dx$

$= x^{m-1}\cdot\sqrt{x^2-a^2} - (m-1)\cdot\int\left(x^{m-2}\cdot\frac{x^2-a^2}{\sqrt{x^2-a^2}}\right)dx$

$= x^{m-1}\cdot\sqrt{x^2-a^2} - (m-1)\cdot\left[\int\frac{x^m}{\sqrt{x^2-a^2}}\,dx - a^2\cdot\int\frac{x^{m-2}}{\sqrt{x^2-a^2}}\,dx\right]$

$= x^{m-1}\cdot\sqrt{x^2-a^2} - (m-1)\cdot[I_m - a^2\cdot I_{m-2}]$

$= x^{m-1}\cdot\sqrt{x^2-a^2} - (m-1)\cdot I_m + a^2\cdot(m-1)\cdot I_{m-2}$

$\Rightarrow (1+m-1)\cdot I_m = x^{m-1}\cdot\sqrt{x^2-a^2} + a^2\cdot(m-1)\cdot I_{m-2}$

$\Rightarrow m\cdot I_m = x^{m-1}\cdot\sqrt{x^2-a^2} + a^2\cdot(m-1)\cdot I_{m-2}$

$\Rightarrow I_m = \frac{x^{m-1}}{m}\cdot\sqrt{x^2-a^2} + a^2\cdot\frac{m-1}{m}\cdot I_{m-2};\ m \in \mathbb{N}^{\geq 2}$

● $I_1 = \int\frac{x^1}{\sqrt{x^2-a^2}}\,dx$

$= \frac{1}{2}\cdot\int\left(\left[x^2-a^2\right]^{-\frac{1}{2}}\cdot 2x\right)dx$ ► 2.4.3

$= \frac{1}{2}\cdot\frac{1}{-\frac{1}{2}+1}\cdot[x^2-a^2]^{-\frac{1}{2}+1} + c_1$

$= \sqrt{x^2-a^2} + c_1;\ x \in (-\infty;\ -a)$ oder $x \in (a;\infty)$

► Anfangswert für $m \in \mathbb{N}^{\geq 2}$ und ungerades m

● $I_0 = \int\frac{x^0}{\sqrt{x^2-a^2}}\,dx$ ► $x^0 = 1$

$= \int\frac{dx}{\sqrt{x^2-a^2}}$ ► 2.4.7

$= \ln|x+\sqrt{x^2-a^2}| + c_0;\ x \in (-\infty;\ -a)$ oder $x \in (a;\infty)$

► Anfangswert für $m \in \mathbb{N}^{\geq 2}$ und gerades m

Rekursionsformel für $x \in (-\infty;\ -a)$ oder $x \in (a;\ \infty)$:

$$I_m = \int\frac{x^m}{\sqrt{x^2-a^2}}\,dx = \frac{x^{m-1}}{m}\cdot\sqrt{x^2-a^2} + a^2\cdot\frac{m-1}{m}\cdot I_{m-2};\ m \in \mathbb{N}^{\geq 2};\ I_1 = \sqrt{x^2-a^2} + c_1;\ I_0 = \ln|x+\sqrt{x^2-a^2}| + c_0$$

Anmerkung:

Auch die Aufgabe 65 und die nachfolgende Aufgabe 67 kann man auf diese Weise geschickt lösen.

67. $I_m = \int \frac{x^m}{\sqrt{x^2+a^2}}\,\mathrm{d}x;\ a > 0;\ x \in \mathbb{R}$

Man substituiert: ▶ 2.4.6

▶ $x = a \cdot \sinh z$

▶ $\sqrt{x^2+a^2} = a \cdot \cosh z$

▶ $\mathrm{d}x = a \cdot \cosh z\,\mathrm{d}z$

▶ $I_{m-2} = a^{m-2} \cdot \int \sinh^{m-2} z\,\mathrm{d}z$

$\Rightarrow \int \sinh^{m-2} z\,\mathrm{d}z = \frac{1}{a^{m-2}} \cdot I_{m-2}$

Substitution rückgängig machen:

▶ $x = a \cdot \sinh z \Rightarrow \sinh z = \frac{x}{a}$

▶ $\sqrt{x^2+a^2} = a \cdot \cosh z \Rightarrow \cosh z = \frac{1}{a} \cdot \sqrt{x^2+a^2}$

• $I_m = \int \frac{x^m}{\sqrt{x^2+a^2}}\,\mathrm{d}x = \int \left(\frac{a^m \cdot \sinh^m z}{a \cdot \cosh z} \cdot a \cdot \cosh z\right) \mathrm{d}z$

$$= \int (a^m \cdot \sinh^m z)\,\mathrm{d}z$$

$$= a^m \cdot \int \sinh^m z\,\mathrm{d}z \quad \blacktriangleright \text{ Aufgabe 63}$$

$$= a^m \cdot \left[\frac{1}{m} \cdot \sinh^{m-1} z \cdot \cosh z - \frac{m-1}{m} \cdot \int \sinh^{m-2} z\,\mathrm{d}z\right]$$

$$= a^m \cdot \left[\frac{1}{m} \cdot \frac{x^{m-1}}{a^{m-1}} \cdot \frac{1}{a} \cdot \sqrt{x^2+a^2} - \frac{m-1}{m} \cdot \int \sinh^{m-2} z\,\mathrm{d}z\right]$$

$$= \frac{x^{m-1}}{m} \cdot \sqrt{x^2+a^2} - a^m \cdot \frac{m-1}{m} \cdot \frac{1}{a^{m-2}} \cdot I_{m-2}$$

$$= \underline{\frac{x^{m-1}}{m} \cdot \sqrt{x^2+a^2} - a^2 \cdot \frac{m-1}{m} \cdot I_{m-2};\ m \in \mathbb{N}^{\geq 2}}$$

Das Integral $\int \frac{x}{\sqrt{x^2+a^2}}\,\mathrm{d}x$ kann zum Typ $\int \left([f(x)]^{-\frac{1}{2}} \cdot f'(x)\right) \mathrm{d}x$ (▶ 2.4.3) umgeformt werden.

▶ $f(x) = x^2 + a^2 \Rightarrow f'(x) = 2x$

• $I_1 = \int \frac{x^1}{\sqrt{x^2+a^2}}\,\mathrm{d}x$

$$= \frac{1}{2} \cdot \int \left([x^2+a^2]^{-\frac{1}{2}} \cdot 2x\right) \mathrm{d}x \quad \blacktriangleright \text{ 2.4.3}$$

$$= \frac{1}{2} \cdot \frac{1}{-\frac{1}{2}+1} \cdot [x^2-a^2]^{-\frac{1}{2}+1} + c_1$$

$$= \underline{\sqrt{x^2+a^2} + c_1} \quad \blacktriangleright \text{ Anfangswert für } m \in \mathbb{N}^{\geq 2} \text{ und ungerades } m$$

In $I_m = \frac{x^{m-1}}{m} \cdot \sqrt{x^2+a^2} + a^2 \cdot \frac{m-1}{m} \cdot I_{m-2}$ ist der Exponent im Restintegral I_{m-2} um zwei kleiner als im Ausgangsintegral. Daher benötigt man noch die Integrale I_1 (für ungerades m) und I_0 (für gerades m) als Anfangswerte.

• $I_0 = \int \frac{x^0}{\sqrt{x^2+a^2}}\,\mathrm{d}x$

$$= \int \frac{\mathrm{d}x}{\sqrt{x^2+a^2}} \quad \blacktriangleright \text{ 2.4.6}$$

$$= \underline{\ln\left(x + \sqrt{x^2+a^2}\right) + c_0} \quad \blacktriangleright \text{ Anfangswert für } m \in \mathbb{N}^{\geq 2} \text{ und gerades } m$$

Rekursionsformel:

$$\boldsymbol{I_m = \int \frac{x^m}{\sqrt{x^2+a^2}}\,\mathrm{d}x = \frac{x^{m-1}}{m} \cdot \sqrt{x^2+a^2} - a^2 \cdot \frac{m-1}{m} \cdot I_{m-2};\ m \in \mathbb{N}^{\geq 2};\ I_1 = \sqrt{x^2+a^2} + c_1;\ I_0 = \ln\left(x + \sqrt{x^2+a^2}\right) + c_0}$$

147 **68.** $I_m = \int \left(x^m \cdot \sqrt{a^2+x^2}\right) \mathrm{d}x;\ a > 0;\ x \in \mathbb{R}$

► $u(x) = x^{m-1} \Rightarrow u'(x) = (m-1) \cdot x^{m-2}$

► $v'(x) = x \cdot \sqrt{a^2+x^2} = x \cdot (a^2+x^2)^{\frac{1}{2}}$

$$\Rightarrow v(x) = \int [x \cdot (a^2+x^2)^{\frac{1}{2}}] \,\mathrm{d}x = \frac{1}{2} \cdot \int ([a^2+x^2]^{\frac{1}{2}} \cdot 2x) \,\mathrm{d}x \quad \blacktriangleright\ 2.4.3$$

$$= \frac{1}{3} \cdot (a^2+x^2)^{\frac{3}{2}}$$

► $(a^2+x^2)^{\frac{3}{2}} = (a^2+x^2) \cdot (a^2+x^2)^{\frac{1}{2}} = (a^2+x^2) \cdot \sqrt{a^2+x^2}$

► $\int (a^2 \cdot x^{m-2} \cdot \sqrt{a^2+x^2}) \,\mathrm{d}x = a^2 \cdot \int (x^{m-2} \cdot \sqrt{a^2+x^2}) \,\mathrm{d}x = a^2 \cdot I_{m-2}$

► $\int (x^m \cdot \sqrt{a^2+x^2}) \,\mathrm{d}x = I_m$

► $1 + \frac{m-1}{3} = \frac{m+2}{3}$

In $I_m = \frac{x^{m-1}}{m+1} - a^2 \cdot \frac{m-1}{m+2} \cdot I_{m-2}$ ist der Exponent im Restintegral I_{m-2} um zwei kleiner als im Ausgangsintegral. Daher benötigt man noch die Integrale I_1 (für ungerades m) und I_0 (für gerades m) als Anfangswerte.

● $I_m = \int (x^m \cdot \sqrt{a^2+x^2}) \,\mathrm{d}x$

$$= \int \left[x^{m-1} \cdot \left(x \cdot \sqrt{a^2+x^2}\right)\right] \mathrm{d}x \quad \blacktriangleright\ \int [u \cdot v'] \,\mathrm{d}x$$

$$= x^{m-1} \cdot \frac{1}{3} \cdot (a^2+x^2)^{\frac{3}{2}} - \int \left[(m-1) \cdot x^{m-2} \cdot \frac{1}{3} \cdot (a^2+x^2)^{\frac{3}{2}}\right] \mathrm{d}x$$

$$= \frac{x^{m-1}}{3} \cdot \sqrt{(a^2+x^2)^3} - \frac{m-1}{3} \cdot \int [x^{m-2} \cdot (a^2+x^2) \cdot \sqrt{a^2+x^2}] \,\mathrm{d}x$$

$$= \frac{x^{m-1}}{3} \cdot \sqrt{(a^2+x^2)^3} - \frac{m-1}{3} \cdot \int \left(a^2 \cdot x^{m-2} \cdot \sqrt{a^2+x^2}\right) \mathrm{d}x + \\ - \frac{m-1}{3} \int \cdot (x^m \cdot \sqrt{a^2+x^2}) \,\mathrm{d}x$$

$$\Rightarrow I_m = \frac{x^{m-1}}{3} \cdot \sqrt{(a^2+x^2)^3} - a^2 \cdot \frac{m-1}{3} \cdot I_{m-2} - \frac{m-1}{3} \cdot I_m$$

$$\Rightarrow \left(1 + \frac{m-1}{3}\right) \cdot I_m = \frac{x^{m-1}}{3} \cdot \sqrt{(a^2+x^2)^3} - a^2 \cdot \frac{m-1}{3} \cdot I_{m-2}$$

$$\Rightarrow I_m = \frac{x^{m-1}}{m+2} \cdot \sqrt{(a^2+x^2)^3} - a^2 \cdot \frac{m-1}{m+2} \cdot I_{m-2};\ m \in \mathbb{N}^{\geq 2}$$

● $I_1 = \int (x^1 \cdot \sqrt{a^2+x^2}) \,\mathrm{d}x$ ► linke Textspalte: $v(x)$

$$= \frac{1}{3} \cdot \sqrt{(a^2+x^2)^3} + c_1$$

► Anfangswert für $m \in \mathbb{N}^{\geq 2}$ und ungerades m

● $I_0 = \int (x^0 \cdot \sqrt{a^2+x^2}) \,\mathrm{d}x$

$$= \int \sqrt{a^2+x^2} \,\mathrm{d}x \quad \blacktriangleright\ 2.4.6$$

$$= \frac{x}{2} \cdot \sqrt{a^2+x^2} + \frac{a^2}{2} \cdot \ln(x + \sqrt{a^2+x^2}) + c_0$$

► Anfangswert für $m \in \mathbb{N}^{\geq 2}$ und gerades m

Rekursionsformel:

$$\boldsymbol{I_m = \int (x^m \cdot \sqrt{a^2+x^2}) \,\mathrm{d}x = \frac{x^{m-1}}{m+2} \cdot \sqrt{(a^2+x^2)^3} - a^2 \cdot \frac{m-1}{m+2} \cdot I_{m-2};\ m \in \mathbb{N}^{\geq 2};}$$

$$\boldsymbol{I_1 = \frac{1}{3} \cdot \sqrt{(a^2+x^2)^3} + c_1;\ I_0 = \frac{x}{2} \cdot \sqrt{a^2+x^2} + \frac{a^2}{2} \cdot \ln(x + \sqrt{a^2+x^2}) + c_0}$$

69. $I_m = \int\left(x^m \cdot \sqrt{a^2-x^2}\right)\mathrm{d}x;\ a>0;\ x\in[-a;\ a]$

► $u(x) = x^{m-1} \Rightarrow u'(x) = (m-1)\cdot x^{m-2}$

► $v'(x) = x\cdot\sqrt{a^2-x^2} = x\cdot(a^2-x^2)^{\frac{1}{2}}$

$$\Rightarrow v(x) = \int\left[x\cdot(a^2-x^2)^{\frac{1}{2}}\right]\mathrm{d}x$$

$$= -\frac{1}{2}\cdot\int\left([a^2-x^2]^{\frac{1}{2}}\cdot(-2x)\right)\mathrm{d}x \text{ ► 2.4.3}$$

$$= -\frac{1}{3}\cdot(a^2-x^2)^{\frac{3}{2}}$$

► $(a^2-x^2)^{\frac{3}{2}} = (a^2-x^2)\cdot(a^2-x^2)^{\frac{1}{2}}$

$$= (a^2-x^2)\cdot\sqrt{a^2-x^2}$$

► $\int\left(a^2\cdot x^{m-2}\cdot\sqrt{a^2-x^2}\right)\mathrm{d}x =$

$$= a^2\cdot\int\left(x^{m-2}\cdot\sqrt{a^2-x^2}\right)\mathrm{d}x$$

$$= a^2\cdot I_{m-2}$$

► $\int\left(x^m\cdot\sqrt{a^2-x^2}\right)\mathrm{d}x = I_m$

► $1+\frac{m-1}{3} = \frac{m+2}{3}$

In $I_m = -\frac{x^{m-1}}{m+2}\sqrt{(a^2+x^2)^3} + a^2\cdot\frac{m-1}{m+2}\cdot I_{m-2}$

ist der Exponent im Restintegral I_{m-2} um zwei kleiner als im Ausgangsintegral. Daher benötigt man noch die Integrale I_1 (für ungerades m) und I_0 (für gerades m) als Anfangswerte.

● $I_m = \int\left(x^m\cdot\sqrt{a^2-x^2}\right)\mathrm{d}x$

$$= \int\left[x^{m-1}\cdot\left(x\cdot\sqrt{a^2-x^2}\right)\right]\mathrm{d}x \text{ ► } \int[u\cdot v']\,\mathrm{d}x$$

$$= x^{m-1}\cdot\left[-\frac{1}{3}\cdot(a^2-x^2)^{\frac{3}{2}}\right] - \int\left[(m-1)\cdot x^{m-2}\cdot\left(-\frac{1}{3}\cdot(a^2-x^2)\right)^{\frac{3}{2}}\right]\mathrm{d}x$$

$$= -\frac{x^{m-1}}{3}\cdot\sqrt{(a^2-x^2)^3} + \frac{m-1}{3}\cdot\int\left[x^{m-2}\cdot(a^2-x^2)\cdot\sqrt{a^2-x^2}\right]\mathrm{d}x$$

$$= -\frac{x^{m-1}}{3}\cdot\sqrt{(a^2-x^2)^3} + \frac{m-1}{3}\cdot\int\left((a^2\cdot x^{m-2}\cdot\sqrt{a^2-x^2})\right)\mathrm{d}x +$$

$$-\frac{m-1}{3}\cdot\int\left(x^m\cdot\sqrt{a^2-x^2}\right)\mathrm{d}x$$

$$\Rightarrow I_m = -\frac{x^{m-1}}{3}\cdot\sqrt{(a^2-x^2)^3} + a^2\cdot\frac{m-1}{3}\cdot I_{m-2} - \frac{m-1}{3}\cdot I_m$$

$$\Rightarrow \left(1+\frac{m-1}{3}\right)\cdot I_m = -\frac{x^{m-1}}{3}\cdot\sqrt{(a^2-x^2)^3} + a^2\cdot\frac{m-1}{3}\cdot I_{m-2}$$

$$\Rightarrow I_m = -\frac{x^{m-1}}{m+2}\cdot\sqrt{(a^2-x^2)^3} + a^2\cdot\frac{m-1}{m+2}\cdot I_{m-2};\ m\in\mathbb{N}^{\geq 2}$$

● $I_1 = \int\left(x^1\cdot\sqrt{a^2-x^2}\right)\mathrm{d}x$ ► linke Textspalte: $v(x)$

$$= -\frac{1}{3}\cdot\sqrt{(a^2-x^2)^3} + c_1;\ x\in[-a;\ a]$$

► Anfangswert für $m\in\mathbb{N}^{\geq 2}$ und ungerades m

● $I_0 = \int\left(x^0\cdot\sqrt{a^2-x^2}\right)\mathrm{d}x$

$$= \int\sqrt{a^2-x^2}\,\mathrm{d}x \text{ ► 2.4.5}$$

$$= \frac{a^2}{2}\cdot\operatorname{Arcsin}\frac{x}{a} + \frac{x}{2}\cdot\sqrt{a^2-x^2} + c_0;\ x\in[-a;\ a]$$

► Anfangswert für $m\in\mathbb{N}^{\geq 2}$ und gerades m

Rekursionsformel:

$$\boldsymbol{I_m = \int\left(x^m\cdot\sqrt{a^2-x^2}\right)\mathrm{d}x = -\frac{x^{m-1}}{m+2}\cdot\sqrt{(a^2-x^2)^3} + a^2\cdot\frac{m-1}{m+2}\cdot I_{m-2};\ m\in\mathbb{N}^{\geq 2};}$$

$$\boldsymbol{I_1 = -\frac{1}{3}\cdot\sqrt{(a^2-x^2)^3} + c_1;\ I_0 = \frac{a^2}{2}\cdot\operatorname{Arcsin}\frac{x}{a} + \frac{x}{2}\cdot\sqrt{a^2-x^2} + c_0;\ x\in[-a;\ a]}$$

147 **70.** $I_m = \int \left(x^m \cdot \sqrt{x^2 - a^2}\right) \mathrm{d}x;\ a > 0;\ x \in \mathbb{R}\setminus(-a;a)$

▸ $u(x) = x^{m-1} \Rightarrow u'(x) = (m-1) \cdot x^{m-2}$

▸ $v'(x) = x \cdot \sqrt{x^2 - a^2} = x \cdot (x^2 - a^2)^{\frac{1}{2}}$

$$\Rightarrow v(x) = \int [x \cdot (x^2 - a^2)^{\frac{1}{2}}]\,\mathrm{d}x$$

$$= \frac{1}{2} \cdot \int ([x^2 - a^2]^{\frac{1}{2}} \cdot 2x)\,\mathrm{d}x \quad \blacktriangleright\ 2.4.3$$

$$= \frac{1}{3} \cdot (x^2 - a^2)^{\frac{3}{2}}$$

▸ $(x^2 - a^2)^{\frac{3}{2}} = (x^2 - a^2) \cdot (x^2 - a^2)^{\frac{1}{2}} = (x^2 - a^2) \cdot \sqrt{x^2 - a^2}$

▸ $\int \left(x^m \cdot \sqrt{x^2 - a^2}\right) \mathrm{d}x = I_m$

▸ $\int \left(a^2 \cdot x^{m-2} \cdot \sqrt{x^2 - a^2}\right) \mathrm{d}x =$

$$= a^2 \cdot \int \left(x^{m-2} \cdot \sqrt{x^2 - a^2}\right) \mathrm{d}x$$

$$= a^2 \cdot I_{m-2}$$

▸ $1 + \frac{m-1}{3} = \frac{m+2}{3}$

In $I_m = \frac{x^{m-1}}{m+2} \cdot \sqrt{(x^2 - a^2)^3} + a^2 \cdot \frac{m-1}{m+2} \cdot I_{m-2}$ ist der Exponent im Restintegral I_{m-2} um zwei kleiner als im Ausgangsintegral. Daher benötigt man noch die Integrale I_1 (für ungerades m) und I_0 (für gerades m) als Anfangswerte.

● $I_m = \int \left(x^m \cdot \sqrt{x^2 - a^2}\right) \mathrm{d}x$

$$= \int \left[x^{m-1} \cdot \left(x \cdot \sqrt{x^2 - a^2}\right)\right] \mathrm{d}x \quad \blacktriangleright \int [u \cdot v']\,\mathrm{d}x$$

$$= x^{m-1} \cdot \left[\frac{1}{3} \cdot (x^2 - a^2)^{\frac{3}{2}}\right] - \int \left[(m-1) \cdot x^{m-2} \cdot \frac{1}{3} \cdot (x^2 - a^2)^{\frac{3}{2}}\right] \mathrm{d}x$$

$$= \frac{x^{m-1}}{3} \cdot \sqrt{(x^2 - a^2)^3} - \frac{m-1}{3} \cdot \int \left[x^{m-2} \cdot (x^2 - a^2) \cdot \sqrt{x^2 - a^2}\right] \mathrm{d}x$$

$$= \frac{x^{m-1}}{x} \cdot \sqrt{(x^2 - a^2)^3} - \frac{m-1}{3} \cdot \int \left(x^m \cdot \sqrt{x^2 - a^2}\right) \mathrm{d}x +$$

$$+ \frac{m-1}{3} \cdot \int \left(a^2 \cdot x^{m-2} \cdot \sqrt{x^2 - a^2}\right) \mathrm{d}x$$

$$= \frac{x^{m-1}}{3} \cdot \sqrt{(x^2 - a^2)^3} - \frac{m-1}{3} \cdot I_m + a^2 \cdot \frac{m-1}{3} \cdot I_{m-2}$$

$$\Rightarrow I_m = \frac{x^{m-1}}{3} \cdot \sqrt{(x^2 - a^2)^3} - \frac{m-1}{3} \cdot I_m + a^2 \cdot \frac{m-1}{3} \cdot I_{m-2}$$

$$\Rightarrow \left(1 + \frac{m-1}{3}\right) \cdot I_m = \frac{x^{m-1}}{3} \cdot \sqrt{(x^2 - a^2)^3} + a^2 \cdot \frac{m-1}{3} \cdot I_{m-2}$$

$$\Rightarrow I_m = \frac{x^{m-1}}{x+2} \cdot \sqrt{(x^2 - a^2)^3} + a^2 \cdot \frac{m-1}{m+2} \cdot I_{m-2};\ m \in \mathbb{N}^{\geq 2}$$

● $I_1 = \int \left(x^1 \cdot \sqrt{x^2 - a^2}\right) \mathrm{d}x$ ▸ linke Textspalte: $v(x)$

$$= \frac{1}{3} \cdot \sqrt{(x^2 - a^2)^3} + c_1;\ x \leq -a \text{ oder } x \geq a$$

▸ Anfangswert für $m \in \mathbb{N}^{\geq 2}$ und ungerades m

● $I_0 = \int \left(x^0 \cdot \sqrt{x^2 - a^2}\right) \mathrm{d}x$

$$= \int \sqrt{x^2 - a^2}\,\mathrm{d}x \quad \blacktriangleright\ 2.4.7$$

$$= \frac{x}{2} \cdot \sqrt{x^2 - a^2} - \frac{a^2}{2} \cdot \ln\left|x + \sqrt{x^2 - a^2}\right| + c_0 \text{ mit}$$

$x \leq -a$ oder $x \geq a$

▸ Anfangswert für $m \in \mathbb{N}^{\geq 2}$ und gerades m

Rekursionsformel:

$$\boldsymbol{I_m = \int \left(x^m \cdot \sqrt{x^2 - a^2}\right) \mathrm{d}x = -\frac{x^{m-1}}{m+2} \cdot \sqrt{(x^2 - a^2)^3} + a^2 \cdot \frac{m-1}{m+2} \cdot I_{m-2};\ m \in \mathbb{N}^{\geq 2};}$$

$$\boldsymbol{I_1 = \frac{1}{3} \cdot \sqrt{(x^2 - a^2)^3} + c_1;\ I_0 = \frac{x}{2} \cdot \sqrt{x^2 - a^2} - \frac{a^2}{2} \cdot \ln|x + \sqrt{x^2 - a^2}\,| + c_0;\ x \leq -a \text{ oder } x \geq a}$$

71. Berechnen Sie mithilfe der Rekursionsformeln aus den Aufgaben 56 bis 70 die Integrale I_2; I_4 und I_6. Setzen Sie dazu 2 für a bei den Aufgaben 65 bis 70. 148

Bei der **Aufgabe 56** gilt für die Berechnung von I_2; I_4 und I_6 folgende Rekursionsformel:

$$I_m = \int \ln^m x\,\mathrm{d}x = x\cdot\ln^m x - m\cdot I_{m-1};\ m\in\mathbb{N}^{\geq 1};\ I_0 = x + C_0;\ x>0$$

● $I_2 = \int \ln^2 x\,\mathrm{d}x$

► $I_1 = x\cdot\ln^1 x - 1 - I_{1-1}$ ► Rekursionsformel

$= x\cdot\ln x - I_0$ ► $I_0 = x + c_0$

$= \underline{x\cdot\ln x - x - c_0}$

$I_2 = x\cdot\ln^2 x - 2\cdot I_{2-1}$ ► Rekursionsformel

$= x\cdot\ln^2 x - 2\cdot I_1$

$= x\cdot\ln^2 x - 2\cdot(x\cdot\ln x - x - c_0)$ ► $2c_0 = c_2$

$= \underline{\underline{x\cdot(\ln^2 x - 2\cdot\ln x + 2) + c_2;\ x>0}}$

● $I_4 = \int \ln^4 x\,\mathrm{d}x$

► $I_3 = x\cdot\ln^3 x - 3\cdot I_2$

$= x\cdot\ln^3 x - 3\cdot[x\cdot(\ln^2 x - 2\cdot\ln x + 2) + c_2]$

$= \underline{x\cdot\ln^3 x - 3x\cdot\ln^2 x + 6\cdot\ln x - 6 - 3c_2}$

$I_4 = x\cdot\ln^4 x - 4\cdot I_{4-1}$ ► Rekursionsformel

$= x\cdot\ln^4 x - 4\cdot I_3$

$= x\cdot\ln^4 x - 4\cdot(x\cdot\ln^3 x - 3x\cdot\ln^2 x + 6\cdot\ln x - 6 - 3c_2)$

► $12c_2 = c_4$

$= \underline{\underline{x\cdot(\ln^4 x - 4\cdot\ln^3 x + 12\cdot\ln^2 x - 24\cdot\ln x + 24) + c_4;\ x>0}}$

● $I_6 = \int \ln^6 x\,\mathrm{d}x$

$= x\cdot\ln^6 x - 6\cdot I_{6-1}$ ► Rekursionsformel

$= x\cdot\ln^6 x - 6\cdot I_5$ ► $I_5 = x\cdot\ln^5 x - 5\cdot I_4$ ► Rekursionsformel

$= x\cdot\ln^6 x - 6\cdot(x\cdot\ln^5 x - 5\cdot I_4)$

$= x\cdot\ln^6 x - 6x\cdot\ln^5 x + 30\cdot I_4$ ► $I_4 = x\cdot(\ln^4 x - 4\cdot\ln^3 x + 12\cdot\ln^2 x - 24\cdot\ln x + 24) + c_4$

$= x\cdot\ln^6 x - 6x\cdot\ln^5 x + 30x\cdot(\ln^4 x - 4\cdot\ln^3 x + 12\cdot\ln^2 x - 24\cdot\ln x + 24) + 30c_4$ ► $30c_4 = c_6$

$= \underline{\underline{x\cdot(\ln^6 x - 6\cdot\ln^5 x + 30\cdot\ln^4 x - 120\cdot\ln^3 x + 360\cdot\ln^2 x - 720\cdot\ln x + 720) + c_6;\ x>0}}$

Bei der **Aufgabe 57** gilt für die Berechnung von I_2; I_4 und I_6 folgende Rekursionsformel:

$$I_m = \int (x^8\cdot\ln^m x)\,\mathrm{d}x = \frac{x^9}{9}\cdot\ln^m x - \frac{m}{9}\cdot I_{m-1};\ m\in\mathbb{N}^{\geq 1};\ I_0 = \frac{1}{9}\cdot x^9 + c_0;\ x>0$$

● $I_2 = \int (x^8\cdot\ln^2 x)\,\mathrm{d}x$

► $I_1 = \frac{x^9}{9}\cdot\ln^1 x - \frac{1}{9}\cdot I_0$ ► $I_0 = \frac{1}{9}\cdot x^9 + c_0$

$= \frac{x^9}{9}\cdot\ln x - \frac{1}{9}\cdot\left(\frac{1}{9}\cdot x^9 + c_0\right)$

$= \underline{\frac{x^9}{9}\cdot\ln x - \frac{x^9}{81} - \frac{c_0}{9}}$

$I_2 = \frac{x^9}{9}\cdot\ln^2 x - \frac{2}{9}\cdot I_1$ ► Rekursionsformel

$= \frac{x^9}{9}\cdot\ln^2 x - \frac{2}{9}\cdot\left(\frac{x^9}{9}\cdot\ln x - \frac{x^9}{81} - \frac{c_0}{9}\right)$ ► $\frac{2}{81}\cdot c_0 = c_2$

$= \underline{\underline{\frac{x^9}{9}\cdot\left(\ln^2 x - \frac{2}{9}\cdot\ln x + \frac{2}{81}\right) + c_2;\ x>0}}$

● $I_4 = \int (x^8\cdot\ln^4 x)\,\mathrm{d}x$

► $I_3 = \frac{x^9}{9}\cdot\ln^3 x - \frac{3}{9}\cdot I_2$

$= \frac{x^9}{9}\cdot\ln^3 x - \frac{1}{3}\cdot\left[\frac{x^9}{9}\cdot\left(\ln^2 x - \frac{2}{9}\cdot\ln x + \frac{2}{81}\right) + c_2\right]$

$= \underline{\frac{x^9}{9}\cdot\ln^3 x - \frac{x^9}{27}\cdot\left(\ln^2 x - \frac{2}{9}\cdot\ln x + \frac{2}{81}\right) - \frac{c_2}{3}}$

$I_4 = \frac{x^9}{9}\cdot\ln^4 x - \frac{4}{9}\cdot I_3$ ► Rekursionsformel

$= \frac{x^9}{9}\cdot\ln^4 x - \frac{4}{9}\cdot\left[\frac{x^9}{9}\cdot\ln^3 x - \frac{x^9}{27}\cdot\left(\ln^2 x - \frac{2}{9}\cdot\ln x + \frac{2}{81}\right) - \frac{c_2}{3}\right]$

► $\frac{4}{27}\cdot c_2 = c_4$

$= \underline{\underline{\frac{x^9}{9}\cdot\left(\ln^4 x - \frac{4}{9}\cdot\ln^3 x + \frac{4}{27}\cdot\ln^2 x - \frac{8}{243}\cdot\ln x + \frac{8}{2187}\right) + c_4;\ x>0}}$

148

- $I_6 = \int (x^8 \cdot \ln^6 x)\,\mathrm{d}x$

$$= \frac{x^9}{9} \cdot \ln^6 x - \frac{6}{9} \cdot I_5 \quad \blacktriangleright I_5 = \frac{x^9}{9} \cdot \ln^5 x - \frac{5}{9} \cdot I_4 \quad \blacktriangleright \text{Rekursionsformel}$$

$$= \frac{x^9}{9} \cdot \ln^6 x - \frac{2}{3} \cdot \left(\frac{x^9}{9} \cdot \ln^5 x - \frac{5}{9} \cdot I_4\right)$$

$$= \frac{x^9}{9} \cdot \ln^6 x - \frac{2x^9}{27} \cdot \ln^5 x + \frac{10}{27} \cdot I_4 \quad \blacktriangleright I_4 = \frac{x^9}{9} \cdot \left(\ln^4 x - \frac{4}{9} \cdot \ln^3 x + \frac{4}{27} \cdot \ln^2 x - \frac{8}{243} \cdot \ln x + \frac{8}{2187}\right) + c_4$$

$$= \frac{x^9}{9} \cdot \ln^6 x - \frac{2x^9}{27} \cdot \ln^5 x + \frac{10}{27}\frac{x^9}{9} \cdot \left(\ln^4 x - \frac{4}{9} \cdot \ln^3 x + \frac{4}{27} \cdot \ln^2 x - \frac{8}{243} \cdot \ln x + \frac{8}{2187}\right) + \frac{10}{27} \cdot c_4 \quad \blacktriangleright \frac{10}{27} \cdot c_4 = c_6$$

$$= \frac{x^9}{9} \cdot \left(\ln^6 x - \frac{2}{3} \cdot \ln^5 x + \frac{10}{27} \cdot \ln^4 x - \frac{40}{243} \cdot \ln^3 x + \frac{40}{729} \cdot \ln^2 x - \frac{80}{6561} \cdot \ln x + \frac{80}{59049}\right) + c_6;\ x > 0$$

Bei der **Aufgabe 58** gilt für die Berechnung von I_2; I_4 und I_6 folgende Rekursionsformel:

$$I_m = \int \frac{\ln^m x}{x^7}\,\mathrm{d}x = -\frac{1}{6x^6} \cdot \ln^m x + \frac{m}{6} \cdot I_{m-1};\ m \in \mathbb{N}^{\geq 1};\ I_0 = -\frac{1}{6x^6} + c_0;\ x > 0$$

- $I_2 = \int \frac{\ln^2 x}{x^7}\,\mathrm{d}x$

$$\blacktriangleright I_1 = -\frac{1}{6x^6} \cdot \ln^1 x + \frac{1}{6} \cdot I_0 \quad \blacktriangleright I_0 = -\frac{1}{6x^6} + c_0$$

$$= -\frac{1}{6x^6} \cdot \ln x + \frac{1}{6} \cdot \left(-\frac{1}{6x^6} + c_0\right)$$

$$= -\frac{1}{6x^6} \cdot \ln x - \frac{1}{36x^6} + \frac{c_0}{6}$$

$$I_2 = -\frac{1}{6x^6} \cdot \ln^2 x + \frac{2}{6} \cdot I_1 \quad \blacktriangleright \text{Rekursionsformel}$$

$$= -\frac{1}{6x^6} \cdot \ln^2 x + \frac{1}{3} \cdot \left(-\frac{1}{6x^6} \cdot \ln x - \frac{1}{36x^6} + \frac{c_0}{6}\right) \quad \blacktriangleright \frac{c_0}{18} = c_2$$

$$= -\frac{1}{6x^6} \cdot \left(\ln^2 x + \frac{1}{3} \cdot \ln x + \frac{1}{18}\right) + c^2;\ x > 0$$

- $I_4 = \int \frac{\ln^4 x}{x^7}\,\mathrm{d}x$

$$\blacktriangleright I_3 = -\frac{1}{6x^6} \cdot \ln^3 x + \frac{3}{6} \cdot I_2$$

$$= -\frac{1}{6x^6} \cdot \ln^3 x + \frac{1}{2} \cdot \left[-\frac{1}{6x^6} \cdot \left(\ln^2 x + \frac{1}{3} \cdot \ln x + \frac{1}{18}\right) + c_2\right]$$

$$= -\frac{1}{6x^6} \cdot \ln^3 x - \frac{1}{12x^6} \cdot \left(\ln^2 x + \frac{1}{3} \cdot \ln x + \frac{1}{18}\right) + \frac{c_2}{2}$$

$$I_4 = -\frac{1}{6x^6} \cdot \ln^4 x + \frac{4}{6} \cdot I_3 \quad \blacktriangleright \text{Rekursionsformel}$$

$$= -\frac{1}{6x^6} \cdot \ln^4 x + \frac{2}{3} \cdot \left[-\frac{1}{6x^6} \cdot \ln^3 x - \frac{1}{12x^6} \cdot \left(\ln^2 x + \frac{1}{3} \cdot \ln x + \frac{1}{18}\right) + \frac{c_2}{2}\right.$$

$$\blacktriangleright \frac{c_2}{3} = c_4$$

$$= -\frac{1}{6x^6} \cdot \left(\ln^4 x + \frac{2}{3} \cdot \ln^3 x + \frac{1}{3} \cdot \ln^2 x + \frac{1}{9} \cdot \ln x + \frac{1}{54}\right) + c_4;\ x > 0$$

- $I_6 = \int \frac{\ln^6 x}{x^7}\,\mathrm{d}x$

$$= -\frac{1}{6x^6} \cdot \ln^6 x + \frac{6}{6} \cdot I_5 \quad \blacktriangleright I_5 = -\frac{1}{6x^6} \cdot \ln^5 x + \frac{5}{6} \cdot I_4 \quad \blacktriangleright \text{Rekursionsformel}$$

$$= -\frac{1}{6x^6} \cdot \ln^6 x + \left(-\frac{1}{6x^6} \cdot \ln^5 x + \frac{5}{6} \cdot I_4\right)$$

$$= -\frac{1}{6x^6} \cdot \ln^6 x - \frac{1}{6x^6} \cdot \ln^5 x + \frac{5}{6} \cdot I_4$$

$$= -\frac{1}{6x^6} \cdot \ln^6 x - \frac{1}{6x^6} \cdot \ln^5 x + \frac{5}{6} \cdot \left[-\frac{1}{6x^6} \cdot \left(\ln^4 x + \frac{2}{3} \cdot \ln^3 x + \frac{1}{3} \cdot \ln^2 x + \frac{1}{9} \cdot \ln x + \frac{1}{54}\right)\right] + \frac{5}{6} \cdot c_4 \quad \blacktriangleright \frac{5}{6} \cdot c_4 = c_6$$

$$= -\frac{1}{6x^6} \cdot \left(\ln^6 x + \ln^5 x + \frac{5}{6} \cdot \ln^4 x + \frac{5}{9} \cdot \ln^3 x + \frac{5}{18} \cdot \ln^2 x + \frac{5}{54} \cdot \ln x + \frac{5}{324}\right) + c_6;\ x > 0$$

148

Bei der **Aufgabe 59** gilt für die Berechnung von I_2; I_4 und I_6 folgende Rekursionsformel:

$I_m = \int (x^m \cdot \sin x)\,\mathrm{d}x = -x^m \cdot \cos x + m \cdot x^{m-1} \cdot \sin x - m \cdot (m-1) \cdot I_{m-2}$; $m \in \mathbb{N}^{\geq 2}$; $I_0 = -\cos x + c_0$

• $I_2 = \int (x^2 \cdot \sin x)\,\mathrm{d}x$

► $I_0 = -\cos x + c_0$

$$\begin{aligned} I_2 &= -x^2 \cdot \cos x + 2 \cdot x^1 \cdot \sin x - 2 \cdot (2-1) \cdot I_0 && \blacktriangleright \text{ Rekursionsformel} \\ &= -x^2 \cdot \cos x + 2x \cdot \sin x - 2 \cdot (-\cos x + c_0) && \blacktriangleright\ -2c_0 = c_2 \\ &= \underline{\underline{-x^2 \cdot \cos x + 2x \cdot \sin x + 2 \cdot \cos x + c_2}} \end{aligned}$$

• $I_4 = \int (x^4 \cdot \sin x)\,\mathrm{d}x$

$$\begin{aligned} &= -x^4 \cdot \cos x + 4x^3 \cdot \sin x - 4 \cdot (4-1) \cdot I_2 && \blacktriangleright \text{ Rekursionsformel} \\ &= -x^4 \cdot \cos x + 4x^3 \cdot \sin x - 12 \cdot I_2 && \blacktriangleright\ I_2 = -x^2 \cdot \cos x + 2x \cdot \sin x + 2 \cdot \cos x + c_2 \\ &= -x^4 \cdot \cos x + 4x^3 \cdot \sin x - 12 \cdot \left(-x^2 \cdot \cos x + 2x \cdot \sin x + 2 \cdot \cos x + c_2\right) && \blacktriangleright\ -12c_2 = c_4 \\ &= \underline{\underline{-x^4 \cdot \cos x + 4x^3 \cdot \sin x + 12x^2 \cdot \cos x - 24x \cdot \sin x - 24 \cdot \cos x + c_4}} \end{aligned}$$

• $I_6 = \int \left(x^6 \cdot \sin x\right)\mathrm{d}x$

$$\begin{aligned} &= -x^6 \cdot \cos x + 6x^5 \cdot \sin x - 6 \cdot (6-1) \cdot I_4 && \blacktriangleright \text{ Rekursionsformel} \\ &= -x^6 \cdot \cos x + 6x^5 \cdot \sin x - 30 \cdot I_4 \\ &= -x^6 \cdot \cos x + 6x^5 \cdot \sin x - 30 \cdot \left(-x^4 \cdot \cos x + 4x^3 \cdot \sin x + 12x^2 \cdot \cos x - 24x \cdot \sin x - 24\cos x + c_4\right) && \blacktriangleright\ -30c_4 = c_6 \\ &= \underline{\underline{-x^6 \cdot \cos x + 6x^5 \cdot \sin x + 30x^4 \cdot \cos x - 120x^3 \cdot \sin x - 360x^2 \cdot \cos x + 720x \cdot \sin x + 720 \cdot \cos x + c_6}} \end{aligned}$$

Bei der **Aufgabe 60** gilt für die Berechnung von I_2; I_4 und I_6 folgende Rekursionsformel:

$I_m = \int (x^m \cdot \cos x)\,\mathrm{d}x = x^m \cdot \sin x + m \cdot x^{m-1} \cdot \cos x - m \cdot (m-1) \cdot I_{m-2}$; $m \in \mathbb{N}^{\geq 2}$; $I_0 = \sin x + c_0$

• $I_2 = \int (x^2 \cdot \cos x)\,\mathrm{d}x$

► $I_0 = \sin x + c_0$

$$\begin{aligned} I_2 &= x^2 \cdot \sin x + 2x^1 \cdot \cos x - 2 \cdot (2-1) \cdot I_0 && \blacktriangleright \text{ Rekursionsformel} \\ &= x^2 \cdot \sin x + 2x \cdot \cos x - 2 \cdot (\sin x + c_0) && \blacktriangleright\ -2c_0 = c_2 \\ &= \underline{\underline{x^2 \cdot \sin x + 2x \cdot \cos x - 2 \cdot \sin x + c_2}} \end{aligned}$$

• $I_4 = \int (x^4 \cdot \cos x)\,\mathrm{d}x$

$$\begin{aligned} &= x^4 \cdot \sin x + 4x^3 \cdot \cos x - 4 \cdot (4-1) \cdot I_2 && \blacktriangleright \text{ Rekursionsformel} \\ &= x^4 \cdot \sin x + 4x^3 \cdot \cos x - 12 \cdot I_2 && \blacktriangleright\ I_2 = x^2 \cdot \sin x + 2x \cdot \cos x - 2 \cdot \sin x + c_2 \\ &= x^4 \cdot \sin x + 4x^3 \cdot \cos x - 12 \cdot \left(x^2 \cdot \sin x + 2x \cdot \cos x - 2 \cdot \sin x + c_2\right) && \blacktriangleright\ -12c_2 = c_4 \\ &= \underline{\underline{x^4 \cdot \sin x + 4x^3 \cdot \cos x - 12x^2 \cdot \sin x - 24x \cdot \cos x + 24 \cdot \sin x + c_4}} \end{aligned}$$

• $I_6 = \int \left(x^6 \cdot \cos x\right)\mathrm{d}x$

$$\begin{aligned} &= x^6 \cdot \sin x + 6x^5 \cdot \cos x - 6 \cdot (6-1) \cdot I_4 && \blacktriangleright \text{ Rekursionsformel} \\ &= x^6 \cdot \sin x + 6x^5 \cdot \cos x - 30 \cdot I_4 \\ &= x^6 \cdot \sin x + 6x^5 \cdot \cos x - 30 \cdot \left(x^4 \cdot \sin x + 4x^3 \cdot \cos x - 12x^2 \cdot \sin x - 24x \cdot \cos x + 24 \cdot \sin x + c_4\right) && \blacktriangleright\ -30c_4 = c_6 \\ &= \underline{\underline{x^6 \cdot \sin x + 6x^5 \cdot \cos x - 30x^4 \cdot \sin x - 120x^3 \cdot \cos x + 360x^2 \cdot \sin x + 720x \cdot \cos x - 720 \cdot \sin x + c_6}} \end{aligned}$$

148 Bei der **Aufgabe 61** gilt für die Berechnung von I_2; I_4 und I_6 folgende Rekursionsformel:

$$I_m = \int \frac{\cos^m x}{\sin x}\,\mathrm{d}x = \frac{\cos^{m-1} x}{m-1} + I_{m-2};\ m \in \mathbb{N}^{\geq 2};\ I_0 = \ln\left|\tan\frac{x}{2}\right| + c_0$$

● $I_2 = \int \frac{\cos^2 x}{\sin x}\,\mathrm{d}x$

► $I_0 = \ln\left|\tan\frac{x}{2}\right| + c_0$

$$I_2 = \frac{\cos^1 x}{2-1} + I_0 \quad \blacktriangleright \text{ Rekursionsformel}$$
$$= \cos x + \ln\left|\tan\frac{x}{2}\right| + c_0;\ x \in (-\pi;\pi)$$

● $I_4 = \int \frac{\cos^4 x}{\sin x}\,\mathrm{d}x$

► $I_2 = \cos x + \ln\left|\tan\frac{x}{2}\right| + c_0$

$$I_4 = \frac{\cos^3 x}{3} + I_2 \quad \blacktriangleright \text{ Rekursionsformel}$$
$$= \frac{\cos^3 x}{3} + \cos x + \ln\left|\tan\frac{x}{2}\right| + c_0;\ x \in (-\pi;\pi)$$

● $I_6 = \int \frac{\cos^6 x}{\sin x}\,\mathrm{d}x$

$$= \frac{\cos^5 x}{5} + I_4 \quad \blacktriangleright \text{ Rekursionsformel}$$
$$= \frac{\cos^5 x}{5} + \frac{\cos^3 x}{3} + \cos x + \ln\left|\tan\frac{x}{2}\right| + c_0;\ x \in (-\pi;\pi)$$

Bei der **Aufgabe 62** gilt für die Berechnung von I_2; I_4 und I_6 folgende Rekursionsformel:

$$I_m = \int \sin^m x\,\mathrm{d}x = -\frac{1}{m}\cdot\sin^{m-1} x\cdot\cos x + \frac{m-1}{m}\cdot I_{m-2};\ m \in \mathbb{N}^{\geq 2};\ I_0 = x + c_0$$

● $I_2 = \int \sin^2 x\,\mathrm{d}x$

► $I_0 = x + c_0$

$$I_2 = -\frac{1}{2}\cdot\sin^1 x\cdot\cos x + \frac{1}{2}\cdot I_0 \quad \blacktriangleright \text{ Rekursionsformel}$$
$$= -\frac{1}{2}\cdot\sin x\cdot\cos x + \frac{1}{2}\cdot(x + c_0) \quad \blacktriangleright\ \frac{1}{2}\cdot c_0 = c_2$$
$$= -\frac{1}{2}\cdot\sin x\cdot\cos x + \frac{1}{2}\cdot x + c_2$$

● $I_4 = \int \sin^4 x\,\mathrm{d}x$

► $I_2 = -\frac{1}{2}\cdot\sin x\cdot\cos x + \frac{1}{2}x + c_2$

$$I_4 = -\frac{1}{4}\cdot\sin^3\cdot\cos x + \frac{3}{4}\cdot I_2 \quad \blacktriangleright \text{ Rekursionsformel}$$
$$= -\frac{1}{4}\cdot\sin^3 x\cdot\cos x + \frac{3}{4}\cdot\left(-\frac{1}{2}\cdot\sin x\cdot\cos x + \frac{1}{2}\cdot x + c_2\right)$$
$$\blacktriangleright\ \frac{3}{4}\cdot c_2 = c_4$$
$$= -\frac{1}{4}\cdot\sin^3 x\cdot\cos x - \frac{3}{8}\cdot\sin x\cdot\cos x + \frac{3}{8}\cdot x + c_4$$

● $I_6 = \int \sin^6 x\,\mathrm{d}x$

$$= -\frac{1}{6}\cdot\sin^5 x\cdot\cos x + \frac{6}{5}\cdot I_4 \quad \blacktriangleright \text{ Rekursionsformel}$$
$$= -\frac{1}{6}\cdot\sin^5 x\cdot\cos x + \frac{6}{5}\cdot\left(-\frac{1}{4}\cdot\sin^3 x\cdot\cos x - \frac{3}{8}\cdot\sin x\cdot\cos x + \frac{3}{8}\cdot x + c_4\right) \quad \blacktriangleright\ \frac{6}{5}\cdot c_4 = c_6$$
$$= -\frac{1}{6}\cdot\sin^5 x\cdot\cos x - \frac{3}{10}\cdot\sin^3 x\cdot\cos x - \frac{9}{20}\cdot\sin x\cdot\cos x + \frac{9}{20}\cdot x + c_6$$

Bei der **Aufgabe 63** gilt für die Berechnung von I_2; I_4 und I_6 folgende Rekursionsformel: 148

$$I_m = \int \sinh^m x \, \mathrm{d}x = \frac{1}{m} \cdot \sinh^{m-1} x \cdot \cosh x - \frac{m-1}{m} \cdot I_{m-2};\ m \in \mathbb{N}^{\geq 2};\ I_0 = x + c_0$$

- $I_2 = \int \sinh^2 x \, \mathrm{d}x$

► $I_0 = x + c_0$

$$I_2 = \frac{1}{2} \cdot \sinh x \cdot \cosh x - \frac{1}{2} \cdot I_0 \quad \blacktriangleright \text{ Rekursionsformel}$$
$$= \frac{1}{2} \cdot \sinh x \cdot \cosh x - \frac{1}{2} \cdot (x + c_0)$$
$$= \underline{\underline{\frac{1}{2} \cdot \sinh x \cdot \cosh x - \frac{1}{2} \cdot x + c_2}} \quad \blacktriangleright -\frac{1}{2} \cdot c_0 = c_2$$

- $I_4 = \int \sinh^4 x \, \mathrm{d}x$

► $I_2 = \frac{1}{2} \cdot \sinh x \cdot \cosh x - \frac{1}{2} \cdot x + c_2$

$$I_4 = \frac{1}{4} \cdot \sinh^3 x \cdot \cosh x - \frac{3}{4} \cdot I_2 \quad \blacktriangleright \text{ Rekursionsformel}$$
$$= \frac{1}{4} \cdot \sinh^3 x \cdot \cosh x - \frac{3}{4} \cdot \left(\frac{1}{2} \cdot \sinh x \cdot \cosh x - \frac{1}{2} \cdot x + c_2\right)$$
$$\blacktriangleright -\frac{3}{4} \cdot c_2 = c_4$$
$$= \underline{\underline{\frac{1}{4} \cdot \sinh^3 x \cdot \cosh x - \frac{3}{8} \cdot \sinh x \cdot \cosh x + \frac{3}{8} \cdot x + c_4}}$$

- $I_6 = \int \sinh^6 x \, \mathrm{d}x$

$$= \frac{1}{6} \cdot \sinh^5 x \cdot \cosh x - \frac{5}{6} \cdot I_4 \quad \blacktriangleright \text{ Rekursionsformel}$$
$$= \frac{1}{6} \cdot \sinh^5 x \cdot \cosh x - \frac{5}{6} \cdot \left(\frac{1}{4} \cdot \sinh^3 x \cdot \cosh x - \frac{3}{8} \cdot \sinh x \cdot \cosh x + \frac{3}{8} \cdot x + c_4\right) \quad \blacktriangleright -\frac{5}{6} \cdot c_4 = c_6$$
$$= \underline{\underline{\frac{1}{6} \cdot \sinh^5 x \cdot \cosh - \frac{5}{24} \cdot \sinh^3 x \cdot \cosh x + \frac{5}{16} \cdot \sinh x \cdot \cosh x - \frac{5}{16} \cdot x + c_6}}$$

Bei der **Aufgabe 64** gilt für die Berechnung von I_2; I_4 und I_6 folgende Rekursionsformel:

$$I_m = \int \cosh^m x \, \mathrm{d}x = \frac{1}{m} \cdot \cosh^{m-1} x \cdot \sinh x + \frac{m-1}{m} \cdot I_{m-2};\ m \in \mathbb{N}^{\geq 2};\ I_0 = x + c_0$$

- $I_2 = \int \cosh^2 x \, \mathrm{d}x$

► $I_0 = x + c_0$

$$I_2 = \frac{1}{2} \cdot \cosh x \cdot \sinh x + \frac{1}{2} \cdot I_0 \quad \blacktriangleright \text{ Rekursionsformel}$$
$$= \frac{1}{2} \cdot \cosh x \cdot \sinh x + \frac{1}{2} \cdot (x + c_0) \quad \blacktriangleright \frac{1}{2} \cdot c_0 = c_2$$
$$= \underline{\underline{\frac{1}{2} \cdot \cosh x \cdot \sinh x + \frac{1}{2} \cdot x + c_2}}$$

- $I_4 = \int \cosh^4 x \, \mathrm{d}x$

► $I_2 = \frac{1}{2} \cdot \cosh x \cdot \sinh x + \frac{1}{2} \cdot x + c_2$

$$I_4 = \frac{1}{4} \cdot \cosh^3 x \cdot \sinh x + \frac{3}{4} \cdot I_2 \quad \blacktriangleright \text{ Rekursionsformel}$$
$$= \frac{1}{4} \cdot \cosh^3 x \cdot \sinh x + \frac{3}{4} \cdot \left(\frac{1}{2} \cdot \cosh x \cdot \sinh x + \frac{1}{2} \cdot x + c_2\right)$$
$$\blacktriangleright \frac{3}{4} \cdot c_2 = c_4$$
$$= \underline{\underline{\frac{1}{4} \cdot \cosh^3 x \cdot \sinh x + \frac{3}{8} \cdot \cosh x \cdot \sinh x + \frac{3}{8} \cdot x + c_4}}$$

148 • $I_6 = \int \cosh^6 x \, dx$

$$= \frac{1}{6} \cdot \cosh^5 x \cdot \sinh x + \frac{5}{6} \cdot I_4 \quad \blacktriangleright \text{Rekursionsformel}$$

$$= \frac{1}{6} \cdot \cosh^5 x \cdot \sinh x + \frac{5}{6} \cdot \left(\frac{1}{4} \cdot \cosh^3 x \cdot \sinh x + \frac{3}{8} \cdot \cosh x \cdot \sinh x + \frac{3}{8} \cdot x + c_4 \right) \quad \blacktriangleright \frac{5}{6} \cdot c_4 = c_6$$

$$= \underline{\underline{\frac{1}{6} \cdot \cosh^5 x \cdot \sinh x + \frac{5}{24} \cdot \cosh^3 x \cdot \sinh x + \frac{5}{16} \cdot \cosh x \cdot \sinh x + \frac{5}{16} \cdot x + c_6}}$$

Bei der **Aufgabe 65** gilt für die Berechnung von I_2; I_4 und I_6 folgende Rekursionsformel:

$$I_m = \int \frac{x^m}{\sqrt{a^2 - x^2}} \, dx = -\frac{x^{m-1}}{m} \cdot \sqrt{a^2 - x^2} + a^2 \cdot \frac{m-1}{m} \cdot I_{m-2}; \; m \in \mathbb{N}^{\geq 2}; \; I_0 = \operatorname{Arcsin} \frac{x}{a} + c_0; \; x \in (-a; a); \; a = 2$$

• $I_2 = \int \frac{x^2}{\sqrt{4 - x^2}} \, dx$

► $I_0 = \operatorname{Arcsin} \frac{x}{2} + c_0$

$$I_2 = -\frac{x}{2} \cdot \sqrt{4 - x^2} + 4 \cdot \frac{1}{2} \cdot I_0 \quad \blacktriangleright \text{Rekursionsformel}$$

$$= -\frac{x}{2} \cdot \sqrt{4 - x^2} + 2 \cdot \left(\operatorname{Arcsin} \frac{x}{2} + c_0 \right) \quad \blacktriangleright 2c_0 = c_2$$

$$= \underline{\underline{-\frac{x}{2} \cdot \sqrt{4 - x^2} + 2 \cdot \operatorname{Arcsin} \frac{x}{2} + c_2; \; x \in (-2; 2)}}$$

• $I_4 = \int \frac{x^4}{\sqrt{4 - x^2}} \, dx$

$$= -\frac{x^3}{4} \cdot \sqrt{4 - x^2} + 4 \cdot \frac{3}{4} \cdot I_2 \quad \blacktriangleright \text{Rekursionsformel}$$

$$= -\frac{x^3}{4} \cdot \sqrt{4 - x^2} + 3 \cdot \left(-\frac{x}{2} \cdot \sqrt{4 - x^2} + 2 \cdot \operatorname{Arcsin} \frac{x}{2} + c_2 \right) \quad \blacktriangleright 3c_2 = c_4$$

$$= \underline{\underline{-\frac{x^3}{4} \cdot \sqrt{4 - x^2} - \frac{3}{2} \cdot x \cdot \sqrt{4 - x^2} + 6 \cdot \operatorname{Arcsin} \frac{x}{2} + c_4; \; x \in (-2; 2)}}$$

• $I_6 = \int \frac{x^6}{\sqrt{4 - x^2}} \, dx$

$$= -\frac{x^5}{6} \cdot \sqrt{4 - x^2} + 4 \cdot \frac{5}{6} \cdot I_4 \quad \blacktriangleright \text{Rekursionsformel}$$

$$= -\frac{x^5}{6} \cdot \sqrt{4 - x^2} + \frac{10}{3} \cdot \left(-\frac{x^3}{4} \cdot \sqrt{4 - x^2} - \frac{3}{2} \cdot x \cdot \sqrt{4 - x^2} + 6 \cdot \operatorname{Arcsin} \frac{x}{2} + c_4 \right) \quad \blacktriangleright \frac{10}{3} \cdot c_4 = c_6$$

$$= \underline{\underline{-\frac{x^5}{6} \cdot \sqrt{4 - x^2} - \frac{5x^3}{6} \cdot \sqrt{4 - x^2} - 5x \cdot \sqrt{4 - x^2} + 20 \cdot \operatorname{Arcsin} \frac{x}{2} + c_6; \; x \in (-2; 2)}}$$

Bei der **Aufgabe 66** gilt für die Berechnung von I_1; I_4 und I_6 folgende Rekursionsformel:

$$I_m = \int \frac{x^m}{\sqrt{x^2 - a^2}} \, dx = \frac{x^{m-1}}{m} \cdot \sqrt{x^2 - a^2} + a^2 \cdot \frac{m-1}{m} \cdot I_{m-2}; \; m \in \mathbb{N}^{\geq 2}; \; I_0 = \ln |x + \sqrt{x^2 - a^2}| + c_0; \; x < -a \text{ oder } x > a; \; a = 2$$

• $I_2 = \int \frac{x^2}{\sqrt{x^2 - 4}} \, dx$

► $I_0 = \ln |x + \sqrt{x^2 - 4}| + c_0$

$$I_2 = \frac{x}{2} \cdot \sqrt{x^2 - 4} + 4 \cdot \frac{1}{2} \cdot I_0 \quad \blacktriangleright \text{Rekursionsformel}$$

$$= \frac{x}{2} \cdot \sqrt{x^2 - 4} + 2 \cdot (\ln |x + \sqrt{x^2 - 4}| + c_0) \quad \blacktriangleright 2c_0 = c_2$$

$$= \underline{\underline{\frac{x}{2} \cdot \sqrt{x^2 - 4} + 2 \cdot \ln |x + \sqrt{x^2 - 4}| + c_2; \; x < -2 \text{ oder } x > 2}}$$

148

- $I_4 = \int \frac{x^4}{\sqrt{x^2-4}}\,\mathrm{d}x$

$= \frac{x^3}{4}\cdot\sqrt{x^2-4} + 4\cdot\frac{3}{4}\cdot I_2$ ▶ Rekursionsformel

$= \frac{x^3}{4}\cdot\sqrt{x^2-4} + 3\cdot\left(\frac{x}{2}\cdot\sqrt{x^2-4} + 2\cdot\ln|x+\sqrt{x^2-4}| + c_2\right)$ ▶ $3c_2 = c_4$

$= \frac{x^3}{4}\cdot\sqrt{x^2-4} + \frac{3}{2}\cdot x\cdot\sqrt{x^2-4} + 6\cdot\ln|x+\sqrt{x^2-4}| + c_4;\ x<-2 \text{ oder } x>2$

- $I_6 = \int \frac{x^6}{\sqrt{x^2-4}}\,\mathrm{d}x$

$= \frac{x^5}{6}\cdot\sqrt{x^2-4} + 4\cdot\frac{5}{6}\cdot I_4$ ▶ Rekursionsformel

$= \frac{x^5}{6}\cdot\sqrt{x^2-4} + \frac{10}{3}\cdot\left(\frac{x^3}{4}\cdot\sqrt{x^2-4} + \frac{3}{2}\cdot x\cdot\sqrt{x^2-4} + 6\cdot\ln|x+\sqrt{x^2-4}| + c_4\right)$ ▶ $\frac{10}{3}\cdot c_4 = c_6$

$= \frac{x^5}{6}\cdot\sqrt{x^2-4} + \frac{5x^3}{6}\cdot\sqrt{x^2-4} + 5x\cdot\sqrt{x^2-4} + 20\cdot\ln|x+\sqrt{x^2-4}| + c_6;\ x<-2 \text{ oder } x>2$

Bei der **Aufgabe 67** gilt für die Berechnung von I_2; I_4 und I_6 folgende Rekursionsformel:

$$I_m = \int \frac{x^m}{\sqrt{x^2+a^2}}\,\mathrm{d}x = \frac{x^{m-1}}{m}\cdot\sqrt{x^2+a^2} - a^2\cdot\frac{m-1}{m}\cdot I_{m-2};\ m\in\mathbb{N}^{\geq 2};\ I_0 = \ln(x+\sqrt{x^2+a^2}) + c_0;\ a=2$$

- $I_2 = \int \frac{x^2}{\sqrt{x^2+4}}\,\mathrm{d}x$

▶ $I_0 = \ln(x+\sqrt{x^2+4}) + c_0$

$I_2 = \frac{x}{2}\cdot\sqrt{x^2+4} - 4\cdot\frac{1}{2}\cdot I_0$ ▶ Rekursionsformel

$= \frac{x}{2}\cdot\sqrt{x^2+4} - 2\cdot\left(\ln(x+\sqrt{x^2+4}) + c_0\right)$ ▶ $-2c_0 = c_2$

$= \frac{x}{2}\cdot\sqrt{x^2+4} - 2\cdot\ln(x+\sqrt{x^2+4}) + c_2$

- $I_4 = \int \frac{x^4}{\sqrt{x^2+4}}\,\mathrm{d}x$

$= \frac{x^3}{4}\cdot\sqrt{x^2+4} - 4\cdot\frac{3}{4}\cdot I_2$ ▶ Rekursionsformel

$= \frac{x^3}{4}\cdot\sqrt{x^2+4} - 3\cdot\left(\frac{x}{2}\cdot\sqrt{x^2+4} - 2\cdot\ln(x+\sqrt{x^2+4}) + c_2\right)$ ▶ $-3c_2 = c_4$

$= \frac{x^3}{4}\cdot\sqrt{x^2+4} - \frac{3}{2}\cdot x\cdot\sqrt{x^2+4} + 6\cdot\ln(x+\sqrt{x^2+4}) + c_4$

- $I_6 = \int \frac{x^6}{\sqrt{x^2+4}}\,\mathrm{d}x$

$= \frac{x^5}{6}\cdot\sqrt{x^2+4} - 4\cdot\frac{5}{6}\cdot I_4$ ▶ Rekursionsformel

$= \frac{x^5}{6}\cdot\sqrt{x^2+4} - \frac{10}{3}\cdot\left[\frac{x^3}{4}\cdot\sqrt{x^2+4} - \frac{3}{2}\cdot x\cdot\sqrt{x^2+4} + 6\cdot\ln(x+\sqrt{x^2+4}) + c_4\right]$ ▶ $-\frac{10}{3}\cdot c_4 = c_6$

$= \frac{x^5}{6}\cdot\sqrt{x^2+4} - \frac{5x^3}{6}\cdot\sqrt{x^2+4} + 5x\cdot\sqrt{x^2+4} - 20\cdot\ln(x+\sqrt{x^2+4}) + c_6$

148 Bei der **Aufgabe 68** gilt für die Berechnung von I_2; I_4 und I_6 folgende Rekursionsformel:

$$I_m = \int (x^m \cdot \sqrt{a^2+x^2}\,)\,\mathrm{d}x = \frac{x^{m-1}}{m+2} \cdot \sqrt{(a^2+x^2)^3} - a^2 \cdot \frac{m-1}{m+2}\, I_{m-2};\ m \in \mathbb{N}^{\geq 2};$$

$$I_0 = \frac{x}{2} \cdot \sqrt{a^2+x^2} + \frac{a^2}{2} \cdot \ln(x + \sqrt{a^2+x^2}\,) + c_0;\ a = 2$$

- $I_2 = \int (x^2 \cdot \sqrt{4+x^2}\,)\,\mathrm{d}x$

$$= \frac{x}{4} \cdot \sqrt{(4+x^2)^3} - 4 \cdot \frac{1}{4} \cdot I_0 \quad \blacktriangleright \text{ Rekursionsformel } \blacktriangleright\ I_0 = \frac{x}{2} \cdot \sqrt{4+x^2} + 2 \cdot \ln(x + \sqrt{4+x^2}\,) + c_0$$

$$= \frac{x}{4} \cdot \sqrt{(4+x^2)^3} - \left(\frac{x}{2} \cdot \sqrt{4+x^2} + 2 \cdot \ln(x + \sqrt{4+x^2}\,) + c_0\right) \quad \blacktriangleright\ -c_0 = c_2$$

$$= \underline{\underline{\frac{x}{4} \cdot \sqrt{(4+x^2)^3} - \frac{x}{2} \cdot \sqrt{4+x^2} - 2 \cdot \ln(x + \sqrt{4+x^2}\,) + c_2}}$$

- $I_4 = \int \left(x^4 \cdot \sqrt{4+x^2}\right)\mathrm{d}x$

$$= \frac{x^3}{6} \cdot \sqrt{(4+x^2)^3} - 4 \cdot \frac{3}{6} \cdot I_2 \quad \blacktriangleright \text{ Rekursionsformel}$$

$$= \frac{x^3}{6} \cdot \sqrt{(4+x^2)^3} - 2 \cdot \left(\frac{x}{4} \cdot \sqrt{(4+x^2)^3} - \frac{x}{2} \cdot \sqrt{4+x^2} - 2 \cdot \ln(x + \sqrt{4+x^2}\,) + c_2\right) \quad \blacktriangleright\ -2c_2 = c_4$$

$$= \underline{\underline{\frac{x^3}{6} \cdot \sqrt{(4+x^2)^3} - \frac{x}{2} \cdot \sqrt{(4+x^2)^3} + x \cdot \sqrt{4+x^2} + 4 \cdot \ln(x + \sqrt{4+x^2}\,) + c_4}}$$

- $I_6 = \int \left(x^6 \cdot \sqrt{4+x^2}\right)\mathrm{d}x$

$$= \frac{x^5}{8} \cdot \sqrt{(4+x^2)^3} - 4 \cdot \frac{5}{8} \cdot I_4 \quad \blacktriangleright \text{ Rekursionsformel}$$

$$= \frac{x^5}{8} \cdot \sqrt{(4+x^2)^3} - \frac{5}{2} \cdot \left[\frac{x^3}{6} \cdot \sqrt{(4+x^2)^3} - \frac{x}{2} \cdot \sqrt{(4+x^2)^3} + x \cdot \sqrt{4+x^2} + 4 \cdot \ln(x + \sqrt{4+x^2}\,) + c_4\right]$$

$$\blacktriangleright\ -\frac{5}{2} \cdot c_4 = c_6$$

$$= \underline{\underline{\frac{x^5}{8} \cdot \sqrt{(4+x^2)^3} - \frac{5x^3}{12} \cdot \sqrt{(4+x^2)^3} + \frac{5x}{4} \cdot \sqrt{(4+x^2)^3} - \frac{5x}{2} \cdot \sqrt{4+x^2} - 10 \cdot \ln(x + \sqrt{4+x^2}\,) + c_6}}$$

Bei der **Aufgabe 69** gilt für die Berechnung von I_2; I_4 und I_6 folgende Rekursionsformel:

$$I_m = \int \left(x^m \cdot \sqrt{a^2-x^2}\right)\mathrm{d}x = -\frac{x^{m-1}}{m+2} \cdot \sqrt{(a^2-x^2)^3} + a^2 \cdot \frac{m-1}{m+2} \cdot I_{m-2};\ m \in \mathbb{N}^{\geq 2};$$

$$I_0 = \frac{a^2}{2} \cdot \operatorname{Arcsin}\frac{x}{a} + \frac{x}{2}\sqrt{a^2-x^2} + c_0;\ x \in [-a; a];\ a = 2$$

- $I_2 = \int \left(x^2 \cdot \sqrt{4-x^2}\right)\mathrm{d}x$

$$= -\frac{x}{4} \cdot \sqrt{(4-x^2)^3} + 4 \cdot \frac{1}{4} \cdot I_0 \quad \blacktriangleright \text{ Rekursionsformel } \blacktriangleright\ I_0 = 2 \cdot \operatorname{Arcsin}\frac{x}{2} + \frac{x}{2} \cdot \sqrt{4-x^2} + c_0$$

$$= \underline{\underline{-\frac{x}{4} \cdot \sqrt{(4-x^2)^3} + 2 \cdot \operatorname{Arcsin}\frac{x}{2} + \frac{x}{2} \cdot \sqrt{4-x^2} + c_0;\ x \in [-2; 2]}}$$

148

- $I_4 = \int \left(x^4 \cdot \sqrt{4-x^2}\right) \mathrm{d}x$

$= -\frac{x^3}{6} \cdot \sqrt{(4-x^2)^3} + 4 \cdot \frac{3}{6} \cdot I_2$ ► Rekursionsformel

$= -\frac{x^3}{6} \cdot \sqrt{(4-x^2)^3} + 2 \cdot \left(-\frac{x}{4} \cdot \sqrt{(4-x^2)^3} + 2 \cdot \operatorname{Arcsin}\frac{x}{2} + \frac{x}{2} \cdot \sqrt{4-x^2} + c_0\right)$ ► $2c_0 = c_2$

$= -\frac{x^3}{6} \cdot \sqrt{(4-x^2)^3} - \frac{x}{2} \cdot \sqrt{(4-x^2)^3} + 4 \cdot \operatorname{Arcsin}\frac{x}{2} + x \cdot \sqrt{4-x^2} + c_2;\ x \in [-2;2]$

- $I_6 = \int \left(x^6 \cdot \sqrt{4-x^2}\right) \mathrm{d}x$

$= -\frac{x^5}{8} \cdot \sqrt{(4-x^2)^3} + 4 \cdot \frac{5}{8} \cdot I_4$ ► Rekursionsformel

$= -\frac{x^5}{8} \cdot \sqrt{(4-x^2)^3} + \frac{5}{2} \cdot \left[-\frac{x^3}{6} \cdot \sqrt{(4-x^2)^3} - \frac{x}{2} \cdot \sqrt{(4-x^2)^3} + 4 \cdot \operatorname{Arcsin}\frac{x}{2} + x \cdot \sqrt{4-x^2} + c_2\right]$ ► $\frac{5}{2} \cdot c_2 = c_4$

$= -\frac{x^5}{8} \cdot \sqrt{(4-x^2)^3} - \frac{5x^3}{12} \cdot \sqrt{(4-x^2)^3} - \frac{5x}{4} \cdot \sqrt{(4-x^2)^3} + 10 \cdot \operatorname{Arcsin}\frac{x}{2} + \frac{5x}{2} \cdot \sqrt{4-x^2} + c_4;\ x \in [-2;2]$

Bei der **Aufgabe 70** gilt für die Berechnung von I_2; I_4 und I_6 folgende Rekursionsformel:

$$I_m = \int \left(x^m \cdot \sqrt{x^2-a^2}\right) \mathrm{d}x = \frac{x^{m-1}}{m+2} \cdot \sqrt{(x^2-a^2)^3} + a^2 \cdot \frac{m-1}{m+2} \cdot I_{m-2};\ m \in \mathbb{N}^{\geq 2};$$

$$I_0 = \frac{x}{2} \cdot \sqrt{x^2-a^2} - \frac{a^2}{2} \cdot \ln\left|x + \sqrt{x^2-a^2}\right| + c_0;\ x \leq -a \text{ oder } x \geq a;\ a = 2$$

- $I_2 = \int \left(x^2 \cdot \sqrt{x^2-4}\right) \mathrm{d}x$

$= \frac{x}{4} \cdot \sqrt{(x^2-4)^3} + 4 \cdot \frac{1}{4} \cdot I_0$ ► Rekursionsformel ► $I_0 = \frac{x}{2} \cdot \sqrt{x^2-4} - 2 \cdot \ln\left|x + \sqrt{x^2-4}\right| + c_0$

$= \frac{x}{4} \cdot \sqrt{(x^2-4)^3} + \frac{x}{2} \cdot \sqrt{x^2-4} - 2 \cdot \ln\left|x + \sqrt{x^2-4}\right| + c_0;\ x \leq -2 \text{ oder } x \geq 2$

- $I_4 = \int \left(x^4 \cdot \sqrt{x^2-4}\right) \mathrm{d}x$

$= \frac{x^3}{6} \cdot \sqrt{(x^2-4)^3} + 4 \cdot \frac{3}{6} \cdot I_2$ ► Rekursionsformel

$= \frac{x^3}{6} \cdot \sqrt{(x^2-4)^3} + 2 \cdot \left(\frac{x}{4} \cdot \sqrt{(x^2-4)^3} + \frac{x}{2} \cdot \sqrt{x^2-4} - 2 \cdot \ln\left|x + \sqrt{x^2-4}\right| + c_0\right)$ ► $2c_0 = c_2$

$= \frac{x^3}{6} \cdot \sqrt{(x^2-4)^3} + \frac{x}{2} \cdot \sqrt{(x^2-4)^3} + x \cdot \sqrt{x^2-4} - 4 \cdot \ln\left|x + \sqrt{x^2-4}\right| + c_2;\ x \leq -2 \text{ oder } x \geq 2$

- $I_6 = \int \left(x^6 \cdot \sqrt{x^2-4}\right) \mathrm{d}x$

$= \frac{x^5}{8} \cdot \sqrt{(x^2-4)^3} + 4 \cdot \frac{5}{8} \cdot I_4$ ► Rekursionsformel

$= \frac{x^5}{8} \cdot \sqrt{(x^2-4)^3} + \frac{5}{2} \cdot \left(\frac{x^3}{6} \cdot \sqrt{(x^2-4)^3} + \frac{x}{2} \cdot \sqrt{(x^2-4)^3} + x \cdot \sqrt{x^2-4} - 4 \cdot \ln\left|x + \sqrt{x^2-4}\right| + c_2\right)$ ► $\frac{5}{2} \cdot c_2 = c_4$

$= \frac{x^5}{8} \cdot \sqrt{(x^2-4)^3} + \frac{5x^3}{12} \cdot \sqrt{(x^2-4)^3} + \frac{5x}{4} \cdot \sqrt{(x^2-4)^3} + \frac{5x}{2} \cdot \sqrt{x^2-4} - 10 \cdot \ln\left|x + \sqrt{x^2-4}\right| + c_4;\ x \leq -2 \text{ oder } x \geq 2$

148

Lösen Sie die nachfolgenden Integrale durch Substitution. ▶ **Lehrbuch: Kusch 4, S. 143...146**

72. $\int \sin^7 x \,\mathrm{d}x;\ x \in \mathbb{R}$

Man substituiert:

▶ $\cos x = z \Rightarrow \dfrac{\mathrm{d}z}{\mathrm{d}x} = -\sin x \Rightarrow \sin x \cdot \mathrm{d}x = -\mathrm{d}z$

▶ $(A-B)^3 = A^3 - 3A^2B + 3AB^2 - B^3$

▶ 1 für A; z^2 für B

Substitution rückgängig machen
▶ $z = \cos x$

$$\int \sin^7 x\,\mathrm{d}x = \int(\sin^6 x \cdot \sin x)\,\mathrm{d}x$$
$$= \int\left([\sin^2 x]^3 \cdot \sin x\right)\mathrm{d}x \quad \blacktriangleright\ \sin^2 x = 1 - \cos^2 x$$
$$= \int\left([1-\cos^2 x]^3 \cdot \sin x\right)\mathrm{d}x$$
$$= \int\left([1-z^2]^3 \cdot (-\mathrm{d}z)\right)$$
$$= -\int(1 - 3z^2 + 3z^4 - z^6)\,\mathrm{d}z \quad \blacktriangleright\ \text{Potenzregel}$$
$$= -\left(z - z^3 + \frac{3}{5}\cdot z^5 - \frac{1}{7}\cdot z^7\right) + c$$
$$= -\cos x + \cos^3 x - \frac{3}{5}\cdot\cos^5 x + \frac{1}{7}\cdot\cos^7 x + c$$

73. $\int \cosh^5 x \,\mathrm{d}x;\ x \in \mathbb{R}$

Man substituiert:

▶ $\sinh x = z \Rightarrow \dfrac{\mathrm{d}z}{\mathrm{d}x} = \cosh x \Rightarrow \cosh x \cdot \mathrm{d}x = \mathrm{d}z$

Substitution rückgängig machen
▶ $z = \sinh x$

$$\int \cosh^5 x\,\mathrm{d}x = \int(\cosh^4 x \cdot \cosh x)\,\mathrm{d}x$$
$$= \int\left([\cosh^2 x]^2 \cdot \cosh x\right)\mathrm{d}x \quad \blacktriangleright\ \cosh^2 x = 1 + \sinh^2 x$$
$$= \int\left([1+\sinh^2 x]^2 \cdot \cosh x\right)\mathrm{d}x$$
$$= \int[1+z^2]^2\,\mathrm{d}z$$
$$= \int(1 + 2z^2 + z^4)\,\mathrm{d}z \quad \blacktriangleright\ \text{Potenzregel}$$
$$= z + \frac{2}{3}\cdot z^3 + \frac{1}{5}\cdot z^5 + c$$
$$= \sinh x + \frac{2}{3}\cdot\sinh^3 x + \frac{1}{5}\cdot\sinh^5 x + c$$

74. $\int \sin\sqrt{x}\,\mathrm{d}x;\ x \in \mathbb{R}^{\geq 0}$

Man substituiert und wendet anschließend die Methode der partiellen Integration an.

▶ $\sqrt{x} = z;\ z \geq 0$

$\Rightarrow x = z^2 \Rightarrow \dfrac{\mathrm{d}x}{\mathrm{d}z} = 2z \Rightarrow \mathrm{d}x = 2z\cdot\mathrm{d}z$

▶ $u(z) = z \Rightarrow u'(z) = 1$

▶ $v'(z) = \sin z \Rightarrow v(z) = \int \sin z\,\mathrm{d}z = -\cos z$

$$\int \sin\sqrt{x}\,\mathrm{d}x = \int[\sin z \cdot 2z]\,\mathrm{d}z$$
$$= 2\cdot\int[z\cdot\sin z]\,\mathrm{d}z \quad \blacktriangleright\ \int[u\cdot v']\,\mathrm{d}x$$
$$= 2\cdot\left[z\cdot(-\cos z) - \int\left(1\cdot(-\cos z)\right)\mathrm{d}z\right]$$
$$= 2\cdot\left[-z\cdot\cos z + \int\cos z\,\mathrm{d}z\right]$$
$$= -2z\cdot\cos z + 2\cdot\sin z + c \quad \blacktriangleright\ z = \sqrt{x}$$
$$= -2\cdot\sqrt{x}\cdot\cos\sqrt{x} + 2\cdot\sin\sqrt{x} + c;\ x \geq 0$$

148

75. $\displaystyle\int \frac{x^3}{\sqrt{x^2+a^2}}\,\mathrm{d}x;\ a>0;\ x\in\mathbb{R}$

► $\sqrt{x^2+a^2}=z \Rightarrow x^2=z^2-a^2;\ z>0$

$$\Rightarrow \frac{\mathrm{d}z}{\mathrm{d}x}=\frac{2x}{2\cdot\sqrt{x^2+a^2}}=\frac{x}{z}\Rightarrow x\cdot\mathrm{d}x=z\cdot\mathrm{d}z$$

Substitution rückgängig machen:

► $z=\sqrt{(x^2+a^2)}$

$$\begin{aligned}\int \frac{x^3}{\sqrt{x^2+a^2}}\,\mathrm{d}x &= \int\left(\frac{x^2}{\sqrt{x^2+a^2}}\cdot x\right)\mathrm{d}x\\ &=\int\left(\frac{z^2-a^2}{z}\cdot z\right)\mathrm{d}z\\ &=\int\left(z^2-a^2\right)\mathrm{d}z\\ &=\frac{1}{3}\cdot z^3-a^2z+c\\ &=\underline{\underline{\frac{1}{3}\cdot\sqrt{(x^2+a^2)^3}-a^2\cdot\sqrt{x^2+a^2}+c}}\end{aligned}$$

76. $\displaystyle\int\left(x^5\cdot\sqrt{a^2-x^2}\,\right)\mathrm{d}x;\ a>0;\ x\in[-a;a]$

► $\sqrt{a^2-x^2}=z\Rightarrow x^2=a^2-z^2;\ z\in[0;a]$

$$\Rightarrow\frac{\mathrm{d}z}{\mathrm{d}x}=\frac{-2x}{2\cdot\sqrt{a^2-x^2}}=\frac{-x}{z}\Rightarrow x\cdot\mathrm{d}x=-z\cdot\mathrm{d}z$$

Substitution rückgängig machen:

► $z=\sqrt{a^2-x^2}$

$$\begin{aligned}\int\left(x^5\cdot\sqrt{a^2-x^2}\,\right)\mathrm{d}x&=\int\left(x^4\cdot\sqrt{a^2-x^2}\cdot x\right)\mathrm{d}x\\ &=\int\left[\left(a^2-z^2\right)^2\cdot z\cdot(-z)\right]\mathrm{d}z\\ &=-\int\left[\left(a^4-2a^2z^2+z^4\right)\cdot z^2\right]\mathrm{d}z\\ &=-\int\left(a^4z^2-2a^2z^4+z^6\right)\mathrm{d}z\\ &=-\left(a^4\cdot\frac{1}{3}\cdot z^3-2a^2\cdot\frac{1}{5}\cdot z^5+\frac{1}{7}\cdot z^7\right)+c\\ &=\underline{\underline{-\frac{a^4}{3}\cdot\sqrt{(a^2-x^2)^3}+\frac{2a^2}{5}\cdot\sqrt{(a^2-x^2)^5}-\frac{1}{7}\cdot\sqrt{(a^2-x^2)^7}+c;}}\\ &\qquad\underline{\underline{x\in[-a;a]}}\end{aligned}$$

77. $\displaystyle\int\left(x^7\cdot\sqrt{x^2-a^2}\,\right)\mathrm{d}x;\ a>0;\ x\in\mathbb{R}\backslash(-a;a)$

► $\sqrt{x^2-a^2}=z\Rightarrow x^2=z^2+a^2;\ z\geq 0$

$$\Rightarrow\frac{\mathrm{d}z}{\mathrm{d}x}=\frac{2x}{2\cdot\sqrt{x^2-a^2}}=\frac{x}{z}\Rightarrow x\cdot\mathrm{d}x=z\cdot\mathrm{d}z$$

Substitution rückgängig machen:

► $z=\sqrt{x^2-a^2}$

$$\int\left(x^7\cdot\sqrt{x^2-a^2}\,\right)\mathrm{d}x=\int\left(x^6\cdot\sqrt{x^2-a^2}\cdot x\right)\mathrm{d}x \quad ►\ x^6=\left(x^2\right)^3$$

$$\begin{aligned}&=\int\left[\left(z^2+a^2\right)^3\cdot z\cdot z\right]\mathrm{d}z\\ &=\int\left[\left(z^6+3z^4a^2+3z^2a^4+a^6\right)\cdot z^2\right]\mathrm{d}z\\ &=\int\left(z^8+3z^6a^2+3z^4a^4+z^2a^6\right)\mathrm{d}z\\ &=\frac{1}{9}\cdot z^9+\frac{3}{7}\cdot a^2\cdot z^7+\frac{3}{5}\cdot a^4\cdot z^5+\frac{1}{3}\cdot a^6\cdot z^3+c\\ &=\underline{\underline{\frac{1}{9}\cdot\sqrt{(x^2-a^2)^9}+\frac{3a^2}{7}\cdot\sqrt{(x^2-a^2)^7}+\frac{3a^4}{5}\cdot\sqrt{(x^2-a^2)^5}+}}\\ &\qquad\underline{\underline{+\frac{a^6}{3}\cdot\sqrt{(x^2-a^2)^3}+c;\ x\in -a \text{ oder } x\geq a}}\end{aligned}$$

148 **78.** Entwickeln Sie eine Rekursionsformel für Integrale des Typs $\int \frac{\mathrm{d}x}{(1+x^2)^n}$ mit $n \in \mathbb{N}^{\geq 2}$

$I_n = \int \frac{\mathrm{d}x}{(1+x^2)^n}\,;\; n \in \mathbb{N}^{\geq 2};\; x \in \mathbb{R}$

► $\int \frac{\mathrm{d}x}{(1+x^2)^{n-1}} = I_{n-1}$

► $u(x) = x \Rightarrow u'(x) = 1$

► $v'(x) = \frac{x}{(1+x^2)^n} \Rightarrow v(x) = \int \frac{x}{(1+x^2)^n}\,\mathrm{d}x$ ► 2.4.3

$= \frac{1}{2\cdot(1-n)} \cdot \frac{1}{(1+x^2)^{n-1}}$

► $\int \frac{\mathrm{d}x}{(1+x^2)^{n-1}} = I_{n-1}$

► $I_{n-1} + \frac{1}{2\cdot(1-n)} \cdot I_{n-1} = \frac{3-2n}{2\cdot(1-n)} \cdot I_{n-1};\; n \geq 2$

An der Formel für I_n erkennt man, dass der Exponent im Restintegral I_{n-1} um eins kleiner ist als im Ausgangsintegral. Man gelangt so zu dem Grundintegral I_1.

● $I_n = \int \frac{\mathrm{d}x}{(1+x^2)^n} - \int \frac{(1+x^2)-x^2}{(1+x^2)^n}\,\mathrm{d}x$

$= \int \frac{1+x^2}{(1+x^2)^n}\,\mathrm{d}x - \int \frac{x^2}{(1+x^2)^n}\,\mathrm{d}x$

$= \int \frac{\mathrm{d}x}{(1+x^2)^{n-1}} - \int \left[x \cdot \left(\frac{x}{(1+x^2)^n}\right)\right]\mathrm{d}x$

$= I_{n-1} - \int \left[x \cdot \left(\frac{x}{(1+x^2)^n}\right)\right]\mathrm{d}x$ ► $\int [u \cdot v']\,\mathrm{d}x$

$= I_{n-1} - \left(x \cdot \frac{1}{2\cdot(1-n)} \cdot \frac{1}{(1+x^2)^{n-1}} - \int \left[1 \cdot \frac{1}{2\cdot(1-n)} \cdot \frac{1}{(1+x^2)^{n-1}}\right]\mathrm{d}x\right)$

$= I_{n-1} - \frac{x}{2\cdot(1-n)\cdot(1+x^2)^{n-1}} + \frac{1}{2\cdot(1-n)} \cdot \int \frac{\mathrm{d}x}{(1+x^2)^{n-1}}$

$= I_{n-1} - \frac{x}{2\cdot(1-n)\cdot(1+x^2)^{n-1}} + \frac{1}{2\cdot(1-n)} \cdot I_{n-1}$

$\Rightarrow I_n = -\frac{x}{2\cdot(1-n)\cdot(1+x^2)^{n-1}} + \frac{3-2n}{2\cdot(1-n)} \cdot I_{n-1};\; n \in \mathbb{N}^{\geq 2}$

● $I_1 = \int \frac{\mathrm{d}x}{(1+x)^2}$ ► Grundintegral

$= \operatorname{Arctan} x + c_1$

Rekursionsformel:

$$I_n = \int \frac{\mathrm{d}x}{(1+x^2)^n} = -\frac{x}{2\cdot(1-n)\cdot(1+x^2)^{n-1}} + \frac{3-2n}{2\cdot(1-n)} \cdot I_{n-1};\; n \in \mathbb{N}^{\geq 2};\; I_n = \operatorname{Arctan} x + c_1$$

2.6 Integration mittels Partialbruchzerlegung

► **Lehrbuch: Kusch 4, S. 148 … 168**

Der Integrand eines unbestimmten Integrals ist oft ein **Polynombruch** (► Kusch 3; 1.2.1) der Form $\frac{p_m(x)}{q_n(x)}$, wobei das **Zählerpolynom** $p_m(x)$ den Grad m; $m \in \mathbb{N}$ und das **Nennerpolynom** $q_n(x)$ den Grad n; $n \in \mathbb{N}^{\geq 1}$ hat. Solche Integrale mit einer gebrochenen rationalen Funktion als Integrandfunktion lassen sich berechnen, wenn man den Funktionsterm in eine Summe von einfacheren **Teilbrüchen (Partialbrüchen)** zerlegt. Man spricht dann von einer Integration mittels **Partialbruchzerlegung**.

Hat im Integranden das Zählerpolynom $p_m(x)$ einen kleineren Grad als das Nennerpolynom $q_n(x)$, gilt also $m < n$, so handelt es sich um einen echten Polynombruch.

- $\displaystyle\int \frac{x+2}{3x^2+4x+1}\,\mathrm{d}x = \int \frac{p_1(x)}{q_2(x)}\,\mathrm{d}x$

► $x+2 = p_1(x)$ und $3x^2+4x+1 = q_2(x)$

$\Rightarrow m = 1;\ n = 2$ ► $m < n$ ► echter Polynombruch

Ist dagegen der Grad des Zählerpolynoms $p_m(x)$ gleich oder größer als der Grad des Nennerpolynoms $q_n(x)$, gilt also $m \geq n$, so liegt ein unechter Polynombruch vor. Unechte Polynombrüche können aber durch Polynomdivision (► Kusch 3; 1.2.1) in eine Summe aus einem ganzen rationalen Term und einem echten Polynombruch umgewandelt werden.

- $\displaystyle\int \frac{x^2-4x+3}{x^2+2x}\,\mathrm{d}x = \int \frac{p_2(x)}{q_2(x)}\,\mathrm{d}x$

► $x^2-4x+3 = p_2(x)$ und $x^2+2x = q_2(x)$

$\Rightarrow m = 2;\ n = 2$ ► $m = n$ ► unechter Polynombruch

$$(x^2-4x+3) : (x^2+2x) = \underline{1} + \underline{\frac{3-6x}{x^2+2x}}$$

$\frac{3-6x}{x^2+2x}$: echt gebrochener rationaler Term

1: ganzer rationaler Term

Das Integral der entstandenen Summe kann dann als Summe von Integralen geschrieben werden. ► Summenregel, 2.3

$$\int \frac{x^2-4x+3}{x^2+2x}\,\mathrm{d}x = \int \left(1 + \frac{3-6x}{x^2+2x}\right)\mathrm{d}x = \underline{\underline{\int \mathrm{d}x + \int \frac{3-6x}{x^2+2x}\,\mathrm{d}x}}$$

- $\displaystyle\int \frac{x^3-x^2+3}{x^2-1}\,\mathrm{d}x = \int \frac{p_3(x)}{q_2(x)}\,\mathrm{d}x$

► $x^3-x^2+3 = p_3(x)$ und $x^2-1 = q_2(x)$

$\Rightarrow m = 3;\ n = 2$ ► $m > n$ ► unechter Polynombruch

$$(x^3-x^2+3) : (x^2-1) = \underline{x-1} + \underline{\frac{x+2}{x^2-1}}$$

$\frac{x+2}{x^2-1}$: echt gebrochener rationaler Term

$x-1$: ganzer rationaler Term

Während die Integration der durch die Polynomdivisionen entstandenen ganzen rationalen Funktionen keine Schwierigkeiten bereitet (► Potenzregel, 2.1), wird für die Integration der verbleibenden echt gebrochenen rationalen Funktionen, hier handelt es sich um die Integranden $\frac{3-6x}{x^2+2x}$ bzw. $\frac{x+2}{x^2-1}$, das Verfahren der Partialbruchzerlegung angewendet.

$$\int \frac{x^3-x^2+3}{x^2-1}\,\mathrm{d}x = \int \left(x - 1 + \frac{x+2}{x^2-1}\right)\mathrm{d}x = \underline{\underline{\int x\,\mathrm{d}x - \int \mathrm{d}x + \int \frac{x+2}{x^2-1}\,\mathrm{d}x}}$$

Bei einer Partialbruchzerlegung wird der Funktionsterm $\frac{p_m(x)}{q_n(x)}$ einer echt gebrochenen rationalen Integrandfunktion so in eine Summe von einfacheren Partialbrüchen zerlegt, dass die Integrale der Partialbrüche leicht zu berechnen sind. Die Zerlegung in Partialbrüche hängt im Wesentlichen davon ab, wie sich das Nennerpolynom $q_n(x)$ in **Faktoren** zerlegen lässt. Im Folgenden werden **drei verschiedene Fallgruppen** behandelt.

Vorbemerkungen:

- Bei den nachstehenden Aufgaben werden die Koeffizienten $A_1; A_2; \ldots$ bei einer Partialbruchzerlegung ausschließlich mithilfe des Einsetzungsverfahrens berechnet. ► **Lehrbuch: Kusch 4, S. 151**
- Ist der Grad des Zählerpolynoms kleiner als der Grad des Nennerpolynoms, liegt also bereits ein echter Polynombruch vor, so wird dies bei der betreffenden Aufgabe nicht gesondert vermerkt.

Fallgruppe 1: Das Nennerpolynom $q_n(x)$ lässt sich in verschiedene Linearfaktoren zerlegen

▸ **Lehrbuch: Kusch 4, S. 149 … 156**

169 Berechnen Sie die nachstehenden unbestimmten Integrale mithilfe der Partialbruchzerlegung.

1. $\int \frac{dx}{x^2-16};\ x \in \mathbb{R}\backslash\{-4;4\}$

▸ $x^2-16=(x-4)\cdot(x+4)$ ▸ $\frac{1}{x^2-16}=\underline{\frac{1}{(x-4)\cdot(x+4)}}$

▸ $\frac{1}{x^2-16}=\frac{A_1}{x-4}+\frac{A_2}{x+4} \quad \Big|\cdot(x-4)\cdot(x+4)$

- $1=A_1\cdot(x+4)+A_2\cdot(x-4)$ ▸ -4 für x

  $1=A_1\cdot 0+A_2(-8) \Rightarrow A_2=\underline{-\frac{1}{8}}$

- $1=A_1\cdot(x+4)+A_2\cdot(x-4)$ ▸ 4 für x

  $1=A_1\cdot 8+A_2\cdot 0 \Rightarrow A_1=\underline{\frac{1}{8}}$

$\int \frac{dx}{x^2-16}=\int \frac{dx}{(x-4)\cdot(x+4)}$

$=\int\left(\frac{A_1}{x-4}+\frac{A_2}{x+4}\right)dx$ ▸ $\frac{1}{8}$ für A_1; $-\frac{1}{8}$ für A_2

$=\int\left(\frac{\frac{1}{8}}{x-4}+\frac{-\frac{1}{8}}{x+4}\right)dx$

$=\frac{1}{8}\cdot\int\frac{dx}{x-4}-\frac{1}{8}\cdot\int\frac{dx}{x+4}$ ▸ 2.4.1

$=\frac{1}{8}\cdot\ln|x-4|-\frac{1}{8}\cdot\ln|x+4|+c$

$=\underline{\underline{\frac{1}{8}\cdot\ln\left|\frac{x-4}{x+4}\right|+c;\ x\notin\{-4;4\}}}$

Das Integral der Aufgabe 1 ist vom Typ $\int\frac{dx}{x^2-a^2}$ mit $a \neq 0$. Solche Integrale treten sehr häufig auf.
Lehrbuch: Kusch 4, S. 155/156

Merke:

$$\int\frac{dx}{x^2-a^2}=\frac{1}{2a}\cdot\ln\left|\frac{x-a}{x+a}\right|;\ x\in\mathbb{R}\backslash\{-a;a\};\ a\in\mathbb{R}^{\neq 0}$$

2. $\int\frac{6+4x}{x^2+x}dx;\ x\in\mathbb{R}\backslash\{-1;0\}$

▸ $x^2+x=x\cdot(x+1)$ ▸ $\frac{6+4x}{x^2+x}=\underline{\frac{6+4x}{x\cdot(x+1)}}$

▸ $\frac{6+4x}{x^2+x}=\frac{A_1}{x}+\frac{A_2}{x+1} \quad \Big|\cdot x\cdot(x+1)$

- $6+4x=A_1\cdot(x+1)+A_2\cdot x$ ▸ -1 für x

  $6+4\cdot(-1)=A_1\cdot 0+A_2\cdot(-1)\Rightarrow A_2=\underline{-2}$

- $6+4x=A_1\cdot(x+1)+A_2\cdot x$ ▸ 0 für x

  $6+4\cdot 0=A_1\cdot 1+A_2\cdot 0\Rightarrow A_1=\underline{6}$

$\int\frac{6+4x}{x^2+x}dx=\int\underline{\frac{6+4x}{x\cdot(x+1)}}dx$

$=\int\left(\frac{A_1}{x}+\frac{A_2}{x+1}\right)dx$ ▸ 6 für A_1; -2 für A_2

$=\int\left(\frac{6}{x}+\frac{-2}{x+1}\right)dx$

$=6\cdot\int\frac{dx}{x}-2\cdot\int\frac{dx}{x+1}$

$=\underline{\underline{6\cdot\ln|x|-2\cdot\ln|x+1|+c;\ x\notin\{-1;0\}}}$

3. $\int\frac{2x+3}{x^2-5x+6}dx;\ x\in\mathbb{R}\backslash\{2;3\}$

▸ $x^2-5x+6=(x-2)\cdot(x-3)$

▸ $\frac{2x+3}{x^2-5x+6}=\underline{\frac{2x+3}{(x-2)\cdot(x-3)}}$

$\int\frac{2x+3}{x^2-5x+6}dx=\int\frac{2x+3}{(x-2)\cdot(x-3)}dx$

$=\int\left(\frac{A_1}{x-2}+\frac{A_2}{x-3}\right)dx$ ▸ -7 für A_1; -9 für A_2

$$\blacktriangleright \frac{2x+3}{x^2-5x+6} = \frac{A_1}{x-2} + \frac{A_2}{x-3} \quad \Big| \cdot (x-2)\cdot(x-3)$$

- $2x+3 = A_1 \cdot (x-3) + A_2 \cdot (x-2)$ ▶ 2 für x

  $2 \cdot 2 + 3 = A_1 \cdot (2-3) + A_2 \cdot 0 \Rightarrow A_1 = \underline{-7}$

- $2x+3 = A_1 \cdot (x-3) + A_2 \cdot (x-2)$ ▶ 3 für x

  $2 \cdot 3 + 3 = A_1 \cdot 0 + A_2 \cdot (3-2) \Rightarrow A_2 = \underline{9}$

$$= \int \left(\frac{-7}{x-2} + \frac{9}{x-3} \right) \mathrm{d}x$$

$$= -7 \cdot \int \frac{\mathrm{d}x}{x-2} + 9 \cdot \int \frac{\mathrm{d}x}{x-3} \quad \blacktriangleright \text{ 2.4.1}$$

$$= \underline{\underline{-7 \cdot \ln|x-2| + 9 \cdot \ln|x-3| + c;\ x \notin \{2; 3\}}}$$

4. $\displaystyle\int \frac{\mathrm{d}x}{(x-2)\cdot(x-1)};\ x \in \mathbb{R}\backslash\{-1; 2\}$

$$\blacktriangleright \frac{1}{(x-2)\cdot(x+1)} = \frac{A_1}{x-2} + \frac{A_2}{x+1} \quad \Big| \cdot (x-2)\cdot(x+1)$$

- $1 = A_1 \cdot (x+1) + A_2 \cdot (x-2)$ ▶ -1 für x

  $1 = A_1 \cdot 0 + A_2 \cdot (-1-2) \Rightarrow A_2 = \underline{-\frac{1}{3}}$

- $1 = A_1 \cdot (x+1) + A_2 \cdot (x-2)$ ▶ 2 für x

  $1 = A_1 \cdot (2+1) + A_2 \cdot (0) \Rightarrow A_1 = \underline{\frac{1}{3}}$

$$\int \frac{\mathrm{d}x}{(x-2)\cdot(x-1)} = \int \left(\frac{A_1}{x-2} + \frac{A_2}{x+1} \right) \mathrm{d}x$$

▶ $\frac{1}{3}$ für A_1; $-\frac{1}{3}$ für A_2

$$= \int \left(\frac{\frac{1}{3}}{x-2} + \frac{-\frac{1}{3}}{x+1} \right) \mathrm{d}x$$

$$= \frac{1}{3} \cdot \int \frac{\mathrm{d}x}{x-2} - \frac{1}{3} \cdot \int \frac{\mathrm{d}x}{x+1} \quad \blacktriangleright \text{ 2.4.1}$$

$$= \underline{\underline{\frac{1}{3} \cdot \ln|x-2| - \frac{1}{3} \cdot \ln|x+1| + c;\ x \notin \{-1; 2\}}}$$

5. $\displaystyle\int \frac{2x+3}{x^2+2x-63} \mathrm{d}x;\ x \in \mathbb{R}\backslash\{-9; 7\}$

Zerlegung des Nennerpolynoms in Linearfaktoren

Zur Bestimmung der Linearfaktoren des Nennerpolynoms $q_2(x) = x^2 + 2x - 63$ werden zunächst die Lösungen der quadratischen Gleichung $x^2 + 2x - 63 = 0$ mit der pq-Formel (▶ 4.1) berechnet. Nach dem Satz von Vieta (▶ 4.1) lässt sich $q_2(x)$ als Produkt von Linearfaktoren schreiben.

$q_2(x) = x^2 + 2x - 63$ ▶ $q_2(x) = 0$

$x^2 + 2x - 63 = 0$ ▶ quadratische Gleichung

$\Rightarrow x_1 = -1 + \sqrt{1+63} = \underline{7}$ und $x_2 = -1 - \sqrt{1+63} = \underline{-9}$

$q_2(x) = x^2 + 2x - 63 = \underline{(x-7)\cdot(x+9)}$

$$\blacktriangleright \frac{2x+3}{x^2+2x-63} = \underline{\frac{2x+3}{(x-7)\cdot(x+9)}}$$

Partialbruchzerlegung und Integration

$$\frac{2x+3}{x^2+2x-63} = \frac{A_1}{x-7} + \frac{A_2}{x+9} \quad \Big| \cdot (x-7)\cdot(x+9)$$

- $2x+3 = A_1 \cdot (x+9) + A_2 \cdot (x-7)$

  ▶ -9 für x

  $2 \cdot (-9) + 3 = A_1 \cdot 0 + A_2(-9-7) \Rightarrow A_2 = \underline{\frac{15}{16}}$

- $2x+3 = A_1 \cdot (x+9) + A_2 \cdot (x-7)$

  ▶ 7 für x

  $2 \cdot 7 + 3 = A_1 \cdot (7+9) + A_2 \cdot 0 \Rightarrow A_1 = \underline{\frac{17}{16}}$

$$\int \frac{2x+3}{x^2+2x-63} \mathrm{d}x = \int \frac{2x+3}{(x-7)\cdot(x+9)} \mathrm{d}x$$

$$= \int \left(\frac{A_1}{x-7} + \frac{A_2}{x+9} \right) \mathrm{d}x \quad \blacktriangleright \frac{17}{16} \text{ für } A_1;\ \frac{15}{16} \text{ für } A_2$$

$$= \int \left(\frac{\frac{17}{16}}{x-7} + \frac{\frac{15}{16}}{x+9} \right) \mathrm{d}x$$

$$= \frac{17}{16} \cdot \int \frac{\mathrm{d}x}{x-7} + \frac{15}{16} \cdot \int \frac{\mathrm{d}x}{x+9} \quad \blacktriangleright \text{ 2.4.1}$$

$$= \underline{\underline{\frac{17}{16} \cdot \ln|x-7| + \frac{15}{16} \cdot \ln|x+9| + c;\ x \notin \{-9; 7\}}}$$

169

6. $\int \frac{7-x}{x^2+6x-91}\,\mathrm{d}x;\ x \in \mathbb{R}\backslash\{-13;7\}$

Zerlegung des Nennerpolynoms in Linearfaktoren

Zur Bestimmung der Linearfaktoren des Nennerpolynoms $q(x) = x^2 + 6x - 91$ werden zunächst die Lösungen der quadratischen Gleichung $x^2 + 6x - 91 = 0$ mit der pq-Formel (► 4.1) berechnet. Nach dem Satz von Vieta (► 4.1) lässt sich $q_2(x)$ als Produkt von Linearfaktoren schreiben.

$q_2(x) = x^2 + 6x - 91$ ► $q_2(x) = 0$

$x^2 + 6x - 91 = 0$ ► quadratische Gleichung

$\Rightarrow x_1 = -3 + \sqrt{9+91} = \underline{7}$ und $x_2 = -3 - \sqrt{9+91} = \underline{-13}$

$q_2(x) = x^2 + 6x - 91 = \underline{(x-7)\cdot(x+13)}$

► $\frac{7-x}{x^2+6x-91} = \frac{-(x-7)}{(x-7)\cdot(x+13)} = \underline{\frac{-1}{x+13}}$

Integration

$D(F) = \mathbb{R}\backslash\{-13\}$ und $D(f) = \mathbb{R}\backslash\{-13;7\}$

$$\int \frac{7-x}{x^2+6x-91}\,\mathrm{d}x = \int \frac{-1}{x+13}\,\mathrm{d}x \quad ► 2.4.1$$

$$= \underline{\underline{-\ln|x+13| + c;\ x \notin \{-13;7\}}}$$

7. $\int \frac{x+3}{x^2-x-2}\,\mathrm{d}x;\ x \in \mathbb{R}\backslash\{-1;2\}$

► $x^2 - x - 2 = (x-2)\cdot(x+1)$

► $\frac{x+3}{x^2-x-2} = \underline{\frac{x+3}{(x-2)\cdot(x+1)}}$

► $\frac{x+3}{x^2-x-2} = \frac{A_1}{x-2} + \frac{A_2}{x+1} \Big| \cdot (x-2)\cdot(x+1)$

- $x+3 = A_1\cdot(x+1) + A_2\cdot(x-2)$ ► -1 für x

  $-1+3 = A_1\cdot 0 + A_2(-1-2) \Rightarrow A_2 = \underline{-\frac{2}{3}}$

- $x+3 = A_1\cdot(x+1) + A_2\cdot(x-2)$ ► 2 für x

  $2+3 = A_1\cdot(2+1) + A_2\cdot 0 \Rightarrow A_1 = \underline{\frac{5}{3}}$

$$\int \frac{x+3}{x^2-x-2}\,\mathrm{d}x = \int \frac{x+3}{(x-2)\cdot(x+1)}\,\mathrm{d}x$$

$$= \int \left(\frac{A_1}{x-2} + \frac{A_2}{x+1}\right)\mathrm{d}x \quad ► \frac{5}{3} \text{ für } A_1;\ -\frac{2}{3} \text{ für } A_2$$

$$= \int \left(\frac{\frac{5}{3}}{x-2} + \frac{-\frac{2}{3}}{x+1}\right)\mathrm{d}x$$

$$= \frac{5}{3}\cdot\int \frac{\mathrm{d}x}{x-2} - \frac{2}{3}\cdot\int \frac{\mathrm{d}x}{x+1} \quad ► 2.4.1$$

$$= \underline{\underline{\frac{5}{3}\cdot\ln|x-2| - \frac{2}{3}\cdot\ln|x+1| + c;\ x \notin \{-1;2\}}}$$

8. $\int \frac{\mathrm{d}x}{x^2-40x+111};\ x \in \mathbb{R}\backslash\{3;37\}$

Zerlegung des Nennerpolynoms in Linearfaktoren

Zur Bestimmung der Linearfaktoren des Nennerpolynoms $q_2(x) = x^2 - 40x + 111$ werden zunächst die Lösungen der quadratischen Gleichung $x^2 - 40x + 111 = 0$ mit der so genannten pq-Formel (► 4.1) berechnet. Nach dem Satz von Vieta (► 4.1) lässt sich $q_2(x)$ als Produkt von Linearfaktoren schreiben.

$q_2(x) = x^2 - 40x + 111$ ► $q_2(x) = 0$

$x^2 - 40x + 111 = 0$ ► quadratische Gleichung

$\Rightarrow x_1 = 20 + \sqrt{400-111}$ und $x_2 = 20 - \sqrt{400-111}$

$= 20 + \sqrt{289}$ $\quad = 20 - \sqrt{289}$

$= \underline{37}$ $\quad = \underline{3}$

$q_2(x) = x^2 - 40x + 111 = \underline{(x-37)\cdot(x-3)}$

► $\frac{1}{x^2-40x+111} = \underline{\frac{1}{(x-37)\cdot(x-3)}}$

Partialbruchzerlegung und Integration

169

$$\frac{1}{x^2-40x+111}=\frac{A_1}{x-37}+\frac{A_2}{x-3}\Big|\cdot(x-37)\cdot(x-3)$$

- $1=A_1(x-3)+A_2\cdot(x-37)$ ► 3 für x

$$1=A_1\cdot 0+A_2\cdot(3-37)\Rightarrow A_2=-\frac{1}{34}$$

- $1=A_1\cdot(x-3)+A_2\cdot(x-37)$ ► 37 für x

$$1=A_1\cdot(37-3)+A_2\cdot 0\Rightarrow A_1=\frac{1}{34}$$

$$\int\frac{dx}{x^2-40x+111}=\int\frac{dx}{(x-37)\cdot(x-3)}$$

$$=\int\left(\frac{A_1}{x-37}+\frac{A_2}{x-3}\right)dx \quad ► \frac{1}{34} \text{ für } A_1;\ -\frac{1}{34} \text{ für } A_2$$

$$=\int\left(\frac{\frac{1}{34}}{x-37}+\frac{-\frac{1}{34}}{x-3}\right)dx$$

$$=\frac{1}{34}\cdot\int\frac{dx}{x-37}-\frac{1}{34}\cdot\int\frac{dx}{x-3} \quad ► 2.4.1$$

$$=\frac{1}{34}\cdot\ln|x-37|-\frac{1}{34}\cdot\ln|x-3|+c;\ x\notin\{3;\ 37\}$$

9. $\int\frac{x+4}{x^2-2}\,dx;\ x\in\mathbb{R}\setminus\{-\sqrt{2};\ \sqrt{2}\}$

► $x^2-2=(x+\sqrt{2})\cdot(x-\sqrt{2})$

► $\frac{x+4}{x^2-2}=\frac{x+4}{(x+\sqrt{2})\cdot(x-\sqrt{2})}$

► $\frac{x+4}{x^2-2}=\frac{A_1}{x+\sqrt{2}}+\frac{A_2}{x-\sqrt{2}}\Big|\cdot(x+\sqrt{2})\cdot(x-\sqrt{2})$

- $x+4=A_1\cdot(x-\sqrt{2})+A_2\cdot(x+\sqrt{2})$ ► $\sqrt{2}$ für x

$$\sqrt{2}+4=A_1\cdot 0+A_2\cdot(\sqrt{2}+\sqrt{2})\Rightarrow A_2=\frac{\sqrt{2}+4}{2\cdot\sqrt{2}}$$

- $x+4=A_1\cdot(x-\sqrt{2})+A_2\cdot(x+\sqrt{2})$ ► $-\sqrt{2}$ für x

$$-\sqrt{2}+4=A_1\cdot(-\sqrt{2}-\sqrt{2})+A_2\cdot 0$$

$$\Rightarrow A_1=\frac{4-\sqrt{2}}{2\sqrt{2}}$$

$$\int\frac{x+4}{x^2-2}\,dx=\int\frac{x+4}{(x+\sqrt{2})\cdot(x-\sqrt{2})}\,dx$$

$$=\int\left(\frac{A_1}{x+\sqrt{2}}+\frac{A_2}{x-\sqrt{2}}\right)dx \quad ► \frac{4-\sqrt{2}}{2\cdot\sqrt{2}} \text{ für } A_1;\ \frac{4+\sqrt{2}}{2\cdot\sqrt{2}} \text{ für } A_2$$

$$=\int\left(\frac{\frac{4-\sqrt{2}}{2\cdot\sqrt{2}}}{x+\sqrt{2}}+\frac{\frac{4+\sqrt{2}}{2\cdot\sqrt{2}}}{x-\sqrt{2}}\right)dx$$

$$=\frac{4-\sqrt{2}}{2\cdot\sqrt{2}}\cdot\int\frac{dx}{x+\sqrt{2}}+\frac{4+\sqrt{2}}{2\cdot\sqrt{2}}\cdot\int\frac{dx}{x-\sqrt{2}} \quad ► 2.4.1$$

$$=\frac{4-\sqrt{2}}{2\cdot\sqrt{2}}\cdot\ln|x+\sqrt{2}|+\frac{4+\sqrt{2}}{2\cdot\sqrt{2}}\cdot\ln|x-\sqrt{2}|+c;\ x\notin\{-\sqrt{2};\ \sqrt{2}\}$$

10. $\int\frac{dx}{x^2+9x+8};\ x\in\mathbb{R}\setminus\{-8;\ -1\}$

► $x^2+9x+8=(x+8)\cdot(x+1)$

► $\frac{1}{x^2+9x+8}=\frac{1}{(x+8)\cdot(x+1)}$

► $\frac{1}{x^2+9x+8}=\frac{A_1}{x+8}+\frac{A_2}{x+1}\Big|\cdot(x+8)\cdot(x+1)$

- $1=A_1\cdot(x+1)+A_2\cdot(x+8)$ ► -1 für x

$$1=A_1\cdot 0+A_2\cdot(-1+8)\Rightarrow A_2=\frac{1}{7}$$

- $1=A_1\cdot(x+1)+A_2\cdot(x+8)$ ► -8 für x

$$1=A_1\cdot(-8+1)+A_2\cdot 0\Rightarrow A_1=-\frac{1}{7}$$

$$\int\frac{dx}{x^2+9x+8}=\int\frac{dx}{(x+8)\cdot(x+1)}$$

$$=\int\left(\frac{A_1}{x+8}+\frac{A_2}{x+1}\right)dx \quad ► -\frac{1}{7} \text{ für } A_1;\ \frac{1}{7} \text{ für } A_2$$

$$=\int\left(\frac{-\frac{1}{7}}{x+8}+\frac{\frac{1}{7}}{x+1}\right)dx$$

$$=-\frac{1}{7}\cdot\int\frac{dx}{x+8}+\frac{1}{7}\cdot\int\frac{dx}{x+1} \quad ► 2.4.1$$

$$=-\frac{1}{7}\cdot\ln|x+8|+\frac{1}{7}\cdot\ln|x+1|+c$$

$$=\frac{1}{7}\cdot\ln\left|\frac{x+1}{x+8}\right|+c;\ x\notin\{-8;\ -1\}$$

169

11. $\int \frac{10+4x}{4-x^2}\,dx;\ x \in \mathbb{R}\setminus\{-2;2\}$

► $4-x^2=(2-x)\cdot(2+x)$

► $\frac{10+4x}{4-x^2}=\underline{\frac{10+4x}{(2-x)\cdot(2+x)}}$

► $\frac{10+4x}{4-x^2}=\frac{A_1}{2-x}+\frac{A_2}{2+x}\ \Big|\cdot(2-x)\cdot(2+x)$

- $10+4x=A_1\cdot(2+x)+A_2\cdot(2-x)$ ► -2 für x

  $10+4\cdot(-2)=A_1\cdot 0+A_2\cdot(2-(-2)) \Rightarrow A_2=\underline{\frac{1}{2}}$

- $10+4x=A_1\cdot(2+x)+A_2\cdot(2-x)$ ► 2 für x

  $10+4\cdot 2=A_1\cdot(2+2)+A_2\cdot 0 \Rightarrow A_1=\underline{\frac{9}{2}}$

$$\int \frac{10+4x}{4-x^2}\,dx=\int \frac{10+4x}{(2-x)\cdot(2+x)}\,dx$$

$$=\int\left(\frac{A_1}{2-x}+\frac{A_2}{2+x}\right)dx \quad ► \tfrac{9}{2} \text{ für } A_1;\ \tfrac{1}{2} \text{ für } A_2$$

$$=\int\left(\frac{\frac{9}{2}}{2-x}+\frac{\frac{1}{2}}{2+x}\right)dx$$

$$=\frac{9}{2}\cdot\int\frac{dx}{2-x}+\frac{1}{2}\cdot\int\frac{dx}{2+x} \quad ► 2.4.1$$

$$=\underline{\underline{-\frac{9}{2}\cdot\ln|2-x|+\frac{1}{2}\cdot\ln|2+x|+c;\ x\notin\{-2;2\}}}$$

12. $\int \frac{dx}{(x^2+5x+6)\cdot(x+1)};\ x \in \mathbb{R}\setminus\{-3;\ -2;\ -1\}$

Zerlegung des Nennerpolynoms in Linearfaktoren und Partialbruchzerlegung

► $(x^2+5x+6)\cdot(x+1)=(x+2)\cdot(x+3)\cdot(x+1)$ ► $\frac{1}{(x^2+5x+6)\cdot(x+1)}=\underline{\frac{1}{(x+2)\cdot(x+3)\cdot(x+1)}}$

► $\frac{1}{(x^2+5x+6)\cdot(x+1)}=\frac{A_1}{x+2}+\frac{A_2}{x+3}+\frac{A_3}{x+1}\ \Big|\cdot(x+2)\cdot(x+3)\cdot(x+1)$

- $1=A_1\cdot(x+3)\cdot(x+1)+A_2\cdot(x+2)\cdot(x+1)+A_3\cdot(x+2)\cdot(x+3)$ ► -3 für x

  $1=A_1\cdot 0+A_2\cdot(-3+2)\cdot(-3+1)+A_3\cdot 0 \Rightarrow 1=A_2\cdot 2\Rightarrow A_2=\underline{\frac{1}{2}}$

- $1=A_1\cdot(x+3)\cdot(x+1)+A_2\cdot(x+2)\cdot(x+1)+A_3\cdot(x+2)\cdot(x+3)$ ► -2 für x

  $1=A_1\cdot(-2+3)\cdot(-2+1)+A_2\cdot 0+A_3\cdot 0\Rightarrow 1=A_1\cdot(-1)\Rightarrow A_1=\underline{-1}$

- $1=A_1\cdot(x+3)\cdot(x+1)+A_2\cdot(x+2)\cdot(x+1)+A_3\cdot(x+2)\cdot(x+3)$ ► -1 für x

  $1=A_1\cdot 0+A_2\cdot 0+A_3\cdot(-1+2)\cdot(-1+3)\Rightarrow 1=A_3\cdot 2\Rightarrow A_3=\underline{\frac{1}{2}}$

Integration

$$\int\frac{dx}{(x^2+5x+6)\cdot(x+1)}=\int\frac{dx}{(x+2)\cdot(x+3)\cdot(x+1)}$$

$$=\int\left(\frac{A_1}{x+2}+\frac{A_2}{x+3}+\frac{A_3}{x+1}\right)dx \quad ► -1 \text{ für } A_1;\ \tfrac{1}{2} \text{ für } A_2;\ \tfrac{1}{2} \text{ für } A_3$$

$$=\int\left(\frac{-1}{x+2}+\frac{\frac{1}{2}}{x+3}+\frac{\frac{1}{2}}{x+1}\right)dx$$

$$=-\int\frac{dx}{x+2}+\frac{1}{2}\cdot\int\frac{dx}{x+3}+\frac{1}{2}\cdot\int\frac{dx}{x+1} \quad ► 2.4.1$$

$$=-\ln|x+2|+\frac{1}{2}\cdot\ln|x+3|+\frac{1}{2}\cdot\ln|x+1|+c$$

$$=\underline{\underline{-\ln|x+2|+\frac{1}{2}\cdot\ln|x^2+4x+3|+c;\ x\notin\{-3;\ -2;\ -1\}}}$$

13. $\int \frac{x^2}{1-x^2}\,dx;\ x \in \mathbb{R}\setminus\{-1;1\}$

Der Integrand wird zunächst in den Term $-1-\frac{1}{x^2-1}$ umgewandelt:

$$\frac{x^2}{1-x^2} = -\frac{x^2}{x^2-1} = -\frac{(x^2-1)+1}{x^2-1} = \underline{-1-\frac{1}{x^2-1}}$$

Dann löst man $\int \frac{dx}{x^2-1}$ mit Hilfe des Merksatzes nach der ersten Aufgabe.

$$\int \frac{x^2}{1-x^2}\,dx = \int \left(-1-\frac{1}{x^2-1}\right) dx$$

$$= -\int 1\,dx - \int \frac{dx}{x^2-1}$$ ► Merksatz nach Aufgabe 1 mit 1 für a

$$= -x - \frac{1}{2\cdot 1}\cdot \ln\left|\frac{x-1}{x+1}\right| + c$$

$$\underline{\underline{= -x - \frac{1}{2}\cdot \ln\left|\frac{x-1}{x+1}\right| + c;\ x \notin \{-1;1\}}}$$

14. $\int \frac{7x+8}{x^2+x-2}\,dx;\ x \in \mathbb{R}\setminus\{-2;1\}$

► $x^2+x-2 = (x+2)\cdot(x-1)$

► $\frac{7x+8}{x^2+x-2} = \underline{\frac{7x+8}{(x+2)\cdot(x-1)}}$

► $\frac{7x+8}{x^2+x-2} = \frac{A_1}{x+2}+\frac{A_2}{x-1} \quad \Big|\cdot(x+2)\cdot(x-1)$

- $7x+8 = A_1\cdot(x-1)+A_2\cdot(x+2)$ ► -2 für x
  $7\cdot(-2)+8 = A_1\cdot(-2-1)+A_2\cdot 0 \Rightarrow A_1 = \underline{2}$
- $7x+8 = A_1\cdot(x-1)+A_2\cdot(x+2)$ ► 1 für x
  $7\cdot 1+8 = A_1\cdot 0+A_2\cdot(1+2) \Rightarrow A_2 = \underline{5}$

$$\int \frac{7x+8}{x^2+x-2}\,dx = \int \frac{7x+8}{(x+2)\cdot(x-1)}\,dx$$

$$= \int \left(\frac{A_1}{x+2}+\frac{A_2}{x-1}\right) dx$$ ► 2 für A_1; 5 für A_2

$$= \int \left(\frac{2}{x+2}+\frac{5}{x-1}\right) dx$$

$$= 2\cdot\int\frac{dx}{x+2} + 5\cdot\int\frac{dx}{x-1}$$ ► 2.4.1

$$= \underline{\underline{2\cdot\ln|x+2| + 5\cdot\ln|x-1| + c;\ x\notin\{-2;1\}}}$$

15. $\int \frac{x^2-2x+3}{x^2-3x+2}\,dx;\ x \in \mathbb{R}\setminus\{1;2\}$

Es liegt noch kein echter Polynombruch vor, daher Polynomdivision.

► $x^2-3x+2 = (x-2)\cdot(x-1)$

► $\frac{x+1}{x^2-3x+2} = \underline{\frac{x+1}{(x-2)\cdot(x-1)}}$

► $\frac{x+1}{x^2-3x+2} = \frac{A_1}{x-2}+\frac{A_2}{x-1} \quad \Big|\cdot(x-2)\cdot(x-1)$

- $x+1 = A_1\cdot(x-1)+A_2\cdot(x-2)$ ► 2 für x
  $2+1 = A_1\cdot(2-1)+A_2\cdot 0 \Rightarrow A_1 = \underline{3}$
- $x+1 = A_1\cdot(x-1)+A_2\cdot(x-2)$ ► 1 für x
  $1+1 = A_1\cdot 0+A_2\cdot(1-2) \Rightarrow A_2 = \underline{-2}$

► $(x^2-2x+3):(x^2-3x+2) = \underline{1+\frac{x+1}{x^2-3x+2}}$
$\underline{-(x^2-3x+2)}$
$x+1$

► $\int \frac{x^2-2x+3}{x^2-3x+2}\,dx = \int\left(1+\frac{x+1}{x^2-3x+2}\right) dx$

$$= \int 1\,dx + \int \frac{x+1}{(x-2)\cdot(x-1)}\,dx$$

$$= \int 1\,dx + \int\left(\frac{A_1}{x-2}+\frac{A_2}{x-1}\right) dx$$ ► 3 für A_1; -2 für A_2

$$= \int 1\,dx + \int\left(\frac{3}{x-2}+\frac{-2}{x-1}\right) dx$$

$$= \int 1\,dx + 3\cdot\int\frac{dx}{x-2} - 2\cdot\int\frac{dx}{x-1}$$ ► 2.4.1

$$= \underline{\underline{x + 3\cdot\ln|x-2| - 2\cdot\ln|x-1| + c;\ x\notin\{1;2\}}}$$

169 **16.** $\displaystyle\int \frac{2x+6}{2x^2+3x+1}\,\mathrm{d}x;\ x \in \mathbb{R}\setminus\left\{-1; -\frac{1}{2}\right\}$

Zerlegung des Nennerpolynoms in Linearfaktoren

Zur Bestimmung der Linearfaktoren des Nennerpolynoms $q_2(x) = 2x^2 + 3x + 1$ werden zunächst die Nullstellen der quadratischen Gleichung $x^2 + \frac{3}{2}\cdot x + \frac{1}{2} = 0$ mit der pq-Formel (► 4.1) berechnet.

$$q_2(x) = 2x^2 + 3x + 1 \quad ►\ q_2(x) = 0$$
$$2x^2 + 3x + 1 = 0 \,\big|\, :2$$
$$\Rightarrow x^2 + \frac{3}{2}x + \frac{1}{2} = 0 \quad ►\ \text{quadratische Gleichung}$$
$$\Rightarrow x_1 = -\tfrac{3}{4} + \sqrt{\tfrac{9}{16} - \tfrac{1}{2}} \text{ und } x_2 = -\tfrac{3}{4} + -\sqrt{\tfrac{9}{16} - \tfrac{1}{2}}$$
$$= -\tfrac{3}{4} + \sqrt{\tfrac{1}{16}} \qquad = -\tfrac{3}{4} - \sqrt{\tfrac{1}{16}}$$
$$= \underline{-\tfrac{1}{2}} \qquad = \underline{-1}$$

Nach dem Satz von Vieta (► 4.1) lässt sich $q_2(x)$ als Produkt von Linearfaktoren schreiben.

$$q_2(x) = 2\cdot\left(x^2 + \tfrac{3}{2}\cdot x + \tfrac{1}{2}\right)$$
$$= 2\cdot\left(x + \tfrac{1}{2}\right)\cdot(x+1)$$
$$= \underline{(2x+1)\cdot(x+1)}$$
$$►\ \frac{2x+6}{2x^2+3x+1} = \underline{\frac{2x+6}{(2x+1)\cdot(x+1)}}$$

Partialbruchzerlegung und Integration

$$\frac{2x+6}{2x^2+3x+1} = \frac{A_1}{2x+1} + \frac{A_2}{x+1} \quad \Big| \cdot (2x+1)\cdot(x+1)$$

- $2x+6 = A_1\cdot(x+1) + A_2\cdot(2x+1) \quad ►\ -1 \text{ für } x$
  $2\cdot(-1)+6 = A_1\cdot 0 + A_2\cdot(-2+1) \Rightarrow A_2 = \underline{-4}$
- $2x+6 = A_1\cdot(x+1) + A_2\cdot(2x+1) \quad ►\ -\frac{1}{2} \text{ für } x$
  $2\cdot\left(-\frac{1}{2}\right)+6 = A_1\cdot\left(-\frac{1}{2}+1\right) + A_2\cdot 0 \Rightarrow A_1 = \underline{10}$

$$\int \frac{2x+6}{2x^2+3x+1}\,\mathrm{d}x = \int \frac{2x+6}{(2x+1)\cdot(x+1)}\,\mathrm{d}x$$
$$= \int \left(\frac{A_1}{2x+1} + \frac{A_2}{x+1}\right)\mathrm{d}x \quad ►\ 10 \text{ für } A_1;\ -4 \text{ für } A_2$$
$$= \int \left(\frac{10}{2x+1} + \frac{-4}{x+1}\right)\mathrm{d}x$$
$$= 10\cdot\int \frac{\mathrm{d}x}{2x+1} - 4\cdot\int \frac{\mathrm{d}x}{x+1} \quad ►\ 2.4.1$$
$$= \underline{\underline{5\cdot\ln|2x+1| - 4\cdot\ln|x+1| + c;\ x \notin \left\{-1; -\tfrac{1}{2}\right\}}}$$

17. $\displaystyle\int \frac{\mathrm{d}x}{x^2-7x+12};\ x \in \mathbb{R}\setminus\{3; 4\}$

$►\ x^2 - 7x + 12 = (x-3)\cdot(x-4)$

$$►\ \frac{1}{x^2-7x+12} = \underline{\frac{1}{(x-3)\cdot(x-4)}}$$

$$►\ \frac{1}{x^2-7x+12} = \frac{A_1}{x-3} + \frac{A_2}{x-4} \quad \Big| \cdot (x-3)\cdot(x-4)$$

- $1 = A_1\cdot(x-4) + A_2\cdot(x-3) \quad ►\ 3 \text{ für } x$
  $1 = A_1\cdot(3-4) + A_2\cdot 0 \Rightarrow A_1 = \underline{-1}$
- $1 = A_1\cdot(x-4) + A_2\cdot(x-3) \quad ►\ 4 \text{ für } x$
  $1 = A_1\cdot 0 + A_2\cdot(4-3) \Rightarrow A_2 = \underline{1}$

$$\int \frac{\mathrm{d}x}{x^2-7x+12} = \int \frac{\mathrm{d}x}{(x-3)\cdot(x-4)}$$
$$= \int \left(\frac{A_1}{x-3} + \frac{A_2}{x-4}\right)\mathrm{d}x \quad ►\ -1 \text{ für } A_1;\ 1 \text{ für } A_2$$
$$= \int \left(\frac{-1}{x-3} + \frac{1}{x-4}\right)\mathrm{d}x$$
$$= -\int \frac{\mathrm{d}x}{x-3} + \int \frac{\mathrm{d}x}{x-4} \quad ►\ 2.4.1$$
$$= -\ln|x-3| + \ln|x-4| + c$$
$$= \underline{\underline{\ln\left|\frac{x-4}{x-3}\right| + c;\ x \notin \{3; 4\}}}$$

18. $\int \frac{dx}{x^2-5};\ x \in \mathbb{R}\setminus\left\{-\sqrt{5};\ \sqrt{5}\right\}$

Das Integral lässt sich unmittelbar mit der Formel aus dem Merksatz nach der Aufgabe 1 lösen.

$\int \frac{dx}{x^2-5} = ?$ ▶ Merksatz nach der Aufgabe 1 ▶ $\sqrt{5}$ für a

$$\int \frac{dx}{x^2-5} = \underline{\underline{\frac{1}{2\cdot\sqrt{5}}\cdot \ln\left|\frac{x-\sqrt{5}}{x+\sqrt{5}}\right| + c;\ x \notin \left\{-\sqrt{5};\ \sqrt{5}\right\}}}$$

19. $\int \frac{4x+1}{(x-2)\cdot(x+1)}\,dx;\ x \in \mathbb{R}\setminus\{-1;\ 2\}$

$$\frac{4x+1}{(x-2)\cdot(x+1)} = \frac{A_1}{x-2} + \frac{A_1}{x+1} \quad \Big|\cdot(x-2)\cdot(x+1)$$

- $4x+1 = A_1\cdot(x+1) + A_2\cdot(x-2)$ ▶ -1 für x

  $4\cdot(-1)+1 = A_1\cdot 0 + A_2\cdot(-1-2) \Rightarrow A_2 = \underline{1}$
- $4x+1 = A_1\cdot(x+1) + A_2\cdot(x-2)$ ▶ 2 für x

  $4\cdot 2+1 = A_1\cdot(2+1) + A_2\cdot 0 \Rightarrow A_1 = \underline{3}$

$$\int \frac{4x+1}{(x-2)\cdot(x+1)}\,dx = \int\left(\frac{A_1}{x-2}+\frac{A_2}{x+1}\right)dx \quad \text{▶ 3 für } A_1;\ 1 \text{ für } A_2$$

$$= \int\left(\frac{3}{x-2}+\frac{1}{x+1}\right)dx$$

$$= 3\cdot\int\frac{dx}{x-2} + \int\frac{dx}{x+1} \quad \text{▶ 2.4.1}$$

$$= \underline{\underline{3\cdot\ln|x-2| + \ln|x+1| + c;\ x\notin\{-1;\ 2\}}}$$

20. $\int \frac{x^2}{(x^2-1)\cdot(x+2)}\,dx;\ x \in \mathbb{R}\setminus\{-2;\ -1;\ 1\}$

Zerlegung des Nennerpolynoms in Linearfaktoren und Partialbruchzerlegung

▶ $(x^2-1)\cdot(x+2) = (x+1)\cdot(x-1)\cdot(x+2)$ ▶ $\frac{x^2}{(x^2-1)\cdot(x+2)} = \underline{\frac{x^2}{(x+1)\cdot(x-1)\cdot(x+2)}}$

▶ $\frac{x^2}{(x^2-1)\cdot(x+2)} = \frac{A_1}{x+1}+\frac{A_2}{x-1}+\frac{A_3}{x+2} \quad \Big|\cdot(x+1)\cdot(x-1)\cdot(x+2)$

- $x^2 = A_1\cdot(x-1)\cdot(x+2) + A_2\cdot(x+1)\cdot(x+2) + A_3\cdot(x+1)\cdot(x-1)$ ▶ -2 für x

  $4 = A_1\cdot 0 + A_2\cdot 0 + A_3\cdot(-2+1)\cdot(-2-1) \Rightarrow 4 = A_3\cdot 3 \Rightarrow A_3 = \underline{\frac{4}{3}}$
- $x^2 = A_1\cdot(x-1)\cdot(x+2) + A_2\cdot(x+1)\cdot(x+2) + A_3\cdot(x+1)\cdot(x-1)$ ▶ -1 für x

  $1 = A_1\cdot(-1-1)\cdot(-1+2) + A_2\cdot 0 + A_3\cdot 0 \Rightarrow 1 = A_1\cdot(-2) \Rightarrow A_1 = \underline{-\frac{1}{2}}$
- $x^2 = A_1\cdot(x-1)\cdot(x+2) + A_2\cdot(x+1)\cdot(x+2) + A_3\cdot(x+1)\cdot(x-1)$ ▶ 1 für x

  $1 = A_1\cdot 0 + A_2\cdot(1+1)\cdot(1+2) + A_3\cdot 0 \Rightarrow 1 = A_2\cdot 6 \Rightarrow A_2 = \underline{\frac{1}{6}}$

Integration

$$\int\frac{x^2}{(x^2-1)\cdot(x+2)}\,dx = \int\frac{x^2}{(x+1)\cdot(x-1)\cdot(x+2)}\,dx$$

$$= \int\left(\frac{A_1}{x+1}+\frac{A_2}{x-1}+\frac{A_3}{x+2}\right)dx \quad \text{▶ } -\frac{1}{2} \text{ für } A_1;\ \frac{1}{6} \text{ für } A_2;\ \frac{4}{3} \text{ für } A_3$$

$$= \int\left(\frac{-\frac{1}{2}}{x+1}+\frac{\frac{1}{6}}{x-1}+\frac{\frac{4}{3}}{x+2}\right)dx$$

$$= -\frac{1}{2}\cdot\int\frac{dx}{x+1} + \frac{1}{6}\cdot\int\frac{dx}{x-1} + \frac{4}{3}\cdot\int\frac{dx}{x+2} \quad \text{▶ 2.4.1}$$

$$= \underline{\underline{-\frac{1}{2}\cdot\ln|x+1| + \frac{1}{6}\cdot\ln|x-1| + \frac{4}{3}\cdot\ln|x+2| + c;\ x\notin\{-2;\ -1;\ 1\}}}$$

169

21. $\int \frac{2}{6x^2-3x}\,dx;\ x \in \mathbb{R}\setminus\{0; \frac{1}{2}\}$.

► $6x^2 - 3x = x\cdot(6x-3)$

► $\frac{2}{6x^2-3x} = \frac{2}{x\cdot(6x-3)}$

► $\frac{2}{6x^2-3x} = \frac{A_1}{x} + \frac{A_2}{6x-3} \Big| \cdot x\cdot(6x-3)$

● $2 = A_1\cdot(6x-3) + A_2\cdot x$ ► 0 für x

$2 = A_1\cdot(6\cdot 0 - 3) + A_2\cdot 0 \Rightarrow A_1 = \underline{-\frac{2}{3}}$

● $2 = A_1\cdot(6x-3) + A_2\cdot x$ ► $\frac{1}{2}$ für x

$2 = A_1\cdot 0 + A_2\cdot\frac{1}{2} \Rightarrow A_2 = \underline{4}$

$$\int \frac{2}{6x^2-3x}\,dx = \int \frac{2}{x\cdot(6x-3)}\,dx$$
$$= \int\left(\frac{A_1}{x} + \frac{A_2}{6x-3}\right)dx \quad \blacktriangleright -\tfrac{2}{3} \text{ für } A_1;\ 4 \text{ für } A_2$$
$$= \int\left(\frac{-\frac{2}{3}}{x} + \frac{4}{6x-3}\right)dx$$
$$= -\frac{2}{3}\cdot\int\frac{dx}{x} + 4\cdot\int\frac{dx}{6x-3} \quad \blacktriangleright 2.4.1$$
$$= -\frac{2}{3}\cdot\ln|x| + \frac{4}{6}\cdot\ln|6x-3| + c$$
$$= \underline{\underline{-\frac{2}{3}\cdot\ln|x| + \frac{2}{3}\cdot\ln|6x-3| + c;\ x \notin \left\{0; \frac{1}{2}\right\}}}$$

22. $\int \frac{-2x-3}{2x^2+3x+1}\,dx;\ x \in \mathbb{R}\setminus\{-1; -\frac{1}{2}\}$

Zerlegung des Nennerpolynoms in Linearfaktoren

Zur Bestimmung der Linearfaktoren des Nennerpolynoms $q_2(x) = 2x^2 + 3x + 1$ werden zunächst die Nullstellen der quadratischen Gleichung $x^2 + \frac{3}{2}\cdot x + \frac{1}{2} = 0$ (Aufgabe 16) mit der pq-Formel (► 4.1) berechnet.

$q_2(x) = 2x^2 + 3x + 1$ ► $q_2(x) = 0$

$2x^2 + 3x + 1 = 0 \mid :2$

$\Rightarrow x^2 + \frac{3}{2}\cdot x + \frac{1}{2} = 0$ ► quadratische Gleichung

$\Rightarrow x_1 = -\frac{3}{4} + \sqrt{\frac{9}{16} - \frac{1}{2}}$ und $x_2 = -\frac{3}{4} - \sqrt{\frac{9}{16} - \frac{1}{2}}$

$= \underline{-\frac{1}{2}}$ $\qquad = \underline{-1}$

Nach dem Satz von Vieta (► 4.1) lässt sich $q_2(x)$ als Produkt von Linearfaktoren schreiben.

$$q_2(x) = 2\cdot\left(x^2 + \tfrac{3}{2}\cdot x + \tfrac{1}{2}\right)$$
$$= 2\cdot\left(x + \tfrac{1}{2}\right)\cdot(x+1)$$
$$= \underline{(2x+1)\cdot(x+1)}$$

► $\frac{-2x-3}{2x^2+3x+1} = \underline{\frac{-2x-3}{(2x+1)\cdot(x+1)}}$

Partialbruchzerlegung und Integration

$\frac{-2x-3}{2x^2+3x+1} = \frac{A_1}{2x+1} + \frac{A_2}{x+1} \Big| \cdot(2x+1)\cdot(x+1)$

● $-2x-3 = A_1\cdot(x+1) + A_2\cdot(2x+1)$ ► -1 für x

$-2\cdot(-1) - 3 = A_1\cdot 0 + A_2\cdot(2\cdot(-1)+1) \Rightarrow A_2 = \underline{1}$

● $-2x-3 = A_1\cdot(x+1) + A_2\cdot(2x+1)$ ► $-\frac{1}{2}$ für x

$-2\cdot\left(-\frac{1}{2}\right) - 3 = A_1\cdot\left(-\frac{1}{2}+1\right) + A_2\cdot 0 \Rightarrow A_1 = \underline{-4}$

$$\int \frac{-2x-3}{2x^2+3x+1}\,dx = \int \frac{-2x-3}{(2x+1)\cdot(x+1)}\,dx$$
$$= \int\left(\frac{A_1}{2x+1} + \frac{A_2}{x+1}\right)dx \quad \blacktriangleright -4 \text{ für } A_1;\ 1 \text{ für } A_2$$
$$= \int\left(\frac{-4}{2x+1} + \frac{1}{x+1}\right)dx$$
$$= -4\cdot\int\frac{dx}{2x+1} + \int\frac{dx}{x+1} \quad \blacktriangleright 2.4.1$$
$$= \underline{\underline{-2\cdot\ln|2x+1| + \ln|x+1| + c;\ x \notin \left\{-1; -\frac{1}{2}\right\}}}$$

23. $\int \frac{dx}{2x-3x^2};\ x \in \mathbb{R} \setminus \left\{0; \frac{2}{3}\right\}$

► $2x - 3x^2 = x \cdot (2-3x)$

► $\frac{1}{2x-3x^2} = \frac{1}{x \cdot (2-3x)}$

► $\frac{1}{2x-3x^2} = \frac{A_1}{x} + \frac{A_2}{2-3x} \quad \Big| \cdot x \cdot (2-3x)$

- $1 = A_1 \cdot (2-3x) + A_2 \cdot x$ ► 0 für x

  $1 = A_1 \cdot (2 - 3 \cdot 0) + A_2 \cdot 0 \Rightarrow \underline{A_1 = \frac{1}{2}}$

- $1 = A_1 \cdot (2-3x) + A_2 \cdot x$ ► $\frac{2}{3}$ für x

  $1 = A_1 \cdot 0 + A_2 \cdot \frac{2}{3} \Rightarrow \underline{A_2 = \frac{3}{2}}$

$$\int \frac{dx}{2x-3x^2} = \int \frac{dx}{x \cdot (2-3x)}$$

$$= \int \left(\frac{A_1}{x} + \frac{A_2}{2-3x}\right) dx \quad \blacktriangleright\ \frac{1}{2} \text{ für } A_1;\ \frac{3}{2} \text{ für } A_2$$

$$= \int \left(\frac{\frac{1}{2}}{x} + \frac{\frac{3}{2}}{2-3x}\right) dx$$

$$= \frac{1}{2} \cdot \int \frac{dx}{x} + \frac{3}{2} \cdot \int \frac{dx}{2-3x} \quad \blacktriangleright\ 2.4.1$$

$$\underline{\underline{= \frac{1}{2} \cdot \ln|x| - \frac{1}{2} \cdot \ln|2-3x| + c;\ x \notin \left\{0; \frac{2}{3}\right\}}}$$

24. $\int \frac{x}{4x^3 - 0{,}5x} dx;\ x \in \mathbb{R} \setminus \left\{0;\ -\frac{1}{2} \cdot \sqrt{\frac{1}{2}};\ \frac{1}{2} \cdot \sqrt{\frac{1}{2}}\right\}$

► $4x^3 - 0{,}5x = x \cdot \left(4x^2 - \frac{1}{2}\right)$

$= x \cdot \left(2x - \sqrt{\frac{1}{2}}\right) \cdot \left(2x + \sqrt{\frac{1}{2}}\right)$

► $\frac{x}{4x^3 - 0{,}5x} = \frac{x}{x \cdot \left(2x - \sqrt{\frac{1}{2}}\right) \cdot \left(2x + \sqrt{\frac{1}{2}}\right)}$

$= \underline{\frac{1}{\left(2x - \sqrt{\frac{1}{2}}\right) \cdot \left(2x + \sqrt{\frac{1}{2}}\right)}}$

► $\frac{1}{\left(2x - \sqrt{\frac{1}{2}}\right) \cdot \left(2x + \sqrt{\frac{1}{2}}\right)} = \frac{A_1}{2x - \sqrt{\frac{1}{2}}} + \frac{A_2}{2x + \sqrt{\frac{1}{2}}}$

- $1 = A_1 \cdot \left(2x + \sqrt{\frac{1}{2}}\right) + A_2 \cdot \left(2x - \sqrt{\frac{1}{2}}\right)$

  ► $-\frac{1}{2} \cdot \sqrt{\frac{1}{2}}$ für x

  $1 = A_1 \cdot 0 + A_2 \cdot \left(-\sqrt{\frac{1}{2}} - \sqrt{\frac{1}{2}}\right) \Rightarrow \underline{A_2 = -\frac{\sqrt{2}}{2}}$

- $1 = A_1 \cdot \left(2x + \sqrt{\frac{1}{2}}\right) + A_2 \cdot \left(2x - \sqrt{\frac{1}{2}}\right)$ ► $\frac{1}{2} \cdot \sqrt{2}$ für x

  $1 = A_1 \cdot \left(\sqrt{\frac{1}{2}} + \sqrt{\frac{1}{2}}\right) + A_2 \cdot 0 \Rightarrow \underline{A_1 = \frac{\sqrt{2}}{2}}$

$$\int \frac{x}{4x^3 - 0{,}5x} dx = \int \frac{x}{x \cdot \left(4x^2 - \frac{1}{2}\right)} dx$$

$$= \int \frac{dx}{4x^2 - \frac{1}{2}}$$

$$= \int \frac{dx}{\left(2x - \sqrt{\frac{1}{2}}\right) \cdot \left(2x + \sqrt{\frac{1}{2}}\right)}$$

$$= \int \left[\frac{A_1}{2x - \sqrt{\frac{1}{2}}} + \frac{A_2}{2x + \sqrt{\frac{1}{2}}}\right] dx \quad \blacktriangleright\ \frac{\sqrt{2}}{2} \text{ für } A_1;\ -\frac{\sqrt{2}}{2} \text{ für } A_2$$

$$= \int \left[\frac{\frac{\sqrt{2}}{2}}{2x - \sqrt{\frac{1}{2}}} + \frac{-\frac{\sqrt{2}}{2}}{2x + \sqrt{\frac{1}{2}}}\right] dx$$

$$= \frac{\sqrt{2}}{2} \cdot \int \frac{dx}{2x - \sqrt{\frac{1}{2}}} - \frac{\sqrt{2}}{2} \cdot \int \frac{dx}{2x + \sqrt{\frac{1}{2}}} \quad \blacktriangleright\ 2.4.1$$

$$= \frac{\sqrt{2}}{4} \cdot \ln\left|2x - \sqrt{\frac{1}{2}}\right| - \frac{\sqrt{2}}{4} \cdot \ln\left|2x + \sqrt{\frac{1}{2}}\right| + c$$

$$\underline{\underline{= \frac{\sqrt{2}}{4} \cdot \ln\left|\frac{2x - \sqrt{\frac{1}{2}}}{2x + \sqrt{\frac{1}{2}}}\right| + c;\ x \notin \left\{0;\ -\frac{1}{2} \cdot \sqrt{2};\ \frac{1}{2} \cdot \sqrt{2}\right\}}}$$

► $D(F) = \mathbb{R} \setminus \left\{-\frac{1}{2} \cdot \sqrt{2};\ \frac{1}{2} \cdot \sqrt{2}\right\}$ und $D(f) = \mathbb{R} \setminus \left\{0;\ -\frac{1}{2} \cdot \sqrt{2};\ \frac{1}{2} \cdot \sqrt{2}\right\}$

25. $\int \frac{\cos x}{\sin^2 x + 10 \cdot \sin x + 9} dx;\ x \in \mathbb{R} \setminus \left\{-\frac{\pi}{2} + 2k\pi;\ k \in \mathbb{Z}\right\}$

Für $D(f)$ muss gelten:

$\sin^2 x + 10 \cdot \sin x + 9 \neq 0 \Rightarrow (\sin x + 9) \cdot (\sin x + 1) \neq 0$

$\Rightarrow \sin x + 9 \neq 0$ und $\sin x + 1 \neq 0$

- $\sin x + 9 \neq 0 \Rightarrow \sin x \neq -9$ für alle $x \in \mathbb{R}$
- $\sin x + 1 \neq 0 \Rightarrow \sin x \neq -1$ für $x \neq -\frac{\pi}{2} + 2k\pi;\ k \in \mathbb{Z}$

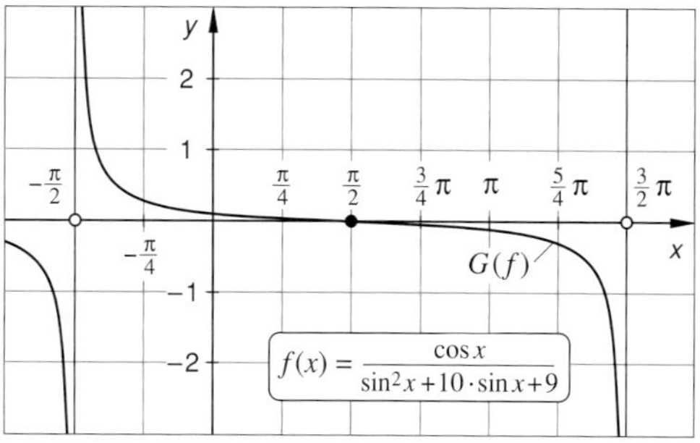

169 Für $x_k = -\frac{\pi}{2} + 2k\pi;\ k \in \mathbb{Z}$ ist $\sin^2 x_k + 10 \cdot \sin x_k + 9 = 0$, aber auch $\cos x_k = 0$. Mit der ersten Regel von de L'Hospital (► Kusch 3; 4.5) ergibt sich aber, dass an den Stellen $x_k;\ k \in \mathbb{Z}$ Unendlichkeitsstellen mit Vorzeichenwechsel vorliegen.

Man substituiert:

► $\sin x = z \Rightarrow \frac{dz}{dx} = \cos x \Rightarrow \cos x \cdot dx = dz$

► $z^2 + 10z + 9 = (z+1) \cdot (z+9)$

► $\frac{1}{z^2 + 10z + 9} = \frac{1}{(z+1) \cdot (z+9)};\ z \in \mathbb{R} \setminus \{-1;\ -9\}$

► $\frac{1}{z^2 + 10z + 9} = \frac{A_1}{z+1} + \frac{A_2}{z+9} \ \Big| \cdot (z+1) \cdot (z+9)$

- $1 = A_1 \cdot (z+9) + A_2 \cdot (z+1)$ ► -1 für z

  $1 = A_1 \cdot (-1+9) + A_2 \cdot 0 \Rightarrow A_1 = \underline{\frac{1}{8}}$

- $1 = A_1 \cdot (z+9) + A_2 \cdot (z+1)$ ► -9 für z

  $1 = A_1 \cdot 0 + A_2 \cdot (-9+1) \Rightarrow A_2 = \underline{-\frac{1}{8}}$

$$\int \frac{\cos x}{\sin^2 x + 10 \cdot \sin x + 9}\,dx = \int \frac{dz}{z^2 + 10z + 9}$$
$$= \int \frac{dz}{(z+1) \cdot (z+9)}$$
$$= \int \left(\frac{A_1}{z+1} + \frac{A_2}{z+9} \right) dz \quad ► \ \tfrac{1}{8} \text{ für } A_1;\ -\tfrac{1}{8} \text{ für } A_2$$
$$= \int \left(\frac{\frac{1}{8}}{z+1} + \frac{-\frac{1}{8}}{z+9} \right) dx$$
$$= \frac{1}{8} \cdot \int \frac{dz}{z+1} - \frac{1}{8} \cdot \int \frac{dz}{z+9} \quad ► \ 2.4.1$$
$$= \frac{1}{8} \cdot \ln|z+1| - \frac{1}{8} \cdot \ln|z+9| + c$$
$$= \frac{1}{8} \cdot \ln\left|\frac{z+1}{z+9}\right| + c \quad ► \ z = \sin x$$
$$\underline{\underline{= \frac{1}{8} \cdot \ln\left|\frac{\sin x + 1}{\sin x + 9}\right| + c;\ x \neq -\frac{\pi}{2} + 2k\pi;\ k \in \mathbb{Z}}}$$

26. $\int \frac{(2 \cdot \sin x + 5) \cdot \cos x}{2 \cdot \sin^2 x + 3 \cdot \sin x + 1}\,dx$ mit

$x \in \mathbb{R} \setminus \{-\frac{5}{6}\pi + 2k\pi;\ -\frac{\pi}{2} + 2k\pi;\ -\frac{\pi}{6} + 2k\pi\};\ k \in \mathbb{Z}$

Für $D(f)$ muss gelten:

$2 \cdot \sin^2 x + 3 \cdot \sin x + 1 \neq 0 \Rightarrow (\sin x + 1) \cdot (2 \cdot \sin x + 1) \neq 0$

$\Rightarrow \sin x + 1 \neq 0$ und $2 \cdot \sin x + 1 \neq 0$

- $\sin x + 1 \neq 0 \Rightarrow \sin x \neq -1 \Rightarrow x_{1;k} \neq -\frac{\pi}{2} + 2k\pi;\ k \in \mathbb{Z}$
- $2 \cdot \sin x + 1 \neq 0 \Rightarrow \sin x \neq -\frac{1}{2} \Rightarrow x_{2;k} \neq -\frac{5}{6}\pi + 2k\pi;$

  $x_{3;k} \neq -\frac{\pi}{6} + 2k\pi;\ k \in \mathbb{Z}$

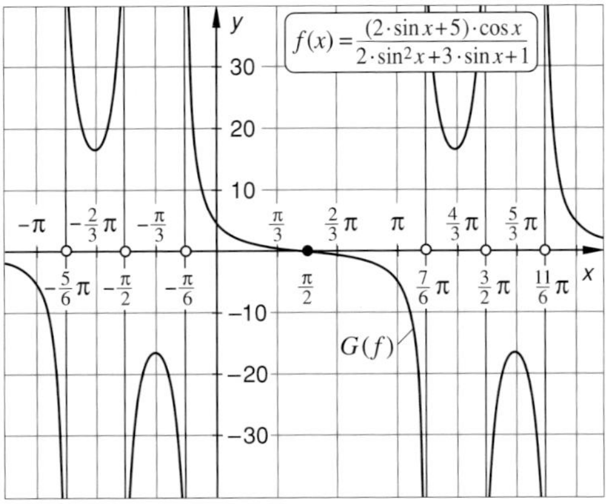

Für $x_{1;k} = -\frac{\pi}{2} + 2k\pi;\ k \in \mathbb{Z}$ ist $2 \cdot \sin^2 x_{1;k} + 3 \cdot \sin x_{1;k} + 1 \neq 0$, aber auch $\cos x_{1;k} = 0$. Mit der ersten Regel von de L'Hospital (► Kusch 3; 4.5) ergibt sich aber, dass an den Stellen $x_{1;k};\ k \in \mathbb{Z}$ Unendlichkeitsstellen mit Vorzeichenwechsel vorliegen.

Man substituiert:

► $\sin x = z \Rightarrow \frac{dz}{dx} = \cos x \Rightarrow \cos x \cdot dx = dz$

► $2z^2 + 3z + 1 = (2z+1) \cdot (z+1)$ ► Aufgabe 16

► $\frac{2z+5}{2z^2 + 3z + 1} = \frac{2z+5}{(2z+1) \cdot (z+1)}$

$$\int \frac{(2 \cdot \sin x + 5) \cdot \cos x}{2 \cdot \sin^2 x + 3 \cdot \sin x + 1}\,dx = \int \frac{2z+5}{2z^2 + 3z + 1}\,dz$$
$$= \int \left(\frac{A_1}{2z+1} + \frac{A_2}{z+1} \right) dz \quad ► \ 8 \text{ für } A_1;\ -3 \text{ für } A_2$$
$$= \int \left(\frac{8}{2z+1} + \frac{-3}{z+1} \right) dz$$

► $\frac{2z+5}{2z^2+3z+1} = \frac{A_1}{2z+1} + \frac{A_2}{z+1} \Big| \cdot (2z+1)\cdot(z+1)$

- $2z+5 = A_1\cdot(z+1) + A_2\cdot(2z+1)$ ► -1 für z
  $2\cdot(-1)+5 = A_1\cdot 0 + A_2\cdot(2\cdot(-1)+1) \Rightarrow A_2 = \underline{-3}$

- $2z+5 = A_1\cdot(z+1) + A_2\cdot(2z+1)$ ► $-\frac{1}{2}$ für z
  $2\cdot\left(-\frac{1}{2}\right)+5 = A_1\cdot\left(-\frac{1}{2}+1\right) + A_2\cdot 0 \Rightarrow A_1 = \underline{8}$

$$= 8\cdot\int\frac{dz}{2z+1} - 3\cdot\int\frac{dz}{z+1} \quad \blacktriangleright 2.4.1$$

$$= 4\cdot\ln|2z+1| - 3\cdot\ln|z+1| + c \quad \blacktriangleright z=\sin x$$

$$= 4\cdot\ln|2\cdot\sin x+1| - 3\cdot\ln|\sin x+1| + c$$

$$= \ln\left|\frac{(2\cdot\sin x+1)^4}{(\sin x+1)^3}\right| + c;$$

$$x \notin \left\{-\frac{5}{6}\pi+2k\pi;\ -\frac{\pi}{2}+2k\pi;\ -\frac{\pi}{6}+2k\pi\right\};\ k\in\mathbb{Z}$$

Fallgruppe 2: Das Nennerpolynom $q_n(x)$ lässt sich auch in gleiche Linearfaktoren zerlegen

► Lehrbuch: Kusch 4, S. 156…163

Berechnen Sie die nachstehenden unbestimmten Integrale mittels der Partialbruchzerlegung.

27. $\int\frac{3-2x^2}{(x-3)^2\cdot(x-1)}\,dx;\ x\in\mathbb{R}\setminus\{1;3\}$

Zerlegung des Nennerpolynoms in Linearfaktoren und Partialbruchzerlegung

$$\frac{3-2x^2}{(x-3)^2\cdot(x-1)} = \frac{A_1}{x-3} + \frac{A_2}{(x-3)^2} + \frac{A_3}{x-1} \Big| \cdot(x-3)^2\cdot(x-1)$$

- $3-2x^2 = A_1\cdot(x-3)\cdot(x-1) + A_2\cdot(x-1) + A_3\cdot(x-3)^2$ ► 1 für x
  $3-2\cdot 1^2 = A_1\cdot 0 + A_2\cdot 0 + A_3\cdot(1-3)^2 \Rightarrow 1 = A_3\cdot 4 \Rightarrow A_3 = \underline{\frac{1}{4}}$
- $3-2x^2 = A_1\cdot(x-3)\cdot(x-1) + A_2\cdot(x-1) + A_3\cdot(x-3)^2$ ► 3 für x
  $3-2\cdot 3^2 = A_1\cdot 0 + A_2\cdot(3-1) + A_3\cdot 0 \Rightarrow -15 = A_2\cdot \Rightarrow A_2 = \underline{-\frac{15}{2}}$
- $3-2x^2 = A_1\cdot(x-3)\cdot(x-1) + A_2\cdot(x-1) + A_3\cdot(x-3)^2$ ► 0 für x; $-\frac{15}{2}$ für A_2; $\frac{1}{4}$ für A_3
  $3-2\cdot 0^2 = A_1\cdot(0-3)\cdot(0-1) - \frac{15}{2}\cdot(0-1) + \frac{1}{4}\cdot(0-3)^2 \Rightarrow 3 = A_1\cdot 3 + \frac{15}{2} + \frac{9}{4} \Rightarrow A_1 = \underline{-\frac{9}{4}}$

Integration

$$\int\frac{3-2x^2}{(x-3)^2\cdot(x-1)}\,dx = \int\left(\frac{A_1}{x-3} + \frac{A_2}{(x-3)^2} + \frac{A_3}{x-1}\right)dx \quad \blacktriangleright -\frac{9}{4}\text{ für } A_1;\ -\frac{15}{2}\text{ für } A_2;\ \frac{1}{4}\text{ für } A_3$$

$$= \int\left(\frac{-\frac{9}{4}}{x-3} + \frac{-\frac{15}{2}}{(x-3)^2} + \frac{\frac{1}{4}}{x-1}\right)dx$$

$$= -\frac{9}{4}\cdot\int\frac{dx}{x-3} - \frac{15}{2}\cdot\int\frac{dx}{(x-3)^2} + \frac{1}{4}\cdot\int\frac{dx}{x-1} \quad \blacktriangleright 2.4.1$$

$$= -\frac{9}{4}\cdot\ln|x-3| + \frac{15}{2}\cdot\frac{1}{x-3} + \frac{1}{4}\cdot\ln|x-1| + c;\ x\notin\{1;3\}$$

169 **28.** $\displaystyle\int \frac{4+x^3}{(1-x^2)\cdot(1+x)^2}\,\mathrm{d}x;\ x\in\mathbb{R}\setminus\{-1;1\}$

Zerlegung des Nennerpolynoms in Linearfaktoren und Partialbruchzerlegung

► $(1-x^2)\cdot(1+x)^2=(1-x)\cdot(1+x)\cdot(1+x)^2=(1-x)\cdot(1+x)^3$ ► $\dfrac{4+x^3}{(1-x^2)\cdot(1+x)^2}=\underline{\dfrac{4+x^3}{(1-x)\cdot(1+x)^3}}$

► $\dfrac{4+x^3}{(1-x^2)\cdot(1+x)^2}=\dfrac{A_1}{1-x}+\dfrac{A_2}{1+x}+\dfrac{A_3}{(1+x)^2}+\dfrac{A_4}{(1+x)^3}\ \Big|\cdot(1-x)\cdot(1+x)^3$

● $4+x^3=A_1\cdot(1+x)^3+A_2\cdot(1-x)\cdot(1+x)^2+A_3\cdot(1-x)\cdot(1+x)+A_4\cdot(1-x)$ ► 1 für x

$4+1^3=A_1\cdot(1+1)^3+A_2\cdot 0+A_3\cdot 0+A_4\cdot 0\ \Rightarrow 5=8\cdot A_1\Rightarrow A_1=\underline{\dfrac{5}{8}}$

● $4+x^3=A_1\cdot(1+x)^3+A_2\cdot(1-x)\cdot(1+x)^2+A_3\cdot(1-x)\cdot(1+x)+A_4\cdot(1-x)$ ► -1 für x

$4+(-1)^3=A_1\cdot 0+A_2\cdot 0+A_3\cdot 0+A_4\cdot[1-(-1)]\ \Rightarrow 3=A_4\cdot 2\Rightarrow A_4=\underline{\dfrac{3}{2}}$

● $4+x^3=A_1\cdot(1+x)^3+A_2\cdot(1-x)\cdot(1+x)^2+A_3\cdot(1-x)\cdot(1+x)+A_4\cdot(1-x)$ ► 0 für x; $\frac{5}{8}$ für A_1; $\frac{3}{2}$ für A_4

$4+0^3=\dfrac{5}{8}\cdot(1+0)^3+A_2\cdot(1-0)\cdot(1+0)^2+A_3\cdot(1-0)\cdot(1+0)+\dfrac{3}{2}\cdot(1-0)\ \Rightarrow\dfrac{15}{8}=A_2+A_3$ ► Gleichung I

● $4+x^3=A_1\cdot(1+x)^3+A_2\cdot(1-x)\cdot(1+x)^2+A_3\cdot(1-x)\cdot(1+x)+A_4\cdot(1-x)$ ► -2 für x; $\frac{5}{8}$ für A_1; $\frac{3}{2}$ für A_4

$4+(-2)^3=\dfrac{5}{8}\cdot(1-2)^3+A_2\cdot(1-(-2))\cdot(1-2)^2+A_3\cdot(1-(-2))\cdot(1-2)+\dfrac{3}{2}\cdot(1-(-2))$

$-\dfrac{63}{8}=3\cdot A_2-3\cdot A_3\ \Rightarrow-\dfrac{21}{8}=A_2-A_3$ ► Gleichung II

► I: $\frac{15}{8}=A_2+A_3$
II: $-\frac{21}{8}=A_2-A_3$ $\Big]+\ \Rightarrow-\frac{6}{8}=2\cdot A_2\Rightarrow A_2=\underline{-\frac{3}{8}}$

► I: $\frac{15}{8}=A_2+A_3$ ► $-\frac{3}{8}$ für $A_2\Rightarrow A_3=\underline{\frac{9}{4}}$

Integration

$$\int\frac{4+x^3}{(1-x^2)\cdot(1+x)^2}\,\mathrm{d}x=\int\left(\frac{A_1}{1-x}+\frac{A_2}{(1+x)}+\frac{A_3}{(1+x)^2}+\frac{A_4}{(1+x)^3}\right)\mathrm{d}x$$ ► $\frac{5}{8}$ für A_1; $-\frac{3}{8}$ für A_2; $\frac{9}{4}$ für A_3; $\frac{3}{2}$ für A_4

$$=\int\left(\frac{\frac{5}{8}}{1-x}+\frac{-\frac{3}{8}}{1+x}+\frac{\frac{9}{4}}{(1+x)^2}+\frac{\frac{3}{2}}{(1+x)^3}\right)\mathrm{d}x$$

$$=\frac{5}{8}\cdot\int\frac{\mathrm{d}x}{1-x}-\frac{3}{8}\cdot\int\frac{\mathrm{d}x}{1+x}+\frac{9}{4}\cdot\int\frac{\mathrm{d}x}{(1+x)^2}+\frac{3}{2}\cdot\int\frac{\mathrm{d}x}{(1+x)^3}$$ ► 2.4.1

$$\underline{\underline{=-\frac{5}{8}\cdot\ln|1-x|-\frac{3}{8}\cdot\ln|1+x|-\frac{9}{4}\cdot\frac{1}{1+x}-\frac{3}{4}\cdot\frac{1}{(1+x)^2}+c;\ x\notin\{-1;1\}}}$$

29. $\int \frac{x^4 - x^3 + 3x}{x^2 \cdot (x+2) \cdot (x-3)}\,dx;\ x \in \mathbb{R}\setminus\{-2; 0; 3\}$

Zerlegung des Nennerpolynoms in Linearfaktoren und Partialbruchzerlegung

► $\frac{x^4 - x^3 + 3x}{x^2 \cdot (x+2) \cdot (x-3)} = \frac{x \cdot (x^3 - x^2 + 3)}{x^2 \cdot (x^2 - x - 6)} = \underline{\frac{x^3 - x^2 + 3}{x^3 - x^2 - 6x}}$ ► unechter Polynombruch

► $(x^3 - x^2 + 3) : (x^3 - x^2 - 6x) = 1 + \frac{6x+3}{x^3 - x^2 - 6x} = \underline{1 + \frac{6x+3}{x \cdot (x+2) \cdot (x-3)}}$ ► Polynomdivision

$\underline{-(x^3 - x^2 - 6x)}$

$6x + 3$

► $\frac{6x+3}{x \cdot (x+2) \cdot (x-3)} = \frac{A_1}{x} + \frac{A_2}{x+2} + \frac{A_3}{x-3} \quad \Big| \cdot x \cdot (x+2) \cdot (x-3)$

- $6x + 3 = A_1 \cdot (x+2) \cdot (x-3) + A_2 \cdot x \cdot (x-3) + A_3 \cdot x \cdot (x+2)$ ► 0 für x

  $6 \cdot 0 + 3 = A_1 \cdot (0+2) \cdot (0-3) + A_2 \cdot 0 + A_3 \cdot 0 \Rightarrow 3 = A_1 \cdot (-6) \Rightarrow A_1 = \underline{-\frac{1}{2}}$

- $6x + 3 = A_1 \cdot (x+2) \cdot (x-3) + A_2 \cdot x \cdot (x-3) + A_3 \cdot x \cdot (x+2)$ ► -2 für x

  $6 \cdot (-2) + 3 = A_1 \cdot 0 + A_2 \cdot (-2) \cdot (-2-3) + A_3 \cdot 0 \Rightarrow -9 = A_2 \cdot 10 \Rightarrow A_2 = \underline{-\frac{9}{10}}$

- $6x + 3 = A_1 \cdot (x+2) \cdot (x-3) + A_2 \cdot x \cdot (x-3) + A_3 \cdot x \cdot (x+2)$ ► 3 für x

  $6 \cdot 3 + 3 = A_1 \cdot 0 + A_2 \cdot 0 + A_3 \cdot 3 \cdot (3+2) \Rightarrow 21 = A_3 \cdot 15 \Rightarrow A_3 = \underline{\frac{7}{5}}$

Integration

$$\int \frac{x^4 - x^3 + 3x}{x^2 \cdot (x+2) \cdot (x-3)}\,dx = \int \left(1 + \frac{A_1}{x} + \frac{A_2}{x+2} + \frac{A_3}{x-3}\right) dx$$ ► $-\frac{1}{2}$ für A_1; $-\frac{9}{10}$ für A_2; $\frac{7}{5}$ für A_3

$$= \int \left(1 + \frac{-\frac{1}{2}}{x} + \frac{-\frac{9}{10}}{x+2} + \frac{\frac{7}{5}}{x-3}\right) dx$$

$$= \int 1\,dx - \frac{1}{2} \cdot \int \frac{dx}{x} - \frac{9}{10} \cdot \int \frac{dx}{x+2} + \frac{7}{5} \cdot \int \frac{dx}{x-3}$$ ► 2.4.1

$$= \underline{\underline{x - \frac{1}{2} \cdot \ln|x| - \frac{9}{10} \cdot \ln|x+2| + \frac{7}{5} \cdot \ln|x-3| + c;\ x \notin \{-2; 0; 3\}}}$$

30. $\int \frac{2}{9x^2 + 12x + 4}\,dx;\ x \in \mathbb{R}\setminus\{-\frac{2}{3}\}$

► $\frac{2}{9x^2 + 12x + 4} = \frac{2}{(3x+2)^2} = \underline{2 \cdot \frac{1}{(3x+2)^2}}$

$$\int \frac{2}{9x^2 + 12x + 4}\,dx = \int \frac{2}{(3x+2)^2}\,dx$$

$$= 2 \cdot \int \frac{dx}{(3x+2)^2}$$ ► 2.4.1

$$= \underline{\underline{-\frac{2}{3} \cdot \frac{1}{3x+2} + c;\ x \neq -\frac{2}{3}}}$$

1169 ● $(x+2)^2 = A_1 \cdot (x-1)^2 \cdot (x+1) + A_2 \cdot (x-1) \cdot (x+1) + A_3 \cdot (x+1) + A_4 \cdot (x-1)^3$ ► 2 für x; $\frac{9}{2}$ für A_3;

$(2+2)^2 = \quad A_1 \cdot 1^2 \cdot 3 \quad + \quad A_2 \cdot 1 \cdot 3 \quad + \quad \frac{9}{2} \cdot 3 \quad - \quad \frac{1}{8} \cdot 1^3$ $\quad -\frac{1}{8}$ für A_4

$\Rightarrow \frac{21}{8} = 3 \cdot A_1 + 3 \cdot A_2 \Rightarrow \frac{7}{8} = A_1 + A_2$ ► Gleichung II

► $\left.\begin{array}{l} \text{I}: -\frac{5}{8} = A_1 - A_2 \\ \text{II}: \ \frac{7}{8} = A_1 + A_2 \end{array}\right] + \Rightarrow \frac{2}{8} = 2 \cdot A_1 \Rightarrow A_1 = \underline{\frac{1}{8}}$

► II: $\frac{7}{8} = A_1 + A_2$ ► $\frac{1}{8}$ für $A_2 \Rightarrow A_2 = \underline{\frac{3}{4}}$

Integration

$$\int \frac{(x+2)^2}{(x-1)^2 \cdot (x^2-1)} \, \mathrm{d}x = \int \left(\frac{A_1}{x-1} + \frac{A_2}{(x-1)^2} + \frac{A_3}{(x-1)^3} + \frac{A_4}{x+1} \right) \mathrm{d}x$$ ► $\frac{1}{8}$ für A_1; $\frac{3}{4}$ für A_2; $\frac{9}{2}$ für A_3; $-\frac{1}{8}$ für A_4

$$= \int \left(\frac{\frac{1}{8}}{x-1} + \frac{\frac{3}{4}}{(x-1)^2} + \frac{\frac{9}{2}}{(x-1)^3} + \frac{-\frac{1}{8}}{x+1} \right) \mathrm{d}x$$

$$= \frac{1}{8} \cdot \int \frac{\mathrm{d}x}{x-1} + \frac{3}{4} \cdot \int \frac{\mathrm{d}x}{(x-1)^2} + \frac{9}{2} \cdot \int \frac{\mathrm{d}x}{(x-1)^3} - \frac{1}{8} \cdot \int \frac{\mathrm{d}x}{x+1}$$ ► 2.4.1

$$\underline{\underline{= \frac{1}{8} \cdot \ln|x-1| - \frac{3}{4} \cdot \frac{1}{x-1} - \frac{9}{4} \cdot \frac{1}{(x-1)^2} - \frac{1}{8} \cdot \ln|x+1| + c; x \notin \{-1; 1\}}}$$

36. $\int \frac{x+2}{x^2-4x+4} \, \mathrm{d}x; \ x \in \mathbb{R}^{\neq 2}$

► $\frac{x+2}{x^2-4x+4} = \underline{\frac{x+2}{(x-2)^2}}$

► $\frac{x+2}{x^2-4x+4} = \frac{A_1}{x-2} + \frac{A_2}{(x-2)^2} \quad \Big| \cdot (x-2)^2$

● $x+2 = A_1 \cdot (x-2) + A_2$ ► 2 für x

$2+2 = A_1 \cdot \ 0 \ + A_2 \Rightarrow A_2 = \underline{4}$

● $x+2 = A_1 \cdot (x-2) + A_2$ ► 0 für x; 4 für A_2

$0+2 = A_1 \cdot (0-2) + 4 \Rightarrow -2 = A_1 \cdot (-2)$

$\Rightarrow A_1 = \underline{1}$

$$\int \frac{x+2}{x^2-4x+4} \, \mathrm{d}x = \int \frac{x+2}{(x-2)^2}$$

$$= \int \left(\frac{A_1}{x-2} + \frac{A_2}{(x-2)^2} \right) \mathrm{d}x$$ ► 1 für A_1; 2 für A_2

$$= \int \left(\frac{1}{x-2} + \frac{4}{(x-2)^2} \right) \mathrm{d}x$$ ► 2.4.1

$$= \int \frac{\mathrm{d}x}{x-2} + 4 \cdot \int \frac{\mathrm{d}x}{(x-2)^2}$$

$$\underline{\underline{= \ln|x-2| - 4 \cdot \frac{1}{x-2} + c; x \neq 2}}$$

37. $\int \frac{1+2x}{4x-4x^2-1} \, \mathrm{d}x; \ x \in \mathbb{R}^{\neq \frac{1}{2}}$

► $\frac{1+2x}{4x-4x^2-1} = -\frac{1+2x}{4x^2-4x+1} = \underline{-\frac{1+2x}{(2x-1)^2}}$

► $\frac{1+2x}{4x-4x^2-1} = \frac{A_1}{2x-1} + \frac{A_2}{(2x-1)^2} \quad \Big| \cdot (2x-1)^2$

$$\int \frac{1+2x}{4x-4x^2-1} \, \mathrm{d}x = \int \left[-\frac{1+2x}{(2x-1)^2} \right] \mathrm{d}x$$

$$= \int \left(\frac{A_1}{2x-1} + \frac{A_2}{(2x-1)^2} \right) \mathrm{d}x$$ ► -1 für A_1; -2 für A_2

$$= \int \left(\frac{-1}{2x-1} + \frac{-2}{(2x-1)^2} \right) \mathrm{d}x$$

- $-(1+2x)=A_1\cdot(2x-1)+A_2$ ► $\frac{1}{2}$ für x

$-\left(1+2\cdot\frac{1}{2}\right)=A_1\cdot 0+A_2 \Rightarrow A_2=\underline{-2}$

- $-(1+2x)=A_1\cdot(2x-1)+A_2$ ► 0 für x; -2 für A_2

$-(1+2\cdot 0)=A_1\cdot(2\cdot 0-1)-2 \Rightarrow A_1=\underline{-1}$

$$=-\int\frac{dx}{2x-1}-2\cdot\int\frac{dx}{(2x-1)^2} \quad ► 2.4.1$$

$$=\underline{\underline{-\frac{1}{2}\cdot\ln|2x-1|+\frac{1}{2x-1}+c;\ x\neq\frac{1}{2}}}$$

38. $\int\frac{3x^3-5x+2}{(x+2)^2\cdot(x-2)^2}\,dx;\ x\in\mathbb{R}\backslash\{-2;2\}$

Zerlegung des Nennerpolynoms in Linearfaktoren und Partialbruchzerlegung

► $\frac{3x^3-5x+2}{(x+2)^2\cdot(x-2)^2}=\frac{A_1}{x+2}+\frac{A_2}{(x+2)^2}+\frac{A_3}{x-2}+\frac{A_4}{(x-2)^2}\ \Big|\cdot(x+2)^2\cdot(x-2)^2$

- $3x^3-5x+2=A_1\cdot(x+2)\cdot(x-2)^2+A_2\cdot(x-2)^2+A_3\cdot(x-2)\cdot(x+2)^2+A_4\cdot(x+2)^2$ ► -2 für x

$3\cdot(-2)^3-5\cdot(-2)+2=A_1\cdot 0+A_2\cdot(-2-2)^2+A_3\cdot 0+A_4\cdot 0 \Rightarrow -12=A_2\cdot 16 \Rightarrow A_2=\underline{-\frac{3}{4}}$

- $3x^3-5x+2=A_1\cdot(x+2)\cdot(x-2)^2+A_2\cdot(x-2)^2+A_3\cdot(x-2)\cdot(x+2)^2+A_4\cdot(x+2)^2$ ► 2 für x

$3\cdot 2^3-5\cdot 2+2=A_1\cdot 0+A_2\cdot 0+A_3\cdot 0+A_4\cdot(2+2)^2 \Rightarrow 16=A_4\cdot 16 \Rightarrow A_4=\underline{1}$

- $3x^3-5x+2=A_1\cdot(x+2)\cdot(x-2)^2+A_2\cdot(x-2)^2+A_3\cdot(x-2)\cdot(x+2)^2+A_4\cdot(x+2)^2$ ► 0 für x; $-\frac{3}{4}$ für A_2; 1 für A_4

$3\cdot 0^3-5\cdot 0+2=A_1\cdot 2\cdot(-2)^2-\frac{3}{4}\cdot(-2)^2+A_3\cdot(-2)\cdot 2^2+1\cdot 2^2 \Rightarrow 1=8\cdot A_1-8\cdot A_3$ ► Gleichung I

- $3x^3-5x+2=A_1\cdot(x+2)\cdot(x-2)^2+A_2\cdot(x-2)^2+A_3\cdot(x-2)\cdot(x+2)^2+A_4\cdot(x+2)^2$ ► 1 für x; $-\frac{3}{4}$ für A_2; 1 für A_4

$3\cdot 1^3-5\cdot 1+2=A_1\cdot 3\cdot(-1)^2-\frac{3}{4}\cdot(-1)^2+A_3\cdot(-1)\cdot(3)^2+1\cdot(3)^2$

$\Rightarrow -\frac{33}{4}=3\cdot A_1-9\cdot A_3 \Rightarrow -\frac{11}{4}=A_1-3\cdot A_3$ ► Gleichung II

► I: $1=8\cdot A_1-8\cdot A_3$

II: $-\frac{11}{4}=A_1-3\cdot A_3\,|\cdot(-8)$

$\Rightarrow$ I: $1=8\cdot A_1-8\cdot A_3$; II: $22=-8\cdot A_1+24\cdot A_3$ (+) $\Rightarrow 23=16\cdot A_3 \Rightarrow A_3=\underline{\frac{23}{16}}$

► I: $1=8\cdot A_1-8\cdot A_3$ ► $\frac{23}{16}$ für $A_3 \Rightarrow A_1=\underline{\frac{25}{16}}$

Integration

$$\int\frac{3x^3-5x+2}{(x+2)^2\cdot(x-2)^2}\,dx=\int\left(\frac{A_1}{x+2}+\frac{A_2}{(x+2)^2}+\frac{A_3}{x-2}+\frac{A_4}{(x-2)^2}\right)dx \quad ► \frac{25}{16}\text{ für }A_1;\ -\frac{3}{4}\text{ für }A_2;\ \frac{23}{16}\text{ für }A_3;\ 1\text{ für }A_4$$

$$=\int\left(\frac{\frac{25}{26}}{x+2}+\frac{-\frac{3}{4}}{(x+2)^2}+\frac{\frac{23}{16}}{x-2}+\frac{1}{(x-2)^2}\right)dx$$

$$=\frac{25}{16}\cdot\int\frac{dx}{x+2}-\frac{3}{4}\cdot\int\frac{dx}{(x+2)^2}+\frac{23}{16}\cdot\int\frac{dx}{x-2}+\int\frac{1}{(x-2)^2}\,dx \quad ► 2.4.1$$

$$=\underline{\underline{\frac{25}{16}\cdot\ln|x+2|+\frac{3}{4}\cdot\frac{1}{x+2}+\frac{23}{16}\cdot\ln|x-2|-\frac{1}{x-2}+c;\ x\notin\{-2;2\}}}$$

169

39. $\int \frac{36-10x}{x^3-6x^2+9x}\,\mathrm{d}x;\; x \in \mathbb{R}\setminus\{0;3\}$

$$\frac{36-10x}{x^3-6x^2+9x} = \frac{A_1}{x} + \frac{A_2}{x-3} + \frac{A_3}{(x-3)^2} \;\Big|\cdot x\cdot(x-3)^2$$

- $36-10\cdot x = A_1\cdot(x-3)^2 + A_2\cdot x\cdot(x-3) + A_3\cdot x$ ► 0 für x

$36-10\cdot 0 = A_1\cdot(0-3)^2 + A_2\cdot 0 + A_3\cdot 0 \Rightarrow A_1 = \underline{4}$

- $36-10\cdot x = A_1\cdot(x-3)^2 + A_2\cdot x\cdot(x-3) + A_3\cdot x$ ► 3 für x

$36-10\cdot 3 = A_1\cdot 0 + A_2\cdot 0 + A_3\cdot 3 \Rightarrow A_3 = \underline{2}$

- $36-10\cdot x = A_1\cdot(x-3)^2 + A_2\cdot x\cdot(x-3) + A_3\cdot x$ ► 2 für x; 4 für A_1; 2 für A_3

$36-10\cdot 2 = 4\cdot(-1)^2 + A_2\cdot 2\cdot(2-3) + 2\cdot 2 \Rightarrow A_2 = \underline{-4}$

► $x^3-6x^2+9x = x\cdot(x^2-6x+9) = x\cdot(x-3)^2$

► $\frac{36-10x}{x^3-6x^2+9x} = \underline{\frac{36-10x}{x\cdot(x-3)^2}}$

$$\int \frac{36-10x}{x^2-6x^2+9x}\,\mathrm{d}x = \int \frac{36-10x}{x\cdot(x-3)^2}\,\mathrm{d}x$$

$$= \int\left(\frac{A_1}{x} + \frac{A_2}{x-3} + \frac{A_3}{(x-3)^2}\right)\mathrm{d}x$$ ► 4 für A_1; -4 für A_2; 2 für A_3

$$= \int\left(\frac{4}{x} + \frac{-4}{x-3} + \frac{2}{(x-3)^2}\right)\mathrm{d}x$$

$$= 4\cdot\ln|x| - 4\cdot\ln|x-3| - \frac{2}{x-3} + c$$

$$= \underline{\underline{4\cdot\ln\left|\frac{x}{x-3}\right| - \frac{2}{x-3} + c;\; x \notin \{0;3\}}}$$

40. $\int \frac{\mathrm{d}x}{x^3-6x^2+9x};\; x \in \mathbb{R}\setminus\{0;3\}$

$$\frac{1}{x^3-6x^2+9x} = \frac{A_1}{x} + \frac{A_2}{x-3} + \frac{A_3}{(x-3)^2} \;\Big|\cdot x\cdot(x-3)^2$$

- $1 = A_1\cdot(x-3)^2 + A_2\cdot x\cdot(x-3) + A_3\cdot x$ ► 0 für x

$1 = A_1\cdot(-3)^2 + A_2\cdot 0 + A_3\cdot 0 \Rightarrow A_1 = \underline{\frac{1}{9}}$

- $1 = A_1\cdot(x-3)^2 + A_2\cdot x\cdot(x-3) + A_3\cdot x$ ► 3 für x

$1 = A_1\cdot 0 + A_2\cdot 0 + A_3\cdot 3 \Rightarrow A_3 = \underline{\frac{1}{3}}$

- $1 = A_1\cdot(x-3)^2 + A_2\cdot x\cdot(x-3) + A_3\cdot x$ ► 2 für x; $\frac{1}{9}$ für A_1; $\frac{1}{3}$ für A_3

$1 = \frac{1}{9}\cdot(-1)^2 + A_2\cdot 2\cdot(-1) + \frac{1}{3}\cdot 2 \Rightarrow A_2 = \underline{-\frac{1}{9}}$

► $x^3-6x^2+9x = x\cdot(x^2-6x+9) = x\cdot(x-3)^2$

► $\frac{1}{x^3-6x^2+9x} = \underline{\frac{1}{x\cdot(x-3)^2}}$

$$\int \frac{\mathrm{d}x}{x^3-6x^2+9x} = \int \frac{\mathrm{d}x}{x\cdot(x-3)^2}$$

$$= \int\left(\frac{A_1}{x} + \frac{A_2}{x-3} + \frac{A_3}{(x-3)^2}\right)\mathrm{d}x$$

► $\frac{1}{9}$ für A_1; $-\frac{1}{9}$ für A_2; $\frac{1}{3}$ für A_3

$$= \int\left(\frac{\frac{1}{9}}{x} + \frac{-\frac{1}{9}}{x-3} + \frac{\frac{1}{3}}{(x-3)^2}\right)\mathrm{d}x$$

$$= \frac{1}{9}\cdot\int\frac{\mathrm{d}x}{x} - \frac{1}{9}\cdot\int\frac{\mathrm{d}x}{x-3} + \frac{1}{3}\cdot\int\frac{\mathrm{d}x}{(x-3)^2}$$ ► 2.4.1

$$= \frac{1}{9}\cdot\ln|x| - \frac{1}{9}\cdot\ln|x-3| - \frac{1}{3}\cdot\frac{1}{x-3} + c$$

$$= \underline{\underline{\frac{1}{9}\cdot\ln\left|\frac{x}{x-3}\right| - \frac{1}{3}\cdot\frac{1}{x-3} + c;\; x \notin \{0;3\}}}$$

41. $\int \frac{-6x^2-4x-6}{x^3+2x^2}\,\mathrm{d}x;\; x \in \mathbb{R}\setminus\{-2;0\}$

$$\frac{-6x^2-4x-6}{x^3+2x^2} = \frac{A_1}{x} + \frac{A_2}{x^2} + \frac{A_3}{x+2} \;\Big|\cdot x^2\cdot(x+2)$$

- $-6x^2-4x-6 = A_1\cdot x\cdot(x+2) + A_2\cdot(x+2) + A_3\cdot x^2$ ► -2 für x

$-6\cdot(-2)^2 - 4\cdot(-2) - 6 = A_1\cdot 0 + A_2\cdot 0 + A_3\cdot(-2)^2$

$\Rightarrow A_3 = -\frac{11}{2}$

► $\frac{-6x^2-4x-6}{x^3+2x^2} = \frac{-6x^2-4x-6}{\underline{x^2\cdot(x+2)}}$

$$\int \frac{-6x^2-4x-6}{x^3+2x^2}\,\mathrm{d}x = \int \frac{-6x^2-4x-6}{x^2\cdot(x+2)}\,\mathrm{d}x$$

$$= \int\left(\frac{A_1}{x} + \frac{A_2}{x^2} + \frac{A_3}{x+2}\right)\mathrm{d}x$$

► $-\frac{1}{2}$ für A_1; -3 für A_2; $-\frac{11}{2}$ für A_3

169

- $-6x^2-4x-6=A_1\cdot x\cdot(x+2)+A_2\cdot(x+2)+A_3\cdot x^2$ ► 0 für x

$-6\cdot 0^2-4\cdot 0-6=A_1\cdot 0+A_2\cdot 2+A_3\cdot 0\Rightarrow A_2=-3$

- $-6x^2-4x-6=A_1\cdot x\cdot(x+2)+A_2\cdot(x+2)+A_3\cdot x^2$ ► -1 für x; -3 für A_2; $-\frac{11}{2}$ für A_3

$-6\cdot(-1)^2-4\cdot(-1)-6=$

$=A_1\cdot(-1)\cdot(1)-3\cdot(1)-\frac{11}{2}\cdot(1)^2\Rightarrow A_1=-\frac{1}{2}$

$$=\int\left(\frac{-\frac{1}{2}}{x}+\frac{-3}{x^2}+\frac{-\frac{11}{2}}{x+2}\right)\mathrm{d}x$$

$$=-\frac{1}{2}\cdot\int\frac{\mathrm{d}x}{x}-3\cdot\int\frac{\mathrm{d}x}{x^2}-\frac{11}{2}\cdot\int\frac{\mathrm{d}x}{x+2} \quad ► 2.4.1$$

$$=-\frac{1}{2}\cdot\ln|x|+3\cdot\frac{1}{x}-\frac{11}{2}\cdot\ln|x+2|+c;\ x\notin\{-2;0\}$$

170

42. $\int\frac{\mathrm{d}x}{x^3-x^2-x+1};\ x\in\mathbb{R}\setminus\{-1;1\}$

Zerlegung des Nennerpolynoms in Linearfaktoren und Partialbruchzerlegung

► $x^3-x^2-x+1=x^2\cdot(x-1)-(x-1)=(x^2-1)\cdot(x-1)=(x+1)\cdot(x-1)\cdot(x-1)=(x+1)\cdot(x-1)^2$

► $\frac{1}{x^3-x^2-x+1}=\frac{1}{(x+1)\cdot(x-1)^2}$

► $\frac{1}{x^3-x^2-x+1}=\frac{A_1}{x+1}+\frac{A_2}{x-1}+\frac{A_3}{(x-1)^2}\ \Big|\cdot(x+1)\cdot(x-1)^2$

- $1=A_1\cdot(x-1)^2+A_2\cdot(x+1)\cdot(x-1)+A_3\cdot(x+1)$ ► -1 für x

$1=A_1\cdot(-1-1)^2+A_2\cdot 0+A_3\cdot 0\Rightarrow A_1=\frac{1}{4}$

- $1=A_1\cdot(x-1)^2+A_2\cdot(x+1)\cdot(x-1)+A_3\cdot(x+1)$ ► 1 für x

$1=A_1\cdot 0+A_2\cdot 0+A_3\cdot(1+1)\Rightarrow A_3=\frac{1}{2}$

- $1=A_1\cdot(x-1)^2+A_2\cdot(x+1)\cdot(x-1)+A_3\cdot(x+1)$ ► 0 für x; $\frac{1}{4}$ für A_1; $\frac{1}{2}$ für A_3

$1=\frac{1}{4}\cdot(-1)^2+A_2\cdot(0+1)\cdot(0-1)+\frac{1}{2}\cdot(1)\Rightarrow A_2=-\frac{1}{4}$

Integration

$$\int\frac{\mathrm{d}x}{x^3-x^2-x+1}=\int\left(\frac{A_1}{x+1}+\frac{A_2}{x-1}+\frac{A_3}{(x-1)^2}\right)\mathrm{d}x \quad ► \tfrac{1}{4}\text{ für }A_1;\ -\tfrac{1}{4}\text{ für }A_2;\ \tfrac{1}{2}\text{ für }A_3$$

$$=\int\left(\frac{\frac{1}{4}}{x+1}+\frac{-\frac{1}{4}}{x-1}+\frac{\frac{1}{2}}{(x-1)^2}\right)\mathrm{d}x$$

$$=\frac{1}{4}\cdot\int\frac{\mathrm{d}x}{x+1}-\frac{1}{4}\cdot\int\frac{\mathrm{d}x}{x-1}+\frac{1}{2}\cdot\int\frac{\mathrm{d}x}{(x-1)^2} \quad ► 2.4.1$$

$$=\frac{1}{4}\cdot\ln|x+1|-\frac{1}{4}\cdot\ln|x-1|-\frac{1}{2}\cdot\frac{1}{x-1}+c$$

$$=\frac{1}{4}\cdot\ln\left|\frac{x+1}{x-1}\right|-\frac{1}{2}\cdot\frac{1}{x-1}+c;\quad x\notin\{-1;1\}$$

170

43. $\int \frac{2x-3}{x^3-x^2-x+1}\,dx;\ x \in \mathbb{R}\setminus\{-1;\,1\}$

$$\frac{2x-3}{x^3-x^2-x+1} = \frac{A_1}{x+1} + \frac{A_2}{x-1} + \frac{A_3}{(x-1)^2} \quad \Big|\cdot(x+1)\cdot(x-1)^2$$

● $2x-3 = A_1\cdot(x-1)^2 + A_2\cdot(x+1)\cdot(x-1) + A_3\cdot(x+1)$

► -1 für x

$$2\cdot(-1)-3 = A_1\cdot(-1-1)^2 + A_2\cdot 0 + A_3\cdot 0 \Rightarrow A_1 = \underline{\underline{-\frac{5}{4}}}$$

● $2x-3 = A_1\cdot(x-1)^2 + A_2\cdot(x+1)\cdot(x-1) + A_3\cdot(x+1)$

► 1 für x

$$2\cdot 1-3 = A_1\cdot 0 + A_2\cdot 0 + A_3\cdot(1+1) \Rightarrow A_3 = \underline{\underline{-\frac{1}{2}}}$$

● $2x-3 = A_1\cdot(x-1)^2 + A_2\cdot(x+1)\cdot(x-1) + A_3\cdot(x+1)$

► 0 für x; $-\frac{5}{4}$ für A_1; $-\frac{1}{2}$ für A_3

$$2\cdot 0-3 = -\frac{5}{4}\cdot(-1)^2 + A_2\cdot 1\cdot(-1) - \frac{1}{2}\cdot 1 \Rightarrow A_2 = \underline{\underline{\frac{5}{4}}}$$

► $x^3-x^2-x+1 = (x+1)\cdot(x-1)^2$ ► Aufgabe 42

$$\int \frac{2x-3}{x^3-x^2-x+1}\,dx = \int \frac{2x-3}{(x+1)\cdot(x-1)^2}\,dx$$

$$= \int\left(\frac{A_1}{x+1} + \frac{A_2}{x-1} + \frac{A_3}{(x-1)^2}\right)dx$$

► $-\frac{5}{4}$ für A_1; $\frac{5}{4}$ für A_2; $-\frac{1}{2}$ für A_3

$$= \int\left(\frac{-\frac{5}{4}}{x+1} + \frac{\frac{5}{4}}{x-1} + \frac{-\frac{1}{2}}{(x-1)^2}\right)dx$$

$$= -\frac{5}{4}\cdot\int\frac{dx}{x+1} + \frac{5}{4}\cdot\int\frac{dx}{x-1} - \frac{1}{2}\cdot\int\frac{dx}{(x-1)^2}$$ ► 2.4.1

$$= -\frac{5}{4}\cdot\ln|x+1| + \frac{5}{4}\cdot\ln|x-1| + \frac{1}{2}\cdot\frac{1}{x-1} + c$$

$$\underline{\underline{= \frac{5}{4}\cdot\ln\left|\frac{x-1}{x+1}\right| + \frac{1}{2}\cdot\frac{1}{x-1} + c;\ x \notin \{-1;\,1\}}}$$

44. $\int \frac{2x^2-3}{x^3-x^2-x+1}\,dx;\ x \in \mathbb{R}\setminus\{-1;\,1\}$

► $$\frac{2x^2-3}{x^3-x^2-x+1} = \frac{A_1}{x+1} + \frac{A_2}{x-1} + \frac{A_3}{(x-1)^2} \quad \Big|\cdot(x+1)\cdot(x-1)^2$$

● $2x^2-3 = A_1\cdot(x-1)^2 + A_2\cdot(x+1)\cdot(x-1) + A_3\cdot(x+1)$

► -1 für x

$$2\cdot(-1)^2-3 = A_1\cdot(-1-1)^2 + A_2\cdot 0 + A_3\cdot 0 \Rightarrow A_1 = \underline{\underline{-\frac{1}{4}}}$$

● $2x^2-3 = A_1\cdot(x-1)^2 + A_2\cdot(x+1)\cdot(x-1) + A_3\cdot(x+1)$

► 1 für x

$$2\cdot 1^2-3 = A_1\cdot 0 + A_2\cdot 0 + A_3\cdot(1+1) \Rightarrow A_3 = \underline{\underline{-\frac{1}{2}}}$$

● $2x^2-3 = A_1\cdot(x-1)^2 + A_2\cdot(x+1)\cdot(x-1) + A_3\cdot(x+1)$

► 0 für x; $-\frac{1}{4}$ für A_1; $-\frac{1}{2}$ für A_3

$$2\cdot 0^2-3 = -\frac{1}{4}\cdot(-1)^2 + A_2\cdot 1\cdot(-1) - \frac{1}{2}\cdot 1 \Rightarrow A_2 = \underline{\underline{\frac{9}{4}}}$$

► $x^3-x^2-x+1 = (x+1)\cdot(x-1)^2$ ► Aufgabe 42

$$\int \frac{2x^2-3}{x^3-x^2-x+1}\,dx = \int \frac{2x^2-3}{(x+1)\cdot(x-1)^2}\,dx$$

$$= \int\left(\frac{A_1}{x+1} + \frac{A_2}{x-1} + \frac{A_3}{(x-1)^2}\right)dx$$

► $-\frac{9}{4}$ für A_1; $\frac{9}{4}$ für A_2; $-\frac{1}{2}$ für A_3

$$= \int\left(\frac{-\frac{1}{4}}{x+1} + \frac{\frac{9}{4}}{x-1} + \frac{-\frac{1}{2}}{(x-1)^2}\right)dx$$

$$= -\frac{1}{4}\cdot\int\frac{dx}{x+1} + \frac{9}{4}\cdot\int\frac{dx}{x-1} - \frac{1}{2}\cdot\int\frac{dx}{(x-1)^2}$$

$$= -\frac{1}{4}\cdot\ln|x+1| + \frac{9}{4}\cdot\ln|x-1| + \frac{1}{2}\cdot\frac{1}{x-1} + c$$

$$\underline{\underline{= \frac{1}{4}\cdot\ln\left|\frac{(x-1)^9}{x+1}\right| + \frac{1}{2}\cdot\frac{1}{x-1} + c;\ x \notin \{-1;\,1\}}}$$

45. $\int \frac{dx}{(x-1)^2 \cdot (x-2)}$; $x \in \mathbb{R}\setminus\{1;2\}$

$$\frac{1}{(x-1)^2 \cdot (x-2)} = \frac{A_1}{x-1} + \frac{A_2}{(x-1)^2} + \frac{A_3}{(x-2)} \quad | \cdot (x-1)^2 \cdot (x-2)$$

- $1 = A_1 \cdot (x-1) \cdot (x+2) + A_2 \cdot (x-2) + A_3 \cdot (x-1)^2$ ► 1 für x

$1 = A_1 \cdot 0 + A_2 \cdot (1-2) + A_3 \cdot 0 \Rightarrow A_2 = \underline{-1}$

- $1 = A_1 \cdot (x-1) \cdot (x+2) + A_2 \cdot (x-2) + A_3 \cdot (x-1)^2$ ► 2 für x

$1 = A_1 \cdot 0 + A_2 \cdot 0 + A_3 \cdot (2-1)^2 \Rightarrow A_3 = \underline{1}$

- $1 = A_1 \cdot (x-1) \cdot (x+2) + A_2 \cdot (x-2) + A_3 \cdot (x-1)^2$ ► 0 für x; -1 für A_2; 1 für A_3

$1 = A_1 \cdot (-1) \cdot 2 - 1 \cdot (-2) + 1 \cdot (-1)^2 \Rightarrow A_1 = \underline{-1}$

$$\int \frac{dx}{(x-1)^2 \cdot (x-2)} =$$

$$= \int \left(\frac{A_1}{x-1} + \frac{A_2}{(x-1)^2} + \frac{A_3}{x-2} \right) dx$$ ► -1 für A_1; -1 für A_2; 1 für A_3

$$= \int \left(\frac{-1}{x-1} + \frac{-1}{(x-1)^2} + \frac{1}{(x-2)} \right) dx$$

$$= -\int \frac{dx}{x-1} - \int \frac{dx}{(x-1)^2} + \frac{dx}{x-2}$$

$$= -\ln|x-1| + \frac{1}{x-1} + \ln|x-2| + c$$

$$= \underline{\underline{\ln\left|\frac{x-2}{x-1}\right| + \frac{1}{x-1} + c;\ x \notin \{-1;2\}}}$$

46. $\int \frac{2x+1}{(x-1)^2 \cdot (x-2)}\,dx$; $x \in \mathbb{R}\setminus\{1;2\}$

$$\frac{2x+1}{(x-1)^2 \cdot (x-2)} = \frac{A_1}{x-1} + \frac{A_2}{(x-1)^2} + \frac{A_3}{(x-2)} \quad | \cdot (x-1)^2 \cdot (x-2)$$

- $2x+1 = A_1 \cdot (x-1) \cdot (x-2) + A_2 \cdot (x-2) + A_3 \cdot (x-1)^2$ ► 1 für x

$2 \cdot 1 + 1 = A_1 \cdot 0 + A_2 \cdot (1-2) + A_3 \cdot 0 \Rightarrow A_2 = \underline{-3}$

- $2x+1 = A_1 \cdot (x-1) \cdot (x-2) + A_2 \cdot (x-2) + A_3 \cdot (x-1)^2$ ► 2 für x

$2 \cdot 2 + 1 = A_1 \cdot 0 + A_2 \cdot 0 + A_3 \cdot (2-1)^2 \Rightarrow A_3 = \underline{5}$

- $2x+1 = A_1 \cdot (x-1) \cdot (x-2) + A_2 \cdot (x-2) + A_3 \cdot (x-1)^2$ ► 0 für x; -3 für A_2; 5 für A_3

$2 \cdot 0 + 1 = A_1 \cdot (-1) \cdot (-2) - 3 \cdot (-2) + 5 \cdot (-1)^2 \Rightarrow A_1 = \underline{-5}$

$$\int \frac{2x+1}{(x-1)^2 \cdot (x-2)}\,dx =$$

$$= \int \left(\frac{A_1}{x-1} + \frac{A_2}{(x-1)^2} + \frac{A_3}{x-2} \right) dx$$ ► -5 für A_1; -3 für A_2; 5 für A_3

$$= \int \left(\frac{-5}{x-1} + \frac{-3}{(x-1)^2} + \frac{5}{x-2} \right) dx$$

$$= -5 \cdot \int \frac{dx}{x-1} - 3 \cdot \int \frac{dx}{(x-1)^2} + 5 \cdot \int \frac{dx}{x-2}$$ ► 2.4.1

$$= -5 \cdot \ln|x-1| + 3 \cdot \frac{1}{x-1} + 5 \cdot \ln|x-2| + c$$

$$= \underline{\underline{5 \cdot \ln\left|\frac{x-2}{x-1}\right| + \frac{3}{x-1} + c;\ x \notin \{1;2\}}}$$

170 **47.** $\displaystyle\int \frac{x^2+x}{(x-1)^2\cdot(x-2)}\,\mathrm{d}x;\ x\in\mathbb{R}\setminus\{1;2\}$

Zerlegung des Nennerpolynoms in Linearfaktoren und Partialbruchzerlegung

► $\displaystyle\frac{x^3+x}{(x-1)^2\cdot(x-2)}=\frac{x^3+x}{(x^2-2x+1)\cdot(x-2)}=\frac{x^3+x}{\underline{x^3-4x^2+5x-2}}$ ► unechter Polynombruch

► $\displaystyle (x^3+x):(x^3-4x^2+5x-2)=1+\frac{4x^2-x+2}{x^3-4x^2+5x-2}=1+\frac{4x^2-4x+2}{(x-1)^2\cdot(x-2)}$ ► Polynomdivision

$\displaystyle -\frac{(x^3-4x^2+5x-2)}{4x^2-4x+2}$

► $\displaystyle\frac{4x^2-4x+2}{(x-1)^2\cdot(x-2)}=\frac{A_1}{x-1}+\frac{A_2}{(x-1)^2}+\frac{A_3}{x-2}\ \Big|\cdot(x-1)^2\cdot(x-2)$

- $4x^2-4x+2=A_1\cdot(x-1)\cdot(x-2)+A_2\cdot(x-2)+A_3\cdot(x-1)^2$ ► 1 für x

  $4\cdot1^2-4\cdot1+2=A_1\cdot0+A_2\cdot(1-2)+A_3\cdot0\ \Rightarrow A_2=\underline{-2}$
- $4x^2-4x+2=A_1\cdot(x-1)\cdot(x-2)+A_2\cdot(x-2)+A_3\cdot(x-1)^2$ ► 2 für x

  $4\cdot2^2-4\cdot2+2=A_1\cdot0+A_2\cdot0+A_3\cdot(2-1)^2\ \Rightarrow A_3=\underline{10}$
- $4x^2-4x+2=A_1\cdot(x-1)\cdot(x-2)+A_2\cdot(x-2)+A_3\cdot(x-1)^2$ ► 0 für x; -2 für A_2; 10 für A_3

  $4\cdot0^2-4\cdot0+2=A_1\cdot(-1)\cdot(-2)-2\cdot(-2)+10\cdot(-1)^2\ \Rightarrow A_1=\underline{-6}$

Integration

$$\int\frac{x^3+x}{(x-1)^2\cdot(x-2)}\,\mathrm{d}x=\int\left(1+\frac{A_1}{x-1}+\frac{A_2}{(x-1)^2}+\frac{A_3}{(x-2)}\right)\mathrm{d}x$$ ► -6 für A_1; -2 für A_2; 10 für A_3

$$=\int\left(1+\frac{-6}{x-1}+\frac{-2}{(x-1)^2}+\frac{10}{x-2}\right)\mathrm{d}x$$

$$=\int 1\,\mathrm{d}x-6\cdot\int\frac{\mathrm{d}x}{x-1}-2\cdot\int\frac{\mathrm{d}x}{(x-1)^2}+10\cdot\int\frac{\mathrm{d}x}{x-2}$$ ► 2.4.1

$$=\underline{\underline{x-6\cdot\ln|x-1|+2\cdot\frac{1}{x-1}+10\cdot\ln|x-2|+c;\ x\notin\{1;2\}}}$$

48. $\int \frac{dx}{x^4 - 2x^2 + 1}; x \in \mathbb{R} \setminus \{-1; 1\}$

Zerlegung des Nennerpolynoms in Linearfaktoren und Partialbruchzerlegung

► $x^4 - 2x^2 + 1 = (x^2 - 1)^2 = [(x+1) \cdot (x-1)]^2 = (x+1)^2 \cdot (x-1)^2$ ► $\frac{1}{x^4 - 2x^2 + 1} = \underline{\frac{1}{(x+1)^2 \cdot (x-1)^2}}$

► $\frac{1}{x^4 - 2x^2 + 1} = \frac{A_1}{x+1} + \frac{A_2}{(x+1)^2} + \frac{A_3}{x-1} + \frac{A_4}{(x-1)^2} \bigg| \cdot (x+1)^2 \cdot (x-1)^2$

- $1 = A_1 \cdot (x+1) \cdot (x-1)^2 + A_2 \cdot (x-1)^2 + A_3 \cdot (x-1) \cdot (x+1)^2 + A_4 \cdot (x+1)^2$ ► -1 für x

  $1 = A_1 \cdot 0 + A_2 \cdot (-1-1)^2 + A_3 \cdot 0 + A_4 \cdot 0 \Rightarrow A_2 = \underline{\frac{1}{4}}$
- $1 = A_1 \cdot (x+1) \cdot (x-1)^2 + A_2 \cdot (x-1)^2 + A_3 \cdot (x-1) \cdot (x+1)^2 + A_4 \cdot (x+1)^2$ ► 1 für x

  $1 = A_1 \cdot 0 + A_2 \cdot 0 + A_3 \cdot 0 + A_4 \cdot (1+1)^2; \Rightarrow A_4 = \underline{\frac{1}{4}}$
- $1 = A_1 \cdot (x+1) \cdot (x-1)^2 + A_2 \cdot (x-1)^2 + A_3 \cdot (x-1) \cdot (x+1)^2 + A_4 \cdot (x+1)^2$ ► 0 für x; $\frac{1}{4}$ für A_2; $\frac{1}{4}$ für A_4

  $1 = A_1 \cdot 1 \cdot (-1)^2 + \frac{1}{4} \cdot (-1)^2 + A_3 \cdot (-1) \cdot 1^2 + \frac{1}{4} \cdot 1^2 \Rightarrow \frac{1}{2} = A_1 - A_3$ ► Gleichung I
- $1 = A_1 \cdot (x+1) \cdot (x-1)^2 + A_2 \cdot (x-1)^2 + A_3 \cdot (x-1) \cdot (x+1)^2 + A_4 \cdot (x+1)^2$ ► 2 für x; $\frac{1}{4}$ für A_2; $\frac{1}{4}$ für A_4

  $1 = A_1 \cdot 3 \cdot 1^2 + \frac{1}{4} \cdot 1^2 + A_3 \cdot 1 \cdot 3^2 + \frac{1}{4} \cdot 3^2$

  $\Rightarrow -\frac{3}{2} = 3 \cdot A_1 + 9 \cdot A_3 \Rightarrow -\frac{1}{2} = A_1 + 3 \cdot A_3$ ► Gleichung II

$$\left.\begin{array}{ll} \text{► I:} & \frac{1}{2} = A_1 - A_3 \,|\cdot(-1) \\ \text{II:} & -\frac{1}{2} = A_1 + 3 \cdot A_3 \end{array}\right\} \begin{array}{ll} \text{I:} & -\frac{1}{2} = -A_1 + A_3 \\ \text{II:} & -\frac{1}{2} = A_1 + 3 \cdot A_3 \end{array} \Bigg] + \Rightarrow -1 = 4 \cdot A_3 \Rightarrow A_3 = \underline{-\frac{1}{4}}$$

► I: $\frac{1}{2} = A_1 - A_3$ ► $-\frac{1}{4}$ für $A_3 \Rightarrow A_1 = \underline{\frac{1}{4}}$

Integration

$$\int \frac{dx}{x^4 - 2x^2 + 1} = \int \left(\frac{A_1}{x+1} + \frac{A_2}{(x+1)^2} + \frac{A_3}{x-1} + \frac{A_4}{(x-1)^2} \right) dx$$ ► $\frac{1}{4}$ für A_1; $\frac{1}{4}$ für A_2; $-\frac{1}{4}$ für A_3; $\frac{1}{4}$ für A_4

$$= \int \left(\frac{\frac{1}{4}}{x+1} + \frac{\frac{1}{4}}{(x+1)^2} + \frac{-\frac{1}{4}}{x-1} + \frac{\frac{1}{4}}{(x-1)^2} \right) dx$$

$$= \frac{1}{4} \cdot \int \frac{dx}{x+1} + \frac{1}{4} \cdot \int \frac{dx}{(x+1)^2} - \frac{1}{4} \cdot \int \frac{dx}{x-1} + \frac{1}{4} \cdot \int \frac{dx}{(x-1)^2}$$ ► 2.4.1

$$= \frac{1}{4} \cdot \ln|x+1| - \frac{1}{4} \cdot \frac{1}{x+1} - \frac{1}{4} \cdot \ln|x-1| - \frac{1}{4} \cdot \frac{1}{x-1} + c$$

$$= \frac{1}{4} \cdot \ln\left|\frac{x+1}{x-1}\right| - \frac{1}{4 \cdot (x+1)} - \frac{1}{4 \cdot (x-1)} + c; x \notin \{-1; 1\}$$

170 **49.** $\int \frac{-x+5}{x^4-2x^2+1}\,\mathrm{d}x;\ x \in \mathbb{R}\backslash\{-1;1\}$

Zerlegung des Nennerpolynoms in Linearfaktoren und Partialbruchzerlegung

► $\frac{-x+5}{x^2-2x^2+1} = \underline{\frac{-x+5}{(x+1)^2\cdot(x-1)^2}}$ ► Aufgabe 48

► $\frac{-x+5}{x^4-2x^2+1} = \frac{A_1}{x+1} + \frac{A_2}{(x+1)^2} + \frac{A_3}{x-1} + \frac{A_4}{(x-1)^2}\ \Big|\cdot(x+1)^2\cdot(x-1)^2$

- $-x+5 = A_1\cdot(x+1)\cdot(x-1)^2 + A_2\cdot(x-1)^2 + A_3\cdot(x-1)\cdot(x+1)^2 + A_4\cdot(x+1)^2$ ► -1 für x

  $-(-1)+5 = A_1\cdot 0 + A_2(-1-1)^2 + A_3\cdot 0 + A_4\cdot 0 \Rightarrow A_2 = \underline{\frac{3}{2}}$

- $-x+5 = A_1\cdot(x+1)\cdot(x-1)^2 + A_2\cdot(x-1)^2 + A_3\cdot(x-1)\cdot(x+1)^2 + A_4\cdot(x+1)^2$ ► 1 für x

  $-1+5 = A_1\cdot 0 + A_2\cdot 0 + A_3\cdot 0 + A_4\cdot(1+1)^2 \Rightarrow A_4 = \underline{1}$

- $-x+5 = A_1\cdot(x+1)\cdot(x-1)^2 + A_2\cdot(x-1)^2 + A_3\cdot(x-1)\cdot(x+1)^2 + A_4\cdot(x+1)^2$ ► 0 für x; $\frac{3}{2}$ für A_2; 1 für A_4

  $-0+5 = A_1\cdot 1\cdot(-1)^2 + \frac{3}{2}\cdot(-1)^2 + A_3\cdot(-1)\cdot 1^2 + 1\cdot 1^2 \Rightarrow \frac{5}{2} = A_1 - A_3$ ► Gleichung I

- $-x+5 = A_1\cdot(x+1)\cdot(x-1)^2 + A_2\cdot(x-1)^2 + A_3\cdot(x-1)\cdot(x+1)^2 + A_4\cdot(x+1)^2$ ► 2 für x; $\frac{3}{2}$ für A_2; 1 für A_4

  $-2+5 = A_1\cdot 3\cdot 1^2 + \frac{3}{2}\cdot 1^2 + A_3\cdot 1\cdot 3^2 + 1\cdot 3^2$

  $\Rightarrow -\frac{15}{2} = 3\cdot A_1 + 9\cdot A_3 \Rightarrow -\frac{5}{2} = A_1 + 3\cdot A_3$ ► Gleichung II

► $\left.\begin{array}{ll} \text{I:} & \frac{5}{2} = A_1 - A_3\,|\cdot(-1) \\ \text{II:} & -\frac{5}{2} = A_1 + 3\cdot A_3 \end{array}\right\}\ \begin{array}{ll} \text{I:} & -\frac{5}{2} = -A_1 + A_3 \\ \text{II:} & -\frac{5}{2} = A_1 + 3\cdot A_3 \end{array}\ \Big] + \Rightarrow -5 = 4\cdot A_3 \Rightarrow A_3 = \underline{-\frac{5}{4}}$

► I: $\frac{5}{2} = A_1 - A_3$ ► $-\frac{5}{4}$ für $A_3 \Rightarrow A_1 = \underline{\frac{5}{4}}$

Integration

$$\int \frac{-x+5}{x^4-2x^2+1}\,\mathrm{d}x = \int\left(\frac{A_1}{x+1} + \frac{A_2}{(x+1)^2} + \frac{A_3}{x-1} + \frac{A_4}{(x-1)^2}\right)\mathrm{d}x$$ ► $\frac{5}{4}$ für A_1; $\frac{3}{2}$ für A_2; $-\frac{5}{4}$ für A_3; 1 für A_4

$$= \int\left(\frac{\frac{5}{4}}{x+1} + \frac{\frac{3}{2}}{(x+1)^2} + \frac{-\frac{5}{4}}{x-1} + \frac{1}{(x-1)^2}\right)\mathrm{d}x$$

$$= \frac{5}{4}\cdot\int\frac{\mathrm{d}x}{x+1} + \frac{3}{2}\cdot\int\frac{\mathrm{d}x}{(x+1)^2} - \frac{5}{4}\cdot\int\frac{\mathrm{d}x}{x-1} + \int\frac{\mathrm{d}x}{(x-1)^2}$$

$$= \underline{\underline{\frac{5}{4}\cdot\ln|x+1| - \frac{3}{2}\cdot\frac{1}{x+1} - \frac{5}{4}\cdot\ln|x-1| - \frac{1}{x-1} + c;\ x \notin \{-1;1\}}}$$

50. $\displaystyle\int \frac{-x^5+1}{x^4-2x^2+1}\,\mathrm{d}x;\ x \in \mathbb{R}\setminus\{-1;1\}$ ► $\displaystyle\frac{-x^5+1}{x^4-2x^2+1}$ ► unechter Polynombruch 170

Zerlegung des Nennerpolynoms in Linearfaktoren und Partialbruchzerlegung

► $\displaystyle(-x^5+1):(x^4-2x^2+1) = -x + \frac{-2x^3+x+1}{x^4-2x^2+1}$ ► Polynomdivision

$\underline{-(-x^5+2x^3-x)}$

$\underline{-2x^3+x+\ 1}$

► $\displaystyle\frac{-2x^3+x+1}{x^4-2x^2+1} = \frac{-2x^3+x}{\underline{(x+1)^2\cdot(x-1)^2}}$ ► Aufgabe 48

► $\displaystyle\frac{-2x^3+x+1}{x^4-2x^2+1} = \frac{A_1}{x+1} + \frac{A_2}{(x+1)^2} + \frac{A_3}{x-1} + \frac{A_4}{(x-1)^2}\ \Big|\cdot(x+1)^2\cdot(x-1)^2$

- $-2x^3+x+1 = A_1\cdot(x+1)\cdot(x-1)^2 + A_2\cdot(x-1)^2 + A_3\cdot(x-1)\cdot(x+1)^2 + A_4\cdot(x+1)^2$ ► -1 für x
  $-2\cdot(-1)^3+(-1)+1 = A_1\cdot 0 + A_2\cdot(-1-1)^2 + A_3\cdot 0 + A_4\cdot 0 \quad\Rightarrow A_2 = \underline{\tfrac{1}{2}}$
- $-2x^3+x+1 = A_1\cdot(x+1)\cdot(x-1)^2 + A_2\cdot(x-1)^2 + A_3\cdot(x-1)\cdot(x+1)^2 + A_4\cdot(x+1)^2$ ► 1 für x
  $-2\cdot 1^3+1+1 = A_1\cdot 0 + A_2\cdot 0 + A_3\cdot 0 + A_4\cdot(1+1)^2 \quad\Rightarrow A_4 = \underline{0}$
- $-2x^3+x+1 = A_1\cdot(x+1)\cdot(x-1)^2 + A_2\cdot(x-1)^2 + A_3\cdot(x-1)\cdot(x+1)^2 + A_4\cdot(x+1)^2$
  ► 0 für x; $\tfrac{1}{2}$ für A_2; 0 für A_4
  $-2\cdot 0^3+0+1 = A_1\cdot 1\cdot(-1)^2 + \tfrac{1}{2}\cdot(-1)^2 + A_3\cdot(-1)\cdot 1^2 + 0 \Rightarrow \tfrac{1}{2} = A_1 - A_3$ ► Gleichung I
- $-2x^3+x+1 = A_1\cdot(x+1)\cdot(x-1)^2 + A_2\cdot(x-1)^2 + A_3\cdot(x-1)\cdot(x+1)^2 + A_4\cdot(x+1)^2$
  ► 2 für x; $\tfrac{1}{2}$ für A_2; 0 für A_4
  $-2\cdot 2^3+2+1 = A_1\cdot 3\cdot 1^2 + \tfrac{1}{2}\cdot 1^2 + A_3\cdot 1\cdot 3^2 + 0$
  $\Rightarrow -\tfrac{27}{2} = 3\cdot A_1 + 9\cdot A_2 \Rightarrow -\tfrac{9}{2} = A_1 + 3\cdot A_2$ ► Gleichung II

► I: $\tfrac{1}{2} = A_1 - A_3 \,|\cdot(-1)$ I: $-\tfrac{1}{2} = -A_1 + A_3$

II: $-\tfrac{9}{2} = A_1 + 3\cdot A_3$ II: $-\tfrac{9}{2} = A_1 + 3\cdot A_3$ $\quad + \quad \Rightarrow -5 = 4\cdot A_3 \Rightarrow A_3 = \underline{-\tfrac{5}{4}}$

► I: $\tfrac{1}{2} = A_1 - A_3$ ► $-\tfrac{5}{4}$ für $A_3 \Rightarrow A_1 = \underline{-\tfrac{3}{4}}$

Integration

$$\int \frac{-x^5+1}{x^4-2x^2+1}\,\mathrm{d}x = \int\left(-x + \frac{A_1}{x+1} + \frac{A_2}{(x+1)^2} + \frac{A_3}{x-1} + \frac{A_4}{(x-1)^2}\right)\mathrm{d}x$$ ► $-\tfrac{3}{4}$ für A_1; $\tfrac{1}{2}$ für A_2; $-\tfrac{5}{4}$ für A_3; 0 für A_4

$$= \int\left(-x + \frac{-\frac{3}{4}}{x+1} + \frac{\frac{1}{2}}{(x+1)^2} + \frac{-\frac{5}{4}}{x-1} + \frac{0}{(x-1)^2}\right)\mathrm{d}x$$

$$= -\int x\,\mathrm{d}x - \frac{3}{4}\cdot\int\frac{\mathrm{d}x}{x+1} + \frac{1}{2}\cdot\int\frac{\mathrm{d}x}{(x+1)^2} - \frac{5}{4}\cdot\int\frac{\mathrm{d}x}{x-1}$$

$$= \underline{\underline{-\frac{x^2}{2} - \frac{3}{4}\cdot\ln|x+1| - \frac{1}{2}\cdot\frac{1}{x+1} - \frac{5}{4}\cdot\ln|x-1| + c;\quad x \notin \{-1;1\}}}$$

Fallgruppe 3: Das Nennerpolynom $q_n(x)$ lässt sich nicht vollständig in Linearfaktoren zerlegen

▸ **Lehrbuch: Kusch 4, S. 163 … 168**

Merke:

Hat bei einem unbestimmten Integral des Typs $\int \frac{\mathrm{d}x}{Ax^2+Bx+C}$; $A \neq 0$ die aus dem Nennerpolynom des Integranden gebildete quadratische Gleichung $Ax^2+Bx+C=0$ keine reellen Lösungen, so führt die Methode der quadratischen Ergänzung und eine Substitution stets auf das Integral $\int \frac{\mathrm{d}z}{z^2+a^2} = \frac{1}{a} \cdot \operatorname{Arctan}\frac{z}{a} + c$.

170 Berechnen Sie die nachstehenden unbestimmten Integrale.

Die Aufgaben 51 bis 74 werden unter anderem mithilfe des vorstehenden Merksatzes gelöst.

51. $\int \frac{\mathrm{d}x}{x^4-25}$; $x \in \mathbb{R} \setminus \{-\sqrt{5}; \sqrt{5}\}$

Zerlegung des Nennerpolynoms in Faktoren und Partialbruchzerlegung

▸ $x^4-25=(x^2-5)\cdot(x^2+5)=(x+\sqrt{5})\cdot(x-\sqrt{5})\cdot(x^2+5)$ ▸ Die Gleichung $x^2+5=0$ hat in $\mathbb{R}$ keine Lösung.

▸ $\frac{1}{x^4-25}=\underline{\frac{1}{(x+\sqrt{5})\cdot(x-\sqrt{5})\cdot(x^2+5)}}$

▸ $\frac{1}{x^4-25}=\frac{A_1}{x+\sqrt{5}}+\frac{A_2}{x-\sqrt{5}}+\frac{A_3\cdot x+A_4}{x^2+5} \quad \Big| \cdot(x+\sqrt{5})\cdot(x-\sqrt{5})\cdot(x^2+5)$

- $1=A_1\cdot(x-\sqrt{5})\cdot(x^2+5)+A_2\cdot(x+\sqrt{5})\cdot(x^2+5)+(A_3\cdot x+A_4)\cdot(x+\sqrt{5})\cdot(x-\sqrt{5})$ ▸ $-\sqrt{5}$ fü

  $1=A_1\cdot(-\sqrt{5}-\sqrt{5})\cdot[(\sqrt{5}^2)+5]+A_2\cdot 0+(A_3\cdot\sqrt{5}+A_4)\cdot 0 \Rightarrow A_1=\underline{-\frac{1}{20\cdot\sqrt{5}}}$

- $1=A_1\cdot(x-\sqrt{5})\cdot(x^2+5)+A_2\cdot(x+\sqrt{5})\cdot(x^2+5)+(A_3\cdot x+A_4)\cdot(x+\sqrt{5})\cdot(x-\sqrt{5})$ ▸ $\sqrt{5}$ für x

  $1=A_1\cdot 0+A_2\cdot(\sqrt{5}+\sqrt{5})\cdot[(\sqrt{5})^2+5]+(A_3\cdot\sqrt{5}+A_4)\cdot 0 \Rightarrow A_2=\underline{\frac{1}{20\cdot\sqrt{5}}}$

- $1=A_1\cdot(x-\sqrt{5})\cdot(x^2+5)+A_2\cdot(x+\sqrt{5})\cdot(x^2+5)+(A_3\cdot x+A_4)\cdot(x+\sqrt{5})\cdot(x-\sqrt{5})$

  ▸ 0 für x; $-\frac{1}{20\cdot\sqrt{5}}$ für A_1; $\frac{1}{20\cdot\sqrt{5}}$ für A_2

  $1=-\frac{1}{20\cdot\sqrt{5}}\cdot(-\sqrt{5})\cdot 5+\frac{1}{20\cdot\sqrt{5}}\cdot(\sqrt{5})\cdot 5+(A_3\cdot 0+A_4)\cdot(\sqrt{5})\cdot(-\sqrt{5}) \Rightarrow A_4=\underline{-\frac{1}{10}}$

- $1=A_1\cdot(x-\sqrt{5})\cdot(x^2+5)+A_2\cdot(x+\sqrt{5})\cdot(x^2+5)+(A_3\cdot x+A_4)\cdot(x+\sqrt{5})\cdot(x-\sqrt{5})$

  ▸ $2\cdot\sqrt{5}$ für x; $-\frac{1}{20\cdot\sqrt{5}}$ für A_1; $\frac{1}{20\cdot\sqrt{5}}$ für A_2; $-\frac{1}{10}$ für A_4

  $1=-\frac{1}{20\cdot\sqrt{5}}\cdot\sqrt{5}\cdot(4\cdot 5+5)+\frac{1}{20\cdot\sqrt{5}}\cdot(3\cdot\sqrt{5})\cdot(4\cdot 5+5)+\left(A_3\cdot 2\cdot\sqrt{5}-\frac{1}{10}\right)\cdot(3\cdot\sqrt{5})\cdot\sqrt{5} \Rightarrow A_3=\underline{0}$

170

Integration

$$\int \frac{dx}{x^4-25} = \int\left(\frac{A_1}{x+\sqrt{5}} + \frac{A_2}{x-\sqrt{5}} + \frac{A_3\cdot x + A_4}{x^2+5}\right)dx$$ ► $-\frac{1}{20\cdot\sqrt{5}}$ für A_1; $\frac{1}{20\cdot\sqrt{5}}$ für A_2; 0 für A_3; $-\frac{1}{10}$ für A_4

$$= \int\left(\frac{-\frac{1}{20\cdot\sqrt{5}}}{x+\sqrt{5}} + \frac{\frac{1}{20\cdot\sqrt{5}}}{x-\sqrt{5}} + \frac{0\cdot x - \frac{1}{10}}{x^2+5}\right)dx$$

$$= -\frac{1}{20\cdot\sqrt{5}}\cdot\int\frac{dx}{x+\sqrt{5}} + \frac{1}{20\cdot\sqrt{5}}\int\frac{dx}{x-\sqrt{5}} - \frac{1}{10}\cdot\int\frac{dx}{x^2+5}$$ ► 2.4.1

$$= -\frac{1}{20\cdot\sqrt{5}}\cdot\ln|x+\sqrt{5}| + \frac{1}{20\cdot\sqrt{5}}\cdot\ln|x-\sqrt{5}| - \frac{1}{10}\cdot\frac{1}{\sqrt{5}}\cdot\text{Arctan}\frac{x}{\sqrt{5}} + c$$ ► Merksatz
► $\sqrt{5}$ für a; x für z

$$= \underline{\underline{\frac{1}{20\cdot\sqrt{5}}\cdot\ln\left|\frac{x-\sqrt{5}}{x+\sqrt{5}}\right| - \frac{1}{10\cdot\sqrt{5}}\cdot\text{Arctan}\frac{x}{\sqrt{5}} + c;\ x\notin\{-\sqrt{5};\sqrt{5}\}}}$$

52. $\int\frac{dx}{(2x^2+3)\cdot(5-x)};\ x\in\mathbb{R}^{\neq 5}$ ► Die Gleichung $2x^2+3=0$ hat in $\mathbb{R}$ keine Lösung.

Zerlegung des Nennerpolynoms in Faktoren und Partialbruchzerlegung

► $\frac{1}{(2x^2+3)\cdot(5-x)} = \frac{A_1\cdot x + A_2}{2x^2+3} + \frac{A_3}{5-x} \quad |\cdot(2x^2+3)\cdot(5-x)$

- $1 = (A_1\cdot x + A_2)\cdot(5-x) + A_3\cdot(2x^2+3)$ ► 5 für x

  $1 = (A_1\cdot 5 + A_2)\cdot\ 0\ + A_3\cdot(2\cdot 5^2+3) \Rightarrow A_3 = \underline{\frac{1}{53}}$

- $1 = (A_1\cdot x + A_2)\cdot(5-x) + A_3\cdot(2x^2+3)$ ► 0 für x; $\frac{1}{53}$ für A_3

  $1 = (A_1\cdot 0 + A_2)\cdot(5-0) + \frac{1}{53}\cdot(2\cdot 0^2+3) \Rightarrow A_2 = \underline{\frac{10}{53}}$

- $1 = (A_1\cdot x + A_2)\cdot(5-x) + A_3\cdot(2\cdot x^2+3)$ ► -5 für x; $\frac{1}{53}$ für A_3; $\frac{10}{53}$ für A_2

  $1 = \left[A_1\cdot(-5) + \frac{10}{53}\right]\cdot(5-(-5)) + \frac{1}{53}\cdot(2\cdot(-5)^2+3) \Rightarrow A_1 = \underline{\frac{2}{53}}$

Integration

$$\int\frac{dx}{(2x^2+3)\cdot(5-x)} = \int\left(\frac{A_1\cdot x + A_2}{2x^2+3} + \frac{A_3}{5-x}\right)dx$$ ► $\frac{2}{53}$ für A_1; $\frac{10}{53}$ für A_2; $\frac{1}{53}$ für A_3

$$= \int\left(\frac{\frac{2}{53}\cdot x + \frac{10}{53}}{2x^2+3} + \frac{\frac{1}{53}}{5-x}\right)dx$$

$$= \frac{1}{53}\cdot\int\frac{2x+10}{2x^2+3}dx + \frac{1}{53}\cdot\int\frac{dx}{5-x}$$

$$= \frac{1}{53}\cdot\int\left(\frac{2x}{2x^2+3} + \frac{10}{2x^2+3}\right)dx + \frac{1}{53}\cdot\int\frac{dx}{5-x}$$

$$= \frac{1}{53}\cdot\frac{1}{2}\cdot\int\frac{4x}{2x^2+3}dx + \frac{5}{53}\cdot\int\frac{dx}{x^2+\frac{3}{2}} + \frac{1}{53}\cdot\int\frac{dx}{5-x}$$ ► $\int\frac{4x}{2x^2+3}dx = \int\frac{f'(x)}{f(x)}dx$ ► 2.4.2

$$= \frac{1}{106}\cdot\ln|2x^2+3| + \frac{5}{53}\cdot\frac{1}{\sqrt{\frac{3}{2}}}\cdot\text{Arctan}\frac{x}{\sqrt{\frac{3}{2}}} - \frac{1}{53}\cdot\ln|5-x| + c$$ ► Merksatz
► $\sqrt{\frac{3}{2}}$ für a; x für z

$$= \underline{\underline{\frac{1}{106}\cdot\ln|2x^2+3| + \frac{5\cdot\sqrt{2}}{53\cdot\sqrt{3}}\cdot\text{Arctan}\frac{\sqrt{2}\cdot x}{\sqrt{3}} - \frac{1}{53}\cdot\ln|5-x| + c;\ x\neq 5}}$$

170 **53.** $\int \frac{dx}{1+x^3}; x \in \mathbb{R}^{\neq -1}$

Zerlegung des Nennerpolynoms in Faktoren und Partialbruchzerlegung

Die Polynomfunktion $q_3: q_3(x) = x^3+1$ hat die Nullstelle -1 (► $q_3(-1)=0$). Daher wird zunächst der Linearfaktor $x+1$ abgetrennt. Die Restpolynomfunktion $q_2: q_2(x) = x^2-x+1$ hat in $\mathbb{R}$ keine Nullstellen.

$$
\begin{array}{l}
(x^3+1):(x+1) = x^2-x+1 \quad \blacktriangleright \text{ Polynomdivision}\\
\underline{-(x^3+x^2)}\\
\quad -x^2+1\\
\quad \underline{-(-x^2-x)}\\
\qquad x+1\\
\qquad \underline{-(x+1)}\\
\qquad\quad 0
\end{array}
$$

► $(x^3+1) = (x^2-x+1)\cdot(x+1)$

► $\frac{1}{1+x^3} = \underline{\frac{1}{(x^2-x+1)\cdot(x+1)}}$

► $\frac{1}{1+x^3} = \frac{A_1\cdot x + A_2}{x^2-x+1} + \frac{A_3}{x+1} \quad |\cdot(x^2-x+1)\cdot(1+x)$

- $1 = (A_1\cdot x + A_2)\cdot(x+1) + A_3\cdot(x^2-x+1)$ ► -1 für x

  $1 = [A_1\cdot(-1)+A_2]\cdot 0 \quad + A_3\cdot((-1)^2-(-1)+1) \Rightarrow \underline{A_3 = \frac{1}{3}}$

- $1 = (A_1\cdot x + A_2)\cdot(x+1) + A_3\cdot(x^2-x+1)$ ► 0 für x; $\frac{1}{3}$ für A_3

  $1 = (A_1\cdot 0 + A_2)\cdot(0+1) + \frac{1}{3}\cdot(0^2-0+1) \quad \Rightarrow \underline{A_2 = \frac{2}{3}}$

- $1 = (A_1\cdot x + A_2)\cdot(x+1) + A_3\cdot(x^2-x+1)$ ► 1 für x; $\frac{2}{3}$ für A_2; $\frac{1}{3}$ für A_3

  $1 = \left(A_1\cdot 1 + \frac{2}{3}\right)\cdot(1+1) + \frac{1}{3}\cdot(1^2-1+1) \quad \Rightarrow \underline{A_1 = -\frac{1}{3}}$

Integration

Das unbestimmte Integral $\int \frac{x-2}{x^2-x+1}\,dx$ wird wie folgt umgeformt:

$$\int \frac{x-2}{x^2-x+1}\,dx = \frac{1}{2}\cdot\int\frac{2x-4}{x^2-x+1}\,dx$$
$$= \frac{1}{2}\cdot\int\frac{(2x-1)-3}{x^2-x+1}\,dx$$
$$= \frac{1}{2}\cdot\int\frac{2x-1}{x^2-x+1}\,dx - \frac{3}{2}\cdot\int\frac{dx}{x^2-x+1}$$

► $\int \frac{2x-1}{x^2-x+1}\,dx = \int\frac{f'(x)}{f(x)}\,dx$ ► 2.4.2

► $\int\frac{dx}{x^2-x+1} = \int\frac{dx}{\left(x-\frac{1}{2}\right)^2+\frac{3}{4}}$

► Merksatz ► $x-\frac{1}{2}$ für z; $\sqrt{\frac{3}{4}}$ für a

► $\frac{1}{3}\cdot\ln|x+1| = \frac{1}{6}\cdot\ln(x+1)^2$

$$\int\frac{dx}{1+x^3} = \int\left(\frac{A_1\cdot x + A_2}{x^2-x+1} + \frac{A_3}{1+x}\right)dx$$

► $-\frac{1}{3}$ für A_1; $\frac{2}{3}$ für A_2; $\frac{1}{3}$ für A_3

$$= \int\left(\frac{-\frac{1}{3}\cdot x + \frac{2}{3}}{x^2-x+1} + \frac{\frac{1}{3}}{x+1}\right)dx$$
$$= -\frac{1}{3}\cdot\int\frac{x-2}{x^2-x+1}\,dx + \frac{1}{3}\cdot\int\frac{dx}{x+1}$$
$$= -\frac{1}{6}\cdot\int\frac{2x-1}{x^2-x+1}\,dx + \frac{1}{2}\cdot\int\frac{dx}{x^2-x+1} + \frac{1}{3}\cdot\int\frac{dx}{x+1}$$
$$= -\frac{1}{6}\cdot\int\frac{2x-1}{x^2-x+1}\,dx + \frac{1}{2}\cdot\int\frac{dx}{\left(x-\frac{1}{2}\right)^2+\frac{3}{4}} + \frac{1}{3}\cdot\int\frac{dx}{x+1}$$
$$= -\frac{1}{6}\cdot\ln|x^2-x+1| + \frac{1}{2}\cdot\frac{1}{\sqrt{\frac{3}{4}}}\cdot\text{Arctan}\frac{x-\frac{1}{2}}{\sqrt{\frac{3}{4}}} + \frac{1}{3}\cdot\ln|x+1| + c$$
$$\underline{\underline{= \frac{1}{6}\cdot\ln\left|\frac{(x+1)^2}{x^2-x+1}\right| + \frac{1}{\sqrt{3}}\cdot\text{Arctan}\frac{2x-1}{\sqrt{3}} + c; x \neq -1}}$$

170

54. $\displaystyle\int \frac{dx}{(x+1)\cdot(x^2-x+1)};\ x \in \mathbb{R}^{\neq -1}$ ► Wegen $(x+1)\cdot(x^2-x+1) = 1+x^3$ entnimmt man die Lösung dieses Integrals der vorangegangenen Aufgabe 53. Die Lösungen sind identisch.

55. $\displaystyle\int \frac{dx}{x^3-1};\ x \in \mathbb{R}^{\neq 1}$

Man substituiert:

► $-x = z \Rightarrow \dfrac{dz}{dx} = -1 \Rightarrow dx = -dz$

► $-x = z \Rightarrow x = -z \Rightarrow x^3 = -z^3$

Die Arkustangensfunktion ist eine ungerade Funktion. ► $\text{Arctan}(-A) = -\text{Arctan}\,A$

$$\int \frac{dx}{x^3-1} = \int \frac{-dz}{-z^3-1}$$

$$= \int \frac{dz}{z^3+1} \quad \text{► Aufgabe 53}$$

$$= \frac{1}{6}\cdot \ln\left|\frac{(z+1)^2}{z^2-z+1}\right| + \frac{1}{\sqrt{3}}\cdot \text{Arctan}\frac{2\cdot z-1}{\sqrt{3}} + c \quad \text{► } z=-x$$

$$= \frac{1}{6}\cdot \ln\left|\frac{(-x+1)^2}{x^2+x+1}\right| + \frac{1}{\sqrt{3}}\cdot \text{Arctan}\frac{-2x-1}{\sqrt{3}} + c$$

$$= \frac{1}{6}\cdot \ln\left|\frac{(1-x)^2}{x^2+x+1}\right| - \frac{1}{\sqrt{3}}\cdot \text{Arctan}\frac{2x+1}{3} + c;\ x \neq 1$$

56. $\displaystyle\int \frac{dx}{x^4-1};\ x \in \mathbb{R}\setminus\{-1;1\}$

Zerlegung des Nennerpolynoms in Faktoren und Partialbruchzerlegung

Die Polynomfunktion q_4: $q_4(x) = x^4-1$ hat die Nullstellen 1 und -1. Zunächst wird der Faktor $(x-1)\cdot(x+1) = x^2-1$ abgetrennt. Die Restpolynomfunktion $q_2: q_2(x) = x^2+1$ hat in $\mathbb{R}$ keine Nullstellen.

$$\begin{aligned}
&(x^4-1):(x^2-1) = x^2+1 \quad \text{► Polynomdivision}\\
&\underline{-(x^4-x^2)}\\
&\quad x^2-1\\
&\underline{-(x^2-1)}\\
&\quad 0
\end{aligned}$$

► $x^4-1 = (x^2-1)\cdot(x^2+1) = (x+1)\cdot(x-1)\cdot(x^2+1)$

► $\dfrac{1}{x^4-1} = \dfrac{1}{(x+1)\cdot(x-1)\cdot(x^2+1)}$

$$\frac{1}{x^4-1} = \frac{A_1}{x+1} + \frac{A_2}{x-1} + \frac{A_3\cdot x + A_4}{x^2+1} \quad \Big| \cdot(x+1)\cdot(x-1)\cdot(x^2+1)$$

- $1 = A_1\cdot(x-1)\cdot(x^2+1) + A_2\cdot(x+1)\cdot(x^2+1) + (A_3\cdot x + A_4)\cdot(x+1)\cdot(x-1)$ ► -1 für x

  $1 = A_1\cdot(-1-1)\cdot((-1)^2+1) + A_2\cdot 0 + (A_3\cdot(-1)+A_4)\cdot 0 \Rightarrow A_1 = \underline{-\frac{1}{4}}$

- $1 = A_1\cdot(x-1)\cdot(x^2+1) + A_2\cdot(x+1)\cdot(x^2+1) + (A_3\cdot x + A_4)\cdot(x+1)\cdot(x-1)$ ► 1 für x

  $1 = A_1\cdot 0 + A_2\cdot(1+1)\cdot(1^2+1) + (A_3\cdot 1 + A_4)\cdot 0 \Rightarrow A_2 = \underline{\frac{1}{4}}$

- $1 = A_1\cdot(x-1)\cdot(x^2+1) + A_2\cdot(x+1)\cdot(x^2+1) + (A_3\cdot x + A_4)\cdot(x+1)\cdot(x-1)$ ► 0 für x; $-\frac{1}{4}$ für A_1; $\frac{1}{4}$ für A_2

  $1 = -\frac{1}{4}\cdot(0-1)\cdot(0^2+1) + \frac{1}{4}\cdot(0+1)\cdot(0^2+1) + (A_3\cdot x + A_4)\cdot(0+1)\cdot(0-1) \Rightarrow A_4 = \underline{-\frac{1}{2}}$

- $1 = A_1\cdot(x-1)\cdot(x^2+1) + A_2\cdot(x+1)\cdot(x^2+1) + (A_3\cdot x + A_4)\cdot(x+1)\cdot(x-1)$ ► 3 für x; $-\frac{1}{4}$ für A_1; $\frac{1}{4}$ für A_2; $-\frac{1}{2}$ für A_4

  $1 = -\frac{1}{4}\cdot(3-1)\cdot(3^2+1) + \frac{1}{4}\cdot(3+1)\cdot(3^2+1) + \left(A_3\cdot 3 - \frac{1}{2}\right)\cdot(3+1)\cdot(3-1) \Rightarrow A_3 = \underline{0}$

170

Integration

$$\int \frac{\mathrm{d}x}{x^4-1} = \int \left(\frac{A_1}{x+1} + \frac{A_2}{x-1} + \frac{A_3 \cdot x + A_4}{x^2+1} \right) \mathrm{d}x$$ ► $-\frac{1}{4}$ für A_1; $\frac{1}{4}$ für A_2; 0 für A_3; $-\frac{1}{2}$ für A_4

$$= \int \left[\frac{-\frac{1}{4}}{x+1} + \frac{\frac{1}{4}}{x-1} + \frac{0 \cdot x - \frac{1}{2}}{x^2+1} \right] \mathrm{d}x$$

$$= -\frac{1}{4} \cdot \int \frac{\mathrm{d}x}{x+1} + \frac{1}{4} \cdot \int \frac{\mathrm{d}x}{x-1} - \frac{1}{2} \cdot \int \frac{\mathrm{d}x}{x^2+1}$$ ► 2.4.1 und Grundintegral

$$= -\frac{1}{4} \cdot \ln|x+1| + \frac{1}{4} \cdot \ln|x-1| - \frac{1}{2} \cdot \operatorname{Arctan} x + c;\ x \notin \{-1; 1\}$$

57. $\int \frac{\mathrm{d}x}{-2x^2+4x-4};\ x \in \mathbb{R}$

Die Polynomfunktion q_2: $q_2(x) = -2x^2 + 4x - 4$ hat in $\mathbb{R}$ keine Nullstellen.

► $q_2(x) = -2x^2 + 4x - 4$ ► $q_2(x) = 0$

$-2x^2 + 4x - 4 = 0 \mid : (-2)$

$x^2 - 2x + 2 = 0$ ► quadratische Ergänzung

$(x-1)^2 + 1 = 0$ ► keine Lösung in $\mathbb{R}$

Das umgeformte Integral ist vom Typ $\int \frac{\mathrm{d}z}{z^2+a^2}$ mit $z = x - 1$ und $a = 1$. ► Merksatz

► $$\int \frac{\mathrm{d}x}{-2x^2+4x-4} = \int \frac{\mathrm{d}x}{-2 \cdot [(x-1)^2+1]}$$

$$= -\frac{1}{2} \cdot \int \frac{\mathrm{d}x}{(x-1)^2+1}$$ ► Merksatz; 1 für a; $x-1$ für z

$$= -\frac{1}{2} \cdot \operatorname{Arctan}(x-1) + c$$

58. $\int \frac{1+x}{x^2-3x+4}\,\mathrm{d}x;\ x \in \mathbb{R}$

Die Polynomfunktion q_2 : $q_2(x) = x^2 - 3x + 4$ hat in $\mathbb{R}$ keine Nullstellen.

► $q_2(x) = x^2 - 3x + 4$ ► $q_2(x) = 0$

$x^2 - 3x + 4 = 0$ ► quadratische Ergänzung

$\left(x^2 - 3x + \frac{3}{2}\right)^2 - \frac{9}{4} + 4 = 0$

$\left(x - \frac{3}{2}\right)^2 + \frac{7}{4} = 0$ ► keine Lösung in $\mathbb{R}$

Der Zählerterm $1 + x$ des Integranden wird so erweitert und dann in zwei Summanden zerlegt, dass der erste Summand der Ableitungsterm $2x - 3$ der Nennerpolynomfunktion q: $q(x) = x^2 - 3x + 4$ und der zweite Summand eine Zahl ist. Man erreicht das hier durch Erweitern mit 2 sowie die Zerlegung in die Zählerterme $2x - 3$ und 5.

Der so umgewandelte Bruchterm kann dann in eine Summe von zwei Bruchtermen umgeformt werden. Damit lässt sich das gegebene Integral als Summe von zwei Integralen schreiben. Hierbei ist das Integral $\int \frac{2x-3}{x^2-3x+4}\,\mathrm{d}x$ vom Typ $\int \frac{f'(x)}{f(x)}\,\mathrm{d}x$ (► 2.4.2) und das Integral $\int \frac{\mathrm{d}x}{(x-\frac{3}{2})^2+\frac{7}{4}}$ vom Typ $\int \frac{\mathrm{d}z}{z^2+a^2}$ mit $z = x - \frac{3}{2}$ und $a = \sqrt{\frac{7}{4}}$. ► Merksatz

► $$\int \frac{1+x}{x^2-3x+4}\,\mathrm{d}x = \frac{1}{2} \cdot \int \frac{2x+2}{x^2-3x+4}\,\mathrm{d}x$$

$$= \frac{1}{2} \cdot \int \frac{(2x-3)+5}{x^2-3x+4}\,\mathrm{d}x$$

$$= \frac{1}{2} \cdot \int \frac{2x-3}{x^2-3x+4}\,\mathrm{d}x + \frac{1}{2} \cdot \int \frac{5}{x^2-3x+4}\,\mathrm{d}x$$

$$= \frac{1}{2} \cdot \int \frac{2x-3}{x^2-3x+4}\,\mathrm{d}x + \frac{5}{2} \cdot \int \frac{\mathrm{d}x}{(x-\frac{3}{2})^2+\frac{7}{4}}$$

$$= \frac{1}{2} \cdot \ln|x^2-3x+4| + \frac{5}{2} \cdot \frac{1}{\sqrt{\frac{7}{4}}} \cdot \operatorname{Arctan} \frac{x-\frac{3}{2}}{\sqrt{\frac{7}{4}}} + c$$

$$= \frac{1}{2} \cdot \ln|x^2-3x+4| + \frac{5}{\sqrt{7}} \cdot \operatorname{Arctan} \frac{2x-3}{\sqrt{7}} + c$$

59. $\int \frac{dx}{5+6x^2}; x \in \mathbb{R}$

Die Polynomfunktion $q_2: q_2(x) = 5 + 6x^2$ hat in $\mathbb{R}$ keine Nullstellen.

Durch Ausklammern des Faktors 6 im Term der Integrandfunktion erhält man ein Integral vom Typ $\int \frac{dz}{z^2+a^2}$. ► Merksatz

$$\int \frac{dx}{5+6x^2} = \int \frac{dx}{6\cdot\left(x^2+\frac{5}{6}\right)}$$

$$= \frac{1}{6}\cdot\int \frac{dx}{x^2+\frac{5}{6}} \quad \text{► Merksatz; } x \text{ für } z;\ \sqrt{\tfrac{5}{6}} \text{ für } a$$

$$= \frac{1}{6}\cdot\frac{1}{\sqrt{\frac{5}{6}}}\cdot \operatorname{Arctan}\frac{x}{\sqrt{\frac{5}{6}}} + c$$

$$= \frac{\sqrt{6}}{6\cdot\sqrt{5}}\cdot \operatorname{Arctan}\frac{\sqrt{6}\cdot x}{\sqrt{5}} + c$$

60. $\int \frac{3}{13-4x+3x^2}\,dx; x \in \mathbb{R}$

Die Polynomfunktion $q_2: q_2(x) = 13 - 4x + 3x^2$ hat in $\mathbb{R}$ keine Nullstellen.

► $13 - 4x + 3x^2 = 0$

$$\Rightarrow 3\cdot\left(x^2 - \frac{4}{3}x + \frac{13}{3}\right) = 0 \quad \text{► quadratische Ergänzung}$$

$$\Rightarrow 3\cdot\left[\left(x-\frac{2}{3}\right)^2 + \frac{35}{9}\right] = 0 \quad \text{► keine Lösung in } \mathbb{R}$$

$$\int \frac{3}{13-4x+3x^2}\,dx = \int \frac{3}{3\cdot\left[\left(x-\frac{2}{3}\right)^2+\frac{35}{9}\right]}\,dx$$

$$= \int \frac{dx}{\left(x-\frac{2}{3}\right)^2+\frac{35}{9}} \quad \text{► Merksatz; } x-\tfrac{3}{2} \text{ für } z;\ \sqrt{\tfrac{35}{9}} \text{ für } a$$

$$= \frac{1}{\sqrt{\frac{35}{9}}}\cdot \operatorname{Arctan}\frac{x-\frac{2}{3}}{\sqrt{\frac{35}{9}}} + c$$

$$= \frac{3}{\sqrt{35}}\cdot \operatorname{Arctan}\frac{3x-2}{\sqrt{35}} + c$$

61. $\int \frac{2}{3x^2+4}\,dx; x \in \mathbb{R}$

Die Polynomfunktion $q_2: q_2(x) = 3x^2 + 4$ hat in $\mathbb{R}$ keine Nullstellen.

Durch Ausklammern des Faktors $\frac{2}{3}$ im Term der Integrandfunktion erhält man ein Integral vom Typ $\int \frac{dz}{z^2+a^2}$. ► Merksatz

$$\int \frac{2}{3x^2+4}\,dx = \int \frac{2}{3\cdot\left(x^2+\frac{4}{3}\right)}\,dx$$

$$= \frac{2}{3}\cdot\int \frac{dx}{x^2+\frac{4}{3}} \quad \text{► Merksatz; } x \text{ für } z;\ \sqrt{\tfrac{4}{3}} \text{ für } a$$

$$= \frac{2}{3}\cdot\frac{1}{\sqrt{\frac{4}{3}}}\cdot \operatorname{Arctan}\frac{x}{\sqrt{\frac{4}{3}}} + c$$

$$= \frac{\sqrt{3}}{3}\cdot \operatorname{Arctan}\frac{\sqrt{3}\cdot x}{2} + c$$

62. $\int \frac{dx}{x^2+6x+15}; x \in \mathbb{R}$

Die Polynomfunktion $q_2: q_2(x) = x^2 + 6x + 15$ hat in $\mathbb{R}$ keine Nullstellen.

$x^2 + 6x + 15 = 0$ ► quadratische Ergänzung

$\Rightarrow (x+3)^2 + 6 = 0$ ► keine Lösung in $\mathbb{R}$

$$\int \frac{dx}{x^2+6x+15} = \int \frac{dx}{(x+3)^2+6} \quad \text{► Merksatz; } x+3 \text{ für } z;\ \sqrt{6} \text{ für } a$$

$$= \frac{1}{\sqrt{6}}\cdot \operatorname{Arctan}\frac{x+3}{\sqrt{6}} + c$$

170

63. $\int \frac{dx}{2x^2+3x+2};\ x \in \mathbb{R}$

Die Polynomfunktion $q_2: q_2(x) = 2x^2+3x+2$ hat in $\mathbb{R}$ keine Nullstellen.

$2x^2+3x+2=0$

$\Rightarrow 2\cdot\left(x^2+\frac{3}{2}x+1\right)=0$ ▸ quadratische Ergänzung

$\Rightarrow 2\cdot\left[\left(x+\frac{3}{4}\right)^2+\frac{7}{16}\right]=0$ ▸ keine Lösung in $\mathbb{R}$

$$\int \frac{dx}{2x^2+3x+2} = \int \frac{dx}{2\cdot\left(x^2+\frac{3}{2}x+1\right)}$$

$$= \frac{1}{2}\cdot\int \frac{dx}{\left(x+\frac{3}{4}\right)^2+\frac{7}{16}}$$ ▸ Merksatz; $x+\frac{3}{4}$ für z; $\sqrt{\frac{7}{16}}$ für a

$$= \frac{1}{2}\cdot\frac{1}{\sqrt{\frac{7}{16}}}\cdot \operatorname{Arctan}\frac{x+\frac{3}{4}}{\sqrt{\frac{7}{16}}}+c$$

$$= \frac{2}{\sqrt{7}}\cdot \operatorname{Arctan}\frac{4x+3}{\sqrt{7}}+c$$

64. $\int \frac{2x-3}{x^2-2x+2}\,dx;\ x \in \mathbb{R}$

Die Polynomfunktion $q_2: q_2(x) = x^2-2x+2$ hat in $\mathbb{R}$ keine Nullstellen.

Der Zählerterm $2x-3$ des Integranden wird in $(2x-2)-1$ zerlegt. Dann ist $2x-2$ der Ableitungsterm der Nennerpolynomfunktion $q_2: q_2(x) = x^2-2x+2$. Man erhält so zwei Integrale, von denen das Integral $\int \frac{2x-2}{x^2-2x+2}\,dx$ vom Typ $\int \frac{f'(x)}{f(x)}\,dx$ (▸ 2.4.2) und das Integral $\int \frac{dx}{(x-1)^2+1}$ vom Typ $\int \frac{dz}{z^2+a^2}$ mit $z=x-1$ und $a=1$ ist. ▸ Merksatz

▸ $q_2(x) = x^2-2x+2$ ▸ $q_2(x)=0$

$x^2-2x+2=0$ ▸ quadratische Ergänzung

$\Rightarrow (x-1)^2+1=0$ ▸ keine Lösung in $\mathbb{R}$

▸ $$\int \frac{2x-3}{x^2-2x+2}\,dx = \int \frac{(2x-2)-1}{x^2-2x+2}\,dx$$

$$= \int \frac{2x-2}{x^2-2x+2}\,dx - \int \frac{1}{x^2-2x+2}\,dx$$

$$= \int \frac{2x-2}{x^2-2x+2}\,dx - \int \frac{dx}{(x-1)^2+1}$$

$$= \ln|x^2-2x+2| - \operatorname{Arctan}(x-1)+c$$

65. $\int \frac{8}{0{,}5x^2+5x+13}\,dx;\ x \in \mathbb{R}$

Die Polynomfunktion $q_2: q_2(x) = 0{,}5x^2+5x+13$ hat in $\mathbb{R}$ keine Nullstellen.

$0{,}5x^2+5x+13=0$

$\Rightarrow \frac{1}{2}\cdot(x^2+10x+26)=0$ ▸ quadratische Ergänzung

$\Rightarrow \frac{1}{2}\cdot[(x+5)^2+1]=0$ ▸ keine Lösung in $\mathbb{R}$

$$\int \frac{8}{0{,}5x^2+5x+13}\,dx = \int \frac{8}{\frac{1}{2}\cdot(x^2+10x+26)}\,dx$$

$$= \int \frac{16}{x^2+10x+26}\,dx$$

$$= 16\cdot\int \frac{dx}{(x+5)^2+1}$$ ▸ Merksatz; $x+5$ für z; 1 für a

$$= 16\cdot \operatorname{Arctan}(x+5)+c$$

66. $\int \frac{x}{x^3+2x^2+4x}\,dx;\; x \in \mathbb{R}^{\neq 0}$

► $\frac{x}{x^3+2x^2+4x} = \frac{x}{x\cdot(x^2+2x+4)}$

$= \underline{\frac{1}{x^2+2x+4}};\; x \in \mathbb{R}^{\neq 0}$

► $x^2+2x+4 = \underline{(x+1)^2+3}$ ► quadratische Ergänzung

$\Rightarrow (x+1)^2+3=0$ ► keine Lösung in $\mathbb{R}$

$\int \frac{x}{x^3+2x^2+4x}\,dx = \int \frac{dx}{x^2+2x+4}$

$= \int \frac{dx}{(x+1)^2+3}$ ► Merksatz; $x+1$ für z; $\sqrt{3}$ für a

$= \underline{\underline{\frac{1}{\sqrt{3}}\cdot \text{Arctan}\frac{x+1}{\sqrt{3}}+c;\; x \neq 0}}$

► $D(F)=\mathbb{R}$ und $D(f)=\mathbb{R}^{\neq 0}$

67. $\int \frac{5x+3}{2x^2-x+1}\,dx;\; x\in\mathbb{R}$

Die Polynomfunktion $q_2: q_2(x)=2x^2-x+1$ hat in $\mathbb{R}$ keine Nullstellen.

► $q_2(x)=2x^2-x+1$ ► $q_2(x)=0$

$2x^2-x+1=0$

$\Rightarrow 2\cdot\left(x^2-\frac{1}{2}x+\frac{1}{2}\right)=0$ ► quadratische Ergänzung

$\Rightarrow \underline{2\cdot\left[\left(x-\frac{1}{4}\right)^2+\frac{7}{16}\right]=0}$ ► keine Lösung in $\mathbb{R}$

Der Zählerterm $5x+3$ des Integranden wird so umgeformt und in zwei Summanden zerlegt, dass der erste Summand der Ableitungsterm $4x-1$ der Nennerpolynomfunktion $q_2: q_2(x)=2x^2-x+1$ und der zweite Summand eine Zahl ist. Damit lässt sich das gegebene Integral als Summe von zwei Integralen schreiben.

Das Integral $\int \frac{4x-1}{2x^2-x+1}\,dx$ ist vom Typ $\int \frac{f'(x)}{f(x)}\,dx$ (► 2.4.2) und das Integral $\int \frac{dx}{\left(x-\frac{1}{4}\right)^2+\frac{7}{16}}$ vom Typ $\int \frac{dz}{z^2+a^2}$ mit $z=x-\frac{1}{4}$ und $a=\sqrt{\frac{7}{16}}$. ► Merksatz

► $\int \frac{5x+3}{2x^2-x+1}\,dx = 5\cdot\int \frac{x+\frac{3}{5}}{2x^2-x+1}\,dx$

$= \frac{5}{4}\cdot\int \frac{4x+\frac{12}{5}}{2x^2-x+1}\,dx$

$= \frac{5}{4}\cdot\int \frac{(4x-1)+\frac{17}{5}}{2x^2-x+1}\,dx$

$= \frac{5}{4}\cdot\int \frac{4x-1}{2x^2-x+1}\,dx + \frac{5}{4}\cdot\int \frac{\frac{17}{5}}{2x^2-x+1}\,dx$

$= \frac{5}{4}\cdot\int \frac{4x-1}{2x^2-x+1}\,dx + \frac{17}{4}\cdot\int \frac{dx}{2\cdot\left[\left(x-\frac{1}{4}\right)^2+\frac{7}{16}\right]}$

$= \frac{5}{4}\cdot\int \frac{4x-1}{2x^2-x+1}\,dx + \frac{17}{8}\cdot\int \frac{dx}{\left(x-\frac{1}{4}\right)^2+\frac{7}{16}}$

$= \frac{5}{4}\cdot\ln|2x^2-x+1| + \frac{17}{8}\cdot\frac{1}{\sqrt{\frac{7}{16}}}\cdot\text{Arctan}\frac{x-\frac{1}{4}}{\sqrt{\frac{7}{16}}}+c$

$= \underline{\underline{\frac{5}{4}\cdot\ln|2x^2-x+1| + \frac{17}{2\cdot\sqrt{7}}\cdot\text{Arctan}\frac{4x-1}{\sqrt{7}}+c}}$

170 **68.** $\displaystyle\int \frac{4x+x^2}{3x^3-2x^2+x}\,\mathrm{d}x;\ x\in\mathbb{R}^{\neq 0}$

► $\displaystyle\frac{4x+x^2}{3x^3-2x^2+x} = \frac{x\cdot(4+x)}{x\cdot(3x^2-2x+1)}$

$\displaystyle= \underline{\frac{4+x}{3x^2-2x+1}};\ x\in\mathbb{R}^{\neq 0}$

► $3x^2-2x+1 = 3\cdot\left(x^2-\tfrac{2}{3}x+\tfrac{1}{3}\right)$

$= 3\cdot\left[\left(x-\tfrac{1}{3}\right)^2+\tfrac{2}{9}\right]$

► quadratische Ergänzung

$\Rightarrow 3\cdot\left[\left(x-\tfrac{1}{3}\right)^2+\tfrac{2}{9}\right]=0$ ► keine Lösung in $\mathbb{R}$

Durch Umformungen der Zählerterms $4+x$ im Integranden kann man das gegebene Integral als Summe von zwei typisierten Integralen schreiben. Das Integral $\displaystyle\int\frac{6x-2}{3x^2-2x+1}\,\mathrm{d}x$ ist vom Typ $\displaystyle\int\frac{f'(x)}{f(x)}\,\mathrm{d}x$ (► 2.4.2) und das Integral $\displaystyle\int\frac{\mathrm{d}x}{\left(x-\frac{1}{3}\right)^2+\frac{2}{9}}$ ist vom Typ $\displaystyle\int\frac{\mathrm{d}z}{z^2+a^2}$ mit $x-\frac{1}{3}=z$ und $a=\sqrt{\frac{2}{9}}$.
► Merksatz

$$\int\frac{4x+x^2}{3x^3-2x^2+x}\,\mathrm{d}x = \int\frac{4+x}{3x^2-2x+1}\,\mathrm{d}x$$

$$=\frac{1}{6}\cdot\int\frac{6x+24}{3x^2-2x+1}\,\mathrm{d}x$$

$$=\frac{1}{6}\cdot\int\frac{(6x-2)+26}{3x^2-2x+1}\,\mathrm{d}x$$

$$=\frac{1}{6}\cdot\int\frac{6x-2}{3x^2-2x+1}\,\mathrm{d}x+\frac{1}{6}\cdot\int\frac{26}{3x^2-2x+1}\,\mathrm{d}x$$

$$=\frac{1}{6}\cdot\int\frac{6x-2}{3x^2-2x+1}\,\mathrm{d}x+\frac{26}{6}\cdot\int\frac{\mathrm{d}x}{3\cdot\left[\left(x-\frac{1}{3}\right)^2+\frac{2}{9}\right]}$$

$$=\frac{1}{6}\cdot\int\frac{6x-2}{3x^2-2x+1}\,\mathrm{d}x+\frac{13}{9}\cdot\int\frac{\mathrm{d}x}{\left(x-\frac{1}{3}\right)^2+\frac{2}{9}}$$

$$=\frac{1}{6}\cdot\ln|3x^2-2x+1|+\frac{13}{9}\cdot\frac{1}{\sqrt{\frac{2}{9}}}\cdot\operatorname{Arctan}\frac{x-\frac{1}{3}}{\sqrt{\frac{2}{9}}}+c$$

$$\underline{\underline{=\frac{1}{6}\cdot\ln|3x^2-2x+1|+\frac{13}{3\cdot\sqrt{2}}\cdot\operatorname{Arctan}\frac{3x-1}{\sqrt{2}}+c;\ x\neq 0}}$$

► $D(F)=\mathbb{R}$ und $D(f)=\mathbb{R}^{\neq 0}$

69. $\displaystyle\int\frac{2x+1}{x^2+2x+17}\,\mathrm{d}x;\ x\in\mathbb{R}$

Die Polynomfunktion q_2: $q_2(x)=x^2+2x+17$ hat in $\mathbb{R}$ keine Nullstellen.

► $x^2+2x+17=\underline{(x+1)^2+16}$ ► quadratische Ergänzung

$\Rightarrow (x+1)^2+16=0$ ► keine Lösung in $\mathbb{R}$

Durch Umformung des Zählerterms $2x+1$ im Integranden erhält man zwei typisierte Integrale.

$$\int\frac{2x+1}{x^2+2x+17}\,\mathrm{d}x=\int\frac{(2x+2)-1}{x^2+2x+17}\,\mathrm{d}x$$

$$=\int\frac{2x+2}{x^2+2x+17}\,\mathrm{d}x-\int\frac{\mathrm{d}x}{x^2+2x+17}$$

$$=\int\frac{2x+2}{x^2+2x+17}\,\mathrm{d}x-\int\frac{\mathrm{d}x}{(x+1)^2+16}$$

► $\displaystyle\int\frac{f'x}{f(x)}\,\mathrm{d}x-\int\frac{\mathrm{d}z}{z^2+a^2}$ ► Merksatz; $x+1=z$; 4 für a

$$\underline{\underline{=\ln|x^2-2x+17|-\frac{1}{4}\cdot\operatorname{Arctan}\frac{x+1}{4}+c}}$$

170

70. $\displaystyle\int \frac{2x+13}{x^2+4x+13}\,\mathrm{d}x;\ x \in \mathbb{R}$

Die Polynomfunktion q_2: $q_2(x) = x^2+4x+13$ hat in $\mathbb{R}$ keine Nullstellen.

► $x^2+4x+13 = \underline{(x+2)^2+9}$ ► quadratische Ergänzung

$\Rightarrow (x+2)^2+9=0$ ► keine Lösung in $\mathbb{R}$

Durch Umformung des Zählerterms $2x+13$ im Integranden erhält man zwei typisierte Integrale.

$$\int \frac{2x+13}{x^2+4x+13}\,\mathrm{d}x = \int \frac{(2x+4)+9}{x^2+4x+13}\,\mathrm{d}x$$

$$= \int \frac{2x+4}{x^2+4x+13}\,\mathrm{d}x + \int \frac{9}{x^2+4x+13}\,\mathrm{d}x$$

$$= \int \frac{2x+4}{x^2+4x+13}\,\mathrm{d}x + 9\cdot\int \frac{\mathrm{d}x}{(x+2)^2+9}$$

► $\displaystyle\int \frac{f'(x)}{f(x)}\,\mathrm{d}x + 9\cdot\int \frac{\mathrm{d}z}{z^2+a^2}$ ► Merksatz; $x+2=z;\ 3=a$

$$= \ln|x^2+4x+13| + \frac{9}{3}\cdot \operatorname{Arctan}\frac{x+2}{3} + c$$

$$= \underline{\underline{\ln|x^2+4x+13| + 3\cdot \operatorname{Arctan}\frac{x+2}{3} + c}}$$

71. $\displaystyle\int \frac{3x-17}{x^2-8x+17}\,\mathrm{d}x;\ x \in \mathbb{R}$

Die Polynomfunktion q_2: $q_2(x) = x^2-8x+17$ hat in $\mathbb{R}$ keine Nullstellen.

► $x^2-8x+17 = \underline{(x-4)^2+1}$ ► quadratische Ergänzung

$\Rightarrow (x-4)^2+1=0$ ► keine Lösung in $\mathbb{R}$

Durch Umformung des Zählerterms $3x-7$ im Integranden erhält man zwei typisierte Integrale, von denen das erste vom Typ $\displaystyle\int \frac{f'(x)}{f(x)}\,\mathrm{d}x$ (► 2.4.1) und das zweite vom Typ $\displaystyle\int \frac{\mathrm{d}z}{z^2+a^2}$ (► Merksatz) ist.

$$\int \frac{3x-7}{x^2-8x+17}\,\mathrm{d}x = 3\cdot\int \frac{x-\frac{7}{3}}{x^2-8x+17}\,\mathrm{d}x$$

$$= \frac{3}{2}\cdot\int \frac{2x-\frac{14}{3}}{x^2-8x+17}\,\mathrm{d}x$$

$$= \frac{3}{2}\cdot\int \frac{(2x-8)+\frac{10}{3}}{x^2-8x+17}\,\mathrm{d}x$$

$$= \frac{3}{2}\cdot\int \frac{2x-8}{x^2-8x+17}\,\mathrm{d}x + \frac{3}{2}\cdot\int \frac{\frac{10}{3}}{x^2-8x+17}\,\mathrm{d}x$$

$$= \frac{3}{2}\cdot\int \frac{2x-8}{x^2-8x+17}\,\mathrm{d}x + 5\cdot\int \frac{\mathrm{d}x}{(x-4)^2+1}$$

► $\displaystyle\frac{3}{2}\cdot\int \frac{f'(x)}{f(x)}\,\mathrm{d}x + 5\cdot\int \frac{\mathrm{d}z}{z^2+a^2}$ ► Merksatz; $x-4=z;\ 1=9$

$$= \underline{\underline{\frac{3}{2}\cdot \ln|x^2-8x+17| + 5\cdot \operatorname{Arctan}(x-4) + c}}$$

72. $\displaystyle\int \frac{x^4-x^3-9x^2-26x-11}{x^2-4x+5}\,\mathrm{d}x;\ x \in \mathbb{R}$ ► $\displaystyle\frac{x^4-x^3-9x^2-26x-11}{x^2-4x+5}$ ► unechter Polynombruch ► Polynomdivision

$$(x^4-x^3-9x^2-26x-11):(x^2-4x+5) = \underline{x^2+3x-2-\frac{49x+1}{x^2-4x+5}}$$

$\underline{-(x^4-4x^3+5x^2)}$

$3x^3-14x^2-26x-11$

$\underline{-(3x^2\ -12x^2+15x)}$

$-2x^2\ -41x-11$

$\underline{-(-2x^2+8x-10)}$

$-49x-1$ ► Rest

► $x^2-4x+5 = (x-2)^2+1$ ► quadratische Ergänzung ► $(x-2)^2+1=0$ ► keine Lösung in $\mathbb{R}$

170

$$\blacktriangleright \int \frac{x^4 - x^3 - 9x^2 - 26x - 11}{x^2 - 4x + 5}\,dx = \int \left(x^2 + 3x - 2 - \frac{49x + 1}{x^2 - 4x + 5} \right) dx$$

$$= \int (x^2 + 3x - 2)\,dx - \int \frac{49x + 1}{x^2 - 4x + 5}\,dx$$

$$= \int (x^2 + 3x - 2)\,dx - 49 \cdot \int \frac{x + \frac{1}{49}}{x^2 - 4x + 5}\,dx$$

$$= \int (x^2 + 3x - 2)\,dx - \frac{49}{2} \cdot \int \frac{2x + \frac{2}{49}}{x^2 - 4x + 5}\,dx$$

$$= \int (x^2 + 3x - 2)\,dx - \frac{49}{2} \cdot \int \frac{(2x - 4) + \frac{198}{49}}{x^2 - 4x + 5}\,dx$$

$$= \int (x^2 + 3x - 2)\,dx - \frac{49}{2} \cdot \int \frac{2x - 4}{x^2 - 4x + 5}\,dx - \frac{49}{2} \cdot \int \frac{\frac{198}{49}}{x^2 - 4x + 5}\,dx$$

$$= \int (x^2 + 3x - 2)\,dx - \frac{49}{2} \cdot \int \frac{2x - 4}{x^2 - 4x + 5}\,dx - 99 \cdot \int \frac{dx}{(x-2)^2 + 1}$$

$$\blacktriangleright\ -\frac{49}{2} \cdot \int \frac{f'x}{f(x)}\,dx - 99 \cdot \int \frac{dz}{z^2 + a^2}$$ ► Merksatz; $x - 2 = z;\ 1 = a$

$$= \frac{1}{3} \cdot x^3 + \frac{3}{2}x^2 - 2x - \frac{49}{2} \cdot \ln|x^2 - 4x + 5| - 99 \cdot \operatorname{Arctan}(x - 2) + c$$

73. $\int \frac{x^4 - x^3 - 5x^2 - 41x - 19}{x^2 + 3x + 9}\,dx;\ x \in \mathbb{R}$ ► $\frac{x^4 - x^3 - 5x^2 - 41x - 19}{x^2 + 3x + 9}$ ► unechter Polynombruch ► Polynomdivision

$$(x^4 - x^3 - 5x^2 - 41x - 19) : (x^2 + 3x + 9) = x^2 - 4x - 2 + \frac{x - 1}{x^2 + 3x + 9}$$

$-(x^4 + 3x^3 + 9x^2)$

$-4x^3 - 14x^2 - 41x - 19$

$-(-4x^3 - 12x^2 - 36x)$

$-2x^2 - 5x - 19$

$-(-2x^2 - 6x - 19)$

$x - 1$ ► Rest

► $x^2 + 3x + 9 = \left(x + \frac{3}{2}\right)^2 + \frac{27}{4}$ ► quadratische Ergänzung ► $\left(x + \frac{3}{2}\right)^2 + \frac{27}{4} = 0$ ► keine Lösung in $\mathbb{R}$

$$\blacktriangleright \int \frac{x^4 - x^3 - 5x^2 - 41x - 19}{x^2 + 3x + 9}\,dx = \int \left(x^2 - 4x - 2 + \frac{x - 1}{x^2 + 3x + 9} \right) dx$$

$$= \int (x^2 - 4x - 2)\,dx + \int \frac{x - 1}{x^2 + 3x + 9}\,dx$$

$$= \int (x^2 - 4x - 2)\,dx + \frac{1}{2} \cdot \int \frac{2x - 2}{x^2 + 3x + 9}\,dx$$

$$= \int (x^2 - 4x - 2)\,dx + \frac{1}{2} \cdot \int \frac{(2x + 3) - 5}{x^2 + 3x + 9}\,dx$$

$$= \int (x^2 - 4x - 2)\,dx + \frac{1}{2} \cdot \int \frac{2x + 3}{x^2 + 3x + 9}\,dx + \frac{1}{2} \cdot \int \frac{-5}{x^2 + 3x + 9}\,dx$$

170

$$= \int (x^2 - 4x - 2)\,dx + \frac{1}{2} \cdot \int \frac{2x+3}{x^2+3x+9}\,dx - \frac{5}{2} \cdot \int \frac{dx}{\left(x+\frac{3}{2}\right)^2 + \frac{27}{4}}$$

► $\frac{1}{2} \cdot \int \frac{f'x}{f(x)}\,dx - \frac{5}{2} \cdot \int \frac{dz}{z^2+a^2}$ ► Merksatz; $x + \frac{3}{2} = z$; $a = \frac{\sqrt{27}}{4}$

$$= \frac{1}{3} \cdot x^3 - 2x^2 - 2x + \frac{1}{2} \cdot \ln|x^2+3x+9| - \frac{5}{2} \cdot \frac{1}{\sqrt{\frac{27}{4}}} \cdot \text{Arctan}\,\frac{x+\frac{3}{2}}{\sqrt{\frac{27}{4}}} + c$$

$$= \frac{1}{3} \cdot x^3 - 2x^2 - 2x + \frac{1}{2} \cdot \ln|x^2+3x+9| - \frac{5}{\sqrt{27}} \cdot \text{Arctan}\,\frac{2x+3}{\sqrt{27}} + c$$

74. $\int \frac{2x^5 + x^4 - 2x + 3}{x^4 - 1}\,dx$; $x \in \mathbb{R} \setminus \{-1; 1\}$ ► $\frac{2x^5 + x^4 - 2x + 3}{x^4 - 1}$ ► unechter Polynombruch ► Polynomdivision

$$(2x^5 + x^4 - 2x + 3) : (x^4 - 1) = 2x + 1 + \frac{4}{x^4 - 1}$$

$$\underline{-(2x^5 \qquad - 2x)}$$

$$x^4 + 3$$

$$\underline{-(x^4 - 1)}$$

4 ► Rest

► $x^4 - 1 = (x^2 - 1) \cdot (x^2 + 1) = (x+1) \cdot (x-1) \cdot (x^2+1)$ ► $x^2 + 1 = 0$ ► keine Lösung in $\mathbb{R}$

► $\int \frac{2x^5 + x^4 - 2x + 3}{x^4 - 1} = \int \left(2x + 1 + \frac{4}{x^4 - 1}\right) dx$

$$= \int (2x+1) + 4 \cdot \int \frac{dx}{x^4 - 1}$$ ► Aufgabe 56

$$= x^2 + x + 4 \cdot \left[-\frac{1}{4} \cdot \ln|x+1| + \frac{1}{4} \cdot \ln|x-1| - \frac{1}{2} \cdot \text{Arctan}\,x + c_1\right]$$

$$= x^2 + x - \ln|x+1| + \ln|x-1| - 2 \cdot \text{Arctan}\,x + 4c_1$$ ► c für $4c_1$

$$= x^2 + x + \ln\left|\frac{x-1}{x+1}\right| - 2 \cdot \text{Arctan}\,x + c;\ x \notin \{-1; 1\}$$

2.7 Integration mittels Reihenentwicklung

► **Lehrbuch: Kusch 4, S. 171 ... 174**

Merke:

- Wenn sich eine Funktion f an einer Stelle $x_0 \in D(f)$ zu einer unendlichen Potenzreihe mit dem Konvergenzintervall $I_{x_0} = (x_0 - r; x_0 + r)$; $r > 0$ entwickeln lässt, so darf man eine solche Potenzreihe in I_{x_0} summandenweise integrieren. Die integrierte Potenzreihe hat dann ebenfalls das Konvergenzintervall I_{x_0} und stellt die Potenzreihenentwicklung von Stammfunktionen zu f in I_{x_0} dar.
- $$\int \sum_{k=0}^{\infty} [a_k \cdot (x-x_0)^k]\,\mathrm{d}x = \sum_{k=0}^{\infty} \left[\frac{a_k}{k+1} \cdot (x-x_0)^{k+1}\right] + c$$
$$= a_0 \cdot (x-x_0) + \frac{a_1}{2} \cdot (x-x_0)^2 + \frac{a_3}{3} \cdot (x-x_0)^3 + \ldots + c;\ x \in I_{x_0}$$

175 Berechnen Sie die nachstehenden unbestimmten Integrale in der Weise, dass Sie den Integranden zu einer Potenzreihe um $x_0 = 0$ entwickeln und diese dann summandenweise integrieren. Geben Sie das Konvergenzintervall der Potenzreihe an. ► **Lehrbuch: Kusch 4, S. 171/172**

1. $\int \mathrm{e}^{-x}\,\mathrm{d}x;\ x \in \mathbb{R}$

Die Potenzreihenentwicklung der Funktion $g: g(x) = \mathrm{e}^x$; $D(g) = \mathbb{R}$ um $x_0 = 0$ ist bekannt (► 4.3). Setzt man hierin $-x$ für x, so ergibt sich die Potenzreihenentwicklung der Funktion $f: f(x) = \mathrm{e}^{-x}$; $D(f) = \mathbb{R}$ um $x_0 = 0$ mit dem Konvergenzintervall $I_0 = (-\infty; \infty)$.

$$\mathrm{e}^x = 1 + \frac{x}{1!} + \frac{x^2}{2!} + \frac{x^3}{3!} + \frac{x^4}{4!} + \ldots;\ x \in \mathbb{R} \quad \blacktriangleright -x \text{ für } x$$

$$\Rightarrow \mathrm{e}^{-x} = 1 - \frac{x}{1!} + \frac{x^2}{2!} - \frac{x^3}{3!} + \frac{x^4}{4!} \mp \ldots;\ x \in \mathbb{R}$$

$$\int \mathrm{e}^{-x}\,\mathrm{d}x = \int \left(1 - \frac{x}{1!} + \frac{x^2}{2!} - \frac{x^3}{3!} + \frac{x^4}{4!} \mp \ldots\right) \mathrm{d}x$$

$$= x - \frac{x^2}{2 \cdot 1!} + \frac{x^3}{3 \cdot 2!} - \frac{x^4}{4 \cdot 3!} + \frac{x^5}{5 \cdot 4!} \mp \ldots + c$$

$$= x - \frac{x^2}{2!} + \frac{x^3}{3!} - \frac{x^4}{4!} + \frac{x^5}{5!} \mp \ldots + c$$

2. $\int \sin x\,\mathrm{d}x;\ x \in \mathbb{R}$

Die Potenzreihenentwicklung der Funktion $f: f(x) = \sin x$; $D(f) = \mathbb{R}$ um $x_0 = 0$ ist bekannt (► 4.3). Sie hat das Konvergenzintervall $I_0 = (-\infty; \infty)$, sodass auch die integrierte Potenzreihe das gleiche Konvergenzintervall hat.

$$\sin x = x - \frac{x^3}{3!} + \frac{x^5}{5!} - \frac{x^7}{7!} \pm \ldots;\ x \in \mathbb{R}$$

$$\int \sin x\,\mathrm{d}x = \int \left(x - \frac{x^3}{3!} + \frac{x^5}{5!} - \frac{x^7}{7!} \pm \ldots\right) \mathrm{d}x$$

$$= \frac{x^2}{2} - \frac{x^4}{4 \cdot 3!} + \frac{x^6}{6 \cdot 5!} - \frac{x^8}{8 \cdot 7!} \pm \ldots + c$$

$$= \frac{x^2}{2!} - \frac{x^4}{4!} + \frac{x^6}{6!} - \frac{x^8}{8!} \pm \ldots + c$$

3. $\int \mathrm{e}^{x^2}\,\mathrm{d}x;\ x \in \mathbb{R}$

Die Potenzreihenentwicklung der Funktion $g: g(x) = \mathrm{e}^x$; $D(g) = \mathbb{R}$ um $x_0 = 0$ ist bekannt (► 4.3). Setzt man hierin x^2 für x, so ergibt sich die Potenzreihenentwicklung der Funktion $f: f(x) = \mathrm{e}^{x^2}$; $D(f) = \mathbb{R}$ um $x_0 = 0$ mit dem Konvergenzintervall $I_0 = (-\infty; \infty)$.

$$\mathrm{e}^x = 1 + \frac{x}{1!} + \frac{x^2}{2!} + \frac{x^3}{3!} + \frac{x^4}{4!} + \ldots;\ x \in \mathbb{R} \quad \blacktriangleright x^2 \text{ für } x$$

$$\Rightarrow \mathrm{e}^{x^2} = 1 + \frac{x^2}{1!} + \frac{x^4}{2!} + \frac{x^6}{3!} + \frac{x^8}{4!} + \ldots;\ x \in \mathbb{R}$$

$$\int \mathrm{e}^{x^2}\,\mathrm{d}x = \int \left(1 + \frac{x^2}{1!} + \frac{x^4}{2!} + \frac{x^6}{3!} + \frac{x^8}{4!} + \ldots\right) \mathrm{d}x$$

$$= x + \frac{x^3}{3 \cdot 1!} + \frac{x^5}{5 \cdot 2!} + \frac{x^7}{7 \cdot 3!} + \frac{x^9}{9 \cdot 4!} + \ldots + c$$

4. $\int \sin x^2 \, \mathrm{d}x;\ x \in \mathbb{R}$

Die Potenzreihenentwicklung der Funktion $g: g(x) = \sin x;\ D(g) = \mathbb{R}$ um $x_0 = 0$ ist bekannt (▶ 4.3). Setzt man hierin x^2 für x, so ergibt sich die Potenzreihenentwicklung der Funktion $f: f(x) = \sin x^2;\ D(f) = \mathbb{R}$ um $x_0 = 0$ mit dem Konvergenzintervall $I_0 = (-\infty; \infty)$.

$$\sin x = x - \frac{x^3}{3!} + \frac{x^5}{5!} - \frac{x^7}{7!} \pm \ldots;\ x \in \mathbb{R} \quad \blacktriangleright\ x^2 \text{ für } x$$ 175

$$\Rightarrow \sin x^2 = x^2 - \frac{x^6}{3!} + \frac{x^{10}}{5!} - \frac{x^{14}}{7!} \pm \ldots;\ x \in \mathbb{R}$$

$$\int \sin x^2 \, \mathrm{d}x = \int \left(x^2 - \frac{x^6}{3!} + \frac{x^{10}}{5!} - \frac{x^{14}}{7!} \pm \ldots \right) \mathrm{d}x$$

$$= \underline{\underline{\frac{x^3}{3} - \frac{x^7}{7 \cdot 3!} + \frac{x^{11}}{11 \cdot 5!} - \frac{x^{15}}{15 \cdot 7!} \pm \ldots + c}}$$

5. $\int \frac{\mathrm{d}x}{\sqrt{1+x^4}};\ x \in \mathbb{R}$

Die Potenzreihenentwicklung der Funktion $g: g(x) = \frac{1}{\sqrt{1+x}};\ D(g) = \mathbb{R}^{>-1}$ um $x_0 = 0$ hat das Konvergenzintervall $(-1; 1)$ (▶ Binomische Reihen; 4.3). Setzt man hierin x^4 für x, so ergibt sich die Potenzreihenentwicklung der Funktion $f: f(x) = \frac{1}{\sqrt{1+x^4}};$ $D(f) = \mathbb{R}$ um $x_0 = 0$ mit dem Konvergenzintervall $(-1; 1)$.

$$\frac{1}{\sqrt{1+x}} = (1+x)^{-\frac{1}{2}}$$

$$= 1 - \frac{1}{2} \cdot x + \frac{1 \cdot 3}{2 \cdot 4} \cdot x^2 - \frac{1 \cdot 3 \cdot 5}{2 \cdot 4 \cdot 6} \cdot x^3 \pm \ldots;\ x \in (-1; 1) \quad \blacktriangleright\ x^4 \text{ für } x$$

$$\Rightarrow \frac{1}{\sqrt{1+x^4}} = 1 - \frac{1}{2} \cdot x^4 + \frac{1 \cdot 3}{2 \cdot 4} \cdot x^8 - \frac{1 \cdot 3 \cdot 5}{2 \cdot 4 \cdot 6} \cdot x^{12} \pm \ldots;\ x \in (-1; 1)$$

$$\int \frac{\mathrm{d}x}{\sqrt{1+x^4}} = \int \left(1 - \frac{1}{2} \cdot x^4 + \frac{1 \cdot 3}{2 \cdot 4} \cdot x^8 - \frac{1 \cdot 3 \cdot 5}{2 \cdot 4 \cdot 6} \cdot x^{12} \pm \ldots \right) \mathrm{d}x$$

$$= \underline{\underline{x - \frac{1}{2} \cdot \frac{x^5}{5} + \frac{1 \cdot 3}{2 \cdot 4} \cdot \frac{x^9}{9} - \frac{1 \cdot 3 \cdot 5}{2 \cdot 4 \cdot 6} \cdot \frac{x^{13}}{13} \pm \ldots + c;\ x \in (-1; 1)}}$$

6. $\int \frac{\mathrm{d}x}{\sqrt{1+x^3}};\ x \in \mathbb{R}^{>-1}$

Die Potenzreihenentwicklung der Funktion $g: g(x) = \frac{1}{\sqrt{1+x}};\ D(g) = \mathbb{R}^{>-1}$ um $x_0 = 0$ hat das Konvergenzintervall $(-1; 1)$ (▶ Binomische Reihen; 4.3). Setzt man hierin x^3 für x, so ergibt sich die Potenzreihenentwicklung der Funktion $f: f(x) = \frac{1}{\sqrt{1+x^3}};$ $D(f) = \mathbb{R}^{>-1}$ um $x_0 = 0$ mit dem Konvergenzintervall $(-1; 1)$.

$$\frac{1}{\sqrt{1+x}} = (1+x)^{\frac{1}{2}}$$

$$= 1 - \frac{1}{2} \cdot x + \frac{1 \cdot 3}{2 \cdot 4} \cdot x^2 - \frac{1 \cdot 3 \cdot 5}{2 \cdot 4 \cdot 6} \cdot x^3 \pm \ldots;\ x \in (-1; 1)$$

▶ x^3 für x

$$\Rightarrow \frac{1}{\sqrt{1+x^3}} = 1 - \frac{1}{2} \cdot x^3 + \frac{1 \cdot 3}{2 \cdot 4} \cdot x^6 - \frac{1 \cdot 3 \cdot 5}{2 \cdot 4 \cdot 6} \cdot x^9 \pm \ldots;$$

$$x \in (-1; 1)$$

$$\int \frac{\mathrm{d}x}{\sqrt{1+x^3}} = \int \left(1 - \frac{1}{2} \cdot x^3 + \frac{1 \cdot 3}{2 \cdot 4} \cdot x^6 - \frac{1 \cdot 3 \cdot 5}{2 \cdot 4 \cdot 6} \cdot x^9 \pm \ldots \right) \mathrm{d}x$$

$$= \underline{\underline{x - \frac{1}{2} \cdot \frac{x^4}{4} + \frac{1 \cdot 3}{2 \cdot 4} \cdot \frac{x^7}{7} - \frac{1 \cdot 3 \cdot 5}{2 \cdot 4 \cdot 6} \cdot \frac{x^{10}}{10} \pm \ldots + c;}}$$

$$\underline{\underline{x \in (-1; 1)}}$$

7. $\int \sqrt[3]{1+x^5} \, \mathrm{d}x;\ x \in \mathbb{R}^{\geq -1}$

Die Potenzreihenentwicklung der Funktion $g: g(x) = \sqrt[3]{1+x};\ D(g) = \mathbb{R}^{\geq -1}$ um $x_0 = 0$ hat das Konvergenzintervall $[-1; 1]$ (▶ Binomische Reihen; 4.3). Setzt man hierin x^5 für x, so ergibt sich die Potenzreihenentwicklung der Funktion $f: f(x) = \sqrt[3]{1+x^5};$ $D(f) = \mathbb{R}^{\geq -1}$ um $x_0 = 0$ mit dem Konvergenzintervall $[-1; 1]$.

$$\sqrt[3]{1+x} = (1+x)^{\frac{1}{3}}$$

$$= 1 + \frac{1}{3} \cdot x - \frac{1 \cdot 2}{3 \cdot 6} \cdot x^2 + \frac{1 \cdot 2 \cdot 5}{3 \cdot 6 \cdot 9} \cdot x^3 \mp \ldots;\ x \in [-1; 1]$$

▶ x^5 für x

$$\Rightarrow \sqrt[3]{1+x^5} = 1 + \frac{1}{3} \cdot x^5 - \frac{1 \cdot 2}{3 \cdot 6} \cdot x^{10} + \frac{1 \cdot 2 \cdot 5}{3 \cdot 6 \cdot 9} \cdot x^{15} \mp \ldots;$$

$$x \in [-1; 1]$$

$$\int \sqrt[3]{1+x^5} \, \mathrm{d}x = \int \left(1 + \frac{1}{3} \cdot x^5 - \frac{1 \cdot 2}{3 \cdot 6} \cdot x^{10} + \frac{1 \cdot 2 \cdot 5}{3 \cdot 6 \cdot 9} \cdot x^{15} \mp \ldots \right) \mathrm{d}x$$

$$= \underline{\underline{x + \frac{1}{3} \cdot \frac{x^6}{6} - \frac{1 \cdot 2}{3 \cdot 6} \cdot \frac{x^{11}}{11} + \frac{1 \cdot 2 \cdot 5}{3 \cdot 6 \cdot 9} \cdot \frac{x^{16}}{16} \mp \ldots + c;}}$$

$$\underline{\underline{x \in [-1; 1]}}$$

175

8. $\int \sqrt{1-x^2}\,\mathrm{d}x;\ x \in [-1;1]$

Die Potenzreihenentwicklung der Funktion $g: g(x) = \sqrt{1-x};\ D(g) = \mathbb{R}^{\leq 1}$ um $x_0 = 0$ hat das Konvergenzintervall $[-1;1]$ (► Binomische Reihen; 4.3).

Setzt man hierin x^2 für x, so ergibt sich die Potenzreihenentwicklung der Funktion $f: f(x) = \sqrt{1-x^2};\ D(f) = [-1;1]$ um $x_0 = 0$ mit dem Konvergenzintervall $[-1;1]$.

$$\sqrt{1-x} = (1-x)^{\frac{1}{2}}$$

$$= 1 - \frac{1}{2}\cdot x - \frac{1\cdot 1}{2\cdot 4}\cdot x^2 + \frac{1\cdot 1\cdot 3}{2\cdot 4\cdot 6}\cdot x^3 - \frac{1\cdot 1\cdot 3\cdot 5}{2\cdot 4\cdot 6\cdot 8}\cdot x^4 - \ldots;$$

$x \in [-1;1]$ ► x^2 für x

$$\Rightarrow \sqrt{1-x^2} = 1 - \frac{1}{2}\cdot x^2 - \frac{1\cdot 1}{2\cdot 4}\cdot x^4 - \frac{1\cdot 1\cdot 3}{2\cdot 4\cdot 6}\cdot x^6 - \frac{1\cdot 1\cdot 3\cdot 5}{2\cdot 4\cdot 6\cdot 8}\cdot x^8 + \ldots$$

$$\int \sqrt{1-x^2}\,\mathrm{d}x = \int\left(1 - \frac{1}{2}\cdot x^2 - \frac{1\cdot 1}{2\cdot 4}\cdot x^4 - \frac{1\cdot 1\cdot 3}{2\cdot 4\cdot 6}\cdot x^6 - \frac{1\cdot 1\cdot 3\cdot 5}{2\cdot 4\cdot 6\cdot 8}\cdot x^8 + \ldots\right)\mathrm{d}x$$

$$= x - \frac{1}{2}\cdot\frac{x^3}{3} - \frac{1\cdot 1}{2\cdot 4}\cdot\frac{x^5}{5} + \frac{1\cdot 1\cdot 3}{2\cdot 4\cdot 6}\cdot\frac{x^7}{7} - \frac{1\cdot 1\cdot 3\cdot 5}{2\cdot 4\cdot 6\cdot 8}\cdot\frac{x^9}{9} + \ldots + c;$$

$x \in [-1;1]$

Lösen Sie die nachstehenden unbestimmten Integrale in der Weise, dass Sie den Zählerterm des Integranden zu einer Potenzreihe um $x_0 = 0$ entwickeln. Geben Sie das Konvergenzintervall der Potenzreihe an. **► Lehrbuch: Kusch 4, S. 173**

9. $\int \frac{\cos x}{x}\,\mathrm{d}x;\ x \in \mathbb{R}^{\neq 0}$

Die Potenzreihenentwicklung der Funktion $g: g(x) = \cos x;\ D(g) = \mathbb{R}$ um $x_0 = 0$ hat das Konvergenzintervall $(-\infty;\infty)$. ► 4.3

Hieraus ergibt sich eine unendliche Reihe für $f: f(x) = \frac{\cos x}{x};\ D(f) = \mathbb{R}^{\neq 0}$, die für $x < 0$ bzw. $x > 0$ konvergent ist. Durch summandenweise Integration erhält man Stammfunktionen zu f in Form von unendlichen Reihen, die ebenfalls für $x < 0$ bzw. $x > 0$ konvergent sind.

$$\cos x = 1 - \frac{x^2}{2!} + \frac{x^4}{4!} - \frac{x^6}{6!} + \frac{x^8}{8!} \mp \ldots;\ x \in \mathbb{R} \mid : x;\ x \neq 0$$

$$\Rightarrow \frac{\cos x}{x} = \frac{1}{x} - \frac{x}{2!} + \frac{x^3}{4!} - \frac{x^5}{6!} + \frac{x^7}{8!} \mp \ldots;\ x \neq 0$$

$$\int \frac{\cos x}{x}\,\mathrm{d}x = \int\left(\frac{1}{x} - \frac{x}{2!} + \frac{x^3}{4!} - \frac{x^5}{6!} + \frac{x^7}{8!} \mp \ldots\right)\mathrm{d}x$$

$$= \ln|x| - \frac{x^2}{2\cdot 2!} + \frac{x^4}{4\cdot 4!} - \frac{x^6}{6\cdot 6!} + \frac{x^8}{8\cdot 8!} \mp \ldots + c;\ x \neq 0$$

10. $\int \frac{\sin x}{x^2}\,\mathrm{d}x;\ x \in \mathbb{R}^{\neq 0}$

Die Potenzreihenentwicklung der Funktion $g: g(x) = \sin x;\ D(g) = \mathbb{R}$ um $x_0 = 0$ hat das Konvergenzintervall $(-\infty;\infty)$. ► 4.3

Hieraus ergibt sich eine unendliche Reihe für $f: f(x) = \frac{\sin x}{x^2};\ D(f) = \mathbb{R}^{\neq 0}$, die für $x < 0$ bzw. $x > 0$ konvergent ist. Durch summandenweise Integration erhält man Stammfunktionen zu f in Form von unendlichen Reihen, die ebenfalls für $x < 0$ bzw. $x > 0$ konvergent sind.

$$\sin x = x - \frac{x^3}{3!} + \frac{x^5}{5!} - \frac{x^7}{7!} \pm \ldots;\ x \in \mathbb{R} \mid : x^2;\ x \neq 0$$

$$\Rightarrow \frac{\sin x}{x^2} = \frac{1}{x} - \frac{x}{3!} + \frac{x^3}{5!} - \frac{x^5}{7!} \pm \ldots;\ x \neq 0$$

$$\int \frac{\sin x}{x^2}\,\mathrm{d}x = \int\left(\frac{1}{x} - \frac{x}{3!} + \frac{x^3}{5!} - \frac{x^5}{7!} \pm \ldots\right)\mathrm{d}x$$

$$= \ln|x| - \frac{x^2}{2\cdot 3!} + \frac{x^4}{4\cdot 5!} - \frac{x^6}{6\cdot 7!} \pm \ldots + c;\ x \neq 0$$

11. $\int \frac{\ln(1+x)}{x}\,dx;\ x \in \mathbb{R}^{>-1}\setminus\{0\}.$ 175

Die Funktion $f: f(x) = \frac{\ln(1+x)}{x}$ mit $D(f) = \mathbb{R}^{>-1}\setminus\{0\}$ hat an der Stelle $x_0 = 0$ eine stetig behebbare Definitionslücke, denn nach der ersten Regel von de L'Hospital gilt: $\lim\limits_{x\to 0}\frac{\ln(1+x)}{x} = 1$ ► Kusch 3; 4.5

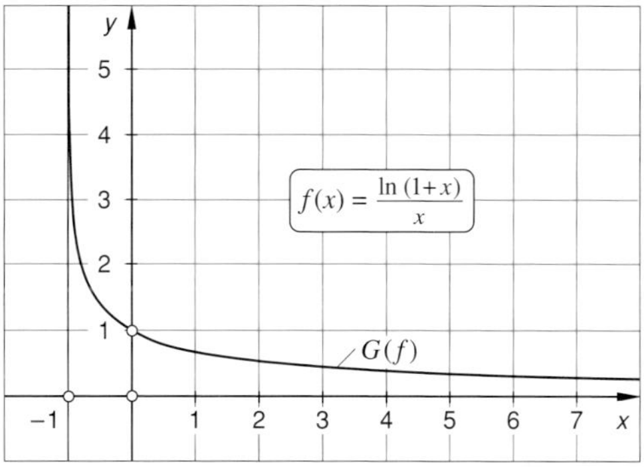

Die Potenzreihenentwicklung der Funktion $g: g(x) = \ln(1+x);\ D(g) = \mathbb{R}^{>-1}$ um $x_0 = 0$ hat das Konvergenzintervall $(-1; 1)$. ► 4.3 Hieraus ergibt sich die Darstellung einer unendlichen Reihe von:

$$f: f(x) = \begin{cases} \frac{\ln(1+x)}{x}, & \text{wenn } x > -1 \text{ und } x \neq 0 \\ 1, & \text{wenn } x = 0 \end{cases}$$

Diese unendliche Reihe hat auch das Konvergenzintervall $(-1; 1)$.

$$\ln(1+x) = x - \frac{x^2}{2} + \frac{x^3}{3} - \frac{x^4}{4} \pm \ldots;\ x \in (-1; 1)\ |: x;\ x \neq 0$$

$$\Rightarrow \frac{\ln(1+x)}{x} = 1 - \frac{x}{2} + \frac{x^2}{3} - \frac{x^3}{4} \pm \ldots;\ x \in (-1; 1)$$

$$\int \frac{\ln(1+x)}{x}\,dx = \int \left(1 - \frac{x}{2} + \frac{x^2}{3} - \frac{x^3}{4} \pm \ldots\right) dx$$

$$= x - \frac{x^2}{2\cdot 2} + \frac{x^3}{3\cdot 3} - \frac{x^4}{4\cdot 4} \pm \ldots + c$$

$$= x - \frac{x^2}{4} + \frac{x^3}{9} - \frac{x^4}{16} \pm \ldots + c;\ x \in (-1; 1)$$

12. $\int \frac{\ln(1+x^2)}{x^2}\,dx;\ x \in \mathbb{R}^{\neq 0}$

Die Funktion $f: f(x) = \frac{\ln(1+x^2)}{x^2}$ mit $D(f) = \mathbb{R}^{\neq 0}$ hat an der Stelle $x_0 = 0$ eine stetig behebbare Definitionslücke, denn nach der ersten Regel von de L'Hospital gilt: $\lim\limits_{x\to 0}\frac{\ln(1+x^2)}{x^2} = 1.$ ► Kusch 3; 4.5

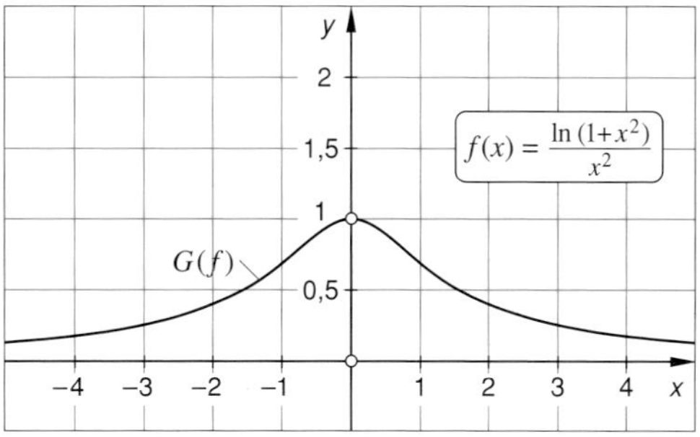

Die Potenzreihenentwicklung der Funktion $g: g(x) = \ln(1+x);\ D(g) = \mathbb{R}^{>-1}$ um $x_0 = 0$ hat das Konvergenzintervall $(-1; 1)$. ► 4.3 Setzt man hierin x^2 für x, so erhält man die Potenzreihenentwicklung der Funktion $h: h(x) = \ln(1+x^2)$ mit $D(h) = \mathbb{R}$ um $x_0 = 0$ und dem Konvergenzintervall $(-1; 1)$. Hieraus ergibt sich die Darstellung einer unendlichen Reihe von:

$$f: f(x) = \begin{cases} \frac{\ln(1+x^2)}{x^2}, & \text{wenn } x \neq 0 \\ 1, & \text{wenn } x = 0 \end{cases}$$

Diese unendliche Reihe hat ebenfalls das Konvergenzintervall $(-1; 1)$.

$$\ln(1+x) = x - \frac{x^2}{2} + \frac{x^3}{3} - \frac{x^4}{4} \pm \ldots;\ x \in (-1; 1) \quad \blacktriangleright\ x^2 \text{ für } x$$

$$\Rightarrow \ln(1+x^2) = x^2 - \frac{x^4}{2} + \frac{x^6}{3} - \frac{x^8}{4} \pm \ldots;\ x \in (-1; 1)\ |: x^2;\ x \neq 0$$

$$\Rightarrow \frac{\ln(1+x^2)}{x^2} = 1 - \frac{x^2}{2} + \frac{x^4}{3} - \frac{x^6}{4} \pm \ldots;\ x \in (-1; 1)$$

$$\int \frac{\ln(1+x^2)}{x^2}\,dx = \int \left(1 - \frac{x^2}{2} + \frac{x^4}{3} - \frac{x^6}{4} \pm \ldots\right) dx$$

$$= x - \frac{x^3}{2\cdot 3} + \frac{x^5}{3\cdot 5} - \frac{x^7}{4\cdot 7} + c;\ x \in (-1; 1)$$

175

13. $\displaystyle\int \frac{e^x}{x}\,dx;\ x \in \mathbb{R}^{\neq 0}$

Die Potenzreihenentwicklung der Funktion $g: g(x) = e^x;\ D(g) = \mathbb{R}$ um $x_0 = 0$ hat das Konvergenzintervall $(-\infty; \infty)$. ► 4.3 Hieraus ergibt sich eine unendliche Reihe für $f: f(x) = \dfrac{e^x}{x};\ D(f) = \mathbb{R}^{\neq 0}$, die für $x < 0$ bzw. $x > 0$ konvergent ist.

$$e^x = 1 + \frac{x}{1!} + \frac{x^2}{2!} + \frac{x^3}{3!} + \frac{x^4}{4!} + \ldots;\ x \in \mathbb{R} \mid : x;\ x \neq 0$$

$$\Rightarrow \frac{e^x}{x} = \frac{1}{x} + \frac{1}{1!} + \frac{x}{2!} + \frac{x^2}{3!} + \frac{x^3}{4!} + \ldots;\ x \neq 0$$

$$\int \frac{e^x}{x}\,dx = \int \left(\frac{1}{x} + \frac{1}{1!} + \frac{x}{2!} + \frac{x^2}{3!} + \frac{x^3}{4!} + \ldots\right) dx$$

$$= \ln|x| + \frac{x}{1!} + \frac{x^2}{2 \cdot 2!} + \frac{x^3}{3 \cdot 3!} + \frac{x^4}{4 \cdot 4!} + \ldots + c;\ x \neq 0$$

14. $\displaystyle\int \frac{e^{-x}}{x}\,dx;\ x \in \mathbb{R}^{\neq 0}$

Die Potenzreihenentwicklung der Funktion $g: g(x) = e^{-x};\ D(g) = \mathbb{R}$ um $x_0 = 0$ hat das Konvergenzintervall $(-\infty; \infty)$. ► Aufgabe 1

Hieraus ergibt sich eine unendliche Reihe für $f: f(x) = \dfrac{e^{-x}}{x};\ D(f) = \mathbb{R}^{\neq 0}$, die für $x < 0$ bzw. $x > 0$ konvergent ist.

$$e^{-x} = 1 - \frac{x}{1!} + \frac{x^2}{2!} - \frac{x^3}{3!} + \frac{x^4}{4!} \mp \ldots;\ x \in \mathbb{R} \mid : x;\ x \neq 0$$

$$\Rightarrow \frac{e^{-x}}{x} = \frac{1}{x} - \frac{1}{1!} + \frac{x}{2!} - \frac{x^2}{3!} + \frac{x^3}{4!} \mp \ldots;\ x \neq 0$$

$$\int \frac{-e^x}{x}\,dx = \int \left(\frac{1}{x} - \frac{1}{1!} + \frac{x}{2!} - \frac{x^2}{3!} + \frac{x^3}{4!} \mp \ldots\right) dx$$

$$= \ln|x| - \frac{x}{1!} + \frac{x^2}{2 \cdot 2!} - \frac{x^3}{3 \cdot 3!} + \frac{x^4}{4 \cdot 4!} \mp \ldots + c;\ x \neq 0$$

15. $\displaystyle\int \frac{e^{-x^2}}{x}\,dx;\ x \in \mathbb{R}^{\neq 0}$

Die Potenzreihenentwicklung der Funktion $g: g(x) = e^x;\ D(g) = \mathbb{R}$ um $x_0 = 0$ ist bekannt. ► 4.3 Setzt man hierin $-x^2$ für x, so erhält man die Potenzreihenentwicklung der Funktion $h: h(x) = e^{-x^2};\ D(h) = \mathbb{R}$ um $x_0 = 0$ mit dem Konvergenzintervall $(-\infty; \infty)$. Hieraus ergibt sich eine unendliche Reihe für $f: f(x) = \dfrac{e^{-x^2}}{x};\ D(f) = \mathbb{R}^{\neq 0}$, die für $x < 0$ bzw $x > 0$ konvergent ist.

$$e^{-x} = 1 + \frac{x}{1!} + \frac{x^2}{2!} + \frac{x^3}{3!} + \frac{x^4}{4!} + \ldots;\ x \in \mathbb{R} \quad ► -x^2 \text{ für } x$$

$$\Rightarrow e^{-x^2} = 1 - \frac{x^2}{1!} + \frac{x^4}{2!} - \frac{x^6}{3!} + \frac{x^8}{4!} \mp \ldots;\ x \in \mathbb{R} \mid : x;\ x \neq 0$$

$$\Rightarrow \frac{e^{-x^2}}{x} = \frac{1}{x} - \frac{x}{1!} + \frac{x^3}{2!} - \frac{x^5}{3!} + \frac{x^7}{4!} \mp \ldots;\ x \neq 0$$

$$\int \frac{e^{-x^2}}{x}\,dx = \int \left(\frac{1}{x} - \frac{x}{1!} + \frac{x^3}{2!} - \frac{x^5}{3!} + \frac{x^7}{4!} \mp \ldots\right) dx$$

$$= \ln|x| - \frac{x^2}{2 \cdot 1!} + \frac{x^4}{4 \cdot 2!} - \frac{x^6}{6 \cdot 3!} + \frac{x^8}{8 \cdot 4!} + \ldots + c;\ x \neq 0$$

16. $\displaystyle\int \frac{\operatorname{Arsinh} x}{x}\,dx;\ x \in \mathbb{R}^{\neq 0}$

Die Funktion $f: f(x) = \dfrac{\operatorname{Arsinh} x}{x}$ mit $D(f) = \mathbb{R}^{\neq 0}$ hat an der Stelle $x_0 = 0$ eine stetig behebbare Definitionslücke, denn nach der ersten Regel von de L'Hospital gilt: $\displaystyle\lim_{x \to 0} \frac{\operatorname{Arsinh} x}{x} = 1$ ► Kusch 3; 4.5

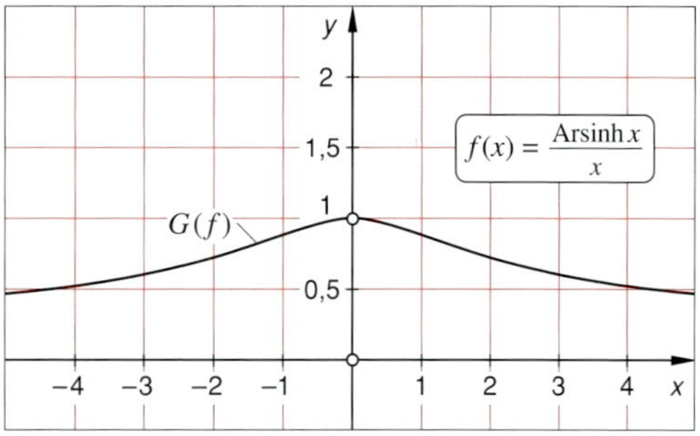

Die Potenzreihenentwicklung der Funktion $g: g(x) = \operatorname{Arsinh} x;\ D(g) = \mathbb{R}$ um $x_0 = 0$ hat das Konvergenzintervall $(-1; 1)$. ► 4.3

Hieraus ergibt sich die Darstellung einer unendlichen Reihe von:

$$f: f(x) = \begin{cases} \dfrac{\operatorname{Arsinh} x}{x}, & \text{wenn } x \in (-1; 1) \text{ und } x \neq 0 \\ 1, & \text{wenn } x = 0 \end{cases}$$

Diese unendliche Reihe hat auch das Konvergenzintervall $(-1; 1)$.

$$\operatorname{Arsinh} x = x - \frac{1}{2 \cdot 3} \cdot x^3 + \frac{1 \cdot 3}{2 \cdot 4 \cdot 5} \cdot x^5 \mp \ldots;\ x \in (-1; 1)\ |:x;\ x \neq 0$$

$$\Rightarrow \frac{\operatorname{Arsinh} x}{x} = 1 - \frac{1}{2 \cdot 3} x^2 + \frac{1 \cdot 3}{2 \cdot 4 \cdot 5} \cdot x^4 \mp \ldots;\ x \in (-1; 1)$$

$$\int \frac{\operatorname{Arsinh} x}{x}\, dx = \int \left(1 - \frac{1}{2 \cdot 3} \cdot x^2 + \frac{1 \cdot 3}{2 \cdot 4 \cdot 5} \cdot x^4 \mp \ldots \right) dx$$

$$= \underline{\underline{x - \frac{1}{2 \cdot 3} \cdot \frac{x^3}{3} + \frac{1 \cdot 3}{2 \cdot 4 \cdot 5} \cdot \frac{x^5}{5} \mp \ldots + c;\ x \in (-1; 1)}}$$

17. Entwickeln Sie die Funktion $f: f(x) = \dfrac{1}{\sqrt{1-x}};\ D(f) = \mathbb{R}^{<1}$ an der Stelle $x_0 = 0$ zu einer Potenzreihe, geben Sie deren Konvergenzintervall I_0 an und ermitteln Sie Potenzreihendarstellungen von Stammfunktionen von f in I_0. Verfahren Sie entsprechend an der Stelle $x_{-1} = -1$.

► **Lehrbuch: Kusch 4, S. 173/174**

● Entwicklung an der Stelle $x_0 = 0$

Die Potenzreihenentwicklung der Funktion $f: f(x) = \dfrac{1}{\sqrt{1-x}};\ D(f) = \mathbb{R}^{<1}$ um $x_0 = 0$ hat das Konvergenzintervall $(-1; 1)$. ► 4.3, Binomische Reihen

Durch summandenweise Integration erhält man hieraus Stammfunktionen zu f in Form von Potenzreihen, die ebenfalls für $(-1; 1)$ konvergent sind.

$$\frac{1}{\sqrt{1-x}} = (1-x)^{-\frac{1}{2}} = 1 + \frac{1}{2} \cdot x + \frac{1 \cdot 3}{2 \cdot 4} \cdot x^2 + \frac{1 \cdot 3 \cdot 5}{2 \cdot 4 \cdot 6} \cdot x^3 + \ldots;\ x \in (-1; 1)$$

$$\int \frac{dx}{\sqrt{1-x}} = \int \left(1 + \frac{1}{2} \cdot x + \frac{1 \cdot 3}{2 \cdot 4} \cdot x^2 + \frac{1 \cdot 3 \cdot 5}{2 \cdot 4 \cdot 6} \cdot x^3 + \ldots \right) dx = \underline{\underline{1 + \frac{1}{2} \cdot \frac{x^2}{2} + \frac{1 \cdot 3}{2 \cdot 4} \cdot \frac{x^3}{3} + \frac{1 \cdot 3 \cdot 5}{2 \cdot 4 \cdot 6} \cdot \frac{x^4}{4} + \ldots + c;\ x \in (-1; 1)}}$$

● Entwicklung an der Stelle $x_{-1} = -1$

Die Funktion $f: f(x) = \dfrac{1}{\sqrt{1-x}};\ D(f) = \mathbb{R}^{<1}$ ist beliebig oft differenzierbar. Daher lässt sie sich an jeder Stelle von $D(f)$ in eine Taylor-Reihe entwickeln (► Kusch 3; 3.2.5):

$$f(x) = \sum_{k=0}^{n} \left[f^{(k)}_{(x_{-1})} \cdot \frac{(x - x_{-1})^k}{k!} \right] + R_n(x) \text{ mit } R_n(x) = f^{(n+1)}\left((x_{-1} + \delta \cdot (x - x_{-1}))\right) \cdot \frac{(x - x_{-1})^{n+1}}{(n+1)!};\ 0 < \delta < 1$$

Bildet man die erste, zweite, dritte, … Ableitung der Funktion f an der Stelle $x_{-1} = -1$, so kann man die Koeffizienten der Taylor-Reihe berechnen.

$$f(x) = \frac{1}{\sqrt{1-x}} = \frac{1}{(1-x)^{\frac{1}{2}}} \Rightarrow f(-1) = \frac{1}{2^{\frac{1}{2}}}$$

$$f'(x) = \frac{1}{2 \cdot (1-x)^{\frac{3}{2}}} \Rightarrow f'(-1) = \frac{1}{2 \cdot 2^{\frac{3}{2}}}$$

$$f''(x) = \frac{1 \cdot 3}{2^2 \cdot (1-x)^{\frac{5}{2}}} \Rightarrow f'(-1) = \frac{1 \cdot 3}{2^2 \cdot 2^{\frac{5}{2}}}$$

$$f'''(x) = \frac{1 \cdot 3 \cdot 5}{2^3 \cdot (1-x)^{\frac{7}{2}}} \Rightarrow f'(-1) = \frac{1 \cdot 3 \cdot 5}{2^3 \cdot 2^{\frac{7}{2}}}$$

$$\vdots$$

175

Man findet schnell ein Bildungsgesetz für den Ableitungsterm $f^{(k)}(x)$ mit $k \in \mathbb{N}^{\geq 1}$.

$$f^{(k)}(x) = \frac{1 \cdot 3 \cdot 5 \cdot \ldots \cdot (2k-1)}{2^k \cdot (1-x)^{\frac{2k+1}{2}}}$$

$$\Rightarrow f^{(k)}(-1) = \frac{1 \cdot 3 \cdot 5 \cdot \ldots \cdot (2k-1)}{2^k \cdot 2^{\frac{2k+1}{2}}}$$

► $2^k \cdot 2^{\frac{2k+1}{2}} = 2^k \cdot 2^{k+\frac{1}{2}} = 2^k \cdot 2^k \cdot 2^{\frac{1}{2}} = 2^{2k} \cdot \sqrt{2}$

$$= \frac{1 \cdot 3 \cdot 5 \cdot \ldots \cdot (2k-1)}{2^{2k} \cdot \sqrt{2}}; \; k \in \mathbb{N}^{\geq 1}$$

Damit erhält man die Taylor-Reihe von f an der Entwicklungsstelle $x_{-1} = -1$:

$$f(x) = \frac{1}{\sqrt{1-x}} = \frac{1}{2^{\frac{1}{2}}} + \sum_{k=1}^{n} \left[\frac{1 \cdot 3 \cdot 5 \cdot \ldots \cdot (2k-1)}{2^{2k} \cdot \sqrt{2}} \cdot \frac{(x+1)^k}{k!} \right] + R_n(x); \; x \in \mathbb{R}^{<1}$$

Hierbei kann das Restglied auf die Form $R_n(x) = \frac{1 \cdot 3 \cdot 5 \cdot \ldots \cdot (2n+1) \cdot (x+1)}{2^{2n+2} \cdot \sqrt{2} \cdot [2-\vartheta \cdot (x+1)]^{\frac{3}{2}}} \cdot \left(\frac{x+1}{2-\vartheta \cdot (x+1)} \right)^n$; $n \in \mathbb{N}^{\geq 1}$ gebracht werden und man kann zeigen, dass $\lim\limits_{n \to \infty} R_n(x) = 0$ genau dann gilt, wenn $x \in (-3; 0)$ ist. Für $x \in (-3; 0)$ gilt also: $f(x) = \frac{1}{\sqrt{1-x}} = \frac{1}{2^{\frac{1}{2}}} + \sum\limits_{k=1}^{\infty} \left[\frac{1 \cdot 3 \cdot 5 \cdot \ldots \cdot (2k-1)}{2^{2k} \cdot \sqrt{2}} \cdot \frac{(x+1)^k}{k!} \right]$

Nur für $x \in (-3; 0)$ kann man daher durch summandenweise Integration dieser Potenzreihe Stammfunktionen zu f aus ihrer Potenzreihendarstellung gewinnen.

Integration

$$f(x) = \frac{1}{\sqrt{1-x}} = \frac{1}{2^{\frac{1}{2}}} + \sum_{k=1}^{\infty} \left[\frac{1 \cdot 3 \cdot 5 \cdot \ldots \cdot (2k-1)}{2^{2k} \cdot \sqrt{2}} \cdot \frac{(x+1)^k}{k!} \right]; \; x \in (-3; 0)$$

$$\Rightarrow \int f(x)\,\mathrm{d}x = \int \frac{\mathrm{d}x}{\sqrt{1-x}} = \frac{x}{\sqrt{2}} + \sum_{k=1}^{\infty} \left[\frac{1 \cdot 3 \cdot 5 \cdot \ldots \cdot (2k-1)}{2^{2k} \cdot \sqrt{2}} \cdot \frac{(x+1)^{k+1}}{(k+1) \cdot k!} \right] + c$$ ► $(k+1) \cdot k! = (k+1)!$

$$= \frac{x}{\sqrt{2}} + \sum_{k=1}^{\infty} \left[\frac{1 \cdot 3 \cdot 5 \cdot \ldots \cdot (2k-1)}{2^{2k} \cdot \sqrt{2}} \cdot \frac{(x+1)^{k+1}}{(k+1)!} \right] + c; \; x \in (-3; 0)$$

Entwickeln Sie für die nachstehenden Funktionen f eine Potenzreihe um $x_0 = 0$, indem Sie die unendliche Reihe ihrer Ableitungsfunktion f' integrieren. Geben Sie das Konvergenzintervall der Potenzreihe an. ► **Lehrbuch: Kusch 4, S. 174**

18. $f: f(x) = \operatorname{Arcsin} x$; $D(f) = [-1; 1]$

► $\frac{1}{\sqrt{1-x}} = (1-x)^{-\frac{1}{2}}$

$$= 1 + \frac{1}{2} \cdot x + \frac{1 \cdot 3}{2 \cdot 4} \cdot x^2 + \frac{1 \cdot 3 \cdot 5}{2 \cdot 4 \cdot 6} \cdot x^3 + \ldots$$

► 4.3 ► x^2 für x

$$\Rightarrow \frac{1}{\sqrt{1-x^2}} = (1-x^2)^{-\frac{1}{2}}$$

$$= 1 + \frac{1}{2} \cdot x^2 + \frac{1 \cdot 3}{2 \cdot 4} \cdot x^4 + \frac{1 \cdot 3 \cdot 5}{2 \cdot 4 \cdot 6} \cdot x^6 + \ldots; \; x \in (-1; 1)$$

Zur Berechnung der Integrationskonstanten setzt man 0 für x.

► $\operatorname{Arcsin} 0 = 0$

$$f(x) = \operatorname{Arcsin} x \Rightarrow f'(x) = \frac{1}{\sqrt{1-x^2}}; \; x \in (-1; 1)$$

$$\int \frac{\mathrm{d}x}{\sqrt{1-x^2}} = \operatorname{Arcsin} x + c_1$$

$$\int \frac{\mathrm{d}x}{\sqrt{1-x^2}} = \int \left(1 + \frac{1}{2} \cdot x^2 + \frac{1 \cdot 3}{2 \cdot 4} \cdot x^4 + \frac{1 \cdot 3 \cdot 5}{2 \cdot 4 \cdot 6} \cdot x^6 + \ldots \right) \mathrm{d}x$$

$$= x + \frac{1}{2} \cdot \frac{x^3}{3} + \frac{1 \cdot 3}{2 \cdot 4} \cdot \frac{x^5}{5} + \frac{1 \cdot 3 \cdot 5}{2 \cdot 4 \cdot 6} \cdot \frac{x^7}{7} + \ldots + c_2$$

$$\operatorname{Arcsin} x + c_1 = x + \frac{1}{2 \cdot 3} \cdot x^3 + \frac{1 \cdot 3}{2 \cdot 4 \cdot 5} \cdot x^5 + \frac{1 \cdot 3 \cdot 5}{2 \cdot 4 \cdot 6 \cdot 7} \cdot x^7 + \ldots + c_2$$

► 0 für x

$$\operatorname{Arcsin} 0 + c_1 = 0 + 0 + 0 + 0 + \ldots + c_2 \Rightarrow c_1 = c_2$$

$$\Rightarrow \operatorname{Arcsin} x = x + \frac{1}{2 \cdot 3} \cdot x^3 + \frac{1 \cdot 3}{2 \cdot 4 \cdot 5} \cdot x^5 + \frac{1 \cdot 3 \cdot 5}{2 \cdot 4 \cdot 6 \cdot 7} \cdot x^7 + \ldots; \; x \in (-1; 1)$$

19. $f: f(x) = \ln(1+x);\ D(f) = \mathbb{R}^{>-1}$

Die Reihe für $\dfrac{1}{1+x}$ ist als geometrische Reihe (▶ 4.3) bekannt:

$$\frac{1}{1+x} = 1 - x + x^2 - x^3 + x^4 \mp \ldots;\ x \in (-1;\,1)$$

Zur Berechnung der Integrationskonstanten setzt man 0 für x.

▶ $\ln(1+0) = \ln 1 = 0$

$$f(x) = \ln(1+x) \Rightarrow f'(x) = \frac{1}{1+x};\ x > -1$$

$$\int \frac{\mathrm{d}x}{1+x} = \ln(1+x) + c_1;\ x > -1$$

$$\int \frac{\mathrm{d}x}{1+x} = \int (1 - x + x^2 - x^3 + x^4 \mp \ldots)\,\mathrm{d}x$$
$$= x - \frac{x^2}{2} + \frac{x^3}{3} - \frac{x^4}{4} + \frac{x^5}{5} \mp \ldots + c_2$$

$$\ln(1+x) + c_1 = x - \frac{x^2}{2} + \frac{x^3}{3} - \frac{x^4}{4} + \frac{x^5}{5} \mp \ldots + c_2$$

▶ 0 für x

$$0 + c_1 = 0 - 0 + 0 - 0 + 0 \mp \ldots + c_2 \Rightarrow c_1 = c_2$$

$$\Rightarrow \ln(1+x) = x - \frac{x^2}{2} + \frac{x^3}{3} - \frac{x^4}{4} + \frac{x^5}{5} \mp \ldots;\ x \in (-1;\,1)$$

20. $f: f(x) = \operatorname{Arsinh} x;\ D(f) = \mathbb{R}$

▶ $\dfrac{1}{\sqrt{x+1}} = (x+1)^{-\frac{1}{2}}$

$$= (1+x)^{-\frac{1}{2}}$$
$$= 1 - \frac{1}{2}\cdot x + \frac{1\cdot 3}{2\cdot 4}\cdot x^2 - \frac{1\cdot 3\cdot 5}{2\cdot 4\cdot 6}\cdot x^3 \pm \ldots$$

▶ 4.3 ▶ x^2 für x

$$\Rightarrow \frac{1}{\sqrt{x^2+1}} = 1 - \frac{1}{2}x^2 + \frac{1\cdot 3}{2\cdot 4}\cdot x^4 - \frac{1\cdot 3\cdot 5}{2\cdot 4\cdot 6}\cdot x^6 \pm \ldots;$$

mit $x \in (-1;\,1)$

Zur Berechnung der Integrationskonstanten setzt man 0 für x

▶ $\operatorname{Arsinh} 0 = 0$

$$f(x) = \operatorname{Arsinh} x \Rightarrow f'(x) = \frac{1}{\sqrt{x^2+1}};\ x \in \mathbb{R}$$

$$\int \frac{\mathrm{d}x}{\sqrt{x^2+1}} = \operatorname{Arsinh} x + c_1$$

$$\int \frac{\mathrm{d}x}{\sqrt{x^2+1}} = \int \left(1 - \frac{1}{2}\cdot x^2 + \frac{1\cdot 3}{2\cdot 4}\cdot x^4 - \frac{1\cdot 3\cdot 5}{2\cdot 4\cdot 6}\cdot x^6 \pm \ldots\right)\mathrm{d}x$$
$$= x - \frac{1}{2}\cdot\frac{x^3}{3} + \frac{1\cdot 3}{2\cdot 4}\cdot\frac{x^5}{5} - \frac{1\cdot 3\cdot 5}{2\cdot 4\cdot 6}\cdot\frac{x^7}{7} \pm \ldots + c_2$$

$$\operatorname{Arsinh} x + c_1 = x - \frac{1}{2\cdot 3}\cdot x^3 + \frac{1\cdot 3}{2\cdot 4\cdot 5}\cdot x^5 - \frac{1\cdot 3\cdot 5}{2\cdot 4\cdot 6\cdot 7}\cdot x^7 \pm \ldots + c_2$$

▶ 0 für x

$$0 + c_1 = 0 - 0 + 0 - 0 \pm \ldots + c_2 \Rightarrow c_1 = c_2$$

$$\Rightarrow \operatorname{Arsinh} x = x - \frac{1}{2\cdot 3}\cdot x^3 + \frac{1\cdot 3}{2\cdot 4\cdot 5}\cdot x^5 - \frac{1\cdot 3\cdot 5}{2\cdot 4\cdot 6\cdot 7}\cdot x^7 \pm \ldots;\ x \in (-1;\,1)$$

21. $f: f(x) = \operatorname{Artanh} x;\ D(f) = (-1;\,1)$

Die Reihe für $\dfrac{1}{1-x^2}$ ist als geometrische Reihe (▶ 4.3) bekannt:

$$\frac{1}{1-x^2} = 1 + x^2 + x^4 + x^6 + \ldots;\ x \in (-1;\,1)$$

Zur Berechnung der Integrationskonstanten setzt man 0 für x.

▶ $\operatorname{Artanh} 0 = 0$

$$f(x) = \operatorname{Artanh} x \Rightarrow f'(x) = \frac{1}{1-x^2};\ x \in (-1;\,1)$$

$$\int \frac{\mathrm{d}x}{1-x^2} = \operatorname{Artanh} x + c_1$$

$$\int \frac{\mathrm{d}x}{1-x^2} = \int (1 + x^2 + x^4 + x^6 + \ldots)\,\mathrm{d}x$$
$$= x + \frac{x^3}{3} + \frac{x^5}{5} + \frac{x^7}{7} + \ldots + c_2$$

$$\operatorname{Artanh} x + c_1 = x + \frac{x^3}{3} + \frac{x^5}{5} + \frac{x^7}{7} + \ldots + c_2$$ ▶ 0 für x

$$0 + c_1 = 0 + 0 + 0 + 0 + \ldots + c_2 \Rightarrow c_1 = c_2$$

$$\Rightarrow \operatorname{Artanh} x = x + \frac{x^3}{3} + \frac{x^5}{5} + \frac{x^7}{7} + \ldots;\ x \in (-1;\,1)$$

2.8 Uneigentliche Integrale

▶ **Lehrbuch: Kusch 4, S. 176…193**

Merke:

- Ist eine Funktion f in jedem Intervall $[a;b]$, a fest und $a<b$, integrierbar und existiert der Grenzwert $\lim\limits_{b\to\infty}\int\limits_a^b f(x)\,\mathrm{d}x$, so heißt die Funktion f uneigentlich integrierbar im Intervall $[a;\infty)$. Man schreibt dafür $\int\limits_a^\infty f(x)\,\mathrm{d}x = \lim\limits_{b\to\infty}\int\limits_a^b f(x)\,\mathrm{d}x$ und bezeichnet $\int\limits_a^\infty f(x)\,\mathrm{d}x$ als **konvergentes uneigentliches Integral erster Art**.
- Ist eine Funktion f in jedem Intervall $[a;b]$, b fest und $a<b$, integrierbar und existiert der Grenzwert $\lim\limits_{a\to-\infty}\int\limits_a^b f(x)\,\mathrm{d}x$, so heißt die Funktion f uneigentlich integrierbar im Intervall $(-\infty;b]$. Man schreibt dafür $\int\limits_{-\infty}^b f(x)\,\mathrm{d}x = \lim\limits_{a\to-\infty}\int\limits_a^b f(x)\,\mathrm{d}x$ und bezeichnet $\int\limits_{-\infty}^a f(x)\,\mathrm{d}x$ als **konvergentes uneigentliches Integral erster Art**.
- Existiert kein Grenzwert, so bezeichnet man das uneigentliche Integral als divergent.
- Ist eine Funktion f in $\mathbb{R}$ definiert und sind die uneigentlichen Integrale erster Art $\int\limits_{-\infty}^{x_0} f(x)\,\mathrm{d}x$ sowie $\int\limits_{x_0}^{\infty} f(x)\,\mathrm{d}x$ für irgendeine Stelle $x_0\in\mathbb{R}$ konvergent, so bezeichnet man ihre Summe mit $\int\limits_{-\infty}^{\infty} f(x)\,\mathrm{d}x$. Es gilt also: $\boldsymbol{\int\limits_{-\infty}^{\infty} f(x)\,\mathrm{d}x = \int\limits_{-\infty}^{x_0} f(x)\,\mathrm{d}x + \int\limits_{x_0}^{\infty} f(x)\,\mathrm{d}x}$
- Der Integralwert für f in $(-\infty;\infty)$ ist unabhängig von der gewählten Stelle x_0.

194 Untersuchen Sie, ob die nachstehenden uneigentlichen Integrale mit unbeschränktem Integrationsintervall konvergieren oder divergieren und berechnen Sie gegebenenfalls den Integralwert.

▶ **Lehrbuch: Kusch 4, S. 176…186**

1. $\int\limits_{-\infty}^{0} \mathrm{e}^x\,\mathrm{d}x$

Die Funktion $f: f(x)=\mathrm{e}^x; D(f)=\mathbb{R}$ ist in $D(f)$ streng monoton steigend und daher in jedem abgeschlossenen Intervall $[a;0]; a<0$ integrierbar.

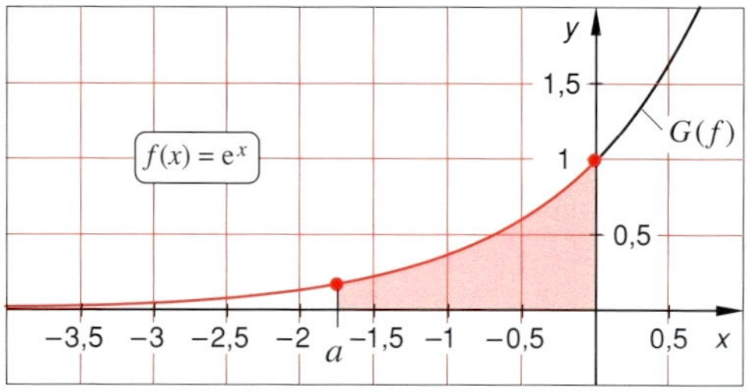

▶ $F(x)=\mathrm{e}^x; x\in\mathbb{R}$

$\Rightarrow F'(x)=\mathrm{e}^x; x\in\mathbb{R}$ ▶ $F'(x)=f(x)$

▶ F ist eine Stammfunktion von f in $\mathbb{R}$.

$f(x)=\mathrm{e}^x; x\in\mathbb{R}$

$\int\limits_a^0 \mathrm{e}^x\,\mathrm{d}x = \mathrm{e}^x\Big|_a^0$ ▶ Hauptsatz ▶ 1.2

$=\mathrm{e}^0-\mathrm{e}^a$ ▶ $\mathrm{e}^0=1$

$=\underline{1-\mathrm{e}^a;\ a<0}$

Damit lässt sich das bestimmte Integral $\int_a^0 e^x\,dx$; $a < 0$ über den Hauptsatz berechnen:

$$\int_a^b f(x)\,dx = F(x)\Big|_a^b = F(b) - F(a)$$

$\int_{-\infty}^{0} e^x\,dx$ ist ein konvergentes uneigentliches Integral erster Art.

2. $\int_1^{\infty} \frac{1}{2\cdot\sqrt{x}}\,dx$

Die Funktion $f: f(x) = \frac{1}{2\cdot\sqrt{x}}$; $D(f) = \mathbb{R}^{>0}$ ist in $D(f)$ streng monoton fallend und daher in jedem abgeschlossenen Intervall $[1; b]$; $b > 1$ integrierbar.

► $F(x) = \sqrt{x}$; $x \in \mathbb{R}^{\geq 0}$

$\Rightarrow F'(x) = \frac{1}{2\cdot\sqrt{x}}$; $x \in \mathbb{R}^{>0}$ ► $F'(x) = f(x)$

► F ist eine Stammfunktion von f in $\mathbb{R}^{>0}$.

Damit lässt sich das bestimmte Integral $\int_1^b \frac{dx}{2\cdot\sqrt{x}}$; $b > 1$ über den Hauptsatz berechnen: $\int_a^b f(x)\,dx = F(x)\Big|_a^b = F(b) - F(a)$

Wegen $\lim\limits_{b\to\infty} \sqrt{b} = \infty$ ist $\int_1^{\infty} \frac{dx}{2\cdot\sqrt{x}}$ ein divergentes uneigentliches Integral erster Art.

3. $\int_0^{\infty} e^{-x}\,dx$

Die Funktion $f: f(x) = e^{-x}$; $D(f) = \mathbb{R}$ ist in $D(f)$ streng monoton fallend und daher in jedem abgeschlossenen Intervall $[0; b]$; $b > 0$ integrierbar.

► $F(x) = -e^{-x}$; $x \in \mathbb{R}$ ► 2.4.1

$\Rightarrow F'(x) = e^{-x}$; $x \in \mathbb{R}$ ► $F'(x) = f(x)$

► F ist eine Stammfunktion von f in $\mathbb{R}$.

$$\lim_{a\to-\infty} \int_a^0 e^x\,dx = \lim_{a\to-\infty} (1 - e^a)$$ 194

$$= 1 - \lim_{a\to-\infty} e^a \quad ► \lim_{a\to-\infty} e^a = 0$$

$$= \underline{\underline{1}}$$

► $\underline{\underline{\int_{-\infty}^{0} e^x\,dx = 1}}$ ► Integralwert für f in $(-\infty; 0]$

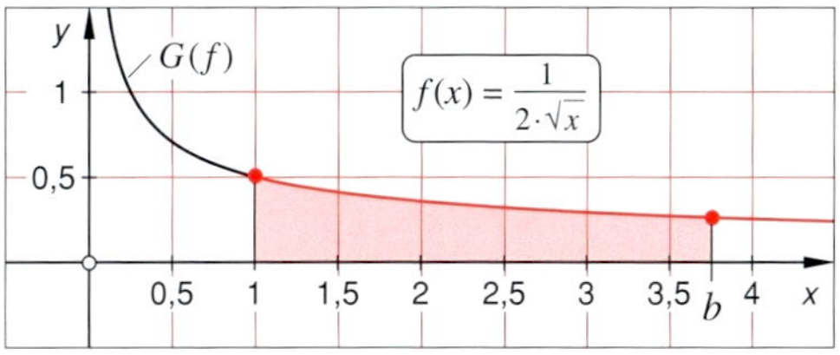

$f(x) = \frac{1}{2\cdot\sqrt{x}}$; $x \in \mathbb{R}^{>0}$

$$\int_1^b \frac{dx}{2\cdot\sqrt{x}} = \sqrt{x}\Big|_1^b \quad ► \text{Hauptsatz} \quad ► 1.2$$

$$= \sqrt{b} - \sqrt{1}$$

$$= \underline{\sqrt{b} - 1;\ b > 1}$$

$$\lim_{b\to\infty} \int_1^b \frac{1}{2\cdot\sqrt{x}}\,dx = \lim_{b\to\infty} (\sqrt{b} - 1)$$

$$= \lim_{b\to\infty} \sqrt{b} - 1$$

$$= \underline{\underline{\infty}}$$

► $\underline{\underline{\int_1^{\infty} \frac{1}{2\cdot\sqrt{x}}\,dx = \infty}}$

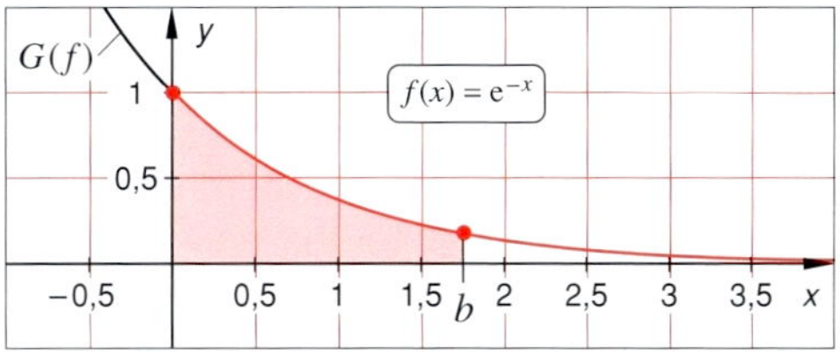

$f(x) = e^{-x}$; $x \in \mathbb{R}$

$$\int_0^b e^{-x}\,dx = -e^{-x}\Big|_0^b \quad ► \text{Hauptsatz} \quad ► 1.2$$

$$= -e^{-b} - (-e^{-0}) \quad ► e^{-0} = e^0 = 1$$

$$= \underline{-e^{-b} + 1;\ b > 0}$$

194 Damit lässt sich das bestimmte Integral $\int_0^b e^{-x}\,dx;\ b>0$ über den Hauptsatz berechnen: $\int_a^b f(x)\,dx = F(x)\Big|_a^b = F(b)-F(a)$

$\int_0^\infty e^{-x}\,dx$ ist ein konvergentes uneigentliches Integral erster Art.

4. $\int_0^\infty \sin x\,dx$

Die Funktion $f: f(x)=\sin x;\ D(f)=\mathbb{R}$ ist in jedem Intervall $[0;b];\ b>0$ abschnittsweise monoton und somit dort integrierbar.

► $F(x) = -\cos x;\ x\in\mathbb{R}$

$\Rightarrow F'(x) = \sin x;\ x\in\mathbb{R}$ ► $F'(x)=f(x)$

► F ist eine Stammfunktion von f in $\mathbb{R}$.

► Je nachdem wie b gegen ∞ strebt, strebt $\lim\limits_{b\to\infty}\cos b$ gegen verschiedene Zahlen aus $[-1;1]$ und deshalb gibt es keinen Grenzwert.

- Mit $b_k = 2k\pi;\ k\in\mathbb{N}$ gilt:
  $\cos b_k = \cos(2k\pi) = 1$ und somit
  $\lim\limits_{k\to\infty}\cos b_k = \underline{1}$

- Mit $b_k = \frac{\pi}{2}+2k\pi;\ k\in\mathbb{N}$ gilt:
  $\cos b_k = \cos\left(\frac{\pi}{2}+2k\pi\right) = 0$ und somit
  $\lim\limits_{k\to\infty}\cos b_k = \underline{0}$

5. $\int_0^\infty (x\cdot e^{-x})\,dx$

Die Funktion $f: f(x)=x\cdot e^{-x};\ D(f)=\mathbb{R}$ ist abschnittsweise monoton und daher in jedem abgeschlossenen Intervall $[0;b];\ b>0$ integrierbar. Eine Stammfunktion zu f ermittelt man mit der Methode der partiellen Integration (► 2.5):

$\int(x\cdot e^{-x})\,dx$ ► $\int(u\cdot v')\,dx = u\cdot v - \int(u'\cdot v)\,dx$

► $u(x) = x \Rightarrow u'(x) = 1$

► $v'(x) = e^{-x} \Rightarrow v(x) = \int e^{-x}\,dx = -e^{-x}$

$$\lim_{b\to\infty}\int_0^b e^{-x}\,dx = \lim_{b\to\infty}(-e^{-b}+1)$$
$$= \lim_{b\to\infty}(-e^{-b})+1 \quad ► \lim_{b\to\infty}(-e^{-b}) = 0$$
$$= \underline{\underline{1}}$$

► $\underline{\underline{\int_0^\infty e^{-x}\,dx = 1}}$ ► Integralwert für f in $[0;\infty)$

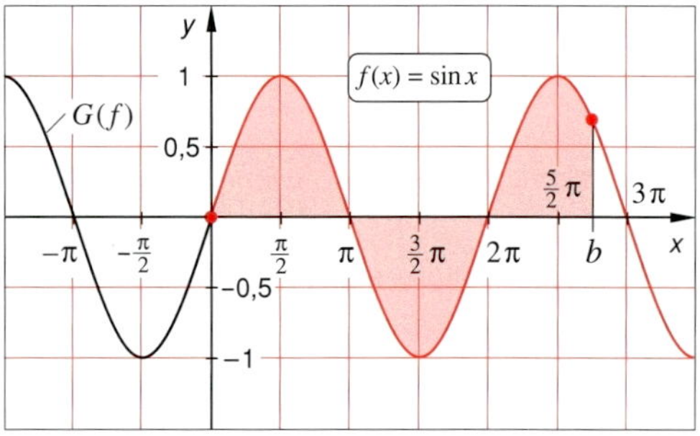

$f(x) = \sin x;\ x\in\mathbb{R}$

$\int_0^b \sin x\,dx = -\cos x\Big|_0^b$ ► Hauptsatz ► 1.2

$= -\cos b - (-\cos 0)$ ► $\cos 0 = 1$

$= \underline{-\cos b + 1;\ b>0}$

$$\lim_{b\to\infty}\int_0^b \sin x\,dx = \lim_{b\to\infty}(-\cos b+1)$$
$$= -\lim_{b\to\infty}\cos b + 1$$

► $\lim\limits_{b\to\infty}\cos b$ existiert nicht

► $\underline{\underline{\int_0^\infty \sin x\,dx}}$ ► divergentes uneigentliche Integral erster Art

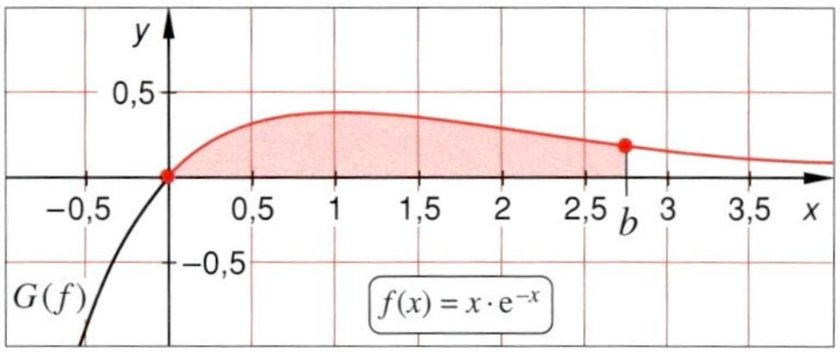

$f(x) = x\cdot e^{-x};\ x\in\mathbb{R}$

$\int(x\cdot e^{-x})\,dx = x\cdot(-e^{-x}) - \int[1\cdot(-e^{-x})]\,dx$

$= -x\cdot e^{-x} + \int e^{-x}\,dx$

$= \underline{-x\cdot e^{-x} - e^{-x};\ x\in\mathbb{R}}$

► $F: F(x) = -x \cdot e^{-x} - e^{-x}$; $D(F) = \mathbb{R}$ ist eine Stammfunktion von f in $\mathbb{R}$.

$$\int_0^b (x \cdot e^{-x})\,dx = -x \cdot e^{-x} - e^{-x}\Big|_0^b \quad \blacktriangleright \text{ Hauptsatz } \blacktriangleright \text{ 1.2}$$

$$= -b \cdot e^{-b} - e^{-b} - (-0 \cdot e^{-0} - e^{-0}) \quad \blacktriangleright\ e^{-0} = 1$$

$$= \underline{-b \cdot e^{-b} - e^{-b} + 1;\ b > 0}$$

$$\lim_{b\to\infty} \int_0^b (x \cdot e^{-x})\,dx = \lim_{b\to\infty} (-b \cdot e^{-b} - e^{-b} + 1)$$

$$= \underline{-\lim_{b\to\infty} (b \cdot e^{-b}) - \lim_{b\to\infty} e^{-b} + 1}$$

► Einen unbestimmten Ausdruck der Form „$\infty \cdot 0$" formt man meistens zu einem unbestimmten Ausdruck der Form $\frac{„\infty“}{\infty}$ um.

► $-\lim_{b\to\infty} (b \cdot e^{-b}) = „\infty \cdot 0“$ ► unbestimmter Ausdruck

$$\Rightarrow -\lim_{b\to\infty} (b \cdot e^{-b}) = -\lim_{b\to\infty} \frac{b}{e^b} = \frac{„\infty“}{\infty} \quad \blacktriangleright \text{ unbestimmter Ausdruck}$$

► Nach der zweiten Regel von de L'Hospital (► Kusch 3; 4.5) gilt: $\lim_{b\to\infty} \frac{b}{e^b} = \lim_{b\to\infty} \frac{1}{e^b} = 0$

$$\lim_{b\to\infty} \int_0^b (x \cdot e^{-x})\,dx = -\lim_{b\to\infty} (b \cdot e^{-b}) - \lim_{b\to\infty} e^{-b} + 1$$

$$= -\lim_{b\to\infty} \frac{1}{e^b} - \lim_{b\to\infty} e^{-b} + 1$$

$$= -0 - \lim_{b\to\infty} e^{-b} + 1 \quad \blacktriangleright \lim_{b\to\infty} e^{-b} = 0$$

$$= \underline{\underline{1}}$$

► $\underline{\underline{\int_0^\infty (x \cdot e^{-x})\,dx = 1}}$ ► Integralwert für f in $[0; \infty)$

6. $\int_0^\infty (2x \cdot e^{-x^2})\,dx$

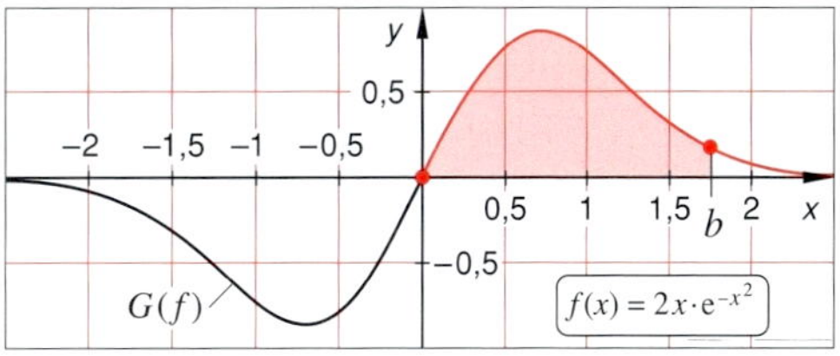

Die Funktion $f: f(x) = 2x \cdot e^{-x^2}$; $D(f) = \mathbb{R}$ ist abschnittsweise monoton und daher in jedem abgeschlossenen Intervall $[0; b]$; $b > 0$ integrierbar.

$f(x) = 2x \cdot e^{-x^2}$; $x \in \mathbb{R}$

► $F(x) = -e^{-x^2}$; $x \in \mathbb{R}$ ► 2.4.4

$\Rightarrow F'(x) = 2x \cdot e^{-x^2}$; $x \in \mathbb{R}$

► F ist eine Stammfunktion von f in $\mathbb{R}$.

$$\int_0^b (2x \cdot e^{-x^2})\,dx = -e^{-x^2}\Big|_0^b \quad \blacktriangleright \text{ Hauptsatz } \blacktriangleright \text{ 1.2}$$

$$= -e^{-b^2} - (-e^{-0^2}) \quad \blacktriangleright\ e^{-0^2} = e^0 = 1$$

$$= \underline{-e^{-b^2} + 1;\ b > 0}$$

Damit lässt sich das bestimmte Integral $\int_0^b (2x \cdot e^{-x^2})\,dx$ über den Hauptsatz berechnen:

$$\int_a^b f(x)\,dx = F(x)\Big|_a^b = F(b) - F(a)$$

$$\lim_{b\to\infty} \int_0^b (2x \cdot e^{-x^2})\,dx = \lim_{b\to\infty} (-e^{-b^2} + 1)$$

$$= -\lim_{b\to\infty} e^{-b^2} + 1 \quad \blacktriangleright \lim_{b\to\infty} e^{-b^2} = 0$$

$$= \underline{\underline{1}}$$

$\int_0^\infty (2x \cdot e^{-x^2})\,dx$ ist ein konvergentes uneigentliches Integral erster Art.

$\underline{\underline{\int_0^\infty (2x \cdot e^{-x^2})\,dx = 1}}$ ► Integralwert für f in $[0; \infty)$

194

7. $\int\limits_0^{\infty} e^{-2x}\,dx$

Die Funktion $f: f(x) = e^{-2x}$; $D(f) = \mathbb{R}$ ist in $D(f)$ streng monoton fallend und daher in jedem abgeschlossenen Intervall $[0; b]$; $b > 0$ integrierbar.

► $F(x) = -\frac{1}{2} \cdot e^{-2x}$; $x \in \mathbb{R}$ ► 2.4.1

$\Rightarrow F'(x) = e^{-2x}$; $x \in \mathbb{R}$ ► $F'(x) = f(x)$

► F ist eine Stammfunktion von f in $\mathbb{R}$.

Damit lässt sich das bestimmte Integral $\int\limits_0^b e^{-2x}\,dx$; $b > 0$ über den Hauptsatz berechnen: $\int\limits_a^b f(x)\,dx = F(x)\Big|_a^b = F(b) - F(a)$

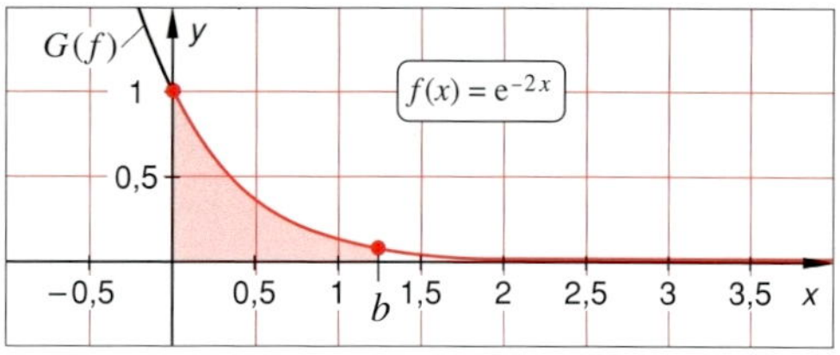

$f(x) = e^{-2x}$; $x \in \mathbb{R}$

$$\int\limits_0^b e^{-2x}\,dx = -\frac{1}{2} \cdot e^{-2x}\Big|_0^b \quad \text{► Hauptsatz ► 1.2}$$

$$= -\frac{1}{2} \cdot e^{-2b} - \left(-\frac{1}{2} \cdot e^{-0}\right) \quad \text{► } e^{-0} = e^0 = 1$$

$$= \underline{\frac{1}{2} - \frac{1}{2} \cdot e^{-2b};\ b > 0}$$

$$\lim_{b \to \infty} \int\limits_0^b e^{-2x}\,dx = \lim_{b \to \infty} \left(\frac{1}{2} - \frac{1}{2} \cdot e^{-2b}\right)$$

$$= \frac{1}{2} - \frac{1}{2} \cdot \lim_{b \to \infty} e^{-2b} \quad \text{► } \lim_{b \to \infty} e^{-2b} = 0$$

$$= \underline{\underline{\frac{1}{2}}}$$

$\int\limits_0^{\infty} e^{-2x}\,dx$ ist ein konvergentes uneigentliches Integral erster Art.

► $\underline{\underline{\int\limits_0^{\infty} e^{-2x}\,dx = \frac{1}{2}}}$ ► Integralwert für f in $[0; \infty)$

8. $\int\limits_{-\infty}^{0} e^{3x}\,dx$

Die Funktion $f: f(x) = e^{3x}$; $D(f) = \mathbb{R}$ ist in $D(f)$ streng monoton steigend und daher in jedem abgeschlossenen Intervall $[a; 0]$; $a < 0$ integrierbar.

► $F(x) = \frac{1}{3} \cdot e^{3x}$; $x \in \mathbb{R}$ ► 2.4.1

$\Rightarrow F'(x) = e^{3x}$; $x \in \mathbb{R}$ ► $F'(x) = f(x)$

► F ist eine Stammfunktion von f in $\mathbb{R}$.

Damit lässt sich das bestimmte Integral $\int\limits_a^0 e^{3x}\,dx$ über den Hauptsatz berechnen:

$\int\limits_a^b f(x)\,dx = F(x)\Big|_a^b = F(b) - F(a)$

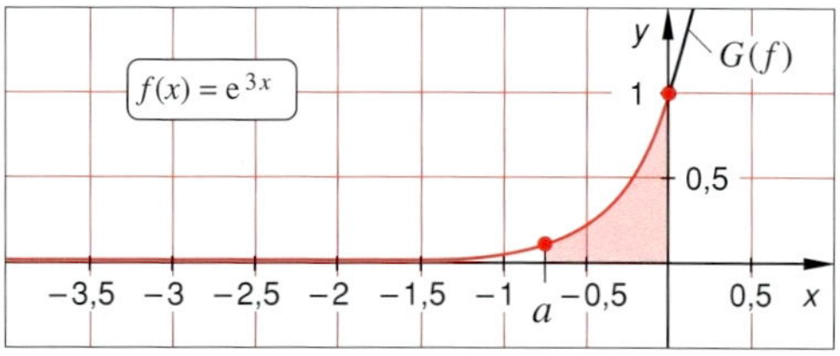

$f(x) = e^{3x}$; $x \in \mathbb{R}$

$$\int\limits_a^0 e^{3x}\,dx = \frac{1}{3} \cdot e^{3x}\Big|_a^0 \quad \text{► Hauptsatz ► 1.2}$$

$$= \frac{1}{3} \cdot e^0 - \frac{1}{3} \cdot e^{3a} \quad \text{► } e^0 = 1$$

$$= \underline{\frac{1}{3} - \frac{1}{3} \cdot e^{3a};\ a < 0}$$

$$\lim_{a \to -\infty} \int\limits_a^0 e^{3x}\,dx = \lim_{a \to -\infty} \left(\frac{1}{3} - \frac{1}{3} \cdot e^{3a}\right)$$

$$= \frac{1}{3} - \frac{1}{3} \cdot \lim_{a \to -\infty} e^{3a} \quad \text{► } \lim_{a \to -\infty} e^{3a} = 0$$

$$= \underline{\underline{\frac{1}{3}}}$$

$\int\limits_{-\infty}^{0} e^{3x}\,dx$ ist ein konvergentes uneigentliches Integral erster Art.

► $\int\limits_{-\infty}^{0} e^{3x}\,dx = \frac{1}{3}$ ► Integralwert für f in $(-\infty; 0]$

194

9. $\int\limits_1^{\infty} \frac{dx}{\sqrt{x^3}}$

Die Funktion $f: f(x) = \frac{1}{\sqrt{x^3}}$; $D(f) = \mathbb{R}^{>0}$ ist in $D(f)$ streng monoton fallend und daher in jedem abgeschlossenen Intervall $[1; b]$; $b > 1$ integrierbar.

In $D(f) = R^{>0}$ ist $f(x) = \frac{1}{\sqrt{x^3}} = x^{-\frac{3}{2}}$.

► $F(x) = -2 \cdot x^{-\frac{1}{2}} = \frac{-2}{\sqrt{x}}$; $x \in \mathbb{R}^{>0}$ ► 2.1

$\Rightarrow F'(x) = \frac{1}{\sqrt{x^3}}$; $x \in \mathbb{R}^{>0}$ ► $F'(x) = f(x)$

► F ist eine Stammfunktion von f in $\mathbb{R}^{>0}$.

Damit lässt sich das bestimmte Integral $\int\limits_1^b \frac{dx}{\sqrt{x^3}}$ über den Hauptsatz berechnen:

$\int\limits_a^b f(x)\,dx = F(x)\big|_a^b = F(b) - F(a)$

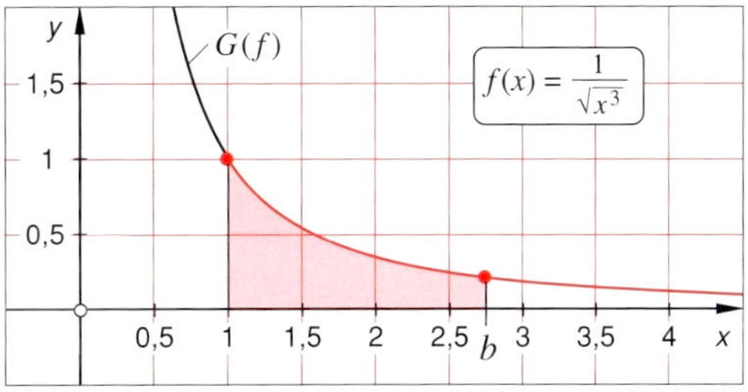

$f(x) = \frac{1}{\sqrt{x^3}}$; $x \in \mathbb{R}^{>0}$

$\int\limits_1^b \frac{dx}{\sqrt{x^3}} = -\frac{2}{\sqrt{x}}\Big|_1^b$ ► Hauptsatz ► 1.2

$= -\frac{2}{\sqrt{b}} - \left(-\frac{2}{\sqrt{1}}\right)$

$= 2 - \frac{2}{\sqrt{b}}$; $b > 1$

$\lim\limits_{b\to\infty} \int\limits_1^b \frac{dx}{\sqrt{x^3}} = \lim\limits_{b\to\infty}\left(2 - \frac{2}{\sqrt{b}}\right)$

$= 2 - \lim\limits_{b\to\infty} \frac{2}{\sqrt{b}}$ ► $\lim\limits_{b\to\infty} \frac{2}{\sqrt{b}} = 0$

$= \underline{\underline{2}}$

► $\int\limits_1^{\infty} \frac{dx}{\sqrt{x^3}} = 2$ ► Integralwert für f in $[1; \infty)$

$\int\limits_1^{\infty} \frac{dx}{\sqrt{x^3}}$ ist ein konvergentes uneigentliches Integral erster Art.

10. $\int\limits_1^{\infty} \frac{dx}{\sqrt[3]{x^4}}$

Die Funktion $f: f(x) = \frac{1}{\sqrt[3]{x^4}}$; $D(f) = \mathbb{R}^{\neq 0}$ ist in $\mathbb{R}^{>0}$ streng monoton fallend und daher in jedem abgeschlossenen Intervall $[1; b]$; $b > 1$ integrierbar.

In $\mathbb{R}^{>0}$ ist $f(x) = \frac{1}{\sqrt[3]{x^4}} = x^{-\frac{4}{3}}$.

► $F(x) = -3 \cdot x^{-\frac{1}{3}} = \frac{-3}{\sqrt[3]{x}}$; $x \in \mathbb{R}^{>0}$ ► 2.1

$\Rightarrow F'(x) = \frac{1}{\sqrt[3]{x^4}}$; $x \in \mathbb{R}^{>0}$ ► $F'(x) = f(x)$

► F ist eine Stammfunktion von f in $\mathbb{R}^{>0}$.

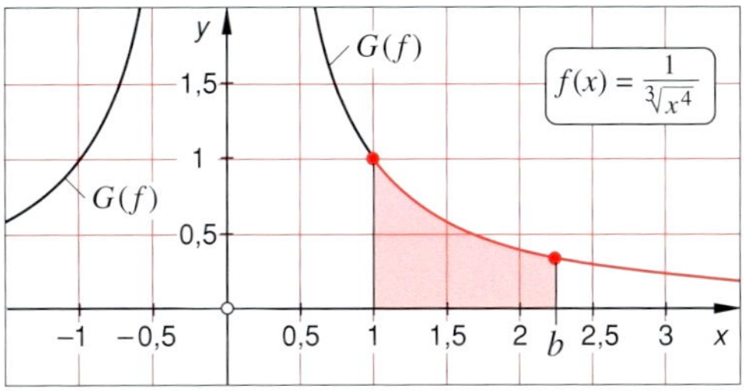

$f(x) = \frac{1}{\sqrt[3]{x^4}}$; $x \in \mathbb{R}^{\neq 0}$

$\int\limits_1^b \frac{dx}{\sqrt[3]{x^4}} = \frac{-3}{\sqrt[3]{x}}\Big|_1^b$ ► Hauptsatz ► 1.2

$= -\frac{3}{\sqrt[3]{b}} - \left(-\frac{3}{\sqrt[3]{1}}\right)$

$= 3 - \frac{3}{\sqrt[3]{b}}$; $b > 1$

194 Damit lässt sich das bestimmte Integral $\int_1^b \frac{dx}{\sqrt[3]{x^4}}$ über den Hauptsatz berechnen:

$$\int_a^b f(x)\,dx = F(x)\,\Big|_b^a = F(b) - F(a)$$

$\int_1^\infty \frac{dx}{\sqrt[3]{x^4}}$ ist ein konvergentes uneigentliches Integral erster Art.

11. $\int_{-\infty}^{-1} \frac{dx}{x^4}$

Die Funktion $f: f(x) = \frac{1}{x^4}$; $D(f) = \mathbb{R}^{\neq 0}$ ist in $\mathbb{R}^{<0}$ streng monoton steigend und daher in jedem abgeschlossenen Intervall $[a; -1]$; $a < -1$ integrierbar.

► $F(x) = -\frac{1}{3} \cdot \frac{1}{x^3}$; $x \in \mathbb{R}^{\neq 0}$ ► 2.1

$\Rightarrow F'(x) = \frac{1}{x^4}$; $x \in \mathbb{R}^{\neq 0}$ ► $F'(x) = f(x)$

► F ist eine Stammfunktion von f in $\mathbb{R}^{\neq 0}$.

Damit lässt sich das bestimmte Integral $\int_a^{-1} \frac{dx}{x^4}$ über den Hauptsatz berechnen:

$$\int_a^b f(x)\,dx = F(x)\,\Big|_b^a = F(b) - F(a)$$

$\int_{-\infty}^{-1} \frac{dx}{x^4}$ ist ein konvergentes uneigentliches Integral erster Art.

12. $\int_1^\infty \frac{dx}{(\sqrt{1+x})^3}$

Die Funktion $f: f(x) = \frac{1}{(\sqrt{1+x})^3}$ mit $D(f) = \mathbb{R}^{>-1}$ ist in $D(f)$ streng monoton fallend und daher in jedem abgeschlossenen Intervall $[1; b]$; $b > 1$ integrierbar.

$$\lim_{b\to\infty} \int_1^b \frac{dx}{\sqrt[3]{x^4}} = \lim_{b\to\infty}\left(3 - \frac{3}{\sqrt[3]{b}}\right)$$

$$= 3 - 3 \cdot \lim_{b\to\infty} \frac{1}{\sqrt[3]{b}} \quad ► \lim_{b\to\infty} \frac{1}{\sqrt[3]{b}} = 0$$

$$= \underline{\underline{3}}$$

► $\int_1^\infty \frac{dx}{\sqrt[3]{x^4}} = 3$ ► Integralwert für f in $[1; \infty)$

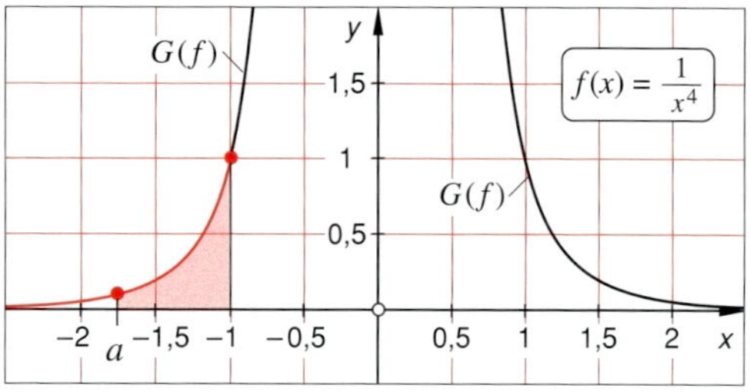

$f(x) = \frac{1}{x^4}$; $x \in \mathbb{R}^{\neq 0}$

$$\int_a^{-1} \frac{dx}{x^4} = -\frac{1}{3} \cdot \frac{1}{x^3}\Big|_a^{-1} \quad ► \text{Hauptsatz} \quad ► 1.2$$

$$= -\frac{1}{3} \cdot \frac{1}{(-1)^3} - \left(-\frac{1}{3} \cdot \frac{1}{a^3}\right)$$

$$= \underline{\frac{1}{3} + \frac{1}{3} \cdot \frac{1}{a^3};\ a < -1}$$

$$\lim_{a\to-\infty} \int_a^{-1} \frac{dx}{x^4} = \lim_{a\to-\infty}\left(\frac{1}{3} + \frac{1}{3} \cdot \frac{1}{a^3}\right)$$

$$= \frac{1}{3} + \frac{1}{3} \cdot \lim_{a\to-\infty} \frac{1}{a^3} \quad ► \lim_{a\to-\infty} \frac{1}{a^3} = 0$$

$$= \underline{\underline{\frac{1}{3}}}$$

► $\int_{-\infty}^{-1} \frac{dx}{x^4} = \frac{1}{3}$ ► Integralwert für f in $(-\infty; -1]$

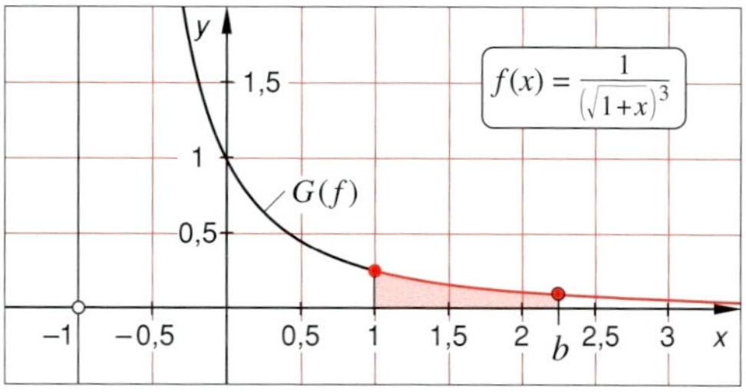

194

► $F(x) = \dfrac{-2}{\sqrt{1+x}}$; $x \in \mathbb{R}^{>-1}$ ► 2.4.1

$\Rightarrow F'(x) = \dfrac{1}{(\sqrt{1+x})^3}$; $x \in \mathbb{R}^{>-1}$ ► $F'(x) = f(x)$

► F ist eine Stammfunktion von f in $\mathbb{R}^{>-1}$.

Damit lässt sich das bestimmte Integral $\int_1^b \dfrac{dx}{(\sqrt{1+x})^3}$ über den Hauptsatz berechnen:

$$\int_a^b f(x)\,dx = F(x)\big|_b^a = F(b) - F(a)$$

► $\dfrac{2}{\sqrt{2}} = \dfrac{2\cdot\sqrt{2}}{\sqrt{2}\cdot\sqrt{2}} = \dfrac{2\cdot\sqrt{2}}{2} = \sqrt{2}$

$\int_1^\infty \dfrac{dx}{(\sqrt{1+x})^3}$ ist ein konvergentes uneigentliches Integral erster Art.

$f(x) = \dfrac{1}{(\sqrt{1+x})^3}$; $x \in \mathbb{R}^{>-1}$

$$\int_1^b \frac{dx}{(\sqrt{1+x})^3} = \frac{-2}{\sqrt{1+x}}\Bigg|_1^b$$ ► Hauptsatz ► 1.2

$$= \frac{-2}{\sqrt{1+b}} - \left(\frac{-2}{\sqrt{1+1}}\right)$$

$$= \frac{2}{\sqrt{2}} - \frac{2}{\sqrt{1+b}};\ b > 1$$

$$\lim_{b\to\infty} \int_1^b \frac{dx}{(\sqrt{1+x})^3} = \lim_{b\to\infty}\left(\frac{2}{\sqrt{2}} - \frac{2}{\sqrt{1+b}}\right)$$

$$= \frac{2}{\sqrt{2}} - 2\cdot\lim_{b\to\infty}\frac{1}{\sqrt{1+b}}$$ ► $\lim_{b\to\infty}\dfrac{1}{\sqrt{1+b}} = 0$

$$= \sqrt{2}$$

► $\displaystyle\int_1^\infty \frac{dx}{(\sqrt{1+x})^3} = \sqrt{2}$ ► Integralwert für f in $[1;\infty)$

13. $\displaystyle\int_{0,5}^{\infty} \frac{dx}{3x^4}$

Die Funktion $f: f(x) = \dfrac{1}{3x^4}$; $D(f) = \mathbb{R}^{+0}$ ist in $\mathbb{R}^{>0}$ streng monoton fallend und daher in jedem abgeschlossenen Intervall $[0,5; b]$; $b > 0,5$ integrierbar.

► $F(x) = -\dfrac{1}{9}\cdot\dfrac{1}{x^3}$; $x \in \mathbb{R}^{+0}$ ► 2.1

$\Rightarrow F'(x) = \dfrac{1}{3x^4}$; $x \in \mathbb{R}^{+0}$ ► $F'(x) = f(x)$

► F ist eine Stammfunktion von f in $\mathbb{R}^{+0}$

Damit lässt sich das bestimmte Integral $\int_{0,5}^b \dfrac{dx}{3\cdot x^4}$ über den Hauptsatz berechnen:

$$\int_a^b f(x)\,dx = F(x)\big|_a^b = F(b) - F(a)$$

$\int_{0,5}^\infty \dfrac{dx}{3x^4}$ ist ein konvergentes uneigentliches Integral erster Art.

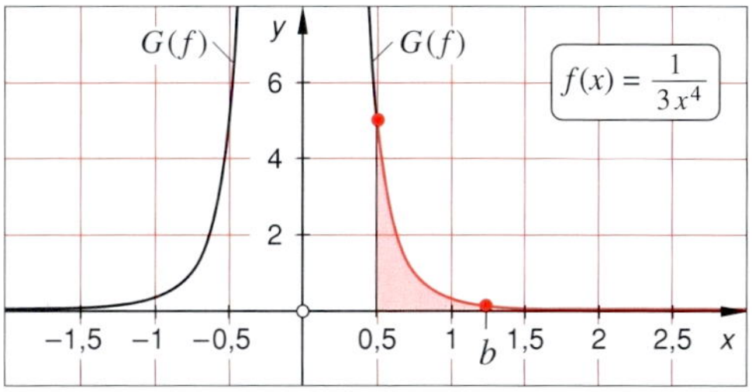

$f(x) = \dfrac{1}{3x^4}$; $x \in \mathbb{R}^{+0}$

$$\int_{0,5}^b \frac{dx}{3x^4} = -\frac{1}{9}\cdot\frac{1}{x^3}\Bigg|_{0,5}^b$$ ► Hauptsatz ► 1.2

$$= -\frac{1}{9}\cdot\frac{1}{b^3} - \left(-\frac{1}{9}\cdot\frac{1}{(0,5)^3}\right)$$

$$= \frac{8}{9} - \frac{1}{9}\cdot\frac{1}{b^3};\ b > 0,5$$

$$\lim_{b\to\infty}\int_{0,5}^b \frac{dx}{3x^4} = \lim_{b\to\infty}\left(\frac{8}{9} - \frac{1}{9}\cdot\frac{1}{b^3}\right)$$

$$= \frac{8}{9} - \frac{1}{9}\cdot\lim_{b\to\infty}\frac{1}{b^3}$$ ► $\lim_{b\to\infty}\dfrac{1}{b^3} = 0$

$$= \frac{8}{9}$$

► $\displaystyle\int_{0,5}^\infty \frac{dx}{3x^4} = \frac{8}{9}$ ► Integralwert für f in $[0,5;\infty)$

194

14. $\displaystyle\int\limits_1^{\infty}\frac{1+x}{x^3}\,\mathrm{d}x$

Die Funktion $f: f(x)=\dfrac{1+x}{x^3};\ D(f)=\mathbb{R}^{+0}$ ist in $\mathbb{R}^{>0}$ streng monoton fallend und daher in jedem abgeschlossenen Intervall $[1; b];\ b>1$ integrierbar.

► $f(x)=\dfrac{1+x}{x^3}=\dfrac{1}{x^3}+\dfrac{1}{x^2};\ x\in\mathbb{R}^{+0}$

► $F(x)=-\dfrac{1}{2x^2}-\dfrac{1}{x};\ x\in\mathbb{R}^{+0}$

$\Rightarrow F'(x)=\dfrac{1}{x^3}+\dfrac{1}{x^2};\ x\in\mathbb{R}^{+0}$ ► $F'(x)=f(x)$

► F ist eine Stammfunktion von f in $\mathbb{R}^{+0}$

Damit lässt sich das bestimmte Integral $\int\limits_1^b\left(\frac{1}{x^3}+\frac{1}{x^2}\right)\mathrm{d}x$ über den Hauptsatz berechnen: $\int\limits_a^b f(x)\,\mathrm{d}x=F(x)\big|_a^b=F(b)-F(a)$

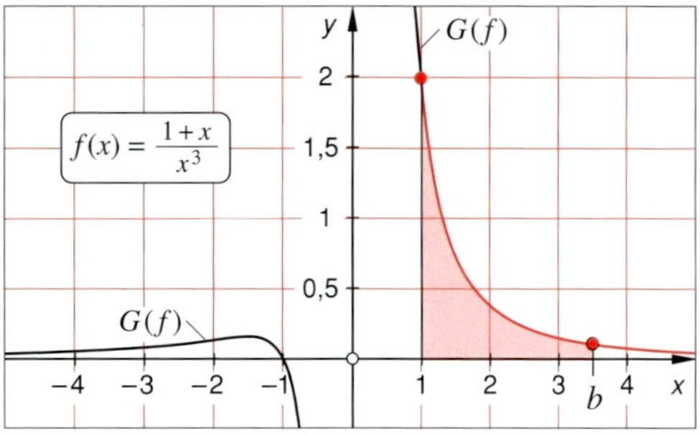

$$f(x)=\frac{1+x}{x^3}-\frac{1}{x^3}+\frac{1}{x^2};\ x\in\mathbb{R}^{+0}$$

$$\int\limits_1^b\left(\frac{1}{x^3}+\frac{1}{x^2}\right)\mathrm{d}x=-\frac{1}{2x^2}-\frac{1}{x}\bigg|_1^b$$ ► Hauptsatz ► 1.2

$$=-\frac{1}{2b^2}-\frac{1}{b}-\left(-\frac{1}{2\cdot 1^2}-\frac{1}{1}\right)$$

$$=\underline{\frac{3}{2}-\frac{1}{2b^2}-\frac{1}{b};\ b>1}$$

$$\lim_{b\to\infty}\int\limits_1^b\left(\frac{1}{x^3}+\frac{1}{x^2}\right)\mathrm{d}x=\lim_{b\to\infty}\left(\frac{3}{2}-\frac{1}{2b^2}-\frac{1}{b}\right)$$

$$=\frac{3}{2}-\frac{1}{2}\cdot\lim\frac{1}{b^2}-\lim\frac{1}{b}$$

$$=\frac{3}{2}-\frac{1}{2}\cdot\ 0\quad-\ 0$$

$$=\underline{\underline{\frac{3}{2}}}$$

$\int\limits_1^{\infty}\frac{1+x}{x^3}\,\mathrm{d}x$ ist ein konvergentes uneigentliches Integral erster Art.

► $\underline{\underline{\displaystyle\int\limits_1^{\infty}\frac{1+x}{x^3}\,\mathrm{d}x=\frac{3}{2}}}$ ► Integralwert für f in $[1; \infty)$

15. $\displaystyle\int\limits_{0,7}^{\infty}\frac{3}{(3x-1)^3}\,\mathrm{d}x$

Die Funktion $f: f(x)=\dfrac{3}{(3x-1)^3}$ mit $D(f)=\mathbb{R}^{+\frac{1}{3}}$ ist in $\mathbb{R}^{>\frac{1}{3}}$ streng monoton fallend und daher in jedem abgeschlossenen Intervall $[0,7; b];\ b>0,7$ integrierbar.

► $F(x)=-\dfrac{1}{2\cdot(3x-1)^2};\ x\in\mathbb{R}^{+\frac{1}{3}}$ ► 2.4.1

$\Rightarrow F'(x)=\dfrac{3}{(3x-1)^3};\ x\in\mathbb{R}^{+\frac{1}{3}}$ ► $F'(x)=f(x)$

► F ist eine Stammfunktion von f in $\mathbb{R}^{+\frac{1}{3}}$

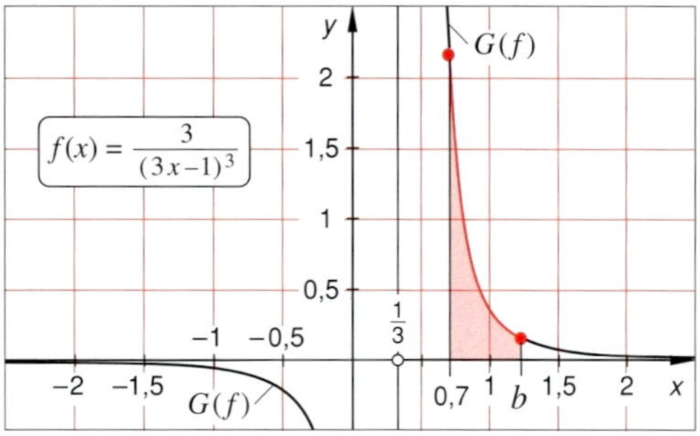

$$f(x)=\frac{3}{(3x-1)^3};\ x\in\mathbb{R}^{+\frac{1}{3}}$$

$$\int\limits_{0,7}^b\frac{3}{(3x-1)^3}\,\mathrm{d}x=-\frac{1}{2\cdot(3x-1)^2}\Bigg|_{0,7}^b$$ ► Hauptsatz ► 1.2

Damit lässt sich das bestimmte Integral $\int\limits_{0,7}^{b} \frac{3}{(3x-1)^3}\,\mathrm{d}x$ über den Hauptsatz berechnen:

$$\int\limits_a^b f(x)\,\mathrm{d}x = F(x)\Big|_a^b = F(b) - F(a)$$

$\int\limits_{0,7}^{\infty} \frac{3}{(3x-1)^3}\,\mathrm{d}x$ ist ein konvergentes uneigentliches Integral erster Art.

16. $\int\limits_1^{\infty} \frac{2+\sqrt{x}}{x^3}\,\mathrm{d}x$

Die Funktion $f: f(x) = \frac{2+\sqrt{x}}{x^3}$; $D(f) = \mathbb{R}^{>0}$ ist in $\mathbb{R}^{>0}$ streng monoton fallend und daher in jedem abgeschlossenen Intervall $[1; b]$; $b > 1$ integrierbar.

► $f(x) = \frac{2+\sqrt{x}}{x^3} = \frac{2}{x^3} + \frac{\sqrt{x}}{x^3} = \frac{2}{x^3} + \frac{1}{x^{\frac{5}{2}}}$; $x \in \mathbb{R}^{>0}$

► $F(x) = -\frac{1}{x^2} - \frac{2}{3}\cdot\frac{1}{x^{\frac{3}{2}}}$; $x \in \mathbb{R}^{>0}$ ► 2.1

$\Rightarrow F'(x) = \frac{2}{x^3} + \frac{1}{x^{\frac{5}{2}}}$; $x \in \mathbb{R}^{>0}$ ► $F'(x) = f(x)$

► F ist eine Stammfunktion von f in $\mathbb{R}^{>0}$

Damit lässt sich das bestimmte Integral $\int\limits_1^b \frac{2+\sqrt{x}}{x^3}\,\mathrm{d}x = \int\limits_1^b \left(\frac{2}{x^3} + \frac{1}{x^{\frac{5}{2}}}\right)\mathrm{d}x$ über den Hauptsatz berechnen:

$$\int\limits_a^b f(x)\,\mathrm{d}x = F(x)\Big|_a^b = F(b) - F(a)$$

$\int\limits_1^{\infty} \frac{2+\sqrt{x}}{x^3}\,\mathrm{d}x$ ist ein konvergentes uneigentliches Integral erster Art.

194

$$= -\frac{1}{2\cdot(3b-1)^2} - \left(-\frac{1}{2\cdot(3\cdot 0{,}7-1)^2}\right)$$

$$= \frac{1}{2{,}42} - \frac{1}{2\cdot(3b-1)^2};\ b > 0{,}7$$

$$\lim_{b\to\infty} \int\limits_{0,7}^{b} \frac{3}{(3x-1)^2}\,\mathrm{d}x = \lim_{b\to\infty}\left(\frac{1}{2{,}42} - \frac{1}{2\cdot(3b-1)^2}\right)$$

$$= \frac{1}{2{,}42} - \frac{1}{2}\cdot \lim_{b\to\infty}\frac{1}{(3b-1)^2}$$

$$= \frac{1}{2{,}42} - \frac{1}{2}\cdot\ 0$$

$$= \frac{1}{2{,}42} = \underline{\underline{0{,}41322}}$$

► $\int\limits_{0,7}^{\infty} \frac{3}{(3x-1)^2}\,\mathrm{d}x = 0{,}41322$ ► Integralwert für f in $[0{,}7; \infty)$

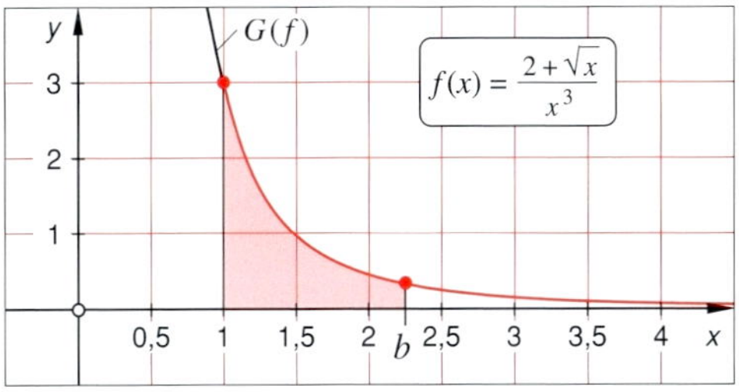

$$f(x) = \frac{2+\sqrt{x}}{x^3} = \frac{2}{x^3} + \frac{1}{x^{\frac{5}{2}}};\ x \in \mathbb{R}^{>0}$$

$$\int\limits_1^b \left(\frac{2}{x^3} + \frac{1}{x^{\frac{5}{2}}}\right)\mathrm{d}x = -\frac{1}{x^2} - \frac{2}{3}\cdot\frac{1}{x^{\frac{3}{2}}}\Bigg|_1^b$$ ► Hauptsatz ► 1.2

$$= -\frac{1}{b^2} - \frac{2}{3}\cdot\frac{1}{b^{\frac{3}{2}}} - \left(-\frac{1}{1^2} - \frac{2}{3}\cdot\frac{1}{1^{\frac{3}{2}}}\right)$$

$$= \frac{5}{3} - \frac{1}{b^2} - \frac{2}{3}\cdot\frac{1}{b^{\frac{3}{2}}};\ b > 1$$

$$\lim_{b\to\infty}\int\limits_1^b \left(\frac{2}{x^3} + \frac{1}{x^{\frac{5}{2}}}\right)\mathrm{d}x = \lim_{b\to\infty}\left(\frac{5}{3} - \frac{1}{b^2} - \frac{2}{3}\cdot\frac{1}{b^{\frac{3}{2}}}\right)$$

$$= \frac{5}{3} - \lim_{b\to\infty}\frac{1}{b^2} - \frac{2}{3}\cdot\lim_{b\to\infty}\frac{1}{b^{\frac{3}{2}}}$$

$$= \frac{5}{3} - \ 0\ - \frac{2}{3}\cdot\ 0$$

$$= \underline{\underline{\frac{5}{3}}}$$

► $\int\limits_1^{\infty} \frac{2+\sqrt{x}}{x^3}\,\mathrm{d}x = \frac{5}{3}$ ► Integralwert für f in $[1; \infty)$

194

17. $\int\limits_{-\infty}^{-1} \frac{dx}{\sqrt{|x|^3}}$

Die Funktion $f: f(x) = \frac{1}{\sqrt{|x|^3}}$; $D(f) = \mathbb{R}^{\neq 0}$ ist in $\mathbb{R}^{<0}$ streng monoton und daher in jedem abgeschlossenen Intervall $[a; -1]$; $a < -1$ integrierbar.

► $f(x) = \frac{1}{\sqrt{|x|^3}} = \frac{1}{\sqrt{-x^3}}$; $x \in \mathbb{R}^{<0}$

► $F(x) = \frac{2}{\sqrt{-x}}$; $x \in \mathbb{R}^{<0}$ ► 2.4.1

$\Rightarrow F'(x) = \frac{1}{\sqrt{-x^3}}$; $x \in \mathbb{R}^{<0}$ ► $F'(x) = f(x)$

► F ist eine Stammfunktion von f in $\mathbb{R}^{<0}$

Damit lässt sich das bestimmte Integral $\int\limits_a^{-1} \frac{dx}{\sqrt{|x^3|}} = \int\limits_a^{-1} \frac{dx}{\sqrt{-x^3}}$ über den Hauptsatz berechnen: $\int\limits_a^b f(x)\,dx = F(x)\Big|_a^b = F(b) - F(a)$

$\int\limits_{-\infty}^{-1} \frac{dx}{\sqrt{|x|^3}}$ ist ein konvergentes uneigentliches Integral erster Art.

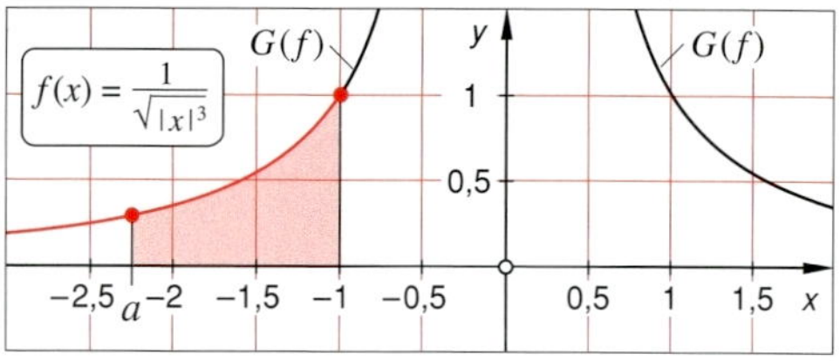

$f(x) = \frac{1}{\sqrt{-x^3}}$; $x \in \mathbb{R}^{<0}$

$$\int\limits_a^{-1} \frac{dx}{\sqrt{-x^3}} = \frac{2}{\sqrt{-x}}\Bigg|_a^{-1} \quad \text{► Hauptsatz ► 1.2}$$
$$= \frac{2}{\sqrt{1}} - \frac{2}{\sqrt{-a}}$$
$$= \underline{2 - \frac{2}{\sqrt{-a}};\ a < -1}$$

$$\lim_{a \to -\infty} \int\limits_a^{-1} \frac{dx}{\sqrt{-x^3}} = \lim_{a \to -\infty} \left(2 - \frac{2}{\sqrt{-a}}\right)$$
$$= 2 - \lim_{a \to -\infty} \frac{2}{\sqrt{-a}} \quad \text{► } \lim_{a \to -\infty} \frac{2}{\sqrt{-a}} = 0$$
$$= \underline{\underline{2}}$$

► $\underline{\underline{\int\limits_{-\infty}^{-1} \frac{dx}{\sqrt{|x^3|^3}} = 2}}$ ► Integralwert für f in $(-\infty; -1]$

18. $\int\limits_{-\infty}^{\infty} \frac{dx}{4 + x^2}$

Die Funktion $f: f(x) = \frac{1}{4 + x^2}$; $D(f) = \mathbb{R}$ ist in $\mathbb{R}$ abschnittsweise monoton und daher in jedem abgeschlossenen Intervall von $\mathbb{R}$ integrierbar.

Nach Definition existiert das uneigentliche Integral $\int\limits_{-\infty}^{\infty} \frac{dx}{4 + x^2}$ genau dann, wenn die uneigentlichen Integrale $\int\limits_{-\infty}^{x_0} \frac{dx}{4 + x^2}$ und $\int\limits_{x_0}^{\infty} \frac{dx}{4 + x^2}$ für eine Stelle $x_0 \in \mathbb{R}$ existieren. Hier wird 0 für x_0 gewählt und zunächst das uneigentliche Integral $\int\limits_0^{\infty} \frac{dx}{4 + x^2}$ auf Konvergenz untersucht.

Da $F: F(x) = \frac{1}{2} \cdot \operatorname{Arctan} \frac{x}{2}$; $D(F) = \mathbb{R}$ eine Stammfunktion von f in $\mathbb{R}$ ist, lässt sich das bestimmte Integral $\int\limits_0^b \frac{dx}{4 + x^2}$ über den Hauptsatz berechnen.

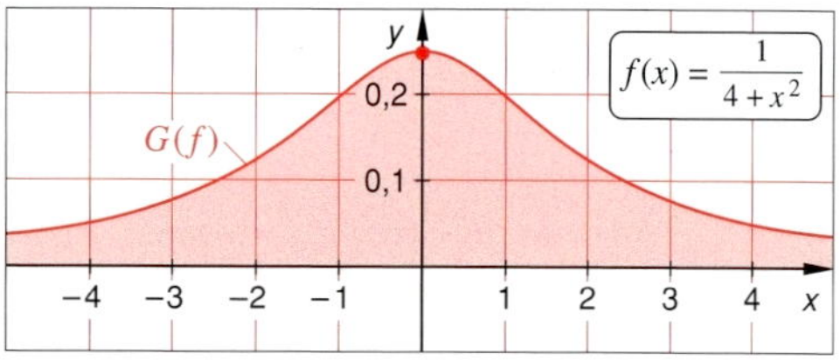

$f(x) = \frac{1}{4 + x^2}$; $x \in \mathbb{R}$

► $F(x) = \frac{1}{2} \cdot \operatorname{Arctan} \frac{x}{2}$; $x \in \mathbb{R}$ ► 2.6

$\Rightarrow F^1(x) = \frac{1}{4 + x^2}$; $x \in \mathbb{R}$ ► $F'(x) = f(x)$

► F ist eine Stammfunktion von f in $\mathbb{R}$

$$\text{►} \int\limits_0^b \frac{dx}{4 + x^2} = \frac{1}{2} \cdot \operatorname{Arctan} \frac{x}{2}\Bigg|_0^b \quad \text{► Hauptsatz ► 1.2}$$
$$= \frac{1}{2} \cdot \operatorname{Arctan} \frac{b}{2} - \frac{1}{2} \cdot \operatorname{Arctan} \frac{0}{2}$$
$$\text{► } \operatorname{Arctan} \frac{0}{2} = \operatorname{Arctan} 0 = 0$$
$$= \underline{\frac{1}{2} \cdot \operatorname{Arctan} \frac{b}{2};\ b > 0}$$

194

$$\lim_{b\to\infty}\int_0^b \frac{\mathrm{d}x}{4+x^2} = \lim_{b\to\infty}\left(\frac{1}{2}\cdot \operatorname{Arctan}\frac{b}{2}\right)$$
$$= \frac{1}{2}\cdot \lim_{b\to\infty} \operatorname{Arctan}\frac{b}{2}$$
$$= \frac{1}{2}\cdot\frac{\pi}{2}$$
$$= \underline{\underline{\frac{\pi}{4}}}$$

$\int\limits_0^\infty \frac{\mathrm{d}x}{4+x^2}$ ist ein konvergentes uneigentliches Integral erster Art.

► $\underline{\underline{\int_0^\infty \frac{\mathrm{d}x}{4+x^2} = \frac{\pi}{4}}}$ ► Integralwert für f in $[0;\infty)$

Die Funktion f ist eine gerade Funktion und somit ihr Graph symmetrisch zur y-Achse.

Daher gilt $\int\limits_{-\infty}^0 \frac{\mathrm{d}x}{4+x^2} = \int\limits_0^\infty \frac{\mathrm{d}x}{4+x^2}$. Somit ist auch $\int\limits_{-\infty}^0 \frac{\mathrm{d}x}{4+x^2}$ ein konvergentes uneigentlichen Integral erster Art.

► $f(x) = \frac{1}{4+x^2} \Rightarrow f(-x) = \frac{1}{4+(-x)^2} = \frac{1}{4+x^2}$

► $f(x) = f(-x)$ ► f ist eine gerade Funktion

$$\Rightarrow \int_{-\infty}^0 \frac{\mathrm{d}x}{4+x^2} = \int_0^\infty \frac{\mathrm{d}x}{4+x^2} = \underline{\underline{\frac{\pi}{4}}}$$

Da die uneigentlichen Integrale $\int\limits_{-\infty}^0 \frac{\mathrm{d}x}{4+x^2}$ und $\int\limits_0^\infty \frac{\mathrm{d}x}{4+x^2}$ existieren, existiert auch das uneigentliche Integral $\int\limits_{-\infty}^\infty \frac{\mathrm{d}x}{4+x^2}$.

► $\int\limits_{-\infty}^\infty \frac{\mathrm{d}x}{4+x^2} = \int\limits_{-\infty}^0 \frac{\mathrm{d}x}{4+x^2} + \int\limits_0^\infty \frac{\mathrm{d}x}{4+x^2}$

$$= \frac{\pi}{4} + \frac{\pi}{4}$$
$= \underline{\underline{\frac{\pi}{2}}}$ ► Integralwert für f in $(-\infty;\infty)$

19. $\int\limits_{-\infty}^\infty \mathrm{e}^{-|x|}\,\mathrm{d}x$

Die Funktion $f: f(x) = \mathrm{e}^{-|x|};\ D(f) = \mathbb{R}$ ist in $\mathbb{R}$ abschnittsweise monoton und daher in jedem abgeschlossenen Intervall von $\mathbb{R}$ integrierbar.

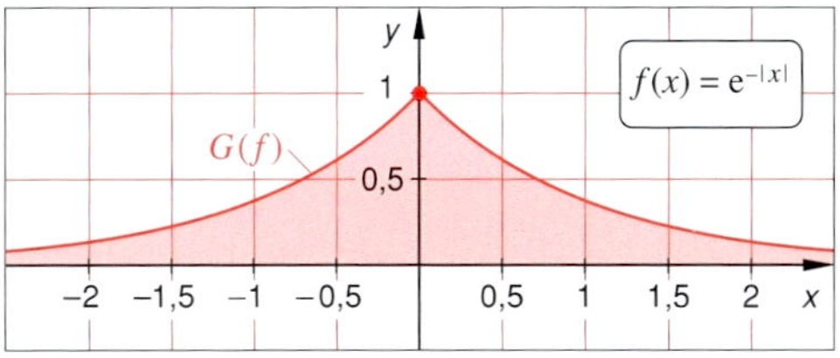

Nach Definition existiert das uneigentliche Integral $\int\limits_{-\infty}^\infty \mathrm{e}^{-|x|}\,\mathrm{d}x$ genau dann, wenn die uneigentlichen Integrale $\int\limits_{-\infty}^{x_0} \mathrm{e}^{-|x|}\,\mathrm{d}x$ und $\int\limits_{x_0}^{-\infty} \mathrm{e}^{-|x|}\,\mathrm{d}x$ für eine Stelle $x_0 \in \mathbb{R}$ existieren. Hier wird 0 für x_0 gewählt und zunächst das uneigentliche Integral $\int\limits_0^\infty \mathrm{e}^{-|x|}\,\mathrm{d}x$ auf Konvergenz untersucht.

$f(x) = \mathrm{e}^{-|x|};\ x \in \mathbb{R} \Rightarrow f(x) = \mathrm{e}^{-x};\ x \in \mathbb{R}^{\geq 0}$

► $F(x) = -\mathrm{e}^{-x};\ x \in \mathbb{R}^{\geq 0}$ ► 2.4.1

$\Rightarrow F'(x) = \mathrm{e}^{-x};\ x \in \mathbb{R}^{\geq 0}$ ► $F'(x) = f(x)$

► F ist eine Stammfunktion in f in $\mathbb{R}^{\geq 0}$

► $\int\limits_0^b \mathrm{e}^{-x}\,\mathrm{d}x = -\mathrm{e}^{-x}\Big|_0^b$ ► Hauptsatz ► 1.2

$= -\mathrm{e}^{-b} - (-\mathrm{e}^{-0})$ ► $\mathrm{e}^{-0} = \mathrm{e}^0 = 1$

$= \underline{1 - \mathrm{e}^{-b};\ b > 0}$

194 Da $F\colon F(x)=-\mathrm{e}^{-x}$; $D(F)=\mathbb{R}^{\geq 0}$ eine Stammfunktion von f in $\mathbb{R}^{\geq 0}$ ist, lässt sich das bestimmte Integral $\int_0^b \mathrm{e}^{-x}\,\mathrm{d}x$ über den Hauptsatz berechnen.

$\int_0^\infty \mathrm{e}^{-|x|}\,\mathrm{d}x = \int_0^\infty \mathrm{e}^{-x}\,\mathrm{d}x$ ist ein konvergentes uneigentliches Integral erster Art.

Die Funktion f ist eine gerade Funktion und somit ihr Graph symmetrisch zur y-Achse. Daher gilt $\int_{-\infty}^0 \mathrm{e}^{-|x|}\,\mathrm{d}x = \int_0^\infty \mathrm{e}^{-|x|}\,\mathrm{d}x$. Somit ist auch $\int_{-\infty}^0 \mathrm{e}^{-|x|}\,\mathrm{d}x$ ein konvergentes uneigentliches Integral erster Art.

Da die uneigentlichen Integrale $\int_{-\infty}^0 \mathrm{e}^{-|x|}\,\mathrm{d}x$ und $\int_0^\infty \mathrm{e}^{-|x|}\,\mathrm{d}x$ existieren, existiert auch das uneigentliche Integral $\int_{-\infty}^\infty \mathrm{e}^{-|x|}\,\mathrm{d}x$.

20. $\displaystyle\int_{-\infty}^{\infty} \frac{\mathrm{d}x}{\sqrt{x^2+1}}$

Die Funktion $f\colon f(x)=\dfrac{1}{\sqrt{x^2+1}}$; $D(f)=\mathbb{R}$ ist in $\mathbb{R}$ abschnittsweise monoton und daher in jedem abgeschlossenen Intervall von $\mathbb{R}$ integrierbar.

Nach Definition existiert das uneigentliche Integral $\int_{-\infty}^{\infty} \frac{\mathrm{d}x}{\sqrt{x^2+1}}$ genau dann, wenn die uneigentlichen Integrale $\int_{-\infty}^{x_0} \frac{\mathrm{d}x}{\sqrt{x^2+1}}$ und $\int_{x_0}^{\infty} \frac{\mathrm{d}x}{\sqrt{x^2+1}}$ für eine Stelle $x_0 \in \mathbb{R}$ existieren.

Hier wird 0 für x_0 gewählt und zunächst das uneigentliche Integral $\int_0^\infty \frac{\mathrm{d}x}{\sqrt{x^2+1}}$ auf Konvergenz untersucht.

$F\colon F(x)=\ln\left(x+\sqrt{x^2+1}\right)$; $D(F)=\mathbb{R}$ ist eine Stammfunktion von f in $\mathbb{R}$, sodass sich das bestimmte Integral $\int_0^b \frac{\mathrm{d}x}{\sqrt{x^2+1}}$ über den Hauptsatz berechnen lässt.

Da aber $\int_0^\infty \frac{\mathrm{d}x}{\sqrt{x^2+1}}$ ein divergentes uneigentliches Integral erster Art ist, ist auch $\int_{-\infty}^\infty \frac{\mathrm{d}x}{\sqrt{x^2+1}}$ divergent.

$$\lim_{b\to\infty}\int_0^b \mathrm{e}^{-x}\,\mathrm{d}x = \lim_{b\to\infty}\left(1-\mathrm{e}^{-b}\right)$$
$$= 1-\lim_{b\to\infty}\mathrm{e}^{-b} \quad \blacktriangleright \lim_{b\to\infty}\mathrm{e}^{-b}=0$$
$$= \underline{\underline{1}}$$

► $\int_0^\infty \mathrm{e}^{-x}\,\mathrm{d}x = 1$ ► Integralwert für f in $[0;\infty)$

► $f(x)=\mathrm{e}^{-|x|} \Rightarrow f(-x)=\mathrm{e}^{-|-x|}=\mathrm{e}^{-|x|}$

► $f(x)=f(-x)$ ► f ist eine gerade Funktion

$$\Rightarrow \int_{-\infty}^0 \mathrm{e}^{-|x|}\,\mathrm{d}x = \int_0^\infty \mathrm{e}^{-|x|}\,\mathrm{d}x = \int_0^\infty \mathrm{e}^{-x}\,\mathrm{d}x = \underline{\underline{1}}$$

► $\int_{-\infty}^\infty \mathrm{e}^{-|x|}\,\mathrm{d}x = \int_{-\infty}^0 \mathrm{e}^{-|x|}\,\mathrm{d}x + \int_0^\infty \mathrm{e}^{-|x|}\,\mathrm{d}x$

$= 1 + 1$

$= \underline{\underline{2}}$ ► Integralwert für f in $(-\infty;\infty)$

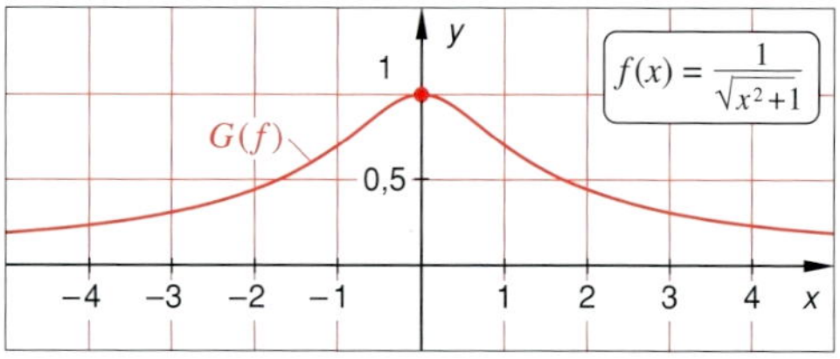

$f(x)=\dfrac{1}{\sqrt{x^2+1}}$; $x\in\mathbb{R}$

► $F(x)=\ln\left(x+\sqrt{x^2+1}\right)$; $x\in\mathbb{R}$ ► 2.1

$\Rightarrow F'(x)=\dfrac{1}{\sqrt{x^2+1}}$; $x\in\mathbb{R}$ ► $F'(x)=f(x)$

► F ist eine Stammfunktion von f in $\mathbb{R}$

► $\displaystyle\int_0^b \frac{1}{\sqrt{x^2+1}}\,\mathrm{d}x = \ln\left(x+\sqrt{x^2+1}\right)\Big|_0^b$ ► Hauptsatz ► 1.2

$= \ln\left(b+\sqrt{b^2+1}\right) - \ln\left(0+\sqrt{0^2+1}\right)$ ► $\ln 1 = 0$

$= \underline{\ln\left(b+\sqrt{b^2+1}\right);\ b>0}$

$$\lim_{b\to\infty}\int_0^b \frac{\mathrm{d}x}{\sqrt{x^2+1}} = \lim_{b\to\infty}\ln\left(b+\sqrt{b^2+1}\right) = \underline{\underline{\infty}}$$

► $\displaystyle\int_0^\infty \frac{\mathrm{d}x}{\sqrt{x^2+1}}$ ist divergent $\Rightarrow$ $\displaystyle\int_{-\infty}^\infty \frac{\mathrm{d}x}{\sqrt{x^2+1}}$ ist divergent

Stellen Sie fest, bei welchen Zahlen für $x \in \mathbb{R}$ die nachstehenden uneigentlichen Integrale erster Art konvergieren. ► **Lehrbuch: Kusch 4, S. 181 … 183** 194

21. $\int\limits_1^{\infty} x^s \, \mathrm{d}x$

Für $s = 0$ erhält man das divergente Integral $\int\limits_1^{\infty} 1 \, \mathrm{d}x$ und für $s = -1$ das divergente Integral $\int\limits_1^{\infty} \frac{\mathrm{d}x}{x}$. Für die folgenden Betrachtungen wird deshalb $s \in \mathbb{R} \setminus \{-1; 0\}$ zu Grunde gelegt.

Die Funktionen f: $f(x) = x^s$ mit $D(f) = \mathbb{R}$ für $s > 0$ bzw. mit $D(f) = \mathbb{R}^{+0}$ für $s < 0$ sind in jedem Teilintervall von $[1; \infty]$ monoton und damit in jedem abgeschlossenen Intervall $[1; b]$; $b > 1$ integrierbar.

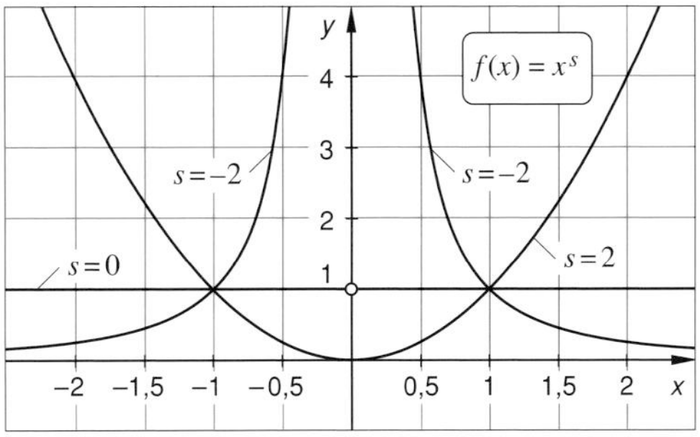

► $F(x) = \frac{1}{s+1} \cdot x^{s+1}$; $x \in D(f)$

$\Rightarrow F'(x) = x^s$; $x \in D(f)$ ► $F'(x) = f(x)$

► F ist eine Stammfunktion von f in $D(f)$

Damit lässt sich das bestimmte Integral $\int\limits_1^b x^s \, \mathrm{d}x$ über den Hauptsatz berechnen:

$$\int\limits_a^b f(x) \, \mathrm{d}x = F(x) \Big|_a^b = F(b) - F(a)$$

$f(x) = x^s$; $x \in D(f)$

$$\int\limits_1^b x^s \, \mathrm{d}x = \frac{1}{s+1} \cdot x^{s+1} \Big|_1^b \quad \text{► Hauptsatz ► 1.2}$$

$$= \frac{1}{s+1} \cdot b^{s+1} - \frac{1}{s+1} \cdot 1^{s+1}$$

$$= \underline{\frac{1}{s+1} \cdot b^{s+1} - \frac{1}{s+1}; \; b > 1}$$

Die Konvergenz des Integrals $\int\limits_1^{\infty} x^s \, \mathrm{d}x$ ist vom Grenzwert $\lim\limits_{b \to \infty} b^{s+1}$; $s \in \mathbb{R} \setminus \{-1; 0\}$ abhängig.

$$\lim_{b \to \infty} \int\limits_1^b x^s \, \mathrm{d}x = \lim_{b \to \infty} \left(\frac{1}{s+1} \cdot b^{s+1} - \frac{1}{s+1} \right)$$

$$= \frac{1}{s+1} \cdot \lim_{b \to \infty} b^{s+1} - \frac{1}{s+1}$$

$$\lim_{b \to \infty} b^{s+1} = ?$$

Ist nämlich $s + 1 > 0$, also $s > -1$, so wird $\lim\limits_{b \to \infty} b^{s+1} = \infty$.

- $s + 1 > 0 \Rightarrow s > -1$: $\lim\limits_{b \to \infty} b^{s+1} = \underline{\infty}$

  ► Für $s > -1$ ist $\int\limits_1^{\infty} x^s \, \mathrm{d}x$ ein divergentes Integral

Ist aber $s + 1 < 0$, also $s < -1$, so wird $\lim\limits_{b \to \infty} b^{s+1} = 0$.

- $s + 1 < 0 \Rightarrow s < -1$: $\lim\limits_{b \to \infty} b^{s+1} = \underline{0}$

$$\int\limits_1^{\infty} x^s \, \mathrm{d}x = \frac{1}{s+1} \cdot \lim_{b \to \infty} b^{s+1} - \frac{1}{s+1}$$

$$= \frac{1}{s+1} \cdot 0 - \frac{1}{s+1}$$

$$= \underline{\underline{-\frac{1}{s+1}; \; s < -1}}$$

► Für $s < -1$ ist $\int\limits_1^{\infty} x^s \, \mathrm{d}x$ ein konvergentes Integral

Das uneigentliche Integral $\int\limits_1^{\infty} x^s \, \mathrm{d}x$ ist demnach nur für $s < -1$ konvergent.

194 **22.** $\int\limits_0^\infty \mathrm{e}^{-s\cdot x}\,\mathrm{d}x$

Für $s=0$ erhält man das divergente Integral $\int\limits_0^\infty 1\,\mathrm{d}x$. Für die folgenden Betrachtungen wird deshalb $s \neq 0$ zu Grunde gelegt.

Die Funktionen $f: f(x)=\mathrm{e}^{-s\cdot x};\ D(f)=\mathbb{R}$ sind streng monoton und damit in jedem abgeschlossenen Intervall $[0; b];\ b>0$ integrierbar.

► $F(x) = -\frac{1}{s}\cdot \mathrm{e}^{-s\cdot x};\ x\in\mathbb{R}$

$\Rightarrow F'(x)=\mathrm{e}^{-s\cdot x};\ x\in\mathbb{R}$ ► $F'(x)=f(x)$

► F sind Stammfunktionen von f in $\mathbb{R}$

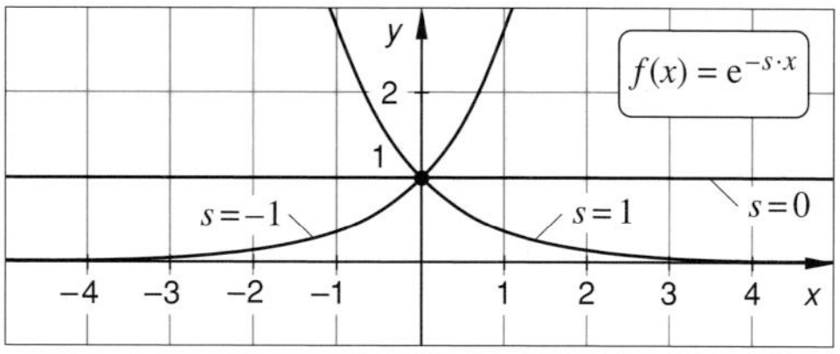

$f(x)=\mathrm{e}^{-s\cdot x};\ x\in\mathbb{R}$

Damit lässt sich das bestimmte Integral $\int\limits_0^b \mathrm{e}^{-s\cdot x}\,\mathrm{d}x$ über den Hauptsatz berechnen:

$\int\limits_a^b f(x)\,\mathrm{d}x = F(x)\big|_a^b = F(b)-F(a)$

$$\int\limits_0^b \mathrm{e}^{-s\cdot x}\,\mathrm{d}x = -\frac{1}{s}\cdot \mathrm{e}^{-s\cdot x}\Big|_0^b \quad \text{► Hauptsatz ► 1.2}$$

$$= -\frac{1}{s}\cdot \mathrm{e}^{-s\cdot b} - \left(-\frac{1}{s}\cdot \mathrm{e}^{-s\cdot 0}\right) \quad \text{► } \mathrm{e}^0 = 1$$

$$= \underline{\frac{1}{s} - \frac{1}{s}\cdot \mathrm{e}^{-s\cdot b};\ b>0}$$

Die Konvergenz des Integrals $\int\limits_0^\infty \mathrm{e}^{-s\cdot x}\,\mathrm{d}x$ ist vom Grenzwert $\lim\limits_{b\to\infty} \mathrm{e}^{-s\cdot b};\ s\neq 0$ abhängig.

$$\lim_{b\to\infty}\int\limits_0^b \mathrm{e}^{-s\cdot x}\,\mathrm{d}x = \lim_{b\to\infty}\left(\frac{1}{s}-\frac{1}{s}\cdot \mathrm{e}^{-s\cdot b}\right)$$

$$= \frac{1}{s}-\frac{1}{s}\cdot\lim_{b\to\infty}\mathrm{e}^{-s\cdot b}$$

$$\lim_{b\to\infty}\mathrm{e}^{-s\cdot b} = ?$$

Ist $s<0$, so wird $\lim\limits_{b\to\infty}\mathrm{e}^{-s\cdot b}=\infty$.

● $s<0$ ► $-s\cdot b>0$: $\lim\limits_{b\to\infty}\mathrm{e}^{-s\cdot b} = \underline{\infty}$

► Für $s<0$ ist $\int\limits_0^\infty \mathrm{e}^{-s\cdot x}\,\mathrm{d}x$ ein divergentes Integral

Ist aber $s>0$, so wird $\lim\limits_{b\to\infty}\mathrm{e}^{-s\cdot b}=0$.

● $s>0$ ► $-s\cdot b<0$: $\lim\limits_{b\to\infty}\mathrm{e}^{-s\cdot b} = \underline{0}$

$$\int\limits_0^\infty \mathrm{e}^{s\cdot x}\,\mathrm{d}x = \frac{1}{s}-\frac{1}{s}\cdot\lim_{b\to\infty}\mathrm{e}^{-s\cdot b}$$

$$= \frac{1}{s}-\frac{1}{s}\cdot 0$$

$$= \underline{\underline{\frac{1}{s};\ s>0}}$$

Das uneigentliche Integral $\int\limits_0^\infty \mathrm{e}^{-s\cdot x}\,\mathrm{d}x$ ist demnach nur für $s>0$ konvergent.

► Für $s>0$ ist $\int\limits_0^\infty \mathrm{e}^{-s\cdot x}\,\mathrm{d}x$ ein konvergentes Integral

23. $\int\limits_0^\infty (2x \cdot e^{s \cdot x^2})\,dx$ 194

Für $s = 0$ erhält man das divergente Integral $\int\limits_0^\infty (2x)\,dx$. Für die folgenden Betrachtungen wird deshalb $s \neq 0$ zu Grunde gelegt.

Die Funktionen $f: f(x) = 2x \cdot e^{s \cdot x^2}$; $D(f) = \mathbb{R}$ sind für $s > 0$ streng monoton steigend und für $s < 0$ abschnittsweise monoton in $\mathbb{R}$. Sie sind damit in jedem abgeschlossenen Intervall $[0; b]$; $b > 0$ integrierbar.

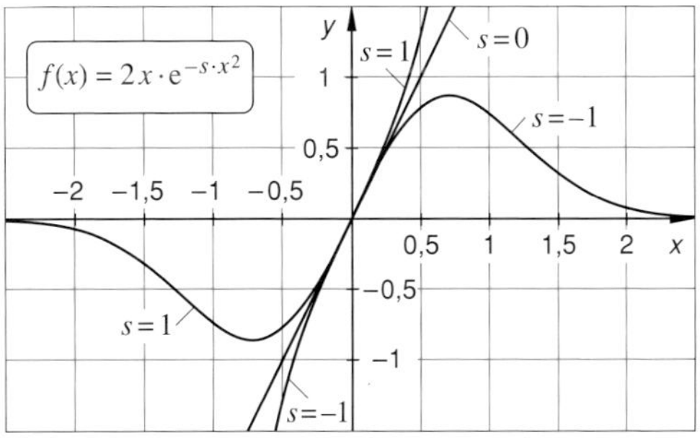

► $F(x) = \frac{1}{s} \cdot e^{s \cdot x^2}$; $x \in \mathbb{R}$

$\Rightarrow F'(x) = 2x \cdot e^{s \cdot x^2}$; $x \in \mathbb{R}$ ► $F'(x) = f(x)$

► F sind Stammfunktionen von f in $\mathbb{R}$.

$f(x) = 2x \cdot e^{s \cdot x^2}$; $x \in \mathbb{R}$

Damit lässt sich das bestimmte Integral $\int\limits_0^b (2x \cdot e^{s \cdot x^2})\,dx$ über den Hauptsatz berechnen:

$\int\limits_a^b f(x)\,dx = F(x)\big|_a^b = F(b) - F(a)$

$$\int\limits_0^b (2x \cdot e^{s \cdot x^2})\,dx = \frac{1}{s} \cdot e^{s \cdot x^2}\Big|_0^b \quad \text{► Hauptsatz ► 1.2}$$

$$= \frac{1}{s} \cdot e^{s \cdot b^2} - \frac{1}{s} \cdot e^{s \cdot 0^2} \quad \text{► } e^0 = 1$$

$$= -\frac{1}{s} + \frac{1}{s} \cdot e^{s \cdot b^2};\ b > 0$$

Die Konvergenz des Integrals $\int\limits_0^\infty (2x \cdot e^{s \cdot x^2})\,dx$ ist vom Grenzwert $\lim\limits_{b \to \infty} e^{s \cdot b^2}$; $s \neq 0$ abhängig.

$$\lim_{b \to \infty} \int\limits_0^b (2x \cdot e^{s \cdot x^2})\,dx = \lim_{b \to \infty} \left(-\frac{1}{s} + \frac{1}{s} \cdot e^{s \cdot b^2}\right)$$

$$= -\frac{1}{s} + \frac{1}{s} \cdot \lim e^{s \cdot b^2}$$

$\lim\limits_{b \to \infty} e^{s \cdot b^2} = ?$

Für $s > 0$ gilt $\lim\limits_{b \to \infty} e^{s \cdot b^2} = \infty$.

● $s > 0$ ► $s \cdot b^2 > 0$: $\lim\limits_{b \to \infty} e^{-s \cdot b^2} = \underline{\infty}$

► Für $s > 0$ ist $\int\limits_0^\infty (2x \cdot e^{s \cdot x^2})\,dx$ ein divergentes Integral

Für $s < 0$ gilt $\lim\limits_{b \to \infty} e^{s \cdot b^2} = 0$.

● $s < 0$ ► $s \cdot b^2 < 0$: $\lim\limits_{b \to \infty} e^{s \cdot b^2} = \underline{0}$

$$\int\limits_0^\infty (2x \cdot e^{s \cdot x^2})\,dx = -\frac{1}{s} + \frac{1}{s} \cdot \lim_{b \to \infty} e^{s \cdot b^2}$$

$$= -\frac{1}{s} + \frac{1}{s} \cdot 0$$

$$= -\frac{1}{s};\ s < 0$$

Das uneigentliche Integral $\int\limits_0^\infty (2x \cdot e^{s \cdot x^2})\,dx$ ist demnach nur für $s < 0$ konvergent.

► Für $s < 0$ ist $\int\limits_0^\infty (2x \cdot e^{s \cdot x^2})\,dx$ ein konvergentes Integral

194

24. $\int\limits_{-\infty}^{0} (2s \cdot x \cdot e^{-s \cdot x^2})\,dx$

Für $s = 0$ erhält man das konvergente Integral $\int\limits_{-\infty}^{0} 0\,dx = 0$. Für die folgenden Betrachtungen wird $s \neq 0$ zu Grunde gelegt.

Die Funktionen $f: f(x) = 2s \cdot x \cdot e^{-s \cdot x^2}$; $D(f) = \mathbb{R}$ sind für $s < 0$ streng monoton fallend und für $s > 0$ abschnittsweise monoton in $\mathbb{R}$. Sie sind somit in jedem abgeschlossenen Intervall $[a; 0]$ integrierbar.

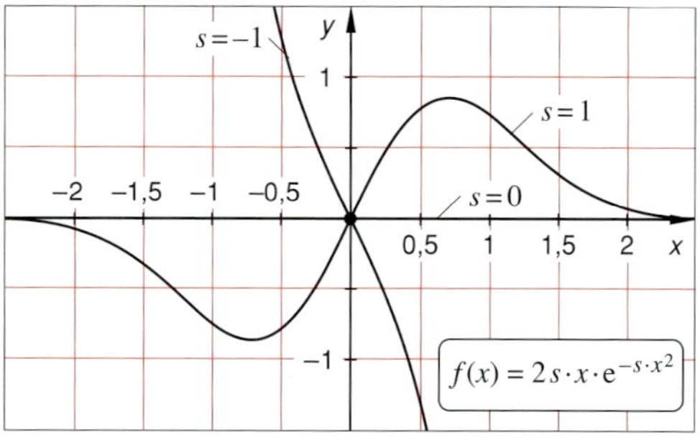

► $F(x) = -e^{-s \cdot x^2}$; $x \in \mathbb{R}$

$\Rightarrow F'(x) = 2s \cdot x \cdot e^{-s \cdot x^2}$; $x \in \mathbb{R}$ ► $F'(x) = f(x)$

► F sind Stammfunktionen von f in $\mathbb{R}$.

Damit lässt sich das bestimmte Integral $\int\limits_{a}^{0} (2s \cdot x \cdot e^{-s \cdot x^2})\,dx$ über den Hauptsatz berechnen: $\int\limits_{a}^{b} f(x)\,dx = F(x)\,\Big|_a^b = F(b) - F(a)$

$f(x) = 2s \cdot x \cdot e^{-s \cdot x^2}$; $x \in \mathbb{R}$

$$\int\limits_{a}^{0} (2s \cdot x \cdot e^{-s \cdot x^2})\,dx = -e^{-s \cdot x^2}\Big|_a^0$$ ► Hauptsatz ► 1.2

$$= -e^{-s \cdot 0^2} - (-e^{-s \cdot a^2})$$ ► $e^0 = 1$

$$= \underline{-1 + e^{-s \cdot a^2};\ a < 0}$$

Die Konvergenz von $\int\limits_{-\infty}^{0} (2s \cdot x \cdot e^{-s \cdot x^2})\,dx$ ist vom Grenzwert $\lim\limits_{a \to -\infty} e^{-s \cdot a^2}$; $s \neq 0$ abhängig.

$$\lim_{a \to -\infty} \int\limits_{a}^{0} (2s \cdot x \cdot e^{-s \cdot x^2})\,dx = \lim_{a \to -\infty} (-1 + e^{-s \cdot a^2})$$

$$= -1 + \lim_{a \to -\infty} e^{-s \cdot a^2}$$

$$\lim_{a \to -\infty} e^{-s \cdot a^2} = ?$$

Für $s < 0$ gilt $\lim\limits_{a \to -\infty} e^{-s \cdot a^2} = \infty$ und somit ist $\int\limits_{-\infty}^{0} (2s \cdot x \cdot e^{-s \cdot x^2})\,dx$ ein divergentes Integral.

- $s < 0$ ► $-s \cdot a^2 > 0$: $\lim\limits_{a \to -\infty} e^{-s \cdot a^2} = \underline{\infty}$

► Für $s < 0$ ist $\int\limits_{-\infty}^{0} (2s \cdot x \cdot e^{-s \cdot x^2})\,dx$ ein divergentes Integral

Für $s > 0$ gilt $\lim\limits_{a \to -\infty} e^{-s \cdot a^2} = 0$ und somit ist $\int\limits_{-\infty}^{0} (2s \cdot x \cdot e^{-s \cdot x^2})\,dx$ ein konvergentes Integral.

- $s > 0$ ► $-s \cdot a^2 < 0$: $\lim\limits_{a \to -\infty} e^{-s \cdot a^2} = \underline{0}$

$$\int\limits_{-\infty}^{0} (2s \cdot x \cdot e^{-s \cdot x^2})\,dx = -1 + \lim_{a \to -\infty} e^{-s \cdot a^2}$$

$$= -1 + 0$$

$$= \underline{\underline{-1;\ s > 0}}$$

Das Integral $\int\limits_{-\infty}^{0} (2s \cdot x \cdot e^{-s \cdot x^2})\,dx$ ist also nur für $s \geq 0$ konvergent.

► Für $s \geq 0$ ist $\int\limits_{-\infty}^{0} (2s \cdot x \cdot e^{-s \cdot x^2})\,dx$ ein konvergentes Integral

194

25. Ein Satellit mit der Masse $m = 2000$ kg hat vom Erdmittelpunkt den Abstand l mit $l > r$ bei einem Erdradius $r = 6{,}4 \cdot 10^6$ m. Auf ihn wirkt die Erdanziehungskraft $F(l) = G \cdot \frac{m \cdot M}{l^2}$, wobei $G = 6{,}67 \cdot 10^{-11} \frac{\mathrm{N} \cdot \mathrm{m}^2}{\mathrm{kg}^2}$ für die Gravitationskonstante und $M = 5{,}97 \cdot 10^{24}$ kg für die Erdmasse stehen. Berechnen Sie die Arbeit, die aufgewendet werden muss, wenn der Satellit den Anziehungsbereich der Erde verlassen soll.

Die Arbeit, die erforderlich ist, um den Satelliten von der Erdoberfläche gegen die Erdanziehungskraft der Erde auf die Höhe h über dem Erdmittelpunkt zu bringen, ist nach dem Newtonschen Gravitationsgesetzes gegeben durch $A(h) = \int_r^h \left(G \cdot \frac{m \cdot M}{l^2}\right) \mathrm{d}l$.

$$A(h) = \int_r^h \left(G \cdot \frac{m \cdot M}{l^2}\right) \mathrm{d}l$$

$$= G \cdot m \cdot M \int_r^h \frac{1}{l^2}\, \mathrm{d}l \quad \blacktriangleright\ 2.1$$

$$= G \cdot m \cdot M \cdot \left(-\frac{1}{l}\bigg|_r^h\right)$$

$$= G \cdot m \cdot M \cdot \left[-\frac{1}{h} - \left(-\frac{1}{r}\right)\right]$$

$$= G \cdot m \cdot M \cdot \left(-\frac{1}{h} + \frac{1}{r}\right);\ h > r$$

Der Grenzwert $\lim\limits_{b \to \infty} A(h) = \int_r^\infty \left(G \cdot \frac{m \cdot M}{l^2}\right) \mathrm{d}l$ ist die Arbeit, die geleistet werden muss, um den Satelliten aus dem Anziehungsbereich der Erde zu bringen.

$$\lim_{h \to \infty} A(h) = \lim_{h \to \infty} \left[G \cdot m \cdot M \cdot \left(-\frac{1}{h} + \frac{1}{r}\right)\right]$$

$$= G \cdot m \cdot M \cdot \left[\lim_{h \to \infty} \left(\frac{1}{h}\right) + \frac{1}{r}\right] \quad \blacktriangleright\ \lim_{h \to \infty}\left(-\frac{1}{h}\right) = 0$$

$$= G \cdot m \cdot M \cdot \left[0 + \frac{1}{r}\right]$$

$$= \frac{G \cdot m \cdot M}{r} = A_\infty$$

$\blacktriangleright\ G = 6{,}67 \cdot 10^{-11} \frac{\mathrm{N \cdot m^2}}{\mathrm{kg^2}}$; $m = 2000\ \mathrm{kg} = 2 \cdot 10^3\ \mathrm{kg}$

$M = 5{,}97 \cdot 10^{24}\ \mathrm{kg}$; $r = 6{,}4 \cdot 10^6\ \mathrm{m}$

Es ist eine Arbeit von $12{,}44 \cdot 10^{10}\ \mathrm{N \cdot m}$ aufzuwenden, um den Satelliten aus dem Anziehungsbereich der Erde zu bringen.

$$A_\infty = \frac{6{,}67 \cdot 10^{-11} \frac{\mathrm{N \cdot m^2}}{\mathrm{kg^2}} \cdot 2 \cdot 10^3\ \mathrm{kg} \cdot 5{,}97 \cdot 10^{24}\ \mathrm{kg}}{6{,}4 \cdot 10^6\ \mathrm{m}}$$

$$= \underline{\underline{12{,}44 \cdot 10^{10}\ \mathrm{N \cdot m}}}$$

Merke:

- Hat eine Funktion f an der linken Randstelle a eines Intervalls $[a;b]$ eine Unendlichkeitsstelle und ist f für jedes $t \in (a;b)$ in den Intervallen $[t;b]$ integrierbar und existiert der Grenzwert $\lim\limits_{\substack{t \to a \\ t > a}} \int\limits_t^b f(x)\,\mathrm{d}x$, so schreibt man $\int\limits_a^b f(x) = \lim\limits_{\substack{t \to a \\ t > a}} \int\limits_t^b f(x)\,\mathrm{d}x$ und nennt $\int\limits_a^b f(x)\,\mathrm{d}x$ ein **konvergentes uneigentliches Integral zweiter Art.** Die Unendlichkeitsstelle a ist die untere Integrationsgrenze.
- Hat eine Funktion f an der rechten Randstelle b eines Intervalls $[a;b]$ eine Unendlichkeitsstelle und ist f für jedes $t \in (a;b)$ in den Intervallen $[a;t]$ integrierbar und existiert der Grenzwert $\lim\limits_{\substack{t \to b \\ t < b}} \int\limits_a^t f(x)\,\mathrm{d}x$, so schreibt man $\int\limits_a^b f(x)\,\mathrm{d}x = \lim\limits_{\substack{t \to b \\ t < b}} \int\limits_a^t f(x)\,\mathrm{d}x$ und nennt $\int\limits_a^b f(x)\,\mathrm{d}x$ ein **konvergentes uneigentliches Integral zweiter Art.** Die Unendlichkeitsstelle b ist die obere Integrationsgrenze.
- Existiert kein Grenzwert, so bezeichnet man das uneigentliche Integral als divergent.
- Hat eine Funktion f an einer Stelle $x_0 \in (a;b)$, also im Inneren des Intervalls $[a;b]$, eine Unendlichkeitsstelle und sind die beiden uneigentlichen Integrale zweiter Art $\int\limits_a^{x_0} f(x)\,\mathrm{d}x$ sowie $\int\limits_{x_0}^b f(x)\,\mathrm{d}x$ konvergent, so bezeichnet man ihre Summe mit $\int\limits_a^b f(x)\,\mathrm{d}x$.

In vielen Fällen erleichtert die Anwendung des nachstehenden Merksatzes die Berechnung von uneigentlichen Integralen zweiter Art.

Merke:

- Hat eine Funktion f an der linken Randstelle a eines Intervalls $[a;b]$ eine Unendlichkeitsstelle und ist f für jedes $t \in (a;b)$ in den Intervallen $[t;b]$ integrierbar und hat f in $(a;b]$ eine Stammfunktion F, die sogar in $[a;b]$ stetig ist, so ist $\int\limits_a^b f(x)\,\mathrm{d}x$ ein **konvergentes uneigentliches Integral zweiter Art** und es gilt:
$$\int\limits_a^b f(x)\,\mathrm{d}x = F(b) - F(a).$$
Hat aber f unter der gleichen Bedingung in $(a;b]$ eine Stammfunktion F, die auch an der Randstelle a eine Unendlichkeitsstelle hat, so ist $\int\limits_a^b f(x)\,\mathrm{d}x$ ein **divergentes uneigentliches Integral zweiter Art.**
- Entsprechendes gilt, wenn die Unendlichkeitsstelle an der rechten Randstelle b von $[a;b]$ oder im Innern von $[a;b]$ liegt.

194 Stellen Sie fest, ob die nachstehenden uneigentlichen Integrale mit unbeschränkter Integrandfunktion konvergieren oder divergieren und berechnen Sie gegebenenfalls den Integralwert.

► **Lehrbuch: Kusch 4, S. 186 … 193**

26. $\int\limits_{-1}^{1} \frac{\mathrm{d}x}{\sqrt{1-x^2}}$

$f: f(x) = \frac{1}{\sqrt{1-x^2}}$; $D(f) = (-1;1)$ ist in $D(f)$ abschnittsweise monoton und somit in jedem abgeschlossenen Intervall von $(-1;1)$ integrierbar. An den Integrationsgrenzen $a = -1$ und $b = 1$ hat die Funktion f Un-

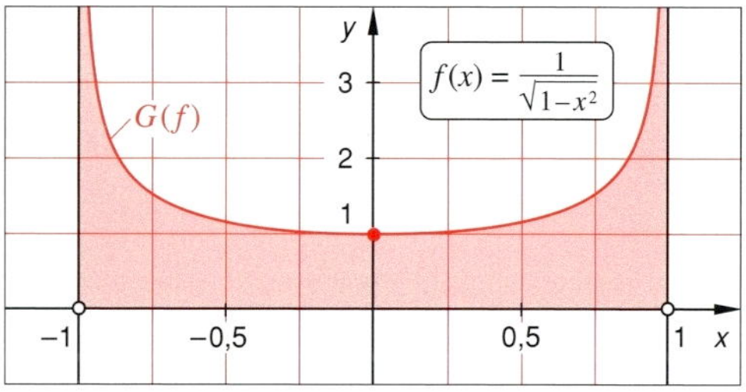

endlichkeitsstellen, d. h. f ist in $(-1;1)$ eine **unbeschränkte Funktion.** 194

► **Lehrbuch: Kusch 4, S. 186**

Da die Funktion f in $(-1;1)$ eine gerade Funktion ist (► $f(-x)=f(x)$), gilt:

$\int_{-1}^{0}\frac{dx}{\sqrt{1-x^2}}=\int_{0}^{1}\frac{dx}{\sqrt{1-x^2}}$ und somit auch:

$$\int_{-1}^{1}\frac{dx}{\sqrt{1-x^2}}=2\cdot\int_{0}^{1}\frac{dx}{\sqrt{1-x^2}}$$

Es liegt ein uneigentliches Integral zweiter Art vor, das an der rechten Randstelle $b=1$ eine Unendlichkeitsstelle hat.

$F: F(x)=\text{Arcsin}\,x$ mit $D(F)=[-1;1]$ ist eine Stammfunktion von f in $(-1;1)$, die in $[-1;1]$ stetig ist. Damit lässt sich nun $\int_{0}^{1}\frac{dx}{\sqrt{1-x^2}}$ sofort berechnen.

$\int_{-1}^{1}\frac{x}{\sqrt{1-x^2}}\,dx$ ist ein konvergentes uneigentliches Integral zweiter Art.

$$f(x)=\frac{1}{\sqrt{1-x^2}};\ x\in(-1;1)$$

► $f(-x)=f(x)$ ► f ist eine gerade Funktion

$$►\ \int_{-1}^{1}\frac{dx}{\sqrt{1-x^2}}=2\cdot\int_{0}^{1}\frac{dx}{\sqrt{1-x^2}}$$

► $F(x)=\text{Arcsin}\,x;\ x\in(-1;1)$

$$\Rightarrow F'(x)=\frac{1}{\sqrt{1-x^2}};\ x\in(-1;1) \quad ►\ F'(x)=f(x)$$

► F ist Stammfunktion von f in $(-1;1)$ mit $D(F)=[-1;1]$ und F ist stetig in $[-1;1]$

$$►\ \int_{0}^{1}\frac{dx}{\sqrt{1-x^2}}=\text{Arcsin}\,x\Big|_0^1$$
$$=\text{Arcsin}\,1-\text{Arcsin}\,0 \quad ►\ \text{Arcsin}\,0=0$$
$$=\underline{\underline{\frac{\pi}{2}}}$$

$$\Rightarrow \int_{-1}^{1}\frac{dx}{\sqrt{1-x^2}}=2\cdot\int_{0}^{1}\frac{dx}{\sqrt{1-x^2}}$$
$$=2\cdot\frac{\pi}{2}$$
$$=\underline{\underline{\pi}} \quad ►\ \text{Integralwert für } f \text{ in } [-1;1]$$

27. $\int_{0}^{3}\frac{x}{\sqrt{9-x^2}}\,dx$

$f: f(x)=\frac{x}{\sqrt{9-x^2}};\ D(f)=(-3;3)$ ist in $D(f)$ streng monoton steigend und daher in jedem abgeschlossenen Intervall von $[0;3)$ integrierbar. An der rechten Integrationsgrenze $b=3$ hat f eine Unendlichkeitsstelle, d. h. $\int_{0}^{3}\frac{x}{\sqrt{9-x^2}}\,dx$ ist ein uneigentliches Integral zweiter Art.

Die Funktion $F: F(x)=-\sqrt{9-x^2}$ mit $D(F)=[-3;3]$ ist eine Stammfunktion von f in $(-3;3)$, die in $[-3;3]$ stetig ist. Damit lässt sich nun $\int_{0}^{3}\frac{x}{\sqrt{9-x^2}}\,dx$ sofort berechnen.

$\int_{0}^{3}\frac{x}{\sqrt{9-x^2}}\,dx$ ist ein konvergentes uneigentliches Integral zweiter Art.

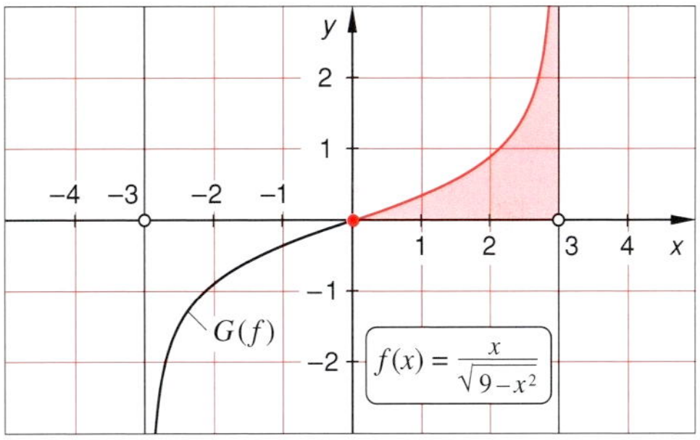

$$f(x)=\frac{x}{\sqrt{9-x^2}};\ x\in(-3;3)$$

► $F(x)=-\sqrt{9-x^2};\ x\in(-3;3)$ ► 2.4.3

$$\Rightarrow F'(x)=\frac{x}{\sqrt{9-x^2}};\ x\in(-3;3) \quad ►\ F'(x)=f(x)$$

► F ist Stammfunktion von f in $(-3;3)$ mit $D(F)=[-3;3]$ und F ist stetig in $[-3;3]$

$$►\ \int_{0}^{3}\frac{x}{\sqrt{9-x^2}}\,dx=-\sqrt{9-x^2}\Big|_0^3$$
$$=-\sqrt{9-3^2}+\sqrt{9-0^2}$$
$$=\underline{\underline{3}} \quad ►\ \text{Integralwert für } f \text{ in } [0;3]$$

1194

32. $\int\limits_0^1 \frac{dx}{1-x}$

Die Funktion $f: f(x) = \frac{1}{1-x}$; $D(f) = \mathbb{R}^{+1}$ ist in $\mathbb{R}^{<1}$ streng monoton steigend und daher in jedem abgeschlossenen Intervall von $[0; 1)$ integrierbar. An der rechten Integrationsgrenze, $b = 1$, hat f eine Unendlichkeitsstelle, sodass $\int\limits_0^1 \frac{dx}{1-x}$ ein uneigentliches Integral zweiter Art ist.

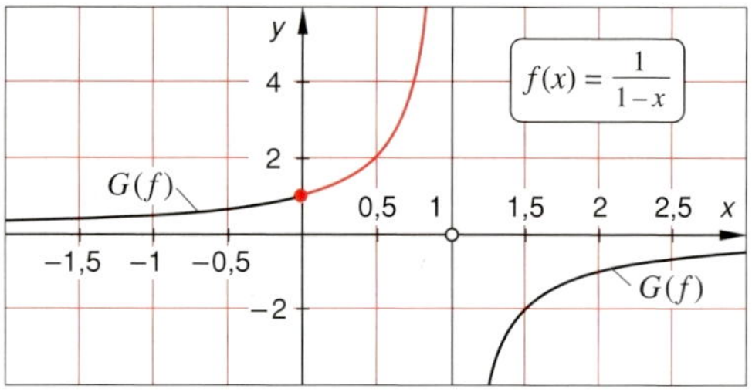

$f(x) = \frac{1}{1-x}$; $x \in \mathbb{R}^{+1}$

Die Funktion $F: F(x) = -\ln|1-x|$ mit $D(F) = \mathbb{R}^{+1}$ ist eine Stammfunktion von f in $\mathbb{R}^{+1}$.

► $F(x) = -\ln|1-x|$; $x \in \mathbb{R}^{+1}$

$\Rightarrow F'(x) = \frac{1}{1-x}$; $x \in \mathbb{R}^{+1}$ ► $F'(x) = f(x)$

► F ist eine Stammfunktion von f in $\mathbb{R}^{+1}$ mit $D(F) = \mathbb{R}^{+1}$

► $\lim\limits_{x\to 1} F(x) = \lim\limits_{x\to 1}[-\ln|1-x|]$

$= \underline{\infty}$

► $b = 1$ ist Unendlichkeitsstelle von F

Da aber bei $b = 1$ eine Unendlichkeitsstelle von F vorliegt, ist $\int\limits_0^1 \frac{dx}{1-x}$ ein divergentes uneigentliches Integral zweiter Art.

$\Rightarrow \int\limits_0^1 \frac{dx}{1-x}$ ► divergentes uneigentliches Integral zweiter Art

33. $\int\limits_{-1}^1 \frac{dx}{\sqrt{|x|}}$ ► **Lehrbuch: Kusch 4, S. 191/192**

Die Funktion $f: f(x) = \frac{1}{\sqrt{|x|}}$; $D(f) = \mathbb{R}^{+0}$ ist für $x < 0$ streng monoton steigend und für $x > 0$ streng monoton fallend. Somit ist f in jedem abgeschlossenen Intervall von $D(f)$ integrierbar. An der Stelle $x_0 = 0$, also im Innern des Integrationsintervalls $[-1; 1]$, liegt eine Unendlichkeitsstelle vor.

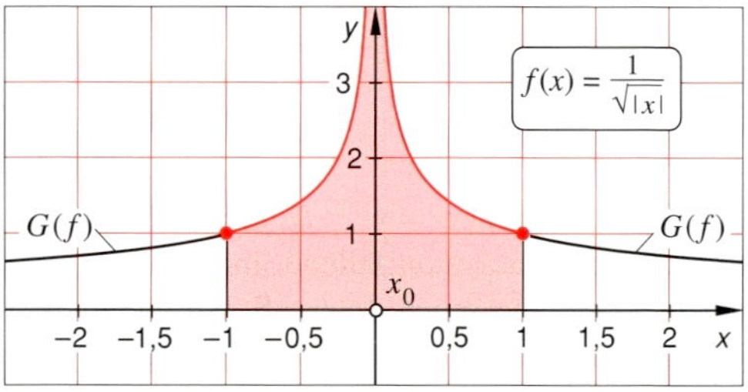

Untersuchung im Intervall [0; 1]

$f(x) = \frac{1}{\sqrt{x}}$; $x \in \mathbb{R}^{>0}$

Die Funktion $F: F(x) = 2 \cdot \sqrt{x}$; $D(F) = \mathbb{R}^{\geq 0}$ ist eine Stammfunktion von f in $\mathbb{R}^{>0}$, die in $\mathbb{R}^{\geq 0}$ stetig ist. Damit lässt sich nun $\int\limits_0^1 \frac{dx}{\sqrt{x}}$ sofort berechnen.

► $F(x) = 2 \cdot \sqrt{x}$; $x \in \mathbb{R}^{>0}$

$\Rightarrow F'(x) = \frac{1}{\sqrt{x}}$; $x \in \mathbb{R}^{>0}$ ► $F'(x) = f(x)$

► F ist Stammfunktion von f in $\mathbb{R}^{>0}$ mit $D(F) = \mathbb{R}^{\geq 0}$ und F ist stetig in $\mathbb{R}^{\geq 0}$

► $\int\limits_0^1 \frac{dx}{\sqrt{x}} = 2 \cdot \sqrt{x}\Big|_0^1$

$= 2 \cdot \sqrt{1} - 2 \cdot \sqrt{0}$

$= \underline{2}$ ► Integralwert für f in $[0; 1]$

194

Da der Graph von $f: f(x) = \frac{1}{\sqrt{|x|}}$; $D(f) = \mathbb{R}^{\pm 0}$ achsensymmetrisch zur y-Achse verläuft [► $f(-x) = f(x)$], ist auch $\int_{-1}^{0} \frac{dx}{\sqrt{|x|}}$ ein konvergentes uneigentliches Integral zweiter Art mit dem Integralwert 2.

Untersuchung im Intervall [−1; 0]

$f(x) = \frac{1}{\sqrt{|x|}}$; $x \in \mathbb{R}^{\pm 0}$

$\Rightarrow f(-x) = \frac{1}{\sqrt{|-x|}} = \frac{1}{\sqrt{|x|}} = f(x)$; $x \in \mathbb{R}^{\pm 0}$

► $G(f)$ ist achsensymmetrisch zur y-Achse

$$\Rightarrow \int_{-1}^{0} \frac{dx}{\sqrt{|x|}} = \int_{0}^{1} \frac{dx}{\sqrt{x}}$$

$= \underline{2}$ ► Integralwert für f in $[-1; 0]$

Da die uneigentlichen Integrale zweiter Art $\int_{-1}^{0} \frac{dx}{\sqrt{|x|}}$ und $\int_{0}^{1} \frac{dx}{\sqrt{|x|}}$ existieren, existiert auch das uneigentliche Integral zweiter Art $\int_{-1}^{1} \frac{dx}{\sqrt{|x|}}$.

Untersuchung im Intervall [−1; 1]

$$\int_{-1}^{1} \frac{dx}{\sqrt{|x|}} = \int_{-1}^{0} \frac{dx}{\sqrt{|x|}} + \int_{0}^{1} \frac{dx}{\sqrt{|x|}}$$

$= 2 + 2$

$= \underline{\underline{4}}$ ► Integralwert für f in $[-1; 1]$

34. $\int_{0}^{0,5} \frac{dx}{\sqrt{1-2x}}$

Die Funktion $f: f(x) = \frac{1}{\sqrt{1-2x}}$ mit $D(f) = \mathbb{R}^{<0,5}$ ist in $D(f)$ streng monoton steigend und daher in jedem abgeschlossenen Intervall von $[0; 0,5)$ integrierbar. An der rechten Integrationsgrenze, $b = 0,5$, hat f eine Unendlichkeitstelle, sodass $\int_{0}^{0,5} \frac{dx}{\sqrt{1-2x}}$ ein uneigentliches Integral zweiter Art ist.

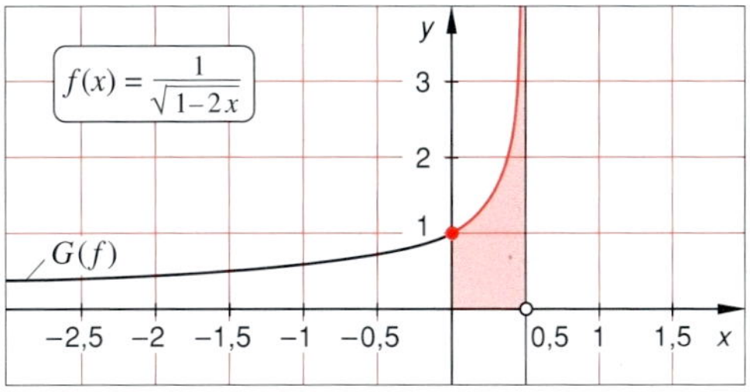

$f(x) = \frac{1}{\sqrt{1-2x}}$; $x \in \mathbb{R}^{<0,5}$

Die Funktion $F: F(x) = -\sqrt{1-2x}$ mit $D(F) = \mathbb{R}^{\leq 0,5}$ ist eine Stammfunktion von f in $\mathbb{R}^{<0,5}$, die in $\mathbb{R}^{\leq 0,5}$ stetig ist. Damit lässt sich nun $\int_{0}^{0,5} \frac{dx}{\sqrt{1-2x}}$ sofort berechnen.

► $F(x) = -\sqrt{1-2x}$; $x \in \mathbb{R}^{<0,5}$

$\Rightarrow F'(x) = \frac{1}{\sqrt{1-2x}}$; $x \in \mathbb{R}^{<0,5}$ ► $F'(x) = f(x)$

► F ist Stammfunktion von f in $\mathbb{R}^{<0,5}$ mit $D(F) = \mathbb{R}^{\leq 0,5}$ und F ist stetig in $\mathbb{R}^{\leq 0,5}$

$\int_{0}^{0,5} \frac{dx}{\sqrt{1-2x}}$ ist ein konvergentes uneigentliches Integral zweiter Art.

$$► \int_{0}^{0,5} \frac{dx}{\sqrt{1-2x}} = -\sqrt{1-2x}\,\Big|_{0}^{0,5}$$

$= -\sqrt{1-2 \cdot 0,5} + \sqrt{1-2 \cdot 0}$

$= \underline{\underline{1}}$ ► Integralwert für f in $[0; 0,5]$

194

35. $\int\limits_1^2 \frac{dx}{\sqrt{x^2-1}}$

Die Funktion $f: f(x) = \frac{1}{\sqrt{x^2-1}}$ mit $D(f) = \mathbb{R}\setminus[-1; 1]$ ist in $\mathbb{R}^{>1}$ streng monoton fallend und daher in jedem abgeschlossenen Intervall von $(1; 2]$ integrierbar. An der linken Integrationsgrenze, $a = 1$, hat f eine Unendlichkeitsstelle, sodass $\int\limits_1^2 \frac{dx}{\sqrt{x^2-1}}$ ein uneigentliches Integral zweiter Art ist.

Die Funktion $F: F(x) = \ln(x + \sqrt{x^2-1})$ mit $D(f) = \mathbb{R}^{\geq 1}$ ist eine Stammfunktion von f in $\mathbb{R}^{>1}$, die in $\mathbb{R}^{\geq 1}$ stetig ist. Damit lässt sich nun $\int\limits_1^2 \frac{dx}{\sqrt{x^2-1}}$ sofort berechnen.

$\int\limits_1^2 \frac{dx}{\sqrt{x^2-1}}$ ist ein konvergentes uneigentliches Integral zweiter Art.

36. $\int\limits_{-1}^1 \frac{dx}{1-x^2}$

Die Funktion $f: f(x) = \frac{1}{1-x^2}$ mit $D(f) = \mathbb{R}\setminus\{-1; 1\}$ ist in $(-1; 0]$ streng monoton fallend und in $[0; 1)$ streng monoton steigend und somit in jedem abgeschlossenen Intervall von $(-1; 0]$ bzw. $[0; 1)$ integrierbar. An den Integrationsgrenzen, $a = -1$ und $b = 1$, hat f Unendlichkeitsstellen, sodass die Integrale $\int\limits_{-1}^0 \frac{dx}{1-x^2}$ und $\int\limits_0^1 \frac{dx}{1-x^2}$ uneigentliche Integrale zweiter Art sind.

Die Funktion $F: F(x) = 0{,}5 \cdot \ln\left|\frac{x+1}{x-1}\right|$ mit $D(F) = \mathbb{R}\setminus\{-1; 1\}$ ist eine Stammfunktion von f in $\mathbb{R}\setminus\{-1; 1\}$.

Da aber auch $b = 1$ Unendlichkeitsstelle von F ist, ist $\int\limits_0^1 \frac{dx}{1-x^2}$ ein divergentes uneigentlichen Integral zweiter Art.

Da $\int\limits_0^1 \frac{dx}{1-x^2}$ divergent ist, ist auch $\int\limits_{-1}^1 \frac{dx}{1-x^2}$ ein divergentes uneigentliches Integral zweiter Art.

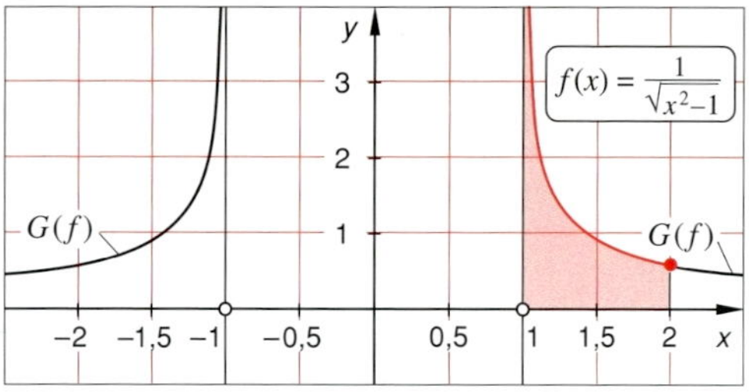

$f(x) = \frac{1}{\sqrt{x^2-1}}$; $x \in \mathbb{R}\setminus[-1; 1]$

▸ $F(x) = \ln(x + \sqrt{x^2-1})$; $x \in \mathbb{R}^{>1}$ ▸ 2.1

$\Rightarrow F'(x) = \frac{1}{\sqrt{x^2-1}}$; $x \in \mathbb{R}^{>0}$ ▸ $F'(x) = f(x)$

▸ F ist Stammfunktion von f in $\mathbb{R}^{>1}$ mit $D(F) = \mathbb{R}^{\geq 1}$ und F ist stetig in $\mathbb{R}^{\geq 1}$

▸ $\int\limits_1^2 \frac{dx}{\sqrt{x^2-1}} = \ln(x + \sqrt{x^2-1})\Big|_1^2$

$= \ln(2 + \sqrt{4-1}) - \ln(1 + \sqrt{1-1})$ ▸ $\ln 1 = 0$

$= \underline{\underline{\ln(2 + \sqrt{3})}}$ ▸ Integralwert für f in $[1; 2]$

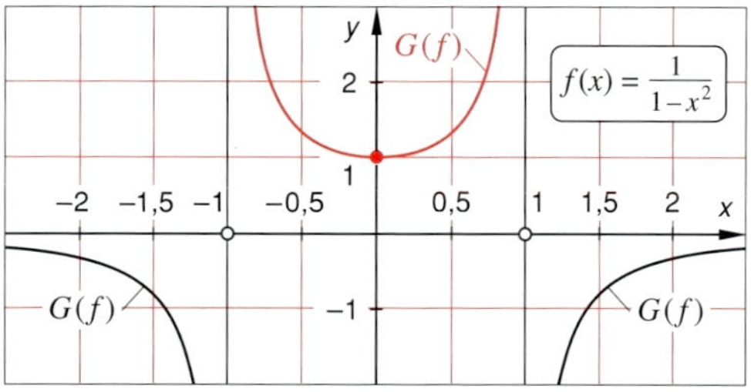

Untersuchung in [0; 1]

$f(x) = \frac{1}{1-x^2}$; $x \in \mathbb{R}\setminus\{-1; 1\}$

▸ $F(x) = 0{,}5 \cdot \ln\left|\frac{x+1}{x-1}\right|$; $x \in \mathbb{R}\setminus\{-1; 1\}$ ▸ 2.1

$\Rightarrow F'(x) = \frac{1}{1-x^2}$; $x \in \mathbb{R}\setminus\{-1; 1\}$ ▸ $F'(x) = f(x)$

▸ F ist Stammfunktion von f in $\mathbb{R}\setminus\{-1; 1\}$ mit $D(F) = \mathbb{R}\setminus\{-1; 1\}$

▸ $\lim\limits_{x\to 1} F(x) = \lim\limits_{x\to 1}\left[0{,}5 \cdot \ln\left|\frac{x+1}{x-1}\right|\right] = \underline{\infty}$

▸ $b = 1$ ist Unendlichkeitsstelle von F

$\Rightarrow \int\limits_0^1 \frac{dx}{1-x^2}$ ▸ divergentes uneigentliches Integral zweiter Art

194

37. $\int\limits_{-1}^{1}\left(\frac{1}{x^2}\cdot e^{-\frac{1}{x}}\right)dx$

Die Funktion $f{:}\,f(x)=\frac{1}{x^2}\cdot e^{-\frac{1}{x}};\ D(f)=\mathbb{R}^{\neq 0}$ ist in $\mathbb{R}^{<0}$ streng monoton steigend und in $\mathbb{R}^{>0}$ abschnittsweise monoton und somit in jedem abgeschlossenen Intervall von $\mathbb{R}^{<0}$ bzw. $\mathbb{R}^{>0}$ integrierbar. An der Stelle $x_0=0$ hat f eine linksseitige Unendlichkeitsstelle, sodass $\int\limits_{-1}^{0}\left(\frac{1}{x^2}\cdot e^{-\frac{1}{x}}\right)dx$ ein uneigentliches Integral zweiter Art ist.

Die Funktion $F{:}\ F(x)=e^{-\frac{1}{x}};\ D(F)=\mathbb{R}^{\neq 0}$ ist eine Stammfunktion von f in $\mathbb{R}^{\neq 0}$.

Da aber auch bei $b=0$ eine linksseitige Unendlichkeitsstelle von F vorliegt, ist $\int\limits_{-1}^{0}\left(\frac{1}{x^2}\cdot e^{-\frac{1}{x}}\right)dx$ ein divergentes uneigentlichen Integral zweiter Art.

Da $\int\limits_{-1}^{0}\left(\frac{1}{x^2}\cdot e^{-\frac{1}{x}}\right)dx$ divergent ist, ist auch $\int\limits_{-1}^{1}\left(\frac{1}{x^2}\cdot e^{-\frac{1}{x}}\right)dx$ ein divergentes uneigentliches Integral zweiter Art.

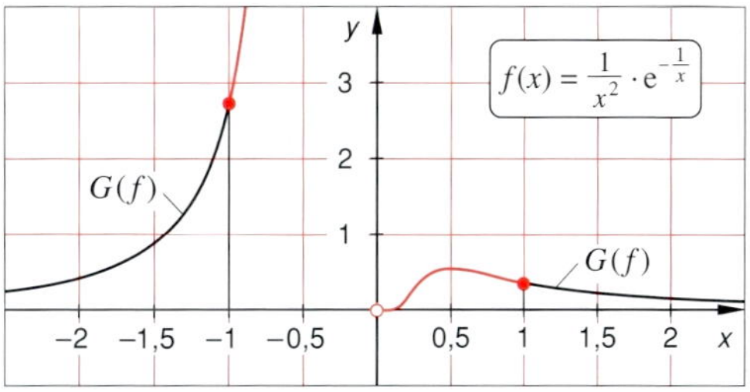

Untersuchung in [−1; 0]

$f(x)=\frac{1}{x^2}\cdot e^{-\frac{1}{x}};\ x\in\mathbb{R}^{\neq 0}$

► $F(x)=e^{-\frac{1}{x}};\ x\in\mathbb{R}^{\neq 0}$ ► 2.4.4

$\Rightarrow F'(x)=\frac{1}{x^2}\cdot e^{-\frac{1}{x}};\ x\in\mathbb{R}^{\neq 0}$ ► $F'(x)=f(x)$

► F ist eine Stammfunktion von f in $\mathbb{R}^{\neq 0}$ mit $D(F)=\mathbb{R}^{\neq 0}$

► $\lim\limits_{\substack{x\to 0\\ x<0}}F(x)=\lim\limits_{\substack{x\to 0\\ x<0}}(e^{-\frac{1}{x}})=\underline{\underline{\infty}}$

► $b=0$ ist linksseitige Unendlichkeitsstelle von F

$\Rightarrow \int\limits_{-1}^{0}\left(\frac{1}{x^2}\cdot e^{-\frac{1}{x}}\right)dx$ ► divergentes uneigentliches Integral zweiter Art

38. $\int\limits_{-1}^{1}\frac{dx}{\sqrt[5]{x^2}}$

Die Funktion $f{:}\,f(x)=\frac{1}{\sqrt[5]{x^2}};\ D(f)=\mathbb{R}^{\neq 0}$ ist in $\mathbb{R}^{<0}$ streng monoton steigend und in $\mathbb{R}^{>0}$ streng monoton steigend. Somit ist f in jedem abgeschlossenen Intervall von $D(f)$ integrierbar. An der Stelle $x_0=0$, also im Innern des Integrationsintervalls $[-1;\,1]$, liegt eine Unendlichkeitsstelle.

Die Funktion $F{:}\ F(x)=\frac{5}{3}\cdot x^{\frac{3}{5}};\ D(F)=\mathbb{R}^{\geq 0}$ ist eine Stammfunktion von f in $\mathbb{R}^{>0}$, die in $\mathbb{R}^{\geq 0}$ stetig ist. Damit lässt sich nun $\int\limits_{0}^{1}\frac{dx}{\sqrt[5]{x^3}}$ sofort berechnen.

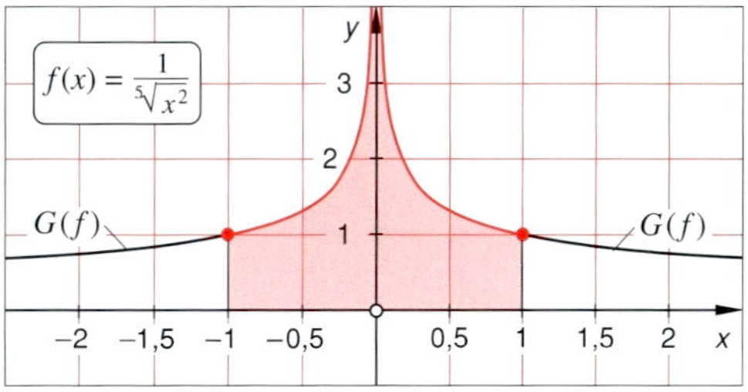

Untersuchung im Intervall [0; 1]

$f(x)=\frac{1}{\sqrt[5]{x^2}}=x^{-\frac{2}{5}};\ x\in\mathbb{R}^{>0}$

► $F(x)=\frac{5}{3}\cdot x^{\frac{3}{5}};\ x\in\mathbb{R}^{>0}$

$\Rightarrow F'(x)=x^{-\frac{2}{5}};\ x\in\mathbb{R}^{>0}$ ► $F'(x)=f(x)$

► F ist Stammfunktion von f in $\mathbb{R}^{>0}$ mit $D(F)=\mathbb{R}^{\geq 0}$ und F ist stetig in $\mathbb{R}^{\geq 0}$

► $\int\limits_{0}^{1}\frac{dx}{\sqrt[5]{x^2}}=\frac{5}{3}\,x^{\frac{3}{5}}\Big|_0^1$

$=\frac{5}{3}\cdot 1^{\frac{3}{5}}-\frac{5}{3}\cdot 0^{\frac{3}{5}}$

$=\underline{\underline{\frac{5}{3}}}$ ► Integralwert für f in $[0;\,1]$

194

Da der Graph von $f: f(x) = \frac{1}{\sqrt[5]{x^2}}$ mit $D(f) = \mathbb{R}^{+0}$ achsensymmetrisch zur y-Achse verläuft ($\blacktriangleright f(-x) = f(x)$), ist auch $\int\limits_{-1}^{0} \frac{dx}{\sqrt[5]{x^2}}$ ein konvergentes uneigentliches Integral zweiter Art mit dem Integralwert $\frac{5}{3}$.

Untersuchung im Intervall [−1; 0]

$$f(x) = \frac{1}{\sqrt[5]{x^2}};\ x \in \mathbb{R}^{+0}$$

$$\Rightarrow f(-x) = \frac{1}{\sqrt[5]{(-x)^2}} = \frac{1}{\sqrt[5]{x^2}} = f(x);\ x \in \mathbb{R}^{+0}$$

► $G(f)$ ist achsensymmetrisch zur y-Achse

$$\Rightarrow \int\limits_{-1}^{0} \frac{dx}{\sqrt[5]{x^2}} = \int\limits_{0}^{1} \frac{dx}{\sqrt[5]{x^2}}$$

$$= \underline{\frac{5}{3}}$$ ► Integralwert für f in $[-1; 0]$

Untersuchung im Intervall [−1; 1]

$$\int\limits_{-1}^{1} \frac{dx}{\sqrt[5]{x^2}} = \int\limits_{-1}^{0} \frac{dx}{\sqrt[5]{x^2}} + \int\limits_{0}^{1} \frac{dx}{\sqrt[5]{x^2}}$$

$$= \frac{5}{3} + \frac{5}{3}$$

$$= \underline{\underline{\frac{10}{3}}}$$ ► Integralwert für f in $[-1; 1]$

Da die uneigentlichen Integrale zweiter Art $\int\limits_{-1}^{0} \frac{dx}{\sqrt[5]{x^2}}$ und $\int\limits_{0}^{1} \frac{dx}{\sqrt[5]{x^2}}$ existieren, existiert auch das uneigentliche Integral zweiter Art $\int\limits_{-1}^{1} \frac{dx}{\sqrt[5]{x^2}}$.

39. $\int\limits_{-1}^{2} \frac{dx}{\sqrt{|1-x|}}$

Die Funktion $f: f(x) = \frac{1}{\sqrt{|1-x|}}$ mit $D(f) = \mathbb{R}^{+1}$ ist in $\mathbb{R}^{<1}$ streng monoton steigend und in $\mathbb{R}^{>1}$ streng monoton fallend. Somit ist f in jedem abgeschlossenen Intervall von $D(f)$ integrierbar. An der Stelle $x_0 = 1$, also im Inneren des Integrationsintervalls $[-1; 1]$, liegt eine Unendlichkeitsstelle.

Die Funktion $F: F(x) = 2 \cdot \sqrt{x-1}$ mit $D(F) = \mathbb{R}^{\geq 1}$ ist eine Stammfunktion von f in $\mathbb{R}^{>1}$, die in $\mathbb{R}^{\geq 1}$ stetig ist. Damit lässt sich nun $\int\limits_{1}^{2} \frac{dx}{\sqrt{|1-x|}}$ sofort berechnen.

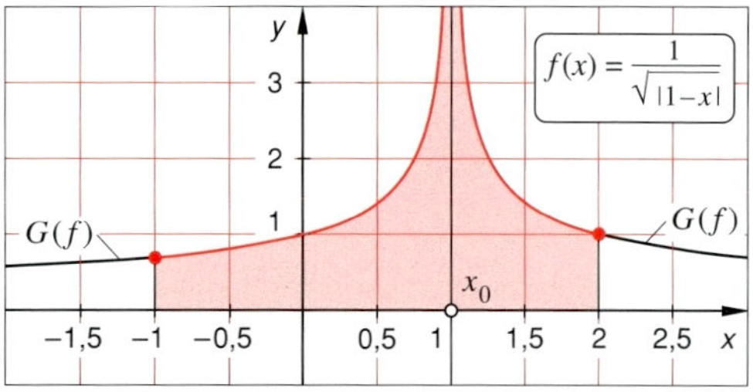

Untersuchung in [1; 2]

$$f(x) = \frac{1}{\sqrt{|1-x|}} = \frac{1}{\sqrt{x-1}};\ x \in \mathbb{R}^{>1}$$

► $F(x) = 2 \cdot \sqrt{x-1};\ x \in \mathbb{R}^{>1}$ ► 2.4.1

$$\Rightarrow F'(x) = \frac{1}{\sqrt{x-1}};\ x \in \mathbb{R}^{>1}$$ ► $F'(x) = f(x)$

► F ist Stammfunktion von f in $\mathbb{R}^{>1}$ mit $D(F) = \mathbb{R}^{\geq 1}$ und F ist stetig in $\mathbb{R}^{\geq 1}$

$$\blacktriangleright \int\limits_{1}^{2} \frac{dx}{\sqrt{|1-x|}} = \int\limits_{1}^{2} \frac{dx}{\sqrt{x-1}};\ x \in \mathbb{R}^{>1}$$

$$= 2 \cdot \sqrt{x-1}\Big|_1^2$$

$$= 2 \cdot \sqrt{2-1} - 2 \cdot \sqrt{1-1}$$

$$= \underline{2}$$ ► Integralwert für f in $[1; 2]$

194

Für $x \in \mathbb{R}^{<1}$ gilt $\sqrt{|1-x|} = \sqrt{1-x}$ und somit $f(x) = \frac{1}{\sqrt{1-x}}$; $x \in \mathbb{R}^{<1}$.

Die Funktion $F: F(x) = -2 \cdot \sqrt{1-x}$ mit $D(F) = \mathbb{R}^{\leq 1}$ ist eine Stammfunktion von f in $\mathbb{R}^{<1}$, die in $\mathbb{R}^{\leq 1}$ stetig ist.

Damit lässt sich nun $\int\limits_{-1}^{1} \frac{dx}{\sqrt{1-x}}$ sofort berechnen.

Untersuchung in [–1; 1]

$f(x) = \frac{1}{\sqrt{1-x}}$; $x \in \mathbb{R}^{<1}$

► $F(x) = -2 \cdot \sqrt{1-x}$; $x \in \mathbb{R}^{<1}$ ► 2.4.1

$\Rightarrow F'(x) = \frac{1}{\sqrt{1-x}}$; $x \in \mathbb{R}^{<1}$ ► $F'(x) = f(x)$

► F ist Stammfunktion von f in $\mathbb{R}^{<1}$ mit $D(F) = \mathbb{R}^{\leq -1}$ und F ist stetig in $\mathbb{R}^{\leq 1}$

$$\blacktriangleright \int\limits_{-1}^{1} \frac{dx}{\sqrt{1-x}} = -2 \cdot \sqrt{1-x}\,\Big|_{-1}^{1}$$
$$= -2 \cdot \sqrt{1-1} + 2 \cdot \sqrt{1-(-1)}$$
$$= \underline{2 \cdot \sqrt{2}}$$
► Integralwert für f in $[-1; 1]$

Da die uneigentlichen Integrale zweiter Art $\int\limits_{-1}^{1} \frac{dx}{\sqrt{|1-x|}}$ und $\int\limits_{1}^{2} \frac{dx}{\sqrt{|1-x|}}$ existieren, existiert auch das uneigentliche Integral zweiter Art $\int\limits_{-1}^{2} \frac{dx}{\sqrt{|1-x|}}$.

Untersuchung in [–1; 2]

$$\int\limits_{-1}^{2} \frac{dx}{\sqrt{|1-x|}} = \int\limits_{-1}^{1} \frac{dx}{\sqrt{|1-x|}} + \int\limits_{1}^{2} \frac{dx}{\sqrt{|1-x|}}$$
$$= 2 \cdot \sqrt{2} + 2$$
$$= \underline{\underline{2 \cdot (\sqrt{2} + 1)}}$$
► Integralwert für f in $[-1; 2]$

40. $\int\limits_{-1}^{1} \frac{dx}{x}$

Die Funktion $f: f(x) = \frac{1}{x}$; $D(f) = \mathbb{R}^{\neq 0}$ ist in $\mathbb{R}^{<0}$ bzw. $\mathbb{R}^{>0}$ streng monoton fallend. Somit ist f in jeden abgeschlossenen Intervall von $D(f)$ integrierbar. An der Stelle $x_0 = 0$, also im Innern des Integrationsintervalls $[-1; 1]$, liegt eine Unendlichkeitsstelle vor.

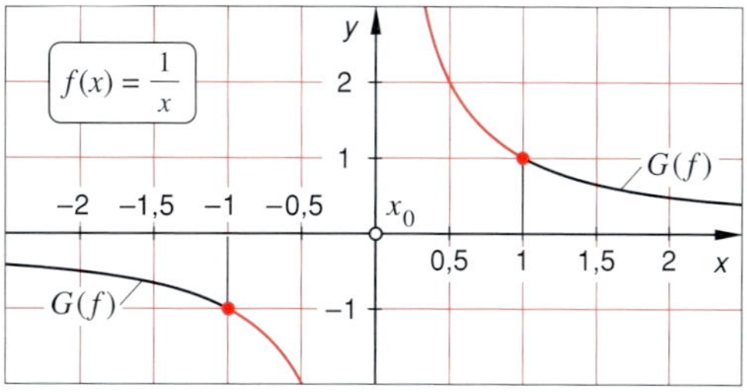

Die Funktion $F: F(x) = \ln|x|$; $D(F) = \mathbb{R}^{\neq 0}$ ist eine Stammfunktion von f in $\mathbb{R}^{\neq 0}$.

Untersuchung in [0; 1]

$f(x) = \frac{1}{x}$; $x \in \mathbb{R}^{\neq 0}$

► $F(x) = \ln|x|$; $x \in \mathbb{R}^{\neq 0}$

$\Rightarrow F'(x) = \frac{1}{x}$; $x \in \mathbb{R}^{\neq 0}$ ► $F'(x) = f(x)$

► F ist Stammfunktion von f in $\mathbb{R}^{\neq 0}$ mit $D(F) = \mathbb{R}^{\neq 0}$

Da aber auch $x_0 = 0$ eine Unendlichkeitsstelle von F ist, ist $\int\limits_{0}^{1} \frac{dx}{x}$ ein divergentes uneigentliches Integral zweiter Art.

► $\lim\limits_{\substack{x \to 0 \\ x > 0}} F(x) = \lim\limits_{\substack{x \to 0 \\ x > 0}} (\ln|x|) = \underline{-\infty}$

► $x_0 = 0$ ist Unendlichkeitsstelle von F

$\Rightarrow \int\limits_{0}^{1} \frac{dx}{x}$ ► divergentes uneigentliches Integral zweiter Art

Da $\int\limits_{0}^{1} \frac{dx}{x}$ divergent ist, ist $\int\limits_{-1}^{1} \frac{dx}{x}$ ebenfalls ein divergentes uneigentliches Integral zweiter Art.

194

41. $\displaystyle\int_1^3 \frac{dx}{\sqrt{|2x-x^2|}}$

Die Funktion $f: f(x) = \dfrac{1}{\sqrt{|2x-x^2|}}$ mit $D(f) = \mathbb{R}\setminus\{0; 2\}$ ist in $\mathbb{R}^{<0}$ streng monoton steigend, in $(0; 2)$ abschnittsweise monoton und in $\mathbb{R}^{>2}$ streng monoton fallend. Somit ist f in jedem abgeschlossenen Intervall von $D(f)$ integrierbar. An der Stelle $x_0 = 2$, also im Innern des Integrationsintervalles $[1; 3]$, liegt eine Unendlichkeitsstelle vor.

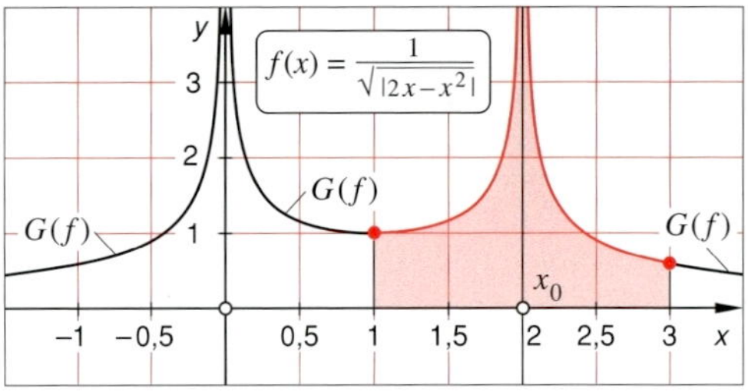

$F: F(x) = \ln\left(x - 1 + \sqrt{(x-1)^2 - 1}\right)$ mit $D(F) = \mathbb{R}^{\geq 2}$ ist eine Stammfunktion von f in $\mathbb{R}^{>2}$, die in $\mathbb{R}^{\geq 2}$ stetig ist. Damit lässt sich nun $\int_2^3 \frac{dx}{\sqrt{x^2-2x}}$ sofort berechnen.

Untersuchung in [2; 3]

► Für $x \in \mathbb{R}^{>2}$ ist $f(x) = \dfrac{1}{\sqrt{x^2-2x}}$

► $f(x) = \dfrac{1}{\sqrt{x^2-2x}} = \dfrac{1}{\sqrt{(x-1)^2-1}}$ ► quadratische Ergänzung

► $F(x) = \ln\left(x - 1 + \sqrt{(x-1)^2-1}\right);\ x \in \mathbb{R}^{>2}$ ► 2.4.1

$\Rightarrow F'(x) = \dfrac{1}{\sqrt{(x-1)^2-1}};\ x \in \mathbb{R}^{\geq 2}$ ► $F'(x) = f(x)$

► F ist Stammfunktion von f in $\mathbb{R}^{\geq 2}$ mit $D(F) = \mathbb{R}^{\geq 2}$ und F ist stetig in $\mathbb{R}^{\geq 2}$

► $\displaystyle\int_2^3 \frac{dx}{\sqrt{x^2-2x}} = \ln\left(x - 1 + \sqrt{(x-1)^2-1}\right)\Big|_2^3$

$= \ln\left(3 - 1 + \sqrt{(3-1)^2-1}\right) - \ln 1$

$= \underline{\ln\left(2+\sqrt{3}\right)}$ ► Integralwert für f in $[2; 3]$

Für $x \in (0; 2)$ gilt:

$f(x) = \dfrac{1}{\sqrt{2x-x^2}} = \dfrac{1}{\sqrt{1-(x-1)^2}}$ ► quadratische Ergänzung

Die Funktion $F: F(x) = \operatorname{Arcsin}(x-1)$; mit $D(F) = [0; 2]$ ist eine Stammfunktion von f in $[1; 2)$, die in $[0; 2]$ stetig ist.

Damit lässt sich nun $\int_1^2 \frac{dx}{\sqrt{2x-x^2}}$ sofort berechnen.

Untersuchung in [1; 2]

$f(x) = \dfrac{1}{\sqrt{1-(x-1)^2}};\ x \in [1; 2)$

► $F(x) = \operatorname{Arcsin}(x-1);\ x \in [1; 2)$

$\Rightarrow F'(x) = \dfrac{1}{\sqrt{1-(x-1)^2}};\ x \in [1; 2)$ ► $F'(x) = f(x)$

► F ist Stammfunktion von f in $[1; 2)$ mit $D(F) = [0; 2]$ und F ist stetig in $[0; 2]$

► $\displaystyle\int_1^2 \frac{dx}{\sqrt{2x-x^2}} = \operatorname{Arcsin}(x-1)\Big|_1^2$

► $\operatorname{Arcsin} 1 = \frac{\pi}{2}$; $\operatorname{Arcsin} 0 = 0$

$= \operatorname{Arcsin}(2-1) - \operatorname{Arcsin} 0$

$= \underline{\underline{\dfrac{\pi}{2}}}$ ► Integralwert für f in $[1; 2]$

Da die uneigentlichen Integrale zweiter Art $\int_1^2 \frac{dx}{\sqrt{|2x-x^2|}}$ und $\int_2^3 \frac{dx}{\sqrt{|2x-x^2|}}$ existierten, existiert auch das uneigentliche Integral zweiter Art $\int_1^3 \frac{dx}{\sqrt{|2x-x^2|}}$.

Untersuchung in [1; 3]

$\displaystyle\int_1^3 \frac{dx}{\sqrt{|2x-x^2|}} = \int_1^2 \frac{dx}{\sqrt{|2x-x^2|}} + \int_2^3 \frac{dx}{\sqrt{|2x-x^2|}}$

$= \dfrac{\pi}{2} + \ln\left(2+\sqrt{3}\right)$

$= \underline{\underline{2{,}88775}}$ ► Integralwert für f in $[1; 3]$

42. Untersuchen Sie, bei welchen Zahlen für $s \in \mathbb{R}$ das uneigentliche Integral $\int\limits_0^1 \frac{\mathrm{d}x}{x^s}$ konvergent ist. **195**

Für $s = 1$ erhält man das divergente Integral $\int\limits_0^1 \frac{\mathrm{d}x}{x}$ (► Aufgabe 40), so dass für die folgenden Betrachtungen $s \in \mathbb{R}^{+1}$ zu Grunde gelegt wird.

Die Funktionen $f: f(x) = \frac{1}{x^s}$; $D(f) = \mathbb{R}^{+0}$ sind in jedem Intervall $[t; 1]$; $t \in (0; 1)$ monoton und somit in diesen Intervallen integrierbar.

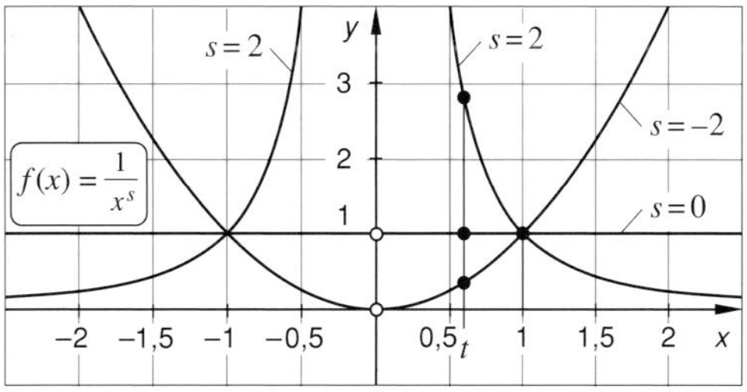

$f(x) = \frac{1}{x^s}$; $x \in \mathbb{R}^{+0}$

► $F(x) = \frac{1}{-s+1} \cdot x^{-s+1}$; $x \in \mathbb{R}^{+0}$

$\Rightarrow F'(x) = x^{-s} = \frac{1}{x^s}$; $x \in \mathbb{R}^{+0}$ ► $F'(x) = f(x)$

► F ist Stammfunktion von f in $\mathbb{R}^{+0}$

Damit lässt sich das bestimmte Integral $\int\limits_t^1 \frac{\mathrm{d}x}{x^s}$; $t \in (0; 1)$ über den Hauptsatz berechnen.

$$\int\limits_t^1 \frac{\mathrm{d}x}{x^s} = \frac{1}{-s+1} \cdot x^{-s+1} \Big|_t^1 \quad \text{► Hauptsatz ► 1.2}$$
$$= \frac{1}{-s+1} \cdot 1^{-s+1} - \frac{1}{-s+1} \cdot t^{-s+1}$$
$$= \underline{\frac{1}{-s+1} - \frac{1}{-s+1} \cdot t^{-s+1};\ t \in (0; 1)}$$

Die Konvergenz des Integrals $\int\limits_0^1 \frac{\mathrm{d}x}{x^s}$ ist vom Grenzwert $\lim\limits_{\substack{t \to 0 \\ t > 0}} t^{-s+1}$; $s \in \mathbb{R}^{+1}$ abhängig.

$$\lim_{\substack{t \to 0 \\ t > 0}} \int\limits_t^1 \frac{\mathrm{d}x}{x^s} = \lim_{\substack{t \to 0 \\ t > 0}} \left(\frac{1}{-s+1} - \frac{1}{-s+1} \cdot t^{-s+1} \right)$$
$$= \frac{1}{-s+1} - \frac{1}{-s+1} \cdot \lim_{\substack{t \to 0 \\ t > 0}} t^{-s+1}$$

$$\lim_{\substack{t \to 0 \\ t > 0}} t^{-s+1} = ?$$

Ist $-s+1 < 0$, also $s > 1$, so erhält man

$\lim\limits_{\substack{t \to 0 \\ t > 0}} t^{-s+1} = \infty$

So gilt z. B. für $s = 2$: $\lim\limits_{\substack{t \to 0 \\ t > 0}} t^{-2+1} = \lim\limits_{\substack{t \to 0 \\ t > 0}} \frac{1}{t} = \infty$.

- $-s+1 < 0 \Rightarrow s > 1$: $\lim\limits_{\substack{t \to 0 \\ t > 0}} t^{-s+1} = \underline{\underline{\infty}}$

► Für $s > 1$ ist $\int\limits_0^1 \frac{\mathrm{d}x}{x^s}$ ein divergentes uneigentliches Integral zweiter Art.

Ist $-s+1 > 0$, also $s < 1$, so erhält man

$\lim\limits_{\substack{t \to 0 \\ t > 0}} t^{-s+1} = 0.$

So gilt z. B. für $s = -1$: $\lim\limits_{\substack{t \to 0 \\ t > 0}} t^{-(-1)+1} = \lim\limits_{\substack{t \to 0 \\ t > 0}} t^2 = 0.$

- $-s+1 > 0 \Rightarrow s < 1$: $\lim\limits_{\substack{t \to 0 \\ t > 0}} t^{-s+1} = \underline{0}$

$$\int\limits_0^1 \frac{\mathrm{d}x}{x^s} = \frac{1}{-s+1} - \frac{1}{-s+1} \cdot \lim_{\substack{t \to 0 \\ t > 0}} t^{-s+1}$$
$$= \frac{1}{-s+1} - \frac{1}{-s+1} \cdot 0$$
$$= \underline{\underline{\frac{1}{-s+1};\ s < 1}}$$

► Nur für $s < 1$ ist $\int\limits_0^1 \frac{\mathrm{d}x}{x^s}$ ein konvergentes uneigentliches Integral zweiter Art.

195

43. Zeigen Sie, dass die Funktion $F: F(x) = 2 \cdot \text{Arctan}\,\sqrt{x}$ eine Stammfunktion der Funktion $f: f(x) = \dfrac{1}{\sqrt{x}\cdot(1+x)}$; $D(f) = \mathbb{R}^{>0}$ ist. Untersuchen Sie das uneigentliche Integral $\int\limits_0^\infty \dfrac{dx}{\sqrt{x}\cdot(1+x)}$ auf Konvergenz. ► **Lehrbuch: Kusch 4, S. 192/193**

Die Funktion $f: f(x) = \dfrac{1}{\sqrt{x}\cdot(1+x)}$ mit $D(f) = \mathbb{R}^{>0}$ ist in $D(f)$ streng monoton fallend und somit in jedem abgeschlossenen Intervall von $D(f)$ integrierbar. An der Stelle $a = 0$ liegt eine Unendlichkeitsstelle vor, die gleichzeitig untere Integrationsgrenze ist.

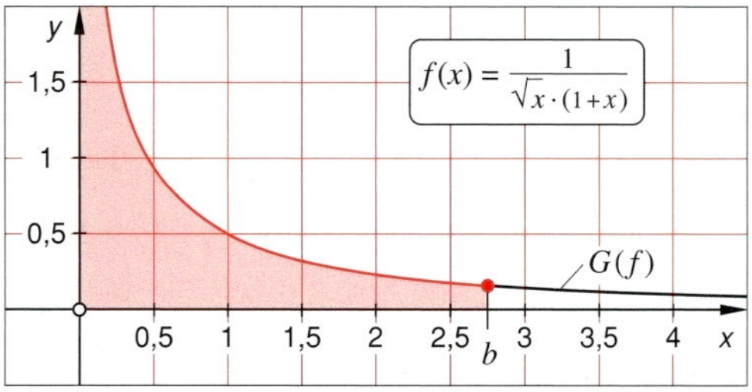

Bei diesem Beispiel sind sowohl das Integrationsintervall $[0; \infty]$ als auch die Integrandfunktion unbeschränkt. $\int\limits_0^\infty \dfrac{dx}{\sqrt{x}\cdot(1+x)}$ ist also sowohl ein uneigentliches Integral erster Art als auch ein uneigentliches Integral zweiter Art.

Um nachzuweisen, dass F: $F(x) = \text{Arctan}\,\sqrt{x}$; $D(F) = \mathbb{R}^{\geq 0}$ eine Stammfunktion von f in $D(f)$ ist, benötigt man die Kettenregel (► Kusch 3; 2.2.6).

$f(x) = \dfrac{1}{\sqrt{x}\cdot(1+x)}$; $x \in \mathbb{R}^{\geq 0}$

► $F(x) = 2 \cdot \text{Arctan}\,\sqrt{x}$; $x \in \mathbb{R}^{>0}$

► $g(z) = 2 \cdot \text{Arctan}\,z \Rightarrow g'(z) = \underline{\dfrac{2}{1+z^2}}$; $z \in \mathbb{R}$

► $h(x) = \sqrt{x} \Rightarrow h'(x) = \underline{\dfrac{1}{2\cdot\sqrt{x}}}$; $x \in \mathbb{R}^{>0}$

$\Rightarrow F'(x) = g'(z) \cdot h'(x)$ ► Kettenregel

$= \dfrac{2}{1+z^2} \cdot \dfrac{1}{2\cdot\sqrt{x}}$ ► $z = h(x) = \sqrt{x}$

$= \dfrac{1}{1+x} \cdot \dfrac{1}{\sqrt{x}}$

$= \dfrac{1}{\sqrt{x}\cdot(1+x)}$; $x \in \mathbb{R}^{>0}$ ► $F'(x) = f(x)$

► F ist eine Stammfunktion von f in $\mathbb{R}^{>0}$

Untersuchung in $[0; b]$; $b > 0$

Die Funktion $F: F(x) = 2 \cdot \text{Arctan}\,\sqrt{x}$; $D(F) = \mathbb{R}^{\geq 0}$ ist eine Stammfunktion von f in $\mathbb{R}^{>0}$, die in $\mathbb{R}^{\geq 0}$ stetig ist. Damit lässt sich nun $\int\limits_0^b \dfrac{dx}{\sqrt{x}\cdot(1+x)}$; $b > 0$ sofort berechnen.

$f(x) = \dfrac{1}{\sqrt{x}\cdot(1+x)}$; $x \in \mathbb{R}^{>0}$

$$\int\limits_0^b \frac{dx}{\sqrt{x}\cdot(x+1)} = 2 \cdot \text{Arctan}\,\sqrt{x}\,\Big|_0^b$$

$= 2 \cdot \text{Arctan}\sqrt{b} - 2 \cdot \text{Arctan}\,0$

► Arctan $0 = 0$

$= \underline{2 \cdot \text{Arctan}\,\sqrt{b};\ b > 0}$ ► Integralterm für f in $[0; b]$

Untersuchung in [0; ∞]

$$\int_0^b \frac{dx}{\sqrt{x}\cdot(1+x)} = 2\cdot \operatorname{Arctan}\sqrt{b};\ b>0$$

$$\lim_{b\to\infty}\int_0^b \frac{dx}{\sqrt{x}\cdot(1+x)} = \lim_{b\to\infty}(2\cdot \operatorname{Arctan}\sqrt{b}) = 2\cdot\frac{\pi}{2} = \underline{\underline{\pi}}$$

Wegen $\lim\limits_{b\to\infty}(2\cdot \operatorname{Arctan}\sqrt{b}) = 2\cdot\frac{\pi}{2} = \pi$ ist das uneigentliche Integral erster und zweiter Art $\int_0^\infty \frac{dx}{\sqrt{x}\cdot(1+x)}$ konvergent mit dem Integralwert π.

► $\underline{\underline{\int_0^\infty \frac{dx}{\sqrt{x}\cdot(1+x)} = \pi}}$ ► Integralwert für f in $[0;\infty)$

2.9 Numerische Integration

► **Lehrbuch: Kusch 4, S. 195 ... 206**

Merke:

Rechteckregel

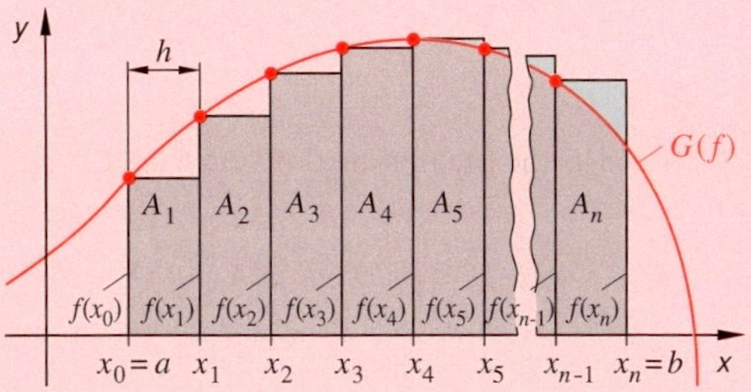

$x_0 = a$

$x_1 = a + h$ ► $h = \frac{b-a}{n}$

$x_2 = a + 2h$

$\vdots$

$x_{n-1} = a + (n-1)\cdot h$

$x_n = b$

- $\int_a^b f(x)\,dx \approx R_n$ ► $R_n = h\cdot[f(x_0)+f(x_1)+f(x_2)+f(x_3)+\cdots+f(x_{n-1})];\ h=\frac{b-a}{n};\ n\in\mathbb{N}^{\geq 1}$
- $F_R \leq \frac{1}{2}\cdot\frac{(b-a)^2}{n}\cdot \max|f'(x)|;\ x\in[a;b];\ n\in\mathbb{N}^{\geq 1}$ ► Fehlerabschätzung bei der Rechteckregel

Merke:

Trapezregel

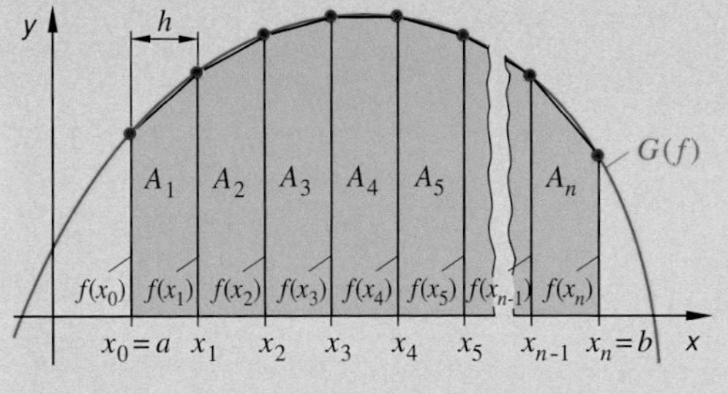

$x_0 = a$

$x_1 = a+h$ ► $h = \frac{b-a}{n}$

$x_2 = a+2h$

$\vdots$

$x_{n-1} = a+(n-1)\cdot h$

$x_n = b$

- $\int_a^b f(x)\,dx \approx T_n$ ► $T_n = h\cdot\left[\frac{f(x_0)}{2} + f(x_1)+f(x_2)+f(x_3)+\cdots+f(x_{n-1})+\frac{f(x_n)}{2}\right]$; $h=\frac{b-a}{n}$ $n\in\mathbb{N}^{\geq 1}$
- $T_n = R_n + h\cdot\frac{f(b)-f(a)}{2}$ ► Trapezregel bei Verwendung der Rechteckregel R_n
- $F_T \leq \frac{1}{12}\cdot\frac{(b-a)^3}{n^2}\cdot\max|f''(x)|;\ x\in[a;b];\ n\in\mathbb{N}^{\geq 1}$ ► Fehlerabschätzung bei der Trapezregel

Merke:

Mittentangentenregel

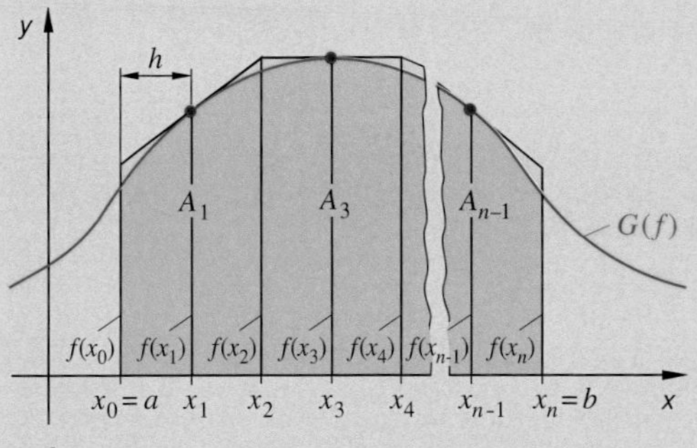

$x_0 = a$

$x_1 = a+h$ ► $h = \frac{b-a}{n}$

$x_3 = a+3h$

$\vdots$

$x_{n-1} = a+(n-1)\cdot h$

- $\int_a^b f(x)\,dx \approx M_n$ ► $M_n = 2h\cdot[f(x_1)+f(x_3)+f(x_5)+\cdots+f(x_{n-1})]$; $h=\frac{b-a}{n}$; $n\in\mathbb{N}^{\geq 2}$ **und gerade**
- $F_M \leq \frac{1}{6}\cdot\frac{(b-a)^3}{n^2}\cdot\max|f''(x)|;\ x\in[a;b]\ n\in\mathbb{N}^{\geq 2}$ ► Fehlerabschätzung bei der Mittentangentenregel

Anmerkung:

Die Formeln zur Berechnung des maximalen Fehlers bei der Trapezregel bzw. bei der Mittentangentenregel enthalten den Term „$\max|f''(x)|$“, was bedeutet, dass dieser Term bei Polynomfunktionen ersten Grades null ist und damit $F_T = 0$ bzw. $F_M = 0$ gilt. Polynomfunktionen ersten Grades werden daher mit der Trapezregel bzw. mit der Mittentangentenregel exakt integriert.

Merke:

Simpsonsche Regel

- $\int_a^b f(x)\,dx \approx S_n$ ► $S_n = \frac{2 \cdot T_n + M_n}{3}$

$$S_n = \frac{h}{3} \cdot [f(x_0) + 4 \cdot f(x_1) + 2 \cdot f(x_2) + 4 \cdot f(x_3) + 2 \cdot f(x_4) + \cdots + 2 \cdot f(x_{n-2}) + 4 \cdot f(x_{n-1}) + f(x_n)]$$

► $x_0 = a;\ x_k = a + k \cdot h;\ k \in \{1; 2; 3; \ldots; n-1\};\ x_n = b;\ h = \frac{b-a}{n};\ n \in \mathbb{N}^{\geq 2}$ **und gerade**

- $F_S \leq \frac{1}{180} \cdot \frac{(b-a)^5}{n^4} \cdot \max|f^{(4)}(x)|;\ x \in [a; b];\ n \in \mathbb{N}^{\geq 2}$ ► Fehlerabschätzung bei der Simpsonschen Regel

Anmerkungen:

- Die numerische Integration mit der Simpsonschen Regel löst viele Integrationsprobleme der Technik mit ausreichender Genauigkeit.
- Die Formel zur Berechnung des maximalen Fehlers bei der Simpsonschen Regel enthält den Term „$\max|f^{(4)}(x)|$“. Dieser Term wird bei Polynomfunktionen dritten Grades null und damit gilt $F_S = 0$. Polynomfunktionen bis zum dritten Grad werden daher mit der Simpsonschen Regel exakt integriert.
- Lässt sich ein Integral $\int_a^b f(x)\,dx$ mit dem Hauptsatz berechnen, so kann man den absoluten Fehler (wahren Fehler) des Näherungswertes S_n zum Integralwert mit $\left|\int_a^b f(x)\,dx - S_n\right|$ angeben. Hierbei hängt die Genauigkeit des absoluten Fehlers von der Genauigkeit des Näherungswertes S_n ab, also von der Anzahl der gewählten Stellen bei der Berechnung von S_n.
- Fehlerabschätzungen sind nur in solchen Fällen sinnvoll, in denen ein Integral $\int_a^b f(x)\,dx$ nicht mit dem Hauptsatz berechnet werden kann, wenn man also zur Integrandfunktion f keine Stammfunktion F in $[a; b]$ kennt. Das ist zum Beispiel bei den Übungsaufgaben 11, 24, 25, 26 und 28 der Fall. Durch eine Fehlerabschätzung wird in solchen Fällen eine Abweichung vom exakten Ergebnis ermittelt und ein Intervall angegeben, in dem das exakte Ergebnis liegen muss.

  So erhält man zum Beispiel mit der Simpsonschen Regel für das bestimmte Integral $\int_{0,5}^{2} \ln x\,dx$ den Näherungswert $S_{10} = 0{,}23283$ und für den zugehörigen maximalen Fehler gilt $F_S \leq 0{,}00041$. Der exakte Integralwert liegt dann im Intervall $[S_{10} - F_S; S_{10} + F_S]$:

  $[S_{10} - F_S; S_{10} + F_S] = [0{,}23283 - 0{,}00041; 0{,}23283 + 0{,}00041] = [0{,}23242; 0{,}23324]$

  Damit ergibt sich aus den Intervallgrenzen, dass der Näherungswert den exakten Integralwert auf zwei Nachkommastellen genau angibt.
- Auch mathematische Computerprogramme berechnen bestimmte Integrale in der Regel mithilfe von Näherungsverfahren. Das gilt insbesondere dann, wenn zu Integrandfunktionen keine expliziten Stammfunktionen bekannt sind, obwohl man weiß, dass eine solche gibt.
- Bei jeder Näherungsrechnung entstehen **Rundungsfehler**, die umso kleiner sind, je mehr Stellen man in die Näherungsrechnung einbezieht. In diesem Kapitel wird mit den bei wissenschaftlichen Taschenrechnern üblichen zehn Stellen in der Anzeige gerechnet, jedoch werden in den nachstehenden Tabellen aus Gründen der Übersichtlichkeit in der Regel nur vier Nachkommastellen angegeben. Eine Angabe, wie 0,232828… bedeutet dann, dass jede Stelle exakt ist. Erst beim Endergebnis wird auf eine geringere Anzahl von Stellen gerundet, sodass in einem Ergebnis, z. B. 0,23283, die letzte Nachkommastelle entsprechend den Rundungsregeln gerundet ist.

207 Berechnen Sie für die folgenden Integrale die exakten Ergebnisse sowie die Näherungswerte mithilfe der Rechteckregel, der Trapezregel, der Mittentangentenregel und der Simpsonschen Regel. Vergleichen Sie die Näherungswerte mit den exakten Ergebnissen. Geben Sie dazu jeweils den absoluten Fehler, den relativen Fehler und eine Fehlerabschätzung an. ► **Lehrbuch: Kusch 4, S. 195...206**

1. $\int_2^6 (0{,}4x+1)\,dx$

Mit dem Hauptsatz erhält man das exakte Ergebnis: $\int_2^6 (0{,}4x+1)\,dx = \underline{\underline{10{,}4}}$ ► 1.1

► $\underline{\underline{A = 10{,}4}}$ ► Flächenmaßzahl

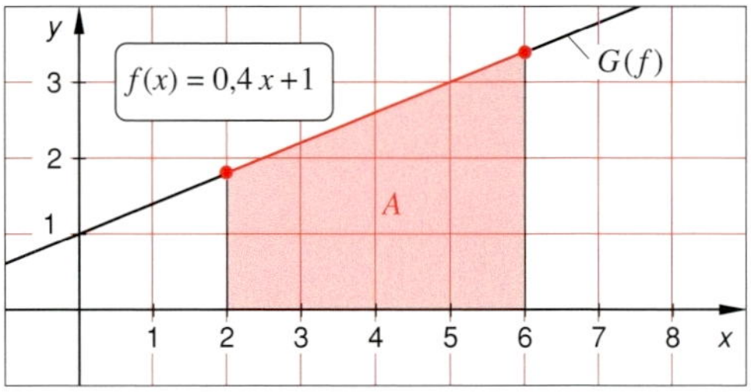

Näherungswerte

► gewählt: $n = 10$ ► $a = 2; b = 6 \Rightarrow h = \dfrac{b-a}{n} = \dfrac{6-2}{10} = \underline{0{,}4}$

Tabelle der Funktionswerte für $f(x) = 0{,}4x+1$ ► $x_k = 2 + k \cdot 0{,}4;\ k = 0; 1; 2; 3; \ldots; 10$

$x_0 = a$	x_1	x_2	x_3	x_4	x_5	x_6	x_7	x_8	x_9	$x_{10} = b$
2	2,4	2,8	3,2	3,6	4	4,4	4,8	5,2	5,6	6
$f(x_0)$	$f(x_1)$	$f(x_2)$	$f(x_3)$	$f(x_4)$	$f(x_5)$	$f(x_6)$	$f(x_7)$	$f(x_8)$	$f(x_9)$	$f(x_{10})$
1,8	1,96	2,12	2,28	2,44	2,6	2,76	2,92	3,08	3,24	3,4

Rechteckregel ► $\int_2^6 (0{,}4 \cdot x+1)\,dx \approx R_{10}$

- $R_{10} = h \cdot [f(x_0) + f(x_1) + f(x_2) + f(x_3) + \cdots + f(x_9)]$ ► $h = 0{,}4$
  $= 0{,}4 \cdot [1{,}8 + 1{,}96 + 2{,}12 + 2{,}28 + 2{,}44 + 2{,}6 + 2{,}76 + 2{,}92 + 3{,}08 + 3{,}24]$ ► Tabelle
  $= \underline{10{,}08}$ ► Näherungswert für $\int_2^6 (0{,}4 \cdot x+1)\,dx$ mit der Rechteckregel
- Absoluter Fehler: $|\,10{,}4 - 10{,}08\,| = \underline{\underline{0{,}32}}$ ► $\int_2^6 (0{,}4x+1)\,dx = 10{,}4$
- Relativer Fehler: $\left|\frac{10{,}4-10{,}08}{10{,}4}\right| \cdot 100\,\% = \underline{\underline{3{,}08\,\%}}$
- Fehlerabschätzung

$$F_R = \frac{1}{2} \cdot \frac{(b-a)^2}{n} \cdot \max|f'(x)|$$ ► $a = 2; b = 6; n = 10;$
$f(x) = 0{,}4x+1 \Rightarrow f'(x) = 0{,}4 \Rightarrow \max|f'(x)| = 0{,}4;\ x \in [2; 6]$

$$F_R = \frac{1}{2} \cdot \frac{(6-2)^2}{10} \cdot 0{,}4 \Rightarrow F_R \leq \underline{\underline{0{,}32}}$$ ► Fehlerabschätzung

Trapezregel ► $\int_2^6 (0{,}4 \cdot x+1)\,dx \approx T_{10}$

- $T_{10} = R_{10} + h \cdot \dfrac{f(b) - f(a)}{2}$ ► $R_{10} = 10{,}08; h = 0{,}4; f(b) = f(6) = 3{,}4; f(a) = f(2) = 1{,}8$
  $= 10{,}08 + 0{,}4 \cdot \dfrac{3{,}4 - 1{,}8}{2}$
  $= 10{,}08 + 0{,}4 \cdot 0{,}8 = \underline{\underline{10{,}4}}$ ► Näherungswert für $\int_2^6 (0{,}4 \cdot x+1)\,dx$ mit der Trapezregel

► Der Näherungswert mit der Trapezregel stimmt mit dem exakten Ergebnis überein. Daher hat der absolute Fehler den Wert 0 und der relative Fehler beträgt 0%.

● Fehlerabschätzung

Eine Fehlerabschätzung mit der Formel für F_T erübrigt sich, da die Trapezregel bei Polynomfunktionen ersten Grades stets das exakte Ergebnis liefert. ► $F_T = 0$

Mittentangentenregel ► $\int_2^6 (0{,}4x + 1)\,dx \approx M_{10}$

● $M_{10} = 2 \cdot h \cdot [f(x_1) + f(x_3) + f(x_5) + f(x_7) + f(x_9)]$ ► $h = 0{,}4$

$= 2 \cdot 0{,}4 \cdot [1{,}96 + 2{,}28 + 2{,}6 + 2{,}92 + 3{,}24]$ ► Tabelle

$= \underline{\underline{10{,}4}}$ ► Näherungswert für $\int_2^6 (0{,}4 \cdot x + 1)\,dx$ mit der Mittentangentenregel

► Der Näherungswert mit der Mittentangentenregel stimmt mit dem exakten Ergebnis überein. Daher hat der absolute Fehler den Wert 0 und der relative Fehler beträgt 0%.

● Fehlerabschätzung

Eine Fehlerabschätzung mit der Formel für F_M erübrigt sich, da die Mittentangentenregel bei Polynomfunktionen ersten Grades stets das exakte Ergebnis liefert. ► $F_M = 0$

Simpsonsche Regel ► $\int_2^6 (0{,}4x + 1)\,dx \approx S_{10}$

● $S_{10} = \dfrac{2 \cdot T_{10} + M_{10}}{3}$ ► $T_{10} = 10{,}4$; $M_{10} = 10{,}4$

$= \dfrac{2 \cdot 10{,}4 + 10{,}4}{3} = \underline{\underline{10{,}4}}$ ► Näherungswert für $\int_2^6 (0{,}4 \cdot x + 1)\,dx$ mit der Simpsonschen Regel

► Der Näherungswert mit der Simpsonschen Regel stimmt mit dem exakten Ergebnis überein. Daher hat der absolute Fehler den Wert 0 und der relative Fehler beträgt 0%.

● Fehlerabschätzung

Eine Fehlerabschätzung mit der Formel für F_S erübrigt sich, da die Simpsonsche Regel bei Polynomfunktionen ersten Grades stets das exakte Ergebnis liefert. ► $F_S = 0$

207

2. $\int\limits_0^3 \left(\frac{x^2}{3}+1\right) \mathrm{d}x$

Mit dem Hauptsatz erhält man das exakte

Ergebnis: $\int\limits_0^3 \left(\frac{x^2}{3}+1\right) \mathrm{d}x = \frac{x^3}{9}+x\Big|_0^3 = \underline{\underline{6}}$

► $\underline{\underline{A=6}}$ ► Flächenmaßzahl

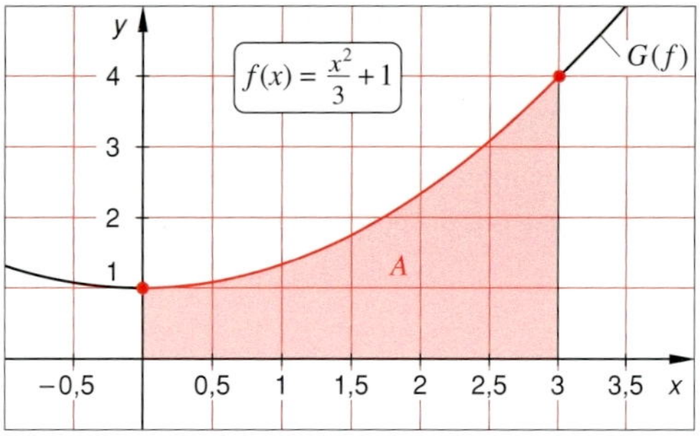

Näherungswerte

► gewählt: $n = 10$ ► $a = 0; b = 3 \Rightarrow h = \frac{b-a}{n} = \frac{3-0}{10} = \underline{0,3}$

Tabelle der Funktionswerte für $f(x) = \frac{x^2}{3}+1$ ► $x_k = 0 + k \cdot 0{,}3 = k \cdot 0{,}3;\ k = 0;\ 1;\ 2;\ 3;\ \ldots\ 10$

$x_0 = a$	x_1	x_2	x_3	x_4	x_5	x_6	x_7	x_8	x_9	$x_{10} = b$
0	0,3	0,6	0,9	1,2	1,5	1,8	2,1	2,4	2,7	3
$f(x_0)$	$f(x_1)$	$f(x_2)$	$f(x_3)$	$f(x_4)$	$f(x_5)$	$f(x_6)$	$f(x_7)$	$f(x_8)$	$f(x_9)$	$f(x_{10})$
1	1,03	1,12	1,27	1,48	1,75	2,08	2,47	2,92	3,43	4

Rechteckregel ► $\int\limits_0^3 \left(\frac{x^2}{3}+1\right) \mathrm{d}x \approx R_{10}$

- $R_{10} = h \cdot [f(x_0)+f(x_1)+f(x_2)+f(x_3)+\ldots+f(x_9)]$ ► $h = 0,3$

  $= 0{,}3 \cdot [1+1{,}03+1{,}12+1{,}27+1{,}48+1{,}75+2{,}08+2{,}47+2{,}92+3{,}43]$ ► Tabelle

  $= \underline{\underline{5{,}565}}$ ► Näherungswert für $\int\limits_0^3 \left(\frac{x^2}{3}+1\right) \mathrm{d}x$ mit der Rechteckregel

- Absoluter Fehler: $|6-5{,}565| = \underline{\underline{0{,}435}}$ ► $\int\limits_0^3 \left(\frac{x^2}{3}+1\right) \mathrm{d}x = 6$

- Relativer Fehler: $\left|\frac{6-5{,}565}{6}\right| \cdot 100\% = \underline{\underline{7{,}25\%}}$

- Fehlerabschätzung

  $F_\mathrm{R} \le \frac{1}{2} \cdot \frac{(b-a)^2}{n} \cdot \max|f'(x)|$ ► $b-a = 3-0 = 3;\ n = 10$

  $f(x) = \frac{x^2}{3}+1 \Rightarrow f'(x) = \frac{2}{3} \cdot x \Rightarrow \max|f'(x)| = \frac{2}{3} \cdot 3 = 2;\ x \in [0;3]$

  $F_\mathrm{R} \le \frac{1}{2} \cdot \frac{3^2}{10} \cdot 2 \Rightarrow F_\mathrm{R} \le \underline{\underline{0{,}9}}$ ► Fehlerabschätzung

► Der Näherungswert F_R kann somit vom exakten Integralwert um höchstens 0,9 abweichen.

Trapezregel ► $\int\limits_0^3 \left(\frac{x^2}{3}+1\right) \mathrm{d}x \approx T_{10}$

- $T_{10} = R_{10} + h \cdot \frac{f(b)-f(a)}{2}$ ► $R_{10} = 5{,}565;\ h = 0{,}3;\ f(b) = 4;\ f(a) = 1$

  $= 5{,}565 + 0{,}3 \cdot \frac{4-1}{2} = \underline{\underline{6{,}015}}$ ► Näherungswert für $\int\limits_0^3 \left(\frac{x^2}{3}+1\right) \mathrm{d}x$ mit der Trapezregel

207

- Absoluter Fehler: $|6-6{,}015| = \underline{\underline{0{,}015}}$ ► $\int_0^3 \left(\frac{x^2}{3}+1\right) \mathrm{d}x = 6$
- Relativer Fehler: $\left|\frac{6-6{,}015}{6}\right| \cdot 100\% = \underline{\underline{0{,}25\%}}$
- Fehlerabschätzung

$F_{\mathrm{T}} \leq \frac{1}{12} \cdot \frac{(b-a)^3}{n^2} \cdot \max|f''(x)|$ ► $b-a=3-0=3;\ n=10$

$f(x)=\frac{x^2}{3}+1 \Rightarrow f'(x)=\frac{2}{3}\cdot x \Rightarrow f''(x)=\frac{2}{3} \Rightarrow \max|f''(x)|=\frac{2}{3};\ x\in[0;3]$

$F_{\mathrm{T}} \leq \frac{1}{12} \cdot \frac{3^3}{10^2} \cdot \frac{2}{3} \Rightarrow F_{\mathrm{T}} \leq \underline{\underline{0{,}015}}$ ► Fehlerabschätzung

► Der Näherungswert F_{T} kann somit vom exakten Integralwert um höchstens 0,015 abweichen.

Mittentangentenregel ► $\int_0^3 \left(\frac{x^2}{3}+1\right) \mathrm{d}x \approx M_{10}$

- $M_{10} = 2h \cdot [f(x_1)+f(x_3)+f(x_5)+f(x_7)+f(x_9)]$

$= 2 \cdot 0{,}3 \cdot [1{,}03+1{,}27+1{,}75+2{,}47+3{,}43]$ ► Tabelle

$= \underline{\underline{5{,}97}}$ ► Näherungswert für $\int_0^3 \left(\frac{x^2}{3}+1\right) \mathrm{d}x$ mit der Mittentangentenregel

- Absoluter Fehler: $|6-5{,}97| = \underline{\underline{0{,}03}}$ ► $\int_0^3 \left(\frac{x^2}{3}+1\right) \mathrm{d}x = 6$
- Relativer Fehler: $\left|\frac{6-5{,}97}{6}\right| \cdot 100\% = \underline{\underline{0{,}5}}\%$
- Fehlerabschätzung

$F_{\mathrm{M}} \leq \frac{1}{6} \cdot \frac{(b-a)^3}{n^2} \cdot \max|f''(x)|$ ► $b-a=3-0=3;\ n=10$

$f(x)=\frac{x^2}{3}+1 \Rightarrow f'(x)=\frac{2}{3}\cdot x \Rightarrow f''(x)=\frac{2}{3} \Rightarrow \max|f''(x)|=\frac{2}{3};\ x\in[0;3]$

$F_{\mathrm{M}} \leq \frac{1}{6} \cdot \frac{3^3}{10^2} \cdot \frac{2}{3} \Rightarrow F_{\mathrm{R}} \leq \underline{\underline{0{,}03}}$ ► Fehlerabschätzung

► Der Näherungswert F_{M} kann somit vom exakten Integralwert um höchstens 0,03 abweichen.

Simpsonsche Regel ► $\int_0^3 \left(\frac{x^2}{3}+1\right) \mathrm{d}x \approx S_{10}$

- $S_{10} = \frac{2 \cdot T_{10} + M_{10}}{3}$ ► $T_{10} = 6{,}015;\ M_{10} = 5{,}97$

$= \frac{2 \cdot 6{,}015 + 5{,}97}{3} = \underline{\underline{6}}$ ► Näherungswert für $\int_0^3 \left(\frac{x^2}{3}+1\right) \mathrm{d}x$ mit der Simpsonschen Regel

► Der Näherungswert mit der Simpsonschen Regel stimmt mit dem exakten Ergebnis überein. Daher hat der absolute Fehler den Wert 0 und der relative Fehler beträgt 0%.

- Fehlerabschätzung

Eine Fehlerabschätzung mit der Formel für F_{S} erübrigt sich, da die Simpsonsche Regel bei Polynomfunktionen zweiten Grades stets das exakte Ergebnis liefert. ► $F_{\mathrm{S}} = 0$

207

3. $\int_{-2}^{2}(x+1)\,dx$

Mit dem Hauptsatz erhält man das exakte Ergebnis: $\int_{-2}^{2}(x+1)\,dx = \left.\frac{x^2}{2}+x\right|_{-2}^{2} = \underline{\underline{4}}$

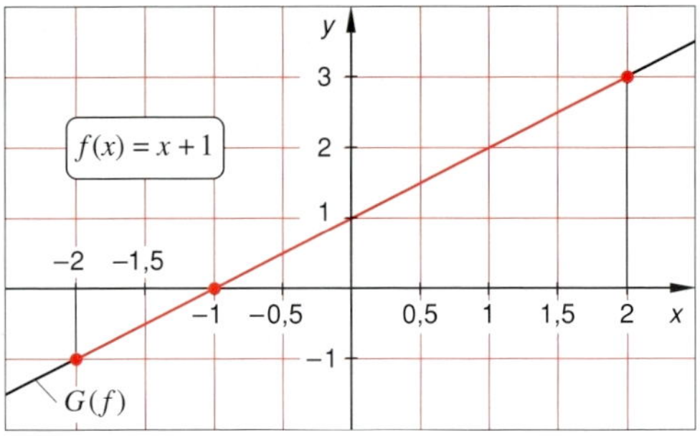

Näherungswerte

► gewählt: $n = 10$ ► $a = -2$; $b = 2 \Rightarrow h = \frac{b-a}{n} = \frac{2-(-2)}{10} = \underline{0,4}$

Tabelle der Funktionswerte für $f(x) = x+1$ ► $x_k = -2 + k \cdot 0,4$; $k = 0; 1; 2; 3; \ldots; 10$

$x_0 = a$	x_1	x_2	x_3	x_4	x_5	x_6	x_7	x_8	x_9	$x_{10} = b$
−2	− 1,6	− 1,2	− 0,8	− 0,4	0	0,4	0,8	1,2	1,6	2
$f(x_0)$	$f(x_1)$	$f(x_2)$	$f(x_3)$	$f(x_4)$	$f(x_5)$	$f(x_6)$	$f(x_7)$	$f(x_8)$	$f(x_9)$	$f(x_{10})$
− 1	− 0,6	− 0,2	0,2	0,6	1	1,4	1,8	2,2	2,6	3

Rechteckregel ► $\int_{-2}^{2}(x+1)\,dx \approx R_{10}$

- $R_{10} = h \cdot [f(x_0) + f(x_1) + f(x_2) + f(x_3) + \ldots + f(x_9)]$ ► $h = 0,4$

  $= 0,4 \cdot [-1 - 0,6 - 0,2 + 0,2 + 0,6 + 1 + 1,4 + 1,8 + 2,2 + 2,6]$ ► Tabelle

  $= \underline{\underline{3,2}}$ ► Näherungswert für $\int_{-2}^{2}(x+1)\,dx$ mit der Rechteckregel
- Absoluter Fehler: $|4 - 3,2| = \underline{\underline{0,8}}$ ► $\int_{-2}^{2}(x+1)\,dx = 4$
- Relativer Fehler: $\left|\frac{4-3,2}{4}\right| \cdot 100\% = \underline{\underline{20\%}}$
- Fehlerabschätzung

  $F_R \leq \frac{1}{2} \cdot \frac{(b-a)^2}{n} \cdot \max|f'(x)|$ ► $b - a = 2 - (-2) = 4$; $n = 10$
  $f(x) = x+1 \Rightarrow f'(x) = 1 \Rightarrow \max|f'(x)| = 1$; $x \in [-2; 2]$

  $F_R \leq \frac{1}{2} \cdot \frac{4^2}{10} \cdot 1 \Rightarrow F_R \leq \underline{\underline{0,8}}$ ► Fehlerabschätzung

► Der Näherungswert F_R kann somit vom exakten Integralwert um höchstens 0,8 abweichen.

Trapezregel: ► $\int_{-2}^{2}(x+1)\,dx \approx T_{10}$

- $T_{10} = R_{10} + h \cdot \frac{f(b) - f(a)}{2}$ ► $R_{10} = 3,2$; $h = 0,4$; $f(b) = 3$; $f(a) = -1$

  $= 3,2 + 0,4 \cdot \frac{3-(-1)}{2} = \underline{\underline{4}}$ ► Näherungswert für $\int_{-2}^{2}(x+1)\,dx$ mit der Trapezregel

► Der Näherungswert mit der Trapezregel stimmt mit dem exakten Ergebnis überein. Daher hat der absolute Fehler den Wert 0 und der relative Fehler beträgt 0%.

- Fehlerabschätzung

  Eine Fehlerabschätzung mit der Formel für F_{T} erübrigt sich, da die Trapezregel bei Polynomfunktionen ersten Grades stets das exakte Ergebnis liefert. ► $F_{\mathrm{T}} = 0$

Mittentangentenregel ► $\int_{-2}^{2} (x+1)\,\mathrm{d}x \approx M_{10}$

- $M_{10} = 2 \cdot h \cdot [f(x_1) + f(x_3) + f(x_5) + f(x_7) + f(x_9)]$ ► $h = 0{,}4$

  $= 2 \cdot -0{,}4 \cdot [-0{,}6 + 0{,}2 + 1 + 1{,}8 + 2{,}6]$ ► Tabelle

  $= \underline{\underline{4}}$ ► Näherungswert für $\int_{-2}^{2} (x+1)\,\mathrm{d}x$ mit der Mittentangentenregel

► Der Näherungswert mit der Mittentangentenregel stimmt mit dem exakten Ergebnis überein. Daher hat der absolute Fehler den Wert 0 und der relative Fehler beträgt 0%.

- Fehlerabschätzung

  Eine Fehlerabschätzung mit der Formel für F_{M} erübrigt sich, da die Mittentangentenregel bei Polynomfunktionen ersten Grades stets das exakte Ergebnis liefert. ► $F_{\mathrm{M}} = 0$

Simpsonsche Regel ► $\int_{-2}^{2} (x+1)\,\mathrm{d}x \approx S_{10}$

- $S_{10} = \dfrac{2 \cdot T_{10} + M_{10}}{3}$ ► $T_{10} = 4;\ M_{10} = 4$

  $= \dfrac{2 \cdot 4 + 4}{3} = \underline{\underline{4}}$ ► Näherungswert für $\int_{-2}^{2} (x+1)\,\mathrm{d}x$ mit der Simpsonschen Regel

► Der Näherungswert mit der Simpsonschen Regel stimmt mit dem exakten Ergebnis überein. Daher hat der absolute Fehler den Wert 0 und der relative Fehler beträgt 0%.

- Fehlerabschätzung

  Eine Fehlerabschätzung mit der Formel für F_{S} erübrigt sich, da die Simpsonsche Regel bei Polynomfunktionen ersten Grades stets das exakte Ergebnis liefert. ► $F_{\mathrm{S}} = 0$

207

4. $\int\limits_{-1}^{1} [-0{,}5 \cdot (x+1)^2]\,\mathrm{d}x$

Mit dem Hauptsatz erhält man das exakte Ergebnis:

$$\int\limits_{-1}^{1} [-0{,}5 \cdot (x+1)^2]\,\mathrm{d}x = -0{,}5 \cdot \frac{1}{3} \cdot (x+1)^3 \Big|_{-1}^{1}$$

$$= \underline{\underline{-\frac{4}{3}}}$$

$$= \underline{\underline{-1{,}33333}}$$

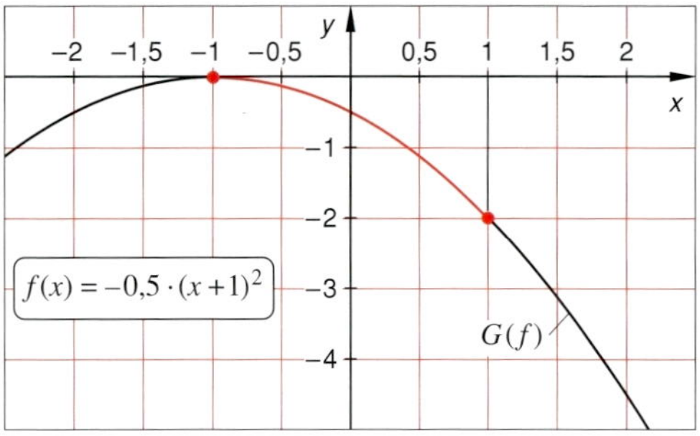

Näherungswerte

► gewählt: $n = 10$ ► $a = -1;\ b = 1 \Rightarrow h = \dfrac{b-a}{n} = \dfrac{1-(-1)}{10} = \underline{0{,}2}$

Tabelle der Funktionswerte für $f(x) = -0{,}5 \cdot (x+1)^2$ ► $x_k = -1 + k \cdot 0{,}4;\ k = 0;\ 1;\ 2;\ 3;\ \ldots;\ 10$

$x_0 = a$	x_1	x_2	x_3	x_4	x_5	x_6	x_7	x_8	x_9	$x_{10} = b$
−1	−0,8	−0,6	−0,4	−0,2	0	0,2	0,4	0,6	0,8	1
$f(x_0)$	$f(x_1)$	$f(x_2)$	$f(x_3)$	$f(x_4)$	$f(x_5)$	$f(x_6)$	$f(x_7)$	$f(x_8)$	$f(x_9)$	$f(x_{10})$
0	−0,02	−0,08	−0,18	−0,32	−0,5	−0,72	−0,98	−1,28	−1,62	−2

Rechteckregel ► $\int\limits_{-1}^{1} [-0{,}5 \cdot (x+1)^2]\,\mathrm{d}x \approx R_{10}$

- $R_{10} = h \cdot [f(x_0) + f(x_1) + f(x_2) + f(x_3) + \ldots + f(x_g)]$ ► $h = 0{,}2$
  $= 0{,}2 \cdot [0 - 0{,}02 - 0{,}08 - 0{,}18 - 0{,}32 - 0{,}5 - 0{,}72 - 0{,}98 - 1{,}28 - 1{,}62]$ ► Tabelle
  $= \underline{\underline{-1{,}14}}$ ► Näherungswert für $\int\limits_{-1}^{1} [-0{,}5 \cdot (x+1)^2]\,\mathrm{d}x$ mit der Rechteckregel
- Absoluter Fehler: $\left| -\frac{4}{3} - (-1{,}14) \right| = \underline{\underline{0{,}1933}}$ ► $\int\limits_{-1}^{1} [-0{,}5 \cdot (x+1)^2]\,\mathrm{d}x = -\frac{4}{3}$
- Relativer Fehler: $\left| \dfrac{-\frac{4}{3} - (-1{,}14)}{-\frac{4}{3}} \right| \cdot 100\% = \underline{\underline{14{,}5\%}}$
- Fehlerabschätzung

  $F_\mathrm{R} \le \dfrac{1}{2} \cdot \dfrac{(b-a)^2}{n} \cdot \max |f'(x)|$ ► $b - a = 1 - (-1) = 2;\ n = 10$
  $f(x) = -0{,}5 \cdot (x+1)^2 \Rightarrow f'(x) = -(x+1) \Rightarrow \max |f'(x)| = 2;\ x \in [-1;\ 1]$

  $F_\mathrm{R} \le \dfrac{1}{2} \cdot \dfrac{2^2}{10} \cdot 2 \Rightarrow F_\mathrm{R} \le \underline{\underline{0{,}4}}$ ► Fehlerabschätzung

► Der Näherungswert F_R kann somit vom exakten Integralwert um höchstens 0,4 abweichen.

Trapezregel ► $\int\limits_{-1}^{1} [-0{,}5 \cdot (x+1)^2]\,\mathrm{d}x \approx T_{10}$

- $T_{10} = R_{10} + h \cdot \dfrac{f(b) - f(a)}{2}$ ► $R_{10} = -1{,}14;\ h = 0{,}2;\ f(b) = -2;\ f(a) = 0$
  $= -1{,}14 + 0{,}2 \cdot \dfrac{-2-0}{2} = \underline{\underline{-1{,}34}}$ ► Näherungswert für $\int\limits_{-1}^{1} [-0{,}5 \cdot (x+1)^2]\,\mathrm{d}x$ mit der Trapezregel

207

- Absoluter Fehler: $\left|-\frac{4}{3}-(-1{,}34)\right| = \underline{\underline{0{,}0067}}$ ► $\int_{-1}^{1}[-0{,}5\cdot(x+1)^2]\,dx = -\frac{4}{3}$

- Relativer Fehler: $\left|\frac{-\frac{4}{3}-(-1{,}34)}{-\frac{4}{3}}\right|\cdot 100\% = \underline{\underline{0{,}5\%}}$

- Fehlerabschätzung

$$F_T \le \frac{1}{12}\cdot\frac{(b-a)^3}{n^2}\cdot \max|f''(x)|$$ ► $b-a=1-(-1)=2;\ n=10$
$f(x)=-0{,}5\cdot(x+1)^2 \Rightarrow f''(x)=-1 \Rightarrow \max|f''(x)|=1;\ x\in[-1;1]$

$$F_T \le \frac{1}{12}\cdot\frac{2^3}{10^2}\cdot 1 \Rightarrow F_T < \underline{\underline{0{,}007}}$$ ► Fehlerabschätzung

► Der Näherungswert F_T kann somit vom exakten Integralwert um höchstens 0,007 abweichen.

Mittentangentenregel ► $\int_{-1}^{1}[-0{,}5\cdot(x+1)^2]\,dx \approx M_{10}$

- $M_{10} = 2h\cdot[f(x_1)+f(x_3)+f(x_5)+f(x_7)+f(x_g)]$ ► $h=0{,}2$
$= 2\cdot 0{,}2\cdot[-0{,}02-0{,}18-0{,}5-0{,}98-1{,}62]$ ► Tabelle
$= \underline{\underline{-1{,}32}}$ ► Näherungswert für $\int_{-1}^{1}[-0{,}5\cdot(x+1)^2]\,dx$ mit der Mittentangentenregel

- Absoluter Fehler: $\left|-\frac{4}{3}-(-1{,}32)\right| = \underline{\underline{0{,}0133}}$ ► $\int_{-1}^{1}[-0{,}5\cdot(x+1)^2]\,dx = -\frac{4}{3}$

- Relativer Fehler: $\left|\frac{-\frac{4}{3}-(-1{,}32)}{-\frac{4}{3}}\right|\cdot 100\% = \underline{\underline{1\%}}$

- Fehlerabschätzung

$$F_M \le \frac{1}{6}\cdot\frac{(b-a)^3}{n^2}\cdot \max|f''(x)|$$ ► $b-a=1-(-1)=2;\ n=10$
$f(x)=-0{,}5\cdot(x+1)^2 \Rightarrow f''(x)=-1 \Rightarrow \max|f''(x)|=1;\ x\in[-1;1]$

$$F_M \le \frac{1}{6}\cdot\frac{2^3}{10^2}\cdot 1 \Rightarrow F_M < \underline{\underline{0{,}014}}$$ ► Fehlerabschätzung

► Der Näherungswert F_M kann somit vom exakten Integralwert um höchstens 0,014 abweichen.

Simpsonsche Regel ► $\int_{-1}^{1}[-0{,}5\cdot(x+1)^2]\,dx \approx S_{10}$

- $S_{10} = \frac{2\cdot T_{10}+M_{10}}{3}$ ► $T_{10}=-1{,}34;\ M_{10}=-1{,}32$
$= \frac{2\cdot(-1{,}34)+(-1{,}32)}{3} = \underline{\underline{-\frac{4}{3}}}$ ► Näherungswert für $\int_{-1}^{1}[-0{,}5\cdot(x+1)^2]\,dx$ mit der Simpsonschen Regel

► Der Näherungswert mit der Simpsonschen Regel stimmt mit dem exakten Ergebnis überein. Daher hat der absolute Fehler den Wert 0 und der relative Fehler beträgt 0%.

- Fehlerabschätzung

Eine Fehlerabschätzung mit der Formel für F_S erübrigt sich, da die Simpsonsche Regel bei Polynomfunktionen zweiten Grades stets das exakte Ergebnis liefert. ► $F_S = 0$

207 **5.** $\int\limits_{-1}^{1} [(x+1)^3 - 2]\,dx$

Mit dem Hauptsatz erhält man das exakte Ergebnis: $\int\limits_{-1}^{1} [(x+1)^3 - 2]\,dx = \underline{\underline{0}}$ ► 1.1

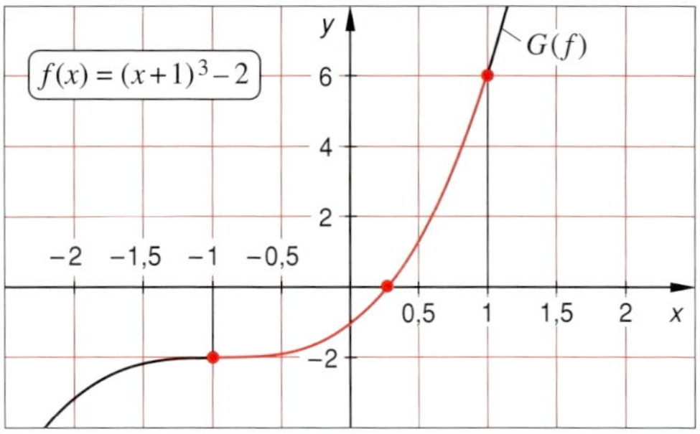

Näherungswerte

► gewählt: $n = 10$ ► $a = -1;\ b = 1 \Rightarrow h = \dfrac{b-a}{n} = \dfrac{1-(-1)}{10} = \underline{0{,}2}$

Tabelle der Funktionswerte für $f(x) = (x+1)^3 - 2$ ► $x_k = -1 + k \cdot 0{,}2;\ k = 0;\ 1;\ 2;\ 3;\ \ldots;\ 10$

$x_0 = a$	x_1	x_2	x_3	x_4	x_5	x_6	x_7	x_8	x_9	$x_{10} = b$
−1	−0,8	−0,6	−0,4	−0,2	0	0,2	0,4	0,6	0,8	1
$f(x_0)$	$f(x_1)$	$f(x_2)$	$f(x_3)$	$f(x_4)$	$f(x_5)$	$f(x_6)$	$f(x_7)$	$f(x_8)$	$f(x_9)$	$f(x_{10})$
−2	−1,992	−1,936	−1,784	−1,488	−1	−0,272	0,744	2,096	3,832	6

Rechteckregel ► $\int\limits_{-1}^{1} [(x+1)^3 - 2]\,dx \approx R_{10}$

- $R_{10} = h \cdot [f(x_0) + f(x_1) + f(x_2) + f(x_3) + \ldots + f(x_9)]$ ► $h = 0{,}2$

  $= 0{,}2 \cdot [-2 - 1{,}992 - 1{,}936 - 1{,}784 - 1{,}488 - 1 - 0{,}272 + 0{,}744 + 2{,}096 + 3{,}832]$ ► Tabelle

  $= \underline{\underline{-0{,}76}}$ ► Näherungswert für $\int\limits_{-1}^{1} [(x+1)^3 - 2]\,dx$ mit der Rechteckregel
- Absoluter Fehler: $|0 - (-0{,}76)| = \underline{\underline{0{,}76}}$ ► $\int\limits_{-1}^{1} [(x+1)^3 - 2]\,dx = 0$
- Relativer Fehler: Es lässt sich kein Zahlenwert angeben, da man nicht durch 0 dividieren darf
- Fehlerabschätzung

  $F_R \leq \dfrac{1}{2} \cdot \dfrac{(b-a)^3}{n} \cdot \max |f'(x)|$ ► $b - a = 1 - (-1) = 2;\ n = 10$

  $f(x) = (x+1)^3 - 2 \Rightarrow f'(x) = 3 \cdot (x+1)^2 \Rightarrow \max |f'(x)| = 3 \cdot 2^2 = 12;\ x \in [-1;\ 1]$

  $F_R \leq \dfrac{1}{2} \cdot \dfrac{2^2}{10} \cdot 12 \Rightarrow F_R \leq \underline{\underline{2{,}4}}$ ► Fehlerabschätzung

► Der Näherungswert F_R kann somit vom exakten Integralwert um höchstens 2,4 abweichen.

Trapezregel ► $\int\limits_{-1}^{1} [(x+1)^3 - 2]\,dx \approx T_{10}$

- $T_{10} = R_{10} + h \cdot \dfrac{f(b) - f(a)}{2}$ ► $R_{10} = -0{,}76;\ h = 0{,}2;\ f(b) = 6;\ f(a) = -2$

  $= -0{,}76 + 0{,}2 \cdot \dfrac{6 - (-2)}{2} = \underline{\underline{0{,}04}}$ ► Näherungswert für $\int\limits_{-1}^{1} [(x+1)^3 - 2]\,dx$ mit der Trapezregel
- Absoluter Fehler: $|0 - (-0{,}04)| = \underline{\underline{0{,}04}}$ ► $\int\limits_{-1}^{1} [(x+1)^3 - 2]\,dx = 0$

- Relativer Fehler: Es lässt sich kein Zahlenwert angeben, da man nicht durch 0 dividieren darf. 207
- Fehlerabschätzung

$$F_{\mathrm{T}} \leq \frac{1}{12} \cdot \frac{(b-a)^3}{n^2} \cdot \max |f''(x)| \quad \blacktriangleright\ b-a = 1-(-1) = 2;\ n = 10$$

$$f(x) = (x+1)^3 - 2 \Rightarrow f''(x) = 6 \cdot (x+1) \Rightarrow \max |f''(x)| = 12;\ x \in [-1;\ 1]$$

$$F_{\mathrm{T}} \leq \frac{1}{12} \cdot \frac{2^3}{10^2} \cdot 12 \Rightarrow F_{\mathrm{T}} < \underline{\underline{0{,}08}} \quad \blacktriangleright \text{ Fehlerabschätzung}$$

► Der Näherungswert F_{T} kann somit vom exakten Integralwert um höchstens 0,08 abweichen.

Mittentangentenregel ► $\int\limits_{-1}^{1} [(x+1)^2 - 2]\,\mathrm{d}x \approx M_{10}$

- $M_{10} = 2 \cdot h \cdot [f(x_1) + f(x_3) + f(x_5) + f(x_7) + f(x_g)]$ ► $h = 0{,}2$

$$= 2 \cdot 0{,}2 \cdot [-1{,}992 - 1{,}784 - 1 + 0{,}744 + 3{,}832] \quad \blacktriangleright \text{ Tabelle}$$

$$= \underline{\underline{-0{,}08}} \quad \blacktriangleright \text{ Näherungswert für } \int\limits_{-1}^{1} [(x+1)^3 - 2]\,\mathrm{d}x \text{ mit der Mittentangentenregel}$$

- Absoluter Fehler: $|0 - (-0{,}08)| = \underline{\underline{0{,}08}}$ ► $\int\limits_{-1}^{1} [(x+1)^3 - 2]\,\mathrm{d}x = 0$
- Relativer Fehler: Es lässt sich kein Zahlenwert angeben, da man nicht durch 0 dividieren darf.
- Fehlerabschätzung

$$F_{\mathrm{M}} \leq \frac{1}{6} \cdot \frac{(b-a)^3}{n^2} \cdot \max |f''(x)| \quad \blacktriangleright\ b-a = 1-(-1) = 2;\ n = 10$$

$$f(x) = (x+1)^3 - 2 \Rightarrow f''(x) = 6 \cdot (x+1) \Rightarrow \max |f''(x)| = 12;\ x \in [-1;\ 1]$$

$$F_{\mathrm{M}} \leq \frac{1}{6} \cdot \frac{2^3}{10^2} \cdot 12 \Rightarrow F_{\mathrm{M}} < \underline{\underline{0{,}16}} \quad \blacktriangleright \text{ Fehlerabschätzung}$$

► Der Näherungswert F_{M} kann somit vom exakten Integralwert um höchstens 0,16 abweichen.

Simpsonsche Regel ► $\int\limits_{-1}^{1} [(x+1)^3 - 2]\,\mathrm{d}x \approx S_{10}$

- $S_{10} = \dfrac{2 \cdot T_{10} + M_{10}}{3}$ ► $T_{10} = 0{,}04;\ M_{10} = -0{,}08$

$$= \frac{2 \cdot (0{,}04) + (-0{,}08)}{3} = \underline{\underline{0}} \quad \blacktriangleright \text{ Näherungswert für } \int\limits_{-1}^{1} [(x+1)^3 - 2]\,\mathrm{d}x \text{ mit der Simpsonschen Regel}$$

► Der Näherungswert mit der Simpsonschen Regel stimmt mit dem exakten Ergebnis überein. Daher ist der absolute Fehler gleich null.

- Fehlerabschätzung

  Eine Fehlerabschätzung mit der Formel für F_{S} erübrigt sich, da die Simpsonsche Regel bei Polynomfunktionen dritten Grades stets das exakte Ergebnis liefert. ► $F_{\mathrm{S}} = 0$

207 **6.** $\int\limits_0^1 \sqrt{1-x^2}\,\mathrm{d}x$

Mit dem Hauptsatz erhält man das exakte Ergebnis:

$$\int\limits_0^1 \sqrt{1-x^2}\,\mathrm{d}x = \underline{\underline{\frac{\pi}{4}}} = \underline{\underline{0{,}25\,\pi}} = \underline{\underline{0{,}785398}}$$ ► 1.2

► $\underline{\underline{A = \frac{\pi}{4}}}$ ► Flächenmaßzahl

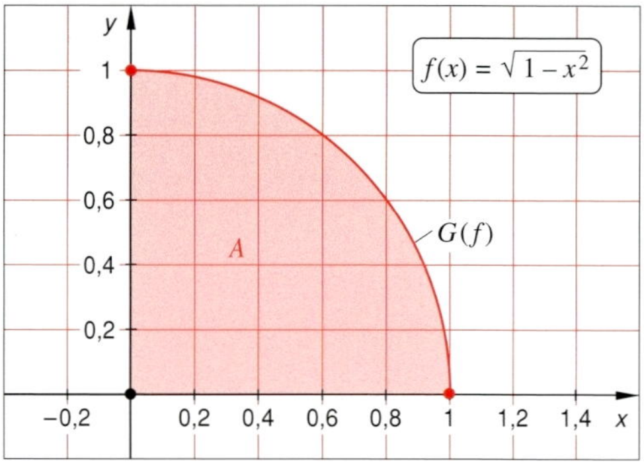

Näherungswerte

► gewählt: ► $a = 0;\ b = 1;\ n = 10 \Rightarrow h = \frac{b-a}{n} = \frac{1-0}{10} = \underline{0{,}1}$

Tabelle der Funktionswerte für $f(x) = \sqrt{1-x^2}$ ► $x_k = 0 + k \cdot 0{,}1;\ k = 0;\ 1;\ 2;\ 3;\ \ldots;\ 10$

$x_0 = a$	x_1	x_2	x_3	x_4	x_5	x_6	x_7	x_8	x_9	$x_{10} = b$
0	0,1	0,2	0,3	0,4	0,5	0,6	0,7	0,8	0,9	1
$f(x_0)$	$f(x_1)$	$f(x_2)$	$f(x_3)$	$f(x_4)$	$f(x_5)$	$f(x_6)$	$f(x_7)$	$f(x_8)$	$f(x_9)$	$f(x_{10})$
1	0,9949...	0,9797...	0,9539...	0,9165...	0,8660...	0,8	0,7141...	0,6	0,4358...	0

Rechteckregel ► $\int\limits_0^1 \sqrt{1-x^2}\,\mathrm{d}x \approx R_{10}$

- $R_{10} = h \cdot [f(x_0) + f(x_1) + f(x_2) + f(x_3) + f(x_4) + f(x_5) + f(x_6) + f(x_7) + f(x_8) + f(x_9)]$ ► $h = \underline{0{,}1}$

  $= 0{,}1 \cdot [1 + 0{,}9949... + 0{,}9797... + 0{,}9539... + 0{,}9165... + 0{,}8660... + 0{,}8 + 0{,}7141... + 0{,}6 + 0{,}4358...]$ ► Tabelle

  $= \underline{\underline{0{,}8261}}$ ► Näherungswert für $\int\limits_0^1 \sqrt{1-x^2}\,\mathrm{d}x$ mit der Rechteckregel

- Absoluter Fehler: $|0{,}25\,\pi - 0{,}8261| = \underline{\underline{0{,}0407}}$ ► $\int\limits_0^1 \sqrt{1-x^2}\,\mathrm{d}x = 0{,}25\,\pi$

- Relativer Fehler: $\left|\frac{0{,}25\,\pi - 0{,}8261}{0{,}25\,\pi}\right| \cdot 100\% = \underline{\underline{5{,}18\%}}$

- Fehlerabschätzung

$$F_{\mathrm{R}} \leq \frac{1}{2} \cdot \frac{(b-a)^2}{n} \cdot \max|F'(x)|$$

► $f(x) = \sqrt{1-x^2} \cdot x \in [0;\ 1] \Rightarrow f'(x) = \frac{-x}{\sqrt{1-x^2}};\ x \in [0;\ 1)$

Die Funktion $f' : f'(x) = \frac{-x}{\sqrt{1-x^2}}$ mit $D(f') = (-1;\ 1)$ ist in $[0;\ 1]$ unbeschränkt und somit existiert $\max|f'(x)|$ für $x \in [0;\ 1)$ nicht.

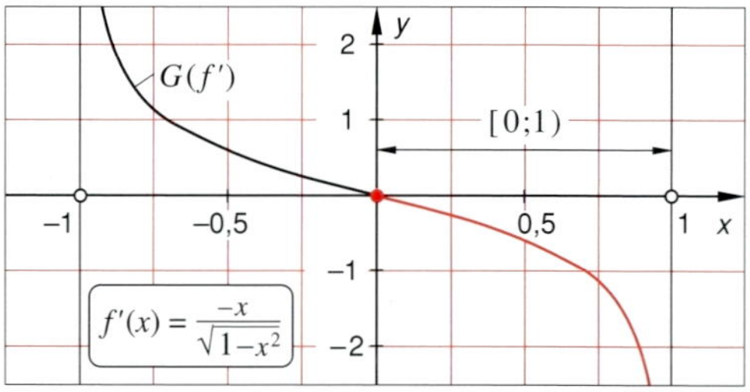

Trapezregel ► $\int_0^1 \sqrt{1-x^2}\,dx \approx T_{10}$

- $T_{10} = R_{10} + h \cdot \frac{f(b)-f(a)}{2}$ ► $R_{10} = 0{,}8261;\ h = 0{,}1;\ f(b) = 0;\ f(a) = 1$

  $= 0{,}8261 + 0{,}1 \cdot \frac{0-1}{2} = \underline{\underline{0{,}7761}}$ ► Näherungswert für $\int_0^1 \sqrt{1-x^2}\,dx$ mit der Trapezregel

- Absoluter Fehler: $|0{,}25\,\pi - 0{,}7761| = \underline{\underline{0{,}0093}}$ ► $\int_0^1 \sqrt{1-x^2}\,dx = 0{,}25\,\pi$
- Relativer Fehler: $\left|\frac{0{,}25\,\pi - 0{,}7761}{0{,}25\,\pi}\right| \cdot 100\% = \underline{\underline{1{,}18\%}}$
- Fehlerabschätzung

  Auch die zweite Ableitung von f ist im Intervall $[0; 1)$ unbeschränkt, sodass max $|f''(x)|$ für $[0; 1)$ nicht existiert. Eine Fehlerabschätzung ist also nicht möglich.

Mittentangentenregel ► $\int_0^1 \sqrt{1-x^2}\,dx \approx M_{10}$

- $M_{10} = 2 \cdot h \cdot [f(x_1) + f(x_3) + f(x_5) + f(x_7) + f(x_9)]$ ► $h = 0{,}1$

  $= 2 \cdot 0{,}1 \cdot [0{,}9950 + 0{,}9539 + 0{,}8660 + 0{,}7141 + 0{,}4359]$ ► Tabelle

  $= \underline{\underline{0{,}7930}}$ ► Näherungswert für $\int_0^1 \sqrt{1-x^2}\,dx$ mit der Mittentangentenregel

- Absoluter Fehler: $|0{,}25\,\pi - 0{,}7930| = \underline{\underline{0{,}0076}}$ ► $\int_0^1 \sqrt{1-x^2}\,dx = 0{,}25\,\pi$
- Relativer Fehler: $\left|\frac{0{,}25\,\pi - 0{,}7930}{0{,}25\,\pi}\right| \cdot 100\% = \underline{\underline{0{,}97\%}}$
- Fehlerabschätzung

  Auch die zweite Ableitung von f ist im Intervall $[0; 1)$ unbeschränkt, sodass max $|f''(x)|$ für $[0; 1)$ nicht existiert. Eine Fehlerabschätzung ist also nicht möglich.

Simpsonsche Regel ► $\int_0^1 \sqrt{1-x^2}\,dx \approx S_{10}$

- $S_{10} = \frac{2 \cdot T_{10} + M_{10}}{3}$ ► $T_{10} = 0{,}7761;\ M_{10} = 0{,}7930$

  $= \frac{2 \cdot 0{,}7761 + 0{,}7930}{3}$

  $= \underline{\underline{0{,}7817}}$ ► Näherungswert für $\int_0^1 \sqrt{1-x^2}\,dx$ mit der Simpsonschen Regel

- Absoluter Fehler: $|0{,}25\,\pi - 0{,}7817| = \underline{\underline{0{,}0037}}$ ► $\int_0^1 \sqrt{1-x^2}\,dx = 0{,}25\,\pi$
- Relativer Fehler: $\left|\frac{0{,}25\,\pi - 0{,}7817}{0{,}25\,\pi}\right| \cdot 100\% = \underline{\underline{0{,}47\%}}$
- Fehlerabschätzung

  Auch die vierte Ableitung von f ist im Intervall $[0; 1)$ unbeschränkt, sodass max $|f^{(4)}(x)|$ für $[0; 1)$ nicht existiert. Eine Fehlerabschätzung ist also nicht möglich.

207

7. $\int_{-1}^{2} (-x^2+8)\,dx$

Mit dem Hauptsatz erhält man das exakte Ergebnis: $\int_{-1}^{2} (-x^2+8)\,dx = -\frac{x^2}{3} + 8x \Big|_{-1}^{2} = \underline{\underline{21}}$

► $\underline{\underline{A = 21}}$ ► Flächenmaßzahl

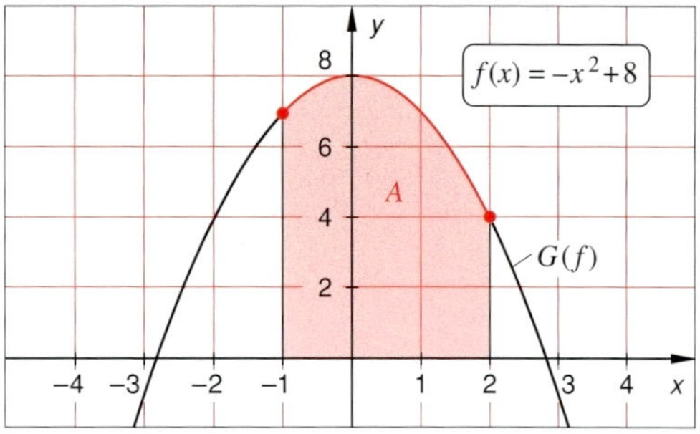

Näherungswerte

► gewählt: $n = 10$ ► $a = -1; b = 2 \Rightarrow h = \frac{b-a}{n} = \frac{2-(-1)}{10} = \underline{0{,}3}$

Tabelle der Funktionswerte für $f(x) = -x^2 + 8$ ► $x_k = -1 + k \cdot 0{,}3;\ k = 0; 1; 2; 3; \ldots; 10$

$x_0 = a$	x_1	x_2	x_3	x_4	x_5	x_6	x_7	x_8	x_9	$x_{10} = b$
− 1	− 0,7	− 0,4	− 0,1	0,2	0,5	0,8	1,1	1,4	1,7	2
$f(x_0)$	$f(x_1)$	$f(x_2)$	$f(x_3)$	$f(x_4)$	$f(x_5)$	$f(x_6)$	$f(x_7)$	$f(x_8)$	$f(x_9)$	$f(x_{10})$
7	7,51	7,84	7,99	7,96	7,75	7,36	6,79	6,04	5,11	4

Rechteckregel ► $\int_{-1}^{2} (-x^2+8)\,dx \approx R_{10}$

- $R_{10} = h \cdot [f(x_0) + f(x_1) + f(x_2) + f(x_3) + \cdots + f(x_9)]$ ► $h = 0{,}3$
  $= 0{,}3 \cdot [7 + 7{,}51 + 7{,}84 + 7{,}99 + 7{,}96 + 7{,}75 + 7{,}36 + 6{,}79 + 6{,}04 + 5{,}11]$ ► Tabelle
  $= \underline{\underline{21{,}41}}$ ► Näherungswert für $\int_{-1}^{2} (-x^2+8)\,dx$ mit der Rechteckregel
- Absoluter Fehler: $|21 - 21{,}41| = \underline{\underline{0{,}41}}$ ► $\int_{-1}^{2} (-x^2+8)\,dx = 21$
- Relativer Fehler: $\left|\frac{21 - 21{,}41}{21}\right| \cdot 100\% = \underline{\underline{1{,}95\%}}$
- Fehlerabschätzung

$F_R \le \frac{1}{2} \cdot \frac{(b-a)^2}{n} \cdot \max|f'(x)|$ ► $b - a = 2 - (-1) = 3;\ n = 10$
$f(x) = -x^2 + 8 \Rightarrow f'(x) = -2x \Rightarrow \max|f'(x)| = 2 \cdot 2 = 4;\ x \in [-1; 2]$

$F_R \le \frac{1}{2} \cdot \frac{3^2}{10} \cdot 4 \Rightarrow F_R \le \underline{\underline{1{,}8}}$ ► Fehlerabschätzung

► Der Näherungswert F_R kann somit vom exakten Integralwert um höchstens 1,8 abweichen.

Trapezregel ► $\int_{-1}^{2} (-x^2+8)\,dx \approx T_{10}$

- $T_{10} = R_{10} + h \cdot \frac{f(b) - f(a)}{2}$ ► $R_{10} = 21{,}41;\ h = 0{,}3;\ f(b) = 4;\ f(a) = 7$
  $= 21{,}41 + 0{,}3 \cdot \frac{4-7}{2}$
  $= \underline{\underline{20{,}96}}$ ► Näherungswert für $\int_{-1}^{2} (-x^2+8)\,dx$ mit der Trapezregel

207

- Absoluter Fehler: $|21-20{,}96| = \underline{\underline{0{,}04}}$ ► $\int_{-1}^{2}(-x^2+8)\,\mathrm{d}x = 21$
- Relativer Fehler: $\left|\dfrac{21-20{,}96}{21}\right| \cdot 100\% = \underline{\underline{0{,}19\%}}$
- Fehlerabschätzung

$F_T \leq \dfrac{1}{12} \cdot \dfrac{(b-a)^3}{n^2} \cdot \max|f''(x)|$ ► $b-a = 2-(-1) = 3;\ n = 10$

$f(x) = -x^2+8 \Rightarrow f''(x) = -2 \Rightarrow \max|f''(x)| = 2;\ x \in [-1; 2]$

$F_T \leq \dfrac{1}{12} \cdot \dfrac{3^3}{10^2} \cdot 2 \Rightarrow F_T < \underline{\underline{0{,}05}}$ ► Fehlerabschätzung

► Der Näherungswert F_T kann somit vom exakten Integralwert um höchstens 0,05 abweichen.

Mittentangentenregel ► $\int_{-1}^{2}(-x^2+8)\,\mathrm{d}x \approx M_{10}$

- $M_{10} = 2 \cdot h \cdot [f(x_1) + f(x_3) + f(x_5) + f(x_7) + f(x_9)]$ ► $h = 0{,}3$

$= 2 \cdot 0{,}3 \cdot [7{,}51 + 7{,}99 + 7{,}75 + 6{,}79 + 5{,}11]$ ► Tabelle

$= \underline{\underline{21{,}09}}$ ► Näherungswert für $\int_{-1}^{2}(-x^2+8)\,\mathrm{d}x$ mit der Mittentangentenregel

- Absoluter Fehler: $|21-21{,}09| = \underline{\underline{0{,}09}}$ ► $\int_{-1}^{2}(-x^2+8)\,\mathrm{d}x = 21$
- Relativer Fehler: $\left|\dfrac{21-21{,}09}{21}\right| \cdot 100\% = \underline{\underline{0{,}43\%}}$
- Fehlerabschätzung

$F_M \leq \dfrac{1}{6} \cdot \dfrac{(b-a)^3}{n^2} \cdot \max|f''(x)|$ ► $b-a = 2-(-1) = 3;\ n = 10$

$f(x) = -x^2+8 \Rightarrow f''(x) = -2 \Rightarrow \max|f''(x)| = 2;\ x \in [-1; 2]$

$F_M \leq \dfrac{1}{6} \cdot \dfrac{3^3}{10^2} \cdot 2 \Rightarrow F_M \leq \underline{\underline{0{,}09}}$ ► Fehlerabschätzung

► Der Näherungswert F_M kann somit vom exakten Integralwert um höchstens 0,09 abweichen.

Simpsonsche Regel ► $\int_{-1}^{2}(-x^2+8)\,\mathrm{d}x \approx S_{10}$

- $S_{10} = \dfrac{2 \cdot T_{10} + M_{10}}{3}$ ► $T_{10} = 20{,}96;\ M_{10} = 21{,}09$

$= \dfrac{2 \cdot 20{,}96 + 21{,}09}{3}$

$= \underline{\underline{21}}$ ► Näherungswert für $\int_{-1}^{2}(-x^2+8)\,\mathrm{d}x$ mit der Simpsonschen Regel

► Der Näherungswert mit der Simpsonschen Regel stimmt mit dem exakten Ergebnis überein. Daher hat der absolute Fehler den Wert 0 und der relative Fehler beträgt 0%.

- Fehlerabschätzung

Eine Fehlerabschätzung mit der Formel für F_S erübrigt sich, da die Simpsonsche Regel bei Polynomfunktionen zweiten Grades stets das exakte Ergebnis liefert. ► $F_S = 0$

207

8. $\int_{-1}^{2} (x^3+4)\,\mathrm{d}x$

Mit dem Hauptsatz erhält man das exakte Ergebnis: $\int_{-1}^{2} (x^3+4)\,\mathrm{d}x = \left.\frac{x^4}{4}+4x\right|_{-1}^{2} = \underline{\underline{15{,}75}}$

► $\underline{\underline{A = 15{,}75}}$ ► Flächenmaßzahl

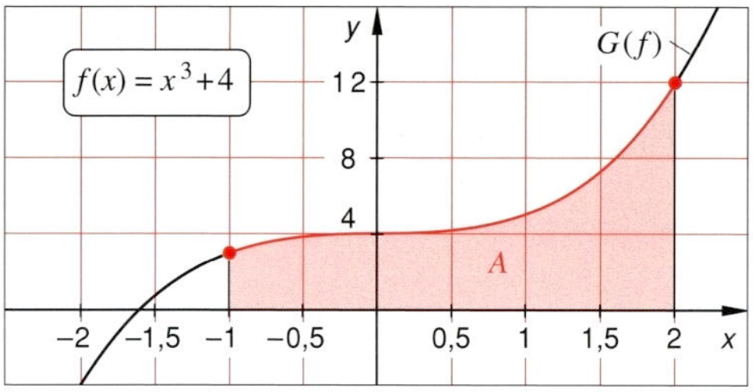

Näherungswerte

► gewählt: $n = 10$ ► $a = -1; b = 2 \Rightarrow h = \frac{b-a}{n} = \frac{2-(-1)}{10} = \underline{0{,}3}$

Tabelle der Funktionswerte für $f(x) = -x^2+8$ ► $x_k = -1 + k \cdot 0{,}3;\ k = 0;\ 1;\ 2;\ 3;\ \ldots;\ 10$

$x_0 = a$	x_1	x_2	x_3	x_4	x_5	x_6	x_7	x_8	x_9	$x_{10} = b$
−1	−0,7	−0,4	−0,1	0,2	0,5	0,8	1,1	1,4	1,7	2
$f(x_0)$	$f(x_1)$	$f(x_2)$	$f(x_3)$	$f(x_4)$	$f(x_5)$	$f(x_6)$	$f(x_7)$	$f(x_8)$	$f(x_9)$	$f(x_{10})$
3	3,657	3,936	3,999	4,008	4,125	4,512	5,331	6,744	8,913	12

Rechteckregel ► $\int_{-1}^{2} (x^3+4)\,\mathrm{d}x \approx R_{10}$

- $R_{10} = h \cdot [f(x_0)+f(x_1)+f(x_2)+f(x_3)+\ldots+f(x_9)]$ ► $h = 0{,}3$
  $= 0{,}3 \cdot [3+3{,}657+3{,}936+3{,}999+4{,}008+4{,}125+4{,}512+5{,}331+6{,}744+8{,}913]$ ► Tabelle
  $= \underline{\underline{14{,}468}}$ ► Näherungswert für $\int_{-1}^{2} (x^3+4)\,\mathrm{d}x$ mit der Rechteckregel
- Absoluter Fehler: $|\,15{,}75 - 14{,}468\,| = \underline{\underline{1{,}282}}$ ► $\int_{-1}^{2} (x^3+4)\,\mathrm{d}x = 15{,}75$
- Relativer Fehler: $\left|\frac{15{,}75-14{,}468}{15{,}75}\right| \cdot 100\% = \underline{\underline{8{,}14\%}}$
- Fehlerabschätzung

$F_\mathrm{R} \le \frac{1}{2} \cdot \frac{(b-a)^2}{n} \cdot \max|f'(x)|$ ► $b-a = 2-(-1) = 3;\ n = 10;$
$f(x) = x^3+8 \Rightarrow f'(x) = 3x^2 \Rightarrow \max|f''(x)| = 3 \cdot 2^2 = 12;\ x \in [-1; 2]$

$F_\mathrm{R} \le \frac{1}{2} \cdot \frac{3^2}{10} \cdot 12 \Rightarrow F_\mathrm{R} \le \underline{\underline{5{,}4}}$ ► Fehlerabschätzung

► Der Näherungswert F_R kann somit vom exakten Integralwert um höchstens 5,4 abweichen.

Trapezregel ► $\int_{-1}^{2} (x^3+4)\,\mathrm{d}x \approx T_{10}$

- $T_{10} = R_{10} + h \cdot \frac{f(b)-f(a)}{2}$ ► $R_{10} = 14{,}468;\ h = 0{,}3;\ f(b) = 12;\ f(a) = 3$
  $= 14{,}468 + 0{,}3 \cdot \frac{12-3}{2}$
  $= \underline{\underline{15{,}818}}$ ► Näherungswert für $\int_{-1}^{2} (x^3+4)\,\mathrm{d}x$ mit der Trapezregel

207

- Absoluter Fehler: $|\,15{,}75 - 15{,}818\,| = \underline{\underline{0{,}068}}$ ► $\int\limits_{-1}^{2} (x^3 + 4)\,\mathrm{d}x = 15{,}75$

- Relativer Fehler: $\left|\dfrac{15{,}75 - 15{,}818}{15{,}75}\right| \cdot 100\% = \underline{\underline{0{,}43\%}}$

- Fehlerabschätzung

$$F_\mathrm{T} \le \frac{1}{12} \cdot \frac{(b-a)^3}{n^2} \cdot \max|f''(x)|$$ ► $b - a = 2 - (-1) = 3;\ n = 10;$
$f(x) = x^3 + 4 \Rightarrow f''(x) = 6 \cdot x \Rightarrow \max|f''(x)| = 6 \cdot 2 = 12;\ x \in [-1; 2]$

$$F_\mathrm{T} \le \frac{1}{12} \cdot \frac{3^3}{10^2} \cdot 12 \Rightarrow F_\mathrm{T} \le \underline{\underline{0{,}27}}$$ ► Fehlerabschätzung

► Der Näherungswert F_T kann somit vom exakten Integralwert um höchstens 0,27 abweichen.

Mittentangentenregel ► $\int\limits_{-1}^{2} (x^3 + 4)\,\mathrm{d}x \approx M_{10}$

- $M_{10} = 2 \cdot h \cdot [f(x_1) + f(x_3) + f(x_5) + f(x_7) + f(x_9)]$ ► $h = 0{,}3$
  $= 2 \cdot 0{,}3 \cdot [3{,}657 + 3{,}999 + 4{,}125 + 5{,}331 + 8{,}913]$ ► Tabelle
  $= \underline{\underline{15{,}615}}$ ► Näherungswert für $\int\limits_{-1}^{2} (x^3 + 4)\,\mathrm{d}x$ mit der Mittentangentenregel

- Absoluter Fehler: $|\,15{,}75 - 15{,}615\,| = \underline{\underline{0{,}135}}$ ► $\int\limits_{-1}^{2} (x^3 + 4)\,\mathrm{d}x = 15{,}75$

- Relativer Fehler: $\left|\dfrac{15{,}75 - 15{,}615}{15{,}75}\right| \cdot 100\% = \underline{\underline{0{,}86\%}}$

- Fehlerabschätzung

$$F_\mathrm{M} \le \frac{1}{6} \cdot \frac{(b-a)^3}{n^2} \cdot \max|f''(x)|$$ ► $b - a = 2 - (-1) = 3;\ n = 10;$
$f(x) = x^3 + 4 \Rightarrow f''(x) = 6 \cdot x \Rightarrow \max|f''(x)| = 6 \cdot 2 = 12;\ x \in [-1; 2]$

$$F_\mathrm{M} \le \frac{1}{6} \cdot \frac{3^3}{10^2} \cdot 12 \Rightarrow F_\mathrm{M} \le \underline{\underline{0{,}54}}$$ ► Fehlerabschätzung

► Der Näherungswert F_M kann somit vom exakten Integralwert um höchstens 0,54 abweichen.

Simpsonsche Regel ► $\int\limits_{-1}^{2} (x^3 + 4)\,\mathrm{d}x \approx S_{10}$

- $S_{10} = \dfrac{2 \cdot T_{10} + M_{10}}{3}$ ► $T_{10} = 15{,}818;\ M_{10} = 15{,}615$
  $= \dfrac{2 \cdot 15{,}818 + 15{,}615}{3}$
  $= \underline{\underline{15{,}750}}$ ► Näherungswert für $\int\limits_{-1}^{2} (x^3 + 4)\,\mathrm{d}x$ mit der Simpsonschen Regel

► Der Näherungswert mit der Simpsonschen Regel stimmt mit dem exakten Ergebnis überein. Daher hat der absolute Fehler den Wert 0 und der relative Fehler beträgt 0%.

- Fehlerabschätzung

  Eine Fehlerabschätzung mit der Formel für F_S erübrigt sich, da die Simpsonsche Regel bei Polynomfunktionen dritten Grades stets das exakte Ergebnis liefert. ► $F_\mathrm{S} = 0$

207 Berechnen Sie die Näherungswerte der folgenden Integrale mithilfe der Simpsonschen Regel und ermitteln Sie jeweils den maximalen Fehler. In welchen Fällen erhält man den exakten Integralwert?

► **Lehrbuch: Kusch 4, S. 203 ... 206**

Vorbemerkungen:

- Bei den nachfolgenden Übungsaufgaben lässt sich der Integralwert meistens mit dem Hauptsatz berechnen, obwohl die numerische Integration in der Regel nur bei solchen bestimmten Integralen angewendet wird, die man nicht mit dem Hauptsatz berechnen kann. Es ist aber interessant, einmal das Ergebnis der numerischen Integration mit dem exakten Integralwert zu vergleichen. Deshalb wird hier jeweils der Näherungsrechnung der mittels Hauptsatz berechnete exakte oder gerundete Integralwert bzw. das gerundete Computerergebnis vorangestellt.
  Hierbei ist aber zu beachten, dass sich das Ergebnis einer numerischen Integration nicht etwa nur auf die bloße Zahlenangabe eines Näherungswertes für ein bestimmtes Integral beschränken darf. Zusätzlich erforderlich ist stets eine genaue Angabe darüber, wie viele Stellen in dieser Zahlenangabe gesichert sind, d.h. wie viele Stellen des Näherungswertes mit dem exakten, in der Regel unbekannten, Integralwert übereinstimmen.
  So gilt zum Beispiel bei der Aufgabe 17 für den Integralwert $I = 0{,}232868$ und für den Näherungswert $S_{10} = 0{,}23283$. Tatsächlich stimmt hier der Näherungswert mit dem Integralwert auf vier Nachkommastellen überein. Diese Aussage wäre jedoch ohne die Kenntnis des Integralwertes nicht möglich. Deshalb muss man eine Genauigkeitsaussage mittels einer Fehlerabschätzung finden.
  Hier zeigt die Fehlerabschätzung, dass der Integralwert im Intervall $[0{,}23242;\ 0{,}23324]$ liegen muss. Wie der Vergleich mit den Intervallgrenzen zeigt, ist daher im allgemeinen nur die Aussage möglich, dass der Näherungswert den Integralwert auf mindestens zwei Nachkommastellen genau mit 0,23 angibt. Lässt sich aber, wie zum Beispiel in der Übungsaufgabe 20, keine Aussage über die Qualität der Näherung machen, so kann man i. Allg. eine Aussage über den Näherungswert dadurch verbessern, dass man die Anzahl n der Stützstellen erhöht.
- Mit der Formel $F_S \leq \frac{1}{180} \cdot \frac{(b-a)^5}{n^4} \cdot \max|f^{(4)}(x)|;\ x \in [a;b];\ n \in \mathbb{N}^{>0}$ lässt sich der maximal mögliche Fehler F_S abschätzen, der sich bei der Berechnung des Näherungswertes S_n mit der Simpsonschen Regel ergeben kann. Um ein sinnvolles Ergebnis zu erhalten, muss die Stellenzahl des Näherungswertes mit der Stellenzahl der Abschätzung von F_S übereinstimmen. Zweckmäßigerweise berechnet man daher zuerst eine Abschätzung von F_S, um dann bei der Berechnung des Näherungswertes die gleiche Stellenzahl wählen zu können.

9. $\int\limits_{0{,}5}^{2} (x - 2x^2)\,dx$

Mit dem Hauptsatz erhält man das exakte Ergebnis:

$$\int\limits_{0{,}5}^{2} (x-2x^2)\,dx = \frac{x^2}{2} - \frac{2}{3} \cdot x^3 \Big|_{0{,}5}^{2} = \underline{\underline{-3{,}375}}$$

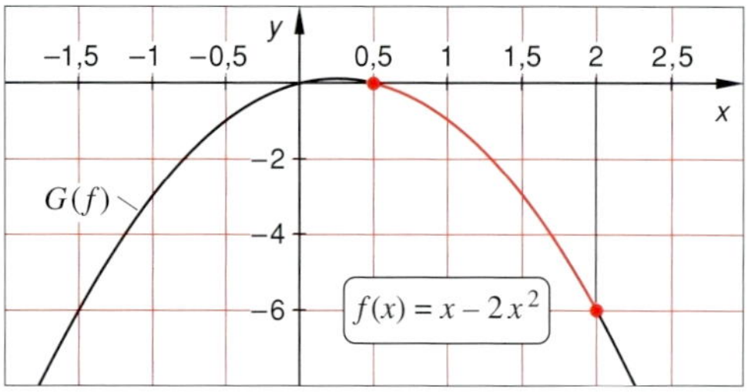

Berechnung des Näherungswertes

► gewählt: $n = 10$ ► $a = 0{,}5;\ b = 2$ ► $h = \frac{b-a}{n} = \frac{2-0{,}5}{10} = \underline{0{,}15}$

- Fehlerabschätzung

  Eine Fehlerabschätzung mit der Formel für F_S erübrigt sich, da die Simpsonsche Regel bei Polynomfunktionen zweiten Grades stets das exakte Ergebnis liefert. ► $F_S = 0$

207

● Berechnung von S_{10} ► Simpsonsche Regel: $\int\limits_{0,5}^{2} (x-2x^2)\,\mathrm{d}x \approx S_{10}$

$S_{10}=\frac{h}{3}\cdot[f(x_0)+4\cdot f(x_1)+2\cdot f(x_2)+4\cdot f(x_3)+2\cdot f(x_4)+\ldots+2\cdot f(x_8)+4\cdot f(x_9)+f(x_{10})]$ ► $h=0{,}15$; $f(x)=x-2x^2$

Tabelle der Funktionswerte für $f(x)=x-2x^2$ ► $x_k=0{,}5+k\cdot 0{,}15$; $k=0; 1; 2; \ldots; 10$

$x_0=a$	x_1	x_2	x_3	x_4	x_5	x_6	x_7	x_8	x_9	$x_{10}=b$
0,5	0,65	0,8	0,95	1,1	1,25	1,4	1,55	1,7	1,85	2
$1\cdot f(x_0)$	$4\cdot f(x_1)$	$2\cdot f(x_2)$	$4\cdot f(x_3)$	$2\cdot f(x_4)$	$4\cdot f(x_5)$	$2\cdot f(x_6)$	$4\cdot f(x_7)$	$2\cdot f(x_8)$	$4\cdot f(x_9)$	$1\cdot f(x_{10})$
0	−0,78	−0,96	−3,42	−2,64	−7,5	−5,04	−13,02	−8,16	−19,98	−6
► $f(x_0)+4\cdot f(x_1)+2\cdot f(x_2)+4\cdot f(x_3)+2\cdot f(x_4)+\ldots+2\cdot f(x_8)+4\cdot f(x_9)+f(x_{10})=\underline{-67{,}5}$										

$S_{10}=\frac{0{,}15}{3}\cdot(-67{,}5)=\underline{\underline{-3{,}375}}$ ► Näherungswert für $\int\limits_{0,5}^{2}(x-2x^2)\,\mathrm{d}x$ mit der Simpsonschen Regel

10. $\int\limits_0^{\pi} \sin x\,\mathrm{d}x$

Mit dem Hauptsatz erhält man das exakte Ergebnis: $\int\limits_0^{\pi}\sin x\,\mathrm{d}x = -\cos x\Big|_0^{\pi} = \underline{\underline{2}}$

► $\underline{\underline{A=2}}$ ► Flächenmaßzahl

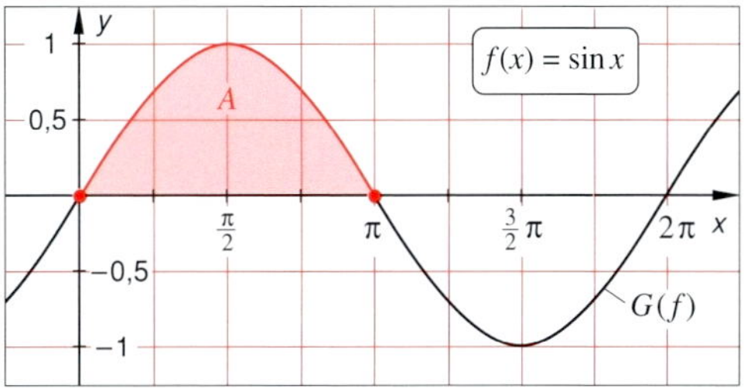

Berechnung des Näherungswertes

► gewählt: $n=10$ ► $a=0; b=\pi$ ► $h=\frac{b-a}{n}=\frac{\pi-0}{10}=\frac{\pi}{10}=\underline{0{,}1\,\pi}$

● Fehlerabschätzung

$$F_S \le \frac{1}{180}\cdot\frac{(b-a)^5}{n^4}\cdot\max|f^{(4)}(x)|$$ ► $f(x)=\sin x \Rightarrow f^{(4)}(x)=\sin x \Rightarrow \max|f^{(4)}(x)|=1$; $x\in[0;\pi]$

$$F_S \le \frac{1}{180}\cdot\frac{\pi^5}{10^4}\cdot 1 \Rightarrow F_S < 0{,}0002$$ ► Fehlerabschätzung

► Der Näherungswert F_S kann somit vom exakten Integralwert um höchstens 0,0002 abweichen.

● Berechnung von S_{10} ► Simpsonsche Regel: $\int\limits_0^{\pi}\sin x\,\mathrm{d}x \approx S_{10}$

$S_{10}=\frac{h}{3}\cdot[f(x_0)+4\cdot f(x_1)+2\cdot f(x_2)+4\cdot f(x_3)+2\cdot f(x_4)+\ldots+2\cdot f(x_8)+4\cdot f(x_9)+f(x_{10})]$ ► $h=0{,}1\,\pi$; $f(x)=\sin x$

Tabelle der Funktionswerte für $f(x)=\sin x$ ► $x_k=0+k\cdot 0{,}1\,\pi=k\cdot 0{,}1\,\pi$; $k=0; 1; 2; \ldots; 10$

$x_0=a$	x_1	x_2	x_3	x_4	x_5	x_6	x_7	x_8	x_9	$x_{10}=b$
0	$0{,}1\,\pi$	$0{,}2\,\pi$	$0{,}3\,\pi$	$0{,}4\,\pi$	$0{,}5\,\pi$	$0{,}6\,\pi$	$0{,}7\,\pi$	$0{,}8\,\pi$	$0{,}9\,\pi$	π
$1\cdot f(x_0)$	$4\cdot f(x_1)$	$2\cdot f(x_2)$	$4\cdot f(x_3)$	$2\cdot f(x_4)$	$4\cdot f(x_5)$	$2\cdot f(x_6)$	$4\cdot f(x_7)$	$2\cdot f(x_8)$	$4\cdot f(x_9)$	$1\cdot f(x_{10})$
0	1,2360...	1,1755...	3,2360...	1,9021...	4	1,9021...	3,2360...	1,1755...	1,2360...	0
► $f(x_0)+4\cdot f(x_1)+2\cdot f(x_2)+4\cdot f(x_3)+2\cdot f(x_4)+\ldots+2\cdot f(x_8)+4\cdot f(x_9)+f(x_{10})=\underline{19{,}0996...}$										

207 $S_{10} = \frac{0{,}1\,\pi}{3} \cdot 19{,}0996... = \underline{\underline{2{,}0001}}$ ► Näherungswert für $\int\limits_0^{\pi} \sin x \,\mathrm{d}x$ mit der Simpsonschen Regel

Nach der Fehlerabschätzung und der Berechnung des Näherungswertes liegt der exakte Integralwert im Intervall: $[S_{10} - F_S; S_{10} + F_S] = [2{,}0001 - 0{,}0002; 2{,}0001 + 0{,}0002] = \underline{\underline{[1{,}9999; 2{,}0003]}}$

Hier lässt sich aus den Intervallgrenzen keine Angabe über die Gültigkeit der Stellen des Näherungswertes 2,0001 machen. Man kann lediglich die allgemeine Aussage machen, dass der Näherungswert vom exakten Integralwert um höchstens 0,0002 abweicht.

11. $\int\limits_{\frac{\pi}{6}}^{\frac{\pi}{3}} \frac{\tan x}{x} \,\mathrm{d}x$

Zu $f: f(x) = \frac{\tan x}{x}$; $D(f) = D(\tan)\setminus\{0\}$ ist im Intervall $\left[\frac{\pi}{6}; \frac{\pi}{3}\right]$ keine explizite Stammfunktion mithilfe von elementaren Funktionen bekannt. Mit einem Computerprogramm erhält man das auf sechs Nachkommastellen gerundete Ergebnis:

$$\int\limits_{\frac{\pi}{6}}^{\frac{\pi}{3}} \frac{\tan x}{x} \,\mathrm{d}x = \underline{\underline{0{,}684178}}$$

► $\underline{\underline{A = 0{,}684178}}$ ► Flächenmaßzahl

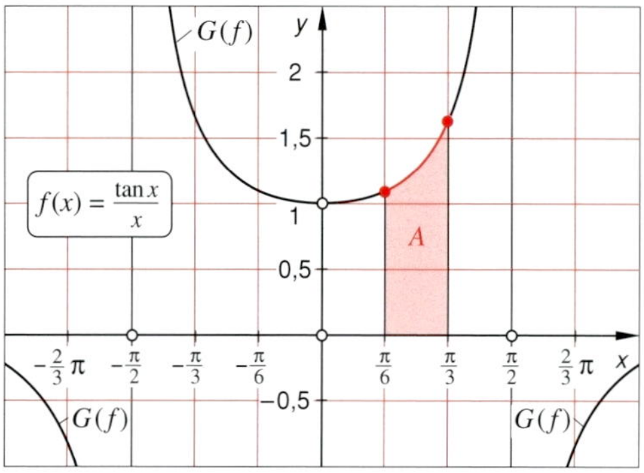

Berechnung des Näherungswertes

► gewählt: $n = 10$ ► $a = \frac{\pi}{6}$; $b = \frac{\pi}{3}$ ► $h = \frac{b-a}{n} = \frac{\frac{\pi}{3} - \frac{\pi}{6}}{10} = \underline{\frac{\pi}{60}}$

● Fehlerabschätzung

Bei $f(x) = \frac{\tan x}{x}$ erhält man für $f^{(4)}(x)$ einen sehr langen Term, der eine umfangreiche Rechnung verursacht. Am Graphen der Funktion $f^{(4)}$ erkennt man, dass $f^{(4)}$ im Intervall $\left[\frac{\pi}{6}; \frac{\pi}{3}\right]$ an der Stelle $x_0 = \frac{\pi}{3}$ ihr Maximum erreicht. An dieser Stelle gilt:

$$f^{(4)}\left(\frac{\pi}{3}\right) = 388{,}3712338...$$

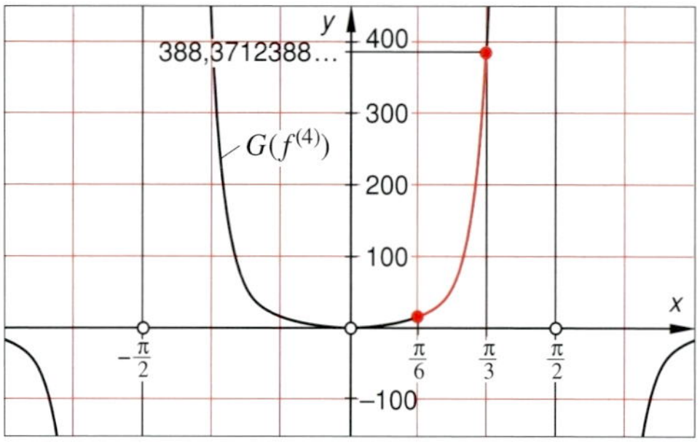

$F_S \leq \frac{1}{180} \cdot \frac{(b-a)^5}{n^4} \cdot \max|f^{(4)}(x)|$ ► $\max\left|f^{(4)}\left(\frac{\pi}{3}\right)\right| = 388{,}3712338...$; $x \in \left[\frac{\pi}{6}; \frac{\pi}{3}\right]$

$F_S \leq \frac{1}{180} \cdot \frac{\left(\frac{\pi}{6}\right)^5}{10^4} \cdot 388{,}3712338... \Rightarrow F_S < 0{,}0000085$ ► Fehlerabschätzung

► Der Näherungswert F_S kann somit vom exakten Integralwert um höchstens 0,0000085 abweichen.

● Berechnung von S_{10} ► Simpsonsche Regel: $\int\limits_{\frac{\pi}{6}}^{\frac{\pi}{3}} \frac{\tan x}{x}\,\mathrm{d}x \approx S_{10}$

$$S_{10} = \frac{h}{3} \cdot [f(x_0) + 4 \cdot f(x_1) + 2 \cdot f(x_2) + 4 \cdot f(x_3) + 2 \cdot f(x_4) + \ldots + 2 \cdot f(x_8) + 4 \cdot f(x_9) + f(x_{10})]$$ ► $h = 0{,}0524$; $f(x) = \frac{\tan x}{x}$

Tabelle der Funktionswerte für $f(x) = \frac{\tan x}{x}$; ► $x_k = \frac{\pi}{6} + k \cdot \frac{\pi}{60} = \frac{(10+k)}{60} \cdot \pi$; $k = 0; 1; 2; \ldots; 10$

$x_0 = a$	x_1	x_2	x_3	x_4	x_5	x_6	x_7	x_8	x_9	$x_{10} = b$
$\frac{\pi}{6}$	$\frac{11}{60} \cdot \pi$	$\frac{12}{60} \cdot \pi$	$\frac{13}{60} \cdot \pi$	$\frac{14}{60} \cdot \pi$	$\frac{15}{60} \cdot \pi$	$\frac{16}{60} \cdot \pi$	$\frac{17}{60} \cdot \pi$	$\frac{18}{60} \cdot \pi$	$\frac{19}{60} \cdot \pi$	$\frac{\pi}{3}$
$1 \cdot f(x_0)$	$4 \cdot f(x_1)$	$2 \cdot f(x_2)$	$4 \cdot f(x_3)$	$2 \cdot f(x_4)$	$4 \cdot f(x_5)$	$2 \cdot f(x_6)$	$4 \cdot f(x_7)$	$2 \cdot f(x_8)$	$4 \cdot f(x_9)$	$1 \cdot f(x_{10})$
1,1026...	4,5100...	2,3126...	4,7586...	2,4566...	5,0929...	2,6513...	5,5493...	2,9207...	6,1914...	1,6539...
► $f(x_0) + 4 \cdot f(x_1) + 2 \cdot f(x_2) + 4 \cdot f(x_3) + 2 \cdot f(x_4) + \ldots + 2 \cdot f(x_8) + 4 \cdot f(x_9) + f(x_{10}) = \underline{39{,}2006333\ldots}$										

$S_{10} = \frac{\frac{\pi}{60}}{3} \cdot 39{,}2006333\ldots = \underline{\underline{0{,}6841801}}$ ► Näherungswert für $\int\limits_{\frac{\pi}{6}}^{\frac{\pi}{3}} \frac{\tan x}{x}\,\mathrm{d}x$ mit der Simpsonschen Regel

Nach der Fehlerabschätzung und der Berechnung des Näherungswertes liegt der exakte Integralwert im Intervall:

$$[S_{10} - F_S; S_{10} + F_S] = [0{,}6841801 - 0{,}0000085; 0{,}6841801 + 0{,}0000085] = \underline{\underline{[0{,}6841716; 0{,}6841886]}}$$

Aus den Intervallgrenzen ergibt sich, dass der Näherungswert den exakten Integralwert auf vier Nachkommastellen genau angibt.

12. $\int\limits_1^3 \frac{\mathrm{d}x}{\sqrt{x}}$

Mit dem Hauptsatz erhält man das auf sechs Stellen gerundete Ergebnis:

$$\int\limits_1^3 \frac{\mathrm{d}x}{\sqrt{x}} = 2 \cdot \sqrt{x}\Big|_1^3 = \underline{\underline{2 \cdot \sqrt{3} - 2}} = \underline{\underline{1{,}464102}}$$

► $\underline{\underline{A = 1{,}464102}}$ ► Flächenmaßzahl

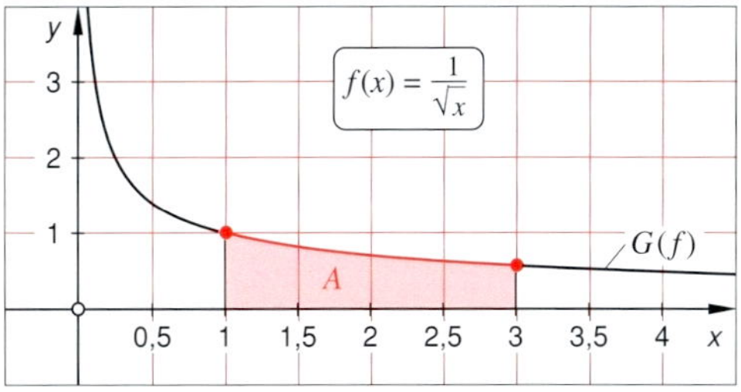

Berechnung des Näherungswertes

► gewählt: $n = 10$ ► $a = 1; b = 3$ ► $h = \frac{b-a}{n} = \frac{3-1}{10} = \underline{0{,}2}$

● Fehlerabschätzung

$$F_S \leq \frac{1}{180} \cdot \frac{(b-a)^5}{n^4} \cdot \max|f^{(4)}(x)|$$ ► $f(x) = \frac{1}{\sqrt{x}} => f^{(4)}(x) = \frac{105}{16 \cdot \sqrt{x^9}} => \max|f^{(4)}(x)| = \frac{105}{16 \cdot \sqrt{1^9}} = \frac{105}{16}$; $x \in [1; 3]$

$F_S \leq \frac{1}{180} \cdot \frac{2^5}{10^4} \cdot \frac{105}{16} => F_S < 0{,}00012$ ► Fehlerabschätzung

► Der Näherungswert F_S kann somit vom exakten Integralwert um höchstens 0,00012 abweichen.

207 ● Berechnung von S_{10} ► Simpsonsche Regel: $\int_1^3 \frac{dx}{\sqrt{x}} \approx S_{10}$

$$S_{10} = \frac{h}{3} \cdot [f(x_0) + 4 \cdot f(x_1) + 2 \cdot f(x_2) + 4 \cdot f(x_3) + 2 \cdot f(x_4) + \ldots + 2 \cdot f(x_8) + 4 \cdot f(x_9) + f(x_{10})]$$ ► $h = 0{,}2$; $f(x) = \frac{1}{\sqrt{x}}$

Tabelle der Funktionswerte für $f(x) = \frac{1}{x}$ ► $x_k = 1 + k \cdot 0{,}2$; $k = 0; 1; 2; 3; \ldots; 10$

$x_0 = a$	x_1	x_2	x_3	x_4	x_5	x_6	x_7	x_8	x_9	$x_{10} = b$
1	1,2	1,4	1,6	1,8	2	2,2	2,4	2,6	2,8	3
$1 \cdot f(x_0)$	$4 \cdot f(x_1)$	$2 \cdot f(x_2)$	$4 \cdot f(x_3)$	$2 \cdot f(x_4)$	$4 \cdot f(x_5)$	$2 \cdot f(x_6)$	$4 \cdot f(x_7)$	$2 \cdot f(x_8)$	$4 \cdot f(x_9)$	$1 \cdot f(x_{10})$
1	3,6514...	1,6903...	3,1622...	1,4907...	2,8284...	1,3483...	2,5819...	1,2403...	2,3904...	0,5753...
► $f(x_0) + 4 \cdot f(x_1) + 2 \cdot f(x_2) + 4 \cdot f(x_3) + 2 \cdot f(x_4) + \ldots + 2 \cdot f(x_8) + 4 \cdot f(x_9) + f(x_{10}) = \underline{21{,}96175...}$										

$S_{10} = \frac{0{,}2}{3} \cdot 21{,}96175... = \underline{\underline{1{,}46412}}$ ► Näherungswert für $\int_1^3 \frac{dx}{\sqrt{x}}$ mit der Simpsonschen Regel

Nach der Fehlerabschätzung und der Berechnung des Näherungswertes liegt der exakte Integralwert im Intervall: $[S_{10} - F_S; S_{10} + F_S] = [1{,}46412 - 0{,}00012; 1{,}46412 + 0{,}00012] = \underline{\underline{[1{,}46400; 1{,}46424]}}$

Aus den Intervallgrenzen ergibt sich, dass der Näherungswert den exakten Integralwert auf drei Nachkommastellen genau angibt.

13. $\int_0^2 (4x + 5)\,dx$

Mit dem Hauptsatz erhält man das exakte Ergebnis: $\int_0^2 (4x + 5)\,dx = 2x^2 + 5x \Big|_0^2 = \underline{18}$

► $\underline{\underline{A = 18}}$ ► Flächenmaßzahl

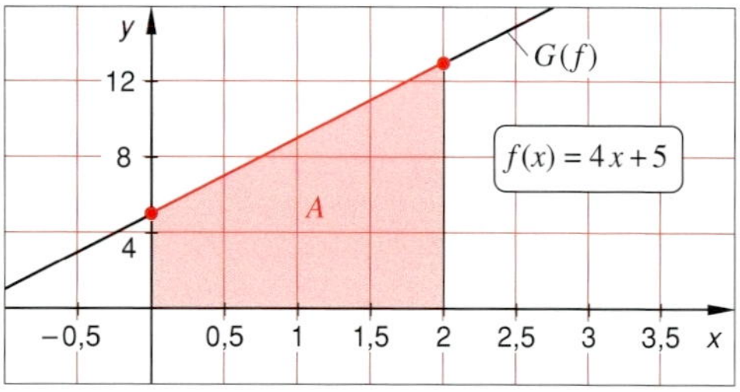

Berechnung des Näherungswertes

► gewählt: $n = 10$ ► $a = 0; b = 2$ ► $h = \frac{b - a}{n} = \frac{2 - 0}{10} = \underline{0{,}2}$

● Fehlerabschätzung

Eine Fehlerabschätzung mit der Formel für F_S erübrigt sich, da die Simpsonsche Regel bei Polynomfunktionen ersten Grades stets das exakte Ergebnis liefert. ► $F_S = 0$

● Berechnung von S_{10} ► Simpsonsche Regel: $\int_0^2 (4x + 5)\,dx \approx S_{10}$

$$S_{10} = \frac{h}{3} \cdot [f(x_0) + 4 \cdot f(x_1) + 2 \cdot f(x_2) + 4 \cdot f(x_3) + 2 \cdot f(x_4) + \ldots + 2 \cdot f(x_8) + 4 \cdot f(x_9) + f(x_{10})]$$ ► $h = 0{,}2$; ► $f(x) = 4x + 5$

207

Tabelle der Funktionswerte für $f(x) = 4x + 5$ ► $x_k = 0 + k \cdot 0{,}2;\ k = 0;\ 1;\ 2;\ 3;\ \ldots;\ 10$

$x_0 = a$	x_1	x_2	x_3	x_4	x_5	x_6	x_7	x_8	x_9	$x_{10} = b$
0	0,2	0,4	0,6	0,8	1	1,2	1,4	1,6	1,8	2
$1 \cdot f(x_0)$	$4 \cdot f(x_1)$	$2 \cdot f(x_2)$	$4 \cdot f(x_3)$	$2 \cdot f(x_4)$	$4 \cdot f(x_5)$	$2 \cdot f(x_6)$	$4 \cdot f(x_7)$	$2 \cdot f(x_8)$	$4 \cdot f(x_9)$	$1 \cdot f(x_{10})$
5	23,2	13,2	29,6	16,4	36	19,6	42,4	22,8	48,8	13
► $f(x_0) + 4 \cdot f(x_1) + 2 \cdot f(x_2) + 4 \cdot f(x_3) + 2 \cdot f(x_4) + \ldots + 2 \cdot f(x_8) + 4 \cdot f(x_9) + f(x_{10}) = \underline{270}$										

$S_{10} = \frac{0{,}2}{3} \cdot 270 = \underline{\underline{18}}$ ► Näherungswert für $\int_0^2 (4x + 5)\,dx$ mit der Simpsonschen Regel

14. $\int_0^2 (x^3 + x^2 - x + 1)\,dx$

Mit dem Hauptsatz erhält man das exakte Ergebnis:

$$\int_0^2 (x^3 + x^2 - x + 1)\,dx = \frac{x^4}{4} + \frac{x^3}{3} - \frac{x^2}{2} + 1\Big|_0^2 = \underline{\underline{\frac{20}{3}}}$$

► $\underline{\underline{A = \frac{20}{3}}}$ ► Flächenmaßzahl

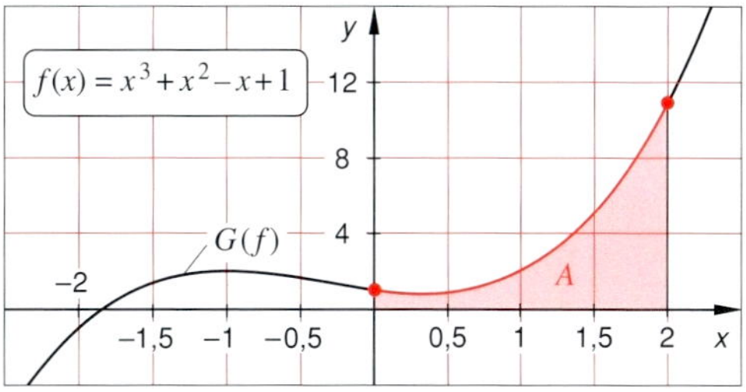

Berechnung des Näherungswertes

► gewählt: $n = 10$ ► $a = 0;\ b = 2$ ► $h = \frac{b - a}{n} = \frac{2 - 0}{10} = \underline{0{,}2}$

● Fehlerabschätzung

Eine Fehlerabschätzung mit der Formel für F_S erübrigt sich, da die Simpsonsche Regel bei Polynomfunktionen dritten Grades stets das exakte Ergebnis liefert. ► $F_S = 0$

● Berechnung von S_{10} ► Simpsonsche Regel: $\int_0^2 (x^3 + x^2 - x + 1)\,dx \approx S_{10}$

$S_{10} = \frac{h}{3} \cdot [f(x_0) + 4 \cdot f(x_1) + 2 \cdot f(x_2) + 4 \cdot f(x_3) + 2 \cdot f(x_4) + \ldots + 2 \cdot f(x_8) + 4 \cdot f(x_9) + f(x_{10})]$ ► $h = 0{,}2$; $f(x) = x^3 + x^2 - x + 1$

Tabelle der Funktionswerte für $f(x) = x^3 + x^2 - x + 1$ ► $x_k = 0 + k \cdot 0{,}2;\ k = 0;\ 1;\ 2;\ \ldots;\ 10$

$x_0 = a$	x_1	x_2	x_3	x_4	x_5	x_6	x_7	x_8	x_9	$x_{10} = b$
0	0,2	0,4	0,6	0,8	1	1,2	1,4	1,6	1,8	2
$1 \cdot f(x_0)$	$4 \cdot f(x_1)$	$2 \cdot f(x_2)$	$4 \cdot f(x_3)$	$2 \cdot f(x_4)$	$4 \cdot f(x_5)$	$2 \cdot f(x_6)$	$4 \cdot f(x_7)$	$2 \cdot f(x_8)$	$4 \cdot f(x_9)$	$1 \cdot f(x_{10})$
1	3,392	1,648	3,904	2,704	8	5,936	17,216	12,112	33,088	11
► $f(x_0) + 4 \cdot f(x_1) + 2 \cdot f(x_2) + 4 \cdot f(x_3) + 2 \cdot f(x_4) + \ldots + 2 \cdot f(x_8) + 4 \cdot f(x_9) + f(x_{10}) = \underline{100}$										

$S_{10} = \frac{0{,}2}{3} \cdot 100 = \underline{\underline{\frac{20}{3}}}$ ► Näherungswert für $\int_0^2 (x^3 + x^2 - x + 1)\,dx$ mit der Simpsonschen Regel

207 **15.** $\int_{1}^{1{,}5} (2x^5)\,dx$

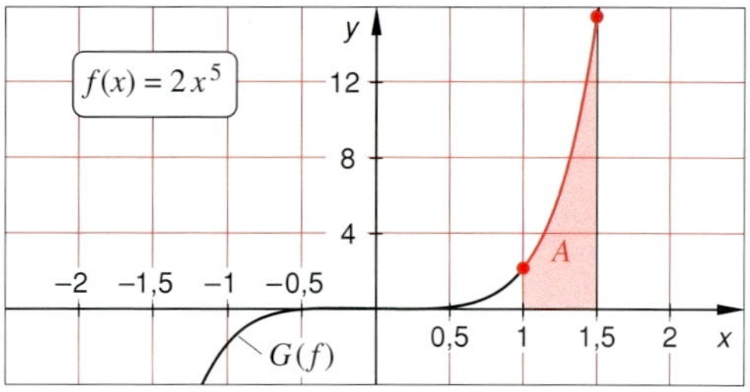

Mit dem Hauptsatz erhält man das auf sechs Stellen gerundete Ergebnis:

$$\int_{1}^{1{,}5} (2x^5)\,dx = \frac{x^6}{3}\Big|_{1}^{1{,}5} = \underline{\underline{3{,}463542}}$$

► $\underline{\underline{A = 3{,}463542}}$ ► Flächenmaßzahl

Berechnung des Näherungswertes

► gewählt: $n = 10$ ► $a = 1;\ b = 1{,}5$ ► $h = \frac{b-a}{n} = \frac{1{,}5-1}{10} = \underline{0{,}05}$

● Fehlerabschätzung

$$F_S \leq \frac{1}{180} \cdot \frac{(b-a)^5}{n^4} \cdot \max|f^{(4)}(x)|$$ ► $f(x) = 2x^5 => f^{(4)}(x) = 240x => \max|f^{(4)}(x)| = 240 \cdot 1{,}5 = 360;\ x \in [1;\, 1{,}5]$

$$F_S \leq \frac{1}{180} \cdot \frac{(0{,}5)^5}{10^4} \cdot 360 => F_S < 0{,}0000063$$ ► Fehlerabschätzung

► Der Näherungswert F_S kann somit vom exakten Integralwert um höchstens 0,0000063 abweichen.

● Berechnung von S_{10} ► Simpsonsche Regel: $\int_{1}^{1{,}5} (2x^5)\,dx \approx S_{10}$

$$S_{10} = \frac{h}{3} \cdot [f(x_0) + 4 \cdot f(x_1) + 2 \cdot f(x_2) + 4 \cdot f(x_3) + 2 \cdot f(x_4) + \ldots + 2 \cdot f(x_8) + 4 \cdot f(x_9) + f(x_{10})]$$ ► $h = 0{,}05;\ f(x) = 2x^5$

Tabelle der Funktionswerte für $f(x) = 2x^5$ ► $x_k = 1 + k \cdot 0{,}05;\ k = 0;\ 1;\ 2;\ 3;\ \ldots;\ 10$

$x_0 = a$	x_1	x_2	x_3	x_4	x_5	x_6	x_7	x_8	x_9	$x_{10} = b$
1	1,05	1,1	1,15	1,2	1,25	1,3	1,35	1,4	1,45	1,5
$1 \cdot f(x_0)$	$4 \cdot f(x_1)$	$2 \cdot f(x_2)$	$4 \cdot f(x_3)$	$2 \cdot f(x_4)$	$4 \cdot f(x_5)$	$2 \cdot f(x_6)$	$4 \cdot f(x_7)$	$2 \cdot f(x_8)$	$4 \cdot f(x_9)$	$1 \cdot f(x_{10})$
2	10,2102...	6,4420...	16,0908...	9,9532...	24,4140...	14,8517...	35,8722...	21,5129...	51,2778...	15,1875...
► $f(x_0) + 4 \cdot f(x_1) + 2 \cdot f(x_2) + 4 \cdot f(x_3) + 2 \cdot f(x_4) + \ldots + 2 \cdot f(x_8) + 4 \cdot f(x_9) + f(x_{10}) = \underline{207{,}8128125...}$										

$$S_{10} = \frac{0{,}05}{3} \cdot 207{,}8128125... = \underline{\underline{3{,}4635469}}$$ ► Näherungswert für $\int_{1}^{1{,}5} (2x^5)\,dx$ mit der Simpsonschen Regel

Nach der Fehlerabschätzung und der Berechnung des Näherungswertes liegt der exakte Integralwert im Intervall:

$$[S_{10} - F_S;\ S_{10} + F_S] = [3{,}4635469 - 0{,}0000063;\ 3{,}4635469 + 0{,}0000063] = \underline{[3{,}4635406;\ 3{,}4635532]}$$

Aus den Intervallgrenzen ergibt sich, dass der Näherungswert den exakten Integralwert auf vier Nachkommastellen genau angibt.

16. $\int_0^{\frac{\pi}{4}} (3 \cdot \tan^5 x)\,dx$

Nach Lösen des unbestimmten Integrals $\int (3 \cdot \tan^5 x)\,dx$ (► Anmerkung nach dieser Aufgabe) erhält man mit dem Hauptsatz:

$$\int_0^{\frac{\pi}{4}} (3 \cdot \tan^5 x)\,dx =$$

$$= \frac{3}{4} \cdot \tan^4 x - \frac{3}{2} \cdot \tan^2 x - 3 \cdot \ln|\cos x| \Big|_0^{\frac{\pi}{4}}$$

$$= \frac{3}{2} \cdot \ln 2 - \frac{3}{4}$$

$$= \underline{\underline{0{,}289721}}$$ ► Flächenmaßzahl A

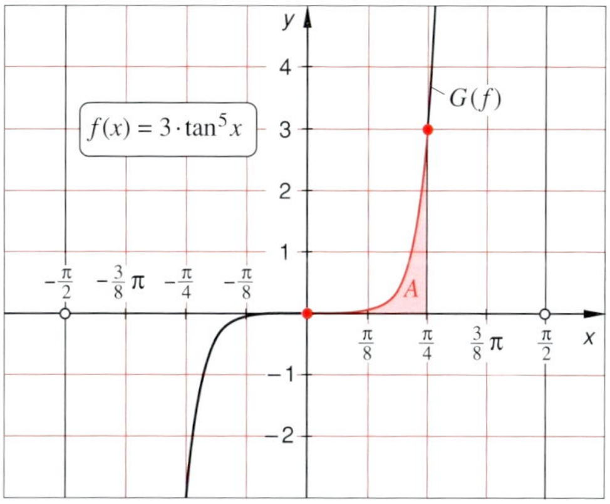

Berechnung des Näherungswertes

► gewählt: $n = 10$ ► $a = 0;\ b = \frac{\pi}{4}$ ► $h = \frac{b-a}{n} = \frac{\frac{\pi}{4} - 0}{10} = \underline{\frac{\pi}{40}}$

● Fehlerabschätzung

Bei $f(x) = 3 \cdot \tan^5 x$ erhält man für $f^{(4)}(x)$ einen sehr langen Term, der eine umfangreiche Rechnung verursacht. Am Graphen der Funktion $f^{(4)}$ erkennt man, dass $f^{(4)}$ im Interval $[0; \frac{\pi}{4}]$ an der Stelle $x_0 = \frac{\pi}{4}$ ihr Maximum erreicht.

An dieser Stelle gilt: $f^{(4)}\left(\frac{\pi}{4}\right) = \underline{34800...}$

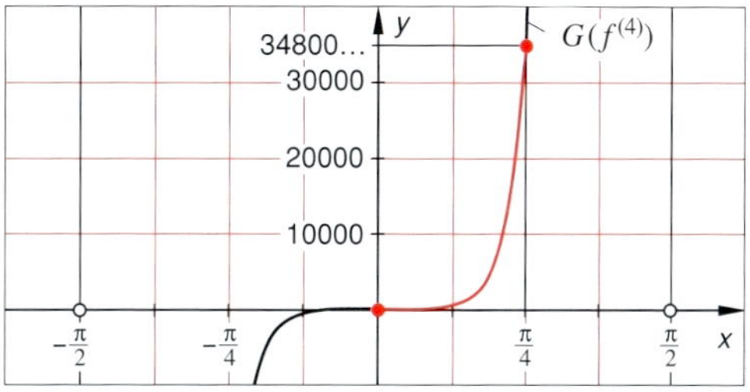

$$F_S \leq \frac{1}{180} \cdot \frac{(b-a)^5}{n^4} \cdot \max|f^{(4)}(x)|$$ ► $\max\left|f^{(4)}\left(\frac{\pi}{4}\right)\right| = 34800...;\ x \in \left[0; \frac{\pi}{4}\right]$

$$F_S \leq \frac{1}{180} \cdot \frac{\left(\frac{\pi}{4}\right)^5}{10^4} \cdot 34800... \Rightarrow F_S < 0{,}0058$$ ► Fehlerabschätzung

► Der Näherungswert F_S kann somit vom exakten Integralwert um höchstens 0,0058 abweichen.

● Berechnung von S_{10} ► Simpsonsche Regel: $\int_0^{\frac{\pi}{4}} (3 \cdot \tan^5 x)\,dx \approx S_{10}$

$$S_{10} = \frac{h}{3} \cdot [f(x_0) + 4 \cdot f(x_1) + 2 \cdot f(x_2) + 4 \cdot f(x_3) + 2 \cdot f(x_4) + \ldots + 2 \cdot f(x_8) + 4 \cdot f(x_9) + f(x_{10})]$$ ► $h = \frac{\pi}{40};\ f(x) = 3 \cdot \tan^5 x$

Tabelle der Funktionswerte für $f(x) = 3 \cdot \tan^5 x$; ► $x_k = 0 + k \cdot \frac{\pi}{40} = k \cdot \frac{\pi}{40};\ k = 0; 1; 2; 3; \ldots; 10$

$x_0 = a$	x_1	x_2	x_3	x_4	x_5	x_6	x_7	x_8	x_9	$x_{10} = b$
0	$1 \cdot \frac{\pi}{40}$	$2 \cdot \frac{\pi}{40}$	$3 \cdot \frac{\pi}{40}$	$4 \cdot \frac{\pi}{40}$	$5 \cdot \frac{\pi}{40}$	$6 \cdot \frac{\pi}{40}$	$7 \cdot \frac{\pi}{40}$	$8 \cdot \frac{\pi}{40}$	$9 \cdot \frac{\pi}{40}$	$\frac{\pi}{40}$
$1 \cdot f(x_0)$	$4 \cdot f(x_1)$	$2 \cdot f(x_2)$	$4 \cdot f(x_3)$	$2 \cdot f(x_4)$	$4 \cdot f(x_5)$	$2 \cdot f(x_6)$	$4 \cdot f(x_7)$	$2 \cdot f(x_8)$	$4 \cdot f(x_9)$	$1 \cdot f(x_{10})$
0	0,0000...	0,0005...	0,0095...	0,0217...	0,1463...	0,2060...	1,0369...	1,2146...	5,4535...	3
► $f(x_0) + 4 \cdot f(x_1) + 2 \cdot f(x_2) + 4 \cdot f(x_3) + 2 \cdot f(x_4) + \ldots + 2 \cdot f(x_8) + 4 \cdot f(x_9) + f(x_{10}) = \underline{11{,}0894...}$										

207 $S_{10} = \frac{\frac{\pi}{40}}{3} \cdot 11{,}0894\ldots = \underline{\underline{0{,}2903}}$ ▸ Näherungswert für $\int\limits_0^{\frac{\pi}{4}} (3 \cdot \tan^5 x)\,\mathrm{d}x$ mit der Simpsonschen Regel

Nach der Fehlerabschätzung und der Berechnung des Näherungswertes liegt der exakte Integralwert im Intervall: $[S_{10} - F_S; S_{10} + F_S] = [0{,}2903 - 0{,}0058; 0{,}2903 + 0{,}0058] = \underline{\underline{[0{,}2845; 0{,}2961]}}$

Aus den Intervallgrenzen ergibt sich, dass der Näherungswert den exakten Integralwert nur auf eine Nachkommastelle genau angibt.

Anmerkung:

Um eine Stammfunktion zur Funktion $f: f(x) = 3 \cdot \tan^5 x;\ D(f) = D(\tan)$ zu finden, geht man wie folgt vor:

$$\tan^5 x = \frac{\sin^5 x}{\cos^5 x}$$

$$= \left(\frac{\sin^3 x}{\cos^3 x} \cdot \frac{1}{\cos^2 x}\right) \cdot \sin^2 x \quad ▸ \ \frac{\sin^3 x}{\cos^3 x} = \tan^3 x;\ \sin^2 x = 1 - \cos^2 x$$

$$= \left[\tan^3 x \cdot \frac{1}{\cos^2 x}\right] \cdot (1 - \cos^2 x)$$

$$= \tan^3 x \cdot \frac{1}{\cos^2 x} - \tan^3 x$$

$$= \tan^3 x \cdot \frac{1}{\cos^2 x} - \left(\frac{\sin x}{\cos x} \cdot \frac{1}{\cos^2 x}\right) \cdot \sin^2 x \quad ▸ \ \frac{\sin x}{\cos x} = \tan x;\ \sin^2 x = 1 - \cos^2 x$$

$$= \tan^3 x \cdot \frac{1}{\cos^2 x} - \left(\tan x \cdot \frac{1}{\cos^2 x}\right) \cdot (1 - \cos^2 x)$$

$$= \underline{\tan^3 x \cdot \frac{1}{\cos^2 x} - \tan x \cdot \frac{1}{\cos^2 x} + \tan x}$$

$$\Rightarrow \int (3 \cdot \tan^5 x)\,\mathrm{d}x = 3 \cdot \int \left(\tan^3 x \cdot \frac{1}{\cos^2 x}\right) \mathrm{d}x - 3 \cdot \int \left(\tan x \cdot \frac{1}{\cos^2 x}\right) \mathrm{d}x + 3 \cdot \int \tan x\,\mathrm{d}x$$

▸ 2.4.3 ▸ 2.4.3 ▸ 2.4.2

$$= 3 \cdot \frac{1}{4} \cdot \tan^4 x - 3 \cdot \frac{1}{2} \cdot \tan^2 x + 3 \cdot \int \frac{\sin x}{\cos x}\,\mathrm{d}x$$

$$= \underline{\underline{\frac{3}{4} \cdot \tan^4 x - \frac{3}{2} \cdot \tan^2 x - 3 \cdot \ln|\cos x| + c;\ x \in D(\tan)}}$$

17. $\int\limits_{0{,}5}^{2} \ln x\,\mathrm{d}x$

Mit dem Hauptsatz erhält man das auf sechs Stellen gerundete Ergebnis:

$$\int\limits_{0{,}5}^{2} \ln x\,\mathrm{d}x = x \cdot (\ln x - 1)\Big|_{0{,}5}^{2} = \underline{\underline{0{,}232868}}$$

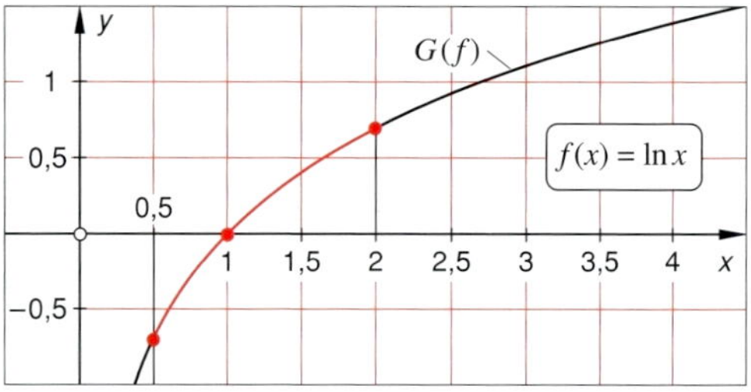

Berechnung des Näherungswertes

▸ gewählt: $n = 10$ ▸ $a = 0{,}5;\ b = 2$ ▸ $h = \frac{b-a}{n} = \frac{2 - 0{,}5}{10} = \underline{0{,}15}$

● Fehlerabschätzung

$F_S \leq \frac{1}{180} \cdot \frac{(b-a)^5}{n^4} \cdot \max|f^{(4)}(x)|$ ► $f(x) = \ln x => f^{(4)}(x) = -\frac{6}{x^4} => \max|f^{(4)}(x)| = \left|-\frac{6}{0{,}5^4}\right| = 96$; $x \in [0{,}5; 2]$

$F_S \leq \frac{1}{180} \cdot \frac{(1{,}5)^5}{10^4} \cdot 96 => F_S < 0{,}00041$ ► Fehlerabschätzung

► Der Näherungswert F_S kann somit vom exakten Integralwert um höchstens 0,00041 abweichen.

● Berechnung von S_{10} ► Simpsonsche Regel: $\int_{0{,}5}^{2} \ln x \, dx \approx S_{10}$

$S_{10} = \frac{h}{3} \cdot [f(x_0) + 4 \cdot f(x_1) + 2 \cdot f(x_2) + 4 \cdot f(x_3) + 2 \cdot f(x_4) + \ldots + 2 \cdot f(x_8) + 4 \cdot f(x_9) + f(x_{10})]$ ► $h = 0{,}15$; $f(x) = \ln x$

Tabelle der Funktionswerte für $f(x) = \ln x$; ► $x_k = 0{,}5 + k \cdot 0{,}15$; $k = 0; 1; 2; 3; \ldots; 10$

$x_0 = a$	x_1	x_2	x_3	x_4	x_5	x_6	x_7	x_8	x_9	$x_{10} = b$
0,5	0,65	0,8	0,95	1,1	1,25	1,4	1,55	1,7	1,85	2
$1 \cdot f(x_0)$	$4 \cdot f(x_1)$	$2 \cdot f(x_2)$	$4 \cdot f(x_3)$	$2 \cdot f(x_4)$	$4 \cdot f(x_5)$	$2 \cdot f(x_6)$	$4 \cdot f(x_7)$	$2 \cdot f(x_8)$	$4 \cdot f(x_9)$	$1 \cdot f(x_{10})$
−0,6931...	−1,7231...	−0,4462...	−0,2051...	0,1906...	0,8925...	0,6729...	1,7530...	1,0612...	2,4607...	0,6931...
► $f(x_0) + 4 \cdot f(x_1) + 2 \cdot f(x_2) + 4 \cdot f(x_3) + 2 \cdot f(x_4) + \ldots + 2 \cdot f(x_8) + 4 \cdot f(x_9) + f(x_{10}) = \underline{4{,}65656...}$										

$S_{10} = \frac{0{,}15}{3} \cdot 4{,}65656... = \underline{\underline{0{,}23283}}$ ► Näherungswert für $\int_{0{,}5}^{2} \ln x \, dx$ mit der Simpsonschen Regel

Nach der Fehlerabschätzung und der Berechnung des Näherungswertes liegt der exakte Integralwert im Intervall: $[S_{10} - F_S; S_{10} + F_S] = [0{,}23283 - 0{,}00041; 0{,}23283 + 0{,}00041] = \underline{\underline{[0{,}23242; 0{,}23324]}}$

Aus den Intervallgrenzen ergibt sich, dass der Näherungswert den exakten Integralwert auf zwei Nachkommastellen genau angibt.

18. $\int_{3}^{4} e^x \, dx$

Mit dem Hauptsatz erhält man das auf sechs Stellen gerundete Ergebnis:

$\int_{3}^{4} e^x \, dx = e^x \Big|_3^4 = e^4 - e^3 = \underline{\underline{34{,}512613}}$

► $\underline{\underline{A = 34{,}512613}}$ ► Flächenmaßzahl

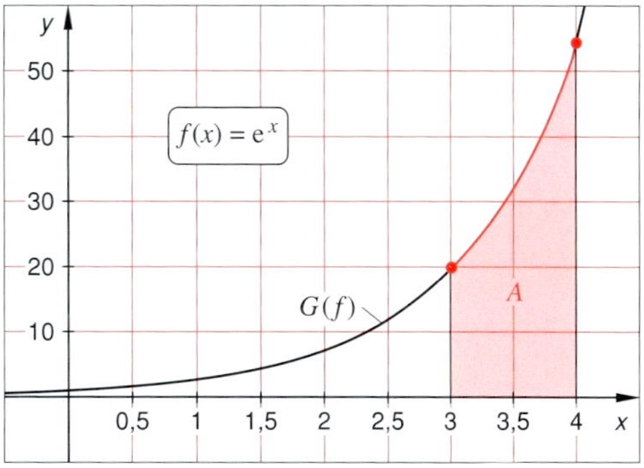

Berechnung des Näherungswertes

► gewählt: $n = 10$ ► $a = 3; b = 4$ ► $h = \frac{b-a}{n} = \frac{4-3}{10} = \underline{0{,}1}$

● Fehlerabschätzung

$F_S \leq \frac{1}{180} \cdot \frac{(b-a)^5}{n^4} \cdot \max|f^{(4)}(x)|$ ► $f(x) = e^x \Rightarrow f^{(4)}(x) = e^x \Rightarrow \max|f^{(4)}(x)| = e^4$; $x \in [3; 4]$

207 $F_S \leq \frac{1}{180} \cdot \frac{1^5}{10^4} \cdot e^4 \Rightarrow F_S < 0{,}000031$ ► Fehlerabschätzung

► Der Näherungswert F_S kann somit vom exakten Integralwert um höchstens 0,000031 abweichen.

● Berechnung von S_{10} ► Simpsonsche Regel: $\int_3^4 e^x \, dx \approx S_{10}$

$$S_{10} = \frac{h}{3} \cdot [f(x_0) + 4 \cdot f(x_1) + 2 \cdot f(x_2) + 4 \cdot f(x_3) + 2 \cdot f(x_4) + \dots + 2 \cdot f(x_8) + 4 \cdot f(x_9) + f(x_{10})]$$ ► $h = 0{,}1$; $f(x) = e^x$

Tabelle der Funktionswerte für $f(x) = e^x$ ► $x_k = 3 + k \cdot 0{,}1$; $k = 0; 1; 2; 3; \dots; 10$

$x_0 = a$	x_1	x_2	x_3	x_4	x_5	x_6	x_7	x_8	x_9	$x_{10} = b$
3	3,1	3,2	3,3	3,4	3,5	3,6	3,7	3,8	3,9	4
$1 \cdot f(x_0)$	$4 \cdot f(x_1)$	$2 \cdot f(x_2)$	$4 \cdot f(x_3)$	$2 \cdot f(x_4)$	$4 \cdot f(x_5)$	$2 \cdot f(x_6)$	$4 \cdot f(x_7)$	$2 \cdot f(x_8)$	$4 \cdot f(x_9)$	$1 \cdot f(x_{10})$
20,0855...	88,7918...	49,0650...	108,4505...	59,9282...	132,4618...	73,1964...	161,7892...	89,4023...	197,6097...	54,5981...
► $f(x_0) + 4 \cdot f(x_1) + 2 \cdot f(x_2) + 4 \cdot f(x_3) + 2 \cdot f(x_4) + \dots + 2 \cdot f(x_8) + 4 \cdot f(x_9) + f(x_{10}) = \underline{1035{,}378967...}$										

$S_{10} = \frac{0{,}1}{3} \cdot 1035{,}378967... = \underline{\underline{34{,}512632}}$ ► Näherungswert für $\int_3^4 e^x \, dx$ mit der Simpsonschen Regel

Nach der Fehlerabschätzung und der Berechnung des Näherungswertes liegt der exakte Integralwert im Intervall:

$[S_{10} - F_S; S_{10} + F_S] = [34{,}512632 - 0{,}000031; 34{,}512632 + 0{,}000031] = \underline{\underline{[34{,}512601; 34{,}512663]}}$

Aus den Intervallgrenzen ergibt sich, dass der Näherungswert den exakten Integralwert auf vier Nachkommastellen genau angibt.

19. $\int_2^3 \tan x \, dx$

Mit dem Hauptsatz erhält man das auf sechs Stellen gerundete Ergebnis:

$\int_2^3 \tan x \, dx = -\ln|\cos x| \Big|_2^3 = \underline{\underline{-0{,}866659}}$

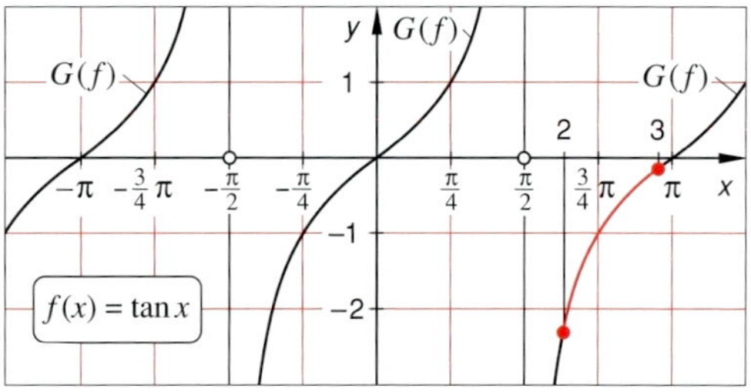

Berechnung des Näherungswertes

► gewählt: $n = 10$ ► $a = 2; b = 3$ ► $h = \frac{b-a}{n} = \frac{3-2}{10} = \underline{0{,}1}$

● Fehlerabschätzung

Am Graphen der Funktion $f^{(4)}$ erkennt man, dass $f^{(4)}$ im Intervall $[2; 3]$ an der Stelle $x_0 = 2$ ihr absolutes Minimum hat, und zwar gilt: $f^{(4)}(x) = \frac{8 \cdot \sin x \cdot (\sin^2 x + 2)}{\cos^5 x}$

$\Rightarrow f^{(4)}(2) = -1647{,}636463...$

$\Rightarrow \max|f^{(4)}(x)| = 1647{,}636463...$

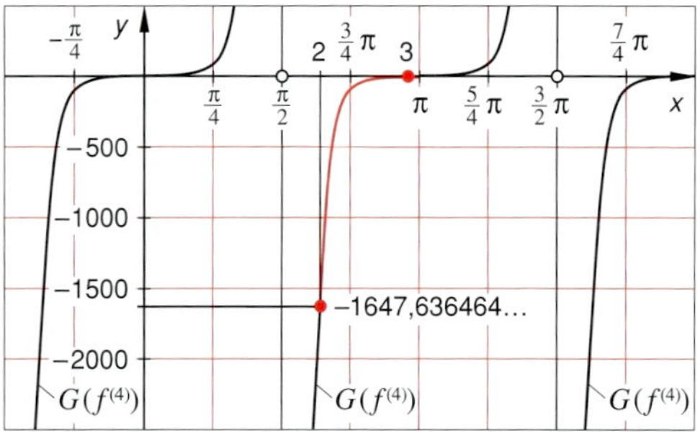

$F_S \leq \frac{1}{180} \cdot \frac{(b-a)^5}{n^4} \cdot \max|f^{(4)}(x)|$ ► $f(x) = \tan x \Rightarrow \max|f^{(4)}(x)| = 1647{,}636463...;\ x \in [2;\ 3]$

$F_S \leq \frac{1}{180} \cdot \frac{1^5}{10^4} \cdot 1647{,}636463 \ldots \Rightarrow F_S < 0{,}00092$ ► Fehlerabschätzung

► Der Näherungswert F_S kann somit vom exakten Integralwert um höchstens 0,00092 abweichen.

● Berechnung von S_{10} ► Simpsonsche Regel: $\int_2^3 \tan x \, dx \approx S_{10}$

$S_{10} = \frac{h}{3} \cdot [f(x_0) + 4 \cdot f(x_1) + 2 \cdot f(x_2) + 4 \cdot f(x_3) + 2 \cdot f(x_4) + \ldots + 2 \cdot f(x_8) + 4 \cdot f(x_9) + f(x_{10})]$ ► $h = 0{,}1;$ $f(x) = \tan x$

Tabelle der Funktionswerte für $f(x) = \tan x$ ► $x_k = 2 + k \cdot 0{,}1;\ k = 0;\ 1;\ 2;\ 3;\ \ldots;\ 10$

$x_0 = a$	x_1	x_2	x_3	x_4	x_5	x_6	x_7	x_8	x_9	$x_{10} = b$
2	2,1	2,2	2,3	2,4	2,5	2,6	2,7	2,8	2,9	3
$1 \cdot f(x_0)$	$4 \cdot f(x_1)$	$2 \cdot f(x_2)$	$4 \cdot f(x_3)$	$2 \cdot f(x_4)$	$4 \cdot f(x_5)$	$2 \cdot f(x_6)$	$4 \cdot f(x_7)$	$2 \cdot f(x_8)$	$4 \cdot f(x_9)$	$1 \cdot f(x_{10})$
−2,1850...	−6,8393...	−2,7476...	−4,4768...	−1,8320...	−2,9880...	−1,2031...	−1,8909...	−0,7110...	−0,9856...	−0,1425...
► $f(x_0) + 4 \cdot f(x_1) + 2 \cdot f(x_2) + 4 \cdot f(x_3) + 2 \cdot f(x_4) + \ldots + 2 \cdot f(x_8) + 4 \cdot f(x_9) + f(x_{10}) = \underline{-26{,}00237\ldots}$										

$S_{10} = \frac{0{,}1}{3} \cdot (-26{,}00237...) = \underline{\underline{-0{,}86675}}$ ► Näherungswert für $\int_2^3 \tan x \, dx$ mit der Simpsonschen Regel

Nach der Fehlerabschätzung und der Berechnung des Näherungswertes liegt der exakte Integralwert im Intervall: $[S_{10} - F_S;\ S_{10} + F_S] = [-0{,}86675 - 0{,}00092;\ -0{,}86675 + 0{,}00092] = \underline{\underline{[-0{,}86767;\ -0{,}86583]}}$

Aus den Intervallgrenzen ergibt sich, dass der Näherungswert den exakten Integralwert auf zwei Nachkommastellen genau angibt.

20. $\int_\pi^{2\pi} \cos x \, dx$

Mit dem Hauptsatz erhält man das exakte Ergebnis: $\int_\pi^{2\pi} \cos x \, dx = \sin x \Big|_\pi^{2\pi} = \underline{\underline{0}}$

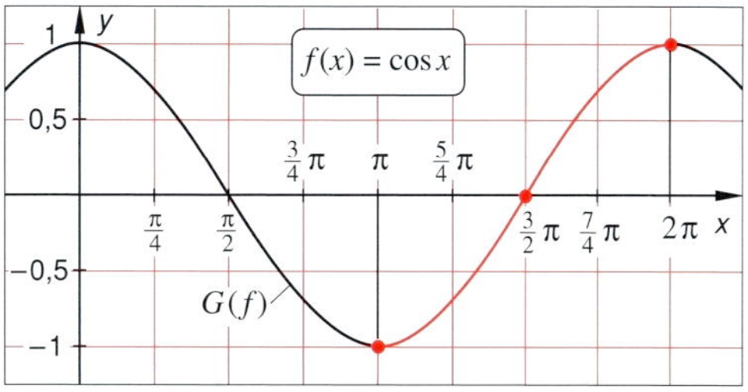

Berechnung des Näherungswertes

► gewählt: $n = 10$ ► $a = \pi;\ b = 2\pi$ ► $h = \frac{b-a}{n} = \frac{2\pi - \pi}{10} = \frac{\pi}{10} = 0{,}1\pi$

● Fehlerabschätzung

$F_S \leq \frac{1}{180} \cdot \frac{(b-a)^5}{n^4} \cdot \max|f^{(4)}(x)|$ ► $f(x) = \cos x \Rightarrow f^{(4)}(x) = \cos x \Rightarrow \max|f^{(4)}(x)| = 1;\ x \in [\pi;\ 2\pi]$

$F_S \leq \frac{1}{180} \cdot \frac{\pi^5}{10^4} \cdot 1 \Rightarrow F_S < 0{,}0002$ ► Fehlerabschätzung

► Der Näherungswert F_S kann somit vom exakten Integralwert um höchstens 0,0002 abweichen.

207

● Berechnung von S_{10} ▸ Simpsonsche Regel: $\int_{\pi}^{2\pi} \cos x \, dx \approx S_{10}$

$$S_{10} = \frac{h}{3} \cdot [f(x_0) + 4 \cdot f(x_1) + 2 \cdot f(x_2) + 4 \cdot f(x_3) + 2 \cdot f(x_4) + \cdots + 2 \cdot f(x_8) + 4 \cdot f(x_9) + f(x_{10})]$$ ▸ $h = 0{,}1\,\pi$; $f(x) = \cos x$

Tabelle der Funktionswerte für $f(x) = \cos x$ ▸ $x_k = \pi + k \cdot 0{,}1\,\pi = (1 + k \cdot 0{,}1) \cdot \pi$; $k = 0; 1; 2; \ldots; 10$

$x_0 = a$	x_1	x_2	x_3	x_4	x_5	x_6	x_7	x_8	x_9	$x_{10} = b$
π	$1{,}1\,\pi$	$1{,}2\,\pi$	$1{,}3\,\pi$	$1{,}4\,\pi$	$1{,}5\,\pi$	$1{,}6\,\pi$	$1{,}7\,\pi$	$1{,}8\,\pi$	$1{,}9\,\pi$	2π
$1 \cdot f(x_0)$	$4 \cdot f(x_1)$	$2 \cdot f(x_2)$	$4 \cdot f(x_3)$	$2 \cdot f(x_4)$	$4 \cdot f(x_5)$	$2 \cdot f(x_6)$	$4 \cdot f(x_7)$	$2 \cdot f(x_8)$	$4 \cdot f(x_9)$	$1 \cdot f(x_{10})$
-1	$-3{,}8042\ldots$	$-1{,}6180\ldots$	$-2{,}3511\ldots$	$-0{,}6180\ldots$	0	$0{,}6180\ldots$	$2{,}3511\ldots$	$1{,}6180\ldots$	$3{,}8042\ldots$	1
▸ $f(x_0) + 4 \cdot f(x_1) + 2 \cdot f(x_2) + 4 \cdot f(x_3) + 2 \cdot f(x_4) + \cdots + 2 \cdot f(x_8) + 4 \cdot f(x_9) + f(x_{10}) = \underline{0{,}0000\ldots}$										

$$S_{10} = \frac{0{,}1\,\pi}{3} \cdot 0{,}0000\ldots = \underline{\underline{0{,}0000}}$$ ▸ Näherungswert für $\int_{\pi}^{2\pi} \cos x \, dx$ mit der Simpsonschen Regel

Nach der Fehlerabschätzung und der Berechnung des Näherungswertes liegt der exakte Integralwert im Intervall: $[S_{10} - F_S; S_{10} + F_S] = [0{,}0000 - 0{,}0002; 0{,}0000 + 0{,}0002] = \underline{\underline{[-0{,}0002; 0{,}0002]}}$

Hier lässt sich aus den Intervallgrenzen keine Angabe über die Gültigkeit der Stellen des Näherungswertes 0,0000 machen. Man kann lediglich die allgemeine Aussage machen, dass der Näherungswert vom exakten Integralwert um höchstens 0,0002 abweicht.

21. $\int_{0,8}^{4} \frac{3}{x^4} \, dx$

Mit dem Hauptsatz erhält man das exakte Ergebnis: $\int_{0,8}^{4} \frac{3}{x^4} \, dx = -\frac{1}{x^3}\Big|_{0,8}^{4} = \underline{\underline{1{,}9375}}$

▸ $\underline{\underline{A = 1{,}9375}}$ ▸ Flächenmaßzahl

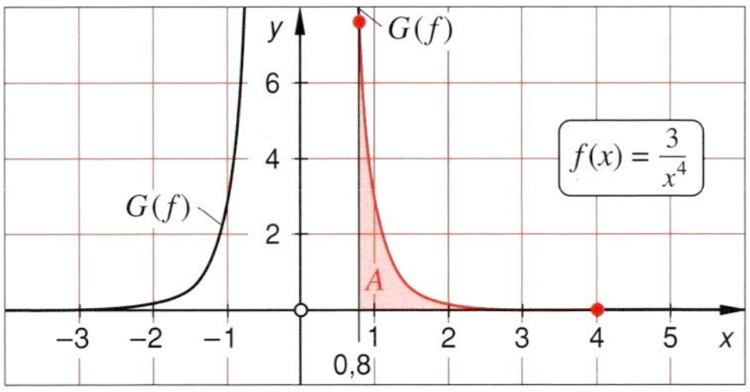

Berechnung des Näherungswertes

▸ gewählt: $n = 10$ ▸ $a = 0{,}8$; $b = 4$ ▸ $h = \frac{b-a}{n} = \frac{4-0{,}8}{10} = \underline{0{,}32}$

● Fehlerabschätzung

$$F_S \leq \frac{1}{180} \cdot \frac{(b-a)^5}{n^4} \cdot \max|f^{(4)}(x)|$$ ▸ $f(x) = \frac{3}{x^4} \Rightarrow f^{(4)}(x) = \frac{2520}{x^8} \Rightarrow \max|f^{(4)}(x)| = \frac{2520}{0{,}8^8} = 15020{,}3704\ldots$; $x \in [0{,}8; 4]$

$$F_S \leq \frac{1}{180} \cdot \frac{(3{,}2)^5}{10^4} \cdot 15020{,}3704\ldots \Rightarrow F_S < 2{,}8$$ ▸ Fehlerabschätzung

▸ Der Näherungswert F_S kann somit vom exakten Integralwert um höchstens 2,8 abweichen.

● Berechnung von S_{10} ▸ Simpsonsche Regel: $\int_{0,8}^{4} \frac{3}{x^4} \, dx \approx S_{10}$

$$S_{10} = \frac{h}{3} \cdot [f(x_0) + 4 \cdot f(x_1) + 2 \cdot f(x_2) + 4 \cdot f(x_3) + 2 \cdot f(x_4) + \ldots + 2 \cdot f(x_8) + 4 \cdot f(x_9) + f(x_{10})]$$ ▸ $h = 0{,}32$; $f(x) = \frac{3}{x^4}$

Tabelle der Funktionswerte für $f(x) = \frac{3}{x^4}$ ► $x_k = 0{,}8 + k \cdot 0{,}32$; $k = 0; 1; 2; 3; \ldots; 10$

$x_0 = a$	x_1	x_2	x_3	x_4	x_5	x_6	x_7	x_8	x_9	$x_{10} = b$
0,8	1,12	1,44	1,76	2,08	2,4	2,72	3,04	3,36	3,68	4
$1 \cdot f(x_0)$	$4 \cdot f(x_1)$	$2 \cdot f(x_2)$	$4 \cdot f(x_3)$	$2 \cdot f(x_4)$	$4 \cdot f(x_5)$	$2 \cdot f(x_6)$	$4 \cdot f(x_7)$	$2 \cdot f(x_8)$	$4 \cdot f(x_9)$	$1 \cdot f(x_{10})$
7,3242...	7,6262...	1,3954...	1,2506...	0,3205...	0,3616...	0,1096...	0,1405...	0,0470...	0,0654...	0,0117...
► $f(x_0) + 4 \cdot f(x_1) + 2 \cdot f(x_2) + 4 \cdot f(x_3) + 2 \cdot f(x_4) + \ldots + 2 \cdot f(x_8) + 4 \cdot f(x_9) + f(x_{10}) = \underline{18{,}6530\ldots}$										

$S_{10} = \frac{0{,}32}{3} \cdot 18{,}6530\ldots = \underline{\underline{1{,}9897}}$ ► Näherungswert für $\int\limits_{0{,}8}^{4} \frac{3}{x^4}\,dx$ mit der Simpsonschen Regel

Nach der Fehlerabschätzung und der Berechnung des Näherungswertes liegt der exakte Integralwert im Intervall: $[S_{10} - F_S; S_{10} + F_S] = [1{,}9897 - 2{,}8; 1{,}9897 + 2{,}8] = \underline{\underline{[-0{,}8103; 4{,}7897]}}$

Hier lässt sich aus den Intervallgrenzen keine Angabe über die Gültigkeit der Stellen des Näherungswertes 1,9897 machen. Man kann lediglich die allgemeine Aussage machen, dass der Näherungswert vom exakten Integralwert um höchstens 2,8 abweicht.

22. $\int\limits_2^4 \frac{dx}{x}$

Mit dem Hauptsatz erhält man das auf sechs Stellen gerundete Ergebnis:

$\int\limits_2^4 \frac{dx}{x} = \ln|x|\Big|_2^4 = \ln 2 = \underline{\underline{0{,}693147}}$

► $\underline{\underline{A = 0{,}693147}}$ ► Flächenmaßzahl

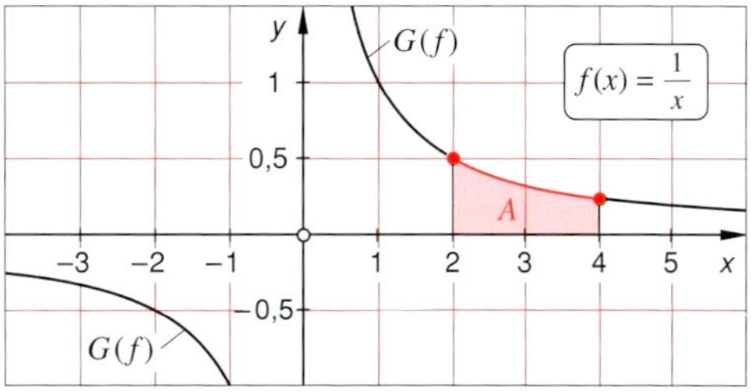

Berechnung des Näherungswertes

► gewählt: $n = 10$ ► $a = 2; b = 4$ ► $h = \frac{b-a}{n} = \frac{4-2}{10} = \underline{0{,}2}$

● Fehlerabschätzung

$F_S \leq \frac{1}{180} \cdot \frac{(b-a)^5}{n^4} \cdot \max|f^{(4)}(x)|$ ► $f(x) = \frac{1}{x} \Rightarrow f^{(4)}(x) = \frac{24}{x^5} \Rightarrow \max|f^{(4)}(x)| = \frac{24}{2^5} = 0{,}75$; $x \in [2; 4]$

$F_S \leq \frac{1}{180} \cdot \frac{2^5}{10^4} \cdot 0{,}75 \Rightarrow F_S < 0{,}000014$ ► Fehlerabschätzung

► Der Näherungswert F_S kann somit vom exakten Integralwert um höchstens 0,000014 abweichen.

● Berechnung von S_{10} ► Simpsonsche Regel: $\int\limits_2^4 \frac{dx}{x} \approx S_{10}$

$S_{10} = \frac{h}{3} \cdot [f(x_0) + 4 \cdot f(x_1) + 2 \cdot f(x_2) + 4 \cdot f(x_3) + 2 \cdot f(x_4) + \ldots + 2 \cdot f(x_8) + 4 \cdot f(x_9) + f(x_{10})]$ ► $h = 0{,}2$; $f(x) = \frac{1}{x}$

207

Tabelle der Funktionswerte für $f(x)=\frac{1}{x}$ ► $x_k = 2 + k \cdot 0{,}2;\ k = 0; 1; 2; 3; \ldots; 10$

$x_0 = a$	x_1	x_2	x_3	x_4	x_5	x_6	x_7	x_8	x_9	$x_{10} = b$
2	2,2	2,4	2,6	2,8	3	3,2	3,4	3,6	3,8	4
$1 \cdot f(x_0)$	$4 \cdot f(x_1)$	$2 \cdot f(x_2)$	$4 \cdot f(x_3)$	$2 \cdot f(x_4)$	$4 \cdot f(x_5)$	$2 \cdot f(x_6)$	$4 \cdot f(x_7)$	$2 \cdot f(x_8)$	$4 \cdot f(x_9)$	$1 \cdot f(x_{10})$
0,5	1,8181...	0,8333...	1,5384...	0,7142...	1,3333...	0,625	1,1764...	0,5555...	1,0526...	0,25
► $f(x_0) + 4 \cdot f(x_1) + 2 \cdot f(x_2) + 4 \cdot f(x_3) + 2 \cdot f(x_4) + \ldots + 2 \cdot f(x_8) + 4 \cdot f(x_9) + f(x_{10}) = \underline{10{,}397253\ldots}$										

$S_{10} = \frac{0{,}2}{3} \cdot 10{,}397253\ldots = \underline{\underline{0{,}693150}}$ ► Näherungswert für $\int\limits_2^4 \frac{dx}{x}$ mit der Simpsonschen Regel

Nach der Fehlerabschätzung und der Berechnung des Näherungswertes liegt der exakte Integralwert im Intervall: $[S_{10} - F_S; S_{10} + F_S] = [0{,}693150 - 0{,}000014; 0{,}693150 + 0{,}000014] = \underline{\underline{[0{,}693136; 0{,}693164]}}$

Aus den Intervallgrenzen ergibt sich, dass der Näherungswert den exakten Integralwert auf vier Nachkommastellen genau angibt.

23. $\int\limits_2^4 \frac{dx}{x+1}$

Mit dem Hauptsatz erhält man das auf sechs Stellen gerundete Ergebnis:

$\int\limits_2^4 \frac{dx}{x+1} = \ln|x+1|\Big|_2^4 = \ln\frac{5}{3} = \underline{\underline{0{,}5108256}}$

► $\underline{\underline{A = 0{,}5108256}}$ ► Flächenmaßzahl

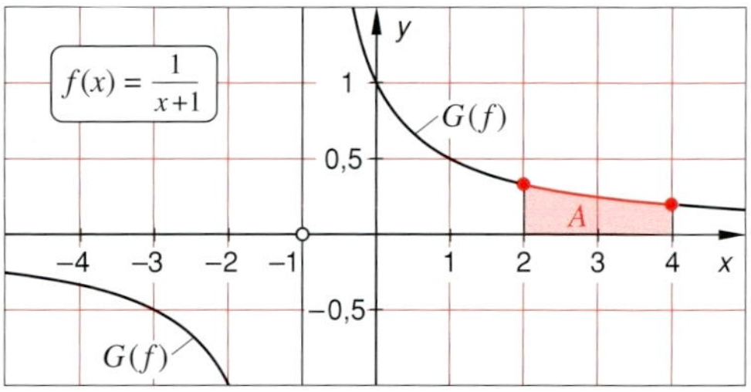

Berechnung des Näherungswertes

► gewählt: $n = 10$ ► $a = 2; b = 4$ ► $h = \frac{b-a}{n} = \frac{4-2}{10} = \underline{0{,}2}$

● Fehlerabschätzung

$$F_S \leq \frac{1}{180} \cdot \frac{(b-a)^5}{n^4} \cdot \max|f^{(4)}(x)| \quad ► f(x) = \frac{1}{x+1} \Rightarrow f^{(4)}(x) = \frac{24}{(x+1)^5} \Rightarrow \max|f^{(4)}(x)| = \frac{24}{(2+1)^5} = 0{,}098765\ldots;\ x \in [2; 4]$$

$$F_S \leq \frac{1}{180} \cdot \frac{2^5}{10^4} \cdot 0{,}098765\ldots \Rightarrow F_S < 0{,}000002 \quad ► \text{Fehlerabschätzung}$$

► Der Näherungswert F_S kann somit vom exakten Integralwert um höchstens 0,000002 abweichen.

● Berechnung von S_{10} ► Simpsonsche Regel: $\int\limits_2^4 \frac{dx}{x+1} \approx S_{10}$

$$S_{10} = \frac{h}{3} \cdot [f(x_0) + 4 \cdot f(x_1) + 2 \cdot f(x_2) + 4 \cdot f(x_3) + 2 \cdot f(x_4) + \ldots + 2 \cdot f(x_8) + 4 \cdot f(x_9) + f(b)] \quad ► h = 0{,}2;\ f(x) = \frac{1}{x+1}$$

207

Tabelle der Funktionswerte für $f(x)=\dfrac{1}{x+1}$ ► $x_k=2+k\cdot 0{,}2;\ k=0;\ 1;\ 2;\ 3;\ \ldots;\ 10$

$x_0=a$	x_1	x_2	x_3	x_4	x_5	x_6	x_7	x_8	x_9	$x_{10}=b$
2	2,2	2,4	2,6	2,8	3	3,2	3,4	3,6	3,8	4
$1\cdot f(x_0)$	$4\cdot f(x_1)$	$2\cdot f(x_2)$	$4\cdot f(x_3)$	$2\cdot f(x_4)$	$4\cdot f(x_5)$	$2\cdot f(x_6)$	$4\cdot f(x_7)$	$2\cdot f(x_8)$	$4\cdot f(x_9)$	$1\cdot f(x_{10})$
0,3333...	1,25	0,5882...	1,1111...	0,5263...	1	0,4761...	0,9090...	0,4347...	0,8333...	0,2
► $f(x_0)+4\cdot f(x_1)+2\cdot f(x_2)+4\cdot f(x_3)+2\cdot f(x_4)+\ldots+2\cdot f(x_8)+4\cdot f(x_9)+f(x_{10})=\underline{7{,}662392\ldots}$										

$S_{10}=\dfrac{0{,}2}{3}\cdot 7{,}662392\ldots=\underline{\underline{0{,}510826}}$ ► Näherungswert für $\int\limits_2^4 \dfrac{1}{x+1}$ mit der Simpsonschen Regel

Nach der Fehlerabschätzung und der Berechnung des Näherungswertes liegt der exakte Integralwert im Intervall:

$[S_{10}-F_S;\ S_{10}+F_S]=[0{,}510826-0{,}000002;\ 0{,}510826+0{,}000002]=\underline{\underline{[0{,}510824;\ 0{,}510828]}}$

Aus den Intervallgrenzen ergibt sich, dass der Näherungswert den exakten Integralwert auf fünf Nachkommastellen genau angibt.

24. $\int\limits_1^2 \dfrac{\cos x}{e^x\cdot\sqrt{x}}\,dx$

Zur Funktion $f: f(x)=\dfrac{\cos x}{e^x\cdot\sqrt{x}};\ D(f)=\mathbb{R}^{>0}$ ist im Intervall $[1;2]$ keine explizite Stammfunktion mithilfe von elementaren Funktionen bekannt. Mit einem Computerprogramm erhält man das auf sechs Nachkommastellen gerundete Ergebnis: $\int\limits_1^2 \dfrac{\cos x}{e^x\cdot\sqrt{x}}\,dx=\underline{\underline{0{,}034478}}$

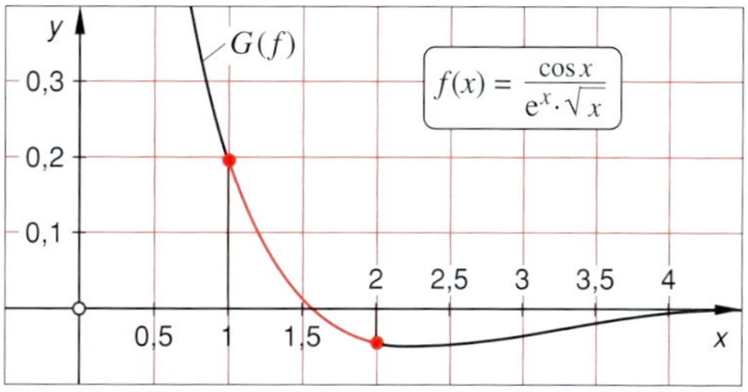

Berechnung des Näherungswertes

► gewählt: $n=10$ ► $a=1;\ b=2$ ► $h=\dfrac{b-a}{n}=\dfrac{2-1}{10}=\underline{0{,}1}$

● Fehlerabschätzung

Bei $f(x)=\dfrac{\cos x}{e^x\cdot\sqrt{x}}$ erhält man für $f^{(4)}(x)$ einen sehr langen Term, der eine umfangreiche Rechnung verursacht. Am Graphen der Funktion $f^{(4)}$ erkennt man, dass $f^{(4)}$ im Intervall $[1;2]$ an der Stelle $x_0=1$ ihr Maximum erreicht.

An dieser Stelle gilt: $f^{(4)}(1)=7{,}5509969\ldots$

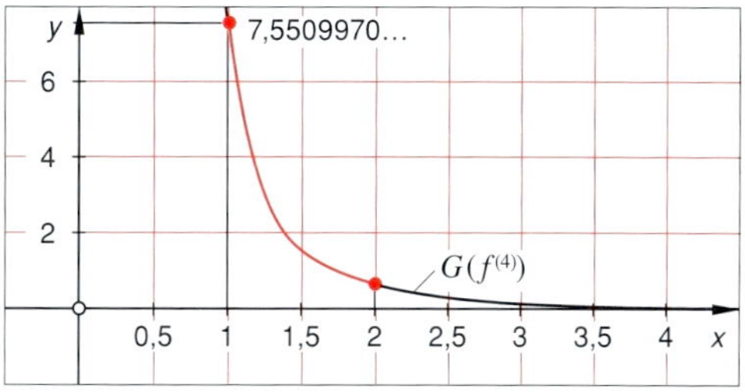

$F_S\le\dfrac{1}{180}\cdot\dfrac{(b-a)^5}{n^4}\cdot\max|f^{(4)}(x)|$ ► $\max|f^{(4)}(x)|=7{,}5509970\ldots;\ x\in[1;2]$

$F_S\le\dfrac{1}{180}\cdot\dfrac{1^5}{10^4}\cdot 7{,}5509969\ldots\Rightarrow F_S<0{,}0000042$ ► Fehlerabschätzung

► Der Näherungswert F_S kann somit vom exakten Integralwert um höchstens 0,0000042 abweichen.

207 ● Berechnung von S_{10} ► Simpsonsche Regel: $\int\limits_1^2 \frac{\cos x}{e^x \cdot \sqrt{x}}\,dx \approx S_{10}$

$$S_{10} = \frac{h}{3} \cdot [f(x_0) + 4 \cdot f(x_1) + 2 \cdot f(x_2) + 4 \cdot f(x_3) + 2 \cdot f(x_4) + \ldots + 2 \cdot f(x_8) + 4 \cdot f(x_9) + f(x_{10})]$$

► $h = 0{,}1;\ f(x) = \frac{\cos x}{e^x \cdot \sqrt{x}}$

Tabelle der Funktionswerte für $f(x) = \frac{\cos x}{e^x \cdot \sqrt{x}}$ ► $x_k = 1 + k \cdot 0{,}1;\ k = 0;\ 1;\ 2;\ \ldots;\ 10$

$x_0 = a$	x_1	x_2	x_3	x_4	x_5	x_6	x_7	x_8	x_9	$x_{10} = b$
1	1,1	1,2	1,3	1,4	1,5	1,6	1,7	1,8	1,9	2
$1 \cdot f(x_0)$	$4 \cdot f(x_1)$	$2 \cdot f(x_2)$	$4 \cdot f(x_3)$	$2 \cdot f(x_4)$	$4 \cdot f(x_5)$	$2 \cdot f(x_6)$	$4 \cdot f(x_7)$	$2 \cdot f(x_8)$	$4 \cdot f(x_9)$	$1 \cdot f(x_{10})$
0,1987	0,5758...	0,1992...	0,2557...	0,0708...	0,0515...	−0,0093...	−0,0722...	−0,0559...	−0,1403...	−0,0398...

► $f(x_0) + 4 \cdot f(x_1) + 2 \cdot f(x_2) + 4 \cdot f(x_3) + 2 \cdot f(x_4) + \ldots + 2 \cdot f(x_8) + 4 \cdot f(x_9) + f(x_{10}) = \underline{1{,}0343699\ldots}$

$S_{10} = \frac{0{,}1}{3} \cdot 1{,}0343699\ldots = \underline{\underline{0{,}0344790}}$ ► Näherungswert für $\int\limits_1^2 \frac{\cos x}{e^x \cdot \sqrt{x}}\,dx$ mit der Simpsonschen Regel

Nach der Fehlerabschätzung und der Berechnung des Näherungswertes liegt der exakte Integralwert im Intervall:

$[S_{10} - F_S; S_{10} + F_S] = [0{,}0344790 - 0{,}0000042;\ 0{,}0344790 + 0{,}0000042] = \underline{\underline{[0{,}0344748;\ 0{,}0344832]}}$

Aus den Intervallgrenzen ergibt sich, dass der Näherungswert den exakten Integralwert auf vier Nachkommastellen genau angibt.

25. $\int\limits_1^2 \frac{e^x}{x^2}\,dx$

Zur Funktion $f: f(x) = \frac{e^x}{x^2};\ D(f) = \mathbb{R}^{\neq 0}$ ist im Intervall $[1\,;\,2]$ keine explizite Stammfunktion mithilfe von elementaren Funktionen bekannt. Mit einem Computerprogramm erhält man das auf sechs Nachkommastellen gerundete Ergebnis: $\int\limits_1^2 \frac{e^x}{x^2}\,dx = \underline{\underline{2{,}082870}}$

► $\underline{\underline{A = 2{,}082870}}$ ► Flächenmaßzahl

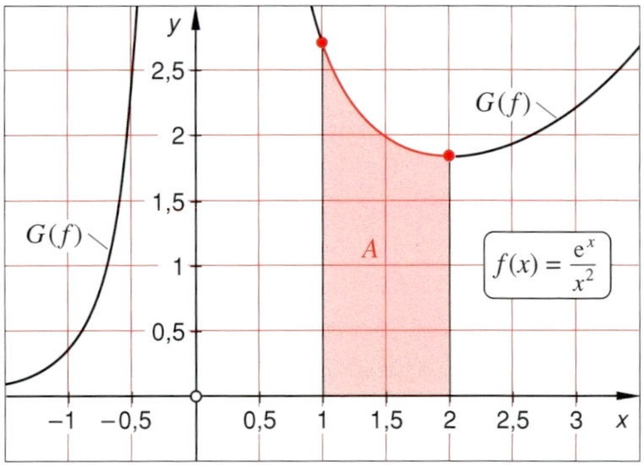

Berechnung des Näherungswertes

► gewählt: $n = 10$ ► $a = 1;\ b = 2$ ► $h = \frac{b-a}{n} = \frac{2-1}{10} = \underline{0{,}1}$

● Fehlerabschätzung

$$f(x) = \frac{e^x}{x^2};\ x \in \mathbb{R}^{\neq 0} \Rightarrow f^{(4)}(x) = e^x \cdot \left(\frac{1}{x^2} - \frac{8}{x^3} + \frac{36}{x^4} - \frac{96}{x^5} + \frac{120}{x^6}\right);\ x \in \mathbb{R}^{\neq 0}$$

Am Graphen der Funktion $f^{(4)}$ erkennt man, dass $f^{(4)}$ im Intervall $[1; 2]$ an der Stelle $x_0 = 1$ ihr absolutes Maximum hat und man erhält: $f^{(4)}(1) = e \cdot 53 = 144{,}068936\ldots$

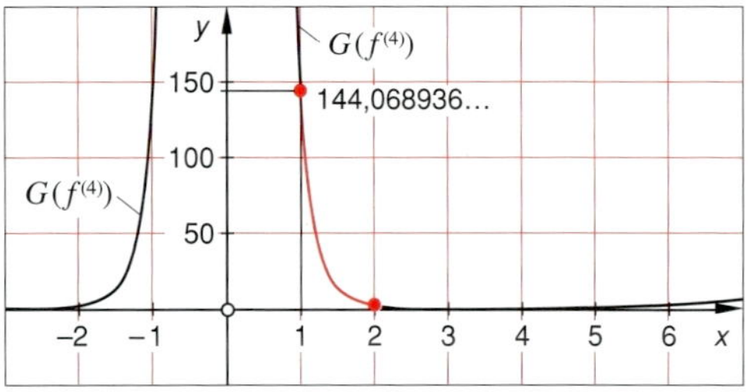

207

$F_S \leq \frac{1}{180} \cdot \frac{(b-a)^5}{n^4} \cdot \max|f^{(4)}(x)|$ ► $\max|f^{(4)}| = 144{,}068936\ldots;\ x \in [1; 2]$

$F_S \leq \frac{1}{180} \cdot \frac{1^5}{10^4} \cdot 144{,}068936\ldots \Rightarrow F_S < 0{,}000081$ ► Fehlerabschätzung

► Der Näherungswert F_S kann somit vom exakten Integralwert um höchstens 0,000081 abweichen.

● Berechnung von S_{10} ► Simpsonsche Regel: $\int\limits_1^2 \frac{e^x}{x^2}\,dx \approx S_{10}$

$$S_{10} = \frac{h}{3} \cdot [f(x_0) + 4 \cdot f(x_1) + 2 \cdot f(x_2) + 4 \cdot f(x_3) + 2 \cdot f(x_4) + \ldots + 2 \cdot f(x_8) + 4 \cdot f(x_9) + f(x_{10})]$$

► $h = 0{,}1; f(x) = \frac{e^x}{x^2}$

Tabelle der Funktionswerte für $f(x) = \frac{e^x}{x^2}$ ► $x_k = 1 + k \cdot 0{,}1;\ k = 0; 1; 2; 3; \ldots; 10$

$x_0 = a$	x_1	x_2	x_3	x_4	x_5	x_6	x_7	x_8	x_9	$x_{10} = b$
1	1,1	1,2	1,3	1,4	1,5	1,6	1,7	1,8	1,9	2
$1 \cdot f(x_0)$	$4 \cdot f(x_1)$	$2 \cdot f(x_2)$	$4 \cdot f(x_3)$	$2 \cdot f(x_4)$	$4 \cdot f(x_5)$	$2 \cdot f(x_6)$	$4 \cdot f(x_7)$	$2 \cdot f(x_8)$	$4 \cdot f(x_9)$	$1 \cdot f(x_{10})$
2,7182...	9,9311...	4,6112...	8,6847...	4,1379...	7,9674...	3,8695...	7,5763...	3,7343...	7,4081...	1,8472...
► $f(x_0) + 4 \cdot f(x_1) + 2 \cdot f(x_2) + 4 \cdot f(x_3) + 2 \cdot f(x_4) + \ldots + 2 \cdot f(x_8) + 4 \cdot f(x_9) + f(x_{10}) = 62{,}486576\ldots$										

$S_{10} = \frac{0{,}1}{3} \cdot 62{,}486576\ldots = \underline{\underline{2{,}082886}}$ ► Näherungswert für $\int\limits_1^2 \frac{e^x}{x^2}\,dx$ mit der Simpsonschen Regel

Nach der Fehlerabschätzung und der Berechnung des Näherungswertes liegt der exakte Integralwert im Intervall: $[S_{10} - F_S; S_{10} + F_S] = [2{,}082886 - 0{,}000081; 2{,}082886 + 0{,}000081] = \underline{\underline{[2{,}082805; 2{,}082967]}}$

Aus den Intervallgrenzen ergibt sich, dass der Näherungswert den exakten Integralwert auf drei Nachkommastellen genau angibt.

26. $\int\limits_1^2 \frac{\sin x}{x}\,dx$

Zur Funktion $f: f(x) = \frac{\sin x}{x};\ D(f) = \mathbb{R}^{\neq 0}$ ist im Intervall $[1; 2]$ keine explizite Stammfunktion mithilfe von elementaren Funktionen bekannt.

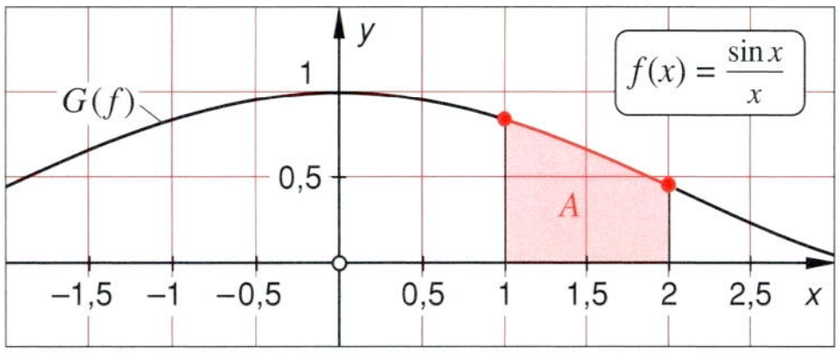

Mit einem Computerprogramm erhält man das auf sechs Nachkommastellen gerundete Ergebnis:

$\int\limits_1^2 \frac{\sin x}{x}\,dx = \underline{\underline{0{,}659330}}$ ► $\underline{\underline{A = 0{,}659330}}$ ► Flächenmaßzahl

Berechnung des Näherungswertes

► gewählt: $n = 10$ ► $a = 1; b = 2$ ► $h = \frac{b-a}{n} = \frac{2-1}{10} = \underline{0{,}1}$

● Fehlerabschätzung

$$f(x) = \frac{\sin x}{x};\ x \in \mathbb{R}^{\neq 0} \Rightarrow f^{(4)}(x) = \left(\frac{4}{x^2} - \frac{24}{x^4}\right) \cdot \cos x + \frac{x^4 - 12x^2 + 24}{x^5} \cdot \sin x;\ x \in \mathbb{R}^{\neq 0}$$

207 Am Graphen der Funktion $f^{(4)}$ erkennt man, dass $f^{(4)}$ im Intervall $[1;2]$ an der Stelle $x_0 = 1$ ihr absolutes Maximum hat und man erhält: $f^{(4)}(1) = 0{,}133076685...$

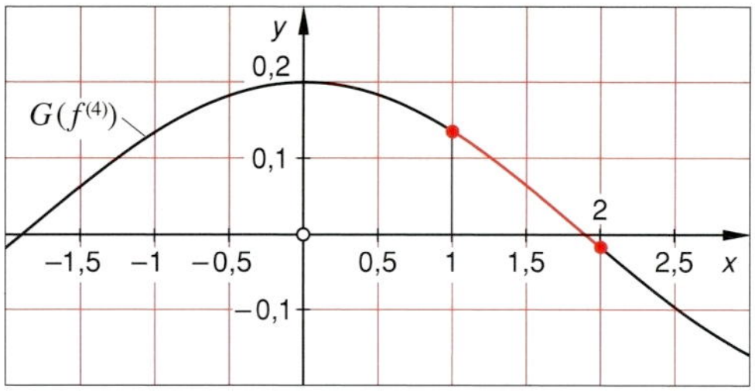

$$F_S \le \frac{1}{180} \cdot \frac{(b-a)^5}{n^4} \cdot \max|f^{(4)}(x)|$$ ► $\max|f^{(4)}(x)| = 0{,}133076685...;\ x \in [1;2]$

$$F_S \le \frac{1}{180} \cdot \frac{1^5}{10^4} \cdot 0{,}133076685... \Rightarrow F_S < 0{,}000000074$$ ► Fehlerabschätzung

Der Näherungswert F_S kann somit vom exakten Integralwert um höchstens 0,000000074 abweichen.

● Berechnung von S_{10} ► Simpsonsche Regel: $\int_1^2 \frac{\sin x}{x}\, dx \approx S_{10}$

$$S_{10} = \frac{h}{3} \cdot [f(x_0) + 4 \cdot f(x_1) + 2 \cdot f(x_2) + 4 \cdot f(x_3) + 2 \cdot f(x_4) + \ldots + 2 \cdot f(x_8) + 4 \cdot f(x_9) + f(x_{10})]$$ ► $h = 0{,}1;\ f(x) = \frac{\sin x}{x}$

Tabelle der Funktionswerte für $f(x) = \frac{\sin x}{x}$ ► $x_k = 1 + k \cdot 0{,}1;\ k = 0;\ 1;\ 2;\ \ldots;\ 10$

$x_0 = a$	x_1	x_2	x_3	x_4	x_5	x_6	x_7	x_8	x_9	$x_{10} = b$
1	1,1	1,2	1,3	1,4	1,5	1,6	1,7	1,8	1,9	2
$1 \cdot f(x_0)$	$4 \cdot f(x_1)$	$2 \cdot f(x_2)$	$4 \cdot f(x_3)$	$2 \cdot f(x_4)$	$4 \cdot f(x_5)$	$2 \cdot f(x_6)$	$4 \cdot f(x_7)$	$2 \cdot f(x_8)$	$4 \cdot f(x_9)$	$1 \cdot f(x_{10})$
0,8414...	3,2407...	1,5533...	2,9647	1,4077...	2,6599...	1,2494...	2,3333...	1,0820...	1,9922...	0,4546...
► $f(x_0) + 4 \cdot f(x_1) + 2 \cdot f(x_2) + 4 \cdot f(x_3) + 2 \cdot f(x_4) + \ldots + 2 \cdot f(x_8) + 4 \cdot f(x_9 + f(x_{10}) = \underline{\underline{19{,}779898191}}\ldots$										

$$S_{10} = \frac{0{,}1}{3} \cdot 19{,}779898191\ldots = \underline{\underline{0{,}659329940}}$$ ► Näherungswert für $\int_1^2 \frac{\sin x}{x}\, dx$ mit der Simpsonschen Regel

Nach der Fehlerabschätzung und der Berechnung des Näherungswertes liegt der exakte Integralwert im Intervall: $[S_{10} - F_S; S_{10} + F_S] = [0{,}659329940 - 0{,}000000074; 0{,}659329940 + 0{,}000000074]$
$= \underline{\underline{[0{,}659329866; 0{,}659330014]}}$

Aus den Intervallgrenzen ergibt sich, dass der Näherungswert den exakten Integralwert auf vier Nachkommastellen genau angibt.

207

27. $\int_1^3 \frac{\ln x}{x^2}\,dx$

Mit dem Hauptsatz erhält man das auf sechs Stellen gerundete Ergebnis:

$\int_1^3 \frac{\ln x}{x^2} = -\frac{1}{x}\cdot(\ln x + 1)\Big|_1^3 = \underline{\underline{0{,}300463}}$ ► 2.5

► $\underline{\underline{A = 0{,}300463}}$ ► Flächenmaßzahl

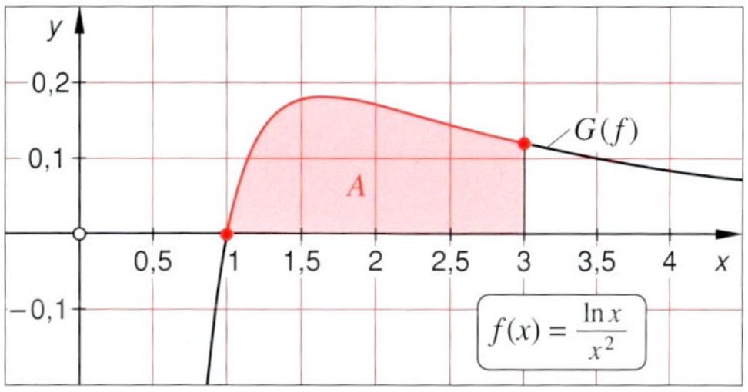

Berechnung des Näherungswertes

► gewählt: $n = 10$ ► $a = 1; b = 3$ ► $h = \frac{b-a}{n} = \frac{3-1}{10} = \underline{0{,}2}$

● Fehlerabschätzung

$f(x) = \frac{\ln x}{x^2};\ x \in \mathbb{R}^{>0} \Rightarrow f^{(4)}(x) = \frac{1}{x^6}\cdot(120\cdot\ln x - 154);\ x \in \mathbb{R}^{+0}$

Am Graphen der Funktion $f^{(4)}$ erkennt man, dass $f^{(4)}$ im Intervall $[1; 3]$ an der Stelle $x_0 = 1$ ihr absolutes Minimum hat, und zwar gilt dort:

$f^{(4)}(1) = -154 \Rightarrow \max|f^{(4)}(1)| = 154$

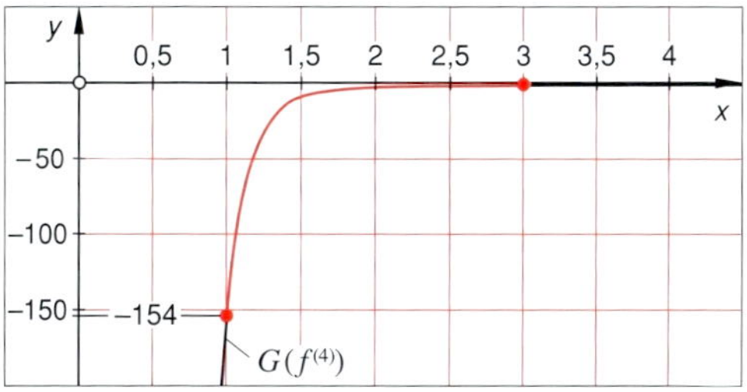

$F_S \leq \frac{1}{180}\cdot\frac{(b-a)^5}{n^4}\cdot\max|f^{(4)}(x)|$ ► $\max|f^{(4)}(x)| = 154;\ x \in [1; 3]$

$F_S \leq \frac{1}{180}\cdot\frac{2^5}{10^4}\cdot 154 \Rightarrow F_S < 0{,}00274$ ► Fehlerabschätzung

► Der Näherungswert F_S kann somit vom exakten Intgralwert um höchstens 0,00274 abweichen.

● Berechnung von S_{10} ► Simpsonsche Regel: $\int_1^3 \frac{\ln x}{x^2}\,dx \approx S_{10}$

$S_{10} = \frac{h}{3}\cdot[f(x_0) + 4\cdot f(x_1) + 2\cdot f(x_2) + 4\cdot f(x_3) + 2\cdot f(x_4) + \ldots + 2\cdot f(x_8) + 4\cdot f(x_9) + f(x_{10})]$

► $h = 0{,}2;\ f(x) = \frac{\ln x}{x^2}$

Tabelle der Funktionswerte für $f(x) = \frac{\ln x}{x^2}$ ► $x_k = 1 + k\cdot 0{,}2;\ k = 0; 1; 2; \ldots; 10$

$x_0 = a$	x_1	x_2	x_3	x_4	x_5	x_6	x_7	x_8	x_9	$x_{10} = b$
1	1,2	1,4	1,6	1,8	2	2,2	2,4	2,6	2,8	3
$1\cdot f(x_0)$	$4\cdot f(x_1)$	$2\cdot f(x_2)$	$4\cdot f(x_3)$	$2\cdot f(x_4)$	$4\cdot f(x_5)$	$2\cdot f(x_6)$	$4\cdot f(x_7)$	$2\cdot f(x_8)$	$4\cdot f(x_9)$	$1\cdot f(x_{10})$
0	0,5064...	0,3433...	0,7343...	0,3628...	0,6931	0,3258...	0,6079...	0,2826...	0,5253...	0,1220...
► $f(x_0) + 4\cdot f(x_1) + 2\cdot f(x_2) + 4\cdot f(x_3) + 2\cdot f(x_4) + \ldots + 2\cdot f(x_8) + 4\cdot f(x_9) + f(x_{10}) = \underline{4{,}50399\ldots}$										

$S_{10} = \frac{0{,}2}{3}\cdot 4{,}50399\ldots = \underline{\underline{0{,}30027}}$ ► Näherungswert für $\int_1^3 \frac{\ln x}{x^2}\,dx$ mit der Simpsonschen Regel

Nach der Fehlerabschätzung und der Berechnung des Näherungswertes liegt der exakte Integralwert im Intervall: $[S_{10} - F_S; S_{10} + F_S] = [0{,}30027 - 0{,}00274; 0{,}30027 + 0{,}00274] = \underline{\underline{[0{,}29753; 0{,}30301]}}$

Aus den Intervallgrenzen ergibt sich, dass der Näherungswert den exakten Integralwert auf die Vorkommastelle 0 genau angibt.

207 **28.** $\int\limits_{\frac{\pi}{3}}^{\frac{\pi}{2}} \frac{\sin x}{\ln x}\,dx$

Zu $f: f(x) = \frac{\sin x}{\ln x}$; $D(f) = \mathbb{R}^{>0}\setminus\{1\}$ ist im Intervall $\left[\frac{\pi}{3}; \frac{\pi}{2}\right]$ keine explizite Stammfunktion mithilfe von elementaren Funktionen bekannt. Mit einem Computerprogramm erhält man das auf sechs Nachkommastellen gerundete Ergebnis:

$\int\limits_{\frac{\pi}{3}}^{\frac{\pi}{2}} \frac{\sin x}{\ln x}\,dx = \underline{\underline{2{,}546639}}$ ► Flächenmaßzahl A

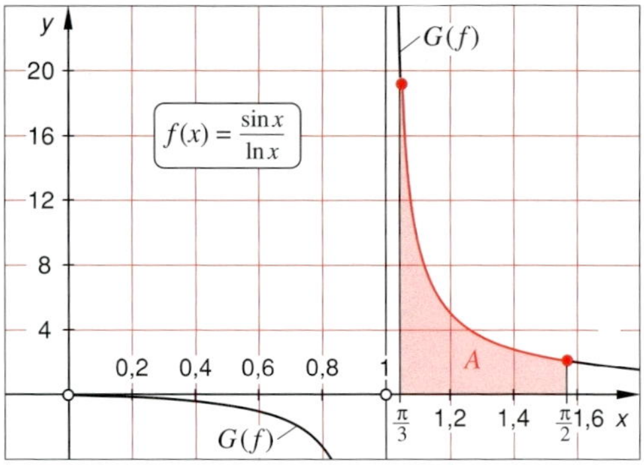

Berechnung des Näherungswertes

► gewählt: $n = 10$ ► $a = \frac{\pi}{3}; b = \frac{\pi}{2}$ ► $h = \frac{b-a}{n} = \frac{\frac{\pi}{2}-\frac{\pi}{3}}{10} = \underline{\frac{\pi}{60}}$

● Fehlerabschätzung

Für $f^{(4)}(x)$ von $f(x) = \frac{\sin x}{\ln x}$ erhält man einen sehr langen Term, der eine umfangreiche Rechnung verursacht. Am Graphen der Funktion $f^{(4)}$ erkennt man, dass $f^{(4)}$ im Intervall $\left[\frac{\pi}{3}; \frac{\pi}{2}\right]$ an der Stelle $x_0 = \frac{\pi}{3}$ ihr Maximum erreicht. An dieser Stelle gilt:

$f^{(4)}\left(\frac{\pi}{3}\right) = \underline{8{,}6228\ldots \cdot 10^7}$

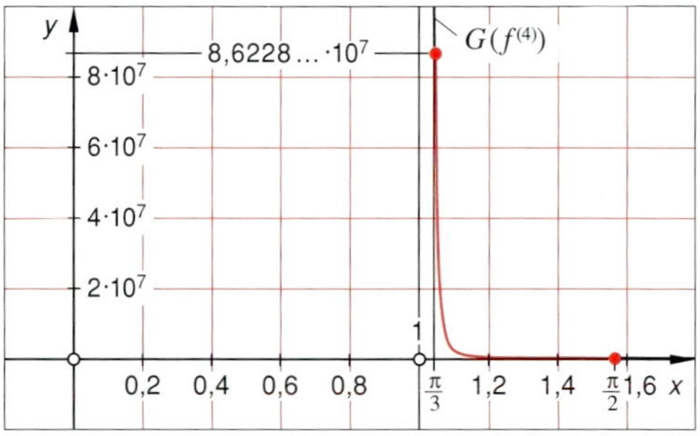

$F_S \leq \frac{1}{180} \cdot \frac{(b-a)^5}{n^4} \cdot \max|f^{(4)}(x)|$ ► $\max|f^{(4)}(x)| = 8{,}6228\ldots \cdot 10^7$; $x \in \left[\frac{\pi}{3}; \frac{\pi}{2}\right]$

$F_S \leq \frac{1}{180} \cdot \frac{(\frac{\pi}{6})^5}{10^4} \cdot 8{,}6228\ldots \cdot 10^7 \Rightarrow F_S < 1{,}8853$ ► Fehlerabschätzung

► Der Näherungswert F_S kann somit vom exakten Integralwert um höchstens 1,8853 abweichen.

● Berechnung von S_{10} ► Simpsonsche Regel: $\int\limits_{\frac{\pi}{3}}^{\frac{\pi}{2}} \frac{\sin x}{\ln x}\,dx \approx S_{10}$

$$S_{10} = \frac{h}{3} \cdot [f(x_0) + 4 \cdot f(x_1) + 2 \cdot f(x_2) + 4 \cdot f(x_3) + 2 \cdot f(x_4) + \ldots + 2 \cdot f(x_8) + 4 \cdot f(x_9) + f(x_{10})]$$

► $h = \frac{\pi}{60}$; $f(x) = \frac{\sin x}{\ln x}$

Tabelle der Funktionswerte für $f(x) = \frac{\sin x}{\ln x}$; ► $x_k = \frac{\pi}{3} + k \cdot \frac{\pi}{60} = \frac{(20+k)}{60} \cdot \pi$; $k = 0; 1; 2; \ldots; 10$

$x_0 = a$	x_1	x_2	x_3	x_4	x_5	x_6	x_7	x_8	x_9	$x_{10} = b$
$\frac{\pi}{3}$	$\frac{21}{60} \cdot \pi$	$\frac{22}{60} \cdot \pi$	$\frac{23}{60} \cdot \pi$	$\frac{24}{60} \cdot \pi$	$\frac{25}{60} \cdot \pi$	$\frac{26}{60} \cdot \pi$	$\frac{27}{60} \cdot \pi$	$\frac{28}{60} \cdot \pi$	$\frac{29}{60} \cdot \pi$	$\frac{\pi}{2}$
$1 \cdot f(x_0)$	$4 \cdot f(x_1)$	$2 \cdot f(x_2)$	$4 \cdot f(x_3)$	$2 \cdot f(x_4)$	$4 \cdot f(x_5)$	$2 \cdot f(x_6)$	$4 \cdot f(x_7)$	$2 \cdot f(x_8)$	$4 \cdot f(x_9)$	$1 \cdot f(x_{10})$
18,7786...	37,5525...	12,9188...	20,0900...	8,3265...	14,3492...	6,3416...	11,4110...	5,1988...	9,5635...	2,2144...
► $f(x_0) + 4 \cdot f(x_1) + 2 \cdot f(x_2) + 4 \cdot f(x_3) + 2 \cdot f(x_4) + \ldots + 2 \cdot f(x_8) + 4 \cdot f(x_9) + f(x_{10}) = \underline{146{,}7455\ldots}$										

$S_{10} = \frac{\frac{\pi}{60}}{3} \cdot 146{,}7455\ldots = \underline{\underline{2{,}5612}}$ ► Näherungswert für $\int\limits_{\frac{\pi}{3}}^{\frac{\pi}{2}} \frac{\sin x}{\ln x}\,dx$ mit der Simpsonschen Regel

Nach der Fehlerabschätzung und der Berechnung des Näherungswertes liegt der exakte Integralwert im Intervall: $[S_{10} - F_S; S_{10} + F_S] = [2{,}5612 - 1{,}8853; 2{,}5612 + 1{,}8853] = \underline{\underline{[0{,}6759; 4{,}4465]}}$

Hier lässt sich aus den Intervallgrenzen keine Angabe über die Gültigkeit der Stellen des Näherungswertes 2,5612 machen. Man kann lediglich die allgemeine Aussage machen, dass der Näherungswert vom exakten Integralwert um höchstens 1,8853 abweicht.

29. $\int\limits_0^{2\pi} \cos(2x)\,dx$

Mit dem Hauptsatz erhält man das exakte Ergebnis: $\int\limits_0^{2\pi} \cos(2x)\,dx = \frac{1}{2} \cdot \sin(2x)\Big|_0^{2\pi} = \underline{\underline{0}}$

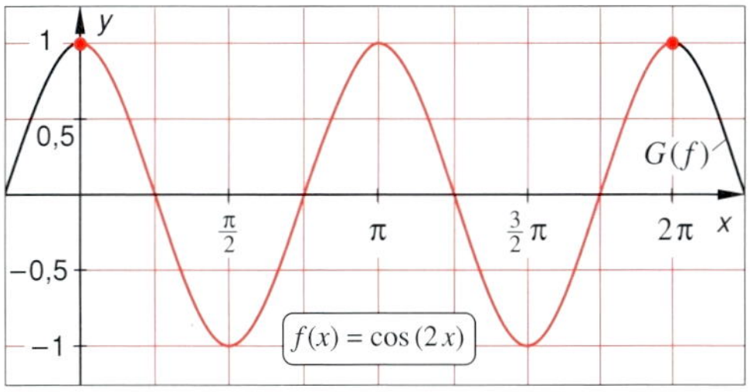

Berechnung des Näherungswertes

► gewählt: $n = 10$ ► $a = 0; b = 2\pi$ ► $h = \frac{b-a}{n} = \frac{2\pi - 0}{10} = \underline{0{,}2\pi}$

● Fehlerabschätzung

$F_S \leq \frac{1}{180} \cdot \frac{(b-a)^5}{n^4} \cdot \max|f^{(4)}(x)|$ ► $f(x) = \cos(2x) \Rightarrow f^{(4)}(x) = 16 \cdot \cos(2x) \Rightarrow \max|f^{(4)}(x)| = 16 \cdot 1 = 16; x \in [0; 2\pi]$

$F_S \leq \frac{1}{180} \cdot \frac{(2\pi)^5}{10^4} \cdot 16 \Rightarrow F_S < 0{,}08705$ ► Fehlerabschätzung

► Der Näherungswert F_S kann somit vom exakten Integralwert um höchstens 0,08705 abweichen.

● Berechnung von S_{10} ► Simpsonsche Regel: $\int\limits_0^{2\pi} \cos(2x)\,dx \approx S_{10}$

$S_{10} = \frac{h}{3} \cdot [f(x_0) + 4 \cdot f(x_1) + 2 \cdot f(x_2) + 4 \cdot f(x_3) + 2 \cdot f(x_4) + \ldots + 2 \cdot f(x_8) + 4 \cdot f(x_9) + f(x_{10})]$ ► $h = 0{,}2\pi$; $f(x) = \cos(2x)$

Tabelle der Funktionswerte für $f(x) = \cos(2x)$ ► $x_k = 0 + k \cdot 0{,}2\pi = k \cdot 0{,}2\pi$; $k = 0; 1; 2; \ldots; 10$

$x_0 = a$	x_1	x_2	x_3	x_4	x_5	x_6	x_7	x_8	x_9	$x_{10} = b$
0	$0{,}2\pi$	$0{,}4\pi$	$0{,}6\pi$	$0{,}8\pi$	π	$1{,}2\pi$	$1{,}4\pi$	$1{,}6\pi$	$1{,}8\pi$	2π
$1 \cdot f(x_0)$	$4 \cdot f(x_1)$	$2 \cdot f(x_2)$	$4 \cdot f(x_3)$	$2 \cdot f(x_4)$	$4 \cdot f(x_5)$	$2 \cdot f(x_6)$	$4 \cdot f(x_7)$	$2 \cdot f(x_8)$	$4 \cdot f(x_9)$	$1 \cdot f(x_{10})$
1	1,2360...	−1,6180...	−3,2360...	0,6180...	4	0,6180...	−3,2360...	−1,6180...	1,2360...	1
► $f(x_0) + 4 \cdot f(x_1) + 2 \cdot f(x_2) + 4 \cdot f(x_3) + 2 \cdot f(x_4) + \ldots + 2 \cdot f(x_8) + 4 \cdot f(x_9) + f(x_{10}) = \underline{0{,}00000\ldots}$										

$S_{10} = \frac{0{,}2\pi}{3} \cdot 0{,}00000\ldots = \underline{\underline{0{,}00000}}$ ► Näherungswert für $\int\limits_0^{2\pi} \cos(2x)\,dx$ mit der Simpsonschen Regel

Nach der Fehlerabschätzung und der Berechnung des Näherungswertes liegt der exakte Integralwert im Intervall: $[S_{10} - F_S; S_{10} + F_S] = [0{,}00000 - 0{,}08705; 0{,}00000 + 0{,}08705] = \underline{\underline{[-0{,}08705; 0{,}08705]}}$

Hier lässt sich aus den Intervallgrenzen keine Angabe über die Gültigkeit der Stellen des Näherungs-

207 wertes 0,00000 machen. Man kann lediglich die allgemeine Aussage machen, dass der Näherungswert vom exakten Integralwert um höchstens 0,08705 abweicht.

30. $\int\limits_{-1}^{1} [1 + x^3 + 0{,}5 \cdot \sin^2(\pi \cdot x)]\,\mathrm{d}x$

Mit dem Hauptsatz erhält man das exakte Ergebnis:

$$\int\limits_{-1}^{1} [1 + x^3 + 0{,}5 \cdot \sin^2(\pi \cdot x)]\,\mathrm{d}x =$$

$$= x + \frac{x^4}{4} + \frac{x}{4} - \frac{1}{8\pi} \cdot \sin(2\pi \cdot x)\Big|_{-1}^{1}$$

$= \underline{\underline{2{,}5}}$ ► Flächenmaßzahl A

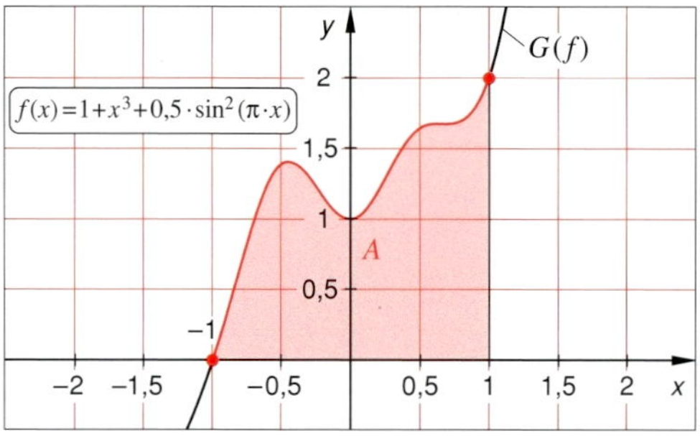

Berechnung des Näherungswertes

► gewählt: $n = 10$ ► $a = -1;\, b = 1$ ► $h = \dfrac{b-a}{n} = \dfrac{1-(-1)}{10} = \underline{0{,}2}$

● Fehlerabschätzung

$F_S \le \dfrac{1}{180} \cdot \dfrac{(b-a)^5}{n^4} \cdot \max|f^{(4)}(x)|$ ► $f(x) = 1 + x^3 + 0{,}5 \cdot \sin^2(\pi \cdot x) \Rightarrow f^{(4)}(x) = 4\pi^4 - 8\pi^2 \cdot \cos^2(\pi \cdot x)$

$= -4\pi^4 \cdot \cos(2\pi \cdot x)$ ► 4.1

$\Rightarrow \max|f^{(4)}(x)| = |-4\pi^4 \cdot \cos(2\pi \cdot 0)| = 4\pi^4;\ x \in [-1; 1]$

$F_S \le \dfrac{1}{180} \cdot \dfrac{2^5}{10^4} \cdot 4\pi^4 \Rightarrow F_S < 0{,}007$ ► Fehlerabschätzung

► Der Näherungswert F_S kann somit vom exakten Integralwert um höchstens 0,007 abweichen.

● Berechnung von S_{10} ► Simpsonsche Regel: $\int\limits_{-1}^{1} [1 + x^3 + 0{,}5 \cdot \sin^2(\pi \cdot x)]\,\mathrm{d}x \approx S_{10}$

$$S_{10} = \frac{h}{3} \cdot [f(x_0) + 4 \cdot f(x_1) + 2 \cdot f(x_2) + 4 \cdot f(x_3) + 2 \cdot f(x_4) + \ldots + 2 \cdot f(x_8) + 4 \cdot f(x_9) + f(x_{10})]$$

► $h = 0{,}2;\, f(x) = 1 + x^3 + 0{,}5 \cdot \sin^2(\pi \cdot x)$

Tabelle der Funktionswerte für $f(x) = 1 + x^3 + 0{,}5 \cdot \sin^2(\pi \cdot x)$ ► $x_k = -1 + k \cdot 0{,}2;\ k = 0; 1; 2; \ldots; 10$

$x_0 = a$	x_1	x_2	x_3	x_4	x_5	x_6	x_7	x_8	x_9	$x_{10} = b$
−1	−0,8	−0,6	−0,4	−0,2	0	0,2	0,4	0,6	0,8	1
$1 \cdot f(x_0)$	$4 \cdot f(x_1)$	$2 \cdot f(x_2)$	$4 \cdot f(x_3)$	$2 \cdot f(x_4)$	$4 \cdot f(x_5)$	$2 \cdot f(x_6)$	$4 \cdot f(x_7)$	$2 \cdot f(x_8)$	$4 \cdot f(x_9)$	$1 \cdot f(x_{10})$
0	2,6420...	2,4725...	5,5530...	2,3294...	4	2,3614...	6,0650...	3,3365...	6,7389...	2
► $f(x_0) + 4 \cdot f(x_1) + 2 \cdot f(x_2) + 4 \cdot f(x_3) + 2 \cdot f(x_4) + \ldots + 2 \cdot f(x_8) + 4 \cdot f(x_9) + f(x_{10}) = \underline{37{,}500\ldots}$										

$S_{10} = \dfrac{0{,}2}{3} \cdot 37{,}500\ldots = \underline{\underline{2{,}500}}$ ► Näherungswert für $\int\limits_{-1}^{1} [1 + x^3 + 0{,}5 \cdot \sin^2(\pi \cdot x)]\,\mathrm{d}x$ mit der Simpsonschen Regel

Nach der Fehlerabschätzung und der Berechnung des Näherungswertes liegt der exakte Integralwert im Intervall: $[S_{10} - F_S; S_{10} + F_S] = [2{,}500 - 0{,}007; 2{,}500 + 0{,}007] = \underline{\underline{[2{,}493; 2{,}507]}}$

Aus den Intervallgrenzen ergibt sich, dass der Näherungswert den exakten Integralwert auf eine Stelle genau angibt.

207

31. $\int\limits_0^1 (x^3 + x^2 + x)\,\mathrm{d}x$

Mit dem Hauptsatz erhält man das auf sechs Stellen gerundete Ergebnis:

$$\int\limits_0^1 (x^3 + x^2 + x)\,\mathrm{d}x = \left.\frac{x^4}{4} + \frac{x^3}{3} + \frac{x^2}{2}\right|_0^1 = \frac{13}{12} = \underline{\underline{1{,}083333}}$$

► $\underline{\underline{A = 1{,}083333}}$ ► Flächenmaßzahl

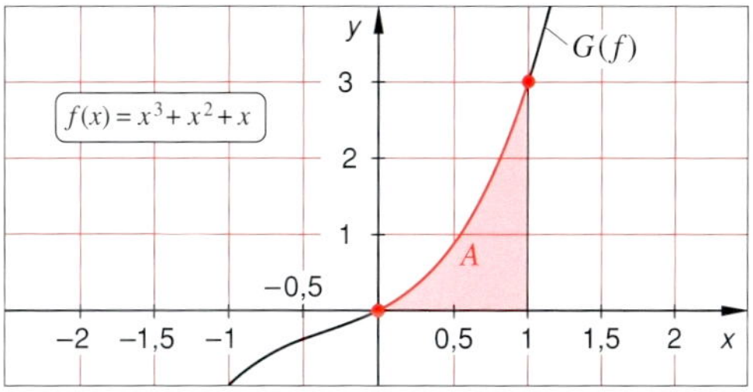

Berechnung des Näherungswertes

► gewählt: $n = 10$ ► $a = 0;\ b = 1$ ► $h = \dfrac{b-a}{n} = \dfrac{1-0}{10} = \underline{0{,}1}$

● Fehlerabschätzung

Eine Fehlerabschätzung mit der Formel für F_S erübrigt sich, da die Simpsonsche Regel bei Polynomfunktionen dritten Grades stets das exakte Ergebnis liefert. ► $F_S = 0$

● Berechnung von S_{10} ► Simpsonsche Regel: $\int\limits_0^1 (x^3 + x^2 + x)\,\mathrm{d}x \approx S_{10}$

$$S_{10} = \frac{h}{3} \cdot [f(x_0) + 4 \cdot f(x_1) + 2 \cdot f(x_2) + 4 \cdot f(x_3) + 2 \cdot f(x_4) + \ldots + 2 \cdot f(x_8) + 4 \cdot f(x_9) + f(x_{10})]$$

► $h = 0{,}1;\ f(x) = x^3 + x^2 + x$

Tabelle der Funktionswerte für $f(x) = x^3 + x^2 + x$ ► $x_k = 0 + k \cdot 0{,}1 = k \cdot 0{,}1;\ k = 0;\ 1;\ 2;\ \ldots;\ 10$

$x_0 = a$	x_1	x_2	x_3	x_4	x_5	x_6	x_7	x_8	x_9	$x_{10} = b$
0	0,1	0,2	0,3	0,4	0,5	0,6	0,7	0,8	0,9	1
$1 \cdot f(x_0)$	$4 \cdot f(x_1)$	$2 \cdot f(x_2)$	$4 \cdot f(x_3)$	$2 \cdot f(x_4)$	$4 \cdot f(x_5)$	$2 \cdot f(x_6)$	$4 \cdot f(x_7)$	$2 \cdot f(x_8)$	$4 \cdot f(x_9)$	$1 \cdot f(x_{10})$
0	0,444	0,496	1,668	1,248	3,5	2,352	6,132	3,904	9,756	3
► $f(x_0) + 4 \cdot f(x_1) + 2 \cdot f(x_2) + 4 \cdot f(x_3) + 2 \cdot f(x_4) + \ldots + 2 \cdot f(x_8) + 4 \cdot f(x_9) + f(x_{10}) = \underline{32{,}5000}$										

$S_{10} = \dfrac{0{,}1}{3} \cdot 32{,}5 = \underline{\underline{1{,}0833}}$ ► Näherungswert für $\int\limits_0^1 (x^3 + x^2 + x)\,\mathrm{d}x$ mit der Simpsonschen Regel

32. $\int\limits_0^1 (x^2 \cdot \sqrt[3]{x})\,\mathrm{d}x$

Mit dem Hauptsatz erhält man das exakte Ergebnis:

$$\int\limits_0^1 (x^2 \cdot \sqrt[3]{x})\,\mathrm{d}x = \int\limits_0^1 x^{\frac{7}{3}}\,\mathrm{d}x = \left.\tfrac{3}{10} \cdot x^{\frac{10}{3}}\right|_0^1 = \underline{\underline{0{,}3}}$$

► $\underline{\underline{A = 0{,}3}}$ ► Flächenmaßzahl

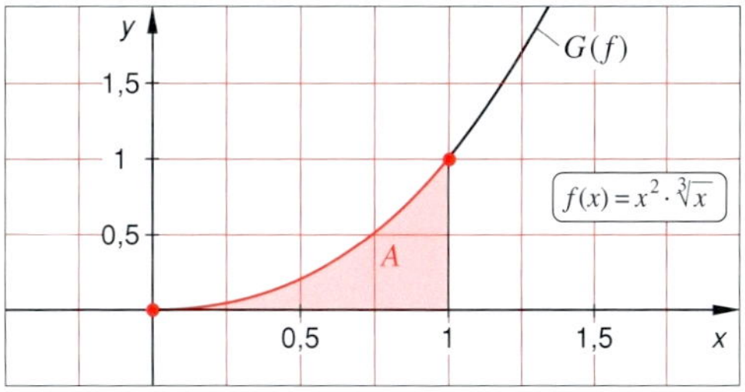

Berechnung des Näherungswertes

► gewählt: $n = 10$ ► $a = 0;\ b = 1$ ► $h = \dfrac{b-a}{n} = \dfrac{1-0}{10} = \underline{0{,}1}$

207 ● Fehlerabschätzung

$F_S \leq \frac{1}{180} \cdot \frac{(b-a)^5}{n^4} \cdot \max|f^{(4)}(x)|;\, x \in [a;b];\, n \in \mathbb{N}^{>0}$ ► $f(x) = x^2 \cdot \sqrt[3]{x} \Rightarrow f^{(4)}(x) = -\frac{56}{81 \cdot \sqrt[3]{x^5}};\, x \in \mathbb{R}^{>0}$

Die Funktion $f^{(4)}$ ist im Intervall [0; 1] unbeschränkt und somit existiert $\max|f^{(4)}(x)|$ dort nicht. Die Formel für F_S lässt sich daher nicht anwenden.

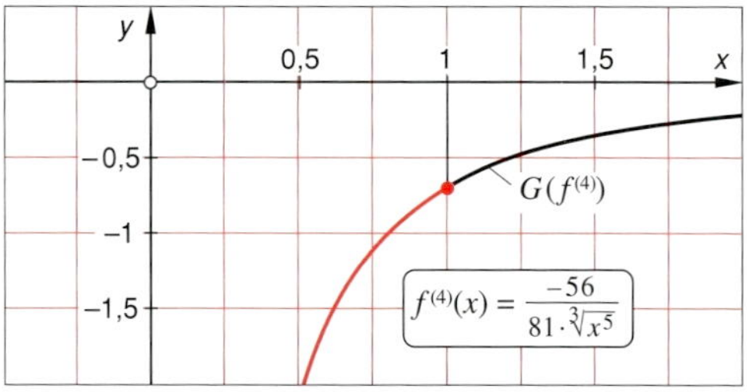

● Berechnung von S_{10} ► Simpsonsche Regel: $\int_0^1 (x^2 \cdot \sqrt[3]{x})\,\mathrm{d}x \approx S_{10}$

$$S_{10} = \frac{h}{3} \cdot [f(x_0) + 4 \cdot f(x_1) + 2 \cdot f(x_2) + 4 \cdot f(x_3) + 2 \cdot f(x_4) + \ldots + 2 \cdot f(x_8) + 4 \cdot f(x_9) + f(x_{10})]$$

► $h = 0{,}1;\ f(x) = x^2 \cdot \sqrt[3]{(x)}$

Tabelle der Funktionswerte für $f(x) = x^2 \cdot \sqrt[3]{x}$ ► $x_k = 0 + k \cdot 0{,}1 = k \cdot 0{,}1;\ k = 0; 1; 2; \ldots; 10$

$x_0 = a$	x_1	x_2	x_3	x_4	x_5	x_6	x_7	x_8	x_9	$x_{10} = b$
0	0,1	0,2	0,3	0,4	0,5	0,6	0,7	0,8	0,9	1
$1 \cdot f(x_0)$	$4 \cdot f(x_1)$	$2 \cdot f(x_2)$	$4 \cdot f(x_3)$	$2 \cdot f(x_4)$	$4 \cdot f(x_5)$	$2 \cdot f(x_6)$	$4 \cdot f(x_7)$	$2 \cdot f(x_8)$	$4 \cdot f(x_9)$	$1 \cdot f(x_{10})$
0	0,0185...	0,0467...	0,2409...	0,2357...	0,7937...	0,6072...	1,7402...	1,1882...	3,1281...	1
► $f(x_0) + 4 \cdot f(x_1) + 2 \cdot f(x_2) + 4 \cdot f(x_3) + 2 \cdot f(x_4) + \ldots + 2 \cdot f(x_8) + 4 \cdot f(x_9) + f(x_{10}) = \underline{8{,}9998\ldots}$										

$S_{10} = \frac{0{,}1}{3} \cdot 8{,}9998\ldots = \underline{\underline{0{,}3000}}$ ► Näherungswert für $\int_0^1 (x^2 \cdot \sqrt[3]{x})\,\mathrm{d}x$ mit der Simpsonschen Regel

Da hier eine Fehlerabschätzung nicht möglich ist, kann zur Übereinstimmung des Näherungswertes mit dem exakten Integralwert überhaupt keine Aussage gemacht werden.

33. Entwickeln Sie eine Formel für die rechtsgestützte Rechteckregel.
► **Lehrbuch: Kusch 4, S. 195/196**

Die bisher verwendete Rechteckregel müsste eigentlich genauer **linksgestützte Rechteckregel** heißen, da zur Berechnung der Rechteckflächen A_k im Intervall $[x_{k-1}; x_k]$ mit $k \in \{1; 2; 3; \ldots; n\}$ stets der linke Funktionswert $f(x_{k-1})$ als Rechtecklänge verwendet wird. Entsprechend kann man eine **rechtsgestützte Rechteckregel** herleiten, bei der zur Berechnung der Rechteckflächen A_k im Intervall $[x_{k-1}; x_k]$ mit $k \in \{1; 2; 3; \ldots; n\}$ der rechte Funktionswert $f(x_k)$ als Rechtecklänge dient.

$\int_a^b f(x)\,\mathrm{d}x \approx R_{n,\,\text{rechts}}$ ► $R_{n,\,\text{rechts}} = \sum_{k=1}^{n} A_k$

$$\begin{aligned}\sum_{k=1}^{n} A_k &= A_1 + A_2 + \cdots + A_n \\ &= h \cdot f(x_1) + h \cdot f(x_2) + \cdots + h \cdot f(x_n) \\ &= h \cdot [f(x_1) + f(x_2) + \cdots + f(x_n)]\end{aligned}$$

$$\Rightarrow \underline{\underline{R_{n;\,\text{rechts}} = h \cdot [f(x_1) + f(x_2) + \cdots + f(x_n)]}}$$

► $x_n = b$ ► rechtsgestützte Rechteckregel

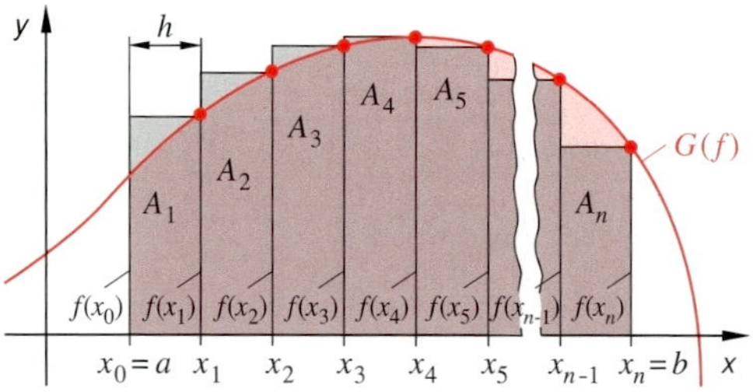

207

34. Bilden Sie das arithmetische Mittel aus der linksgestützten und der rechtsgestützten Rechteckregel und zeigen Sie, dass sich hieraus die Trapezregel ergibt.

$R_{n,\text{links}} = h \cdot [f(x_0) + f(x_1) + f(x_2) + \cdots + f(x_{n-1})]$ ▶ $x_0 = a$

$R_{n,\text{rechts}} = h \cdot [f(x_1) + f(x_2) + \cdots + f(x_{n-1}) + f(x_n)]$

$$\Rightarrow \frac{R_{n,\text{links}} + R_{n,\text{rechts}}}{2} = \frac{h \cdot [f(x_0) + f(x_1) + f(x_2) + \cdots + f(x_{n-1})] + h \cdot [f(x_1) + f(x_2) + \cdots + f(x_{n-1}) + f(x_n)]}{2}$$

$$= h \cdot \frac{f(x_0) + 2 \cdot f(x_1) + 2 \cdot f(x_2) + \cdots + 2 \cdot f(x_{n-1}) + f(x_n)}{2}$$

$$= h \cdot \left[\frac{f(x_0)}{2} + f(x_1) + f(x_2) + \cdots + f(x_{n-1}) + \frac{f(x_n)}{2}\right]$$ ▶ Trapezregel

35. Berechnen Sie die Maßzahl der Fläche zwischen dem Graphen der Funktion $f: f(x) = \sqrt{1 - x^2}$ und der x-Achse im Intervall $[0; 1]$ mithilfe der Rechteckregel, der Trapezregel, der Mittentangentenregel sowie der Simpsonschen Regel und vergleichen Sie die Ergebnisse.

▶ Übungsaufgabe 6

3 Anwendungen der Integralrechnung

3.1 Inhalte ebener Flächen

▸ Lehrbuch: Kusch 4, S. 208 ... 266

Mithilfe des Hauptsatzes (▸ 1.2) kann man ein bestimmtes Integral ohne die aufwendige Berechnung des gemeinsamen Grenzwertes einer Untersummenfolge und der zugehörigen Obersummenfolge ausrechnen (▸ 1.1), wenn die Integrandfunktion im Integrationsintervall eine Stammfunktion besitzt. Will man die Fläche zwischen dem Graphen einer Funktion und der x-Achse bzw. der y-Achse in einem abgeschlossenen Intervall berechnen, so lassen sich mehrere Fälle unterscheiden.

Flächeninhalte – Funktionen in rechtwinkligen Koordinaten

- **Flächen zwischen einem Graphen und der x-Achse**
  ▸ Lehrbuch: Kusch 4, S. 208 ... 214

Merke:

- Liegen in einem Intervall $[a; b]$ alle Funktionswerte einer in $[a; b]$ integrierbaren Funktion f oberhalb oder unterhalb der x-Achse, so gilt für den Inhalt A_x der Fläche zwischen dem Graphen der Funktion f und der x-Achse in diesem Intervall:

  $$A_x = \left| \int_a^b f(x)\,\mathrm{d}x \right| \quad ▸\ f(x) \leq 0 \text{ oder } f(x) \geq 0 \text{ für alle } x \in [a\,;b]$$

  Hat eine Funktion f in $[a; b]$ eine Stammfunktion F, so lässt sich das bestimmte Integral $\int_a^b f(x)\,\mathrm{d}x$ nach dem Hauptsatz (▸ 1.2) berechnen.
- Liegt in einem Intervall $[a; b]$ die Fläche zwischen dem Graphen einer integrierbaren Funktion f und der x-Achse teilweise unterhalb und teilweise oberhalb der x-Achse, so werden die Inhalte der Teilflächen getrennt berechnet und dann addiert. Hat eine Funktion f im Intervall $(a; b)$ zum Beispiel die Nullstellen $x_1; x_2$ und x_3, so ergeben sich die Integrationsgrenzen der Teilintegrale aus den Intervallgrenzen a and b sowie diesen Nullstellen.

  $$A_x = \left| \int_a^{x_1} f(x)\,\mathrm{d}x \right| + \left| \int_{x_1}^{x_2} f(x)\,\mathrm{d}x \right| + \left| \int_{x_2}^{x_3} f(x)\,\mathrm{d}x \right| + \left| \int_{x_3}^{b} f(x)\,\mathrm{d}x \right|$$

264 Berechnen Sie zu den gegebenen Funktionsgleichungen jeweils die Maßzahl der Fläche, die zwischen dem Funktionsgraphen und der x-Achse im angegebenen x-Intervall liegt. Stellen Sie die Fläche in einem Schaubild dar.

1. $f(x) = x^2 + 1; x \in [-2; 3]$

Die Funktion $f: f(x) = x^2 + 1; D(f) = \mathbb{R}$ ist im Intervall $[-2; 3]$ abschnittsweise monoton und somit dort integrierbar. ▸ 1.1

f hat in $[-2; 3]$ keine Nullstelle, sodass die Formel $A_x = \left| \int_a^b f(x)\,\mathrm{d}x \right|$ unmittelbar angewendet werden kann.

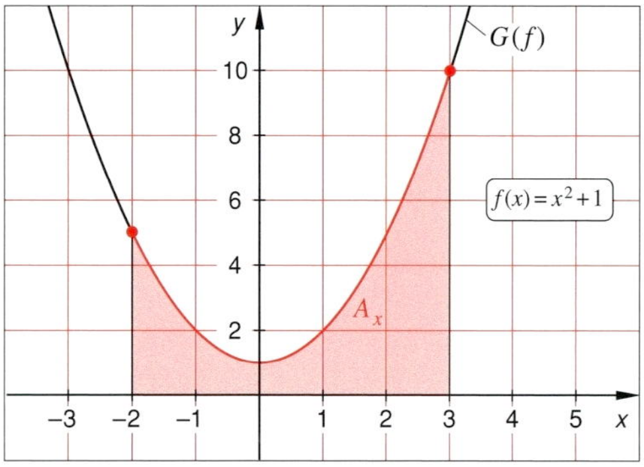

264

► $F(x) = \frac{1}{3} \cdot x^3 + x;\ x \in \mathbb{R}$

$\Rightarrow F'(x) = 3 \cdot \frac{1}{3} \cdot x^2 + 1$

$= x^2 + 1;\ x \in \mathbb{R}$ ► $F'(x) = f(x)$

► F ist eine Stammfunktion von f in $\mathbb{R}$.

$A_x = \left| \int_a^b f(x)\,\mathrm{d}x \right|$ ► -2 für a; 3 für b; $f(x) = x^2 + 1$

$= \left| \int_{-2}^{3} (x^2 + 1)\,\mathrm{d}x \right|$

$= \left| \frac{1}{3} \cdot x^3 + x \Big|_{-2}^{3} \right|$

$= \left| \frac{1}{3} \cdot 3^3 + 3 - \left[\frac{1}{3} \cdot (-2)^3 + (-2) \right] \right|$

$= \left| 9 + 3 - \left[-\frac{8}{3} - 2 \right] \right|$

$= \left| 12 + \frac{14}{3} \right|$

$= \underline{\underline{16{,}66667}}$ ► Maßzahl der Fläche in $[-2;\ 3]$

2. $f(x) = x^3 + 1;\ x \in [-3;\ 2]$

Die Funktion $f: f(x) = x^3 + 1;\ D(f) = \mathbb{R}$ ist im Intervall $[-2;\ 3]$ streng monoton steigend und somit dort integrierbar. ► 1.1

f hat die Nullstelle $x_0 = -1$, die innerhalb des Intervalls $[-3;\ 2]$ liegt. Damit ergeben sich für die Flächenberechnung die Integrationsintervalle $[-3;\ -1]$ (► $f(x) \leq 0$) und $[-1;\ 2]$ (► $f(x) \geq 0$).

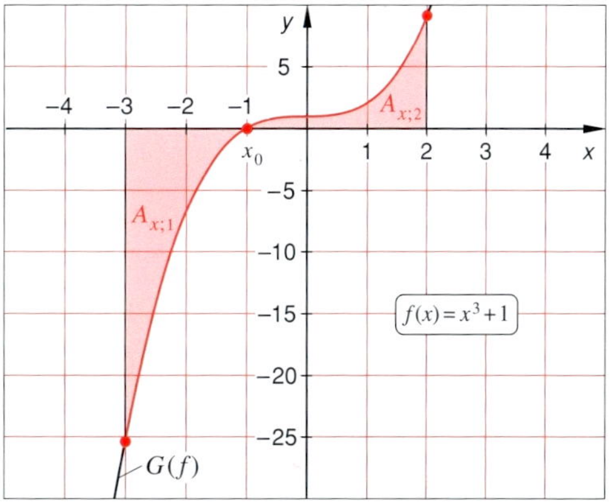

► $F(x) = \frac{1}{4} \cdot x^4 + x;\ x \in \mathbb{R}$

$\Rightarrow F'(x) = 4 \cdot \frac{1}{4} \cdot x^3 + 1$

$= x^3 + 1;\ x \in \mathbb{R}$ ► $F'(x) = f(x)$

► F ist eine Stammfunktion von f in $\mathbb{R}$.

► $x^3 + 1 = 0 \Rightarrow x^3 = -1 \Rightarrow x_0 = \underline{-1}$ ► Nullstelle

► $A_x = A_{x;\,1} + A_{x;\,2}$ ► Merksatz

$= \left| \int_{-3}^{-1} (x^3 + 1)\,\mathrm{d}x \right| + \left| \int_{-1}^{2} (x^3 + 1)\,\mathrm{d}x \right|$

$= \left| \tfrac{1}{4} \cdot x^4 + x \Big|_{-3}^{-1} \right| + \left| \tfrac{1}{4} \cdot x^4 + x \Big|_{-1}^{2} \right|$

$= |-18| + \left| \frac{27}{4} \right|$

$= \underline{\underline{24{,}75}}$ ► Maßzahl der Fläche in $[-3;\ 2]$

264 **3.** $f(x)=\dfrac{1}{3x};\ x\in[2;4]$

Die Funktion $f: f(x)=\dfrac{1}{3x};\ D(f)=\mathbb{R}^{+0}$ ist im Intervall $[2;4]$ streng monoton fallend und somit dort integrierbar. ► 1.1

f hat in $[2;4]$ keine Nullstelle, sodass die Formel $A_x=\left|\int\limits_a^b f(x)\,\mathrm{d}x\right|$ unmittelbar angewendet werden kann.

► $F(x)=\dfrac{1}{3}\cdot\ln|x|;\ x\in\mathbb{R}^{+0}$

$\Rightarrow F'(x)=\dfrac{1}{3x};\ x\in\mathbb{R}^{+0}$ ► $F'(x)=f(x)$

► F ist eine Stammfunktion von f in $\mathbb{R}$.

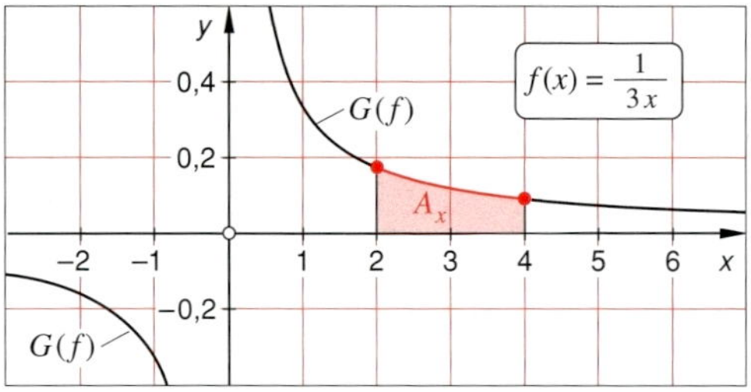

$$A_x=\left|\int\limits_a^b f(x)\,\mathrm{d}x\right| \quad ► \text{ 2 für } a;\ 4 \text{ für } b;\ f(x)=\frac{1}{3x}$$

$$=\left|\int\limits_2^4\frac{\mathrm{d}x}{3x}\right|$$

$$=\left|\frac{1}{3}\cdot\ln|x|\,\Big|_2^4\right|$$

$$=\left|\frac{1}{3}\cdot\ln 4-\frac{1}{3}\cdot\ln 2\right| \quad ► \ln 4=2\cdot\ln 2$$

$$=\frac{1}{3}\cdot\ln 2$$

$$=\underline{\underline{0{,}23105}} \quad ► \text{ Maßzahl der Fläche in } [2;4]$$

4. $f(x)=\sqrt{5x};\ x\in[0;5]$

Die Funktion $f: f(x)=\sqrt{5x};\ D(f)=\mathbb{R}^{\geq 0}$ ist im Intervall $[0;5]$ streng monoton steigend und somit dort integrierbar. ► 1.1

f hat in $[0;5]$, die Nullstelle $x_0=0$, die aber Randstelle des Integrationsintervalls ist. Die Formel $A_x=\left|\int\limits_a^b f(x)\,\mathrm{d}x\right|$ kann daher unmittelbar angewendet werden.

► $F(x)=\dfrac{2}{3}\cdot\sqrt{5}\cdot\sqrt{x^3};\ x\in\mathbb{R}^{\geq 0}$

$\Rightarrow F'(x)=\dfrac{2}{3}\cdot\sqrt{5}\cdot\dfrac{3}{2}\cdot\sqrt{x}$

$=\sqrt{5x};\ x\in\mathbb{R}^{\geq 0}$ ► $F'(x)=f(x)$

► F ist eine Stammfunktion von f in $\mathbb{R}$

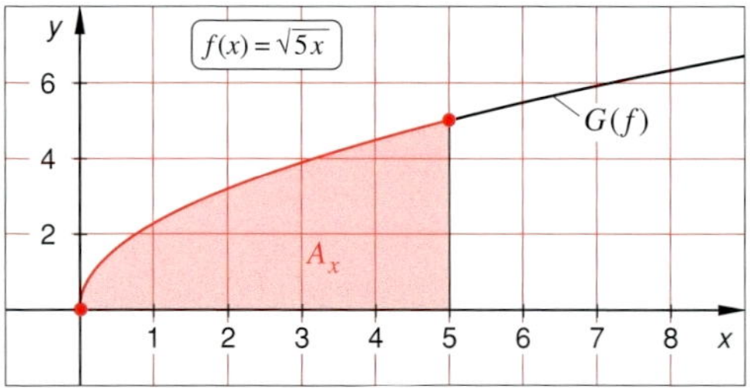

$$A_x=\left|\int\limits_a^b f(x)\,x\right| \quad ► \text{ 0 für } a;\ 5 \text{ für } b;\ f(x)=\sqrt{5x}$$

$$=\left|\int\limits_0^5\sqrt{5x}\,\mathrm{d}x\right|$$

$$=\left|\frac{2}{3}\cdot\sqrt{5}\cdot\sqrt{x^3}\,\Big|_0^5\right|$$

$$=\left|\frac{2}{3}\cdot\sqrt{5}\cdot\sqrt{5^3}-\frac{2}{3}\cdot\sqrt{5}\cdot 0\right|$$

$$=\underline{\underline{16{,}66667}} \quad ► \text{ Maßzahl der Fläche in } [0;5]$$

264

5. $f(x) = \dfrac{4}{\sqrt{x}};\ x \in [1; 2]$

Die Funktion $f: f(x) = \dfrac{4}{\sqrt{x}};\ D(f) = \mathbb{R}^{>0}$ ist im Intervall $[1; 2]$ streng monoton fallend und somit dort integrierbar. ► 1.1

f hat in $[2; 4]$ keine Nullstelle, sodass die Formel $A_x = \left|\int_a^b f(x)\,dx\right|$ unmittelbar angewendet werden kann.

► $F(x) = 8 \cdot \sqrt{x};\ x \in \mathbb{R}^{>0}$

$\Rightarrow F'(x) = \dfrac{8}{2 \cdot \sqrt{x}}$

$= \dfrac{4}{\sqrt{x}};\ x \in \mathbb{R}^{>0}$ ► $F'(x) = f(x)$

► F ist eine Stammfunktion von f in $\mathbb{R}^{>0}$.

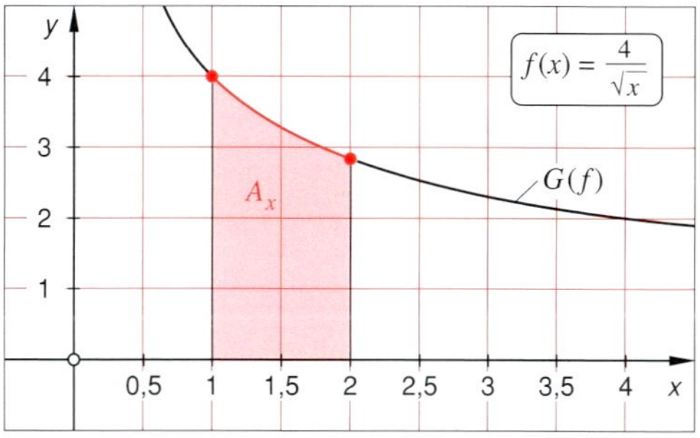

$A_x = \left|\int_a^b f(x)\,dx\right|$ ► 1 für a; 2 für b; $f(x) = \dfrac{4}{\sqrt{x}}$

$= \left|\int_1^2 \dfrac{4}{\sqrt{x}}\,dx\right|$

$= \left|8 \cdot \sqrt{x}\,\Big|_1^2\right|$

$= \left|8 \cdot \sqrt{2} - 8 \cdot \sqrt{1}\right|$

$= \left|8 \cdot \sqrt{2} - 8\right|$

$= \underline{\underline{3{,}31371}}$ ► Maßzahl der Fläche in $[1; 2]$

6. $f(x) = 4x^2 - 2x^4;\ x \in [-2; \sqrt{2}]$

Die Funktion $f: f(x) = 4x^2 - 2x^4;\ D(f) = \mathbb{R}$ ist in $[-2; \sqrt{2}]$ abschnittsweise monoton und somit dort integrierbar. f hat die Nullstellen $x_1 = 0$; $x_2 = -\sqrt{2}$ und $x_3 = \sqrt{2}$. Die Nullstellen x_1 and x_2 liegen im Integrationsintervall, die Nullstelle x_3 ist Randstelle des Integrationsintervalls.

Wegen $4x^2 - 2x^4 = 2x^2 \cdot (2 - x^2)$ gilt $f(x) \geq 0$ in $[-\sqrt{2}; \sqrt{2}]$. Damit ergeben sich für die Flächenberechnung die Integrationsintervalle $[-2; -\sqrt{2}]$ und $[-\sqrt{2}; \sqrt{2}]$.

► $F(x) = \dfrac{4}{3} \cdot x^3 - \dfrac{2}{5} \cdot x^5;\ x \in \mathbb{R}$

$\Rightarrow F'(x) = 4x^2 - 2x^4;\ x \in \mathbb{R}$ ► $F'(x) = f(x)$

► F ist eine Stammfunktion von f in $\mathbb{R}^{>0}$.

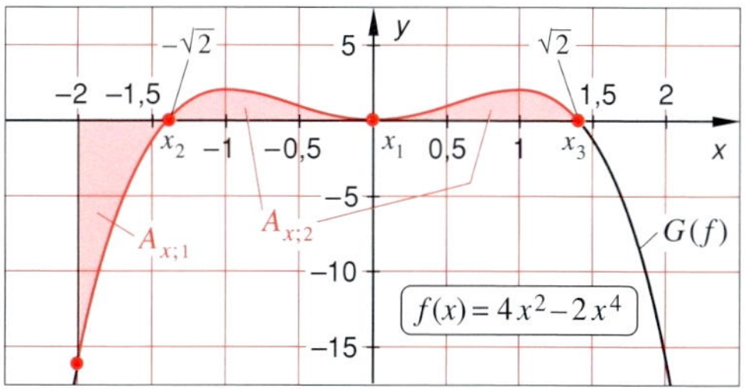

► $4x^2 - 2x^4 = 0$

$\Rightarrow 2x^2 \cdot (2 - x^2) = 2x^2 \cdot (\sqrt{2} + x) \cdot (\sqrt{2} - x) = 0$

$\Rightarrow x_1 = \underline{0};\ x_2 = \underline{-\sqrt{2}};\ x_3 = \underline{\sqrt{2}}$ ► Nullstellen

$A_x = A_{x_1} + A_{x_2}$ ► Merksatz

$= \left|\int_{-2}^{-\sqrt{2}} (4x^2 - 2x^4)\,dx\right| + \left|\int_{-\sqrt{2}}^{\sqrt{2}} (4x^2 - 2x^4)\,dx\right|$

$= \left|\dfrac{4}{3} \cdot x^3 - \dfrac{2}{5} \cdot x^5\Big|_{-2}^{-\sqrt{2}}\right| + \left|\dfrac{4}{3} \cdot x^3 - \dfrac{2}{5} \cdot x^5\Big|_{-\sqrt{2}}^{\sqrt{2}}\right|$

$= \left|\dfrac{4}{3} \cdot (-\sqrt{2})^3 - \dfrac{2}{5} \cdot (-\sqrt{2})^5 - \left[\dfrac{4}{3} \cdot (-2)^3 - \dfrac{2}{5} \cdot (-2)^5\right]\right|$

$+ \left|\dfrac{4}{3} \cdot (\sqrt{2})^3 - \dfrac{2}{5} \cdot (\sqrt{2})^5 - \left[\dfrac{4}{3} \cdot (-\sqrt{2})^3 - \dfrac{2}{5} \cdot (-\sqrt{2})^5\right]\right|$

$= |-3{,}64182\ldots| + |3{,}01698\ldots|$

$= \underline{\underline{6{,}65882}}$ ► Maßzahl der Fläche in $\left[-2; \sqrt{2}\right]$

264 **7.** $f(x) = \dfrac{x^2 - 3x + 4}{x+2};\ x \in [-1; 5]$

Die Funktion $f\colon f(x) = \dfrac{x^2 - 3x + 4}{x+2}$ mit $D(f) = \mathbb{R}^{\neq 2}$ ist im Intervall $[-1; 5]$ abschnittsweise monoton und somit dort integrierbar. ► 1.1

f hat in $[-1; 5]$ keine Nullstelle, sodass die Formel $A_x = \left|\int\limits_a^b f(x)\,\mathrm{d}x\right|$ unmittelbar angewendet werden kann.

► $\dfrac{x^2 - 3x + 4}{x+2}$ ist ein unechter Polynombruch

$$(x^2 - 3x + 4) : (x+2) = x - 5 + \frac{14}{x+2} \quad \blacktriangleright f(x)$$
$$\underline{-(x^2 + 2x)}$$
$$-5x + 4$$
$$\underline{-(-5x - 10)}$$
$$14$$

► $F(x) = \dfrac{1}{2} \cdot x^2 - 5x + 14 \cdot \ln|x+2|;\ x \in \mathbb{R}^{\neq -2}$

$\Rightarrow F'(x) = x - 5 + \dfrac{14}{x+2};\ x \in \mathbb{R}^{\neq -2}$

► $F'(x) = f(x)$

► F ist eine Stammfunktion von f in $\mathbb{R}^{\neq -2}$.

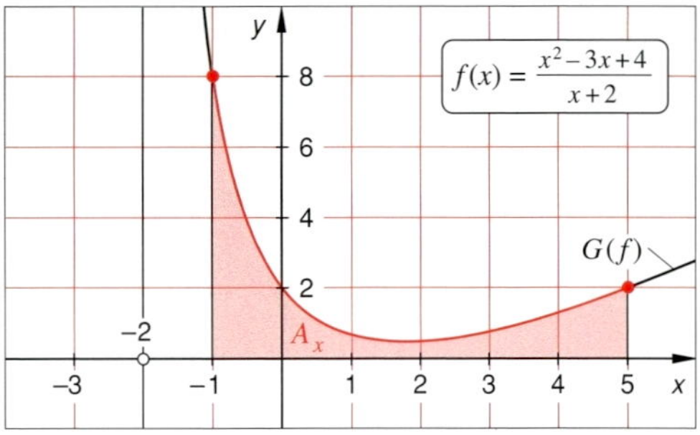

$$A_x = \left|\int\limits_a^b f(x)\,\mathrm{d}x\right| \quad \blacktriangleright -1 \text{ für } a;\ 5 \text{ für } b;\ f(x) = x - 5 + \frac{14}{x+2}$$

$$= \left|\int\limits_{-1}^{5} \left(x - 5 + \frac{14}{x+2}\right)\mathrm{d}x\right|$$

$$= \left|\frac{1}{2} \cdot x^2 - 5x + 14 \cdot \ln|x+2|\,\Big|_{-1}^{5}\right|$$

$$= \left|\frac{1}{2} \cdot 25 - 25 + 14 \cdot \ln 7 + \right.$$
$$\left. - \left[\frac{1}{2} \cdot (-1)^2 - 5 \cdot (-1) + 14 \cdot \ln|-1+2|\right]\right|$$

$$= |-18 + 14 \cdot \ln 7 - 14 \cdot \ln 1| \quad \blacktriangleright \ln 1 = 0$$

$$= \underline{\underline{9{,}24274}} \quad \blacktriangleright \text{Maßzahl der Fläche in } [-1; \sqrt{5}]$$

8. $f(x) = \dfrac{2x}{1+x^2};\ x \in [1; 3]$

Die Funktion $f\colon f(x) = \dfrac{2x}{1+x^2};\ D(f) = \mathbb{R}$ ist in $[1; 3]$ streng monoton fallend und somit dort integrierbar. ► 1.1

f hat in $[1; 3]$ keine Nullstelle, sodass die Formel $A_x = \left|\int\limits_a^b f(x)\,\mathrm{d}x\right|$ unmittelbar angewendet werden kann.

► $F(x) = \ln|1 + x^2|;\ x \in \mathbb{R}$

$\Rightarrow F'(x) = \dfrac{2x}{1+x^2};\ x \in \mathbb{R}$ ► $F'(x) = f(x)$

► F ist eine Stammfunktion von f in $\mathbb{R}^{>0}$.

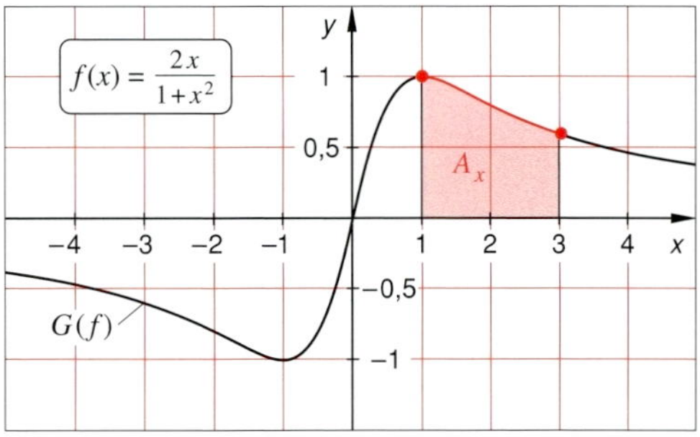

$$A_x = \left|\int\limits_a^b f(x)\,\mathrm{d}x\right| \quad \blacktriangleright 1 \text{ für } a;\ 3 \text{ für } b;\ f(x) = \frac{2x}{1+x^2}$$

$$= \left|\int\limits_1^3 \frac{2x}{1+x^2}\,\mathrm{d}x\right|$$

$$= \left|\ln|1 + x^2|\,\Big|_1^3\right|$$

$$= \left|\ln|1 + 3^2| - \ln|1 + 1^2|\right|$$

$$= |\ln 10 - \ln 2|$$

$$= \underline{\underline{1{,}60944}} \quad \blacktriangleright \text{Maßzahl der Fläche in } [1; 3]$$

9. $f(x) = x^2 + \sqrt{2 - x^2}$; $x \in [-1; 1]$

Die Funktion $f: f(x) = x^2 + \sqrt{2 - x^2}$ mit $D(f) = [-\sqrt{2}; \sqrt{2}]$ ist in $[-1; 1]$ abschnittsweise monoton und somit dort integrierbar. ► 1.1

f hat in $[-1; 1]$ keine Nullstelle, sodass die Formel $A_x = \left| \int_a^b f(x)\,dx \right|$ unmittelbar angewendet werden kann.

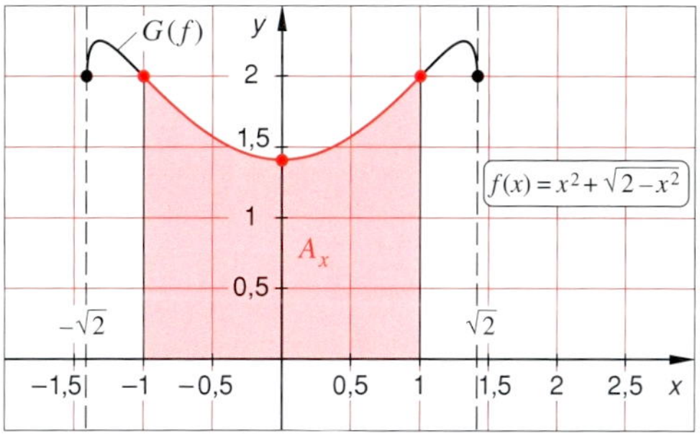

Da f eine gerade Funktion ist, es gilt $f(-x) = f(x)$; $x \in [-\sqrt{2}; \sqrt{2}]$, sind die Maßzahlen $A_{x;1}$ und $A_{x;2}$ der Flächen zwischen den Graphen von f und der x-Achse in den x-Intervallen $[-1; 0]$ und $[0; 1]$ gleich. Daher gilt: $A_x = 2 \cdot \left| \int_0^1 (x^2 + \sqrt{2 - x^2})\,dx \right|$

► $F(x) = \frac{x^3}{3} + \frac{x}{2} \cdot \sqrt{2 - x^2} + \text{Arcsin}\frac{\sqrt{2} \cdot x}{2}$; $x \in [-\sqrt{2}; \sqrt{2}]$ ► 2.4.1

$\Rightarrow F'(x) = x^2 + \sqrt{2 - x^2}$; $x \in [-\sqrt{2}; \sqrt{2}]$

► $F'(x) = f(x)$

► F ist eine Stammfunktion von f im Intervall $[-\sqrt{2}; \sqrt{2}]$.

$A_x = \left| \int_a^b f(x)\,dx \right|$ ► -1 für a; 1 für b; $f(x) = x^2 + \sqrt{2 - x^2}$

$= \left| \int_{-1}^{1} (x^2 + \sqrt{2 - x^2})\,dx \right|$

$= 2 \cdot \left| \int_0^1 (x^2 + \sqrt{2 - x^2})\,dx \right|$

$= 2 \cdot \left| \frac{1}{3} \cdot x^3 + \frac{x}{2} \cdot \sqrt{2 - x^2} + \text{Arcsin}\frac{\sqrt{2} \cdot x}{2} \Big|_0^1 \right|$

$= 2 \cdot \left| \frac{1}{3} \cdot 1^3 + \frac{1}{2} \cdot \sqrt{2 - 1^2} + \text{Arcsin}\frac{\sqrt{2} \cdot 1}{2} - 0 \right|$

$= 2 \cdot \left| \frac{1}{3} + \frac{1}{2} \cdot \sqrt{1} + \text{Arcsin}\frac{\sqrt{2}}{2} \right|$

$= 2 \cdot \left| \frac{1}{3} + \frac{1}{2} + \frac{\pi}{4} \right|$

$= 2 \cdot 1{,}61873\ldots$

$= \underline{\underline{3{,}23746}}$ ► Maßzahl der Fläche in $[-1; 1]$

264 **10.** $f(x)=\dfrac{x-2}{x-1};\, x\in[1{,}5\,;4]$

Die Funktion $f: f(x)=\dfrac{x-2}{x-1};\, D(f)=\mathbb{R}^{\neq 1}$ ist in $[1{,}5;\,4]$ streng monoton steigend und somit dort integrierbar (► 1.1). Die Funktion f hat die Nullstelle $x_0=2$, die innerhalb des Intervalls $[1{,}5;\,4]$ liegt. Somit ergeben sich für die Flächenberechnung die Integrationsintervalle $[1{,}5;\,2]$ für $f(x)\leq 0$ und $[2;\,4]$ für $f(x)\geq 0$.

► $\dfrac{x-2}{x-1}$ ist ein unechter Polynombruch

$$(x-2):(x-1)=1+\frac{-1}{x-1}=1-\frac{1}{x-1} \quad \blacktriangleright f(x)$$
$$\frac{-(x-1)}{-1}$$

► $F(x)=x-\ln|x-1|;\, x\in\mathbb{R}^{\neq 1}$

$\Rightarrow F'(x)=1-\dfrac{1}{x-1};\, x\in\mathbb{R}^{\neq 1}$ ► $F'(x)=f(x)$

► F ist eine Stammfunktion von f in $[1{,}5;\,4]$.

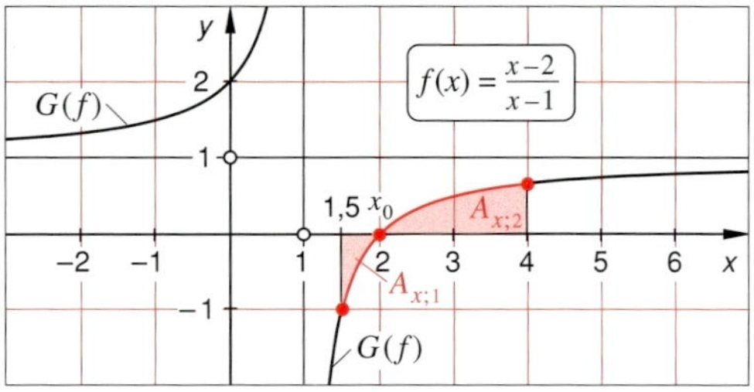

► $\dfrac{x-2}{x-1}=0 \Rightarrow x-2=0 \Rightarrow x_0=\underline{2}$ ► Nullstelle

► $A_x = \quad A_{x;1} \quad + \quad A_{x;2}$ ► Merksatz

$$=\left|\int_{1,5}^{2}\frac{x-2}{x-1}\,dx\right|+\left|\int_{2}^{4}\frac{x-2}{x-1}\,dx\right|$$
$$=\left|\int_{1,5}^{2}\left(1-\frac{1}{x-1}\right)dx\right|+\left|\int_{2}^{4}\left(1-\frac{1}{x-1}\right)dx\right|$$
$$=\left|x-\ln|x-1|\,\Big|_{1,5}^{2}\right|+\left|x-\ln|x-1|\,\Big|_{2}^{4}\right|$$
$$=\big|0{,}5-\ln|1|+\ln|0{,}5|\big|+\big|2-\ln|3|+\ln|1|\big|$$
$$=\big|0{,}5+\ln|0{,}5|\big|+\big||2-\ln|3|\big|$$
$$=|0{,}19314\ldots+0{,}90138\ldots|$$
$$=\underline{\underline{1{,}09453}}$$ ► Maßzahl der Fläche in $[1{,}5;\,4]$

11. $f(x)=\sqrt{2+x};\, x\in[-2;\,3]$

Die Funktion $f: f(x)=\sqrt{2+x};\, D(f)=\mathbb{R}^{\geq -2}$ ist im Intervall $[-2;\,3]$ streng monoton steigend und somit dort integrierbar. ► 1.1

f hat in $[-2;\,3]$ die Nullstelle $x_0=-2$, die aber Randstelle des Integrationsintervalls ist. Die Formel $A_x=\left|\int_a^b f(x)\,dx\right|$ kann daher unmittelbar angewendet werden.

► $F(x)=\dfrac{2}{3}\cdot\sqrt{(2+x)^3};\, x\in\mathbb{R}^{\geq -2}$ ► 2.4.1

$\Rightarrow F'(x)=\sqrt{2+x};\, x\in\mathbb{R}^{\geq -2}$ ► $F'(x)=f(x)$

► F ist eine Stammfunktion von f in $\mathbb{R}^{\geq -2}$.

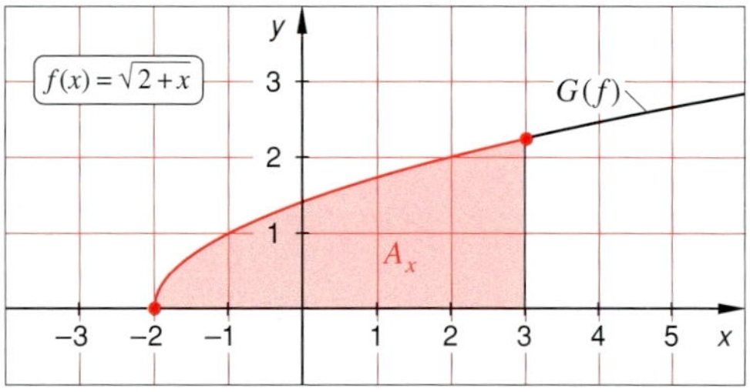

$A_x=\left|\int_a^b f(x)\,dx\right|$ ► -2 für a; 3 für b; $f(x)=\sqrt{2+x}$

$$=\left|\int_{-2}^{3}\sqrt{2+x}\,dx\right|$$
$$=\left|\frac{2}{3}\cdot\sqrt{(2+x)^3}\,\Big|_{-2}^{3}\right|$$
$$=\left|\frac{2}{3}\cdot\sqrt{5^3}-\frac{2}{3}\cdot\sqrt{0^3}\right|$$
$$=\underline{\underline{7{,}45356}}$$ ► Maßzahl der Fläche in $[-2;\,3]$

12. $f(x) = \frac{2}{3} \cdot \sqrt{9 - x^2}$; $x \in [0; 3]$

Die Funktion $f: f(x) = \frac{2}{3} \cdot \sqrt{9 - x^2}$ mit $D(f) = [-3; 3]$ ist im Intervall $[0; 3]$ streng monoton fallend und somit dort integrierbar. ► 1.1

f hat in $[0; 3]$ die Nullstelle $x_0 = 3$, die aber Randstelle des Integrationsintervalls ist. Die Formel $A_x = \left| \int_a^b f(x)\,dx \right|$ kann daher unmittelbar angewendet werden.

► $F(x) = \frac{2}{3} \cdot \left(\frac{x}{2} \cdot \sqrt{9 - x^2} + \frac{9}{2} \cdot \text{Arcsin} \frac{x}{3} \right)$; $x \in [-3; 3]$ ► 2.4.5

$\Rightarrow F'(x) = \frac{2}{3} \cdot \sqrt{9 - x^2}$; $x \in [-3; 3]$

► $F'(x) = f(x)$

► F ist eine Stammfunktion von f in $[-3; 3]$.

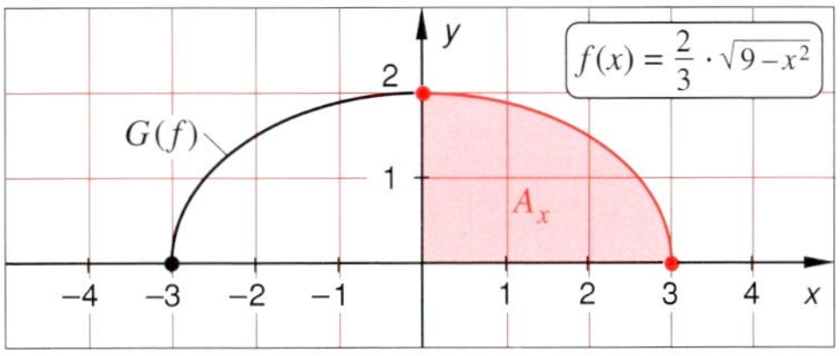

$$A_x = \left| \int_a^b f(x)\,dx \right| \quad \text{► 0 für } a\text{; 3 für } b\text{; } f(x) = \frac{2}{3} \cdot \sqrt{9 - x^2}$$

$$= \left| \int_0^3 \left(\frac{2}{3} \cdot \sqrt{9 - x^2} \right) dx \right|$$

$$= \left| \frac{2}{3} \cdot \left(\frac{x}{2} \cdot \sqrt{9 - x^2} + \frac{9}{2} \cdot \text{Arcsin} \frac{x}{3} \right) \Big|_0^3 \right|$$

$$= \left| \frac{2}{3} \cdot \left(\frac{3}{2} \cdot \sqrt{9 - 9} + \frac{9}{2} \cdot \text{Arcsin} \frac{3}{3} - 0 \right) \right|$$

$$= \left| \frac{2}{3} \cdot \left(0 + \frac{9}{2} \cdot \text{Arcsin}\, 1 \right) \right| \quad \text{► Arcsin } 1 = \frac{\pi}{2}$$

$$= \left| \frac{2}{3} \cdot \frac{9}{2} \cdot \frac{\pi}{2} \right|$$

$$= \underline{\underline{4{,}71239}} \quad \text{► Maßzahl der Fläche in } [0; 3]$$

13. $f(x) = \sqrt{x^2 + 9}$; $x \in [5; 6]$

Die Funktion $f: f(x) = \sqrt{x^2 + 9}$; $D(f) = \mathbb{R}$ ist im Intervall $[5; 6]$ streng monoton steigend und somit dort integrierbar. ► 1.1

f hat in $[5; 6]$ keine Nullstelle, sodass die Formel $A_x = \left| \int_a^b f(x)\,dx \right|$ unmittelbar angewendet werden kann.

► $F(x) = \frac{x}{2} \cdot \sqrt{x^2 + 9} + \frac{9}{2} \cdot \ln\left(x + \sqrt{x^2 + 9}\right)$; $x \in \mathbb{R}$ ► 2.4.6

$\Rightarrow F'(x) = \sqrt{x^2 + 9}$; $x \in \mathbb{R}$ ► $F'(x) = f(x)$

► F ist eine Stammfunktion von f in $\mathbb{R}$.

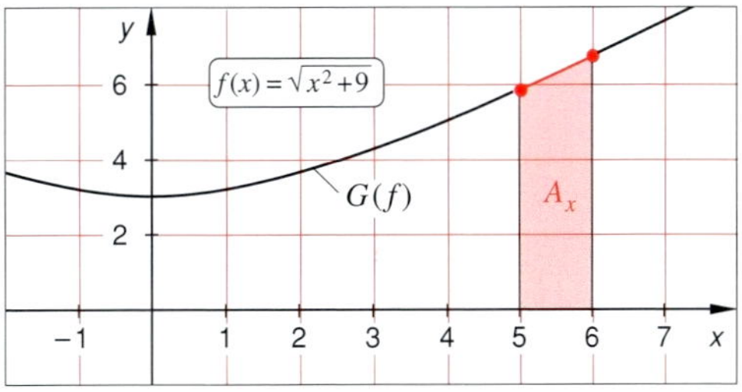

$$A_x = \left| \int_a^b f(x)\,dx \right| \quad \text{► 5 für } a\text{; 6 für } b\text{; } f(x) = \sqrt{x^2 + 9}$$

$$= \left| \int_5^6 \sqrt{x^2 + 9}\,dx \right|$$

$$= \left| \frac{x}{2} \cdot \sqrt{x^2 + 9} + \frac{9}{2} \cdot \ln\left(x + \sqrt{x^2 + 9}\right) \Big|_5^6 \right|$$

$$= |31{,}56472\ldots - 25{,}29821\ldots|$$

$$= \underline{\underline{6{,}26651}} \quad \text{► Maßzahl der Fläche in } [5; 6]$$

264

14. $f(x) = \sqrt{x^3}\,;\, x \in [0; 4]$

Die Funktion $f: f(x) = \sqrt{x^3}\,;\, D(f) = \mathbb{R}^{\geq 0}$ ist im Intervall $[0; 4]$ streng monoton steigend und somit dort integrierbar. ► 1.1

f hat in $[0; 4]$ die Nullstelle $x_0 = 0$, die aber Randstelle des Integrationsintervalls ist. Die Formel $A_x = \left| \int_a^b f(x)\,dx \right|$ kann daher unmittelbar angewendet werden.

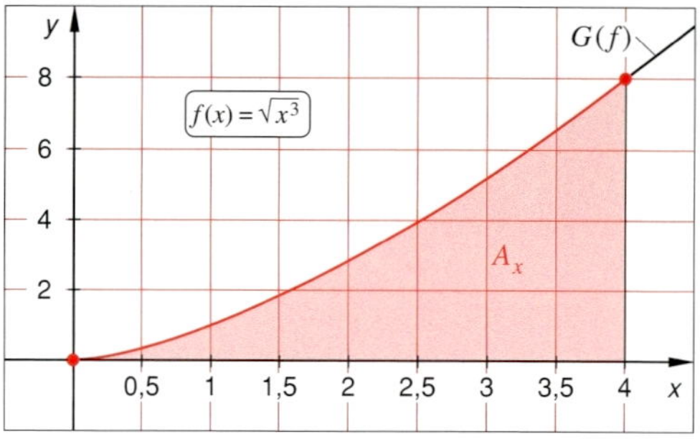

► $F(x) = \frac{2}{5} \cdot \sqrt{x^5}\,;\, x \in \mathbb{R}^{\geq 0}$

$\Rightarrow F'(x) = \sqrt{x^3}\,;\, x \in \mathbb{R}^{\geq 0}$ ► $F'(x) = f(x)$

► F ist eine Stammfunktion von f in $\mathbb{R}^{\geq 0}$.

$$A_x = \left| \int_a^b f(x)\,dx \right| \quad \text{► 0 für } a;\ 4 \text{ für } b;\ f(x) = \sqrt{x^3}$$

$$= \left| \int_0^4 \sqrt{x^3}\,dx \right|$$

$$= \left| \frac{2}{5} \cdot \sqrt{x^5} \Big|_0^4 \right|$$

$$= \left| \frac{2}{5} \cdot \sqrt{4^5} - 0 \right|$$

$$= \underline{\underline{12{,}8}} \quad \text{► Maßzahl der Fläche in } [0; 4]$$

15. $f(x) = \sqrt{x^2 - x - 4}\,;\, x \in [3; 5]$

Die Funktion $f: f(x) = \sqrt{x^2 - x - 4}$ mit $D(f) = \mathbb{R} \setminus (0{,}5 - \sqrt{4{,}25}\,;\, 0{,}5 + \sqrt{4{,}25})$ ist in $[3; 5]$ streng monoton steigend und somit dort integrierbar. ► 1.1

f hat in $[3; 5]$ keine Nullstelle, sodass die Formel $A_x = \left| \int_a^b f(x)\,dx \right|$ unmittelbar angewendet werden kann.

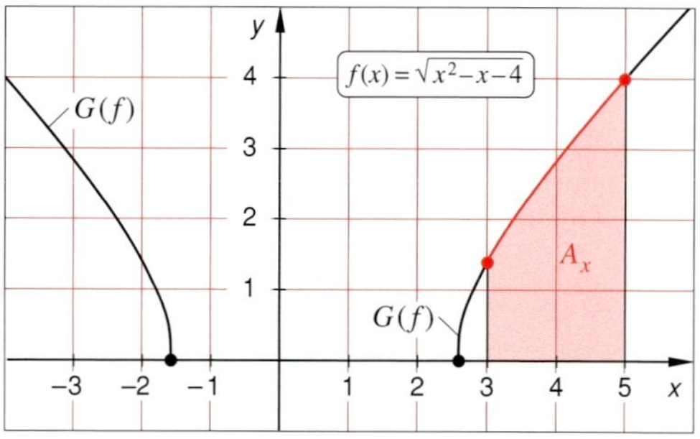

► $F(x) = \frac{2x - 1}{4} \cdot \sqrt{x^2 - x - 4} +$

$- \frac{17}{8} \cdot \ln \left| 2x - 1 + 2 \cdot \sqrt{x^2 - x - 4} \right|$ mit

$x \in \mathbb{R} \setminus (0{,}5 - \sqrt{4{,}25}\,;\, 0{,}5 + \sqrt{4{,}25})$ ► 2.4.7

$\Rightarrow F'(x) = \sqrt{x^2 - x - 4}\,;\, x \in D(f)$

► $F'(x) = f(x)$

► F ist eine Stammfunktion von f in $D(f)$.

$$A_x = \left| \int_a^b f(x)\,dx \right| \quad \text{► 3 für } a;\ 5 \text{ für } b;\ f(x) = \sqrt{x^2 - x - 4}$$

$$= \left| \int_3^5 \sqrt{x^2 - x - 4}\,dx \right|$$

$$= \left| \frac{2x - 1}{4} \cdot \sqrt{x^2 - x - 4} - \frac{17}{8} \cdot \ln \left| 2x - 1 + 2 \cdot \sqrt{x^2 - x - 4} \right| \Big|_3^5 \right|$$

$$= |2{,}97942\ldots - (-2{,}60497\ldots)|$$

$$= \underline{\underline{5{,}58440}} \quad \text{► Maßzahl der Fläche in } [3; 5]$$

16. $f(x)=\dfrac{1}{1+x^2};\ x\in[0;\,1]$

Die Funktion $f:f(x)=\dfrac{1}{1+x^2};\quad D(f)=\mathbb{R}$ ist in $[0;\,1]$ streng monoton fallend und somit dort integrierbar. ► 1.1

f hat in $[0;\,1]$ keine Nullstelle, sodass die Formel $A_x=\left|\int\limits_a^b f(x)\,\mathrm{d}x\right|$ unmittelbar angewendet werden kann.

► $F(x)=\operatorname{Arctan}x;\ x\in\mathbb{R}$

$\Rightarrow F'(x)=\dfrac{1}{1+x^2};\ x\in\mathbb{R}$ ► $F'(x)=f(x)$

► F ist eine Stammfunktion von f in $\mathbb{R}$.

► $\operatorname{Arctan}1=\dfrac{\pi}{4};\ \operatorname{Arctan}0=1$

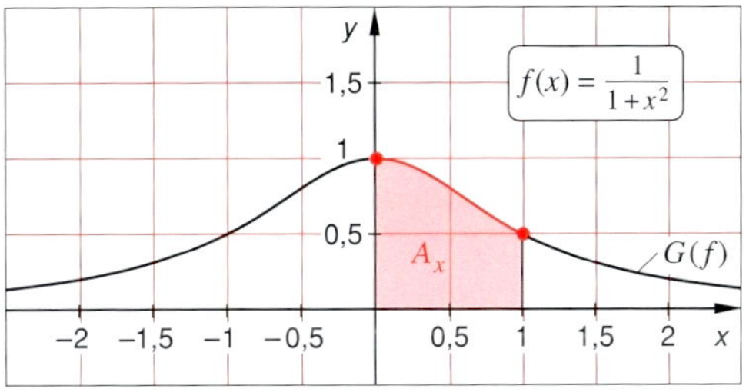

$A_x=\left|\int\limits_a^b f(x)\,\mathrm{d}x\right|$ ► 0 für a; 0 für b; $f(x)=\dfrac{1}{1+x^2}$

$=\left|\int\limits_0^1\dfrac{\mathrm{d}x}{1+x^2}\right|$

$=\left|\operatorname{Arctan}x\Big|_0^1\right|$

$=|\operatorname{Arctan}1-\operatorname{Arctan}0|$

$=\underline{\underline{0{,}78540}}$ ► Maßzahl der Fläche in $[0;\,1]$

17. $f(x)=\dfrac{1}{\sqrt{1-x^2}};\ x\in[0;\,1]$

Die Funktion $f:f(x)=\dfrac{1}{\sqrt{1-x^2}}$ mit $D(f)=(-1;\,1)$ ist in $[0;\,1)$ streng monoton steigend und somit in jedem Intervall $[0;\,b]$ mit $b\in(0;\,1)$ integrierbar. An der Stelle $x_0=1$ hat f eine Unendlichkeitsstelle, sodass mit $\int\limits_0^1\dfrac{\mathrm{d}x}{\sqrt{1-x^2}}$ ein uneigentliches Integral zweiter Art vorliegt. ► 2.8

f hat in $[0;\,1)$ keine Nullstelle, sodass die Formel $A_x=\left|\int\limits_a^b f(x)\,\mathrm{d}x\right|$ unmittelbar angewendet werden kann.

► $F(x)=\operatorname{Arcsin}x;\ x\in(-1;\,1)$

$\Rightarrow F'(x)=\dfrac{1}{\sqrt{1-x^2}};\ x\in(-1;\,1)$ ► $F'(x)=f(x)$

► F ist eine Stammfunktion von f in $(-1;\,1)$.

$\int\limits_0^1\dfrac{\mathrm{d}x}{\sqrt{1-x^2}}$ ist ein konvergentes Integral 2. Art mit dem Integralwert 1,57080.

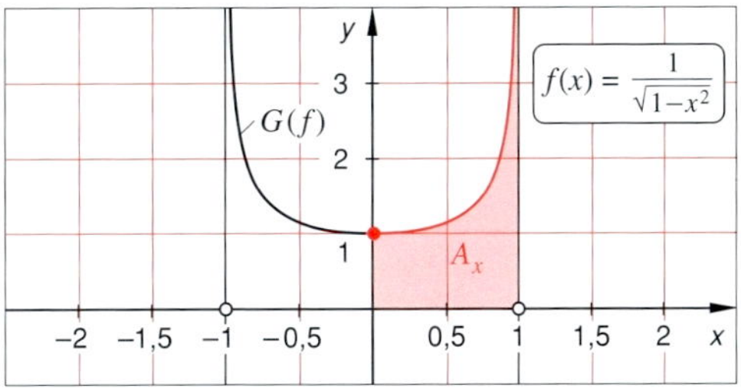

$A_x=\left|\int\limits_a^b f(x)\,\mathrm{d}x\right|$ ► 0 für a; $f(x)=\dfrac{1}{\sqrt{1-x^2}}$

$A_x(b)=\left|\int\limits_0^b\dfrac{\mathrm{d}x}{\sqrt{1-x^2}}\right|$

$=\left|\operatorname{Arcsin}x\Big|_0^b\right|$

$=|\operatorname{Arcsin}b-\operatorname{Arcsin}0|$ ► $\operatorname{Arcsin}0=0$

$=\underline{|\operatorname{Arcsin}b|;\ b\in(0;\,1)}$

$A_x=\lim\limits_{\substack{b\to1\\b<1}}A_x(b)$

$=\lim\limits_{\substack{b\to1\\b<1}}|\operatorname{Arcsin}b|$

$=|\operatorname{Arcsin}1|$ ► $\operatorname{Arcsin}1=\dfrac{\pi}{2}=1{,}57080$

$=\underline{\underline{1{,}57080}}$ ► Maßzahl der Fläche in $[0;\,1]$

264 **18.** $f(x) = \frac{1}{x^3} \cdot e^{-\frac{1}{x^2}}$; $x \in [1; 4]$

Die Funktion f: $f(x) = \frac{1}{x^3} \cdot e^{-\frac{1}{x^2}}$; $D(f) = \mathbb{R}^{+0}$ ist in $[1; 4]$ streng monoton fallend und somit dort integrierbar. ► 1.1

f hat in $[1; 4]$ keine Nullstelle, sodass die Formel $A_x = \left| \int_a^b f(x)\,dx \right|$ unmittelbar angewendet werden kann.

► $F(x) = \frac{1}{2} \cdot e^{-\frac{1}{x^2}}$; $x \in \mathbb{R}$ ► 2.4.4

$\Rightarrow F'(x) = \frac{1}{x^3} \cdot e^{-\frac{1}{x^2}}$; $x \in \mathbb{R}^{+0}$ ► $F'(x) = f(x)$

► F ist eine Stammfunktion von f in $\mathbb{R}^{+0}$.

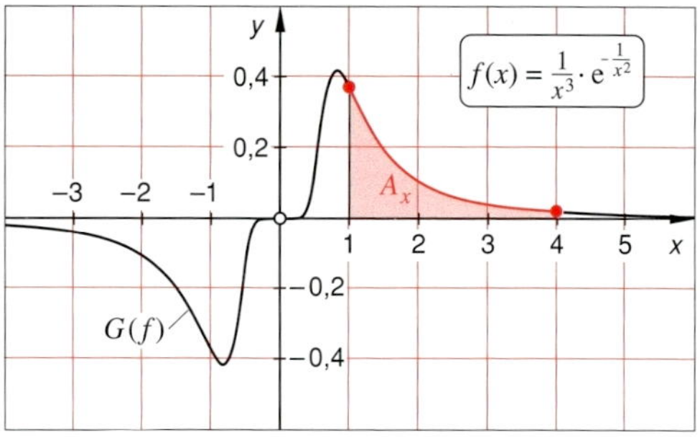

$A_x = \left| \int_a^b f(x)\,dx \right|$ ► 1 für a; 4 für b; $f(x) = \frac{1}{x^3} \cdot e^{-\frac{1}{x^2}}$

$= \left| \int_1^4 \left(\frac{1}{x^3} \cdot e^{-\frac{1}{x^2}}; \right) dx \right|$

$= \left| \frac{1}{2} \cdot e^{-\frac{1}{x^2}} \Big|_1^4 \right|$

$= \left| \frac{1}{2} \cdot e^{-\frac{1}{16}} - \frac{1}{2} \cdot e^{-1} \right|$

$= |0{,}46970\ldots - 0{,}18393\ldots|$

$= \underline{\underline{0{,}28577}}$ ► Maßzahl der Fläche in $[1; 4]$

19. $f(x) = \ln(x-2)$; $x \in [3; 4]$

Die Funktion f: $f(x) = \ln(x-2)$; $D(f) = \mathbb{R}^{>2}$ ist im Intervall $[3; 4]$ streng monoton steigend und somit dort integrierbar. ► 1.1

f hat in $[3; 4]$ die Nullstelle $x_0 = 3$, die aber Randstelle des Integrationsintervalls ist. Die Formel $A_x = \left| \int_a^b f(x)\,dx \right|$ kann daher unmittelbar angewendet werden.

Mithilfe der partiellen Integration erhält man eine Stammfunktion zu f in $\mathbb{R}^{>2}$. ► 2.5

$F(x) = \int [\ln(x-2) \cdot 1]\,dx$ ► $\int [u(x) \cdot v'(x)]\,dx$

► $u(x) = \ln(x-2) \Rightarrow u'(x) = \frac{1}{x-2}$; $x \in \mathbb{R}^{>2}$

► $v'(x) = 1 \Rightarrow v(x) = \int 1\,dx$

$= x - 2$; $x \in \mathbb{R}$ ► $c = -2$

$F(x) = \ln(x-2) \cdot (x-2) - \int \left[\frac{1}{x-2} \cdot (x-2) \right] dx$

$= (x-2) \cdot \ln(x-2) - \int 1\,dx$

$= (x-2) \cdot \ln(x-2) - (x-2) + c$

$= \underline{(x-2) \cdot [\ln(x-2) - 1]; x \in \mathbb{R}^{>2}}$

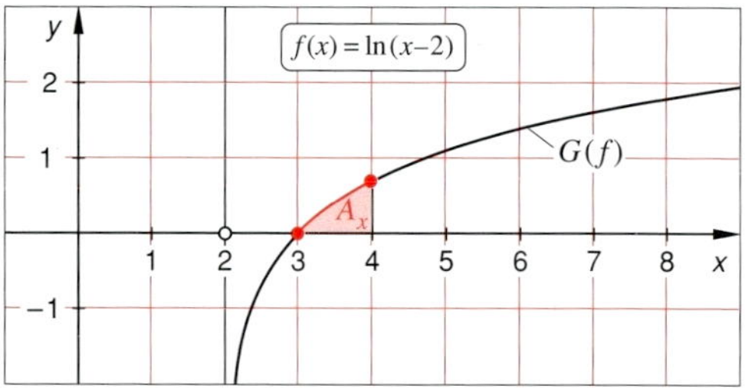

$A_x = \left| \int_a^b f(x)\,dx \right|$ ► 3 für a; 4 für b; $f(x) = \ln(x-2)$

$= \left| \int_3^4 \ln(x-2)\,dx \right|$

$= \left| (x-2) \cdot [\ln(x-2) - 1] \Big|_3^4 \right|$

$= |2 \cdot [\ln 2 - 1] - 1 \cdot [\ln 1 - 1]|$

$= |2 \cdot \ln 2 - 1|$

$= \underline{\underline{0{,}38629}}$ ► Maßzahl der Fläche in $[3; 4]$

264

20. $f(x) = \cos(2x);\ x \in [0;\ \pi]$

Die Funktion $f: f(x) = \cos(2x);\ D(f) = \mathbb{R}$ ist in $[0;\ \pi]$ abschnitttsweise monoton und somit dort integrierbar (► 1.1).

f hat in $[0;\ \pi]$ die Nullstellen $x_1 = \frac{\pi}{4}$ und $x_2 = \frac{3}{4}\pi$, die innerhalb des Intervalls $[0;\ \pi]$ liegen. Somit ergeben sich für die Flächenberechnung die Integrationsintervalle $\left[0;\ \frac{\pi}{4}\right]$ für $f(x) \geq 0$, $\left[\frac{\pi}{4};\ \frac{3}{4}\pi\right]$ für $f(x) \leq 0$ und $\left[\frac{3}{4}\pi;\ \pi\right]$ für $f(x) \geq 0$.

► $F(x) = \frac{1}{2} \cdot \sin(2x);\ x \in \mathbb{R}$ ► 2.4.1

$\Rightarrow F'(x) = \cos(2x);\ x \in \mathbb{R}$ ► $F'(x) = f(x)$

► F ist eine Stammfunktion von f in $\mathbb{R}$.

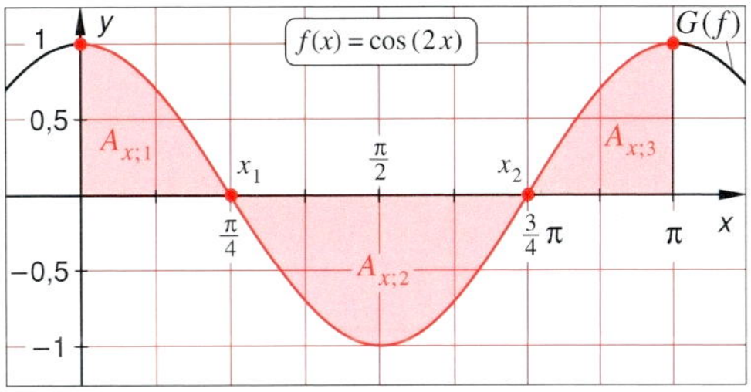

$$A_x = A_{x;1} + A_{x;2} + A_{x;3} \quad \text{► Merksatz}$$

$$= \left|\int_0^{\frac{\pi}{4}} \cos(2x)\,dx\right| + \left|\int_{\frac{\pi}{4}}^{\frac{3}{4}\pi} \cos(2x)\,dx\right| + \left|\int_{\frac{3}{4}\pi}^{\pi} \cos(2x)\,dx\right|$$

$$= \left|\frac{1}{2} \cdot \sin(2x)\Big|_0^{\frac{\pi}{4}}\right| + \left|\frac{1}{2} \cdot \sin(2x)\Big|_{\frac{\pi}{4}}^{\frac{3}{4}\pi}\right| + \left|\frac{1}{2} \cdot \sin(2x)\Big|_{\frac{3}{4}\pi}^{\pi}\right|$$

$$= \left|\frac{1}{2} \cdot \sin\frac{\pi}{2} - \frac{1}{2} \cdot \sin 0\right| + \left|\frac{1}{2} \cdot \sin\frac{3\pi}{2} - \frac{1}{2} \cdot \sin\frac{\pi}{2}\right| + \left|\frac{1}{2} \cdot \sin(2\pi) - \frac{1}{2} \cdot \sin\frac{3\pi}{2}\right|$$

$$= \left|\frac{1}{2} \cdot 1 - 0\right| + \left|\frac{1}{2} \cdot (-1) - \frac{1}{2} \cdot 1\right| + \left|\frac{1}{2} \cdot 0 - \frac{1}{2} \cdot (-1)\right|$$

$$= \frac{1}{2} + 1 + \frac{1}{2}$$

$$= \underline{\underline{2}} \quad \text{► Maßzahl der Fläche in } [0;\ \pi]$$

21. $f(x) = \tan x;\ x \in \left[0;\ \frac{\pi}{4}\right]$

Die Funktion $f: f(x) = \tan x$ mit dem Definitionsbereich $D(f) = \mathbb{R} \backslash \left\{\frac{\pi}{2} + k \cdot \pi;\ k \in \mathbb{Z}\right\}$ ist in $\left[0;\ \frac{\pi}{4}\right]$ streng monoton steigend und somit dort integrierbar. ► 1.1

f hat in $\left[0;\ \frac{\pi}{4}\right]$ die Nullstelle $x_0 = 0$, die aber Randstelle des Integrationsintervalls ist. Die Formel $A_x = \left|\int_a^b f(x)\,dx\right|$ kann daher unmittelbar angewendet werden.

► $F(x) = -\ln|\cos x|;\ x \in D(f)$ ► 2.4.2

$\Rightarrow F'(x) = \tan x;\ x \in D(f)$ ► $F'(x) = f(x)$

► F ist Stammfunktion von f in $D(f)$.

► $\ln\left|\cos\frac{\pi}{4}\right| = \ln\left|\frac{1}{2} \cdot \sqrt{2}\right| = \ln\left(\frac{1}{2} \cdot \sqrt{2}\right)$

► $\ln|\cos 0| = \ln|1| = 0$

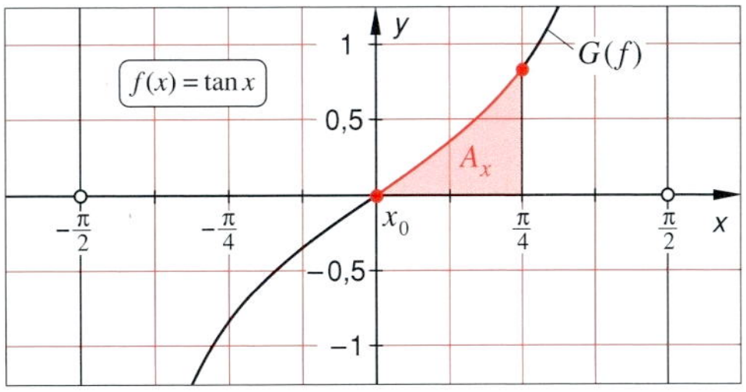

$$A_x = \left|\int_a^b f(x)\,dx\right| \quad \text{► 0 für } a;\ \frac{\pi}{4} \text{ für } b;\ f(x) = \tan x$$

$$= \left|\int_0^{\frac{\pi}{4}} \tan x\,dx\right|$$

$$= \left|-\ln|\cos x|\,\Big|_0^{\frac{\pi}{4}}\right|$$

$$= \left|-\ln\left|\cos\frac{\pi}{4}\right| - (-\ln|\cos 0|)\right|$$

$$= \left|\ln\left(\frac{1}{2} \cdot \sqrt{2}\right) - 0\right|$$

$$= \underline{\underline{0{,}34657}} \quad \text{► Maßzahl der Fläche in } \left[0;\ \frac{\pi}{4}\right]$$

264 **22.** $f(x) = \text{Arctan}\frac{1}{x};\ x \in [1; 3]$

Die Funktion $f: f(x) = \text{Arctan}\frac{1}{x}$ mit $D(f) = \mathbb{R}^{\neq 0}$ ist in $[1; 3]$ streng monoton fallend und somit dort integrierbar. ► 1.1

f hat in $[1; 3]$ keine Nullstelle, sodass die Formel $A_x = \left|\int\limits_a^b f(x)\,\mathrm{d}x\right|$ unmittelbar angewendet werden kann.

Mithilfe der partiellen Integration erhält man eine Stammfunktion zu f in $\mathbb{R}^{\neq 2}$. ► 2.5

$$F(x) = \int \left[\text{Arctan}\frac{1}{x} \cdot 1\right] \mathrm{d}x \quad ► \int [u(x) \cdot v'(x)]\,\mathrm{d}x$$

► $u(x) = \text{Arctan}\frac{1}{x} \Rightarrow u'(x) = \frac{-1}{1+x^2};\ x \in \mathbb{R}^{\neq 0}$

► $v'(x) = 1 \Rightarrow v(x) = \int 1\,\mathrm{d}x = x;\ x \in \mathbb{R}$

$$F(x) = \left(\text{Arctan}\frac{1}{x}\right) \cdot x - \int \left(\frac{-1}{1+x^2} \cdot x\right) \mathrm{d}x$$

$$= x \cdot \text{Arctan}\frac{1}{x} + \frac{1}{2} \cdot \int \frac{2x}{1+x^2}\,\mathrm{d}x \quad ► 2.4.2$$

$$= x \cdot \text{Arctan}\frac{1}{x} + \frac{1}{2} \cdot \ln(1+x^2);\ x \in \mathbb{R}^{\neq 0}$$

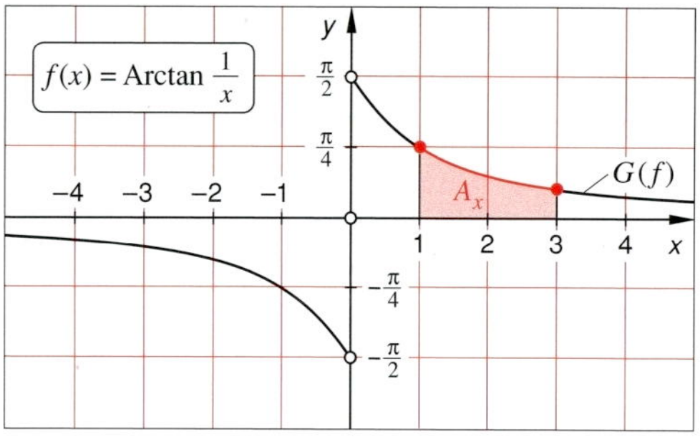

$$A_x = \left|\int\limits_a^b f(x)\,\mathrm{d}x\right| \quad ► 1 \text{ für } a;\ 3 \text{ für } b;\ f(x) = \text{Arctan}\frac{1}{x}$$

$$A_x = \left|\int\limits_1^3 \text{Arctan}\frac{1}{x}\,\mathrm{d}x\right|$$

$$= \left|x \cdot \text{Arctan}\frac{1}{x} + \frac{1}{2} \cdot \ln(1+x^2)\,\Big|_1^3\right|$$

$$= \left|3 \cdot \text{Arctan}\frac{1}{3} + \frac{1}{2} \cdot \ln 10 - \left(1 \cdot \text{Arctan}\,1 + \frac{1}{2} \cdot \ln 2\right)\right|$$

$$= |2{,}11654\ldots - 1{,}13197\ldots|$$

$$= \underline{\underline{0{,}98457}} \quad ► \text{Maßzahl der Fläche in } [1; 3]$$

23. $f(x) = 2 \cdot \sin x \cdot \cos x;\ x \in [-\pi; \pi]$

Die Funktion $f: f(x) = 2 \cdot \sin x \cdot \cos x$ mit $D(f) = \mathbb{R}$ ist in $[-\pi; \pi]$ abschnittsweise monoton und somit dort integrierbar. ► 1.1

f hat in $[-\pi; \pi]$ die Nullstellen $x_1 = -\pi$; $x_2 = -\frac{\pi}{2}$; $x_3 = 0$; $x_4 = \frac{\pi}{2}$ und $x_5 = \pi$. Somit ergeben sich für die Flächenberechnung die Integrationsintervalle $\left[-\pi; -\frac{\pi}{2}\right]$, $\left[-\frac{\pi}{2}; 0\right]$, $\left[0; \frac{\pi}{2}\right]$ und $\left[\frac{\pi}{2}; \pi\right]$.

Die Maßzahlen der Flächen zwischen $G(f)$ und der x-Achse in den Intervallen $\left[-\pi; -\frac{\pi}{2}\right]$, $\left[-\frac{\pi}{2}; 0\right]$, $\left[0; \frac{\pi}{2}\right]$ und $\left[\frac{\pi}{2}; \pi\right]$ stimmen überein. Zur Berechnung von A_x wird daher nur $A_{x;1}$ im Intervall $\left[-\pi; -\frac{\pi}{2}\right]$ ermittelt und das Ergebnis vervierfacht.

► $F(x) = \sin^2 x;\ x \in \mathbb{R}$ ► 2.4.3

$\Rightarrow F'(x) = 2 \cdot \sin x \cdot \cos x;\ x \in \mathbb{R}$ ► $F'(x) = f(x)$

► F ist eine Stammfunktion von f in $\mathbb{R}$.

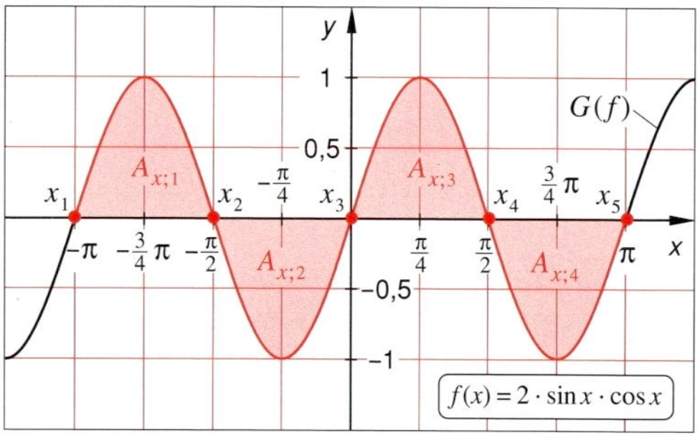

► $A_{x;1} = A_{x;2} = A_{x;3} = A_{x;4} \Rightarrow A_x = 4 \cdot A_{x;1}$

► $A_{x;1} = \left|\int\limits_a^b f(x)\,\mathrm{d}x\right|$ ► $-\pi$ für a; $-\frac{\pi}{2}$ für b; $f(x) = 2 \cdot \sin x \cdot \cos x$

$$A_{x;1} = \left|\int\limits_{-\pi}^{-\frac{\pi}{2}} (2 \cdot \sin x \cdot \cos x)\,\mathrm{d}x\right| \quad ► 2.4.3$$

$$= \left|\sin^2 x\,\Big|_{-\pi}^{-\frac{\pi}{2}}\right|$$

$$= \left|\sin^2\left(-\frac{\pi}{2}\right) - \sin^2(-\pi)\right| \quad ► \sin^2\left(-\frac{\pi}{2}\right) = 1;\ \sin^2(-\pi) = 0$$

$$= \underline{\underline{1}}$$

► $A_x = 4 \cdot A_{x;1}$ ► $A_{x;1} = 1$

$= \underline{\underline{4}}$ ► Maßzahl der Fläche in $[-\pi; \pi]$

24. $f(x) = \cos\frac{x}{2}$; $x \in [0; \pi]$

Die Funktion $f: f(x) = \cos\frac{x}{2}$; $D(f) = \mathbb{R}$ ist in $[0; \pi]$ streng monoton fallend und somit dort integrierbar. ► 1.1

f hat in $[0; \pi]$ die Nullstelle $x_0 = \pi$, die aber Randstelle des Integrationsintervalls ist. Die Formel $A_x = \left| \int_a^b f(x)\,dx \right|$ kann daher unmittelbar angewendet werden.

► $F(x) = 2 \cdot \sin\frac{x}{2}$; $x \in \mathbb{R}$ ► 2.4.1

$\Rightarrow F'(x) = \cos\frac{x}{2}$; $x \in \mathbb{R}$ ► $F'(x) = f(x)$

► F ist eine Stammfunktion von f in $[0; \pi]$.

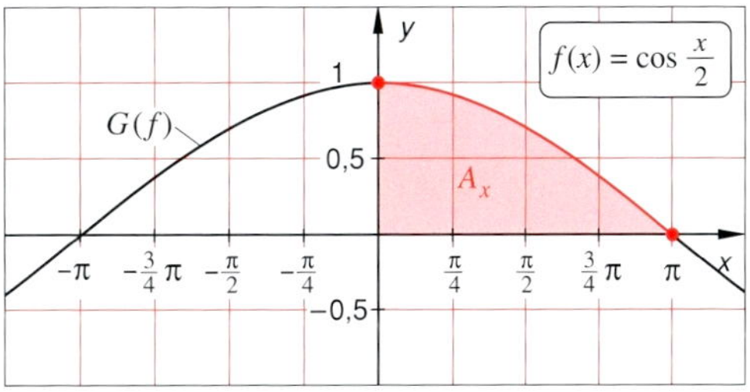

► $A_x = \left| \int_a^b f(x)\,dx \right|$ ► 0 für a; π für b; $f(x) = \cos\frac{x}{2}$

$= \left| \int_0^\pi \cos\frac{x}{2}\,dx \right|$

$= \left| 2 \cdot \sin\frac{x}{2} \Big|_0^\pi \right|$

$= \left| 2 \cdot \sin\frac{\pi}{2} - 2 \cdot \sin 0 \right|$ ► $\sin\frac{\pi}{2} = 1$; $\sin 0 = 0$

$= \underline{\underline{2}}$ ► Maßzahl der Fläche in $[0; \pi]$

25. $f(x) = x^2 \cdot \ln x$; $x \in [1; \mathrm{e}]$

Die Funktion $f: f(x) = x^2 \cdot \ln x$; $D(f) = \mathbb{R}^{>0}$ ist in $[1; \mathrm{e}]$ streng monoton steigend und somit dort integrierbar. ► 1.1

f hat in $[1; \mathrm{e}]$ die Nullstelle $x_0 = 1$, die aber Randstelle des Integrationsintervalls ist. Die Formel $A_x = \left| \int_a^b f(x)\,dx \right|$ kann daher unmittelbar angewendet werden.

► $F(x) = \frac{1}{3} \cdot x^3 \cdot \ln x - \frac{1}{9} \cdot x^3$; $x \in \mathbb{R}^{>0}$ ► 2.5

$\Rightarrow F'(x) = x^2 \cdot \ln x$; $x \in \mathbb{R}^{>0}$ ► $F'(x) = f(x)$

► F ist eine Stammfunktion von f in $\mathbb{R}^{>0}$.

► $\ln \mathrm{e} = 1$; $\ln 1 = 0$

► $\left| \frac{1}{3} \cdot \mathrm{e}^3 - \frac{1}{9} \cdot \mathrm{e}^3 + \frac{1}{9} \right| = \left| \frac{2}{9} \cdot \mathrm{e}^3 + \frac{1}{9} \right| = \frac{2}{9} \cdot \mathrm{e}^3 + \frac{1}{9}$

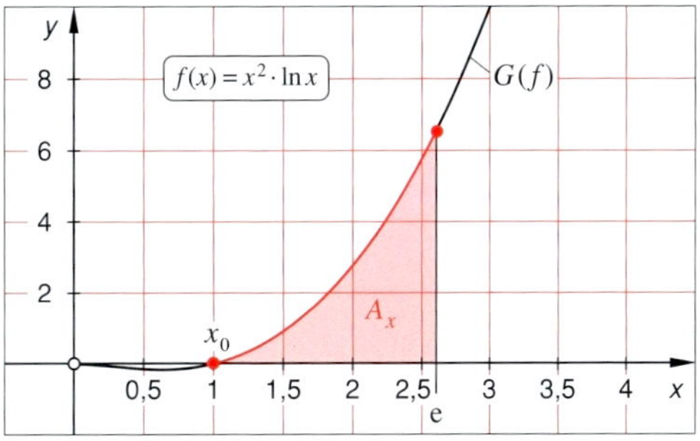

$A_x = \left| \int_a^b f(x)\,dx \right|$ ► 1 für a; e für b; $f(x) = x^2 \cdot \ln x$

$= \left| \int_1^{\mathrm{e}} (x^2 \cdot \ln x)\,dx \right|$

$= \left| \frac{1}{3} \cdot x^3 \cdot \ln x - \frac{1}{9} \cdot x^3 \Big|_1^{\mathrm{e}} \right|$

$= \left| \frac{1}{3} \cdot \mathrm{e}^3 \cdot \ln \mathrm{e} - \frac{1}{9} \cdot \mathrm{e}^3 - \left(\frac{1}{3} \cdot 1^3 \cdot \ln 1 - \frac{1}{9} \cdot 1^3 \right) \right|$

$= \left| \frac{1}{3} \cdot \mathrm{e}^3 - \frac{1}{9} \cdot \mathrm{e}^3 + \frac{1}{9} \right|$

$= \frac{2}{9} \cdot \mathrm{e}^3 + \frac{1}{9}$

$= \underline{\underline{4{,}57456}}$ ► Maßzahl der Fläche in $[1; \mathrm{e}]$

264

26. $f(x) = 1 + \sin x;\ x \in \left[-\pi; \frac{\pi}{2}\right]$

Die Funktion $f{:}\,f(x) = 1 + \sin x;\ D(f) = \mathbb{R}$ ist in $\left[-\pi; \frac{\pi}{2}\right]$ abschnittsweise monoton und somit dort integrierbar. ► 1.1

f hat an der Stelle $x_0 = -\frac{\pi}{2}$ eine Nullstelle, die innerhalb des Intervalls $\left[-\pi; \frac{\pi}{2}\right]$ liegt. Wegen $f(x) \geq 0;\ x \in \left[-\pi; \frac{\pi}{2}\right]$ kann dennoch die Maßzahl der Fläche in einem Zuge mit der Formel $A_x = \left|\int\limits_a^b f(x)\,\mathrm{d}x\right|$ berechnet werden.

► $F(x) = x - \cos x;\ x \in \mathbb{R}$

$\Rightarrow F'(x) = 1 + \sin x;\ x \in \mathbb{R}$ ► $F'(x) = f(x)$

► F ist eine Stammfunktion von f in $\mathbb{R}$.

► $\cos\frac{\pi}{2} = 0;\ \cos(-\pi) = -1$

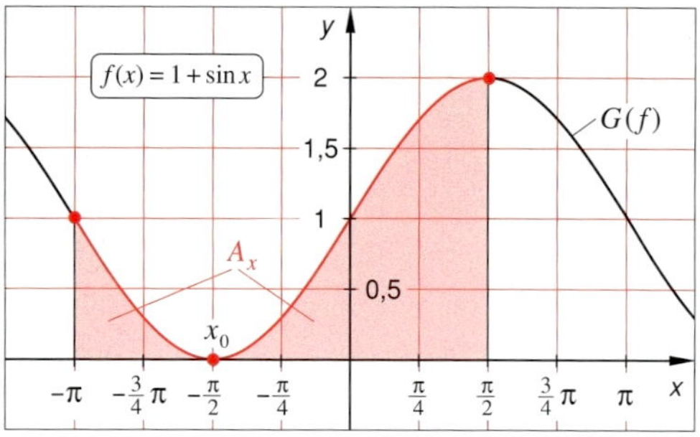

$$A_x = \left|\int\limits_a^b f(x)\,\mathrm{d}x\right| \quad ► -\pi \text{ für } a;\ \frac{\pi}{2} \text{ für } b;\ f(x) = 1 + \sin x$$

$$= \left|\int\limits_{-\pi}^{\frac{\pi}{2}} (1 + \sin x)\,\mathrm{d}x\right|$$

$$= \left|x - \cos x\Big|_{-\pi}^{\frac{\pi}{2}}\right|$$

$$= \left|\frac{\pi}{2} - \cos\frac{\pi}{2} - [-\pi - \cos(-\pi)]\right|$$

$$= \left|\frac{\pi}{2} + \pi + \cos(-\pi)\right|$$

$$= \frac{3}{2}\pi - 1$$

$= \underline{\underline{3{,}71239}}$ ► Maßzahl der Fläche in $\left[-\pi; \frac{\pi}{2}\right]$

27. $f(x) = \sin^2 x \cdot \cos x;\ x \in \left[-\frac{\pi}{2}; \pi\right]$

Die Funktion $f{:}\,f(x) = \sin^2 x \cdot \cos x$ mit $D(f) = \mathbb{R}$ ist in $\left[-\frac{\pi}{2}; \pi\right]$ abschnittsweise monoton und somit dort integrierbar. ► 1.1

f hat in $\left[-\frac{\pi}{2}; \pi\right]$ die Nullstellen $x_1 = -\frac{\pi}{2}$; $x_2 = 0$; $x_3 = \frac{\pi}{2}$ und $x_4 = \pi$. Wegen $f(x) \geq 0$ für $x \in \left[-\frac{\pi}{2}; \frac{\pi}{2}\right]$ erhält man für die Flächenberechnung die Integrationsintervalle $\left[-\frac{\pi}{2}; \frac{\pi}{2}\right]$ und $\left[\frac{\pi}{2}; \pi\right]$.

► $F(x) = \frac{1}{3} \cdot \sin^3 x;\ x \in \mathbb{R}$ ► 2.4.3

$\Rightarrow F'(x) = \sin^2 x \cdot \cos x;\ x \in \mathbb{R}$ ► $F'(x) = f(x)$

► F ist eine Stammfunktion von f in $\mathbb{R}$.

► $\sin\frac{\pi}{2} = 1;\ \sin\left(-\frac{\pi}{2}\right) = -1;\ \sin\pi = 0$

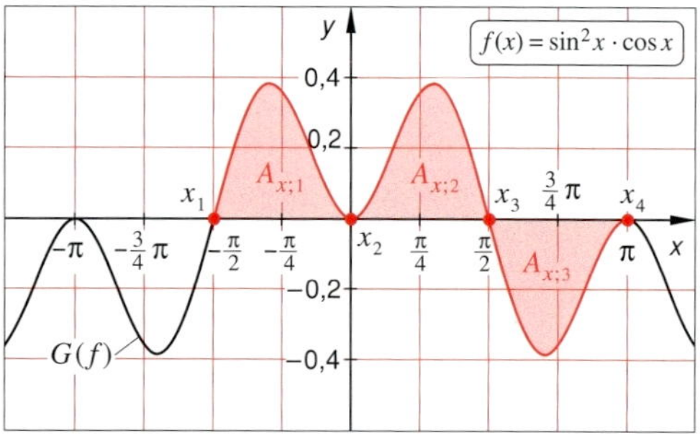

$A_x = \quad A_{x;\,1} + A_{x;\,2} \quad + \quad A_{x;\,3}$ ► Merksatz

$$= \left|\int\limits_{-\frac{\pi}{2}}^{\frac{\pi}{2}} (\sin^2 x \cdot \cos x)\,\mathrm{d}x\right| + \left|\int\limits_{\frac{\pi}{2}}^{\pi} (\sin^2 x \cdot \cos x)\,\mathrm{d}x\right|$$

$$= \left|\frac{1}{3} \cdot \sin^3 x\Big|_{-\frac{\pi}{2}}^{\frac{\pi}{2}}\right| + \left|\frac{1}{3} \cdot \sin^3 x\Big|_{\frac{\pi}{2}}^{\pi}\right|$$

$$= \left|\frac{1}{3} \cdot \sin^3\frac{\pi}{2} - \frac{1}{3} \cdot \sin^3\frac{-\pi}{2}\right| + \left|\frac{1}{3} \cdot \sin^3\pi - \frac{1}{3} \cdot \sin^3\frac{\pi}{2}\right|$$

$$= \left|\frac{1}{3} + \frac{1}{3}\right| + \left|-\frac{1}{3}\right|$$

$= \underline{\underline{1}}$ ► Maßzahl der Fläche in $\left[-\frac{\pi}{2}; \pi\right]$

Berechnen Sie zu den gegebenen Funktionsgleichungen jeweils die Maßzahl der Fläche, die zwischen dem Funktionsgraphen und der x-Achse liegt. Zeichnen Sie den Graphen und die Fläche.

28. $f(x) = 3x^2 - 4$

Man untersucht f auf Nullstellen. ► $f(x) = 0$

$3x^2 - 4 = 0$

$\Rightarrow x^2 = \frac{4}{3} \Rightarrow x_1 = \underline{-\frac{2}{\sqrt{3}}};\ x_2 = \underline{\frac{2}{\sqrt{3}}}$ ► Nullstellen

Die Funktion $f\colon f(x) = 3x^2 - 4;\ D(f) = \mathbb{R}$ ist in $\left[-\frac{2}{\sqrt{3}}; \frac{2}{\sqrt{3}}\right]$ abschnittsweise monoton und somit dort integrierbar. ► 1.1

► $F(x) = x^3 - 4x;\ x \in \mathbb{R}$

$\Rightarrow F'(x) = 3x^2 - 4;\ x \in \mathbb{R}$ ► $F'(x) = f(x)$

► F ist eine Stammfunktion von f in $\mathbb{R}$.

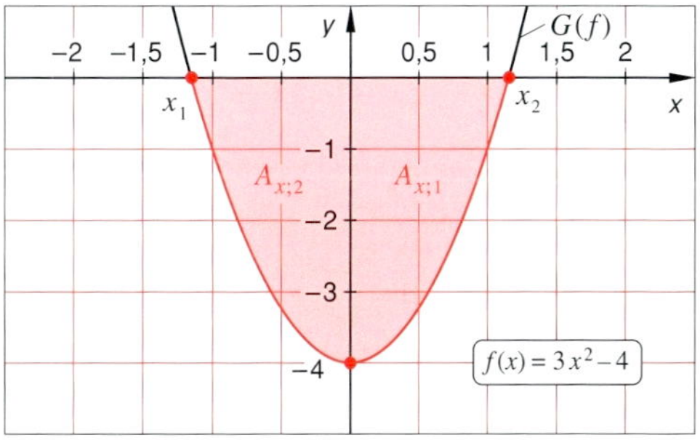

$A_{x;1} = \left|\int_a^b f(x)\,dx\right|$ ► 0 für a; $\frac{2}{\sqrt{3}}$ für b; $f(x) = 3x^2 - 4$

$= \left|\int_0^{\frac{2}{\sqrt{3}}} (3x^2 - 4)\,dx\right|$

$= \left|x^3 - 4x\,\Big|_0^{\frac{2}{\sqrt{3}}}\right|$

$= \left|\left(\frac{2}{\sqrt{3}}\right)^3 - 4 \cdot \frac{2}{\sqrt{3}} - 0\right|$

$= \left|\frac{8}{3 \cdot \sqrt{3}} - \frac{8}{\sqrt{3}}\right|$

$= \underline{\frac{16}{3 \cdot \sqrt{3}}}$

Da f eine gerade Funktion ist (► $f(-x) = f(x);\ x \in \mathbb{R}$) sind die Maßzahlen $A_{x;1}$ und $A_{x;2}$ der Flächen zwischen dem Graphen von f und der x-Achse in den x-Intervallen $\left[0; \frac{2}{\sqrt{3}}\right]$ und $\left[-\frac{2}{\sqrt{3}}; 0\right]$ gleich. Daher wird $A_{x;1}$ berechnet und das Ergebnis verdoppelt.

$A_x = A_{x;1} + A_{x;2}$ ► $A_{x;2} = A_{x;1}$

$= 2 \cdot \frac{16}{3 \cdot \sqrt{3}}$

$= \underline{\underline{6{,}15840}}$ ► Maßzahl der Fläche in $\left[-\frac{2}{\sqrt{3}}; \frac{2}{\sqrt{3}}\right]$

29. $f(x) = \frac{x^3 - 9x}{5}$

Man untersucht f auf Nullstellen. ► $f(x) = 0$

$\frac{x^3 - 9x}{5} = 0 \Rightarrow x \cdot (x^2 - 9) = 0 \Rightarrow x = 0$ oder $x^2 = 9$

$\Rightarrow x_1 = \underline{0};\ x_2 = \underline{-3};\ x_3 = \underline{3}$ ► Nullstellen

Die Funktion $f\colon f(x) = \frac{x^3 - 9x}{5};\ D(f) = \mathbb{R}$ ist in $[-3; 3]$ abschnittsweise monoton und somit dort integrierbar. ► 1.1

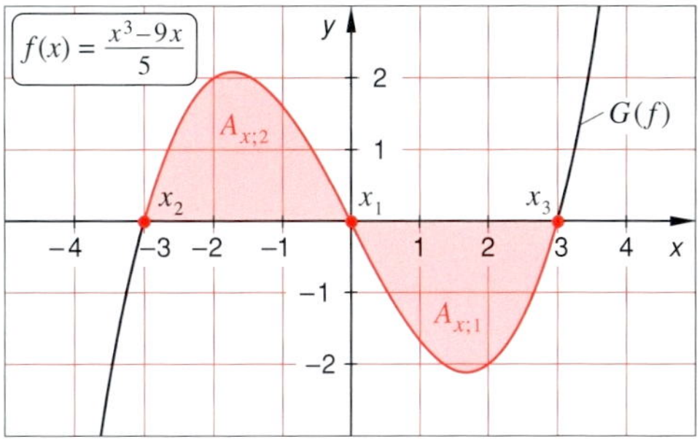

264 ► $F(x) = \frac{1}{5} \cdot \left(\frac{1}{4} \cdot x^4 - \frac{9}{2} \cdot x^2\right); x \in \mathbb{R}$

$\Rightarrow F'(x) = \frac{1}{5} \cdot (x^3 - 9x); x \in \mathbb{R}$ ► $F'(x) = f(x)$

► F ist eine Stammfunktion von f in $\mathbb{R}$.

Da die Funktion f eine ungerade Funktion ist (► $f(-x) = -f(x); x \in \mathbb{R}$), sind die Maßzahlen $A_{x;\,1}$ und $A_{x;\,2}$ der Flächen zwischen dem Graphen von f und der x-Achse in den x-Intervallen $[0; 3]$ und $[-3; 0]$ gleich. Daher wird $A_{x;\,1}$ berechnet und das Ergebnis verdoppelt.

30. $f(x) = \frac{x^4}{4} - 10$

Man untersucht f auf Nullstellen. ► $f(x) = 0$

$\frac{x^4}{4} - 10 = 0$

$\Rightarrow x^4 = 40 \Rightarrow x_1 = \underline{-\sqrt[4]{40}}; x_2 = \underline{\sqrt[4]{40}}$ ► Nullstellen

Die Funktion $f\colon f(x) = \frac{x^4}{4} - 10; D(f) = \mathbb{R}$ ist in $[-\sqrt[4]{40}; \sqrt[4]{40}]$ abschnittsweise monoton und somit dort integrierbar. ► 1.1

► $F(x) = \frac{x^5}{20} - 10x; x \in \mathbb{R}$

$\Rightarrow F'(x) = \frac{x^4}{4} - 10; x \in \mathbb{R}$ ► $F'(x) = f(x)$

► F ist eine Stammfunktion von f in $\mathbb{R}$.

Da die Funktion f eine gerade Funktion ist (► $f(-x) = f(x); x \in \mathbb{R}$), sind die Maßzahlen $A_{x;\,1}$ und $A_{x;\,2}$ der Flächen zwischen dem Graphen von f und der x-Achse in den x-Intervallen $[0; \sqrt[4]{40}]$ und $[-\sqrt[4]{40}; 0]$ gleich. Daher wird $A_{x;\,1}$ berechnet und das Ergebnis verdoppelt.

$A_{x;\,1} = \left|\int_a^b f(x)\,\mathrm{d}x\right|$ ► 0 für a; 3 für b; $f(x) = \frac{1}{5} \cdot (x^3 - 9x)$

$= \left|\int_0^3 \left[\frac{1}{5} \cdot (x^3 - 9x)\right] \mathrm{d}x\right|$

$= \left|\frac{1}{5} \cdot \left(\frac{1}{4}x^4 - \frac{9}{2} \cdot x^2\right)\Big|_0^3\right|$

$= \left|\frac{1}{5} \cdot \left(\frac{1}{4} \cdot 3^4 - \frac{9}{2} \cdot 3^2\right) - \frac{1}{5} \cdot 0\right|$

$= \underline{\frac{81}{20}}$

$A_x = A_{x;\,1} + A_{x;\,2}$ $A_{x;\,2} = A_{x;\,1}$

$\Rightarrow A_x = 2 \cdot \frac{81}{20} = \underline{\underline{8{,}1}}$ ► Maßzahl der Fläche in $[-3; 3]$

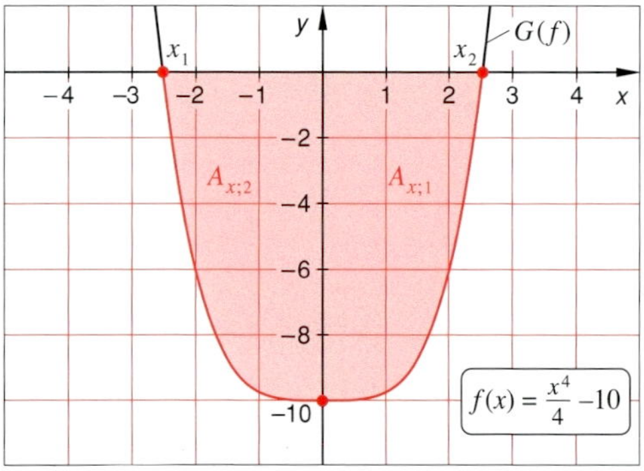

$A_{x;\,1} = \left|\int_a^b f(x)\,\mathrm{d}x\right|$ ► 0 für a; $\sqrt{40}$ für b; $f(x) = \frac{x^4}{4} - 10$

$= \left|\int_0^{\sqrt[4]{40}} \left(\frac{x^4}{4} - 10\right) \mathrm{d}x\right|$

$= \left|\frac{x^5}{20} - 10x\,\Big|_0^{\sqrt[4]{40}}\right|$

$= \left|\frac{(\sqrt[4]{40})^5}{20} - 10 \cdot \sqrt[4]{40} - 0\right|$

$= \underline{20{,}11893\ldots}$

$A_x = A_{x;\,1} + A_{x;\,2}$ ► $A_{x;\,2} = A_{x;\,1}$

$= 2 \cdot 20{,}11893\ldots$

$= \underline{\underline{40{,}23787}}$ ► Maßzahl der Fläche in $[-\sqrt[4]{40}; \sqrt[4]{40}]$

264

31. $f(x) = 2x - 2 + \frac{1}{x+1}$

Man untersucht f auf Nullstellen. ► $f(x) = 0$

$2x - 2 + \frac{1}{x+1} = 0 \;|\cdot(x+1)$

$\Rightarrow 2\cdot(x^2-1)+1 = 0 \Rightarrow 2x^2 - 1 = 0 \Rightarrow x^2 = \frac{1}{2}$

$x_1 = \underline{-\sqrt{0{,}5}}$; $x_2 = \underline{\sqrt{0{,}5}}$ ► Nullstellen

Die Funktion $f{:}\, f(x) = 2x - 2 + \frac{1}{x+1}$ mit $D(f) = \mathbb{R}^{\neq -1}$ ist in $[-\sqrt{0{,}5};\, \sqrt{0{,}5}]$ abschnittsweise monoton und somit dort integrierbar. ► 1.1

► $F(x) = x^2 - 2x + \ln|x+1|$; $x \in \mathbb{R}^{\neq -1}$

$\Rightarrow F'(x) = 2x - 2 + \frac{1}{x+1}$; $x \in \mathbb{R}^{\neq -1}$

► $F'(x) = f(x)$

► F ist eine Stammfunktion von f in $\mathbb{R}$.

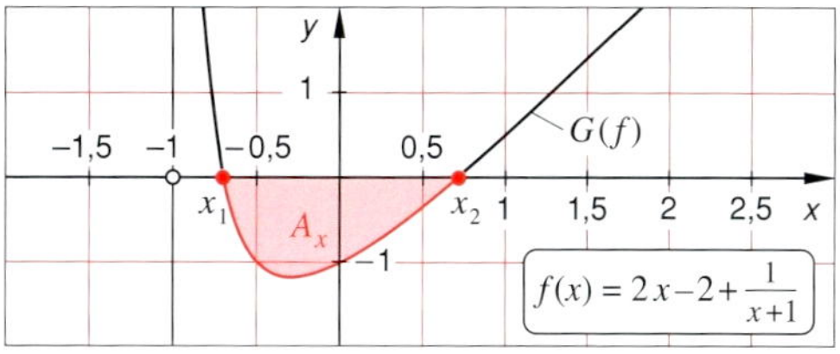

$A_x = \left|\int_a^b f(x)\,dx\right|$ ► $-\sqrt{0{,}5}$ für a; $\sqrt{0{,}5}$ für b; $f(x) = 2x - 2 + \frac{1}{x+1}$

$= \left|\int_{-\sqrt{0{,}5}}^{\sqrt{0{,}5}} \left(2x - 2 + \frac{1}{x+1}\right) dx\right|$

$= \left| x^2 - 2x + \ln|x+1| \,\Big|_{-\sqrt{0{,}5}}^{\sqrt{0{,}5}} \right|$

$= \Big| (\sqrt{0{,}5})^2 - 2\cdot\sqrt{0{,}5} + \ln|\sqrt{0{,}5}+1| +$

$- [(-\sqrt{0{,}5})^2 - 2\cdot(-\sqrt{0{,}5}) + \ln|-\sqrt{0{,}5}+1|] \Big|$

$= \left| -4\cdot\sqrt{0{,}5} + \ln\left|\frac{\sqrt{0{,}5}+1}{-\sqrt{0{,}5}+1}\right| \right|$

$= \underline{\underline{1{,}06568}}$ ► Maßzahl der Fläche in $\left[-\sqrt{0{,}5};\, \sqrt{0{,}5}\right]$

32. $f(x) = -(x^3 + 3x^2 - 4)$

Man untersucht f auf Nullstellen. ► $f(x) = 0$

$-(x^3 + 3x^2 - 4) = 0$

$\Rightarrow x^3 + 3x^2 - 4 = 0$ ► 1 für x

$1^3 + 3\cdot 1^2 - 4 = 0$ ► $x_1 = \underline{1}$ ist Nullstelle

Polynomdivision:

$(x^3 + 3x^2 - 4) : (x-1) = x^2 + 4x + 4 = (x+2)^2$

$\underline{-(x^3 - x^2)}$

$4x^2 - 4$

$-\underline{(4x^2 - 4x)}$

$4x - 4$

$-\underline{(4x - 4)}$

0

► $(x+2)^2 = 0 \Rightarrow x_2 = \underline{-2}$ ► Nullstelle

Die Funktion $f{:}\, f(x) = -(x^3 + 3x^2 - 4)$ mit $D(f) = \mathbb{R}$ ist in $[-2;\, 1]$ abschnittsweise monoton und somit dort integrierbar. ► 1.1

► $F(x) = -\left(\frac{1}{4}x^4 + x^3 - 4x\right)$; $x \in \mathbb{R}$

$\Rightarrow F'(x) = -(x^3 + 3x^2 - 4)$; $x \in \mathbb{R}$

► $F'(x) = f(x)$

► F ist eine Stammfunktion von f in $\mathbb{R}$.

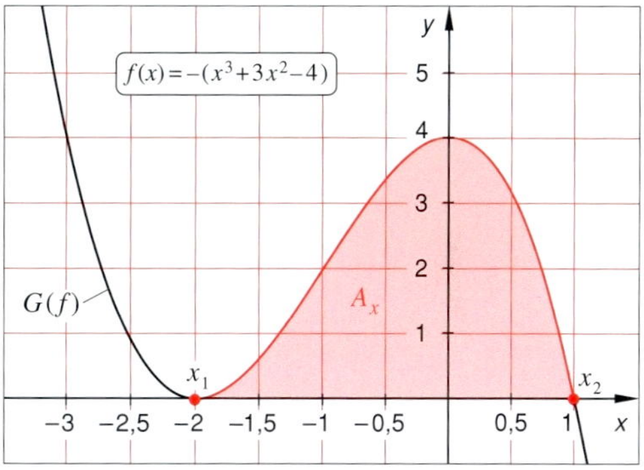

$A_x = \left|\int_a^b f(x)\,dx\right|$ ► -2 für a; 1 für b; $f(x) = -(x^3 + 3x^2 - 4)$

$= \left|\int_{-2}^{1} -(x^3 + 3x^2 - 4)\,dx\right|$

$= \left| -\left(\frac{1}{4}\cdot x^4 + x^3 - 4x\right)\Big|_{-2}^{1} \right|$

$= \left| -\left(\frac{1}{4}\cdot 1^4 + 1^3 - 4\cdot 1\right) + \left(\frac{1}{4}\cdot(-2)^4 + (-2)^3 - 4\cdot(-2)\right) \right|$

$= \left| -\left(-\frac{11}{4}\right) + 4 \right| = \underline{\underline{6{,}75}}$ ► Maßzahl der Fläche in $[-2;\, 1]$

264

33. $f(x) = (x^2 - 1) \cdot e^x$

Man untersucht f auf Nullstellen. ► $f(x) = 0$

$(x^2 - 1) \cdot e^x = 0;\ x \in \mathbb{R};\ e^x > 0$

$\Rightarrow x^2 - 1 = 0 \Rightarrow x^2 = 1$

$\Rightarrow x_1 = \underline{-1};\ x_2 = \underline{1}$ ► Nullstellen

Die Funktion $f\colon f(x) = (x^2 - 1) \cdot e^x$ mit $D(f) = \mathbb{R}$ ist in $[-1;\ 1]$ abschnittsweise monoton und somit dort integrierbar. ► 1.1

► $F(x) = \left(x^2 - 2x + 1\right) \cdot e^x;\ x \in \mathbb{R}$ ► 2.5

$\Rightarrow F'(x) = (x^2 - 1) \cdot e^x;\ x \in \mathbb{R}$ ► $F'(x) = f(x)$

► F ist eine Stammfunktion von f in $\mathbb{R}$.

► $F(x) = (x^2 - 2x + 1) \cdot e^x = \underline{(x-1)^2 \cdot e^x;\ x \in \mathbb{R}}$

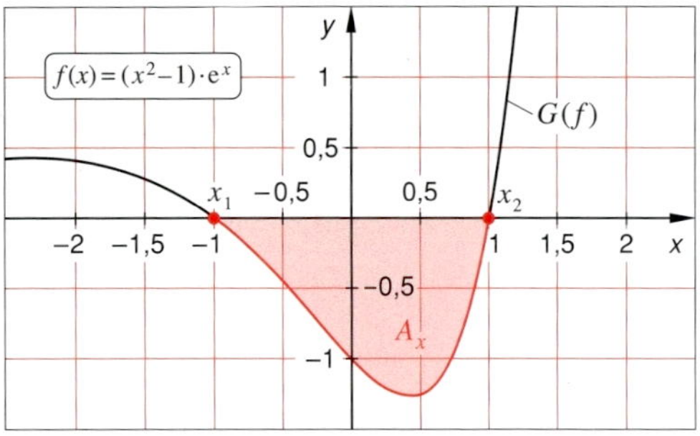

$$A_x = \left| \int_a^b f(x)\,dx \right|$$ ► -1 für a; 1 für b; $f(x) = (x^2 - 1) \cdot e^x$

$$= \left| \int_{-1}^{1} \left[(x^2 - 1) \cdot e^x\right] dx \right|$$

$$= \left| (x-1)^2 \cdot e^x \Big|_{-1}^{1} \right|$$

$$= \left| (1-1)^2 \cdot e^1 - (-1-1)^2 \cdot e^{-1} \right|$$

$$= \left| 0 - 4 \cdot e^{-1} \right|$$

$$= 4 \cdot e^{-1}$$

$$= \underline{\underline{1{,}47152}}$$ ► Maßzahl der Fläche in $[-1;\ 1]$

34. $f(x) = 2 - \frac{9}{x} + \frac{9}{x^2}$

Man untersucht f auf Nullstellen. ► $f(x) = 0;\ x \neq 0$

$$2 - \frac{9}{x} + \frac{9}{x^2} = 0 \quad \Big| \cdot \frac{x^2}{2}$$

$$x^2 - \frac{9}{2} \cdot x + \frac{9}{2} = 0$$ ► quadratische Gleichung ► pq-Formel ► 4.1

$$x = \frac{9}{4} \pm \sqrt{\frac{81}{16} - \frac{9}{2}} = \frac{9}{4} \pm \sqrt{\frac{81 - 72}{16}} = \frac{9}{4} \pm \frac{3}{4}$$

$\Rightarrow x_1 = \underline{1{,}5};\ x_2 = \underline{3}$ ► Nullstellen

Die Funktion $f\colon f(x) = 2 - \frac{9}{x} + \frac{9}{x^2}$ mit $D(f) = \mathbb{R}^{\neq 0}$ ist in $[1{,}5;\ 3]$ abschnittsweise monoton und somit dort integrierbar. ► 1.1

► $F(x) = 2x - 9 \cdot \ln|x| - \frac{9}{x};\ x \in \mathbb{R}^{\neq 0}$

$\Rightarrow F'(x) = 2 - \frac{9}{x} + \frac{9}{x^2};\ x \in \mathbb{R}^{\neq 0}$ ► $F'(x) = f(x)$

► F ist eine Stammfunktion von f in $\mathbb{R}^{\neq 0}$.

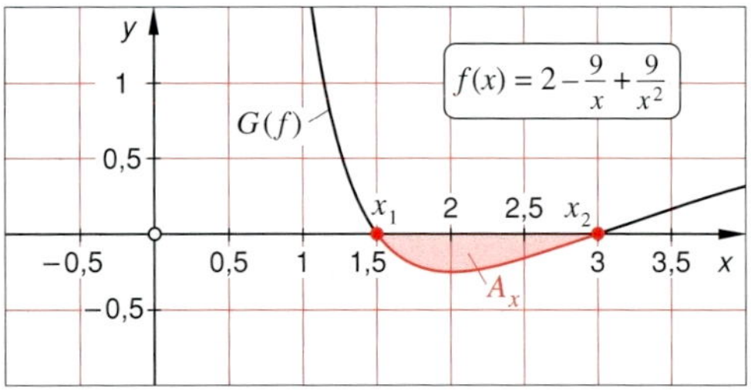

$$A_x = \left| \int_a^b f(x)\,dx \right|$$ ► $1{,}5$ für a; 3 für b; $f(x) = 2 - \frac{9}{x} + \frac{9}{x^2}$

$$= \left| \int_{\frac{3}{2}}^{3} \left(2 - \frac{9}{x} + \frac{9}{x^2}\right) dx \right|$$

$$= \left| 2x - 9 \cdot \ln|x| - \frac{9}{x} \Big|_{1{,}5}^{3} \right|$$

$$= \left| 2 \cdot 3 - 9 \cdot \ln 3 - \tfrac{9}{3} - \left(2 \cdot 1{,}5 - 9 \cdot \ln 1{,}5 - \tfrac{9}{1{,}5}\right) \right|$$

$$= |3 - 9 \cdot \ln 3 + 3 + 9 \cdot \ln 1{,}5|$$

$$= \underline{\underline{0{,}23832}}$$ ► Maßzahl der Fläche in $[-1{,}5;\ 3]$

264

35. $f(x) = x + \frac{3}{x} - 4$

Man untersucht f auf Nullstellen. ► $f(x) = 0;\ x \neq 0$

$x + \frac{3}{x} - 4 = 0 \quad | \cdot x$

$\Rightarrow x^2 - 4x + 3 = 0 \Rightarrow (x-1)\cdot(x-3) = 0$

$\Rightarrow x_1 = \underline{1};\ x_2 = \underline{3}$ ► Nullstellen

Die Funktion $f: f(x) = x + \frac{3}{x} - 4$ mit $D(f) = \mathbb{R}^{+0}$ ist in $[1; 3]$ abschnittsweise monoton und somit dort integrierbar. ► 1.1

► $F(x) = \frac{1}{2} \cdot x^2 + 3 \cdot \ln|x| - 4x;\ x \in \mathbb{R}^{+0}$

$\Rightarrow F'(x) = x + \frac{3}{x} - 4;\ x \in \mathbb{R}^{+0}$ ► $F'(x) = f(x)$

► F ist eine Stammfunktion von f in $\mathbb{R}^{+0}$.

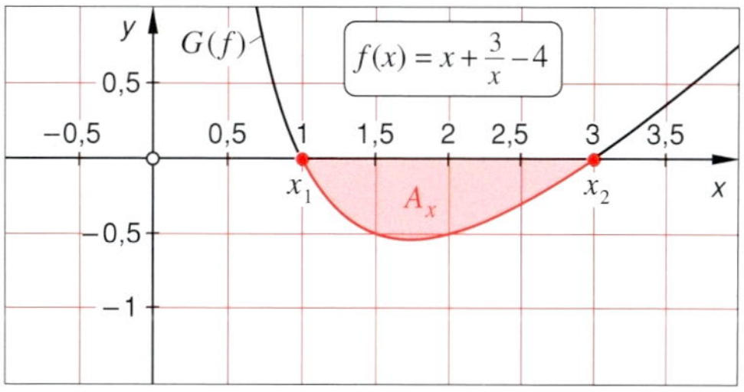

$$A_x = \left| \int_a^b f(x)\,dx \right|$$ ► 1 für a; 3 für b; $f(x) = x + \frac{3}{x} - 4$

$$= \left| \int_1^3 \left(x + \frac{3}{x} - 4 \right) dx \right|$$

$$= \left| \frac{1}{2} \cdot x^2 + 3 \cdot \ln|x| - 4x \Big|_1^3 \right|$$

$$= \left| \frac{1}{2} \cdot 9 + 3 \cdot \ln 3 - 4 \cdot 3 - \left(\frac{1}{2} \cdot 1^2 + 3 \cdot \ln 1 - 4 \cdot 1 \right) \right|$$ ► $\ln 1 = 0$

$$= |-4 + 3 \cdot \ln 3|$$

$$= \underline{\underline{0{,}70416}}$$ ► Maßzahl der Fläche in $[1; 3]$

36. $f(x) = x^2 \cdot \sqrt{1+x}$

Man untersucht f auf Nullstellen. ► $f(x) = 0$

$x^2 \cdot \sqrt{1+x} = 0 \Rightarrow x^2 = 0$ oder $\sqrt{1+x} = 0$

$\Rightarrow x = 0$ oder $1 + x = 0$

$\Rightarrow x_1 = \underline{0};\ x_2 = \underline{-1}$ ► Nullstellen

Die Funktion $f: f(x) = x^2 \cdot \sqrt{1+x}$ mit $D(f) = \mathbb{R}^{\geq -1}$ ist in $[-1; 0]$ abschnittsweise monoton und somit dort integrierbar. ► 1.1

Im Integral $\int_{-1}^{0} (x^2 \cdot \sqrt{1+x})\,dx$ substituiert man:

$\sqrt{1+x} = z;\quad z \geq 0$

$\Rightarrow x = z^2 - 1 \Rightarrow \frac{dx}{dz} = 2z \Rightarrow dx = 2z \cdot dz$

► $x_2 = -1 \Rightarrow \sqrt{1-1} = z_2 \Rightarrow z_2 = \underline{0}$

► $x_1 = 0 \Rightarrow \sqrt{1+0} = z_1 \Rightarrow z_1 = \underline{1}$

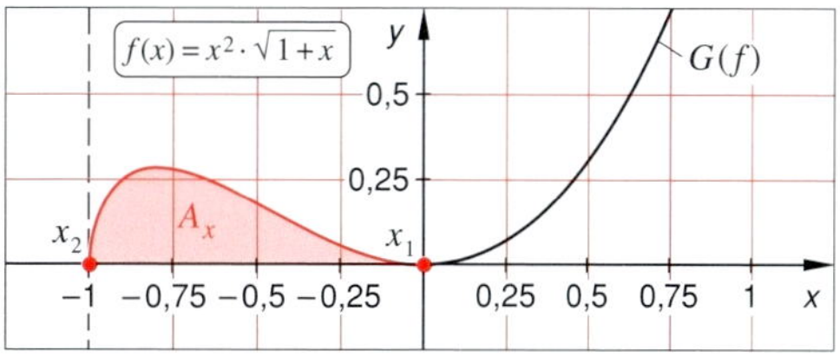

$$A_x = \left| \int_a^b f(x)\,dx \right|$$ ► -1 für a; 0 für b; $f(x) = x^2 \cdot \sqrt{1+x}$

$$= \left| \int_{-1}^{0} (x^2 \cdot \sqrt{1+x})\,dx \right|$$ ► $x = z^2 - 1;\ dx = 2z\,dz$

$$= \left| \int_0^1 \left[(z^2-1)^2 \cdot z \cdot 2z\,dz \right] \right|$$

$$= \left| \int_0^1 \left[2 \cdot (x^6 - 2z^4 + z^2) \right] dz \right|$$

$$= 2 \cdot \left| \frac{1}{7} \cdot z^7 - \frac{2}{5} \cdot z^5 + \frac{1}{3} \cdot z^3 \right|_0^1$$

$$= 2 \cdot \left| \frac{1}{7} \cdot 1^7 - \frac{2}{5} \cdot 1^5 + \frac{1}{3} \cdot 1^3 - 0 \right|$$

$$= \underline{\underline{0{,}15238}}$$ ► Maßzahl der Fläche in $[-1; 0]$

● Flächen zwischen zwei Graphen
Lehrbuch: Kusch 4, S. 214...225

Merke:

Haben zwei in $[a; b]$ integrierbare Funktionen f_1 und f_2 dort zum Beispiel die Schnittstellen x_1 und x_2, so ermittelt man den Inhalt A der Fläche zwischen den Graphen $G(f_1)$ und $G(f_2)$ in diesem Intervall, indem man die Inhalte der Teilflächen zwischen $G(f_1)$ und $G(f_2)$ in den Intervallen $[a, x_1]$; $[x_1; x_2]$ sowie $[x_2; b]$ berechnet und dann addiert.

$$A = \left| \int_a^{x_1} [f_1(x) - f_2(x)]\,\mathrm{d}x \right| + \left| \int_{x_1}^{x_2} [f_1(x) - f_2(x)]\,\mathrm{d}x \right| + \left| \int_{x_2}^{b} [f_1(x) - f_2(x)]\,\mathrm{d}x \right|$$

Anmerkungen:

Bei Flächenberechnungen vorstehender Art geht man zweckmäßigerweise nach folgendem Schema vor:

- Schnittstelle(n) der Funktionen f_1 und f_2 im Intervall $[a; b]$ berechnen
- Integrationsintervall(e) festlegen
- eine Stammfunktion der Funktion „$f_1 - f_2$" ermitteln
- Inhalte der Teilflächen zwischen $G(f_1)$ und $G(f_2)$ in den Integrationsintervallen berechnen
- Flächeninhalte addieren

264 Berechnen Sie zu den gegebenen Funktionsgleichungen jeweils die Maßzahl der Fläche, die zwischen den Funktionsgraphen liegt und stellen Sie die Fläche in einem Schaubild dar.

37. $f_1(x) = x^2 + 1$ und $f_2(x) = 6$

Schnittstellen von f_1 und f_2 ► $f_1(x) = f_2(x)$

$x^2 + 1 = 6 \Rightarrow x^2 = 5 \Rightarrow x_1 = \underline{-\sqrt{5}}$; $x_2 = \underline{\sqrt{5}}$

Damit ergibt sich das Integrationsintervall $[-\sqrt{5}; \sqrt{5}]$. Da die Funktionen f_1 und f_2 gerade Funktionen sind (► $f_1(-x) = f_1(x)$ und $f_2(-x) = f_2(x)$; $x \in \mathbb{R}$), genügt es zwischen den Grenzen von 0 bis $\sqrt{5}$ die Flächenmaßzahl zu berechnen und das Ergebnis dann zu verdoppeln.

Stammfunktion von $f_1 - f_2$

► $f_1(x) - f_2(x) = x^2 + 1 - 6 = \underline{x^2 - 5;\ x \in \mathbb{R}}$

$\Rightarrow F(x) = \frac{1}{3} \cdot x^3 - 5x;\ x \in \mathbb{R}$

► F ist eine Stammfunktion von $f_1 - f_2$ in $\mathbb{R}$.

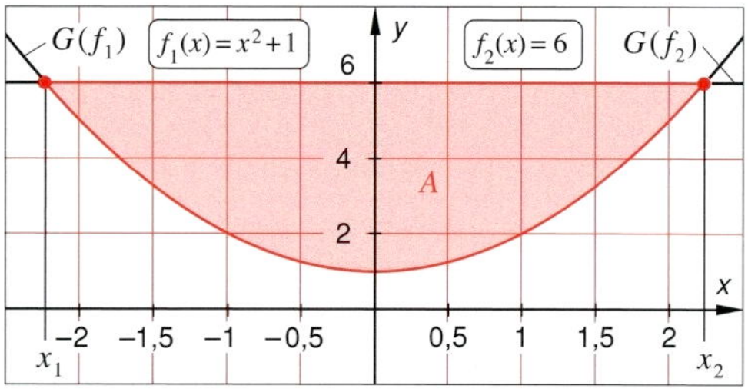

$A = \left| \int_{x_1}^{x_2} [f_1(x) - f_2(x)]\,\mathrm{d}x \right|$ ► $f_1(x) - f_2(x) = x^2 - 5$; $-\sqrt{5}$ für x_1; $\sqrt{5}$ für x_2

$= \left| \int_{-\sqrt{5}}^{\sqrt{5}} (x^2 - 5)\,\mathrm{d}x \right|$

$= 2 \cdot \left| \int_{0}^{\sqrt{5}} (x^2 - 5)\,\mathrm{d}x \right|$

$= 2 \cdot \left| \frac{1}{3} \cdot x^3 - 5x\sqrt{x^5} \Big|_0^{\sqrt{5}} \right|$

$= 2 \cdot \left| \frac{1}{3} \cdot (\sqrt{5})^3 - 5 \cdot \sqrt{5} - 0 \right|$

$= 2 \cdot \left| \frac{5}{3} \cdot \sqrt{5} - 5 \cdot \sqrt{5} \right|$

$= \underline{\underline{14{,}90712}}$ ► Maßzahl der Fläche zwischen $G(f_1)$ und $G(f_2)$ in $[-\sqrt{5}; \sqrt{5}]$

264

38. $f_1(x) = x^2 - 4$ und $f_2(x) = \frac{x}{2} + 1$

Schnittstellen von f_1 und f_2 ► $f_1(x) = f_2(x)$

$x^2 - 4 = \frac{x}{2} + 1$

$\Rightarrow x^2 - \frac{1}{2} \cdot x - 5 = 0$ ► quadratische Gleichung pq-Formel ► 4.1

$\Rightarrow x = \frac{1}{4} \pm \sqrt{\frac{1}{16} + 5} = \frac{1}{4} \pm \frac{9}{4}$

$\Rightarrow x_1 = \underline{-2}$; $x_2 = \underline{2{,}5}$ ► Schnittstellen

Damit ergibt sich das Integrationsintervall $[-2; 2{,}5]$.

Stammfunktion von $f_1 - f_2$

► $f_1(x) - f_2(x) = x^2 - 4 - \left(\frac{x}{2} + 1\right)$

$= x^2 - \frac{1}{2} \cdot x - 5$; $x \in \mathbb{R}$

$\Rightarrow F(x) = \frac{1}{3} \cdot x^3 - \frac{1}{4} \cdot x^2 - 5x$; $x \in \mathbb{R}$

► F ist eine Stammfunktion von $f_1 - f_2$ in $\mathbb{R}$.

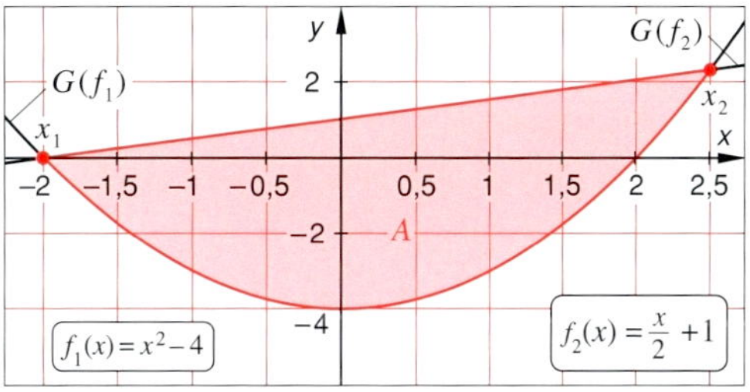

$A = \int_{x_1}^{x_2} [f_1(x) - f_2(x)]\,\mathrm{d}x$ ► $f_1(x) - f_2(x) = x^2 - \frac{1}{2} \cdot x - 5$; -2 für x_1; $2{,}5$ für x_2

$= \left| \int_{-2}^{2{,}5} \left(x^2 - \frac{1}{2} \cdot x - 5\right) \mathrm{d}x \right|$

$= \left| \frac{1}{3} \cdot x^3 - \frac{1}{4} \cdot x^2 - 5x \Big|_{-2}^{2{,}5} \right|$

$= \left| \frac{1}{3} \cdot 2{,}5^3 - \frac{1}{4} \cdot 2{,}5^2 - 5 \cdot 2{,}5 + \right.$
$\left. - \left[\frac{1}{3} \cdot (-2)^3 - \frac{1}{4} \cdot (-2)^2 - 5 \cdot (-2)\right] \right|$

$= |-8{,}85416\ldots - 6{,}33333\ldots|$

$= \underline{\underline{15{,}18750}}$ ► Maßzahl der Fläche zwischen $G(f_1)$ und $G(f_2)$ in $[-2; 2{,}5]$

39. $f_1(x) = \frac{x}{x-1}$ und $f_2(x) = -x + 6$

Schnittstellen von f_1 und f_2 ► $f_1(x) = f_2(x)$

$\frac{x}{x-1} = -x + 6 \quad | \cdot (x-1)$

$\Rightarrow x = -x^2 + 7x - 6$

$\Rightarrow x^2 - 6x + 6 = 0$ ► quadratische Gleichung pq-Formel ► 4.1

$\Rightarrow x = 3 \pm \sqrt{9 - 6} = 3 \pm \sqrt{3}$

$\Rightarrow x_1 = \underline{3 - \sqrt{3}}$; $x_2 = \underline{3 + \sqrt{3}}$ ► Schnittstellen

Damit ergibt sich das Integrationsintervall $[3 - \sqrt{3}; 3 + \sqrt{3}]$.

Stammfunktion von $f_1 - f_2$

► $f_1(x) - f_2(x) = \frac{x}{x-1} - (-x + 6)$

$= \frac{(x-1) + 1}{x-1} + x - 6$

$= 1 + \frac{1}{x-1} + x - 6$

$= x + \frac{1}{x-1} - 5$; $x \in \mathbb{R}^{\neq 1}$

$\Rightarrow F(x) = \frac{1}{2} \cdot x^2 + \ln|x - 1| - 5 \cdot x$; $x \in \mathbb{R}^{\neq 1}$

► F ist eine Stammfunktion von $f_1 - f_2$ in $\mathbb{R}^{\neq 1}$.

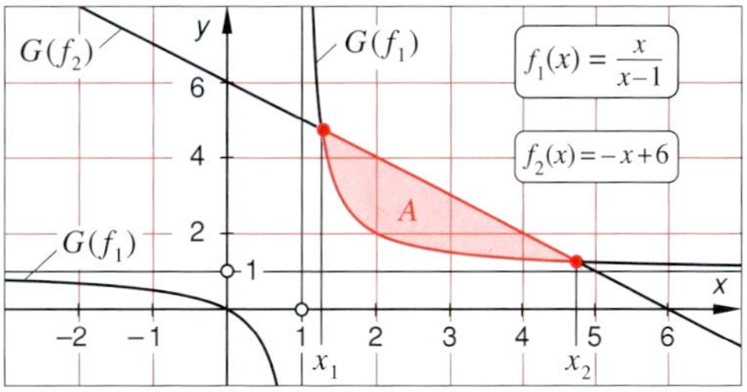

$A = \int_{x_1}^{x_2} [f_1(x) - f_2(x)]\,\mathrm{d}x$ ► $f_1(x) - f_2(x) = x + \frac{1}{x-1} - 5$; $3 - \sqrt{3}$ für x_1; $3 + \sqrt{3}$ für x_2

$= \left| \int_{3-\sqrt{3}}^{3+\sqrt{3}} \left(x + \frac{1}{x-1} - 5\right) \mathrm{d}x \right|$

$= \left| \frac{1}{2} \cdot x^2 + \ln|x - 1| - 5x \Big|_{3-\sqrt{3}}^{3+\sqrt{3}} \right|$

$= \left| \frac{1}{2} \cdot (3 + \sqrt{3})^2 + \ln|3 + \sqrt{3} - 1| - 5 \cdot (3 + \sqrt{3}) + \right.$
$\left. - \left[\frac{1}{2} \cdot (3 - \sqrt{3})^2 + \ln|3 - \sqrt{3} - 1| - 5 \cdot (3 - \sqrt{3})\right] \right|$

$= |\ln|2 + \sqrt{3}| - \ln|2 - \sqrt{3}| - 4 \cdot \sqrt{3}|$

$= \underline{\underline{4{,}29429}}$ ► Maßzahl der Fläche zwischen $G(f_1)$ und $G(f_2)$ in $[3 - \sqrt{3}; 3 + \sqrt{3}]$

264 **40.** $f_1(x) = x + \frac{1}{x}$ und $f_2(x) = 8$

Schnittstellen von f_1 und f_2 ► $f_1(x) = f_2(x)$

$x + \frac{1}{x} = 8 \quad | \cdot x$

$\Rightarrow x^2 + 1 = 8x$

$\Rightarrow x^2 - 8x + 1 = 0$ ► quadratische Gleichung pq-Formel ► 4.1

$\Rightarrow x = 4 \pm \sqrt{16 - 1} = 4 \pm \sqrt{15}$

$\Rightarrow x_1 = \underline{4 - \sqrt{15}}; \; x_2 = \underline{4 + \sqrt{15}}$ ► Schnittstellen

Damit ergibt sich das Integrationsintervall $[4 - \sqrt{15}; 4 + \sqrt{15}]$.

Stammfunktion von $f_1 - f_2$

► $f_1(x) - f_2(x) = x + \frac{1}{x} - 8; \; x \in \mathbb{R}^{\neq 0}$

$\Rightarrow F(x) = \frac{1}{2} \cdot x^2 + \ln|x|; \; x \in \mathbb{R}^{\neq 0}$

► F ist eine Stammfunktion von $f_1 - f_2$ in $\mathbb{R}^{\neq 0}$.

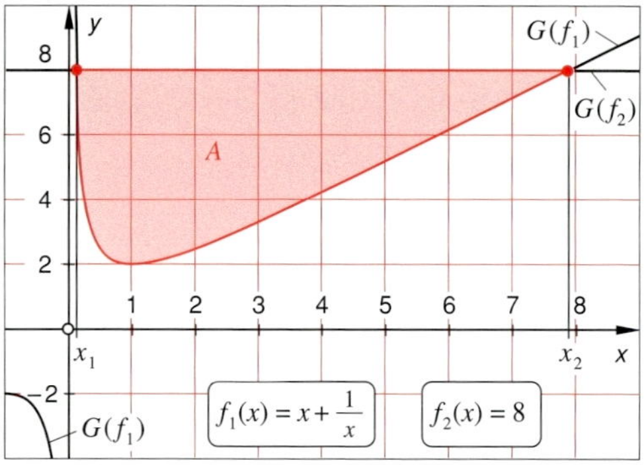

$A = \int_{x_1}^{x_2} [f_1(x) - f_2(x)] \, dx$ ► $f_1(x) - f_2(x) = x + \frac{1}{x} - 8$; $4 - \sqrt{15}$ für x_1; $4 + \sqrt{15}$ für x_2

$= \left| \int_{4-\sqrt{15}}^{4+\sqrt{15}} \left(x + \frac{1}{x} - 8\right) dx \right|$

$= \left| \frac{1}{2} \cdot x^2 + \ln|x| - 8x \Big|_{4-\sqrt{15}}^{4+\sqrt{15}} \right|$

$= \Big| \frac{1}{2} \cdot (4 + \sqrt{15})^2 + \ln|4 + \sqrt{15}| - 8 \cdot (4 + \sqrt{15}) +$

$- \left[\frac{1}{2} \cdot (4 - \sqrt{15})^2 + \ln|4 - \sqrt{15}| - 5 \cdot (4 - \sqrt{15})\right] \Big|$

$= \left| -8 \cdot \sqrt{15} - \ln|4 + \sqrt{15}| - \ln|4 - \sqrt{15}| \right|$

$= \underline{\underline{26{,}85699}}$ ► Maßzahl der Fläche zwischen $G(f_1)$ und $G(f_2)$ in $[4 - \sqrt{15}; 4 + \sqrt{15}]$

41. $f_1(x) = \frac{x^4 + 3x}{5}$ und $f_2(x) = 3x$

Schnittstellen von f_1 und f_2 ► $f_1(x) = f_2(x)$

$\frac{x^4 + 3x}{5} = 3x \quad | \cdot 5$

$\Rightarrow x^4 + 3x = 15x \Rightarrow x^4 - 12x = 0$

$\Rightarrow x \cdot (x^3 - 12) = 0$

$\Rightarrow x_1 = \underline{0}; \; x_2 = \underline{\sqrt[3]{12}}$ ► Schnittstellen

Damit ergibt sich das Integrationsintervall $[0; \sqrt[3]{12}]$.

Stammfunktion von $f_1 - f_2$

► $f_1(x) - f_2(x) = \frac{x^4 + 3x}{5} - 3x$

$= \frac{1}{5} \cdot (x^4 - 12x); \; x \in \mathbb{R}$

$\Rightarrow F(x) = \frac{1}{5} \cdot \left(\frac{1}{5} \cdot x^5 - 6 \cdot x^2\right); \; x \in \mathbb{R}$

► F ist eine Stammfunktion von $f_1 - f_2$ in $\mathbb{R}$.

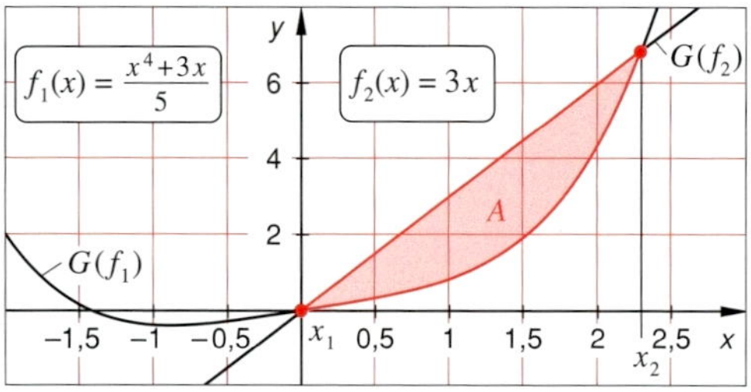

$A = \int_{x_1}^{x_2} [f_1(x) - f_2(x)] \, dx$ ► $f_1(x) - f_2(x) = \frac{1}{5} \cdot (x^4 - 12x)$; 0 für x_1; $\sqrt[3]{12}$ für x_2

$= \left| \int_0^{\sqrt[3]{12}} \left[\frac{1}{5} \cdot (x^4 - 12x)\right] dx \right|$

$= \left| \frac{1}{5} \cdot \left(\frac{1}{5} \cdot x^5 - 6x^2\right) \Big|_0^{\sqrt[3]{12}} \right|$

$= \left| \frac{1}{5} \cdot \left[\frac{1}{5} \cdot \left(\sqrt[3]{12}\right)^5 - 6 \cdot \left(\sqrt[3]{12}\right)^2 - 0\right] \right|$

$= \underline{\underline{3{,}77387}}$ ► Maßzahl der Fläche zwischen $G(f_1)$ und $G(f_2)$ in $[0; \sqrt[3]{12}]$

42. $f_1(x) = \dfrac{1}{1-x^2}$ und $f_2(x) = \dfrac{x^2}{10} + 4$

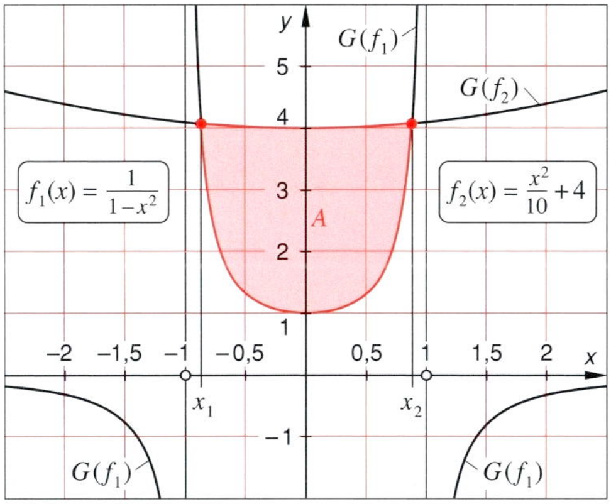

Schnittstellen von f_1 und f_2 ▶ $f_1(x) = f(x_2)$

$$\frac{1}{1-x^2} = \frac{x^2}{10} + 4 \mid \cdot (1-x^2) \cdot 10$$

$$\Rightarrow 10 = x^2 - x^4 + 40 - 40x^2$$

$$\Rightarrow x^4 + 39 \cdot x^2 - 30 = 0$$ ▶ biquadratische Gleichung

$$\Rightarrow (x^2)^2 + 39 \cdot x^2 - 30 = 0$$ ▶ pq-Formel ▶ 4.1

$$\Rightarrow x^2 = -\frac{39}{2} \pm \sqrt{\frac{1521}{4} + 30} = -\frac{39}{2} \pm \sqrt{\frac{1641}{4}}$$

▶ $x^2 = -\dfrac{39}{2} + \sqrt{\dfrac{1641}{4}}$

$\Rightarrow x_1 = \underline{-0{,}86869...}$
$x_2 = \underline{0{,}86869...}$ } Schnittstellen

▶ $x^2 = -\dfrac{39}{2} - \sqrt{\dfrac{1641}{4}}$ ▶ keine Lösung in $\mathbb{R}$

Damit ergibt sich das Integrationsintervall $[-0{,}86869...; 0{,}86869...]$

Stammfunktion von $f_1 - f_2$

▶ $f_1(x) - f_2(x) = \dfrac{1}{1-x^2} - \left(\dfrac{x^2}{10} + 4\right)$

$$= \frac{1}{1-x^2} - \frac{x^2}{10} - 4;\ x \in \mathbb{R} \setminus \{-1; 1\}$$

$$\Rightarrow F(x) = \frac{1}{2} \cdot \ln \left|\frac{1+x}{1-x}\right| - \frac{1}{30} \cdot x^3 - 4x \text{ mit } x \in \mathbb{R} \setminus \{-1; 1\}$$ ▶ 2.6

▶ F ist eine Stammfunktion von $f_1 - f_2$ in $\mathbb{R} \setminus \{-1; 1\}$.

$$A = \int_{x_1}^{x_2} [f_1(x) - f_2(x)]\,\mathrm{d}x$$

▶ $f_1(x) - f_2(x) = \dfrac{1}{1-x^2} - \dfrac{x^2}{10} - 4;$

$-0{,}86869...$ für x_1; $0{,}86869...$ für x_2

$$A = \left| \int_{-0{,}86869...}^{0{,}86869...} \left(\frac{1}{1-x^2} - \frac{1}{10} \cdot x^2 - 4\right) \mathrm{d}x \right|$$

$$= \left| \frac{1}{2} \cdot \ln \left|\frac{1+x}{1-x}\right| - \frac{1}{30} \cdot x^3 - 4x \,\Big|_{-0{,}86869...}^{0{,}86869...} \right|$$

$$= \left| \frac{1}{2} \cdot \ln \left|\frac{1+0{,}86869...}{1-0{,}86869...}\right| - \frac{1}{30} \cdot (0{,}86869...)^3 - 4 \cdot 0{,}86869... + \right.$$

$$\left. -\left(\frac{1}{2} \cdot \ln \left|\frac{1-0{,}86869...}{1+0{,}86869...}\right| - \frac{1}{30} \cdot (-0{,}86869...)^3 - 4 \cdot (-0{,}86869...)\right) \right|$$

$$= |-2{,}16889... - 2{,}16889...|$$

$= \underline{\underline{4{,}33779}}$ ▶ Maßzahl der Fläche zwischen $G(f_1)$ und $G(f_2)$ in $[-0{,}86869...; 0{,}86869...]$

43. $f_1(x) = x^2; f_2(x) = x + 4; f_3(x) = -x + 5$

Die Graphen der Funktionen f_1, f_2 und f_3 haben fünf Schnittpunkte mit den Schnittstellen x_1, x_2, x_3, x_4 und x_5. Dadurch ergeben sich zwischen den Graphen drei Flächen, deren Flächenmaßzahlen A_1, A_2 und A_3 zu berechnen sind.

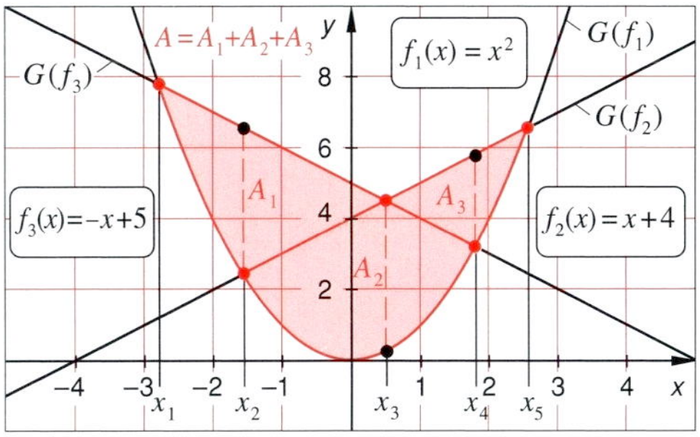

264 **Schnittstellen von f_1 und f_2** ► $f_1(x) = f_2(x)$ ► $f_1(x) = x^2; f_2(x) = x+4$

$x^2 = x+4 \Rightarrow x^2 - x - 4 = 0$ ► quadratische Gleichung, Lösung mit der pq-Formel ► 4.1

$$\Rightarrow x = 0{,}5 \pm \sqrt{0{,}25+4} \Rightarrow \underline{x_2 = 0{,}5 - \sqrt{4{,}25}};\ \underline{x_5 = 0{,}5 + \sqrt{4{,}25}}$$

Schnittstellen von f_1 und f_3 ► $f_1(x) = f_3(x)$ ► $f_1(x) = x^2; f_3(x) = -x+5$

$x^2 = -x+5 \Rightarrow x^2 + x - 5 = 0$ ► quadratische Gleichung, Lösung mit der pq-Formel ► 4.1

$$\Rightarrow x = -0{,}5 \pm \sqrt{0{,}25+5} \Rightarrow \underline{x_1 = -0{,}5 - \sqrt{5{,}25}};\ \underline{x_4 = -0{,}5 + \sqrt{5{,}25}}$$

Schnittstellen von f_2 und f_3 ► $f_2(x) = f_3(x)$ ► $f_2(x) = x+4; f_3(x) = -x+5$

$x+4 = -x+5 \Rightarrow 2x = 1 \Rightarrow \underline{x_3 = 0{,}5}$

Berechnung der Flächenmaßzahl A_1

$$A_1 = \left|\int_{x_1}^{x_2} [f_3(x) - f_1(x)]\,\mathrm{d}x\right| + \left|\int_{x_2}^{x_3} [f_3(x) - f_2(x)]\,\mathrm{d}x\right|$$ ► $f_3(x) - f_1(x) = -x+5-x^2 = -x^2-x+5$; $f_3(x) - f_2(x) = -x+5-(x+4) = -2x+1$

$$= \left|\int_{x_1}^{x_2} (-x^2-x+5)\,\mathrm{d}x\right| + \left|\int_{x_2}^{x_3} (-2x+1)\,\mathrm{d}x\right|$$ ► $-0{,}5-\sqrt{5{,}25}$ für x_1; $0{,}5-\sqrt{4{,}25}$ für x_2; $0{,}5$ für x_3

$$= \left| -\frac{1}{3}\cdot x^3 - \frac{1}{2}\cdot x^2 + 5x \Big|_{-0{,}5-\sqrt{5{,}25}}^{0{,}5-\sqrt{4{,}25}} \right| + \left| -x^2 + x \Big|_{0{,}5-\sqrt{4{,}25}}^{0{,}5} \right|$$

$$= \Big| -\frac{1}{3}\cdot(0{,}5-\sqrt{4{,}25})^3 - \frac{1}{2}\cdot(0{,}5-\sqrt{4{,}25})^2 + 5\cdot(0{,}5-\sqrt{4{,}25}) +$$
$$- \Big[-\tfrac{1}{3}\cdot(-0{,}5-\sqrt{5{,}25})^3 - \tfrac{1}{2}\cdot(-0{,}5-\sqrt{5{,}25})^2 + 5\cdot(-0{,}5-\sqrt{5{,}25})\Big]\Big| +$$
$$+ \Big| -0{,}5^2 + 0{,}5 - \Big[-(0{,}5-\sqrt{4{,}25})^2 + 0{,}5 - \sqrt{4{,}25}\Big]\Big|$$

$$= 2{,}84510\ldots + 4{,}25$$

$$= \underline{7{,}09510\ldots}$$ ► Flächenmaßzahl A_1

Berechnung der Flächenmaßzahl A_2

$$A_2 = \left|\int_{x_2}^{x_3} [f_2(x) - f_1(x)]\,\mathrm{d}x\right| + \left|\int_{x_3}^{x_4} [f_3(x) - f_1(x)]\,\mathrm{d}x\right|$$ ► $f_2(x) - f_1(x) = x+4-x^2 = -x^2+x+4$; $f_3(x) - f_1(x) = -x+5-x^2 = -x^2-x+5$

$$= \left|\int_{x_2}^{x_3} (-x^2+x+4)\,\mathrm{d}x\right| + \left|\int_{x_3}^{x_4} (-x^2-x+5)\,\mathrm{d}x\right|$$ ► $0{,}5-\sqrt{4{,}25}$ für x_2; $0{,}5$ für x_3; $-0{,}5+\sqrt{5{,}25}$ für x_4

$$= \left| -\frac{1}{3}\cdot x^3 + \frac{1}{2}\cdot x^2 + 4x \Big|_{0{,}5-\sqrt{4{,}25}}^{0{,}5} \right| + \left| -\frac{1}{3}\cdot x^3 - \frac{1}{2}\cdot x^2 + 5x \Big|_{0{,}5}^{-0{,}5+\sqrt{5{,}25}} \right|$$

$$= \Big| -\tfrac{1}{3}\cdot 0{,}5^3 + \tfrac{1}{2}\cdot 0{,}5^2 + 4\cdot 0{,}5 - \Big[-\tfrac{1}{3}\cdot\big(0{,}5-\sqrt{4{,}25}\big)^3 + \tfrac{1}{2}\cdot\big(0{,}5-\sqrt{4{,}25}\big)^2 + 4\cdot\big(0{,}5-\sqrt{4{,}25}\big)\Big]\Big| +$$
$$+ \Big| -\tfrac{1}{3}\cdot\big(-0{,}5+\sqrt{5{,}25}\big)^3 - \tfrac{1}{2}\cdot\big(-0{,}5+\sqrt{5{,}25}\big)^2 + 4\cdot\big(-0{,}5+\sqrt{5{,}25}\big) - \big(-\tfrac{1}{3}\cdot 0{,}5^3 + \tfrac{1}{2}\cdot 0{,}5^2 + 4\cdot 0{,}$$

$$= 5{,}84106\ldots + 3{,}10284\ldots$$

$$= \underline{8{,}94390\ldots}$$ ► Flächenmaßzahl A_2

Berechnung der Flächenmaßzahl A_3 264

$$A_3 = \left| \int_{x_3}^{x_4} [f_2(x) - f_3(x)]\,dx \right| + \left| \int_{x_4}^{x_5} [f_2(x) - f_1(x)]\,dx \right|$$ ► $f_2(x) - f_3(x) = x + 4 - (-x+5) = 2x - 1$
$f_2(x) - f_1(x) = x + 4 - x^2 = -x^2 + x + 4$

$$= \left| \int_{x_3}^{x_4} (2x-1)\,dx \right| + \left| \int_{x_4}^{x_5} (-x^2 + x + 4)\,dx \right|$$ ► 0,5 für x_3; $-0{,}5 + \sqrt{5{,}25}$ für x_4; $0{,}5 + \sqrt{4{,}25}$ für x_5

$$= \left| x^2 - x \Big|_{0,5}^{-0,5+\sqrt{5,25}} \right| + \left| -\frac{1}{3}\cdot x^3 + \frac{1}{2}\cdot x^2 + 4x \Big|_{-0,5\sqrt{5,25}}^{0,5+\sqrt{4,25}} \right|$$

$$= \left| (-0{,}5 + \sqrt{5{,}25})^2 - (-0{,}5 + \sqrt{5{,}25}\,g) - (0{,}5^2 - 0{,}5) \right| +$$
$$+ \left| -\tfrac{1}{3}\cdot(0{,}5 + \sqrt{4{,}25})^3 + \tfrac{1}{2}\cdot(0{,}5 + \sqrt{4{,}25})^2 + 4\cdot(0{,}5 + \sqrt{4{,}25}) + \right.$$
$$\left. - \left[-\tfrac{1}{3}\cdot(-0{,}5 + \sqrt{5{,}25})^3 + \tfrac{1}{2}\cdot(-0{,}5 + \sqrt{5{,}25})^2 + 4\cdot(-0{,}5 + \sqrt{5{,}25}) \right] \right|$$

$$= 1{,}66742\ldots + 1{,}07080\ldots$$
$$= \underline{2{,}73822\ldots}$$ ► Flächenmaßzahl A_3

Berechnung der Flächenmaßzahl A

$A = A_1 + A_2 + A_3 = 7{,}09510\ldots + 8{,}94390\ldots + 2{,}73822\ldots = \underline{\underline{18{,}77724}}$ ► Flächenmaßzahl A

44. $f_1(x) = x + 5$; $f_2(x) = -x + 1$; $f_3(x) = 4x - 5$

Die Graphen der Funktionen f_1, f_2 und f_3 haben drei Schnittpunkte mit den Schnittstellen x_1, x_2, und x_3. Dadurch ergibt sich zwischen den Graphen eine Fläche, die aus zwei Teilflächen mit den Flächenmaßzahlen A_1 und A_2 besteht.

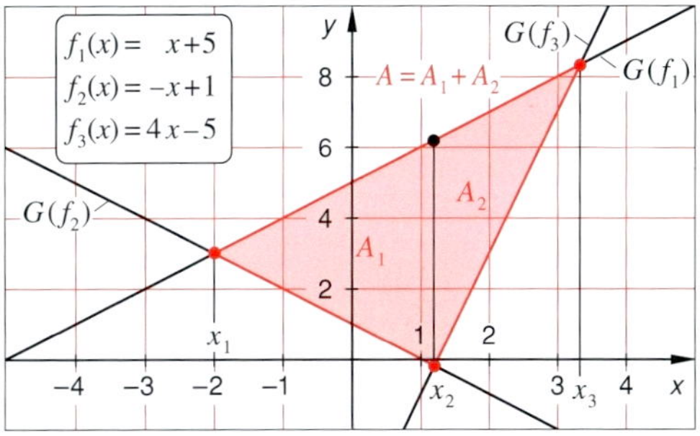

Schnittstellen von f_1 und f_2 ► $f_1(x) = f_2(x)$ ► $f_1(x) = x + 5$; $f_2(x) = -x + 1$

$x + 5 = -x + 1 \Rightarrow 2x = 4 \Rightarrow x_1 = \underline{-2}$

Schnittstellen von f_2 und f_3 ► $f_2(x) = f_3(x)$ ► $f_2(x) = -x + 1$; $f_3(x) = 4x - 5$

$-x + 1 = 4x - 5 \Rightarrow -5x = -6 \Rightarrow x_2 = \underline{\frac{6}{5}}$

Schnittstellen von f_1 und f_3 ► $f_1(x) = f_3(x)$ ► $f_1(x) = x + 5$; $f_3(x) = 4x - 5$

$x + 5 = 4x - 5 \Rightarrow -3x = -10 \Rightarrow x_3 = \underline{\frac{10}{3}}$

264

Berechnung der Flächenmaßzahl A

$A = A_1 + A_2$

$= \left|\int_{x_1}^{x_2} [f_1(x) - f_2(x)]\,\mathrm{d}x\right| + \left|\int_{x_2}^{x_3} [f_1(x) - f_3(x)]\,\mathrm{d}x\right|$ ► $f_1(x) - f_2(x) = x + 5 - (-x + 1) = 2x + 4$

$f_1(x) - f_3(x) = x + 5 - (4x - 5) = -3x + 10$

$= \left|\int_{x_1}^{x_2} (2x + 4)\,\mathrm{d}x\right| + \left|\int_{x_2}^{x_3} (-3x + 10)\,\mathrm{d}x\right|$ ► -2 für x_1; $\frac{6}{5}$ für x_2; $\frac{10}{3}$ für x_3

$= \left|x^2 - 4x \Big|_{-2}^{\frac{6}{5}}\right| + \left|-\frac{3}{2} \cdot x^2 + 10x \Big|_{\frac{6}{5}}^{\frac{10}{3}}\right|$

$= \left|(\frac{6}{5})^2 - 4 \cdot \frac{6}{5} - [(-2)^2 - 4 \cdot (-2)]\right| + \left|-\frac{3}{2} \cdot (\frac{10}{3})^2 + 10 \cdot \frac{10}{3} - [-\frac{3}{2} \cdot (\frac{6}{5})^2 + 10 \cdot \frac{6}{5}]\right|$

$= \left|\frac{256}{25}\right| + \left|\frac{512}{75}\right|$

$= \underline{\underline{17{,}06667}}$ ► Maßzahl der Fläche zwischen $G(f_1)$; $G(f_2)$ und $G(f_3)$

45. $f_1(x) = x^3 - 9x$; $f_2(x) = x$; $f_3(x) = -x + 3$

Schnittstellen von f_1 und f_2 ► $f_1(x) = f_2(x)$

$x^3 - 9x = x \Rightarrow x^3 - 10x = 0 \Rightarrow x \cdot (x^2 - 10) = 0$

$\Rightarrow x_1 = \underline{-\sqrt{10}}$; $x_4 = \underline{0}$; $x_7 = \underline{\sqrt{10}}$

Schnittstellen von f_1 und f_3 ► $f_1(x) = f_3(x)$

$x^3 - 9x = -x + 3 \Rightarrow x \cdot (x^2 - 9) + (x - 3) = 0$

$\Rightarrow x \cdot (x - 3) \cdot (x + 3) + (x - 3) = 0$

$\Rightarrow (x - 3) \cdot [x \cdot (x + 3) + 1] = 0$

$\Rightarrow x_6 = 3$ oder

$x^2 + 3x + 1 = 0$ ► quadratische Gleichung

$\Rightarrow x = -\frac{3}{2} \pm \sqrt{\frac{9}{4} - 1} = -\frac{3}{2} \pm \frac{\sqrt{5}}{2}$

$\Rightarrow x_2 = \underline{-\frac{3}{2} - \frac{\sqrt{5}}{2}}$; $x_3 = \underline{-\frac{3}{2} + \frac{\sqrt{5}}{2}}$

Schnittstellen von f_2 und f_3 ► $f_2(x) = f_3(x)$

$x = -x + 3 \Rightarrow 2x = 3 \Rightarrow x_5 = \underline{\frac{3}{2}}$

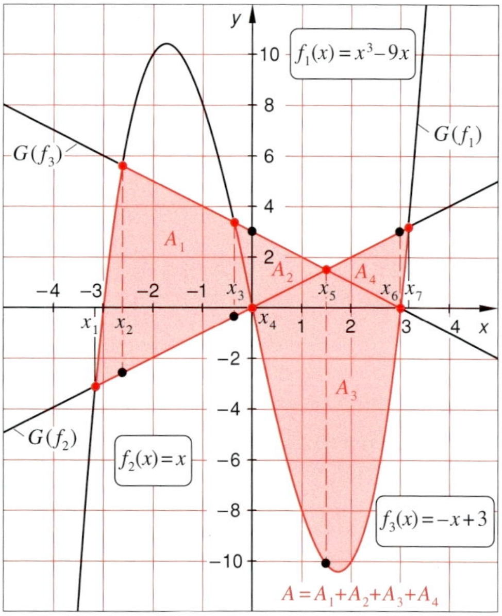

264

Berechnung der Flächenmaßzahl A_1

$$A_1 = \left|\int_{x_1}^{x_2}[f_1(x)-f_2(x)]\,\mathrm{d}x\right| + \left|\int_{x_2}^{x_3}[f_3(x)-f_2(x)]\,\mathrm{d}x\right| + \left|\int_{x_3}^{x_4}[f_1(x)-f_2(x)]\,\mathrm{d}x\right|$$

$$= \left|\int_{x_1}^{x_2}(x^3-9x-x)\,\mathrm{d}x\right| + \left|\int_{x_2}^{x_3}(-x+3-x)\,\mathrm{d}x\right| + \left|\int_{x_3}^{x_4}(x^3-9x-x)\,\mathrm{d}x\right|$$

$$= \left|\frac{1}{4}\cdot x^4-5x^2\Big|_{x_1}^{x_2}\right| + \left|-x^2+3x\Big|_{x_2}^{x_3}\right| + \left|\frac{1}{4}\cdot x^4-5x^2\Big|_{x^3}^{x^4}\right|$$ ► $x_1=-\sqrt{10}$; $x_2=-\frac{3}{2}-\frac{\sqrt{5}}{2}$; $x_3=-\frac{3}{2}+\frac{\sqrt{5}}{2}$; $x_4=0$

$$= \left|\frac{1}{4}\cdot x^4-5x^2\Big|_{-\sqrt{10}}^{-\frac{3}{2}-\frac{\sqrt{5}}{2}}\right| + \left|-x^2+3x\Big|_{-\frac{3}{2}-\frac{\sqrt{5}}{2}}^{-\frac{3}{2}+\frac{\sqrt{5}}{2}}\right| + \left|\frac{1}{4}\cdot x^4-5x^2\Big|_{-\frac{3}{2}+\frac{\sqrt{5}}{2}}^{0}\right|$$

$$= \left|\frac{1}{4}\cdot(-\tfrac{3}{2}-\tfrac{\sqrt{5}}{2})^4-5\cdot(-\tfrac{3}{2}-\tfrac{\sqrt{5}}{2})^2-\tfrac{1}{4}\cdot(-\sqrt{10})^4+5\cdot(-\sqrt{10})^2\right| +$$

$$+\left|-(-\tfrac{3}{2}+\tfrac{\sqrt{5}}{2})^2+3\cdot(-\tfrac{3}{2}+\tfrac{\sqrt{5}}{2})+(-\tfrac{3}{2}-\tfrac{\sqrt{5}}{2})^2-3\cdot(-\tfrac{3}{2}-\tfrac{\sqrt{5}}{2})\right| +$$

$$+\left|0-\tfrac{1}{4}\cdot(-\tfrac{3}{2}+\tfrac{\sqrt{5}}{2})^2+5\cdot(-\tfrac{3}{2}+\tfrac{\sqrt{5}}{2})^2\right|$$

$$= 2{,}47416\ldots+13{,}41640\ldots+0{,}72416\ldots$$

$$= \underline{16{,}61474\ldots}$$ ► Flächenmaßzahl A_1

Berechnung der Flächenmaßzahl A_2

$$A_2 = \left|\int_{x_3}^{x_4}[f_3(x)-f_1(x)]\,\mathrm{d}x\right| + \left|\int_{x_4}^{x_5}[f_3(x)-f_2(x)]\,\mathrm{d}x\right|$$

$$= \left|\int_{x_3}^{x_4}[(-x+3)-(x^3-9x)]\,\mathrm{d}x\right| + \left|\int_{x_4}^{x_5}[(-x+3)-x]\,\mathrm{d}x\right|$$

$$= \left|\int_{x_3}^{x_4}[-x^3+8x+3]\,\mathrm{d}x\right| + \left|\int_{x_4}^{x_5}[-2x+3]\,\mathrm{d}x\right|$$

$$= \left|-\tfrac{1}{4}\cdot x^4+4x^2+3x\Big|_{x_3}^{x_4}\right| + \left|-x^2+3x\Big|_{x_4}^{x_5}\right|$$ ► $x_3=-\frac{3}{2}+\frac{\sqrt{5}}{2}$; $x_4=0$; $x_5=1{,}5$

$$= \left|-\tfrac{1}{4}\cdot x^4+4x^2+3x\Big|_{-\frac{3}{2}+\frac{\sqrt{5}}{2}}^{0}\right| + \left|-x^2+3x\Big|_{0}^{1{,}5}\right|$$

$$= \left|0-\left[-\tfrac{1}{4}\cdot\left(-\tfrac{3}{2}+\tfrac{\sqrt{5}}{2}\right)^4+4\cdot\left(-\tfrac{3}{2}+\tfrac{\sqrt{5}}{2}\right)^2+3\cdot\left(-\tfrac{3}{2}+\tfrac{\sqrt{5}}{2}\right)\right]\right| + \left|-1{,}5^2+3\cdot1{,}5-0\right|$$

$$= |0{,}56762\ldots|+|2{,}25|$$

$$= \underline{\underline{2{,}81762\ldots}}$$ ► Flächenmaßzahl A_2

264 **Berechnung der Flächenmaßzahl A_3**

$$
\begin{aligned}
A_3 &= \left| \int_{x_4}^{x_5} [f_2(x) - f_1(x)]\,\mathrm{d}x \right| + \left| \int_{x_5}^{x_6} [f_3(x) - f_1(x)]\,\mathrm{d}x \right| \\
&= \left| \int_{x_4}^{x_5} (x - x^3 + 9x)\,\mathrm{d}x \right| + \left| \int_{x_5}^{x_6} (-x + 3 - x^3 + 9x)\,\mathrm{d}x \right| \\
&= \left| 5x^2 - \frac{1}{4} \cdot x^4 \Big|_{x_4}^{x_5} \right| + \left| 4x^2 + 3x - \frac{1}{4} \cdot x^4 \Big|_{x_5}^{x_6} \right| \quad \blacktriangleright\ x_4 = 0;\ x_5 = \frac{3}{2};\ x_6 = 3 \\
&= \left| 5x^2 - \frac{1}{4} \cdot x^4 \Big|_{0}^{\frac{3}{2}} \right| + \left| 4x^2 + 3x - \frac{1}{4} \cdot x^4 \right|_{\frac{3}{2}}^{3} \\
&= \left| 5 \cdot \left(\tfrac{3}{2}\right)^2 - \tfrac{1}{4} \cdot \left(\tfrac{3}{2}\right)^4 - 0 \right| + \left| 4 \cdot 3^2 + 3 \cdot 3 - \tfrac{1}{4} \cdot 3^4 - 4 \cdot \left(\tfrac{3}{2}\right)^2 - 3 \cdot \left(\tfrac{3}{2}\right) + \tfrac{1}{4} \cdot \left(\tfrac{3}{2}\right)^4 \right| \\
&= \frac{639}{64} + \frac{801}{64} \\
&= \underline{22{,}5} \quad \blacktriangleright\ \text{Flächenmaßzahl } A_3
\end{aligned}
$$

Berechnung der Flächenmaßzahl A_4

$$
\begin{aligned}
A_4 &= \left| \int_{x_5}^{x_6} [f_2(x) - f_3(x)]\,\mathrm{d}x \right| + \left| \int_{x_6}^{x_7} [f_2(x) - f_1(x)]\,\mathrm{d}x \right| \\
&= \left| \int_{x_5}^{x_6} (x + x - 3)\,\mathrm{d}x \right| + \left| \int_{x_6}^{x^7} (x - x^3 + 9x)\,\mathrm{d}x \right| \\
&= \left| x^2 - 3x \Big|_{x_5}^{x_6} \right| + \left| 5x^2 - \frac{1}{4} \cdot x^4 \Big|_{x_6}^{x_7} \right| \quad \blacktriangleright\ x_5 = \frac{3}{2};\ x_6 = 3;\ x_7 = \sqrt{10} \\
&= \left| x^2 - 3x \Big|_{\frac{3}{2}}^{3} \right| + \left| 5x^2 - \frac{1}{4} \cdot x^4 \Big|_{3}^{\sqrt{10}} \right| \\
&= \left| 3^2 - 3 \cdot 3 - \left(\tfrac{3}{2}\right)^2 + 3 \cdot \tfrac{3}{2} \right| + \left| 5 \cdot (\sqrt{10})^2 - \tfrac{1}{4} \cdot (\sqrt{10})^4 - 5 \cdot 3^2 + \tfrac{1}{4} \cdot 3^4 \right| \\
&= 2{,}25 + 0{,}25 \\
&= \underline{2{,}5} \quad \blacktriangleright\ \text{Flächenmaßzahl } A_4
\end{aligned}
$$

Berechnung der Flächenmaßzahl A

$$A = A_1 + A_2 + A_3 + A_4 = 16{,}61474\ldots + 2{,}81762\ldots + 22{,}5 + 2{,}5 = \underline{\underline{44{,}43236}} \quad \blacktriangleright\ \text{Flächenmaßzahl } A$$

• Flächen zwischen einem Graphen und der y-Achse

► Lehrbuch: Kusch 4: S. 226 ... 233

Bisher war stets der Inhalt A_x einer Fläche zwischen dem Graphen einer Funktion f und der x-Achse in einem **x-Intervall** $[a;\,b]$ zu bestimmen. In Anwendungen muss aber auch sehr oft der Inhalt A_y einer Fläche zwischen $G(f)$ und der y-Achse in einem **y-Intervall** $[c;\,d]$ berechnet werden.

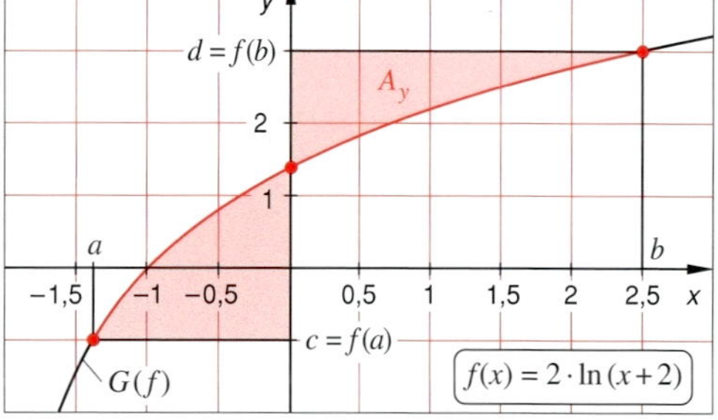

Das ist besonders einfach, wenn eine Funktion f in einem x-Intervall $[a; b]$ z. B. streng monoton steigend ist, denn dann besitzt f nämlich eine Umkehrfunktion f^{-1} und f^{-1} ist im Wertebereich $W(f)$ auch streng monoton steigend. Allerdings braucht der Wertebereich $W(f)$ einer streng monotonen Funktion f kein Intervall darzustellen, wie die nebenstehende Abbildung einer unstetigen Funktion f zeigt.

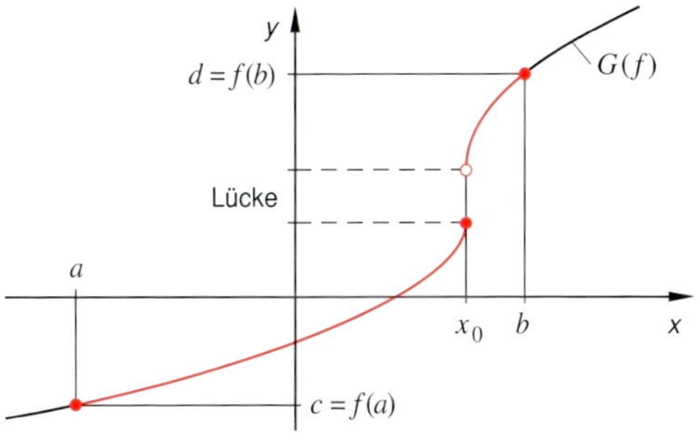

Ist aber eine streng monotone Funktion f in einem x-Intervall $[a; b]$ zusätzlich stetig, so befinden sich zwischen $f(a)$ und $f(b)$ keine Lücken (► Zwischenwertsatz, Kusch 3; 1.2.4). Der Wertebereich $W(f)$ ist dann das y-Intervall $[f(a); f(b)]$, falls f in $[a; b]$ streng monoton steigend ist oder das y-Intervall $[f(b); f(a)]$, falls f in $[a; b]$ streng monoton fallend ist.

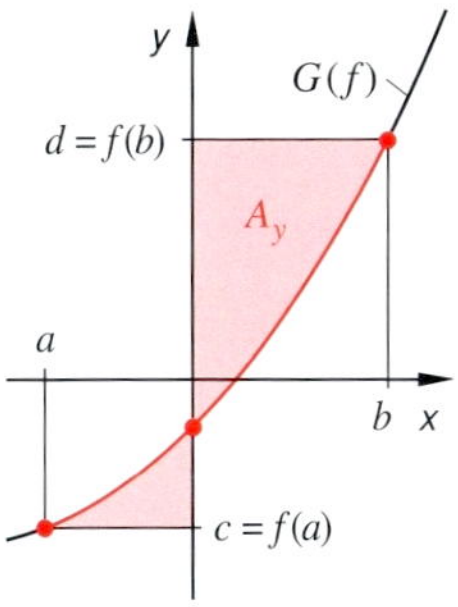

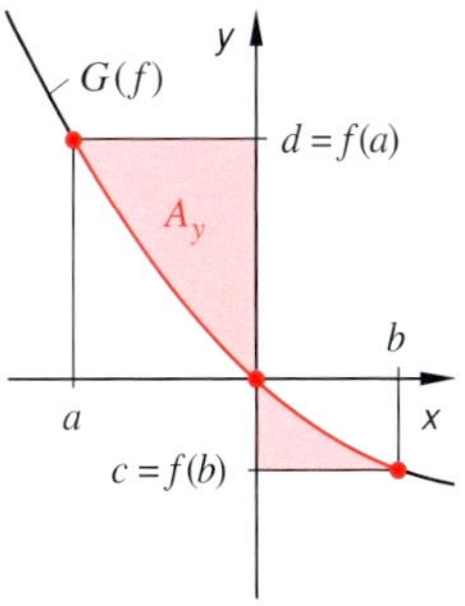

Ist eine Funktion f in einem x-Intervall $[a; b]$ differenzierbar und gilt $f'(x) \geq 0$ bzw. $f'(x) \leq 0$ für alle $x \in [a; b]$, so ist f dort monoton steigend bzw. monoton fallend (► Kusch 3; 4.2). Gilt allerdings $f'(x) > 0$ bzw. $f'(x) < 0$ für alle $x \in [a; b]$, so kann man zeigen, dass f in $[a; b]$ streng monoton steigend bzw. streng monoton fallend ist.

- Ist eine Funktion f in einem x-Intervall $[a; b]$ streng monoton steigend und stetig, so ist die Umkehrfunktion f^{-1} im y-Intervall $[f(a); f(b)]$ ebenfalls streng monoton steigend und stetig. Also ist f^{-1} in $[f(a); f(b)]$ integrierbar.

- Ist eine Funktion f in einem x-Intervall $[a; b]$ streng monoton fallend und stetig, so ist die Umkehrfunktion f^{-1} im y-Intervall $[f(b); f(a)]$ ebenfalls streng monoton fallend und stetig. Also ist f^{-1} in $[f(b); f(a)]$ integrierbar.

Merke:

- Ist eine Funktion f in einem x-Intervall $[a; b]$ streng monoton steigend und stetig (► $[c; d] = [f(a); f(b)]$) bzw. streng monoton fallend und stetig (► $[c; d] = [f(b); f(a)]$) und ist $f^{-1}(y) \leq 0$ oder $f^{-1}y \geq 0$ für alle $y \in [c; d]$, so gilt für den Inhalt A_y der Fläche zwischen $G(f)$ und der y-Achse im y-Intervall $[c; d]$:

$$A_y = \left| \int_c^d f^{-1}(y)\,dy \right| \quad \blacktriangleright \text{ erste Lösungsmethode}$$

- Ist eine Funktion f bei gleichen Bedingungen in $[a; b]$ zusätzlich stetig differenzierbar, so gilt:

$$A_y = \left| \int_a^b [x \cdot f'(x)]\,dx \right| \quad \blacktriangleright \text{ zweite Lösungsmethode}$$

265 Berechnen Sie zu den gegebenen Funktionsgleichungen jeweils die Maßzahl der Fläche, die zwischen dem Funktionsgraphen und der y-Achse im angegebenen y-Intervall $[c; d]$ liegt. Zeichnen Sie den Graphen.

46. $f(x) = \ln x;\ y \in [0; 1]$

Die Funktion $f: f(x) = \ln x;\ D(f) = \mathbb{R}^{>0}$ ist in $D(f)$ streng monoton steigend und stetig differenzierbar.

Aus $f(x) = \ln x$ wird $f^{-1}(y)$ berechnet:

$y = \ln x \Rightarrow x = e^y \Rightarrow f^{-1}(y) = e^y$

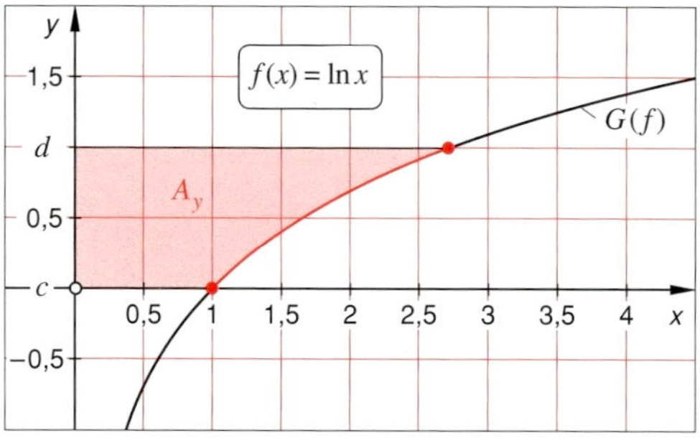

Es wird die Formel der ersten Lösungsmethode verwendet.

$$A_y = \left| \int_c^d f^{-1}(y)\,dy \right| \quad \blacktriangleright \text{ 0 für } c;\ 1 \text{ für } d;\ f^{-1}(y) = e^y$$

$$= \left| \int_0^1 e^y\,dy \right|$$

$$= \left| e^y \Big|_0^1 \right|$$

$$= \left| e^1 - e^0 \right|$$

$$= \underline{\underline{1{,}71828}} \quad \blacktriangleright \text{ Flächenmaßzahl im } y\text{-Intervall } [0; 1]$$

Die Flächenmaßzahl im y-Intervall $[0; 1]$ beträgt 1,71828.

47. $f(x) = \ln x + 1;\ y \in [-1; 1]$

Die Funktion $f: f(x) = \ln x + 1;\ D(f) = \mathbb{R}^{>0}$ ist in $D(f)$ streng monoton steigend und stetig differenzierbar.

Aus dem y-Intervall $[-1; 1]$ erhält man das entsprechende x-Intervall $[a; b]$:

► $\ln a + 1 = -1 \Rightarrow \ln a = -2 \Rightarrow a = e^{-2}$

► $\ln b + 1 = 1 \Rightarrow \ln b = 0 \Rightarrow b = 1$

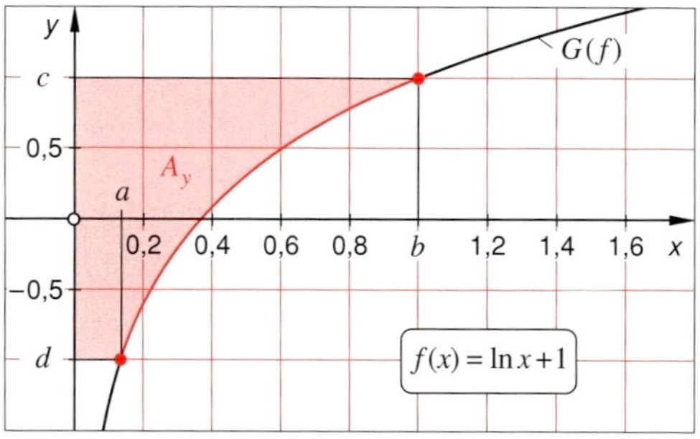

Es wird die Formel der zweiten Lösungsmethode verwendet, weil sich dadurch ein sehr einfach zu lösendes Integral ergibt.

$$A_y = \left| \int_a^b [x \cdot f'(x)]\,dx \right| \quad \blacktriangleright\ e^{-2} \text{ für } a;\ 1 \text{für } b$$

$$f(x) = \ln x + 1 \Rightarrow f'(x) = \frac{1}{x}$$

$$= \left| \int_{e^{-2}}^{1} \left(x \cdot \frac{1}{x} \right) dx \right|$$

$$= \left| \int_{e^{-2}}^{1} 1\,dx \right|$$

$$= \left| x \Big|_{e^{-2}}^{1} \right|$$

$$= 1 - e^{-2}$$

$$= \underline{\underline{0{,}86466}} \quad \blacktriangleright \text{ Flächenmaßzahl im } y\text{-Intervall } [-1; 1]$$

Die Flächenmaßzahl im y-Intervall $[-1; 1]$ beträgt 0,86466.

48. $f(x)=\cosh x;\ y\in[1;2]$

Die Funktion $f: f(x)=\cosh x;\ D(f)=\mathbb{R}$ ist in $\mathbb{R}^{\geq 0}$ streng monoton steigend und stetig differenzierbar. Es wird die Formel der zweiten Lösungsmethode verwendet.

Aus dem y-Intervall $[1;2]$ erhält man das entsprechende x-Intervall $[a;b]$:

▸ $\cosh a=1 \Rightarrow a=0$

▸ $\cosh b=2 \Rightarrow b=\operatorname{Arcosh}2$

Eine Stammfunktion G zur Funktion $g: g(x)=x\cdot\sinh x;\ D(g)=\mathbb{R}$ erhält man mit der Methode der partiellen Integration (▸ 2.5), wenn man darin $u'(x)=\sinh x$ und $v(x)=x$ setzt:

$G(x)=x\cdot\cosh x-\sinh x;\ D(G)=\mathbb{R}$

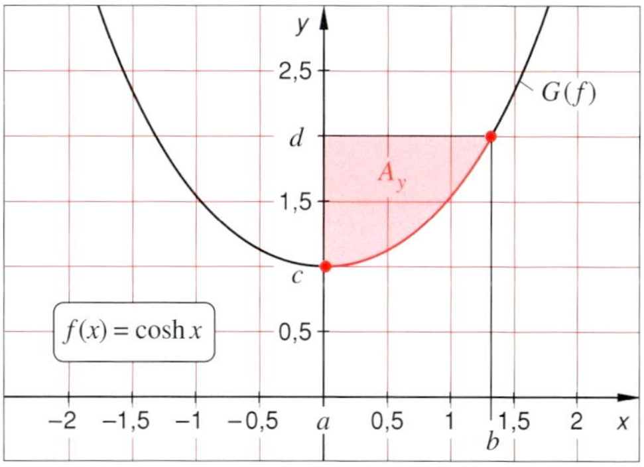

$$A_y=\left|\int_a^b [x\cdot f'(x)]\,\mathrm{d}x\right|$$ ▸ 0 für a; Arcosh 2 für b; $f(x)=\cosh x\Rightarrow f'(x)=\sinh x$

$$=\left|\int_0^{\operatorname{Arcosh}2}(x\cdot\sinh x)\,\mathrm{d}x\right|$$ ▸ 2.5

$$=\left|x\cdot\cosh x-\sinh x\Big|_0^{\operatorname{Arcosh}2}\right|$$

$$=|\operatorname{Arcosh}2\cdot\cosh(\operatorname{Arcosh}2)-\sinh(\operatorname{Arcosh}2)-0|$$

$$=\underline{\underline{0{,}90186}}$$ ▸ Flächenmaßzahl im y-Intervall $[1;2]$

49. $f(x)=\mathrm{e}^x-2;\ y\in[-1{,}5;2]$

Die Funktion $f: f(x)=\mathrm{e}^x-2;\ D(f)=\mathbb{R}$ ist in $\mathbb{R}$ streng monoton steigend und stetig differenzierbar. Ihr Graph schneidet die y-Achse an der Stelle $x_0=0$ im Punkt $P\langle 0\,|\,f(0)\rangle$ mit $f(0)=\mathrm{e}^0-2=-1$. Durch den Schnittpunkt $P\langle 0\,|-1\rangle$ ergeben sich zwei Teilflächen mit den Maßzahlen $A_{y;\,1}$ und $A_{y;\,2}$. Die Gesamtfläche erhält man mit: $A=A_{y;\,1}+A_{y;\,2}$

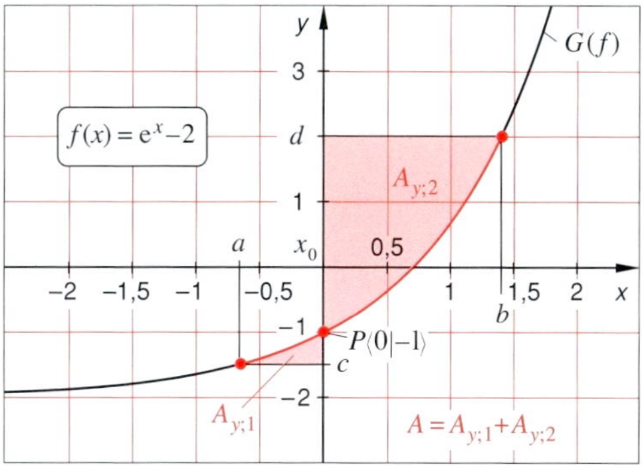

Es wird die Formel der zweiten Lösungsmethode verwendet.

Eine Stammfunktion G zur Funktion $g: g(x)=x\cdot\mathrm{e}^x;\ D(g)=\mathbb{R}$ erhält man mit der Methode der partiellen Integration (▸ 2.5), wenn man darin $u'(x)=\mathrm{e}^x$ und $v(x)=x$ setzt: $G(x)=x\cdot\mathrm{e}^x-\mathrm{e}^x;\ D(G)=\mathbb{R}$

▸ $\mathrm{e}^a-2=-1{,}5\Rightarrow \mathrm{e}^a=0{,}5\Rightarrow a=\ln 0{,}5$

• $$A_{y;\,1}=\left|\int_a^{x_0}[x\cdot f'(x)]\,\mathrm{d}x\right|$$ ▸ ln 0,5 für a; 0 für x_0; $f(x)=\mathrm{e}^x-2\Rightarrow f'(x)=\mathrm{e}^x$

$$=\left|\int_{\ln 0{,}5}^{0}(x\cdot\mathrm{e}^x)\,\mathrm{d}x\right|$$ ▸ 2.5

$$=\left|x\cdot\mathrm{e}^x-\mathrm{e}^x\Big|_{\ln 0{,}5}^{0}\right|$$

$$=\left|0-\mathrm{e}^0-\left(\ln 0{,}5\cdot\mathrm{e}^{\ln 0{,}5}-\mathrm{e}^{\ln 0{,}5}\right)\right|$$

$$=|-1-0{,}5\cdot\ln 0{,}5+0{,}5|$$

$$=\underline{0{,}5+0{,}5\cdot\ln 0{,}5}$$

265 ► $e^b - 2 = 2 \Rightarrow e^b = 4 \Rightarrow b = \ln 4$

● $A_{y;\,2} = \left| \int\limits_{x_0}^{b} [x \cdot f'(x)]\,dx \right|$ ► 0 für x_0; ln 4 für b; $f(x) = e^x - 2 \Rightarrow f'(x) = e^x$

$$= \left| \int\limits_{0}^{\ln 4} (x \cdot e^x)\,dx \right| \quad ► 2.5$$

$$= \left| x \cdot e^x - e^x \Big|_0^{\ln 4} \right|$$

► $e^{\ln 4} = 4$

$$= \left| \ln 4 \cdot e^{\ln 4} - e^{\ln 4} - 0 + 1 \right|$$

$$= |4 \cdot \ln 4 - 4 + 1|$$

$$= \underline{\underline{4 \cdot \ln 4 - 3}}$$

Addiert man die Maßzahlen $A_{y;\,1}$ und $A_{y;\,2}$, so ergibt sich 2,69860 als Maßzahl A_y der Gesamtfläche.

● $A_y = A_{y;\,1} + A_{y;\,2}$

$$= 0{,}5 + 0{,}5 \cdot \ln 0{,}5 + 4 \cdot \ln 4 - 3$$

$$= \underline{\underline{2{,}69860}}$$ ► Flächenmaßzahl im y-Intervall $[-1{,}5;\, 2]$

50. $f(x) = \sinh x;\ y \in [-1;\, 1]$

$f : f(x) = \sinh x;\ D(f) = \mathbb{R}$ ist in $\mathbb{R}$ streng monoton steigend und stetig differenzierbar. $G(f)$ schneidet die y-Achse and der Stelle $x_0 = 0$ im Punkte $P\langle 0\,|\,0\rangle$. Durch $P\langle 0\,|\,0\rangle$ ergeben sich zwei Teilflächen mit den Maßzahlen $A_{y;\,1}$ und $A_{y;\,2}$. Wegen $f(-x) = -f(x)$ ist f eine ungerade Funktion und da das Intervall $[-1;\, 1]$ symmetrisch ist gilt $A_{y;\,1} = A_{y;\,2}$.

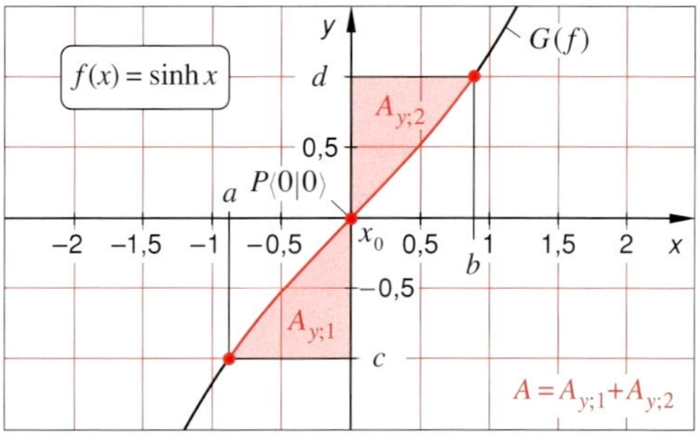

Es wird die Formel der zweiten Lösungsmethode verwendet.

● $A_{y;\,2} = \left| \int\limits_{x_0}^{b} [x \cdot f'(x)]\,dx \right|$ ► 0 für x_0; $\ln(\sqrt{2}+1)$ für b; $f(x) = \sinh x \Rightarrow f'(x) = \cosh x$

► $\sinh x_0 = 0 \Rightarrow x_0 = 0$

► $\sinh b = 1 \Rightarrow b = \ln(\sqrt{2}+1)$

$$= \left| \int\limits_{0}^{\ln(\sqrt{2}+1)} (x \cdot \cosh x)\,dx \right| \quad ► 2.5$$

Eine Stammfunktion G zur Funktion $g : g(x) = x \cdot \cosh x;\ D(g) = \mathbb{R}$ erhält man mit der Methode der partiellen Integration (► 2.5), wenn man darin $u'(x) = \cosh x$ und $v(x) = x$ setzt:

$G(x) = x \cdot \sinh x - \cosh x;\ D(G) = \mathbb{R}$

$$= \left| x \cdot \sinh x - \cosh x \Big|_0^{\ln(\sqrt{2}+1)} \right|$$

$$= \Big| \ln(\sqrt{2}+1) \cdot \sinh[\ln(\sqrt{2}+1)] +$$

$$- \cosh[\ln(\sqrt{2}+1)] - 0 + 1 \Big|$$

$$= \underline{\ln(\sqrt{2}+1) \cdot 1 - \cosh[\ln(\sqrt{2}+1)] + 1}$$

● $A_y = A_{y;\,1} + A_{y;\,2}$ ► $A_{y;\,1} = A_{y;\,2}$

$$= 2 \cdot A_{y;\,2}$$

$$= 2 \cdot \left[\ln(\sqrt{2}+1) - \cosh[\ln(\sqrt{2}+1)] + 1 \right]$$

$$= \underline{\underline{0{,}93432}}$$ ► Flächenmaßzahl im y-Intervall $[-1;\, 1]$

51. $f(x) = \operatorname{Arctan} x + 1;\ y \in [-0{,}5;\ 2]$

Die Funktion $f: f(x) = \operatorname{Arctan} x + 1$ mit $D(f) = \mathbb{R}$ ist in $\mathbb{R}$ streng monoton steigend und stetig differenzierbar. Ihr Graph schneidet die y-Achse an der Stelle $x_0 = 0$ im Punkt $P\langle 0\,|\,f(0)\rangle$ mit $f(0) = \operatorname{Arctan} 0 + 1 = 1$.

Durch den Schnittpunkt $P\langle 0\,|\,1\rangle$ ergeben sich zwei Teilflächen mit den Maßzahlen $A_{y;\,1}$ und $A_{y;\,2}$. Die Gesamtfläche erhält man mit:

$A = A_{y;\,1} + A_{y;\,2}$

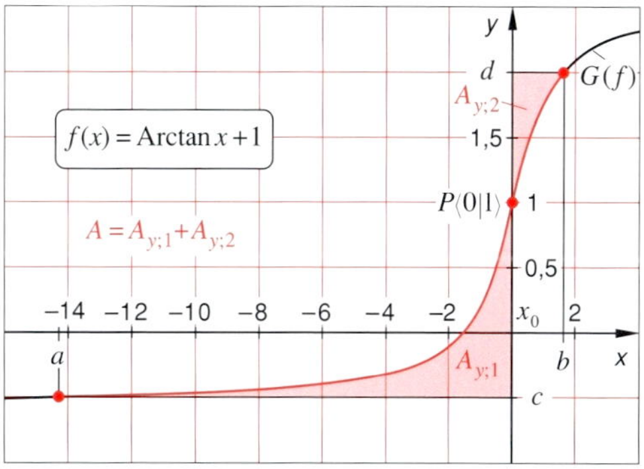

Es wird die Formel der zweiten Lösungsmethode verwendet.

► $\operatorname{Arctan} a + 1 = -0{,}5$

$\Rightarrow \operatorname{Arctan} a = -1{,}5 \Rightarrow a = \tan(-1{,}5) = -\tan 1{,}5$

● $$A_{y;\,1} = \left| \int_a^{x_0} [x \cdot f'(x)]\,dx \right|$$ ► $-\tan 1{,}5$ für a; 0 für x_0; $f(x) = \operatorname{Arctan} x \Rightarrow f'(x) = \frac{1}{1+x^2}$

$$= \left| \int_{-\tan 1{,}5}^{0} \left(x \cdot \frac{1}{1+x^2}\right) dx \right|$$

$$= \left| \frac{1}{2} \cdot \ln(1+x^2) \Big|_{-\tan 1{,}5}^{0} \right|$$

$$= \left| \frac{1}{2} \cdot \ln(1+0^2) - \frac{1}{2} \cdot \ln\left[1 + (-\tan 1{,}5)^2\right] \right|$$

$$= \underline{\underline{2{,}64878\ldots}}$$

$\int \left(x \cdot \frac{1}{1+x^2}\right) dx = \frac{1}{2} \cdot \int \left(\frac{2x}{1+x^2}\right) dx$ ist vom Typ $\int \frac{f'(x)}{f(x)}\,dx$ (► 2.4.2), wenn man $1 + x^2$ für $f(x)$ setzt.

► $\operatorname{Arctan} b + 1 = 2$

$\Rightarrow \operatorname{Arctan} b = 1 \Rightarrow b = \tan 1$

● $$A_{y;\,2} = \left| \int_{x_0}^{b} [x \cdot f'(x)]\,dx \right|$$ ► 0 für x_0; $\tan 1$ für b; $f(x) = \operatorname{Arctan} x \Rightarrow f'(x) = \frac{1}{1+x^2}$

$$= \left| \int_0^{\tan 1} \left(x \cdot \frac{1}{1+x^2}\right) dx \right|$$

$$= \left| \frac{1}{2} \cdot \ln(1+x^2) \Big|_0^{\tan 1} \right|$$

$$= \left| \frac{1}{2} \cdot \ln(1+\tan^2 1) - \frac{1}{2} \cdot \ln(1+0^2) \right|$$

$$= \underline{\underline{0{,}61562\ldots}}$$

Addiert man die Maßzahlen $A_{y;\,1}$ und $A_{y;\,2}$, so ergibt sich 3,26441 als Maßzahl A_y der Gesamtfläche.

● $$A_y = A_{y;\,1} + A_{y;\,2} = 2{,}64878\ldots + 0{,}61562\ldots = \underline{\underline{3{,}26441}}$$ ► Flächenmaßzahl im y-Intervall $[-0{,}5;\ 2]$

265 **52.** $f(x) = \frac{1}{x}$; $y \in [0{,}5;\, 1]$

Die Funktion $f: f(x) = \frac{1}{x}$; $D(f) = \mathbb{R}^{+0}$ ist im x-Intervall $[0{,}5;\, 1]$ streng monoton fallend und stetig differenzierbar.

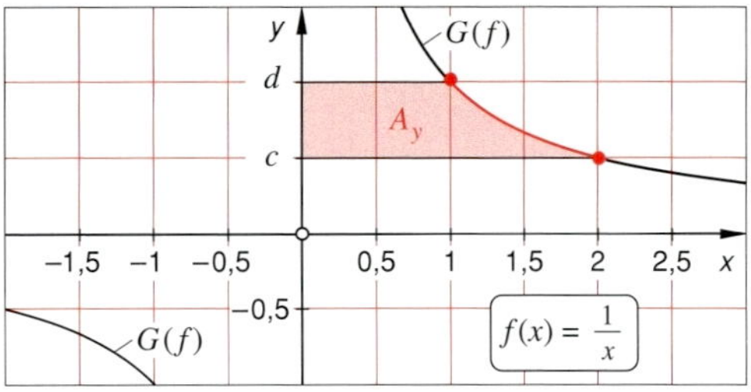

Es wird die Formel der ersten Lösungsmethode verwendet.

Aus $f(x) = \frac{1}{x}$ berechnet man $f^{-1}(y)$:

$y = \frac{1}{x} \Rightarrow x = \frac{1}{y} \Rightarrow f^{-1}(y) = \frac{1}{y}$

$$A_y = \left| \int_c^d f^{-1}(y)\,\mathrm{d}y \right| \quad \blacktriangleright \text{ 0;5 für } c;\ 1 \text{ für } d;\ f^{-1}(y) = \frac{1}{y}$$

$$= \left| \int_{\frac{1}{2}}^{1} \frac{1}{y}\,\mathrm{d}y \right|$$

$$= \left| \ln |y| \Big|_{0{,}5}^{1} \right|$$

$$= |\ln 1 - \ln 0{,}5| \quad \blacktriangleright \ln 1 = 0$$

$$= |-\ln 0{,}5|$$

$$= \underline{\underline{0{,}69315}} \quad \blacktriangleright \text{ Flächenmaßzahl im } y\text{-Intervall } [0{,}5;\, 1]$$

Die Flächenmaßzahl im y-Intervall $[0{,}5;\, 1]$ beträgt 0,69315.

53. $f(x) = \sqrt{\frac{x+16}{x+1}}$; $y \in [2\,;\, 6]$

Die Funktion $f: f(x) = \sqrt{\frac{x+16}{x+1}}$ mit dem Definitionsbereich $D(f) = \mathbb{R} \setminus (-16;\, -1]$ ist in $\mathbb{R}^{>-1}$ stetig sowie streng monoton fallend und somit auch umkehrbar. Ihr Graph schneidet die y-Achse an der Stelle $x_0 = 0$ im Punkte $P\langle 0\,|\,f(0)\rangle$ mit $f(0) = \sqrt{\frac{0+16}{0+1}} = 4$.

Durch den Schnittpunkt $P\langle 0\,|\,4\rangle$ ergeben sich zwei Teilflächen mit den Maßzahlen $A_{y;\,1}$ und $A_{y;\,2}$. Die Gesamtfläche erhält man mit: $A = A_{y;\,1} + A_{y;\,2}$

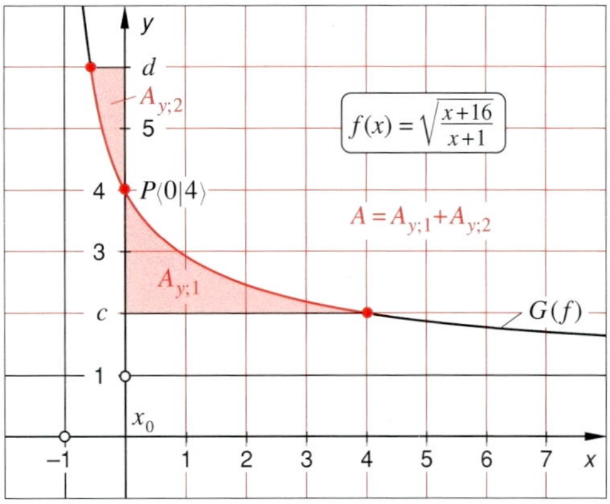

Es wird die Formel der ersten Lösungsmethode verwendet. Dazu berechnet man $f^{-1}(y)$ aus $f(x) = \sqrt{\dfrac{x+16}{x+1}}$:

$$f(x) = y = \sqrt{\frac{x+16}{x+1}}; \quad y \geq 0$$

$$\Rightarrow \frac{x+16}{x+1} = y^2$$

$$\Rightarrow x + 16 = x \cdot y^2 + y^2$$

$$\Rightarrow x \cdot (1 - y^2) = y^2 - 16$$

$$\Rightarrow x = f^{-1}(y) = \frac{y^2 - 16}{1 - y^2}; \; y \in \mathbb{R}^{\geq 0} \setminus \{1\}$$

► $f^{-1}(y) = \dfrac{y^2 - 16}{1 - y^2}$

$$= -\frac{(y^2 - 1) - 15}{y^2 - 1}$$

$$= -\left[1 - \frac{15}{y^2 - 1}\right]$$

$$A_{y;\,1} = \left| \int_c^{y_0} f^{-1}(y)\,\mathrm{d}y \right| \quad \text{► 2 für } c\text{; 4 für } y_0\text{; } f^{-1}(y) = \frac{y^2-16}{1-y^2}$$

$$= \left| \int_2^4 \frac{y^2 - 16}{1 - y^2}\,\mathrm{d}y \right|$$

$$= \left| -\int_2^4 \left[1 - \frac{15}{y^2 - 1}\right] \mathrm{d}y \right| \quad \text{► 2.1}$$

$$= \left| y - \frac{15}{2} \cdot \ln\left|\frac{y-1}{y+1}\right| \Big|_2^4 \right| \quad (*)$$

$$= \left| 4 - \frac{15}{2} \cdot \ln\left|\frac{4-1}{4+1}\right| - \left(2 - \frac{15}{2} \cdot \ln\left|\frac{2-1}{2+1}\right|\right) \right|$$

$$= \left| 4 - \frac{15}{2} \cdot \ln\left|\frac{3}{5}\right| - \left(2 - \frac{15}{2} \cdot \ln\left|\frac{1}{3}\right|\right) \right|$$

$$= \underline{2{,}40839\ldots}$$

$$A_{y;\,2} = \left| \int_{y_0}^{d} f^{-1}(y)\,\mathrm{d}y \right| \quad \text{► 4 für } y_0\text{; 6 für } d\text{; } f^{-1}(y) = \frac{y^2-16}{1-y^2}$$

$$= \left| \int_4^6 \frac{y^2 - 16}{1 - y^2}\,\mathrm{d}y \right|$$

$$= \left| y - \frac{15}{2} \cdot \ln\left|\frac{y-1}{y+1}\right| \Big|_4^6 \right| \quad \text{► } (*)$$

$$= \left| 6 - \frac{15}{2} \cdot \ln\left|\frac{6-1}{6+1}\right| - \left(4 - \frac{15}{2} \cdot \ln\left|\frac{4-1}{4+1}\right|\right) \right|$$

$$= \left| 6 - \frac{15}{2} \cdot \ln\left|\frac{5}{7}\right| - \left(4 - \frac{15}{2} \cdot \ln\left|\frac{3}{5}\right|\right) \right|$$

$$= \underline{0{,}69234\ldots}$$

$$A = A_{y;\,1} + A_{y;\,2}$$

$$= 2{,}40839\ldots + 0{,}69234\ldots$$

$$= \underline{\underline{3{,}10075}} \quad \text{► Flächenmaßzahl im } y\text{-Intervall } [2;\,6]$$

Die Flächenmaßzahl im y-Intervall $[2; 6]$ beträgt 3,10075.

54. $f(x) = \operatorname{Arcsin} x - 0,5$; $y \in [-2; 0,5]$

Die Funktion $f: f(x) = \operatorname{Arcsin} x - 0,5$ mit $D(f) = [-1; 1]$ ist in $D(f)$ streng monoton steigend und in $(-1; 1)$ stetig differenzierbar. Ihr Graph schneidet die y-Achse an der Stelle $x_0 = 0$ im Punkte $P\langle 0 | f(0) \rangle$ mit $f(0) = \operatorname{Arcsin} 0 - 0,5 = -0,5$. Durch den Schnittpunkt $P\langle 0 | -0,5 \rangle$ ergeben sich bei den Teilflächen mit den Maßzahlen $A_{y;\,1}$ und $A_{y;\,2}$. Die Gesamtfläche erhält man mit: $A = A_{y;\,1} + A_{y;\,2}$

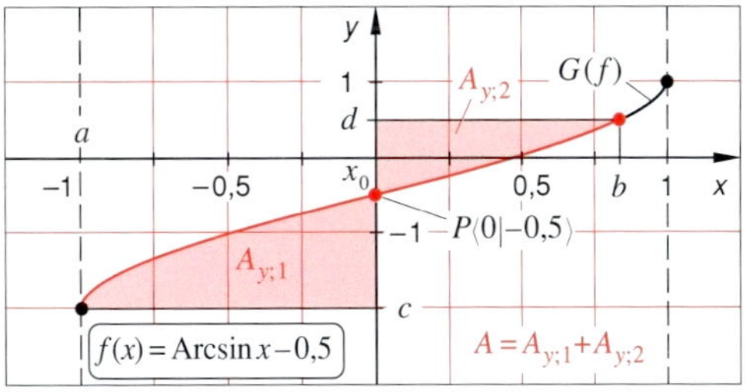

265 Es wird die Formel der zweiten Lösungsmethode verwendet. Aus dem y-Intervall $[-2;0{,}5]$ berechnet man das entsprechende x-Intervall $[a;b]$:

► $\operatorname{Arcsin} a - 0{,}5 = -2$

$\Rightarrow \operatorname{Arcsin} a = -1{,}5 \Rightarrow a = \sin(-1{,}5) = -\sin 1{,}5$

► $\operatorname{Arcsin} b - 0{,}5 = 0{,}5$

$\Rightarrow \operatorname{Arcsin} b = 1 \Rightarrow b = \sin 1$

Das Integral $\int \left(x \cdot \frac{1}{\sqrt{1-x^2}}\right) \mathrm{d}x$ ist vom Typ $\int \left([f(x)]^n \cdot f'(x)\right) \mathrm{d}x$ (► 2.4.3), wenn man $-\frac{1}{2}$ für n und $1-x^2$ für $f(x)$ setzt.

● $A_{y;1} = \left| \int\limits_a^{x_0} [x \cdot f'(x)] \,\mathrm{d}x \right|$

► $-\sin 1{,}5$ für a; 0 für x_0;

$f(x) = \operatorname{Arcsin} x - 0{,}5 \Rightarrow f'(x) = \frac{1}{\sqrt{1-x^2}}$

$$A_{y;1} = \left| \int\limits_{-\sin 1{,}5}^{0} \left(x \cdot \frac{1}{\sqrt{1-x^2}}\right) \mathrm{d}x \right| \quad ► 2.4.3$$

$$= \left| -\sqrt{1-x^2} \,\Big|_{-\sin 1{,}5}^{0} \right|$$

$$= \left| -\sqrt{1-0^2} - \left(-\sqrt{1-(-\sin 1{,}5)^2}\right) \right|$$

$$= \underline{0{,}92926\ldots}$$

● $A_{y;2} = \left| \int\limits_{x_0}^{b} [x \cdot f'(x)] \,\mathrm{d}x \right|$

► 0 für x_0; $\sin 1$ für b;

$f(x) = \operatorname{Arcsin} x - 0{,}5 \Rightarrow f'(x) = \frac{1}{\sqrt{1-x^2}}$

$$A_{y;2} = \left| \int\limits_{0}^{\sin 1} \left(x \cdot \frac{1}{\sqrt{1-x^2}}\right) \mathrm{d}x \right| \quad ► 2.4.3$$

$$= \left| -\sqrt{1-x^2} \,\Big|_{0}^{\sin 1} \right|$$

$$= \left| -\sqrt{1-\sin^2 1} - (-\sqrt{1}) \right|$$

$$= \underline{0{,}45969\ldots}$$

Addiert man die Maßzahlen $A_{y;1}$ und $A_{y;2}$, so ergibt sich 1,38896 als Maßzahl A_y der Gesamtfläche.

● $A_y = A_{y;1} + A_{y;2}$

$= 0{,}92926\ldots + 0{,}45969\ldots$

$= \underline{\underline{1{,}38896}}$ ► Flächenmaßzahl im y-Intervall $[-2;0{,}5]$

Flächeninhalte – Kurven in Parameterdarstellung

► **Lehrbuch: Kusch 4, S. 233 … 251**

Lassen sich alle Koordinaten $\langle x \mid y \rangle$ von Punkten $P\langle x \mid y \rangle$ einer **ebenen Punktmenge** durch ein System von zwei Gleichungen $\begin{cases} x = f_1(t) \\ y = f_2(t) \end{cases}$ mit in $D(f_1) \cap D(f_2)$ stetigen Funktionen f_1 and f_2 beschreiben, so bezeichnet man die Variable t als **Parameter** und das System als **Parameterdarstellung** dieser ebenen Punktmenge. Eine solche Punktmenge heißt auch **Kurve**. ► **Kusch 3; 2.3.4**

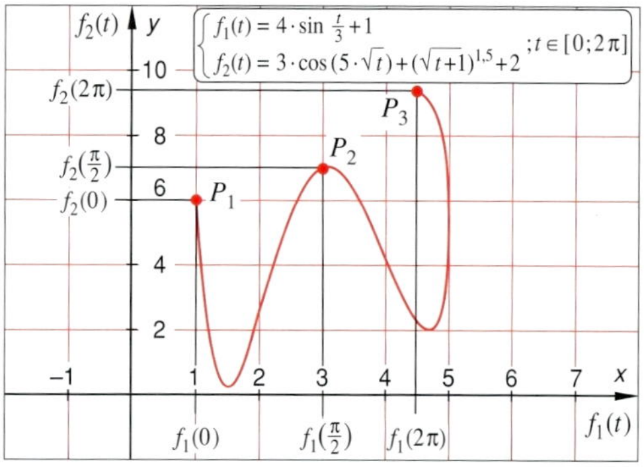

Um eine solche Kurve zu zeichnen, stellt man eine Wertetabelle mit $t \in D(f_1) \cap D(f_2)$ als unabhängiger Variablen auf und berechnet zu jedem t-Wert die Werte für $x = f_1(t)$ und $y = f_2(t)$.

Auch der Graph einer stetigen Funktion f ist eine Kurve. Besitzt f in einem Intervall $[a; b]$ nämlich die Funktionsgleichung $y = f(x)$, so ist zum Beispiel $\begin{cases} x = t \\ y = f(t) \end{cases}; t \in [a; b]$ mit $f_1(t) = t$ und $f_2(t) = f(t)$ eine Parameterdarstellung von f.

Aber auch jede Parameterdarstellung der Form $\begin{cases} x = f_1(t) \\ y = f[f_1(t)] \end{cases}; t \in D(f_1)$ stellt in einem geeigneten Parameterintervall $[t_1; t_2] \subseteq D(f_1)$ den gleichen Graphen von f dar, wenn das t-Intervall $[t_1; t_2]$ durch f_1 auf das x-Intervall $[a; b]$ abgebildet wird und die Funktion f_1 in $[t_1; t_2]$ streng monoton ist, denn dann wird jede x-Stelle im Intervall $[a; b]$ durch f_1 genau einmal erfasst.

Ist die Funktion f darüber hinaus in einem x-Intervall $[a; b]$ streng monoton steigend, so besitzt sie dort eine stetige Umkehrfunktion f^{-1} mit der Funktionsgleichung $x = f^{-1}(y); y \in [f(a); f(b)]$.

Dann hat die Umkehrfunktion f^{-1} z. B. die Parameterdarstellung $\begin{cases} x = f^{-1}(t) \\ y = t \end{cases}; t \in [f(a); f(b)]$ mit $f_1(t) = f^{-1}(t)$ und $f_2(t) = t$.

Aber auch jede Parameterdarstellung der Form $\begin{cases} x = f^{-1}[f_2(t)] \\ y = f_2(t) \end{cases}; t \in D(f_2)$ stellt in einem geeigneten Parameterintervall $[t_1; t_2] \subseteq D(f_2)$ den gleichen Graphen von f^{-1} dar, wenn die Funktion f_2 in $[t_1; t_2]$ streng monoton steigend ist und das t-Intervall $[t_1; t_2]$ durch f_2 auf das y-Intervall $[f(a); f(b)]$ abgebildet wird. Entsprechendes gilt, wenn die Funktion f in $[a; b]$ streng monoton fallend ist.

Es gibt aber auch Kurven, die nicht Graphen von stetigen Funktionen sind, bei denen z. B. in einem t-Intervall $[t_1; t_2]$ der Anfangspunkt $P_1\langle f_1(t_1)|f_2(t_2)\rangle$ mit dem Endpunkt $P_2\langle f_1(t_2)|f_2(t_2)\rangle$ der Kurve zusammenfällt. Solche Kurven heißen **geschlossene Kurven**. Bei einer geschlossenen Kurve ist es möglich, dass entsprechend dem angegebenen t-Intervall $[t_1; t_2]$ die Punkte der Kurve mehrfach durchlaufen werden.

Bei Berechnungen von z. B. Flächeninhalten, Bogenlängen oder Rauminhalten im Zusammenhang mit Kurven müssen die Parameterintervalle so gewählt werden, dass die Punkte einer geschlossenen Kurve mit Ausnahme nur eines Punktes einmal durchlaufen werden.

Ist eine Kurve in einem Parameterintervall $[t_1; t_2]$ nicht geschlossen, fallen also der Anfangspunkt $P_1\langle f_1(t_1)|f_2(t_1)\rangle$ und der Endpunkt $P_2\langle f_2(t_2)|f_2(t_2)\rangle$ einer Kurve nicht zusammen, so können auch dann Kurvenpunkte $(P_3; P_4)$ mehrfach durchlaufen werden.

In diesem Buch werden nur solche nicht geschlossenen Kurven betrachtet, die **schnittpunktsfrei** sind, bei denen also jeder Kurvenpunkt nur einmal durchlaufen wird. Die nebenstehende Abbildung zeigt eine solche Kurve, die nicht schnittpunktsfrei ist.

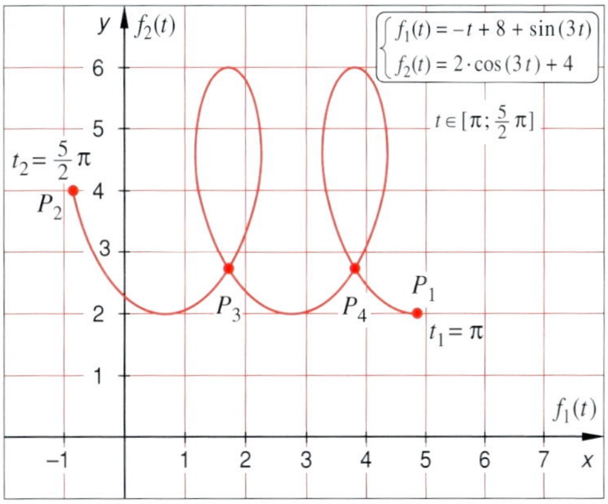

• Flächen zwischen einer Kurve und der x-Achse bzw. der y-Achse

Merke:

- Ist eine Kurve durch eine Parameterdarstellung $\begin{cases} x = f_1(t) \\ y = f_2(t) \end{cases}$; $t \in D(f_1) \cap D(f_2)$ gegeben und ist die Funktion f_1 im Parameterintervall $[t_1; t_2]$ streng monoton, ist also die Kurve der Graph einer stetigen Funktion und ist f_1 dort außerdem stetig differenzierbar, so gilt für den Inhalt A_x der Fläche zwischen Kurve und x-Achse im t-Intervall $[t_1; t_2]$:

$$A_x = \left| \int_{t_1}^{t_2} [\dot{f}_1(t) \cdot f_2(t)]\, dt \right| \quad \blacktriangleright f_2(t) \leq 0 \text{ bzw. } f_2(t) \geq 0;\ t \in [t_1; t_2]$$

Die Bedingung $f_2(t) \leq 0$; $t \in [t_1; t_2]$ besagt, dass die Kurve unterhalb der x-Achse liegt oder diese berührt und $f_2(t) \geq 0$; $t \in [t_1; t_2]$ besagt, dass die Kurve oberhalb der x-Achse verläuft oder diese berührt.

- Ist eine Kurve durch eine Parameterdarstellung $\begin{cases} x = f_1(t) \\ y = f_2(t) \end{cases}$; $t \in D(f_1) \cap D(f_2)$ gegeben und sind die Parameterfunktionen f_1 sowie f_2 im t-Intervall $[t_1; t_2]$ streng monoton, ist also die Kurve der Graph einer streng monotonen und stetigen Funktion und ist f_2 dort außerdem stetig differenzierbar, so gilt für den Inhalt A_y der Fläche zwischen Kurve und y-Achse im t-Intervall $[t_1; t_2]$:

$$A_y = \left| \int_{t_1}^{t_2} [f_1(t) \cdot \dot{f}_2(t)]\, dt \right| \quad \blacktriangleright f_1(t) \leq 0 \text{ oder } f_1(t) \geq 0 \text{ in } t \in [t_1; t_2]$$

Die Bedingung $f_1(t) \leq 0$; $t \in [t_1; t_2]$ besagt, dass die Kurve links von der y-Achse liegt oder diese berührt und $f_1(t) \geq 0$; $[t_1; t_2]$ besagt, dass die Kurve rechts von der y-Achse verläuft oder diese berührt.

265 Berechnen Sie zu den in Parameterdarstellung gegebenen Kurven jeweils die Maßzahl der Fläche, die zwischen der Kurve und der x-Achse bzw. zwischen der Kurve und der y-Achse im angegebenen Intervall liegt. Stellen Sie die Fläche in einem Schaubild dar.

▸ **Lehrbuch: Kusch 4, S. 236...249**

55. $\begin{cases} f_1(t) = \frac{1}{2} \cdot t^2 + 2 \\ f_2(t) = \frac{3}{4} \cdot t^2 + 2 \end{cases}$; $t \in [0; 3]$

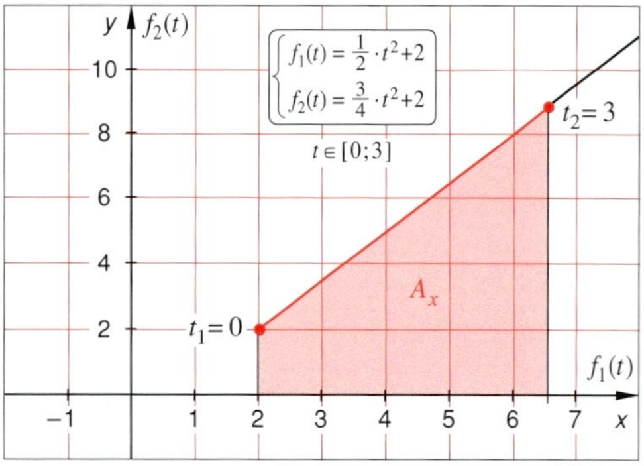

Fläche zwischen Kurve und x-Achse

Die Funktion $f_1: f_1(t) = \frac{1}{2} \cdot t^2 + 2; D(f_1) = \mathbb{R}$ ist im t-Intervall $[0; 3]$ streng monoton steigend und stetig differenzierbar.

265

Die Funktion $f_2: f_2(t) = \frac{3}{4} \cdot t^2 + 2;\ D(f_2) = \mathbb{R}$ wechselt im t-Intervall $[0; 3]$ nicht ihr Vorzeichen. Also kann die Formel $A_x = \left| \int\limits_{t_1}^{t_2} [\dot{f}_1(t) \cdot f_2(t)]\, dt \right|$ unmittelbar angewendet werden.

$$A_x = \left| \int\limits_{t_1}^{t_2} [\dot{f}_1(t) \cdot f_2(t)]\, dt \right|$$

► 0 für t_1; 3 für t_2; $f_1(t) = \frac{1}{2} \cdot t^2 + 2 \Rightarrow \dot{f}_1(t) = t$; $f_2(t) = \frac{3}{4} \cdot t^2 + 2$

$$A_x = \left| \int\limits_0^3 \left[t \cdot \left(\tfrac{3}{4} \cdot t^2 + 2\right)\right] dt \right|$$

$$= \left| \int\limits_0^3 \left(\tfrac{3}{4} \cdot t^3 + 2t\right) dt \right|$$

$$= \left| \frac{3}{16} \cdot t^4 + t^2 \Big|_0^3 \right|$$

$$= \left| \frac{3}{16} \cdot 3^4 + 3^2 - 0 \right|$$

$= \underline{\underline{24{,}1875}}$ ► Flächenmaßzahl im t-Intervall $[0; 3]$

Für die Maßzahl der Fläche zwischen dem Graphen und der x-Achse gilt: $A_x = 24{,}1875$

Fläche zwischen Kurve und y-Achse

Die Funktionen $f_1: f_1(t) = \frac{1}{2} \cdot t^2 + 2$ mit $D(f_1) = \mathbb{R}$ und $f_2: f_2(t) = \frac{3}{4} \cdot t^2 + 2$ mit $D(f_2) = \mathbb{R}$ sind im t-Intervall $[0; 3]$ streng monoton steigend und überdies ist f_2 dort stetig differenzierbar.

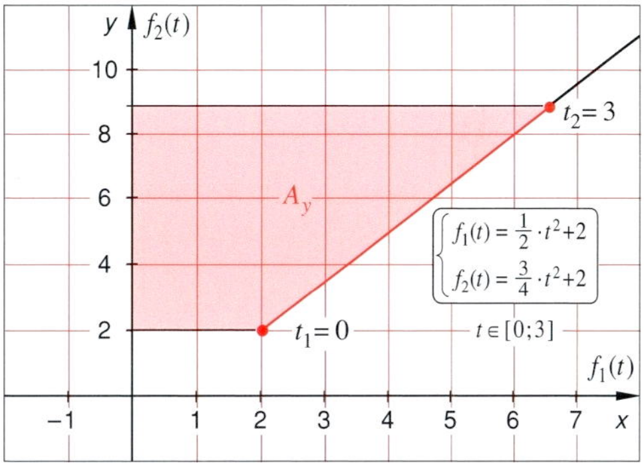

Die Funktion f_1 wechselt im t-Intervall $[0; 3]$; ihr Vorzeichen nicht. Also kann die Formel $A_y = \left| \int\limits_{t_1}^{t_2} [f_1(t) \cdot \dot{f}_2(t)]\, dt \right|$ unmittelbar angewendet werden.

$$A_y = \left| \int\limits_{t_1}^{t_2} [f_1(t) \cdot \dot{f}_2(t)]\, dx \right|$$

► 0 für t_1; 3 für t_2; $f_1(t) = \frac{1}{2} \cdot t^2 + 2$; $f_2(t) = \frac{3}{4} \cdot t^2 + 2 \Rightarrow \dot{f}_2(t) = \frac{3}{2} \cdot t$

$$A_y = \left| \int\limits_0^3 \left[\left(\tfrac{1}{2} \cdot t^2 + 2\right) \cdot \tfrac{3}{2}\, t\right] dt \right|$$

$$= \left| \int\limits_0^3 \left(\tfrac{3}{4} \cdot t^3 + 3t\right) dt \right|$$

$$= \left| \frac{3}{16} \cdot t^4 + \frac{3}{2} \cdot t^2 \Big|_0^3 \right|$$

$$= \left| \frac{3}{16} \cdot 3^4 + \frac{3}{2} \cdot 3^2 - 0 \right|$$

$= \underline{\underline{28{,}6875}}$ ► Flächenmaßzahl im t-Intervall $[0; 3]$

Für die Maßzahl der Fläche zwischen dem Graphen und der y-Achse gilt: $A_y = 28{,}6875$

265

56. $\begin{cases} f_1(t) = \frac{1}{4} \cdot t - 2 \\ f_2(t) = \frac{1}{70} \cdot t^2 \end{cases} ; t \in [-8; 0]$

Fläche zwischen Kurve und x-Achse

Die Funktion $f_1: f_1(t) = \frac{1}{4} \cdot t - 2;\ D(f_1) = \mathbb{R}$ ist im t-Intervall $[-8; 0]$ streng monoton steigend und stetig differenzierbar. Die Funktion $f_2: f_2(t) = \frac{1}{10} \cdot t^2;\ D(f_2) = \mathbb{R}$ wechselt im t-Intervall $[-8; 0]$ nicht ihr Vorzeichen.

Die Formel $A_x = \left| \int\limits_{t_1}^{t_2} [\dot{f}_1(t) \cdot f_2(t)]\, dt \right|$ kann daher unmittelbar angewendet werden.

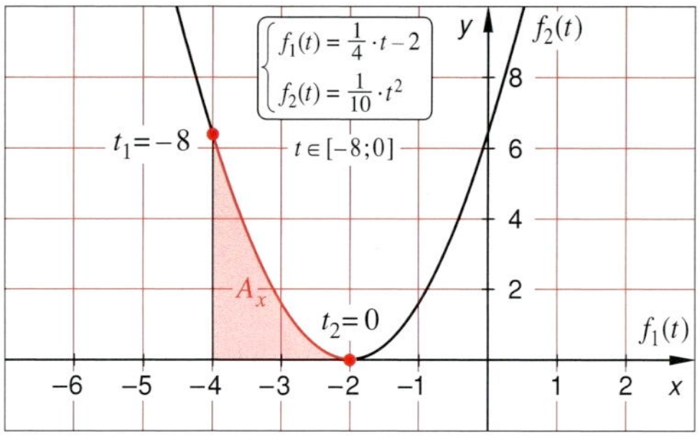

$$A_x = \left| \int\limits_{t_1}^{t_2} [\dot{f}_1(t) \cdot f_2(t)]\, dt \right|$$

► -8 für t_1; 0 für t_2; $f_1(t) = \dfrac{1}{4} \cdot t - 2 \Rightarrow \dot{f}_1(t) = \dfrac{1}{4}$; $f_2(t) = \dfrac{1}{10} \cdot t^2$

$$A_x = \left| \int\limits_{-8}^{0} \left(\tfrac{1}{4} \cdot \tfrac{1}{10} \cdot t^2\right) dt \right|$$
$$= \left| \frac{1}{40} \cdot \frac{1}{3} \cdot t^3 \Big|_{-8}^{0} \right|$$
$$= \left| \frac{1}{120} \cdot 0 - \frac{1}{120} \cdot (-8)^3 \right|$$
$$= \underline{\underline{4{,}26667}}$$ ► Maßzahl der Fläche im t-Intervall $[-8; 0]$

Für die Maßzahl der Fläche zwischen dem Graphen und der x-Achse gilt: $A_x = 4{,}275$

Fläche zwischen Kurve und y-Achse

Die Funktionen $f_1: f_1(t) = \frac{1}{4} \cdot t - 2;\ D(f_1) = \mathbb{R}$ und $f_2: f_2(t) = \frac{1}{10} \cdot t^2;\ D(f_2) = \mathbb{R}$ sind im t-Intervall $[-8; 0]$ streng monoton und überdies ist f_2 dort stetig differenzierbar. Die Funktion f_1 wechselt im t-Intervall $[-8; 0]$ nicht ihr Vorzeichen.

Also kann die Formel $A_y = \left| \int\limits_{t_1}^{t_2} [f_1(t) \cdot \dot{f}_2(t)]\, dt \right|$ unmittelbar angewendet werden.

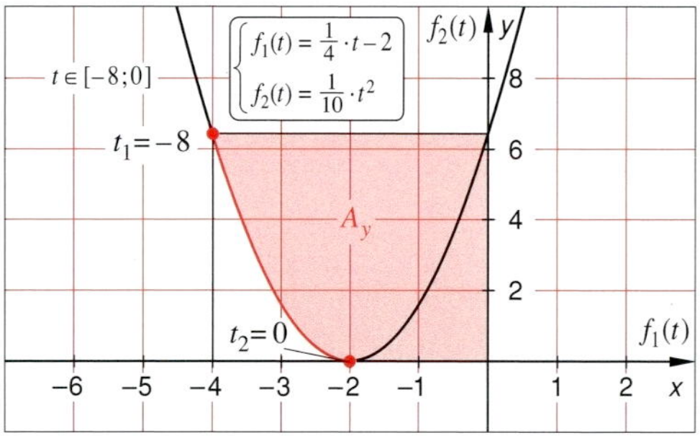

$$A_y = \left| \int\limits_{t_1}^{t_2} [f_1(t) \cdot \dot{f}_2(t)]\, dt \right|$$

► -8 für t_1; 0 für t_2; $f_1(t) = \dfrac{1}{4} \cdot t - 2$; $f_2(t) = \dfrac{1}{10} \cdot t^2 \Rightarrow \dot{f}_2(t) = \dfrac{1}{5} \cdot t$

$$A_y = \left| \int\limits_{-8}^{0} \left[\left(\tfrac{1}{4} \cdot t - 2\right) \cdot \tfrac{1}{5} \cdot t\right] dt \right|$$
$$= \left| \tfrac{1}{5} \cdot \int\limits_{-8}^{0} \left(\tfrac{1}{4} \cdot t^2 - 2t\right) dt \right|$$
$$= \left| \tfrac{1}{5} \cdot \left(\tfrac{1}{12} \cdot t^3 - t^2\right) \Big|_{-8}^{0} \right|$$
$$= \left| \tfrac{1}{5} \cdot 0 - \tfrac{1}{5} \cdot \left(\tfrac{1}{12} \cdot (-8)^3 - (-8)^2\right) \right|$$
$$= \underline{\underline{21{,}33333}}$$ ► Maßzahl der Fläche im t-Intervall $[-8; 0]$

Für die Maßzahl der Fläche zwischen dem Graphen und der y-Achse gilt: $A_y = 21{,}33333$

265

57. $\begin{cases} f_1(t) = \sqrt{t} \\ f_2(t) = t^2 - 2 \end{cases}; t \in [0{,}25; 4]$

Fläche zwischen Kurve und x-Achse

Die Funktion $f_1 : f_1(t) = \sqrt{t}$; $D(f_1) = \mathbb{R}^{\geq 0}$ ist im t-Intervall $[0{,}25; 4]$ streng monoton steigend und stetig differenzierbar. Die Funktion $f_2 : f_2(t) = t^2 - 2$; $D(f_2) = \mathbb{R}$ wechselt im t-Intervall $[0{,}25; 4]$ ihr Vorzeichen, sodass die Formel $A_x = \left| \int\limits_{t_1}^{t_2} [\dot{f}_1(t) \cdot f_2(t)]\,\mathrm{d}t \right|$ nicht unmittelbar angewendet werden kann.

► $f_2(t) = t^2 - 2$ ► $f_2(t) = 0$

$t^2 - 2 \Rightarrow 0 \Rightarrow t^2 = 2 \Rightarrow t_3 = \underline{\sqrt{2}}; t_4 = -\sqrt{2}$

► $f_2(t) \leq 0$ für $t \in [0{,}25; \sqrt{2}\,]$

► $f_2(t) \geq 0$ für $t \in [\sqrt{2}; 4]$

Damit ergeben sich die Integrationsintervalle $[0{,}25; \sqrt{2}]$ (für $A_{x;\,1}$) und $[\sqrt{2}; 4]$ (für $A_{x;\,2}$).

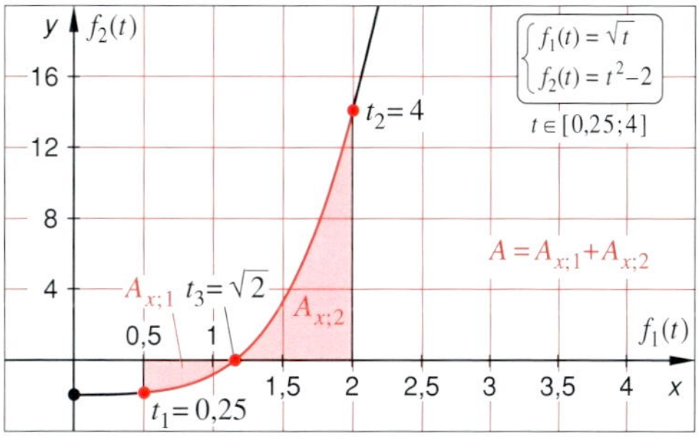

● $A_{x;\,1} = \left| \int\limits_{t_1}^{t_3} [\dot{f}_1(t) \cdot f_2(t)]\,\mathrm{d}t \right|$

► 0,25 für t_1; $\sqrt{2}$ für t_3; $f_1(t) = \sqrt{t} \Rightarrow \dot{f}_1(t) = \dfrac{1}{2\sqrt{t}}$; $f_2(t) = t^2 - 2$

$$A_{x;\,1} = \left| \int\limits_{0{,}25}^{\sqrt{2}} \left[\frac{1}{2 \cdot \sqrt{t}} \cdot (t^2 - 2) \right] \mathrm{d}t \right|$$

$$= \left| \int\limits_{0{,}25}^{\sqrt{2}} \left(\tfrac{1}{2} \cdot t^{\frac{3}{2}} - t^{-\frac{1}{2}} \right) \mathrm{d}t \right|$$

$$= \left| \frac{1}{2} \cdot \frac{2}{5} \cdot t^{\frac{5}{2}} - 2 \cdot t^{\frac{1}{2}} \Big|_{0{,}25}^{\sqrt{2}} \right| \quad (*)$$

$$= \left| \frac{1}{5} \cdot (\sqrt{2})^{\frac{5}{2}} - 2 \cdot (\sqrt{2})^{\frac{1}{2}} - \frac{1}{5} \cdot (0{,}25)^{\frac{5}{2}} + 2 \cdot (0{,}25)^{\frac{1}{2}} \right|$$

$$= |-0{,}90898\ldots|$$

$= \underline{0{,}90898\ldots}$ ► Flächenmaßzahl im t-Intervall $[0{,}25; \sqrt{2}]$

● $A_{x;\,2} = \left| \int\limits_{t_3}^{t_2} [\dot{f}_1(t) \cdot f_2(t)]\,\mathrm{d}t \right|$

► $\sqrt{2}$ für t_3; 4 für t_2; $f_1(t) = \sqrt{t} \Rightarrow \dot{f}_1(t) = \dfrac{1}{2 \cdot \sqrt{t}}$; $f_2(t) = t^2 - 2$;

$$A_{x;\,2} = \left| \int\limits_{\sqrt{2}}^{4} \left[\frac{1}{2 \cdot \sqrt{t}} \cdot (t^2 - 2) \right] \mathrm{d}t \right|$$

$$= \left| \frac{1}{5} \cdot t^{\frac{5}{2}} - 2 \cdot t^{\frac{1}{2}} \Big|_{\sqrt{2}}^{4} \right| \quad ► (*)$$

$$= \left| \frac{1}{5} \cdot 4^{\frac{5}{2}} - 2 \cdot 4^{\frac{1}{2}} - \frac{1}{5} \cdot (\sqrt{2})^{\frac{5}{2}} + 2 \cdot (\sqrt{2})^{\frac{1}{2}} \right|$$

$= \underline{4{,}30273\ldots}$ ► Flächenmaßzahl im t-Intervall $[\sqrt{2}; 4]$

Addiert man die Maßzahlen $A_{x;\,1}$ und $A_{x;\,2}$, so ergibt sich 5,21169 als Maßzahl A_x der Gesamtfläche im t-Intervall $[0{,}25; 4]$.

● $A_x = A_{x;\,1} + A_{x;\,2}$

$= 0{,}90898\ldots + 4{,}30273\ldots$

$= \underline{\underline{5{,}21171}}$ ► Flächenmaßzahl im t-Intervall $[0{,}25; 4]$

265 **Fläche zwischen Kurve und y-Achse**

Die Funktionen $f_1: f_1(t) = \sqrt{t}$; $D(f_1) = \mathbb{R}^{\geq 0}$ und $f_2: f_2(t) = t^2 - 2$; $D(f_2) = \mathbb{R}$ sind im t-Intervall $[0{,}25; 4]$ streng monoton steigend und überdies ist f_2 dort stetig differenzierbar.

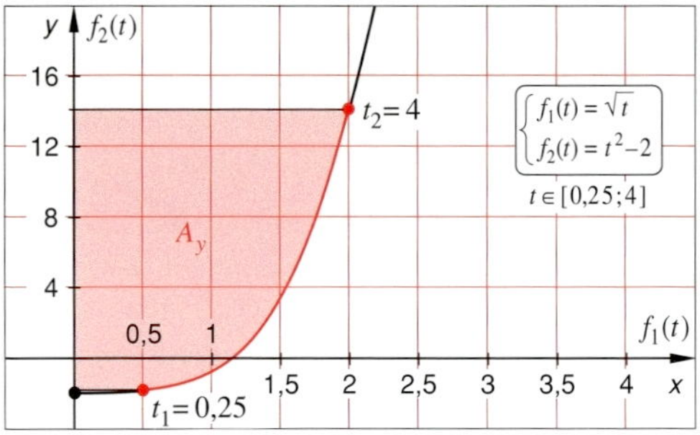

Die Funktion f_1 wechselt im t-Intervall $[0{,}25; 4]$ nicht ihr Vorzeichen. Also kann die Formel $A_y = \left| \int_{t_1}^{t_2} [f_1(t) \cdot \dot{f}_2(t)]\, \mathrm{d}t \right|$ unmittelbar angewendet werden.

$$A_y = \left| \int_{t_1}^{t_2} [f_1(t) \cdot \dot{f}_2(t)]\, \mathrm{d}t \right|$$

► 0,25 für t_1; 4 für t_2; $f_1(t) = \sqrt{t}$; $f_2(t) = t^2 - 2 \Rightarrow \dot{f}_2(t) = 2t$

$$A_y = \left| \int_{0{,}25}^{4} \left(\sqrt{t} \cdot 2t\right) \mathrm{d}t \right|$$

$$= \left| 2 \cdot \int_{0{,}25}^{4} t^{\frac{3}{2}}\, \mathrm{d}t \right|$$

$$= \left| 2 \cdot \frac{2}{5} \cdot t^{\frac{5}{2}} \Big|_{0{,}25}^{4} \right|$$

$$= \left| \frac{4}{5} \cdot 4^{\frac{5}{2}} - \frac{4}{5} \cdot (0{,}25)^{\frac{5}{2}} \right|$$

$= \underline{\underline{25{,}575}}$ ► Maßzahl der Fläche im t-Intervall $[0{,}25; 4]$

58. $\begin{cases} f_1(t) = t \cdot (t-3)^2 \\ f_2(t) = 4t - t^2 \end{cases}$; $t \in [0{,}3; 1]$

Fläche zwischen Kurve und x-Achse

Die Funktion $f_1: f(t) = t \cdot (t-3)^2$ mit $D(f_1) = \mathbb{R}$ ist im t-Intervall $[0{,}3; 1]$ streng monoton steigend und stetig differenzierbar.

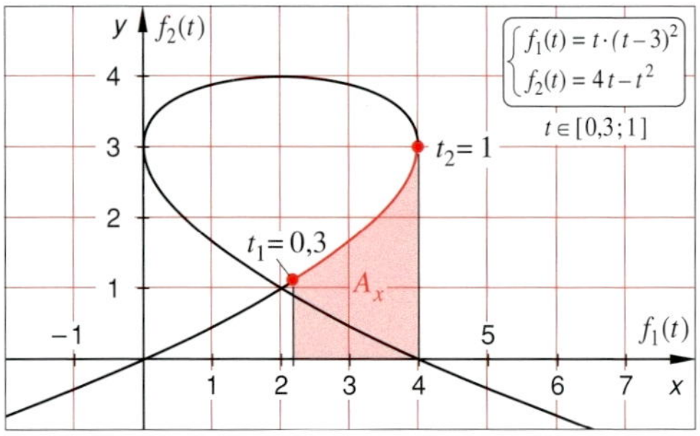

Die Funktion $f_2(t) = 4t - t^2$; $D(f_2) = \mathbb{R}$ wechselt im t-Intervall $[0{,}3; 1]$ nicht ihr Vorzeichen. Also kann die Formel $A_x = \left| \int_{t_1}^{t_2} [\dot{f}_1(t) \cdot f_2(t)]\, \mathrm{d}t \right|$ unmittelbar angewendet werden.

$$A_x = \left| \int_{t_1}^{t_2} [\dot{f}_1(t) \cdot f_2(t)]\, \mathrm{d}t \right|$$

► 0,3 für t_1; 1 für t_2
$f_1(t) = t \cdot (t-3)^2 \Rightarrow \dot{f}_1(t) = 3 \cdot (t^2 - 4t + 3)$; $f_2(t) = 4t - t^2$

265

$$A_x = \left| \int_{0,3}^{1} [3 \cdot (t^2 - 4t + 3) \cdot (4t - t^2)]\, \mathrm{d}t \right|$$

$$= \left| \int_{0,3}^{1} 3 \cdot (-t^4 + 8t^3 - 19t^2 + 12t)\, \mathrm{d}t \right|$$

$$= \left| 3 \cdot \left[-\tfrac{1}{5} \cdot t^5 + 2t^4 - \tfrac{19}{3} \cdot t^3 + 6t^2 \Big|_{0,3}^{1} \right] \right|$$

$$= \Big| 3 \cdot \Big[-\tfrac{1}{5} \cdot 1^5 + 2 \cdot 1^4 - \tfrac{19}{3} \cdot 1^3 + 6 \cdot 1^2 +$$

$$- \left(-\tfrac{1}{5} \cdot (0{,}3)^5 + 2 \cdot (0{,}3)^4 - \tfrac{19}{3} \cdot (0{,}3)^3 + 6 \cdot (0{,}3)^2 \right) \Big] \Big|$$

$= \underline{\underline{3{,}24586}}$ ► Flächenmaßzahl im t-Intervall [0,3; 1]

Fläche zwischen Kurve und y-Achse

Die Funktionen $f_1 : f_1(t) = t \cdot (t-3)^2$ mit $D(f_1) = \mathbb{R}$ und $f_2 : f_2(t) = 4t - t^2$ mit $D(f_2) = \mathbb{R}$ sind im t-Intervall [0,3; 1] streng monoton steigend und überdies ist f_2 dort stetig differenzierbar.

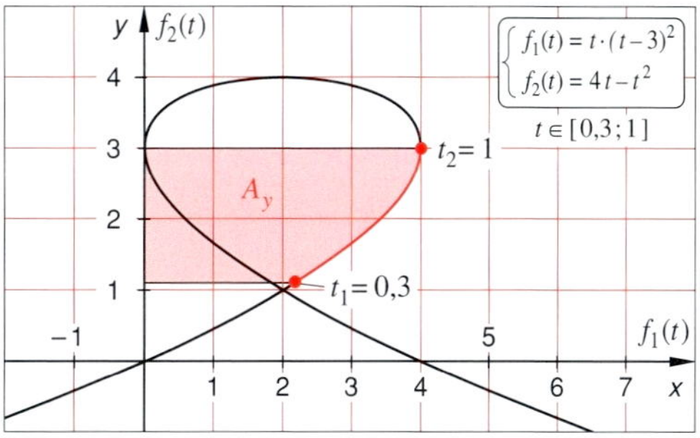

Die Funktion f_1 wechselt im t-Intervall [0,3; 1] nicht ihr Vorzeichen. Daher kann die Formel $A_y = \left| \int_{t_1}^{t_2} [f_1(t) \cdot \dot{f}_2(t)]\, \mathrm{d}t \right|$ unmittelbar angewendet werden.

$$A_y = \left| \int_{t_1}^{t_2} [f_1(t) \cdot \dot{f}_2(t)]\, \mathrm{d}t \right|$$

► 0,3 für t_1; 1 für t_2

$f_1(t) = t \cdot (t-3)^2$; $f_2(t) = 4t - t^2 \Rightarrow \dot{f}_2(t) = 4 - 2t$

$$A_y = \left| \int_{0,3}^{1} [t \cdot (t-3)^2 \cdot (4 - 2t)]\, \mathrm{d}t \right|$$

$$= \left| \int_{0,3}^{1} (-2t^4 + 16t^3 - 42t^2 + 36t)\, \mathrm{d}t \right|$$

$$= \left| -\tfrac{2}{5} \cdot t^5 + 4t^4 - 14t^3 + 18t^2 \Big|_{0,3}^{1} \right|$$

$$= \Big| -\tfrac{2}{5} \cdot 1^5 + 4 \cdot 1^4 - 14 \cdot 1^3 + 18 \cdot 1^2 +$$

$$- \left(-\tfrac{2}{5} \cdot 0{,}3^5 + 4 \cdot 0{,}3^4 - 10 \cdot 0{,}3^3 + 18 \cdot 0{,}3^2 \right) \Big|$$

$= \underline{\underline{6{,}32657}}$ ► Flächenmaßzahl im t-Intervall [0,3; 1]

265 **59.** $\begin{cases} f_1(t) = \sin t \cdot \cos t \\ f_2(t) = \sin^2 t \end{cases}; \quad t \in \left[\frac{\pi}{6}; \frac{5}{6}\pi\right]$

Fläche zwischen Kurve und *x*-Achse

$f_1{:}\, f_1(t) = \sin t \cdot \cos t$; $D(f_1) = \mathbb{R}$ ist im t-Intervall $\left[0; \frac{\pi}{4}\right]$ streng monoton steigend und stetig differenzierbar. Die Funktion $f_2{:}\, f_2(t) = \sin^2 t$; $D(f_2) = \mathbb{R}$ wechselt im t-Intervall $\left[\frac{\pi}{6}; \frac{5}{6}\pi\right]$ nicht ihr Vorzeichen. Also kann die Formel $A_x = \left| \int_{t_1}^{t_2} [\dot{f}_1(t) \cdot f_2(t)]\,\mathrm{d}t \right|$ unmittelbar angewendet werden.

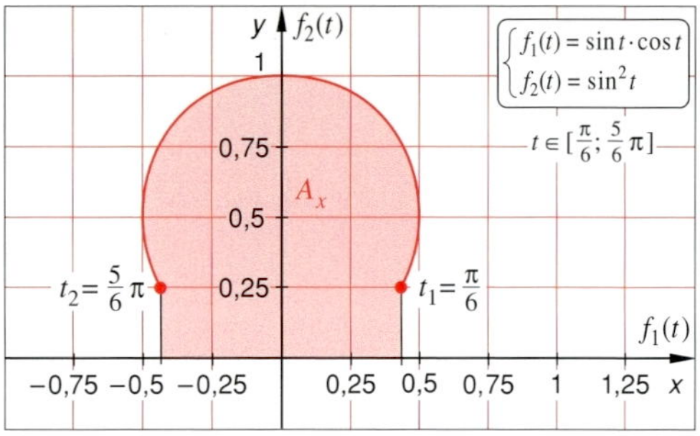

$$A_x = \left| \int_{t_1}^{t_2} [\dot{f}_1(t) \cdot f_2(t)]\,\mathrm{d}t \right|$$

► $\frac{\pi}{6}$ für t_1; $\frac{5}{6}\pi$ für t_2

$$f_1(t) = \sin t \cdot \cos t = \frac{1}{2} \cdot \sin(2t) \Rightarrow \dot{f}_1(t) = \cos(2t)$$

$$f_2(t) = \sin^2 t = \frac{1}{2} \cdot (1 - \cos(2t)) \quad ► 4.1$$

$$A_x = \left| \int_{\frac{\pi}{6}}^{\frac{5}{6}\pi} \left[\cos(2t) \cdot \frac{1}{2} \cdot \Big(1 - \cos(2t)\Big)\right] \mathrm{d}t \right|$$

$$= \left| \frac{1}{2} \cdot \int_{\frac{\pi}{6}}^{\frac{5}{6}\pi} [\cos(2t) - \cos^2(2t)]\,\mathrm{d}t \right|$$

► $\int \cos(2t)\,\mathrm{d}t = \frac{1}{2} \cdot \sin 2t + c$ ► 2.4.1

► $\int \cos^2(2t)\,\mathrm{d}t = \frac{t}{2} + \frac{1}{4 \cdot 2} \cdot \sin(2 \cdot 2t) + c$
$= \frac{t}{2} + \frac{1}{8} \cdot \sin(4t) + c$ ► 2.4.1

$$= \frac{1}{2} \cdot \left| \frac{1}{2} \cdot \sin(2t) - \left(\frac{t}{2} + \frac{1}{4 \cdot 2} \cdot \sin(4t)\right) \Bigg|_{\frac{\pi}{6}}^{\frac{5\pi}{6}} \right|$$

► $\sin \frac{5\pi}{3} = \sin \frac{10\pi}{3} = -\frac{1}{2} \cdot \sqrt{3}$

► $\sin \frac{\pi}{3} = \sin \frac{2\pi}{3} = \frac{1}{2} \cdot \sqrt{3}$

$$= \frac{1}{2} \cdot \left| \frac{1}{2} \cdot \sin \frac{5\pi}{3} - \frac{5}{12}\pi - \frac{1}{8} \cdot \sin \frac{10\pi}{3} + \right.$$
$$\left. - \left[\frac{1}{2} \cdot \sin \frac{\pi}{3} - \frac{\pi}{12} - \frac{1}{8} \cdot \sin \frac{2\pi}{3}\right] \right|$$

$$= \frac{1}{2} \cdot \left| -\frac{1}{4} \cdot \sqrt{3} - \frac{\pi}{3} - \frac{1}{8} \cdot \frac{1}{2} \cdot \sqrt{3} - \frac{1}{4} \cdot \sqrt{3} + \frac{\pi}{12} + \frac{1}{8} \cdot \frac{1}{2} \cdot \sqrt{3} \right|$$

$= \underline{\underline{0{,}84836}}$ ► Maßzahl der Fläche im t-Intervall $\left[\frac{\pi}{6}; \frac{5}{6}\pi\right]$

Fläche zwischen Kurve und *y*-Achse

Die Fläche liegt symmetrisch zur y-Achse (► $f_1(-t) = -f_1(t)$ und $f_2(-t) = f_2(t)$). Also genügt es, die Fläche im t-Intervall $\left[\frac{\pi}{6}; \frac{\pi}{2}\right]$ zu berechnen und das Ergebnis zu verdoppeln. Die Funktionen $f_1{:}\, f_1(t) = \sin t \cdot \cos t$ mit $D(f_1) = \mathbb{R}$ und $f_2{:}\, f_2(t) = \sin^2 t$ mit $D(f_2) = \mathbb{R}$ sind im t-Intervall $\left[\frac{\pi}{6}; \frac{\pi}{2}\right]$ abschnittsweise monoton und überdies ist f_2 dort stetig differenzierbar. Die Funktion f_1 wechselt im t-Intervall $\left[\frac{\pi}{6}; \frac{\pi}{2}\right]$ nicht ihr Vorzeichen.

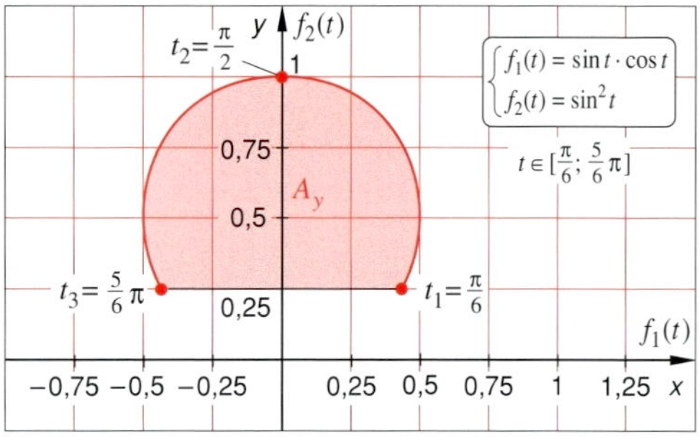

Also kann die Formel für A_y unmittelbar angewendet werden.

$$A_y = \left| \int_{t_1}^{t_2} [f_1(t) \cdot \dot{f}_2(t)]\,\mathrm{d}t \right|$$

► $\frac{\pi}{6}$ für t_1; $\frac{\pi}{2}$ für t_2;

$f_1(t) = \sin t \cdot \cos t; f_2(t) = \sin^2 t \Rightarrow \dot{f}_2(t) = 2 \cdot \sin t \cdot \cos t$

$$A_y = 2 \cdot \left| \int_{\frac{\pi}{6}}^{\frac{\pi}{2}} [\sin t \cdot \cos t \cdot 2 \cdot \sin t \cdot \cos t]\,\mathrm{d}t \right|$$

► $\sin t \cdot \cos t = \frac{1}{2} \cdot \sin(2t)$ ► 4.1

$$= 2 \cdot \left| \int_{\frac{\pi}{6}}^{\frac{\pi}{2}} \left[2 \cdot (\sin t \cdot \cos t)^2\right]\mathrm{d}t \right|$$

$$= 2 \cdot \left| \int_{\frac{\pi}{6}}^{\frac{\pi}{2}} \left[2 \cdot \frac{1}{4} \cdot \sin^2(2t)\right]\mathrm{d}t \right| \quad ► 2.4.1$$

► $\int \sin^2(2t)\,\mathrm{d}t = \frac{t}{2} - \frac{1}{4 \cdot 2} \cdot \sin(2 \cdot 2t) + c$

$= \frac{t}{2} - \frac{1}{8} \cdot \sin(4t) + c$ ► 2.4.1

$$= 2 \cdot \left| \frac{1}{2} \cdot \left[\frac{t}{2} - \frac{1}{4 \cdot 2} \cdot \sin(4t) \Big|_{\frac{\pi}{6}}^{\frac{\pi}{2}}\right] \right|$$

► $\sin \frac{2}{3}\pi = \frac{1}{2} \cdot \sqrt{3}$

$$= \left| \left[\frac{\pi}{4} - \frac{1}{8} \cdot \sin(2\pi) - \frac{\pi}{12} + \frac{1}{8} \cdot \sin\frac{2\pi}{3}\right] \right|$$

$= \underline{\underline{0{,}63185}}$ ► Maßzahl der Fläche im t-Intervall $\left[\frac{\pi}{6}; \frac{5}{6}\pi\right]$

60. $\begin{cases} f_1(t) = \cosh t \\ f_2(t) = \sinh t \end{cases}; t \in [0; 2]$

Fläche zwischen Kurve und x-Achse

Die Funktion f_1: $f_1(t) = \cosh t$; $D(f_1) = \mathbb{R}$ ist im t-Intervall $[0; 2]$ streng monoton steigend und stetig differenzierbar.

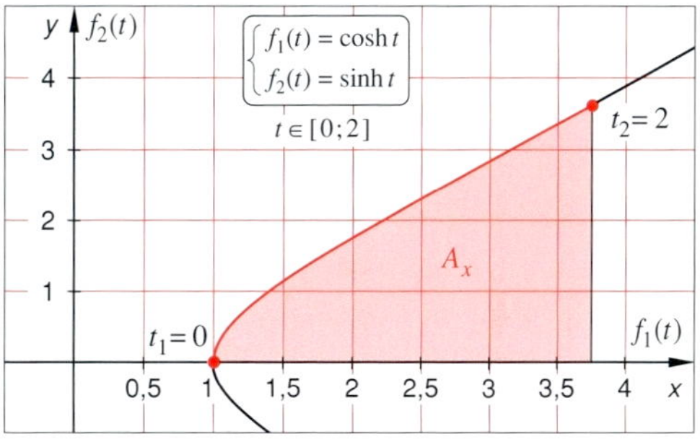

Die Funktion f_2: $f_2(t) = \sinh t$; $D(f_2) = \mathbb{R}$ wechselt im t-Intervall $[0; 2]$ nicht ihr Vorzeichen. Also kann die Formel $A_x = \left| \int_{t_1}^{t_2} [\dot{f}_1(t) \cdot f_2(t)]\,\mathrm{d}t \right|$ unmittelbar angewendet werden.

$$A_x = \left| \int_{t_1}^{t_2} [\dot{f}_1(t) \cdot f_2(t)]\,\mathrm{d}t \right|$$

► 0 für t_1; 2 für t_2; $f_1(t) = \cosh t \Rightarrow \dot{f}_1(t) = \sinh t$; $f_2(t) = \sinh t$

$$A_x = \left| \int_0^2 (\sinh t \cdot \sinh t)\,\mathrm{d}t \right|$$

$$= \left| \int_0^2 \sinh^2 t\,\mathrm{d}t \right| \quad ► 2.4.1$$

► $\int \sinh^2 t\,\mathrm{d}t = \frac{1}{4 \cdot 1} \cdot \sinh(2t) - \frac{t}{2} + c$

$= \frac{1}{4} \cdot \sinh(2t) - \frac{t}{2} + c$ ► 2.4.1

$$= \left| \frac{1}{4} \cdot \sinh(2t) - \frac{t}{2} \Big|_0^2 \right|$$

$$= \left| \frac{1}{4} \cdot \sinh 4 - 1 - 0 \right|$$

$= \underline{\underline{5{,}82248}}$ ► Maßzahl der Fläche im t-Intervall $[0; 2]$

265

Fläche zwischen Kurve und y-Achse

Die Funktion $f_1\colon f_1(t) = \cosh t;\ D(f_1) = \mathbb{R}$ und $f_2\colon f_2(t) = \sinh t;\ D(f_2) = \mathbb{R}$ sind im t-Intervall $[0; 2]$ streng monoton steigend und überdies ist f_2 dort stetig differenzierbar.

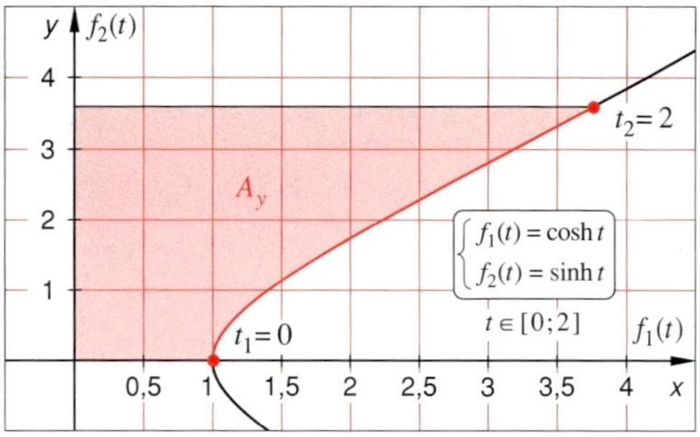

Die Funktion f_1 wechselt im t-Intervall $[0; 2]$ nicht ihr Vorzeichen. Also kann die Formel $A_y = \left|\int\limits_{t_1}^{t_2} [f_1(t) \cdot \dot{f}_2(t)]\,\mathrm{d}t\right|$ unmittelbar angewendet werden.

$$A_y = \left|\int\limits_{t_1}^{t_2} [f_1(t) \cdot \dot{f}_2(t)]\,\mathrm{d}t\right|$$

► 0 für t_1; 2 für t_2; $f_1(t) = \cosh t$; $f_2(t) = \sinh t \Rightarrow \dot{f}_2(t) = \cosh t$

$$A_y = \left|\int\limits_0^2 (\cosh t \cdot \cosh t)\,\mathrm{d}t\right|$$

$$= \left|\int\limits_0^2 \cosh^2 t\,\mathrm{d}t\right| \quad \blacktriangleright\ 2.4.1$$

► $\displaystyle\int \cosh^2 t\,\mathrm{d}t = \frac{1}{4\cdot 1}\cdot \sinh(2t) + \frac{t}{2} + c = \frac{1}{4}\cdot\sinh(2t) + \frac{t}{2} + c$ ► 2.4.1

$$= \left|\frac{1}{4}\cdot\sinh(2t) + \frac{t}{2}\Big|_0^2\right|$$

$$= \left|\frac{1}{4}\cdot\sinh 4 + 1 - 0\right|$$

$$= \underline{\underline{7{,}82248}}$$ ► Maßzahl der Fläche im t-Intervall $[0; 2]$

61. $\begin{cases} f_1(t) = t - \sin t \\ f_2(t) = 1 - \cos t \end{cases};\ t \in [0; \pi]$

Fläche zwischen Kurve und x-Achse

Die Funktion $f_1\colon f_1(t) = t - \sin t;\ D(f_1) = \mathbb{R}$ ist im t-Intervall $[0; \pi]$ streng monoton steigend und stetig differenzierbar. Die Funktion $f_2\colon f_2(t) = 1 - \cos t;\ D(f_2) = \mathbb{R}$ wechselt im t-Intervall $[0; \pi]$ nicht ihr Vorzeichen. Also kann die Formel $A_x = \left|\int\limits_{t_1}^{t_2} [\dot{f}_1(t) \cdot f_2(t)]\,\mathrm{d}t\right|$ unmittelbar angewendet werden.

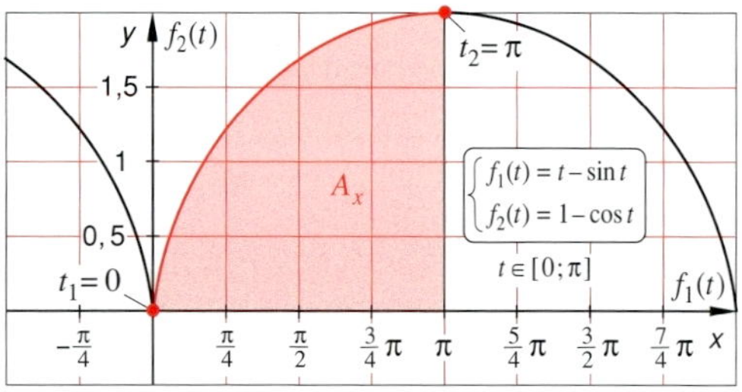

$$A_x = \left|\int\limits_{t_1}^{t_2} [\dot{f}_1(t) \cdot f_2(t)]\,\mathrm{d}t\right|$$

► 0 für t_1; π für t_2

$f_1(t) = t - \sin t \Rightarrow \dot{f}_1(t) = 1 - \cos t$; $f_2(t) = 1 - \cos t$

$$A_x = \left|\int\limits_0^{\pi} [(1 - \cos t)\cdot(1 - \cos t)]\,\mathrm{d}t\right|$$

$$= \left|\int\limits_0^{\pi} [1 - 2\cdot\cos t + \cos^2 t]\,\mathrm{d}t\right|$$

► $\displaystyle\int \cos^2 t\,\mathrm{d}t = \frac{t}{2} + \frac{1}{4\cdot 1}\cdot\sin(2t) + c = \frac{t}{2} + \frac{1}{4}\cdot\sin(2t) + c$ ► 2.4.1

$$= \left|t - 2\cdot\sin t + \frac{t}{2} + \frac{1}{4}\cdot\sin(2t)\Big|_0^{\pi}\right|$$

► $\sin\pi = 0;\ \sin(2\pi) = 0$

$$= \left|\pi - 2\cdot\sin\pi + \frac{\pi}{2} + \frac{1}{4}\cdot\sin(2\pi) - 0\right|$$

$$= \underline{\underline{4{,}71239}}$$ ► Maßzahl der Fläche im t-Intervall $[0; \pi]$

265

Fläche zwischen Kurve und y-Achse

Die Flächenmaßzahl A_y berechnet sich als Differenz der Flächenmaßzahl der Rechteckes ABCD und der bereits berechneten Flächenmaßzahl A_x.

► **Rechteckmethode**
Lehrbuch: Kusch 4, S. 227

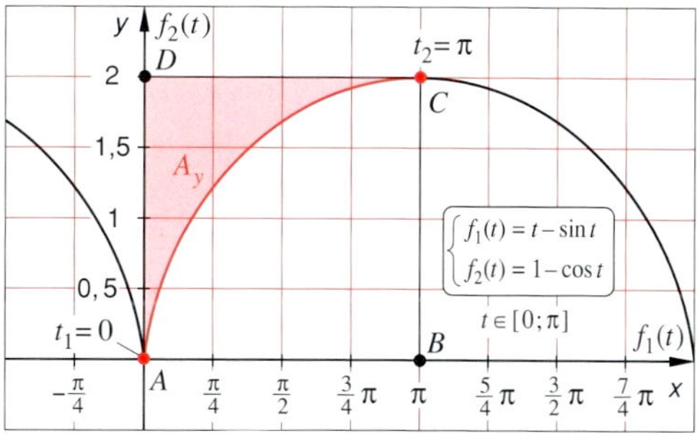

$$\begin{aligned} A_y &= A_{ABCD} - A_x \quad \blacktriangleright\ A_x = 4{,}71238\ldots \\ &= \pi \cdot 2 - 4{,}71238\ldots \\ &= \underline{\underline{1{,}57080}} \quad \blacktriangleright \text{ Flächenmaßzahl im } t\text{-Intervall } [0;\pi] \end{aligned}$$

62. $\begin{cases} f_1(t) = -t^3 + 4t \\ f_2(t) = t \end{cases}; t \in [-1;0]$

Fläche zwischen Kurve und x-Achse

Die Funktion $f_1: f_1(t) = -t^3 + 4t$; $D(f_1) = \mathbb{R}$ ist im t-Intervall $[-1;0]$ streng monoton steigend und stetig differenzierbar.

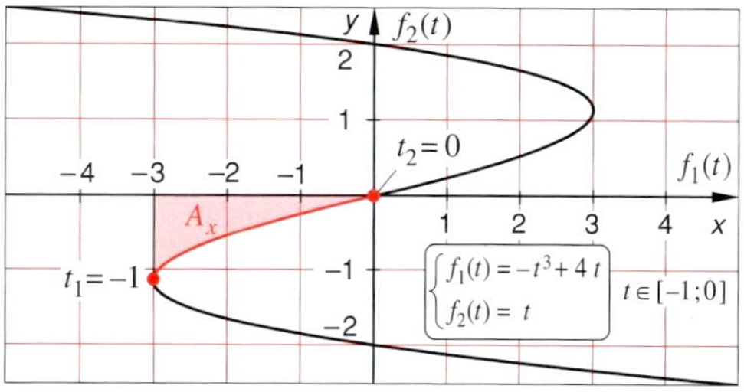

Die Funktion $f_2: f_2(t) = t$; $D(f_2) = \mathbb{R}$ wechselt im t-Intervall $[-1;0]$ nicht ihr Vorzeichen. Also kann die Formel $A_x = \left| \int_{t_1}^{t_2} [\dot{f}_1(t) \cdot f_2(t)]\,\mathrm{d}t \right|$ unmittelbar angewendet werden.

$$A_x = \left| \int_{t_1}^{t_2} [\dot{f}_1(t) \cdot f_2(t)]\,\mathrm{d}t \right|$$

► -1 für t_1; 0 für t_2

$f_1(t) = -t^3 + 4t \Rightarrow \dot{f}_1(t) = -3t^2 + 4; f_2(t) = t$

$$\begin{aligned} A_x &= \left| \int_{-1}^{0} [(-3t^2 + 4) \cdot t]\,\mathrm{d}t \right| \\ &= \left| \int_{-1}^{0} [-3t^3 + 4t]\,\mathrm{d}t \right| \\ &= \left| -\tfrac{3}{4} \cdot t^4 + 2t^2 \Big|_{-1}^{0} \right| \\ &= \left| 0 - \left(-\tfrac{3}{4} \cdot (-1)^4 + 2 \cdot (-1)^2 \right) \right| \\ &= \underline{\underline{1{,}25}} \quad \blacktriangleright \text{ Maßzahl der Fläche im } t\text{-Intervall } [-1;0] \end{aligned}$$

Fläche zwischen Kurve und y-Achse

Die Flächenmaßzahl A_y berechnet sich als Differenz der Flächenmaßzahl des Rechtecks ABCD und der bereits berechneten Flächenmaßzahl A_x.

► **Rechteckmethode**
Lehrbuch: Kusch 4, S. 227

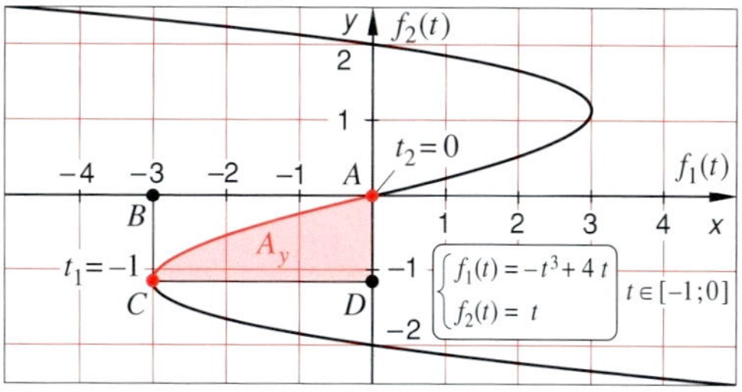

$$\begin{aligned} A_y &= A_{ABCD} - A_x \quad \blacktriangleright\ A_x = 1{,}25 \\ &= 3 \cdot 1 - 1{,}25 \\ &= \underline{\underline{1{,}75}} \quad \blacktriangleright \text{ Maßzahl der Fläche im } t\text{-Intervall } [-1;0] \end{aligned}$$

265

63. $\begin{cases} f_1(t) = t^2 \cdot \sinh t \\ f_2(t) = t^2 \cdot \cosh t \end{cases}; t \in [0; 2]$

Fläche zwischen Kurve und x-Achse

Die Funktion $f_1 : f_1(t) = t^2 \cdot \sinh t$; $D(f_1) = \mathbb{R}$ ist im t-Intervall $[0; 2]$ streng monoton steigend und stetig differenzierbar. Die Funktion $f_2 : f_2(t) = t^2 \cdot \cosh t$; $D(f_2) = \mathbb{R}$ wechselt im t-Intervall $[0; 2]$ nicht ihr Vorzeichen. Also kann die Formel $A_x = \left| \int_{t_1}^{t_2} [\dot{f}_1(t) \cdot f_2(t)]\,\mathrm{d}t \right|$ unmittelbar angewendet werden.

► $\sinh t = \dfrac{\mathrm{e}^t - \mathrm{e}^{-t}}{2}$; $\cosh t = \dfrac{\mathrm{e}^t + \mathrm{e}^{-t}}{2}$ ► 4.1

$$\Rightarrow 2 \cdot t^3 \cdot \sinh t \cdot \cosh t + t^4 \cdot \cosh^2 t =$$
$$= 2 \cdot t^3 \cdot \frac{\mathrm{e}^t - \mathrm{e}^{-t}}{2} \cdot \frac{\mathrm{e}^t + \mathrm{e}^{-t}}{2} + t^4 \cdot \left(\frac{\mathrm{e}^t + \mathrm{e}^{-t}}{2} \right)^2$$
$$= \frac{1}{2} \cdot [t^3 \cdot (\mathrm{e}^{2t} - \mathrm{e}^{-2t})] + \frac{1}{4} \cdot [t^4 \cdot (\mathrm{e}^{2t} + 2 + \mathrm{e}^{-2t})]$$

Mit der Methode der partiellen Integration (► 2.5) erhält man hiermit:

$$\int (2 \cdot t^3 \cdot \sinh t \cdot \cosh t + t^4 \cdot \cosh^2 t)\,\mathrm{d}t =$$
$$= \frac{1}{40} \cdot t^4 \cdot \mathrm{e}^{-2t} \cdot \left(5 \cdot \mathrm{e}^{4t} + 4t \cdot \mathrm{e}^{2t} - 5\right) + c$$

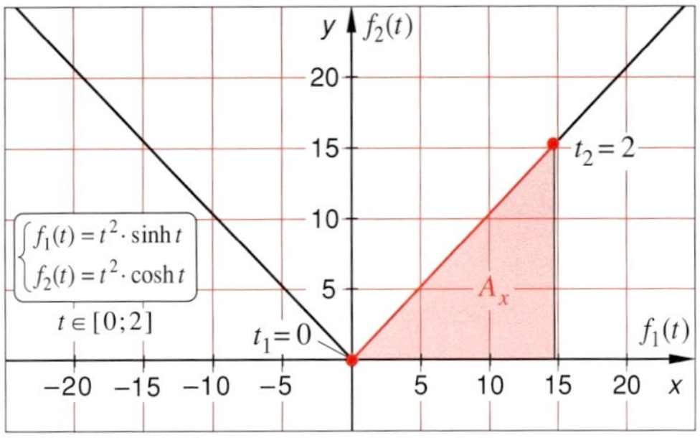

$$A_x = \left| \int_{t_1}^{t_2} [\dot{f}_1(t) \cdot f_2(t)]\,\mathrm{d}t \right|$$

► 0 für t_1; 2 für t_2

$f_1(t) = t^2 \cdot \sinh t \Rightarrow \dot{f}_1(t) = 2t \cdot \sinh t + t^2 \cdot \cosh t$; $f_2(t) = t^2 \cdot \cosh t$

$$A_x = \left| \int_0^2 [(2t \cdot \sinh t + t^2 \cdot \cosh t) \cdot t^2 \cdot \cosh t]\,\mathrm{d}t \right|$$
$$= \left| \int_0^2 [2t^3 \cdot \sinh t \cdot \cosh t + t^4 \cdot \cosh^2 t]\,\mathrm{d}t \right|$$
$$= \left| \int_0^2 \left[\tfrac{1}{2} \cdot [t^3 \cdot (\mathrm{e}^{2t} - \mathrm{e}^{-2t})] + \tfrac{1}{4} \cdot [t^4 \cdot (\mathrm{e}^{2t} + 2 + \mathrm{e}^{-2t})]\right] .\,\mathrm{d}t \right|$$
$$= \left| \tfrac{1}{40} \cdot t^4 \cdot \mathrm{e}^{-2t} \cdot (5 \cdot \mathrm{e}^{4t} + 4t \cdot \mathrm{e}^{2t} - 5) \Big|_0^2 \right|$$
$$= \left| \tfrac{1}{40} \cdot 2^4 \cdot \mathrm{e}^{-4} \cdot (5 \cdot \mathrm{e}^8 + 4 \cdot 2 \cdot \mathrm{e}^4 - 5) - 0 \right|$$
$$= \underline{\underline{112{,}35967}}$$ ► Maßzahl der Fläche im t-Intervall $[0; 2]$

Fläche zwischen Kurve und y-Achse

Die Flächenmaßzahl A_y berechnet sich als Differenz der Flächenmaßzahl des Rechtecks ABCD und der bereits berechneten Flächenmaßzahl A_x.

► **Rechteckmethode**
Lehrbuch: Kusch 4, S. 227

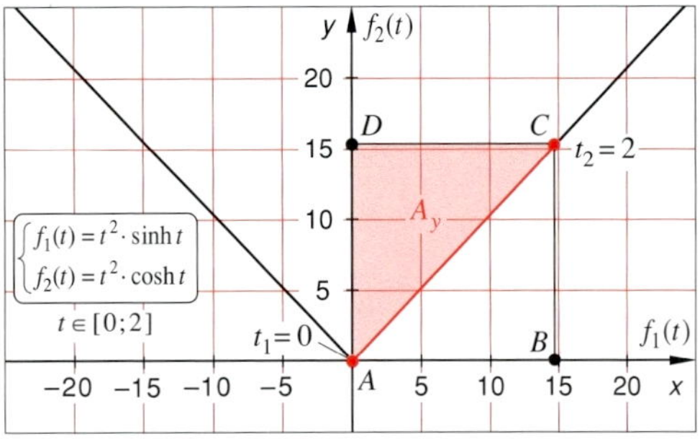

$A_y = A_{\text{ABCD}} - A_x$ ► $A_x = 112{,}35966\ldots$

$= 2^2 \cdot \sinh 2 \cdot 2^2 \cdot \cosh 2 - 112{,}35966\ldots$

$= 218{,}31933\ldots - 112{,}35966\ldots$

$= \underline{\underline{105{,}95967}}$ ► Maßzahl der Fläche im t-Intervall $[0; 2]$

265

64. $\begin{cases} f_1(t) = 8 \cdot \sin^2(2t) \\ f_2(t) = 5 \cdot \cos(2t) \end{cases}; t \in \left[0; \frac{\pi}{4}\right]$

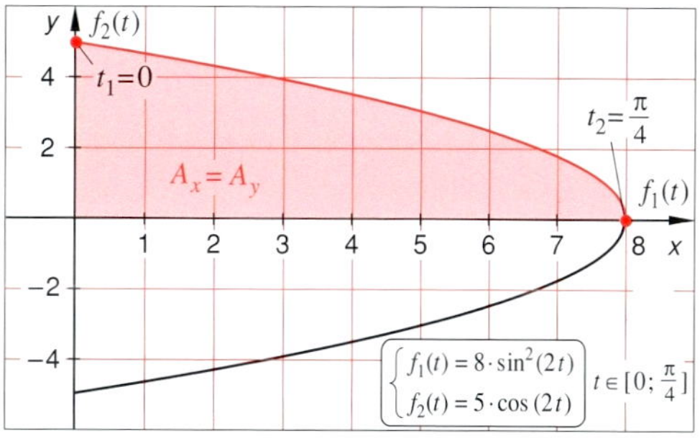

Fläche zwischen Kurve und *x*-Achse

$f_1 : f_1(t) = 8 \cdot \sin^2(2t)$; $D(f_1) = \mathbb{R}$ ist im t-Intervall $[0; \frac{\pi}{4}]$ streng monoton steigend und stetig differenzierbar. Die Funktion $f_2 : f_2(t) = 5 \cdot \cos(2t)$; $D(f_2) = \mathbb{R}$ wechselt im t-Intervall $[0; \frac{\pi}{4}]$ nicht ihr Vorzeichen. Also kann die Formel $A_x = \left| \int_{t_1}^{t_2} [\dot{f}_1(t) \cdot f_2(t)]\,\mathrm{d}t \right|$ unmittelbar angewendet werden.

$$A_x = \left| \int_{t_1}^{t^2} [\dot{f}_1(t) \cdot f_2(t)]\,\mathrm{d}t \right|$$

► 0 für t_1; $\frac{\pi}{4}$ für t_2

$$f_1(t) = 8 \cdot \sin^2(2t) \Rightarrow \dot{f}_1(t) = 32 \cdot \sin(2t) \cdot \cos(2t);\ f_2(t) = 5 \cdot \cos(2t)$$

$$A_x = \left| \int_0^{\frac{\pi}{4}} [32 \cdot \sin(2t) \cdot \cos(2t) \cdot 5 \cdot \cos(2t)]\,\mathrm{d}t \right|$$

$$= 160 \cdot \left| \int_0^{\frac{\pi}{4}} [\sin(2t) \cdot \cos^2(2t)]\,\mathrm{d}t \right|$$ ► 2.4.1 und 2.4.3

► Das Integral $\int [\sin(2t) \cdot \cos^2(2t)]\,\mathrm{d}t$ ist vom Typ $\int \left([f(t)]^n \cdot f'(t)\right)\mathrm{d}t$ (► 2.4.3), wenn man $f(t) = \cos(2t)$ und $n = 2$ setzt.

$$= 160 \cdot \left| -\frac{1}{3} \cdot \frac{1}{2} \cdot \cos^3(2t) \Big|_0^{\frac{\pi}{4}} \right|$$

► $\cos\frac{\pi}{2} = 0$; $\cos 0 = 1$

$$= 160 \cdot \left| -\frac{1}{6} \cdot \cos^3\frac{\pi}{2} - \left(-\frac{1}{6} \cdot \cos 0\right) \right|$$

$= \underline{\underline{26{,}66667}}$ ► Maßzahl der Fläche im t-Intervall $\left[0; \frac{\pi}{4}\right]$

Fläche zwischen Kurve und *y*-Achse

Bei dieser Aufgabe ist die Flächenmaßzahl A_y genauso groß wie die Flächenmaßzahl A_x.

$A_y = A_x = \underline{\underline{26{,}66667}}$

Für die Übungsaufgaben 65 bis 67 ist der nachstehende Merksatz zu benutzen.

► **Lehrbuch: Kusch 4, S. 240 … 244**

Merke:

- Verläuft eine Kurve im Parameterintervall $[t_1; t_2]$ nur oberhalb oder nur unterhalb der x-Achse und schneiden die Lote vom Anfangspunkt $P_1 \langle f_1(t_1) | f_2(t_1) \rangle$ sowie vom Endpunkt $P_2 \langle f_1(t_2) | f_2(t_2) \rangle$ auf die x-Achse die Kurve höchstens in diesen Punkten, so gilt für den Flächeninhalt A, den die Kurve in $[t_1; t_2]$ aus Sicht der x-Achse umschließt:

$$\mathbf{A = \left| \int_{t_1}^{t_2} [\dot{f}_1(t) \cdot f_2(t)]\,\mathrm{d}t \right| \quad f_2(t) \geq 0 \text{ oder } f_2(t) \leq 0 \text{ in } [t_1; t_2]}$$

  Außerdem muss die Parameterfunktion f_1 in $[t_1; t_2]$ abschnittsweise monoton sowie stetig differenzierbar sein und f_2 muss dort abschnittsweise monoton sein.

- Die Formel ist auch gültig, wenn die Kurve im Parameterintervall $[t_1; t_2]$ geschlossen ist und die Kurvenpunkte mit Ausnahme nur eines Punktes einmal durchlaufen werden. Dabei spielt die Lage der geschlossenen Kurve im Koordinatensystem keine Rolle.

265 **65.** Entwickeln Sie eine Formel zur Berechnung des Flächeninhaltes einer Ellipse, die durch eine Parameterdarstellung $\begin{cases} f_1(t) = a \cdot \cos t \\ f_2(t) = b \cdot \sin t \end{cases}$; $a > 0$; $b > 0$; $t \in [0; 2\pi]$ gegeben ist.

Zeichnen Sie den Graphen für $a = 4$ und $b = 2$.

Die Kurve wird im Parameterintervall $[0; 2\pi]$ mit Ausnahme eines Punktes nur einmal durchlaufen (► Parameterwerte 0 und 2π).

Die Funktionen $f_1: f_1(t) = a \cdot \cos t$; $D(f_1) = \mathbb{R}$ und $f_2: f_2(t) = b \cdot \sin t$; $D(f_2) = \mathbb{R}$ sind im t-Intervall $[0; 2\pi]$ abschnittsweise monoton und f_1 ist dort stetig differenzierbar.

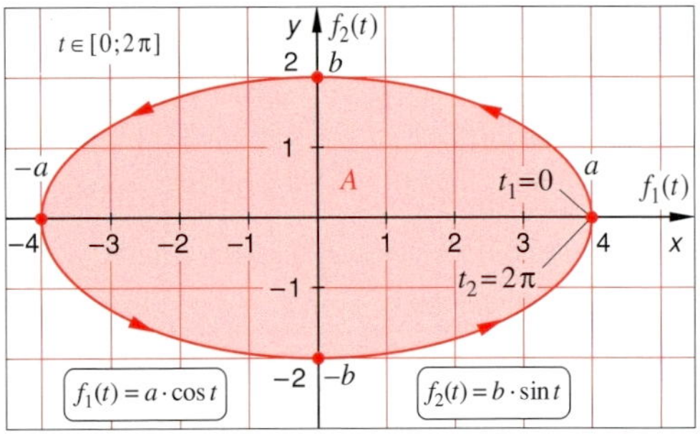

Man kann also die angegebene Formel $A = \left| \int_{t_1}^{t_2} [\dot{f}_1(t) \cdot f_2(t)]\, dt \right|$ unmittelbar anwenden.

$$A = \left| \int_{t_1}^{t_2} [\dot{f}_1(t) \cdot f_2(t)]\, dt \right|$$

► 0 für t_1; 2π für t_2

$f_1(t) = a \cdot \cos t \Rightarrow \dot{f}_1(t) = -a \cdot \sin t$; $f_2(t) = b \cdot \sin t$

$$A = \left| \int_0^{2\pi} [(-a \cdot \sin t) \cdot b \cdot \sin t]\, dt \right|$$

$$= a \cdot b \cdot \left| \int_0^{2\pi} \sin^2 t \, dt \right| \quad \blacktriangleright \text{ 2.4.1}$$

► $\int \sin^2 t \, dt = \frac{t}{2} - \frac{1}{4 \cdot 1} \cdot \sin(2t) + c$

$= \frac{t}{2} - \frac{1}{4} \cdot \sin(2t) + c$ ► 2.4.1

$$= a \cdot b \cdot \left| \left. \frac{t}{2} - \frac{1}{4} \cdot \sin(2t) \right|_0^{2\pi} \right|$$

$$= a \cdot b \cdot \left| \frac{2\pi}{2} - \frac{1}{4} \cdot \sin(4\pi) - 0 \right|$$

$$= \underline{\underline{a \cdot b \cdot \pi}} \quad \blacktriangleright \text{ Flächeninhalt einer Ellipse}$$

66. Berechnen Sie Maßzahl der Fläche, die von der Schleifenkurve mit der Parameterdarstellung $\begin{cases} f_1(t) = a \cdot \cos t \\ f_2(t) = b \cdot \sin(2t) \end{cases}$; $a > 0$; $b > 0$; $t \in [0; 2\pi]$ eingeschlossen wird.

Zeichnen Sie die Kurve für $a = 2$ und $b = 3$.

Der Koordinatenursprung wird im Parameterintervall $[0, 2\pi]$ zweimal durchlaufen (► Parameterwerte $\frac{\pi}{2}$ und $\frac{3}{2}\pi$), sodass die Formel $A = \left| \int_{t_1}^{t_2} [\dot{f}_1(t) \cdot f_2(t)]\, dt \right|$ nicht unmittelbar angewendet werden kann. Wegen der Periodizität der Funktionen f_1 und f_2 ist die Maßzahl A_1 der Fläche im t-Intervall $[0; \frac{\pi}{2}]$ ein Viertel der Maßzahl der Gesamtfläche. Die Funktionen f_1 und f_2 sind im t-Intervall $[0; \frac{\pi}{2}]$ abschnittsweise monoton und f_1 ist dort stetig differenzierbar.

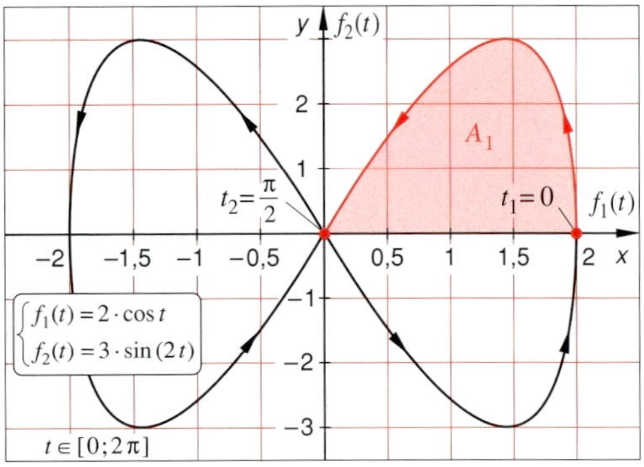

Daher ist die Formel $A_1 = \left|\int\limits_{t_1}^{t_2}[\dot{f}_1(t)\cdot f_2(t)]\,dt\right|$ in $[0; \frac{\pi}{2}]$ anwendbar.

● $A_1 = \left|\int\limits_{t_1}^{t_2}[\dot{f}_1(t)\cdot f_2(t)]\,dt\right|$

► 0 für t_1; $\frac{\pi}{2}$ für t_2

$f_1(t) = a\cdot\cos t \Rightarrow \dot{f}_1(t) = -a\cdot\sin t; f_2(t) = b\cdot\sin(2t)$
$= 2b\cdot\sin t\cdot\cos t$

$$A_1 = \left|\int\limits_0^{\frac{\pi}{2}}[(-a\cdot\sin t)\cdot 2b\cdot\sin t\cdot\cos t)]\,dt\right|$$

Das Integral $\int(\sin^2 t\cdot\cos t)\,dt$ ist vom Typ $\int\left([f(t)]^n\cdot f'(t)\right)dx$ (► 2.4.3), wenn man darin 2 für n und $\sin t$ für $f(t)$ setzt.

$$= 2ab\cdot\left|\int\limits_0^{\frac{\pi}{2}}\left(\sin^2 t\cdot\cos t\right)dt\right|$$

$$= 2ab\cdot\left|\frac{1}{3}\cdot\sin^3 t\Big|_0^{\frac{\pi}{2}}\right|$$

$$= 2ab\cdot\left|\frac{1}{3}\cdot\sin^3\frac{\pi}{2} - \frac{1}{3}\cdot\sin^3 0\right|$$

$$= \underline{\frac{2}{3}\cdot ab}$$

● $A = 4\cdot A_1 = 4\cdot\frac{2}{3}\cdot ab = \underline{\underline{\frac{8}{3}\cdot ab}}$ ► Flächenmaßzahlterm der Schleifenkurve in $[0; 2\pi]$

67. Berechnen Sie den Inhalt der Fläche, die von der dreischleifigen Hypozykloide mit der Parameterdarstellung $\begin{cases} f_1(t) = 2a\cdot[\cos t + \cos(2t)] \\ f_2(t) = 2a\cdot[\sin t - \sin(2t)] \end{cases}$; $a > 0$; $t \in [0; 2\pi]$ eingeschlossen wird.
Zeichnen Sie die Kurve für $a = 1$.

Die dreischleifige Hypozykloide ist eine geschlossene Kurve im t-Intervall $[0; 2\pi]$, wobei allerdings der Koordinatenursprung dreimal durchlaufen wird (► Parameterwerte: $\frac{\pi}{3}$; π; $\frac{5}{3}\pi$), sodass die Formel $A = \left|\int\limits_{t_1}^{t_2}[\dot{f}_1(t)\cdot f_2(t)]\,dt\right|$ nicht unmittelbar angewendet werden kann. Die Funktionen f_1 und f_2 sind im t-Intervall $[0; 2\pi]$ abschnittsweise monoton und f_1 ist dort stetig differenzierbar, sodass die Flächenmaßzahlen A_1 (t-Intervall $[0; \frac{\pi}{3}]$), A_2 (t-Intervall $[\frac{\pi}{3}; \pi]$), A_3 (t-Intervall $[\pi; \frac{5}{3}\pi]$) und A_4 (t-Intervall $[\frac{5}{3}\pi; 2\pi]$) mit der angegebenen Formel berechnet werden können.

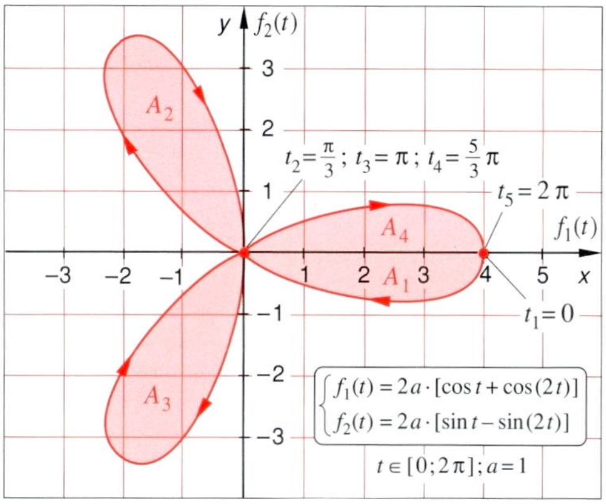

● $A_1 = \left|\int\limits_{t_1}^{t_2}[\dot{f}_1(t)\cdot f_2(t)]\,dt\right|$

► 0 für t_1; $\frac{\pi}{3}$ für t_2

$f_1(t) = 2a\cdot[\cos t + \cos(2t)] \Rightarrow \dot{f}_1(t) = -2a\cdot[\sin t + 2\cdot\sin(2t)]$

$f_2(t) = 2a\cdot[\sin t - \sin(2t)]$

265

► $\sin t \cdot \sin(2t) = \frac{1}{2} \cdot [\cos t - \cos(3t)]$ ► 4.1

$$A_1 = \left| \int_0^{\frac{\pi}{3}} [-2a \cdot [\sin t + 2 \cdot \sin(2t)] \cdot 2a \cdot [\sin t - \sin(2t)]] \,dt \right|$$

$$= 4a^2 \cdot \left| \int_0^{\frac{\pi}{3}} [\sin^2 t + \sin t \cdot \sin(2t) - 2 \cdot \sin^2(2t)] \,dt \right|$$

► $\int \sin^2 t \,dt = \frac{t}{2} - \frac{1}{4} \cdot \sin(2t) + c$ ► 2.4.1

$$= 4a^2 \cdot \left| \int_0^{\frac{\pi}{3}} [\sin^2 t + \frac{1}{2} \cdot \cos t - \frac{1}{2} \cdot \cos(3t) - 2 \cdot \sin^2(2t)] \,dt \right|$$

► $\int \cos(3t) \,dt = \frac{1}{3} \cdot \sin(3t) + c$ ► 2.4.1

$$= 4a^2 \cdot \left| \frac{t}{2} - \frac{1}{4} \cdot \sin(2t) + \frac{1}{2} \cdot \sin t - \frac{1}{6} \cdot \sin(3t) - t + \frac{1}{4} \cdot \sin(4t) \right|_0^{\frac{\pi}{3}}$$

► $\int \sin^2(2t) \,dt = \frac{t}{2} - \frac{1}{8} \cdot \sin(4t) + c$ ► 2.4.1

$$= 4a^2 \cdot \left| \frac{\pi}{6} - \frac{1}{4} \cdot \sin\frac{2\pi}{3} + \frac{1}{2} \cdot \sin\frac{\pi}{3} - \frac{1}{6} \cdot \sin\pi - \frac{\pi}{3} + \frac{1}{4} \cdot \sin\frac{4\pi}{3} - 0 \right|$$

$$= \underline{2a^2 \cdot \frac{\pi}{3}}$$

Wegen der Periodizität der Funktionen f_1 und f_2 gilt $A_2 = A_3$ und $A_1 = A_4$, sodass nur die Teil-Flächenmaßzahlen A_1 und A_2 berechnet werden müssen.

● $A_2 = \left| \int_{t_2}^{t_3} [\dot{f}_1(t) \cdot f_2(t)] \,dt \right|$

► $\frac{\pi}{3}$ für t_2; π für t_3

Eine Stammfunktion zu $\dot{f}_1(t) \cdot f_2(t)$ kann aus der Berechnung von A_1 übernommen werden.

$\dot{f}_1(t) = -2a \cdot [\sin t + 2 \cdot \sin(2t)]$; $f_2(t) = 2a \cdot [\sin t - \sin(2t)]$

$$A_2 = 4a^2 \cdot \left| \frac{t}{2} - \frac{1}{4} \cdot \sin(2t) + \frac{1}{2} \cdot \sin t - \frac{1}{6} \cdot \sin(3t) - t + \frac{1}{4} \cdot \sin(4t) \right|_{\frac{\pi}{3}}^{\pi}$$

$$= 4a^2 \cdot \left| \frac{\pi}{2} - 0 + 0 - 0 - \pi + 0 - \left(\frac{\pi}{6} - \frac{1}{4} \cdot \sin\frac{2\pi}{3} + \frac{1}{2} \cdot \sin\frac{\pi}{3} - \frac{1}{6} \cdot \sin\pi - \frac{\pi}{3} + \frac{1}{4} \cdot \sin\frac{4\pi}{3} \right) \right|$$

$$= \underline{4a^2 \cdot \frac{\pi}{3}}$$

Die Maßzahl A der Gesamtfläche im t-Intervall $[0; 2\pi]$ ist die Summe der Maßzahlen A_1, A_2, A_3 und A_4.

● $A = A_1 + A_2 + A_3 + A_4$ ► $A_3 = A_2$; $A_4 = A_1$

$$= 2 \cdot A_1 + 2 \cdot A_2$$

$$= 2 \cdot 2a^2 \cdot \frac{\pi}{3} + 2 \cdot 4a^2 \cdot \frac{\pi}{3}$$

$$= \underline{\underline{4a^2 \cdot \pi}}$$ ► Flächenmaßzahlterm im t-Intervall $[0; 2\pi]$

Transformieren Sie die nachstehenden Funktionen bzw. Relationen mit dem angegebenen Term für $x = f_1(t)$ in eine Parameterdarstellung und berechnen Sie die Maßzahl der Fläche zwischen der Kurve und der x-Achse im angegebenen x-Intervall I_x. Zeichnen Sie die Kurve. **266**

► **Lehrbuch: Kusch 4, S. 249 … 251**

68. $f: f(x) = \dfrac{\sqrt{x^2-1}}{x}; D(f) = \mathbb{R}\setminus(-1;1)$

$f_1(t) = \cosh t;\ t \in \mathbb{R};\ I_x = [1; \sqrt{5}]$

$$f(x) = \frac{\sqrt{x^2-1}}{x}$$

► $x = f_1(t) = \cosh t$

$y = f(x) = f[f_1(t)] = f(\cosh t) = f_2(t)$

$$f_2(t) = \frac{\sqrt{\cosh^2 t - 1}}{\cosh t} \quad ►\ \cosh^2 t - 1 = \sinh^2 t$$

$$= \frac{\sqrt{\sinh^2 t}}{\cosh t}$$

$$= \underline{\frac{\sinh t}{\cosh t};\ t \geq 0}$$

► $x = \cosh t$ ► 1 für x

$1 = \cosh t \Rightarrow t_1 = \underline{0}$

► $x = \cosh t$ ► $\sqrt{5}$ für x

$\sqrt{5} = \cosh t \Rightarrow t_2 = \underline{\ln(\sqrt{5}+2)} = \operatorname{Arcosh}\sqrt{5}$

Die Funktionen $f_1: f_1(t) = \cosh t;\ D(f_1) = \mathbb{R}$ und $f_2: f_2(t) = \dfrac{\sinh t}{\cosh t};\ D(f_2) = \mathbb{R}$ sind im t-Intervall $[0; \ln(\sqrt{5}+2)]$ abschnittsweise monoton und f_1 ist dort stetig differenzierbar. Also kann die Formel $A_x = \left|\int_{t_1}^{t_2} [\dot{f}_1(t) \cdot f_2(t)]\,\mathrm{d}t\right|$ zur Berechnung der Flächenmaßzahl angewendet werden.

► $\cosh t = \dfrac{e^t + e^{-t}}{2} = \dfrac{e^{2t}+1}{2 \cdot e^t}$

$\Rightarrow \dfrac{1}{\cosh t} = \dfrac{2 \cdot e^t}{e^{2t}+1} = \dfrac{2 \cdot e^t}{1+(e^t)^2}$

► Im Integral $\displaystyle\int \frac{e^t}{1+(e^t)^2}\,\mathrm{d}t$ substituiert man $e^t = z \Rightarrow e^t \cdot \mathrm{d}t = \mathrm{d}z$.

$$\int \frac{e^t}{1+(e^t)^2}\,\mathrm{d}t = \int \frac{\mathrm{d}z}{1+z^2}$$

$$= \operatorname{Arctan} z + c \quad ►\ z = e^t$$

$$= \operatorname{Arctan} e^t + c$$

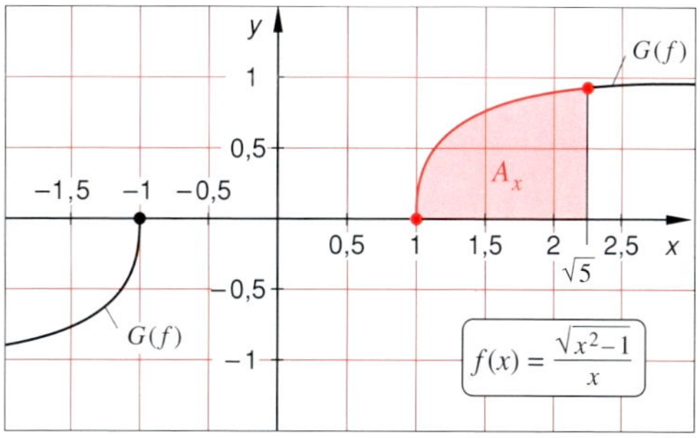

$$A_x = \left|\int_{t_1}^{t_2} [\dot{f}_1(t) \cdot f_2(t)]\,\mathrm{d}t\right|$$

► 0 für t_1; $\ln(\sqrt{5}+2)$ für t_2;

$f_1(t) = \cosh t \Rightarrow \dot{f}_1(t) = \sinh t;\ f_2(t) = \dfrac{\sinh t}{\cosh t}$

$$A_x = \left|\int_0^{\ln(\sqrt{5}+2)} \left(\sinh t \cdot \frac{\sinh t}{\cosh t}\right)\mathrm{d}t\right|$$

$$= \left|\int_0^{\ln(\sqrt{5}+2)} \left(\frac{\sinh^2 t}{\cosh t}\right)\mathrm{d}t\right| \quad ►\ \sinh^2 t = \cosh^2 t - 1$$

$$= \left|\int_0^{\ln(\sqrt{5}-2)} \left(\frac{\cosh^2 t - 1}{\cosh t}\right)\mathrm{d}t\right|$$

$$= \left|\int_0^{\ln(\sqrt{5}+2)} \left(\cosh t - \frac{1}{\cosh t}\right)\mathrm{d}t\right|$$

$$= \left|\int_0^{\ln(\sqrt{5}+2)} \left(\cosh t - 2 \cdot \frac{e^t}{1+(e^t)^2}\right)\mathrm{d}t\right|$$

$$= \left|\sinh t - 2 \cdot \operatorname{Arctan} e^t \Big|_0^{\ln(\sqrt{5}+2)}\right|$$

$$= |\sinh[\ln(\sqrt{5}+2)] - 2 \cdot \operatorname{Arctan}(\sqrt{5}+2) +$$
$$- \sinh 0 + 2 \cdot \operatorname{Arctan} e^0|$$

$$= |2 - 2{,}67794\ldots - 0 + 1{,}57079\ldots|$$

$= \underline{0{,}89285}$ ► Maßzahl der Fläche im x-Intervall $[1; \sqrt{5}]$

266 **69.** $f: f(x) = \dfrac{\sqrt{x^2-1}}{x^2}$; $D(f) = \mathbb{R}\backslash(-1; 1)$

$f_1(t) = \cosh t$; $t \in \mathbb{R}$; $I_x = [1; \sqrt{5}]$

$$f(x) = \frac{\sqrt{x^2-1}}{x^2}$$

► $x = f_1(t) = \cosh t$

$y = f(x) = f[f_1(t)] = f(\cosh t) = f_2(t)$

$$f_2(t) = \frac{\sqrt{\cosh^2 t - 1}}{\cosh^2 t} \quad ► \cosh^2 t - 1 = \sinh^2 t$$

$$= \frac{\sqrt{\sinh^2 t}}{\cosh^2 t}$$

$$= \underline{\frac{\sinh t}{\cosh^2 t}; t \geq 0}$$

► $x = \cosh t$ ► 1 für x

$1 = \cosh t \Rightarrow t_1 = \underline{0}$

► $x = \cosh t$ ► $\sqrt{5}$ für x

$\sqrt{5} = \cosh t \Rightarrow t_2 = \underline{\ln(\sqrt{5}+2)} = \text{Arcosh}\sqrt{5}$

Die Funktionen $f_1: f_1(t) = \cosh t$; $D(f_1) = \mathbb{R}$ und $f_2: f_2(t) = \dfrac{\sinh t}{\cosh^2 t}$; $D(f_2) = \mathbb{R}$ sind im t-Intervall $[0; \ln(\sqrt{5}+2)]$ abschnittsweise monoton und f_1 ist dort stetig differenzierbar. Also kann die Formel $A_x = \left|\int_{t_1}^{t_2} [\dot{f}_1(t) \cdot f_2(t)]\right| dt$ zur Berechnung der Flächenmaßzahl angewendet werden.

► $\displaystyle\int \frac{dt}{\cosh^2 t} = \tanh t + c$ ► Grundintegral

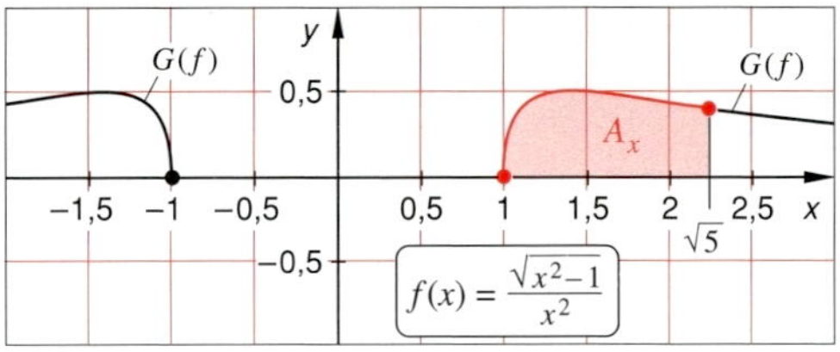

$$A_x = \left|\int_{t_1}^{t_2} [\dot{f}_1(t) \cdot f_2(t)]\, dt\right|$$

► 0 für t_1; $\ln(\sqrt{5}+2)$ für t_2

$f_1(t) = \cosh t \Rightarrow \dot{f}_1(t) = \sinh t$; $f_2(t) = \dfrac{\sinh t}{\cosh^2 t}$

$$A_x = \left|\int_0^{\ln(\sqrt{5}+2)} \left(\sinh t \cdot \frac{\sinh t}{\cosh^2 t}\right) dt\right|$$

$$= \left|\int_0^{\ln(\sqrt{5}+2)} \frac{\sinh^2 t}{\cosh^2 t}\, dt\right| \quad ► \sinh^2 t = \cosh^2 t - 1$$

$$= \left|\int_0^{\ln(\sqrt{5}+2)} \frac{\cosh^2 t - 1}{\cosh^2 t}\, dt\right|$$

$$= \left|\int_0^{\ln(\sqrt{5}+2)} \left(1 - \frac{1}{\cosh^2 t}\right) dt\right|$$

$$= \left| t - \tanh t \Big|_0^{\ln(\sqrt{5}+2)} \right|$$

$$= \left|\ln(\sqrt{5}+2) - \tanh[\ln(\sqrt{5}+2)] - 0\right|$$

$$= |1{,}44363\ldots - 0{,}89442\ldots|$$

$= \underline{\underline{0{,}54921}}$ ► Maßzahl der Fläche im x-Intervall $[1; \sqrt{5}]$

70. $R: R(x) = x^2 \pm \sqrt{4-x^2}$; $D(R) = [-2; 2]$

$f_1(t) = 2 \cdot \cos t$; $t \in \mathbb{R}$; $I_x = [-2; 2]$

Der Graph der Relation R ist eine geschlossene Kurve, die aus den Graphen der Funktionen g_1 and g_2 besteht:

$g_1: g_1(x) = x^2 + \sqrt{4-x^2}$; $D(g_1) = [-2; 2]$

$g_2: g_2(x) = x^2 - \sqrt{4-x^2}$; $D(g_2) = [-2; 2]$

Im Term für y kann man die Betragsstriche bei $|\sin t|$ weglassen und braucht dann auch nur eines der beiden Vorzeichen zu wählen,

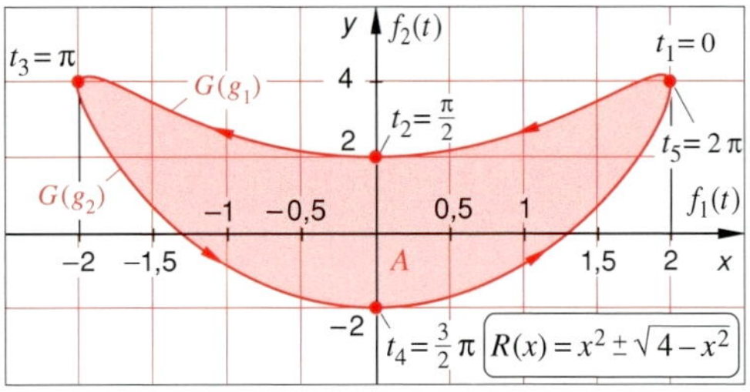

● $R(x) = x^2 \pm \sqrt{4-x^2}$ ► $x = f_1(t) = 2 \cdot \cos t$; $R(x) = y$

$$y = (2 \cdot \cos t)^2 \pm \sqrt{4 - 4 \cdot \cos^2 t}$$

$$= 4 \cdot \cos^2 t \pm \sqrt{4 \cdot (1 - \cos^2 t)} \quad ► 1 - \cos^2 t = \sin^2 t$$

da $\sin t$ in $[0; 2\pi]$ sowohl positive als auch negative Werte annimmt. Hier wird das Vorzeichen „+“ gewählt.

Die Funktionen $f_1: f_1(t) = 2\cdot\cos t$; mit $D(f_1) = \mathbb{R}$ und $f_2: f_2(t) = 4\cdot\cos^2 t + 2\cdot\sin t$; mit $D(f_2) = \mathbb{R}$ sind im t-Intervall $[0; 2\pi]$ abschnittsweise monoton und f_1 ist dort stetig differenzierbar. Also kann die Formel $A = \left|\int\limits_{t_1}^{t_5}\left[\dot{f}_1(t)\cdot f_2(t)\right]\mathrm{d}t\right|$ zur Berechnung der Flächenmaßzahl A angewendet werden.

► $\int(4\cdot\cos^2 t\cdot\sin t)\,\mathrm{d}t = -\dfrac{4}{3}\cdot\cos^3 t + c$ ► 2.4.3

► $\int\sin^2 t\,\mathrm{d}t = \dfrac{t}{2} - \dfrac{1}{4}\cdot\sin(2t) + c$ ► 2.4.1

71. $R: R(x) = \pm x\cdot\sqrt{\dfrac{3+x}{3-x}}$; $D(R) = [-3; 3)$

$f_1(t) = 3\cdot\cos t$; $t\in\mathbb{R}$; $I_x = [-3; 0]$

Der Graph der Relation R ist in $[-3; 0]$ eine geschlossene Kurve, die aus den Graphen der Funktionen g_1 und g_2 besteht:

$g_1: g_1(x) = x\cdot\sqrt{\dfrac{3+x}{3-x}}$; $D(g_1) = [-3; 3)$

$g_2: g_2(x) = -x\cdot\sqrt{\dfrac{3+x}{3-x}}$; $D(g_2) = [-3; 3)$

Im Term für y kann man die Betragsstriche bei $|\sin t|$ weglassen und braucht dann auch nur eine der beiden Vorzeichen zu wählen, da $\sin t$ in $[\frac{\pi}{2}; \pi)\cup(\pi; \frac{3}{2}\pi]$ sowohl positive als auch negative Werte annimmt. Hier wird das Vorzeichen „ + “ gewählt.

Der Term $3\cdot\cos t\dfrac{1+\cos t}{\sin t}$ ist an der Stelle $t_0 = \pi$ nicht definiert. Wegen $1 + \cos\pi = \sin\pi = 0$ liegt dort ein unbestimmter Ausdruck vor.

$= 4\cdot\cos^2 t \pm 2\cdot\sqrt{\sin^2 t}$ ► $\sqrt{\sin^2 t} = |\sin t|$

$= 4\cdot\cos^2 t \pm 2\cdot|\sin t|$; $t\in[0; 2\pi]$

► $f_2: f_2(t) = 4\cdot\cos^2 t + 2\cdot\sin t$; $D(f_2) = \mathbb{R}$

● $A = \left|\int\limits_{t_1}^{t_5}\left[\dot{f}_1(t)\cdot f_2(t)\right]\mathrm{d}t\right|$

► 0 für t_1; 2π für t_5

$f_1(t) = 2\cdot\cos t \Rightarrow \dot{f}_1(t) = -2\cdot\sin t$; $f_2(t) = 4\cdot\cos^2 t + 2\cdot\sin t$

$$A = \left|\int\limits_0^{2\pi}\left[-2\cdot\sin t\cdot(4\cdot\cos^2 t + 2\cdot\sin t)\,\mathrm{d}t\right]\right|$$

$$= 2\cdot\left|\int\limits_0^{2\pi}(4\cdot\cos^2 t\cdot\sin t + 2\cdot\sin^2 t)\,\mathrm{d}t\right|$$

$$= 2\cdot\left|-\tfrac{4}{3}\cdot\cos^3 t + 2\cdot\left[\tfrac{t}{2} - \tfrac{1}{4}\cdot\sin(2t)\right]\Big|_0^{2\pi}\right|$$

$$= 2\cdot\Big|-\tfrac{4}{3}\cdot\cos^3(2\pi) + 2\cdot\left[\tfrac{2\pi}{2} - \tfrac{1}{4}\cdot\sin(4\pi)\right] +$$
$$-\left(-\tfrac{4}{3}\cdot\cos^3 0 + 2\cdot\left[\tfrac{0}{2} - \tfrac{1}{4}\cdot\sin 0\right]\right)\Big|$$

$= \underline{\underline{12{,}56637}}$ ► Maßzahl der eingeschlossenen Fläche

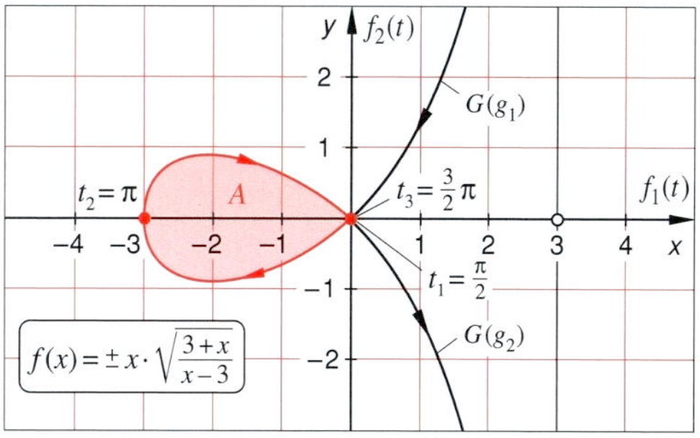

● $R(x) = \pm x\cdot\sqrt{\dfrac{3+x}{3-x}}$ ► $x = f_1(t) = 3\cdot\cos t$; $R(x) = y$

$$y = \pm 3\cdot\cos t\sqrt{\frac{3+3\cdot\cos t}{3-3\cdot\cos t}}$$

$= \pm 3\cdot\cos t\cdot\sqrt{\dfrac{1+\cos t}{1-\cos t}}$ ► $\sqrt{\dfrac{1+\cos t}{1-\cos t}} = \dfrac{1+\cos t}{|\sin t|}$ ► 4.1

$= \pm 3\cdot\cos t\cdot\dfrac{1+\cos t}{|\sin t|}$

► $f_2: f_2(t) = 3\cdot\cos t\cdot\dfrac{1+\cos t}{|\sin t|}$; $D(f_2) = (0; \pi)\cup(\pi; 2\pi)$

266 Mit der ersten Regel von de L'Hospital (► Kusch 3; 4.5) erhält man jedoch $\lim\limits_{x \to \pi}\left[3 \cdot \cos t \cdot \frac{1+\cos t}{\sin t}\right] = 0$, sodass man der Funktion f_2 an der Stelle π den Funktionswert null zuordnen kann.

Die Funktionen $f_1 : f_1(t) = 3 \cdot \cos t$ mit $D(f_1) = \mathbb{R}$ und $f_2 : f_2(t) = 3 \cdot \cos t \cdot \frac{1+\cos t}{\sin t}$; mit $D(f_2) = (0; 2\pi)$ sind im t-Intervall $\left[\frac{\pi}{2}; \frac{3}{2}\pi\right]$ abschnittsweise monoton und f_1 ist dort stetig differenzierbar. Also kann die Formel $A = \left|\int\limits_{t_1}^{t_3} [\dot{f}_1(t) \cdot f_2(t)]\,dt\right|$ angewendet werden.

● $A = \left|\int\limits_{t_1}^{t_3} [\dot{f}_1(t) \cdot f_2(t)]\,dt\right|$

► $\frac{\pi}{2}$ für t_1; $\frac{3}{2}\pi$ für t_3

$f_1(t) = 3 \cdot \cos t \Rightarrow \dot{f}_1(t) = -3 \cdot \sin t; f_2(t) = 3 \cdot \cos t \cdot \frac{1+\cos t}{\sin t}$

$$A = \left|\int\limits_{\frac{\pi}{2}}^{\frac{3}{2}\pi}\left[-3 \cdot \sin t \cdot \left(3 \cdot \cos t \cdot \frac{1+\cos t}{\sin t}\right)\right] dt\right|$$

$$= 9 \cdot \left|\int\limits_{\frac{\pi}{2}}^{\frac{3}{2}\pi} (\cos t + \cos^2 t)\,dt\right| \quad \text{► 2.4.1}$$

$$= 9 \cdot \left|\sin t + \frac{t}{2} - \frac{1}{4} \cdot \sin(2t)\Big|_{\frac{\pi}{2}}^{\frac{3}{2}\pi}\right|$$

$$= 9 \cdot \left|\sin\frac{3\pi}{2} + \frac{3\pi}{4} - \frac{1}{4} \cdot \sin(3\pi) + {} - \left(\sin\frac{\pi}{2} + \frac{\pi}{4} - \frac{1}{4} \cdot \sin\pi\right)\right|$$

$$= 9 \cdot \left|-1 + \frac{3\pi}{4} - 0 - 1 - \frac{\pi}{4} + 0\right|$$

$$= \underline{\underline{3{,}86283}} \quad \text{► Maßzahl der eingeschlossenen Fläche}$$

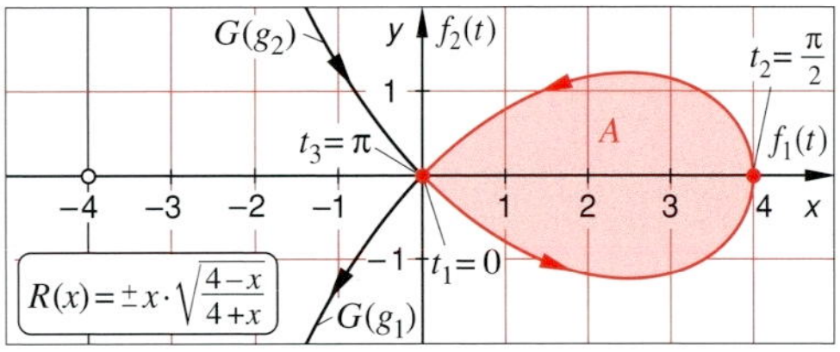

72. $R : R(x) = \pm x \cdot \sqrt{\frac{4-x}{4+x}}$; $D(R) = (-4; 4]$

$f_1(t) = 4 \cdot \sin t$; $t \in \mathbb{R}$; $I_x = [0; 4]$

Der Graph der Relation R ist in $[0; 4]$ eine geschlossene Kurve, die aus den Graphen der Funktionen g_1 und g_2 besteht:

$g_1 : g_1(x) = x \cdot \sqrt{\frac{4-x}{4+x}}$; $D(g_1) = (-4; 4]$

$g_2 : g_2(x) = -x \cdot \sqrt{\frac{4-x}{4+x}}$; $D(g_2) = (-4; 4]$

● $R(x) = \pm x \cdot \sqrt{\frac{4-x}{4+x}}$ ► $x = f_1(t) = 4 \cdot \sin t$; $R(x) = y$

$$y = \pm 4 \cdot \sin t \cdot \sqrt{\frac{4 - 4\sin t}{4 + 4\sin t}}$$

$$= \pm 4 \cdot \sin t \cdot \sqrt{\frac{1 - \sin t}{1 + \sin t}}$$

$$= \pm 4 \cdot \sin t \cdot \sqrt{\frac{(1 - \sin t)^2}{(1 + \sin t) \cdot (1 - \sin t)}}$$

$$= \pm 4 \cdot \sin t \cdot \sqrt{\frac{(1 - \sin t)^2}{1 - \sin^2 t}} \quad \text{► } 1 - \sin^2 t = \cos^2 t$$

$$= \pm 4 \cdot \sin t \cdot \sqrt{\frac{(1 - \sin t)^2}{\cos^2 t}}; \; 1 - \sin t \geq 0$$

$$= \pm 4 \cdot \sin t \cdot \frac{1 - \sin t}{|\cos t|}$$

Im Term für y kann man die Betragsstriche bei $|\cos t|$ weglassen und braucht dann auch nur eines der beiden Vorzeichen zu wählen, da $\cos t$ in $\left[0; \frac{\pi}{2}\right) \cup \left(\frac{\pi}{2}; \pi\right]$ sowohl positive als auch negative Werte annimmt. Hier wird das Vorzeichen „+“ gewählt.

► $\underline{f_2 : f_2(t) = 4 \cdot \sin t \cdot \frac{1 - \sin t}{\cos t}}$;

$\underline{D(f_2) = \left[0; \frac{\pi}{2}\right) \cup \left(\frac{\pi}{2}; \frac{3}{2}\pi\right) \cup \left(\frac{3}{2}\pi; 2\pi\right]}$

Der Term $4 \cdot \sin t \cdot \frac{1-\sin t}{\cos t}$ ist an der Stelle $t_0 = \frac{\pi}{2}$ nicht definiert, denn es liegt dort wegen $1 - \sin\frac{\pi}{2} = \cos\frac{\pi}{2} = 0$ ein unbestimmter Ausdruck vor. Mit der ersten Regel von de L'Hospital (▶ Kusch 3; 4.5) erhält man jedoch $\lim\limits_{t \to \frac{\pi}{2}} \left[4 \cdot \sin t \cdot \frac{1-\sin t}{\cos t}\right] = 0$, sodass man der Funktion f_2 an der Stelle $\frac{\pi}{2}$ den Funktionswert null zuordnen kann.

Die Funktionen $f_1 : f_1(t) = 4 \cdot \sin t$ mit $D(f_1) = \mathbb{R}$ und $f_2 : f_2(t) = 4 \cdot \sin t \cdot \frac{1-\sin t}{\cos t}$ mit $D(f_2) = [0; \frac{\pi}{2}) \cup (\frac{\pi}{2}; \frac{3}{2}\pi) \cup (\frac{3}{2}\pi; 2\pi]$ sind im t-Intervall $[0; \pi]$ abschnittsweise monoton und f_1 ist dort stetig differenzierbar. Also kann die Formel $A = \left| \int\limits_{t_1}^{t_3} [\dot{f}_1(t) \cdot f_2(t)]\,\mathrm{d}t \right|$ angewendet werden.

● $A = \left| \int\limits_{t_1}^{t_3} [\dot{f}_1(t) \cdot f_2(t)]\,\mathrm{d}t \right|$

▶ 0 für t_1; π für t_3

$f_1(t) = 4 \cdot \sin t \Rightarrow \dot{f}_1(t) = 4 \cdot \cos t; f_2(t) = 4 \cdot \sin t \cdot \frac{1-\sin t}{\cos t}$

$$A = \left| \int\limits_0^{\pi} \left[4 \cdot \cos t \cdot \left(4 \sin t \cdot \frac{1-\sin t}{\cos t}\right)\right] \mathrm{d}t \right|$$

$$= 16 \cdot \left| \int\limits_0^{\pi} (\sin t - \sin^2 t)\,\mathrm{d}t \right| \quad ▶ 2.4.1$$

$$= 16 \cdot \left| -\cos t - \frac{t}{2} + \frac{1}{4} \cdot \sin(2t) \Big|_0^{\pi} \right|$$

$$= 16 \cdot \left| -\cos \pi - \frac{\pi}{2} + \frac{1}{4} \cdot \sin(2\pi) + \cos 0 - 0 + \frac{1}{4} \cdot 0 \right|$$

$= \underline{\underline{6{,}68726}}$ ▶ Maßzahl der eingeschlossenen Fläche

Flächeninhalte – Kurven in Polarkoordinatendarstellung

▶ Lehrbuch: Kusch 4, S. 251 ... 266

Eine in Polarkoordinaten $F : \varphi \mapsto F(\varphi)$; $D(F) = [\varphi_1; \varphi_2]$ gegebene Kurve kann man auch in einer Parameterform $\begin{cases} x = f_1(\varphi) = F(\varphi) \cdot \cos\varphi \\ y = f_2(\varphi) = F(\varphi) \cdot \sin\varphi \end{cases}$ mit dem Parameter φ darstellen. **▶ Kusch 3; 1.1.10**

Ist eine Kurve in einer Polarkoordinatendarstellung gegeben, so wird im Winkelintervall $[\varphi_1; \varphi_2]$ von der Kurve sowie von den beiden Polarradien $F(\varphi_1)$ und $F(\varphi_2)$ eine Fläche mit dem Inhalt A_p eingeschlossen.

Im Folgenden wird vorausgesetzt, dass die Funktion F in ihrem Definitionsbereich $D(F)$ stetig differenzierbar ist.

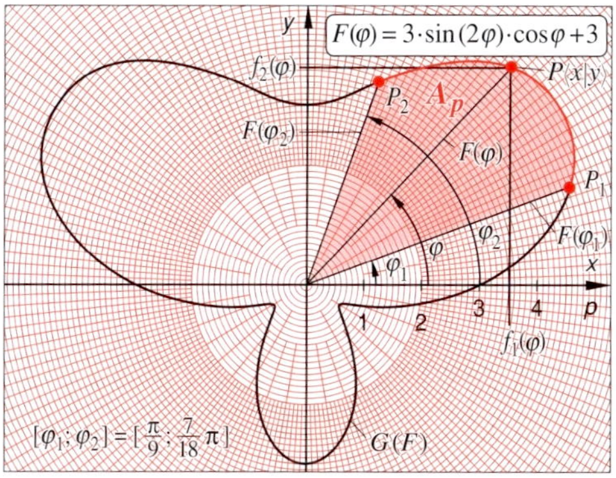

Projiziert man das Polarkoordinatensystem in ein rechtwinkliges Koordinatensystem, sodass sich die Koordinatenursprünge sowie Polstrahl und x-Achse decken, so sind für das Winkelintervall $[\varphi_1; \varphi_2]$ zwei weitere Flächen von Bedeutung.

Wie dargestellt ist das die Fläche von der Kurve bis zu der x-Achse mit dem Flächeninhalt A_x sowie die Fläche von der Kurve bis zu der y-Achse mit dem Flächeninhalt A_y.

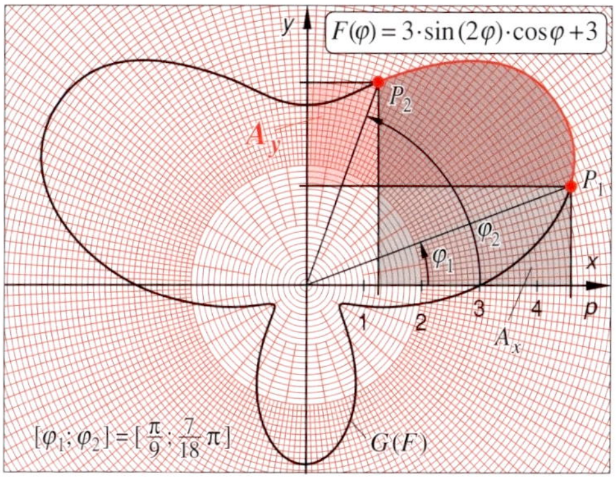

Merke:

Ist eine Kurve in Polarkoordinatendarstellung $F: \varphi \mapsto F(\varphi);\ \varphi \in D(F)$ gegeben, so gilt für den Inhalt A_x der Fläche zwischen der Kurve und der x-Achse im Winkelintervall $[\varphi_1; \varphi_2] \subseteq D(F)$:

$$\mathbf{A_x = \left| \frac{1}{4} \cdot [F(\varphi)]^2 \cdot \sin(2\varphi) \Big|_{\varphi_1}^{\varphi_2} - \frac{1}{2} \cdot \int\limits_{\varphi_1}^{\varphi_2} [F(\varphi)]^2 \, d\varphi \right|}$$

Hierbei ist zu beachten:

- $f_1: f_1(\varphi) = F(\varphi) \cdot \cos\varphi;\ D(f_1) = D(F)$ ist in $[\varphi_1; \varphi_2]$ abschnittsweise monoton und stetig differenzierbar. Es muss also die Funktion F in $[\varphi_1; \varphi_2]$ stetig differenzierbar und abschnittsweise monoton sein.
- Für alle $\varphi \in [\varphi_1; \varphi_2]$ gilt $F(\varphi) \cdot \sin\varphi \leq 0$ oder $F(\varphi) \cdot \sin\varphi \geq 0$. Wegen $F(\varphi) \geq 0$ gilt also im ersten Fall $\sin\varphi \leq 0$, d. h. $\varphi \in [\pi; 2\pi]$ (Fläche liegt unterhalb der x-Achse) und im zweiten Fall $\sin\varphi \geq 0$, d. h. $\varphi \in [0; \varphi]$ (Fläche liegt oberhalb der x-Achse).
- Wechselt jedoch die Funktion $f_2: f_2(\varphi) = F(\varphi) \cdot \sin\varphi;\ D(f_2) = D(F)$ in $[\varphi_1; \varphi_2]$ ihr Vorzeichen, so ist die Formel entsprechend getrennt anzuwenden.

Merke:

Ist eine Kurve in Polarkoordinatendarstellung $F: \varphi \mapsto F(\varphi);\ \varphi \in D(F)$ gegeben, so gilt für den Inhalt A_y der Fläche zwischen der Kurve und der y-Achse im Winkelintervall $[\varphi_1; \varphi_2] \subseteq D(F)$:

$$\mathbf{A_y = \left| \frac{1}{4} \cdot [F(\varphi)]^2 \cdot \sin(2\varphi) \Big|_{\varphi_1}^{\varphi_2} + \frac{1}{2} \cdot \int\limits_{\varphi_1}^{\varphi_2} [F(\varphi)]^2 \, d\varphi \right|}$$

Hierbei ist zu beachten:

- $f_2: f_2(\varphi) = F(\varphi) \cdot \sin\varphi;\ D(f_2) = D(F)$ ist in $[\varphi_1; \varphi_2]$ abschnittsweise monoton und stetig differenzierbar. Es muss also die Funktion F in $[\varphi_1; \varphi_2]$ stetig differenzierbar und abschnittsweise monoton sein. Die Funktion $f_1: f_1(\varphi) = F(\varphi) \cdot \cos\varphi;\ D(f_1) = D(F)$ ist in $[\varphi_1; \varphi_2]$ abschnittsweise monoton.
- Für alle $\varphi \in [\varphi_1; \varphi_2]$ gilt $F(\varphi) \cdot \cos\varphi \leq 0$ oder $F(\varphi) \cdot \cos\varphi \geq 0$. Wegen $F(\varphi) \geq 0$ gilt also im ersten Fall $\cos\varphi \leq 0$, d.h. $\varphi \in \left[\frac{\pi}{2}; \frac{3}{2}\pi\right]$ (Fläche liegt links von der y-Achse) und im zweiten Fall $\cos\varphi \geq 0$, d. h. $\varphi \in \left[0; \frac{\pi}{2}\right] \cup \left[\frac{3}{2}\pi; 2\pi\right]$ (Fläche liegt rechts der y-Achse).
- Wechselt jedoch die Funktion $f_1: f_1(\varphi) = F(\varphi) \cdot \cos\varphi;\ D(f_1) = D(F)$ in $[\varphi_1; \varphi_2]$ ihr Vorzeichen, so ist die Formel entsprechend getrennt anzuwenden.

Die Formeln für A_x und A_y sind auch dann gültig, wenn eine Kurve im Winkelintervall $[\varphi_1; \varphi_2] \subseteq D(F)$ geschlossen ist und die Kurvenpunkte mit Ausnahme nur eines Punktes nur einmal durchlaufen werden. Das gilt unabhängig von der Lage der geschlossenen Kurve im Koordinatensystem.

Merke:

Ist eine Kurve in Polarkoordinatendarstellung $F: \varphi \mapsto F(\varphi);\ \varphi \in D(F)$ gegeben und ist F stetig, so gilt für den Inhalt A_p der Fläche zwischen der Kurve und den Polarradien $F(\varphi_1)$ und $F(\varphi_2)$ im Winkelintervall $[\varphi_1; \varphi_2] \subseteq D(F)$:

$$\mathbf{A_p = \frac{1}{2} \cdot \int\limits_{\varphi_1}^{\varphi_2} [F(\varphi)]^2 \, d\varphi}$$ ► **Sektorformel**

Berechnen Sie zu den in Polarkoordinatendarstellung gegebenen Kurven jeweils die Maßzahlen $A_x; A_y$ und A_p der Fläche in den angegebenen Winkelintervallen $I_x; I_y$ und I_p. Zeichnen Sie die Flächen. 266

73. $F(\varphi) = -2 \cdot \sin\varphi;\ D(F) = [\pi; 2\,\pi]$ ► $I_x = \left[\pi; \frac{5}{4}\,\pi\right];\ I_y = \left[\pi; \frac{3}{2}\,\pi\right];\ I_p = [\pi; 2\,\pi]$

- **Fläche zwischen Kurve und x-Achse**

Durch $F(\varphi) = -2 \cdot \sin\varphi;\ \varphi \in [\pi; 2\,\pi]$ wird ein Kreis mit dem Radius 1 beschrieben. $M\langle 0 \mid -1\rangle$ ist der Mittelpunkt im xy-Koordinatensystem.

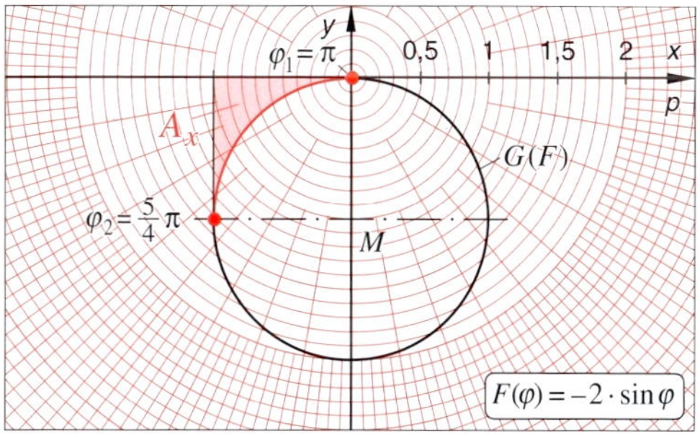

Die Funktion $F: F(\varphi) = -2 \cdot \sin\varphi$ ist im Intervall $\left[\pi; \frac{5}{4}\,\pi\right]$ stetig differenzierbar und abschnittsweise monoton.

Außerdem gilt $F(\varphi) \cdot \sin\varphi = -2 \cdot \sin^2\varphi$ und $-2 \cdot \sin^2\varphi \le 0$. Damit sind die Voraussetzungen zur unmittelbaren Anwendung der Formel für A_x gegeben.

$$A_x = \left| \frac{1}{4} \cdot [F(\varphi)]^2 \cdot \sin(2\varphi) \Big|_{\varphi_1}^{\varphi_2} - \frac{1}{2} \cdot \int_{\varphi_1}^{\varphi_2} [F(\varphi)]^2 \,\mathrm{d}\varphi \right|$$

► π für φ_1; $\frac{5}{4}\,\pi$ für φ_2; $F(\varphi) = -2 \cdot \sin\varphi$

Die Werte für φ_1 und φ_2 sowie der Term für $F(\varphi)$ werden in die Formel eingesetzt und dann das bestimmte Integral gelöst.

$$= \left| \frac{1}{4} \cdot [-2 \cdot \sin\varphi]^2 \cdot \sin(2\varphi) \Big|_{\pi}^{\frac{5}{4}\pi} - \frac{1}{2} \cdot \int_{\pi}^{\frac{5}{4}\pi} [-2 \cdot \sin\varphi]^2 \,\mathrm{d}\varphi \right|.$$

$$= \left| \sin^2\varphi \cdot \sin(2\varphi) \Big|_{\pi}^{\frac{5}{4}\pi} - 2 \cdot \int_{\pi}^{\frac{5}{4}\pi} \sin^2\varphi \,\mathrm{d}\varphi \right|$$ ► 2.4.1

$$= \left| \sin^2\frac{5\pi}{4} \cdot \sin\frac{5\pi}{2} - 0 - 2 \cdot \left[\frac{\varphi}{2} - \frac{1}{4} \cdot \sin(2\varphi)\right] \Big|_{\pi}^{\frac{5}{4}\pi} \right|$$

► $\sin\dfrac{5\pi}{2} = 1;\ \sin(2\,\pi) = 0$

$$= \left| \frac{1}{2} \cdot 1 - 2 \cdot \left[\frac{5}{8}\,\pi - \frac{1}{4} \cdot \sin\frac{5\pi}{2} - \frac{\pi}{2} + \frac{1}{4} \cdot \sin(2\,\pi)\right] \right|$$

$= \underline{\underline{0{,}21460}}$ ► Maßzahl der Fläche im Winkelintervall $I_x = \left[\pi; \frac{5}{4}\,\pi\right]$

- **Fläche zwischen Kurve und y-Achse**

In diesem Fall wird die Maßzahl der Halbkreisfläche mit dem Radius $r = 1$ berechnet.

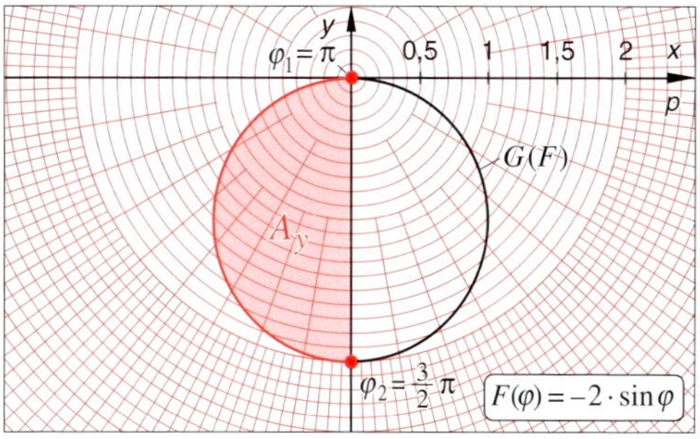

Die Funktion $F: F(\varphi) = -2 \cdot \sin\varphi$ ist im Intervall $\left[\pi; \frac{3}{2}\,\pi\right]$ stetig differenzierbar und abschnittsweise monoton und außerdem gilt dort $F(\varphi) \cdot \cos\varphi \le 0$. Damit sind die Voraussetzungen zur unmittelbaren Anwendung der Formel für A_y gegeben.

$$A_y = \left| \frac{1}{4} \cdot [F(\varphi)]^2 \cdot \sin(2\varphi) \Big|_{\varphi_1}^{\varphi_2} + \frac{1}{2} \cdot \int_{\varphi_1}^{\varphi_2} [F(\varphi)]^2 \,\mathrm{d}\varphi \right|$$

► π für φ_1; $\frac{3}{2}\,\pi$ für φ_2; $F(\varphi) = -2 \cdot \sin\varphi$

266

Die Werte für φ_1 und φ_2 sowie der Term für $F(\varphi)$ werden in die Formel eingesetzt und dann das bestimmte Integral gelöst.

$$A_y = \left| \frac{1}{4} \cdot [-2 \cdot \sin\varphi]^2 \cdot \sin(2\varphi) \Big|_{\pi}^{\frac{3}{2}\pi} + \frac{1}{2} \cdot \int_{\pi}^{\frac{3}{2}\pi} [-2 \cdot \sin\varphi]^2 \, d\varphi \right|$$

$$= \left| \sin^2\varphi \cdot \sin(2\varphi) \Big|_{\pi}^{\frac{3}{2}\pi} + 2 \cdot \int_{\pi}^{\frac{3}{2}\pi} \sin^2\varphi \, d\varphi \right| \quad \blacktriangleright \text{ 2.4.1}$$

► $\sin(3\pi) = 0;\ \sin(2\pi) = 0$

$$= \left| \sin^2 \frac{3\pi}{2} \cdot \sin(3\pi) - 0 + 2 \cdot \left[\frac{\varphi}{2} - \frac{1}{4} \cdot \sin(2\varphi) \right] \Big|_{\pi}^{\frac{3}{2}\pi} \right|$$

$$= \left| 0 + 2 \cdot \left[\frac{3}{4}\pi - \frac{1}{4} \cdot \sin(3\pi) - \frac{\pi}{2} + \frac{1}{4} \cdot \sin(2\pi) \right] \right|$$

$$= \underline{\underline{1{,}57080}}$$ ► Maßzahl der Fläche im Winkelintervall $I_y = \left[\pi; \frac{3}{2}\pi\right]$

● **Fläche zwischen den Polarradien**

In diesem Fall wird die Maßzahl der Vollkreisfläche mit dem Radius $r = 1$ berechnet, also im Intervall $[\pi; 2\pi]$.

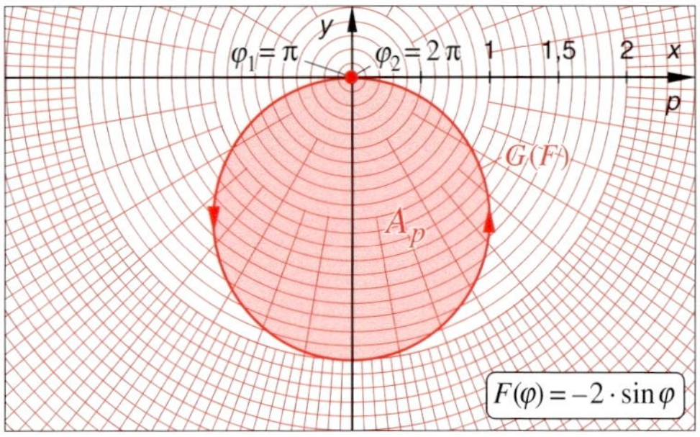

Die Funktion $F: F(\varphi) = -2 \cdot \sin\varphi$ ist im Intervall $[\pi; 2\pi]$ stetig, sodass die Voraussetzungen zur unmittelbaren Anwendung der Formel für A_p gegeben sind.

$$A_p = \frac{1}{2} \cdot \int_{\varphi_1}^{\varphi_2} [F(\varphi)]^2 \, d\varphi$$ ► π für φ_1; 2π für φ_2; $F(\varphi) = -2 \cdot \sin\varphi$

Die Werte für φ_1 und φ_2 sowie der Term für $F(\varphi)$ werden in die Formel eingesetzt und dann das bestimmte Integral berechnet.

$$= \frac{1}{2} \cdot \int_{\pi}^{2\pi} [-2 \cdot \sin\varphi]^2 \, d\varphi$$

$$= 2 \cdot \int_{\pi}^{2\pi} \sin^2\varphi \, d\varphi \quad \blacktriangleright \text{ 2.4.1}$$

$$= 2 \cdot \left[\frac{\varphi}{2} - \frac{1}{4} \cdot \sin(2\varphi) \right] \Big|_{\pi}^{2\pi}$$

► $\sin(4\pi) = 0;\ \sin(2\pi) = 0$

$$= 2 \cdot \left[\pi - \frac{1}{4} \cdot \sin(4\pi) - \frac{\pi}{2} + \frac{1}{4} \cdot \sin(2\pi) \right]$$

$$= \underline{\underline{3{,}14159}}$$ ► Maßzahl der Fläche im Winkelintervall $I_p = [\pi; 2\pi]$

266

74. $F(\varphi) = \cos(2\varphi)$; $D(F) = \left[0; \frac{\pi}{4}\right] \cup \left[\frac{3}{4}\pi; \frac{5}{4}\pi\right] \cup \left[\frac{7}{4}\pi; 2\pi\right]$ ► $I_x = I_p = \left[0; \frac{\pi}{4}\right]$; $I_y = \left[0; \frac{\pi}{8}\right]$

● **Berechnung von A_p und A_x**

Bei dieser Übungsaufgabe sind im Winkelintervall $\left[0; \frac{\pi}{4}\right]$ die Flächenmaßzahlen A_p und A_x gleich groß, sodass nur eine Berechnung durchzuführen ist. Es wird die Sektorformel für A_p verwendet, da diese einfacher als die Formel für A_x ist.

Da F im Intervall $\left[0; \frac{\pi}{4}\right]$ stetig ist, kann die Sektorformel unmittelbar angewendet werden. Die Werte für φ_1 und φ_2 sowie der Term für $F(\varphi)$ werden in die Formel eingesetzt und dann das bestimmte Integral berechnet.

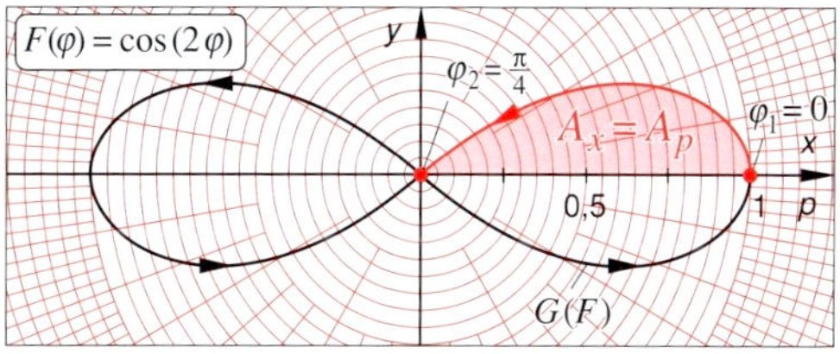

$$A_p = \frac{1}{2} \cdot \int_{\varphi_1}^{\varphi_2} [F(\varphi)]^2 \, d\varphi \quad \blacktriangleright \text{ 0 für } \varphi_1;\ \frac{\pi}{4} \text{ für } \varphi_2;\ F(\varphi) = \cos(2\varphi)$$

$$= \frac{1}{2} \cdot \int_0^{\frac{\pi}{4}} \cos^2(2\varphi) \, d\varphi \quad \blacktriangleright \text{ 2.4.1}$$

$$= \frac{1}{2} \cdot \left[\frac{\varphi}{2} + \frac{1}{4 \cdot 2} \cdot \sin(4\varphi)\right] \Bigg|_0^{\frac{\pi}{4}}$$

$$= \frac{1}{2} \cdot \left[\frac{\pi}{8} + \frac{1}{8} \cdot \sin \pi - 0\right]$$

$$A_p = A_x = \underline{\underline{0{,}19635}} \quad \blacktriangleright \text{ Maßzahl der Fläche im Winkelintervall } I_x = I_p = \left[0; \tfrac{\pi}{4}\right]$$

● **Fläche zwischen Kurve und y-Achse**

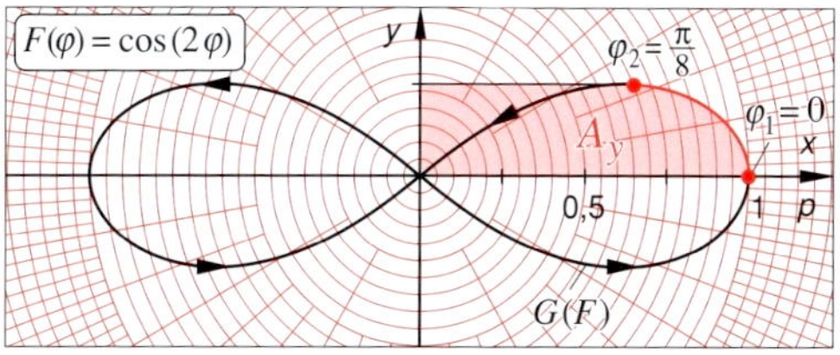

Die Funktion $F: F(\varphi) = \cos(2\varphi)$ ist im Intervall $\left[0; \frac{\pi}{8}\right]$ stetig differenzierbar und abschnittsweise monoton und außerdem gilt dort $F(\varphi) \cdot \cos\varphi \geq 0$. Damit sind die Voraussetzungen zur unmittelbaren Anwendung der Formel für A_y gegeben.

Die Werte für φ_1 und φ_2 sowie der Term für $F(\varphi)$ werden in die Formel eingesetzt und dann das bestimmte Integral berechnet.

$$A_y = \left| \frac{1}{4} \cdot [F(\varphi)]^2 \cdot \sin(2\varphi) \Big|_{\varphi_1}^{\varphi_2} + \frac{1}{2} \cdot \int_{\varphi_1}^{\varphi_2} [F(\varphi)]^2 \, d\varphi \right|$$

$$\blacktriangleright \text{ 0 für } \varphi_1;\ \frac{\pi}{8} \text{ für } \varphi_2;\ F(\varphi) = \cos(2\varphi)$$

$$= \left| \frac{1}{4} \cdot \cos^2(2\varphi) \cdot \sin(2\varphi) \Big|_0^{\frac{\pi}{8}} + \frac{1}{2} \cdot \int_0^{\frac{\pi}{8}} \cos^2(2\varphi) \, d\varphi \right| \quad \blacktriangleright \text{ 2.4.1}$$

$$= \left| \frac{1}{4} \cdot \cos^2 \frac{\pi}{4} \cdot \sin \frac{\pi}{4} - 0 + \frac{1}{2} \cdot \left(\frac{\varphi}{2} + \frac{1}{4 \cdot 2} \sin(4\varphi) \Big|_0^{\frac{\pi}{8}} \right) \right|$$

$$= \left| \frac{1}{4} \cdot \frac{1}{2} \cdot \frac{1}{2} \cdot \sqrt{2} + \frac{1}{2} \cdot \left(\frac{\pi}{16} + \frac{1}{8} \cdot \sin \frac{\pi}{2} - 0 \right) \right|$$

$$= \underline{\underline{0{,}24906}} \quad \blacktriangleright \text{ Maßzahl der Fläche im Winkelintervall } I_y = \left[0; \tfrac{\pi}{8}\right]$$

266 **75.** $F(\varphi) = 10 \cdot \sin\varphi \cdot \cos\varphi$; $D(F) = [0; \frac{\pi}{2}] \cup [\pi; \frac{3}{2}\pi]$ ► $I_x = [0; \frac{\pi}{6}]$; $I_y = [0; \frac{\pi}{3}]$; $I_p = [0; \frac{\pi}{2}]$

● **Fläche zwischen Kurve und x-Achse**

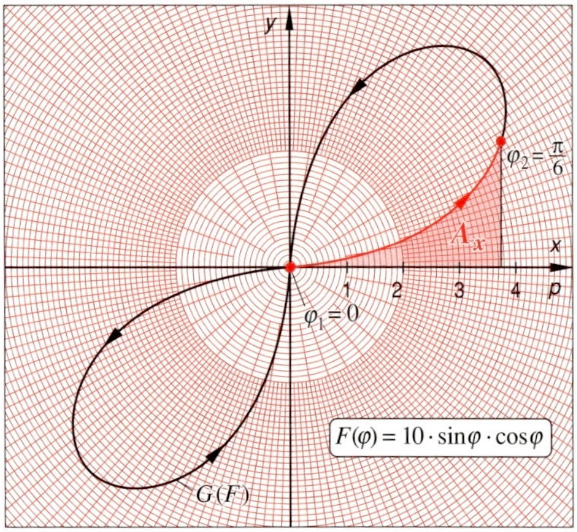

Die Funktion $F: F(\varphi) = 10 \cdot \sin\varphi \cdot \cos\varphi$ ist im Winkelintervall $[0; \frac{\pi}{6}]$ stetig differenzierbar und abschnittsweise monoton. Außerdem gilt dort $F(\varphi) \cdot \cos\varphi \geq 0$, sodass damit die Voraussetzungen zur unmittelbaren Anwendung der Formel für A_x gegeben sind.

► $10 \cdot \sin\varphi \cdot \cos\varphi = 5 \cdot \sin(2\varphi)$ ► 4.1

Die Werte für φ_1 und φ_2 sowie der Term für $F(\varphi)$ werden in die Formel eingesetzt und dann das bestimmte Integral berechnet.

► $\sin\frac{2\pi}{3} = \frac{1}{2} \cdot \sqrt{3}$

$$A_x = \left| \frac{1}{4} \cdot [F(\varphi)]^2 \cdot \sin(2\varphi) \Big|_{\varphi_1}^{\varphi_2} - \frac{1}{2} \cdot \int_{\varphi_1}^{\varphi_2} [F(\varphi)]^2 \, d\varphi \right|$$

► 0 für φ_1; $\frac{\pi}{6}$ für φ_2; $F(\varphi) = 5 \cdot \sin(2\varphi)$

$$= \left| \frac{1}{4} \cdot 25 \cdot \sin^2(2\varphi) \cdot \sin(2\varphi) \Big|_0^{\frac{\pi}{6}} - \frac{1}{2} \cdot \int_0^{\frac{\pi}{6}} [25 \cdot \sin^2(2\varphi)] \, d\varphi \right|$$

$$= \left| \frac{25}{4} \cdot \sin^3\frac{\pi}{3} - 0 - \frac{25}{2} \cdot \int_0^{\frac{\pi}{6}} \sin^2(2\varphi) \, d\varphi \right| \quad \text{► 2.4.1}$$

$$= \left| \frac{25}{4} \cdot \frac{3}{8} \cdot \sqrt{3} - \frac{25}{2} \cdot \left[\frac{\varphi}{2} - \frac{1}{4 \cdot 2} \cdot \sin(4\varphi) \right] \Big|_0^{\frac{\pi}{6}} \right|$$

$$= \left| \frac{75}{32} \cdot \sqrt{3} - \frac{25}{2} \cdot \left[\frac{\pi}{12} - \frac{1}{8} \cdot \sin\frac{2\pi}{3} - 0 \right] \right|$$

$= \underline{\underline{2{,}14017}}$ ► Maßzahl der Fläche im Winkelintervall $I_x = [0; \frac{\pi}{6}]$

● **Fläche zwischen Kurve und y-Achse**

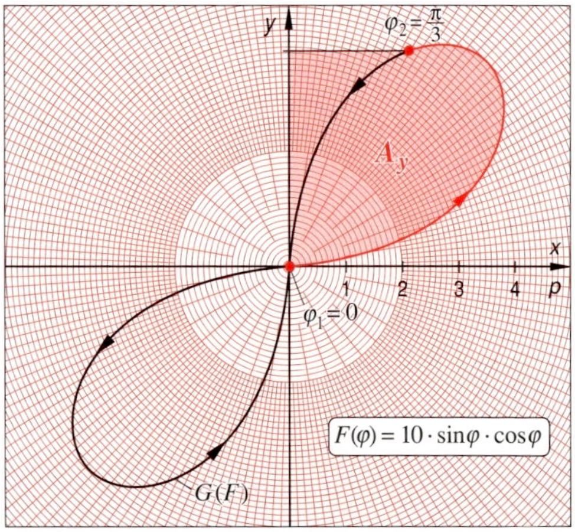

Die Funktion $F: F(\varphi) = 10 \cdot \sin\varphi \cdot \cos\varphi$ ist im Winkelintervall $[0; \frac{\pi}{3}]$ stetig differenzierbar und abschnittsweise monoton. Außerdem gilt dort $F(\varphi) \cdot \cos\varphi \geq 0$, sodass damit die Voraussetzungen zur unmittelbaren Anwendung der Formel für A_y gegeben sind.

► $10 \cdot \sin\varphi \cdot \cos\varphi = 5 \cdot \sin(2\varphi)$ ► 4.1

Die Werte für φ_1 und φ_2 sowie der Term für $F(\varphi)$ werden in die Formel für A_y eingesetzt und das bestimmte Integral berechnet.

► $\sin\frac{4\pi}{3} = -\frac{1}{2} \cdot \sqrt{3}$

$$A_y = \left| \frac{1}{4} \cdot [F(\varphi)]^2 \cdot \sin(2\varphi) \Big|_{\varphi_1}^{\varphi_2} + \frac{1}{2} \cdot \int_{\varphi_1}^{\varphi_2} [F(\varphi)]^2 \, d\varphi \right|$$

► 0 für φ_1; $\frac{\pi}{3}$ für φ_2; $F(\varphi) = 5 \cdot \sin(2\varphi)$

$$= \left| \frac{1}{4} \cdot 25 \cdot \sin^2(2\varphi) \cdot \sin(2\varphi) \Big|_0^{\frac{\pi}{3}} + \frac{1}{2} \cdot \int_0^{\frac{\pi}{3}} [25 \cdot \sin^2(2\varphi)] \, d\varphi \right|$$

$$= \left| \frac{25}{4} \cdot \sin^3 \frac{2\pi}{3} - 0 + \frac{25}{2} \cdot \int_0^{\frac{\pi}{3}} \sin^2(2\varphi) \, d\varphi \right|$$ ► 2.4.1

$$= \left| \frac{25}{4} \cdot \frac{3}{8} \cdot \sqrt{3} + \frac{25}{2} \cdot \left[\frac{4}{2} - \frac{1}{4 \cdot 2} \cdot \sin(4\varphi) \right] \Big|_0^{\frac{\pi}{3}} \right|$$

$$= \left| \frac{75}{32} \cdot \sqrt{3} + \frac{25}{2} \cdot \left[\frac{\pi}{6} - \frac{1}{8} \cdot \sin\frac{4\pi}{3} - 0 \right] \right|$$

$= \underline{\underline{11{,}95764}}$ ► Maßzahl der Fläche im Winkelintervall $I_y = [0; \frac{\pi}{3}]$

● Fläche zwischen den Polarradien

Die Funktion $F: F(\varphi) = 10 \cdot \sin\varphi \cdot \cos\varphi$ ist im Winkelintervall $[0; \frac{\pi}{2}]$ stetig, sodass die Voraussetzung zur Anwendung der Formel für A_p gegeben ist.

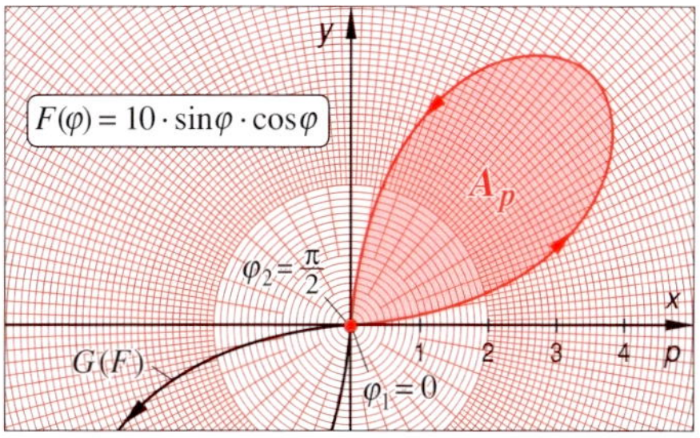

$$A_p = \frac{1}{2} \cdot \int_{\varphi_1}^{\varphi_2} [F(\varphi)]^2 \, d\varphi$$ ► 0 für φ_1; $\frac{\pi}{2}$ für φ_2; $F(\varphi) = 5 \cdot \sin(2\varphi)$

$$= \frac{1}{2} \cdot \int_0^{\frac{\pi}{2}} [25 \cdot \sin^2(2\varphi)] \, d\varphi$$

$$= \frac{25}{2} \cdot \int_0^{\frac{\pi}{2}} \sin^2(2\varphi) \, d\varphi$$ ► 2.4.1

$$= \frac{25}{2} \cdot \left(\frac{\varphi}{2} - \frac{1}{4 \cdot 2} \cdot \sin(4\varphi) \right) \Big|_0^{\frac{\pi}{2}}$$

$$= \frac{25}{2} \cdot \left(\frac{\pi}{4} - \frac{1}{8} \cdot \sin(2\pi) - 0 \right)$$

$= \underline{\underline{9{,}81748}}$ ► Maßzahl der Fläche im Winkelintervall $I_p = [0; \frac{\pi}{2}]$

266 **76.** $F(\varphi)=\tan^2\varphi;\ D(F)=\left[0;\ \frac{\pi}{2}\right)\cup\left(\frac{\pi}{2};\ \frac{3}{2}\pi\right)\cup\left(\frac{3}{2}\pi;\ 2\pi\right]$ ► $I_x=I_y=\left[0;\ \frac{\pi}{4}\right];\ I_p=\left[0;\ \frac{\pi}{3}\right]$

● Fläche zwischen Kurve und *x*-Achse

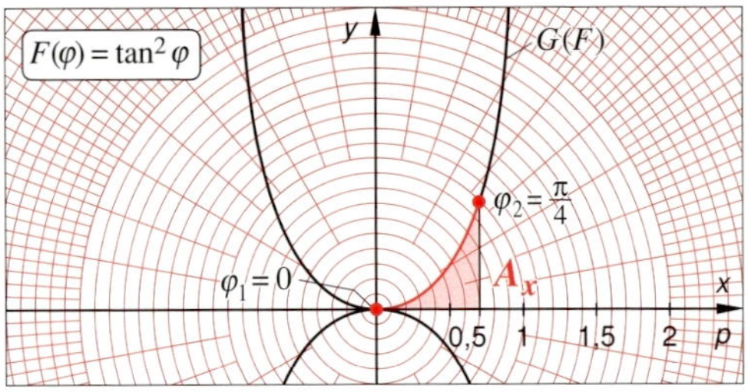

Die Funktion $F: F(\varphi)=\tan^2\varphi$ ist im Winkelintervall $\left[0;\ \frac{\pi}{4}\right]$ stetig differenzierbar und streng monoton. Außerdem gilt dort $F(\varphi)\cdot\cos\varphi\geq 0$, sodass damit die Voraussetzungen zur unmittelbaren Anwendung der Formel für A_x gegeben sind.

► $\tan^4\varphi=\dfrac{\sin^4\varphi}{\cos^4\varphi}$ ► $\tan\varphi=\dfrac{\sin\varphi}{\cos\varphi}$ ► 4.1

$=\dfrac{(\sin^2\varphi)^2}{\cos^4\varphi}$ ► $\sin^2\varphi=1-\cos^2\varphi$ ► 4.1

$$=\frac{(1-\cos^2\varphi)^2}{\cos^4\varphi}$$

$$=\frac{1-2\cdot\cos^2\varphi+\cos^4\varphi}{\cos^4\varphi}$$

$$=\frac{1}{\cos^4\varphi}-\frac{2}{\cos^2\varphi}+1$$

$$=\frac{1}{\cos^2\varphi}\cdot\frac{1}{\cos^2\varphi}-\frac{2}{\cos^2\varphi}+1$$

► $\dfrac{1}{\cos^2\varphi}=1+\tan^2\varphi$

$$=\frac{1}{\cos^2\varphi}\cdot(1+\tan^2\varphi)-\frac{2}{\cos^2\varphi}+1$$

$$=\underline{\frac{1}{\cos^2\varphi}\cdot\tan^2\varphi-\frac{1}{\cos^2\varphi}+1}$$

$A_x=\left|\dfrac{1}{4}\cdot F^2(\varphi)\cdot\sin(2\varphi)\Big|_{\varphi_1}^{\varphi_2}-\dfrac{1}{2}\cdot\displaystyle\int_{\varphi_1}^{\varphi_2}[F(\varphi)]^2\,\mathrm{d}\varphi\right|$

► 0 für φ_1; $\dfrac{\pi}{4}$ für φ_2; $F(\varphi)=\tan^2\varphi$

$$=\left|\frac{1}{4}\cdot\tan^4\varphi\cdot\sin(2\varphi)\Big|_0^{\frac{\pi}{4}}-\frac{1}{2}\cdot\int_0^{\frac{\pi}{4}}\tan^4\varphi\,\mathrm{d}\varphi\right|$$

$$=\left|\frac{1}{4}\cdot\tan^4\frac{\pi}{4}\cdot\sin\frac{\pi}{2}-0-\frac{1}{2}\cdot\int_0^{\frac{\pi}{4}}\left[\frac{1}{\cos^2\varphi}\cdot\tan^2\varphi-\frac{1}{\cos^2\varphi}+1\right]\mathrm{d}\varphi\right|$$

$$=\left|\frac{1}{4}\cdot1\cdot1-\frac{1}{2}\cdot\left[\frac{1}{3}\cdot\tan^3\varphi-\tan\varphi+\varphi\right]\Big|_0^{\frac{\pi}{4}}\right|$$

$$=\left|\frac{1}{4}-\frac{1}{2}\cdot\left[\frac{1}{3}\cdot\tan^3\frac{\pi}{4}-\tan\frac{\pi}{4}+\frac{\pi}{4}-0\right]\right|$$

$$=\left|\frac{1}{4}-\frac{1}{2}\cdot\left[\frac{1}{3}\cdot1-1+\frac{\pi}{4}\right]\right|\quad(*)$$

$=\underline{\underline{0{,}19063}}$ ► Maßzahl der Fläche im Winkelintervall $I_x=\left[0;\ \frac{\pi}{4}\right]$

● Fläche zwischen Kurve und *y*-Achse

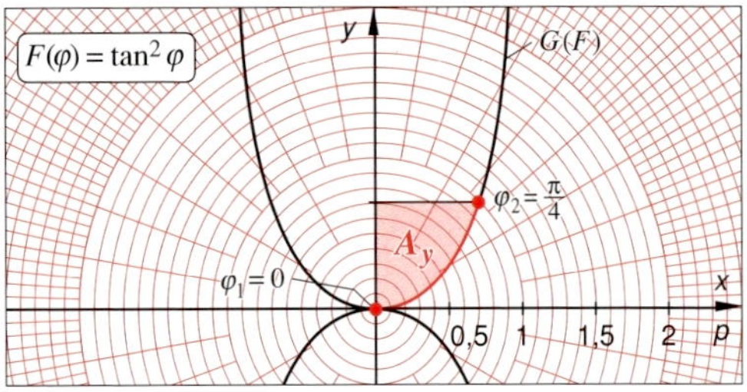

Die Formeln für A_x und A_y unterscheiden sich nur durch das Rechenzeichen „−“ bzw. „+“ vor dem Integralteil der Summe. Da die Integrationsintervalle gleich sind, kann man daher hier das Zwischenergebnis aus der Berechnung von A_x übernehmen und mit „+“ verknüpfen. Man schreibt „$+\frac{1}{2}\cdot\left[\frac{1}{3}-1+\frac{\pi}{4}\right]$“ anstelle von „$-\frac{1}{2}\cdot\left[\frac{1}{3}-1+\frac{\pi}{4}\right]$“.

$A_y=\left|\dfrac{1}{4}\cdot F^2(\varphi)\cdot\sin(2\varphi)\Big|_{\varphi_1}^{\varphi_2}+\dfrac{1}{2}\cdot\displaystyle\int_{\varphi_1}^{\varphi_2}[F(\varphi)]^2\,\mathrm{d}\varphi\right|$

► 0 für φ_1; $\dfrac{\pi}{4}$ für φ_2; $F(\varphi)=\tan^2\varphi$

$=\left|\dfrac{1}{4}+\dfrac{1}{2}\cdot\left[\dfrac{1}{3}-1+\dfrac{\pi}{4}\right]\right|$ ► $(*)$ ► A_x

$=\underline{\underline{0{,}30937}}$ ► Maßzahl der Fläche im Winkelintervall $I_y=\left[0;\ \frac{\pi}{4}\right]$

- **Fläche zwischen den Polarradien**

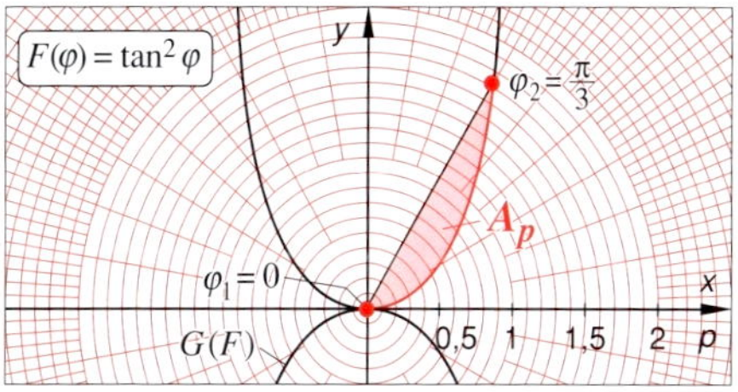

► $\tan\frac{\pi}{3} = \sqrt{3}$

$$A_p = \frac{1}{2} \cdot \int_{\varphi_1}^{\varphi_2} [F(\varphi)]^2 \, d\varphi \quad \blacktriangleright \text{ 0 für } \varphi_1;\ \frac{\pi}{3} \text{ für } \varphi_2;\ F(\varphi) = \tan^2 \varphi$$

$$= \frac{1}{2} \cdot \int_0^{\frac{\pi}{3}} \tan^4 \varphi \, d\varphi \quad \blacktriangleright \text{ Berechnung für } A_x$$

$$= \frac{1}{2} \cdot \left[\frac{1}{3} \cdot \tan^3 \varphi - \tan \varphi + \varphi \right] \Big|_0^{\frac{\pi}{3}}$$

$$= \frac{1}{2} \cdot \left[\frac{1}{3} \cdot \tan^3 \frac{\pi}{3} - \tan \frac{\pi}{3} + \frac{\pi}{3} - 0 \right]$$

$$= \underline{\underline{0{,}52360}} \quad \blacktriangleright \text{ Maßzahl der Fläche im Winkelintervall } I_p = [0;\ \tfrac{\pi}{3}]$$

77. $F(\varphi) = 1 + \sin \varphi;\ D(F) = [0;\ 2\pi]$ ► $I_x = I_y = [0;\ \frac{\pi}{6}];\ I_p = [0; \pi]$

- **Fläche zwischen Kurve und *x*-Achse**

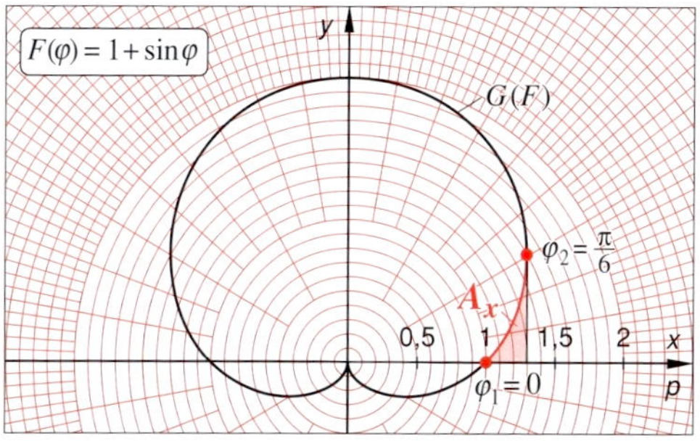

Da die Funktion $F: F(\varphi) = 1 + \sin \varphi$ im Winkelintervall $[0;\ \frac{\pi}{6}]$ stetig differenzierbar und abschnittsweise monoton ist und dort $F(\varphi) \cdot \sin \varphi \geq 0$ gilt, sind die Voraussetzungen zur unmittelbaren Anwendung der Formel für A_x gegeben.

$$A_x = \left| \frac{1}{4} \cdot F^2(\varphi) \cdot \sin(2\varphi) \Big|_{\varphi_1}^{\varphi_2} - \frac{1}{2} \cdot \int_{\varphi_1}^{\varphi_2} [F(\varphi)]^2 \, d\varphi \right|$$

► 0 für φ_1; $\frac{\pi}{6}$ für φ_2; $F(\varphi) = 1 + \sin \varphi$

$$= \left| \frac{1}{4} \cdot (1 + \sin \varphi)^2 \cdot \sin(2\varphi) \Big|_0^{\frac{\pi}{6}} - \frac{1}{2} \cdot \int_0^{\frac{\pi}{6}} (1 + \sin \varphi)^2 \, d\varphi \right|$$

$$= \left| \frac{1}{4} \cdot \left(1 + \sin \frac{\pi}{6}\right)^2 \cdot \sin \frac{\pi}{3} - 0 - \frac{1}{2} \cdot \int_0^{\frac{\pi}{6}} (1 + 2 \cdot \sin \varphi + \sin^2 \varphi) \, d\varphi \right|$$

$$= \left| \frac{1}{4} \cdot \left(\frac{3}{2}\right)^2 \cdot \frac{1}{2} \cdot \sqrt{3} - \frac{1}{2} \cdot \left[\varphi - 2 \cdot \cos \varphi + \frac{\varphi}{2} - \frac{1}{4} \cdot \sin(2\varphi) \right] \Big|_0^{\frac{\pi}{6}} \right|$$

$$= \left| \frac{9}{32} \cdot \sqrt{3} - \frac{1}{2} \cdot \left[\frac{3}{2} \cdot \varphi - 2 \cdot \cos \varphi - \frac{1}{4} \cdot \sin(2\varphi) \right] \Big|_0^{\frac{\pi}{6}} \right|$$

► $\cos \frac{\pi}{6} = \frac{1}{2} \cdot \sqrt{3};\ \sin \frac{\pi}{3} = \frac{1}{2} \cdot \sqrt{3}$

$$= \left| \frac{9}{32} \cdot \sqrt{3} - \frac{1}{2} \cdot \left[\frac{3}{2} \cdot \frac{\pi}{6} - 2 \cdot \cos \frac{\pi}{6} - \frac{1}{4} \cdot \sin \frac{\pi}{3} + 2 \right] \right| \quad (*)$$

$$= \underline{\underline{0{,}06872}} \quad \blacktriangleright \text{ Maßzahl der Fläche im Winkelintervall } I_x = [0;\ \tfrac{\pi}{6}]$$

266

• Fläche zwischen Kurve und *y*-Achse

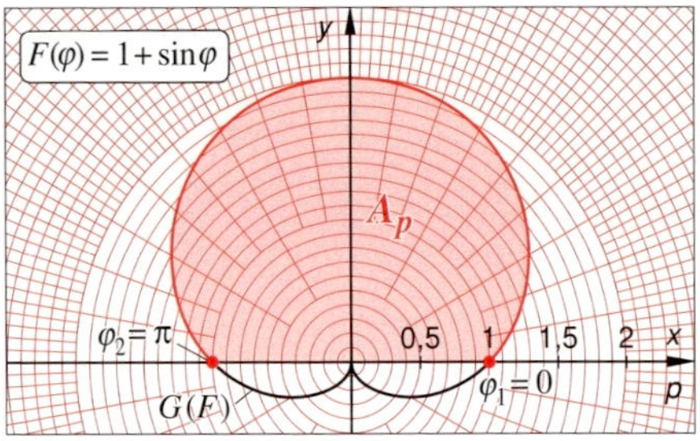

Die Formeln für A_x und A_y unterscheiden sich nur durch das Rechenzeichen „−" bzw. „+" vor dem Integralteil der Summe. Da die Integrationsintervalle gleich sind, kann man daher hier das Zwischenergebnis aus der Berechnung von A_x übernehmen und mit „+" verknüpfen.

Man schreibt „$+\frac{1}{2}\cdot\left[\frac{3}{2}\cdot\frac{\pi}{6}-2\cdot\cos\frac{\pi}{6}-\frac{1}{4}\cdot\sin\frac{\pi}{3}+2\right]$"

anstelle von „$-\frac{1}{2}\cdot\left[\frac{3}{2}\cdot\frac{\pi}{6}-2\cdot\cos\frac{\pi}{6}-\frac{1}{4}\cdot\sin\frac{\pi}{3}+2\right]$"

$$A_y=\left|\frac{1}{4}\cdot F^2(\varphi)\cdot\sin(2\varphi)\Big|_{\varphi_1}^{\varphi_2}+\frac{1}{2}\cdot\int_{\varphi_1}^{\varphi_2}[F(\varphi)]^2\,\mathrm{d}\varphi\right|$$

► 0 für φ_1; $\frac{\pi}{6}$ für φ_2; $F(\varphi)=1+\sin\varphi$

$$=\left|\frac{9}{32}\cdot\sqrt{3}+\frac{1}{2}\cdot\left[\frac{3}{2}\cdot\frac{\pi}{6}-2\cdot\cos\frac{\pi}{6}-\frac{1}{4}\cdot\sin\frac{\pi}{3}+2\right]\right| \quad (*) \blacktriangleright A_x$$

$$=\underline{\underline{0{,}90556}}$$ ► Maßzahl der Fläche im Winkelintervall $I_y=\left[0;\frac{\pi}{6}\right]$

• Fläche zwischen den Polarradien

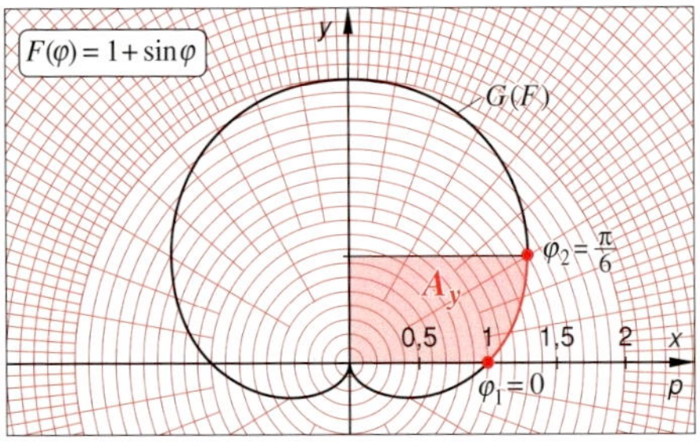

$$A_p=\frac{1}{2}\cdot\int_{\varphi_1}^{\varphi_2}[F(\varphi)]^2\,\mathrm{d}\varphi$$ ► 0 für φ_1; π für φ_2; $F(\varphi)=1+\sin\varphi$

$$=\frac{1}{2}\cdot\int_0^{\pi}(1+\sin\varphi)^2\,\mathrm{d}\varphi$$

$$=\frac{1}{2}\cdot\int_0^{\pi}(1+2\cdot\sin\varphi+\sin^2\varphi)\,\mathrm{d}\varphi$$ ► 2.4.1

$$=\frac{1}{2}\cdot\left(\varphi-2\cdot\cos\varphi+\frac{\varphi}{2}-\frac{1}{4}\cdot\sin(2\varphi)\Big|_0^{\pi}\right)$$

$$=\frac{1}{2}\cdot\left(\frac{3\pi}{2}-2\cdot\cos\pi-\frac{1}{4}\cdot\sin(2\pi)-0+2\cdot\cos 0+0\right)$$

$$=\underline{\underline{4{,}35619}}$$ ► Maßzahl der Fläche im Winkelintervall [0; π]

78. $F(\varphi)=\mathrm{e}^{2\varphi}$; $D(F)=\mathbb{R}^{\geq 0}$ ► $I_x=I_y=\left[0;\frac{\pi}{4}\right]$; $I_p=\left[0;\frac{\pi}{2}\right]$

• Fläche zwischen Kurve und *x*-Achse

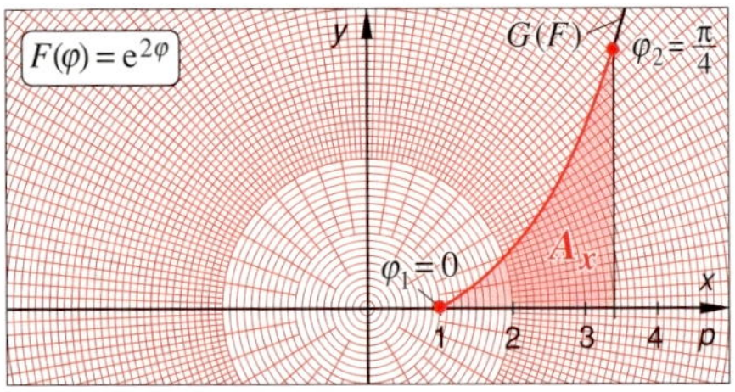

$$A_x=\left|\frac{1}{4}\cdot F^2(\varphi)\cdot\sin(2\varphi)\Big|_{\varphi_1}^{\varphi_2}-\frac{1}{2}\cdot\int_{\varphi_1}^{\varphi_2}[F(\varphi)]^2\,\mathrm{d}\varphi\right|$$

► 0 für φ_1; $\frac{\pi}{4}$ für φ_2; $F(\varphi)=\mathrm{e}^{2\varphi}$

$$=\left|\frac{1}{4}\cdot\mathrm{e}^{4\varphi}\cdot\sin(2\varphi)\Big|_0^{\frac{\pi}{4}}-\frac{1}{2}\int_0^{\frac{\pi}{4}}\mathrm{e}^{4\varphi}\,\mathrm{d}\varphi\right|$$ ► 2.4.1

$$=\left|\frac{1}{4}\cdot\mathrm{e}^{\pi}\cdot\sin\frac{\pi}{2}-0-\frac{1}{2}\cdot\frac{1}{4}\cdot\mathrm{e}^{4\varphi}\Big|_0^{\frac{\pi}{4}}\right|$$

$$=\left|\frac{1}{4}\cdot\mathrm{e}^{\pi}\cdot 1-\frac{1}{8}\cdot(\mathrm{e}^{\pi}-1)\right| \quad (*)$$

$$=\underline{\underline{3{,}01759}}$$ ► Maßzahl der Fläche im Winkelintervall $\left[0;\frac{\pi}{2}\right]$

266

● Fläche zwischen Kurve und y-Achse

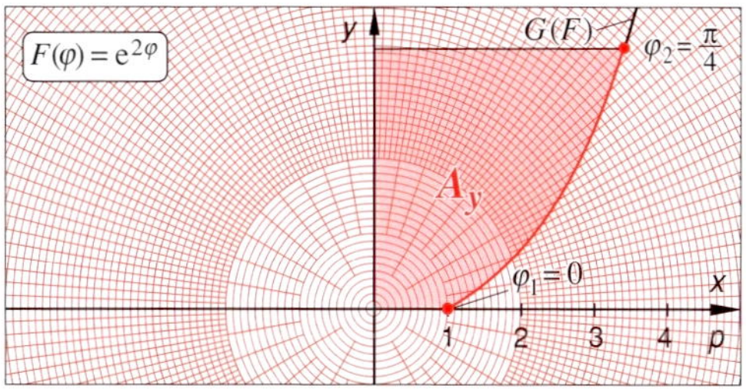

Die Formeln für A_x und A_y unterscheiden sich nur durch das Rechenzeichen „−" bzw. „+" vor dem Integralteil der Summe. Da die Integrationsintervalle gleich sind, kann man daher hier das Zwischenergebnis aus der Berechnung von A_x übernehmen und mit „+" verknüpfen. Man schreibt „$+\frac{1}{8}\cdot(e^{\pi}-1)$" anstelle von „$-\frac{1}{8}\cdot(e^{\pi}-1)$"

$$A_y = \left| \frac{1}{4}\cdot F^2(\varphi)\cdot\sin(2\varphi)\,\Big|_{\varphi_1}^{\varphi_2} + \frac{1}{2}\cdot\int_{\varphi_1}^{\varphi_2}[F(\varphi)]^2\,\mathrm{d}\varphi \right|$$

► 0 für φ_1; $\frac{\pi}{4}$ für φ_2; $F(\varphi)=e^{2\varphi}$

$$= \left| \frac{1}{4}\cdot e^{\pi}\cdot 1 + \frac{1}{8}\cdot(e^{\pi}\cdot -1) \right| \quad \blacktriangleright (*) \quad \blacktriangleright A_x$$

$$= \underline{\underline{8{,}55276}}$$ ► Maßzahl der Fläche im Winkelintervall $I_y = \left[0;\, \frac{\pi}{4}\right]$

● Fläche zwischen den Polarradien

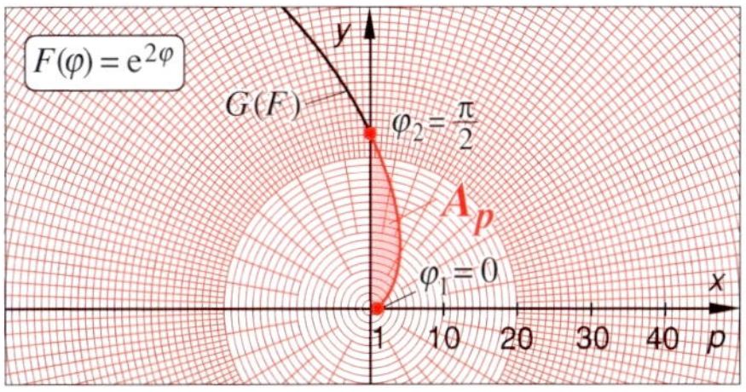

$$A_p = \frac{1}{2}\cdot\int_{\varphi_1}^{\varphi_2}[F(\varphi)]^2\,\mathrm{d}\varphi$$ ► 0 für φ_1; $\frac{\pi}{2}$ für φ_2; $F(\varphi)=e^{2\varphi}$

$$= \frac{1}{2}\cdot\int_{0}^{\frac{\pi}{2}} e^{4\varphi}\,\mathrm{d}\varphi$$ ► 2.4.1

$$= \frac{1}{2}\cdot\frac{1}{4}\cdot e^{4\varphi}\Big|_0^{\frac{\pi}{2}}$$

$$= \frac{1}{8}\cdot e^{2\pi} - \frac{1}{8}\cdot e^{0}$$

$$= \underline{\underline{66{,}81146}}$$ ► Maßzahl der Fläche im Winkelintervall $I_p = \left[0;\, \frac{\pi}{2}\right]$

79. $F(\varphi) = 0{,}5 - \cos\varphi;\ D(F) = \left[\frac{\pi}{3};\, \frac{5}{3}\pi\right]$ ► $I_x = \left[\frac{\pi}{2};\, \pi\right];\ I_y = \left[\frac{\pi}{3};\, \frac{\pi}{2}\right];\ I_p = \left[\frac{\pi}{3};\, \pi\right]$

● Fläche zwischen Kurve und x-Achse

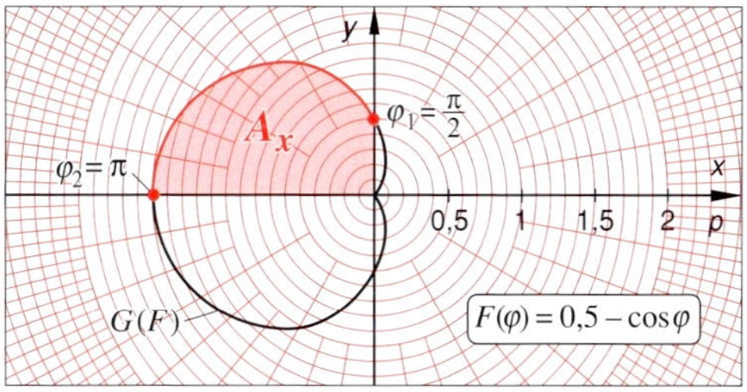

Die Voraussetzungen zur unmittelbaren Anwendung der Formel für A_x sind gegeben, denn F ist in $\left[\frac{\pi}{2};\, \pi\right]$ abschnittsweise monoton und stetig differenzierbar. Überdies ist dort auch $F(\varphi)\cdot\sin\varphi \geq 0$.

$$A_x = \left| \frac{1}{4}\cdot[F(\varphi)]^2\cdot\sin(2\varphi)\,\Big|_{\varphi_1}^{\varphi_2} - \frac{1}{2}\cdot\int_{\varphi_1}^{\varphi_2}[F(\varphi)]^2\,\mathrm{d}\varphi \right|$$

► $\frac{\pi}{2}$ für φ_1; π für φ_2; $F(\varphi) = 0{,}5 - \cos\varphi$

266

$$A_x = \left| \frac{1}{4} \cdot (0{,}5 - \cos\varphi)^2 \cdot \sin(2\varphi) \Big|_{\frac{\pi}{2}}^{\pi} - \frac{1}{2} \cdot \int_{\frac{\pi}{2}}^{\pi} (0{,}5 - \cos\varphi)^2 \, d\varphi \right|$$

$$= \left| \frac{1}{4} \cdot (0{,}5 - \cos\pi)^2 \cdot \sin(2\pi) - \frac{1}{4} \cdot \left(0{,}5 - \cos\frac{\pi}{2}\right)^2 \cdot \sin\pi + \right.$$

$$\left. - \frac{1}{2} \cdot \int_{\frac{\pi}{2}}^{\pi} (0{,}25 - \cos\varphi + \cos^2\varphi) \, d\varphi \right| \quad \blacktriangleright \ 2.4.1$$

$$= \left| 0 - \frac{1}{2} \cdot \left[0{,}25\varphi - \sin\varphi + \frac{\varphi}{2} + \frac{1}{4} \cdot \sin(2\varphi) \right] \Big|_{\frac{\pi}{2}}^{\pi} \right|$$

$$= \left| - \frac{1}{2} \cdot \left[0{,}75\varphi - \sin\varphi + \frac{1}{4} \cdot \sin(2\varphi) \right] \Big|_{\frac{\pi}{2}}^{\pi} \right|$$

▶ $\sin\pi = 0$; $\sin(2\pi) = 0$; $\sin\frac{\pi}{2} = 1$

$$= \left| \frac{1}{2} \cdot \left[0{,}75\pi - \sin\pi + \frac{1}{4} \cdot \sin(2\pi) \right] + \right.$$

$$\left. - \frac{1}{2} \cdot \left(0{,}75 \cdot \frac{\pi}{2} - \sin\frac{\pi}{2} + \frac{1}{4} \cdot \sin\pi \right) \right|$$

$$= \underline{\underline{1{,}08905}}$$ ▶ Maßzahl der Fläche im Winkelintervall $I_x = \left[\frac{\pi}{2}; \pi\right]$

- **Fläche zwischen Kurve und *y*-Achse**

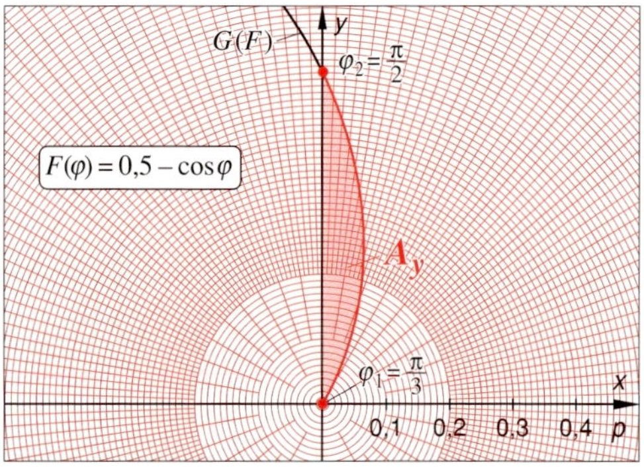

Die Funktion F: $F(\varphi) = 0{,}5 - \cos\varphi$ ist im Intervall $\left[\frac{\pi}{3}; \frac{\pi}{2}\right]$ stetig differenzierbar und abschnittsweise monoton und außerdem gilt dort $F(\varphi) \cdot \cos\varphi \geq 0$. Damit sind die Voraussetzungen zur unmittelbaren Anwendung der Formel für A_y gegeben.

$$A_y = \left| \frac{1}{4} \cdot [F(\varphi)]^2 \cdot \sin(2\varphi) \Big|_{\varphi_1}^{\varphi_2} + \frac{1}{2} \cdot \int_{\varphi_1}^{\varphi_2} [F(\varphi)]^2 \, d\varphi \right|$$

▶ $\frac{\pi}{3}$ für φ_1; $\frac{\pi}{2}$ für φ_2; $F(\varphi) = 0{,}5 - \cos\varphi$

Das Integral $\int (0{,}5 - \cos\varphi)^2 \, d\varphi$ wurde bereits bei der Berechnung von A_x gelöst:

$$\int (0{,}5 - \cos\varphi)^2 \, d\varphi = 0{,}75\varphi - \sin\varphi + \frac{1}{4} \cdot \sin(2\varphi) + c$$

$$= \left| \frac{1}{4} \cdot (0{,}5 - \cos\varphi)^2 \cdot \sin(2\varphi) \Big|_{\frac{\pi}{3}}^{\frac{\pi}{2}} + \frac{1}{2} \cdot \int_{\frac{\pi}{3}}^{\frac{\pi}{2}} (0{,}5 - \cos\varphi)^2 \, d\varphi \right|$$

$$= \left| \frac{1}{4} \cdot \left(0{,}5 - \cos\frac{\pi}{2}\right)^2 \cdot \sin\pi - \frac{1}{4} \cdot \left(0{,}5 - \cos\frac{\pi}{3}\right)^2 \cdot \sin\frac{2\pi}{3} + \right.$$

$$\left. + \frac{1}{2} \cdot \left(0{,}75\varphi - \sin\varphi + \frac{1}{4} \cdot \sin(2\varphi) \right) \Big|_{\frac{\pi}{3}}^{\frac{\pi}{2}} \right| \quad \blacktriangleright \ A_x$$

▶ $\sin\pi = 0$; $0{,}5 - \cos\frac{\pi}{3} = 0$

$$= \left| 0 + \frac{1}{2} \cdot \left(0{,}75 \cdot \frac{\pi}{2} - \sin\frac{\pi}{2} + \frac{1}{4} \cdot \sin\pi \right) + \right.$$

$$\left. - \frac{1}{2} \cdot \left(0{,}75 \cdot \frac{\pi}{3} - \sin\frac{\pi}{3} + \frac{1}{4} \cdot \sin\frac{2\pi}{3} \right) \right|$$

$$= \underline{\underline{0{,}02111}}$$ ▶ Maßzahl der Fläche im Winkelintervall $I_y = \left[\frac{\pi}{3}; \frac{\pi}{2}\right]$

266

- **Fläche zwischen den Polarradien**

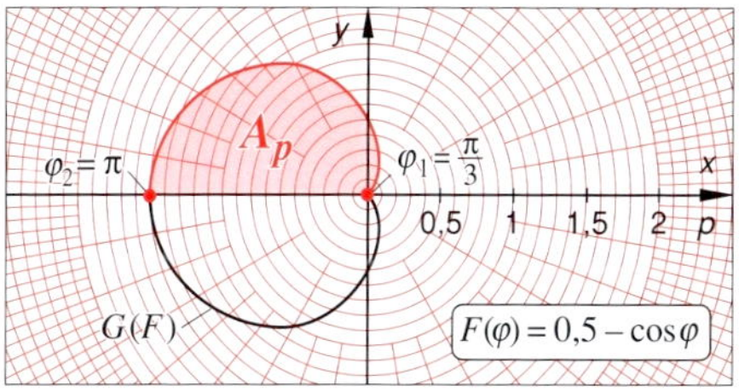

$$A_p = \frac{1}{2} \cdot \int_{\varphi_1}^{\varphi_2} [F(\varphi)]^2 \,\mathrm{d}\varphi \quad \blacktriangleright \frac{\pi}{3} \text{ für } \varphi_1;\ \pi \text{ für } \varphi;\ F(\varphi) = 0{,}5 - \cos\varphi$$

$$= \frac{1}{2} \cdot \int_{\frac{\pi}{3}}^{\pi} [0{,}5 - \cos\varphi]^2 \,\mathrm{d}\varphi \quad \blacktriangleright A_x$$

$$= \frac{1}{2} \cdot \left[0{,}75\,\varphi - \sin\varphi + \frac{1}{4} \cdot \sin(2\varphi)\right] \Bigg|_{\frac{\pi}{3}}^{\pi}$$

$$= \frac{1}{2} \cdot \left[0{,}75\,\pi - \sin\pi + \frac{1}{4} \cdot \sin(2\,\pi) + \right.$$

$$\left. - 0{,}75 \cdot \frac{\pi}{3} + \sin\frac{\pi}{3} - \frac{1}{4} \cdot \sin\frac{2\,\pi}{3}\right]$$

$$= \underline{\underline{1{,}11016}}$$ ► Maßzahl der Fläche im Winkelintervall $I_p = \left[\frac{\pi}{3}; \pi\right]$

80. $F(\varphi) = 4\varphi;\ D(F) = \mathbb{R}^{\geq 0}$ ► $I_x = \left[\frac{\pi}{2}; \pi\right];\ I_y = \left[0; \frac{\pi}{3}\right];\ I_p = [0; \pi]$

- **Fläche zwischen Kurve und *x*-Achse**

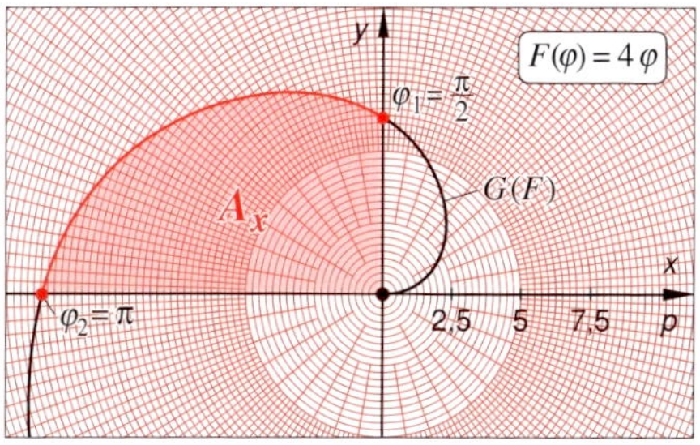

$$A_x = \left| \frac{1}{4} \cdot F^2(\varphi) \cdot \sin(2\varphi) \Bigg|_{\varphi_1}^{\varphi_2} - \frac{1}{2} \cdot \int_{\varphi_1}^{\varphi_2} [F(\varphi)]^2 \,\mathrm{d}\varphi \right|$$

► $\frac{\pi}{2}$ für φ_1; π für φ_2; $F(\varphi) = 4\varphi$

$$= \left| \frac{1}{4} \cdot 16\varphi^2 \cdot \sin(2\varphi) \Bigg|_{\frac{\pi}{2}}^{\pi} - \frac{1}{2} \cdot \int_{\frac{\pi}{2}}^{\pi} (16\varphi^2) \,\mathrm{d}\varphi \right|$$

$$= \left| 4 \cdot \pi^2 \cdot \sin(2\,\pi) - 4 \cdot \left(\frac{\pi}{2}\right)^2 \cdot \sin\pi - 8 \cdot \frac{1}{3} \cdot \varphi^3 \Bigg|_{\frac{\pi}{2}}^{\pi} \right|$$

$$= \left| 0 - 0 - \frac{8}{3} \cdot \left(\pi^3 - \left(\frac{\pi}{2}\right)^3\right) \right|$$

$$= \underline{\underline{72{,}34798}}$$ ► Maßzahl der Fläche im Winkelintervall $I_x = \left[\frac{\pi}{2}; \pi\right]$

- **Fläche zwischen Kurve und *y*-Achse**

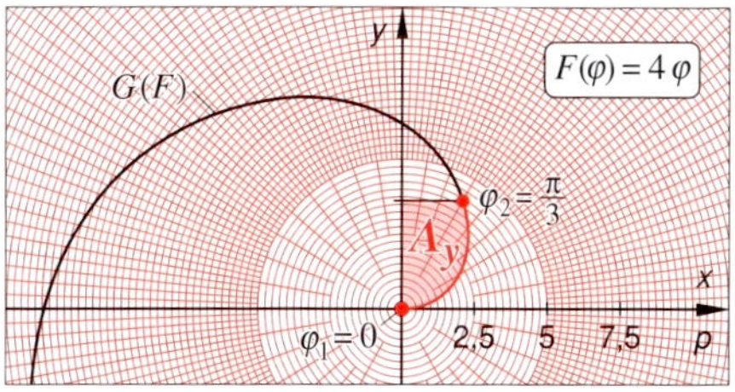

$$A_y = \left| \frac{1}{4} \cdot F^2(\varphi) \cdot \sin(2\varphi) \Bigg|_{\varphi_1}^{\varphi_2} + \frac{1}{2} \cdot \int_{\varphi_1}^{\varphi_2} [F(\varphi)]^2 \,\mathrm{d}\varphi \right|$$

► 0 für φ_1; $\frac{\pi}{3}$ für φ_2; $F(\varphi) = 4\varphi$

$$= \left| \frac{1}{4} \cdot 16\varphi^2 \cdot \sin(2\varphi) \Bigg|_{0}^{\frac{\pi}{3}} + \frac{1}{2} \cdot \int_{0}^{\frac{\pi}{3}} (16\varphi^2) \,\mathrm{d}\varphi \right|$$

$$= \left| 4 \cdot \left(\frac{\pi}{3}\right)^2 \cdot \sin\frac{2\,\pi}{3} - 0 + 8 \cdot \frac{1}{3} \cdot \varphi^3 \Bigg|_{0}^{\frac{\pi}{3}} \right|$$

$$= \left| 4 \cdot \left(\frac{\pi}{3}\right)^2 \cdot \frac{1}{2} \cdot \sqrt{3} + \frac{8}{3} \cdot \left(\frac{\pi}{3}\right)^3 - 0 \right|$$

$$= \underline{\underline{6{,}86116}}$$ ► Maßzahl der Fläche im Winkelintervall $I_y = \left[0; \frac{\pi}{3}\right]$

266 ● **Fläche zwischen den Polarradien**

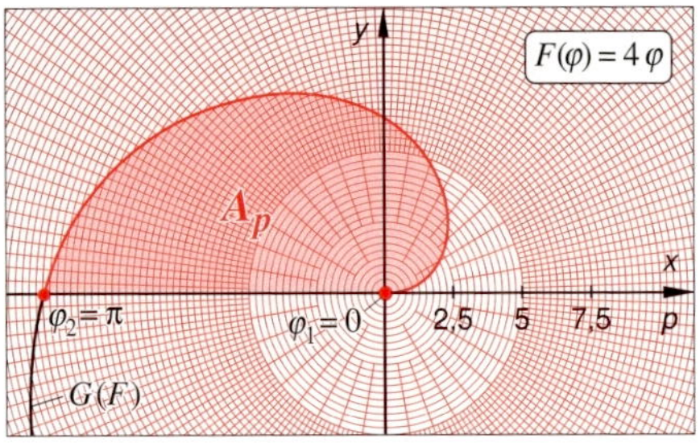

$$A_p = \frac{1}{2} \cdot \int_{\varphi_1}^{\varphi_2} [F(\varphi)]^2 \,\mathrm{d}\varphi \quad \blacktriangleright\ 0 \text{ für } \varphi_1;\ \pi \text{ für } \varphi_2;\ F(\varphi) = 4\,\varphi$$

$$= \frac{1}{2} \cdot \int_0^{\pi} (16\,\varphi^2)\,\mathrm{d}\varphi$$

$$= 8 \cdot \frac{1}{3} \cdot \varphi^3 \Big|_0^{\pi}$$

$$= \frac{8}{3} \cdot \pi^3$$

$$= \underline{\underline{82{,}68340}} \quad \blacktriangleright \text{ Maßzahl der Fläche im Winkelintervall } I_p = [0;\,\pi]$$

Transformieren Sie die nachstehenden durch ihre Gleichungen gegebenen Funktionen bzw. Relationen in eine Polarkoordinatendarstellung und berechnen Sie die Maßzahl A_p der Sektorenfläche im angegebenen Winkelintervall. Zeichnen Sie jeweils die Kurven.

▶ **Lehrbuch: Kusch 4, S. 261/262**

81. $(x^2 + y^2)^3 = 64 \cdot x^2 \cdot y^2;\ \varphi \in [0;\,\pi]$

Durch $(x^2 + y^2)^3 = 64 \cdot x^2 \cdot y^2$ ist eine implizite Relation gegeben, deren Graph eine geschlossene Schleifenkurve beschreibt. Um die Maßzahl der Fläche im Winkelintervall $[0;\,\pi]$ berechnen zu können, transformiert man die Relation zweckmäßigerweise in eine Polarkoordinatendarstellung.

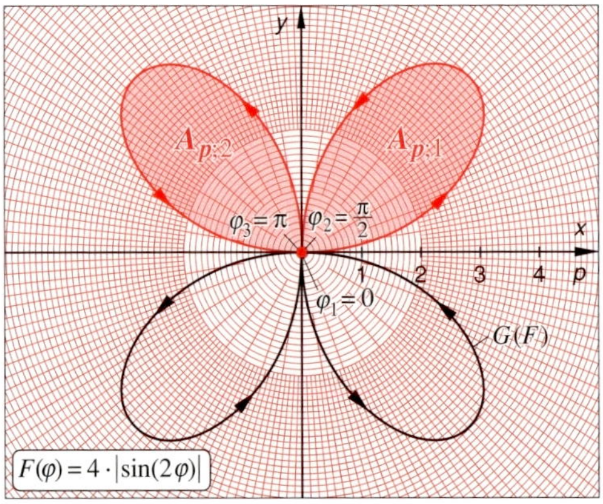

● $(x^2 + y^2)^3 = 64x^2 \cdot y^2$ ▶ $x = F(\varphi) \cdot \cos\varphi;\ y = F(\varphi) \cdot \sin\varphi$

$$\Rightarrow ([F(\varphi)]^2 \cdot \cos^2\varphi + [F(\varphi)]^2 \cdot \sin^2\varphi)^3 =$$
$$= 64 \cdot [F(\varphi)]^2 \cdot \cos^2\varphi \cdot [F(\varphi)]^2 \cdot \sin^2\varphi$$

▶ $\cos^2\varphi + \sin^2\varphi = 1$ ▶ 4.1

$$\Rightarrow ([F(\varphi)]^2 \cdot (\cos^2\varphi + \sin^2\varphi))^3 =$$
$$= 64 \cdot [F(\varphi)]^4 \cdot \cos^2\varphi \cdot \sin^2\varphi$$

▶ $\cos\varphi \cdot \sin\varphi = \frac{1}{2} \cdot \sin(2\varphi)$ ▶ 4.1

$$\Rightarrow \cos^2\varphi \cdot \sin^2\varphi = \frac{1}{4} \cdot \sin^2(2\varphi)$$

$$\Rightarrow [F(\varphi)]^6 = 64 \cdot [F(\varphi)]^4 \cdot \frac{1}{4} \cdot \sin^2(2\varphi);\ F(\varphi) \neq 0$$

$$\Rightarrow [F(\varphi)]^2 = 16 \cdot \sin^2(2\varphi);\ F(\varphi) \geq 0$$

$$\Rightarrow \underline{F(\varphi) = 4 \cdot |\sin(2\varphi)|;\ \varphi \in [0;\,2\pi]}$$

$F(\varphi) = 0;\ \varphi \in [0;\,2\pi]$ erfüllt zwar auch die Gleichung $[F(\varphi)]^6 = 16 \cdot [F(\varphi)]^4 \cdot \sin^2(2\varphi)$, es wird aber dadurch lediglich der Punkt $P\langle 0\,|\,0\rangle$ beschrieben. Da aber auf dem Graphen der Relation auch der Punkt $Q\langle 2 \cdot \sqrt{2}\,|\,2 \cdot \sqrt{2}\rangle$ liegt, kann $F(\varphi) = 0$ für jedes $\varphi \in [0;\,2\pi]$ nicht die gegebene Relation darstellen. Es ist also $F(\varphi) \neq 0$.

● $$A_{p;\,1} = \frac{1}{2} \cdot \int_{\varphi_1}^{\varphi_2} [F(\varphi)]^2 \,\mathrm{d}\varphi \quad \blacktriangleright\ 0 \text{ für } \varphi_1;\ \frac{\pi}{2} \text{ für } \varphi_2;\ F(\varphi) = 4 \cdot |\sin(2\varphi)|$$

$$= \frac{1}{2} \cdot \int_0^{\frac{\pi}{2}} [16 \cdot \sin^2(2\varphi)]\,\mathrm{d}\varphi$$

266

$$= 8 \cdot \int\limits_{0}^{\frac{\pi}{2}} \sin^2(2\varphi)\,d\varphi \quad \blacktriangleright\ 2.4.1$$

$$= 8 \cdot \left[\frac{\varphi}{2} - \frac{1}{8} \cdot \sin(4\varphi)\Big|_0^{\frac{\pi}{2}}\right]$$

$$= 8 \cdot \left[\frac{\pi}{4} - \frac{1}{8} \cdot \sin(2\pi) - 0\right]$$

$$= \underline{2\pi}$$

Der Graph der Relation liegt achsensymmetrisch zur y-Achse. Daher ist die Maßzahl $A_{p;\,1}$ der Fläche im Winkelintervall $\left[0; \frac{\pi}{2}\right]$ genauso groß wie die Maßzahl $A_{p;\,2}$ der Fläche im Winkelintervall $\left[\frac{\pi}{2}; \pi\right]$.

- $A_p = A_{p;\,1} + A_{p;\,2}$ ► $A_{p;\,1} = A_{p;\,2}$

$$= 2\pi + 2\pi$$

$$= \underline{\underline{12{,}56637}}$$ ► Maßzahl der Fläche im Winkelintervall $I_p = [0; \pi]$

82. $(x^2 + y^2)^2 = 2 \cdot (x^2 - y^2);\ \varphi \in \left[0; \frac{\pi}{4}\right]$

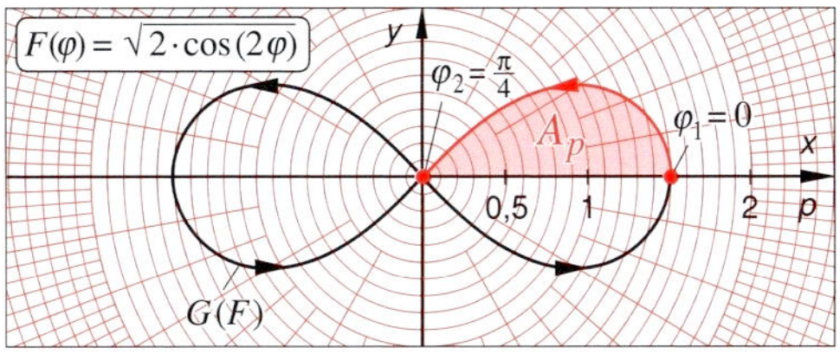

Durch $(x^2 + y^2)^2 = 2 \cdot (x^2 - y^2)$ ist eine implizite Relation gegeben, deren Graph eine geschlossene Schleifenkurve beschreibt. Um die Maßzahl der Fläche im Winkelintervall $\left[0; \frac{\pi}{4}\right]$ berechnen zu können, transformiert man die Relation zweckmäßigerweise in eine Polarkoordinatendarstellung.

- $(x^2 + y^2)^2 = 2 \cdot (x^2 - y^2)$ ► $x = F(\varphi) \cdot \cos\varphi$; $y = F(\varphi) \cdot \sin\varphi$

$$\Rightarrow \left([F(\varphi)]^2 \cdot \cos^2\varphi + [F(\varphi)]^2 \cdot \sin^2\varphi\right)^2 = 2 \cdot \left([F(\varphi)]^2 \cdot \cos^2\varphi - [F(\varphi)]^2 \cdot \sin^2\varphi\right)$$

► $\cos^2\varphi + \sin^2\varphi = 1$ ► 4.1

► $\cos^2\varphi - \sin^2\varphi = \cos(2\varphi)$ ► 4.1

$$\Rightarrow \left([F(\varphi)]^2 \cdot (\cos^2\varphi + \sin^2\varphi)\right)^2 = 2 \cdot [F(\varphi)]^2 \cdot (\cos^2\varphi - \sin^2\varphi)$$

$$\Rightarrow [F(\varphi)]^4 = 2 \cdot [F(\varphi)]^2 \cdot \cos(2\varphi);\ F(\varphi) \neq 0$$

$F(\varphi) = 0;\ \varphi \in [0; 2\pi]$ erfüllt zwar auch die Gleichung $[F(\varphi)]^4 = 2 \cdot [F(\varphi)]^2 \cdot \cos(2\varphi)$, es wird aber dadurch lediglich der Punkt $P\langle 0 \,|\, 0\rangle$ beschrieben. Da aber auf dem Graphen der Relation auch der Punkt $Q\left\langle \frac{2}{5} \cdot \sqrt{6} \,\middle|\, \frac{1}{5} \cdot \sqrt{6}\right\rangle$ liegt, kann $F(\varphi) = 0$ für jedes $\varphi \in [0; 2\pi]$ nicht die gegebene Relation darstellen.

$$\Rightarrow [F(\varphi)]^2 = 2 \cdot \cos(2\varphi)$$

$$\Rightarrow \underline{F(\varphi) = \sqrt{2 \cdot \cos(2\varphi)};\ \varphi \in \left[0; \tfrac{\pi}{4}\right] \cup \left[\tfrac{3}{4}\pi; \tfrac{5}{4}\pi\right] \cup \left[\tfrac{7}{4}\pi; 2\pi\right]}$$

- $A_p = \frac{1}{2} \cdot \int\limits_{\varphi_1}^{\varphi_2} [F(\varphi)]^2\,d\varphi$ ► 0 für φ_1; $\frac{\pi}{4}$ für φ_2; $F(\varphi) = \sqrt{2 \cdot \cos(2\varphi)}$

$$= \frac{1}{2} \cdot \int\limits_{0}^{\frac{\pi}{4}} [2 \cdot \cos(2\varphi)]\,d\varphi$$

$$= \int\limits_{0}^{\frac{\pi}{4}} \cos(2\varphi)\,d\varphi \quad \blacktriangleright\ 2.4.1$$

► $\int \cos(2\varphi)\,d\varphi = \frac{1}{2} \cdot \sin(2\varphi) + c$ ► 2.4.1

$$= \frac{1}{2} \cdot \sin(2\varphi)\Big|_0^{\frac{\pi}{4}}$$

$$= \frac{1}{2} \cdot \sin\frac{\pi}{2} - \frac{1}{2} \cdot 0 \quad \blacktriangleright\ \sin\frac{\pi}{2} = 1$$

$$= \underline{\underline{0{,}5}}$$ ► Maßzahl der Fläche im Winkelintervall $I_p = \left[0; \frac{\pi}{4}\right]$

266

83. $y = x \cdot (x^2 + y^2);\ \varphi \in [0; 0{,}4\,\pi]$

Durch $y = x \cdot (x^2 + y^2)$ ist eine implizite Relation gegeben, die man sogar nach y auflösen kann: $R(x) = \pm \dfrac{\sqrt{1 - 4x^4} - 1}{2 \cdot x}$. Dennoch ist die Berechnung der Flächenmaßzahl im Winkelinter bvall $[0; 0{,}4\,\pi]$ einfacher, wenn man die Relation in eine Polarkoordinatendarstellung transformiert.

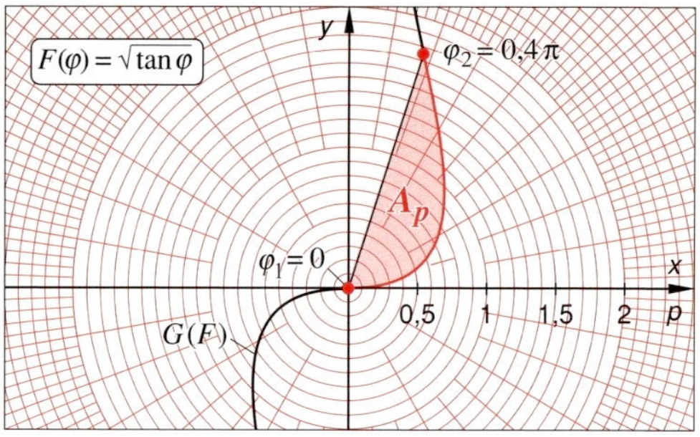

► $\cos^2\varphi + \sin^2\varphi = 1$ ► 4.1

$F(\varphi) = 0;\ \varphi \in [0; 2\,\pi]$ erfüllt zwar auch die Gleichung $F(\varphi) \cdot \sin\varphi = [F(\varphi)]^3 \cdot \cos\varphi$, es wird aber dadurch lediglich der Punkt $P\langle 0 \,|\, 0\rangle$ beschrieben. Da aber auf dem Graphen der Relation auch der Punkt $Q\langle \frac{1}{2} \cdot \sqrt{2} \,|\, \frac{1}{2} \cdot \sqrt{2}\rangle$ liegt, kann $F(\varphi) = 0$ für jedes $\varphi \in [0; 2\,\pi]$ nicht die gegebene Relation darstellen.

● $y = x \cdot (x^2 + y^2)$ ► $x = F(\varphi) \cdot \cos\varphi;\ y = F(\varphi) \cdot \sin\varphi$

$$\Rightarrow F(\varphi) \cdot \sin\varphi = F(\varphi) \cdot \cos\varphi \cdot \left([F(\varphi)]^2 \cdot \cos^2\varphi + [F(\varphi)]^2 \cdot \sin^2\varphi\right)$$

$$\Rightarrow F(\varphi) \cdot \sin\varphi = F(\varphi) \cdot \cos\varphi \cdot [F(\varphi)]^2 \cdot (\cos^2\varphi + \sin^2\varphi)$$

$$\Rightarrow F(\varphi) \cdot \sin\varphi = [F(\varphi)]^3 \cdot \cos\varphi;\ F(\varphi) \neq 0$$

$$\Rightarrow \sin\varphi = [F(\varphi)]^2 \cdot \cos\varphi$$

$$\Rightarrow [F(\varphi)]^2 = \frac{\sin\varphi}{\cos\varphi} \quad ► \ \frac{\sin\varphi}{\cos\varphi} = \tan\varphi$$

$$\Rightarrow \underline{F(\varphi) = \sqrt{\tan\varphi};\ \varphi \in \left[0; \tfrac{\pi}{2}\right) \cup \left(\pi; \tfrac{3}{2}\pi\right)}$$

● $A_p = \dfrac{1}{2} \cdot \displaystyle\int_{\varphi_1}^{\varphi_2} [F(\varphi)]^2 \,d\varphi$ ► 0 für φ_1; $0{,}4 \cdot \pi$ für φ_2; $F(\varphi) = \sqrt{\tan\varphi}$

$$= \frac{1}{2} \cdot \int_0^{0{,}4\,\pi} \tan\varphi \,d\varphi$$

$$= \frac{1}{2} \cdot \int_0^{0{,}4\,\pi} \frac{\sin\varphi}{\cos\varphi} \,d\varphi \quad ► \ 2.4.2$$

► $\displaystyle\int \frac{\sin\varphi}{\cos\varphi} \,d\varphi = -\int \frac{-\sin\varphi}{\cos\varphi} \,d\varphi$
$= -\ln|\cos\varphi| + c$ ► 2.4.2

$$= -\frac{1}{2} \cdot \ln|\cos\varphi| \Big|_0^{0{,}4\,\pi}$$

► $\cos 0 = 1;\ \ln 1 = 0$

$$= -\frac{1}{2} \cdot \ln|\cos(0{,}4\,\pi)| + \frac{1}{2} \cdot \ln|\cos 0|$$

$= \underline{\underline{0{,}58718}}$ ► Maßzahl der Fläche im Winkelintervall $I_p = [0; 0{,}4\,\pi]$

84. $x^2 \cdot (x^2 + y^2) = 1;\ \varphi \in \left[0; \frac{\pi}{4}\right]$

Durch $x^2 \cdot (x^2 + y^2) = 1$ ist eine implizite Relation gegeben, die man sogar nach y auflösen kann: $R(x) = \pm \dfrac{\sqrt{1 - x^4}}{x}$. Dennoch ist die Berechnung der Flächenmaßzahl im Winkelintervall $\left[0; \frac{\pi}{4}\right]$ einfacher, wenn man die Relation in eine Polarkoordinatendarstellung transformiert.

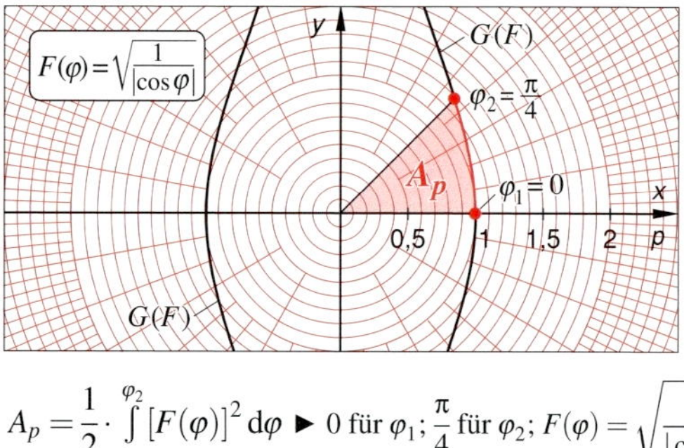

$A_p = \dfrac{1}{2} \cdot \displaystyle\int_{\varphi_1}^{\varphi_2} [F(\varphi)]^2 \,d\varphi$ ► 0 für φ_1; $\dfrac{\pi}{4}$ für φ_2; $F(\varphi) = \sqrt{\dfrac{1}{|\cos\varphi|}}$

266

$x^2 \cdot (x^2 + y^2) = 1$ ► $x = F(\varphi) \cdot \cos\varphi;\ y = F(\varphi) \cdot \sin\varphi$

$$\Rightarrow [F(\varphi)]^2 \cdot \cos^2\varphi \cdot \left([F(\varphi)]^2 \cdot \cos^2\varphi + [F(\varphi)]^2 \cdot \sin^2\varphi\right) = 1$$

$$\Rightarrow [F(\varphi)]^2 \cdot \cos^2\varphi \cdot [F(\varphi)]^2 \cdot \left(\cos^2\varphi + \sin^2\varphi\right) = 1$$

► $\cos^2\varphi + \sin^2\varphi = 1$

$$\Rightarrow [F(\varphi)]^4 \cdot \cos^2\varphi = 1$$

$$\Rightarrow [F(\varphi)]^4 = \frac{1}{\cos^2\varphi}$$

$$\Rightarrow F(\varphi) = \sqrt{\frac{1}{|\cos\varphi|}};\ \varphi \in [0; 2\pi]\setminus\left\{\tfrac{\pi}{2}; \tfrac{3}{2}\pi\right\}$$

$$A_p = \frac{1}{2} \cdot \int_0^{\frac{\pi}{4}} \frac{1}{|\cos\varphi|}\,\mathrm{d}\varphi$$ ► $|\cos\varphi| = \cos\varphi$ in $[0; \frac{\pi}{4}]$

$$= \frac{1}{2} \cdot \int_0^{\frac{\pi}{4}} \frac{\mathrm{d}\varphi}{\cos\varphi}$$ ► 2.4.5 in diesem Buch

$$= \frac{1}{2} \cdot \ln\left|\tan\left(\frac{\pi}{4} - \frac{\varphi}{2}\right)\right|\Bigg|_0^{\frac{\pi}{4}}$$

$$= -\frac{1}{2} \cdot \ln\left|\tan\left(\frac{\pi}{4} - \frac{\pi}{8}\right)\right| - \frac{1}{2} \cdot \ln\left|\tan\frac{\pi}{4}\right|$$

$$= -\frac{1}{2} \cdot \ln\left|\tan\frac{\pi}{8}\right| - \frac{1}{2} \cdot \ln 1$$ ► $\ln 1 = 0$

$= \underline{\underline{0{,}44069}}$ ► Maßzahl der Fläche im Winkelintervall $I_p = [0; \frac{\pi}{4}]$

85. $x^4 + y^4 = x^2 + y^2;\ \varphi \in [0; \pi]$

Durch $x^4 + y^4 = x^2 + y^2$ ist eine implizite Relation gegeben, die man sogar nach y auflösen kann: $R(x) = \pm\sqrt{\dfrac{\sqrt{1 + 4x^2 - 4x^4} + 1}{2}}$

Dennoch ist die Berechnung der Flächenmaßzahl im Winkelintervall $[0; \pi]$ einfacher, wenn man die Relation in eine Polarkoordinatendarstellung transformiert.

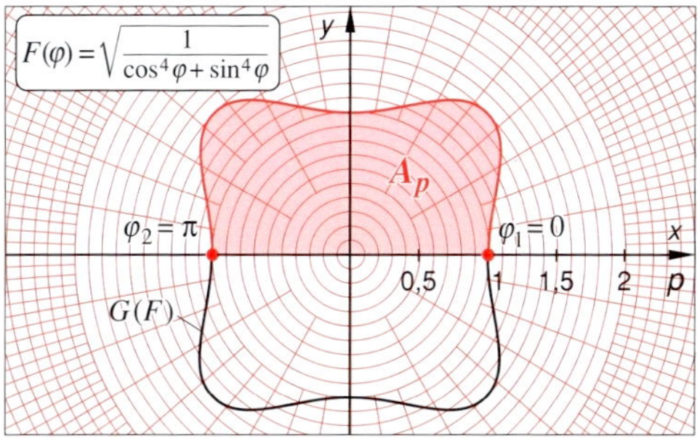

● $x^4 + y^4 = x^2 + y^2$ ► $x = F(\varphi) \cdot \cos\varphi;\ y = F(\varphi) \cdot \sin\varphi$

$$\Rightarrow [F(\varphi)]^4 \cdot \cos^4\varphi + [F(\varphi)]^4 \cdot \sin^4\varphi = [F(\varphi)]^2 \cdot \cos^2\varphi + [F(\varphi)]^2 \cdot \sin^2\varphi$$

$$\Rightarrow [F(\varphi)]^4 \cdot (\cos^4\varphi + \sin^4\varphi) = [F(\varphi)]^2 \cdot (\cos^2\varphi + \sin^2\varphi)$$

► $\cos^2\varphi + \sin^2\varphi = 1$ ► 4.1

$$\Rightarrow [F(\varphi)]^4 \cdot \left(\cos^4\varphi + \sin^4\varphi\right) = [F(\varphi)]^2;\ F(\varphi) \neq 0$$

$$\Rightarrow [F(\varphi)]^2 \cdot \left(\cos^4\varphi + \sin^4\varphi\right) = 1$$

$$\Rightarrow [F(\varphi)]^2 = \frac{1}{\cos^4\varphi + \sin^4\varphi}$$

$$\Rightarrow F(\varphi) = \sqrt{\frac{1}{\cos^4\varphi + \sin^4\varphi}};\ \varphi \in [0; 2\pi]$$

Der Nennerterm in $\sqrt{\dfrac{1}{\cos^4\varphi + \sin^4\varphi}}$ wird zunächst umgeformt, um eine Lösung des Integrals zu erleichtern:

► $\cos^2\varphi + \sin^2\varphi = 1 \Rightarrow [\cos^2\varphi + \sin^2\varphi]^2 = 1$

► $2 \cdot \sin^2\varphi \cdot \cos^2\varphi = \dfrac{1}{2} \cdot (2 \cdot \sin\varphi \cdot \cos\varphi)^2 = \dfrac{1}{2} \cdot \sin^2(2\varphi)$ ► 4.1

► $\cos(4\varphi) = 1 - 2 \cdot \sin^2(2\varphi)$ ► 4.1

$$\Rightarrow \sin^2(2\varphi) = \frac{1 - \cos(4\varphi)}{2}$$

$$\cos^4\varphi + \sin^4\varphi = [\cos^2\varphi + \sin^2\varphi]^2 - 2 \cdot \sin^2\varphi \cdot \cos^2\varphi$$

$$\Rightarrow \cos^4\varphi + \sin^4\varphi = 1 - \frac{1}{2} \cdot \sin^2(2\varphi)$$

$$\Rightarrow \cos^4\varphi + \sin^4\varphi = 1 - \frac{1}{2} \cdot \frac{1 - \cos(4\varphi)}{2} = \frac{3 + \cos(4\varphi)}{4}$$

$$\Rightarrow \frac{1}{\cos^4\varphi + \sin^4\varphi} = \frac{4}{3 + \cos(4\varphi)}$$

266

Somit gilt:

$$\int \frac{d\varphi}{\cos^4\varphi + \sin^4\varphi} = \int \frac{4}{3+\cos(4\varphi)}\, d\varphi$$

Man kann mit weiterführenden mathematischen Methoden (Exkurs: „Lösen von unbestimmten Integralen im Komplexen“ nach Kapitel 2.4.9) zeigen, dass die Funktion

$$F\colon F(\varphi) = \sqrt{2}\cdot\varphi - \frac{\sqrt{2}}{2}\cdot \text{Arctan}\,\frac{\sin(4\varphi)}{\cos(4\varphi)+\sqrt{8}+3}$$

mit $D(F) = \mathbb{R}$ eine Stammfunktion zur Funktion $f\colon f(\varphi) = \frac{1}{\cos^4\varphi + \sin^4\varphi}$ mit $D(f) = \mathbb{R}$ ist.

● $A_p = \frac{1}{2}\cdot \int\limits_{\varphi_1}^{\varphi_2} [F(\varphi)]^2\, d\varphi$

► 0 für φ_1; π für φ_2; $F(\varphi) = \sqrt{\frac{1}{\cos^4\varphi + \sin^4\varphi}}$

$$= \frac{1}{2}\cdot \int\limits_0^{\pi} \frac{d\varphi}{\cos^4\varphi + \sin^4\varphi}$$

$$= \frac{1}{2}\cdot \int\limits_0^{\pi} \frac{4}{3+\cos(4\varphi)}\, d\varphi$$ ► linke Spalte

$$= \frac{1}{2}\cdot \left(\sqrt{2}\cdot\varphi - \frac{\sqrt{2}}{2}\cdot \text{Arctan}\,\frac{\sin(4\varphi)}{\cos(4\varphi)+\sqrt{8}+3}\Bigg|_0^{\pi}\right)$$

$$= \frac{1}{2}\cdot \left(\sqrt{2}\cdot\pi - \frac{\sqrt{2}}{2}\cdot \text{Arctan}\,\frac{\sin(4\pi)}{\cos(4\pi)+\sqrt{8}+3} - 0\right)$$

$= \underline{\underline{2{,}22144}}$ ► Maßzahl der Fläche im Winkelintervall $I_p = \left[0; \frac{\pi}{2}\right]$

Führt man dagegen im Integral $\int \frac{4}{3+\cos(4\varphi)}\, d\varphi$ die Substitution $\tan(2\varphi) = z$ durch, so erhält man mit den Methoden aus Kapitel 2.4.9 lediglich die Funktion $G\colon G(\varphi) = \frac{\sqrt{2}}{2}\cdot \text{Arctan}\,\frac{\tan(2\varphi)}{\sqrt{2}}$ mit dem Definitionsbereich $D(G) = \left(-\frac{\pi}{4}; \frac{\pi}{4}\right)$ als eine Stammfunktion von f.

86. $(x^2+y^2)^3 = 81\,y^2;\ \varphi \in [0; 2\pi]$

Durch $(x^2+y^2)^3 = 81\cdot y^2$ ist eine implizite Relation gegeben, deren Graph eine geschlossene Schleifenkurve beschreibt. Um die Maßzahl der Fläche im Winkelintervall $[0; 2\pi]$ berechnen zu können, transformiert man die Relation zweckmäßigerweise in eine Polarkoordinatendarstellung.

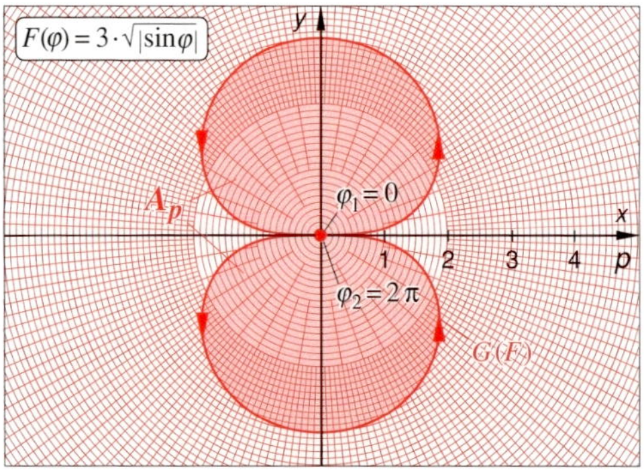

► $\cos^2\varphi + \sin^2\varphi = 1$

$F(\varphi) = 0;\ \varphi \in [0; 2\pi]$ erfüllt zwar auch die Gleichung $[F(\varphi)]^6 = 81\cdot[F(\varphi)]^2\cdot\sin^2\varphi$, es wird dadurch aber lediglich der Punkt $P\langle 0\,|\,0\rangle$ beschrieben. Da aber auf dem Graphen der Relation auch der Punkt $Q\langle \frac{3}{2}\cdot\sqrt[4]{2}\,|\,\frac{3}{2}\cdot\sqrt[4]{2}\rangle$ liegt, kann $F(\varphi) = 0$ für jedes $\varphi \in [0; 2\pi]$ nicht die gegebene Relation darstellen.

● $(x^2+y^2)^3 = 81\cdot y^2$ ► $x = F(\varphi)\cdot\cos\varphi;\ y = F(\varphi)\cdot\sin\varphi$

$$\Rightarrow \left([F(\varphi)]^2\cdot\cos^2\varphi + [F(\varphi)]^2\cdot\sin^2\varphi\right)^3 = 81\cdot[F(\varphi)]^2\cdot\sin^2\varphi$$

$$\Rightarrow [F(\varphi)]^6\cdot\left(\cos^2\varphi + \sin^2\varphi\right)^3 = 81\cdot[F(\varphi)]^2\cdot\sin^2\varphi$$

$$\Rightarrow [F(\varphi)]^6 = 81\cdot[F(\varphi)]^2\cdot\sin^2\varphi;\ F(\varphi) \neq 0$$

$$\Rightarrow [F(\varphi)]^4 = 81\cdot\sin^2\varphi$$

$$\Rightarrow \underline{F(\varphi) = 3\cdot\sqrt{|\sin\varphi|};\ \varphi \in [0; 2\pi]}$$

266

$$\bullet\ A_p = \frac{1}{2} \cdot \int_{\varphi_1}^{\varphi_2} [F(\varphi)]^2 \, \mathrm{d}\varphi$$ ► 0 für φ_1; 2π für φ_2; $F(\varphi) = 3 \cdot \sqrt{|\sin\varphi|}$

$$= \frac{1}{2} \cdot \int_0^{2\pi} (9 \cdot |\sin\varphi|) \, \mathrm{d}\varphi$$

► $|\sin\varphi| = \sin\varphi;\ \varphi \in [0;\ \pi]$

$|\sin\varphi| = -\sin\varphi;\ \varphi \in [\pi;\ 2\pi]$

$$= \frac{1}{2} \cdot 9 \cdot \int_0^{\pi} \sin\varphi \, \mathrm{d}\varphi + \frac{1}{2} \cdot 9 \cdot \int_{\pi}^{2\pi} (-\sin\varphi) \, \mathrm{d}\varphi$$

$$= \frac{9}{2} \cdot (-\cos\varphi) \Big|_0^{\pi} + \frac{9}{2} \cdot \cos\varphi \Big|_{\pi}^{2\pi}$$

► $\cos\pi = -1;\ \cos 0 = 1;\ \cos(2\pi) = 1$

$$= \frac{9}{2} \cdot (-\cos\pi + \cos 0) + \frac{9}{2} \cdot [\cos(2\pi) - \cos\pi]$$

$= \underline{\underline{18}}$ ► Maßzahl der Fläche im Winkelintervall $I_p = [0;\ 2\pi]$

87. Transformieren Sie die Relationsgleichung einer Lemniskate $(x^2 + y^2)^2 = 2a \cdot (x^2 - y^2)$; $a > 0$ in eine Polarkoordinatendarstellung und berechnen Sie die Maßzahl A_p der Fläche zwischen der Kurve und der Polarachse im Winkelintervall $\left[0;\ \frac{\pi}{4}\right]$. Zeichnen Sie die Kurve für $a = 2$.

Beachten Sie die Übungsaufgabe 82.

$(x^2 + y^2)^2 = 2a \cdot (x^2 - y^2)$ ► $x = F(\varphi) \cdot \cos\varphi$; $y = F(\varphi) \cdot \sin\varphi$

$$\Rightarrow \left([F(\varphi)]^2 \cdot \cos^2\varphi + [F(\varphi)]^2 \cdot \sin^2\varphi\right)^2 = $$
$$= 2a \cdot \left([F(\varphi)]^2 \cdot \cos^2\varphi - [F(\varphi)]^2 \cdot \sin^2\varphi\right)$$

$$\Rightarrow [F(\varphi)]^4 \cdot (\cos^2\varphi + \sin^2\varphi)^2 = $$
$$= 2a \cdot [F(\varphi)]^2 \cdot (\cos^2\varphi - \sin^2\varphi)$$

► $\cos^2\varphi + \sin^2\varphi = 1$ ► 4.1

► $\cos^2\varphi - \sin^2\varphi = \cos(2\varphi)$

$$\Rightarrow [F(\varphi)]^4 = 2a \cdot [F(\varphi)]^2 \cdot \cos(2\varphi)$$

► $F(\varphi) \neq 0$; $\varphi \in [0;\ 2\pi]$, da $Q\left\langle \frac{2}{5} \cdot \sqrt{6a} \,\middle|\, \frac{1}{5a} \cdot \sqrt{6a} \right\rangle$ auf dem Graphen der Relation liegt

$$\Rightarrow [F(\varphi)]^2 = 2a \cdot \cos(2\varphi)$$

$$\underline{\Rightarrow F(\varphi) = \sqrt{2a \cdot \cos(2\varphi)} \text{ mit}}$$
$$\underline{\varphi \in \left[0;\ \tfrac{\pi}{4}\right] \cup \left[\tfrac{3}{4}\pi;\ \tfrac{5}{4}\pi\right] \cup \left[\tfrac{7}{4}\pi;\ 2\pi\right]}$$

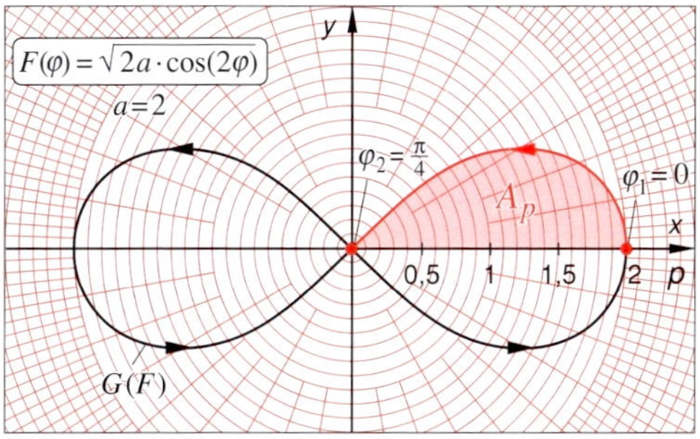

$$A_p = \frac{1}{2} \cdot \int_{\varphi_1}^{\varphi_2} [F(\varphi)]^2 \, \mathrm{d}\varphi$$ ► 0 für φ_1; $\frac{\pi}{4}$ für φ_2 $F(\varphi) = \sqrt{2a \cdot \cos(2\varphi)}$

$$= \frac{1}{2} \cdot \int_0^{\frac{\pi}{4}} [2a \cdot \cos(2\varphi)] \, \mathrm{d}\varphi$$

$$= a \cdot \int_0^{\frac{\pi}{4}} \cos(2\varphi) \, \mathrm{d}\varphi$$ ► 2.4.1

$$= a \cdot \frac{1}{2} \cdot \sin(2\varphi) \Big|_0^{\frac{\pi}{4}}$$

$$= \frac{a}{2} \cdot \sin\frac{\pi}{2} - \frac{a}{2} \cdot \sin 0$$

$= \underline{\underline{\frac{a}{2}}}$ ► Flächenterm im Winkelintervall $I_p = \left[0;\ \frac{\pi}{4}\right]$

266 **88.** Verfahren Sie für die Relationsgleichung $(x^2+y^2)^2 = 2a^2 \cdot |x^2-y^2|$; $a>0$ entsprechend der Übungsaufgabe 87.

Durch $(x^2+y^2)^2 = 2a^2 \cdot |x^2-y^2|$ ist eine implizite Relation gegeben, deren Graph eine geschlossene Schleifenkurve beschreibt. Um die Maßzahl der Fläche in Winkelintervall $\left[0; \frac{\pi}{4}\right]$ berechnen zu können, transformiert man die Relation zweckmäßigerweise in eine Polarkoordinatendarstellung.

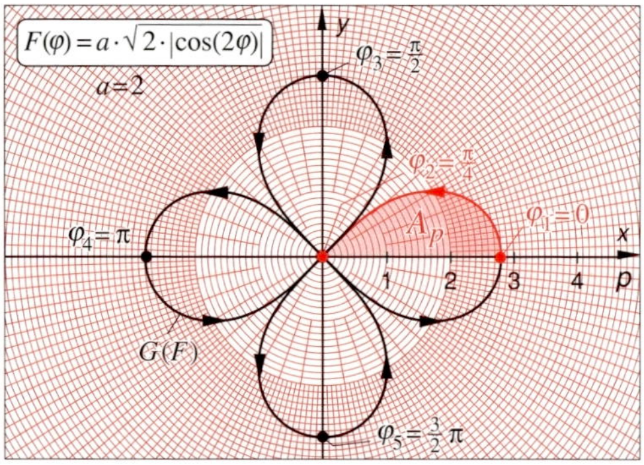

● $(x^2+y^2)^2 = 2a^2 \cdot |x^2-y^2|$ ▸ $x = F(\varphi)\cdot\cos\varphi;\ y = F(\varphi)\cdot\sin\varphi$

$$\Rightarrow \left([F(\varphi)]^2 \cdot \cos^2\varphi + [F(\varphi)]^2 \cdot \sin^2\varphi\right)^2 = 2a^2 \cdot \left|[F(\varphi)]^2 \cdot \cos^2\varphi - [F(\varphi)]^2 \cdot \sin^2\varphi\right|$$

▸ $\cos^2\varphi + \sin^2\varphi = 1$ ▸ 4.1

▸ $\cos^2\varphi - \sin^2\varphi = \cos(2\varphi)$

$$\Rightarrow [F(\varphi)]^4 \cdot (\cos^2\varphi + \sin^2\varphi)^2 = 2a^2 \cdot [F(\varphi)]^2 \cdot |\cos^2\varphi - \sin^2\varphi|$$

$$\Rightarrow [F(\varphi)]^4 = 2a^2 \cdot [F(\varphi)]^2 \cdot |\cos(2\varphi)|;\ F(\varphi) \neq 0$$

$$\Rightarrow [F(\varphi)]^2 = 2a^2 \cdot |\cos(2\varphi)|$$

$$\Rightarrow \underline{F(\varphi) = a \cdot \sqrt{2 \cdot |\cos(2\varphi)|};\ \varphi \in [0; 2\pi]}$$

$F(\varphi) = 0$; $\varphi \in [0; 2\pi]$ erfüllt zwar auch die Gleichung $[F(\varphi)]^4 = 2a^2 \cdot [F(\varphi)]^2 \cdot |\cos(2\varphi)|$, es wird aber dadurch lediglich der Punkt $P\langle 0\,|\,0\rangle$ beschrieben. Da aber auf dem Graphen der Relation auch der Punkt $Q\left\langle \frac{2}{5}\cdot\sqrt{6a}\,\middle|\,\frac{1}{5}\cdot\sqrt{6a}\right\rangle$ liegt, kann $F(\varphi) = 0$ für jedes $\varphi \in [0; 2\pi]$ nicht die gegebene Relation darstellen.

● $A_p = \frac{1}{2} \cdot \int\limits_{\varphi_1}^{\varphi_2} [F(\varphi)]^2\,\mathrm{d}\varphi$ ▸ 0 für φ_1; $\frac{\pi}{4}$ für φ_2
$F(\varphi) = a \cdot \sqrt{2 \cdot |\cos(2\varphi)|}$

$$= \frac{1}{2} \cdot \int\limits_0^{\frac{\pi}{4}} [a^2 \cdot 2 \cdot |\cos(2\varphi)|]\,\mathrm{d}\varphi$$

▸ $|\cos(2\varphi)| = \cos(2\varphi)$ in $\left[0; \frac{\pi}{4}\right]$

$$= a^2 \cdot \int\limits_0^{\frac{\pi}{4}} |\cos(2\varphi)|\,\mathrm{d}\varphi$$

▸ $\int \cos(2\varphi)\,\mathrm{d}\varphi = \frac{1}{2} \cdot \sin(2\varphi) + c$ ▸ 2.4.1

$$= a^2 \cdot \int\limits_0^{\frac{\pi}{4}} \cos(2\varphi)\,\mathrm{d}\varphi \quad ▸ 2.4.1$$

$$= a^2 \cdot \frac{1}{2} \cdot \sin(2\varphi)\Big|_0^{\frac{\pi}{4}}$$

$$= \frac{a^2}{2} \cdot \sin\frac{\pi}{2} - \frac{a^2}{2} \cdot \sin 0$$

$$= \underline{\underline{\frac{a^2}{2}}}$$ ▸ Flächenterm im Winkelintervall $I_p = \left[0; \frac{\pi}{4}\right]$

89. Verfahren Sie für die Relationsgleichung $x^3 + y^3 = 3\,a \cdot x \cdot y$; $a > 0$ eines kartesischen Blattes entsprechend der Übungsaufgabe 87 im Winkelintervall $\left[0; \frac{\pi}{2}\right]$. 266

Durch $x^3 + y^3 = 3\,a \cdot x \cdot y$ ist eine implizite Relation gegeben, deren Graph im Winkelintervall $\left[0; \frac{\pi}{2}\right]$ eine geschlossene Schleifenkurve beschreibt. Um die Maßzahl dieser geschlossenen Fläche zu berechnen, transformiert man die Relation zweckmäßigerweise in eine Polarkoordinatendarstellung.

In $\displaystyle\int \frac{\cos^2\varphi \cdot \sin^2\varphi}{(\cos^3\varphi + \sin^3\varphi)^2}\,\mathrm{d}\varphi$ substituiert man:

$$\tan\varphi = z \Rightarrow \frac{\mathrm{d}z}{\mathrm{d}\varphi} = \frac{1}{\cos^2\varphi} \Rightarrow \mathrm{d}\varphi = \cos^2\varphi \cdot \mathrm{d}z$$

► $\cos\varphi = \dfrac{1}{\sqrt{1+z^2}}$; $\sin\varphi = \dfrac{z}{\sqrt{1+z^2}}$ ► 4.1

$$\cos^2\varphi \cdot \sin^2\varphi = \frac{1}{1+z^2} \cdot \frac{z^2}{1+z^2} = \underline{z^2 \cdot (1+z^2)^{-2}}$$

$$(\cos^3\varphi + \sin^3\varphi)^2 = \left(\frac{1}{\sqrt{1+z^2}^3} + \frac{z^3}{\sqrt{1+z^2}^3}\right)^2$$

$$= \underline{(1+z^2)^{-3} \cdot (1+z^3)^2}$$

► $\mathrm{d}\varphi = \dfrac{1}{1+z^2} \cdot \mathrm{d}z$

► $\displaystyle\int \frac{\cos^2\varphi \cdot \sin^2\varphi}{(\cos^3\varphi + \sin^3\varphi)^2}\,\mathrm{d}\varphi =$

$$= \int \left(\frac{z^2 \cdot (1+z^2)^{-2}}{(1+z^2)^{-3} \cdot (1+z^3)^2} \cdot \frac{1}{1+z^2}\right)\mathrm{d}z$$

$$= \int \frac{z^2}{(1+z^3)^2}\,\mathrm{d}z = \frac{1}{3} \cdot \int \frac{3\,z^2}{(1+z^3)^2}\,\mathrm{d}z \quad \text{► 2.4.2}$$

$$= -\frac{1}{3} \cdot \frac{1}{1+z^3} \quad \text{► } z = \tan\varphi$$

$$= -\frac{1}{3} \cdot \frac{1}{1+\tan^3\varphi} \quad \text{► } \tan\varphi = \frac{\sin\varphi}{\cos\varphi}$$

$$= \underline{-\frac{1}{3} \cdot \frac{\cos^3\varphi}{\cos^3\varphi + \sin^3\varphi} + c}$$

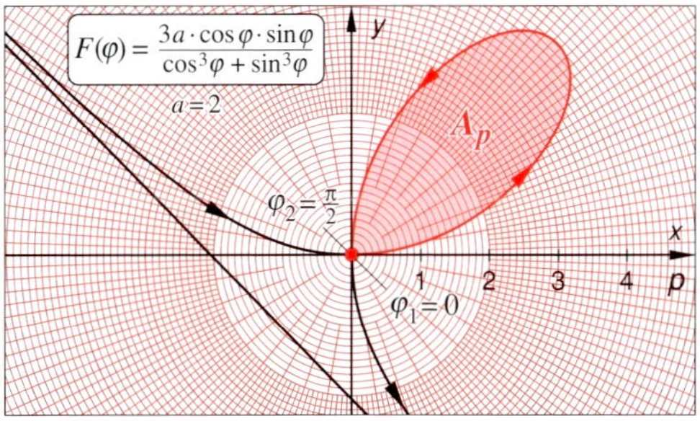

● $x^3 + y^3 = 3\,a \cdot x \cdot y$ ► $x = F(\varphi) \cdot \cos\varphi$; $y = F(\varphi) \cdot \sin\varphi$

$$\Rightarrow [F(\varphi)]^3 \cdot \cos^3\varphi + [F(\varphi)]^3 \cdot \sin^3\varphi = 3\,a \cdot [F(\varphi)] \cdot \cos\varphi \cdot F(\varphi) \cdot \sin\varphi$$

$$\Rightarrow [F(\varphi)]^3 \cdot (\cos^3\varphi + \sin^3\varphi) = 3\,a \cdot [F(\varphi)]^2 \cdot \cos\varphi \cdot \sin\varphi;\ F(\varphi) \neq 0$$

$$\Rightarrow [F(\varphi)] \cdot (\cos^3\varphi + \sin^3\varphi) = 3\,a \cdot \cos\varphi \cdot \sin\varphi$$

$$\Rightarrow \underline{F(\varphi) = \frac{3\,a \cdot \cos\varphi \cdot \sin\varphi}{\cos^3\varphi + \sin^3\varphi};\ \varphi \in \left[0; \tfrac{3}{4}\pi\right) \cup \left(\tfrac{3}{4}\pi; \tfrac{7}{4}\pi\right) \cup \left(\tfrac{7}{4}\pi; 2\,\pi\right]}$$

● $\displaystyle A_p = \frac{1}{2} \cdot \int_{\varphi_1}^{\varphi_2} [F(\varphi)]^2\,\mathrm{d}\varphi$

► 0 für φ_1; $\dfrac{\pi}{2}$ für φ_2; $F(\varphi) = \dfrac{3\,a \cdot \cos\varphi \cdot \sin\varphi}{\cos^3\varphi + \sin^3\varphi}$

$$= \frac{1}{2} \cdot \int_0^{\frac{\pi}{2}} \frac{9\,a^2 \cdot \cos^2\varphi \cdot \sin^2\varphi}{(\cos^3\varphi + \sin^3\varphi)^2}\,\mathrm{d}\varphi$$

$$= \frac{9\,a^2}{2} \cdot \int_0^{\frac{\pi}{2}} \frac{\cos^2\varphi \cdot \sin^2\varphi}{(\cos^3\varphi + \sin^3\varphi)^2}\,\mathrm{d}\varphi \quad \text{► linke Spalte}$$

$$= \frac{9\,a^2}{2} \cdot \left(-\frac{1}{3} \cdot \frac{\cos^3\varphi}{\cos^3\varphi + \sin^3\varphi}\right)\Bigg|_0^{\frac{\pi}{2}}$$

$$= \frac{3\,a^2}{2} \cdot \left(-\frac{\cos^3\frac{\pi}{2}}{\cos^3\frac{\pi}{2} + \sin^3\frac{\pi}{2}} + \frac{\cos^3 0}{\cos^3 0 + \sin^3 0}\right)$$

$$= \underline{\underline{\frac{3}{2} \cdot a^2}} \quad \text{► Flächenterm im Winkelintervall } I_p = \left[0; \tfrac{\pi}{2}\right]$$

266 **90.** Berechnen Sie zur Kurve $F(\varphi) = 3 \cdot (\sin\varphi + \cos\varphi)$; $D(F) = [0; \frac{3}{4}\pi] \cup [\frac{7}{4}\pi; 2\pi]$ jeweils die Flächenmaßzahlen $A_x; A_y$ und A_p in den Winkelintervallen $I_x = I_p = [\frac{3}{40}\pi; \frac{27}{40}\pi]$ und $I_y = [0; \frac{\pi}{2}]$. Zeichnen Sie die Flächen und prüfen Sie das Ergebnis für A_x durch elementare Berechnung.

● Fläche zwischen Kurve und *x*-Achse

Die Funktion $F: F(\varphi) = 3 \cdot (\sin\varphi + \cos\varphi)$ ist im Intervall $[\frac{3}{40}\pi; \frac{27}{40}\pi]$ stetig differenzierbar und abschnittsweise monoton. Außerdem gilt dort: $F(\varphi) \cdot \sin\varphi = 3 \cdot (\sin\varphi \cdot \cos\varphi + \sin^2\varphi)$ und $3 \cdot (\sin\varphi \cdot \cos\varphi + \sin^2\varphi) > 0$. Damit sind die Voraussetzungen zur unmittelbaren Anwendung der Formel für A_x gegeben.

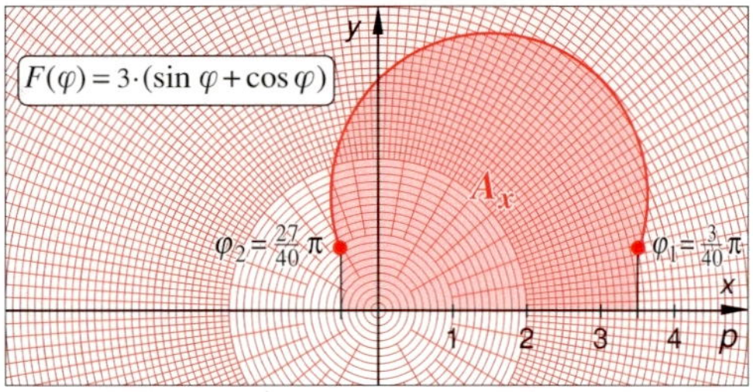

Die Werte für φ_1 und φ_2 sowie der Term für $F(\varphi)$ werden in die Formel eingesetzt und dann das bestimmte Integral berechnet.

$$A_x = \left| \frac{1}{4} \cdot [F(\varphi)]^2 \cdot \sin(2\varphi) \Big|_{\varphi_1}^{\varphi_2} - \frac{1}{2} \cdot \int_{\varphi_1}^{\varphi_2} [F(\varphi)]^2 \, d\varphi \right| \quad \blacktriangleright \ \frac{3}{40}\pi \text{ für } \varphi_1;\ \frac{27}{40}\pi \text{ für } \varphi_2;\ F(\varphi) = 3 \cdot (\sin\varphi + \cos\varphi)$$

$$= \left| \frac{1}{4} \cdot [3 \cdot (\sin\varphi + \cos\varphi)]^2 \cdot \sin(2\varphi) \Big|_{\frac{3}{40}\pi}^{\frac{27}{40}\pi} - \frac{1}{2} \cdot \int_{\frac{3}{40}\pi}^{\frac{27}{40}\pi} [3 \cdot (\sin\varphi + \cos\varphi)]^2 \, d\varphi \right|$$

$\blacktriangleright$ $[3 \cdot (\sin\varphi + \cos\varphi)]^2 = 9 \cdot (\sin^2\varphi + 2 \cdot \sin\varphi \cdot \cos\varphi + \cos^2\varphi)$ $\blacktriangleright$ $\sin^2\varphi + \cos^2\varphi = 1$; $2 \cdot \sin\varphi \cdot \cos\varphi = \sin(2\varphi)$

$= 9 \cdot [1 + \sin(2\varphi)]$

$$A_x = \left| \frac{1}{4} \cdot 9 \cdot [1 + \sin(2\varphi)] \cdot \sin(2\varphi) \Big|_{\frac{3}{40}\pi}^{\frac{27}{40}\pi} - \frac{1}{2} \cdot 9 \cdot \int_{\frac{3}{40}\pi}^{\frac{27}{40}\pi} [1 + \sin(2\varphi)] \, d\varphi \right| \quad \blacktriangleright \ 2.4.1$$

$$= \left| \frac{9}{4} \cdot \left[1 + \sin\frac{27\pi}{20}\right] \cdot \sin\frac{27\pi}{20} - \frac{9}{4} \cdot \left[1 + \sin\frac{3\pi}{20}\right] \cdot \sin\frac{3\pi}{20} - \frac{9}{2} \cdot \left[\varphi - \frac{1}{2} \cdot \cos(2\varphi) \Big|_{\frac{3}{40}\pi}^{\frac{27}{40}\pi}\right] \right|$$

$$= \left| -0{,}218506\ldots - 1{,}485220\ldots - \frac{9}{2} \cdot \left[\frac{27}{40}\pi - \frac{1}{2} \cdot \cos\frac{27\pi}{20} - \frac{3}{40}\pi + \frac{1}{2} \cdot \cos\frac{3\pi}{20}\right] \right|$$

$$= |-1{,}70372\ldots - 11{,}50854\ldots|$$

$$= \underline{\underline{13{,}21227}} \quad \blacktriangleright \text{ Maßzahl der Fläche im Winkelintervall } I_x = [\tfrac{3}{40}\pi; \tfrac{27}{40}\pi]$$

Elementare Berechnung von A_x

Die gesuchte Fläche setzt sich zusammen aus der Rechteckfläche *ABCD*, der Dreiecksfläche *ADM*, zwei kongruenten Kreisausschnitten *MDE* und einer Halbkreisfläche über dem Durchmesser $|\overline{EF}|$.

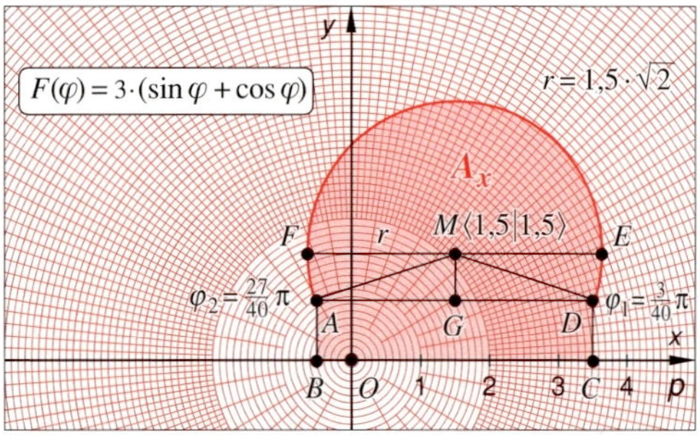

Für die weiteren Berechnungen ist zu beachten:

$x = F(\varphi) \cdot \cos\varphi = 3 \cdot (\sin\varphi + \cos\varphi) \cdot \cos\varphi$ und $y = F(\varphi) \cdot \sin\varphi = 3 \cdot (\sin\varphi + \cos\varphi) \cdot \sin\varphi$

Rechteckfläche *ABCD*

$$A_{ABCD} = \overline{|BC|} \cdot \overline{|DC|} \quad \blacktriangleright\ \overline{|BC|} = \overline{|OC|} + \overline{|OB|}$$

$$= (\overline{|OC|} + \overline{|OB|}) \cdot \overline{|DC|} \quad \blacktriangleright\ \overline{|OC|} = F\left(\frac{3}{40}\,\pi\right) \cdot \cos\left(\frac{3}{40}\,\pi\right) = 3{,}51749\ldots$$

$$\blacktriangleright\ \overline{|OB|} = \left| F\left(\frac{27}{40}\,\pi\right) \cdot \cos\left(\frac{13}{40}\,\pi\right) \right| = 0{,}51749\ldots$$

$$\blacktriangleright\ \overline{|DC|} = F\left(\frac{3}{40}\,\pi\right) \cdot \sin\left(\frac{3}{40}\,\pi\right) = 0{,}84447\ldots$$

$$= (3{,}51749\ldots + 0{,}51749\ldots) \cdot 0{,}84447\ldots$$

$$= \underline{3{,}40745\ldots} \quad \blacktriangleright\ \text{Maßzahl der Rechteckfläche } ABCD$$

Dreiecksfläche *ADM*

$$A_{ADM} = \frac{1}{2} \cdot \overline{|AD|} \cdot \overline{|MG|} \quad \blacktriangleright\ \overline{|AD|} = \overline{|BC|} = \overline{|OC|} + \overline{|OB|} = 3{,}51749\ldots + 0{,}51749\ldots = 4{,}03499\ldots$$

$$\blacktriangleright\ \overline{|MG|} = 1{,}5 - \overline{|DC|} = 1{,}5 - 0{,}84447\ldots = 0{,}65552\ldots$$

$$= \frac{1}{2} \cdot 4{,}03499\ldots \cdot 0{,}65552\ldots$$

$$= \underline{1{,}32251}\ldots \quad \blacktriangleright\ \text{Maßzahl der Dreiecksfläche } ADM$$

Kreisausschnittflächen *MDE* und *MFA* ► $A_{MDE} = A_{MFA}$

$$A_{MDE} = \frac{1}{2} \cdot r^2 \cdot \alpha \quad \blacktriangleright\ \sin\alpha = \frac{\overline{|MG|}}{\overline{|MD|}} \quad \blacktriangleright\ \overline{|MG|} = 0{,}65552\ldots;\ \overline{|MD|} = r = 1{,}5 \cdot \sqrt{2}$$

$$\Rightarrow \alpha = \operatorname{Arcsin} \frac{0{,}65552\ldots}{1{,}5 \cdot \sqrt{2}} = 0{,}31415\ldots$$

$$= \frac{1}{2} \cdot (1{,}5 \cdot \sqrt{2})^2 \cdot 0{,}31415\ldots$$

$$= 0{,}70685\ldots$$

$$2 \cdot A_{MDE} = \underline{1{,}41371\ldots} \quad \blacktriangleright\ \text{Maßzahl der Kreisausschnittflächen } MDE \text{ und } MFA$$

Halbkreisfläche über dem Durchmesser $\overline{|EF|}$

$$A_{\text{Halbkreis}} = \frac{1}{2} \cdot \pi \cdot r^2 \quad \blacktriangleright\ r = 1{,}5 \cdot \sqrt{2}$$

$$= \frac{1}{2} \cdot \pi \cdot (1{,}5 \cdot \sqrt{2})^2$$

$$= \underline{7{,}06858\ldots} \quad \blacktriangleright\ \text{Maßzahl der Halbkreisfläche}$$

Berechnung von A_x

$$A_x = A_{ABCD} + A_{ADM} + 2 \cdot A_{MDE} + A_{\text{Halbkreis}}$$

$$= 3{,}40745\ldots + 1{,}32251\ldots + 1{,}41371\ldots + 7{,}06858\ldots$$

$$= \underline{\underline{13{,}21227}} \quad \blacktriangleright\ \text{Maßzahl der Fläche im Winkelintervall } I_x = \left[\frac{3}{40}\,\pi;\ \frac{27}{40}\,\pi\right]$$

266 **● Fläche zwischen Kurve und *y*-Achse**

Die Funktion $F: F(\varphi) = 3 \cdot (\sin\varphi + \cos\varphi)$ ist im Intervall $\left[0; \frac{\pi}{2}\right]$ stetig differenzierbar und es gilt: $F(\varphi) \cdot \cos\varphi = 3 \cdot (\sin\varphi + \cos\varphi) \cdot \cos\varphi$ mit $3 \cdot (\sin\varphi + \cos\varphi) \cdot \cos\varphi \geq 0$.

Damit sind die Voraussetzungen zur unmittelbaren Anwendung der Formel für A_x gegeben.

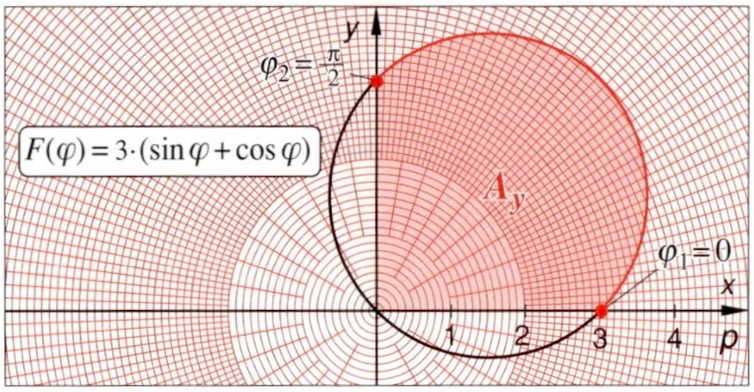

Die Werte für φ_1 und φ_2 sowie der Term für $F(\varphi)$ werden in die Formel eingesetzt und dann das bestimmte Integral berechnet.

$$A_y = \left| \frac{1}{4} \cdot [F(\varphi)]^2 \cdot \sin(2\varphi) \Big|_{\varphi_1}^{\varphi_2} + \frac{1}{2} \cdot \int_{\varphi_1}^{\varphi_2} [F(\varphi)]^2 \, \mathrm{d}\varphi \right| \quad \blacktriangleright\ 0 \text{ für } \varphi_1;\ \frac{\pi}{2} \text{ für } \varphi_2;\ F(\varphi) = 3 \cdot (\sin\varphi + \cos\varphi)$$

$$= \left| \frac{1}{4} \cdot [3 \cdot (\sin\varphi + \cos\varphi)]^2 \cdot \sin(2\varphi) \Big|_0^{\frac{\pi}{2}} + \frac{1}{2} \cdot \int_0^{\frac{\pi}{2}} [3 \cdot (\sin\varphi + \cos\varphi)]^2 \, \mathrm{d}\varphi \right|$$

► $[3 \cdot (\sin\varphi + \cos\varphi)]^2 = 9 \cdot (\sin^2\varphi + 2 \cdot \sin\varphi \cdot \cos\varphi + \cos^2\varphi) = 9 \cdot [1 + \sin(2\varphi)]$ ► A_x

$$A_y = \left| \frac{1}{4} \cdot 9 \cdot [1 + \sin(2\varphi)] \cdot \sin(2\varphi) \Big|_0^{\frac{\pi}{2}} + \frac{1}{2} \cdot 9 \cdot \int_0^{\frac{\pi}{2}} [1 + \sin(2\varphi)] \, \mathrm{d}\varphi \right| \quad \blacktriangleright\ 2.4.1$$

$$= \left| \frac{9}{4} \cdot [1 + \sin\pi] \cdot \sin\pi - \frac{9}{4} \cdot [1 + \sin 0] \cdot \sin 0 + \frac{9}{2} \cdot \left[\varphi - \frac{1}{2} \cdot \cos(2\varphi) \Big|_0^{\frac{\pi}{2}} \right] \right|$$

$$= \left| 0 - 0 + \frac{9}{2} \cdot \left[\frac{\pi}{2} - \frac{1}{2} \cdot \cos\pi - 0 + \frac{1}{2} \cdot \cos 0 \right] \right| \quad \blacktriangleright\ \cos\pi = -1;\ \cos 0 = 1$$

$$= \underline{\underline{11{,}56858}} \quad \blacktriangleright\ \text{Maßzahl der Fläche im Winkelintervall } I_y = \left[0; \tfrac{\pi}{2}\right]$$

● Fläche zwischen den Polarradien

Die Funktion $F: F(\varphi) = 3 \cdot (\sin\varphi + \cos\varphi)$ ist im Intervall $\left[\frac{3}{40}\pi; \frac{27}{40}\pi\right]$ stetig. Damit ist die Voraussetzung zur Anwendung der Formel für A_p gegeben.

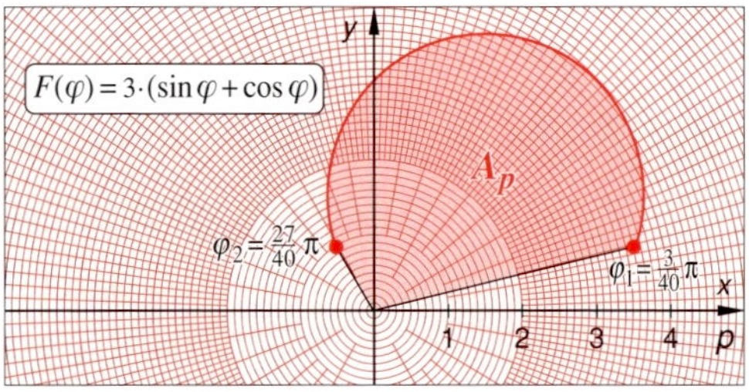

$$A_p = \frac{1}{2} \cdot \int_{\varphi_1}^{\varphi_2} [F(\varphi)]^2 \, \mathrm{d}\varphi \quad \blacktriangleright\ \frac{3}{40}\pi \text{ für } \varphi_1;\ \frac{27}{40}\pi \text{ für } \varphi_2;\ [F(\varphi)]^2 = 9 \cdot [1 + \sin(2\varphi)] \quad \blacktriangleright\ A_x$$

$$= \frac{1}{2} \cdot \int_{\frac{3}{40}\pi}^{\frac{27}{40}\pi} \Big(9 \cdot [1 + \sin(2\varphi)] \Big) \, \mathrm{d}\varphi \quad \blacktriangleright\ A_x$$

$$= \underline{\underline{11{,}50854}} \quad \blacktriangleright\ \text{Maßzahl der Fläche in Winkelintervall } I_p = \left[\frac{3}{40}\pi; \frac{27}{40}\pi \right]$$

3.2 Rauminhalte

▸ **Lehrbuch: Kusch 4, S. 267 … 299**

Rauminhalte – Funktionen in rechtwinkligen Koordinaten

▸ **Lehrbuch: Kusch 4, S. 270 … 281**

● **Inhalte von Rotationskörpern bei Rotation um die x-Achse**

▸ **Lehrbuch: Kusch 4, S. 270 … 274**

Merke:

Rotiert die Fläche zwischen dem Graphen einer integrierbaren Funktion f und der x-Achse im Intervall $[a; b]$ um die x-Achse, so gilt für das Volumen des erzeugten Rotationskörpers:

$$\boldsymbol{V_x = \pi \cdot \int_a^b [f(x)]^2 \, dx}$$

Anmerkung:
Bei der Berechnung von V_x ist es wegen $[f(x)]^2 \geq 0$ hier ohne Bedeutung, ob die Funktion f im Intervall $[a; b]$ eine Nullstelle hat oder ob $f(x) \leq 0$ gilt.

Berechnen Sie zu den gegebenen Funktionsgleichungen die Volumenmaßzahl des Rotationskörpers, der erzeugt wird, wenn die Fläche zwischen dem Graphen und der x-Achse im angegebenen x-Intervall $[a; b]$ um die x-Achse rotiert. Zeichnen Sie jeweils den Graphen. **296**

1. $f(x) = \frac{1}{3} \cdot x - 8;\ x \in [4; 9]$

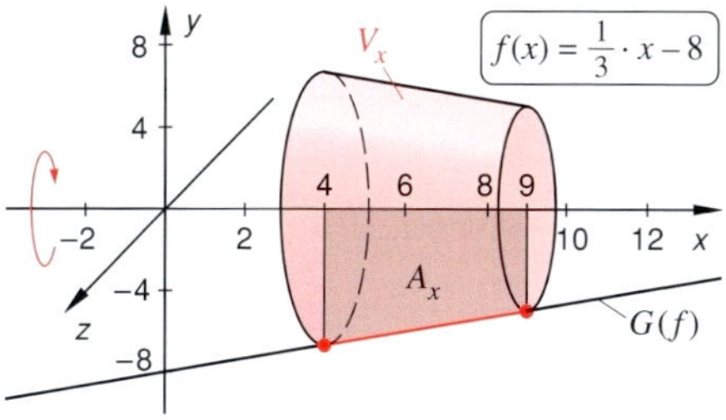

Rotiert die Fläche zwischen dem Graphen der Funktion $f: f(x) = \frac{1}{3} \cdot x - 8;\ D(f) = \mathbb{R}$ und der x-Achse im x-Intervall $[4; 9]$ um die x-Achse, so wird ein Kegelstumpf erzeugt.

$V_x = \pi \cdot \int_a^b [f(x)]^2 \, dx$ ▸ 4 für a; 9 für b; $f(x) = \frac{1}{3} \cdot x - 8$

$= \pi \cdot \int_4^9 \left[\frac{1}{3} \cdot x - 8\right]^2 dx$

$= \pi \cdot \int_4^9 \left[\frac{1}{9} \cdot x^2 - \frac{16}{3} \cdot x + 64\right] dx$

$= \pi \cdot \left[\frac{1}{27} \cdot x^3 - \frac{8}{3} \cdot x^2 + 64x \Big|_4^9\right]$

$= \pi \cdot \left[\frac{1}{27} \cdot 9^3 - \frac{8}{3} \cdot 9^2 + 64 \cdot 9 - \frac{1}{27} \cdot 4^3 + \frac{8}{3} \cdot 4^2 - 64 \cdot 4\right]$

$= \underline{\underline{538{,}14319}}$ ▸ Volumenmaßzahl in $[4; 9]$

2. $f(x) = x^2 - 7;\ x \in [-3; 4]$

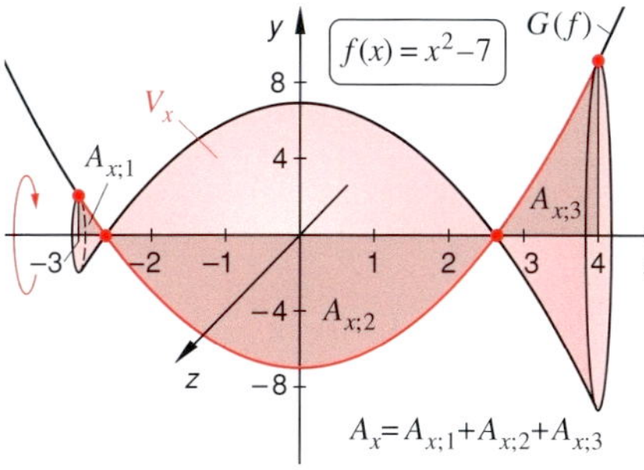

$V_x = \pi \cdot \int_a^b [f(x)]^2 \, dx$ ▸ -3 für a; 4 für b; $f(x) = x^2 - 7$

$= \pi \cdot \int_{-3}^4 [x^2 - 7]^2 \, dx$

$= \pi \cdot \int_{-3}^4 [x^4 - 14x^2 + 49] \, dx$

$= \pi \cdot \left[\frac{1}{5} \cdot x^5 - \frac{14}{3} \cdot x^3 + 49x \Big|_{-3}^4\right]$

$= \pi \cdot \left[\frac{1}{5} \cdot 4^5 - \frac{14}{3} \cdot 4^3 + 49 \cdot 4 - \frac{1}{5} \cdot (-3)^5 + \frac{14}{3} \cdot (-3)^3 - 49 \cdot (-3)\right]$

$= \underline{\underline{539{,}51618}}$ ▸ Volumenmaßzahl in $[-3; 4]$

296

3. $f(x) = \frac{1}{2} \cdot (x^3 - x^2)$; $x \in [-2; 3]$

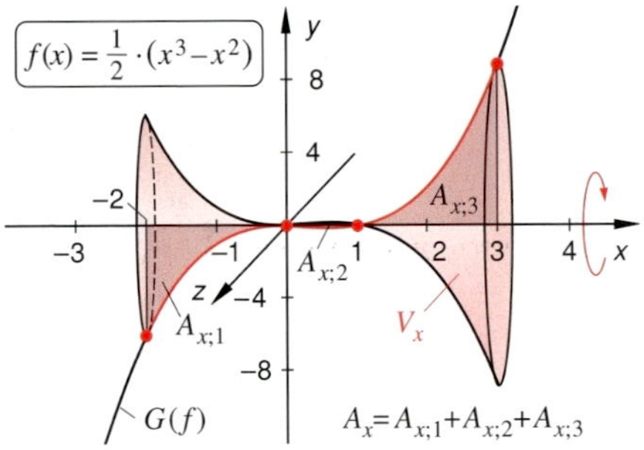

$$V_x = \pi \cdot \int_a^b [f(x)]^2 \, dx \quad \blacktriangleright -2 \text{ für } a;\ 3 \text{ für } b;\ f(x) = \frac{1}{2} \cdot (x^3 - x^2)$$

$$= \pi \cdot \int_{-2}^{3} \left[\frac{1}{2} \cdot (x^3 - x^2)\right]^2 dx$$

$$= \pi \cdot \frac{1}{4} \cdot \int_{-2}^{3} [x^6 - 2x^5 + x^4] \, dx$$

$$= \frac{\pi}{4} \cdot \left[\frac{1}{7} \cdot x^7 - \frac{1}{3} \cdot x^6 + \frac{1}{5} \cdot x^5 \Big|_{-2}^{3}\right]$$

$$= \frac{\pi}{4} \cdot \left[\frac{1}{7} \cdot 3^7 - \frac{1}{3} \cdot 3^6 + \frac{1}{5} \cdot 3^5 - \frac{1}{7} \cdot (-2)^7 + \frac{1}{3} \cdot (-2)^6 - \frac{1}{5} \cdot (-2)^5\right]$$

$$= \underline{\underline{128{,}84270}} \quad \blacktriangleright \text{Volumenmaßzahl in } [-2; 3]$$

4. $f(x) = \sqrt{x^3}$; $x \in [0; 5]$

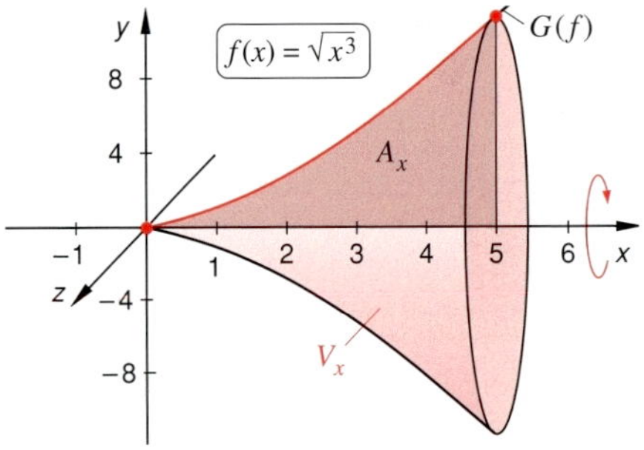

$$V_x = \pi \cdot \int_a^b [f(x)]^2 \, dx \quad \blacktriangleright 0 \text{ für } a;\ 5 \text{ für } b;\ f(x) = \sqrt{x^3}$$

$$= \pi \cdot \int_0^5 x^3 \, dx$$

$$= \pi \cdot \frac{1}{4} \cdot x^4 \Big|_0^5$$

$$= \frac{\pi}{4} \cdot (5^4 - 0)$$

$$= \underline{\underline{490{,}87385}} \quad \blacktriangleright \text{Volumenmaßzahl in } [0; 5]$$

5. $f(x) = \sin x$; $x \in [0; \pi]$

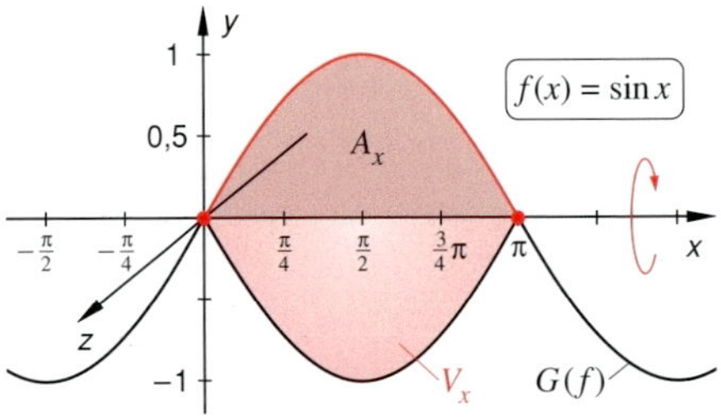

$$V_x = \pi \cdot \int_a^b [f(x)]^2 \, dx \quad \blacktriangleright 0 \text{ für } a;\ \pi \text{ für } b;\ f(x) = \sin x$$

$$= \pi \cdot \int_0^\pi \sin^2 x \, dx \quad \blacktriangleright 2.4.1$$

$$= \pi \cdot \left[\frac{x}{2} - \frac{1}{4} \cdot \sin(2x) \Big|_0^\pi\right]$$

$$= \pi \cdot \left[\frac{\pi}{2} - \frac{1}{4} \cdot \sin(2\pi) - 0\right] \quad \blacktriangleright \sin 2\pi = 0$$

$$= \underline{\underline{4{,}93480}} \quad \blacktriangleright \text{Volumenmaßzahl in } [0; \pi]$$

6. $f(x) = 1 + \cos x;\ x \in \left[\frac{\pi}{2};\ \pi\right]$

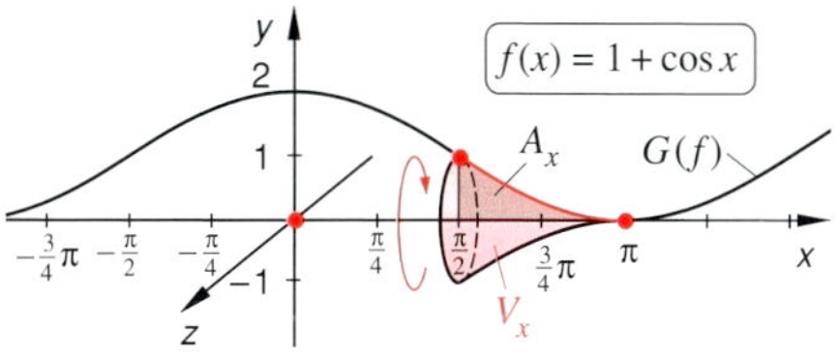

► $\sin \pi = 0;\ \sin(2\pi) = 0$

► $\sin \frac{\pi}{2} = 1$

$$V_x = \pi \cdot \int_a^b [f(x)]^2 \,\mathrm{d}x \quad ► \ \frac{\pi}{2} \text{ für } a;\ \pi \text{ für } b;\ f(x) = 1 + \cos x$$

$$= \pi \cdot \int_{\frac{\pi}{2}}^{\pi} [1 + \cos x]^2 \,\mathrm{d}x$$

$$= \pi \cdot \int_{\frac{\pi}{2}}^{\pi} [1 + 2 \cdot \cos x + \cos^2 x] \,\mathrm{d}x \quad ► \ 2.4.1$$

$$= \pi \cdot \left[x + 2 \cdot \sin x + \frac{x}{2} + \frac{1}{4} \cdot \sin(2x) \Big|_{\frac{\pi}{2}}^{\pi} \right]$$

$$= \pi \cdot \left[\pi + 2 \cdot \sin \pi + \frac{\pi}{2} + \frac{1}{4} \cdot \sin(2\pi) - \frac{\pi}{2} - 2 \cdot \sin \frac{\pi}{2} - \frac{\pi}{4} - \frac{1}{4} \cdot \sin \pi \right]$$

$$= \underline{\underline{1{,}11902}} \quad ► \ \text{Volumenmaßzahl in } \left[\frac{\pi}{2};\ \pi\right]$$

7. $f(x) = \frac{b}{a} \cdot \sqrt{x^2 - a^2};\ x \in [a;\ 3a];\ a;\ b \in \mathbb{R}^{>0}$

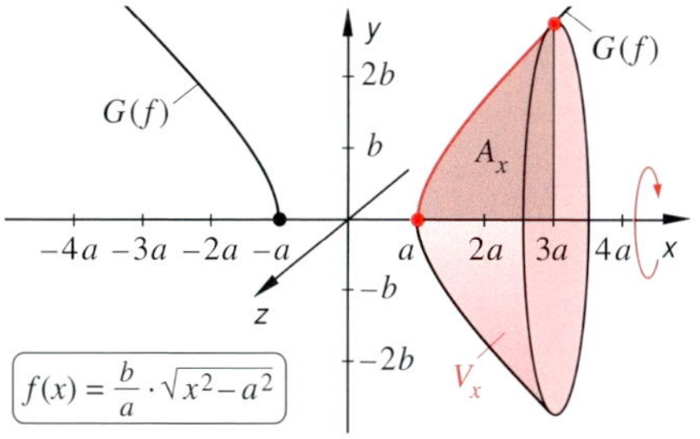

$$V_x = \pi \cdot \int_a^b [f(x)]^2 \,\mathrm{d}x \quad ► \ 3a \text{ für } b;\ f(x) = \frac{b}{a} \cdot \sqrt{x^2 - a^2}$$

$$= \pi \cdot \int_a^{3a} \left[\frac{b^2}{a^2} \cdot (x^2 - a^2) \right] \mathrm{d}x$$

$$= \pi \cdot \frac{b^2}{a^2} \cdot \int_a^{3a} (x^2 - a^2) \,\mathrm{d}x$$

$$= \pi \cdot \frac{b^2}{a^2} \cdot \left(\frac{1}{3} \cdot x^3 - a^2 x \Big|_a^{3a} \right)$$

$$= \pi \cdot \frac{b^2}{a^2} \cdot \left(\frac{1}{3} \cdot (3a)^3 - a^2 \cdot 3a - \frac{1}{3} \cdot a^3 + a^2 \cdot a \right)$$

$$= \underline{\underline{\frac{20}{3} a b^2 \cdot \pi}} \quad ► \ \text{Volumenterm für } x \in [a;\ 3a]$$

8. $f(x) = \sqrt{16 - x^2};\ x \in [0;\ 4]$

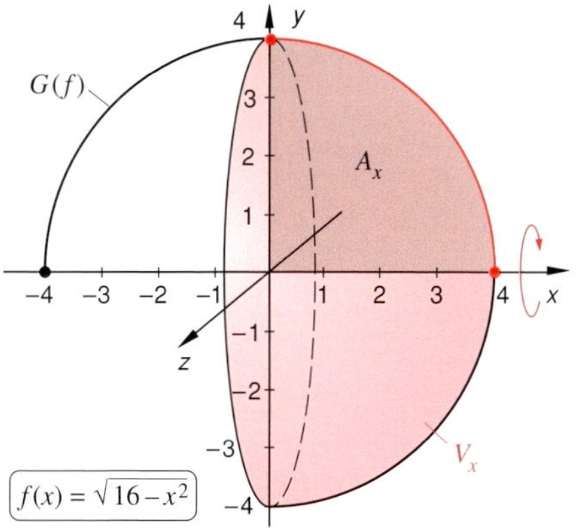

$$V_x = \pi \cdot \int_a^b [f(x)]^2 \,\mathrm{d}x \quad ► \ 0 \text{ für } a;\ 4 \text{ für } b;\ f(x) = \sqrt{16 - x^2}$$

$$= \pi \cdot \int_0^4 (16 - x^2) \,\mathrm{d}x$$

$$= \pi \cdot \left(16x - \frac{1}{3} \cdot x^3 \Big|_0^4 \right)$$

$$= \pi \cdot \left(16 \cdot 4 - \frac{1}{3} \cdot 4^3 - 0 \right)$$

$$= \frac{128}{3} \cdot \pi$$

$$= \underline{\underline{134{,}04129}} \quad ► \ \text{Volumenmaßzahl einer Halbkugel mit dem Radius } r = 4$$

296

9. $f(x) = e^x;\ x \in [-1; 2]$

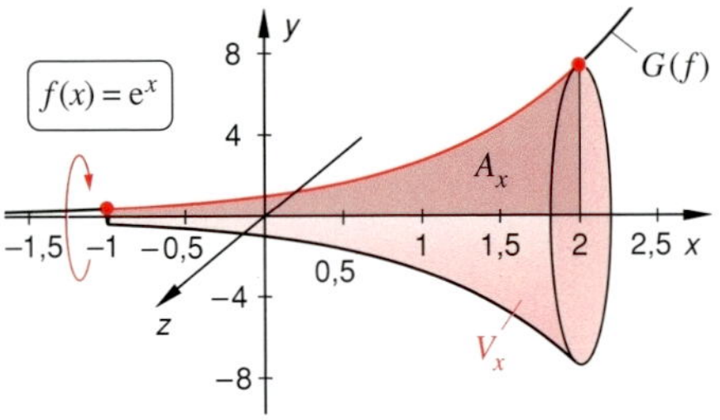

$$V_x = \pi \cdot \int_a^b [f(x)]^2\,dx \quad \blacktriangleright\ -1 \text{ für } a;\ 2 \text{ für } b;\ f(x) = e^x$$
$$= \pi \cdot \int_{-1}^{2} e^{2x}\,dx \quad \blacktriangleright\ 2.4.1$$
$$= \pi \cdot \frac{1}{2} \cdot e^{2x} \Big|_{-1}^{2}$$
$$= \pi \cdot \frac{1}{2} \cdot (e^4 - e^{-2})$$
$$= \underline{\underline{85{,}54999}} \quad \blacktriangleright \text{ Volumenmaßzahl in } [-1; 2]$$

Berechnen Sie zu den gegebenen Funktionsgleichungen die Volumenmaßzahl des Rotationskörpers, der erzeugt wird, wenn die Fläche zwischen dem Graphen und der x-Achse im Intervall $[1; \infty)$ um die x-Achse rotiert. Zeichnen Sie jeweils den Graphen.

10. $f(x) = \frac{1}{x^2};\ x \in [1; \infty)$

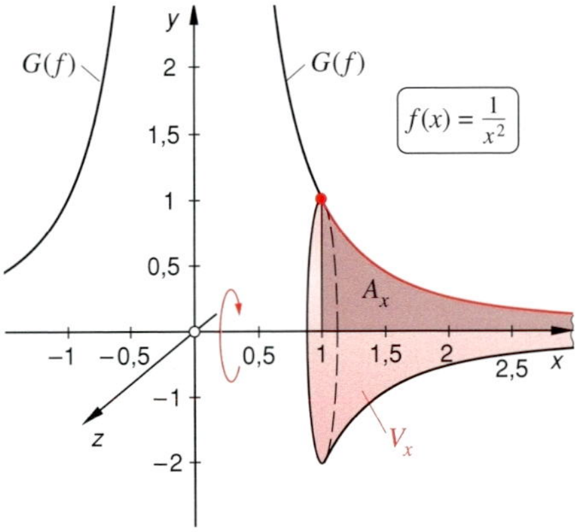

$$V_x = \pi \cdot \int_a^b [f(x)]^2\,dx \quad \blacktriangleright\ 1 \text{ für } a;\ f(x) = \frac{1}{x^2}$$
$$= \pi \cdot \int_1^b \frac{1}{x^4}\,dx$$
$$= \pi \cdot \left(-\frac{1}{3} \cdot \frac{1}{x^3} \Big|_1^b \right)$$
$$= \underline{\pi \cdot \left(-\tfrac{1}{3} \cdot \tfrac{1}{b^3} + \tfrac{1}{3}\right);\ b > 1}$$

$$\lim_{b \to \infty} \left[\pi \cdot \left(-\tfrac{1}{3} \cdot \tfrac{1}{b^3} + \tfrac{1}{3}\right)\right] = \pi \cdot \left(-\tfrac{1}{3}\right) \cdot \lim_{b \to \infty} \tfrac{1}{b^3} + \tfrac{\pi}{3}$$
$$= \pi \cdot \left(-\tfrac{1}{3}\right) \cdot 0 + \tfrac{\pi}{3}$$
$$= \underline{\underline{1{,}04720}} \quad \blacktriangleright \text{ Volumenmaßzahl in } [1; \infty)$$

11. $f(x) = \frac{1}{x^{0,6}};\ x \in [1; \infty)$

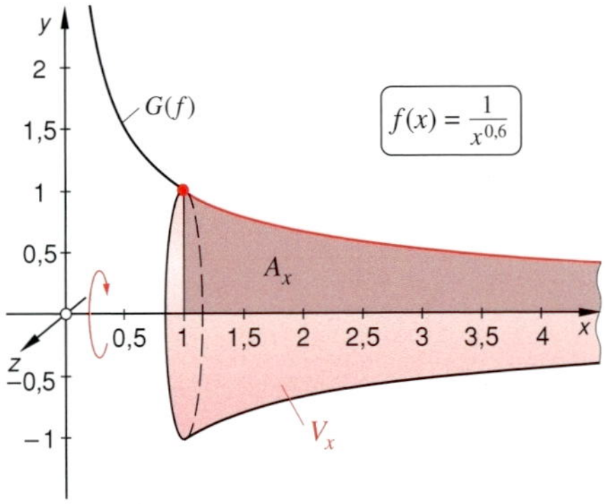

$$V_x = \pi \cdot \int_a^b [f(x)]^2\,dx \quad \blacktriangleright\ 1 \text{ für } a;\ f(x) = \frac{1}{x^{0,6}}$$
$$= \pi \cdot \int_1^b \frac{1}{x^{1,2}}\,dx$$
$$= \pi \cdot \left(-\frac{1}{0{,}2} \cdot \frac{1}{x^{0,2}} \Big|_1^b \right)$$
$$= \underline{\pi \cdot \left(-\tfrac{1}{0{,}2} \cdot \tfrac{1}{b^{0,2}} + \tfrac{1}{0{,}2}\right);\ b > 1}$$

$$\lim_{b \to \infty} \left[\pi \cdot \left(-\frac{1}{0{,}2} \cdot \frac{1}{b^{0,2}} + \frac{1}{0{,}2}\right)\right] = \pi \cdot \left(-\frac{1}{0{,}2}\right) \cdot \lim_{b \to \infty} \frac{1}{b^{0,2}} + \frac{\pi}{0{,}2}$$
$$= \pi \cdot \left(-\frac{1}{0{,}2}\right) \cdot 0 + 5\pi$$
$$= \underline{\underline{15{,}70796}} \quad \blacktriangleright \text{ Volumenmaßzahl in } [1; \infty)$$

296

12. $f(x) = e^{-x};\ x \in [1; \infty)$

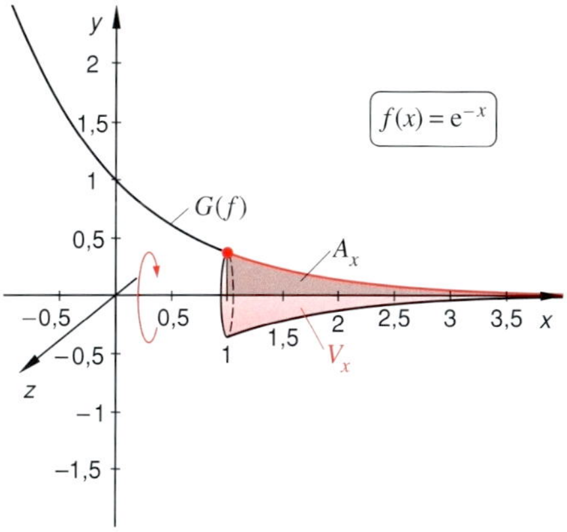

$$V_x = \pi \cdot \int_a^b [f(x)]^2\,dx \quad \blacktriangleright\ 1 \text{ für } a;\ f(x) = e^{-x}$$

$$= \pi \cdot \int_a^b e^{-2x}\,dx \quad \blacktriangleright\ 2.4.1$$

$$= \pi \cdot \left(-\frac{1}{2} \cdot e^{-2x}\Big|_1^b\right)$$

$$= \pi \cdot \left(-\tfrac{1}{2} \cdot e^{-2b} + \tfrac{1}{2} \cdot e^{-2 \cdot 1}\right);\ b > 1$$

$$\lim_{b\to\infty} \left[\pi \cdot \left(-\tfrac{1}{2} \cdot e^{-2b} + \tfrac{1}{2} \cdot e^{-2}\right)\right] = \pi \cdot \left(-\tfrac{1}{2}\right) \cdot \lim_{b\to\infty} e^{-2b} + \tfrac{\pi}{2} \cdot e^{-2}$$

$$= \pi \cdot \left(-\tfrac{1}{2}\right) \cdot 0 + \tfrac{\pi}{2} \cdot e^{-2}$$

$$= \underline{\underline{0{,}21258}}$$ ► Volumenmaßzahl in $[1; \infty)$

13. $f(x) = \sqrt{x} \cdot e^{-x};\ x \in [1; \infty)$

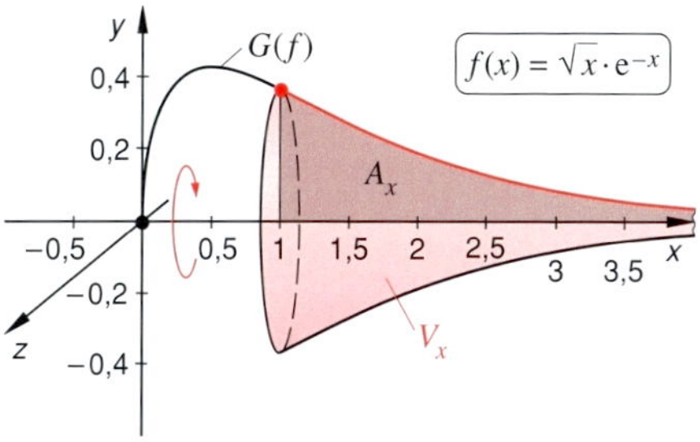

$$V_x = \pi \cdot \int_a^b [f(x)]^2\,dx \quad \blacktriangleright\ 1 \text{ für } a;\ f(x) = \sqrt{x} \cdot e^{-x}$$

$$= \pi \cdot \int_1^b \left(x \cdot e^{-2x}\right)dx \quad \blacktriangleright \text{ partielle Integration } \blacktriangleright\ 2.5$$

$$= \pi \cdot \left[x \cdot \left(-\frac{1}{2} \cdot e^{-2x}\right)\Big|_1^b + \frac{1}{2} \cdot \int_1^b e^{-2x}\,dx\right]$$

$$= \pi \cdot \left[-\frac{1}{2} \cdot x \cdot e^{-2x}\Big|_1^b + \frac{1}{2} \cdot \left(-\frac{1}{2} \cdot e^{-2x}\Big|_1^b\right)\right]$$

$$= \pi \cdot \left[-\tfrac{1}{2} \cdot b \cdot e^{-2b} + \tfrac{1}{2} \cdot e^{-2} + \tfrac{1}{2} \cdot \left(-\tfrac{1}{2} \cdot e^{-2b} + \tfrac{1}{2} \cdot e^{-2}\right)\right]$$

$$= \pi \cdot \left[-\tfrac{1}{2} \cdot b \cdot e^{-2b} + \tfrac{3}{4} \cdot e^{-2} - \tfrac{1}{4} \cdot e^{-2b}\right];\ b > 1$$

$\lim\limits_{b\to\infty} \left(b \cdot e^{-2b}\right)$ ist ein unbestimmter Ausdruck der Form „$\infty \cdot 0$".

Mit der ersten Regel von de L'Hospital (► Kusch 3; 4.5) findet man:

$$\lim_{b\to\infty} \left(b \cdot e^{-2b}\right) = \lim_{b\to\infty} \frac{b}{e^{2b}} = 0$$

$$\lim_{b\to\infty} \left[\pi \cdot \left(-\tfrac{1}{2} \cdot b \cdot e^{-2b} + \tfrac{3}{4} \cdot e^{-2} - \tfrac{1}{4} \cdot e^{-2b}\right)\right] =$$

$$= \pi \cdot \left(-\tfrac{1}{2}\right) \cdot \lim_{b\to\infty} \left(b \cdot e^{-2b}\right) + \tfrac{3\pi}{4} \cdot e^{-2} - \tfrac{\pi}{4} \cdot \lim_{b\to\infty} e^{-2b}$$

$$= \pi \cdot \left(-\tfrac{1}{2}\right) \cdot 0 + \tfrac{3\pi}{4} \cdot e^{-2} - \tfrac{\pi}{4} \cdot 0$$

$$= \underline{\underline{0{,}31888}}$$ ► Volumenmaßzahl in $[1; \infty)$

Merke:

Haben die Graphen von zwei integrierbaren Funktionen f und g in einem Intervall $(a; b)$ keine Schnittpunkte, so gilt für das Volumen des Körpers, der durch Rotation der Fläche zwischen diesen Graphen in $[a; b]$ um die x-Achse entsteht:

$$V_x = \pi \cdot \left|\int_a^b \left([f(x)]^2 - [g(x)]^2\right)dx\right|$$

296 Berechnen Sie zu den gegebenen Funktionsgleichungen die Volumenmaßzahl des Rotationskörpers, der erzeugt wird, wenn die Fläche zwischen den beiden Graphen um die x-Achse rotiert. Zeichnen Sie jeweils die Graphen. ► **Lehrbuch: Kusch 4, S. 273…275**

14. $f(x) = \sqrt{25 - x^2}$; $g(x) = \sqrt{2x + 10}$

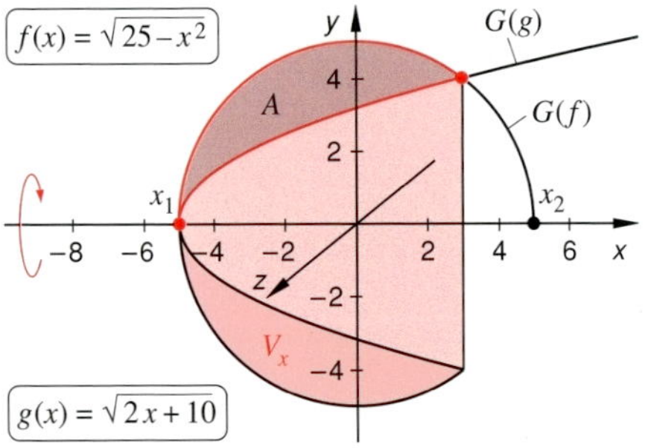

Schnittstellen von f und g ► $f(x) = g(x)$

$$\sqrt{25 - x^2} = \sqrt{2x + 10}$$

$$\Rightarrow 25 - x^2 = 2x + 10$$

$$\Rightarrow x^2 + 2x - 15 = 0$$

$$\Rightarrow (x + 5) \cdot (x - 3) = 0 \Rightarrow x_1 = \underline{-5};\ x_2 = \underline{3}$$

Die Probe bestätigt -5 und 3 als Lösungen der Wurzelgleichung.

$$V_x = \pi \cdot \left| \int_a^b \left([f(x)]^2 - [g(x)]^2 \right) \mathrm{d}x \right|$$

► -5 für a; 3 für b; $f(x) = \sqrt{25 - x^2}$; $g(x) = \sqrt{2x + 10}$

$$V_x = \pi \cdot \left| \int_{-5}^{3} (25 - x^2 - 2x - 10)\,\mathrm{d}x \right|$$

$$= \pi \cdot \left| \int_{-5}^{3} (15 - x^2 - 2x)\,\mathrm{d}x \right|$$

$$= \pi \cdot \left| 15x - \frac{1}{3} \cdot x^3 - x^2 \Big|_{-5}^{3} \right|$$

$$= \pi \cdot \left| 15 \cdot 3 - \frac{1}{3} \cdot 3^3 - 3^2 - 15 \cdot (-5) + \frac{1}{3} \cdot (-5)^3 + (-5)^2 \right|$$

$$= \frac{256\pi}{3}$$

$= \underline{\underline{268{,}08257}}$ ► Volumenmaßzahl

15. $f(x) = \dfrac{1}{1 + x^2}$; $g(x) = 0{,}5x^2$

Schnittstellen von f und g ► $f(x) = g(x)$

$$\frac{1}{1 + x^2} = 0{,}5x^2 \quad | \cdot 2 \cdot (1 + x^2)$$

$$\Rightarrow 2 = x^2 + x^4$$

$$\Rightarrow x^4 + x^2 - 2 = 0$$

$$\Rightarrow (x^2 + 2) \cdot (x^2 - 1) = 0$$

$\Rightarrow x^2 + 2 = 0$ ► keine Lösung in $\mathbb{R}$

oder

$x^2 - 1 = 0 \Rightarrow x_1 = \underline{-1};\ x_2 = \underline{1}$

$$\int \frac{\mathrm{d}x}{(1 + x^2)^2} = ?$$ ► 2.5, Aufgabe 78 mit 2 für n

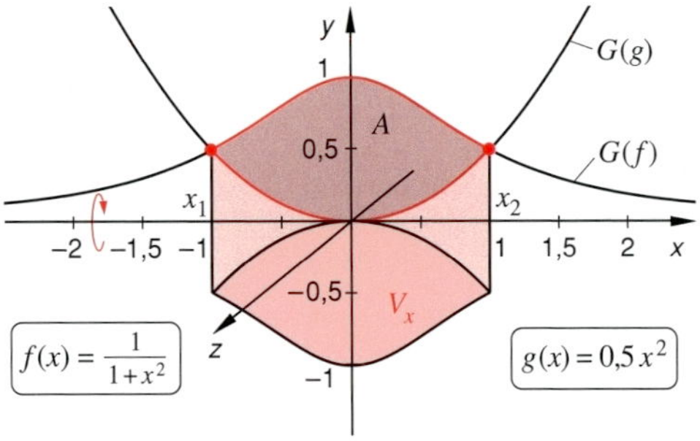

Rotationsvolumen V_x

$$V_x = \pi \cdot \left| \int_a^b \left([f(x)]^2 - [g(x)]^2 \right) \mathrm{d}x \right|$$

► -1 für a; 1 für b; $f(x) = \dfrac{1}{1 + x^2}$; $g(x) = 0{,}5x^2$

$$V_x = \pi \cdot \left| \int_{-1}^{1} \left(\frac{1}{(1 + x^2)^2} - 0{,}25 \cdot x^4 \right) \mathrm{d}x \right|$$ ► Graphen sind symmetrisch zur y-Achse

$$= 2\pi \cdot \left| \int_{0}^{1} \left(\frac{1}{(1 + x^2)^2} - 0{,}25x^4 \right) \mathrm{d}x \right|$$

296

$$\int \frac{dx}{(1+x^2)^2} = -\frac{x}{2\cdot(1-2)\cdot(1+x^2)^{2-1}} + \frac{3-2\cdot 2}{2\cdot(1-2)}\cdot\int\frac{dx}{(1+x^2)^{2-1}}$$

$$= \frac{x}{2\cdot(1+x^2)} + \frac{1}{2}\cdot \text{Arctan}\,x + c$$

► $\text{Arctan}\,1 = \frac{\pi}{4}$

$$= 2\pi\cdot\left|\frac{x}{2\cdot(1+x^2)} + \frac{1}{2}\cdot\text{Arctan}\,x - 0{,}05\cdot x^5\Big|_0^1\right|$$

$$= 2\pi\cdot\left|\frac{1}{2\cdot(1+1^2)} + \frac{1}{2}\cdot\text{Arctan}\,1 - 0{,}05\cdot 1^5 - 0\right|$$

$= \underline{\underline{3{,}72404}}$ ► Volumenmaßzahl

16. $f(x) = \frac{1}{8}\cdot x^3;\ g(x) = 0{,}5\,x$

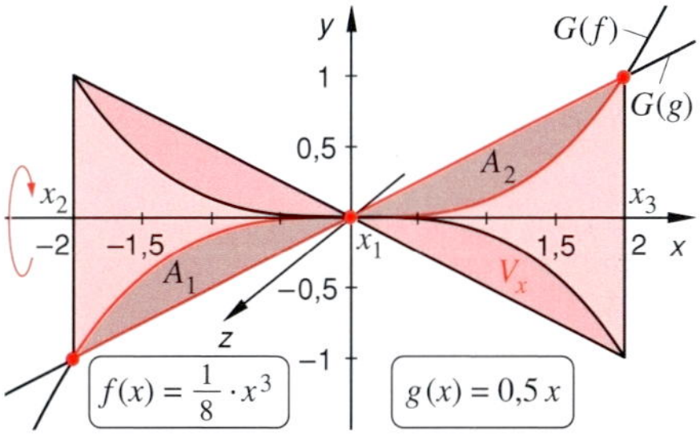

Schnittstellen von f und g ► $f(x) = g(x)$

$$\frac{1}{8}\cdot x^3 = 0{,}5\,x \Rightarrow x^3 = 4\,x \Rightarrow x^3 - 4\,x = 0$$

$$\Rightarrow x\cdot(x^2-4) = 0 \Rightarrow x\cdot(x+2)\cdot(x-2) = 0$$

$$\Rightarrow x_1 = \underline{0};\ x_2 = \underline{-2};\ x_3 = \underline{2}$$

$$V_x = \pi\cdot\left|\int_a^b\left([f(x)]^2 - [g(x)]^2\right)dx\right|$$

► -2 für a; 2 für b; $f(x) = \frac{1}{8}\cdot x^3;\ g(x) = 0{,}5\,x$

$$V_x = \pi\cdot\left|\int_{-2}^{2}\left(\frac{1}{64}\cdot x^6 - 0{,}25\,x^2\right)dx\right|$$ ► Graphen sind symmetrisch zum Koordinatenursprung

$$= 2\pi\cdot\left|\frac{1}{64}\cdot\frac{1}{7}\cdot x^7 - \frac{0{,}25}{3}\cdot x^3\Big|_0^2\right|$$

$$= 2\pi\cdot\left|\frac{1}{448}\cdot 2^7 - \frac{0{,}25}{3}\cdot 2^3 - 0\right|$$

$= \underline{\underline{2{,}39359}}$ ► Volumenmaßzahl

17. $f(x) = \sin x;\ g(x) = \cos x;\ x\in\left[\frac{\pi}{4};\frac{\pi}{2}\right]$

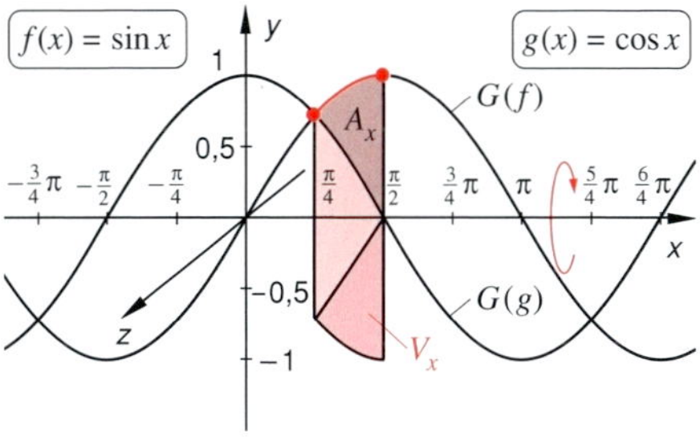

► $\sin\pi = 0;\ \sin\frac{\pi}{2} = 1$

$$V_x = \pi\cdot\left|\int_a^b\left([f(x)]^2 - [g(x)]^2\right)dx\right|$$

► $\frac{\pi}{4}$ für a; $\frac{\pi}{2}$ für b; $f(x) = \sin x;\ g(x) = \cos x$

$$V_x = \pi\cdot\left|\int_{\frac{\pi}{4}}^{\frac{\pi}{2}}\left(\sin^2 x - \cos^2 x\right)dx\right|$$ ► 2.4.1

$$= \pi\cdot\left|\frac{x}{2} - \frac{1}{4}\cdot\sin(2x) - \frac{x}{2} - \frac{1}{4}\cdot\sin(2x)\Big|_{\frac{\pi}{4}}^{\frac{\pi}{2}}\right|$$

$$= \pi\cdot\left|-\frac{1}{2}\cdot\sin(2x)\Big|_{\frac{\pi}{4}}^{\frac{\pi}{2}}\right|$$

$$= \pi\cdot\left|-\frac{1}{2}\cdot\sin\pi - \left(-\frac{1}{2}\cdot\sin\frac{\pi}{2}\right)\right|$$

$= \underline{\underline{1{,}57080}}$ ► Volumenmaßzahl

296 **18.** In eine Kugel mit dem Radius r soll ein Loch gebohrt werden, das die Form eines Kegelstumpfes mit einem Grundflächenradius von $0{,}8 \cdot r$ und einem Deckflächenradius von $0{,}6 \cdot r$ hat. Berechnen Sie das Volumen des Restkörpers.

- Rotiert die Fläche zwischen dem Graphen der Funktion $f: f(x) = \sqrt{r^2 - x^2}$ mit $D(f) = [-r; r]$ und der x-Achse im Intervall $[-r; r]$ um die x-Achse, so wird eine Kugel erzeugt.
- Rotiert eine Trapezfläche um die x-Achse, so wird ein Kegelstumpf erzeugt.
- Der Restkörper, also die Kugel mit der kegelstumpfförmigen Bohrung, wird erzeugt, wenn die Fläche zwischen den Graphen $G(f)$ und $G(g)$ um die x-Achse rotiert.

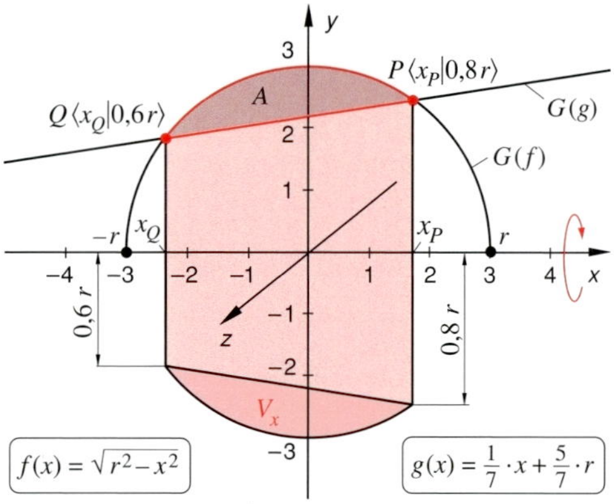

● Ermittlung der Geradengleichung durch die Punkte $P\langle x_P \,|\, 0{,}8r\rangle$ und $Q\langle x_Q \,|\, 0{,}6r\rangle$

► $0{,}8\,r = \sqrt{r^2 - x_P^2}$

$\Rightarrow 0{,}64\,r^2 = r^2 - x_P^2$

$\Rightarrow x_P^2 = 0{,}36\,r^2 \Rightarrow x_P = 0{,}6\,r$ ► $\underline{P\langle 0{,}6\,r \,|\, 0{,}8\,r\rangle}$

Die Probe bestätigt $0{,}6\,r$ als Lösung der Wurzelgleichung.

► $0{,}6\,r = \sqrt{r^2 - x_Q^2}$

$\Rightarrow 0{,}36\,r^2 = r^2 - x_Q^2$

$\Rightarrow x_Q^2 = 0{,}64\,r^2 \Rightarrow x_Q = -0{,}8\,r$ ► $\underline{Q\langle -0{,}8\,r \,|\, 0{,}6\,r\rangle}$

Die Probe bestätigt $-0{,}8\,r$ als Lösung der Wurzelgleichung.

► $$y = \frac{y_P - y_Q}{x_P - x_Q} \cdot (x - x_Q) + y_Q$$
$$= \frac{0{,}8\,r - 0{,}6\,r}{0{,}6\,r + 0{,}8\,r} \cdot (x + 0{,}8\,r) + 0{,}6\,r$$
$$= \frac{0{,}2\,r}{1{,}4\,r} \cdot x + \frac{0{,}2\,r}{1{,}4\,r} \cdot 0{,}8\,r + 0{,}6\,r$$
$$= \underline{\frac{1}{7} \cdot x + \frac{5}{7} \cdot r}$$ ► $g(x) = \frac{1}{7} \cdot x + \frac{5}{7} \cdot r$

Wegen $V_{\text{Kugel}} = \frac{4}{3} \cdot \pi \cdot r^3$ (► Kusch 4; 3.2), verbleiben für das Volumen des Restkörpers 35% des Kugelvolumens.

● Volumenberechnung des Restkörpers

$$V_x = \pi \cdot \left| \int_a^b \left([f(x)]^2 - [g(x)]^2 \right) \mathrm{d}x \right|$$

► $-0{,}8\,r$ für a; $0{,}6\,r$ für b; $f(x) = \sqrt{r^2 - x^2}$; $g(x) = \frac{1}{7} \cdot x + \frac{5}{7} \cdot r$

$$V_x = \pi \cdot \left| \int_{-0{,}8\,r}^{0{,}6\,r} \left[r^2 - x^2 - \left(\frac{1}{7} \cdot x + \frac{5}{7} \cdot r \right)^2 \right] \mathrm{d}x \right|$$
$$= \pi \cdot \left| \int_{-0{,}8\,r}^{0{,}6\,r} \left[r^2 - x^2 - \frac{1}{49} \cdot x^2 - \frac{10}{49} \cdot r \cdot x - \frac{25}{49} \cdot r^2 \right] \mathrm{d}x \right|$$
$$= \pi \cdot \left| \int_{-0{,}8\,r}^{0{,}6\,r} \left[\frac{24}{49} \cdot r^2 - \frac{50}{49} \cdot x^2 - \frac{10}{49} \cdot r \cdot x \right] \mathrm{d}x \right|$$
$$= \pi \cdot \left| \frac{24}{49} \cdot r^2 \cdot x - \frac{50}{49} \cdot \frac{1}{3} \cdot x^3 - \frac{5}{49} \cdot r \cdot x^2 \Big|_{-0{,}8\,r}^{0{,}6\,r} \right|$$
$$= \pi \cdot \left| \frac{24}{49} \cdot r^2 \cdot 0{,}6\,r - \frac{50}{147} \cdot (0{,}6\,r)^3 - \frac{5}{49} \cdot r \cdot (0{,}6)^2 + \right.$$
$$\left. - \frac{24}{49} \cdot r^2 \cdot (-0{,}8\,r) + \frac{50}{147} \cdot (-0{,}8\,r)^3 + \frac{5}{49} \cdot r \cdot (-0{,}8\,r)^2 \right|$$
$$= \pi \cdot \left| \frac{9\,r^3}{49} - \frac{-208\,r^3}{735} \right|$$
$$= \underline{\underline{1{,}46608 \cdot r^3}}$$ ► Volumenterm des Restkörpers

19. In eine Kugel mit dem Radius r soll ein Loch gebohrt werden, das die Form eines Paraboloids mit einem Grundflächenradius $0{,}5 \cdot r$ hat. Der Scheitelpunkt soll im Mittelpunkt der Kugel liegen. Berechnen Sie das Volumen des Restkörpers. **296**

- ► Rotiert die Fläche zwischen dem Graphen der Funktion $f\colon f(x) = \sqrt{r^2 - x^2}$ mit $D(f) = [-r; r]$ und der x-Achse im Intervall $[-r; 0]$ um die x-Achse, so wird eine Halbkugel erzeugt. ► Volumen V_1
- ► Rotiert die Fläche zwischen den Graphen $G(f)$ und $G(g)$ im Intervall $[0; x_p]$ um die x-Achse, so wird eine Halbkugel mit einer paraboloidförmigen Bohrung erzeugt. ► Volumen V_2
- ► Das Volumen des Restkörpers, also die Kugel mit einer paraboloidförmigen Bohrung, erhält man als Summe $V_1 + V_2$.

Bestimmung des Parabelterms $g(x)$

► $(0{,}5\,r)^2 = r^2 - x_p^2$ ► Pythagoras

$$\Rightarrow \frac{1}{4} \cdot r^2 = r^2 - x_p^2$$

$$\Rightarrow x_p^2 = \frac{3}{4} \cdot r^2 \Rightarrow x_p = \frac{r}{2} \cdot \sqrt{3} \quad \blacktriangleright\ \underline{P\left\langle \frac{r}{2} \cdot \sqrt{3} \,\middle|\, \frac{r}{2} \right\rangle}$$

► Ansatz für $g(x)$:

$$g(x) = \sqrt{p \cdot x} \quad \blacktriangleright\ g(x_p) = \frac{r}{2} \quad \blacktriangleright\ x_p = \frac{r}{2} \cdot \sqrt{3}$$

$$\frac{r}{2} = \sqrt{p \cdot \frac{r}{2} \cdot \sqrt{3}}$$

$$\Rightarrow \frac{r^2}{4} = p \cdot \frac{r}{2} \cdot \sqrt{3} \Rightarrow p = \frac{r}{2 \cdot \sqrt{3}} = \underline{\frac{r}{6} \cdot \sqrt{3}}$$

Die Probe bestätigt $\frac{r}{6} \cdot \sqrt{3}$ als Lösung der Wurzelgleichung.

► $\underline{g(x) = \sqrt{\frac{r}{6} \cdot \sqrt{3} \cdot x};\ D(g) = \mathbb{R}^{\geq 0}}$

Das Volumen des Restkörpers beträgt $3{,}79484 \cdot r^3$. Das entspricht 90,6% des Kugelvolumens.

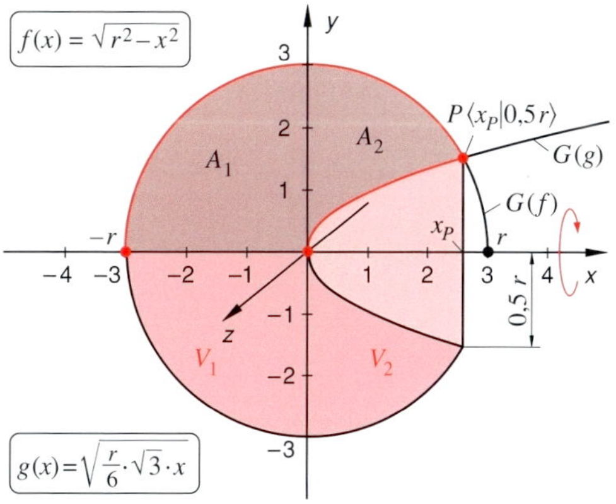

$$V_{\text{Restkörper}} = V_1 + V_2$$

► $V_1 = V_{\text{Halbkugel}}$

$$= \underline{\frac{2}{3} \cdot \pi \cdot r^3} \quad \blacktriangleright\ \text{Kusch 4; 3.2}$$

► $V_2 = \pi \cdot \left| \int_a^b \left([f(x)]^2 - [g(x)]^2 \right) \mathrm{d}x \right|$

► 0 für a; $\frac{r}{2} \cdot \sqrt{3}$ für b; $f(x) = \sqrt{r^2 - x^2}$; $g(x) = \sqrt{\frac{r}{6} \cdot \sqrt{3} \cdot x}$

$$V_2 = \pi \cdot \left| \int_0^{\frac{r}{2} \cdot \sqrt{3}} \left(r^2 - x^2 - \frac{r}{6} \cdot \sqrt{3} \cdot x \right) \mathrm{d}x \right|$$

$$= \pi \cdot \left| r^2 \cdot x - \frac{1}{3} \cdot x^3 - \frac{r}{6} \cdot \sqrt{3} \cdot \frac{1}{2} \cdot x^2 \Big|_0^{\frac{r}{2} \cdot \sqrt{3}} \right|$$

$$= \pi \cdot \left| r^2 \cdot \frac{r}{2} \cdot \sqrt{3} - \frac{1}{3} \cdot \left(\frac{r}{2} \cdot \sqrt{3} \right)^3 - \frac{r}{6} \cdot \sqrt{3} \cdot \frac{1}{2} \cdot \left(\frac{r}{2} \cdot \sqrt{3} \right)^2 - 0 \right|$$

$$= \underline{\frac{5 \cdot \sqrt{3}}{16} \cdot \pi \cdot r^3}$$

$$V_{\text{Restkörper}} = V_1 + V_2$$

$$= \frac{2}{3} \cdot \pi \cdot r^3 + \frac{5 \cdot \sqrt{3}}{16} \cdot \pi \cdot r^3$$

$$= \underline{\underline{3{,}79483 \cdot r^3}} \quad \blacktriangleright\ \text{Volumenterm des Restkörpers}$$

• Inhalte von Rotationskörpern bei Rotation um die *y*-Achse

► **Lehrbuch: Kusch 4, S. 275 ... 281**

Merke:

Rotiert die Fläche zwischen dem Graphen einer in $[a; b]$ streng monotonen, stetigen Funktion f und der y-Achse im y-Intervall $[c; d]$ um die y-Achse, so gelten für das Volumen des erzeugten Rotationskörpers die Formeln:

- $V_y = \pi \cdot \int\limits_c^d [f^{-1}(y)]^2 \, dy$ ► erste Lösungsmethode
- $V_y = \pi \cdot \left| \int\limits_a^b [x^2 \cdot f'(x)] \, dx \right|$ ► f ist in $[a; b]$ stetig differenzierbar ► zweite Lösungsmethode

Anmerkung:

Die Formeln sind auch anwendbar, wenn im x-Intervall $[a; b]$ eine Relation vorliegt, die aus Sicht der y-Achse im y-Intervall $[c; d]$ abschnittsweise monoton ist. Ihre Anwendung erfolgt dann abschnittsweise für die Monotonieintervalle dieser Relation.

296 Berechnen Sie zu den gegebenen Funktionsgleichungen die Volumenmaßzahl des Rotationskörpers, der erzeugt wird, wenn die Fläche zwischen dem Graphen und der y-Achse im angegebenen y-Intervall $[c; d]$ um die y-Achse rotiert. Zeichnen Sie jeweils den Graphen.

20. $f(x) = -8x + 12;\ y \in [-3; 6]$

Die Funktion f ist für $x \geq 0$ streng monoton fallend. Es wird die erste Lösungsmethode angewendet. Bei Rotation der Graphen von f um die y-Achse im y-Intervall $[-3; 6]$ entsteht ein Kegelstumpf.

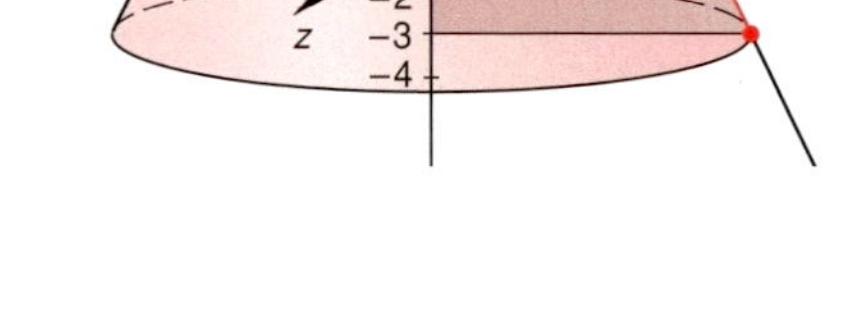

$V_y = \pi \cdot \int\limits_c^d [f^{-1}(y)]^2 \, dy$ ► erste Lösungsmethode

► -3 für c; 6 für d;

$f(x) = y = -8x + 12 \Rightarrow 8x = 12 - y \Rightarrow x = f^{-1}(y) = \frac{1}{8} \cdot (12 - y)$

$$V_y = \pi \cdot \int\limits_{-3}^{6} \left[\frac{1}{64} \cdot (12 - y)^2\right] dy$$

$$= \frac{\pi}{64} \cdot \left[-\frac{(12 - y)^3}{3} \Big|_{-3}^{6}\right]$$

$$= \frac{\pi}{64} \cdot \left[-\frac{(12 - 6)^3}{3} + \frac{(12 + 3)^3}{3}\right]$$

$$= \frac{\pi}{64} \cdot \left[-\frac{216}{3} + \frac{3375}{3}\right]$$

$= \underline{\underline{51{,}68902}}$ ► Volumenmaßzahl im y-Intervall $[-3; 6]$

21. $f(x) = x^3$; $y \in [-4; 4]$

Die Funktion f ist in $\mathbb{R}$ stetig differenzierbar und streng monoton steigend. Es wird die zweite Lösungsmethode angewendet.

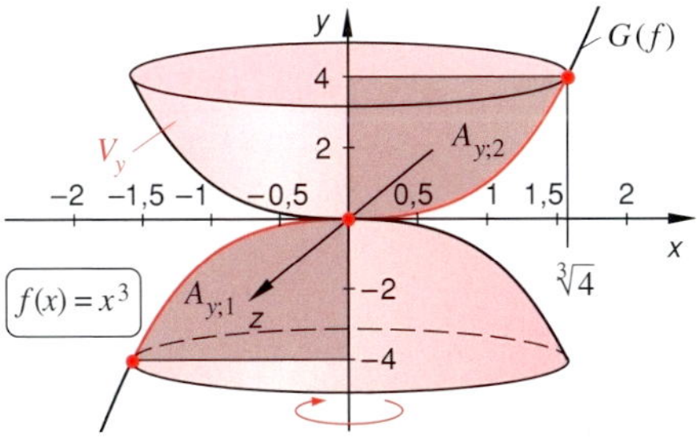

Da g: $g(x) = 3x^4$; $D(g) = \mathbb{R}$ symmetrisch zur y-Achse liegt – (► $g(-x) = g(x)$) – gilt demnach $\int_{-\sqrt[3]{4}}^{\sqrt[3]{4}} (3x^4)\,dx = 2 \cdot \int_0^{\sqrt[3]{4}} (3x^4)\,dx$.

$$V_y = \pi \cdot \left| \int_a^b [x^2 \cdot f'(x)]\,dx \right|$$ ► zweite Lösungsmethode

► $d = f(a) = -4 \Rightarrow a^3 = -4 \Rightarrow a = \underline{-\sqrt[3]{4}}$

$c = f(b) = 4 \Rightarrow b^3 = 4 \Rightarrow b = \underline{\sqrt[3]{4}}$

$f(x) = x^3 \Rightarrow f'(x) = 3x^2$

$$V_y = \pi \cdot \left| \int_{-\sqrt[3]{4}}^{\sqrt[3]{4}} [x^2 \cdot 3x^2]\,dx \right|$$

$$= \pi \cdot \left| \int_{-\sqrt[3]{4}}^{\sqrt[3]{4}} [3x^4]\,dx \right|$$

$$= 2\pi \cdot \left| \int_0^{\sqrt[3]{4}} [3x^4]\,dx \right|$$

$$= 2\pi \cdot \left| \frac{3}{5} \cdot x^5 \Big|_0^{\sqrt[3]{4}} \right|$$

$$= 2\pi \cdot \left| \cdot \frac{3}{5} \cdot (\sqrt[3]{4})^5 - 0 \right|$$

$$= \underline{\underline{37{,}99832}}$$ ► Volumenmaßzahl im y-Intervall $[-4; 4]$

22. $f(x) = 2x^2 - 4$; $y \in [0; 6]$

Die Funktion f ist für $x \geq 0$ streng monoton steigend und stetig differenzierbar. Es wird die zweite Lösungsmethode angewendet.

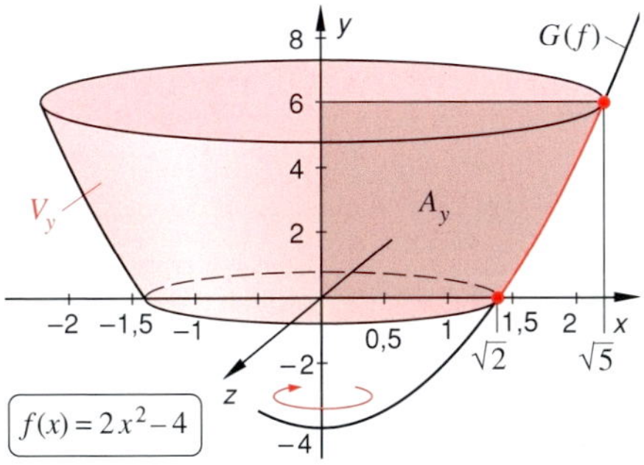

Da der Graph der Funktion f symmetrisch zur y-Achse verläuft, ist es ohne Bedeutung, ob die Fläche zwischen der y-Achse und dem linken Graphenstück oder die Fläche zwischen der y-Achse und dem rechten Graphenstück um die y-Achse rotiert.

$$V_y = \pi \cdot \left| \int_a^b [x^2 \cdot f'(x)]\,dx \right|$$ ► zweite Lösungsmethode

► $c = f(a) = 0 \Rightarrow 2a^2 - 4 = 0 \Rightarrow a = \underline{\sqrt{2}}$

$d = f(b) = 6 \Rightarrow 2b^2 - 4 = 6 \Rightarrow b = \underline{\sqrt{5}}$

$f(x) = 2x^2 - 4 \Rightarrow f'(x) = 4x$

$$V_y = \pi \cdot \left| \int_{\sqrt{2}}^{\sqrt{5}} [x^2 \cdot 4x]\,dx \right|$$

$$= \pi \cdot \left| \int_{\sqrt{2}}^{\sqrt{5}} (4x^3)\,dx \right|$$

$$= \pi \cdot \left| x^4 \Big|_{\sqrt{2}}^{\sqrt{5}} \right|$$

$$= \pi \cdot |25 - 4|$$

$$= \underline{\underline{65{,}97345}}$$ ► Volumenmaßzahl im y-Intervall $[0; 6]$

296

23. $f(x) = \frac{4}{3} \cdot \sqrt{x^2+9}$; $y \in [4; 6]$

Die Funktion f ist für $x \geq 0$ streng monoton steigend und stetig. Es wird die erste Lösungsmethode angewendet.

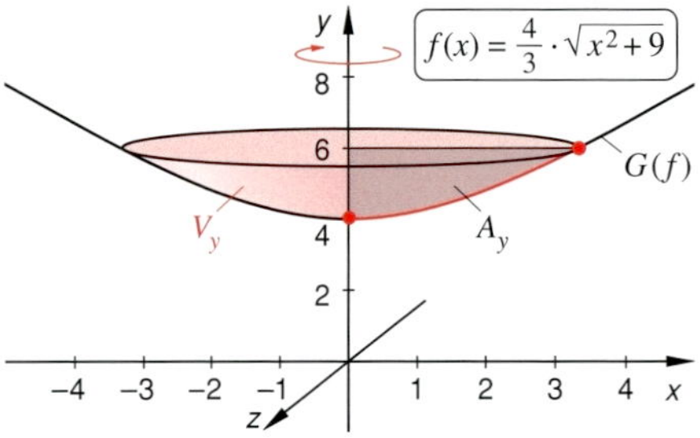

Der Graph der Funktion f ist symmetrisch zur y-Achse. ► Übungsaufgabe 22

$V_y = \pi \cdot \int\limits_c^d [f^{-1}(y)]^2 \, dy$ ► erste Lösungsmethode

► 4 für c; 6 für d

$y = \frac{4}{3} \cdot \sqrt{x^2+9}; \Rightarrow y^2 = \frac{16}{9} \cdot (x^2+9) \Rightarrow x^2 = [f^{-1}(y)]^2 = \frac{9}{16} \cdot y^2 - 9$

$$V_y = \pi \cdot \int\limits_4^6 \left(\frac{9}{16} \cdot y^2 - 9\right) dy$$

$$= \pi \cdot \left(\frac{3}{16} \cdot y^3 - 9y \Big|_4^6\right)$$

$$= \pi \cdot \left(\frac{3}{16} \cdot 6^3 - 9 \cdot 6 - \frac{3}{16} \cdot 4^3 + 9 \cdot 4\right)$$

$= \underline{\underline{32{,}98672}}$ ► Volumenmaßzahl im y-Intervall $[4; 6]$

24. $f(x) = \frac{1}{x^2-1}$; $y \in [1; 2]$

Die Funktion f ist für $x \in \mathbb{R}^{\geq 0} \setminus \{1\}$ streng monoton steigend und stetig. Es wird die erste Lösungsmethode angewendet.

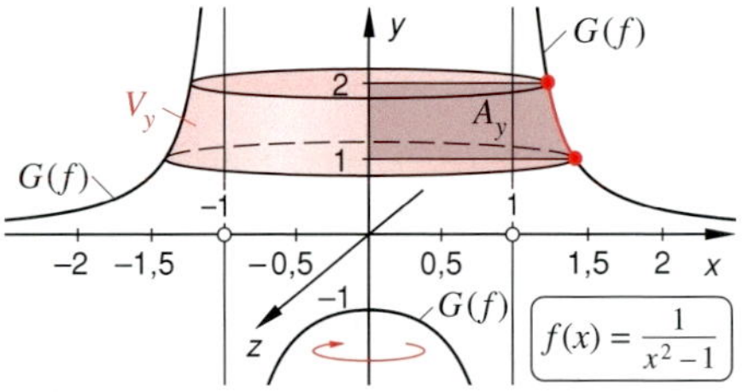

Der Graph der Funktion f ist symmetrisch zur y-Achse. ► Übungsaufgabe 22

$V_y = \pi \cdot \int\limits_c^d [f^{-1}(y)]^2 \, dy$ ► erste Lösungsmethode

► 1 für c; 2 für d

$y = \frac{1}{x^2-1}; \Rightarrow x^2 - 1 = \frac{1}{y} \Rightarrow x^2 = [f^{-1}(y)]^2 = \frac{1}{y} + 1$

$$V_y = \pi \cdot \int\limits_1^2 \left(\frac{1}{y} + 1\right) dy$$

$$= \pi \cdot \left(\ln|y| + y \Big|_1^2\right)$$

$= \pi \cdot (\ln 2 + 2 - \ln 1 - 1)$ ► $\ln 1 = 0$

$= \pi \cdot (\ln 2 + 1)$

$= \underline{\underline{5{,}31981}}$ ► Volumenmaßzahl im y-Intervall $[1; 2]$

25. $f(x) = \text{Arccos}\, x$; $y \in [0; \pi]$

Die Funktion f ist für $x \geq 0$ streng monoton steigend und stetig. Es wird die erste Lösungsmethode angewendet.

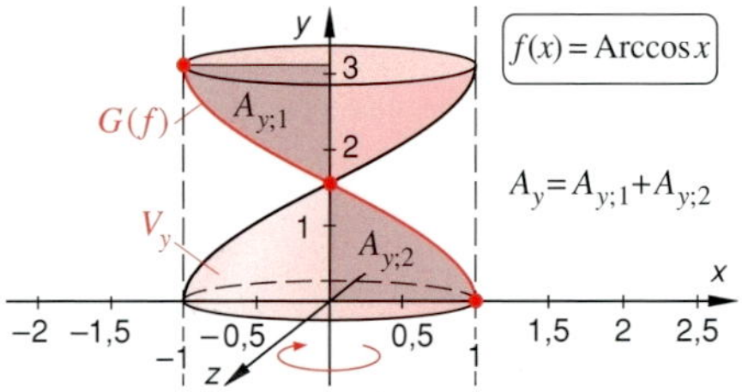

$V_y = \pi \cdot \int\limits_c^d [f^{-1}(y)]^2 \, dy$ ► erste Lösungsmethode

► 0 für c; π für d; $y = \text{Arccos}\, x \Rightarrow x = f^{-1}(y) = \cos y$

$V_y = \pi \cdot \int\limits_0^\pi \cos^2 y \, dy$ ► 2.4.1

$$= \pi \cdot \left[\frac{y}{2} + \frac{1}{4} \cdot \sin(2y)\Big|_0^\pi\right]$$

$= \pi \cdot \left[\frac{\pi}{2} + \frac{1}{4} \cdot \sin(2\pi) - 0\right]$ ► $\sin(2\pi) = 0$

$= \underline{\underline{4{,}93480}}$ ► Volumenmaßzahl im y-Intervall $[0; \pi]$

26. $f(x) = e^{-\frac{x^2}{3}}$; $y \in [0{,}1; 0{,}4]$

Die Funktion f ist für $x \geq 0$ streng monoton fallend und stetig. Es wird die erste Lösungsmethode angewendet.

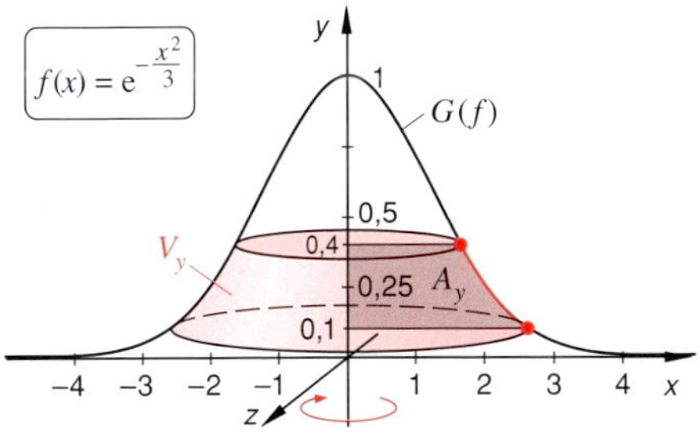

Der Graph der Funktion f ist symmetrisch zur y-Achse. ► Übungsaufgabe 22

$V_y = \pi \cdot \int_c^d [f^{-1}(y)]^2\,dy$ ► erste Lösungsmethode

► 0,1 für c; 0,4 für d; $y = e^{-\frac{x^2}{3}} \Rightarrow x^2 = [f^{-1}(y)]^2 = -3 \cdot \ln y$

$$V_y = \pi \cdot \int_{0,1}^{0,4} (-3 \cdot \ln y)\,dy$$

$$= -3\pi \cdot \int_{0,1}^{0,4} \ln y\,dy \quad ► 2.5$$

$$= -3\pi \cdot \left(y \cdot \ln y - y \Big|_{0,1}^{0,4} \right)$$

$$= -3\pi \cdot (0{,}4 \cdot \ln 0{,}4 - 0{,}4 - 0{,}1 \cdot \ln 0{,}1 + 0{,}1)$$

$$= \underline{\underline{4{,}11163}}$$ ► Volumenmaßzahl im y-Intervall $[0{,}1; 0{,}4]$

27. $f(x) = \text{Arccosh}\,x$; $y \in [0; 2]$

Die Funktion f ist für $x \geq 1$ streng monoton steigend und stetig. Es wird die erste Lösungsmethode angewendet.

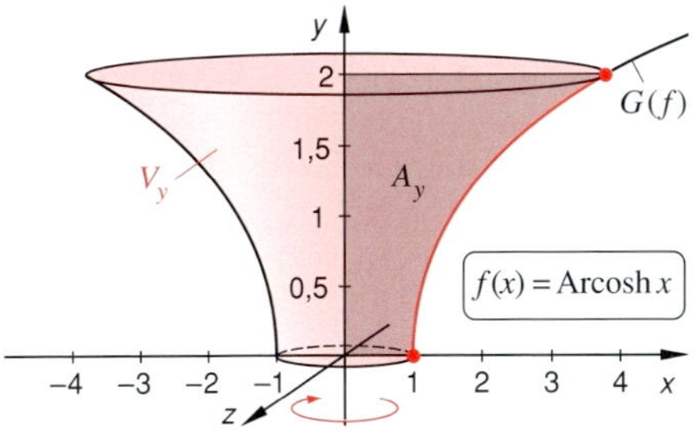

$V_y = \pi \cdot \int_c^d [f^{-1}(y)]^2\,dy$ ► erste Lösungsmethode

► 0 für c; 2 für d; $y = \text{Arccosh}\,x \Rightarrow x = f^{-1}(y) = \cosh y$

$$V_y = \pi \cdot \int_0^2 \cosh^2 y\,dy \quad ► 2.4.1$$

$$= \pi \cdot \left(\frac{y}{2} + \frac{1}{4} \cdot \sinh(2y) \Big|_0^2 \right)$$

$$= \pi \cdot \left(\frac{2}{2} + \frac{1}{4} \cdot \sinh 4 - 0 \right)$$

$$= \underline{\underline{24{,}57504}}$$ ► Volumenmaßzahl im y-Intervall $[0; 2]$

28. $f(x) = \ln x$; $y \in [0; 2]$

Die Funktion f ist für $x > 0$ streng monoton steigend und stetig. Es wird die erste Lösungsmethode angewendet.

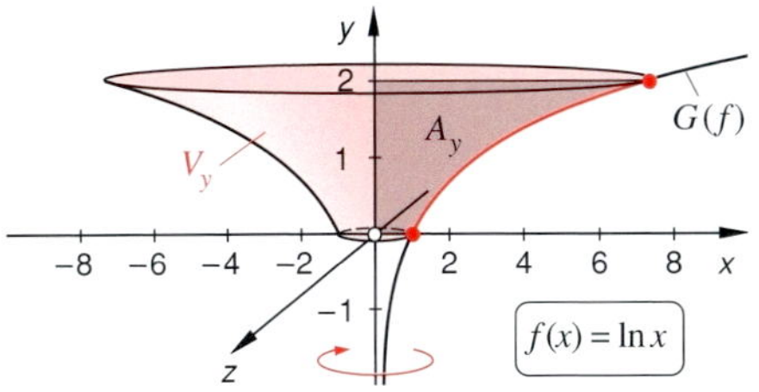

$V_y = \pi \cdot \int_c^d [f^{-1}(y)]^2\,dy$ ► erste Lösungsmethode

► 0 für c; 2 für d; $y = \ln x \Rightarrow x = f^{-1}(y) = e^y$

$$V_y = \pi \cdot \int_0^2 e^{2y}\,dy \quad ► 2.4.1$$

$$= \pi \cdot \left(\frac{1}{2} \cdot e^{2y} \Big|_0^2 \right)$$

$$= \pi \cdot \left(\frac{1}{2} \cdot e^4 - \frac{1}{2} \cdot e^0 \right)$$

$$= \underline{\underline{84{,}19178}}$$ ► Volumenmaßzahl im y-Intervall $[0; 2]$

Rauminhalte – Kurven in Parameterdarstellung

► **Lehrbuch: Kusch 4, S. 281 ... 287**

● Inhalte von Rotationskörpern bei Rotation um die x-Achse

► **Lehrbuch: Kusch 4, S. 281 ... 283**

Merke:

Ist eine Kurve durch eine Parameterdarstellung $\begin{cases} x = f_1(t) \\ y = f_2(t) \end{cases}$; $t \in D(f_1) \cap D(f_2)$ gegeben und rotiert die Fläche zwischen der Kurve und der x-Achse im Parameterintervall $[t_1; t_2]$ um die x-Achse, so gilt für das Volumen des Rotationskörpers:

$$V_x = \pi \cdot \left| \int_{t_1}^{t_2} \left(\dot{f}_1(t) \cdot [f_2(t)]^2 \right) dt \right|$$

Hierbei wird vorausgesetzt, dass die Funktion f_1 in $[t_1; t_2]$ streng monoton ist, die Kurve also der Graph einer stetigen Funktion ist. Außerdem muss f_1 stetig differenzierbar sein.

Anmerkungen:

- Die Formel für V_x ist auch dann anwendbar, wenn die Funktion f_1 im t-Intervall $[t_1; t_2]$ abschnittsweise monoton ist. Die Kurve muss dann aber ganz oberhalb oder ganz unterhalb der x-Achse liegen, d. h. es muss $f_2(t) \geq 0$ oder $f_2(t) \leq 0$ in $[t_1; t_2]$ gelten.
- Wechselt aber die Funktion f_2 in $[t_1; t_2]$ ihr Vorzeichen, so ist die Berechnung eines Rotationsvolumens nur sinnvoll, wenn f_1 in $[t_1; t_2]$ streng monoton ist.

296 Berechnen Sie zu den in Parameterdarstellung gegebenen Kurven die Volumenmaßzahl des Rotationskörpers, der erzeugt wird, wenn die Fläche zwischen der Kurve und der x-Achse im angegebenen t-Intervall $[t_1; t_2]$ um die x-Achse rotiert. Zeichnen Sie jeweils die Kurve.

29. $\begin{cases} f_1(t) = 2t \\ f_2(t) = 3t \end{cases}$; $[1; 10]$

Die Funktion f_1 ist in $[1; 10]$ streng monoton steigend und stetig differenzierbar. Daher kann die Formel für V_x angewendet werden.

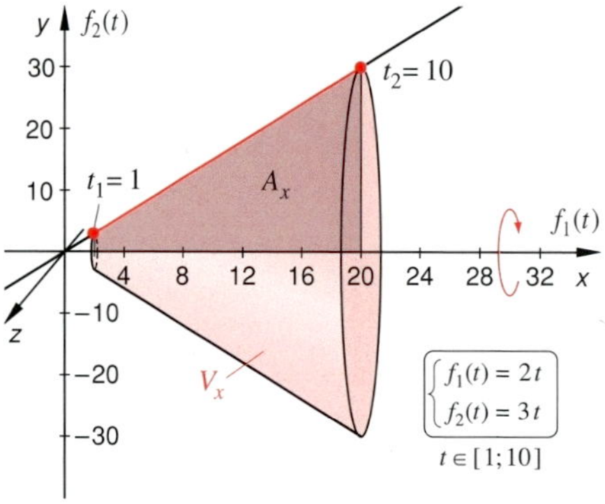

$$V_x = \pi \cdot \left| \int_{t_1}^{t_2} \left(\dot{f}_1(t) \cdot [f_2(t)]^2 \right) dt \right|$$

► 1 für t_1; 10 für t_2; $f_1(t) = 2t \Rightarrow \dot{f}_1(t) = 2$; $f_2(t) = 3t$

$$V_x = \pi \cdot \left| \int_1^{10} \left(2 \cdot (3t)^2 \right) dt \right|$$

$$= 18\pi \cdot \left| \int_1^{10} t^2 \, dt \right|$$

$$= 18\pi \cdot \left| \frac{1}{3} \cdot t^3 \Big|_1^{10} \right|$$

$$= 18\pi \cdot \left| \frac{1000}{3} - \frac{1}{3} \right|$$

$$= \underline{\underline{18830{,}70637}}$$ ► Volumenmaßzahl im t-Intervall $[1; 10]$

30. $\begin{cases} f_1(t) = t^2 \\ f_2(t) = 2t \end{cases}$; $[0;\, 1]$

Da die Funktion f_1 in $[0;\, 1]$ streng monoton steigend und stetig differenzierbar ist, kann die Formel für V_x angewendet werden.

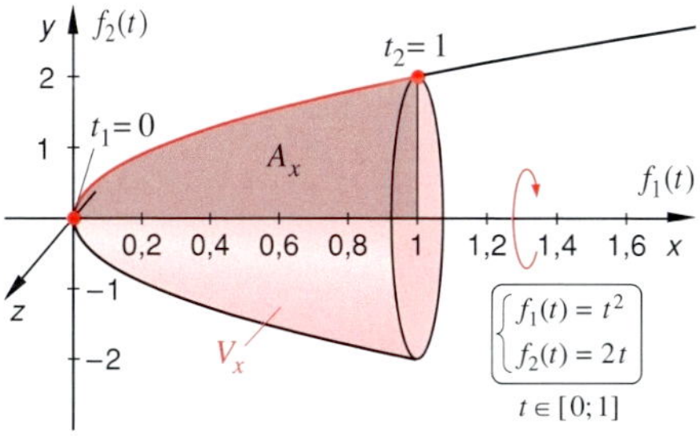

$$V_x = \pi \cdot \left| \int_{t_1}^{t_2} \left(\dot{f}_1(t) \cdot [f_2(t)]^2 \right) \mathrm{d}t \right|$$

► 0 für t_1; 1 für t_2; $f_1(t) = t^2 \Rightarrow \dot{f}_1(t) = 2t$; $f_2(t) = 2t$

$$V_x = \pi \cdot \left| \int_0^1 (2t \cdot 4t^2)\,\mathrm{d}t \right|$$

$$= 8\pi \cdot \left| \int_0^1 t^3\,\mathrm{d}t \right|$$

$$= 8\pi \cdot \left| \frac{1}{4} \cdot t^4 \Big|_0^1 \right|$$

$$= 8\pi \cdot \left| \frac{1}{4} \cdot 1^4 - \frac{1}{4} \cdot 0^4 \right|$$

$= \underline{\underline{6{,}28319}}$ ► Volumenmaßzahl im t-Intervall $[0;\, 1]$

31. $\begin{cases} f_1(t) = \cos t \\ f_2(t) = 2t \end{cases}$; $\left[0;\, \frac{\pi}{2}\right]$

Da die Funktion f_1 in $\left[0;\, \frac{\pi}{2}\right]$ streng monoton fallend und stetig differenzierbar ist, kann die Formel für V_x angewendet werden.

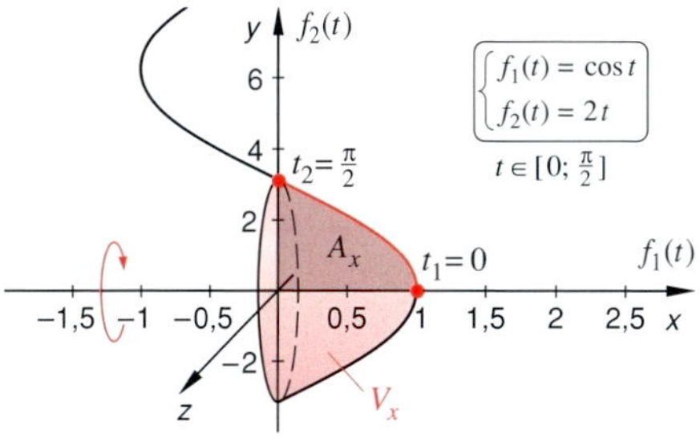

$\int_0^{\frac{\pi}{2}} (t^2 \cdot \sin t)\,\mathrm{d}t$ wird mithilfe der partiellen Integration berechnet. ► 2.5

► $u(t) = t^2$; $v'(t) = \sin t$ ► zweimal anwenden

$$V_x = \pi \cdot \left| \int_{t_1}^{t_2} \left(\dot{f}_1(t) \cdot [f_2(t)]^2 \right) \mathrm{d}t \right|$$

► 0 für t_1; $\frac{\pi}{2}$ für t_2; $f_1(t) = \cos t \Rightarrow \dot{f}_1(t) = -\sin t$; $f_2(t) = 2t$

$$V_x = \pi \cdot \left| \int_0^{\frac{\pi}{2}} (-\sin t \cdot 4t^2)\,\mathrm{d}t \right|$$

$$= 4\pi \cdot \left| \int_0^{\frac{\pi}{2}} (t^2 \cdot \sin t)\,\mathrm{d}t \right| \quad ► 2.5$$

$$= 4\pi \cdot \left| -t^2 \cdot \cos t + 2t \cdot \sin t + 2 \cdot \cos t \Big|_0^{\frac{\pi}{2}} \right|$$

$$= 4\pi \cdot \left| -\left(\frac{\pi}{2}\right)^2 \cdot \cos\frac{\pi}{2} + 2 \cdot \frac{\pi}{2} \cdot \sin\frac{\pi}{2} + 2 \cdot \cos\frac{\pi}{2} + \right.$$

$$\left. -\left(-0^2 \cdot \cos 0 + 2 \cdot 0 \cdot \sin 0 + 2 \cdot \cos 0\right) \right|$$

$$= 4\pi \cdot |-0 + \pi \cdot 1 + 2 \cdot 0 - (-0 + 2 \cdot 0 + 2)|$$

$= \underline{\underline{14{,}34568}}$ ► Volumenmaßzahl im t-Intervall $\left[0;\, \frac{\pi}{2}\right]$

297

32. $\begin{cases} f_1(t) = 0{,}25\,t - 2 \\ f_2(t) = 0{,}1\,t^2 \end{cases}$; $[-8;\,8]$

Da die Funktion f_1 in $[-8;\,8]$ streng monoton steigend und stetig differenzierbar ist, kann die Formel für V_x angewendet werden.

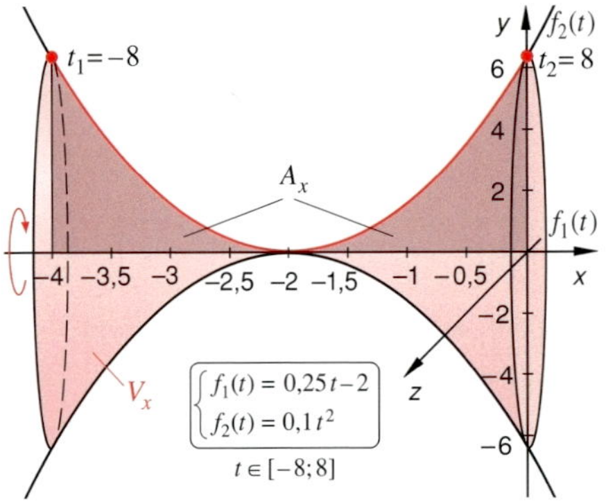

$$V_x = \pi \cdot \left| \int_{t_1}^{t_2} \left(\dot{f}_1(t) \cdot [f_2(t)]^2 \right) \mathrm{d}t \right|$$

► -8 für t_1; 8 für t_2

$f_1(t) = 0{,}25 \cdot t - 2 \Rightarrow \dot{f}_1(t) = 0{,}25;\, f_2(t) = 0{,}1\,t^2$

$$V_x = \pi \cdot \left| \int_{-8}^{8} \left(0{,}25 \cdot [0{,}1 \cdot t^2]^2 \right) \mathrm{d}t \right|$$

$$= 0{,}0025\,\pi \cdot \left| \int_{-8}^{8} t^4 \,\mathrm{d}t \right|$$

$$= 0{,}0025\,\pi \cdot \left| \frac{1}{5} \cdot t^5 \Big|_{-8}^{8} \right|$$

$$= 0{,}0025\,\pi \cdot \left| \frac{1}{5} \cdot 8^5 - \frac{1}{5} \cdot (-8)^5 \right|$$

$= \underline{\underline{102{,}94371}}$ ► Volumenmaßzahl im t-Intervall $[-8;\,8]$

33. $\begin{cases} f_1(t) = t \cdot \sqrt{t} \\ f_2(t) = \dfrac{1}{\sqrt{t}} \end{cases}$; $[1;\,4]$

Da die Funktion f_1 in $[1;\,4]$ streng monoton fallend und stetig differenzierbar ist, kann die Formel für V_x angewendet werden.

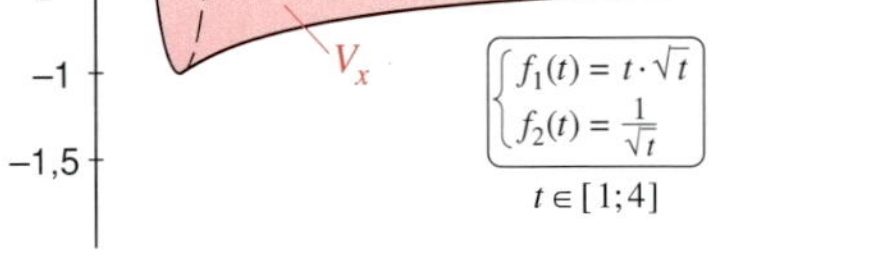

$$V_x = \pi \cdot \left| \int_{t_1}^{t_2} \left(\dot{f}_1(t) \cdot [f_2(t)]^2 \right) \mathrm{d}t \right|$$

► 1 für t_1; 4 für t_2

$f_1(t) = t \cdot \sqrt{t} = \sqrt{t^3} \Rightarrow \dot{f}_1(t) = \frac{3}{2} \cdot \sqrt{t};\, f_2(t) = \frac{1}{\sqrt{t}}$

$$= \pi \cdot \left| \int_{1}^{4} \left(\frac{3}{2} \cdot \sqrt{t} \cdot \frac{1}{t} \right) \mathrm{d}t \right|$$

$$= \frac{3}{2}\pi \cdot \left| \int_{1}^{4} \frac{1}{\sqrt{t}} \,\mathrm{d}t \right|$$

$$= \frac{3}{2}\pi \cdot \left| 2 \cdot \sqrt{t} \Big|_{1}^{4} \right|$$

$$= 3\pi \cdot |\sqrt{4} - \sqrt{1}|$$

$= \underline{\underline{9{,}42478}}$ ► Volumenmaßzahl im t-Intervall $[1;\,4]$

34. $\begin{cases} f_1(t) = t - \sin t \\ f_2(t) = 1 - \cos t \end{cases}; [0; 2\pi]$

Da die Funktion f_1 in $[0; 2\pi]$ streng monoton steigend und stetig differenzierbar ist, kann die Formel für V_x angewendet werden.

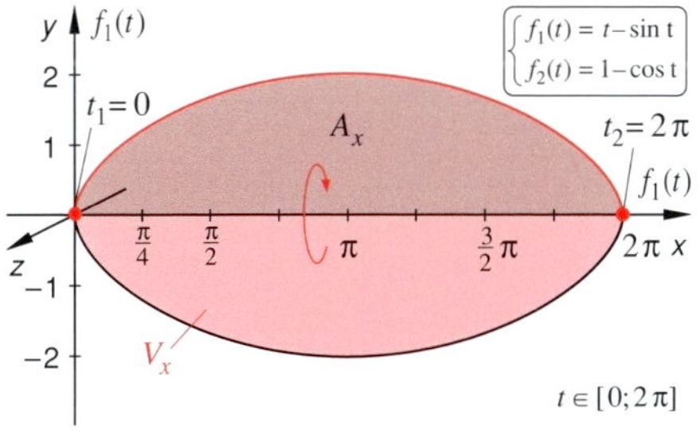

► $\int \cos^2 t \, dt = \frac{t}{2} + \frac{1}{4} \cdot \sin(2t) + c$ ► 2.4.1

► $\int \cos^3 t \, dt = \int [\cos^2 t \cdot \cos t] \, dt$

► $\cos^2 t = 1 - \sin^2 t$

$= \int [(1 - \sin^2 t) \cdot \cos t] \, dt$

$= \int [\cos t - \sin^2 t \cdot \cos t] \, dt$

$= \sin t - \frac{1}{3} \cdot \sin^3 t + c$ ► 2.4.3

$$V_x = \pi \cdot \left| \int_{t_1}^{t_2} \left(\dot{f}_1(t) \cdot [f_2(t)]^2 \right) dt \right|$$

► 0 für t_1; 2π für t_2

$f_1(t) = t - \sin t \Rightarrow \dot{f}_1(t) = 1 - \cos t; f_2(t) = 1 - \cos t$

$$V_x = \pi \cdot \left| \int_0^{2\pi} \left([1 - \cos t] \cdot [1 - \cos t]^2 \right) dt \right|$$

$$= \pi \cdot \left| \int_0^{2\pi} (1 - \cos t)^3 \, dt \right|$$

$$= \pi \cdot \left| \int_0^{2\pi} (1 - 3 \cdot \cos t + 3 \cdot \cos^2 t - \cos^3 t) \, dt \right|$$ ► 2.4.1; 2.5

$$= \pi \cdot \left| t - 3 \cdot \sin t + 3 \cdot \left[\frac{t}{2} + \frac{1}{4} \cdot \sin(2t) \right] + - \left[\sin t - \frac{1}{3} \cdot \sin^3 t \right] \Bigg|_0^{2\pi} \right|$$

$$= \pi \cdot \left| 2\pi - 3 \cdot \sin(2\pi) + 3 \cdot \left[\frac{2\pi}{2} + \frac{1}{4} \cdot \sin(4\pi) \right] + - \left[\sin(2\pi) - \frac{1}{3} \cdot \sin^3(2\pi) \right] - 0 \right|$$

$= \pi \cdot |5\pi|$

$= \underline{\underline{49{,}34802}}$ ► Volumenmaßzahl im t-Intervall $[0; 2\pi]$

● Inhalte von Rotationskörpern bei Rotation um die y-Achse

► **Lehrbuch: Kusch 4, S. 284…287**

Merke:

Ist eine Kurve durch eine Parameterdarstellung $\begin{cases} x = f_1(t) \\ y = f_2(t) \end{cases}; t \in D(f_1) \cap D(f_2)$ gegeben und rotiert die Fläche zwischen der Kurve und der y-Achse im Parameterintervall $[t_1; t_2]$ um die y-Achse, so gilt für das Volumen des Rotationskörpers:

$$\boldsymbol{V_y = \pi \cdot \left| \int_{t_1}^{t_2} ([f_1(t)]^2 \cdot \dot{f}_2(t)) \, dt \right|}$$

Hierbei wird vorausgesetzt, dass die Funktionen f_1 und f_2 im Parameterintervall $[t_1; t_2]$ streng monoton sind, die Kurve also der Graph einer streng monotonen und stetigen Funktion ist. Außerdem muss f_2 dort stetig differenzierbar sein. ► 3.1

Anmerkungen:

- Die Formel für V_y ist auch dann anwendbar, wenn die Funktionen f_1 und f_2 im t-Intervall $[t_1; t_2]$ abschnittsweise monoton sind. Die Kurve muss dann aber ganz rechts oder ganz links von der y-Achse liegen, d. h. es muss also $f_1(t) \geq 0$ oder $f_1(t) \leq 0$ in $[t_1; t_2]$ gelten.
- Wechselt aber die Funktion f_1 in $[t_1; t_2]$ ihr Vorzeichen, so ist die Berechnung eines Rotationsvolumens nur sinnvoll, wenn f_2 in $[t_1; t_2]$ streng monoton ist.

297 Berechnen Sie zu den in Parameterdarstellung gegebenen Kurven die Volumenmaßzahl des Rotationskörpers, der erzeugt wird, wenn die Fläche zwischen der Kurve und der y-Achse im angegebenen t-Intervall $[t_1; t_2]$ um die y-Achse rotiert. Zeichnen Sie jeweils die Kurve.

35. $\begin{cases} f_1(t) = \cosh t \\ f_2(t) = \sinh t \end{cases}; [-3; 3]$

f_1 ist in $[-3; 3]$ abschnittsweise monoton und f_2 ist dort streng monoton steigend sowie stetig differenzierbar. Daher kann die Formel für V_y angewendet werden.

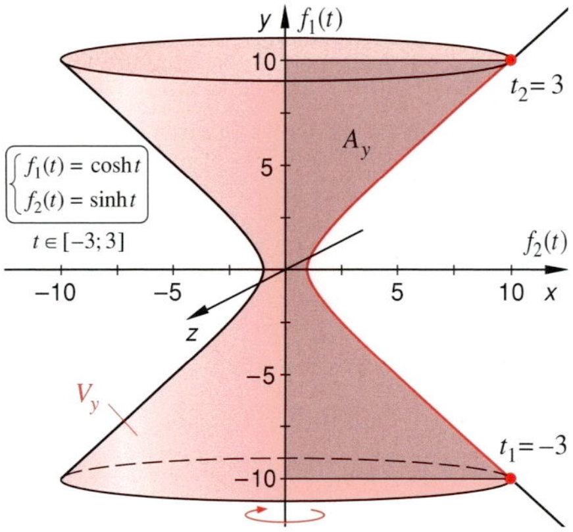

$$V_y = \pi \cdot \left| \int_{t_1}^{t_2} \left([f_1(t)]^2 \cdot \dot{f}_2(t) \right) \mathrm{d}t \right|$$

► -3 für t_1; 3 für t_2;

$f_1(t) = \cosh t; f_2(t) = \sinh t \Rightarrow \dot{f}_2(t) = \cosh t$

$$V_y = \pi \cdot \left| \int_{-3}^{3} \left([\cosh t]^2 \cdot \cosh t \right) \mathrm{d}t \right|$$

$$= \pi \cdot \left| \int_{-3}^{3} (\cosh t)^3 \,\mathrm{d}t \right| \quad ► \cosh t = \frac{e^t + e^{-t}}{2} \quad ► 4.1$$

$$= \pi \cdot \left| \int_{-3}^{3} \left(\frac{e^{3t} + 3 \cdot e^t + 3 \cdot e^{-t} + e^{-3t}}{8} \right) \mathrm{d}t \right|$$

$$= \frac{\pi}{8} \cdot \left| \frac{1}{3} \cdot e^{3t} + 3 \cdot e^t - 3 \cdot e^{-t} - \frac{1}{3} \cdot e^{-3t} \Big|_{-3}^{3} \right|$$

$$= \frac{\pi}{8} \cdot \left| \frac{1}{3} \cdot e^9 + 3 \cdot e^3 - 3 \cdot e^{-3} - \frac{1}{3} \cdot e^{-9} + \right.$$

$$\left. - \frac{1}{3} \cdot e^{-9} - 3 \cdot e^{-3} + 3 \cdot e^3 + \frac{1}{3} \cdot e^9 \right|$$

$= \underline{\underline{2168{,}59050}}$ ► Volumenmaßzahl im t-Intervall $[-3; 3]$

36. $\begin{cases} f_1(t) = \cos t \\ f_2(t) = 2 \cdot \sin t \end{cases}; \left[0; \frac{\pi}{2}\right]$

f_1 ist in $\left[0; \frac{\pi}{2}\right]$ streng monoton fallend und f_2 ist dort streng monoton steigend sowie stetig differenzierbar. Daher kann die Formel für V_y angewendet werden.

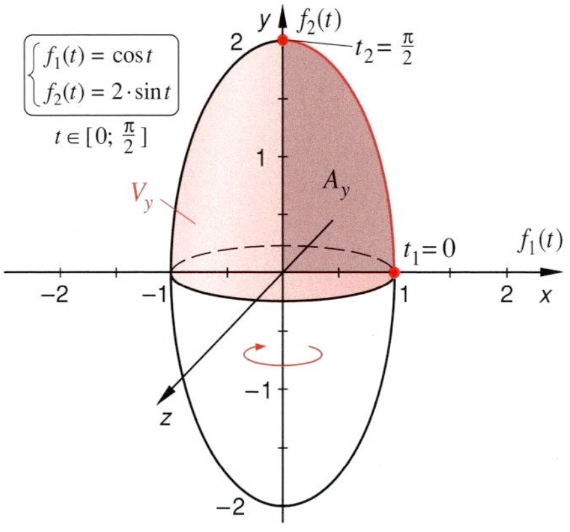

$$V_y = \pi \cdot \left| \int_{t_1}^{t_2} \left([f_1(t)]^2 \cdot \dot{f}_2(t) \right) \mathrm{d}t \right|$$

► 0 für t_1; $\frac{\pi}{2}$ für t_2

$f_1(t) = \cos t; f_2(t) = 2 \cdot \sin t \Rightarrow \dot{f}_2(t) = 2 \cdot \cos t$

$$V_y = \pi \cdot \left| \int_{0}^{\frac{\pi}{2}} \left([\cos t]^2 \cdot 2 \cos t \right) \mathrm{d}t \right|$$

$$= 2\pi \cdot \left| \int_{0}^{\frac{\pi}{2}} \cos^3 t \,\mathrm{d}t \right| \quad ► 2.5$$

$$= 2\pi \cdot \left| \int_{0}^{\frac{\pi}{2}} \left[(1 - \sin^2 t) \cdot \cos t \right] \mathrm{d}t \right|$$

$$= 2\pi \cdot \left| \sin t - \frac{1}{3} \cdot \sin^3 t \Big|_{0}^{\frac{\pi}{2}} \right|$$

$$= 2\pi \cdot \left| \sin \frac{\pi}{2} - \frac{1}{3} \cdot \sin^3 \frac{\pi}{2} - 0 \right| \quad ► \sin \frac{\pi}{2} = 1$$

$= \underline{\underline{4{,}18879}}$ ► Volumenmaßzahl im t-Intervall $\left[0; \frac{\pi}{2}\right]$

297

37. $\begin{cases} f_1(t) = \sqrt{t} \\ f_2(t) = \ln t + 1 \end{cases}$; $[1; 2]$

f_1 ist in $[1; 2]$ streng monoton steigend und f_2 ist dort streng monoton steigend sowie stetig differenzierbar. Daher kann die Formel für V_y angewendet werden.

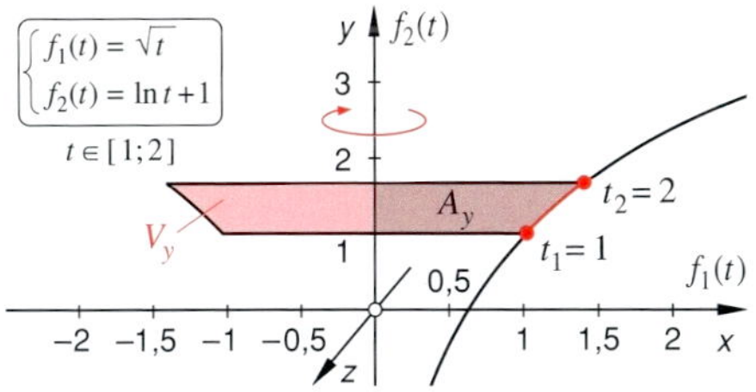

$$V_y = \pi \cdot \left| \int_{t_1}^{t_2} \left([f_1(t)]^2 \cdot \dot{f}_2(t) \right) \mathrm{d}t \right|$$

► 1 für t_1; 2 für t_2

$$f_1(t) = \sqrt{t}; f_2(t) = \ln t + 1 \Rightarrow \dot{f}_2(t) = \frac{1}{t}$$

$$V_y = \pi \cdot \left| \int_1^2 \left([\sqrt{t}]^2 \cdot \frac{1}{t} \right) \mathrm{d}t \right|$$

$$= \pi \cdot \left| \int_1^2 1 \, \mathrm{d}t \right|$$

$$= \pi \cdot \left| t \Big|_1^2 \right|$$

$$= \underline{\underline{3{,}14159}}$$ ► Volumenmaßzahl im t-Intervall $[1; 2]$

38. $\begin{cases} f_1(t) = t \cdot \sqrt{t} \\ f_2(t) = \dfrac{1}{\sqrt{t}} + 4 \end{cases}$; $[1; 4]$

f_1 ist in $[1; 4]$ streng monoton steigend und f_2 ist dort streng monoton fallend sowie stetig differenzierbar. Daher kann die Formel für V_y angewendet werden.

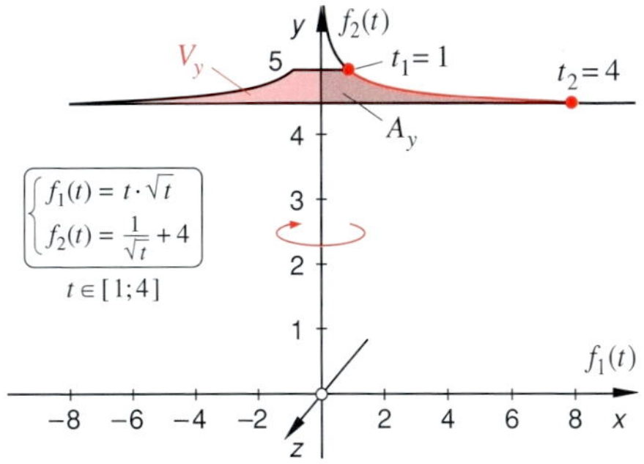

$$V_y = \pi \cdot \left| \int_{t_1}^{t_2} \left([f_1(t)]^2 \cdot \dot{f}_2(t) \right) \mathrm{d}t \right|$$

► 1 für t_1; 4 für t_2

$$f_1(t) = t \cdot \sqrt{t}; f_2(t) = \frac{1}{\sqrt{t}} \Rightarrow \dot{f}_2(t) = -\frac{1}{2} \cdot t^{-\frac{3}{2}}$$

$$V_y = \pi \cdot \left| \int_1^4 \left([t \cdot \sqrt{t}]^2 \left(-\frac{1}{2} t^{-\frac{3}{2}} \right) \right) \mathrm{d}t \right|$$

$$= \frac{\pi}{2} \cdot \left| \int_1^4 t^{\frac{3}{2}} \, \mathrm{d}t \right|$$

$$= \frac{\pi}{2} \cdot \left| \frac{2}{5} \cdot t^{\frac{5}{2}} \Big|_1^4 \right|$$

$$= \frac{\pi}{2} \cdot \left| \frac{2}{5} \cdot \left(4^{\frac{5}{2}} - 1^{\frac{5}{2}} \right) \right|$$ ► $4^{\frac{5}{2}} = 2^5 = 32$

$$= \frac{\pi}{5} \cdot 31$$

$$= \underline{\underline{19{,}47787}}$$ ► Volumenmaßzahl im t-Intervall $[1; 4]$

297

39. $\begin{cases} f_1(t) = \sqrt{t} \\ f_2(t) = e^t \end{cases}; [1; 2]$

f_1 ist in $[1; 2]$ streng monoton steigend und f_2 ist dort streng monoton steigend sowie stetig differenzierbar. Daher kann die Formel für V_y angewendet werden.

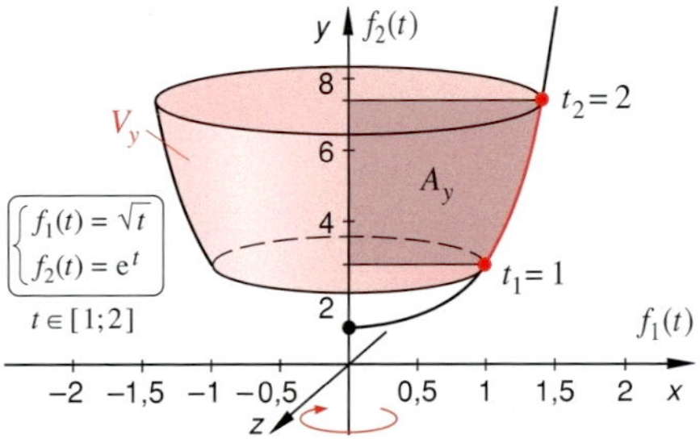

$$V_y = \pi \cdot \left| \int_{t_1}^{t_2} \left([f_1(t)]^2 \cdot \dot{f}_2(t) \right) \mathrm{d}t \right|$$

► 1 für t_1; 2 für t_2

$f_1(t) = \sqrt{t}; f_2(t) = e^t \Rightarrow \dot{f}_2(t) = e^t$

$$V_y = \pi \cdot \left| \int_1^2 \left(\left[\sqrt{t}\right]^2 \cdot e^t \right) \mathrm{d}t \right|$$

$$= \pi \cdot \left| \int_1^2 (t \cdot e^t)\,\mathrm{d}t \right| \quad \blacktriangleright 2.5$$

$$= \pi \cdot \left| t \cdot e^t - e^t \Big|_1^2 \right|$$

$$= \pi \cdot |2 \cdot e^2 - e^2 - 1 \cdot e^1 + e^1|$$

$$= \pi \cdot e^2$$

$$= \underline{\underline{23{,}21340}}$$ ► Volumenmaßzahl im t-Intervall $[1; 2]$

40. $\begin{cases} f_1(t) = 2t^2 \\ f_2(t) = \ln t \end{cases}; [1; 2]$

f_1 ist in $[1; 2]$ streng monoton steigend und f_2 ist dort streng monoton steigend sowie stetig differenzierbar. Daher kann die Formel für V_y angewendet werden.

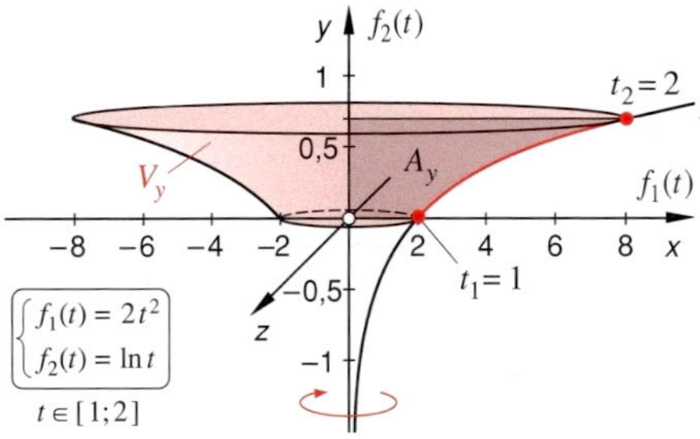

$$V_y = \pi \cdot \left| \int_{t_1}^{t_2} \left([f_1(t)]^2 \cdot \dot{f}_2(t) \right) \mathrm{d}t \right|$$

► 1 für t_1; 2 für t_2

$f_1(t) = 2t^2; f_2(t) = \ln t \Rightarrow \dot{f}_2(t) = \frac{1}{t}$

$$V_y = \pi \cdot \left| \int_1^2 \left([2t^2]^2 \cdot \frac{1}{t}\,\mathrm{d}t \right) \right|$$

$$= \pi \cdot \left| \int_1^2 4t^3\,\mathrm{d}t \right|$$

$$= \pi \cdot \left| t^4 \Big|_1^2 \right|$$

$$= 15\pi$$

$$= \underline{\underline{47{,}12389}}$$ ► Volumenmaßzahl im t-Intervall $[1; 2]$

41. Berechnen Sie die Volumenmaßzahl des Körpers, der erzeugt wird, wenn die durch die Parameterdarstellung $\begin{cases} f_1(t) = \cos t \\ f_2(t) = \cos^2 t \cdot \sin t \end{cases}$; $t \in \left[0; \frac{\pi}{2}\right] \cup \left[\frac{3}{2}\pi; 2\pi\right]$ gegebene Kurve um die y-Achse rotiert. 297

Die Kurve liegt achsensymmetrisch zur x-Achse, denn für alle $t \in \mathbb{R}$ gilt:

$f_1(t) = f_1(2\pi - t)$ und $f_2(t) = -f_2(2\pi - t)$

Daher sind die Volumenmaßzahlen in $\left[0; \frac{\pi}{2}\right]$ sowie $\left[\frac{3}{2}\pi; 2\pi\right]$ gleich. Es wird deshalb nur die Volumenmaßzahl in $\left[0; \frac{\pi}{2}\right]$ berechnet und das Ergebnis verdoppelt.

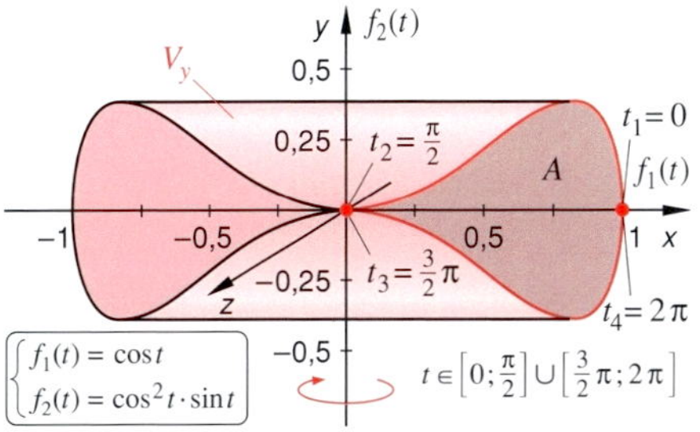

► $\int \cos^3 t \, dt = \int (\cos^2 t \cdot \cos t) \, dt$ ► $\cos^2 t = 1 - \sin^2 t$

$= \int (\cos t - \sin^2 t \cdot \cos t) \, dt$ ► 2.4.3

$= \sin t - \frac{1}{3} \cdot \sin^3 t + c_1$

► $\int \cos^5 t \, dt = \int \left[(\cos^2 t)^2 \cdot \cos t\right] dt$ ► $\cos^2 t = 1 - \sin^2 t$

$= \int [(1 - \sin^2 t)^2 \cdot \cos t] \, dt$

$= \int (\cos t - 2 \cdot \sin^2 t \cdot \cos t + \sin^4 t \cdot \cos t) \, dt$

$= \sin t - \frac{2}{3} \cdot \sin^3 t + \frac{1}{5} \cdot \sin^5 t + c_2$ ► 2.4.3

$$V_y = 2 \cdot \pi \cdot \left| \int_{t_1}^{t_2} \left([f_1(t)]^2 \cdot \dot{f}_2(t) \right) dt \right|$$

► 0 für t_1; $\frac{\pi}{2}$ für t_2

$f_1(t) = \cos t$

$f_2(t) = \cos^2 t \cdot \sin t$

$\Rightarrow \dot{f}_2(t) = -2 \cdot \cos t \cdot \sin^2 t + \cos^3 t$ ► $\sin^2 t = 1 - \cos^2 t$

$= -2 \cdot \cos t + 3 \cdot \cos^3 t$

$$V_y = 2 \cdot \pi \cdot \left| \int_0^{\frac{\pi}{2}} \left([\cos t]^2 \cdot (-2 \cdot \cos t + 3 \cdot \cos^3 t) \right) dt \right|$$

$$= 2\pi \cdot \left| \int_0^{\frac{\pi}{2}} \left(-2 \cdot \cos^3 t + 3 \cdot \cos^5 t \right) dt \right|$$ ► 2.5

$$= 2\pi \cdot \left| -2 \cdot \int_0^{\frac{\pi}{2}} \cos^3 t \, dt + 3 \cdot \int_0^{\frac{\pi}{2}} \cos^5 t \, dt \right|$$

$$= 2\pi \cdot \left| -2 \cdot \left(\sin t - \tfrac{1}{3} \cdot \sin^3 t\right) \Big|_0^{\frac{\pi}{2}} + \right.$$

$$\left. + 3 \cdot \left(\sin t - \tfrac{2}{3} \cdot \sin^3 t + \tfrac{1}{5} \cdot \sin^5 t\right) \Big|_0^{\frac{\pi}{2}} \right|$$

$$= 2\pi \cdot \left| -2 \cdot \left(\sin \tfrac{\pi}{2} - \tfrac{1}{3} \cdot \sin^3 \tfrac{\pi}{2}\right) + 2 \cdot 0 + \right.$$

$$\left. + 3 \cdot \left(\sin \tfrac{\pi}{2} - \tfrac{2}{3} \cdot \sin^3 \tfrac{\pi}{2} + \tfrac{1}{5} \cdot \sin^5 \tfrac{\pi}{2}\right) - 3 \cdot 0 \right|$$

$$= 2\pi \cdot \frac{4}{15} = \underline{\underline{1{,}67552}}$$ ► Volumenmaßzahl in den t-Intervallen $\left[0; \frac{\pi}{2}\right]$ und $\left[\frac{3}{2}\pi; 2\pi\right]$

297 **42.** Berechnen Sie das Volumen eines Körpers, der erzeugt wird, wenn eine Zykloidenkurve mit $\begin{cases} f_1(t) = a \cdot (t - \sin t) \\ f_2(t) = a \cdot (1 - \cos t) \end{cases}$; $a > 0$ in $t \in [0; 2\pi)$ um die y-Achse rotiert.

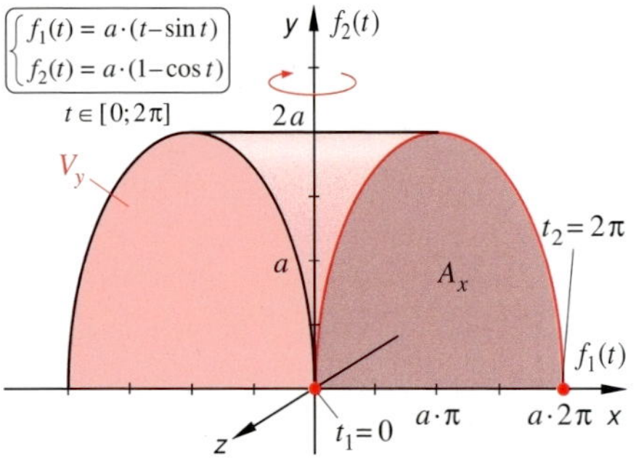

► $\int (t^2 \cdot \sin t)\,dt = -t^2 \cdot \cos t + 2t \cdot \sin t + 2 \cdot \cos t + c_1$ ► 2.5

► $\int (t \cdot \sin^2 t)\,dt = \frac{t^2}{4} - \frac{t}{4} \cdot \sin(2t) - \frac{1}{8} \cdot \cos(2t) + c$ ► 2.5; 2.4.1

► $\int \sin^3 t\,dt = \int \left[\sin^2 t \cdot \sin t\right] dt$ ► $\sin^2 t = 1 - \cos^2 t$

$$= \int [(1 - \cos^2 t) \cdot \sin t]\,dt$$

$$= \int [\sin t - \cos^2 t \cdot \sin t]\,dt$$

$$= -\cos t + \frac{1}{3} \cdot \cos^3 t + c$$ ► 2.5

► $\cos(2\pi) = \cos 0 = 1;\ \sin(2\pi) = \sin(4\pi) = 0$

$$V_y = \pi \cdot \left| \int_{t_1}^{t_2} \left([f_1(t)]^2 \cdot \dot{f}_2(t) \right) dt \right|$$

► 0 für t_1; 2π für t_2

$f_1(t) = a \cdot (t - \sin t); f_2(t) = a \cdot (1 - \cos t) \Rightarrow \dot{f}_2(t) = a \cdot \sin t$

$$V_y = \pi \cdot \left| \int_0^{2\pi} \left([a \cdot (t - \sin t)]^2 \cdot (a \cdot \sin t) \right) dt \right|$$

$$= \pi \cdot \left| \int_0^{2\pi} \left(a^3 \cdot [t^2 - 2t \cdot \sin t + \sin^2 t] \cdot \sin t \right) dt \right|$$

$$= \pi \cdot a^3 \left| \int_0^{2\pi} (t^2 \cdot \sin t - 2t \cdot \sin^2 t + \sin^3 t)\,dt \right|$$

$$= \pi \cdot a^3 \left| -t^2 \cdot \cos t + 2t \cdot \sin t + 2 \cdot \cos t \Big|_0^{2\pi} + \right.$$
$$- 2 \cdot \left(\frac{t^2}{4} - \frac{t}{4} \cdot \sin(2t) - \frac{1}{8} \cdot \cos(2t) \Big|_0^{2\pi} \right)$$
$$\left. + \left(-\cos t + \frac{1}{3} \cdot \cos^3 t \Big|_0^{2\pi} \right) \right|$$

$$= \pi \cdot a^3 \cdot \Big| -(2\pi)^2 \cdot \cos(2\pi) + 2\pi \cdot \sin(2\pi) + 2 \cdot \cos(2\pi) - 2 \cdot \cos 0 +$$
$$-2 \cdot \left(\frac{(2\pi)^2}{4} - \frac{2\pi}{4} \sin(4\pi) - \frac{1}{8} \cdot \cos(4\pi) + \frac{1}{8} \cdot \cos 0 \right) +$$
$$+ \left(-\cos(2\pi) + \frac{1}{3} \cdot \cos^3(2\pi) + \cos 0 - \frac{1}{3} \cdot \cos^3 0 \right) \Big|$$

$$= \pi \cdot a^3 \cdot |-6\pi^2|$$

$$= \underline{\underline{186{,}03766 \cdot a^3}}$$ ► Volumenterm im t-Intervall $[0; 2\pi]$

43. Berechnen Sie die Volumenmaßzahl des Körpers, der erzeugt wird, wenn die durch die Parameterdarstellungen $\begin{cases} f_1(t) = 2\cdot\cos t \\ f_2(t) = 4\cdot\sin t + 3\cdot\sqrt{2} \end{cases}$; $t \in \left[\frac{3}{2}\pi; \frac{9}{4}\pi\right]$ und $\begin{cases} f_3(t) = t \\ f_4(t) = -2t + 7\cdot\sqrt{2} \end{cases}$; $t \in \left[0; \sqrt{2}\right]$ gegebenen Kurven um die y-Achse rotieren.

Die Parameterfunktionen beider Kurven erfüllen in den angegebenen t-Intervallen die Voraussetzungen zur Anwendung der Volumenformel für V_y.

► f_1 ist in $\left[\frac{3}{2}\pi; \frac{9}{4}\pi\right]$ abschnittsweise monoton

► f_2 ist in $\left[\frac{3}{2}\pi; \frac{9}{4}\pi\right]$ streng monoton steigend und dort stetig differenzierbar.

► f_3 ist in $\left[0; \sqrt{2}\right]$ streng monoton steigend.

► f_4 ist in $\left[0; \sqrt{2}\right]$ streng monoton fallend und dort stetig differenzierbar.

Der Körper setzt sich aus zwei Teilkörpern mit den Volumenmaßzahlen $V_{y;\,1}$ (► erste Kurve) und $V_{y;\,2}$ (► zweite Kurve) zusammen.

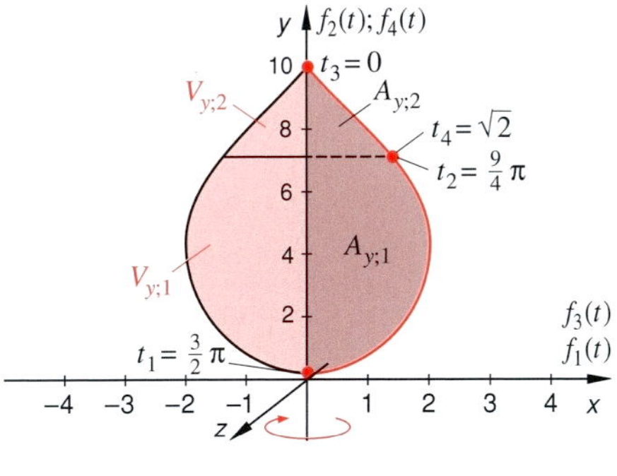

Addiert man die Volumenmaßzahlen $V_{y;\,1}$ und $V_{y;\,2}$, so erhält man die Volumenmaßzahl des zusammengesetzten Körpers.

● $V_{y;\,1} = \pi\cdot\left|\int\limits_{t_1}^{t_2}\left([f_1(t)]^2\cdot\dot{f}_2(t)\right)\mathrm{d}t\right|$

► $\frac{3}{2}\pi$ für t_1; $\frac{9}{4}\pi$ für t_2

$f_1(t) = 2\cdot\cos t; f_2(t) = 4\cdot\sin t + 3\sqrt{2} \Rightarrow \dot{f}_2(t) = 4\cdot\cos t$

$$V_{y;\,1} = \pi\cdot\left|\int\limits_{\frac{3}{2}\pi}^{\frac{9}{4}\pi}\left([2\cdot\cos t]^2\cdot(4\cdot\cos t)\right)\mathrm{d}t\right|$$

$$= 16\pi\cdot\left|\int\limits_{\frac{3}{2}\pi}^{\frac{9}{4}\pi}\cos^3 t\,\mathrm{d}t\right| \quad \text{► Aufgabe 71}$$

$$= 16\pi\cdot\left|\sin t - \frac{1}{3}\cdot\sin^3 t\,\right|_{\frac{3}{2}\pi}^{\frac{9}{4}\pi}$$

$$= 16\pi\cdot\left|\sin\frac{9\pi}{4} - \frac{1}{3}\cdot\sin^3\frac{9\pi}{4} - \sin\frac{3\pi}{2} + \frac{1}{3}\cdot\sin^3\frac{3\pi}{2}\right|$$

► $\sin\frac{9\pi}{4} = \frac{1}{2}\cdot\sqrt{2}$; $\sin\frac{3\pi}{2} = -1$

$$= 16\pi\cdot\left|\tfrac{1}{2}\cdot\sqrt{2} - \tfrac{1}{3}\cdot\left(\tfrac{1}{2}\cdot\sqrt{2}\right)^3 - (-1) + \tfrac{1}{3}\cdot(-1)^3\right|$$

$$= \underline{16\pi\cdot\left(\tfrac{5}{12}\cdot\sqrt{2} + \tfrac{2}{3}\right)}$$

● $V_{y;\,2} = \pi\cdot\left|\int\limits_{t_3}^{t_4}\left([f_3(t)]^2\cdot\dot{f}_4(t)\right)\mathrm{d}t\right|$

► 0 für t_3; $\sqrt{2}$ für t_4

$f_3(t) = t; f_4(t) = -2t + 7\cdot\sqrt{2} \Rightarrow \dot{f}_4(t) = -2$

$$V_{y;\,2} = \pi\cdot\left|\int\limits_0^{\sqrt{2}}\left([t]^2\cdot(-2)\right)\mathrm{d}t\right|$$

$$= 2\pi\cdot\left|\int\limits_0^{\sqrt{2}} t^2\,\mathrm{d}t\right| = 2\pi\cdot\left|\frac{1}{3}\cdot t^3\,\right|_0^{\sqrt{2}}$$

$$= \underline{\frac{4}{3}\cdot\sqrt{2}\cdot\pi}$$

● $V = V_{y;\,1} + V_{y;\,2}$

$$= 16\pi\cdot\left(\frac{5}{12}\cdot\sqrt{2} + \frac{2}{3}\right) + \frac{4}{3}\cdot\sqrt{2}\cdot\pi$$

$$= \underline{\underline{69{,}05339}}$$ ► Volumenmaßzahl des Gesamtkörpers

Rauminhalte – Kurven in Polarkoordinatendarstellung

▶ **Lehrbuch: Kusch 4, S. 287…299**

Ist eine Kurve in Polarkoordinatendarstellung $F: \varphi \mapsto F(\varphi);\ \varphi \in D(F)$ gegeben (▶ Kusch 3; 1.1.10), so wird im Intervall $[\varphi_1\,;\varphi_2]$ von der Kurve sowie den beiden Polarradien $F(\varphi_1)$ und $F(\varphi_2)$ eine Fläche mit dem Inhalt A_p eingeschlossen.

Projiziert man das Polarkoordinatensystem in ein rechtwinkliges Koordinatensystem, sodass sich die Koordinatenursprünge sowie Polstrahl und x-Achse decken, dann sind für das Intervall $[\varphi_1\,;\varphi_2]$ zwei weitere Flächen von Bedeutung. Die Fläche mit dem Inhalt A_x liegt zwischen $G(F)$ und der x-Achse, die Fläche mit dem Inhalt A_y zwischen $G(F)$ und der y-Achse.

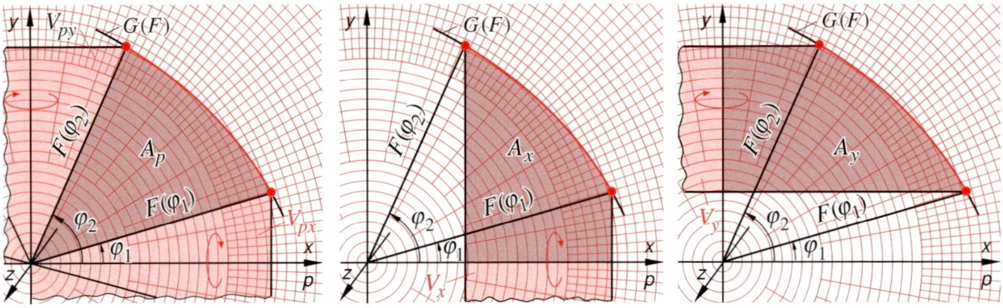

Rotieren die Flächen mit den Inhalten A_x bzw. A_y jeweils um die Bezugsachse, so werden Rotationskörper mit den Rauminhalten V_x bzw. V_y erzeugt. Die Rotation der Sektorfläche mit dem Inhalt A_p erzeugt bei Rotation um die x-Achse einen Körper mit dem Rauminhalt V_{px}, bei Rotation um die y-Achse einen Körper mit dem Rauminhalt V_{py}.

Berechnung des Rotationsvolumens V_x

Merke:

Ist eine Kurve in Polarkoordinatendarstellung $F: \varphi \rightarrow F(\varphi);\ \varphi \in D(F)$ gegeben und rotiert die Fläche zwischen der Kurve und der x-Achse im Intervall $[\varphi_1;\varphi_2] \subseteq D(F)$ um die x-Achse, so gilt für das Volumen des erzeugten Rotationskörpers:

$$V_x = \pi \cdot \left| \frac{1}{3} \cdot [F(\varphi)]^3 \cdot \cos\varphi \cdot \sin^2\varphi \,\Big|_{\varphi_1}^{\varphi_2} - \frac{2}{3} \cdot \int\limits_{\varphi_1}^{\varphi_2} \left([F(\varphi)]^3 \cdot \sin\varphi\right) \mathrm{d}\,\varphi \right|$$

Da die vorstehende Formel aus der Formel für V_x bei Kurven in Parameterdarstellung hergeleitet worden ist, müssen bei $F(\varphi) \cdot \cos\varphi$ die Bedingungen für $f_1(\varphi)$ beachtet werden, und zwar gilt:

- $f_1 : f_1(\varphi) = F(\varphi) \cdot \cos\varphi;\ D(f_1) = D(F)$ ist in $[\varphi_1;\varphi_2]$ streng monoton und stetig differenzierbar. Es muss also die Funktion F in $[\varphi_1\,;\varphi_2]$ stetig differenzierbar sein.
- Ist die Funktion f_1 in $[\varphi_1;\varphi_2]$ aber abschnittsweise monoton, so kann man die Formel für V_x nur dann anwenden, wenn die Kurve ganz oberhalb oder ganz unterhalb der x-Achse liegt.

Berechnung des Rotationsvolumens V_y

Merke:

Ist eine Kurve in Polarkoordinatendarstellung $F: \varphi \to F(\varphi);\, \varphi \in D(F)$ gegeben und rotiert die Fläche zwischen der Kurve und der y-Achse im Intervall $[\varphi_1; \varphi_2] \subseteq D(F)$ um die y-Achse, so gilt für das Volumen des erzeugten Rotationskörpers:

$$V_y = \pi \cdot \left| \frac{1}{3} \cdot [F(\varphi)]^3 \cdot \cos^2 \cdot \sin\varphi \Big|_{\varphi_1}^{\varphi_2} + \frac{2}{3} \cdot \int_{\varphi_1}^{\varphi_2} (F(\varphi)]^3 \cdot \cos\varphi)\,\mathrm{d}\varphi \right|$$

Da die vorstehende Formel aus der Formel für V_y bei Kurven in Parameterdarstellung hergeleitet worden ist, müssen bei $F(\varphi) \cdot \sin\varphi$ die Bedingungen für $f_2(\varphi)$ beachtet werden, und zwar gilt:

- $f_2 : f_2(\varphi) = F(\varphi) \cdot \sin\varphi;\ D(f_2) = D(F)$ ist in $[\varphi_1; \varphi_2]$ streng monoton und stetig differenzierbar. Es muss also die Funktion F in $[\varphi_1; \varphi_2]$ stetig differenzierbar sein.
  Die Funktion $f_1 : f_1(\varphi) = F(\varphi) \cdot \cos\varphi;\ D(f_1) = D(F)$ ist in $[\varphi_1; \varphi_2]$ abschnittsweise monoton.
- Ist die Funktion f_2 in $[\varphi_1; \varphi_2]$ aber abschnittsweise monoton, so kann man die Formel für V_y nur dann anwenden, wenn die Kurve ganz rechts oder ganz links von der y-Achse liegt.

Berechnung der Rotationsvolumina V_{px} und V_{py}

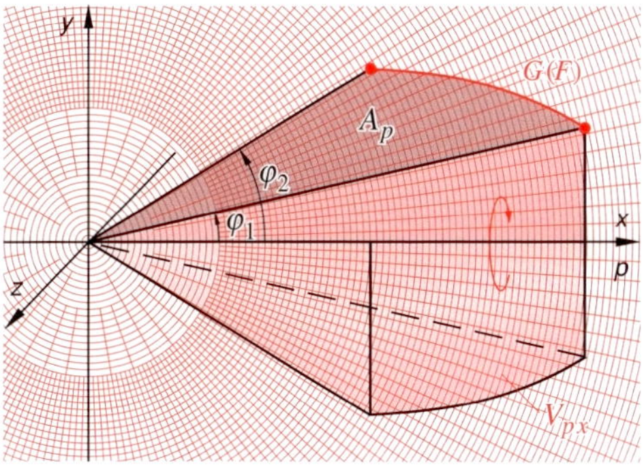

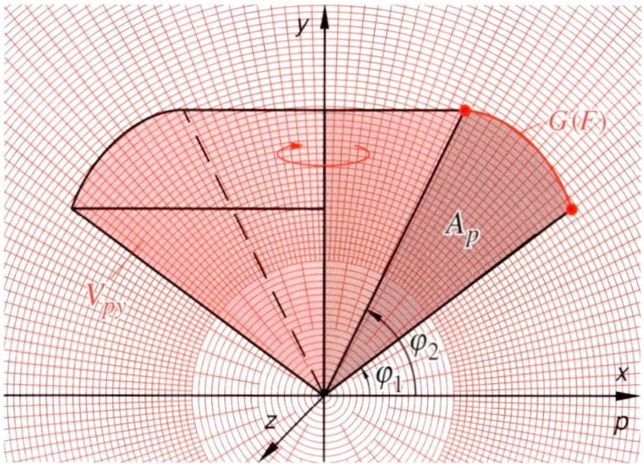

Merke:

Ist eine Kurve in Polarkoordinatendarstellung $F: \varphi \mapsto F(\varphi);\, \varphi \in D(F)$ gegeben und rotiert die Fläche zwischen der Kurve und den beiden Polarstrahlen im Intervall $[\varphi_1; \varphi_2]$ um die x-Achse bzw. um die y-Achse, so gilt für das Volumen der Rotationskörper:

- $V_{px} = \frac{2}{3} \cdot \left| \int_{\varphi_1}^{\varphi_2} \left([F(\varphi)]^3 \cdot \sin\varphi\right) \mathrm{d}\varphi \right|$ ► Volumen bei Rotation um die x-Achse
- $V_{py} = \frac{2}{3}\pi \cdot \left| \int_{\varphi_1}^{\varphi_2} \left([F(\varphi)]^3 \cdot \cos\varphi\right) \mathrm{d}\varphi \right|$ ► Volumen bei Rotation um die x-Achse

Anmerkung:

Bei Rotation um die x-Achse darf die Fläche zwischen der Kurve und den Polarradien nur oberhalb bzw. nur unterhalb der x-Achse liegen und bei Rotation um die y-Achse nur links bzw. nur rechts von der y-Achse.

297

Berechnen Sie zu den in Polarkoordinatendarstellung gegebenen Funktionsgleichungen die Volumenmaßzahlen V_x; V_y; V_{px} und V_{py} im angegebenen Intervall $[\varphi_1; \varphi_2]$. Zeichnen Sie jeweils die Kurve.

44. $F(\varphi) = 2$; $I_x = I_{px} = [0; \pi]$; $I_y = I_{py} = [0; \frac{\pi}{2}]$

Berechnung von V_x und V_{px}

Durch $F(\varphi) = 2$; $\varphi \in [0; \pi]$ wird ein Halbkreis mit dem Mittelpunkt $M\langle 0 | 0 \rangle$ und mit dem Radius 2 beschrieben. Rotiert diese Halbkreisfläche um die x-Achse, so entsteht eine Kugel.

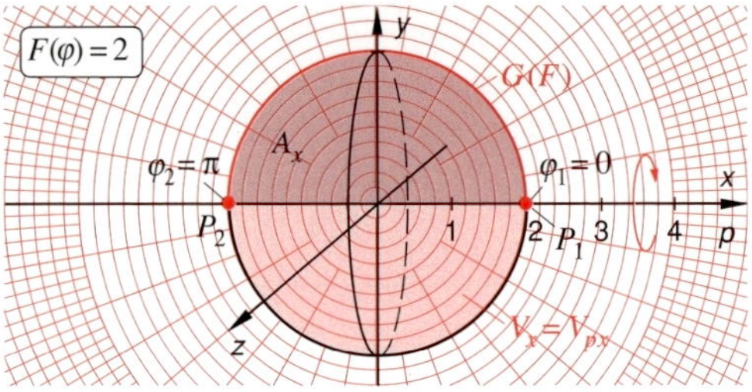

Da die Punkte P_1 und P_2 auf der x-Achse liegen, gilt $V_x = V_{px}$. Weil die Fläche zwischen Kurve und den Polarradien nur oberhalb der x-Achse liegt, darf man die Formel für V_{px} anwenden.

$$V_x = V_{px} = \frac{2}{3}\pi \cdot \left| \int_{\varphi_1}^{\varphi_2} \left([F(\varphi)]^3 \cdot \sin\varphi \right) \mathrm{d}\varphi \right|$$

► 0 für φ_1; π für φ_2; $F(\varphi) = 2$

$$= \frac{2}{3}\pi \cdot \left| \int_0^{\pi} \left([2]^3 \cdot \sin\varphi \right) \mathrm{d}\varphi \right|$$

$$= \frac{2}{3}\pi \cdot 8 \cdot \left| \int_0^{\pi} \sin\varphi \, \mathrm{d}\varphi \right|$$

$$= \frac{16}{3}\pi \cdot \left| \cdot \cos\varphi \Big|_0^{\pi} \right|$$

► $\cos\pi = -1$; $\cos 0 = 1$

$$= \frac{16}{3}\pi \cdot |-\cos\pi + \cos 0|$$

$$= \underline{\underline{33{,}51032}}$$

► Volumenmaßzahl V_x bzw. V_{px} im Intervall $[0; \pi]$

Berechnung von V_y und V_{py}

Durch $F(\varphi) = 2$; $\varphi \in [0; \frac{\pi}{2}]$ wird ein Viertelkreis mit dem Mittelpunkt $M\langle 0 | 0 \rangle$ und dem Radius 2 beschrieben. Rotiert diese Viertelkreisfläche um die y-Achse, so wird eine Halbkugel erzeugt.

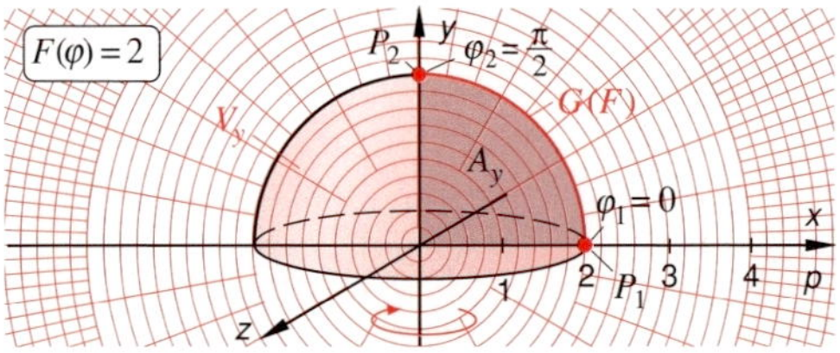

Da der Punkt P_1 auf der x-Achse und der Punkt P_2 auf der y-Achse liegt, gilt $V_y = V_{py}$. Da die Fläche zwischen Kurve und den Polarradien nur rechts von der y-Achse liegt, darf man die Formel für V_{py} anwenden.

$$V_y = V_{py} = \frac{2}{3}\pi \cdot \left| \int_{\varphi_1}^{\varphi_2} \left([F(\varphi)]^3 \cdot \cos\varphi \right) \mathrm{d}\varphi \right|$$

► 0 für φ_1; $\frac{\pi}{2}$ für φ_2; $F(\varphi) = 2$

$$= \frac{2}{3}\pi \cdot \left| \int_0^{\frac{\pi}{2}} \left([2]^3 \cdot \cos\varphi \right) \mathrm{d}\varphi \right|$$

$$= \frac{2}{3}\pi \cdot 8 \cdot \left| \int_0^{\frac{\pi}{2}} \cos\varphi \, \mathrm{d}\varphi \right|$$

$$= \frac{16}{3}\pi \cdot \sin\varphi \Big|_0^{\frac{\pi}{2}} \Big|$$

$$= \frac{16}{3}\pi \cdot \left| \sin\frac{\pi}{2} - \sin 0 \right|$$

► $\sin\frac{\pi}{2} = 1$; $\sin 0 = 0$

$$= \underline{\underline{16{,}75516}}$$

► Volumenmaßzahl V_y bzw. V_{py} im Intervall $[0; \frac{\pi}{2}]$

297

45. $F(\varphi) = \sin\varphi;\ I_x = I_{px} = I_y = I_{py} = \left[\frac{\pi}{4};\ \frac{\pi}{2}\right]$

Berechnung von V_x

Durch $F(\varphi) = \sin\varphi;\ \varphi \in \left[\frac{\pi}{4};\ \frac{\pi}{2}\right]$ wird ein Viertelkreis mit dem Mittelpunkt $M\langle 0\,|\,0{,}5\rangle$ und dem Radius 0,5 beschrieben.

► $\cos\frac{\pi}{2} = 0;\ \sin\frac{\pi}{4} = \cos\frac{\pi}{4} = \frac{1}{2}\cdot\sqrt{2}$

► $\int \sin^4\varphi\,\mathrm{d}\varphi = \int(\sin^2\varphi\cdot\sin^2\varphi)\,\mathrm{d}\varphi$

$= \int[(1-\cos^2\varphi)\cdot\sin^2\varphi]\,\mathrm{d}\varphi$

$= \int\sin^2\varphi\,\mathrm{d}\varphi - \int(\cos^2\varphi\cdot\sin^2\varphi)\,\mathrm{d}\varphi$

$= \int\sin^2\varphi\,\mathrm{d}\varphi - \frac{1}{4}\cdot\int\sin^2(2\varphi)\,\mathrm{d}\varphi$ ► 2.4.1

$= \frac{\varphi}{2} - \frac{1}{4}\cdot\sin(2\varphi) - \frac{1}{4}\cdot\left(\frac{\varphi}{2} - \frac{1}{8}\cdot\sin(4\varphi)\right) + c$

$= \frac{3}{8}\cdot\varphi - \frac{1}{4}\cdot\sin(2\varphi) + \frac{1}{32}\cdot\sin(4\varphi) + c$

► $\int\limits_{\frac{\pi}{4}}^{\frac{\pi}{2}} \sin^4\varphi\,\mathrm{d}\varphi = \underline{\frac{3\pi}{32} + \frac{1}{4}}$ $(*)$ ► V_{px}

Berechnung von V_{px}

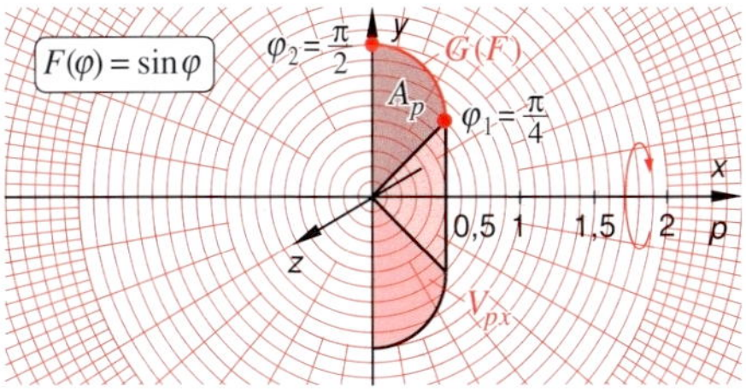

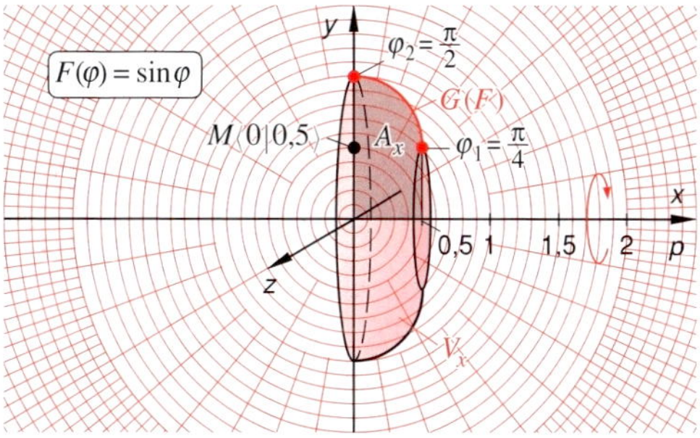

$$V_x = \pi\cdot\left|\frac{1}{3}\cdot[F(\varphi)]^3\cdot\cos\varphi\cdot\sin^2\varphi\Big|_{\varphi_1}^{\varphi_2} - \frac{2}{3}\cdot\int\limits_{\varphi_1}^{\varphi_2}\left([F(\varphi)]^3\cdot\sin\varphi\right)\mathrm{d}\varphi\right|$$

► $\frac{\pi}{4}$ für φ_1; $\frac{\pi}{2}$ für φ_2; $F(\varphi) = \sin\varphi$

$$= \pi\cdot\left|\frac{1}{3}\cdot[\sin\varphi]^3\cdot\cos\varphi\cdot\sin^2\varphi\Big|_{\frac{\pi}{4}}^{\frac{\pi}{2}} - \frac{2}{3}\cdot\int\limits_{\frac{\pi}{4}}^{\frac{\pi}{2}}\left([\sin\varphi]^3\cdot\sin\varphi\right)\mathrm{d}\varphi\right|$$

$$= \pi\cdot\left|\frac{1}{3}\cdot\sin^5\frac{\pi}{2}\cdot\cos\frac{\pi}{2} - \frac{1}{3}\cdot\sin^5\frac{\pi}{4}\cdot\cos\frac{\pi}{4} - \frac{2}{3}\cdot\int\limits_{\frac{\pi}{4}}^{\frac{\pi}{2}}\sin^4\varphi\,\mathrm{d}\varphi\right|$$

$$= \pi\cdot\left|0 - \frac{1}{3}\cdot\left(\frac{1}{2}\cdot\sqrt{2}\right)^6 - \frac{2}{3}\cdot\left(\frac{3}{8}\cdot\varphi - \frac{1}{4}\cdot\sin(2\varphi) + \frac{1}{32}\cdot\sin(4\varphi)\Big|_{\frac{\pi}{4}}^{\frac{\pi}{2}}\right)\right|$$

$$= \pi\cdot\left|-\frac{1}{3}\cdot\frac{1}{8} - \frac{2}{3}\cdot\left(\frac{3}{8}\cdot\frac{\pi}{2} - \frac{1}{4}\cdot\sin\pi + \frac{1}{32}\cdot\sin(2\pi) + {}\right.\right.$$

$$\left.\left. - \frac{3}{8}\cdot\frac{\pi}{4} + \frac{1}{4}\cdot\sin\frac{\pi}{2} - \frac{1}{32}\cdot\sin\pi\right)\right|$$

$$= \pi\cdot\left|-\frac{1}{24} - \frac{2}{3}\cdot\left(\frac{3\pi}{32} - 0 + 0 + \frac{1}{4} + 0\right)\right|$$

$= \underline{\underline{1{,}27135}}$ Volumenmaßzahl V_x in $\left[\frac{\pi}{4};\ \frac{\pi}{2}\right]$

$$V_{px} = \frac{2}{3}\,\pi\cdot\left|\int\limits_{\varphi_1}^{\varphi_2}\left([F(\varphi)]^3\cdot\sin\varphi\right)\mathrm{d}\varphi\right|$$

► $\frac{\pi}{4}$ für φ_1; $\frac{\pi}{2}$ für φ_2; $F(\varphi) = \sin\varphi$

$$= \frac{2}{3}\,\pi\cdot\left|\int\limits_{\frac{\pi}{4}}^{\frac{\pi}{2}}\left([\sin\varphi]^3\cdot\sin\varphi\right)\mathrm{d}\varphi\right|$$

$$= \frac{2}{3}\,\pi\cdot\left|\int\limits_{\frac{\pi}{4}}^{\frac{\pi}{2}}\sin^4\varphi\,\mathrm{d}\varphi\right|$$ ► $(*)$ bei V_x

$$= \frac{2}{3}\,\pi\cdot\left|\frac{3\pi}{32} + \frac{1}{4}\right|$$

$= \underline{\underline{1{,}14045}}$ ► Volumenmaßzahl V_{px} in $\left[\frac{\pi}{4};\ \frac{\pi}{2}\right]$

297 **Berechnung von V_y**

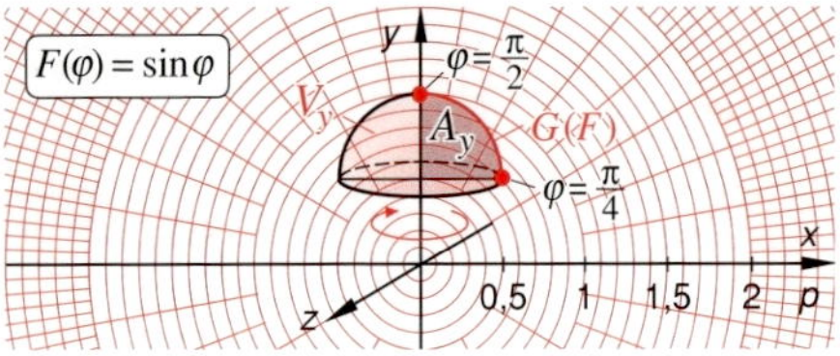

► $\sin\frac{\pi}{2} = 0;\ \cos\frac{\pi}{2} = 0;\ \sin\frac{\pi}{4} = \cos\frac{\pi}{4} = \frac{1}{2}\cdot\sqrt{2}$

► $\int(\sin^3\varphi\cdot\cos\varphi)\,d\varphi = \frac{1}{4}\cdot\sin^4\varphi + c$ ► 2.4.3

► $\frac{2}{3}\cdot\int\limits_{\frac{\pi}{4}}^{\frac{\pi}{2}}(\sin^3\varphi\cdot\cos\varphi)\,d\varphi = \frac{1}{6}\cdot\left(1-\frac{1}{4}\right)$

$= \underline{\frac{1}{8}}\quad (*)$

$$V_y = \pi\cdot\left|\frac{1}{3}\cdot[F(\varphi)]^3\cdot\cos^2\varphi\cdot\sin\varphi\Big|_{\varphi_1}^{\varphi_2} + \frac{2}{3}\cdot\int\limits_{\frac{\pi}{4}}^{\frac{\pi}{2}}\left([F(\varphi)]^3\cdot\cos\varphi\right)d\varphi\right|$$

► $\frac{\pi}{4}$ für φ_1; $\frac{\pi}{2}$ für φ_2; $F(\varphi) = \sin\varphi$

$$= \pi\cdot\left|\frac{1}{3}\cdot[\sin\varphi]^3\cdot\cos^2\varphi\cdot\sin\varphi\Big|_{\frac{\pi}{4}}^{\frac{\pi}{2}} + \frac{2}{3}\cdot\int\limits_{\frac{\pi}{4}}^{\frac{\pi}{2}}\left([\sin\varphi]^3\cdot\cos\varphi\right)d\varphi\right|$$

$$= \pi\cdot\left|\frac{1}{3}\cdot\sin^4\frac{\pi}{2}\cdot\cos^2\frac{\pi}{2} - \frac{1}{3}\cdot\sin^4\frac{\pi}{4}\cdot\cos^2\frac{\pi}{4}.+\right.$$

$$\left.+\frac{2}{3}\cdot\int\limits_{\frac{\pi}{4}}^{\frac{\pi}{2}}(\sin^3\varphi\cdot\cos\varphi)\,d\varphi\right|$$

$$= \pi\cdot\left|0 - \tfrac{1}{3}\cdot\left(\tfrac{1}{2}\cdot\sqrt{2}\right)^6 + \tfrac{2}{3}\cdot\tfrac{1}{4}\cdot\sin^4\varphi\Big|_{\frac{\pi}{4}}^{\frac{\pi}{2}}\right|$$

$$= \pi\cdot\left|-\tfrac{1}{3}\cdot\tfrac{1}{8} + \tfrac{1}{6}\cdot\left(\sin^4\tfrac{\pi}{2} - \sin^4\tfrac{\pi}{4}\right)\right|$$

$= \underline{\underline{0{,}26180}}$ ► Volumenmaßzahl V_y in $\left[\frac{\pi}{4};\frac{\pi}{2}\right]$

Berechnung von V_{py}

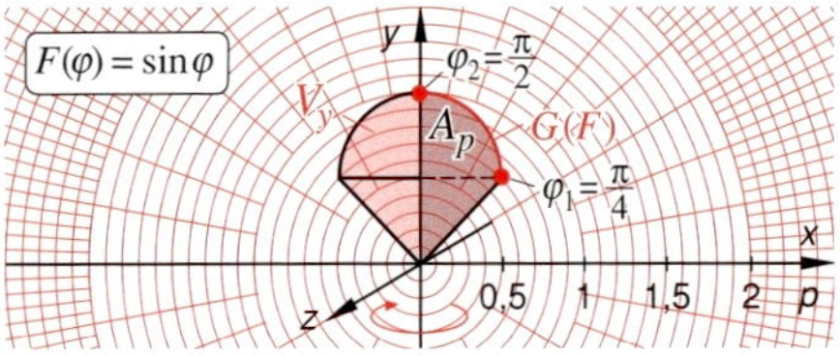

$$V_{py} = \frac{2}{3}\pi\cdot\left|\int\limits_{\varphi_1}^{\varphi_2}\left([F(\varphi)]^3\cdot\cos\varphi\right)d\varphi\right|$$

► $\frac{\pi}{4}$ für φ_1; $\frac{\pi}{2}$ für φ_2; φ_2; $F(\varphi) = \sin\varphi$

$$= \frac{2}{3}\pi\cdot\left|\int\limits_{\frac{\pi}{4}}^{\frac{\pi}{2}}\left([\sin\varphi]^3\cdot\cos\varphi\right)d\varphi\right|$$

$$= \frac{2}{3}\pi\cdot\left|\int\limits_{\frac{\pi}{4}}^{\frac{\pi}{2}}(\sin^3\varphi\cdot\cos\varphi)\,d\varphi\right|$$ ► Ergebnis $(*)$ bei V_y

$$= \pi\cdot\left|\frac{1}{8}\right|$$

$= \underline{\underline{0{,}39270}}$ ► Volumenmaßzahl V_{py} in $\left[\frac{\pi}{4};\frac{\pi}{2}\right]$

46. $F(\varphi) = \sin^2\varphi$,

$I_x = I_{px} = \left[0;\frac{\pi}{4}\right];\ I_y = I_{py} = \left[\frac{\pi}{4};\frac{\pi}{2}\right]$

Durch $F\colon F(\varphi) = \sin^2(\varphi)$ mit $D(f) = [0;2\pi]$ wird eine geschlossene Kurve dargestellt. Rotieren Teile dieser Kurve um die x-Achse bzw. um die y-Achse, so werden Rotationskörper erzeugt, deren Volumenmaßzahl nachstehend zu berechnen ist.

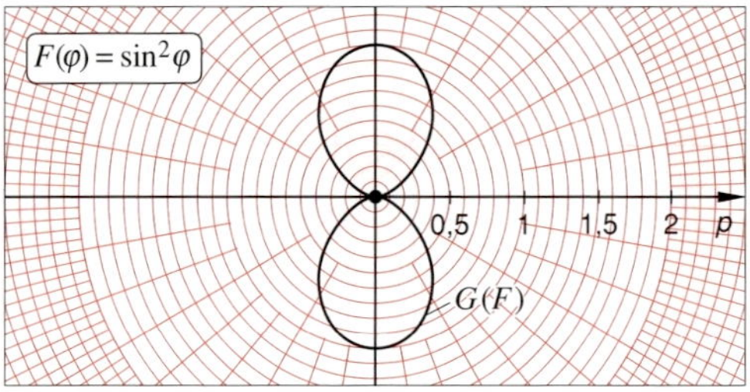

297

Berechnung von V_x

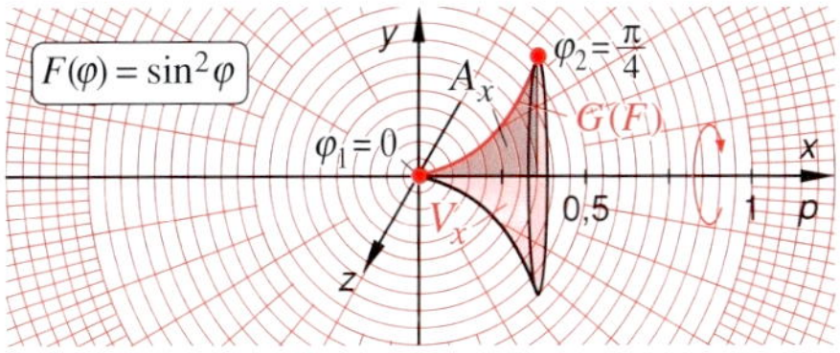

$$V_x = \pi \cdot \left| \frac{1}{3} \cdot [F(\varphi)]^3 \cdot \cos\varphi \cdot \sin^2\varphi \Big|_{\varphi_1}^{\varphi_2} - \frac{2}{3} \cdot \int_{\varphi_1}^{\varphi_2} \left([F(\varphi)]^3 \cdot \sin\varphi\right) d\varphi \right|$$

► 0 für φ_1; $\frac{\pi}{4}$ für φ_2; $F(\varphi) = \sin^2\varphi$

$$= \pi \cdot \left| \frac{1}{3} \cdot [\sin^2\varphi]^3 \cdot \cos\varphi \cdot \sin^2\varphi \Big|_0^{\frac{\pi}{4}} - \frac{2}{3} \cdot \int_0^{\frac{\pi}{4}} \left([\sin^2\varphi]^3 \cdot \sin\varphi\right) d\varphi \right|$$

$$= \pi \cdot \left| \frac{1}{3} \cdot \sin^8\frac{\pi}{4} \cdot \cos\frac{\pi}{4} - \frac{1}{3} \cdot \sin^8 0 \cdot \cos 0 - \frac{2}{3} \cdot \int_0^{\frac{\pi}{4}} \sin^7\varphi \, d\varphi \right|$$

$$= \pi \cdot \left| \frac{1}{3} \cdot \left(\frac{1}{2} \cdot \sqrt{2}\right)^9 - 0 - \frac{2}{3} \cdot \left(-\cos\varphi + \cos^3\varphi + \right.\right.$$
$$\left.\left. - \frac{3}{5} \cdot \cos^5\varphi + \frac{1}{7} \cdot \cos^7\varphi \Big|_0^{\frac{\pi}{4}} \right) \right|$$

$$= \pi \cdot \left| \frac{1}{3} \cdot \frac{16 \cdot \sqrt{2}}{512} - \frac{2}{3} \cdot \left(-\cos\frac{\pi}{4} + \cos^3\frac{\pi}{4} - \frac{3}{5} \cdot \cos^5\frac{\pi}{4} + \right.\right.$$
$$\left.\left. + \frac{1}{7} \cdot \cos^7\frac{\pi}{4} + 1 - 1 + \frac{3}{5} - \frac{1}{7} \right) \right|$$

$$= \pi \cdot \left| \frac{\sqrt{2}}{96} - \frac{2}{3} \cdot \left(-\frac{1}{2} \cdot \sqrt{2} + \frac{1}{4} \cdot \sqrt{2} - \frac{3}{5} \cdot \frac{1}{8} \cdot \sqrt{2} + \frac{1}{7} \cdot \frac{1}{16} \cdot \sqrt{2} + \frac{3}{5} - \frac{1}{7} \right) \right|$$

$$= \pi \cdot \left| \frac{\sqrt{2}}{96} - \frac{2}{3} \cdot \left(\frac{-177 \cdot \sqrt{2}}{560} + \frac{16}{35} \right) \right|$$

$$= \pi \cdot \left| \frac{\sqrt{2}}{96} - \frac{256 - 177 \cdot \sqrt{2}}{840} \right|$$

$$= \underline{\underline{0{,}02502}}$$ ► Volumenmaßzahl V_x in $[0; \frac{\pi}{4}]$

► $\sin\frac{\pi}{4} = \cos\frac{\pi}{4} = \frac{1}{2} \cdot \sqrt{2}$; $\sin 0 = 0$; $\cos 0 = 1$

► $\int \sin^7\varphi \, d\varphi = \int (\sin^6\varphi \cdot \sin\varphi) \, d\varphi$

$= \int ([\sin^2\varphi]^3 \cdot \sin\varphi) \, d\varphi$ ► $\sin^2\varphi = 1 - \cos^2\varphi$

$= \int ([1 - \cos^2\varphi]^3 \cdot \sin\varphi) \, d\varphi$

$= \int ([1 - 3 \cdot \cos^2\varphi + 3 \cdot \cos^4\varphi - \cos^6\varphi] \cdot \sin\varphi) \, d\varphi$

$= \int (\sin\varphi - 3 \cdot \cos^2\varphi \cdot \sin\varphi + 3 \cdot \cos^4\varphi \cdot \sin\varphi +$
$- \cos^6\varphi \cdot \sin\varphi) \, d\varphi$

$= -\cos\varphi + \cos^3\varphi - \frac{3}{5} \cdot \cos^5\varphi + \frac{1}{7} \cdot \cos^7\varphi + c$

► 2.4.3

► $\frac{2}{3} \cdot \int_0^{\frac{\pi}{4}} \sin^7\varphi \, d\varphi = \underline{\frac{256 - 177 \cdot \sqrt{2}}{840}}$ (∗)

Berechnung von V_{px}

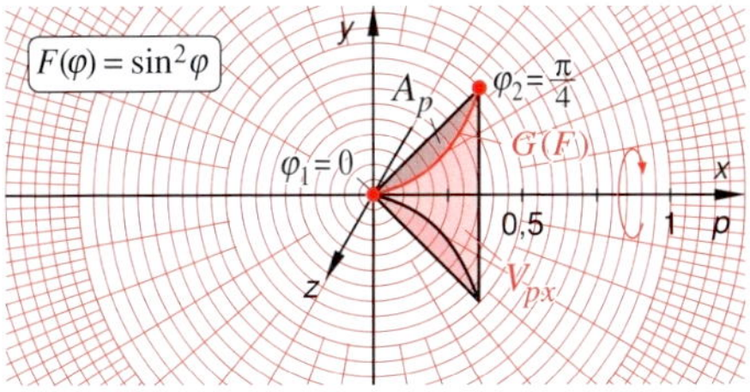

$$V_{px} = \frac{2}{3}\pi \cdot \left| \int_{\varphi_1}^{\varphi_2} \left([F(\varphi)]^3 \cdot \sin\varphi\right) d\varphi \right|$$ ► 0 für φ_1; $\frac{\pi}{4}$ für φ_2; $F(\varphi) = \sin^2\varphi$

$$= \frac{2}{3}\pi \cdot \left| \int_0^{\frac{\pi}{4}} \left([\sin^2\varphi]^3 \cdot \sin\varphi\right) d\varphi \right|$$

$$= \frac{2}{3}\pi \cdot \left| \int_0^{\frac{\pi}{4}} \sin^7\varphi \, d\varphi \right|$$ ► Ergebnis (∗) bei V_x

$$= \pi \cdot \left| \frac{256 - 177 \cdot \sqrt{2}}{840} \right|$$

$$= \underline{\underline{0{,}02126}}$$ ► Volumenmaßzahl V_{px} in $[0; \frac{\pi}{4}]$

297 **Berechnung von V_y**

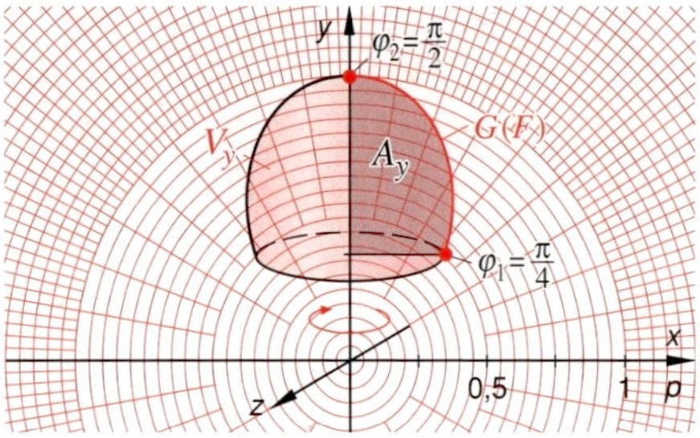

► $\cos\frac{\pi}{2} = 0;\ \sin\frac{\pi}{4} = \cos\frac{\pi}{4} = \frac{1}{2}\sqrt{2}$

► $\int(\sin^6\varphi\cdot\cos\varphi)\,\mathrm{d}\varphi = \frac{1}{7}\cdot\sin^7\varphi + c$ ► 2.4.3

► $\frac{2}{3}\cdot\int\limits_{\frac{\pi}{4}}^{\frac{\pi}{2}}(\sin^6\varphi\cdot\cos\varphi)\,\mathrm{d}\varphi = \underline{\frac{2}{21}\cdot\left(1-\frac{1}{16}\cdot\sqrt{2}\right)}$ (∗)

$$V_y = \pi\cdot\left|\frac{1}{3}\cdot[F(\varphi)]^3\cdot\cos^2\varphi\cdot\sin\varphi\Big|_{\varphi_1}^{\varphi_2} + \frac{2}{3}\cdot\int\limits_{\varphi_1}^{\varphi_2}\left([F(\varphi)]^3\cdot\cos\varphi\right)\mathrm{d}\varphi\right|$$

► $\frac{\pi}{4}$ für φ_1; $\frac{\pi}{2}$ für φ_2; $F(\varphi) = \sin^2\varphi$

$$= \pi\cdot\left|\frac{1}{3}\cdot[\sin^2\varphi]^3\cdot\cos^2\varphi\cdot\sin\varphi\Big|_{\frac{\pi}{4}}^{\frac{\pi}{2}} + \frac{2}{3}\cdot\int\limits_{\frac{\pi}{4}}^{\frac{\pi}{2}}([\sin^2\varphi]^3\cdot\cos\varphi)\,\mathrm{d}\varphi\right|$$

$$= \pi\cdot\left|\frac{1}{3}\cdot\sin^7\frac{\pi}{2}\cdot\cos^2\frac{\pi}{2} - \frac{1}{3}\cdot\sin^7\frac{\pi}{4}\cdot\cos^2\frac{\pi}{4} + \frac{2}{3}\cdot\int\limits_{\frac{\pi}{4}}^{\frac{\pi}{2}}(\sin^6\varphi\cdot\cos\varphi)\,\mathrm{d}\varphi\right|$$

$$= \pi\cdot\left|0 - \frac{1}{3}\cdot\frac{16\cdot\sqrt{2}}{512} + \frac{2}{3}\cdot\frac{1}{7}\cdot\sin^7\varphi\Big|_{\frac{\pi}{4}}^{\frac{\pi}{2}}\right|$$ ► 2.4.3

$$= \pi\cdot\left|-\frac{\sqrt{2}}{96} + \frac{2}{21}\cdot\sin^7\frac{\pi}{2} - \frac{2}{21}\cdot\sin^7\frac{\pi}{4}\right|$$

$$= \pi\cdot\left|-\frac{\sqrt{2}}{96} + \frac{2}{21}\cdot\left(1-\frac{1}{16}\cdot\sqrt{2}\right)\right|$$

$= \underline{\underline{0{,}22647}}$ ► Volumenmaßzahl V_y in $\left[\frac{\pi}{4};\frac{\pi}{2}\right]$

Berechnung von V_{py}

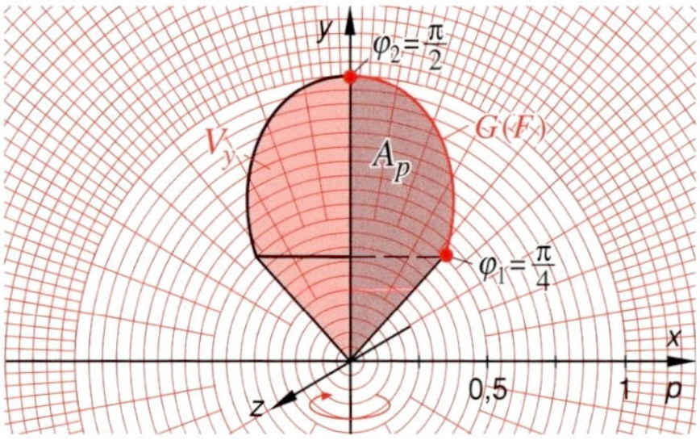

$$V_{py} = \frac{2}{3}\pi\cdot\left|\int\limits_{\varphi_1}^{\varphi_2}\left([F(\varphi)]^3\cdot\cos\varphi\right)\mathrm{d}\varphi\right|$$

► $\frac{\pi}{4}$ für φ_1; $\frac{\pi}{2}$ für φ_2; $F(\varphi) = \sin^2\varphi$

$$= \frac{2}{3}\pi\cdot\left|\int\limits_{\frac{\pi}{4}}^{\frac{\pi}{2}}([\sin^2\varphi]^3\cdot\cos\varphi)\,\mathrm{d}\varphi\right|$$

$$= \frac{2}{3}\pi\cdot\left|\int\limits_{\frac{\pi}{4}}^{\frac{\pi}{2}}(\sin^6\varphi\cdot\cos\varphi)\,\mathrm{d}\varphi\right|$$ ► Ergebnis (∗) bei V_y

$$= \pi\cdot\left|\frac{2}{21}\cdot\left(1-\frac{1}{16}\cdot\sqrt{2}\right)\right|$$

$= \underline{\underline{0{,}27275}}$ ► Volumenmaßzahl V_{py} in $\left[\frac{\pi}{4};\frac{\pi}{2}\right]$

297

47. $F(\varphi)=\varphi;\ I_x=I_{p\,x}=I_y=I_{p\,y}=\left[0;\frac{\pi}{4}\right]$

Durch $F\colon F(\varphi)=\varphi;\ D(f)=\mathbb{R}$ wird eine archimedische Spirale dargestellt. Rotieren Teile dieser Kurve um die x-Achse bzw. um die y-Achse, so werden Rotationskörper erzeugt, deren Volumenmaßzahl nachstehend zu berechnen ist.

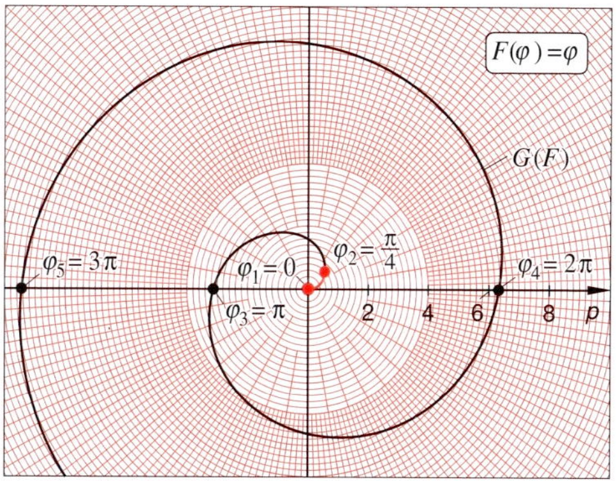

Berechnung von V_x

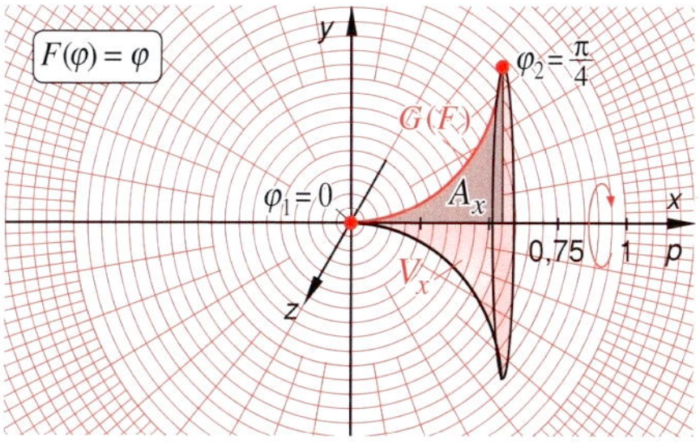

► $\int(\varphi^3\cdot\sin\varphi)\,\mathrm{d}\varphi=-\varphi^3\cdot\cos\varphi+3\varphi^2\cdot\sin\varphi+6\varphi\cdot\cos\varphi-6\cdot\sin\varphi+c$ ► 2.5

► $\sin\frac{\pi}{4}=\cos\frac{\pi}{4}=\frac{1}{2}\cdot\sqrt{2}$

► $\frac{2}{3}\cdot\int\limits_0^{\frac{\pi}{4}}(\varphi^3\cdot\sin\varphi)\,\mathrm{d}\varphi=$

$$=\underline{\frac{\sqrt{2}}{192}\cdot(-\pi^3+12\pi^2+96\pi-384)}\quad(*)$$

$$V_x=\pi\cdot\left|\frac{1}{3}\cdot[F(\varphi)]^3\cdot\cos\varphi\cdot\sin^2\varphi\Big|_{\varphi_1}^{\varphi_2}-\frac{2}{3}\cdot\int\limits_{\varphi_1}^{\varphi_2}\left([F(\varphi)]^3\cdot\sin\varphi\right)\mathrm{d}\varphi\right|$$

► 0 für φ_1; $\frac{\pi}{4}$ für φ_2; $F(\varphi)=\varphi$

$$=\pi\cdot\left|\frac{1}{3}\cdot\varphi^3\cdot\cos\varphi\cdot\sin^2\varphi\Big|_0^{\frac{\pi}{4}}-\frac{2}{3}\cdot\int\limits_0^{\frac{\pi}{4}}(\varphi^3\cdot\sin\varphi)\,\mathrm{d}\varphi\right|$$

$$=\pi\cdot\left|\frac{1}{3}\cdot\left(\frac{\pi}{4}\right)^3\cdot\cos\frac{\pi}{4}\cdot\sin^2\frac{\pi}{4}-0-\frac{2}{3}\cdot\left(-\varphi^3\cdot\cos\varphi+3\varphi^2\cdot\sin\varphi+6\varphi\cdot\cos\varphi-6\cdot\sin\varphi\Big|_0^{\frac{\pi}{4}}\right)\right|$$

$$=\pi\cdot\left|\frac{1}{3}\cdot\left(\frac{\pi}{4}\right)^3\cdot\left(\frac{1}{2}\cdot\sqrt{2}\right)^3-\frac{2}{3}\cdot\left[-\left(\frac{\pi}{4}\right)^3\cdot\cos\frac{\pi}{4}+3\cdot\left(\frac{\pi}{4}\right)^2\cdot\sin\frac{\pi}{4}+6\cdot\frac{\pi}{4}\cdot\cos\frac{\pi}{4}-6\cdot\sin\frac{\pi}{4}-0\right]\right|$$

$$=\pi\cdot\left|\frac{1}{3}\cdot\left(\frac{\pi}{4}\right)^3\cdot\left(\tfrac{1}{2}\cdot\sqrt{2}\right)^3-\frac{2}{3}\cdot\left[-\left(\frac{\pi}{4}\right)^3\cdot\frac{1}{2}\cdot\sqrt{2}+3\cdot\left(\frac{\pi}{4}\right)^2\cdot\frac{1}{2}\cdot\sqrt{2}+\frac{3}{2}\pi\cdot\tfrac{1}{2}\cdot\sqrt{2}-6\cdot\frac{1}{2}\cdot\sqrt{2}\right]\right|$$

$$=\pi\cdot\left|\frac{1}{3}\cdot\left(\frac{\pi}{4}\right)^3\cdot\left(\tfrac{1}{2}\cdot\sqrt{2}\right)^3-\frac{\sqrt{2}}{192}\cdot(-\pi^3+12\pi^2+96\pi-384)\right|$$

$=\underline{\underline{0{,}06317}}$ ► Volumenmaßzahl V_x in $\left[0;\frac{\pi}{4}\right]$

Berechnung von $V_{p\,x}$

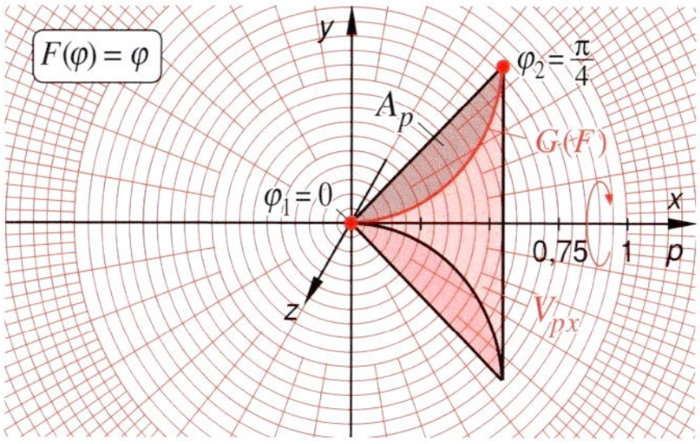

$$V_{p\,x}=\frac{2}{3}\cdot\pi\cdot\left|\int\limits_{\varphi_1}^{\varphi_2}\left([F(\varphi)]^3\cdot\sin\varphi\right)\mathrm{d}\varphi\right|$$

► 0 für φ_1; $\frac{\pi}{4}$ für φ_2; $F(\varphi)=\varphi$

$$=\frac{2}{3}\cdot\pi\cdot\left|\int\limits_0^{\frac{\pi}{4}}(\varphi^3\cdot\sin\varphi)\,\mathrm{d}\varphi\right|$$

► Ergebnis $(*)$ bei V_x

$$=\pi\cdot\left|\frac{\sqrt{2}}{192}\cdot(-\pi^3+12\pi^2+96\pi-384)\right|$$

$=\underline{\underline{0{,}11621}}$ ► Volumenmaßzahl $V_{p\,x}$ in $\left[0;\frac{\pi}{4}\right]$

297

Berechnung von V_y

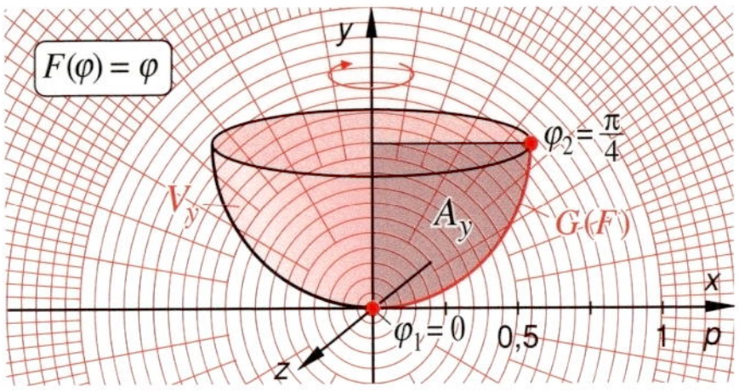

► $\int(\varphi^3 \cdot \cos\varphi)\,d\varphi =$
$$= \varphi^3 \cdot \sin\varphi + 3\varphi^2 \cdot \cos\varphi + 6\varphi \cdot \sin\varphi + - 6 \cdot \cos\varphi + c$$ ► 2.5

► $\sin\frac{\pi}{4} = \cos\frac{\pi}{4} = \frac{1}{2}\cdot\sqrt{2}$

► $\frac{2}{3}\cdot\int\limits_0^{\frac{\pi}{4}}(\varphi^3 \cdot \cos\varphi)\,d\varphi =$
$$= \frac{\pi^3\cdot\sqrt{2}+12\pi^2\cdot\sqrt{2}-36\pi\cdot\sqrt{2}-384\cdot\sqrt{2}+768}{192} \quad (*)$$

$$V_y = \pi\cdot\left|\frac{1}{3}\cdot[F(\varphi)]^3\cdot\cos^2\varphi\cdot\sin\varphi\Big|_{\varphi_1}^{\varphi_2} + \frac{2}{3}\cdot\int\limits_{\varphi_1}^{\varphi_2}\Big([F(\varphi)]^3\cdot\cos\varphi\Big)\,d\varphi\right|$$
► 0 für φ_1; $\frac{\pi}{4}$ für φ_2; $F(\varphi) = \varphi$

$$= \pi\cdot\left|\frac{1}{3}\cdot\varphi^3\cdot\cos^2\varphi\cdot\sin\varphi\Big|_0^{\frac{\pi}{4}} + \frac{2}{3}\cdot\int\limits_0^{\frac{\pi}{4}}(\varphi^3\cdot\cos\varphi)\,d\varphi\right|$$
$$= \pi\cdot\left|\frac{1}{3}\cdot\left(\frac{\pi}{4}\right)^3\cdot\cos^2\frac{\pi}{4}\cdot\sin\frac{\pi}{4} - 0 + \frac{2}{3}\cdot\Big(\varphi^3\cdot\sin\varphi + {} + 3\varphi^2\cdot\cos\varphi - 6\varphi\cdot\sin\varphi - 6\cdot\cos\varphi\Big|_0^{\frac{\pi}{4}}\Big)\right|$$
$$= \pi\cdot\left|\frac{1}{3}\cdot\left(\frac{\pi}{4}\right)^3\cdot\left(\frac{1}{2}\cdot\sqrt{2}\right)^3 + \frac{2}{3}\cdot\left[\left(\frac{\pi}{4}\right)^3\cdot\sin\frac{\pi}{4} + {} + 3\cdot\left(\frac{\pi}{4}\right)^2\cdot\cos\frac{\pi}{4} - 6\cdot\frac{\pi}{4}\cdot\sin\frac{\pi}{4} - 6\cdot\cos\frac{\pi}{4} - 0 + 6\right]\right|$$
$$= \pi\cdot\left|\frac{1}{3}\cdot\left(\frac{\pi}{4}\right)^3\cdot\left(\frac{1}{2}\cdot\sqrt{2}\right)^3 + \frac{2}{3}\cdot\left[\left(\frac{\pi}{4}\right)^3\cdot\frac{1}{2}\cdot\sqrt{2} + {} + 3\cdot\left(\frac{\pi}{4}\right)^2\cdot\frac{1}{2}\cdot\sqrt{2} - \frac{3}{2}\pi\cdot\frac{1}{2}\cdot\sqrt{2} - 3\cdot\sqrt{2} + 6\right]\right|$$
$$= \pi\cdot\left|\frac{1}{3}\cdot\left(\frac{\pi}{4}\right)^3\cdot\left(\frac{1}{2}\cdot\sqrt{2}\right)^3 + {} + \frac{\pi^3\cdot\sqrt{2}+12\pi^2\cdot\sqrt{2}-36\pi\cdot\sqrt{2}-384\cdot\sqrt{2}+768}{192}\right|$$
$$= \underline{\underline{0{,}33919}}$$ ► Volumenmaßzahl V_y in $[0; \frac{\pi}{4}]$

Berechnung von V_{py}

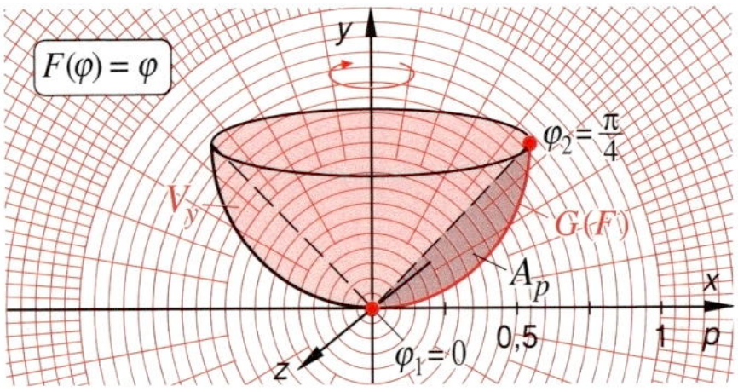

$$V_{py} = \frac{2}{3}\cdot\pi\cdot\left|\int\limits_{\varphi_1}^{\varphi_2}\Big([F(\varphi)]^3\cdot\cos\varphi\Big)\,d\varphi\right|$$ ► 0 für φ_1; $\frac{\pi}{4}$ für φ_2; $F(\varphi) = \varphi$

$$= \frac{2}{3}\cdot\pi\cdot\left|\int\limits_0^{\frac{\pi}{4}}(\varphi^3\cdot\cos\varphi)\,d\varphi\right|$$ ► Ergebnis $(*)$ bei V_y
$$= \pi\cdot\left|\frac{\pi^3\cdot\sqrt{2}+12\pi^2\cdot\sqrt{2}-36\pi\cdot\sqrt{2}-384\cdot\sqrt{2}+768}{192}\right|$$
$$= \underline{\underline{0{,}15982}}$$ ► Volumenmaßzahl V_{py} in $[0; \frac{\pi}{4}]$

48. $F(\varphi) = \cos\varphi;\ I_x = I_{px} = \left[0; \frac{\pi}{2}\right];\ I_y = I_{py} = \left[\frac{\pi}{4}; \frac{\pi}{2}\right]$

Berechnung von V_x und V_{px}

Durch $F(\varphi) = \cos\varphi;\ \varphi \in \left[0; \frac{\pi}{2}\right]$ wird ein Halbkreis mit dem Mittelpunkt $M\langle 0{,}5 \mid 0\rangle$ und dem Radius $r = 0{,}5$ beschrieben. Rotiert dieser Halbkreis um die x-Achse, so wird eine Kugel erzeugt. Die Punkte P_1 und P_2 liegen auf der x-Achse, es gilt also $V_x = V_{px}$. Da die Fläche zwischen Kurve und Polarradien nur oberhalb der x-Achse liegt, darf man die Formel für V_{px} anwenden.

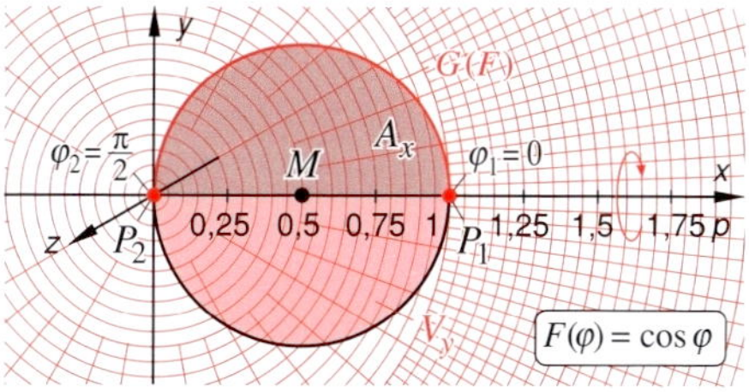

$$V_x = V_{px} = \frac{2}{3}\pi \cdot \left| \int_{\varphi_1}^{\varphi_2} \left([F(\varphi)]^3 \cdot \sin\varphi \right) d\varphi \right|$$

► 0 für φ_1; $\frac{\pi}{2}$ für φ_2; $F(\varphi) = \cos\varphi$

$$= \frac{2}{3}\pi \cdot \left| \int_0^{\frac{\pi}{2}} \left([\cos\varphi]^3 \cdot \sin\varphi \right) d\varphi \right|$$

$$= \frac{2}{3}\pi \cdot \left| \int_0^{\frac{\pi}{2}} (\cos^3\varphi \cdot \sin\varphi)\, d\varphi \right| \quad \blacktriangleright 2.4.3$$

$$= \frac{2}{3}\pi \cdot \left| -\frac{1}{4} \cdot \cos^4\varphi \Big|_0^{\frac{\pi}{2}} \right|$$

$$= \frac{2}{3}\pi \cdot \left| -\frac{1}{4} \cdot \cos^4\frac{\pi}{2} + \frac{1}{4} \cdot \cos^4 0 \right|$$

$$= \frac{2}{3}\pi \cdot \left| -\frac{1}{4} \cdot 0 + \frac{1}{4} \cdot 1 \right|$$

$$= \underline{\underline{0{,}52360}}$$ ► Volumenmaßzahl V_x bzw. V_{px} in $\left[0; \frac{\pi}{2}\right]$

Berechnung von V_y

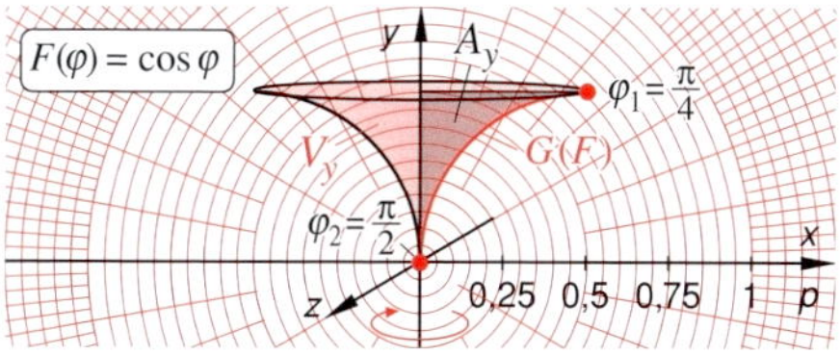

► $\cos\frac{\pi}{2} = 0;\ \cos\frac{\pi}{4} = \sin\frac{\pi}{4} = \frac{1}{2} \cdot \sqrt{2}$

► $\int \cos^4\varphi\, d\varphi = \int (\cos^2\varphi \cdot \cos^2\varphi)\, d\varphi =$

$$= \int \left[(1 - \sin^2\varphi) \cdot \cos^2\varphi\right] d\varphi$$

$$= \int \cos^2\varphi\, d\varphi - \int (\sin^2\varphi \cdot \cos^2\varphi)\, d\varphi$$

$$= \int \cos^2\varphi\, d\varphi - \frac{1}{4} \cdot \int \sin^2(2\varphi)\, d\varphi \quad \blacktriangleright 2.4.1$$

$$= \frac{\varphi}{2} + \frac{1}{4} \cdot \sin(2\varphi) - \frac{1}{4} \cdot \left(\frac{\varphi}{2} - \frac{1}{8} \cdot \sin(4\varphi) \right) + c$$

$$= \frac{3}{8} \cdot \varphi + \frac{1}{4} \cdot \sin(2\varphi) + \frac{1}{32} \cdot \sin(4\varphi) + c$$

► $\int_{\frac{\pi}{4}}^{\frac{\pi}{2}} \cos^4\varphi\, d\varphi = \frac{3\pi}{32} - \frac{1}{4} \quad (*)$

$$V_y = \pi \cdot \left| \frac{1}{3} \cdot [F(\varphi)]^3 \cdot \cos^2\varphi \cdot \sin\varphi \Big|_{\varphi_1}^{\varphi_2} + \frac{2}{3} \cdot \int_{\varphi_1}^{\varphi_2} \left([F(\varphi)]^3 \cdot \cos\varphi \right) d\varphi \right|$$

► $\frac{\pi}{4}$ für φ_1; $\frac{\pi}{2}$ für φ_2; $F(\varphi) = \cos\varphi$

$$= \pi \cdot \left| \frac{1}{3} \cdot [\cos\varphi]^3 \cdot \cos^2\varphi \cdot \sin\varphi \Big|_{\frac{\pi}{4}}^{\frac{\pi}{2}} + \frac{2}{3} \cdot \int_{\frac{\pi}{4}}^{\frac{\pi}{2}} \left([\cos\varphi]^3 \cdot \cos\varphi \right) d\varphi \right|$$

$$= \pi \cdot \left| \frac{1}{3} \cdot \cos^5\frac{\pi}{2} \cdot \sin\frac{\pi}{2} - \frac{1}{3} \cdot \cos^5\frac{\pi}{4} \cdot \sin\frac{\pi}{4} + \frac{2}{3} \cdot \int_{\frac{\pi}{4}}^{\frac{\pi}{2}} \cos^4\varphi\, d\varphi \right|$$

$$= \pi \cdot \left| -\frac{1}{3} \cdot \frac{1}{8} + \frac{2}{3} \cdot \left(\frac{3}{8} \cdot \varphi + \frac{1}{4} \cdot \sin(2\varphi) + \frac{1}{32} \cdot \sin(4\varphi) \Big|_{\frac{\pi}{4}}^{\frac{\pi}{2}} \right) \right|$$

$$= \pi \cdot \left| -\frac{1}{24} + \frac{2}{3} \cdot \left(\frac{3}{8} \cdot \frac{\pi}{2} + \frac{1}{4} \cdot \sin\pi + \frac{1}{32} \cdot \sin(2\pi) + \right.\right.$$

$$\left.\left. - \frac{3}{8} \cdot \frac{\pi}{4} - \frac{1}{4} \cdot \sin\frac{\pi}{2} - \frac{1}{32} \cdot \sin\pi \right) \right|$$

$$= \pi \cdot \left| -\frac{1}{24} + \frac{2}{3} \cdot \left(\frac{3\pi}{32} + 0 + 0 - \frac{1}{4} - 0 \right) \right|$$

$$= \pi \cdot \left| -\frac{1}{24} + \frac{\pi}{16} - \frac{1}{6} \right|$$

$$= \pi \cdot \left| -\frac{5}{24} + \frac{\pi}{16} \right|$$

$$= \underline{\underline{0{,}03765}}$$ ► Volumenmaßzahl V_y in $\left[\frac{\pi}{4}; \frac{\pi}{2}\right]$

297

Berechnung von V_{py}

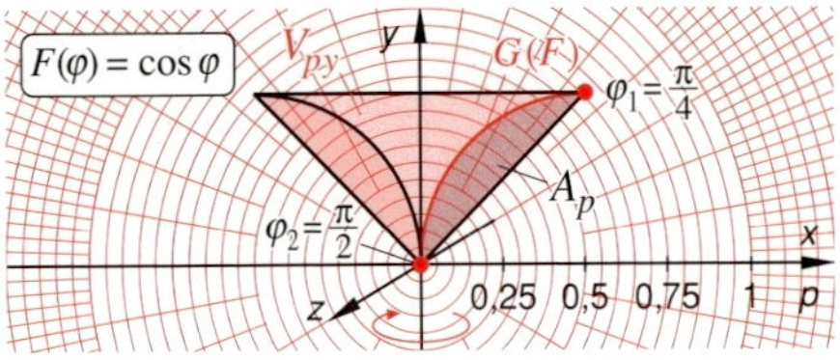

$$V_{py} = \frac{2}{3}\pi \cdot \left| \int_{\varphi_1}^{\varphi_2} \left([F(\varphi)]^3 \cdot \cos\varphi \right) \mathrm{d}\varphi \right| \quad ► \ \frac{\pi}{4} \text{ für } \varphi_1;\ \frac{\pi}{2} \text{ für } \varphi_2;\ F(\varphi) = \cos\varphi$$

$$= \frac{2}{3}\pi \cdot \left| \int_{\frac{\pi}{4}}^{\frac{\pi}{2}} \cos^4\varphi \, \mathrm{d}\varphi \right| \quad ► \text{ Ergebnis } (*) \text{ bei } V_y$$

$$= \frac{2}{3}\pi \cdot \left| \frac{3\pi}{32} - \frac{1}{4} \right|$$

$$= \underline{\underline{0{,}09325}} \quad ► \text{ Volumenmaßzahl } V_{py} \text{ in } \left[\tfrac{\pi}{4};\ \tfrac{\pi}{2}\right]$$

49. $F(\varphi) = \mathrm{e}^{-\varphi};\ I_x = I_{px} = I_y = I_{py} = \left[\frac{\pi}{4};\ \frac{\pi}{2}\right]$

Die Funktion $F: F(\varphi) = \mathrm{e}^{-\varphi};\ D(f) = \mathbb{R}^{\geq 0}$ ist eine Kurve, die zwischen $1 (= \mathrm{e}^0)$ und $0 (= \lim\limits_{\varphi \to \infty} \mathrm{e}^{-\varphi})$ verläuft. Dabei windet sich die Kurve unendlich oft um den Punkt 0.

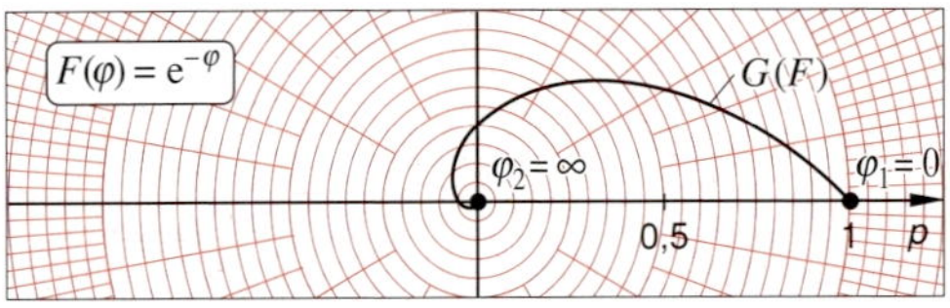

Berechnung von V_x

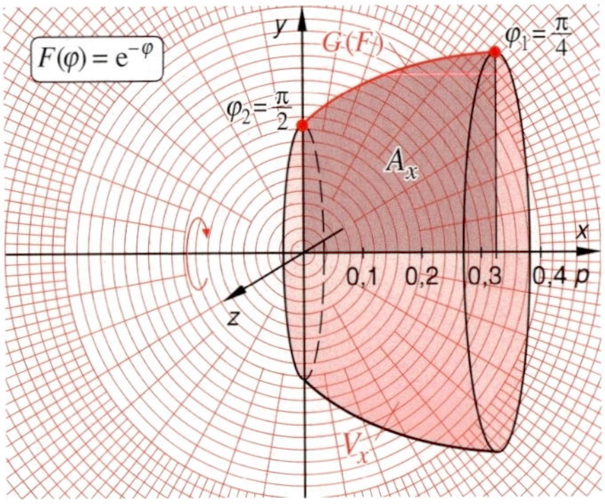

$$► \int \left(\mathrm{e}^{-3\varphi} \cdot \sin\varphi \right) \mathrm{d}\varphi = -\frac{\mathrm{e}^{-3\varphi}}{10} \cdot (\cos\varphi + 3 \cdot \sin\varphi) + c$$

► 2.5

$$► \cos\frac{\pi}{2} = 0;\ \cos\frac{\pi}{4} = \sin\frac{\pi}{4} = \frac{1}{2} \cdot \sqrt{2};\ \sin\frac{\pi}{2} = 1$$

$$► \frac{2}{3} \cdot \int_{\frac{\pi}{4}}^{\frac{\pi}{2}} (\mathrm{e}^{-3\varphi} \cdot \sin\varphi) \, \mathrm{d}\varphi =$$

$$= -\frac{1}{15} \cdot \left(3 \cdot \mathrm{e}^{-3 \cdot \frac{\pi}{2}} - 2 \cdot \sqrt{2} \cdot \mathrm{e}^{-3 \cdot \frac{\pi}{4}} \right) \quad (*)$$

$$V_x = \pi \cdot \left| \frac{1}{3} \cdot [F(\varphi)]^3 \cdot \cos\varphi \cdot \sin^2\varphi \Big|_{\varphi_1}^{\varphi_2} - \frac{2}{3} \cdot \int_{\varphi_1}^{\varphi_2} \left([F(\varphi)]^3 \cdot \sin\varphi \right) \mathrm{d}\varphi \right|$$

$$► \ \frac{\pi}{4} \text{ für } \varphi_1;\ \frac{\pi}{2} \text{ für } \varphi_2;\ F(\varphi) = \mathrm{e}^{-\varphi}$$

$$= \pi \cdot \left| \frac{1}{3} \cdot \mathrm{e}^{-3\varphi} \cdot \cos\varphi \cdot \sin^2\varphi \Big|_{\frac{\pi}{4}}^{\frac{\pi}{2}} - \frac{2}{3} \cdot \int_{\frac{\pi}{4}}^{\frac{\pi}{2}} (\mathrm{e}^{-3\varphi} \cdot \sin\varphi) \, \mathrm{d}\varphi \right|$$

$$= \pi \cdot \left| \frac{1}{3} \cdot \mathrm{e}^{-3 \cdot \frac{\pi}{2}} \cdot \cos\frac{\pi}{2} \cdot \sin^2\frac{\pi}{2} - \frac{1}{3} \cdot \mathrm{e}^{-3 \cdot \frac{\pi}{4}} \cdot \cos\frac{\pi}{4} \cdot \sin^2\frac{\pi}{4} + \right.$$

$$\left. - \frac{2}{3} \cdot \left[-\frac{\mathrm{e}^{-3\varphi}}{10} \cdot (\cos\varphi + 3 \cdot \sin\varphi) \Big|_{\frac{\pi}{4}}^{\frac{\pi}{2}} \right] \right|$$

$$= \pi \cdot \left| \frac{1}{3} \cdot \mathrm{e}^{-3 \cdot \frac{\pi}{2}} \cdot 0 - \frac{1}{3} \cdot \mathrm{e}^{-3 \cdot \frac{\pi}{4}} \cdot \left(\tfrac{1}{2} \cdot \sqrt{2}\right)^3 + \right.$$

$$\left. - \frac{2}{3} \cdot \left[-\frac{\mathrm{e}^{-3 \cdot \frac{\pi}{2}}}{10} \cdot \left(\cos\frac{\pi}{2} + 3 \cdot \sin\frac{\pi}{2} \right) + \frac{\mathrm{e}^{-3 \cdot \frac{\pi}{4}}}{10} \cdot \left(\cos\frac{\pi}{4} + 3 \cdot \sin\frac{\pi}{4} \right) \right] \right|$$

$$= \pi \cdot \left| -\frac{1}{3} \cdot \mathrm{e}^{-3 \cdot \frac{\pi}{4}} \cdot \left(\tfrac{1}{2} \cdot \sqrt{2}\right)^3 + \frac{2}{3 \cdot 10} \cdot \left(3 \cdot \mathrm{e}^{-3 \cdot \frac{\pi}{2}} - \mathrm{e}^{-3 \cdot \frac{\pi}{4}} \cdot 2 \cdot \sqrt{2} \right) \right|$$

$$= \pi \cdot \left| -\frac{\sqrt{2}}{12} \cdot \mathrm{e}^{-3 \cdot \frac{\pi}{4}} + \frac{1}{15} \cdot \left(3 \cdot \mathrm{e}^{-3 \cdot \frac{\pi}{2}} - 2 \cdot \sqrt{2} \cdot \mathrm{e}^{-3 \cdot \frac{\pi}{4}} \right) \right|$$

$$= \underline{\underline{0{,}08559}} \quad ► \text{ Volumenmaßzahl } V_x \text{ in } \left[\tfrac{\pi}{4};\ \tfrac{\pi}{2}\right]$$

Berechnung von V_{px} 297

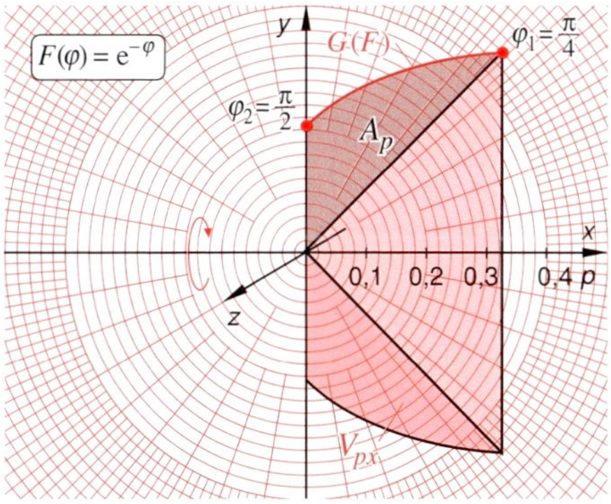

$$V_{px} = \frac{2}{3}\,\pi \cdot \left| \int_{\varphi_1}^{\varphi_2} \left([F(\varphi)]^3 \cdot \sin\varphi \right) d\varphi \right| \quad \blacktriangleright\ \frac{\pi}{4} \text{ für } \varphi_1;\ \frac{\pi}{2} \text{ für } \varphi_2;\ F(\varphi) = e^{-\varphi}$$

$$= \frac{2}{3}\,\pi \cdot \left| \int_{\frac{\pi}{4}}^{\frac{\pi}{2}} (e^{-3\varphi} \cdot \sin\varphi)\, d\varphi \right| \quad \blacktriangleright\ \text{Ergebnis } (*) \text{ bei } V_x$$

$$= \pi \cdot \left| -\frac{1}{15} \cdot \left(3 \cdot e^{-3 \cdot \frac{\pi}{2}} - 2 \cdot \sqrt{2} \cdot e^{-3 \cdot \frac{\pi}{4}} \right) \right|$$

$$= \underline{\underline{0{,}05050}} \quad \blacktriangleright\ \text{Volumenmaßzahl } V_{px} \text{ in } \left[\tfrac{\pi}{4};\ \tfrac{\pi}{2}\right]$$

Berechnung von V_y

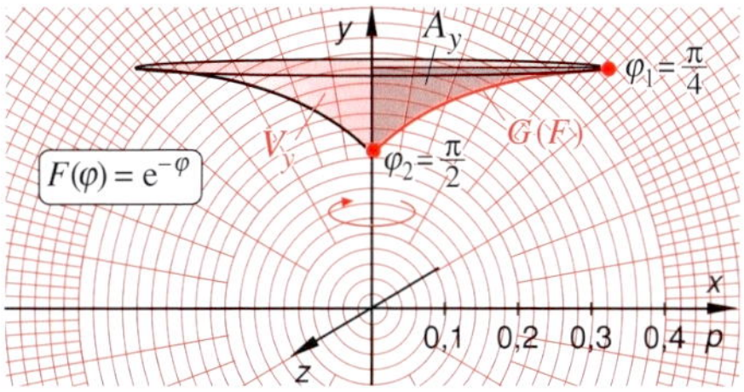

► $\int (e^{-3\varphi} \cdot \cos\varphi)\, d\varphi = \frac{e^{-3\varphi}}{10} \cdot (\sin\varphi - 3 \cdot \cos\varphi) + c$ ► 2.5

► $\cos\frac{\pi}{2} = 0;\ \sin\frac{\pi}{2} = 1;\ \cos\frac{\pi}{4} = \sin\frac{\pi}{4} = \frac{1}{2} \cdot \sqrt{2}$

► $\frac{2}{3} \cdot \int_{\frac{\pi}{4}}^{\frac{\pi}{2}} (e^{-3\varphi} \cdot \cos\varphi)\, d\varphi = \frac{1}{15} \cdot \left(e^{-3 \cdot \frac{\pi}{2}} + \sqrt{2} \cdot e^{-3 \cdot \frac{\pi}{4}} \right)$ (*)

$$V_y = \pi \cdot \left| \frac{1}{3} \cdot [F(\varphi)]^3 \cdot \cos^2\varphi \cdot \sin\varphi \,\Big|_{\varphi_1}^{\varphi_2} + \frac{2}{3} \cdot \int_{\varphi_1}^{\varphi_2} \left([F(\varphi)]^3 \cdot \cos\varphi \right) d\varphi \right|$$

► $\frac{\pi}{4}$ für φ_1; $\frac{\pi}{2}$ für φ_2; $F(\varphi) = e^{-\varphi}$

$$= \pi \cdot \left| \underbrace{\frac{1}{3} \cdot e^{-3\varphi} \cdot \cos^2\varphi \cdot \sin\varphi}_{\blacktriangleright\ V_x} \Big|_{\frac{\pi}{4}}^{\frac{\pi}{2}} - \frac{2}{3} \cdot \int_{\frac{\pi}{4}}^{\frac{\pi}{2}} (e^{-3\varphi} \cdot \cos\varphi)\, d\varphi \right|$$

$$= \pi \cdot \left| -\frac{1}{3} \cdot e^{-3 \cdot \frac{\pi}{4}} \cdot \left(\tfrac{1}{2} \cdot \sqrt{2}\right)^3 + \frac{2}{3} \cdot \left[\frac{e^{-3\varphi}}{10} \cdot (\sin\varphi - 3 \cdot \cos\varphi) \Big|_{\frac{\pi}{4}}^{\frac{\pi}{2}} \right] \right|$$

$$= \pi \cdot \left| -\frac{1}{3} \cdot e^{-3 \cdot \frac{\pi}{4}} \cdot \left(\tfrac{1}{2} \cdot \sqrt{2}\right)^3 + \frac{2}{3} \cdot \left[\frac{e^{-3 \cdot \frac{\pi}{2}}}{10} \cdot \left(\sin\frac{\pi}{2} - 3 \cdot \cos\frac{\pi}{2} \right) + \right. \right.$$

$$\left. \left. - \frac{e^{-3 \cdot \frac{\pi}{4}}}{10} \cdot \left(\sin\frac{\pi}{4} - 3 \cdot \cos\frac{\pi}{4} \right) \right] \right|$$

$$= \pi \cdot \left| -\frac{1}{3} \cdot e^{-3 \cdot \frac{\pi}{4}} \cdot \left(\tfrac{1}{2} \cdot \sqrt{2}\right)^3 + \frac{2}{3 \cdot 10} \cdot \left[e^{-3 \cdot \frac{\pi}{2}} + e^{-3 \cdot \frac{\pi}{4}} \cdot \sqrt{2} \right] \right|$$

$$= \pi \cdot \left| -\frac{\sqrt{2}}{12} \cdot e^{-3 \cdot \frac{\pi}{4}} + \frac{1}{15} \cdot \left(e^{-3 \cdot \frac{\pi}{2}} + \sqrt{2} \cdot e^{-3 \cdot \frac{\pi}{4}} \right) \right|$$

$$= \underline{\underline{0{,}00514}} \quad \blacktriangleright\ \text{Volumenmaßzahl } V_y \text{ in } \left[\tfrac{\pi}{4};\ \tfrac{\pi}{2}\right]$$

Berechnung von V_{py}

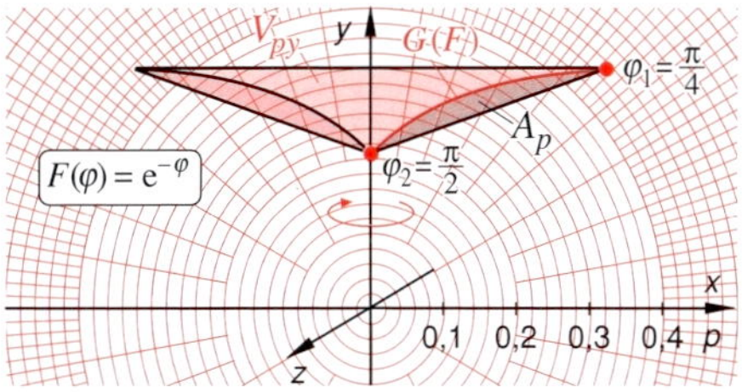

$$V_{py} = \frac{2}{3}\,\pi \cdot \left| \int_{\varphi_1}^{\varphi_2} \left([F(\varphi)]^3 \cdot \cos\varphi \right) d\varphi \right| \quad \blacktriangleright\ \frac{\pi}{4} \text{ für } \varphi_1;\ \frac{\pi}{2} \text{ für } \varphi_2;\ F(\varphi) = e^{-\varphi}$$

$$= \frac{2}{3}\,\pi \cdot \left| \int_{\frac{\pi}{4}}^{\frac{\pi}{2}} \cdot (e^{-3\varphi} \cdot \cos\varphi)\, d\varphi \right| \quad \blacktriangleright\ \text{Ergebnis } (*) \text{ bei } V_y$$

$$= \pi \cdot \left| \frac{1}{15} \cdot \left(e^{-3 \cdot \frac{\pi}{2}} + \sqrt{2} \cdot e^{-3 \cdot \frac{\pi}{4}} \right) \right|$$

$$= \underline{\underline{0{,}02995}} \quad \blacktriangleright\ \text{Volumenmaßzahl } V_{py} \text{ in } \left[\tfrac{\pi}{4};\ \tfrac{\pi}{2}\right]$$

297 **50.** Transformieren Sie die Gleichung einer Lemniskate $(x^2+y^2)^2 = a^2 \cdot (x^2-y^2)$; $a>0$ in Polarkoordinaten und berechnen Sie das Volumen des Körpers, der erzeugt wird, wenn die Fläche zwischen der Kurve und der x-Achse im x-Intervall $\left[0;\, \frac{\pi}{4}\right]$ um die x-Achse rotiert.

$$(x^2+y^2)^2 = a^2 \cdot (x^2-y^2) \quad ▸\ x = F(\varphi)\cdot\cos\varphi$$
$$y = F(\varphi)\cdot\sin\varphi$$

$$\Rightarrow \left([F(\varphi)]^2\cdot\cos^2\varphi + [F(\varphi)]^2\cdot\sin^2\varphi\right)^2 =$$
$$= a^2\cdot\left([F(\varphi)]^2\cdot\cos^2\varphi - [F(\varphi)]^2\cdot\sin^2\varphi\right)$$

$$\Rightarrow [F(\varphi)]^4\cdot\left(\cos^2\varphi+\sin^2\varphi\right)^2 =$$
$$= a^2\cdot[F(\varphi)]^2\cdot\left(\cos^2\varphi-\sin^2\varphi\right)$$

▸ $\cos^2\varphi+\sin^2\varphi = 1$ ▸ 4.1

▸ $\cos^2\varphi-\sin^2\varphi = \cos(2\varphi)\}$

$$\Rightarrow [F(\varphi)]^4 = a^2\cdot[F(\varphi)]^2\cdot\left(2\cdot\cos^2\varphi-1\right)$$

▸ $F(\varphi)\neq 0$; $\varphi\in\left(0;\,\frac{\pi}{4}\right]\cup\left[\frac{3}{4}\pi;\,\frac{5}{4}\pi\right]\cup\left[\frac{7}{4}\pi;\,2\pi\right]$, da der Punkt $Q\left\langle \frac{2a}{5}\cdot\sqrt{3}\,\middle|\,\frac{a}{5}\cdot\sqrt{3}\right\rangle$ auf dem Graphen der Relation liegt.

$$\Rightarrow [F(\varphi)]^2 = a^2\cdot\left(2\cdot\cos^2\varphi-1\right)$$

$$\Rightarrow \underline{F(\varphi) = a\cdot\sqrt{2\cdot\cos^2\varphi-1}} \text{ mit}$$
$$\underline{D(F) = \left[0;\,\tfrac{\pi}{4}\right]\cup\left[\tfrac{3}{4}\pi;\,\tfrac{5}{4}\pi\right]\cup\left[\tfrac{7}{4}\pi;\,2\pi\right]}$$

Erste Substitution

$$\sqrt{2}\cdot\cos\varphi = t \Rightarrow \frac{dt}{d\varphi} = \sqrt{2}\cdot(-\sin\varphi)$$
$$\Rightarrow \sin\varphi\cdot d\varphi = -\frac{1}{\sqrt{2}}\cdot dt$$

▸ $\varphi = 0 \Rightarrow \sqrt{2}\cdot\cos 0 = t_1 \Rightarrow t_1 = \underline{\sqrt{2}}$

▸ $\varphi = \frac{\pi}{4} \Rightarrow \sqrt{2}\cdot\cos\frac{\pi}{4} = t_2 \Rightarrow t_2 = \underline{1}$

Zweite Substitution

$$t = \cosh z \Rightarrow \frac{dt}{dz} = \sinh z \quad ▸\ 2.4.7$$
$$\Rightarrow dt = \sinh z\cdot dz$$

$$\left(\sqrt{t^2-1}\right)^3 = \sinh^3 z$$

▸ $t = \sqrt{2} \Rightarrow \sqrt{2} = \cosh z_1 \Rightarrow z_1 = \operatorname{Arcosh}\sqrt{2}$

▸ $\operatorname{Arcosh}\sqrt{2} = \ln(\sqrt{2}+\sqrt{2-1}) = \underline{\ln(\sqrt{2}+1)}$

▸ $t = 1 \Rightarrow 1 = \cosh z_2 \Rightarrow z_2 = \operatorname{Arcosh} 1$

▸ $\operatorname{Arcosh} 1 = \ln(1+\sqrt{1-1}) = \ln 1 = \underline{0}$

▸ $\left(\sqrt{t^2-1}\right)^3 = \left(\sqrt{\cosh^2 z-1}\right)^3$

▸ $\cosh^2 z - 1 = \sinh^2 z$

$$\Rightarrow \left(\sqrt{t^2-1}\right)^3 = \left(\sqrt{\sinh^2 z}\right)^3 = \underline{\sinh^3 z}$$

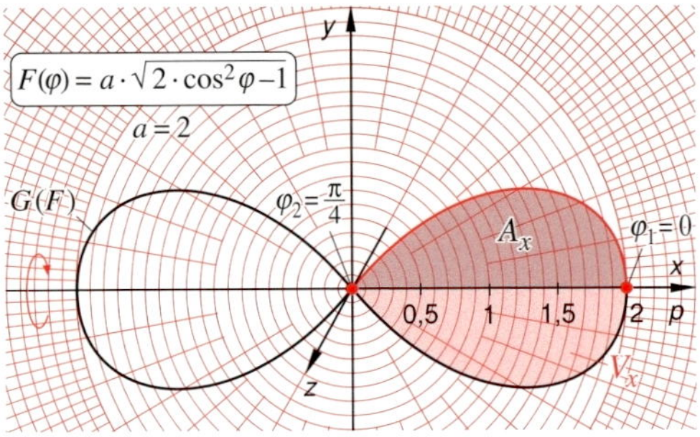

$$V_x = V_{px} = \frac{2}{3}\pi\cdot\left|\int_{\varphi_1}^{\varphi_2}\left([F(\varphi)]^3\cdot\sin\varphi\right)d\varphi\right|$$

▸ 0 für φ_1; $\frac{\pi}{4}$ für φ_2; $F(\varphi) = a\cdot\sqrt{2\cdot\cos^2\varphi-1}$

$$= \frac{2}{3}\pi\cdot\left|\int_0^{\frac{\pi}{4}}\left(\left[a\cdot\sqrt{2\cdot\cos^2\varphi-1}\right]^3\cdot\sin\varphi\right)d\varphi\right|$$

$$= \frac{2}{3}\pi\cdot\left|\int_0^{\frac{\pi}{4}}\left(a^3\cdot\left[\sqrt{2\cdot\cos^2\varphi-1}\right]^3\cdot\sin\varphi\right)d\varphi\right|$$

$$= \frac{2}{3}\pi\cdot a^3\cdot\left|\int_0^{\frac{\pi}{4}}\left(\left[\sqrt{2\cdot\cos^2\varphi-1}\right]^3\cdot\sin\varphi\right)d\varphi\right|$$

$$= \frac{2}{3}\pi\cdot a^3\cdot\left|\int_0^{\frac{\pi}{4}}\left(\left[\sqrt{(\sqrt{2}\cdot\cos\varphi)^2-1}\right]^3\cdot\sin\varphi\right)d\varphi\right|$$

$$= \frac{2}{3}\pi\cdot a^3\cdot\left|\int_{\sqrt{2}}^{1}\left(\left[\sqrt{t^2-1}\right]^3\cdot\left(-\frac{1}{\sqrt{2}}\right)\right)dt\right| \quad ▸\ \text{erste Substitution}$$

$$= \frac{2}{3}\pi\cdot a^3\cdot\frac{1}{\sqrt{2}}\cdot\left|\int_{\sqrt{2}}^{1}\left[\sqrt{t^2-1}\right]^3 dt\right|$$

$$= \frac{2\pi}{3\cdot\sqrt{2}}\cdot a^3\cdot\left|\int_{\ln(\sqrt{2}+1)}^{0}\left(\sinh^3 z\cdot\sinh z\right)dz\right| \quad ▸\ \text{zweite Substitution}$$

$$= \frac{2\cdot\pi}{3\cdot\sqrt{2}}\cdot a^3\cdot\left|\int_{\ln(\sqrt{2}+1)}^{0}\sinh^4 z\,dz\right|$$

▸ Kapitel 2.5; Aufgabe 63; 4 für m und Aufgabe 70

$$= \frac{2\cdot\pi}{3\cdot\sqrt{2}}\cdot a^3\left|\frac{1}{4}\cdot\sinh^3 z\cdot\cosh z - \frac{3}{8}\cdot\sinh x\cdot\cosh x + \right.$$
$$\left. + \frac{3}{8}\cdot x\right|_{\ln(\sqrt{2}+1)}^{0}$$

► $\sinh\left(\ln(\sqrt{2}+1)\right) = \dfrac{e^{\ln(\sqrt{2}+1)} - e^{-\ln(\sqrt{2}+1)}}{2}$

$= \dfrac{\sqrt{2}+1-\frac{1}{\sqrt{2}+1}}{2}$ ► $\dfrac{1}{\sqrt{2}+1} = \sqrt{2}-1$

$= \dfrac{\sqrt{2}+1-(\sqrt{2}-1)}{2}$

$= \underline{1}$

► Entsprechend gilt: $\cosh\left(\ln(\sqrt{2}+1)\right) = \underline{\sqrt{2}}$

$V_x = \dfrac{2\pi}{3\cdot\sqrt{2}} \cdot a^3 \cdot \left| 0 - \dfrac{1}{4}\cdot \sinh^3\left(\ln(\sqrt{2}+1)\right) \cdot \cosh\left(\ln(\sqrt{2}+1)\right) + \right.$

$\left. + \dfrac{3}{8}\cdot \sinh\left(\ln(\sqrt{2}+1)\right)\cdot \cosh\left(\ln(\sqrt{2}+1)\right) - \dfrac{3}{8}\cdot \ln(\sqrt{2}+1) \right|$

$= \dfrac{2\pi}{3\cdot\sqrt{2}} \cdot a^3 \cdot \left| -\dfrac{\sqrt{2}}{4} + \dfrac{3}{8}\cdot 1 \cdot \sqrt{2} - \dfrac{3}{8}\cdot \ln(\sqrt{2}+1) \right|$

$= \underline{\underline{0{,}22768 \cdot a^3}}$ ► Volumenterm in $\left[0; \frac{\pi}{4}\right]$

51. Eine Kugel mit dem Durchmesser $d_K = 60$ mm erhält eine einseitige, kegelförmige Bohrung mit dem Grundkreisdurchmesser $d = 25$ mm. Berechnen Sie das Volumen des Restkörpers in cm^3, wenn die Kegelspitze bis zum Kugelmittelpunkt reicht.

► Es wird in cm gerechnet.

► Die Kugel wird durch Rotation einer Halbkreisfläche erzeugt. Der Halbkreis hat die Funktionsgleichung $f(x) = \sqrt{9-x^2}$ mit $x \in [-3; 3]$.

► Die Erzeugende des Kegels verläuft durch den Koordinatenursprung und durch den Punkt $P\langle x_p \,|\, 1{,}25\rangle$.

Berechnung von x_p:

$f(x_p) = 1{,}25$ ► $f(x_p) = \sqrt{9-x_p^2}$

$\Rightarrow \sqrt{9-x_p^2} = 1{,}25 \Rightarrow 9 - x_p^2 = 1{,}25^2$

$\Rightarrow x_p^2 = 9 - 1{,}25^2 \Rightarrow x_p = \underline{\sqrt{7{,}4375}}$

Die Probe bestätigt $\sqrt{7{,}4375}$ als Lösung der Wurzelgleichung.

Die Erzeugende des Kegels hat demnach die Funktionsgleichung:

$g(x) = \dfrac{y_p}{x_p}\cdot x$ ► $y_p = 1{,}25;\ x_p = \sqrt{7{,}4375}$

$= \underline{\dfrac{1{,}25}{\sqrt{7{,}4375}}}\cdot x;\ x \in \mathbb{R}$

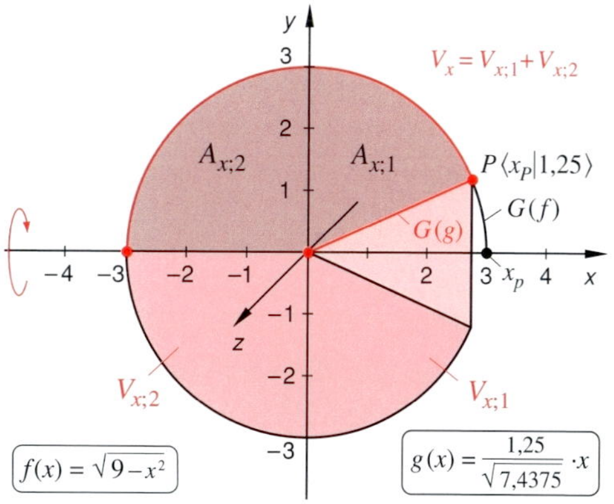

● $V_{x;1} = \int\limits_{x_1}^{x_2} \left([f(x)]^2 - [g(x)]^2 \right) \mathrm{d}x$

► 0 für x_1; $\sqrt{7{,}4375}$ für x_2; $f(x) = \sqrt{9-x^2}$; $g(x) = \dfrac{1{,}25}{\sqrt{7{,}4375}}\cdot x$

$V_{x;1} = \pi \cdot \int\limits_0^{\sqrt{7{,}4375}} \left(9 - x^2 - \dfrac{1{,}25^2}{7{,}4375}\cdot x^2 \right) \mathrm{d}x$

$= \pi \cdot \int\limits_0^{\sqrt{7{,}4375}} \left(9 - \dfrac{9}{7{,}4375}\cdot x^2 \right) \mathrm{d}x$

$= \pi \cdot \left(9x - \dfrac{3}{7{,}4375}\cdot x^3 \right) \Bigg|_0^{\sqrt{7{,}4375}}$

$= \pi \cdot \left(9\cdot\sqrt{7{,}4375} - \dfrac{3}{7{,}4375}\cdot \left[\sqrt{7{,}4375}\right]^3 \right)$

$= \underline{6\pi \cdot \sqrt{7{,}4375}}$ ► Volumenmaßzahl $V_{x;1}$

297

► $V_{x;2}$ ist die Maßzahl einer Halbkugel mit dem Radius 3 cm, deren Volumen mit der Formel $V_{x;2} = \frac{2}{3}\pi \cdot r^3$ berechnet wird.
► Kusch 4; 3.2

● $V_{x;2} = \frac{2}{3}\pi \cdot r^3$ ► 3 für r

$= \frac{2}{3}\pi \cdot 3^3$

$= \underline{18\pi}$ ► Volumenmaßzahl $V_{x;2}$

● $V_x = V_{x;1} + V_{x;2}$

$= 6\pi \cdot \sqrt{7{,}4375} + 18\pi$

$= \underline{107{,}95476}$ ► Volumenmaßzahl V_x

Der Rotationskörper hat das Volumen 107,95476 cm^3.

52. Im Winkelintervall $[0; b]$ mit $b \in \left(0; \frac{\pi}{2}\right)$ rotiert die Sektorfläche der Funktion F mit der Gleichung $F(\varphi) = \sqrt[3]{\tan\varphi}$ um die y-Achse. Berechnen Sie den Term für die Volumenmaßzahl $V_{py}(b)$ und untersuchen Sie $\lim\limits_{b \to \frac{\pi}{2}} V_{py}(b)$. Zeichnen Sie die Kurve.

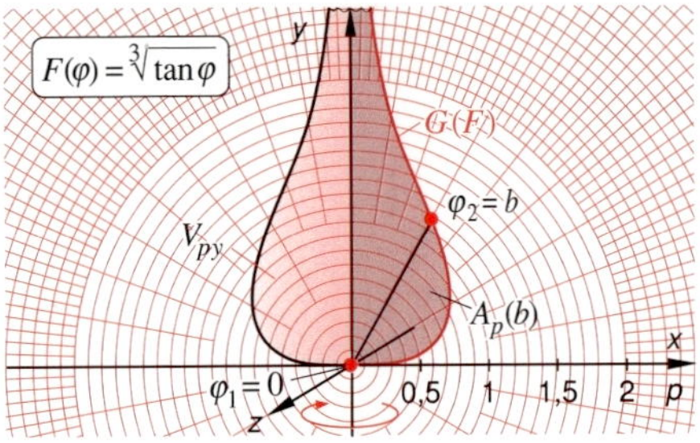

► $\left[\sqrt[3]{\tan\varphi}\right]^3 = \tan\varphi$

Da die Funktion $f: f(x) = \cos x$; $D(f) = \mathbb{R}$ stetig in $\mathbb{R}$ ist, gilt $\lim\limits_{b \to \frac{\pi}{2}} \cos b = \cos\frac{\pi}{2} = 0$.

$V_{py} = \frac{2}{3}\pi \cdot \left| \int\limits_{\varphi_1}^{\varphi_2} \left([F(\varphi)]^3 \cdot \cos\varphi \right) d\varphi \right|$ ► 0 für φ_1; b für φ_2; $F(\varphi) = \sqrt[3]{\tan\varphi}$

$V_{py}(b) = \frac{2}{3}\pi \cdot \left| \int\limits_0^b (\tan\varphi \cdot \cos\varphi)\, d\varphi \right|$ ► $\tan\varphi = \frac{\sin\varphi}{\cos\varphi}$

$= \frac{2}{3}\pi \cdot \left| \int\limits_0^b \left(\frac{\sin\varphi}{\cos\varphi} \cdot \cos\varphi \right) d\varphi \right|$

$= \frac{2}{3}\pi \cdot \left| \int\limits_0^b \sin\varphi\, d\varphi \right|$

$= \frac{2}{3}\pi \cdot \left| -\cos\varphi \Big|_0^b \right|$

$= \frac{2}{3}\pi \cdot |-\cos b + \cos 0|$ ► $\cos 0 = 1$

$= \underline{\frac{2}{3}\pi \cdot |-\cos b + 1|;\ b \in \left(0; \frac{\pi}{2}\right)}$

$\lim\limits_{b \to \frac{\pi}{2}} V_{py}(b) = \lim\limits_{b \to \frac{\pi}{2}} \left[\frac{2}{3}\pi \cdot |-\cos b + 1|\right]$

$= \frac{2}{3}\pi \cdot \left| -\lim\limits_{b \to \frac{\pi}{2}} \cos b + 1 \right|$

$= \frac{2}{3}\pi \cdot |-0 + 1|$

$= \underline{\underline{2{,}09440}}$ ► Volumenmaßzahl in $\left[0; \frac{\pi}{2}\right]$

Rotiert die sich ins Unendliche erstreckende Fläche zwischen Kurve und y-Achse, so wird ein Körper mit der Volumenmaßzahl 2,09440 erzeugt.

53. Zeichnen sie den Graphen der Funktion $f: f(x) = \ln^2 x - 2$; $D(f) = \mathbb{R}^{>0}$ und berechnen Sie die Volumenmaßzahl $V_x(a)$ des Körpers, der erzeugt wird, wenn die Fläche zwischen dem Graphen und der x-Achse im x-Intervall $[a; e^{\sqrt{2}}]$ mit $a \in (0; e^{\sqrt{2}})$ um die x-Achse rotiert. Untersuchen Sie $\lim\limits_{a \to 0} V_x(a)$. Berechnen Sie auch die Volumenmaßzahl $V_y(d)$ des Körpers, der erzeugt wird, wenn die Fläche zwischen dem Graphen und der y-Achse im y-Intervall $[-2; d]$ mit $d > -2$ um die y-Achse rotiert. Untersuchen Sie $\lim\limits_{d \to \infty} V_y(d)$. 298

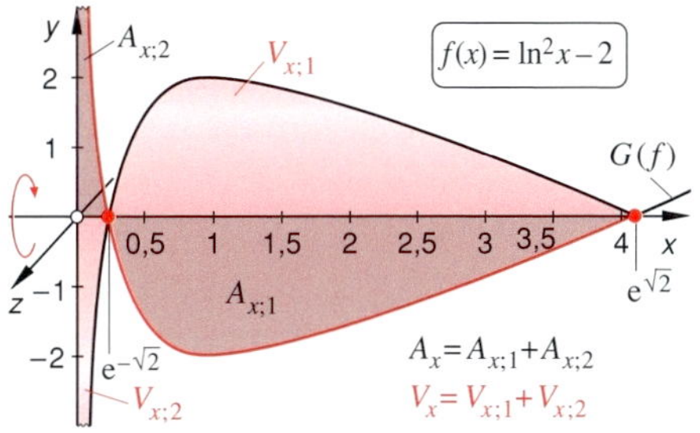

▸ Um $\int\limits_a^{e^{\sqrt{2}}} (\ln^4 x - 4 \cdot \ln^2 x + 4)\,dx$ zu berechnen, wird schrittweise die nachstehende Rekursionsformel angewendet:

$I_m = \int \ln^m x\,dx$

$\Rightarrow I_m = x \cdot \ln^m x - m \cdot I_{m-1}$; $m \in \mathbb{N}^{\geq 1}$

$I_0 = x + c$; $x > 0$ ▸ 2.5, Aufgabe 56

▸ $\ln^4 e^{\sqrt{2}} = (\sqrt{2})^4 = 4$

▸ $\ln^3 \sqrt{2} = (\sqrt{2})^3 = 2 \cdot \sqrt{2}$

▸ $\ln^2 e^{\sqrt{2}} = (\sqrt{2})^2 = 2$

▸ $\ln e^{\sqrt{2}} = \sqrt{2}$

Berechnung von V_x

$$V_x = \pi \cdot \int\limits_a^b [f(x)]^2\,dx \quad ▸ e^{\sqrt{2}} \text{ für } b; f(x) = \ln^2 x - 2$$

$$V_x(a) = \pi \cdot \int\limits_a^{e^{\sqrt{2}}} \left[\ln^2 x - 2\right]^2 dx$$

$$= \pi \cdot \int\limits_a^{e^{\sqrt{2}}} \left(\ln^4 x - 4 \cdot \ln^2 x + 4\right) dx$$

$$= \pi \cdot \left[x \cdot \ln^4 x \Big|_a^{e^{\sqrt{2}}} - 4 \cdot \int\limits_a^{e^{\sqrt{2}}} \ln^3 x\,dx - 4 \cdot \int\limits_a^{e^{\sqrt{2}}} \ln^2 x\,dx + 4x \Big|_a^{e^{\sqrt{2}}}\right]$$

$$= \pi \cdot \left[e^{\sqrt{2}} \cdot \ln^4 e^{\sqrt{2}} - a \cdot \ln^4 a - 4 \cdot \left(x \cdot \ln^3 x \Big|_a^{e^{\sqrt{2}}} - 3 \cdot \int\limits_a^{e^{\sqrt{2}}} \ln^2 x\,dx\right) + \right.$$

$$\left. -4 \cdot \int\limits_a^{e^{\sqrt{2}}} \ln^2 x\,dx + 4 \cdot e^{\sqrt{2}} - 4a\right]$$

$$= \pi \cdot \left[e^{\sqrt{2}} \cdot 4 - a \cdot \ln^4 a - 4 \cdot e^{\sqrt{2}} \cdot (\sqrt{2})^3 + 4a \cdot \ln^3 a + \right.$$

$$\left. + 8 \cdot \int\limits_a^{e^{\sqrt{2}}} \ln^2 x\,dx + 4 \cdot e^{\sqrt{2}} - 4a\right]$$

$$= \pi \cdot \left[4 \cdot e^{\sqrt{2}} \cdot \left[2 - (\sqrt{2})^3\right] - a \cdot \ln^4 a + 4a \cdot \ln^3 a + \right.$$

$$\left. + 8 \cdot \left(x \cdot \ln^2 x \Big|_a^{e^{\sqrt{2}}} - 2 \cdot \int\limits_a^{e^{\sqrt{2}}} \ln x\,dx\right) - 4a\right]$$

$$= \pi \cdot \left[4 \cdot e^{\sqrt{2}} \cdot \left[2 - (\sqrt{2})^3\right] - a \cdot \ln^4 a + 4a \cdot \ln^3 a + . \right.$$

$$\left. + 8 \cdot e^{\sqrt{2}} \cdot 2 - 8a \cdot \ln^2 a - 16 \cdot \left(x \cdot \ln x - x \Big|_a^{e^{\sqrt{2}}}\right) - 4a\right]$$

$$= \pi \cdot \left[4 \cdot e^{\sqrt{2}} \cdot \left(6 - 2 \cdot \sqrt{2}\right) - a \cdot \ln^4 a + 4a \cdot \ln^3 a - 8a \cdot \ln^2 a + \right.$$

$$\left. -16 \cdot \left(e^{\sqrt{2}} \cdot \ln e^{\sqrt{2}} - e^{\sqrt{2}} - a \cdot \ln a + a\right) - 4a\right]$$

$$\underline{= \pi \cdot \left[4 \cdot e^{\sqrt{2}} \cdot \left(10 - 6 \cdot \sqrt{2}\right) - a \cdot \ln^4 a + 4a \cdot \ln^3 a + \right.}$$

$$\underline{\left. -8a \cdot \ln^2 a + 16a \cdot \ln a - 20a\right]; a \in \left(0; e^{\sqrt{2}}\right)}$$

298 ► Für $\lim\limits_{a\to 0} V_x(a)$ müssen die Grenzwerte $\lim\limits_{a\to 0}(a\cdot\ln^4 a)$; $\lim\limits_{a\to 0}(a\cdot\ln^3 a)$; $\lim\limits_{a\to 0}(a\cdot\ln^2 a)$ und $\lim\limits_{a\to 0}(a\cdot\ln a)$ berechnet werden. Diese sind sämtlich unbestimmte Ausdrücke der Form „$0\cdot(\pm\infty)$", die man auf unbestimmte Ausdrücke der Form $\frac{„\infty“}{\infty}$ bringen kann. Mit der zweiten Regel von de L'Hospital (► Kusch 3; 4.5) erhält man:

$$\begin{aligned}\lim_{a\to 0}(a\cdot\ln^4 a) &= \lim_{a\to 0}(a\cdot\ln^3 a)\\ &= \lim_{a\to 0}(a\cdot\ln^2 a)\\ &= \lim_{a\to 0}(a\cdot\ln a)\\ &= \underline{0}\end{aligned}$$

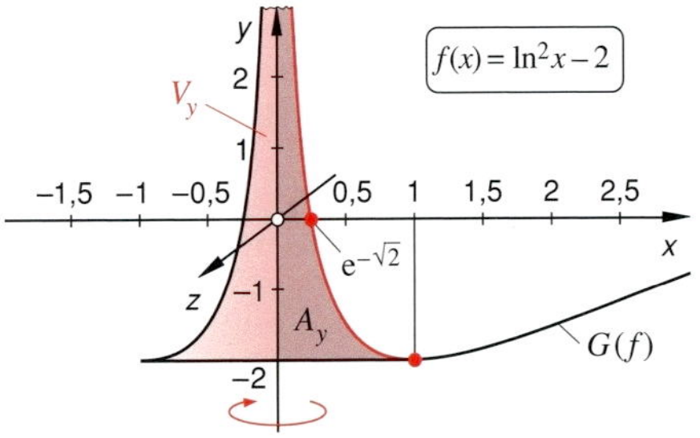

Die Funktion $f: f(x) = \ln^2 x - 2$; $D(f) = \mathbb{R}^{>0}$ ist in jedem Intervall $(a; 1]$ mit $a \in (0; 1)$ streng monton fallend und stetig differenzierbar. Daher kann die Formel der zweiten Lösungsmethode für V_y angewendet werden.

Es gilt: $[c; d] = [-2; \ln^2 a - 2]$ und $\lim\limits_{a\to 0}(\ln^2 a - 2) = \infty$. Für $a \to 0$ strebt also $d \to \infty$.

$\lim\limits_{a\to 0}(a^2\cdot\ln a)$ ist ein unbestimmter Ausdruck. Mit der zweiten Regel von de L'Hospital (► Kusch 3; 4.5) erhält man dann:

$$\lim_{a\to 0}(a^2\cdot\ln a) = 0$$

$$\begin{aligned}\lim_{a\to 0} V_x(a) &= \pi\cdot 4e^{\sqrt{2}}\cdot(10 - 6\cdot\sqrt{2}) - \lim_{a\to 0}(a\cdot\ln^4 a) +\\ &\quad + 4\cdot\lim_{a\to 0}(a\cdot\ln^3 a) - 8\cdot\lim_{a\to 0}(a\cdot\ln^2 a) +\\ &\quad + 16\cdot\lim_{a\to 0}(a\cdot\ln a) - 20\cdot\lim_{a\to 0} a\\ &= 4\pi\cdot e^{\sqrt{2}}\cdot(10 - 6\cdot\sqrt{2})\\ &= \underline{\underline{78{,}29373}}\end{aligned}$$

► Volumenmaßzahl im x-Intervall $[0; e^{\sqrt{2}}]$

Berechnung von V_y

$$V_y = \pi\cdot\left|\int_a^b [x^2\cdot f'(x)]\,dx\right|$$

► 1 für b; $f(x) = \ln^2 x - 2 \Rightarrow f'(x) = \frac{2}{x}\cdot\ln x$

$$\begin{aligned}V_y(a) &= \pi\cdot\left|\int_a^1\left[x^2\cdot\frac{2}{x}\cdot\ln x\right]dx\right|\\ &= \pi\cdot\left|\int_a^1[2x\cdot\ln x]\,dx\right| \quad ► 2.5\\ &= \pi\cdot\left|x^2\cdot\ln x\Big|_a^1 - \int_a^1 x\,dx\right|\\ &= \pi\cdot\left|1^2\cdot\ln 1 - a^2\ln a - \frac{1}{2}\cdot x^2\Big|_a^1\right| \quad ► \ln 1 = 0\\ &= \pi\cdot\left|-a^2\cdot\ln a - \frac{1}{2}\cdot 1^2 + \frac{1}{2}\cdot a^2\right|\\ &= \pi\cdot\left|-a^2\cdot\ln a - \frac{1}{2} + \frac{1}{2}\cdot a^2\right|;\ a\in(0;1)\end{aligned}$$

$$\begin{aligned}\lim_{a\to 0} V_y(a) &= \pi\cdot\lim_{a\to 0}\left|-a^2\cdot\ln a - \frac{1}{2} + \frac{1}{2}\cdot a^2\right|\\ &= \pi\cdot\left|-\lim_{a\to 0}(a^2\cdot\ln a) - \frac{1}{2} + \frac{1}{2}\cdot\lim_{a\to 0} a^2\right|\\ &= \pi\cdot\left|-0 - \frac{1}{2} + \frac{1}{2}\cdot 0\right|\\ &= \underline{\underline{1{,}57080}}\end{aligned}$$

► Volumenmaßzahl im y-Intervall $[-2; \infty)$

298

54. Zeichnen Sie den Graphen der Relation $R: R(x) = \begin{cases} x, \text{ wenn } x \in [0; 2] \\ 2x-2, \text{ wenn } x \in (2; 3] \\ 4+\sqrt{9-x^2}, \text{ wenn } x \in [0; 3] \end{cases}$ und berechnen Sie die Volumenmaßzahl des siloförmigen Körpers, der erzeugt wird, wenn die Fläche zwischen dem Graphen der Relation und der y-Achse um die y-Achse rotiert.

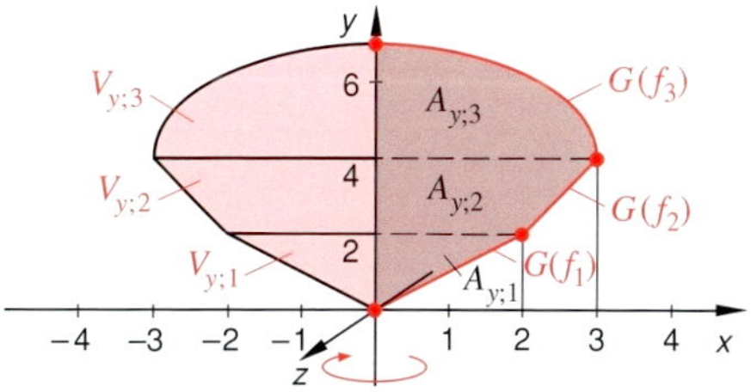

Der Graph der Relation R setzt sich zusammen aus den Graphen der Funktionen $f_1: f_1(x) = x$ mit $x \in [0; 2]$; $f_2: f_2(x) = 2x - 2$ mit $x \in [2; 3]$ und $f_3: f_3(x) = 4 + \sqrt{9 - x^2}$ mit $x \in [0; 3]$. Da die Funktionen f_1 und f_2 in den angegebenen streng monoton steigend und stetig differenzierbar sind, kann die Formel der zweiten Lösungsmethode für $V_{y;1}$ und $V_{y;2}$ angewendet werden.

- $V_{y;1} = \pi \cdot \left| \int_a^b [x^2 \cdot f_1'(x)]\, dx \right|$

▶ 0 für a; 2 für b; $f_1(x) = x \Rightarrow f_1'(x) = 1$

$$V_{y;1} = \pi \cdot \left| \int_0^2 [x^2 \cdot 1]\, dx \right| = \pi \cdot \left| \frac{1}{3} \cdot x^3 \Big|_0^2 \right| = \pi \cdot \left| \frac{1}{3} \cdot 2^3 - \frac{1}{3} \cdot 0^3 \right| = \underline{\frac{8}{3} \cdot \pi}$$

- $V_{y;2} = \pi \cdot \left| \int_a^b [x^2 \cdot f_2'(x)]\, dx \right|$

▶ 2 für a; 3 für b; $f_2(x) = 2x - 2 \Rightarrow f_2'(x) = 2$

$$V_{y;2} = \pi \cdot \left| \int_2^3 [x^2 \cdot 2]\, dx \right| = 2\pi \cdot \left| \int_2^3 x^2\, dx \right| = 2\pi \cdot \left| \frac{1}{3} \cdot x^3 \Big|_2^3 \right| = 2\pi \cdot \left| \frac{1}{3} \cdot 3^3 - \frac{1}{3} \cdot 2^3 \right| = \underline{\frac{38\pi}{3}}$$

Die Funktion $f_3: f_3(x) = 4 + \sqrt{9 - x^2}$ mit $x \in [0; 3]$ ist an der Stelle $x_0 = 3$ nicht stetig differenzierbar, aber in $[0; 3]$ streng monoton fallend und stetig. Daher wird zur Berechnung von $V_{y;3}$ die Formel der ersten Lösungsmethode verwendet.

▶ $c = f_3(3) = 4 + \sqrt{9 - 9} = \underline{4}$
$d = f_3(0) = 4 + \sqrt{9 - 0^2} = \underline{7}$

- $V_{y;3} = \pi \cdot \int_c^d \left([f_3^{-1}(y)]^2 \right) dy$

▶ 4 für c; 7 für d; $y = 4 + \sqrt{9 - x^2} \Rightarrow x^2 = [f_3^{-1}(y)]^2 = 9 - (y - 4)^2$

$$V_{y;3} = \pi \cdot \int_4^7 [9 - (y - 4)^2]\, dy = \pi \cdot \left[9y - \frac{1}{3} \cdot (y - 4)^3 \Big|_4^7 \right] = \pi \cdot \left[9 \cdot 7 - \frac{1}{3} \cdot (7 - 4)^3 - 9 \cdot 4 + \frac{1}{3} \cdot (4 - 4)^3 \right] = \pi \cdot [63 - 9 - 36 + 0] = \underline{18\pi}$$

Durch Addition der Volumenmaßzahlen $V_{y;1}$, $V_{y;2}$ und $V_{y;3}$ erhält man die Volumenmaßzahl des zusammengesetzten Körpers.

- $V_{\text{Silo}} = V_{y;1} + V_{y;2} + V_{y;3} = \frac{8}{3}\pi + \frac{38}{3}\pi + 18\pi = \underline{\underline{104{,}71976}}$ ▶ Volumenmaßzahl des Silos

298

55. Entwickeln Sie eine Formel für das Volumen eines Kegelstumpfes mithilfe der Formel für das Rotationsvolumen.

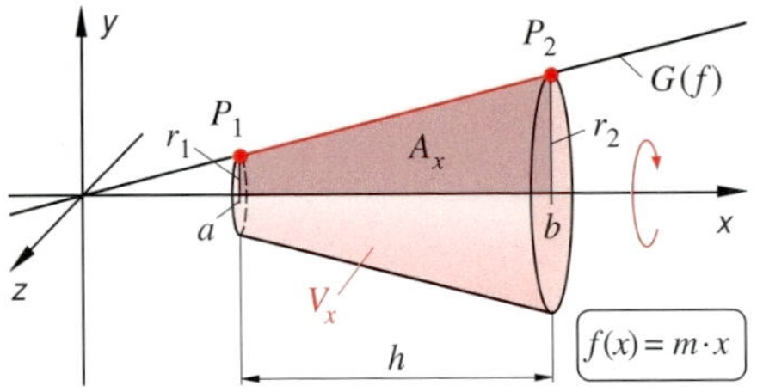

Ein Kegelstumpf wird erzeugt, wenn eine Trapezfläche, wie dargestellt, um die x-Achse rotiert. Dabei kann die Trapezfläche so im Koordinatensystem positioniert werden, dass die Gerade durch die Punkte P_1 und P_2 durch den Koordinatenursprung verläuft, also auf dem Graphen einer Funktion vom Typ $f(x) = m \cdot x$; $D(f) = \mathbb{R}$; $m > 0$ liegen. r_1 mit $r_1 = m \cdot a$ ist der Deckkreisradius und r_2 mit $r_2 = m \cdot b$ ist der Grundkreisradius des Kegelstumpfes.

$$V_x = \pi \cdot \int_a^b [f(x)]^2 \, dx \quad \blacktriangleright f(x) = m \cdot x$$

$$= \pi \cdot \int_a^b [m \cdot x]^2 \, dx$$

$$= \pi \cdot m^2 \cdot \int_a^b x^2 \, dx$$

$$= \pi \cdot m^2 \cdot \frac{1}{3} \cdot x^3 \Big|_a^b$$

$$= \frac{1}{3}\pi \cdot m^2 \cdot (b^3 - a^3)$$

$$= \frac{1}{3}\pi \cdot m^2 \cdot (b^2 + ab + a^2) \cdot (b - a) \quad \blacktriangleright b - a = h$$

$$= \frac{1}{3}\pi \cdot (m^2 b^2 + m^2 ab + m^2 a^2) \cdot h$$

$$= \frac{\pi}{3} \cdot h \cdot [(mb)^2 + ma \cdot mb + (ma)^2]$$

$$\blacktriangleright mb = f(b) = r_2;\; ma = f(a) = r_1$$

$$= \underline{\underline{\frac{\pi}{3} \cdot h \cdot (r_2^2 + r_1 r_2 + r_1^2)}} \quad \blacktriangleright \text{Volumenterm eines Kegelstumpfes}$$

56. Berechnen Sie das Volumen eines Fasses, dessen Form durch die Rotation der Fläche zwischen einer Ellipse und der y-Achse um die y-Achse erzeugt wird. Das Fass soll die Maße $d_1 = 50\,\text{cm}$; $d_2 = 70\,\text{cm}$ und $h = 120\,\text{cm}$ haben.

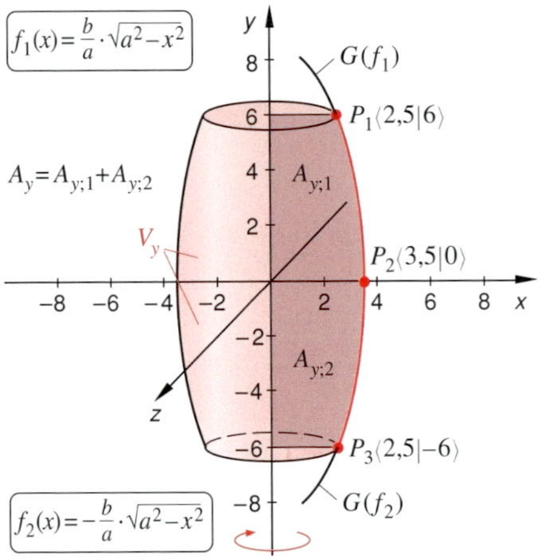

► Es wird mit der Einheit dm gerechnet.

Funktionsgleichung der Funktion f_1

$$f_1(x) = \frac{b}{a} \cdot \sqrt{a^2 - x^2} \quad \blacktriangleright 4.1$$

$$\blacktriangleright f_1(3{,}5) = 0 \Rightarrow \frac{b}{a} \cdot \sqrt{a^2 - 3{,}5^2} = 0$$

$$\Rightarrow a^2 - 3{,}5^2 = 0 \Rightarrow a = \underline{3{,}5}$$

$$\blacktriangleright f_1(2{,}5) = 6 \Rightarrow \frac{b}{a} \cdot \sqrt{a^2 - 2{,}5^2} = 6 \quad \blacktriangleright a = 3{,}5$$

$$\Rightarrow \frac{b}{3{,}5} \cdot \sqrt{3{,}5^2 - 2{,}5^2} = 6 \;|\cdot 3{,}5$$

$$\Rightarrow b \cdot \sqrt{6} = 6 \cdot 3{,}5 \Rightarrow b = \underline{\sqrt{6} \cdot 3{,}5}$$

$$\blacktriangleright f_1(x) = \frac{b}{a} \cdot \sqrt{a^2 - x^2} \quad \blacktriangleright \sqrt{6} \cdot 3{,}5 \text{ für } b;\ 3{,}5 \text{ für } a$$

$$= \frac{\sqrt{6} \cdot 3{,}5}{3{,}5} \cdot \sqrt{3{,}5^2 - x^2}$$

$$= \underline{\sqrt{6} \cdot \sqrt{12{,}25 - x^2};\ x \in [0; 3{,}5]}$$

298

▶ Die Ellipsenfläche wird, wie gezeichnet, symmetrisch zur x-Achse im Koordinatensystem positioniert. Damit sind die Flächenmaßzahlen zwischen dem Ellipsengraphen und der y-Achse in den y-Intervallen $[-6; 0]$ und $[0; 6]$ gleich. Dann berechnet man die Volumenmaßzahl des Körpers, der entsteht, wenn die obere Fläche um die y-Achse rotiert und multipliziert das Ergebnis mit zwei.

Das Fass hat damit das Volumen von $386{,}416\,\text{dm}^3$.

Volumenmaßzahl V_y

$$V_y = 2\,\pi \cdot \int_c^d \left([f_1^{-1}(y)]^2 \right) \mathrm{d}y$$

▶ 0 für c; 6 für d

$$y = \sqrt{6} \cdot \sqrt{12{,}25 - x^2} \Rightarrow x^2 = [f_1^{-1}(y)]^2 = 12{,}25 - \frac{y^2}{6}$$

$$V_y = 2\,\pi \cdot \int_0^6 \left(12{,}25 - \frac{y^2}{6} \right) \mathrm{d}y$$

$$= 2\,\pi \cdot \left(12{,}25 \cdot y - \frac{y^3}{18} \Big|_0^6 \right)$$

$$= 2\,\pi \cdot \left(12{,}25 \cdot 6 - \frac{6^3}{18} - 0 \right)$$

$$= \underline{\underline{386{,}416}}$$ ▶ Volumenmaßzahl des Fasses

57. Ein Ankerspill aus Stahl mit der Dichte $\varrho = 7{,}85\,\text{kg/dm}^3$ hat die Form eines Rotationshyperboloids mit den Maßen $d_1 = 200$ mm; $d_2 = 400$ mm und $h = 500$ mm. Berechnen Sie seine Masse in Kilogramm.

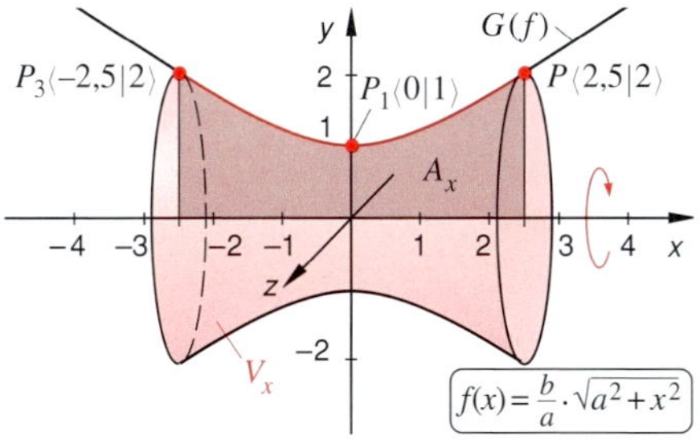

▶ Es wird mit der Einheit dm gerechnet.

▶ Die Hyperbelfläche wird, wie gezeichnet, symmetrisch zur y-Achse im Koordinatensystem positioniert.

Damit sind die Flächenmaßzahlen zwischen dem Hyperbelgraphen und der x-Achse in den x-Intervallen $[-2{,}5; 0]$ und $[0; 2{,}5]$ gleich.

Funktionsgleichung der Funktion f

$$f(x) = \frac{b}{a} \cdot \sqrt{a^2 + x^2}$$ ▶ 4.1

▶ $f(0) = 1 \Rightarrow \frac{b}{a} \cdot \sqrt{a^2 + 0^2} = 1 \Rightarrow b = \underline{1};\ a > 0$

▶ $f(2{,}5) = 2 \Rightarrow \frac{b}{a} \cdot \sqrt{a^2 + 2{,}5^2} = 2$ ▶ $b = 1$

$$\frac{1}{a} \cdot \sqrt{a^2 + 6{,}25} = 2$$

$$\sqrt{a^2 + 6{,}25} = 2\,a$$ ▶ quadrieren

$$a^2 + 6{,}25 = 4\,a^2$$

$$6{,}25 = 3\,a^2$$

$$a = \underline{\sqrt{\frac{6{,}25}{3}}}$$ ▶ $a > 0$

▶ Die Probe bestätigt $\sqrt{\frac{6{,}25}{3}}$ als Lösung der Wurzelgleichung.

▶ $f(x) = \frac{b}{a} \cdot \sqrt{a^2 + x^2}$ ▶ 1 für b; $\sqrt{\frac{6{,}25}{3}}$ für a

$$= \frac{1}{\sqrt{\frac{6{,}25}{3}}} \cdot \sqrt{\frac{6{,}25}{3} + x^2}$$

$$= \underline{\frac{\sqrt{3}}{2{,}5} \cdot \sqrt{\frac{6{,}25}{3} + x^2};\ x \in [0; 2{,}5]}$$

298

Die Volumenmaßzahl des Körpers wird berechnet, indem man die rechts der y-Achse liegende Fläche um die x-Achse rotieren lässt und das Ergebnis mit zwei multipliziert.

Volumenmaßzahl V_x

$$V_x = 2\pi \cdot \int_a^b \left([f(x)]^2\right) \mathrm{d}x$$

► 0 für a; 2,5 für b; $f(x) = \frac{\sqrt{3}}{2{,}5} \cdot \sqrt{\frac{6{,}25}{3} + x^2}$

$$V_x = 2\pi \cdot \int_0^{2{,}5} \left[\frac{3}{2{,}5^2} \cdot \left(\frac{6{,}25}{3} + x^2\right)\right] \mathrm{d}x$$

► $\frac{3}{2{,}5^2} \cdot \left(\frac{6{,}25}{3} + x^2\right) = \frac{3}{6{,}25} \cdot \frac{6{,}25}{3} + \frac{3}{6{,}25} \cdot x^2 = 1 + \frac{3}{6{,}25} \cdot x^2$

$$= 2\pi \cdot \int_0^{2{,}5} \left[1 + \frac{3}{6{,}25} \cdot x^2\right] \mathrm{d}x$$

$$= 2\pi \cdot \left[x + \frac{x^3}{6{,}25}\Big|_0^{2{,}5}\right]$$

► $2{,}5 + \frac{2{,}5^3}{6{,}25} = 2{,}5 + \frac{2{,}5^3}{2{,}5^2} = 2{,}5 + 2{,}5 = 5$

$$= 2\pi \cdot \left[2{,}5 + \frac{2{,}5^3}{6{,}25} - 0\right]$$

$$= \underline{\underline{10\pi}}$$ ► Volumenmaßzahl

Masse des Ankerspills

$m = V_x \cdot \varrho$ ► $V_x = 10\pi\,\mathrm{dm}^3$; $\varrho = 7{,}85\,\mathrm{kg/dm}^3$

$$= 10\pi\,\mathrm{dm}^3 \cdot 7{,}85\,\frac{\mathrm{kg}}{\mathrm{dm}^3}$$

$$= \underline{\underline{246{,}615\,\mathrm{kg}}}$$ ► Masse des Ankerspills

Das Ankerspill hat eine Masse von 246,615 kg.

58. Entwickeln Sie mithilfe der Integralrechnung die Formeln für das Volumen eines Kugelabschnittes und einer Kugelschicht. Verwenden Sie die Kreisgleichung $x^2 + y^2 = r^2$.

Kugelabschnitt

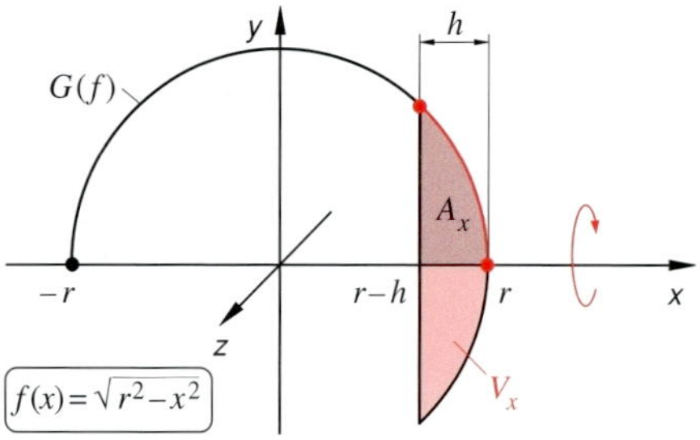

Rotiert, wie dargestellt, ein Teil einer Kreisfläche in einem Intervall $[r-h; r]$ mit $h \in (0; 2r)$ um die x-Achse, so wird ein Kugelabschnitt erzeugt. h gibt die Dicke des Kugelabschnittes an.

$V_x = \pi \cdot \int_a^b [f(x)]^2\,\mathrm{d}x$ ► $r-h$ für a; r für b; $f(x) = \sqrt{r^2 - x^2}$

$$= \pi \cdot \int_{r-h}^{r} (r^2 - x^2)\,\mathrm{d}x$$

$$= \pi \cdot \left(r^2 x - \frac{1}{3} \cdot x^3 \Big|_{r-h}^{r}\right)$$

$$= \pi \cdot \left[r^3 - \frac{1}{3} \cdot r^3 - r^2 \cdot (r-h) + \frac{1}{3} \cdot (r-h)^3\right]$$

$$= \frac{\pi}{3} \cdot [2r^3 - 3r^2 \cdot (r-h) + (r-h)^3]$$

$$= \frac{\pi}{3} \cdot [2r^3 - 3r^3 + 3r^2 h + r^3 - 3r^2 h + 3rh^2 - h^3]$$

$$= \frac{\pi}{3} \cdot [3rh^2 - h^3]$$

$$= \underline{\underline{\frac{\pi}{3} \cdot h^2 \cdot (3r - h);\ h \in (0; 2r]}}$$ ► Volumenterm eines Kugelabschnitts

Kugelschicht 298

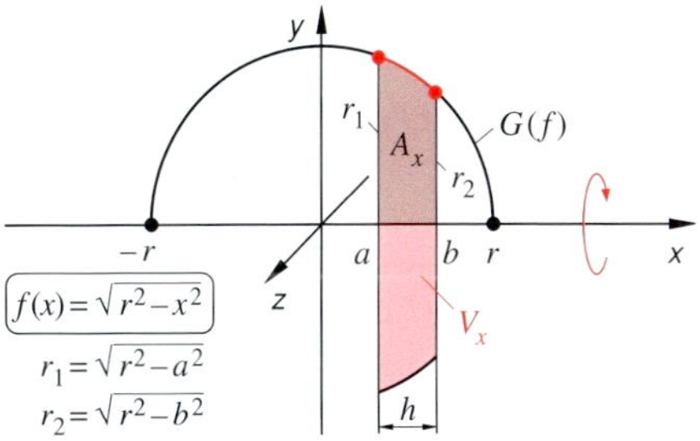

Rotiert, wie dargestellt, ein Teil einer Kreisfläche in einem Intervall $[a; b]$ mit $0<a<b<r$ um die x-Achse, so wird eine Kugelschicht erzeugt. h mit $h=b-a$ gibt die Dicke der Kugelschicht an.

$$V_x=\pi\cdot\int_a^b[f(x)]^2\,\mathrm{d}x \quad \blacktriangleright f(x)=\sqrt{r^2-x^2}$$

$$=\pi\cdot\int_a^b(r^2-x^2)\,\mathrm{d}x$$

$$=\pi\cdot\left(r^2x-\frac{1}{3}\cdot x^3\Big|_a^b\right)$$

$$=\pi\cdot\left(r^2b-\frac{1}{3}\cdot b^3-r^2a+\frac{1}{3}\cdot a^3\right)$$

$$=\frac{\pi}{3}\cdot[3r^2\cdot(b-a)-(b^3-a^3)]$$

$$=\frac{\pi}{3}\cdot[3r^2\cdot(b-a)-(b^2+ab+a^2)\cdot(b-a)]$$

$$=\frac{\pi}{3}\cdot(b-a)\cdot[3r^2-b^2-ab-a^2] \quad \blacktriangleright b-a=h$$

$$=\frac{\pi}{6}\cdot h\cdot[6r^2-2b^2-2ab-2a^2]$$

$$=\frac{\pi}{6}\cdot h\cdot[6r^2-3b^2-3a^2+(b^2-2ab+a^2)]$$

$$=\frac{\pi}{6}\cdot h\cdot[3\cdot(r^2-b^2)+3\cdot(r^2-a^2)+(b-a)^2]$$

$$\blacktriangleright r^2-b^2=r_2^2;\ r^2-a^2=r_1^2;\ b-a=h$$

$$=\underline{\underline{\frac{\pi}{6}\cdot h\cdot(3r_2^2+3r_1^2+h^2)}}$$ ► Volumenterm einer Kugelschicht

59. Berechnen Sie die Volumenmaßzahl des Körpers, der erzeugt wird, wenn der Graph der Kreisrelation R: $x^2+(y-2)^2=4$; $D(R)=\{\langle x\,|\,y\rangle\,|\,x\in[-2;2];\ y\in[0;4]\}$ um die x-Achse rotiert.

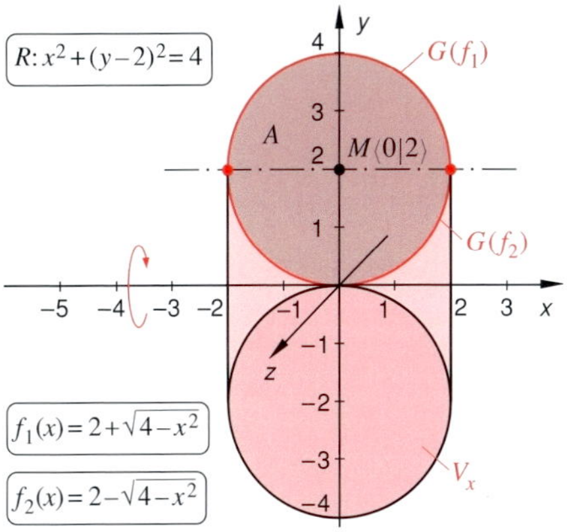

Der Graph der Relation R ist ein Kreis mit dem Mittelpunkt $M\langle 0\,|\,2\rangle$ und dem Radius 2. Er besteht aus den Graphen der Funktionen f_1 und f_2. Rotiert $G(R)$ um die x-Achse, so wird ein Körper erzeugt, der zylindrischer Kreisring oder Torus heißt.

► $\text{Arcsin}\,1=\frac{\pi}{2}$; $\text{Arcsin}(-1)=-\frac{\pi}{2}$

$$V_x=\pi\cdot\int_a^b\left([f_1(x)]^2-[f_2(x)]^2\right)\mathrm{d}x$$

$$=\pi\cdot\int_a^b\left[\left(f_1(x)+f_2(x)\right)\cdot\left(f_1(x)-f_2(x)\right)\right]\mathrm{d}x$$

► -2 für a; 2 für b

$f_1(x)=2+\sqrt{4-x^2}$; $f_2(x)=2-\sqrt{4-x^2}$

$\Rightarrow f_1(x)+f_2(x)=4$; $f_1(x)-f_2(x)=2\cdot\sqrt{4-x^2}$

$$V_x=\pi\cdot\int_{-2}^{2}\left(4\cdot 2\cdot\sqrt{4-x^2}\right)\mathrm{d}x$$

$$=8\pi\cdot\int_{-2}^{2}\sqrt{4-x^2}\,\mathrm{d}x \quad \blacktriangleright 2.4.5$$

$$=8\pi\cdot\left[\frac{4}{2}\cdot\text{Arcsin}\frac{x}{2}+\frac{x}{2}\cdot\sqrt{4-x^2}\Big|_{-2}^{2}\right]$$

$$=8\pi\cdot\Big[2\cdot\text{Arcsin}\,1+1\cdot\sqrt{4-2^2}+$$

$$-2\cdot\text{Arcsin}(-1)+1\cdot\sqrt{4-(-2)^2}\Big]$$

$$=8\pi\cdot 2\pi$$

$$=\underline{\underline{157{,}91367}}$$ ► Volumenmaßzahl des Torus

298 **60.** Berechnen Sie die Volumenmaßzahl des Körpers, der erzeugt wird, wenn der Graph der Kreisrelation R: $(x-4)^2+(y-2)^2=1$; $D(R)=\{\langle x\,|\,y\rangle\,|\,x\in[3;5];\ y\in[1;3]\}$ um die x-Achse rotiert.

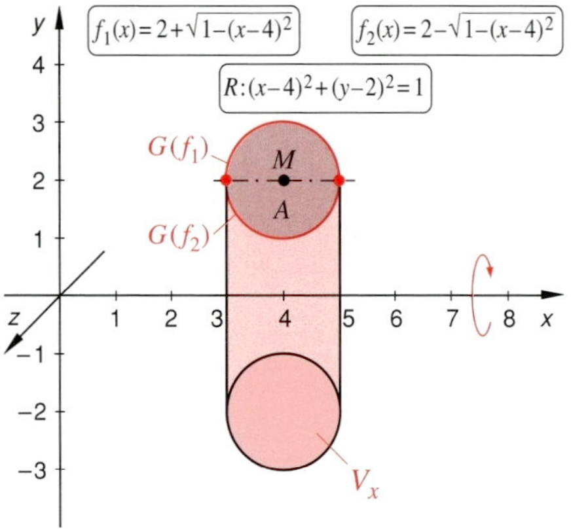

Der Graph der Relation R ist ein Kreis mit dem Mittelpunkt $M\langle 4\,|\,2\rangle$ und dem Radius 1. Er besteht aus den Graphen der Funktionen f_1 und f_2. Rotiert $G(R)$ um die x-Achse, so wird ein Körper erzeugt, der zylindrischer Kreisring oder Torus heißt.

► $\operatorname{Arcsin} 1=\frac{\pi}{2}$; $\operatorname{Arcsin}(-1)=-\frac{\pi}{2}$

$$V_x=\pi\cdot\int_a^b\left([f_1(x)]^2-[f_2(x)]^2\right)\mathrm{d}x$$

$$=\pi\cdot\int_a^b\left[\left(f_1(x)+f_2(x)\right)\cdot\left(f_1(x)-f_2(x)\right)\right]\mathrm{d}x$$

► 3 für a; 5 für b

$f_1(x)=2+\sqrt{1-(x-4)^2}$; $f_2(x)=2-\sqrt{1-(x-4)^2}$

$\Rightarrow f_1(x)+f_2(x)=4$; $f_1(x)-f_2(x)=2\cdot\sqrt{1-(x-4)^2}$

$$V_x=\pi\cdot\int_3^5\left[4\cdot 2\cdot\sqrt{1-(x-4)^2}\right]\mathrm{d}x$$

$$=8\pi\cdot\int_3^5\sqrt{1-(x-4)^2}\,\mathrm{d}x \quad ► \text{ 2.4.5}$$

$$=8\pi\cdot\left[\frac{1}{2}\cdot\operatorname{Arcsin}(x-4)+\frac{x-4}{2}\cdot\sqrt{1-(x-4)^2}\,\Big|_3^5\right]$$

$$=8\pi\cdot\left[\frac{1}{2}\cdot\operatorname{Arcsin}1+\frac{1}{2}\cdot\sqrt{1-1^2}-\frac{1}{2}\cdot\operatorname{Arcsin}(-1)+\frac{1}{2}\cdot\sqrt{1-(-1)^2}\right]$$

$$=8\pi\cdot\left[\frac{\pi}{4}+0-\left(-\frac{\pi}{4}\right)+0\right]$$

$=\underline{\underline{39{,}47842}}$ ► Volumenmaßzahl des Torus

Berechnen Sie die Volumenmaßzahlen der Körper, die erzeugt werden, wenn die nachstehend abgebildeten Flächen zwischen einem Graphen und einer Achse um die x-Achse bzw. um die y-Achse rotieren.

61.

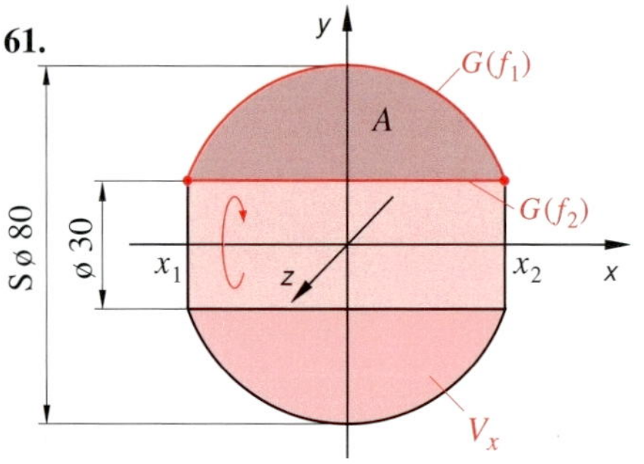

► $f_1(x)=\sqrt{40^2-x^2}$

$=\sqrt{1600-x^2}$; $D(f_1)=[-40;40]$

► $f_2(x)=15$; $x\in\mathbb{R}$

$$V_x=\pi\cdot\int_a^b\left([f_1(x)]^2-[f_2(x)]^2\right)\mathrm{d}x$$

► $-\sqrt{1375}$ für a; $\sqrt{1375}$ für b

$f_1(x)=\sqrt{1600-x^2}$; $f_2(x)=15$

$$V_x=\pi\cdot\int_{-\sqrt{1375}}^{\sqrt{1375}}\left[1600-x^2-225\right]\mathrm{d}x$$

► Die Graphen von f_1 und f_2 sind symmetrisch zur y-Achse im Intervall $[-\sqrt{1375};\ \sqrt{1375}]$.

$$V_x=2\pi\cdot\int_0^{\sqrt{1375}}\left[1375-x^2\right]\mathrm{d}x$$

298

► Schnittstellen von f_1 und f_2 ► $f_1(x) = f_2(x)$

$$\sqrt{1600 - x^2} = 15$$

$$\Rightarrow 1600 - x^2 = 225 \Rightarrow x^2 = 1375$$

$$\Rightarrow x_1 = \underline{-\sqrt{1375}};\ x_2 = \underline{\sqrt{1375}}$$

Die Probe bestätigt $-\sqrt{1375}$ und $\sqrt{1375}$ als Lösungen der Wurzelgleichung.

Da alle Maße in mm gegeben sind, hat die Volumenmaßzahl die Einheit mm³.

$$V_x = 2\pi \cdot \left[1375 \cdot x - \frac{1}{3} \cdot x^3 \Big|_0^{\sqrt{1375}}\right]$$

$$= 2\pi \cdot \left[x \cdot \left(1375 - \frac{1}{3} \cdot x^2\right) \Big|_0^{\sqrt{1375}}\right]$$

$$= 2\pi \cdot \sqrt{1375} \cdot \left(1375 - \frac{1}{3} \cdot 1375\right) - 0$$

$$= \underline{\underline{213\,571{,}14861}}$$ ► Volumenmaßzahl

$$\Rightarrow V_x = \underline{\underline{213\,571{,}14861\,\text{mm}^3}}$$ ► Volumen

62.

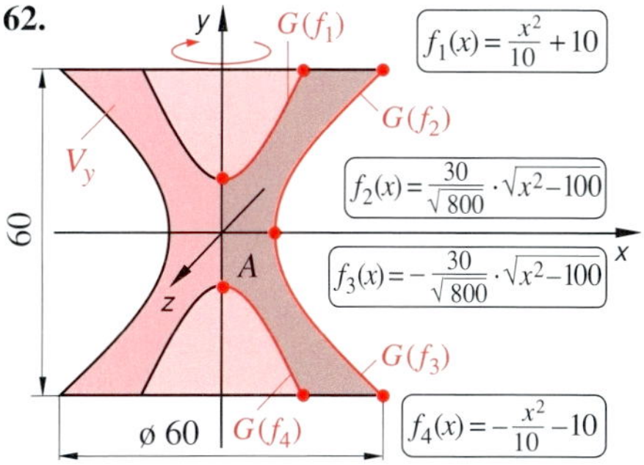

► Da die Graphen der Relationen sowohl zur x-Achse als auch zur y-Achse symmetrisch verlaufen, wird nur das Rotationsvolumen oberhalb der x-Achse berechnet und das Ergebnis verdoppelt.

► Da alle Maße in mm gegeben sind, hat die Volumenmaßzahl die Einheit mm³.

$$V_y = 2\pi \cdot \int_{c_2}^{d_2} [f_2^{-1}(y)]^2\,\mathrm{d}y - 2\pi \cdot \int_{c_1}^{d_1} [f_1^{-1}(y)]^2\,\mathrm{d}y$$

► 0 für c_2; 30 für d_2

$$y = \frac{30}{\sqrt{800}} \cdot \sqrt{x^2 - 100} \Rightarrow x^2 = [f_2^{-1}(y)]^2 = \frac{800}{900} \cdot y^2 + 100$$

► 10 für c_1; 30 für d_2

$$y = \frac{x^2}{10} + 10 \Rightarrow x^2 = [f_1^{-1}(y)]^2 = 10y - 100$$

$$V_y = 2\pi \cdot \int_0^{30} \left(\tfrac{8}{9} \cdot y^2 + 100\right)\mathrm{d}y - 2\pi \cdot \int_{10}^{30} (10y - 100)\,\mathrm{d}y$$

$$= 2\pi \cdot \left(\tfrac{8}{27} - y^3 + 100y \Big|_0^{30}\right) - 2\pi \cdot (5y^2 - 100y)\Big|_{10}^{30}$$

$$= 2\pi \cdot \left(\tfrac{8}{27} \cdot 30^3 + 100 \cdot 30 - 0\right) +$$

$$- 2\pi \cdot \left(5 \cdot 30^2 - 100 \cdot 30 - 5 \cdot 10^2 + 100 \cdot 10\right)$$

$$= \underline{56\,548{,}66776}$$ ► Volumenmaßzahl

$$\Rightarrow V_y = \underline{\underline{56\,548{,}66776\,\text{mm}^3}}$$ ► Volumen

299

63.

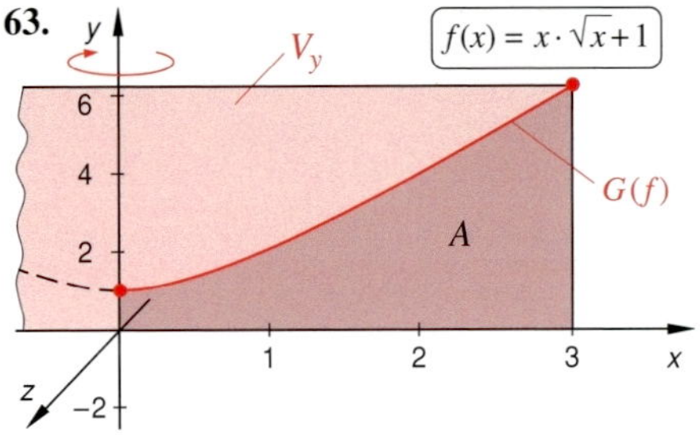

▶ Die Volumenmaßzahl des Körpers ist die Differenz aus der Volumenmaßzahl eines Zylinders mit dem Grundkreisradius 3, der Höhe h mit $h = f(3) = 3 \cdot \sqrt{3} + 1$ und der Volumenmaßzahl V_y des Körpers, der durch Rotation der Fläche zwischen dem Graphen von f und der y-Achse im y-Intervall $[1; f(3)]$ also $[1; 3 \cdot \sqrt{3} + 1]$ entsteht.

▶ Zur Berechnung von V_y wird die erste Lösungsmethode verwendet, denn f ist in $[1; 3 \cdot \sqrt{3} + 1]$ streng monoton steigend.

Volumen des Zylinders

$V_z = \pi \cdot r^2 \cdot h$ ▶ 3 für r; $f(3) = 3 \cdot \sqrt{3} + 1$ für h

$= \pi \cdot 3^2 \cdot (3 \cdot \sqrt{3} + 1)$

$= \underline{9\pi \cdot (3 \cdot \sqrt{3} + 1)}$

Berechnung der Volumenmaßzahl V_y

$$V_y = \pi \cdot \int_c^d [f^{-1}(y)]^2 \, \mathrm{d}y$$

▶ 1 für c; $3 \cdot \sqrt{3} + 1$ für d

$$y = x \cdot \sqrt{x} + 1 \Rightarrow x^3 = (y-1)^2 \Rightarrow x = (y-1)^{\frac{2}{3}}$$

$$\Rightarrow x^2 = [f^{-1}(y)]^2 = (y-1)^{\frac{4}{3}}$$

$$V_y = \pi \cdot \int_1^{3 \cdot \sqrt{3}+1} (y-1)^{\frac{4}{3}} \, \mathrm{d}y \quad ▶ 2.4.1$$

$$= \pi \cdot \frac{3}{7} \cdot (y-1)^{\frac{7}{3}} \Big|_1^{3 \cdot \sqrt{3}+1}$$

$$= \pi \cdot \frac{3}{7} \cdot \left(3 \cdot \sqrt{3} + 1 - 1\right)^{\frac{7}{3}} - 0$$

$$= \underline{\frac{3}{7} \cdot \pi \cdot (3 \cdot \sqrt{3})^{\frac{7}{3}}}$$

Berechnung der Volumenmaßzahl des Körpers

$V = V_z - V_y$

$= 9\pi \cdot (3 \cdot \sqrt{3} + 1) - \frac{3}{7}\pi \cdot (3 \cdot \sqrt{3})^{\frac{7}{3}}$

$= \underline{\underline{122{,}22733}}$ ▶ Volumenmaßzahl

64.

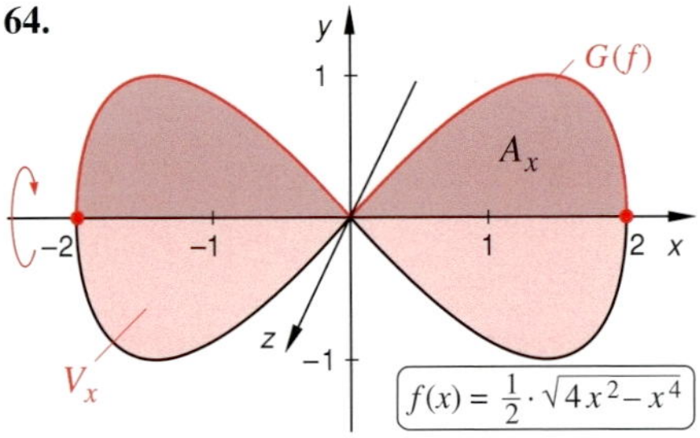

▶ $G(f)$ verläuft im Intervall $[-2; 2]$ symmetrisch zur y-Achse. ▶ $f(-x) = f(x)$

▶ Nullstellen von f ▶ $f(x) = 0$

$\frac{1}{2} \cdot \sqrt{4x^2 - x^4} = 0 \Rightarrow 4x^2 - x^4 = 0$

$\Rightarrow x^2 \cdot (4 - x^2) = 0 \Rightarrow x^2 \cdot (2 + x) \cdot (2 - x) = 0$

$\Rightarrow x_1 = \underline{0}$; $x_2 = \underline{-2}$; $x_3 = \underline{2}$

Die Probe bestätigt 0; −2 und 2 als Lösungen der Wurzelgleichung.

$$V_x = \pi \cdot \int_a^b [f(x)]^2 \, \mathrm{d}x \quad ▶ -2 \text{ für } a;\ 2 \text{ für } b$$

$$f(x) = \frac{1}{2} \cdot \sqrt{4x^2 - x^4}$$

$$= \pi \cdot \int_{-2}^{2} \left[\frac{1}{4} \cdot (4x^2 - x^4)\right] \mathrm{d}x$$

$$= 2\pi \cdot \frac{1}{4} \cdot \int_0^2 (4x^2 - x^4) \, \mathrm{d}x \quad ▶ \text{Symmetrie zur } y\text{-Achse}$$

$$= \frac{\pi}{2} \cdot \left(\frac{4}{3} \cdot x^3 - \frac{1}{5} \cdot x^5 \Big|_0^2\right)$$

$$= \frac{\pi}{2} \cdot \left(\frac{4}{3} \cdot 2^3 - \frac{1}{5} \cdot 2^5 - 0\right)$$

$$= \frac{\pi}{2} \cdot \left(\frac{32}{3} - \frac{32}{5}\right)$$

$= \underline{\underline{6{,}70206}}$ ▶ Volumenmaßzahl

299

65.

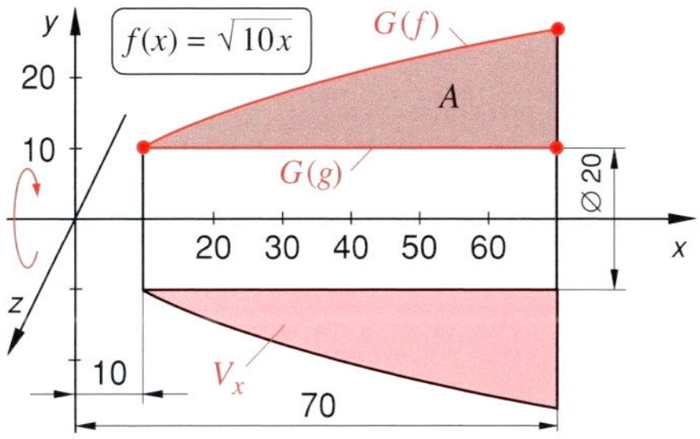

Da alle Maße in mm gegeben sind, hat die Volumenmaßzahl die Einheit mm^3.

$$V_x = \pi \cdot \int_a^b \left([f(x)]^2 - [g(x)]^2\right) dx$$

► 10 für a; 60 für b; $f(x) = \sqrt{10x}$; $g(x) = 10$

$$V_x = \pi \cdot \int_{10}^{60} (10x - 100)\, dx$$

$$= \pi \cdot \left(5x^2 - 100x \Big|_{10}^{60}\right)$$

$$= \pi \cdot (5 \cdot 3600 - 100 \cdot 60 - 5 \cdot 100 + 100 \cdot 10)$$

$$= \underline{\underline{39\,269{,}90817}}$$ ► Volumenmaßzahl

$\Rightarrow V_x = 39\,269{,}90817\,\text{mm}^3$ ► Volumen

66.

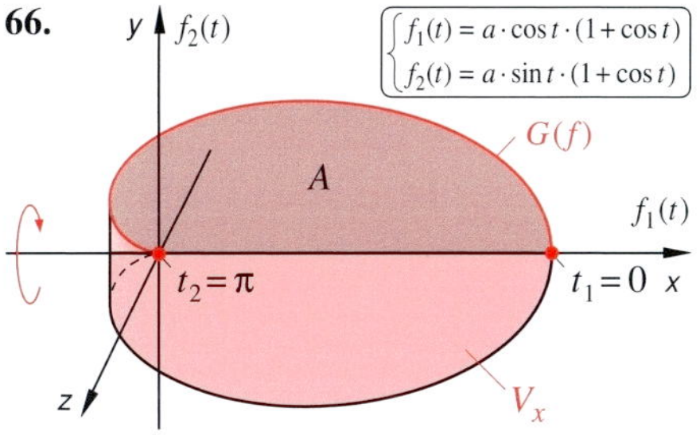

Die Kurve verläuft im t-Intervall $[0; \pi]$ oberhalb der x-Achse.

Die Funktion $f_1 : f_1(t) = a \cdot \cos t \cdot (1 + \cos t)$; $D(f_1) = \mathbb{R}$; $a > 0$ ist im Intervall $[0; \pi]$ nur abschnittsweise monoton. Da aber die Kurve ganz oberhalb der x-Achse liegt, ist die Formel für V_x anwendbar.

Man erhält vier Integrale vom Typ

$\int \left([f(x)]^n \cdot f'(x)\right) dx$. ► 2.4.3

$$V_x = \pi \cdot \left| \int_{t_1}^{t_2} \left(\dot{f}_1(t) \cdot [f_2(t)]^2\right) dt \right|$$

► 0 für t_1; π für t_2

$f_1(t) = a \cdot \cos t \cdot (1 + \cos t) \Rightarrow \dot{f}_1(t) = a \cdot (-\sin t - 2 \cdot \sin t \cdot \cos t)$

$f_2(t) = a \cdot \sin t \cdot (1 + \cos t)$

$$V_x = \pi \cdot \left| \int_0^{\pi} [a \cdot (-\sin t - 2 \cdot \cos t \cdot \sin t) \cdot a^2 \cdot \cos^2 t \cdot (1 + \cos t)^2]\, dt \right|$$

$$= \pi \cdot a^3 \cdot \left| \int_0^{\pi} [-\sin t \cdot (1 + 2 \cdot \cos t) \cdot \cos^2 t \cdot (1 + 2 \cdot \cos t + \cos^2 t]\, dt \right|$$

$$= \pi \cdot a^3 \cdot \left| \int_0^{\pi} [-\sin t \cdot (2 \cdot \cos^5 t + 5 \cdot \cos^4 t + 4 \cdot \cos^3 t + \cos^2 t)]\, dt \right|$$

$$= \pi \cdot a^3 \cdot \left| \tfrac{1}{3} \cdot \cos^6 t + \cos^5 t + \cos^4 t + \tfrac{1}{3} \cdot \cos^3 t \Big|_0^{\pi} \right|$$

$$= \pi \cdot a^3 \cdot \Big| \tfrac{1}{3} \cdot \cos^6 \pi + \cos^5 \pi + \cos^4 \pi + \tfrac{1}{3} \cdot \cos^3 \pi +$$

$$- \tfrac{1}{3} \cdot \cos^6 0 - \cos^5 0 - \cos^4 0 - \tfrac{1}{3} \cdot \cos^3 0 \Big|$$

$$= \pi \cdot a^3 \cdot \left| -2 - \frac{2}{3} \right|$$

$$= \underline{\underline{8{,}37758 \cdot a^3}}$$ ► Volumenterm

3.3 Längen ebener Kurven

► **Lehrbuch: Kusch 4, S. 299…310**

Vorbemerkungen

Ist eine stetige Funktion f in $[a; b]$ definiert und ist $x_0 = a; x_1; x_2; x_3; \ldots; x_{n-1}; x_n = b$ mit $n \in \mathbb{N}^{>0}$ eine Zerlegung von $[a; b]$, so ergeben sich auf dem Graphen $G(f)$ die Punkte $P_0; P_1; P_2; P_3; \ldots; P_{n-1}; P_n$. Verbindet man benachbarte Punkte geradlinig, so erhält man einen **Streckenzug** oder **Polygonzug**.

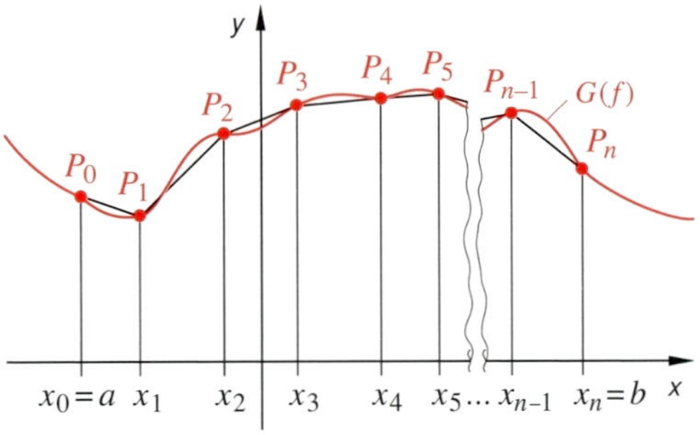

Dieser Streckenzug besteht aus den Strecken zwischen zwei benachbarten Punkten $P_{k-1}\langle x_{k-1} \,|\, f(x_{k-1})\rangle$ sowie $P_k\langle x_k \,|\, f(x_k)\rangle$ mit $k \in \{1; 2; 3; 4; \ldots; n\}$ und er hat die Länge $l_n = \sum\limits_{k=1}^{n} |\overline{P_{k-1}P_k}|$ mit $n \in \mathbb{N}^{>0}$.

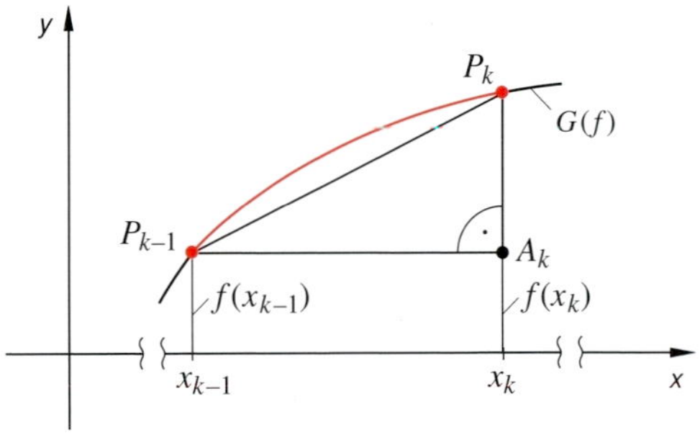

Die Längen $|\overline{P_{k-1}P_k}|$ der Strecken $\overline{P_{k-1}P_k}$ kann man mit dem Satz des Pythagoras berechnen.

$$|\overline{P_{k-1}P_k}|^2 = |\overline{P_{k-1}A_k}|^2 + |\overline{A_kP_k}|^2$$

► $|\overline{P_{k-1}A_k}| = x_k - x_{k-1}$; $|\overline{A_kP_k}| = |f(x_k) - f(x_{k-1})|$

$$\Rightarrow |\overline{P_{k-1}P_k}|^2 = (x_k - x_{k-1})^2 + [f(x_k) - f(x_{k-1})]^2$$

$$\Rightarrow |\overline{P_{k-1}P_k}| = \sqrt{(x_k - x_{k-1})^2 + [f(x_k) - f(x_{k-1})]^2}$$

Der Term unter der Wurzel lässt sich einfacher schreiben, wenn man die in technischen Anwendungen der Mathematik gebräuchliche Schreibweise für kleine Differenzen benutzt, z. B. $x_k - x_{k-1} = \Delta x_k$ (gelesen: Delta x_k) und $f(x_k) - f(x_{k-1}) = \Delta f(x_k)$, und anschließend dann noch $(\Delta x_k)^2$ ausklammert.

► $x_k - x_{k-1} = \Delta x_k$ und $f(x_k) - f(x_{k-1}) = \Delta f(x_k)$

$$\Rightarrow |\overline{P_{k-1}P_k}| = \sqrt{(\Delta x_k)^2 + [\Delta f(x_k)]^2} = \sqrt{1 + \left[\frac{\Delta f(x_k)}{\Delta x_k}\right]^2} \cdot \Delta x_k$$

$\dfrac{\Delta f(x_k)}{\Delta x_k} = \dfrac{f(x_k) - f(x_{k-1})}{x_k - x_{k-1}}$ ist der Differenzenquotient von f in $[x_{k-1}; x_k]$.

$$\Rightarrow l_n = \sum_{k=1}^{n} |\overline{P_{k-1}P_k}| = \underline{\sum_{k=1}^{n} \left(\sqrt{1 + \left[\frac{\Delta f(x_k)}{\Delta x_k}\right]^2} \cdot \Delta x_k\right)}$$

Unterteilt man für jedes $n \in \mathbb{N}^{>0}$ das Intervall $[a; b]$ in n gleich breite Teilintervalle, so erhält man eine Zahlenfolge $\langle l_n \rangle$: $l_n = \sum_{k=1}^{n} \left(\sqrt{1 + \left[\frac{\Delta f(x_k)}{\Delta x_k}\right]^2} \cdot \Delta x_k \right)$; $n \in \mathbb{N}^{>0}$, bei der die Intervallbreiten Δx_k für $n \to \infty$ gegen null konvergieren. Verallgemeinert man diese Vorgehensweise für jede unbegrenzt kleiner werdende Zerlegungsfolge von $[a; b]$ (► Kusch 4; 1.1), so erhält man Zahlenfolgen, deren Folgenglieder der Länge von Streckenzügen entsprechen.

Konvergiert jede dieser Zahlenfolgen gegen den gleichen Grenzwert, so bezeichnet man diesen Grenzwert als **Bogenlänge l** von f in $[a; b]$ und f heißt in $[a; b]$ **rektifizierbar**. Im Gegensatz zur Definition des Begriffes Flächeninhalt über Untersummen und Obersummen gibt es bei der Definition des Begriffes Bogenlänge keine „Unterlängen“ und „Oberlängen“.

Längen von Funktionsgraphen in rechtwinkligen Koordinaten

► Lehrbuch: Kusch 4, S. 301 ... 305

Merke:

- Ist eine Funktion f in einem Intervall $[a; b]$ stetig differenzierbar, so gilt für die Bogenlänge l der Funktion f in $[a; b]$ die Formel:

$$l = \int_a^b \sqrt{1 + [f'(x)]^2}\, dx$$ ► erste Lösungsmethode

- Ist eine Funktion f in einem Intervall $[a; b]$ stetig differenzierbar und zusätzlich noch streng monoton, so gilt neben der vorstehenden Formel auch:

$$l = \int_c^d \sqrt{1 + \left[(f^{-1}(y))'\right]^2}\, dy$$ ► zweite Lösungsmethode

Dabei gilt $c = f(a)$ und $d = f(b)$, falls f in $[a; b]$ streng monoton steigend ist sowie $c = f(b)$ und $d = f(a)$, falls f in $[a; b]$ streng monoton fallend ist.

Anmerkungen:

- Da der Integrand wegen $[f'(x)]^2$ nie negativ ist, muss man bei der Berechnung von Bogenlängen nicht auf Schnittstellen im Integrationsintervall achten.
- Zu einer Funktion g: $g(x) = \sqrt{1 + [f'(x)]^2}$; $D(g) = D(f')$ lässt sich häufig explizit keine Stammfunktion angeben. In diesen Fällen kann eine Lösung nur mit der numerischen Integration (► 2.9) oder mithilfe von Computerprogrammen ermittelt werden.
- Es gibt stetige und streng montone Funktionen f_1, die in einem Intervall $[a; b]$ nicht stetig differenzierbar sind, wohl aber deren Umkehrfunktion f^{-1} in $[c; d]$. ► z. B. Aufgabe 4
  In solchen Fällen wendet man für die Berechnung von l die zweite Lösungsmethode an.

309

Berechnen Sie zu den gegebenen Funktionstermen jeweils die Maßzahl der Bogenlänge der Kurve im angegebenen Intervall und zeichnen Sie jeweils die Kurve.

1. $f(x) = 2x;\ x \in [-6; 4]$

Da die Funktion $f: f(x) = 2x;\ D(f) = \mathbb{R}$ in $[-6; 4]$ stetig differenzierbar ist, kann zur Berechnung von l die Formel der ersten Lösungsmethode angewendet werden.

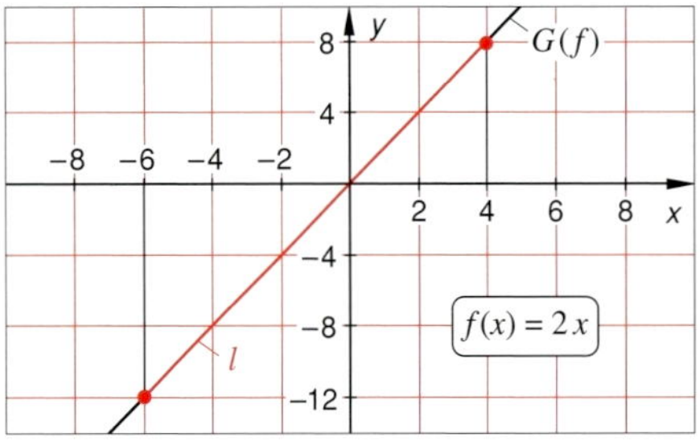

$$l = \int_a^b \sqrt{1 + [f'(x)]^2}\, dx$$

► -6 für a; 4 für b; $f(x) = 2x \Rightarrow f'(x) = 2$

$$l = \int_{-6}^{4} \sqrt{1 + 2^2}\, dx$$

$$= \sqrt{5} \cdot \int_{-6}^{4} 1\, dx$$

$$= \sqrt{5} \cdot \left(x \Big|_{-6}^{4} \right)$$

$$= \sqrt{5} \cdot 10$$

$$= \underline{\underline{22{,}36068}}$$ ► Maßzahl der Bogenlänge in $[-6; 4]$

2. $f(x) = 4x^2 + 2;\ x \in [0; 2]$

Da die Funktion $f: f(x) = 4x^2 + 2;\ D(f) = \mathbb{R}$ in $[0; 2]$ stetig differenzierbar ist, kann zur Berechnung von l die Formel der ersten Lösungsmethode angewendet werden.

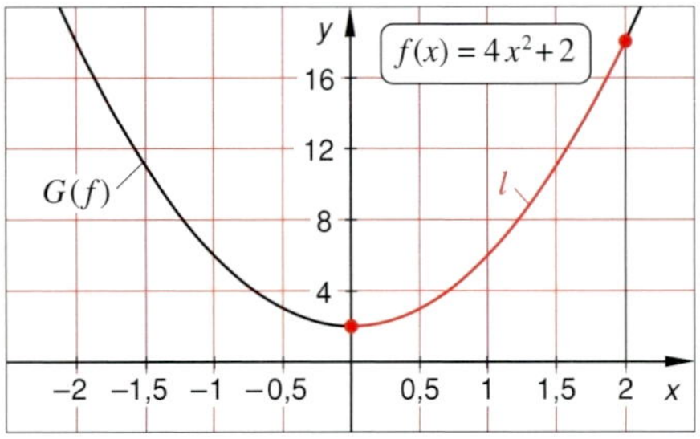

Das Integral $\sqrt{\frac{1}{64} + x^2}\, dx$ ist von Typ $\int \sqrt{a^2 + x^2}\, dx$ mit $a^2 = \frac{1}{64}$. ► 2.4.6

$$l = \int_a^b \sqrt{1 + [f'(x)]^2}\, dx$$

► 0 für a; 2 für b; $f(x) = 4x^2 + 2 \Rightarrow f'(x) = 8x$

$$l = \int_0^2 \sqrt{1 + 64x^2}\, dx$$

$$= 8 \cdot \int_0^2 \sqrt{\tfrac{1}{64} + x^2}\, dx$$ ► 2.4.6

$$= 8 \cdot \left[\tfrac{x}{2} \cdot \sqrt{\tfrac{1}{64} + x^2} + \frac{\frac{1}{64}}{2} \cdot \ln\left(x + \sqrt{\tfrac{1}{64} + x^2} \right) \Big|_0^2 \right]$$

$$= 8 \cdot \left[\tfrac{2}{2} \cdot \sqrt{\tfrac{1}{64} + 2^2} + \frac{1}{128} \cdot \ln\left(2 + \sqrt{\tfrac{1}{64} + 2^2} \right) + \right.$$

$$\left. -0 - \frac{1}{128} \cdot \ln \sqrt{\tfrac{1}{64}} \right]$$

$$= \underline{\underline{16{,}24789}}$$ ► Maßzahl der Bogenlänge in $[0; 2]$

309

3. $f(x) = x \cdot \sqrt{x};\ x \in [4; 9]$

Da die Funktion $f: f(x) = x \cdot \sqrt{x}$; $D(f) = \mathbb{R}^{\geq 0}$ in $[4; 9]$ stetig differenzierbar ist, kann zur Berechnung von l die Formel der ersten Lösungsmethode angewendet werden.

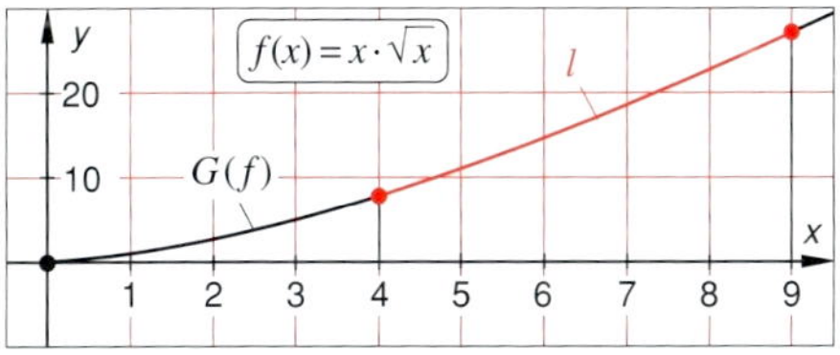

$$l = \int_a^b \sqrt{1 + [f'(x)]^2}\, \mathrm{d}x$$

► 4 für a; 9 für b; $f(x) = x \cdot \sqrt{x} = x^{\frac{3}{2}} \Rightarrow f'(x) = \frac{3}{2} \cdot \sqrt{x}$

$$l = \int_4^9 \sqrt{1 + \tfrac{9}{4} \cdot x}\, \mathrm{d}x \quad \blacktriangleright\ 2.4.1$$

$$= \frac{4}{9} \cdot \frac{2}{3} \cdot \left(\sqrt{1 + \tfrac{9}{4} \cdot x}\right)^3 \Big|_4^9$$

$$= \frac{8}{27} \cdot \left[\left(\sqrt{1 + \tfrac{9}{4} \cdot 9}\right)^3 - \left(\sqrt{1 + \tfrac{9}{4} \cdot 4}\right)^3\right]$$

$$= \underline{\underline{19{,}65478}} \quad \blacktriangleright \text{ Maßzahl der Bogenlänge in } [4; 9]$$

4. $f(x) = 2 \cdot \sqrt{x};\ x \in [0; 1]$

Die Funktion $f: f(x) = 2 \cdot \sqrt{x}$; $D(f) = \mathbb{R}^{\geq 0}$ ist an der Stelle $x_0 = 0$ nicht stetig differenzierbar. Da f in $[0; 2]$ streng monoton steigend und stetig ist, bildet man die Umkehrfunktion:

$$y = 2 \cdot \sqrt{x} \Rightarrow x = \underline{f^{-1}(y)} = \left(\frac{y}{2}\right)^2 = \underline{\frac{1}{4} \cdot y^2};\ y \in \mathbb{R}^{\geq 0}$$

Die Funktion f^{-1} ist in $\mathbb{R}^{\geq 0}$ stetig differenzierbar, insbesondere auch im Intervall $[f(0); f(1)] = [0; 2]$. Also kann man die für l angegebene Formel der zweiten Lösungsmethode benutzen.

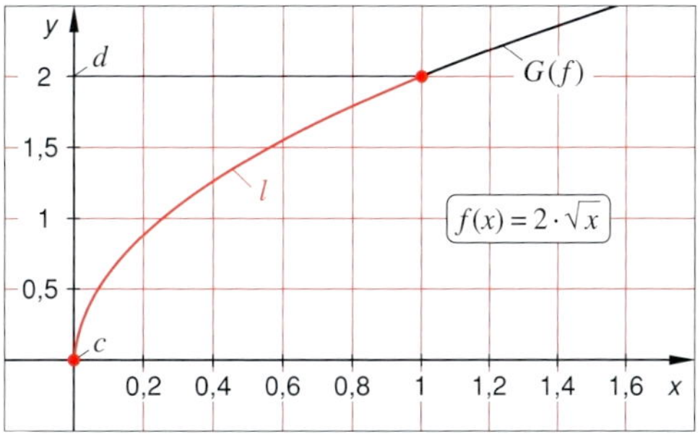

$$l = \int_c^d \sqrt{1 + \left[\left(f^{-1}(y)\right)'\right]^2}\, \mathrm{d}y$$

► $c = f(0) = 0$; $d = f(1) = 2$; $f^{-1}(y) = \frac{1}{4} \cdot y^2 \Rightarrow \left(f^{-1}(y)\right)' = \frac{1}{2} \cdot y$

$$l = \int_0^2 \sqrt{1 + \frac{1}{4} \cdot y^2}\, \mathrm{d}y$$

$$= \frac{1}{2} \cdot \int_0^2 \sqrt{4 + y^2}\, \mathrm{d}y \quad \blacktriangleright\ 2.4.6$$

$$= \frac{1}{2} \cdot \left[\frac{y}{2} \cdot \sqrt{4 + y^2} + \frac{4}{2} \cdot \ln\left(y + \sqrt{4 + y^2}\right) \Big|_0^2\right]$$

$$= \frac{1}{2} \cdot \left[\frac{2}{2} \cdot \sqrt{4 + 2^2} + 2 \cdot \ln\left(2 + \sqrt{4 + 2^2}\right) - 0 - 2 \cdot \ln \sqrt{4}\right]$$

$$= \underline{\underline{2{,}29559}} \quad \blacktriangleright \text{ Maßzahl der Bogenlänge in } [0; 1]$$

309

5. $f(x) = (x+1)^3;\ x \in [1;3]$

Da die Funktion $f: f(x) = (x+1)^3$; $D(f) = \mathbb{R}$ in $[1;3]$ stetig differenzierbar ist, kann zur Berechnung von l die Formel der ersten Lösungsmethode angewendet werden. Diese führt auf $\int\limits_1^3 \sqrt{1 + 9 \cdot (x+1)^4}\,\mathrm{d}x$, wobei es sich um ein **elliptisches Integral zweiter Gattung** handelt.

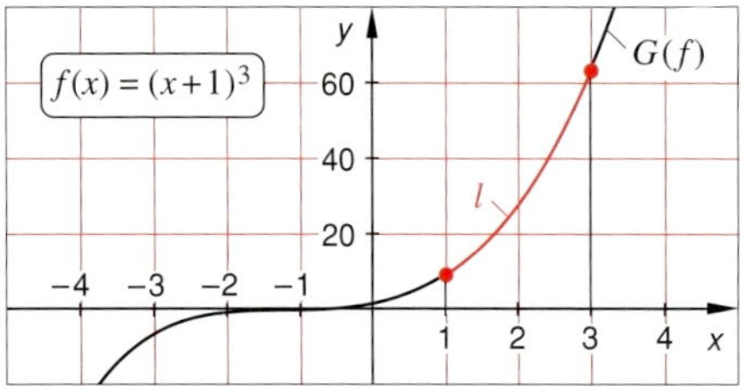

$$l = \int\limits_a^b \sqrt{1 + [f'(x)]^2}\,\mathrm{d}x$$

► 1 für a; 3 für b; $f(x) = (x+1)^3 \Rightarrow f'(x) = 3 \cdot (x+1)^2$

$$l = \underline{\int\limits_1^3 \sqrt{1 + 9 \cdot (x+1)^4}\,\mathrm{d}x}$$

Zur Funktion $g: g(x) = \sqrt{1 + 9 \cdot (x+1)^4}$ mit $D(g) = \mathbb{R}$ ist keine Stammfunktion durch elementare Funktionen bekannt. Daher wird das bestimmte Integral $\int\limits_1^3 \sqrt{1 + 9 \cdot (x+1)^4}\,\mathrm{d}x$ numerisch mit der Simpsonschen Regel berechnet. ► 2.9

Berechnung des Näherungswertes

► gewählt: $n = 8$ ► $a = 1; b = 3$ ► $h = \frac{b-a}{n} = \frac{3-1}{8} = \underline{0{,}25}$

Simpsonsche Regel: $\int\limits_1^3 \sqrt{1 + 9 \cdot (x+1)^4}\,\mathrm{d}x \approx S_8$ ► $g(x) = \sqrt{1 + 9 \cdot (x+1)^4}$

$$S_8 = \frac{h}{3} \cdot [g(x_0) + 4 \cdot g(x_1) + 2 \cdot g(x_2) + 4 \cdot g(x_3) + 2 \cdot g(x_4) + 4 \cdot g(x_5) + 2 \cdot g(x_6) + 4 \cdot g(x_7) + g(x_8)]$$ ► $h = 0{,}25$

Tabelle der Funktionswerte für $g(x) = \sqrt{1 + 9 \cdot (x+1)^4}$ ► $x_k = 1 + k \cdot 0{,}25;\ k = 0; 1; 2; 3; \ldots; 8$

$x_0 = a$	x_1	x_2	x_3	x_4	x_5	x_6	x_7	$x_8 = b$
1	1,25	1,5	1,75	2	2,25	2,5	2,75	2
$1 \cdot g(x_0)$	$4 \cdot g(x_1)$	$2 \cdot g(x_2)$	$4 \cdot g(x_3)$	$2 \cdot g(x_4)$	$4 \cdot g(x_5)$	$2 \cdot g(x_6)$	$4 \cdot g(x_7)$	$1 \cdot g(x_8)$
12,0415...	60,8815...	37,5532...	90,8381...	54,0370...	126,8131...	73,5272...	168,7974...	48,0104...
► $g(x_0) + 4 \cdot g(x_1) + 2 \cdot g(x_2) + 4 \cdot g(x_3) + 2 \cdot g(x_4) + 4 \cdot g(x_5) + 2 \cdot g(x_6) + 4 \cdot g(x_7) + g(x_8) = \underline{672{,}499693...}$								

$$S_8 = \frac{0{,}25}{3} \cdot 672{,}499693... = \underline{\underline{56{,}041641}}$$ ► Näherungswert für die Maßzahl der Bogenlänge in $[1;3]$

Nach der Fehlerabschätzung mithilfe der Formel für F_S (► 2.9, Simpsonsche Regel) erhält man $F_S \leq 0{,}000013$. Der exakte Integralwert liegt damit im Intervall:

$$[S_8 - F_S; S_8 + F_S] = [56{,}041641 - 0{,}000013; 56{,}041641 + 0{,}000013] = \underline{\underline{[56{,}041511; 56{,}041654]}}$$

Aus den Intervallgrenzen ergibt sich, dass der Näherungswert die Maßzahl der Bogenlänge auf mindestens drei Nachkommastellen genau angibt.

309

6. $f(x) = 0{,}25x^2;\ x \in [-2; 4]$

Da die Funktion $f: f(x) = 0{,}25x^2;\ D(f) = \mathbb{R}$ in $[-2; 4]$ stetig differenzierbar ist, kann zur Berechnung von l die Formel der ersten Lösungsmethode angewendet werden.

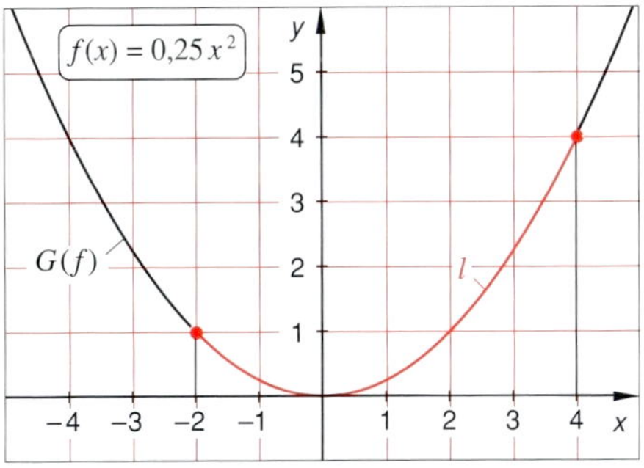

$$l = \int_a^b \sqrt{1 + [f'(x)]^2}\, dx$$

► -2 für a; 4 für b; $f(x) = 0{,}25x^2 \Rightarrow f'(x) = 0{,}5x$

$$l = \int_{-2}^{4} \sqrt{1 + 0{,}25x^2}\, dx$$

$$= \frac{1}{2} \cdot \int_{-2}^{4} \sqrt{4 + x^2}\, dx \quad \blacktriangleright 2.4.6$$

$$= \tfrac{1}{2} \cdot \left[\tfrac{x}{2} \cdot \sqrt{4 + x^2} + \tfrac{4}{2} \cdot \ln\left(x + \sqrt{4 + x^2}\right)\Big|_{-2}^{4}\right]$$

$$= \tfrac{1}{2} \cdot \left[\tfrac{4}{2} \cdot \sqrt{4 + 4^2} + 2 \cdot \ln\left(4 + \sqrt{4 + 4^2}\right) + \right.$$

$$\left. - \left(\tfrac{-2}{2} \cdot \sqrt{4 + (-2)^2} + 2 \cdot \ln\left(-2 + \sqrt{4 + (-2)^2}\right)\right)\right]$$

$$= \frac{1}{2} \cdot \left[2 \cdot \sqrt{20} + 2 \cdot \ln\left(4 + \sqrt{20}\right) + \sqrt{8} - 2 \cdot \ln\left(-2 + \sqrt{8}\right)\right]$$

$$= \underline{\underline{8{,}21136}} \quad \blacktriangleright \text{Maßzahl der Bogenlänge in } [-2; 4]$$

310

7. $f(x) = \ln x;\ x \in [1; 2]$

Da die Funktion $f: f(x) = \ln x;\ D(f) = \mathbb{R}^{>0}$ in $[1; 2]$ stetig differenzierbar ist, kann zur Berechnung von l die Formel der ersten Lösungsmethode angewendet werden.

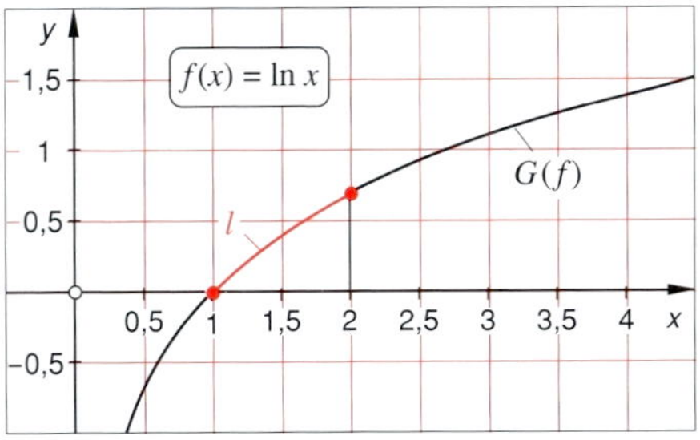

$$l = \int_a^b \sqrt{1 + [f'(x)]^2}\, dx$$

► 1 für a; 2 für b; $f(x) = \ln x \Rightarrow f'(x) = \frac{1}{x}$

$$l = \int_1^2 \sqrt{1 + \frac{1}{x^2}}\, dx$$

$$= \int_1^2 \sqrt{\frac{x^2 + 1}{x^2}}\, dx$$

$$= \int_1^2 \frac{\sqrt{x^2 + 1}}{x}\, dx \quad \blacktriangleright 2.4.6,\ \text{Aufgabe 3} \quad \blacktriangleright 1 \text{ für } a$$

$$= \ln\left|\frac{\sqrt{x^2 + 1} - 1}{x}\right| + \sqrt{x^2 + 1}\,\Bigg|_1^2$$

$$= \ln\left|\frac{\sqrt{2^2 + 1} - 1}{2}\right| + \sqrt{2^2 + 1} - \ln\left|\frac{\sqrt{1^2 + 1} - 1}{1}\right| - \sqrt{1^2 + 1}$$

$$= \underline{\underline{1{,}22202}} \quad \blacktriangleright \text{Maßzahl der Bogenlänge in } [1; 2]$$

310 **8.** $f(x) = \frac{1}{2} \cdot (e^x + e^{-x}) = \cosh x;\ x \in [-2; 4]$

Da die Funktion $f: f(x) = \cosh x;\ D(f) = \mathbb{R}$ in $[-2; 4]$ stetig differenzierbar ist, kann zur Berechnung von l die Formel der ersten Lösungsmethode angewendet werden.

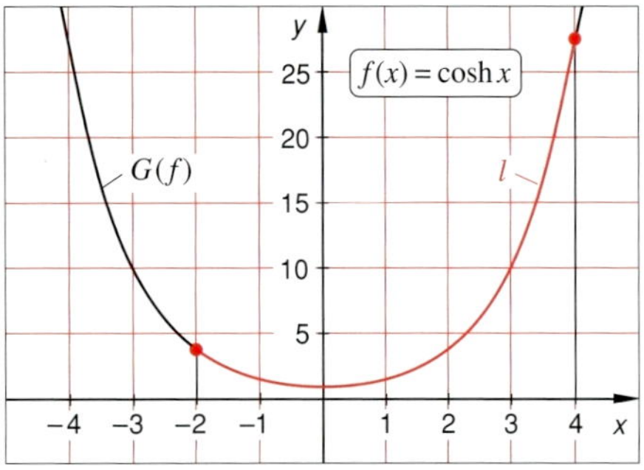

$$l = \int_a^b \sqrt{1 + [f'(x)]^2}\,dx$$

► -2 für a; 4 für b; $f(x) = \cosh x \Rightarrow f'(x) = \sinh x$

$$l = \int_{-2}^{4} \sqrt{1 + \sinh^2 x}\,dx$$ ► $1 + \sinh^2 x = \cosh^2 x$ ► 4.1

$$= \int_{-2}^{4} \sqrt{\cosh^2 x}\,dx$$ ► $\cosh x > 0;\ x \in \mathbb{R}$

$$= \int_{-2}^{4} \cosh x\,dx$$

$$= \sinh x \Big|_{-2}^{4}$$

$$= \sinh 4 - \sinh(-2)$$

$$= \underline{\underline{30{,}91678}}$$ ► Maßzahl der Bogenlänge in $[-2; 4]$

9. $f(x) = \sin x;\ x \in [0; \frac{\pi}{2}]$

Da die Funktion $f: f(x) = \sin x;\ D(f) = \mathbb{R}$ in $[0; \frac{\pi}{2}]$ stetig differenzierbar ist, kann zur Berechnung von l die Formel der ersten Lösungsmethode angewendet werden. Diese führt auf das Integral $\int_0^{\frac{\pi}{2}} \sqrt{1 + \cos^2 x}\,dx$, ein elliptisches Integral zweiter Gattung.

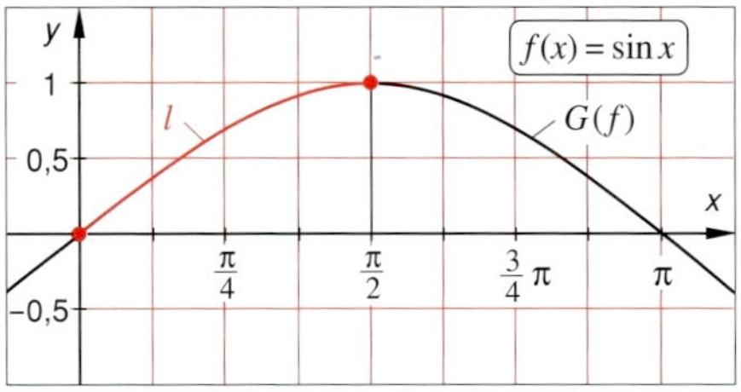

$$l = \int_a^b \sqrt{1 + [f'(x)]^2}\,dx$$

► 0 für a; $\frac{\pi}{2}$ für b; $f(x) = \sin x \Rightarrow f'(x) = \cos x$

$$l = \int_0^{\frac{\pi}{2}} \sqrt{1 + \cos^2 x}\,dx$$

Zur Funktion $g: g(x) = \sqrt{1 + \cos^2 x};\ D(g) = \mathbb{R}$ ist keine Stammfunktion durch elementare Funktionen bekannt. Daher wird das bestimmte Integral $\int_0^{\frac{\pi}{2}} \sqrt{1 + \cos^2 x}\,dx$ numerisch mit der Simpsonschen Regel berechnet. ► 2.9

Berechnung des Näherungswertes

► gewählt: $n = 8$ ► $a = 0;\ b = \frac{\pi}{2}$ ► $h = \frac{b-a}{n} = \frac{\frac{\pi}{2} - 0}{8} = \frac{\pi}{16}$

Simpsonsche Regel: $\int_0^{\frac{\pi}{2}} \sqrt{1 + \cos^2 x}\,dx \approx S_8$ ► $g(x) = \sqrt{1 + \cos^2 x}$

$$S_8 = \frac{h}{3} \cdot [g(x_0) + 4 \cdot g(x_1) + 2 \cdot g(x_2) + 4 \cdot g(x_3) + 2 \cdot g(x_4) + 4 \cdot g(x_5) + 2 \cdot g(x_6) + 4 \cdot g(x_7) + g(x_8)]$$ ► $h = \frac{\pi}{16}$

Tabelle der Funktionswerte für $g(x)=\sqrt{1+\cos^2 x}$ ► $x_k = 0 + k\cdot\frac{\pi}{16} = k\cdot\frac{\pi}{16}$; $k = 0; 1; 2; 3; \ldots; 8$ 310

$x_0 = a$	x_1	x_2	x_3	x_4	x_5	x_6	x_7	$x_8 = b$
0	$1\cdot\frac{\pi}{16}$	$2\cdot\frac{\pi}{16}$	$3\cdot\frac{\pi}{16}$	$4\cdot\frac{\pi}{16}$	$5\cdot\frac{\pi}{16}$	$6\cdot\frac{\pi}{16}$	$7\cdot\frac{\pi}{16}$	$\frac{\pi}{2}$
$1\cdot g(x_0)$	$4\cdot g(x_1)$	$2\cdot g(x_2)$	$4\cdot g(x_3)$	$2\cdot g(x_4)$	$4\cdot g(x_5)$	$2\cdot g(x_6)$	$4\cdot g(x_7)$	$1\cdot g(x_8)$
1,4142...	5,6027...	2,7229...	5,2020...	2,4494...	4,5758...	2,1414...	4,0754...	1
► $g(x_0)+4\cdot g(x_1)+2\cdot g(x_2)+4\cdot g(x_3)+2\cdot g(x_4)+4\cdot g(x_5)+2\cdot g(x_6)+4\cdot g(x_7)+g(x_8) = \underline{29{,}184161\ldots}$								

$S_8 = \frac{\frac{\pi}{16}}{3}\cdot 29{,}184161\ldots = \underline{\underline{1{,}910099}}$ ► Näherungswert für die Maßzahl der Bogenlänge in $\left[0; \frac{\pi}{2}\right]$

Nach der Fehlerabschätzung mithilfe der Formel für F_S (► 2.9, Simpsonsche Regel) erhält man $F_S \le 0{,}000091$. Der exakte Integralwert liegt damit im Intervall:

$[S_8 - F_S; S_8 + F_S] = [1{,}910099 - 0{,}000091; 1{,}910099 + 0{,}000091] = \underline{\underline{[1{,}910008; 1{,}910190]}}$

Aus den Intervallgrenzen ergibt sich, dass der Näherungswert die Maßzahl der Bogenlänge auf mindestens drei Nachkommastellen genau angibt.

10. $f(x) = \cos(2x)$; $x \in [\pi; 2\pi]$

Da die Funktion $f: f(x) = \cos(2x)$; $D(f) = \mathbb{R}$ in $[\pi; 2\pi]$ stetig differenzierbar ist, kann zur Berechnung von l die Formel der ersten Lösungsmethode angewendet werden. Es wird zweckmäßigerweise das Integrationsintervall $[\pi; \frac{5}{4}\pi]$ gewählt und das Ergebnis mit vier multipliziert.

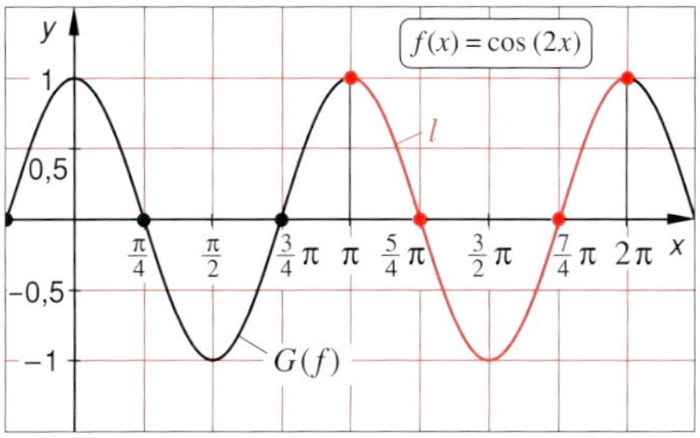

$$l = \int_a^b \sqrt{1+[f'(x)]^2}\,\mathrm{d}x$$

► π für a; 2π für b; $f(x) = \cos(2x) \Rightarrow f'(x) = -2\cdot\sin(2x)$

$$l = \int_{\pi}^{2\pi} \sqrt{1+4\cdot\sin^2(2x)}\,\mathrm{d}x$$

$$= 4\cdot\int_{\pi}^{\frac{5}{4}\pi} \sqrt{1+4\cdot\sin^2(2x)}\,\mathrm{d}x$$

Zur Funktion $g: g(x) = \sqrt{1+4\cdot\sin^2(2x)}$ mit $D(g) = \mathbb{R}$ ist keine Stammfunktion durch elementare Funktionen bekannt. Daher wird das bestimmte Integral $4\cdot\int_{\pi}^{\frac{5}{4}\pi} \sqrt{1+4\cdot\sin^2(2x)}\,\mathrm{d}x$ numerisch mit der Simpsonschen Regel berechnet. ► 2.9

Berechnung des Näherungswertes

► gewählt: $n = 8$ ► $a = \pi$; $b = \frac{5}{4}\pi$ ► $h = \frac{b-a}{n} = \frac{\frac{5}{4}\pi - \pi}{8} = \frac{\pi}{32}$

Simpsonsche Regel: $4\cdot\int_{\pi}^{\frac{5}{4}\pi} \sqrt{1+4\cdot\sin^2(2x)}\,\mathrm{d}x \approx S_8$ ► $g(x) = \sqrt{1+4\cdot\sin^2(2x)}$

$S_8 = 4\cdot\frac{h}{3}\cdot[g(x_0)+4\cdot g(x_1)+2\cdot g(x_2)+4\cdot g(x_3)+2\cdot g(x_4)+4\cdot g(x_5)+2\cdot g(x_6)+4\cdot g(x_7)+g(x_8)]$ ► $h = \frac{\pi}{32}$

310 Tabelle der Funktionswerte für $g(x) = \sqrt{1 + 4 \cdot \sin^2(2x)}$ ► $x_k = \pi + k \cdot \frac{\pi}{32} = \frac{(32+k)}{32} \cdot \pi$; $k = 0; 1; 2; 3; \ldots; 8$

$x_0 = a$	x_1	x_2	x_3	x_4	x_5	x_6	x_7	$x_8 = b$
π	$\frac{33}{32} \cdot \pi$	$\frac{34}{32} \cdot \pi$	$\frac{35}{32} \cdot \pi$	$\frac{36}{32} \cdot \pi$	$\frac{37}{32} \cdot \pi$	$\frac{38}{32} \cdot \pi$	$\frac{39}{32} \cdot \pi$	$\frac{5}{4} \cdot \pi$
$1 \cdot g(x_0)$	$4 \cdot g(x_1)$	$2 \cdot g(x_2)$	$4 \cdot g(x_3)$	$2 \cdot g(x_4)$	$4 \cdot g(x_5)$	$2 \cdot g(x_6)$	$4 \cdot g(x_7)$	$1 \cdot g(x_8)$
1	4,2936...	2,5185...	5,9794...	3,4641...	7,7618...	4,2020...	8,8070...	2,2360...
► $g(x_0) + 4 \cdot g(x_1) + 2 \cdot g(x_2) + 4 \cdot g(x_3) + 2 \cdot g(x_4) + 4 \cdot g(x_5) + 2 \cdot g(x_6) + 4 \cdot g(x_7) + g(x_8) = \underline{40{,}2627\ldots}$								

$S_8 = 4 \cdot \frac{\frac{\pi}{32}}{3} \cdot 40{,}2627\ldots = \underline{\underline{5{,}2704}}$ ► Näherungswert für die Maßzahl der Bogenlänge in $[0; 2\pi]$

Nach der Fehlerabschätzung mithilfe der Formel für F_S (► 2.9, Simpsonsche Regel) erhält man $F_S \leq 0{,}0017$. Der exakte Integralwert liegt damit im Intervall:

$[S_8 - F_S; S_8 + F_S] = [5{,}2704 - 0{,}0017; 5{,}2704 + 0{,}0017] = \underline{\underline{[5{,}2687; 5{,}2721]}}$

Aus den Intervallgrenzen ergibt sich, dass der Näherungswert die Maßzahl der Bogenlänge auf mindestens eine Nachkommastelle genau angibt.

11. $F(x) = 2 \cdot \sinh x$; $x \in [-1; 1]$

Die Funktion $f: f(x) = 2 \cdot \sinh x$; $D(f) = \mathbb{R}$ ist in $[-1; 1]$ stetig differenzierbar, sodass zur Berechnung von l die Formel der ersten Lösungsmethode angewendet werden kann.

Da der Graph von f punktsymmetrisch zum Koordinatenursprung liegt, es gilt also $f(-x) = -f(x)$, wird die Bogenlänge im Intervall $[0; 1]$ berechnet und das Ergebnis verdoppelt.

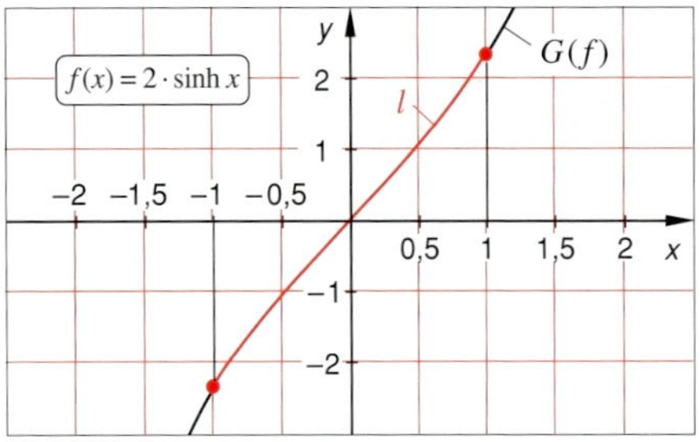

$l = \int_a^b \sqrt{1 + [f'(x)]^2}\, dx$

► -1 für a; 1 für b; $f(x) = 2 \cdot \sinh x \Rightarrow f'(x) = 2 \cdot \cosh x$

$l = \int_{-1}^{1} \sqrt{1 + 4 \cdot \cosh^2 x}\, dx$

$= \underline{2 \cdot \int_0^1 \sqrt{1 + 4 \cdot \cosh^2 x}\, dx}$

Zur Funktion $g: g(x) = \sqrt{1 + 4 \cdot \cosh^2 x}$; $D(g) = \mathbb{R}$ ist keine Stammfunktion durch elementare Funktionen bekannt. Daher wird das bestimmte Integral $2 \cdot \int_0^1 \sqrt{1 + 4 \cdot \cosh^2 x}\, dx$ numerisch mit der Simpsonschen Regel berechnet. ► 2.9

Berechnung des Näherungswertes

► gewählt: $n = 8$ ► $a = 0$; $b = 1$ ► $h = \frac{b - a}{n} = \frac{1 - 0}{8} = \underline{0{,}125}$

Simpsonsche Regel: $2 \cdot \int_0^1 \sqrt{1 + 4 \cdot \cosh^2 x}\, dx \approx S_8$ ► $g(x) = \sqrt{1 + 4 \cdot \cosh^2 x}$

$S_8 = 2 \cdot \frac{h}{3} \cdot [g(x_0) + 4 \cdot g(x_1) + 2 \cdot g(x_2) + 4 \cdot g(x_3) + 2 \cdot g(x_4) + 4 \cdot g(x_5) + 2 \cdot g(x_6) + 4 \cdot g(x_7) + g(x_8)]$

► $h = 0{,}125$

Tabelle der Funktionswerte für $g(x) = \sqrt{1 + 4 \cdot \cosh^2 x}$ ► $x_k = 1 + k \cdot 0{,}125$; $k = 0; 1; 2; 3; \ldots; 8$ **310**

$x_0 = a$	x_1	x_2	x_3	x_4	x_5	x_6	x_7	$x_8 = b$
0	0,125	0,25	0,375	0,5	0,625	0,75	0,875	1
$1 \cdot g(x_0)$	$4 \cdot g(x_1)$	$2 \cdot g(x_2)$	$4 \cdot g(x_3)$	$2 \cdot g(x_4)$	$4 \cdot g(x_5)$	$2 \cdot g(x_6)$	$4 \cdot g(x_7)$	$1 \cdot g(x_8)$
2,2360...	9,0002...	4,5848...	9,4567...	4,9340...	10,4129...	5,5515...	11,9521...	3,2441...
► $g(x_0) + 4 \cdot g(x_1) + 2 \cdot g(x_2) + 4 \cdot g(x_3) + 2 \cdot g(x_4) + 4 \cdot g(x_5) + 2 \cdot g(x_6) + 4 \cdot g(x_7) + g(x_8) = \underline{61{,}372741\ldots}$								

$S_8 = 2 \cdot \frac{0{,}125}{3} \cdot 61{,}372741\ldots = \underline{\underline{5{,}114395}}$ ► Näherungswert für die Maßzahl der Bogenlänge in $[-1; 1]$

Nach der Fehlerabschätzung mithilfe der Formel für F_S (► 2.9, Simpsonsche Regel) erhält man $F_S \leq 0{,}000008$. Der exakte Integralwert liegt damit im Intervall:

$[S_8 - F_S; S_8 + F_S] = [5{,}114395 - 0{,}000008; 5{,}114395 + 0{,}000008] = \underline{\underline{[5{,}114387; 5{,}114403]}}$

Aus den Intervallgrenzen ergibt sich, dass der Näherungswert die Maßzahl der Bogenlänge auf mindestens drei Nachkommastellen genau angibt.

12. $f(x) = 2 \cdot \ln\left(\cos\frac{x}{2}\right)$; $x \in [0; 2]$

Da die Funktion $f: f(x) = 2 \cdot \ln\left(\cos\frac{x}{2}\right)$ mit $D(f) = \mathbb{R} \setminus ([k\pi; 3k\pi] \cup [-3k\pi; -k\pi])$; $k \in \mathbb{N}^{\geq 1}$ in $[0; 2]$ stetig differenzierbar ist, kann zur Berechnung von l die Formel der ersten Lösungsmethode angewendet werden.

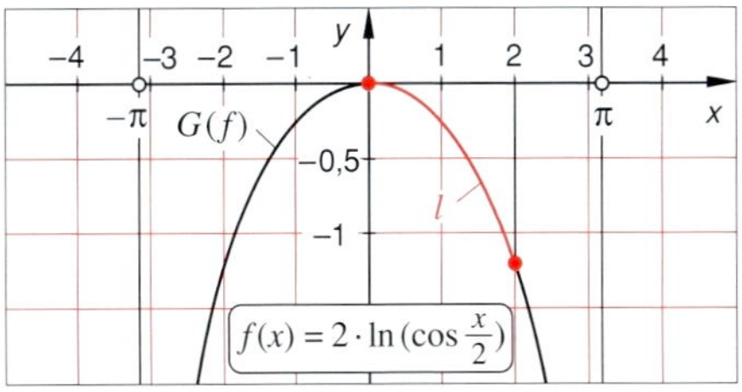

► $\ln\left|\tan\frac{\pi}{4}\right| = \ln|1| = 0$

$l = \int_a^b \sqrt{1 + [f'(x)]^2}\,dx$

► 0 für a; 2 für b

$f(x) = 2 \cdot \ln\left(\cos\frac{x}{2}\right) \Rightarrow f'(x) = 2 \cdot \left(\frac{1}{\cos\frac{x}{2}} \cdot \sin\frac{x}{2}\right) \cdot \frac{1}{2} = \tan\frac{x}{2}$

$l = \int_0^2 \sqrt{1 + \tan^2\frac{x}{2}}\,dx$ ► $1 + \tan^2\frac{x}{2} = \frac{1}{\cos^2\frac{x}{2}}$ ► 4.1

$= \int_0^2 \sqrt{\frac{1}{\cos^2\frac{x}{2}}}\,dx$ ► $\cos\frac{x}{2} > 0$ für $x \in [0; 2]$

$= \int_0^2 \frac{dx}{\cos\frac{x}{2}}$ ► 2.4.5, Merke vor Aufgabe 3

$= \frac{-1}{\frac{1}{2}} \cdot \ln\left|\tan\left(\frac{\pi}{4} - \frac{\frac{1}{2} \cdot x}{2}\right)\right| \Bigg|_0^2$

$= -2 \cdot \left[\ln\left|\tan\left(\frac{\pi}{4} - \frac{2}{4}\right)\right| - \ln\left|\tan\frac{\pi}{4}\right|\right]$

$= \underline{\underline{2{,}45238}}$ ► Maßzahl der Bogenlänge in $[0; 2]$

310

13. $f(x)=\sqrt{2x};\, x\in[1;8]$

Da die Funktion $f: f(x)=\sqrt{2x};\, D(f)=\mathbb{R}^{\geq 0}$ in $[1;8]$ streng monoton steigend und stetig ist, wird zur Berechnung von l die Formel der zweiten Lösungsmethode angewendet.

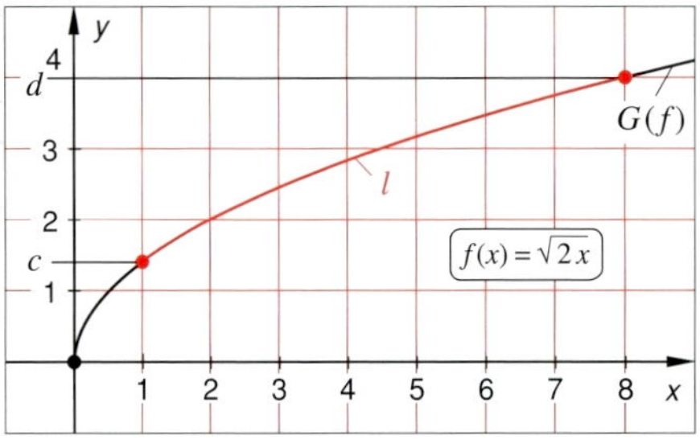

$$l=\int_c^d \sqrt{1+\left[\left(f^{-1}(y)\right)'\right]^2}\,\mathrm{d}y$$

► $c=f(1)=\sqrt{2};\, d=f(8)=\sqrt{16}=4$

$$y=\sqrt{2\cdot x}\Rightarrow x=f^{-1}(y)=\frac{1}{2}\cdot y^2\Rightarrow\left(f^{-1}(y)\right)'=y$$

$$l=\int_{\sqrt{2}}^{4}\sqrt{1+y^2}\,\mathrm{d}y \quad \blacktriangleright 2.4.6$$

$$=\frac{y}{2}\cdot\sqrt{1+y^2}+\frac{1}{2}\cdot\ln\left(y+\sqrt{1+y^2}\right)\Big|_{\sqrt{2}}^{4}$$

$$=\frac{4}{2}\cdot\sqrt{1+4^2}+\frac{1}{2}\cdot\ln\left(4+\sqrt{1+4^2}\right)+$$

$$-\frac{\sqrt{2}}{2}\cdot\sqrt{1+(\sqrt{2})^2}-\frac{1}{2}\cdot\ln\left(\sqrt{2}+\sqrt{1+(\sqrt{2})^2}\right)$$

$$=\underline{\underline{7{,}49571}} \quad \blacktriangleright \text{Maßzahl der Bogenlänge in } [1;8]$$

14. $f(x)=\sqrt{16-x^2};\, x\in[0;4]$

Der Graph der Funktion $f: f(x)=\sqrt{16-x^2}$ mit $D(f)=[-4;4]$ ist im Intervall $[0;4]$ ein Viertelkreis. Die Funktion f ist an der Stelle $x_0=4$ nicht stetig differenzierbar, sodass zunächst in einem Intervall $[0;b]$ mit $b\in(0;4)$ die Bogenlänge $l(b)$ mit der ersten Lösungsmethode berechnet und anschließend $\lim\limits_{\substack{b\to 4\\ b<4}} l(b)$ untersucht wird.

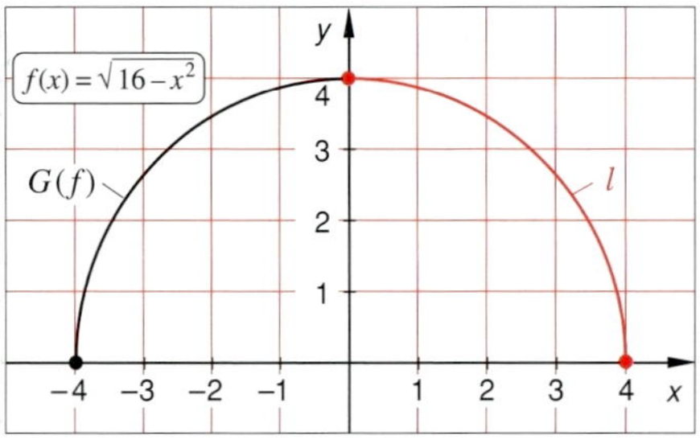

$$l=\int_a^b\sqrt{1+[f'(x)]^2}\,\mathrm{d}x$$

► 0 für $a;\, f(x)=\sqrt{16-x^2}\Rightarrow f'(x)=\dfrac{-x}{\sqrt{16-x^2}}$

$$\Rightarrow l(b)=\int_0^b\sqrt{1+\frac{x^2}{16-x^2}}\,\mathrm{d}x$$

$$=\int_0^b\sqrt{\frac{16-x^2+x^2}{16-x^2}}\,\mathrm{d}x$$

$$=\int_0^b\frac{4}{\sqrt{16-x^2}}\,\mathrm{d}x \quad \blacktriangleright 2.4.5$$

$$=4\cdot\text{Arcsin}\,\frac{x}{4}\Big|_0^b$$

$$=4\cdot\text{Arcsin}\,\frac{b}{4}-\text{Arcsin}\,0 \quad \blacktriangleright \text{Arcsin}\,0=0$$

$$=\underline{4\cdot\text{Arcsin}\,\frac{b}{4};\, b\in(0;4)}$$

$$\lim_{\substack{b\to 4\\ b<4}} l(b)=\lim_{\substack{b\to 4\\ b<4}}\left(4\cdot\text{Arcsin}\,\frac{b}{4}\right)$$

$$=4\cdot\lim_{\substack{b\to 4\\ b<4}}\text{Arcsin}\,\frac{b}{4}$$

$$=4\cdot\text{Arcsin}\,1 \quad \blacktriangleright \text{Arcsin}\,1=\frac{\pi}{2}$$

$$=\underline{\underline{6{,}28319}} \quad \blacktriangleright \text{Maßzahl der Bogenlänge in } [0;4]$$

310

15. $f(x)=\frac{3}{4}\cdot\sqrt{16-x^2};\ x\in[0;3]$

Der Graph von $f: f(x)=\frac{3}{4}\cdot\sqrt{16-x^2}$, $D(f)=[-4;4]$ ist im Intervall $[0;3]$ Teil eines Ellipsenbogens.

Da die Funktion f in $[0;3]$ stetig differenzierbar ist, kann zur Berechnung von l die Formel der ersten Lösungsmethode angewendet werden. Diese führt hier auf ein elliptisches Integral.

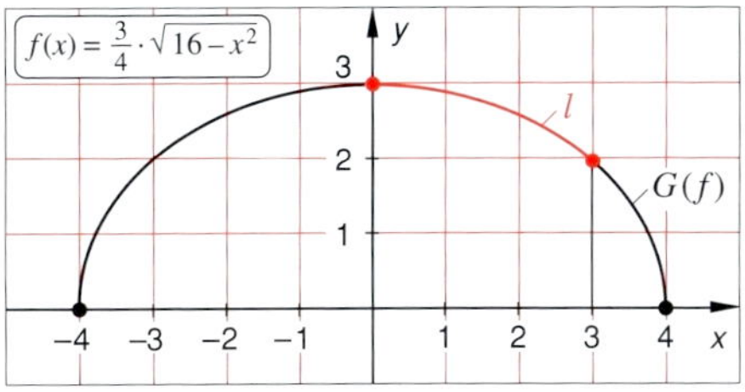

$$l=\int_a^b\sqrt{1+[f'(x)]^2}\,\mathrm{d}x$$

► 0 für a; 3 für b

$$f(x)=\frac{3}{4}\sqrt{16-x^2}\Rightarrow f'(x)=\frac{3}{4}\cdot\frac{-x}{\sqrt{16-x^2}}$$

$$l=\int_0^3\sqrt{1+\frac{9}{16}\cdot\frac{x^2}{16-x^2}}\,\mathrm{d}x$$

$$=\int_0^3\sqrt{\frac{256-7x^2}{16\cdot(16-x^2)}}\,\mathrm{d}x$$

$$=\frac{1}{4}\cdot\int_0^3\sqrt{\frac{256-7x^2}{16-x^2}}\,\mathrm{d}x$$

Zu der Funktion $g: g(x)=\sqrt{\frac{256-7x^2}{16-x^2}}$ mit $D(g)=\ (-4;4)$ ist keine Stammfunktion durch elementare Funktionen bekannt. Daher wird das bestimmte Integral $\frac{1}{4}\cdot\int_0^3\sqrt{\frac{256-7x^2}{16-x^2}}\,\mathrm{d}x$ numerisch mit der Simpsonschen Regel berechnet. ► 2.9

Berechnung des Näherungswertes

► gewählt: $n=8$ ► $a=0;\ b=3$ ► $h=\frac{b-a}{n}=\frac{3-0}{8}=\underline{0{,}375}$

Simpsonsche Regel: $\frac{1}{4}\cdot\int_0^3\sqrt{\frac{256-7x^2}{16-x^2}}\,\mathrm{d}x\approx S_8$ ► $g(x)=\sqrt{\frac{256-7x^2}{16-x^2}}$

$$S_8=\frac{1}{4}\cdot\frac{h}{3}\cdot[g(x_0)+4\cdot g(x_1)+2\cdot g(x_2)+4\cdot g(x_3)+2\cdot g(x_4)+4\cdot g(x_5)+2\cdot g(x_6)+4\cdot g(x_7)+g(x_8)]$$ ► $h=0{,}375$

Tabelle der Funktionswerte für $g(x)=\sqrt{\frac{256-7x^2}{16-x^2}}$ ► $x_k=0+k\cdot 0{,}375=k\cdot 0{,}375;\ k=0;1;2;3;\ldots;8$

$x_0=a$	x_1	x_2	x_3	x_4	x_5	x_6	x_7	$x_8=b$
0	0,375	0,75	1,125	1,5	1,875	2,25	2,625	3
$1\cdot g(x_0)$	$4\cdot g(x_1)$	$2\cdot g(x_2)$	$4\cdot g(x_3)$	$2\cdot g(x_4)$	$4\cdot g(x_5)$	$2\cdot g(x_6)$	$4\cdot g(x_7)$	$1\cdot g(x_8)$
4	16,0398...	8,0815...	16,3819...	8,3600...	17,2206...	8,9812...	19,1030...	5,2508...
► $g(x_0)+4\cdot g(x_1)+2\cdot g(x_2)+4\cdot g(x_3)+2\cdot g(x_4)+4\cdot g(x_5)+2\cdot g(x_6)+4\cdot g(x_7)+g(x_8)=\underline{103{,}419261\ldots}$								

$S_8=\frac{1}{4}\cdot\frac{0{,}375}{3}\cdot 103{,}419261\ldots=\underline{\underline{3{,}231852}}$ ► Näherungswert für die Maßzahl der Bogenlänge in $[0;3]$

Nach der Fehlerabschätzung mithilfe der Formel für F_S (► 2.9, Simpsonsche Regel) erhält man $F_S\le 0{,}002204$. Der exakte Integralwert liegt damit im Intervall:

$[S_8-F_S;\ S_8+F_S]=[3{,}231852-0{,}002204;3{,}231852+0{,}002204]=\underline{\underline{[3{,}229648;\ 3{,}234056]}}$

Aus den Intervallgrenzen ergibt sich, dass der Näherungswert die Maßzahl der Bogenlänge auf mindestens eine Nachkommastelle genau angibt.

Längen von ebenen Kurven in Parameterdarstellung

► **Lehrbuch: Kusch 4, S. 305…307**

Merke:

Ist eine Kurve in Parameterdarstellung $\begin{cases} x = f_1(t) \\ y = f_2(t) \end{cases}$; $t \in D(f_1) \cap D(f_2)$ gegeben und sind die Parameterfunktionen f_1 sowie f_2 in $[t_1; t_2] \subseteq D(f_1) \cap D(f_2)$ stetig differenzierbar, so gilt für die Bogenlänge l im Intervall $[t_1; t_2]$:

$$\boldsymbol{l = \int_{t_1}^{t_2} \sqrt{[\dot{f}_1(t)]^2 + [\dot{f}_2(t)]^2}\, dt}$$

Anmerkung:

Die Formel $l = \int_{t_1}^{t_2} \sqrt{[\dot{f}_1(t)]^2 + [\dot{f}_2(t)]^2}\, dt$ ist auch gültig, wenn eine Kurve nicht schnittpunktfrei (► 3.1) ist, sofern die Parameterfunktionen f_1 und f_2 in $[t_1; t_2]$ stetig differenzierbar sind.

310 **16.** $\begin{cases} f_1(t) = 2t \\ f_2(t) = 0{,}5 \end{cases}$; $t \in [0; 10]$

Die Parameterfunktionen $f_1 : f_1(t) = 2t$; $D(f_1) = \mathbb{R}$ und $f_2 : f_2(t) = 0{,}5t$; $D(f_2) = \mathbb{R}$ sind in $[0; 10]$ stetig differenzier bar. Daher kann man die für l angegebene Formel benutzen.

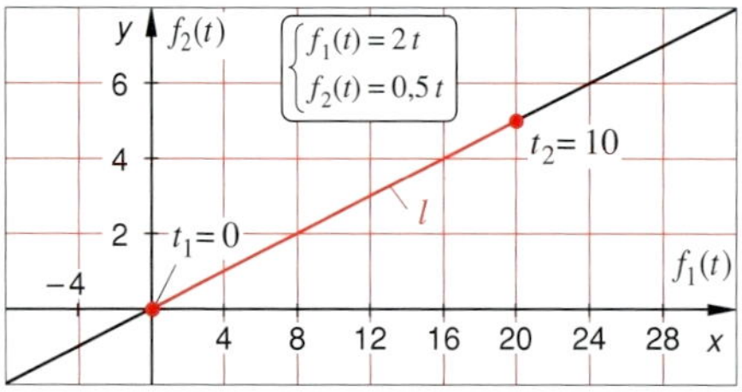

$$l = \int_{t_1}^{t_2} \sqrt{[\dot{f}_1(t)]^2 + [\dot{f}_2(t)]^2}\, dt$$

► 0 für t_1; 10 für t_2

$f_1(t) = 2t \Rightarrow \dot{f}_1(t) = 2$; $\quad f_2(t) = 0{,}5t \Rightarrow \dot{f}_2(t) = 0{,}5$

$$l = \int_0^{10} \sqrt{4 + 0{,}25}\, dt$$

$$= \sqrt{4{,}25} \cdot \int_0^{10} 1\, dt$$

$$= \sqrt{4{,}25} \cdot \left(t \Big|_0^{10}\right)$$

$$= \sqrt{4{,}25} \cdot (10 - 0)$$

$$= \underline{\underline{20{,}61553}}$$ ► Maßzahl der Bogenlänge in $[0; 10]$

17. $\begin{cases} f_1(t) = t^2 \\ f_2(t) = 0{,}5 \cdot t \end{cases}$; $t \in [0; 1]$

Die Parameterfunktionen $f_1 : f_1(t) = t^2$ mit $D(f_1) = \mathbb{R}$ und $f_2 : f_2(t) = 0{,}5t$ mit $D(f_2) = \mathbb{R}$ sind in $[0; 1]$ stetig differenzierbar. Daher kann man die angegebene Formel für l benutzen.

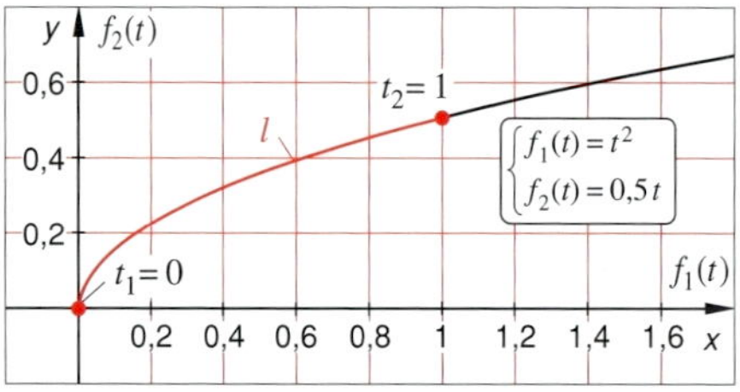

$$l = \int_{t_1}^{t_2} \sqrt{[\dot{f}_1(t)]^2 + [\dot{f}_2(t)]^2}\, dt$$

► 0 für t_1; 1 für t_2

$f_1(t) = t^2 \Rightarrow \dot{f}_1(t) = 2t$; $f_2(t) = 0{,}5t \Rightarrow \dot{f}_2(t) = 0{,}5 = \frac{1}{2}$

$$l = \int_0^1 \sqrt{4t^2 + \frac{1}{4}}\, dt$$

$$= \int_0^1 \sqrt{4 \cdot \left(t^2 + \frac{1}{16}\right)}\, dt$$

$$= 2 \cdot \int_0^1 \sqrt{t^2 + \tfrac{1}{16}}\, dt$$ ► 2.4.6

310

$$l = 2 \cdot \left[\frac{t}{2} \cdot \sqrt{t^2 + \frac{1}{16}} + \frac{\frac{1}{16}}{2} \cdot \ln\left(t + \sqrt{t^2 + \frac{1}{16}} \right) \Bigg|_0^1 \right]$$

$$= 2 \cdot \left[\frac{1}{2} \cdot \sqrt{1^2 + \frac{1}{16}} + \frac{1}{32} \cdot \ln\left(1 + \sqrt{1^2 + \frac{1}{16}}\right) - 0 - \frac{1}{32} \cdot \ln \sqrt{\frac{1}{16}} \right].$$

$= \underline{\underline{1{,}16170}}$ ► Maßzahl der Bogenlänge in $[0; 1]$

18. $\begin{cases} f_1(t) = \cos t \\ f_2(t) = 2t \end{cases}$; $t \in [0; \pi]$

Die Parameterfunktionen $f_1 : f_1(t) = \cos t$; $D(f_1) = \mathbb{R}$ und $f_2 : f_2(t) = 2t$; $D(f_2) = \mathbb{R}$ sind in $[0; \pi]$ stetig differenzierbar. Daher kann man die für angegebene Formel l benutzen.

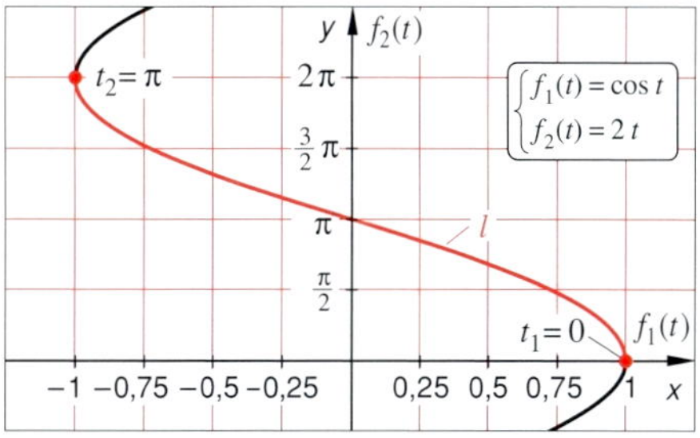

$$l = \int_{t_1}^{t_2} \sqrt{[\dot{f}_1(t)]^2 + [\dot{f}_2(t)]^2}\, \mathrm{d}t$$

► 0 für t_1; 10 für t_2

$f_1(t) = \cos t \Rightarrow \dot{f}_1(t) = -\sin t$

$f_2(t) = 2t \Rightarrow \dot{f}_2(t) = 2$

$$\underline{l = \int_0^{\pi} \sqrt{\sin^2 t + 4}\, \mathrm{d}t}$$

Zur Funktion g: $g(t) = \sqrt{\sin^2 t + 4}$; $D(g) = \mathbb{R}$ ist keine Stammfunktion durch elementare Funktionen bekannt. Daher wird das bestimmte Integral $\int_0^{\pi} \sqrt{\sin^2 t + 4}\, \mathrm{d}t$ numerisch mit der Simpsonschen Regel berechnet. ► 2.9

Berechnung des Näherungswertes

► gewählt: $n = 8$ ► $a = 0$; $b = \pi$ ► $h = \frac{b - a}{n} = \frac{\pi - 0}{8} = \frac{\pi}{8}$

Simpsonsche Regel: $\int_0^{\pi} \sqrt{\sin^2 t + 4}\, \mathrm{d}t \approx S_8$ ► $g(x) = \sqrt{\sin^2 x + 4}$

$$S_8 = \frac{h}{3} \cdot [g(x_0) + 4 \cdot g(x_1) + 2 \cdot g(x_2) + 4 \cdot g(x_3) + 2 \cdot g(x_4) + 4 \cdot g(x_5) + 2 \cdot g(x_6) + 4 \cdot g(x_7) + g(x_8)]$$ ► $h = \frac{\pi}{8}$

Tabelle der Funktionswerte für $g(x) = \sqrt{\sin^2 x + 4}$ ► $x_k = 0 + k \cdot \frac{\pi}{8} = k \cdot \frac{\pi}{8}$; $k = 1; 2; 3; \ldots; 8$

$x_0 = a$	x_1	x_2	x_3	x_4	x_5	x_6	x_7	$x_8 = b$
0	$1 \cdot \frac{\pi}{8}$	$2 \cdot \frac{\pi}{8}$	$3 \cdot \frac{\pi}{8}$	$4 \cdot \frac{\pi}{8}$	$5 \cdot \frac{\pi}{8}$	$6 \cdot \frac{\pi}{8}$	$7 \cdot \frac{\pi}{8}$	π
$1 \cdot g(x_0)$	$4 \cdot g(x_1)$	$2 \cdot g(x_2)$	$4 \cdot g(x_3)$	$2 \cdot g(x_4)$	$4 \cdot g(x_5)$	$2 \cdot g(x_6)$	$4 \cdot g(x_7)$	$1 \cdot g(x_8)$
2	8,1451...	4,2426...	8,8123...	4,4721...	8,8123...	4,2426...	8,1451...	2
► $g(x_0) + 4 \cdot g(x_1) + 2 \cdot g(x_2) + 4 \cdot g(x_3) + 2 \cdot g(x_4) + 4 \cdot g(x_5) + 2 \cdot g(x_6) + 4 \cdot g(x_7) + g(x_8) = \underline{\underline{50{,}87230\ldots}}$								

$S_8 = \frac{\frac{\pi}{8}}{3} \cdot 50{,}87230\ldots = \underline{\underline{6{,}65917}}$ ► Näherungswert für die Maßzahl der Bogenlänge in $[0; \pi]$

Nach der Fehlerabschätzung mithilfe der Formel für F_S (► 2.9, Simpsonsche Regel) erhält man $F_S \leq 0{,}00099$. Der exakte Integralwert liegt damit im Intervall:

$[S_8 - F_S; S_8 + F_S] = [6{,}65917 - 0{,}00099; 6{,}65917 + 0{,}00099] = \underline{\underline{[6{,}65818; 6{,}66016]}}$

Aus den Intervallgrenzen ergibt sich, dass der Näherungswert die Maßzahl der Bogenlänge auf mindestens eine Nachkommastelle genau angibt.

310 **19.** $\begin{cases} f_1(t) = 1 + 2 \cdot \cos t \\ f_2(t) = -2 + 2 \cdot \sin t \end{cases}; t \in [0; 2\pi]$

Der Graph der Kurve ist ein Kreis mit dem Mittelpunkt $M\langle 1 | -2 \rangle$ und dem Radius 2, der in $[0; 2\pi]$ einmal durchlaufen wird. Die Parameterfunktionen $f_1 : f_1(t) = 1 + 2 \cdot \cos t$ mit $D(f_1) = \mathbb{R}$ und $f_2 : f_2(t) = 2 + 2 \cdot \sin t$ mit $D(f_2) = \mathbb{R}$ sind in $[0; 2\pi]$ stetig differenzierbar. Daher kann man die für l angegebene Formel benutzen.

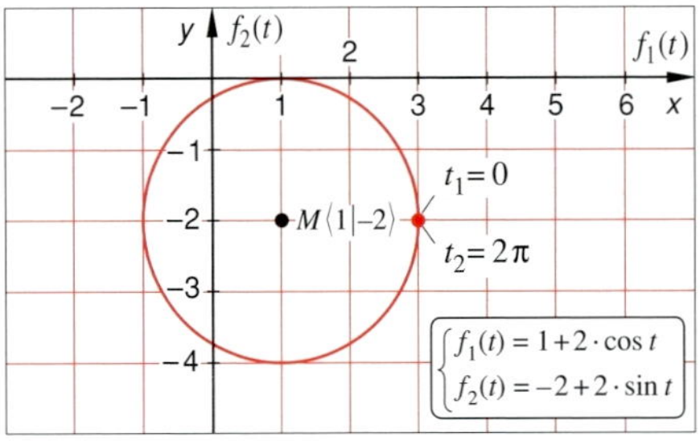

$$l = \int_{t_1}^{t_2} \sqrt{[\dot{f}_1(t)]^2 + [\dot{f}_2(t)]^2}\, dt$$

► 0 für t_1; 2π für t_2

$f_1(t) = 1 + 2 \cdot \cos t \Rightarrow \dot{f}_1(t) = -2 \cdot \sin t$

$f_2(t) = 2 + 2 \cdot \sin t \Rightarrow \dot{f}_2(t) = 2 \cdot \cos t$

$$l = \int_0^{2\pi} \sqrt{4 \cdot \sin^2 t + 4 \cdot \cos^2 t}\, dt$$

$$= \int_0^{2\pi} \sqrt{4 \cdot (\sin^2 t + \cos^2 t)}\, dt \quad ► \sin^2 t + \cos^2 t = 1$$

$$= 2 \cdot \int_0^{2\pi} 1\, dt$$

$$= 2 \cdot t \Big|_0^{2\pi}$$

$$= 2 \cdot 2\pi - 2 \cdot 0$$

$$= \underline{\underline{12{,}56637}} \quad ► \text{Maßzahl der Bogenlänge in } [0; 2\pi]$$

20. $\begin{cases} f_1(t) = t - \sin t \\ f_2(t) = 1 - \cos t \end{cases}; t \in [0; 2\pi]$

Die Parameterfunktionen $f_1 : f_1(t) = t - \sin t$ mit $D(f_1) = \mathbb{R}$ und $f_2 : f_2(t) = 1 - \cos t$; $D(f_2) = \mathbb{R}$ sind in $[0; 2\pi]$ stetig differenzierbar. Daher kann man die für l angegebene Formel benutzen.

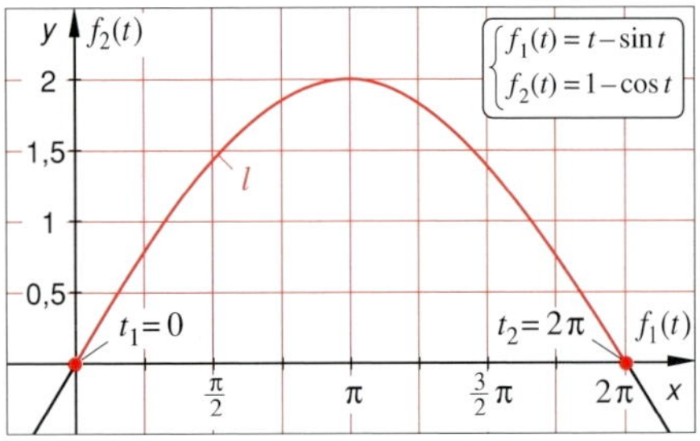

Da die Kurve in $[0; 2\pi]$ symmetrisch zur Geraden $x = \pi$ verläuft, wird das Integrationsintervall $[0; \pi]$ gewählt und das Ergebnis verdoppelt.

► $\sqrt{1 - \cos t} = \sqrt{2} \cdot \sin \frac{t}{2}$; $t \in [0; \pi]$ ► 4.1

$$l = \int_{t_1}^{t_2} \sqrt{[\dot{f}_1(t)]^2 + [\dot{f}_2(t)]^2}\, dt$$

► 0 für t_1; 2π für t_2

$f_1(t) = t - \sin t \Rightarrow \dot{f}_1(t) = 1 - \cos t$

$f_2(t) = 1 - \cos t \Rightarrow \dot{f}_2(t) = \sin t$

$$l = \int_0^{2\pi} \sqrt{(1 - \cos t)^2 + \sin^2 t}\, dt$$

$$= \int_0^{2\pi} \sqrt{1 - 2 \cdot \cos t + \cos^2 t + \sin^2 t}\, dt \quad ► \cos^2 t + \sin^2 t = 1$$

$$= \int_0^{2\pi} \sqrt{2 - 2 \cdot \cos t}\, dt \quad ► \text{Kurve ist symmetrisch zur Geraden } x = \pi$$

$$= 2 \cdot \sqrt{2} \cdot \int_0^{\pi} \sqrt{1 - \cos t}\, dt$$

$$= 2 \cdot \sqrt{2} \cdot \int_0^{\pi} \left(\sqrt{2} \cdot \sin \frac{t}{2}\right) dt \quad ► 2.4.1$$

$$= 2 \cdot (\sqrt{2})^2 \cdot 2 \cdot \left(-\cos \frac{x}{2} \Big|_0^{\pi}\right)$$

$$= 2 \cdot 2 \cdot 2 \cdot \left(-\cos \frac{\pi}{2} + \cos 0\right) \quad ► \cos \frac{\pi}{2} = 0;\ \cos 0 = 1$$

$$= \underline{\underline{8}} \quad ► \text{Maßzahl der Bogenlänge in } [0; 2\pi]$$

21. $\begin{cases} f_1(t) = 4 \cdot \cos t \\ f_2(t) = 3 \cdot \sin t \end{cases}; t \in \left[0; \frac{\pi}{2}\right]$

Die Kurve stellt im t-Intervall $[0; \frac{\pi}{2}]$ ein Viertelellipsenbogen dar. Die Parameterfunktionen $f_1 : f_1(t) = 4 \cdot \cos t$ mit $D(f_1) = \mathbb{R}$ und $f_2 : f_2(t) = 3 \cdot \sin t$ mit $D(f_2) = \mathbb{R}$ sind in $[0; \frac{\pi}{2}]$ stetig differenzierbar. Daher kann man die angegebene Formel für l benutzen.

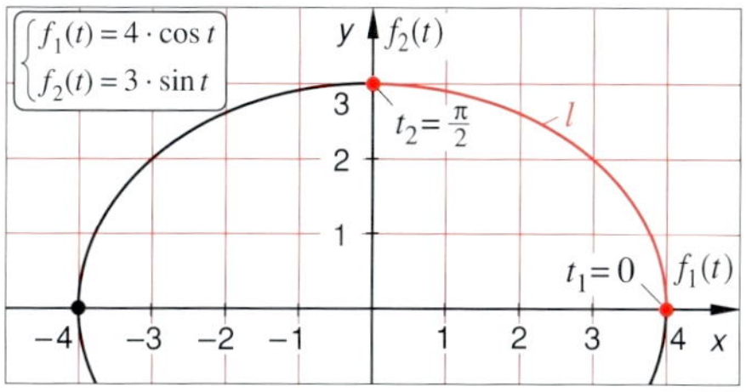

$$l = \int_{t_1}^{t_2} \sqrt{[\dot{f}_1(t)]^2 + [\dot{f}_2(t)]^2}\, \mathrm{d}t$$

► 0 für t_1; $\frac{\pi}{2}$ für t_2

$f_1(t) = 4 \cdot \cos t \Rightarrow \dot{f}_1(t) = -4 \cdot \sin t$

$f_2(t) = 3 \cdot \sin t \Rightarrow \dot{f}_2(t) = 3 \cdot \cos t$

$$l = \int_0^{\frac{\pi}{2}} \sqrt{16 \cdot \sin^2 t + 9 \cdot \cos^2 t}\, \mathrm{d}t \quad ► \cos^2 t = 1 - \sin^2 t$$

$$= \int_0^{\frac{\pi}{2}} \sqrt{9 + 7 \cdot \sin^2 t}\, \mathrm{d}t$$

Zur Funktion g: $g(t) = \sqrt{9 + 7 \cdot \sin^2 t}$; $D(g) = \mathbb{R}$ ist keine Stammfunktion durch elementare Funktionen bekannt. Daher wird das bestimmte Integral $\int_0^{\frac{\pi}{2}} \sqrt{9 + 7 \cdot \sin^2 t}$ numerisch mit der Simpsonschen Regel berechnet. ► 2.9

Berechnung des Näherungswertes

► gewählt: $n = 8$ ► $a = 0$; $b = \frac{\pi}{2}$ ► $h = \frac{b-a}{n} = \frac{\frac{\pi}{2} - 0}{8} = \frac{\pi}{16}$

Simpsonsche Regel: $\int_0^{\frac{\pi}{2}} \sqrt{9 + 7 \cdot \sin^2 t}\, \mathrm{d}t \approx S_8$ ► $g(x) = \sqrt{9 + 7 \cdot \sin^2 x}$

$$S_8 = \frac{h}{3} \cdot [g(x_0) + 4 \cdot g(x_1) + 2 \cdot g(x_2) + 4 \cdot g(x_3) + 2 \cdot g(x_4) + 4 \cdot g(x_5) + 2 \cdot g(x_6) + 4 \cdot g(x_7) + g(x_8)] \quad ► h = \frac{\pi}{16}$$

Tabelle der Funktionswerte für $g(x) = \sqrt{9 + 7 \cdot \sin^2 x}$ ► $x_k = 0 + k \cdot \frac{\pi}{16} = k \cdot \frac{\pi}{16}$; $k = 0; 1; 2; 3; \ldots; 8$

$x_0 = a$	x_1	x_2	x_3	x_4	x_5	x_6	x_7	$x_8 = b$
0	$1 \cdot \frac{\pi}{16}$	$2 \cdot \frac{\pi}{16}$	$3 \cdot \frac{\pi}{16}$	$4 \cdot \frac{\pi}{16}$	$5 \cdot \frac{\pi}{16}$	$6 \cdot \frac{\pi}{16}$	$7 \cdot \frac{\pi}{16}$	$\frac{\pi}{2}$
$1 \cdot g(x_0)$	$4 \cdot g(x_1)$	$2 \cdot g(x_2)$	$4 \cdot g(x_3)$	$2 \cdot g(x_4)$	$4 \cdot g(x_5)$	$2 \cdot g(x_6)$	$4 \cdot g(x_7)$	$1 \cdot g(x_8)$
3	12,1763...	6,3324...	13,3629...	7,0706...	14,8805...	7,7394...	15,8662...	4
► $g(x_0) + 4 \cdot g(x_1) + 2 \cdot g(x_2) + 4 \cdot g(x_3) + 2 \cdot g(x_4) + 4 \cdot g(x_5) + 2 \cdot g(x_6) + 4 \cdot g(x_7) + g(x_8) = \underline{84{,}4291\ldots}$								

$S_8 = \frac{\frac{\pi}{16}}{3} \cdot 84{,}4291\ldots = \underline{\underline{5{,}5259}}$ ► Näherungswert für die Maßzahl der Bogenlänge in $\left[0; \frac{\pi}{2}\right]$

Nach der Fehlerabschätzung mithilfe der Formel für F_S (► 2.9, Simpsonsche Regel) erhält man $F_S \leq 0{,}0002$. Der exakte Integralwert liegt damit im Intervall:

$[S_8 - F_S; S_8 + F_S] = [5{,}5259 - 0{,}0002; 5{,}5259 + 0{,}0002] = \underline{\underline{[5{,}5257; 5{,}5261]}}$

Aus den Intervallgrenzen ergibt sich, dass der Näherungswert die Maßzahl der Bogenlänge auf mindestens zwei Nachkommastellen genau angibt.

Längen von ebenen Kurven in Polarkoordinatendarstellung

► **Lehrbuch: Kusch 4, S. 308/309**

Merke:

Liegt eine Kurve in Polarkoordinatendarstellung $F: \varphi \mapsto F(\varphi);\ \varphi \in D(F)$ vor und ist die Funktion F im Winkelintervall $[\varphi_1; \varphi_2]$ stetig differenzierbar, so gilt für die Bogenlänge von F in diesem Intervall:

$$\boldsymbol{l = \int\limits_{\varphi_1}^{\varphi_2} \sqrt{[F(\varphi)]^2 + [F'(\varphi)]^2}\, d\varphi}$$

310 **22.** $F(\varphi) = 1 + \cos\varphi;\ \varphi \in [0; 2\pi]$

Die Funktion $F: F(\varphi) = 1 + \cos\varphi;\ D(F) = \mathbb{R}$ ist in $[0; 2\pi]$ stetig differenzierbar. Daher kann man die für l angegebene Fomel anwenden.

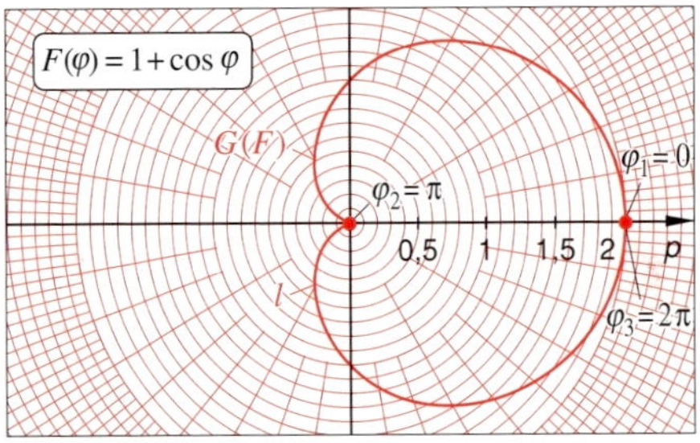

Da die Kurve in $[0; 2\pi]$ symmetrisch zur Polarachse liegt, wird das Integrationsintervall $[0; \pi]$ gewählt und das Ergebnis verdoppelt.

► $\sqrt{1 + \cos\varphi} = \sqrt{2} \cdot \cos\dfrac{\varphi}{2};\ \varphi \in [0; \pi]$ ► 4.1

$$l = \int\limits_{\varphi_1}^{\varphi_3} \sqrt{[F(\varphi)]^2 + [F'(\varphi)]^2}\, d\varphi$$

► 0 für φ_1; 2π für φ_3; $F(\varphi) = 1 + \cos\varphi \Rightarrow F'(\varphi) = -\sin\varphi$

$$l = \int\limits_{0}^{2\pi} \sqrt{(1 + \cos\varphi)^2 + (-\sin\varphi)^2}\, d\varphi$$

$$= \int\limits_{0}^{2\pi} \sqrt{1 + 2 \cdot \cos\varphi + \cos^2\varphi + \sin^2\varphi}\, d\varphi$$ ► $\cos^2\varphi + \sin^2\varphi = 1$

$$= \int\limits_{0}^{2\pi} \sqrt{2 + 2 \cdot \cos\varphi}\, d\varphi$$ ► Kurve ist symmetrisch zur Polarachse

$$= 2 \cdot \sqrt{2} \cdot \int\limits_{0}^{\pi} \sqrt{1 + \cos\varphi}\, d\varphi$$

$$= 2 \cdot \sqrt{2} \cdot \int\limits_{0}^{\pi} \left(\sqrt{2} \cdot \cos\frac{\varphi}{2}\right) d\varphi$$ ► 2.4.1

$$= 2 \cdot (\sqrt{2})^2 \cdot 2 \cdot \left(\sin\frac{\varphi}{2}\Big|_0^{\pi}\right)$$

$$= 2 \cdot 2 \cdot 2 \cdot \left(\sin\frac{\pi}{2} - \sin 0\right)$$ ► $\sin\frac{\pi}{2} = 1;\ \sin 0 = 0$

$$= \underline{\underline{8}}$$ ► Maßzahl der Bogenlänge in $[0; 2\pi]$

23. $F(\varphi) = 1 + \sin\varphi;\ \varphi \in [0;\ \pi]$

Da die Funktion $F: F(x) = 1 + \sin\varphi$; $D(F) = \mathbb{R}$ in $[0;\ \pi]$ stetig differenzierbar ist, kann zur Berechnung von l die angegebene Formel verwendet werden. Da die Kurve im Intervall $[0;\ \pi]$ symmetrisch zur y-Achse liegt, wird das Integrationsintervall $\left[0;\ \frac{\pi}{2}\right]$ gewählt und das Ergebnis verdoppelt.

Es wird zunächst eine Stammfunktion zur Funktion g: $g(\varphi) = \sqrt{1 + \sin\varphi}$; $D(g) = \mathbb{R}$ angegeben.

$$g(\varphi) = \sqrt{1 + \sin\varphi}$$
$$= \frac{\sqrt{1 + \sin\varphi} \cdot \sqrt{1 - \sin\varphi}}{\sqrt{1 - \sin\varphi}}$$
$$= \frac{\sqrt{1 - \sin^2\varphi}}{\sqrt{1 - \sin\varphi}} \quad \blacktriangleright\ 1 - \sin^2\varphi = \cos^2\varphi$$
$$= \frac{\sqrt{\cos^2\varphi}}{\sqrt{1 - \sin\varphi}} \quad \blacktriangleright\ \sqrt{\cos^2\varphi} = \cos\varphi;\ \varphi \in \left[0;\ \tfrac{\pi}{2}\right]$$
$$= \underline{\frac{\cos\varphi}{\sqrt{1 - \sin\varphi}}}$$

$$\Rightarrow \int g(\varphi)\,\mathrm{d}\varphi = \int \sqrt{1 + \sin\varphi}\,\mathrm{d}\varphi$$
$$= \int \frac{\cos\varphi}{\sqrt{1 - \sin\varphi}}\,\mathrm{d}\varphi \quad \blacktriangleright\ 2.4.3$$
$$= \underline{-2 \cdot \sqrt{1 - \sin\varphi} + c;\ \varphi \in \left[0;\ \frac{\pi}{2}\right]}$$

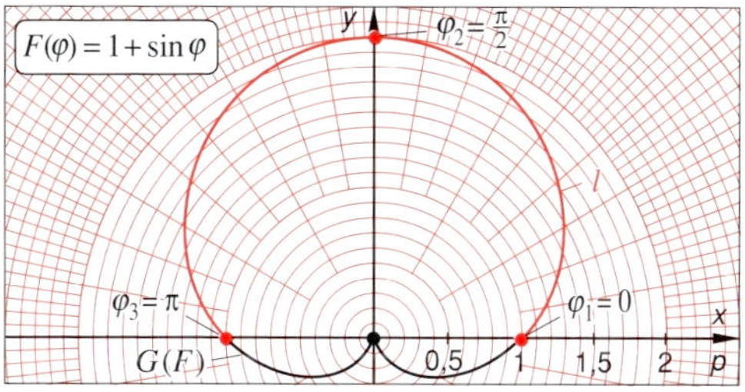

$$l = \int_{\varphi_1}^{\varphi_3} \sqrt{[F(\varphi)]^2 + [F'(\varphi)]^2}\,\mathrm{d}\varphi$$

$\blacktriangleright$ 0 für φ_1; π für φ_3; $F(\varphi) = 1 + \sin\varphi \Rightarrow F'(\varphi) = \cos\varphi$

$$l = \int_0^{\pi} \sqrt{(1 + \sin\varphi)^2 + \cos^2\varphi}\,\mathrm{d}\varphi$$
$$= \int_0^{\pi} \sqrt{1 + 2 \cdot \sin\varphi + \sin^2\varphi + \cos^2\varphi}\,\mathrm{d}\varphi \quad \blacktriangleright\ \sin^2\varphi + \cos^2\varphi = 1$$
$$= \int_0^{\pi} \sqrt{2 + 2 \cdot \sin\varphi}\,\mathrm{d}\varphi \quad \blacktriangleright\ \text{Kurve ist symmetrisch zur } y\text{-Achse}$$
$$= 2 \cdot \sqrt{2} \cdot \int_0^{\frac{\pi}{2}} \sqrt{1 + \sin\varphi}\,\mathrm{d}\varphi$$
$$= 2 \cdot \sqrt{2} \cdot \left(-2 \cdot \sqrt{1 - \sin\varphi}\,\Big|_0^{\frac{\pi}{2}} \right) \quad \blacktriangleright\ \text{linke Textspalte}$$
$$= 2 \cdot \sqrt{2} \cdot \left(-2 \cdot \sqrt{1 - \sin\frac{\pi}{2}} + 2 \cdot \sqrt{1 - \sin 0} \right) \quad \blacktriangleright\ \sin\frac{\pi}{2} = 1;\ \sin 0 = 0$$
$$= \underline{\underline{5{,}65685}} \quad \blacktriangleright\ \text{Maßzahl der Bogenlänge in } [0;\ \pi]$$

24. $F(\varphi) = \sin\varphi;\ \varphi \in [0;\ \pi]$

Die Kurve ist ein Kreis mit dem Mittelpunkt $M\langle 0\,|\,0{,}5\rangle$ und dem Radius $r = 0{,}5$. Da die Funktion F: $F(\varphi) = \sin\varphi$; $D(F) = \mathbb{R}$ in $[0;\ \pi]$ stetig differenzierbar ist, kann zur Berechnung von l die angegebene Formel verwendet werden.

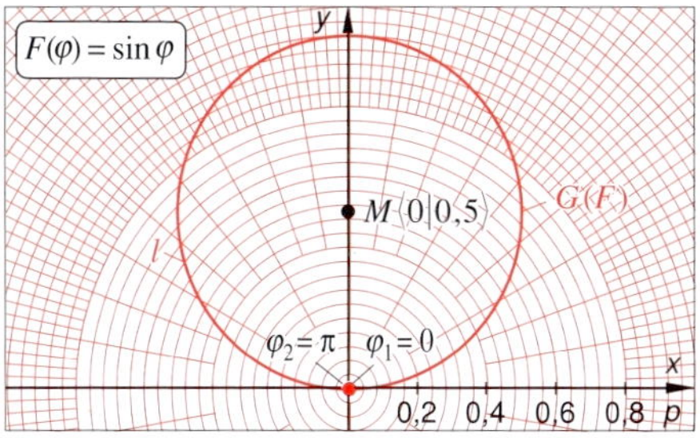

$$l = \int_{\varphi_1}^{\varphi_2} \sqrt{[F(\varphi)]^2 + [F'(\varphi)]^2}\,\mathrm{d}\varphi$$

$\blacktriangleright$ 0 für φ_1; π für φ_2; $F(\varphi) = \sin\varphi \Rightarrow F'(\varphi) = \cos\varphi$

$$l = \int_0^{\pi} \sqrt{\sin^2\varphi + \cos^2\varphi}\,\mathrm{d}\varphi \quad \blacktriangleright\ \sin^2\varphi + \cos^2\varphi = 1$$
$$= \int_0^{\pi} \sqrt{1}\,\mathrm{d}\varphi$$
$$= \int_0^{\pi} 1\,\mathrm{d}\varphi$$
$$= \varphi\,\Big|_0^{\pi}$$
$$= \pi - 0$$
$$= \underline{\underline{3{,}14159}} \quad \blacktriangleright\ \text{Maßzahl der Bogenlänge in } [0;\ \pi]$$

310

25. $F(\varphi) = a \cdot \varphi;\ \varphi \in [0; \pi];\ a > 0$

Da die Funktion $F\colon F(\varphi) = a \cdot \varphi;\ D(F) = \mathbb{R}$ in $[0; \pi]$ stetig differenzierbar ist, kann zur Berechnung von l die angegebene Formel verwendet werden.

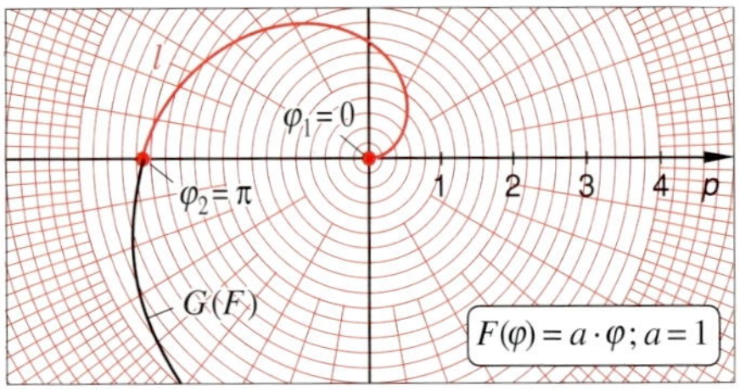

► $\ln 1 = 0$

$$l = \int_{\varphi_1}^{\varphi_2} \sqrt{[F(\varphi)]^2 + [F'(\varphi)]^2}\, d\varphi$$

► 0 für φ_1; π für φ_2; $F(\varphi) = a \cdot \varphi \Rightarrow F'(\varphi) = a$

$$l = \int_0^{\pi} \sqrt{(a \cdot \varphi)^2 + a^2}\, d\varphi$$

$$= a \cdot \int_0^{\pi} \sqrt{\varphi^2 + 1}\, d\varphi \quad \blacktriangleright\ 2.4.6$$

$$= a \cdot \left[\frac{\varphi}{2} \cdot \sqrt{\varphi^2+1} + \frac{1}{2} \cdot \ln\left(\varphi + \sqrt{\varphi^2+1}\right)\Big|_0^{\pi}\right]$$

$$= a \cdot \left[\frac{\pi}{2} \cdot \sqrt{\pi^2+1} + \frac{1}{2} \cdot \ln\left(\pi + \sqrt{\pi^2+1}\right) - 0 - \frac{1}{2} \cdot \ln 1\right]$$

$$= \underline{\underline{6{,}10992 \cdot a;\ a > 0}} \quad \blacktriangleright \text{ Bogenlänge in } [0; \pi]$$

26. $F(\varphi) = 2 \cdot e^{\frac{\varphi}{2}};\ \varphi \in [0; \pi]$

Da die Funktion $F\colon F(\varphi) = 2 \cdot e^{\frac{\varphi}{2}};\ D(F) = \mathbb{R}$ in $[0; \pi]$ stetig differenzierbar ist, kann zur Berechnung von l die angegebene Formel verwendet werden.

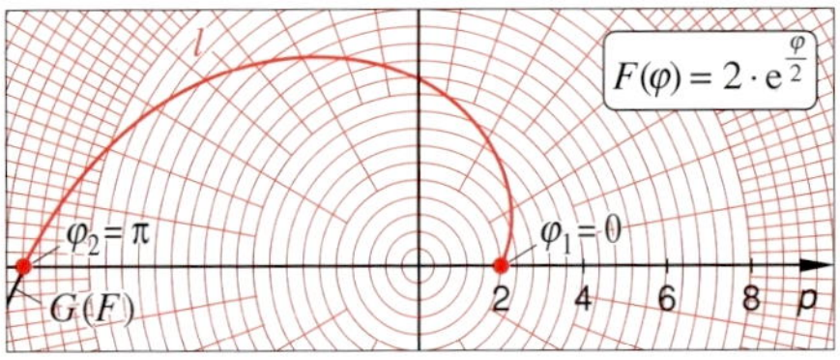

$$l = \int_{\varphi_1}^{\varphi_2} \sqrt{[F(\varphi)]^2 + [F'(\varphi)]^2}\, d\varphi$$

► 0 für φ_1; π für φ_2; $F(\varphi) = 2 \cdot e^{\frac{\varphi}{2}} \Rightarrow F'(\varphi) = e^{\frac{\varphi}{2}}$

$$l = \int_0^{\pi} \sqrt{4 \cdot e^{\varphi} + e^{\varphi}}\, d\varphi$$

$$= \int_0^{\pi} \sqrt{5 \cdot e^{\varphi}}\, d\varphi \quad \blacktriangleright\ \sqrt{5 \cdot e^{\varphi}} = (5 \cdot e^{\varphi})^{\frac{1}{2}} = 5^{\frac{1}{2}} \cdot e^{\frac{\varphi}{2}}$$

$$= \sqrt{5} \cdot \int_0^{\pi} e^{\frac{\varphi}{2}}\, d\varphi \quad \blacktriangleright\ 2.4.1$$

$$= \sqrt{5} \cdot 2 \cdot e^{\frac{\varphi}{2}}\Big|_0^{\pi}$$

$$= 2 \cdot \sqrt{5} \cdot \left(e^{\frac{\pi}{2}} - e^0\right)$$

$$= \underline{\underline{17{,}04097}} \quad \blacktriangleright \text{ Maßzahl der Bogenlänge in } [0; \pi]$$

27. $F(\varphi) = \dfrac{2}{\varphi};\ \varphi \in [1; 2]$

Da die Funktion $F\colon F(\varphi) = \dfrac{2}{\varphi};\ D(F) = \mathbb{R}^{+0}$ in $[1; 2]$ stetig differenzierbar ist, kann zur Berechnung von l die angegebene Formel verwendet werden.

Im Integral $\displaystyle\int \frac{\sqrt{1+\varphi^2}}{\varphi^2}\, d\varphi$ substituiert man:

► $\varphi = \sinh z \Rightarrow \sqrt{1+\varphi^2} = \cosh z$

$\Rightarrow d\varphi = \cosh z \cdot dz$ ► 2.4.6

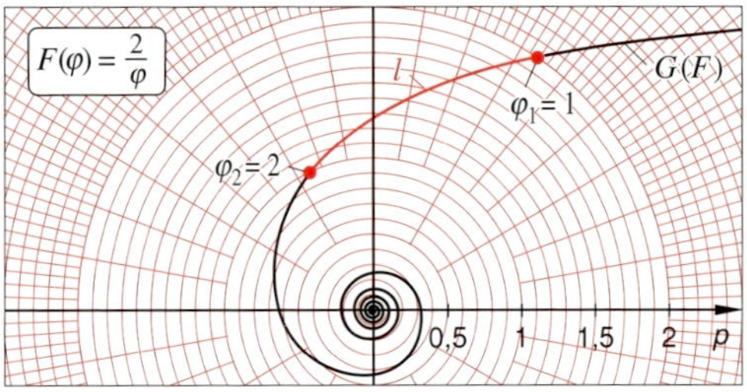

$$l = \int_{\varphi_1}^{\varphi_2} \sqrt{[F(\varphi)]^2 + [F'(\varphi)]^2}\, d\varphi$$

► 1 für φ_1; 2 für φ_2; $F(\varphi) = \dfrac{2}{\varphi} \Rightarrow F'(\varphi) = -\dfrac{2}{\varphi^2}$

► $\dfrac{\sqrt{1+\varphi^2}}{\varphi^2} = \dfrac{\cosh z}{\sinh^2 z}$

► $\dfrac{\sqrt{1+\varphi^2}}{\varphi^2}\,\mathrm{d}\varphi = \dfrac{\cosh z}{\sinh^2 z} \cdot \cosh z \cdot \mathrm{d}z$

$= \dfrac{\cosh^2 z}{\sinh^2 z}\,\mathrm{d}z$ ► $\cosh^2 z = 1 + \sinh^2 z$

$= \dfrac{1+\sinh^2 z}{\sinh^2 z}\,\mathrm{d}z$

$= \left(\dfrac{1}{\sinh^2 z} + 1\right)\mathrm{d}z$

► $\sinh z = \dfrac{\mathrm{e}^z - \mathrm{e}^{-z}}{2} \Rightarrow \dfrac{1}{\sinh^2 z} = \dfrac{4 \cdot \mathrm{e}^{2z}}{(\mathrm{e}^{2z}-1)^2}$

► $\varphi_1 = 1 \Rightarrow \sinh z_1 = 1 \Rightarrow z_1 = \ln(\sqrt{2}+1) = \operatorname{Arsinh}(1)$

$\varphi_2 = 2 \Rightarrow \sinh z_2 = 2 \Rightarrow z_2 = \ln(\sqrt{5}+2) = \operatorname{Arsinh}(2)$

$$l = \int_1^2 \sqrt{\frac{4}{\varphi^2} + \frac{4}{\varphi^4}}\,\mathrm{d}\varphi$$

$$= \int_1^2 \sqrt{4 \cdot \frac{1+\varphi^2}{\varphi^4}}\,\mathrm{d}\varphi$$

$$= 2 \cdot \int_1^2 \frac{\sqrt{1+\varphi^2}}{\varphi^2}\,\mathrm{d}\varphi$$

$$= 2 \cdot \int_{\ln(\sqrt{2}+1)}^{\ln(\sqrt{5}+2)} \left(\frac{1}{\sinh^2 z} + 1\right)\mathrm{d}z \quad ► 2.4.10$$

$$= 2 \cdot \int_{\ln(\sqrt{2}+1)}^{\ln(\sqrt{5}+2)} \left[\frac{4 \cdot \mathrm{e}^{2z}}{(\mathrm{e}^{2z}-1)^2} + 1\right]\mathrm{d}z \quad ► 2.4.1$$

$$= 2 \cdot \left[\frac{-2}{\mathrm{e}^{2z}-1} + z\Big|_{\ln(\sqrt{2}+1)}^{\ln(\sqrt{5}+2)}\right]$$

$= \underline{\underline{1{,}71688}}$ ► Maßzahl der Bogenlänge in $[1;\,2]$

28. Zeichnen Sie die Kurve $F\colon F(\varphi) = \mathrm{e}^{-0,1\cdot\varphi};\ \varphi \in [0;\,2\pi]$ (logarithmische Spirale) und berechnen Sie die Maßzahl der Bogenlänge von F im Intervall $[0;\,2\pi]$. Ermitteln Sie für ein Intervall $[0;\,\varphi_2];\ \varphi_2 > 0$ den Term $l(\varphi_2)$ für die Bogenlänge von F und bestimmen Sie $\lim\limits_{\varphi_2\to\infty} l(\varphi_2)$.

Die Funktion $F\colon F(\varphi) = \mathrm{e}^{-0,1\varphi};\ D(F) = \mathbb{R}$ ist in jedem Intervall $[0;\,\varphi_2];\ \varphi_2 > 0$ stetig differenzierbar. Daher kann man die für l angegebene Formel anwenden.

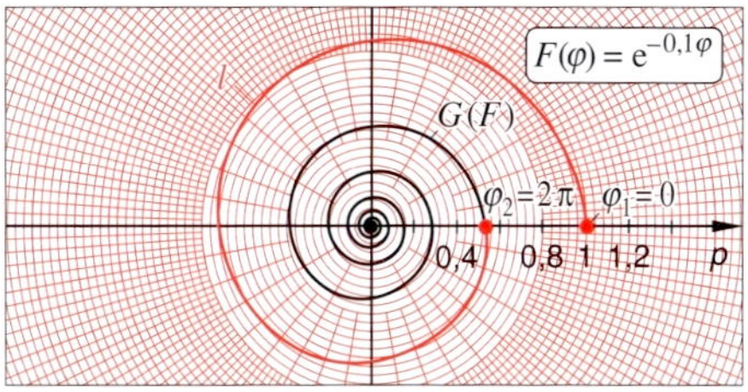

► $-\dfrac{1}{0{,}1} \cdot \mathrm{e}^{-0,1\varphi_2} = -10 \cdot \mathrm{e}^{-0,1\varphi_2}$

► $\dfrac{1}{0{,}1} \cdot \mathrm{e}^{-0,1\cdot 0} = 10 \cdot \mathrm{e}^{-0} = 10$

Setzt man in den Term für $l(\varphi_2)$ speziell 2π für φ_2, so erhält man die Maßzahl der Bogenlänge im Intervall $[0;\,2\pi]$.

- $l = \displaystyle\int_{\varphi_1}^{\varphi_2} \sqrt{[F(\varphi)]^2 + [F'(\varphi)]^2}\,\mathrm{d}\varphi$

► 0 für φ_1; $F(\varphi) = \mathrm{e}^{-0,1\varphi} \Rightarrow F'(\varphi) = -0{,}1 \cdot \mathrm{e}^{-0,1\varphi}$

$$l(\varphi_2) = \int_0^{\varphi_2} \sqrt{\mathrm{e}^{-0,2\varphi} + 0{,}01 \cdot \mathrm{e}^{-0,2\varphi}}\,\mathrm{d}\varphi$$

$$= \int_0^{\varphi_2} \left(\sqrt{1+0{,}01} \cdot \mathrm{e}^{-0,1\varphi}\right)\mathrm{d}\varphi$$

$$= \sqrt{1{,}01} \cdot \int_0^{\varphi_2} \mathrm{e}^{-0,1\varphi}\,\mathrm{d}\varphi \quad ► 2.4.1$$

$$= \sqrt{1{,}01} \cdot \left(\frac{1}{-0{,}1} \cdot \mathrm{e}^{-0,1\varphi}\Big|_0^{\varphi_2}\right)$$

$$= \sqrt{1{,}01} \cdot \left(-\frac{1}{0{,}1} \cdot \mathrm{e}^{-0,1\varphi_2} + \frac{1}{0{,}1}\,\mathrm{e}^{-0,1\cdot 0}\right)$$

$= \underline{\underline{\sqrt{1{,}01} \cdot (-10 \cdot \mathrm{e}^{-0,1\varphi_2} + 10);\ \varphi_2 > 0}}$

► Term für die Bogenlänge in $[0;\,\varphi_2];\ \varphi_2 > 0$

- $l(\varphi_2) = \sqrt{1{,}01} \cdot (-10 \cdot \mathrm{e}^{-0,1\varphi_2} + 10)$ ► 2π für φ_2

$l(2\pi) = \sqrt{1{,}01} \cdot (-10 \cdot \mathrm{e}^{-0,1\cdot 2\pi} + 10)$

$= \underline{\underline{4{,}68839}}$ ► Maßzahl der Bogenlänge in $[0;\,2\pi]$

310

Obwohl die logarithmische Spirale unendlich viele Windungen um den Nullpunkt macht und den Nullpunkt nie erreicht, besitzt sie in $[0; \infty]$ eine endliche Länge.

- $l(\varphi_2) = \sqrt{1{,}01} \cdot (-10 \cdot e^{-0{,}1\varphi_2} + 10)$

$$\Rightarrow \lim_{\varphi_2 \to \infty} l(\varphi_2) = \lim_{\varphi_2 \to \infty} \left[\sqrt{1{,}01} \cdot (-10 \cdot e^{-0{,}1\varphi_2} + 10)\right]$$
$$= \sqrt{1{,}01} \cdot \left[-10 \cdot \lim_{\varphi_2 \to \infty} e^{-0{,}1\varphi_2} + 10\right]$$
$$= \sqrt{1{,}01} \cdot [-10 \cdot 0 + 10]$$
$$= \underline{\underline{10{,}04988}}$$ ► Maßzahl der Bogenlänge in $[0; \infty]$

29. Zeigen Sie, dass die stetige Funktion $f: f(x) = \begin{cases} x \cdot \cos \frac{\pi}{2x}, & \text{wenn } x \neq 0 \\ 0, & \text{wenn } x = 0 \end{cases}$ im Intervall $[0; 1]$ nicht rektifizierbar ist. Bilden Sie dazu zu jedem $n \in \mathbb{N}^{\geq 1}$ die folgende Zerlegung:

$0 < \frac{1}{2n} < \frac{1}{2n-1} < \cdots < \frac{1}{3} < \frac{1}{2} < 1$, also $x_0 = 0$ und für $k \in \{1; 2; 3; \ldots; 2n\}$: $x_k = \frac{1}{2n+1-k}$

Benutzen Sie die Abschätzung $\sum_{k=1}^{2n} |f(x_k) - f(x_{k-1})| < \sum_{k=1}^{2n} \sqrt{[x_k - x_{k-1}]^2 + [f(x_k) - f(x_{k-1})]^2}$.

Beachten Sie die Vorbemerkungen zu diesem Kapitel.

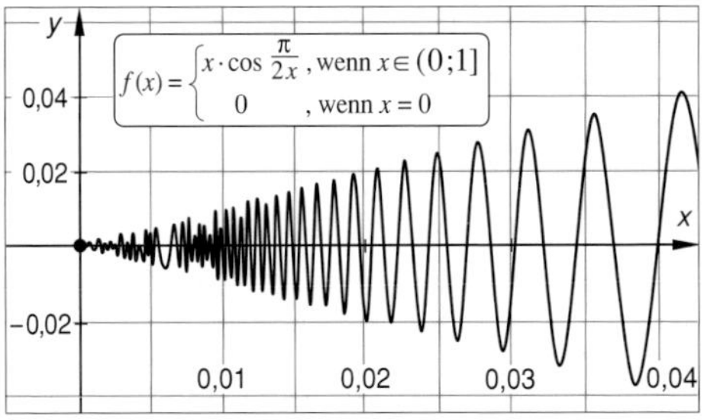

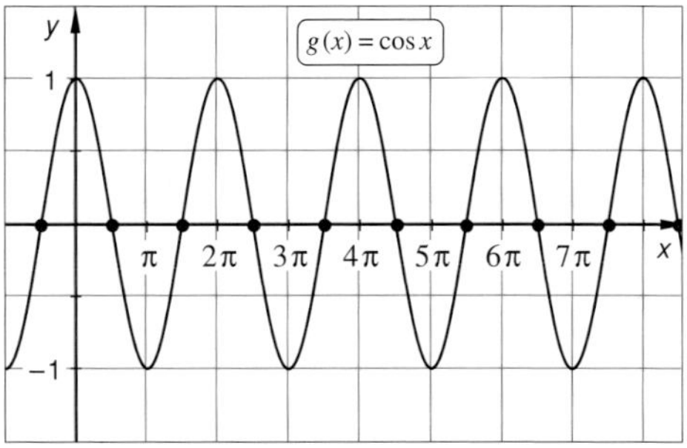

Funktionswerte $f(x_k)$ für k gerade

► $x_k = \frac{1}{2n+1-k}$; $x_0 = 0$

Steht k für eine gerade Zahl, so steht $2n+1-k$ im Nenner von x_k für eine ungerade Zahl, also ist $\frac{1}{2n+1-k}$ ein Stammbruch mit ungeradem Nenner.

$$f(x_k) = x_k \cdot \cos \frac{\pi}{2 \cdot x_k} \quad ► x_k = \frac{1}{2n+1-k}$$
$$= \frac{1}{2n+1-k} \cdot \cos \frac{(2n+1-k) \cdot \pi}{2}$$
$$► \cos \frac{(2n+1-k) \cdot \pi}{2} = 0$$
$$= \underline{0}$$

Funktionswerte $f(x_k)$ für k ungerade

► $x_k = \frac{1}{2n+1-k}$

Steht k für eine ungerade Zahl, so steht $2n+1-k$ im Nenner von x_k für eine gerade Zahl, also ist $\frac{1}{2n+1-k}$ ein Stammbruch mit geradem Nenner.

$$f(x_k) = x_k \cdot \cos \frac{\pi}{2x_k} \quad ► x_k = \frac{1}{2n+1-k}$$
$$= \frac{1}{2n+1-k} \cdot \cos \frac{(2n+1-k)\pi}{2}$$
$$= \underline{\frac{1}{2n+1-k} \cdot (-1)^{\frac{2n+1-k}{2}}}$$

310

Abschätzung von $l_n = \sum_{k=1}^{2n} \sqrt{(x_k - x_{k-1})^2 + [f(x_k) - f(x_{k-1})]^2}$

Wegen $(x_k - x_{k-1})^2 > 0$ gilt $\sqrt{(x_k - x_{k-1})^2 + [f(x_k - f(x_{k-1})]^2} > \sqrt{[f(x_k) - f(x_{k-1})]^2} = |f(x_k) - f(x_{k-1})|$ und somit $l_n > \sum_{k=1}^{2n} |f(x_k) - f(x_{k-1})|$.

Mit den berechneten Funktionswerten erhält man:

$$\begin{aligned}
\sum_{k=1}^{2n} |f(x_k) - f(x_{k-1})| &= |f(x_1) - f(x_0)| + |f(x_2) - f(x_1)| + |f(x_3) - f(x_2)| + \dots + |f(x_{2n}) - f(x_{2n-1})| \\
&= \left|\frac{1}{2n} \cdot (-1)^n - 0\right| + \left|0 - \frac{1}{2n} \cdot (-1)^n\right| + \left|\frac{1}{2n-2} \cdot (-1)^{n-1} - 0\right| + \dots + \left|0 - \frac{1}{2} \cdot (-1)^1\right| \\
&= 2 \cdot \left(\frac{1}{2n} + \frac{1}{2n-2} + \dots + \frac{1}{4} + \frac{1}{2}\right) \\
&= 1 + \frac{1}{2} + \frac{1}{3} + \frac{1}{4} + \dots + \frac{1}{n}; \; n \in \mathbb{N}^{\geq 1}
\end{aligned}$$

$$\Rightarrow 1 + \frac{1}{2} + \frac{1}{3} + \frac{1}{4} + \dots + \frac{1}{n} < l_n \Rightarrow \underbrace{\lim_{n \to \infty} \left(1 + \frac{1}{2} + \frac{1}{3} + \frac{1}{4} + \dots + \frac{1}{n}\right)}_{\infty} \leq \lim_{n \to \infty} l_n \Rightarrow \lim_{n \to \infty} l_n = \underline{\underline{\infty}}$$

(harmonische Reihe ▶ Kusch 3; 3.2.2)

Nach der Definition der Bogenlänge einer Funktion in einem abgeschlossenen Intervall (▶ Vorbemerkungen zu diesem Kapitel) ist die Funktion f in $[0;\,1]$ nicht rektifizierbar.

Bemerkenswert an diesem Beispiel ist, dass f als stetige Funktion in $[0;\,1]$ integrierbar ist und somit ihr Graph im Intervall $[0;\,1]$ mit der x-Achse eine Fläche mit endlicher Maßzahl einschließt. Allerdings kann man von f keine explizite Stammfunktion angeben und man kann die Flächenmaßzahl auch nur näherungsweise numerisch berechnen. Die Funktion f ist zwar an der Stelle 0 (rechtsseitig) stetig, dort aber nicht (rechtsseitig) stetig differenzierbar.

3.4 Inhalte von Mantelflächen und Oberflächen

▶ Lehrbuch: Kusch 4, S. 310 … 322

Vorbemerkungen

Wie im Kapitel 3.3 wird wieder von einer im Intervall $[a;\,b]$ stetigen Funktion f und einer Zerlegung $x_0 = a;\, x_1;\, x_2;\, x_3;\, \dots;\, x_{n-1};\, x_n = b$ mit $n \in \mathbb{N}^{\geq 1}$ von $[a;\,b]$ ausgegangen.

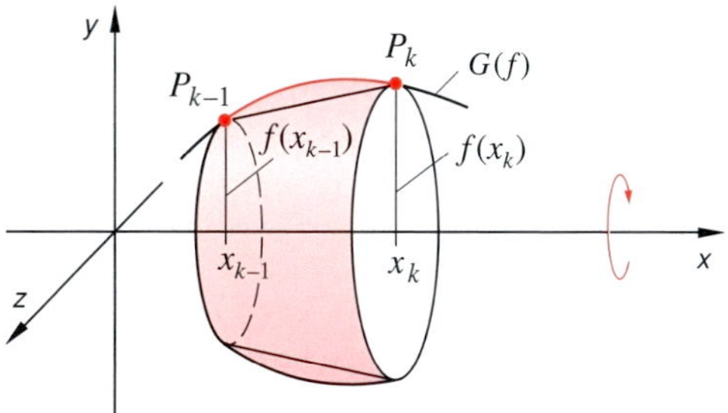

Rotiert die Strecke $\overline{P_{k-1}P_k}$ um die x-Achse, so wird in $[x_{k-1}; x_k]$ die Mantelfläche eines Kegelstumpfes mit dem Inhalt $\pi \cdot \sqrt{(x_k - x_{k-1})^2 + [f(x_k) - f(x_{k-1})]^2} \cdot [f(x_{k-1}) + f(x_k)]$ erzeugt. Addiert man die Mantelflächeninhalte über die Teilintervalle $[x_0; x_1]$; $[x_1; x_2]$ $[x_2; x_3]; \ldots; [x_{n-1}; x_n]$, so erhält man:

$$A_n = \pi \cdot \sum_{k=1}^{n} \left([f(x_{k-1}) + f(x_k)] \cdot \sqrt{(x_k - x_{k-1})^2 + [f(x_k) + f(x_{k-1})]^2} \right)$$

Schreibt man Δx_k für $x_k - x_{k-1}$ und $\Delta f(x_k)$ für $f(x_k) - f(x_{k-1})$, so gilt:

$$A_n = \pi \cdot \sum_{k=1}^{n} \left([f(x_{k-1}) + f(x_k)] \cdot \sqrt{1 + \left[\frac{\Delta f(x_k)}{\Delta x_k}\right]^2} \cdot \Delta x_k \right)$$ ► 3.3

Hierbei ist $\dfrac{f(x_k) - f(x_{k-1})}{x_k - x_{k-1}}$ bzw. $\dfrac{\Delta f(x_k)}{\Delta x_k}$ der Differenzenquotient von f im Intervall $[x_{k-1}; x_k]$.

Unterteilt man für jedes $n \in \mathbb{N}$ ein Intervall $[a; b]$ in n gleich breite Teilintervalle, so erhält man eine Zahlenfolge $\langle A_n \rangle$: $A_n = \pi \cdot \sum_{k=1}^{n} \left([f(x_{k-1}) + f(x_k)] \cdot \sqrt{1 + \left[\frac{\Delta f(x_k)}{\Delta x_k}\right]^2} \cdot \Delta x_k \right)$; $n \in \mathbb{N}^{\geq 1}$, bei der die Intervallbreiten $x_k - x_{k-1}$ für $n \to \infty$ gegen null konvergieren. Diese Vorgehensweise kann für jede unbegrenzt kleiner werdende Zerlegungsfolge von $[a; b]$ verallgemeinert werden. Konvergiert jede dieser Zahlenfolgen gegen den gleichen Grenzwert, so bezeichnet man diesen Grenzwert als **Mantelfläche** eines Rotationskörpers, wenn der Graph von f in $[a; b]$ um die x-Achse rotiert.

Mantelflächen und Oberflächen – Funktionen in rechtwinkligen Koordinaten

► **Lehrbuch: Kusch 4, S. 311 ... 317**

Merke:

Rotiert der Graph einer stetig differenzierbaren Funktion f in einem Intervall $[a; b]$ um die x-Achse bzw. um die y-Achse (f muss dann in $[a; b]$ streng monoton sein), so gelten für den Inhalt der Mantelfläche des erzeugten Rotationskörpers:

- $\mathbf{A_{Mx} = 2\pi \cdot \left| \int_a^b \left(f(x) \cdot \sqrt{1 + [f'(x)]^2} \right) dx \right|}$ ► $\mathbf{f(x) \geq 0}$ **oder** $\mathbf{f(x) \leq 0}$ **in** $\mathbf{[a; b]}$
- $\mathbf{A_{My} = 2\pi \cdot \left| \int_c^d \left(f^{-1}(y) \cdot \sqrt{1 + \left[(f^{-1}(y))'\right]^2} \right) dy \right|}$ ► $\mathbf{f^{-1}(y) \geq 0}$ **oder** $\mathbf{f^{-1}(y) \leq 0}$ **in** $\mathbf{[c; d]}$ ► erste Lösungsmethode

$$\mathbf{= 2\pi \left| \int_a^b \left(x \cdot \sqrt{1 + [f'(x)]^2} \right) dx \right|}$$ ► $\mathbf{x \geq 0}$ **oder** $\mathbf{x \leq 0}$ ► zweite Lösungsmethode

Hierbei gilt $c = f(a)$ und $d = f(b)$, falls f in $[a; b]$ streng monoton steigend ist bzw. $c = f(b)$ und $d = f(a)$, falls f in $[a; b]$ streng monoton fallend ist.

Ist nicht nur die Mantelfläche eines Rotationskörpers, sondern seine Oberfläche zu berechnen, so müssen zur Mantelfläche gegebenenfalls noch die kreisförmigen Deckflächen addiert werden. Für die Inhalte der Oberflächen gelten dann folgende Formeln:

$$A_{Ox} = A_{Mx} + \pi \cdot \left([f(a)]^2 + [f(b)]^2\right)$$

$$A_{Oy} = A_{My} + \pi \cdot (a^2 + b^2)$$

Anmerkungen:

- Wegen der Kompliziertheit der sich ergebenden bestimmten Integrale wird man diese in vielen Fällen nur mit Hilfe der numerischen Integration berechnen können. ► 2.9
- Hat f Nullstellen im Intervall $(a; b)$, so ist bei A_{Mx} wie im Abschnitt „Flächen zwischen Graph und x-Achse mit Nullstellen im Integrationsintervall" des Kapitels 3.1 zu verfahren.
- Schneidet der Graph von f die y-Achse im Intervall $(c; d)$, so ist bei A_{My} wie im Abschnitt „Flächen zwischen Graph und y-Achse" des Kapitels 3.1 zu verfahren.
- In manchen Fällen ist eine Funktion f in $[a; b]$ nicht stetig differenzierbar, wohl aber eine in $[a; b]$ stetige bzw. stetig ergänzbare Funktion $g: g(x) = f(x) \cdot \sqrt{1 + [f'(x)]^2}$, die somit integrierbar ist. In solchen Fällen kann dann auch die Formel für A_{Mx} angewendet werden. Für den Mantelflächeninhalt A_{My} gilt entsprechendes. ► z. B. Aufgabe 2
- Ist eine Funktion f in einem Intervall $[a; b]$ stetig differenzierbar und streng monoton, so ist auch die Umkehrfunktion f^{-1} im Wertebereichsintervall von f stetig differenzierbar und streng monoton.

321

Berechnen Sie die Maßzahl der Rotationsoberfläche, die erzeugt wird, wenn im angegebenen x-Intervall der Graph einer Funktion mit den nachstehenden Funktionsgleichungen um die x-Achse rotiert. Zeichnen Sie jeweils den Graphen der Funktion.

1. $f(x) = -\frac{7}{2} \cdot x + 5;\ x \in [-1; 0]$

Die Funktion $f: f(x) = -\frac{7}{2} \cdot x + 5;\ D(f) = \mathbb{R}$ ist in $[-1; 0]$ stetig differenzierbar und es gilt dort $f(x) > 0$. Also kann die für A_{Mx} angegebene Formel unmittelbar angewendet werden.

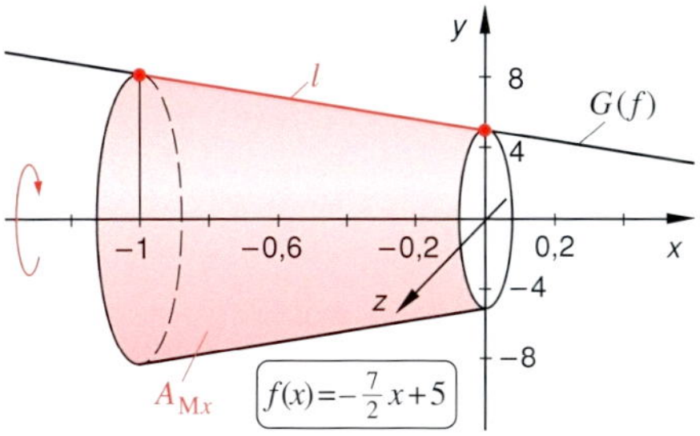

$$A_{Mx} = 2\pi \cdot \left| \int_a^b \left(f(x) \cdot \sqrt{1 + [f'(x)]^2} \right) dx \right|$$

► -1 für a; 0 für b

$$f(x) = -\frac{7}{2} \cdot x + 5 \Rightarrow f'(x) = -\frac{7}{2} \Rightarrow [f'(x)]^2 = \frac{49}{4}$$

$$A_{Mx} = 2\pi \cdot \left| \int_{-1}^{0} \left[\left(-\frac{7}{2} \cdot x + 5 \right) \cdot \sqrt{1 + \frac{49}{4}} \right] dx \right|$$

$$= 2\pi \cdot \sqrt{\frac{53}{4}} \cdot \left| \int_{-1}^{0} \left(-\frac{7}{2} \cdot x + 5 \right) dx \right|$$

$$= \pi \cdot \sqrt{53} \cdot \left| -\frac{7}{4} \cdot x^2 + 5x \Big|_{-1}^{0} \right|$$

$$= \pi \cdot \sqrt{53} \cdot \left| 0 - \left(-\frac{7}{4} \cdot (-1)^2 + 5 \cdot (-1) \right) \right|$$

$= \underline{\underline{154{,}38019}}$ ► Maßzahl der Mantelfläche

321 **2.** $f(x)=\sqrt{2x};\ x\in[0;8]$

Für das x-Intervall $[0;8]$ gilt $f(x)\geq 0$. Die Funktion $f: f(x)=\sqrt{2x};\ D(f)=\mathbb{R}^{\geq 0}$ ist zwar an der Stelle $x_0=0$ nicht stetig differenzierbar, aber die Funktion g mit dem Funktionsterm $f(x)\cdot\sqrt{1+[f'(x)]^2}=\sqrt{2x+1}$ ist im Intervall $[0;8]$ stetig ergänzbar und somit dort integrierbar. Daher kann die für A_{Mx} angegebene Formel unmittelbar angewendet werden.

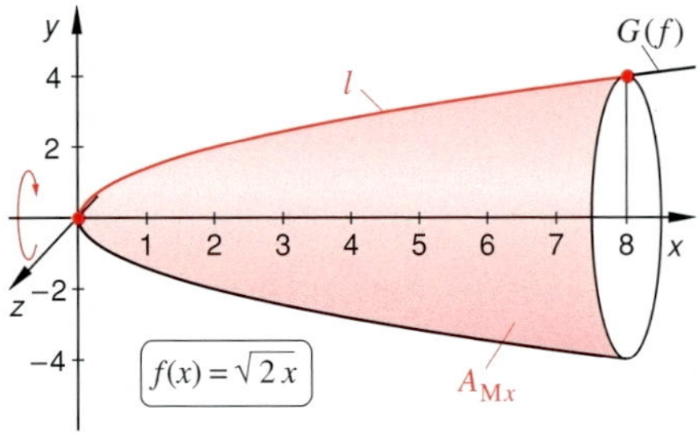

$$A_{Mx}=2\pi\cdot\left|\int_a^b\left(f(x)\cdot\sqrt{1+[f'(x)]^2}\right)\mathrm{d}x\right|$$

► 0 für a; 8 für b

$$f(x)=\sqrt{2x}\Rightarrow f'(x)=\frac{1}{\sqrt{2x}}\Rightarrow[f'(x)]^2=\frac{1}{2x}$$

$$A_{Mx}=2\pi\cdot\left|\int_0^8\left(\sqrt{2x}\cdot\sqrt{1+\frac{1}{2x}}\right)\mathrm{d}x\right|$$

$$=2\pi\cdot\left|\int_0^8\sqrt{2x+2x\cdot\frac{1}{2x}}\,\mathrm{d}x\right|$$

$$=2\pi\cdot\left|\int_0^8\sqrt{2x+1}\,\mathrm{d}x\right|$$ ► 2.4.1

$$=2\pi\cdot\left|\frac{2}{3}\cdot\frac{1}{2}\cdot\left(\sqrt{2x+1}\right)^3\Big|_0^8\right|$$

$$=2\pi\cdot\left|\frac{1}{3}\cdot\left(\sqrt{2\cdot 8+1}\right)^3-\frac{1}{3}\cdot\left(\sqrt{2\cdot 0+1}\right)^3\right|$$

$$=\underline{\underline{144{,}70761}}$$ ► Maßzahl der Mantelfläche

3. $f(x)=x^3;\ x\in[0;3]$

Die Funktion $f: f(x)=x^3;\ D(f)=\mathbb{R}$ ist in $[0;3]$ stetig differenzierbar und es gilt dort $f(x)\geq 0$. Also kann die für A_{Mx} angegebene Formel unmittelbar angewendet werden.

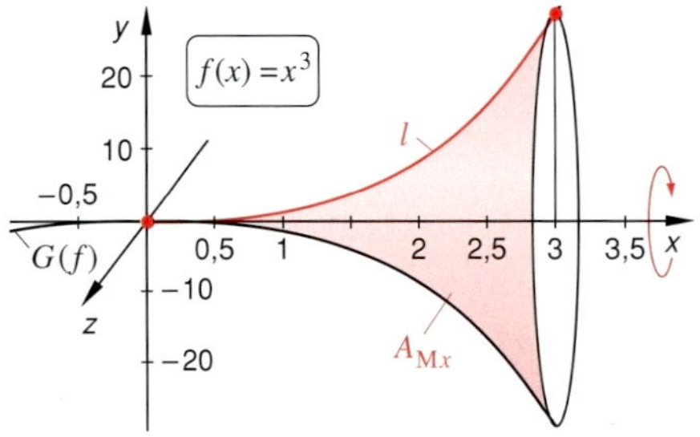

$$A_{Mx}=2\pi\cdot\left|\int_a^b\left(f(x)\cdot\sqrt{1+[f'(x)]^2}\right)\mathrm{d}x\right|$$

► 0 für a; 3 für b

$$f(x)=x^3\Rightarrow f'(x)=3x^2\Rightarrow[f'(x)]^2=9x^4$$

$$A_{Mx}=2\pi\cdot\left|\int_0^3\left(x^3\cdot\sqrt{1+9x^4}\right)\mathrm{d}x\right|$$

$$=2\pi\cdot\left|\int_0^3\left(x^3\cdot(1+9x^4)^{\frac{1}{2}}\right)\mathrm{d}x\right|$$ ► 2.4.3

$$=2\pi\cdot\left|\frac{1}{36}\cdot\frac{2}{3}\cdot(1+9x^4)^{\frac{3}{2}}\Big|_0^3\right|$$

$$=2\pi\cdot\left|\frac{1}{54}\cdot(1+9\cdot 3^4)^{\frac{3}{2}}-\frac{1}{54}\cdot(1+9\cdot 0^4)^{\frac{3}{2}}\right|$$

$$=2\pi\cdot\left|\frac{1}{54}\cdot 730^{\frac{3}{2}}-\frac{1}{54}\right|$$

$$=\underline{\underline{2294{,}81869}}$$ ► Maßzahl der Mantelfläche

321

4. $f(x) = \sin x; x \in \left[0; \frac{\pi}{2}\right]$

Die Funktion $f: f(x) = \sin x; D(f) = \mathbb{R}$ ist in $[0; \frac{\pi}{2}]$ stetig differenzierbar und es gilt dort $f(x) \geq 0$. Also kann die für A_{Mx} angegebene Formel unmittelbar angewendet werden.

$$A_{Mx} = 2\pi \cdot \left| \int_a^b \left(f(x) \cdot \sqrt{1 + [f'(x)]^2} \right) \mathrm{d}x \right|$$

► 0 für a; $\frac{\pi}{2}$ für b

$$f(x) = \sin x \Rightarrow f'(x) = \cos x \Rightarrow [f'(x)]^2 = \cos^2 x$$

$$A_{Mx} = 2\pi \cdot \left| \int_0^{\frac{\pi}{2}} (\sin x \cdot \sqrt{1 + \cos^2 x})\, \mathrm{d}x \right|$$

$$= 2\pi \cdot \left| \int_0^{\frac{\pi}{2}} (\sqrt{1 + \cos^2 x} \cdot \sin x)\, \mathrm{d}x \right|$$

Substitution:

► $\cos x = z \Rightarrow \frac{\mathrm{d}z}{\mathrm{d}x} = -\sin x \Rightarrow -\sin x \cdot \mathrm{d}x = \mathrm{d}z$

► $\cos 0 = z_1 \Rightarrow z_1 = 1$; $\cos \frac{\pi}{2} = z_2 \Rightarrow z_2 = 0$

$$= 2\pi \cdot \left| \int_1^0 (-\sqrt{1 + z^2})\, \mathrm{d}z \right|$$ ► 2.4.6

$$= 2\pi \cdot \left| \frac{z}{2} \cdot \sqrt{1 + z^2} + \frac{1}{2} \cdot \ln(z + \sqrt{1 + z^2}) \Big|_1^0 \right|$$

$$= 2\pi \cdot \left| \frac{0}{2} \cdot \sqrt{1 + 0^2} + \frac{1}{2} \cdot \ln\left(0 + \sqrt{1 + 0^2}\right) + \right.$$

$$\left. - \frac{1}{2} \cdot \sqrt{1 + 1^2} - \frac{1}{2} \cdot \ln\left(1 + \sqrt{1 + 1^2}\right) \right|$$

$$= 2\pi \cdot \left| -\frac{1}{2} \cdot \sqrt{2} - \frac{1}{2} \cdot \ln(1 + \sqrt{2}) \right|$$

$= \underline{\underline{7{,}21180}}$ ► Maßzahl der Mantelfläche

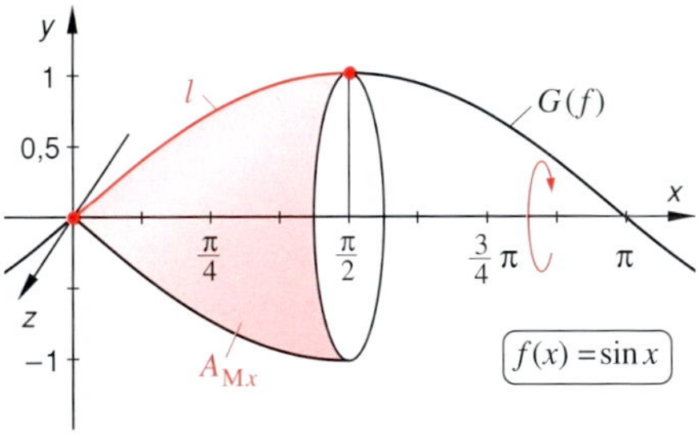

5. $f(x) = \frac{1}{x}; x \in [1; 4]$

Die Funktion $f: f(x) = \frac{1}{x}; D(f) = \mathbb{R}^{+0}$ ist in $[1; 4]$ stetig differenzierbar und es gilt dort $f(x) > 0$. Also kann die für A_{Mx} angegebene Formel unmittelbar angewendet werden.

$$A_{Mx} = 2\pi \cdot \left| \int_a^b \left(f(x) \cdot \sqrt{1 + [f'(x)]^2} \right) \mathrm{d}x \right|$$

► 1 für a; 4 für b

$$f'(x) = \frac{1}{x} \Rightarrow f'(x) = -\frac{1}{x^2} \Rightarrow [f'(x)]^2 = \frac{1}{x^4}$$

$$A_{Mx} = 2\pi \cdot \left| \int_1^4 \left(\frac{1}{x} \cdot \sqrt{1 + \frac{1}{x^4}} \right) \mathrm{d}x \right|$$

$$= 2\pi \cdot \left| \int_1^4 \left(\frac{1}{x^3} \cdot \sqrt{x^4 + 1} \right) \mathrm{d}x \right|$$ ► 2.4.6

$$= 2\pi \cdot \left| \int_1^4 \left(\frac{1}{x^4} \cdot \sqrt{x^4 + 1} \cdot x \right) \mathrm{d}x \right|$$

Substitution:

► $x^2 = \sinh z \Rightarrow x^4 = \sinh^2 z$

► $x^2 = \sinh z$
$\Rightarrow 2x \cdot \mathrm{d}x = \cosh z \cdot \mathrm{d}z \Rightarrow x \cdot \mathrm{d}x = \frac{1}{2} \cdot \cosh z \cdot \mathrm{d}z$

► $1^2 = \sinh z_1 \Rightarrow z_1 = \ln\left(1 + \sqrt{2}\right)$ ► 4.1

$4^2 = \sinh z_2 \Rightarrow z_1 = \ln\left(16 + \sqrt{257}\right)$

321

► $\sinh^2 z + 1 = \cosh^2 z$ ► 4.1

$\Rightarrow \sqrt{\sinh^2 z + 1} = \cosh z$

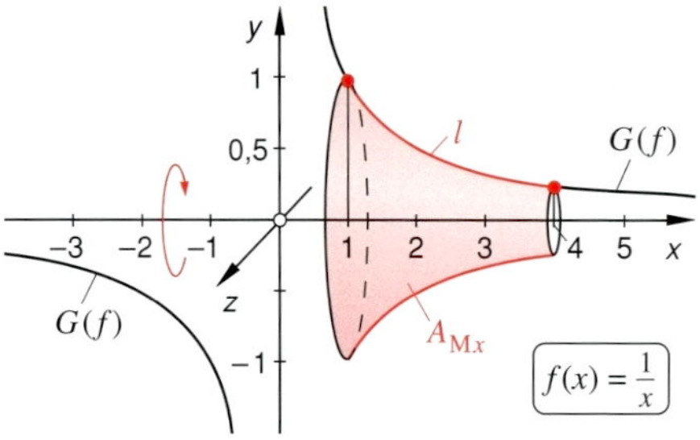

► $z_1 = \ln(1+\sqrt{2}) = \underline{0{,}88137\ldots}$

$z_2 = \ln(16+\sqrt{257}) = \underline{3{,}46671\ldots}$

$$A_{Mx} = 2\pi \cdot \left| \int_{z_1}^{z_2} \left(\frac{1}{\sinh^2 z} \cdot \sqrt{\sinh^2 z + 1} \cdot \frac{1}{2} \cdot \cosh z \right) dz \right|$$

$$= 2\pi \cdot \frac{1}{2} \cdot \left| \int_{z_1}^{z_2} \left(\frac{1}{\sinh^2 z} \cdot \cosh z \cdot \cosh z \right) dz \right|$$

$$= \pi \cdot \left| \int_{z_1}^{z_2} \frac{\cosh^2 z}{\sinh^2 z} dz \right|$$ ► $\cosh^2 z = \sinh^2 z + 1$

$$= \pi \cdot \left| \int_{z_1}^{z_2} \frac{\sinh^2 z + 1}{\sinh^2 z} dz \right|$$

$$= \pi \cdot \left| \int_{z_1}^{z_2} \left(1 + \frac{1}{\sinh^2 z} \right) dz \right|$$

$$= \pi \cdot \left| z - \coth z \Big|_{z_1}^{z_2} \right|$$ ► $\coth z = \frac{\cosh z}{\sinh z}$

$$= \pi \cdot \left| z - \frac{\cosh z}{\sinh z} \Big|_{z_1}^{z_2} \right| \quad (*)$$

$$= \pi \cdot \left| z_2 - \frac{\cosh z_2}{\sinh z_2} - z_1 + \frac{\cosh z_1}{\sinh z_1} \right|$$

$$= \pi \cdot |3{,}46671\ldots - 1{,}00195\ldots - 0{,}88137 + 1{,}41421\ldots|$$

$= \underline{\underline{9{,}41724}}$ ► Maßzahl der Mantelfläche

6. $f(x) = \sqrt{1-x^2}$; $x \in [0; 0{,}5]$

Die Funktion $f: f(x) = \sqrt{1-x^2}$; mit $D(f) = [-1; 1]$ ist in $[0; 0{,}5]$ stetig differenzierbar und es gilt dort $f(x) > 0$. Also kann die für A_{Mx} angegebene Formel unmittelbar angewendet werden.

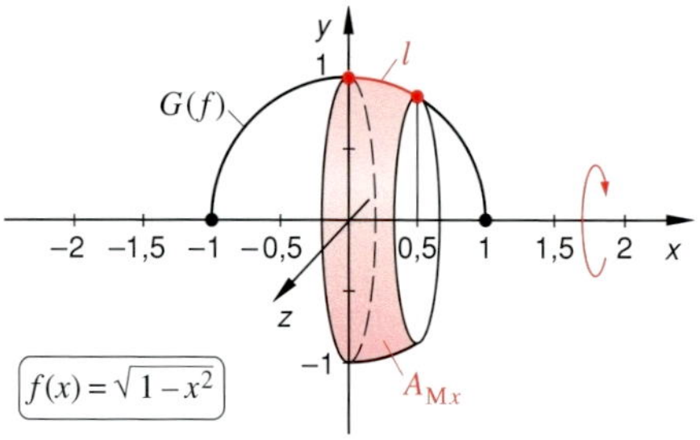

$$A_{Mx} = 2\pi \cdot \left| \int_a^b \left(f(x) \cdot \sqrt{1 + [f'(x)]^2} \right) dx \right|$$

► 0 für a; 0,5 für b

$$f(x) = \sqrt{1-x^2} \Rightarrow f'(x) = \frac{-x}{\sqrt{1-x^2}} \Rightarrow [f'(x)]^2 = \frac{x^2}{1-x^2}$$

$$A_{Mx} = 2\pi \cdot \left| \int_0^{0{,}5} \left(\sqrt{1-x^2} \cdot \sqrt{1 + \frac{x^2}{1-x^2}} \right) dx \right|$$

$$= 2\pi \cdot \left| \int_0^{0{,}5} \left(\sqrt{1-x^2} \cdot \sqrt{\frac{1-x^2+x^2}{1-x^2}} \right) dx \right|$$

$$= 2\pi \cdot \left| \int_0^{0{,}5} 1\, dx \right|$$

$$= 2\pi \cdot \left| x \Big|_0^{0{,}5} \right|$$

$$= 2\pi \cdot |0{,}5 - 0|$$

$= \underline{\underline{3{,}14159}}$ ► Maßzahl der Mantelfläche

321

7. $f(x) = \sinh x;\ x \in [1;3]$

Die Funktion $f: f(x) = \sinh x;\ D(f) = \mathbb{R}$ ist in $[1;3]$ stetig differenzierbar und es gilt dort $f(x) > 0$. Also kann die für A_{Mx} angegebene Formel unmittelbar angewendet werden.

Substitution:

▸ $\cosh x = z \Rightarrow \dfrac{dz}{dx} = \sinh x \Rightarrow \sinh x \cdot dx = dz$

▸ $\cosh 1 = z_1;\ \cosh 3 = z_2$

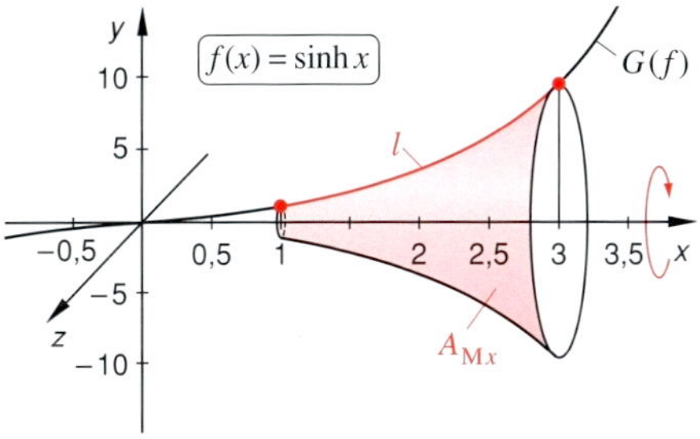

$$A_{Mx} = 2\pi \cdot \left| \int_a^b \left(f(x) \cdot \sqrt{1 + [f'(x)]^2} \right) dx \right|$$

▸ 1 für a; 3 für b

$f(x) = \sinh x \Rightarrow f'(x) = \cosh x \Rightarrow [f'(x)]^2 = \cosh^2 x$

$$A_{Mx} = 2\pi \cdot \left| \int_1^3 \left(\sinh x \cdot \sqrt{1 + \cosh^2 x} \right) dx \right|$$

$$= 2\pi \cdot \left| \int_1^3 \left(\sqrt{1 + \cosh^2 x} \cdot \sinh x \right) dx \right|$$

$$= 2\pi \cdot \left| \int_{\cosh 1}^{\cosh 3} \sqrt{1 + z^2}\, dz \right| \quad ▸ 2.4.6$$

$$= 2\pi \cdot \left| \frac{z}{2} \cdot \sqrt{1 + z^2} + \frac{1}{2} \cdot \ln\left(z + \sqrt{1 + z^2} \right) \Big|_{\cosh 1}^{\cosh 3} \right|$$

$$= 2\pi \cdot \left| \frac{\cosh 3}{2} \cdot \sqrt{1 + \cosh^2 3} + \right.$$
$$+ \frac{1}{2} \cdot \ln\left(\cosh 3 + \sqrt{1 + \cosh^2 3} \right) +$$
$$\left. - \frac{\cosh 1}{2} \cdot \sqrt{1 + \cosh^2 1} - \frac{1}{2} \cdot \ln\left(\cosh 1 + \sqrt{1 + \cosh^2 1} \right) \right|$$

$= \underline{\underline{316{,}69054}}$ ▸ Maßzahl der Mantelfläche

8. $f(x) = e^x;\ x \in [-1;0]$

Die Funktion $f: f(x) = e^x;\ D(f) = \mathbb{R}$ ist in $[-1;0]$ stetig differenzierbar und es gilt dort $f(x) > 0$. Also kann die für A_{Mx} angegebene Formel unmittelbar angewendet werden.

Substitution:

▸ $e^x = z \Rightarrow \dfrac{dz}{dx} = e^x \Rightarrow e^x \cdot dx = dz$

▸ $e^{-1} = z_1;\ e^0 = 1 = z_2$

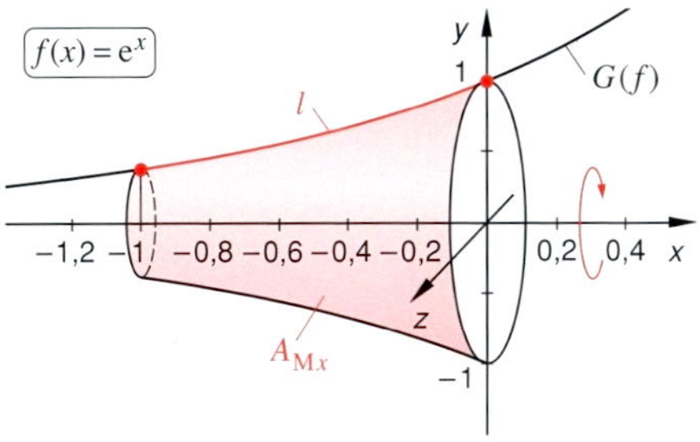

$$A_{Mx} = 2\pi \cdot \left| \int_a^b \left(f(x) \cdot \sqrt{1 + [f'(x)]^2} \right) dx \right|$$

▸ -1 für a; 0 für b

$f(x) = e^x \Rightarrow f'(x) = e^x \Rightarrow [f'(x)]^2 = e^{2x}$

$$A_{Mx} = 2\pi \cdot \left| \int_1^0 (e^x \cdot \sqrt{1 + e^{2x}})\, dx \right|$$

$$= 2\pi \cdot \left| \int_{-1}^0 (\sqrt{1 + e^{2x}} \cdot e^x)\, dx \right|$$

$$= 2\pi \cdot \left| \int_{e^{-1}}^1 \sqrt{1 + z^2}\, dz \right| \quad ▸ 2.4.6$$

$$= 2\pi \cdot \left| \frac{z}{2} \cdot \sqrt{1 + z^2} + \frac{1}{2} \cdot \ln\left(z + \sqrt{1 + z^2} \right) \Big|_{e^{-1}}^{1} \right|$$

$$= 2\pi \cdot \left| \frac{1}{2} \cdot \sqrt{2} + \frac{1}{2} \cdot \ln\left(1 + \sqrt{2} \right) - \frac{e^{-1}}{2} \cdot \sqrt{1 + e^{-2}} + \right.$$
$$\left. - \frac{1}{2} \cdot \ln\left(e^{-1} + \sqrt{1 + e^{-2}} \right) \right|$$

$= \underline{\underline{4{,}84922}}$ ▸ Maßzahl der Mantelfläche

321

9. $f(x) = \cosh x;\ x \in [0; 2]$

Die Funktion $f: f(x) = \cosh x;\ D(f) = \mathbb{R}$ ist in $[0; 2]$ stetig differenzierbar und es gilt dort $f(x) > 0$. Also kann die für A_{Mx} angegebene Formel unmittelbar angewendet werden.

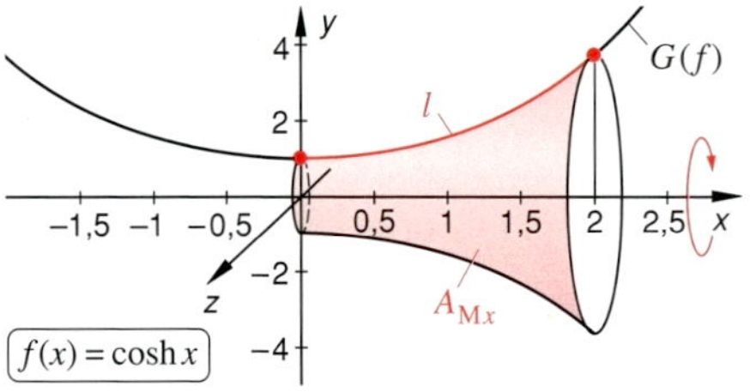

$$A_{Mx} = 2\pi \cdot \left| \int_a^b \left(f(x) \cdot \sqrt{1 + [f'(x)]^2} \right) dx \right|$$

► 0 für a; 2 für b

$f(x) = \cosh x \Rightarrow f'(x) = \sinh x \Rightarrow [f'(x)]^2 = \sinh^2 x$

$$A_{Mx} = 2\pi \cdot \left| \int_0^2 \left(\cosh x \cdot \sqrt{1 + \sinh^2 x} \right) dx \right|$$

► $1 + \sinh^2 x = \cosh^2 x;\ \sqrt{1 + \sinh^2 x} = \cosh x$

$$= 2\pi \cdot \left| \int_0^2 \cosh^2 x\, dx \right| \quad ► 2.4.1$$

$$= 2\pi \cdot \left| \frac{1}{4} \cdot \sinh(2x) + \frac{x}{2} \right|_0^2$$

$$= 2\pi \cdot \left| \frac{1}{4} \cdot \sinh 4 + \frac{2}{2} - 0 \right|$$

$$= \underline{\underline{49{,}15009}}$$ ► Maßzahl der Mantelfläche

10. $f(x) = \tan x;\ x \in \left[0; \frac{\pi}{4}\right]$

$f: f(x) = \tan x$ mit dem Definitionsbereich $D(f) = \mathbb{R} \setminus \left\{\frac{2k+1}{2} \cdot \pi;\ k \in \mathbb{Z}\right\}$ ist in $\left[0; \frac{\pi}{4}\right]$ stetig differenzierbar und es gilt dort $f(x) \geq 0$. Also kann die für A_{Mx} angegebene Formel unmittelbar angewendet werden.

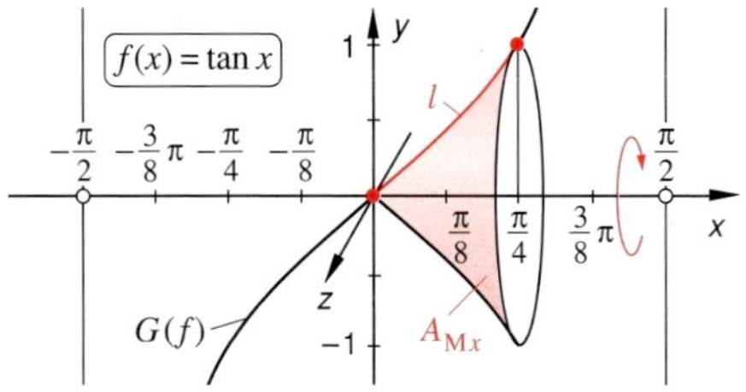

Erste Substitution:

► $\cos x = t \Rightarrow \frac{dt}{dx} = -\sin x \Rightarrow -\sin x \cdot dx = dt$

► $\cos 0 = t_1 \Rightarrow t_1 = 1;\ \cos\frac{\pi}{4} = t_2 \Rightarrow t_2 = \frac{1}{2} \cdot \sqrt{2}$

Zweite Substitution:

► Übungsaufgabe 5 ► $t^2 = \sinh z$

► $1^2 = \sinh z_1 \Rightarrow z_1 = \ln\left(1 + \sqrt{2}\right)$ ► 4.1

$\left(\frac{1}{2} \cdot \sqrt{2}\right)^2 = \sinh z_2 \Rightarrow z_2 = \ln\left(\frac{1}{2} + \sqrt{\frac{5}{4}}\right)$

► $z_1 = \ln(1 + \sqrt{2}) = 0{,}88137\ldots$

$z_2 = \ln\left(\frac{1}{2} + \sqrt{\frac{5}{4}}\right) = \underline{0{,}48121\ldots}$

$$A_{Mx} = 2\pi \cdot \left| \int_a^b \left(f(x) \cdot \sqrt{1 + [f'(x)]^2} \right) dx \right|$$

► 0 für a; $\frac{\pi}{4}$ für b

$f(x) = \tan x \Rightarrow f'(x) = \frac{1}{\cos^2 x} \Rightarrow [f'(x)]^2 = \frac{1}{\cos^4 x}$

$$A_{Mx} = 2\pi \cdot \left| \int_0^{\frac{\pi}{4}} \left(\tan x \cdot \sqrt{1 + \frac{1}{\cos^4 x}} \right) dx \right| \quad ► \tan x = \frac{\sin x}{\cos x}$$

$$= 2\pi \cdot \left| \int_0^{\frac{\pi}{4}} \left(\frac{\sin x}{\cos x} \cdot \sqrt{\frac{\cos^4 x + 1}{\cos^4 x}} \right) dx \right|$$

$$= 2\pi \cdot \left| \int_0^{\frac{\pi}{4}} \left(\frac{\sin x}{\cos^3 x} \cdot \sqrt{\cos^4 x + 1} \right) dx \right|$$

$$= 2\pi \cdot \left| \int_0^{\frac{\pi}{4}} \left(\frac{1}{\cos^3 x} \cdot \sqrt{\cos^4 x + 1} \cdot \sin x \right) dx \right|$$

$$= \pi \cdot \left| \int_1^{\frac{1}{2}\cdot\sqrt{2}} \left(\frac{-1}{t^3} \cdot \sqrt{t^4 + 1} \right) dt \right|$$

$$= \pi \cdot \left| \int_1^{\frac{1}{2}\cdot\sqrt{2}} \frac{\sqrt{t^4 + 1}}{t^3}\, dt \right|$$ ► Ergebnis (∗) bei Übungsaufgabe 5

$$= \pi \cdot \left| z - \frac{\cosh z}{\sinh z} \right|_{z_1}^{z_2}$$

$$= \pi \cdot \left| z_2 - \frac{\cosh z_2}{\sinh z_2} - z_1 + \frac{\cosh z_1}{\sinh z_1} \right|$$

$$= \pi \cdot |0{,}48121\ldots - 2{,}23606\ldots - 0{,}88137\ldots + 1{,}41421\ldots|$$

$$= \underline{\underline{3{,}83908}}$$ ► Maßzahl der Mantelfläche

11. $f(x)=\sqrt{x^2-1};\, x\in[1;3]$

Für das x-Intervall $[1;3]$ gilt $f(x)\geq 0$. Die Funktion $f: f(x)=\sqrt{x^2-1}$ mit dem Definitionsbereich $D(f)=\mathbb{R}\setminus(-1;1)$ ist zwar an der Stelle $x_0=1$ nicht stetig differenzierbar, aber die Funktion g mit dem Funktionsterm $f(x)\cdot\sqrt{1+[f'(x)]^2}=\sqrt{2x^2-1}$ ist im Intervall $[1;3]$ stetig ergänzbar und somit dort integrierbar. Daher kann die für A_{Mx} angegebene Formel unmittelbar angewendet werden.

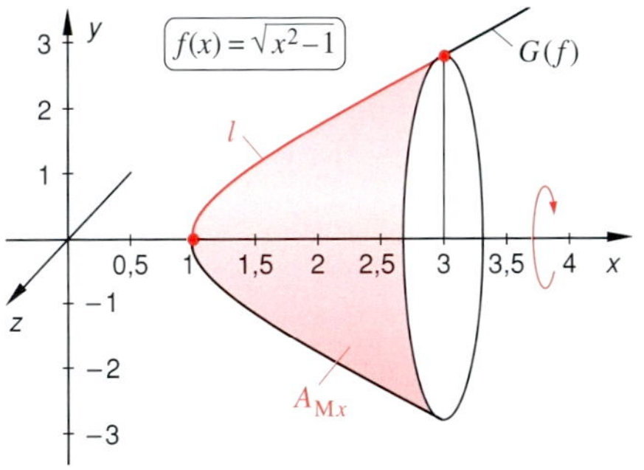

$$A_{Mx}=2\pi\cdot\left|\int_a^b\left(f(x)\cdot\sqrt{1+[f'(x)]^2}\right)\mathrm{d}x\right|$$

► 1 für a; 3 für b

$$f(x)=\sqrt{x^2-1}\Rightarrow f'(x)=\frac{x}{\sqrt{x^2-1}}\Rightarrow[f'(x)]^2=\frac{x^2}{x^2-1}$$

$$A_{Mx}=2\pi\cdot\left|\int_1^3\left(\sqrt{x^2-1}\cdot\sqrt{1+\frac{x^2}{x^2-1}}\right)\mathrm{d}x\right|$$

$$=2\pi\cdot\left|\int_1^3\left(\sqrt{x^2-1}\cdot\sqrt{\frac{x^2-1+x^2}{x^2-1}}\right)\mathrm{d}x\right|$$

$$=2\pi\cdot\left|\int_1^3\sqrt{2x^2-1}\,\mathrm{d}x\right|$$

$$=2\pi\cdot\left|\int_1^3\left(\sqrt{2}\cdot\sqrt{x^2-\frac{1}{2}}\right)\mathrm{d}x\right| \quad ► 2.4.7$$

$$=2\pi\cdot\sqrt{2}\cdot\left|\frac{x}{2}\cdot\sqrt{x^2-\frac{1}{2}}-\frac{\frac{1}{2}}{2}\cdot\ln\left|x+\sqrt{x^2-\frac{1}{2}}\right|\right|_1^3$$

$$=2\pi\cdot\sqrt{2}\cdot\left|\tfrac{3}{2}\cdot\sqrt{3^2-\tfrac{1}{2}}-\tfrac{1}{4}\cdot\ln\left|3+\sqrt{3^2-\tfrac{1}{2}}\right|+\right.$$
$$\left.-\tfrac{1}{2}\cdot\sqrt{1^2-\tfrac{1}{2}}+\tfrac{1}{4}\cdot\ln\left|1+\sqrt{1^2-\tfrac{1}{2}}\right|\right|$$

$$=\underline{\underline{32{,}95702}}$$ ► Maßzahl der Mantelfläche

12. $f(x)=\frac{2}{3}\cdot x\cdot\sqrt{x};\, x\in[0;9]$

Die Funktion $f: f(x)=\frac{2}{3}x\cdot\sqrt{x};\, D(f)=\mathbb{R}^{\geq 0}$ ist in $[0;9]$ stetig differenzierbar und es gilt dort $f(x)\geq 0$. Also kann die für A_{Mx} angegebene Formel unmittelbar angewendet werden.

$$A_{Mx}=2\pi\cdot\left|\int_a^b\left(f(x)\cdot\sqrt{1+[f'(x)]^2}\right)\mathrm{d}x\right|$$

► 0 für a; 9 für b

$$f(x)=\frac{2}{3}\cdot x\cdot\sqrt{x}=\frac{2}{3}\cdot x^{\frac{3}{2}}\Rightarrow f'(x)=x^{\frac{1}{2}}\Rightarrow[f'(x)]^2=x$$

$$A_{Mx}=2\pi\cdot\left|\int_0^9\left(\frac{2}{3}\cdot x\cdot\sqrt{x}\cdot\sqrt{1+x}\right)\mathrm{d}x.\right.$$

$$=2\pi\cdot\frac{2}{3}\cdot\left|\int_0^9\left(x\cdot\sqrt{x+x^2}\right)\mathrm{d}x\right|$$

$$=\frac{4}{3}\pi\cdot\left|\int_0^9\left(x\cdot\sqrt{\left(x+\frac{1}{2}\right)^2-\frac{1}{4}}\right)\mathrm{d}x\right|$$

$$=\frac{4}{3}\pi\cdot\left|\int_{0,5}^{9,5}\left[\left(z-\frac{1}{2}\right)\cdot\sqrt{z^2-\frac{1}{4}}\right]\mathrm{d}z\right.$$

$$=\frac{4}{3}\pi\cdot\left|\int_{0,5}^{9,5}\left(z\cdot\sqrt{z^2-\frac{1}{4}}\right)\mathrm{d}z-\frac{1}{2}\cdot\int_{0,5}^{9,5}\sqrt{z^2-\frac{1}{4}}\,\mathrm{d}z\right|$$

Substitution:

► $x+\frac{1}{2}=z\Rightarrow\frac{\mathrm{d}z}{\mathrm{d}x}=1\Rightarrow\mathrm{d}x=\mathrm{d}z$ ► $x=z-\frac{1}{2}$

► $0+\frac{1}{2}=z_1\Rightarrow z_1=0{,}5;\ 9+\frac{1}{2}=z_2\Rightarrow z_2=9{,}5$

► $\int\left(z\cdot\sqrt{z^2-\frac{1}{4}}\right)\mathrm{d}z=\frac{1}{2}\cdot\frac{2}{3}\left(\sqrt{z^2-\frac{1}{4}}\right)^3+c_1$ ► 2.4.3

321

▸ $\int \sqrt{z^2-\frac{1}{4}}\,\mathrm{d}z = \frac{z}{2}\cdot\sqrt{z^2-\frac{1}{4}} - \frac{\frac{1}{4}}{2}\cdot\ln\left|z+\sqrt{z^2-\frac{1}{4}}\right| + c_2$

$= \frac{z}{2}\cdot\sqrt{z^2-\frac{1}{4}} - \frac{1}{8}\cdot\ln\left|z+\sqrt{z^2-\frac{1}{4}}\right| + c_2$ ▸ 2.4.7

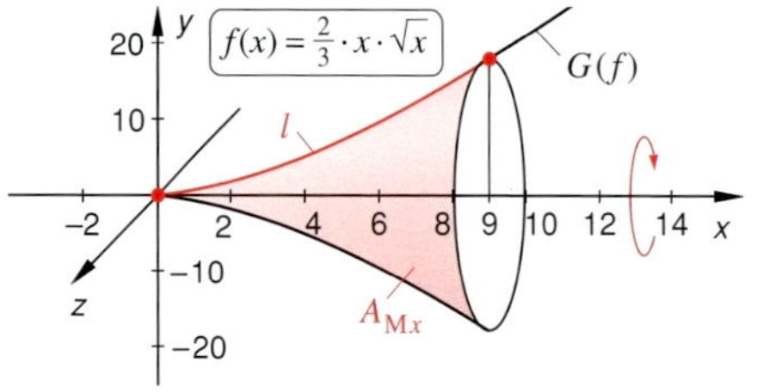

$$A_{Mx} = \frac{4}{3}\pi\cdot\left|\frac{1}{3}\cdot\left(\sqrt{z^2-\frac{1}{4}}\right)^3\Big|_{0,5}^{9,5} + -\frac{1}{2}\cdot\left(\frac{z}{2}\cdot\sqrt{z^2-\frac{1}{4}}-\frac{1}{8}\cdot\ln\left|z+\sqrt{z^2-\frac{1}{4}}\right|\right)\Big|_{0,5}^{9,5}\right|$$

$$= \frac{4}{3}\pi\cdot\left|\frac{1}{3}\cdot\left(\sqrt{9{,}5^2-0{,}25}\right)^3-\frac{1}{3}\cdot\left(\sqrt{0{,}5^2-0{,}25}\right)^3 + -\frac{1}{2}\cdot\left(\frac{9{,}5}{2}\cdot\sqrt{9{,}5^2-0{,}25}-\frac{1}{8}\cdot\ln\left|9{,}5+\sqrt{9{,}5^2-0{,}25}\right| - \frac{0{,}5}{2}\cdot\sqrt{0{,}5^2-0{,}25}+\frac{1}{8}\cdot\ln\left|0{,}5+\sqrt{0{,}5^2-0{,}25}\right|\right)\right|$$

$= \underline{\underline{1098{,}72414}}$ ▸ Maßzahl der Mantelfläche

Berechnen Sie die Maßzahl der Rotationsoberfläche, die erzeugt wird, wenn im angegebenen y-Intervall der Graph einer Funktion mit den nachstehenden Funktionsgleichungen um die y-Achse rotiert. Zeichnen Sie jeweils den Graphen der Funktion.

13. $f(x) = \frac{2}{3}\cdot\sqrt{9-x^2}$; $y\in[0;2]$

Es wird die erste Lösungsmethode benutzt, denn f ist im x-Intervall $[0;3]$ streng monoton fallend und stetig differenzierbar.

Die Funktion $f^{-1}: f^{-1}(y)=\frac{3}{2}\cdot\sqrt{4-y^2}$; $D(f^{-1})=[-2;2]$ ist zwar an der Stelle $y_0=2$ nicht stetig differenzierbar, aber die Funktion g mit dem Funktionsterm $f^{-1}(y)\cdot\sqrt{1+\left[\left(f^{-1}(y)\right)'\right]^2}=\sqrt{4+\frac{5}{4}\cdot y^2}$ ist im y-Intervall $[0;2]$ stetig ergänzbar und somit dort integrierbar. In $[0;2]$ gilt $f^{-1}(y)\geq 0$. Daher kann die für A_{My} angegebene Formel unmittelbar angewendet werden.

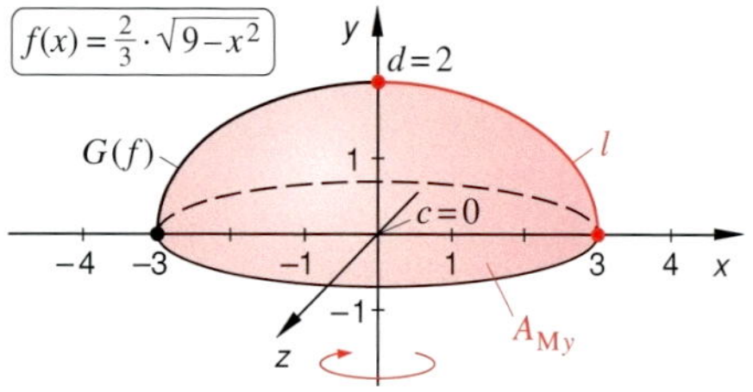

$$A_{My} = 2\pi\cdot\left|\int_c^d\left(f^{-1}(y)\cdot\sqrt{1+\left[\left(f^{-1}(y)\right)'\right]^2}\right)\mathrm{d}y\right|$$

▸ 0 für c; 2 für d

$$y=f(x)=\frac{2}{3}\cdot\sqrt{9-x^2}\Rightarrow x=f^{-1}(y)=\frac{3}{2}\cdot\sqrt{4-y^2}$$

$$\Rightarrow\left(f^{-1}(y)\right)'=\frac{3}{2}\cdot\frac{-y}{\sqrt{4-y^2}}\Rightarrow\left[\left(f^{-1}(y)\right)'\right]^2=\frac{9}{4}\cdot\frac{y^2}{4-y^2}$$

$$A_{My} = 2\pi\cdot\left|\int_0^2\left(\frac{3}{2}\cdot\sqrt{4-y^2}\cdot\sqrt{1+\frac{9}{4}\cdot\frac{y^2}{4-y^2}}\right)\mathrm{d}y\right|$$

$$= 3\pi\cdot\left|\int_0^2\sqrt{4-y^2+\frac{9}{4}\cdot y^2}\,\mathrm{d}y\right|$$

$$= 3\pi\cdot\left|\int_0^2\sqrt{4+\frac{5}{4}\cdot y^2}\,\mathrm{d}y\right|$$

$$= 3\pi\cdot\left|\int_0^2\left(\frac{\sqrt{5}}{2}\cdot\sqrt{\frac{16}{5}+y^2}\right)\mathrm{d}y\right|$$ ▸ 2.4

$$= \frac{3\cdot\sqrt{5}}{2}\cdot\pi\cdot\left|\frac{y}{2}\cdot\sqrt{\frac{16}{5}+y^2} + \frac{\frac{16}{5}}{2}\cdot\ln\left(y+\sqrt{\frac{16}{5}+y^2}\right)\Big|_0^2\right|$$

$$= \frac{3\cdot\sqrt{5}}{2}\cdot\pi\cdot\left|\frac{2}{2}\cdot\sqrt{\frac{16}{5}+4} + \frac{8}{5}\cdot\ln\left(2+\sqrt{\frac{16}{5}+4}\right)-0-\frac{8}{5}\cdot\ln\sqrt{\frac{16}{5}}\right|$$

$= \underline{\underline{44{,}50037}}$ ▸ Maßzahl der Mantelfläche

14. $f(x)=\sqrt{x^2+1};\ y\in[1;\,10]$

Es wird die erste Lösungsmethode benutzt, denn f ist im x-Intervall $[0;\,\sqrt{99}]$ streng monoton steigend und stetig differenzierbar. $f^{-1}\colon f^{-1}(y)=\sqrt{y^2-1}$ mit $D(f^{-1})=\mathbb{R}\setminus(-1;\,1)$ ist zwar an der Stelle $y_0=1$ nicht stetig differenzierbar, aber die Funktion g mit $g(y)=f^{-1}(y)\cdot\sqrt{1+\left[(f^{-1}(y))'\right]^2}=\sqrt{2y^2-1}$ ist im y-Intervall $[1;\,10]$ stetig ergänzbar und somit dort integrierbar. In $[1;10]$ gilt $f^{-1}(y)\geq 0$. Daher kann die für A_{My} angegebene Formel unmittelbar angewendet werden.

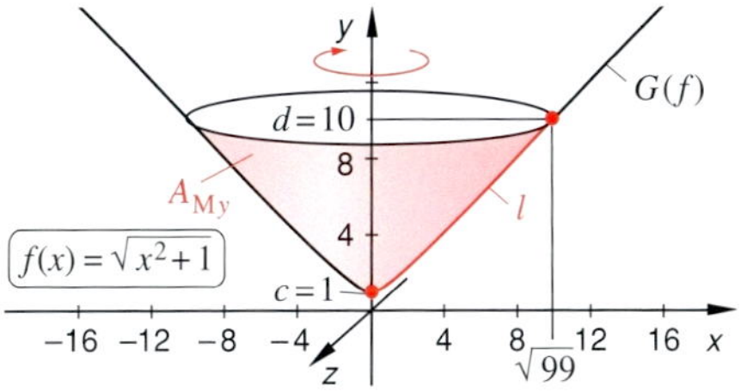

$$A_{My}=2\pi\cdot\left|\int_c^d\left(f^{-1}(y)\cdot\sqrt{1+\left[(f^{-1}(y))'\right]^2}\right)dy\right|$$

► 1 für c; 10 für d

$$y=f(x)=\sqrt{x^2+1}\ \Rightarrow x=f^{-1}(y)=\sqrt{y^2-1}$$

$$\Rightarrow\left(f^{-1}(y)\right)'=\frac{y}{\sqrt{y^2-1}}\Rightarrow\left[(f^{-1}(y))'\right]^2=\frac{y^2}{y^2-1}$$

$$A_{My}=2\pi\cdot\left|\int_1^{10}\left(\sqrt{y^2-1}\cdot\sqrt{1+\frac{y^2}{y^2-1}}\right)dy\right|$$

$$=2\pi\cdot\left|\int_1^{10}\sqrt{y^2-1+y^2}\,dy\right|$$

$$=2\pi\cdot\left|\int_1^{10}\sqrt{2y^2-1}\,dy\right|$$

$$=2\pi\cdot\left|\int_1^{10}\left(\sqrt{2}\cdot\sqrt{y^2-\frac{1}{2}}\right)dy\right| \quad ► 2.4.7$$

$$=2\pi\cdot\sqrt{2}\cdot\left|\frac{y}{2}\cdot\sqrt{y^2-\frac{1}{2}}-\frac{\frac{1}{2}}{2}\cdot\ln\left|y+\sqrt{y^2-\frac{1}{2}}\right|\,\Big|_1^{10}\right|$$

$$=2\pi\cdot\sqrt{2}\cdot\left|5\cdot\sqrt{100-\frac{1}{2}}-\frac{1}{4}\cdot\ln\left|10+\sqrt{100-\frac{1}{2}}\right|+\right.$$

$$\left.-\frac{1}{2}\cdot\sqrt{1-\frac{1}{2}}+\frac{1}{4}\cdot\ln\left|1+\sqrt{1-\frac{1}{2}}\right|\right|$$

$$=\underline{\underline{434{,}57055}}$$ ► Maßzahl der Mantelfläche

15. $f(x)=\sqrt{x^2-1};\ y\in[0;\,5]$

Es wird die erste Lösungsmethode benutzt, denn f ist im x-Intervall $\left[0;\,\sqrt{26}\right]$ streng monoton steigend und stetig differenzierbar. Die Funktion $f^{-1}\colon f^{-1}(y)=\sqrt{1+y^2}$ mit $D(f^{-1})=\mathbb{R}$ ist im y-Intervall $[0;\,5]$ stetig differenzierbar und es gilt dort $f^{-1}(y)\geq 0$, sodass die für A_{My} angegebene Formel unmittelbar angewendet werden kann.

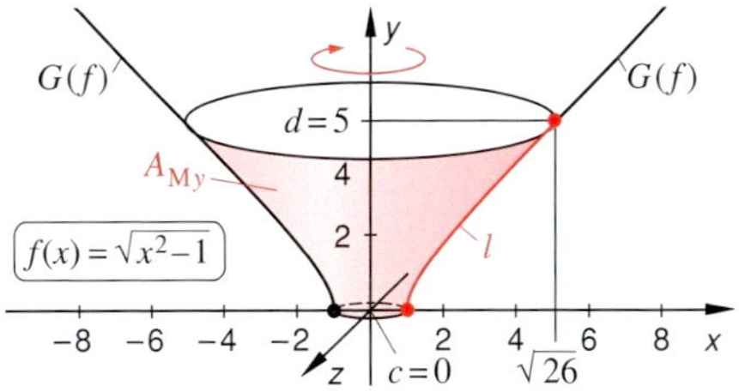

$$A_{My}=2\pi\cdot\left|\int_c^d\left(f^{-1}(y)\cdot\sqrt{1+\left[(f^{-1}(y))'\right]^2}\right)dy\right|$$

► 0 für c; 5 für d

$$y=f(x)=\sqrt{x^2-1}\ \Rightarrow x=f^{-1}(y)=\sqrt{1+y^2}$$

$$\Rightarrow\left(f^{-1}(y)\right)'=\frac{y}{\sqrt{1+y^2}}\Rightarrow\left[(f^{-1}(y))'\right]^2=\frac{y^2}{1+y^2}$$

$$A_{My}=2\pi\cdot\left|\int_0^{5}\left(\sqrt{1+y^2}\cdot\sqrt{1+\frac{y^2}{1+y^2}}\right)dy\right|$$

$$=2\pi\cdot\left|\int_0^{5}\sqrt{1+y^2+y^2}\,dy\right|$$

$$=2\pi\cdot\left|\int_0^{5}\sqrt{1+2y^2}\,dy\right|$$

$$=2\pi\cdot\left|\int_0^{5}\left(\sqrt{2}\cdot\sqrt{\frac{1}{2}+y^2}\right)dy\right| \quad ► 2.4.6$$

$$=2\pi\cdot\sqrt{2}\cdot\left|\frac{y}{2}\cdot\sqrt{\frac{1}{2}+y^2}+\frac{\frac{1}{2}}{2}\cdot\ln\left(y+\sqrt{\frac{1}{2}+y^2}\right)\Big|_0^5\right|$$

$$=2\pi\cdot\sqrt{2}\cdot\left|\tfrac{5}{2}\cdot\sqrt{\tfrac{1}{2}+25}+\tfrac{1}{4}\cdot\ln\left(5+\sqrt{\tfrac{1}{2}+25}\right)-0-\tfrac{1}{4}\cdot\ln\sqrt{\tfrac{1}{2}}\right|$$

$$=\underline{\underline{118{,}07327}}$$ ► Maßzahl der Mantelfläche

321 **16.** $f(x) = x \cdot \sqrt{x};\ y \in [0; 4]$

Es wird die zweite Lösungsmethode benutzt, denn f ist in $D(f) = \mathbb{R}^{\geq 0}$ streng monoton steigend und stetig differenzierbar und es ist dort $x \geq 0$. Also kann die für A_{My} angegebene Formel unmittelbar angewendet werden.

Das Integral $\int (x \cdot \sqrt{4+9x})\,\mathrm{d}x$ wird mit der Methode der partiellen Integration (▶ 2.5) gelöst:

$$\int \left(x \cdot \sqrt{4+9x}\right)\mathrm{d}x = \int [u(x) \cdot v'(x)]\,\mathrm{d}x$$

▶ $u(x) = x \Rightarrow u'(x) = 1$

▶ $v'(x) = \sqrt{4+9x}$

$$\Rightarrow v(x) = \int \sqrt{4+9x}\,\mathrm{d}x = \frac{1}{9} \cdot \frac{2}{3} \cdot \left(\sqrt{4+9x}\right)^3 \quad \text{▶ 2.4.1}$$

$$\int [u(x) \cdot v'(x)]\,\mathrm{d}x = u(x) \cdot v(x) - \int [u'(x) \cdot v(x)]\,\mathrm{d}x$$

$$\int \left(x \cdot \sqrt{4+9x}\right)\mathrm{d}x =$$

$$= x \cdot \frac{2}{27} \cdot \left(\sqrt{4+9x}\right)^3 - \int \left[\frac{2}{27} \cdot \left(\sqrt{4+9x}\right)^3\right]\mathrm{d}x \quad \text{▶ 2.4.1}$$

$$= \frac{2}{27} x \cdot \left(\sqrt{4+9x}\right)^3 - \frac{2}{27} \cdot \frac{2}{9 \cdot 5} \cdot \left(\sqrt{4+9x}\right)^5 + c$$

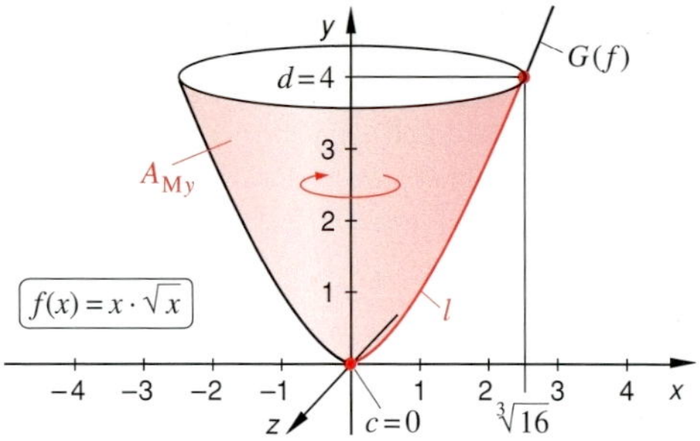

$$A_{My} = 2\pi \cdot \left| \int_a^b \left(x \cdot \sqrt{1 + [f'(x)]^2}\right)\mathrm{d}x \right|$$

▶ $f(a) = 0 \Rightarrow a \cdot \sqrt{a} = 0 \Rightarrow a = \underline{0}$

$f(b) = 4 \Rightarrow b \cdot \sqrt{b} = 4 \Rightarrow b = \underline{4^{\frac{2}{3}}} = \sqrt[3]{16}$

$f(x) = x \cdot \sqrt{x} = x^{\frac{3}{2}} \Rightarrow f'(x) = \frac{3}{2} \cdot x^{\frac{1}{2}} \Rightarrow [f'(x)]^2 = \frac{9}{4} \cdot x$

$$A_{Mx} = 2\pi \cdot \left| \int_0^{\sqrt[3]{16}} \left(x \cdot \sqrt{1 + \frac{9}{4}x}\right)\mathrm{d}x \right|$$

$$= 2\pi \cdot \left| \int_0^{\sqrt[3]{16}} \left(x \cdot \frac{1}{2} \cdot \sqrt{4+9x}\right)\mathrm{d}x \right|$$

$$= \pi \cdot \left| \frac{2}{27} \cdot x \cdot \left(\sqrt{4+9x}\right)^3 - \frac{4}{1215} \cdot \left(\sqrt{4+9x}\right)^5 \Big|_0^{\sqrt[3]{16}} \right|$$

$$= \pi \cdot \left| \frac{2}{27} \cdot \sqrt[3]{16} \cdot \left(\sqrt{4+9 \cdot \sqrt[3]{16}}\right)^3 + \right.$$

$$\left. - \frac{4}{1215} \cdot \left(\sqrt{4+9 \cdot \sqrt[3]{16}}\right)^5 - 0 + \frac{4}{1215} \cdot \left(\sqrt{4+9 \cdot 0}\right)^5 \right|$$

$= \underline{\underline{43{,}11261}}$ ▶ Maßzahl der Mantelfläche

17. $f(x) = \ln x;\ y \in [0; 1]$

Es wird die zweite Lösungsmethode benutzt, denn f ist in $D(f) = \mathbb{R}^{>0}$ streng monoton steigend und in $[1; 0]$ stetig differenzierbar und es gilt dort $x \geq 0$. Daher kann die für A_{My} angegebene Formel unmittelbar angewendet werden.

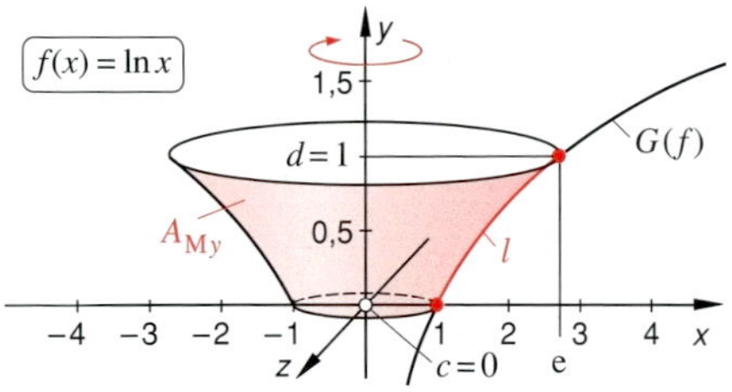

$$A_{My} = 2\pi \cdot \left| \int_a^b \left(x \cdot \sqrt{1 + [f'(x)]^2}\right)\mathrm{d}x \right|$$

▶ $f(a) = 0 \Rightarrow \ln a = 0 \Rightarrow a = \underline{1}$

$f(b) = 1 \Rightarrow \ln b = 1 \Rightarrow b = \mathrm{e}$

$f(x) = \ln x \Rightarrow f'(x) = \frac{1}{x} \Rightarrow [f'(x)]^2 = \frac{1}{x^2}$

$$A_{My} = 2\pi \cdot \left| \int_1^{\mathrm{e}} \left(x \cdot \sqrt{1 + \frac{1}{x^2}}\right)\mathrm{d}x \right|$$

$$= 2\pi \cdot \left| \int_1^{\mathrm{e}} \left(x \cdot \sqrt{\frac{x^2+1}{x^2}}\right)\mathrm{d}x \right|;\ x > 0$$

$$= 2\pi \cdot \left| \int_1^{\mathrm{e}} \sqrt{x^2+1}\,\mathrm{d}x \right| \quad \text{▶ 2.4.6}$$

18. $f(x)=\ln(x+1);\ y\in[0;\,1]$

Es wird die zweite Lösungsmethode benutzt, denn f ist in $D(f)=\mathbb{R}^{>0}$ streng monoton steigend und in $[0;\,\mathrm{e}-1]$ stetig differenzierbar und es gilt dort $x\geq 0$. Daher kann die angegebene Formel für A_{My} unmittelbar angewendet werden.

Substitution:

▶ $x+1=z\Rightarrow\dfrac{dz}{dx}=1\Rightarrow dx=dz$ ▶ $x=z-1$

▶ $0+1=z_1\Rightarrow z_1=\underline{1};\ \mathrm{e}-1+1=z_2\Rightarrow z_2=\mathrm{e}$

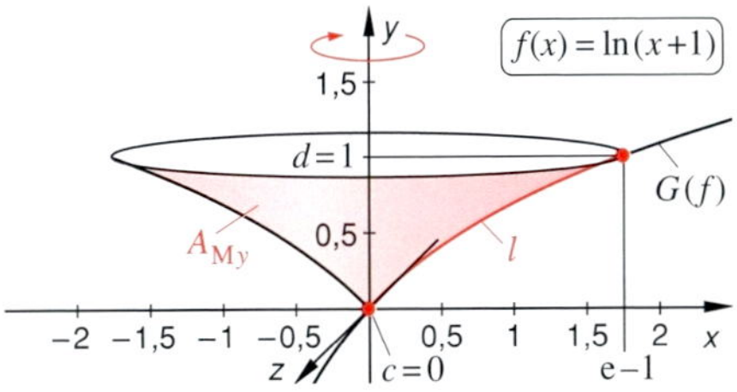

▶ $\displaystyle\int\sqrt{z^2+1}\,dz=$

$\displaystyle=\frac{z}{2}\cdot\sqrt{z^2+1}+\frac{1}{2}\cdot\ln\left(z+\sqrt{z^2+1}\right)+c$

▶ 2.4.6

▶ $\displaystyle\int\frac{\sqrt{z^2+1}}{z}\,dz=$

$\displaystyle=\ln\left|\frac{\sqrt{z^2+1}-1}{z}\right|+\sqrt{z^2+1}+c$

▶ 2.4.6, Übungsaufgabe 3

$$A_{My}=2\pi\cdot\left|\frac{x}{2}\cdot\sqrt{x^2+1}+\frac{1}{2}\cdot\ln\left(x+\sqrt{x^2+1}\right)\Big|_1^{\mathrm{e}}\right|$$

$$=2\pi\cdot\left|\frac{\mathrm{e}}{2}\cdot\sqrt{\mathrm{e}^2+1}+\frac{1}{2}\cdot\ln\left(\mathrm{e}+\sqrt{\mathrm{e}^2+1}\right)+\right.$$

$$\left.-\frac{1}{2}\cdot\sqrt{1^2+1}-\frac{1}{2}\cdot\ln\left(1+\sqrt{1^2+1}\right)\right|$$

$=\underline{\underline{22{,}94302}}$ ▶ Maßzahl der Mantelfläche

$$A_{My}=2\pi\cdot\left|\int_a^b\left(x\cdot\sqrt{1+[f'(x)]^2}\right)dx\right|$$

▶ $f(a)=0\Rightarrow\ln(a+1)=0\Rightarrow a=0$

$f(b)=1\Rightarrow\ln(b+1)=1\Rightarrow b=\mathrm{e}-1$

$f(x)=\ln(x+1)\Rightarrow f'(x)=\dfrac{1}{x+1}\Rightarrow[f'(x)]=\dfrac{1}{(x+1)^2}$

$$A_{My}=2\pi\cdot\left|\int_0^{\mathrm{e}-1}\left(x\cdot\sqrt{1+\frac{1}{(x+1)^2}}\right)dx\right|$$

$$=2\pi\cdot\left|\int_1^{\mathrm{e}}\left[(z-1)\cdot\sqrt{1+\frac{1}{z^2}}\right]dz\right|$$

$$=2\pi\cdot\left|\int_1^{\mathrm{e}}\left[\frac{z-1}{z}\cdot\sqrt{z^2+1}\right]dz\right|$$

$$=2\pi\cdot\left|\int_1^{\mathrm{e}}\left[\left(1-\frac{1}{z}\right)\cdot\sqrt{z^2+1}\right]dz\right|$$

$$=2\pi\cdot\left|\int_1^{\mathrm{e}}\sqrt{z^2+1}\,dz-\int_1^{\mathrm{e}}\frac{\sqrt{z^2+1}}{z}\,dz\right|$$

$$=2\pi\cdot\left|\frac{z}{2}\cdot\sqrt{z^2+1}+\frac{1}{2}\cdot\ln\left(z+\sqrt{z^2+1}\right)\Big|_1^{\mathrm{e}}+\right.$$

$$\left.-\left(\ln\left|\frac{\sqrt{z^2+1}-1}{z}\right|+\sqrt{z^2+1}\Big|_1^{\mathrm{e}}\right)\right|$$

$$=2\pi\cdot\left|\frac{\mathrm{e}}{2}\cdot\sqrt{\mathrm{e}^2+1}+\frac{1}{2}\cdot\ln\left(\mathrm{e}+\sqrt{\mathrm{e}^2+1}\right)+\right.$$

$$-\frac{1}{2}\cdot\sqrt{1^2+1}-\frac{1}{2}\cdot\ln\left(1+\sqrt{1^2+1}\right)+$$

$$-\left(\ln\left|\frac{\sqrt{\mathrm{e}^2+1}-1}{\mathrm{e}}\right|+\sqrt{\mathrm{e}^2+1}+\right.$$

$$\left.\left.-\ln\left|\frac{\sqrt{1^2+1}-1}{1}\right|-\sqrt{1^2+1}\right)\right|$$

$=\underline{\underline{10{,}35468}}$ ▶ Maßzahl der Mantelfläche

321

19. $f(x) = \cosh x;\ y \in [1; 6]$

Es wird die erste Lösungsmethode benutzt, denn f ist in $\mathbb{R}^{\geq 0}$ streng monoton steigend, stetig differenzierbar und es gilt dort $f^{-1}(y) \geq 0$. Also kann die angegebene Formel für A_{My} unmittelbar angewendet werden.

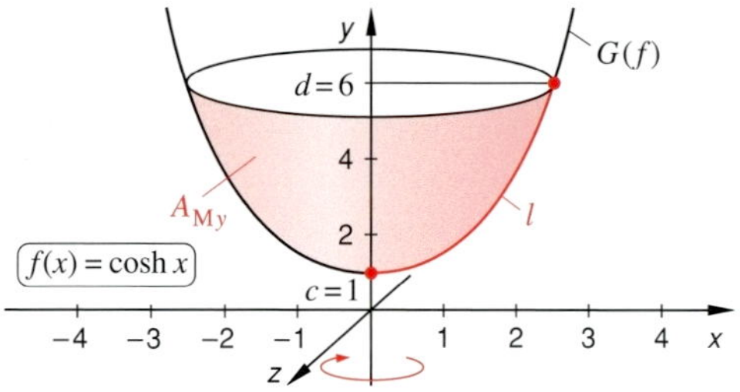

$$A_{My} = 2\pi \cdot \left| \int_c^d \left(f^{-1}(y) \cdot \sqrt{1 + \left[\left(f^{-1}(y) \right)' \right]^2} \right) dy \right|$$

► 1 für c; 6 für d

$y = f(x) = \cosh x \Rightarrow x = f^{-1}(y) = \operatorname{Arcosh} y$

$\Rightarrow \left(f^{-1}(y)\right)' = \dfrac{1}{\sqrt{y^2-1}} \Rightarrow \left[\left(f^{-1}(y)\right)'\right]^2 = \dfrac{1}{y^2-1}$

$$A_{My} = 2\pi \cdot \left| \int_1^6 \left(\operatorname{Arcosh} y \cdot \sqrt{1 + \frac{1}{y^2-1}} \right) dy \right|$$

$$= 2\pi \cdot \left| \int_1^6 \left(\operatorname{Arcosh} y \cdot \sqrt{\frac{y^2-1+1}{y^2-1}} \right) dy \right|$$

$$= 2\pi \cdot \left| \int_1^6 \left(\operatorname{Arcosh} y \cdot \frac{y}{\sqrt{y^2-1}} \right) dy \right|$$

$$= 2\pi \cdot \left| \operatorname{Arcosh} y \cdot \sqrt{y^2-1} - y \Big|_1^6 \right| \quad \text{► linke Spalte}$$

$$= 2\pi \cdot \left| \operatorname{Arcosh} 6 \cdot \sqrt{6^2-1} - \operatorname{Arcosh} 1 \cdot \sqrt{1^2-1} - 6 + 1 \right|$$

$$= 2\pi \cdot \left| \operatorname{Arcosh} 6 \cdot \sqrt{35} - 0 - 5 \right|$$

$$= \underline{\underline{60{,}69172}} \quad \text{Maßzahl der Mantelfläche}$$

Das Integral $\int \left(\operatorname{Arcosh} y \cdot \dfrac{y}{\sqrt{y^2-1}} \right) dy$ wird mit der Methode der partiellen Integration (► 2.5) gelöst.

$$\int \left(\operatorname{Arcosh} y \cdot \frac{y}{\sqrt{y^2-1}} \right) dy = \int [u(y) \cdot v'(y)] dy$$

► $u(y) = \operatorname{Arcosh} y \Rightarrow u'(y) = \dfrac{1}{\sqrt{y^2-1}}$

► $v'(y) = \dfrac{y}{\sqrt{y^2-1}}$

$\Rightarrow v(y) = \displaystyle\int \frac{y}{\sqrt{y^2-1}} dy = \sqrt{y^2-1}$ ► 2.4.3

$$\int [u(y) \cdot v'(y)] dy = u(y) \cdot v(y) - \int [u'(y) \cdot v(y)] dy$$

$$\int \left(\operatorname{Arcosh} y \cdot \frac{y}{\sqrt{y^2-1}} \right) dy =$$

$$= \operatorname{Arcosh} y \cdot \sqrt{y^2-1} - \int \left(\frac{1}{\sqrt{y^2-1}} \cdot \sqrt{y^2-1} \right) dy$$

$$= \operatorname{Arcosh} y \cdot \sqrt{y^2-1} - \int 1 \, dy$$

$$= \operatorname{Arcosh} y \cdot \sqrt{y^2-1} - y + c$$

Anmerkung:

Das bestimmte Integral $\int_0^1 \left(\operatorname{Arcosh} y \cdot \dfrac{y}{\sqrt{y^2-1}} \right) dy$ ist zwar ein uneigentliches Integral zweiter Art (► 2.8), da die Integrandfunktion an der Stelle $y_0 = 1$ eine Unendlichkeitsstelle hat. Jedoch ist ihre Stammfunktion F: $F(y) = \operatorname{Arcosh} y \cdot \sqrt{y^2-1} - y$ mit $D(F) = \mathbb{R} \setminus (-1; 1)$ bei $y_0 = 1$ definiert, sodass das bestimmte Integral über den Hauptsatz sofort berechnet werden kann.

20. $f(x) = \operatorname{Arsinh} x;\ y \in [1;\,2]$

Es wird die erste Lösungsmethode benutzt, denn f ist in $D(f) = \mathbb{R}$ streng monoton steigend, stetig differenzierbar und es gilt $f^{-1}(y) \geq 0;\ y \in [1;\,2]$. Daher kann die für A_{My} angegebene Formel unmittelbar angewendet werden.

Man substituiert:

► $\cosh y = z \Rightarrow \dfrac{\mathrm{d}y}{\mathrm{d}z} = \sinh y \Rightarrow \sinh y \cdot \mathrm{d}y = \mathrm{d}z$

► $\cosh 1 = z_1;\ \cosh 2 = z_2$

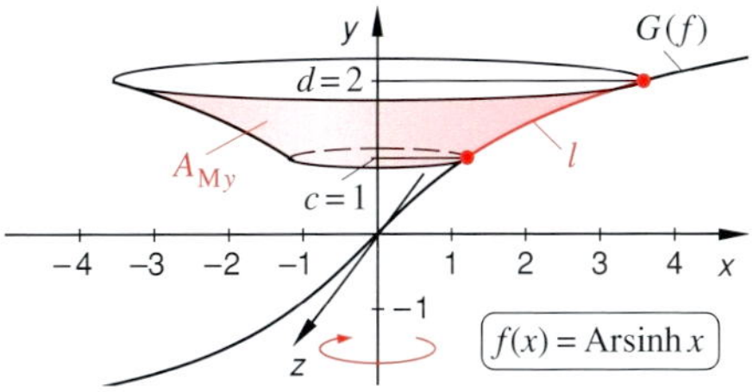

$$A_{\mathrm{My}} = 2\pi \cdot \left| \int_c^d \left(f^{-1}(y) \cdot \sqrt{1 + \left[\left(f^{-1}(y) \right)' \right]^2} \right) \mathrm{d}y \right|$$

► 1 für c; 2 für d

$$y = f(x) = \operatorname{Arsinh} x \Rightarrow x = \left(f^{-1}(y) \right) = \sinh y$$

$$\Rightarrow \left(f^{-1}(y) \right)' = \cosh y \Rightarrow \left[\left(f^{-1}(x) \right)^1 \right]^2 = \cosh^2 y$$

$$A_{\mathrm{My}} = 2\pi \cdot \left| \int_1^2 \left(\sinh y \cdot \sqrt{1 + \cosh^2 y} \right) \mathrm{d}y \right|$$

$$= 2\pi \cdot \left| \int_1^2 \left(\sqrt{1 + \cosh^2 y} \cdot \sinh y \right) \mathrm{d}y \right|$$

$$= 2\pi \cdot \left| \int_{\cosh 1}^{\cosh 2} \sqrt{1 + z^2}\, \mathrm{d}z \right| \quad \blacktriangleright\ 2.4.6$$

$$= 2\pi \cdot \left| \frac{z}{2} \cdot \sqrt{1 + z^2} + \frac{1}{2} \cdot \ln\left(z + \sqrt{z^2 + 1} \right) \right|_{\cosh 1}^{\cosh 2}$$

$$= 2\pi \cdot \left| \frac{\cosh 2}{2} \cdot \sqrt{1 + \cosh^2 2} + \right.$$

$$+ \frac{1}{2} \cdot \ln\left(\cosh 2 + \sqrt{\cosh^2 2 + 1} \right) - \frac{\cosh 1}{2} \cdot \sqrt{1 + \cosh^2 1} +$$

$$\left. - \frac{1}{2} \cdot \ln\left(\cosh 1 + \sqrt{\cosh^2 1 + 1} \right) \right|$$

$= \underline{\underline{39{,}66305}}$ ► Maßzahl der Mantelfläche

21. $f(x) = \operatorname{Arcsin} x;\ y \in [0;\,1]$

Es wird die erste Lösungsmethode benutzt, denn f ist in $D(f) = [-1;\,1]$ streng monoton steigend, $f^{-1}(y)$ im y-Intervall $[0;\,1]$ stetig differenzierbar und es gilt $f^{-1}(y) \geq 0;\ y \in [0;\,1]$. Daher kann die für A_{My} angegebene Formel unmittelbar angewendet werden.

Substitution:

► $\cos y = z \Rightarrow \dfrac{\mathrm{d}z}{\mathrm{d}y} = -\sin y \Rightarrow \sin y \cdot \mathrm{d}y = -\mathrm{d}z$

► $\cos 0 = z_1 \Rightarrow z_1 = 1;\ \cos 1 = z_2 \Rightarrow z_2 = \cos 1$

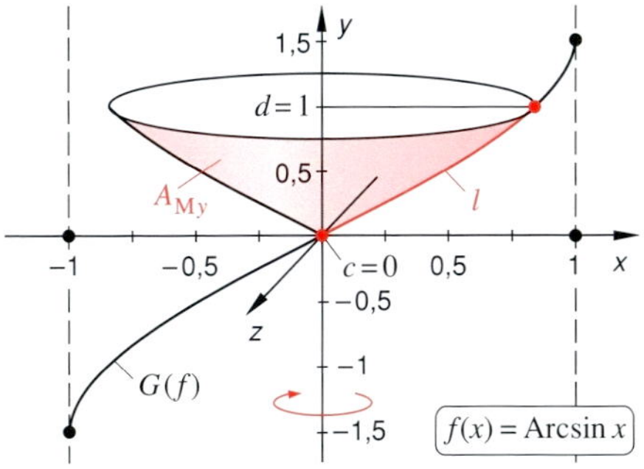

$$A_{\mathrm{My}} = 2\pi \cdot \left| \int_c^d \left(f^{-1}(y) \cdot \sqrt{1 + \left[\left(f^{-1}(y) \right)' \right]^2} \right) \mathrm{d}y \right|$$

► 0 für c; 1 für d

$$y = f(x) = \operatorname{Arcsin} x \Rightarrow x = f^{-1}(y) = \sin y$$

$$\Rightarrow \left(f^{-1}(y) \right)' = \cos y \Rightarrow \left[\left(f^{-1}(y) \right)' \right]^2 = \cos^2 y$$

$$A_{\mathrm{My}} = 2\pi \cdot \left| \int_0^1 \left(\sin y \cdot \sqrt{1 + \cos^2 y} \right) \mathrm{d}y \right|$$

$$= 2\pi \cdot \left| \int_0^1 \left(\sqrt{1 + \cos^2 y} \cdot \sin y \right) \mathrm{d}y \right|$$

$$= 2\pi \cdot \left| \int_1^{\cos 1} \left(-\sqrt{1 + z^2} \right) \mathrm{d}z \right| \quad \blacktriangleright\ 2.4.6$$

$$= 2\pi \cdot \left| \frac{z}{2} \cdot \sqrt{1 + z^2} + \frac{1}{2} \cdot \ln\left(z + \sqrt{1 + z^2} \right) \right|_1^{\cos 1}$$

$$= 2\pi \cdot \left| \frac{\cos 1}{2} \cdot \sqrt{1 + \cos^2 1} - \frac{1}{2} \cdot \ln\left(\cos 1 + \sqrt{1 + \cos^2 1} \right) + \right.$$

$$\left. - \frac{1}{2} \cdot \sqrt{1 + 1^2} + \frac{1}{2} \cdot \ln(1 + \sqrt{1 + 1^2}) \right|$$

$= \underline{\underline{3{,}65838}}$ ► Maßzahl der Mantelfläche

321

Mantelflächen und Oberflächen – Kurven in Parameterdarstellung

► **Lehrbuch: Kusch 4, S. 317…321**

Merke:

Ist eine Kurve durch eine Parameterdarstellung $\begin{cases} y = f_1(t) \\ x = f_2(t) \end{cases}$; $t \in D(f_1) \cap D(f_2)$ gegeben und sind die Parameterfunktionen f_1 sowie f_2 im Parameterintervall $[t_1; t_2]$ stetig differenzierbar, so wird bei Rotation der Kurve im Intervall $[t_1; t_2]$ um die x-Achse bzw. um die y-Achse die Mantelfläche eines Rotationskörpers erzeugt, für deren Inhalt gilt:

- $\boldsymbol{A_{Mx} = 2\pi \cdot \left| \int\limits_{t_2}^{t_2} \left(f_2(t) \cdot \sqrt{[\dot{f}_1(t)]^2 + [\dot{f}_2(t)]^2} \right) dt \right|}$ ► $\boldsymbol{f_2(t) \le 0}$ **oder** $\boldsymbol{f_2(t) \ge 0}$ **in** $\boldsymbol{[t_1; t_2]}$
- $\boldsymbol{A_{My} = 2\pi \cdot \left| \int\limits_{t_1}^{t_2} \left(f_1(t) \cdot \sqrt{[\dot{f}_1(t)]^2 + [\dot{f}_2(t)]^2} \right) dt \right|}$ ► $\boldsymbol{f_1(t) \le 0}$ **oder** $\boldsymbol{f_1(t) \ge 0}$ **in** $\boldsymbol{[t_1; t_2]}$

Anmerkungen:

- Ist die Funktion f_2 in $[t_1; t_2]$ nicht vorzeichenbeständig, so muss zur Berechnung von A_{Mx} entsprechend dem Abschnitt „Flächen zwischen Graph und x-Achse mit Nullstellen im Integrationsintervall" des Kapitels 3.1 verfahren werden.
- Ist die Funktion f_1 in $[t_1; t_2]$ nicht vorzeichenbeständig, so muss zur Berechnung von A_{My} entsprechend dem Abschnitt „Flächen zwischen Graph und y-Achse" des Kapitels 3.1 verfahren werden.

Berechnen Sie die Maßzahl der Rotationsoberfläche, die erzeugt wird, wenn im angegebenen t-Intervall die in Parameterdarstellung gegebene Kurve um die x-Achse rotiert. Zeichnen Sie jeweils die Kurve.

22. $\begin{cases} f_1(t) = 2t \\ f_2(t) = 3t \end{cases}$; $[1; 10]$

Die Parameterfunktionen $f_1 : f_1(t) = 2t$; $D(f_1) = \mathbb{R}$ und $f_2 : f_2(t) = 3t$; $D(f_2) = \mathbb{R}$ sind im Parameterintervall $[1; 10]$ stetig differenzierbar und f_2 ist dort vorzeichenbeständig (► $f_2(t) > 0$; $t \in [1; 10]$). Daher kann die für A_{Mx} angegebene Formel unmittelbar angewendet werden.

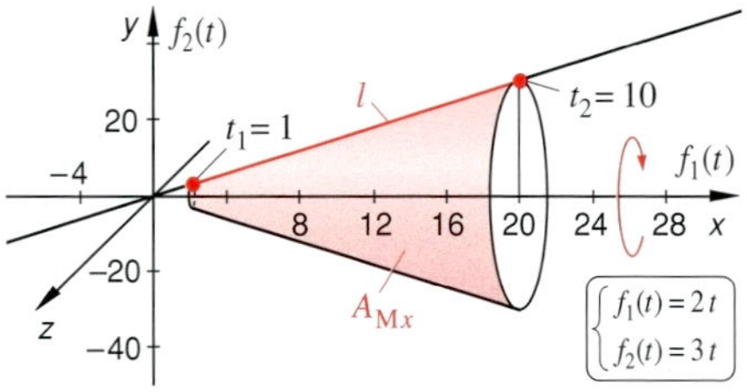

$$A_{Mx} = 2\pi \cdot \left| \int\limits_{t_1}^{t_2} \left(f_2(t) \cdot \sqrt{[\dot{f}_1(t)]^2 + [\dot{f}_2(t)]^2} \right) dt \right|$$

► 1 für t_1; 10 für t_2

$f_1(t) = 2t \Rightarrow \dot{f}_1(t) = 2 \Rightarrow [\dot{f}_1(t)]^2 = 4$

$f_2(t) = 3t \Rightarrow \dot{f}_2(t) = 3 \Rightarrow [\dot{f}_2(t)]^2 = 9$

$$A_{Mx} = 2\pi \cdot \left| \int\limits_1^{10} \left(3t \cdot \sqrt{4+9} \right) dt \right|$$

$$= 2\pi \cdot \sqrt{13} \cdot \left| \int\limits_1^{10} 3t \, dt \right|$$

$$= 2\pi \cdot \sqrt{13} \cdot \left| \frac{3}{2} \cdot t^2 \Big|_1^{10} \right|$$

$$= 2\pi \cdot \sqrt{13} \cdot \left| \frac{3}{2} \cdot 100 - \frac{3}{2} \cdot 1 \right|$$

$= \underline{\underline{3364{,}1705}}$ ► Maßzahl der Mantelfläche

23. $\begin{cases} f_1(t) = t^2 \\ f_2(t) = 2t \end{cases}$; $[0;\,1]$

Die Parameterfunktionen $f_1: f_1(t) = t^2$; $D(f_1) = \mathbb{R}$ und $f_2: f_2(t)$; $D(f_2) = \mathbb{R}$ sind im Parameterintervall $[0;\,1]$ stetig differenzierbar und f_2 ist dort vorzeichenbeständig ($\blacktriangleright$ $f_2(t) \geq 0$; $t \in [0;\,1]$). Daher kann die für A_{Mx} angegebene Formel unmittelbar angewendet werden.

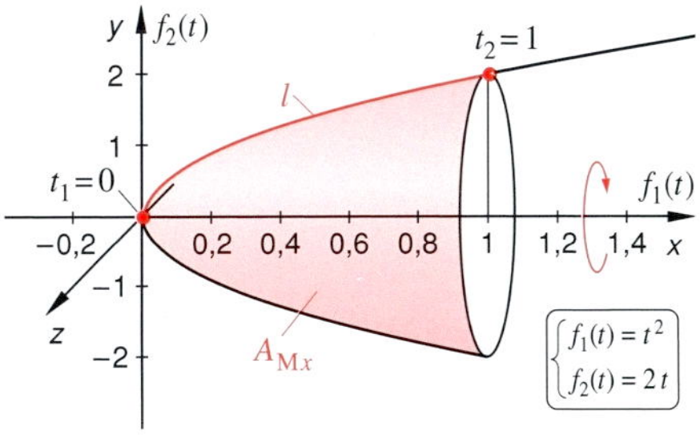

$$A_{Mx} = 2\pi \cdot \left| \int_{t_1}^{t_2} \left(f_2(t) \cdot \sqrt{[\dot{f}_1(t)]^2 + [\dot{f}_2(t)]^2} \right) \mathrm{d}t \right|$$

$\blacktriangleright$ 0 für t_1; 1 für t_2

$$f_1(t) = t^2 \Rightarrow \dot{f}_1(t) = 2t \Rightarrow [\dot{f}_1(t)]^2 = 4t^2$$

$$f_2(t) = 2t \Rightarrow \dot{f}_2(t) = 2 \Rightarrow [\dot{f}_2(t)]^2 = 4$$

$$A_{Mx} = 2\pi \cdot \left| \int_0^1 \left(2t \cdot \sqrt{4t^2 + 4}\right) \mathrm{d}t \right|$$

$$= 2\pi \cdot \left| \int_0^1 \left(2t \cdot \sqrt{4 \cdot (t^2 + 1)}\right) \mathrm{d}t \right|$$

$$= 2\pi \cdot \left| 2 \cdot \int_0^1 \left(2t \cdot \sqrt{t^2 + 1}\right) \mathrm{d}t \right| \quad \blacktriangleright \text{ 2.4.3}$$

$$= 4\pi \cdot \left| \frac{2}{3} \cdot \left(\sqrt{t^2 + 1}\right)^3 \Big|_0^1 \right|$$

$$= 4\pi \cdot \frac{2}{3} \cdot \left| \left(\sqrt{1^2 + 1}\right)^3 - (\sqrt{1})^3 \right|$$

$$= \underline{\underline{15{,}3178}} \quad \blacktriangleright \text{ Maßzahl der Mantelfläche}$$

24. $\begin{cases} f_1(t) = \cosh t \\ f_2(t) = \sinh t \end{cases}$; $[1;\,3]$

Die Parameterfunktionen $f_1: f_1(t) = \cosh t$ mit $D(f_1) = \mathbb{R}$ und $f_2: f_2(t) = \sinh t$ mit $D(f_2) = \mathbb{R}$ sind im Parameterintervall $[1;\,3]$ stetig differenzierbar und f_2 ist dort vorzeichenbeständig ($\blacktriangleright$ $f_2(t) > 0$; $t \in [1;\,3]$). Daher kann die für A_{Mx} angegebene Formel unmittelbar angewendet werden.

Substitution:

$\blacktriangleright$ $\cosh t = z \Rightarrow \dfrac{\mathrm{d}z}{\mathrm{d}t} = \sinh t \Rightarrow \sinh t \cdot \mathrm{d}t = \mathrm{d}z$

$\blacktriangleright$ $\cosh 1 = z_1$; $\cosh 3 = z_2$

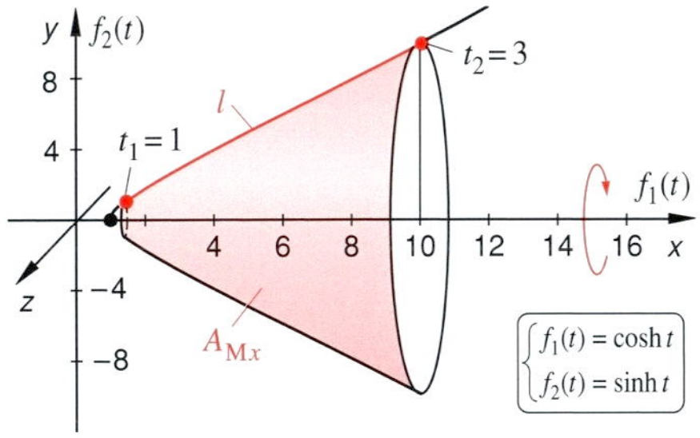

$$A_{Mx} = 2\pi \cdot \left| \int_{t_1}^{t_2} \left(f_2(t) \cdot \sqrt{[\dot{f}_1(t)]^2 + [\dot{f}_2(t)]^2} \right) \mathrm{d}t \right|$$

$\blacktriangleright$ 1 für t_1; 3 für t_2

$$f_1(t) = \cosh t \Rightarrow \dot{f}_1(t) = \sinh t \Rightarrow [\dot{f}_1(t)]^2 = \sinh^2 t$$

$$f_2(t) = \sinh t \Rightarrow \dot{f}_2(t) = \cosh t \Rightarrow [\dot{f}_2(t)]^2 = \cosh^2 t$$

$$A_{Mx} = 2\pi \cdot \left| \int_1^3 \left(\sinh t \cdot \sqrt{\sinh^2 t + \cosh^2 t} \right) \mathrm{d}t \right|$$

$\blacktriangleright$ $\sinh^2 t = \cosh^2 t - 1$ $\blacktriangleright$ 4.1

$$= 2\pi \cdot \left| \int_1^3 \left(\sqrt{2 \cdot \cosh^2 t - 1} \cdot \sinh t \right) \mathrm{d}t \right|$$

$$= 2\pi \cdot \left| \int_{\cosh 1}^{\cosh 3} \sqrt{2t^2 - 1}\, \mathrm{d}z \right|$$

$$= 2\pi \cdot \left| \int_{\cosh 1}^{\cosh 3} \left(\sqrt{2} \cdot \sqrt{z^2 - \tfrac{1}{2}} \right) \mathrm{d}z \right| \quad \blacktriangleright \text{ 2.4.7}$$

$$= 2\pi \cdot \sqrt{2} \cdot \left| \tfrac{z}{2} \cdot \sqrt{z^2 - \tfrac{1}{2}} - \tfrac{\frac{1}{2}}{2} \cdot \ln \left| z + \sqrt{z^2 - \tfrac{1}{2}} \right|_{\cosh 1}^{\cosh 3} \right|$$

$$= 2\pi \cdot \sqrt{2} \cdot \left| \frac{\cosh 3}{2} \cdot \sqrt{\cosh^2 3 - \tfrac{1}{2}} + \right.$$

$$- \tfrac{1}{4} \cdot \ln \left| \cosh 3 + \sqrt{\cosh^2 3 - \tfrac{1}{2}} \right| +$$

$$\left. - \frac{\cosh 1}{2} \cdot \sqrt{\cosh^2 1 - \tfrac{1}{2}} + \tfrac{1}{4} \cdot \ln \left| \cosh 1 + \sqrt{\cosh^2 1 - \tfrac{1}{2}} \right| \right|$$

$$= \underline{\underline{435{,}51526}} \quad \blacktriangleright \text{ Maßzahl der Mantelfläche}$$

321 **25.** $\begin{cases} f_1(t) = 4 + \cos t \\ f_2(t) = 3 + \sin t \end{cases}$; $[0; \pi]$

Die Parameterfunktionen $f_1: f_1(t) = 4 + \cos t$; $D(f_1) = \mathbb{R}$ und $f_2: f_2(t) = \sin t$; $D(f_2) = \mathbb{R}$ sind im Parameterintervall $[0; \pi]$ stetig differenzierbar und f_2 ist dort vorzeichenbeständig (► $f_2(t) > 0$; $t \in [0; \pi]$). Daher kann die für A_{Mx} angegebene Formel unmittelbar angewendet werden.

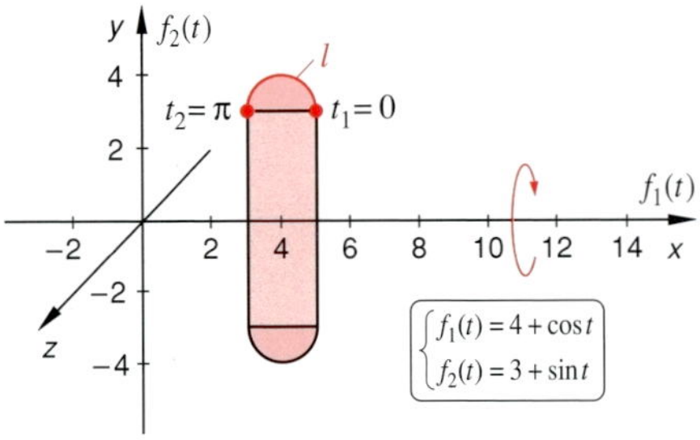

$$A_{Mx} = 2\pi \cdot \left| \int_{t_1}^{t_2} \left(f_2(t) \cdot \sqrt{[\dot{f}_1(t)]^2 + [\dot{f}_2(t)]^2} \right) \mathrm{d}t \right|$$

► 0 für t_1; π für t_2

$$f_1(t) = 4 + \cos t \Rightarrow \dot{f}_1(t) = -\sin t \Rightarrow [\dot{f}_1(t)]^2 = \sin^2 t$$

$$f_2(t) = 3 + \sin t \Rightarrow \dot{f}_2(t) = \cos t \Rightarrow [\dot{f}_2(t)]^2 = \cos^2 t$$

$$A_{Mx} = 2\pi \cdot \left| \int_0^{\pi} \left[(3 + \sin t) \cdot \sqrt{\sin^2 t + \cos^2 t} \right] \mathrm{d}t \right|$$

► $\sin^2 t + \cos^2 t = 1$ ► 4.1

$$= 2\pi \cdot \left| \int_0^{\pi} [(3 + \sin t) \cdot 1] \, \mathrm{d}t \right|$$

$$= 2\pi \cdot \left| 3t - \cos t \Big|_0^{\pi} \right|$$

$$= 2\pi \cdot |3\pi - \cos\pi - 0 + \cos 0|$$ ► $\cos\pi = -1$; $\cos 0 = 1$

$$= \underline{\underline{71{,}783997}}$$ ► Maßzahl der Mantelfläche

26. $\begin{cases} f_1(t) = 2 \cdot \cos t \\ f_2(t) = 3 + 2 \cdot \sin t \end{cases}$; $[0; \pi]$

Die Parameterfunktionen $f_1: f_1(t) = 2 \cdot \cos t$; $D(f_1) = \mathbb{R}$ und $f_2: f_2(t) = 3 + 2 \cdot \sin t$; $D(f_2) = \mathbb{R}$ sind im Parameterintervall $[0; \pi]$ stetig differenzierbar und f_2 ist dort vorzeichenbeständig (► $f_2(t) > 0$; $t \in [0; \pi]$). Daher kann die für A_{Mx} angegebene Formel unmittelbar angewendet werden.

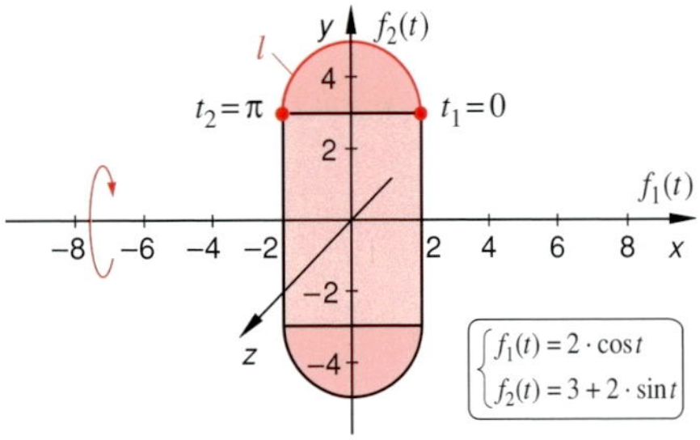

$$A_{Mx} = 2\pi \cdot \left| \int_{t_1}^{t_2} \left(f_2(t) \cdot \sqrt{[\dot{f}_1(t)]^2 + [\dot{f}_2(t)]^2} \right) \mathrm{d}t \right|$$

► 0 für t_1; π für t_2

$$f_1(t) = 2 \cdot \cos t \Rightarrow \dot{f}_1(t) = -2 \cdot \sin t \Rightarrow [\dot{f}_1(t)]^2 = 4 \cdot \sin^2 t$$

$$f_2(t) = 3 + 2 \cdot \sin t \Rightarrow \dot{f}_2(t) = 2 \cdot \cos t \Rightarrow [\dot{f}_2(t)]^2 = 4 \cdot \cos^2 t$$

$$A_{Mx} = 2\pi \cdot \left| \int_0^{\pi} \left[(3 + 2 \cdot \sin t) \cdot \sqrt{4 \cdot \sin^2 t + 4 \cdot \cos^2 t} \right] \mathrm{d}t \right|$$

$$= 2\pi \cdot \left| \int_0^{\pi} \left[(3 + 2 \cdot \sin t) \cdot \sqrt{4 \cdot (\sin^2 t + 4 \cdot \cos^2 t)} \right] \mathrm{d}t \right|$$

► $\sin^2 t + \cos^2 t = 1$ ► 4.1

$$= 2\pi \cdot \left| \int_0^{\pi} [(3 + 2 \cdot \sin t) \cdot 2] \, \mathrm{d}t \right|$$

$$= 2\pi \cdot 2 \cdot \left| 3t - 2 \cdot \cos t \Big|_0^{\pi} \right|$$

$$= 4\pi \cdot |3\pi - 2 \cdot \cos\pi - 3 \cdot 0 + 2 \cdot \cos 0$$

► $\cos\pi = -1$; $\cos 0 = 1$

$$= \underline{\underline{168{,}70074}}$$ ► Maßzahl der Mantelfläche

321

27. $\begin{cases} f_1(t) = \text{Arccos}\, t \\ f_2(t) = \text{Arcsin}\, t \end{cases}$; $[-1;\,1]$

Für $t \in [-1;\,0]$ gilt $f_2(t) \leq 0$ und für $t \in [0;\,1]$ gilt $f_2(t) \geq 0$, sodass die Formel für $A_{\mathrm{M}y}$ abschnittsweise angewendet werden muss.

Die Parameterfunktionen $f_1 : f_1(t) = \text{Arccos}\, t$; $D(f_1) = [-1;\,1]$ und $f_2 : f_2(t) = \text{Arcsin}\, t$ mit $D(f_2) = [-1;\,1]$ sind lediglich im Intervall $(-1;\,1)$ stetig differenzierbar, sodass die Formel für $A_{\mathrm{M}y}$ zunächst nur in abgeschlossenen Intervallen von $(-1;\,1)$ angewendet werden kann. Da aber die Funktion $F\colon F(t) = \frac{\sqrt{2}}{2} \cdot (\text{Arcsin}\, t)^2$ mit $D(F) = [-1;\,1]$ Stammfunktion zu der Funktion g ist mit:

$$g(t) = f_2(t) \cdot \sqrt{[\dot{f}_1(t)]^2 + [\dot{f}_2(t)]^2}$$
$$= \text{Arcsin}\, t \cdot \frac{\sqrt{2}}{\sqrt{1 - t^2}};\ t \in (-1;\,1)$$

und F in $[-1;\,1]$ definiert ist, können die bestimmten Integrale bei $A_{\mathrm{M}y}$ sofort über den Hauptsatz berechnet werden.

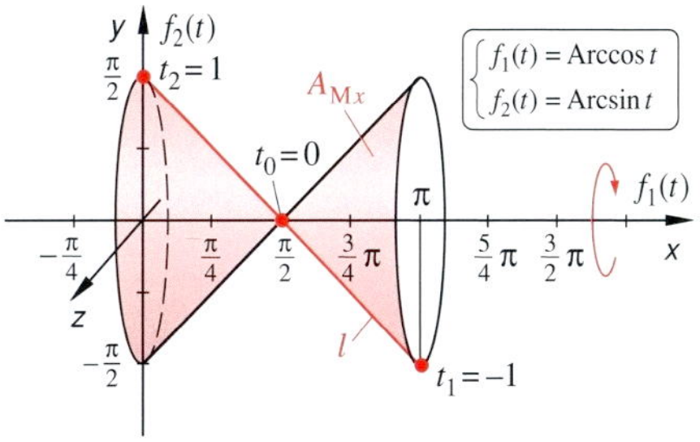

► $\text{Arcsin}(-1) = -\frac{\pi}{2}$; $\text{Arcsin}\, 0 = 0$; $\text{Arcsin}\, 1 = \frac{\pi}{2}$

$$A_{\mathrm{M}y} = 2\pi \cdot \left| \int_{t_1}^{t_0} \left(f_2(t) \cdot \sqrt{[\dot{f}_1(t)]^2 + [\dot{f}_2(t)]^2} \right) \mathrm{d}t \right| +$$
$$+ 2\pi \cdot \left| \int_{t_0}^{t_2} \left(f_2(t) \cdot \sqrt{[\dot{f}_1(t)]^2 + [\dot{f}_2(t)]^2} \right) \mathrm{d}t \right|$$

► $f_1(t) = \text{Arccos}\, t$

$$\Rightarrow \dot{f}_1(t) = \frac{-1}{\sqrt{1 - t^2}};\ t \in (-1;\,1) \Rightarrow [\dot{f}_1(t)]^2 = \frac{1}{1 - t^2}$$

$f_2(t) = \text{Arcsin}\, t$

$$\Rightarrow \dot{f}_2(t) = \frac{1}{\sqrt{1 - t^2}};\ t \in (-1;\,1) \Rightarrow [\dot{f}_2(t)]^2 = \frac{1}{1 - t^2}$$

Stammfunktion ermitteln

$$F(t) = \int \left(f_2(t) \cdot \sqrt{[\dot{f}_1(t)]^2 + [\dot{f}_2(t)]^2} \right) \mathrm{d}t$$
$$= \int \left(\text{Arcsin}\, t \cdot \sqrt{\frac{1}{1 - t^2} + \frac{1}{1 - t^2}} \right) \mathrm{d}t$$
$$= \int \left(\text{Arcsin}\, t \cdot \frac{\sqrt{2}}{\sqrt{1 - t^2}} \right) \mathrm{d}t \quad \blacktriangleright 2.4.3$$
$$= \underline{\frac{\sqrt{2}}{2}\, \text{Arcsin}^2\, t + c;\ t \in [-1;\,1]}$$

$A_{\mathrm{M}y}$ berechnen

$$A_{\mathrm{M}y} = 2\pi \cdot \left| F(t) \Big|_{t_1}^{t_0} \right| + 2\pi \cdot \left| F(t) \Big|_{t_0}^{t_2} \right|$$

► -1 für t_1; 0 für t_0; 1 für t_2; $F(t) = \frac{\sqrt{2}}{2} \cdot \text{Arcsin}^2\, t$

$$A_{\mathrm{M}y} = 2\pi \cdot \left| \frac{\sqrt{2}}{2} \cdot \text{Arcsin}^2\, t \Big|_{-1}^{0} \right| + 2\pi \cdot \left| \frac{\sqrt{2}}{2} \cdot \text{Arcsin}^2\, t \Big|_{0}^{1} \right|$$
$$= \pi \cdot \sqrt{2} \cdot \left| \text{Arcsin}^2\, 0 - \text{Arcsin}^2(-1) \right| +$$
$$+ \pi \cdot \sqrt{2} \cdot \left| \text{Arcsin}^2\, 1 - \text{Arcsin}^2(0) \right|$$
$$= \pi \cdot \sqrt{2} \cdot \left| 0 - \left(-\frac{\pi}{2} \right)^2 \right| + \pi \cdot \sqrt{2} \cdot \left| \left(\frac{\pi}{2} \right)^2 - 0 \right|$$
$$= \underline{\underline{21{,}92475}} \quad \blacktriangleright \text{Maßzahl der Mantelfläche}$$

322 In den nachstehenden Abbildungen sind Rotationskörper dargestellt. Berechnen Sie jeweils die Maßzahl der Rotationsoberfläche.

28. Die Oberfläche des Rotationskörpers setzt sich zusammen aus der Mantelfläche des Zylinders mit $r = 2$ und $h = 8$ (Maßzahl $A_{\mathrm{M}x1}$) und den Mantelflächen von zwei symmetrisch zur y-Achse liegenden Rotationsparaboloiden mit $f_1(x) = \sqrt{-x}$; $x \in [-4; 0]$ sowie $f_2(x) = \sqrt{x}$; $x \in [0; 4]$ (Maßzahl $A_{\mathrm{M}x2}$).

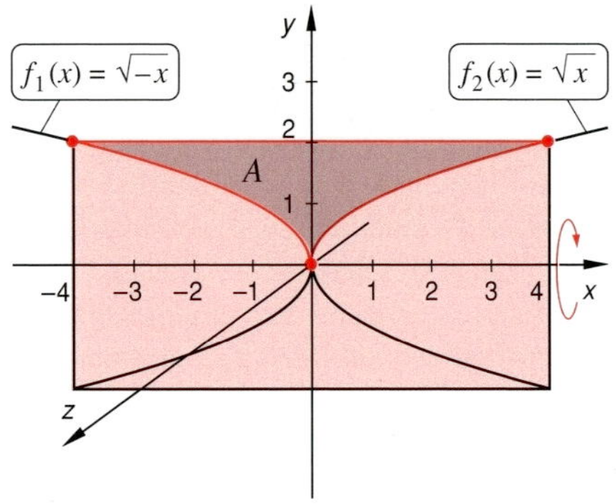

$A_{\mathrm{M}x1}$ wird elementar berechnet.

● $A_{\mathrm{M}x1} = 2 \cdot r \cdot \pi \cdot h$ ► $r = 2$; $h = 8$

$= 2 \cdot 2 \cdot \pi \cdot 8$

$= \underline{32\,\pi}$

Wegen der Symmetrie der Paraboloide wird nur die Mantelfläche für $x \geq 0$ berechnet und das Ergebnis verdoppelt.

● $A_{\mathrm{M}x2} = 2 \cdot 2\pi \cdot \left| \int_a^b \left(f_2(x) \cdot \sqrt{1 + [f_2'(x)]^2} \right) \mathrm{d}x \right|$

► 0 für a; 4 für b; $f_2(x) = \sqrt{x} \Rightarrow f_2'(x) = \frac{1}{2 \cdot \sqrt{x}}$

Die Funktion $f_2 : f_2(x) = \sqrt{x}$; $D(f_2) = \mathbb{R}^{\geq 0}$ ist zwar an der Stelle $x_0 = 0$ nicht stetig differenzierbar, aber die Funktion g mit dem Funktionsterm $f_2(x) \cdot \sqrt{1 + [f_2'(x)]^2} = \sqrt{x + \frac{1}{4}}$ ist an der Stelle $x_0 = 0$ stetig ergänzbar und somit dort integrierbar. Daher kann die für $A_{\mathrm{M}x}$ angegebene Formel unmittelbar angewendet werden.

$$A_{\mathrm{M}x2} = 4\pi \cdot \left| \int_0^4 \left(\sqrt{x} \cdot \sqrt{1 + \frac{1}{4x}} \right) \mathrm{d}x \right|$$

$$= 4\pi \cdot \left| \int_0^4 \sqrt{x + x \cdot \frac{1}{4x}}\, \mathrm{d}x \right|$$

$$= 4\pi \cdot \left| \int_0^4 \sqrt{x + \frac{1}{4}}\, \mathrm{d}x \right| \quad ► 2.4.1$$

$$= 4\pi \cdot \left| \frac{2}{3} \cdot \left(\sqrt{x + \frac{1}{4}} \right)^3 \Big|_0^4 \right|$$

$$= \frac{8}{3}\pi \cdot \left| \left(\sqrt{4 + \frac{1}{4}} \right)^3 - \left(\sqrt{0 + \frac{1}{4}} \right)^3 \right|$$

$$= \underline{\frac{1}{3}\pi \cdot \left(\sqrt{17^3} - 1 \right)}$$

Die Maßzahl $A_{\mathrm{M}x}$ der Oberfläche erhält man durch Addition von $A_{\mathrm{M}x1}$ und $A_{\mathrm{M}x2}$.

● $A_{\mathrm{M}x} = A_{\mathrm{M}x1} + A_{\mathrm{M}x2}$

$= 32\pi + \frac{\pi}{3} \cdot \left(\sqrt{17^3} - 1 \right)$

$= \underline{\underline{172{,}88477}}$ ► Maßzahl der Rotationsoberfläche

29.

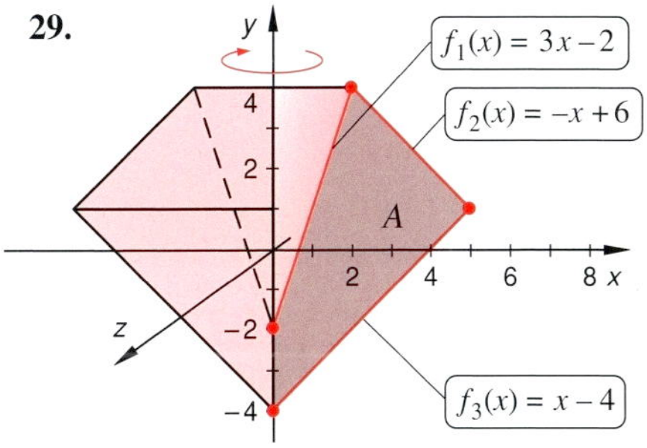

Die Oberfläche des Rotationskörpers setzt sich aus den Mantelflächen von drei Rotationskörpern zusammen. Diese werden erzeugt durch Rotation von $G(f_1)$ im y-Intervall $[-2; 4]$ (Maßzahl A_{My1}), von $G(f_2)$ im y-Intervall $[1; 4]$ (Maßzahl A_{My2}) und von $G(f_3)$ im y-Intervall $[-4; 1]$ (Maßzahl A_{My3}).

Es wird die zweite Lösungsmethode zur Berechnung der Maßzahlen A_{My1}, A_{My2} und A_{My3} verwendet. Die Voraussetzungen hierzu sind erfüllt, denn die Funktionen f_1, f_2 und f_3 sind in den entsprechenden x-Intervallen streng monoton und stetig differenzierbar und es gilt stets $x \geq 0$.

- $A_{My1} = 2\pi \cdot \left| \int_a^b \left(x \cdot \sqrt{1 + [f_1'(x)]^2} \right) dx \right|$

  ► $f_1(x) = 3x - 2 \Rightarrow f_1'(x) = 3$

  $f_1(a) = -2 \Rightarrow 3a - 2 = -2 \Rightarrow a = \underline{0}$

  $f_1(b) = 4 \Rightarrow 3b - 2 = 4 \Rightarrow b = \underline{2}$

$$\begin{aligned} A_{My1} &= 2\pi \cdot \left| \int_0^2 \left(x \cdot \sqrt{1+3^2} \right) dx \right| \\ &= 2\pi \cdot \sqrt{10} \cdot \left| \int_0^2 x \, dx \right| \\ &= 2\pi \cdot \sqrt{10} \cdot \left| \frac{1}{2} \cdot x^2 \Big|_0^2 \right| \\ &= 2\pi \cdot \sqrt{10} \cdot \left| \frac{1}{2} \cdot 2^2 - \frac{1}{2} \cdot 0^2 \right| \\ &= \underline{4\pi \cdot \sqrt{10}} \end{aligned}$$

- $A_{My2} = 2\pi \cdot \left| \int_a^b \left(x \cdot \sqrt{1 + [f_2'(x)]^2} \right) dx \right|$

  ► $f_2(x) = -x + 6 \Rightarrow f_2'(x) = -1$

  $f_2(a) = 4 \Rightarrow -a + 6 = 4 \Rightarrow a = \underline{2}$

  $f_2(b) = 1 \Rightarrow -b + 6 = 1 \Rightarrow b = \underline{5}$

$$\begin{aligned} A_{My2} &= 2\pi \cdot \left| \int_2^5 \left(x \cdot \sqrt{1+(-1)^2} \right) dx \right| \\ &= 2\pi \cdot \sqrt{2} \cdot \left| \int_2^5 x \, dx \right| \\ &= 2\pi \cdot \sqrt{2} \cdot \left| \frac{1}{2} \cdot x^2 \Big|_2^5 \right| \\ &= 2\pi \cdot \sqrt{2} \cdot \left| \frac{1}{2} \cdot 25 - \frac{1}{2} \cdot 4 \right| \\ &= \underline{21\pi \cdot \sqrt{2}} \end{aligned}$$

- $A_{My3} = 2\pi \cdot \left| \int_a^b \left(x \cdot \sqrt{1 + [f_3'(x)]^2} \right) dx \right|$

  ► $f_3(x) = x - 4 \Rightarrow f_3'(x) = 1$

  $f_3(a) = -4 \Rightarrow a - 4 = -4 \Rightarrow a = \underline{0}$

  $f_3(b) = 1 \Rightarrow b - 4 = 1 \Rightarrow b = \underline{5}$

$$\begin{aligned} A_{My3} &= 2\pi \cdot \left| \int_0^5 \left(x \cdot \sqrt{1+1^2} \right) dx \right| \\ &= 2\pi \cdot \sqrt{2} \cdot \left| \int_0^5 x \, dx \right| \\ &= 2\pi \cdot \sqrt{2} \cdot \left| \frac{1}{2} \cdot x^2 \Big|_0^5 \right| \\ &= 2\pi \cdot \sqrt{2} \cdot \left| \frac{1}{2} \cdot 25 - \frac{1}{2} \cdot 0 \right| \\ &= \underline{25\pi \cdot \sqrt{2}} \end{aligned}$$

Addiert man die Maßzahlen A_{My1}, A_{My2} und A_{My3}, so erhält man die Maßzahl der Rotationsoberfläche des Körpers.

- $A_{My} = A_{My1} + A_{My2} + A_{My3}$

$$\begin{aligned} &= 4\pi \cdot \sqrt{10} + 21\pi \cdot \sqrt{2} + 25\pi \cdot \sqrt{2} \\ &= \underline{\underline{244{,}11097}} \end{aligned}$$

► Maßzahl der Rotationsoberfläche

322

30.

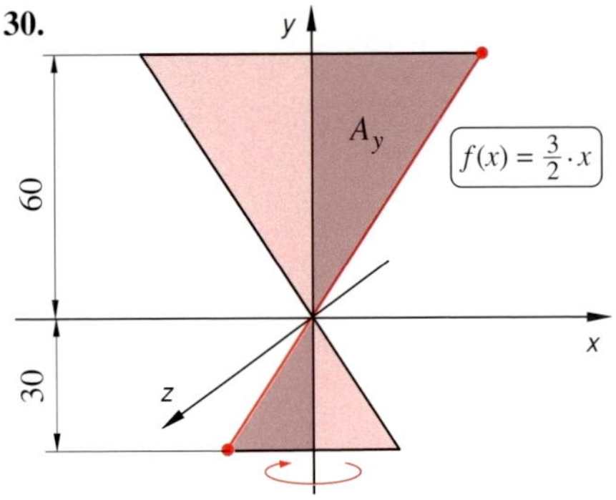

Die Rotationsoberfläche des Körpers setzt sich zusammen aus der Mantelfläche, die bei Rotation des Graphen der Funktion f im y-Intervall $[-30; 60]$ um die y-Achse erzeugt wird, und den kreisförmigen Deckflächen mit den Radien 20 bzw. 40.

Zur Berechnung der Maßzahl der Mantelfläche wird die zweite Lösungsmethode benutzt. Die Funktion f ist im x-Intervall $[-20; 40]$ streng monoton steigend und stetig differenzierbar. Da sie aber die y-Achse schneidet, ist die Formel für A_{My} getrennt in den x-Intervallen $[-20; 0]$ und $[0; 40]$ anzuwenden.

- $A_{My1} = 2\pi \cdot \left| \int_a^b \left(x \cdot \sqrt{1 + [f'(x)]^2} \right) \mathrm{d}x \right|$

► -20 für a; 0 für b; $f(x) = \frac{3}{2} \cdot x \Rightarrow f'(x) = \frac{3}{2}$

$$A_{My1} = 2\pi \cdot \left| \int_{-20}^{0} \left(x \cdot \sqrt{1 + \frac{9}{4}} \right) \mathrm{d}x \right|$$
$$= 2\pi \cdot \sqrt{\frac{13}{4}} \cdot \left| \int_{-20}^{0} x \, \mathrm{d}x \right|$$
$$= \pi \cdot \sqrt{13} \cdot \left| \frac{1}{2} \cdot x^2 \Big|_{-20}^{0} \right|$$
$$= \pi \cdot \sqrt{13} \cdot \left| \frac{1}{2} \cdot 0^2 - \frac{1}{2} \cdot (-20)^2 \right|$$
$$= \underline{200\pi \cdot \sqrt{13}}$$

- $A_{My2} = 2\pi \cdot \left| \int_a^b \left(x \cdot \sqrt{1 + [f'(x)]^2} \right) \mathrm{d}x \right|$

► 0 für a; 40 für b; $f(x) = \frac{3}{2} x \Rightarrow f'(x) = \frac{3}{2}$

$$A_{My2} = 2\pi \cdot \left| \int_{0}^{40} \left(x \cdot \sqrt{1 + \frac{9}{4}} \right) \mathrm{d}x \right|$$
$$= 2\pi \cdot \sqrt{\frac{13}{4}} \cdot \left| \int_{0}^{40} x \, \mathrm{d}x \right|$$
$$= \pi \cdot \sqrt{13} \cdot \left| \frac{1}{2} \cdot x^2 \Big|_{0}^{40} \right|$$
$$= \pi \cdot \sqrt{13} \cdot \left| \frac{1}{2} \cdot 40^2 - \frac{1}{2} \cdot 0 \right|$$
$$= \underline{800\pi \cdot \sqrt{13}}$$

- $A_{Oy} = A_{My1} + A_{My2} + \pi \cdot (a^2 + b^2)$

► 20 für a; 40 für b

$$= 200\pi \cdot \sqrt{13} + 800\pi \cdot \sqrt{13} + \pi \cdot (20^2 + 40^2)$$
$$= 1000\pi \cdot \sqrt{13} + 2000\pi$$
$$= \underline{\underline{17\,610{,}35871}}$$ ► Maßzahl der Rotationsoberfläche

Da alle Maße in mm gegeben sind, hat die Flächenmaßzahl die Einheit mm^2.

$\Rightarrow A_{Oy} = \underline{\underline{17\,610{,}35871\ \mathrm{mm}^2}}$ ► Rotationsoberfläche

322

31.

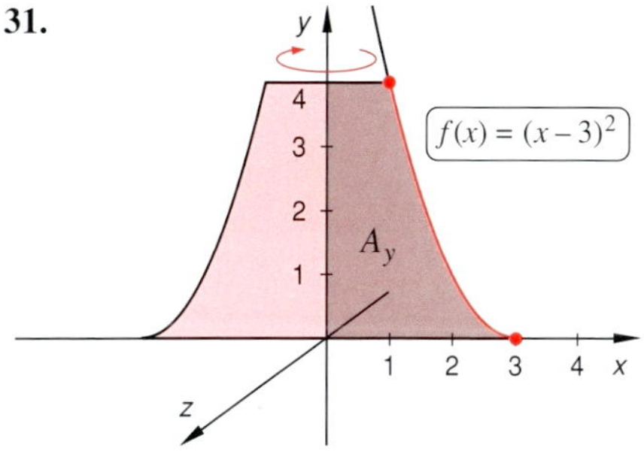

Die Rotationsoberfläche des Körpers setzt sich zusammen aus der Mantelfläche, die bei Rotation des Graphen der Funktion f im y-Intervall $[0; 4]$ um die y-Achse erzeugt wird, und den kreisförmigen Deckflächen mit den Radien 1 und 3.

Zur Berechnung der Maßzahl A_{My} der Mantelfläche wird die zweite Lösungsmethode benutzt. Die Funktion f ist im x-Intervall $[1; 3]$ streng monoton fallend, stetig differenzierbar und schneidet dort die y-Achse nicht, sodass die Voraussetzungen zur Anwendung der Formel für A_{My} gegeben sind.

Substitution:

► $2 \cdot (x-3) = z \Rightarrow \frac{dz}{dx} = 2 \Rightarrow dx = \frac{1}{2} \cdot dz$

► $x = \frac{z}{2} + 3$

► $2 \cdot (1-3) = z_1 \Rightarrow z_1 = \underline{-4}$

$2 \cdot (3-3) = z_2 \Rightarrow z_2 = \underline{0}$

● $A_{My} = 2\pi \cdot \left| \int\limits_a^b \left(x \cdot \sqrt{1 + [f'(x)]^2} \right) dx \right|$

► $f(x) = (x-3)^2 \Rightarrow f'(x) = 2 \cdot (x-3)$

$f(a) = 4 \Rightarrow (a-3)^2 = 4 \Rightarrow a = \underline{1}$

$f(b) = 0 \Rightarrow (b-3)^2 = 0 \Rightarrow b = \underline{3}$

$$A_{My} = 2\pi \cdot \left| \int\limits_1^3 \left(x \cdot \sqrt{1 + 4 \cdot (x-3)^2} \right) dx \right|$$

$$= 2\pi \cdot \left| \int\limits_{-4}^0 \left[\left(\frac{z}{2} + 3 \right) \cdot \sqrt{1+z^2} \cdot \frac{1}{2} \right] dz \right|$$

$$= \pi \cdot \left| \int\limits_{-4}^0 \left(\frac{z}{2} \cdot \sqrt{1+z^2} \right) dz + \int\limits_{-4}^0 \left(3 \cdot \sqrt{1+z^2} \right) dz \right|$$

► 2.4.3 ► 2.4.6

$$= \pi \cdot \left| \frac{1}{4} \cdot \frac{2}{3} \cdot \left(\sqrt{1+z^2} \right)^3 \Big|_{-4}^0 + \right.$$

$$\left. + 3 \cdot \left[\frac{z}{2} \cdot \sqrt{1+z^2} + \frac{1}{2} \cdot \ln\left(z + \sqrt{1+z^2} \right) \Big|_{-4}^0 \right] \right|$$

$$= \pi \cdot \left| \frac{1}{6} \cdot \left(\sqrt{1+0^2} \right)^3 - \frac{1}{6} \cdot \left(\sqrt{1+(-4)^2} \right)^3 + \right.$$

$$+ 3 \cdot \left[0 + \frac{1}{2} \cdot 0 - \frac{-4}{2} \cdot \sqrt{1+(-4)^2} + \right.$$

$$\left. \left. - \frac{1}{2} \cdot \ln\left(-4 + \sqrt{1+(-4)^2} \right) \right] \right|$$

$$= \pi \cdot \left| \frac{1}{6} - \frac{17}{6} \cdot \sqrt{17} + 6 \cdot \sqrt{17} - \frac{3}{2} \cdot \ln\left(-4 + \sqrt{17} \right) \right|$$

$= \underline{\underline{51{,}41291}}$ ► Maßzahl der Mantelfläche

● $A_{Oy} = A_{My} + \pi \cdot (a^2 + b^2)$ ► $A_{My} = 51{,}41291$; 1 für a; 3 für b

$= 51{,}41291 + \pi \cdot (1^2 + 3^2)$

$= \underline{\underline{82{,}82883}}$ ► Maßzahl der Rotationsoberfläche

32. Entwickeln Sie mithilfe der Integralrechnung Formeln für den Mantelflächeninhalt eines Kugelabschnitts und einer Kugelschicht.

● **Kugelabschnitt**

Es wird von einer Parameterdarstellung eines Kreises mit $f_1: f_1(t) = r \cdot \cos t$; $D(f_1) = \mathbb{R}$ sowie $f_2: f_2(t) = r \cdot \sin t$; $D(f_2) = \mathbb{R}$ ausgegangen. Rotiert eine Kreislinie im Parameterintervall $[0; t_2]$ mit $t_2 \in (0; \pi)$ um die x-Achse, so wird die Mantelfläche eines Kugelabschnitts erzeugt.

$$A_{Mx} = 2\pi \cdot \left| \int\limits_{t_1}^{t_2} \left(f_2(t) \cdot \sqrt{\left[\dot{f}_1(t)\right]^2 + \left[\dot{f}_2(t)\right]^2} \right) dt \right|$$

► 0 für t_1

$f_1(t) = r \cdot \cos t \Rightarrow \dot{f}_1(t) = -r \cdot \sin t$

$f_2(t) = r \cdot \sin t \Rightarrow \dot{f}_2(t) = r \cdot \cos t$

322

▶ $r^2 \cdot \sin^2 t + r^2 \cdot \cos^2 t = r^2 \cdot (\sin^2 t + \cos^2 t) = r^2$

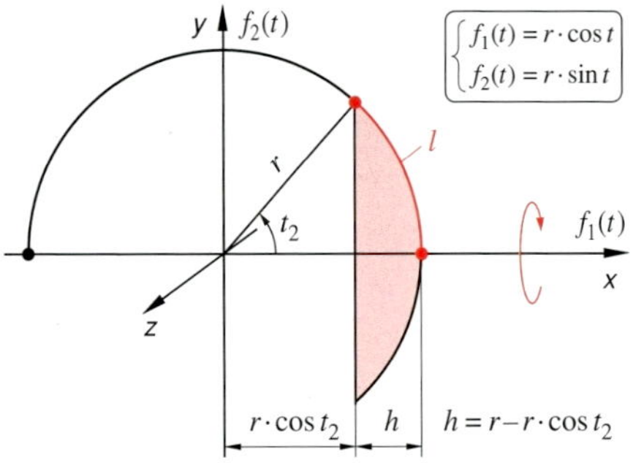

$$A_{Mx} = 2\pi \cdot \left| \int_0^{t_2} \left(r \cdot \sin t \cdot \sqrt{r^2 \cdot \sin^2 t + r^2 \cdot \cos^2 t} \right) \mathrm{d}t \right|$$

$$= 2\pi \cdot \left| \int_0^{t_2} \left(r \cdot \sin t \cdot \sqrt{r^2} \right) \mathrm{d}t \right|$$

$$= 2\pi \cdot \left| r^2 \cdot \int_0^{t_2} \sin t \, \mathrm{d}t \right|$$

$$= 2\pi \cdot r^2 \cdot \left| -\cos t \Big|_0^{t_2} \right|$$

$$= 2\pi \cdot r^2 \cdot \left| -\cos t_2 + \cos 0 \right|$$ ▶ $\cos 0 = 1$

$$= 2\pi \cdot r^2 \cdot (1 - \cos t_2)$$

$$= 2\pi \cdot r \cdot (r - r \cdot \cos t_2)$$ ▶ $r - r \cdot \cos t_2 = h$

$$= \underline{\underline{2\pi r h}}$$ ▶ Mantelflächeninhalt eines Kugelabschnitts

- **Kugelschicht**

Auch hier wird von einer Parameterdarstellung eines Kreises mit $f_1: f_1(t) = r \cdot \cos t$ mit $D(f_1) = \mathbb{R}$ sowie $f_2: f_2(t) = r \cdot \sin t$ mit $D(f_2) = \mathbb{R}$ ausgegangen. Rotiert eine Kreislinie im Parameterintervall $[t_1; t_2]$ mit $0 < t_1 < t_2 < \pi$ um die x-Achse, so wird die Mantelfläche einer Kugelschicht erzeugt.

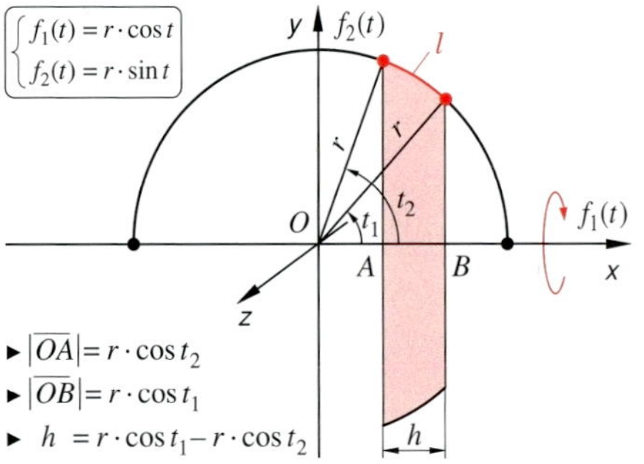

$$A_{Mx} = 2\pi \cdot \left| \int_{t_1}^{t_2} \left(f_2(t) \cdot \sqrt{\left[\dot{f}_1(t)\right]^2 + \left[\dot{f}_2(t)\right]^2} \right) \mathrm{d}t \right|$$

$$= 2\pi \cdot \left| r^2 \cdot \int_{t_1}^{t_2} \sin t \, \mathrm{d}t \right|$$ ▶ Kugelabschnitt

$$= 2\pi r^2 \cdot \left| -\cos t \Big|_{t_1}^{t_2} \right|$$

$$= 2\pi r^2 \cdot \left| -\cos t_2 + \cos t_1 \right|$$

$$= 2\pi r^2 \cdot (\cos t_1 - \cos t_2)$$

$$= 2\pi r \cdot (r \cdot \cos t_1 - r \cdot \cos t_2)$$ ▶ $r \cdot \cos t_1 - r \cdot \cos t_2 = h$

$$= \underline{\underline{2\pi r h}}$$ ▶ Mantelflächeninhalt einer Kugelschicht

33. Entwickeln Sie mithilfe der Integralrechnung Formeln für den Mantelflächeninhalt eines Kegelstumpfes und eines Kegels.

- **Kegelstumpf**

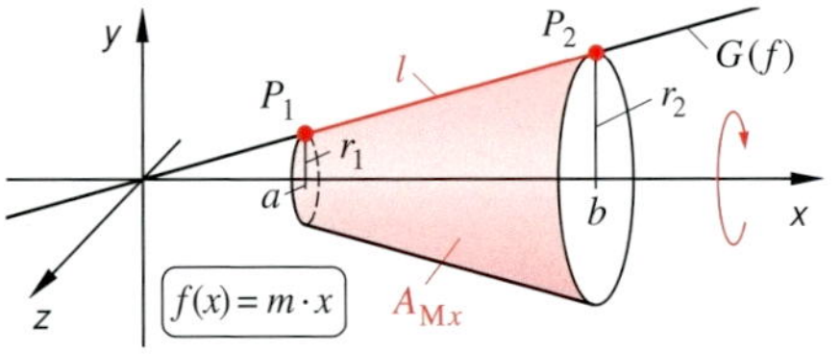

▶ Kapitel 3.2, Übungsaufgabe 53

$$A_{Mx} = 2\pi \cdot \int_a^b \left(f(x) \cdot \sqrt{1 + [f'(x)]^2} \right) \mathrm{d}x$$

▶ $f(x) = m \cdot x \Rightarrow f'(x) = m;\ x > 0$

$$= 2\pi \cdot \left| \int_a^b \left(m \cdot x \cdot \sqrt{1 + m^2} \right) \mathrm{d}x \right|$$

$$= 2\pi \cdot m \cdot \sqrt{1 + m^2} \cdot \left| \int_a^b x \, \mathrm{d}x \right|$$

$$= 2\pi \cdot m \cdot \sqrt{1 + m^2} \cdot \left| \frac{1}{2} \cdot x^2 \Big|_a^b \right|$$

322

► $P_1\langle a|ma\rangle;\ P_2\langle b|mb\rangle$

$$\Rightarrow l = \sqrt{(b-a)^2 + (mb - ma)^2}$$
$$= \sqrt{(b-a)^2 + m^2\cdot(b-a)^2}$$
$$= \sqrt{(b-a)^2\cdot(1+m^2)}$$
$$= \underline{(b-a)\cdot\sqrt{1+m^2}}$$

► $ma = r_1;\ mb = r_2$

$$A_{Mx} = \pi\cdot m\cdot\sqrt{1+m^2}\cdot\left|b^2-a^2\right| \quad \blacktriangleright\ b>a$$
$$= \pi\cdot m\cdot\sqrt{1+m^2}\cdot(b-a)\cdot(b+a)$$
$$= \pi\cdot\left[(b-a)\cdot\sqrt{1+m^2}\right]\cdot(ma+mb)$$
$$= \underline{\underline{\pi\cdot l\cdot(r_1+r_2)}}$$ ► Mantelflächeninhalt eines Kegelstumpfes

- **Kegel**

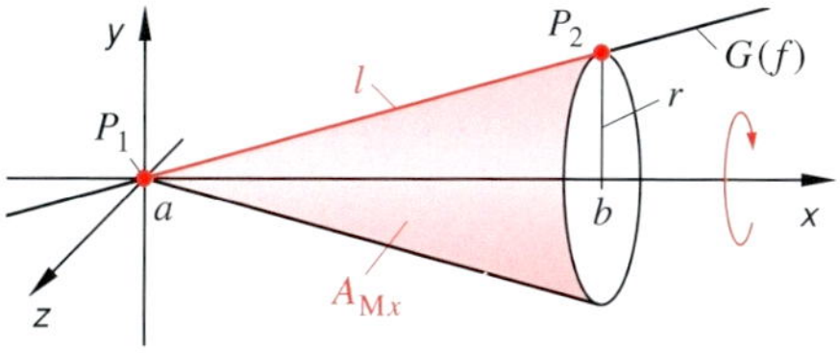

Setzt man in den Term der Mantelfläche eines Kegelstumpfes 0 für r_1, so erhält man den Term der Mantelfläche eines Kegels.

$A_{Mx} = \pi\cdot l\cdot(r_1+r_2)$ ► 0 für r_1; r für r_2

$\underline{\underline{A_{Mx} = \pi\cdot l\cdot r}}$ ► Mantelflächeninhalt eines Kegels

34. Berechnen Sie die Maßzahl der Rotationsoberfläche eines Parabolspiegels, der durch Rotation der Parabel mit der Funktionsgleichung $f(x) = \sqrt{2px};\ p>0\quad x\in\mathbb{R}^{\geq 0}$ um die x-Achse erzeugt wird. Der Spiegel hat einen Durchmesser von 200 mm, eine Höhe von 150 mm (vom Scheitelpunkt aus gemessen) und eine Bohrung von 30 mm Durchmesser in Richtung der x-Achse.

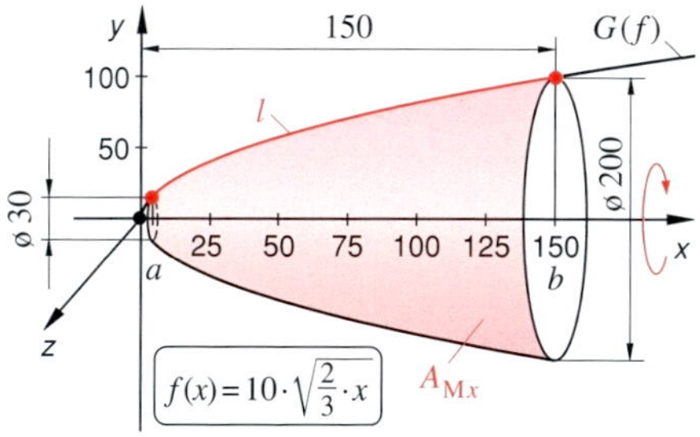

Funktionsgleichung der Funktion f

$f(x) = \sqrt{2px}$ ► $f(150) = 100$

$100 = \sqrt{2p\cdot 150}$

$\Rightarrow 10\,000 = 300\cdot p \Rightarrow p = \dfrac{100}{3}$

► $\underline{f(x) = 10\cdot\sqrt{\dfrac{2}{3}\cdot x};\ D(f) = \mathbb{R}^{\geq 0}}$

Integrationsintervall $[a;b]$ ► $f(x) = 10\cdot\sqrt{\frac{2}{3}\cdot x}$

► $f(a) = 15$ ► Radius der Bohrung mit $d = 30$

$15 = 10\cdot\sqrt{\dfrac{2}{3}\cdot a}$ ► quadrieren ► $a>0$

$\Rightarrow 225 = 100\cdot\dfrac{2}{3}\cdot a \Rightarrow a = \dfrac{3\cdot 225}{2\cdot 100} = \underline{3{,}375}$

► $b = 150$ ► Höhe des Parabolspiegels

$$A_{Mx} = 2\pi\cdot\left|\int_a^b \left(f(x)\cdot\sqrt{1+[f'(x)]^2}\right)\mathrm{d}x\right|$$

► 3,375 für a; 150 für b

$$f(x) = 10\cdot\sqrt{\frac{2}{3}\cdot x} \Rightarrow f'(x) = \frac{10}{3}\cdot\frac{1}{\sqrt{\frac{2}{3}\cdot x}}$$

$$A_{Mx} = 2\pi\cdot\left|\int_{3{,}375}^{150}\left(10\cdot\sqrt{\frac{2}{3}x}\cdot\sqrt{1+\frac{100}{9}\cdot\frac{1}{\frac{2}{3}\cdot x}}\right)\mathrm{d}x\right|$$
$$= 20\pi\cdot\sqrt{\frac{2}{3}}\cdot\left|\int_{3{,}375}^{150}\left(\sqrt{x}\cdot\sqrt{1+\frac{50}{3}\cdot\frac{1}{x}}\right)\mathrm{d}x\right|$$
$$= 20\pi\cdot\sqrt{\frac{2}{3}}\cdot\left|\int_{3{,}375}^{150}\sqrt{x+x\cdot\frac{50}{3}\cdot\frac{1}{x}}\,\mathrm{d}x\right|$$
$$= 20\pi\cdot\sqrt{\frac{2}{3}}\cdot\left|\int_{3{,}375}^{150}\sqrt{x+\frac{50}{3}}\,\mathrm{d}x\right| \quad \blacktriangleright\ 2.4.1$$
$$= 20\pi\cdot\sqrt{\frac{2}{3}}\cdot\left|\frac{2}{3}\cdot\left(\sqrt{x+\frac{50}{3}}\right)^3\right|_{3{,}375}^{150}\Bigg|$$
$$= 20\pi\cdot\sqrt{\frac{2}{3}}\cdot\left|\frac{2}{3}\cdot\left(\sqrt{150+\frac{50}{3}}\right)^3 - \frac{2}{3}\cdot\left(\sqrt{3{,}375+\frac{50}{3}}\right)^3\right|$$
$$= \underline{\underline{70\,520{,}91833}}$$

Die Rotationsoberfläche des Parabolspiegels beträgt 70 520,91833 mm^2, also ca. 7,05 dm^2.

322

35. In zwei Kugeln mit dem Radius r wird jeweils zentrisch eine Kegel gedreht, dessen Spitze bis zum Kugelmittelpunkt reicht. Berechnen Sie die Oberflächenmaßzahlen der Restkörper, wenn die Spitzenwinkel der Kegel 90° bzw. 60° betragen.

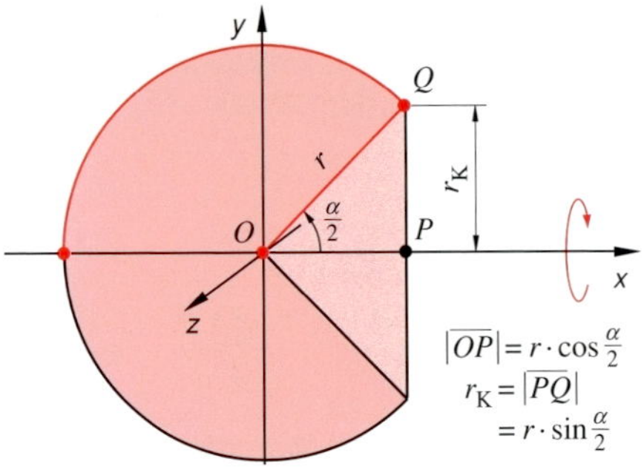

Die gesuchte Oberfläche setzt sich zusammen aus der Mantelfläche eines Kugelabschnitts (► Übungsaufgabe 32) mit der Höhe h mit $h = r + r \cdot \cos\frac{\alpha}{2}$ sowie der Mantelfläche eines Kegels (► Übungsaufgabe 33) mit dem Grundkreisradius r_K mit $r_K = r \cdot \sin\frac{\alpha}{2}$ und der Mantellänge l mit $l = r$.

Allgemeine Lösung

$A_{Ox} = A_{\text{M-Kugelabschnitt}} + A_{\text{M-Kegel}}$

► $A_{\text{M-Kugelabschnitt}} = 2\pi \cdot r \cdot h$ ► $h = r + |\overline{OP}| = r + r \cdot \cos\frac{\alpha}{2}$

$$= 2\pi \cdot r \cdot \left(r + r \cdot \cos\frac{\alpha}{2}\right)$$
$$= \underline{2\pi \cdot r^2 \cdot \left(1 + \cos\frac{\alpha}{2}\right)}$$

► $A_{\text{M-Kegel}} = \pi \cdot l \cdot r_K$ ► $l = r;\ r_K = r \cdot \sin\frac{\alpha}{2}$

$$= \pi \cdot r \cdot r \cdot \sin\frac{\alpha}{2}$$
$$= \underline{\pi \cdot r^2 \cdot \sin\frac{\alpha}{2}}$$

$$A_{Ox} = 2\pi \cdot r^2 \cdot \left(1 + \cos\frac{\alpha}{2}\right) + \pi \cdot r^2 \cdot \sin\frac{\alpha}{2}$$
$$= \underline{\underline{2\pi \cdot r^2 + \pi \cdot r^2 \cdot \left(2 \cdot \cos\frac{\alpha}{2} + \sin\frac{\alpha}{2}\right);\ \alpha \in (0°; 180°)}}$$

Spitzenwinkel des Kegels: 90°

$A_{Ox} = 2\pi \cdot r^2 + \pi \cdot r^2 \cdot \left(2 \cdot \cos\frac{\alpha}{2} + \sin\frac{\alpha}{2}\right)$ ► $\alpha = 90°$

$= 2\pi \cdot r^2 + \pi \cdot r^2 \cdot (2 \cdot \cos 45° + \sin 45°)$

► $\cos 45° = \sin 45° = 0{,}5 \cdot \sqrt{2}$

$= 2\pi \cdot r^2 + \pi \cdot r^2 \cdot (2 \cdot 0{,}5 \cdot \sqrt{2} + 0{,}5 \cdot \sqrt{2})$

$= \underline{\underline{12{,}94751 \cdot r^2}}$

Spitzenwinkel des Kegels: 60°

$A_{Ox} = 2\pi \cdot r^2 + \pi \cdot r^2 \cdot \left(2 \cdot \cos\frac{\alpha}{2} + \sin\frac{\alpha}{2}\right)$ ► $\alpha = 60°$

$= 2\pi \cdot r^2 + \pi \cdot r^2 \cdot (2 \cdot \cos 30° + \sin 30°)$

► $\cos 30° = 0{,}5 \cdot \sqrt{3};\ \sin 30° = 0{,}5$

$= 2\pi \cdot r^2 + \pi \cdot r^2 \cdot (2 \cdot 0{,}5 \cdot \sqrt{3} + 0{,}5)$

$= \underline{\underline{13{,}29538 \cdot r^2}}$

36. Zeigen Sie, dass der Graph der stetigen Funktion $f: f(x) = \begin{cases} \left|x \cdot \cos\frac{\pi}{2x^2}\right|, & \text{wenn } x \neq 0 \\ 0, & \text{wenn } x = 0 \end{cases}$ bei Rotation um die x-Achse im x-Intervall $[0; 1]$ keine endliche Mantelfläche erzeugt. Beachten Sie hierzu die Vorbemerkungen zu diesem Kapitel sowie die Übungsaufgabe 29 im Kapitel 3.3.

Ähnlich wie bei der Übungsaufgabe 29 im Kapitel 3.3 bildet man zu jedem $n \in \mathbb{N}^{\geq 1}$ die Zerlegung

$$0 < \frac{1}{\sqrt{2n}} < \frac{1}{\sqrt{2n-1}} < \cdots < \frac{1}{\sqrt{3}} < \frac{1}{\sqrt{2}} < 1$$

des Intervalls $[0; 1]$, also $x_0 = 0$ und

$$x_k = \frac{1}{\sqrt{2n+1-k}};\ k \in \{1; 2; 3; \ldots; 2n\}.$$

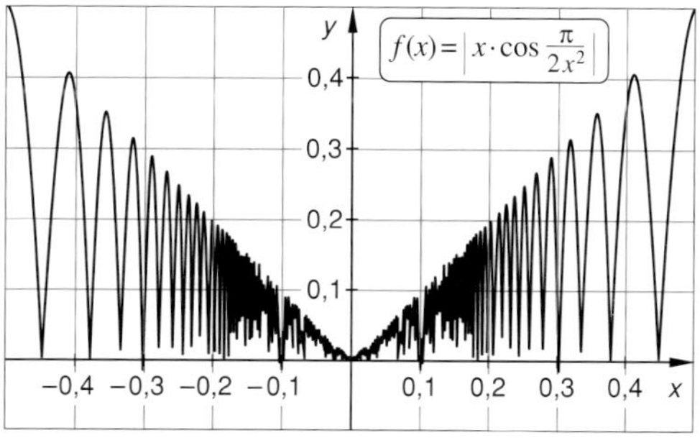

Genauso wie bei der Übungsaufgabe 29 im Kapitel 3.3 zeigt man:

$$f(x_k) = \begin{cases} 0, & \text{wenn } k \text{ gerade} \\ \dfrac{1}{\sqrt{2n+1-k}}, & \text{wenn } k \text{ ungerade} \end{cases}$$

Gemäß der Vorbemerkung zu diesem Kapitel gilt:

$$A_n = \pi \cdot \sum_{k=1}^{2n} \left[\big(f(x_{k-1}) + f(x_k)\big) \cdot \sqrt{(x_k - x_{k-1})^2 + [f(x_k) - f(x_{k-1})]^2} \right]$$

$$\Rightarrow A_n > \pi \cdot \sum_{k=1}^{2n} \left[\big(f(x_{k-1}) + f(x_k)\big) \cdot \sqrt{[f(x_k) - f(x_{k-1})]^2} \right]$$

$$\text{also: } A_n > \pi \cdot \sum_{k=1}^{2n} \left[\big(f(x_k) + f(x_{k-1})\big) \cdot |f(x_k) - f(x_{k-1})| \right]$$

Mit dem berechneten Funktionswert erhält man:

$$\sum_{k=1}^{2n} \left[\big(f(x_k) + f(x_{k-1})\big) \cdot |f(x_k) - f(x_{k-1})| \right] =$$

$$= \big(f(x_1) + f(x_0)\big) \cdot |f(x_1) - f(x_0)| + \big(f(x_2) + f(x_1)\big) \cdot |f(x_2) - f(x_1)| + \cdots + \big(f(x_{2n}) + f(x_{2n-1})\big) \cdot |f(x_{2n}) - f(x_{2n-1})|$$

$$= \left(\frac{1}{\sqrt{2n}} + 0\right) \cdot \left|\frac{1}{\sqrt{2n}} - 0\right| + \left(0 + \frac{1}{\sqrt{2n}}\right) \cdot \left|0 - \frac{1}{\sqrt{2n}}\right| + \left(\frac{1}{\sqrt{2n-2}} + 0\right) \cdot \left|\frac{1}{\sqrt{2n-2}} - 0\right| + \cdots + \left(0 + \frac{1}{\sqrt{2}}\right) \cdot \left|0 - \frac{1}{\sqrt{2}}\right|$$

$$= \frac{1}{2n} + \frac{1}{2n} + \frac{1}{2n-2} + \cdots + \frac{1}{2}$$

$$= \frac{1}{n} + \frac{1}{n-1} + \frac{1}{n-2} + \cdots + \frac{1}{2} + 1$$

$$\Rightarrow \pi \cdot \left(1 + \frac{1}{2} + \frac{1}{3} + \cdots + \frac{1}{n-2} + \frac{1}{n-1} + \frac{1}{n}\right) < A_n$$

$$\Rightarrow \underbrace{\lim_{n\to\infty} \left[\pi \cdot \left(1 + \frac{1}{2} + \frac{1}{3} + \cdots + \frac{1}{n-2} + \frac{1}{n-1} + \frac{1}{n}\right)\right]}_{\infty} \leq \lim_{n\to\infty} A_n$$

► harmonische Reihe ► Kusch 3; 3.2.2

Nach der Definition der Mantelfläche erzeugt der Graph der Funktion f bei Rotation um die x-Achse im Intervall $[0; 1]$ keine endliche Mantelfläche. Bemerkenswert an diesem Beispiel ist, dass f als stetige Funktion in $[0; 1]$ integrierbar ist und somit ihr Graph mit der x-Achse im Intervall $[0; 1]$ eine Fläche einschließt, die bei Rotation um die x-Achse ein endliches Volumen erzeugt.

3.5 Schwerpunkte und Drehmomente

▶ **Lehrbuch: Kusch 4, S. 323...365**

3.5.1 Schwerpunkte flächenförmiger Massen – Flächenschwerpunkte

▶ **Lehrbuch: Kusch 4, S. 325...341**

Funktionen in rechtwinkligen Koordinaten

▶ **Lehrbuch: Kusch 4, S. 325...335**

Für flächenförmige (plattenförmige) ebene Körper mit dem Grundflächeninhalt A und der konstanten Dicke t lässt sich die Masse vereinfacht berechnen, indem man den genormten Begriff **flächenbezogene Masse** mit dem Formelzeichen $\boldsymbol{m''}$ und der Einheit $\frac{\text{kg}}{\text{m}^2}$ einführt. m'' ist also die Masse je Flächeneinheit. Man erhält die Masse m somit als Produkt aus dem Flächeninhalt A und der flächenbezogenen Masse m'' mit $\boldsymbol{m = m'' \cdot A}$. Im Folgenden wird stets davon ausgegangen, dass flächenförmige Massen eben sind.

Bei einem flächenförmigen Körper mit der Dicke t liegt der Schwerpunkt im Abstand $\frac{t}{2}$ zwischen den Flächen. Ordnet man den Körper so im xyz-Koordinatensystem an, dass er symmetrisch zur xy-Ebene liegt, so gilt für die Schwerpunktskoordinate z_S stets $z_S = 0$. Daher müssen im xy-Koordinatensystem nur die Schwerpunktskoordinaten x_S bzw. y_S und die Drehmomente M_y bzw. M_x bestimmt werden.

Merke:

- Setzt sich bei einer flächenförmigen Masse m'' mit $m = m'' \cdot A$ die Fläche mit dem Inhalt A aus den Teilflächen mit den Inhalten $A_1; A_2s; A_3; \ldots; A_n; n \in \mathbb{N}^{\geq 2}$ zusammen, wobei x_k und y_k die zugehörigen Schwerpunktsabstände sind, so gilt für die Schwerpunktskoordinaten x_S und y_S:

$$\boldsymbol{x_S = \frac{\sum\limits_{k=1}^{n} (A_k \cdot x_k)}{A}} \quad \text{und} \quad \boldsymbol{y_S = \frac{\sum\limits_{k=1}^{n} (A_k \cdot y_k)}{A}}$$

- Für die auf die einzelnen Koordinatenachsen bezogenen Drehmomente M_x und M_y gilt:

$$\boldsymbol{M_x = F_G \cdot y_S} \quad \text{und} \quad \boldsymbol{M_y = F_G \cdot x_S} \quad \blacktriangleright \ \boldsymbol{F_G = m \cdot g}$$

362

Merke:

Bei einem Dreieck liegt der Schwerpunkt S im Schnittpunkt der Seitenhalbierenden. Der Schwerpunkt teilt eine Seitenhalbierende im Verhältnis 2 : 1, also z. B.:

$|\overline{AM_b}| = |\overline{CM_b}|$ ► $|\overline{BS}| : |\overline{SM_b}| = 2 : 1$

Ein rechtwinkliges Dreieck hat den Schwerpunkt $S\langle \frac{2}{3} \cdot l \,|\, \frac{1}{3} \cdot h \rangle$.

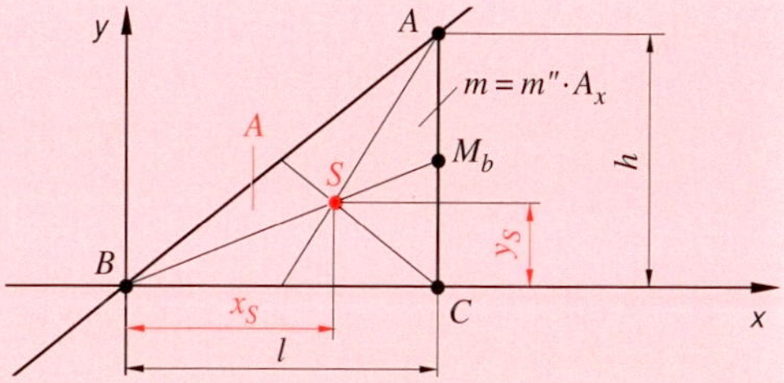

1. Bestimmen Sie die Schwerpunktslage eines Trapezes, eines Parallelogramms, eines Kreisabschnitts, einer Halbkreisfläche und eines Kreisausschnitts.

Schwerpunktslage eines Trapezes

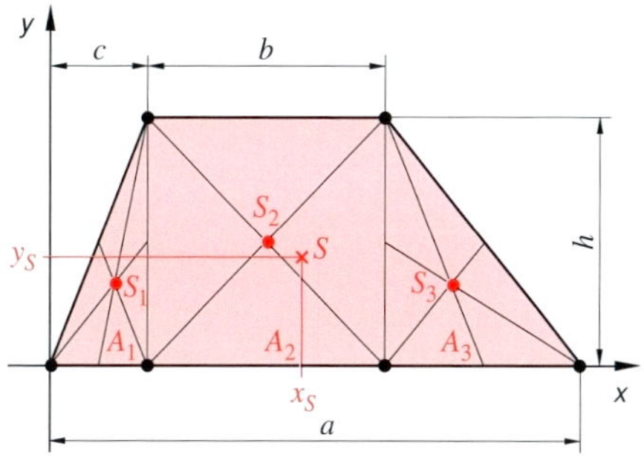

► $A_1 = \frac{c \cdot h}{2}$

$x_{S_1} = \frac{2}{3} \cdot c$

$y_{S_1} = \frac{h}{3}$

► $A_2 = b \cdot h$

$x_{S_2} = c + \frac{b}{2}$

$y_{S_2} = \frac{h}{2}$

► $A_3 = \frac{h}{2} \cdot (a - b - c)$

$x_{S_3} = c + b + \frac{1}{3} \cdot (a - b - c) = \frac{1}{3} \cdot (a + 2b + 2c)$

$y_{S_3} = \frac{h}{3}$

Ist das Trapez gleichschenklig, so gilt $c = \frac{a-b}{2}$ und es ergeben sich dann vereinfachte Schwerpunktskoordinaten.

$$x_S = \frac{A_1 \cdot x_{S_1} + A_2 \cdot x_{S_2} + A_3 \cdot x_{S_3}}{A_1 + A_2 + A_3}$$

$$= \frac{\frac{ch}{2} \cdot \frac{2}{3} \cdot c + bh \cdot \left(c + \frac{b}{2}\right) + \frac{h}{2} \cdot (a - b - c) \cdot \frac{1}{3} \cdot (a + 2b + 2c)}{\frac{ch}{2} + bh + \frac{h}{2} \cdot (a - b - c)}$$

$$= \frac{\frac{c^2 h}{3} + \frac{bh \cdot (b + 2c)}{2} + \frac{h \cdot (a - b - c) \cdot (a + 2b + 2c)}{6}}{\frac{h}{2} \cdot (a + b)}$$

$$= \frac{\frac{1}{3} \cdot h \cdot [a^2 + a \cdot (b + c) + b^2 + 2bc]}{h \cdot (a + b)}$$

$$= \underline{\underline{\frac{a^2 + a \cdot (b + c) + b \cdot (b + 2c)}{3 \cdot (a + b)}}}$$

$$y_S = \frac{A_1 \cdot y_{S_1} + A_2 \cdot y_{S_2} + A_3 \cdot y_{S_3}}{A_1 + A_2 + A_3}$$

$$= \frac{\frac{ch}{2} \cdot \frac{h}{3} + b \cdot h \cdot \frac{h}{2} + \frac{h}{2} \cdot (a - b - c) \cdot \frac{h}{3}}{\frac{ch}{2} + bh + \frac{h}{2} \cdot (a - b - c)}$$

$$= \frac{\frac{ch^2}{6} + \frac{bh^2}{2} + \frac{h^2 \cdot (a - b - c)}{6}}{\frac{h}{2} \cdot (a + b)}$$

$$= \frac{\frac{h^2 \cdot (a + 2b)}{6}}{\frac{h}{2} \cdot (a + b)}$$

$$= \underline{\underline{\frac{h \cdot (a + 2b)}{3 \cdot (a + b)}}}$$

$$x_S = \underline{\underline{\frac{a}{2}}} \text{ und } y_S = \underline{\underline{\frac{h \cdot (a + 2b)}{3 \cdot (a + b)}}}$$

362

Schwerpunktslage eines Parallelogramms

Jedes Parallelogramm ist ein spezielles Trapez (aber kein gleichschenkliges Trapez) mit $b = a$. Wird ein Parallelogramm, wie dargestellt, in einem rechtwinkligen Koordinatensystem positioniert, so erhält man mit den Formeln von Seite 525 die nachstehenden Flächenschwerpunkts-Koordinaten.

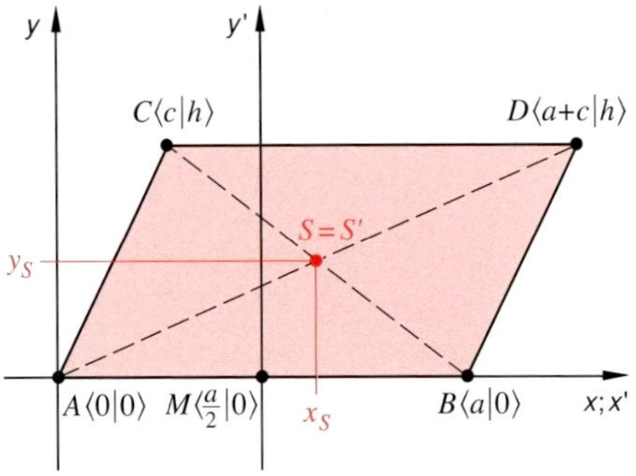

Verschiebt man die y-Achse parallel durch $M\langle \frac{a}{2} | 0\rangle$ (► Mittelpunkt der Strecke $\overline{AB}$), so hat der Schwerpunkt bezogen auf das neue Koordinatensystem die Koordinaten $S'\langle \frac{c}{2} | \frac{h}{2}\rangle$.

● $x_S = \dfrac{a^2 + a \cdot (b+c) + b \cdot (b+2c)}{3 \cdot (a+b)}$ ► a für b

$= \dfrac{a^2 + a \cdot (a+c) + a \cdot (a+2c)}{3 \cdot (a+a)}$

$= \dfrac{3a^2 + 3ac}{6a}$

$= \underline{\underline{\dfrac{a}{2} + \dfrac{c}{2}}}$

● $y_S = \dfrac{h \cdot (a+2b)}{3 \cdot (a+b)}$ ► b für a

$= \dfrac{h \cdot 3a}{3 \cdot 2a}$

$= \underline{\underline{\dfrac{h}{2}}}$

Schwerpunktslage eines Kreisabschnitts

Der Kreisabschnitt eines Kreises mit dem Radius r wird so im Koordinatensystem positioniert, dass der Kreismittelpunkt mit dem Koordinatenursprung übereinstimmt ($M\langle 0 | 0\rangle$) und der Kreisabschnitt symmetrisch zur y-Achse liegt. Damit gilt $x_S = 0$. y_S wird mit der Formel für Schwerpunkte von Flächen zwischen zwei Funktionsgraphen berechnet.

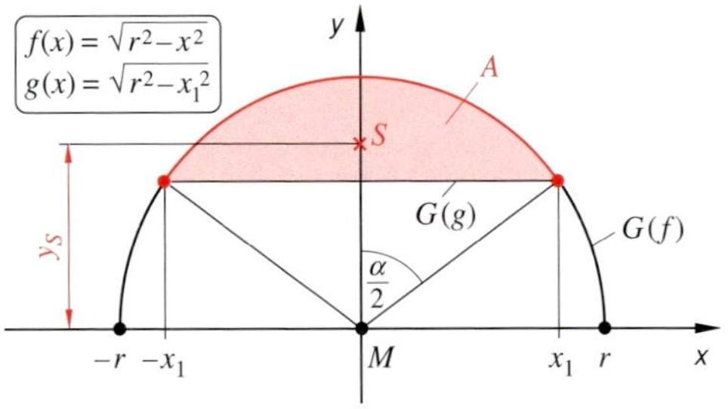

Zunächst werden der Zählerterm und der Nennerterm ermittelt.

$$y_S = \frac{\frac{1}{2} \cdot \int\limits_a^b \left([f(x)]^2 - [g(x)]^2 \right) \mathrm{d}x}{A}$$ ► Merksatz vor Übungsaufgabe 33

● **Ermittlung des Zählerterms**

$$Z = \frac{1}{2} \cdot \int\limits_a^b \left([f(x)]^2 - [g(x)]^2 \right) \mathrm{d}x$$

► $-x_1$ für a; x_1 für b; $f(x) = \sqrt{r^2 - x^2}$; $g(x) = \sqrt{r^2 - x_1^2}$

$$Z = \frac{1}{2} \cdot \int\limits_{-x_1}^{x_1} \left(r^2 - x^2 - [r^2 - x_1^2] \right) \mathrm{d}x$$

$$= \int\limits_0^{x_1} (-x^2 + x_1^2)\,\mathrm{d}x$$ ► Integrandfunktion ist symmetrisch zur y-Achse

$$= -\frac{1}{3} \cdot x^3 + x_1^2 \cdot x \Big|_0^{x_1}$$

$$= -\frac{1}{3} \cdot x_1^3 + x_1^3 - 0$$

$$= \underline{\frac{2}{3} \cdot x_1^3}$$

● **Ermittlung des Nennerterms**

$$A = \int\limits_a^b [f(x) - g(x)]\,\mathrm{d}x$$

► $-x_1$ für a; x_1 für b; $f(x) = \sqrt{r^2 - x^2}$; $g(x) = \sqrt{r^2 - x_1^2}$

$$A = \int\limits_{-x_1}^{x_1} \left[\sqrt{r^2 - x^2} - \sqrt{r^2 - x_1^2} \right] \mathrm{d}x$$ ► 2.4.5

$$= 2 \cdot \left[\frac{r^2}{2} \cdot \operatorname{Arcsin} \frac{x}{r} + \frac{x}{2} \cdot \sqrt{r^2 - x^2} - x \cdot \sqrt{r^2 - x_1^2} \Big|_0^{x_1} \right]$$

► Fläche liegt symmetrisch zur y-Achse

$$= 2 \cdot \left[\frac{r^2}{2} \cdot \operatorname{Arcsin} \frac{x_1}{r} + \frac{x_1}{2} \cdot \sqrt{r^2 - x_1^2} - x_1 \cdot \sqrt{r^2 - x_1^2} - 0 \right]$$

$$= \underline{r^2 \cdot \operatorname{Arcsin} \frac{x_1}{r} - x_1 \cdot \sqrt{r^2 - x_1^2}}$$

362

$$y_S = \frac{Z}{A} = \frac{\frac{2}{3}\cdot x_1^3}{r^2 \cdot \operatorname{Arcsin}\frac{x_1}{r} - x_1 \cdot \sqrt{r^2 - x_1^2}};\; x_1 \in (0; r] \quad \blacktriangleright\ \sin\frac{\alpha}{2} = \frac{x_1}{r} \Rightarrow x_1 = r\cdot\sin\frac{\alpha}{2}$$

$$\operatorname{Arcsin}\frac{x_1}{r} = \operatorname{Arcsin}\left(\sin\frac{\alpha}{2}\right) = \frac{\alpha}{2}$$

$$\sqrt{r^2 - x_1^2} = r\cdot\cos\frac{\alpha}{2}$$

$$= \frac{\frac{2}{3}\cdot r^3\cdot\sin^3\frac{\alpha}{2}}{r^2\cdot\frac{\alpha}{2} - r^2\cdot\sin\frac{\alpha}{2}\cdot\cos\frac{\alpha}{2}} \quad \blacktriangleright\ \sin\frac{\alpha}{2}\cdot\cos\frac{\alpha}{2} = \frac{1}{2}\cdot\sin\alpha \quad \blacktriangleright\ 4.1$$

$$= \frac{4\cdot r\cdot\sin^3\frac{\alpha}{2}}{3\cdot(\alpha - \sin\alpha)};\; \alpha\in(0;\pi) \quad \blacktriangleright\ \alpha \text{ im Bogenmaß}$$

$$= \frac{240\cdot r\cdot\sin^3\frac{\alpha}{2}}{\pi\cdot\alpha - 180\cdot\sin\alpha};\; \alpha\in(0°;180°) \quad \blacktriangleright\ \alpha \text{ im Gradmaß}$$

Schwerpunktslage einer Halbkreisfläche

Für $\alpha = \pi$ bzw. $\alpha = 180°$ wird aus dem Kreisabschnitt eine Halbkreisfläche. Wegen $\sin^3\frac{\pi}{2} = 1$ und $\sin\pi = 0$ bzw. $\sin^3 90° = 1$ und $\sin 180° = 0$ gilt dann für die Schwerpunktskoordinate y_S: $y_S = \frac{4\,r}{3\,\pi}$

Schwerpunktslage eines Kreisausschnitts

Wird ein Kreisausschnitt so in einem rechtwinkligen Koordinatensystem positioniert, dass die Fläche symmetrisch zur y-Achse liegt, dann gilt $x_S = 0$. Die Koordinate y_S berechnet man dann geschickterweise mit der Formel für Kurven in Polarkoordinaten.

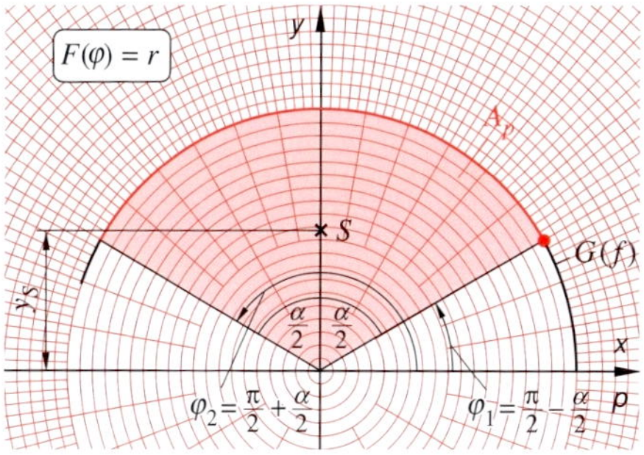

$$\blacktriangleright\ y_S = \frac{\frac{1}{3}\cdot\int_{\varphi_1}^{\varphi_2}\left(\left[F(\varphi)\right]^3\cdot\sin\varphi\right)\mathrm{d}\varphi}{A_p}$$

▸ Merke vor der Übungsaufgabe 46

$$\blacktriangleright\ A_p = \pi\cdot r^2\cdot\frac{\alpha}{2\pi} \quad \blacktriangleright\ \alpha \text{ im Bogenmaß} = \frac{1}{2}\cdot r^2\cdot\alpha$$

$$\blacktriangleright\ \cos\left(\frac{\pi}{2}+\frac{\alpha}{2}\right) = -\sin\frac{\alpha}{2};\; \cos\left(\frac{\pi}{2}-\frac{\alpha}{2}\right) = \sin\frac{\alpha}{2}$$

$$\frac{1}{3}\cdot\int_{\varphi_1}^{\varphi_2}\left(\left[F(\varphi)\right]^3\cdot\sin\varphi\right)\mathrm{d}\varphi = ? \quad \blacktriangleright\ F(\varphi) = r;\; \varphi_1 = \frac{\pi}{2}-\frac{\alpha}{2};\; \varphi_2 = \frac{\pi}{2}+\frac{\alpha}{2}$$

$$\frac{1}{3}\cdot\int_{\frac{\pi}{2}-\frac{\alpha}{2}}^{\frac{\pi}{2}+\frac{\alpha}{2}}(r^3\cdot\sin\varphi)\,\mathrm{d}\varphi = \frac{r^3}{3}\cdot\int_{\frac{\pi}{2}-\frac{\alpha}{2}}^{\frac{\pi}{2}+\frac{\alpha}{2}}\sin\varphi\,\mathrm{d}\varphi$$

$$= \frac{r^3}{3}\cdot\left(-\cos\varphi\,\Big|_{\frac{\pi}{2}-\frac{\alpha}{2}}^{\frac{\pi}{2}+\frac{\alpha}{2}}\right)$$

$$= \frac{r^3}{3}\cdot\left[-\cos\left(\frac{\pi}{2}+\frac{\alpha}{2}\right)+\cos\left(\frac{\pi}{2}-\frac{\alpha}{2}\right)\right]$$

$$= \frac{2r^3}{3}\cdot\sin\frac{\alpha}{2}$$

$$y_S = \frac{\frac{2}{3}\cdot r^3\cdot\sin\frac{\alpha}{2}}{\frac{1}{2}\cdot r^2\cdot\alpha}$$

$$= \frac{4\,r}{3\,\alpha}\cdot\sin\frac{\alpha}{2} \quad \blacktriangleright\ \text{Schwerpunktskoordinate } y_S$$

362 Bestimmen Sie die Schwerpunktslage der nachstehenden flächenförmigen Massen aus Stahl mit der Dicke t und $\varrho = 7{,}85\ \mathrm{kg/dm^3}$. Berechnen Sie die Drehmomente in Bezug auf die eingezeichneten Koordinatenachsen in $\mathrm{N \cdot mm}$.

2.

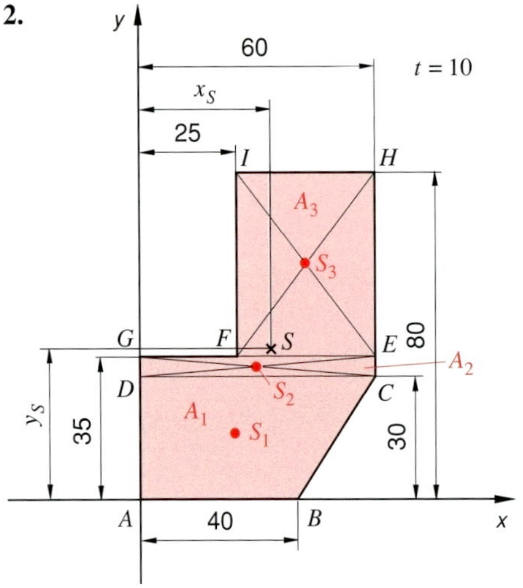

Koordinaten der Punkte $A \dots I$

$A\langle 0\,|\,0\rangle$; $B\langle 40\,|\,0\rangle$; $C\langle 60\,|\,30\rangle$; $D\langle 0\,|\,30\rangle$; $E\langle 60\,|\,35\rangle$; $F\langle 25\,|\,35\rangle$; $G\langle 0\,|\,35\rangle$; $H\langle 60\,|\,80\rangle$; $I\langle 25\,|\,80\rangle$

- **Flächeninhalte A_1, A_2 und A_3**

$$A_1 = \frac{|\overline{AB}| + |\overline{CD}|}{2} \cdot |\overline{AD}| \quad \blacktriangleright\ |\overline{AB}| = 40;\ |\overline{CD}| = 60;\ |\overline{AD}| = 30$$
$$= \frac{40+60}{2} \cdot 30$$
$$= \underline{1500} \quad \blacktriangleright\ \underline{A_1 = 1500\ \mathrm{mm}^2}$$

$$A_2 = |\overline{DC}| \cdot |\overline{CE}| \quad \blacktriangleright\ |\overline{DC}| = 60;\ |\overline{CE}| = 5$$
$$= 60 \cdot 5$$
$$= \underline{300} \quad \blacktriangleright\ \underline{A_2 = 300\ \mathrm{mm}^2}$$

$$A_3 = |\overline{FE}| \cdot |\overline{EH}| \quad \blacktriangleright\ |\overline{FE}| = 35;\ |\overline{EH}| = 45$$
$$= 35 \cdot 45$$
$$= \underline{1575} \quad \blacktriangleright\ \underline{A_3 = 1575\ \mathrm{mm}^2}$$

$$A_{\mathrm{ges}} = A_1 + A_2 + A_3$$
$$= 1500\ \mathrm{mm}^2 + 300\ \mathrm{mm}^2 + 1575\ \mathrm{mm}^2$$
$$= \underline{\underline{3375\ \mathrm{mm}^2}}$$

- **Flächenschwerpunkt des Trapezes $ABCD$** ► Bezeichnungen: Übungsaufgabe 1

$$x_{S_1} = \frac{a^2 + a\cdot(b+c) + b\cdot(b+2c)}{3\cdot(a+b)} \quad \blacktriangleright\ a = 40;\ b = 60;\ c = 0$$
$$= \frac{40^2 + 40\cdot(60+0) + 60\cdot(60+2\cdot 0)}{3\cdot(40+60)}$$
$$= \underline{\frac{76}{3}} \quad \blacktriangleright\ \underline{x_{S_1} = \frac{76}{3}\mathrm{mm}}$$

$$y_{S_1} = \frac{h\cdot(a+2b)}{3\cdot(a+b)} \quad \blacktriangleright\ h = 30;\ a = 40;\ b = 60$$
$$= \frac{30\cdot(40+2\cdot 60)}{3\cdot(40+60)}$$
$$= \underline{16} \quad \blacktriangleright\ \underline{y_{S_1} = 16\ \mathrm{mm}}$$

► Mit den Koordinaten x_{S_1} und y_{S_1} erhält man den Flächenschwerpunkt $S_1 \left\langle \frac{76}{3}\mathrm{mm} \,\middle|\, 16\ \mathrm{mm} \right\rangle$.

- **Flächenschwerpunkt des Rechtecks $DCEG$**

$$x_{S_2} = \frac{|\overline{DC}|}{2} = \frac{60}{2} = \underline{30};\ y_{S_2} = 30 + \frac{|\overline{DG}|}{2} = 30 + \frac{5}{2} = \underline{32{,}5}$$

► Mit den Koordinaten x_{S_2} und y_{S_2} erhält man den Flächenschwerpunkt $S_2\,\langle 30\ \mathrm{mm}\,|\,32{,}5\ \mathrm{mm}\rangle$.

- **Flächenschwerpunkt des Rechtecks $FEHI$**

$$x_{S_3} = 25 + \frac{|\overline{FE}|}{2} = 25 + \frac{35}{2} = \underline{42{,}5};\ y_{S_3} = 35 + \frac{|\overline{EH}|}{2} = 35 + \frac{45}{2} = \underline{57{,}5}$$

► Mit den Koordinaten x_{S_1} und y_{S_1} erhält man den Flächenschwerpunkt $S_3\,\langle 42{,}5\ \mathrm{mm}\,|\,57{,}5\ \mathrm{mm}\rangle$.

362

- **Flächenschwerpunkt der Gesamtmasse**

$$x_S = \frac{\sum_{k=1}^{3}(A_k \cdot x_k)}{A_{\text{ges}}} = \frac{\frac{76}{3} \cdot 1500 + 30 \cdot 300 + 42{,}5 \cdot 1575}{3375} = \underline{\underline{33{,}76}} \quad ► \ \underline{\underline{x_S = 33{,}76 \text{ mm}}}$$

$$y_S = \frac{\sum_{k=1}^{3}(A_k \cdot y_k)}{A_{\text{ges}}} = \frac{16 \cdot 1500 + 32{,}5 \cdot 300 + 57{,}5 \cdot 1575}{3375} = \underline{\underline{36{,}83}} \quad ► \ \underline{\underline{y_S = 36{,}83 \text{ mm}}}$$

Mit den Koordinaten x_S und y_S erhält man den Flächenschwerpunkt $S\langle 33{,}76 \text{ mm} \,|\, 36{,}83 \text{ mm}\rangle$.

- **Berechnung der Drehmomente M_x und M_y**

Die Drehmomente ermittelt man mit den Formeln $M_x = F_G \cdot y_S$ und $M_y = F_G \cdot x_S$.

Es ist zweckmäßig, zunächst die Gewichtskraft F_G zu berechnen.

Die Maßzahl A der Gesamtfläche wurde schon bei den Schwerpunktskoordinaten berechnet: $A_{\text{ges}} = 3375 \text{ mm}^2$

$M_x = F_G \cdot y_S$ und $M_y = F_G \cdot x_S$

$F_G = A_{\text{ges}} \cdot t \cdot \varrho \cdot g$

► $A_{\text{ges}} = 3375 \text{ mm}^2$; $t = 10 \text{ mm}$;

$\varrho = 7{,}85 \frac{\text{kg}}{\text{dm}^3} = 7{,}85 \cdot 10^{-6} \frac{\text{kg}}{\text{mm}^3}$; $g = 9{,}81 \frac{\text{m}}{\text{s}^2}$

$$F_G = 3375 \text{ mm}^2 \cdot 10 \text{ mm} \cdot 7{,}85 \cdot 10^{-6} \frac{\text{kg}}{\text{mm}^3} \cdot 9{,}81 \frac{\text{m}}{\text{s}^2}$$
$$= 2{,}59904 \frac{\text{kg} \cdot \text{m}}{\text{s}^2} \quad ► \ 1 \frac{\text{kg} \cdot \text{m}}{\text{s}^2} = 1 \text{ N}$$
$$= \underline{2{,}59904 \text{ N}}$$

$$M_x = F_G \cdot y_S \quad ► \ y_S = 36{,}83 \text{ mm}$$
$$= 2{,}59904 \text{ N} \cdot 36{,}83 \text{ mm}$$
$$= \underline{\underline{95{,}72 \text{ N} \cdot \text{mm}}}$$

$$M_y = F_G \cdot x_S \quad ► \ x_S = 33{,}76 \text{ mm}$$
$$= 2{,}59904 \text{ N} \cdot 33{,}76 \text{ mm}$$
$$= \underline{\underline{87{,}74 \text{ N} \cdot \text{mm}}}$$

Bezogen auf die Koordinatenachsen erhält man die Drehmomente mit:

$M_x = 95{,}72 \text{ N} \cdot \text{m}$ und $M_y = 87{,}74 \text{ N} \cdot \text{m}$

3.

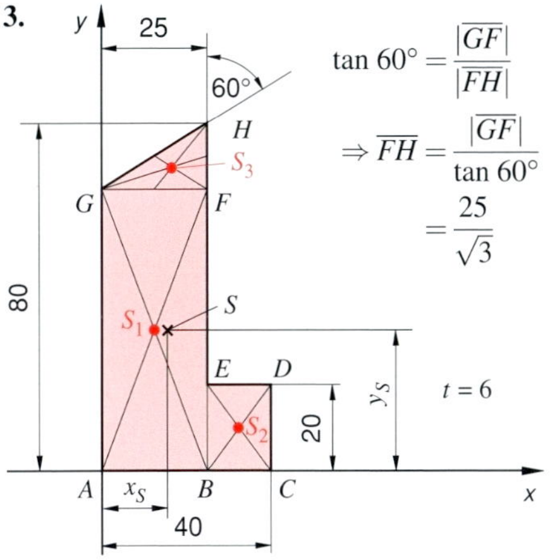

$$\tan 60° = \frac{|\overline{GF}|}{|\overline{FH}|}$$
$$\Rightarrow \overline{FH} = \frac{|\overline{GF}|}{\tan 60°} = \frac{25}{\sqrt{3}}$$

Koordinaten der Punkte A … M

$A\langle 0\,|\,0\rangle$; $B\langle 25\,|\,0\rangle$; $C\langle 40\,|\,0\rangle$; $D\langle 40\,|\,20\rangle$; $E\langle 25\,|\,20\rangle$; $F\langle 25\,|\,80 - \frac{25}{\sqrt{3}}\rangle$; $G\langle 0\,|\,80 - \frac{25}{\sqrt{3}}\rangle$; $H\langle 25\,|\,80\rangle$

- **Flächeninhalte A_1, A_2, A_3 und A_{ges}**

$$A_1 = |\overline{AB}| \cdot |\overline{AG}| \quad ► \ |\overline{AB}| = 40; \ |\overline{AG}| = 80 - \frac{25}{\sqrt{3}}$$
$$= 40 \cdot \left(80 - \frac{25}{\sqrt{3}}\right)$$
$$= \underline{\underline{2622{,}65}} \quad ► \ \underline{A_1 = 2622{,}65 \text{ mm}^2}$$

$$A_2 = |\overline{BC}| \cdot |\overline{BE}| \quad ► \ |\overline{BC}| = 15; \ |\overline{BE}| = 20$$
$$= 15 \cdot 20$$
$$= \underline{\underline{300}} \quad ► \ \underline{A_2 = 300 \text{ mm}^2}$$

$$A_3 = \frac{1}{2} \cdot |\overline{GF}| \cdot |\overline{FH}| \quad ► \ |\overline{GF}| = 25; \ |\overline{FH}| = \frac{25}{\sqrt{3}}$$
$$= \frac{1}{2} \cdot 25 \cdot \frac{25}{\sqrt{3}}$$
$$= \underline{\underline{180{,}42}} \quad ► \ \underline{A_3 = 180{,}42 \text{ mm}^2}$$

$$A_{\text{ges}} = A_1 + A_2 + A_3$$
$$= 2622{,}65 \text{ mm}^2 + 300 \text{ mm}^2 + 180{,}42 \text{ mm}^2$$
$$= \underline{\underline{3103{,}07 \text{ mm}^2}}$$

362

- **Flächenschwerpunkt des Rechtecks *ABFG***

$x_{S_1} = \frac{|\overline{AB}|}{2} = \frac{25}{2} = \underline{12{,}5}$; $y_{S_1} = \frac{1}{2} \cdot (|\overline{BH}| - |\overline{FH}|) = \frac{1}{2} \cdot \left(80 - \frac{25}{\sqrt{3}}\right) = \underline{32{,}78}$ ▶ Schwerpunkt $S_2\langle 12{,}5\ \text{mm} \,|\, 32{,}78\ \text{mm}\rangle$

- **Flächenschwerpunkt des Rechtecks *BCED***

$x_{S_2} = |\overline{AB}| + \frac{|\overline{BC}|}{2} = 25 + \frac{15}{2} = \underline{32{,}5}$; $y_{S_2} = \frac{|\overline{BE}|}{2} = \frac{20}{2} = \underline{10}$ ▶ Schwerpunkt $S_2\langle 32{,}5\ \text{mm} \,|\, 10\ \text{mm}\rangle$

- **Flächenschwerpunkt des Dreiecks *GFH*** ▶ Merksatz bei Übungsaufgabe 1

$x_{S_3} = \frac{2}{3} \cdot |\overline{GF}| = \frac{2}{3} \cdot 25 = \underline{16{,}67}$; $y_{S_3} = |\overline{BH}| - \frac{2}{3} \cdot |\overline{FH}| = 80 - \frac{2}{3} \cdot \frac{25}{\sqrt{3}} = \underline{70{,}38}$ ▶ Schwerpunkt $S_3\langle 16{,}67\ \text{mm} \,|\, 70{,}38\ \text{mm}\rangle$

- **Flächenschwerpunkt der Gesamtmasse**

$$x_S = \frac{\sum_{k=1}^{3} (A_k \cdot x_k)}{A_{\text{ges}}} = \frac{2622{,}65 \cdot 12{,}5 + 300 \cdot 32{,}5 + 180{,}42 \cdot 16{,}67}{3103{,}07} = \underline{\underline{14{,}68}} \quad ▶ \ \underline{\underline{x_S = 14{,}68\ \text{mm}}}$$

$$y_S = \frac{\sum_{k=1}^{3} (A_k \cdot y_k)}{A_{\text{ges}}} = \frac{2622{,}65 \cdot 32{,}78 + 300 \cdot 10 + 180{,}42 \cdot 70{,}38}{3103{,}07} = \underline{\underline{32{,}76}} \quad ▶ \ \underline{\underline{y_S = 32{,}76\ \text{mm}}}$$

Mit den Koordinaten x_S und y_S erhält man den Flächenschwerpunkt $S\langle 14{,}68\ \text{mm} \,|\, 32{,}76\ \text{mm}\rangle$.

- **Berechnung der Drehmomente M_x und M_y**

Die Drehmomente ermittelt man mit den Formeln $M_x = F_G \cdot y_S$ und $M_y = F_G \cdot x_S$. Es ist zweckmäßig, zunächst die Gewichtskraft F_G zu berechnen. Die Maßzahl A der Gesamtfläche wurde schon bei den Schwerpunktskoordinaten berechnet: $A_{\text{ges}} = 3103{,}07$.

$M_x = F_G \cdot y_S$ und $M_y = F_G \cdot x_S$

$F_G = A_{\text{ges}} \cdot t \cdot \varrho \cdot g$

▶ $A_{\text{ges}} = 3103{,}07\ \text{mm}^2$; $t = 6\ \text{mm}$;

$\varrho = 7{,}85\ \frac{\text{kg}}{\text{dm}^3} = 7{,}85 \cdot 10^{-6}\ \frac{\text{kg}}{\text{mm}^3}$; $g = 9{,}81\ \frac{\text{m}}{\text{s}^2}$

$$F_G = 3103{,}07\ \text{mm}^2 \cdot 6\ \text{mm} \cdot 7{,}85 \cdot 10^{-6}\ \frac{\text{kg}}{\text{mm}^3} \cdot 9{,}81\ \frac{\text{m}}{\text{s}^2} = 1{,}43378\ \frac{\text{kg} \cdot \text{m}}{\text{s}^2} \quad ▶ \ 1\ \frac{\text{kg} \cdot \text{m}}{\text{s}^2} = 1\ \text{N}$$
$$= \underline{1{,}43378\ \text{N}}$$

$$M_x = F_G \cdot y_S \quad ▶ \ y_S = 32{,}76\ \text{mm}$$
$$= 1{,}43378\ \text{N} \cdot 32{,}76\ \text{mm} = \underline{\underline{46{,}97\ \text{N} \cdot \text{mm}}}$$

$$M_y = F_G \cdot x_S \quad ▶ \ x_S = 14{,}68\ \text{mm}$$
$$= 1{,}43378\ \text{N} \cdot 14{,}68\ \text{mm} = \underline{\underline{21{,}05\ \text{N} \cdot \text{mm}}}$$

Bezogen auf die Koordinatenachsen erhält man die Drehmomente mit:

$M_x = 46{,}97\ \text{N} \cdot \text{mm}$ und $M_y = 21{,}05\ \text{N} \cdot \text{mm}$

4.

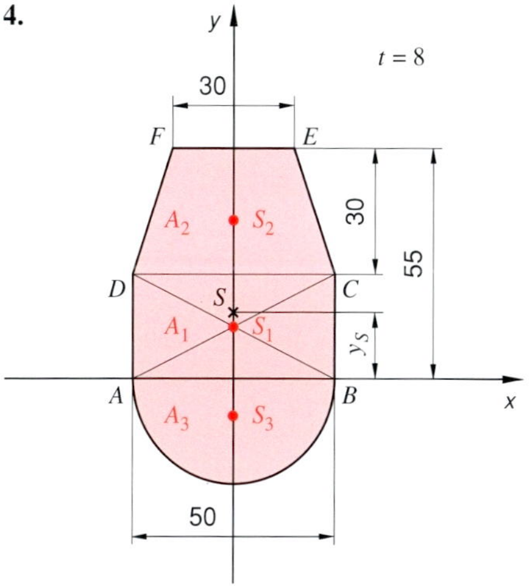

Die Fläche liegt symmetrisch zur y-Achse, d. h. es gilt $x_S = 0$.

Koordinaten der Punkte $A \ldots F$

$A\langle -25 \mid 0\rangle$; $B\langle 25 \mid 0\rangle$; $C\langle 25 \mid 25\rangle$; $D\langle -25 \mid 25\rangle$; $E\langle 15 \mid 55\rangle$; $F\langle -15 \mid 55\rangle$

● **Flächeninhalte A_1, A_2, A_3 und A_{ges}**

$$A_1 = |\overline{AB}| \cdot |\overline{BC}| \quad \blacktriangleright\ |\overline{AB}| = 50;\ |\overline{BC}| = 25$$
$$= 50 \cdot 25$$
$$= \underline{1250} \quad \blacktriangleright\ \underline{A_1 = 1250\,\text{mm}^2}$$

$$A_2 = \frac{|\overline{DC}| + |\overline{FE}|}{2} \cdot h \quad \blacktriangleright\ |\overline{DC}| = 50;\ |\overline{FE}| = 30;\ h = 30$$
$$= \frac{50+30}{2} \cdot 30$$
$$= \underline{1200} \quad \blacktriangleright\ \underline{A_2 = 1200\,\text{mm}^2}$$

$$A_3 = \frac{1}{2} \cdot \pi \cdot r^2 \quad \blacktriangleright\ r = 25$$
$$= \frac{1}{2} \cdot \pi \cdot 25^2$$
$$= \underline{981{,}75} \quad \blacktriangleright\ \underline{A_3 = 981{,}75\,\text{mm}^2}$$

$$A_{ges} = A_1 + A_2 + A_3$$
$$= 1250\,\text{mm}^2 + 1200\,\text{mm}^2 + 981{,}75\,\text{mm}^2$$
$$= \underline{\underline{3431{,}75\,\text{mm}^2}}$$

● **Flächenschwerpunkt des Rechtecks *ABCD***

$$x_{S_1} = 0;\ y_{S_1} = \frac{1}{2} \cdot |\overline{BC}| = \frac{1}{2} \cdot 25 = \underline{12{,}5} \quad \blacktriangleright \text{ Schwerpunkt } S_1\langle 0\,\text{mm} \mid 12{,}5\,\text{mm}\rangle$$

● **Flächenschwerpunkt des Trapezes *DCEF***

► Die Trapeze rechts und links der y-Achse haben die gleiche Schwerpunktskoordinate y_{S_2}

$$x_{S_2} = 0;\ y_{S_2} = |\overline{BC}| + \frac{h \cdot (a + 2b)}{3 \cdot (a+b)} \quad \blacktriangleright \text{ Übungsaufgabe 1 } \blacktriangleright\ |\overline{BC}| = 25;\ h = 30;\ a = 25;\ b = 15$$

$$\Rightarrow y_{S_2} = 25 + \frac{30 \cdot (25 + 2 \cdot 15)}{3 \cdot (25 + 15)} = \underline{38{,}75} \quad \blacktriangleright \text{ Schwerpunkt } S_2\langle 0\,\text{mm} \mid 38{,}75\,\text{mm}\rangle$$

● **Flächenschwerpunkt des Halbkreises** ► Übungsaufgabe 1

$$x_{S_3} = 0;\ y_{S_3} = -\frac{4}{3\pi} \cdot r \quad \blacktriangleright\ r = 25 \Rightarrow y_{S_3} = -\frac{4}{3\pi} \cdot 25 = \underline{-10{,}61} \quad \blacktriangleright \text{ Schwerpunkt } S_3\langle 0\,\text{mm} \mid -10{,}61\,\text{mm}\rangle$$

● **Flächenschwerpunkt der Gesamtmasse**

$$x_S = 0;\ y_S = \frac{\sum_{k=1}^{3} (A_k \cdot y_k)}{A_{ges}} = \frac{1250 \cdot 12{,}5 + 1200 \cdot 38{,}75 + 981{,}75 \cdot (-10{,}61)}{3431{,}75} = \underline{\underline{15{,}07}} \quad \blacktriangleright\ y_S = 15{,}07\,\text{mm}$$

Mit den Koordinaten x_S und y_S erhält man den Flächenschwerpunkt $S\langle 0\,\text{mm} \mid 15{,}07\,\text{mm}\rangle$.

362

- **Berechnung des Drehmomentes M_x**

Wegen $x_S = 0$ gilt für das Drehmoment M_y: $M_y = 0$
Die Maßzahl A der Gesamtfläche wurde schon bei den Schwerpunktskoordinaten berechnet: $A = 3431{,}75$.

$M_x = F_G \cdot y_S$

$F_G = A \cdot t \cdot \varrho \cdot g$

► $A = 3431{,}75\ \text{mm}^2$; $t = 8\ \text{mm}$;
$\varrho = 7{,}85\ \frac{\text{kg}}{\text{dm}^3} = 7{,}85 \cdot 10^{-6}\ \frac{\text{kg}}{\text{mm}^3}$; $g = 9{,}81\ \frac{\text{m}}{\text{s}^2}$

$$F_G = 3431{,}75\ \text{mm}^2 \cdot 8\ \text{mm} \cdot 7{,}85 \cdot 10^{-6}\ \frac{\text{kg}}{\text{mm}^3} \cdot 9{,}81\ \frac{\text{m}}{\text{s}^2}$$
$$= 2{,}11419\ \frac{\text{kg} \cdot \text{m}}{\text{s}^2} \quad ► 1\ \frac{\text{kg} \cdot \text{m}}{\text{s}^2} = 1\ \text{N}$$
$$= \underline{2{,}11419\ \text{N}}$$

Bezogen auf die x-Achse erhält man das Drehmoment M_x mit: $M_x = 31{,}86\ \text{N} \cdot \text{mm}$

$M_x = F_G \cdot y_S$ ► $y_S = 15{,}07\ \text{mm}$
$$= 2{,}11419\ \text{N} \cdot 15{,}07\ \text{mm}$$
$$= \underline{\underline{31{,}86\ \text{N} \cdot \text{mm}}}$$

Merke:

Ist eine flächenförmige Masse m mit $m = m'' \cdot A_x$ so in einem xy-Koordinatensystem angeordnet, dass in einem Intervall $[a; b]$ stets $f(x) \geq 0$ gilt, so berechnet man die Drehmomente M_x und M_y sowie die Schwerpunktskoordinaten y_S und x_S mit:

$$\boldsymbol{M_y = F_G \cdot x_S = m'' \cdot g \cdot \int_a^b [x \cdot f(x)]\,dx}$$

$$\boldsymbol{x_S = \frac{\int_a^b [x \cdot f(x)]\,dx}{A_x}; \quad A_x = \int_a^b f(x)\,dx}$$

$$\boldsymbol{M_x = F_G \cdot y_S = m'' \cdot g \cdot \frac{1}{2} \cdot \int_a^b [f(x)]^2\,dx}$$

$$\boldsymbol{y_S = \frac{\frac{1}{2} \cdot \int_a^b [f(x)]^2\,dx}{A_x}; \quad A_x = \int_a^b f(x)\,dx}$$

Nicht immer lassen sich flächenförmige Massen so in einem xy-Koordinatensystem anordnen, dass in einem Intervall $[a; b]$ für die Fläche zwischen $G(f)$ und der x-Achse stets $f(x) \geq 0$ gilt. Liegen solche Massen unterhalb der x-Achse, gilt also in $[a; b]$ stets $f(x) \leq 0$, so sind abgewandelte Formeln zu benutzen.

Merke:

Ist eine flächenförmige Masse m mit $m = m'' \cdot A_x$ so in einem xy-Koordinatensystem angeordnet, dass in einem Intervall $[a; b]$ stets $f(x) \leq 0$ gilt, so berechnet man M_x und M_y sowie y_S und x_S mit:

$$\boldsymbol{M_y = F_G \cdot x_S = -m'' \cdot g \cdot \int_a^b [x \cdot f(x)]\,dx}$$

$$\boldsymbol{x_S = \frac{-\int_a^b [x \cdot f(x)]\,dx}{A_x}; \quad A_x = \left| \int_a^b f(x)\,dx \right|}$$

$$\boldsymbol{M_x = F_G \cdot y_S = -m'' \cdot g \cdot \frac{1}{2} \cdot \int_a^b [f(x)]^2\,dx}$$

$$\boldsymbol{y_S = \frac{-\frac{1}{2} \cdot \int_a^b [f(x)]^2\,dx}{A_x}; \quad A_x = \left| \int_a^b f(x)\,dx \right|}$$

Anmerkungen:

- Hat eine Funktion f bei x_0 eine Nullstelle, sodass die Fläche zwischen $G(f)$ und der x-Achse in einem Intervall $[a; b]$ teilweise oberhalb und teilweise unterhalb der x-Achse liegt, so sind die Zählerterme von x_S und y_S in diesen Intervallen abschnittsweise zu berechnen.
- Die Berechnung von A_x erfolgt gemäß dem Abschnitt „Flächeninhalte bei Funktionen in rechtwinkligen Koordinaten“ des Kapitels 3.1.

362

Berechnen Sie für die nachstehenden Funktionen jeweils die Schwerpunktskoordinaten der Masse, die der Fläche zwischen dem Graphen einer Funktion und der x-Achse im angegebenen Intervall entspricht. ► **Lehrbuch: Kusch 4, S. 325 … 335**

5. $f: f(x) = x^3;\ x \in [0;4]$

Im Intervall $[0;4]$ gilt $f(x) \geq 0$, sodass die Formeln für x_S und y_S unmittelbar angewendet werden können:

$$x_S = \frac{\int_a^b [x \cdot f(x)]\,\mathrm{d}x}{\int_a^b f(x)\,\mathrm{d}x};\quad y_S = \frac{\frac{1}{2} \cdot \int_a^b [f(x)]^2\,\mathrm{d}x}{\int_a^b f(x)\,\mathrm{d}x}$$

Es wird zunächst $A_x = \int_a^b f(x)\,\mathrm{d}x$ berechnet, da dieser Term bei x_S und bei y_S als Nennerterm vorkommt.

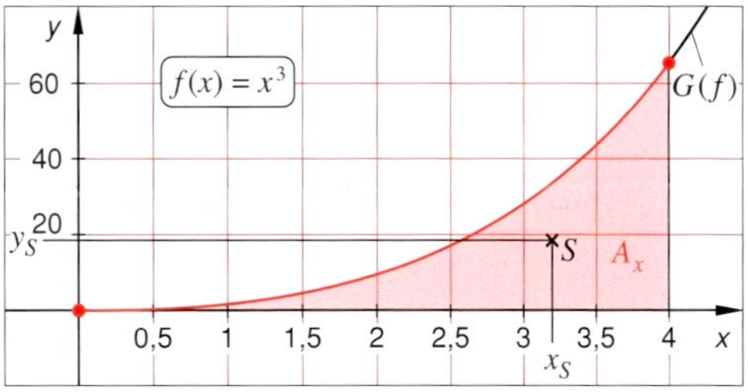

$A_x = \int_a^b f(x)\,\mathrm{d}x$ ► 0 für a; 4 für b; $f(x) = x^3$

$$\Rightarrow A_x = \int_0^4 x^3\,\mathrm{d}x = \frac{1}{4} \cdot x^4 \Big|_0^4 = \underline{64}$$

Berechnung der Schwerpunktskoordinate x_S

$\int_a^b [x \cdot f(x)]\,\mathrm{d}x = ?$ ► 0 für a; 4 für b; $f(x) = x^3$

$$\int_0^4 x^4\,\mathrm{d}x = \frac{1}{5} \cdot x^5 \Big|_0^4$$
$$= \frac{1}{5} \cdot 4^5 - \frac{1}{5} \cdot 0^5$$
$$= \underline{204{,}8}$$

► $x_S = \dfrac{204{,}8}{64} = \underline{\underline{3{,}20000}}$

Berechnung der Schwerpunktskoordinate y_S

$\frac{1}{2} \cdot \int_a^b [f(x)]^2\,\mathrm{d}x = ?$ ► 0 für a; 4 für b; $f(x) = x^3$

$$\frac{1}{2} \cdot \int_0^4 x^6\,\mathrm{d}x = \frac{1}{2} \cdot \frac{1}{7} \cdot x^7 \Big|_0^4$$
$$= \frac{1}{14} \cdot 4^7 - \frac{1}{14} \cdot 0^7$$
$$= \underline{1170{,}28571}\ldots$$

► $y_S = \dfrac{1170{,}28571\ldots}{64} = \underline{\underline{18{,}28571}}$

Mit den Koordinaten x_S und y_S erhält man den Flächenschwerpunkt $S\langle 3{,}20000 \mid 18{,}28571\rangle$.

6. $f: f(x) = 3x^2;\ x \in [-4;2]$

Im Intervall $[-4;2]$ gilt $f(x) \geq 0$, sodass die Formeln für x_S und y_S unmittelbar angewendet werden können:

$$x_S = \frac{\int_a^b [x \cdot f(x)]\,\mathrm{d}x}{\int_a^b f(x)\,\mathrm{d}x};\quad y_S = \frac{\frac{1}{2} \cdot \int_a^b [f(x)]^2\,\mathrm{d}x}{\int_a^b f(x)\,\mathrm{d}x}$$

Es wird zunächst $A_x = \int_a^b f(x)\,\mathrm{d}x$ berechnet, da dieser Term bei x_S und y_S als Nennerterm vorkommt.

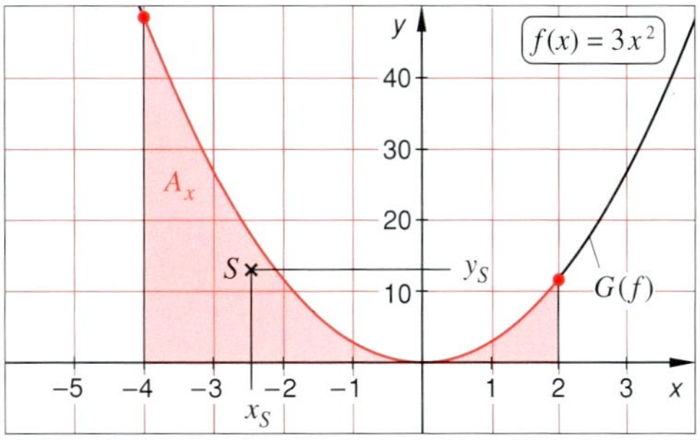

$A_x = \int_a^b f(x)\,\mathrm{d}x$ ► −4 für a; 2 für b; $f(x) = 3x^2$

$$\Rightarrow A_x = \int_{-4}^{2} (3x^2)\,\mathrm{d}x = x^3 \Big|_{-4}^{2} = \underline{72}$$

362

Berechnung der Schwerpunktskoordinate x_S

$\int\limits_a^b [x \cdot f(x)]\,\mathrm{d}x = ?$ ► -4 für a; 2 für b; $f(x) = 3x^2$

$$\int\limits_{-4}^{2} (3x^3)\,\mathrm{d}x = \frac{3}{4} \cdot x^4 \Big|_{-4}^{2}$$
$$= \frac{3}{4} \cdot 2^4 - \frac{3}{4} \cdot (-4)^4$$
$$= \underline{-180}$$

► $x_S = \dfrac{-180}{72} = \underline{\underline{-2{,}5}}$

Berechnung der Schwerpunktskoordinate y_S

$\frac{1}{2} \cdot \int\limits_a^b [f(x)]^2\,\mathrm{d}x = ?$ ► -4 für a; 2 für b; $f(x) = 3x^2$

$$\frac{1}{2} \cdot \int\limits_{-4}^{2} (9x^4)\,\mathrm{d}x = \frac{1}{2} \cdot 9 \cdot \frac{1}{5} \cdot x^5 \Big|_{-4}^{2}$$
$$= \frac{9}{10} \cdot 2^5 - \frac{9}{10} \cdot (-4)^5$$
$$= \underline{950{,}4}$$

► $y_S = \dfrac{950{,}4}{72} = \underline{\underline{13{,}2}}$

Mit den Koordinaten x_S und y_S erhält man den Flächenschwerpunkt $S\langle -2{,}5 \mid 13{,}2 \rangle$.

7. $f : f(x) = x^4 - 2x^2;\ x \in [0; \sqrt{2}]$

Im Intervall $[0; \sqrt{2}]$ gilt $f(x) \leq 0$, sodass die Formeln für x_S und y_S hier in abgewandelter Form angewendet werden müssen.

$$x_S = \frac{-\int\limits_a^b [x \cdot f(x)]\,\mathrm{d}x}{\left|\int\limits_a^b f(x)\,\mathrm{d}x\right|};\quad y_S = \frac{-\frac{1}{2} \cdot \int\limits_a^b [f(x)]^2\,\mathrm{d}x}{\left|\int\limits_a^b f(x)\right|\,\mathrm{d}x}$$

Es wird zunächst $A_x = \left|\int\limits_a^b f(x)\,\mathrm{d}x\right|$ berechnet, da dieser Term bei x_S und y_S als Nennerterm vorkommt.

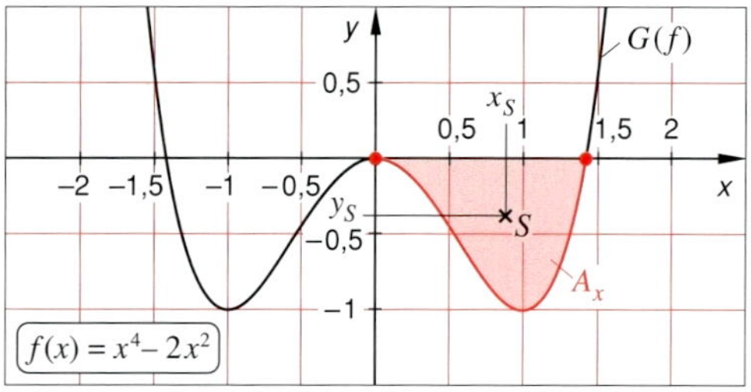

$A_x = \left|\int\limits_a^b f(x)\,\mathrm{d}x\right|$ ► 0 für a; $\sqrt{2}$ für b; $f(x) = x^4 - 2x^2$

$$= \left|\int\limits_0^{\sqrt{2}} (x^4 - 2x^2)\,\mathrm{d}x\right|$$
$$= \left|\frac{1}{5} \cdot x^5 - \frac{2}{3} \cdot x^3 \Big|_0^{\sqrt{2}}\right|$$
$$= \left|\frac{1}{5} \cdot (\sqrt{2})^5 - \frac{2}{3} \cdot (\sqrt{2})^3 - 0\right|$$
$$= \underline{\frac{8}{15} \cdot \sqrt{2}}$$

Berechnung der Schwerpunktskoordinate x_S

$-\int\limits_a^b [x \cdot f(x)]\,\mathrm{d}x = ?$ ► 0 für a; $\sqrt{2}$ für b; $f(x) = x^4 - 2x^2$

$$-\int\limits_0^{\sqrt{2}} [x \cdot (x^4 - 2x^2)]\,\mathrm{d}x = -\int\limits_0^{\sqrt{2}} (x^5 - 2x^3)\,\mathrm{d}x$$
$$= -\left(\frac{1}{6} \cdot x^6 - \frac{1}{2} \cdot x^4 \Big|_0^{\sqrt{2}}\right)$$

Berechnung der Schwerpunktskoordinate y_S

$-\frac{1}{2} \cdot \int\limits_a^b [f(x)]^2\,\mathrm{d}x = ?$ ► 0 für a; $\sqrt{2}$ für b; $f(x) = x^4 - 2x^2$

$$-\frac{1}{2} \cdot \int\limits_0^{\sqrt{2}} [x^4 - 2x^2]^2\,\mathrm{d}x = -\frac{1}{2} \cdot \int\limits_0^{\sqrt{2}} [x^8 - 4x^6 + 4x^4]\,\mathrm{d}x$$
$$= -\frac{1}{2} \cdot \left(\frac{1}{9} \cdot x^9 - \frac{4}{7} \cdot x^7 + \frac{4}{5} \cdot x^5 \Big|_0^{\sqrt{2}}\right)$$

$$= -\left(\frac{1}{6}\cdot(\sqrt{2})^6 - \frac{1}{2}\cdot(\sqrt{2})^4 - 0\right)$$

$$= \underline{\frac{2}{3}}$$

► $x_S = \dfrac{\frac{2}{3}}{\frac{8}{15}\cdot\sqrt{2}} = \underline{\underline{0{,}88388}}$

$$= -\frac{1}{2}\cdot\left(\frac{1}{9}\cdot(\sqrt{2})^9 - \frac{4}{7}\cdot(\sqrt{2})^7 + \frac{4}{5}\cdot(\sqrt{2})^5 - 0\right)$$

$$= \underline{-\frac{64\cdot\sqrt{2}}{315}}$$

► $y_S = \dfrac{-\frac{64\cdot\sqrt{2}}{315}}{\frac{8}{15}\cdot\sqrt{2}} = \underline{\underline{-0{,}38095}}$

Mit den Koordinaten x_S und y_S erhält man den Flächenschwerpunkt $S\langle 0{,}88388 \mid -0{,}38095\rangle$.

8. $f: f(x) = \sqrt{2+x};\ x \in [-2;\ 2]$

Im Intervall $[-2;\ 2]$ gilt $f(x) \geq 0$, sodass die Formeln für x_S und y_S unmittelbar angewendet werden können.

$$x_S = \frac{\int_a^b [x\cdot f(x)]\,dx}{\int_a^b f(x)\,dx};\quad y_S = \frac{\frac{1}{2}\cdot\int_a^b [f(x)]^2\,dx}{\int_a^b f(x)\,dx}.$$

Es wird zunächst $A_x = \int_a^b f(x)\,dx$ berechnet, da dieser Term bei x_S und y_S als Nennerterm vorkommt.

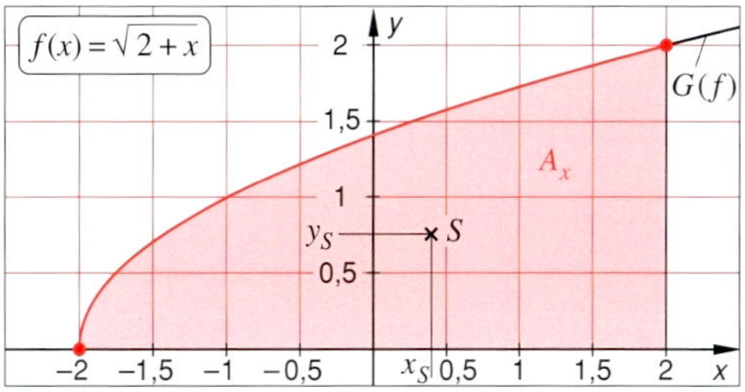

$A_x = \int_a^b f(x)\,dx$ ► -2 für a; 2 für b; $f(x) = \sqrt{2+x}$

$$= \int_{-2}^{2} \sqrt{2+x}\,dx \quad ► 2.4.1$$

$$= \frac{2}{3}\cdot\left(\sqrt{2+x}\right)^3\Big|_{-2}^{2}$$

$$= \frac{2}{3}\cdot\left(\sqrt{2+2}\right)^3 - \frac{2}{3}\cdot\left(\sqrt{2-2}\right)^3$$

$$= \underline{\frac{16}{3}}$$

Berechnung der Schwerpunktskoordinate x_S

$\int_a^b [x\cdot f(x)]\,dx = ?$ ► -2 für a; 2 für b; $f(x) = \sqrt{2+x}$

$$\int_{-2}^{2} [x\cdot\sqrt{2+x}]\,dx =$$

$$= x\cdot\frac{2}{3}\left(\sqrt{2+x}\right)^3 - \frac{4}{15}\cdot\left(\sqrt{2+x}\right)^5\Big|_{-2}^{2} \quad ► 2.5$$

$$= 2\cdot\frac{2}{3}\cdot\left(\sqrt{2+2}\right)^3 - \frac{4}{15}\cdot\left(\sqrt{2+2}\right)^5 - 0$$

$$= \underline{\frac{32}{15}}$$

► $x_S = \dfrac{\frac{32}{15}}{\frac{16}{3}} = \underline{\underline{0{,}40}}$

Berechnung der Schwerpunktskoordinate y_S

$\frac{1}{2}\cdot\int_a^b [f(x)]^2\,dx = ?$ ► -2 für a; 2 für b; $f(x) = \sqrt{2+x}$

$$\frac{1}{2}\cdot\int_{-2}^{2} (2+x)\,dx = \frac{1}{2}\cdot\left(2x + \frac{1}{2}\cdot x^2\Big|_{-2}^{2}\right)$$

$$= \frac{1}{2}\cdot\left(2\cdot 2 + \frac{1}{2}\cdot 2^2 - \left[2\cdot(-2) + \frac{1}{2}\cdot(-2)^2\right]\right)$$

$$= \frac{1}{2}\cdot\left(4 + 2 - \left[-4 + \frac{1}{2}\cdot 4\right]\right)$$

$$= \underline{4}$$

► $y_S = \dfrac{4}{\frac{16}{3}} = \underline{\underline{0{,}75}}$

Mit den Koordinaten x_S und y_S erhält man den Flächenschwerpunkt $S\langle 0{,}40 \mid 0{,}75\rangle$.

362

9. $f: f(x) = \sqrt{x^3 + 2x^2}; x \in [-2; 2]$

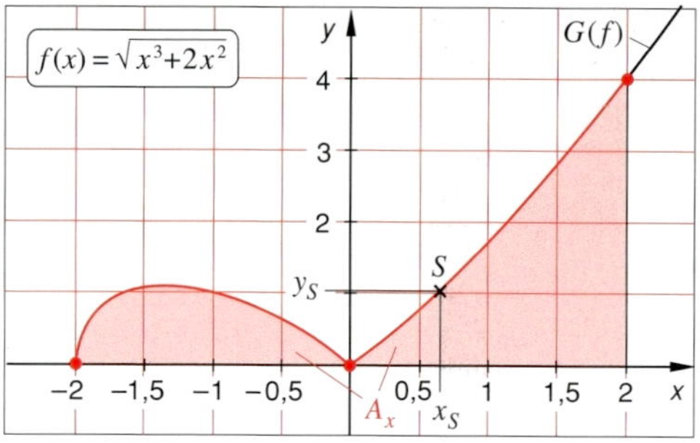

Im Intervall $[-2; 2]$ gilt $f(x) \geq 0$, sodass die Formeln für x_S und y_S unmittelbar angewendet werden können.

$$x_S = \frac{\int_a^b [x \cdot f(x)]\,\mathrm{d}x}{\int_a^b f(x)\,\mathrm{d}x}; \quad y_S = \frac{\frac{1}{2} \cdot \int_a^b [f(x)]^2\,\mathrm{d}x}{\int_a^b f(x)\,\mathrm{d}x}$$

Berechnung von A_x

$$A_x = \int_a^b f(x)\,\mathrm{d}x \quad \blacktriangleright\ -2 \text{ für } a;\ 2 \text{ für } b;\ f(x) = \sqrt{x^3 + 2x^2}$$

$$= \int_{-2}^{2} \sqrt{x^3 + 2x^2}\,\mathrm{d}x \quad \blacktriangleright\ \sqrt{x^3 + 2x^2} = |x| \cdot \sqrt{x+2}$$

$$= \int_{-2}^{2} \left(|x| \cdot \sqrt{x+2}\right)\mathrm{d}x$$

$$= \int_{-2}^{0} \left(-x \cdot \sqrt{x+2}\right)\mathrm{d}x + \int_{0}^{2} \left(x \cdot \sqrt{x+2}\right)\mathrm{d}x \quad \blacktriangleright\ 2.5$$

$$= -\left[\frac{2}{3} \cdot x \cdot \left(\sqrt{x+2}\right)^3 - \frac{4}{15} \cdot \left(\sqrt{x+2}\right)^5 \Big|_{-2}^{0}\right] +$$

$$+ \frac{2}{3} \cdot x \cdot \left(\sqrt{x+2}\right)^3 - \frac{4}{15} \cdot \left(\sqrt{x+2}\right)^5 \Big|_{0}^{2}$$

$$= -\left[0 - \frac{4}{15} \cdot (\sqrt{2})^5 - 0\right] + \frac{4}{3} \cdot (\sqrt{4})^3 - \frac{4}{15} \cdot (\sqrt{4})^5 - 0 + \frac{4}{15} \cdot (\sqrt{2})^5$$

$$= \frac{32}{15} \cdot \sqrt{2} + \frac{32}{15}$$

$$= \underline{5{,}15032\ldots}$$

$$\blacktriangleright\ \sqrt{x^3 + 2x^2} = \sqrt{x^2 \cdot (x+2)} = |x| \cdot \sqrt{x+2}$$

$$\Rightarrow \sqrt{x^3 + 2x^2} = \begin{cases} -x \cdot \sqrt{x+2}, & \text{wenn } x \in [-2; 0) \\ x \cdot \sqrt{x+2}, & \text{wenn } x \geq 0 \end{cases}$$

Da sich die Funktion f in $D(f) = \mathbb{R}^{\geq -2}$ abschnittsweise definieren lässt, wird auch die Flächenmaßzahl A_x im Intervall $[-2; 2]$ abschnittsweise berechnet:

$$\int \left(x \cdot \sqrt{x+2}\right)\mathrm{d}x = \int [u(x) \cdot v'(x)]\,\mathrm{d}x \quad \blacktriangleright\ 2.5$$

$$\blacktriangleright\ u(x) = x \Rightarrow u'(x) = 1$$

$$\blacktriangleright\ v'(x) = \sqrt{x+2} \Rightarrow v(x) = \frac{2}{3} \cdot \sqrt{x+2}^3$$

$$\int \left(x \cdot \sqrt{x+2}\right)\mathrm{d}x = x \cdot \frac{2}{3} \cdot \left(\sqrt{x+2}\right)^3 - \int \left[\frac{2}{3} \cdot \left(\sqrt{x+2}\right)^5\right]\mathrm{d}x$$

$\blacktriangleright$ 2.4.1

$$= \underline{\frac{2}{3} \cdot x \cdot \left(\sqrt{x+2}\right)^3 - \frac{2}{3} \cdot \frac{2}{5} \cdot \left(\sqrt{x+2}\right)^5 + c}$$

Berechnung von x_S

Entsprechend der Berechnung von A_x wird auch das Integral $\int_{-2}^{2} [x \cdot f(x)]\,\mathrm{d}x$ abschnittsweise berechnet.

$$\int_a^b [x \cdot f(x)]\,\mathrm{d}x = ? \quad \blacktriangleright\ -2 \text{ für } a;\ 2 \text{ für } b;\ f(x) = |x| \cdot \sqrt{x+2}$$

$$\int_{-2}^{2} \left[x \cdot |x| \cdot \sqrt{x+2}\right]\mathrm{d}x = \int_{-2}^{0} \left(-x^2 \sqrt{x+2}\right)\mathrm{d}x + \int_{0}^{2} \left(x^2 \cdot \sqrt{x+2}\right)\mathrm{d}x \quad \blacktriangleright\ 2.5$$

Die Lösung des Integrals $\int \left(x^2 \cdot \sqrt{x+2}\right)\mathrm{d}x$ erfolgt durch zweimalige Anwendung der Methode der partiellen Integration:

- $$\int \left(x^2 \cdot \sqrt{x+2}\right)\mathrm{d}x = \int [u(x) \cdot v'(x)]\,\mathrm{d}x$$

$$\blacktriangleright\ u(x) = x^2 \Rightarrow u'(x) = 2x \quad \text{und} \quad v'(x) = \sqrt{x+2} \Rightarrow v(x) = \frac{2}{3} \cdot \left(\sqrt{x+2}\right)^3$$

$$\int \left(x^2 \cdot \sqrt{x+2}\right)\mathrm{d}x = x^2 \cdot \frac{2}{3} \cdot \left(\sqrt{x+2}\right)^3 - \int \left[\frac{4}{3} \cdot x \cdot \left(\sqrt{x+2}\right)^3\right]\mathrm{d}x$$

- $\int\left[\frac{4}{3}\cdot x\cdot\left(\sqrt{x+2}\right)^3\right]\mathrm{d}x=\int[u(x)\cdot v'(x)]\,\mathrm{d}x$

► $u(x)=x\Rightarrow u'(x)=1$ und $v'(x)=\left(\sqrt{x+2}\right)^3\Rightarrow v(x)=\frac{2}{5}\cdot\left(\sqrt{x+2}\right)^5$

$$\int\left[\frac{4}{3}\cdot x\cdot\left(\sqrt{x+2}\right)^3\right]\mathrm{d}x=\frac{4}{3}\cdot\left[x\cdot\frac{2}{5}\cdot\left(\sqrt{x+2}\right)^5-\int\left[\frac{2}{5}\cdot\left(\sqrt{x+2}\right)^5\right]\mathrm{d}x\right]$$
$$=\frac{8}{15}\cdot x\cdot\left(\sqrt{x+2}\right)^5-\frac{8}{15}\cdot\frac{2}{7}\cdot\left(\sqrt{x+2}\right)^7+c$$

$$\Rightarrow\int(x^2\cdot\sqrt{x+2})\,\mathrm{d}x=\underline{\frac{2}{3}\cdot x^2\cdot(\sqrt{x+2})^3-\frac{8}{15}\cdot x\cdot(\sqrt{x+2})^5+\frac{16}{105}\cdot(\sqrt{x+2})^7+c}$$

$$\Rightarrow\int_{-2}^{0}(-x^2\sqrt{x+2})\,\mathrm{d}x+\int_{-2}^{0}(-x^2\sqrt{x+2})\,\mathrm{d}x=-\left[\frac{2}{3}\cdot x^2\cdot\left(\sqrt{x+2}\right)^3-\frac{8}{15}\cdot x\cdot\left(\sqrt{x+2}\right)^5+\frac{16}{105}\cdot\left(\sqrt{x+2}\right)^7\Big|_{-2}^{0}\right]+$$
$$+\left[\frac{2}{3}\cdot x^2\cdot\left(\sqrt{x+2}\right)^3-\frac{8}{15}\cdot x\cdot\left(\sqrt{x+2}\right)^5+\frac{16}{105}\cdot\left(\sqrt{x+2}\right)^7\Big|_{0}^{2}\right]$$
$$=-\left[0-0+\frac{16}{105}\cdot(\sqrt{2})^7-0\right]+$$
$$+\frac{2}{3}\cdot 4\cdot(\sqrt{4})^3-\frac{8}{15}\cdot 2\cdot(\sqrt{4})^5+\frac{16}{105}\cdot(\sqrt{4})^7-0-\frac{16}{105}\cdot(\sqrt{2})^7$$
$$=-\frac{128}{105}\cdot\sqrt{2}+\frac{704}{105}-\frac{128}{105}\cdot\sqrt{2}$$
$$=\underline{3{,}25677\ldots}$$

Damit erhält man die Schwerpunktskoordinate x_S mit: $x_S=\frac{3{,}25677\ldots}{5{,}15032\ldots}=\underline{\underline{0{,}63234}}$

Berechnung von y_S

$\frac{1}{2}\cdot\int_a^b[f(x)]^2\,\mathrm{d}x=?$ ► -2 für a; 2 für b; $f(x)=\sqrt{x^3+2x^2}$

$$\frac{1}{2}\cdot\int_{-2}^{2}[x^3+2x^2]\,\mathrm{d}x=\frac{1}{2}\cdot\left[\frac{1}{4}\cdot x^4+\frac{2}{3}\cdot x^3\Big|_{-2}^{2}\right]$$
$$=\frac{1}{2}\cdot\left[\frac{1}{4}\cdot 16+\frac{2}{3}\cdot 8-\frac{1}{4}\cdot 16-\frac{2}{3}\cdot(-8)\right]$$
$$=\underline{\frac{16}{3}}$$

► $y_S=\frac{\frac{16}{3}}{5{,}15032\ldots}=\underline{\underline{1{,}03553}}$

Es gilt $f(x_S)=f(0{,}63234)=1{,}02594$. Da die berechnete Schwerpunktskoordinate y_S größer als $f(x_S)$ ist, liegt der Schwerpunkt etwas oberhalb der Graphen von f.

Mit den Koordinaten x_S und y_S erhält man den Flächenschwerpunkt $S\langle 0{,}63234 \mid 1{,}03553\rangle$.

362 **10.** $f: f(x) = x \cdot \sqrt{x}; x \in [0; 9]$

Im Intervall $[0; 9]$ gilt $f(x) \geq 0$, sodass die Formeln für x_S und y_S unmittelbar angewendet werden können:

$$x_S = \frac{\int_a^b [x \cdot f(x)]\, dx}{\int_a^b f(x)\, dx}; \; y_S = \frac{\frac{1}{2} \cdot \int_a^b [f(x)]^2\, dx}{\int_a^b F(x)\, dx}$$

Es wird zunächst $A_x = \int_a^b f(x)\, dx$ berechnet, da dieser Term bei x_S und y_S als Nennerterm vorkommt.

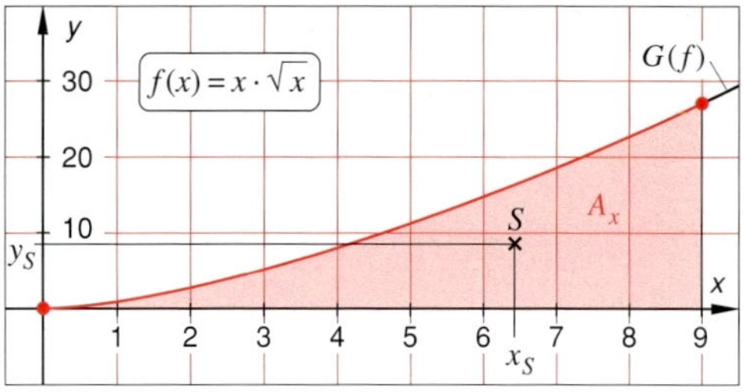

$A_x = \int_a^b f(x)\, dx$ ► 0 für a; 9 für b; $f(x) = x \cdot \sqrt{x}$

$= \int_0^9 (x \cdot \sqrt{x})\, dx$ ► $x \cdot \sqrt{x} = x^{\frac{3}{2}}$

$\Rightarrow A_x = \int_0^9 x^{\frac{3}{2}}\, dx = \frac{2}{5} \cdot x^{\frac{5}{2}} \Big|_0^9 = \frac{2}{5} \cdot 9^{\frac{5}{2}} - 0 = \underline{\underline{97{,}20000}}$

Berechnung der Schwerpunktskoordinate x_S

$\int_a^b [x \cdot f(x)]\, dx = ?$ ► 0 für a; 9 für b; $f(x) = x \cdot \sqrt{x}$

$$\int_0^9 (x \cdot x\sqrt{x})\, dx = \int_0^9 x^{\frac{5}{2}}\, dx = \frac{2}{7} \cdot x^{\frac{7}{2}} \Big|_0^9 = \frac{2}{7} \cdot 9^{\frac{7}{2}} - 0 = \underline{\underline{\frac{4374}{7}}}$$

► $x_S = \dfrac{\frac{4374}{7}}{97{,}20000} = \underline{\underline{6{,}42857}}$

Berechnung der Schwerpunktskoordinate y_S

$\frac{1}{2} \cdot \int_a^b [f(x)]^2\, dx = ?$ ► 0 für a; 9 für b; $f(x) = x \cdot \sqrt{x}$

$$\frac{1}{2} \cdot \int_0^9 x^3\, dx = \frac{1}{2} \cdot \frac{1}{4} \cdot x^4 \Big|_0^9 = \frac{1}{8} \cdot 9^4 - \frac{1}{8} \cdot 0 = \underline{\underline{\frac{6561}{8}}}$$

► $y_S = \dfrac{\frac{6561}{8}}{97{,}20000} = \underline{\underline{8{,}43750}}$

Mit den Koordinaten x_S und y_S erhält man den Flächenschwerpunkt $S\langle 6{,}42857 \,|\, 8{,}43750 \rangle$.

11. $f: f(x) = \sqrt{\frac{1-x}{1+x}}; x \in [0; 1]$

Im Intervall $[0; 1]$ gilt $f(x) \geq 0$, sodass die Formeln für x_S und y_S unmittelbar angewendet werden können:

$$x_S = \frac{\int_a^b [x \cdot f(x)]\, dx}{\int_a^b f(x)\, dx}; \; y_S = \frac{\frac{1}{2} \cdot \int_a^b [f(x)]^2\, dx}{\int_a^b f(x)\, dx}$$

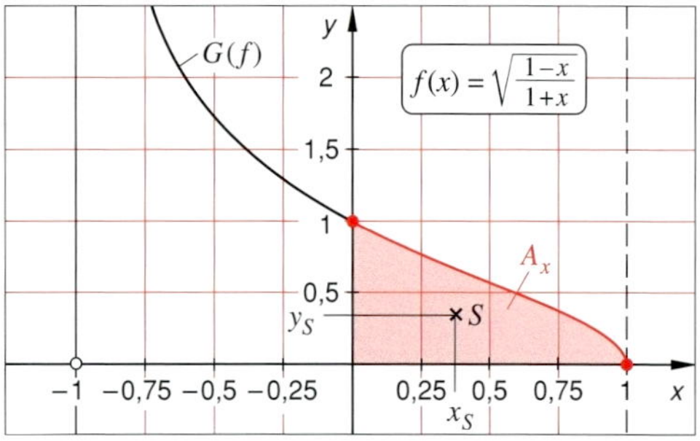

362

Berechnung von A_x

$A_x = \int_a^b f(x)\,dx$ ► 0 für a; 1 für b; $f(x) = \sqrt{\frac{1-x}{1+x}}$

$= \int_0^1 \sqrt{\frac{1-x}{1+x}}\,dx$

Im Integral $\int_0^1 \sqrt{\frac{1-x}{1+x}}\,dx$ substituiert man:

$x = \cos z \Rightarrow \frac{dx}{dz} = -\sin z \Rightarrow dx = -\sin z \cdot dz$

► $x = 0$: $0 = \cos z_1 \Rightarrow z_1 = \underline{\frac{\pi}{2}}$

$x = 1$: $1 = \cos z_2 \Rightarrow z_2 = \underline{0}$

$= \int_{\frac{\pi}{2}}^0 \left[\sqrt{\frac{1-\cos z}{1+\cos z}} \cdot (-\sin z)\right] dz$

► $\sqrt{\frac{1-\cos z}{1+\cos z}} = \frac{1-\cos z}{\sin z}$ ► 4.1

$= \int_{\frac{\pi}{2}}^0 \left[\frac{1-\cos z}{\sin z} \cdot (-\sin z)\right] dz$

$= -\int_{\frac{\pi}{2}}^0 (1-\cos)\,dz$

$= -\left(z - \sin z\Big|_{\frac{\pi}{2}}^0\right)$

$= -\left(0 - \frac{\pi}{2} + \sin\frac{\pi}{2}\right)$

$= \underline{\frac{\pi}{2} - 1}$

Berechnung von x_S

$\int_a^b [x \cdot f(x)]\,dx = ?$ ► 0 für a; 1 für b; $f(x) = \sqrt{\frac{1-x}{1+x}}$

Auch im Integral $\int_0^1 \left[x \cdot \sqrt{\frac{1-x}{1+x}}\right] dx$ substituiert man $x = \cos z$.

$\int_0^1 \left[x \cdot \sqrt{\frac{1-x}{1+x}}\right] dx = \int_{\frac{\pi}{2}}^0 \left[\cos z \cdot \sqrt{\frac{1-\cos z}{1+\cos z}} \cdot (-\sin z)\right] dz$

► $\sqrt{\frac{1-\cos z}{1+\cos z}} \cdot \sin z = \frac{1-\cos z}{\sin} \cdot \sin z$
$= 1 - \cos z$ ► 4.1

$= -\int_{\frac{\pi}{2}}^0 [\cos z \cdot (1-\cos z)]\,dz$

$= -\int_{\frac{\pi}{2}}^0 [\cos z - \cos^2 z)]\,dz$ ► 2.4.1

$= -\left[\sin z - \frac{z}{2} - \frac{1}{4} \cdot (\sin 2z)\Big|_{\frac{\pi}{2}}^0\right]$

► $\sin\frac{\pi}{2} = 1$; $\sin\pi = 0$

$= -\left[0 - \sin\frac{\pi}{2} + \frac{\pi}{4} + \frac{1}{4} \cdot \sin\pi\right]$

$= \underline{1 - \frac{\pi}{4}}$

► $x_S = \frac{1 - \frac{\pi}{4}}{\frac{\pi}{2} - 1} = \underline{\underline{0{,}37597}}$

362

Berechnung von y_S

$$\blacktriangleright\ \frac{1-x}{1+x} = \frac{-(1+x)+2}{1+x} = -1 + \frac{2}{1+x}$$

$$\frac{1}{2}\cdot\int_a^b [f(x)]^2\,\mathrm{d}x = ? \quad \blacktriangleright\ 0 \text{ für } a;\ 1 \text{ für } b;\ f(x) = \sqrt{\frac{1-x}{1+x}}$$

$$\frac{1}{2}\cdot\int_0^1 \frac{1-x}{1+x}\,\mathrm{d}x = \frac{1}{2}\cdot\int_0^1\left(-1+\frac{2}{1+x}\right)\mathrm{d}x$$

$$= \frac{1}{2}\cdot\left(-x + 2\cdot\ln|1+x|\,\Big|_0^1\right)$$

$$= \frac{1}{2}\cdot(-1+2\cdot\ln 2 - 0)$$

$$= \underline{\ln 2 - \frac{1}{2}}$$

$$\blacktriangleright\ y_S = \frac{\ln 2 - \frac{1}{2}}{\frac{\pi}{2}-1} = \underline{\underline{0{,}33838}}$$

Mit den Koordinaten x_S und y_S erhält man den Flächenschwerpunkt $S\langle 0{,}37597\,|\,0{,}33838\rangle$.

12. $f: f(x) = 3^x;\ x \in [0;\,2]$

Im Intervall $[0;\,2]$ gilt $f(x) > 0$, sodass die Formeln für x_S und y_S unmittelbar angewendet werden können:

$$x_S = \frac{\int_a^b [x\cdot f(x)]\,\mathrm{d}x}{\int_a^b f(x)\,\mathrm{d}x};\quad y_S = \frac{\frac{1}{2}\cdot\int_a^b [f(x)]^2\,\mathrm{d}x}{\int_a^b f(x)\,\mathrm{d}x}$$

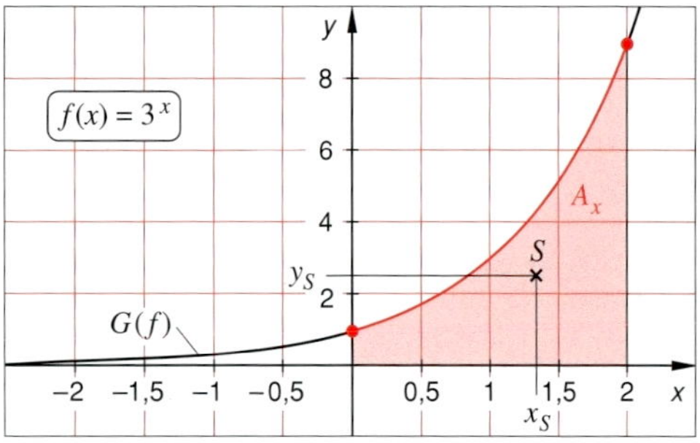

Es wird zunächst $A_x = \int_a^b f(x)\,\mathrm{d}x$ berechnet, da dieser Term bei x_S und y_S als Nennerterm vorkommt.

$$A_x = \int_a^b f(x)\,\mathrm{d}x \quad \blacktriangleright\ 0 \text{ für } a;\ 2 \text{ für } b;\ f(x) = 3^x$$

$$= \int_0^2 3^x\,\mathrm{d}x$$

$$= \frac{1}{\ln 3}\cdot 3^x\,\Big|_0^2$$

$$= \frac{1}{\ln 3}\cdot 3^2 - \frac{1}{\ln 3}\cdot 3^0$$

$$= \underline{\frac{8}{\ln 3}}$$

Berechnung der Schwerpunktskoordinate x_S

$$\int_a^b [x\cdot f(x)]\,\mathrm{d}x = ? \quad \blacktriangleright\ 0 \text{ für } a;\ 2 \text{ für } b;\ f(x) = 3^x$$

$$\int_0^2 [x\cdot 3^x]\,\mathrm{d}x = x\cdot\frac{1}{\ln 3}\cdot 3^x - \frac{1}{\ln^2 3}\cdot 3^x\,\Big|_0^2 \quad \blacktriangleright\ 2.5$$

Berechnung der Schwerpunktskoordinate y_S

$$\frac{1}{2}\cdot\int_a^b [f(x)]^2\,\mathrm{d}x = ? \quad \blacktriangleright\ 0 \text{ für } a;\ 2 \text{ für } b;\ f(x) = 3^x$$

$$\frac{1}{2}\cdot\int_0^2 3^{2x}\,\mathrm{d}x = \frac{1}{2}\cdot\frac{1}{2\cdot\ln 3}\cdot 3^{2x}\,\Big|_0^2$$

362

$$= 2\cdot\frac{1}{\ln 3}\cdot 3^2 - \frac{1}{\ln^2 3}\cdot 3^2 - 0 + \frac{1}{\ln^2 3}\cdot 3^0$$

$$= \underline{9{,}75602\ldots}$$

$$\blacktriangleright\ x_S = \frac{9{,}75602\ldots}{\frac{8}{\ln 3}} = \underline{\underline{1{,}33976}}$$

$$= \frac{1}{4\cdot\ln 3}\cdot 3^4 - \frac{1}{4\cdot\ln 3}\cdot 3^0$$

$$= \underline{18{,}20478\ldots}$$

$$\blacktriangleright\ y_S = \frac{18{,}20478\ldots}{\frac{8}{\ln 3}} = \underline{\underline{2{,}5000}}$$

Mit den Koordinaten x_S und y_S erhält man den Flächenschwerpunkt $S\langle 1{,}33976\,|\,2{,}50000\rangle$.

13. $f: f(x) = \ln(x+1);\ x \in [0; 4]$

Im Intervall $[0; 4]$ gilt $f(x) \geq 0$, sodass die Formeln für x_S und y_S unmittelbar angewendet werden können:

$$x_S = \frac{\int_a^b [x\cdot f(x)]\,\mathrm{d}x}{\int_a^b f(x)\,\mathrm{d}x};\quad y_S = \frac{\frac{1}{2}\cdot\int_a^b [f(x)]^2\,\mathrm{d}x}{\int_a^b f(x)\,\mathrm{d}x}.$$

Es wird zunächst $A_x = \int_a^b f(x)\,\mathrm{d}x$ berechnet, da dieser Term bei x_S und y_S als Nennerterm vorkommt.

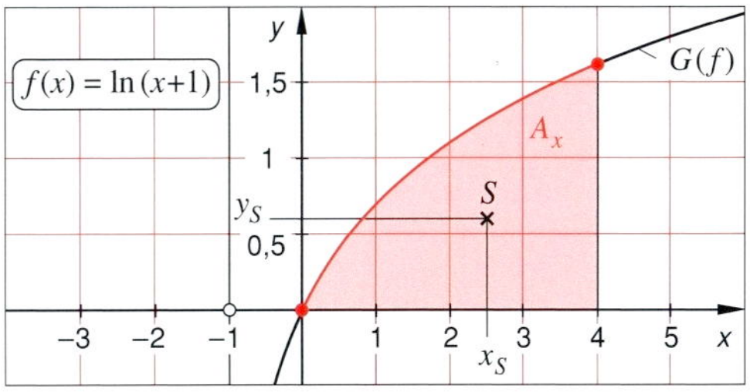

$$A_x = \int_a^b f(x)\,\mathrm{d}x \quad \blacktriangleright \text{ 0 für } a;\ 4 \text{ für } b;\ f(x) = \ln(x+1)$$

$$= \int_0^4 \ln(x+1)\,\mathrm{d}x \quad \blacktriangleright \text{ 2.5}$$

$$= (x+1)\cdot\ln(x+1) - (x+1)\Big|_0^4$$

$$= 5\cdot\ln 5 - 5 - 0 + 1$$

$$= \underline{5\cdot\ln 5 - 4}$$

Berechnung der Schwerpunktskoordinate x_S

$$\int_a^b [x\cdot f(x)]\,\mathrm{d}x = ? \quad \blacktriangleright \text{ 0 für } a;\ 4 \text{ für } b;\ f(x) = \ln(x+1)$$

$$\int_0^4 [x\cdot\ln(x+1)]\,\mathrm{d}x =$$

$$= \frac{1}{2}\cdot x^2\cdot\ln(x+1)\Big|_0^4 - \frac{1}{2}\cdot\int_0^4\left(x^2\cdot\frac{1}{1+x}\right)\mathrm{d}x \quad \blacktriangleright \text{ 2.5}$$

$$= \frac{1}{2}\cdot 4^2\cdot\ln 5 - 0 - \frac{1}{2}\cdot\int_0^4\left(x - 1 + \frac{1}{x+1}\right)\mathrm{d}x$$

$$= 8\cdot\ln 5 - \frac{1}{2}\cdot\left(\frac{1}{2}\cdot x^2 - x + \ln|x+1|\Big|_0^4\right)$$

$$= 8\cdot\ln 5 - \frac{1}{2}\cdot\left(\frac{1}{2}\cdot 4^2 - 4 + \ln 5 - 0\right)$$

$$= \underline{7{,}5\cdot\ln 5 - 2}$$

$$\blacktriangleright\ x_S = \frac{7{,}5\cdot\ln 5 - 2}{5\cdot\ln 5 - 4} = \underline{\underline{2{,}48834}}$$

Berechnung der Schwerpunktskoordinate y_S

$$\frac{1}{2}\cdot\int_a^b [f(x)]^2\,\mathrm{d}x = ? \quad \blacktriangleright \text{ 0 für } a;\ 4 \text{ für } b;\ f(x) = \ln(x+1)$$

$$\frac{1}{2}\cdot\int_0^4 \ln^2(x+1)\,\mathrm{d}x =$$

$$= \frac{1}{2}\cdot(x+1)\cdot\ln^2(x+1)\Big|_0^4 - \int_0^4 \ln(x+1)\,\mathrm{d}x \quad \blacktriangleright \text{ 2.5}$$

$$= \frac{5}{2}\cdot\ln^2 5 - 0 - \left[(x+1)\cdot\ln(x+1) - (x+1)\Big|_0^4\right] \quad \blacktriangleright \text{ 2.5}$$

$$= \frac{5}{2}\cdot\ln^2 5 - [5\cdot\ln 5 - 5 - 0 + 1]$$

$$= \frac{5}{2}\cdot\ln^2 5 - [5\cdot\ln 5 - 4]$$

$$= \underline{2{,}42853\ldots}$$

$$\blacktriangleright\ y_S = \frac{2{,}42853\ldots}{5\cdot\ln 5 - 4} = \underline{\underline{0{,}60006}}$$

Mit den Koordinaten x_S und y_S erhält man den Flächenschwerpunkt $S\langle 2{,}48834\,|\,0{,}60006\rangle$.

362

14. $f: f(x) = \text{Arsinh}\, x;\ x \in [0; 5]$

Im Intervall $[0; 5]$ gilt $f(x) \geq 0$, sodass die Formeln für x_S und y_S unmittelbar angewendet werden können:

$$x_S = \frac{\int_a^b [x \cdot f(x)]\, dx}{\int_a^b f(x)\, dx}; \quad y_S = \frac{\frac{1}{2} \cdot \int_a^b [f(x)]^2\, dx}{\int_a^b f(x)\, dx}.$$

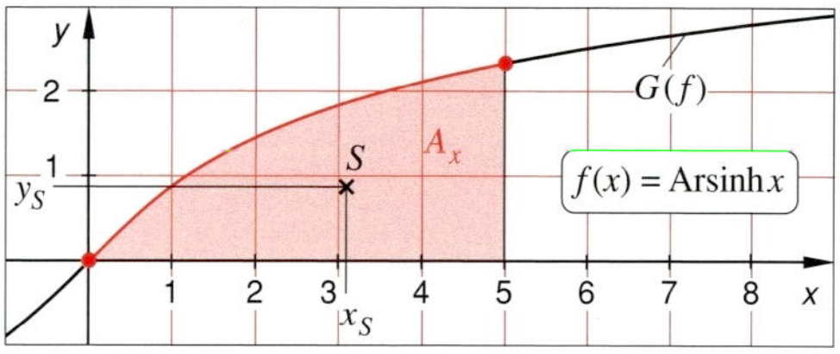

Berechnung von A_x

$\int \text{Arsinh}\, x\, dx = \int (\text{Arsinh}\, x \cdot 1)\, dx = \int [u(x) \cdot v'(x)]\, dx$

► $u(x) = \text{Arsinh}\, x \Rightarrow u'(x) = \frac{1}{\sqrt{x^2+1}}$

► $v'(x) = 1 \Rightarrow v(x) = \int 1\, dx = x$

$$\int \text{Arsinh}\, x\, dx = x \cdot \text{Arsinh}\, x - \int \left(x \cdot \frac{1}{\sqrt{x^2+1}} \right) dx$$
$$= \underline{x \cdot \text{Arsinh}\, x - \sqrt{x^2+1} + c}$$

$A_x = \int_a^b f(x)\, dx$ ► 0 für a; 5 für b; $f(x) = \text{Arsinh}\, x$

$= \int_0^5 \text{Arsinh}\, x\, dx$ ► 2.5

$= x \cdot \text{Arsinh}\, x \Big|_0^5 - \int_0^5 \frac{x}{\sqrt{x^2+1}}\, dx$ ► 2.4.3

$= 5 \cdot \text{Arsinh}\, 5 - 0 - \sqrt{x^2+1}\Big|_0^5$

$= 5 \cdot \text{Arsinh}\, 5 - \sqrt{26} + \sqrt{1}$

$= \underline{7{,}46317\ldots}$

Berechnung der Schwerpunktskoordinate x_S

► $\int [x \cdot \text{Arsinh}\, x]\, dx = \int [\text{Arsinh}\, x \cdot x]\, dx$
$= \int [u(x) \cdot v'(x)]\, dx$ ► 2.5

► $u(x) = \text{Arsinh}\, x \Rightarrow u'(x) = \frac{1}{\sqrt{x^2+1}}$

► $v'(x) = x \Rightarrow v(x) = \int x\, dx = \frac{x^2}{2}$

$\int [x \cdot \text{Arsinh}\, x]\, dx =$

$= \frac{x^2}{2} \cdot \text{Arsinh}\, x - \frac{1}{2} \cdot \int \left[x^2 \cdot \frac{1}{\sqrt{x^2+1}} \right] dx$

$= \underline{\frac{x^2}{2} \cdot \text{Arsinh}\, x - \frac{1}{2} \cdot \int \left[x \cdot \frac{x}{\sqrt{x^2+1}} \right] dx}$ ► (*)

► $\int \left[x \cdot \frac{x}{\sqrt{x^2+1}} \right] dx = \int [u(x) \cdot v'(x)]\, dx$ ► 2.5

► $u(x) = x \Rightarrow u'(x) = 1$

► $v'(x) = \frac{x}{\sqrt{x^2+1}} \Rightarrow v(x) = \int \frac{x}{\sqrt{x^2+1}}\, dx$ ► 2.4.3
$= \sqrt{x^2+1}$

$\int \left[x \cdot \frac{x}{\sqrt{x^2+1}} \right] dx = \underline{x \cdot \sqrt{x^2+1} - \int \sqrt{x^2+1}\, dx}$ ► 2.4.6

$\int_a^b [x \cdot f(x)]\, dx = ?$ ► 0 für a; 5 für b; $f(x) = \text{Arsinh}\, x$

$\int [x \cdot \text{Arsinh}\, x]\, dx =$

$= \frac{x^2}{2} \cdot \text{Arsinh}\, x - \frac{1}{2} \cdot \left[x \cdot \sqrt{x^2+1} - \int \sqrt{x^2+1}\, dx \right]$

$= \frac{x^2}{2} \cdot \text{Arsinh}\, x - \frac{1}{2} \cdot \left[x \cdot \sqrt{x^2+1} - \frac{x}{2} \cdot \sqrt{x^2+1} - \frac{1}{2} \cdot \ln\left(x + \sqrt{x^2+1}\right) \right]$

$= \frac{x^2}{2} \cdot \text{Arsinh}\, x - \frac{x}{4} \cdot \sqrt{x^2+1} + \frac{1}{4} \cdot \ln\left(x + \sqrt{x^2+1}\right) + c$

$\int_0^5 [x \cdot \text{Arsinh}\, x]\, dx =$

$= \frac{5^2}{2} \cdot \text{Arsinh}\, 5 - \frac{5}{4} \cdot \sqrt{5^2+1} + \frac{1}{4} \cdot \ln(5 + \sqrt{5^2+1}) +$
$- \left[0 - \frac{0}{4} \cdot \sqrt{0^2+1} + \frac{1}{4} \cdot \ln\left(0 + \sqrt{0^2+1}\right) \right]$

$= \frac{25}{2} \cdot \text{Arsinh}\, 5 - \frac{5}{4} \cdot \sqrt{26} + \frac{1}{4} \cdot \ln\left(5 + \sqrt{26}\right) - 0$

$= \underline{23{,}10981\ldots}$

► $x_S = \frac{23{,}10981\ldots}{7{,}46317\ldots} = \underline{\underline{3{,}09651}}$

362

Berechnung der Schwerpunktskoordinate y_S

► $\int \text{Arsinh}^2 x \, dx = \int (\text{Arsinh}^2 x \cdot 1) \, dx = \int [u(x) \cdot v'(x)] \, dx$

► $u(x) = \text{Arsinh}^2 x \Rightarrow u'(x) = 2 \cdot \text{Arsinh}\, x \cdot \frac{1}{\sqrt{x^2+1}}$

► $v'(x) = 1 \Rightarrow v(x) = \int 1 \, dx = x$

$$\int \text{Arsinh}^2 x \, dx =$$

$$= x \cdot \text{Arsinh}^2 x - 2 \cdot \int \left(x \cdot \text{Arsinh}\, x \cdot \frac{1}{\sqrt{x^2+1}} \right) dx$$

$$= x \cdot \text{Arsinh}^2 x - 2 \cdot \int \left(\text{Arsinh}\, x \cdot \frac{x}{\sqrt{x^2+1}} \right) dx$$ ► 2.5

► $\int \left(\text{Arsinh}\, x \cdot \frac{x}{\sqrt{x^2+1}} \right) dx = \int [u(x) \cdot v'(x)] \, dx$

► $u(x) = \text{Arsinh}\, x \Rightarrow u'(x) = \frac{1}{\sqrt{x^2+1}}$

► $v'(x) = \frac{x}{\sqrt{x^2+1}}$

$\Rightarrow v(x) = \int \frac{x}{\sqrt{x^2+1}} \, dx = \sqrt{x^2+1}$ ► 2.4.3

$$\int \left(\text{Arsinh}\, x \cdot \frac{x}{\sqrt{x^2+1}} \right) dx =$$

$$= \sqrt{x^2+1} \cdot \text{Arsinh}\, x - \int \left[\sqrt{x^2+1} \cdot \frac{1}{\sqrt{x^2+1}} \right] dx$$

$$= \underline{\sqrt{x^2+1} \cdot \text{Arsinh}\, x + x + c}$$

$\frac{1}{2} \cdot \int_a^b [f(x)]^2 \, dx = ?$ ► 0 für a; 5 für b; $f(x) = \text{Arsinh}\, x$

$$\frac{1}{2} \cdot \int \text{Arsinh}^2 x \, dx =$$

$$= \frac{1}{2} \cdot \left[x \cdot \text{Arsinh}^2 x - 2 \cdot \left(\sqrt{x^2+1} \cdot \text{Arsinh}\, x + x \right) \right] + c$$

$$\frac{1}{2} \cdot \int_0^5 \text{Arsinh}^2 x \, dx =$$

$$= \frac{5}{2} \cdot \text{Arsinh}^2 5 - \left(\sqrt{5^2+1} \cdot \text{Arsinh}\, 5 + 5 \right) +$$

$$- \left[0 - \left(\sqrt{0^2+1} \cdot \text{Arsinh}\, 0 + 0 \right) \right]$$

$$= 2{,}5 \cdot \text{Arsinh}^2 5 - \sqrt{26} \cdot \text{Arsinh}\, 5 + 5 - 0$$

$$= \underline{6{,}57725\ldots}$$

► $y_S = \frac{6{,}57725\ldots}{7{,}46317\ldots} = \underline{\underline{0{,}88130}}$

Mit den Koordinaten x_S und y_S erhält man den Flächenschwerpunkt $S\langle 3{,}09651 \mid 0{,}88130 \rangle$.

15. $f: f(x) = \text{Arcsin}\, x$; $x \in [-0{,}5; 0{,}5]$

Der Graph der Funktion $f: f(x) = \text{Arcsin}\, x$; $D(f) = [-1; 1]$ verläuft im Intervall $[-0{,}5; 0{,}5]$ punktsymmetrisch zum Koordinatenursprung. Daher gilt für den Flächenschwerpunkt: $S\langle 0 \mid 0 \rangle$

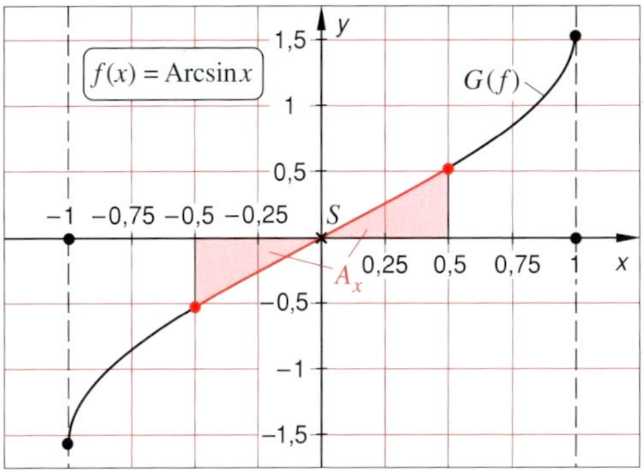

362 **16.** $f: f(x) = x \cdot \cos x;\ x \in [-1; 2]$

Die Funktion $f: f(x) = x \cdot \cosh x;\ D(f) = \mathbb{R}$ hat im Intervall $[-1; 2]$ eine Nullstelle bei $x_0 = 0$. Für $x \in [-1; 0]$ gilt $f(x) \leq 0$ und für $x \in [0; 2]$ gilt $f(x) \geq 0$. Daher werden Zählerterme und Nennerterme in den Formeln für x_S und y_S durch abschnittsweise Integration berechnet.

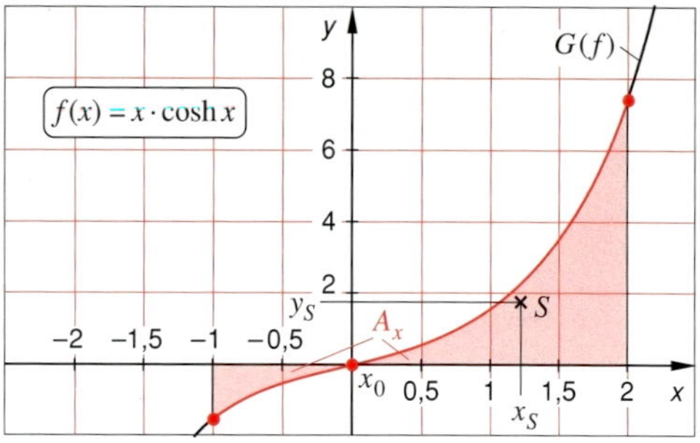

Im Intervall $[-1; 0]$ gilt $f(x) \leq 0$. Daher werden die Formeln zur Berechnung von x_S und y_S in abgewandelter Form verwendet.

$$x_S = \frac{-\int\limits_a^{x_0} [x \cdot f(x)]\,dx + \int\limits_{x_0}^{b} [x \cdot f(x)]\,dx}{A_x}$$

$$y_S = \frac{-\frac{1}{2} \cdot \int\limits_a^{x_0} [f(x)]^2\,dx + \frac{1}{2} \cdot \int\limits_{x_0}^{b} [f(x)]^2\,dx}{A_x}$$

Berechnung von A_x

Zunächst wird der Nennertem A_x, also $A_x = \left| \int\limits_a^{x_0} f(x)\,dx \right| + \int\limits_{x_0}^{b} f(x)\,dx$ berechnet, da A_x in beiden Formeln der Schwerpunktskoordinaten vorkommt.

$$A_x = \left| \int\limits_a^{x_0} f(x)\,dx \right| + \int\limits_{x_0}^{b} f(x)\,dx$$

► -1 für a; 0 für x_0; 2 für b; $f(x) = x \cdot \cosh x$

$$A_x = \left| \int\limits_{-1}^{0} (x \cdot \cosh x)\,dx \right| + \int\limits_{0}^{2} (x \cdot \cosh x)\,dx \quad \blacktriangleright 2.5$$

$$= \left| x \cdot \sinh x - \cosh x \Big|_{-1}^{0} \right| + x \cdot \sinh x - \cosh x \Big|_{0}^{2}$$

$$= |0 - \cosh 0 - (-1) \cdot \sinh(-1) + \cosh(-1)| + $$
$$+ 2 \cdot \sinh 2 - \cosh 2 - 0 + \cosh 0$$

$$= \underline{5{,}12364\ldots}$$

Berechnung der Schwerpunktskoordinate x_S

Eine Stammfunktion zu $g: g(x) = x^2 \cdot \cosh x$; $D(g) = \mathbb{R}$ erhält man mithilfe der partiellen Integration. ► 2.5

$$\int [x^2 \cdot \cosh x]\,dx = \int [u(x) \cdot v'(x)]\,dx$$

► $u(x) = x^2 \Rightarrow u'(x) = 2x$

► $v'(x) = \cosh x \Rightarrow v(x) = \sinh x$

$$\int [x^2 \cdot \cosh x]\,dx$$
$$= u(x) \cdot v(x) - \int [u'(x) \cdot v(x)]\,dx$$
$$= x^2 \cdot \sinh x - \int [2x \cdot \sinh x]\,dx \quad \blacktriangleright 2.5$$
$$= x^2 \cdot \sinh x - 2 \cdot [x \cosh x - \int \cosh x\,dx]$$
$$= x^2 \cdot \sinh x - 2x \cdot \cosh x + 2 \cdot \sinh x + c$$

$$-\int\limits_a^{x_0} [x \cdot f(x)]\,dx + \int\limits_{x_0}^{b} [x \cdot f(x)]\,dx = ?$$

► -1 für a; 0 für x_0; 2 für b; $f(x) = x \cdot \cosh x$

$$-\int\limits_{-1}^{0} [x^2 \cdot \cosh x]\,dx + \int\limits_{0}^{2} [x^2 \cdot \cosh x]\,dx =$$

$$= -\left[x^2 \cdot \sinh x - 2x \cdot \cosh x + 2 \cdot \sinh x \Big|_{-1}^{0} \right] +$$
$$+ \left[x^2 \cdot \sinh x - 2x \cdot \cosh x + 2 \cdot \sinh x \Big|_{0}^{2} \right]$$

$$= -[0 - (-1)^2 \cdot \sinh(-1) + 2 \cdot (-1) \cdot \cosh(-1) - 2 \cdot \sinh(-1)] +$$
$$+ [4 \cdot \sinh 2 - 2 \cdot 2 \cdot \cosh 2 + 2 \cdot \sinh 2 - 0]$$

$$= \underline{6{,}27293\ldots}$$

► $x_S = \dfrac{6{,}27293\ldots}{5{,}12364\ldots} = \underline{\underline{1{,}22431}}$

Berechnung der Schwerpunktskoordinate y_S

► $\cosh x = \dfrac{e^x + e^{-x}}{2} \Rightarrow \cosh^2 x = \dfrac{1}{4} \cdot \left(e^{2x} + 2 + e^{-2x}\right)$

Die Integrale $\int (x^2 \cdot e^{2x})\,dx$ und $\int (x^2 \cdot e^{-2x})\,dx$ löst man wiederum mithilfe der partiellen Integration:

$\int (x^2 \cdot e^{2x})\,dx = \int [u(x) \cdot v'(x)]\,dx$

► $u(x) = x^2 \Rightarrow u'(x) = 2x$

► $v'(x) = e^{2x} \Rightarrow v(x) = \dfrac{1}{2} \cdot e^{2x}$ ► 2.4.1

$$\int (x^2 \cdot e^{2x})\,dx = x^2 \cdot \frac{1}{2} \cdot e^{2x} - \int \left(x \cdot e^{2x}\right) dx \quad ► 2.5$$

$$= \frac{x^2}{2} \cdot e^{2x} - \left[x \cdot \frac{1}{2} \cdot e^{2x} - \int \frac{1}{2} \cdot e^{2x}\,dx\right]$$

$$= \frac{x^2}{2} \cdot e^{2x} - \frac{x}{2} \cdot e^{2x} + \frac{1}{4} \cdot e^{2x} + c$$

$$= \underline{\left(\frac{x^2}{2} - \frac{x}{2} + \frac{1}{4}\right) \cdot e^{2x} + c}$$

Entsprechend erhält man:

$$\int \left(x^2 \cdot e^{-2x}\right) dx = \left(-\frac{x^2}{2} - \frac{x}{2} - \frac{1}{4}\right) \cdot e^{-2x} + c$$

$$-\frac{1}{2} \cdot \int_a^{x_0} [f(x)]^2\,dx + \frac{1}{2} \cdot \int_{x_0}^b [f(x)]^2\,dx = ?$$

► -1 für a; 0 für x_0; 2 für b; $f(x) = x \cdot \cosh x$

$$-\frac{1}{2} \cdot \int_{-1}^0 \left[x^2 \cdot \cosh^2 x\right] dx + \frac{1}{2} \cdot \int_0^2 \left[x^2 \cdot \cosh^2 x\right] dx =$$

$$= -\frac{1}{8} \cdot \int_{-1}^0 (x^2 \cdot e^{2x} + 2x^2 + x^2 \cdot e^{-2x})\,dx +$$

$$+ \frac{1}{8} \cdot \int_0^2 (x^2 \cdot e^{2x} + 2x^2 + x^2 \cdot e^{-2x})\,dx$$

$$= -\frac{1}{8} \cdot \left[\left(\frac{x^2}{2} - \frac{x}{2} + \frac{1}{4}\right) \cdot e^{2x} + \frac{2}{3} \cdot x^3 + \left(-\frac{x^2}{2} - \frac{x}{2} - \frac{1}{4}\right) \cdot e^{-2x} \Big|_{-1}^0\right] +$$

$$+ \frac{1}{8} \cdot \left[\left(\frac{x^2}{2} - \frac{x}{2} + \frac{1}{4}\right) \cdot e^{2x} + \frac{2}{3} \cdot x^3 + \left(-\frac{x^2}{2} - \frac{x}{2} - \frac{1}{4}\right) \cdot e^{-2x} \Big|_0^2\right]$$

$$= -\frac{1}{8} \cdot \left[\frac{1}{4} \cdot 1 - \frac{1}{4} \cdot 1 - \frac{5}{4} \cdot e^{-2} + \frac{2}{3} + \frac{1}{4} \cdot e^2\right] +$$

$$+ \frac{1}{8} \cdot \left[\frac{5}{4} \cdot e^4 + \frac{2}{3} \cdot 8 - \frac{13}{4} \cdot e^{-4} - \frac{1}{4} + \frac{1}{4}\right]$$

$$= \underline{8{,}89709\ldots}$$

► $y_S = \dfrac{8{,}89709\ldots}{5{,}12364\ldots} = \underline{\underline{1{,}73648}}$

Mit den Koordinaten x_S und y_S erhält man den Flächenschwerpunkt $S\langle 1{,}22431 \mid 1{,}73648\rangle$.

17. $f: f(x) = x^2 - 2x;\ x \in [-1; 2]$

Die Funktion $f: f(x) = x^2 - 2x;\ D(f) = \mathbb{R}$ hat im Intervall $[-1; 2]$ eine Nullstelle bei $x_0 = 0$. Für $x \in [-1; 0]$ gilt $f(x) \geq 0$ und für $x \in [0; 2]$ gilt $f(x) \leq 0$. Daher werden Zählerterme und Nennerterme in den Formeln für x_S und y_S durch abschnittsweise Integration berechnet. ► Übungsaufgabe 16

$$x_S = \frac{\int_a^{x_0} [x \cdot f(x)]\,dx - \int_{x_0}^b [x \cdot f(x)]\,dx}{A_x}$$

$$y_S = \frac{\frac{1}{2} \cdot \int_a^{x_0} [f(x)]^2\,dx - \frac{1}{2} \cdot \int_{x_0}^b [f(x)]^2\,dx}{A_x}$$

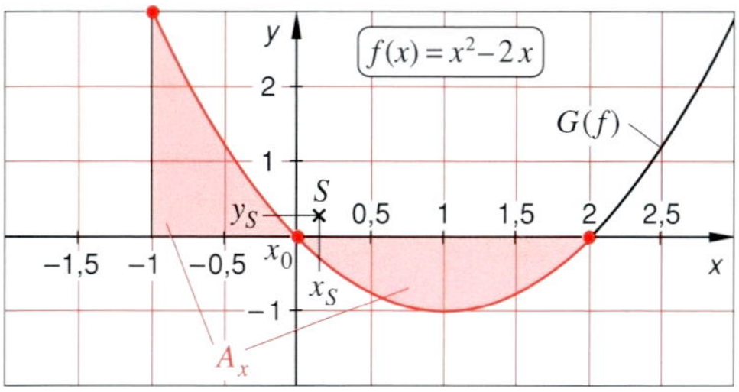

Berechnung von A_x

$$A_x = \int_a^{x_0} f(x)\,dx + \left|\int_{x_0}^b f(x)\,dx\right|$$

► -1 für a; 0 für x_0; 2 für b; $f(x) = x^2 - 2x$

$$A_x = \int_{-1}^0 (x^2 - 2x)\,dx + \left|\int_0^2 (x^2 - 2x)\,dx\right|$$

$$= \frac{x^3}{3} - x^2 \Big|_{-1}^0 + \left|\frac{x^3}{3} - x^2 \Big|_0^2\right|$$

$$= 0 - \frac{(-1)^3}{3} + (-1)^2 + \left|\frac{8}{3} - 4 - 0\right|$$

$$= \underline{\frac{8}{3}}$$

362

Berechnung der Schwerpunktskoordinate x_S

$$\int_a^{x_0} [x \cdot f(x)]\,\mathrm{d}x - \int_{x_0}^b [x \cdot f(x)]\,\mathrm{d}x = ?$$

► -1 für a; 0 für x_0; 2 für b; $f(x) = x^2 - 2x$

$$\int_{-1}^0 (x^3 - 2x^2)\,\mathrm{d}x - \int_0^2 (x^3 - 2x^2)\,\mathrm{d}x =$$

$$= \frac{x^4}{4} - \frac{2}{3} \cdot x^3 \Big|_{-1}^0 - \left(\frac{x^4}{4} - \frac{2}{3} \cdot x^3 \Big|_0^2 \right)$$

$$= 0 - \left(\frac{1}{4} + \frac{2}{3} \right) - \left(\frac{16}{4} - \frac{16}{3} - 0 \right)$$

$$= \underline{\frac{5}{12}}$$

► $x_S = \dfrac{\frac{5}{12}}{\frac{8}{3}} = \dfrac{15}{96} = \underline{\underline{0{,}15625}}$

Berechnung der Schwerpunktskoordinate y_S

$$\frac{1}{2} \cdot \int_a^{x_0} [f(x)]^2\,\mathrm{d}x - \frac{1}{2} \cdot \int_{x_0}^b [f(x)]^2\,\mathrm{d}x = ?$$

► -1 für a; 0 für x_0; 2 für b; $f(x) = x^2 - 2x$

$$\frac{1}{2} \cdot \int_{-1}^0 \left[(x^2 - 2x)^2 \right] \mathrm{d}x - \frac{1}{2} \cdot \int_0^2 \left[(x^2 - 2x)^2 \right] \mathrm{d}x =$$

$$= \frac{1}{2} \cdot \int_{-1}^0 (x^4 - 4x^3 + 4x^2)\,\mathrm{d}x - \frac{1}{2} \cdot \int_0^2 (x^4 - 4x^3 + 4x^2)\,\mathrm{d}x$$

$$= \frac{1}{2} \cdot \left(\frac{x^5}{5} - x^4 + \frac{4}{3} \cdot x^3 \Big|_{-1}^0 \right) - \frac{1}{2} \cdot \left(\frac{x^5}{5} - x^4 + \frac{4}{3} \cdot x^3 \Big|_0^2 \right)$$

$$= \underline{\frac{11}{15}}$$

► $y_S = \dfrac{\frac{11}{15}}{\frac{8}{3}} = \dfrac{33}{120} = \underline{\underline{0{,}27500}}$

Mit den Koordinaten x_S und y_S erhält man den Flächenschwerpunkt $S\langle 0{,}15625 \mid 0{,}27500 \rangle$.

18. $f: f(x) = x^3 - 3x^2;\ x \in [0; 4]$

Die Funktion $f: f(x) = x^3 - 3x^2;\ D(f) = \mathbb{R}$ hat im Intervall $[0; 4]$ eine Nullstelle bei $x_0 = 3$. Für $x \in [0; 3]$ gilt $f(x) \leq 0$ und für $x \in [3; 4]$ gilt $f(x) \geq 0$. Daher werden Zählerterme und Nennerterme in den Formeln für x_S und y_S durch abschnittsweise Integration berechnet. ► Übungsaufgabe 16

$$x_S = \frac{-\int_a^{x_0} [x \cdot f(x)]\,\mathrm{d}x + \int_{x_0}^b [x \cdot f(x)]\,\mathrm{d}x}{A_x}$$

$$y_S = \frac{-\frac{1}{2} \cdot \int_a^{x_0} [f(x)]^2\,\mathrm{d}x + \frac{1}{2} \cdot \int_{x_0}^b [f(x)]^2\,\mathrm{d}x}{A_x}$$

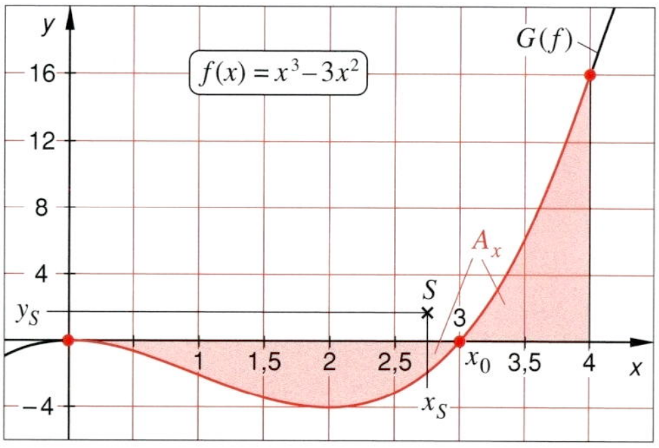

Berechnung von A_x

$$A_x = \left| \int_a^{x_0} f(x)\,\mathrm{d}x \right| + \int_{x_0}^b f(x)\,\mathrm{d}x$$

► 0 für a; 3 für x_0; 4 für b; $f(x) = x^3 - 3x^2$

$$A_x = \left| \int_0^3 (x^3 - 3x^2)\,\mathrm{d}x \right| + \int_3^4 (x^3 - 3x^2)\,\mathrm{d}x$$

$$= \left| \frac{1}{4} \cdot x^4 - x^3 \Big|_0^3 \right| + \frac{1}{4} \cdot x^4 - x^3 \Big|_3^4$$

$$= \left| \frac{81}{4} - 27 \right| + 64 - 64 - \frac{81}{4} + 27$$

$$= \underline{13{,}50000}$$

Berechnung der Schwerpunktskoordinate x_S

$$-\int_a^{x_0}[x\cdot f(x)]\,dx+\int_{x_0}^{b}[x\cdot f(x)]\,dx=?$$

► 0 für a; 3 für x_0; 4 für b; $f(x)=x^3-3x^2$

$$-\int_0^3(x^4-3x^3)\,dx+\int_3^4(x^4-3x^3)\,dx=$$

$$=-\left(\frac{1}{5}\cdot x^5-\frac{3}{4}\cdot x^4\Big|_0^3\right)+\frac{1}{5}\cdot x^5-\frac{3}{4}\cdot x^4\Big|_3^4$$

$$=-\left(\frac{1}{5}\cdot 3^5-\frac{3}{4}\cdot 3^4-0\right)+$$

$$+\frac{1}{5}\cdot 4^5-\frac{3}{4}\cdot 4^4-\frac{1}{5}\cdot 3^5+\frac{3}{4}\cdot 3^4$$

$$=\frac{243}{20}+\frac{499}{20}$$

$$=\frac{742}{20}$$

$$=\underline{37{,}10000}$$

► $x_S=\dfrac{37{,}10000}{13{,}50000}=\underline{\underline{2{,}74815}}$

Berechnung der Schwerpunktskoordinate y_S

$$-\frac{1}{2}\cdot\int_a^{x_0}[f(x)]^2\,dx=+\frac{1}{2}\cdot\int_{x_0}^{b}[f(x)]^2\,dx=?$$

► 0 für a; 3 für x_0; 4 für b; $f(x)=x^3-3x^2$

$$-\frac{1}{2}\cdot\int_0^3\left[(x^3-3x^2)^2\right]dx+\frac{1}{2}\cdot\int_3^4\left[(x^3-3x^2)^2\right]dx=$$

$$=-\frac{1}{2}\cdot\int_0^3(x^6-6x^5+9x^4)\,dx+\frac{1}{2}\cdot\int_3^4(x^6-6x^5+9x^4)\,dx$$

$$=-\frac{1}{2}\cdot\left(\frac{1}{7}\cdot x^7-x^6+\frac{9}{5}\cdot x^5\Big|_0^3\right)+\frac{1}{2}\cdot\left(\frac{1}{7}\cdot x^7-x^6+\frac{9}{5}\cdot x^5\Big|_3^4\right)$$

$$=-\frac{1}{2}\cdot\left(\frac{1}{7}\cdot 3^7-3^6+\frac{9}{5}\cdot 3^5-0\right)+$$

$$+\frac{1}{2}\cdot\left(\frac{1}{7}\cdot 4^7-4^6+\frac{9}{5}\cdot 4^5-\frac{1}{7}\cdot 3^7+3^6-\frac{9}{5}\cdot 3^5\right)$$

$$=-\frac{1}{2}\cdot\frac{729}{35}+\frac{1}{2}\cdot\frac{2343}{35}$$

$$=\underline{23{,}05714\ldots}$$

► $y_S=\dfrac{23{,}05714\ldots}{13{,}50000}=\underline{\underline{1{,}70794}}$

Mit den Koordinaten x_S und y_S erhält man den Flächenschwerpunkt $S\langle 2{,}74815 \mid 1{,}70794\rangle$.

19. $f:f(x)=1+\sin x;\ x\in\left[-\dfrac{\pi}{2};\dfrac{3}{2}\pi\right]$

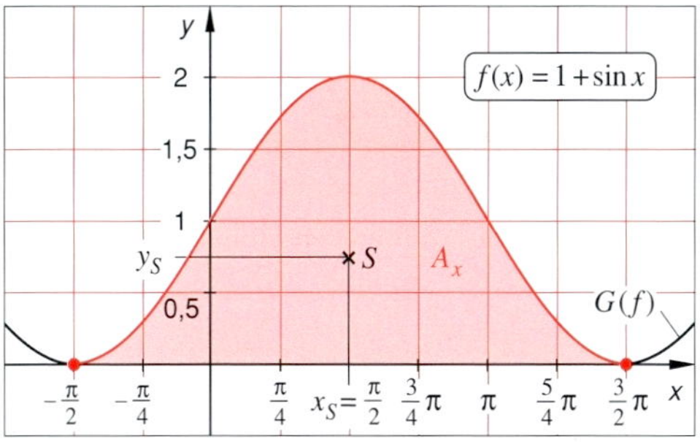

Im Intervall $\left[-\frac{\pi}{2};\frac{3}{2}\pi\right]$ gilt $f(x)\geq 0$, sodass die Formeln für x_S und y_S unmittelbar angewendet werden können:

$$x_S=\frac{\int_a^b[x\cdot f(x)]\,dx}{\int_a^b f(x)\,dx};\quad y_S=\frac{\frac{1}{2}\cdot\int_a^b[f(x)]^2\,dx}{\int_a^b f(x)\,dx}$$

Es wird zunächst $A_x=\int_a^b f(x)\,dx$ berechnet, da dieser Term bei x_S und y_S als Nennerterm vorkommt.

$A_x=\int_a^b f(x)\,dx$ ► $-\dfrac{\pi}{2}$ für a; $\dfrac{3}{2}\pi$ für b; $f(x)=1+\sin x$

$$=\int_{-\frac{\pi}{2}}^{\frac{3}{2}\pi}(1+\sin x)\,dx$$

$$=x-\cos x\Big|_{-\frac{\pi}{2}}^{\frac{3}{2}\pi}$$

► $\cos\left(\frac{3}{2}\pi\right)=\cos\left(-\frac{\pi}{2}\right)=0$

$$=\frac{3}{2}\pi-\cos\left(\frac{3}{2}\pi\right)-\left(-\frac{\pi}{2}\right)+\cos\left(-\frac{\pi}{2}\right)$$

$$=\underline{2\pi}$$

362

Berechnung der Schwerpunktskoordinate x_S

$$\int_a^b [x \cdot f(x)]\,\mathrm{d}x = ?$$

► $-\frac{\pi}{2}$ für a; $\frac{3}{2}\pi$ für b; $f(x) = 1 + \sin x$

$$\int_{-\frac{\pi}{2}}^{\frac{3}{2}\pi} (x + x \cdot \sin x)\,\mathrm{d}x =$$

$$= \frac{1}{2} \cdot x^2 - x \cdot \cos x + \sin x \Big|_{-\frac{\pi}{2}}^{\frac{3}{2}\pi} \quad ► 2.5$$

$$= \tfrac{1}{2} \cdot \left(\tfrac{3}{2}\pi\right)^2 - \tfrac{3}{2}\pi \cdot \cos\left(\tfrac{3}{2}\pi\right) + \sin\left(\tfrac{3}{2}\pi\right) +$$
$$- \tfrac{1}{2} \cdot \left(-\tfrac{\pi}{2}\right)^2 + \tfrac{\pi}{2} \cdot \cos\tfrac{\pi}{2} + \sin\tfrac{\pi}{2}$$
$$= \tfrac{9}{8}\pi^2 - 0 - 1 - \tfrac{\pi^2}{8} + 0 + 1$$
$$= \underline{\pi^2}$$

► $x_S = \frac{\pi^2}{2\pi} = \frac{\pi}{2} = \underline{\underline{1{,}57080}}$

Berechnung der Schwerpunktskoordinate y_S

$$\frac{1}{2} \cdot \int_a^b [f(x)]^2\,\mathrm{d}x$$

► $-\frac{\pi}{2}$ für a; $\frac{3}{2}\pi$ für b; $f(x) = 1 + \sin x$

$$\frac{1}{2} \cdot \int_{-\frac{\pi}{2}}^{\frac{3}{2}\pi} [1 + \sin x]^2\,\mathrm{d}x =$$

$$= \frac{1}{2} \cdot \int_{-\frac{\pi}{2}}^{\frac{3}{2}\pi} \left[1 + 2 \cdot \sin x + \sin^2 x\right]\mathrm{d}x$$

$$= \tfrac{1}{2} \cdot \left[x - 2 \cdot \cos x + \tfrac{x}{2} - \tfrac{1}{2} \cdot \sin(2x) \Big|_{-\frac{\pi}{2}}^{\frac{3}{2}\pi}\right] \quad ► 2.4.1$$

$$= \tfrac{1}{2} \cdot \left[\tfrac{3}{2}\pi - 2 \cdot \cos\left(\tfrac{3}{2}\pi\right) + \tfrac{3}{4}\pi - \tfrac{1}{2} \cdot \sin(3\pi) +\right.$$
$$\left. + \tfrac{\pi}{2} + 2 \cdot \cos\left(-\tfrac{\pi}{2}\right) + \tfrac{\pi}{4} + \tfrac{1}{2} \cdot \sin(-\pi)\right]$$
$$= \underline{\tfrac{3}{2}\pi}$$

► $y_S = \frac{\frac{3}{2}\pi}{2\pi} = \underline{\underline{0{,}75000}}$

Mit den Koordinaten x_S und y_S erhält man den Flächenschwerpunkt $S\langle 1{,}57080 \mid 0{,}75000 \rangle$.

20. $f: f(x) = \cosh x - 2$; $x \in [-1; 2]$

Die Funktion $f: f(x) = \cosh x - 2$; $D(f) = \mathbb{R}$ hat im Intervall $[-1; 2]$ eine Nullstelle bei $x_0 = \operatorname{Arcosh} 2 = 1{,}31696$. Für $x \in [-1; x_0]$ gilt $f(x) \leq 0$ und für $x \in [x_0; 2]$ gilt $f(x) \geq 0$. Daher werden die Zählerterme und Nennerterme für x_S und y_S durch abschnittsweise Integration berechnet. ► Übungsaufgabe 16

$$x_S = \frac{-\int_a^{x_0} [x \cdot f(x)]\,\mathrm{d}x + \int_{x_0}^b [x \cdot f(x)]\,\mathrm{d}x}{A_x}$$

$$y_S = \frac{-\frac{1}{2} \cdot \int_a^{x_0} [f(x)]^2\,\mathrm{d}x + \frac{1}{2} \cdot \int_0^b [f(x)]^2\,\mathrm{d}x}{A_x}$$

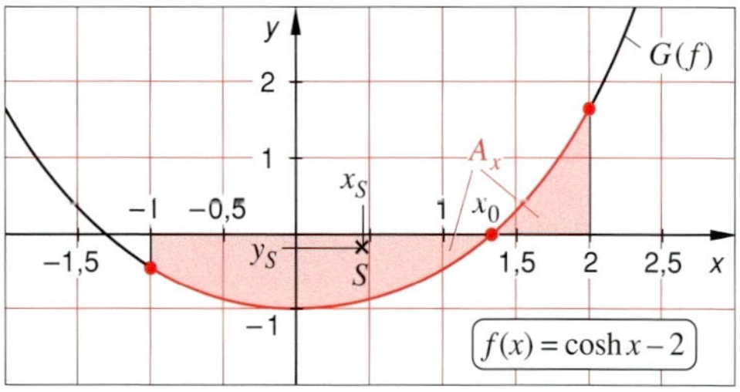

Berechnung von A_x

$$A_x = \left| \int_a^{x_0} f(x)\,\mathrm{d}x \right| + \int_{x_0}^b f(x)\,\mathrm{d}x$$

► -1 für a; Arcosh 2 für x_0; 2 für b; $f(x) = \cosh x - 2$

$$A_x = \left| \int_{-1}^{\operatorname{Arcosh} 2} (\cosh x - 2)\,\mathrm{d}x \right| + \int_{\operatorname{Arcosh} 2}^{2} (\cosh x - 2)\,\mathrm{d}x$$

$$= \left| \sinh x - 2x \Big|_{-1}^{\operatorname{Arcosh} 2} \right| + \sinh x - 2x \Big|_{\operatorname{Arcosh} 2}^{2}$$

$$= |-1{,}72666\ldots| + 0{,}52872\ldots$$

$$= \underline{2{,}25538\ldots}$$

Berechnung der Schwerpunktskoordinate x_S

$$-\int_a^{x_0}[x\cdot f(x)]\,\mathrm{d}x+\int_{x_0}^{b}[x\cdot f(x)]\,\mathrm{d}x=?$$

▶ -1 für a; Arcosh 2 für x_0; 2 für b; $f(x)=\cosh x-2$

$$-\int_{-1}^{\mathrm{Arcosh}\,2}(x\cdot\cosh x-2x)\,\mathrm{d}x+$$

$$+\int_{\mathrm{Arcosh}\,2}^{2}(x\cdot\cosh x-2x)\,\mathrm{d}x=$$

$$=-\left(x\cdot\sinh x-\cosh x-x^2\Big|_{-1}^{\mathrm{Arcosh}\,2}\right)$$

$$+\left(x\cdot\sinh x-\cosh x-x^2\Big|_{\mathrm{Arcosh}\,2}^{2}\right)\quad ▶\ 2.5$$

$$=0{,}08546\ldots+0{,}94486\ldots$$

$$=\underline{1{,}03032\ldots}$$

▶ $x_S=\dfrac{1{,}03032\ldots}{2{,}25538\ldots}=\underline{\underline{0{,}45683}}$

Berechnung der Schwerpunktskoordinate y_S

$$-\frac{1}{2}\cdot\int_a^{x_0}[f(x)]^2\,\mathrm{d}x+\frac{1}{2}\cdot\int_a^{b}[f(x)]^2\,\mathrm{d}x=?$$

▶ -1 für a; Arcosh 2 für x_0; 2 für b;

$f(x)=\cosh x-2\Rightarrow[f(x)]^2=\cosh^2 x-4\cdot\cosh x+4$

$$-\frac{1}{2}\cdot\int_{-1}^{\mathrm{Arcosh}\,2}\left(\cosh^2 x-4\cdot\cosh x+4\right)\mathrm{d}x+$$

$$+\frac{1}{2}\cdot\int_{\mathrm{Arcosh}\,2}^{2}\left(\cosh^2 x-4\cdot\cosh x+4\right)\mathrm{d}x=$$

$$=-\frac{1}{2}\cdot\left(\frac{1}{4}\cdot\sinh(2x)+\frac{x}{2}-4\cdot\sinh x+4x\Big|_{-1}^{\mathrm{Arcosh}\,2}\right)+$$

$$+\frac{1}{2}\cdot\left(\frac{1}{4}\cdot\sinh(2x)+\frac{x}{2}-4\cdot\sinh x+4x\Big|_{\mathrm{Arcosh}\,2}^{2}\right)$$

$$=-0{,}71803\ldots+0{,}29243\ldots$$

$$=\underline{-0{,}42559\ldots}$$

▶ $y_S=\dfrac{-0{,}42559\cdots}{2{,}25538\ldots}=\underline{\underline{-0{,}18870}}$

Mit den Koordinaten x_S und y_S erhält man den Flächenschwerpunkt $S\langle 0{,}45683 \mid -0{,}18870\rangle$.

21. $f:f(x)=2-\cos x;\ x\in[-\pi;\,2\pi]$

Im Intervall $[-\pi;\,2\pi]$ gilt $f(x)>0$, sodass die Formeln für x_S und y_S unmittelbar angewendet werden können:

$$x_S=\frac{\int_a^b[x\cdot f(x)]\,\mathrm{d}x}{\int_a^b f(x)\,\mathrm{d}x};\quad y_S=\frac{\frac{1}{2}\cdot\int_a^b[f(x)]^2\,\mathrm{d}x}{\int_a^b f(x)\,\mathrm{d}x}$$

Es wird zunächst $A_x=\int_a^b f(x)\,\mathrm{d}x$ berechnet, da dieser Term bei x_S und y_S als Nennerterm vorkommt.

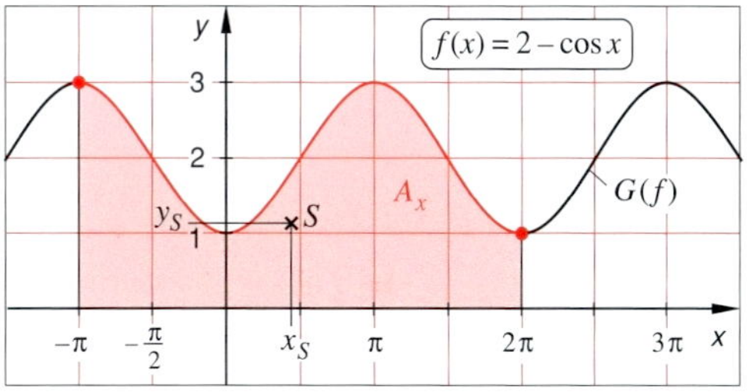

$A_x=\int_a^b f(x)\,\mathrm{d}x$ ▶ $-\pi$ für a; 2π für b; $f(x)=2-\cos x$

$$=\int_{-\pi}^{2\pi}(2-\cos x)\,\mathrm{d}x$$

$$=2x-\sin x\Big|_{-\pi}^{2\pi}$$

$$=4\pi-\sin(2\pi)-2\cdot(-\pi)+\sin(-\pi)$$

$$=\underline{6\pi}$$

Berechnung der Schwerpunktskoordinate x_S

$$\int_a^b[x\cdot f(x)]\,\mathrm{d}x=?$$

▶ $-\pi$ für a; 2π für b; $f(x)=2-\cos x$

Berechnung der Schwerpunktskoordinate y_S

$$\frac{1}{2}\cdot\int_a^b[f(x)]^2\,\mathrm{d}x=?$$

▶ $-\pi$ für a; 2π für b; $f(x)=2-\cos x$

362

$$\int_{-\pi}^{2\pi} [2x - x\cdot\cos x]\,\mathrm{d}x = \qquad \blacktriangleright\ 2.5$$

$$= x^2 - x\cdot\sin x - \cos x \Big|_{-\pi}^{2\pi}$$

$$= (2\pi)^2 - 2\pi\cdot\sin(2\pi) - \cos(2\pi) +$$
$$- (-\pi)^2 + [-\pi\cdot\sin(-\pi)] + \cos(-\pi)$$

$$= 4\pi^2 - 0 - 1 - \pi^2 - 0 - 1$$

$$= \underline{3\pi^2 - 2}$$

$$\blacktriangleright\ x_S = \frac{3\pi^2 - 2}{6\pi} = \underline{\underline{1{,}46469}}$$

$$\frac{1}{2}\cdot\int_{-\pi}^{2\pi} [4 - 4\cdot\cos x + \cos^2 x]\,\mathrm{d}x = \qquad \blacktriangleright\ 2.4.1$$

$$= \frac{1}{2}\cdot\left[4x - 4\cdot\sin x + \frac{x}{2} + \frac{1}{4}\cdot\sin(2x)\Big|_{-\pi}^{2\pi}\right]$$

$$= \frac{1}{2}\cdot\left[8\pi - 4\cdot\sin(2\pi) + \pi + \frac{1}{4}\cdot\sin(4\pi) + \right.$$
$$\left. + 4\pi + 4\cdot\sin(-\pi) + \frac{\pi}{2} - \frac{1}{4}\cdot\sin(-2\pi)\right]$$

$$= \underline{\frac{27}{4}\pi}$$

$$\blacktriangleright\ y_S = \frac{\frac{27}{4}\pi}{6\pi} = \underline{\underline{1{,}12500}}$$

Mit den Koordinaten x_S und y_S erhält man den Flächenschwerpunkt $S\langle 1{,}46469 \mid 1{,}12500\rangle$.

22. $f: f(x) = \text{Arccos}\,x;\ x \in [-1;\,1]$

Im Intervall $[-1;\,1]$ gilt $f(x) \geq 0$, sodass die Formeln für x_S und y_S unmittelbar angewendet werden können:

$$x_S = \frac{\int_a^b [x\cdot f(x)]\,\mathrm{d}x}{\int_a^b f(x)\,\mathrm{d}x};\quad y_S = \frac{\frac{1}{2}\cdot\int_a^b [f(x)]^2\,\mathrm{d}x}{\int_a^b f(x)\,\mathrm{d}x}$$

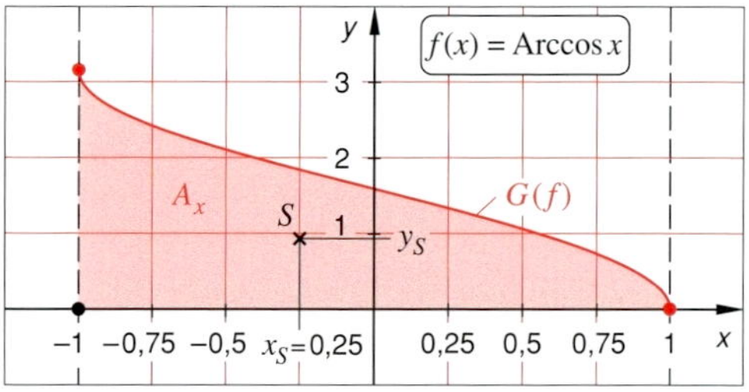

Es wird zunächst $A_x = \int_a^b f(x)\,\mathrm{d}x$ berechnet, da dieser Term bei x_S und y_S als Nennerterm vorkommt.

$$A_x = \int_a^b f(x)\,\mathrm{d}x \quad \blacktriangleright\ -1 \text{ für } a;\ 1 \text{ für } b;\ f(x) = \text{Arccos}\,x$$

$$= \int_{-1}^{1} \text{Arccos}\,x\,\mathrm{d}x \quad \blacktriangleright\ 2.5,\ \text{Übungsaufgabe 22}$$

$$= x\cdot\text{Arccos}\,x - \sqrt{1-x^2}\,\Big|_{-1}^{1}$$

▶ Arccos $1 = 0$; Arccos $(-1) = \pi$

$$= 1\cdot\text{Arccos}\,1 - \sqrt{1-1^2} + 1\cdot\text{Arccos}(-1) + \sqrt{1-(-1)^2}$$

$$= \underline{\pi}$$

Berechnung der Schwerpunktskoordinate x_S

$$\int_a^b [x\cdot f(x)]\,\mathrm{d}x = ? \quad \blacktriangleright\ -1 \text{ für } a;\ 1 \text{ für } b;\ f(x) = \text{Arccos}\,x$$

$$\int_{-1}^{1} [x\cdot\text{Arccos}\,x]\,\mathrm{d}x = \qquad \blacktriangleright\ \int (v'\cdot u)\,\mathrm{d}x \quad \blacktriangleright\ 2.5$$

$$= \frac{x^2}{2}\cdot\text{Arccos}\,x\Big|_{-1}^{1} + \frac{1}{2}\cdot\int_{-1}^{1} \frac{x^2}{\sqrt{1-x^2}}\,\mathrm{d}x$$

$$= 0 - \frac{(-1)^2}{2}\cdot\text{Arccos}(-1) + \frac{1}{2}\cdot\int_{-1}^{1}\left(x\cdot\frac{x}{\sqrt{1-x^2}}\right)\mathrm{d}x \quad \blacktriangleright\ 2.5$$

Berechnung der Schwerpunktskoordinate y_S

$$\frac{1}{2}\cdot\int_a^b [f(x)]^2\,\mathrm{d}x = ? \quad \blacktriangleright\ -1 \text{ für } a;\ 1 \text{ für } b;\ f(x) = \text{Arccos}\,x$$

$$\frac{1}{2}\cdot\int_{-1}^{1} \left[\text{Arccos}^2\,x\cdot 1\right]\mathrm{d}x = \qquad \blacktriangleright\ \int (u\cdot v')\,\mathrm{d}x \quad \blacktriangleright\ 2.5$$

$$= \frac{1}{2}\cdot\left[x\cdot\text{Arccos}^2\,x\Big|_{-1}^{1} - \int_{-1}^{1}\left(x\cdot\frac{2\cdot\text{Arccos}\,x}{-\sqrt{1-x^2}}\right)\mathrm{d}x\right]$$

$$= \frac{1}{2}\cdot\left[0 - (-1)\cdot\pi^2 + 2\cdot\int_{-1}^{1}\left(\text{Arccos x}\cdot\frac{\text{x}}{\sqrt{1-\text{x}^2}}\right)\mathrm{d}x\right] \quad \blacktriangleright\ 2.5$$

$$= -\frac{\pi}{2} + \frac{1}{2} \cdot \left[-x \cdot \sqrt{1-x^2} \Big|_{-1}^{1} + \int_{-1}^{1} \sqrt{1-x^2}\, \mathrm{d}x \right] \quad \blacktriangleright \text{ 2.4.5}$$

$$= -\frac{\pi}{2} + \frac{1}{2} \cdot \left[0 + \frac{1}{2} \cdot \operatorname{Arcsin} x + \frac{x}{2} \cdot \sqrt{1-x^2} \Big|_{-1}^{1} \right]$$

$$= -\frac{\pi}{2} + \frac{1}{2} \cdot \left[\frac{1}{2} \cdot \operatorname{Arcsin} 1 - \frac{1}{2} \cdot \operatorname{Arcsin}(-1) + 0 \right]$$

$$= \underline{-\frac{\pi}{4}}$$

$$\blacktriangleright\ x_S = \frac{-\frac{\pi}{4}}{\pi} = \underline{\underline{-0{,}25000}}$$

$$= \frac{1}{2} \cdot \left[\pi^2 + 2 \cdot \left(-\operatorname{Arccos} x \cdot \sqrt{1-x^2} \Big|_{-1}^{1} + - \int_{-1}^{1} \left(\frac{1}{\sqrt{1-x^2}} \cdot \sqrt{1-x^2} \right) \mathrm{d}x \right) \right]$$

$$= \frac{1}{2} \cdot \left[\pi^2 + 2 \cdot \left(0 - x \Big|_{-1}^{1} \right) \right]$$

$$= \underline{\frac{1}{2} \cdot [\pi^2 - 4]}$$

$$\blacktriangleright\ y_S = \frac{\frac{1}{2} \cdot [\pi^2 - 4]}{\pi} = \underline{\underline{0{,}93418}}$$

Mit den Koordinaten x_S und y_S erhält man den Flächenschwerpunkt $S\langle -0{,}25000 \mid 0{,}93418 \rangle$.

23. Berechnen Sie die Schwerpunktskoordinaten der Masse, die der Fläche zwischen den Graphen der Funktionen $f_1 : f_1(x) = \sqrt{2px}$; $D(f_1) = \mathbb{R}^{\geq 0}$ und $f_2 : f_2(x) = -\sqrt{2px}$; $D(f_2) = \mathbb{R}^{\geq 0}$ mit $p > 0$ im x-Intervall $[0; l]$; $l > 0$ entspricht.

Da die Fläche im Intervall $[0; l]$ zur x-Achse symmetrisch liegt, haben die oberhalb der x-Achse liegende Fläche und die unterhalb der x-Achse liegende Fläche die gleiche Schwerpunktskoordinate x_S.

Daher braucht man nur die Schwerpunktskoordinate x_S z. B. der oberhalb der x-Achse liegenden Fläche zu berechnen. Aus Symmetriegründen ist die Schwerpunktskoordinate y_S gleich null, d. h. der Schwerpunkt liegt auf der x-Achse.

Mit den Koordinaten x_S und y_S erhält man den Flächenschwerpunkt $S\langle 0{,}6 \cdot l \mid 0 \rangle$.

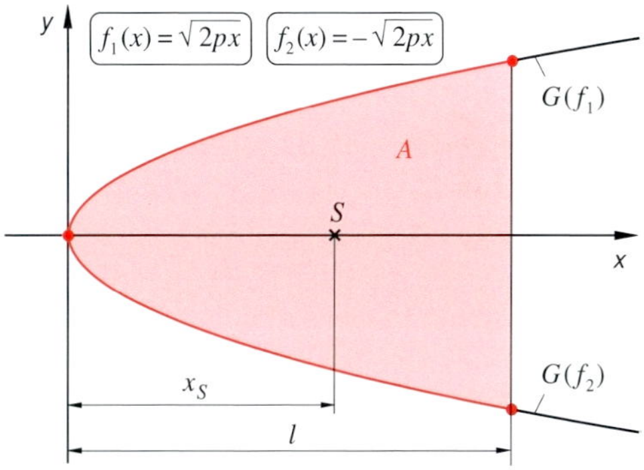

$$x_S = \frac{\int_a^b [x \cdot f_1(x)]\, \mathrm{d}x}{\int_a^b f_1(x)\, \mathrm{d}x} \quad \blacktriangleright \text{ 0 für } a\text{; 1 für } b\text{; } f_1(x) = \sqrt{2px}$$

$$= \frac{\int_0^l [x \cdot \sqrt{2px}]\, \mathrm{d}x}{\int_0^l \sqrt{2px}\, \mathrm{d}x}$$

$$= \frac{\sqrt{2p} \cdot \int_0^l x^{\frac{3}{2}}\, \mathrm{d}x}{\sqrt{2p} \cdot \int_0^l x^{\frac{1}{2}}\, \mathrm{d}x}$$

$$= \frac{\frac{2}{5} \cdot x^{\frac{5}{2}} \Big|_0^l}{\frac{2}{3} \cdot x^{\frac{3}{2}} \Big|_0^l}$$

$$= \frac{\frac{2}{5} \cdot l^{\frac{5}{2}}}{\frac{2}{3} \cdot l^{\frac{3}{2}}}$$

$$= \underline{\underline{0{,}6 \cdot l}}$$

362

24. Berechnen Sie die Schwerpunktskoordinaten der Masse, die der Fläche zwischen den Graphen der Funktionen $f_1\colon f_1(x) = 2px^2$; $D(f_1) = \mathbb{R}$ mit $p > 0$ und $f_2\colon f_2(x) = 2pl$; $D(f_2) = \mathbb{R}$ mit $l > 0$ entspricht.

Da die Fläche symmetrisch zur y-Achse ist, liegt der Schwerpunkt auf der y-Achse, d. h. es gilt $x_S = 0$.

Das Integrationsintervall berechnet man nach Gleichsetzen der Funktionsterme mit:

$f_1(x) = f_2(x)$ ► $f_1(x) = 2px^2$; $f_2(x) = 2pl$

$2px^2 = 2pl \Rightarrow x^2 = l \Rightarrow x_1 = \underline{-\sqrt{l}}$ und $x_2 = \underline{\sqrt{l}}$

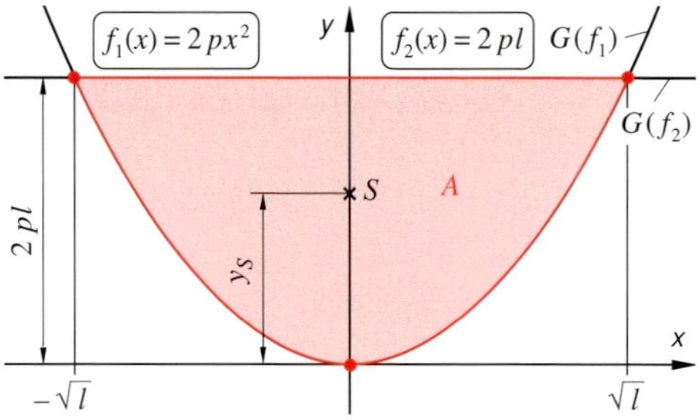

Berechnung von A_y

$$A_y = \int_a^b [x \cdot f'(x)]\,\mathrm{d}x$$

► $-\sqrt{b}$ für a; $\sqrt{l}$ für b; $f(x) = 2px^2 \Rightarrow f'(x) = 4px$

$$A_y = \int_{-\sqrt{l}}^{\sqrt{l}} [4px^2]\,\mathrm{d}x$$

$$= 2 \cdot \frac{4}{3} \cdot p \cdot x^3 \Big|_0^{\sqrt{l}}$$ ► Symmetrie zur y-Achse

$$= \frac{8}{3} \cdot p \cdot \left(\sqrt{l}\right)^3 - 0$$ ► $(\sqrt{l})^3 = l \cdot \sqrt{l}$

$$= \underline{\frac{8}{3} \cdot p \cdot l \cdot \sqrt{l}}$$

Berechnung der Schwerpunktskoordinate y_S

$$y_S = \frac{\frac{1}{2} \cdot \int_a^b \left([f_1(x)]^2 - [f_2(x)]^2\right)\mathrm{d}x}{A_y}; \quad f_1(x) \geq f_2(x)$$

► Merksatz S. 559

$$\frac{1}{2} \cdot \int_a^b \left([f_2(x)]^2 - [f_1(x)]^2\right)\mathrm{d}x = ?$$ ► $\sqrt{l}$ für a; $\sqrt{l}$ für b; $f_1(x) = 2px^2$; $f_2(x) = 2pl$

$$\frac{1}{2} \cdot \int_{-\sqrt{l}}^{\sqrt{l}} \left(4p^2l^2 - 4p^2x^4\right)\mathrm{d}x =$$

$$= 2 \cdot \frac{1}{2} \cdot \left(4p^2l^2 \cdot x - 4p^2 \cdot \frac{x^5}{5}\Big|_0^{\sqrt{l}}\right)$$ ► Symmetrie zur y-Achse

$$= 4p^2l^2 \cdot \sqrt{l} - 4p^2 \cdot \frac{(\sqrt{l})^5}{5} - 0$$ ► $(\sqrt{l})^5 = l^2 \cdot \sqrt{l}$

$$= \underline{\frac{16}{5} \cdot p^2 \cdot l^2 \cdot \sqrt{l}}$$

► $y_S = \dfrac{\frac{16}{5} \cdot p^2 \cdot l^2 \cdot \sqrt{l}}{\frac{8}{3} \cdot p \cdot l \cdot \sqrt{l}} = \underline{\underline{1{,}2pl}}$

Mit den Koordinaten x_S und y_S erhält man den Flächenschwerpunkt $S\langle 0 \,|\, 1{,}2 \cdot p \cdot l\rangle$.

Die Ergebnisse der Übungsaufgaben 23 und 24 stimmen überein. Bezeichnet man nämlich $2pl$ (Abstand zwischen dem Scheitelpunkt von f_1 und dem Graphen von f_2) mit l', so erhält man $y_S = 0{,}6 \cdot l'$.

25. Berechnen Sie die Schwerpunktskoordinaten der Masse, die der Fläche zwischen dem Graphen der Funktion $f: f(x) = \sin^2 x$; $D(f) = \mathbb{R}$ und der x-Achse im x-Intervall $[0; \pi]$ entspricht. **362**

Es gilt $\sin\left(\frac{\pi}{2} - s\right) = \sin\left(\frac{\pi}{2} + s\right) = \cos s$ für $s \in \left(0; \frac{\pi}{2}\right]$. Daher ist die Fläche symmetrisch zur Geraden mit der Gleichung $x = \frac{\pi}{2}$ und somit gilt $x_S = \frac{\pi}{2} = 1{,}57080$. Im Intervall $[0; \pi]$ gilt $f(x) \geq 0$, sodass die Formel für y_S unmittelbar angewendet werden kann:

$$y_S = \frac{\frac{1}{2} \cdot \int\limits_a^b [f(x)]^2 \, dx}{A_x}$$

Berechnung von A_x

$$A_x = \int\limits_a^b f(x) \, dx \quad \blacktriangleright \text{ 0 für } a; \pi \text{ für } b; f(x) = \sin^2 x$$

$$= \int\limits_0^\pi \sin^2 x \, dx \quad \blacktriangleright \text{ 2.4.1}$$

$$= \frac{x}{2} - \frac{1}{4} \cdot \sin(2x) \Big|_0^\pi$$

$$= \frac{\pi}{2} - \frac{1}{4} \cdot \sin(2\pi) - 0$$

$$= \underline{\frac{\pi}{2}}$$

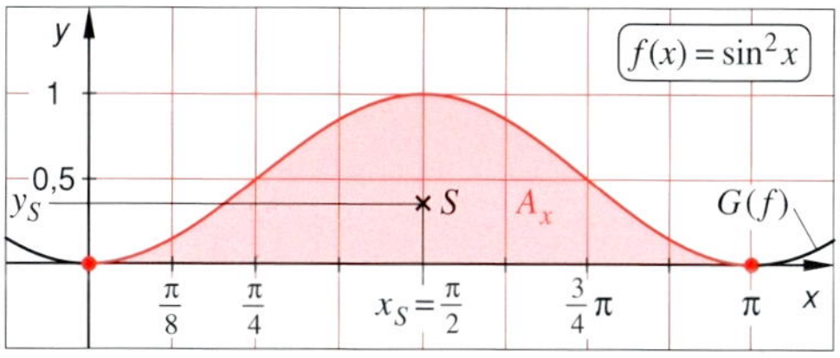

Berechnung der Schwerpunktskoordinate y_S

$$\frac{1}{2} \cdot \int\limits_a^b [f(x)]^2 \, dx = ? \quad \blacktriangleright \text{ 0 für } a; \pi \text{ für } b; f(x) = \sin^2 x$$

$$\frac{1}{2} \cdot \int\limits_0^\pi \sin^4 x \, dx = \quad \blacktriangleright \text{ 2.5; Rekursionsformel mit } m = 4; \text{ Übungsaufgabe 62}$$

$$= \frac{1}{2} \cdot \left[-\frac{1}{4} \cdot \sin^3 x \cdot \cos x \Big|_0^\pi + \frac{3}{4} \cdot \int\limits_0^\pi \sin^2 x \, dx \right] \quad \blacktriangleright \text{ 2.4.1}$$

$$= \frac{1}{2} \cdot \left[0 + \frac{3}{4} \cdot \left(\frac{x}{2} - \frac{1}{4} \cdot \sin(2x) \Big|_0^\pi \right) \right]$$

$$= \frac{1}{2} \cdot \frac{3}{4} \cdot \left(\frac{\pi}{2} - 0 \right)$$

$$= \underline{\frac{3}{16}\pi}$$

$$\blacktriangleright \; y_S = \frac{\frac{3}{16}\pi}{\frac{\pi}{2}} = \frac{3}{8} = \underline{\underline{0{,}37500}}$$

$\blacktriangleright$ $S\langle 1{,}57080 \,|\, 0{,}37500 \rangle$ $\blacktriangleright$ Schwerpunkt

26. Berechnen Sie die Schwerpunktskoordinaten der Masse, die der Fläche zwischen dem Graphen der Funktion $f: f(x) = e^{-x}$; $D(f) = \mathbb{R}$ und der x-Achse im x-Intervall $[0; b]$ mit $b > 0$ entspricht. Welche Lösung erhält man für $b \to \infty$? **363**

Im Intervall $[0; b]$; $b > 0$ gilt $f(x) > 0$, sodass die Formeln für x_S und y_S unmittelbar angewendet werden können:

$$x_S = \frac{\int\limits_a^b [x \cdot f(x)] \, dx}{\int\limits_a^b f(x) \, dx}; \; y_S = \frac{\frac{1}{2} \cdot \int\limits_a^b [f(x)]^2 \, dx}{\int\limits_a^b f(x) \, dx}$$

Es wird zunächst $A_x(b) = \int\limits_a^b f(x) \, dx$ berechnet, da dieser Term bei x_S und y_S als Nennerterm vorkommt.

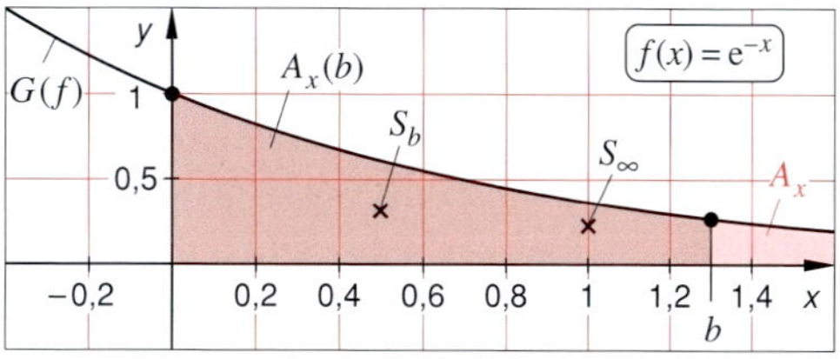

$$A_x(b) = \int\limits_a^b f(x) \, dx \quad \blacktriangleright \text{ 0 für } a; f(x) = e^{-x}$$

$$= \int\limits_0^b e^{-x} \, dx \quad \blacktriangleright \text{ 2.4.1}$$

$$= -e^{-x} \Big|_0^b$$

$$= \underline{-e^{-b} + 1; b > 0}$$

363

Berechnung der Schwerpunktskoordinate $x_S(b)$

$\int_a^b [x \cdot f(x)]\,dx = ?$ ► 0 für $a; f(x) = e^{-x}$

$$\int_0^b [x \cdot e^{-x}]\,dx = -x \cdot e^{-x} - e^{-x}\Big|_0^b \quad \text{► 2.5}$$
$$= -b \cdot e^{-b} - e^{-b} + 1$$
$$= \underline{e^{-b} \cdot (-b-1) + 1;\ b > 0}$$

► $x_S = \dfrac{e^{-b} \cdot (-b-1) + 1}{-e^{-b} + 1}$

Berechnung der Schwerpunktskoordinate $y_S(b)$

$\frac{1}{2} \cdot \int_a^b [f(x)]^2\,dx = ?$ ► 0 für $a; f(x) = e^{-x}$

$$\frac{1}{2} \cdot \int_0^b e^{-2x}\,dx = \frac{1}{2} \cdot \left(-\frac{1}{2} \cdot e^{-2x}\Big|_0^b\right) \quad \text{► 2.4.1}$$
$$= \underline{-\frac{1}{4} \cdot e^{-2b} + \frac{1}{4};\ b > 0}$$

► $y_S = \dfrac{-\frac{1}{4} \cdot e^{-2b} + \frac{1}{4}}{-e^{-b} + 1}$

Im Intervall $[0; b]$ erhält man den Flächenschwerpunkt $S_b\left\langle \dfrac{e^{-b} \cdot (-b-1) + 1}{-e^{-b} + 1} \,\middle|\, \dfrac{-\frac{1}{4} \cdot e^{-2b} + \frac{1}{4}}{-e^{-b} + 1} \right\rangle$

Berechnung der Schwerpunktskoordinate $x_S(\infty)$

$$\lim_{b\to\infty} x_S(b) = \lim_{b\to\infty} \left[\frac{e^{-b} \cdot (-b-1) + 1}{-e^{-b} + 1}\right]$$

► $\lim_{b\to\infty} [e^{-b} \cdot (-b-1)] = 0$ ► zweite Regel von de L'Hospital, Kusch 3; 4.5

► $\lim_{b\to\infty} e^{-b} = 0$

$$\lim_{b\to\infty} x_S(b) = \frac{0+1}{-0+1} = \underline{1} \quad \text{►}\ \underline{\underline{x_{S(\infty)} = 1}}$$

Berechnung der Schwerpunktskoordinate $y_S(\infty)$

$$\lim_{b\to\infty} y_S(b) = \lim_{b\to\infty} \left(\frac{-\frac{1}{4} \cdot e^{-2b} + \frac{1}{4}}{-e^{-b} + 1}\right)$$

► $\lim_{b\to\infty} e^{-2b} = \lim_{b\to\infty} e^{-b} = 0$

$$\lim_{b\to\infty} y_S(b) = \frac{-0 + \frac{1}{4}}{-0+1} = \underline{\underline{0{,}25}} \quad \text{►}\ \underline{\underline{y_{S(\infty)} = 0{,}25}}$$

Berechnen Sie zu den nachstehenden Funktionsgleichungen jeweils die Schwerpunktskoordinaten der Masse, die der Fläche zwischen dem Funktionsgraphen und der x-Achse entspricht.

27. $f(x) = 3x^2 - 4$

Mit der Übungsaufgabe 24 gilt:

$$x_S = \underline{\underline{0}} \text{ und } y_S = -\frac{2}{5} \cdot l' \quad \text{► } l' = 4$$
$$= \underline{\underline{-\frac{8}{5}}}$$

Der Flächenschwerpunkt lautet: $S\langle 0 \mid -1{,}6 \rangle$

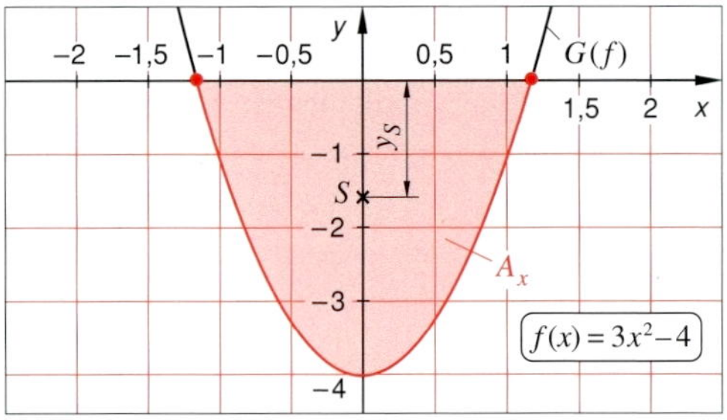

28. $f(x) = 0{,}2 \cdot (x^3 - 9x)$

Der Graph von $f: f(x) = 0{,}2 \cdot (x^3 - 9x)$ mit $D(f) = \mathbb{R}$ ist punktsymmetrisch zum Nullpunkt $\langle 0 \mid 0 \rangle$ (► $f(-x) = -f(x)$). Daher lautet der Flächenschwerpunkt: $S\langle 0 \mid 0 \rangle$

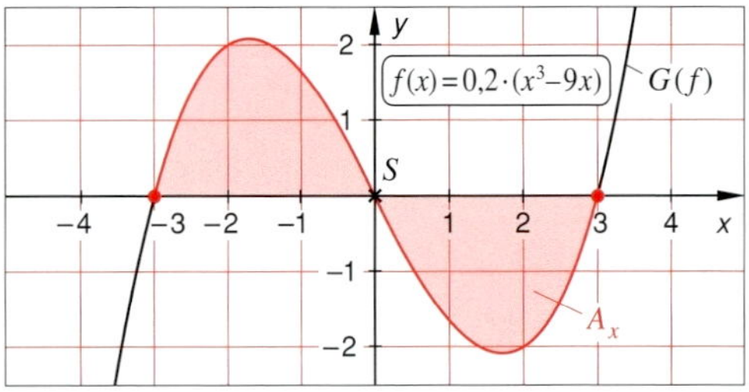

29. $f(x) = (x^2 - 1) \cdot e^x$

Nullstellen von f ► $f(x) = 0$

$(x^2 - 1) \cdot e^x = 0; \quad e^x \neq 0$

$\Rightarrow x^2 - 1 = 0 \Rightarrow (x+1) \cdot (x-1) = 0$

$\Rightarrow x_1 = \underline{-1};\ x_2 = \underline{1}$

Im Intervall $[-1; 1]$ gilt $f(x) \leq 0$. Daher werden Formeln für x_S und y_S in abgewandelter Form benutzt:

$$x_S = \frac{-\int_a^b [x \cdot f(x)]\,dx}{A_x}; \quad y_S = \frac{-\frac{1}{2} \cdot \int_a^b [f(x)]^2\,dx}{A_x}$$

► $u(x) = x^2 - 1 \Rightarrow u'(x) = 2x$

$v'(x) = e^x \Rightarrow v(x) = \int e^x \cdot dx = e^x + c$

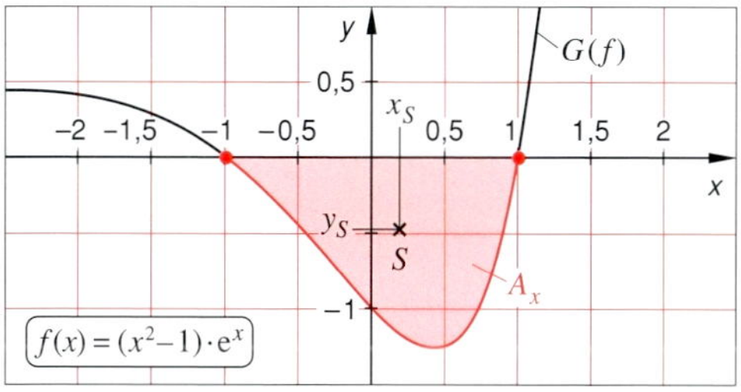

Berechnung von A_x

$$A_x = \left| \int_a^b f(x)\,dx \right| \quad ► -1 \text{ für } a;\ 1 \text{ für } b;\ f(x) = (x^2 - 1) \cdot e^x$$

$$= \left| \int_{-1}^{1} [(x^2 - 1) \cdot e^x]\,dx \right| \quad ► 2.5 \quad ► \int (u \cdot v')\,dx$$

$$= \left| (x^2 - 1) \cdot e^x - 2x \cdot e^x - 2 \cdot e^x \Big|_{-1}^{1} \right| \quad ► 2.5$$

$$= |0 - 2 \cdot 1 \cdot e^1 - 2 \cdot e^1 - 0 + 2 \cdot (-1) \cdot e^{-1} + 2 \cdot e^{-1}|$$

$$= \underline{1{,}47151\ldots}$$

Berechnung der Schwerpunktskoordinate x_S

$$-\int_a^b [x \cdot f(x)\,dx = ? \quad ► -1 \text{ für } a;\ 1 \text{ für } b;\ f(x) = (x^2 - 1) \cdot e^x$$

$$-\int_{-1}^{1} [(x^3 - x) \cdot e^x]\,dx = \quad ► \int (u \cdot v')\,dx \quad ► 2.5$$

$$= -\left[(x^3 - x) \cdot e^x - (3x^2 - 1) \cdot e^x + {} + 6x \cdot e^x - 6 \cdot e^x \Big|_{-1}^{1} \right]$$

$$= -[0 - 2 \cdot e^1 + 6 \cdot e^1 - 6 \cdot e^1 - 0 + 2 \cdot e^{-1} + {} + 6 \cdot e^{-1} + 6 \cdot e^{-1}]$$

$$= \underline{0{,}28625\ldots}$$

► $x_S = \dfrac{0{,}28625\ldots}{1{,}47151\ldots} = \underline{\underline{0{,}19453}}$

Berechnung der Schwerpunktskoordinate y_S

$$-\frac{1}{2} \cdot \int_a^b [f(x)]^2\,dx = ? \quad ► -1 \text{ für } a;\ 1 \text{ für } b;\ f(x) = (x^2 - 1) \cdot e^x$$

$$-\frac{1}{2} \cdot \int_{-1}^{1} [(x^4 - 2x^2 + 1) \cdot e^{2x}]\,dx = \quad ► \int (u \cdot v')\,dx \quad ► 2.5$$

$$= -\frac{1}{2} \cdot \left[(x^4 - 2x^2 + 1) \cdot \frac{1}{2} \cdot e^{2x} - (x^3 - x) \cdot e^{2x} + {} + \frac{1}{2} \cdot (3x^2 - 1) \cdot e^{2x} - \frac{3}{2} \cdot x \cdot e^{2x} + \frac{3}{4} \cdot e^{2x} \Big|_{-1}^{1} \right]$$

$$= -\frac{1}{2} \cdot \left[0 - 0 + e^2 - \frac{3}{2} \cdot e^2 + \frac{3}{4} \cdot e^2 + {} - \left(0 - 0 + e^{-2} + \frac{3}{2} \cdot e^{-2} + \frac{3}{4} \cdot e^{-2} \right) \right]$$

$$= \underline{-0{,}70371\ldots}$$

► $y_S = \dfrac{-0{,}70371\ldots}{1{,}47151\ldots} = \underline{\underline{-0{,}47822}}$

Mit den Koordinaten x_S und y_S erhält man den Flächenschwerpunkt $S\langle 0{,}19453 \mid -0{,}47822 \rangle$.

363

30. $f(x) = 2 - \frac{9}{x} + \frac{9}{x^2}$

Nullstellen von f ► $f(x) = 0$

$$2 - \frac{9}{x} + \frac{9}{x^2} = 0 \quad | \cdot x^2$$

$$\Rightarrow 2x^2 - 9x + 9 = 0 \quad | : 2$$

$$\Rightarrow x^2 - \frac{9}{2}x + \frac{9}{2} = 0$$

$$\Rightarrow \left(x - \tfrac{3}{2}\right) \cdot (x - 3) = 0 \Rightarrow x_1 = \underline{\tfrac{3}{2}};\ x_2 = \underline{3}$$

Im Intervall $\left[\frac{3}{2}; 3\right]$ gilt $f(x) \leq 0$. Daher werden Formeln für x_S und y_S in abgewandelter Form benutzt:

$$x_S = \frac{-\int_a^b [x \cdot f(x)]\,dx}{A_x};\ y_S = \frac{-\frac{1}{2} \cdot \int_a^b [f(x)]^2\,dx}{A_x}$$

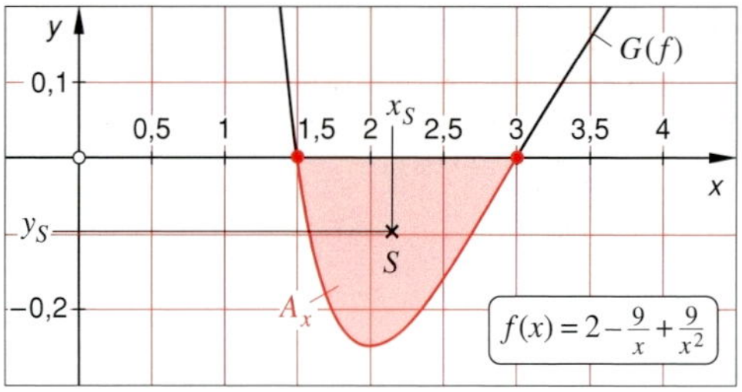

Berechnung von A_x

$$A_x = \left| \int_a^b f(x)\,dx \right| \quad ► \text{1,5 für } a;\ 3 \text{ für } b;\ f(x) = 2 - \frac{9}{x} + \frac{9}{x^2}$$

$$= \left| \int_{1,5}^{3} \left(2 - \frac{9}{x} + \frac{9}{x^2}\right) dx \right|$$

$$= \left| 2x - 9 \cdot \ln|x| - \frac{9}{x} \Big|_{1,5}^{3} \right|$$

$$= \left| 6 - 9 \cdot \ln 3 - 3 - 3 + 9 \cdot \ln|1,5| + 6 \right|$$

$$= \underline{0,23832\ldots}$$

Berechnung der Schwerpunktskoordinate x_S

$$-\int_a^b [x \cdot f(x)]\,dx = ? \quad ► \text{1,5 für } a;\ 3 \text{ für } b;\ f(x) = 2 - \frac{9}{x} + \frac{9}{x^2}$$

$$-\int_{1,5}^{3} \left(2x - 9 + \frac{9}{x}\right) dx =$$

$$= -\left(x^2 - 9x + 9 \cdot \ln|x| \Big|_{1,5}^{3}\right)$$

$$= -(9 - 27 + 9 \cdot \ln 3 - 2,25 + 13,5 - 9 \cdot \ln 1,5)$$

$$= \underline{0,51167\ldots}$$

$$► x_S = \frac{0,51167\ldots}{0,23832\ldots} = \underline{\underline{2,14697}}$$

Berechnung der Schwerpunktskoordinate y_S

$$-\frac{1}{2} \cdot \int_a^b [f(x)]^2\,dx = ? \quad ► \text{1,5 für } a;\ 3 \text{ für } b;\ f(x) = 2 - \frac{9}{x} + \frac{9}{x^2}$$

$$-\frac{1}{2} \cdot \int_{1,5}^{3} \left(4 + \frac{81}{x^2} + \frac{81}{x^4} - \frac{36}{x} + \frac{36}{x^2} - \frac{162}{x^3}\right) dx =$$

$$= -\frac{1}{2} \cdot \left(4x - \frac{117}{x} - \frac{27}{x^3} - 36 \cdot \ln|x| + \frac{81}{x^2} \Big|_{1,5}^{3}\right)$$

$$= -\tfrac{1}{2} \cdot (12 - 39 - 1 - 36 \cdot \ln 3 + 9 - 6 + 78 + 8 + {}$$
$$+ 36 \cdot \ln 1,5 - 36)$$

$$= \underline{-0,02335\ldots}$$

$$► y_S = \frac{-0,02335\ldots}{0,23832\ldots} = \underline{\underline{-0,09798}}$$

Mit den Koordinaten x_S und y_S erhält man den Flächenschwerpunkt $S\langle 2,14697 \mid -0,09798 \rangle$.

31. $f(x) = x + \frac{3}{x} - 4$

Nullstellen von f ► $f(x) = 0$

$x + \frac{2}{x} - 4 = 0 \quad | \cdot x$

$\Rightarrow x^2 + 3 - 4x = 0$

$\Rightarrow (x-1) \cdot (x-3) = 0 \Rightarrow x_1 = \underline{1};\ x_2 = \underline{3}$

Im Intervall $[1; 3]$ gilt $f(x) \leq 0$. Daher werden Formeln für x_S und y_S in abgewandelter Form benutzt:

$$x_S = \frac{-\int\limits_a^b [x \cdot f(x)]\,\mathrm{d}x}{A_x};\ y_S = \frac{-\frac{1}{2} \cdot \int\limits_a^b [f(x)]^2\,\mathrm{d}x}{A_x}$$

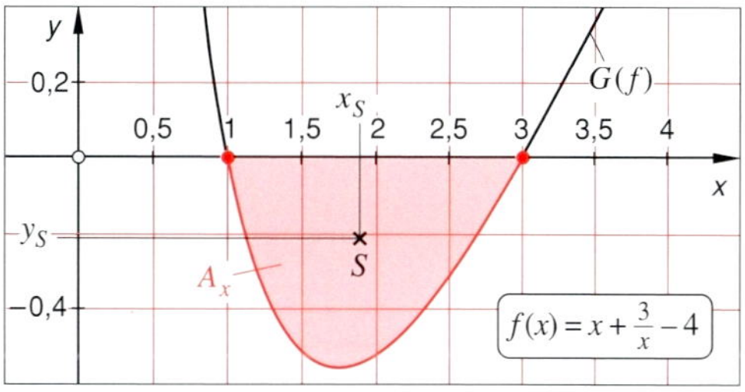

Berechnung von A_x

$A_x = \left| \int\limits_a^b f(x)\,\mathrm{d}x \right|$ ► 1 für a; 3 für b; $f(x) = x + \frac{3}{x} - 4$

$= \left| \int\limits_1^3 \left(x + \frac{3}{x} - 4 \right) \mathrm{d}x \right|$

$= \left| \frac{x^2}{2} + 3 \cdot \ln|x| - 4x \Big|_1^3 \right|$

$= \left| \frac{9}{2} + 3 \cdot \ln 3 - 12 - \frac{1}{2} - 3 \cdot \ln 1 + 4 \right|$ ► $\ln 1 = 0$

$= \underline{0{,}70416\ldots}$

Berechnung der Schwerpunktskoordinate x_S

$-\int\limits_a^b [x \cdot f(x)]\,\mathrm{d}x = ?$ ► 1 für a; 3 für b; $f(x) = x + \frac{3}{x} - 4$

$-\int\limits_1^3 (x^2 + 3 - 4x)\,\mathrm{d}x = \left(\frac{x^3}{3} + 3x - 2x^2 \Big|_1^3 \right)$

$= -\left(9 + 9 - 18 - \frac{1}{3} - 3 + 2 \right)$

$= \underline{\frac{4}{3}}$

► $x_S = \frac{\frac{4}{3}}{0{,}70416\ldots} = \underline{\underline{1{,}89350}}$

Berechnung der Schwerpunktskoordinate y_S

$-\frac{1}{2} \cdot \int\limits_a^b [f(x)]^2\,\mathrm{d}x = ?$ ► 1 für a; 3 für b; $f(x) = x + \frac{3}{x} - 4$

$-\frac{1}{2} \cdot \int\limits_1^3 \left(x^2 + \frac{9}{x^2} + 16 + 6 - 8x - \frac{24}{x} \right) \mathrm{d}x =$

$= -\frac{1}{2} \cdot \left(\frac{x^3}{3} - \frac{9}{x} + 22x - 4x^2 - 24 \cdot \ln(x) \Big|_1^3 \right)$

$= -\frac{1}{2} \cdot (9 - 3 + 66 - 36 - 24 \cdot \ln 3 - \frac{1}{3} + 9 - 22 + 4 + 24 \cdot \ln 1)$

$= \underline{-0{,}14998\ldots}$

► $y_S = \frac{-0{,}14998\ldots}{0{,}70416\ldots} = \underline{\underline{0{,}21300}}$

Mit den Koordinaten x_S und y_S erhält man den Flächenschwerpunkt $S\langle 1{,}89350 \mid 0{,}21300 \rangle$.

363

32. $f(x) = x^2 \cdot \sqrt{1-x}$

Nullstellen von f ► $f(x) = 0$

$x^2 \cdot \sqrt{1-x} = 0$

$\Rightarrow x^2 = 0$ oder $\sqrt{1-x} = 0$

$\Rightarrow x = 0$ oder $1 - x = 0 \Rightarrow x_1 = \underline{0};\ x_2 = \underline{1}$

Im Intervall $[0; 1]$ gilt $f(x) \geq 0$, sodass die Formeln für x_S und y_S unmittelbar angewendet werden können:

$$x_S = \frac{\int_a^b [x \cdot f(x)]\,\mathrm{d}x}{A_x};\quad y_S = \frac{\frac{1}{2} \cdot \int_a^b [f(x)]^2\,\mathrm{d}x}{A_x}$$

► $\sqrt{1-x} = z$

$\Rightarrow x = 1 - z^2 \Rightarrow \frac{\mathrm{d}x}{\mathrm{d}z} = -2z \Rightarrow \mathrm{d}x = -2z \cdot \mathrm{d}z$

► $\sqrt{1-0} = z_1 \Rightarrow z_1 = 1$

$\sqrt{1-1} = z_2 \Rightarrow z_2 = 0$

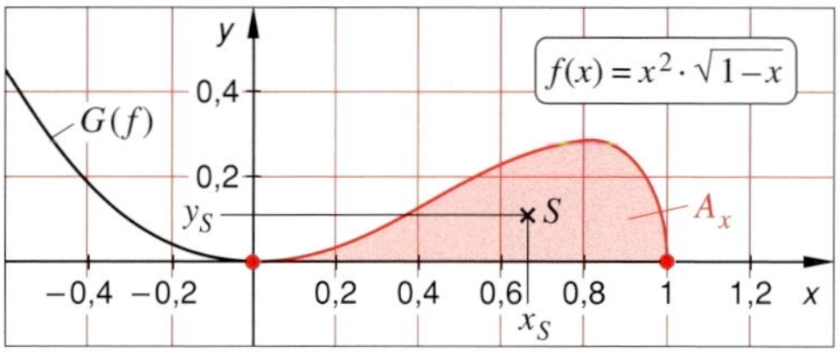

Berechnung von A_x

$$A_x = \int_a^b f(x)\,\mathrm{d}x \quad \text{► 0 für } a;\ 1 \text{ für } b;\ f(x) = x^2 \cdot \sqrt{1-x}$$

$$= \int_0^1 \left(x^2 \cdot \sqrt{1-x}\right)\mathrm{d}x \quad \text{► } \sqrt{1-x} = z$$

$$= \int_{z_1}^{z_2} \left[(1-z^2)^2 \cdot z \cdot (-2z)\right]\mathrm{d}z \quad \text{► } z_1 = 1;\ z_2 = 0$$

$$= -2 \cdot \int_1^0 \left(z^2 - 2z^4 + z^6\right)\mathrm{d}z$$

$$= -2 \cdot \left(\frac{z^3}{3} - \frac{2}{5} \cdot z^5 + \frac{z^7}{7}\,\Big|_1^0\right)$$

$$= -2 \cdot \left(0 - \tfrac{1}{3} + \tfrac{2}{5} - \tfrac{1}{7}\right)$$

$$= \underline{0{,}15238\ldots}$$

Berechnung der Schwerpunktskoordinate x_S

$$\int_a^b [x \cdot f(x)]\,\mathrm{d}x = ? \quad \text{► 0 für } a;\ 1 \text{ für } b;\ f(x) = x^2 \cdot \sqrt{1-x}$$

$$\int_0^1 (x^3 \cdot \sqrt{1-x})\,\mathrm{d}x = \quad \text{► } \sqrt{1-x} = z \quad \text{► } A_x$$

$$= \int_1^0 \left[(1-z^2)^3 \cdot z \cdot (-2z)\right]\mathrm{d}z$$

$$= -2 \cdot \int_1^0 \left(z^2 - 3z^4 + 3z^6 - z^8\right)\mathrm{d}z$$

$$= -2 \cdot \left(\frac{z^3}{3} - \frac{3}{5} \cdot z^5 + \frac{3}{7} \cdot z^7 - \frac{z^9}{9}\,\Big|_1^0\right)$$

$$= -2 \cdot \left(\tfrac{1}{3} - \tfrac{3}{5} + \tfrac{3}{7} - \tfrac{1}{9} - 0\right)$$

$$= \underline{0{,}10158\ldots}$$

► $x_S = \frac{0{,}10158\ldots}{0{,}15238\ldots} = \underline{\underline{0{,}66667}}$

Berechnung der Schwerpunktskoordinate y_S

$$\frac{1}{2} \cdot \int_a^b [f(x)]^2\,\mathrm{d}x = ? \quad \text{► 0 für } a;\ 1 \text{ für } b;\ f(x) = x^2 \cdot \sqrt{1-x}$$

$$\frac{1}{2} \cdot \int_0^1 [x^4 \cdot (1-x)]\,\mathrm{d}x = \frac{1}{2} \cdot \int_0^1 \left(x^4 - x^5\right)\mathrm{d}x$$

$$= \frac{1}{2} \cdot \left(\frac{x^5}{5} - \frac{x^6}{6}\,\Big|_0^1\right)$$

$$= \frac{1}{2} \cdot \left(\frac{1}{5} - \frac{1}{6} - 0\right)$$

$$= \underline{0{,}01666\ldots}$$

► $y_S = \frac{0{,}01666\ldots}{0{,}15238\ldots} = \underline{\underline{0{,}10938}}$

Mit den Koordinaten x_S und y_S erhält man den Flächenschwerpunkt $S\langle 0{,}66667 \mid 0{,}10938\rangle$.

Merke:

Liegt in einem xy-Koordinatensystem eine flächenförmige Masse in einem Intervall $[a; b]$ zwischen den Funktionsgraphen $G(f_1)$ und $G(f_2)$ mit $f_1(x) \geq f_2(x)$ und haben diese Graphen im Intervall $(a; b)$ keine Schnittpunkte, so berechnet man die Drehmomente M_x und M_y sowie die Schwerpunktskoordinaten x_S und y_S mit:

$$\boldsymbol{M_y = F_G \cdot x_S = m'' \cdot g \cdot \int_a^b (x \cdot [f_1(x) - f_2(x)])\,dx}$$

$$\boldsymbol{x_S = \frac{\int_a^b (x \cdot [f_1(x) - f_2(x)])\,dx}{A} \quad \blacktriangleright A = \int_a^b [f_1(x) - f_2(x)]\,dx}$$

$$\boldsymbol{M_x = F_G \cdot y_S = \frac{1}{2} \cdot m'' \cdot g \cdot \int_a^b ([f_1(x)]^2 - [f_2(x)]^2)\,dx}$$

$$\boldsymbol{y_S = \frac{\frac{1}{2} \cdot \int_a^b ([f_1(x)]^2 - [f_2(x)]^2)\,dx}{A} \quad \blacktriangleright A = \int_a^b [f_1(x) - f_2(x)]\,dx}$$

Anmerkungen:

- Die angegebenen Formeln gelten auch, wenn sich die Graphen $G(f_1)$ und $G(f_2)$ im Intervall $(a; b)$ berühren.
- Haben die Graphen $G(f_1)$ und $G(f_2)$ in $(a; b)$ jedoch eine Schnittstelle x_0, so gelten in den Formeln für x_S und y_S folgende Zählerterme, falls $f_1(x) \geq f_2(x)$ in $[a; x_0]$ und $f_2(x) \geq f_1(x)$ in $[x_0; b]$ ist:

  Zählerterm für x_S: $\int_a^{x_0} \left(x \cdot [f_1(x) - f_2(x)]\right) dx + \int_{x_0}^{b} \left(x \cdot [f_2(x) - f_1(x)]\right) dx$

  Zählerterm für y_S: $\frac{1}{2} \cdot \int_a^{x_0} \left([f_1(x)]^2 - [f_2(x)]^2\right) dx + \frac{1}{2} \cdot \int_{x_0}^{b} \left([f_2(x)]^2 - [f_1(x)]^2\right) dx$

Berechnen Sie zu den nachstehenden Funktionsgleichungen jeweils die Schwerpunktskoordinaten der Masse, die der Fläche zwischen den beiden Funktionsgraphen entspricht. 363

33. $f_1(x) = x^2 + 1$; $f_2(x) = 6$

Schnittstellen von f_1 und f_2 ► $f_1(x) = f_2(x)$

$x^2 + 1 = 6$

$\Rightarrow x^2 = 5 \Rightarrow x_1 = \underline{-\sqrt{5}}$; $x_2 = \underline{\sqrt{5}}$

Im Intervall $[-\sqrt{5}; \sqrt{5}]$ gilt $f_1(x) \leq f_2(x)$ und die Fläche liegt symmetrisch zur y-Achse. Also gilt: $\underline{\underline{x_S = 0}}$

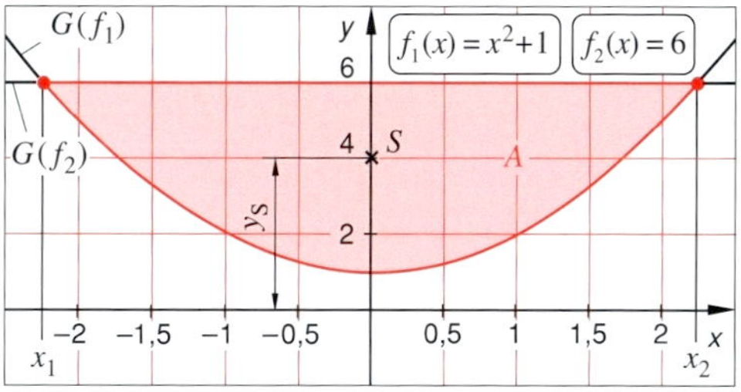

Berechnung von A

$A = \int_a^b [f_2(x) - f_1(x)]\,dx$

► $-\sqrt{5}$ für a; $\sqrt{5}$ für b; $f_2(x) = 6$; $f_1(x) = x^2 + 1$

363

Weil die Funktion $g: g(x) = 5 - x^2$; $D(g) = \mathbb{R}$ im Intervall $[-\sqrt{5}; \sqrt{5}]$ symmetrisch zur y-Achse ist (► $g(-x) = g(x)$), gilt:

$$\int_{-\sqrt{5}}^{\sqrt{5}} (5 - x^2)\,dx = 2 \cdot \int_0^{\sqrt{5}} (5 - x^2)\,dx$$

$$A = \int_{-\sqrt{5}}^{\sqrt{5}} [6 - x^2 - 1]\,dx$$

$$= 2 \cdot \int_0^{\sqrt{5}} (5 - x^2)\,dx$$ ► Symmetrie zur y-Achse

$$= 2 \cdot \left(5x - \frac{x^3}{3}\right)\Big|_0^{\sqrt{5}}$$

$$= 2 \cdot \left(5 \cdot \sqrt{5} - \frac{(\sqrt{5})^3}{3} - 0\right)$$

$$= \underline{\frac{20}{3} \cdot \sqrt{5}}$$

Berechnung der Schwerpunktskoordinate y_S

$$y_S = \frac{\frac{1}{2} \cdot \int_a^b \left([f_2(x)]^2 - [f_1(x)]^2\right) dx}{A}$$

$$\frac{1}{2} \cdot \int_a^b \left([f_2(x)]^2 - [f_1(x)]^2\right) dx = ?$$

► $-\sqrt{5}$ für a; $\sqrt{5}$ für b; $f_2(x) = 6$; $f_1(x) = x^2 + 1$

$$\frac{1}{2} \cdot \int_{-\sqrt{5}}^{\sqrt{5}} \left[6^2 - (x^2 + 1)^2\right] dx =$$

Auch hier wird bei der Integration im Intervall $[-\sqrt{5}; \sqrt{5}]$ die Symmetrie der Integrandfunktion zur y-Achse ausgenutzt.

$$= \frac{1}{2} \cdot 2 \cdot \int_0^{\sqrt{5}} (36 - x^4 - 2x^2 - 1)\,dx$$ ► Symmetrie zur y-Achse

$$= 35x - \frac{x^5}{5} - \frac{2}{3} \cdot x^3 \Big|_0^{\sqrt{5}}$$

► $(\sqrt{5})^5 = 25 \cdot \sqrt{5}$; $(\sqrt{5})^3 = 5 \cdot \sqrt{5}$

$$= 35 \cdot \sqrt{5} - \frac{(\sqrt{5})^5}{5} - \frac{2}{3} \cdot (\sqrt{5})^3 - 0$$

$$= \underline{\frac{80}{3} \cdot \sqrt{5}}$$

Mit den Koordinaten x_S und y_S erhält man den Flächenschwerpunkt $S\langle 0 \mid 4 \rangle$.

► $$y_S = \frac{\frac{80}{3} \cdot \sqrt{5}}{\frac{20}{3} \cdot \sqrt{5}} = \underline{\underline{4}}$$

34. $f_1(x) = x^2 - 4;\ f_2(x) = \dfrac{x}{2} + 1$

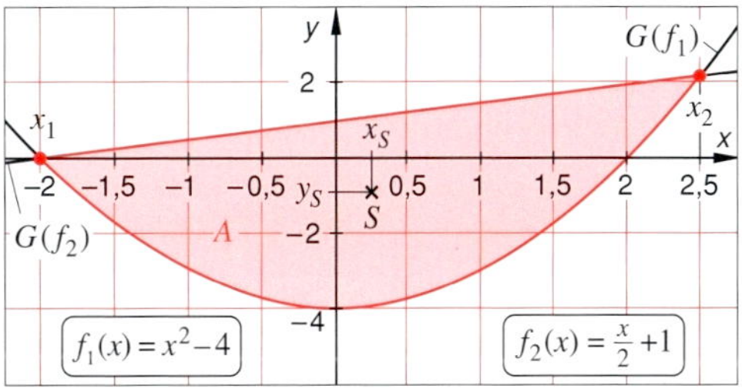

Schnittstellen von f_1 und f_2 ► $f_1(x) = f_2(x)$

$$x^2 - 4 = \frac{x}{2} + 1$$

$$\Rightarrow x^2 - \frac{x}{2} - 5 = 0 \Rightarrow (x+2)\cdot(x-2{,}5) = 0$$

$$\Rightarrow x_1 = \underline{-2};\ x_2 = \underline{2{,}5}$$

Im Intervall $[-2;\ 2{,}5]$ gilt $f_1(x) \leq f_2(x)$. Daher werden die Formeln für x_S und y_S in der folgenden Form angewendet:

$$x_S = \frac{\int\limits_a^b \Big(x\cdot[f_2(x) - f_1(x)]\Big)\,\mathrm{d}x}{A}$$

$$y_S = \frac{\frac{1}{2}\cdot\int\limits_a^b \Big([f_2(x)]^2 - [f_1(x)]^2\Big)\,\mathrm{d}x}{A}$$

Berechnung von A

$$A = \int\limits_a^b [f_2(x) - f_1(x)]\,\mathrm{d}x$$

► -2 für a; $2{,}5$ für b; $f_2(x) = \dfrac{x}{2} + 1$; $f_1(x) = x^2 - 4$

$$A = \int\limits_{-2}^{2{,}5} \Big(\frac{x}{2} + 1 - x^2 + 4\Big)\,\mathrm{d}x$$

$$= \int\limits_{-2}^{2{,}5} \Big(\frac{x}{2} + 5 - x^2\Big)\,\mathrm{d}x$$

$$= \frac{x^2}{4} + 5x - \frac{x^3}{3}\,\Bigg|_{-2}^{2{,}5}$$

$$= \frac{2{,}5^2}{4} + 5\cdot 2{,}5 - \frac{2{,}5^3}{3} - \frac{(-2)^2}{4} - 5\cdot(-2) + \frac{(-2)^3}{3}$$

$$= \underline{15{,}18750}$$

Berechnung der Schwerpunktskoordinate x_S

$$\int\limits_a^b \Big(x\cdot[f_2(x) - f_1(x)]\Big)\,\mathrm{d}x = ?$$

► -2 für a; $2{,}5$ für b; $f_2(x) - f_1(x) = \dfrac{x}{2} + 5 - x^2$ ► A

$$\int\limits_{-2}^{2{,}5} \Big(x\cdot\Big[\frac{x}{2} + 5 - x^2\Big]\Big)\,\mathrm{d}x =$$

$$= \int\limits_{-2}^{2{,}5} \Big(\frac{x^2}{2} + 5x - x^3\Big)\,\mathrm{d}x$$

$$= \frac{x^3}{6} + \frac{5}{2}\cdot x^2 - \frac{x^4}{4}\,\Bigg|_{-2}^{2{,}5}$$

$$= \frac{2{,}5^3}{6} + \frac{5}{2}\cdot 2{,}5^2 - \frac{2{,}5^4}{4} - \frac{(-2)^3}{6} - \frac{5}{2}\cdot(-2)^2 + \frac{(-2)^4}{4}$$

$$= \underline{3{,}79687\ldots}$$

► $x_S = \dfrac{3{,}79687\ldots}{15{,}18750} = \underline{\underline{0{,}25}}$

Berechnung der Schwerpunktskoordinate y_S

$$\frac{1}{2}\cdot\int\limits_a^b \Big([f_2(x)]^2 - [f_1(x)]^2\Big)\,\mathrm{d}x = ?$$

► -2 für a; $2{,}5$ für b; $f_2(x) = \dfrac{x}{2} + 1$; $f_1(x) = x^2 - 4$

$$\frac{1}{2}\cdot\int\limits_{-2}^{2{,}5} \Big(\frac{x^2}{4} + x + 1 - x^4 + 8x^2 - 16\Big)\,\mathrm{d}x =$$

$$= \frac{1}{2}\cdot\int\limits_{-2}^{2{,}5} \Big(-x^4 + \frac{33}{4}x^2 + x - 15\Big)\,\mathrm{d}x$$

$$= \frac{1}{2}\cdot\Big(-\frac{x^5}{5} + \frac{11}{4}\cdot x^3 + \frac{x^2}{2} - 15x\,\Bigg|_{-2}^{2{,}5}\Big)$$

$$= \frac{1}{2}\cdot\Big(-\frac{2{,}5^5}{5} + \frac{11}{4}\cdot 2{,}5^3 + \frac{2{,}5^2}{2} - 15\cdot 2{,}5 + \frac{(-2)^5}{5} - \frac{11}{4}\cdot(-2)^3 - \frac{(-2)^2}{2} + 15\cdot(-2)\Big)$$

$$= \underline{-13{,}66875}$$

► $y_S = \dfrac{-13{,}66875}{15{,}18750} = \underline{\underline{-0{,}90}}$

Mit den Koordinaten x_S und y_S erhält man den Flächenschwerpunkt $S\langle 0{,}25 \mid -0{,}90\rangle$.

363

35. $f_1(x) = \dfrac{x}{x-1}$; $f_2(x) = -x+6$

Schnittstellen von f_1 und f_2 ► $f_1(x) = f_2(x)$

$$\frac{x}{x-1} = -x+6 \quad \Big| \cdot (x-1)$$

$$\Rightarrow x = -x^2 + 7x - 6 \quad \Big| + x^2 - 7x + 6$$

$$\Rightarrow x^2 - 6x + 6 = 0$$ ► quadratische Gleichung

$$\Rightarrow x = 3 \pm \sqrt{9-6} \Rightarrow x_1 = \underline{3-\sqrt{3}};\ x_2 = \underline{3+\sqrt{3}}$$

In $[3-\sqrt{3}; 3+\sqrt{3}]$ gilt $f_1(x) \leq f_2(x)$. Daher werden die Formeln für x_S und y_S in der folgenden Form angewendet:

$$x_S = \frac{\int\limits_a^b \left(x \cdot [f_2(x) - f_1(x)]\right) \mathrm{d}x}{A}$$

$$y_S = \frac{\frac{1}{2} \cdot \int\limits_a^b \left([f_2(x)]^2 - [f_1(x)]^2\right) \mathrm{d}x}{A}$$

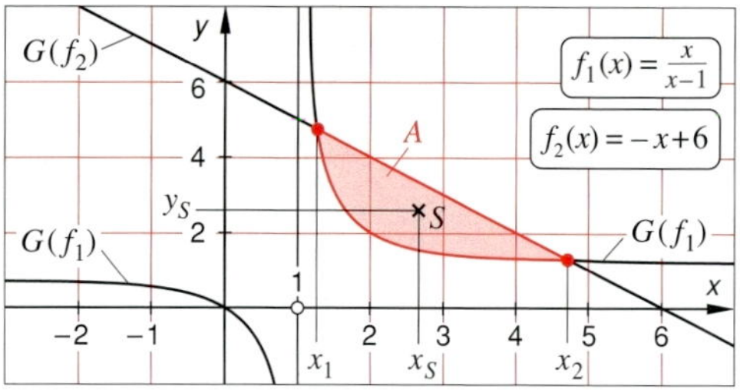

Berechnung von A

$$A = \int\limits_a^b [f_2(x) - f_1(x)]\,\mathrm{d}x = ?$$

► $3-\sqrt{3}$ für a; $3+\sqrt{3}$ für b; $f_1(x) = \dfrac{x}{x-1}$; $f_2(x) = -x+6$

$$\int\limits_{3-\sqrt{3}}^{3+\sqrt{3}} \left(-x+6-\frac{x}{x-1}\right) \mathrm{d}x = \quad ► \frac{x}{x-1} = \frac{x-1+1}{x-1} = 1 + \frac{1}{x-1}$$

$$= \int\limits_{3-\sqrt{3}}^{3+\sqrt{3}} \left(-x+5-\frac{1}{x-1}\right) \mathrm{d}x$$

$$= -\frac{x^2}{2} + 5x - \ln|x-1| \Big|_{3-\sqrt{3}}^{3+\sqrt{3}}$$

$$= -\frac{(3+\sqrt{3})^2}{2} + 5 \cdot (3+\sqrt{3}) - \ln|2+\sqrt{3}| +$$

$$+ \frac{(3-\sqrt{3})^2}{2} - 5 \cdot (3-\sqrt{3}) + \ln|2-\sqrt{3}|$$

$$= \underline{\underline{4{,}29428\ldots}}$$

Berechnung der Schwerpunktskoordinate x_S

$$\int\limits_a^b \left(x \cdot [f_2(x) - f_1(x)]\right) \mathrm{d}x = ?$$

► $3-\sqrt{3}$ für a; $3+\sqrt{3}$ für b;

$$f_2(x) - f_1(x) = -x+5-\frac{1}{x-1} \quad ► A$$

$$\int\limits_{3-\sqrt{3}}^{3+\sqrt{3}} \left(x \cdot \left[-x+5-\frac{1}{x-1}\right]\right) \mathrm{d}x =$$

$$= \int\limits_{3-\sqrt{3}}^{3+\sqrt{3}} \left(-x^2+5x-\frac{x}{x-1}\right) \mathrm{d}x \quad ► \frac{x}{x-1} = 1 + \frac{1}{x-1} \quad ► A$$

$$= \int\limits_{3-\sqrt{3}}^{3+\sqrt{3}} \left(-x^2+5x-1-\frac{1}{x-1}\right) \mathrm{d}x$$

$$= -\frac{x^3}{3} + \frac{5}{2}x^2 - x - \ln|x-1| \Big|_{3-\sqrt{3}}^{3+\sqrt{3}}$$

$$= -\frac{(3+\sqrt{3})^3}{3} + \frac{5}{2} \cdot (3+\sqrt{3})^2 - 3 - \sqrt{3} - \ln|2+\sqrt{3}| +$$

$$+ \frac{(3-\sqrt{3})^3}{3} - \frac{5}{2} \cdot (3-\sqrt{3})^2 + 3 - \sqrt{3} + \ln|2-\sqrt{3}|$$

$$= \underline{11{,}22249\ldots}$$

$$► x_S = \frac{11{,}22249\ldots}{4{,}29428\ldots} = \underline{\underline{2{,}61335}}$$

Berechnung der Schwerpunktskoordinate y_S

$$\frac{1}{2} \cdot \int\limits_a^b \left([f_2(x)]^2 - [f_1(x)]^2\right) \mathrm{d}x = ?$$

► $3-\sqrt{3}$ für a; $3+\sqrt{3}$ für b; $f_2(x) = -x+6$; $f_2(x) = \dfrac{x}{x-1}$

$$\frac{1}{2} \cdot \int\limits_{3-\sqrt{3}}^{3+\sqrt{3}} \left(x^2 - 12x + 36 - \frac{x^2}{(x-1)^2}\right) \mathrm{d}x =$$

$$► \frac{x^2}{(x-1)^2} = \frac{2}{x-1} + \frac{1}{(x-1)^2} + 1$$

$$= \frac{1}{2} \cdot \int\limits_{3-\sqrt{3}}^{3+\sqrt{3}} \left(x^2 - 12x + 35 - \frac{2}{x-1} - \frac{1}{(x-1)^2}\right) \mathrm{d}x$$

$$= \frac{1}{2} \cdot \left(\frac{x^3}{3} - 6x^2 + 35x - 2 \cdot \ln|x-1| + \frac{1}{x-1} \Big|_{3-\sqrt{3}}^{3+\sqrt{3}}\right)$$

$$= \frac{1}{2} \cdot \left(\frac{(3+\sqrt{3})^3}{3} - 6 \cdot (3+\sqrt{3})^2 + 35 \cdot (3+\sqrt{3}) +\right.$$

$$- 2 \cdot \ln|2+\sqrt{3}| + \frac{1}{2+\sqrt{3}} - \frac{(3-\sqrt{3})^3}{3} + 6 \cdot (3-\sqrt{3})^2 +$$

$$\left. - 35 \cdot (3-\sqrt{3}) + 2 \cdot \ln|2-\sqrt{3}| - \frac{1}{2-\sqrt{3}}\right)$$

$$= \underline{11{,}22249\ldots}$$

$$► y_S = \frac{11{,}22249\ldots}{4{,}29428\ldots} = \underline{\underline{2{,}61335}}$$

Mit den Koordinaten x_S und y_S erhält man den Flächenschwerpunkt $S\langle 2{,}61335 | 2{,}61335 \rangle$.

36. $f_1(x) = x + \frac{1}{x}; f_2(x) = 8$

Schnittstellen von f_1 und f_2 ► $f_1(x) = f_2(x)$

$$x + \frac{1}{x} = 8 \quad \Big| \cdot x$$

$$\Rightarrow x^2 + 1 = 8x$$

$$\Rightarrow x^2 - 8x + 1 = 0 \quad \blacktriangleright \text{ quadratische Gleichung}$$

$$\Rightarrow x = 4 \pm \sqrt{15} \Rightarrow x_1 = \underline{4 - \sqrt{15}}; \; x_2 = \underline{4 + \sqrt{15}}$$

In $[4-\sqrt{15}; 4+\sqrt{15}]$ gilt $f_1(x) \leq f_2(x)$. Daher werden die Formeln für x_S und y_S in der folgenden Form angewendet:

$$x_S = \frac{\int\limits_a^b \left(x \cdot [f_2(x) - f_1(x)]\right) \mathrm{d}x}{A}$$

$$y_S = \frac{\frac{1}{2} \cdot \int\limits_a^b \left([f_2(x)]^2 - [f_1(x)]^2\right) \mathrm{d}x}{A}$$

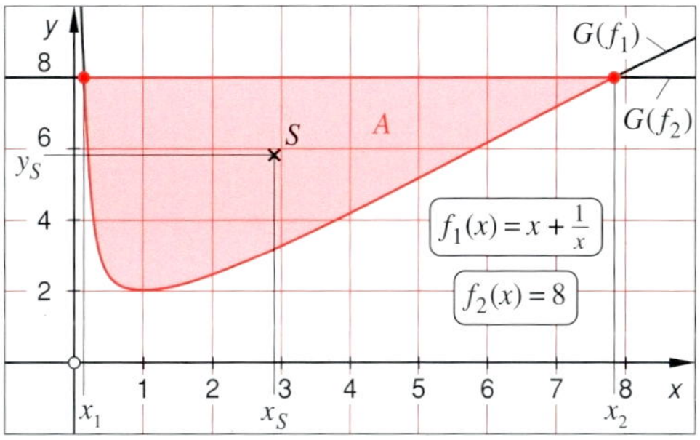

Berechnung von A

$$A = \int\limits_a^b [f_2(x) - f_1(x)] \, \mathrm{d}x = ?$$

► $4 - \sqrt{15}$ für a; $4 + \sqrt{15}$ für b; $f_2(x) = 8$; $f_1(x) = x + \frac{1}{x}$

$$A = \int\limits_{4-\sqrt{15}}^{4+\sqrt{15}} \left(8 - x - \frac{1}{x}\right) \mathrm{d}x$$

$$= 8x - \frac{x^2}{2} - \ln|x| \Big|_{4-\sqrt{15}}^{4+\sqrt{15}}$$

$$= 8 \cdot (4 + \sqrt{15}) - \frac{(4+\sqrt{15})^2}{2} - \ln(4+\sqrt{15}) +$$

$$- 8 \cdot (4 - \sqrt{15}) + \frac{(4-\sqrt{15})^2}{2} + \ln(4 - \sqrt{15})$$

$$= \underline{26{,}85699\ldots}$$

Berechnung der Schwerpunktskoordinate x_S

$$\int\limits_a^b \left(x \cdot [f_2(x) - f_1(x)]\right) \mathrm{d}x = ?$$

► $4 - \sqrt{15}$ für a; $4 + \sqrt{15}$ für b;
$f_2(x) - f_1(x) = 8 - x - \frac{1}{x}$ ► A

$$\int\limits_{4-\sqrt{15}}^{4+\sqrt{15}} (8x - x^2 - 1) \, \mathrm{d}x =$$

$$= 4x^2 - \frac{x^3}{3} - x \Big|_{4-\sqrt{15}}^{4+\sqrt{15}}$$

$$= 4 \cdot (4+\sqrt{15})^2 - \frac{(4+\sqrt{15})^3}{3} - 4 - \sqrt{15} +$$

$$- 4 \cdot (4-\sqrt{15})^2 + \frac{(4-\sqrt{15})^3}{3} + 4 - \sqrt{15}$$

$$= \underline{77{,}45966\ldots}$$

► $x_S = \frac{77{,}45966\ldots}{26{,}85699\ldots} = \underline{\underline{2{,}88415}}$

Berechnung der Schwerpunktskoordinate y_S

$$\frac{1}{2} \cdot \int\limits_a^b \left([f_2(x)]^2 - [f_1(x)]^2\right) \mathrm{d}x = ?$$

► $4 - \sqrt{15}$ für a; $4 + \sqrt{15}$ für b; $f_2(x) = 8$; $f_1(x) = x + \frac{1}{x}$

$$\frac{1}{2} \cdot \int\limits_{4-\sqrt{15}}^{4+\sqrt{15}} \left(64 - x^2 - 2 - \frac{1}{x^2}\right) \mathrm{d}x =$$

$$= \frac{1}{2} \cdot \left(62x - \frac{x^3}{3} + \frac{1}{x} \Big|_{4-\sqrt{15}}^{4+\sqrt{15}}\right)$$

$$= \frac{1}{2} \cdot \left[62 \cdot (4+\sqrt{15}) - \frac{(4+\sqrt{15})^3}{3} + \frac{1}{4+\sqrt{15}} + \right.$$

$$\left. - 62 \cdot (4-\sqrt{15}) + \frac{(4-\sqrt{15})^3}{3} - \frac{1}{4-\sqrt{15}}\right]$$

$$= \underline{154{,}91933\ldots}$$

► $y_S = \frac{154{,}91933\ldots}{26{,}85699\ldots} = \underline{\underline{5{,}76831}}$

Mit den Koordinaten x_S und y_S erhält man den Flächenschwerpunkt $S\langle 2{,}88415 | 5{,}76831 \rangle$.

363

37. $f_1(x)=\frac{x^4}{3}+x; f_2(x)=3x$

Schnittstellen von f_1 und f_2 ► $f_1(x)=f_2(x)$

$$\frac{x^4}{3}+x=3x \quad |-3x$$

$$\Rightarrow \frac{x^4}{3}-2x=0$$

$$\Rightarrow \frac{x}{3}\cdot(x^3-6)=0 \Rightarrow x_1=\underline{0};\ x_2=\underline{\sqrt[3]{6}}$$

Im Intervall $[0; \sqrt[3]{6}]$ gilt $f_1(x)\le f_2(x)$. Daher werden Formeln für x_S und y_S wie folgt angewendet:

$$x_S=\frac{\int_a^b \left(x\cdot[f_2(x)-f_1(x)]\right)\mathrm{d}x}{A}$$

$$y_S=\frac{\frac{1}{2}\cdot\int_a^b \left([f_2(x)]^2-[f_1(x)]^2\right)\mathrm{d}x}{A}$$

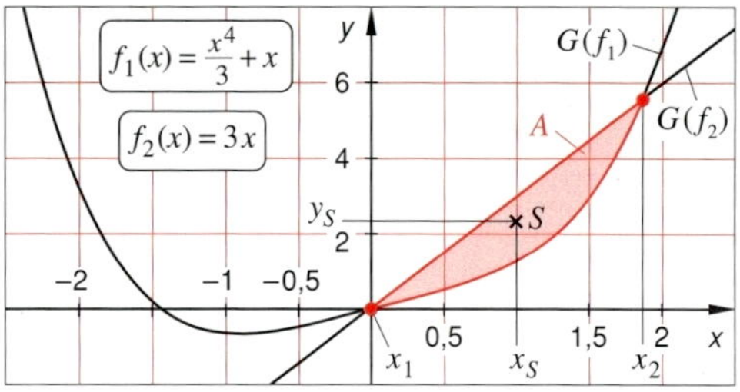

Berechnung von A

$$A=\int_a^b [f_2(x)-f_1(x)]\,\mathrm{d}x$$

► 0 für a; $\sqrt[3]{6}$ für b; $f_2(x)=3x$; $f_1(x)=\frac{x^4}{3}+x$

$$A=\int_0^{\sqrt[3]{6}}\left(3x-\frac{x^4}{3}-x\right)\mathrm{d}x$$

$$=\int_0^{\sqrt[3]{6}}\left(2x-\frac{x^4}{3}\right)\mathrm{d}x$$

$$=x^2-\frac{x^5}{15}\Big|_0^{\sqrt[3]{6}}$$

$$=\sqrt[3]{6^2}-\frac{\sqrt[3]{6^5}}{15}-0$$

$$=\underline{1{,}98115\ldots}$$

Berechnung der Schwerpunktskoordinate x_S

$$\int_a^b \left(x\cdot[f_2(x)-f_1(x)]\right)\mathrm{d}x=?$$

► 0 für a; $\sqrt[3]{6}$ für b; $f_2(x)-f_1(x)=2x-\frac{x^4}{3}$ ► A

$$\int_0^{\sqrt[3]{6}}\left(2x^2-\frac{x^5}{3}\right)\mathrm{d}x=\frac{2}{3}\cdot x^3-\frac{x^6}{18}\Big|_0^{\sqrt[3]{6}}$$

$$=\frac{2}{3}\cdot\sqrt[3]{6^3}-\frac{\sqrt[3]{6^6}}{18}-0$$

$$=\underline{2}$$

► $x_S=\frac{2}{1{,}98115\ldots}=\underline{\underline{1{,}00951}}$

Berechnung der Schwerpunktskoordinate y_S

$$\frac{1}{2}\cdot\int_a^b \left([f_2(x)]^2-[f_1(x)]^2\right)\mathrm{d}x=?$$

► 0 für a; $\sqrt[3]{6}$ für b; $f_2(x)=3x$; $f_1(x)=\frac{x^4}{3}+x$

$$\frac{1}{2}\cdot\int_0^{\sqrt[3]{6}}\left(9x^2-\frac{x^8}{9}-\frac{2}{3}x^5-x^2\right)\mathrm{d}x=$$

$$=\frac{1}{2}\cdot\left(\frac{8}{3}\cdot x^3-\frac{x^9}{81}-\frac{x^6}{9}\Big|_0^{\sqrt[3]{6}}\right)$$

$$=\frac{1}{2}\cdot\left(\frac{8}{3}\cdot\sqrt[3]{6^3}-\frac{\sqrt[3]{6^9}}{81}-\frac{\sqrt[3]{6^6}}{9}-0\right)$$

$$=\underline{4{,}66666\ldots}$$

► $y_S=\frac{4{,}66666\ldots}{1{,}98115\ldots}=\underline{\underline{2{,}35553}}$

Mit den Koordinaten x_S und y_S erhält man den Flächenschwerpunkt $S\langle 1{,}00951 \mid 2{,}35553\rangle$.

363

38. $f_1(x) = \dfrac{1}{1+x^2}; f_2(x) = -x^2+3$

Schnittstellen von f_1 und f_2 ► $f_1(x) = f_2(x)$

$$\frac{1}{1+x^2} = -x^2+3 \quad \big| \cdot (1+x^2)$$

$$\Rightarrow 1 = 2x^2 - x^4 + 3 \quad \big| + x^4 - 2x^2 - 3$$

$$\Rightarrow x^4 - 2x^2 - 2 = 0$$ ► biquadratische Gleichung

$$\Rightarrow x^2 = 1 \pm \sqrt{1+2}$$

$$\Rightarrow \underbrace{x^2 = 1 - \sqrt{3}}_{\text{keine Lösung in } \mathbb{R}} \text{ oder}$$

$$x^2 = 1 + \sqrt{3}$$

$$\Rightarrow \underline{x_1 = -\sqrt{1+\sqrt{3}}}; \underline{x_2 = \sqrt{1+\sqrt{3}}}$$

Die Fläche liegt im Intervall $[x_1; x_2]$ symmetrisch zur y-Achse. Daher gilt für die Schwerpunktskoordinate x_S: $\underline{\underline{x_S = 0}}$

$$y_S = \frac{\frac{1}{2} \cdot \int\limits_a^b \left([f_2(x)]^2 - [f_1(x)]^2 \right) \mathrm{d}x}{A}$$

► $f_1(x) \leq f_2(x); x \in [x_1; x_2]$

Das Integral $\int \dfrac{\mathrm{d}x}{(1+x^2)^2}$ wird mit der Rekursionsformel der Übungsaufgabe 78, Kapitel 2.5 gelöst. ► $n = 2$

$$\int \frac{\mathrm{d}x}{(1+x^2)^2} = -\frac{x}{2 \cdot (1-2) \cdot (1+x^2)^1} + \frac{3 - 2 \cdot 2}{2 \cdot (1-2)} \cdot \int \frac{\mathrm{d}x}{1+x^2}$$

$$= \frac{x}{2 \cdot (1+x^2)} + \frac{1}{2} \cdot \operatorname{Arctan} x + c$$

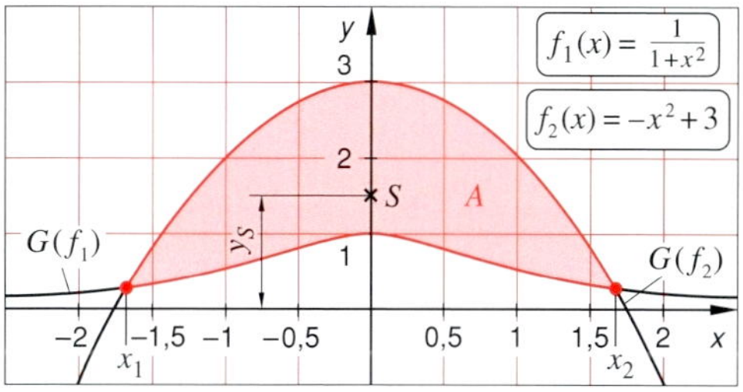

Berechnung von A

$$A = \int\limits_a^b [f_2(x) - f_1(x)]\,\mathrm{d}x$$

► x_1 für a; x_2 für b; $f_2(x) = -x^2+3$; $f_1(x) = \dfrac{1}{1+x^2}$

$$A = \int\limits_{x_1}^{x_2} \left(-x^2 + 3 - \frac{1}{1+x^2} \right) \mathrm{d}x$$ ► Symmetrie zur y-Achse

$$= 2 \cdot \left(-\frac{x^3}{3} + 3x - \operatorname{Arctan} x \Big|_0^{x_2} \right)$$

$$= 2 \cdot \left(-\frac{x_2^3}{3} + 3 \cdot x_2 - \operatorname{Arctan} x_2 - 0 \right)$$ ► $x_2 = \sqrt{1+\sqrt{3}}$

$$= \underline{4{,}85341\ldots}$$

Berechnung der Schwerpunktskoordinate y_S

$$\frac{1}{2} \cdot \int\limits_a^b \left([f_2(x)]^2 - [f_1(x)]^2 \right) \mathrm{d}x = ?$$

► x_1 für a; x_2 für b; $f_2(x) = -x^2+3$; $f_1(x) = \dfrac{1}{1+x^2}$

$$\frac{1}{2} \cdot \int\limits_{x_1}^{x_2} \left(x^4 - 6x^2 + 9 - \frac{1}{(1+x^2)^2} \right) \mathrm{d}x =$$ ► Symmetrie zur y-Achse

$$= \frac{x^5}{5} - 2x^3 + 9x - \left(\frac{x}{2 \cdot (x^2+1)} + \frac{1}{2} \cdot \operatorname{Arctan} x \right) \Bigg|_0^{x_2}$$

$$= \frac{x_2^5}{5} - 2x_2^3 + 9x_2 - \frac{x_2}{2 \cdot (x_2^2+1)} - \frac{1}{2} \cdot \operatorname{Arctan} x_2 - 0$$ ► $x_2 = \sqrt{1+\sqrt{3}}$

$$= \underline{7{,}57712\ldots}$$

► $y_S = \dfrac{7{,}57712\ldots}{4{,}85341\ldots} = \underline{\underline{1{,}56120}}$

Mit den Koordinaten x_S und y_S erhält man den Flächenschwerpunkt $S\langle 0 \,|\, 1{,}56120 \rangle$.

Kurven in Parameterdarstellung

▸ **Lehrbuch: Kusch 4, S. 336...338**

Ist in einem Intervall $[t_1; t_2]$ die Parameterdarstellung $\begin{cases} x = f_1(t) \\ y = f_2(t) \end{cases}; t \in D(f_1) \cap D(f_2)$ einer Kurve gegeben, so lassen sich für die Schwerpunktskoordinaten x_S und y_S einer flächenförmigen Masse m mit $m = m'' \cdot A$, analog zum vorangegangenen Abschnitt, entsprechende Formeln herleiten. Für die nachstehenden Formeln gelten dabei folgende Bedingungen:

- f_1 muss im Intervall $[t_1; t_2]$ streng monoton und stetig differenzierbar sein. Die Kurve ist also in $[t_1; t_2]$ der Graph einer stetigen Funktion. Ist dabei $f_1(t_1) < f_1(t_2)$, ist f_1 also in $[t_1; t_2]$ streng monoton steigend, so ist t_1 die untere und t_2 die obere Integrationsgrenze. Ist dagegen $f_1(t_1) > f_1(t_2)$, ist f_1 also in $[t_1; t_2]$ streng monoton fallend, so ist t_2 die untere und t_1 die obere Integrationsgrenze.
- f_2 muss in $[t_1; t_2]$ vorzeichenbeständig sein, d. h. es muss $f_2(t) \leq 0$ oder $f_2(t) \geq 0$ für alle $t \in [t_1; t_2]$ gelten.

Merke:

$$M_y = F_G \cdot x_S = m'' \cdot g \cdot \int_{t_1}^{t_2} [f_1(t) \cdot \dot{f}_1(t) \cdot |f_2(t)|] \, dt$$

$$x_S = \frac{\int_{t_1}^{t_2} [f_1(t) \cdot \dot{f}_1(t) \cdot |f_2(t)|] \, dt}{A}$$

$$M_x = F_G \cdot y_S = m'' \cdot g \cdot \frac{1}{2} \cdot \int_{t_1}^{t_2} [\dot{f}_1(t) \cdot |f_2(t)| \cdot f_2(t)] \, dt$$

$$y_S = \frac{\frac{1}{2} \cdot \int_{t_1}^{t_2} [\dot{f}_1(t) \cdot |f_2(t)| \cdot f_2(t)] \, dt}{A}$$

Anmerkungen:

- Die Berechnung des Flächeninhaltes A erfolgt gemäß dem Abschnitt „Flächeninhalte – Kurven in Parameterdarstellung“ des Kapitels 3.1.
- Wechselt die Funktion f_2 im Intervall $[t_1; t_2]$ das Vorzeichen, so muss der Zählerterm in der Formel für y_S abschnittsweise berechnet werden.
- Die Formeln gelten auch, wenn f_1 in $[t_1; t_2]$ abschnittsweise monoton ist und die Kurve ganz oberhalb oder ganz unterhalb der x-Achse liegt.
- Ist aber eine Kurve einfach geschlossen und liegt sie teilweise oberhalb und teilweise unterhalb der x-Achse, so ist wie im Merksatz vor der Übungsaufgabe 1 zu verfahren.

Transformieren Sie die nachstehenden Relationen mit dem angegebenen Term für $x = f_1(t)$ in eine Parameterdarstellung und berechnen Sie jeweils die Schwerpunktskoordinaten der Masse, die der geschlossenen Fläche entspricht. 363

39. $R: R(x) = x \pm \sqrt{2 - x^2}$; $D(R) = \left[-\sqrt{2};\ \sqrt{2}\right]$; $f_1(t) = \sqrt{2} \cdot \cos t$; $t \in \mathbb{R}$

Transformation in eine Parameterdarstellung

$$R(x) = y = x \pm \sqrt{2 - x^2} \quad \blacktriangleright\ x = \sqrt{2} \cdot \cos t;\ t \in [0;\ 2\pi]$$
$$= \sqrt{2} \cdot \cos t \pm \sqrt{2 - 2 \cdot \cos^2 t}$$
$$= \sqrt{2} \cdot \cos t \pm \sqrt{2} \cdot \sqrt{1 - \cos^2 t} \quad \blacktriangleright\ 1 - \cos^2 t = \sin^2 t$$
$$= \sqrt{2} \cdot \cos t \pm \sqrt{2} \cdot \sqrt{\sin^2 t}$$
$$= \underline{\sqrt{2} \cdot (\cos t \pm \sin t) = f_2(t);\ t \in [0;\ 2\pi]}$$

Im Term für $f_2(t)$ braucht man nur eines der beiden Vorzeichen zu wählen, da $\sin t$ im Intervall $[0;\ 2\pi]$ sowohl positiv als auch negativ wird. Hier wird „ + “ gewählt, d. h. es gilt: $f_2(t) = \sqrt{2} \cdot (\cos t + \sin t)$

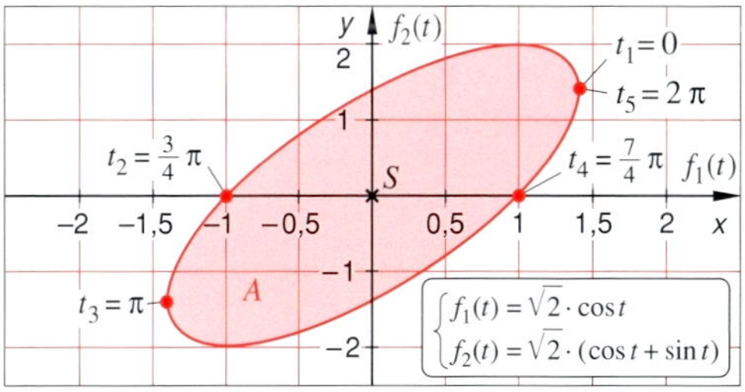

$$\begin{cases} f_1(t) = \sqrt{2} \cdot \cos t \\ f_2(t) = \sqrt{2} \cdot (\cos t + \sin t) \end{cases};\ t \in [0;\ 2\pi]$$

Man kann zeigen, dass der Graph der Relation R eine gedrehte Ellipse mit dem Mittelpunkt $M\langle 0\,|\,0\rangle$ ist. Daher ist $S\langle 0\,|\,0\rangle$ der gesuchte Flächenschwerpunkt. Wird das Koordinatensystem um den Winkel $58{,}2825^\circ$ gedreht (► Kusch 3; 1.1.2), so erhält man in dem gedrehten Koordinatensystem die Ellipsengleichung $\frac{x''^2}{5{,}24} + \frac{y''^2}{0{,}76} = 1$ mit $x'' \in [-2{,}289;\ 2{,}289]$. Mit den angegebenen Formeln wäre die Berechnung der Schwerpunktskoordinaten wesentlich aufwendiger gewesen.

40. $R: R(x) = x^2 \pm \sqrt{4 - x^2}$; $D(R) = [-2;\ 2]$; $f_1(t) = 2 \cdot \cos t$; $t \in \mathbb{R}$

$$R(x) = y = x^2 \pm \sqrt{4 - x^2} \quad \blacktriangleright\ x = 2 \cdot \cos t;\ t \in [0;\ 2\pi]$$
$$= 4 \cdot \cos^2 t \pm \sqrt{4 - 4 \cdot \cos^2 t}$$
$$= 4 \cdot \cos^2 t \pm 2 \cdot \sqrt{1 - \cos^2 t} \quad \blacktriangleright\ 1 - \cos^2 t = \sin^2 t$$
$$= \underline{4 \cdot \cos^2 t \pm 2 \cdot \sin t = f_2(t);\ t \in [0;\ 2\pi]}$$

$$\blacktriangleright \begin{cases} f_1(t) = 2 \cdot \cos t \\ f_2(t) = 4 \cdot \cos^2 t + 2 \cdot \sin t \end{cases};\ t \in [0;\ 2\pi]$$

Hierbei genügt es, bei f_2 ein Vorzeichen bei $2 \cdot \sin t$ zu benutzen, da $\sin t$ in $[0;\ 2\pi]$ sowohl positiv als auch negativ werden kann. Die Fläche liegt symmetrisch zur y-Achse (► $R(-x) = R(x)$). Daher gilt: $\underline{\underline{x_S = 0}}$

Transformation in eine Parameterdarstellung

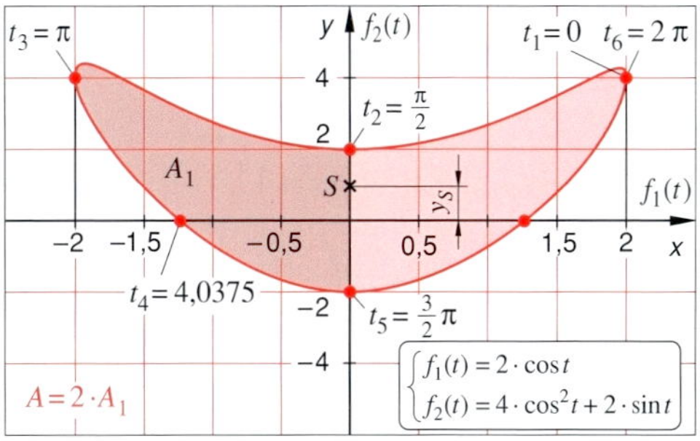

Berechnung von A_1

$$A_1 = \left| \int_{t_2}^{t_5} [f_1(t) \cdot \dot{f}_2(t)]\,\mathrm{d}t \right| \quad \blacktriangleright\ 3.1$$

363 Andererseits müssen aufgrund dieser Symmetrie die Flächen links und rechts von der y-Achse die gleiche Schwerpunktskoordinate y_S haben. Hier wird y_S von der links zur y-Achse liegenden Fläche berechnet. Die Voraussetzungen zur Anwendung der Flächenformel (► 3.1) sind hier gegeben.

► $\frac{\pi}{2}$ für t_2; $\frac{3}{2}\pi$ für t_5; $f_1(t) = 2\cdot\cos t$

$f_2(t) = 4\cdot\cos^2 t + 2\cdot\sin t$; $\dot{f}_2(t) = -8\cdot\cos t\cdot\sin t + 2\cdot\cos t$

$$A_1 = \left|\int_{\frac{\pi}{2}}^{\frac{3}{2}\pi}[2\cdot\cos t\cdot(-8\cdot\cos t\cdot\sin t + 2\cdot\cos t)]\,\mathrm{d}t\right|$$

$$= 4\cdot\left|\int_{\frac{\pi}{2}}^{\frac{3}{2}\pi}(-4\cdot\cos^2 t\cdot\sin t + \cos^2 t)\,\mathrm{d}t\right| \quad ► 2.4.3; 2.4.1$$

$$= 4\cdot\left|\frac{4}{3}\cdot\cos^3 t + \frac{t}{2} + \frac{1}{4}\cdot\sin(2t)\Big|_{\frac{\pi}{2}}^{\frac{3}{2}\pi}\right|$$

► $\cos^3\left(\frac{3}{2}\pi\right) = \cos^3\frac{\pi}{2} = 0$; $\sin 3\pi = \sin\pi = 0$

$$= 4\cdot\left|\frac{4}{3}\cdot\cos^3\left(\frac{3}{2}\pi\right) + \frac{3}{4}\pi + \frac{1}{4}\cdot\sin(3\pi) - \frac{4}{3}\cdot\cos^3\frac{\pi}{2} + {} - \frac{\pi}{4} - \frac{1}{4}\cdot\sin\pi\right|$$

$$= 4\cdot\left|0 + \frac{3}{4}\pi + 0 - 0 - \frac{\pi}{4} - 0\right|$$

$$= \underline{2\pi}$$

$$y_S = \frac{\frac{1}{2}\cdot\int_{t_2}^{t_5}[\dot{f}_1(t)\cdot|f_2(t)|\cdot f_2(t)]\,\mathrm{d}t}{A_1}$$

Im Zählerterm löst man zunächst das Integral als unbestimmtes Integral, wobei die Auflösung des Betrags $|f_2(t)|$ bei der Berechnung des Zählerterms von y_S berücksichtigt wird.

Berechnung der Schwerpunktskoordinate y_S

- $\int[\dot{f}_1(t)\cdot|f_2(t)|\cdot f_2(t)]\,\mathrm{d}t = ?$ ► $f_2(t) \geq 0$

  ► $f_1(t) = 2\cdot\cos t \Rightarrow \dot{f}_1(t) = -2\cdot\sin t$; $f_2(t) = 4\cdot\cos^2 t + 2\cdot\sin t$

  $\int[-2\cdot\sin t\cdot(4\cdot\cos^2 t + 2\cdot\sin t)^2]\,\mathrm{d}t =$

  $= \int[-2\cdot\sin t\cdot(16\cdot\cos^4 t + 16\cdot\cos^2 t\cdot\sin t + 4\cdot\sin^2 t)]\,\mathrm{d}t$

  $= 8\cdot\int[-4\cdot\cos^4 t\cdot\sin t - 4\cdot\cos^2 t\cdot\sin^2 t - \sin^3 t]\,\mathrm{d}t$

  ► $4\cdot\cos^2 t\cdot\sin^2 t = (2\cdot\cos t\cdot\sin t)^2 = \sin^2(2t)$ ► 4.1

  ► $\sin^3 t = \sin^2 t\cdot\sin t = (1-\cos^2 t)\cdot\sin t$

  $= 8\cdot\int[-4\cdot\cos^4 t\cdot\sin t - \sin^2(2t) - \sin t + \cos^2 t\cdot\sin t]\,\mathrm{d}t$

  ► 2.4.3 ► 2.4.1 ► 2.4.3

  $= \underline{8\cdot\left[\frac{4}{5}\cdot\cos^5 t - \frac{t}{2} + \frac{1}{8}\cdot\sin(4t) + \cos t - \frac{1}{3}\cdot\cos^3 t\right] + c}$

Die Funktion f_1 ist im t-Intervall $\left[\frac{\pi}{2};\pi\right]$ streng monoton fallend und im t-Intervall $\left[\pi;\frac{3}{2}\pi\right]$ streng monoton steigend, also im Intervall $\left[\frac{\pi}{2};\frac{3}{2}\pi\right]$ abschnittsweise monoton. Im t-Intervall $\left[\frac{\pi}{2};4{,}0375\right]$ gilt dann $f_2(t) > 0$ und im t-Intervall $\left[4{,}0375;\frac{3}{2}\pi\right]$ $f_2(t) \leq 0$.

► Abbildung zur Aufgabe

Die Stelle $t_4 = 4{,}0375$ erhält man als Lösung der Gleichung $f_2(t) = 0$ im Intervall $\left[\frac{\pi}{2};\frac{3}{2}\pi\right]$.

- $f_2(t) = 0$ ► $f_2(t) = 4\cdot\cos^2 t + 2\cdot\sin t$

  $4\cdot\cos^2 t + 2\cdot\sin t = 0$ ► $\cos^2 t = 1 - \sin^2 t$

  $\Rightarrow 4\cdot\sin^2 t - 2\cdot\sin t - 4 = 0$

  $\Rightarrow \sin^2 t - 0{,}5\cdot\sin t - 1 = 0$

  $\Rightarrow \sin t = 0{,}25 \pm \sqrt{0{,}25^2 + 1}$

  $\Rightarrow t = \mathrm{Arcsin}(0{,}25 - \sqrt{0{,}25^2 + 1})$

  ► Es existiert nur $\mathrm{Arcsin}(0{,}25 - \sqrt{0{,}25^2 + 1})$

  $\Rightarrow t_4 = \pi + |t| = \pi + |\mathrm{Arcsin}(0{,}25 - \sqrt{0{,}25^2 + 1})|$

  $\Rightarrow t_4 = \underline{4{,}03750}$

Man erhält somit die Integrationsintervalle $\left[\frac{\pi}{2};4{,}0375\right]$ und $\left[4{,}0375;\frac{3}{2}\pi\right]$

- Zur Berechnung des Zählerterms von y_S muss man nun wie folgt vorgehen:

► $f_2(t) \geq 0$ für $t \in \left[\frac{\pi}{2}; t_4\right] \Rightarrow |f_2(t)| = f_0(t)$ ► $f_1(t_4) < f_1\left(\frac{\pi}{2}\right)$

► $f_2(t) \leq 0$ für $t \in \left[t_4; \frac{3}{2}\pi\right] \Rightarrow |f_2(t)| = -f_2(t)$ ► $f_1(t_4) < f_1\left(\frac{3}{2}\pi\right)$

$$\frac{1}{2} \cdot \int_{t_4}^{\frac{\pi}{2}} \left(\dot{f}_1(t) \cdot [f_2(t)]^2\right) \mathrm{d}t - \frac{1}{2} \cdot \int_{t_4}^{\frac{3}{2}\pi} \left(\dot{f}_1(t) \cdot [f_2(t)]^2\right) \mathrm{d}t = \frac{1}{2} \cdot \int_{t_4}^{\frac{\pi}{2}} \left(\dot{f}_1(t) \cdot [f_2(t)]^2\right) \mathrm{d}t + \frac{1}{2} \cdot \int_{\frac{3}{2}\pi}^{t_4} \left(\dot{f}_1(t) \cdot [f_2(t)]^2\right) \mathrm{d}t \quad \blacktriangleright 1.2$$

$$= \frac{1}{2} \cdot \int_{\frac{3}{2}\pi}^{\frac{\pi}{2}} \left(\dot{f}_1(t) \cdot [f_2(t)]^2\right) \mathrm{d}t \quad \blacktriangleright \dot{f}_1(t) = -2 \cdot \sin t; f_2(t) = 4 \cdot \cos^2 t + 2 \cdot \sin t$$

$$= \frac{1}{2} \cdot \int_{\frac{3}{2}\pi}^{\frac{\pi}{2}} [-2 \cdot \sin t \cdot (16 \cdot \cos^4 t + 16 \cdot \cos^2 t \cdot \sin t + 4 \cdot \sin^3 t)] \, \mathrm{d}t$$

$$= - \int_{\frac{3}{2}\pi}^{\frac{\pi}{2}} [-16 \cdot \sin t \cdot \cos^4 t + 16 \cdot (\sin t \cdot \cos t + 4 \cdot \sin^3 t)] \, \mathrm{d}t \quad \blacktriangleright 2.4.3; 2.4.1; 2.5$$

$$= -\left[-\frac{16}{5} \cdot \cos^5 t + 4 \cdot \left(\frac{t}{2} - \frac{1}{8} \cdot \sin(4t)\right) + 4 \cdot (-\cos t + - \cdot \cos^3 t)\right] \Bigg|_{\frac{3}{2}\pi}^{\frac{\pi}{2}}$$

$$= \underline{2\pi}$$

$$y_S = \frac{\frac{1}{2} \cdot \int_{t_2}^{t_5} \left(\dot{f}_1(t) \cdot |f_2(t)| \cdot f_2(t)\right) \mathrm{d}t}{A_1} = \frac{2\pi}{2\pi} = \underline{\underline{1}} \quad \blacktriangleright S\langle 0 \,|\, 1 \rangle \quad \blacktriangleright \text{Flächenschwerpunkt}$$

Anmerkung:

Die Fläche wird von den Graphen der Funktionen $f_1: f_1(x) = x^2 + \sqrt{4 - x^2}$; $D(f_1) = [-2; 2]$ und $f_2: f_2(x) = x^2 - \sqrt{4 - x^2}$; $D(f_2) = [-2; 2]$ begrenzt. Man kann daher die Schwerpunktskoordinate y_S auch mithilfe der Formel $y_S = \frac{\frac{1}{2} \cdot \int_a^b \left([f_1(x)]^2 - [f_2(x)]^2\right) \mathrm{d}x}{A_1}$ berechnen. Für den Zählerterm von y_S erhält man in diesem Falle das leicht zu lösende Integral $\frac{1}{2} \cdot \int_{-2}^{0} \left(4x^2 \cdot \sqrt{4 - x^2}\right) \mathrm{d}x = 2\pi$ (► Substitution: $x = 2 \cdot \cos t \Rightarrow \mathrm{d}x = -2 \cdot \sin t \, \mathrm{d}t$; $x = -2 \Rightarrow t = -\frac{\pi}{2}$; $x = 0 \Rightarrow t = 0$) und somit ebenfalls $y_S = 1$.

41. $R: R(x) = \pm x \cdot \sqrt{\frac{3 - x}{3 + x}}$; $D(R) = [-3; 3)$; $f_1(t) = 3 \cdot \cos t$; $t \in \mathbb{R}$

$$R(x) = y = \pm x \cdot \sqrt{\frac{3 - x}{3 + x}} \quad \blacktriangleright x = 3 \cdot \cos t; t \in [0; 2\pi]$$

$$= \pm 3 \cdot \cos t \cdot \sqrt{\frac{3 - 3 \cdot \cos t}{3 + 3 \cdot \cos t}}$$

$$= \pm 3 \cdot \cos t \cdot \sqrt{\frac{1 - \cos t}{1 + \cos t}}$$

$$\blacktriangleright \sqrt{\frac{1 - \cos t}{1 + \cos t}} = \frac{1 - \cos t}{\sin t} \quad \blacktriangleright 4.1$$

$$\underline{y = \pm 3 \cdot \cos t \cdot \frac{1 - \cos t}{\sin t} = f_2(t); t \in (0; \pi) \cup (\pi; 2\pi)}$$

Transformation in eine Parameterdarstellung

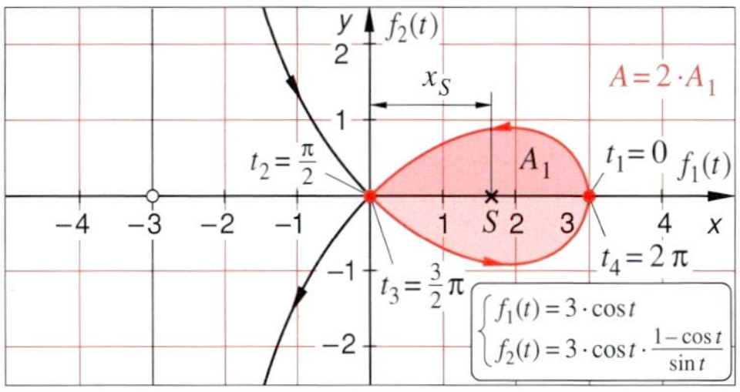

$$\begin{cases} f_1(t) = 3 \cdot \cos t \\ f_2(t) = 3 \cdot \cos t \cdot \frac{1 - \cos t}{\sin t} \end{cases}; t \in \left[0; \frac{\pi}{2}\right]$$

363

$\dfrac{1-\cos t}{\sin t}$ ist bei $t_0 = 0$ ein unbestimmter Ausdruck der Form „$\frac{0}{0}$". Mit der ersten Regel von de L'Hospital (► Kusch 3; 4.5) folgt daraus:

$$\lim_{t\to 0}\frac{1-\cos t}{\sin t} = \lim_{t\to 0}\frac{\sin t}{\cos t} = 0$$

Da die Fläche symmetrisch zur x-Achse liegt, gilt $y_S = 0$ und die Flächen oberhalb und unterhalb der x-Achse haben in den t-Intervallen $\left[0; \frac{\pi}{2}\right]$ und $\left[\frac{3}{2}\pi; 2\pi\right]$ die gleiche Schwerpunktskoordinate x_S.

Es wird hier x_S von der oberhalb der x-Achse liegenden Fläche berechnet. Daher entfällt in diesem Falle das Minuszeichen für den Term $f_2(t)$.

Berechnung von A_1

$$A_1 = \left|\int_{t_1}^{t_2} [\dot{f}_1(t)\cdot f_2(t)]\,\mathrm{d}t\right| \quad ► 3.1$$

► 0 für t_1; $\frac{\pi}{2}$ für t_2; $f_2(t) = 3\cdot\cos t\cdot\dfrac{1-\cos t}{\sin t}$

$f_1(t) = 3\cdot\cos t \Rightarrow \dot{f}_1(t) = -3\cdot\sin t$

$$A_1 = \left|\int_0^{\frac{\pi}{2}}\left[-3\cdot\sin t\cdot 3\cdot\cos t\cdot\frac{1-\cos t}{\sin t}\right]\mathrm{d}t\right|$$

$$= 9\cdot\left|\int_0^{\frac{\pi}{2}}(-\cos t + \cos^2 t)\,\mathrm{d}t\right| \quad ► 2.4.1$$

$$= 9\cdot\left|-\sin t + \frac{t}{2} + \frac{1}{4}\cdot\sin(2t)\Big|_0^{\frac{\pi}{2}}\right|$$

$$= 9\cdot\left|-\sin\frac{\pi}{2} + \frac{\pi}{4} + \frac{1}{4}\cdot\sin\pi - 0\right|$$

$$= \underline{1{,}93141\ldots}$$

$$x_S = \frac{\int_{t_1}^{t_2}[f_1(t)\cdot\dot{f}_1(t)\cdot|f_2(t)|]\,\mathrm{d}t}{A_1}$$

Im t-Intervall $\left[0; \frac{\pi}{2}\right]$ ist f_1 streng monoton fallend, sodass man $\frac{\pi}{2}$ für t_1 und 0 für t_2 setzen muss. In $\left[0; \frac{\pi}{2}\right]$ gilt $f_2(t) \geq 0$.

Daher gilt: $|f_2(t)| = f_2(t)$

Berechnung der Schwerpunktskoordinate x_S

$$\int_{t_1}^{t_2}[f_1(t)\cdot\dot{f}_1(t)\cdot f_2(t)]\,\mathrm{d}t = ?$$

► $\frac{\pi}{2}$ für t_1; 0 für t_2; $f_2(t) = 3\cdot\cos t\cdot\dfrac{1-\cos t}{\sin t}$;

$f_1(t) = 3\cdot\cos t \Rightarrow \dot{f}_1(t) = -3\cdot\sin t$

$$\int_{\frac{\pi}{2}}^{0}\left[3\cdot\cos t\cdot(-3\cdot\sin t)\cdot 3\cdot\cos t\cdot\frac{1-\cos t}{\sin t}\right]\mathrm{d}t =$$

$$= -27\cdot\int_{\frac{\pi}{2}}^{0}(\cos^2 t - \cos^3 t)\,\mathrm{d}t$$

► $\cos^3 t = \cos^2 t\cdot\cos t = (1-\sin^2 t)\cdot\cos t = \cos t - \sin^2 t\cdot\cos t$

$$= -27\cdot\int_{\frac{\pi}{2}}^{0}(\cos^2 t - \cos t + \sin^2 t\cdot\cos t)\,\mathrm{d}t \quad ► 2.4.1; 2.4.3$$

$$= -27\cdot\left(\frac{t}{2} + \frac{1}{4}\cdot\sin(2t) - \sin t + \frac{1}{3}\cdot\sin^3 t\Big|_{\frac{\pi}{2}}^{0}\right)$$

► $\sin\pi = 0$; $\sin\frac{\pi}{2} = \sin^3\frac{\pi}{2} = 1$

$$= -27\cdot\left(0 - \frac{\pi}{4} - \frac{1}{4}\cdot\sin\pi + \sin\frac{\pi}{2} - \frac{1}{3}\cdot\sin^3\frac{\pi}{2}\right)$$

$$= \underline{3{,}20575\ldots}$$

Mit den Koordinaten x_S und y_S erhält man den Flächenschwerpunkt $S\langle 1{,}65979\,|\,0\rangle$.

► $x_S = \dfrac{3{,}20575\ldots}{1{,}93141\ldots} = \underline{\underline{1{,}65979}}$

42. $R: R(x) = \pm x \cdot \sqrt{\dfrac{4+x}{4-x}}$; $D(R) = (-4; 4]$; $f_1(t) = 4 \cdot \cos t$; $t \in \mathbb{R}$

Transformation in eine Parameterdarstellung

$$R(x) = y = \pm x \cdot \sqrt{\frac{4+x}{4-x}} \quad ► \; x = 4 \cdot \cos t;\; x \in [0; 2\pi]$$

$$= \pm 4 \cdot \cos t \cdot \sqrt{\frac{4+4\cdot\cos t}{4-4\cdot\cos t}}$$

$$= \pm 4 \cdot \cos t \cdot \sqrt{\frac{1+\cos t}{1-\cos t}}$$

$$► \; \sqrt{\frac{1+\cos t}{1-\cos t}} = \frac{1+\cos t}{\sin t} \quad ► \; 4.1$$

$$y = \pm 4 \cdot \cos t \cdot \frac{1+\cos t}{\sin t} = f_2(t);\; t \in (0; \pi) \cup (\pi; 2\pi)$$

$\dfrac{1+\cos t}{\sin t}$ ist bei $t_0 = \pi$ ein unbestimmter Ausdruck der Form „$\frac{0}{0}$“, jedoch mit der ersten Regel von de L'Hospital (► Kusch 3; 4.5) folgt:

$$\lim_{t \to \pi} \frac{1+\cos t}{\sin t} = \lim_{t \to \pi} \frac{-\sin t}{\cos t} = 0$$

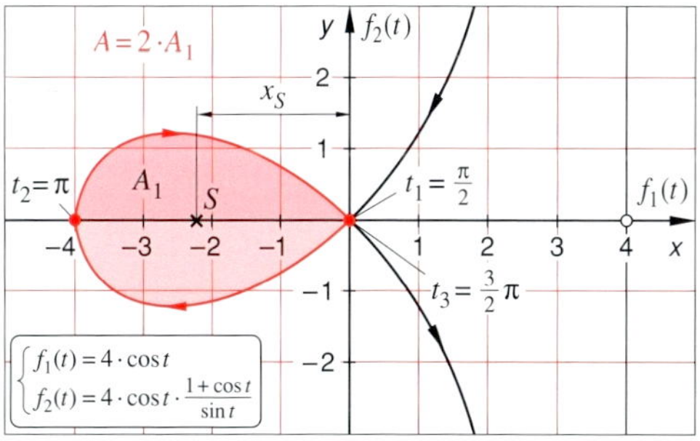

$$\begin{cases} f_1(t) = 4 \cdot \cos t \\ f_2(t) = 4 \cdot \cos t \cdot \dfrac{1+\cos t}{\sin t} \end{cases};\; t \in \left[\pi; \frac{3}{2}\pi\right]$$

Da die Fläche symmetrisch zur x-Achse liegt, gilt $y_S = 0$ und die Flächen oberhalb und unterhalb der x-Achse haben in den t-Intervallen $\left[\frac{\pi}{2}; \pi\right]$ und $\left[\pi; \frac{3}{2}\pi\right]$ die gleiche Schwerpunktskoordinate x_S. Es wird hier x_S von der oberhalb der x-Achse liegenden Fläche berechnet. Daher entfällt in diesem Falle das Minuszeichen für den Term $f_2(t)$.

Berechnung von A_1

$$A_1 = \left| \int_{t_2}^{t_3} \left[\dot{f}_1(t) \cdot f_2(t)\right] \mathrm{d}t \right| \quad ► \; 3.1$$

► π für t_2; $\dfrac{3}{2}\pi$ für t_3; $f_3(t) = 4 \cdot \cos t \cdot \dfrac{1+\cos t}{\sin t}$

$f_1(t) = 4 \cdot \cos t \Rightarrow \dot{f}_1(t) = -4 \cdot \sin t$

$$A_1 = \left| \int_{\pi}^{\frac{3}{2}\pi} \left[-4 \cdot \sin t \cdot 4 \cdot \cos t \cdot \frac{1+\cos t}{\sin t}\right] \mathrm{d}t \right|$$

$$= 16 \cdot \left| \int_{\pi}^{\frac{3}{2}\pi} (-\cos t - \cos^2 t)\,\mathrm{d}t \right| \quad ► \; 2.4.1$$

$$= 16 \cdot \left| -\sin t - \frac{t}{2} - \frac{1}{4} \cdot \sin(2t) \Big|_{\pi}^{\frac{3}{2}\pi} \right|$$

$$= 16 \cdot \left| -\sin\left(\tfrac{3}{2}\pi\right) - \tfrac{3}{4}\pi - \tfrac{1}{4} \cdot \sin(3\pi) + {} \right.$$

$$\left. {} + \sin \pi + \tfrac{\pi}{2} + \tfrac{1}{4} \cdot \sin(2\pi) \right|$$

$$= \underline{3{,}43362\ldots}$$

$$x_S = \frac{\int_{t_2}^{t_3} \left[f_1(t) \cdot \dot{f}_1(t) \cdot |f_2(t)|\right] \mathrm{d}t}{A_1}$$

Im t-Intervall $\left[\pi; \frac{3}{2}\pi\right]$ ist f_1 streng monoton steigend. Also gilt $t_2 = \pi$ und $t_3 = \frac{3}{2}\pi$. Ferner gilt dort $f_2(t) \geq 0$ und damit $|f_2(t)| = f_2(t)$.

Berechnung der Schwerpunktskoordinate x_S

$$\int_{t_2}^{t_3} \left[f_1(t) \cdot \dot{f}_1(t) \cdot f_2(t)\right] \mathrm{d}t = ?$$

► π für t_2; $\dfrac{3}{2}\pi$ für t_3; $f_2(t) = 4 \cdot \cos t \cdot \dfrac{1+\cos t}{\sin t}$

$f_1(t) = 4 \cdot \cos t \Rightarrow \dot{f}_1(t) = -4 \cdot \sin t$

363

$$\int_{\pi}^{\frac{3}{2}\pi} \left[4 \cdot \cos t \cdot (-4 \cdot \sin t) \cdot 4 \cdot \cos t \cdot \frac{1+\cos t}{\sin t}\right] dt =$$

$$= -64 \cdot \int_{\pi}^{\frac{3}{2}\pi} (\cos^2 t + \cos^3 t)\, dt \quad \blacktriangleright \text{Übungsaufgabe 41}$$

$$= -64 \cdot \left(\tfrac{t}{2} + \tfrac{1}{4} \cdot \sin \cdot (2t) + \sin t - \tfrac{1}{3} \cdot \sin^3 t \,\Big|_{\pi}^{\frac{3}{2}\pi} \right)$$

► $\sin(3\pi) = \sin(2\pi) = \sin \pi = 0;\ \sin\left(\frac{3}{2}\pi\right) = -1$

$$= -64 \cdot \left(\tfrac{3}{4}\pi + \tfrac{1}{4} \cdot \sin 3\pi + \sin\left(\tfrac{3}{2}\pi\right) - \tfrac{1}{3} \cdot \sin^3\left(\tfrac{3}{2}\pi\right) + \right.$$
$$\left. - \tfrac{\pi}{2} - \tfrac{1}{4} \cdot \sin(2\pi) - \sin \pi + \tfrac{1}{3} \cdot \sin^3 \pi \right)$$

$$= \underline{-7{,}59881\ldots}$$

Mit den Koordinaten x_S und y_S erhält man den Flächenschwerpunkt $S\langle -2{,}21306 \mid 0 \rangle$.

► $x_S = \dfrac{-7{,}59881\ldots}{3{,}43362\ldots} = \underline{\underline{-2{,}21306}}$

43. Berechnen Sie die Schwerpunktskoordinaten der Masse, die der Fläche entspricht, die zwischen der Kurve mit $\begin{cases} f_1(t) = e^t \cdot \cos t \\ f_2(t) = e^t \cdot \sin t \end{cases}$; $t \in \mathbb{R}$ sowie der x-Achse und der y-Achse liegt.

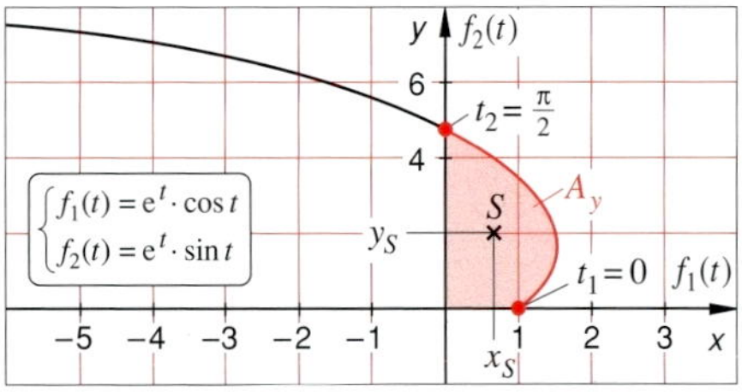

Berechnung von A_y

$$A_y = \left| \int_{t_1}^{t_2} [f_1(t) \cdot \dot{f}_2(t)]\, dt \right| \quad \blacktriangleright 3.1$$

► 0 für t_1; $\dfrac{\pi}{2}$ für t_2; $f_1(t) = e^t \cdot \cos t$

$f_2(t) = e^t \cdot \sin t \Rightarrow \dot{f}_2(t) = e^t \cdot \sin t + e^t \cdot \cos t$

$$A_y = \left| \int_0^{\frac{\pi}{2}} [e^t \cdot \cos t \cdot (e^t \cdot \sin t + e^t \cdot \cos t)]\, dt \right|$$

$$= \left| \int_0^{\frac{\pi}{2}} [e^{2t} \cdot (\cos t \cdot \sin t + \cos^2 t)]\, dt \right|$$

$$= \left| \int_0^{\frac{\pi}{2}} (e^{2t} \cdot \cos t \cdot \sin t)\, dt + \int_0^{\frac{\pi}{2}} (e^{2t} \cdot \cos^2 t)\, dt \right|$$

Mithilfe der partiellen Integration (► 2.5) erhält man:

$$\int \left[e^{2t} \cdot (\cos t \cdot \sin t)\right] dt = \frac{1}{2} \cdot \int \left[e^{2t} \cdot \sin(2t)\right] dt$$
$$= \frac{1}{8} \cdot e^{2t} \cdot [\sin(2t) - \cos(2t)] + c$$

$$\int (e^{2t} \cdot \cos^2 t)\, dt = \frac{1}{8} \cdot e^{2t} \cdot \left[2 \cdot \cos^2 t + \sin(2t) + 1\right] + c$$

$$= \left| \frac{1}{8} \cdot e^{2t} \cdot \left[\sin(2t) - \cos(2t) + 2 \cdot \cos^2 t + \sin(2t) + 1\right] \Big|_0^{\frac{\pi}{2}} \right|$$

$$= \left| \frac{1}{8} \cdot e^{\pi} \cdot \left[\sin \pi - \cos \pi + 2 \cdot \cos^2 \frac{\pi}{2} + \sin \pi + 1\right] + \right.$$
$$\left. - \frac{1}{8} \cdot e^0 \cdot \left[\sin 0 - \cos 0 + 2 \cdot \cos^2 0 + \sin 0 + 1\right] \right|$$

$$= \underline{5{,}53517\ldots}$$

Berechnung der Schwerpunktskoordinate x_S

$$x_S = \frac{\int_{t_1}^{t_2} [f_1(t) \cdot \dot{f}_1(t) \cdot |f_2(t)|]\, dx}{A_y}$$

Berechnung der Schwerpunktskoordinate y_S

$$y_S = \frac{\frac{1}{2} \cdot \int_{t_1}^{t_2} [\dot{f}_1(t) \cdot |f_2(t)| \cdot f_2(t)]\, dt}{A_y}$$

363

► $f_1(t) = e^t \cdot \cos t$:

$f_1(0) = e^0 \cdot \cos 0 = 1; f_1\left(\frac{\pi}{2}\right) = e^{\frac{\pi}{2}} \cdot \cos \frac{\pi}{2} = 0$

► $f_1(0) > f_1\left(\frac{\pi}{2}\right)$

► $f_1(t) = e^t \cdot \cos t \Rightarrow \dot{f}_1(t) = e^t \cdot (\cos t - \sin t)$

► $f_2(t) = e^t \cdot \sin t$

$f_2(t) \geq 0; t \in \left[0; \frac{\pi}{2}\right] \Rightarrow |f_2(t)| = f_2(t)$

$\int\limits_{t_1}^{t_2} \left[f_1(t) \cdot \dot{f}_1(t) \cdot f_2(t)\right] dt = ?$ ► $\frac{\pi}{2}$ für t_1; 0 für t_2

$$\int\limits_{\frac{\pi}{2}}^{0} [e^t \cdot \cos t \cdot e^t \cdot (\cos t - \sin t) \cdot e^t \sin t] \, dt =$$

$$= \int\limits_{\frac{\pi}{2}}^{0} \left[e^{3t} \cdot \left(\cos^2 t \cdot \sin t - \cos t \cdot \sin^2 t\right)\right] dt \quad \text{► 2.5}$$

$$= \frac{e^{3t}}{60} \cdot [5 \cdot \sin(3t) - 6 \cdot \cos t + 3 \cdot \sin t] \Big|_{\frac{\pi}{2}}^{0}$$

$$= \frac{e^0}{60} \cdot [5 \cdot \sin 0 - 6 \cdot \cos 0 + 3 \cdot \sin 0] +$$

$$- \frac{e^{\frac{3}{2}\pi}}{60} \cdot \left[5 \cdot \sin\left(\tfrac{3}{2}\pi\right) - 6 \cdot \cos\left(\tfrac{3}{2}\pi\right) + 3 \sin \tfrac{\pi}{2}\right]$$

$$= \underline{3{,}61059\ldots}$$

► $f_1(t) = e^t \cdot \cos t \Rightarrow \dot{f}_1(t) = e^t \cdot (\cos t - \sin t)$

► $f_2(t) = e^t \cdot \sin t$

$f_2(t) \geq 0; t \in \left[0; \frac{\pi}{2}\right] \Rightarrow |f_2(t)| = f_2(t)$

$\frac{1}{2} \cdot \int\limits_{t_1}^{t_2} \left[\dot{f}_1(t) \cdot [f_2(t)]^2\right] dt = ?$ ► $\frac{\pi}{2}$ für t_1; 0 für t_2

$$\frac{1}{2} \cdot \int\limits_{\frac{\pi}{2}}^{0} \left[e^t \cdot (\cos t - \sin t) \cdot e^{2t} \cdot \sin^2 t\right] dt =$$

$$= \frac{1}{2} \cdot \int\limits_{\frac{\pi}{2}}^{0} \left[e^{3t} \cdot \left(\cos t \cdot \sin^2 t - \sin^3 t\right)\right] dt \quad \text{► 2.5}$$

$$= \frac{1}{2} \cdot \frac{-e^{3t}}{120} \cdot \left[5 \cdot \cos(3t) + 5 \cdot \sin(3t) - \left(20 \cdot \sin^2 t + 13\right) \cdot \cos t + \right.$$

$$\left. + \sin t \cdot \left(20 \cdot \sin^2 t + 9\right)\right] \Big|_{\frac{\pi}{2}}^{0}$$

$$= -\frac{e^0}{240} \cdot [5 + 5 \cdot 0 - (20 \cdot 0 + 13) \cdot 1 - 0] +$$

$$+ \frac{e^{\frac{3}{2}\pi}}{240} \cdot [5 \cdot 0 - 5 - (20 \cdot 1 + 13) \cdot 0 + 1 \cdot (20 \cdot 1 + 9)]$$

$$= \underline{11{,}16511\ldots}$$

► $x_S = \frac{3{,}61059\ldots}{5{,}53517\ldots} = \underline{\underline{0{,}65230}}$

► $y_S = \frac{11{,}16511\ldots}{5{,}53517\ldots} = \underline{\underline{2{,}01712}}$

Mit den Koordinaten x_S und y_S erhält man den Flächenschwerpunkt $S\langle 0{,}65230 \mid 2{,}01712\rangle$.

44. Berechnen Sie die Schwerpunktskoordinaten der Masse, die der Fläche einer Halbellipse entspricht, die durch eine Parameterdarstellung $\begin{cases} f_1(t) = a \cdot \cos t \\ f_2(t) = b \cdot \sin t \end{cases}$; $a > 0$; $b > 0$; $t \in [0; \pi]$ gegeben ist.

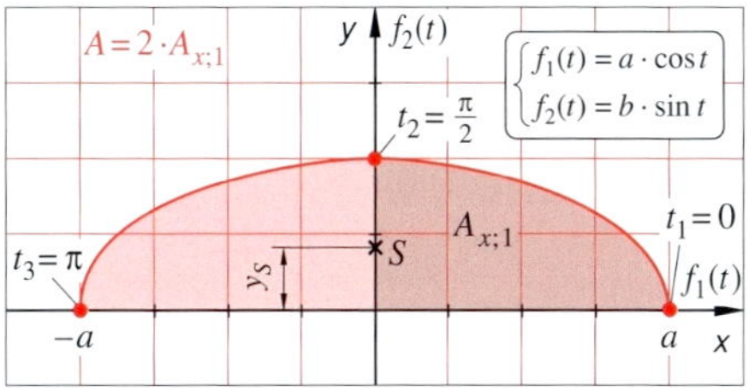

Die Kurve liegt symmetrisch zur y-Achse. (► $\sin(\frac{\pi}{2} - s) = \sin(\frac{\pi}{2} + s)$; $s \in [0; \frac{\pi}{2}]$). Daher liegt der Schwerpunkt auf der y-Achse, d. h., es gilt $x_S = 0$. Andererseits müssen aufgrund dieser Symmetrie die Flächen links und rechts von der y-Achse die gleiche Schwer-

Berechnung von $A_{x;\,1}$

$$A_{x;\,1} = \left| \int\limits_{t_1}^{t_2} \left[\dot{f}_1(t) \cdot f_2(t)\right] dt \right| \quad \text{► 3.1}$$

► 0 für t_1; $\frac{\pi}{2}$ für t_2; $f_2(t) = b \cdot \sin t$

$f_1(t) = a \cdot \cos t \Rightarrow \dot{f}_1(t) = -a \cdot \sin t$

$$A_{x;\,1} = \left| \int\limits_{0}^{\frac{\pi}{2}} (-a \cdot \sin t \cdot b \cdot \sin t) \, dt \right|$$

$$= ab \cdot \left| \int\limits_{0}^{\frac{\pi}{2}} \sin^2 t \, dt \right| \quad \text{► 2.4.1}$$

363 punktskoordinate y_S haben. Hier wird y_S von der rechts zur y-Achse liegenden Fläche berechnet. Die Kurve stellt im t-Intervall $[0; \pi]$ die Hälfte einer Ellipse dar.

$$y_S = \frac{\frac{1}{2} \cdot \int\limits_{t_1}^{t_2} [\dot{f}_1(t) \cdot |f_2(t)| \cdot f_2(t)] \, dt}{A_{x;1}}$$

Im t-Intervall $\left[0; \frac{\pi}{2}\right]$ ist die Funktion f_1 streng monoton fallend. Also gilt: $t_1 = \frac{\pi}{2}$ und $t_2 = 0$ ► Text vor dem Merksatz

► $\int \sin^3 t \, dt = \int \left(\sin^2 t \cdot \sin t\right) dt$ ► $\sin^2 t = 1 - \cos^2 t$

$$= \int [(1 - \cos^2 t) \cdot \sin t] \, dt$$
$$= \int [\sin t - \cos^2 t \cdot \sin t] \, dt \quad ► 2.4.3$$
$$= -\cos t + \tfrac{1}{3} \cdot \cos^3 t + c$$

Mit den Koordinaten x_S und y_S erhält man den Flächenschwerpunkt $S\left\langle 0 \mid \frac{4b}{3\pi} \right\rangle$.

$$= ab \cdot \left| \frac{t}{2} - \frac{1}{4} \cdot \sin(2t) \Big|_0^{\frac{\pi}{2}} \right|$$
$$= ab \cdot \left| \frac{\pi}{4} - \frac{1}{4} \cdot \sin \pi - 0 \right|$$
$$= \underline{\frac{ab\pi}{4}} \quad ► 2 \cdot A_{1;x} = A \Rightarrow A = \frac{ab\pi}{2}$$

Berechnung der Schwerpunktskoordinate y_S

$$\frac{1}{2} \cdot \int\limits_{t_1}^{t_2} [\dot{f}_1(t) \cdot |f_2(t)| \cdot f_2(t)] \, dt = ?$$

► $f_1(t) = a \cdot \cos t \Rightarrow \dot{f}_1(t) = -a \cdot \sin t$

► $\frac{\pi}{2}$ für t_1; 0 für t_2

► $f_2(t) = b \cdot \sin t; f_2(t) \geq 0; t \in \left[0; \frac{\pi}{2}\right]$

► $|f_2(t)| = f_2(t); t \in \left[0; \frac{\pi}{2}\right]$

$$\frac{1}{2} \cdot \int\limits_{t_1}^{t_2} \left(\dot{f}_1(t) \cdot [f_2(t)]^2\right) dt = \frac{1}{2} \cdot \int\limits_{\frac{\pi}{2}}^{0} \left(-a \cdot \sin t \cdot b^2 \cdot \sin^2 t\right) dt$$
$$= -\frac{ab^2}{2} \cdot \int\limits_{\frac{\pi}{2}}^{0} \sin^3 t \, dt$$
$$= -\frac{ab^2}{2} \cdot \left(-\cos t + \frac{1}{3} \cdot \cos^3 t \Big|_{\frac{\pi}{2}}^{0}\right)$$
$$= -\frac{ab^2}{2} \cdot \left(-\cos 0 + \frac{1}{3} \cdot \cos^3 + \frac{\pi}{2} - \frac{1}{3} \cdot \cos^3 + \frac{\pi}{2}\right)$$
$$= \underline{\frac{ab^2}{3}}$$

$$y_S = \frac{\frac{ab^2}{3}}{\frac{ab\pi}{4}} = \underline{\underline{\frac{4b}{3\pi}}}$$

45. Berechnen Sie die Schwerpunktslage einer flächenförmigen Masse, die einem Kreissektor mit dem Radius r und dem Mittelpunktswinkel α entspricht.

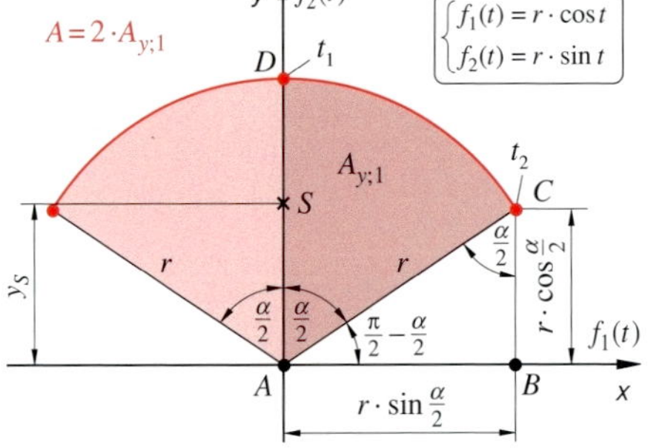

► $\cos\left(\frac{\pi}{2} - \frac{\alpha}{2}\right) = \sin \frac{\alpha}{2}$; $\sin\left(\frac{\pi}{2} - \frac{\alpha}{2}\right) = \cos \frac{\alpha}{2}$

Berechnung der Schwerpunktskoordinate y_S

$$y_S = \frac{A_{ABCD} \cdot y_{ABCD} - A_{ABC} \cdot y_{ABC}}{\text{Sektorfläche } ACD}$$

● $A_{ABCD} \cdot y_{ABCD} = \frac{1}{2} \cdot \int\limits_{t_1}^{t_2} \left[\dot{f}_1(t) \cdot |f_2(t)| \cdot f_2(t)\right] dt$

► $\frac{\pi}{2}$ für t_1; $\frac{\pi}{2} - \frac{\alpha}{2}$ für t_2 ► $f(t_1) < f(t_2)$

► $f_1(t) = r \cdot \cos t \Rightarrow \dot{f}_1(t) = -r \cdot \sin t$

$f(t_1) < f(t_2)$ ► $f(t_1) < f(t_2)$

► $f_2(t) = r \cdot \sin t$ ► $f_2(t) \geq 0; t \in [0; \pi]$

Der Kreissektor wird symmetrisch zur y-Achse in einem rechtwinkligen Koordinatensystem positioniert. Damit gilt für die Schwerpunktskoordinate x_S: $\underline{\underline{x_S = 0}}$

Da der Kreissektor symmetrisch zur y-Achse liegt, hat die rechts von der y-Achse liegende Fläche die gleiche Schwerpunktskoordinate y_S wie die links von der y-Achse liegende Fläche.

Die Flächenmaßzahl $A_{y;\,1}$ lässt sich elementar berechnen: $A_{y;\,1} = \frac{1}{4} \cdot r^2 \cdot \alpha$

$$\frac{1}{2} \cdot \int\limits_{t_1}^{t_2} \left[\dot{f}_1(t) \cdot |f_2(t)| \cdot f_2(t)\right] \mathrm{d}t$$

$$= \frac{1}{2} \cdot \int\limits_{\frac{\pi}{2}}^{\frac{\pi}{2}-\frac{\alpha}{2}} \left[-r \cdot \sin t \cdot r^2 \cdot \sin^2 t\right] \mathrm{d}t$$

$$= -\frac{1}{2} \cdot r^3 \cdot \int\limits_{\frac{\pi}{2}}^{\frac{\pi}{2}-\frac{\alpha}{2}} \sin^3 t \,\mathrm{d}t \quad \blacktriangleright \text{ Übungsaufgabe 44}$$

$$= -\frac{r^3}{2}\left(-\cos t + \frac{1}{3} \cdot \cos^3 t\,\Big|_{\frac{\pi}{2}}^{\frac{\pi}{2}-\frac{\alpha}{2}}\right)$$

▶ $\cos\frac{\pi}{2} = 0$; $\cos\left(\frac{\pi}{2} - \frac{\alpha}{2}\right) = \sin\frac{\alpha}{2}$

$$= -\frac{r^3}{2} \cdot \left[-\cos\left(\frac{\pi}{2} - \frac{\alpha}{2}\right) + \frac{1}{3} \cdot \cos^3\left(\frac{\pi}{2} - \frac{\alpha}{2}\right) + \cos\frac{\pi}{2} - \frac{1}{3} \cdot \cos^3\frac{\pi}{2}\right]$$

$$= -\frac{r^3}{2} \cdot \left[-\sin\frac{\alpha}{2} + \frac{1}{3} \cdot \sin^3\frac{\alpha}{2}\right]$$

$$= \frac{r^3}{2} \cdot \sin\frac{\alpha}{2} \cdot \left[1 - \frac{1}{3} \cdot \sin^2\frac{\alpha}{2}\right] \quad \blacktriangleright \sin^2\frac{\alpha}{2} = 1 - \cos^2\frac{\alpha}{2} \quad \blacktriangleright 4.1$$

$$= \frac{r^3}{6} \cdot \sin\frac{\alpha}{2} \cdot \left[3 - 1 + \cos^2\frac{\alpha}{2}\right]$$

$$= \underline{\frac{r^3}{6} \cdot \sin\frac{\alpha}{2} \cdot \left[2 + \cos^2\frac{\alpha}{2}\right]}$$

Nach dem Merksatz vor der Übungsaufgabe ist $y_{ABC} = \frac{1}{3} \cdot r \cdot \cos\frac{\alpha}{2}$. Der Flächeninhalt des rechtwinkligen Dreieckes ABC wird berechnet:

$$\frac{1}{2} \cdot r \cdot \sin\frac{\alpha}{2} \cdot r \cdot \cos\frac{\alpha}{2} = \frac{1}{2} \cdot r^2 \cdot \sin\frac{\alpha}{2} \cdot \cos\frac{\alpha}{2}$$

- $A_{ABC} \cdot y_{ABC} = \frac{1}{2} \cdot r \cdot \sin\frac{\alpha}{2} \cdot r \cdot \cos\frac{\alpha}{2} \cdot \frac{1}{3} \cdot r \cdot \cos\frac{\alpha}{2}$
  $= \underline{\frac{1}{6} \cdot r^3 \cdot \sin\frac{\alpha}{2} \cdot \cos^2\frac{\alpha}{2}}$

- $y_S = \dfrac{\frac{r^3}{6} \cdot \sin\frac{\alpha}{2} \cdot \left(2 + \cos^2\frac{\alpha}{2}\right) - \frac{1}{6} \cdot r^3 \cdot \sin\frac{\alpha}{2} \cdot \cos^2\frac{\alpha}{2}}{\frac{1}{4} \cdot r^2 \alpha}$
  $= \underline{\underline{\frac{4r}{3\alpha} \cdot \sin\frac{\alpha}{2};\ \alpha \in (0;\pi]}}$
  $= \underline{\underline{\frac{240^\circ \cdot r}{\pi \cdot \alpha^\circ} \cdot \sin\frac{\pi \cdot \alpha^\circ}{360^\circ};\ \alpha^\circ \in (0^\circ; 180^\circ]}}$

Der Flächenschwerpunkt eines Kreissektors ist im Bogenmaß $S\left\langle 0 \,\middle|\, \frac{4r}{3\alpha} \cdot \sin\frac{\alpha}{2}\right\rangle$; $\alpha \in (0;\pi)$ und im Gradmaß $S\left\langle 0 \,\middle|\, \frac{240^\circ \cdot r}{\alpha^\circ} \cdot \sin\frac{\pi \cdot \alpha^\circ}{360^\circ}\right\rangle$ mit $\alpha^\circ \in (0^\circ; 360^\circ)$.

Kurven in Polarkoordinatendarstellung

▶ Lehrbuch: Kusch 4, S. 338 … 341

Ist eine Funktion in Polarkoordinatendarstellung $F: \varphi \mapsto F(\varphi)$ im Winkelintervall $[\varphi_1; \varphi_2]$ gegeben, so lassen sich für die Schwerpunktskoordinaten x_S und y_S einer zugehörigen flächenförmigen Masse m mit $m = m'' \cdot A_p$ entsprechende Formeln angeben. Dabei geht man davon aus, dass sich der Ursprung des xy-Koordinatensystems und der des Polarkoordinatensystems sowie der Polstrahl und die x-Achse decken.

363

Merke:

$$M_y = F_G \cdot x_S = m'' \cdot g \cdot \frac{1}{3} \cdot \int_{\varphi_1}^{\varphi_2} ([F(\varphi)]^3 \cdot \cos\varphi)\, d\varphi$$

$$x_S = \frac{\frac{1}{3} \cdot \int_{\varphi_1}^{\varphi_2} (F(\varphi)]^3 \cdot \cos\varphi)\, d\varphi}{A_p};\ A_p = \frac{1}{2} \cdot \int_{\varphi_1}^{\varphi_2} [F(\varphi)]^2\, d\varphi$$

$$M_x = F_G \cdot y_S = m'' \cdot g \cdot \frac{1}{3} \cdot \int_{\varphi_1}^{\varphi_2} ([F(\varphi)]^3 \cdot \sin\varphi)\, d\varphi$$

$$y_S = \frac{\frac{1}{3} \cdot \int_{\varphi_1}^{\varphi_2} ([F(\varphi)]^3 \cdot \sin\varphi)\, d\varphi}{A_p};\ A_p = \tfrac{1}{2} \cdot \int_{\varphi_1}^{\varphi_2} [F(\varphi)]^2\, d\varphi$$

Berechnen Sie zu den in Polarkoordinatendarstellung gegebenen Funktionen jeweils die Schwerpunktskoordinaten der Masse, die der Fläche im angegebenen Winkelintervall I_p entspricht.

46. $F(\varphi) = -2 \cdot \sin\varphi;\ I_p = [\pi; 2\pi]$

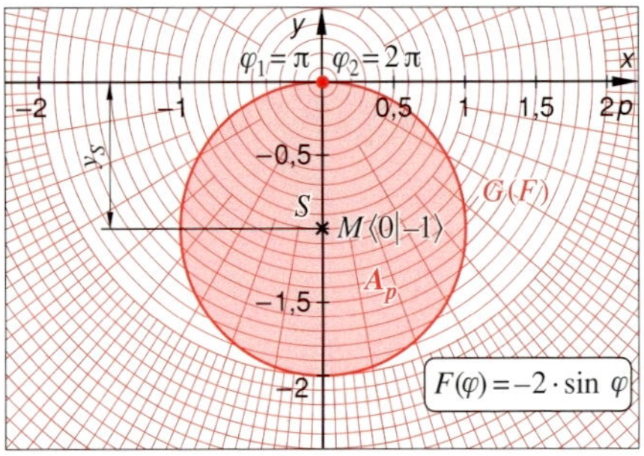

Durch $F: F(\varphi) = -2 \cdot \sin\varphi;\ \varphi \in [\pi; 2\pi]$ wird ein Kreis mit dem Mittelpunkt $M\langle 0 \mid -1\rangle$ und dem Radius r beschrieben.

Da die Kreisfläche symmetrisch zur y-Achse liegt, gilt für die Schwerpunktskoordinate x_S: $\underline{\underline{x_S = 0}}$

$$\blacktriangleright \int \sin^4\varphi\, d\varphi = -\frac{1}{4} \cdot \sin^3\varphi \cdot \cos\varphi + \frac{3}{4} \cdot \left(\frac{\varphi}{2} - \frac{1}{4} \cdot \sin(2\varphi)\right) + c$$

► 2.5, Übungsaufgabe 62; 4 für m

Mit den Koordinaten x_S und y_S erhält man den Flächenschwerpunkt $S\langle 0 \mid -1\rangle$.

Berechnung von A_p

$$A_p = \frac{1}{2} \cdot \int_{\varphi_1}^{\varphi_2} [F(\varphi)]^2\, d\varphi \quad \blacktriangleright\ \pi \text{ für } \varphi_1;\ 2\pi \text{ für } \varphi_2;\ F(\varphi) = -2 \cdot \sin\varphi$$

$$= \frac{1}{2} \cdot \int_{\pi}^{2\pi} \left(4 \cdot \sin^2\varphi\right) d\varphi$$

$$= 2 \cdot \int_{\pi}^{2\pi} \sin^2\varphi\, d\varphi \quad \blacktriangleright\ 2.4.1$$

$$= 2 \cdot \left[\frac{\varphi}{2} - \frac{1}{4} \cdot \sin(2\varphi)\Big|_{\pi}^{2\pi}\right]$$

$$= 2 \cdot \left[\frac{2\pi}{2} - \frac{1}{4} \cdot \sin(4\pi) - \frac{\pi}{2} + \frac{1}{4} \cdot \sin(2\pi)\right]$$

$$= \underline{\pi}$$

Berechnung der Schwerpunktskoordinate y_S

$$y_S = \frac{\frac{1}{3} \cdot \int_{\varphi_1}^{\varphi_2} \left([F(\varphi)]^3 \cdot \sin\varphi\right) d\varphi}{A_p}$$

$$\frac{1}{3} \cdot \int_{\varphi_1}^{\varphi_2} \left([F(\varphi)]^3 \cdot \sin\varphi\right) d\varphi = ?$$

► π für φ_1; 2π für φ_2; $F(\varphi) = -2 \cdot \sin\varphi$

$$\frac{1}{3} \cdot \int_{\pi}^{2\pi} (-8 \cdot \sin^3\varphi \cdot \sin\varphi)\, d\varphi = -\frac{8}{3} \cdot \int_{\pi}^{2\pi} \sin^4\varphi\, d\varphi$$

$$= -\frac{8}{3} \cdot \left[-\frac{1}{4} \cdot \sin^3\varphi \cdot \cos\varphi + \frac{3}{4} \cdot \left(\frac{\varphi}{2} - \frac{1}{4} \cdot \sin(2\varphi)\right)\Big|_{\pi}^{2\pi}\right]$$

$$= -\frac{8}{3} \cdot \left[-\frac{1}{4} \cdot \sin^3(2\pi) \cdot \cos(2\pi) + \frac{3}{4} \cdot \left(\frac{2\pi}{2} - \frac{1}{4} \cdot \sin(4\pi)\right) + \frac{1}{4} \cdot \sin^3\pi \cdot \cos\pi - \frac{3}{4} \cdot \left(\frac{\pi}{2} - \frac{1}{4} \cdot \sin(2\pi)\right)\right]$$

$$= \underline{-\pi}$$

Mit den Koordinaten x_S und y_S erhält man den Flächenschwerpunkt $S\langle 0 \mid -1\rangle$.

47. $F(\varphi) = 4\varphi;\ I_p = [0; \pi]$

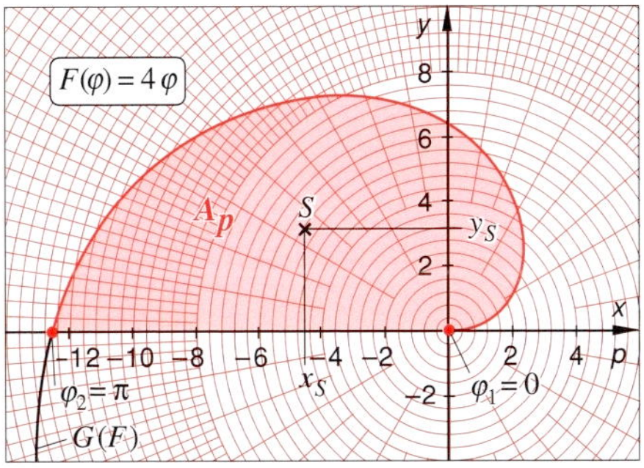

Berechnung von A_p

$$A_p = \frac{1}{2} \cdot \int\limits_{\varphi_1}^{\varphi_2} [F(\varphi)]^2 \, d\varphi \quad \blacktriangleright \text{ 0 für } \varphi_1;\ \pi \text{ für } \varphi_2;\ F(\varphi) = 4\varphi$$

$$= \frac{1}{2} \cdot \int\limits_0^{\pi} (16\varphi^2) \, d\varphi$$

$$= 8 \cdot \left(\frac{1}{3} \cdot \varphi^3 \Big|_0^{\pi} \right)$$

$$= 8 \cdot \left(\frac{1}{3} \cdot \pi^3 - 0 \right)$$

$$= \underline{\underline{82{,}68340\ldots}} \quad \blacktriangleright \text{ 3.1, Übungsaufgabe 80}$$

Berechnung der Schwerpunktskoordinate x_S

$$x_S = \frac{\frac{1}{3} \cdot \int\limits_{\varphi_1}^{\varphi_2} \left([F(\varphi)]^3 \cdot \cos\varphi \right) d\varphi}{A_p}$$

$$\frac{1}{3} \cdot \int\limits_{\varphi_1}^{\varphi_2} \left([F(\varphi)]^3 \cdot \cos\varphi \right) d\varphi \quad \blacktriangleright \text{ 0 für } \varphi_1;\ \pi \text{ für } \varphi_2;\ F(\varphi) = 4 \cdot \varphi$$

$$\frac{1}{3} \cdot \int\limits_0^{\pi} (64\varphi^3 \cdot \cos\varphi) \, d\varphi =$$

$$= \frac{64}{3} \cdot \int\limits_0^{\pi} (\varphi^3 \cdot \cos\varphi) \, d\varphi \quad \blacktriangleright \text{ 2.5}$$

$$= \frac{64}{3} \cdot \left[\varphi^3 \cdot \sin\varphi + 3\varphi^2 \cdot \cos\varphi - 6\varphi \cdot \sin\varphi - 6 \cdot \cos\varphi \Big|_0^{\pi} \right]$$

$$= \frac{64}{3} \cdot [\pi^3 \cdot \sin\pi + 3\pi^2 \cdot \cos\pi - 6\pi \cdot \sin\pi - 6 \cdot \cos\pi + - 0 - 0 + 0 + 6 \cdot \cos 0]$$

$$= \underline{-375{,}65468\ldots}$$

$$\blacktriangleright\ x_S = \frac{-375{,}65468\ldots}{82{,}68340\ldots} = \underline{\underline{-4{,}54329}}$$

Berechnung der Schwerpunktskoordinate y_S

$$y_S = \frac{\frac{1}{3} \cdot \int\limits_{\varphi_1}^{\varphi_2} \left([F(\varphi)]^3 \cdot \sin\varphi \right) d\varphi}{A_p}$$

$$\frac{1}{3} \cdot \int\limits_{\varphi_1}^{\varphi_2} \left([F(\varphi)]^3 \cdot \sin\varphi \right) d\varphi = ? \quad \blacktriangleright \text{ 0 für } \varphi_1;\ \pi \text{ für } \varphi_2;\ F(\varphi) = 4\varphi$$

$$\frac{1}{3} \cdot \int\limits_0^{\pi} (64 \cdot \varphi^3 \cdot \sin\varphi) \, d\varphi =$$

$$= \frac{64}{3} \cdot \int\limits_0^{\pi} (\varphi^3 \cdot \sin\varphi) \, d\varphi \quad \blacktriangleright \text{ 2.5}$$

$$= \frac{64}{3} \cdot \left[-\varphi^3 \cdot \cos\varphi + 3\varphi^2 \cdot \sin\varphi + 6\varphi \cdot \cos\varphi - 6 \cdot \sin\varphi \Big|_0^{\pi} \right]$$

$$= \frac{64}{3} \cdot [-\pi^3 \cdot \cos\pi + 3\pi^2 \cdot \sin\pi + 6\pi \cdot \cos\pi - 6 \cdot \sin\pi + + 0 - 0 - 0 - 0]$$

$$= \underline{259{,}34337\ldots}$$

$$\blacktriangleright\ y_S = \frac{259{,}34337\ldots}{82{,}68340\ldots} = \underline{\underline{3{,}13658}}$$

Mit den Koordinaten x_S und y_S erhält man den Flächenschwerpunkt $S\langle -4{,}54329 \,|\, 3{,}13658 \rangle$.

363

48. $F(\varphi) = 1 + \sin\varphi;\ I_p = [0;\pi]$

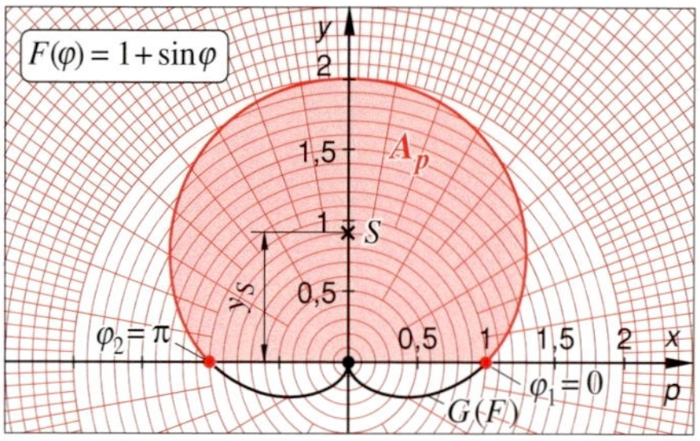

Die Fläche liegt im φ-Intervall $[0;\pi]$ symmetrisch zur y-Achse ► $F(\varphi) = F(\pi - \varphi)$. Daher gilt $x_S = 0$.

► $A_p = \dfrac{3}{4}\pi + 2 = \underline{4{,}35619\ldots}$ ► 3.1, Übungsaufgabe 77

► $\displaystyle\int \sin^4\varphi\,\mathrm{d}\varphi = -\frac{1}{4}\cdot\sin^3\varphi\cdot\cos\varphi + {} + \frac{3}{4}\cdot\left(\frac{\varphi}{2} - \frac{1}{4}\cdot\sin(2\varphi)\right) + c$

► Rekursionsformel ► 2.5, Übungsaufgabe 62

► $\cos\pi = -1;\ \sin 2\pi = 0;\ \sin\pi = 0$

Mit den Koordinaten x_S und y_S erhält man den Flächenschwerpunkt $S\langle 0\,|\,0{,}90985\rangle$.

Berechnung der Schwerpunktskoordinate y_S

$$y_S = \frac{\frac{1}{3}\cdot\int\limits_{\varphi_1}^{\varphi_2}\Big([F(\varphi)]^3\cdot\sin\varphi\Big)\,\mathrm{d}\varphi}{A_p}$$

$$\frac{1}{3}\cdot\int\limits_{\varphi_1}^{\varphi_2}([F(\varphi)]^3\cdot\sin\varphi)\,\mathrm{d}\varphi = ?$$ ► 0 für φ_1; π für φ_2; $F(\varphi) = 1 + \sin\varphi$

$$\frac{1}{3}\cdot\int\limits_0^{\pi}[(1+\sin\varphi)^3\cdot\sin\varphi]\,\mathrm{d}\varphi =$$

$$= \frac{1}{3}\cdot\int\limits_0^{\pi}[(1 + 3\cdot\sin\varphi + 3\cdot\sin^2\varphi + \sin^3\varphi)\cdot\sin\varphi]\,\mathrm{d}\varphi$$

$$= \frac{1}{3}\cdot\int\limits_0^{\pi}[\sin\varphi + 3\cdot\sin^2\varphi + 3\cdot\sin^3\varphi + \sin^4\varphi]\,\mathrm{d}\varphi$$

► 2.5, Übungsaufgabe 62

$$= \frac{1}{3}\cdot\Big[-\cos\varphi + 3\cdot\left(\tfrac{\varphi}{2} - \tfrac{1}{4}\cdot\sin(2\varphi)\right) + 3\cdot\left(-\cos\varphi + \tfrac{1}{3}\cdot\cos^3\varphi\right) + {} - \tfrac{1}{4}\cdot\sin^3\varphi\cdot\cos\varphi + \tfrac{3}{4}\cdot\left(\tfrac{\varphi}{2} - \tfrac{1}{4}\cdot\sin(2\varphi)\right)\Big|_0^{\pi}\Big]$$

$$= \frac{1}{3}\cdot\Big[-\cos\pi + 3\cdot\left(\tfrac{\pi}{2} - \tfrac{1}{4}\cdot\sin(2\pi)\right) + 3\cdot\left(-\cos\pi + \tfrac{1}{3}\cdot\cos^3\pi\right) + {} - \tfrac{1}{4}\cdot\sin^3\pi\cdot\cos\pi + \tfrac{3}{4}\cdot\left(\tfrac{\pi}{2} - \tfrac{1}{4}\cdot\sin(2\pi)\right) + {} + 1 - 3\cdot 0 - 3\cdot\left(-1 + \tfrac{1}{3}\right) + 0 - \tfrac{3}{4}\cdot 0\Big]$$

$$= \frac{1}{3}\cdot\left[1 + 3\cdot\frac{\pi}{2} + 2 + 3\cdot\frac{\pi}{8} + 1 + 2\right]$$

$$= \underline{3{,}96349\ldots}$$

$$y_S = \frac{3{,}96349\ldots}{4{,}35619\ldots} = \underline{\underline{0{,}90985}}$$

49. $F(\varphi) = \mathrm{e}^{2\varphi};\ I_p = \left[0;\frac{\pi}{2}\right]$

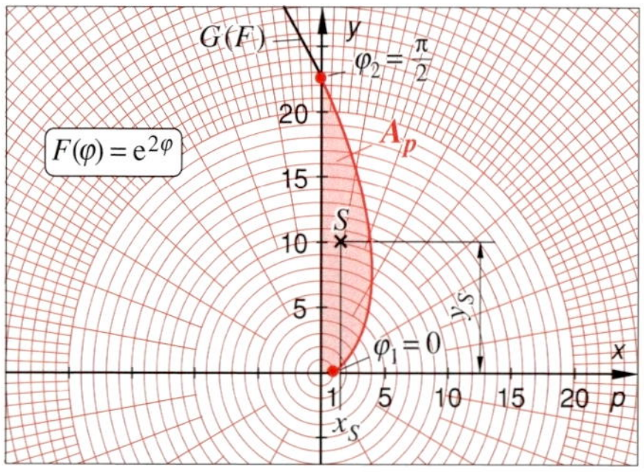

Berechnung von A_p

$$A_p = \frac{1}{2}\cdot\int\limits_{\varphi_1}^{\varphi_2}[F(\varphi)]^2\,\mathrm{d}\varphi$$ ► 0 für φ_1; $\dfrac{\pi}{2}$ für φ_2; $F(\varphi) = \mathrm{e}^{2\varphi}$

$$= \frac{1}{2}\cdot\int\limits_0^{\frac{\pi}{2}}\mathrm{e}^{4\varphi}\,\mathrm{d}\varphi$$ ► 2.4.1

$$= \frac{1}{2}\cdot\frac{1}{4}\cdot\mathrm{e}^{4\varphi}\Big|_0^{\frac{\pi}{2}}$$

$$= \frac{1}{8}\cdot\mathrm{e}^{2\pi} - \frac{1}{8}$$

$$= \underline{66{,}81145\ldots}$$ ► 3.1, Übungsaufgabe 78

363

Berechnung der Schwerpunktskoordinate x_S

$$x_S = \frac{\frac{1}{3} \cdot \int\limits_{\varphi_1}^{\varphi_2} \left([F(\varphi)]^3 \cdot \cos\,\varphi \right) \mathrm{d}\varphi}{A_p}$$

$$\frac{1}{3} \cdot \int\limits_{\varphi_1}^{\varphi_2} \left([F(\varphi)]^3 \cdot \cos\,\varphi \right) \mathrm{d}\varphi = ?$$

► 0 für φ_1; $\frac{\pi}{2}$ für φ_2; $F(\varphi) = \mathrm{e}^{2\varphi}$

$$\frac{1}{3} \cdot \int\limits_{0}^{\frac{\pi}{2}} (\mathrm{e}^{6\varphi} \cdot \cos\,\varphi)\,\mathrm{d}\varphi = \qquad \text{► 2.5}$$

$$= \frac{1}{3} \cdot \frac{\mathrm{e}^{6\varphi}}{37} \cdot (6 \cdot \cos\,\varphi + \sin\,\varphi) \Big|_0^{\frac{\pi}{2}}$$

$$= \frac{1}{111} \cdot \left[\mathrm{e}^{3\,\pi} \cdot \left(6 \cdot \cos\frac{\pi}{2} + \sin\frac{\pi}{2} \right) + {} - \mathrm{e}^0 \cdot (6 \cdot \cos 0 + \sin 0) \right]$$

$$= \underline{111{,}58241\ldots}$$

► $x_S = \dfrac{111{,}58241\ldots}{66{,}81145\ldots} = \underline{\underline{1{,}67011}}$

Berechnung der Schwerpunktskoordinate y_S

$$y_S = \frac{\frac{1}{3} \cdot \int\limits_{\varphi_1}^{\varphi_2} \left([F(\varphi)]^3 \cdot \sin\,\varphi \right) \mathrm{d}\varphi}{A_p}$$

$$\frac{1}{3} \cdot \int\limits_{\varphi_1}^{\varphi_2} \left([F(\varphi)]^3 \cdot \sin\,\varphi \right) \mathrm{d}\varphi = ?$$

► 0 für φ_1; $\frac{\pi}{2}$ für φ_2; $F(\varphi) = \mathrm{e}^{2\varphi}$

$$\frac{1}{3} \cdot \int\limits_{0}^{\frac{\pi}{2}} (\mathrm{e}^{6\varphi} \cdot \sin\,\varphi)\,\mathrm{d}\varphi = \qquad \text{► 2.5}$$

$$= \frac{1}{3} \cdot \frac{\mathrm{e}^{6\varphi}}{37} \cdot (6 \cdot \sin\,\varphi - \cos\,\varphi) \Big|_0^{\frac{\pi}{2}}$$

$$= \frac{1}{111} \cdot \left[\mathrm{e}^{3\,\pi} \cdot \left(6 \cdot \sin\frac{\pi}{2} - \cos\frac{\pi}{2} \right) - \mathrm{e}^0 \cdot (6 \cdot \sin 0 - \cos 0) \right]$$

$$= \underline{669{,}82780\ldots}$$

► $y_S = \dfrac{669{,}82780\ldots}{66{,}81145\ldots} = \underline{\underline{10{,}02564}}$

Mit den Koordinaten x_S und y_S erhält man den Flächenschwerpunkt $S\langle 1{,}67011 \,|\, 10{,}02564 \rangle$.

50. $F(\varphi) = 1 - \cos\,\varphi$; $I_p = \left[0; \frac{3}{2}\pi\right]$

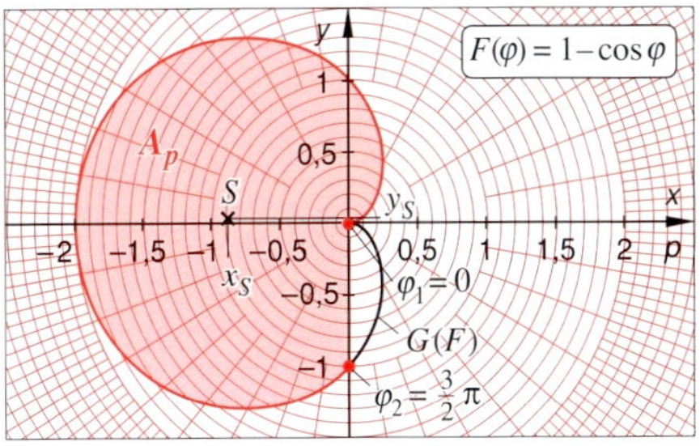

► $\sin\left(\frac{3}{2}\pi\right) = -1$; $\sin(3\,\pi) = 0$

Berechnung von A_p

$$A_p = \frac{1}{2} \cdot \int\limits_{\varphi_1}^{\varphi_2} [F(\varphi)]^2\,\mathrm{d}\varphi \qquad \text{► 0 für } \varphi_1;\ \frac{3}{2}\pi \text{ für } \varphi_2;\ F(\varphi) = 1 - \cos\,\varphi$$

$$= \frac{1}{2} \cdot \int\limits_{0}^{\frac{3}{2}\pi} (1 - \cos\,\varphi)^2\,\mathrm{d}\varphi$$

$$= \frac{1}{2} \cdot \int\limits_{0}^{\frac{3}{2}\pi} (1 - 2 \cdot \cos\,\varphi + \cos^2\varphi)\,\mathrm{d}\varphi \qquad \text{► 2.4.1}$$

$$= \frac{1}{2} \cdot \left(\varphi - 2 \cdot \sin\,\varphi + \frac{\varphi}{2} + \frac{1}{4} \cdot \sin(2\varphi) \Big|_0^{\frac{3}{2}\pi} \right)$$

$$= \frac{1}{2} \cdot \left(\frac{3}{2}\pi - 2 \cdot \sin\left(\frac{3}{2}\,\pi \right) + \frac{3}{4}\pi + \frac{1}{4} \cdot \sin(3\,\pi) - 0 \right)$$

$$= \underline{4{,}53429\ldots}$$

Berechnung der Schwerpunktskoordinate x_S

$$x_S = \frac{\frac{1}{3} \cdot \int\limits_{\varphi_1}^{\varphi_2} \left([F(\varphi)]^3 \cdot \cos\,\varphi \right) \mathrm{d}\varphi}{A_p}$$

$$\frac{1}{3} \cdot \int\limits_{\varphi_1}^{\varphi_2} \left([F(\varphi)]^3 \cdot \cos\,\varphi \right) \mathrm{d}\varphi = ?$$

► 0 für φ_1; $\frac{3}{2}\pi$ für φ_2; $F(\varphi) = 1 - \cos\,\varphi$

Berechnung der Schwerpunktskoordinate y_S

$$y_S = \frac{\frac{1}{3} \cdot \int\limits_{\varphi_1}^{\varphi_2} \left([F(\varphi)]^3 \cdot \sin\,\varphi \right) \mathrm{d}\varphi}{A_p}$$

$$\frac{1}{3} \cdot \int\limits_{\varphi_1}^{\varphi_2} \left([F(\varphi)]^3 \cdot \sin\,\varphi \right) \mathrm{d}\varphi = ?$$

► 0 für φ_1; $\frac{3}{2}\pi$ für φ_2; $F(\varphi) = 1 - \cos\,\varphi$

363

$$\frac{1}{3}\cdot\int\limits_0^{\frac{3}{2}\pi}\left[(1-\cos\varphi)^3\cdot\cos\varphi\right]\mathrm{d}\varphi=$$

$$=\frac{1}{3}\cdot\int\limits_0^{\frac{3}{2}\pi}\left[(1-3\cdot\cos\varphi+3\cdot\cos^2\varphi-\cos^3\varphi)\cdot\cos\varphi\right]\mathrm{d}\varphi$$

$$=\frac{1}{3}\cdot\int\limits_0^{\frac{3}{2}\pi}\left[\cos\varphi-3\cdot\cos^2\varphi+3\cdot\cos^2\varphi-\cos^4\varphi\right]\mathrm{d}\varphi$$

► Rekursionsformel, Lehrbuch: Kusch 4, Kap. 2,5

$$=\frac{1}{3}\cdot\left[\sin\varphi-3\cdot\left(\frac{\varphi}{2}+\frac{1}{4}\cdot\sin(2\varphi)\right)+\right.$$
$$+3\cdot\left(\frac{\sin\varphi\cdot\cos^2\varphi}{3}+\frac{2\cdot\sin\varphi}{3}\right)$$
$$\left.-\frac{\cos^3\varphi\cdot\sin\varphi}{4}-\frac{3}{8}\cdot\sin\varphi\cdot\cos\varphi-\frac{3\varphi}{8}\Bigg|_0^{\frac{3}{2}\pi}\right]$$

$$=\frac{1}{3}\cdot\left[\sin\left(\frac{3}{2}\pi\right)-3\cdot\left(\frac{3}{4}\pi+0\right)+3\cdot 0-0-0-\frac{9}{16}\pi+\right.$$
$$\left.-0+3\cdot 0-3\cdot 0+0+0+0\right]$$

$$=\underline{-3{,}94524\ldots}$$

$$\frac{1}{3}\cdot\int\limits_0^{\frac{3}{2}\pi}\left[(1-\cos\varphi)^3\cdot\sin\varphi\right]\mathrm{d}\varphi=$$ ► 2.4.3

$$=\frac{1}{3}\cdot\frac{1}{4}\cdot(1-\cos\varphi)^4\Bigg|_0^{\frac{3}{2}\pi}$$

$$=\frac{1}{12}\cdot\left[\left(1-\cos\left(\tfrac{3}{2}\pi\right)\right)^4-(1-\cos 0)^4\right]$$

► $\cos\left(\frac{3}{2}\pi\right)=0;\ \cos 0=1$

$$=\underline{\frac{1}{12}}$$

$$=\underline{0{,}08333\ldots}$$

► $x_S=\dfrac{-3{,}94524\ldots}{4{,}53429\ldots}=\underline{\underline{-0{,}87009}}$

► $y_S=\dfrac{0{,}08333\ldots}{4{,}53429\ldots}=\underline{\underline{0{,}01838}}$

Mit den Koordinaten x_S und y_S erhält man den Flächenschwerpunkt $S\langle -0{,}87009\,|\,0{,}01838\rangle$.

51. $F(\varphi)=10\cdot\sin\varphi\cdot\cos\varphi;\ I_p=\left[0;\frac{\pi}{2}\right]$

Beachten Sie die Übungsaufgabe 75 aus Kapitel 3.1.

$A_p=\dfrac{25\,\pi}{8}=\underline{9{,}81747\ldots}$

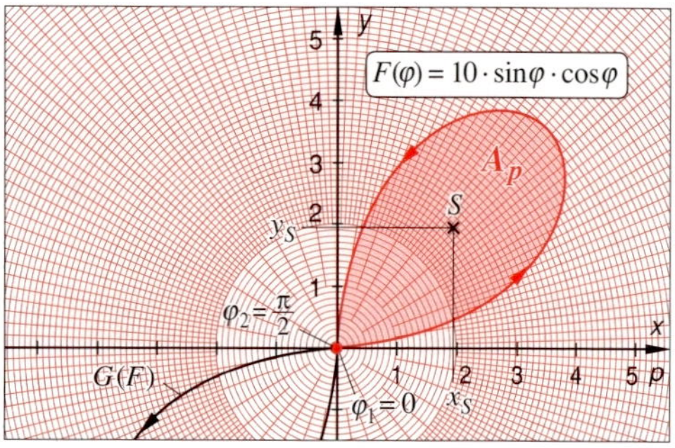

Berechnung der Schwerpunktskoordinate x_S

$$x_S=\frac{\frac{1}{3}\cdot\int\limits_{\varphi_1}^{\varphi_2}\left([F(\varphi)]^3\cdot\cos\varphi\right)\mathrm{d}\varphi}{A_p}$$

$$\frac{1}{3}\cdot\int\limits_{\varphi_1}^{\varphi_2}\left([F(\varphi)]^3\cdot\cos\varphi\right)\mathrm{d}\varphi=\ ?$$ ► 0 für φ_1; $\frac{\pi}{2}$ für φ_2; $F(\varphi)=10\cdot\sin\varphi\cdot\cos\varphi$

Berechnung der Schwerpunktskoordinate y_S

$$y_S=\frac{\frac{1}{3}\cdot\int\limits_{\varphi_1}^{\varphi_2}\left([F(\varphi)]^3\cdot\sin\varphi\right)\mathrm{d}\varphi}{A_p}$$

$$\frac{1}{3}\cdot\int\limits_{\varphi_1}^{\varphi_2}\left([F(\varphi)]^3\cdot\sin\varphi\right)\mathrm{d}\varphi=\ ?$$ ► 0 für φ_1; $\frac{\pi}{2}$ für φ_2 $F(\varphi)=10\cdot\sin\varphi\cdot\cos\varphi$

$$\frac{1}{3}\cdot\int_0^{\frac{\pi}{2}}(1000\cdot\sin^3\varphi\cdot\cos^3\varphi\cdot\cos\varphi)\,d\varphi =$$

$$=\frac{1000}{3}\cdot\int_0^{\frac{\pi}{2}}(\sin^3\varphi\cdot\cos^4\varphi)\,d\varphi$$

► $\sin^3\varphi = \sin^2\varphi\cdot\sin\varphi = (1-\cos^2\varphi)\cdot\sin\varphi$

$$=\frac{1000}{3}\cdot\int_0^{\frac{\pi}{2}}[(\cos^4\varphi-\cos^6\varphi)\cdot\sin\varphi]\,d\varphi \quad ► 2.4.3$$

$$=\frac{1000}{3}\cdot\left(-\frac{\cos^5\varphi}{5}+\frac{\cos^7\varphi}{7}\bigg|_0^{\frac{\pi}{2}}\right)$$

$$=\frac{1000}{3}\cdot\left(-0+0+\frac{1}{5}-\frac{1}{7}\right)$$

$$=\underline{19{,}04761\ldots}$$

► $x_S=\dfrac{19{,}04761\ldots}{9{,}81747\ldots}=\underline{\underline{1{,}94017}}$

$$\frac{1}{3}\cdot\int_0^{\frac{\pi}{2}}(1000\cdot\sin^3\varphi\cdot\cos^3\varphi\cdot\sin\varphi)\,d\varphi =$$

$$=\frac{1000}{3}\cdot\int_0^{\frac{\pi}{2}}(\sin^4\varphi\cdot\cos^3\varphi)\,d\varphi$$

► $\cos^3\varphi = \cos^2\varphi\cdot\cos\varphi = (1-\sin^2\varphi)\cdot\cos\varphi$

$$=\frac{1000}{3}\cdot\int_0^{\frac{\pi}{2}}[(\sin^4\varphi-\sin^6\varphi)\cdot\cos\varphi]\,d\varphi \quad ► 2.4.3$$

$$=\frac{1000}{3}\cdot\left(\frac{\sin^5\varphi}{5}-\frac{\sin^7\varphi}{7}\bigg|_0^{\frac{\pi}{2}}\right)$$

$$=\frac{1000}{3}\cdot\left(\frac{1}{5}-\frac{1}{7}-0\right)$$

$$=\underline{19{,}04761\ldots}$$

► $y_S=\dfrac{19{,}04761\ldots}{9{,}81747\ldots}=\underline{\underline{1{,}94017}}$

Mit den Koordinaten x_S und y_S erhält man den Flächenschwerpunkt $S\langle 1{,}94017 \,|\, 1{,}94017\rangle$.

3.5.2 Schwerpunkte linienförmiger Massen – Linienschwerpunkte

► **Lehrbuch: Kusch 4, S. 341 ... 352**

Funktionen in rechtwinkligen Koordinaten

► **Lehrbuch: Kusch 4, S. 341 ... 349**

Hat ein in einer Ebene liegender Körper zwei „kleine“ Abmessungen im Vergleich zur dritten Abmessung, also zu seiner Länge, so spricht man von **linienförmigen** Körpern, und zwar von **stabförmigen** Körpern, wenn diese gerade sind und von **bogenförmigen** Körpern, wenn diese gekrümmt sind. Bei einem linienförmigen Körper mit der Länge l und dem konstanten Querschnitt A, z. B. einem Kreisquerschnitt mit dem Durchmesser d, lässt sich die Masse vereinfacht berechnen, indem man den genormten Begriff **längenbezogene Masse** mit dem Formelzeichen $\boldsymbol{m'}$ und der Einheit $\frac{\text{kg}}{\text{m}}$ einführt. m' ist also die Masse je Längeneinheit. Man erhält somit die Masse m als Produkt aus der Länge l und der längenbezogenen Masse m' mit $\boldsymbol{m = m' \cdot l}$. Im Folgenden wird davon ausgegangen, dass linienförmige Massen einen konstanten Querschnitt haben und in einer Ebene liegen.

Ordnet man einen solchen linienförmigen Körper so im xyz-Koordinatensystem an, dass er symmetrisch zur xy-Ebene liegt, so gilt für die Schwerpunktskoordinate z_S stets $z_S = 0$. Es müssen daher im xy-Koordinatensystem nur die Schwerpunktskoordinaten x_S bzw. y_S und die Drehmomente M_y bzw. M_x bestimmt werden.

Merke:

- Setzt sich eine linienförmige Masse mit der Länge l aus mehreren Teillängen $l_1; l_2; l_3; \ldots; l_n; n \geq 2$ zusammen, wobei x_k und y_k die zugehörigen Schwerpunktsabstände sind, so erhält man für die Schwerpunktskoordinaten x_S und y_S:

$$x_S - \frac{\sum_{k-1}^{n}(l_k \cdot x_k)}{l} \quad \text{und} \quad y_S - \frac{\sum_{k-1}^{n}(l_k \cdot y_k)}{l}$$

- Für die auf die einzelnen Koordinatenachsen bezogenen Drehmomente M_x und M_y gilt:

$$M_x = F_G \cdot y_S \quad \text{und} \quad M_y = F_G \cdot x_S \quad \blacktriangleright F_G = m \cdot g$$

364 **52.** Beweisen Sie, dass in einem gleichseitigen Dreieck (Parallelogramm) der Schwerpunkt seiner linienförmigen Masse, die dem Umfang entspricht, mit dem Flächenschwerpunkt übereinstimmt.

Linienschwerpunkt eines Dreiecks

Eine gleichseitiges Dreieck wird so in einem rechtwinkligen Koordinatensystem positioniert, dass die Eckpunkte A und B auf der x-Achse symmetrisch zum Koordinatenursprung liegen. Dann gilt für die Flächen- und die Linienschwerpunktskoordinate x_S: $\underline{\underline{x_S = 0}}$.

Der Flächenschwerpunkt hat die Koordinaten $S_F\langle 0 \,|\, \frac{a}{3} \cdot \sqrt{3} \rangle$. ► 3.5.1

► $|\overline{AB}| = l_1 = 2a$; $|\overline{BC}| = l_2 = 2a$; $|\overline{AC}| = l_3 = 2a$

► $S_{L;1}\langle 0 \,|\, 0 \rangle$; $S_{L;2}\left\langle \frac{a}{2} \,\middle|\, \frac{a}{2} \cdot \sqrt{3} \right\rangle$; $S_{L;3}\left\langle -\frac{a}{2} \,\middle|\, \frac{a}{2} \cdot \sqrt{3} \right\rangle$

► $l = l_1 + l_2 + l_3 = 6a$

► $y_{S_1} = 0$; $y_{S_2} = y_{S_3} = \frac{a}{2} \cdot \sqrt{3}$

Für den Linienschwerpunkt S_L eines gleichseitigen Dreiecks gilt $S_L\langle 0 \,|\, \frac{a}{3} \cdot \sqrt{3} \rangle$. Dieser fällt somit mit dem bereits berechneten Flächenschwerpunkt S_F eines gleichseitigen Dreiecks zusammen.

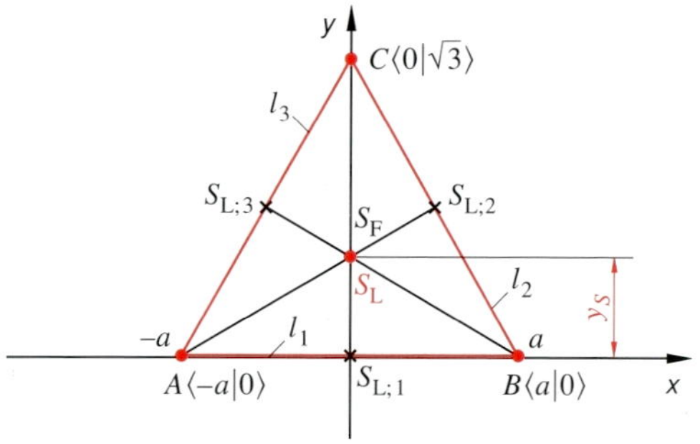

$$y_S = \frac{\sum_{k=1}^{3}(l_k \cdot y_k)}{l} \quad \blacktriangleright l = \sum_{k=1}^{3} l_k$$

$$= \frac{2a \cdot 0 + 2a \cdot \frac{a}{2} \cdot \sqrt{3} + 2a \cdot \frac{a}{2} \cdot \sqrt{3}}{6a}$$

$$= \frac{4a \cdot \frac{a}{2} \cdot \sqrt{3}}{6a}$$

$$= \frac{2a^2 \cdot \sqrt{3}}{6a}$$

$$= \underline{\underline{\frac{a}{3} \cdot \sqrt{3}}}$$

Linienschwerpunkt eines Parallelogramms

Ein gleichseitiges Parallelogramm wird so in einem rechtwinkligen Koordinatensystem positioniert, dass die Eckpunkte A und B auf der x-Achse symmetrisch zum Koordinatenursprung liegen.

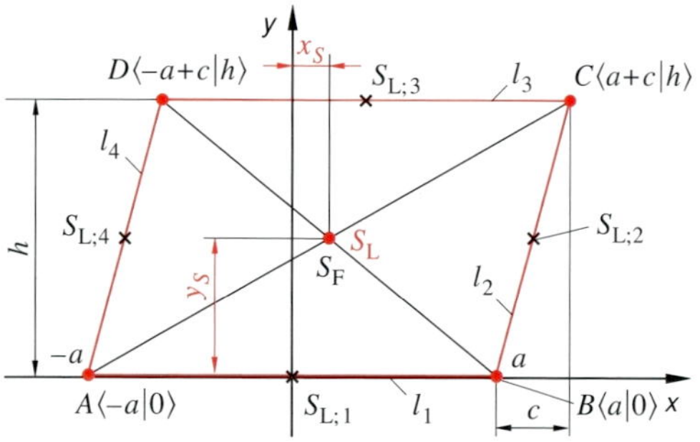

► $|\overline{AB}| = l_1 = 2a$, $|\overline{BC}| = l_2 = \sqrt{c^2+h^2}$; $|\overline{CD}| = l_3 = 2a$; $|\overline{AD}| = l_4 = \sqrt{c^2+h^2}$;

► $S_{L;1}\langle 0 \mid 0\rangle$; $S_{L;2}\left\langle a+\frac{c}{2} \,\middle|\, \frac{h}{2}\right\rangle$; $S_{L;3}\langle c \mid h\rangle$; $S_{L;4}\left\langle -a+\frac{c}{2} \,\middle|\, \frac{h}{2}\right\rangle$

► $l = l_1+l_2+l_3+l_4 = 2a+\sqrt{c^2+h^2}+2a+\sqrt{c^2+h^2} = 2\cdot\left(2a+\sqrt{c^2+h^2}\right)$

► $x_{S_1} = 0$; $x_{S_2} = a+\frac{c}{2}$; $x_{S_3} = c$; $x_{S_4} = -a+\frac{c}{2}$ und $y_{S_1} = 0$; $y_{S_2} = \frac{h}{2}$; $y_{S_3} = h$; $y_{S_4} = \frac{h}{2}$

Schwerpunktskoordinate x_S

$$x_S = \frac{\sum_{k=1}^{4}(l_k\cdot x_k)}{l} \quad ► \; l=\sum_{k=1}^{4} l_k$$

$$= \frac{2a\cdot 0+\sqrt{c^2+h^2}\cdot\left(a+\frac{c}{2}\right)+2a\cdot c+\sqrt{c^2+h^2}\cdot\left(-a+\frac{c}{2}\right)}{2\cdot\left(2a+\sqrt{c^2+h^2}\right)}$$

$$= \frac{c\cdot\sqrt{c^2+h^2}+2ac}{2\cdot\left(2a+\sqrt{c^2+h^2}\right)}$$

$$= \frac{c\cdot\left(2a+\sqrt{c^2+h^2}\right)}{2\cdot\left(2a+\sqrt{c^2+h^2}\right)}$$

$$= \underline{\underline{\frac{c}{2}}}$$

Schwerpunktskoordinate y_S

$$y_S = \frac{\sum_{k=1}^{4}(l_k\cdot y_k)}{l} \quad ► \; l=\sum_{k=1}^{4} l_k$$

$$= \frac{2a\cdot 0+\sqrt{c^2+h^2}\cdot\frac{h}{2}+2a\cdot h+\sqrt{c^2+h^2}\cdot\frac{h}{2}}{2\cdot\left(2a+\sqrt{c^2+h^2}\right)}$$

$$= \frac{h\cdot\sqrt{c^2+h^2}+2ah}{2\cdot\left(2a+\sqrt{c^2+h^2}\right)}$$

$$= \frac{h\cdot\left(2a+\sqrt{c^2+h^2}\right)}{2\cdot\left(2a+\sqrt{c^2+h^2}\right)}$$

$$= \underline{\underline{\frac{h}{2}}}$$

Für den Linienschwerpunkt S_L eines gleichseitigen Parallelogramms gilt $S_L\left\langle\frac{c}{2} \,\middle|\, \frac{h}{2}\right\rangle$. Dieser fällt somit mit dem bereits berechneten Flächenschwerpunkt S_F eines Parallelogramms zusammen.

► Anmerkung nach der Übungsaufgabe 1

53. Wo liegt bei einem gleichschenkligen Dreieck der Schwerpunkt seiner linienförmigen Masse, die dem Dreiecksumfang entspricht?

Das Dreieck wird so in einem rechtwinkligen Koordinatensystem positioniert, dass die Eckpunkte A und B auf der x-Achse symmetrisch zum Koordinatenursprung liegen. Somit gilt für die Schwerpunktskoordinate x_S: $\underline{\underline{x_S = 0}}$

► $\overline{AB} = l_1 = 2a$; $\overline{BC} = l_2 = \sqrt{a^2+h^2}$;

$\overline{AC} = l_3 = \sqrt{a^2+h^2}$

► $S_{L;1}\langle 0 \mid 0\rangle$; $S_{L;2}\left\langle \frac{a}{2} \,\middle|\, \frac{h}{2}\right\rangle$; $S_{L;3}\left\langle -\frac{a}{2} \,\middle|\, \frac{h}{2}\right\rangle$

$l = l_1+l_2+l_3$ ► $l_2 = l_3$

$= 2a+2\cdot\sqrt{a^2+h^2} = 2\cdot\left(a+\sqrt{a^2+h^2}\right)$

$x_S = 0$; $y_{S_1} = 0$; $y_{S_2} = y_{S_3} = \frac{h}{2}$

Für den Linienschwerpunkt S_L eines gleichschenkligen Dreiecks gilt:

$$S_L\left\langle 0 \,\middle|\, \frac{h\cdot\sqrt{a^2+h^2}}{2\cdot\left(a+\sqrt{a^2+h^2}\right)}\right\rangle$$

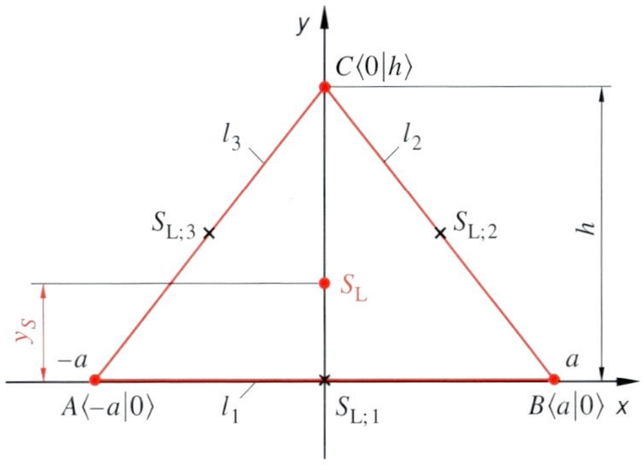

$$y_S = \frac{\sum_{k=1}^{3}(l_k\cdot y_k)}{l} \quad ► \; l=\sum_{k=1}^{3} l_k$$

$$= \frac{2a\cdot 0+\sqrt{a^2+h^2}\cdot\frac{h}{2}+\sqrt{a^2+h^2}\cdot\frac{h}{2}}{2\cdot\left(a+\sqrt{a^2+h^2}\right)}$$

$$= \underline{\underline{\frac{h\cdot\sqrt{a^2+h^2}}{2\cdot\left(a+\sqrt{a^2+h^2}\right)}}}$$

364

54. Wo liegt der Schwerpunkt einer linienförmigen Masse, die dem Umfang eines Trapezes entspricht?

Das Trapez wird so in einem rechtwinkligen Koordinatensystem positioniert, dass der Eckpunkt A im Koordinatenursprung liegt.

► $l_1 = a$ ► $x_{S_1} = \frac{a}{2}; \; y_{S_1} = 0$

► $l_2 = \sqrt{(a-b-c)^2 + h^2}$ ► Satz des Pythagoras

$$x_{S_2} = a - \frac{a+b+c}{2} = \frac{a+b+c}{2}; \; y_{S_2} = \frac{h}{2}$$

► $l_3 = b$ ► $x_{S_3} = c + \frac{b}{2}; \; y_{S_3} = h$

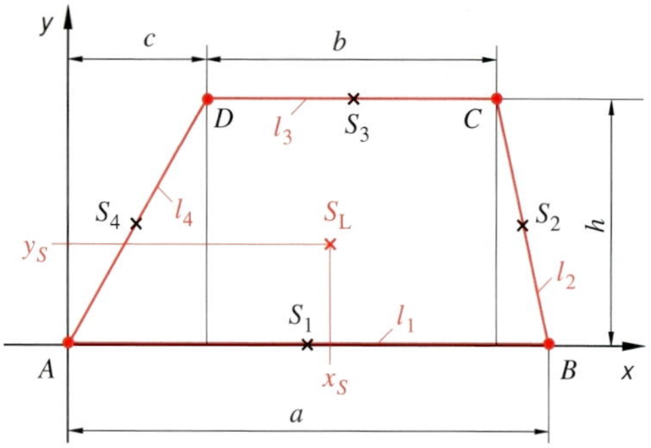

Berechnung der Schwerpunktskoordinate x_S

$$x_S = \frac{l_1 \cdot x_{S_1} + l_2 \cdot x_{S_2} + l_3 \cdot x_{S_3} + l_4 \cdot x_{S_4}}{l_1 + l_2 + l_3 + l_4}$$

$$= \frac{a \cdot \frac{a}{2} + \sqrt{(a-b-c)^2 + h^2} \cdot \left(\frac{a+b+c}{2}\right) + b \cdot \left(c + \frac{b}{2}\right) + \sqrt{c^2+h^2} \cdot \frac{c}{2}}{a + \sqrt{(a-b-c)^2 + h^2} + b + \sqrt{c^2+h^2}}$$

$$= \underline{\underline{\frac{a^2 + \sqrt{(a-b-c)^2 + h^2} \cdot (a+b+c) + b \cdot (2c+b) + \sqrt{c^2+h^2} \cdot c}{2 \cdot \left[a + b + \sqrt{(a-b-c)^2 + h^2} + \sqrt{c^2+h^2}\right]}}}$$

Berechnung der Schwerpunktskoordinate y_S

► $l_4 = \sqrt{c^2 + h^2}$ ► Satz des Pythagoras

$$x_{S_4} = \frac{c}{2}; \; y_{S_4} = \frac{h}{2}$$

$$y_S = \frac{l_1 \cdot y_{S_1} + l_2 \cdot y_{S_2} + l_3 \cdot y_{S_3} + l_3 \cdot y_{S_3} + l_4 \cdot y_{S_4}}{l_1 + l_2 + l_3 + l_4}$$

$$= \frac{a \cdot 0 + \sqrt{(a-b-c)^2 + h^2} \cdot \frac{h}{2} + b\,h + \sqrt{c^2+h^2} \cdot \frac{h}{2}}{a + \sqrt{(a-b-c)^2 + h^2} + b + \sqrt{c^2+h^2}}$$

$$= \underline{\underline{\frac{h \cdot \left(\sqrt{(a-b-c)^2 + h^2} + 2b + \sqrt{c^2+h^2}\right)}{2 \cdot \left[a + b + \sqrt{(a-b-c)^2 + h^2} + \sqrt{c^2+h^2}\right]}}}$$

Handelt es sich um ein gleichschenkliges Trapez, gilt also $c = \frac{a-b}{2}$, so hat der Linienschwerpunkt

S_L die Koordinaten $x_S = \frac{a}{2}$ und $y_S = \frac{h \cdot \left(2b + \sqrt{(a-b)^2 + 4h^2}\right)}{2 \cdot \left(a + b + \sqrt{(a-b)^2 + 4h^2}\right)}$.

Merke:

Für die Drehmomente und Schwerpunktskoordinaten einer in einem xy-Koordinatensystem angeordneten linienförmigen Masse m mit $m = m' \cdot l$, wobei l die Bogenlänge einer stetig differenzierbaren Funktion f in einem Intervall $[a; b]$ ist, gilt:

$$M_y = F_G \cdot x_S = m' \cdot g \cdot \int_a^b \left(x \cdot \sqrt{1+[f'(x)]^2}\right) dx \qquad M_x = F_G \cdot y_S = m' \cdot g \cdot \int_a^b \left(f(x) \cdot \sqrt{1+[f'(x)]^2}\right) dx$$

$$x_S = \frac{\int_a^b \left(x \cdot \sqrt{1+[f'(x)]^2}\right) dx}{l} \quad \blacktriangleright\ l = \int_a^b \sqrt{1+[f'(x)]^2}\, dx \qquad y_S = \frac{\int_a^b \left(f(x) \cdot 1+[f''(x)]^2\right) dx}{l} \quad \blacktriangleright\ l = \int_a^b \sqrt{1+[f'(x)]^2}\, dx$$

Berechnen Sie für die nachstehenden Funktionsgleichungen jeweils die Schwerpunktslage der linien- 364
förmigen Masse, die der Bogenlänge im angegebenen Intervall entspricht.

► **Lehrbuch: Kusch 4, S. 342...349**

55. $f(x) = 3x - 4;\ x \in [3; 7]$

Der Linienschwerpunkt S ist der Mittelpunkt M der Strecke $|\overline{P_1P_2}|$. Dessen Koordinaten berechnen sich aus dem arithmetischen Mittel der Koordinaten von P_1 und P_2.

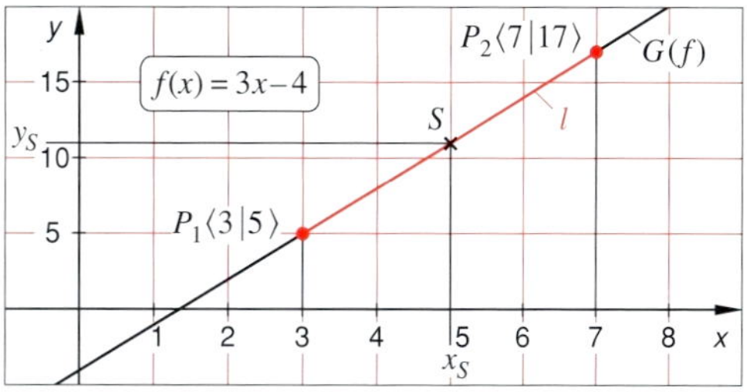

► $x_S = \dfrac{x_1 + x_2}{2}$ ► $x_1 = 3;\ x_2 = 7$

$= \dfrac{3+7}{2} = \underline{\underline{5}}$

► $y_S = \dfrac{y_1 + y_2}{2}$ ► $y_1 = 5;\ y_2 = 17$

$= \dfrac{5+17}{2} = \underline{\underline{11}}$

Für den Linienschwerpunkt gilt $S\langle 5 \mid 11 \rangle$.

56. $f(x) = -x + 2;\ x \in [0; 10]$

Der Linienschwerpunkt S ist der Mittelpunkt M der Strecke $\overline{P_1P_2}$. Dessen Koordinaten berechnen sich aus dem arithmetischen Mittel der Koordinaten von P_1 und P_2.

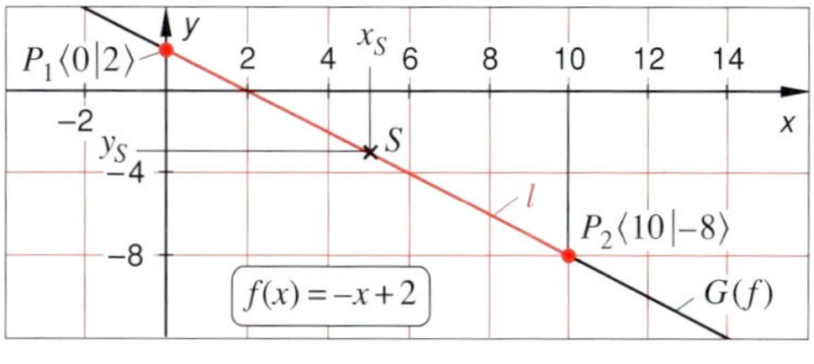

► $x_S = \dfrac{x_1 + x_2}{2}$ ► $x_1 = 0;\ x_2 = 10$

$= \dfrac{0+10}{2} = \underline{\underline{5}}$

► $y_S = \dfrac{y_1 + y_2}{2}$ ► $y_1 = 2;\ y_2 = -8$

$= \dfrac{2-8}{2} = \underline{\underline{-3}}$

Für den Linienschwerpunkt gilt $\langle 5 \mid -3 \rangle$.

364

57. $f(x) = 3x^2 \cdot x \in [2; 4]$

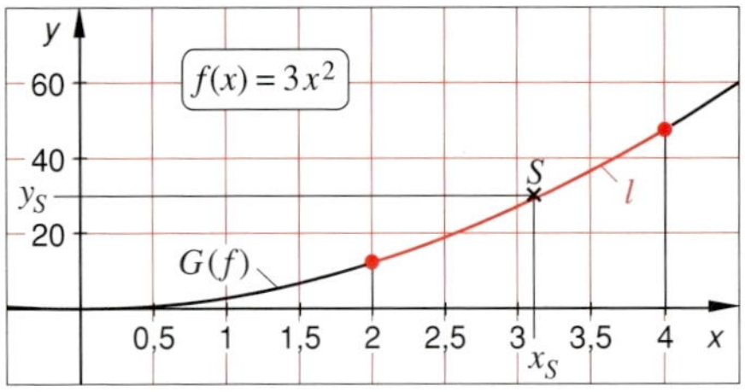

Für die Berechnung der Schwerpunktskoordinaten gelten die Formeln:

$$x_S = \frac{\int\limits_a^b \left(x \cdot \sqrt{1 + [f'(x)]^2} \right) \mathrm{d}x}{l}$$

$$l = \int\limits_a^b \sqrt{1 + [f'(x)]^2} \, \mathrm{d}x$$

$$y_S = \frac{\int\limits_a^b \left(f(x) \cdot \sqrt{1 + [f'(x)]^2} \right) \mathrm{d}x}{l}$$

Man substituiert:

▶ $x = \frac{1}{6} \cdot \sinh z \Rightarrow \mathrm{d}x = \frac{1}{6} \cdot \cosh z \, \mathrm{d}z$ ▶ 2.4.6

▶ $a = 2 \Rightarrow \sinh z_1 = 12 \Rightarrow z_1 = \ln\left(12 + \sqrt{145}\right)$

▶ $b = 4 \Rightarrow \sinh z_2 = 24 \Rightarrow z_2 = \ln\left(24 + \sqrt{577}\right)$ ▶ 4.1

▶ $\sqrt{1 + \sinh^2 z} = \cosh z$

▶ $\sinh^2 z \cdot \cosh^2 z = \frac{1}{4} \cdot \sinh^2(2z)$

Berechnung der Bogenlänge l

$$l = \int\limits_a^b \sqrt{1 + [f'(x)]^2} \, \mathrm{d}x$$ ▶ 3.3

▶ 2 für a; 4 für b; $f(x) = 3x^2 \Rightarrow f'(x) = 6x$

$$l = \int\limits_2^4 \sqrt{1 + 36x^2} \, \mathrm{d}x$$

$$= 6 \cdot \int\limits_2^4 \sqrt{\frac{1}{36} + x^2} \, \mathrm{d}x$$ ▶ 2.4.6

$$= 6 \cdot \left[\frac{x}{2} \cdot \sqrt{\frac{1}{36} + x^2} + \frac{\frac{1}{36}}{2} \cdot \ln\left(x + \sqrt{\frac{1}{36} + x^2} \right) \Big|_2^4 \right]$$

$$= 6 \cdot \left[\frac{4}{2} \cdot \sqrt{\frac{1}{36} + 4^2} + \frac{1}{72} \cdot \ln\left(4 + \sqrt{\frac{1}{36} + 4^2} \right) + \right.$$

$$\left. - \frac{2}{2} \cdot \sqrt{\frac{1}{36} + 2^2} - \frac{1}{72} \cdot \ln\left(2 + \sqrt{\frac{1}{36} + 2^2} \right) \right]$$

$$= \underline{36{,}05770\ldots}$$ ▶ Bogenlänge in $[2; 4]$

Berechnung der Schwerpunktskoordinate x_S

$$\int\limits_a^b \left(x \cdot \sqrt{1 + [f'(x)]^2} \right) \mathrm{d}x = ?$$

▶ 2 für a; 4 für b; $f(x) = 3x^2 \Rightarrow f'(x) = 6x$

$$\int\limits_2^4 \left(x \cdot \sqrt{1 + 36x^2} \right) \mathrm{d}x = \frac{1}{72} \cdot \frac{2}{3} \cdot \left(\sqrt{1 + 36x^2} \right)^3 \Big|_2^4$$ ▶ 2.4.3

$$= \frac{1}{108} \cdot \left[\left(\sqrt{1 + 36 \cdot 4^2} \right)^3 - \left(\sqrt{1 + 36 \cdot 2^2} \right)^3 \right]$$

$$= \underline{112{,}16652\ldots}$$

▶ $x_S = \dfrac{112{,}16652\ldots}{36{,}05770\ldots} = \underline{\underline{3{,}11075}}$

Berechnung der Schwerpunktskoordinate y_S

$$\int\limits_a^b \left(f(x) \cdot \sqrt{1 + [f'(x)]^2} \right) \mathrm{d}x = ?$$

▶ 2 für a; 4 für b; $f(x) = 3x^2 \Rightarrow f'(x) = 6x$

$$\int\limits_2^4 \left(3x^2 \cdot \sqrt{1 + 36x^2} \right) \mathrm{d}x =$$

$$= \int\limits_{z_1}^{z_2} \left(3 \cdot \frac{1}{36} \cdot \sinh^2 z \cdot \sqrt{1 + \sinh^2 z} \cdot \frac{1}{6} \cdot \cosh z \right) \mathrm{d}z$$

$$= \frac{1}{72} \cdot \int\limits_{z_1}^{z_2} (\sinh^2 z \cdot \cosh^2 z) \, \mathrm{d}z$$

$$= \frac{1}{72} \cdot \int\limits_{z_1}^{z_2} \left[\frac{1}{4} \cdot \sinh^2(2z) \right] \mathrm{d}z$$ ▶ 2.4.1

364

► $z_1 = \ln\left(12+\sqrt{145}\right);\ z_2 = \ln\left(24+\sqrt{577}\right)$

Mit x_S und y_S erhält man den Linienschwerpunkt $S\langle 3{,}11075 \mid 29{,}99355\rangle$.

58. $f(x) = \sqrt{x};\ x \in [0; 4]$

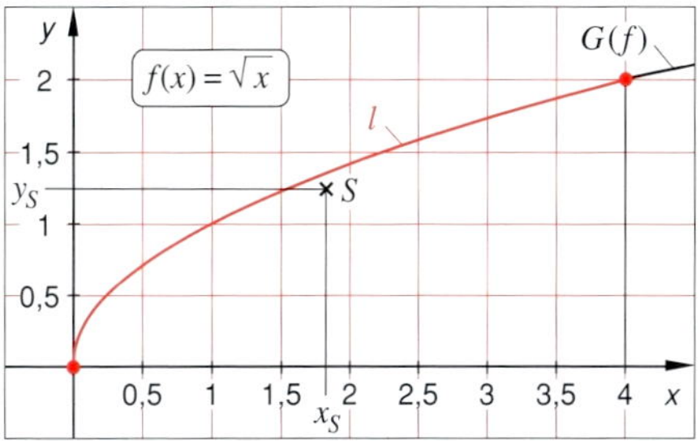

Für die Berechnung der Schwerpunktskoordinaten gelten die Formeln:

$$x_S = \frac{\int\limits_a^b \left(x\cdot\sqrt{1+[f'(x)]^2}\right)\mathrm{d}x}{l}$$

► $l = \int\limits_a^b \sqrt{1+\left[\left(f^{-1}(y)\right)'\right]^2}\,\mathrm{d}y$

$$y_S = \frac{\int\limits_a^b \left(f(x)\cdot\sqrt{1+[f'(x)]^2}\right)\mathrm{d}x}{l}$$

$$= \frac{1}{288}\cdot\left[\frac{1}{8}\cdot\sinh(4z) - \frac{z}{2}\Big|_{z_1}^{z_2}\right]$$

$$= \frac{1}{288}\cdot\left[\frac{1}{8}\cdot\sinh(4z_2) - \frac{z_2}{2} - \frac{1}{8}\cdot\sinh(4z_1) + \frac{z_1}{2}\right]$$

$$= \underline{1081{,}49879\ldots}$$

► $y_S = \dfrac{1081{,}49879\ldots}{36{,}05770\ldots} = \underline{\underline{29{,}99355}}$

Berechnung der Bogenlänge l

$l = \int\limits_c^d \sqrt{1+\left[\left(f^{-1}(y)\right)'\right]^2}\,\mathrm{d}y$ ► 3.3

► $f(x) = y = \sqrt{x};\ \Rightarrow x = f^{-1}(y) = y^2 \Rightarrow \left(f^{-1}(y)\right)' = 2y$

► $a = 0 \Rightarrow c = \sqrt{0} = \underline{0};\ b = 4 \Rightarrow d = \sqrt{4} = \underline{2}$

$$l = \int\limits_0^2 \sqrt{1+4y^2}\,\mathrm{d}y$$

$$= \int\limits_0^2 \left(2\cdot\sqrt{\frac{1}{4}+y^2}\right)\mathrm{d}y \quad ► 2.4.6$$

$$= 2\cdot\left[\frac{y}{2}\cdot\sqrt{\frac{1}{4}+y^2} + \frac{\frac{1}{4}}{2}\cdot\ln\left(y+\sqrt{\frac{1}{4}+y^2}\right)\Bigg|_0^2\right]$$

$$= 2\cdot\left[\frac{2}{2}\cdot\sqrt{\frac{1}{4}+2^2} + \frac{1}{8}\cdot\ln\left(2+\sqrt{\frac{1}{4}+2^2}\right) - 0 - \frac{1}{8}\cdot\ln\sqrt{\frac{1}{4}}\right]$$

$$= \underline{4{,}64678\ldots} \quad ► \text{Bogenlänge in } [0; 4]$$

Berechnung der Schwerpunktskoordinate x_S

$$\int\limits_a^b \left(x\cdot\sqrt{1+[f'(x)]^2}\right)\mathrm{d}x = ?$$

► 0 für a; 4 für b; $f(x) = \sqrt{x} \Rightarrow f'(x) = \dfrac{1}{2\sqrt{x}}$

$$\int\limits_0^4 \left(x\cdot\sqrt{1+\frac{1}{4x}}\right)\mathrm{d}x = \int\limits_0^4 \sqrt{x^2\cdot\left(1+\frac{1}{4x}\right)}\,\mathrm{d}x$$

$$= \int\limits_0^4 \sqrt{x^2+\frac{1}{4}\cdot x}\,\mathrm{d}x \quad ► 2.4.8$$

$$= \int\limits_0^4 \sqrt{\left(x^2+\frac{1}{4}\cdot x+\left(\frac{1}{8}\right)^2\right)-\frac{1}{64}}\,\mathrm{d}x$$

► quadratische Ergänzung

$$= \int\limits_0^4 \sqrt{\left(x+\frac{1}{8}\right)^2-\frac{1}{64}}\,\mathrm{d}x \quad ► 2.4.7 \text{ oder } 2.4.8$$

Berechnung der Schwerpunktskoordinate y_S

$$\int\limits_a^b \left(f(x)\cdot\sqrt{1+[f'(x)]^2}\right)\mathrm{d}x = ?$$

► 0 für a; 4 für b; $f(x) = \sqrt{x} \Rightarrow f'(x) = \dfrac{1}{2x}$

$$\int\limits_0^4 \left(\sqrt{x}\cdot\sqrt{1+\frac{1}{4x}}\right)\mathrm{d}x = \int\limits_0^4 \sqrt{x\cdot\left(1+\frac{1}{4x}\right)}\,\mathrm{d}x$$

$$= \int\limits_0^4 \sqrt{x+\frac{1}{4}}\,\mathrm{d}x \quad ► 2.4.1$$

$$= \frac{2}{3}\cdot\left(\sqrt{x+\frac{1}{4}}\right)^3\Bigg|_0^4$$

$$= \frac{2}{3}\cdot\left(\sqrt{4+\frac{1}{4}}\right)^3 - \frac{2}{3}\cdot\left(\sqrt{\frac{1}{4}}\right)^3$$

$$= \underline{5{,}75773\ldots}$$

364

$$= \frac{x+\frac{1}{8}}{2}\cdot\sqrt{\left(x+\frac{1}{8}\right)^2-\frac{1}{64}}+$$
$$-\frac{\frac{1}{64}}{2}\cdot\ln\left(x+\frac{1}{8}+\sqrt{\left(x+\frac{1}{8}\right)^2-\frac{1}{64}}\right)\Bigg|_0^4$$
$$=\frac{4+\frac{1}{8}}{2}\cdot\sqrt{\left(4+\frac{1}{8}\right)^2-\frac{1}{64}}+$$
$$-\frac{1}{128}\cdot\ln\Bigg(4+\frac{1}{8}+\sqrt{\left(4+\frac{1}{8}\right)^2-\frac{1}{64}}+$$
$$-\frac{1}{8}\cdot\sqrt{\frac{1}{64}-\frac{1}{64}}+\frac{1}{128}\cdot\ln\left(\frac{1}{8}+0\right)\Bigg)$$
$$=\underline{8{,}47117\ldots}$$

► $x_S = \frac{8{,}47117\ldots}{4{,}64678\ldots} = \underline{\underline{1{,}82302}}$ ► $y_S = \frac{5{,}75773\ldots}{4{,}64678\ldots} = \underline{\underline{1{,}23908}}$

Mit den Koordinaten x_S und y_S erhält man den Linienschwerpunkt $S\langle 1{,}82302 \,|\, 1{,}23908\rangle$.

59. $f(x) = \sqrt{x+2};\, x \in [-2; 2]$

Bei dieser Aufgabe ist es zweckmäßig, die y-Achse um 2 Einheiten nach links zu verschieben und zunächst die Schwerpunktskoordinaten bzgl. des neuen $\bar{x}\bar{y}$-Koordinatensystems zu berechnen. Zwischen den neuen und den alten Koordinaten besteht die Beziehung $\bar{x} = x+2;\, \bar{y} = y$ und für den Funktionsterm erhält man $f(\bar{x}) = \sqrt{\bar{x}}$. Die Bogenlänge l ist in beiden Koordinatensystemen gleich.

Für die Berechnung der Schwerpunktskoordinaten gelten die Formeln:

$$x_S = \frac{\int_a^b \left(\bar{x}\cdot\sqrt{1+[f'(\bar{x})]^2}\right)\mathrm{d}\bar{x}}{l}$$

$$l = \int_c^d \sqrt{1+[(f^{-1}(\bar{y}))']^2}\,\mathrm{d}\bar{y}$$

$$y_S = \frac{\int_a^b \left(f(\bar{x})\cdot\sqrt{1+[f'(\bar{x})]^2}\right)\mathrm{d}\bar{x}}{l}$$

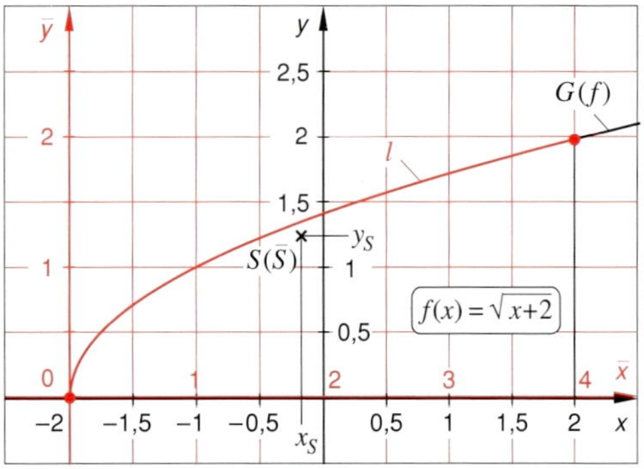

Berechnung der Bogenlänge

$l = \int_c^d \sqrt{1+\left[\left(f^{-1}(\bar{y})\right)'\right]^2}\,\mathrm{d}\bar{y}$ ► 3.3

► $f(\bar{x}) = \bar{y} = \sqrt{\bar{x}};\ \Rightarrow \bar{x} = f^{-1}(\bar{y}) = \bar{y}^2 \Rightarrow \left(f^{-1}(\bar{y})\right)' = 2\cdot\bar{y}$

► $\bar{a} = 0 \Rightarrow c = \sqrt{0} = \underline{0};\ \bar{b} = 4 \Rightarrow d = \sqrt{4} = \underline{2}$

$l = \int_0^2 \sqrt{1+4\bar{y}^2}\,\mathrm{d}\bar{y}$ ► Übungsaufgabe 58

$= \underline{4{,}64678\ldots}$ ► Bogenlänge in $[-2; 2]$

Berechnung der Schwerpunktskoordinate $\bar{x}_S$

$$\int_{\bar{a}}^{\bar{b}} \left(\bar{x}\cdot\sqrt{1+[f'(\bar{x})]^2}\right)\mathrm{d}\bar{x} = ?$$

► 0 für $\bar{a}$; 4 für $\bar{b}$; $f(\bar{x}) = \sqrt{\bar{x}} \Rightarrow f'(\bar{x}) = \frac{1}{2\cdot\sqrt{\bar{x}}}$

Berechnung der Schwerpunktskoordinate $\bar{y}_S$

$$\int_{\bar{a}}^{\bar{b}} \left(f(\bar{x})\cdot\sqrt{1+[f'(\bar{x})]^2}\right)\mathrm{d}\bar{x} = ?$$

► 0 für $\bar{a}$; 4 für $\bar{b}$; $f(\bar{x}) = \sqrt{\bar{x}} \Rightarrow f(\bar{x}) = \frac{1}{2\cdot\sqrt{\bar{x}}}$

$\int_0^4 \left(\bar{x} \cdot \sqrt{1 + \frac{1}{4\bar{x}}}\right) \mathrm{d}\bar{x} =$

$= \int_0^4 \sqrt{\bar{x}^2 + \frac{1}{4} \cdot \bar{x}}\, \mathrm{d}\bar{x}$ ▶ Übungsaufgabe 58

$= \underline{8{,}47117\ldots}$

▶ $\bar{x}_S = \frac{8{,}47117\ldots}{4{,}64678\ldots} = \underline{1{,}82302}$

▶ $x_S = \bar{x}_S - 2 = 1{,}82302 - 2 = \underline{\underline{-0{,}17698}}$

$\int_0^4 \left(\sqrt{\bar{x}} \cdot \sqrt{1 + \frac{1}{4\bar{x}}}\right) \mathrm{d}\bar{x} =$

$= \int_0^4 \sqrt{\bar{x} + \frac{1}{4}}\, \mathrm{d}\bar{x}$ ▶ Übungsaufgabe 58

$= \underline{5{,}75773\ldots}$

▶ $\bar{y}_S = \frac{5{,}75773\ldots}{4{,}64678\ldots} = \underline{1{,}23908}$

▶ $y_S = \bar{y}_S = \underline{\underline{1{,}23908}}$

Mit den Koordinaten x_S und y_S erhält man den Linienschwerpunkt $S\langle -0{,}17698 \mid 1{,}23908\rangle$.

60. $f(x) = \sqrt{9 - x^2}$; $x \in [0; 3]$

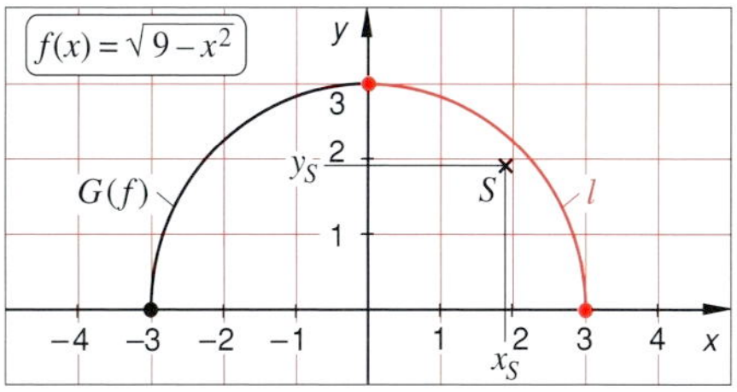

Berechnung der Bogenlänge l

Durch $f(x) = \sqrt{9 - x^2}$; $x \in [0; 3]$ wird ein Viertelkreis mit dem Radius 3 beschrieben. Dessen Bogenlänge berechnet man mit der Formel $l = \frac{1}{4} \cdot 2\pi r$.

$l = \frac{1}{2} \cdot \pi \cdot r$ ▶ 3 für r

$= \underline{\underline{1{,}5\,\pi}}$ ▶ Bogenlänge in $[0; 3]$

Berechnung der Schwerpunktskoordinate x_S

$$x_S = \frac{\int_a^b \left(x \cdot \sqrt{1 + [f'(x)]^2}\right) \mathrm{d}x}{l}$$

$\int_a^b \left(x \cdot \sqrt{1 + [f'(x)]^2}\right) \mathrm{d}x = ?$

▶ 0 für a; 3 für b; $f(x) = \sqrt{9 - x^2} \Rightarrow f'(x) = \frac{-x}{\sqrt{9 - x^2}}$

$\int_0^3 \left(x \cdot \sqrt{1 + \frac{x^2}{9 - x^2}}\right) \mathrm{d}x =$

$= \int_0^3 \left(x \cdot \sqrt{\frac{9 - x^2 + x^2}{9 - x^2}}\right) \mathrm{d}x$

$= \int_0^3 \left(x \cdot \frac{3}{\sqrt{9 - x^2}}\right) \mathrm{d}x$ ▶ 2.4.3

$= -3 \cdot \sqrt{9 - x^2}\,\Big|_0^3$

$= -3 \cdot \sqrt{9 - 3^2} + 3 \cdot \sqrt{9 - 0^2}$

$= \underline{9}$

▶ $x_S = \frac{9}{1{,}5\,\pi} = \underline{\underline{1{,}90986}}$

Berechnung der Schwerpunktskoordinate y_S

$$y_S = \frac{\int_a^b \left(f(x) \cdot \sqrt{1 + [f'(x)]^2}\right) \mathrm{d}x}{l}$$

$\int_a^b \left(f(x) \cdot \sqrt{1 + [f'(x)]^2}\right) \mathrm{d}x = ?$

▶ 0 für a; 3 für b; $f(x) = \sqrt{9 - x^2}$; $f'(x) = \frac{-x}{\sqrt{9 - x^2}}$

$\int_0^3 \left(\sqrt{9 - x^2} \cdot \sqrt{1 + \frac{x^2}{9 - x^2}}\right) \mathrm{d}x =$

$= \int_0^3 \left(\sqrt{9 - x^2} \cdot \sqrt{\frac{9 - x^2 + x^2}{9 - x^2}}\right) \mathrm{d}x$

$= \int_0^3 3\, \mathrm{d}x$

$= 3x\,\Big|_0^3$

$= 9 - 0$

$= \underline{9}$

▶ $y_S = \frac{9}{1{,}5\,\pi} = \underline{\underline{1{,}90986}}$

Mit den Koordinaten x_S und y_S erhält man den Linienschwerpunkt $S\langle 1{,}90986 \mid 1{,}90986\rangle$.

364 **61.** $f(x)=\sqrt{16-4x^2}\,;\, x \in [-1;\, 1]$

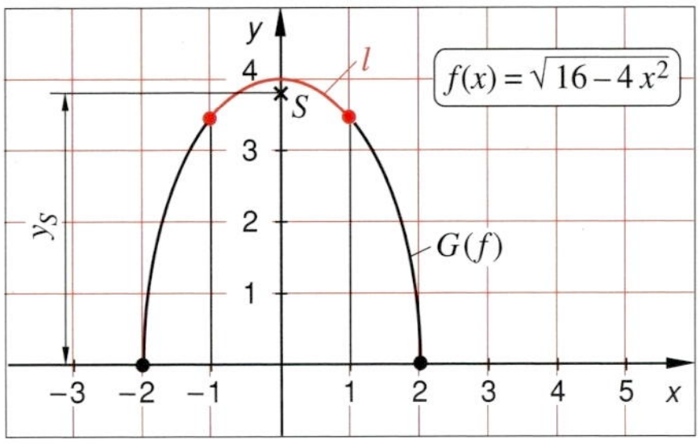

Der Graph der Funktion $f : f(x)=\sqrt{16-4x^2}$ mit $D(f)=[-2;\,2]$ ist eine Halbellipse, die symmetrisch zur y-Achse verläuft (► $f(-x)=f(x)$). Daher gilt $x_S=0$.

Berechnung der Bogenlänge

$$l=\int_a^b \sqrt{1+[f'(x)]^2}\,\mathrm{d}x$$

► -1 für a; 1 für b

$$f(x)=\sqrt{16-4x^2} \Rightarrow f'(x)=\frac{-4x}{\sqrt{16-4x^2}}$$

$$l=\int_{-1}^{1}\sqrt{1+\frac{16x^2}{16-4x^2}}\,\mathrm{d}x$$

$$=2\cdot\int_0^1\sqrt{\frac{16-4x^2+16x^2}{16-4x^2}}\,\mathrm{d}x$$ ► Symmetrie von $G(f)$ zur y-Achse

$$=2\cdot\int_0^1\sqrt{\frac{16+12x^2}{16-4x^2}}\,\mathrm{d}x$$

$$=2\cdot\int_0^1\sqrt{\frac{4+3x^2}{4-x^2}}\,\mathrm{d}x$$

Die Berechnung der Bogenlänge führt auf das elliptische Integral $2\cdot\int_0^1\sqrt{\frac{4+3x^2}{4-x^2}}\,\mathrm{d}x$. Zur Funktion $g : g(x)=2\cdot\sqrt{\frac{4+3x^2}{4-x^2}}\,;\, D(g)=(-2;\,2)$ ist keine Stammfunktion durch elementare Funktionen bekannt. Deshalb wird das bestimmte Integral $2\cdot\int_0^1\sqrt{\frac{4+3x^2}{4-x^2}}\,\mathrm{d}x$ mithilfe der numerischen Integration berechnet, und zwar mit der Simpsonschen Regel.

Berechnung des Näherungswertes

► gewählt: $n=10$ ► $a=0;\ b=1$ ► $h=\frac{b-a}{n}=\frac{1-0}{10}=\underline{0{,}1}$

Simpsonsche Regel: $2\cdot\int_0^1\sqrt{\frac{4+3x^2}{4-x^2}}\,\mathrm{d}x \approx S_{10}$ ► $g(x)=2\cdot\sqrt{\frac{4+3x^2}{4-x^2}}$

$$S_{10}=\frac{h}{3}\cdot[g(x_0)+4\cdot g(x_1)+2\cdot g(x_2)+4\cdot g(x_3)+2\cdot g(x_4)+\ldots+2\cdot g(x_8)+4\cdot g(x_9)+g(x_{10})]$$ ► $h=0{,}1$

Tabelle der Funktionswerte für $g(x)=2\cdot\sqrt{\frac{4+3x^2}{4-x^2}}$ ► $x_k=0+k\cdot 0,1=k\cdot 0,1;\ k\in\{0;1;2;\ldots 10\}$

$x_0=a$	x_1	x_2	x_3	x_4	x_5	x_6	x_7	x_8	x_9	$x_{10}=b$
0	0,1	0,2	0,3	0,4	0,5	0,6	0,7	0,8	0,9	1
$1\cdot g(x_0)$	$4\cdot g(x_1)$	$2\cdot g(x_2)$	$4\cdot g(x_3)$	$2\cdot g(x_4)$	$4\cdot g(x_5)$	$2\cdot g(x_6)$	$4\cdot g(x_7)$	$2\cdot g(x_8)$	$4\cdot g(x_9)$	$1\cdot g(x_{10})$
2,0000	8,0400...	4,0800...	8,3601...	4,3204...	9,0037...	4,7254...	9,9868...	5,3094...	11,3579...	3,0550...
► $g(x_0)+4\cdot g(x_1)+2\cdot g(x_2)+4\cdot g(x_3)+2\cdot g(x_4)+\ldots+2\cdot g(x_8)+4\cdot g(x_9)+g(x_{10})=\underline{70{,}239172...}$										

$S_{10}=\frac{0{,}1}{3}\cdot 70{,}239172...=\underline{\underline{2{,}341306}}$ ► Näherungswert für die Bogenlänge in $[-1;\,1]$

Nach der Fehlerabschätzung mithilfe der Formel für F_S (► 2.9, Simpsonsche Regel) erhält man $F_S \le 0{,}000008$. Der exakte Integralwert liegt damit im Intervall:

$[S_{10}-F_S;\, S_{10}+F_S]=[2{,}341306-0{,}000008;\, 2{,}341306+0{,}000008]=\underline{[2{,}341298;\, 2{,}341314]}$

Aus den Intervallgrenzen ergibt sich, dass der Näherungswert die Maßzahl der Bogenlänge auf drei Nachkommastellen genau angibt. ► $\underline{l=2{,}341}$

$$y_S = \frac{\int\limits_a^b \left(f(x) \cdot \sqrt{1 + [f'(x)]^2} \right) \mathrm{d}x}{l}$$

Berechnung der Schwerpunktskoordinate y_S

$$\int\limits_a^b \left(f(x) \cdot \sqrt{1 + [f'(x)]^2} \right) \mathrm{d}x = ?$$

▶ -1 für a; 1 für b; $f(x) = \sqrt{16-4x^2} \Rightarrow f'(x) = \frac{-4x}{\sqrt{16-4x^2}}$

$$\int\limits_{-1}^{1} \left(\sqrt{16-4x^2} \cdot \sqrt{\frac{16+12x^2}{16-4x^2}} \right) \mathrm{d}x =$$

$$= 2 \cdot \int\limits_0^1 \sqrt{16+12x^2}\, \mathrm{d}x$$ ▶ Symmetrie von $G(f)$ zur y-Achse

$$= 2 \cdot \sqrt{12} \cdot \int\limits_0^1 \sqrt{\frac{4}{3} + x^2}\, \mathrm{d}x$$ ▶ 2.4.6

$$= 2 \cdot \sqrt{12} \cdot \left[\frac{x}{2} \cdot \sqrt{\frac{4}{3} + x^2} + \frac{\frac{4}{3}}{2} \cdot \ln\left(x + \sqrt{\frac{4}{3} + x^2} \right) \Big|_0^1 \right]$$

$$= 2 \cdot \sqrt{12} \cdot \left[\frac{1}{2} \cdot \sqrt{\frac{4}{3} + 1^2} + \frac{2}{3} \cdot \ln\left(1 + \sqrt{\frac{4}{3} + 1^2} \right) - 0 - \frac{2}{3} \cdot \ln\sqrt{\frac{4}{3}} \right]$$

$$= \underline{8{,}90987\ldots}$$

▶ $y_S = \frac{8{,}90987\ldots}{2{,}341} = \underline{\underline{3{,}806}}$

Mit den Koordinaten x_S und y_S erhält man den Linienschwerpunkt $S\langle 0\,|\,3{,}806 \rangle$.

62. $f(x) = \sqrt{x^2+1}$; $x \in [-2; 2]$

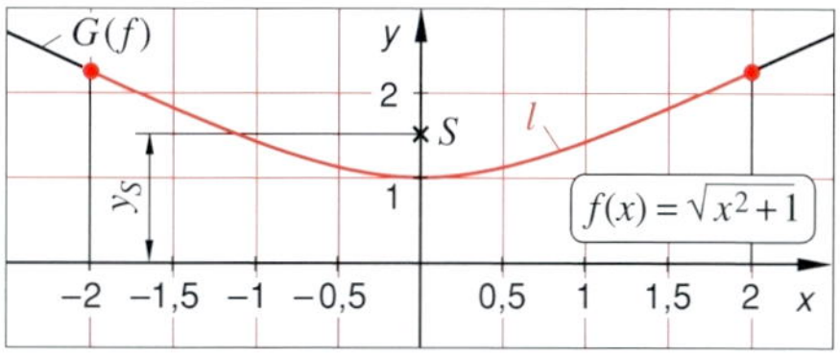

Der Graph der Funktion f: $f(x) = \sqrt{x^2+1}$ mit $D(f) = \mathbb{R}$ verläuft symmetrisch zur y-Achse.

Daher gilt $f(-x) = f(x)$ und somit $x_S = 0$.

Berechnung der Bogenlänge

$$l = \int\limits_a^b \sqrt{1 + [f'(x)]^2}\, \mathrm{d}x$$

▶ -2 für a; 2 für b; $f(x) = \sqrt{x^2+1} \Rightarrow f'(x) = \frac{x}{\sqrt{x^2+1}}$

$$l = \int\limits_{-2}^{2} \sqrt{1 + \frac{x^2}{x^2+1}}\, \mathrm{d}x$$

$$= 2 \cdot \int\limits_0^2 \sqrt{\frac{x^2+1+x^2}{x^2+1}}\, \mathrm{d}x$$ ▶ Symmetrie von $G(f)$ zur y-Achse

$$= \underline{2 \cdot \int\limits_0^2 \sqrt{\frac{2x^2+1}{x^2+1}}\, \mathrm{d}x}$$

Zur Funktion g: $g(x) = 2 \cdot \sqrt{\frac{2x^2+1}{x^2+1}}$; $D(g) = \mathbb{R}$ ist keine Stammfunktion durch elementare Funktionen bekannt. Deshalb wird das bestimmte Integral $2 \cdot \int\limits_0^2 \sqrt{\frac{2x^2+1}{x^2+1}}\, \mathrm{d}x$ mithilfe der numerischen Integration berechnet, und zwar mit der Simpsonschen Regel. ▶ 2.9

Berechnung des Näherungswertes

▶ gewählt: $n = 10$ ▶ $a = 0$; $b = 2$ ▶ $h = \frac{b-a}{n} = \frac{2-0}{10} = \underline{0{,}2}$

Simpsonsche Regel: $2 \cdot \int\limits_0^2 \sqrt{\frac{2x^2+1}{x^2+1}}\, \mathrm{d}x \approx S_{10}$ ▶ $g(x) = 2 \cdot \sqrt{\frac{2x^2+1}{x^2+1}}$

$$S_{10} = \frac{h}{3} \cdot [g(x_0) + 4 \cdot g(x_1) + 2 \cdot g(x_2) + 4 \cdot g(x_3) + 2 \cdot g(x_4) + \ldots + 2 \cdot g(x_8) + 4 \cdot g(x_9) + g(x_{10})]$$ ▶ $h = 0{,}2$

364 Tabelle der Funktionswerte für ► $g(x) = 2 \cdot \sqrt{\frac{2x^2+1}{x^2+1}}$ ► $x_k = 0 + k \cdot 0{,}2 = k \cdot 0{,}2$; $k \in \{0; 1; 2; \ldots 10\}$

$x_0 = a$	x_1	x_2	x_3	x_4	x_5	x_6	x_7	x_8	x_9	$x_{10} = b$
0	0,2	0,4	0,6	0,8	1	1,2	1,4	1,6	1,8	2
$1 \cdot g(x_0)$	$4 \cdot g(x_1)$	$2 \cdot g(x_2)$	$4 \cdot g(x_3)$	$2 \cdot g(x_4)$	$4 \cdot g(x_5)$	$2 \cdot g(x_6)$	$4 \cdot g(x_7)$	$2 \cdot g(x_8)$	$4 \cdot g(x_9)$	$1 \cdot g(x_{10})$
2,0000	8,1523...	4,2669...	8,9967...	4,7163...	9,7979...	5,0440...	10,3139...	5,2445...	10,6257...	2,6832...
► $g(x_0) + 4 \cdot g(x_1) + 2 \cdot g(x_2) + 4 \cdot g(x_3) + 2 \cdot g(x_4) + \ldots + 2 \cdot g(x_8) + 4 \cdot g(x_9) + g(x_{10}) = \underline{71{,}84200\ldots}$										

$S_{10} = \frac{0{,}2}{3} \cdot 71{,}84200\ldots = \underline{\underline{4{,}78947}}$ ► Näherungswert für die Bogenlänge in $[-2; 2]$

Nach der Fehlerabschätzung mithilfe der Formel für F_S (► 2.9, Simpsonsche Regel) erhält man $F_S \leq 0{,}00022$. Der exakte Integralwert liegt damit im Intervall:

$[S_{10} - F_S; S_{10} + F_S] = [4{,}78947 - 0{,}00022; 4{,}78947 + 0{,}00022] = \underline{\underline{[4{,}78925; 4{,}78969]}}$

Aus den Intervallgrenzen ergibt sich, dass der Näherungswert die Maßzahl der Bogenlänge auf drei Nachkommastellen genau angibt. ► $\underline{l = 4{,}789}$

$$y_S = \frac{\int\limits_a^b \left(f(x) \cdot \sqrt{1 + [f'(x)]^2} \right) \mathrm{d}x}{l}$$

Berechnung der Schwerpunktskoordinate y_S

$$\int\limits_a^b \left(f(x) \cdot \sqrt{1 + [f'(x)]^2} \right) \mathrm{d}x = ?$$

► -2 für a; 2 für b; $f(x) = \sqrt{x^2+1} \Rightarrow f'(x) = \frac{x}{\sqrt{x^2+1}}$

$$\int\limits_{-2}^{2} \left(\sqrt{x^2+1} \cdot \sqrt{\frac{2x^2+1}{x^2+1}} \right) \mathrm{d}x =$$

$$= 2 \cdot \int\limits_0^2 \sqrt{2x^2+1}\, \mathrm{d}x$$ ► Symmetrie von $G(f)$ zur y-Achse

$$= 2 \cdot \sqrt{2} \cdot \int\limits_0^2 \sqrt{x^2 + \tfrac{1}{2}}\, \mathrm{d}x$$ ► 2.4.6

$$= 2 \cdot \sqrt{2} \cdot \left[\frac{x}{2} \cdot \sqrt{x^2 + \frac{1}{2}} + \frac{\frac{1}{2}}{2} \cdot \ln \left(x + \sqrt{x^2 + \frac{1}{2}} \right) \Big|_0^2 \right]$$

$$= 2 \cdot \sqrt{2} \cdot \left[\frac{2}{2} \cdot \sqrt{2^2 + \frac{1}{2}} + \frac{1}{4} \cdot \ln \left(2 + \sqrt{2^2 + \frac{1}{2}} \right) - \frac{1}{4} \cdot \ln \sqrt{\frac{1}{2}} \right]$$

$$= \underline{7{,}24645\ldots}$$

► $y_S = \frac{7{,}24645\ldots}{4{,}789} = \underline{\underline{1{,}513}}$

Mit den Koordinaten x_S und y_S erhält man den Linienschwerpunkt $S\langle 0 \,|\, 1{,}513 \rangle$.

364

63. $f(x) = x \cdot \sqrt{x};\ x \in [0; 3]$

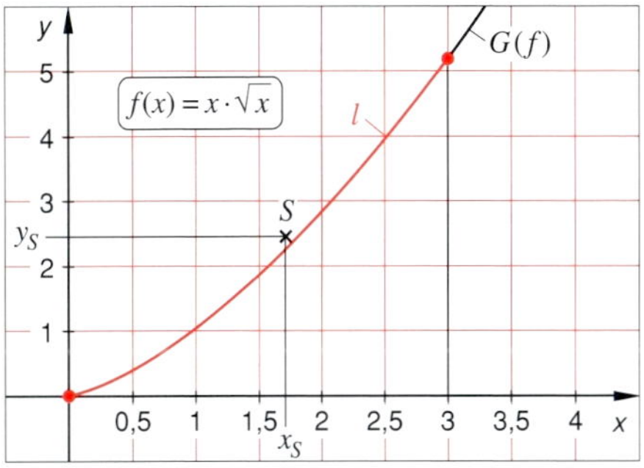

Für die Berechnung der Schwerpunktskoordinaten gelten die Formeln:

$$x_S = \frac{\int_a^b \left(x \cdot \sqrt{1 + [f'(x)]^2} \right) \mathrm{d}x}{l}$$

$$l = \int_a^b \sqrt{1 + [f'(x)]^2}\, \mathrm{d}x$$

$$y_S = \frac{\int_a^b \left(f(x) \cdot \sqrt{1 + [f'(x)]^2} \right) \mathrm{d}x}{l}$$

► $u(x) = x;\ v'(x) = \sqrt{1 + \frac{9}{4} \cdot x}$ ► 2.4.1

Berechnung der Bogenlänge

$$l = \int_a^b \sqrt{1 + [f'(x)]^2}\, \mathrm{d}x$$

► 0 für a; 3 für b; $f(x) = x \cdot \sqrt{x} = x^{\frac{3}{2}};\ \Rightarrow f'(x) = \frac{3}{2} \cdot x^{\frac{1}{2}}$

$$l = \int_0^3 \sqrt{1 + \tfrac{9}{4} \cdot x}\, \mathrm{d}x \quad ► 2.4.1$$

$$= \frac{4}{9} \cdot \frac{2}{3} \cdot \left(\sqrt{1 + \frac{9}{4} \cdot x}\right)^3 \Big|_0^3$$

$$= \frac{8}{27} \cdot \left[\left(\sqrt{1 + \tfrac{27}{4}}\right)^3 - \left(\sqrt{1}\right)^3\right]$$

$$= \underline{6{,}09632\ldots} \quad ► \text{Bogenlänge in } [0; 3]$$

Berechnung der Schwerpunktskoordinate x_S

$$\int_a^b \left(x \cdot \sqrt{1 + [f'(x)]^2} \right) \mathrm{d}x = ?$$

► 0 für a; 3 für b; $f(x) = x \cdot \sqrt{x} = x^{\frac{3}{2}} \Rightarrow f'(x) = \frac{3}{2} \cdot x^{\frac{1}{2}}$

$$\int_0^3 \left(x \cdot \sqrt{1 + \frac{9}{4} \cdot x} \right) \mathrm{d}x = \quad ► 2.5 \quad ► \int (u \cdot v')\, \mathrm{d}x$$

$$= x \cdot \frac{4}{9} \cdot \frac{2}{3} \cdot \left(\sqrt{1 + \frac{9}{4} \cdot x}\right)^3 \Big|_0^3 - \frac{8}{27} \cdot \frac{4}{9} \cdot \frac{2}{5} \cdot \left(\sqrt{1 + \frac{9}{4} \cdot x}\right)^5 \Big|_0^3$$

$$= 3 \cdot \frac{8}{27} \cdot \left(\sqrt{1 + \frac{9}{4} \cdot 3}\right)^3 - \frac{64}{1215} \cdot \left(\sqrt{1 + \frac{9}{4} \cdot 3}\right)^5 - 0 + \frac{64}{1215} \cdot \left(\sqrt{1}\right)^5$$

$$= \underline{10{,}42292\ldots}$$

► $x_S = \dfrac{10{,}42292\cdots}{6{,}09632\ldots} = \underline{\underline{1{,}70971}}$

Berechnung der Schwerpunktskoordinate y_S

$$\int_a^b \left(f(x) \cdot \sqrt{1 + [f'(x)]^2} \right) \mathrm{d}x = ? \quad ► \text{0 für } a;\ 3 \text{ für } b;\ f(x) = x \cdot \sqrt{x} = x^{\frac{3}{2}} \Rightarrow f'(x) = \tfrac{3}{2} \cdot x^{\frac{1}{2}}$$

$$\int_0^3 \left(x^{\frac{3}{2}} \cdot \sqrt{1 + \tfrac{9}{4} \cdot x} \right) \mathrm{d}x = ?$$

Es wird wie folgt substituiert:

► $x = \frac{4}{9} \cdot \sinh^2 z \Rightarrow \frac{\mathrm{d}x}{\mathrm{d}z} = \frac{4}{9} \cdot 2 \cdot \sinh z \cdot \cosh z \Rightarrow \mathrm{d}x = \frac{8}{9} \cdot \sinh z \cdot \cosh z \cdot \mathrm{d}z$

► $a = 0:\ 0 = \frac{4}{9} \cdot \sinh^2 z_1 \Rightarrow z_1 = 0$

$b = 3:\ 3 = \frac{4}{9} \cdot \sinh^2 z_2 \Rightarrow \sinh^2 z_2 = \frac{27}{4} \Rightarrow \sinh z_2 = \frac{\sqrt{27}}{4} \Rightarrow z_2 = \ln\left(\frac{\sqrt{27}}{4} + \sqrt{1 + \frac{27}{4}}\right)$ ► 4.1

364 $$\int_0^3 \left(x^{\frac{3}{2}} \cdot \sqrt{1+\tfrac{9}{4}\cdot x}\right) \mathrm{d}x = \int_0^{z_2} \left[\left(\tfrac{4}{9}\cdot \sinh^2 z\right)^{\frac{3}{2}} \cdot \sqrt{1+\tfrac{9}{4}\cdot\tfrac{4}{9}\cdot \sinh^2 z} \cdot \tfrac{8}{9}\cdot \sinh z \cdot \cosh z\right] \mathrm{d}z$$

$$= \int_0^{z_2} \left(\frac{8}{27}\cdot \sinh^3 z \cdot \sqrt{1+\sinh^2 z} \cdot \frac{8}{9}\cdot \sinh z \cdot \cosh z\right) \mathrm{d}z \quad \blacktriangleright \sqrt{1+\sinh^2 z} = \cosh z \quad \blacktriangleright 4.1$$

$$= \frac{64}{243}\cdot \int_0^{z_2} \left(\sinh^3 z \cdot \cosh z \cdot \sinh z \cdot \cosh z\right) \mathrm{d}z$$

$$= \frac{64}{243}\cdot \int_0^{z_2} \left(\sinh^4 z + \cosh^2 z\right) \mathrm{d}z \quad \blacktriangleright \cosh^2 z = \sinh^2 z + 1 \quad \blacktriangleright 4.1$$

$$= \frac{64}{243}\cdot \int_0^{z_2} \left(\sinh^6 z \cdot \sinh^4 z\right) \mathrm{d}z \quad \blacktriangleright \text{2.5, Rekursionsformel der Übungsaufgabe 63}$$

$$= \frac{64}{243}\cdot \left[\frac{1}{6}\cdot \sinh^5 z \cdot \cosh z \Big|_0^{z_2} - \frac{6-1}{6}\cdot \int_0^{z_2} \sinh^4 z \,\mathrm{d}z + \int_0^{z_2} \sinh^4 z \,\mathrm{d}z\right]$$

$$= \frac{64}{243}\cdot \left[\frac{1}{6}\cdot \sinh^5 z \cdot \cosh z \Big|_0^{z_2} + \frac{1}{6}\cdot \int_0^{z_2} \sinh^4 z \,\mathrm{d}z\right]$$

$$= \frac{64}{243}\cdot \left[\frac{1}{6}\cdot \sinh^5 z_2 \cdot \cosh z_2 - 0 + \frac{1}{6}\cdot \left(\frac{1}{4}\cdot \sinh^3 z \cdot \cosh z \Big|_0^{z_2} - \frac{4-1}{4}\cdot \int_0^{z_2} \sinh^2 z \,\mathrm{d}z\right)\right] \quad \blacktriangleright 2.4.1$$

$$= \frac{64}{243}\cdot \left[\frac{1}{6}\cdot \sinh^5 z_2 \cdot \cosh z_2 + \frac{1}{24}\cdot \sinh^3 z_2 \cdot \cosh z_2 - 0 - \frac{1}{8}\cdot \left(\frac{1}{4}\cdot \sinh(2z) - \frac{z}{2}\Big|_0^{z_2}\right)\right]$$

$$= \frac{64}{243}\cdot \left[\frac{1}{6}\cdot \sinh^5 z_2 \cdot \cosh z_2 + \frac{1}{24}\cdot \sinh^3 z_2 \cdot \cosh z_2 - \frac{1}{32}\cdot \sinh(2z_2) + \frac{z_2}{16} + 0\right] \quad \blacktriangleright z_2 = \ln\left(\sqrt{\frac{27}{4}} + \sqrt{1+\frac{27}{4}}\right)$$

$$= \underline{14{,}90988\ldots}$$

$$\blacktriangleright\ y_S = \frac{14{,}90988\ldots}{6{,}09632\ldots} = \underline{\underline{2{,}44572}} \quad \blacktriangleright S\langle 1{,}70971 \mid 2{,}44572\rangle \quad \blacktriangleright \text{Linienschwerpunkt}$$

64. Berechnen Sie für die Funktionen $f: f(x) = 2px^2;\ p > 0$ die Schwerpunktslage der linienförmigen Massen, die den Bogenlängen in einem Intervall $[a; b]$ entsprechen.

Die Graphen der Funktionen $f: f(x) = 2px^2$ mit $p > 0$ und $D(f) = \mathbb{R}$ sind nach oben geöffnete Parabeln.

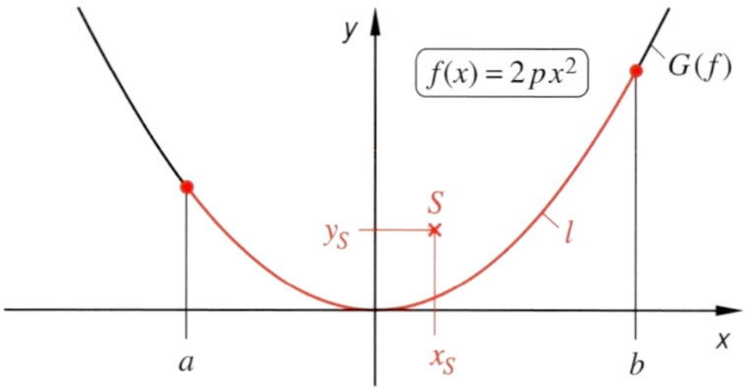

Im Integral $\int_a^b \sqrt{1+16p^2x^2}\,\mathrm{d}x$ wird substituiert:

$$\blacktriangleright\ x = \frac{1}{4p}\cdot z \Rightarrow \frac{\mathrm{d}x}{\mathrm{d}z} = \frac{1}{4p} \Rightarrow \mathrm{d}x = \frac{1}{4p}\cdot \mathrm{d}z$$

Berechnung der Bogenlänge

$$l = \int_a^b \sqrt{1+[f'(x)]^2}\,\mathrm{d}x \quad \blacktriangleright f(x) = 2px^2 \Rightarrow f'(x) = 4px$$

$$= \int_a^b \sqrt{1+16p^2x^2}\,\mathrm{d}x$$

364

$\blacktriangleright x = a \quad \blacktriangleright a = \frac{1}{4p} \cdot z_1 \Rightarrow z_1 = \underline{4pa}$

$x = b \quad \blacktriangleright b = \frac{1}{4p} \cdot z_2 \Rightarrow z_2 = \underline{4pb}$

$\blacktriangleright \ln A - \ln B = \ln \frac{A}{B}$

$$l = \int_{4pa}^{4pb} \left(\sqrt{1+z^2} \cdot \frac{1}{4p} \right) \mathrm{d}z \quad \blacktriangleright 2.4.6$$

$$= \frac{1}{4p} \cdot \left[\frac{z}{2} \cdot \sqrt{1+z^2} + \frac{1}{2} \cdot \ln\left(z + \sqrt{1+z^2}\right) \Bigg|_{4pa}^{4pb} \right]$$

$$= \frac{1}{4p} \cdot \left[\frac{4pb}{2} \cdot \sqrt{1+16p^2b^2} + \frac{1}{2} \cdot \ln\left(4pb + \sqrt{1+16p^2b^2}\right) + \right.$$

$$\left. - \frac{4pa}{2} \cdot \sqrt{1+16p^2a^2} - \frac{1}{2} \cdot \ln\left(4pa + \sqrt{1+16p^2a^2}\right) \right]$$

$$\underline{l = \frac{b}{2} \cdot \sqrt{1+16p^2b^2} - \frac{a}{2} \cdot \sqrt{1+16p^2a^2} + \frac{1}{8p} \cdot \ln \frac{4pb + \sqrt{1+16p^2b^2}}{4pa + \sqrt{1+16p^2a^2}}} \quad \blacktriangleright \text{Bogenlängen in } [a;b] \quad \blacktriangleright \text{Term } A$$

Berechnung der Schwerpunktskoordinate x_S

$$x_S = \frac{\int_a^b \left(x \cdot \sqrt{1+[f'(x)]^2} \right) \mathrm{d}x}{l} \quad \blacktriangleright l = \int_a^b \sqrt{1+[f'(x)]^2}\,\mathrm{d}x$$

Das Integral $\int \left(x \cdot \sqrt{1+16p^2x^2}\right) \mathrm{d}x$ ist vom Typ $\int \left([g(x)]^n \cdot g'(x)\right) \mathrm{d}x$ (► 2.4.3) mit $n = \frac{1}{2}$, $g(x) = 1 + 16p^2x^2$ und $g'(x) = 32p^2x$.

Der Integrand wird mit $32p^2$ erweitert.

$$\int_a^b \left(x \cdot \sqrt{1+[f'(x)]^2} \right) \mathrm{d}x = ? \quad \blacktriangleright f(x) = 2px^2 \Rightarrow f'(x) = 4px$$

$$\int_a^b \left(x \cdot \sqrt{1+16p^2x^2} \right) \mathrm{d}x = \quad \blacktriangleright 2.4.3$$

$$= \frac{1}{32p^2} \cdot \frac{2}{3} \cdot \left(\sqrt{1+16p^2x^2} \right)^3 \Bigg|_a^b$$

$$= \underline{\frac{1}{48p^2} \cdot \left[\left(\sqrt{1+16p^2b^2} \right)^3 - \left(\sqrt{1+16p^2a^2} \right)^3 \right]} \quad \blacktriangleright \text{Term } B$$

$$\blacktriangleright x_S = \underline{\underline{\frac{\text{Term } B}{\text{Term } A}}} \quad \blacktriangleright \text{Schwerpunktskoordinate } x_S$$

Berechnung der Schwerpunktskoordinate y_S

$$y_S = \frac{\int_a^b \left(f(x) \cdot \sqrt{1+[f'(x)]^2} \right) \mathrm{d}x}{l} \quad \blacktriangleright \int_a^b \left(f(x) \cdot \sqrt{1+[f'(x)]^2} \right) \mathrm{d}x = ? \quad \blacktriangleright f(x) = 2px^2 \Rightarrow f'(x) = 4px$$

$$\int_a^b \left(2px^2 \cdot \sqrt{1+16p^2x^2} \right) \mathrm{d}x = ?$$

Es wird wie folgt substitutiert:

$$\blacktriangleright x = \frac{1}{4p} \cdot \sinh z \Rightarrow \frac{\mathrm{d}x}{\mathrm{d}z} = \frac{1}{4p} \cdot \cosh z \Rightarrow \mathrm{d}x = \frac{1}{4p} \cdot \cosh z \cdot \mathrm{d}z$$

$$\blacktriangleright a = \frac{1}{4p} \cdot \sinh z_1 \Rightarrow \sinh z_1 = 4pa \Rightarrow z_1 = \ln\left(4pa + \sqrt{1+16p^2a^2}\right) \quad \blacktriangleright 4.1$$

$$b = \frac{1}{4p} \cdot \sinh z_2 \Rightarrow \sinh z_2 = 4pb \Rightarrow z_2 = \ln\left(4pb + \sqrt{1+16p^2b^2}\right) \quad \blacktriangleright 4.1$$

$$\int_{z_1}^{z_2} \left(2p \cdot \frac{1}{16p^2} \cdot \sinh^2 z \cdot \sqrt{1+\sinh^2 z} \cdot \frac{1}{4p} \cdot \cosh z \right) \mathrm{d}z = \quad \blacktriangleright \sqrt{1+\sinh^2 z} = \cosh z \quad \blacktriangleright 4.1$$

$$= \frac{1}{32p^2} \cdot \int_{z_1}^{z_2} (\sinh^2 z \cdot \cosh z \cdot \cosh z)\,\mathrm{d}z \quad \blacktriangleright \sinh^2 z \cdot \cosh z \cdot \cosh z = \sinh^2 z \cdot \cosh^2 z$$

$$= \frac{1}{4} \cdot (2 \cdot \sinh z \cdot \cosh z)^2$$

$$= \frac{1}{4} \cdot \sinh^2 (2z) \quad \blacktriangleright 4.1$$

364

$$= \frac{1}{32p^2} \cdot \int_{z_1}^{z_2} \left(\frac{1}{4} \cdot \sinh^2 (2z) \right) \mathrm{d}z \quad \blacktriangleright\ 2.4.1$$

$$= \frac{1}{128p^2} \cdot \left[\frac{1}{8} \cdot \sinh (4z) - \frac{z}{2} \Bigg|_{z_1}^{z_2} \right] \quad \blacktriangleright\ \sinh (4z) = 2 \cdot \sinh (2z) \cdot \cosh (2z) \quad \blacktriangleright\ \cosh (2z) = 1 + 2 \cdot \sinh^2 z \quad \blacktriangleright\ 4.1$$

$$= 4 \cdot \sinh z \cdot \cosh z \cdot (1 + 2 \cdot \sinh^2 z) \quad \blacktriangleright\ 4.1$$

$$= \frac{1}{128p^2} \cdot \left[\frac{1}{2} \cdot \sinh z \cdot \cosh z \cdot (1 + 2 \cdot \sinh^2 z) - \frac{z}{2} \Bigg|_{z_1}^{z_2} \right] \quad \blacktriangleright\ \cosh z = \sqrt{1 + \sinh^2 z}$$

$$= \frac{1}{256p^2} \cdot \left[\sinh z \cdot \sqrt{1 + \sinh^2 z} \cdot (1 + 2 \cdot \sinh^2 z) - z \Bigg|_{z_1}^{z_2} \right]$$

$$= \frac{1}{256p^2} \cdot \left[\sinh z_2 \cdot \sqrt{1 + \sinh^2 z_2} \cdot (1 + 2 \cdot \sinh^2 z_2) - z_2 - \sinh z_1 \cdot \sqrt{1 + \sinh^2 z_1} \cdot (1 + 2 \cdot \sinh^2 z_1) + z_1 \right]$$

$$\blacktriangleright\ \sinh z_2 = 4pb;\ \sinh z_1 = 4pb;\ z_2 = \ln(4pb + \sqrt{1 + 16p^2 b^2});\ z_1 = \ln\left(4pa + \sqrt{1 + 16p^2 a^2}\right)$$

$$= \frac{1}{256p^2} \cdot \left[4pb \cdot \sqrt{1 + 16p^2 b^2} \cdot (1 + 2 \cdot 16p^2 b^2) - \ln \left(4pb + \sqrt{1 + 16p^2 b^2} \right) + \right.$$
$$\left. - 4pa \cdot \sqrt{1 + 16p^2 a^2} \cdot (1 + 2 \cdot 16p^2 a^2) + \ln \left(4pa + \sqrt{1 + 16p^2 a^2} \right) \right]$$

$$= \underline{\frac{1}{256p^2} \cdot \left[4p \cdot \left(b \cdot \sqrt{1 + 16p^2 b^2} \cdot (1 + 32p^2 b^2) - a \cdot \sqrt{1 + 16p^2 a^2} \cdot (1 + 32p^2 a^2) \right) + \ln \left(\frac{4pa + \sqrt{1 + 16p^2 a^2}}{4pb + \sqrt{1 + 16p^2 b^2}} \right) \right]} \quad \blacktriangleright\ \text{Term } C$$

$$\blacktriangleright\ y_S = \underline{\underline{\frac{\text{Term } C}{\text{Term } A}}} \quad \blacktriangleright\ \text{Schwerpunktskoordinate } y_S$$

65. Berechnen Sie für die Funktionen $f: f(x) = \sqrt{2px}$; $p > 0$ die Schwerpunktslage der linienförmigen Massen, die den Bogenlängen in einem Intervall $[0; b]$ entsprechen.

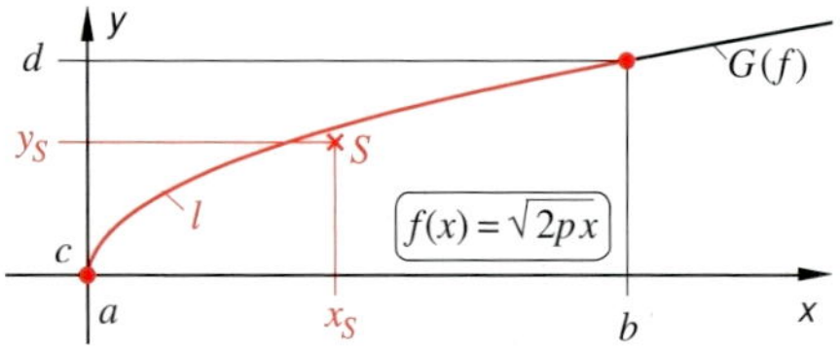

$$x_S = \frac{\int_a^b \left(x \cdot \sqrt{1 + [f'(x)]^2} \right) \mathrm{d}x}{l}$$

$$l = \int_c^d \sqrt{1 + \left[\left(f^{-1}(y) \right)' \right]^2} \, \mathrm{d}y$$

$$y_S = \frac{\int_a^b \left(f(x) \cdot \sqrt{1 + [f'(x)]^2} \right) \mathrm{d}x}{l}$$

Berechnung der Bogenlänge

$$l = \int_c^d \sqrt{1 + \left[\left(f^{-1}(y) \right)' \right]^2} \, \mathrm{d}y \quad \blacktriangleright\ 3.3$$

$$\blacktriangleright\ c = \sqrt{2p \cdot 0} = 0;\ d = \sqrt{2pb}$$

$$f(x) = y = \sqrt{2px} \Rightarrow x = f^{-1}(y) = \frac{1}{2p} \cdot y^2 \Rightarrow \left(f^{-1}(y) \right)' = \frac{y}{p}$$

$$l = \int_0^d \sqrt{1 + \frac{y^2}{p^2}} \, \mathrm{d}y$$

$$= \frac{1}{p} \cdot \int_0^d \sqrt{p^2 + y^2} \, \mathrm{d}y \quad \blacktriangleright\ 2.4.6 \quad \blacktriangleright\ d = \sqrt{2pb}$$

$$= \frac{1}{p} \cdot \left[\frac{y}{2} \cdot \sqrt{p^2 + y^2} + \frac{p^2}{y^2} \cdot \ln\left(y + \sqrt{p^2 + y^2} \right) \Bigg|_0^{\sqrt{2pb}} \right]$$

$$\Rightarrow l = \frac{1}{p} \cdot \left[\frac{\sqrt{2pb}}{2} \cdot \sqrt{p^2 + 2pb} + \frac{p^2}{2} \cdot \left(\ln \frac{\sqrt{2pb} + \sqrt{p^2 + 2pb}}{p} \right) \right] \quad \blacktriangleright\ \text{Bogenlänge in } [0; b] \quad \blacktriangleright\ \text{Term } A$$

364

Berechnung der Schwerpunktskoordinate x_S

$$\int_a^b \left(x\cdot\sqrt{1+[f'(x)]^2}\right)\mathrm{d}x = ?$$ ► 0 für a; $f(x)=\sqrt{2px} \Rightarrow f'(x)=\frac{p}{\sqrt{2px}}$

$$\int_0^b \left(x\cdot\sqrt{1+\frac{p^2}{2px}}\right)\mathrm{d}x = \int_0^b \sqrt{x^2\cdot\left(1+\frac{p}{2x}\right)}\,\mathrm{d}x$$

$$= \int_0^b \sqrt{x^2+\frac{p}{2}x}\,\mathrm{d}x$$ ► quadratische Ergänzung

$$= \int_0^b \sqrt{\left(x+\frac{p}{4}\right)^2-\frac{p^2}{16}}\,\mathrm{d}x$$ ► 2.4.7 oder 2.4.8

$$= \frac{x+\frac{p}{4}}{2}\cdot\sqrt{\left(x+\frac{p}{4}\right)^2-\frac{p^2}{16}}-\frac{\frac{p^2}{16}}{2}\cdot\ln\left(x+\frac{p}{4}+\sqrt{\left(x+\frac{p}{4}\right)^2-\frac{p^2}{16}}\right)\Bigg|_0^b$$ ► $\left(x+\frac{p}{4}\right)^2-\frac{p^2}{16}=x^2+\frac{p}{2}\cdot x$

$$= \frac{b+\frac{p}{4}}{2}\cdot\sqrt{b^2+\frac{p}{2}\cdot b}-\frac{p^2}{32}\cdot\ln\left(b+\frac{p}{4}+\sqrt{b^2+\frac{p}{2}\cdot b}\right)-0+\frac{p^2}{32}\cdot\ln\frac{p}{4}$$

$$= \underline{\frac{4b+p}{8}\cdot\sqrt{b^2+\frac{p}{2}\cdot b}+\frac{p^2}{32}\cdot\ln\left(\frac{p}{4b+p+4\cdot\sqrt{b^2+\frac{p}{2}\cdot b}}\right)}$$ ► Term B

Berechnung der Schwerpunktskoordinate y_S

$$\int_a^b \left(f(x)\cdot\sqrt{1+[f'(x)]^2}\right)\mathrm{d}x = ?$$ ► 0 für a; $f(x)=\sqrt{2px} \Rightarrow f'(x)=\frac{p}{\sqrt{2px}}$

$$\int_0^b \left(\sqrt{2px}\cdot\sqrt{1+\frac{p^2}{2px}}\right)\mathrm{d}x = \int_0^b \sqrt{2px+p^2}\,\mathrm{d}x$$ ► 2.4.1

$$= \frac{1}{2p}\cdot\frac{2}{3}\cdot\left(\sqrt{2px+p^2}\right)^3\Bigg|_0^b$$

$$= \frac{1}{3p}\cdot\left[\left(\sqrt{2pb+p^2}\right)^3-\left(\sqrt{p^2}\right)^3\right]$$

$$= \frac{1}{3p}\cdot\left[(2pb+p^2)\cdot\sqrt{2pb+p^2}-p^3\right]$$

$$= \underline{\frac{1}{3}\cdot\left[(2b+p)\cdot\sqrt{2pb+p^2}-p^2\right]}$$ ► Term C

Es gilt dann: $x_S=\frac{\text{Term } B}{\text{Term } A}$ ► Schwerpunktskoordinate x_S und $y_S=\frac{\text{Term } C}{\text{Term } A}$ ► Schwerpunktskoordinate y_S

Merke:

Der Linienschwerpunkt S_L eines Kreisbogens mit dem Radius r liegt auf der Winkelhalbierenden des Zentriwinkels α im Abstand e vom Kreismittelpunkt M und es gilt $e=\frac{2r}{\alpha}\cdot\sin\frac{\alpha}{2}$. ► α im Bogenmaß

► Lehrbuch: Kusch 4, S. 351/352

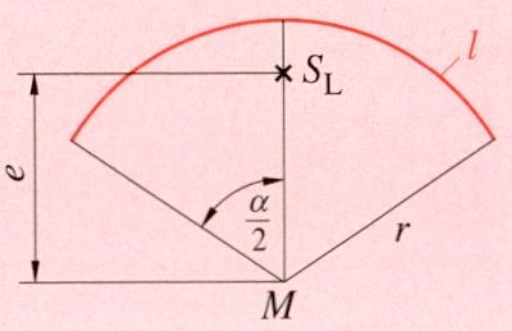

364 **66.** Durch die Schnittpunkte der Kreisrelation $(x-3)^2+(y+4)^2=25$ mit den Koordinatenachsen sind drei Kreisbögen gegeben. Berechnen Sie jeweils die Schwerpunktskoordinaten x_S und y_S der linienförmigen Masse, die der Bogenlänge eines Kreisbogens entspricht.

Die Kreisrelation R: $(x-3)^2+(y+4)^2=25$ mit $x \in [-2; 8]$ und $y \in [1; -9]$ hat den Mittelpunkt $M\langle 3 \mid -4\rangle$ und den Radius 5. Sie schneidet die Koordinatenachsen in den Punkten $P_1\langle 6 \mid 0\rangle$; $P_2\langle 0 \mid 0\rangle$ und $P_3\langle 0 \mid -8\rangle$. Da die Punkte P_1; M und P_3 auf einer Geraden liegen (► Steigungen $m_{P_1M}=\frac{4}{3}$ und $m_{MP_3}=\frac{4}{3}$), gilt $\alpha_1+\alpha_2=\pi$ und somit $\frac{\alpha_1}{2}+\frac{\alpha_2}{2}=\frac{\pi}{2}$.

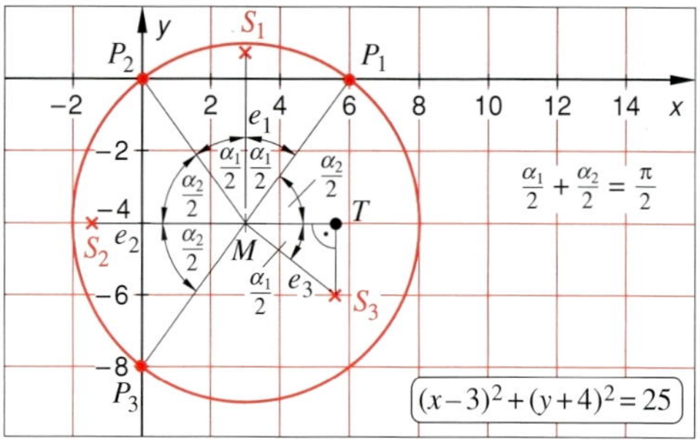

■ **Berechnung der Schwerpunktskoordinaten x_1 und y_1 des Kreisbogens $\overset{\frown}{P_1P_2}$**

● **Berechnung der Schwerpunktskoordinaten x_1**

Da der Kreisbogen $\overset{\frown}{P_1P_2}$ symmetrisch zur Geraden mit der Gleichung $x=3$ liegt, gilt $\underline{\underline{x_1=3}}$.

● **Berechnung der Schwerpunktskoordinaten y_1**

$$y_1=-4+e_1 \text{ mit } e_1=\frac{2r}{\alpha_1}\cdot\sin\frac{\alpha_1}{2} \quad ► e_1=|\overline{MS_1}|$$
$$=-4+\frac{2r}{\alpha_1}\cdot\sin\frac{\alpha_1}{2} \quad ► r=5$$
$$=-4+\frac{2\cdot 5}{\alpha_1}\cdot\sin\frac{\alpha_1}{2}$$
$$=-4+\frac{5}{\frac{\alpha_1}{2}}\cdot\sin\frac{\alpha_1}{2} \quad ► \sin\frac{\alpha_1}{2}=\frac{3}{5}\Rightarrow\frac{\alpha_1}{2}=0{,}64350\ldots$$
$$=\frac{5}{0{,}64350\ldots}\cdot\frac{3}{5}-4$$
$$=\underline{\underline{0{,}66200}}$$

Aus x_1 und y_1 erhält man den Linienschwerpunkt des Kreisbogens $\overset{\frown}{P_1P_2}$ mit $S_1\langle 3 \mid 0{,}66200\rangle$

■ **Berechnung der Schwerpunktskoordinaten x_2 und y_2 des Bogens $\overset{\frown}{P_2P_3}$**

● **Berechnung der Schwerpunktskoordinaten y_2**

Da der Kreisbogen $\overset{\frown}{P_2P_3}$ symmetrisch zur Geraden mit der Gleichung $y=-4$ liegt, gilt $\underline{\underline{y_2=-4}}$.

● **Berechnung der Schwerpunktskoordinaten x_2**

$$x_2=3-e_2 \text{ mit } e_2=\frac{2r}{\alpha_2}\cdot\sin\frac{\alpha_2}{2} \quad ► e_2=|\overline{MS_2}|$$
$$=3-\frac{2r}{\alpha_2}\cdot\sin\frac{\alpha_2}{2} \quad ► r=5$$
$$=3-\frac{2\cdot 5}{\alpha_2}\cdot\sin\frac{\alpha_2}{2}$$
$$=3-\frac{\frac{5}{\alpha_2}}{2}\cdot\sin\frac{\alpha_2}{2} \quad ► \sin\frac{\alpha_2}{2}=\frac{4}{5}\Rightarrow\frac{\alpha_2}{2}=0{,}92729\ldots$$

364

$$= 3 - \frac{5}{0{,}92729\ldots} \cdot \frac{4}{5}$$
$$= \underline{\underline{-1{,}31362}}$$

Aus x_2 und y_2 erhält man den Linienschwerpunkt des Kreisbogens $\widehat{P_2P_3}$ mit $S_2\langle -1{,}31362 \,|\, -4\rangle$

- **Berechnung der Schwerpunktskoordinaten x_3 und y_3 des Bogens $\widehat{P_3P_1}$**

  - **Berechnung von $e_3 = |\overline{MS_3}|$**

$$e_3 = \frac{2r}{\alpha_3} \cdot \sin\frac{\alpha_3}{2} \quad \blacktriangleright\ \alpha_3 = \pi;\ r = 5$$
$$= \frac{2 \cdot 5}{\pi} \cdot \sin\frac{\pi}{2} \quad \blacktriangleright\ \sin\frac{\pi}{2} = 1$$
$$= 3{,}18309\ldots = \underline{\underline{3{,}18310}}$$

  - **Berechnung der Schwerpunktskoordinaten x_3**

$$x_3 = 3 + |\overline{MT}| \quad \blacktriangleright\ \cos\frac{\alpha_1}{2} = \frac{|\overline{MT}|}{e_3} \Rightarrow |\overline{MT}| = e_3 \cdot \cos\frac{\alpha_1}{2}$$
$$= 3 + e_3 \cdot \cos\frac{\alpha_1}{2} \quad \blacktriangleright\ e_3 = 3{,}18309\ldots;\ \cos\frac{\alpha_1}{2} = \frac{4}{5}$$
$$= 3 + 3{,}18309\ldots \cdot \frac{4}{5}$$
$$= \underline{\underline{5{,}54648}}$$

  - **Berechnung der Schwerpunktskoordinaten y_3**

$$y_3 = -4 - |\overline{TS_3}| \quad \blacktriangleright\ \sin\frac{\alpha_1}{2} = \frac{|\overline{TS_3}|}{e_3} \Rightarrow |\overline{TS_3}| = e_3 \cdot \sin\frac{\alpha_1}{2}$$
$$= -4 - e_3 \cdot \sin\frac{\alpha_1}{2} \quad \blacktriangleright\ e_3 = 3{,}18309\ldots;\ \sin\frac{\alpha_1}{2} = \frac{3}{5}$$
$$= -4 - 3{,}18309\ldots \cdot \frac{3}{5}$$
$$= \underline{\underline{-5{,}90986}}$$

Aus x_3 und y_3 erhält man den Linienschwerpunkt des Kreisbogens $\widehat{P_3P_1}$ mit $S_3\langle 5{,}54648 \,|\, -5{,}90986\rangle$

Vorbemerkung zu den Übungsaufgaben 67 bis 69

Die Koordinaten des Gesamtschwerpunktes $S\langle x_S \,|\, y_S\rangle$ erhält man nach der zu Beginn dieses Kapitels beschriebenen Methode. Alle Rechnungen werden zunächst ohne Einheit durchgeführt. Es gelten die folgenden Gleichungen:

$$x_S = \frac{\sum\limits_{k=1}^{n}(l_k \cdot x_k)}{l} \quad \text{und} \quad y_S = \frac{\sum\limits_{k=1}^{n}(l_k \cdot y_k)}{l} \quad \text{mit } l = \sum_{k=1}^{n} l_k$$

364

Die abgebildeten Biegeteile bestehen aus Stahldraht mit 3 mm Durchmesser und haben eine längenbezogene Masse m' von 0,055 kg/m. Berechnen Sie die Schwerpunktskoordinaten in mm und die Drehmomente, bezogen auf die Koordinatenachsen, in N · mm. ▶ **Lehrbuch: Kusch 4, S. 346 ... 349**

67.

Die Länge l des Biegeteils setzt sich aus den sechs Teillängen $l_1; l_2; l_3; l_4; l_5$ und l_6 zusammen:

$l_1 = |\overline{AB}|; l_2 = |\overline{BC}|; l_3 = |\overline{CD}|; l_4 = |\overline{DE}|;$
$l_5 = |\overline{EF}|; l_6 = |\overline{FG}|$

Die Koordinaten der Punkte ergeben sich aus der Abbildung:

$A\langle 0\,|\,35\rangle; B\langle 0; 0\rangle; C\langle 40\,|\,0\rangle; D\langle 60\,|\,30\rangle;$
$E\langle 60\,|\,80\rangle; F\langle 25\,|\,80\rangle; G\langle 25\,|\,35\rangle$

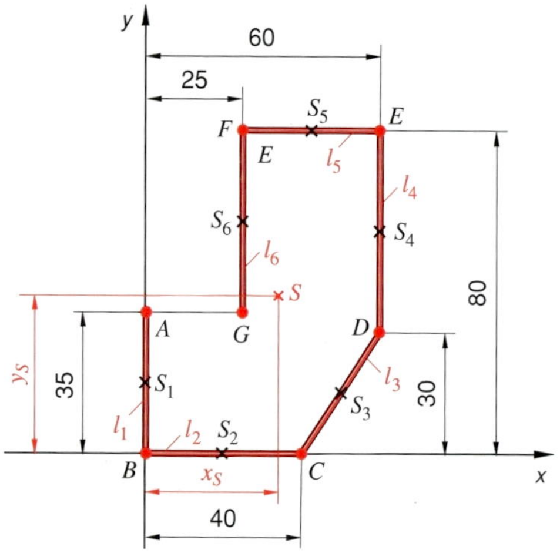

Berechnung der Bogenlängen $l_1; l_2; l_3; l_4; l_5; l_6$ und l

Die Längen l_1 und l_2 entnimmt man unmittelbar der Abbildung.

● $l_1 = \underline{35}; l_2 = \underline{40}$

Die Länge l_3 berechnet man mit dem Satz des Pythagoras, wobei man die Koordinaten der Punkte C und D der Abbildung entnimmt.

● $l_3 = \sqrt{(x_D - x_C)^2 + (y_D - y_C)^2}$ ▶ Satz des Pythagoras ▶ $x_D = 60; x_C = 40; y_D = 30; y_C = 0$

$= \sqrt{(60-40)^2 + (30-0)^2}$

$= \sqrt{20^2 + 30^2}$

$= \underline{36{,}06}$

Auch die Längen l_4, l_5 und l_6 kann man unmittelbar aus der Abbildung entnehmen.

● $l_4 = \underline{50}; l_5 = \underline{35}; l_6 = \underline{45}$

● $l = l_1 + l_2 + l_3 + l_4 + l_5 + l_6$

Die Maßzahl 241,06 der Gesamtlänge l ergibt sich durch Addition der sechs Teillängen.

$= 35 + 40 + 36{,}06 + 50 + 35 + 45$

$= \underline{241{,}06}$ ▶ $\underline{\underline{l = 241{,}06 \text{ mm}}}$

Berechnung der Koordinaten $\langle x_1\,|\,y_1\rangle; \langle x_2\,|\,y_2\rangle; \ldots; \langle x_6\,|\,y_6\rangle$ für die Schwerpunkte $S_1; S_2; \ldots; S_6$

Bei $S_1; S_2; \ldots; S_6$ handelt es sich um Schwerpunkte von linienförmigen Massen in Form von Strecken, bei denen der Schwerpunkt stets im Streckenmittelpunkt liegt. Hierbei berechnet man die Koordinaten x_M und y_M des Mittelpunktes einer Strecke zwischen zwei Punkten $P\langle x_P\,|\,y_P\rangle$ und $Q\langle x_Q\,|\,y_Q\rangle$ mit $x_M = \dfrac{x_P + x_Q}{2}$ und $y_M = \dfrac{y_P + y_Q}{2}$.

● $x_1 = \dfrac{x_A + x_B}{2}$ ▶ $x_A = 0; x_B = 0 \Rightarrow x_1 = \dfrac{0+0}{2} = \underline{0}$

$y_1 = \dfrac{y_A + y_B}{2}$ ▶ $y_A = 40; y_B = 0 \Rightarrow y_2 = \dfrac{40+0}{2} = \underline{20}$

▶ $S_1\langle 0\,|\,20\rangle$

● $x_2 = \dfrac{x_B + x_C}{2}$ ▶ $x_B = 0; x_C = 40 \Rightarrow x_2 = \dfrac{0+40}{2} = \underline{20}$

$y_2 = \dfrac{y_B + y_C}{2}$ ▶ $y_B = 0; y_C = 0 \Rightarrow y_2 = \dfrac{0+0}{2} = \underline{0}$

▶ $S_2\langle 20\,|\,0\rangle$

$$\bullet\ x_3 = \frac{x_C + x_D}{2} \quad \blacktriangleright\ x_C = 40;\ x_D = 60 \Rightarrow x_3 = \frac{40+60}{2} = \underline{50}$$
$$y_3 = \frac{y_C + y_D}{2} \quad \blacktriangleright\ y_C = 0;\ y_D = 30 \Rightarrow y_3 = \frac{0+30}{2} = \underline{15}$$
$\blacktriangleright\ S_3\langle 50\,|\,15\rangle$

$$\bullet\ x_4 = \frac{x_D + x_E}{2} \quad \blacktriangleright\ x_D = 60;\ x_E = 60 \Rightarrow x_4 = \frac{60+60}{2} = \underline{60}$$
$$y_4 = \frac{y_D + y_E}{2} \quad \blacktriangleright\ y_D = 30;\ y_E = 80 \Rightarrow y_4 = \frac{30+80}{2} = \underline{55}$$
$\blacktriangleright\ S_4\langle 60\,|\,55\rangle$

$$\bullet\ x_5 = \frac{x_E + x_F}{2} \quad \blacktriangleright\ x_E = 60;\ x_F = 25 \Rightarrow x_5 = \frac{60+25}{2} = \underline{42{,}5}$$
$$y_5 = \frac{y_E + y_F}{2} \quad \blacktriangleright\ y_E = 80;\ y_F = 80 \Rightarrow y_5 = \frac{80+80}{2} = \underline{80}$$
$\blacktriangleright\ S_5\langle 42{,}5\,|\,80\rangle$

$$\bullet\ x_6 = \frac{x_F + x_G}{2} \quad \blacktriangleright\ x_F = 25;\ x_G = 25 \Rightarrow x_6 = \frac{25+25}{2} = \underline{25}$$
$$y_6 = \frac{y_F + y_G}{2} \quad \blacktriangleright\ y_F = 80;\ y_G = 35 \Rightarrow y_6 = \frac{80+35}{2} = \underline{57{,}5}$$
$\blacktriangleright\ S_6\langle 25\,|\,57{,}5\rangle$

Berechnung der Koordinaten x_S und y_S für den Schwerpunkt S

$$x_S = \frac{l_1 \cdot x_1 + l_2 \cdot x_2 + l_3 \cdot x_3 + l_4 \cdot x_4 + l_5 \cdot x_5 + l_6 \cdot x_6}{l} \quad \blacktriangleright\ l = 241{,}06$$
$$\Rightarrow x_S = \frac{35 \cdot 0 + 40 \cdot 20 + 36{,}06 \cdot 50 + 50 \cdot 60 + 35 \cdot 42{,}5 + 45 \cdot 25}{241{,}06} = \underline{34{,}08} \quad \blacktriangleright\ \underline{\underline{x_S = 34{,}08\ \text{mm}}}$$

$$y_S = \frac{l_1 \cdot y_1 + l_2 \cdot y_2 + l_3 \cdot y_3 + l_4 \cdot y_4 + l_5 \cdot y_5 + l_6 \cdot y_6}{l} \quad \blacktriangleright\ l = 241{,}06$$
$$\Rightarrow y_S = \frac{35 \cdot 20 + 40 \cdot 0 + 36{,}06 \cdot 15 + 50 \cdot 55 + 35 \cdot 80 + 45 \cdot 57{,}5}{241{,}06} = \underline{38{,}91} \quad \blacktriangleright\ \underline{\underline{y_S = 38{,}91\ \text{mm}}}$$

Das Biegeteil hat den Linienschwerpunkt $S\langle 34{,}08\ \text{mm}\,|\,38{,}91\ \text{mm}\rangle$.

Berechnung der Drehmomente M_x und M_y

Es ist zweckmäßig, zunächst die Gewichtskraft F_G aus der längenbezogenen Masse m' und der Länge des Biegeteils zu berechnen.

$M_x = F_G \cdot y_S$ und $M_y = F_G \cdot x_S$

$$F_G = m' \cdot l \cdot g \quad \blacktriangleright\ m' = 0{,}055\,\frac{\text{kg}}{\text{m}};\ l = 0{,}24106\ \text{m};\ g = 9{,}81\,\frac{\text{m}}{\text{s}^2}$$
$$= 0{,}055\,\frac{\text{kg}}{\text{m}} \cdot 0{,}24106\ \text{m} \cdot 9{,}81\,\frac{\text{m}}{\text{s}^2}$$
$$= 0{,}13006\,\frac{\text{kg} \cdot \text{m}}{\text{s}^2} \quad \blacktriangleright\ 1\,\frac{\text{kg} \cdot \text{m}}{\text{s}^2} = 1\ \text{N}$$
$$= \underline{\underline{0{,}13\ \text{N}}}$$

$$M_x = F_G \cdot y_S \quad \blacktriangleright\ y_S = 38{,}91\ \text{mm}$$
$$= 0{,}13\ \text{N} \cdot 38{,}91\ \text{mm}$$
$$= \underline{\underline{5{,}06\ \text{N} \cdot \text{mm}}}$$

Bezogen auf die Koordinatenachsen erhält man die Drehmomente mit:

$M_x = 5{,}06\ \text{N} \cdot \text{mm}$ und $M_y = 4{,}43\ \text{N} \cdot \text{mm}$

$$M_y = F_G \cdot x_S \quad \blacktriangleright\ x_S = 34{,}08\ \text{mm}$$
$$= 0{,}13\ \text{N} \cdot 34{,}08\ \text{mm}$$
$$= \underline{\underline{4{,}43\ \text{N} \cdot \text{mm}}}$$

364 **68.**

Die Länge des Biegeteils setzt sich aus den fünf Teillängen l_1; l_2; l_3; l_4 und l_5 zusammen: $l_1 = |\overline{AB}|$; $l_2 = |\overline{BC}|$; $l_3 = |\overline{CD}|$; $l_4 = |\overline{DE}|$; $l_5 = |\overline{EF}|$

Die Koordinaten der Punkte entnimmt man der Abbildung:

$A\langle 25\,|\,20\rangle$; $B\langle 25\,|\,80\rangle$; $C\langle 0\,|\,65{,}57\rangle$; $D\langle 0\,|\,0\rangle$; $E\langle 40\,|\,0\rangle$; $F\langle 40\,|\,20\rangle$

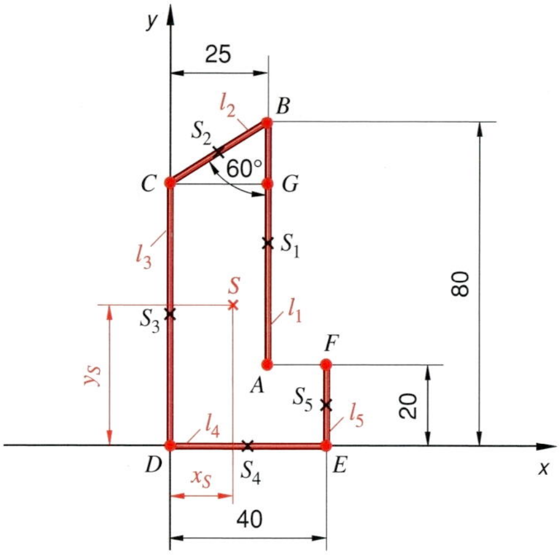

Berechnung der Bogenlängen l_1; l_2; l_3; l_4 und l_5

Die Länge l_1 entnimmt man unmittelbar der Abbildung.

- $l_1 = \underline{60}$

Die Länge l_2 berechnet man mit dem Satz des Pythagoras.

▶ $|\overline{BG}| = 25 \cdot \cot 60° = 14{,}43$

▶ $|\overline{CD}| = 80 - |\overline{BG}| = 80 - 14{,}43 = \underline{65{,}57}$

- $l_2 = \sqrt{(x_C - x_B)^2 + (y_C - y_B)^2}$ ▶ Satz des Pythagoras

▶ $x_C = 0$; $x_B = 25$; $y_C = 65{,}57$; $y_B = 80$

$= \sqrt{(65{,}57 - 80)^2 + (0 - 25)^2}$

$= \sqrt{14{,}43^2 + 25^2}$

$= \underline{28{,}87}$

Auch die Längen l_3, l_4 und l_5 kann man unmittelbar aus der Abbildung entnehmen.

- $l_3 = 65{,}57$; $l_4 = 40$; $l_5 = 20$

Die Maßzahl 214,44 der Gesamtlänge l ergibt sich durch Addition der fünf Teillängen.

- $l = l_1 + l_2 + l_3 + l_4 + l_5$

$= 60 + 28{,}87 + 65{,}57 + 40 + 20$

$= \underline{214{,}44}$ ▶ $\underline{\underline{l = 214{,}44 \text{ mm}}}$

Berechnung der Koordinaten $\langle x_1\,|\,y_1\rangle$; $\langle x_2\,|\,y_2\rangle$; ...; $\langle x_5\,|\,y_5\rangle$ für die Schwerpunkte S_1; S_2; ...; S_5

Bei S_1; S_2; ...; S_5 handelt es sich um Schwerpunkte von linienförmigen Massen in Form von Strecken, bei denen der Schwerpunkt stets im Streckenmittelpunkt liegt. Hierbei berechnet man die Koordinaten x_M und y_M des Mittelpunktes einer Strecke zwischen zwei Punkten $P\langle x_P\,|\,y_P\rangle$ und $Q\langle x_Q\,|\,y_Q\rangle$ mit $x_M = \frac{x_P + x_Q}{2}$ und $y_M = \frac{y_P + y_Q}{2}$.

- $x_1 = \frac{x_A + x_B}{2}$ ▶ $x_A = 25$; $x_B = 25 \Rightarrow x_1 = \frac{25 + 25}{2} = \underline{25}$

  $y_1 = \frac{y_A + y_B}{2}$ ▶ $y_A = 20$; $y_B = 80 \Rightarrow y_1 = \frac{20 + 80}{2} = \underline{50}$

  ▶ $S_1\langle 25\,|\,50\rangle$

- $x_2 = \frac{x_B + x_C}{2}$ ▶ $x_B = 25$; $x_C = 0 \Rightarrow x_2 = \frac{25 + 0}{2} = \underline{12{,}5}$

  $y_2 = \frac{y_B + y_C}{2}$ ▶ $y_B = 80$; $y_C = 65{,}57 \Rightarrow y_2 = \frac{80 + 65{,}57}{2} = \underline{72{,}79}$

  ▶ $S_2\langle 12{,}5\,|\,72{,}79\rangle$

- $x_3 = \frac{x_C + x_D}{2}$ ► $x_C = 0;\ x_D = 0 \Rightarrow x_3 = \frac{0+0}{2} = \underline{0}$
  $y_3 = \frac{y_C + y_D}{2}$ ► $y_C = 65{,}57;\ y_D = 0 \Rightarrow y_3 = \frac{65{,}57+0}{2} = \underline{32{,}79}$ ► $S_3\langle 0\,|\,32{,}79\rangle$

- $x_4 = \frac{x_D + x_E}{2}$ ► $x_D = 0;\ x_E = 40 \Rightarrow x_4 = \frac{0+40}{2} = \underline{20}$
  $y_4 = \frac{y_D + y_E}{2}$ ► $y_D = 0;\ y_E = 0 \Rightarrow y_4 = \frac{0+0}{2} = \underline{0}$ ► $S_4\langle 20\,|\,0\rangle$

- $x_5 = \frac{x_E + x_F}{2}$ ► $x_E = 40;\ x_F = 40 \Rightarrow x_5 = \frac{40+40}{2} = \underline{40}$
  $y_5 = \frac{y_E + y_F}{2}$ ► $y_E = 0;\ y_F = 20 \Rightarrow y_5 = \frac{0+20}{2} = \underline{10}$ ► $S_5\langle 40\,|\,10\rangle$

Berechnung der Koordinaten x_S und y_S für den Schwerpunkt S

$$x_S = \frac{l_1 \cdot x_1 + l_2 \cdot x_2 + l_3 \cdot x_3 + l_4 \cdot x_4 + l_5 \cdot x_5}{l} \quad ► \ l = 214{,}44$$

$$\Rightarrow x_S = \frac{60 \cdot 25 + 28{,}87 \cdot 12{,}5 + 65{,}57 \cdot 0 + 40 \cdot 20 + 20 \cdot 40}{214{,}44} = \underline{16{,}14} \quad ► \ \underline{\underline{x_S = 16{,}14\ \text{mm}}}$$

$$y_S = \frac{l_1 \cdot y_1 + l_2 \cdot y_2 + l_3 \cdot y_3 + l_4 \cdot y_4 + l_5 \cdot y_5}{l} \quad ► \ l = 214{,}44$$

$$\Rightarrow y_S = \frac{60 \cdot 50 + 28{,}87 \cdot 72{,}79 + 65{,}57 \cdot 32{,}79 + 40 \cdot 0 + 20 \cdot 10}{214{,}44} = \underline{34{,}75} \quad ► \ \underline{\underline{y_S = 34{,}75\ \text{mm}}}$$

Das Biegeteil hat den Linienschwerpunkt $S\langle 16{,}14\ \text{mm}\,|\,34{,}75\ \text{mm}\rangle$.

Berechnung der Drehmomente M_x und M_y

$M_x = F_G \cdot y_S$ und $M_y = F_G \cdot x_S$

Es ist zweckmäßig, zunächst die Gewichtskraft F_G aus der längenbezogenen Masse m' und der Länge des Biegeteils zu berechnen.

$$F_G = m' \cdot l \cdot g \quad ► \ m' = 0{,}055\ \frac{\text{kg}}{\text{m}};\ l = 0{,}21444\ \text{m};\ g = 9{,}81\ \frac{\text{m}}{\text{s}^2}$$
$$= 0{,}055\ \frac{\text{kg}}{\text{m}} \cdot 0{,}21444\ \text{m} \cdot 9{,}81\ \frac{\text{m}}{\text{s}^2}$$
$$= 0{,}11570\ \frac{\text{kg} \cdot \text{m}}{\text{s}^2} \quad ► \ 1\ \frac{\text{kg} \cdot \text{m}}{\text{s}^2} = 1\ \text{N}$$
$$= \underline{\underline{0{,}12\ \text{N}}}$$

$$M_x = F_G \cdot y_S \quad ► \ y_S = 34{,}75\ \text{mm}$$
$$= 0{,}12\ \text{N} \cdot 34{,}75\ \text{mm}$$
$$= \underline{\underline{4{,}17\ \text{N} \cdot \text{mm}}}$$

Bezogen auf die Koordinatenachsen erhält man die Drehmomente mit:

$M_x = 4{,}17\ \text{N} \cdot \text{mm}$ und $M_y = 1{,}94\ \text{N} \cdot \text{mm}$

$$M_y = F_G \cdot x_S \quad ► \ x_S = 16{,}14\ \text{mm}$$
$$= 0{,}12\ \text{N} \cdot 16{,}14\ \text{mm}$$
$$= \underline{\underline{1{,}94\ \text{N} \cdot \text{mm}}}$$

364 **69.**

Die Länge der Biegeteils ergibt sich aus den sechs Teillängen l_1; l_2; l_3; l_4; l_5 und l_6:

$l_1 = |\overline{AB}|$; $l_2 = |\overline{BC}|$; $l_3 = |\overline{CD}|$; $l_4 = |\overline{DE}|$;
$l_5 = |\overline{EF}|$; $l_6 = |\overline{FG}|$.

Die Koordinaten der Punkte entnimmt man der Abbildung:

$A\langle 50\,|\,0\rangle$; $B\langle 50\,|\,25\rangle$; $C\langle 40\,|\,55\rangle$; $D\langle 10\,|\,55\rangle$;
$E\langle 0\,|\,25\rangle$; $F\langle 0\,|\,0\rangle$; $G\langle 25\,|\,-25\rangle$

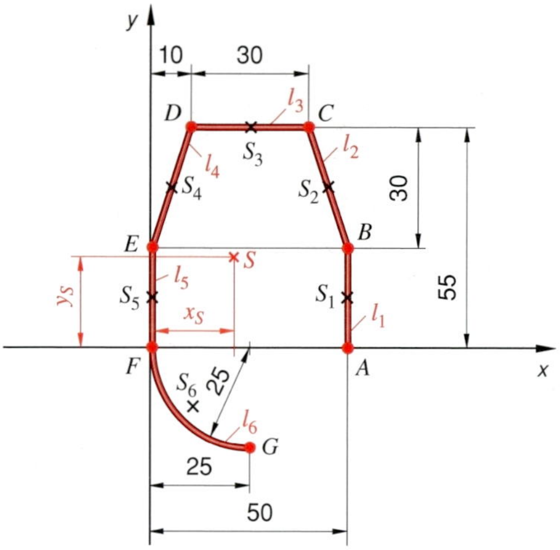

Berechnung der Bogenlängen l_1; l_2; l_3; l_4; l_5; l_6 und l

Die Länge l_1 entnimmt man unmittelbar der Abbildung.

- $l_1 = \underline{25}$

Die Länge l_2 berechnet man mit dem Satz des Pythagoras.

- $l_2 = \sqrt{(x_C - x_B)^2 + (y_C - y_B)^2}$ ► Satz des Pythagoras ► $x_C = 40$; $x_B = 50$; $y_C = 55$; $y_B = 25$

$= \sqrt{(40-50)^2 + (55-25)^2}$

$= \sqrt{(-10)^2 + 30^2}$

$= \underline{31{,}627}$ ► $l_4 = l_2$

Da das Biegeteil für $y \in [0; 55]$ symmetrisch zur Geraden mit der Gleichung $x = 25$ verläuft, gilt auch: $l_4 = \underline{31{,}62}$

Auch die Längen l_3 und l_5 kann man unmittelbar aus der Abbildung entnehmen.

- $l_3 = \underline{30}$
- $l_4 = \underline{31{,}62}$ ► l_2
- $l_5 = \underline{25}$

Die Länge l_6 ist ein Viertelkreisbogen zum Mittelpunkt $M\langle 25\,|\,0\rangle$ und dem Radius 25.

- $l_6 = \frac{1}{4} \cdot 2\pi r$ ► $r = 25$

$= \frac{\pi}{2} \cdot 25$

$= \underline{39{,}27}$

Die Maßzahl 182,51 der Gesamtlänge l ergibt sich durch Addition der sechs Teillängen.

- $l = l_1 + l_2 + l_3 + l_4 + l_5 + l_6$

$= 25 + 31{,}62 + 30 + 31{,}62 + 25 + 39{,}27$

$= \underline{182{,}51}$ ► $\underline{\underline{l = 182{,}51 \text{ mm}}}$

Berechnung der Koordinaten $\langle x_1\,|\,y_1\rangle$; $\langle x_2\,|\,y_2\rangle$; …; $\langle x_6\,|\,y_6\rangle$ für die Schwerpunkte S_1; S_2; …; S_6

Bei S_1; S_2; …; S_5 handelt es sich um Schwerpunkte von linienförmigen Massen in Form von Strecken, bei denen der Schwerpunkt stets im Streckenmittelpunkt liegt. Hierbei berechnet man die Koordinaten x_M und y_M des Mittelpunktes einer Strecke zwischen zwei Punkten $P\langle x_P\,|\,y_P\rangle$ und $Q\langle x_Q\,|\,y_Q\rangle$ mit $x_M = \frac{x_P + x_Q}{2}$ und $y_M = \frac{y_P + y_Q}{2}$.

364

- $x_1 = \dfrac{x_A + x_B}{2}$ ► $x_A = 50;\ x_B = 50 \Rightarrow x_1 = \dfrac{50+50}{2} = \underline{50}$
  $y_1 = \dfrac{y_A + y_B}{2}$ ► $y_A = 0;\ y_B = 25 \Rightarrow y_1 = \dfrac{0+25}{2} = \underline{12{,}5}$
  ► $S_1\langle 50\,|\,12{,}5\rangle$

- $x_2 = \dfrac{x_B + x_C}{2}$ ► $x_B = 50;\ x_C = 40 \Rightarrow x_2 = \dfrac{50+40}{2} = \underline{45}$
  $y_2 = \dfrac{y_B + y_C}{2}$ ► $y_B = 25;\ y_C = 55 \Rightarrow y_2 = \dfrac{25+55}{2} = \underline{40}$
  ► $S_2\langle 45\,|\,40\rangle$

- $x_3 = \dfrac{x_C + x_D}{2}$ ► $x_C = 40;\ x_D = 10 \Rightarrow x_3 = \dfrac{40+10}{2} = \underline{25}$
  $y_3 = \dfrac{y_C + y_D}{2}$ ► $y_C = 55;\ y_D = 55 \Rightarrow y_3 = \dfrac{55+55}{2} = \underline{55}$
  ► $S_3\langle 25\,|\,55\rangle$

- $x_4 = \dfrac{x_D + x_E}{2}$ ► $x_D = 10;\ x_E = 0 \Rightarrow x_4 = \dfrac{10+0}{2} = \underline{5}$
  $y_4 = \dfrac{y_D + y_E}{2}$ ► $y_D = 55;\ y_E = 25 \Rightarrow y_4 = \dfrac{55+25}{2} = \underline{40}$
  ► $S_4\langle 5\,|\,40\rangle$

- $x_5 = \dfrac{x_E + x_F}{2}$ ► $x_E = 0;\ x_F = 0 \Rightarrow x_5 = \dfrac{0+0}{2} = \underline{0}$
  $y_5 = \dfrac{y_E + y_F}{2}$ ► $y_E = 25;\ y_F = 0 \Rightarrow y_5 = \dfrac{25+0}{2} = \underline{12{,}5}$
  ► $S_5\langle 0\,|\,12{,}5\rangle$

- Zur Berechnung der Schwerpunktskoordinaten x_6 und y_6 des Kreisbogens $\widehat{FG}$ benutzt man das Ergebnis des letzten Merksatzes.

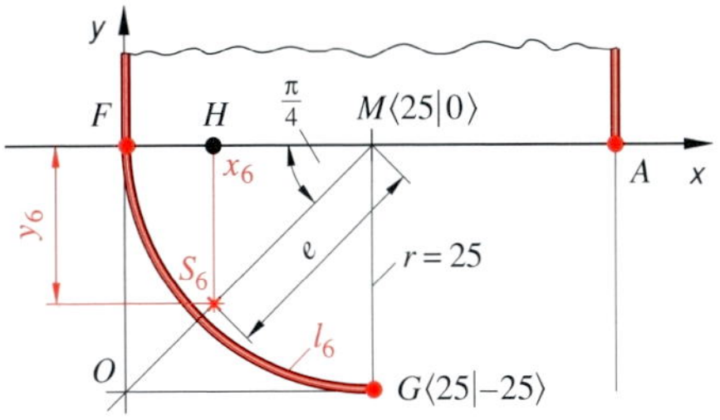

Der Kreisbogen $\widehat{FG}$ hat den Linienschwerpunkt $S_6\langle 9{,}08\,|-15{,}92\rangle$.

► $|\overline{MS_6}| = e = \dfrac{2\,r}{\alpha}\cdot\sin\dfrac{\alpha}{2}$ ► $r = 25;\ \alpha = \dfrac{\pi}{2}$

$= \dfrac{2\cdot 25}{\frac{\pi}{2}}\cdot\sin\dfrac{\pi}{4}$

$= \underline{22{,}51}$

► $x_6 = |\overline{FM}| - |\overline{HM}|$ ► $|\overline{FM}| = 25;\ |\overline{HM}| = e\cdot\cos\dfrac{\pi}{4}$

$= 25 - 22{,}51\cdot\cos\dfrac{\pi}{4}$

$= \underline{9{,}08}$

► $y_6 = -\left(e\cdot\sin\dfrac{\pi}{4}\right)$

$= -22{,}51\cdot\sin\dfrac{\pi}{4}$

$= \underline{-15{,}92}$

Berechnung der Koordinaten x_S und y_S für den Schwerpunkt S

$$x_S = \frac{l_1\cdot x_1 + l_2\cdot x_2 + l_3\cdot x_3 + l_4\cdot x_4 + l_5\cdot x_5 + l_6\cdot x_6}{l} \quad ► \ l = 182{,}51$$

$$\Rightarrow x_S = \frac{25\cdot 50 + 31{,}62\cdot 45 + 30\cdot 25 + 31{,}62\cdot 5 + 25\cdot 0 + 39{,}27\cdot 9{,}08}{182{,}51} = \underline{21{,}58} \quad ► \ \underline{\underline{x_S = 21{,}58\ \text{mm}}}$$

364

$$y_S = \frac{l_1 \cdot y_1 + l_2 \cdot y_2 + l_3 \cdot y_3 + l_4 \cdot y_4 + l_5 \cdot y_5 + l_6 \cdot y_6}{l} \quad \blacktriangleright\ l = 182{,}51$$

$$\Rightarrow y_S = \frac{25 \cdot 12{,}5 + 31{,}62 \cdot 40 + 30 \cdot 55 + 31{,}62 \cdot 40 + 25 \cdot 12{,}5 + 39{,}27 \cdot (-15{,}92)}{182{,}51} = \underline{22{,}9} \quad \blacktriangleright\ \underline{\underline{y_S = 22{,}9\ \text{mm}}}$$

Das Biegeteil hat den Linienschwerpunkt $S\langle 21{,}58 \,|\, 22{,}9\rangle$.

Berechnung der Drehmomente M_x und M_y

Es ist zweckmäßig, zunächst die Gewichtskraft F_G aus der längenbezogenen Masse m' und der Länge des Biegeteils zu berechnen.

$M_x = F_G \cdot y_S$ und $M_y = F_G \cdot x_S$

$$\blacktriangleright\ F_G = m' \cdot l \cdot g \quad \blacktriangleright\ m' = 0{,}055\,\frac{\text{kg}}{\text{m}};\ l = 0{,}18251\ \text{m};\ g = 9{,}81\,\frac{\text{m}}{\text{s}^2}$$

$$= 0{,}055\,\frac{\text{kg}}{\text{m}} \cdot 0{,}18251\ \text{m} \cdot 9{,}81\,\frac{\text{m}}{\text{s}^2}$$

$$= 0{,}0985\,\frac{\text{kg}\cdot\text{m}}{\text{s}^2} \quad \blacktriangleright\ 1\,\frac{\text{kg}\cdot\text{m}}{\text{s}^2} = 1\ \text{N}$$

$$= \underline{0{,}099\ \text{N}}$$

$$\blacktriangleright\ M_x = F_G \cdot y_S \quad \blacktriangleright\ F_G = 0{,}099\ \text{N};\ y_S = 22{,}9\ \text{mm}$$

$$= 0{,}099\ \text{N} \cdot 22{,}9\ \text{mm}$$

$$= \underline{\underline{2{,}27\ \text{N}\cdot\text{mm}}}$$

Bezogen auf die Koordinatenachsen erhält man die Drehmomente mit:

$M_x = 2{,}27\ \text{N}\cdot\text{mm}$ und $M_y = 2{,}14\ \text{N}\cdot\text{mm}$

$$\blacktriangleright\ M_y = F_G \cdot x_S \quad \blacktriangleright\ F_G = 0{,}099\ \text{N};\ x_S = 21{,}58\ \text{mm}$$

$$= 0{,}099\ \text{N} \cdot 21{,}58\ \text{mm}$$

$$= \underline{\underline{2{,}14\ \text{N}\cdot\text{mm}}}$$

Kurven in Parameterdarstellung

► **Lehrbuch: Kusch 4, S. 349/350**

Ist eine Kurve in einem Intervall $[t_1; t_2]$ in Parameterdarstellung $\begin{cases} x = f_1(t) \\ y = f_2(t) \end{cases};\ t \in D(f_1) \cap D(f_2)$ gegeben, so lassen sich für die Schwerpunktskoordinaten x_S und y_S einer zugehörigen linienförmigen Masse m mit $m = m' \cdot l$, analog zum vorangegangenen Abschnitt, entsprechende Formeln angeben. Hierbei müssen die Parameterfunktionen f_1 und f_2 im Intervall $[t_1; t_2]$ stetig differenzierbar sein.

Merke:

$$M_y = F_G \cdot x_S = m' \cdot g \cdot \int_{t_1}^{t_2} \left(f_1(t) \cdot \sqrt{[\dot{f}_1(t)]^2 + [\dot{f}_2(t)]^2} \right) \mathrm{d}t$$

$$x_S = \frac{\int_{t_1}^{t_2} \left(f_1(t) \cdot \sqrt{[\dot{f}_1(t)]^2 + [\dot{f}_2(t)]^2} \right) \mathrm{d}t}{l}$$

$$\blacktriangleright\ l = \int_{t_1}^{t_2} \sqrt{[\dot{f}_1(t)]^2 + [\dot{f}_2(t)]^2}\, \mathrm{d}t$$

$$M_x = F_G \cdot y_S = m' \cdot g \cdot \int_{t_1}^{t_2} \left(f_2(t) \cdot \sqrt{[\dot{f}_1(t)]^2 + [\dot{f}_2(t)]^2} \right) \mathrm{d}t$$

$$y_S = \frac{\int_{t_1}^{t_2} \left(f_2(t) \cdot \sqrt{[\dot{f}_1(t)]^2 + [\dot{f}_2(t)]^2} \right) \mathrm{d}t}{l}$$

$$\blacktriangleright\ l = \int_{t_1}^{t_2} \sqrt{[\dot{f}_1(t)]^2 + [\dot{f}_2(t)]^2}\, \mathrm{d}t$$

364

Berechnen Sie jeweils die Schwerpunktskoordinaten der linienförmigen Masse, die der Bogenlänge entspricht, die in dem angegebenen t-Intervall durch eine Parameterdarstellung beschrieben ist.

70. $\begin{cases} f_1(t) = 2t \\ f_2(t) = 0{,}5t \end{cases};\ t \in [0;\ 10]$

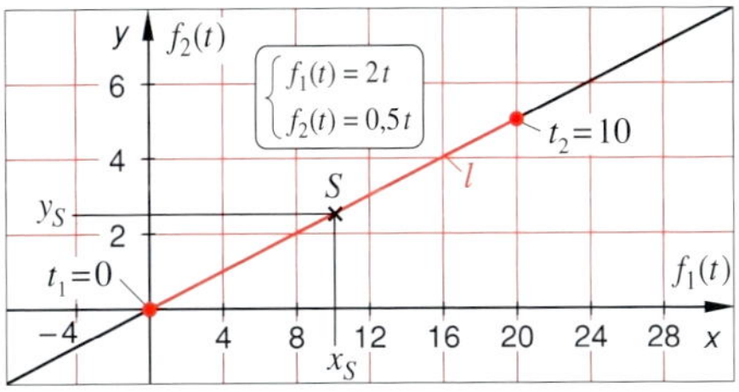

Berechnung der Bogenlänge l

Die Maßzahl der Bogenlänge wurde schon in Kapitel 3.3, Übungsaufgabe 16, berechnet, und zwar gilt im t-Intervall $[0;\ 10]$: $\underline{\underline{l = 20{,}61552\ldots}}$

Berechnung der Schwerpunktskoordinate x_S

$$\int_{t_1}^{t_2} \left(f_1(t) \cdot \sqrt{\left[\dot{f}_1(t)\right]^2 + \left[\dot{f}_2(t)\right]^2} \right) \mathrm{d}t = ?$$

► 0 für t_1; 10 für t_2; $f_1(t) = 2t$;

$$\sqrt{\left[\dot{f}_1(t)\right]^2 + \left[\dot{f}_2(t)\right]^2} = \sqrt{4{,}25}$$

$$\int_0^{10} \left(2t \cdot \sqrt{4{,}25}\right) \mathrm{d}t = 2 \cdot \sqrt{4{,}25} \int_0^{10} t\,\mathrm{d}t$$

$$= 2 \cdot \sqrt{4{,}25} \cdot \frac{t^2}{2} \Big|_0^{10}$$

$$= 2 \cdot \sqrt{4{,}25} \cdot \frac{100}{2} - 0$$

$$= \underline{206{,}15528\ldots}$$

$$x_S = \frac{\int_{t_1}^{t_2} \left(f_1(t) \cdot \sqrt{\left[\dot{f}_1(t)\right]^2 + \left[\dot{f}_2(t)\right]^2} \right) \mathrm{d}t}{l}$$ ► $l = 20{,}61552\ldots$

► $x_S = \dfrac{206{,}15528\ldots}{20{,}61552\ldots} = \underline{\underline{10}}$

Berechnung der Schwerpunktskoordinate y_S

$$\int_{t_1}^{t_2} \left(f_2(t) \cdot \sqrt{\left[\dot{f}_1(t)\right]^2 + \left[\dot{f}_2(t)\right]^2} \right) \mathrm{d}t = ?$$

► 0 für t_1; 10 für t_2; $f_2(t) = 0{,}5t$

$$\sqrt{\left[\dot{f}_1(t)\right]^2 + \left[\dot{f}_2(t)\right]^2} = \sqrt{4{,}25}$$

$$\int_0^{10} \left(0{,}5t \cdot \sqrt{4{,}25}\right) \mathrm{d}t = 0{,}5 \cdot \sqrt{4{,}25} \cdot \int_0^{10} t\,\mathrm{d}t$$

$$= 0{,}5 \cdot \sqrt{4{,}25} \cdot \frac{t^2}{2} \Big|_0^{10}$$

$$= 0{,}5 \cdot \sqrt{4{,}25} \cdot \frac{100}{2} - 0$$

$$= \underline{51{,}53882\ldots}$$

$$y_S = \frac{\int_{t_1}^{t_2} \left(f_2(t) \cdot \sqrt{\left[\dot{f}_1(t)\right]^2 + \left[\dot{f}_2(t)\right]^2} \right) \mathrm{d}t}{l}$$ ► $l = 20{,}61552\ldots$

► $y_S = \dfrac{51{,}53882\ldots}{20{,}61552\ldots} = \underline{\underline{2{,}5}}$

Mit den Koordinaten x_S und y_S erhält man den Linienschwerpunkt $S\langle 10\,|\,2{,}5\rangle$.

364

71. $\begin{cases} f_1(t) = t - \sin t \\ f_2(t) = 1 - \cos t \end{cases}; t \in [0; 2\pi]$

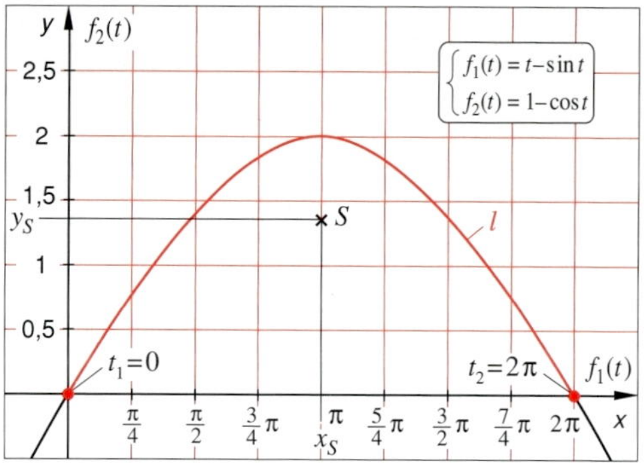

Berechnung der Bogenlänge l

Die Maßzahl der Bogenlänge wurde schon in der Übungsaufgabe 20, Kapitel 3.3, berechnet, und zwar gilt im t-Intervall $[0; 2\pi]$: $\underline{\underline{l = 8}}$

Berechnung der Schwerpunktskoordinate x_S

Die Kurve verläuft im Intervall $[0; 2\pi]$ symmetrisch zur Geraden mit der Gleichung $x = \pi$ (► $f_2(\pi + s) = f_2(\pi - s) = 1 + \cos s$). Deshalb liegt auch der Schwerpunkt auf dieser Geraden. Für die x-Koordinate von S gilt daher $x_S = \pi$.

Berechnung der Schwerpunktskoordinate y_S

$$y_S = \frac{\int_{t_1}^{t_2} \left(f_2(t) \cdot \sqrt{[\dot{f}_1(t)]^2 + [\dot{f}_2(t)]^2} \right) dt}{l} \quad ► \; l = 8$$

Zunächst wird der Zählerterm berechnet.

► $\sqrt{2 - 2 \cdot \cos t} = \sqrt{2} \cdot \sqrt{1 - \cos t}$

Aus Symmetriegründen gilt:

$$\int_0^{2\pi} \left[(1 - \cos t) \cdot \sqrt{2 - 2 \cdot \cos t} \right] dt =$$

$$= 2 \cdot \int_0^{\pi} \left[(1 - \cos t) \cdot \sqrt{2 - 2 \cdot \cos t} \right] dt$$

► $\sqrt{1 - \cos t} = \sqrt{2} \cdot \sin \frac{t}{2};\; t \in [0; \pi]$ ► 4.1

► $4 \cdot \int_0^{\pi} \sin \frac{t}{2}\, dt = 8$ ► 3.3, Übungsaufgabe 20

► $\cos t \cdot \sin \frac{t}{2} = 0{,}5 \cdot \left[\sin \frac{-t}{2} + \sin \left(\frac{t}{2} + t \right) \right]$

► $\sin \frac{-t}{2} = -\sin \frac{t}{2}$

$$= 0{,}5 \cdot \left[-\sin \tfrac{t}{2} + \sin \left(\tfrac{3}{2} \cdot t \right) \right]$$

► $\cos \frac{\pi}{2} = \cos \left(\frac{3}{2}\pi \right) = 0;\; \cos 0 = 1$

Mit den Koordinaten x_S und y_S erhält man den Linienschwerpunkt $S\langle \pi \,|\, \frac{4}{3} \rangle$.

$$\int_{t_1}^{t_2} \left(f_2(t) \cdot \sqrt{[\dot{f}_1(t)]^2 + [\dot{f}_2(t)]^2} \right) dt = ?$$

► 0 für t_1; 2π für t_2; $f_2(t) = 1 - \cos t$

$\sqrt{[\dot{f}_1(t)]^2 + [\dot{f}_2(t)]^2} = \sqrt{2 - 2 \cdot \cos t}$ ► 3.3, Übungsaufgabe 20

$$\int_0^{2\pi} \left[(1 - \cos t) \cdot \sqrt{2 - 2 \cdot \cos t} \right] dt =$$

$$= 2 \cdot \left[\int_0^{2\pi} \left(\sqrt{2} \cdot \sqrt{1 - \cos t} \right) dt - \int_0^{\pi} \left(\cos t \cdot \sqrt{2} \cdot \sqrt{1 - \cos t} \right) dt \right]$$

$$= 2 \cdot \sqrt{2} \cdot \left[\int_0^{\pi} \sqrt{1 - \cos t}\, dt - \int_0^{\pi} \left(\cos t \cdot \sqrt{1 - \cos t} \right) dt \right]$$

$$= 2 \cdot \sqrt{2} \cdot \left[\int_0^{\pi} \left(\sqrt{2} \cdot \sin \tfrac{t}{2} \right) dt - \int_0^{\pi} \left(\cos t \cdot \sqrt{2} \cdot \sin \tfrac{t}{2} \right) dt \right]$$

$$= 4 \cdot \int_0^{\pi} \sin \frac{t}{2}\, dt - 4 \cdot \int_0^{\pi} \left(\cos t \cdot \sin \frac{t}{2} \right) dt$$

$$= 8 - 4 \cdot \int_0^{\pi} \left[0{,}5 \cdot \left(-\sin \tfrac{t}{2} + \sin \left(\tfrac{3}{2} \cdot t \right) \right) \right] dt \quad ► \; 2.4.1$$

$$= 8 - 2 \cdot \left[2 \cdot \cos \frac{t}{2} - \frac{2}{3} \cdot \cos \left(\frac{3}{2} \cdot t \right) \Big|_0^{\pi} \right]$$

$$= 8 - 2 \cdot \left[2 \cdot \cos \frac{\pi}{2} - \frac{2}{3} \cdot \cos \left(\frac{3}{2}\pi \right) - 2 \cdot \cos 0 + \frac{2}{3} \cdot \cos 0 \right]$$

$$= \underline{\frac{32}{3}}$$

► $y_S = \frac{\frac{32}{3}}{8} = \underline{\underline{\frac{4}{3}}}$

364

72. $\begin{cases} f_1(t) = 2\cdot\sqrt{t} \\ f_2(t) = t-1 \end{cases}; t \in [0; 4]$

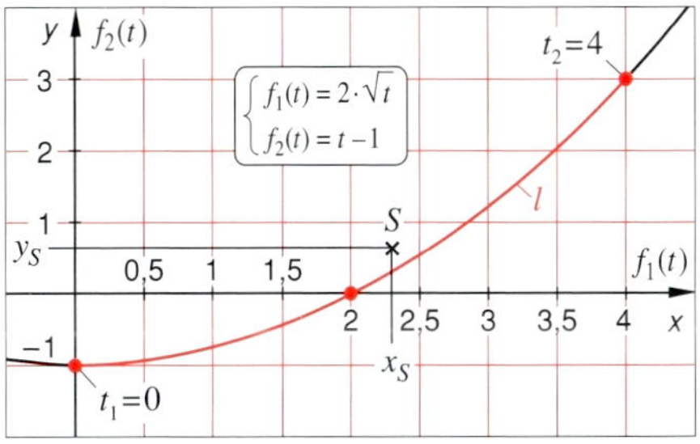

► $\sqrt{\frac{1}{t}+1} = \sqrt{\frac{t+1}{t}} = \sqrt{\frac{(t+1)^2}{t\cdot(t+1)}} = \frac{t+1}{\sqrt{t^2+t}}$

► $\frac{1}{2}\cdot\int\frac{2t+1}{\sqrt{t^2+t}}\,dt = \sqrt{t^2+t}+c$ ► 2.4.3

► $\frac{1}{2}\cdot\int\frac{dt}{\sqrt{t^2+t}} = \frac{1}{2}\cdot\int\frac{dt}{\sqrt{\left(t+\frac{1}{2}\right)^2-\frac{1}{4}}}$ 2.4.7 oder 2.4.8

$= \frac{1}{2}\cdot\ln\left|t+\frac{1}{2}+\sqrt{\left(t+\frac{1}{2}\right)^2-\frac{1}{4}}\right|+c$

Berechnung der Bogenlänge l

$$l = \int_{t_1}^{t_2}\sqrt{\left[\dot{f}_1(t)\right]^2+\left[\dot{f}_2(t)\right]^2}\,dt$$

► 0 für t_1; 4 für t_2

$$f_1(t) = 2\cdot\sqrt{t} \Rightarrow \dot{f}_1(t) = \frac{1}{\sqrt{t}}; f_2(t) = t-1 \Rightarrow \dot{f}_2(t) = 1$$

$$l = \int_0^4\sqrt{\frac{1}{t}+1}\,dt$$

$$= \int_0^4\frac{t+1}{\sqrt{t^2+t}}\,dt$$

$$= \frac{1}{2}\cdot\int_0^4\frac{(2t+1)+1}{\sqrt{t^2+t}}\,dt$$

$$= \frac{1}{2}\cdot\int_0^4\frac{2t+1}{\sqrt{t^2+t}}\,dt + \frac{1}{2}\cdot\int_0^4\frac{dt}{\sqrt{t^2+t}}$$

$$= \sqrt{t^2+t}\,\Big|_0^4 + \frac{1}{2}\cdot\ln\left|t+\frac{1}{2}+\sqrt{\left(t+\frac{1}{2}\right)^2-\frac{1}{4}}\right|\,\Bigg|_0^4$$

$$= \sqrt{4^2+4}-0+\frac{1}{2}\cdot\ln\left|4+\frac{1}{2}+\sqrt{\left(4+\frac{1}{2}\right)^2-\frac{1}{4}}\right|-\frac{1}{2}\cdot\ln\frac{1}{2}$$

$= \underline{5{,}91577\ldots}$ ► Bogenlänge in [0; 4]

Berechnung der Schwerpunktskoordinate x_S

$$x_S = \frac{\int_{t_1}^{t_2}\left(f_1(t)\cdot\sqrt{\left[\dot{f}_1(t)\right]^2+\left[\dot{f}_2(t)\right]^2}\right)dt}{l}$$

► $l = 5{,}91577\ldots$

$$\int_{t_1}^{t_2}\left(f_1(t)\cdot\sqrt{\left[\dot{f}_1(t)\right]^2+\left[\dot{f}_2(t)\right]^2}\right)dt = ?$$

► 0 für t_1; 4 für t_2; $f_1(t) = 2\cdot\sqrt{t}$

$$\sqrt{\left[\dot{f}_1(t)\right]^2+\left[\dot{f}_2(t)\right]^2} = \sqrt{\frac{1}{t}+1}$$

$$\int_0^4\left(2\cdot\sqrt{t}\cdot\sqrt{\frac{1}{t}+1}\right)dt = 2\cdot\int_0^4\sqrt{t\cdot\left(\frac{1}{t}+1\right)}\,dt$$

$$= 2\cdot\int_0^4\sqrt{1+t}\,dt$$ ► 2.4.1

$$= 2\cdot\frac{2}{3}\cdot\left(\sqrt{1+t}\right)^3\Big|_0^4$$

$$= \frac{4}{3}\cdot\left(\sqrt{1+4}\right)^3-\frac{4}{3}\cdot\left(\sqrt{1+0}\right)^3$$

$= \underline{13{,}57378\ldots}$

Berechnung der Schwerpunktskoordinate y_S

$$y_S = \frac{\int_{t_1}^{t_2}\left(f_2(t)\cdot\sqrt{\left[\dot{f}_1(t)\right]^2+\left[\dot{f}_2(t)\right]^2}\right)dt}{l}$$

► $l = 5{,}91577\ldots$

$$\int_{t_1}^{t_2}\left(f_2(t)\cdot\sqrt{\left[\dot{f}_1(t)\right]^2+\left[\dot{f}_2(t)\right]^2}\right)dt = ?$$

► 0 für t_1; 4 für t_2; $f_2(t) = t-2$

$$\sqrt{\left[\dot{f}_1(t)\right]^2+\left[\dot{f}_2(t)\right]^2} = \sqrt{\frac{1}{t}+1}$$

$$\int_0^4\left[(t-1)\cdot\sqrt{\tfrac{1}{t}+1}\right]dt =$$

$$= \int_0^4\left(t\cdot\sqrt{\tfrac{1}{t}+1}\right)dt - \underbrace{\int_0^4\sqrt{\tfrac{1}{t}+1}\,dt}$$

► $l = 5{,}91577\ldots$

$$= \int_0^4\sqrt{t^2\cdot\left(\tfrac{1}{t}+1\right)}\,dt - 5{,}91577\ldots$$

$$= \int_0^4\sqrt{t+t^2}\,dt - 5{,}91577\ldots$$

364

$$= \int_0^4 \sqrt{\left(t+\tfrac{1}{2}\right)^2 - \tfrac{1}{4}}\, \mathrm{d}t - 5{,}91577\ldots \qquad \blacktriangleright\ 2.4.7;\ 2.4.8$$

$$= \frac{t+\frac{1}{2}}{2} \cdot \sqrt{\left(t+\frac{1}{2}\right)^2 - \frac{1}{4}}\,\Bigg|_0^4 - \frac{\frac{1}{4}}{2} \cdot \ln\left|t+\frac{1}{2}+\sqrt{\left(t+\frac{1}{2}\right)^2 - \frac{1}{4}}\right|\Bigg|_0^4 + \\ - 5{,}91577\ldots$$

$$= \underline{3{,}78562\ldots}$$

$\blacktriangleright\ x_S = \dfrac{13{,}57378\ldots}{5{,}91577\ldots} = \underline{\underline{2{,}29451}}$ $\qquad\blacktriangleright\ y_S = \dfrac{3{,}78562\ldots}{5{,}91577\ldots} = \underline{\underline{0{,}63992}}$

Mit den Koordinaten x_S und y_S erhält man den Linienschwerpunkt $S\langle 2{,}29451 \mid 0{,}63992\rangle$.

365

73. $\begin{cases} f_1(t) = 1 + 2 \cdot \cos t \\ f_2(t) = -2 + 2 \cdot \sin t \end{cases}; t \in [0; 2\pi]$

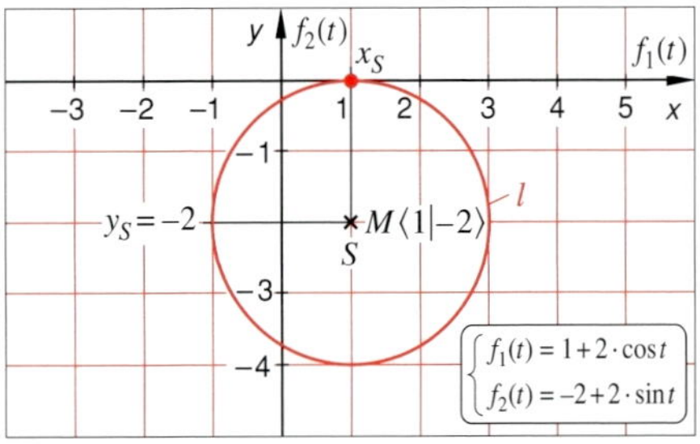

Die Kurve ist ein Kreis mit dem Mittelpunkt $M\langle 1 \mid -2\rangle$. Somit fällt der Schwerpunkt mit dem Kreismittelpunkt zusammen.

▶ 3.3, Übungsaufgabe 19

$\begin{cases} x = f_1(t) = 1 + 2 \cdot \cos t \\ y = f_2(t) = -2 + 2 \cdot \sin t \end{cases}$

$\Rightarrow x - 1 = 2 \cdot \cos t \quad |\text{quadrieren}$
$\quad\; y + 2 = 2 \cdot \sin t \quad |\text{quadrieren}$ $\Big\}+$

$$(x-1)^2 + (y+2)^2 = 4 \cdot \cos^2 t + 4 \cdot \sin^2 t$$

$$(x-1)^2 + (y+2)^2 = 4 \cdot \underbrace{(\cos^2 t + \sin^2 t)}_{1}$$

$$\underline{\underline{(x-1)^2 + (y+2)^2 = 4;\ x \in [-1; 3];\ y \in [0; -4]}}$$

$\blacktriangleright\ x_S = \underline{\underline{1}}$ und $y_S = \underline{\underline{-2}}$

Mit den Koordinaten x_S und y_S erhält man den Linienschwerpunkt $S\langle 1 \mid -2\rangle$.

74. $\begin{cases} f_1(t) = t^2 \\ f_2(t) = 0{,}5\,t \end{cases}; t \in [0; 1]$

Berechnung der Bogenlänge

Die Maßzahl l der Bogenlänge im t-Intervall $[0; 1]$ wurde bereits in der Übungsaufgabe 17 des Kapitels 3.3 berechnet, und zwar gilt: $l = 1{,}16169\ldots$

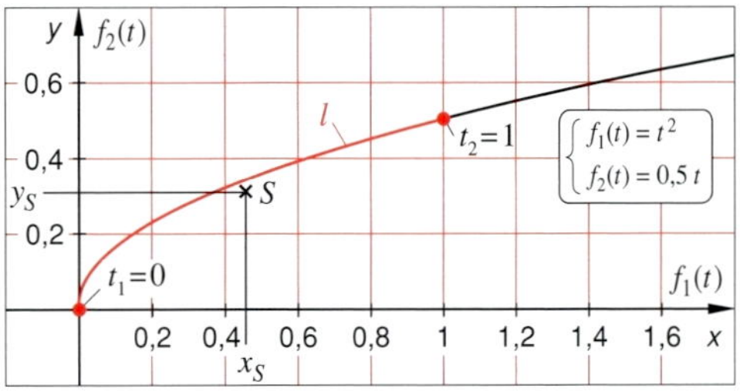

Berechnung der Schwerpunktskoordinate x_S

Für die Berechnung der Schwerpunktskoordinate x_S gilt die Formel:

$$x_S = \frac{\int_{t_1}^{t_2} \left(f_1(t) \cdot \sqrt{\left[\dot{f}_1(t)\right]^2 + \left[\dot{f}_1(t)\right]^2} \right) \mathrm{d}t}{l}$$

► $l = 1{,}16169...$

$$\int_{t_1}^{t^2} \left(f_1(t) \cdot \sqrt{\left[\dot{f}_1(t)\right]^2 + \left[\dot{f}_2(t)\right]^2} \right) \mathrm{d}t = ?$$

► 0 für t_1; 1 für t_2

$f_1(t) = t^2 \Rightarrow \dot{f}_1(t) = 2t$; $f_2(t) = 0{,}5\,t \Rightarrow \dot{f}_2(t) = 0{,}5$

$$\int_0^1 \left(t^2 \cdot \sqrt{4t^2 + 0{,}25}\right) \mathrm{d}t =$$

► $4t = \sinh z \Rightarrow t = \frac{1}{4} \cdot \sinh z$

$$= \frac{1}{2} \cdot \int_0^1 \left(t^2 \cdot \sqrt{16t^2 + 1}\right) \mathrm{d}t$$

$\frac{\mathrm{d}t}{\mathrm{d}z} = \frac{1}{4} \cdot \cosh z \Rightarrow \mathrm{d}t = \frac{1}{4} \cdot \cosh z \cdot \mathrm{d}z$ ► 2.4.6

$$= \frac{1}{2} \cdot \int_0^{z_2} \left(\frac{1}{16} \cdot \sinh^2 z \cdot \sqrt{\sinh^2 z + 1} \cdot \frac{1}{4} \cdot \cosh z \right) \mathrm{d}z$$

► $4 \cdot 0 = \sinh z_1 \Rightarrow z_1 = 0$

$4 \cdot 1 = \sinh z_2 \Rightarrow z_2 = \ln\left(4 + \sqrt{17}\right)$ ► 4.1

► $\sqrt{\sinh^2 z + 1} = \cosh z$ ► 4.1

$$= \frac{1}{128} \cdot \int_0^{z_2} \left(\sinh^2 z \cdot \cosh z \cdot \cosh z\right) \mathrm{d}z$$

► $2 \cdot \sinh z \cdot \cosh z = \sinh(2z)$ ► 4.1

$$= \frac{1}{128 \cdot 4} \cdot \int_0^{z_2} \left[2 \cdot \sinh z \cdot \cosh z\right]^2 \mathrm{d}z$$

$$= \frac{1}{512} \cdot \int_0^{z_2} \sinh^2(2z)\,\mathrm{d}z$$ ► 2.4.1

$$= \frac{1}{512} \cdot \left[\left(\frac{1}{8} \cdot \sinh(4z) \right) - \frac{z}{2} \Bigg|_0^{z_2} \right]$$

► $z_2 = (4 + \sqrt{17})$

$$= \frac{1}{512} \cdot \left[\frac{1}{8} \cdot \sinh(4z_2) - \frac{z_2}{2} - 0 \right]$$

$= \underline{0{,}52944\ldots}$

► $x_S = \frac{0{,}52944\ldots}{1{,}16169\ldots} = \underline{\underline{0{,}45575}}$

Berechnung der Schwerpunktskoordinate y_S

Für die Berechnung der Schwerpunktskoordinate y_S gilt die Formel:

$$y_S = \frac{\int_{t_1}^{t_2} \left(f_2(t) \cdot \sqrt{\left[\dot{f}_1(t)\right]^2 + \left[\dot{f}_2(t)\right]^2} \right) \mathrm{d}t}{l}$$

► $l = 1{,}16169...$

$$\int_{t_1}^{t_2} \left(f_2(t) \cdot \sqrt{\left[\dot{f}_1(t)\right]^2 + \left[\dot{f}_2(t)\right]^2} \right) \mathrm{d}t = ?$$

► 0 für t_1; 1 für t_2

$f_1(t) = t^2 \Rightarrow \dot{f}_1(t) = 2t$; $f_2(t) = 0{,}5\,t \Rightarrow \dot{f}_2(t) = 0{,}5$

$$\int_0^1 \left(0{,}5\,t \cdot \sqrt{4t^2 + 0{,}25}\right) \mathrm{d}t =$$ ► 2.4.3

$$= 0{,}5 \cdot \frac{1}{8} \cdot \frac{2}{3} \cdot \left(\sqrt{4t^2 + 0{,}25}\right)^3 \Bigg|_0^1$$

$$= \frac{1}{24} \cdot \left(\sqrt{4 \cdot 1^2 + 0{,}25}\right)^3 - \frac{1}{24} \cdot \left(\sqrt{4 \cdot 0^2 + 0{,}25}\right)^3$$

$= \underline{0{,}35985\ldots}$

► $y_S = \frac{0{,}35985\ldots}{1{,}16169\ldots} = \underline{\underline{0{,}30977}}$

Mit den Koordinaten x_S und y_S erhält man den Linienschwerpunkt $S\langle 0{,}45575 \mid 0{,}30977 \rangle$.

365

75. $\begin{cases} f_1(t) = \cos t \\ f_2(t) = 2t \end{cases}; t \in [0; \pi]$

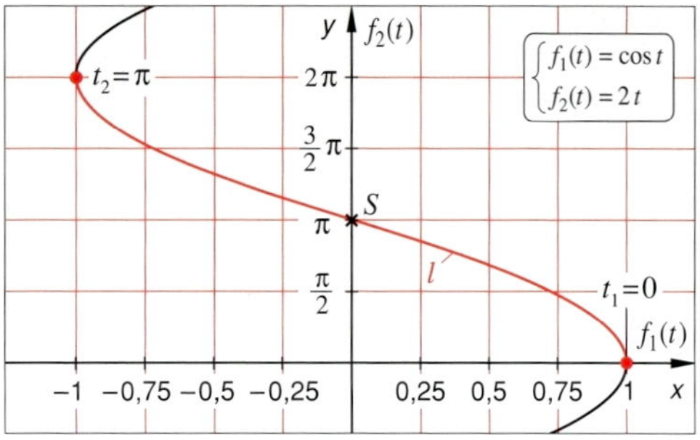

Berechnung der Bogenlänge

Die Maßzahl l der Bogenlänge im t-Intervall $[-1; 1]$ wurde bereits in der Übungsaufgabe 18 des Kapitels 3.3 berechnet, und zwar gilt $l = 6{,}6$.

Berechnung der Schwerpunktskoordinate x_S

Für die Berechnung der Schwerpunktskoordinate x_S gilt die Formel:

$$x_S = \frac{\int_{t_1}^{t_2} \left(f_1(t) \cdot \sqrt{[\dot{f}_1(t)]^2 + [\dot{f}_2(t)]^2} \right) dt}{l} \quad \blacktriangleright\ l = 6{,}6$$

$\blacktriangleright$ $\sin t = z \Rightarrow \frac{dz}{dt} = \cos t \Rightarrow \cos t \cdot dt = dz$

$\blacktriangleright$ $\sin 0 = z_1 \Rightarrow z_1 = \underline{0}$

$\sin \pi = z_2 \Rightarrow z_2 = \underline{0}$

$$\int_{t_1}^{t_2} \left(f_1(t) \cdot \sqrt{[\dot{f}_1(t)]^2 + [\dot{f}_2(t)]^2} \right) dt = ?$$

$\blacktriangleright$ 0 für t_1; π für t_2

$f_1(t) = \cos t \Rightarrow \dot{f}_1(t) = -\sin t;\ f_2(t) = 2t \Rightarrow \dot{f}_2(t) = 2$

$$\int_0^{\pi} \left(\cos t \cdot \sqrt{\sin^2 t + 4} \right) dt = \int_0^0 \sqrt{z^2 + 4}\, dz \quad \blacktriangleright\ 1.2$$

$$= \underline{0}$$

$\blacktriangleright$ $x_S = \underline{\underline{0}}$

Berechnung der Schwerpunktskoordinate y_S

Für die Berechnung der Schwerpunktskoordinate y_S gilt die Formel:

$$y_S = \frac{\int_{t_1}^{t_2} \left(f_2(t) \cdot \sqrt{[\dot{f}_1(t)]^2 + [\dot{f}_2(t)]^2} \right) dt}{l} \quad \blacktriangleright\ l = 6{,}6$$

$$\int_{t_1}^{t_2} \left(f_2(t) \cdot \sqrt{[\dot{f}_1(t)]^2 + [\dot{f}_2(t)]^2} \right) dt = ?$$

$\blacktriangleright$ 0 für t_1; π für t_2

$f_1(t) = \cos t \Rightarrow \dot{f}_1(t) = -\sin t;\ f_2(t) = 2t \Rightarrow \dot{f}_2(t) = 2$

$$= \underline{\int_0^{\pi} \left(2t \cdot \sqrt{\sin^2 t + 4} \right) dt}$$

Zur Funktion $g: g(t) = 2t \cdot \sqrt{\sin^2 t + 4}; D(g) = \mathbb{R}$ ist keine Stammfunktion durch elementare Funktionen bekannt. Deshalb wird das bestimmte Integral $\int_0^{\pi} \left(2t \cdot \sqrt{\sin^2 t + 4} \right) dt$ mithilfe der numerischen Integration berechnet, und zwar mit der Simpsonschen Regel. $\blacktriangleright$ 2.9

Berechnung des Näherungswertes

► gewählt: $n = 10$ ► $a = 0$; $b = \pi$ ► $h = \frac{b-a}{n} = \frac{\pi - 0}{10} = \frac{\pi}{10}$

Simpsonsche Regel: $\int_0^{\pi} \left(2t \cdot \sqrt{\sin^2 t + 4}\right) dt \approx S_{10}$ ► $g(t) = 2t \cdot \sqrt{\sin^2 t + 4}$

$$S_{10} = \frac{h}{3} \cdot [g(t_0) + 4 \cdot g(t_1) + 2 \cdot g(t_2) + 4 \cdot g(t_3) + 2 \cdot g(t_4) + \ldots + 2 \cdot g(t_8) + 4 \cdot g(t_9) + g(t_{10})]$$ ► $h = \frac{\pi}{10}$

Tabelle der Funktionswerte für $g(t) = 2t \cdot \sqrt{\sin^2 t + 4}$ ► $t_k = 0 + k \cdot \frac{\pi}{10} = k \cdot \frac{\pi}{10}$; $k \in \{0; 1; 2; \ldots 10\}$

$t_0 = a$	t_1	t_2	t_3	t_4	t_5	t_6	t_7	t_8	t_9	$t_{10} = b$
0	$1 \cdot \frac{\pi}{10}$	$2 \cdot \frac{\pi}{10}$	$3 \cdot \frac{\pi}{10}$	$4 \cdot \frac{\pi}{10}$	$5 \cdot \frac{\pi}{10}$	$6 \cdot \frac{\pi}{10}$	$7 \cdot \frac{\pi}{10}$	$8 \cdot \frac{\pi}{10}$	$9 \cdot \frac{\pi}{10}$	π
$1 \cdot g(t_0)$	$4 \cdot g(t_1)$	$2 \cdot g(t_2)$	$4 \cdot g(t_3)$	$2 \cdot g(t_4)$	$4 \cdot g(t_5)$	$2 \cdot g(t_6)$	$4 \cdot g(t_7)$	$2 \cdot g(t_8)$	$4 \cdot g(t_9)$	$1 \cdot g(t_{10})$
0	5,0861...	5,2391...	16,2666...	11,1318...	28,0992...	16,6977...	37,9555...	20,9565...	45,7757...	12,5663...
► $g(t_0) + 4 \cdot g(t_1) + 2 \cdot g(t_2) + 4 \cdot g(t_3) + 2 \cdot g(t_4) + \ldots + 2 \cdot g(t_8) + 4 \cdot g(t_9) + g(t_{10}) = 199{,}7750\ldots$										

$S_{10} = \frac{\frac{\pi}{10}}{3} \cdot 199{,}7750\ldots = \underline{\underline{20{,}9204}}$ ► Näherungswert für $\int_0^{\pi} \left(2t \cdot \sqrt{\sin^2 t + 4}\right) dt$

Nach der Fehlerabschätzung mithilfe der Formel für F_S (► 2.9, Simpsonsche Regel) erhält man $F_S \leq 0{,}0018$. Der exakte Integralwert liegt damit im Intervall:
$[S_{10} - F_S; S_{10} + F_S] = [20{,}9204 - 0{,}0018; 20{,}9204 + 0{,}0018] = \underline{\underline{[20{,}9186; 20{,}9222]}}$

Aus den Intervallgrenzen ergibt sich, dass der Näherungswert den Integralwert nur auf eine Nachkommastelle genau angibt. ► $\int_0^{\pi} \left(2t \cdot \sqrt{\sin^2 t + 4}\right) dt \approx \underline{20{,}9}$

Damit ergibt sich $y_S = \frac{20{,}9}{6{,}6} = \underline{\underline{3{,}2}}$ und mit den Koordinaten x_S und y_S erhält man den Linienschwerpunkt $S\langle 0 \,|\, 3{,}2 \rangle$.

Anmerkung:

Für die Bogenlänge l gilt im Intervall $[0; \pi]$: $l = \int_0^{\pi} \sqrt{\sin^2 t + 4}\, dt$ ► 3.3, Übungsaufgabe 18

Wegen $\sin^2\left(\frac{\pi}{2} - s\right) + 4 = \sin^2\left(\frac{\pi}{2} + s\right) + 4$; $s \in \left[0; \frac{\pi}{2}\right]$ ist die Maßzahl der Bogenlänge im Intervall $\left[0; \frac{\pi}{2}\right]$ genauso groß wie die im Intervall $\left[\frac{\pi}{2}; \pi\right]$. Da überdies die Kurve $\begin{cases} f_1(t) = \cos t \\ f_2(t) = 2t \end{cases}$; $t \in [0; \pi]$ im Intervall $[0; \pi]$ punktsymmetrisch zum Punkt $P\langle 0 \,|\, \pi \rangle$ ist $\left(\blacktriangleright f_2\left(\frac{\pi}{2} + s\right) + f_2\left(\frac{\pi}{2} - s\right) = 2 \cdot f_2\left(\frac{\pi}{2}\right) \blacktriangleright f_2\left(\frac{\pi}{2}\right) = \pi \text{ und } f_1\left(\frac{\pi}{2} + s\right) = -f_1\left(\frac{\pi}{2} - s\right); s \in \left[0; \frac{\pi}{2}\right]\right)$, hat der Linienschwerpunkt exakt die Koordinaten $S\langle 0 \,|\, \pi \rangle$.

Kurven in Polarkoordinatendarstellung

▶ **Lehrbuch: Kusch 4, S. 351/352**

Ist eine Funktion in Polarkoordinatendarstellung $F: \varphi \to F(\varphi)$ in einem Intervall $[\varphi_1; \varphi_2]$ gegeben, so lassen sich für die Schwerpunktskoordinaten x_S und y_S einer zugehörigen linienförmigen Masse m mit $m = m' \cdot l$ entsprechende Formeln angeben, die aus der Parameterdarstellung entwickelt wurden. Deshalb muss die Funktion F im Intervall $[\varphi_1; \varphi_2]$ stetig differenzierbar sein.

Merke:

- $M_y = F_G \cdot x_S = m' \cdot g \cdot \int\limits_{\varphi_1}^{\varphi_2} \left(F(\varphi) \cdot \cos\varphi \cdot \sqrt{[F(\varphi)]^2 + [F'(\varphi)]^2}\right) d\varphi$

$$x_S = \frac{\int\limits_{\varphi_1}^{\varphi_2} \left(F(\varphi) \cdot \cos\varphi \cdot \sqrt{[F(\varphi)]^2 + [F'(\varphi)]^2}\right) d\varphi}{l} \qquad \blacktriangleright\ l = \int\limits_{\varphi_1}^{\varphi_2} \sqrt{[F(\varphi)]^2 + [F'(\varphi)]^2}\, d\varphi$$

- $M_x = F_G \cdot y_S = m' \cdot g \cdot \int\limits_{\varphi_1}^{\varphi_2} \left(F(\varphi) \cdot \sin\varphi \cdot \sqrt{[F(\varphi)]^2 + [F'(\varphi)]^2}\right) d\varphi$

$$y_S = \frac{\int\limits_{\varphi_1}^{\varphi_2} \left(F(\varphi) \cdot \sin\varphi \cdot \sqrt{[F(\varphi)]^2 + [F'(\varphi)]^2}\right) d\varphi}{l} \qquad \blacktriangleright\ l = \int\limits_{\varphi_1}^{\varphi_2} \sqrt{[F(\varphi)]^2 + [F'(\varphi)]^2}\, d\varphi$$

365

Berechnen Sie zu den in Polarkoordinatendarstellung gegebenen Funktionen jeweils die Schwerpunktskoordinaten der linienförmigen Masse, die der Bogenlänge im angegebenen Winkelintervall entspricht.

76. $F(\varphi) = \sin\varphi;\ \varphi \in \left[0; \frac{\pi}{2}\right]$

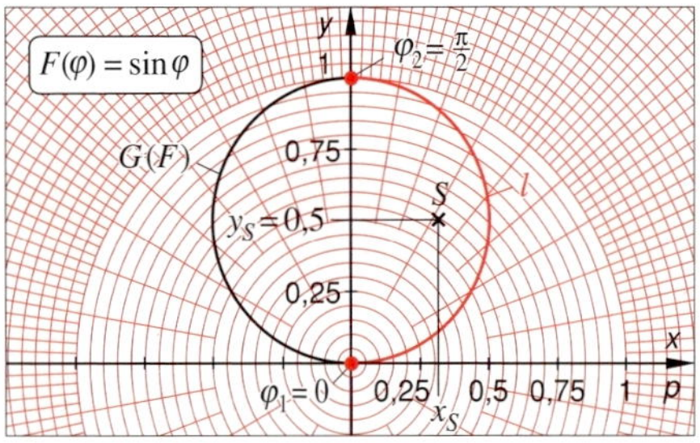

▶ $G(f)$ ist ein Kreis mit dem Radius 0,5 und dem Mittelpunkt $M\langle 0 \,|\, 0{,}5\rangle$.

Berechnung der Bogenlänge

$$l = \int\limits_{\varphi_1}^{\varphi_2} \sqrt{[F(\varphi)]^2 + [F'(\varphi)]^2}\, d\varphi$$

▶ 0 für φ_1; $\frac{\pi}{2}$ für φ_2; $F(\varphi) = \sin\varphi \Rightarrow F'(\varphi) = \cos\varphi$

$$l = \int\limits_{0}^{\frac{\pi}{2}} \sqrt{\sin^2\varphi + \cos^2\varphi}\, d\varphi \quad \blacktriangleright\ \sin^2\varphi + \cos^2\varphi = 1 \quad \blacktriangleright\ 4.1$$

$$= \int\limits_{0}^{\frac{\pi}{2}} 1\, d\varphi = \varphi\Big|_0^{\frac{\pi}{2}}$$

$$= \underline{\underline{\frac{\pi}{2}}}$$

Berechnung der Schwerpunktskoordinate x_S

$$x_S = \frac{\int\limits_{\varphi_1}^{\varphi_2} \left(F(\varphi) \cdot \cos\varphi \cdot \sqrt{[F(\varphi)]^2 + [F'(\varphi)]^2}\right) d\varphi}{l} \qquad \blacktriangleright\ l = \frac{\pi}{2}$$

Berechnung der Schwerpunktskoordinate y_S

$$y_S = \frac{\int\limits_{\varphi_1}^{\varphi_2} \left(F(\varphi) \cdot \sin\varphi \cdot \sqrt{[F(\varphi)]^2 + [F'(\varphi)]^2}\right) d\varphi}{l} \qquad \blacktriangleright\ l = \frac{\pi}{2}$$

$$\int_{\varphi_1}^{\varphi_2}\left(F(\varphi)\cdot\cos\varphi\cdot\sqrt{[F(\varphi)]^2+[F'(\varphi)]^2}\right)\mathrm{d}\varphi=?$$

► 0 für φ_1; $\frac{\pi}{2}$ für φ_2

$F(\varphi)=\sin\varphi\Rightarrow F'(\varphi)=\cos\varphi$

$\Rightarrow\sqrt{[F(\varphi)]^2+[F'(\varphi)]^2}=\sqrt{\sin^2\varphi+\cos^2\varphi}=1$

$$\int_0^{\frac{\pi}{2}}(\sin\varphi\cdot\cos\varphi\cdot 1)\,\mathrm{d}\varphi=\frac{1}{2}\cdot\sin^2\varphi\,\Big|_0^{\frac{\pi}{2}}$$ ► 2.4.3

$$=\frac{1}{2}\cdot\sin^2\frac{\pi}{2}-\frac{1}{2}\cdot\sin^2 0$$

$$=\underline{\frac{1}{2}}$$

► $x_S=\frac{\frac{1}{2}}{\frac{\pi}{2}}=\frac{1}{\pi}=\underline{\underline{0{,}31831}}$

$$\int_{\varphi_1}^{\varphi_2}\left(F(\varphi)\cdot\sin\varphi\cdot\sqrt{[F(\varphi)]^2+[F'(\varphi)]^2}\right)\mathrm{d}\varphi=?$$

► 0 für φ_1; $\frac{\pi}{2}$ für φ_2

$F(\varphi)=\sin\varphi\Rightarrow F'(\varphi)=\cos\varphi$

$\Rightarrow\sqrt{[F(\varphi)]^2+[F'(\varphi)]^2}=\sqrt{\sin^2\varphi+\cos^2\varphi}=1$

$$\int_0^{\frac{\pi}{2}}(\sin\varphi\cdot\sin\varphi\cdot 1)\,\mathrm{d}\varphi=\int_0^{\frac{\pi}{2}}\sin^2\varphi\,\mathrm{d}\varphi$$ ► 2.4.1

$$=\frac{\varphi}{2}-\frac{1}{4}\cdot\sin(2\varphi)\,\Big|_0^{\frac{\pi}{2}}$$

$$=\frac{\frac{\pi}{2}}{2}-\frac{1}{4}\cdot\sin\pi-0$$

$$=\underline{\frac{\pi}{4}}$$

► $y_S=\frac{\frac{\pi}{4}}{\frac{\pi}{2}}=\underline{\underline{0{,}5}}$

Mit den Koordinaten x_S und y_S erhält man den Linienschwerpunkt $S\langle 0{,}31831\,|\,0{,}5\rangle$.

Anmerkung:
Nach dem Merksatz zur Aufgabe 66 liegt der Linienschwerpunkt eines Kreisbogens auf der Winkelhalbierenden des Zentriwinkels im Abstand e vom Kreismittelpunkt M, und zwar gilt: $e=\frac{2r}{\alpha}\cdot\sin\frac{\alpha}{2}$. Man hätte also den Linienschwerpunkt x_S des Halbkreises (Aufgabe 76) schneller mithilfe dieser Formel berechnen können, indem man dort 0,5 für r und π für α setzt. ► $e=\frac{2\cdot 0{,}5}{\pi}\cdot\sin\frac{\pi}{2}=\frac{1}{\pi}\cdot 1=\frac{1}{\pi}$

77. $F(\varphi)=\mathrm{e}^{-0{,}1\varphi}$; $\varphi\in[0;\pi]$

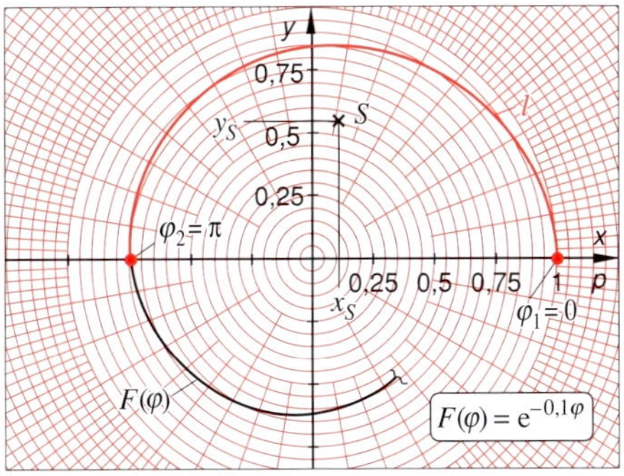

Berechnung der Bogenlänge

In der Übungsaufgabe 28 des Kapitels 3.3 wurde bereits für ein Intervall $[0;\varphi_2]$; $\varphi_2>0$ der Term $l(\varphi_2)$ für die Bogenlänge von F berechnet:

$l(\varphi_2)=\sqrt{1{,}01}\cdot(-10\cdot\mathrm{e}^{-0{,}1\cdot\varphi_2}+10)$; $\varphi_2>0$ ► π für φ_2

$l=\sqrt{1{,}01}\cdot(-10\cdot\mathrm{e}^{-0{,}1\pi}+10)$

$=\underline{2{,}70941\ldots}$ ► Bogenlänge in $[0;\pi]$

Bei den nachfolgenden Berechnungen der Schwerpunktskoordinaten x_S und y_S benötigt man Lösungen von Integralen der Typen $\int[\mathrm{e}^{ax}\cdot\cos(bx)]\,\mathrm{d}x$ und $\int[\mathrm{e}^{ax}\cdot\sin(bx)]\,\mathrm{d}x$ mit $a;b\in\mathbb{R}^{\neq 0}$. Beide lassen sich mithilfe der partiellen Integration (► 2.5) lösen.

Merke:

Für $a;b\in\mathbb{R}^{\neq 0}$ gilt:

- $\int[\mathrm{e}^{ax}\cdot\cos(bx)]\,\mathrm{d}x=\frac{\mathrm{e}^{ax}}{a^2+b^2}\cdot[a\cdot\cos(bx)+b\cdot\sin(bx)]+c$
- $\int[\mathrm{e}^{ax}\cdot\sin(bx)]\,\mathrm{d}x=\frac{\mathrm{e}^{ax}}{a^2+b^2}\cdot[a\cdot\sin(bx)-b\cdot\cos(bx)]+c$

365

Berechnung der Schwerpunktskoordinate x_S

$$x_S = \frac{\int\limits_{\varphi_1}^{\varphi_2} \left(F(\varphi) \cdot \cos \varphi \cdot \sqrt{[F(\varphi)]^2 + [F'(\varphi)]^2} \right) \mathrm{d}\varphi}{l}$$

$$\int\limits_{\varphi_1}^{\varphi_2} \left(F(\varphi) \cdot \cos \varphi \cdot \sqrt{[F(\varphi)]^2 + [F'(\varphi)]^2} \right) \mathrm{d}\varphi = ?$$

► 0 für φ_1; π für φ_2

$F(\varphi) = \mathrm{e}^{-0{,}1\varphi} \Rightarrow F'(\varphi) = -0{,}1 \cdot \mathrm{e}^{-0{,}1\varphi}$

$$\int\limits_0^{\pi} \left(\mathrm{e}^{-0{,}1\varphi} \cdot \cos \varphi \cdot \sqrt{\mathrm{e}^{-0{,}2\varphi} + 0{,}01 \cdot \mathrm{e}^{-0{,}2\varphi}} \right) \mathrm{d}\varphi =$$

$$= \int\limits_0^{\pi} \left(\mathrm{e}^{-0{,}1\varphi} \cdot \cos \varphi \cdot \mathrm{e}^{-0{,}1\varphi} \cdot \sqrt{1 + 0{,}01} \right) \mathrm{d}\varphi$$

$$= \sqrt{1{,}01} \cdot \int\limits_0^{\pi} (\mathrm{e}^{-0{,}2\varphi} \cdot \cos \varphi)\, \mathrm{d}\varphi$$ ► Merksatz

► −0,2 für a; 1 für b

$$= \sqrt{1{,}01} \cdot \frac{\mathrm{e}^{-0{,}2\varphi}}{(-0{,}2)^2 + 1^2} \cdot \left[(-0{,}2 \cdot \cos \varphi + \sin \varphi) \Big|_0^{\pi} \right]$$

$$= \frac{\sqrt{1{,}01}}{1{,}04} [\mathrm{e}^{-0{,}2\pi} \cdot (-0{,}2 \cdot \cos \pi + \sin \pi) + - \mathrm{e}^{-0} \cdot (-0{,}2 \cdot \cos 0 + \sin 0)]$$

$= \underline{0{,}29637\ldots}$

► $x_S = \dfrac{0{,}29637\ldots}{2{,}70941\ldots} = \underline{\underline{0{,}10939}}$

Berechnung der Schwerpunktskoordinate y_S

$$y_S = \frac{\int\limits_{\varphi_1}^{\varphi_2} \left(F(\varphi) \cdot \sin \varphi \cdot \sqrt{[F(\varphi)]^2 + [F'(\varphi)]^2} \right) \mathrm{d}\varphi}{l}$$

$$\int\limits_{\varphi_1}^{\varphi_2} \left(F(\varphi) \cdot \sin \varphi \cdot \sqrt{[F(\varphi)]^2 + [F'(\varphi)]^2} \right) \mathrm{d}\varphi = ?$$

► 0 für φ_1; π für φ_2

$F(\varphi) = \mathrm{e}^{-0{,}1\varphi} \Rightarrow F'(\varphi) = -0{,}1 \cdot \mathrm{e}^{-0{,}1\varphi}$

$$\int\limits_0^{\pi} \left(\mathrm{e}^{-0{,}1\varphi} \cdot \sin \varphi \cdot \sqrt{\mathrm{e}^{-0{,}2\varphi} + 0{,}01 \cdot \mathrm{e}^{-0{,}2\varphi}} \right) \mathrm{d}\varphi =$$

$$= \int\limits_0^{\pi} \left(\mathrm{e}^{-0{,}1\varphi} \cdot \sin \varphi \cdot \mathrm{e}^{-0{,}1\varphi} \cdot \sqrt{1 + 0{,}01} \right) \mathrm{d}\varphi$$

$$= \sqrt{1{,}01} \cdot \int\limits_0^{\pi} (\mathrm{e}^{-0{,}2\varphi} \cdot \sin \varphi)\, \mathrm{d}\varphi$$ ► Merksatz

► −0,2 für a; 1 für b

$$= \sqrt{1{,}01} \cdot \frac{\mathrm{e}^{-0{,}2\varphi}}{(-0{,}2)^2 + 1^2} \cdot \left[(-0{,}2 \cdot \sin \varphi - 1 \cdot \cos \varphi) \Big|_0^{\pi} \right]$$

$$= \frac{\sqrt{1{,}01}}{1{,}04} [\mathrm{e}^{-0{,}2\pi} \cdot (-0{,}2 \cdot \sin \pi - \cos \pi) + - \mathrm{e}^{-0} \cdot (-0{,}2 \cdot \sin 0 - \cos 0)]$$

$= \underline{1{,}48186\ldots}$

► $y_S = \dfrac{1{,}48186\ldots}{2{,}70941\ldots} = \underline{\underline{0{,}54693}}$

Mit den Koordinaten x_S und y_S erhält man den Linienschwerpunkt $S\langle 0{,}10939 \,|\, 0{,}54693 \rangle$.

78. $F(\varphi) = a \cdot (1 + \cos \varphi)$; $a > 0$; $\varphi \in [0; \pi]$

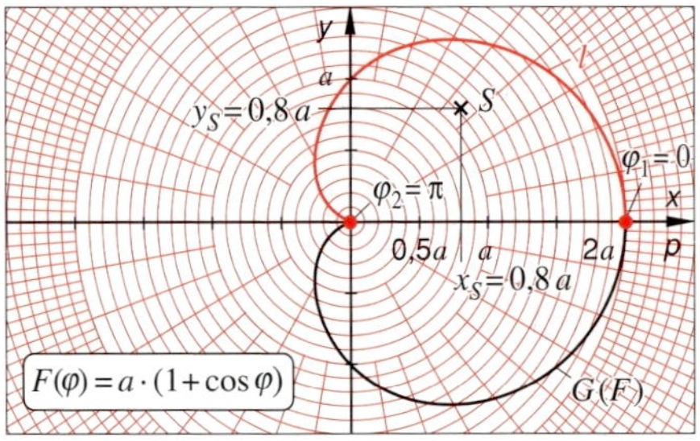

► $\cos^2 \varphi + \sin^2 \varphi = 1$

► $\int \sqrt{1 + \cos \varphi} = 2 \cdot \sqrt{2} \cdot \sin \dfrac{\varphi}{2} + c$

► 3.3, Übungsaufgabe 22

Berechnung der Bogenlänge

$$l = \int\limits_{\varphi_1}^{\varphi_2} \sqrt{[F(\varphi)]^2 + [F'(\varphi)]^2}\, \mathrm{d}\varphi$$

► 0 für φ_1; π für φ_2

$F(\varphi) = a \cdot (1 + \cos \varphi) \Rightarrow F'(\varphi) = -a \cdot \sin \varphi$

$$l = \int\limits_0^{\pi} \sqrt{a^2 \cdot (1 + \cos \varphi)^2 + a^2 \cdot \sin^2 \varphi}\, \mathrm{d}\varphi$$

$$= \int\limits_0^{\pi} \sqrt{a^2 \cdot (1 + 2 \cdot \cos \varphi + \cos^2 \varphi) + a^2 \cdot \sin^2 \varphi}\, \mathrm{d}\varphi$$

$$= a \cdot \int\limits_0^{\pi} \sqrt{1 + 2 \cdot \cos \varphi + \cos^2 \varphi + \sin^2 \varphi}\, \mathrm{d}\varphi$$

$$= a \cdot \int\limits_0^{\pi} \sqrt{2 + 2 \cdot \cos \varphi}\, \mathrm{d}\varphi$$

$$= a \cdot \sqrt{2} \cdot \int\limits_0^{\pi} \sqrt{1 + \cos \varphi}\, \mathrm{d}\varphi$$

$$= a \cdot \sqrt{2} \cdot 2 \cdot \sqrt{2} \cdot \sin \frac{\varphi}{2} \Big|_0^{\pi}$$
$$= 4a \cdot \sin \frac{\pi}{2} - 0$$
$$= \underline{4a}$$ ► Bogenlänge in $[0; \pi]$

Berechnung der Schwerpunktskoordinate x_S

$$x_S = \frac{\int_{\varphi_1}^{\varphi_2} \left(F(\varphi) \cdot \cos \varphi \cdot \sqrt{[F(\varphi)]^2 + [F'(\varphi)]^2} \right) d\varphi}{l}$$ ► $l = 4a$

► $\sqrt{[F(\varphi)]^2 + [F'(\varphi)]^2} =$
$$= \sqrt{a^2 \cdot (1 + \cos \varphi)^2 + a^2 \cdot \sin^2 \varphi}$$
$$= a \cdot \sqrt{2} \cdot \sqrt{1 + \cos \varphi}$$ ► l

► $1 + \cos \varphi = 2 \cdot \cos^2 \frac{\varphi}{2}$ ► 4.1
$$\Rightarrow \sqrt{1 + \cos \varphi} = \sqrt{2} \cdot \cos \frac{\varphi}{2}; \ \varphi \in [0; \pi]$$
$$\Rightarrow \cos \varphi = 2 \cdot \cos^2 \frac{\varphi}{2} - 1$$

$$I_m = \int \cos^m x \, dx$$
$$= \frac{1}{m} \cdot \cos^{m-1} x \cdot \sin x + \frac{m-1}{m} \cdot I_{m-2}$$

► Kusch 4, Kapitel 2.5

► $\sin \frac{\pi}{2} = 1; \ \sin 0 = 0$

$$\int_{\varphi_1}^{\varphi_2} \left(F(\varphi) \cdot \cos \varphi \cdot \sqrt{[F(\varphi)]^2 + [F'(\varphi)]^2} \right) d\varphi = ?$$

► 0 für φ_1; π für φ_2

$F(\varphi) = a \cdot (1 + \cos \varphi) \Rightarrow F'(\varphi) = -a \cdot \sin \varphi$

$$\int_0^{\pi} \left(a \cdot (1 + \cos \varphi) \cdot \cos \varphi \cdot a \cdot \sqrt{2} \cdot \sqrt{1 + \cos \varphi} \right) d\varphi =$$
$$= a^2 \cdot \sqrt{2} \cdot \int_0^{\pi} \left(\cos \varphi \cdot (1 + \cos \varphi) \cdot \sqrt{1 + \cos \varphi} \right) d\varphi$$
$$= a^2 \cdot \sqrt{2} \cdot \int_0^{\pi} \left[\left(2 \cdot \cos^2 \frac{\varphi}{2} - 1 \right) \cdot 2 \cdot \cos^2 \frac{\varphi}{2} \cdot \sqrt{2} \cdot \cos \frac{\varphi}{2} \right] d\varphi$$
$$= 4a^2 \cdot \int_0^{\pi} \left(2 \cdot \cos^5 \frac{\varphi}{2} - \cos^3 \frac{\varphi}{2} \right) d\varphi$$

► $\varphi = 2t \Rightarrow d\varphi = 2 \cdot dt$

$\varphi_1 = 0 \Rightarrow t_1 = 0; \ \varphi_2 = \pi \Rightarrow t_2 = \frac{\pi}{2}$

$$= 8a^2 \cdot \left[\int_0^{\frac{\pi}{2}} 2 \cdot \cos^5 t \, dt - \int_0^{\frac{\pi}{2}} \cos^3 t \, dt \right]$$ ► 5 für m
$$= 8a^2 \cdot \left[2 \cdot \frac{1}{5} \cdot \cos^4 t \cdot \sin t \Big|_0^{\frac{\pi}{2}} + 2 \cdot \frac{4}{5} \cdot \int_0^{\frac{\pi}{2}} \cos^3 t \, dt - \int_0^{\frac{\pi}{2}} \cos dt \right]$$
$$= 8a^2 \cdot \left[0 - 0 + \frac{3}{5} \cdot \int_0^{\frac{\pi}{2}} \cos^3 t \, dt \right]$$ ► 3 für m
$$= 8a^2 \cdot \left[\frac{3}{5} \cdot \frac{1}{3} \cdot \cos^2 t \cdot \sin t \Big|_0^{\frac{\pi}{2}} + \frac{3}{5} \cdot \frac{2}{3} \cdot \int_0^{\frac{\pi}{2}} \cos t \, dt \right]$$
$$= 8a^2 \cdot \left[0 - 0 + \frac{2}{5} \cdot \sin t \Big|_0^{\frac{\pi}{2}} \right]$$
$$= 8a^2 \cdot \left[\frac{2}{5} \cdot \sin \frac{\pi}{2} - \frac{2}{5} \cdot \sin 0 \right]$$
$$= \frac{16}{5} \cdot a^2$$
$$= \underline{3{,}2a^2}$$

► $x_S = \frac{3{,}2a^2}{4a} = \underline{\underline{0{,}8a}}$

Berechnung der Schwerpunktskoordinate y_S

$$y_S = \frac{\int_{\varphi_1}^{\varphi_2} \left(F(\varphi) \cdot \sin \varphi \cdot \sqrt{[F(\varphi)]^2 + [F'(\varphi)]^2} \right) d\varphi}{l}$$ ► $l = 4a$

$$\int_{\varphi_1}^{\varphi_2} \left(F(\varphi) \cdot \sin \varphi \cdot \sqrt{[F(\varphi)]^2 + [F'(\varphi)]^2} \right) d\varphi = ?$$

► 0 für φ_1; π für φ_2

$F(\varphi) = a \cdot (1 + \cos \varphi) \Rightarrow F'(\varphi) = -a \cdot \sin \varphi$

365

► $\sqrt{[F(\varphi)]^2+[F'(\varphi)]^2}=a\cdot\sqrt{2}\cdot\sqrt{1+\cos\varphi}$ ► x_S

$$\int_0^{\pi}\left[a\cdot(1+\cos\varphi)\cdot\sin\varphi\cdot a\cdot\sqrt{2}\cdot\sqrt{1+\cos\varphi}\right]\mathrm{d}\varphi=$$

$$=a^2\cdot\sqrt{2}\cdot\int_0^{\pi}\left[\left(\sqrt{1+\cos\varphi}\right)^3\cdot\sin\varphi\right]\mathrm{d}\varphi \quad ► 2.4.3$$

$$=-a^2\cdot\sqrt{2}\cdot\frac{2}{5}\cdot\left(\sqrt{1+\cos\varphi}\right)^5\Big|_0^{\pi}$$

► $\cos\pi=-1;\ \cos 0=1$

$$=-\frac{2}{5}\cdot a^2\cdot\sqrt{2}\cdot\left(\sqrt{1+\cos\pi}\right)^5+\frac{2}{5}\cdot a^2\cdot\sqrt{2}\cdot\left(\sqrt{1+\cos 0}\right)^5$$

$$=\underline{\frac{16}{5}\cdot a^2}$$

Mit den Koordinaten x_S und y_S erhält man den Linienschwerpunkt $S\langle 0{,}8\,a\,|\,0{,}8\,a\rangle$.

► $y_S=\dfrac{\frac{16}{5}\cdot a^2}{4a}=\dfrac{4}{5}\cdot a=\underline{\underline{0{,}8\,a}}$

3.5.3 Schwerpunkte rotationssymmetrischer Massen – Körperschwerpunkte

► Lehrbuch: Kusch 4, S. 352 … 361

Rotiert in einem $x\,y\,z$-Koordinatensystem die Fläche zwischen dem Graphen einer Funktion und einer Achse um diese Achse, so werden jeweils rotationssymmetrische Körper erzeugt (► 3.2), deren Schwerpunkt auf der Rotationsachse liegt, und zwar im Abstand x_S, y_S und z_S vom Koordinatenursprung. In diesem Kapitel werden nur Funktionen in rechtwinkligen Koordinaten behandelt.

Merke:

Rotiert in einem $x\,y\,z$-Koordinatensystem in einem x-Intervall $[a;\,b]$ die Fläche zwischen dem Graphen einer stetigen Funktion f und der x-Achse um die x-Achse, so wird ein Körper mit der Masse $m\,(m=\varrho\cdot V_x)$ beschrieben. Für das Drehmoment M_{yz} und die Schwerpunktskoordinate x_S gilt:

- $$\boldsymbol{M_{yz}=F_G\cdot x_S=\varrho\cdot V_x\cdot g\cdot x_S=\varrho\cdot g\cdot\pi\cdot\int_a^b\left(x\cdot[f(x)]\right)\mathrm{d}x}$$

- $$\boldsymbol{x_S=\frac{\pi\cdot\int_a^b\left(x\cdot[f(x)]^2\right)\mathrm{d}x}{V_x}} \quad ► \boldsymbol{V_x=\pi\cdot\int_a^b[f(x)]^2}$$

Berechnen Sie die Lage des Schwerpunktes folgender Rotationskörper in Bezug auf den Koordinatenursprung.

79. Kugelabschnitt

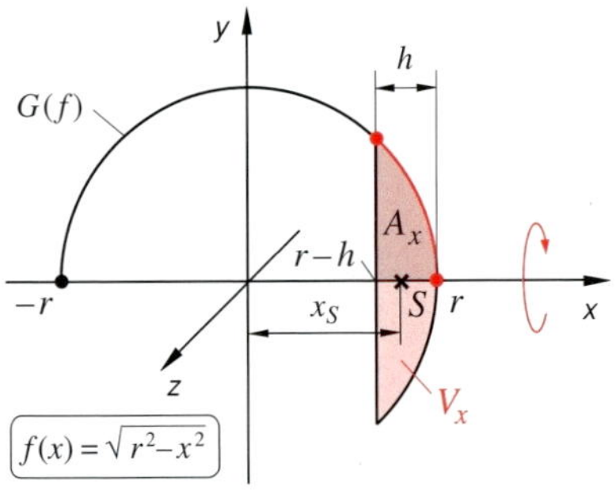

Berechnung der Schwerpunktskoordinate x_S

$$\pi\cdot\int_a^b\left(x\cdot[f(x)]^2\right)\mathrm{d}x=\,?$$ ► $r-h$ für a; r für b; $f(x)=\sqrt{r^2-x^2}$

$$\pi\cdot\int_{r-h}^{r}\left(x\cdot[r^2-x^2]\right)\mathrm{d}x=\pi\cdot\int_{r-h}^{r}\left(r^2x-x^3\right)\mathrm{d}x$$

$$=\pi\cdot\left(r^2\cdot\frac{1}{2}\cdot x^2-\frac{1}{4}\cdot x^4\Big|_{r-h}^{r}\right)$$

$$=\pi\cdot\left[r^2\cdot\frac{1}{2}\cdot r^2-\frac{1}{4}\cdot r^4-r^2\cdot\frac{1}{2}\cdot(r-h)^2+\frac{1}{4}\cdot(r-h)^4\right]$$

Berechnung des Volumens V_x

V_x wurde bereits in der Übungsaufgabe 58 des Kapitels 3.2 berechnet, und zwar gilt:

$$V_x = \frac{\pi}{3} \cdot h^2 \cdot (3r - h);\ h \in (0;\, 2r]$$

Wegen der Rotation um die x-Achse ist nur die Schwerpunktskoordinate x_S zu berechnen, denn für die Koordinaten y_S und z_S gilt $y_S = 0$ und $z_S = 0$.

$$= \frac{\pi}{4} \cdot \left[r^4 - 2r^2 \cdot (r^2 - 2rh + h^2) + r^4 - 4r^3h + 6r^2h^2 - 4rh^3 + h^4\right]$$
$$= \frac{\pi}{4} \cdot \left[r^4 - 2r^4 + 4r^3h - 2r^2h^2 + r^4 - 4r^3h + 6r^2h^2 - 4rh^3 + h^4\right]$$
$$= \frac{\pi}{4} \cdot \left[4r^2h^2 - 4rh^3 + h^4\right]$$
$$= \frac{\pi h^2}{4} \cdot \left(4r^2 - 4rh + h^2\right)$$
$$= \frac{\pi h^2}{4} \cdot (2r - h)^2$$

$$x_S = \frac{\pi \cdot \int\limits_a^b \left(x \cdot [f(x)]^2\right) \mathrm{d}x}{V_x} \quad \blacktriangleright\ V_x = \frac{\pi}{3} \cdot h^2 \cdot (3r - h)$$
$$= \frac{\frac{\pi h^2}{4} \cdot (2r - h)^2}{\frac{\pi}{3} \cdot h^2 \cdot (3r - h)}$$
$$= \frac{3}{4} \cdot \frac{(2r - h)^2}{3r - h};\ h \in (0;\, 2r]$$

Ein Kugelabschnitt hat den Körperschwerpunkt $S\left\langle \frac{3}{4} \cdot \frac{(2r-h)^2}{2r-h} \,\middle|\, 0 \,\middle|\, 0 \right\rangle$.

80. Kugelausschnitt

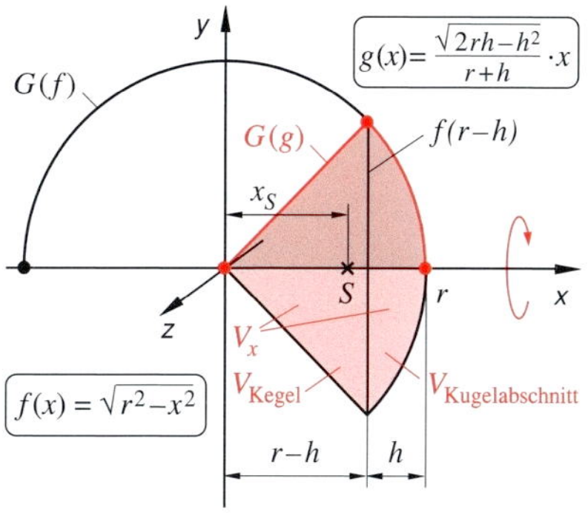

Das Volumen V_x des Kugelausschnittes ist die Summe des Volumens eines Kegels mit dem Grundkreisradius $f(r-h)$ sowie der Höhe $r-h$ und des Volumens eines Kugelabschnitts mit dem Grundkreisradius $f(r-h)$ sowie der Höhe h.

Berechnung der Schwerpunktskoordinate des Kegels

$$\pi \cdot \int\limits_a^b \left(x \cdot [g(x)]^2\right) \mathrm{d}x = ?$$

► 0 für a; $r-h$ für b; $g(x) = \frac{\sqrt{2rh - h^2}}{r - h} \cdot x$

Berechnung des Volumens V_x

$$V_x = V_{\text{Kegel}} + V_{\text{Kugelabschnitt}}$$

$$V_{\text{Kegel}} = \frac{\pi}{3} \cdot [f(r-h)]^2 \cdot (r-h)$$

► $f(r-h) = \sqrt{r^2 - (r-h)^2} = \sqrt{2rh - h^2}$

$$V_{\text{Kegel}} = \frac{\pi}{3} \cdot \left[\sqrt{2rh - h^2}\right]^2 \cdot (r-h)$$
$$= \frac{\pi}{3} \cdot \left[2rh - h^2\right] \cdot (r-h)$$

$$V_{\text{Kugelabschnitt}} = \frac{\pi}{3} \cdot h^2 \cdot (3r - h)$$ ► 3.2, Übungsaufgabe 58

$$V_x = \frac{\pi}{3} \cdot (2rh - h^2) \cdot (r-h) + \frac{\pi}{3} \cdot h^2 \cdot (3r - h)$$
$$= \frac{\pi}{3} \cdot \left(2r^2h - 2rh^2 - rh^2 + h^3 + 3rh^2 - h^3\right)$$
$$= \frac{2}{3}\pi \cdot r^2 h$$

Berechnung der Schwerpunktskoordinate x_S

$$x_S = \frac{V_{\text{Kegel}} \cdot x_{S\,\text{Kegel}} + V_{\text{Kugelabschnitt}} \cdot x_{S\,\text{Kugelabschnitt}}}{V_x}$$

► $x_{S\,\text{Kugelabschnitt}} = \frac{3}{4} \cdot \frac{(2r-h)^2}{3r-h}$ ► 3.5, Übungsaufgabe 79

365

$$\pi \cdot \int\limits_0^{r-h} \left(x \cdot \frac{2rh - h^2}{(r-h)^2} \cdot x^2 \right) \mathrm{d}x =$$

$$= \pi \cdot \frac{2rh - h^2}{(r-h)^2} \cdot \int\limits_0^{r-h} x^3 \mathrm{d}x$$

$$= \pi \cdot \frac{2rh - h^2}{(r-h)^2} \cdot \frac{1}{4} \cdot x^4 \Big|_0^{r-h}$$

$$= \frac{\pi}{4} \cdot \frac{2rh - h^2}{(r-h)^2} \cdot (r-h)^4 - 0$$

$$= \underline{\frac{\pi}{4} \cdot (2rh - h^2) \cdot (r-h)^2}$$

$$x_{S\,\text{Kegel}} = \frac{\pi \cdot \int\limits_a^b \left(x \cdot [g(x)]^2 \right) \mathrm{d}x}{V_{\text{Kegel}}}$$

$\blacktriangleright$ $V_{\text{Kegel}} = \frac{\pi}{3} \cdot (2rh - h^2) \cdot (r-h)$

$$x_{\text{Kegel}} = \frac{\frac{\pi}{4} \cdot (2rh - h^2) \cdot (r-h)^2}{\frac{\pi}{3} \cdot (2rh - h^2) \cdot (r-h)} = \underline{\underline{\frac{3}{4} \cdot (r-h)}}$$

$$x_S = \frac{\frac{\pi}{3} \cdot (2rh - h^2) \cdot (r-h) \cdot \frac{3}{4} \cdot (r-h) + \frac{\pi}{3} \cdot h^2 \cdot (3r-h) \cdot \frac{3}{4} \cdot \frac{(2r-h)^2}{3r-h}}{\frac{2}{3} \pi r^2 h}$$

$$= \frac{3}{4} \cdot \frac{(2rh - h^2) \cdot (r^2 - 2rh + h^2) + h^2 \cdot (4r^2 - 4rh + h^2)}{2r^2 h}$$

$$= \frac{3}{4} \cdot \frac{2r^3h - 4r^2h^2 + 2rh^3 - r^2h^2 + 2rh^3 - h^4 + 4r^2h^2 - 4rh^3 + h^4}{2r^2h}$$

$$= \frac{3}{4} \cdot \frac{2r^3h - r^2h^2}{2r^2h}$$

$$= \frac{3}{4} \cdot \frac{r^2h \cdot (2r-h)}{2r^2h}$$

$$= \underline{\underline{\frac{3}{8} \cdot (2r - h);\ h \in (0; r)}}$$

Ein Kugelausschnitt hat den Körperschwerpunkt $S\left\langle \frac{3}{8} \cdot (2r-h) \middle| 0 \middle| 0 \right\rangle$.

81. Kugelschicht

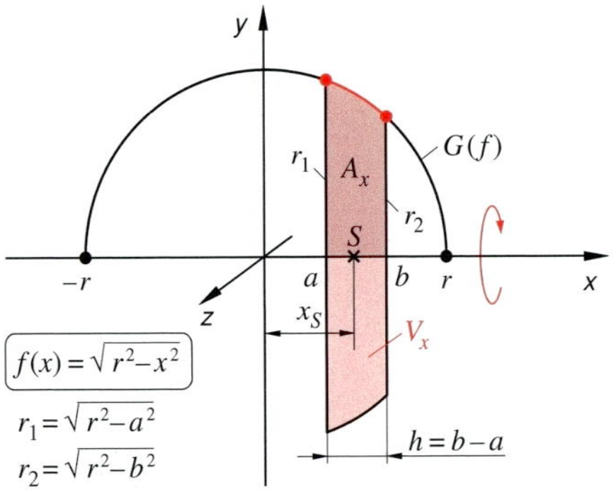

Berechnung des Volumens V_x

V_x wurde bereits in der Übungsaufgabe 58 des Kapitels 3.3 berechnet, und zwar gilt:

$$\underline{V_x = \frac{\pi}{6} \cdot h \cdot (3r_2^2 + 3r_1^2 + h^2)}$$

$\blacktriangleright$ $r^2 - b^2 = r_2^2;\ r^2 - a^2 = r_1^2$

$\Rightarrow b^2 - a^2 = r_1^2 - r_2^2$

Eine Kugelschicht hat den Körperschwerpunkt $S\left\langle \frac{3}{2} \cdot \frac{(r_1^2 - r_2^2) \cdot (r_1^2 + r_2^2)}{h \cdot (3r_1^2 + 3r_2^2 + h^2)} \middle| 0 \middle| 0 \right\rangle$.

Berechnung der Schwerpunktskoordinate x_S

$\pi \cdot \int\limits_a^b \left(x \cdot [f(x)]^2 \right) \mathrm{d}x = ?$ $\blacktriangleright$ $f(x) = \sqrt{r^2 - x^2}$

$$\pi \cdot \int\limits_a^b (x \cdot [r^2 - x^2]) \,\mathrm{d}x = \pi \cdot \int\limits_a^b (r^2 x - x^3) \,\mathrm{d}x$$

$$= \pi \cdot \left(r^2 \cdot \frac{1}{2} \cdot x^2 - \frac{1}{4} \cdot x^4 \Big|_a^b \right)$$

$$= \frac{\pi}{4} \cdot \left(2r^2b^2 - b^4 - 2r^2a^2 + a^4 \right)$$

$$= \frac{\pi}{4} \cdot \left(2r^2 \cdot (b^2 - a^2) - (b^2 - a^2) \cdot (b^2 + a^2) \right)$$

$$= \frac{\pi}{4} \cdot (b^2 - a^2) \cdot \left(2r^2 - b^2 - a^2 \right)$$

$$= \frac{\pi}{4} \cdot (b^2 - a^2) \cdot \left[(r^2 - b^2) + (r^2 - a^2) \right]$$

$$= \underline{\frac{\pi}{4} \cdot (r_1^2 - r_2^2) \cdot (r_2^2 + r_1^2)}$$

$$x_S = \frac{\pi \cdot \int\limits_a^b \left(x \cdot [f(x)]^2 \right) \mathrm{d}x}{V_x}$$

$\blacktriangleright$ $V_x = \frac{\pi}{6} \cdot h \cdot (3r_2^2 + 3r_1^2 + h^2)$

$$= \frac{\frac{\pi}{4} \cdot (r_1^2 - r_2^2) \cdot (r_2^2 + r_1^2)}{\frac{\pi}{6} \cdot h \cdot (3r_2^2 + 3r_1^2 + h^2)}$$

$$= \underline{\underline{\frac{3}{2} \cdot \frac{(r_1^2 - r_2^2) \cdot (r_1^2 + r_2^2)}{h \cdot (3r_1^2 + 3r_2^2 + h^2)}}}$$

82. Kegelstumpf

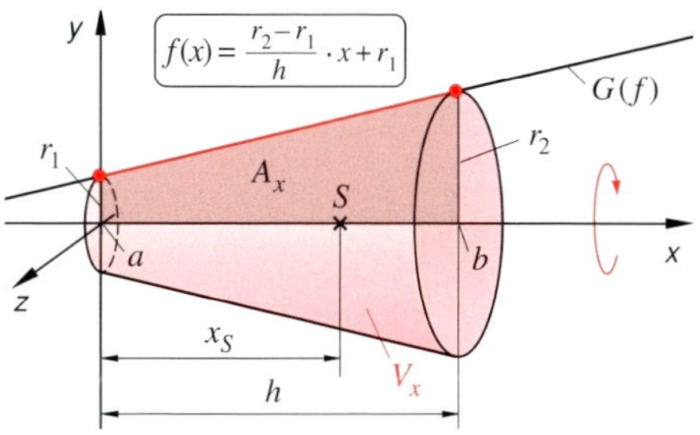

Berechnung des Volumens V_x

V_x wurde bereits in der Übungsaufgabe 55 des Kapitels 3.2 berechnet, und zwar gilt:

$\underline{V_x = \frac{\pi h}{3} \cdot (r_1^2 + r_1 r_2 + r_2^2)}$

Berechnung der Schwerpunktskoordinate x_S

$$\pi \cdot \int_a^b \left(x \cdot [f(x)]^2\right) \mathrm{d}x = ?$$

► 0 für a; h für b; $f(x) = \frac{r_2 - r_1}{h} \cdot x + r_1$

$$\pi \cdot \int_0^h \left(x \cdot \left[\frac{r_2 - r_1}{h} \cdot x + r_1\right]^2\right) \mathrm{d}x =$$

$$= \pi \cdot \int_0^h \left(x \cdot \left[\frac{(r_2 - r_1)^2}{h^2} \cdot x^2 + 2 \cdot \frac{r_2 - r_1}{h} \cdot r_1 x + r_1^2\right]\right) \mathrm{d}x$$

$$= \pi \cdot \int_0^h \left(\frac{(r_2 - r_1)^2}{h^2} \cdot x^3 + 2 \cdot \frac{r_2 - r_1}{h} \cdot r_1 x^2 + r_1^2 x\right) \mathrm{d}x$$

$$= \pi \cdot \left(\frac{(r_2 - r_1)^2}{h^2} \cdot \frac{1}{4} \cdot x^4 + 2 \cdot \frac{r_2 - r_1}{h} \cdot r_1 \cdot \frac{1}{3} \cdot x^3 + r_1^2 \cdot \frac{1}{2} \cdot x^2 \Big|_0^h\right)$$

$$= \pi \cdot \left(\frac{(r_2 - r_1)^2}{h^2} \cdot \frac{1}{4} \cdot h^4 + 2 \cdot \frac{r_2 - r_1}{h} \cdot r_1 \cdot \frac{1}{3} \cdot h^3 + r_1^2 \cdot \frac{1}{2} \cdot h^2 - 0\right)$$

$$= \pi h^2 \cdot \left(\frac{(r_2 - r_1)^2}{4} + \frac{2 \cdot (r_2 - r_1) \cdot r_1}{3} + \frac{r_1^2}{2}\right)$$

$$= \frac{\pi}{12} \cdot h^2 \cdot \left(3 \cdot (r_2 - r_1)^2 + 8 \cdot (r_2 - r_1) \cdot r_1 + 6 r_1^2\right)$$

$$= \underline{\frac{\pi}{12} \cdot h^2 \cdot (3 r_2^2 + 2 r_2 r_1 + r_1^2)}$$

► $3 \cdot (r_2 - r_1)^2 + 8 \cdot (r_2 - r_1) r_1 + 6 r_1^2 =$

$= 3 r_2^2 - 6 r_2 r_1 + 3 r_1^2 + 8 r_2 r_1 - 8 r_1^2 + 6 r_1^2$

$= 3 r_2^2 + 2 r_2 r_1 + r_1^2$

$$x_S = \frac{\pi \cdot \int_a^b \left(x \cdot [f(x)]^2\right) \mathrm{d}x}{V_x}$$ ► $V_x = \frac{\pi h}{3} \cdot (r_1^2 + r_1 r_2 + r_2^2)$

$$= \frac{\frac{\pi}{12} \cdot h^2 \cdot (3 r_2^2 + 2 r_2 r_1 + r_1^2)}{\frac{\pi h}{3} \cdot (r_1^2 + r_1 r_2 + r_2^2)}$$

$$= \underline{\underline{\frac{h \cdot (r_1^2 + 2 r_1 r_2 + 3 r_2^2)}{4 \cdot (r_1^2 + r_1 r_2 + r_2^2)}}}$$

Ein Kegelstumpf hat den Körperschwerpunkt $S\left\langle \frac{h \cdot (r_1^2 + 2 r_1 r_2 + 3 r_2^2)}{4 \cdot (r_1^2 + r_1 r_2 + r_2^2)} \middle| 0 \middle| 0 \right\rangle$.

Berechnen Sie für die Funktionen mit den nachstehenden Funktionsgleichungen jeweils die Schwerpunktskoordinate x_S des Körpers, der erzeugt wird, wenn die Fläche zwischen dem Graphen der Funktion und der x-Achse im angegebenen x-Intervall um die x-Achse rotiert.

83. $f(x) = \sqrt{9 - x^2}$; $x \in [0; 3]$

Der Graph der Funktion $f(x) = \sqrt{9 - x^2}$; $D(f) = [-3; 3]$ ist in $[0; 3]$ ein Viertelkreis, sodass bei Rotation der Fläche zwischen Graph und der x-Achse im Intervall $[0; 3]$ eine Halbkugel entsteht.

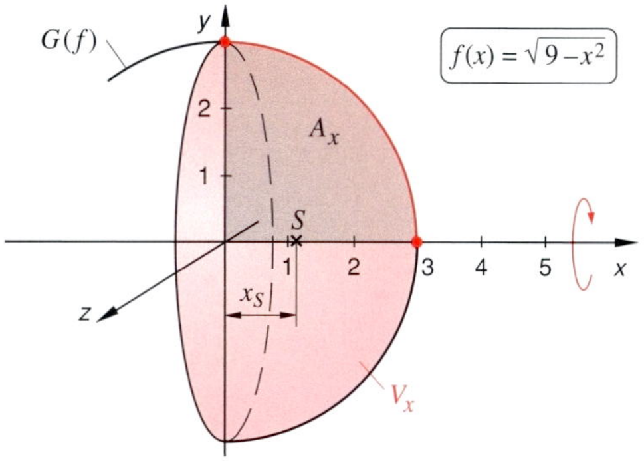

365

Berechnung des Volumens V_x

$$V_x = \pi \cdot \int_a^b [f(x)]^2 \, dx \quad \blacktriangleright \text{ 0 für } a; \text{ 3 für } b; f(x) = \sqrt{9-x^2}$$

$$= \pi \cdot \int_0^3 (9-x^2)\, dx$$

$$= \pi \cdot \left(9x - \frac{1}{3} \cdot x^3 \Big|_0^3\right)$$

$$= \pi \cdot \left(27 - \frac{1}{3} \cdot 3^3 - 0\right)$$

$$= \underline{18\pi}$$

Berechnung der Schwerpunktskoordinate x_S

$$\pi \cdot \int_a^b (x \cdot [f(x)]^2)\, dx = ?$$

► 0 für a; 3 für b; $f(x) = \sqrt{9-x^2}$

$$\pi \cdot \int_0^3 (x \cdot [9-x^2])\, dx = \pi \cdot \int_0^3 (9x - x^3)\, dx$$

$$= \pi \cdot \left(\frac{9}{2} \cdot x^2 - \frac{1}{4} \cdot x^4 \Big|_0^3\right)$$

$$= \pi \cdot \left(\frac{9}{2} \cdot 3^2 - \frac{1}{4} \cdot 3^4 - 0\right)$$

$$= \underline{\frac{81}{4} \cdot \pi}$$

$$x_S = \frac{\pi \cdot \int_a^b \left(x \cdot [f(x)]^2\right) dx}{V_x} \quad \blacktriangleright V_x = 18\pi$$

$$= \frac{\frac{81}{4} \cdot \pi}{18\pi}$$

$$= \underline{\underline{1{,}125}}$$

Die Halbkugel hat den Körperschwerpunkt $S\langle 1{,}125 | 0 | 0 \rangle$.

84. $f(x) = \sqrt{x^2 - 16}$; $x \in [4; 5]$

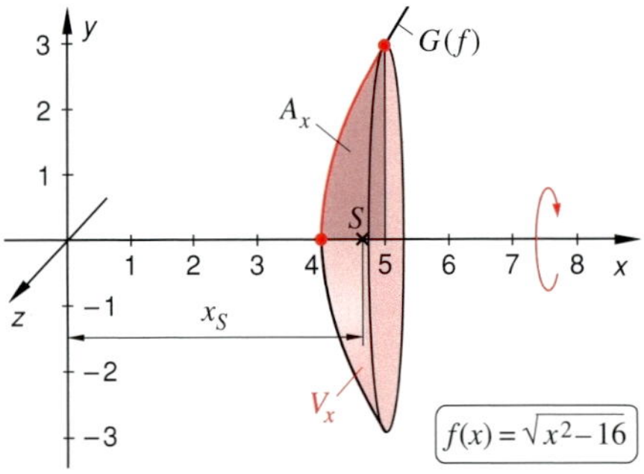

Berechnung des Volumens V_x

$$V_x = \pi \cdot \int_a^b [f(x)]^2 \, dx \quad \blacktriangleright \text{ 4 für } a; \text{ 5 für } b; f(x) = \sqrt{x^2-16}$$

$$= \pi \cdot \int_4^5 (x^2 - 16)\, dx$$

$$= \pi \cdot \left(\frac{1}{3} \cdot x^3 - 16x \Big|_4^5\right)$$

$$= \pi \cdot \left(\tfrac{1}{3} \cdot 5^3 - 16 \cdot 5 - \tfrac{1}{3} \cdot 4^3 + 16 \cdot 4\right)$$

$$= \underline{\frac{13}{3} \cdot \pi}$$

Berechnung der Schwerpunktskoordinate x_S

$$\pi \cdot \int_a^b \left(x \cdot [f(x)]^2\right) dx = ?$$

► 4 für a; 5 für b; $f(x) = \sqrt{x^2-16}$

$$\pi \cdot \int_4^5 (x \cdot [x^2 - 16])\, dx = \pi \cdot \int_4^5 (x^3 - 16x)\, dx$$

$$= \pi \cdot \left(\frac{1}{4} \cdot x^4 - 8x^2 \Big|_4^5\right)$$

$$= \pi \cdot \left(\frac{1}{4} \cdot 5^4 - 8 \cdot 5^2 - \frac{1}{4} \cdot 4^4 + 8 \cdot 4^2\right)$$

$$= \pi \cdot \left(\frac{1}{4} \cdot 625 - 200 - 64 + 128\right)$$

$$= \underline{\frac{81}{4}\pi}$$

$$x_S = \frac{\pi \cdot \int_a^b \left(x \cdot [f(x)]^2\right) dx}{V_x} \quad \blacktriangleright V_x = \frac{13}{3}\pi$$

$$= \frac{\frac{81}{4}\pi}{\frac{13}{3}\pi}$$

$$= \underline{\underline{4{,}67308}}$$

Der Rotationskörper hat den Schwerpunkt $S\langle 4{,}67308 | 0 | 0 \rangle$.

85. $f(x) = x \cdot \sqrt{x};\ x \in [0;\ 3]$

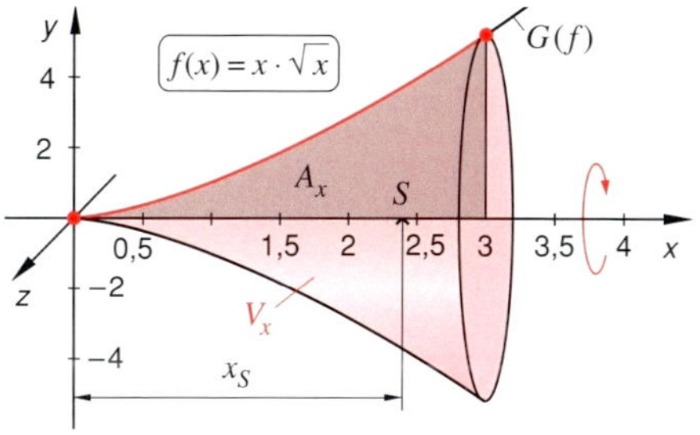

Berechnung des Volumens V_x

$$V_x = \pi \cdot \int\limits_a^b [f(x)]^2\,dx \quad \blacktriangleright\ 0 \text{ für } a;\ 3 \text{ für } b;\ f(x) = x \cdot \sqrt{x}$$

$$= \pi \cdot \int\limits_0^3 (x^2 \cdot x)\,dx$$

$$= \pi \cdot \left(\frac{1}{4} \cdot x^4 \Big|_0^3 \right)$$

$$= \pi \cdot \left(\frac{1}{4} \cdot 81 - 0 \right)$$

$$= \underline{\frac{81}{4} \cdot \pi}$$

Berechnung der Schwerpunktskoordinate x_S

$$\pi \cdot \int\limits_a^b \left(x \cdot [f(x)]^2 \right) dx = ?$$

► 0 für a; 3 für b; $f(x) = x \cdot \sqrt{x}$

$$\pi \cdot \int\limits_0^3 (x \cdot x^2 \cdot x)\,dx = \pi \cdot \left(\frac{1}{5} \cdot x^5 \Big|_0^3 \right)$$

$$= \pi \cdot \left(\frac{1}{5} \cdot 3^5 - 0 \right)$$

$$= \underline{\frac{243}{5} \cdot \pi}$$

$$x_S = \frac{\pi \cdot \int\limits_a^b \left(x \cdot [f(x)]^2 \right) dx}{V_x} \quad \blacktriangleright\ V_x = \frac{81}{4}\pi$$

$$= \frac{\frac{243}{5} \cdot \pi}{\frac{81}{4} \cdot \pi}$$

$$= \underline{\underline{2{,}4}}$$

Der Rotationskörper hat den Schwerpunkt $S\langle 2{,}4 \,|\, 0 \,|\, 0 \rangle$.

86. $f(x) = 0{,}5 \cdot \sqrt{x^3 + 2x^2};\ x \in [-2;\ 0]$

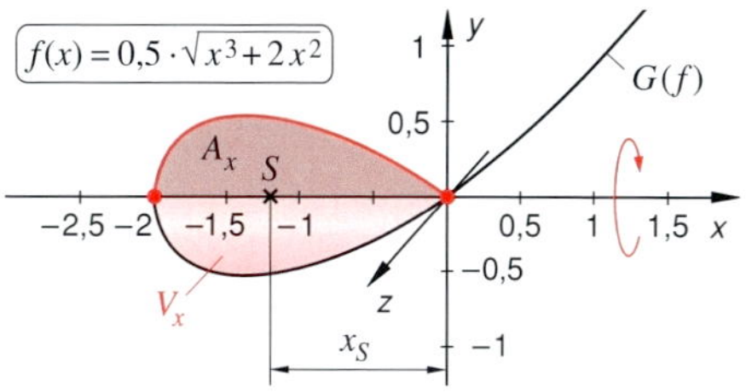

Berechnung des Volumens V_x

$$V_x = \pi \cdot \int\limits_a^b [f(x)]^2\,dx$$

► -2 für a; 0 für b; $f(x) = 0{,}5 \cdot \sqrt{x^3 + 2x^2}$

$$V_x = \pi \cdot \int\limits_{-2}^0 [0{,}25 \cdot (x^3 + 2x^2)]\,dx$$

$$= 0{,}25\,\pi \cdot \int\limits_{-2}^0 (x^3 + 2x^2)\,dx$$

Berechnung der Schwerpunktskoordinate x_S

$$\pi \cdot \int\limits_a^b \left(x \cdot [f(x)]^2 \right) dx = ?$$

► -2 für a; 0 für b; $f(x) = 0{,}5 \cdot \sqrt{x^3 + 2x^2}$

$$\pi \cdot \int\limits_{-2}^0 [x \cdot 0{,}25 \cdot (x^3 + 2x^2)]\,dx =$$

$$= 0{,}25\,\pi \cdot \int\limits_{-2}^0 (x^4 + 2x^3)\,dx$$

$$= 0{,}25\,\pi \cdot \left(\frac{1}{5} \cdot x^5 + \frac{1}{2} \cdot x^4 \Big|_{-2}^0 \right)$$

$$= \frac{1}{4}\pi \cdot \left(0 - \frac{1}{5} \cdot (-2)^5 - \frac{1}{2} \cdot (-2)^4 \right)$$

$$= \frac{1}{4}\pi \cdot \left(\frac{32}{5} - 8 \right)$$

$$= \underline{-\frac{2}{5}\pi}$$

365 $V_x = 0{,}25\,\pi \cdot \left(\frac{1}{4} \cdot x^4 + \frac{2}{3} \cdot x^3 \Big|_{-2}^{0}\right)$

$= 0{,}25\,\pi \cdot \left(0 - \frac{1}{4} \cdot (-2)^4 - \frac{2}{3} \cdot (-2)^3\right)$

$= \frac{1}{4} \cdot \pi \cdot \left(-4 + \frac{16}{3}\right)$

$= \underline{\frac{\pi}{3}}$

$$x_S = \frac{\pi \cdot \int\limits_a^b \left(x \cdot [f(x)]^2\right) \mathrm{d}x}{V_x} \qquad \blacktriangleright\ V_x = \frac{\pi}{3}$$

$$= \frac{-\frac{2}{5}\pi}{\frac{\pi}{3}}$$

$$= \underline{\underline{-1{,}2}}$$

Der Rotationskörper hat den Schwerpunkt $S\langle -1{,}2 \,|\, 0 \,|\, 0 \rangle$.

87. $f(x) = \sin x;\ x \in [0; \pi]$

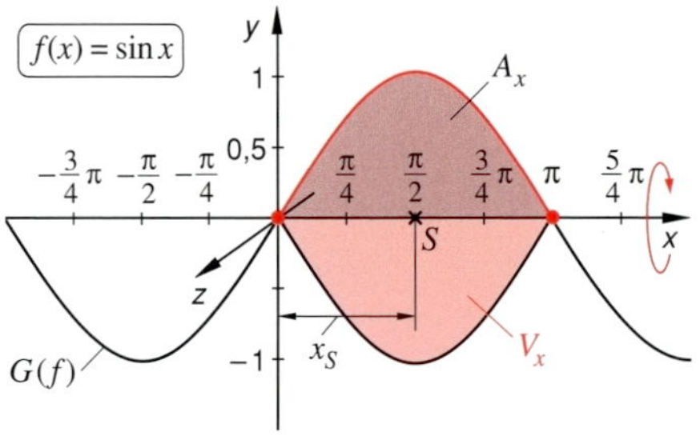

Berechnung des Volumens V_x

V_x wurde bereits in der Übungsaufgabe 5 des Kapitels 3.2 berechnet, und zwar gilt: $V_x = \underline{\frac{\pi^2}{2}}$

Berechnung der Schwerpunktskoordinate x_S

$\pi \cdot \int\limits_a^b \left(x \cdot [f(x)]^2\right) \mathrm{d}x = ?$

► 0 für a; π für b; $f(x) = \sin x$

$\pi \cdot \int\limits_0^\pi \left(x \cdot \sin^2 x\right) \mathrm{d}x = \qquad$ ► 2.4.1 und 2.5 ► $\int (u \cdot v')\mathrm{d}x$

$= \pi \cdot \left[x \cdot \left(\frac{x}{2} - \frac{1}{4} \cdot \sin(2x)\right)\Big|_0^\pi - \int\limits_0^\pi \left(\frac{x}{2} - \frac{1}{4} \cdot \sin(2x)\right) \mathrm{d}x\right]$

$= \pi \cdot \left[\pi \cdot \left(\frac{\pi}{2} - \frac{1}{4} \cdot \sin(2\pi) - 0\right) - \left(\frac{x^2}{4} + \frac{1}{8} \cdot \cos(2x)\Big|_0^\pi\right)\right]$

$= \pi \cdot \left[\frac{\pi^2}{2} - \left(\frac{\pi^2}{4} + \frac{1}{8} \cdot \cos(2\pi) - 0 - \frac{1}{8} \cdot \cos 0\right)\right]$

$= \underline{\frac{\pi^3}{4}}$

$$x_S = \frac{\pi \cdot \int\limits_a^b \left(x \cdot [f(x)]^2\right) \mathrm{d}x}{V_x} \qquad \blacktriangleright\ V_x = \frac{\pi^2}{2}$$

$$= \frac{\frac{\pi^3}{4}}{\frac{\pi^2}{2}}$$

$$= \underline{\underline{\frac{\pi}{2}}}$$

Der Rotationskörper hat den Schwerpunkt $S\langle \frac{\pi}{2} \,|\, 0 \,|\, 0 \rangle$.

Da der Graph der Funktion $f: f(x) = \sin x;\ D(f) = \mathbb{R}$ im Intervall $[0; \pi]$ symmetrisch zur Geraden mit der Gleichung $x = \frac{\pi}{2}$ ist (► $\sin\left(\frac{\pi}{2} - s\right) = \sin\left(\frac{\pi}{2} + s\right)$; $s \in \left[0; \frac{\pi}{2}\right]$), hätte man die Schwerpunktskoordinate auch ohne Rechnung angeben können.

88. $f(x) = \ln x;\ x \in [1;\mathrm{e}]$

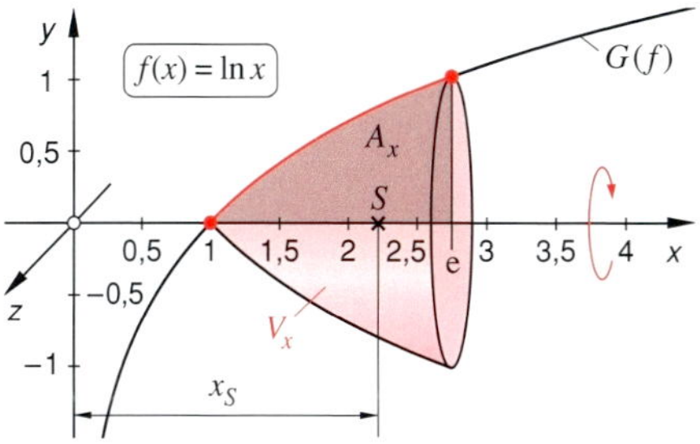

Berechnung des Volumens V_x

$V_x = \pi \cdot \int_a^b [f(x)]^2\,\mathrm{d}x$ ► 1 für a; e für b; $f(x) = \ln x$

$V_x = \pi \cdot \int_1^{\mathrm{e}} \left(1 \cdot \ln^2 x\right)\mathrm{d}x$ ► 2.5 ► $\int (v' \cdot u)\,\mathrm{d}x$

$= \pi \cdot \left[x \cdot \ln^2 x \Big|_1^{\mathrm{e}} - \int_1^{\mathrm{e}} (2 \cdot \ln x)\,\mathrm{d}x\right]$

► 2.5 ► $\int (v' \cdot u)\,\mathrm{d}x$

$= \pi \cdot \left[\mathrm{e} \cdot \ln^2 \mathrm{e} - 1 \cdot \ln^2 1 - \left(2x \cdot \ln x \Big|_1^{\mathrm{e}} - \int_1^{\mathrm{e}} 2\,\mathrm{d}x\right)\right]$

$= \pi \cdot \left[\mathrm{e} - (2 \cdot \mathrm{e} \cdot \ln \mathrm{e} - 2 \cdot 1 \cdot \ln 1) + 2x \Big|_1^{\mathrm{e}}\right]$

$= \pi \cdot [\mathrm{e} - 2 \cdot \mathrm{e} + 2 \cdot \mathrm{e} - 2]$

$= \underline{\pi \cdot (\mathrm{e} - 2)}$

Berechnung der Schwerpunktskoordinate x_S

$\pi \cdot \int_a^b \left(x \cdot [f(x)]^2\right)\mathrm{d}x = ?$

► 1 für a; e für b; $f(x) = \ln x$

$\pi \cdot \int_1^{\mathrm{e}} (x \cdot \ln^2 x)\,\mathrm{d}x =$ ► 2.5 ► $\int (v' \cdot u)\,\mathrm{d}x$

$= \pi \cdot \left[\frac{x^2}{2} \cdot \ln^2 x \Big|_1^{\mathrm{e}} - \int_1^{\mathrm{e}} (x \cdot \ln x)\,\mathrm{d}x\right]$ ► 2.5

$= \pi \cdot \left[\frac{\mathrm{e}^2}{2} \cdot \ln^2 \mathrm{e} - \frac{1}{2} \cdot \ln^2 1 - \left(\frac{x^2}{2} \cdot \ln x \Big|_1^{\mathrm{e}} - \int_1^{\mathrm{e}} \frac{x}{2}\mathrm{d}x\right)\right]$

► $\ln \mathrm{e} = 1$; $\ln 1 = 0$

$= \pi \cdot \left[\frac{\mathrm{e}^2}{2} - \frac{\mathrm{e}^2}{2} \cdot \ln \mathrm{e} + \frac{1}{2} \cdot \ln 1 + \frac{x^2}{4} \Big|_1^{\mathrm{e}}\right]$

$= \pi \cdot \left[\frac{\mathrm{e}^2}{2} - \frac{\mathrm{e}^2}{2} + \frac{\mathrm{e}^2}{4} - \frac{1}{4}\right]$

$= \underline{\frac{\pi}{4} \cdot (\mathrm{e}^2 - 1)}$

$x_S = \dfrac{\pi \cdot \int_a^b (x \cdot [f(x)]^2)\,\mathrm{d}x}{V_x}$ ► $V_x = \pi \cdot (\mathrm{e} - 2)$

$= \dfrac{\frac{\pi}{4} \cdot (\mathrm{e}^2 - 1)}{\pi \cdot (\mathrm{e} - 2)}$

$= \underline{\underline{2{,}22373}}$

Der Rotationskörper hat den Schwerpunkt $S\langle 2{,}22373 \,|\, 0 \,|\, 0\rangle$.

89. $f(x) = \sqrt{1 + x^2};\ x \in [0;\ 1]$

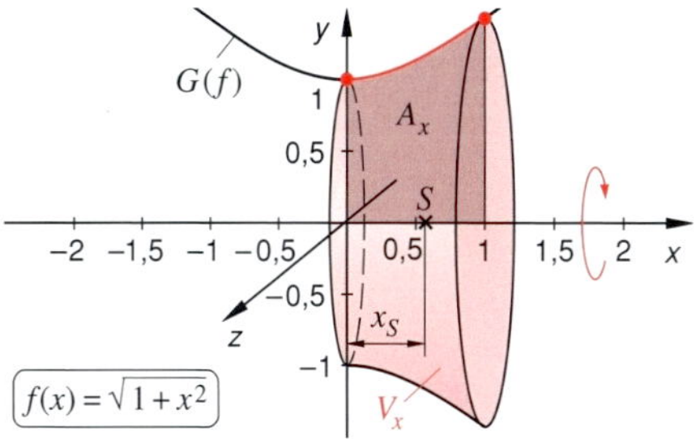

Berechnung der Schwerpunktskoordinate x_S

$\pi \cdot \int_a^b \left(x \cdot [f(x)]^2\right)\mathrm{d}x = ?$ ► 0 für a; 1 für b; $f(x) = \sqrt{1 + x^2}$

$\pi \cdot \int_0^1 [x \cdot (1 + x^2)]\,\mathrm{d}x = \pi \cdot \int_0^1 (x + x^3)\,\mathrm{d}x$

$= \pi \cdot \left(\frac{1}{2} \cdot x^2 + \frac{1}{4} \cdot x^4 \Big|_0^1\right)$

$= \pi \cdot \left(\frac{1}{2} \cdot 1^2 + \frac{1}{4} \cdot 1^4 - 0\right)$

$= \underline{\frac{3}{4} \cdot \pi}$

365

Berechnung des Volumens V_x

$$V_x = \pi \cdot \int_a^b [f(x)]^2 \, \mathrm{d}x \quad \blacktriangleright \text{ 0 für } a;\ 1 \text{ für } b;\ f(x) = \sqrt{1+x^2}$$

$$= \pi \cdot \int_0^1 \left(1 + x^2\right) \mathrm{d}x$$

$$= \pi \cdot \left(x + \frac{1}{3} \cdot x^3 \Big|_0^1 \right)$$

$$= \pi \cdot \left(1 + \frac{1}{3} \cdot 1 - 0 \right)$$

$$= \underline{\frac{4}{3} \cdot \pi}$$

$$x_S = \frac{\pi \cdot \int_a^b \left(x \cdot [f(x)]^2 \right) \mathrm{d}x}{V_x} \quad \blacktriangleright V_x = \frac{4}{3} \cdot \pi$$

$$= \frac{\frac{3}{4} \cdot \pi}{\frac{4}{3} \cdot \pi}$$

$$= \underline{\underline{0{,}5625}}$$

Der Rotationskörper hat den Schwerpunkt $S\langle 0{,}5625 \,|\, 0 \,|\, 0 \rangle$.

90. $f(x) = \tanh x$; $x \in [0;\ 2]$

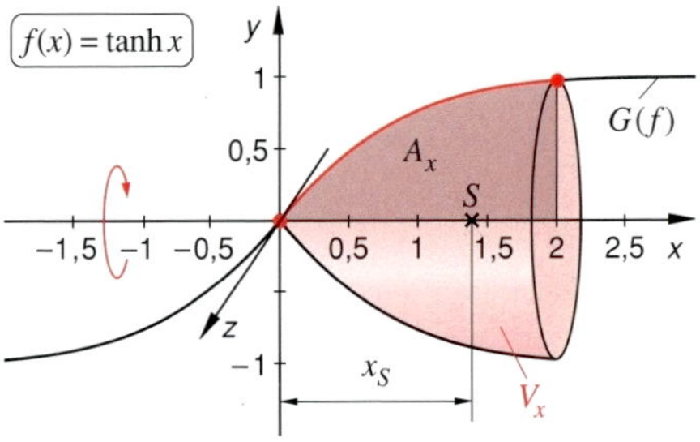

Berechnung des Volumens V_x

$$V_x = \pi \cdot \int_a^b [f(x)]^2 \, \mathrm{d}x \quad \blacktriangleright \text{ 0 für } a;\ 2 \text{ für } b;\ f(x) = \tanh x$$

$$= \pi \cdot \int_0^2 \tanh^2 x \, \mathrm{d}x \quad \blacktriangleright \tanh x = \frac{\sinh x}{\cosh x} \quad \blacktriangleright 4.1$$

$$= \pi \cdot \int_0^2 \frac{\sinh^2 x}{\cosh^2 x} \, \mathrm{d}x \quad \blacktriangleright \sinh^2 x = \cosh^2 x - 1 \quad \blacktriangleright 4.1$$

$$= \pi \cdot \int_0^2 \frac{\cosh^2 x - 1}{\cosh^2 x} \, \mathrm{d}x$$

$$= \pi \cdot \int_0^2 \left(1 - \frac{1}{\cosh^2 x} \right) \mathrm{d}x$$

$$= \pi \cdot \left(x - \tanh x \Big|_0^2 \right)$$

$$= \pi \cdot (2 - \tanh 2 - 0)$$

$$= \underline{\pi \cdot 1{,}03597\ldots}$$

Berechnung der Schwerpunktskoordinate x_S

$$\pi \cdot \int_a^b \left(x \cdot [f(x)]^2 \right) \mathrm{d}x = ? \quad \blacktriangleright \text{ 0 für } a;\ 2 \text{ für } b;\ f(x) = \tanh x$$

$$\pi \cdot \int_0^2 \left(x \cdot \tanh^2 x \right) \mathrm{d}x = \quad \blacktriangleright 2.5 \quad \blacktriangleright \int (u \cdot v') \, \mathrm{d}x \quad \blacktriangleright \text{Berechnung von } V_x$$

$$= \pi \cdot \left[x \cdot (x - \tanh x) \Big|_0^2 - \int_0^2 (x - \tanh x) \, \mathrm{d}x \right]$$

$$= \pi \cdot \left[2 \cdot (2 - \tanh 2) - 0 - \int_0^2 x \, \mathrm{d}x + \int_0^2 \frac{\sinh x}{\cosh x} \, \mathrm{d}x \right] \quad \blacktriangleright 2.4.2$$

$$= \pi \cdot \left[2 \cdot (2 - \tanh 2) - \frac{x^2}{2} \Big|_0^2 + \ln |\cosh x| \Big|_0^2 \right]$$

$$= \pi \cdot [2 \cdot (2 - \tanh 2) - 2 + \ln |\cosh 2| - \ln |\cosh 0|]$$

$$= \underline{\pi \cdot 1{,}39694\ldots}$$

$$x_S = \frac{\pi \cdot \int_a^b \left(x \cdot [f(x)]^2 \right) \mathrm{d}x}{V_x} \quad \blacktriangleright V_x = \pi \cdot 1{,}03597\ldots$$

$$= \frac{\pi \cdot 1{,}39694\ldots}{\pi \cdot 1{,}03597\ldots}$$

$$= \underline{\underline{1{,}34844}}$$

Der Rotationskörper hat den Schwerpunkt $S\langle 1{,}34844 \,|\, 0 \,|\, 0 \rangle$.

91. $f(x) = \sinh x;\ x \in [0{,}5;\ 2]$

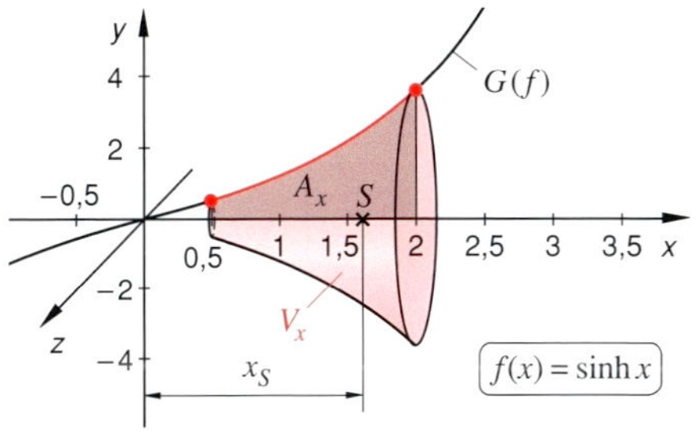

Berechnung des Volumens V_x

$$V_x = \pi \cdot \int_a^b [f(x)]^2\,\mathrm{d}x \quad \blacktriangleright \text{ 0,5 für } a;\ 2 \text{ für } b;\ f(x) = \sinh x$$

$$= \pi \cdot \int_{0,5}^{2} \sinh^2 x\,\mathrm{d}x \quad \blacktriangleright\ \sinh x = \frac{\mathrm{e}^x - \mathrm{e}^{-x}}{2}$$

$$= \pi \cdot \int_{0,5}^{2} \frac{\mathrm{e}^{2x} - 2 + \mathrm{e}^{-2x}}{4}\,\mathrm{d}x$$

$$= \frac{\pi}{4} \cdot \int_{0,5}^{2} (\mathrm{e}^{2x} - 2 + \mathrm{e}^{-2x})\,\mathrm{d}x \quad \blacktriangleright \text{ 2.4.1}$$

$$= \frac{\pi}{4} \cdot \left(\frac{1}{2} \cdot \mathrm{e}^{2x} - 2x - \frac{1}{2} \cdot \mathrm{e}^{-2x} \Big|_{0,5}^{2}\right)$$

$$= \frac{\pi}{4} \cdot \left(\frac{1}{2} \cdot \mathrm{e}^4 - 4 - \frac{1}{2} \cdot \mathrm{e}^{-4} - \frac{1}{2} \cdot \mathrm{e}^1 + 2 \cdot 0{,}5 + \frac{1}{2} \cdot \mathrm{e}^{-1}\right)$$

$$= \underline{\pi \cdot 5{,}77867\ldots}$$

Berechnung der Schwerpunktskoordinate x_S

$$\pi \cdot \int_a^b \left(x \cdot [f(x)]^2\right) \mathrm{d}x = ? \quad \blacktriangleright \text{ 0,5 für } a;\ 2 \text{ für } b;\ f(x) = \sinh x$$

$$\pi \cdot \int_{0,5}^{2} \left(x \cdot \sinh^2 x\right) \mathrm{d}x = \quad \blacktriangleright \text{ 2.5 } \blacktriangleright \int (u \cdot v')\,\mathrm{d}x$$

$\blacktriangleright$ Berechnung von V_x

$$= \pi \cdot \left[x \cdot \frac{1}{4} \cdot \left(\frac{1}{2} \cdot \mathrm{e}^{2x} - 2x - \frac{1}{2} \cdot \mathrm{e}^{-2x} \Big|_{0,5}^{2}\right) + \right.$$

$$\left. - \frac{1}{4} \cdot \int_{0,5}^{2} \left(\frac{1}{2} \cdot \mathrm{e}^{2x} - 2x - \frac{1}{2} \cdot \mathrm{e}^{-2x}\right) \mathrm{d}x \right] \quad \blacktriangleright \text{ 2.4.1}$$

$$= \pi \cdot \left[2 \cdot \frac{1}{4} \cdot \left(\frac{1}{2} \cdot \mathrm{e}^4 - 4 - \frac{1}{2} \cdot \mathrm{e}^{-4}\right) - 0{,}5 \cdot \frac{1}{4} \cdot \left(\frac{1}{2} \cdot \mathrm{e}^1 - 1 - \frac{1}{2} \cdot \mathrm{e}^{-1}\right) + \right.$$

$$\left. - \frac{1}{4} \cdot \left(\frac{1}{4} \cdot \mathrm{e}^{2x} - x^2 + \frac{1}{4} \cdot \mathrm{e}^{-2x} \Big|_{0,5}^{2}\right)\right]$$

$$= \pi \cdot \left[11{,}62305\ldots - \frac{1}{4} \cdot \left(\frac{1}{4} \cdot \mathrm{e}^4 - 4 + \frac{1}{4} \cdot \mathrm{e}^{-4} - \frac{1}{4} \cdot \mathrm{e}^1 + 0{,}25 - \frac{1}{4} \cdot \mathrm{e}^{-1}\right)\right]$$

$$= \pi \cdot [11{,}62305\ldots - 2{,}28314\ldots]$$

$$= \underline{\pi \cdot 9{,}33991\ldots}$$

$$x_S = \frac{\pi \cdot \int_a^b \left(x \cdot [f(x)]^2\right) \mathrm{d}x}{V_x} \quad \blacktriangleright\ V_x = \pi \cdot 5{,}77867\ldots$$

$$= \frac{\pi \cdot 9{,}33991\ldots}{\pi \cdot 5{,}77867\ldots}$$

$$= \underline{\underline{1{,}61627}}$$

Der Rotationskörper hat den Schwerpunkt $S\langle 1{,}61628 \mid 0 \mid 0 \rangle$.

Merke:

Wird ein Körper durch Rotation einer Fläche zwischen zwei Funktionsgraphen um die x-Achse in einem Intervall $[a;\ b]$ erzeugt, so gilt für die Schwerpunktskoordinate x_S:

$$x_S = \frac{\pi \cdot \int_a^b \left[x \cdot \left([f(x)]^2 - [g(x)]^2\right)\right] \mathrm{d}x}{V};\ f(x) > g(x);\ x \in (a;\ b) \quad \blacktriangleright\ V = \pi \cdot \int_a^b \left([f(x)]^2 - [g(x)]^2\right) \mathrm{d}x$$

Anmerkung:

Diese Formel ist stets dann anwendbar, wenn die Funktionsgraphen $G(f)$ und $G(g)$ im Intervall $(a;\ b)$, also im Inneren des Intervalls $[a;\ b]$, keine Schnittpunkte haben und $f(x) \geq g(x)$ für alle $x \in [a;\ b]$ gilt. Haben aber $G(f)$ und $G(g)$ im Intervall $(a;\ b)$ Schnittpunkte, so ist analog dem Abschnitt „Flächen zwischen zwei Graphen mit Schnittpunkten im Integrationsintervall" des Kapitels 3.1 zu verfahren.

365 **92.** Rotiert die Fläche zwischen den Graphen der Funktionen $f: f(x) = \sqrt{25 - x^2}$; $D(f) = [-5; 5]$ und $g: g(x) = \sqrt{2x + 10}$; $D(f) = \mathbb{R}^{\geq -5}$ um die x-Achse, so wird ein Rotationskörper erzeugt. Berechnen Sie die Lage des Schwerpunktes. ► **Lehrbuch: Kusch 4, S. 359 … 361**

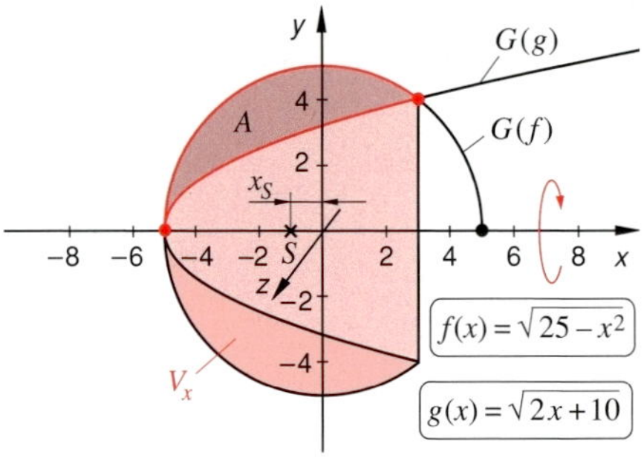

In der Übungsaufgabe 14 des Kapitels 3.2 wurden bereits die Schnittstellen der Funktionen f und g mit $x_1 = -5$ sowie $x_2 = 3$ ermittelt und die Volumenmaßzahl mit $V = \frac{256}{3} \cdot \pi$ berechnet.

Berechnung der Schwerpunktskoordinate x_S

$$\pi \cdot \int_a^b \left[x \cdot \left([f(x)]^2 - [g(x)]^2 \right) \right] \mathrm{d}x = ?$$

► -5 für a; 3 für b; $f(x) = \sqrt{25 - x^2}$; $g(x) = \sqrt{2x + 10}$

$$\pi \cdot \int_{-5}^{3} \left[x \cdot \left(25 - x^2 - (2x + 10) \right) \right] \mathrm{d}x =$$

$$= \pi \cdot \int_{-5}^{3} [x \cdot (15 - x^2 - 2x)] \, \mathrm{d}x$$

$$= \pi \cdot \int_{-5}^{3} [15x - x^3 - 2x^2] \, \mathrm{d}x$$

$$= \pi \cdot \left[\frac{15}{2} \cdot x^2 - \frac{1}{4} \cdot x^4 - \frac{2}{3} \cdot x^3 \Big|_{-5}^{3} \right]$$

$$= \pi \cdot \left[\frac{15}{2} \cdot 9 - \frac{1}{4} \cdot 81 - \frac{2}{3} \cdot 27 - \frac{15}{2} \cdot 25 + \frac{1}{4} \cdot 625 - \frac{2}{3} \cdot 125 \right]$$

$$= \underline{-\frac{256}{3} \cdot \pi}$$

$$x_S = \frac{\pi \cdot \int_a^b \left[x \cdot \left([f(x)]^2 - [g(x)]^2 \right) \right] \mathrm{d}x}{V} \quad \blacktriangleright V = \frac{256}{3} \cdot \pi$$

$$= \frac{-\frac{256}{3} \cdot \pi}{\frac{256}{3} \cdot \pi}$$

$$= \underline{\underline{-1}}$$

Der Rotationskörper hat den Schwerpunkt $S\langle -1 | 0 | 0 \rangle$.

Merke:

Rotiert in einem xyz-Koordinatensystem die Fläche zwischen dem Graphen einer streng monoton steigenden bzw. einer streng monoton fallenden Funktion und der y-Achse in einem y-Intervall $[c; d]$ um die y-Achse, so wird ein Rotationskörper mit der Masse m ($m = \rho \cdot V$) erzeugt. Für das Drehmoment M_{xz} sowie für die Schwerpunktskoordinate y_S gilt:

- $\boldsymbol{M_{xz} = F_G \cdot y_S = \rho \cdot V_y \cdot g \cdot y_S = \rho \cdot g \cdot \pi \cdot \int_c^d \left(y \cdot [f^{-1}(y)]^2 \right) \mathrm{d}y}$

- **Erste Lösungsmethode**

$$\boldsymbol{y_S = \frac{\pi \cdot \int_c^d \left(y \cdot \left[f^{-1}(y) \right]^2 \right) \mathrm{d}y}{V_y} \quad \blacktriangleright V_y = \cdot \int_c^d [f^{-1}(y)]^2 \, \mathrm{d}y}$$

- **Zweite Lösungsmethode**

$$y_S = \frac{\pi \cdot \int\limits_a^b [x^2 \cdot f(x) \cdot f'(x)]\,dx}{V_y} \quad \blacktriangleright\ V_y = \pi \cdot \int\limits_a^b [x^2 \cdot f'(x)]\,dx$$

► f ist in $[a; b]$ streng monoton steigend und stetig differenzierbar

$$y_S = \frac{-\pi \cdot \int\limits_a^b [x^2 \cdot f(x) \cdot f'(x)]\,dx}{V_y} \quad \blacktriangleright\ V_y = \pi \cdot \left| \int\limits_a^b [x^2 \cdot f'(x)]\,dx \right|$$

► f ist in $[a; b]$ streng monoton fallend und stetig differenzierbar

Anmerkung:

In manchen Fällen ist zwar eine Funktion f in $[a; b]$ nicht stetig differenzierbar, wohl aber die Funktion $g: g(x) = x^2 \cdot f'(x)$ in $[a; b]$ integrierbar. In solchen Fällen kann dann auch die zweite Lösungsmethode angewendet werden.

Berechnen Sie für die Funktionen mit den nachstehenden Funktionsgleichungen jeweils die Schwerpunktskoordinate y_S des Körpers, der erzeugt wird, wenn die Fläche zwischen dem Graphen der Funktion und der y-Achse im angegebenen y-Intervall um die y-Achse rotiert. 365

► **Lehrbuch: Kusch 4, S. 354...359**

93. $f(x) = \sqrt{1 - x^2};\ y \in [0{,}5;\ 1]$

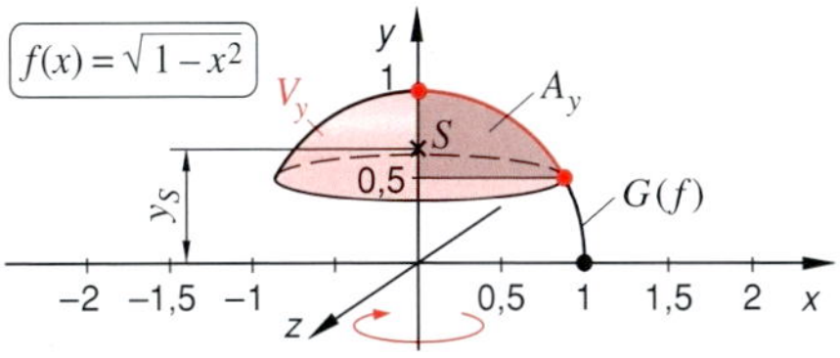

Berechnung des Volumens V_y

$$V_y = \pi \cdot \int\limits_c^d [f^{-1}(y)]^2\,dy$$

► 0,5 für c; 1 für d

$$y = \sqrt{1 - x^2} \Rightarrow x^2 = [f^{-1}(y)]^2 = 1 - y^2$$

$$V_y = \pi \cdot \int\limits_{0,5}^{1} (1 - y^2)\,dy$$

$$= \pi \cdot \left(y - \frac{1}{3} \cdot y^3 \Big|_{0,5}^{1} \right)$$

$$= \pi \cdot \left(1 - \frac{1}{3} - 0{,}5 + \frac{1}{3} \cdot 0{,}5^3 \right)$$

$$= \underline{\frac{5}{24} \cdot \pi}$$

Berechnung der Schwerpunktskoordinate y_S

$$\pi \cdot \int\limits_c^d (y \cdot [f^{-1}(y)]^2)\,dy = ?$$

► 0,5 für c; 1 für d; $y = \sqrt{1 - x^2} \Rightarrow x^2 = [f^{-1}(y)]^2 = 1 - y^2$

$$\pi \cdot \int\limits_{0,5}^{1} [y \cdot (1 - y^2)]\,dy = \pi \cdot \int\limits_{0,5}^{1} (y - y^3)\,dy$$

$$= \pi \cdot \left(\frac{1}{2} \cdot y^2 - \frac{1}{4} \cdot y^4 \Big|_{0,5}^{1} \right)$$

$$= \pi \cdot \left(\frac{1}{2} \cdot 1^2 - \frac{1}{4} \cdot 1^4 - \frac{1}{2} \cdot 0{,}5^2 + \frac{1}{4} \cdot 0{,}5^4 \right)$$

$$= \underline{\frac{9}{64} \cdot \pi}$$

$$y_S = \frac{\pi \cdot \int\limits_c^d \left(y \cdot [f^{-1}(y)]^2 \right) dy}{V_y} \quad \blacktriangleright\ V_y = \frac{5}{24} \cdot \pi$$

$$= \frac{\frac{9}{64} \cdot \pi}{\frac{5}{24} \cdot \pi}$$

$$= \underline{\underline{0{,}675}}$$

Der Rotationskörper hat den Schwerpunkt $S\langle 0 | 0{,}675 | 0 \rangle$.

365

94. $f(x) = \sqrt{x^2 - 1};\ y \in [0; 4]$

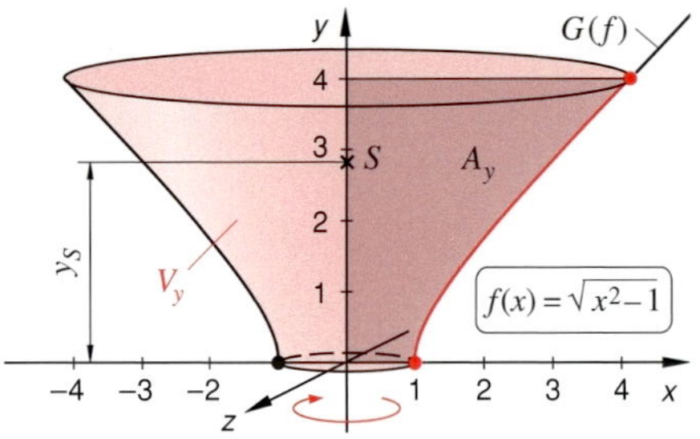

Berechnung des Volumens V_y

$$V_y = \pi \cdot \int_c^d [f^{-1}(y)]^2 \, dy$$

► 0 für c; 4 für y

$$y = \sqrt{x^2 - 1} \Rightarrow x^2 = [f^{-1}(y)]^2 = y^2 + 1$$

$$V_y = \pi \cdot \int_0^4 (y^2 + 1) \, dy$$
$$= \pi \cdot \left(\frac{1}{3} \cdot y^3 + y \Big|_0^4\right)$$
$$= \pi \cdot \left(\frac{1}{3} \cdot 4^3 + 4 - 0\right)$$
$$= \underline{\frac{76}{3} \cdot \pi}$$

Berechnung der Schwerpunktskoordinate y_S

$$\pi \cdot \int_c^d \left(y \cdot [f^{-1}(y)]^2\right) dy = ?$$

► 0 für c; 4 für d; $y = \sqrt{x^2 - 1} \Rightarrow x^2 = [f^{-1}(y)]^2 = y^2 + 1$

$$\pi \cdot \int_0^4 [y \cdot (y^2 + 1)] \, dy = \pi \cdot \int_0^4 (y^3 + y) \, dy$$
$$= \pi \cdot \left(\frac{1}{4} \cdot y^4 + \frac{1}{2} \cdot y^2 \Big|_0^4\right)$$
$$= \pi \cdot \left(\frac{1}{4} \cdot 4^4 + \frac{1}{2} \cdot 4^2 - 0\right)$$
$$= \underline{72\pi}$$

$$y_S = \frac{\pi \cdot \int_c^d \left(y \cdot [f^{-1}(y)]^2\right) dy}{V_y} \quad ► \ V_y = \frac{76}{3} \cdot \pi$$
$$= \frac{72\pi}{\frac{76}{3} \cdot \pi}$$
$$= \underline{\underline{2{,}84211}}$$

Der Rotationskörper hat den Schwerpunkt $S\langle 0 | 2{,}84211 | 0 \rangle$.

95. $f(x) = x \cdot \sqrt{x};\ y \in [0; 5]$

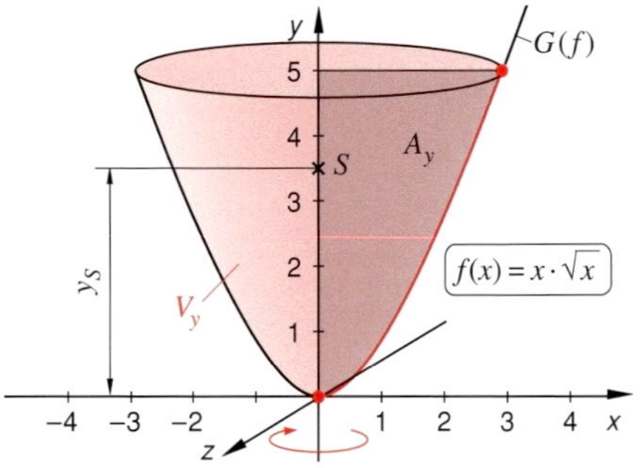

Berechnung des Volumens V_y

$$V_y = \pi \cdot \int_c^d [f^{-1}(y)]^2 \, dy$$

► 0 für c; 5 für d

$$y = x\sqrt{x} = x^{\frac{3}{2}} \Rightarrow x^2 = [f^{-1}(y)]^2 = y^{\frac{4}{3}}$$

Berechnung der Schwerpunktskoordinate y_S

$$\pi \cdot \int_c^d \left(y \cdot [f^{-1}(y)]^2\right) dy = ?$$

► 0 für c; 5 für d

$$y = x \cdot \sqrt{x} = x^{\frac{3}{2}} \Rightarrow x^2 = [f^{-1}(y)]^2 = y^{\frac{4}{3}}$$

$$\pi \cdot \int_0^5 (y \cdot y^{\frac{4}{3}}) \, dy = \pi \cdot \int_0^5 y^{\frac{7}{3}} \, dy$$
$$= \pi \cdot \frac{3}{10} \cdot y^{\frac{10}{3}} \Big|_0^5$$
$$= \pi \cdot \frac{3}{10} \cdot 5^{\frac{10}{3}} - 0$$
$$= \underline{\pi \cdot 64{,}12409\ldots}$$

$$V_y = \pi \cdot \int_0^5 y^{\frac{4}{3}}\,\mathrm{d}y$$
$$= \pi \cdot \frac{3}{7} \cdot y^{\frac{7}{3}}\Big|_0^5$$
$$= \pi \cdot \frac{3}{7} \cdot 5^{\frac{7}{3}} - 0$$
$$= \pi \cdot 18{,}32117\ldots$$

$$y_S = \frac{\pi \cdot \int_c^d \left(y \cdot [f^{-1}(y)]^2\right)\mathrm{d}y}{V_y} \quad \blacktriangleright\ V_y = \pi \cdot 18{,}32117\ldots$$
$$= \frac{\pi \cdot 64{,}12409\ldots}{\pi \cdot 18{,}32117\ldots}$$
$$= 3{,}5$$

Der Rotationskörper hat den Schwerpunkt $S\langle 0|\,3{,}5\,|0\rangle$.

96. $f(x) = \mathrm{e}^x;\ y \in [0{,}5;\ 2]$

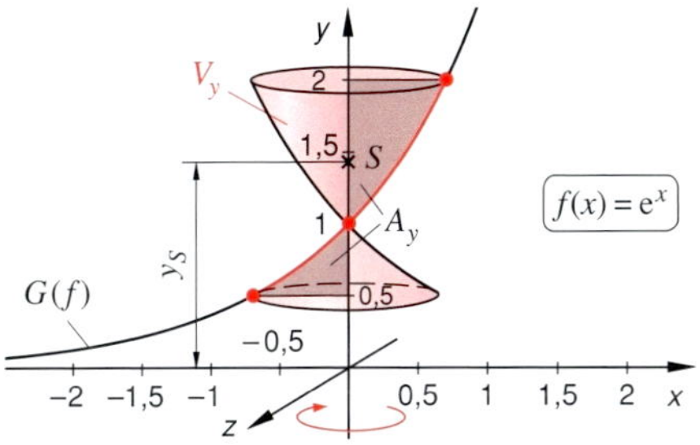

Berechnung des Volumens V_y

$$V_y = \pi \cdot \int_c^d [f^{-1}(y)]^2\,\mathrm{d}y$$

► 0,5 für c; 2 für d; $y = \mathrm{e}^x \Rightarrow x = f^{-1}(y) = \ln y$

$$V_y = \pi \cdot \int_{0,5}^2 \ln^2 y\,\mathrm{d}y \quad \blacktriangleright\ 2.5 \quad \blacktriangleright\ \int (u \cdot v')\,\mathrm{d}y$$
$$= \pi \cdot \left[y \cdot \ln^2 y\Big|_{0,5}^2 - \int_{0,5}^2 (2 \cdot \ln y)\,\mathrm{d}y \right] \quad \blacktriangleright\ 2.5$$
$$= \pi \cdot \left[y \cdot \ln^2 y\Big|_{0,5}^2 - 2y \cdot \ln y\Big|_{0,5}^2 + \int_{0,5}^2 2\,\mathrm{d}y \right]$$
$$= \pi \cdot \left[y \cdot \ln^2 y - 2y \cdot \ln y + 2y \Big|_{0,5}^2 \right]$$
$$= \pi \cdot [2 \cdot \ln^2 2 - 2 \cdot 2 \cdot \ln 2 + 2 \cdot 2 + - (0{,}5 \cdot \ln^2 0{,}5 - 2 \cdot 0{,}5 \cdot \ln 0{,}5 + 2 \cdot 0{,}5)]$$
$$= \pi \cdot 0{,}25494\ldots$$

Berechnung der Schwerpunktskoordinate y_S

$$\pi \cdot \int_c^d \left(y \cdot [f^{-1}(y)]^2\right)\mathrm{d}y = ?$$

► 0,5 für c; 2 für d; $y = \mathrm{e}^x \Rightarrow x = f^{-1}(y) = \ln y$

$$\pi \cdot \int_{0,5}^2 \left(y \cdot \ln^2 y\right)\mathrm{d}y = \quad \blacktriangleright\ 2.5 \quad \blacktriangleright\ \int (v' \cdot u)\,\mathrm{d}y$$
$$= \pi \cdot \left[\frac{1}{2} \cdot y^2 \cdot \ln^2 y\Big|_{0,5}^2 - \int_{0,5}^2 (y \cdot \ln y)\,\mathrm{d}y \right] \quad \blacktriangleright\ 2.5$$
$$= \pi \cdot \left[\frac{1}{2} \cdot y^2 \cdot \ln^2 y\Big|_{0,5}^2 - \frac{1}{2} \cdot y^2 \cdot \ln y\Big|_{0,5}^2 + \int_{0,5}^2 \left(\frac{1}{2} \cdot y\right)\mathrm{d}y \right]$$
$$= \pi \cdot \left[\frac{1}{2} \cdot y^2 \cdot \ln^2 y - \frac{1}{2} \cdot y^2 \cdot \ln y + \frac{1}{4} \cdot y^2 \Big|_{0,5}^2 \right]$$
$$= \pi \cdot 0{,}36541\ldots$$

$$y_S = \frac{\pi \cdot \int_c^d \left(y \cdot [f^{-1}(y)]^2\right)\mathrm{d}y}{V_y} \quad \blacktriangleright\ V_y = \pi \cdot 0{,}25494\ldots$$
$$= \frac{\pi \cdot 0{,}36541\ldots}{\pi \cdot 0{,}25494\ldots}$$
$$= 1{,}43330$$

Der Rotationskörper hat den Schwerpunkt $S\langle 0|\,1{,}43330\,|0\rangle$.

365

97. $f(x) = \dfrac{1}{1+x^2}$; $y \in [0{,}5; 1]$

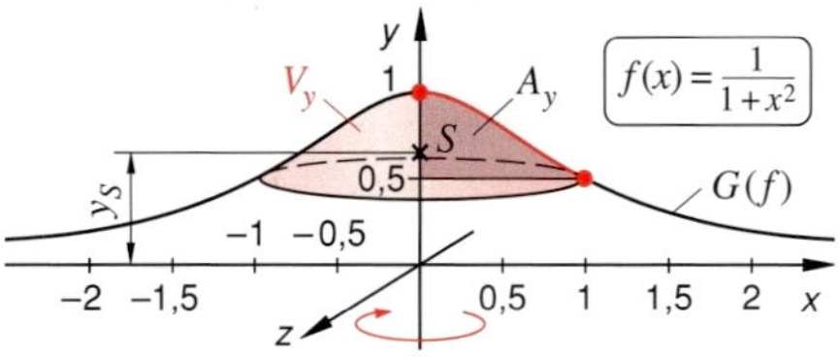

Berechnung des Volumens V_y

$$V_y = \pi \cdot \int_c^d [f^{-1}(y)]^2\,\mathrm{d}y$$

► 0,5 für c; 1 für d

$$y = \frac{1}{1+x^2} \Rightarrow x^2 = [f^{-1}(y)]^2 = \frac{1}{y} - 1$$

$$V_y = \pi \cdot \int_{0,5}^{1} \left(\frac{1}{y} - 1\right) \mathrm{d}y$$

$$= \pi \cdot \left(\ln|y| - y\Big|_{0,5}^{1}\right)$$

$$= \pi \cdot (\ln 1 - 1 - \ln 0{,}5 + 0{,}5)$$

$$= \underline{\pi \cdot 0{,}19314\ldots}$$

Berechnung der Schwerpunktskoordinate y_S

$$\pi \cdot \int_c^d \left(y \cdot [f^{-1}(y)]^2\right) \mathrm{d}y = ?$$

► 0,5 für c; 1 für d; $y = \dfrac{1}{1+x^2} \Rightarrow x^2 = [f^{-1}(y)]^2 = \dfrac{1}{y} - 1$

$$\pi \cdot \int_{0,5}^{1} \left[y \cdot \left(\tfrac{1}{y} - 1\right)\right] \mathrm{d}y = \pi \cdot \int_{0,5}^{1} (1-y)\,\mathrm{d}y$$

$$= \pi \cdot \left(y - \frac{1}{2} \cdot y^2\Big|_{0,5}^{1}\right)$$

$$= \pi \cdot \left(1 - \frac{1}{2} \cdot 1^2 - 0{,}5 - \frac{1}{2} \cdot 0{,}5^2\right)$$

$$= \underline{\pi \cdot 0{,}125}$$

$$y_S = \frac{\pi \cdot \int_c^d \left(y \cdot [f^{-1}(y)]^2\right) \mathrm{d}y}{V_y} \quad \blacktriangleright V_y = \pi \cdot 0{,}19314\ldots$$

$$= \frac{\pi \cdot 0{,}125}{\pi \cdot 0{,}19314\ldots}$$

$$= \underline{\underline{0{,}64717}}$$

Der Rotationskörper hat den Schwerpunkt $S\langle 0 | 0{,}64717 | 0\rangle$.

98. $f(x) = \ln x$; $y \in [0; 1]$

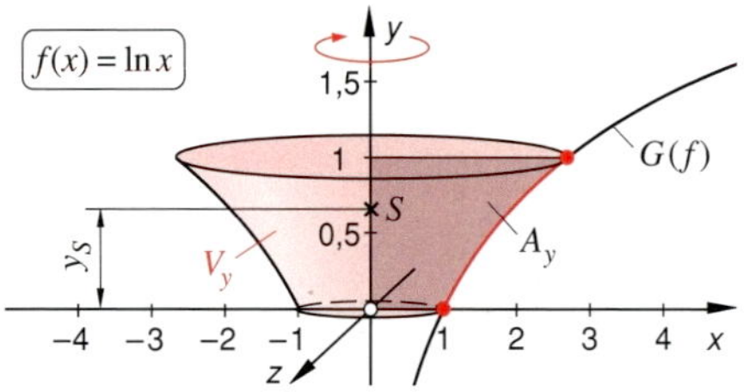

Berechnung des Volumens V_y

$$V_y = \pi \cdot \int_c^d [f^{-1}(y)]^2\,\mathrm{d}y$$

► 0 für c; 1 für d; $y = \ln x \Rightarrow x = f^{-1}(y) = \mathrm{e}^y$

Berechnung der Schwerpunktskoordinate y_S

$$\pi \cdot \int_c^d \left(y \cdot [f^{-1}(y)]^2\right) \mathrm{d}y = ?$$

► 0 für c; 1 für d; $y = \ln x \Rightarrow x = f^{-1}(y) = \mathrm{e}^y$

$$\pi \cdot \int_0^1 (y \cdot \mathrm{e}^{2y})\,\mathrm{d}y = \quad \blacktriangleright 2.5 \quad \blacktriangleright \int (u \cdot v')\,\mathrm{d}y$$

$$= \pi \cdot \left[y \cdot \frac{1}{2} \cdot \mathrm{e}^{2y}\Big|_0^1 - \int_0^1 \left(\frac{1}{2} \cdot \mathrm{e}^{2y}\right) \mathrm{d}y\right] \quad \blacktriangleright 2.4.1$$

$$= \pi \cdot \left[\frac{1}{2} \cdot y \cdot \mathrm{e}^{2y} - \frac{1}{4} \cdot \mathrm{e}^{2y}\Big|_0^1\right]$$

$$= \pi \cdot \left(\frac{1}{2} \cdot 1 \cdot \mathrm{e}^2 - \frac{1}{4} \cdot \mathrm{e}^2 - 0 + \frac{1}{4} \cdot \mathrm{e}^0\right)$$

$$= \underline{\pi \cdot 2{,}09726\ldots}$$

$$V_y = \pi \cdot \int_0^1 e^{2y}\,dy \quad \blacktriangleright 2.4.1$$

$$= \pi \cdot \left(\frac{1}{2} \cdot e^{2y} \Big|_0^1\right)$$

$$= \pi \cdot \left(\frac{1}{2} \cdot e^2 - \frac{1}{2} \cdot e^0\right) \quad \blacktriangleright e^0 = 1$$

$$= \underline{\pi \cdot 3{,}19452\ldots}$$

$$y_S = \frac{\pi \cdot \int_c^d \left(y \cdot [f^{-1}(y)]^2\right) dy}{V_y} \quad \blacktriangleright V_y = \underline{\pi \cdot 3{,}19452\ldots}$$

$$= \frac{\pi \cdot 2{,}09726\ldots}{\pi \cdot 3{,}19452\ldots}$$

$$= \underline{\underline{0{,}65652}}$$

Der Rotationskörper hat den Schwerpunkt $S\langle 0 \,|\, 0{,}65652 \,|\, 0 \rangle$.

Ermitteln Sie die Schwerpunktslage der nachstehend beschriebenen Rotationskörper.

▶ **Lehrbuch: Kusch 4, S. 361**

99.

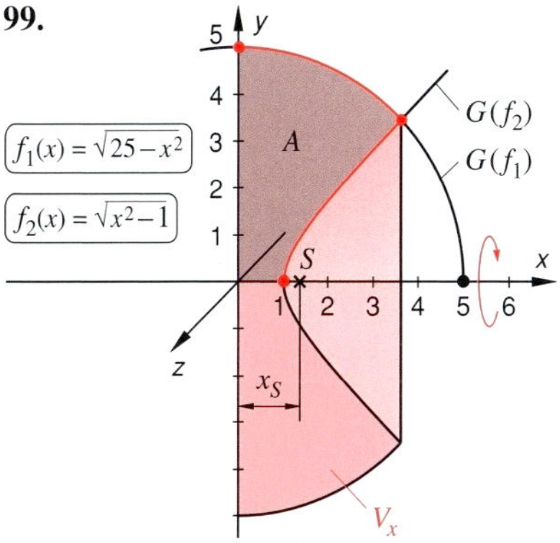

Berechnung des Volumens V_x

$$V_x = \pi \cdot \int_a^b [f_1(x)]^2\,dx - \pi \cdot \int_c^d [f_2(x)]^2\,dx = ?$$

▶ 0 für a; $\sqrt{13}$ für b; $f_1(x) = \sqrt{25 - x^2}$

1 für c; $\sqrt{13}$ für d; $f_2(x) = \sqrt{x^2 - 1}$

$$V_x = \pi \int_0^{\sqrt{13}} (25 - x^2)\,dx - \pi \cdot \int_1^{\sqrt{13}} (x^2 - 1)\,dx$$

$$= \pi \cdot \left(25x - \frac{1}{3} \cdot x^3 \Big|_0^{\sqrt{13}}\right) - \pi \cdot \left(\frac{1}{3} \cdot x^3 - x \Big|_1^{\sqrt{13}}\right)$$

$$= \pi \cdot \left[x \cdot \left(25 - \frac{1}{3} \cdot x^2\right) \Big|_0^{\sqrt{13}}\right] + {}$$

$$- \pi \cdot \left[x \cdot \left(\frac{1}{3} \cdot x^2 - 1\right) \Big|_1^{\sqrt{13}}\right]$$

$$= \pi \cdot \left[\sqrt{13} \cdot \left(25 - \frac{1}{3} \cdot 13\right) - 0\right] + {}$$

$$- \pi \cdot \left[\sqrt{13} \cdot \left(\frac{1}{3} \cdot 13 - 1\right) - 1 \cdot \left(\frac{1}{3} - 1\right)\right]$$

$$= \underline{\pi \cdot 61{,}82955\ldots}$$

Berechnung der Schnittstellen von f_1 und f_2

$$f_1(x) = f_2(x) \quad \blacktriangleright f_1(x) = \sqrt{25 - x^2};\, f_2(x) = \sqrt{x^2 - 1}$$

$$\sqrt{25 - x^2} = \sqrt{x^2 - 1} \quad |\,\text{quadrieren}$$

$$\Rightarrow 25 - x^2 = x^2 - 1 \Rightarrow -2x^2 = -26 \Rightarrow x^2 = 13$$

$$\Rightarrow \underline{x = \sqrt{13};\, x \geq 0}$$ ▶ Die Probe bestätigt $\sqrt{13}$ als Lösung der Wurzelgleichung.

Berechnung der Schwerpunktskoordinate x_S

$$\pi \cdot \int_a^b \left(x \cdot [f_1(x)]^2\right) dx - \pi \cdot \int_e^d \left(x \cdot [f_2(x)]^2\right) dx = ?$$

▶ 0 für a; $\sqrt{13}$ für b; $f_1(x) = \sqrt{25 - x^2}$

1 für c; $\sqrt{13}$ für d; $f_2(x) = \sqrt{x^2 - 1}$

$$\pi \cdot \int_0^{\sqrt{13}} [x \cdot (25 \cdot x^2)]\,dx - \pi \cdot \int_1^{\sqrt{13}} [x \cdot (x^2 - 1)]\,dx =$$

$$= \pi \cdot \int_0^{\sqrt{13}} (25x - x^3)\,dx - \pi \cdot \int_1^{\sqrt{13}} (x^3 - x)\,dx$$

$$= \pi \cdot \left(\frac{25}{2} \cdot x^2 - \frac{1}{4} \cdot x^4 \Big|_0^{\sqrt{13}}\right) - \pi \cdot \left(\frac{1}{4} \cdot x^4 - \frac{1}{2} \cdot x^2 \Big|_1^{\sqrt{13}}\right)$$

$$= \pi \cdot \left(\frac{25}{2} \cdot 13 - \frac{1}{4} \cdot 169\right) - \pi \cdot \left(\frac{1}{4} \cdot 169 - \frac{1}{2} \cdot 13 - \frac{1}{4} \cdot 1^4 + \frac{1}{2} \cdot 1^2\right)$$

$$= \underline{\pi \cdot \frac{337}{4}}$$

$$x_S = \frac{\pi \cdot \int_a^b \left(x \cdot [f_1(x)]^2\right) dx - \pi \cdot \int_c^d \left(x \cdot [f_2(x)]^2\right) dx}{V_x}$$

▶ $V_x = \pi \cdot 61{,}82955\ldots$

$$= \frac{\pi \cdot \frac{337}{4}}{\pi \cdot 61{,}82955\ldots}$$

$$= \underline{\underline{1{,}36262}}$$

Der Rotationskörper hat den Schwerpunkt $S\langle 1{,}36262 \,|\, 0 \,|\, 0 \rangle$.

365

100.

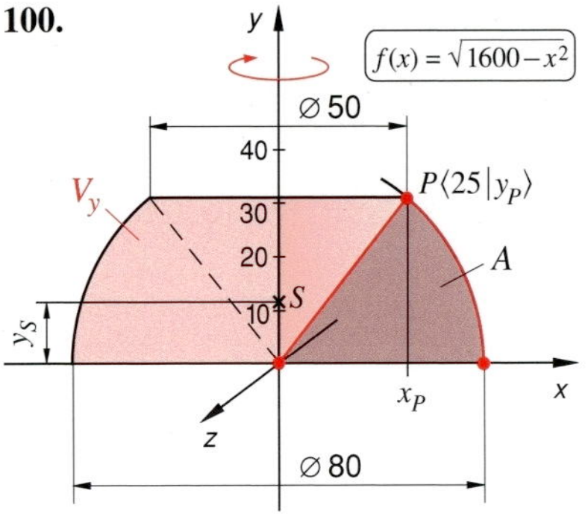

Berechnung des Volumens V_y

$$V_y = \pi \cdot \int_c^d [f^{-1}(y)]^2 \, dy - V_{\text{Kegel}}$$

$$= \pi \cdot \int_c^d [f^{-1}(y)]^2 \, dy - \frac{1}{3} \cdot \pi \cdot r^2 \cdot h$$

► 0 für c; $\sqrt{975}$ für d; 25 für r; $\sqrt{975}$ für h

$$y = \sqrt{1600 - x^2} \Rightarrow x^2 = \left[f^{-1}(y)\right]^2 = 1600 - y^2$$

$$V_y = \pi \cdot \int_0^{\sqrt{975}} (1600 - y^2) \, dy - \frac{1}{3} \cdot \pi \cdot 25^2 \cdot \sqrt{975}$$

$$= \pi \cdot \left[1600\,y - \frac{1}{3} \cdot y^3 \,\Big|_0^{\sqrt{975}}\right] - \frac{625}{3} \cdot \pi \cdot \sqrt{975}$$

$$= \pi \cdot \left[y \cdot \left(1600 - \frac{1}{3} \cdot y^2\right) \Big|_0^{\sqrt{975}}\right] - \frac{625}{3} \cdot \pi \cdot \sqrt{975}$$

$$= \pi \cdot \left[\sqrt{975} \cdot \left(1600 - \frac{1}{3} \cdot 975\right)\right] + $$

$$- \frac{625}{3} \cdot \pi \cdot \sqrt{975}$$

$$= \underline{\pi \cdot 33\,306{,}65599\ldots}$$

Der Rotationskörper hat den Schwerpunkt $S\langle 0\text{ mm} \,|\, 11{,}709\text{ mm} \,|\, 0\text{ mm}\rangle$.

Berechnung der Koordinaten des Punktes P

$$x_P = \frac{50}{2} = 25$$ ► aus der Zeichnung entnommen

$$y_P = f(x_P) = f(25) = \sqrt{1600 - x^2} = \underline{\sqrt{975}}$$

► $\underline{P\langle 25 \,|\, \sqrt{975}\rangle}$

Berechnung der Schwerpunktskoordinate y_S

$$\pi \cdot \int_c^d \left[y \cdot \left([f^{-1}(y)]^2 - [g^{-1}(y)]^2\right)\right] dy = ?$$

► 0 für c; $\sqrt{975}$ für d

$$y = \sqrt{1600 - x^2} \Rightarrow x^2 = [f^{-1}(y)]^2 = 1600 - y^2$$

$$g(x) = \frac{y_P}{25} \cdot x = y$$ ► $y_P = \sqrt{975} \Rightarrow x = g^{-1}(y) = \frac{25}{\sqrt{975}} \cdot y$

$$\pi \cdot \int_0^{\sqrt{975}} \left[y \cdot \left(1600 - y^2 - \frac{625}{975} \cdot y^2\right)\right] dy =$$

$$= \pi \cdot \int_0^{\sqrt{975}} \left[1600\,y - \frac{1600}{975} \cdot y^3\right] dy$$

$$= \pi \cdot \left[800\,y^2 - \frac{400}{975} \cdot y^4 \,\Big|_0^{\sqrt{975}}\right]$$

$$= \pi \cdot \left[800 \cdot 975 - \frac{400}{975} \cdot 975^2\right]$$

$$= \underline{\pi \cdot 390\,000}$$

$$y_S = \frac{\pi \cdot \int_c^d \left[y \cdot \left([f^{-1}(y)]^2 - [y^{-1}(y)]^2\right)\right] dy}{V_y}$$

► $V_y = \pi \cdot 33\,306{,}65599\ldots$

$$= \frac{\pi \cdot 390\,000}{\pi \cdot 33\,306{,}65599\ldots}$$

$$= \underline{\underline{11{,}70937}}$$ ► $\underline{\underline{y_S = 11{,}709\text{ mm}}}$

101.

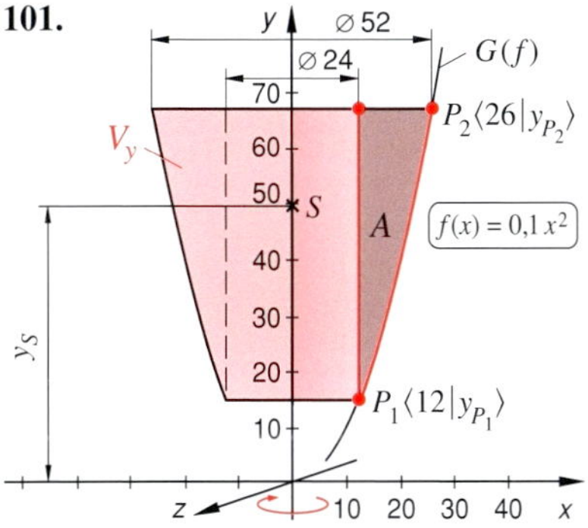

► $P_1\langle 12\,|\,y_{P_1}\rangle$: $y_{P_1} = f(12) = 0{,}1 \cdot 12^2 = \underline{14{,}4}$

► $P_2\langle 26\,|\,y_{P_2}\rangle$: $y_{P_2} = f(26) = 0{,}1 \cdot 26^2 = \underline{67{,}6}$

Berechnung des Volumens V_y

$$V_y = V_{\text{Paraboloid}} - V_{\text{Zylinder}}$$
$$= \int_c^d [f^{-1}(y)]^2\,\mathrm{d}y - \pi \cdot r^2 \cdot h$$

► 14,4 für c; 80 für d; 12 für r; 53,2 für h

$$f(x) = y = 0{,}1\,x^2 \Rightarrow x^2 = \left[f^{-1}(y)\right]^2 = 10\,y$$

$$V_y = \pi \cdot \int_{14{,}4}^{67{,}6} (10\,y)\,\mathrm{d}y - \pi \cdot 12^2 \cdot 53{,}2$$
$$= \pi \cdot (5\,y^2)\Big|_{14{,}4}^{67{,}6} - \pi \cdot 7660{,}8$$
$$= \pi \cdot \left(5 \cdot 67{,}6^2 - 5 \cdot 14{,}4^2\right) - \pi \cdot 7660{,}8$$
$$= \underline{\pi \cdot 14\,151{,}2}$$

Berechnung der Schwerpunktskoordinate y_S

$$y_S = \frac{V_{\text{Paraboloid}} \cdot y_{S\text{-Paraboloid}} - V_{\text{Zylinder}} \cdot y_{S\text{-Zylinder}}}{V_y}$$
$$= \frac{\pi \cdot \int_c^d \left(y \cdot [f^{-1}(y)]^2\right)\mathrm{d}y - V_{\text{Zylinder}} \cdot y_{S\text{-Zylinder}}}{V_y}$$

- $\pi \cdot \int_c^d \left(y \cdot [f^{-1}(y)]^2\right)\mathrm{d}y = ?$

  ► 14,4 für c; 67,6 für d

  $$f(x) = 0{,}1\,x^2 \Rightarrow x^2 = [f^{-1}(y)]^2 = 10\,y$$

$$\pi \cdot \int_{14{,}4}^{67{,}6} (y \cdot [10\,y])\,\mathrm{d}y = \pi \cdot \int_{14{,}4}^{67{,}6} (10\,y^2)\,\mathrm{d}y$$
$$= \pi \cdot \frac{10}{3} \cdot y^3 \Big|_{14{,}4}^{67{,}6}$$
$$= \pi \cdot \frac{10}{3} \cdot \left(67{,}6^3 - 14{,}4^3\right)$$
$$= \underline{\pi \cdot 1\,019\,765{,}973}$$

- $V_{\text{Zylinder}} = \pi \cdot r^2 \cdot h$ ► $r = 12;\ h = 53{,}2$

$$= \pi \cdot 12^2 \cdot 53{,}2$$
$$= \underline{\pi \cdot 7660{,}8}$$

$$y_{S\text{-Zylinder}} = \frac{67{,}6 + 14{,}4}{2} = 41$$

► Der Schwerpunkt eines Zylinders liegt bei der Hälfte der Zylinderhöhe

- $y_S = \dfrac{\pi \cdot 1\,019\,765{,}973 - \pi \cdot 7660{,}8 \cdot 41}{\pi \cdot 14\,151{,}2}$

$$= \underline{\underline{49{,}9}}$$ ► $y_S = 49{,}9$ mm

Der Rotationskörper hat den Schwerpunkt $S\langle 0\text{ mm}\,|\,49{,}9\text{ mm}\,|\,0\text{ mm}\rangle$.

3.6 Guldinsche Regeln

▸ **Lehrbuch: Kusch 4, S. 366 … 371**

Merke:

Die Mantelfläche bzw. Oberfläche eines Rotationskörpers ist das Produkt aus der Länge der rotierenden Kurve und der Länge des vom Kurvenschwerpunkt zurückgelegten Weges.

- $A_{Mx} = l \cdot 2\pi \cdot y_S \quad \Rightarrow \quad l = \dfrac{A_{Mx}}{2\pi \cdot y_S} \quad \Rightarrow \quad y_S = \dfrac{A_{Mx}}{2\pi \cdot l}$
- $A_{My} = l \cdot 2\pi \cdot x_S \quad \Rightarrow \quad l = \dfrac{A_{My}}{2\pi \cdot x_S} \quad \Rightarrow \quad x_S = \dfrac{A_{My}}{2\pi \cdot l}$

▸ **erste Guldinsche Regel**

Anmerkung:

Je nach Lage einer rotierenden Kurve mit der Länge l in einem Koordinatensystem wird nicht nur die Mantelfläche, sondern die Oberfläche eines Rotationskörpers mit dem Flächeninhalt A_{Ox} bzw. A_{Oy} erzeugt. Das Gleiche gilt, wenn l der Umfang einer geschlossenen Kurve ist. Hierbei ist zu beachten, dass der Graph der Funktion f nicht die x-Achse schneiden darf.

Rotiert die Fläche zwischen zwei Funktionsgraphen $G(f)$ und $G(g)$ in einem Intervall $[a; b]$ um die x-Achse und gilt $0 \leq g(x) \leq f(x)$ für $x \in [a; b]$, so wird ein Rotationskörper erzeugt, dessen Volumen V_x gleich dem Produkt aus dem Flächeninhalt A und dem Kreisumfang $2\pi \cdot y_S$ ist. Der Kreisumfang entspricht dabei dem Weg des Flächenschwerpunktes S bei einer Umdrehung.

Eine Formel für das Rotationsvolumen V_y ergibt sich entsprechend mit: $V_y = A \cdot 2\pi \cdot x_S$.

Merke:

Das Volumen eines Rotationskörpers ist das Produkt aus dem Inhalt der rotierenden Fläche und der Länge des vom Flächenschwerpunkt zurückgelegten Weges.

- $V_x = A \cdot 2\pi \cdot y_S \quad \Rightarrow \quad A = \dfrac{V_x}{2\pi \cdot y_S} \quad \Rightarrow \quad y_S = \dfrac{V_x}{2\pi \cdot A}$
- $V_y = A \cdot 2\pi \cdot x_S \quad \Rightarrow \quad A = \dfrac{V_y}{2\pi \cdot x_S} \quad \Rightarrow \quad x_S = \dfrac{V_y}{2\pi \cdot A}$

▸ **zweite Guldinsche Regel**

Anmerkung:

Die Bedingung $0 \leq g(x) \leq f(x);\, x \in [a; b]$ bedeutet, dass sich die Graphen in $[a; b]$ berühren können oder aber auch, dass $G(g)$ die x-Achse berührt.

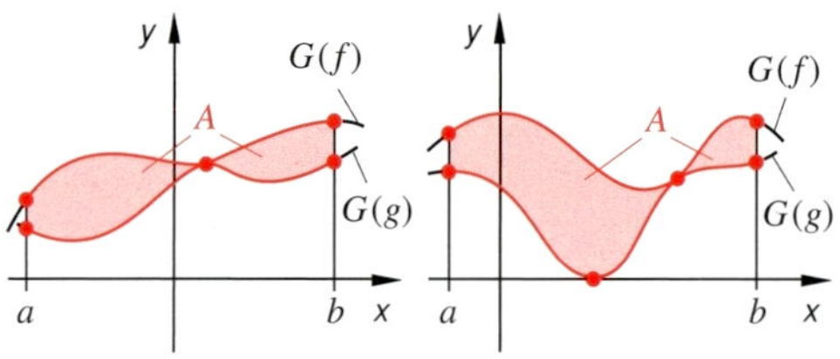

Darüber hinaus enthält diese Bedingung auch die Möglichkeit, dass die Funktion g die Nullfunktion in $[a; b]$ ist, sodass also $G(f)$ in $[a; b]$ mit der x-Achse eine Fläche einschließt.

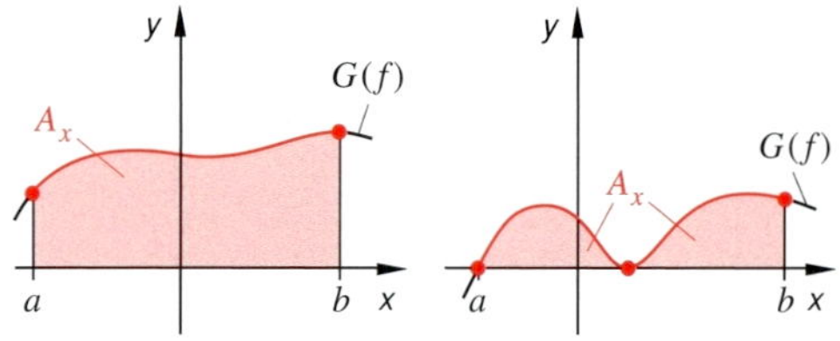

Für die Bearbeitung der folgenden Übungsaufgaben sind die nachstehenden Formeln sinnvoll.

Merke:

Linienschwerpunkt eines Kreisbogens

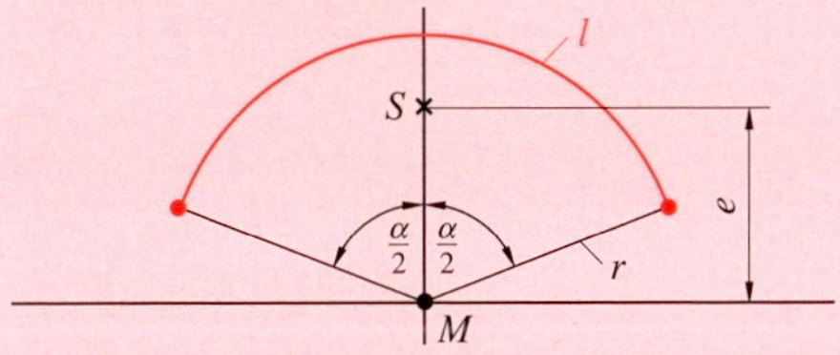

- $e = \frac{2r}{\alpha} \cdot \sin\frac{\alpha}{2}$; $\alpha \in [0; \pi]$ ► allgemeine Formel
- $e = \frac{2 \cdot \sqrt{2} \cdot r}{\pi}$ ► Viertelkreis ► $\alpha = \frac{\pi}{2}$
- $e = \frac{2r}{\pi}$ ► Halbkreis ► $\alpha = \pi$

Flächenschwerpunkt eines Kreisausschnitts

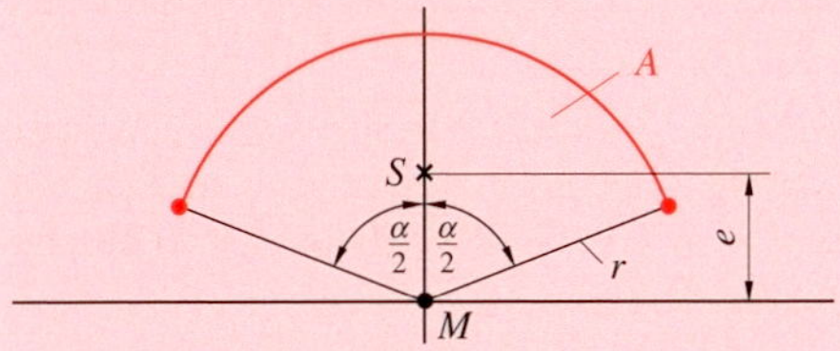

- $e = \frac{4r}{3\alpha} \cdot \sin\frac{\alpha}{2}$; $\alpha \in [0; \pi]$ ► allgemeine Formel
- $e = \frac{4 \cdot \sqrt{2} \cdot r}{3\pi}$ ► Viertelkreis ► $\alpha = \frac{\pi}{2}$
- $e = \frac{4r}{3\pi}$ ► Halbkreis ► $\alpha = \pi$

In den nachstehenden Abbildungen sind Flächen und Linien im xy-Koordinatensystem dargestellt. Berechnen Sie mithilfe der Guldinschen Regeln jeweils das Volumen und den Oberflächeninhalt des Rotationskörpers, der bei Rotation um die angegebene Achse erzeugt wird. 370

Übungsaufgabe 1 – Berechnung des Rotationsvolumens

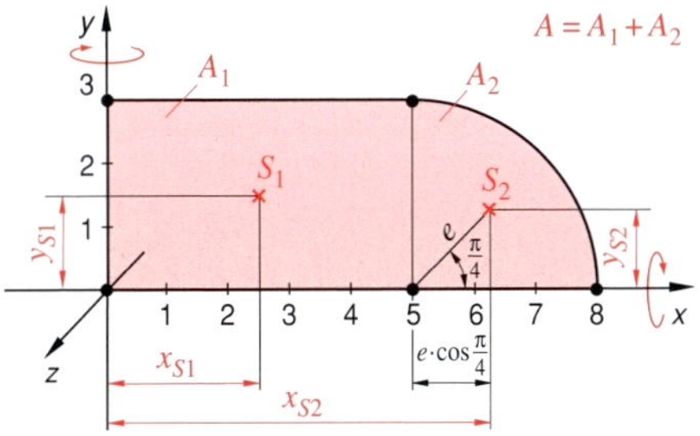

► $A_1 = 5 \cdot 3 = \underline{15}$; $A_2 = \frac{1}{4} \cdot 3^2 \cdot \pi = \underline{7{,}068...}$

► $x_{S_1} = \underline{2{,}5}$; $y_{S_1} = \underline{1{,}5}$

► $x_{S_2} = 5 + e \cdot \cos\frac{\pi}{4}$ ► $e = \frac{4 \cdot \sqrt{2} \cdot r}{3\pi}$; $r = 3$

$\Rightarrow x_{S_2} = 5 + \frac{4 \cdot \sqrt{2} \cdot 3}{3\pi} \cdot \cos\frac{\pi}{4} = \underline{6{,}273...}$

$y_{S_2} = e \cdot \sin\frac{\pi}{4}$ ► $e = \frac{4 \cdot \sqrt{2} \cdot r}{3\pi}$; $r = 3$

$\Rightarrow y_{S_2} = \frac{4 \cdot \sqrt{2}}{\pi} \cdot \sin\frac{\pi}{4} = \underline{1{,}273...}$

Berechnung von V_x

$V_x = A \cdot 2\pi \cdot y_S$ ► zweite Guldinsche Regel

► $y_S = \frac{A_1 \cdot y_{S_1} + A_2 \cdot y_{S_2}}{A}$

$$V_x = A \cdot 2\pi \cdot \frac{A_1 \cdot y_{S_1} + A_2 \cdot y_{S_2}}{A}$$
$$= 2\pi \cdot (A_1 \cdot y_{S_1} + A_2 \cdot y_{S_2})$$
$$= 2\pi \cdot (15 \cdot 1{,}5 + 7{,}068... \cdot 1{,}273...)$$
$$= \underline{\underline{197{,}920}}$$
► Maßzahl des Volumens bei Rotation um die x-Achse

Berechnung von V_y

$V_y = A \cdot 2\pi \cdot x_S$ ► zweite Guldinsche Regel

► $y_S = \frac{A_1 \cdot x_{S_1} + A_2 \cdot x_{S_2}}{A}$

$$V_y = A \cdot 2\pi \cdot \frac{A_1 \cdot x_{S_1} + A_2 \cdot x_{S_2}}{A}$$
$$= 2\pi \cdot (A_1 \cdot x_{S_1} + A_2 \cdot x_{S_2})$$
$$= 2\pi \cdot (15 \cdot 2{,}5 + 7{,}068... \cdot 6{,}273...)$$
$$= \underline{\underline{514{,}234}}$$
► Maßzahl des Volumens bei Rotation um die y-Achse

370 **Übungsaufgabe 1 – Berechnung der Rotationsoberfläche**

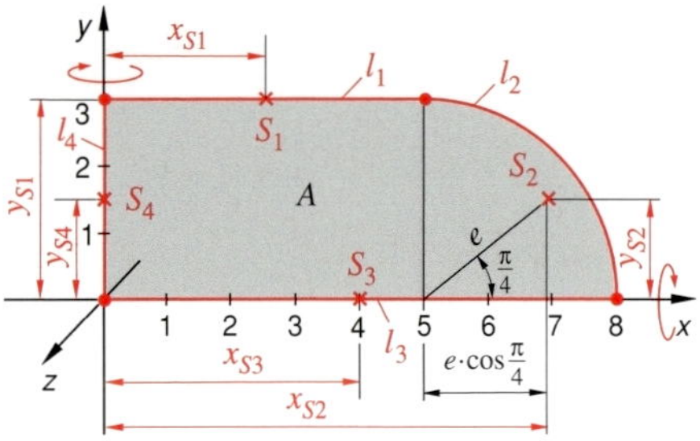

► $l_1 = \underline{5};\ l_2 = \frac{1}{4} \cdot 2\pi \cdot 3 = \underline{4{,}712...};\ l_3 = \underline{8};\ l_4 = \underline{3}$

► $x_{S_1} = \underline{2{,}5};\ y_{S_1} = \underline{3}$

► $x_{S_2} = 5 + e \cdot \cos\frac{\pi}{4}$ ► $e = \frac{2 \cdot \sqrt{2} \cdot r}{\pi};\ r = 3$

$$\Rightarrow x_{S_2} = 5 + \frac{2 \cdot \sqrt{2} \cdot 3}{\pi} \cdot \cos\frac{\pi}{4} = \underline{6{,}909...}$$

$y_{S_2} = e \cdot \sin\frac{\pi}{4}$ ► $e = \frac{2 \cdot \sqrt{2} \cdot r}{\pi};\ r = 3$

$$\Rightarrow y_{S_2} = \frac{2 \cdot \sqrt{2} \cdot 3}{\pi} \cdot \sin\frac{\pi}{4} = \underline{1{,}909...}$$

► $x_{S_3} = \underline{4};\ y_{S_3} = \underline{0}$

► $x_{S_4} = \underline{0};\ y_{S_4} = \underline{1{,}5}$

Berechnung von A_{Ox}

$A_{Ox} = l \cdot 2\pi \cdot y_S$ ► erste Guldinsche Regel

► $y_S = \frac{l_1 \cdot y_{S_1} + l_2 \cdot y_{S_2} + l_4 \cdot y_{S_4}}{l}$

$$A_{Ox} = l \cdot 2\pi \cdot \frac{l_1 \cdot y_{S_1} + l_2 \cdot y_{S_2} + l_4 \cdot y_{S_4}}{l}$$

$$= 2\pi \cdot (l_1 \cdot y_{S_1} + l_2 \cdot y_{S_2} + l_4 \cdot y_{S_4})$$

$$= 2\pi \cdot (5 \cdot 3 + 4{,}712... \cdot 1{,}909... + 3 \cdot 1{,}5)$$

$= \underline{\underline{179{,}071}}$ ► Maßzahl der Oberfläche bei Rotation um die x-Achse

Berechnung von A_{Oy}

$A_{Oy} = l \cdot 2\pi \cdot x_S$ ► erste Guldinsche Regel

► $x_S = \frac{l_1 \cdot x_{S_1} + l_2 \cdot x_{S_2} + l_3 \cdot x_{S_3}}{l}$

$$A_{Oy} = l \cdot 2\pi \cdot \frac{l_1 \cdot x_{S_1} + l_2 \cdot x_{S_2} + l_3 \cdot x_{S_3}}{l}$$

$$= 2\pi \cdot (l_1 \cdot x_{S_1} + l_2 \cdot x_{S_2} + l_3 \cdot x_{S_3})$$

$$= 2\pi \cdot (5 \cdot 2{,}5 + 4{,}712... \cdot 6{,}909... + 8 \cdot 4)$$

$= \underline{\underline{484{,}195}}$ ► Maßzahl der Oberfläche bei Rotation um die y-Achse

Übungsaufgabe 2 – Berechnung des Rotationsvolumens

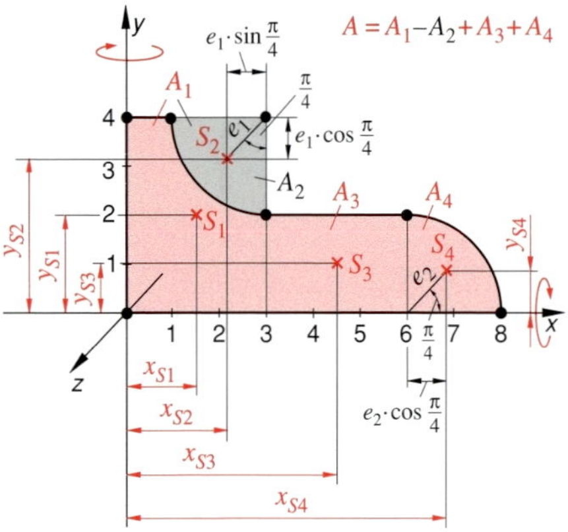

► $A_1 = 4 \cdot 3 = \underline{12};\ A_2 = \frac{1}{4} \cdot 2^2 \cdot \pi = \underline{\pi};$

$A_3 = 3 \cdot 2 = \underline{6};\ A_4 = A_2 = \underline{\pi}$

► $x_{S_2} = 3 - e_1 \cdot \sin\frac{\pi}{4}$ ► $e_1 = \frac{4 \cdot \sqrt{2} \cdot r}{3\pi};\ r = 2$

$$\Rightarrow x_{S_2} = 3 - \frac{4 \cdot \sqrt{2} \cdot 2}{3\pi} \cdot \sin\frac{\pi}{4} = \underline{2{,}151...}$$

$$y_{S_2} = 4 - e_1 \cdot \cos\frac{\pi}{4} = 4 - \frac{4 \cdot \sqrt{2} \cdot 2}{3\pi} \cdot \cos\frac{\pi}{4} = \underline{3{,}151...}$$

► $x_{S_3} = \underline{4{,}5};\ y_{S_3} = \underline{1}$

► $x_{S_4} = 6 + e_2 \cdot \cos\frac{\pi}{4}$ ► $e_2 = e_1$

$$\Rightarrow x_{S_4} = 6 + \frac{4 \cdot \sqrt{2} \cdot 2}{3\pi} \cdot \cos\frac{\pi}{4} = \underline{6{,}848...}$$

$$y_{S_4} = e_2 \cdot \sin\frac{\pi}{4} = \frac{4 \cdot \sqrt{2} \cdot 2}{3\pi} \cdot \sin\frac{\pi}{4} = \underline{0{,}848...}$$

370

Berechnung von V_x

$V_x = A \cdot 2\pi \cdot y_S$ ► zweite Guldinsche Regel

► $y_S = \dfrac{A_1 \cdot y_{S_1} - A_2 \cdot y_{S_2} + A_3 \cdot y_{S_3} + A_4 \cdot y_{S_4}}{A}$

$$V_x = A \cdot 2\pi \cdot \frac{A_1 \cdot y_{S_1} - A_2 \cdot y_{S_2} + A_3 \cdot y_{S_3} + A_4 \cdot y_{S_4}}{A}$$

$$= 2\pi \cdot (A_1 \cdot y_{S_1} - A_2 \cdot y_{S_2} + A_3 \cdot y_{S_3} + A_4 \cdot y_{S_4})$$

$$= 2\pi \cdot (12 \cdot 2 - \pi \cdot 3{,}151\ldots + 6 \cdot 1 + \pi \cdot 0{,}848\ldots)$$

$= \underline{\underline{143{,}049}}$ ► Maßzahl des Volumens bei Rotation um die x-Achse

Berechnung von V_y

$V_y = A \cdot 2\pi \cdot x_S$ ► zweite Guldinsche Regel

► $x_S = \dfrac{A_1 \cdot x_{S_1} - A_2 \cdot x_{S_2} + A_3 \cdot x_{S_3} + A_4 \cdot x_{S_4}}{A}$

$$V_y = A \cdot 2\pi \cdot \frac{A_1 \cdot x_{S_1} - A_2 \cdot x_{S_2} + A_3 \cdot x_{S_3} + A_4 \cdot x_{S_4}}{A}$$

$$= 2\pi \cdot (A_1 \cdot x_{S_1} - A_2 \cdot x_{S_2} + A_3 \cdot x_{S_3} + A_4 \cdot x_{S_4})$$

$$= 2\pi \cdot (12 \cdot 1{,}5 - \pi \cdot 2{,}151\ldots + 6 \cdot 4{,}5 + \pi \cdot 6{,}848\ldots)$$

$= \underline{\underline{375{,}471}}$ ► Maßzahl des Volumens bei Rotation um die y-Achse

Übungsaufgabe 2 – Berechnung der Rotationsoberfläche

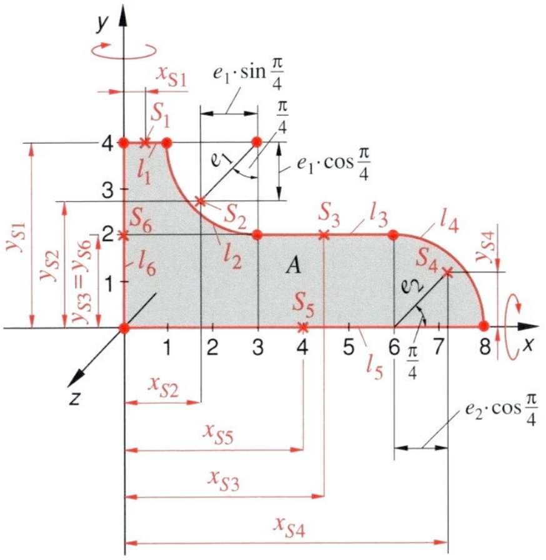

► $l_1 = \underline{1}$; $l_2 = \dfrac{1}{4} \cdot 2\pi \cdot 2 = \underline{\pi}$; $l_3 = \underline{3}$; $l_4 = l_2 = \pi$;

$l_5 = 8$; $l_6 = 4$

► $x_{S_1} = \underline{0{,}5}$; $y_{S_1} = \underline{4}$

► $x_{S_2} = 3 - e_1 \cdot \sin\dfrac{\pi}{4}$ ► $e_1 = \dfrac{2 \cdot \sqrt{2} \cdot r}{\pi}$; $r = 2$

$$\Rightarrow x_{S_2} = 3 - \frac{2 \cdot \sqrt{2} \cdot 2}{\pi} \cdot \sin\frac{\pi}{4} = \underline{1{,}726\ldots}$$

$$y_{S_2} = 4 - e_1 \cdot \sin\frac{\pi}{4} = 4 - \frac{2 \cdot \sqrt{2} \cdot 2}{\pi} \cdot \sin\frac{\pi}{4} = \underline{2{,}726\ldots}$$

► $x_{S_3} = \underline{4{,}5}$; $y_{S_3} = \underline{2}$

► $x_{S_4} = 6 + e_2 \cdot \cos\dfrac{\pi}{4}$ ► $e_2 = e_1$

$$\Rightarrow x_{S_4} = 6 + \frac{2 \cdot \sqrt{2} \cdot 2}{\pi} \cdot \cos\frac{\pi}{4} = \underline{7{,}273\ldots}$$

$$y_{S_4} = e_2 \cdot \sin\frac{\pi}{4} = \frac{2 \cdot \sqrt{2} \cdot 2}{\pi} \cdot \sin\frac{\pi}{4} = \underline{1{,}273\ldots}$$

► $x_{S_5} = \underline{4}$; $y_{S_5} = \underline{0}$

► $x_{S_6} = \underline{0}$; $y_{S_6} = \underline{2}$

Berechnung von A_{Ox}

$A_{Ox} = l \cdot 2\pi \cdot y_S$ ► erste Guldinsche Regel

► $y_S = \dfrac{l_1 \cdot y_{S_1} + l_2 \cdot y_{S_2} + l_3 \cdot y_{S_3} + l_4 \cdot y_{S_4} + l_6 \cdot y_{S_6}}{l}$

$$A_{Ox} = l \cdot 2\pi \cdot \frac{l_1 \cdot y_{S_1} + l_2 \cdot y_{S_2} + l_3 \cdot y_{S_3} + l_4 \cdot y_{S_4} + l_6 \cdot y_{S_6}}{l}$$

$$= 2\pi \cdot (l_1 \cdot y_{S_1} + l_2 \cdot y_{S_2} + l_3 \cdot y_{S_3} + l_4 \cdot y_{S_4} + l_6 \cdot y_{S_6})$$

$$= 2\pi \cdot (1 \cdot 4 + \pi \cdot 2{,}726\ldots + 3 \cdot 2 + \pi \cdot 1{,}273\ldots + 4 \cdot 2)$$

$= \underline{\underline{192{,}054}}$ ► Maßzahl der Oberfläche bei Rotation um die x-Achse

Berechnung von A_{Oy}

$A_{Oy} = l \cdot 2\pi \cdot x_S$ ► erste Guldinsche Regel

► $x_S = \dfrac{l_1 \cdot x_{S_1} + l_2 \cdot x_{S_2} + l_3 \cdot x_{S_3} + l_4 \cdot x_{S_4} + l_5 \cdot x_{S_5}}{l}$

$$A_{Oy} = l \cdot 2\pi \cdot \frac{l_1 \cdot x_{S_1} + l_2 \cdot x_{S_2} + l_3 \cdot x_{S_3} + l_4 \cdot x_{S_4} + l_5 \cdot x_{S_5}}{l}$$

$$= 2\pi \cdot (l_1 \cdot x_{S_1} + l_2 \cdot x_{S_2} + l_3 \cdot x_{S_3} + l_4 \cdot x_{S_4} + l_5 \cdot x_{S_5})$$

$$= 2\pi \cdot (1 \cdot 0{,}5 + \pi \cdot 1{,}726\ldots + 3 \cdot 4{,}5 + \pi \cdot 7{,}273\ldots + 8 \cdot 4)$$

$= \underline{\underline{466{,}679}}$ ► Maßzahl der Oberfläche bei Rotation um die y-Achse

370

Übungsaufgabe 3 – Berechnung des Rotationsvolumens

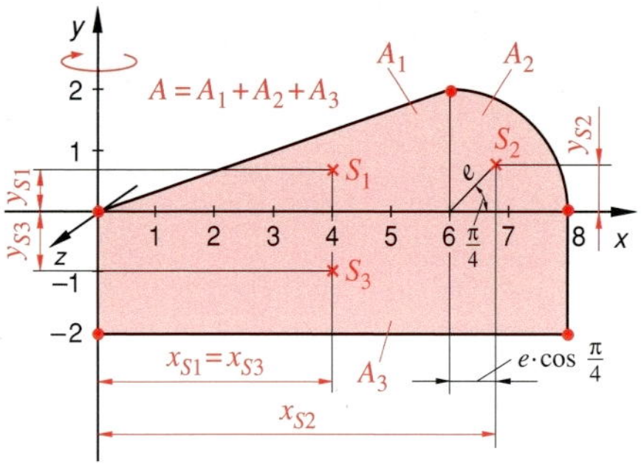

► $A_1 = \frac{1}{2} \cdot 6 \cdot 2 = \underline{6}$; $A_2 = \frac{1}{4} \cdot 2^2 \cdot \pi = \underline{\pi}$: $A_3 = 8 \cdot 2 = \underline{16}$

► $x_{S_1} = \frac{2}{3} \cdot 6 = \underline{4}$; ► Kapitel 3.5, erster Merksatz

► $x_{S_2} = 6 + e \cdot \cos \frac{\pi}{4}$ ► $e = \frac{4 \cdot \sqrt{2} \cdot r}{3\pi}$; $r = 2$

$$\Rightarrow x_{S_2} = 6 + \frac{4 \cdot \sqrt{2} \cdot 2}{3\pi} \cdot \cos \frac{\pi}{4} = \underline{6{,}848...}$$

► $x_{S_3} = \underline{4}$

$V_y = A \cdot 2\pi \cdot x_S$ ► zweite Guldinsche Regel

► $x_S = \frac{A_1 \cdot x_{S_1} + A_2 \cdot x_{S_2} + A_3 \cdot x_{S_3}}{A}$

$$V_y = A \cdot 2\pi \cdot \frac{A_1 \cdot x_{S_1} + A_2 \cdot x_{S_2} + A_3 \cdot x_{S_3}}{A}$$
$$= 2\pi \cdot (A_1 \cdot x_{S_1} + A_2 \cdot x_{S_2} + A_3 \cdot x_{S_3})$$
$$= 2\pi \cdot (6 \cdot 4 + \pi \cdot 6{,}848... + 16 \cdot 4)$$
$$= \underline{688{,}111}$$
► Maßzahl des Volumens bei Rotation um die y-Achse

Übungsaufgabe 3 – Berechnung der Rotationsoberfläche

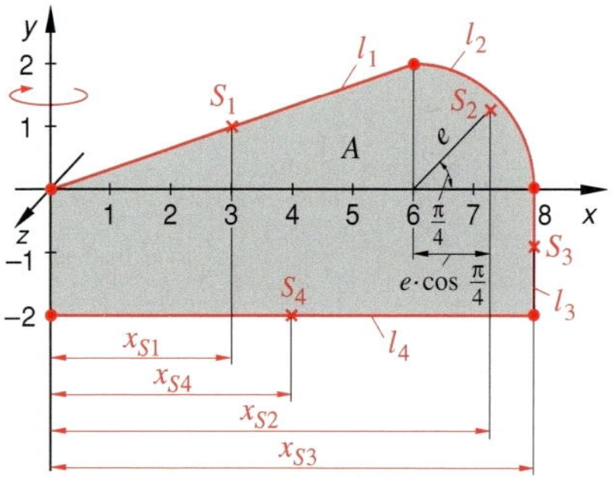

► $l_1 = \sqrt{6^2 + 2^2} = \underline{\sqrt{40}}$; $l_2 = \frac{1}{4} \cdot 2\pi \cdot 2 = \underline{\pi}$;
$l_3 = \underline{2}$; $l_4 = \underline{8}$;

► $x_{S_1} = \underline{3}$

► $x_{S_2} = 6 + e \cdot \cos \frac{\pi}{4}$ ► $e = \frac{2 \cdot \sqrt{2} \cdot r}{\pi}$; $r = 2$

$$\Rightarrow x_{S_2} = 6 + \frac{2 \cdot \sqrt{2} \cdot 2}{\pi} \cdot \cos \frac{\pi}{4} = \underline{7{,}273...}$$

► $x_{S_3} = \underline{8}$

► $x_{S_4} = \underline{4}$

$A_{Oy} = l \cdot 2\pi \cdot x_S$ ► erste Guldinsche Regel

► $x_S = \frac{l_1 \cdot x_{S_1} + l_2 \cdot x_{S_2} + l_3 \cdot x_{S_3} + l_4 \cdot x_{S_4}}{l}$

$$A_{Oy} = l \cdot 2\pi \cdot \frac{l_1 \cdot x_{S_1} + l_2 \cdot x_{S_2} + l_3 \cdot x_{S_3} + l_4 \cdot x_{S_4}}{l}$$
$$= 2\pi \cdot (l_1 \cdot x_{S_1} + l_2 \cdot x_{S_2} + l_3 \cdot x_{S_3} + l_4 \cdot x_{S_4})$$
$$= 2\pi \cdot \left(\sqrt{40} \cdot 3 + \pi \cdot 7{,}273... + 2 \cdot 8 + 8 \cdot 4\right)$$
$$= \underline{564{,}376}$$
► Maßzahl der Oberfläche bei Rotation um die y-Achse

Übungsaufgabe 4 – Berechnung des Rotationsvolumens

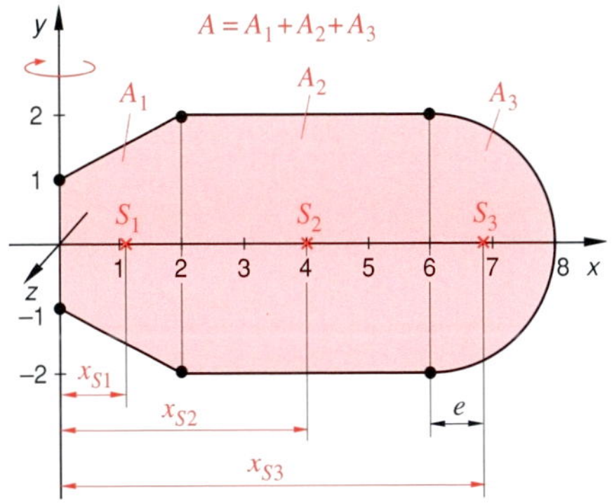

▶ $A_1 = \frac{2+4}{2} \cdot 2 = \underline{6}$; $A_2 = 4 \cdot 4 = \underline{16}$; $A_3 = \frac{1}{2} \cdot 2^2 \cdot \pi = \underline{2\pi}$;

▶ $x_{S_1} = h - \frac{h \cdot (a+2b)}{3 \cdot (a+b)}$ ▶ 3.5, Übungsaufgabe 1, siehe y_S ▶ 2 für h; 4 für a; 2 für b

$x_{S_1} = 2 - \frac{2 \cdot (4 + 2 \cdot 2)}{3 \cdot (4+2)} = \underline{1{,}111...}$

▶ $x_{S_2} = 4 \cdot 4 = \underline{16}$

▶ $x_{S_3} = 6 + e$ ▶ $e = \frac{4r}{3\pi}$; $r = 2$

$\Rightarrow x_{S_3} = 6 + \frac{4 \cdot 2}{3 \cdot \pi} = \underline{6{,}848...}$

$V_y = A \cdot 2\pi \cdot x_S$

▶ $x_S = \frac{A_1 \cdot x_{S_1} + A_2 \cdot x_{S_2} + A_3 \cdot x_{S_3}}{A}$

$$V_y = A \cdot 2\pi \cdot \frac{A_1 \cdot x_{S_1} + A_2 \cdot x_{S_2} + A_3 \cdot x_{S_3}}{A}$$
$$= 2\pi \cdot (A_1 \cdot x_{S_1} + A_2 \cdot x_{S_2} + A_3 \cdot x_{S_3})$$
$$= 2\pi \cdot (6 \cdot 1{,}111... + 16 \cdot 4 + 2\pi \cdot 6{,}848...)$$
$$= \underline{\underline{714{,}393}}$$
▶ Maßzahl des Volumens bei Rotation um die y-Achse

Übungsaufgabe 4 – Berechnung der Rotationsoberfläche

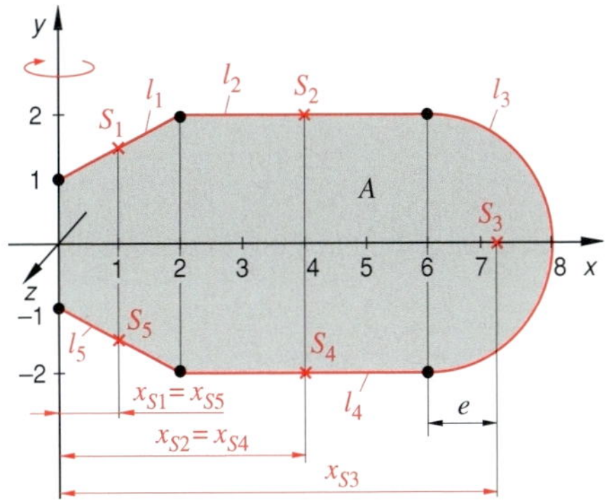

▶ $l_1 = l_5 = \sqrt{2^2 + 1^2} = \underline{\sqrt{5}}$; $l_2 = l_4 = \underline{4}$;

$l_3 = \frac{1}{2} \cdot 2\pi \cdot 2 = \underline{2\pi}$

▶ $x_{S_1} = x_{S_5} = \underline{1}$

▶ $x_{S_2} = x_{S_4} = \underline{4}$

▶ $x_{S_3} = 6 + e$ ▶ $e = \frac{2 \cdot r}{\pi}$; $r = 2$

$\Rightarrow x_{S_3} = 6 + \frac{2 \cdot 2}{\pi} = \underline{7{,}273...}$

$A_{Oy} = l \cdot 2\pi \cdot x_S$

▶ $x_S = \frac{l_1 \cdot x_{S_1} + l_2 \cdot x_{S_2} + l_3 \cdot x_{S_3} + l_4 \cdot x_{S_4} + l_5 \cdot x_{S_5}}{l}$

$$A_{Oy} = l \cdot 2\pi \cdot \frac{l_1 \cdot x_{S_1} + l_2 \cdot x_{S_2} + l_3 \cdot x_{S_3} + l_4 \cdot x_{S_4} + l_5 \cdot x_{S_5}}{l}$$
$$= 2\pi \cdot (l_1 \cdot x_{S_1} + l_2 \cdot x_{S_2} + l_3 \cdot x_{S_3} + l_4 \cdot x_{S_4} + l_5 \cdot x_{S_5})$$
$$= 2\pi \cdot \left(\sqrt{5} \cdot 1 + 4 \cdot 4 + 2\pi \cdot 7{,}273... + 4 \cdot 4 + \sqrt{5} \cdot 1\right)$$
$$= \underline{\underline{516{,}297}}$$
▶ Maßzahl der Oberfläche bei Rotation um die y-Achse

370

5. Entwickeln Sie mithilfe der zweiten Guldinschen Regel eine Formel für das Volumen eines geraden Kreiskegels.

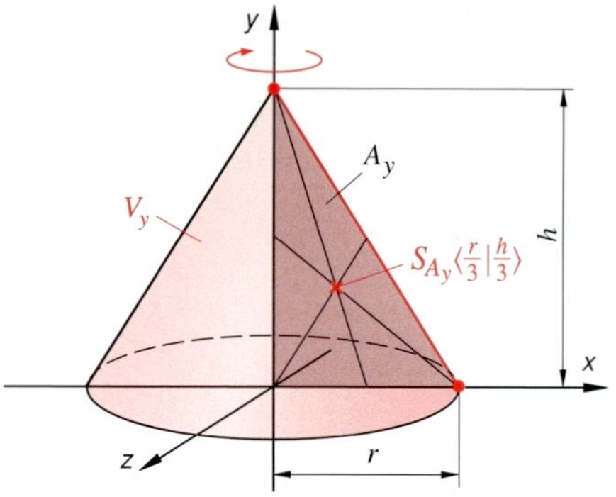

$V_y = A_y \cdot 2\pi \cdot x_S$ ► zweite Guldinsche Regel

► $A_y = \frac{1}{2} \cdot r \cdot h;\ x_S = \frac{r}{3}$ ► 3.5, erster Merksatz

$$V_y = \frac{1}{2} \cdot r \cdot h \cdot 2\pi \cdot \frac{r}{3}$$

$$= \underline{\underline{\frac{\pi}{3} \cdot r^2 \cdot h}}$$

6. Berechnen Sie mithilfe der zweiten Guldinschen Regel die Schwerpunktskoordinaten einer flächenförmigen Masse, die einem rechtwinkligen Dreieck mit den Katheten a und b entspricht.

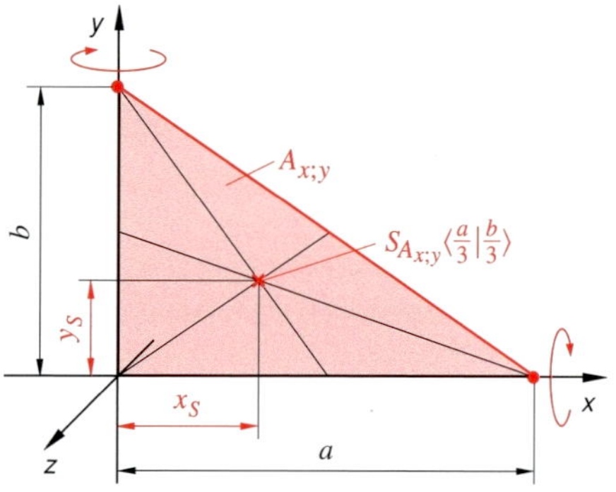

Ein rechtwinkliges Dreieck mit den Kathetenlängen a und b (► Abbildung) hat den Schwerpunkt $S\langle\frac{a}{3}|\frac{b}{3}\rangle$.

$x_S = \frac{V_y}{A_{x;y} \cdot 2\pi}$ ► zweite Guldinsche Regel

► $V_y = \frac{\pi}{3} \cdot a^2 \cdot b$ ► Übungsaufgabe 5; $A_{x;y} = \frac{1}{2} \cdot a \cdot b$

$x_S = \frac{\frac{\pi}{3} \cdot a^2 \cdot b}{\frac{1}{2} \cdot a \cdot b \cdot 2\pi} = \underline{\underline{\frac{a}{3}}}$ ► Schwerpunktskoordinate x_S

$y_S = \frac{V_x}{A_{x;y} \cdot 2\pi}$ ► zweite Guldinsche Regel

► $V_x = \frac{\pi}{3} \cdot b^2 \cdot a$ ► Übungsaufgabe 5; $A_{x;y} = \frac{1}{2} \cdot a \cdot b$

$y_S = \frac{\frac{\pi}{3} \cdot b^2 \cdot a}{\frac{1}{2} \cdot a \cdot b \cdot 2\pi} = \underline{\underline{\frac{b}{3}}}$ ► Schwerpunktskoordinate y_S

7. Entwickeln Sie mithilfe der ersten Guldinschen Regel eine Formel für den Oberflächeninhalt und den Rauminhalt eines zylindrischen Kreisrings (Torus).

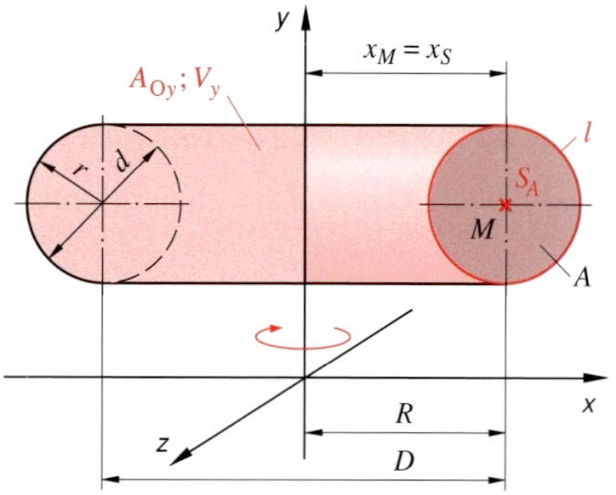

$A_{Oy} = l \cdot 2\pi \cdot x_S$ ► erste Guldinsche Regel

► $l = d \cdot \pi;\ x_S = \frac{D}{2}$

$$A_{Oy} = d \cdot \pi \cdot 2\pi \cdot \frac{D}{2} = \underline{\underline{\pi^2 \cdot d \cdot D}} = \underline{\underline{4 \cdot \pi^2 \cdot r \cdot R}}$$

$V_y = A \cdot 2\pi \cdot x_S$ ► erste Guldinsche Regel

► $A = \frac{d^2 \cdot \pi}{4};\ x_S = \frac{D}{2}$

$$V_y = \frac{d^2 \cdot \pi}{4} \cdot 2\pi \cdot \frac{D}{2} = \frac{\pi^2}{4} \cdot d^2 \cdot D = \underline{\underline{2 \cdot \pi^2 \cdot r^2 \cdot R}}$$

8. Berechnen Sie mithilfe der zweiten Guldinschen Regel die Schwerpunktskoordinaten einer flächenförmigen Masse mit der Form eines rechtwinkligen Trapezes. 370

► Kapitel 3.5.1; Übungsaufgabe 1; ► 0 für c

Rotiert die Trapezfläche ABCD um die y-Achse, so entsteht ein Kegelstumpf mit dem Volumen $V_y = \frac{\pi}{3} \cdot h \cdot (a^2 + ab + b^2)$.

► Kapitel 3.2, Übungsaufgabe 55

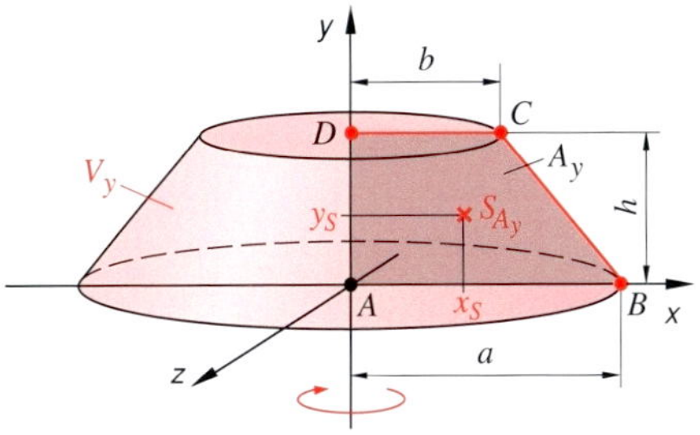

- **Schwerpunktskoordinate x_S**

$$x_S = \frac{V_y}{A_y \cdot 2\pi}$$ ► zweite Guldinsche Regel

► $V_y = \frac{\pi}{3} \cdot h \cdot (a^2 + ab + b^2)$

$A_y = \frac{a+b}{2} \cdot h$ ► Flächeninhalt eines Trapezes

$$x_S = \frac{\frac{\pi}{3} \cdot h \cdot (a^2 + ab + b^2)}{\frac{a+b}{2} \cdot h \cdot 2\pi}$$

$$= \frac{1}{3} \cdot \frac{a^2 + ab + b^2}{a+b}$$ ► Schwerpunktskoordinate x_S

Rotiert dagegen die Trapezfläche um die x-Achse, so entsteht ein zusammengesetzter Körper, der sich aus einem Zylinder mit der Höhe c und dem Grundkreisradius h sowie einem Kegel mit der Höhe $a-c$ und dem Grundkreisradius h zusammensetzt.

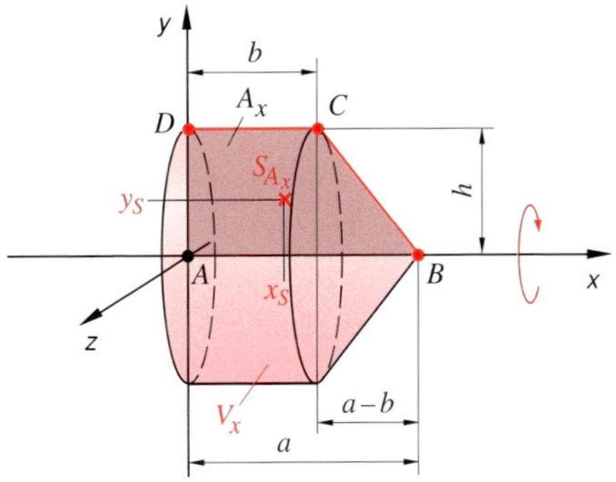

- **Schwerpunktskoordinate y_S**

$$y_s = \frac{V_x}{A_x \cdot 2\pi}$$ ► zweite Guldinsche Regel

► $V_x = V_{\text{Zylinder}} + V_{\text{Kegel}}$

$$= \pi \cdot h^2 \cdot b + \frac{\pi}{3} \cdot h^2 \cdot (a-b)$$

$$= \frac{\pi \cdot h^2}{3} \cdot (3b + a - b)$$

$$= \frac{\pi \cdot h^2}{3} \cdot (a + 2b)$$

$A_x = \frac{a+b}{2} \cdot h$ ► Flächeninhalt eines Trapezes

$$y_s = \frac{\frac{\pi \cdot h^2}{3} \cdot (a+2b)}{\frac{a+b}{2} \cdot h \cdot 2\pi}$$

$$= \frac{h}{3} \cdot \frac{a+2b}{a+b}$$ ► Schwerpunktskoordinate y_S

9. Entwickeln Sie mithilfe der zweiten Guldinschen Regeln eine Formel für das Volumen eines Ellipsoids. 371

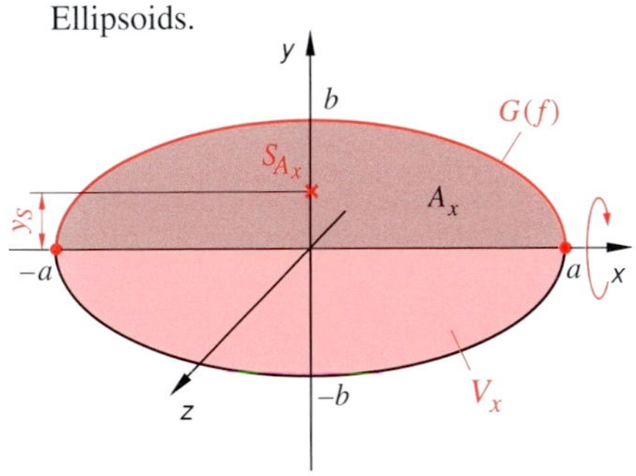

$V_x = A_x \cdot 2\pi \cdot y_S$ ► zweite Guldinsche Regel

► $A_x = \frac{ab}{2} \cdot \pi$, $y_S = \frac{4b}{3\pi}$ } Kapitel 3.5, Übungsaufgabe 44

$$V_x = \frac{ab}{2} \cdot \pi \cdot 2\pi \cdot \frac{4b}{3\pi}$$

$$= \frac{4}{3} \cdot \pi \cdot ab^2$$

371

10. Zwei Kreisflächen mit den Radien r_1 und r_2 berühren an einer Stelle ihres Umfangs die x-Achse. Berechnen Sie die Schwerpunktskoordinate y_S der flächenförmigen Masse ihrer Differenz mithilfe der zweiten Guldinschen Regel.

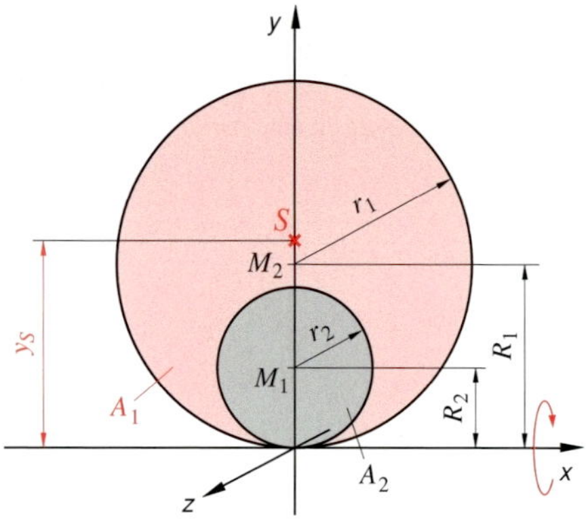

Die Kreise mit den Radien r_1 und r_2 $(r_2 < r_1)$ werden wie abgebildet in einem Koordinatensystem positioniert. Dann gilt: $x_S = \underline{\underline{0}}$

Die Volumen V_{x_1} und V_{x_2} der zylindrischen Kreisringe werden mit dem Ergebnis der Übungsaufgabe 7 berechnet.

$y_S = \dfrac{V_x}{A \cdot 2\pi}$ ► zweite Guldinsche Regel

► $V_x = V_{x_1} - V_{x_2}$ ► $V = 2 \cdot \pi^2 \cdot r^2 \cdot R$

$V_{x_1} = 2 \cdot \pi^2 \cdot r_1^2 \cdot R_1$ ► $R_1 = r_1$

$= \underline{2 \cdot \pi^2 \cdot r_1^3}$ ► Übungsaufgabe 7

$V_{x_2} = 2 \cdot \pi^2 \cdot r_2^2 \cdot R_2$ ► $R_2 = r_2$

$= \underline{2 \cdot \pi^2 \cdot r_2^3}$ ► Übungsaufgabe 7

$V_x = \underline{2 \cdot \pi^2 \cdot (r_1^3 - r_2^3)}$

► $A = A_1 - A_2$ ► $A = \pi \cdot r^2$

$= \pi \cdot r_1^2 - \pi \cdot r_2^2$

$= \pi \cdot (r_1^2 - r_2^2)$

$$y_S = \frac{2\pi^2 \cdot (r_1^3 - r_2^3)}{\pi \cdot (r_1^2 - r_2^2) \cdot 2\pi}$$

$= \dfrac{r_1^3 - r_2^3}{r_1^2 - r_2^2}$ ► $r_1^3 - r_2^3 = (r_1 - r_2) \cdot (r_1^2 + r_1 \cdot r_2 + r_2^2)$

$r_1^2 - r_2^2 = (r_1 - r_2) \cdot (r_1 + r_2)$

$$= \frac{(r_1 - r_2) \cdot (r_1^2 + r_1 \cdot r_2 + r_2^2)}{(r_1 - r_2) \cdot (r_1 + r_2)}$$

$$= \underline{\underline{\frac{r_1^2 + r_1 \cdot r_2 + r_2^2}{r_1 + r_2}}}$$

11. Berechnen Sie mithilfe der zweiten Guldinschen Regel die Schwerpunktskoordinaten einer flächenförmigen Masse, die der Fläche eines Viertelkreises bzw. einer Viertelellipse entspricht.

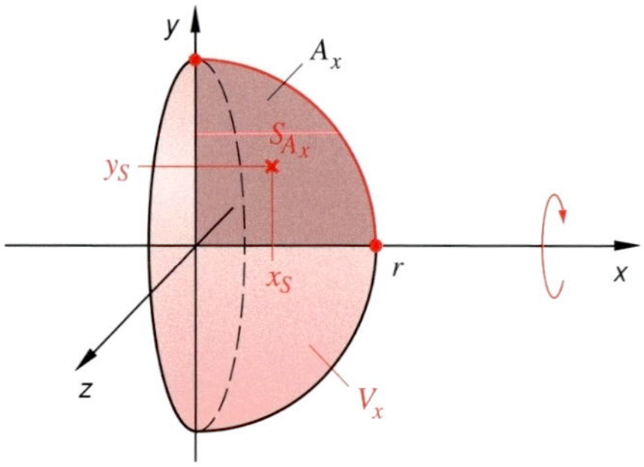

Der Viertelkreis liegt symmetrisch zur Geraden mit der Gleichung $y = x$, sodass gilt: $x_S = y_S$ und $S_{A_x}\left\langle \dfrac{4r}{3\pi} \middle| \dfrac{4r}{3\pi} \right\rangle$

- **Viertelkreis**

$y_S = \dfrac{V_x}{A_x \cdot 2\pi}$ ► zweite Guldinsche Regel

► $V_x = \dfrac{2}{3} \cdot \pi \cdot r^3;\ A_x = \dfrac{1}{4} \cdot \pi \cdot r^2$

$$y_S = \frac{\frac{2}{3} \cdot \pi r^3}{\frac{1}{4} \cdot \pi \cdot r^2 \cdot 2\pi}$$

$= \underline{\underline{\dfrac{4 \cdot r}{3 \cdot \pi}}}$ ► Schwerpunktskoordinate y_S

$x_S = y_S$

$\Rightarrow x_S = \underline{\underline{\dfrac{4 \cdot r}{3 \cdot \pi}}}$ ► Schwerpunktskoordinate x_S

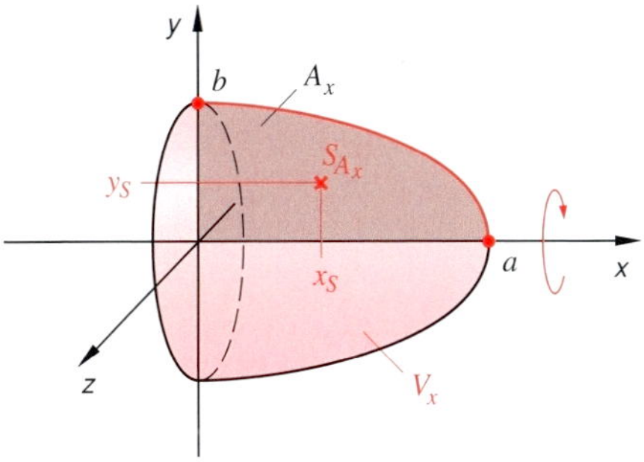

Mit den Ergebnissen der Übungsaufgabe 44 des Kapitels 3.5 gilt: $A_x = \frac{1}{4} \cdot a b \pi$

Mit den Ergebnissen der Übungsaufgabe 5 gilt: $A_x = \frac{2}{3} \cdot \pi \cdot a \cdot b^2$ und $V_y = \frac{2}{3} \cdot \pi \cdot a^2 \cdot b$

(bei V_y werden die Achsen a und b vertauscht).

- **Viertelellipse**

$$y_S = \frac{V_x}{A_x \cdot 2\pi} \quad \blacktriangleright \text{ zweite Guldinsche Regel}$$

$$\blacktriangleright\ V_x = \frac{2}{3} \cdot \pi \cdot a \cdot b^2;\ A_x = \frac{1}{4} \cdot a \cdot b \cdot \pi$$

$$y_S = \frac{\frac{2}{3} \cdot \pi \cdot a \cdot b^2}{\frac{1}{4} \cdot a \cdot b \cdot \pi \cdot 2\pi} = \underline{\underline{\frac{4b}{3\pi}}}$$

$$x_S = \frac{V_y}{A_x \cdot 2\pi} \quad \blacktriangleright \text{ zweite Guldinsche Regel}$$

$$\blacktriangleright\ V_y = \frac{2}{3} \cdot \pi \cdot a^2 \cdot b;\ A_x = \frac{1}{4} \cdot a \cdot b \cdot \pi$$

$$x_S = \frac{\frac{2}{3} \cdot \pi \cdot a^2 \cdot b}{\frac{1}{4} \cdot a \cdot b \cdot \pi \cdot 2\pi} = \underline{\underline{\frac{4a}{3\pi}}}$$

Für den Schwerpunkt gilt: $S_{A_x}\left\langle \frac{4a}{3\pi} \middle| \frac{4b}{3\pi} \right\rangle$

12. Die Fläche zwischen dem Graphen der Funktion $f: f(x) = \sin x$; $D(f) = \mathbb{R}$ und der x-Achse rotiert im Intervall $[0; \pi]$ um die y-Achse. Berechnen Sie das Volumen des erzeugten Rotationskörpers.

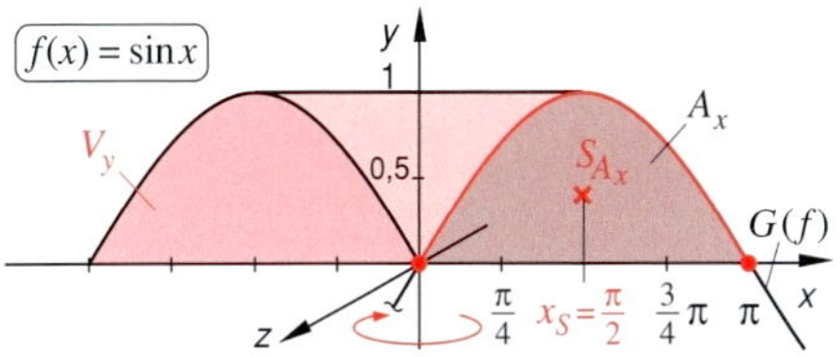

Der Graph der Funktion $f: f(x) = \sin x$ mit $D(f) = \mathbb{R}$ liegt im Intervall $[0; \pi]$ symmetrisch zur Geraden mit der Gleichung $x_S = \frac{\pi}{2}$. Daher gilt: $x_S = \frac{\pi}{2}$

$$V_y = A_x \cdot 2\pi \cdot x_S$$

$$\blacktriangleright\ A_x = \int_a^b f(x)\,dx \quad \blacktriangleright \text{ 0 für } a;\ \pi \text{ für } b;\ f(x) = \sin x$$

$$= \int_0^\pi \sin x\,dx$$

$$= -\cos x \Big|_0^\pi$$

$$= -\cos \pi + \cos 0 \quad \blacktriangleright \cos \pi = -1;\ \cos 0 = 1$$

$$= \underline{2}$$

$$\blacktriangleright\ x_S = \frac{\pi}{2}$$

$$V_y = 2 \cdot 2\pi \cdot \frac{\pi}{2} = \underline{\underline{2\pi^2}} \quad \blacktriangleright \text{ Volumenmaßzahl}$$

13. Die obere Hälfte des Kreises mit der Relationsgleichung $(x-1)^2 + y^2 = 1$ rotiert um die y-Achse. Berechnen Sie das Volumen des erzeugten Rotationskörpers.

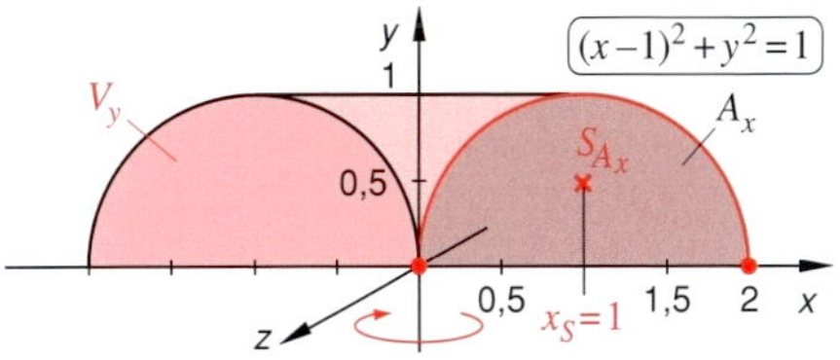

Der Graph der Relation liegt im Intervall $[0; 2]$ symmetrisch zur Geraden mit der Gleichung $x = 1$. Daher gilt $x_S = \underline{1}$

$$V_y = A_x \cdot 2\pi \cdot x_S$$

$$\blacktriangleright\ A_x = \frac{1}{2} \cdot \pi \cdot r^2 \quad \blacktriangleright\ r = 1$$

$$= \frac{1}{2} \cdot \pi \cdot 1^2$$

$$= \underline{\frac{\pi}{2}}$$

$$\blacktriangleright\ x_S = 1$$

$$V_y = \frac{\pi}{2} \cdot 2\pi \cdot 1 = \underline{\underline{\pi^2}} \quad \blacktriangleright \text{ Volumenmaßzahl}$$

3.7 Massenmomente zweiten Grades – Trägheitsmomente

► Lehrbuch: Kusch 4, S. 371 ... 389

Aus der technischen Mechanik und der Physik ist bekannt, dass eine **Masse**, die sich gleichmäßig, z. B. in einem konstanten Abstand um einen Punkt oder um eine Achse, bewegt, **Bewegungsenergie** bzw. **kinetische Energie** enthält. Diese Energie hängt von der Größe der Masse, von ihrer **Geschwindigkeit** und von ihrem Abstand zum **Drehpunkt** bzw. zur **Drehachse** ab. Entsprechende Berechnungsmethoden werden in diesem Kapitel angewendet.

Für die kinetische Energie E_{kin} eines punktförmigen Körpers mit der Masse m, der sich mit konstanter Geschwindigkeit v bewegt, gilt das Gesetz $E_{\text{kin}} = \frac{1}{2} \cdot m \cdot v^2$. Rotiert eine Masse m mit konstanter **Winkelgeschwindigkeit** ω im Abstand r um einen Drehpunkt oder eine Drehachse, so gilt $v = r \cdot \omega$ und damit für die kinetische Energie die Formel $E_{\text{kin}} = \frac{1}{2} \cdot (m \cdot r^2) \cdot \omega^2$.

Der Term $m \cdot r^2$ wird als **Massenmoment zweiten Grades** oder **Trägheitsmoment** (früher: Massenträgheitsmoment) mit dem Formelzeichen $\boldsymbol{J}$ und der Einheit $\mathbf{kg \cdot m^2}$ bezeichnet.

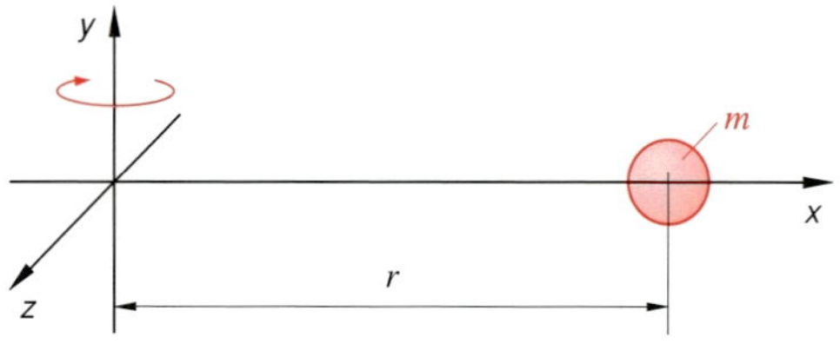

$$E_{\text{kin}} = \frac{1}{2} \cdot m \cdot v^2 \quad \blacktriangleright\ v = r \cdot \omega$$
$$= \frac{1}{2} \cdot m \cdot (r \cdot \omega)^2$$
$$= \frac{1}{2} \cdot m \cdot r^2 \cdot \omega^2 \quad \blacktriangleright\ m \cdot r^2 = J$$
$$= \frac{1}{2} \cdot J \cdot \omega^2$$

► $J = m \cdot r^2$ ► Massenmoment zweiten Grades bzw. Trägheitsmoment

Das Massenmoment zweiten Grades oder Trägheitsmoment ist eine wichtige technische Größe, um z. B. die Energie zu berechnen, die ein technisches System bei der **Beschleunigung** drehender Bauteile benötigt oder um z. B. den Energieinhalt eines rotierenden Schwungrades zu bestimmen.

Handelt es sich um eine Masse m, die aus **Masseelementen** Δm besteht, so kann man das zugehörige Element des Trägheitsmoments ΔJ auf einen Punkt, eine Achse oder eine Ebene beziehen und entsprechend mit $\Delta J = \Delta m \cdot r^2$ berechnen. Entsprechend unterscheidet man **polare Trägheitsmomente** (Abstand r_p zu einem Punkt), **axiale Trägheitsmoment** (Abstände r_x, r_y und r_z zu einer Achse) und **planare Trägheitsmomente** (Abstände r_{yz}, r_{xz} und r_{xy} zu einer Ebene).

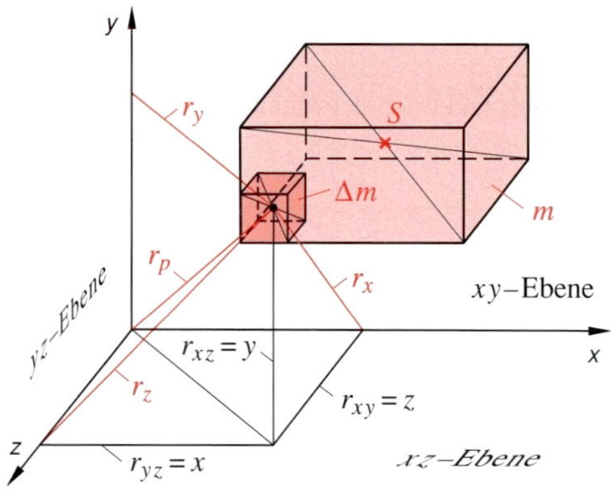

▶ $\Delta J_{yz} = \Delta m \cdot r_{yz}^2 = \Delta m \cdot x^2$; $\Delta J_{xz} = \Delta m \cdot r_{xz}^2 = \Delta m \cdot y^2$; $\Delta J_{xy} = \Delta m \cdot r_{xy}^2 = \Delta m \cdot z^2$ ▶ planare Trägheitsmomente

▶ $\Delta J_x = \Delta m \cdot r_x^2 = \Delta m \cdot (y^2 + z^2)$

$\Delta J_y = \Delta m \cdot r_y^2 = \Delta m \cdot (x^2 + z^2)$ ▶ axiale Trägheitsmomente

$\Delta J_z = \Delta m \cdot r_z^2 = \Delta m \cdot (x^2 + y^2)$

▶ $\Delta J_p = \Delta m \cdot r_p^2 = \Delta m \cdot (x^2 + y^2 + z^2)$ ▶ polares Trägheitsmoment

Merke:

In der Formel $E_{\text{kin}} = \frac{1}{2} \cdot m \cdot r^2 \cdot \omega^2$ für die kinetische Energie bezeichnet man den Term $m \cdot r^2$ als Massenmoment zweiten Grades J oder Trägheitsmoment J.

Das Trägheitsmoment kann sich auf einen Punkt, eine Achse oder auf eine Ebene beziehen. Ist r der Abstand eines Masseelements Δm zum Bezugspunkt, zur Bezugsachse oder zur Bezugsebene, so ist ΔJ ein Element des Trägheitsmomentes J und wird mit $\Delta J = \Delta m \cdot r^2$ berechnet.

Sind Form und Abmessungen eines Bauteils bekannt, so lässt sich mithilfe des Schnittprinzips sein Trägheitsmoment bezogen auf einen Punkt, eine Achse oder eine Ebene berechnen.

Anmerkungen:

- Beim Schnittprinzip (Lehrbuch: Kusch 4; 3.3) „schneidet“ man aus einem zu berechnenden Ganzen (z. B. Fläche, Volumen, Bogenlänge) ein gleichartiges Δ-Element heraus, berechnet näherungsweise dessen Maßzahl und schließt dann durch „Integration“ von der Maßzahl des Elementes auf die Maßzahl des Ganzen.
- Wegen der verschiedenen Möglichkeiten, einen Körper in einem xyz-Koordinatensystem zu positionieren und entsprechende Trägheitsmomente zu berechnen, ist zur Beschreibung des Problems in der Regel eine Zeichnung sinnvoll. Bezieht sich ein axiales Trägheitsmoment eines Körpers auf eine Schwerpunktsachse, so wird es hier mit J_S bezeichnet. Man nennt J_S auch **Eigenträgheitsmoment**. Ist zum Beispiel die x-Achse Schwerpunktsachse und Rotationsachse, so wird das axiale Trägheitsmoment mit J_{Sx} bezeichnet. Ist die x-Achse nur Rotationsachse, aber nicht Schwerpunktsachse, so bezeichnet man das axiale Trägheitsmoment mit J_x. Entsprechendes gilt für die y-Achse bzw. für die z-Achse.
- Die axialen Trägheitsmomente von Rotationskörpern können addiert und subtrahiert werden, wenn sie die gleiche Bezugsachse (Rotationsachse) haben.

Merke:

Hat ein Körper mit der Masse m das axiale Eigenträgheitsmoment J_S und hat eine parallel zur Schwerpunktsachse liegende Rotationsachse von dieser den Abstand e, so gilt für das auf die Rotationsachse bezogene axiale Trägheitsmoment J des Körpers der Satz von Steiner:

$$J = J_S + m \cdot e^2$$ ▶ **Satz von Steiner**

389 **1.** Berechnen Sie das axiale Trägheitsmoment eines Quaders mit den Maßen a, b und h für folgende Fälle:

a) Bezugsachse für das Trägheitsmoment ist die Achse A–A

b) Bezugsachse für das Trägheitsmoment ist die Achse B–B

c) Bezugsachse für das Trägheitsmoment ist die Achse C–C

d) Die Fälle a), b) und c) sind auf einen Würfel anzuwenden

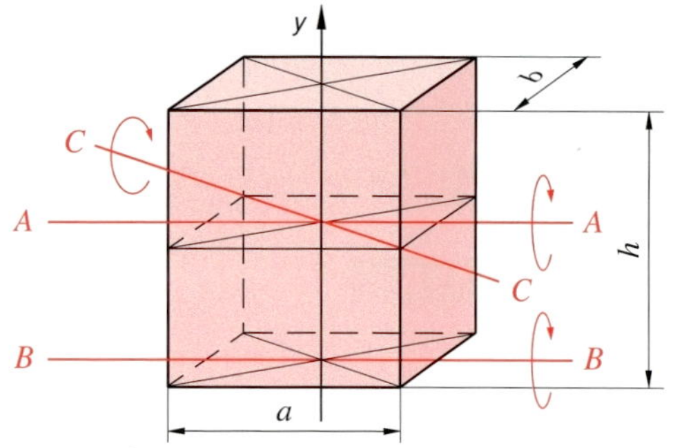

Der Quader wird dabei so in einem räumlichen xyz-Koordinatensystem positioniert, dass die y-Achse stets Symmetrieachse des Quaders ist und die Bezugsachse A–A, B–B bzw. C–C jeweils die x-Achse darstellt. ▶ **Lehrbuch: Kusch 4, S. 379 … 382**

a) Bezugsachse A–A

Querschnitt durch den Quader im Abstand y von der xz-Ebene:

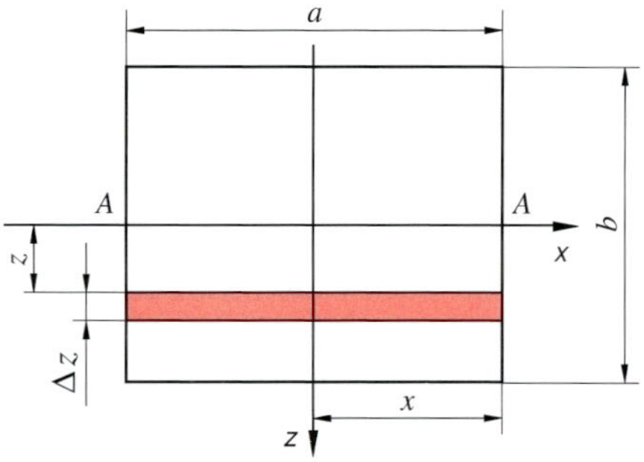

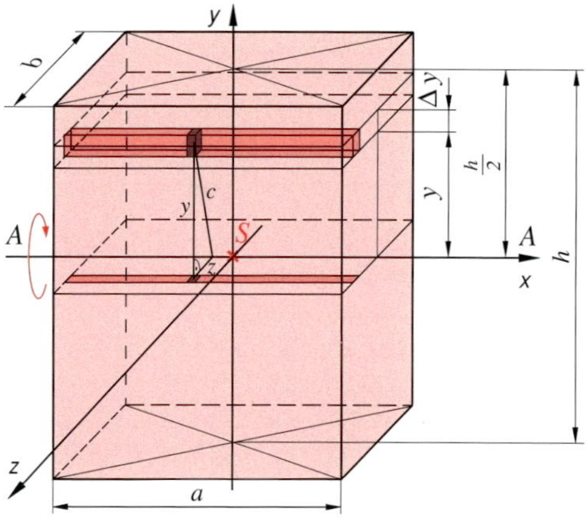

Die Symmetrieachsen des Quaders stimmen mit den Achsen des xyz-Koordinatensystems überein.

Man stellt die Gleichung für Elemente des axialen Trägheitsmoments ΔJ_{A-A} eines Masseelementes Δm auf, das den Abstand c von der x-Achse als Rotationsachse hat. Wegen $c^2 = y^2 + z^2$ erhält man mit $\Delta J_{xz} + \Delta J_{xy}$ eine Summe von planaren Trägheitsmomenten. Diese beziehen sich auf die xz-Ebene bzw. auf die xy-Ebene.

$$\Delta J_{A-A} = \Delta m \cdot c^2 \quad \blacktriangleright\ c^2 = y^2 + z^2$$
$$= \Delta m \cdot (y^2 + c^2)$$
$$= \Delta m \cdot y^2 + \Delta m \cdot c^2$$
$$= \underline{\Delta J_{xz} + \Delta J_{xy}}$$

Beim planaren Trägheitsmoment ΔJ_{xz} sind die Masseelemente Δm_1 quaderförmige Scheiben mit den Querschnittsmaßen a und b sowie der Höhe Δy, die zur xz-Ebene den Abstand y haben.

$$\bullet\ \Delta J_{xz} = \Delta m_1 \cdot y^2 \quad \blacktriangleright\ \Delta m_1 = \rho \cdot ab \cdot \Delta y$$
$$= \rho \cdot a \cdot b \cdot y^2 \cdot \Delta y;\ y \in \left[-\frac{h}{2}; \frac{h}{2}\right]$$

$$\Rightarrow J_{xz} = \rho \cdot a \cdot b \cdot \int_{-\frac{h}{2}}^{\frac{h}{2}} y^2 \, dy \quad \blacktriangleright \text{ Schnittprinzip}$$

$$= \rho \cdot a \cdot b \cdot 2 \cdot \int_0^{\frac{h}{2}} y^2 \, dy \quad \blacktriangleright \text{ Symmetrie beachten}$$

$$= 2 \cdot \rho \cdot a \cdot b \cdot \frac{1}{3} \cdot y^3 \Big|_0^{\frac{h}{2}}$$

$$= 2 \cdot \rho \cdot a \cdot b \cdot \frac{1}{3} \cdot \frac{h^3}{8} - 0$$

$$= \underline{\frac{1}{12} \cdot \rho \cdot a \cdot b \cdot h^3} \quad \blacktriangleright \rho \cdot a \cdot b \cdot h = m$$

$$= \underline{\frac{1}{12} \cdot m \cdot h^2}$$

Beim planaren Trägheitsmoment ΔJ_{xy} sind die Masseelemente Δm_2 quaderförmige Körper mit der Grundfläche $a \cdot \Delta z$ und der Höhe h, die zur xy-Ebene den Abstand z haben.

- $\Delta J_{xy} = \Delta m_2 \cdot z^2 \quad \blacktriangleright \Delta m_2 = \rho \cdot 2x \cdot \Delta z \cdot h \quad \blacktriangleright 2x = a$

$$= \rho \cdot a \cdot h \cdot \Delta z$$

$$= \rho \cdot a \cdot h \cdot z^2 \Delta z; \; z \in \left[-\tfrac{b}{2}; \tfrac{b}{2}\right]$$

Da im Integral $\int_{-\frac{b}{2}}^{\frac{b}{2}} z^2 \, dz$ die Integrandfunktion $g: g(z) = z^2; D(g) = \mathbb{R}$ im Intervall $\left[-\frac{b}{2}; \frac{b}{2}\right]$ gerade ist ($\blacktriangleright$ $(-x) = g(x)$), gilt:

$$\int_{-\frac{b}{2}}^{\frac{b}{2}} z^2 \, dz = 2 \cdot \int_0^{\frac{b}{2}} z^2 \, dz.$$

$$\Rightarrow J_{xy} = \rho \cdot a \cdot h \cdot \int_{-\frac{b}{2}}^{\frac{b}{2}} z^2 \, dz \quad \blacktriangleright \text{ Schnittprinzip}$$

$$= \rho \cdot a \cdot h \cdot 2 \cdot \int_0^{\frac{b}{2}} z^2 \, dz \quad \blacktriangleright \text{ Symmetrie beachten}$$

$$= 2 \cdot \rho \cdot a \cdot h \cdot \frac{1}{3} \cdot z^3 \Big|_0^{\frac{b}{2}}$$

$$= 2 \cdot \rho \cdot a \cdot h \cdot \frac{1}{3} \cdot \frac{b^3}{8} - 0$$

$$= \underline{\frac{1}{12} \cdot \rho \cdot a \cdot h \cdot b^3} \quad \blacktriangleright \rho \cdot a \cdot h \cdot b = m$$

$$= \underline{\frac{1}{12} \cdot m \cdot b^2}$$

Das axiale Gesamtträgheitsmoment J_{A-A} ergibt sich als Summe von J_{xz} und J_{xy}.

- $J_{A-A} = J_{xz} + J_{xy}$

$$= \frac{1}{12} \cdot m \cdot h^2 + \frac{1}{12} \cdot m \cdot b^2$$

$$= \underline{\underline{\frac{1}{12} \cdot m \cdot (h^2 + b^2)}}$$

389

b) Bezugsachse *B–B*

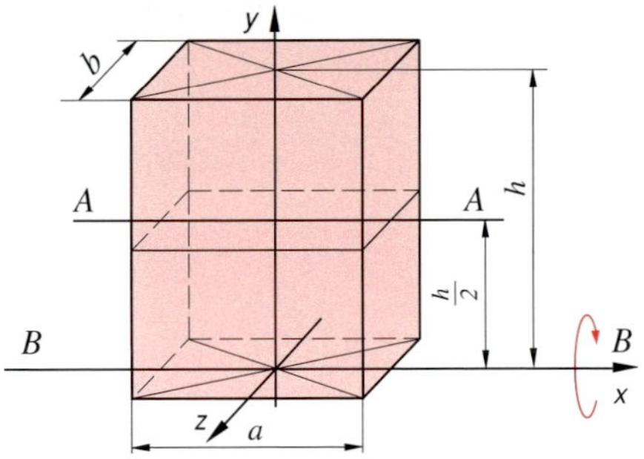

c) Bezugsachse *C–C*

Querschnitt durch den Quader im Abstand y von der xz-Ebene:

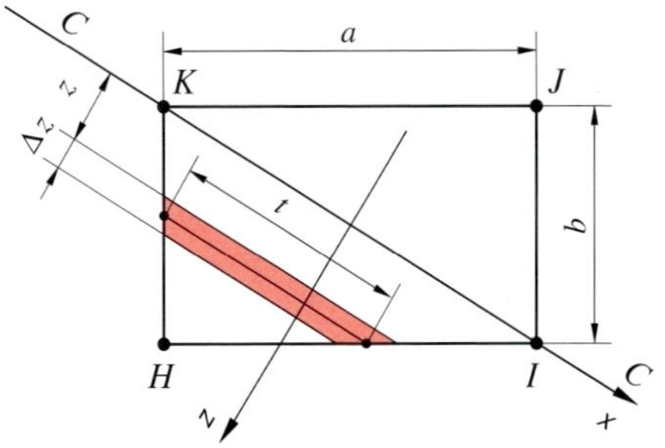

Bei der Lösung geht man wie bei der Teilaufgabe a), also wie bei der Rotation um die A–A-Achse, vor.

Dabei verläuft die Berechnung von ΔJ_{xz} völlig analog zur Berechnung bei Rotation um die Bezugsachse A–A.

Erst bei der Berechnung von $\Delta J_{xy} = \Delta m_2 \cdot z^2$ treten Änderungen auf, da die Koordinatenachsen x und z nicht mehr parallel zu den Rechteckseiten verlaufen. So muss zunächst das Integrationsintervall festgelegt werden. Es wird im Intervall $[0; z_1 + z_2]$ integriert und das Ergebnis verdoppelt.

Bei Rotation um die B–B-Achse muss der Satz von Steiner angewendet werden.

$$J_{B-B} = J_{A-A} + m \cdot e^2$$

► $J_{A-A} = \frac{1}{12} \cdot m \cdot (h^2 + b^2)$; $e = \frac{h}{2}$ ► Teilaufgabe a)

$$J_{B-B} = \frac{1}{12} \cdot m \cdot (h^2 + b^2) + m \cdot \frac{h^2}{4}$$
$$= \underline{\underline{\frac{1}{12} \cdot m \cdot (4h^2 + b^2)}}$$

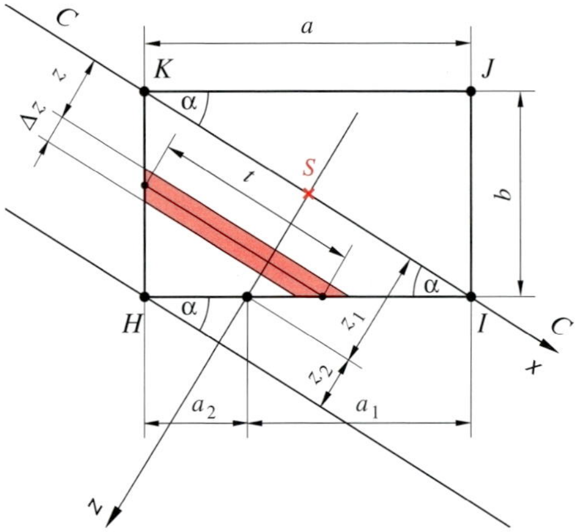

$$\Delta J_{C-C} = \Delta m \cdot c^2 \quad ► \; c^2 = y^2 + z^2$$
$$= \Delta m \cdot y^2 + \Delta m \cdot z^2$$
$$= \underline{\Delta J_{xz} + \Delta J_{xy}}$$

Berechnung von J_{xz}

$$\Delta J_{xz} = \Delta m_1 \cdot y^2$$
$$= \rho a b \cdot y^2 \cdot \Delta y;\; y \in \left[-\frac{h}{2}; \frac{h}{2}\right]$$

$\Rightarrow J_{xz} = \underline{\frac{1}{12} \cdot m h^2}$ ► Bezugsachse $A-A$

Berechnung von J_{xy}

- **Festlegung des Integrationsintervalls**

► $|\overline{IK}|^2 = a^2 + b^2 \Rightarrow |\overline{IK}| = \sqrt{a^2 + b^2}$

$\Rightarrow \sin \alpha = \frac{b}{\sqrt{a^2 + b^2}}$

► $\sin \alpha = \frac{z_1}{a_1} \Rightarrow z_1 = a_1 \cdot \sin \alpha$

► $\sin \alpha = \frac{z_2}{a_2} \Rightarrow z_2 = a_2 \cdot \sin \alpha$

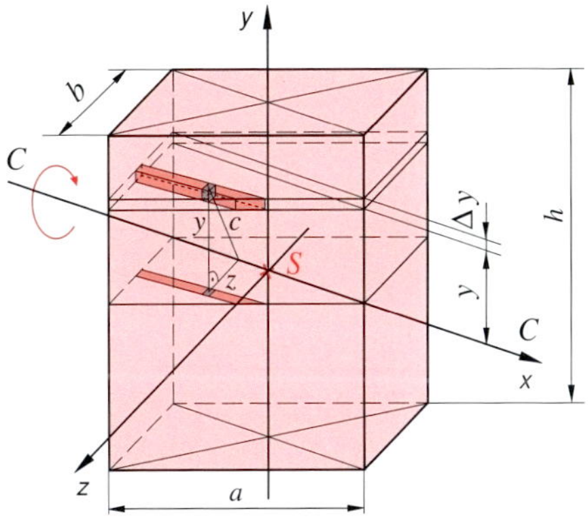

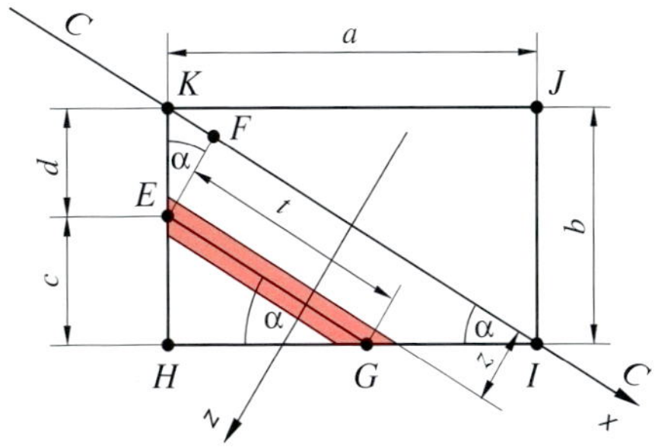

Nach diesen Vorbereitungen kann nun ΔJ_{xy} vollständig angegeben werden.

$$\blacktriangleright\ z_1 + z_2 = a_1 \cdot \sin\alpha + a_2 \cdot \sin\alpha$$

$$= (a_1 + a_2) \cdot \sin\alpha \quad \blacktriangleright\ a_1 + a_2 = a$$

$$= a \cdot \sin\alpha \quad \blacktriangleright\ \sin\alpha = \frac{b}{\sqrt{a^2+b^2}}$$

$$= \underline{\frac{ab}{\sqrt{a^2+b^2}}}$$

Somit ist $\left[0; \frac{ab}{\sqrt{a^2+b}}\right]$ das Integrationsintervall.

- **Berechnung der Länge *t***

$$\blacktriangleright\ \Delta HGE\colon \sin\alpha = \frac{c}{t}$$

$$\Rightarrow t = \frac{c}{\sin\alpha} \quad \blacktriangleright\ \sin\alpha = \frac{b}{\sqrt{a^2+b^2}}$$

$$= \underline{\frac{\sqrt{a^2+b^2}}{b} \cdot c}$$

$$\blacktriangleright\ c = b - d$$

$$\Delta EFK\colon \cos\alpha = \frac{z}{d}$$

$$\Rightarrow d = \frac{z}{\cos\alpha} \quad \blacktriangleright\ \cos\alpha = \sqrt{1-\sin^2\alpha}$$

$$= \frac{z}{\sqrt{1-\sin^2\alpha}} \quad \blacktriangleright\ \sin\alpha = \frac{b}{\sqrt{a^2+b^2}}$$

$$= \frac{z}{\sqrt{1-\frac{b^2}{a^2+b^2}}}$$

$$= \underline{\frac{\sqrt{a^2+b^2}}{a} \cdot z}$$

$$\blacktriangleright\ t = \frac{\sqrt{a^2+b^2}}{b} \cdot c \quad \blacktriangleright\ c = b - d$$

$$= \frac{\sqrt{a^2+b^2}}{b} \cdot (b - d) \quad \blacktriangleright\ d = \frac{\sqrt{a^2+b^2}}{a} \cdot z$$

$$= \underline{\frac{\sqrt{a^2+b^2}}{b} \cdot \left(b - \frac{\sqrt{a^2+b^2}}{a} \cdot z\right)}$$

$$\Delta J_{xy} = \rho \cdot h \cdot t \cdot z^2 \cdot \Delta z = \rho \cdot h \cdot \frac{\sqrt{a^2+b^2}}{b} \cdot \left(b - \frac{\sqrt{a^2+b^2}}{a} \cdot z\right) \cdot z^2 \cdot \Delta z;\ z \in \left[0; \frac{ab}{\sqrt{a^2+b^2}}\right]$$

$$\Rightarrow J_{xy} = 2 \cdot \rho \cdot h \cdot \frac{\sqrt{a^2+b^2}}{b} \cdot \int_0^{\frac{ab}{\sqrt{a^2+b^2}}} \left(b \cdot z^2 - \frac{\sqrt{a^2+b^2}}{a} z^3\right) \mathrm{d}z \quad \blacktriangleright\ \text{Schnittprinzip}$$

$$= 2 \cdot \rho \cdot h \cdot \frac{\sqrt{a^2+b^2}}{b} \cdot \left(b \cdot \frac{1}{3} \cdot z^3 - \frac{\sqrt{a^2+b^2}}{a} \cdot \frac{1}{4} \cdot z^4 \Bigg|_0^{\frac{ab}{\sqrt{a^2+b^2}}}\right)$$

389

$$= 2 \cdot \rho \cdot h \cdot \frac{\sqrt{a^2+b^2}}{b} \cdot \left[z^3 \cdot \left(\frac{1}{3} \cdot b - \frac{\sqrt{a^2+b^2}}{a} \cdot \frac{1}{4} \cdot z \right) \Bigg|_0^{\frac{ab}{\sqrt{a^2+b^2}}} \right]$$

$$= 2 \cdot \rho \cdot h \cdot \frac{\sqrt{a^2+b^2}}{b} \cdot \left[\frac{a^3 \cdot b^3}{\sqrt{a^2+b^2}^3} \cdot \left(\frac{1}{3} \cdot b - \frac{1}{4} \cdot \frac{\sqrt{a^2+b^2}}{a} \cdot \frac{ab}{\sqrt{a^2+b^2}} \right) - 0 \right]$$

$$= 2 \cdot \rho \cdot h \cdot \frac{\sqrt{a^2+b^2}}{b} \cdot \left[\frac{a^3 \cdot b^3}{\sqrt{a^2+b^2}^3} \cdot \left(\frac{1}{3} \cdot b - \frac{1}{4} \cdot b \right) \right]$$

$$= 2 \cdot \rho \cdot h \cdot \frac{a^3 \cdot b^2}{a^2+b^2} \cdot \frac{1}{12} \cdot b \quad \blacktriangleright \rho \cdot h \cdot a \cdot b = m$$

$$= \underline{\frac{1}{6} \cdot m \cdot \frac{a^2 b^2}{a^2+b^2}}$$

- **Berechnung von J_{C-C}**

$$J_{C-C} = J_{xz} + J_{xy} = \frac{1}{12} \cdot m \cdot h^2 + \frac{1}{6} \cdot m \cdot \frac{a^2 b^2}{a^2+b^2} = \underline{\underline{\frac{m}{12} \cdot \left(h^2 + \frac{2a^2 b^2}{a^2+b^2} \right)}}$$

d) Anwendung der entwickelten Formeln auf einen Würfel

Soll mit den entwickelten Formeln das Trägheitsmoment eines Würfels berechnet werden, so gilt: $a = b = h$

- **Trägheitsmoment eines Würfels bei Rotation um die Bezugsachse $A-A$**

$$J_{A-A} = \frac{1}{12} \cdot m \cdot (h^2 + b^2) \quad \blacktriangleright h = b = a \Rightarrow J_{A-A} = \frac{1}{12} \cdot m \cdot (a^2 + a^2) = \underline{\underline{\frac{1}{6} \cdot m \cdot a^2}}$$

- **Trägheitsmoment eines Würfels bei Rotation um die Bezugsachse $B-B$**

$$J_{B-B} = \frac{1}{12} \cdot m \cdot (4h^2 + b^2) \quad \blacktriangleright h = b = a \Rightarrow J_{B-B} = \frac{1}{12} \cdot m \cdot (4a^2 + a^2) = \underline{\underline{\frac{5}{12} \cdot m \cdot a^2}}$$

- **Trägheitsmoment eines Würfels bei Rotation um die Bezugsachse $C-C$**

$$J_{C-C} = \frac{m}{12} \cdot \left(h^2 + \frac{2a^2 b^2}{a^2+b^2} \right) \quad \blacktriangleright h = b = a \Rightarrow J_{C-C} = \frac{m}{12} \cdot \left(a^2 + \frac{2a^4}{2a^2} \right) = \frac{m}{12} \cdot (a^2 + a^2) = \underline{\underline{\frac{1}{6} \cdot m \cdot a^2}}$$

Rotiert die Fläche zwischen dem Graphen einer stetigen Funktion f und der x-Achse in einem x-Intervall $[a; b]$ um die x-Achse, so kann man das axiale Trägheitsmoment des entstehenden Rotationskörpers leicht mit einer Formel berechnen. ► **Lehrbuch: Kusch 4, S. 374/375**

Merke:

Rotiert die Fläche zwischen dem Graphen einer im x-Intervall $[a; b]$ stetigen Funktion f und der x-Achse in $[a; b]$ um die x-Achse, so gilt für das axiale Trägheitsmoment des erzeugten Rotationskörpers:

$$J_{Sx} = \frac{1}{2} \cdot \rho \cdot \pi \cdot \int_a^b [f(x)]^4 \, dx$$

Berechnen Sie die axialen Trägheitsmomente nachstehender Rotationskörper, wobei deren Rotationsachse auch die Bezugsachse für das Trägheitsmoment ist.

2. Kugelausschnitt

Da die axialen Trägheitsmomente von Rotationskörpern addiert werden können, gilt hier:

$J_{Sx} = J_{Sx\text{-Kegel}} + J_{Sx\text{-Kugelabschnitt}}$

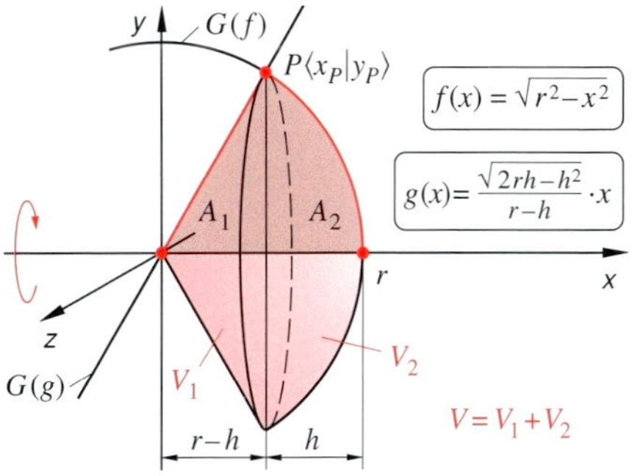

▶ $y_P = f(x_P) = f(r-h)$

$\Rightarrow \sqrt{r^2-(r-h)^2} = \sqrt{2rh-h^2}$

$$J_{Sx} = J_{Sx\text{-Kegel}} + J_{Sx\text{-Kugelabschnitt}} = \frac{1}{2}\cdot\rho\cdot\pi\cdot\int_0^{r-h}[g(x)]^4\,dx + \tfrac{1}{2}\cdot\rho\cdot\pi\cdot\int_{r-h}^{r}[f(x)]^4\,dx$$

● $\int_0^{r-h}[g(x)]^4\,dx = \int_0^{r-h}\left[\frac{(2rh-h^2)^2}{(r-h)^4}\cdot x^4\right]dx$ ▶ $g(x) = \frac{\sqrt{2rh-h^2}}{r-h}\cdot x$

$$= \frac{(2rh-h^2)^2}{(r-h)^4}\cdot\frac{1}{5}\cdot x^5\Big|_0^{r-h}$$

$$= \frac{(2rh-h^2)^2}{(r-h)^4}\cdot\frac{1}{5}\cdot(r-h)^5 - 0$$

$$= \underline{\frac{1}{5}\cdot(2rh-h^2)^2\cdot(r-h)}$$

● $\int_{r-h}^{r}[f(x)]^4\,dx = \int_{r-h}^{r}(r^4-2r^2x^2+x^4)\,dx$ ▶ $f(x) = \sqrt{r^2-x^2} \Rightarrow [f(x)]^4 = (r^2-x^2)^2 = r^4-2r^2x^2+x^4$

$$= r^4x - 2r^2\cdot\frac{1}{3}\cdot x^3 + \frac{1}{5}\cdot x^5\Big|_{r-h}^{r}$$

$$= r^5 - \frac{2}{3}\cdot r^5 + \frac{1}{5}\cdot r^5 - r^4\cdot(r-h) + \frac{2}{3}\cdot r^2\cdot(r-h)^3 - \frac{1}{5}\cdot(r-h)^5$$

$$= \frac{8}{15}\cdot r^5 - r^5 + r^4h + \frac{2}{3}\cdot r^2\cdot(r^3-3r^2h+3rh^2-h^3) - \frac{1}{5}\cdot(r^5-5r^4h+10r^3h^2-10r^2h^3+5rh^4-h^5)$$

$$= -\frac{7}{15}\cdot r^5 + r^4h + \frac{2}{3}\cdot r^5 - 2r^4h + 2r^3h^2 - \frac{2}{3}\cdot r^2h^3 - \frac{1}{5}\cdot r^5 + r^4h - 2r^3h^2 + 2r^2h^3 - rh^4 + \frac{1}{5}\cdot h^5$$

$$= \underline{\frac{4}{3}\cdot r^2h^3 - rh^4 + \frac{1}{5}\cdot h^5;\ h\in(0;r)}$$

● $J_{Sx} = J_{Sx\text{-Kegel}} + J_{Sx\text{-Kugelabschnitt}}$

$$= \frac{1}{2}\cdot\rho\cdot\pi\cdot\frac{1}{5}\cdot(2rh-h^2)^2\cdot(r-h) + \frac{1}{2}\cdot\rho\cdot\pi\cdot\left(\frac{4}{3}\cdot r^2h^3 - r\cdot h^4 + \frac{1}{5}\cdot h^5\right)$$

$$= \frac{1}{2}\cdot\rho\cdot\pi\cdot\left[\frac{1}{5}\cdot(4r^2h^2-4rh^3+h^4)\cdot(r-h) + \frac{4}{3}\cdot r^2h^3 - rh^4 + \frac{1}{5}\cdot h^5\right]$$

$$= \frac{1}{2}\cdot\rho\cdot\pi\cdot\left[\frac{1}{5}\cdot 4r^3h^2 - \frac{1}{5}\cdot 4r^2h^3 - \frac{1}{5}\cdot 4r^2h^3 + \frac{1}{5}\cdot 4rh^4 + \frac{1}{5}\cdot h^4r - \frac{1}{5}\cdot h^5 + \frac{4}{3}\cdot r^2h^3 - rh^4 + \frac{1}{5}\cdot h^5\right]$$

$$= \frac{1}{2}\cdot\rho\cdot\pi\cdot\left[\frac{4}{5}\cdot r^3h^2 - \frac{4}{15}\cdot r^2h^3\right]$$

$$= \frac{1}{2}\cdot\rho\cdot\pi\cdot\frac{4}{15}\cdot r^2h^2\cdot(3r-h)$$

$$= \underline{\underline{\frac{2}{15}\cdot\rho\cdot\pi\cdot r^2\cdot h^2\cdot(3r-h)}}$$ ▶ axiales Trägheitsmoment eines Kugelausschnitts

389

3. Paraboloid

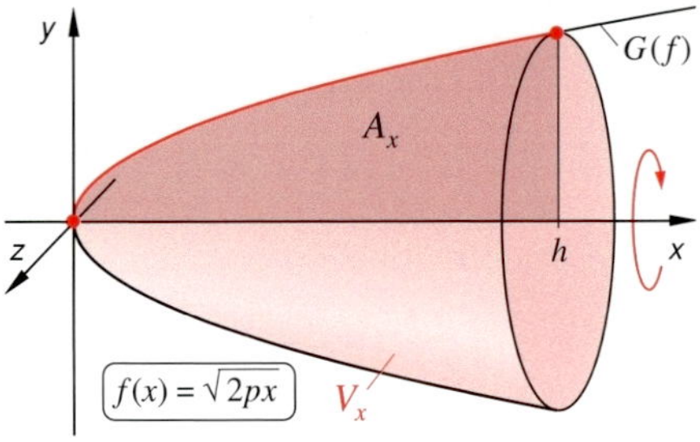

Für das Volumen eines Paraboloids gilt $V_x = \pi \cdot p \cdot h^2$ und somit für die Masse $m = \rho \cdot \pi \cdot p \cdot h^2$. Damit lässt sich das Trägheitsmoment auch wie folgt schreiben: $J_{Sx} = \frac{2}{3} \cdot m \cdot p \cdot h$

$$J_{Sx} = \frac{1}{2} \cdot \rho \cdot \pi \cdot \int_a^b [f(x)]^4 \, dx$$

► 0 für a; h für b; $f(x) = \sqrt{2px} \Rightarrow [f(x)]^4 = 4p^2x^2$

$$J_{Sx} = \frac{1}{2} \cdot \rho \cdot \pi \cdot \int_0^h (4p^2x^2) \, dx$$

$$= 2 \cdot \rho \cdot \pi \cdot p^2 \cdot \int_0^h x^2 \, dx$$

$$= 2 \cdot \rho \cdot \pi \cdot p^2 \cdot \frac{1}{3} \cdot x^3 \Big|_0^h$$

$$= 2 \cdot \rho \cdot \pi \cdot p^2 \cdot \frac{1}{3} \cdot h^3 - 0$$

$$= \underline{\underline{\frac{2}{3} \cdot \rho \cdot \pi \cdot p^2 \cdot h^3}}$$ ► $\rho \cdot \pi \cdot p \cdot h^2 = m$

$$= \underline{\underline{\frac{2}{3} \cdot m \cdot h}}$$ ► axiales Trägheitsmoment eines Paraboloids

4. Ellipsoid

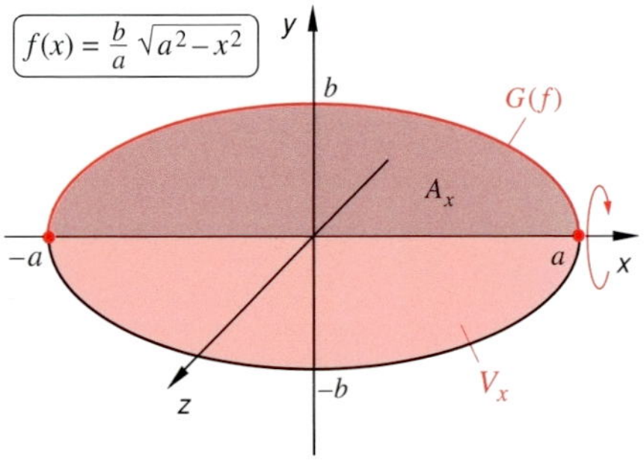

Da in $\int_{-a}^{a} (a^2 - x^2)^2 \, dx$ die Integrandfunktion $g: g(x) = (a^2 - x^2)^2$; $D(g) = \mathbb{R}$ im Intervall $[-a; a]$ gerade ist (► $g(-x) = g(x)$), gilt:

$$\int_{-a}^{a} (a^2 - x^2)^2 \, dx = 2 \cdot \int_0^a (a^2 - x^2)^2 \, dx.$$

Für das Volumen eines Ellipsoids gilt $V_x = \frac{4}{3} \cdot \pi \cdot a \cdot b^2$ und somit für die Masse $m = \frac{4}{3} \cdot \pi \cdot \rho \cdot a \cdot b^2$. Damit lässt sich das Trägheitsmoment auch wie folgt schreiben: $J_{Sx} = \frac{2}{5} \cdot m \cdot b^2$

$$J_{Sx} = \frac{1}{2} \cdot \rho \cdot \pi \cdot \int_r^s [f(x)]^4 \, dx$$

► $-a$ für r; a für s

$$f(x) = \frac{b}{a} \cdot \sqrt{a^2 - x^2} \Rightarrow [f(x)]^4 = \frac{b^4}{a^4} \cdot (a^2 - x^2)^2$$

$$J_{Sx} = \frac{1}{2} \cdot \rho \cdot \pi \cdot \int_{-a}^{a} \left[\tfrac{b^4}{a^4} \cdot (a^2 - x^2)^2\right] dx$$

$$= \frac{1}{2} \cdot \rho \cdot \pi \cdot \frac{b^4}{a^4} \cdot 2 \cdot \int_0^a (a^4 - 2a^2x^2 + x^4) \, dx$$

$$= \rho \cdot \pi \cdot \frac{b^4}{a^4} \cdot \left(a^4 x - 2a^2 \cdot \frac{1}{3} \cdot x^3 + \frac{1}{5} \cdot x^5 \Big|_0^a \right)$$

$$= \rho \cdot \pi \cdot \frac{b^4}{a^4} \cdot \left(a^4 \cdot a - 2a^2 \cdot \frac{1}{3} \cdot a^3 + \frac{1}{5} \cdot a^5 - 0 \right)$$

$$= \rho \cdot \pi \cdot \frac{b^4}{a^4} \cdot \frac{8}{15} \cdot a^5$$

$$= \underline{\underline{\frac{8}{15} \cdot \rho \cdot \pi \cdot a \cdot b^4}}$$ ► $\frac{4}{3} \cdot \pi \cdot \rho \cdot a \cdot b^2 = m$

$$= \underline{\underline{\frac{2}{5} \cdot m \cdot b^2}}$$ ► axiales Trägheitsmoment eines Ellipsoids

389

5. Hyperboloid

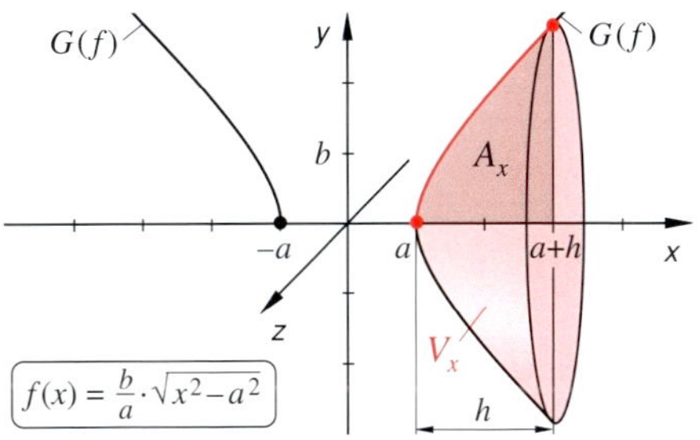

$$J_{Sx} = \frac{1}{2}\cdot\rho\cdot\pi\cdot\int_a^b [f(x)]^4\,dx$$

► $a+h$ für b

$$f(x) = \frac{b}{a}\cdot\sqrt{x^2-a^2} \Rightarrow [f(x)]^4 = \frac{b^4}{a^4}\cdot(x^2-a^2)^2$$

$$J_{Sx} = \frac{1}{2}\cdot\rho\cdot\pi\cdot\int_a^{a+h}\left[\frac{b^4}{a^4}\cdot(x^2-a^2)^2\right]dx$$

$$= \frac{1}{2}\cdot\rho\cdot\pi\cdot\frac{b^4}{a^4}\cdot\int_a^{a+h}(x^4-2x^2a^2+a^4)\,dx$$

$$= \frac{1}{2}\cdot\rho\cdot\pi\cdot\frac{b^4}{a^4}\cdot\left(\frac{1}{5}\cdot x^5-\frac{2}{3}\cdot x^3a^2+a^4x\,\Big|_a^{a+h}\right)$$

$$= \frac{1}{2}\cdot\rho\cdot\pi\cdot\frac{b^4}{a^4}\cdot\left[\frac{1}{5}\cdot(a+h)^5-\frac{2}{3}\cdot(a+h)^3a^2+a^4\cdot(a+h)+ -\frac{1}{5}\cdot a^5+\frac{2}{3}\cdot a^5-a^5\right]$$

$$= \frac{1}{2}\cdot\rho\cdot\pi\cdot\frac{b^4}{a^4}\cdot\left[\frac{8}{15}\cdot a^5+\frac{4}{3}\cdot a^2h^3+ah^4+\frac{1}{5}\cdot h^5-\frac{8}{15}\cdot a^5\right]$$

$$= \frac{1}{2}\cdot\rho\cdot\pi\cdot\frac{b^4}{a^4}\cdot\left[\frac{4}{3}\cdot a^2h^3+ah^4+\frac{1}{5}\cdot h^5\right]$$

► axiales Trägheitsmoment eines Hyperboloids

$$► \frac{1}{5}\cdot(a+h)^5-\frac{2}{3}\cdot(a+h)^3\cdot a^2+a^4\cdot(a+h) =$$

$$= \frac{1}{5}\cdot(a^5+5a^4h+10a^3h^2+10a^2h^3+5ah^4+h^5)+ -\frac{2}{3}\cdot(a^3+3a^2h+3ah^2+h^3)\cdot a^2+a^5+a^4h$$

$$= \frac{1}{5}\cdot a^5+a^4h+2a^3h^2+2a^2h^3+ah^4+\frac{1}{5}\cdot h^5+ -\frac{2}{3}\cdot a^5-2a^4h-2a^3h^2-\frac{2}{3}\cdot a^2h^3+a^5+a^4h$$

$$= \frac{8}{15}\cdot a^5+\frac{4}{3}\cdot a^2h^3+ah^4+\frac{1}{5}\cdot h^5$$

6. Berechnen Sie das axiale Trägheitsmoment einer Kugel, bezogen auf eine Tangente als Bezugsachse.

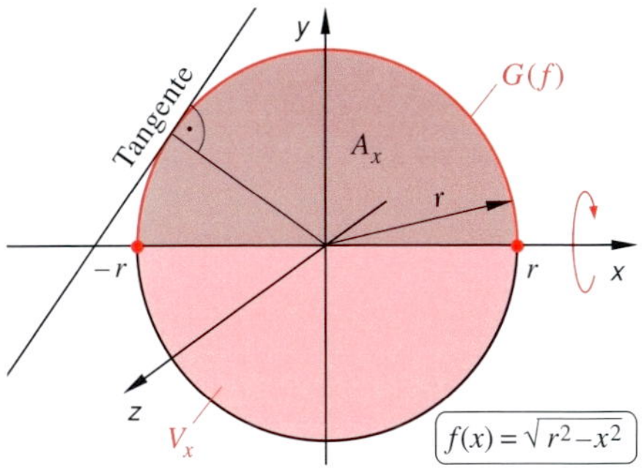

Wegen des Satzes von Steiner beachten Sie bitte den Merksatz vor der Übungsaufgabe 1.

Nach Lehrbuch, Kusch 4, S. 375/376 beträgt das Eigenträgheitsmoment einer Kugel $J_S = \frac{1}{10} m\cdot d^2$.

Nach dem Satz von Steiner folgt:

$$J_T = \frac{1}{10}\cdot m\cdot d^2+m\cdot r^2 \quad ► \; r = \frac{d}{2}$$

$$= \frac{1}{10}\cdot m\cdot d^2+m\cdot\frac{d^2}{4}$$

$$= \frac{7}{20}\cdot m\cdot d^2$$

389 Berechnen Sie jeweils das axiale Trägheitsmoment des Rotationskörpers, der erzeugt wird, wenn die Fläche zwischen dem Graphen der Funktion f und der x-Achse im angegebenen x-Intervall um die x-Achse rotiert. Bezugsachse für das Trägheitsmoment ist die x-Achse.

7. $f: f(x) = x \cdot \sqrt{x}; x \in [0; 3]$

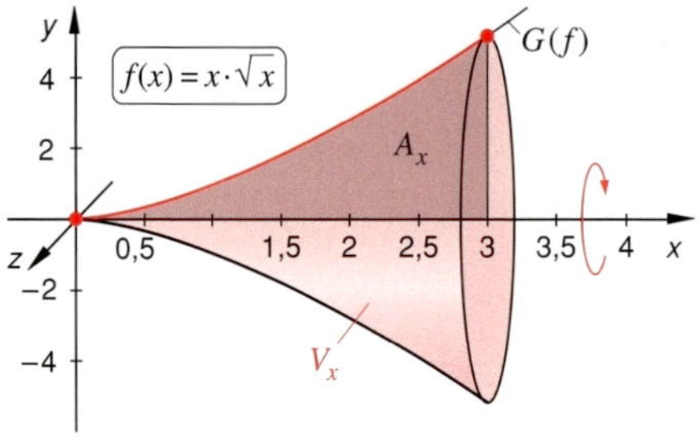

$$J_{Sx} = \frac{1}{2} \cdot \rho \cdot \pi \cdot \int_a^b [f(x)]^4 \, dx$$

► 0 für a; 3 für b; $f(x) = x \cdot \sqrt{x} \Rightarrow [f(x)]^4 = x^6$

$$J_{Sx} = \frac{1}{2} \cdot \rho \cdot \pi \cdot \int_0^3 x^6 \, dx$$

$$= \frac{1}{2} \cdot \rho \cdot \pi \cdot \left(\frac{1}{7} \cdot x^7 \Big|_0^3 \right)$$

$$= \frac{1}{2} \cdot \rho \cdot \pi \cdot \left(\frac{1}{7} \cdot 3^7 - 0 \right)$$

$$= \underline{\underline{490{,}76165 \cdot \rho}}$$

8. $f: f(x) = \ln x; x \in [1; 4]$

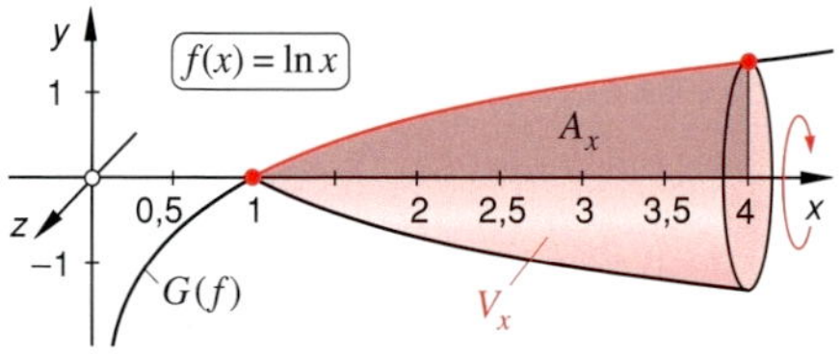

Wegen $\int \ln^4 x \, dx$ beachten Sie in der Übungsaufgabe 71 des Kapitels 2.5 die erste Rekursionsformel.

$$J_{Sx} = \frac{1}{2} \cdot \rho \cdot \pi \cdot \int_a^b [f(x)]^4 dx$$ ► 1 für a; 4 für b; $f(x) = \ln x$

$$= \frac{1}{2} \cdot \rho \cdot \int_1^4 \ln^4 x \, dx$$ ► 2.5, Übungsaufgabe 71

$$= \frac{1}{2} \cdot \rho \cdot \pi \cdot \left[x \cdot \left(\ln^4 x - 4 \cdot \ln^3 x + 12 \cdot \ln^2 x - 24 \cdot \ln x + 24 \Big|_1^4 \right) \right]$$

$$= \frac{1}{2} \cdot \rho \cdot \pi \cdot [4 \cdot (\ln^4 4 - 4 \cdot \ln^3 4 + 12 \cdot \ln^2 4 - 24 \cdot \ln 4 + 24) +$$

$$-1 \cdot (0 - 0 + 0 - 0 + 24)]$$ ► $\ln 1 = 0$

$$= \underline{\underline{5{,}19778 \cdot \rho}}$$

9. $f: f(x) = \sin x; x \in [0; \pi]$

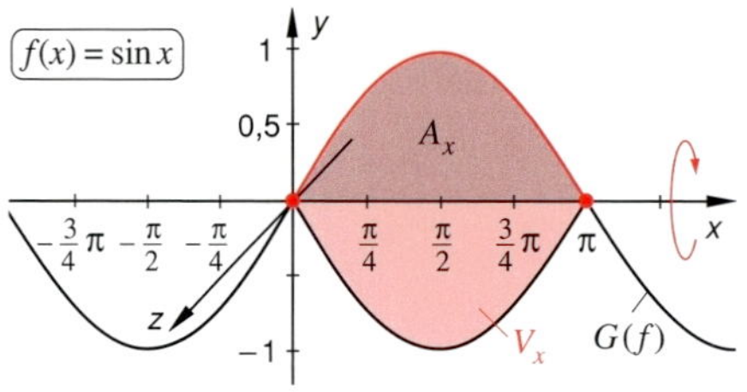

Wegen $\int \sin^4 x \, dx$ beachten Sie in der Übungsaufgabe 71 des Kapitels 2.5 die sechste Rekursionsformel.

$$J_{Sx} = \frac{1}{2} \cdot \rho \cdot \pi \cdot \int_a^b [f(x)]^4 dx$$

► 0 für a; π für b; $f(x) = \sin x$

$$J_{Sx} = \frac{1}{2} \cdot \rho \cdot \pi \cdot \int_0^\pi \sin^4 x \, dx$$

$$= \frac{1}{2} \cdot \rho \cdot \pi \cdot \left(-\tfrac{1}{4} \cdot \sin^3 x \cdot \cos x - \tfrac{3}{8} \cdot \sin x \cdot \cos x + \tfrac{3}{8} \cdot x \Big|_0^\pi \right)$$

► 2.5, Übungsaufgabe 71

$$= \frac{1}{2} \cdot \rho \cdot \pi \cdot \left(-0 - 0 + \tfrac{3}{8} \cdot \pi - 0 \right)$$

$$= \underline{\underline{1{,}85055 \cdot \rho}}$$

10. $f\colon f(x) = 3x^2;\ x \in [1; 3]$

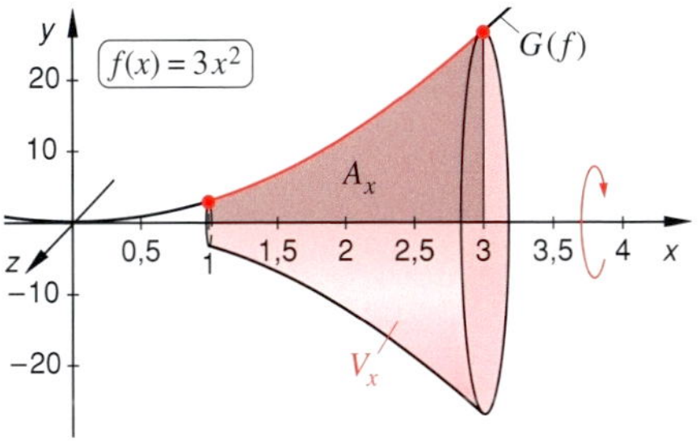

$$J_{Sx} = \frac{1}{2} \cdot \rho \cdot \pi \cdot \int_a^b [f(x)]^4\, dx$$

► 1 für a; 3 für b; $f(x) = 3x^2$

$$J_{Sx} = \frac{1}{2} \cdot \rho \cdot \pi \cdot \int_1^3 (81x^8)\, dx$$

$$= \frac{81}{2} \cdot \rho \cdot \pi \cdot \int_1^3 x^8\, dx$$

$$= \frac{81}{2} \cdot \rho \cdot \pi \cdot \left(\frac{1}{9} \cdot x^9 \Big|_1^3\right)$$

$$= \frac{81}{2} \cdot \rho \cdot \pi \cdot \left(\frac{1}{9} \cdot 3^9 - \frac{1}{9} \cdot 1^9\right)$$

$$= \underline{\underline{278\,247{,}71974 \cdot \rho}}$$

11. $f\colon f(x) = e^x;\ x \in [-1; 2]$

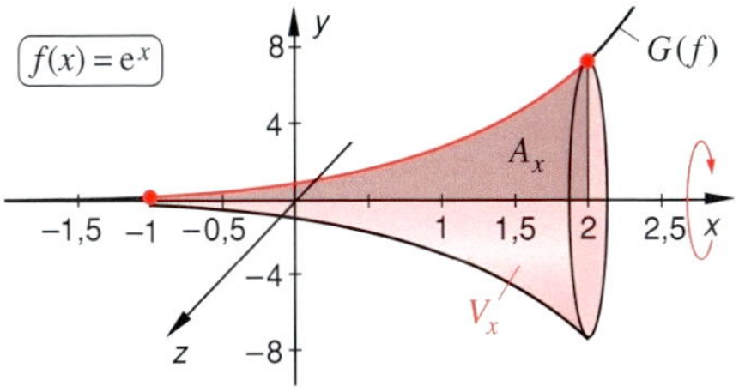

$$J_{Sx} = \frac{1}{2} \cdot \rho \cdot \pi \cdot \int_a^b [f(x)]^4\, dx$$

► −1 für a; 2 für b; $f(x) = e^x$

$$J_{Sx} = \frac{1}{2} \cdot \rho \cdot \pi \cdot \int_{-1}^2 e^{4x}\, dx \quad ► 2.4.1$$

$$= \frac{1}{2} \cdot \rho \cdot \pi \cdot \left(\frac{1}{4} \cdot e^{4x} \Big|_{-1}^2\right)$$

$$= \frac{1}{2} \cdot \rho \cdot \pi \cdot \left(\frac{1}{4} \cdot e^8 - \frac{1}{4} \cdot e^{-4}\right)$$

$$= \underline{\underline{1170{,}61227 \cdot \rho}}$$

12. $f\colon f(x) = \tanh x;\ x \in [0; 2]$

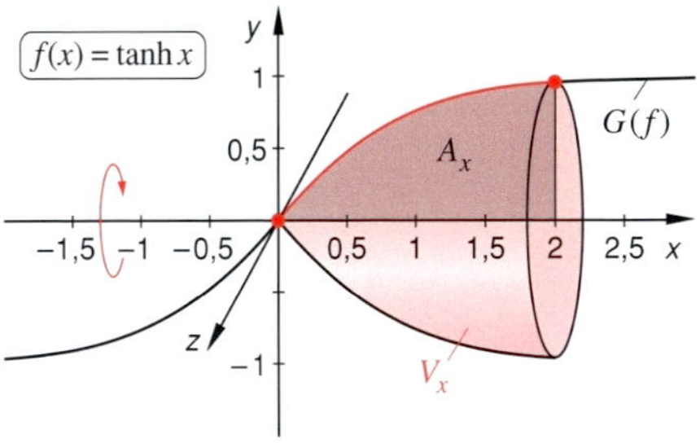

$$► \frac{(\cosh^2 x - 1)^2}{\cosh^4 x} = \frac{\cosh^4 x - 2 \cdot \cosh^2 x + 1}{\cosh^4 x}$$

$$= 1 - \frac{2}{\cosh^2 x} + \frac{1}{\cosh^4 x}$$

$$► \int \frac{2}{\cosh^2 x}\, dx = \tanh x + c$$

$$► \int \frac{dx}{\cosh^4 x} = \tanh x - \frac{1}{3} \cdot \tanh^3 x + c$$

► 2.4.9, Übungsaufgabe 1

$$J_{Sx} = \frac{1}{2} \cdot \rho \cdot \pi \cdot \int_a^b [f(x)]^4\, dx$$

► 0 für a; 2 für b; $f(x) = \tanh x$

$$J_{Sx} = \frac{1}{2} \cdot \rho \cdot \pi \cdot \int_0^2 \tanh^4 x\, dx \quad ► \tanh x = \frac{\sinh x}{\cosh x} \quad ► 4.1$$

$$= \frac{1}{2} \cdot \rho \cdot \pi \cdot \int_0^2 \frac{\sinh^4 x}{\cosh^4 x} \quad ► \sinh^2 x = \cosh^2 x - 1 \quad ► 4.1$$

$$= \frac{1}{2} \cdot \rho \cdot \pi \cdot \int_0^2 \frac{(\cosh^2 x - 1)^2}{\cosh^4 x}\, dx$$

$$= \frac{1}{2} \cdot \rho \cdot \pi \cdot \int_0^2 \left(1 - \frac{2}{\cosh^2 x} + \frac{1}{\cosh^4 x}\right) dx$$

$$= \frac{1}{2} \cdot \rho \cdot \pi \cdot \left(x - 2 \cdot \tanh x + \tanh x - \frac{1}{3} \cdot \tanh^3 x \Big|_0^2\right)$$

$$= \frac{1}{2} \cdot \rho \cdot \pi \cdot \left(x - \tanh x - \frac{1}{3} \cdot \tanh^3 x \Big|_0^2\right)$$

$$= \frac{1}{2} \cdot \rho \cdot \pi \cdot \left(2 - \tanh 2 - \frac{1}{3} \cdot \tanh^3 2 - 0\right)$$

$$= \underline{\underline{1{,}15820 \cdot \rho}}$$

Merke:

- Rotiert die Fläche zwischen dem Graphen einer im y-Intervall $[c;d]$ streng monotonen und stetigen Funktion f und der y-Achse in $[c;d]$ um die y-Achse (► 3.2), so gilt für das axiale Trägheitsmoment des erzeugten Rotationskörpers:

$$J_{Sy} = \frac{1}{2}\cdot\rho\cdot\pi\cdot\int_c^d [f^{-1}(y)]^4\,\mathrm{d}y$$ ► erste Lösungsmethode

- Rotiert die Fläche zwischen dem Graphen einer im x-Intervall $[a;b]$ streng monotonen und stetig differenzierbaren Funktion f und der y-Achse in $[a;b]$ um die y-Achse, so gilt für das axiale Trägheitsmoment des erzeugten Rotationskörpers:

$$J_{Sy} = \frac{1}{2}\cdot\rho\cdot\pi\cdot\left|\int_a^b [x^4\cdot f'(x)]\,\mathrm{d}x\right|$$ ► zweite Lösungsmethode

389 Berechnen Sie jeweils das axiale Trägheitsmoment des Rotationskörpers, der erzeugt wird, wenn die Fläche zwischen dem Graphen der Funktion f und der y-Achse im angegebenen x-Intervall um die y-Achse rotiert. Bezugsachse für das Trägheitsmoment ist die y-Achse.

► Lehrbuch: Kusch 4, S. 374…379

13. $f{:}\,f(x) = \sqrt{x^2-1};\ x \in [1;5]$

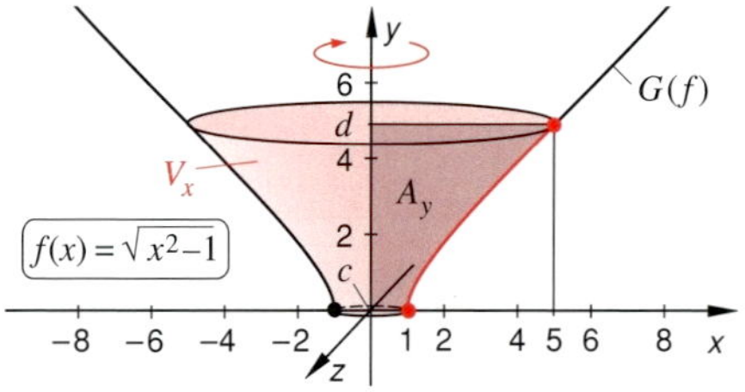

Die Funktion $f{:}\,f(x) = \sqrt{x^2-1}$ mit $D(f) = \mathbb{R}\setminus(-1;1)$ ist im x-Intervall $[1;5]$ streng monoton steigend und man kann leicht $[f^{-1}(y)]^4$ berechnen. Daher wird die erste Lösungsmethode angewendet.

$$J_{Sy} = \frac{1}{2}\cdot\rho\cdot\pi\cdot\int_c^d [f^{-1}(y)]^4\,\mathrm{d}y$$

► $c = f(1) = \sqrt{1^2-1} = 0;\ d = f(5) = \sqrt{5^2-1} = \sqrt{24}$

$f(x) = y = \sqrt{x^2-1} \Rightarrow x^2 = [f^{-1}(y)]^2 = y^2+1$

$$J_{Sy} = \frac{1}{2}\cdot\rho\cdot\pi\cdot\int_0^{\sqrt{24}} (y^2+1)^2\,\mathrm{d}y$$

$$= \frac{1}{2}\cdot\rho\cdot\pi\cdot\int_0^{\sqrt{24}} (y^4+2\,y^2+1)\,\mathrm{d}y$$

$$= \frac{1}{2}\cdot\rho\cdot\pi\cdot\left(\frac{1}{5}\cdot y^5+\frac{2}{3}\cdot y^3+y\Big|_0^{\sqrt{24}}\right)$$

$$= \frac{1}{2}\cdot\rho\cdot\pi\cdot\left(\frac{1}{5}\cdot(\sqrt{24})^5+\frac{2}{3}\cdot(\sqrt{24})^3+\sqrt{24}-0\right)$$

$$= \underline{\underline{1017{,}31853\cdot\rho}}$$

389

14. $f\colon f(x) = x \cdot \sqrt{x};\ x \in [0;4]$

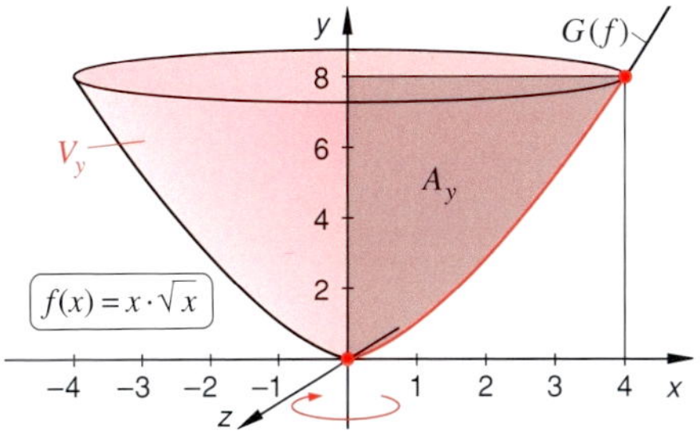

Die Funktion $f\colon f(x) = x \cdot \sqrt{x};\ D(f) = \mathbb{R}^{\geq 0}$ ist im x-Intervall $[0;4]$ streng monoton steigend und stetig differenzierbar. Da das bestimmte Integral $\int_a^b [x^4 \cdot f'(x)]\,\mathrm{d}x$ hier leicht zu berechnen ist, wird die zweite Lösungsmethode angewendet.

$$J_{Sy} = \frac{1}{2} \cdot \rho \cdot \pi \cdot \int_a^b [x^4 \cdot f'(x)]\,\mathrm{d}x$$

► 0 für a; 4 für b

$$f(x) = x \cdot \sqrt{x} = x^{\frac{3}{2}} \Rightarrow f'(x) = \frac{3}{2} \cdot x^{\frac{1}{2}}$$

$$J_{Sy} = \frac{1}{2} \cdot \rho \cdot \pi \cdot \int_0^4 \left[x^4 \cdot \frac{3}{2} \cdot x^{\frac{1}{2}}\right] \mathrm{d}x$$

$$= \frac{3}{4} \cdot \rho \cdot \pi \cdot \int_0^4 x^{\frac{9}{2}}\,\mathrm{d}x$$

$$= \frac{3}{4} \cdot \rho \cdot \pi \cdot \left(\frac{2}{11} \cdot x^{\frac{11}{2}} \Big|_0^4\right)$$

$$= \frac{3}{4} \cdot \rho \cdot \pi \cdot \frac{4096}{11}$$

$$= \underline{\underline{877{,}36115 \cdot \rho}}$$

15. $f\colon f(x) = \sin x;\ x \in \left[0; \frac{\pi}{2}\right]$

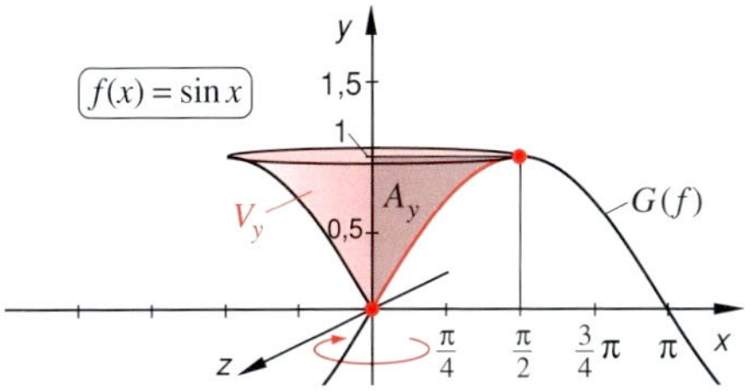

Die Funktion $f\colon f(x) = \sin x;\ D(f) = \mathbb{R}$ ist im x-Intervall $[0; \frac{\pi}{2}]$ streng monoton steigend und stetig differenzierbar. Da das bestimmte Integral $\int_a^b [x^4 \cdot f'(x)]\,\mathrm{d}x$ hier leicht zu berechnen ist, wird die zweite Lösungsmethode angewendet.

$$J_{Sy} = \frac{1}{2} \cdot \rho \cdot \pi \cdot \int_a^b [x^4 \cdot f'(x)]\,\mathrm{d}x$$

► 0 für a; $\frac{\pi}{2}$ für b; $f(x) = \sin x \Rightarrow f'(x) = \cos x$

$$J_{Sy} = \frac{1}{2} \cdot \rho \cdot \pi \cdot \int_0^{\frac{\pi}{2}} [x^4 \cdot \cos x]\,\mathrm{d}x$$ ► 2.5, Übungsaufgabe 71

$$= \frac{1}{2} \cdot \rho \cdot \pi \cdot \Big[x^4 \cdot \sin x + 4\,x^3 \cdot \cos x - 12\,x^2 \cdot \sin x + {} - 24\,x \cdot \cos x + 24 \cdot \sin x \Big|_0^{\frac{\pi}{2}}\Big]$$

$$= \frac{1}{2} \cdot \rho \cdot \pi \cdot \left[\left(\frac{\pi}{2}\right)^4 \cdot \sin\frac{\pi}{2} + 4 \cdot \left(\frac{\pi}{2}\right)^3 \cdot \cos\frac{\pi}{2} - 12 \cdot \left(\frac{\pi}{2}\right)^2 \cdot \sin\frac{\pi}{2} + {} - 24 \cdot \frac{\pi}{2} \cdot \cos\frac{\pi}{2} + 24 \cdot \sin\frac{\pi}{2} - 0\right]$$

► $\sin\frac{\pi}{2} = 1;\ \cos\frac{\pi}{2} = 0$

$$= \frac{1}{2} \cdot \rho \cdot \pi \cdot \left[\frac{\pi^4}{16} - 12 \cdot \frac{\pi^2}{4} + 24\right]$$

$$= \underline{\underline{0{,}75281 \cdot \rho}}$$

389

16. $f: f(x) = 3x^2;\ x \in [1;3]$

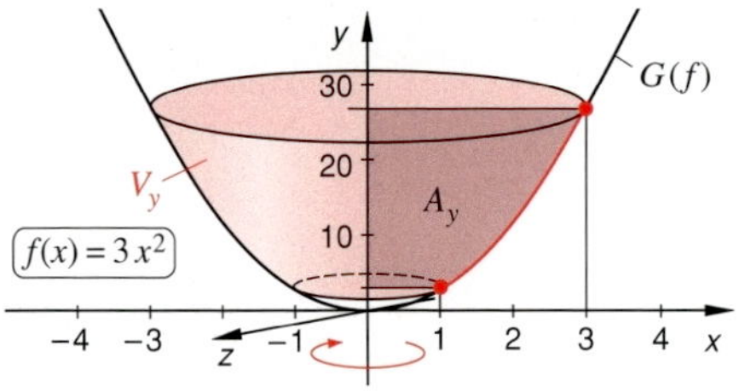

Die Funktion $f: f(x) = 3x^2;\ D(f) = \mathbb{R}$ ist im x-Intervall $[1;3]$ streng monoton steigend und stetig differenzierbar. Da das bestimmte Integral $\int_a^b [x^4 \cdot f'(x)]\,dx$ hier leicht zu berechnen ist, wird die zweite Lösungsmethode angewendet.

$$J_{Sy} = \frac{1}{2} \cdot \rho \cdot \pi \cdot \int_a^b [x^4 \cdot f'(x)]\,dx$$

► 1 für a; 3 für b; $f(x) = 3x^2 \Rightarrow f'(x) = 6x$

$$J_{Sy} = \frac{1}{2} \cdot \rho \cdot \pi \cdot \int_1^3 [x^4 \cdot 6x]\,dx$$

$$= 3 \cdot \rho \cdot \pi \cdot \int_1^3 x^5\,dx$$

$$= 3 \cdot \rho \cdot \pi \cdot \left(\frac{1}{6} \cdot x^6 \Big|_1^3 \right)$$

$$= \frac{1}{2} \cdot \rho \cdot \pi \cdot (3^6 - 1^6)$$

$$= \underline{\underline{1143{,}53973 \cdot \rho}}$$

17. $f: f(x) = e^x;\ x \in [0;2]$

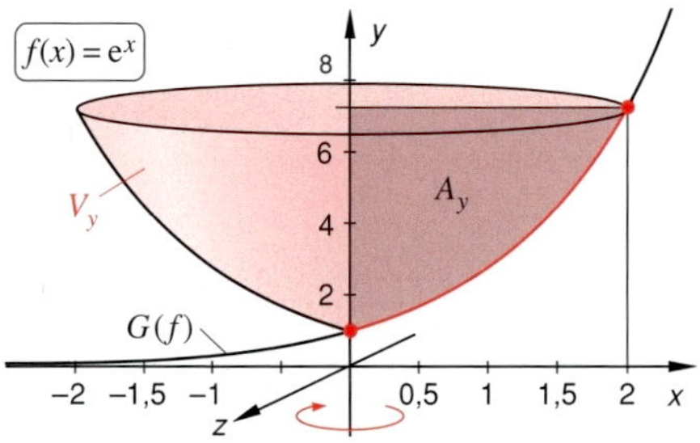

Die Funktion $f: f(x) = e^x;\ D(f) = \mathbb{R}$ ist im x-Intervall $[0;2]$ streng monoton steigend und man kann leicht $[f^{-1}(y)]^4$ berechnen. Daher wird die erste Lösungsmethode angewendet.

$$J_{Sy} = \frac{1}{2} \cdot \rho \cdot \pi \cdot \int_c^d [f^{-1}(y)]^4\,dy$$

► $c = e^0 = 1;\ d = e^2;\ f(x) = y = e^x \Rightarrow x = f^{-1}(y) = \ln y$

$$J_{Sy} = \frac{1}{2} \cdot \rho \cdot \pi \cdot \int_1^{e^2} \ln^4 y\,dy$$ ► 2.5, Aufgabe 71

$$= \frac{1}{2} \cdot \rho \cdot \pi \cdot \left[y \cdot (\ln^4 y - 4 \cdot \ln^3 y + 12 \cdot \ln^2 y - 24 \cdot \ln y + 24) \Big|_1^{e^2} \right]$$

$$= \frac{1}{2} \cdot \rho \cdot \pi \cdot [e^2 \cdot (\ln^4 e^2 - 4 \cdot \ln^3 e^2 + 12 \cdot \ln^2 e^2 - 24 \cdot \ln e^2 + 24) + {-1} \cdot (0 - 0 + 0 - 0 + 24)]$$

$$= \frac{1}{2} \cdot \rho \cdot \pi \cdot (8 \cdot e^2 - 24)$$

$$= \underline{\underline{55{,}15451 \cdot \rho}}$$

18. $f\colon f(x) = \cosh x;\, x \in [0; 2]$

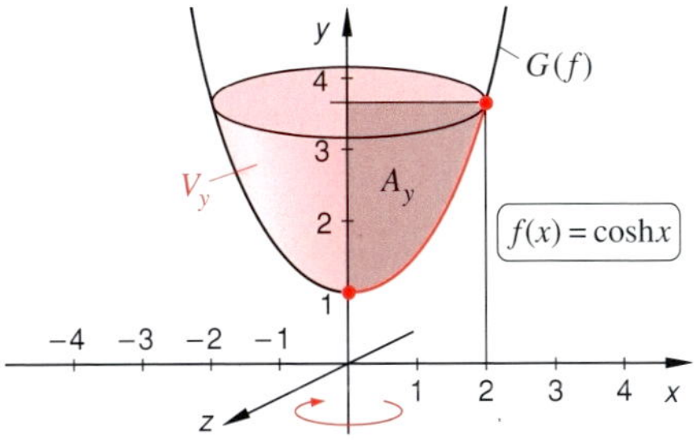

Die Funktion $f\colon f(x) = \cosh x;\, D(f) = \mathbb{R}$ ist im x-Intervall $[0; 2]$ streng monoton steigend und stetig differenzierbar. Da das bestimmte Integral $\int_a^b [x^4 \cdot f'(x)]\,\mathrm{d}x$ mithilfe der partiellen Integration (▶ 2.5) leicht zu berechnen ist, wird die zweite Lösungsmethode angewendet.

$$J_{Sy} = \frac{1}{2} \cdot \rho \cdot \pi \cdot \int_a^b [x^4 \cdot f'(x)]\,\mathrm{d}x$$

▶ 0 für a; 2 für b; $f(x) = \cosh x \Rightarrow f^1(x) = \sinh x$

$$J_{Sy} = \frac{1}{2} \cdot \rho \cdot \pi \cdot \int_0^2 [x^4 \cdot \sinh x]\,\mathrm{d}x$$ ▶ 2.5, Übungsaufgabe 20

$$= \frac{1}{2} \cdot \rho \cdot \pi \cdot \left[(x^4 + 12x^2 + 24) \cdot \cosh x - (4x^3 + 24x) \cdot \sinh x \Big|_0^2\right]$$

$$= \frac{1}{2} \cdot \rho \cdot \pi \cdot \left[(2^4 + 12 \cdot 2^2 + 24) \cdot \cosh 2 - (4 \cdot 2^3 + 24 \cdot 2) \cdot \sinh 2 - 0\right]$$

$$= \underline{\underline{26{,}58477 \cdot \rho}}$$

Merke:

Hat ein gekrümmter Körper mit konstantem Querschnitt A die Masse m bzw. $m' \cdot l$ und hat seine neutrale Faser die Form des Graphen einer in $[a; b]$ stetig differenzierbaren Funktion f und sind seine Querschnittsmaße im Verhältnis zum Abstand y von der Rotationsachse sehr klein, so gilt für sein axiales Trägheitsmoment bei Rotation um die x-Achse:

$$\boldsymbol{J_x \approx \rho \cdot A \cdot \int_a^b \left([f(x)]^2 \cdot \sqrt{1 + [f'(x)]^2}\right)\mathrm{d}x \approx m' \cdot \int_a^b \left(f(x)]^2 \cdot \sqrt{1 + [f'(x)]^2}\right)\mathrm{d}x}$$

Die Formeln gelten entsprechend auch für die y-Achse und die z-Achse als Rotationsachse.

Anmerkung:

Es gibt Fälle, in denen eine Funktion f in $[a; b]$ nicht stetig differenzierbar, die Funktion $g\colon g(x) = [f(x)]^2 \cdot \sqrt{1 + [f(x)]^2}$ in $[a; b]$ aber integrierbar ist. Auch in solchen Fällen kann die angegebene Formel angewendet werden.

389 Ein Drahtstück mit einer konstanten längenbezogenen Masse m' hat die Form des Graphen einer Funktion f im angegebenen x-Intervall. Berechnen Sie sein axiales Trägheitsmoment J_x.

▸ **Lehrbuch: Kusch 4, S. 387/388**

19. $f: f(x) = \sqrt{16 - x^2}; x \in [1; 4]$

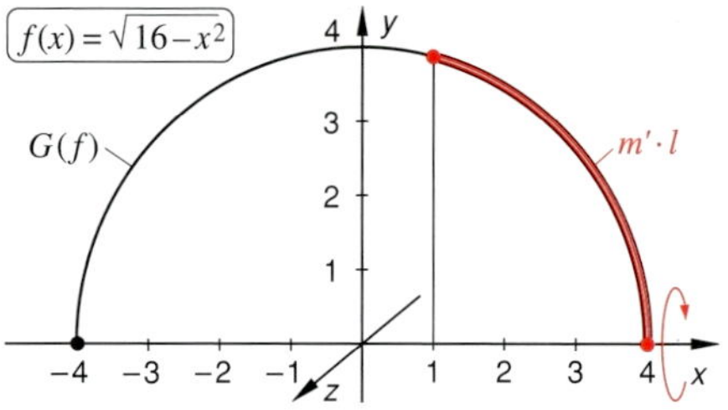

Die Funktion $f: f(x) = \sqrt{16 - x^2}$ mit $D(f) = [-4; 4]$ ist an der Stelle $x_0 = 4$ nicht linksseitig stetig differenzierbar, wohl aber ist die Funktion $g: g(x) = [f(x)]^2 \cdot \sqrt{1 + [f'(x)]^2}$ mit $f(x) = 4 \cdot \sqrt{16 - x^2}$; $D(g) = [-4; 4]$ im Intervall $[1; 4]$ integrierbar.

▸ $\text{Arcsin } 1 = \frac{\pi}{2}$

$$J_x = m' \cdot \int_a^b \left([f(x)]^2 \cdot \sqrt{1 + [f'(x)]^2} \right) \mathrm{d}x$$

▸ 1 für a; 4 für b; $f(x) = \sqrt{16 - x^2} \Rightarrow f'(x) = \frac{-x}{\sqrt{16 - x^2}}$

$$J_x = m' \cdot \int_1^4 \left[(16 - x^2) \cdot \sqrt{1 + \frac{x^2}{16 - x^2}} \right] \mathrm{d}x$$

$$= m' \cdot \int_1^4 \left[(16 - x^2) \cdot \sqrt{\frac{16}{16 - x^2}} \right] \mathrm{d}x$$

$$= 4m' \cdot \int_1^4 \sqrt{16 - x^2}\, \mathrm{d}x \quad \blacktriangleright \text{ 2.4.5}$$

$$= 4m' \cdot \left(\frac{x}{2} \cdot \sqrt{16 - x^2} + 8 \cdot \text{Arcsin } \frac{x}{4} \Big|_1^4 \right)$$

$$= 4m' \cdot \left(\frac{4}{2} \cdot \sqrt{16 - 4^2} + 8 \cdot \text{Arcsin } 1 + - \frac{1}{2} \cdot \sqrt{16 - 1^2} - 8 \cdot \text{Arcsin } \frac{1}{4} \right)$$

$$= 4m' \cdot \left(0 + 8 \cdot \frac{\pi}{2} - \frac{1}{2} \cdot \sqrt{15} - 8 \cdot \text{Arcsin } \frac{1}{4} \right)$$

$$= \underline{\underline{34{,}43375 \cdot m'}}$$

20. $f: f(x) = x \cdot \sqrt{x}; x \in [1; 4]$

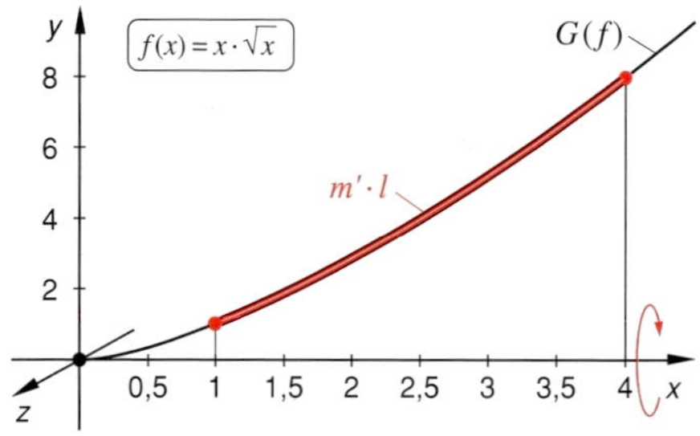

Die Funktion $f: f(x) = x \cdot \sqrt{x}; D(f) = \mathbb{R}^{\geq 0}$ ist in $[1; 4]$ stetig differenzierbar, sodass die angegebene Formel angewendet werden kann.

Im Integral $\int_1^4 \left(x^3 \cdot \sqrt{1 + \frac{9}{4} x} \right) \mathrm{d}x$ wird substituiert:

▸ $\sqrt{1 + \frac{9}{4} \cdot x} = z; \quad z \geq 0$

$$J_x = m' \cdot \int_a^b \left([f(x)]^2 \cdot \sqrt{1 + [f'(x)]^2} \right) \mathrm{d}x$$

▸ 1 für a; 4 für b; $f(x) = x \cdot \sqrt{x} = x^{\frac{3}{2}} \Rightarrow f'(x) = \frac{3}{2} \cdot x^{\frac{1}{2}}$

$$J_x = m' \cdot \int_1^4 \left(x^3 \cdot \sqrt{1 + \tfrac{9}{4} \cdot x} \right) \mathrm{d}x \quad \blacktriangleright \ 1 + \tfrac{9}{4} \cdot x = z^2$$

$$= m' \cdot \int_{\sqrt{\frac{13}{4}}}^{\sqrt{10}} \left[\left(\frac{4}{9} \right)^3 \cdot (z^2 - 1)^3 \cdot z \cdot \frac{8}{9} \cdot z \right] \mathrm{d}z$$

$$= m' \cdot \frac{64}{729} \cdot \frac{8}{9} \cdot \int_{\sqrt{\frac{13}{4}}}^{\sqrt{10}} [(z^2 - 1)^3 \cdot z^2]\, \mathrm{d}z$$

$$= \frac{512}{6561} \cdot m' \cdot \int_{\sqrt{\frac{13}{4}}}^{\sqrt{10}} [(z^6 - 3z^4 + 3z^2 - 1) \cdot z^2]\, \mathrm{d}z$$

$$= \frac{512}{6561} \cdot m' \cdot \int_{\sqrt{\frac{13}{4}}}^{\sqrt{10}} (z^8 - 3z^6 + 3z^4 - z^2)\, \mathrm{d}z$$

$$= \frac{512}{6561} \cdot m' \cdot \left(\frac{1}{9} \cdot z^9 - \frac{3}{7} \cdot z^7 + \frac{3}{5} \cdot z^5 - \frac{1}{3} \cdot z^3 \Big|_{\sqrt{\frac{13}{4}}}^{\sqrt{10}} \right)$$

$$\Rightarrow 1+\frac{9}{4}\cdot x = z^2 \mid \text{nach } x \text{ differenzieren}$$

$$\Rightarrow \frac{9}{4} = 2z\cdot\frac{\mathrm{d}z}{\mathrm{d}x} \Rightarrow \mathrm{d}x = \frac{8}{9}\cdot z\cdot \mathrm{d}z$$

► $a = 1 \Rightarrow 1+\frac{9}{4}\cdot 1 = z_1^2 \Rightarrow z_1 = \underline{\sqrt{\frac{13}{4}}}$

$b = 4 \Rightarrow 1+\frac{9}{4}\cdot 4 = z_2^2 \Rightarrow z_2 = \underline{\sqrt{10}}$

$$= \frac{512}{6561}\cdot m'\cdot\left[\tfrac{1}{9}\cdot(\sqrt{10})^9 - \tfrac{3}{7}\cdot(\sqrt{10})^7 + \tfrac{3}{5}\cdot(\sqrt{10})^5 - \tfrac{1}{3}\cdot(\sqrt{10})^3 + {} - \left(\tfrac{1}{9}\cdot\left(\sqrt{\tfrac{13}{4}}\right)^9 - \tfrac{3}{7}\cdot\left(\sqrt{\tfrac{13}{4}}\right)^7 + \tfrac{3}{5}\cdot\left(\sqrt{\tfrac{13}{4}}\right)^5 - \tfrac{1}{3}\cdot\left(\sqrt{\tfrac{13}{4}}\right)^3\right)\right]$$

$$= \frac{512}{6561}\cdot m'\cdot(2337{,}57572\ldots - 5{,}29724\ldots)$$

$$= \underline{\underline{182{,}00375\cdot m'}}$$

21. $f: f(x) = \cosh x;\ x\in[0;\,0{,}5]$

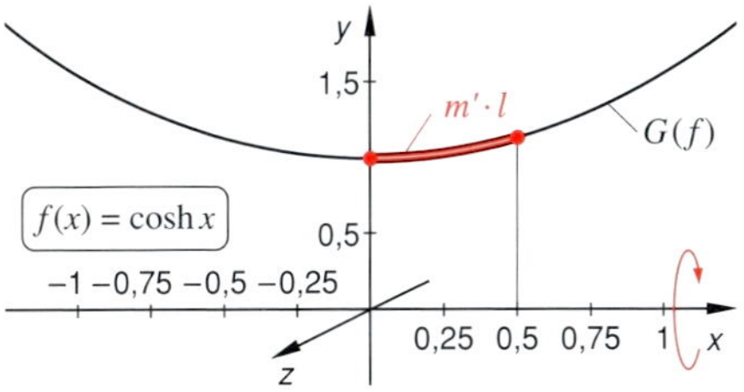

Die Funktion $f: f(x) = \cosh x;\ D(f) = \mathbb{R}$ ist im Intervall $[0;\,0{,}5]$ stetig differenzierbar. Daher kann die angegebene Formel angewendet werden.

$$J_x = m'\cdot\int_a^b\left([f(x)]^2\cdot\sqrt{1+[f'(x)]^2}\right)\mathrm{d}x$$

► 0 für a; 0,5 für b; $f(x) = \cosh x \Rightarrow f'(x) = \sinh x$

$$J_x = m'\cdot\int_0^{0{,}5}\left(\cosh^2 x\cdot\sqrt{1+\sinh^2 x}\right)\mathrm{d}x \quad ►\ \sqrt{1+\sinh^2 x} = \cosh x$$

$$= m'\cdot\int_0^{0{,}5}\left(\cosh^2 x\cdot\cosh x\right) \quad ►\ \cosh^2 x = 1+\sinh^2 x$$

$$= m'\cdot\int_0^{0{,}5}\left[(1+\sinh^2 x)\cdot\cosh x\right]\mathrm{d}x$$

$$= m'\cdot\left(\int_0^{0{,}5}\cosh x\,\mathrm{d}x + \int_0^{0{,}5}(\sinh^2 x\cdot\cosh x)\,\mathrm{d}x\right) \quad ►\ 2.4.3$$

$$= m'\cdot\left(\sinh x + \frac{1}{3}\cdot\sinh^3 x\Big|_0^{0{,}5}\right)$$

$$= m'\cdot\left(\sinh 0{,}5 + \frac{1}{3}\cdot\sinh^3 0{,}5 - 0\right)$$

$$= \underline{\underline{0{,}56826\cdot m'}}$$

22. $f: f(x) = 3x+7;\ x\in[2;\,8]$

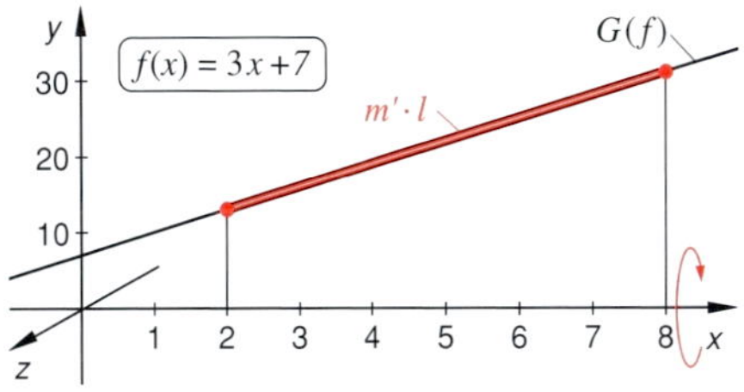

Die Funktion $f: f(x) = 3x+7;\ D(f) = \mathbb{R}$ ist im Intervall $[2;\,8]$ stetig differenzierbar. Daher kann die angegebene Formel angewendet werden.

$$J_x = m'\cdot\int_a^b\left([f(x)]^2\cdot\sqrt{1+[f'(x)]^2}\right)\mathrm{d}x$$

► 2 für a; 8 für b; $f(x) = 3x+7 \Rightarrow f'(x) = 3$

$$J_x = m'\cdot\int_2^8\left([3x+7]^2\cdot\sqrt{1+3^2}\right)\mathrm{d}x$$

$$= m'\cdot\sqrt{10}\cdot\int_2^8(9x^2+42x+49)\,\mathrm{d}x$$

$$= m'\cdot\sqrt{10}\cdot\left(3x^3+21x^2+49x\Big|_2^8\right)$$

$$= m'\cdot\sqrt{10}\cdot[3\cdot 8^3+21\cdot 8^2+49\cdot 8 + {} - (3\cdot 2^3+21\cdot 2^2+49\cdot 2)]$$

$$= \underline{\underline{9695{,}54331\cdot m'}}$$

389

23. $f: f(x) = 0{,}5 \cdot e^x;\ x \in [1; 3]$

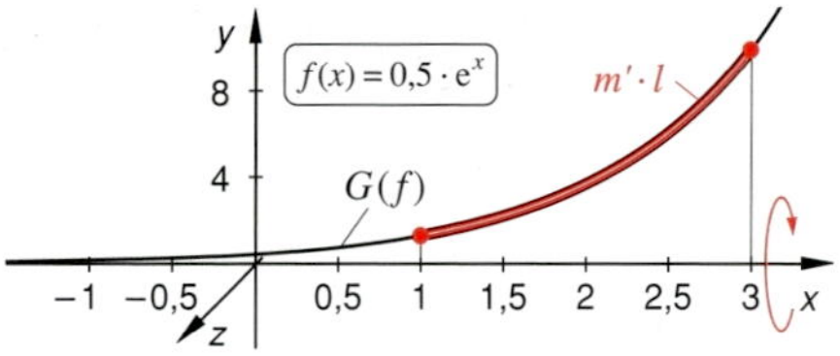

Die Funktion $f: f(x) = 0{,}5 \cdot e^x;\ D(f) = \mathbb{R}$ ist in $[1; 3]$ stetig differenzierbar und daher ist die angegebene Formel anwendbar.

$$J_x = m' \cdot \int_a^b \left([f(x)]^2 \cdot \sqrt{1 + [f'(x)]^2} \right) dx$$

► 1 für a; 3 für b; $f(x) = 0{,}5 \cdot e^x \Rightarrow f'(x) = 0{,}5 \cdot e^x$

$$J_x = m' \cdot \int_1^3 \left(0{,}25 \cdot e^{2x} \cdot \sqrt{1 + 0{,}25 \cdot e^{2x}}\right) dx \quad ► 2.4.3$$

$$= m' \cdot \left(\frac{1}{2} \cdot \frac{2}{3} \cdot \left(\sqrt{1 + 0{,}25 \cdot e^{2x}}\right)^3 \Big|_1^3 \right)$$

$$= m' \cdot \left(\frac{1}{3} \cdot \left(\sqrt{1 + 0{,}25 \cdot e^6}\right)^3 - \frac{1}{3} \cdot \left(\sqrt{1 + 0{,}25 \cdot e^2}\right)^3 \right)$$

$$= \underline{\underline{341{,}06083 \cdot m'}}$$

24. $f: f(x) = \sinh x;\ x \in [0; 0{,}5]$

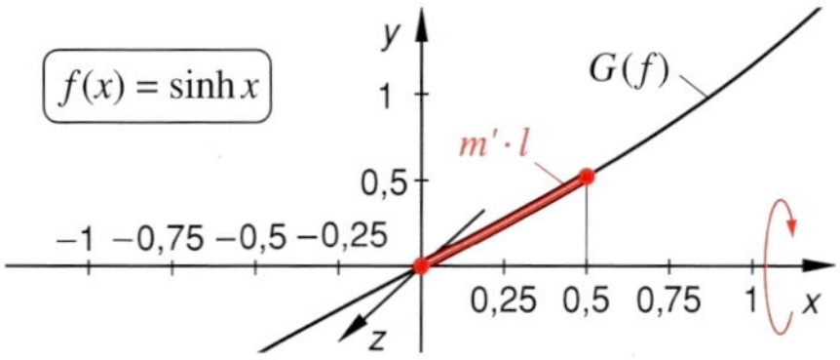

$$J_x = m' \cdot \int_a^b \left([f(x)]^2 \cdot \sqrt{1 + [f'(x)]^2} \right) dx$$

► 0 für a; 0,5 für b; $f(x) = \sinh x \Rightarrow f'(x) = \cosh x$

$$J_x = m' \cdot \int_0^{0{,}5} \left(\sinh^2 x \cdot \sqrt{1 + \cosh^2 x} \right) dx$$

Die Berechnung der Bogenlänge führt auf das Integral $\int_0^{0{,}5} \left(\sinh^2 x \cdot \sqrt{1 + \cosh^2 x} \right) dx$. Zur Funktion $g: g(x) = \sinh^2 x \cdot \sqrt{1 + \cosh^2 x};\ D(g) = \mathbb{R}$ ist keine Stammfunktion durch elementare Funktionen bekannt. Deshalb wird das bestimmte Integral $\int_0^{0{,}5} \left(\sinh^2 x \cdot \sqrt{1 + \cosh^2 x} \right) dx$ mithilfe der numerischen Integration berechnet, und zwar mit der Simpsonschen Regel. ► 2.9

Berechnung des Näherungswertes

► gewählt: $n = 10$ ► $a = 0;\ b = 0{,}5$ ► $h = \frac{b-a}{n} = \frac{0{,}5 - 0}{10} = \underline{0{,}05}$

Simpsonsche Regel: $\int_0^{0{,}5} \left(\sinh^2 x \cdot \sqrt{1 + \cosh^2 x} \right) dx \approx S_{10}$ ► $g(x) = \sinh^2 x \cdot \sqrt{1 + \cosh^2 x}$

$$S_{10} = \frac{h}{3} \cdot [g(x_0) + 4 \cdot g(x_1) + 2 \cdot g(x_2) + 4 \cdot g(x_3) + 2 \cdot g(x_4) + \ldots + 2 \cdot g(x_8) + 4 \cdot g(x_9) + g(x_{10})] \quad ► h = 0{,}05$$

Tabelle der Funktionswerte für $g(x) = \sinh^2 x \cdot \sqrt{1 + \cosh^2 x\, dx}$ ► $x_k = k \cdot 0{,}05;\ k \in \{0; 1; 2; \ldots 10\}$

$x_0 = a$	x_1	x_2	x_3	x_4	x_5	x_6	x_7	x_8	x_9	$x_{10} = b$
0	0,05	0,1	0,15	0,2	0,25	0,3	0,35	0,4	0,45	0,5
$1 \cdot g(x_0)$	$4 \cdot g(x_1)$	$2 \cdot g(x_2)$	$4 \cdot g(x_3)$	$2 \cdot g(x_4)$	$4 \cdot g(x_5)$	$2 \cdot g(x_6)$	$4 \cdot g(x_7)$	$2 \cdot g(x_8)$	$4 \cdot g(x_9)$	$1 \cdot g(x_{10})$
0	0,0141...	0,0284...	0,1289...	0,1158...	0,3666...	0,2682...	0,7443...	0,4969...	1,2895...	0,4092...
► $g(x_0) + 4 \cdot g(x_1) + 2 \cdot g(x_2) + 4 \cdot g(x_3) + 2 \cdot g(x_4) + \ldots + 2 \cdot g(x_8) + 4 \cdot g(x_9) + g(x_{10}) = \underline{3{,}86251305\ldots}$										

$S_{10} = \frac{0{,}05}{3} \cdot 3{,}86251305\ldots = \underline{\underline{0{,}06437522}}$ ► Näherungswert für den Integralwert in $[0; 0{,}5]$

Nach der Fehlerabschätzung mithilfe der Formel für F_S (▶ 2.9, Simpsonsche Regel) erhält man $F_S \leq 0{,}0000009$. Der exakte Integralwert liegt damit im Intervall: 389

$[S_{10} - F_S; S_{10} + F_S] = [0{,}06437522 - 0{,}0000009; 0{,}06437522 + 0{,}0000009] = \underline{\underline{[0{,}06437432; 0{,}06437612]}}$

Aus den Intervallgrenzen ergibt sich, dass der Näherungswert den Integralwert auf fünf Nachkommastellen genau angibt.

Für das axiale Trägheitsmoment des Rotationskörpers gilt demnach: $J_x = m' \cdot S_{10} = \underline{\underline{0{,}06437 \cdot m'}}$

3.8 Flächenmomente zweiten Grades

▶ Lehrbuch: Kusch 4, S. 390 … 405

Flächenmomente zweiten Grades, früher Flächenträgheitsmomente genannt, sind aus der Mechanik und Festigkeitslehre bekannt. Sie sind Grundlage für die Berechnung und Dimensionierung von Konstruktionen z. B. in der Bautechnik und im Maschinenbau.

Wird ein Bauteil, z. B. ein eingespannter Balken mit rechteckigem **Querschnitt A**, durch eine **äußere Kraft (Last) F** auf **Biegung** beansprucht, so ergibt sich an einer „gedachten **Schnittstelle** z" (Abstand von der Einspannstelle) ein **äußeres Biegemoment (Lastmoment) M_b** (▶ $M_b = F \cdot z$), dem im Gleichgewichtszustand ein **inneres Moment (Schnittmoment) M_i** entgegenwirkt. Durch die auf den Querschnitt A wirkende äußere Kraft F wird an der Schnittstelle eine **maximale Biegespannung σ_{bmax}** ▶ $\sigma_{bmax} = \frac{F}{A}$ erzeugt.

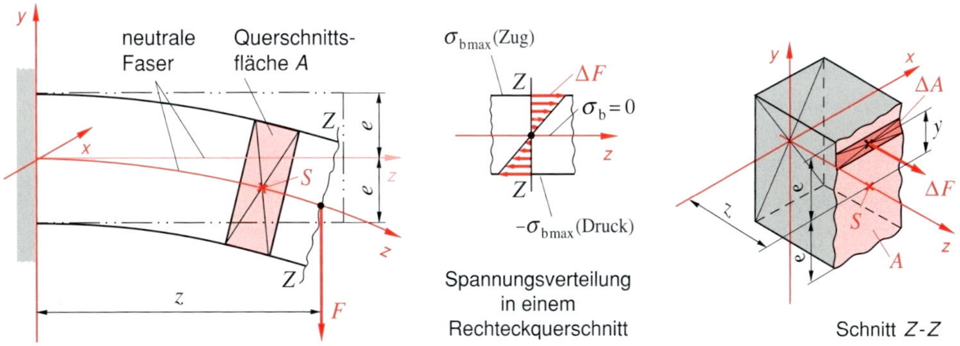

Der äußeren Kraft F wirken **innere Kräfte (Schnittkräfte) ΔF** entgegen, die über die Schnittfläche verteilt sind und innere Teilmomente ΔM_i erzeugen. Bei Beanspruchung auf Biegung sind die inneren Teilkräfte ΔF und die daraus resultierenden inneren Teilbiegespannungen σ_b nicht gleichmäßig über die Querschnittsfläche A verteilt. Geht man davon aus, dass die **Biegeachse**, hier die x-Achse, durch den Schwerpunkt der Querschnittsfläche verläuft, so wächst die Biegespannung σ_b von $\sigma_b = 0$ in der **neutralen Faser** in Richtung der Außenfasern bis zur maximalen **Randfaserspannung σ_{bmax}**. Bei geringer Biegung und damit auch geringer Verformung des Querschnitts sind **Biegespannung σ_b** und **Dehnung ε** proportional, d. h. es gilt das **Hooke'sche Gesetz**. Damit verläuft auch die Spannungsverteilung im Querschnitt wie abgebildet geradlinig.

Für eine Schnittstelle z kann man eine Momentengleichung aufstellen. Dort ist das Biegemoment M_b gleich dem inneren Moment M_i, also näherungsweise gleich der Summe der inneren Teilmomente ΔM_i.

Bezogen auf die x-Achse als Biege- und Schwerpunktsachse ist jedes Teilmoment ΔM_i das Produkt aus einer Teilkraft ΔF und dem zugehörigen Hebelarm y. Wegen $\frac{\Delta F}{\Delta A} = \sigma_\text{b}$ kann man $\sigma_\text{b} \cdot \Delta A$ für ΔF setzen. Mit dem zweiten Strahlensatz ergibt sich dann: $\frac{\sigma_\text{bmax}}{e} = \frac{\sigma_\text{b}}{y} \Rightarrow \sigma_\text{b} = \frac{\sigma_\text{bmax}}{e} \cdot y$

e ist der **Randfaserabstand**, also der Abstand der äußeren Faser von der Biegeachse. $\Delta M_\text{i} = \frac{\sigma_\text{bmax}}{e} \cdot \Delta A \cdot y^2$ ist die Gleichung für die Teilmomente, in der man ΔI_x für den Term $\Delta \boldsymbol{A} \cdot \boldsymbol{y}^2$ setzt.

$M_\text{b} = F \cdot z$ ► $M_\text{b} = M_\text{i}$ ► Momentengleichung

$$\Rightarrow \Delta M_\text{i} = \Delta F \cdot y \quad ► \frac{\Delta F}{\Delta A} = \sigma_\text{b} \Rightarrow \Delta F = \sigma_\text{b} \cdot \Delta A$$

$$= \sigma_\text{b} \cdot \Delta A \cdot y \quad ► \frac{\sigma_\text{bmax}}{e} = \frac{\sigma_\text{b}}{y} \Rightarrow \sigma_\text{b} = \frac{\sigma_\text{bmax}}{e} \cdot y$$

$$= \frac{\sigma_\text{bmax}}{e} \cdot y \cdot \Delta A \cdot y$$

$$= \frac{\sigma_\text{bmax}}{e} \cdot \Delta A \cdot y^2 \quad ► \Delta A \cdot y^2 = \Delta I_x$$

$$= \frac{\sigma_\text{bmax}}{e} \cdot \Delta I_x$$

► $\Delta I_x = \Delta A \cdot y^2$ ► Element des axialen Flächenmoments zweiten Grades, bezogen auf die x-Achse

Man bezeichnet ΔI_x als ein Element des **axialen Flächenmoments zweiten Grades**, bezogen auf die x-Achse als Biege- und Schwerpunktsachse.

Wählt man die y-Achse als Biegeachse, so ist jedes Teilmoment ΔM_i das Produkt aus einer Teilkraft ΔF und dem zugehörigen Hebelarm x. Die Gleichung der Teilmomente lautet hier: $\Delta M_\text{i} = \frac{\sigma_\text{bmax}}{e} \cdot \Delta A \cdot x^2$. Für $\Delta A \cdot x^2$ setzt man ΔI_y und bezeichnet ΔI_y als ein Element des axialen Flächenmoments zweiten Grades, bezogen auf die y-Achse als Biege- und Schwerpunktsachse.

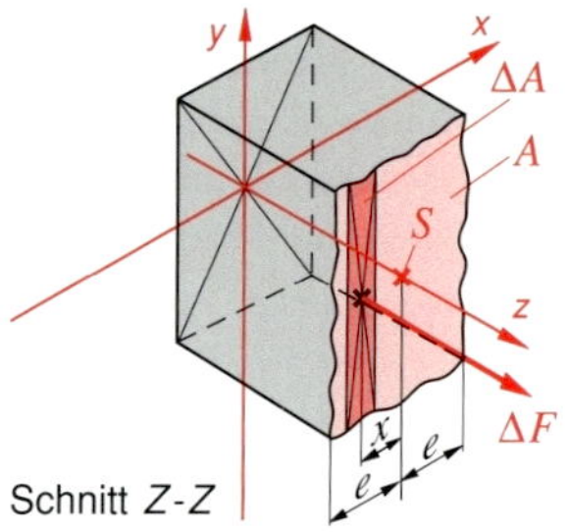

ΔI_x und ΔI_y sind direkt proportional zu ΔM_i. Sind Form, Maße und Schwerpunktlage eines Bauteilquerschnitts A bekannt, so kann man mithilfe des Schnittprinzips (► Kusch 4, Kapitel 3.3) die axialen Flächenmomente zweiten Grades I_x und I_y für einen solchen Querschnitt berechnen.

Das axiale Flächenmoment zweiten Grades ist eine technische Größe mit dem Formelzeichen $\boldsymbol{I}$ und der Einheit $\mathbf{mm^4}$. Es ist von großer Bedeutung für die Berechnung und Dimensionierung von Bauteilen, die auf Biegung oder Knickung beansprucht werden und man kann sich I als einen Parameter für den Biegewiderstand oder die „Steifigkeit" eines Bauteils vorstellen.

Merke:

Axiale Flächenmomente zweiten Grades beziehen sich z. B. auf die x-Achse bzw. auf die y-Achse als Biegeachse.

- $\boldsymbol{\Delta I_x = \Delta A \cdot y^2}$ ► Element des axialen Flächenmoments zweiten Grades, bezogen auf die x-Achse
- $\boldsymbol{\Delta I_y = \Delta A \cdot x^2}$ ► Element des axialen Flächenmoments zweiten Grades, bezogen auf die y-Achse

Mithilfe des Schnittprinzips (► **Lehrbuch: Kusch 4; 3.3**) kann man hieraus I_x und I_y berechnen.

Verschieben sich die Biegeachsen parallel zu den Schwerpunktsachsen einer Querschnittsfläche mit dem Inhalt A um den Abstand y_S bzw. x_S, so gilt für das axiale Flächenmoment zweiten Grades, bezogen auf die neue Lage der Biegeachsen:

- $\boldsymbol{I_{xS} = I_x + A \cdot y_S^2}$ bzw. - $\boldsymbol{I_{yS} = I_y + A \cdot x_S^2}$ ► **Satz von Steiner**

Berechnen Sie für die nachstehenden Querschnitte die axialen Flächenmomente zweiten Grades I_x bzw. I_y bezogen auf die Schwerpunktsachsen. ► **Lehrbuch: Kusch 4, S. 391…403**

1. Quadrat

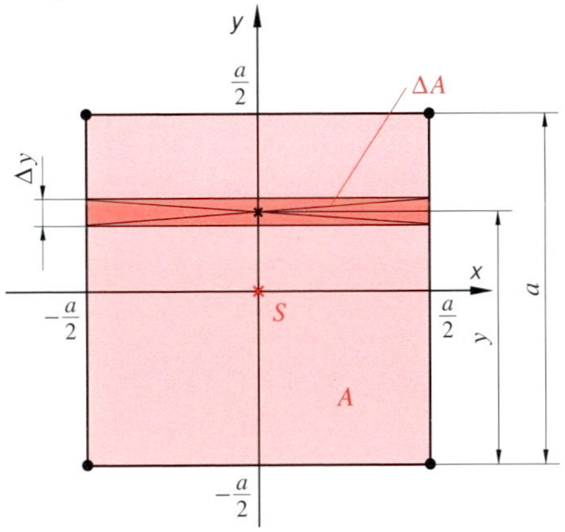

Aus Symmetriegründen gilt: $I_x = I_y$

$$\Delta I_x = \Delta A \cdot y^2 \quad \blacktriangleright\ \Delta A = a \cdot \Delta y$$
$$= a \cdot \Delta y \cdot y^2$$
$$= a \cdot y^2 \cdot \Delta y;\ y \in \left[-\frac{a}{2}; \frac{a}{2}\right]$$
$$\Rightarrow I_x = \int_{-\frac{a}{2}}^{\frac{a}{2}} (a \cdot y^2)\,\mathrm{d}y \quad \blacktriangleright \text{ Schnittprinzip}$$
$$= a \cdot \frac{1}{3} \cdot y^3 \Big|_{-\frac{a}{2}}^{\frac{a}{2}}$$
$$= \frac{1}{3} \cdot a \cdot \left[\frac{a^3}{8} - \left(-\frac{a^3}{8}\right)\right]$$
$$= \underline{\underline{\frac{1}{12} \cdot a^4}} \quad \blacktriangleright \text{ axiales Flächenmoment zweiten Grades}$$

2. Trapez

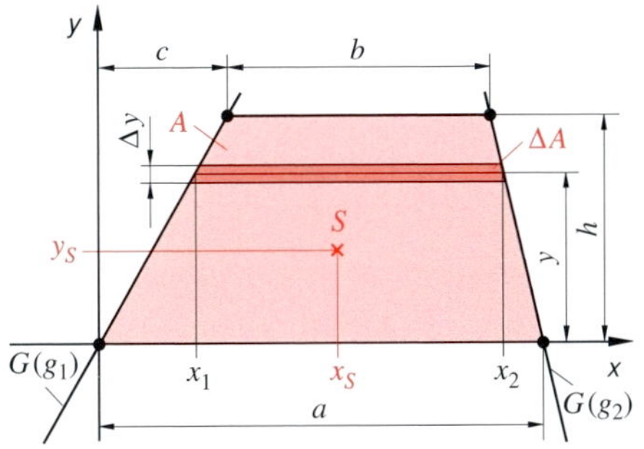

$$\blacktriangleright\ g_1(x) = \frac{h}{c} \cdot x;\ x \in [0; c] \quad \blacktriangleright\ g_1(x_1) = y$$
$$\Rightarrow y = \frac{h}{c} \cdot x_1 \Rightarrow \underline{x_1 = \frac{c}{h} \cdot y}$$

$$\blacktriangleright\ g_2(x) = -\frac{h}{a-b-c} \cdot (x-a);\ x \in [c+b; a] \quad \blacktriangleright\ g(x_2) = y$$
$$\Rightarrow y = -\frac{h}{a-b-c} \cdot (x_2 - a)$$
$$\Rightarrow x_2 = -\frac{a-b-c}{h} \cdot y + a$$

Berechnung von I_{xS} und I_x

$$\Delta I_{xS} = \Delta A \cdot y^2 \quad \blacktriangleright\ \Delta A = (x_2 - x_1) \cdot \Delta y$$
$$= (x_2 - x_1) \cdot \Delta y \cdot y^2$$
$$= (x_2 - x_1) \cdot y^2 \cdot \Delta y$$

$$\blacktriangleright\ x_2 = -\frac{a-b-c}{h} \cdot y + a;\ x_1 = \frac{c}{h} \cdot y$$

$$\Delta I_{xS} = \left(-\frac{a-b-c}{h} \cdot y + a - \frac{c}{h} \cdot y\right) \cdot y^2 \cdot \Delta y$$
$$= \left(-\frac{a-b}{h} \cdot y + a\right) \cdot y^2 \cdot \Delta y$$
$$= \underline{\left(-\frac{a-b}{h} \cdot y^3 + a y^2\right) \cdot \Delta y;\ y \in [0; h]}$$

$$\Rightarrow I_{xS} = \int_0^h \left[-\frac{a-b}{h} \cdot y^3 + a \cdot y^2\right] \mathrm{d}y \quad \blacktriangleright \text{ Schnittprinzip}$$
$$= -\frac{a-b}{h} \cdot \frac{1}{4} \cdot y^4 \Big|_0^h + a \cdot \frac{1}{3} \cdot y^3 \Big|_0^h$$
$$= -\frac{a-b}{h} \cdot \frac{1}{4} \cdot h^4 - 0 + a \cdot \frac{1}{3} \cdot h^3 - 0$$
$$= (-a+b) \cdot \frac{1}{4} \cdot h^3 + a \cdot \frac{1}{3} \cdot h^3$$
$$= \underline{\underline{\frac{h^3}{12} \cdot (a + 3b)}} \quad \blacktriangleright \text{ axiales Flächenmoment zweiten Grades bezogen auf die } x\text{-Achse}$$

405

Nach dem Ergebnis der Übungsaufgabe 1 des Kapitels 3.5 ist die Schwerpunktskoordinate y_S des Trapezschwerpunktes gegeben durch $y_S = \frac{h \cdot (a+2b)}{3 \cdot (a+b)}$. Zudem ist $A_T = \frac{a+b}{2} \cdot h$ der Term für den Inhalt der Trapezfläche. Damit lässt sich nun nach dem Satz von Steiner das axiale Flächenmoment zweiten Grades bezogen auf die Schwerpunktsachse x_S berechnen.

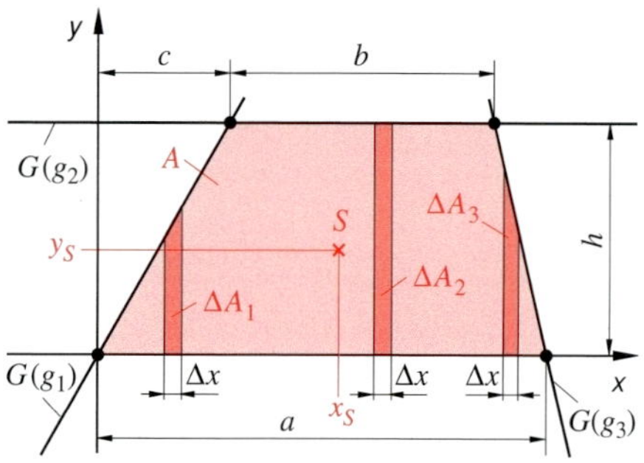

► $g_1(x) = \frac{h}{c} \cdot x;\ x \in [0; c]$

► $g_2(x) = h;\ x \in [c; c+b]$

► $g_3(x) = -\frac{h}{a-b-c} \cdot (x-a);\ x \in [c+b; a];\ c+b \neq a$

$$a^4 + 3 \cdot (c+b)^4 - 4a \cdot (c+b)^3 = (a-b-c) \cdot \left[a^3 + a^2 \cdot (c+b) + a \cdot (c+b)^2 - 3 \cdot (c+b)^3\right]$$

► $I_{xS} = I_x + A_T \cdot y_S^2$ ► Satz von Steiner

$$\Rightarrow I_x = I_{xS} - A_T \cdot y_S^2 \quad ► \ y_S = \frac{h \cdot (a+2b)}{3 \cdot (a+b)};\ A_T = \frac{a+b}{2} \cdot h$$

$$= \frac{h^3}{12} \cdot (a+3b) - \frac{a+b}{2} \cdot h \cdot \frac{h^2 \cdot (a+2b)^2}{9 \cdot (a+b)^2}$$

$$= \frac{h^3}{12} \cdot (a+3b) - \frac{h^3}{18} \cdot \frac{(a+2b)^2}{a+b}$$

$$= \frac{h^3}{36} \cdot \frac{3 \cdot (a+3b) \cdot (a+b) - 2 \cdot (a^2 + 4ab + 4b^2)}{a+b}$$

$$= \frac{h^3}{36} \cdot \frac{3a^2 + 12ab + 9b^2 - 2a^2 - 8ab - 8b^2}{a+b}$$

$$= \underline{\underline{\frac{h^3}{36} \cdot \frac{a^2 + 4ab + b^2}{a+b}}}$$

► axiales Flächenmoment zweiten Grades bezogen auf die Schwerpunktsachse im Abstand y_S

Berechnung von I_{yS} und I_y

$$\Delta I_{yS} = \Delta A \cdot x^2$$

$$► \ \Delta A = \begin{cases} \Delta A_1, \text{ wenn } x \in [0; c] \\ \Delta A_2, \text{ wenn } x \in [c; c+b] \\ \Delta A_3, \text{ wenn } x \in [c+b; a] \end{cases}$$

$$= \begin{cases} \frac{h}{c} \cdot x \cdot \Delta x, \text{ wenn } x \in [0; c] \\ h \cdot \Delta x, \text{ wenn } x \in [c; c+b] \\ -\frac{h}{a-b-c} \cdot (x-a) \cdot \Delta x, \text{ wenn } x \in [c+b; a] \end{cases}$$

Nach dem Schnittprinzip folgt:

$$I_{yS} = \int_0^c \left(\frac{h}{c} \cdot x^3\right) dx + \int_c^{c+b} (h \cdot x^2)\, dx + \int_{c+b}^a \left[-\frac{h}{a-b-c} \cdot (x-a) \cdot x^2\right] dx$$

$$= \frac{h}{c} \cdot \frac{1}{4} \cdot x^4 \Big|_0^c + h \cdot \frac{1}{3} \cdot x^3 \Big|_c^{c+b} - \frac{h}{a-b-c} \cdot \int_{c+b}^a (x^3 - ax^2)\, dx$$

$$= \frac{1}{4} \cdot hc^3 + \frac{1}{3} \cdot h \cdot (c+b)^3 - \frac{1}{2} \cdot hc^3 + - \frac{h}{a-b-c} \cdot \left(\frac{1}{4} \cdot x^4 - a \cdot \frac{1}{3} \cdot x^3 \Big|_{c+b}^a\right)$$

$$= \frac{1}{4} \cdot hc^3 + \frac{1}{3} \cdot h \cdot (c+b)^3 - \frac{1}{3} \cdot hc^3 + - \frac{h}{a-b-c} \cdot \left[\frac{1}{4} \cdot a^4 - \frac{1}{3} \cdot a^4 - \frac{1}{4} \cdot (c+b)^4 + \frac{1}{3} \cdot a \cdot (c+b)^3\right]$$

$$= \frac{h}{12} \cdot \left(3c^3 + 4 \cdot (c+b)^3 - 4c^3 + + \frac{1}{a-b-c} \cdot \left[a^4 + 3 \cdot (c+b)^4 - 4a \cdot (c+b)^3\right]\right)$$

$$= \frac{h}{12} \cdot \left(-c^3 + 4 \cdot (c+b)^3 + a^3 + a^2 \cdot (c+b) + + a \cdot (c+b)^2 - 3 \cdot (c+b)^3\right)$$

$$= \underline{\underline{\frac{h}{12} \cdot \left(a^3 + a^2 \cdot (c+b) + a \cdot (c+b)^2 + (c+b)^3 - c^3\right)}}$$

► axiales Flächenmoment zweiten Grades bezogen auf die x-Achse

405

$I_{yS} = I_y + A_\mathrm{T} \cdot x_S^2$ ► Satz von Steiner

$$\Rightarrow I_y = I_{yS} - A_\mathrm{T} \cdot x_S^2 \quad ► A_\mathrm{T} = \frac{a+b}{2} h;\ x_S = \frac{a^2 + a \cdot (b+c) + b \cdot (b+2c)}{3 \cdot (a+b)} \quad ► \text{Kapitel 3.5, Übungsaufgabe 1}$$

$$= \frac{h}{12} \cdot \left[a^3 + a^2 \cdot (c+b) + a \cdot (c+b)^2 + (c+b)^3 - c^3\right] - \frac{a+b}{2} \cdot h \cdot \frac{[a^2 + a \cdot (b+c) + b \cdot (b+2c)]^2}{9 \cdot (a+b)^2}$$

$$= \underline{\underline{\frac{h}{12} \cdot \left[a^3 + a^2 \cdot (b+c) + a \cdot (b+c)^2 + (b+c)^3 - c^3\right] - \frac{h}{18 \cdot (a+b)} \cdot [a^2 + a \cdot (b+c) + b \cdot (b+2c)]^2}}$$

► axiales Flächenmoment zweiten Grades bezogen auf die Schwerpunktsachse im Abstand x_S

3. Parallelogramm

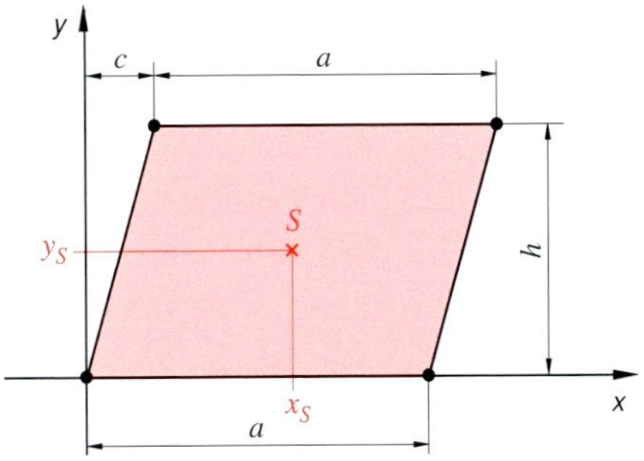

Fasst man ein Parallelogramm als Trapez auf, bei dem die Seitenlängen a und b gleichlang sind, so können zur Berechnung von I_{xS} und I_{yS} die entwickelten Formeln der Übungsaufgabe 2 verwendet werden, indem man in den Formeln für ein Trapez b für a setzt.

Berechnung von I_{xS} und I_x

$I_{xS} = \frac{h^3}{12} \cdot (a + 3b)$ ► Übungsaufgabe 2; a für b

$= \frac{h^3}{12} \cdot (a + 3a)$

$= \underline{\underline{\frac{h^3 \cdot a}{3}}}$ ► axiales Flächenmoment zweiten Grades bezogen auf die x-Achse

$I_x = \frac{h^3}{36} \cdot \frac{a^2 + 4ab + b^2}{a+b}$ ► a für b

$= \frac{h^3}{36} \cdot \frac{a^2 + 4a^2 + a^2}{a+a}$

$= \underline{\underline{\frac{h^3 \cdot a}{12}}}$ ► axiales Flächenmoment zweiten Grades bezogen auf die Schwerpunktsachse im Abstand y_S

Berechnung von I_{yS} und I_y

$I_{yS} = \frac{h}{12} \cdot [a^3 + a^2 \cdot (c+b) + a \cdot (c+b)^2 + (c+b)^3 - c^3]$ ► a für b

$= \frac{h}{12} \cdot [a^3 + a^2 \cdot (c+a) + a \cdot (c+a)^2 + (c+a)^3 - c^3]$

$= \frac{h}{12} \cdot [a^3 + a^2 c + a^3 + a c^2 + 2a^2 c + a^3 +$

$+ c^3 + 3c^2 a + 3ca^2 + a^3 - c^3]$

$= \frac{h}{12} \cdot [4a^3 + 6a^2 c + 4ac^2]$

$= \underline{\underline{\frac{ha}{6} \cdot [2a^2 + 3ac + 2c^2]}}$ ► axiales Flächenmoment zweiten Grades bezogen auf die y-Achse

$$I_y = \frac{h}{12} \cdot [a^3 + a^2 \cdot (b+c) + a \cdot (b+c)^2 + (b+c)^3 - c^3] - \frac{h}{18 \cdot (a+b)} \cdot [a^2 + a \cdot (b+c) + b \cdot (b+2c)]^2 \quad ► a \text{ für } b$$

$$= \frac{h}{12} \cdot [a^3 + a^2 \cdot (a+c) + a \cdot (a+c)^2 + (a+c)^3 - c^3] - \frac{h}{36a} \cdot [a^2 + a \cdot (a+c) + a \cdot (a+2c)]^2$$

$$= \frac{ha}{12} \cdot [4a^2 + 6ac + 4c^2] - \frac{ha}{36} \cdot [a + a + c + a + 2c]^2$$

$$= \frac{ha}{36} \cdot [12a^2 + 18ac + 12c^2 - (3a + 3c)^2]$$

$$= \frac{ha}{36} \cdot [12a^2 + 18ac + 12c^2 - 9a^2 - 18ac - 9c^2]$$

$$= \underline{\underline{\frac{ha}{12} \cdot (a^2 + c^2)}}$$

► axiales Flächenmoment zweiten Grades bezogen auf die Schwerpunktsachse im Abstand x_S

405

4. Gleichseitiges Dreieck

► **Lehrbuch: Kusch 4, S. 398/399**

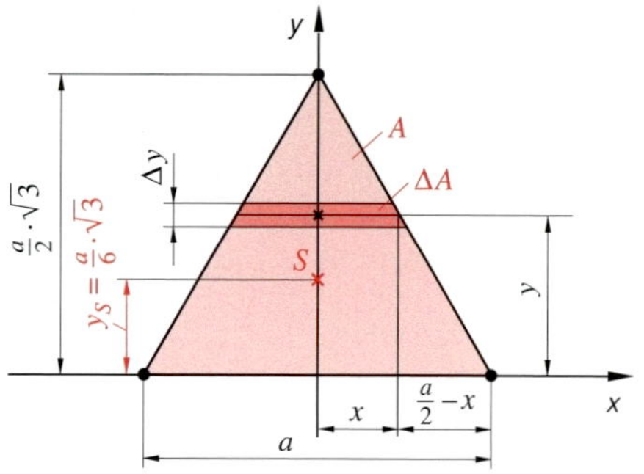

Mit dem zweiten Strahlensatz erhält man:

$$\frac{\frac{a}{2}-x}{\frac{a}{2}} = \frac{y}{\frac{a}{2}\cdot\sqrt{3}} \Rightarrow x = \frac{a}{2} - \frac{1}{\sqrt{3}}\cdot y;\ y \in \left[0; \frac{a}{2}\cdot\sqrt{3}\right]$$

$$\underline{y = \sqrt{3}\cdot\left(\tfrac{a}{2}-x\right);\ x \in \left[0; \tfrac{a}{2}\right]}$$

$$\blacktriangleright\ \frac{a^4}{8}\cdot\sqrt{3} - \frac{9\cdot\sqrt{3}}{96}\cdot a^4 = \frac{12a^4\cdot\sqrt{3} - 9a^4\cdot\sqrt{3}}{96} = \frac{a^4\cdot\sqrt{3}}{32}$$

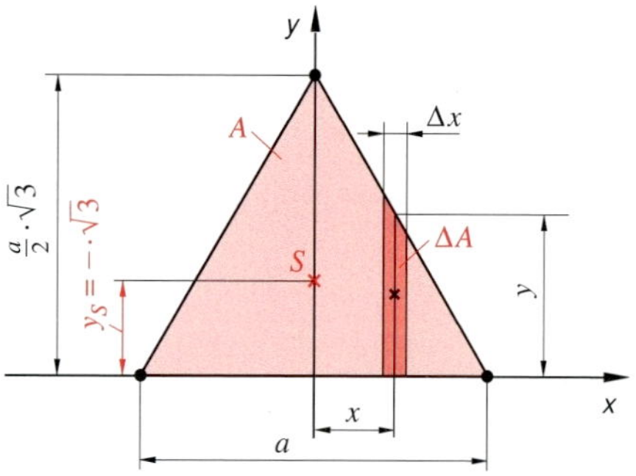

Berechnung von I_{xS} und I_x

$$\Delta I_{xS} = \Delta A \cdot y^2 \quad \blacktriangleright\ \Delta A = 2x\cdot\Delta y$$

$$= 2x\cdot\Delta y\cdot y^2 \quad \blacktriangleright\ x = \frac{a}{2} - \frac{1}{\sqrt{3}}\cdot y$$

$$= 2\cdot\left(\frac{a}{2} - \frac{1}{\sqrt{3}}\cdot y\right)\cdot y^2\cdot\Delta y$$

$$= \left(ay^2 - \frac{2}{\sqrt{3}}\cdot y^3\right)\cdot\Delta y;\ y \in \left[0; \frac{a}{2}\cdot\sqrt{3}\right]$$

$$\Rightarrow I_{xS} = \int_0^{\frac{a}{2}\cdot\sqrt{3}} \left(ay^2 - \frac{2}{\sqrt{3}}\cdot y^3\right) \mathrm{d}y \quad \blacktriangleright\ \text{Schnittprinzip}$$

$$= a\cdot\frac{1}{3}\cdot y^3 - \frac{2}{\sqrt{3}}\cdot\frac{1}{4}\cdot y^4 \Big|_0^{\frac{a}{2}\cdot\sqrt{3}}$$

$$= \frac{a}{3}\cdot\frac{a^3}{8}\cdot 3\cdot\sqrt{3} - \frac{2}{\sqrt{3}}\cdot\frac{1}{4}\cdot\frac{a^4}{16}\cdot 9 - 0$$

$$= \frac{a^4}{8}\cdot\sqrt{3} - \frac{9}{\sqrt{3}\cdot 32}\cdot a^4 \quad \blacktriangleright\ \frac{1}{\sqrt{3}} = \frac{\sqrt{3}}{3}$$

$$= \frac{a^4}{8}\cdot\sqrt{3} - \frac{9\cdot\sqrt{3}}{96}\cdot a^4$$

$$= \underline{\underline{\frac{a^4\cdot\sqrt{3}}{32}}}$$ ► axiales Flächenmoment zweiten Grades bezogen auf die x-Achse

$$\blacktriangleright\ I_{xS} = I_x + A_{\mathrm{D}}\cdot y_S^2 \quad \blacktriangleright\ \text{Satz von Steiner}$$

$$\Rightarrow I_x = I_{xS} - A_{\mathrm{D}}\cdot y_S^2 \quad \blacktriangleright\ A_{\mathrm{D}} = \frac{a^2}{4}\cdot\sqrt{3};\ y_S = \frac{a}{6}\cdot\sqrt{3}$$

$$= \frac{a^4\cdot\sqrt{3}}{32} - \frac{a^2}{4}\cdot\sqrt{3}\cdot\frac{a^2}{36}\cdot 3$$

$$= \frac{a^4\cdot\sqrt{3}}{32} - \frac{a^4\cdot\sqrt{3}}{48}$$

$$= \underline{\underline{\frac{a^4\cdot\sqrt{3}}{96}}}$$ ► axiales Flächenmoment zweiten Grades bezogen auf die Schwerpunktsachse im Abstand y_S

Berechnung von I_{yS} und I_y

$$\Delta I_{yS} = \Delta A\cdot x^2 \quad \blacktriangleright\ \Delta A = y\cdot\Delta x$$

$$= y\cdot\Delta x\cdot x^2 \quad \blacktriangleright\ y = \sqrt{3}\cdot\left(\frac{a}{2} - x\right) \quad \blacktriangleright\ \text{linke Textspalte}$$

$$= \sqrt{3}\cdot\left(\frac{a}{2} - x\right)\cdot x^2\cdot\Delta x$$

$$= \sqrt{3}\cdot\left(\frac{a}{2}\cdot x^2 - x^3\right)\cdot\Delta x;\ x \in \left[0; \frac{a}{2}\right]$$

Wegen der Symmetrie der Dreiecksfläche zur y-Achse genügt es, im x-Intervall $\left[0; \frac{a}{2}\right]$ zu integrieren und das Ergebnis zu verdoppeln.
Es ist $I_y = I_{yS}$, denn für x_S gilt: $x_S = 0$

$$\Rightarrow I_{yS} = 2 \cdot \int_0^{\frac{a}{2}} \left[\sqrt{3} \cdot \left(\frac{a}{2} \cdot x^2 - x^3\right)\right] \mathrm{d}x$$ ► Schnittprinzip

$$= 2 \cdot \sqrt{3} \cdot \left(\frac{a}{2} \cdot \frac{1}{3} \cdot x^3 - \frac{1}{4} \cdot x^4 \Big|_0^{\frac{a}{2}}\right)$$

$$= 2 \cdot \sqrt{3} \cdot \left(\frac{a}{6} \cdot \frac{a^3}{8} - \frac{1}{4} \cdot \frac{a^4}{16} - 0\right)$$

$$= 2 \cdot \sqrt{3} \cdot \left(\frac{a^4}{48} - \frac{a^4}{64}\right)$$

$$= \underline{\underline{\frac{a^4 \cdot \sqrt{3}}{96}}}$$ ► axiales Flächenmoment zweiten Grades bezogen auf die y-Achse

5. Rhombus

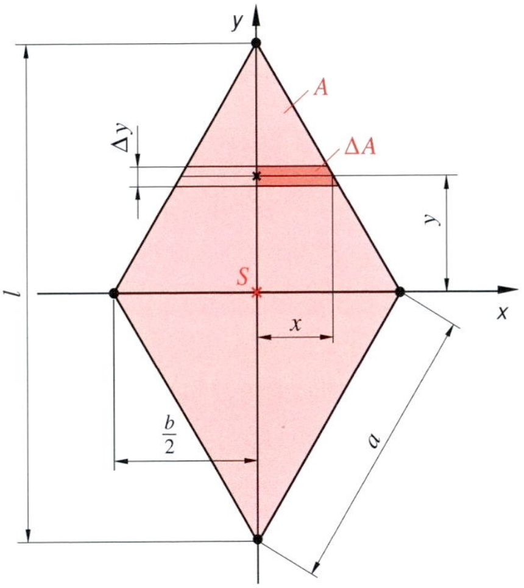

Mit dem ersten Strahlensatz erhält man:

$$\frac{\frac{b}{2} - x}{\frac{b}{2}} = \frac{y}{\frac{l}{2}} \Rightarrow \underline{x = \frac{b}{2} - \frac{b}{l} \cdot y;\ y \in \left[0; \frac{l}{2}\right]}$$

$$\underline{y = \frac{l}{b} \cdot \left(\frac{b}{2} - x\right);\ x \in \left[0; \frac{b}{2}\right]}$$

Wegen der Symmetrie der Rhombusfläche zur y- und x-Achse genügt es, im y-Intervall $\left[0; \frac{l}{2}\right]$ zu integrieren und das Ergebnis zu vervierfachen.

Berechnung von I_{xS} und I_x

$$\Delta I_{xS} = \Delta A \cdot y^2$$ ► $\Delta A = x \cdot \Delta y$

$$= x \cdot \Delta y \cdot y^2$$ ► $x = \frac{b}{2} - \frac{b}{l} \cdot y$

$$= \left(\frac{b}{2} - \frac{b}{l} \cdot y\right) \cdot y^2 \cdot \Delta y$$

$$= \left(\frac{b}{2} \cdot y^2 - \frac{b}{l} \cdot y^3\right) \cdot \Delta y$$ ► $y \in \left[0; \frac{l}{2}\right]$

$$\Rightarrow I_{xS} = 4 \cdot \int_0^{\frac{l}{2}} \left(\frac{b}{2} \cdot y^2 - \frac{b}{l} \cdot y^3\right) \mathrm{d}y$$ ► Schnittprinzip

$$= 4 \cdot \left(\frac{b}{2} \cdot \frac{1}{3} \cdot y^3 - \frac{b}{l} \cdot \frac{1}{4} \cdot y^4 \Big|_0^{\frac{l}{2}}\right)$$

$$= 4 \cdot \left(\frac{b}{2} \cdot \frac{1}{3} \cdot \frac{l^3}{8} - \frac{b}{l} \cdot \frac{1}{4} \cdot \frac{l^4}{16} - 0\right)$$

$$= 4 \cdot \left(\frac{b \cdot l^3}{48} - \frac{b \cdot l^3}{64}\right)$$

$$= \underline{\underline{\frac{b \cdot l^3}{48}}}$$

► $I_{xS} = I_x$ ► axiales Flächenmoment zweiten Grades bezogen auf die x-Achse

405

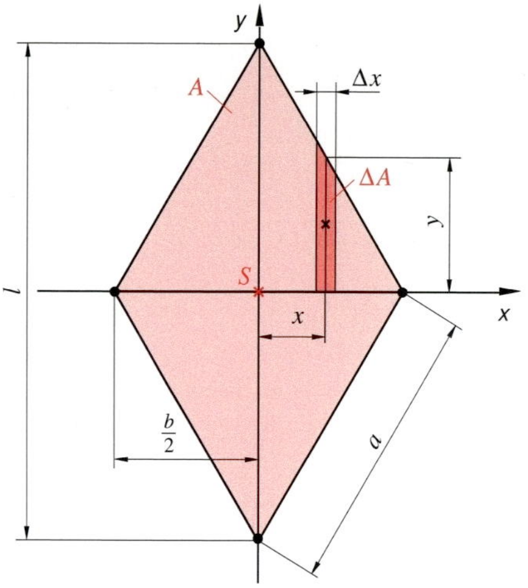

Wegen der Symmetrie der Rhombusfläche zur x- und y-Achse genügt es, im x-Intervall $\left[0; \frac{e}{2}\right]$ zu integrieren und das Ergebnis zu vervierfachen.

Berechnung von I_{yS} und I_y

$$\Delta I_{yS} = \Delta A \cdot x^2 \quad \blacktriangleright\ \Delta A = y \cdot \Delta x$$

$$= y \cdot \Delta x \cdot x^2 \quad \blacktriangleright\ y = \frac{l}{b} \cdot \left(\frac{b}{2} - x\right)$$

$$= \frac{l}{b} \cdot \left(\frac{b}{2} - x\right) \cdot x^2 \cdot \Delta x$$

$$= \frac{l}{b} \cdot \left(\frac{b}{2} \cdot x^2 - x^3\right) \cdot \Delta x \quad \blacktriangleright\ x \in \left[0; \frac{b}{2}\right]$$

$$\Rightarrow I_{yS} = 4 \cdot \int\limits_0^{\frac{b}{2}} \left[\frac{l}{b} \cdot \left(\frac{b}{2} \cdot x^2 - x^3\right)\right] \mathrm{d}x \quad \blacktriangleright\ \text{Schnittprinzip}$$

$$= 4 \cdot \frac{l}{b} \cdot \left[\frac{b}{2} \cdot \frac{1}{3} \cdot x^3 - \frac{1}{4} \cdot x^4 \Big|_0^{\frac{b}{2}}\right]$$

$$= 4 \cdot \frac{l}{b} \cdot \left[\frac{b}{6} \cdot \frac{b^3}{8} - \frac{1}{4} \cdot \frac{b^4}{16} - 0\right]$$

$$= \underline{\underline{\frac{b^3 \cdot l}{48}}}$$

► $I_{yS} = I_y$ ► axiales Flächenmoment zweiten Grades bezogen auf die y-Achse

6. Halbkreis

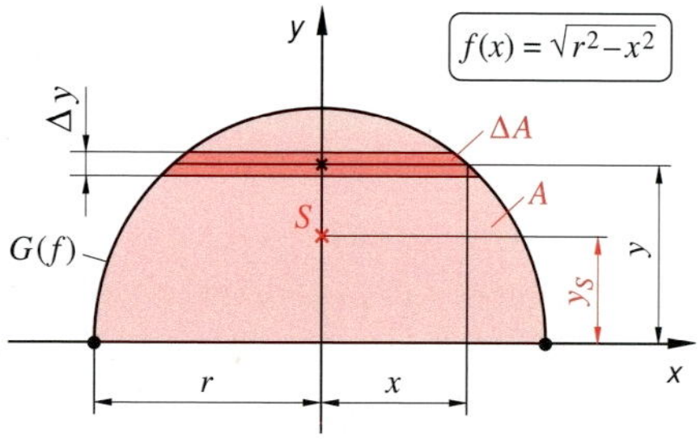

Das Integral $\int (y^2 \cdot \sqrt{r^2 - y^2})\,\mathrm{d}y$ entspricht dem Typ $\int (y^m \cdot \sqrt{r^2 - y^2})\,\mathrm{d}y$ mit $m = 2$. Es wurde bereits in der Übungsaufgabe 69 des Kapitels 2.5 allgemein gelöst.

► $\text{Arcsin}\,1 = \frac{\pi}{2}$.

Berechnung von I_{xS} und I_x

$$\Delta I_{xS} = \Delta A \cdot y^2 \quad \blacktriangleright\ \Delta A = 2x \cdot \Delta y$$

$$= 2x \cdot \Delta y \cdot y^2 \quad \blacktriangleright\ x = \sqrt{r^2 - y^2}$$

$$= 2 \cdot y^2 \cdot \sqrt{r^2 - y^2} \cdot \Delta y;\ y \in [0; r]$$

$$\Rightarrow I_{xS} = \int\limits_0^r \left(2y^2 \cdot \sqrt{r^2 - y^2}\right) \mathrm{d}y \quad \blacktriangleright\ \text{Schnittprinzip}$$

$$= 2 \cdot \int\limits_0^r (y^2 \cdot \sqrt{r^2 \cdot y^2})\,\mathrm{d}y \quad \blacktriangleright\ \text{2.5, Übungsaufgabe 69}$$

$$= 2 \cdot \left[-\frac{y}{4} \cdot (\sqrt{r^2 - y^2})^3 + \cdot \frac{r^2}{4} \cdot \left(\frac{r^2}{2} \cdot \text{Arcsin}\,\frac{y}{r} + \right.\right.$$

$$\left.\left. + \frac{y}{2} \cdot \sqrt{r^2 - y^2}\right)\Big|_0^r\right] \quad (*)$$

$$= 2 \cdot \left[-\frac{r}{4} \cdot 0 + \frac{r^2}{4} \cdot \left(\frac{r^2}{2} \cdot \text{Arcsin}\,1 + \frac{r}{2} \cdot 0\right) - 0\right]$$

$$= \underline{\underline{\frac{\pi r^4}{8}}} \quad \blacktriangleright\ r = \frac{d}{2}$$

$$\Rightarrow \underline{\underline{I_{xS} = \frac{\pi \cdot d^4}{128}}}$$ ► axiales Flächenmoment zweiten Grades bezogen auf die x-Achse

► $y_S = \frac{4r}{3\pi}$ ► Kapitel 3.6, Merksatz vor der Übungsaufgabe 1

► $A = \frac{\pi}{2} \cdot r^2$ ► Halbkreisfläche

Für das axiale Flächenmoment zweiten Grades bezogen auf die Schwerpunktsachse im Abstand y_S erhält man:
$I_x = 0{,}10976 \cdot r^4 = 0{,}00686 \cdot d^4$

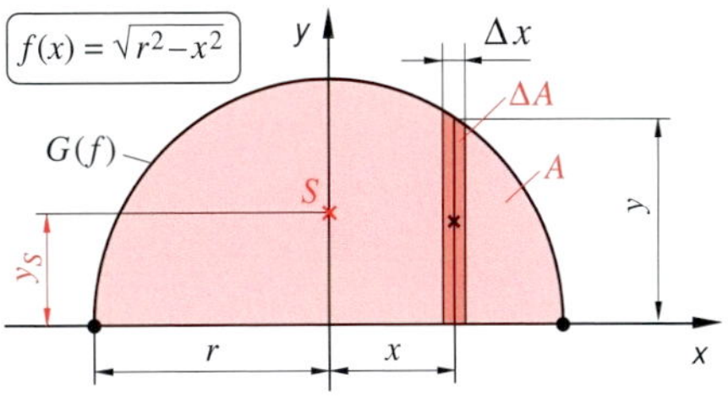

Die Funktion $g: g(x) = x^2 \cdot \sqrt{r^2 - x^2}$ mit $D(g) = [-r; r]$ ist in $D(g)$ eine gerade Funktion. ► $g(-x) = g(x)$.

Daher gilt: $\int_{-r}^{r} g(x)\,dx = 2 \cdot \int_{0}^{r} g(x)\,dx$

Wegen $x_S = 0$ gilt $I_y = I_{yS}$. Für das axiale Flächenmoment zweiten Grades bezogen auf die y-Achse erhält man damit:

$$I_{yS} = I_y = \frac{\pi \cdot r^4}{8} = \frac{\pi \cdot d^4}{128}$$

7. Kreisring

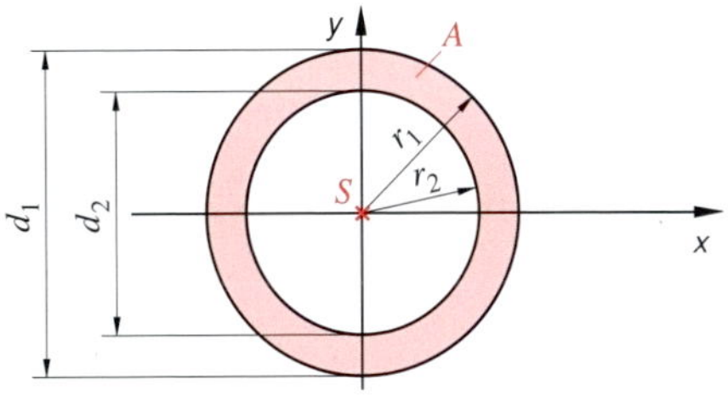

Bei einem Vollkreis gilt: $I_{xS} = I_{yS} = I_x = I_y$

Für das axiale Flächenmoment zweiten Grades eines Kreisrings erhält man die Formel:

$$I_{xS} = I_{yS} = I_x = I_y = \frac{\pi}{4} \cdot (r_1^4 - r_2^4);\ r_1 > r_2$$

► $I_{xS} = I_x + A \cdot y_S^2$

$$\Rightarrow I_x = I_{xS} - A \cdot y_S^2$$
$$= \frac{\pi \cdot r^4}{8} - \frac{\pi}{2} \cdot r^2 \cdot \left(\frac{4r}{3\pi}\right)^2$$
$$= \frac{\pi \cdot r^4}{8} - \frac{\pi}{2} \cdot r^2 \cdot \frac{16r^2}{9\pi^2}$$
$$= r^4 \cdot \left(\frac{\pi}{8} - \frac{8}{9\pi}\right)$$
$$= \underline{\underline{0{,}10976 \cdot r^4}} \quad ► r = \frac{d}{2}$$
$$\Rightarrow \underline{\underline{I_x = 0{,}00686 \cdot d^4}}$$

Berechnung von I_{yS} und I_y

$\Delta I_{yS} = \Delta A \cdot x^2$ ► $\Delta A = y \cdot \Delta x$

$= y \cdot \Delta x \cdot x^2$ ► $y = \sqrt{r^2 - x^2}$

$= x^2 \cdot \sqrt{r^2 - x^2} \cdot \Delta x;\ x \in [-r; r]$

$\Rightarrow I_{yS} = \int_{-r}^{r} \left[x^2 \cdot \sqrt{r^2 - x^2}\right] dx$ ► Schnittprinzip

$= 2 \cdot \int_{0}^{r} \left[x^2 \cdot \sqrt{r^2 - x^2}\right] dx$ ► I_{xS} ► (*)

$$= 2 \cdot \left[-\frac{x}{3} \cdot \left(\sqrt{r^2 - x^2}\right)^3 + \frac{r^2}{4} \cdot \left(\frac{r^2}{2} \cdot \text{Arcsin}\,\frac{x}{r} + \frac{x}{2} \cdot \sqrt{r^2 - x^2}\right)\Bigg|_0^r\right]$$

$= \underline{\underline{\frac{\pi \cdot r^4}{8}}}$ ► $r = \frac{d}{2}$

$$\Rightarrow \underline{\underline{I_{yS} = I_y = \frac{\pi \cdot d^4}{128}}}$$

Nach Übungsaufgabe 6 gilt für das axiale Flächenmoment zweiten Grades eines Vollkreises mit dem Radius r_1 bzw r_2:

$$I_{x_1} = 2 \cdot \frac{\pi r_1^4}{8} = \underline{\frac{\pi r_1^4}{4}}$$
$$I_{x_2} = 2 \cdot \frac{\pi r_2^4}{8} = \frac{\pi r_2^4}{4}$$
$$\Rightarrow I_x = I_{x_1} - I_{x_2}$$
$$= \frac{\pi r_1^4}{4} - \frac{\pi r_2^4}{4}$$
$$= \frac{\pi}{4} \cdot (r_1^4 - r_2^4) \quad ► r_1 = \frac{d_1}{2};\ r_2 = \frac{d_2}{2}$$
$$\Rightarrow \underline{\underline{I_x = I_y = \frac{\pi}{64} \cdot (d_1^4 - d_2^4)}}$$

Merke:

Lassen sich Querschnitte so in Teilflächen zerlegen, dass die Schwerpunkte dieser Teilflächen auf der gleichen Biegeachse liegen, so kann man die axialen Flächenmomente zweiten Grades der Teilflächen addieren und subtrahieren. ▶ **Lehrbuch: Kusch 4, S. 395**

405

8. Regelmäßiges Sechseck

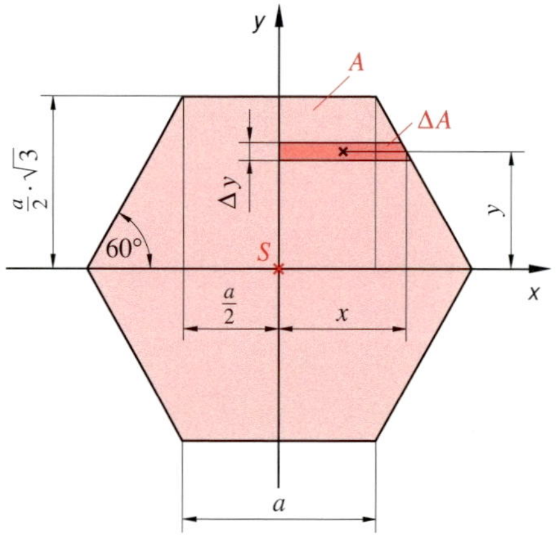

Mit dem zweiten Strahlensatz erhält man:

$$\frac{a-x}{\frac{a}{2}} = \frac{y}{\frac{a}{2}\cdot\sqrt{3}} \Rightarrow x = a - \frac{y}{\sqrt{3}};\ y \in \left[0; \frac{a}{2}\cdot\sqrt{3}\right]$$

$$\underline{y = \sqrt{3}\cdot(a-x);\ x \in \left[\frac{a}{2}; a\right]}$$

Wegen der Symmetrie der Fläche zur y-Achse genügt es, im y-Intervall $\left[0; \frac{a}{2}\cdot\sqrt{3}\right]$ zu integrieren und das Ergebnis zu vervierfachen.

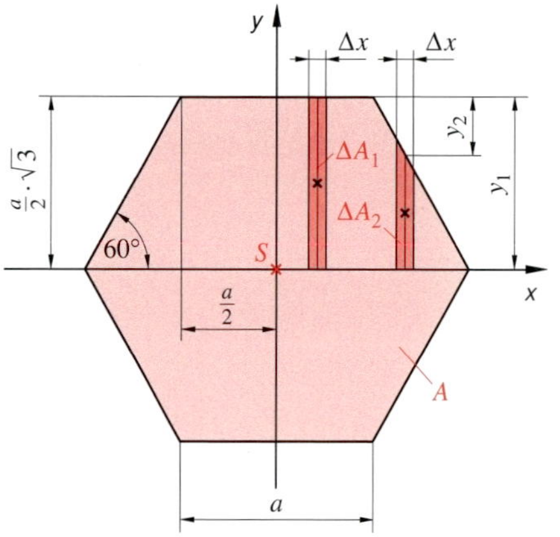

▶ $\Delta A_1 = y_1\cdot\Delta x = \underline{\frac{a}{2}\cdot\sqrt{3}\cdot\Delta x;\ x \in \left[0; \frac{a}{2}\right]}$

▶ $\Delta A_2 = y_2\cdot\Delta x = \underline{\sqrt{3}\cdot(a-x)\cdot\Delta x;\ x \in \left[\frac{a}{2}; a\right]}$

Berechnung von I_{xS} und I_x

$\Delta I_{xS} = 4\cdot\Delta A\cdot y^2$ ▶ $\Delta A = x\cdot\Delta y$

$= 4\cdot x\cdot\Delta y\cdot y^2$ ▶ $x = a - \frac{y}{\sqrt{3}}$

$$= 4\cdot\left(a - \frac{y}{\sqrt{3}}\right)\cdot y^2\,\Delta y$$

$$= 4\cdot\left(a y^2 - \frac{1}{\sqrt{3}}\cdot y^3\right)\Delta y;\ y \in \left[0; \frac{a}{2}\cdot\sqrt{3}\right]$$

$$\Rightarrow I_{xS} = 4\cdot\int\limits_0^{\frac{a}{2}\cdot\sqrt{3}} \left(a y^2 - \frac{1}{\sqrt{3}}\cdot y^3\right)\mathrm{d}y$$

$$= 4\cdot\left(a\cdot\frac{1}{3}\cdot y^3 - \frac{1}{\sqrt{3}}\cdot\frac{1}{4}\cdot y^4\Big|_0^{\frac{a}{2}\cdot\sqrt{3}}\right)$$

$$= 4\cdot\left(a\cdot\frac{1}{3}\cdot\frac{a^3}{8}\cdot 3\cdot\sqrt{3} - \frac{1}{\sqrt{3}}\cdot\frac{1}{4}\cdot\frac{a^4}{16}\cdot 9 - 0\right)$$

$$= 4\cdot\left(\frac{a^4\cdot\sqrt{3}}{8} - \frac{\sqrt{3}}{3}\cdot\frac{a^4}{64}\cdot 9\right)$$

$$= 4\cdot\left(\frac{a^4\cdot\sqrt{3}}{8} - \frac{3a^4\cdot\sqrt{3}}{64}\right)$$

$$\underline{\underline{= \frac{5}{16}\cdot\sqrt{3}\cdot a^4}} \quad ▶\ \underline{\underline{I_{xS} = I_x}}$$

Berechnung von I_{yS} und I_y

▶ $I_{yS} = 4\cdot\Delta A\cdot x^2$

$$▶\ \Delta A = \begin{cases} \Delta A_1, \text{ wenn } x \in \left[0; \frac{a}{2}\right] \\ \Delta A_2, \text{ wenn } x \in \left[\frac{a}{2}; a\right] \end{cases}$$

$$= \begin{cases} \frac{a}{2}\cdot\sqrt{3}\cdot\Delta x, & \text{wenn } x \in \left[0; \frac{a}{2}\right] \\ \sqrt{3}\cdot(a-x)\cdot\Delta x, & \text{wenn } x \in \left[\frac{a}{2}; a\right] \end{cases}$$

► $\frac{a^4}{12} - \frac{a^4}{24} + \frac{a^4}{64} = \frac{11\,a^4}{192}$

Die axialen Flächenmomente zweiten Grades I_x und I_y eines regelmäßigen Sechsecks sind gleich.

9. Ellipse

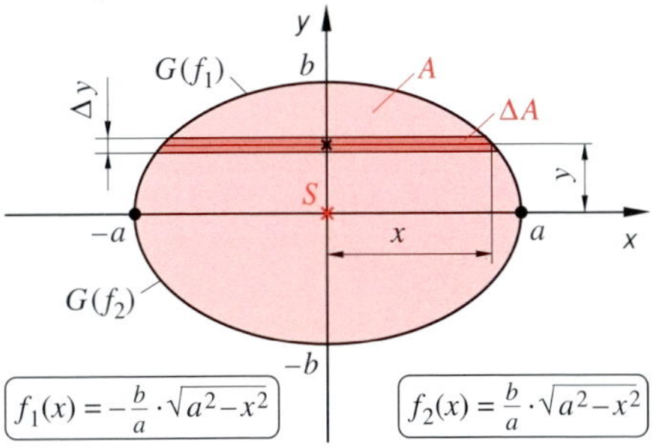

► $f_1(x) = \frac{b}{a} \cdot \sqrt{a^2 - x^2} = y$

$\Rightarrow x = \frac{a}{b} \cdot \sqrt{b^2 - y^2}\,;\ y \in [0; b]$

Da die Fläche symmetrisch zur x-Achse liegt, genügt es, im y-Intervall $[0; b]$ zu integrieren und das Ergebnis zu verdoppeln.

► Nach der Übungsaufgabe 6 gilt:

$$\int_0^r \left(2y^2 \cdot \sqrt{r^2 - y^2}\right) \mathrm{d}y = \frac{\pi}{8} \cdot r^4 \quad \blacktriangleright\ b \text{ für } r$$

$$= \frac{\pi}{8} \cdot b^4$$

Vertauscht man die Ellipsenachsen a und b, so erhält man aus der Formel für I_{xS} die entsprechende Formel für I_{yS}.

$$\Rightarrow I_{yS} = 4 \cdot \left(\int_0^{\frac{a}{2}} \left(\frac{a}{2} \cdot \sqrt{3} \cdot x^2\right) \mathrm{d}x + \int_{\frac{a}{2}}^{a} \left[\sqrt{3} \cdot (a - x) \cdot x^2\right] \mathrm{d}x\right)$$

► Schnittprinzip

$$= 4 \cdot \left(\frac{a}{2} \cdot \sqrt{3} \cdot \int_0^{\frac{a}{2}} x^2\,\mathrm{d}x + \sqrt{3} \cdot \int_{\frac{a}{2}}^{a} [a x^2 - x^3]\,\mathrm{d}x\right)$$

$$= 4 \cdot \left(\frac{a}{2} \cdot \sqrt{3} \cdot \frac{1}{3} \cdot x^3 \Big|_0^{\frac{a}{2}} + \sqrt{3} \cdot \left[a \cdot \frac{1}{3} \cdot x^3 - \frac{1}{4} \cdot x^4 \Big|_{\frac{a}{2}}^{a}\right]\right)$$

$$= 4 \cdot \left(\frac{a}{6} \cdot \sqrt{3} \cdot \frac{a^3}{8} - 0 + \sqrt{3} \cdot \left[\frac{a}{3} \cdot a^3 - \frac{1}{4} \cdot a^4 - \frac{a}{3} \cdot \frac{a^3}{8} + \frac{1}{4} \cdot \frac{a^4}{16}\right]\right)$$

$$= 4 \cdot \left(\frac{a^4}{48} \cdot \sqrt{3} + \sqrt{3} \cdot \left[\frac{a^4}{12} - \frac{a^4}{24} + \frac{a^4}{64}\right]\right)$$

$$= 4 \cdot \left(\frac{a^4}{48} \cdot \sqrt{3} + \sqrt{3} \cdot \frac{11\,a^4}{192}\right)$$

$$= \underline{\underline{\frac{5}{16} \cdot \sqrt{3} \cdot a^4}} \quad \blacktriangleright\ \underline{\underline{I_{yS} = I_y}}$$

$$\Rightarrow \underline{\underline{I_x = I_y = \frac{5}{16} \cdot \sqrt{3} \cdot a^4}}$$

Berechnung von I_{xS} und I_x

$$\Delta I_{xS} = 2 \cdot \Delta A \cdot y^2 \quad \blacktriangleright\ \Delta A = 2x \cdot \Delta y$$

$$= 4x \cdot \Delta y \cdot y^2 \quad \blacktriangleright\ x = \frac{a}{b} \cdot \sqrt{b^2 - y^2}$$

$$= 4 \cdot \frac{a}{b} \cdot \sqrt{b^2 - y^2} \cdot y^2 \cdot \Delta y;\ y \in [0; b]$$

$$\Rightarrow I_{xS} = \int_0^b \left(4 \cdot \frac{a}{b} \cdot \sqrt{b^2 \cdot y^2} \cdot y^2\right) \mathrm{d}y \quad \blacktriangleright\ \text{Schnittprinzip}$$

$$= 4 \cdot \frac{a}{b} \cdot \int_0^b \left(y^2 \cdot \sqrt{b^2 - y^2}\right) \mathrm{d}y$$

$$= 2 \cdot \frac{a}{b} \cdot \int_0^b \left(2y^2 \cdot \sqrt{b^2 - y^2}\right) \cdot \mathrm{d}y$$

$$= 2 \cdot \frac{a}{b} \cdot \frac{\pi}{8} \cdot b^4$$

$$= \underline{\underline{\frac{\pi}{4} \cdot a \cdot b^3}} \quad \blacktriangleright\ \underline{\underline{I_{xS} = I_x}}$$

Berechnung von I_{yS} und I_y

$$I_{xS} = \frac{\pi}{4} \cdot a \cdot b^3 \quad \blacktriangleright\ b \text{ für } a;\ a \text{ für } b$$

$$I_{yS} = \frac{\pi}{4} \cdot b \cdot a^3 = \underline{\underline{\frac{\pi}{4} \cdot a^3 \cdot b}} \quad \blacktriangleright\ I_{y_S} = I_y$$

405 **10. Ellipsenring**

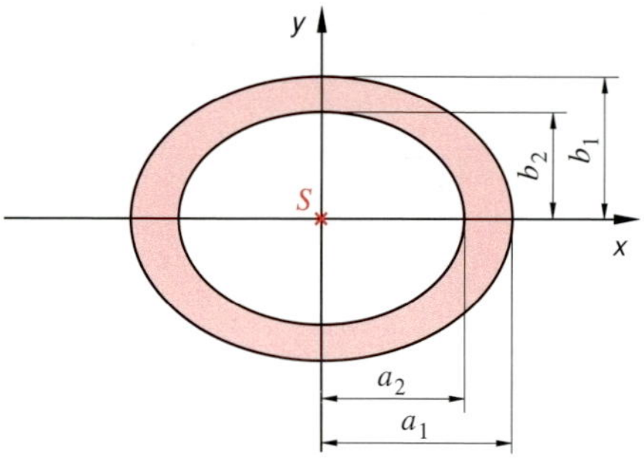

Für die Berechnung von I_y gilt Entsprechendes.

11. Kreisausschnitt

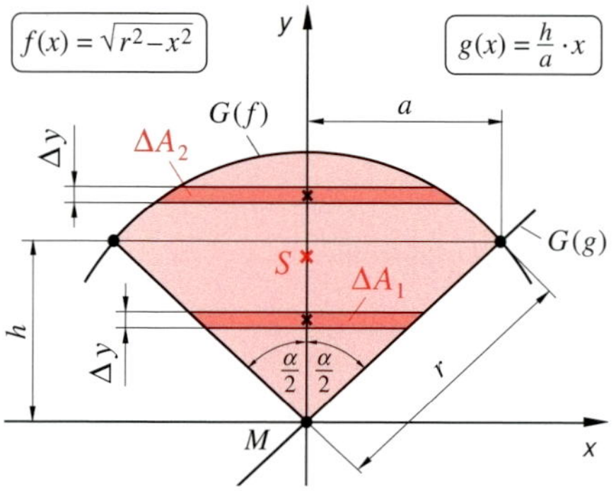

► y-Intervall $[0; h]$: $y = \frac{h}{a} \cdot x \Rightarrow x = \frac{a}{h} \cdot y;\ x \geq 0$

► y-Intervall $[h; r]$: $y = \sqrt{r^2 - x^2}$
$\Rightarrow x = \sqrt{r^2 - y^2};\ x > 0$

► $\int \left(2y^2 \cdot \sqrt{r^2 - y^2}\right) \mathrm{d}y$ ► Übungsaufgabe 6

► $\operatorname{Arcsin} 1 = \frac{\pi}{2}$

► $\frac{h}{2} \cdot \left(\sqrt{r^2 - h^2}\right)^3 - \frac{r^2 h}{4} \cdot \sqrt{r^2 - h^2} =$

$$= \left[\frac{h}{2} \cdot (r^2 - h^2) - \frac{r^2 \cdot h}{4}\right] \cdot \sqrt{r^2 - h^2}$$

$$= \frac{h}{4} \cdot (r^2 - 2h^2) \cdot \sqrt{r^2 - h^2}$$

Nach Übungsaufgabe 9 gilt für das axiale Flächenmoment zweiten Grades einer Vollellipse mit den Achsen a_1, b_1 bzw. a_2, b_2:

$$I_{x_1} = \frac{\pi}{4} \cdot a_1 \cdot b_1^3 \text{ und } I_{x_2} = \frac{\pi}{4} \cdot a_2 \cdot b_2^3$$

$$I_x = I_{x_1} - I_{x_2}$$

$$= \frac{\pi}{4} \cdot a_1 \cdot b_1^3 - \frac{\pi}{4} \cdot a_2 \cdot b_2^3$$

$$= \underline{\underline{\frac{\pi}{4} \cdot \left(a_1 \cdot b_1^3 - a_2 \cdot b_2^3\right)}} \quad \blacktriangleright\ a_2 < a_1 \text{ und } b_2 < b_1$$

$$\underline{\underline{I_y = \frac{\pi}{4} \cdot \left(a_1^3 \cdot b_1 - a_2^3 \cdot b_2\right);\ a_2 < a_1 \text{ und } b_2 < b_1}}$$

Berechnung von I_{xS} und I_x

$$\Delta I_{xS} = \Delta A \cdot y^2$$

$$\blacktriangleright\ \Delta A = \begin{cases} \Delta A_1, \text{ wenn } y \in [0; h] \\ \Delta A_2, \text{ wenn } y \in [h; r] \end{cases}$$

$$= \begin{cases} 2x \cdot \Delta y, \text{ wenn } y \in [0; h] \\ 2x \cdot \Delta y, \text{ wenn } y \in [h; r] \end{cases}$$

$$= \begin{cases} 2 \cdot \frac{a}{h} \cdot y \cdot \Delta y, & \text{wenn } y \in [0; h] \\ 2 \cdot \sqrt{r^2 - y^2} \cdot \Delta y, & \text{wenn } y \in [h; r] \end{cases}$$

$$\Rightarrow I_{xS} = \int_0^h \left(2 \cdot \frac{a}{h} \cdot y \cdot y^2\right) \mathrm{d}y + \int_h^r \left(2 \cdot \sqrt{r^2 - y^2} \cdot y^2\right) \mathrm{d}y$$ ► Schnittprinzip

$$= 2 \cdot \frac{a}{h} \cdot \int_0^h y^3 \,\mathrm{d}y + \int_h^r \left(2y^2 \cdot \sqrt{r^2 - y^2}\right) \mathrm{d}y$$ ► (*) ► Übungsaufgabe 6

$$= \frac{2a}{h} \cdot \frac{1}{4} \cdot y^4 \Big|_0^h + 2 \cdot \left[-\frac{y}{4} \cdot \left(\sqrt{r^2 - y^2}\right)^3 + \right.$$
$$\left. + \frac{r^2}{4} \cdot \left(\frac{r^2}{2} \cdot \operatorname{Arcsin} \frac{y}{r} + \frac{y}{2} \cdot \sqrt{r^2 - y^2}\right) \Big|_h^r \right]$$

$$= \frac{2a}{h} \cdot \frac{1}{4} \cdot h^4 - 0 + 2 \cdot \left[-0 + \frac{r^4}{8} \cdot \operatorname{Arcsin} 1 + 0 + \right.$$
$$\left. + \frac{h}{4} \cdot \left(\sqrt{r^2 - h^2}\right)^3 - \frac{r^4}{8} \cdot \operatorname{Arcsin} \frac{h}{r} - \frac{r^2 h}{8} \cdot \sqrt{r^2 - h^2}\right]$$

$$= \frac{a h^3}{2} + \frac{h}{2} \cdot \left(\sqrt{r^2 - h^2}\right)^3 - \frac{r^2 h}{4} \cdot \sqrt{r^2 - h^2} +$$
$$+ \frac{r^4 \pi}{8} - \frac{r^4}{4} \cdot \operatorname{Arcsin} \frac{h}{r}$$

$$\underline{\underline{= \frac{a h^3}{2} + \frac{\pi r^4}{8} - \frac{r^4}{4} \cdot \operatorname{Arcsin} \frac{h}{r} + \frac{h}{4} \cdot (r^2 - 2h^2) \cdot \sqrt{r^2 - h^2};\ h \in (0; r)}}$$

► axiales Flächenmoment zweiten Grades bezogen auf die x-Achse

405

In der Übungsaufgabe 45 des Kapitels 3.5 wurde die Schwerpunktskoordinate y_S eines Kreisausschnitts berechnet, und zwar gilt $y_S = \frac{4r}{3\alpha} \cdot \sin\frac{\alpha}{2}$ sowie $A = \frac{1}{2} \cdot r^2 \cdot \alpha$. Hierbei ist α der Zentriwinkel des Kreisausschnitts im Bogenmaß.

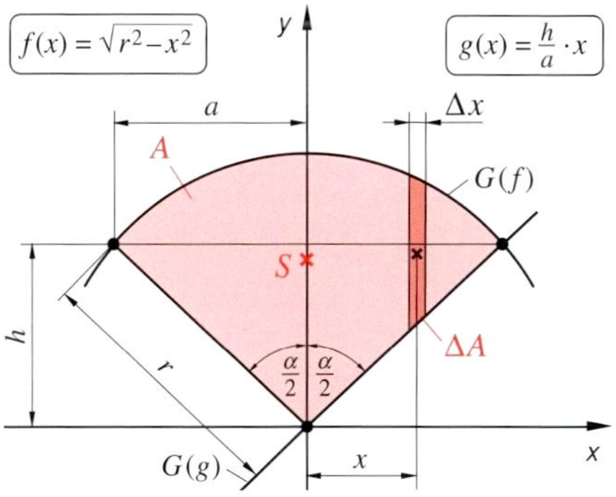

Da der Kreisausschnitt symmetrisch zur y-Achse liegt, wird im x-Intervall $[0;\, a]$ integriert und das Ergebnis verdoppelt.

► $h = \sqrt{r^2 - a^2}$

► $-\frac{a}{2} \cdot (r^2 - a^2) \cdot \sqrt{r^2 - a^2} + \frac{r^2 a}{4} \cdot \sqrt{r^2 - a^2} =$

$= \frac{a}{4} \cdot (-2r^2 + 2a^2 + r^2) \cdot \sqrt{r^2 - a^2}$

$= \frac{a}{4} \cdot (2a^2 - r^2) \cdot \sqrt{r^2 - a^2}$

$I_{xS} = I_x + A \cdot y_S^2$ ► Satz von Steiner

$$\Rightarrow I_x = I_{xS} - A \cdot y_S^2 = I_{xS} - \frac{1}{2} \cdot r^2 \cdot \alpha \cdot \frac{4r}{3\alpha} \cdot \sin\frac{\alpha}{2} = \underline{\underline{I_{xS} - \frac{2r^3}{3} \cdot \sin\frac{\alpha}{2};\ \alpha \in (0;\, \pi]}}$$

Berechnung von I_{yS} und I_y

$\Delta I_{yS} = 2 \cdot \Delta A \cdot x^2$ ► $\Delta A = [f(x) - g(x)] \cdot \Delta x$

$= 2 \cdot [f(x) - g(x)] \cdot \Delta x \cdot x^2$ ► $f(x) = \sqrt{r^2 - x^2};\ g(x) = \frac{h}{a} \cdot x$

$$= 2 \cdot \left[\sqrt{r^2 - x^2} - \frac{h}{a} \cdot x\right] \cdot x^2 \cdot \Delta x = 2 \cdot \left[x^2 \cdot \sqrt{r^2 - x^2} - \frac{h}{a} \cdot x^3\right] \cdot \Delta x;\ x \in [0;\, a]$$

$\Rightarrow I_{yS} = 2 \cdot \int_0^a \left[x^2 \cdot \sqrt{r^2 - x^2} - \frac{h}{a} \cdot x^3\right] \mathrm{d}x$ ► Schnittprinzip

$= 2 \cdot \int_0^a \left(x^2 \cdot \sqrt{r^2 - x^2}\right) \mathrm{d}x - \frac{2h}{a} \cdot \int_0^a x^3\, \mathrm{d}x$ ► Übungsaufgabe 6

$$= -\frac{x}{2} \cdot \left(\sqrt{r^2 - x^2}\right)^3 + \frac{r^2}{2} \cdot \left(\frac{r^2}{2} \cdot \operatorname{Arcsin}\frac{x}{r} + \frac{x}{2} \cdot \sqrt{r^2 - x^2}\right)\Bigg|_0^a\Bigg) - \frac{2h}{a} \cdot \frac{1}{4} \cdot x^4\Big|_0^a$$

$$= -\frac{a}{2} \cdot \left(\sqrt{r^2 - a^2}\right)^3 + \frac{r^4}{4} \cdot \operatorname{Arcsin}\frac{a}{r} + \frac{r^2 a}{4} \cdot \sqrt{r^2 - a^2} - 0 + {} - \frac{2h}{a} \cdot \frac{1}{4} \cdot a^4 + 0$$

$$= -\frac{a}{2} \cdot (r^2 - a^2) \cdot \sqrt{r^2 - a^2} + \frac{r^2 a}{4} \cdot \sqrt{r^2 - a^2} + {} + \frac{r^4}{4} \cdot \operatorname{Arcsin}\frac{a}{r} - \frac{a^3}{2} \cdot \sqrt{r^2 - a^2}$$

$$= \underline{\underline{\frac{r^4}{4} \cdot \operatorname{Arcsin}\frac{a}{r} + \frac{a}{4} \cdot (2a^2 - r^2) \cdot \sqrt{r^2 - a^2} - \frac{a^3}{2} \cdot \sqrt{r^2 - a^2};\ a \in (0;\, r]}}$$

► $\underline{\underline{I_y = I_{yS}}}$

405

12. Kreisabschnitt

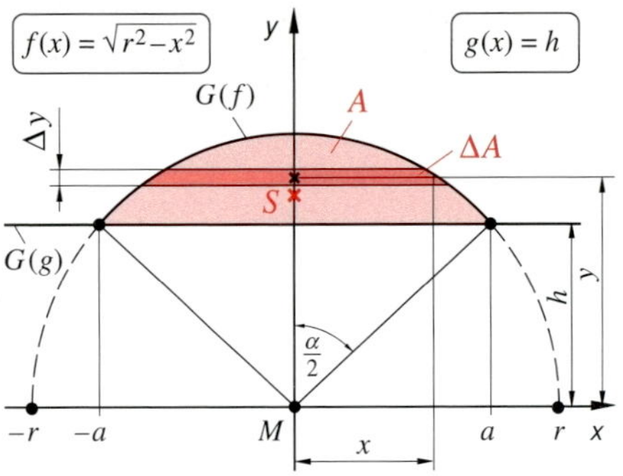

Nach Übungsaufgabe 1 des Kapitels 3.5 gilt:

► $y_S = \dfrac{\frac{2}{3} \cdot a^3}{r^2 \cdot \text{Arcsin}\,\frac{a}{r} - a \cdot \sqrt{r^2 - a^2}}$ mit $a = \sqrt{r^2 - h^2}$

► $A = \frac{1}{2} \cdot r^2 \cdot \alpha - \frac{1}{2} \cdot h \cdot \sqrt{r^2 - h^2}$

Hierbei ist α der Zentriwinkel des Kreisabschnitts: $\alpha = 2 \cdot \text{Arcsin}\,\frac{a}{r}$

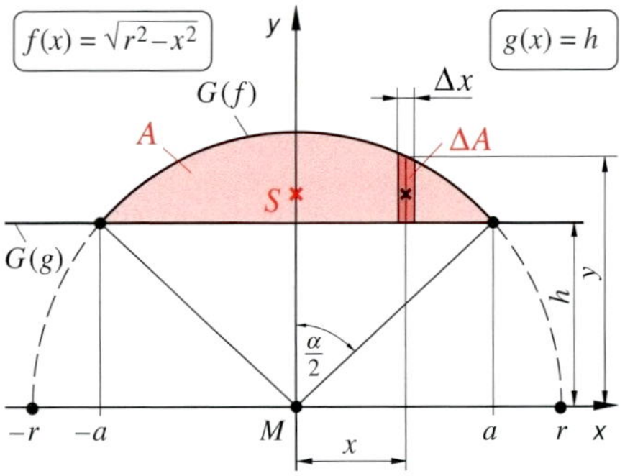

Da der Kreisabschnitt symmetrisch zur y-Achse liegt, wird im x-Intervall $[0; a]$ integriert und das Ergebnis verdoppelt.

► $(\sqrt{r^2 - a^2})^3 = (r^2 - a^2) \cdot \sqrt{r^2 - a^2}$

► $h = \sqrt{r^2 - a^2}$

► $-\dfrac{a}{2} \cdot (r^2 - a^2) \cdot \sqrt{r^2 - a^2} + \dfrac{r^2 a}{4} \cdot \sqrt{r^2 - a^2} + $

$$-\frac{2a^3}{3} \cdot \sqrt{r^2 - a^2} =$$

$$= \frac{a}{12} \cdot (3r^2 + 2a^2) \cdot \sqrt{r^2 - a^2}$$

Berechnung von I_{xS} und I_x

$\Delta I_{xS} = \Delta A \cdot y^2$

► $\Delta A = 2 \cdot \sqrt{r^2 - y^2} \cdot \Delta y;\ y \in [h; r]$ ► Übungsaufgabe 11

$\Delta I_{xS} = 2 \cdot \sqrt{r^2 - y^2} \cdot y^2 \cdot \Delta y;\ y \in [h; r]$

$\Rightarrow I_{xS} = \int\limits_h^r \left(2y^2 \cdot \sqrt{r^2 - y^2}\right) \mathrm{d}y$ ► Übungsaufgabe 11

$$= \frac{\pi}{8} \cdot r^4 - \frac{r^4}{4} \cdot \text{Arcsin}\,\frac{h}{r} - \frac{h}{4} \cdot (r^2 - 2h^2) \cdot \sqrt{r^2 - h^2}$$

$I_{xS} = I_x + A \cdot y_S^2$ ► Satz von Steiner

$\Rightarrow I_x = I_{xS} - A \cdot y_S^2$ ► $A = \frac{1}{2} \cdot r^2 \cdot \alpha - \frac{1}{2} \cdot h \cdot \sqrt{r^2 - h^2}$

$$= I_{xS} - \left(\frac{1}{2} \cdot r^2 \cdot \alpha - \frac{1}{2} \cdot h \cdot \sqrt{r^2 - h^2}\right) \cdot y_S^2;\ h \in [0; r)$$

Berechnung von I_{y_S} und I_y

$\Delta I_{yS} = \Delta A \cdot x^2$ ► $\Delta A = [f(x) - g(x)] \cdot \Delta x$

$= [f(x) - g(x)] \cdot x^2 \cdot \Delta x$ ► $f(x) = \sqrt{r^2 - x^2};\ g(x) = h$

$= \left[\sqrt{r^2 - x^2} - h\right] \cdot x^2 \cdot \Delta x$

$= \left[x^2 \cdot \sqrt{r^2 - x^2} - h \cdot x^2\right] \cdot \Delta x;\ x \in [-a; a]$

$\Rightarrow I_{yS} = \int\limits_{-a}^{a} \left[x^2 \cdot \sqrt{r^2 - x^2} - h \cdot x^2\right] \mathrm{d}x$ ► Schnittprinzip

$= 2 \cdot \int\limits_0^a \left(x^2 \cdot \sqrt{r^2 - x^2}\right) \mathrm{d}x - 2h \cdot \int\limits_0^a x^2\,\mathrm{d}x$ ► Übungsaufgabe 6

$$= -\frac{x}{2} \cdot (\sqrt{r^2 - x^2})^3 + \frac{r^2}{2} \cdot \left(\frac{r^2}{2} \cdot \text{Arcsin}\,\frac{x}{r} + \right.$$

$$\left. + \frac{x}{2} \cdot \sqrt{r^2 - x^2}\right)\Bigg|_0^a - 2h \cdot \frac{1}{3} \cdot x^3\Bigg|_0^a$$

$$= -\frac{a}{2} \cdot (\sqrt{r^2 - a^2})^3 + \frac{r^4}{4} \cdot \text{Arcsin}\,\frac{a}{r} + \frac{r^2 a}{4} \cdot \sqrt{r^2 - a^2} - 0 +$$

$$-\frac{2}{3} \cdot h a^3 + 0$$

$$= \frac{r^4}{4} \cdot \text{Arcsin}\,\frac{a}{r} - \frac{a}{2} \cdot (r^2 - a^2) \cdot \sqrt{r^2 - a^2} +$$

$$+ \frac{r^2 a}{4} \cdot \sqrt{r^2 - a^2} - \frac{2a^3}{3} \cdot \sqrt{r^2 - a^2}$$

$$= \frac{r^4}{4} \cdot \text{Arcsin}\,\frac{a}{r} - \frac{a}{12} \cdot (3r^2 + 2a^2) \cdot \sqrt{r^2 - a^2};\ a \in (0; r]$$

► $I_y = I_{yS}$

Merke:

Ist eine stetige Funktion in einem Intervall $[a; b]$ abschnittsweise monoton und vorzeichenbeständig ($f(x) \geq 0$ oder $f(x) \leq 0$ in $[a; b]$), so gilt für die axialen Flächenmomente zweiten Grades I_{xS} und I_{yS}, bezogen auf die Koordinatenachsen als Biegeachsen:

$$\bullet\ I_{xS} = \frac{1}{3} \cdot \int_a^b |f(x)|^3\, dx \quad \text{bzw.} \quad \bullet\ I_{yS} = \int_a^b [x^2 \cdot |f(x)|]\, dx$$

Für die axialen Flächenmomente zweiten Grades I_x und I_y, bezogen auf die Schwerpunktsachsen, gelten nach dem Satz von Steiner:

$$\bullet\ I_x = I_{xS} - A \cdot y_S^2 \quad \text{bzw.} \quad \bullet\ I_y = I_{yS} - A \cdot x_S^2$$

Anmerkung

Wechselt die Funktion f in $[a; b]$ das Vorzeichen, hat also f in $[a; b]$ eine Nullstelle, so müssen die Formeln in $[a; b]$ abschnittsweise angewendet werden.

Berechnen Sie für die Querschnittsfläche, die im angegebenen Intervall zwischen dem Graphen einer stetigen Funktion f und der x-Achse liegt, die Maßzahlen der axialen Flächenmomente zweiten Grades, bezogen auf die Koordinatenachsen und auf die Schwerpunktsachsen. 405

► **Lehrbuch: Kusch 4, S. 401 … 403**

13. $f: f(x) = x^2;\ x \in [-2; 2]$

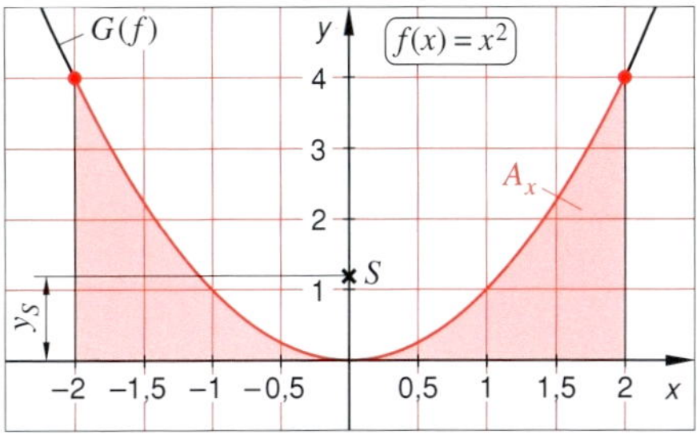

Da der Graph von f im Intervall $[-2; 2]$ symmetrisch zur y-Achse liegt, gilt für die Schwerpunktskoordinate x_S: $x_S = 0$

Berechnung der Schwerpunktskoordinate y_S

$$y_S = \frac{\frac{1}{2} \cdot \int_a^b [f(x)]^2\, dx}{A_x} \quad ► -2 \text{ für } a;\ 2 \text{ für } b;\ f(x) = x^2$$

$$y_S = \frac{\frac{1}{2} \cdot \int_{-2}^{2} x^4\, dx}{A_x} \quad ► A_x = \int_{-2}^{2} f(x)\, dx = \int_{-2}^{2} x^2 \cdot dx = 2 \cdot \int_0^2 x^2\, dx$$

$$= \frac{\frac{1}{2} \cdot 2 \cdot \frac{1}{5} \cdot x^5 \Big|_0^2}{2 \cdot \frac{1}{3} \cdot x^3 \Big|_0^2} \quad ► \text{Symmetrie ausnutzen}$$

$$= \frac{\frac{1}{5} \cdot 2^5 - 0}{\frac{2}{3} \cdot 2^3 - 0}$$

$$= \underline{1{,}2}$$

405

Berechnung von I_{xS} und I_x

$$I_{xS} = \frac{1}{3} \cdot \int_a^b |f(x)|^3 \, dx \quad \blacktriangleright \; -2 \text{ für } a;\ 2 \text{ für } b \quad |f(x)|^3 = |x^2|^3 = x^6$$

$$= \frac{1}{3} \cdot \int_{-2}^{2} x^6 \, dx \quad \blacktriangleright \text{ Symmetrie ausnutzen}$$

$$= 2 \cdot \frac{1}{3} \cdot \int_0^2 x^6 \, dx$$

$$= \frac{2}{3} \cdot \frac{1}{7} \cdot x^7 \Big|_0^2$$

$$= \frac{2}{21} \cdot 2^7 - 0$$

$$= \underline{\underline{12{,}19048}}$$

► axiales Flächenmoment zweiten Grades, bezogen auf die x-Achse als Biegeachse

$$I_x = I_{xS} - A_x \cdot y_S^2 \quad \blacktriangleright \; A_x = \frac{16}{3};\ y_S = 1{,}2$$

$$= 12{,}19047\ldots - \frac{16}{3} \cdot 1{,}2^2$$

$$= \underline{\underline{4{,}51048}}$$

► axiales Flächenmoment zweiten Grades, bezogen auf die Schwerpunktsachse im Abstand y_S als Biegeachse

Berechnung von I_{yS} und I_y

$$I_{yS} = \int_a^b [x^2 \cdot |f(x)|] \, dx \quad \blacktriangleright \; -2 \text{ für } a;\ 2 \text{ für } b \quad |f(x)| = |x^2| = x^2$$

$$= \int_{-2}^{2} [x^2 \cdot x^2] \, dx \quad \blacktriangleright \text{ Symmetrie ausnutzen}$$

$$= 2 \cdot \int_0^2 x^4 \, dx$$

$$= 2 \cdot \frac{1}{5} \cdot x^5 \Big|_0^2$$

$$= \frac{2}{5} \cdot 2^5 - 0$$

$$= \underline{\underline{12{,}8}}$$

► axiales Flächenmoment zweiten Grades, bezogen auf die y-Achse als Biegeachse

$$I_y = I_{yS} - A \cdot x_S^2 \quad \blacktriangleright \; x_S = 0$$

$$\Rightarrow \underline{\underline{I_y = I_{yS} = 12{,}8}}$$

► axiales Flächenmoment zweiten Grades, bezogen auf die y-Achse als Biegeachse

14. $f: f(x) = 2x - 4;\ x \in [-2; 0]$

Die eingeschlossene Fläche ist eine Trapezfläche. Für ihre Maßzahl erhält man:

$$A_x = \frac{8+4}{2} \cdot 2 = \underline{12}$$

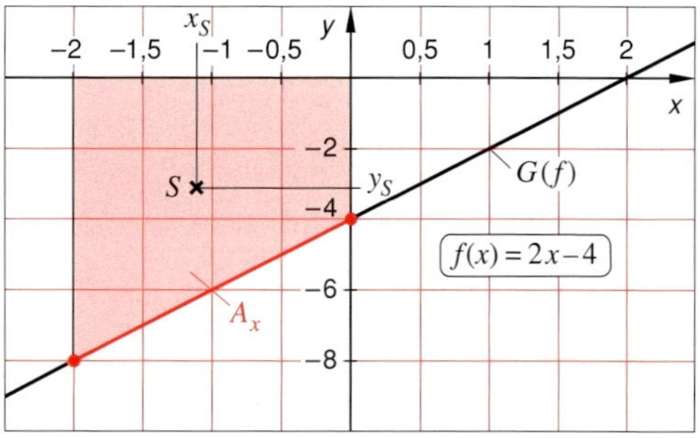

Berechnung der Schwerpunktskoordinate x_S

$$x_S = -\frac{\int_a^b [x \cdot f(x)] \, dx}{A_x};\ f(x) < 0;\ x \in [-2; 0]$$

► -2 für a; 0 für b; $f(x) = 2x - 4$

$$\int_a^b [x \cdot f(x)] \, dx = \int_{-2}^{0} [x \cdot (2x - 4)] \, dx$$

$$= \int_{-2}^{0} (2x^2 - 4x) \, dx$$

Berechnung der Schwerpunktskoordinate y_S

$$y_S = -\frac{\frac{1}{2} \cdot \int_a^b [f(x)]^2 \, dx}{A_x};\ f(x) < 0;\ x \in [-2; 0]$$

► -2 für a; 0 für b; $f(x) = 2x - 4$

$$\frac{1}{2} \cdot \int_a^b [f(x)]^2 = \frac{1}{2} \cdot \int_{-2}^{0} (2x - 4)^2 \, dx \quad \blacktriangleright \; 2.4.1$$

$$= \frac{1}{2} \cdot \frac{1}{3} \cdot \frac{1}{2} \cdot (2x - 4)^3 \Big|_{-2}^{0}$$

$$= \frac{1}{12} \cdot [2 \cdot 0 - 4]^3 - \frac{1}{12} \cdot [2 \cdot (-2) - 4]^3$$

$$= \frac{2}{3} \cdot x^3 - 2x^2 \Big|_{-2}^{0}$$

$$= 0 - \frac{2}{3} \cdot (-2)^3 + 2 \cdot (-2)^2$$

$$= \underline{\underline{\frac{40}{3}}}$$

► $x_S = -\frac{\frac{40}{3}}{12} = \underline{\underline{-1{,}11111...}}$

Berechnung von I_{xS} und I_x

$$I_{xS} = \frac{1}{3} \cdot \int_a^b |f(x)|^3 \, dx; f(x) < 0; x \in [-2; 0]$$

► -2 für a; 0 für b; $|f(x)| = |2x - 4| = -(2x - 4)$

$$I_{xS} = \frac{1}{3} \cdot \int_{-2}^{0} [-(2x - 4)]^3 \, dx$$

$$= -\frac{1}{3} \cdot \int_{-2}^{0} (2x - 4)^3 \, dx \quad ► 2.4.1$$

$$= -\frac{1}{3} \cdot \frac{1}{4} \cdot \frac{1}{2} \cdot (2x - 4)^4 \Big|_{-2}^{0}$$

$$= -\frac{1}{24} \cdot \left[(2 \cdot 0 - 4)^4 - (2 \cdot (-2) - 4)^4\right]$$

$$= \underline{\underline{160}}$$

► axiales Flächenmoment zweiten Grades, bezogen auf die x-Achse als Biegeachse

$$I_x = I_{xS} - A_x \cdot y_S^2 \quad ► A_x = 12; y_S = -3{,}11111\ldots$$

$$= 160 - 12 \cdot (-3{,}11111\ldots)^2$$

$$= \underline{\underline{43{,}85185}}$$

► axiales Flächenmoment zweiten Grades, bezogen auf die Schwerpunktsachse im Abstand y_S als Biegeachse

$$= \frac{1}{12} \cdot (-4)^3 - \frac{1}{12} \cdot (-8)^3$$

$$= \underline{\underline{\frac{112}{3}}}$$

► $y_S = -\frac{\frac{112}{3}}{12} = \underline{\underline{-3{,}11111...}}$

Berechnung von I_{yS} und I_y

$$I_{yS} = \int_a^b [x^2 \cdot |f(x)|] \, dx; f(x) < 0; x \in [-2; 0]$$

► -2 für a; 0 für b; $|f(x)| = |2x - 4| = -(2x - 4)$

$$= \int_{-2}^{0} \left[x^2 \cdot \left(-(2x - 4)\right)\right] dx$$

$$= -\int_{-2}^{0} (2x^3 - 4x^2) \, dx$$

$$= -\left(\frac{1}{2}x^4 - \frac{4}{3}x^3\right) \Big|_{-2}^{0}$$

$$= -0 + \tfrac{1}{2} \cdot (-2)^4 - \tfrac{4}{3} \cdot (-2)^3$$

$$= \underline{\underline{18{,}66667}}$$

► axiales Flächenmoment zweiten Grades, bezogen auf die y-Achse als Biegeachse

$$I_y = I_{yS} - A_x \cdot x_S^2 \quad ► A_x = 12; x_S = -1{,}11111\ldots$$

$$= 18{,}66666\ldots - 12 \cdot (-1{,}11111\ldots)^2$$

$$= \underline{\underline{3{,}85185}}$$

► axiales Flächenmoment zweiten Grades, bezogen auf die Schwerpunktsachse im Abstand x_S als Biegeachse

15. $f : f(x) = \sqrt{x^2 + 1}; x \in [0; 2]$

$$A_x = \int_0^2 \sqrt{x^2 + 1} \, dx \quad ► 2.4.6$$

$$= \frac{x}{2} \cdot \sqrt{x^2 + 1} + \frac{1}{2} \cdot \ln\left(x + \sqrt{x^2 + 1}\right) \Big|_0^2$$

$$= \frac{2}{2} \cdot \sqrt{2^2 + 1} + \frac{1}{2} \cdot \ln\left(2 + \sqrt{2^2 + 1}\right) - 0$$

$$= \underline{\underline{2{,}95788\ldots}}$$

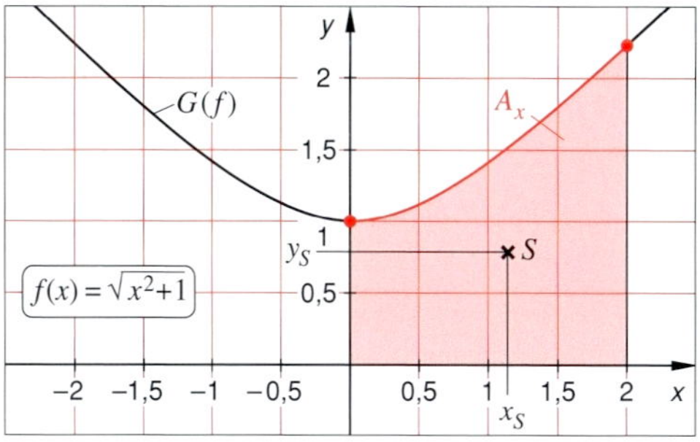

405

Berechnung der Schwerpunktskoordinate x_S

$$x_S = -\frac{\int_a^b [x \cdot f(x)]\,dx}{A_x}; f(x) > 0; x \in [0; 2]$$

► 0 für a; 2 für b; $f(x) = \sqrt{x^2+1}$

$$\int_a^b [x \cdot f(x)]\,dx = \int_0^2 \left(x \cdot \sqrt{x^2+1}\right) dx \quad \blacktriangleright 2.4.3$$

$$= \frac{1}{2} \cdot \frac{2}{3} \cdot \left(\sqrt{x^2+1}\right)^3 \Big|_0^2$$

$$= \frac{1}{3} \cdot \left(\sqrt{2^2+1}\right)^3 - \frac{1}{3} \cdot \sqrt{0^2+1}$$

$$= \underline{3{,}39344\ldots}$$

► $x_S = \frac{3{,}39344\ldots}{2{,}95788\ldots} = \underline{1{,}14725\ldots}$

Berechnung der Schwerpunktskoordinate y_S

$$y_S = -\frac{\frac{1}{2} \cdot \int_a^b [f(x)]^2\,dx}{A_x}; f(x) > 0; x \in [0; 2]$$

► 0 für a; 2 für b; $f(x) = \sqrt{x^2+1}$

$$\frac{1}{2} \cdot \int_a^b [f(x)]^2\,dx = \frac{1}{2} \cdot \int_0^2 (x^2+1)\,dx$$

$$= \frac{1}{2} \cdot \left(\frac{1}{3}x^3 + x \Big|_0^2\right)$$

$$= \frac{1}{2} \cdot \left(\frac{1}{3} \cdot 2^3 + 2 - 0\right)$$

$$= \underline{\frac{7}{3}}$$

► $y_S = \frac{\frac{7}{3}}{2{,}95788\ldots} = \underline{0{,}78885\ldots}$

Berechnung von I_{xS} und I_x

$$I_{xS} = \frac{1}{3} \cdot \int_a^b |f(x)|^3\,dx \quad \blacktriangleright \text{0 für } a\text{; 2 für } b\text{; } f(x) = \sqrt{x^2+1}$$

$$= \frac{1}{3} \cdot \int_0^2 \left(\sqrt{x^2+1}\right)^3 dx$$

► $x = \sinh z \Rightarrow \frac{dx}{dz} = \cosh z \Rightarrow dx = \cosh z \cdot dz$

► $a = 0 \Rightarrow z_1 = 0$; $a = 2 \Rightarrow z_2 = \ln(2+\sqrt{5})$

$$I_{xS} = \frac{1}{3} \cdot \int_0^{\ln(2+\sqrt{5})} \left[\Big(\underbrace{\sqrt{\sinh^2 z + 1}}_{\cosh^2 z}\Big)^3 \cdot \cosh z\right] dz$$

$$= \frac{1}{3} \cdot \int_0^{\ln(2+\sqrt{5})} \cosh^4 z \cdot dz \quad \blacktriangleright \text{2.5, Übungsaufgabe 64}$$

$$= \frac{1}{3} \cdot \left[\frac{1}{4} \cdot \cosh^3 z \cdot \sinh z + \frac{3}{8} \cdot \cosh z \cdot \sinh z + \frac{3}{8} \cdot z \Big|_0^{\ln(2+\sqrt{5})}\right]$$

$$= 2{,}60286\ldots$$

$$= \underline{\underline{2{,}60286}}$$

► axiales Flächenmoment zweiten Grades, bezogen auf die x-Achse als Biegeachse

Berechnung von I_{yS} und I_y

$$I_{yS} = \int_a^b [x^2 \cdot |f(x)|]\,dx \quad \blacktriangleright \text{0 für } a\text{; 2 für } b\text{; } f(x) = \sqrt{x^2+1}$$

$$= \int_0^2 \left(x^2 \cdot \sqrt{x^2+1}\right) dx \quad \blacktriangleright \text{2.5, Übungsaufgabe 68}$$

$$= \frac{x}{4} \cdot \left(\sqrt{x^2+1}\right)^3 - \frac{x}{2} \cdot \sqrt{x^2+1} - 2 \cdot \ln\left(x + \sqrt{x^2+1}\right) \Big|_0^2$$

$$= \frac{2}{4} \cdot \left(\sqrt{2^2+1}\right)^3 - \frac{2}{2} \cdot \sqrt{2^2+1} - 2 \cdot \ln\left(2 + \sqrt{2^2+1}\right) - 0$$

$$= 4{,}85069\ldots$$

$$= \underline{\underline{4{,}85070}}$$

► axiales Flächenmoment zweiten Grades, bezogen auf die y-Achse als Biegeachse

$$I_x = I_{xS} - A_x \cdot y_S^2 \quad \blacktriangleright A_x = 2{,}95788\ldots;\ y_S = 0{,}78885\ldots$$

$$= 2{,}60286\ldots - 2{,}95788\ldots \cdot (0{,}78885\ldots)^2$$

$$= \underline{\underline{0{,}76221}}$$

► axiales Flächenmoment zweiten Grades, bezogen auf die Schwerpunktsachse im Abstand y_S als Biegeachse

$$I_y = I_{yS} - A_x \cdot x_S^2 \quad \blacktriangleright A_x = 2{,}95788\ldots;\ x_s = 1{,}14725\ldots$$

$$= 4{,}85069\ldots - 2{,}95788\ldots \cdot (1{,}14725\ldots)^2$$

$$= \underline{\underline{0{,}95755}}$$

► axiales Flächenmoment zweiten Grades, bezogen auf die Schwerpunktsachse im Abstand x_S als Biegeachse

405

16. $f: f(x)=\frac{2}{3}\cdot\sqrt{9-x^2};\ x\in[-3;3]$

A_x ist die Maßzahl einer Halbellipse. Für deren Halbachsenlängen gilt: $a=3$ und $b=2$

$\Rightarrow A_x=\frac{1}{2}\pi\cdot ab=\frac{1}{2}\pi\cdot 3\cdot 2=\underline{3\pi}$ ► 3.1, Übungsaufgabe 12

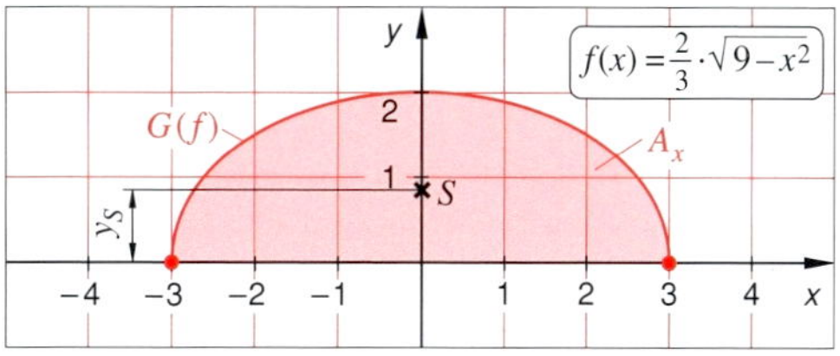

Berechnung der Schwerpunktskoordinate x_S

Da der Graph von f symmetrisch zur y-Achse ist $(\blacktriangleright f(-x)=f(x))$, gilt $x_S=\underline{\underline{0}}$.

Berechnung der Schwerpunktskoordinate y_S

$$y_S=\frac{\frac{1}{2}\cdot\int\limits_a^b [f(x)]^2\,\mathrm{d}x}{A_x};\ f(x)\ \geq 0;\ x\in[-3;3] \quad \blacktriangleright\ -3 \text{ für } a;\ 3 \text{ für } b;\ f(x)=\frac{2}{3}\cdot\sqrt{9-x^2}$$

$$\frac{1}{2}\cdot\int\limits_a^b [f(x)]^2\,\mathrm{d}x=\frac{1}{2}\cdot\int\limits_{-3}^{3}\left[\frac{4}{9}\cdot(9-x^2)\right]\mathrm{d}x \quad \blacktriangleright \text{ Symmetrie ausnutzen}$$

$$\Rightarrow \frac{1}{2}\cdot\int\limits_{-3}^{3}\left[\frac{4}{9}\cdot(9-x^2)\right]\mathrm{d}x=\frac{1}{2}\cdot 2\cdot\frac{4}{9}\cdot\int\limits_0^3(9-x^2)\,\mathrm{d}x=\frac{4}{9}\cdot\left(9x-\frac{1}{3}\cdot x^3\Big|_0^3\right)=\frac{4}{9}\cdot\left(9\cdot 3-\frac{1}{3}\cdot 3^3-0\right)=\underline{\underline{8}}$$

$$\blacktriangleright\ y_S=\frac{8}{3\pi}=\underline{0{,}84882\ldots} \quad \blacktriangleright \text{ Schwerpunktsabstand } y_S$$

Berechnung von I_{xS} und I_x

$$I_{xS}=\frac{1}{3}\cdot\int\limits_a^b |f(x)|^3\,\mathrm{d}x$$

$$\blacktriangleright\ -3 \text{ für } a;\ 3 \text{ für } b;\ f(x)=\frac{2}{3}\cdot\sqrt{9-x^2}$$

$$=\frac{1}{3}\cdot\int\limits_{-3}^{3}\left[\frac{8}{27}\left(\sqrt{9-x^2}\right)^3\right]\mathrm{d}x \quad \blacktriangleright \text{ Symmetrie ausnutzen}$$

$$=\frac{8}{81}\cdot 2\cdot\int\limits_0^3\left(\sqrt{9-x^2}\right)^3\mathrm{d}x$$

$$\blacktriangleright\ x=3\cdot\cos z\Rightarrow\frac{\mathrm{d}x}{\mathrm{d}z}=-3\cdot\sin z\Rightarrow \mathrm{d}x=-3\cdot\sin z\cdot\mathrm{d}z$$

$$\blacktriangleright\ a=0\Rightarrow z_1=\frac{\pi}{2};\ b=3\Rightarrow z_2=0$$

$$I_{xS}=\frac{16}{81}\cdot\int\limits_{\frac{\pi}{2}}^{0}\left[\left(\sqrt{9-9\cdot\cos^2 z}\right)^3\cdot(-3\cdot\sin z)\right]\mathrm{d}z$$

$$=-\frac{16}{27}\cdot\int\limits_{\frac{\pi}{2}}^{0}\left[27\cdot\sin^3 z\cdot\sin z\right]\mathrm{d}z$$

$$=-16\cdot\int\limits_{\frac{\pi}{2}}^{0}\sin^4 z\,\mathrm{d}z \quad \blacktriangleright \text{ 2.5, Übungsaufgabe 62}$$

$$=-16\cdot\left(-\frac{1}{4}\cdot\sin^3 z\cdot\cos z-\frac{3}{8}\cdot\sin z\cdot\cos z+\frac{3}{8}\cdot z\Big|_{\frac{\pi}{2}}^{0}\right)$$

Berechnung von I_{yS} und I_y

$$I_{yS}=\int\limits_a^b\left[x^2\cdot|f(x)|\right]\mathrm{d}x$$

$$\blacktriangleright\ -3 \text{ für } a;\ 3 \text{ für } b;\ f(x)=\frac{2}{3}\cdot\sqrt{9-x^2}$$

$$=\int\limits_{-3}^{3}\left[x^2\cdot\frac{2}{3}\cdot\sqrt{9-x^2}\right]\mathrm{d}x \quad \blacktriangleright \text{ Symmetrie ausnutzen}$$

$$=\frac{2}{3}\cdot 2\cdot\int\limits_0^3\left(x^2\cdot\sqrt{9-x^2}\right)\mathrm{d}x \quad \blacktriangleright \text{ Übungsaufgabe 6}$$

$$=\frac{4}{3}\cdot\left[-\frac{x}{4}\cdot\left(\sqrt{9-x^2}\right)^3+9\cdot\frac{1}{4}\cdot\left(\frac{9}{2}\cdot\operatorname{Arcsin}\frac{x}{3}+\frac{x}{2}\sqrt{9-x^2}\right)\Big|_0^3\right]$$

$$=\frac{4}{3}\cdot\left[0+\frac{9}{4}\cdot\left(\frac{9}{2}\cdot\operatorname{Arcsin}1+0\right)-0\right]$$

$$=\frac{27}{2}\cdot\operatorname{Arcsin}1 \quad \blacktriangleright\ \operatorname{Arcsin}1=\frac{\pi}{4}$$

$$=\frac{27\pi}{4}$$

$$=\underline{\underline{21{,}20575}}$$

► axiales Flächenmoment zweiten Grades, bezogen auf die y-Achse als Biegeachse

405 $= -16 \cdot \left(0 + \frac{1}{4} \cdot \sin^3 \frac{\pi}{2} \cdot \cos \frac{\pi}{2} + \frac{3}{8} \cdot \sin \frac{\pi}{2} \cdot \cos \frac{\pi}{2} - \frac{3}{8} \cdot \frac{\pi}{2}\right)$

$= 3\pi$

$= \underline{\underline{9{,}42478}}$ ► axiales Flächenmoment zweiten Grades, bezogen auf die x-Achse als Biegeachse

$I_x = I_{xS} - A_x \cdot y_S^2$ ► $A_x = 3\pi;\ y_S = \frac{8}{3\pi}$

$= 3\pi - 3\pi \cdot \left(\frac{8}{3\pi}\right)^2$

$= \underline{\underline{2{,}63417}}$ ► axiales Flächenmoment zweiten Grades, bezogen auf die Schwerpunktsachse im Abstand y_S als Biegeachse

$I_y = I_{yS} - A_x \cdot x_S^2$ ► $x_S = 0$

$= I_{yS} - 0$

$\Rightarrow \underline{I_y = I_{yS} = 21{,}20575}$

► axiales Flächenmoment zweiten Grades, bezogen auf die Schwerpunktsachse, also die y-Achse

17. $f: f(x) = \sin x;\ x \in [0; \pi]$

$A_x = \int\limits_0^{\pi} \sin x \,\mathrm{d}x = -\cos x \Big|_0^{\pi}$

$= -\cos \pi - (-\cos 0)$

$= \underline{\underline{2}}$

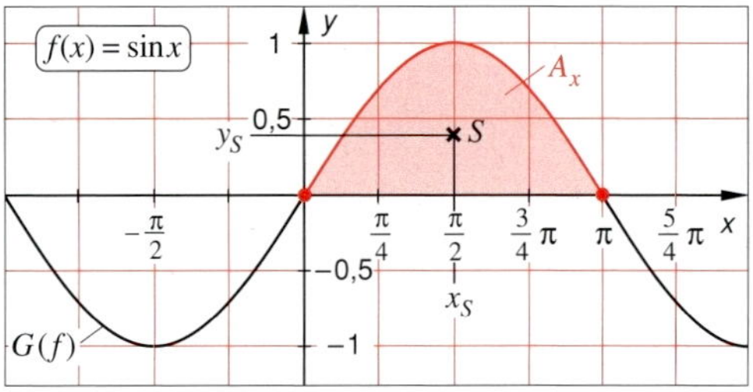

Berechnung der Schwerpunktskoordinate x_S

Da der Graph der Funktion $f: f(x) = \sin x$; $D(f) = \mathbb{R}$ im Intervall $[0; \pi]$ symmetrisch zur Geraden mit der Gleichung $x = \frac{\pi}{2}$ liegt (► $f\left(\frac{\pi}{2} - s\right) = f\left(\frac{\pi}{2} + 2\right) = \cos s;\ \ s \in \left[0; \frac{\pi}{2}\right]$), gilt:

► $x_S = \frac{\pi}{2} = \underline{1{,}57080}$

Für den Flächenschwerpunkt gilt damit:
$S\langle 1{,}57080 \,|\, 0{,}39270 \rangle$

Berechnung der Schwerpunktskoordinate y_S

$y_S = \frac{\frac{1}{2} \cdot \int\limits_a^b [f(x)]^2 \,\mathrm{d}x}{A_x}$ ► $f(x) \geq 0;\ x \in [0; \pi]$
0 für a; π für b; $f(x) = \sin x$

$\frac{1}{2} \cdot \int\limits_a^b [f(x)]^2 \,\mathrm{d}x = \frac{1}{2} \cdot \int\limits_0^{\pi} \sin^2 x \,\mathrm{d}x$ ► 2.4.1

$= \frac{1}{2} \cdot \left[\frac{x}{2} - \frac{1}{4} \cdot \sin(2x) \Big|_0^{\pi}\right]$

$= \frac{1}{2} \cdot \left[\frac{\pi}{2} - \frac{1}{4} \cdot \sin(2\pi) - 0\right]$ ► $\sin(2\pi) = 0$

$= \frac{\pi}{4}$

► $y_S = \frac{\frac{\pi}{4}}{2} = \frac{\pi}{8} = \underline{0{,}39270}$

Berechnung von I_{x_S} und I_x

$I_{xS} = \frac{1}{3} \cdot \int\limits_a^b |f(x)|^3 \,\mathrm{d}x$ ► 0 für a; π für b; $f(x) = \sin x$

$= \frac{1}{3} \cdot \int\limits_0^{\pi} \sin^3 x \,\mathrm{d}x;\ \sin x \geq 0;\ x \in [0; \pi]$

$= \frac{1}{3} \cdot \int\limits_0^{\pi} (\sin^2 x \cdot \sin x) \,\mathrm{d}x$ ► $\sin^2 x = 1 - \cos^2 x$

Berechnung von I_{yS} und I_y

$I_{yS} = \int\limits_a^b [x^2 \cdot |f(x)|] \,\mathrm{d}x$ ► 0 für a; π für b; $f(x) = \sin x$

$= \int\limits_0^{\pi} (x^2 \cdot \sin x) \,\mathrm{d}x;\ \sin x \geq 0;\ x \in [0; \pi]$

$= -x^2 \cdot \cos x + 2x \cdot \sin x + 2 \cdot \cos x \Big|_0^{\pi}$ ► 2.5; Übungsaufgabe 1

$$I_{xS} = \frac{1}{3} \cdot \int_0^{\pi} [(1-\cos^2 x) \cdot \sin x] \, dx$$
$$= \frac{1}{3} \cdot \int_0^{\pi} \sin x \, dx - \frac{1}{3} \cdot \int_0^{\pi} (\cos^2 x \cdot \sin x) \, dx \quad \blacktriangleright 2.4.3$$
$$= \frac{1}{3} \cdot \left(-\cos x \Big|_0^{\pi} \right) - \frac{1}{3} \cdot \left(-\frac{1}{3} \cdot \cos^3 x \Big|_0^{\pi} \right)$$
$$= \frac{1}{3} \cdot \left(-\cos \pi + \cos 0 \right) + \frac{1}{9} \cdot \left(\cos^3 \pi - \cos^3 0 \right)$$
$$= \frac{4}{9}$$
$$= \underline{\underline{0{,}44444}}$$

► axiales Flächenmoment zweiten Grades bezogen auf die x-Achse als Biegeachse

$$I_x = I_{xS} - A_x \cdot y_S^2 \quad \blacktriangleright A_x = 2;\ y_S = \frac{\pi}{8}$$
$$= \frac{4}{9} - 2 \cdot \left(\frac{\pi}{8} \right)^2$$
$$= \underline{\underline{0{,}13602}}$$

► axiales Flächenmoment zweiten Grades bezogen auf die Schwerpunktsachse im Abstand y_S als Biegeachse

$$I_{yS} = \pi^2 \cdot \cos \pi + 2\pi \cdot \sin \pi + 2 \cdot \cos \pi + - (-0 + 0 + 2 \cdot \cos 0)$$
$$= \pi^2 + 0 - 2 - 2$$
$$= 5{,}86960\ldots$$
$$= \underline{\underline{5{,}86960}}$$

► axiales Flächenmoment zweiten Grades bezogen auf die y-Achse als Biegeachse

$$I_y = I_{yS} - A_x \cdot x_S^2 \quad \blacktriangleright A_x = 2;\ x_S = \frac{\pi}{2}$$
$$= 5{,}86960\ldots - 2 \cdot \left(\frac{\pi}{2} \right)^2$$
$$= \underline{\underline{0{,}93480}}$$

► axiales Flächenmoment zweiten Grades bezogen auf die Schwerpunktsachse im Abstand x_S als Biegeachse

18. $f: f(x) = e^x;\ x \in [0;\ 2 \cdot \ln 3]$

$$A_x = \int_0^{2 \cdot \ln 3} e^x \, dx$$
$$= e^x \Big|_0^{2 \cdot \ln 3} \quad \blacktriangleright 2 \cdot \ln 3 = \ln 9$$
$$= e^{\ln 9} - e^0 \quad \blacktriangleright e^{\ln 9} = 9;\ e^0 = 1$$
$$= 9 - 1$$
$$= \underline{\underline{8}}$$

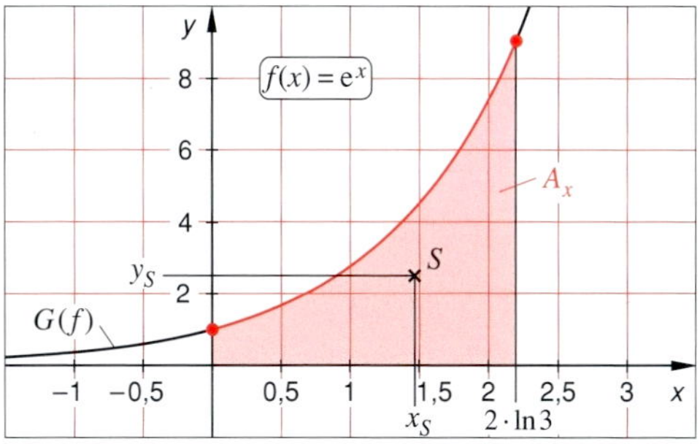

Berechnung der Schwerpunktskoordinate x_S

$$x_S = \frac{\int_a^b [x \cdot f(x)] \, dx}{A} \quad \blacktriangleright 0 \text{ für } a;\ \ln 9 \text{ für } b;\ f(x) = e^x$$

$$\int_a^b [x \cdot f(x)] \, dx = \int_0^{\ln 9} (x \cdot e^x) \, dx;\ f(x) > 0;\ x \in [0;\ \ln 9]$$
$$= x \cdot e^x - e^x \Big|_0^{\ln 9} \quad \blacktriangleright 2.5$$
$$= \ln 9 \cdot e^{\ln 9} - e^{\ln 9} - \left(0 \cdot e^0 - e^0 \right)$$
$$= (\ln 9) \cdot 9 - 9 + 1$$
$$= \underline{9 \cdot \ln 9 - 8}$$

$$\blacktriangleright\ x_S = \frac{9 \cdot \ln 9 - 8}{8} = \underline{1{,}47187\ldots}$$

Berechnung der Schwerpunktskoordinate y_S

$$y_S = \frac{\frac{1}{2} \cdot \int_a^b [f(x)]^2 \, dx}{A_x} \quad \blacktriangleright 0 \text{ für } a;\ \ln 9 \text{ für } b;\ f(x) = e^x$$

$$\frac{1}{2} \cdot \int_a^b [f(x)]^2 \, dx = \frac{1}{2} \cdot \int_0^{\ln 9} e^{2x} \, dx \quad \blacktriangleright 2.4.1$$
$$= \frac{1}{2} \cdot \left(\frac{1}{2} \cdot e^{2x} \Big|_0^{\ln 9} \right)$$
$$= \tfrac{1}{2} \cdot \left(\tfrac{1}{2} \cdot e^{2 \cdot \ln 9} - \tfrac{1}{2} \cdot e^0 \right)$$
$$= \tfrac{1}{4} \cdot e^{\ln 81} - \tfrac{1}{4} \cdot 1 \quad \blacktriangleright e^{\ln 81} = 81$$
$$= \underline{20}$$

$$\blacktriangleright\ y_S = \frac{20}{8} = \underline{2{,}5}$$

405

Berechnung von I_{xS} und I_x

$$I_{xS} = \frac{1}{3} \cdot \int_a^b |f(x)|^3 \, dx \quad ► 0 \text{ für } a;\ \ln 9 \text{ für } b; f(x) = e^x$$

$$= \frac{1}{3} \cdot \int_0^{\ln 9} e^{3x} dx;\ e^x > 0;\ x \in [0;\ \ln 9]$$

$$= \frac{1}{3} \cdot \frac{1}{3} \cdot e^{3x} \Big|_0^{\ln 9}$$

$$= \frac{1}{9} \cdot e^{3 \cdot \ln 9} - \frac{1}{9} \cdot e^0 \quad ► 3 \cdot \ln 9 = \ln 9^3$$

$$= \frac{1}{9} \cdot e^{\ln 9^3} - \frac{1}{9} \cdot 1 \quad ► e^{\ln 9^3} = 9^3$$

$$= 80{,}88888\ldots$$

$$= \underline{\underline{80{,}88889}}$$ ► axiales Flächenmoment zweiten Grades bezogen auf die x-Achse als Biegeachse

$$I_x = I_{xS} - A_x \cdot y_S^2 \quad ► A_x = 8;\ y_S = 2{,}5$$

$$= 80{,}88888\ldots - 8 \cdot 2{,}5^2$$

$$= \underline{\underline{30{,}88889}}$$ ► axiales Flächenmoment zweiten Grades bezogen auf die Schwerpunktsachse im Abstand y_S als Biegeachse

Berechnung von I_{yS} und I_y

$$I_{yS} = \int_a^b [x^2 \cdot |f(x)|] \, dx \quad ► 0 \text{ für } a;\ \ln 9 \text{ für } b; f(x) = e^x$$

$$= \int_0^{\ln 9} (x^2 \cdot e^x) \, dx;\ e^x > 0;\ x \in [0;\ \ln 9]$$

$$= x^2 \cdot e^x - 2x \cdot e^x + 2 \cdot e^x \Big|_0^{\ln 9} \quad ► 2.5$$

$$= (x^2 - 2x + 2) \cdot e^x \Big|_0^{\ln 9}$$

$$= \left[(\ln 9)^2 - 2 \cdot \ln 9 + 2\right] \cdot e^{\ln 9} - \left(0^2 - 2 \cdot 0 + 2\right) \cdot e^0$$

$$= \left(\ln^2 9 - 2 \cdot \ln 9 + 2\right) \cdot 9 - 2$$

$$= 19{,}90012\ldots$$

$$= \underline{\underline{19{,}90012}}$$ ► axiales Flächenmoment zweiten Grades bezogen auf die y-Achse als Biegeachse

$$I_y = I_{yS} - A_x \cdot x_S^2 \quad ► A_x = 8;\ x_S = 1{,}47187\ldots$$

$$= 19{,}90012\ldots - 8 \cdot 1{,}47178\ldots^2$$

$$= \underline{\underline{2{,}56873}}$$ ► axiales Flächenmoment zweiten Grades bezogen auf die Schwerpunktsachse im Abstand x_S als Biegeachse

19. $f: f(x) = \cos x;\ x \in [0;\ \pi]$

$$A_x = \int_0^{\frac{\pi}{2}} \cos x \, dx + \left| \int_{\frac{\pi}{2}}^{\pi} \cos x \, dx \right|$$

$$= \sin x \Big|_0^{\frac{\pi}{2}} + \left| \sin x \Big|_{\frac{\pi}{2}}^{\pi} \right|$$

$$= \sin \frac{\pi}{2} - \sin 0 + \left| \sin \pi - \sin \frac{\pi}{2} \right|$$

$$= \underline{\underline{2}}$$

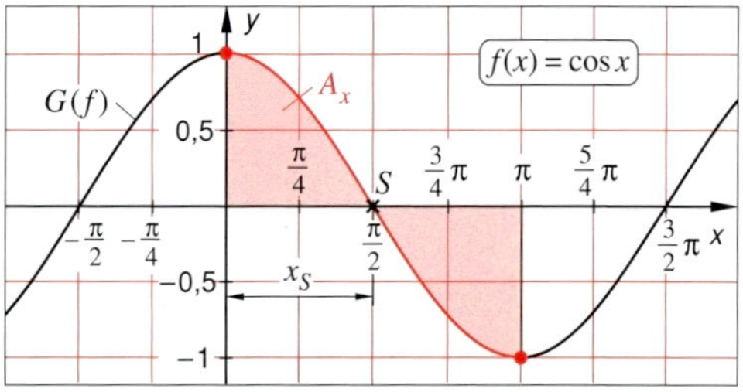

Da der Graph von $f: f(x) = \cos x;\ D(f) = \mathbb{R}$ im Intervall $[0;\ \pi]$ punktsymmetrisch zum Punkt $S\langle\frac{\pi}{2}|0\rangle$ ist (► $\cos\left(\frac{\pi}{2} - s\right) = \sin s;\ \cos\left(\frac{\pi}{2} + s\right) = -\sin s \Rightarrow f\left(\frac{\pi}{2} - s\right) = -f\left(\frac{\pi}{2} + s\right);\ s \in \left[0; \frac{\pi}{2}\right]$), ist $S\langle\frac{\pi}{2}|0\rangle$ der Schwerpunkt der Fläche im Intervall $[0; \pi]$. Da die Flächenmaßzahlen in den Intervallen $\left[0; \frac{\pi}{2}\right]$ und $\left[\frac{\pi}{2}; \pi\right]$ gleich sind, wird I_{xS} nur für das Intervall $\left[0; \frac{\pi}{2}\right]$ berechnet und das Ergebnis verdoppelt.

Berechnung von I_{xS} und I_x

$$I_{xS} = 2 \cdot \frac{1}{3} \cdot \int_a^b |f(x)|^3 \, dx$$

► 0 für a; $\frac{\pi}{2}$ für b; $f(x) = \cos x$

$$I_{xS} = \frac{2}{3} \cdot \int_0^{\frac{\pi}{2}} \cos^3 x \, dx$$

$$= \frac{2}{3} \cdot \left(\sin x - \frac{1}{3} \cdot \sin^3 x \Big|_0^{\frac{\pi}{2}} \right) \quad ► 2.5; \text{ Übungsaufgabe 53}$$

$$= \frac{2}{3} \cdot \left(\sin \frac{\pi}{2} - \frac{1}{3} \cdot \sin^3 \frac{\pi}{2} - \sin 0 + \frac{1}{3} \cdot \sin^3 0 \right)$$

Berechnung von I_{yS} und I_y

$$I_{yS} = \int_a^b [x^2 \cdot |f(x)|] \, dx + \int_c^d [x^2 \cdot |f(x)|] \, dx$$

► 0 für a; $\frac{\pi}{2}$ für b; $\frac{\pi}{2}$ für c; π für d; $f(x) = \cos x$

$$I_{yS} = \int_0^{\frac{\pi}{2}} [x^2 \cdot |\cos x|] \, dx + \int_{\frac{\pi}{2}}^{\pi} [x^2 \cdot |\cos x|] \, dx$$

► $|\cos x| = \cos x;\ x \in \left[0; \frac{\pi}{2}\right];\ |\cos x| = -\cos x;\ x \in \left[\frac{\pi}{2}; \pi\right]$

$$I_{yS} = \int_0^{\frac{\pi}{2}} [x^2 \cdot \cos x] \, dx + \int_{\frac{\pi}{2}}^{\pi} [x^2 \cdot (-\cos x)] \, dx$$

$$I_{xS} = \frac{2}{3}\cdot\left(1-\frac{1}{3}\cdot 1^3 - 0 + 0\right)$$
$$= \frac{2}{3}\cdot\frac{2}{3}$$
$$= \frac{4}{9}$$
$$= \underline{\underline{0{,}44444}}$$

► axiales Flächenmoment zweiten Grades bezogen auf die x-Achse als Biegeachse

$$I_{yS} = \int_0^{\frac{\pi}{2}} [x^2\cdot\cos x]\,\mathrm{d}x - \int_{\frac{\pi}{2}}^{\pi} [x^2\cdot\cos x]\,\mathrm{d}x$$ ► 2.5; Übungsaufgabe 3

$$= x^2\cdot\sin x + 2x\cdot\cos x - 2\cdot\sin x\,\Big|_0^{\frac{\pi}{2}} +$$
$$-\left(x^2\cdot\sin x + 2x\cdot\cos x - 2\cdot\sin x\,\Big|_{\frac{\pi}{2}}^{\pi}\right)$$
$$= \left[\left(\tfrac{\pi}{2}\right)^2\cdot\sin\tfrac{\pi}{2} + 2\cdot\tfrac{\pi}{2}\cdot\cos\tfrac{\pi}{2} - 2\cdot\sin\tfrac{\pi}{2} - (0+0-0)\right] +$$
$$-\Big[\pi^2\cdot\sin\pi + 2\pi\cdot\cos\pi - 2\cdot\sin\pi +$$
$$-\left(\tfrac{\pi}{2}\right)^2\cdot\sin\tfrac{\pi}{2} - 2\cdot\tfrac{\pi}{2}\cdot\cos\tfrac{\pi}{2} + 2\cdot\sin\tfrac{\pi}{2}\Big]$$
$$= \left[\frac{\pi^2}{4}\cdot 1 + \pi\cdot 0 - 2\cdot 1\right] + \Big[\pi^2\cdot 0 + 2\pi\cdot(-1) - 2\cdot 0 +$$
$$-\frac{\pi^2}{4}\cdot 1 - \pi\cdot 0 + 2\cdot 1\Big]$$
$$= 7{,}21798\ldots$$
$$= \underline{\underline{7{,}21799}}$$ ► axiales Flächenmoment zweiten Grades bezogen auf die y-Achse als Biegeachse

$I_x = I_{xS} - A_x\cdot y_S^2$ ► $A_x = 2;\ y_S = 0$

$\Rightarrow I_x = I_{xS} = \underline{\underline{0{,}44444}}$

$I_y = I_{yS} - A_x\cdot x_S^2$ ► $A_x = 2;\ x_S = \frac{\pi}{2}$

$$= 7{,}21798\ldots - 2\cdot\left(\frac{\pi}{2}\right)^2$$
$$= \underline{\underline{2{,}28319}}$$ ► axiales Flächenmoment bezogen auf die Schwerpunktsachse im Abstand x_S

20. $f: f(x) = x^3;\ x\in[-1;\,1]$

$$A_x = \left|\int_{-1}^{0} x^3\,\mathrm{d}x\right| + \int_0^1 x^3\,\mathrm{d}x$$
$$= \left|\frac{1}{4}\cdot x^4\,\Big|_{-1}^{0}\right| + \frac{1}{4}\cdot x^4\,\Big|_0^1$$
$$= \left|0-\frac{1}{4}\right| + \frac{1}{4} - 0$$
$$= \underline{0{,}5}$$

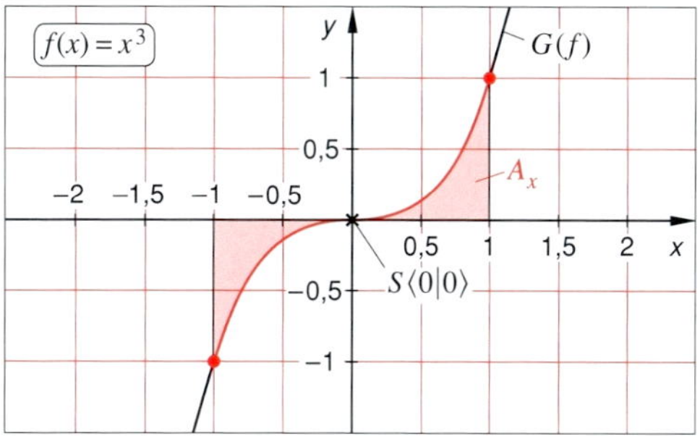

Da der Graph der Funktion $f: f(x) = x^3;\ D(f) = \mathbb{R}$ im Intervall $[-1;\,1]$ punktsymmetrisch zum Koordinatenursprung ist $\big(\blacktriangleright f(-x) = -f(x)\big)$, gilt für den Schwerpunkt: $S\langle 0\,|\,0\rangle$

Berechnung von I_{xS} und I_x

$I_{xS} = \frac{1}{3}\cdot\int_a^b |f(x)|^3\,\mathrm{d}x$ ► $f(x) = x^3$

$$= \frac{1}{3}\cdot\int_{-1}^{0}(-x^3)^3\,\mathrm{d}x + \frac{1}{3}\cdot\int_0^1 (x^3)^3\,\mathrm{d}x$$
$$= -\frac{1}{3}\cdot\int_{-1}^{0} x^9\,\mathrm{d}x + \frac{1}{3}\cdot\int_0^1 x^9\,\mathrm{d}x$$
$$= -\frac{1}{3}\cdot\frac{1}{10}\cdot x^{10}\,\Big|_{-1}^{0} + \frac{1}{3}\cdot\frac{1}{10}\cdot x^{10}\,\Big|_0^1$$

Berechnung von I_{yS} und I_y

$I_{yS} = \int_a^b [x^2\cdot|f(x)|]\,\mathrm{d}x$ ► $f(x) = x^3$

$$= \int_{-1}^{0}[x^2\cdot(-x^3)]\,\mathrm{d}x + \int_0^1 (x^2\cdot x^3)\,\mathrm{d}x$$
$$= -\int_{-1}^{0} x^5\,\mathrm{d}x + \int_0^1 x^5\,\mathrm{d}x$$
$$= -\frac{1}{6}\cdot x^6\,\Big|_{-1}^{0} + \frac{1}{6}\cdot x^6\,\Big|_0^1$$

405

$= -\frac{1}{3}\cdot\frac{1}{10}\cdot 0+\frac{1}{3}\cdot\frac{1}{10}\cdot 1+\frac{1}{3}\cdot\frac{1}{10}\cdot 1-0$

$= \underline{\underline{0{,}06667}}$

► axiales Flächenmoment zweiten Grades bezogen auf die x-Achse als Biegeachse

Wegen $y_S = 0$ gilt: $\underline{\underline{I_x = I_{xS}}}$

$= -\frac{1}{6}\cdot 0+\frac{1}{6}\cdot 1+\frac{1}{6}\cdot 1-0$

$= \underline{\underline{0{,}33333}}$

► axiales Flächenmoment zweiten Grades bezogen auf die y-Achse als Biegeachse

Wegen $x_S = 0$ gilt: $\underline{\underline{I_y = I_{yS}}}$

21. $f: f(x) = x^2 - 2x;\ x \in [-1; 2]$

Im Kapitel 3.5.1, Übungsaufgabe 17, wurden bereits berechnet:

$\underline{A_x = \frac{8}{3}}$ und $\underline{S\langle 0{,}15625 \,|\, 0{,}275\rangle}$

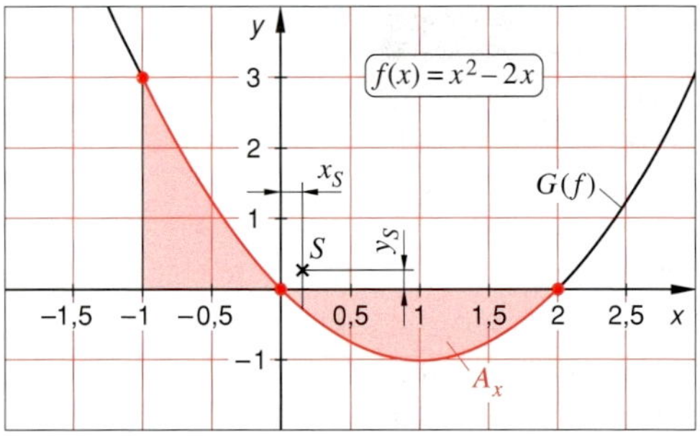

Berechnung von I_{xS} und I_x

$$I_{xS} = \frac{1}{3}\cdot\int_a^b |f(x)|^3\,dx$$

► $f(x) = x^2 - 2x$

$\Rightarrow |f(x)| = |x^2 - 2x| = x^2 - 2x;\ x \in [-1; 0]$

$|f(x)| = |x^2 - 2x| = 2x - x^2;\ x \in [0; 2]$

$$I_{xS} = \frac{1}{3}\cdot\int_{-1}^{0}(x^2-2x)^3\,dx + \frac{1}{3}\cdot\int_0^2 (2x-x^2)^3\,dx$$

$$= \frac{1}{3}\cdot\int_{-1}^{0}(x^6 - 6x^5 + 12x^4 - 8x^3)\,dx +$$

$$+\frac{1}{3}\cdot\int_0^2 (8x^3 - 12x^4 + 6x^5 - x^6)\,dx$$

$$= \frac{1}{3}\cdot\left(\frac{1}{7}\cdot x^7 - x^6 + \frac{12}{5}\cdot x^5 - 2x^4\Big|_{-1}^{0}\right) +$$

$$+\frac{1}{3}\cdot\left(2x^4 - \frac{12}{5}\cdot x^5 + x^6 - \frac{1}{7}\cdot x^7\Big|_0^2\right)$$

$$= \tfrac{1}{3}\cdot\Big[0 - \Big(\tfrac{1}{7}\cdot(-1)^7 - (-1)^6 +$$

$$+\tfrac{12}{5}\cdot(-1)^5 - 2\cdot(-1)^4\Big)\Big] +$$

$$+\tfrac{1}{3}\cdot\left(2\cdot 2^4 - \tfrac{12}{5}\cdot 2^5 + 2^6 - \tfrac{1}{7}\cdot 2^7 - 0\right)$$

$$= 2{,}15238\ldots$$

$$= \underline{\underline{2{,}15238}}$$

► axiales Flächenmoment zweiten Grades bezogen auf die x-Achse als Biegeachse

Berechnung von I_{yS} und I_y

$$I_{yS} = \int_a^b [x^2\cdot|f(x)|]\,dx$$

► $f(x) = x^2 - 2x$

$\Rightarrow |f(x)| = |x^2 - 2x| = x^2 - 2x;\ x \in [-1; 0]$

$|f(x)| = |x^2 - 2x| = 2x - x^2;\ x \in [0; 2]$

$$I_{yS} = \int_{-1}^{0}[x^2\cdot(x^2-2x)]\,dx + \int_0^2 [x^2\cdot(2x-x^2)]\,dx$$

$$= \int_{-1}^{0}(x^4 - 2x^3)\,dx + \int_0^2 (2x^3 - x^4)\,dx$$

$$= \frac{1}{5}\cdot x^5 - \frac{1}{2}\cdot x^4\Big|_{-1}^{0} + \frac{1}{2}\cdot x^4 - \frac{1}{5}\cdot x^5\Big|_0^2$$

$$= 0 - \left(\frac{1}{5}\cdot(-1)^5 - \frac{1}{2}\cdot(-1)^4\right) + \frac{1}{2}\cdot 2^4 - \frac{1}{5}\cdot 2^5 - 0$$

$$= -\left(-\frac{1}{5} - \frac{1}{2}\right) + 2^3 - \frac{32}{5}$$

$$= \frac{7}{10} + 8 - \frac{32}{5}$$

$$= \frac{23}{10}$$

$$= \underline{\underline{2{,}3}}$$

► axiales Flächenmoment zweiten Grades bezogen auf die y-Achse als Biegeachse

$$I_x = I_{xS} - A_x \cdot y_S^2 \quad \blacktriangleright A_x = \frac{8}{3};\ y_S = 0{,}275$$
$$= 2{,}15238\ldots - \frac{8}{3} \cdot 0{,}275^2$$
$$= \underline{\underline{1{,}95071}}$$

► axiales Flächenmoment zweiten Grades bezogen auf die Schwerpunktsachse im Abstand y_S als Biegeachse

$$I_y = I_{yS} - A_x \cdot x_S^2 \quad \blacktriangleright A_x = \frac{8}{3};\ x_S = 0{,}15625$$
$$= 2{,}3 - \frac{8}{3} \cdot 0{,}15625^2$$
$$= \underline{\underline{2{,}23480}}$$

► axiales Flächenmoment zweiten Grades bezogen auf die Schwerpunktsachse im Abstand x_S als Biegeachse

Merke:

Für einen rechteckigen Querschnitt mit der Breite b und der Höhe h berechnet man die auf die Schwerpunktsachse bezogenen axialen Flächenmomente zweiten Grades I_x und I_y wie folgt:

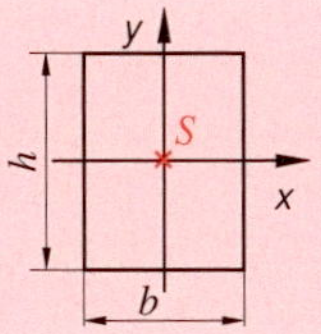

● $\boldsymbol{I_x = \frac{b \cdot h^3}{12}}$ ● $\boldsymbol{I_y = \frac{h \cdot b^3}{12}}$ ► **Lehrbuch: Kusch 4, S. 391/392**

Berechnen Sie für die nachstehenden Querschnitte die axialen Flächenmomente zweiten Grades I_x bzw. I_y bezogen auf die Schwerpunktsachsen. ► **Lehrbuch: Kusch 4, S. 394/395**

22.

Die Querschnittsfläche A des rechteckigen Hohlprofils wird als Differenz der Gesamtfläche und der inneren Rechteckfläche aufgefasst: $A = A_1 - A_2 = b \cdot h - (b - 2t) \cdot (h - 2t)$

Da das Profil symmetrisch zum Koordinatenursprung ist, liegt der Schwerpunkt S im Koordinatenursprung, d. h. die Koordinatenachsen sind Schwerpunkts- und Biegeachsen.

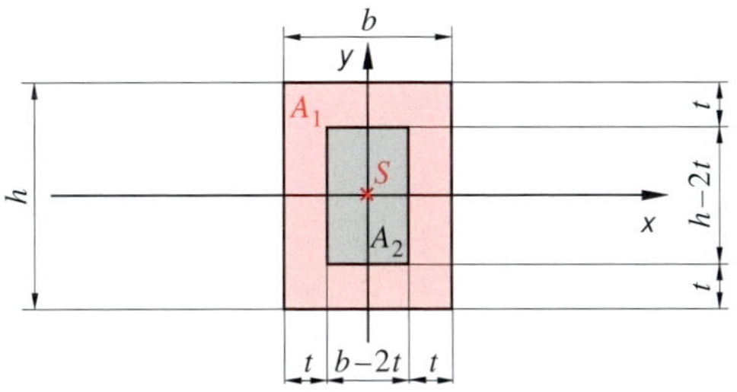

$A = A_1 - A_2 \quad \blacktriangleright A_1 = b \cdot h;\ A_2 = (b - 2t) \cdot (h - 2t)$

Da die Schwerpunkte und Biegeachsen der Flächen A_1 und A_2 übereinstimmen, erhält man die axialen Trägheitsmomente zweiten Grades I_x und I_y für das Hohlprofil als Differenz $I_{x;A_1} - I_{x;A_2}$ bzw. $I_{y;A_1} - I_{y;A_2}$ der axialen Trägheitsmomente der Teilflächen. Dazu benutzt man die für Rechteckquerschnitte angegebene Formel. ► Merksatz vor der Übungsaufgabe 22

Berechnung von I_x

$$\blacktriangleright I_{x;A_1} = \frac{b_1 \cdot h_1^3}{12} \quad \blacktriangleright b_1 = b;\ h_1 = h$$
$$= \underline{\frac{b \cdot h^3}{12}}$$

$$\blacktriangleright I_{x;A_2} = \frac{b_2 \cdot h_2^3}{12} \quad \blacktriangleright b_2 = b - 2t;\ h_2 = h - 2t$$
$$= \underline{\frac{(b-2t) \cdot (h-2t)^3}{12}}$$

$$\blacktriangleright I_x = I_{x;A_1} - I_{x;A_2}$$
$$= \frac{b \cdot h^3}{12} - \frac{(b-2t) \cdot (h-2t)^3}{12}$$
$$= \underline{\underline{\frac{1}{12} \cdot \left[b \cdot h^3 - (b-2t) \cdot (h-2t)^3\right]}}$$

Berechnung von I_y

$$\blacktriangleright I_{y;A_1} = \frac{h_1 \cdot b_1^3}{12} \quad \blacktriangleright h_1 = h;\ b_1 = b$$
$$= \underline{\frac{h \cdot b^3}{12}}$$

$$\blacktriangleright I_{y;A_2} = \frac{h_2 \cdot b_2^3}{12} \quad \blacktriangleright h_2 = h - 2t;\ b_2 = b - 2t$$
$$= \underline{\frac{(h-2t) \cdot (b-2t)^3}{12}}$$

$$\blacktriangleright I_y = I_{y;A_1} - I_{y;A_2}$$
$$= \frac{h \cdot b^3}{12} - \frac{(h-2t) \cdot (b-2t)^3}{12}$$
$$= \underline{\underline{\frac{1}{12} \cdot \left[h \cdot b^3 - (h-2t) \cdot (b-2t)^3\right]}}$$

405

23.

Zur Berechnung von I_x wird die Querschnittsfläche A des U-Profils als Differenz der Gesamtfläche und der inneren Rechteckfläche aufgefasst:

$$A = A_1 - A_2 = b \cdot h - (b-t)\cdot(h-2t)$$

Da das Profil symmetrisch zur x-Achse ist, liegt der Schwerpunkt S auf der x-Achse, d. h. die x-Achse ist Schwerpunkts- und Biegeachse für A, A_1 und A_2. Damit erhält man das axiale Trägheitsmoment zweiten Grades I_x für das U-Profil als Differenz $I_{x;A1} - I_{x;A2}$ der axialen Trägheitsmomente der Teilflächen. Dazu benutzt man wieder die für Rechteckquerschnitte angegebene Formel.

► Merksatz vor der Übungsaufgabe 22

Berechnung von I_x

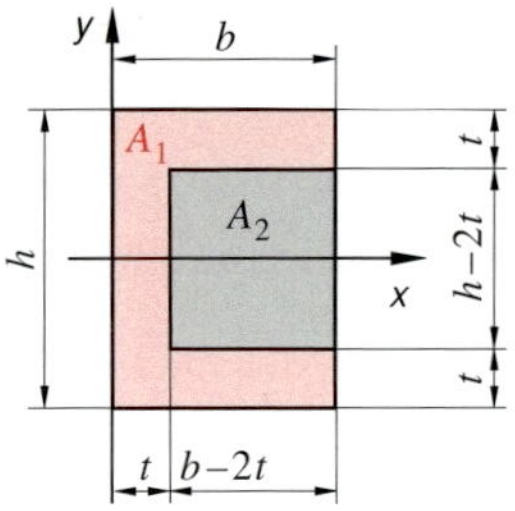

$A = A_1 - A_2$

$A_1 = b \cdot h$

$A_2 = (b-t)\cdot(h-2t)$

► $I_{x;A_1} = \dfrac{b_1 \cdot h_1^3}{12}$ ► $b_1 = b$; $h_1 = h$

$= \dfrac{b \cdot h^3}{12}$

► $I_{x;A_2} = \dfrac{b_2 \cdot h_2^3}{12}$; ► $b_2 = b - t$; $h_2 = h - 2t$

$= \dfrac{(b-t)\cdot(h-2t)^3}{12}$

► $I_x = I_{x;A_1} - I_{x;A_2}$

$= \dfrac{b \cdot h^3}{12} - \dfrac{(b-t)\cdot(h-2t)^3}{12}$

$= \dfrac{1}{12}\cdot\left[b\cdot h^3 - (b-t)\cdot(h-2t)^3\right]$

Verläuft die Schwerpunktsachse (Biegeachse) des U-Profils im Abstand x_S parallel zur y-Achse, so liegen die Schwerpunkte von A, A_1 und A_2 nicht auf einer Achse.

Zur Berechnung von I_y wird daher der Satz von Steiner angewendet.

► **Lehrbuch: Kusch 4, S. 396…400**

Es ist hier zweckmäßig, die y-Achse so anzuordnen, dass sie sich mit der linken Kante des U-Profils deckt.

Um I_y zu berechnen, stellt man die Steinersche Formel $I_{yS} = I_y + A \cdot x_S$ nach I_y um und ermittelt I_{yS}; A; und x_S.

Für Rechteckquerschnitte, bei denen die Biegeachse mit einer Rechteckseite übereinstimmt, wurde bereits eine Formel zur Berechnung von I_{xS} bzw. I_{yS} entwickelt. Ist z. B. bei einem Rechteck mit $A = b \cdot h$ die Rechteckseite h die Biegeachse und die y-Achse die Bezugsachse, so gilt:

$I_{yS} = \dfrac{h \cdot b^3}{3}$ ► **Lehrbuch: Kusch 4, S. 396**

Berechnung von I_y

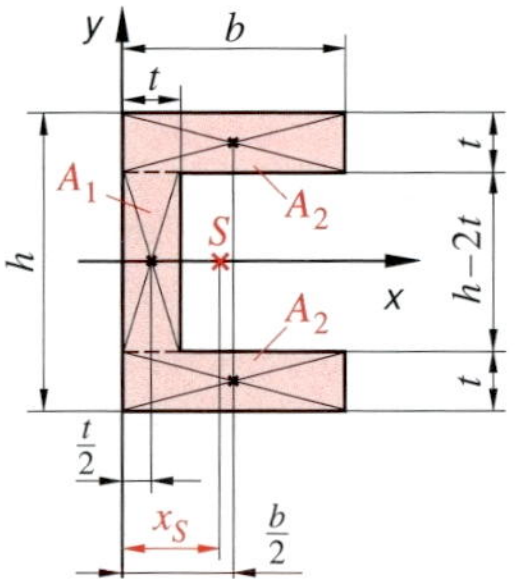

$A = A_1 + 2 \cdot A_2$

$A_1 = t \cdot (h-2t)$

$A_2 = b \cdot t$

$A = t\cdot(h-2t) + 2bt$

$I_{yS} = I_y + A \cdot x_S^2 \;\Rightarrow\; I_y = I_{yS} - A \cdot x_S^2$

► $I_{yS} = I_{yS;A_1} + 2 \cdot I_{yS;A_2}$

● $I_{yS;A_1} = \dfrac{b_1 \cdot h_1^3}{3}$; ► $b_1 = h - 2t$; $h_1 = t$

$= \dfrac{(h-2t)\cdot t^3}{3}$

● $I_{yS;A_2} = \dfrac{b_1 \cdot h_1^3}{3}$ ► $b_1 = t$; $h_1 = b$

$= \dfrac{t \cdot b^3}{3}$

$$I_{yS} = \frac{(h-2t)\cdot t^3}{3} + \frac{2}{3}\cdot t\cdot b^3 = \frac{1}{3}\cdot(ht^3 - 2t^4 + 2tb^3)$$

Für den Flächeninhalt der Gesamtfläche gilt: $A = t\cdot(h-2t)+2bt$

▶ $A = t\cdot(h-2t)+2bt = t\cdot(2b+h-2t)$

Für den Schwerpunktsabstand x_S gilt hier die Formel: $x_S = \frac{A_1\cdot x_{S_1} + 2\cdot A_2\cdot x_{S_2}}{A}$

▶ **Lehrbuch: Kusch 4, S. 323 ff.**

▶ $x_S = \frac{A_1\cdot x_{S_1} + 2\cdot A_2\cdot x_{S_2}}{A}$ ▶ $A_1 = t\cdot(h-2t);\ x_{S_1} = \frac{t}{2}$; $A_2 = b\cdot t;\ x_{S_2} = \frac{b}{2}$

$$= \frac{t\cdot(h-2t)\cdot\frac{t}{2} + 2\cdot bt\cdot\frac{b}{2}}{t\cdot(h-2t)+2bt} = \frac{2b^2 + t\cdot(h-2t)}{2\cdot(2b+h-2t)}$$

▶ $I_y = I_{yS} - A\cdot x_S^2 = \frac{1}{3}\cdot(ht^3 - 2t^4 + 2tb^3) - t\cdot(2b+h-2t)\cdot\left[\frac{2b^2+t\cdot(h-2t)}{2\cdot(2b+h-2t)}\right]^2$

24.

Die Querschnittsfläche A des kreuzförmigen Profils wird als Summe von drei Rechteckflächen aufgefasst: $A = A_1 + 2\cdot A_2$ ▶ Abbildung Da das Profil symmetrisch zum Koordinatenursprung ist, liegt der Schwerpunkt S im Koordinatenursprung, d. h. die Koordinatenachsen sind Schwerpunkts- und Biegeachsen.

Da Schwerpunkte und Biegeachse der Flächen A_1 und A_2 übereinstimmen, erhält man das axiale Trägheitsmoment zweiten Grades I_x für das Profil als Summe $I_{x;A_1} + 2\cdot I_{x;A_2}$ der axialen Trägheitsmomente der Teilflächen. Dazu benutzt man die für Rechteckquerschnitte entwickelte Formel: $I_x = \frac{b\cdot h^3}{12}$

▶ **Lehrbuch: Kusch 4, S. 391/392**

Berechnung von I_x

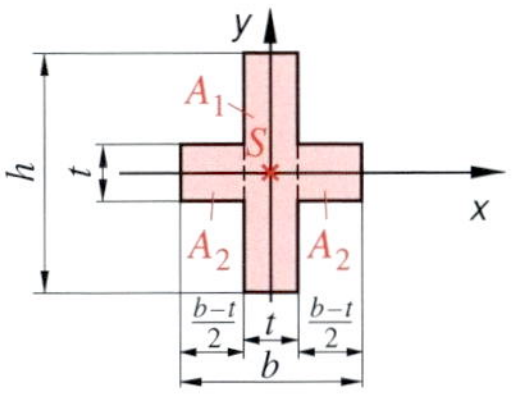

$A = A_1 + 2\cdot A_2$

$A_1 = t\cdot h$

$A_2 = \frac{b-t}{2}\cdot t$

$I_x = I_{x;A_1} + 2\cdot I_{x;A_2}$

▶ $I_{x;A_1} = \frac{b_1\cdot h_1^3}{12}$ ▶ $b_1 = t;\ h_1 = h$

$$= \frac{t\cdot h^3}{12}$$

▶ $I_{x;A_2} = \frac{b_2\cdot h_2^3}{12}$ ▶ $b_2 = \frac{b-t}{2};\ h_2 = t$

$$= \frac{\frac{b-t}{2}\cdot t^3}{12} = \frac{(b-t)\cdot t^3}{24}$$

▶ $I_x = I_{x;A_1} + 2\cdot I_{x;A_2}$

$$= \frac{th^3}{12} + 2\cdot\frac{(b-t)\cdot t^3}{24} = \frac{1}{12}\cdot\left[th^3 + (b-t)\cdot t^3\right]$$

Axiales Flächenmoment zweiten Grades bezogen auf die x-Achse

405

Auch bei der Berechnung von I_y wird die Querschnittsfläche A des kreuzförmigen Profils als Summe von drei Rechteckflächen aufgefasst, jedoch in einer anderen Aufteilung als bei der Berechnung von I_x, und zwar: $A = A_1 + 2 \cdot A_2$ ► Abbildung

Berechnung von I_y

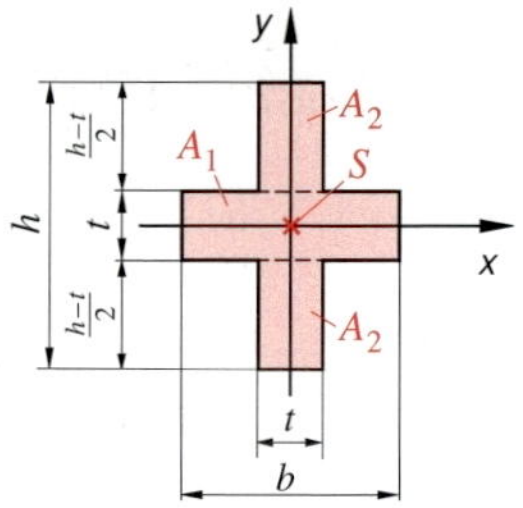

$$A = A_1 + 2 \cdot A_2$$
$$A_1 = b \cdot t$$
$$A_2 = \frac{h-t}{2} \cdot t$$

Ist die y-Achse die Biegeachse, so geht man bei der Berechnung von I_x analog zur Berechnung von I_y vor. Da Schwerpunkte und Biegeachse der Flächen A_1 and A_2 übereinstimmen, erhält man das axiale Trägheitsmoment zweiten Grades I_y für das Profil als Summe $I_{y;A_1} + 2 \cdot I_{y;A_2}$ der axialen Trägheitsmomente der Teilflächen. Dazu benutzt man die für Rechteckquerschnitte entwickelte Formel. ► **Lehrbuch: Kusch 4, S. 391/392**

$$I_y = I_{y;A_1} + 2 \cdot I_{y;A_2}$$

$$► \; I_{y;A_1} = \frac{h_1 \cdot b_1^3}{12} \quad ► \; h_1 = t;\; b_1 = b$$
$$= \frac{t \cdot b^3}{12}$$

$$► \; I_{y;A_2} = \frac{h_2 \cdot b_2^3}{12} \quad ► \; h_2 = \frac{h-t}{2};\; b_2 = t$$
$$= \frac{\frac{h-t}{2} \cdot t^3}{12}$$
$$= \frac{(h-t) \cdot t^3}{24}$$

Axiales Flächenmoment zweiten Grades bezogen auf die y-Achse

$$► \; I_y = I_{y;A_1} + 2 \cdot I_{y;A_2}$$
$$= \frac{t b^3}{12} + 2 \cdot \frac{(h-t) \cdot t^3}{24}$$
$$= \frac{1}{12} \cdot \left[t b^3 + (h-t) \cdot t^3 \right]$$

4 Zusammenstellung wichtiger Funktionen, Ableitungen, Reihen und Integrale

4.1 Funktionen

Algebraische Funktionen und Relationen	
Ganze rationale Funktionen	
Ganze rationale Funktionen m-ten Grades	$f: f(x) = a_m \cdot x^m + a_{m-1} \cdot x^{m-1} + \ldots + a_2 \cdot x^2 + a_1 \cdot x + a_0$ mit $D(f) = \mathbb{R}; m \in \mathbb{N}; a_i \in \mathbb{R}; a_m \neq 0$
Ganze rationale Funktionen ersten Grades (Lineare Funktionen)	$f: f(x) = a_1 \cdot x + a_0; D(f) = \mathbb{R}; a_1 \neq 0$ ► $a_1 = \tan \alpha = \frac{f(x) - a_0}{x}; x \neq 0$; α: Steigungswinkel
Gleichung einer Geraden	$f(x) = a_1 \cdot x + a_0$ ► a_1: Steigung einer Geraden; $a_1 = \tan \alpha$ ► a_0: Schnittstelle mit der y-Achse
Punkt-Steigungsform einer Geraden	$y - y_1 = m \cdot (x - x_1)$
Zwei-Punkte-Form einer Geraden	$\frac{y - y_1}{x - x_1} = \frac{y_2 - y_1}{x_2 - x_1}$
Ganze rationale Funktionen zweiten Grades	$f: f(x) = a_2 \cdot x^2 + a_1 \cdot x + a_0; D(f) = \mathbb{R}; a_2 \neq 0$
Gleichung einer Parabel	$f(x) = a_2 \cdot x^2 + a_1 \cdot x + a_0; a_2 \neq 0$ ► a_0: Schnittstelle mit der y-Achse
Scheitelpunktsgleichung einer Parabel	$f(x) = a_2 \cdot \left(x + \frac{a_1}{2a_2}\right)^2 + \frac{4a_0 \cdot a_2 - a_1^2}{4a_2}$
Koordinaten des Scheitelpunktes einer Parabel	$P_s\left\langle -\frac{a_1}{2a_2} \middle| \frac{4a_0 \cdot a_2 - a_1^2}{4a_2} \right\rangle$
Nullstellen quadratischer Funktionen	$f: f(x) = a_2 \cdot x^2 + a_1 \cdot x + a_0$ ► $f(x) = 0 \Rightarrow x_{1;2} = -\frac{a_1}{2a_2} \pm \sqrt{\frac{a_1^2 - 4a_0 \cdot a_2}{4a_2^2}}$
Normalform einer quadratischen Gleichung	$a_2 \cdot x^2 + a_1 \cdot x + a_0 = 0; a_2 \neq 0$ $\Rightarrow x^2 + \frac{a_1}{a_2} \cdot x + \frac{a_0}{a_2} = 0$ ► $p = \frac{a_1}{a_2}; q = \frac{a_0}{a_2}$ $x^2 + p \cdot x + q = 0 \Rightarrow x_{1;2} = -\frac{p}{2} \pm \sqrt{\left(\frac{p}{2}\right)^2 - q}$ ► p-q-Formel
Satz von Viëta	$-\frac{a_1}{a_2} = x_1 + x_2; \frac{a_0}{a_2} = x_1 \cdot x_2 \Rightarrow f(x) = a_2 \cdot (x - x_1) \cdot (x - x_2); a_2 \neq 0$
Potenzfunktionen	$f: f(x) = x^r; D(f) = \mathbb{R}^{>0}; r \in \mathbb{R}$
Spezielle Potenzfunktionen	$f: f(x) = c \cdot x^m; D(f) = \mathbb{R}; c \in \mathbb{R}^{\neq 0}; m \in \mathbb{N}^{\geq 1}$

Algebraische Funktionen und Relationen	
Gebrochene rationale Funktionen	$f: f(x) = \frac{a_m \cdot x^m + a_{m-1} \cdot x^{m-1} + \ldots + a_2 \cdot x^2 + a_1 \cdot x + a_0}{b_n \cdot x^n + b_{n-1} \cdot x^{n-1} + \ldots + b_2 \cdot x^2 + b_1 \cdot x + b_0} = \frac{p_m(x)}{q_n(x)}$ ► $a_i; b_k \in \mathbb{R}; a_m; b_n \neq 0; m \in \mathbb{N}; n \in \mathbb{N}^{\geq 1}$ ► $m < n$ ► echt gebrochen; ► $m \geq n$ ► unecht gebrochen
zweiseitige Unendlichkeitsstellen mit Vorzeichenwechsel (vertikale Asymptoten)	$\lim\limits_{\substack{x \to x_0 \\ x < x_0}} f(x) = -\infty$ und $\lim\limits_{\substack{x \to x_0 \\ x > x_0}} f(x) = \infty$; $\lim\limits_{\substack{x \to x_0 \\ x < x_0}} f(x) = \infty$ und $\lim\limits_{\substack{x \to x_0 \\ x > x_0}} f(x) = -\infty$ ► $x_0 \notin D(f)$, d. h. $q_n(x_0) = 0$
zweiseitige Unendlichkeitsstellen ohne Vorzeichenwechsel (vertikale Asymptoten)	$\lim\limits_{\substack{x \to x_0 \\ x < x_0}} f(x) = -\infty$ und $\lim\limits_{\substack{x \to x_0 \\ x > x_0}} f(x) = -\infty$; $\lim\limits_{\substack{x \to x_0 \\ x < x_0}} f(x) = \infty$ und $\lim\limits_{\substack{x \to x_0 \\ x > x_0}} f(x) = \infty$ ► $x_0 \notin D(f)$, d. h. $q_n(x_0) = 0$
stetig behebbare Definitionslücke	$\lim\limits_{\substack{x \to x_0 \\ x < x_0}} f(x) = g_L$ und $\lim\limits_{\substack{x \to x_0 \\ x > x_0}} f(x) = g_R$ und $g_L = g_R$ und $x_0 \notin D(f)$
Nullstellen	$f(x) = \frac{p_m(x)}{q_n(x)}$ ► $p_m(x_0) = 0$ ► Nullstelle von f, wenn $x_0 \in D(f)$, d. h. $q_n(x_0) \neq 0$
Asymptoten	$f(x) = f_A(x) + \frac{r(x)}{q_n(x)}$ ► $m < n$ ► $f_A(x) = 0$ ► $G(f_A)$, d.h. die x-Achse, ist horizontale Asymptote ► $m = n$ ► $G(f_A)$ ist horizontale Asymptote parallel zur x-Achse ► $m > n$ und $m - n = 1$ ► $G(f_A)$ ist schräge Asymptote ► $m > n$ und $m - n > 1$ ► $G(f_A)$ ist asymptotische Kurve
gerade Funktion ungerade Funktion	$f(-x) = f(x)$ für alle $x \in D(f)$ $f(-x) = -f(x)$ für alle $x \in D(f)$
Wurzelfunktionen	$\sqrt[n]{x} = x^{\frac{1}{n}}; x \in \mathbb{R}^{\geq 0}; n \in \mathbb{N}^{\geq 1}$
Wurzelfunktionen als Umkehrfunktionen von Potenzfunktionen des Typs: $g: g(x) = x^n$ mit $n \in \mathbb{N}^{\geq 2}$	• Für gerade Wurzelexponenten $n \in \mathbb{N}^{\geq 2}$ gilt: $f(x) = \begin{cases} \sqrt[n]{x}, \text{ wenn } x \in \mathbb{R}^{\geq 0}; W(f) = \mathbb{R}^{\geq 0} & \blacktriangleright D(g) = \mathbb{R}^{\geq 0} \\ -\sqrt[n]{x}, \text{ wenn } x \in \mathbb{R}^{\geq 0}; W(f) = \mathbb{R}^{\leq 0} & \blacktriangleright D(g) = \mathbb{R}^{\leq 0} \end{cases}$ • Für ungerade Wurzelexponenten $n \in \mathbb{N}^{\geq 3}$ gilt: $f(x) = \begin{cases} -\sqrt[n]{-x}, \text{ wenn } x \in \mathbb{R}^{<0}; W(f) = \mathbb{R}^{\leq 0} \\ \sqrt[n]{x}, \quad \text{wenn } x \in \mathbb{R}^{\geq 0}; W(f) = \mathbb{R}^{\geq 0} \end{cases}$ ► $D(g) = \mathbb{R}$
Gleichung eines Kreises	$x^2 + y^2 = r^2 \Rightarrow y = \pm\sqrt{r^2 - x^2}$ ► $x \in [-r; r]; r > 0$ $(x - x_M)^2 + (y - y_M)^2 = r^2 \Rightarrow y = y_M \pm \sqrt{r^2 - (x - x_M)^2}$ ► $x \in [x_M - r; r + x_M]$ $M\langle x_M \mid y_M \rangle$ ► Mittelpunkt eines Kreises

Algebraische Funktionen und Relationen	
Gleichung einer Ellipse	$\dfrac{x^2}{a^2}+\dfrac{y^2}{b^2}=1 \Rightarrow y=\pm\dfrac{b}{a}\cdot\sqrt{a^2-x^2}$ ► $x\in[-a;a];\ a>0$ $\dfrac{(x-x_M)^2}{a^2}+\dfrac{(y-y_M)^2}{b^2}=1 \Rightarrow y=y_M\pm\dfrac{b}{a}\cdot\sqrt{a^2-(x-x_M)^2}$ ► $x\in[x_M-a;x_M+a]$ $M\langle x_M\,\vert\, y_M\rangle$ ► Mittelpunkt einer Ellipse
Gleichung einer Hyperbel	$\dfrac{x^2}{a^2}-\dfrac{y^2}{b^2}=1 \Rightarrow y=\pm\dfrac{b}{a}\cdot\sqrt{x^2-a^2}$ ► $x^2-a^2\geq 0;\ a>0$ $\dfrac{(x-x_M)^2}{a^2}-\dfrac{(y-y_M)^2}{b^2}=1 \Rightarrow y=y_M\pm\dfrac{b}{a}\cdot\sqrt{(x-x_M)^2-a^2}$ ► $x\in\mathbb{R}\setminus(x_M-a;x_M+a)$ $M\langle x_M\,\vert\, y_M\rangle$ ► Mittelpunkt einer Hyperbel

Abschnittsweise definierte Funktionen	
Betragsfunktion, Absolutfunktion	$f:f(x)=\vert x\vert=\mathrm{ABS}(x);\ D(f)=\mathbb{R} \Leftrightarrow f(x):=\begin{cases} x, & \text{wenn } x\geq 0\\ -x, & \text{wenn } x<0\end{cases}$
Signumfunktion, Vorzeichenfunktion	$f:f(x)=\operatorname{sgn}x:=\begin{cases}-1, & \text{wenn } x<0\\ 0, & \text{wenn } x=0\\ 1, & \text{wenn } x>0\end{cases} \Leftrightarrow \operatorname{sgn}x:=\begin{cases}\dfrac{x}{\vert x\vert}, & \text{wenn } x\in\mathbb{R}^{\neq 0}\\ 0, & \text{wenn } x=0\end{cases}$
Ganzzahlfunktionen, Gaußklammerfunktionen	• **Abrundungsfunktion** Größte ganze Zahl, die kleiner oder gleich x ist $f:f(x)=\lfloor x\rfloor=\mathrm{ent}(x)=E(x)=\mathrm{floor}(x)$ mit $k\leq x<k+1$ und $k\in\mathbb{Z}$ Beispiele: $\lfloor 5{,}713\rfloor=\underline{\underline{5}};\ \lfloor -\pi\rfloor=\underline{\underline{-4}};\ \lfloor 12\rfloor=\underline{\underline{12}}$ • **Aufrundungsfunktion** Kleinste ganze Zahl, die größer oder gleich x ist $f:f(x)=\lceil x\rceil=\mathrm{ceiling}\ (x)=\mathrm{ceil}\ (x)$ mit $k-1<x\leq k$ und $k\in\mathbb{Z}$ Beispiele: $\lceil 5{,}713\rceil=\underline{\underline{6}};\ \lceil -\pi\rceil=\underline{\underline{-3}};\ \lceil 12\rceil=\underline{\underline{12}}$
Ganzteilfunktion, Integerfunktion, Vorkommateil-Funktion	$f:f(x)=\lfloor\vert x\vert\rfloor\cdot\operatorname{sgn}x=\mathrm{int}\,x;\ D(f)=\mathbb{R}$ ► ganzzahliger Anteil von x Beispiele: $\mathrm{int}\ 5{,}713=\underline{\underline{5}};\ \mathrm{int}\,(-\pi)=\underline{\underline{-3}};\ \mathrm{int}\ 0{,}912=\underline{\underline{0}}$
Bruchteilfunktion, Nachkommateil-Funktion	$f:f(x)=x-\mathrm{int}\,x=\mathrm{frac}\,x;\ D(f)=\mathbb{R}$ ► gebrochener Anteil von x Beispiele: $\mathrm{frac}\ 5{,}713=\underline{\underline{0{,}713}};\ \mathrm{frac}\,(-\pi)=\underline{\underline{-0{,}14159\ldots}}$
Rundungsfunktion	$r_n: r_n(x)=10^{-n}\cdot\lfloor\vert x_0\cdot 10^n\vert+0{,}5\rfloor\cdot\operatorname{sgn}x;\ D(r_n)=\mathbb{R};\ n\in\mathbb{N}^{\geq 1}$ ► n: Stellenzahl hinter dem Komma
Heaviside-Funktion; Einheitssprung-Funktion, Schaltfunktion	$H:H(x):=\varepsilon(x)=\begin{cases}0, & \text{wenn } x<0\\ 1, & \text{wenn } x>0\end{cases}$

Exponentialfunktionen	
Exponentialfunktion mit der Basis *b*	$f: f(x) = b^x;\ b \in \mathbb{R}^{>0} \setminus \{1\};\ D(f) = \mathbb{R};\ W(f) = \mathbb{R}^{>0}$
Exponentialfunktion mit der Basis e (e-Funktion)	$f: f(x) = \mathrm{e}^x = \exp(x);\ D(f) = \mathbb{R}$
Eulersche Zahl e	$\mathrm{e} = 2{,}718281828459\ldots$
Eigenschaften der e-Funktion mit $f(x) = \mathrm{e}^x$	$f: f(x) = \mathrm{e}^x;\ D(f) = \mathbb{R};\ W(f) = \mathbb{R}^{>0}$ $\lim\limits_{x \to -\infty} \mathrm{e}^x = +0;\ \lim\limits_{x \to \infty} \mathrm{e}^x = \infty$ Graph von f ist in $\mathbb{R}$ streng monoton steigend. 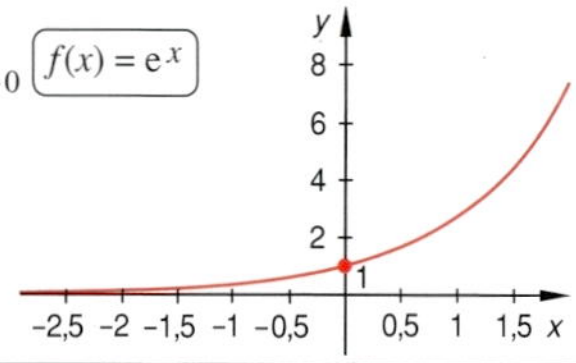
Potenzgesetze	$b^x \cdot b^y = b^{x+y}$; $\dfrac{b^x}{b^y} = b^{x-y}$; $(b^x)^y = b^{x \cdot y}$

Logarithmusfunktionen	
Logarithmusfunktion **binäre Logarithmusfunktion** **natürliche Logarithmusfunktion** **dekadische Logarithmusfunktion**	$f: f(x) = \log_b x;\ D(f) = \mathbb{R}^{>0};\ b \in \mathbb{R}^{>0} \setminus \{1\}$ $b = 2$ ► $f(x) = \log_2 x := \mathrm{lb}\, x$ $b = \mathrm{e}$ ► $f(x) = \log_\mathrm{e} x := \ln x$ $b = 10$ ► $f(x) = \log_{10} x := \lg x$
Beziehung zwischen Exponentialfunktion und Logarithmusfunktion	$y = \log_b x \Leftrightarrow x = b^y$ ► $y = \mathrm{lb}\, x \Leftrightarrow x = 2^y$ $y = \ln x \Leftrightarrow x = e^y$ $y = \lg x \Leftrightarrow x = 10^y$
Zusammenhänge zwischen Logarithmen unterschiedlicher Basen	$\log_b x = \dfrac{\ln x}{\ln b}$ bzw. $\log_b x = \dfrac{\lg x}{\lg b}$ $\log_{b_2} x = \log_{b_1} x \cdot \dfrac{\ln b_1}{\ln b_2}$ bzw. $\log_{b_2} x = \log_{b_2} b_1 \cdot \log_{b_1} x$
Logarithmengesetze	$\log_b (u \cdot v) = \log_b u + \log_b v;\ u \in \mathbb{R}^{>0};\ v \in \mathbb{R}^{>0}$ $\log_b \dfrac{u}{v} = \log_b u - \log_b v;\ u \in \mathbb{R}^{>0};\ v \in \mathbb{R}^{>0}$ $\log_b u^r = r \cdot \log_b u;\ u \in \mathbb{R}^{>0};\ r \in \mathbb{R}$ $\log_b \sqrt[n]{z^m} = \log_b (z^m)^{\frac{1}{n}} = \dfrac{1}{n} \cdot \log_b z^m = \dfrac{m}{n} \cdot \log_b z$ mit $z \in \mathbb{R}^{>0}$ und $n \in \mathbb{N}^{\geq 1}$
Eigenschaften der Funktion f mit $f(x) = \ln x$	$f: f(x) = \ln x$ mit $D(f) = \mathbb{R}^{>0}$ und $W(f) = \mathbb{R}$ $\lim\limits_{\substack{x \to 0 \\ x > 0}} \ln x = -\infty;\ \lim\limits_{x \to \infty} \ln x = \infty$ Graph von f ist in $\mathbb{R}^{>0}$ streng monoton steigend. 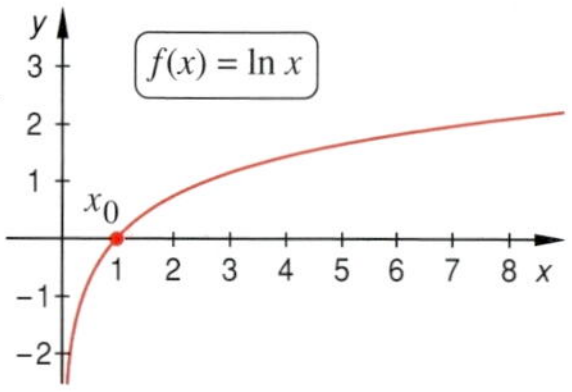

Trigonometrische Funktionen		
Sinusfunktion Periode: 2π Nullstellen Symmetrie	$f: f(x) = \sin x$ mit $D(f) = \mathbb{R}$ und $W(f) = [-1; 1]$ $\sin(x + 2k\pi) = \sin x;\ k \in \mathbb{Z}$ $x_k = k\pi;\ k \in \mathbb{Z}$ ► $\sin x_k = 0$ ungerade Funktion: Graph verläuft symmetrisch zum Koordinatenursprung	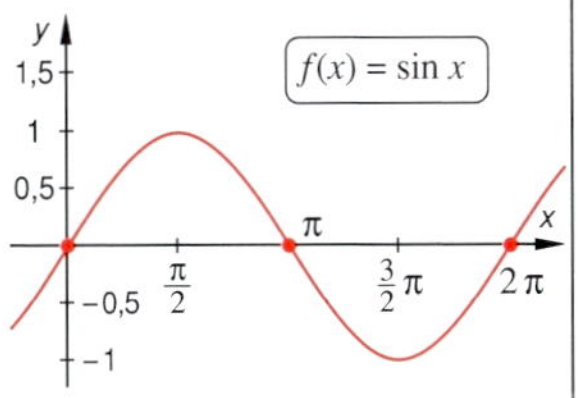
Kosinusfunktion Periode: 2π Nullstellen Symmetrie	$f: f(x) = \cos x$ mit $D(f) = \mathbb{R}$ und $W(f) = [-1; 1]$ $\cos(x + 2k\pi) = \cos x;\ k \in \mathbb{Z}$ $x_k = \frac{\pi}{2} + k\pi;\ k \in \mathbb{Z}$ ► $\cos x_k = 0$ gerade Funktion: Graph verläuft symmetrisch zur y-Achse	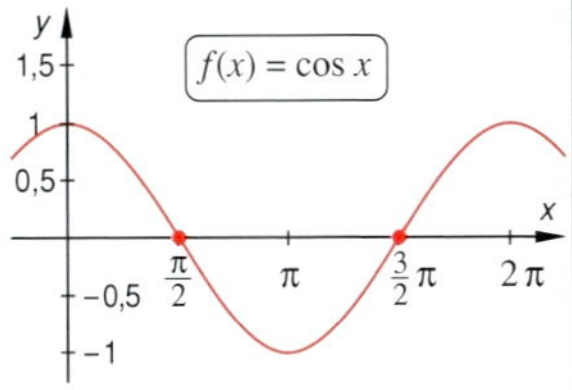
Tangensfunktion Periode: π Nullstellen Unendlichkeitsstellen mit Vorzeichenwechsel Symmetrie	$f: f(x) = \tan x;\ D(f) = \mathbb{R} \setminus \{\frac{\pi}{2} + m \cdot \pi \mid m \in \mathbb{Z}\};\ W(f) = \mathbb{R}$ $\tan(x + k\pi) = \tan x;\ k \in \mathbb{Z}$ $x_k = k\pi;\ k \in \mathbb{Z}$ ► $\tan x_k = 0$ $x_m = \frac{\pi}{2} + m \cdot \pi;\ m \in \mathbb{Z}$ ungerade Funktion: Graph verläuft symmetrisch zum Koordinatenursprung	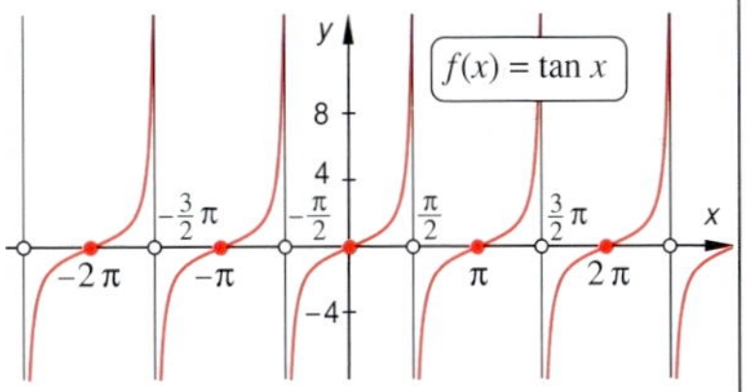
Kotangensfunktion Periode: π Nullstellen Unendlichkeitsstellen mit Vorzeichenwechsel Symmetrie	$f: f(x) = \cot x;\ D(f) = \mathbb{R} \setminus \{m \cdot \pi \mid m \in \mathbb{Z}\};\ W(f) = \mathbb{R}$ $\cot(x + k\pi) = \cot x;\ k \in \mathbb{Z}$ $x_k = \frac{\pi}{2} + k\pi;\ k \in \mathbb{Z}$ ► $\cot x_k = 0$ $x_m = m \cdot \pi;\ m \in \mathbb{Z}$ ungerade Funktion: Graph verläuft symmetrisch zum Koordinatenursprung	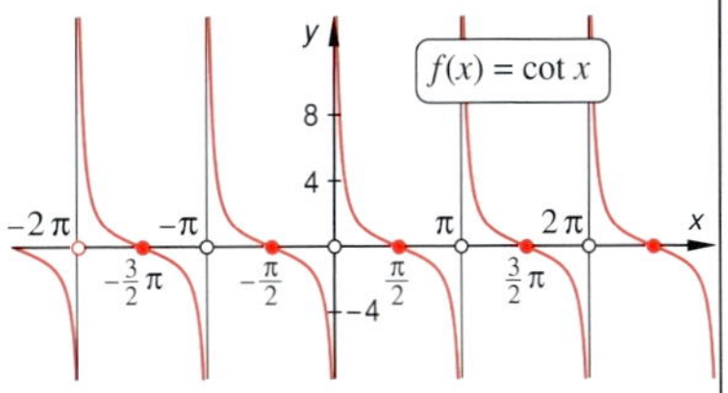

Umrechnung von Winkeln: Gradmaß ⇄ Bogenmaß													
$\frac{b}{r} = x \Rightarrow b = r \cdot x$					$\operatorname{arc} \alpha = x = \frac{\pi}{180^\circ} \cdot \alpha$				$\alpha = \frac{180^\circ}{\pi} \cdot x$				
α	360°	270°	180°	90°	60°	57,29578°	45°	30°	22,5°	20°	15°	10°	1°
x	2π	$\frac{3}{2}\pi$	π	$\frac{\pi}{2}$	$\frac{\pi}{3}$	1	$\frac{\pi}{4}$	$\frac{\pi}{6}$	$\frac{\pi}{8}$	$\frac{\pi}{9}$	$\frac{\pi}{12}$	$\frac{\pi}{18}$	$\frac{\pi}{180}$

Funktionswerte negativer Winkel			
$\sin(-x) = -\sin x$	$\cos(-x) = +\cos x$	$\tan(-x) = -\tan x$	$\cot(-x) = -\cot x$

Funktionswerte der trigonometrischen Funktionen in den Quadranten								
Quadrant	I: $z \in \left[0; \frac{\pi}{2}\right]$	II: $z \in \left[\frac{\pi}{2}; \pi\right]$		III: $z \in \left[\pi; \frac{3}{2}\pi\right]$		IV: $z \in \left[\frac{3}{2}\pi; 2\pi\right]$		
$x \in \left[0; \frac{\pi}{2}\right]$	$z = \frac{\pi}{2} - x$	$z = \frac{\pi}{2} + x$	$z = \pi - x$	$z = \pi + x$	$z = \frac{3}{2}\pi - x$	$z = \frac{3}{2}\pi + x$	$z = 2\pi - x$
$\sin z =$	$\cos x$	$\cos x$	$\sin x$	$-\sin x$	$-\cos x$	$-\cos x$	$-\sin x$
$\cos z =$	$\sin x$	$-\sin x$	$-\cos x$	$-\cos x$	$-\sin x$	$\sin x$	$\cos x$
$\tan z =$	$\cot x$	$-\cot x$	$-\tan x$	$\tan x$	$\cot x$	$-\cot x$	$-\tan x$
$\cot z =$	$\tan x$	$-\tan x$	$-\cot x$	$\cot x$	$\tan x$	$-\tan x$	$-\cot x$

Beziehungen zwischen Funktionswerten trigonometrischer Funktionen		
$\tan x = \frac{\sin x}{\cos x}$	$\frac{1}{\sin^2 x} = 1 + \cot^2 x$	$\sin^2 x + \cos^2 x = 1$
$\cot x = \frac{\cos x}{\sin x}$	$\frac{1}{\cos^2 x} = 1 + \tan^2 x$	$\tan x \cdot \cot x = 1$

$\sin x =$	$\cos x =$	$\tan x =$	$\cot x =$
$\sqrt{1-\cos^2 x};\ x \in [0; \pi]$	$\sqrt{1-\sin^2 x};\ x \in \left[-\frac{\pi}{2}; \frac{\pi}{2}\right]$	$\frac{\sin x}{\sqrt{1-\sin^2 x}};\ x \in \left(-\frac{\pi}{2}; \frac{\pi}{2}\right)$	$\frac{\sqrt{1-\sin^2 x}}{\sin x};\ x \in \left(0; \frac{\pi}{2}\right)$
$\frac{\tan x}{\sqrt{1+\tan^2 x}};\ x \in \left(-\frac{\pi}{2}; \frac{\pi}{2}\right)$	$\frac{1}{\sqrt{1+\tan^2 x}};\ x \in \left(-\frac{\pi}{2}; \frac{\pi}{2}\right)$	$\frac{\sqrt{1-\cos^2 x}}{\cos x};\ x \in \left(0; \frac{\pi}{2}\right)$	$\frac{\cos x}{\sqrt{1-\cos^2 x}};\ x \in (0; \pi)$
$\frac{1}{\sqrt{1+\cot^2 x}};\ x \in (0; \pi)$	$\frac{\cot x}{\sqrt{1+\cot^2 x}};\ x \in (0; \pi)$	$\frac{1}{\cot x}$	$\frac{1}{\tan x}$
$\sin^2 x =$	$\cos^2 x =$	$\tan^2 x =$	$\cot^2 x =$
$1-\cos^2 x$	$1-\sin^2 x$	$\frac{\sin^2 x}{1-\sin^2 x}$	$\frac{1-\sin^2 x}{\sin^2 x}$
$\frac{\tan^2 x}{1+\tan^2 x}$	$\frac{1}{1+\tan^2 x}$	$\frac{1-\cos^2 x}{\cos^2 x}$	$\frac{\cos^2 x}{1-\cos^2 x}$
$\frac{1}{1+\cot^2 x}$	$\frac{\cot^2 x}{1+\cot^2 x}$	$\frac{1}{\cot^2 x}$	$\frac{1}{\tan^2 x}$

Funktionswerte von Vielfachen eines Winkels	
$\sin(2x) = 2 \cdot \sin x \cdot \cos x = \frac{2 \cdot \tan x}{1+\tan^2 x}$	$\tan(2x) = \frac{2 \cdot \tan x}{1-\tan^2 x} = \frac{2}{\cot x - \tan x}$
$\sin(3x) = 3 \cdot \sin x - 4 \cdot \sin^3 x$	$\tan(3x) = \frac{3 \cdot \tan x - \tan^3 x}{1 - 3 \cdot \tan^2 x}$
$\sin(4x) = 8 \cdot \sin x \cdot \cos^3 x - 4 \cdot \sin x \cdot \cos x$	$\tan(4x) = \frac{4 \cdot \tan x - 4 \cdot \tan^3 x}{1 - 6 \cdot \tan^2 x + \tan^4 x}$
$\sin(5x) = \sin^5 x - 10 \cdot \sin^3 x \cdot \cos^2 x + 5 \cdot \sin x \cdot \cos^4 x$	

Funktionswerte von Vielfachen eines Winkels	
$\cos(2x) = \cos^2 x - \sin^2 x = 2\cdot\cos^2 x - 1 = 1 - 2\cdot\sin^2 x$	$\cot(2x) = \dfrac{\cot^2 x - 1}{2\cdot\cot x} = \dfrac{\cot x - \tan x}{2}$
$\cos(2x) = \dfrac{1-\tan^2 x}{1+\tan^2 x}$	$\cot(3x) = \dfrac{\cot^3 x - 3\cdot\cot x}{3\cdot\cot^2 x - 1}$
$\cos(3x) = 4\cdot\cos^3 x - 3\cdot\cos x$	$\cot(4x) = \dfrac{\cot^4 x - 6\cdot\cot^2 x + 1}{4\cdot\cot^3 x - 4\cdot\cot x}$
$\cos(4x) = 8\cdot\cos^4 x - 8\cdot\cos^2 x + 1$	
$\cos(5x) = \cos^5 x - 10\cdot\cos^3 x\cdot\sin^2 x + 5\cdot\cos x\cdot\sin^4 x$	

Funktionswerte von Teilen eines Winkels			
$\sin\frac{x}{2} = \pm\sqrt{\frac{1-\cos x}{2}};\ x\in[0;\pi]$		$\tan\frac{x}{2} = \pm\sqrt{\frac{1-\cos x}{1+\cos x}} = \frac{\sin x}{1+\cos x} = \frac{1-\cos x}{\sin x};\ x\in(0;\pi)$	
$\cos\frac{x}{2} = \pm\sqrt{\frac{1+\cos x}{2}};\ x\in[-\pi;\pi]$		$\cot\frac{x}{2} = \pm\sqrt{\frac{1+\cos x}{1-\cos x}} = \frac{\sin x}{1-\cos x} = \frac{1+\cos x}{\sin x};\ x\in(0;\pi)$	
$\sin x = 2\cdot\sin\frac{x}{2}\cdot\cos\frac{x}{2}$	$\cos x = \cos^2\frac{x}{2} - \sin^2\frac{x}{2}$	$\tan x = \dfrac{2\cdot\tan\frac{x}{2}}{1-\tan^2\frac{x}{2}}$	$\cot x = \dfrac{\cot^2\frac{x}{2} - 1}{2\cdot\cot\frac{x}{2}}$

Beziehungen für zwei Winkel	
$\sin(\alpha\pm\beta) = \sin\alpha\cdot\cos\beta \pm \cos\alpha\cdot\sin\beta$	$\tan(\alpha\pm\beta) = \dfrac{\tan\alpha\pm\tan\beta}{1\mp\tan\alpha\cdot\tan\beta}$
$\cos(\alpha\pm\beta) = \cos\alpha\cdot\cos\beta \mp \sin\alpha\cdot\sin\beta$	$\cot(\alpha\pm\beta) = \dfrac{\cot\alpha\cdot\cot\beta\mp 1}{\cot\beta\pm\cot\alpha}$
$\sin\alpha + \sin\beta = 2\cdot\sin\frac{\alpha+\beta}{2}\cdot\cos\frac{\alpha-\beta}{2}$	$\tan\alpha + \tan\beta = \dfrac{\sin(\alpha+\beta)}{\cos\alpha\cdot\cos\beta}$
$\sin\alpha - \sin\beta = 2\cdot\cos\frac{\alpha+\beta}{2}\cdot\sin\frac{\alpha-\beta}{2}$	$\tan\alpha - \tan\beta = \dfrac{\sin(\alpha-\beta)}{\cos\alpha\cdot\cos\beta}$
$\cos\alpha + \cos\beta = 2\cdot\cos\frac{\alpha+\beta}{2}\cdot\cos\frac{\alpha-\beta}{2}$	$\cot\alpha + \cot\beta = \dfrac{\sin(\alpha+\beta)}{\sin\alpha\cdot\sin\beta}$
$\cos\alpha - \cos\beta = -2\cdot\sin\frac{\alpha+\beta}{2}\cdot\sin\frac{\alpha-\beta}{2}$	$\cot\alpha - \cot\beta = -\dfrac{\sin(\alpha-\beta)}{\sin\alpha\cdot\sin\beta}$
$\sin\alpha\cdot\sin\beta = 0{,}5\cdot[\cos(\alpha-\beta) - \cos(\alpha+\beta)]$	$\tan\alpha\cdot\tan\beta = \dfrac{\tan\alpha+\tan\beta}{\cot\alpha+\cot\beta}$
$\sin\alpha\cdot\cos\beta = 0{,}5\cdot[\sin(\alpha-\beta) + \sin(\alpha+\beta)]$	$\tan\alpha\cdot\cot\beta = \dfrac{\tan\alpha+\cot\beta}{\cot\alpha+\tan\beta}$
$\cos\alpha\cdot\cos\beta = 0{,}5\cdot[\cos(\alpha-\beta) + \cos(\alpha+\beta)]$	$\cot\alpha\cdot\cot\beta = \dfrac{\cot\alpha+\cot\beta}{\tan\alpha+\tan\beta}$

Arkusfunktionen		
Arkussinusfunktion	$f: f(x) = \operatorname{Arcsin} x$ mit $D(f) = [-1;\, 1]$ und $W(f) = \left[-\frac{\pi}{2};\, \frac{\pi}{2}\right]$	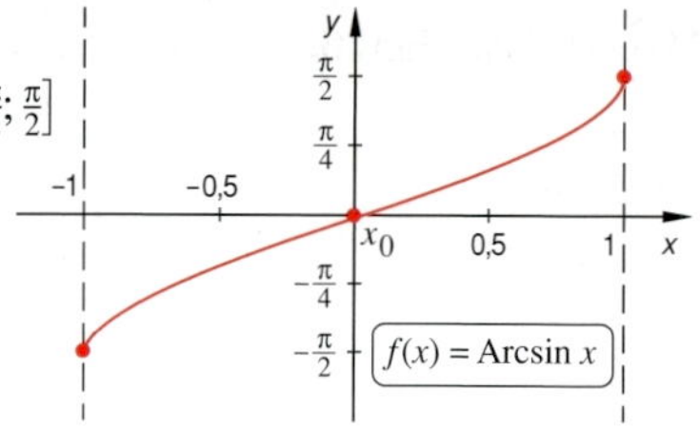
Nullstelle	$x_0 = 0$	
Symmetrie	ungerade Funktion: Graph verläuft symmetrisch zum Koordinatenursprung	
Arkuskosinusfunktion	$f: f(x) = \operatorname{Arccos} x$ mit $D(f) = [-1;\, 1]$ und $W(f) = [0;\, \pi]$	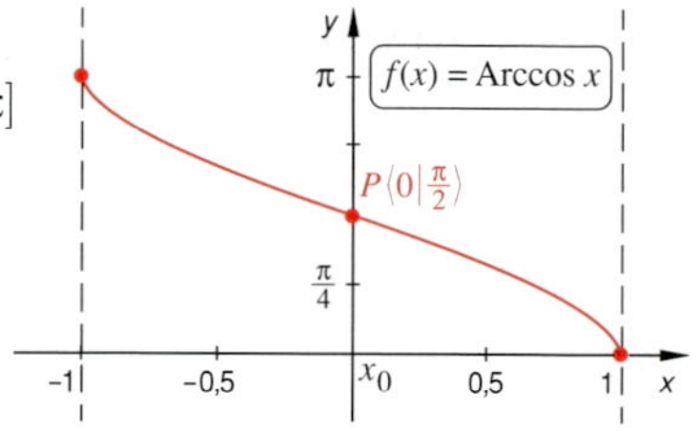
Nullstelle	$x_0 = 1$	
Symmetrie	Graph verläuft symmetrisch zum Punkt $P\left\langle 0 \,\middle|\, \frac{\pi}{2} \right\rangle$	
Arkustangensfunktion	$f: f(x) = \operatorname{Arctan} x$ mit $D(f) = \mathbb{R}$ und $W(f) = \left(-\frac{\pi}{2};\, \frac{\pi}{2}\right)$	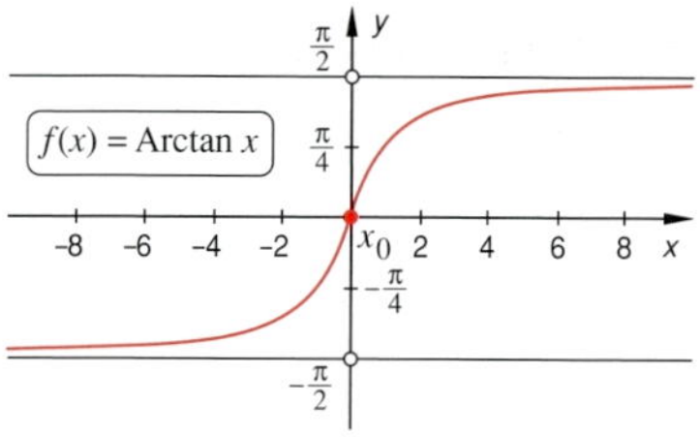
Nullstelle	$x_0 = 0$	
Symmetrie	ungerade Funktion: Graph verläuft symmetrisch zum Koordinatenursprung	
Arkuskotangensfunktion	$f: f(x) = \operatorname{Arccot} x$ mit $D(f) = \mathbb{R}$ und $W(f) = (0;\, \pi)$	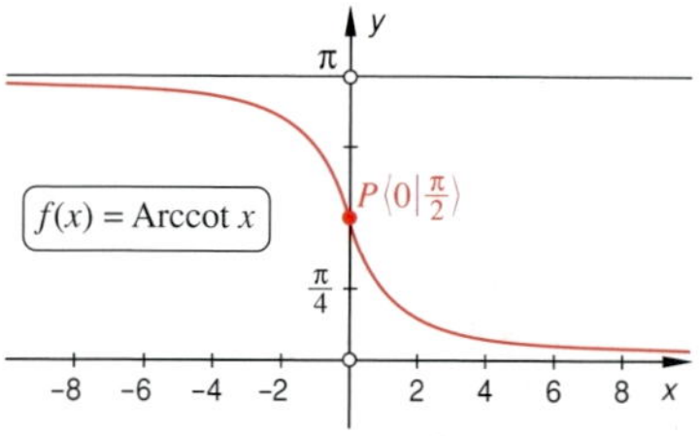
Nullstelle	keine	
Symmetrie	Graph verläuft symmetrisch zum Punkt $P\left\langle 0 \,\middle|\, \frac{\pi}{2} \right\rangle$.	

Beziehungen zwischen Funktionswerten der Arkusfunktionen

$\operatorname{Arcsin} x =$	$\operatorname{Arccos} x =$	$\operatorname{Arctan} x =$	$\operatorname{Arccot} x =$
$\frac{\pi}{2} - \operatorname{Arccos} x$	$\frac{\pi}{2} - \operatorname{Arcsin} x$	$\frac{\pi}{2} - \operatorname{Arccot} x$	$\frac{\pi}{2} - \operatorname{Arctan} x$
$\operatorname{Arccos} \sqrt{1-x^2};\ x \in [0;\, 1]$	$\operatorname{Arcsin} \sqrt{1-x^2};\ x \in [0;\, 1]$	$\operatorname{Arcsin} \frac{x}{\sqrt{1+x^2}};\ x \in \mathbb{R}$	$\operatorname{Arcsin} \frac{1}{\sqrt{1+x^2}};\ x \in \mathbb{R}^{\geq 0}$
$\operatorname{Arctan} \frac{x}{\sqrt{1-x^2}};\ x \in (-1;\, 1)$	$\operatorname{Arctan} \frac{\sqrt{1-x^2}}{x};\ x \in (0;\, 1]$	$\operatorname{Arccos} \frac{1}{\sqrt{1+x^2}};\ x \in \mathbb{R}^{\geq 0}$	$\operatorname{Arccos} \frac{x}{\sqrt{1+x^2}};\ x \in \mathbb{R}$
$\operatorname{Arccot} \frac{\sqrt{1-x^2}}{x};\ x \in (0;\, 1]$	$\operatorname{Arccot} \frac{x}{\sqrt{1-x^2}};\ x \in (-1;\, 1)$	$\operatorname{Arccot} \frac{1}{x};\ x \in \mathbb{R}^{>0}$	$\operatorname{Arctan} \frac{1}{x};\ x \in \mathbb{R}^{>0}$

Hyperbelfunktionen		
Hyperbelsinusfunktion Nullstelle Symmetrie	$f: f(x) = \sinh x = 0{,}5 \cdot (e^x - e^{-x})$ mit $D(f) = \mathbb{R}$ und $W(f) = \mathbb{R}$ $x_0 = 0$ ungerade Funktion: Graph verläuft symmetrisch zum Koordinatenursprung	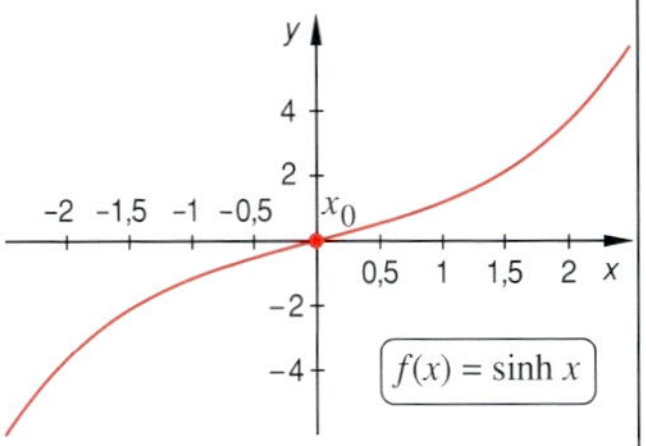
Hyperbelkosinusfunktion Nullstelle Symmetrie	$f: f(x) = \cosh x = 0{,}5 \cdot (e^x + e^{-x})$ mit $D(f) = \mathbb{R}$ und $W(f) = [1; \infty)$ keine gerade Funktion: Graph verläuft symmetrisch zur y-Achse	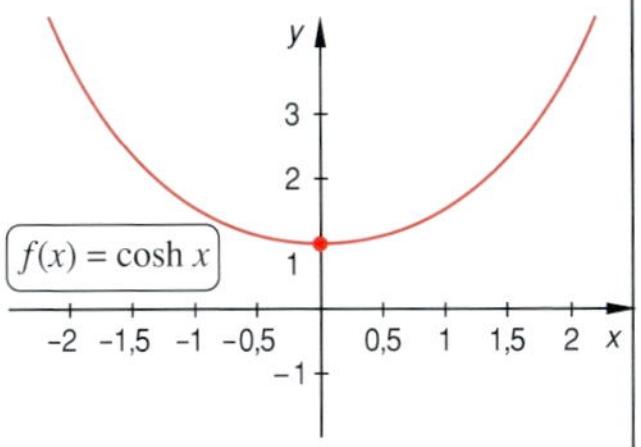
Hyperbeltangensfunktion Nullstelle Symmetrie	$f: f(x) = \tanh x = \frac{\sinh x}{\cosh x} = \frac{e^x - e^{-x}}{e^x + e^{-x}}$ mit $D(f) = \mathbb{R}$ und $W(f) = (-1; 1)$ $x_0 = 0$ ungerade Funktion: Graph verläuft symmetrisch zum Koordinatenursprung	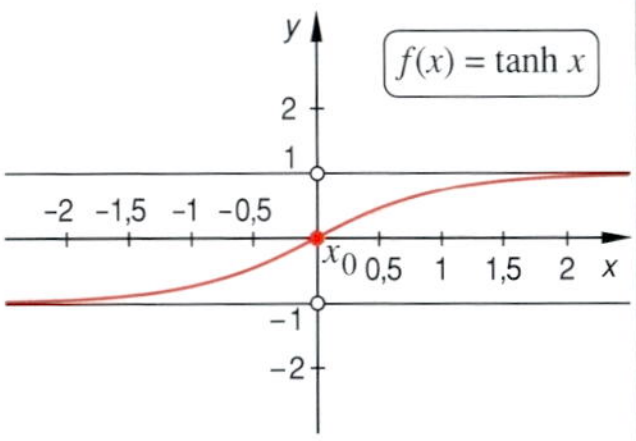
Hyperbelkontangens-funktion Nullstelle Symmetrie	$f: f(x) = \coth x = \frac{\cosh x}{\sinh x} = \frac{e^x + e^{-x}}{e^x - e^{-x}}$ mit $D(f) = \mathbb{R}^{\neq 0}$ und $W(f) = \mathbb{R} \setminus [-1; 1]$ keine ungerade Funktion: Graph verläuft symmetrisch zum Koordinatenursprung	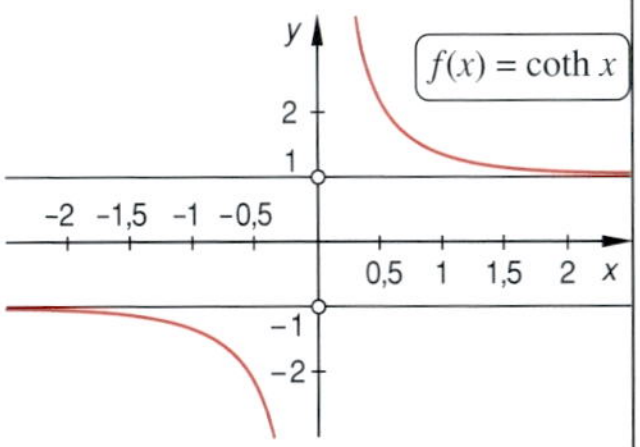

Beziehungen zwischen Hyperbelfunktionen			
$\cosh^2 x - \sinh^2 x = 1$	$\tanh x \cdot \coth x = 1$	$\cosh x + \sinh x = \mathrm{e}^x$	$\cosh x - \sinh x = \mathrm{e}^{-x}$

$\sinh x =$	$\cosh x =$	$\tanh x =$	$\coth x =$
$\sqrt{\cosh^2 x - 1}; x \in \mathbb{R}^{\geq 0}$	$\sqrt{1+\sinh^2 x}$	$\dfrac{\sinh x}{\sqrt{1+\sinh^2 x}}$	$\dfrac{\sqrt{1+\sinh^2 x}}{\sinh x}; x \in \mathbb{R}^{\neq 0}$
$\dfrac{\tanh x}{\sqrt{1-\tanh^2 x}}$	$\dfrac{1}{\sqrt{1-\tanh^2 x}}$	$\dfrac{\sqrt{\cosh^2 x - 1}}{\cosh x}; x \in \mathbb{R}^{\geq 0}$	$\dfrac{\cosh x}{\cosh^2 x - 1}; x \in \mathbb{R}^{>0}$
$\dfrac{1}{\sqrt{\coth^2 x - 1}}; x \in \mathbb{R}^{>0}$	$\dfrac{\coth x}{\sqrt{\coth^2 x - 1}}; x \in \mathbb{R}^{>0}$	$\dfrac{\sinh x}{\cosh x} = \dfrac{1}{\coth x}; x \in \mathbb{R}^{\neq 0}$	$\dfrac{\cosh x}{\sinh x} = \dfrac{1}{\tanh x}; x \in \mathbb{R}^{\neq 0}$
$\sinh(2x) = 2 \cdot \sinh x \cdot \cosh x$ $\cosh(2x) = \sinh^2 x + \cosh^2 x$		$\tanh(2x) = \dfrac{2 \cdot \tanh x}{1+\tanh^2 x}$ $\coth(2x) = \dfrac{1+\coth^2 x}{2 \cdot \coth x}$	
$\sinh \dfrac{x}{2} = \sqrt{\dfrac{\cosh x - 1}{2}} = \dfrac{\sinh x}{\sqrt{2 \cdot (\cosh x + 1)}}$ $\cosh \dfrac{x}{2} = \sqrt{\dfrac{\cosh x + 1}{2}} = \dfrac{\sinh x}{\sqrt{2 \cdot (\cosh x - 1)}}$		$\tanh \dfrac{x}{2} = \dfrac{\sinh x}{\cosh x + 1} = \dfrac{\cosh x - 1}{\sinh x} = \sqrt{\dfrac{\cosh x - 1}{\cosh x + 1}}$ $\coth \dfrac{x}{2} = \dfrac{\sinh x}{\cosh x - 1} = \dfrac{\cosh x + 1}{\sinh x} = \sqrt{\dfrac{\cosh x + 1}{\cosh x - 1}}$	
$\sinh x \pm \sinh y = 2 \cdot \sinh \dfrac{x \pm y}{2} \cdot \cosh \dfrac{x \mp y}{2}$ $\tanh x \pm \tanh y = \dfrac{\sinh(x \pm y)}{\cosh x \cdot \cosh y}$		$\cosh x + \cosh y = 2 \cdot \cosh \dfrac{x+y}{2} \cdot \cosh \dfrac{x-y}{2}$ $\cosh x - \cosh y = 2 \cdot \sinh \dfrac{x+y}{2} \cdot \sinh \dfrac{x-y}{2}$	

Areahyperbelfunktionen		
Areahyperbelsinus-funktion Nullstelle Symmetrie	$f: f(x) = \operatorname{Arsinh} x = \ln\left(x + \sqrt{x^2+1}\right)$ mit $D(f) = \mathbb{R}$ und $W(f) = \mathbb{R}$ $x_0 = 0$ ungerade Funktion: Graph verläuft symmetrisch zum Koordinatenursprung	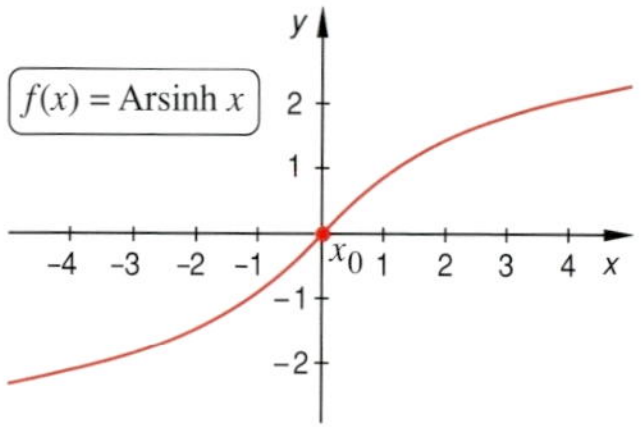
Areahyperbelkosinus-funktion Nullstelle	$f: f(x) = \operatorname{Arcosh} x = \ln\left(x + \sqrt{x^2-1}\right)$ mit $D(f) = [1; \infty)$ und $W(f) = \mathbb{R}^{\geq 0}$ $x_0 = 1$	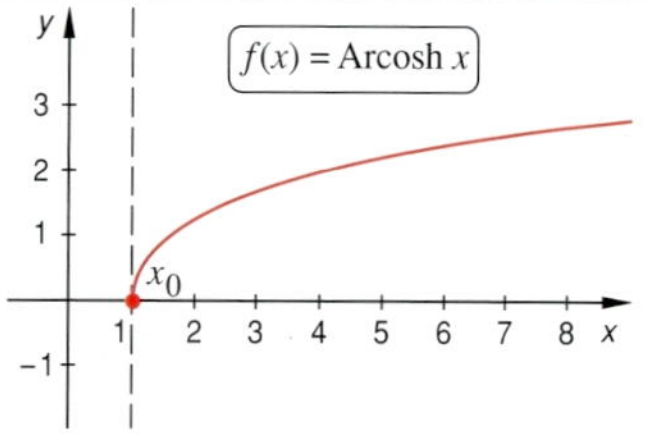

Areahyperbelfunktionen	
Areahyperbeltangens-funktion	$f: f(x) = \text{Artanh}\, x = 0{,}5 \cdot \ln \frac{1+x}{1-x}$ mit $D(f) = (-1;\, 1)$ und $W(f) = \mathbb{R}$
Nullstelle	$x_0 = 0$
Symmetrie	ungerade Funktion: Graph verläuft symmetrisch zum Koordinatenursprung
Areahyperbelkotan-gensfunktion	$f: f(x) = \text{Arcoth}\, x = 0{,}5 \cdot \ln \frac{x+1}{x-1}$ mit $D(f) = \mathbb{R} \setminus [-1;\, 1]$ und $W(f) = \mathbb{R}^{\neq 0}$
Nullstelle	keine
Symmetrie	ungerade Funktion: Graph verläuft symmetrisch zum Koordinatenursprung

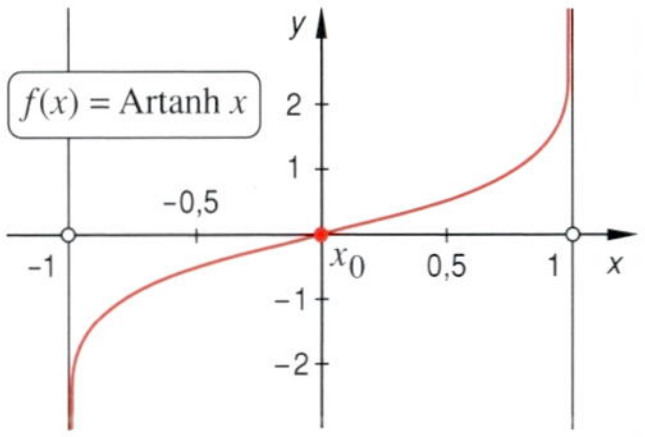

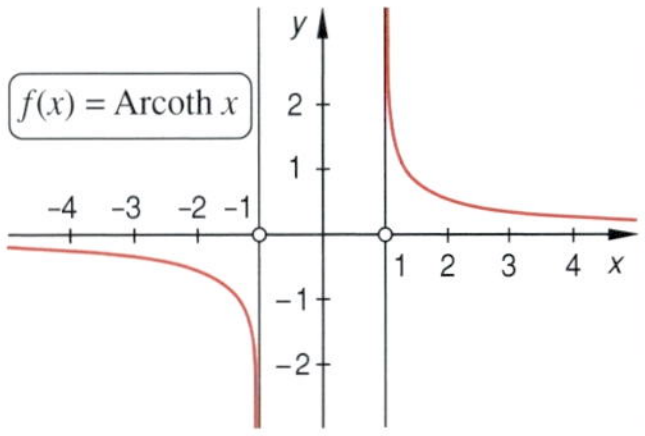

Beziehungen zwischen Areahyperbelfunktionen

Tritt in der Tabelle „±“ auf, so gilt „+“ für $x > 0$ und „−“ für $x < 0$.

$\text{Arsinh}\, x =$	$\text{Arcosh}\, x =$	$\text{Artanh}\, x =$	$\text{Arcoth}\, x =$
$\pm\text{Arcosh}\, \sqrt{x^2+1}$	$\text{Arsinh}\, \sqrt{x^2-1}$	$\text{Arsinh}\, \frac{x}{\sqrt{1-x^2}}$	$\text{Arsinh}\, \frac{1}{\sqrt{x^2-1}}$
$\text{Artanh}\, \frac{x}{\sqrt{x^2+1}}$	$\text{Artanh}\, \frac{\sqrt{x^2-1}}{x}$	$\pm\text{Arcosh}\, \frac{1}{\sqrt{1-x^2}}$	$\pm\text{Arcosh}\, \frac{x}{\sqrt{x^2-1}}$
$\text{Arcoth}\, \frac{\sqrt{x^2+1}}{x}$	$\text{Arcoth}\, \frac{x}{\sqrt{x^2-1}}$	$\text{Arcoth}\, \frac{1}{x}$	$\text{Artanh}\, \frac{1}{x}$

4.2 Ableitungen von Funktionen

- $s_{x_0}(x) = \frac{f(x) - f(x_0)}{x - x_0}$; $s_{x_0}(h) = \frac{f(x_0 + h) - f(x_0)}{h}$
- $f'(x_0) = \lim\limits_{x \to x_0} \frac{f(x) - f(x_0)}{x - x_0} = \lim\limits_{h \to 0} \frac{f(x_0 + h) - f(x_0)}{h}$
- **Tangentengleichung im Punkt** $P\langle x_0 | f(x_0)\rangle$: $t_{x_0}(x) = f'(x_0) \cdot (x - x_0) + f(x_0)$.

	$f(x)$	$f'(x)$
Potenzregel	x^r ▶ $r \in \mathbb{N}^{\geq 1}$; $D(f) = \mathbb{R}$ x^r ▶ $r \in \mathbb{Z}^{<0}$; $D(f) = \mathbb{R}^{\neq 0}$ x^r ▶ $r \in (-\infty; 0)$ mit $r \notin \mathbb{Z}$ und $D(f) = \mathbb{R}^{>0}$ x^r ▶ $r \in (0; 1)$ und $D(f) = \mathbb{R}^{\geq 0}$ x^r ▶ $r \in (1; \infty)$ mit $r \notin \mathbb{Z}$ und $D(f) = \mathbb{R}^{\geq 0}$	$r \cdot x^{r-1}$; $D(f') = \mathbb{R}$ $r \cdot x^{r-1}$; $D(f') = \mathbb{R}^{\neq 0}$ $r \cdot x^{r-1}$; $D(f') = \mathbb{R}^{>0}$ $r \cdot x^{r-1}$; $D(f') = \mathbb{R}^{>0}$ $r \cdot x^{r-1}$; $D(f') = \mathbb{R}^{\geq 0}$
Konstantenregel	k	0
Faktorregel	$c \cdot g(x)$	$c \cdot g'(x)$
Summenregel	$u(x) + v(x) + \ldots$	$u'(x) + v'(x) + \ldots$
Produktregel **Produktregel für drei Faktoren**	$u(x) \cdot v(x)$ $u(x) \cdot v(x) \cdot w(x)$	$u'(x) \cdot v(x) + u(x) \cdot v'(x)$ $u'(x) \cdot v(x) \cdot w(x) + u(x) \cdot v'(x) \cdot w(x) + u(x) \cdot v(x) \cdot w'(x)$
Quotientenregel	$\frac{u(x)}{v(x)}$	$\frac{u'(x) \cdot v(x) - u(x) \cdot v'(x)}{[v(x)]^2}$; $v(x) \neq 0$
Kehrwertregel	$\frac{1}{g(x)}$	$-\frac{g'(x)}{[g(x)]^2}$; $g(x) \neq 0$
Kettenregel	$g[h(x)]$ $g(h[i(x)])$	$g'(z) \cdot h'(x)$; $z = h(x)$ $g'(h[i(x)]) \cdot h'[i(x)] \cdot i'(x)$
Umkehrregel	$f(x)$ $f^{-1}(x)$	$[f^{-1}]'(z) = \frac{1}{f'(x)}$; $z = f(x)$; $f'(x) \neq 0$ $f'(x) = \frac{1}{[f^{-1}]'(z)}$; $z = f(x)$; $[f^{-1}]'(z) \neq 0$
Exponential-funktionen	b^x b^{ax} e^x e^{ax}	$b^x \cdot \ln b$; $x \in \mathbb{R}$; $b \in \mathbb{R}^{>0} \setminus \{1\}$ $a \cdot b^{ax} \cdot \ln b$; $x \in \mathbb{R}$; $b \in \mathbb{R}^{>0} \setminus \{1\}$; $a \neq 0$ e^x; $x \in \mathbb{R}$ $a \cdot e^{ax}$; $x \in \mathbb{R}$; $a \neq 0$

	$f(x)$	$f'(x)$
Logarithmus-funktionen	$\ln x$	$\frac{1}{x}; x \in \mathbb{R}^{>0}$
	$\ln(ax)$	$\frac{1}{x}; x \in \mathbb{R}^{>0}; a > 0$
	$\log_b x$	$\frac{1}{x \cdot \ln b}; x \in \mathbb{R}^{>0}; b \in \mathbb{R}^{>0} \setminus \{1\}$
	$\log_b(ax)$	$\frac{1}{x \cdot \ln b} x \in \mathbb{R}^{>0}; b \in \mathbb{R}^{>0} \setminus \{1\}; a > 0$
Trigonometrische Funktionen	$\sin x$	$\cos x; x \in \mathbb{R}$
	$\cos x$	$-\sin x; x \in \mathbb{R}$
	$\tan x$	$\frac{1}{\cos^2 x} = 1 + \tan^2 x; x \in \mathbb{R} \setminus \left\{\frac{\pi}{2} + k\pi \mid k \in \mathbb{Z}\right\}$
	$\cot x$	$-\frac{1}{\sin^2 x} = -(1 + \cot^2 x); x \in \mathbb{R} \setminus \{k\pi \mid k \in \mathbb{Z}\}$
	$a \cdot \sin(bx)$	$ab \cdot \cos(bx)$
	$a \cdot \cos(bx)$	$-ab \cdot \sin(bx)$
	$a \cdot \tan(bx)$	$\frac{ab}{\cos^2(bx)} = ab \cdot [1 + \tan^2(bx)]$
	$a \cdot \cot(bx)$	$-\frac{ab}{\sin^2(bx)} = -ab \cdot [1 + \cot^2(bx)]$
	$\sin^n x$	$n \cdot \sin^{n-1} x \cdot \cos x$
	$\cos^n x$	$(-n) \cdot \cos^{n-1} x \cdot \sin x$
	$\tan^n x$	$n \cdot \tan^{n-1} x \cdot (1 + \tan^2 x)$
	$\cot^n x$	$(-n) \cdot \cot^{n-1} x \cdot (1 + \cot^2 x)$
Arkusfunktionen	$\operatorname{Arcsin} x;\ x \in [-1; 1]$	$\frac{1}{\sqrt{1-x^2}}; x \in (-1; 1)$
	$\operatorname{Arccos} x;\ x \in [-1; 1]$	$\frac{-1}{\sqrt{1-x^2}}; x \in (-1; 1)$
	$\operatorname{Arccot} x$	$\frac{1}{1+x^2}; x \in \mathbb{R}$
		$\frac{-1}{1+x^2}; x \in \mathbb{R}$
Hyperbel-funktionen	$\sinh x = \frac{1}{2} \cdot (e^x - e^{-x})$	$\cosh x; x \in \mathbb{R}$
	$\cosh x = \frac{1}{2} \cdot (e^x + e^{-x})$	$\sinh x; x \in \mathbb{R}$
	$\tanh x = \frac{e^x - e^{-x}}{e^x + e^{-x}}$	$1 - \tanh^2 x = \frac{1}{\cosh^2 x}; x \in \mathbb{R}$
	$\coth x = \frac{e^x + e^{-x}}{e^x - e^{-x}}$	$1 - \coth^2 x = \frac{-1}{\sinh^2 x}; x \in \mathbb{R}^{\neq 0}$

	$f(x)$	$f'(x)$
Areahyperbel-funktionen	$\operatorname{Arsinh} x = \ln(x + \sqrt{x^2+1})$	$\frac{1}{\sqrt{x^2+1}}$; $x \in \mathbb{R}$
	$\operatorname{Arcosh} x = \ln(x + \sqrt{x^2-1})$ mit $x \in [1; \infty)$	$\frac{1}{\sqrt{x^2-1}}$; $x \in (1; \infty)$
	$\operatorname{Artanh} x = \frac{1}{2} \cdot \ln \frac{1+x}{1-x}$	$\frac{1}{1-x^2}$; $x \in (-1; 1)$
	$\operatorname{Arcoth} x = \frac{1}{2} \cdot \ln \frac{x+1}{x-1}$	$\frac{1}{1-x^2}$; $x \in \mathbb{R} \setminus [-1; 1]$
Logarithmische Differentiation	$f(x) = [g(x)]^{h(x)}$; $g(x) > 0$	$f(x) \cdot \left[h'(x) \cdot \ln g(x) + h(x) \cdot \frac{g'(x)}{g(x)}\right]$

Funktionen in Polarkoordinatendarstellung
$\varphi \mapsto F(\varphi) \Rightarrow \tan \alpha = \frac{F(\varphi_0)}{F'(\varphi_0)}$ ► $F'(\varphi_0) = \frac{F(\varphi_0)}{\tan \alpha} = F(\varphi_0) \cdot \frac{\cos \alpha}{\sin \alpha}$
$\tan(\varphi_0 + \alpha) = \tan \tau = \frac{\tan \varphi_0 + \tan \alpha}{1 - \tan \varphi_0 \cdot \tan \alpha} = \frac{F(\varphi_0) + F'(\varphi_0) \cdot \tan \varphi_0}{F'(\varphi_0) - F(\varphi_0) \cdot \tan \varphi_0} = \frac{F'(\varphi_0) \cdot \sin \varphi_0 + F(\varphi_0) \cdot \cos \varphi_0}{F'(\varphi_0) \cdot \cos \varphi_0 - F(\varphi_0) \cdot \sin \varphi_0}$

Funktionen in Parameterdarstellung
$\begin{cases} x = f_1(t) \\ y = f_2(t) \end{cases}; t \in D(f_1) \cap D(f_2) \Rightarrow f'(x) = \frac{\dot{f}_2(t)}{\dot{f}_1(t)} \Rightarrow f''(x) = \frac{\dot{f}_1(t) \cdot \ddot{f}_2(t) - \ddot{f}_1(t) \cdot \dot{f}_2(t)}{[\dot{f}_1(t)]^3}$

4.3 Reihen

Rechnen mit dem Summenzeichen

$\sum_{k=1}^{n} a_k = a_1 + a_2 + a_3 + a_4 + \ldots + a_n$; $\sum_{k=0}^{n-1} b_k = b_0 + b_1 + b_2 + b_3 + \ldots + b_{n-1}$

Beispiele:

- $\sum_{k=1}^{n} k = \frac{n \cdot (n+1)}{2} \Rightarrow \sum_{k=1}^{n-1} k = \frac{(n-1) \cdot (n-1+1)}{2} = \frac{(n-1) \cdot n}{2}$
- $\sum_{k=1}^{n} (k-1) = \sum_{k=0}^{n-1} k = \sum_{k=1}^{n-1} k$
- $\sum_{k=1}^{n} k^2 = \frac{n \cdot (n+1) \cdot (2n+1)}{6} \Rightarrow \sum_{k=1}^{n-1} k^2 = \frac{(n-1) \cdot (n-1+1) \cdot [2 \cdot (n-1)+1]}{6} = \frac{(n-1) \cdot n \cdot (2n-1)}{6}$
- $\sum_{k=1}^{n} (k-1)^2 = \sum_{k=0}^{n-1} k^2 = \sum_{k=1}^{n-1} k^2 = \frac{(n-1) \cdot n \cdot (2n-1)}{6}$

Fakultät – Binomialkoeffizienten

- $\boldsymbol{n! = 1 \cdot 2 \cdot 3 \cdot 4 \cdot 5 \cdot \ldots \cdot n;\ n \in \mathbb{N}^{\geq 1}}$ ► gelesen: „***n* Fakultät**"

  $\boldsymbol{0! = 1}$ ► Definition

  Beispiele: $1! = 1$ ► $n = 1$ ► Definition

  $4! = 1 \cdot 2 \cdot 3 \cdot 4 = \underline{\underline{24}}$ ► $n = 4$

  $9! = 1 \cdot 2 \cdot 3 \cdot 4 \cdot 5 \cdot 6 \cdot 7 \cdot 8 \cdot 9 = \underline{\underline{362880}}$ ► $n = 9$

- $\boldsymbol{(n+1)! = n! \cdot (n+1);\ 0! = 1;\ n \in \mathbb{N}}$ ► Rekursionsformel
- $\boldsymbol{\frac{n!}{(n-1)!} = n}$ und $\boldsymbol{\frac{n!}{(n-k)!} = n \cdot (n-1) \cdot (n-2) \cdot (n-3) \cdot \ldots \cdot (n-k+1);\ n; k \in \mathbb{N};\ k \leq n}$
- $\boldsymbol{\frac{n!}{k! \cdot (n-k)!} = \binom{n}{k};\ n;\ k \in \mathbb{N};\ k \leq n}$

  $\boldsymbol{\binom{n}{k}}$ ► **gelesen „*n* über *k*"** ► $\boldsymbol{\binom{n}{k}}$ wird als **Binomialkoeffizient** bezeichnet

  Beispiele:

  $\binom{5}{2}$ ► $n = 5; k = 2$ ► $\binom{5}{2} = \frac{5!}{2! \cdot (5-2)!} = \frac{5!}{2! \cdot 3!} = \frac{1 \cdot 2 \cdot 3 \cdot 4 \cdot 5}{1 \cdot 2 \cdot 1 \cdot 2 \cdot 3} = \frac{4 \cdot 5}{2} = \underline{\underline{10}}$

  $\binom{4}{0}$ ► $n = 4; k = 0$ ► $\binom{4}{0} = \frac{4!}{0! \cdot (4-0)!} = \frac{4!}{1 \cdot 4!} = \frac{1 \cdot 2 \cdot 3 \cdot 4}{1 \cdot 1 \cdot 2 \cdot 3 \cdot 4} = \underline{\underline{1}}$

- Es gilt: $\boldsymbol{\binom{n}{k} = \frac{n \cdot (n-1) \cdot (n-2) \cdot (n-3) \cdot \ldots \cdot (n-k+1)}{k!};\ n \in \mathbb{R}}$ **und** $\boldsymbol{k \in \mathbb{N}}$

  Beispiele:

  $\binom{\sqrt{2}}{3}$ ► $n = \sqrt{2}; k = 3$ ► $\binom{\sqrt{2}}{3} = \frac{\sqrt{2} \cdot (\sqrt{2}-1) \cdot (\sqrt{2}-2)}{3!} = \frac{\sqrt{2} \cdot (4 - 3 \cdot \sqrt{2})}{1 \cdot 2 \cdot 3} = \frac{2}{3} \cdot \sqrt{2} - 1 = \underline{\underline{-0{,}057191}}$

  $\binom{-0{,}5}{2}$ ► $n = -0{,}5; k = 2$ ► $\binom{-0{,}5}{2} = \frac{-0{,}5 \cdot (-0{,}5-1)}{2!} = \frac{-0{,}5 \cdot (-1{,}5)}{1 \cdot 2} = \underline{\underline{0{,}375}}$

Summen endlicher Reihen

Für $n \in \mathbb{N}^{\geq 1}$ gilt:

$$1+2+3+4+\ldots+n=\sum_{k=1}^{n} k=\frac{n\cdot(n+1)}{2}$$

$$1^2+2^2+3^2+4^2+\ldots+n^2=\sum_{k=1}^{n} k^2=\frac{n\cdot(n+1)\cdot(2n+1)}{6}$$

$$1^3+2^3+3^3+4^3+\ldots+n^3=\sum_{k=1}^{n} k^3=\frac{n^2\cdot(n+1)^2}{4}$$

$$1^4+2^4+3^4+4^4+\ldots+n=\sum_{k=1}^{n} k^4=\frac{n\cdot(n+1)\cdot(2n+1)\cdot(3n^2+3n-1)}{30}$$

$$1+3+5+7+\ldots+(2n-1)=\sum_{k=1}^{n}(2k-1)=n^2$$

$$2+4+6+8+\ldots+2n=\sum_{k=1}^{n}(2k)=n\cdot(n+1)$$

$$1^2+3^2+5^2+7^2+\ldots+(2n-1)^2=\sum_{k=1}^{n}(2k-1)^2=\frac{n\cdot(4n^2-1)}{3}$$

$$1^3+2^3+3^3+4^3+\ldots+(2n-1)^3=\sum_{k=1}^{n}(2k-1)^3=n^2\cdot(2n^2-1)$$

$f(x)$	**Binomische Reihen**	Konvergenzintervall
Hinweis:	Kommen in einer Reihe die Vorzeichen $\pm$ oder $\mp$ vor, so gehört das obere Vorzeichen zu $1+x$ und das untere Vorzeichen zu $1-x$.	
$(1\pm x)^n$	$1\pm\binom{n}{1}\cdot x+\binom{n}{2}\cdot x^2\pm\binom{n}{3}\cdot x^3+\binom{n}{4}\cdot x^4\pm\binom{n}{5}\cdot x^5+\ldots$	$[-1;1]$, wenn $n\in\mathbb{R}^{>0}\setminus\mathbb{N}$ $(-1;1)$, wenn $n\in\mathbb{R}^{<0}\setminus\mathbb{Z}$
Für $n\in\mathbb{N}^{\geq 1}$ sind die Reihen endlich, haben $n+1$ Summanden und das Konvergenzintervall $(-\infty;\infty)$.		
$(1\pm x)^{\frac{1}{2}}$	$1\pm\frac{1}{2}\cdot x-\frac{1\cdot 1}{2\cdot 4}\cdot x^2\pm\frac{1\cdot 1\cdot 3}{2\cdot 4\cdot 6}\cdot x^3-\frac{1\cdot 1\cdot 3\cdot 5}{2\cdot 4\cdot 6\cdot 8}\cdot x^4\pm\frac{1\cdot 1\cdot 3\cdot 5\cdot 7}{2\cdot 4\cdot 6\cdot 8\cdot 10}\cdot x^5-\ldots$	$[-1;1]$
$(1\pm x)^{\frac{1}{3}}$	$1\pm\frac{1}{3}\cdot x-\frac{1\cdot 2}{3\cdot 6}\cdot x^2\pm\frac{1\cdot 2\cdot 5}{3\cdot 6\cdot 9}\cdot x^3-\frac{1\cdot 2\cdot 5\cdot 8}{3\cdot 6\cdot 9\cdot 12}\cdot x^4\pm\frac{1\cdot 2\cdot 5\cdot 8\cdot 11}{3\cdot 6\cdot 9\cdot 12\cdot 15}\cdot x^5-\ldots$	$[-1;1]$
$(1\pm x)^{\frac{1}{4}}$	$1\pm\frac{1}{4}\cdot x-\frac{1\cdot 3}{4\cdot 8}\cdot x^2\pm\frac{1\cdot 3\cdot 7}{4\cdot 8\cdot 12}\cdot x^3-\frac{1\cdot 3\cdot 7\cdot 11}{4\cdot 8\cdot 12\cdot 16}\cdot x^4\pm\frac{1\cdot 3\cdot 7\cdot 11\cdot 15}{4\cdot 8\cdot 12\cdot 16\cdot 20}\cdot x^5-\ldots$	$[-1;1]$
$(1\pm x)^{-1}$	$1\mp x+x^2\mp x^3+x^4\mp x^5+x^6\mp x^7+\ldots$	$(-1;1)$
$(1\pm x)^{-\frac{1}{2}}$	$1\mp\frac{1}{2}\cdot x+\frac{1\cdot 3}{2\cdot 4}\cdot x^2\mp\frac{1\cdot 3\cdot 5}{2\cdot 4\cdot 6}\cdot x^3+\frac{1\cdot 3\cdot 5\cdot 7}{2\cdot 4\cdot 6\cdot 8}\cdot x^4\mp\frac{1\cdot 3\cdot 5\cdot 7\cdot 9}{2\cdot 4\cdot 6\cdot 8\cdot 10}\cdot x^5+\ldots$	$(-1;1)$
$(1\pm x)^{-2}$	$1\mp 2x+3x^2\mp 4x^3+5x^4\mp 6x^5+7x^6\mp 8x^7+\ldots$	$(-1;1)$
$(1\pm x)^{-3}$	$1\mp\frac{1}{1\cdot 2}\cdot(2\cdot 3x\mp 3\cdot 4x^2+4\cdot 5x^3\mp 5\cdot 6x^4+6\cdot 7x^5\mp\ldots)$	$(-1;1)$
$(1\pm x)^{-4}$	$1\mp\frac{1}{1\cdot 2\cdot 3}\cdot(2\cdot 3\cdot 4x\mp 3\cdot 4\cdot 5x^2+4\cdot 5\cdot 6x^3\mp 5\cdot 6\cdot 7x^4+6\cdot 7\cdot 8x^5\mp\ldots)$	$(-1;1)$
$(1\pm x)^{-5}$	$1\mp\frac{1}{1\cdot 2\cdot 3\cdot 4}\cdot(2\cdot 3\cdot 4\cdot 5x\mp 3\cdot 4\cdot 5\cdot 6x^2+4\cdot 5\cdot 6\cdot 7x^3\mp 5\cdot 6\cdot 7\cdot 8x^4+\ldots)$	$(-1;1)$

$f(x)$	**Binomische Reihen**	Konvergenzintervall
Für $a; n \in \mathbb{R}^{\neq 0}$ gilt: $(a \pm x)^n = \left[a \cdot \left(1 \pm \frac{x}{a}\right)\right]^n = a^n \cdot \left(1 \pm \frac{x}{a}\right)^n$		
Setzt man in der oben für $(1 \pm x)^n$ angegebenen Reihe $\frac{x}{a}$ für x, so erhält man Reihen für $(a \pm x)^n$:		
$(a \pm x)^n$	$a^n \cdot \left[1 \pm \binom{n}{1} \cdot \frac{x}{a} + \binom{n}{2} \cdot \left(\frac{x}{a}\right)^2 \pm \binom{n}{3} \cdot \left(\frac{x}{a}\right)^3 + \binom{n}{4} \cdot \left(\frac{x}{a}\right)^4 \pm \ldots\right]$	$[-\lvert a\rvert; \lvert a\rvert]$, wenn $n \in \mathbb{R}^{>0} \setminus \mathbb{N}$ $(-\lvert a\rvert; \lvert a\rvert)$, wenn $n \in \mathbb{R}^{<0} \setminus \mathbb{Z}$

Geometrische Reihen	
$1 + q + q^2 + q^3 + \ldots + q^n = \frac{1 - q^{n+1}}{1 - q}$ für $q \neq 1$	► endliche geometrische Reihe
$1 + q + q^2 + q^3 + \ldots = \frac{1}{1 - q}$ für $\lvert q\rvert < 1$	► unendliche geometrische Reihe

$f(x)$	**Reihen von Exponentialfunktionen**	Konvergenzintervall
e^x	$1 + \frac{x}{1!} + \frac{x^2}{2!} + \frac{x^3}{3!} + \frac{x^4}{4!} + \frac{x^5}{5!} + \frac{x^6}{6!} + \ldots + \frac{x^n}{n!} + \ldots$	$(-\infty; \infty)$
e^{ax}	$1 + \frac{a}{1!} \cdot x + \frac{a^2}{2!} \cdot x^2 + \frac{a^3}{3!} \cdot x^3 + \frac{a^4}{4!} \cdot x^4 + \ldots + \frac{a^n}{n!} \cdot x^n + \ldots; a \in \mathbb{R}$	$(-\infty; \infty)$
$a^x = e^{x \cdot \ln a}$	$1 + \frac{\ln a}{1!} \cdot x + \frac{\ln^2 a}{2!} \cdot x^2 + \frac{\ln^3 a}{3!} \cdot x^3 + \ldots + \frac{\ln^n a}{n!} \cdot x^n + \ldots; a \in \mathbb{R}^{>0} \setminus \{1\}$	$(-\infty; \infty)$
e	$1 + \frac{1}{1!} + \frac{1}{2!} + \frac{1}{3!} + \ldots + \frac{1}{n!} + \ldots$	

$f(x)$	**Reihen von logarithmischen Funktionen**	Konvergenzintervall
$\ln x$	$2 \cdot \left[\frac{x-1}{x+1} + \frac{(x-1)^3}{3 \cdot (x+1)^3} + \frac{(x-1)^5}{5 \cdot (x+1)^5} + \ldots + \frac{(x-1)^{2n+1}}{(2n+1) \cdot (x+1)^{2n+1}} + \ldots\right]$	$(0; \infty)$
$\ln x$	$(x-1) - \frac{(x-1)^2}{2} + \frac{(x-1)^3}{3} - \frac{(x-1)^4}{4} \pm \ldots + (-1)^{n+1} \cdot \frac{(x-1)^n}{n} \mp \ldots$	$(0; 2]$
$\ln x$	$\frac{x-1}{x} + \frac{(x-1)^2}{2x^2} + \frac{(x-1)^3}{3x^3} + \ldots + \frac{(x-1)^n}{n \cdot x^n} + \ldots$	$\left(\frac{1}{2}; \infty\right)$
$\ln(1+x)$	$x - \frac{x^2}{2} + \frac{x^3}{3} - \frac{x^4}{4} \pm \ldots + (-1)^{n+1} \cdot \frac{x^n}{n} \mp \ldots$	$(-1; 1)$
$\ln(1-x)$	$-\left(x + \frac{x^2}{2} + \frac{x^3}{3} + \frac{x^4}{4} + \frac{x^5}{5} + \ldots + \frac{x^n}{n} + \ldots\right)$	$(-1; 1)$
$\ln \frac{1+x}{1-x}$	$2 \cdot \left(x + \frac{x^3}{3} + \frac{x^5}{5} + \frac{x^7}{7} + \ldots + \frac{x^{2n+1}}{2n+1} + \ldots\right)$	$(-1; 1)$
$\ln \frac{x+1}{x-1}$	$2 \cdot \left(\frac{1}{x} + \frac{1}{3x^3} + \frac{1}{5x^5} + \frac{1}{7x^7} + \ldots + \frac{1}{(2n+1) \cdot x^{2n+1}} + \ldots\right)$	$(-\infty; -1); (1; \infty)$
$\ln 2$	$1 - \frac{1}{2} + \frac{1}{3} - \frac{1}{4} \pm \ldots + \frac{1}{n} \mp \ldots$	

$f(x)$	**Reihen von trigonometrischen Funktionen**	Konvergenzintervall
$\sin x$	$x-\frac{x^3}{3!}+\frac{x^5}{5!}-\frac{x^7}{7!}\pm\ldots+(-1)^n\cdot\frac{x^{2n+1}}{(2n+1)!}\mp\ldots$	$(-\infty;\infty)$
$\cos x$	$1-\frac{x^2}{2!}+\frac{x^4}{4!}-\frac{x^6}{6!}\pm\ldots+(-1)^n\cdot\frac{x^{2n}}{(2n)!}\mp\ldots$	$(-\infty;\infty)$
$\tan x$	$x+\frac{1}{3}\cdot x^3+\frac{2}{15}\cdot x^5+\frac{17}{315}\cdot x^7+\frac{62}{2835}\cdot x^9+\ldots$	$\left(-\frac{\pi}{2};\frac{\pi}{2}\right)$
$\cot x$	$\frac{1}{x}-\frac{x}{3}-\frac{x^3}{45}-\frac{2x^5}{945}-\frac{x^7}{4725}-\ldots$	$(-\pi;0);(0;\pi)$
$\frac{1}{\cos x}$	$1+\frac{1}{2}\cdot x^2+\frac{5}{24}\cdot x^4+\frac{61}{720}\cdot x^6+\frac{277}{8064}\cdot x^8+\ldots$	$\left(-\frac{\pi}{2};\frac{\pi}{2}\right)$
$\frac{1}{\sin x}$	$\frac{1}{x}+\frac{1}{6}\cdot x+\frac{7}{360}\cdot x^3+\frac{31}{15120}\cdot x^5+\frac{127}{604800}\cdot x^7+\ldots$	$(-\pi;0);(0;\pi)$

$f(x)$	**Reihen von Arkusfunktionen**	Konvergenzintervall
$\operatorname{Arcsin} x$	$x+\frac{1}{2\cdot 3}\cdot x^3+\frac{1\cdot 3}{2\cdot 4\cdot 5}\cdot x^5+\frac{1\cdot 3\cdot 5}{2\cdot 4\cdot 6\cdot 7}\cdot x^7+\ldots+\frac{1\cdot 3\cdot 5\cdot\ldots\cdot(2n-1)\cdot x^{2n+1}}{2\cdot 4\cdot 6\cdot\ldots\cdot(2n)\cdot(2n+1)}+\ldots$	$(-1;1)$
$\operatorname{Arccos} x$	$\frac{\pi}{2}-\left(x+\frac{1}{2\cdot 3}\cdot x^3+\frac{1\cdot 3}{2\cdot 4\cdot 5}\cdot x^5+\frac{1\cdot 3\cdot 5}{2\cdot 4\cdot 6\cdot 7}\cdot x^7+\ldots+\frac{1\cdot 3\cdot 5\cdot\ldots\cdot(2n-1)\cdot x^{2n+1}}{2\cdot 4\cdot 6\cdot\ldots\cdot(2n)\cdot(2n+1)}+\ldots\right)$	$(-1;1)$
$\operatorname{Arctan} x$	$x-\frac{x^3}{3}+\frac{x^5}{5}-\frac{x^7}{7}\pm\ldots+(-1)^n\cdot\frac{x^{2n+1}}{2n+1}\mp\ldots$	$(-1;1)$
$\frac{\pi}{4}=\operatorname{Arctan} 1$	$1-\frac{1}{3}+\frac{1}{5}-\frac{1}{7}+\frac{1}{9}\mp\ldots+\frac{1}{2n-1}\mp\ldots$	
$\operatorname{Arccot} x$	$\frac{\pi}{2}-\left(x-\frac{x^3}{3}+\frac{x^5}{5}-\frac{x^7}{7}\pm\ldots+(-1)^n\cdot\frac{x^{2n+1}}{2n+1}\mp\ldots\right)$	$(-1;1)$

$f(x)$	**Reihen von Hyperbelfunktionen**	Konvergenzintervall
$\sinh x$	$x+\frac{x^3}{3!}+\frac{x^5}{5!}+\frac{x^7}{7!}+\ldots+\frac{x^{2n+1}}{(2n+1)!}+\ldots$	$(-\infty;\infty)$
$\cosh x$	$1+\frac{x^2}{2!}+\frac{x^4}{4!}+\frac{x^6}{6!}+\ldots+\frac{x^{2n}}{(2n)!}+\ldots$	$(-\infty;\infty)$
$\tanh x$	$x-\frac{1}{3}\cdot x^3+\frac{2}{15}\cdot x^5-\frac{17}{315}\cdot x^7+\frac{62}{2835}\cdot x^9\mp\ldots$	$\left(-\frac{\pi}{2};\frac{\pi}{2}\right)$
$\coth x$	$\frac{1}{x}+\frac{x}{3}-\frac{x^3}{45}+\frac{2x^5}{945}-\frac{x^7}{4725}\pm\ldots$	$(-\pi;0);(0;\pi)$

$f(x)$	**Reihen von Areahyperbelfunktionen**	Konvergenzintervall
$\operatorname{Arsinh} x$	$x-\frac{1}{2\cdot 3}\cdot x^3+\frac{1\cdot 3}{2\cdot 4\cdot 5}\cdot x^5-\frac{1\cdot 3\cdot 5}{2\cdot 4\cdot 6\cdot 7}\cdot x^7\pm\ldots+(-1)^n\cdot\frac{1\cdot 3\cdot 5\cdot\ldots\cdot(2n-1)}{2\cdot 4\cdot 6\cdot\ldots\cdot 2n\cdot(2n+1)}\cdot x^{2n+1}\mp\ldots$	$(-1;1)$
$\operatorname{Arcosh} x$	$\ln(2x)-\frac{1}{2\cdot 2x^2}-\frac{1\cdot 3}{2\cdot 4\cdot 4x^4}-\frac{1\cdot 3\cdot 5}{2\cdot 4\cdot 6\cdot 6x^6}-\ldots$	$(1;\infty)$
$\operatorname{Artanh} x$	$x+\frac{x^3}{3}+\frac{x^5}{5}+\frac{x^7}{7}+\ldots+\frac{x^{2n+1}}{2n+1}+\ldots$	$(-1;1)$
$\operatorname{Arcoth} x$	$\frac{1}{x}+\frac{1}{3x^3}+\frac{1}{5x^5}+\frac{1}{7x^7}+\ldots+\frac{1}{(2n+1)\cdot x^{2n+1}}+\ldots$	$(-\infty;-1);(1;\infty)$

Bernoullische Zahlen B_k

$$\frac{\pi^{2k}\cdot 2^{2k-1}}{(2k)!}\cdot B_k=\sum_{m=1}^{\infty}\frac{1}{m^{2k}}$$ ($k=1;\cdots;10$ ► siehe Tabelle)

k	1	2	3	4	5	6	7	8	9	10
B_k	$\frac{1}{6}$	$\frac{1}{30}$	$\frac{1}{42}$	$\frac{1}{30}$	$\frac{5}{66}$	$\frac{691}{2730}$	$\frac{7}{6}$	$\frac{3617}{510}$	$\frac{43867}{798}$	$\frac{174611}{330}$

Eulersche Zahlen E_k

$$\frac{\pi^{2k+1}}{2^{2k+2}\cdot(2k)!}\cdot E_k=\sum_{m=0}^{\infty}\left[(-1)^m\cdot\frac{1}{(2m+1)^{2k+1}}\right]$$ ($k=1;\ldots 7$ ► siehe Tabelle)

k	1	2	3	4	5	6	7
E_k	1	5	61	1385	50521	2702765	199360981

4.4 Integrale

Regeln für unbestimmte Integrale
• Eine differenzierbare Funktion F heißt Stammfunktion einer Funktion f in einem Intervall $I \subset D(f)$, wenn $F'(x) = f(x)$ für alle $x \in I$ gilt.
• Hat eine Funktion f in einem Intervall $I \subset D(f)$ eine Stammfunktion, so bezeichnet $\int f(x)\,\mathrm{d}x$ den Funktionsterm irgendeiner Stammfunktion von f im Intervall I. $\int f(x)\,\mathrm{d}x$ heißt unbestimmtes Integral von f. ► 1.2
• **Faktorregel** $\int [k \cdot f(x)]\,\mathrm{d}x = k \cdot \int f(x)\,\mathrm{d}x$ ► 2.2
• **Summenregel** $\int [f_1(x) + f_2(x) + f_3(x) + \ldots]\,\mathrm{d}x = \int f_1(x)\,\mathrm{d}x + \int f_2(x)\,\mathrm{d}x + \int f_3(x)\,\mathrm{d}x + \ldots$ ► 2.3
• **Integration durch Substitution** $\int \left(g[h(x)] \cdot h'(x)\right)\mathrm{d}x = \int g(z)\,\mathrm{d}z$ mit $z = h(x)$ ► 2.4
• **Partielle Integration** $\int [u(x) \cdot v'(x)]\,\mathrm{d}x = u(x) \cdot v(x) - \int [u'(x) \cdot v(x)]\,\mathrm{d}x$ ► 2.5

Zusammenstellung unbestimmter Integrale mit Lösungen

In der nachfolgenden Zusammenstellung sind wichtige unbestimmte Integrale mit Lösung angegeben. Dabei steht in der linken Spalte jeweils ein unbestimmtes Integral und in der rechten Spalte die Lösung in Form des Terms einer zugehörigen Stammfunktion. Dabei ist zu beachten:

- Bei den Stammfunktionen wird die Integrationskonstante (► 1.2) stets weggelassen.
- Kommen im Term einer Integrandfunktion neben der Integrationsvariablen x auch noch Parameter wie a, b, c o.a. vor, so sind für diese Parameter nur solche Zahlen einzusetzen, für die der angegebene Term der Stammfunktion erklärt ist oder die den Integraltyp nicht verändern.
- Auf eine Angabe von Gültigkeitsintervallen (► 2.1) wird generell verzichtet.
- **Eine erweiterte Zusammenstellung mit mehr als 450 Integralen finden Sie im Lehrbuch Kusch 4, Integralrechnung, Kapitel 4.4 (ISBN 978-3-464-41304-3).**

Integrale, die Terme vom Typ $ax+b$ enthalten

$\int (ax+b)^n\,\mathrm{d}x$	$\frac{1}{a} \cdot \frac{1}{n+1}(ax+b)^{n+1}$ $n \in \mathbb{R}^{\neq -1}$
$\int \frac{\mathrm{d}x}{(ax+b)^n}$	$\frac{1}{a} \cdot \frac{1}{n+1}(ax+b)^{1-n}$ $n \in \mathbb{N}^{\geq 2}$
$\int \frac{\mathrm{d}x}{ax+b}$	$\frac{1}{a} \cdot \ln\lvert ax+b\rvert$
$\int \frac{x}{ax+b}\,\mathrm{d}x$	$\frac{x}{a} - \frac{b}{a^2} \cdot \ln\lvert ax+b\rvert$
$\int \frac{x}{(ax+b)^2}\,\mathrm{d}x$	$\frac{b}{a^2 \cdot (ax+b)} + \frac{1}{a^2} \cdot \ln\lvert ax+b\rvert$
$\int \frac{x}{(ax+b)^n}\,\mathrm{d}x$	$-\frac{1}{a^2} \cdot \frac{1}{n-2} \cdot \frac{1}{(ax+b)^{n-2}} + \frac{1}{a^2} \cdot \frac{1}{n-1} \cdot \frac{b}{(ax+b)^{n-1}}$; $n \in \mathbb{N}^{\geq 3}$
$\int \frac{x^2}{ax+b}\,\mathrm{d}x$	$\frac{1}{2a^3} \cdot (ax+b)^2 - \frac{2b}{a^3} \cdot (ax+b) + \frac{b^2}{a^3} \cdot \ln\lvert ax+b\rvert$
$\int \frac{\mathrm{d}x}{(x+a) \cdot (x+b)}$	$\frac{1}{a-b} \cdot \ln\left\lvert\frac{x+b}{x+a}\right\rvert$

Integrale, die Terme vom Typ ax^2+bx+c enthalten	
$\int \frac{\mathrm{d}x}{ax^2+bx+c}$	$\begin{cases} \frac{2}{\sqrt{4ac-b^2}} \cdot \operatorname{Arctan} \frac{2ax+b}{\sqrt{4ac-b^2}}; \; 4ac-b^2>0 \\ \frac{-2}{2ax+b}; \; 4ac-b^2=0 \\ \frac{1}{\sqrt{b^2-4ac}} \cdot \ln \left\| \frac{2ax+b-\sqrt{b^2-4ac}}{2ax+b+\sqrt{b^2-4ac}} \right\|; \; 4ac-b^2<0 \end{cases}$
$\int \frac{\mathrm{d}x}{(ax^2+bx+c)^2}$	$\frac{2ax+b}{(4ac-b^2)\cdot(ax^2+bx+c)} + \frac{2a}{4ac-b^2} \cdot \int \frac{\mathrm{d}x}{ax^2+bx+c}; \; 4ac-b^2 \neq 0$

Integrale, die Terme vom Typ a^2+x^2 bzw. a^2-x^2 enthalten	
$\int \frac{\mathrm{d}x}{a^2+x^2}$	$\frac{1}{a} \cdot \operatorname{Arctan} \frac{x}{a}$
$\int \frac{\mathrm{d}x}{(a^2+x^2)^n}$	$\frac{1}{(2n-2)\cdot a^2} \cdot \frac{x}{(a^2+x^2)^{n-1}} + \frac{2n-3}{(2n-2)\cdot a^2} \cdot \int \frac{\mathrm{d}x}{(a^2+x^2)^{n-1}}; \; n \in \mathbb{N}^{\geq 2}$ ► Rekursionsformel ► 2.5
$\int \frac{x^2}{a^2+x^2}\,\mathrm{d}x$	$x - a \cdot \operatorname{Arctan} \frac{x}{a}$
$\int \frac{x^2}{(a^2+x^2)^2}\,\mathrm{d}x$	$-\frac{1}{2} \cdot \frac{x}{a^2+x^2} + \frac{1}{2a} \cdot \operatorname{Arctan} \frac{x}{a}$
$\int \frac{x^2}{(a^2+x^2)^3}\,\mathrm{d}x$	$-\frac{1}{4} \cdot \frac{x}{(a^2+x^2)^2} + \frac{1}{8a^2} \cdot \frac{x}{a^2+x^2} + \frac{1}{8a^3} \cdot \operatorname{Arctan} \frac{x}{a}$
$\int \frac{x^3}{(a^2+x^2)^2}\,\mathrm{d}x$	$\frac{a^2}{2} \cdot \frac{1}{a^2+x^2} + \frac{1}{2} \cdot \ln(a^2+x^2)$
$\int \frac{x^3}{(a^2+x^2)^3}\,\mathrm{d}x$	$-\frac{1}{2} \cdot \frac{1}{a^2+x^2} + \frac{a^2}{4} \cdot \frac{1}{(a^2+x^2)^2}$
$\int \frac{\mathrm{d}x}{x \cdot (a^2+x^2)}$	$\frac{1}{2a^2} \cdot \ln \frac{x^2}{a^2+x^2}$
$\int \frac{\mathrm{d}x}{x \cdot (a^2+x^2)^2}$	$\frac{1}{2a^2} \cdot \frac{1}{a^2+x^2} + \frac{1}{2a^4} \cdot \ln \frac{x^2}{a^2+x^2}$
$\int \frac{\mathrm{d}x}{(a+x)^2+b^2}$	$\frac{1}{b} \cdot \operatorname{Arctan} \frac{a+x}{b}$
$\int \frac{\mathrm{d}x}{(a+x)^2-b^2}$	$\frac{1}{2b} \cdot \ln \left\| \frac{x+a-b}{x+a+b} \right\|$
$\int \frac{\mathrm{d}x}{a^2-x^2}$	$-\frac{1}{2a} \cdot \ln \left\| \frac{x-a}{x+a} \right\|$
$\int \frac{\mathrm{d}x}{x \cdot (a^2-x^2)}$	$\frac{1}{2a^2} \cdot \ln \left\| \frac{x^2}{a^2-x^2} \right\|$

Integrale, die Terme vom Typ $a^3 \pm x^3$ enthalten

Hinweis: Kommen in einer Lösung die Vorzeichen $\pm$ oder $\mp$ vor, so gehört das obere Vorzeichen zu $a^3 + x^3$ und das untere Vorzeichen zu $a^3 - x^3$.

$\int \frac{dx}{a^3 \pm x^3}$	$\pm \frac{1}{6a^2} \cdot \ln \left\| \frac{(a \pm x)^2}{a^2 \mp ax + x^2} \right\| + \frac{\sqrt{3}}{3a^2} \cdot \operatorname{Arctan} \frac{2x \mp a}{\sqrt{3} \cdot a}$
$\int \frac{dx}{(a^3 \pm x^3)^2}$	$\frac{1}{3a^3} \cdot \frac{x}{a^3 \pm x^3} + \frac{2}{3a^3} \cdot \int \frac{1}{a^3 \pm x^3} dx$
$\int \frac{x}{a^3 \pm x^3} dx$	$\frac{1}{6a} \cdot \ln \left\| \frac{a^2 \mp ax + x^2}{(a \pm x)^2} \right\| + \frac{1}{\sqrt{3} \cdot a} \cdot \operatorname{Arctan} \frac{2x \mp a}{\sqrt{3} \cdot a}$
$\int \frac{x^2}{a^3 \pm x^3} dx$	$\pm \frac{1}{3} \cdot \ln \|a^3 \pm x^3\|$
$\int \frac{x^2}{(a^3 \pm x^3)^2} dx$	$\mp \frac{1}{3} \cdot \frac{1}{a^3 \pm x^3}$
$\int \frac{dx}{x \cdot (a^3 \pm x^3)}$	$\frac{1}{3a^3} \cdot \ln \left\| \frac{x^3}{a^3 \pm x^3} \right\|$
$\int \frac{dx}{x \cdot (a^3 \pm x^3)^2}$	$\frac{1}{3a^3} \cdot \frac{1}{a^3 \pm x^3} + \frac{1}{3a^6} \cdot \ln \left\| \frac{x^3}{a^3 \pm x^3} \right\|$
$\int \frac{dx}{x^2 \cdot (a^3 \pm x^3)^2}$	$-\frac{1}{a^6} \cdot \frac{1}{x} \mp \frac{1}{3a^6} \cdot \frac{x^2}{a^3 \pm x^3} \mp \frac{4}{3a^6} \cdot \int \frac{x}{a^3 \pm x^3} dx$

Integrale, die Terme vom Typ $a^4 + x^4$ enthalten

$\int \frac{dx}{a^4 + x^4}$	$\frac{1}{4 \cdot \sqrt{2} \cdot a^3} \cdot \ln \left\| \frac{x^2 + a \cdot \sqrt{2} \cdot x + a^2}{x^2 - a \cdot \sqrt{2} \cdot x + a^2} \right\| + \frac{1}{2 \cdot \sqrt{2} \cdot a^3} \cdot \operatorname{Arctan} \frac{a \cdot \sqrt{2} \cdot x}{a^2 - x^2}$
$\int \frac{x}{a^4 + x^4} dx$	$\frac{1}{2a^2} \cdot \operatorname{Arctan} \frac{x^2}{a^2}$
$\int \frac{x^2}{a^4 + x^4} dx$	$-\frac{1}{4 \cdot \sqrt{2} \cdot a} \cdot \ln \left\| \frac{x^2 + a \cdot \sqrt{2} \cdot x + a^2}{x^2 - a \cdot \sqrt{2} \cdot x + a^2} \right\| + \frac{1}{2 \cdot \sqrt{2} \cdot a} \cdot \operatorname{Arctan} \frac{a \cdot \sqrt{2} \cdot x}{a^2 - x^2}$
$\int \frac{x^3}{a^4 + x^4} dx$	$\frac{1}{4} \cdot \ln (a^4 + x^4)$

Integrale, die Terme vom Typ $a^4 - x^4$ enthalten

$\int \frac{dx}{a^4 - x^4}$	$\frac{1}{4a^3} \cdot \ln \left\| \frac{a + x}{a - x} \right\| + \frac{1}{2a^3} \cdot \operatorname{Arctan} \frac{x}{a}$
$\int \frac{x}{a^4 - x^4} dx$	$\frac{1}{4a^2} \cdot \ln \left\| \frac{a^2 + x^2}{a^2 - x^2} \right\|$
$\int \frac{x^2}{a^4 - x^4} dx$	$\frac{1}{4a} \cdot \ln \left\| \frac{a + x}{a - x} \right\| - \frac{1}{2a} \cdot \operatorname{Arctan} \frac{x}{a}$
$\int \frac{x^3}{a^4 - x^4} dx$	$-\frac{1}{4} \cdot \ln \|a^4 - x^4\|$

Integrale, die Terme vom Typ $\sqrt{ax+b}$ enthalten	
$\int \sqrt{ax+b}\,\mathrm{d}x$	$\frac{2}{3a}\cdot\sqrt{(ax+b)^3}$
$\int \sqrt[n]{ax+b}\,\mathrm{d}x$	$\frac{n}{(n+1)\cdot a}\cdot\sqrt[n]{(ax+b)^{n+1}};\ n\in\mathbb{N}^{\geq 2}$
$\int \sqrt{(ax+b)^n}\,\mathrm{d}x$	$\frac{2}{(n+2)\cdot a}\cdot(ax+b)^{\frac{n+2}{2}};\ n\in\mathbb{Z}^{\neq -2}$
$\int \left[x\cdot\sqrt{ax+b}\right]\mathrm{d}x$	$\frac{2}{15a^2}\cdot(3ax-2b)\cdot\sqrt{(ax+b)^3}$
$\int \left[x^2\cdot\sqrt{ax+b}\right]\mathrm{d}x$	$\frac{2}{105a^3}\cdot(15a^2x^2-12abx+8b^2)\cdot\sqrt{(ax+b)^3}$
$\int \frac{\mathrm{d}x}{\sqrt{ax+b}}$	$\frac{2}{a}\cdot\sqrt{ax+b}$
$\int \frac{\mathrm{d}x}{\sqrt[n]{ax+b}}$	$\frac{n}{(n-1)\cdot a}\cdot\frac{ax+b}{\sqrt[n]{ax+b}};\ n\in\mathbb{N}^{\geq 2}$
$\int \frac{x}{\sqrt{ax+b}}\,\mathrm{d}x$	$\frac{2}{3a^2}\cdot(ax-2b)\cdot\sqrt{ax+b}$
$\int \frac{x^2}{\sqrt{ax+b}}\,\mathrm{d}x$	$\frac{2}{15a^3}\cdot(3a^2x^2-4abx+8b^2)\cdot\sqrt{ax+b}$
$\int \frac{x^2}{\sqrt{(ax+b)^3}}\,\mathrm{d}x$	$\frac{2}{3a^3}\cdot\sqrt{(ax+b)^3}-\frac{4b}{a^3}\cdot\sqrt{ax+b}-\frac{2b^2}{a^3}\cdot\frac{1}{\sqrt{ax+b}}$
$\int \sqrt{\frac{1+x}{1-x}}\,\mathrm{d}x$	$\operatorname{Arcsin}x-\sqrt{1-x^2}$
$\int \sqrt{\frac{1-x}{1+x}}\,\mathrm{d}x$	$\operatorname{Arcsin}x+\sqrt{1-x^2}$
$\int \frac{\mathrm{d}x}{\sqrt{x}\cdot(1+x)}$	$2\cdot\operatorname{Arctan}\sqrt{x}$
$\int \frac{\sqrt{x+1}}{x}\,\mathrm{d}x$	$2\cdot\sqrt{x+1}+\ln\left\lvert\frac{\sqrt{x+1}-1}{\sqrt{x+1}+1}\right\rvert$
$\int \frac{x}{\sqrt{1-x}}\,\mathrm{d}x$	$-\frac{2}{3}\cdot\sqrt{1-x}\cdot(x+2)$
$\int \frac{x}{\sqrt{x-1}}\,\mathrm{d}x$	$\frac{2}{3}\cdot(x+2)\cdot\sqrt{x-1}$

Integrale, die Terme vom Typ $\sqrt{ax^2+bx+c}$ enthalten	
$\int \frac{\mathrm{d}x}{\sqrt{ax^2+bx+c}}$	$\begin{cases}\frac{1}{\sqrt{a}}\cdot\ln\left\lvert 2\cdot\sqrt{a\cdot(ax^2+bx+c)}+2ax+b\right\rvert;\ a>0 \text{ und } 4ac-b^2\neq 0\\ \frac{1}{\sqrt{a}}\cdot\ln\lvert 2ax+b\rvert;\ a>0 \text{ und } 4ac-b^2=0\\ -\frac{1}{\sqrt{-a}}\cdot\operatorname{Arcsin}\frac{2ax+b}{\sqrt{b^2-4ac}};\ a<0 \text{ und } 4ac-b^2<0\end{cases}$
$\int \sqrt{ax^2+bx+c}\,\mathrm{d}x$	$\frac{(2ax+b)\cdot\sqrt{ax^2+bx+c}}{4a}+\frac{4ac-b^2}{8a}\cdot\int\frac{\mathrm{d}x}{\sqrt{ax^2+bx+c}}\,\mathrm{d}x$

Integrale, die Terme vom Typ $\sqrt{a^2 - x^2}$ enthalten	
$\int \sqrt{a^2 - x^2}\,\mathrm{d}x$	$\frac{a^2}{2} \cdot \operatorname{Arcsin}\frac{x}{a} + \frac{x}{2} \cdot \sqrt{a^2 - x^2}$
$\int \frac{\mathrm{d}x}{\sqrt{a - bx^2}}$	$\frac{1}{\sqrt{b}} \cdot \operatorname{Arcsin}\left(x \cdot \sqrt{\frac{b}{a}}\right)$
$\int \left[x^2 \cdot \sqrt{a^2 - x^2}\right] \mathrm{d}x$	$\frac{a^4}{8} \cdot \operatorname{Arcsin}\frac{x}{\lvert a \rvert} - \frac{x}{8} \cdot (a^2 - 2x^2) \cdot \sqrt{a^2 - x^2}$
$\int \left[x^3 \cdot \sqrt{a^2 - x^2}\right] \mathrm{d}x$	$\frac{1}{5} \cdot \sqrt{(a^2 - x^2)^5} - \frac{a^2}{3} \cdot \sqrt{(a^2 - x^2)^3}$
$\int \frac{\sqrt{a^2 - x^2}}{x}\,\mathrm{d}x$	$-a \cdot \ln\left\lvert \frac{a + \sqrt{a^2 - x^2}}{x} \right\rvert + \sqrt{a^2 - x^2}$
Integrale, die Terme vom Typ $\sqrt{x^2 + a^2}$ enthalten	
$\int \sqrt{x^2 + a^2}\,\mathrm{d}x$	$\frac{x}{2} \cdot \sqrt{x^2 + a^2} + \frac{a^2}{2} \cdot \ln\left\lvert x + \sqrt{x^2 + a^2} \right\rvert$
$\int \frac{\mathrm{d}x}{\sqrt{a + bx^2}}$	$\frac{1}{\sqrt{b}} \cdot \ln\left\lvert bx + \sqrt{b} \cdot \sqrt{a + bx^2} \right\rvert$
$\int \left[x^2 \cdot \sqrt{x^2 + a^2}\right] \mathrm{d}x$	$\frac{x}{8} \cdot (2x^2 + a^2) \cdot \sqrt{x^2 + a^2} - \frac{a^4}{8} \cdot \ln\left\lvert x + \sqrt{x^2 + a^2} \right\rvert$
$\int \frac{x^2}{\sqrt{x^2 + a^2}}\,\mathrm{d}x$	$\frac{x}{2} \cdot \sqrt{x^2 + a^2} - \frac{a^2}{2} \cdot \ln\left\lvert x + \sqrt{x^2 + a^2} \right\rvert$
Integrale, die Terme vom Typ $\sqrt{x^2 - a^2}$ enthalten	
$\int \sqrt{x^2 - a^2}\,\mathrm{d}x$	$\frac{x}{2} \cdot \sqrt{x^2 - a^2} - \frac{a^2}{2} \cdot \ln\left\lvert x + \sqrt{x^2 - a^2} \right\rvert$
$\int \frac{\mathrm{d}x}{\sqrt{b \cdot x^2 - a}}$	$\frac{1}{\sqrt{b}} \ln\left(\sqrt{bx^2 - a} + \sqrt{b} \cdot x\right)$
$\int \left[x^2 \cdot \sqrt{x^2 - a^2}\right] \mathrm{d}x$	$\frac{x}{4} \cdot \sqrt{(x^2 - a^2)^3} + \frac{a^2 x}{8} \cdot \sqrt{x^2 - a^2} - \frac{a^4}{8} \cdot \ln\left\lvert x + \sqrt{x^2 - a^2} \right\rvert$
$\int \frac{\mathrm{d}x}{x \cdot \sqrt{x^2 - a^2}}$	$\frac{1}{a} \cdot \operatorname{Arctan}\frac{\sqrt{x^2 - a^2}}{a}$
$\int \frac{x^2}{\sqrt{x^2 - a^2}}\,\mathrm{d}x$	$\frac{x}{2} \cdot \sqrt{x^2 - a^2} + \frac{a^2}{2} \cdot \ln\left\lvert x + \sqrt{x^2 - a^2} \right\rvert$
Integrale mit Logarithmusfunktionen	
$\int \ln(ax + b)\,\mathrm{d}x$	$\frac{1}{a} \cdot (ax + b) \cdot [\ln(ax + b) - 1]$
$\int \ln(x^2 + a^2)\,\mathrm{d}x$	$x \cdot \ln(x^2 + a^2) + 2a \cdot \operatorname{Arctan}\frac{x}{a} - 2x$
$\int \sin(\ln x)\,\mathrm{d}x$	$\frac{1}{2} \cdot x \cdot \sin(\ln x) - \frac{1}{2} \cdot \cos(\ln x)$
$\int \cos(\ln x)\,\mathrm{d}x$	$\frac{1}{2} \cdot x \cdot \sin(\ln x) + \frac{1}{2} \cdot \cos(\ln x)$

Integrale mit Exponentialfunktionen	
$\int a^x \,\mathrm{d}x$	$\frac{a^x}{\ln a}$; $a > 0$ und $a \neq 1$
$\int \mathrm{e}^{ax} \,\mathrm{d}x$	$\frac{1}{a} \cdot \mathrm{e}^{ax}$
$\int \frac{\mathrm{d}x}{a^x + a^{-x}}$	$\frac{1}{\ln a} \cdot \operatorname{Arctan} a^x$; $a > 0$ und $a \neq 1$
$\int [\mathrm{e}^{ax} \cdot \cos(bx)] \,\mathrm{d}x$	$\left[\frac{a}{a^2+b^2} \cdot \cos(bx) + \frac{b}{a^2+b^2} \cdot \sin(bx)\right] \cdot \mathrm{e}^{ax}$
$\int [\mathrm{e}^{ax} \cdot \sin(bx)] \,\mathrm{d}x$	$\left[\frac{a}{a^2+b^2} \cdot \sin(bx) - \frac{b}{a^2+b^2} \cdot \cos(bx)\right] \cdot \mathrm{e}^{ax}$
$\int [\mathrm{e}^{ax} \cdot \sinh(bx)] \,\mathrm{d}x$	$\frac{\mathrm{e}^{(a+b) \cdot x}}{2 \cdot (a+b)} - \frac{\mathrm{e}^{(a-b) \cdot x}}{2 \cdot (a-b)}$
$\int [\mathrm{e}^{ax} \cdot \sinh(ax)] \,\mathrm{d}x$	$\frac{1}{4a} \cdot \mathrm{e}^{2ax} - \frac{1}{2} \cdot x$
$\int [\mathrm{e}^{ax} \cdot \cosh(bx)] \,\mathrm{d}x$	$\frac{\mathrm{e}^{(a+b) \cdot x}}{2 \cdot (a+b)} + \frac{\mathrm{e}^{(a-b) \cdot x}}{2 \cdot (a-b)}$
$\int [\mathrm{e}^{ax} \cdot \cosh(ax)] \,\mathrm{d}x$	$\frac{1}{4a} \cdot \mathrm{e}^{2ax} + \frac{1}{2} \cdot x$
Integrale mit trigonometrischen Funktionen	
$\int \sin(ax) \,\mathrm{d}x$	$-\frac{1}{a} \cdot \cos(ax)$
$\int \frac{\mathrm{d}x}{\sin(ax)}$	$\frac{1}{a} \cdot \ln \left\lvert \tan \frac{ax}{2} \right\rvert$
$\int \frac{\mathrm{d}x}{\sin^2(ax)}$	$-\frac{1}{a} \cdot \cot(ax)$
$\int \cos(ax) \,\mathrm{d}x$	$\frac{1}{a} \cdot \sin(ax)$
$\int \frac{\mathrm{d}x}{\cos(ax)}$	$\frac{1}{a} \cdot \ln \left\lvert \tan \left(\frac{ax}{2} + \frac{\pi}{4}\right) \right\rvert$
$\int \frac{\mathrm{d}x}{\cos^2(ax)}$	$\frac{1}{a} \cdot \tan(ax)$
$\int [\sin(ax) \cdot \cos(bx)] \,\mathrm{d}x$	$-\frac{1}{2 \cdot (a+b)} \cdot \cos[(a+b) \cdot x] - \frac{1}{2 \cdot (a-b)} \cdot \cos[(a-b) \cdot x]$
$\int \tan(ax) \,\mathrm{d}x$	$-\frac{1}{a} \cdot \ln \lvert \cos ax \rvert$
$\int \tan^2(ax) \,\mathrm{d}x$	$\frac{1}{a} \cdot \tan(ax) - x$

Integrale mit Arkusfunktionen	
$\int \operatorname{Arcsin}\frac{x}{a}\,dx$	$x\cdot\operatorname{Arcsin}\frac{x}{a}+\sqrt{a^2-x^2}$
$\int \operatorname{Arccos}\frac{x}{a}\,dx$	$x\cdot\operatorname{Arccos}\frac{x}{a}-\sqrt{a^2-x^2}$
$\int \operatorname{Arctan}\frac{x}{a}\,dx$	$x\cdot\operatorname{Arctan}\frac{x}{a}-\frac{a}{2}\cdot\ln(a^2+x^2)$
Integrale mit Hyperbelfunktionen	
$\int \sinh(ax)\,dx$	$\frac{1}{a}\cdot\cosh(ax)$
$\int \frac{dx}{\sinh(ax)}$	$\frac{1}{a}\cdot\ln\left\|\tanh\frac{ax}{2}\right\|$
$\int \cosh(ax)\,dx$	$\frac{1}{a}\cdot\sinh(ax)$
$\int \frac{dx}{\cosh(ax)}$	$\frac{2}{a}\cdot\operatorname{Arctan} e^{ax}$
$\int \tanh(ax)]\,dx$	$\frac{1}{a}\cdot\ln[\cosh(ax)]$
Integrale mit Areahyperbelfunktionen	
$\int \operatorname{Arsinh}\frac{x}{a}\,dx$	$x\cdot\operatorname{Arsinh}\frac{x}{a}-\sqrt{x^2+a^2}$
$\int \operatorname{Arcosh}\frac{x}{a}\,dx$	$x\cdot\operatorname{Arcosh}\frac{x}{a}-\sqrt{x^2-a^2}$
$\int \operatorname{Artanh}\frac{x}{a}\,dx$	$x\cdot\operatorname{Artanh}\frac{x}{a}+\frac{a}{2}\cdot\ln\left\|a^2-x^2\right\|$

Regeln für bestimmte Integrale

- Ist eine Funktion f in einem abgeschlossenen Intervall $[a;\,b]\subset D(f)$ integrierbar (▸ 1.1) und besitzt sie dort eine Stammfunktion F, so gilt:
  $$\int_a^b f(x)\,dx = F(x)\Big|_a^b = F(b)-F(a)$$ ▸ Hauptsatz ▸ 1.2
- Ist eine Funktion f in $[a;\,b]$ integrierbar, so gilt: $\int_a^b f(x)\,dx = -\int_b^a f(x)\,dx$
- Ist eine Funktion f an einer Stelle a definiert, so gilt: $\int_a^a f(x)\,dx = 0$
- Ist eine Funktion f in $[a;\,c]$ und $[c;\,b]$ mit $a<c<b$ integrierbar, so gilt:
  $$\int_a^b f(x)\,dx = \int_a^c f(x)\,dx + \int_c^b f(x)\,dx$$
- $\int_a^b (g[h(x)]\cdot h'(x))\,dx = \int_{h(a)}^{h(b)} g(z)\,dz$ ▸ $z=h(x)$ ▸ Substitutionsregel ▸ 2.4.10
- $\int_a^b g(x)\,dx = \int_{z_1}^{z_2} (g[h(z)]\cdot h'(z))\,dz$ für $a=h(z_1)$ und $b=h(z_2)$
- $\int_a^b g(x)\,dx = \int_{z_2}^{z_1} (g[h(z)]\cdot h'(z))\,dz$ für $a=h(z_2)$ und $b=h(z_1)$

  ▸ zweite Substitutionsregel ▸ 2.4.10

Stichwortverzeichnis